A BOA-FÉ NO DIREITO PRIVADO

CRITÉRIOS PARA A SUA APLICAÇÃO

Judith Martins-Costa

A BOA-FÉ NO DIREITO PRIVADO

CRITÉRIOS PARA A SUA APLICAÇÃO

3ª edição
2024

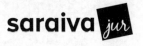

Uma editora do GEN | Grupo Editorial Nacional

Travessa do Ouvidor, 11 – Térreo e 6º andar
Rio de Janeiro – RJ – 20040-040

Atendimento ao cliente:
https://www.editoradodireito.com.br/contato

DADOS INTERNACIONAIS DE CATALOGAÇÃO NA PUBLICAÇÃO (CIP)
VAGNER RODOLFO DA SILVA – CRB-8/9410

C837b   Costa, Judith Martins
          A Boa-Fé no direito privado: critérios para sua aplicação / Judith Martins-Costa. – 3. ed. – São Paulo : SaraivaJur, 2024.
          1000 p.

          ISBN 978-65-5362-091-9 (impresso)

          1. Direito. 2. Direito civil. 3. Direito privado. I. Título.

2023-2556
CDD 347
CDU 347

Índices para catálogo sistemático:

1. Direito civil   347
2. Direito civil   347

Diretoria executiva	Flávia Alves Bravin
Diretoria editorial	Ana Paula Santos Matos
Gerência de produção e projetos	Fernando Penteado
Gerência de conteúdo e aquisições	Thaís Cassoli Reato Cézar
Gerência editorial	Livia Céspedes
Novos projetos	Aline Darcy Flôr de Souza
	Dalila Costa de Oliveira
Edição	Estevão Bula Gonçalves
Design e produção	Jeferson Costa da Silva (coord.)
	Rosana Peroni Fazolari
	Camilla Felix Cianelli Chaves
	Lais Soriano
	Tiago Dela Rosa
Planejamento e projetos	Cintia Aparecida dos Santos
	Daniela Maria Chaves Carvalho
	Emily Larissa Ferreira da Silva
	Kelli Priscila Pinto
Diagramação	Fabricando Ideias Design Editorial
Revisão	Paula Brito
Capa	Tiago Dela Rosa

Data de fechamento da edição: 17-11-2023

Nenhuma parte desta publicação poderá ser reproduzida por qualquer meio ou forma sem a prévia autorização da Saraiva Educação. A violação dos direitos autorais é crime estabelecido na Lei n. 9.610/98 e punido pelo art. 184 do Código Penal.

Ce n'est pas ici ma doctrine, c'est mon étude.
Michel de Montaigne

Aos que foram meus alunos na Faculdade de Direito
da Universidade Federal do Rio Grande do Sul.

Nota da Autora
à Terceira Edição

Desde a última edição deste livro, em 2018, algumas modificações relevantes para o tema da boa-fé se desenharam em nosso horizonte. No plano social, teve impacto nas funções do princípio da boa-fé objetiva o fato da pandemia causada pelo vírus SArs-Covid 19, a qual, pelos extraordinários efeitos produzidos em todos os setores da vida social, veio a colocar *sob pressão* os institutos jurídicos destinados a regular as perturbações da prestação obrigacional, submetendo ao teste da realidade a pertinência – e a obediência – aos critérios aplicativos daquele princípio. No panorama legislativo, por sua vez, passou a vigorar a chamada Lei da Liberdade Econômica (Lei 13.874/2019), que alterou dispositivos do Código Civil, acentuando sobremaneira a concepção subjetiva da boa-fé.

Fui suscitada a novas reflexões, igualmente, pela leitura de obras de doutrina que, desde então, se produziram. Dentre elas, com especialíssimo destaque, está aquela que recebi de ex-alunos, colegas e Professores, a saber, o livro *Direito, Cultura, Método*.[1] Esse valiosíssimo presente (dentre os maiores com os quais pode ser gratificada uma professora) enfeixa trabalhos doutrinários da maior valia sobre manifestações do princípio da boa-fé e temas que lhe são conexos. Esses textos conduziram-me, por vezes, à salutar tarefa de questionar o meu próprio pensamento, reverberando essas reflexões na *escritura* desta terceira edição.

As considerações suscitadas por todos esses fatores resultaram ora em perspectivas afinadas; ora na agregação de novos elementos de doutrina e jurisprudência; e, ainda, no acréscimo de novos desdobramentos do princípio da boa-fé. Embora todos os capítulos tenham sido atualizados, cabe destacar as modificações mais intensas.

Em face do fenômeno crescente da recepção de modelos contratuais de *common law*, com reflexos intensos nos contratos entre empresas, decidi agregar breves e

---

1. BENETTI, Giovana; CORREA, André Rodrigues; FERNANDES, Márcia Santana; NITSCHKE, Guilherme Carneiro Monteiro; PARGENDLER, Mariana; VARELA, Laura Beck (Orgs.). *Direito, Cultura, Método*: Leituras da Obra de Judith Martins-Costa. Rio de Janeiro: GZ Editora, 2019.

pontuais considerações acerca dos significados do princípio da boa-fé naquela cultura jurídica.[2] Atualizei, ainda, informações sobre o panorama do princípio da boa-fé nos sistemas francês[3] e germânico,[4] como já fizera desde a edição do ano de 1999 (ainda na versão correspondente à tese de doutorado), bem como, a partir de 2015, no «novo» livro, resultante da reformulação e reestruturação do livro anterior, então dirigindo o foco aos critérios aplicativos do princípio da boa-fé e à complexidade de suas diversas manifestações.

Também reordenei e acresci em parte alguns parágrafos: no parágrafo 31, introduzi, ao tratar da boa-fé e assimetria contratual, o instigante tema do *terzo contratto*; no parágrafo 37, quando investiguei as funções e intensidades da boa-fé nas relações contratuais cujo interesse nuclear é o interesse alheio (*tua res agitur*), atualizei e acresci considerações sobre o contrato de seguro; no parágrafo 46, dediquei-me a expor minha compreensão acerca da «responsabilidade pela confiança», distinta da responsabilidade por *culpa in contrahendo*; nos parágrafos 59 a 61, dedicados à função nomogenética da boa-fé, reordenei e acresci considerações acerca da integração contratual. Finalmente, no parágrafo 70, dedicado ao exame da função corretora da boa-fé no plano da eficácia contratual, expressei o meu entendimento acerca da possibilidade de criação, pelo princípio da boa-fé, de um dever de renegociar o contrato.[5]

Como sempre, sou grata aos meus companheiros do escritório: Rafael Branco Xavier, Pietro Webber e Fernanda Mynarski Martins-Costa, cujo incentivo leal e solidária ajuda são persistentes e permanentes. Julia Beltrão, Ana Júlia Schenkel, Giovana Etcheverry, Helena Chagas e Giovana Petry auxiliaram enormemente na revisão dos aspectos formais e na atualização dos índices e da bibliografia. Agradeço, ainda, ao advogado Luca Giannotti por sua amizade e contribuição, sempre com preciosas referências bibliográficas, especialmente para o aprimoramento do exame da boa-fé no contrato de seguro.

Canela, maio de 2023.

---

2. *Vide* §10-A, *infra*.
3. *Vide* §9, 4.
4. *Vide* §8, 4.
5. *Vide* §70, 11-A.

Nota da Autora
à Segunda Edição

Volta aos leitores este *A Boa-Fé no Direito Privado*: critérios para a sua aplicação, agora pelas competentes mãos da Editora Saraiva. As modificações em relação à edição de 2015,[1] logo esgotada, atinem, quanto à forma, à revisão da linguagem em certos trechos, visando conferir maior clareza ao texto revisitado; à reorganização dos parágrafos dedicados à fase pré-contratual, e a dos itens oferecidos ao exame da incidência da boa-fé na extinção contratual por fato superveniente à sua formação, especialmente no tocante aos direitos formativos extintivos de resolução *lato sensu* e de denúncia.

No conteúdo, atualizei a jurisprudência, para tanto escolhendo acórdãos significativos de novas hipóteses de determinados entendimentos; acresci novas leituras e procurei, relativamente a certas concreções da boa-fé objetiva, como a *suppressio* e o *venire contra factum proprium*, oferecer, de modo pontual, critérios aplicativos, tocada como emprego desmedido dessas figuras pela jurisprudência, bem como com a sua exposição em obras de opinião doutrinária desacompanhadamente do oferecimento dos requisitos necessários à sua aplicação nos casos práticos.

De fato, se na edição de 1999[2] encontrara apenas cinco (5) acórdãos, aventando, na edição de 2015, que as referências à boa-fé objetiva nos julgados «certamente ultrapassam o milhar», no mês de outubro do ano de 2017, considerados somente os vinte e sete (27) Tribunais de Justiça do país, a expressão-chave «boa-fé objetiva», em mera busca eletrônica, atingia a espantosa cifra de 445 mil decisões com referência ao instituto.[3]

Fiz, também, acréscimos: procurei, no tocante à incidência da boa-fé *pendente condictione*, oferecer interpretação ao art. 128 do Código Civil e indicar a sua relevância,

---

1. MARTINS-COSTA, Judith. *A Boa-fé no Direito Privado*: critérios para a sua aplicação. São Paulo: Marcial Pons, 2015.
2. MARTINS-COSTA, Judith. *A Boa-Fé no Direito Privado*: sistema e tópica no processo obrigacional. São Paulo: Revista dos Tribunais, 1999.
3. O dado é meramente numérico, mas ainda assim é impressionante. Apenas no Tribunal de Justiça do Rio Grande do Sul estão indexadas à expressão-chave «boa-fé objetiva» 153 mil julgados, ou seja, cerca de 35% do observado no conjunto de Tribunais de Justiça da nação.

modo geral, quando um negócio jurídico está sujeito a condições, típicas e atípicas; introduzi novo item particularizando as especificidades da boa-fé objetiva no sempre complexo grupo dos contratos de construção; nas considerações à relação entre boa-fé e contrato de seguro, ocupei-me em inserir observações ao Projeto de Lei Geral do Seguro (PL 29/2017), que, espera-se, esteja em sua tramitação final; retrabalhei o tema da boa-fé na arbitragem, cuidando, em especial, dos deveres decorrentes para as partes de um contrato de investidura, singularizando, ainda, em breve menção, a atuação da boa-fé nas arbitragens de investimento; ampliei o exame comparatista, a revelar as diversas significações e conotações atribuídas ao signo linguístico *boa-fé*.

Agradeço novamente à extraordinária equipe que me acompanha, formal e informalmente: os advogados Giovana Valentiniano Benetti e Rafael Branco Xavier, sócios no escritório e companheiros fiéis nas incursões acadêmicas; o advogado e exímio civilista Gustavo Haical, que tanto tem colaborado comigo; a advogada e doutora Giovana Comiran, cuja profundidade de pensamento sempre me surpreende, e com cuja disponibilidade eu sempre posso contar; e os estudantes Felipe Chaves Barcellos Guaspari e Pietro Benedetti Teixeira Webber, em cujo amor ao Direito, inesgotável curiosidade intelectual e dedicação aos estudos antevejo os perfis de verdadeiros juristas. Ao Pietro, de modo especial, agradeço a trabalhosa revisão final do texto e das referências constantes das notas de rodapé e dos índices.

Canela, dezembro de 2017.

Nota da Autora
à Primeira Edição

«*Bôa-fé* não *soffre, exigir-se o mêsmo duas vêzes*»
(fórmula gaiana, traduzida e transcrita por
Augusto Teixeira de Freitas. *Regras de Direito*).

Hesitei muito em publicar este livro, porque não teria sentido fazer uma nova edição ao *A Boa-Fé no Direito Privado*: sistema e tópica no processo obrigacional,[1] dezesseis anos após o lançamento original, em 1999, e quase vinte anos passados de sua efetiva redação como tese de doutorado defendida na Universidade de São Paulo em 1996. Mudou o mundo, mudaram lei, jurisprudência e doutrina e, fundamentalmente, mudou, pelo amadurecimento e experiência que só o tempo traz, também o pensamento desta autora. Por isso, em vez de uma nova edição, é agora apresentado um novo livro, intitulado *A Boa-Fé no Direito Privado*: critérios para a sua aplicação.

Este apenas guarda, de seu antecessor, além de parcial evocação no título, uma síntese – bastante modificada – do que então havia sido o conteúdo dos três capítulos da Primeira Parte do livro publicado em 1999. Também sobreviveu, ainda que muito revisada, parte do texto dos então Capítulos 4 e 5, agora apreendidos nos Capítulos Segundo e Terceiro. Daí em diante, até o Capítulo Oitavo, tudo o mais foi escrito a partir de novas reflexões suscitadas pela experiência e compreensão dos dados que preenchem e caracterizam o entorno jurídico-cultural hoje vigorante.

O exame agora procedido está direcionado a um diverso foco: analisar a boa-fé como *modelo* ou *instituto jurídico* – como estava intuído em texto de 2002[2] –, mas

---

1. MARTINS-COSTA, Judith. *A Boa-Fé no Direito Privado*: sistema e tópica no processo obrigacional. São Paulo: Revista dos Tribunais, 1999; 2.ª tiragem, 2000. As subsequentes referências a esse livro serão indicadas como: *A Boa-Fé no Direito Privado*: sistema e tópica no processo obrigacional.

2. MARTINS-COSTA, Judith. A Boa-Fé como Modelo. Notas para a compreensão da boa-fé obrigacional como modelo doutrinário e jurisprudencial no Direito brasileiro. *Rivista Romae America*, Modena, Mucchi, 2002, p. 71-98. Republicado, posteriormente, com o seguinte subtítulo: «Uma

XII | A BOA-FÉ NO DIREITO PRIVADO

agora é mais bem desenvolvido; tratar a boa-fé *funcionalmente*; sistematizar e propor *critérios para a sua aplicação.*

Essa nova escritura e os desenvolvimentos aqui seguidos se faziam necessários, primeiramente porque não poderia contentar-me em maquiar com pinceladas de uma nova edição o primitivo texto, cujos primórdios situam-se no já muito distante ano de 1992, quando iniciadas as pesquisas para o que viria a ser a minha tese de doutoramento. Era também obrigatória a reelaboração estrutural e conteudística do livro, não apenas porque a experiência com os casos concretos apontou a outras vertentes, afinou perspectivas, refinou possibilidades de entendimento. Também carecia atualizar o trabalho porque mudou o panorama, no Brasil, acerca da boa-fé objetiva. E finalmente porque aquela intuição expressa nos textos de 2002 amadureceu e se transformou em convicção teórica: mais do que princípio, norma, *standard* (que também configura), a boa-fé objetiva é um *modelo*[3] ou *instituto jurídico* do qual descendem outros institutos[4] e figuras parciais de sua manifestação.

Na época em que iniciados os meus estudos acerca da boa-fé – ainda no mestrado em Direito da Universidade Federal do Rio Grande do Sul, por sugestão, orientação e estímulo do Professor Clóvis do Couto e Silva – o campo de pesquisa doutrinária e jurisprudencial sobre o tema era, no Direito brasileiro, extremamente restrito e as dúvidas teóricas tinham como horizonte a contraposição entre o pensamento sistemático (entendido ao modo meramente axiomático) e o pensamento problemático ou tópico, suscitado pelas cláusulas gerais. Na primeira vez em que escrevi sobre a boa-fé objetiva, no ano de 1990, apenas três acórdãos foram encontrados, todos do Tribunal de Justiça do Rio Grande do Sul.[5] Na doutrina, afora dos textos de Couto e Silva,[6] e uma ou outra referência em Orlando Gomes[7] e Serpa Lopes[8] (estes últimos, ainda assim, cuidando da boa-fé objetiva apenas como regra de interpretação), quase nada mais havia. Até o pioneiro trabalho de Alípio Silveira, do início dos anos 1970[9] cuidava da boa-fé

---

    aplicação da Teoria dos Modelos de Miguel Reale», em: Martins-Costa, Judith; Branco, Gerson. *Diretrizes Fundamentais do Novo Código Civil.* São Paulo: Saraiva, 2002, p. 188-221.

3.   Acerca dos modelos jurídicos e dos modelos hermenêuticos ou doutrinários, *vide*, por todos: Reale, Miguel. *Fontes e Modelos do Direito*: para um novo paradigma hermenêutico. São Paulo: Saraiva, 1994.

4.   Explicito esse ponto na Introdução, *infra*, §1.

5.   Esses acórdãos estão transcritos e comentados em: Martins-Costa, Judith. Princípio da Boa-Fé. *Revista AJURIS*, Porto Alegre, vol. 50, 1990, p. 207-227.

6.   Notadamente em Couto e Silva, Clóvis do. *A Obrigação como Processo.* Porto Alegre: Tese de Cátedra, 1964 (posteriormente publicada – São Paulo: José Bushatsky Editor, 1976; Rio de Janeiro: FGV Editora, 2006) e em O Princípio da Boa-Fé no Direito Brasileiro e Português. *Estudos de Direito Civil Brasileiro e Português.* São Paulo: Revista dos Tribunais, 1986, p. 43-72.

7.   Gomes, Orlando. *Transformações Gerais do Direito das Obrigações.* São Paulo: Revista dos Tribunais, 1967.

8.   Serpa Lopes, Miguel Maria. *Exceções Substanciais:* exceção de contrato não cumprido. Rio de Janeiro: Freitas Bastos, 1955, p. 304-312.

9.   Silveira, Alípio. *A Boa-Fé no Código Civil.* Tomos I e II. São Paulo: Editora Universitária de Direi-

NOTA DA AUTORA À PRIMEIRA EDIÇÃO | XIII

fundamentalmente em sua feição de «crença» ou «confiança investida» (uma feição objetivada, mas construída a partir da boa-fé subjetiva), não se ocupando, porém, em conferir ao princípio desenvolvimento dogmático para explicitar os deveres anexos e laterais que, na relação obrigacional, decorrem da sua incidência; fixar os critérios que pautam a boa-fé como baliza ao exercício jurídico lícito; e evidenciar suas figuras parcelares bem como a apontar às distinções que, conforme o campo de sua incidência, devem reger a sua aplicação.

No Direito Comercial, em que pese a presença, no Código de 1850, de preceito legal explícito[10] versando a boa-fé na função de cânone hermenêutico, a doutrina também não se detinha sobre o tema: nenhuma monografia foi então encontrada que tivesse, como seu objeto, a análise específica da boa-fé, sequer como norma de interpretação, como estava, com todas as letras, no art. 131 – e, mesmo assim, ora era dada à expressão *boa-fé* ali constante conotação subjetiva,[11] ora era considerada critério hermenêutico meramente subsidiário e incidente apenas em face de ambiguidades ou de obscuridades no texto contratual.[12]

---

to, 1973. Este, autor de um amplo estudo que procura distinguir entre a «boa-fé crença» e a «boa-fé lealdade», mesmo assim atribui, à segunda, o caráter de um estado subjetivado, como se observa pelos grupos de casos que analisa no 2.º volume de sua obra.

10. *In verbis:* «Art. 131. Sendo necessário interpretar as cláusulas do contrato, a interpretação, além das regras sobreditas, será regulada sobre as seguintes bases:

1 – a inteligência simples e adequada, que for mais conforme à boa-fé, e ao verdadeiro espírito e natureza do contrato, deverá sempre prevalecer à rigorosa e restrita significação das palavras;

2 – as cláusulas duvidosas serão entendidas pelas que o não forem, e que as partes tiverem admitido; e as antecedentes e subsequentes, que estiverem em harmonia, explicarão as ambíguas;

3 – o fato dos contraentes posterior ao contrato, que tiver relação com o objeto principal, será a melhor explicação da vontade que as partes tiverem no ato da celebração do mesmo contrato;

4 – o uso e prática geralmente observada no comércio nos casos da mesma natureza, e especialmente o costume do lugar onde o contrato deva ter execução, prevalecerá a qualquer inteligência em contrário que se pretenda dar às palavras;

5 – nos casos duvidosos, que não possam resolver-se segundo as bases estabelecidas, decidir-se-á em favor do devedor.»

11. Assim atesta José Carlos Moreira Alves: «É de notar-se, porém, que esse dispositivo, que se apresenta com a natureza de cláusula geral, até época relativamente recente foi tido como simples princípio de hermenêutica que se baseia na boa-fé subjetiva» (MOREIRA ALVES, José Carlos. A Boa-Fé Objetiva no Sistema Contratual Brasileiro. *Rivista Roma e America*, n. 7, Modena, Mucchi, 1999, p. 194).

12. Comentando o art. 131, Bento de Faria, importante comercialista da primeira metade do século XX, escrevia: «Quando as partes contratantes claramente expressarem a sua intenção deixando perceber inequivocamente as suas vontades, a ninguém é dado interpretar as cláusulas que a traduzem (*Interpretatio cessat in claris*). E continua: «E a convenção fazendo lei entre as partes, deve ser observada e cumprida em todas as suas consequências. Se, porém, a convenção for obscura, se seus termos forem suscetíveis de dois sentidos, se a vontade das partes for equívoca, o juiz então tem o direito de interpretar o contrato, e nessa tarefa deverá guiar-se antes pela intenção das partes do que pela significação gramatical das palavras empregadas» (FARIA, Antonio Bento de. *Código Commercial Brasileiro*, vol. 1. 3.ª ed. Rio de Janeiro: Jacintho Ribeiro dos Santos Ed., 1920, p. 175, transcrito por MAC-DONALD, Norberto da Costa Caruso. Anotações sobre a

Correlatamente a essa notável ausência de *modelos doutrinários* que orientassem a aplicação da boa-fé,[13] a jurisprudência era escassa, quase inexistente. Vigia, ainda que mudamente, a concepção de serem as normas semanticamente abertas, meros (e até mesmo indesejáveis) «conceitos amortecedores»[14] na fricção entre o direito e a vida.

Foi necessária, à época em que comecei a mergulhar nesse tema, uma verdadeira garimpagem nos repertórios de jurisprudência (na altura, ainda não informatizados), resultando no encontro dos poucos, mas emblemáticos acórdãos que nomeei como «casos», comentei e, após, foram repetidos em outros textos de doutrina com a mesma denominação pela qual os identifiquei, como o «caso dos tomates», o «caso da loja de vestuários» ou o «caso do posto de gasolina».[15] Essas decisões foram o resultado – é de justiça que se diga – do encontro entre a cultura, inteligência e sensibilidade de Clóvis do Couto e Silva, na doutrina, no ensino universitário e na linha de frente da advocacia, e de Ruy Rosado de Aguiar Júnior e de Adroaldo Furtado Fabrício, também professores, na magistratura.

Hoje, o panorama brasileiro é totalmente diverso. Em estimativa conservadora, se contarão às dezenas as obras que, direta ou indiretamente, versam a boa-fé. Considerados tão somente os Tribunais Superiores brasileiros, os julgados já ultrapassaram em muito o milhar.[16] Ao invés da garimpagem, é necessária uma cuidadosa filtragem. Ao invés de apenas noticiar os julgados, é preciso submetê-los ao crivo da crítica – contundente, por certo, mas respeitosa e, fundamentalmente, colaborativa, pois, na ausência de um diálogo verdadeiro entre doutrina e jurisprudência, a Ciência Jurídica não se desenvolve e a insegurança – filha do voluntarismo – passa a imperar.

Em nosso panorama doutrinário e jurisprudencial, a boa-fé é incessantemente referida, proclamada ou estigmatizada, mas nem sempre compreendida. Distinções basilares são ignoradas até mesmo por professores e por legisladores.[17] Há verdadeira «explosão» do emprego (nem sempre criterioso) da boa-fé, o que não é fenômeno

---

Interpretação dos Contratos conforme à Boa-Fé. In: ESTEVEZ, André; JOBIM, Marcio Felix (Orgs.). *Estudos de Direito Empresarial*: homenagem aos 50 anos de docência do Professor Peter Walter Ashton. São Paulo: Saraiva, 2012, p. 247-248. Essa concepção que marcou a cultura comercialista brasileira, também se verificou na antiga doutrina italiana, como dá conta SCOGNAMIGLIO, Claudio. Interpretazione. In: RESCIGNO, Pietro; GABRIELLI, Enrico. *Trattato dei Contratti*. Tomo I.Torino: UTET, 1999, p. 959-963.

13. Sobre o papel orientador da doutrina na formulação de modelos hermenêuticos, escrevi: MARTINS-COSTA, Judith. Autoridade e Utilidade da Doutrina. In: MARTINS-COSTA, Judith (Org.). *Modelos de Direito Privado*. São Paulo: Marcial Pons, 2014, p. 9-40.

14. GOMES, Orlando. *Introdução ao Direito Civil*. Rio de Janeiro: Forense, 1957. O autor, posteriormente, veio a repensar a concepção negativa primeiramente adotada, como apontam RAMOS, Luiz Felipe Rosa; SILVA FILHO, Osny da. *Orlando Gomes*. Rio de Janeiro: Campus-Elsevier, 2015, p. 93-96.

15. MARTINS-COSTA, Judith. *A Boa-Fé no Direito Privado*: sistema e tópica no processo organizacional. São Paulo: Revista dos Tribunais, 1999, p. 473-480.

16. *Vide* a Nota da Autora à presente edição.

17. *Vide, infra,* CAPÍTULO IV, §24.

apenas nacional. Verifica-se, considerado o quadro traçado pelo Direito Comparado, espécie de *essor* da boa-fé objetiva, inclusive atestada por sua inscrição em textos internacionais relevantes.

A explosão do emprego do instituto jurídico designado como *boa-fé objetiva* tem um lado virtuoso e outro perverso. Virtuoso porque assenta no Direito brasileiro inafastável padrão ético à conduta contratual. Perverso quando o uso excessivo, desmesurado, imperito, deslocado dos *critérios dogmáticos* a que deve estar vinculado serve para desqualificá-lo, esvaziá-lo de um conteúdo próprio, diluindo-o em outros institutos e minorando sua densidade específica. Oferecer critérios é também oferecer limites. A ausência de limites importa necessariamente em arbítrio, como diz antigo provérbio – «quando as margens são ultrapassadas, caem todos os limites».

O panorama da aplicação da boa-fé é, portanto, paradoxal: de um lado, encontra-se o seu desenvolvimento por obra de uma jurisprudência responsável, pois ciente da conexão entre o fato e a configuração que terá, no caso, o princípio da boa-fé, bem como atenta ao mandamento constitucional de fundamentação da sentença; de outro, encontra-se o seu emprego traduzido no subjetivismo hermenêutico, vindo então a ser invocada a boa-fé objetiva ora como mero argumento de autoridade distanciado dos fatos cuja ordenação é a sua razão de ser; ora como escusa ao personalismo de um julgador por tudo infenso à controlabilidade democrática; ora *flatus vocis* que nada agrega ao convencimento, racional e sistematicamente ancorado, sobre a pertinência do argumento. Nesses casos, limita-se o julgador a proclamar a boa-fé sem explicitar as razões, de fato e de direito, pelas quais o faz, sem revelar o *problema* que suscita o direcionamento dado pela boa-fé, e sem indicar *como* encontrou a solução para a qual foi orientado pelo princípio. Então, o instituto designado pela expressão «boa-fé» resta transmudado em pretensa *fórmula mágica* difusamente empregada, sem distinções nem mediações, em um sem número de situações díspares. De figura da Ciência Jurídica, torna-se aríete do voluntarismo que, afastado da construção dogmática segura e consolidada pelo tempo e pela racionalidade própria ao universo jurídico, tudo quer modificar com palavras, sem nada construir com institutos ou modelos jurídicos.

O que se mostrava necessário neste livro, portanto, era compreender as nuanças da operatividade da boa-fé objetiva, é dizer: os travos técnicos de sua *concreção*, o que vem refletido na mudança do subtítulo deste livro – indicativo dos critérios para a sua aplicação –, a bem demarcar que esta é *outra obra*, embora nascida da primeira e a ela atada, inclusive, em parte, textualmente.

Paralelamente a essa necessidade, a expansão no emprego da boa-fé para outros campos que não o do Direito Privado (isto é: Civil, Comercial, do Consumidor e Internacional Privado) e em outras jurisdições, como a arbitral, também apontavam à conveniência de serem traçadas distinções que pudessem ser de valia aos intérpretes do Direito, juízes, árbitros e advogados.

Esse novo enfoque está traduzido na estrutura deste livro. Dos cinco capítulos originais daquele primeiro livro de 1999, os três primeiros – que cuidavam de tracejar, na História, a dialética entre sistema e tópica – foram praticamente extirpados, sobrevivendo apenas no que era necessário o exame das raízes para registrar que os significados atribuídos à expressão *boa-fé* têm sido incessantemente projetados e modificados ao longo do tempo, como é próprio dos objetos culturais que pautam as relações dos homens no mundo, refletindo-se agora não apenas em perspectiva diacrônica, mas, igualmente, em uma visão sincrônica, tantas são as acepções dadas a boa-fé nas diferentes culturas jurídicas (Capítulo Primeiro). Sobreviveram alguns ecos dos dois Capítulos destinados, na obra de 1999, tanto a averiguar os sentidos e as funções das cláusulas gerais (Capítulo Segundo) quanto a sublinhar as transformações mais relevantes do Direito das Obrigações de nossos dias (Capítulo Terceiro). Foram, porém, tamanhas as alterações que também aí se poderia falar em «novos capítulos». E foram acrescidos integralmente *ex novo* cinco outros Capítulos diretamente focados à aplicação da boa-fé objetiva.

No primeiro deles – o Capítulo Quarto – cuido das *distinções* e dos *critérios* que, no meu modo de ver, são úteis para a aplicação do *instituto da boa-fé* de modo dogmaticamente orientado. Não são critérios excludentes e exaurientes – antes, são prismas pelos quais um mesmo fenômeno é visto por diferentes angulações. Assim, por exemplo, a atuação da boa-fé pode ser vista, em diferentes matizes, pela luz dos demais princípios incidentes num mesmo campo normativo; pelo interesse contratual prevalente nas concretas relações contratuais travadas e desenvolvidas naquele campo; pelo tipo contratual (legal, social ou derivado da liberdade de formas expressiva da autonomia privada, configurando, então, o fenômeno da atipicidade) especificamente considerado.

Verso, em seguida, a sua apreciação *in concreto*, consideradas as distintas situações de vida em que se pode apresentar, destacando o *caráter escalonado de sua incidência*, conforme a situação fática que visa regular os múltiplos e complexos graus de sua intensidade, sempre polarizada pelo *fato*, direcionada pelas demais *normas* do Ordenamento e pelo *valor* a ser concretizado de modo prevalecente naquela situação concreta que se tem em vista solucionar.

No Capítulo Quinto (que traz brevíssimas lembranças, ainda, do livro anterior no concernente à boa-fé na fase pré-contratual), tracejei a distinção conforme as fases da relação obrigacional na qual se manifesta a boa-fé, com atenção particular à fase antecedente à conclusão contratual. Isso porque na fase pós-contratual sua atuação é mais escassa; a fase de execução, por sua vez, constitui o tema do exame funcional proposto nos três últimos capítulos, destinados a averiguar, pela via da exposição e crítica dos julgados, as três principais funções: a boa-fé como cânone de interpretação; como fonte de deveres destinados a integrar o negócio jurídico; e como régua corretora do conteúdo do negócio e da conduta contratual.

No exame dos critérios, nos Capítulos Quarto e Quinto, procurei sublinhar que a boa-fé é um instituto jurídico fundamentalmente *relacional*, atuando ao modo articulado com outros princípios e regras legais, negociais e costumeiras e, assim, compondo-se incessantemente com outras fontes de prescritividade: a lei, o negócio jurídico, os usos e as decisões dos órgãos autorizados a aplicar o Direito.

Nos Capítulos Sexto, Sétimo e Oitavo está, pois, o exame funcional *in concreto*. Ali verso, por meio da exemplificação com casos práticos, exposição e a crítica da jurisprudência, da sua função hermenêutica (Capítulo Sexto); bem como da função integrativa, produtora de deveres que colmatam as lacunas do contrato e do sistema (Capítulo Sétimo); e da função corretora em sua dupla vertente, já que atua a boa-fé tanto para coibir o *exercício jurídico ilícito* quanto para, em alguns casos, servir como pauta de controle do *conteúdo contratual* e, ainda, como ferramenta coordenadora da tensão entre o *justo e o útil*[18] quando se trata de analisar e decidir acerca de determinados institutos que pautam o adimplemento (e o seu reverso, o inadimplemento) das Obrigações (Capítulo Oitavo).

Para tanto, foi necessário limitar-me, quase que exclusivamente, ao exame da jurisprudência do Superior Tribunal de Justiça, sob pena de restar inviabilizada uma análise rigorosa, em face do volume da produção decorrente da atividade dos Tribunais brasileiros.[19]

Já quanto ao conteúdo das ideias ora desenvolvidas, as modificações realizadas respeitantemente ao que fora exposto no livro de 1999 – que não infirmam o meu pensamento anterior, mas o complementam, corrigem, retificam, refinam, consolidam e clarificam – resultam do teste da experiência. De um lado, tentei traduzir a experiência da jurisprudência brasileira nos dois últimos decênios e as configurações dadas à boa-fé pelo Código Civil de 2002. De outro, busquei refletir sobre a minha própria experiência, continuamente suscitada, nas últimas duas décadas, a examinar a incidência da boa-fé na relação contratual, expondo o meu pensamento em pareceres, sentenças arbitrais, aulas, palestras, artigos e debates acadêmicos.

Assumindo a responsabilidade pela reflexão, volto, assim, a agradecer aos que me auxiliaram com a inspiração, com o auxílio à pesquisa e com o solidário e generoso exercício da crítica.

Aos professores e colegas que em congressos e aulas me questionaram sobre a boa-fé e escreveram sobre o tema – sobretudo aos que adotaram perspectivas distintas da minha – devo a interlocução, sem a qual a vida é tão pobre e a atividade intelectual não tem sentido.

Agradeço de modo especial aos meus antigos alunos e/ou orientandos, hoje colegas e amigos que nomeio em ordem alfabética: Carla Müller da Rosa, Denise de Oliveira Cezar, Ester Peixoto, Giovana Benetti, Giovana Comiran, Gustavo Haical, Karime Costalunga, Luis Felipe Spinelli e Mariana Pargendler, que revisaram vários capítulos, oferecendo-me preciosas sugestões. Sou igualmente grata a Fernanda Mynarski Martins-Costa, que muito perguntou e me fez duvidar; à minha colega nas fortunas e nos infortúnios da docência junto à Faculdade de Direito da Universidade Federal do Rio Grande do Sul, Véra Fradera, atenta leitora das referências à CISG; à

---

18. Essas expressões – justo e útil – remetem à conhecida teoria proposta por Jacques Ghestin acerca do equilíbrio contratual. Todavia, no contexto em que as utilizarei, não se confundem com aquela teoria (ver: GHESTIN, Jacques. *L'Utile et le Juste dans les Contrats*. Paris: Dalloz, 1982).

19. Considerando STF, STJ, STM, TST e TSE e, ainda, os 27 Tribunais de Justiça e os 5 Tribunais Regionais Federais.

XVIII | A BOA-FÉ NO DIREITO PRIVADO

professora Selma Lemes, por suas acuradas sugestões quanto ao exame da boa-fé na execução do contrato de investidura; ao amigo José Emilio Nunes Pinto, pelas muitas conversas sobre o Direito Civil na arbitragem, que envolve com frequência o tema da boa-fé contratual; sou também grata a Laura Beck Varela, amiga, ex-orientanda, e a Eduardo Engelsing, que corrigiram as referências em latim constantes do Capítulo Primeiro e com coragem acenaram – no caso de Laura – à conveniência de afiar a espada de Occam, conselho ouvido não sem alguma rebeldia inicial mas, depois, acatado com alívio; a Humberto Ávila, com quem conversei, com tanto proveito para mim, sobre os princípios e as cláusulas gerais; e a Guilherme Seibert e Giacomo Grezzana, pela disponibilidade de sempre e pelas traduções do idioma alemão.

De todos tive uma ajuda fundamental no lavor de «sova e capina»[20] resultante da leitura integral ou parcial dos originais, da generosidade ao dispor do seu tempo e do cuidado no apontar críticas e sugestões sempre pertinentes.

Sou grata de modo especialíssimo a meus alunos na Faculdade de Direito na Universidade Federal do Rio Grande do Sul onde lecionei por vinte anos, pois as amarguras, futricas e mesquinharias da vida acadêmica foram para mim enormemente compensadas por sua presença, solidariedade, apoio, atenção, curiosidade e entusiasmo constantes. Dentre esses tenho especialmente presentes Gustavo Sanseverino, Erika Dutra, Giacomo Grezzana, Maurício Licks, Guilherme Seibert, Vitor Vieira, Amanda Moreno, Felipe Guaspari e Pietro Webber, que trabalham ou trabalharam como meus estagiários e/ou pesquisadores, este último se dedicando com entusiasmo e proficiência invulgares à revisão formal do livro. Agradeço sobremaneira à editora Marcial Pons e ao Professor Marcelo Porciuncula, que tanto tem feito em prol da qualidade das letras jurídicas no Brasil. Agradeço também à solidária ajuda dos alunos e ex-alunos da Faculdade de Direito da UFRGS, que atenderam com total competência e dedicação à urgência na elaboração dos índices.

De modo especialmente intenso sou grata a Rafael Branco Xavier, ex-estagiário, ex-aluno e orientando e agora meu sócio no escritório (juntamente com Mariana Pargendler e Giovana Benetti), sem cujo auxílio este livro não teria sido concluído. Desde quando estagiário em meu escritório, coletou grande parte das decisões do Superior Tribunal de Justiça ora analisadas, sobre elas também discorrendo em trabalho acadêmico originalmente sob minha orientação,[21] e revisou, linha por linha, rodapé por

---

20. A expressão está em carta de Raymundo Faoro a Jorge Rafael Cezar Moreira que transcrevi em: Martins-Costa, Judith. Raymundo Faoro: o advogado como «líder da comunidade» e «transmissor da cultura». In: Mota, Carlos Guilherme. *Os Juristas na Formação do Estado-Nação Brasileiro*. 1930 – dias atuais. São Paulo: Saraiva, 2010, p. 341-366.

21. Xavier, Rafael Branco. *A Boa-Fé Objetiva na Jurisprudência do STJ*. Orientadora Professora Judith Martins-Costa. Salão de Iniciação Científica da Faculdade de Direito da UFRGS. Porto Alegre, 2012. O trabalho continuou, depois que desisti de prosseguir como professora na Faculdade de Direito da UFRGS, com a orientação do Professor Gerson Branco, estando ora expresso em: Xavier, Rafael Branco. *Funções da Boa-Fé na Jurisprudência do STJ*. Trabalho de Conclusão de

rodapé, todas as cerca de 800 páginas que se seguem, apontando minhas falhas, instigando o meu pensamento com perguntas embaraçosas, sugerindo esclarecimentos, discutindo textos e não me deixando desistir de seguir em frente.

Canela, junho de 2015.

Curso apresentado na Universidade Federal do Rio Grande do Sul. Porto Alegre, 2013, 167 páginas, onde também estampada grande parte dos acórdãos referidos nos Capítulos VI, VII e VIII deste livro.

Abreviaturas

a.C. – Antes de Cristo

Ag – Agravo

AgRg – Agravo Regimental

Ajuris – Associação dos Juízes do Rio Grande do Sul

Ap. Cív. – Apelação Cível

Arch. Phil. Droit – (também APD) Archives de Philosophie du Droit et de sociologie juridique

Art. – Artigo

Arts. – Artigos

BGB – Código Civil Alemão (Bürgerliches Gesetzbuch)

Brexit – Saída do Reino Unido da União Europeia

c/c – Combinado com

CADE – Conselho Administrativo de Defesa Econômica

Câm. Cív. – Câmara Cível

Cap. – Capítulo

CBAr – Comitê Brasileiro de Arbitragem

CC – (também CC/2002) Código Civil de 2002 (Lei 10.406/2002)

CC/1916 – Código Civil de 1916 (Lei 3.071/1916)

CCI – Chambre de Commerce Internationale

CDC – Código de Defesa do Consumidor

CF – Constituição Federal de 1988

Cf. – Conforme

CGC – Cadastro Geral de Contribuintes

CISG – (também Convenção de Viena) Convention on the International Sales of Goods (Convenção Internacional de Compra e Venda de Mercadorias)

CJF	–	Conselho da Justiça Federal
CLT	–	Consolidação das Leis do Trabalho
Code	–	(também *Code Civil*) Código Civil Francês
Codice	–	(também *Codice Civile*) Código Civil Italiano
Coord.	–	Coordenador(a)
Coords.	–	Coordenadores
CPC	–	Código de Processo Civil de 1973 (Lei 5.869/1973)
CPC/2015	–	(também NCPC) Código de Processo Civil de 2015 (Lei 13.105/2015)
CTN	–	Código Tributário Nacional
D.	–	Digesto
D.N.A.	–	Ácido Desoxirribonucleico
Des.	–	Desembargador(a)
DJ	–	*Diário da Justiça*
E.g.	–	*Exempli gratia*
E.I.	–	Embargos Infringentes
EC	–	Emenda Constitucional
Ed.	–	Edição
EDcl	–	Embargos de Declaração
EPC	–	Engineering, Procurement and Construction Contract
EREsp	–	Embargos de Divergência em Recurso Especial
G.	–	Gaio
HC	–	*Habeas Corpus*
IBA	–	International Bar Association
i.e.	–	Isto é
inc.	–	Inciso
Inst.	–	Institutas
j.	–	Julgado
LINDB	–	Lei de Introdução às Normas de Direito Brasileiro
LLE	–	Lei da Liberdade Econômica (Lei Federal 13.874/2019)
LSA	–	(também Lei das SA) Lei de Sociedades Anônimas (Lei 6.404/1976)
LUG	–	Lei Uniforme de Genebra
MI	–	Mandado de Injunção
Min.	–	Ministro(a)
MS	–	Mandado de Segurança

ABREVIATURAS | XXIII

nemo auditur	–	*Nemo auditur propriam turpitudinem allegans*
n.	–	Número
ONU	–	Organização das Nações Unidas
Org.	–	Organizador(a)
Orgs.	–	Organizadores
p.	–	Página(s)
par.	–	Parágrafo (também §)
PECL	–	Princípios do Direito Europeu dos Contratos
Pet	–	Petição
PL	–	Projeto de Lei
Princípios Unidroit	–	Princípios Unidroit relativos aos Contratos do Comércio Internacional
RE	–	Recurso Extraordinário
Rel.	–	Relator
REsp	–	Recurso Especial
Restatement	–	*Restatement of Contracts (Second)*
RMS	–	Recurso Ordinário em Mandado de Segurança
RT	–	Revista dos Tribunais
s/n	–	sem número
SEC	–	Sentença Estrangeira Contestada
séc.	–	Século
ss.	–	Seguintes
STF	–	Supremo Tribunal Federal
STJ	–	Superior Tribunal de Justiça
STM	–	Superior Tribunal Militar
supl.	–	Suplemento
TJMG	–	Tribunal de Justiça de Minas Gerais
TJPR	–	Tribunal de Justiça do Paraná
TJRJ	–	Tribunal de Justiça do Rio de Janeiro
TJRS	–	Tribunal de Justiça do Rio Grande do Sul
TJSC	–	Tribunal de Justiça de Santa Catarina
TJSP	–	Tribunal de Justiça de São Paulo
Trad.	–	Tradução
TSE	–	Tribunal Superior Eleitoral
TST	–	Tribunal Superior do Trabalho
UCC	–	*Uniform Commercial Code*

UNCITRAL	–	*United Nations Commission on International Trade Law*
UNIDROIT	–	*International Institute for the Unification of Private Law*
v.	–	*Vide*
venire	–	*Venire contra factum proprium*
V.g.	–	*Verbi gratia*
vol.	–	Volume

Sumário

NOTA DA AUTORA À TERCEIRA EDIÇÃO VII

NOTA DA AUTORA À SEGUNDA EDIÇÃO IX

NOTA DA AUTORA À PRIMEIRA EDIÇÃO.. XI

ABREVIATURAS XXI

INTRODUÇÃO

§ 1. A expressão «boa-fé»

1. Os sentidos... 1

2. Boa-fé objetiva 2

3. As perspectivas e o enfoque adotado 6

CAPÍTULO PRIMEIRO
AS RAÍZES

§ 2. A boa-fé no Direito Romano

1. A origem 13

2. A *fides* como dever de auxílio e promessa de proteção......................... 15

3. A *fides*-promessa (*fides* garantia)... 16

4. A *fides* como garantia do cumprimento das obrigações assumidas e sua
expansão 17

5. *Fides* nas relações intrassubjetivas e nas relações intersubjetivas.......... 18

6. A *exceptio extra quam*.. 21

§ 3. A *fides bona*

1. A transformação da *fides* em *bona fides*: as relações creditícias e os
iudicia bonae fidei... 22

2. O crédito e a civilização (*koiné*) mercantil 24

3. *Iudicia bonae fidei* 26

4. *Oportet ex fides bona* 30

5. *Bona fides* e *consensus contractae* 32

§ 4. O momento hermenêutico: *bonae fidei interpretatio*

1. O significado 36

2. Os campos funcionais 39

§ 5. A diluição da boa-fé

1. O enfraquecimento da boa-fé 40

2. A subjetivação da boa-fé: a usucapião 41

3. *Bona fides* e *aequitas* 42

§ 6. A boa-fé na cultura germânica

1. O desenvolvimento germânico da fórmula 46

2. *Treu und Glauben* 48

§ 7. A boa-fé canônica

1. Boa-fé e moral cristã 49

2. *Consensus* e *sollemnia* 52

3. A unificação da boa-fé 54

§ 8. A boa-fé na primeira e na segunda sistemáticas

1. A boa-fé na primeira sistemática 56

2. Os aportes dos humanistas 56

3. A boa-fé como «princípio geral» 59

4. O modelo de expressão do jusracionalismo 62

5. O desenvolvimento da boa-fé em Grotius 64

6. Desenvolvimentos da boa-fé nos jusracionalistas 67

§ 9. A boa-fé no *Code Civil Français*

1. A boa-fé no *Code* como amálgama da técnica jurídica, da moral e da filosofia 71

2. Boa-fé e liberdade contratual 75

3. Boa-fé e método da exegese 77

3-A. Boa-fé francesa pós-Reforma de 2016 78

4. A descendência da boa-fé francesa 82

§ 10. A boa-fé germânica e sua apreensão no BGB

1. O encontro entre a boa-fé romana e a germânica 84
2. O trabalho dos práticos 86
3. Boa-fé no BGB de 1900 87
4. A boa-fé pós-Reformas de 2001 e 2002 89

§ 10-A. A boa-fé no *common law*

1. O *Uniform Commercial Code* e o *Restatement of Contracts (Second)* 92
2. A recusa, no Direito inglês, a um papel ativo ao princípio 94

CAPÍTULO SEGUNDO
CONTEXTO, NOÇÃO E APLICAÇÃO DAS CLÁUSULAS GERAIS

§ 11. Denominação e origem

1. Proposição 99
2. A denominação 100
3. A origem 101
4. O parágrafo 242 do BGB 101
5. O papel da jurisprudência alemã 105
6. A expansão 107
7. As espécies de cláusulas gerais 108

§ 12. A estrutura e a linguagem das cláusulas gerais

1. Proposição 108
2. Método da casuística 109
3. Método das cláusulas gerais 111

§ 13. A linguagem das cláusulas gerais: a vagueza

1. Precisões conceituais 112
2. Enunciados gerais 112
3. Enunciados genéricos 113
4. Enunciados ambíguos 113
5. A vagueza semântica 114
6. Os significados de «significado» 116
7. A vagueza das normas 118
8. A vagueza «socialmente típica» 120

§ 14. Cláusulas gerais e conceitos indeterminados

1. Proposição 122
2. O critério e a noção utilizados 124

§ 15. Cláusulas gerais e princípios jurídicos

1. Proposição 128
2. Noção de princípio jurídico 128
3. Semelhanças e distinções 132
4. Proposição sintética acerca da distinção entre princípio e cláusula geral 136
5. Critérios para a aplicação das cláusulas gerais 139

§ 16. Funções das cláusulas gerais: abertura, mobilidade e ressistematização por via da formação de novos institutos

1. Proposição 140
2. Função de «abertura» do sistema 141
3. A função de ressistematização e a formação de novos institutos 145
4. Cláusula geral e vinculação aos precedentes 151
5. A técnica dos «grupos de casos» 154
6. O papel da doutrina 155
7. Riscos e vantagens 157

§ 17. A conjugação entre o pensamento tópico e o pensamento sistemático: o «novo pensamento sistemático»

1. Proposição 163
2. A tópica jurídica 163
3. Pensamento sistemático e processo da subsunção 169
4. O processo de subsunção 169
5. O processo de concreção 171
6. A pré-compreensão 174
7. O pensamento tópico-sistemático 175

CAPÍTULO TERCEIRO

PRESSUPOSTOS PARA A COMPREENSÃO DA ATUAÇÃO DA BOA-FÉ OBRIGACIONAL

§ 18. A relação obrigacional: concepções, conteúdo, principiologia e classificações

1. Proposição 183
2. A relação obrigacional simples, ou o «vínculo obrigacional» 185

3. A relação obrigacional complexa 188
4. As doutrinas pessoalistas 190
5. As doutrinas realistas... 191
6. A doutrina dualista (*Schuld und Haftung*)..................................... 192

§ 19. A relação de obrigação como um organismo e totalidade complexa

1. Origem... 195
2. A concepção de Karl Larenz 198
3. O dinamismo da relação obrigacional.. 200
4. A noção de processo obrigacional 202
5. A relação obrigacional como relação de cooperação..................... 203
6. A análise interna da relação.. 206

§ 20. As espécies de deveres gerados pela incidência da boa-fé objetiva: deveres anexos (instrumentais à prestação) e de proteção

1. As espécies... 208
2. Deveres de prestação 209
3. Espécies de deveres de prestação.. 209
   3.1. Deveres principais de prestação... 209
   3.2. Deveres secundários.. 209
4. Os deveres anexos... 211
5. Deveres de proteção... 213

§ 21. Distinção e interdependência principiológica: boa-fé, confiança, autonomia privada, autorresponsabilidade

1. Proposição... 220
2. Autonomia privada 220
3. Autonomia privada e confiança... 221
4. Confiança e boa-fé 225
5. Autorresponsabilidade 229

§ 22. As fontes das obrigações e suas classificações

1. As várias classificações.. 230
2. O contato social como categoria jurídica..................................... 232
3. Contato social como categoria sistematizadora 235
4. Os atos existenciais.. 238
5. Atos existenciais e «relações contratuais de fato» 239
6. Qualificação jurídica dos atos existenciais.................................. 240
7. Atos existenciais como «atos-fato».. 241
8. Boa-fé e categorização dogmática das fontes 245

CAPÍTULO QUARTO
CRITÉRIOS PARA UMA APLICAÇÃO DA BOA-FÉ SISTEMATICAMENTE ORIENTADA

§ 23. A indispensabilidade do *distinguo*

1. Proposição 249

§ 24. Primeira distinção: boa-fé subjetiva e boa-fé objetiva

1. A boa-fé subjetiva 251
2. A boa-fé objetiva 255
3. A boa-fé objetiva como modelo jurídico 258
4. Indistinções entre a boa-fé objetiva e a subjetiva – exemplos 259
5. Cumulação entre boa-fé subjetiva (estado) e boa-fé objetiva (norma)... 262

§ 25. Segunda distinção: o critério do campo de incidência

1. Proposição 263
2. Os campos examinados 266

§ 26. Relações obrigacionais de Direito Civil comum

1. Proposição 266
2. Vetores 266

§ 27. Relações obrigacionais de Direito de Família

1. Proposição 267
2. Direito Pessoal de Família 268
3. Direito Patrimonial de Família 269
4. Boa-fé e Direito Patrimonial de Família 271
5. Boa-fé e Direito Pessoal de Família 275

§ 28. Relações comerciais (contratos interempresariais)

1. Proposição 277
2. O mercado 279
3. A atividade empresarial 280
4. Atividade empresarial e contratos 282
5. O mercado, o informalismo e a atipicidade das formas contratuais 283
6. A relevância dos usos do comércio e das práticas seguidas entre os agentes 285
7. O *standard* da probidade específica 287
8. Os vetores 288

§ 29. Relações associativas (associações e sociedades), empresariais ou não

1. Proposição	288
2. Boa-fé e relações associativas, em sentido amplo	289
3. A cooperação e a lealdade como elementos estruturais	291
4. Escalonamento da boa-fé, conforme a espécie associativa	292
5. Vetores	293

§ 30. Relações obrigacionais regidas por normas internacionais

1. Proposição	294
2. Boa-fé e princípio da interpretação uniforme	295

§ 31. Relações obrigacionais assimétricas

1. Proposição	298
2. Assimetria e poder	299
3. Assimetria e vulnerabilidade	299

§ 32. Relações obrigacionais de consumo

1. Proposição	303
2. As «normas objetivo» do art. 4.º do CDC	303
3. Boa-fé e relação de consumo	304
4. Boa-fé, equilíbrio e abusividade	305
5. Adesividade e abusividade	306
6. Boa-fé e transparência	307
7. Boa-fé como proteção à confiança legítima do consumidor	308
8. Boa-fé e conduta do consumidor	309

§ 33. Relações obrigacionais de emprego

1. Proposição	309
2. Boa-fé e equilíbrio na relação de emprego	310
3. Deveres para as partes e vedação ao exercício desleal	310
4. A jurisprudência trabalhista	313

§ 34. Relações obrigacionais entre os particulares e o Estado

1. Proposição	315
2. Princípios em conjugação com a boa-fé	316
3. Boa-fé e princípio da proteção da confiança	318
4. Boa-fé, proteção da confiança e vedação à contraditoriedade desleal	320
5. Boa-fé e conduta do administrado e contribuinte	322
6. Boa-fé e o exercício de direito formativo extintivo	324

7. Boa-fé e aplicação de penalidades 326
8. Boa-fé e conflito de interesses... 327
9. Boa-fé e processo administrativo... 328

§ 35. Terceira distinção: a materialidade da situação jurídica subjacente

1. Proposição... 329
2. Significados.. 330
3. Função sistematizadora... 331

§ 36. *Mea res agitur*

1. Proposição... 332
2. Negócios de intercâmbio em sentido próprio 332
3. Contratos movidos por intenção liberal.. 333
4. A maior consideração ao donatário... 335

§ 37. *Tua res agitur*

1. Proposição... 336
2. Contrato de mandato 337
3. Relação jurídica de administração... 339
4. Os administradores de sociedades 339
5. Deveres fiduciários do administrador – especificidades........................ 341
6. Critérios para a avaliação dos deveres.. 343
7. Contrato de investidura 346
8. Qualificação do contrato de investidura 346
9. Obrigação principal no contrato de investidura 348
10. Independência e imparcialidade do árbitro 349
11. Boa-fé e deveres anexos no contrato de investidura 350
12. A arbitragem e a superinvocação do princípio da boa-fé...................... 354
13. Contrato de seguro 355
14. Boa-fé e seguro 359
15. Boa-fé e disciplina informativa no seguro.. 362
16. Boa-fé e regulação do sinistro 366
17. Boa-fé e abusividade no contrato de seguro 369
18. Boa-fé e agravamento do risco... 371
19. Boa-fé e «dever de minimizar o risco» 375

§ 38. *Nostra res agitur*

1. Proposição... 376
2. A colaboração estrutural: o contrato de sociedade............................... 377
3. O fim comum... 378

4.	A «acendrada boa-fé» como fonte de deveres	379
5.	Deveres decorrentes da boa-fé e titulares do poder de controle	382
6.	A colaboração conjuntural: acordos de acionistas econtratos-aliança..	382
7.	Acordos de acionistas	383
8.	Conjugação principiológica	384
9.	Possível tensão principiológica	389
10.	Síntese conclusiva	390
11.	Os contratos-aliança	391
12.	Outros contratos de construção	393
13.	Colaboração estratégica pontual: contratos de colaboração empresária, contratos de duração, contratos relacionais	395
14.	Operações concertadas	395
15.	Qualificativos e subespécies	397
16.	Os contratos relacionais	397
17.	Relacionalidade e lacunosidade intencional	399
18.	Relacionalidade e boa-fé	399
19.	Relacionalidade e pessoalidade	400

CAPÍTULO QUINTO
ATUAÇÃO DO PRINCÍPIO DA BOA-FÉ CONFORME AS FASES DA RELAÇÃO OBRIGACIONAL

§ 39. O critério das fases do processo obrigacional

1.	Proposição	411
2.	Fases e planos da relação obrigacional	412
3.	Fase do desenvolvimento, ou execução contratual	413
4.	Fase das tratativas: primeira enunciação	413
5.	Deveres de proteção na fase das tratativas	416

§ 40. A fase formativa de um contrato

1.	Proposição	417
2.	A solução do CDC	417
3.	As soluções do Direito Privado (Civil e Empresarial)	418

§ 41. Fase inicial de prospecção e de chamamento a contratar, sem a caracterização de oferta em sentido técnico

1.	Proposição	420

§ 42. Fase negociatória em sentido estrito

1.	Proposição	421

XXXIV | A BOA-FÉ NO DIREITO PRIVADO

2. Utilidade e figuras 421
3. Critérios 423
4. Formação progressiva do contrato 424
5. A possível vinculabilidade dos atos pré-contratuais e a vinculabilidade dos atos contratuais sujeitos às chamadas «condições precedentes» ... 428
6. Eficácias hermenêuticas 431
7. As cláusulas de entendimento integral 432

§ 43. Fase da oferta, propriamente dita

1. Proposição 433
2. O art. 427 do Código Civil 434

§ 44. Fase da conclusão contratual

1. Proposição 437
2. A eficácia contratual 437
3. O problema da legitimidade da expectativa 439

§ 45. Origem da doutrina da *culpa in contrahendo* e seu atual estágio

1. A origem: a formulação de Jhering 441
2. *Culpa in contrahendo* e teoria do contato social 445
3. Desenvolvimento e expansão da doutrina da *culpa in contrahendo*..... 447

§ 46. A responsabilidade pré-contratual no Direito brasileiro

1. Proposição 456
2. *Culpa in contrahendo* e a chamada «responsabilidade pela confiança» . 458
3. A hipótese do injusto rompimento das tratativas 466
4. O recesso justificado 468
5. A violação aos deveres informativos pré-contratuais 469
6. O regime jurídico e o interesse indenizável 471
7. *Culpa in contrahendo* e boa-fé 479
8. Síntese conclusiva 485

§ 47. Fase da execução contratual: a boa-fé *in executivis*

1. Proposição 486
2. Papel auxiliar e limitador da boa-fé *in executivis* em relação à vontade contratual 487

§ 48. Fase pós-contratual

1. Proposição 489
2. Acolhimento no Direito brasileiro 490
3. Síntese conclusiva 494

SUMÁRIO | XXXV

CAPÍTULO SEXTO
A FUNÇÃO HERMENÊUTICA DA BOA-FÉ

§ 49. A função e interpretação contratual

1. Proposição 497
2. Fatores introdutórios da atenção à boa-fé no Direito brasileiro 498
3. O método adotado 500

§ 50. A interpretação segundo a boa-fé

1. Interpretação – sentido amplo 501
2. Interpretação contratual: questões 503
3. Atuação complessiva da boa-fé hermenêutica 504

§ 51. A boa-fé «contextual»: os cânones dos arts. 112 e 113 do Código Civil

1. Proposição 506
2. Regras jurídicas de interpretação e regras jurídicas interpretativas 507

§ 52. A «intenção consubstanciada na declaração» e o cânone da «totalidade e coerência» do contrato

1. Proposição 508
2. O alcance do art. 112 510
3. A insuficiência do critério literal 511
4. O cânone da totalidade e da coerência 512
5. O art. 113: *caput* e inciso III do parágrafo 1.º 518

§ 53. Cânone da finalidade do negócio e a "racionalidade do negócio"

1. Proposição 520
2. Negócio jurídico como categoria finalista: consequências 526
3. Interpretação finalista e contratos por adesão 530
4. Finalidade, «título» do contrato e atipicidade contratual 530

§ 54. O critério do comportamento das partes

1. Proposição 531
2. O comportamento posterior 532
3. O comportamento anterior 535
4. As práticas seguidas pelas partes 536
5. As práticas referidas no art. 9.º da CISG 540
6. Boa-fé e interpretação segundo os usos 542

XXXVI | A BOA-FÉ NO DIREITO PRIVADO

7. Significados da palavra «usos».. 542

8. O art. 113 inclui os usos e as práticas 544

9. Usos e prévio consentimento 545

10. O valor dos usos referidos no art. 113 546

11. Usos na prática internacional... 548

§ 55. Boa-fé e interpretação a favor do aderente

1. Proposição 550

2. A regra *contra proferentem*.. 551

3. O ônus de falar claro... 553

4. Interpretação segundo a boa-fé e vulnerabilidade do consumidor........ 556

§ 56. A boa-fé hermenêutica na CISG – Convenção de Viena para a Compra e Venda Internacional de Mercadorias

1. Proposição 561

2. A boa-fé como norma dirigida ao intérprete 562

3. O cânone da uniformidade hermenêutica............................ 563

4. O postulado normativo do caráter internacional do contrato 564

5. Aplicação da boa-fé por via indireta................................... 565

§ 57. Boa-fé e tutela da confiança na interpretação das declarações tácitas: o problema da chamada «extensão da cláusula compromissória»

1. Proposição 573

2. Fundamentos 573

3. A hipótese da «extensão subjetiva» da cláusula compromissória.......... 575

4. Cuidados a adotar e *standards* a considerar 576

§ 58. Boa-fé e interpretação mitigadora do rigor legal ou contratual

1. Proposição 580

2. Campo de aplicação 581

3. Equidade e assistematicidade.. 584

4. Síntese conclusiva 584

CAPÍTULO SÉTIMO
A CRIAÇÃO DE DEVERES

§ 59. Função integrativa

1. Proposição 589

Sumário | XXXVII

2. Distinções 589
3. A palavra «lacuna» 591
4. A integração 593
5. Lacuna e pluralidade de fontes integrativas: a boa-fé como critério integrativo 594

§ 60. Lacunas e integração contratual: técnicas e limites

1. O processo integrativo 597

§ 61. Lacunas e criação de deveres às partes

1. Proposição 599
2. Escopo dos deveres que servem à integração 600

§ 62. Deveres de cooperação e lealdade contratual

1. Âmbito dos deveres de cooperação e lealdade 601
2. Dever de cooperação e materialidade da situação jurídica 602

§ 63. Deveres informativos

1. Proposição e significados 605
2. Interesse à informação: as várias escalas 607
3. Instrumentalidade da informação 608
4. Transindividualidade da informação: o mercado de valores mobiliários ... 611
5. Uma informação marcada pelo interesse público 612
6. Informação e prospecto 613
7. Critérios e elementos do dever de informar 615
8. Formas de infração aos deveres informativos 618
9. Deveres informativos na fase pré-contratual 619
10. Dever de informar: extensão 620
11. Critérios auxiliares à concreção do dever de informar ... 621
12. Informação, lealdade, veracidade 622
13. Afastamento do dever de informar 624
14. Deveres informativos na área da saúde 625

§ 64. Deveres de proteção («deveres laterais»)

1. Proposição 626
2. O significado e a abrangência 626
3. Deveres de proteção e dano moral 628
4. Interesses de proteção: o problema dos terceiros em sua relação com o contrato 629

XXXVIII | A BOA-FÉ NO DIREITO PRIVADO

5. Diferentes significados da relação «contrato e terceiros»....................... 631
6. O princípio da incolumidade das esferas jurídicas 633

§ 65. O «dever» de colaborar para a mitigação do próprio prejuízo

1. Proposição 635
2. Qualificação jurídica: dever ou ônus?.. 636
3. Problemas de Direito Comparado... 639
4. Origem da doutrina da mitigação 640
5. Quantificação e critérios... 642
6. Jurisprudência.. 645

CAPÍTULO OITAVO
FUNÇÃO CORRETORA: A BOA-FÉ E O EXERCÍCIO JURÍDICO

§ 66. A função corretora

1. Proposição 655
2. As duas vertentes da função corretora.. 655

§ 67. A função corretora do conteúdo contratual

1. Premissas 656

§ 68. Boa-fé como norma de validade: o sistema do Código Civil

1. Proposição 660
2. Soluções do Direito brasileiro 661
3. O art. 166 do Código Civil.. 663
4. Demais hipóteses de controle do conteúdo no âmbito do Código Civil . 666

§ 69. Boa-fé como norma de validade e correção da «abusividade contratual»

1. Distinções: abuso e abusividade 667
2. Os planos de projeção da distinção... 668
3. Abusividade, segundo o CDC.. 669
4. Crítica: a miscelânea de fundamentos e a invocação iterativa 673

§ 70. Correção do conteúdo do contrato sem referência à validade: papel da boa-fé frente a situações de desequilíbrio decorrente de circunstâncias supervenientes à formação do contrato

1. Proposição 676
2. Dimensão plurívoca do princípio do equilíbrio 677
3. Tempo e contrato... 677

SUMÁRIO | XXXIX

4. A longa duração 679
5. Fontes legais do dever de reequilíbrio e especificidades consoante os campos normativos 681
6. Fontes negociais: a autonomia privada e as cláusulas de adaptação por renegociação 684
7. Cláusulas de renegociação: desnecessidade de apelo à imprevisibilidade 685
8. O critério do modo de operar a adaptação do contrato 686
9. As cláusulas de *hardship* 686
10. Conjugação entre fontes legais e fontes negociais 689
11. Previsões gerais do Código Civil: contratos entre iguais 689
11-A. O princípio da boa-fé é fonte do «dever de renegociar»? 691
12. Reequilíbrio e contratos entre desiguais 699
13. A jurisprudência 699
14. Síntese conclusiva 707

§ 71. Boa-fé e revisão nos contratos administrativos

1. Proposição 708
2. Requisitos da revisão 708

§ 72. Boa-fé e controle do modo de exercício dos direitos e posições jurídicas

1. O exercício jurídico 710
2. A boa-fé e o art. 187 do Código Civil: a ilicitude no modo de exercício 711

§ 73. A contraditoriedade desleal no exercício jurídico

1. Proposição 715
2. A vedação à contraditoriedade desleal como «figura da experiência» .. 716

§ 74. O *venire contra factum proprium*

1. Proposição 719
2. Noção 719
3. Âmbito de delimitação 720
4. Ligação à boa-fé 722
5. Requisitos 724
6. Consequência 724
7. A jurisprudência 725
8. A desmedida invocação do *venire contra factum proprium non valet*.. 733

§ 75. *Nemo auditur propriam turpitudinem allegans*

1. Proposição 734

XL | A BOA-FÉ NO DIREITO PRIVADO

2. Origem da regra.. 735
3. Jurisprudência.. 737
4. Consequências da incidência 740
5. A questão da vedação à *repetitio* 741
6. Utilidade da distinção.. 743
7. Alegação de nulidade formal e substancial 746
8. Síntese conclusiva 747

§ 76. *Tu quoque* e *exceptio non adimpleti contractus*

1. Proposição... 748
2. *Tu quoque* 749
3. Aplicação tópica: *tu quoque* como figura da experiência..... 750
4. Os direitos de exceção e a noção de sinalagma 752
5. Requisitos 753
6. Sinalagma e *tu quoque*.. 753

§ 77. *Suppressio* e *surrectio*

1. Proposição... 756
2. Noção e origem.. 756
3. Requisitos 759
4. *Suppressio* e boa-fé 762
5. A *surrectio*... 768

§ 78. Boa-fé no balanceamento entre Justiça e utilidade contratual

1. Proposição... 771
2. As causas de cessação dos efeitos de um contrato: distinções.............. 772
3. Premissas sobre a terminologia adotada e noções gerais sobre a extinção contratual por causas supervenientes à sua formação........................... 774

§ 79. Boa-fé e exercício de denúncia

1. Noção e distinções 776
2. Boa-fé e exercício do direito formativo de denúncia............. 777
3. O parágrafo único do art. 473 780

§ 80. A condição resolutiva e o art. 128 do Código Civil

1. Proposição... 787
2. Boa-fé e condição resolutiva: uma interpretação do art. 128 do Código Civil 788

§ 81. Resolução (em sentido amplo) por inadimplemento

1. Proposição... 791

2. As espécies de inadimplemento 792

3. A gravidade do inadimplemento e o *topos* da inutilidade da prestação para o credor 794

4. O incumprimento definitivo.. 795

5. Critérios para a averiguação da inutilidade da prestação para o credor 795

6. Incumprimento definitivo parcial.................................... 801

7. Boa-fé e apreciação da utilidade da prestação para o credor 803

§ 82. O adimplemento substancial do contrato

1. Noção e origem.. 805

2. Adimplemento substancial e boa-fé................................ 805

3. Requisitos à aplicação... 808

§ 83. O inadimplemento antecipado do contrato

1. Premissas 810

2. Noção 810

3. Origem 812

4. O inadimplemento antecipado nos documentos do Direito Contratual Internacional.. 813

5. Aceitação no Direito brasileiro 814

6. Inadimplemento antecipado e boa-fé.............................. 815

7. Requisitos 816

§ 84. A violação positiva do crédito

1. Proposição 818

2. Extensão 819

3. Eficácia.. 820

§ 85. Conclusões muito sintéticas.. 821

BIBLIOGRAFIA... 823

JURISPRUDÊNCIA CITADA 885

ÍNDICES REMISSIVOS 903

Índice remissivo *stricto sensu* 903

Casos nomeados.. 929

Legislação citada... 931

ÍNDICE ONOMÁSTICO... 942

Introdução

§ 1. A expressão «boa-fé»

1. Os sentidos

O sintagma «boa-fé» é utilizado na linguagem dos juristas de modo multifacetado, nem sempre designando o mesmo fenômeno jurídico.[1] A própria legislação registra a locução em diversas situações e significados. Trata-se de *conceito indeterminado* que se pode apresentar como princípio;[2] como elemento do suporte fático integrante de regra jurídica; ora traduzindo uma acepção objetiva (comportamento segundo boa-fé[3]), apreensível em um *standard* jurídico (boa-fé como pauta da conduta idealmente devida); ora expressando a acepção subjetiva (boa-fé como crença e/ou

---

1. «SINTAGMA» é, para a teoria linguística, a combinação entre um determinante e um determinado. O «boa» determina a espécie de «fé» considerada. Mas um sintagma é, também, uma expressão de significado inacabado. Especificamente quanto ao sintagma «boa-fé», observa Mario Talamanca: «todos deveríamos saber» que sob a «mesma genérica etiqueta, podem estar contidos os mais disparatados valores, diversos no tempo e no espaço», sendo o papel do jurista, no seu presente, saber individuar quais são os valores correntes com base nos quais é regida a sociedade onde vive. TALAMANCA, Mario. La Bona Fides nei Giuristi Romani – *«Leerformeln»* e Valori dell'Ordinamento. In: GAROFALO, Luigi (Org.). *Il Ruolo della Buona Fede Oggettiva nell'Esperienza Giuridica Storica e Contemporanea* – Atti del Convegno Internazionale di Studi in Onore di Alberto Burdese, vol. IV. Padova: Cedam, 2004, p. 3, em tradução livre.

2. Para as distinções entre princípio jurídico e conceitos jurídicos indeterminados, *vide infra*, CAPÍTULO II, §15 e ss.

3. Paradigmaticamente, no Código Civil, art. 422, *in verbis*: «Os contratantes são obrigados a guardar, assim na conclusão do contrato, como em sua execução, os princípios de probidade e boa-fé». Por igual o art. 187: «Também comete ato ilícito o titular de um direito que, ao exercê-lo, excede manifestamente os limites impostos pelo seu fim econômico ou social, pela boa-fé ou pelos bons costumes».

estado de ignorância, ou como presunção desse estado).[4] Por sua complexidade, melhor se deve qualificar a boa-fé como instituto ou *modelo jurídico*.[5]

Já quanto às acepções, o idioma português, tal qual o italiano, o espanhol, o francês e o inglês,[6] dispõe de uma mesma e única expressão linguística para designar duas realidades jurídicas diversas[7] a que são atribuídas distintas funções, gerando, cada qual, específicas e inconfundíveis eficácias normativas, discernidas pelo adjetivo: a boa-fé subjetiva e a boa-fé objetiva.[8] Apenas essa última é objeto de estudo neste livro, embora a boa-fé subjetiva compareça tanto para efetivar-se a distinção quanto para indicar um estado de confiança objetivado ou objetivável, segundo critérios externos ao sujeito (por exemplo, os usos do setor econômico em causa, ou os usos próprios de determinada profissão, como, na Medicina, as práticas e os comportamentos componentes da chamada *ars medica*), e ainda, por força da LLE, para indicar uma presunção.[9]

2. Boa-fé objetiva

Diferentemente do que está no senso comum, no qual a expressão «boa-fé» é imediatamente compreendida como «ausência de má-fé», a expressão «boa-fé objetiva» não traduz um estado de fato (o «estar de boa-fé») cuja eficácia pode estar direcionada a afastar a culpa ou a gerar determinadas pretensões aquisitivas (*e.g.*, a aquisição da posse) ou salvaguarda posições jurídicas (como ao credor de boa-fé). Diferentemente, o sintagma, quando adjetivado como «objetiva» ou «obrigacional», ou, ainda, «boa-fé normativa», ou como «boa-fé contratual», aponta a um modelo ou instituto jurídico indicativo de (*i*) uma estrutura normativa dotada de prescritividade; (*ii*) um cânone de interpretação dos contratos; e (*iii*) um *standard* comportamental.[10] Conquanto não se possa definir um conceito, os juristas chegam ao seu conteúdo pela análise de diferentes situações nas quais os tribunais encontram a razão de decidir (ou uma delas) na

---

4. Exemplificativamente, Código Civil, art. 1.201, *in verbis*: «É de boa-fé a posse, se o possuidor ignora o vício, ou o obstáculo que impede a aquisição da coisa». Veja-se ainda, a título exemplificativo, arts. 242, 286, 309, 523, 637, 686, 689, 878, 879, 896, 901, 916, 918, § 2.º, 925, 954, 1.049, 1.149, 1.177, 1.201, *caput* e parágrafo único, 1.202, 1.214, 1.216 a 1.220, 1.222, 1.228, § 4.º, 1.238, 1.242, 1.243, 1.247, parágrafo único, e 1.254.

5. *Vide* Capítulo IV, §25.

6. No Direito inglês e no francês (assim como no brasileiro), utiliza-se o termo «boa-fé» para as duas realidades diversas. *Vide*: Zimmermann, Reinhard; Whittaker, Simon (Orgs.). *Good Faith in European Contract Law*. Cambridge: Cambridge University Press, 2000, p. 30-31. «On the distinction between "objective" and "subjective" good faith (...) see the comparative remarks by Hesselink (n. 35) who points out that a number of legal systems (such as French or English law) tend to use the same term in both meanings». Ainda, §11, *infra*.

7. Essas duas realidades normativas vêm, no idioma alemão, discernidas pelas expressões *Treu und Glauben* e *Gutten Glaube*. *Vide* §§9 e 10, *infra*.

8. A distinção entre boa-fé subjetiva e objetiva é tratada no Capítulo IV, §25.

9. *Vide* Capítulo IV, §35, 9.

10. Essas noções estão explicitadas nos Capítulos VI, VII e VIII.

INTRODUÇÃO | 3

violação a esse *standard* comportamental. Trata-se de uma listagem extremamente heterogênea de situações, sendo dificultoso recortar de modo preciso o que tais situações têm em comum,[11] razão pela qual é imprescindível um exame casuístico – como primeira aproximação – seguido por um *approach* funcional.[12]

Efetivamente, não é fácil essa caracterização, pois a locução «boa-fé» é uma expressão semanticamente vaga ou aberta e, por isso, carecedora de *concretização*, sendo a tarefa de concretizar sempre, e necessariamente, contextual. Por mais que seja manifesto um significado genérico do sintagma «boa-fé» – por todos compreensível, mas de pouco auxílio, justamente por conta da elevada genericidade –, *especificar* o conteúdo de um comportamento pautado por esse modelo jurídico nos variados casos concretos é tarefa de difícil realização. O conteúdo específico da boa-fé, em cada caso, está indissoluvelmente ligado às circunstâncias, aos «fatores vitais» determinantes do contexto da sua aplicação. Por isso, é impossível apresentar uma definição apriorista e bem-acabada do «que seja» a boa-fé objetiva. Como sintetizado com acurácia, o conceito de boa-fé parece mais interessar por sua função que por sua definição.[13]

Isso não significa, de modo algum, que a expressão «boa-fé objetiva» constitua *flatus vocis* ou elástico cheque em branco a ser preenchido de acordo com o impressionismo jurídico (principalmente aquele, muito perigoso à democracia, que é o ditado pelo incontrolável e subjetivo «sentimento de justiça»). Há – mesmo na relatividade do tempo e no espaço – um conteúdo mínimo (traduzido no *honeste vivere*[14] ciceroniano) que lhe está conotado. O agir *segundo a boa-fé objetiva* concretiza as exigências de probidade, correção e comportamento leal hábeis a viabilizar um adequado tráfico negocial, consideradas a finalidade e a utilidade do negócio em vista do qual se vinculam, vincularam, ou cogitam vincular-se, bem como o específico *campo de atuação* em que

---

11. *Vide* a observação de GORDLEY, James. Good Faith in Contract Law in the Medieval ius commune. In: ZIMMERMANN, Reinhard; WHITTAKER, Simon (Orgs.). *Good Faith in European Contract Law*. Cambridge: Cambridge University Press, 2000, p. 93.

12. Apontando a essa perspectiva também: FAUVARQUE-COSSON, Bénédicte; MAZEAUD, Denis. La Bonne Foi. In: *Terminologie Contractuelle Commune*. Paris: Societé de Législation Comparée, 2008, p. 223.

13. No original: «De fait, le concept de bonne foi semble intéresser davantage par sua fonction que par sa définition». FAUVARQUE-COSSON, Bénédicte; MAZEAUD, Denis. La Bonne Foi. In: *Terminologie Contractuelle Commune*. Paris: Societé de Législation Comparée, 2008, p. 215. Advirta-se que todos os termos entre aspas deste livro cujas referências estão em língua estrangeira, caso não haja referência explícita à tradução, são resultado de tradução livre. Incluem-se nesse contexto, pontualmente, traduções a línguas estrangeiras de obras de outras línguas, as quais também foram vertidas livremente ao português.

14. «*Profecto nihil est aliud bene et beate vivere nisi honeste et recte vivere*» (CÍCERO, *Paradoxa Stoicorum*, I, 46 a. C. (data provável) que li como: *Las paradojas de los estoicos*, vol. I. 15.ª ed. Madrid: Universidad Autônoma de Madrid, 2000, p. 7. Em tradução livre: «seguramente o viver bem e ditosamente não é outra coisa senão que o viver honesta e retamente»). O paradoxo está em que Cícero, nesta que é considerada a sua primeira obra filosófica, partindo do princípio de que «somente o que é virtuoso é bom», examina e refuta dois lugares comuns: o de que o bem (*bonum*) estaria na posse de riquezas materiais; e de que o bem derivaria de uma vida levada pelos prazeres.

4 | A BOA-FÉ NO DIREITO PRIVADO

situada a relação obrigacional.[15] Porém, no plano concreto das relações de vida que o Direito é chamado a ordenar, nem sempre é fácil saber quais são essas exigências de probidade, correção e lealdade; o que é um tráfico negocial adequado à finalidade e à utilidade do negócio; em suma, o que caracteriza um comportamento segundo a boa-fé.

A *especificação* desse conteúdo é sempre *relacional* aos demais dados do contexto no qual incidente a normatividade da boa-fé,[16] inclusive aos dados decorrentes do fenômeno da pré-compreensão,[17] sempre culturalmente orientada, o que traz dificuldades especiais quando se trata de aplicá-la em relações marcadas pela diversidade de culturas jurídicas.[18]

Conquanto impossível – tecnicamente – *definir* a boa-fé objetiva, pode-se, contudo, *indicar*, relacionalmente, as condutas que lhe são conformes (valendo então a expressão como forma metonímica de variados modelos de comportamento exigíveis na relação obrigacional),[19] bem como *discernir funcionalmente* a sua atuação e eficácia como

---

15. BOURDIEU, Pierre. *Raison Pratiques*: sur la Théorie de l'Action. Paris: Éditions du Seuil, 1994, p. 53-57. Do mesmo autor, *Ce que Parler Veut Dire*: l'Économie des Échanges Linguistiques. Paris: Fayard, 1982, p. 53-58. A ideia bourdieusiana de *campo* foi enunciada pela primeira vez no livro *Microcosmos*, no qual reunidos estudos sobre os diversos campos sociais. Sinteticamente, os «campos» constituem um pedaço do mundo social regido por leis e códigos próprios, caracterizando, tal qual na física, «campos de forças» onde interagem indivíduos ou forças sociais diversas. Assim anotei em: MARTINS-COSTA, Judith. Os Campos Normativos da Boa-Fé Objetiva: as três perspectivas do Direito privado brasileiro. In: AZEVEDO, Antonio Junqueira de; TÔRRES, Heleno Taveira; CARBONE, Paolo (Org.). *Princípios do Novo Código Civil Brasileiro e Outros Temas*: homenagem a Tullio Ascarelli. São Paulo: Quartier Latin, 2008, p. 388-421. Também publicado em: *Revista Estudos de Direito do Consumidor*, vol. VI, Coimbra, 2004, p. 85-128.

16. «O problema é, pois, de ver como, em circunstâncias diversas, segundo a variação dos contextos sociais na sincronia e da mesma comunidade na diacronia, se dá corpo aquela *flatus vocis*, àquela "*Leerformeln*" entre as quais se acolherão também a *bona fides* dos romanos e a nossa boa-fé. "*Leerformeln*" que – para não restarem meras expressões verbais – vão recheadas por valores, que não estão, porém, fixados *ab aeterno* e *in aeternum*, como não poucos creem, talvez justamente para – mais ou menos conscientemente – esconder o caráter variável daqueles valores que esses defendem como eternos» (TALAMANCA, Mario. La Bona Fides nei Giuristi Romani – «*Leerformeln*» e Valori dell'Ordinamento. In: GAROFALO, Luigi (Org.). *Il Ruolo della Buona Fede Oggetiva nell'Esperienza Giuridica Storica e Contemporanea* – Atti del Convegno Internazionale di Studi in Onore di Alberto Burdese, vol. IV. Padova: Cedam, 2004, p. 4, em tradução livre).

17. GADAMER, Hans-Georg. *Verdad y Método*. Fundamentos de Hermeneutica Filosófica. Trad. espanhola de Ana Agud Aparicio e Rafael de Agapito. Salamanca: Sigueme, 1991, p. 331-338; ESSER, Josef. *Precomprensione e Scelta del Metodo nel Processo di Individuazione del Diritto*. Trad. italiana de Salvatore Patti e Giuseppe Zaccaria. Camerino: Edizioni Scientifiche Italiane, 1983, p. 132-137.

18. Mostram as dificuldades que cercam uma pretensa univocidade do princípio da boa-fé as obras coletivas organizadas por ZIMMERMANN, Reinhard; WHITTAKER, Simon (Orgs.). *Good Faith in European Contract Law.* Cambridge: Cambridge University Press, 2000, que pretendem responder se há um «coração comum» à boa-fé no cenário contratual europeu, e por CÓRDOBA, Marcos; CORDOBERA, Lidia Garrido; KLUGER, Viviana (Orgs.). *Tratado de la Buena Fé en el Derecho*. Tomos I e II. 2.ª ed. Buenos Aires: La Ley, 2005, mais centrados no panorama latino-americano, trazendo, outrossim, aportes de juristas europeus.

19. A boa-fé é um instrumento que, «se não indica em si precisos modelos de comportamento», veicula, porém, «uma relevância no plano da valoração dos casos concretos» e pode – «mas em

(*i*) fonte geradora de deveres jurídicos de cooperação, informação, proteção e consideração às legítimas expectativas do *alter*,[20] copartícipe da relação obrigacional; (*ii*) baliza do modo de exercício de posições jurídicas, servindo como via de correção do conteúdo contratual, em certos casos, e como correção ao próprio exercício contratual; e (*iii*) como cânone hermenêutico dos negócios jurídicos obrigacionais.[21] Ao assim atuar funcionalmente, a boa-fé serve como *pauta* de interpretação, *fonte* de integração e *critério* para a correção de condutas contratuais (e, em certos casos demarcados em lei, inclusive para a correção do conteúdo contratual).

Em vista das normas do Código Civil de 2002, a boa-fé objetiva se põe, expressamente, como metro para a aferição da licitude no exercício de direitos derivados de negócios jurídicos (art. 187); como cânone de interpretação dos negócios (art. 113); e como cláusula geral dos contratos, servindo à sua integração (art. 422). Nessas três previsões tem *caráter geral*, espraiando a sua eficácia em numerosos institutos. Mas está também prevista de modo *específico* em setores delimitados, por exemplo: indicando como há de ser procedida a interpretação moduladora da eficácia de condição resolutiva aposta a um negócio de execução continuada ou periódica (art. 128); quais são os limites para o exercício de denúncia em contratos duradouros e de execução continuada (art. 473, parágrafo único); determinando limites ao exercício jurídico do *ius variandi* em contrato de empreitada, num caso específico de *suppressio* (art. 619); impondo especiais deveres de conduta para as partes em contrato de seguro (arts. 765 e 769).

Também o Código de Defesa do Consumidor situa a boa-fé objetiva, em caráter geral, como princípio fundante da Política Nacional das relações de consumo (art. 4.º, inc. III, *in fine*) e como critério de aferição da validade das cláusulas contratuais (art. 51, inc. IV). Nesse caso, pela extremada amplitude do texto legal, a boa-fé acaba por desempenhar função corretora do conteúdo contratual, promovendo o reequilíbrio de uma relação presumidamente assimétrica, por meio da revisão ou pela invalidação de cláusulas que venham a acentuar ou consagrar o desequilíbrio entre as respectivas posições jurídicas («cláusulas abusivas»). Neste livro, porém, o foco central estará na atuação da

---

via apenas metonímica – ser adotada como uma designação coletiva para tais modelos», uma vez expressar uma «disposição de honestidade», «*diatesi d'onestà*», nas palavras de Talamanca, traduzindo a «feliz expressão» de Max Kaser, «*redliche Gesinnung*» (Talamanca, Mario. La Bona Fides nei Giuristi Romani – «*Leerformeln*» e Valori dell'Ordinamento. In: Garofalo, Luigi (Org.). *Il Ruolo della Buona Fede Oggetiva nell'Esperienza Giuridica Storica e Contemporanea* – Atti del Convegno Internazionale di Studi in Onore di Alberto Burdese, vol. IV. Padova: Cedam, 2004, p. 13, em tradução livre).

20. Esses três grandes grupos de deveres abrangem, como oportunamente sublinharei, outros deveres, positivos ou negativos (tais quais os de informação, conselho, esclarecimento, de abstenção de condutas mais gravosas ao parceiro, de sigilo).

21. Outras funções ainda são desempenhadas, tal como, exemplificativamente, prevê o art. 765 do Código Civil em matéria de contrato de seguro; ou supõem os arts. 619, parágrafo único (*suppressio* em contrato de empreitada); 473 (denúncia unilateral, em contratos duradouros); 128 (requisito de persistência da eficácia dos atos, na superveniência de condição resolutiva). Ver, *infra*, Capítulos VI a VIII.

boa-fé nas relações regidas pelo Código Civil como «código central» às relações obrigacionais interprivadas (civis e comerciais), muito embora se faça menção à operatividade do princípio em relações obrigacionais submetidas a outras regências, como a do
Código de Defesa do Consumidor e a do Código de Processo Civil.[22]

A expressa apreensão, pelo Código Civil, da boa-fé objetiva como modelo jurídico
prescritivo – que já seria *per se* atuante ainda se acolhido de forma apenas implícita[23] –,
só faz demonstrar a sua importância verdadeiramente nuclear para o Direito das Obrigações, emparelhando à autonomia privada as ideias de *confiança legítima e de cooperação devida em vista da utilidade da prestação*, e, assim, transformando a relação obrigacional em um «vínculo dialético e polêmico», estabelecendo entre devedor e credor
«elementos cooperativos necessários ao correto adimplemento».[24]

3. As perspectivas e o enfoque adotado

Como registrei de outra feita,[25] muitas seriam as perspectivas pelas quais se poderia enfrentar o exame da boa-fé objetiva: o exame da construção histórica do conceito,
os seus desvios, no tempo, e as suas metamorfoses, no espaço; as implicações ideológicas e metodológicas que nele estão contidas; o seguimento das linhas de força sociológicas e filosóficas que lhe subjazem; ou, ainda, os seus reflexos na política do Direito
– *autant de sujets d'étude, autant de sujets d'inquiétude*, como lembrou, em bela imagem,
Simone David-Constant.[26] Há, em relação à boa-fé, uma vastidão de perspectivas; é
preciso, contudo, selecionar, reduzir, concentrar, à custa, talvez, de conter a inquietude.
Bem por isso, consciente da necessidade de recortar o tema em bem delimitado campo
de análise, recolho o viés pelo qual possa compreender a boa-fé em sua atuação propriamente normativa, examinando as formas de sua atuação no processo obrigacional e
oferecendo critérios para a sua aplicação nos casos concretos.

---

22. *Vide* Capítulo IV, §37; Capítulo V, §42; Capítulo VI, §57, e Capítulo VII, §71.
23. Ensinou Clóvis do Couto e Silva que o fato de o Código Civil de 1916 não contemplar de forma
    expressa o princípio da boa-fé – constatação que decorreria de uma interpretação «*meramente
    gramatical*», consagradora de «*um absurdo*» – não poderia levar à conclusão de que ele não inte-
    gra o Ordenamento. E escreveu: «Quando num código não se abre espaço para um princípio
    fundamental, como se fez com o princípio da boa-fé, para que seja enunciado com a extensão que
    se pretende», afirmou, «ocorre ainda assim a sua aplicação por ser o resultado de necessidades
    éticas essenciais, que se impõem ainda quando falte disposição legislativa expressa», reconhe-
    cendo, porém, que, neste caso, «a percepção ou captação de sua aplicação torna-se muito difícil»,
    por não existir uma lei de referência a que possam os juízes relacionar a sua decisão» (Couto e
    Silva, Clóvis do. O Princípio da Boa-Fé no Direito Brasileiro e Português. In: *Estudos de Direito
    Civil Brasileiro e Português*. São Paulo: Revista dos Tribunais, 1980, p. 61-62).
24. Couto e Silva, Clóvis do. O Princípio da Boa-Fé no Direito Brasileiro e Português. In: *Estudos de
    Direito Civil Brasileiro e Português*. São Paulo: Revista dos Tribunais, 1980, p. 47.
25. Martins-Costa, Judith. *A Boa-Fé no Direito Privado:* sistema e tópica no processo obrigacional.
    São Paulo: Revista dos Tribunais, 1999, p. 21.
26. David-Constant, Simone. La Bonne Foi: une mer sans rivages. In: *La Bonne Foi*. Liège: ASBL
    Éditions du Jeune Barreau de Liège, 1990, p. 9.

INTRODUÇÃO | 7

A normatividade da boa-fé objetiva é, pois, o problema que me disponho a enfrentar, hoje como antes. Porém, diferentemente das questões que imediatamente constituíam o móvel do texto de 1999 – qual seja, a relação entre *sistema e tópica* no processo obrigacional –, agora essa problemática vem pressuposta, o proscênio sendo concedido diretamente à boa-fé, sua normatividade, seus campos de função, formas e critérios para a sua atuação. Resta, pois, pressuposto o problema atinente à possibilidade de o sistema de Direito Privado, mantendo-se como tal (isto é: como um sistema racionalmente operável e controlável), abrir-se à possibilidade de recolher os casos que a experiência social contínua e inovadoramente propõe a uma adequada regulação jurídica, de modo a ensejar a formação de modelos jurídicos inovadores sem que seja necessário recorrer, sempre e inapelavelmente, à inovação legislativa.[27] Isso porque a compreensão do papel efetivamente atribuído à boa-fé objetiva supõe a utilização, *prima facie*, do raciocínio tópico, cabendo ao intérprete conectar a tópica com o sistema, pois exige a boa-fé a inserção, pontual, do modo de raciocínio tópico numa ordem jurídica sistematicamente estruturada.

Em coerência ao recorte ora adotado, foram também afastadas as referências mais arcanas à construção da ideia de sistema no Direito,[28] como averiguado no livro de 1999, preferindo-se partir da tensão entre sistema e tópica tal qual explicitamente assumida pelos elaboradores do Código Civil.[29] Estes pretenderam elaborar um modelo de código em que, embora mantida a concepção sistemática (sem a qual a operabilidade do Direito restaria ferida), é viabilizada, ainda assim, uma abertura aos elementos externos, a fim de acolher soluções aptas à mutabilidade da vida. Essa abertura é em parte viabilizada pelas cláusulas gerais,[30] técnica legislativa pela qual são conformados *modelos jurídicos abertos*, isto é: aqueles expressos mediante uma «estrutura normativa concreta» cuja finalidade é modular, nas leis, «soluções que deixam margem ao juiz e à doutrina», fazendo apelo, para tal fim, «a conceitos integradores da compreensão ética, tais como os de boa-fé, equidade, probidade, finalidade social do direito, equivalência de prestações etc.».[31]

---

27. Este foi o viés de exame privilegiado em MARTINS-COSTA, JUDITH. *A Boa-Fé no Direito Privado:* sistema e tópica no processo obrigacional. São Paulo: Revista dos Tribunais, 1999, especialmente, p. 21-33 e 355-380.

28. Constantes dos CAPÍTULOS 1 a 3 de *A Boa-Fé no Direito Privado:* sistema e tópica no processo obrigacional. São Paulo: Revista dos Tribunais, 1999, p. 39-272.

29. REALE, Miguel. *O Projeto do Novo Código Civil.* São Paulo: Saraiva, 1999, p. 28; MOREIRA ALVES, José Carlos. *A Parte Geral do Projeto de Código Civil Brasileiro.* 2.ª ed. São Paulo: Saraiva, 2003, p. 27-28.

30. Essa temática é objeto do CAPÍTULO II.

31. REALE, Miguel. Exposição de Motivos do Projeto de Código Civil, 1975. In: *O Projeto de Código Civil*: situação atual e seus problemas fundamentais. São Paulo: Saraiva, 1986, p. 84. Também o relator do Projeto do Código Civil no Senado bem percebeu o fulcro desta questão, ao assinalar: «O raciocínio prudente, no caso, harmoniza-se com a *técnica de legislar*». Esta vem indicada já nas primeiras linhas do Parecer, no qual está assentado: «Ocorre ainda que o Projeto de Código Civil, em elaboração no ocaso de um para o nascer de outro século, deve traduzir-se em *fórmulas*

A BOA-FÉ NO DIREITO PRIVADO

O exame é impulsionado pelas decisões referentes à boa-fé objetiva, que hoje, considerados apenas os tribunais estaduais, somam centenas de milhares,[32] tendo exponencialmente crescido no Superior Tribunal de Justiça a partir de 2003.[33] Conquanto na arbitragem os dados relativos às decisões que aplicam a boa-fé objetiva não sejam quantificados (em razão da confidencialidade que habitualmente pauta o procedimento arbitral), cogita-se ser sua aplicação, ora como princípio normativo, ora como *standard* de conduta aos contraentes, versada com intensidade.[34]

Passada a fase em que os foros brasileiros acolheram o princípio da boa-fé com sabor de *novidade*, é chegada a hora de sua sedimentação, para o que imprescindível o lavor doutrinário crítico e propositivo de critérios orientadores de sua aplicação.

---

genéricas e flexíveis, em condições de resistir ao embate de novas ideias» (Parecer Final do Relator Geral no Senado Federal. In: REALE, Miguel. *História do Novo Código Civil*. São Paulo: Revista dos Tribunais, 2005, p. 124).

32. Levantamento quantitativo realizado nos Tribunais de Justiça dos 26 Estados e do Distrito Federal em inteiros teores das decisões respondendo ao filtro «boa-fé objetiva» apontava, em 30 de outubro de 2017, a mais de 445 mil acórdãos.

33. A análise do perfil funcional do princípio da boa-fé, desenvolvida sobretudo nos CAPÍTULOS VI, VII e VIII, estará centrada, nesta obra, na jurisprudência do Superior Tribunal de Justiça, embora não exclusivamente. Apenas de modo muito pontual foram referidas decisões dos Tribunais de Justiça, não pela carência em sua riqueza, mas pela impossibilidade, para a autora, de tratar de modo rigoroso, com os critérios previamente enunciados, um universo que, como alertado acima, ultrapassa em muito o milhar. Quanto à jurisprudência do Superior Tribunal de Justiça, registravam-se, até 21 de agosto de 2014, 386 acórdãos e 12.112 decisões monocráticas vinculadas ao verbete, dos quais apenas 18 publicados até a data de início da vigência do Código Civil de 2002, o primeiro deles do ano de 1994. Note-se ser possível alguma dissonância na quantificação porque, como informa Rafael Xavier, se o filtro limitar-se à expressão «boa-fé objetiva», surge a questão de saber sobre quais dados constantes do acórdão o filtro incidirá, ou melhor: onde, textualmente, deve estar a menção à boa-fé objetiva para que o acórdão responda à pesquisa? A resposta é dada pela Ouvidoria do STJ, que esclarece: «os dados pesquisáveis em seu *site* são aqueles constantes do "espelho do acórdão"», sendo este «documento elaborado pela Secretaria de Jurisprudência sobre o julgado» (informação fornecida pela Ouvidoria do Superior Tribunal de Justiça, em consulta por *e-mail* realizada via *site* do STJ <www.stj.jus.br>. Resposta recebida em 24.05.2013). Daí por que a ausência de determinados acórdãos no filtro da pesquisa (dados recolhidos por Rafael Branco Xavier nos anos de 2010 a 2013 e hoje expressos em: XAVIER, Rafael Branco. *Funções da Boa-Fé na Jurisprudência do STJ*. Monografia de Conclusão de Curso, Faculdade de Direito da Universidade Federal do Rio Grande do Sul, Porto Alegre, 2013, atualizados posteriormente).

34. Não há dados sistematizados no tocante à relação entre a invocação do princípio da boa-fé e as decisões em procedimentos arbitrais no Brasil. A doutrina acentua, porém, a relevância. Confira-se em: SILVA, Eduardo Silva da. *Arbitragem e Direito da Empresa*: dogmática e implementação da cláusula compromissória. São Paulo: Revista dos Tribunais, 2003; NUNES PINTO, José Emilio. *A Cláusula Compromissória à Luz do Código Civil*. Disponível em: <www.camarb.com.br/areas/subareas_conteudo.aspx?subareano=34>. Acesso em: 15.10.2012; LEMES, Selma Maria Ferreira. Cláusula Arbitral e Boa-Fé. Disponível em: <www.camarb.com.br/areas/subareas_conteudo.aspx?subareano=37>. Acesso em: 15.10.2012. Trabalho desenvolvido por autora brasileira, Natália Mizrahi Lamas, embora não tenha sido publicado (*A Boa-Fé na Arbitragem Comercial Internacional*), dá conta de analisar a boa-fé em arbitragens comerciais internacionais, relatando a ampla invocação ao princípio.

Parece, assim, oportuno centrar o foco nas potencialidades operativas da boa-fé em vista da necessidade de *delimitação* desse instituto, melhor sendo precisados os contornos dos seus campos operativos e precisadas as suas distintas funções. Eventualmente, a maior precisão ajudará a afastar alguns mitos provenientes de um senso comum nada fundamentado, como os que igualam boa-fé a um «sentimento de justiça» livre de amarras técnico-dogmáticas e dependente do alvedrio do juiz; com o «ser ingênuo» na relação contratual; ou confundem seu papel com o de instrumento de desmanche ou afastamento da vinculabilidade e da relatividade dos contratos.

Essa é a premissa em que fundado este intento em cooperar lealmente para com a apreensão e a utilização racional e sistematicamente orientada desse modelo jurídico prescritivo.

Capítulo Primeiro

As Raízes

§ 2. A boa-fé no Direito Romano

1. A origem; 2. A *fides* como dever de auxílio e promessa de proteção; 3. A *fides--promessa* (*fides* garantia); 4. A *fides* como garantia do cumprimento das obrigações assumidas e sua expansão; 5. *Fides* nas relações intrassubjetivas e nas relações intersubjetivas; 6. A *exceptio extra quam*

§ 3. A *fides bona*

1. A transformação da *fides* em *bona fides*: as relações creditícias e os *iudicia bonae fidei*; 2. O crédito e a civilização (*koiné*) mercantil; 3. *Iudicia bonae fidei*; 4. *Oportet ex fides bona*; 5. *Bona fides* e *consensus contractae*

§ 4. O momento hermenêutico: *bonae fidei interpretatio*

1. O significado; 2. Os campos funcionais

§ 5. A diluição da boa-fé

1. O enfraquecimento da boa-fé; 2. A subjetivação da boa-fé: a usucapião; 3. *Bona fides* e *aequitas*

§ 6. A boa-fé na cultura germânica

1. O desenvolvimento germânico da fórmula; 2. *Treu und Glauben*

§ 7. A boa-fé canônica

1. Boa-fé e moral cristã; 2. *Consensus e sollemnia*; 3. A unificação da boa-fé

§ 8. A boa-fé na primeira e na segunda sistemáticas

1. A boa-fé na primeira sistemática; 2. Os aportes dos humanistas; 3. A boa-fé como «princípio geral»; 4. O modelo de expressão do jusracionalismo; 5. O desenvolvimento da boa-fé em Grotius; 6. Desenvolvimentos da boa-fé nos jusracionalistas

§ 9. A boa-fé no *Code Civil Français*

1. A boa-fé como amálgama da técnica jurídica, da moral e da filosofia; 2. Boa-fé e liberdade contratual; 3. Boa-fé e método da exegese; 4. Boa-fé pós-Reforma de 2016; 5. A descendência da boa-fé francesa

§ 10. A boa-fé germânica e sua apreensão no BGB

1. O encontro entre a boa-fé romana e a germânica; 2. O trabalho dos práticos; 3. Boa-fé no BGB de 1900; 4. Boa-fé pós-Reformas de 2001 e 2002

12 | A BOA-FÉ NO DIREITO PRIVADO

§ 10-A. A boa-fé no *common law*

1. O *Uniform Commercial Code* e o *Restatement of Contracts (Second)*; **2.** A recusa, no Direito inglês, a um papel ativo ao princípio

§ 2. A boa-fé no Direito Romano

1. A origem

A noção de boa-fé no Direito provém do mundo romano, registrando já a Lei das Doze Tábuas a norma segundo a qual *patronus si clienti fraudem fecerit, sacer esto.*[1] Contudo, os historiadores indicam a sua ainda maior ancianidade, uma vez que a ideia expressa na palavra *fides* estaria ligada, segundo a tradição recolhida por Dionísio de Halicarnasso,[2] à própria fundação de Roma, equivalendo-se dizer que é tão antiga quanto a instituição da clientela, embora aí esteja registrada pelo seu valor antinômico – *fraus*, e não *fides.*[3]

Nascida com o mundo romano, a ideia de *fides* o dominou, ali recebendo notável expansão e largo espectro de significados.[4] Expressão polissêmica, a *fides* será entendida, amplamente, como *confiança*, mas, igualmente, como *colaboração* e *auxílio mútuo* (na relação entre iguais) e como *amparo* ou *proteção* (na relação entre desiguais); como

---

1. «Se um patrono tiver cometido alguma fraude contra o seu cliente, que seja condenado», em tradução livre. Lei das XII Tábuas. (8,21: *Serv. ad Aen.* 6,609). Disponível em: <http://www.thelatinlibrary.com/12tables.html>. Último acesso em: 10.05.2023.
2. Dionísio de Halicarnasso (30?-7 a.C.), historiador e crítico literário grego. Viveu em Roma durante o reinado de Augusto.
3. FREZZA, Paolo. Fides Bona. In: *Studi sulla Buona Fede*. Milano: Giuffrè, 1975, p. 3. O autor assinala que a palavra *fraus* exprime o valor polarmente oposto ao de *fides*, o qual constitui o núcleo normativo da instituição da clientela, permitindo indicar que a norma ainda pode ser recuada, no tempo, a período anterior ao da fundação da cidade enquanto «Ordenamento unitário e centralizado». Por seu turno, registra Amélia Castresana: «Parece innegable, desde luego, en el estado actual de la investigación romanística, reconocer el especial protagonismo de la *fides* en múltiplos y variados aspectos de la vida del pueblo romano» (CASTRESANA, Amélia. *Fides, Bona Fides*: un concepto para la creación del derecho. Madrid: Tecnos, 1991, p. 9).
4. Os três principais prismas semânticos concentram-se na *fides sacra*, na *fides facto* e na *fides* ética. A *fides sacra* está documentada na Lei das XII Tábuas, no culto da deusa Fides e na análise dos poderes atribuídos ao *pater* e nas fórmulas iniciais de sua limitação, documentos que não permitem, segundo Menezes Cordeiro, o esclarecimento dos institutos singulares que pudessem derivar desta conotação. A *fides facto*, cuja denominação reside no fato de «se apresentar despida de conotações religiosas ou morais», tem sido reconduzida à noção de *garantia*. A *fides* ética, por sua vez, implicaria o sentido de *dever*, «ainda que não recebida pelo direito», vinculando-se, nesse sentido, à ideia de garantia que colore a *fides facto*. Para estas observações e para o exame da crítica de que são passíveis os prismas semânticos indicados, MENEZES CORDEIRO, António Manuel. *Da Boa-Fé no Direito Civil*, vol. I. Coimbra: Almedina, 1984, p. 54-58.

lealdade e *respeito à palavra dada*; como fundamento da *justiça* e da *virtude cívica*;[5] como o liame que une entre si os membros da *societas inter ipsos*,[6] e, ainda, como instrumento técnico-jurídico, seja por meio de exceções[7], seja, de modo especial por via dos *iudicia ex fide bona*,[8] sua vigência se manifestando «de maneira fluida e elástica em todos os níveis jurídicos, políticos e sociológicos»[9] da cultura romana, constituindo o seu valor ético fundante.

Esse valor será concretizado pela interpretação prudencial e recebido pelas fórmulas processuais, traduzindo-se, concomitantemente, como conceito valorativo (*fidei bonae nomen*), como cláusula formular de tutela da atividade negocial (*oportere ex fide*

---

5. Nessas acepções, é nítida a influência estoica que ressoa na obra ciceroniana. No *De Officiis*, refere-se repetidas vezes à *fides* contratual que é o fundamento da justiça («o fundamento da justiça é a fé, ou seja, a verdade e a constância em palavras e acordos» I, VII, 23), cuja própria origem etimológica denota a constância ao pactuado («ousemos imitar os estóicos, que dedicadamente investigaram a origem das palavras e acreditemos na fé (*fides*), assim chamada porque que faz (*fiat*) o que foi dito»). CICERO. *Dos Deveres*. Trad. de Angélica Chiapeta. São Paulo: Martins Fontes, 1999, I, VII, 23). A influência estoica é também denotada, como aponta Cardilli, pela ligação entre a *fides* e a *utilitas* no agir humano e o *bene agi* conexo a uma *formula* de ação, com a *magna quaestio* que a interpretação do *bene agi* havia despertado no saber jurídico romano (CARDILLI, Riccardo. *Bona Fides Tra Storia e Sistema*. Torino: Giappichelli, 2004, p. 34). Por outro lado, é na sua atuação como pretor a *fides bona* adquire, incontroversamente, o papel de *princípio normativo*, atuante em alguns contratos típicos pactuados nas relações entre romanos e estrangeiros, como fazem prova o edito ciceroniano para a Cilícia, do ano de 51 a.C. Nesse édito, aponta ainda Cardilli, Cícero adota a estratégia de impor um princípio geral de conduta negocial informada pela «CORRETTEZZA» na província que administrava (CARDILLI, Riccardo. *Bona Fides Tra Storia e Sistema*. Torino: Giappichelli, 2004, p. 20 e ss.).

6. Como confiança (*fidem dare* ou *fidem accipere*); como amparo ou proteção (*fidem implorare*; ou *in fidem alicuius venire*; *in fidem est potestatem alicuius se permittere*); como respeito à palavra dada (*fidem promittere*; *fidem accipere*; *fidem recipere*); como fundamento da justiça (em Cícero: *fundamentum autem est iustitia fides, id est dictorum conventorum que constantia et veritas*); como colaboração em vista de um escopo comum, como a *fidem militum implorans*, que une os soldados entre si; como lealdade e respeito dos homens de bem, respeito dos homens justos e confiáveis (*fidis* e *creditum*); como dever derivado da *auctoritas*, como revela a expressão ciceroniana *numquam senatus neqe consilium rei publicae nec fidem defuisse* (nunca o conselho, nem a lealdade faltaram à *res publica*); (os significados estão em DI PIETRO, Alfredo. La Fides Publica Romana. In: GAROFALO, Luigi (Org.). *Il Ruolo della Buona Fede Oggetiva nell'Esperienza Giuridica Storica e Contemporanea* – Atti del Convegno internazionale di studi in onore di Alberto Burdese. Tomo I. Padova: Cedam, 2004, p. 505-549).

7. Dentre as exceções, fará fortuna, chegando aos nossos dias, a *exceptio doli generalis*, figura nascida do procedimento formular, inserindo-se a fórmula «*si in ea re nihil dolo malo Auli Agerii factum sit neque fiat*», utilizada quando o exercício de um direito se revelava contrário à equidade, tendo em conta os diferentes acordos e relações entre as partes. Assim, por exemplo, podia ser utilizada contra aquele que vinha a exigir um crédito, apesar da presença de um pacto informal de *non petendo* (ver: RANIERI, Filippo. Bonne foi et exercise du droit dans la tradition du civil law. *Revue Internationale de Droit Comparé*, vol. 4, 1989, p. 1058).

8. V. *infra*, CAPÍTULO I, §3.

9. DI PIETRO, Alfredo. La Fides Publica Romana. In: GAROFALO, Luigi (Org.). *Il Ruolo della Buona Fede Oggetiva nell'Esperienza Giuridica Storica e Contemporanea* – Atti del Convegno internazionale di studi in onore di Alberto Burdese. Tomo I. Padova: Cedam, 2004, p. 505, em tradução livre.

bona[10] e os homônimos *iudicia bonae fidei*) e, ainda, como princípio de integração dos deveres contratuais (*bonae fidei interpretatio*, e *bonum et aequum*).[11]

Sendo tão vasto o seu domínio, recorto deste universo apenas três dos setores aos quais se dirigiu, quais sejam, o das relações de clientela, o dos negócios contratuais[12] e o da proteção possessória:[13] o primeiro, porque lhe marca a mais remota origem, conotando o significado de proteção aos interesses de quem depende da ação do titular da *fides*; o segundo, porque incide no Direito Obrigacional, de modo especial nos contratos bilaterais e nos negócios «internacionais», isto é, aqueles pactuados entre romanos e estrangeiros; e o terceiro, porque atua nos direitos reais, assinalando-se, outrossim, o seu valor como procedimento hermenêutico, sob a denominação de *bonae fidei interpretatio*.

2. A *fides* como dever de auxílio e promessa de proteção

As relações de clientela implicavam a existência de deveres de lealdade e obediência por parte do *cliens* em troca da proteção que lhe era dada pelo cidadão.[14] Traduzindo a relação

---

10. CARDILLI, Riccardo. *Bona Fides Tra Storia e Sistema.* Torino: Giappichelli, 2004, p. 43.

11. Por conta dessa diversidade de significados, será, para Stolfi, um «elemento multiforme e controverso» (STOLFI, Emanuele. *Bonae Fidei Interpretatio*. Ricerche sull'interpretazione di buona fede fra esperienza romana e tradizione romanistica. Napoli: Jovene, 2004, p. 18). Investigando uma possível «unidade de sentido» da *fides* desde um exame literário e etimológico, *v.* CASTRESANA, Amélia. *Fides, Bona Fides*: un concepto para la creación del derecho. Madrid: Tecnos, 1991. Ainda na linha da possível «unidade de sentido», assinala, todavia, Mario Talamanca que, no efetivo operar dos *prudentes* a *bona fides* «alcançará a homogeneidade própria ao estilo dos juristas romanos que, na sua atividade profissional se colocavam sempre – solidamente ancorados na lógica do concreto – no plano realístico em seu tempo, tendo presente os valores correntes na sociedade e, mais precisamente, naquela classe dominante da qual são a expressão e no âmbito da qual exerciam a sua função» (TALAMANCA, Mario. La Bona Fides nei Giuristi Romani – «*Leerformeln*» e i valori dell'ordinamento. In: GAROFALO, Luigi (Org.). *Il Ruolo della Buona Fede Oggetiva nell'Esperienza Giuridica Storica e Contemporanea* – Atti del Convegno internazionale di studi in onore di Alberto Burdese, vol. IV. Padova: Cedam, 2004, p. 311-312, em tradução livre).

12. Vale o alerta de Vincenzo Giuffrè, segundo o qual o termo latino *negotium*, ainda que por vezes aluda a um negócio (*affare*) com validade jurídica, não tem, na língua dos romanos, nem um significado técnico nem exclusivo, de modo que os estudiosos procedem tão só a certas assimilações de determinados negócios (o *contractus*) e a certas generalizações de regulamentos de fenômenos negociais (GIUFFRÈ, Vincenzo. *Il Diritto dei Privati nell'Esperienza Romana*. 2.ª ed. Napoli: Jovene, 1998, p. 111).

13. Além desses setores, a boa-fé faz presença em outros campos da experiência jurídica romana. Estará presente, por exemplo, também na fidúcia (*fiducia cum amico* e *fiducia cum creditore*), que constituem os modelos dos hoje chamados negócios fiduciários, verificando-se ainda na tutela e no contrato de sociedade cuja semente parece estar na comunhão que se estabelecia entre os herdeiros no Direito Arcaico. Consoante Almiro do Couto e Silva, as ações relacionadas com estes institutos entrarão, depois, na classe dos *bonae fidei iudicia*, as quais eram consideradas como *actiones civiles*, e não como *actiones honorariae*, como seria de esperar, se elas tivessem sido todas nascidas no *ius gentium* e na *iurisdictio* do *praetor peregrinus*, particularidade que implica reconhecer à *fides* a mesma força das leis (agradeço às observações de Almiro do Couto e Silva).

14. A instituição data da primitiva organização romana, período situado entre a fundação da cidade

entre pessoas juridicamente desiguais – o cidadão livre (patrício) e o cliente –, essas relações são dominadas pela *fides* compreendida tanto como *poder*[15] do patrão (poder de direção) e *dever* do *cliens* (dever de obediência), quanto sob a forma de *promessa de proteção*,[16] «acto pelo qual uma pessoa era recebida na *fides* doutra»,[17] o *cliens* recebendo a proteção do patrão. Mostra-se aí a atuação da boa-fé em relações que, hoje, diríamos «assimétricas».

A *fides*-proteção se verificava, notadamente, nas relações entre desiguais, isto é, naquelas relações em que uma parte depende do poder da outra – como nas relações entre os homens e os deuses –, porém aí não restando limitadas. É que igualmente se verificava nas relações entre iguais, ou companheiros, membros da *societas inter ipsos*, de modo que a *fides* como dever de auxílio operava, em ambas, como «lealdade mútua» ou «mútua colaboração», consistindo, por vezes, em cumprir com o máximo de forças os deveres de que se estava incumbido.[18]

3. A *fides*-promessa (*fides* garantia)

A *fides*-promessa traduzia, por sua vez, um valor fundamental que conhecerá longa história, qual seja, a *fides* enquanto *garantia da palavra dada*,[19] espraiando-se em vários institutos promissórios.

---

e a Lei das XII Tábuas. A estrutura baseava-se na distinção entre os patrícios, os clientes e a plebe. Ao lado de cada família patrícia, encontrava-se organizado um certo número de pessoas, sob a proteção do *pater familias*, o chefe, que era o seu patrão. Segundo aventa Eugene Petit, é provável que os clientes formassem parte da *gens* do patrão e tomassem o *nomem gentilium*. O que é certo – adverte – é que a clientela cria entre eles direitos e deveres: o patrão deve aos seus clientes socorro e assistência, assume a sua defesa perante a justiça e lhes concede gratuitamente terras, para que possam produzir e retirar o seu sustento. Em contrapartida, o cliente deve ao patrão respeito e abnegação. Deve assistir à sua pessoa, seguindo-o na guerra, deve pagar o seu resgate, em caso de cativeiro, pagar suas multas, se condenado, e dotar a sua filha, se necessário. Estas obrigações recíprocas estavam severamente sancionadas: o patrão ou o cliente que as violava era declarado *sacer* e podia ser morto impunemente (PETIT, Eugene. *Tratado Elemental de Derecho Romano*. Buenos Aires: Albatroz, 1985, p. 37).

15. Um conjunto de expressões (*In fides venire. In fide esse. Deditio in Fidem*) conota a ligação entre *fides* e *potestas*, trabalhada pelos romanistas como Lombardi como indicativa de um «estado de dependência» entre homens livres. Interpretações mais recentes estabelecem, contudo, a conexão entre a *fides e deveres* como conjunto de *atribuições recíprocas das partes entre si* (assim, CASTRESANA, Amélia. *Fides, Bona Fides*: un concepto para la creación del derecho. Madrid: Tecnos, 1991, p. 16 e ss.).

16. Sobre a extensão da *fides* nas relações de clientela, ver ainda SCHULZ, Fritz. *Princípios del Derecho Romano*. Trad. espanhola de Manuel Abellán Velasco. Madrid: Civitas, 1990, p. 251.

17. MENEZES CORDEIRO, António Manuel. *Da Boa-Fé no Direito Civil*, vol. I. Coimbra: Almedina, 1984, p. 60.

18. Conforme DI PIETRO, Alfredo. La Fides Publica Romana. In: GAROFALO, Luigi (Org.). *Il Ruolo della Buona Fede Oggettiva nell'Esperienza Giuridica Storica e Contemporanea* – Atti del Convegno internazionale di studi in onore di Alberto Burdese. Tomo I. Padova: Cedam, 2004, p. 510-513.

19. SCHULZ, Fritz. *Princípios del Derecho Romano*. Trad. espanhola de Manuel Abellán Velasco. Madrid: Civitas, 1990, p. 243-244, esclarece: «La *fides* se define en la antigüedad como ser de palabra, tener palabra: *fit quod dicitur*. (...) *Fides* es (...) la sujeción a la palabra dada, el sentirse ligado a la propia declaración». Este significado é reforçado, segundo o autor, porque os romanos se vangloriavam de sua fidelidade, contrapondo orgulhosamente a fidelidade romana à púnica e à grega («Ser fiel era uno de sus principios vitales»).

Como «lealdade à palavra dada» – condição que, mantida ou prolongada entre as pessoas, gera um «estado de confiança» em relação à conduta do sujeito, titular da *fides*[20] – constitui a virtude cívica por excelência, qualidade geradora do respeito social e da boa reputação.[21] O que se visa tutelar é o «estado de confiança» de quem justamente confiou, sancionando-se a conduta contrária à confiança do emissor da declaração. Os símbolos, talvez mais que os signos, expressam esse conteúdo. No domínio das obrigações esse era o espaço da deusa *Fides*, sendo-lhe consagrada a *manus dextra*, a palma da mão direita, o que está na origem do gesto (ainda hoje cotidianamente repetido *por quem confia*) de dar-se as mãos, sacramentando o pactuado. A *dextrarum iunctio* entre duas pessoas não era mera saudação, antes servindo para demonstrar que, por seu intermédio, as pessoas se ligavam pelo *vinculum Fidei*,[22] vínculo sacro, ao menos na idade arcaica, divinizado como a *Fides* que estava no seu substrato.

Essa ligação tanto mais se fazia sentir no âmbito dos contratos, pois, virtude cívica romana por excelência, a *fides* não poderia deixar de se refletir nas relações internas entre os romanos e entre esses e os outros povos. Na própria seara contratual, três registros farão fortuna: (a) a peculiar expansão da *fides* nos «contratos internacionais», isto é, naqueles acordos travados entre Roma e outras cidades, ou entre cidadãos romanos e estrangeiros e regulados pelo *ius gentium*; (b) a sua atuação *estrutural* e *taxionômica* em negócios tipicamente romanos, como a compra e venda, a *fiducia*, a *societas*, e o *mandatum*, conduzindo, ao fim e ao cabo, à criação de um instrumento processual especial, os *bonae fidei iudicia* dos éditos citadinos; e (c) a função da *fides*, adjetivada como *bona*, como cânone hermenêutico e integrativo dos contratos. Vejamos, ainda que muito sinteticamente, esse tríplice campo de atuação.

4. A *fides* como garantia do cumprimento das obrigações assumidas e sua expansão

Um antiquíssimo documento conota a expressão *fides* ao que hoje chamaríamos de «tratados internacionais»: o primeiro tratado entre Roma e Cartago, do qual dá conta Políbio,[23] inseriu regra segundo a qual cada uma das partes contraentes prometia, *sobre a*

---

20. CASTRESANA, Amélia. *Fides, Bona Fides*: un concepto para la creación del derecho. Madrid: Tecnos, 1991, p. 14.

21. Nota Castresana que a *fides* se aproxima, nessa acepção nuclear, ao conceito de *«bona fama»*, estima geral que é dirigida ao sujeito que faz da lealdade à palavra dada sua norma de conduta (CASTRESANA, Amélia. *Fides, Bona Fides*: un concepto para la creación del derecho. Madrid: Tecnos, 1991, p. 30).

22. DI PIETRO, Alfredo. La Fides Publica Romana. In: GAROFALO, Luigi (Org.). *Il Ruolo della Buona Fede Oggetiva nell'Esperienza Giuridica Storica e Contemporanea* – Atti del Convegno internazionale di studi in onore di Alberto Burdese. Tomo I. Padova: Cedam, 2004, p. 508. Também: KLUGER, Viviana. Una mirada hacia atrás: de Roma a la Codificación. El recorrido histórico de la buena fé. In: CÓRDOBA, Marcos M.; CORDOBERA, Lídia Garrido; KLUGER, Viviana (Org.). *Tratado de la Buena Fe en el Derecho*. Buenos Aires: La Ley, 2004, p. 92.

23. A referência está em FREZZA, Paolo. Fides Bona. *Studi sulla Buona Fede*. Milano: Giuffrè, 1975, p. 4.

própria fé – publica fides, ou seja, *sobre a fé que liga a coletividade ao respeito das convenções livremente pactuadas –*, a assistência ao cidadão da outra cidade para a proteção dos interesses nascidos dos negócios privados. Por essa regra, assinala Paolo Frezza, «os negócios do mercador cartaginês em área de influência romana e os do mercador romano em área de influência cartaginesa saem da esfera das relações ignoradas pelo direito do Estado para entrar naquela das relações que a autoridade do Estado torna coercíveis».[24]

O Tratado Roma-Cartago indica que a *fides* era considerada como núcleo normativo, seja dos tratados entre cidades, seja dos contratos de Direito Privado, o que, em última análise, deixa entrever que já no mundo romano a diferença entre os contratos de Direito Internacional e os de Direito Privado interno não residia na estrutura de ambos, mas no diverso mecanismo protetivo que era próprio de cada um deles. Os primeiros adquiriam a coercibilidade própria da garantia estatal em razão de um fator externo aos contraentes, qual seja a autoridade do Estado que firmava o tratado, enquanto os segundos adquiriam esta qualidade já por si, isto é, em sede anterior àquela configurada pela autoridade do Estado,[25] tendo extrema importância no que concerne especificamente aos quatro contratos denominados consensuais – a compra e venda, a locação, a sociedade e o mandato –, e também aos três contratos reais não solenes – o mútuo, o depósito e o comodato.[26]

5. *Fides* nas relações intrassubjetivas e nas relações intersubjetivas

A indicação da presença da *fides* nesses setores diversos da experiência jurídica romana conduz à constatação do nascimento de duas vertentes que fariam fértil história: numa delas a *fides* se apresenta como núcleo das relações internas de uma coletividade, o que Paolo Frezza denomina de *relações intrassubjetivas* (entre elas estando situadas as relações de clientela); na outra, se aloja numa esfera que, por tratar de relações

---

24. FREZZA, Paolo. Fides Bona. *Studi sulla Buona Fede*. Milano: Giuffrè, 1975, p. 4, em tradução livre. A grande ênfase relativamente ao sentido de lealdade ou de mantença da palavra dada nos tratados com Cartago estava em que, para os romanos, aquele era um povo que não praticava a *fides*, mas a *perfídia* (o que vinha refletido na expressão *mala fides punica*). Também em relação aos gregos, passagem de Valério Máximo registra: «*Testimoniorum religionem et fidem nunquam iste natio colui*», isto é, «essa nação nunca cultivou a religião dos testemunhos e da *fides*». Cf. DI PIETRO, Alfredo. La Fides Publica Romana. In: GAROFALO, Luigi (Org.). *Il Ruolo della Buona Fede Oggetiva nell'Esperienza Giuridica Storica e Contemporanea* – Atti del Convegno internazionale di studi in onore di Alberto Burdese. Tomo I. Padova: Cedam, 2004, p. 507. Por essa razão, nos tratados «estava em jogo a *fides pública*», como observa ainda GALLO, Filippo. Bona Fides e Ius gentium. In: GAROFALO, Luigi (Org.). *Il Ruolo della Buona Fede Oggetiva nell'Esperienza Giuridica Storica e Contemporanea* – Atti del Convegno internazionale di studi in onore di Alberto Burdese, vol. II. Padova: Cedam, 2004, p. 131, em tradução livre.

25. FREZZA, Paolo. Fides Bona. *Studi sulla buona fede*. Milano: Giuffrè, 1975, p. 7.

26. SCHULZ, Fritz. *Princípios del Derecho Romano*. Trad. espanhola de Manuel Abellán Velasco. Madrid: Civitas, 1990, p. 247.

entre sujeitos pertencentes a coletividades entre si distintas, pode-se chamar de *relações intersubjetivas*.[27] Em ambas, é diversa a sua função.

Nas relações intrassubjetivas, a *fides* tem função de *autolimitação* (*fides* promessa) e intento *protetivo*, daí derivando a sua conotação às relações de cooperação, apoio e proteção,[28] já acima lembradas. Nas relações intersubjetivas, a função é a da *garantia* do respeito à palavra dada (*fit quod dicitur*). Observa-se aí a transmutação do campo semântico, de um prisma primeiramente conotado à esfera das relações de clientela às relações negociais privadas, transmutação essa, contudo, que vai adquirir especial colorido. Valho-me ainda do estudo de Paolo Frezza, que, por suas observações e conclusões, ilumina as razões de uma especialíssima conotação que atingirá posteriormente o termo, qual seja, a da *fides* como garantia da adstrição à confiança legitimamente criada no *alter* por palavras, ações e comportamentos.

Para entender o significado adquirido pela conotação da *fides* à ideia de garantia na esfera das relações negociais, diz Frezza, importa referir que os valores atribuídos à expressão estavam situados, primitivamente, no campo das relações que o Estado não podia proteger processualmente, porque despida da veste formal que ensejava a possibilidade da *actio*, formalidade à qual era emprestado o caráter de juridicidade. Este campo vem demarcado, de maneira especial, pelos *contratos consensuais* (entre os quais a compra e venda e, posteriormente, a locação e a sociedade), os quais, em exceção à regra geral, não fundamentavam a sua vinculabilidade obrigacional na observância de uma fórmula. «Não é difícil compreender», diz o mesmo autor, «de onde nascia esta variedade de negócios institucionalmente não formais, e institucionalmente bilaterais. Nascia daquele ambiente institucionalmente não formal e institucionalmente obediente à noção de reciprocidade, própria ao ambiente do intercâmbio internacional».[29]

Por volta da primeira metade do século III a.C., Roma se transforma na principal potência comercial no Mediterrâneo, sendo intensíssima a atividade mercantil. Ocorre, então, a necessidade de assegurar a essa atividade, também no concernente às relações entre romanos e estrangeiros, uma proteção diversa daquela limitada aos compromissos assumidos mediante tratados, objeto de uma proteção *ex foedere*,[30] ou a derivada da tutela assegurada por um *hospes*. A necessidade dessa diversa e mais alargada proteção,

---

27. FREZZA, Paolo. Fides Bona. *Studi sulla buona fede*. Milano: Giuffrè, 1975, p. 5-6.

28. Assim a observação de CASTRESANA, Amélia. *Fides, Bona Fides*: un concepto para la creación del derecho. Madrid: Tecnos, 1991, p. 18, aludindo à presença desses significados nos binômios *fides- -amor*; *fides amicitia, fides-tutela e fides-praesidium*, referidos em textos de Cícero, Plauto, Lívio e Sêneca.

29. FREZZA, Paolo. Fides Bona. *Studi sulla buona fede*. Milano: Giuffrè, 1975, p. 5 e ss., em tradução livre.

30. Como esclarece Di Pietro, os *foedera* celebrados com outros povos eram conservados no Capitolio, primeiramente no templo do *Dius Fidius* e mais tarde no próprio templo da *Fides* (DI PIETRO, Alfredo. La Fides Publica Romana. In: GAROFALO, Luigi (Org.). *Il Ruolo della Buona Fede Oggetiva nell'Esperienza Giuridica Storica e Contemporanea* – Atti del Convegno internazionale di studi in onore di Alberto Burdese. Tomo I. Padova: Cedam, 2004, p. 533, nota 51).

20 | A BOA-FÉ NO DIREITO PRIVADO

assegura Filippo Gallo,[31] correspondia não apenas aos interesses individuais dos comerciantes, mas aos próprios interesses de Roma, como potência emergente.

É nessa ambiência que vem elaborado o *ius gentium*, sobrepondo-se ao antigo *ius fetiale* como «o conjunto de regras, usos e costumes próprios de todos os povos civis», como escreverá Gaio.[32] Isento do formalismo típico do *ius civile*, o *ius gentium* dará à *fides* uma fisionomia própria. A difusão dos negócios despidos de uma força vinculativa formal no Ordenamento romano e a própria inexistência da formalidade conduz a que a *fides* então se apresente como uma *fides* não formal,[33] pouco a pouco despida dos elementos religiosos[34] e voltada à substância do negócio e do comportamento das partes, avaliados segundo a prática dos negócios comerciais.[35] O lema desses negócios, anota percucientemente Frezza, «poderia ser: *age quod agis*, isto é, informa o teu comportamento àquele desenho de ação ao qual tu e a tua contraparte consentiram».[36] A esta *fides* – que sustenta os acordos[37] – é que virá a ser agregado o qualificativo «*bona*». E assim o é, porque se trata de «uma *fides* que constringe a quem prometeu manter sua promessa não segundo a letra, mas segundo o espírito; não tendo em vista o texto da fórmula promissória, mas ao próprio organismo contratual posto em si mesmo: não seguindo um valor normativo externo ao negócio concretamente posto em si (o contexto verbal da promessa), mas *fazendo do próprio concreto intento negocial a medida da responsabilidade daqueles que a fizeram nascer*».[38]

Esse sutil deslocamento semântico da *fides garantia* para a *fides lealdade* é indicativo do papel criador da *fides*, valor nuclear da sociedade romana cuja extensão

---

31. GALLO, Filippo. Bona Fides e Ius Gentium. In: GAROFALO, Luigi (Org.). *Il Ruolo della Buona Fede Oggetiva nell'Esperienza Giuridica Storica e Contemporanea* – Atti del Convegno internazionale di studi in onore di Alberto Burdese, vol. II. Padova: Cedam, 2004, p. 124-127.
32. Gaio, 1,1; 3,93 e 3,133, em tradução livre.
33. Isto é: não apenas considerada, como nas relações de clientela e nos contratos formais – como *fit quod dicitur*.
34. GALLO, Filippo. Bona Fides e Ius Gentium. In: GAROFALO, Luigi (Org.). *Il Ruolo della Buona Fede Oggetiva nell'Esperienza Giuridica Storica e Contemporanea* – Atti del Convegno internazionale di studi in onore di Alberto Burdese, vol. II. Padova: Cedam, 2004, p. 133.
35. Não aí estava – observa Talamanca – qualquer remissão a genéricas instâncias moralistas, «mais ou menos derivada de uma disposição para a transcendência», mas sim, e sobretudo, a observância dos usos de modo a tornar possível uma relação de confiança comercial (TALAMANCA, Mario. La Bona Fides nei Giuristi Romani – «*Leerformeln*» e valori dell'ordinamento. In: GAROFALO, Luigi (Org.). *Il Ruolo della Buona Fede Oggetiva nell'Esperienza Giuridica Storica e Contemporanea* – Atti del Convegno internazionale di studi in onore di Alberto Burdese, vol. IV. Padova: Cedam, 2004, p. 46, em tradução livre).
36. FREZZA, Paolo. Fides Bona. *Studi sulla buona fede*. Milano: Giuffrè, 1975, p. 8, em tradução livre.
37. O esquema operativo da *bona fides* tem «uma conexão muito estreita» com o respeito à palavra dada na base de um simples acordo, não revestido pela garantia da fórmula, como anota TALAMANCA, Mario. La Bona Fides nei Giuristi Romani – «*Leerformeln*» e valori dell'ordinamento. In: GAROFALO, Luigi (Org.). *Il Ruolo della Buona Fede Oggetiva nell'Esperienza Giuridica Storica e Contemporanea* – Atti del Convegno internazionale di studi in onore di Alberto Burdese, vol. IV. Padova: Cedam, 2004, p. 46.
38. FREZZA, Paolo. Fides Bona. In: *Studi sulla buona fede*. Milano: Giuffrè, 1975, p. 10, em tradução livre. Destaquei.

semântica e territorial operará por via do *ius gentium*. A pesquisa de Riccardo Cardilli acerca das significações atribuíveis ao Édito asiático de Quinto Múcio Scevola[39] indica que o *pontifex máximo*, no exercício de sua *jurisdictio* na Ásia, propunha à *fides* um extenso campo aplicativo, «subordinando a vinculabilidade de toda uma ulterior série de esquemas negociais nos quais, naquelas províncias, tomava forma o fenômeno do empréstimo, vinculando-se ao respeito de um *princípio de lealdade e correção no agir negocial*».[40] Cabe brevemente pontuá-la antes de prosseguir na trajetória da *fides* à *bona fides*.

6. A *exceptio extra quam*

A aplicação ampliada da boa-fé é demonstrada pela operatividade assumida, na jurisdição muciana, pela *exceptio extra quam*. Sigo, neste passo, a pesquisa de Cardilli, para quem a expressão *negotium gerere* abrigada na *conceptio verborum* da *formula* passou a indicar uma área genérica, justamente a área daqueles negócios creditícios que haviam assumido determinada veste jurídica, ora como *syngrapha*,[41] ora como mútuo e *stipulatio*.[42] Porém, explica Cardilli, mesmo tendo em conta que os éditos citadinos, na época muciana, deviam já incluir o elenco dos *arbitria bonae fidei* para uma delimitação da operatividade da *exceptio extra quam* apenas aos negócios formais aplicáveis entre romanos e peregrinos na província (*syngrapha* e *stipulatio*), ainda assim não está excluída a hipótese de a *exceptio extra quam* desenvolver, em cada caso, «um papel por assim dizer geral, de cerneira, que tornava coerente a disciplina [dos negócios] submetendo cada *negotium gestum* na província, não apenas em termos de *syngraphae*, mas também de *mutui dationes* e *stipulationes*, ou de *pactiones*, ao respeito da *fides bona*». Essa, por sua vez, enquanto devesse desenvolver no plano das *actiones* um papel tipicizado entre as figuras contratuais que nos *edicta urbane* tinham dado vida aos *arbitria bonae fidei* (*societates, fiduciae, mandata, res emptae, res vendidae, res conductae, res locatae*), assume, em relação àquela parte do Édito asiático de Quinto Mucio Scevola mais propriamente provincial, no sentido ciceroniano, uma portada mais ampla, como se fosse o que hoje chamamos de cláusula geral, ainda que mitigada nos efeitos processuais que se lhe conectavam em termos de *praescriptio pro reo*.[43]

Essa aplicação ampliada da boa-fé, devida ao Édito muciano, passa a ser reconhecida em uma série de esquemas negociais típicos inclusos no *ius gentium* (*stipulationes*,

---

39. A magistratura muciana na Ásia inicia em 94 a.C., segundo esclarece CARDILLI, Riccardo. *Bona Fides Tra Storia e Sistema*. Torino: Giappichelli, 2004, p. 21.

40. CARDILLI, Riccardo. *Bona Fides Tra Storia e Sistema.*Torino: Giappichelli, 2004, p. 26, em tradução livre. Sobre a *exceptio* muciana também TALAMANCA, Mario. La Bona Fides nei Giuristi Romani – «Leerformeln» e valori dell'ordinamento. In: GAROFALO, Luigi (Org.). *Il Ruolo della Buona Fede Oggettiva nell'Esperienza Giuridica Storica e Contemporanea* – Atti del Convegno internazionale di studi in onore di Alberto Burdese, vol. IV. Padova: Cedam, 2004, p. 157 e ss.

41. Negócios típicos da realidade provincial grega, espécies de contratos escritos, com força de lei.

42. CARDILLI, Riccardo. *Bona Fides Tra Storia e Sistema*. Torino: Giappichelli, 2004, p. 23.

43. CARDILLI, Riccardo. *Bona Fides Tra Storia e Sistema*. Torino: Giappichelli, 2004, p. 25, em tradução livre.

mutuii, dationes, pactiones), além daqueles próprios à realidade provincial que cercava a edição do édito (*syngraphae*). Por essa razão, diz Riccardo Cardilli, o que Quinto Mucio propõe em seu *edictum asiaticum* é «um modelo que reconhece à boa-fé maior força preceptiva, o que permitirá uma expansão da boa-fé não amarrada às condutas dolosas e não constrita à tipicidade do sistema contratual romano, mas, ao contrário, aberta à uma valoração de tipo «principal».[44] Já então a *fides* começava a vir adjetivada como «*bona*».

§ 3. A *fides bona*

1. A transformação da *fides* em *bona fides:* as relações creditícias e os *iudicia bonae fidei*

O trânsito da *fides* à *fides bona* operou a partir de um mesmo núcleo semântico substancial (qual seja, lealdade à palavra dada por parte de quem é titular da *fides*) cujo ponto de deslizamento reside, precisamente, nas relações creditícias, internacionais e internas, e na percepção de seus sentidos ativo e passivo.[45] Nesse complexo e muito sutil trânsito semântico, a lealdade à palavra dada, condição predicada a um sujeito que o timbra como «pessoa de boa reputação» (por manter a palavra dada), começa a ser aproximado do conjunto dos recursos familiares de que dispõe um sujeito e, portanto, ao titular do «crédito» que o titular da *fides* pode oferecer aos demais nas relações do tráfico creditício.[46] Paralelamente, deveres de honestidade e lealdade, nascidos da *fides*, serão estendidos para outras relações.[47]

De fato, a história da palavra «crédito» tem início com a aproximação entre os termos *fides* e *res*, transformando-se o primitivo significado de *fides* como lealdade à palavra dada para a ideia de «ter confiança em alguém».[48] Os estudiosos assinalam os dois aspectos conjuntamente vinculados à *fides*, quais sejam, o sentido ativo de «dar confiança a alguém», e o sentido passivo, consistente na «confiança obtida», de modo que, quem conseguia a concessão da *fides*, era porque era merecedor da confiança derivada do *creditum* gozado em relação ao concedente: o *creditum*, causa e consequência

---

44. CARDILLI, Riccardo. *Bona Fides Tra Storia e Sistema*. Torino: Giappichelli, 2004, p. 28-29, em tradução livre.

45. CASTRESANA, Amélia. *Fides, Bona Fides*: un concepto para la creación del derecho. Madrid: Tecnos, 1991, p. 41.

46. CASTRESANA, Amélia. *Fides, Bona Fides*: un concepto para la creación del derecho. Madrid: Tecnos, 1991, p. 37-38.

47. Veja-se a síntese de SCHERMAIER, Martin Josef. Bona fides in Roman Contract Law. In: ZIMMERMANN, Reinhard; WHITTAKER, Simon. *Good Faith in European Contract Law*. Cambridge: Cambridge University Press, 2000, p. 77-83.

48. CASTRESANA, Amélia. *Fides, Bona Fides*: un concepto para la creación del derecho. Madrid: Tecnos, 1991, p. 37 e ss., em tradução livre.

da *fides*, significa, então,o principal elemento da *bona fama* gozada por alguém em sociedade.[49] Do contrário, quem não obtinha o *creditum* era considerado um *perfido*, alguém que infringira a *fides*. Assim, a presença do *creditum* dependerá fundamentalmente da credibilidade que possa ter uma pessoa por ser alguém que cumpre a palavra dada, a oralidade, inclusive, dando a tônica, pois, segundo Sêneca, exige-se o documento escrito somente daquelas pessoas destituídas de *creditum*.[50]

Em Cícero,[51] a ligação entre a *fides* e a presença de um patrimônio apto a garantir o crédito (*fides* e *res*) começa a se aproximar, semanticamente, do conjunto de recursos familiares de que dispõe o sujeito, daí resultando no «crédito» que o titular da *fides* pode oferecer aos demais nas relações do intercâmbio creditício. Dessa aproximação, surgirão estruturas verbais como *fides est alucui* (*apud aliquem*) ou *fidem habeo alicui*, que significarão «prestar fidelidade a alguém»; «atribuir crédito a alguém», aproximando-se, paulatinamente, de outra expressão – *confidere alucui* – cujo valor é o de «dar confiança a»; «ter confiança em alguém».[52] O verbo *credere* apresentava em sua origem dois elementos-chave: de um lado, o «dar algo»; de outro, o «dar com segurança ou certeza», isto é, a certeza da devolução do que havia sido dado. Essa ideia foi materializada, por excelência no contrato de mútuo, mais tarde ampliando-se para outras categorias contratuais.[53] De «dar assegurado», a antiga expressão *certum dare* conotada ao *credere*

---

49. Di Pietro, Alfredo. La Fides Publica Romana. In: Garofalo, Luigi (Org.). *Il Ruolo della Buona Fede Oggetiva nell'Esperienza Giuridica Storica e Contemporanea* – Atti del Convegno internazionale di studi in onore di Alberto Burdese. Tomo I. Padova: Cedam, 2004, p. 543-544.

50. Di Pietro, Alfredo. La Fides Publica Romana. In: Garofalo, Luigi (Org.). *Il Ruolo della Buona Fede Oggetiva nell'Esperienza Giuridica Storica e Contemporanea* – Atti del Convegno internazionale di studi in onore di Alberto Burdese. Tomo I. Padova: Cedam, 2004, p. 545. Não cita o autor a fonte da citação que faz de Sêneca, segundo a qual teria dito a alguém: «*Vis scire cuius fidei sis? Ne frater quindem tibi chirographo credidit*», isto é, «queres saber qual é o teu crédito? Nem mesmo o teu irmão te outorgaria crédito sem um documento escrito». É interessante observar que similar observação ainda é encontrada nas zonas rurais brasileiras, considerando-se que o «fio do bigode» é a garantia das obrigações assumidas, a redução a escrito dos contratos sendo quase ofensiva.

51. Nas Catilinárias, dirá Cícero: «*patrimonia sua profunderunt, fortunas suas obligaverunt; res eos iam pridem, fides nuper deficere coepit* (Catilinárias, Oração II, 4, 10. Em: The Project Gutemberg eBook of Cicero. Disponível em: <http://www.gutenberg.org/files/39355/39355-h/39355-h.htm>. Acesso em: 10.05.2023. O trecho é também referido por Castresana, Amélia. *Fides, Bona Fides*: un concepto para la creación del derecho. Madrid: Tecnos, 1991, p. 38). Ou seja (em tradução livre): «Destruíram seus patrimônios, hipotecaram suas fortunas; faz tempo que lhes falta renda e desde pouco tempo lhes começou a faltar crédito».

52. A mesma fórmula – *fidem habere alicui* – aparece vinculada ao verbo *credere*, utilizado com o significado originário de *certum dare* para designar «dar algo que devia devolver-se». Esses novos sentidos, demonstra Castresana, aparecem, *e.g.*, em Plauto (*Asin.*,458: *fidem non esse huic habitam*, ou seja: que não se dê crédito a esse homem; e *Per.*, 785, *quia ei fidem non habui argenti*, isto é: porque não tive confiança nele acerca de dinheiro, ou porque não lhe dei crédito acerca de dinheiro) (*apud* Castresana, Amélia. *Fides, Bona Fides*: un concepto para la creación del derecho. Madrid: Tecnos, 1991, p. 39).

53. Castresana, Amélia. *Fides, Bona Fides*: un concepto para la creación del derecho. Madrid: Tecnos, 1991, p. 40-43.

modifica, com o tempo, o seu sentido para associar ao *credere* como indicativo de uma «segura restituição ou entrega de uma quantidade certa».[54]

2. O crédito e a civilização (*koinê*) mercantil

Posteriormente, por intermédio da *iurisdictio* pretoriana, operou-se novo desenvolvimento jurídico e semântico do termo *credere*. Esse significado terá consagração no Edito do Pretor (XVII, de *rebus creditis*), abrangendo figuras como o *commodatum* e o *pignus*, reconduzidas ao campo creditício por via da concessão de *actiones in factum*, muito embora não houvesse, rigorosamente, o *certum dare*. Nesses casos, assegura Castresana, emerge a *fides* como um elemento substancial, trazendo consigo um novo desenvolvimento jurídico e semântico do *creditum*, próximo já ao *fidem alicuius sequi*,ou *fidem habere alicui*,vale dizer: o investir confiança na honestidade de, ou confiar em que a palavra dada seja honrada e as obrigações assumidas sejam cumpridas. Assim, a *fides* passa a permitir a criação de novos *iudicia* baseados no vínculo de fidelidade, pois o credor confia na palavra dada por seu devedor acerca da devolução da coisa emprestada, submetendo-se a essa lealdade (*fidem debitoris sequi*), na espera da restituição devida.[55]

Nas diversas situações de crédito, afirma a romanista espanhola, a *fides* não apenas configura determinadas situações como, ao fazê-lo, desvirtua, ainda que de maneira incipiente, uma parte do sentido e da estrutura jurídico-civil do *creditum*. Este amplia as suas formas e conteúdos característicos ao estender-se ao *fidem alicuius sequi*, e assim, chega a admitir em seu domínio toda uma série de relações, sem formas civis, baseadas na *fides* e protegidas jurisdicionalmente pelo pretor.[56]

A razão de a *fides bona* nascer e se transformar e desenvolver no dinâmico campo do crédito e, de modo geral, dos negócios não submetidos ao direito formulário, precisa ser melhor explicitada. Parece ser, com efeito, um paradoxo o fato de, nos negócios mais relevantes do ponto de vista da prática cotidiana ser o Direito Romano marcado por traço oposto ao seu essencial formalismo. A experiência romana antiga define-se essencialmente pelo formalismo porque é ainda fundada no mundo mágico ou semi-mágico da forma, de modo que as obrigações entre os cidadãos romanos em regra se

---

54. «Desta forma», explica Castresana, «o *dare*, que originariamente se referia à causa do vínculo, passa a designar o próprio vínculo, a *obligatio* e o seu conseguinte objeto; desta forma, o *credere* resta configurado como a obrigação de um *certum dare* sancionada pela *condictio*, isto é, uma ação *strictio iuris* e perfeitamente unilateral» (CASTRESANA, Amélia. *Fides, Bona Fides*: un concepto para la creación del derecho. Madrid: Tecnos, 1991, p. 42, em tradução livre).

55. CASTRESANA, Amélia. *Fides, Bona Fides*: un concepto para la creación del derecho. Madrid: Tecnos, 1991, p. 53.

56. Exemplifica com a hipótese da restituição da coisa dada em comodato, que, uma vez confiada ao *fidem alicuius sequi*,«parecer palpitar já uma incipiente *conventio* entre as partes, referida ao *alienam fidem sequi* que, como sabemos, submete à palavra dada e obriga (*actione teneri*) ao seu cumprimento, isto é, após a entrega da coisa, a sua devolução» (CASTRESANA, Amélia. *Fides, Bona Fides*: un concepto para la creación del derecho. Madrid: Tecnos, 1991, p. 57-58).

constituem como obrigações formais *ex iure civile*. Toda obrigação é compreendida como a relação jurídica pela qual um devedor (*debitor*) deve cumprir uma dívida (*debitum*) que pode ser reclamada pelo credor (*creditor*) mediante uma ação pessoal (*actio in personam*), havendo, pois, estreitíssima relação entre obrigação e ação: isso significa que todo o vínculo jurídico gerador de uma obrigação está identificado com um meio processual típico e individualizado para reclamá-la, de modo que o fundamento e o conteúdo da ação constituem o perfil característico de cada *obligatio*.[57]

Assim sendo, como justificar o ingresso, neste mundo relativamente cerrado de um direito polarizado primeiramente pelas *legis actiones* e após pelas *actiones per formulas*,[58] de um tão relevante grupo de negócios atípicos e, portanto, despidos do formalismo?

Segundo indica Frezza, a resposta a esta pergunta não será encontrada em Roma, mas na experiência jurídica da *koiné* mercantil mediterrânea: a validade jurídica dos negócios jurídicos bilaterais aí realizados era reconhecida antes mesmo de lhes ser conferida tutela pelos tribunais romanos. Era reconhecida tal validade porque «a trama de interesses concretos, em cujo contexto estes negócios se inseriam, implica uma tensão de forças econômicas suficientemente fortes para encontrar em si mesmas a proteção da qual tinham necessidade».[59]

No contexto das relações negociais entre os privados, fundamentalmente as relações mercantis, a *fides* atuava como o «elemento catalisador» do conteúdo econômico dos contratos, porque, funcionalmente, constrangia as partes a ter claro e presente qual o conteúdo concreto dos interesses que se encontram no ajuste, clarificação essa necessária para «vincular os contraentes ao leal adimplemento das obrigações assumidas»:[60] tanto mais intensa é a necessidade *privada* de constrição quanto menor a força do Estado para constringir *externamente* os contraentes ao cumprimento das obrigações assumidas. Por isso mesmo, a boa-fé consistia na fidúcia «fisiologicamente necessária»[61]

---

57. GIMENEZ-CANDELA, Teresa. *Derecho Privado Romano.* Valencia: Tirant lo Blanch Libros, 1999, § 50.5, p. 351.

58. O procedimento das *legis actiones*, enucleado num conjunto de rígidas formalidades, foi substituído pelo sistema mais flexível das fórmulas, fundadas sobre ações específicas. Esclarece Gimenez-Candela que, então, o sistema romano das obrigações não se configura como um regime cerrado e excludente, mas como um sistema baseado em «grandes grupos» de ações que se identificam com causas típicas, conservando certa flexibilidade para integrar novos supostos de fato (GIMENEZ-CANDELA, Teresa. *Derecho Privado Romano.* Valencia: Tirant lo Blanch Libros, 1999, § 50.5, p. 351).

59. FREZZA, Paolo. Fides Bona. *Studi sulla buona fede.* Milano: Giuffrè, 1975, p. 12, em tradução livre. Essa é a opinião majoritária, sendo expressa, exemplificativamente, por DE BUJÁN, Antonio Fernández. De los Arbitria Bonae Fidei Pretorios a los Iudicia Bonae Fidei Civiles. In: GAROFALO, Luigi (Org.). *Il Ruolo della Buona Fede Oggetiva nell'Esperienza Giuridica Storica e Contemporanea* – Atti del Convegno internazionale di studi in onore di Alberto Burdese, vol. II. Padova: Cedam, 2004, p. 35 e ss., com indicação de bibliografia.

60. FREZZA, Paolo. Fides Bona. *Studi sulla buona fede.* Milano: Giuffrè, 1975, p. 12, em tradução livre.

61. A expressão é de TALAMANCA, Mario. La Bona Fides nei Giuristi Romani – «*Leerformeln*» e valori dell'ordinamento. In: GAROFALO, Luigi (Org.). *Il Ruolo della Buona Fede Oggetiva nell'Esperienza Giuridica Storica e Contemporanea* – Atti del Convegno internazionale di studi in onore di Alberto Burdese, vol. IV. Padova: Cedam, 2004, p. 44, em tradução livre.

26 | A BOA-FÉ NO DIREITO PRIVADO

naquele ambiente negocial. Atua a boa-fé, nesta perspectiva, como «a força que produz ao mesmo tempo a definição da estrutura negocial e a configuração da responsabilidade dos contraentes».[62] Congruentemente ao *ius gentium* como *communes omnium hominum ius* (Gaio, I, 1), a *fides bona* tem o papel de princípio fundante.[63]

Essa congruência ideológica não se restringia, porém, ao *ius gentium*, nem estava congelada no campo dos negócios internacionais, sendo o apelo à *fides* também coerente com o modelo de atividade judicante da própria magistratura romana.[64]

Num quadro em que essa atividade estava vinculada ao monopólio senatorial, sendo exercitada com base em juízos previamente determinados e integrantes de uma lista, a concretização da *fides bona* encontrava uma «substancial coerência» na homogeneidade do corpo social ao qual se destinava aquela atividade jurisdicional.[65] A *nobilitas* romana (isto é, a magistratura senatorial) assumia o papel de guardiã e intérprete autorizada daquele «conceito-valor» absolutamente intrínseco ao *ethos* romano, deduzindo-o em específicas *regras de conduta*.[66] Assim, a *fides bona*, valor nuclear ao *bonus vir*, constitui o sentido da *nobilitas*, que será expressa, no processo, pelos *iudicia bonae fidei*,[67] expediente técnico-jurídico de uso da jurisdição.

3. *Iudicia bonae fidei*

Na experiência jurídica romana, ensina Talamanca, o «lugar de eleição» para a pesquisa sobre a *bona fides* é oferecido pelos *iudicia bonae fidei*,[68] nascido, sobretudo, para a proteção da atividade contratual.

---

62. Para as citações deste parágrafo, Frezza, Paolo. Fides Bona. *Studi sulla buona fede.* Milano: Giuffrè, 1975, p. 12, em tradução livre.

63. Assim a observação de Cardilli, Riccardo, em recensão à 1.ª edição deste livro. *Rivista Roma e America*, n. 8, Modena, Mucchi, 1999, p. 287.

64. V. Gallo, Filippo. Bona Fides e Ius Gentium. In: Garofalo, Luigi (Org.). *Il Ruolo della Buona Fede Oggetiva nell'Esperienza Giuridica Storica e Contemporanea* – Atti del Convegno internazionale di studi in onore di Alberto Burdese, vol. II. Padova: Cedam, 2004, p. 115-153.

65. Cardilli, Riccardo. *Bona Fides Tra Storia e Sistema.* Torino: Giappichelli, 2004, p. 47.

66. Cardilli, Riccardo. *Bona Fides Tra Storia e Sistema.* Torino: Giappichelli, 2004, p. 47.

67. Sobre a origem dos *bonae fidei iudicia*, Talamanca, Mario. La Bona Fides nei Giuristi Romani – «Leerformeln» e valori dell'ordinamento. In: Garofalo, Luigi (Org.). *Il Ruolo della Buona Fede Oggetiva nell'Esperienza Giuridica Storica e Contemporanea* – Atti del Convegno internazionale di studi in onore di Alberto Burdese, vol. IV. Padova: Cedam, 2004, p. 1-311. Na mesma obra, De Buján, Antonio Fernández. De los Arbitria Bonae Fidei Pretorios a los Iudicia Bonae Fidei Civiles, vol. II, p. 31-58 e Gallo, Filippo. Bona Fides e Ius Gentium. Vol. II, p. 115-153. V. também: Paricio, Javier. Genesi e Natura dei «bonae fidei iudicia». *Rivista di Diritto Romano*, 2001 – Atti del Convegno 'Processo civile e processo penale nell'esperienza giuridica del mondo antico. Disponível em: <http://www.ledonline.it/rivistadirittoromano/allegati/attipontignanoparicio.pdf>. Acesso em: 10.05.2023. Ver também: Menezes Cordeiro, António Manuel. *Da Boa-Fé no Direito Civil*, vol. I. Coimbra: Almedina, 1984, p. 90-105.

68. Talamanca, Mario. La Bona Fides nei Giuristi Romani – «Leerformeln» e valori dell'ordinamento. In: Garofalo, Luigi (Org.). *Il Ruolo della Buona Fede Oggetiva nell'Esperienza Giuridica Storica e Contemporanea* – Atti del Convegno internazionale di studi in onore di Alberto Burdese, vol. IV. Padova: Cedam, 2004, p. 29.

As Raízes | 27

Sua origem – seja devida a um certo «policentrismo»,[69] seja à assimilação, pelo *ius civile* próprio da comunidade política romana, de instituições próprias do comércio internacional – está atada, concomitantemente, a dois fatores: à forte presença da *fides* como ideia central do tecido social romano e à atividade do pretor[70] na colmatação das lacunas do Ordenamento, quando ausente a possibilidade de encontrar uma tutela no plano do Direito então vigente, o que comportava – para além da ausência de uma predeterminada instância jurisdicional – a necessidade de individuar a disciplina da relação em causa.[71]

Para compreender o funcionamento do *bonae fidei iudicium*, é preciso lembrar alguns traços da jurisdição no Direito Privado romano da época clássica, centrada na distinção entre aquela e a judicação, de onde resultam os traços peculiares do formalismo.[72]

---

69. Talamanca, Mario. La Bona Fides nei Giuristi Romani – «*Leerformeln*» e valori dell'ordinamento. In: Garofalo, Luigi (Org.). *Il Ruolo della Buona Fede Oggetiva nell'Esperienza Giuridica Storica e Contemporanea* – Atti del Convegno internazionale di studi in onore di Alberto Burdese, vol. IV. Padova: Cedam, 2004, p. 41, defendendo a ideia segundo a qual os *iudicia* surgiram ao modo «policêntrico», tanto nos negócios internacionais quanto no interior da sociedade romana. Deve ser registrado, porém, que os romanistas debatem acerca da origem dos *iudicia bonae fidei*, «problema complexo e agravado pela inexistência de fontes conclusivas», como acentua De Buján, alinhando-se (diferentemente de Talamanca, que alude ao «policentrismo») à corrente tradicional, que situa essa origem, decisivamente, no âmbito da proteção outorgada pelos pretores às práticas e instituições próprias do tráfico comercial e do *ius gentium*, com fundamento não no *ius* nem nas *leges*, mas na *fides*, daí passando sua incorporação ao *ius civile*. De Buján, Antonio Fernández. De los Arbitria Bonae Fidei Pretorios a los Iudicia Bonae Fidei Civiles. In: Garofalo, Luigi (Org.). *Il Ruolo della Buona Fede Oggetiva nell'Esperienza Giuridica Storica e Contemporanea* – Atti del Convegno internazionale di studi in onore di Alberto Burdese, vol. II. Padova: Cedam, 2004, p. 31-32.

70. Sintetizando as etapas evolutivas que levaram aos *iudicia*, De Buján refere (a) os pactos, convenções, acordos, etc., realizados no âmbito do mercado interno, livre de formalidades e protegidos pela *fides* primitiva; (b) pactos, acordos, convenções, etc., realizados no âmbito do tráfico internacional e do *ius gentium*, livres de formalidades e protegidos por uma *fides* já evoluída; (c) os *pacta conventa*, protegidos pelo edito pretório, na medida em que não fossem contrários ao Ordenamento, através dos mecanismos processuais da *exceptio* e da *denegatio actiones* e que dariam lugar, em caso de discrepâncias, à nomeação de árbitros, os *arbitria bonae fidei*; (d) transpasses do *pacta conventa* reconhecidos e protegidos pelos pretores peregrinos, ao édito dos pretores urbanos e deste ao âmbito do *ius civile* como negócios *iuris gentium* de boa-fé, a respeito dos quais as divergências acaso surgidas eram dirimidas por meio dos *iudicia bonae fidei*;(e) transformação da categoria dos negócios consensuais de boa-fé e do *ius gentium* na categoria dos contratos consensuais (*obligationes consensu contractae*). (De Buján, Antonio Fernández. De los Arbitria Bonae Fidei Pretorios a los Iudicia Bonae Fidei Civiles. In: Garofalo, Luigi (Org.). *Il Ruolo della Buona Fede Oggetiva nell'Esperienza Giuridica Storica e Contemporanea* – Atti del Convegno internazionale di studi in onore di Alberto Burdese, vol. II. Padova: Cedam, 2004, p. 32-33).

71. Talamanca, Mario. La Bona Fides nei Giuristi Romani – «*Leerformeln*» e valori dell'ordinamento. In: Garofalo, Luigi (Org.). *Il Ruolo della Buona Fede Oggetiva nell'Esperienza Giuridica Storica e Contemporanea* – Atti del Convegno internazionale di studi in onore di Alberto Burdese, vol. IV. Padova: Cedam, 2004, p. 42.

72. A *jurisdição* romana não era o mesmo que a *judicação*. Esclarece Álvaro D'Ors que um Direito Privado, consistente em juízos decididos por juízes privados, que seguem critérios doutrinários

Em traços muito sintéticos: os termos *magistrado, juiz, pretor, jurisdição, ação,* quando conotados à experiência romana, denotavam uma realidade em tudo distinta da nossa. Fundamentalmente, a jurisdição romana não se fundava no reconhecimento abstrato de situações subjetivas, como hoje se verifica, mas na atribuição concreta de ações, consideradas como esquemas típicos conferidos ao autor para cada espécie de demanda, conforme determinavam as *leges Iuliae iudiciariae.*[73] Seguia-se, à fase de apresentação do litígio, a contestação (*litis contestatio*), momento no qual eram fixados os termos da controvérsia em um documento chamado *formula* – diminutivo de *forma,*ou modelo, ou *typo*, em grego –, porque esta *formula* devia ajustar-se a um dos esquemas previamente oferecidos para cada tipo de demanda. Por essa razão, diz-se que uma característica fundamental do Direito Romano clássico estava na *tipicidade* (ou formalidade ou, ainda, formalismo) de toda possível reclamação judicial: todo o direito estava concentrado em ações com fórmulas típicas, as quais eram indicadas aos interessados pelos jurisconsultos[74] e concedidas, ou não, pelo pretor.

Cada *formula* consistia numa ordem imperativa, dirigida pelo pretor ao juiz,[75] na qual, em termos solenes, *per concepta verba*, o primeiro indicava ao segundo a questão a ser resolvida e conferia-lhe o poder de condenar ou absolver, conforme confirmada, ou não, a «*intentio*» do demandante – isto é, a *pretensão, fattispecie* ou previsão

---

privados, ainda que acomodados a dados sociais públicos e a textos públicos, como o Edicto ou as leis, não pode prescindir de uma coação pública que permita ordenar e executar tais juízos, isto é, conferir efetivo poder de cumprimento às sentenças privadas daqueles juízos. O Direito Privado clássico organizou esta necessária coação pública através da coordenação entre o poder de jurisdição, conferido aos pretores, e a judicação, dos juízes privados. Em ambas existe, de comum, o fato de consistir numa dicção, ou declaração do *ius*. A diferença estava no caráter da declaração proferida. Enquanto o pretor, com sua jurisdição, ordena o juízo para o adequado tratamento das questões e a efetiva execução das sentenças, o juiz privado, com sua judicação, emite a sua opinião conforme o *ius* num caso concreto. Neste caso, há uma «ação» (*actio*, de *agere,*conduzir-se) do particular que, *actor*, é o verdadeiro protagonista. Tanto aquele contra o qual é intentada a ação quanto o magistrado que ordena o trâmite e o juiz que decide a questão são, de certa forma, personagens secundários, complementares à «ação» do demandante, ainda que sejam estes últimos os que decidem o litígio. Diferentemente, na «cognição oficial», o personagem principal será o pretor, funcionário burocrático, diante do qual se desenvolvem as sucessivas fases do trâmite: a ouvida dos litigantes, a dação da sentença e a sua execução (D'ORS, Álvaro. *Elementos de Derecho Privado Romano*. 3.ª ed. Pamplona: Universidad de Navarra, 1992, p. 37-38). Sobre a matéria, por igual, KUNKEL, Wolfgang. *Historia del Derecho Romano*. Barcelona: Ariel, 1991, p. 93-108).

73. Leis que haviam determinado que os litígios fossem processados mediante termos de antemão prescritos (*per concepta verba*).

74. D'ORS, Álvaro. *Elementos de Derecho Privado Romano*. 3.ª ed. Pamplona: Universidad de Navarra, 1992, p. 41-42; MIQUEL, Juan. *Derecho Privado Romano*. Madrid: Marcial Pons, 1992, p. 105-109; PETIT, Eugene. *Tratado Elemental de Derecho Romano*. Buenos Aires: Albatroz, 1985, p. 845 e ss. Desde as *leges Iuliae iudiciariae*, havia-se estabelecido que os litígios se processavam mediante termos prescritos (*per conceptum*), assim se configurando as fórmulas.

75. Aqui se percebe a distinção no tipo de declaração feita pela jurisdição (pretor) e pela judicação (juiz).

normativa, como se diria hoje.[76] A *intentio* era justamente a parte da fórmula na qual era fixada a pretensão, podendo esta ser *certa* ou *incerta*, variando ainda segundo a classificação das ações.

As fórmulas classificavam-se conforme fossem *in ius conceptae* (isto é, *in ius civile*), quando a pretensão estava baseada em uma regra de Direito Civil, ou *in factum conceptae*,[77] no caso de a condenação do demandado assentar exclusivamente na existência de certos fatos.[78] Uma ação que contivesse uma pretensão (*intentio*) fundada no *ius civile* era chamada *actio civilis*, ou *actio legitima*, quando expressamente reconhecida por uma *lex*.[79] Dessa maneira, as fórmulas de Direito Civil, base das ações *in ius conceptae*, eram caracterizadas por sua *intentio* estar fundada numa *lex*. Diferentemente, todas as *actiones honorariae* tinham *formulae in factum conceptae*, e fundavam-se apenas no *imperium* do pretor.[80]

---

76. A *intentio* vem definida por Gaio, nas *Instituciones* (Comentário Quarto, 41), como segue: «Intentio est ea pars formulae qua actor desiderium suum concludit, uelut haec pars formulae: *si paret Numerium Negidium Aulo Agerio sertetium x milla dare oportere; item haec: quidquid paret Numerium Negidium Aulo Agerio dare facere "oportere"*; item haec: *si paret hominem ex ivre quiritium Auli Agerii esse*» (conforme GAIO. *Instituciones*. Edição bilíngue de Manuel Abellán Velasco, Juan Antonio Arias Bonet, Juan Iglesias-Redondo e Jaime Roset Esteve. Francisco Hernandez Tejero (Coord.). Madrid: Civitas, 1990, p. 326-327, assim vertida para o espanhol: «La intentio es aquella parte de la fórmula en que el actor concreta su propósito, por ejemplo, de esta manera: *si resulta que Numerio Negidio debe dar diez mil sestercios a Aulo Agerio*; o también: *todo lo que resulte que Numerio Negidio debe dar o hacer a Aulo Agerio*; o de esta manera: *si resulta que el esclavo pertenece a Aulo Agerio en propiedad civil*».

77. Gaio, nas *Instituciones* (Comentário Quarto), opera a ligação entre a classificação das ações e das correspondentes fórmulas, da seguinte maneira: (45) «Sed eas quidem formulas in quibus de iure quaeritur, in ius conceptas uocamus, quales sunt quibus intendimus nostrum esse aliquid ex iure Quiritium aut nobis dari oportere aut pro fure damnum *"decidi oportere; sunt est"* aliae in quibus iuris civilis intentio est. (46) Ceteras uero in factum conceptas uocamus, id est in quibus nullas talis intentiois conceptio est, *"sed"* initio formulae nominato eo quod factum est, adiciuntur ea verba, per quae iudici damnandi absolvendiue potestas datur (...)», fórmula assim vertida para o espanhol: (45) «Aquellas fórmulas en las que planteamos una cuestión de derecho, las denominamos fórmulas fundadas en el derecho, como son aquellas con las que afirmamos que algo nos pertenece por derecho civil, o bien que se nos debe dar algo, o que hay que repararnos per furtum. Pero hay más fórmulas fundamentadas también en el derecho civil. (46). Las otras fórmulas las llamamos fundadas en un hecho y son las que no están concebidas de aquella forma, sino que, concretado en el comienzo de la fórmula el supuesto de hecho, se añaden aquellas palabras por las que el juez queda facultado a condenar o a absolver» (GAIO. *Instituciones*. Edição bilíngue de Manuel Abellán Velasco, Juan Antonio Arias Bonet, Juan Iglesias-Redondo e Jaime Roset Esteve. Francisco Hernandez Tejero (Coord.). Madrid: Civitas, 1990, p. 329).

78. SCHULZ, Fritz. *Derecho Romano Clásico*. Barcelona: Bosch, 1960, p. 28.

79. SCHULZ, Fritz. *Derecho Romano Clásico*. Barcelona: Bosch, 1960, p. 27.

80. Anota Schulz que a diferente construção da fórmula (*in ius, in factum*) permite a apreciação da diferença entre as *actiones civiles* e as *actiones honorariae* (SCHULZ, Fritz. *Derecho Romano Clásico*. Barcelona: Bosch, 1960, p. 29).

30 | A BOA-FÉ NO DIREITO PRIVADO

4. *Oportet ex fides bona*

É justamente aqui que se imbricam os *bonae fidei iudicium*, situados na tensão entre a relevância do consenso e a tipicidade do sistema contratual.[81]

Os *iudicia bonae fidei* consistiam em um procedimento perante o juiz no qual o demandante apresentava uma fórmula especial (embora postulando *actiones in ius conceptae*) na qual, não podendo demonstrar uma *intentio* baseada na *lex*,[82] a fundava na *fides*, ordenando então o pretor que o juiz sentenciasse conforme os ditados da boa-fé. Esta fórmula especial, denominada *oportet*[83] *ex fides bona*, era alegada pelos *bonae fidei iudicia*, isto é, aqueles que, postulando *actiones in ius conceptae*, não tinham uma *intentio* baseada em texto expresso de lei, mas apenas na alegação da *fides bona*.[84] Uma vez surgido o conflito derivado de uma *conventio*, e residindo a sua causa na falta de lealdade à palavra dada, o *oportere* processual que refletia a controvérsia teria que reconhecer e fazer valer o incumprimento da *fides*, compreendida como a «*dictorum conventorumque constantia et veritas*» ciceroniana.[85]

Essa é justamente a *fides bona*, o adjetivo «*bona*» conotando, no léxico ciceroniano, as ideias de «justa» ou «virtuosa», «de modo que as ações humanas deveriam traduzir um agir correto, como ocorre entre as pessoas corretas que atuam sem fraude (*ut inter bonos bene agere oportet et sine fraudatione*)».[86] E assim era adjetivada a *fides*, porque

---

81. TALAMANCA, Mario. La Bona Fides nei Giuristi Romani – «*Leerformeln*» e valori dell'ordinamento. In: GAROFALO, Luigi (Org.). *Il Ruolo della Buona Fede Oggetiva nell'Esperienza Giuridica Storica e Contemporanea* – Atti del Convegno internazionale di studi in onore di Alberto Burdese, vol. IV. Padova: Cedam, 2004, p. 49, aludindo à «relativa dialética» que se desenvolve entre esses dois polos.

82. Os *bonae fidei iudicia* não estavam amparados na *lex*. Assim revela Cícero: «*et sine lege iudiciis, in quibus additur ex fide bona*» (todo o trecho, em tradução livre: «Além disso este dolo mau era punido também pelas leis; os crimes em relação a tutela, por exemplo, pela Lei das Doze Tábuas, os crimes contra menores de idade pela Lei Pretoriana e por algumas sentenças, desprovidas de leis, às quais se acrescentava 'pela boa-fé'») (CICERO. *De Officis*, 3,15,61).

83. A expressão *oportere* indica o «ser correto» ou «ser preciso». Primitivamente indicava a «conveniência» ou o «dever moral» de certo agir, passando, mais tarde, a precisar o dever, ou a obrigação em sentido jurídico, o complexo dos deveres imputados ao sujeito de uma relação contratual.

84. O FORMALISMO estrito se tornou inadequado à vista da evolução econômico-social da sociedade romana, sendo, portanto, necessário alargar o seu campo, o que se logrou obter com a *Lex Aebutia* (130 a.C.), a qual oficializou o processo formulário, na forma já anteriormente sintetizada. É interessante observar a razão da criação da fórmula *oportet ex fides bona*, pois a sua finalidade foi *justamente a de permitir que o «iudex» tivesse uma grande margem de liberdade, por forma a alargar o seu «officium» para dispor de uma margem ampla de decisão*, devendo considerar não a letra do contrato ou da lei, mas o espírito do acordo, conforme o objetivamente prometido pelas partes (para esta síntese, consultei MENEZES CORDEIRO, António Manuel. *Da Boa-Fé no Direito Civil*, vol. I. Coimbra: Almedina, 1984, p. 71-73; 75-80 e 83).

85. Cicero. *De officii*, 1, 23: «*Fundamentum autem est iustitiae fides, id est dictorum conventorum que constantia et veritas*» (consultado em: <http://www.thelatinlibrary.com/cicero/off1.shtml#23>. Acesso em: 10.05.2023). Em tradução livre: «O fundamento da justiça é a fé, ou seja, a fidelidade e a sinceridade das palavras e dos acordos».

86. Cicero. *De officii*, 3, 70 (consultado em: <http://www.thelatinlibrary.com/cicero/off3.shtml#70>.

submetia o cumprimento dos compromissos assumidos por meio da *conventio* à sinceridade das palavras dadas e à ausência, naquelas palavras, de enganação ou de fraude. Esse era o *comportamento esperado* nas relações humanas. Escreve Castresana:

«A *fides bona* é, pois, a mesma *fides* a que se havia submetido o leal cumprimento da palavra dada na *conventio*, se bem qualificada agora, uma vez surgido o conflito interpartes e no âmbito do processo, pela necessária medida de responsabilidade em que eventualmente incorre a parte que tenha descumprido o vínculo de fidelidade. A *fides*, portanto, atraída ao campo do direito, se transforma no processo em *fides bona* e esta, na sede jurisdicional correspondente – *bonae fidei iudicia* – não gera obrigações, porém responsabilidades. A medida destas responsabilidades se concretiza em função do modo e da extensão que a *fides bona* atribui ao cumprimento das obrigações nascidas do correspondente acordo de fidelidade».[87]

A *fides bona* traduzia, portanto, a medida de lealdade correlacionada com o tipo da obrigação violada e a correspondente responsabilidade assinalada pelo pretor. O conteúdo da boa-fé era pontuado, em vista do caso concreto e do que era considerado, usualmente, o comportamento correto no ambiente dos negócios comerciais.[88] Assim, um modelo de Direito originariamente marcado pela *tipicidade formal* (como era próprio da *stipulatio*), se abre para a *tipicidade causal*, fazendo emergir e desenvolver-se os contratos consensuais. A dificuldade para encontrar uma justificação para a força vinculante daqueles acordos não protegidos pela forma[89] não afastava a necessidade de

---

Acesso em: 10.05.2023). Também referido por Castresana, Amélia. *Fides, Bona Fides*: un concepto para la creación del derecho. Madrid: Tecnos, 1991, p. 65, com referência, todavia, à Topica, onde a sentença também é expressa (Cicero. *Topica*, 17, 66. Consultado em: <http://www.thelatinlibrary.com/d/topica.shtml>).

87. Castresana, Amélia. *Fides, Bona Fides*: un concepto para la creación del derecho. Madrid: Tecnos, 1991, p. 65-66, em tradução livre. No original: «La *fides bona* es, pues, la misma *fides* a la que se había sometido el leal cumplimiento de la palabra dada en la *conventio*, si bien matizada ahora, una vez surgido el conflicto inter partes y en el ámbito del proceso, por la necesaria medida de responsabilidad en la que eventualmente incurre la parte que ha incumplido el vinculo de fidelidad. La *fides*, por tanto, atraída al campo del Derecho, se transforma en el proceso en *fides bona* y ésta, en la sede jurisdiccional correspondiente – *bonae fidei iudicia* – no genera obligaciones, pero si responsabilidades. La medida de estas responsabilidades se concreta en función del modo y de la extensión que la *fides bona* asigna al cumplimiento de las obligaciones nacidas del correspondiente convenio de fidelidad».

88. Segundo essa perspectiva, diz Talamanca, resulta significativo um dado que – no âmbito do Direito Contratual – sempre acompanhou a operatividade da *bona fides* como reclamo às regras de correção usualmente correntes, na experiência romana: «a limitação de tal operatividade a algumas *fattispecie* típicas e a consequente ausência de uma portada geral do princípio do respeito à palavra dada coessencial à própria fides. E isso é tão mais significativo dado que o Ordenamento romano era um sistema aberto, não rigorosamente delimitado por incisivos provimentos heteronormativos» (Talamanca, Mario. La Bona Fides nei Giuristi Romani – «*Leerformeln*» e valori dell'ordinamento. In: Garofalo, Luigi (Org.). *Il Ruolo della Buona Fede Oggetiva nell'Esperienza Giuridica Storica e Contemporanea* – Atti del Convegno internazionale di studi in onore di Alberto Burdese, vol. IV. Padova: Cedam, 2004, p. 44-47).

89. Abordo o tema em: Martins-Costa, Judith. Contrato. Conceito e Evolução. In: Nanni, Giovanni Ettore; Lotufo, Renan (Orgs.). *Teoria Geral dos Contratos*. São Paulo: Atlas, 2011, p. 23-66.

respeitá-los. A *bona fides* expressava (entre outros significados) o respeito à palavra dada. Porém, não sendo a *fides bona per se*, fonte geradora de vínculo obrigacional, foi necessária a utilização de um instrumento processual – justamente os *bonae fidei iudiciam* – para operar tal eficácia geradora de responsabilidades. Nascem, então, os *iudicia bonae fidei* para proteger *fattispecie* não tuteladas no Ordenamento civilístico.[90]

5. Bona fides e consensus contractae

O procedimento dos *bonae fidei iudicium* aprofundará ainda mais o entrançamento da boa-fé na cultura jurídica romana. Por seu intermédio, a *fides*, valor fundante, enucleado no próprio *ethos* da civilização romana, encontrará uma via de instrumentalização processual com múltiplos efeitos no desenvolvimento, na criação, recepção e transmutação (por adaptação funcional) de figuras e institutos já existentes. Entre esses efeitos, está, no período clássico, a distinção entre os contratos e os acordos derivados do *conventium*,[91] bem como a assimilação dos *negotia ex fide bona contracta* como «verdadeiros» contratos no sentido de *obligationes consensu contractae* ou *ex contractu*, em sentido estrito.[92] O *consensus*, dando vida ao acordo, vinculava as partes ao leal cumprimento da *conventio*, conquanto a inexistência de sujeição às rígidas formas (e fórmulas) civis, restando os acordantes sujeitos ao *fidem praestare* de um relativamente ao outro. Como acentua Amélia Castresana, «a *fides bona*, desde o *oportere ex fide bona* e o *negotium ex fide bona contractum*, nos quais encontrou sua sede própria e seu sentido jurídico específico, se traslada, agora, a estas figuras que, por servir de fundamento àquela reclamação começam a denominar-se, genericamente, "contratos de boa-fé"».[93]

Educados por uma percepção que faz derivar do *consenso* (ou mútuo acordo para contratar), a eficácia obrigatória dos contratos, podemos não perceber a importância

---

90. TALAMANCA, Mario. La Bona Fides nei Giuristi Romani – «*Leerformeln*» e valori dell'ordinamento. In: GAROFALO, Luigi (Org.). *Il Ruolo della Buona Fede Oggetiva nell'Esperienza Giuridica Storica e Contemporanea* – Atti del Convegno internazionale di studi in onore di Alberto Burdese, vol. IV. Padova: Cedam, 2004, p. 185.

91. A distinção é devida a Labeão que elaborará o significado do substantivo «*contractus*» tal qual virá referido no texto de Ulpiano (D. 50, 16, 19): aí o termo «contrato» compreende apenas os acordos bilaterais criadores de obrigações recíprocas, sancionados por ações de boa-fé (*actiones bonae fidei*, D. 17, 1, 59, 1). Essa noção diferenciada da estabelecida por Gaio, que não distingue entre os contratos bilaterais e outros acordos geradores de obrigações, como os contratos reais, dos quais a obrigação surge da *tradictio* e os contratos verbais, nos quais a obrigação surge da troca, formal, de pergunta e resposta.

92. Por esta razão, a introdução dos *bonae fidei iudiciam* teve grande importância para o próprio desenvolvimento da noção de contrato. Derivavam das *obligationes consensu contractaea emptio venditio*; a *locationes conductiones* (nas três espécies: *rei, operarum, operis*); a *societas*; o *mandatum*, todos sendo sancionados por *actiones bonae fidei*.

93. CASTRESANA, Amélia. *Fides, Bona Fides*: un concepto para la creación del derecho. Madrid: Tecnos, 1991, p. 71, em tradução livre.

AS RAÍZES | 33

deste fato, pelo qual a adstrição à forma como crivo da vinculabilidade começa a ser substituída por uma aderência a critérios de correção e lealdade traduzidos no valor da palavra dada. Esse fato, porém, configura «conquista progressiva e trabalhosa, obtida justamente sobre a direção da boa-fé»,[94] conquista que se fará – explica Cardilli – segundo um modelo unitário de pretensão (*quidquid dare facere oportet ex fide bona*) atuante para além do tipo negocial em causa, conquanto conectado a uma tipicização operada sobre a *causa obligandi* em termos de *formulae* com *demonstrativo*.[95]

Essa via processual conduz a que o impacto da *bona fides* se revele tangível, sobretudo por meio das tentativas jurisprudenciais de flexibilizar a cerrada tipicidade contratual conexa às *leges Iuliae iudiciariae*,[96] resultando, ao fim e ao cabo, nas classificações que reconhecerão a força vinculante do consenso. Tais «contratos de boa-fé» serão classificados por Gaio como *consensu contractae*, tendo como característica o fato de a vinculação jurídica – isto é, o elemento gerador da obrigação – resultar exclusivamente do consenso das partes, garantido pela *fides*.[97]

---

94. Assim refere STOLFI, Emanuele. *Bonae Fidei Interpretatio*. Ricerche sull'interpretazione di buona fede fra esperienza romana e tradizione romanistica. Napoli: Jovene, 2004, p. 77-78, aludindo à «*progressiva e faticosa conquista, ottenuta próprio sulla spinta dellabona* fides».

95. CARDILLI, Riccardo. *Bona Fides Tra Storia e Sistema*.Torino: Giappichelli, 2004, p. 49.

96. Leis que haviam determinado que os litígios fossem processados mediante termos de antemão prescritos (*per concepta verba*).

97. Inst., Tit. XXII: «Na venda, na locação, na sociedade e no mandato, as obrigações formam-se somente pelo consenso das partes». Acentuando a presença da *fides*, KASER, Max. *Derecho Romano Privado*. Madrid: Reus, 1968, p. 177. Porém, em outros numerosos institutos – que hoje diríamos «negociais» – também está a presença da *fides* marcada na sua própria racionalidade do instituto. Assim, por exemplo, a fidúcia, que mostra a ligação entre o agir consoante a boa-fé e a consideração da *finalidade concreta* da operação jurídico-econômica realizada: tal figura consistia na entrega da propriedade de uma *res mancipi* (ou de uma pessoa *in potestate*) mediante *macipatio* ou *in iure cessio* que o fiduciante faz em favor do fiduciário, que se obriga, por sua vez, a restituir a coisa (ou a pessoa), uma vez cumprida a finalidade preestabelecida. A *fiducia cum amico*, a mais antiga das formas fiduciárias (exemplarmente denotativa de um *exercício dominical fiduciário*), tem a sua primeira manifestação histórica mediante a realização de uma *mancipatio fiduciae causa* de uma pessoa *in potestate* ou de uma coisa, em virtude da qual se transmitia a pessoa ou a coisa sob a *potestas* dominical do *accipiens* com a finalidade exclusiva do *usus* (*commodatum*) ou de *custodia* (*depositum*) com um pacto de devolução (*ut remancipetur*). Pois bem: a ideia de um exercício dominical fiduciário, isto é, da outorga de uma titularidade de *dominus* fiduciário *confiada para uma finalidade ou gestão dominical concreta*, encerra, diz Fuenteseca, a essência da fidúcia e do negócio fiduciário romano, na medida em que conecta a *causa fiduciae* que acompanhava o ato de transmissão à *confiança* (depositada no *dominus* fiduciário) que desempenharia a concreta e específica missão pactuada, segundo o *pactum fiduciae*. Com efeito, o *poder dominial* sobre pessoa ou coisa cujo transpasse – e posterior devolução – é o objeto desta forma jurídica explica-se por meio da ideia de *fides*, expressando-se a obrigação de restituir no *pactum fiduciae* no qual as partes determinam a finalidade do negócio. Este é sancionado pela *actio fiduciae*, cuja fórmula é definida por Cícero como um *ut inter bonos agier oportere et sine fraudatione* (CÍCERO. *De Officis*, 3, 15, 61. Em tradução livre: «Age tal qual deve atuar entre pessoas de bem, e sem engano»). Para uma síntese, v. GIMENEZ-CANDELA, Teresa. *Derecho Privado Romano*. Valencia: Tirant lo Blanch Libros, 1999, § 61, p. 449.

É nesses contratos consensuais que se revelará a importância criadora da *fides* atuando como garantia do cumprimento. É que, quando foi necessária a sanção jurídica dos vínculos derivados da *conventio* (em face do incumprimento, ou do cumprimento defeituoso, quando derivados da deslealdade) o *oportere* processual correspondente, integrando a *fides bona*, passou a servir de base jurídica para a promoção de ações,[98] auxiliando essa funcionalidade à relativa vagueza semântica da fórmula *oportet ex fides-bona*, cuja «*intentio*» recaía sobre um «*incertum*», carecendo, pois, da «*demonstratio*»,[99] isto é, a parte da fórmula na qual se explicava o assunto objeto da demanda.[100]

Aproveitando as fórmulas transcritas nas *Instituições* de Gaio,[101] Schulz exemplifica uma fórmula *oportet ex fides bona* nos seguintes termos:

«Quod Aulos Agerius [o vendedor] Numerio Negidio [o comprador] fundum Cornelium, quo de agitur, vendidit, quidquid paret ob eam rem Numerium Negidium dare facere *oportet fides bona*, eius iudex Numerium Negidium Aulo Agerio condemnato, si non paret absolvito».[102]

Isto é: o comprador demandado, Numerio Negidio, deve dar ou fazer segundo a boa-fé, observando Schulz que as palavras *quidquid ... ex fide bona* contêm a *intentio*, a qual, por ser incerta, permite que o juiz fixe a soma devida a título de indenização por Numerio Negidio a Aulos Agerius, conforme as exigências da boa-fé.[103] Esta importância poderia ser maior ou menor que o preço estipulado no negócio que motivou o litígio; seria maior se, por exemplo, o demandado tivesse incorrido em mora, devendo pagar perdas e danos; seria menor se as partes houvessem combinado que o preço seria pago em prazos sucessivos, tendo vencido apenas o primeiro.[104] Pela fórmula, era conferido ao juiz um especial mandato para ponderar as circunstâncias concretas, com o que a

---

98. Castresana, Amélia. *Fides, Bona Fides*: un concepto para la creación del derecho. Madrid: Tecnos, 1991, p. 66-68.

99. Acerca destes conceitos, Miquel, Juan. *Derecho Privado Romano*. Madrid: Marcial Pons, 1992, p. 107-108.

100. Gaio. *Institutas*, IV, 40: «Demonstratio est ea pars formulae, quae principio ideo inseritur, ut demonstretur res, de qua agitur, uelut haec pars formulae: qvod avlvs agerivs nvmerio negidio hominem vendidit, item haec: qvod avlvs agerivs apvd nvmerivm negidivm hominem deposvit. Demonstratio est ea pars formulae quae principio ideo inseritur, ut demonstratur res de qua agitur» (disponível em: <http://www.thelatinlibrary.com/gaius4.html#40>. Acesso em: 10.05.2023). Como anota Gimenez-Candela, às ações *ex fide bona* correspondia maior flexibilidade do juiz na determinação da condenação (*arbitrium*) relativamente à liberdade que detinha nas ações de direito estrito (Gimenez-Candela, Teresa. *Derecho Privado Romano*. Valencia: Tirant lo Blanch Libros, 1999, § 61, p. 445).

101. *Vide* nota 100, *supra*.

102. Schulz, Fritz. *Princípios del Derecho Romano*. Trad. espanhola de Manuel Abellán Velasco. Madrid: Civitas, 1990, p. 34. Destaquei.

103. Acerca do efetivo funcionamento da fórmula nas variadas espécies contratuais, v. Cardilli, Riccardo. *Bona Fides Tra Storia e Sistema*. Torino: Giappichelli, 2004, p. 49-62.

104. Schulz, Fritz. *Princípios del Derecho Romano*. Trad. espanhola de Manuel Abellán Velasco. Madrid: Civitas, 1990, p. 34.

apreciação da boa-fé se ata ao contexto contratual concreto, tendo como ponto de referência, por antagonismo, o comportamento em *fides mala* ou em *dolum malum*.[105] A *fides bona* atuava, no processo, para permitir ainda outras funções. Servia, por exemplo, como para salvaguardar o vínculo sinalagmático, assegurando a bilateralidade funcional na compra e venda (*emptio venditio*), ao situar um critério de tolerabilidade (*pati*) relativamente a acontecimentos supervenientes que incidissem sobre o equilíbrio das prestações alcançado pelo acordo acerca da *ultro citroque obligatio*.[106] Do mesmo modo, assegurava a bilateralidade funcional na *locatio conductio*, impondo uma «estreita interdependência» entre a prestação principal do locador (*uti frui praestare*) e a do condutor (pagamento do preço).[107] Ainda, viabilizava ao juiz assinalar a medida da responsabilidade dos contratantes, de modo que o *iudex* deveria exigir «tudo o que entre eles se tivesse levado a cabo sinceramente, com honestidade, devendo reprimir as atuações desleais e enganosas na execução do «acordo de fidelidade».[108] E, especialmente, ensejava uma vigorosa atuação do juiz por via da interpretação[109] e da integração do conteúdo contratual na sua dinâmica, a fim de assegurar um critério fundado na justiça contratual como equilíbrio[110] entre as prestações, equilíbrio a ser logrado não apenas no momento da pactuação, mas correspondente ao sinalagma dinâmico ou funcional, isto é, aquele que deve acompanhar a relação contratual no transcurso do seu tempo de duração.

---

105. CASTRESANA, Amélia. *Fides, bona fides:* un concepto para la creación del derecho. Madrid. Tecnos, 1991, p. 68.

106. Assim CARDILLI, Riccardo. *Bona Fides Tra Storia e Sistema.* Torino: Giappichelli, 2004, p. 55-57, examinando LABEÃO, Liv. Quarto postera lavoleno epit. D. 19, 1, 50.

107. CARDILLI, Riccardo. *Bona Fides Tra Storia e Sistema.* Torino: Giappichelli, 2004, p. 59, examinando D. 19, 2, 15, 2.

108. CASTRESANA, Amélia. *Fides, bona fides:* un concepto para la creación del derecho. Madrid. Tecnos, 1991, p. 68. O DIGESTO registra a regra: «*Bona fides quae in contractibus exigitur aequitatem summam desiderat*» (D. 16, 3,31, pr, ou: A boa-fé, que se estabelece nos contratos, requer a máxima justiça).

109. A partir do século II a.C., o *ius privatorum Romanorum* se enriquece extraordinariamente em virtude da atividade dos magistrados e dos jurisconsultos, uns e outros interagindo entre si, por forma a tocar «todos os gânglios vitais do sistema privatista» («tutti gangli vitali del sistema privatistico»), na expressiva dicção de GIUFFRÈ, Vincenzo. *Il Diritto dei Privati nell'Esperienza Romana.* 2.ª ed. Napoli: Jovene, 1998, p. 355. Não por acaso a obra nuclear desse período é a de Quinto Múcio Scevola (140 a.C. – 82) que em dezoito *libri iuris civilis* elaborou pioneiramente o direito como *construção sistemática*, por meio de esquemas estruturados na distinção entre gêneros e espécies. A par do início de elaboração sistemática, alguns mecanismos e recursos técnicos permitirão aos magistrados inovarem na construção do Direito Civil, entre eles a *interpretatio*.

110. CARDILLI, Riccardo. *Bona Fides Tra Storia e Sistema.* Torino: Giappichelli, 2004, p. 61, examinando várias regras, entre elas: D. 17, 1, 10, 9 (compensação de prestações acessórias no *iudicium mandati*); Sabino, D. 50, 17, 23; D. 16, 3, 14, 1; D. 19, 2, 59 (regra *casus a nullo praestantur*); a regra sobre os diversos critérios de imputação da responsabilidade contratual segundo a *utilitas contrahentium* (D. 30, 108, 12; D.13, 6, 5, 3; D. 50, 17, 23).

§ 4. O momento hermenêutico: *bonae fidei interpretatio*

1. O significado

A expressão *bonae fidei interpretatio* provém de um texto de Nerazio incluído no Digesto (3 memb., D.2.14.58)[111] significando, na leitura procedida por Stolfi, um determinado procedimento hermenêutico assumido pela boa-fé como objeto da interpretação, profundamente criativo no que diz com a proteção do sinalagma contratual.

Entendia-se até então que era possível desistir de contratos como a compra e venda (*emptio venditio*) e a locação (*locatio conductio*) antes de ambas as prestações serem cumpridas. Atuava, então, amplamente, o *contrarius consensus*. Se uma das partes tivesse cumprido, mas ambas as partes, por comum acordo, decidissem repristinar a situação precedente ao adimplemento, retornava-se ao *statu quo ante* pelo consenso, abandonando-se, assim, o ritual da *formula*. Até então, porém, o fundamento dessa possibilidade era atribuído direta e imediatamente ao elemento «consenso». A inovação estava em que se passou a considerar, nessas circunstâncias, uma atuação direta da *bona fides*. Era essa, assegura Stolfi, que, configurando-se como medida e critério do *oportere* e, assim, como critério de uma mais livre apreciação dos fatos por parte do juiz, conduzia,

---

111. *In verbis:* «Ab emptione venditione, locatione conductione ceterisque similibus obligationibus quin integris omnibus consensu eorum, qui inter se obligati sint, recedi possit, dubium non est. aristoni hoc amplius videbatur, si ea, quae me ex empto praestare tibi oporteret, praestitissem et cum tu mihi pretium deberes, convenisset mihi tecum, ut rursus praestitis mihi a te in re vendita omnibus, quae ego tibi praestitissem, pretium mihi non dares tuque mihi ea praestitisses: pretium te debere desinere, quia bonae fidei, ad quam omnia haec rediguntur, interpretatio hanc quoque conventionem admittit. nec quicquam interest, utrum integris omnibus, in quae obligati essemus, conveniret, ut ab eo negotio discederetur, an in integrum restitutis his, quae ego tibi praestitissem, consentiremus, ne quid tu mihi eo nomine praestares. illud plane conventione, quae pertinet ad resolvendum id quod actum est, perfici non potest, ut tu quod iam ego tibi praestiti contra praestare mihi cogaris: quia eo modo non tam hoc agitur, ut a pristino negotio discedamus, quam ut novae quaedam obligationes inter nos constituantur». Em tradução de García del Corral: «No es dudoso que por el consentimiento de todos los que entre sí se hubieren obligado sea posible separarse de una compra, venta, locación, conducción, y de las demás obligaciones semejantes, con tal que todas estén íntegras. A Ariston aun parecía bien esto, que si yo te hubiese entregado lo que convenía que yo te entregara por razón de una compra, y debiéndome tú el precio, me hubiese convenido contigo, para que, habiéndoseme reintegrado por ti respecto á la cosa vendida todo lo que yo te hubiese entregado, no me dieses el precio, y tú me hubieses reintegrado aquello, dejabas de deber el precio; porque la interpretación de la buena fe, á que todas estas cosas se refieren, admite también esta convención. Y nada importa, ó que, hallándose integras todas las cosas sobre que nos hubiésemos obligado, se conviniera el apartarse de tal negocio, ó que, restituídas por entero las que yo te hubiese entregado, consintiéramos que tú no me dieras nada por semejante motivo. Verdaderamente, por la convención que se dirije á revocar lo que se efectuó, no puede hacerse que lo que yo ya te entregué, seas tú por el contrario obligado á entregármelo; porque de este modo, no se trata tanto de que nos apartemos del primitivo negocio, como de que entre nosotros se constituyan obligaciones nuevas». (GARCÍA DEL CORRAL, Ildefonso L. *Cuerpo del Derecho Civil Romano*: a doble texto. Tomo 1. Barcelona: Jaime Molinas, 1889, p. 290).

AS RAÍZES | 37

então, a superar os lindes formalísticos e a munir de maior efetividade o consenso.[112] A *interpretatio* a que alude o texto de Nerazio permitiu individualizar qual atuação do *contrario consensus* era, à luz da *bona fides*, admissível ou não.

Esse procedimento hermenêutico tinha como pano de fundo[113] as características assumidas pela *interpretatio* num quadro essencialmente casuístico e ainda atado às situações de tipicidade contratual. A diferença conceitual daí implicada.[114] O exercício da *interpretatio* pelos *prudentes*, naquelas condições, incluía o complexo da valoração (e, em certa medida, da regulamentação) contratual, e o enquadramento do conjunto de interesses em causa nos paradigmas típicos, para a salvaguarda da estrutura sinalagmática ínsita a quase todas as *fattipecies* contratuais.[115] A *bona fides interpretatio* não significava, portanto, uma «interpretação» da boa-fé, mas um critério para estabelecer se, em conformidade à boa-fé, seria ou não admissível (ou tutelável, em via processual) um determinando acordo. Assinala ainda Stolfi:

«Para além do teor literal, a *interpretatio* a que se referiam os nossos juristas [os juristas romanos] é, pois, uma operação complexa, estruturada entre o esforço interpretativo desenvolvido sobre uma fonte normativa e aquele realizado sobre uma disposição negocial». E ajunta: «para decidir sobre a admissibilidade de um acordo [para distratar o contratado] não é a boa-fé "em pessoa" [que atua] mas os mesmos prudentes que a invocavam como princípio regulador da *fattispecie* a que é inerente o *contrarius consensus*».[116]

É perante esse amplo espectro de funções e significados que a boa-fé, nutriz do *ethos* romano, será chamada a atuar para a determinação, explicitamente consignada no Digesto, do reconhecimento de tudo o quanto *actum sit* entre as partes. Fixava-se, assim, o nexo entre *bona fides* e *id quod inter contrahentes actum est* (aquilo que foi

---

112. STOLFI, Emanuele. *Bonae Fidei Interpretatio*. Ricerche sull'interpretazione di buona fede fra esperienza romana e tradizione romanistica. Napoli: Jovene, 2004, p. 30-39.

113. STOLFI, Emanuele. *Bonae Fidei Interpretatio*. Ricerche sull'interpretazione di buona fede fra esperienza romana e tradizione romanistica. Napoli: Jovene, 2004, p. 79 e ss.

114. Sobre a interpretação negocial, v. GIUFFRÈ, Vincenzo. *Il Diritto dei Privati nell'Esperienza Romana*. 2.ª ed. Napoli: Jovene, 1998, p. 143 e ss.

115. Assim, STOLFI, Emanuele. *Bonae Fidei Interpretatio*. Ricerche sull'interpretazione di buona fede fra esperienza romana e tradizione romanistica. Napoli: Jovene, 2004, p. 81. Veja-se, como exemplo, passagem do *De Officiis* na qual Cícero faz derivar da boa-fé o dever do vendedor de informar ao comprador os defeitos por ele conhecidos (*De Officiis*, 3, 14, 66-67). Em outra passagem ensina que «é próprio do homem de bem» o dever de informar sobre os vícios da coisa vendida. (*De Officiis*, 3, 23, 91). Esses deveres existem ainda que a lei ou o Direito Civil não o prevejam, derivando da «lei da natureza» (*De Officiis*, 3, 14, 69).

116. STOLFI, Emanuele. *Bonae Fidei Interpretatio*. Ricerche sull'interpretazione di buona fede fra esperienza romana e tradizione romanistica. Napoli: Jovene, 2004, p. 42-43, em tradução livre. No original: «Al di là del tenore letterale, l'interpretatio cui si riferivano i nostri giuristi è quindi un'operazione complessa, a cavallo tra impegno interpretativo svolto su una fonte normativa e quello realizzato su una disposizione negoziale (...) a decidere dell'ammissibilità dell'accordo non è la bona fides 'in persona', ma gli stessi prudenti che l'hanno invocata quale principio regolatore della fattispecie cui il contrarius consensus inerisce».

38 | A BOA-FÉ NO DIREITO PRIVADO

realizado entre os contraentes),[117] que Ulpiano – iniciando o tratamento da *actio empti* (D.19.1.11.1) – situava no centro da sua própria elaboração.[118] Segundo consignou o jurisconsulto: «Y ante todo se ha de saber, que se comprende en este juicio solamente lo que se convino que se entregue; porque siendo juicio de buena fe, nada es más conforme a la buena fe, que el que se cumpra lo que se convino entre los contratantes; pero si nada se convino, entonces se harán las prestaciones que naturalmente se contienen en la naturaleza del contrato».[119]

Observa-se, nessa passagem, não desempenhar a boa-fé apenas funções *supplendi* e *corrigendi*: além de informar a inteira tipologia contratual *emptio venditio*, aponta Stolfi, a boa-fé orientava a interpretação no sentido de determinar o conteúdo da *obligatio* «na máxima aderência ao acordo concluído», privilegiando a substância da *conventio* (o *actum*) sobre o teor literal da declaração (o *dictum*). Daí a conclusão segundo a qual a *bona fides* intervinha «para lograr a máxima incidência do quanto fora, realmente perseguido pelas partes (o *id quod actum*) relativamente à valoração e à execução do negócio que haviam pactuado, de modo tal que também em relação ao teor formal de tal negócio resultasse prevalecente a pesquisa e a valorização da substância do acordo realizado entre os contratantes».[120] Em outras palavras: enucleada na indagação acerca do «*quod actum est*», a boa-fé atuava como critério de congruência para aferir-se a medida do adimplemento,[121] servindo como instrumento do que hoje chamaríamos

---

117. *Codex* 2.4.3: Imperator Alexander Tulliae *Age cum geminiano, quod pater eius curator tibi datus negotia tua gesserit, et si apud iudicem negabit se actione teneri, quoniam transactio et aquiliana stipulatio interposita est, iudex contemplatione iudicii quod est bonae fidei quaeret, de quanta pecunia nominatim transactum sit: et si apparuerit de minore transactum, quantam pecuniam reliquam ex administratione curae deberi probatum fuerit, solvere eum iubebit, quod non in stipulationem aquilianam obligationis curae tantum deductum est, quanti erat quantitas pecuniae quae debebatur.* (Em tradução para o espanhol: «El Emperador Alejandro, Augusto, á Tulia. Dirigete contra Geminiano, porque su padre, que te fue dado por curador, administró tus negocios, y si ante el juez negare que esté obligado por alguna acción, porque se interpuso transacción y la estipulación Aquiliana, el juez, en consideración al juicio, que es de buena fé, averiguará sobre qué cantidad se transigió determinadamente; y si apareciere que se transigió sobre una menor, le mandará que pague el resto de la suma que se hubiere probado que se debía por la administración de la curaduría, porque para la estipulación Aquiliana de la obligación de la curatela no se expresó tanto cuanta era la cantidad de dinero que se debía». García Del Corral, Ildefonso L. *Cuerpo del Derecho Civil Romano*: a doble texto. Tomo I. Barcelona: Jaime Molinas, 1889, p. 229).

118. Para essas observações, sigo Stolfi, Emanuele. *Bonae Fidei Interpretatio*. Ricerche sull'interpretazione di buona fede fra esperienza romana e tradizione romanistica. Napoli: Jovene, 2004, p. 81.

119. García Del Corral, Ildefonso L. *Cuerpo del Derecho Civil Romano*: a doble texto. Tomo I. Barcelona: Jaime Molinas, 1889, p. 993.

120. Stolfi, Emanuele. *Bonae Fidei Interpretatio*. Ricerche sull'interpretazione di buona fede fra esperienza romana e tradizione romanistica. Napoli: Jovene, 2004, p. 86, em tradução livre.

121. Observa Stolfi: «Basti qui segnalare come ad avviso del giurista di Tiro dovesse essere in primo luogo dedotto nel *iudicium ex empto* quanto "*praestari convenit*", e a fondamento di tale principio fosse posta proprio la natura *ex fide bona* di tale *iudicium* e quindi la "cogruenza", che non sarebbe potuta essere più stretta, fra la stessa *bona fides* e l'obbligo di adempiere quanto effettivamente

de *concreção*, sempre tendo em conta a natureza do negócio.[122] Por esta razão, afirma-se que o sentido a dar ao *quidquid... oportere ex fides bona* era (uma vez considerada a análise derivada da *interpretatio* prudencial), verdadeiramente criativo de deveres,[123] desde que coerentes com o que a boa-fé exigia, considerada a estrutura negocial em causa.

A boa-fé operava, igualmente, como *parâmetro para a integração do acordo*.[124] Diante de lacunas e ambiguidades não resolúveis com base no próprio contrato, encaminhava o intérprete a uma solução marcada pela exequibilidade, pois a ausência de uma específica previsão das partes não comportava, necessariamente, a exclusão de um dever processualmente coercível.[125] Como se percebe já por esses breves traços, na experiência romana a *bona fides* apresenta-se como «elemento multiforme e controverso»,[126] ao mesmo tempo valor ético, *topos* cuja tipificação advinha da prática, objeto de fórmulas processuais, e, igualmente, fator de uma atenção substancialista aos vínculos contratuais, o que pode ser melhor compreendido pela referência aos seus campos funcionais.

2. Os campos funcionais

Como guia do momento hermenêutico, a boa-fé atuava, concomitantemente, em cinco campos funcionais, a saber: (a) critério de valoração da execução contratual e parâmetro da admissibilidade dessa mesma execução; (b) cânone hermenêutico para a determinação do *id quod actum est*, encaminhando a conexão entre a interpretação segundo a boa-fé e a interpretação segundo a intenção das partes; (c) regra de integração

---

concordato» (Stolfi, Emanuele. *Bonae Fidei Interpretatio.* Ricerche sull'interpretazione di buona fede fra esperienza romana e tradizione romanistica. Napoli: Jovene, 2004, p. 87. Em tradução livre: «Basta aqui apontar, como na opinião do jurista de Tiro, que deve ser em primeiro lugar deduzido do *iudicium ex empto* como "*praestari convenit*", e como fundamento de tal princípio for colocada a peculiar natureza *ex fide bona* de tal *iudicium* e, assim, a "congruência", que não poderia ser mais segura, entre a mesma *bona fides* e a obrigação de adimplir como efetivamente concordado»).

122. Como registra Stolfi, atuava a boa-fé como instrumento de uma «pesquisa supletiva», «objetivante» acerca das implicações «naturais» (institucionais) da estrutura do negócio, resultando posposta relativamente à pesquisa individualizante das particulares configurações do negócio realizado pelas partes (Stolfi, Emanuele. *Bonae Fidei Interpretatio.* Ricerche sull'interpretazione di buona fede fra esperienza romana e tradizione romanistica. Napoli: Jovene, 2004, p. 88).

123. Em contrário, Stolfi, para quem a boa-fé atua essencialmente como «misura di valutazione e parametro dell'*oportere*, non fonte normativa» (Stolfi, Emanuele. *Bonae Fidei Interpretatio.* Ricerche sull'interpretazione di buona fede fra esperienza romana e tradizione romanistica. Napoli: Jovene, 2004, p. 28).

124. Stolfi, Emanuele. *Bonae Fidei Interpretatio.* Ricerche sull'interpretazione di buona fede fra esperienza romana e tradizione romanistica. Napoli: Jovene, 2004, p. 112 e ss.

125. Stolfi, Emanuele. *Bonae Fidei Interpretatio.* Ricerche sull'interpretazione di buona fede fra esperienza romana e tradizione romanistica. Napoli: Jovene, 2004, p. 115.

126. A expressão é de Stolfi, Emanuele. *Bonae Fidei Interpretatio.* Ricerche sull'interpretazione di buona fede fra esperienza romana e tradizione romanistica. Napoli: Jovene, 2004, p. 18.

40 | A BOA-FÉ NO DIREITO PRIVADO

contratual, nas hipóteses de lacuna em relação a determinado aspecto do regulamento de interesses, então atuando funcionalmente para a configuração do comportamento exigível; (d) regra de interpretação para solver cláusulas obscuras, ambíguas ou plurívocas; (e) cânone para a harmonização entre os interesses dos contraentes e de terceiros, conduzindo – pela interpretação (segundo a boa-fé) do contrato – à salvaguarda dos interesses de terceiros e daqueles envolvidos no contrato.[127]

Esses núcleos funcionais da *bonae fidei interpretatio*, acrescidos àqueles anteriormente assinalados, configuram a boa-fé como um princípio que impregnava capilarmente o tecido jurídico romano, atuando na própria base de *expedientes técnicos* permissivos ao juiz da adoção de decisões, em certos casos, considerando não apenas a ocorrência do fato central apresentado pela parte, mas ainda outros fatos ligados ao litígio.[128] Era já uma certa objetivação do sentido da boa-fé,[129] pois expurgada da conotação exclusivamente moral ou subjetivada, ligada à crença do sujeito da ação.

Contudo, esta conotação da *fides bona* no campo dos negócios jurídicos, decalcada no Direito Romano antigo, modifica-se com o tempo, conduzindo à subjetivação e à diluição da boa-fé.

§ 5. A diluição da boa-fé

1. O enfraquecimento da boa-fé

Assentadas no período Clássico, a acepção e as funções da *bona fides* estarão, contudo, já alteradas no Império. Uma complexa série de fatores levará ao enfraquecimento da sua acepção técnica e objetiva, *pari passu* (e consequentemente) à sua relevante força expansiva.[130] «Dilui-se» a noção de *fides*, afirma Menezes Cordeiro, porque passa a ser utilizada repetidamente para traduzir situações jurídicas diferentes e expressar *princípios gerais*, sem separação clara de outros princípios, notadamente a equidade (*aequitas*) – de

---

127. Assim Stolfi, Emanuele. *Bonae Fidei Interpretatio.* Ricerche sull'interpretazione di buona fede fra esperienza romana e tradizione romanistica. Napoli: Jovene, 2004, p. 174.

128. Menezes Cordeiro, António Manuel. *Da Boa-Fé no Direito Civil,* vol. I. Coimbra: Almedina, 1984, p. 12.

129. Para o exame da bibliografia acerca desta perspectiva, consultei, ainda, Fascione, Lorenzo. Cenni Bibliografici sulla «bona fides». *Studi sulla buona fede.* Milano: Giuffrè, 1975, p. 51-70.

130. Anota Stolfi: «É, porém, verdade que a *bona fides*, contemplada em seu aspecto substancial (e, portanto, também nas suas conexões com a *interpretatio* negocial) conhecia já, junto aos juristas do principado, ainda mais que suas funções dentre os mecanismos do processo formular, uma relevante força expansiva» (Stolfi, Emanuele. *Bonae Fidei Interpretatio.* Ricerche sull'interpretazione di buona fede fra esperienza romana e tradizione romanistica. Napoli: Jovene, 2004, p. 163, em tradução livre: «Èpero vero che la *bona fides*, contemplata nei suoi profili sostanziali (e quindi anche nelle sue connessioni con l'*interpretatio* negoziale) ancor più che nella sua funzione entro i meccanismi del processo formulare, connobe già presso i giuristi del principato una rilevante forza espansiva»).

As Raízes | 41

modo a «estar em toda parte e, quando isolada, pouco querer dizer».[131] Além do mais, do domínio negocial a noção de *fides bona* passa, «horizontalmente»,[132] ao campo dos direitos reais, especialmente em matéria de usucapião, transmudando, por igual, o seu significado: de expediente técnico utilizado pelo pretor para decidir as causas tendo em conta todas as circunstâncias vinculadas ao litígio, a expressão passa a adquirir um diverso sentido, considerando-se a *intenção* ou o *estado de ignorância* do beneficiário da usucapião. Assinalemos, ainda que brevemente, esses dois «fatores de diluição».

2. A subjetivação da boa-fé: a usucapião

A terra agriculturável era a riqueza por excelência na economia e na sociedade antigas, sua importância estando metaforizada nos mitos grego de Demeter e itálico de Ceres, protetora do «fundo» que, no direito, viria a ser uma «entidade típica», abrindo a lista das coisas corpóreas nas *Institutiones* gaianas.[133] Não é de admirar, assim, que a usucapião, forma aquisitiva do domínio, tenha sido objeto de uma laboriosa e longa construção que terá o seu ponto de chegada na jurisprudência da idade dos Severos.[134]

No instituto da *usucapio*, a *bona fides* designa um dos requisitos, qual seja o *estado de ignorância*, por parte do possuidor, do vício ocorrido no negócio transmissivo do direito real a ser constituído pela usucapião. Como «estado de fato» (estado de ignorância) a boa-fé não projetava «quaisquer normas jurídicas, sendo apenas um elemento fático extrajurídico»,[135] vale dizer: não detinha o *papel normativo* que caracterizava a *bona fides* dos *iudicia*. Porém, não se pode dizer que a boa-fé subjetiva («ausência de má-fé», «estado de ignorância») carecia de função jurídica, ainda que pontual. No curso da elaboração jurisprudencial do instituto, a *bona fides* se entrelaça em modos diversos com os requisitos da *possessio ad usucapionem*, de modo especial com a *iusta causa usucapionis*. Sua configuração em termos subjetivos – isto é, como ignorância de se estar a lesar direito alheio – vinha para sublinhar o princípio segundo o qual o direito não premia aqueles que violam, consabidamente, direito alheio, temperando o requisito objetivo da *iusta causa*.[136]

---

131. Menezes Cordeiro, António Manuel. *Da Boa-Fé no Direito Civil*, vol. I. Coimbra: Almedina, 1984, p. 128.

132. Menezes Cordeiro, António Manuel. *Da Boa-Fé no Direito Civil*, vol. I. Coimbra: Almedina, 1984, p. 128.

133. Bretone, Mario. *I Fondamenti del Diritto Romano*. Le Cose e la Natura. Roma: Laterza, 1998, p. 92.

134. A observação é de Bignardi, Alessandra. Brevi Considerazioni sulla Funzione della Buona Fede nell'Usucapio in Particolari nel Pensiero di Paolo. In: Garofalo, Luigi (Org.). *Il Ruolo della Buona Fede Oggetiva nell'Esperienza Giuridica Storica e Contemporanea* – Atti del Convegno internazionale di studi in onore di Alberto Burdese, vol. I. Padova: Cedam, 2004, p. 209.

135. Menezes Cordeiro, António Manuel. *Da Boa-Fé no Direito Civil*, vol. I. Coimbra: Almedina, 1984, p. 107.

136. Bignardi, Alessandra. Brevi Considerazioni sulla Funzione della Buona Fede nell'Usucapio in Particolari nel Pensiero di Paolo. In: Garofalo, Luigi (Org.). *Il Ruolo della Buona Fede Oggetiva nell'Esperienza Giuridica Storica e Contemporanea* – Atti del Convegno internazionale di studi in onore di Alberto Burdese, vol. I. Padova: Cedam, 2004, p. 213.

42 | A BOA-FÉ NO DIREITO PRIVADO

A obra dos juristas consistiu, então, em introjetar a *bona fides* nos esquemas habitualmente utilizados para a avaliação de uma multiplicidade de situações nas quais o «estado de conhecimento» ou o «estado de ignorância» eram os parâmetros que guiavam a valoração da *fattispecie* e a solução do caso.[137]

Ao promoverem na boa-fé esse especial recorte, definindo-a como «ignorância do direito alheio», os juristas possibilitavam uma via de acesso para uma interpretação adequada dos casos particulares. Em outras palavras, fazendo coincidir a *bona fides* com a ignorância e tornando-a antinômica à má-fé, os juristas alcançavam, concomitantemente, o enquadramento da boa-fé em esquemas já conhecidos e a possibilidade de uma *concreção*: a «ausência de má-fé» deveria ser provada pela parte no processo com base em elementos substanciais e não meramente processuais.

Esta distinção de significado e de conteúdo projeta-se no Direito atual, uma vez que a boa-fé aludida, por exemplo, no art. 1.201 do vigente Código Civil brasileiro[138] não é a mesma boa-fé de que trata o art. 422 do mesmo Código Civil.[139]

3. *Bona fides* e *aequitas*

A par desta diluição «horizontal» da boa-fé, ocorreu ainda o fenômeno que Menezes Cordeiro nomeia de «diluição vertical»:[140] aí a *bona fides* não se transmuda para outro setor, mas, no próprio interior do Direito das Obrigações, mescla-se com outros conceitos vagos, como a *iustitia, a humanitas, a benignitas* e a *aequitas* ou «justiça do caso». Essa mistura viria, no curso dos tempos, de forma reiterada,[141] difusa e frequentemente confusa, a qualificar uma das acepções do princípio da boa-fé. Tomemos como paradigmática dessa mistura a relação entre boa-fé e *aequitas*, metaforizada por Busnelli como a relação entre «dois companheiros de viagem, uma viagem que dura do Direito Romano aos nossos dias».[142]

---

137. BIGNARDI, Alessandra. Brevi Considerazioni sulla Funzione della Buona Fede nell'Usucapio in Particolari nel Pensiero di Paolo. In: GAROFALO, Luigi (Org.). *Il Ruolo della Buona Fede Oggetiva nell'Esperienza Giuridica Storica e Contemporanea* – Atti del Convegno internazionale di studi in onore di Alberto Burdese, vol. I. Padova: Cedam, 2004, p. 214.

138. Art. 1.201, *in verbis*: «É de boa-fé a posse, se o possuidor ignora o vício, ou o obstáculo que impede a aquisição da coisa.
    Parágrafo único. O possuidor com justo título tem por si a presunção de boa-fé, salvo prova em contrário, ou quando a lei expressamente não admite esta presunção».

139. Art. 422, *in verbis*: «Os contratantes são obrigados a guardar, assim na conclusão do contrato, como em sua execução, os princípios de probidade e boa-fé».

140. Na «difusão horizontal», diz Menezes Cordeiro, uma expressão qualificativa de um determinado instituto jurídico passa a designar, também, um instituto diverso, enquanto na «difusão vertical» a expressão qualificativa de um concreto instituto comunica-se a um princípio geral de direito, passando também a traduzi-lo (MENEZES CORDEIRO, António Manuel. *Da Boa-Fé no Direito Civil*, vol. I. Coimbra: Almedina, 1984, p. 128).

141. *Vide* CAPÍTULO I, *infra*, com a crítica à mescla entre boa-fé e equidade e boa-fé e razoabilidade e proporcionalidade, bem como, no CAPÍTULO VI, §58, o campo do restrito emprego da boa-fé como equidade.

142. BUSNELLI, Francesco Donato. Note in tema di Buona Fede ed Equità. In: GAROFALO, Luigi (Org.).

As Raízes | 43

A relação entre esses dois «companheiros de viagem» tem sido, ao longo da História, fortemente problematizada, gerando vários desentendimentos. Conquanto não se tratem, uma e outra, de noções imóveis ao longo dos tempos,[143] sua indistinção está na origem, ainda hoje, de problemas no campo pragmático e processual que não eram desconhecidos dos juristas romanos.[144] O certo é que entre ambas as noções – boa-fé e equidade – há, por vezes, nexo de *distinção* (isto é, de não sobreposição) do âmbito operativo, por outras, de *sobreposição* entre ambos, o que leva à indistinção e, consequentemente, à diluição da *bona fides* na *aequitas*. Essa é ora entendida como *equidade* (justiça do caso concreto), ora como o *contrário do dolo* (consciência de agir equamente, isto é, retamente),[145] ora *igualdade* ou paridade de tratamento, ora como conjunto de regras não escritas, *regras exógenas* ao Direito positivo que visam flexibilizar as regras rígidas de um Ordenamento pré-estabelecido,[146] revestindo-se,

---

Il Ruolo della Buona Fede Oggetiva nell'Esperienza Giuridica Storica e Contemporanea – Atti del Convegno internazionale di studi in onore di Alberto Burdese, vol. I. Padova: Cedam, 2004, p. 225, no original: «*due compagni di viaggio, un viaggio che dura dal diritto romano ai giorni nostri*».

143. Para uma síntese, consulte-se ARNAUD, André-Jean (Org.). Verbete: «equidade». *Dicionário Enciclopédico de Teoria e de Sociologia do Direito*. Trad. de Patrice Charles, F. X. Willaume e Vicente de Paula Barreto (Dir.). Rio de Janeiro: Renovar, 1999, p. 308 e ss.

144. Reconhece Stolfi que o tema necessita de um exame profundo, atento às implicações práticas e às projeções processuais das duas noções, a começar (para um exame do ponto de vista do Direito Romano) pela relação entre *formulae in bonum et aequum conceptae* e *iudicia bonae fidei* e a prosseguir com o itinerário de continuidades e de descontinuidades entre as duas figuras (v. STOLFI, Emanuele. *Bonae Fidei Interpretatio*. Ricerche sull'interpretazione di buona fede fra esperienza romana e tradizione romanistica. Napoli: Jovene, 2004, p. 139, nota 45). Para uma exemplificação dos problemas gerados pela indistinção, v. BUSNELLI, Francesco Donato. Note in tema di Buona Fede ed Equità. In: GAROFALO, Luigi (Org.). *Il Ruolo della Buona Fede Oggetiva nell'Esperienza Giuridica Storica e Contemporanea* – Atti del Convegno internazionale di studi in onore di Alberto Burdese, vol. I. Padova: Cedam, 2004, p. 225-255. Ainda: GORDLEY, James. Good Faith in Contract Law in the Medieval ius commune. In: ZIMMERMANN, Reinhard; WHITTAKER, Simon (Orgs.). *Good Faith in European Contract Law*. Cambridge: Cambridge University Press, 2000, p. 93-117.

145. A associação entre *bona fides* e *aequitas* parece ter sido forte na *exceptio doli*, que se dirigia ao momento do exercício jurídico, para corrigir os resultados obtidos pela aplicação meramente formal das regras do *jus civile*. Como se verá adiante (§10, *infra*), essa associação permanece ao longo da tradição do *ius commune*, refletindo-se funcionalmente ainda hoje em dia em algumas das figuras da boa-fé ligadas ao exercício jurídico (conferir em RANIERI, Filippo. Bonne foi et exercise du droit dans la tradition du civil law. *Revue Internationale de Droit Comparé*, vol. 4, 1989, p. 1056-1092).

146. Na origem da multiplicidade dos sentidos está a tradução, para o latim, do grego *eipieikeia* que conota harmonia ou relação de proporcionalidade entre o todo e a parte, raiz da ideia do justo como *proporção*. Traduzido para o latim *aequitas*, gerou *aequitate*, daí equitativo (como justa repartição) e igualdade (de *aequus*, igual). No dicionário essa ambivalência é ainda hoje refletida, encontrando-se os sentidos de: 1. Disposição de reconhecer igualmente o direito de cada um. 2. Conjunto de princípios imutáveis de justiça que induzem o juiz a um critério de moderação e de igualdade, ainda que em detrimento do direito objetivo. 3. Sentimento de justiça avesso a um critério de julgamento ou tratamento rigoroso e estritamente legal. 4. Igualdade, retidão, equanimidade. Na filosofia e no direito, a mesma polissemia vem inscrita: o recurso à equidade indica a garantia de uma

44 | A BOA-FÉ NO DIREITO PRIVADO

frequentemente (principalmente nas épocas de ascensão do jusnaturalismo), com uma roupagem piedosa.

A indistinção (e, portanto, a diluição) inicia por obra da Chanceleria Imperial Romana, prosseguindo, com força, no *ius commune*. Uma peculiaridade importante está na obra de Baldo. Conquanto identifique boa-fé com equidade e consciência de agir corretamente, o jurista traça, ainda, outra equiparação: ninguém deve enriquecer às custas de outrem.[147] Então, *bona fides* e *aequitas* são igualadas no sentido de «igualdade ou equilíbrio nas trocas» congruentemente ao *ethos* proposto por Aristóteles e por Tomás de Aquino acerca da justiça comutativa.[148] Porém, afirma Talamanca, salvo uma breve constituição do ano de 290 d.C. «em que parece ser a *aequitas* a conduzir a *bona fides*» (*Bonum fidem in contractibus considerari aequum est*), em todos os outros textos é a *bona fides* que está a reger, induzindo a consideração da *aequitas*.[149]

---

justiça individualizada, mas, por igual, a busca de um equilíbrio entre interesses divergentes, tendo como critério as especificidades diretamente ligadas às pessoas envolvidas, apontando, outrossim, a um conjunto de leis não escritas que se impõem de maneira paralela ao sistema preexistente, tornado muito rígido, como refere Albiges, Christophe. *De L'Équité en Droit Privé*. Paris: LGDJ, 2000, p. 13-14. Ainda no campo do direito e da filosofia, esses significados podem ser reconduzidos a duas concepções, a objetiva e a subjetiva. A *concepção objetiva* (ou clássica) da equidade a concebe como um conceito exógeno ao Direito positivo, conceito transcendente, porquanto a equidade seria constituída por um conjunto de princípios que preexistem ao Direito positivo e que orientam tanto a elaboração quanto a aplicação do Direito. Nessa acepção, a equidade supõe relações estreitas com o Direito Natural, com a justiça e com a moral. A relação entre equidade e lei positiva não é de oposição, mas de complementação e de hierarquia: a equidade teria um *status* superior, estando fora do sistema jurídico que, por sua vez, a ela estaria referido por constituir o conjunto de valores morais arquetípicos a que o sistema se volta quando necessário. Já a *concepção subjetivista* da equidade entende que esta é consubstancial ao Direito positivo, é endógena, se deixando revelar no momento aplicativo. Nesse sentido, a equidade é secundária em relação ao Direito positivo, dizendo respeito ao sujeito que se refere a ela. Ao permitir que o juiz «humanize» a regra de Direito, tomando em consideração as circunstâncias individuais do caso, a equidade se apresenta como uma noção quase intuitiva, inconsciente e não raciocinada do sujeito que aplica a lei, sendo percebida como o mandamento de tomar em consideração as circunstâncias individuais. Trata-se, portanto, da equidade como conjunto anistórico de «injunções éticas e valores morais, noção quase que intuitiva que o juiz vai buscar na sua consciência individual para constituir uma convicção própria e singular» (para essas últimas referências, consultei Arnaud, André-Jean (Org.). *Dicionário Enciclopédico de Teoria e de Sociologia do Direito*. Trad. de Patrice Charles, F. X. Willaume e Vicente de Paula Barreto (Dir.). Rio de Janeiro: Renovar, 1999, p. 308-312).

147. Assim, Gordley, James. Good Faith in Contract Law in the Medieval ius commune. In: Zimmermann, Reinhard; Whittaker, Simon (Orgs.). *Good Faith in European Contract Law*. Cambridge: Cambridge University Press, 2000, p. 108.

148. A observação é de Busnelli, Francesco Donato. Note in tema di Buona Fede ed Equità. In: Garofalo, Luigi (Org.). *Il Ruolo della Buona Fede Oggetiva nell'Esperienza Giuridica Storica e Contemporanea* – Atti del Convegno internazionale di studi in onore di Alberto Burdese, vol. I. Padova: Cedam, 2004, p. 226. Também: Gordley, James. Good faith in contract law in the medieval ius commune. In: Zimmermann, Reinhard; Whittaker, Simon (Org.). *Good Faith in European Conttract Law*. Cambridge University Press, 2000, p. 95-116, especialmente para as repercussões do pensamento de Baldo na legislação posterior.

149. Talamanca, Mario. La Bona Fides nei Giuristi Romani – «*Leerformeln*» e valori dell'ordinamento.

As Raízes | 45

O fato de a *bona fides* reger a *aequitas* não serviu, contudo, para evitar a diluição. A ambiguidade estava já instalada, uma vez que nem *bona fides* nem *aequitas* «constituem esquemas operativos que atuam no vácuo, de modo autorreferencial»,[150] havendo recíproca implicação entre ambas. Nesse sentido, *bona fides* e *aequitas* atuam como portas de entrada para os novos valores então dominantes na sociedade, expandindo o campo operativo da *bona fides* para além da matéria tratada nos *iudicia bonae fidei* e na *exceptio doli*, a qual, a partir de Justiniano, impõe-se definitivamente como figura geral.[151]

Como distinção da boa-fé, a *aequitas* se coloca «fora» (ou «sobre») os campos tecnicamente reservados à boa-fé, como os *iudicia* e os *contractus bonae fidei*,[152] sendo-lhe reservada uma função hermenêutica (*bonum et aequum*) no respectivo *iudicium*. Sua função não se dirigia a julgar acerca da subsistência e extensão da relação litigiosa, mas apenas para valorar o que se deveria reconhecer devido.[153] Um texto de Trifonino[154] alude, porém, à *bona fides quae in contractibus exigitur aequitatem summan desiderat* o que, para Stolfi, é já a projeção de um jusnaturalismo que «percorre a reflexão dos juristas severianos e naquela perspectiva opera a releitura das grandes categorias da flexibilidade pretoriana – a começar justamente pelo *bonum et aequum* e pela *bona fides* – em contraposição ao rigor do *ius civile*, segundo uma polaridade que tantas vezes encontraremos assinalada na elaboração jusnaturalista moderna».[155]

Estes significados «diluídos», entrançando boa-fé e equidade foram recebidos na compilação justinianeia, para ser, séculos mais tarde, lidos, interpretados, aplicados e transformados pelos juristas da primeira sistemática, assim se espalhando no território europeu receptor da cultura romanística pela obra dos juristas do *ius commune* – obra, essa, também transformadora de funções e de significados.[156] A esta leitura sobrepairou

---

In: Garofalo, Luigi (Org.). *Il Ruolo della Buona Fede Oggetiva nell'Esperienza Giuridica Storica e Contemporanea* – Atti del Convegno internazionale di studi in onore di Alberto Burdese, vol. IV. Padova: Cedam, 2004, p. 298.

150. Talamanca, Mario. La Bona Fides nei Giuristi Romani – «*Leerformeln*» e valori dell'ordinamento. In: Garofalo, Luigi (Org.). *Il Ruolo della Buona Fede Oggetiva nell'Esperienza Giuridica Storica e Contemporanea* – Atti del Convegno internazionale di studi in onore di Alberto Burdese, vol. IV. Padova: Cedam, 2004, p. 298-299.

151. Digesto, D.44.4.2.5 – «*dolo facit, quicumque id, quod quaqua exceptione elidi potest petit*».

152. Talamanca, Mario. La Bona Fides nei Giuristi Romani – «*Leerformeln*» e valori dell'ordinamento. In: Garofalo, Luigi (Org.). *Il Ruolo della Buona Fede Oggetiva nell'Esperienza Giuridica Storica e Contemporanea* – Atti del Convegno internazionale di studi in onore di Alberto Burdese, vol. IV. Padova: Cedam, 2004, p. 300.

153. Assim a observação de Gandolfi, referida por Stolfi, Emanuele. *Bonae Fidei Interpretatio*. Ricerche sull'interpretazione di buona fede fra esperienza romana e tradizione romanistica. Napoli: Jovene, 2004, p. 140, nota 47.

154. Jurisconsulto, membro do *Consilium* de Sétimo Severo.

155. Stolfi, Emanuele. *Bonae Fidei Interpretatio*. Ricerche sull'interpretazione di buona fede fra esperienza romana e tradizione romanistica. Napoli: Jovene, 2004, p. 146-147, em tradução livre. Essa polaridade pode ser observada na síntese histórica constante em Albiges, Christophe. *De L'Équité en Droit Prive*. Paris: LGDJ, 2000, p. 25.

156. Para uma síntese: Gordley, James. Good Faith in Contract Law in the Medieval ius commune. In: Zimmermann, Reinhard; Whittaker, Simon (Orgs.). *Good Faith in European Contract Law*. Cambridge: Cambridge University Press, 2000, p. 93-117.

46 | A BOA-FÉ NO DIREITO PRIVADO

um viés que será apenas no século XX retomado – qual seja, aquele oferecido pela cultura germânica. É hora de examiná-lo, a fim de registrar as linhas de compreensão que explicarão o papel da boa-fé objetiva nos dias atuais.

§ 6. A boa-fé na cultura germânica

1. O desenvolvimento germânico da fórmula

A fórmula *Treu und Glauben* demarca o universo da boa-fé *obrigacional* proveniente da cultura germânica, traduzindo conotações em parte diversas daquelas que a marcaram no Direito Romano,[157] muito embora ali estejam suas mais arcanas origens.[158]

Essas conotações diversas prendem-se à circunstância de terem sido enxertadas na ideia de fidelidade ao pactuado (uma das acepções da *fides* romana), as ideias de *lealdade* (*Treu* ou *Treue*) e *crença* (*Glauben* ou *Glaube*), reportadas, contudo, ao *ethos* cavalheiresco, expresso nas tradições dos juramentos de honra medievais, ligando-se, por consequência, ao «ideal de vida sublime» e ao «sonho do heroísmo»[159] que se alojaram como elementos essenciais da cultura cavalheiresca.[160] Traduzem, pois, um significado diverso daquele que infletirá na boa-fé possessória, derivada, no idioma alemão, de outra fórmula linguística – *Guttenglaube*.

Sigo a trilha aberta pela perspicácia de Menezes Cordeiro e penso, de imediato, em Roland, Percival ou Lancelot, na ética da *courtoisie* tão bem expressa nas palavras dirigidas a este último pela sábia Dama do Lago: «[o]s cavaleiros não foram criados inconsequentemente, nem por causa de sua nobreza de origem ou de seu nascimento mais ilustre que o dos homens comuns, pois a humanidade descende de um pai e de uma mãe únicos. Quando a inveja e a cobiça cresceram no mundo e a força elevou-se acima do direito, nessa época os homens ainda eram iguais em linhagem e em nobreza. Mas, quando os fracos não puderam mais aceitar nem suportar as vexações dos fortes,

---

157. A história do Direito alemão é marcada por uma fundamental cisão entre o Direito germânico e o de tradição romanística. Sobre os fatores que impediram a formação de um Direito Privado alemão comum, veja-se a síntese de ZWEIGERT, Konrad; KÖTZ, Hein. *Introduzione al Diritto Comparato*. Tomo I. Trad. italiana de B. Pozzi. Milano: Giuffrè, 1998, p. 164 e ss.

158. Assegura Medicus residir a origem da TREU UND GLAUBEN na *bona fides* (*die gute Treue*) do Direito Romano (MEDICUS, Dieter. *Tratado de las Relaciones Obligacionales*. Tomo I. Trad. espanhola de Ángel Martínez Sarrón. Barcelona: Bosch, 1995, p. 74, nota 1).

159. As expressões são de HUIZINGA, Johan. *O Declínio da Idade Média*. Trad. de Antonio Abelaira. São Paulo: Verbo/EDUSP, 1978, respectivamente, p. 31 e 73.

160. Para o estudo das variadas formas pelas quais se refletiu o ideal de coragem, de honra e de fidelidade, ver HUIZINGA, Johan. *O Declínio da Idade Média*. Trad. de Antonio Abelaira. São Paulo: Verbo/EDUSP, 1978, p. 81 e ss., inclusive no que concerne à transmigração desta ideia na formação do Direito internacional, cuja construção foi precedida e orientada pelo «ideal de uma vida embelezada pela honra e pela lealdade» (p. 98).

eles estabeleceram, para se proteger, *fiadores e defensores*, de modo a garantir a paz e a justiça e a pôr fim aos males e ultrajes de que eram vítimas».[161]

Está aí espelhada a ética da *cortoisie*, termo que, assim como o *cortezia* do antigo provençal ou o alemão *Hübsch*, designa, concomitantemente, um ideal de vida social civilizada e um conjunto de qualidades nobres e cavalheirescas que o tornam viável, assim assinaladas por Christiane Marchello-Nizia: «... generosidade, *lealdade contratual*, elegância de coração e de maneiras, polidez constante, em suma, capacidade de conduzir-se bem em sociedade em relação a quem quer que seja».[162] Para além das manifestações amorosas, políticas e militares, os ideais cavalheirescos englobados no juramento de honra prendem-se, no Direito, a uma questão ética: a garantia da manutenção do cumprimento da palavra dada, *garantia esta, contudo*, não vinculada a uma perspectiva subjetivista – o olhar sobre a pessoa do garante –, mas a uma *perspectiva objetiva, ligada à confiança geral, estabelecida ao nível de comportamento coletivo*, uma vez que a atitude cortês sempre implica uma *reciprocidade de deveres*,[163] podendo derivar inclusive para um certo «paternalismo benévolo».[164] «Fiadores e defensores», como no *Lancelot*, os *chevaliers* não agem por interesse próprios, mas tendo em vista os interesses do *alter* – da sua dama, do seu soberano, da sua coletividade. Esta perspectiva cultural é de grande importância para a compreensão da boa-fé objetiva em matéria obrigacional, uma vez que é daí que surge a adstrição ao comportamento, segundo a boa-fé, como regra de comportamento social necessário ao estabelecimento da confiança geral, induzida ao «alter» ou à coletividade pelo comportamento do que jura por honra.[165] Do substrato cultural geral, a fórmula adquirirá, no específico campo das relações mercantis,[166] o conteúdo de cumprimento exato dos

---

161. «Lancelot, roman en prose du XIII e siècle, ed. A. Micha, t. VII, p. 249-250», segundo a transcrição feita por MARCHELLO-NIZIA, Christiane. Cavalaria e Cortesia. In: LEVI, Giovanni; SCHMITT, Jean-Claude (Orgs.). *História dos Jovens* – Da Antiguidade à Era Moderna. São Paulo: Companhia das Letras, 1996, p. 145. Destaquei.

162. MENEZES CORDEIRO, António Manuel. *Da Boa-Fé no Direito Civil,* vol. 1. Coimbra: Almedina, 1984,p. 170. Destaquei.

163. A dama amada deve assistência e favor ao cavalheiro amoroso que, por sua vez, é o seu *homme lige*, o vassalo, como dirá Tristão pela boca de Thomas (*Tristão*, 1435-62) *apud* MARCHELLO-NIZZIA, Christiane. Cavalaria e Cortesia. In: LEVI, Giovanni; SCHMITT, Jean-Claude (Orgs.). *História dos Jovens* – Da Antiguidade à Era Moderna. São Paulo: Companhia das Letras, 1996, p. 172.

164. Registrando o «paternalismo benévolo» como um dos traços da cultura jurídica alemã: ZWEIGERT, Konrad; KÖTZ, Hein. *Introduzione al Diritto Comparato*. Tomo 1. Trad. italiana de B. Pozzo. Milano: Giuffrè, 1998, p. 169, em tradução livre. Também ZITSCHER, Harriet Christiane. *Introdução ao Direito Civil Alemão e Inglês*. Belo Horizonte: Del Rey, 1999, p. 89, fala em «paternalismo» em alusão aos legisladores nos finais do século XIX.

165. MENEZES CORDEIRO, António Manuel. *Da Boa-Fé no Direito Civil,* vol. 1. Coimbra: Almedina, 1984, p. 173-174.

166. Em vista da bipartição do Direito Privado alemão, originariamente o Direito das Obrigações estava afeito aos representantes do Direito Romano, que deixavam outros espaços jurídicos aos representantes do Direito germânico, entre eles o Direito Mercantil (ver HATTENHAUER, Hans. *Conceptos Fundamentales del Derecho Civil*. Trad. espanhola de Pablo S. Coderch. Barcelona: Ariel, 1987, p. 86). Daí a razão pela qual a boa-fé germânica tenha características próprias, se contrastada com a boa-fé romana, muito embora o contágio entre ambas tenha sido inevitável.

deveres assumidos, vale dizer, a obrigação de cumprir exatamente os deveres do contrato, *porque assim confia a contraparte,* e a necessidade de se ter em conta, no exercício dos direitos, os interesses objetivos da contraparte.[167]

Porém, remanesce, certamente, a tradição romana, pois as figuras e fórmulas cristalizadas nos textos do *Corpus Juris* justinianeu, integram indelevelmente o equipamento conceitual e a linguagem técnica dos juristas do *ius commune,* o que é especialmente notável na tradição germânica do *usus modernum pandectarum* e na prática judiciária do séc. XIX do direito comum na Alemanha. O que há é a conjugação entre aquelas figuras e ideais ligados à cultura germânica.

2. *Treu und Glauben*

A fórmula *Treu und Glauben* é uma fórmula polar, ou bipartida, ligando essencialmente a lealdade à crença. Esta polaridade essencial ou estrutura bipartida, esclarece Menezes Cordeiro, traduz, por sua vez, o mesmo conteúdo cultural que, posteriormente, fará fortuna em outra fórmula bipartida, qual seja, a do *débito e responsabilidade (Schuld und Haftung),* cuja construção conceptual seria obtida séculos mais tarde por Von Brinz.[168] Assim sendo, ao atribuir à boa-fé no Direito Obrigacional o conteúdo do cumprimento exato dos deveres assumidos, ao qual *corresponderia* um dever de consideração para com os interesses da contraparte – visto que se trata, a relação de obrigação, de uma atividade desenvolvida à vista de interesses alheios –, o antigo Direito germânico utilizou estrutura que, posteriormente, seria também repetida no Direito das Obrigações moderno.

Como se percebe, o Direito germânico propôs significados diversos daqueles atribuíveis à *bona fides* romana, o que teria consequências duradouras na noção que lhe seria posteriormente conotada, marcando-lhe a distinção entre a acepção da boa-fé nos Ordenamentos jurídicos situados na órbita do Direito francês (cujo enfoque deriva do Direito Romano e do canônico) e os Ordenamentos que sofreriam o influxo do Direito germânico. Como acentua Menezes Cordeiro, «o contributo fundamental da boa-fé germânica da Idade Média foi antes o de – num reflexo setorial do seu contributo para a cultura do Ocidente – ter introduzido, no domínio da boa-fé, um conjunto de valores novos, que perduraria até a codificação alemã e, a partir daí, se radicaria nas outras codificações romanísticas».[169]

---

167. MENEZES CORDEIRO, António Manuel. *Da Boa-Fé no Direito Civil,* vol. I. Coimbra: Almedina, 1984, p. 174.

168. A observação é de MENEZES CORDEIRO, António Manuel. *Da Boa-Fé no Direito Civil,* vol. I. Coimbra: Almedina, 1984, p. 171. Nesta fórmula, conforme explica o autor, revela-se a ideia de ser diversa a situação de quem desenvolve uma atividade em favor de outrem daquela mediante a qual uma pessoa (e seu patrimônio) respondem por evento futuro.

169. MENEZES CORDEIRO, António Manuel. *Da Boa-Fé no Direito Civil,* vol. I. Coimbra: Almedina, 1984, p. 175-176. Esta dita «concepção dualista da obrigação», mas aceita modernamente como conceito unitário (assim, ENNECCERUS, Ludwig; LEHMANN, Heinrich. *Derecho de Obligaciones.* Tomo I. Trad. Española de José Alguer e Blas Pérez González. Barcelona: Bosch, 1948, p. 9, em tradução livre), veio propor substancial modificação no conceito de *obligatio* proveniente do Direito Romano, uma vez que aí a relação obrigacional passa a ser decomposta em um dever e uma «respondência» (a

As Raízes | 49

Cabe, por fim, examinar dentre as origens arcanas, o terceiro viés pelo qual, na História, foi a boa-fé tratada, a saber, a mediação operada à *bona fides* romana pela boa-fé canônica, ao menos por meio do tracejar – sintético, e necessariamente muito esquemático – de seus pontos essenciais.

§ 7. A boa-fé canônica

1. Boa-fé e moral cristã

O Direito Canônico[170] trata especificamente da boa-fé em dois setores: a prescrição aquisitiva e a legitimação dos *nuda pacta*, vale dizer, a questão da tutela da usucapião e dos contratos consensuais. Embora sejam estes dois campos os que, no Direito Romano, a *bona fides* mais fortemente havia sido tratada (num com o sentido subjetivado, noutro com a acepção objetiva) os significados que esses institutos receberão no

---

expressão é de Menezes Cordeiro. *Da Boa-Fé no Direito Civil,* vol. I. Coimbra: Almedina, 1984, p. 171) ou «afetação», ou ainda «responsabilidade», como é corrente entre nós, a qual pode, inclusive, ser limitada, embora «acompanhe o dever prestar como uma sombra acompanha o corpo» (assim, LARENZ, Karl. *Derecho de Obligaciones.* Tomo I. Trad. espanhola de Jaime Santos Briz. Madrid: Revista de Derecho Privado, 1958, p. 34, em tradução livre). Diferentemente, nos termos da célebre definição de Ulpiano inserta nas *Institutas* justinianeias (*obligatio est iuris vinculum quo necessitate astringimur alicujus solvendae rei secundum nostrae civitatis iura,* Ins. Jus., 3, 13) e completada pela de Paulo, referida no DIGESTO (*obligationum substantia non in eo consistit ut aliquod corpus nostrum vel aliquam servitutem nostram facit sed ut alium obstinget ad dadum aliquisd vel faciendum vel parestandum,* D. 44, 7, 3), a obrigação seria um *vinculum* pelo qual o devedor estaria adstrito a executar a prestação, de onde se trata a *obligatio* de uma constrição jurídica resultante de uma sanção que o credor encontra no direito positivo: não há «respondência», mas *vinculum* dotado de adstrição em razão da cogência das regras jurídicas. A novidade proposta no século XIX por Von Brinz revela a concepção cujas raízes culturais podem ser atribuídas à mesma atmosfera que envolvia o juramento de honra, segundo a qual é diferente a situação em que alguém deve desenvolver uma atividade *em favor de outrem (Schuld)* daquela em que uma pessoa ou uma coisa respondem por evento futuro, sujeitando-se a determinadas consequências, caso não ocorra (*Haftung*). Assim a tese de Menezes Cordeiro, no sentido de que o juramento de honra seria, do ponto de vista jurídico, «negócio de respondência», uma vez que «constituiria ou, pelo menos, reforçaria a relação de respondência pessoal, cobrando um débito» (MENEZES CORDEIRO, António Manuel. *Da Boa-Fé no Direito Civil,* vol. I. Coimbra: Almedina, 1984, p. 172).

170. Por «Direito Canônico» entende-se o conjunto de normas jurídicas que disciplinam as matérias de competência da Igreja Católica. Ocorre que, com a omnipresença da Igreja no domínio social, esse conjunto era extensíssimo, razão pela qual o Direito Canônico terá um significado muito valioso para além das relações que visou disciplinar, atuando na própria formação da consciência jurídica europeia, como assinala ALMEIDA COSTA, Mario Júlio. *História do Direito Português.* 3.ª ed. Coimbra: Almedina, 2001, p. 242. Com efeito, «presença capilar» na vida social, a Igreja absorve da civilização romana a «familiaridade com o direito», o «sentimento da relevância do direito» e da sua utilidade como instrumento de «persuasão social», para tanto se organizando em um *corpus* jurídico, um direito próprio e unitário (para essas últimas anotações, consultei GROSSI, Paolo. *L'Ordine Giuridico Medievali.* Roma: Laterza, 1995, p. 109-116).

50 | A BOA-FÉ NO DIREITO PRIVADO

Direito Canônico, com forte projeção no Direito Medieval, serão diversos – e por vezes opostos – daqueles atribuídos pela cultura romana. É que a cultura canônica conferirá à boa-fé uma conotação fortemente subjetivada e ligada, de modo estreitíssimo, à moral cristã,[171] o que direcionará a novos rumos a *bona fides*, abrindo vias pelas quais a «natureza moral» da ideia de boa-fé encontra-se com as exigências práticas do direito.[172]

Esse conúbio entre moral cristã e exigências práticas da vida regulada pelo direito deslizará para «uma pluralidade de significantes», passando-se a recorrer à «boa-fé e à misericórdia em contraposição ao pecado»,[173] entre outros significados subjetivados e moralizantes.

Esses novos significados podem ser bem avaliados, no que tange ao problema da proteção possessória, em passagem assim relatada pelo historiador Francesco Calasso: «... entre as frases áridas do formulário intercalado aos textos do *Capitulare Italicum*, a propósito de um capítulo de Guido, (...) se imagina a hipótese de que um proprietário diga a alguém que lhe invadiu a terra: *quod tu tenes sibi malo ordini terram*, e o outro se defenda afirmando que a terra é sua, e mostre o documento feito por quem lhe vendera a terra. Entretanto, o proprietário responde em contrário, afirmando que aquele documento não pode ferir o seu interesse, porque o vendedor havia invadido a terra; e, então, àquele só resta defender-se com a própria boa-fé: *licet invasisset tamem perdere non debeo, quia eum invasisse ignorabam*».

À primeira vista, pode parecer idêntica à conotação advinda do Direito Romano, a boa-fé como denotativa da ignorância acerca da litigiosidade. Contudo, o Direito Canônico introduz um poderoso polo de significados: a boa-fé é vista como «a ausência de pecado», e, por isso, como estado contraposto à má-fé.[174] Assim atesta Moreira Alves, segundo o qual

---

171. Anota Paolo Grossi: «A dialética particular/universal é fortíssima no Direito Canônico, e fortíssima a valorização do particular: o pecado não pode não ser um determinado pecado de um determinado sujeito, e o direito não pode consistir no remédio eficiente para evitar, atenuar, sancionar aquele pecado específico. No direito da Igreja, próprio por seu caráter instrumental, não é o primado da norma geral que é afirmado, mas exatamente o contrário, a consideração do particular significa a consideração do (re)pecador que visa à própria salvação (...)» (GROSSI, Paolo. Diritto Canonico e Cultura Giuridica. *Quaderni Fiorentini per la Storia del Pensiero Giuridico Moderno*. Milano, Giuffrè, n. 32, 2003, p. 380-381. No original: «La dialettica particolare/universale è fortissima nel diritto canonico, e fortissima la valorizzazione del particolare: il peccato non può non essere il singolo peccato del singolo soggeto, e il diritto non può non consistere ne rimedio efficiente volto ad evitare, attenuare, sanzionare quello specifico peccato. Nel diritto della Chiesa, proprio per il suo carattere strumentale, non è il primato della norma generale che viene affermato, ma esatamente il contrario, la considerazione del particolare significa considerazione del re/peccatore che cerca la propria salvezza (...)»). Por conta dessa atenção ao particular, haverá, inevitavelmente, um processo de subjetivação a ser visto em dúplice chave: subjetivação como atenção ao sujeito e como atenção à subjetividade do sujeito.

172. RODRÍGUEZ LÓPEZ, Rosalía. La Bona Fides en los Textos Cristianos. In: GAROFALO, Luigi (Org.). *Il Ruolo della Buona Fede Oggetiva nell'Esperienza Giuridica Storica e Contemporanea* – Atti del Convegno internazionale di studi in onore di Alberto Burdese, vol. III. Padova: Cedam, 2004, p. 255.

173. RODRÍGUEZ LÓPEZ, Rosalía. La Bona Fides en los Textos Cristianos. In: GAROFALO, Luigi (Org.). *Il Ruolo della Buona Fede Oggetiva nell'Esperienza Giuridica Storica e Contemporanea* – Atti del Convegno internazionale di studi in onore di Alberto Burdese, vol. III. Padova: Cedam, 2004, p. 257.

174. Assim, MENEZES CORDEIRO, António Manuel. *Da Boa-Fé no Direito Civil*, vol. I. Coimbra: Almedina, 1984, p. 148 e 153.

a contribuição dos canonistas no terreno da posse *ad usucapionem* foi a eticização da boa-fé subjetiva, tendo-a como existente quando houvesse ausência de pecado (*absentia peccati*), «o que implicava para a ocorrência da má-fé que não bastava a *scientia rei alienae*, mas havia a necessidade ainda da "consciência, que molesta, da coisa alheia" (*conscientia remordens rei alieni*)».[175] Esse conceito, diz ainda o autor, «é moral e religioso, não influindo nele os erros de fato e de direito, nem a escusabilidade, ou não, deles».

Contribuição conspícua à criação de uma «mentalidade jurídica»,[176] o Direito Canônico estava assentado em plataforma ideológica cujo posto central era ocupado pelo sujeito, como pecador à espera da salvação de seus pecados. O pecado não é, porém, categoria passível de abstração e de generalização: o que conta numa ótica pastoral, diz Grossi, é o pecado/crime cometido por um determinado sujeito, em determinadas circunstâncias.[177] Por essa razão, o problema da expressão da vontade humana vem revestido pela «consideração às circunstâncias», estas, por sua vez, conformando questão submetida à mentalidade teológico-canônica. Assim, exemplificativamente, o tratamento que, derivando da *caridade cristã*, será concedido ao devedor (*favor debitoris*). A caridade se mescla à boa-fé quando esse princípio é chamado como justificativa para que o credor restrinja a sua pretensão à prestação.[178] Do mesmo modo, a inclinação à subjetivação do vínculo obrigacional é percebida na dogmática da culpa civil, por meio da sofisticada doutrina acerca dos graus de diligência em sua conexão com a boa-fé. Visto que o alcance e conteúdo das obrigações de boa-fé se modelavam na antiga fórmula romana *oportere ex fide bona*, tornava-se necessário proceder a uma minuciosa análise da conduta do devedor, para exigir não apenas uma conduta de boa-fé (como ausência de má-fé), quanto também uma especial responsabilidade, resultante de uma predisposição positiva e atenta ao cumprimento das obrigações assumidas.[179]

A construção canônica no sentido da subjetivação do vínculo contratual tem seu ponto alto no que concerne à legitimação dos *nuda pacta*, toda ela travada no dilema entre *consensus* e *sollemnia*.

---

175. MOREIRA ALVES, José Carlos. A Boa-Fé Objetiva no Sistema Contratual Brasileiro. *Rivista Roma e America*, n. 7, Modena, Mucchi, 1999, p. 169.

176. A percepção é de Paolo Grossi, que explica: «Se pensiamo che nel primo e nel secondo medioevo la Chiesa era al centro dell'intiera società civile, e si pone mente a un dato tanto elementare quanto sottovalutato, e cioè che questo periodo storico copre assai più della durata di un millenio, si capisce facilmente che in questo periodo lunghissimo il diritto canonico sia stato un lièvito per tutta la civiltà occidentale» (GROSSI, Paolo. Diritto Canonico e Cultura Giuridica. *Quaderni Fiorentini per la Storia del Pensiero Giuridico Moderno*, Milano, Giuffrè, n. 32, 2003, p. 376). Também, do mesmo autor, *L'Ordine Giuridico Medieval*. Roma: Laterza, 1995, p. 203-222).

177. GROSSI, Paolo. Diritto Canonico e Cultura Giuridica. *Quaderni Fiorentini per la Storia del Pensiero Giuridico Moderno*, Milano, Giuffrè, n. 32, 2003, p. 381.

178. RODRÍGUEZ LÓPEZ, Rosalía. La Bona Fides en los Textos Cristianos. In: GAROFALO, Luigi (Org.). *Il Ruolo della Buona Fede Oggettiva nell'Esperienza Giuridica Storica e Contemporanea* – Atti del Convegno internazionale di studi in onore di Alberto Burdese, vol. III. Padova: Cedam, 2004, p. 270.

179. RODRÍGUEZ LÓPEZ, Rosalía. La Bona Fides en los Textos Cristianos. In: GAROFALO, Luigi (Org.). *Il Ruolo della Buona Fede Oggettiva nell'Esperienza Giuridica Storica e Contemporanea* – Atti del Convegno internazionale di studi in onore di Alberto Burdese, vol. III. Padova: Cedam, 2004, p. 271.

52 | A BOA-FÉ NO DIREITO PRIVADO

2. *Consensus* e *sollemnia*

Nessa matéria, o tratamento conferido pelo *jus canonicii* à boa-fé vai provocar uma verdadeira subversão[180] do velho adágio formulado por Ulpiano, segundo o qual *ex nudo pacto actio non nascitur*.[181] Durante todo o Direito Medieval, glosadores e comentadores, retomando a fórmula, elaboraram a teoria das «vestes do pacto», distinguindo-as em categorias: nos contratos *verbis*, a vestimenta era a palavra, nos contratos *litteris*, a forma escrita, e, nos contratos consensuais, como a compra e venda, o consentimento,[182] cujas possibilidades probatórias eram infinitamente inferiores às dos demais. Por isso, observará Volante ser um «imprescindível ponto de partida» para a estrutura do conceito medieval de *pactum* «a exigência primária dos juristas medievais consistente em dar uma nova ordem às *fattispecie* contratuais romanas»,[183] não só ordenando a «*iustianiana confusio*»,[184] como também ordenando-a segundo os novos valores.

Ora, a Igreja atribuía valor moral à promessa, ou ao consentimento, porque *a mentira é um pecado*, catalogado pelos teólogos ao lado dos «pecados da língua».[185] Tanto assim que, a quebra do consentimento constituindo um pecado, teria, em certas ocasiões,

---

180. Contesta Moreira Alves essa tese, esposada, entre outros, por Gazzaniga e Ruffini, afirmando: «Nada foi acrescentado, porém, à boa-fé no terreno do Direito das Obrigações, ao contrário do sustentado por Ruffini, para quem os pactos nus no Direito Canônico, ao contrário do que ocorria no Direito Romano, geravam obrigação», e isso decorreu não do elemento *consensus*, mas da boa-fé «considerada não já concretamente na pessoa deste ou daquele dos pactuantes, e sim em abstrato, como entidade suficiente *per se*, como princípio informador da lógica jurídica dos canonistas». De qualquer sorte, mesmo para Ruffini, no Direito Canônico se deu a unificação conceitual da boa-fé, concebida, em qualquer relação jurídica, como ausência de pecado» (MOREIRA ALVES, José Carlos. A Boa-Fé Objetiva no Sistema Contratual Brasileiro. *Revista Ibero-Americana de Direito Público*, Instituto Ibero-Americano de Direito Público, vol. 4, n. 12, 2003, p. 169).

181. D, II, 14, 7, 4. De um mero pacto não podia nascer ação, porque a mera vontade não era suficiente para fazer nascer acordos dotados de vinculabilidade e proteção jurídica – era necessária a forma. Menciono o tema em MARTINS-COSTA, Judith. Noção de contrato na história dos pactos. *Uma Vida Dedicada ao Direito* – homenagem a Carlos Henrique de Carvalho, editor dos juristas. São Paulo: Revista dos Tribunais, 1996; também publicado em *Revista Organon*, Porto Alegre, Instituto de Letras da Universidade Federal do Rio Grande do Sul, vol. 6, n. 19, 1992, p. 21, retornando ao tema em: MARTINS-COSTA, Judith. Contratos. Conceito e Evolução. In: LOTUFO, Renan; NANNI, Giovani Ettore (Orgs.). *Teoria Geral dos Contratos*. São Paulo: Atlas, 2011, p. 23-66.

182. GAZZANIGA, Jean-Louis. Domat et Pothier. Le Contrat au Fin de l'Ancien Régime. *Droits*, n. 12, 1990, p. 161.

183. VOLANTE, Raffaele. *Il Sistema Contrattuale del Dirito Comune Classico* – Struttura dei Patti e Individuazione del Tipo. Glossatori e Ultramontani. Milano: Giuffrè, 2001, p. 22, em tradução livre.

184. Expressão de Calasso, Francesco. *Il Negozio Giuridico*. Milano: Giuffrè, 1959, p. 217, tida por Volante como «efficacissima» para indicar o aluvião que caracteriza a compilação justinianeia aos olhos dos glosadores (Volante, Raffaele. *Il Sistema Contrattuale del Dirito Comune Classico* – Struttura dei Patti e Individuazione del Tipo. Glossatori e Ultramontani. Milano: Giuffrè, 2001, p. 23, nota 4).

185. GAZZANIGA, Jean-Louis. Domat et Pothier. Le contrat au fin de l'Ancien Régime. *Droits*, n. 12, 1990, p. 161.

força liberatória das mais sagradas promessas: *Fragenti fides non est fides servanda*,[186] dizia carta de Inocêncio III aos bispos da França e aos católicos franceses, para liberá-los do respeito à pessoa e aos bens do Conde de Toulouse, em razão do homicídio de um representante papal praticado pelos vassalos do conde. O princípio assim estatuído foi transformado, posteriormente, em uma *regula* no *Liber Sextum* de Bonifácio VII, daí passando à *Compilatio* para fundar o direito do marido a quebrar o juramento de fidelidade conjugal se a esposa o traísse, bem como o direito de resolução, em matéria contratual, em razão do inadimplemento do cocontratante.[187] Tanto valor era atribuído à promessa que não se relativizava nem mesmo o «juramento forçado», que teria diverso tratamento nos foros eclesiásticos e nos foros laicos: «*Secundum forum ecclesiae juramentum tale est obligatorium*» e «*ecclesia enim judicat de his quae exterius obligare possunt*».[188]

Se considerado que quem promete deve cumprir a palavra dada, sob pena de incorrer em pecado, a regra, de preceito moral, se faz jurídica: pode-se, pois, admitir que o simples acordo obriga, que todo formalismo é supérfluo. Por esta via, o velho adágio de Ulpiano subverte-se, entendendo-se: se *solus consensus obligat, ex nudo pacto oritur actio*.[189] Agir em boa-fé, no âmbito obrigacional, significa, pois, respeitar fielmente o pactuado, cumprir punctualmente a palavra dada, sob pena de agir em má-fé (*rectius*, em pecado). A solenidade da forma não será mais que um signo facilitador da prova, estando o promitente obrigado por sua promessa. O objeto da forma é permitir a prova do pactuado.[190] Assim, a boa-fé – que não merecera da Magna Glosa e inclusive em Bártolo[191] e Baldo,[192] a «mínima fortuna»[193] – restará com o papel circunscrito a atuar na ultrapassagem da cisão tradicional entre contratos de boa-fé (*contractus bonae fidei*) e de direito estrito (*stricti iuris*).[194]

---

186. Em tradução livre: «A fé de quem quebra a promessa, não é fé assegurada », ou «Não se deve confiar em quem quebra a promessa».

187. Assim, Petronio, Ugo. Verbete: Rizoluzione (diritto interno). *Enciclopedia del Diritto*, vol. XXXX. Torino: UTET, 1992, p. 1297-1298.

188. S. Boaventura, *Opera Theologica*, III, dist. XXXIX, art. 3, Qu. 1 *apud* Wieacker, Franz. *História do Direito Privado Moderno*. Trad. portuguesa de António Manuel Hespanha. Lisboa: Fundação Calouste Gulbenkian, 1983, p. 331, em tradução livre: «Segundo o foro eclesiástico tal juramento é obrigatório. A igreja, portanto, julga sobre as coisas que podem criar obrigações».

189. Conforme Gazzaniga, Jean-Louis. Domat et Pothier. Le Contrat à la Fin de l'Ancien Régime. *Droits*, n. 12, 1990, p. 9.

190. Rodríguez López, Rosalía. La Bona Fides en los Textos Cristianos. In: Garofalo, Luigi (Org.). *Il Ruolo della Buona Fede Oggettiva nell'Esperienza Giuridica Storica e Contemporanea* – Atti del Convegno internazionale di studi in onore di Alberto Burdese, vol. III. Padova: Cedam, 2004, p. 272.

191. Bartolo de Saxoferrato (Venatura – Sassoferrato, 1313 – Perugia, 1357).

192. Baldo de Ubaldi (Perugia, 1320 – Pavia, 1400).

193. Assim Stolfi, Emanuele. *Bonae Fidei Interpretatio*. Ricerche sull'interpretazione di buona fede fra esperienza romana e tradizione romanistica. Napoli: Jovene, 2004, p. 186.

194. Stolfi, Emanuele. *Bonae Fidei Interpretatio*. Ricerche sull'interpretazione di buona fede fra esperienza romana e tradizione romanistica. Napoli: Jovene, 2004, p. 186-189.

54 | A BOA-FÉ NO DIREITO PRIVADO

Com efeito, a Igreja Católica, de presença «viva, eficaz, capilar»,[195] modela o espírito – embora não necessariamente a letra – do direito laico. Esse «espírito», dizem os autores, incide sobre a estrutura de uma série de institutos, relações e fenômenos jurídicos, «constrangendo-os a apresentar-se em acordo a determinados esquemas correspondentes a exigências supremas e imutáveis da sociedade eclesial». Essas exigências importam no sacrifício da «pura lógica formal», ou lógica jurídica comum, para «fazer prevalecer a lógica especial dos canonistas, animada pelo *periculum animae*; a *ratio peccati*; a visão ultraterrena da recompensa eterna e da eterna punição; a *utilitas* ou a *necessitas Ecclesiae*, os interesses hierárquicos, as exigências de organização do ente 'Igreja', o *favor cultus et religioni*»,[196] enfim, um conjunto de particularidades que, não desnaturando a *littera*, incidem (e transformam) na *anima* dos institutos jurídicos recebidos da tradição romana. O patrimônio religioso e moral da Igreja – instituição fortemente inscrita no costume popular, na orientação e na modificação dos *mores* – tem enorme influxo sobre a própria vida do direito, sobre as figuras jurídicas da convivência cotidiana,[197] entre eles, exponencialmente, a boa-fé, que se reveste, então, por essas conotações ideológicas, diluindo-se em outras noções também amplas, como as de *aequitas* e, por antinomia, a de *pecatum*. Por isso, as significações atribuídas pelo *jus canonicii* ao tema acabaram por promover «amputações e simplificações» que ainda hoje têm importância.[198]

3. A unificação da boa-fé

A boa-fé estava, pois, neste novo contexto, referenciada ao pecado, e este é um ponto pleno de significados. Enquanto o Direito Romano, considerando a *dimensão técnico-jurídica* da boa-fé, promoveu a sua bipartição – consoante aplicada às obrigações ou à posse –, o Direito Canônico operou a sua *unificação conceptual* sob o signo da referência ao pecado, equivalendo-se dizer da ausência de pecado, situando-a em uma *dimensão ética e axiológica*[199] compatível com o sentido geral do Direito Canônico que modelará, ideologicamente, a civilidade medieval. Essa é, afirma Paolo Grossi, em boa parte criatura da igreja católica.[200] Assim, tal qual outros institutos – também preenchidos pelo espírito do direito da igreja católica, «todo presente e vivo» –,[201] a boa-fé vem

---

195. A adjetivação é de GROSSI, Paolo. *L'Ordine Giuridico Medievali*. Roma: Laterza, 1995, p. 109.

196. FEDELE, Pio. Programma per um studio sullo spirito del diritto della Chiesa apud GROSSI, Paolo. *Scienza Giuridica Italiana* – un profilo storico 1860-1950. Milano: Giuffrè, 2000, p. 269-270. As expressões em latim no texto significam, respectivamente: «perigos da alma»; «razão do pecado»; a necessidade ou a utilidade da Igreja; o favor ao culto e à religião.

197. GROSSI, Paolo. *L'Ordine Giuridico Medievali*. Roma: Laterza, 1995, p. 109.

198. MENEZES CORDEIRO, António Manuel. *Da Boa-Fé no Direito Civil*, vol. I. Coimbra: Almedina, 1984, p. 160.

199. MENEZES CORDEIRO, António Manuel. *Da Boa-Fé no Direito Civil*, vol. I. Coimbra: Almedina, 1984, p. 155.

200. GROSSI, Paolo. *L'Ordine Giuridico Medievali*. Roma: Laterza, 1995, p. 109, em tradução livre.

201. A expressão é de FEDELE, PIO. Programma per un Studio sullo Spirito del Diritto della Chiesa apud GROSSI, Paolo. *Scienza Giuridica Italiana* – un profilo storico 1860-1950. Milano: Giuffrè, 2000, p. 270.

revestida pela «*honestas christiana*»,[202] dissolvendo-se em vínculo de osmose com a *aequitate* canônica,[203] equidade fortemente subjetivada e considerada como um «dado inerente ao sistema», sempre referenciado ao sujeito que julga, aprecia ou aplica a lei. Por essa razão, será definida, por Tomás de Aquino, como «*iustitia pensatis omnibus circumstantiis particularibus dulcore misericórdia temperata*».[204]

No que concerne ao Direito das Obrigações, a generalização consequente à diluição do seu significado na *aequitas*[205] tornará a boa-fé, conquanto horizontalmente presente e mesmo com papel central na teoria dos contratos,[206] uma «categoria vazia de qualquer conteúdo substancial»,[207] isto é: de conteúdo e operatividade próprias, pois indistinta da equidade, esta sim, «realidade onipresente» na civilização medieval,[208] realidade com

---

202. A alusão é feita por STOLFI, Emanuele. *Bonae Fidei Interpretatio*. Ricerche sull'interpretazione di buona fede fra esperienza romana e tradizione romanistica. Napoli: Jovene, 2004, p. 182.

203. Explica Grossi que, no centro do Ordenamento canônico está a *Aequitas* canônica compreendida como a forma de equidade que serve aos canonistas – imbuídos da ótica do sujeito ou do particular: a *aequitas* é a forma de justiça alcançada após se ter sopesado minuciosamente todas as circunstâncias, «sempre tenendo conto di quel soggeto singolo carico di fragilità umane e quindi meritevole di misericórdia in forza della sua debolezza» (GROSSI, Paolo. Diritto Canonico e Cultura Giuridica. *Quaderni Fiorentini per la Storia del Pensiero Giuridico Moderno*, Milano, Giuffrè, n. 32, 2003, p. 381. Em tradução livre: «sempre tendo em conta que o indivíduo é carregado de fragilidade humana portanto merecedores de misericórdia em virtude de sua fraqueza».

204. Em tradução livre: «a justiça ajustada/medida em todas as suas particularidades pela doçura da misericórdia temperada» (THOMAS DE AQUINO. Summa Theologica, Prima Secundae, q. 7, 1 e 2. Transcrito por GROSSI, Paolo. Diritto Canonico e Cultura Giuridica. *Quaderni Fiorentini per la Storia del Pensiero Giuridico Moderno*, Milano, Giuffrè, n. 32, 2003, p. 381).

205. Assinala Stolfi: «delle due nozioni – *bona fides* ed *aequitas* – (...) è senz'altro la seconda ad attrarre maggiormente la sensibilità giuridica dei medievali, sino a constituire – innervata com'è di significati e valori nuovo, dall'etica cristiana sino all'*epieikeia* aristotelica – un autentico fondamento del loro universo sapienziale» (STOLFI, Emanuele. *Bonae Fidei Interpretatio*. Ricerche sull'interpretazione di buona fede fra esperienza romana e tradizione romanistica. Napoli: Jovene, 2004, p. 179-180. Em tradução livre: «das duas noções – boa-fé e *aequitas* – (...) é certamente a segunda quem atraiu majoritariamente a sensibilidade jurídica dos medievais, constituindo até mesmo – embebida com significados e valores novos desde a ética cristã até a *epieikeia* aristotélica – um autêntico fundamento do seu universo intelectual»).

206. A alusão é ao reconhecimento da vinculação derivada dos «*nuda pacta*», como visto.

207. MENEZES CORDEIRO, António Manuel. *Da Boa-Fé no Direito Civil*, vol. 1. Coimbra: Almedina, 1984, p. 160.

208. Nesse sentido a lição de GROSSI, Paolo. *L'Ordine Giuridico Medievali*. Roma: Laterza, 1995, p. 177, que anota o expressivo fragmento de Irnerius: «quia iusticiae fons et origo est aequitas, videamus prius quid sit aequitas. Aequitas est rerum convenientia quae in paribus causis paria iura desiderat. Item Deus, qui secundum hoc quod desiderat, aequitas dicitur. Nichil autem est aequitas quam Deus. Si talis aequitas in voluntate hominis est perpetuo, iusticia dicitur. Quae talis voluntas redacta in praeceptionem, sive scripta, siva consuetudinaria, ius dicitur». Em tradução livre: «Sendo a equidade fonte e origem da justiça, vejamos antes de mais no que consiste a equidade. A equidade é aquela harmonia entre as coisas que exige um igual tratamento jurídico quando forem iguais as causas. O próprio Deus pode ser considerado como equidade. A equidade é justamente o próprio Deus. Esta equidade torna-se justiça no momento em que é apropriada pela vontade humana. Vontade que se concretiza em preceitos, escritos ou que se perpetuam pelo uso consuetudinário».

força *imediatamente* jurídica, «constituindo uma *naturalis summa* que produz direito anteriormente a qualquer problema técnico de eficácia e de tutela das situações subjetivas derivadas do acordo».[209] Por isso, a boa-fé será direcionada pela racionalidade canônica, que, atenta à «*mens et substantia intentionis*», está imersa em subjetivação.

Já no que respeita à prescrição aquisitiva, a boa-fé torna-se *estado de ciência individual*, requerendo não apenas a mera ignorância, como no Direito Romano, mas *a consciência íntima e subjetiva da ausência de pecado*, isto é, de se estar agindo corretamente, de não se estar lesando regra jurídica ou direito de outrem, como ocorre, aliás, também no casamento putativo, outra matéria em que as codificações da segunda e da terceira sistemática receberam forte influxo do Direito Canônico. Diluído o primeiro significado, e fortalecido o segundo, a boa-fé poderá ser unificada – como efetivamente ocorrerá – em um *princípio geral*.

§ 8. A boa-fé na primeira e na segunda sistemáticas

1. A boa-fé na primeira sistemática

Pela trama entretecida pelas categorias do Direito Romano e pelas dimensões axiológicas do Direito Canônico – uma e outra amalgamadas, via *ius commune*, na cultura do Humanismo –, formou-se a significação atribuída à boa-fé como princípio central e diluído, assim ingressando a noção na *primeira sistemática*, aquela que se desenvolve no Humanismo, dali passando – com significados agregados – à *segunda sistemática*, a do Jusracionalismo. Sobre essa base juscultural, agrega-se o fator político da Codificação oitocentista. Nos dois paradigmas codificatórios, o francês e o germânico, as noções da boa-fé serão distintas, como distinto será o método para a sua apreensão prática.

2. Os aportes dos humanistas

A noção jurídica de boa-fé ingressa na primeira sistemática[210] principalmente por meio das obras de Cujaccius (1522-1590) e de seu rival Donellus (1527-1559), expoentes do Humanismo jurídico e da «jurisprudência elegante».[211]

---

209. Volante, Raffaele. *Il Sistema Contrattuale del Dirito Comune Classico* – Struttura dei Patti e Individuazione del Tipo. Glossatori e Ultramontani. Milano: Giuffrè, 2001, p. 27, em tradução livre.

210. Para a noção, *vide* Menezes Cordeiro, António Manuel. *Da Boa Fé no Direito Civil*, vol. I. Coimbra: Almedina, 1984, p. 177-200.

211. A expressão «jurisprudência elegante» designa justamente os juristas do Humanismo, os autores que, reinterpretando o *Corpus Juris* justinianeu à luz das influências de seu tempo, abriram-lhe novas perspectivas de desenvolvimento. O traço comum dos juristas da Escola era o de formar uma classe de «juristas cultivados», *cultior jurisprudentia*, associando o direito à cultura literária, distinguindo-se assim dos bartolistas, que utilizavam um latim «pleno de terríveis barbarismos». A «jurisprudência elegante» surge da cultura artística e literária, suscitada pelas ligações culturais da França com a Itália, espalhando-se fortemente em outros países europeus, principalmente a

As Raízes | 57

A primeira sistemática foi filha dos humanistas, os autores que, reinterpretando o *Corpus Juris justinianeu* à luz das influências de seu tempo, abriram-lhe novas perspectivas de desenvolvimento. No que diz com o tratamento dado à boa-fé, o ponto em comum entre os dois expoentes daquela Escola – Cujaccius e Donellus – está no exame da distinção romana entre os contratos *stricti iuris* e *bonae fidei*, distinção taxonômica, por certo, mas com importantíssimos desdobramentos em matéria hermenêutica.

A contribuição de Cujaccius[212] está na tentativa de sistematizar o *Corpus Juris* mediante a recuperação dos vários sentidos atribuídos à *bona fides* na compilação justinianeia. Conquanto deixe formalmente íntegra a tradicional distinção entre *contractus stricti iuris et bonae fidei*, Cujaccius promove uma sistematização «da periferia para o centro (...)», estando sua importância, para o tema da boa-fé, em manter «viva a sua chama, evitando o seu relegar definitivo para o mero elemento da usucapião».[213]

Donellus vai além, porque, como anota Menezes Cordeiro, retira da boa-fé possessória o caráter de mero dado subjetivo, para, refletindo as concepções do Direito Canônico, afirmar que implica também o comportamento correto, com ausência de dolo. No âmbito dos contratos, confere-lhe duas características: a criação de *deveres positivos*, obrigando a que se preste à parte o que é équo, e de *deveres negativos*, adstringindo o agir contratual à abstenção de dolo, de fraude e de coação.[214] O mais importante, todavia, será perceber o rumo tomado pela

---

Alemanha. Segundo Wieacker, depois do apogeu de Bologna e de Orleans, na Alta Idade Média, e dos comentadores da Baixa Idade Média, materializou-se, neste tempo, e nesta Escola, «o terceiro período criador que fez crescer de forma duradoura o patrimônio comum da cultura jurídica europeia através de novas descobertas», sendo, de todos os três, este o que foi «o mais influenciado pela cultura geral de seu tempo» (WIEACKER, Franz. *História do Direito Privado Moderno*. Trad. portuguesa de António Manuel Hespanha. Lisboa: Fundação Calouste Gulbenkian, 1983, p. 179. Também KOSCHACKER, Paul. *Europa y el Derecho Romano*. Trad. espanhola de José Santa Cruz Tejeiro. Madrid: Editorial Revista de Derecho Privado, 1955, p. 170 e ss., em tradução livre) e TARELLO, Giovanni. *Storia della cultura giuridica moderna* – Assolutismo e codificazione nel diritto. Bologna: Il Mulino, 1976, p. 96 e ss. Segundo Michel Villey, tratava-se de um grupo não muito extenso de juristas, mas não se pode desprezar a força de sua influência na construção do pensamento jurídico moderno, pois, como anota, embora constituíssem uma pequena *elite*, esta conta, no progresso da história do direito, «infinitamente mais que a maioria dos juristas» (VILLEY, Michel. *La Formation de la Pensée Juridique Moderne*. Cours d'histoire de la philosophie du droit. Paris: Montchrestien, 1975, p. 508).

212. Foi a maior figura da célebre Escola de Bourges e um dos fundadores do *mos gallicus*. Para o exame da influência desta Escola e da luta entre o *mos gallicus* e o *mos italicus*, veja-se ainda KOSCHACKER, Paul. *Europa y el Derecho Romano*. Trad. espanhola de José Santa Cruz Tejeiro. Madrid: Editorial Revista de Derecho Privado, 1955, p. 170-187.

213. MENEZES CORDEIRO, António Manuel. *Da Boa-Fé no Direito Civil*, vol. I. Coimbra: Almedina, 1984, p. 198.

214. «Consistit autem bona fides in faciendo, et in non faciendo. In faciendo, ut fiat quod aequum est alterum alteri ex contrahentibus praestare. Nam in bonae fidei contractibus traditur, praestandum esse omne quod ex bona fide praestare oportet (...) In non faciendo, est ut absit dolus malus et fraus omnis; item vis et metus» (Opera omnia, Commentaria in codicem justiniani, X, IV, Tom. 7, 823, cit., *apud* MENEZES CORDEIRO, António Manuel. *Da Boa-Fé no Direito Civil*, vol. I. Coimbra: Almedina, 1984, p. 198-199). Em tradução livre: «A boa-fé, porém, consiste em fazer, e em não fazer. Em fazer, quando acontece o que é justo fazer um ao outro dos contraentes. Pois nos con-

58 | A BOA-FÉ NO DIREITO PRIVADO

boa-fé no caminho da unificação. Assim enfatiza Moreira Alves,[215] ao anotar a primazia deste autor na tentativa de abandonar os significados que a boa-fé assume com referência à posse e aos contratos, «para dar-lhe um conceito unitário», que é o da definição de Cícero (*De Officiis*, I, 7), segundo a qual é ela *«dictorum conventorum que constantia et verita».*[216]

De fato, ao comentar o Código de Justiniano, Donellus, versando a boa-fé nos contratos, escreve: «bona fides est officium viri boni. Bona fide se gerere, est se gerere ex officio viri boni, sinceri, aperti, a fraude et dolo alieni. Id intelligitur ex iis rebus in quibus bona fides consistit».[217]

E mais adiante acrescenta: *«significatio ducta est origine verbi. Origo et prima significatio hujus verbi haec est, ut fides sit dictorum et conventorum veritas, seu facere quod dixeris. Quam definitionem et notionem hujus verbi rectam esse dixit Cic. Lib. 1. De Offic. Itaque, si quis non praestat quod dixit, is agit mala fide».*[218]

Assim, o tratamento conferido por Donellus à boa-fé, típico da fase em que é construído um *sistema periférico* – aquele que, como diz Menezes Cordeiro, opera das bordas para o centro –, permitiu a *reconstrução unitária do instituto*,[219] é dizer: abandona-se a

---

tratos em boa-fé se diz que se deve fazer tudo que é necessário fazer em boa-fé (...) Nas obrigações de não fazer, quando há ausência de dolo mau (ou «astúcia maliciosa») e de fraude, assim como de uso da força e medo».

215. Moreira Alves, José Carlos. A Boa-Fé Objetiva no Sistema Contratual Brasileiro. *Rivista Roma e America*, n. 7, Modena, Mucchi, 1999, p. 169-170. E ainda: «Entende-se possuir em boa-fé aquele que tem uma causa justa, a qual justifique porque pense que a coisa pertença a si. // Diz-se possuir em boa-fé, aquele que fez isso: aquele que fez diferentemente, que possui em má-fé. [D.L. Sobre os Contratos de Compra]: Ambos [boa-fé e má-fé] não por algum sentido novo da palavra «fé»: mas por sentido antigo, e usual, ainda que um pouco modificado. Pois a fé é, segundo Cicero (*De Officiis*, 1), quando acontece o que foi acordado. Assim faz todo aquele que possui boa-fé», em tradução livre. No original: «Com efeito, Donelo, ao tratar da boa-fé na posse, depois de dizer que *bona fide possidere intelligitur qui justam caussam habet, cur putet rem ad se pertinere* acentua pouco adiante que *qui haec fecit, dicitur bona fide possidere: qui contra, mala fide. D. L. qui a quolibet. De contr. Empt. Utrunque non nova aliqua significatione verbi fidei: sed vetere, et usitata, etsi paulum deflexa. Fides enim est, auctore Cicerone Lib. 1. Offic. Cum fit, quod dictum est. Id facit omnis bonae fidei possessor».*

216. Em tradução livre: «a imutabilidade e a verdade das promessas e dos acordos».

217. Em tradução livre: «A boa-fé é dever do homem bom. Comportar-se em boa-fé significa comportar-se segundo a obrigação do homem bom, sincero, aberto, isento de fraude e dolo. Assim se entende pelas coisas que pertencem à boa-fé».

218. *Commentaria in Codicem Justiniani*, Volumen primum, Ad Tit. X. Lib. IV. C. *De Oblig. Et Action., Ad L. Bonam Fidem 4,*em *Hugonis Donelli Opera Omnia* cit., *tomus septimus*, MDCCCXLVI, coll. 823-824 *apud* Moreira Alves, José Carlos. A Boa-Fé Objetiva no Sistema Contratual Brasileiro. *Rivista Roma e America*, n. 7, Modena, Mucchi, 1999, p. 170. Em tradução livre: «O sentido é extraído a partir da origem da palavra. A origem e o primeiro sentido desta palavra é tal, que fé significa a verdade das promessas e dos acordos, ou fazer o que disseste. Cicero, no livro 1, Das Obrigações, disse que tal definição e sentido da palavra estavam corretas. Assim, se alguém não fizer o que disse, age de má-fé».

219. Menezes Cordeiro, António Manuel. *Da Boa-Fé no Direito Civil*, vol. I. Coimbra: Almedina, 1984, p. 199-200. Daí a importância da obra dos Humanistas: embora uma pequena elite de juristas, que pouco influiu, imediatamente, na prática do direito, e ainda incompleto o seu labor de siste-

AS RAÍZES | 59

dualidade que caracterizara a noção de boa-fé no Direito Romano – entre boa-fé garantia e boa-fé ignorância excusável atuantes, respectivamente, no Direito Obrigacional e no Direito Possessório – e se inicia a sua configuração como um «princípio geral de direito», tarefa que estará completa na segunda sistemática, aquela formatada no Jusracionalismo.

3. A boa-fé como «princípio geral»

O Jusracionalismo[220] – forma ideológica adotada pelo Humanismo ao transmudar os princípios do Direito Natural mediando-os pelos critérios da *razão* – cobre os dois séculos que permeiam dos Seiscentos aos Oitocentos. Nesse período, o Direito Natural *racionalista* adquiriu uma influência direta sobre a Ciência Jurídica, a legislação e a jurisprudência, libertando a filosofia da teologia, e tornando-se uma Teoria do Direito.[221] Os princípios e soluções de procedência medieval, contrários aos postulados jusracionalistas seriam espécie de «acidente histórico» em fase de superação ou de instabilidade, e não elementos constitutivos de uma forma – diversa e particular – de organização do conjunto social.[222]

O jusracionalismo se quis *moderno*, palavra que, desde o século V (quando surge no léxico ocidental), possui a conotação de uma «descontinuidade proposital do novo diante do antigo»,[223] para expressar a consciência de uma nova época.[224]

No campo do Direito Público, lançou as bases do caráter ideológico da teoria constitucional, da política e dos «princípios fundamentais do ordenamento jurídico»; investiu firmemente na questão das relações entre os particulares e das instituições políticas com

---

matização, é certo que a renovação a que procederam teve o mérito de, por meio da construção de princípios gerais elaborados a partir da ordenação de elementos díspares, concluir a unificação conceitual de alguns conceitos-chave para o direito, proporcionando a alavanca para a elaboração centralizada do sistema, tarefa que seria empreendida pelo jusracionalismo.

220. É praticamente inesgotável a bibliografia sobre o tema. Em caráter monográfico sobre os principais autores, consultei, entre outros, ensaios sobre Locke (MICHAUD, Ives. *Locke*. Trad. de Lucy Magalhães. Rio de Janeiro: Zahar, 1991); Hobbes (BOBBIO, Norberto. *Thomas Hobbes*. Trad. de Carlos Nelson Coutinho. Rio de Janeiro: Campus, 1991), e Descartes (GUENANCIA, Pierre. *Descartes*. Trad. de Lucy Magalhães. Rio de Janeiro: Zahar, 1991).

221. Cf. WIEACKER, Franz. *História do Direito Privado Moderno*. Trad. portuguesa de António Manuel Hespanha. Lisboa: Fundação Calouste Gulbenkian, 1983, p. 279. Para o exame das soluções dadas, no processo histórico, à questão do Direito Natural, ver p. 290 e ss. Sobre o humanismo jurídico e a origem racional ou voluntarista das regras jurídicas, ver, entre outros, VILLEY, Michel. Contro l'umanesimo nel diritto. *Rivista Internazionale di Filosofia del Diritto*, Milano, Giuffrè, 1967, p. 670 e ss.

222. CLAVERO, Bartolomé. Historia, Ciencia, Politica del Derecho. *Quaderni Fiorentini per la Storia del Pensiero Giuridico*, Milano, Giuffrè, n. 8, 1979, p. 13-14.

223. HABERMAS, Jürgen. Concepções da Modernidade – um olhar retrospectivo sobre duas tradições. *A Constelação Pós-Nacional* – Ensaios Políticos. Trad. de Márcio Seligmann-Silva. São Paulo: Littera Mundi, 2001, p. 168.

224. HABERMAS, Jürgen. Concepções da Modernidade – um olhar retrospectivo sobre duas tradições. *A Constelação Pós-Nacional* – Ensaios Políticos. Trad. de Márcio Seligmann-Silva. São Paulo: Littera Mundi, 2001, p. 168.

o Estado;[225] e preparou o ambiente intelectual propício à formulação de teses que teriam importância posterior, na Revolução.[226]

No campo do Direito Privado, o Jusracionalismo pretendeu expurgar do Ordenamento positivo as normas que considerava em desacordo com os «princípios superiores da razão»,[227] assim preparando caminho para uma *construção sistemática autônoma* e acessível pela razão.[228] Daí o objetivo de situar o direito como um sistema que partisse de regras ou princípios gerais, as quais, contrapostas ao direito vigente – costumeiro e romanístico – apenas o validariam se evidenciada a concordância entre esse e o Direito

---

225. WIEACKER, Franz. *História do Direito Privado Moderno*. Trad. portuguesa de António Manuel Hespanha. Lisboa: Fundação Calouste Gulbenkian, 1983, p. 308-309. Também BOBBIO, Norberto. *A Teoria das Formas de Governo*. Trad. de Sérgio Barth. Brasília: Universidade de Brasília, 1984, especialmente Cap. VI.

226. Sobre a influência de Locke em Rousseau e a questão do consentimento como fonte da legitimidade política, ver MICHAUD, Ives. *Locke*. Trad. de Lucy Magalhães. Rio de Janeiro: Zahar, 1991, p. 52-69.

227. Toda a reforma pombalina, em Portugal, será feita sob esse signo. Ver MARQUES, Mario Reis. O Liberalismo e a Codificação do Direito Civil em Portugal. *Boletim da Faculdade de Direito da Universidade de Coimbra*, Suplemento XXIX, 1987, p. 77 e ss. Ver, também, KOSCHACKER, Paul. *Europa y el Derecho Romano*. Trad. espanhola de José Santa Cruz Tejeiro. Madrid: Editorial Revista de Derecho Privado, 1955, p. 359 e ss. Sob o primado da razão, o jusracionalismo não pretendeu ter vigência atemporal em virtude de sua perfeição técnica. Sua intemporalidade derivaria da razão mesma, independentemente de toda a formulação estatal, em um sistema de direito positivo.

228. É fundamental, neste ponto, o correto discernimento do tipo de Direito Natural de que se está a tratar. Como bem observa Menezes Cordeiro, «o Direito Natural, por envolver as representações axiológicas mais sensíveis de cada sociedade, está, por excelência, dependente do estádio cultural em que se encontre a ordem jurídica onde seja propugnado» (MENEZES CORDEIRO, António Manuel. *Da Boa-Fé no Direito Civil*, vol. I. Coimbra: Almedina, 1984, p. 205). Tratado desde os sofistas e tema das obras de Platão, Aristóteles, Thomás de Aquino, Duns Scott e Ockan, o jusnaturalismo adquire, no racionalismo moderno, contornos específicos na medida em que, nessa cultura, as suas diretivas «assumiram, directamente, um papel político-social», ao contrário do que ocorrera anteriormente. A especificidade do jusracionalismo foi o papel conferido à razão, ao «esclarecimento» como obra humana. Já a antiga polaridade entre vontade e razão, que opusera tomistas e nominalistas, refletiu os ecos da escolástica espanhola do século XVII, promovendo transformações no conceito aristotélico-tomista de Direito Natural. O debate entre vontade e razão tinha um transcendente alcance prático: se considerado que o direito tinha sua gênese na vontade, seja de um rei, de Deus ou do povo, o seu conteúdo necessariamente haveria de ser tido como *arbitrário*, pois inexistiria, para além da vontade, qualquer parâmetro de avaliação da legitimidade dos comandos jurídicos. Ao contrário, se fosse o direito considerado um produto da razão, o seu conteúdo estaria ligado à reprodução de um modelo preexistente, fosse no plano das ideias (idealismo) ou no plano da realidade (realismo), modelo perante o qual os comandos jurídicos haveriam de se legitimar (ver HESPANHA, António Manuel. *História das Instituições*. Épocas medieval e moderna. Coimbra: Almedina, 1982, p. 414. Ainda: VILLEY, Michel. *Essor et Décadence du Voluntarisme Juridique*. *Leçons d'Histoire de la Philosophie du Droit*. Paris: Dalloz, 1962, p. 273-275, e, ainda: Les Origines de la Notion de Droit Subjectif, vol. II. Paris: *APD*, 1953, p. 163, e La Pensée Juridique Moderne et le Système Juridique Actuel. *La Formation de la Pensée Juridique Moderne*. Cours d'histoire de la philosophie du droit. Paris: Montchretien, 1975, p. 53). Também: PRÉLOT, Marcel; LESCUYER, Georges. *Histoire des idées politiques*. Paris: Dalloz, 1990, p. 237; PEREÑA, L.; ABRIL, V. Genèse du Raisonnement Juridique chez Francisco Suarez. In: HUBIEN, Hubert (Ed.). *Le Raisonnement Juridique*. Actes du Congrès Mondial de Philosophie du Droit et Philosophie Sociale. Bruxelles: Emile Bruylant, 1971, p. 203-208).

Natural,[229] cujos postulados assume como internos, conaturais a uma «essência» do próprio direito. Todo o movimento denominado de «segunda recepção» – de importância fundamental no que concerne principalmente ao Direito alemão – será processado sob esse signo,[230] e alguns dos conceitos jurídicos que, mais tarde, entrarão nos códigos foram elaborados nessa época; entre eles, o de *direito subjetivo.*[231]

A noção de Direito subjetivo só poderia ser elaborada quando a de indivíduo pudesse ser formulada, tendo um lugar próprio nas percepções sociais e, principalmente, quando esse papel fosse elevado ao da «mais alta forma do ser».[232] Os conceitos são vividos na experiência subjetiva ou coletiva antes de serem pensados. O que importa na perspectiva que estou adotando, todavia, são as formas e a razão de sua sistematização. O jusracionalismo – abandonando a conotação romana de «direito», *ius*, definido por vezes como «parte» atribuída a cada um (*ius suum cuique tribuere*, segundo a famosa fórmula de Ulpiano), por vezes como técnica de realização da equidade (*ius est ars boni et aeque*, consoante a definição não menos célebre do jurista romano Celso) – desenhará esse conceito no seio de uma ambiguidade fundamental:[233] *ius* será, ao mesmo tempo, direito objetivo (isto é, comando jurídico, lei) e direito subjetivo (faculdade ou poder moral de agir que nasce do fato de ser indivíduo).

Essa ambiguidade será exaustivamente trabalhada de modo a fazer emergir progressivamente a *tendência à subjetivação*, em paralelo, todavia, a uma espécie de legalismo (facilitado por uma das conotações devidas à ambiguidade do termo), o qual se fundará no modelo de *racionalidade dedutiva* moldado pelo jusracionalismo como

---

229. Koschacker, Paul. *Europa y el Derecho Romano*. Trad. espanhola de José Santa Cruz Tejeiro. Madrid: Editorial Revista de Derecho Privado, 1955, p. 359.

230. Para esse processo, ver Koschacker, Paul. *Europa y el Derecho Romano*. Trad. espanhola de José Santa Cruz Tejeiro. Madrid: Editorial Revista de Derecho Privado, 1955, p. 117-243; Wieacker, Franz. *História do Direito Privado Moderno*. Trad. portuguesa de António Manuel Hespanha. Lisboa: Fundação Calouste Gulbenkian, 1983, p. 97-223.

231. Para este exame, Villey, Michel. *Leçons d'Histoire de la Philosophie du Droit*. Tomo II. Paris: APD, 1962, p. 221. Igualmente: Menezes Cordeiro, António. *Tratado de Direito Civil Português*. Tomo I. Coimbra: Almedina, 2000, p. 162 e ss.

232. Ver Wieacker, Franz. *História do Direito Privado Moderno*. Trad. portuguesa de António Manuel Hespanha. Lisboa: Fundação Calouste Gulbenkian, 1983, p. 285, nota 9. No mesmo sentido, Reale, Miguel. *Nova Fase do Direito Moderno*. São Paulo: Saraiva, 1990, p. 76: «Poder-se-ia dizer que esse entendimento marca o apogeu do racionalismo no plano da experiência jurídica, ou da autoconsciência do direito. O *cogito* cartesiano (*cogito, ergo sum*) projeta-se no domínio social, convertendo-se em *cogito, ergo sum subjectus iuris*».

233. Cf. Sève, René. *Leibniz et l'École Moderne du Droit Naturel*. Paris: Presses Universitaires de France, 1989, p. 10. Com efeito, conforme anota Michel Villey, já Suarez havia distinguido dois sentidos principais na palavra *ius*, correspondentes a duas etimologias possíveis: *ius aiubendo* (*jubendo*) e *ius a iustitia*. O primeiro dos dois significados corresponde ao de *comando*, isto é, de *lei*; o segundo seria, ao mesmo tempo, o de *objectum justitia* e o de *direito subjetivo* (Villey, Michel. *Leçons d'Histoire de la Philosophie du Droit*. Tomo II. Paris: APD, 1962, p. 163).

aquele próprio à ciência jurídica. Este terá o efeito de permitir a *ordenação das leis em um sistema de regras* que acabará unificando e sintetizando as duas vertentes.[234]

Um novo conceito de *lei* será fundamental porque o jusracionalismo se desenvolve na época em que nascem os Estados modernos sob o signo do absolutismo, libertando o poder do soberano dos limites postos pelas jurisdições infraestatais.[235] Com a progressiva ruína da velha ordem feudal – na qual os centros de poder se encontravam pulverizados e a produção jurídica operava através de uma multiplicidade de fontes –, estratifica-se o poder. Central e centralizador a um só tempo, o poder em sua nova face é uma força expansionista (conquista novos mundos, a América, o Oriente) e intervencionista (pois já atua através de políticas públicas bem marcadas, das quais a constituição das grandes companhias marítimas é o exemplo mais visível). Ao mesmo tempo em que o Estado se «absolutiza», e exatamente porque é «absoluto», *intenta unificar as fontes de produção jurídica na lei* – concebida, esta, como expressão da *vontade do soberano* – e no Ordenamento jurídico estatal, cuja expressão máxima é a vontade do príncipe. Ao absolutismo político corresponderá o absolutismo jurídico.[236]

4. O modelo de expressão do jusracionalismo

Presente esse quadro, é preciso buscar o *modelo de expressão* do jusracionalismo. Este será o modelo de sua época, o *modelo das ciências matemáticas*, padrão de racionalidade dedutiva diretamente inspirado na geometria euclidiana.[237] As noções e categorias jurídicas não serão mais elaboradas como tópicos ou como artifícios para a harmonização de textos entre si contraditórios – como na tópica aristotélica –,[238] passando a adquirir um novo perfil metodológico.[239] Aspira-se a elaborar o sistema com precisão matemática, vale

---

234. Cf. Sève, René. *Leibniz et l'École Moderne du Droit Naturel*. Paris: Presses Universitaires de France, 1989, p. 17.

235. Bobbio, Norberto. *Direito e Estado no Pensamento de Emanuel Kant*. Trad. de Alfredo Fait. Brasília: Universidade de Brasília, 1984, em especial Cap. 1, p. 11-23. Também Hespanha, António Manuel. *História das Instituições*. Coimbra: Almedina, 1982, p. 44.

236. Esse processo se desenvolve através da liberação operada pelas monarquias absolutas em relação aos poderes superiores – o império e a Igreja – e da absorção dos Ordenamentos jurídicos inferiores. As premissas teóricas do jusracionalismo não estarão alheias a esse tipo de Estado – por vezes para o sustentar, por vezes para o enfrentar –, e todas as concepções sobre o problema do fundamento ou justificação do poder e, correlativamente, os seus limites refletirão tal antinomia. Como bem sublinhou Sève, é «em direção à lei que é preciso seguir para determinar a estrutura da filosofia do direito moderno» (Sève, René. *Leibniz et l'École Moderne du Droit Naturel*. Paris: Presses Universitaires de France, 1989, p. 17). Acerca desse encaminhamento à lei estatal como «absolutismo jurídico» ver Grossi, Paolo. Assolutismo Giuridico e Diritto Privato. *Quaderni Fiorentini per la Storia del Pensiero Giuridico Moderno*, Milano, Giuffrè, n. 52, 1998.

237. Sève, René. Système et Code. *Archives de Philosophie du Droit*, n. 31, Paris, Dalloz, 1986, p. 8.

238. Sève, René. Système et Code. *Archives de Philosophie du Droit*, n. 31, Paris, Dalloz, 1986, p. 8.

239. Anota Menezes Cordeiro a distinção entre a «primeira sistemática» de Cujaccius e Donellus e a «segunda sistemática», baseada em Descartes, Hobbes, Grotius e Puffendorf, justamente pela ausência, na primeira, de um discurso teórico que guiasse, concretamente, a elaboração de um

As Raízes | 63

dizer, científica, por meio de formulações cada vez mais gerais, passíveis de redução a verdades intangíveis. O objetivo, por certo, não é reduzir todo o conhecimento filosófico ao conhecimento matemático, mas sim *definir a ordem da razão* – aquilo que estrutura o sistema – ao modo das ciências matemáticas: analogia *more geometrico*,[240] requerendo, pois, a elaboração de um sistema centralizado: «A ordenação não se consegue com base em conexões estabelecidas entre elementos periféricos pré-sistemáticos; ela desenvolve-se, antes, unitária e metódica, de uns quantos princípios firmados com vista ao sistema».[241]

Por isso, o sistema jurídico se fundará em proposições primeiras – os *axiomas* –, que não requerem demonstração justamente por serem «verdadeiras» ou «inatas», assim como o são os princípios primeiros da matemática ou da geometria, das quais seguem, ordenada e unitariamente encadeadas, proposições secundárias e efeitos que constituem uma totalidade.[242] Notadamente, a «segunda geração» dos jusracionalistas – Hobbes, Espinosa, Puffendorf, Leibniz, Thomasius, Christian Wolff – logrará elaborar, com base na racionalização e no

---

verdadeiro sistema de Direito. Requeria-se «uma forma diferente de raciocínio», e esta veio de Descartes, no qual enfocada a *superioridade do pensamento unitário*, e de Hobbes, na obra do qual a lógica cartesiana e o mecanismo galilaico, com os seus postulados alocados como de estruturas mentais, permitem introduzir a ideia da *centralização* como característica do sistema. Parece importante ressaltar, por outro lado, a verdadeira «redescoberta», ultimamente levada a cabo, no situar de Thomas Hobbes entre a fronteira do jusnaturalismo e do juspositivismo. Assim, Воввіо, Norberto. *Thomas Hobbes*. Trad. de Carlos Nelson Coutinho. Rio de Janeiro: Campus, 1991, em especial o ensaio «Lei natural e lei civil na filosofia política de Hobbes» (p. 101 e ss.) e Janine Ribeiro, Renato. Introdução. In: Hobbes, Thomas. *Do cidadão*. Trad. de Renato Janine Ribeiro. São Paulo: Martins Fontes, 1992.

240. No Discurso preliminar da *Enciclopédia*, ao comentar a obra de Newton, referem Diderot e D'Alembert: «Newton (...) deu à Filosofia uma forma que parece dever conservar. Esse grande gênio viu que era tempo de banir da Física as conjeturas e as hipóteses vagas ou, pelo menos, de tomá-las apenas pelo que valiam e que essa Ciência devia ser unicamente submetida às experiências da Geometria. (...) Por ter enriquecido a Filosofia com uma grande quantidade de bens reais, mereceu sem dúvida todo o seu reconhecimento, mas talvez tenha feito mais por ela ensinando-lhe a ser sensata e a manter na justa medida essa espécie de audácia que as circunstâncias haviam forçado Descartes a lhe dar. Sua teoria do mundo (pois não quero dizer seu sistema) é hoje tão geralmente aceita que se começa a disputar ao autor a honra da invenção. (...) Forma de fato os jovens geômetras, tanto na França quanto em países estrangeiros, que determinaram a sorte das duas Filosofia» (Diderot, Denis; D'Alembert, Jean. *Enciclopédia ou Dicionário Raciocinado das Ciências, das Artes e dos Ofícios*. Edição bilingue. Trad. de Fúlvia M. L. Moretto. São Paulo: Unesp, 1989, p. 71 e 77).

241. Menezes Cordeiro, António Manuel. *Da Boa-Fé no Direito Civil*, vol. I. Coimbra: Almedina, 1984, p. 219.

242. Leibniz formulará *définitions*, ou *axiomes ou principes du Droit*, entre 1701-1702(?), de que são exemplos: «La *justice* est une [habitude d'agir] volonté constante de faire en sorte que personne n'ait raison de se plaindre de nous; se *plaindre de quelcun*, c'est blamer de ce qu'il cause nostre mal. Sous le *mal*, je comprends aussi la diminuition ou l'empechement de nostre bien. *Blâmer quelcun* c'est marquer qu'il s'agit d'une maniere deraisonnable. Une action volontaire d'une personne est *deraisonnable* [quand elle est encore le bien de celuy qui agit, et qu'il pouvoit juger facilement qu'elle est apparement contraire à son bien] quand les apparences sont qu'elle tend contre son propre bien. Le *biende quelcun* est ce qui sert à sa Felicité, et le *mal* est ce qui y est contraire. La *Felicité* est l'Estat d'une joye durable. La *joye* consiste dans les sentiments des perfections» (Leibniz, Gottfried; Grua, Gaston (Org.). *Textes Inédits*, vol. II. Paris, 1948, p. 666-667. Destaques originais).

modelo matemático, um sistema geral, no qual os princípios do Direito Natural aparecerão como *leis naturais da sociedade*.[243] Na medida em que se quis certo, imutável, seguro e metaempírico, garante dos valores do indivíduo e de suas aspirações, o jusracionalismo fixou, portanto, princípios gerais, deduzidos pela razão, dos quais poderiam ser ordenados as demais regras e institutos jurídicos. Estes princípios teriam validez geral – já o principal expoente da primeira geração dos jusracionalistas, Hugo Grotius (1583-1645), preconizara a determinação, pela jurisprudência, de um direito válido «ontem, hoje e amanhã», fundado «numa essência humana que legitimasse todo o direito positivo com ela [a razão] acorde».[244]

O apelo a um direito «válido em absoluto» introduz o tratamento que foi conferido à boa-fé por Hugo Grotius, Puffendorf e, daí, por Domat e Pothier, pais fundadores do primeiro código moderno, o *Code Napoléon*. Embora uma linha os vincule, são evidentes as nuanças, os matizes no pensamento de cada um deles, de modo a se traçar um percurso no qual a boa-fé prosseguirá no caminho da diluição, a ponto de, completamente amalgamada à *aequitas*, tornar-se um *princípio geral*, esvaziado de conteúdo prático próprio.

5. O desenvolvimento da boa-fé em Grotius

O holandês Hugo Grotius dirigiu a sua atenção tanto à consolidação de um direito nacional[245] (o que ditará em contrapartida a perspectiva que dará ao direito das gentes) quanto a um Direito Natural perspectivado na base da *experiência prática*. Por este viés, formulou uma *teoria jurídica geral* que, embasada em cinco pontos – a teoria

---

243. Leibniz, Gottfried. Notes sur J. G. Wachter. Originis juris naturalis sive de jure naturae humane demonstrationes mathematicae. In: Leibniz, Gottfried; Grua, Gaston (Org.). *Textes Inédits*, vol. II. Paris, 1948, p. 667. Sobre a apropriação dos princípios de Direito Natural como leis da sociedade, ver também: Tarello, Giovanni. *Le Ideologie della Codificazione nel Secolo XVIII* – Parte prima. Gênova: Cooperativa Libraria Universitaria, 1971, p. 69; Tarello, Giovanni. *Storia della Cultura Giuridica Moderna* – Assolutismo e codificazione nel diritto. Bologna: Il Mulino, 1976; Losano, Mario. *Sistema e Struttura nel Diritto* – Dalle origine alla scuola storica, vol. I. Torino: Giappichelli, 1968, p. 57-72; Thomann, Marcel. *Histoire de l'Idéologie Juridique au XVIII ème Siècle, ou le Droit Prisionnier des Mots*, vol. XIX. Paris: APD, 1974, p. 127 e ss.; Wieacker, Franz. *História do Direito Privado Moderno*. Trad. portuguesa de António Manuel Hespanha. Lisboa: Fundação Calouste Gulbenkian, 1983, p. 303 e ss.; Sève, René. *Leibniz et l'École Moderne du Droit Naturel*. Paris: Presses Universitaires de France, 1989, p. 7-30. Sobre a transformação do conceito de lei em relação à escolástica, ver Courtois, Gerard. *La Loi chez Spinosa et Saint Thomas d'Aquin*, vol. XXV. Paris: APD, 1980, p. 159, o qual traça o panorama das linhas de convergência, comumente abandonadas, entre as concepções escolástica e jusnaturalista.

244. Cf. Bonavides, Paulo. *Teoria do Estado*. Rio de Janeiro: Forense, 1980, p. 17.

245. Daí a sua atenção à ordem jurídica holandesa, exposta com recurso à estrutura global do direito comum (*Inleiding tot in de hollandsche Rechts Agérioerheid, Introdução à ciência jurídica holandesa*, 1631), ao direito internacional (*Mari Liberum*, 1609, e *De Juri Belli ac pacis libri tres*, 1623), este tanto tratado politicamente, a partir da provocação suscitada pelas pretensões hispano-portuguesas ao monopólio do comércio internacional quanto versado desde uma perspectiva naturalista, vinculativa a todos os homens, posto embasar-se na experiência jurídica comum da humanidade (para estas notas, Wieacker, Franz. *História do Direito Privado Moderno*. Trad. portuguesa de António Manuel Hespanha. Lisboa: Fundação Calouste Gulbenkian, 1983, p. 325 e ss.).

da origem e conhecimento do próprio Direito Natural; a teoria da origem, conteúdo e transmissão da propriedade; a teoria da declaração de vontade; da justiça contratual; e, por fim, a do casamento –, servirá, por séculos afora, como o modelo para o Direito Privado.[246] Destes cinco pontos, dois interessam de perto a este estudo, quais sejam a teoria da declaração de vontade e a noção de justiça contratual.

Quanto ao primeiro ponto, Grotius retoma a discussão proveniente do Direito Canônico acerca da força vinculativa das promessas para ensejar uma discussão geral sobre a declaração de vontade e da perfeição negocial, ligando a eficácia da primeira às pessoas *moralmente autorresponsáveis*. Assenta, pois, o princípio da responsabilidade da declaração como contraponto necessário ao princípio da liberdade. Conclui, no entanto, que os efeitos jurídicos não poderiam decorrer de um *mero animi motus*, quando estes não se manifestassem por meio de *sinais externos*, pois considerava não estar de «acordo com a natureza humana» – como assinala Wieacker – «medir os efeitos sociais a partir de actos de vontade internos, os quais, pelo contrário, apenas provêm de decisões exteriorizadas», ainda que, da palavra e dos escritos, «não resulte uma certeza absoluta, mas apenas uma probabilidade quanto ao conteúdo da vontade».[247] Em consequência, preconiza dever ser tratado como verdadeiro aquilo que foi exteriorizado, mesmo contra a vontade (interna) do declarante, com o que – conclui Wieacker – a teoria da declaração de Grotius consegue unificar o princípio da vontade com o *princípio da confiança.*[248]

Está aí já delineada, embora em traços largos, concepção hoje plasmada no art. 112 do Código Civil,[249] aliando confiança e declaração (pois o que conta é a intenção «consubstanciada na declaração», isto é: o elemento socialmente apreensível e apto a despertar a confiança do destinatário da declaração). Mas essa conjugação só se logrou obter, como texto legal, quando ultrapassada a alternativa polarizada entre as teorias da vontade e da declaração. Por esta razão, as bases lançadas por Grotius ainda hoje têm importância na consideração da boa-fé como *cânone de interpretação dos negócios jurídicos.*[250]

Na raiz da teoria da declaração grociana está a boa-fé, entendida em perspectiva graduada[251] – seria menos intensa entre estranhos, aprofundada entre os membros de

---

246. WIEACKER, Franz. *História do Direito Privado Moderno*. Trad. portuguesa de António Manuel Hespanha. Lisboa: Fundação Calouste Gulbenkian, 1983, p. 326.

247. WIEACKER, Franz. *História do Direito Privado Moderno*. Trad. portuguesa de António Manuel Hespanha. Lisboa: Fundação Calouste Gulbenkian, 1983, p. 321.

248. WIEACKER, Franz. *História do Direito Privado Moderno*. Trad. portuguesa de António Manuel Hespanha. Lisboa: Fundação Calouste Gulbenkian, 1983, p. 321.

249. Código Civil, art. 112, *in verbis*: «Nas declarações de vontade se atenderá mais à intenção nelas consubstanciada do que ao sentido literal da linguagem».

250. Código Civil, art. 113, *in verbis*: «Os negócios jurídicos devem ser interpretados conforme a boa--fé e os usos do lugar de sua celebração».

251. Grotius tratou da boa-fé no Parallelon rerum publicarum liber tertius, escrito provavelmente em 1601 ou 1602, o primeiro escrito do autor, cuja divulgação se deve recentemente a Finkentscher: GROTIUS, Hugo. *De Fide et Perfidia:* Der Treuegedanke in den «Staatsparallelen» des Hugo Grotius

uma comunidade e situando-se no topo entre as partes de um contrato, desde as tratativas negociais até à sua conclusão e desenvolvimento. Por sua vez, à promessa em si mesma considerada também é atribuída uma perspectiva escalonada. Grotius distingue três graus: a comunicação de mero plano futuro de atuação, a declaração-compromisso de comportamento futuro (*pollicitatio*) e a decisão voluntária de transferência, para outrem, de um direito.[252] A *fides* se relaciona, assim, à liberdade e à responsabilidade, esta derivada do fato de o declarante, por sinais exteriores, ter suscitado a confiança do *alter*.

No topo do escalonamento proposto por Grotius ao tratamento jurídico da *fides* estão os *contratos*, forma qualificada de expressão jurídica da liberdade e responsabilidade humanas. Em relação aos negócios jurídicos bilaterais, a importância da doutrina grociana sobre a boa-fé é dupla. De um lado, ao considerar que a declaração juridicamente válida é a que manifesta a chamada «vontade externa», supõe, à formação do vínculo, a correspondência de outra declaração, a que aceita. Assim sendo, para que «um direito se transmita», isto é, para que a contraparte adquira o direito à prestação, a declaração de promessa (oferta, proposta) deve ser aceita, daí tendo formulado Grotius a teoria da conclusão dos contratos mediante a «colagem»[253] entre a oferta e a aceitação.

Trata, por igual, da questão da revogação da oferta no âmbito da sua ética da confiança, vinculando o *promissor* à anterior proposta (*rogatio: ita tamem ut hic quoque praecedens rogatio durare inteligatur*[254]). A revogação da promessa é, então, possível até a aceitação, formulando, assim, uma regra que entraria nos códigos modernos, como o alemão[255] e o brasileiro.[256]

O tratamento que será conferido por Grotius à *justiça contratual*, de outro lado, liga a *fides* à *aequalitas* ou equivalência de prestações, equivalência interna entre prestação e contraprestação: *ne plus exigatur quam par est*. Por este princípio, percebe Wieacker, Grotius propõe uma ética contratual material que, embora retomada por Puffendorf, seria afastada da codificação e só revivida no Direito Contratual contemporâneo[257] com a formulação, *v.g.*, da *teoria da base objetiva do negócio* jurídico, por Larenz, e da *teoria da excessiva onerosidade* da prestação contratual, por Emilio Betti. A sua teoria da

---

aus heutiger Sicht. Atualizado por Wolfgang Finkentscher. München: Verlag der Bayerischen Akademie der Wissenschaften, 1979. Trata-se de obra da juventude de Grotius, aventando-se a hipótese de ter servido de base aos seus trabalhos posteriores (para estas notas, Menezes Cordeiro, António Manuel. *Da Boa-Fé no Direito Civil*, vol. I. Coimbra: Almedina, 1984, p. 213).

252. Menezes Cordeiro, António Manuel. *Da Boa-Fé no Direito Civil*, vol. I. Coimbra: Almedina, 1984, p. 216.

253. A expressão «colar» é utilizada por Pontes de Miranda, Francisco Cavalcanti. *Tratado de Direito Privado*. Tomo II. 3.ª ed. São Paulo: Revista dos Tribunais, 1983, § 223, p. 404.

254. Wieacker, Franz. *História do Direito Privado Moderno*. Trad. portuguesa de António Manuel Hespanha. Lisboa: Fundação Calouste Gulbenkian, 1983, p. 333.

255. BGB, §§ 130, 145 e 147, II.

256. CC, arts. 427 e 428 e, em relação à aceitação, art. 433.

257. Wieacker, Franz. *História do Direito Privado Moderno*. Trad. portuguesa de António Manuel Hespanha. Lisboa: Fundação Calouste Gulbenkian, 1983, p. 334.

justiça contratual material vai a ponto de perceber a existência do que hoje chamaríamos de «deveres laterais», «anexos» ou «instrumentais», decorrentes do vínculo contratual,[258] em especial os deveres de mútua informação e esclarecimento,[259] baseados no dever de agir em respeito à confiança (*fides*) despertada na contraparte e essencial ao tráfico jurídico. Por isso dirá Finkentscher, a propósito do pensamento de Grotius, que, nele, «*fides* é a forma de pensar na qual são possíveis os contratos».[260]

Contudo, em que pese toda a inovação introduzida por Grotius no tratamento jurídico da boa-fé enquanto realidade jurídica dotada de alto grau de conteúdo material, o instituto ainda não alcançara toda a potencialidade de sistematizar, do centro para a periferia, determinada matéria jurídica.[261] Por mais bem-acabado que possa ser o pensamento humano, se as condições do entorno não lhe são favoráveis, as ideias restam, quanto ao muito, em estágio de incubação, latentes no substrato cultural, para serem, em outras épocas, retomadas e revividas, ainda que em bases diversas. Ocorrem, assim, na história do pensamento, constantes momentos de antecipação e outros de retorno. Um retorno à unitariedade da boa-fé – retorno em termos, é verdade, eis que assentado em postulados diversos daqueles que ordenaram a unitariedade da boa-fé canônica – será verificado na obra de Samuel Puffendorf (1632-1694).

A questão da boa-fé será tratada na base em diversos pressupostos, filosóficos e metodológicos, porque trabalhará Puffendorf com certos elementos que haviam sido assentados por três outras exponenciais figuras: René Descartes, Galileu Galilei e Thomas Hobbes.

6. Desenvolvimentos da boa-fé nos jusracionalistas

Descartes havia apontado, no *Discours sur la Méthode pour bien Conduire la Raison et Chercher la Vérité dans las Sciences*, à *superioridade do pensamento unitário*, o qual, partindo de uma só base bem determinada, fosse conduzido por um só critério.[262] À superioridade da unitariedade se agrega um método, o qual «ensina a seguir a ordem real e a numerar com exatidão todas as circunstâncias daquilo que se busca».[263] E esse

---

258. Ver *infra*, Capítulo III, §20, e Capítulo VII, §64.

259. Wieacker, Franz. *História do Direito Privado Moderno*. Trad. portuguesa de António Manuel Hespanha. Lisboa: Fundação Calouste Gulbenkian, 1983, p. 334.

260. Grotius, Hugo. *De Fide et Perfidia*: Der Treuegedanke in den «Staatsparallelen» des Hugo Grotius aus heutiger Sicht. Atualizado por Wolfgang Finkentscher. München: Verlag der Bayerischen Akademie der Wissenschaften, 1979, p. 52 *apud* Menezes Cordeiro, António Manuel. *Da Boa-Fé no Direito Civil*, vol. I. Coimbra: Almedina, 1984, p. 217.

261. Menezes Cordeiro, António Manuel. *Da Boa-Fé no Direito Civil*, vol. I. Coimbra: Almedina, 1984, p. 217.

262. Descartes, René. *Discurso sobre o Método*. Trad. de Marcio Pugliese e Norberto de Paula Lima. São Paulo: Hemus, 1978, p. 23-43. Assim também observa: Menezes Cordeiro, António Manuel. *Da Boa-Fé no Direito Civil*, vol. I. Coimbra: Almedina, 1984, p. 218.

263. Descartes, René. *Discurso sobre o Método*. Trad. de Marcio Pugliese e Norberto de Paula Lima. São Paulo: Hemus, 1978, p. 43.

68 | A BOA-FÉ NO DIREITO PRIVADO

método, tomado por imitação do método dos geômetras franceses, é o da *análise* e de *síntese*, que «contém tudo quanto dá certeza às regras da aritmética».[264] «Saber reduzir uma questão aos seus termos distintos conhecidos é quase resolvê-la»,[265] dirá Descartes, e só o método da análise pela observação, que enseja a formulação de sínteses, ensina a praticar metodicamente as reduções que permitirão, alcançando os elementos simples e indecomponíveis, *construir a unidade*.[266]

Quase contemporaneamente ao *Discurso sobre o método* (1637), Galileu Galilei (1564-1642) lança os *Discorsi* (1638), consolidando as ideias de *centralidade* e de *movimento*[267] obtidas a partir da experimentação, da comparação de acontecimentos que haveria de introduzir, definitivamente, no pensamento ocidental. Lança, por igual, a ideia segundo a qual o universo pode ser lido como um texto escrito em caracteres matemáticos, isso equivalendo a dizer que as relações entre os elementos da natureza podem ser expressas em números, o que constitui condição para a formulação de leis válidas em geral.

Hobbes (1588-1679) transpôs para as ciências humanas as proposições cartesianas sobre o valor da unidade e do método, bem como os postulados de Galileu acerca da centralidade e do movimento, e, «ao fazê-lo, lançou as bases da nova sistemática jurídica ocidental».[268] Isso porque ao método dedutivo conectou a separação definitiva entre a ética social laica e a teologia moral, evidenciando a função *instrumental ou utilitária* do direito e a sua dedução mediante um rigoroso método lógico.[269] No *De Cive* (1642), explicita o seu programa ideológico: «Neste livro verás sucintamente descritos os deveres dos homens, *primeiro enquanto homens*, depois enquanto súditos, e finalmente na qualidade de cristãos».[270]

---

264. DESCARTES, René. *Discurso sobre o Método.* Trad. de Marcio Pugliese e Norberto de Paula Lima. São Paulo: Hemus, 1978, p. 43.

265. Cf. GUENANCIA, Pierre. *Descartes.* Trad. de Lucy Magalhães. Rio de Janeiro: Zahar, 1991, p. 17. A unidade da ciência se resume na indivisibilidade do seu ponto de partida.

266. Para este exame, GUENANCIA, Pierre. *Descartes.* Trad. de Lucy Magalhães. Rio de Janeiro: Zahar, 1991, p. 18 e ss.

267. O «princípio do movimento» ou «lei do movimento» nasce das pesquisas de Galileu sobre a relação entre a queda dos corpos e a gravidade. No *De Moti Accelerato* (1604), demonstra teoricamente esta lei, segundo a qual a velocidade da queda de um corpo cresce uniformemente com o tempo, e, diferentemente do que pensava Aristóteles, a força não cria o movimento, apenas o modifica.

268. MENEZES CORDEIRO, António Manuel. *Da Boa-Fé no Direito Civil*, vol. I. Coimbra: Almedina, 1984, p. 218; WIEACKER, Franz. *História do Direito Privado Moderno.* Trad. portuguesa de António Manuel Hespanha. Lisboa: Fundação Calouste Gulbenkian, 1983, p. 285, 309 e 342.

269. Cf. FASSÒ, Guido. *Historia de la Filosofía del Derecho.* La Edad Moderna. Tomo II. Trad. espanhola de José F. Lorca Navarrete. Madrid: Pirámide, 1979, p. 108.

270. HOBBES, Thomas. *Do Cidadão.* Trad. de Renato Janine Ribeiro. São Paulo: Martins Fontes, 1992, p. 11. As relações jurídicas entre os cidadãos, os «homens enquanto homens», e, após, as relações entre estes e o Estado são minuciosamente examinadas a partir de um pressuposto fundamental: o direito «nada mais significa do que aquela liberdade que todo homem possui para utilizar suas faculdades naturais em conformidade com a razão reta. Por conseguinte, a primeira fundação do Direito Natural consiste em que todo homem, na medida de suas forças, se empenhe em proteger sua vida e membros» (p. 35).

As Raízes | 69

Toda a questão dos contratos,[271] em Hobbes, é perspectivada a partir desta definição fundamental. A «confiança» (*trust*) não existe como um valor em si, mas porque as promessas derivam do exercício da liberdade, isto é, do direito, e «onde cessa a liberdade, então começa a obrigação».[272] Ao método empírico e analítico se agrega, pois, a *plena autonomia do direito* e um *novo estágio sistemático*: Hobbes implanta «a derivação harmônica de todo um conjunto explicativo de realidades humanas a partir de uns quantos postulados básicos»,[273] fazendo com que a ordenação das matérias não mais opere – como na primeira sistemática – a partir de conexões estabelecidas entre elementos periféricos pré-sistemáticos, desenvolvendo-se, diferentemente, de forma centralizada, «unitária e metódica, de uns quantos princípios formados com vista ao sistema».[274]

Está preparado o caminho para que Puffendorf – «a própria imagem das deslocações e sínteses culturais ocorridas nos séculos XVII e XVIII» – mova as alavancas que permitirão o trabalho de síntese e reconversão característico da segunda sistemática.[275]

Figura nuclear no assentamento da boa-fé jusracionalista, Puffendorf parte de um «dualismo de base», a saber, a fixação de princípios racionais inflexíveis e permanentes (axiomas) e de princípios empíricos derivados da experiência.[276] Entre os primeiros está – outro dualismo – a dupla inclinação humana, cifrada entre a automanutenção e o instinto social.[277] Com fundamento no primeiro dualismo, constrói, na linha de Descartes e Hobbes, a especificidade da ciência – a saber, a ciência jurídica – como consequência de alguns princípios mais elevados, dos quais deriva todo o edifício científico.[278] «Princípios», é bom registrar, no sentido cartesiano, são certezas obtidas através do método da observação que, por serem tão insuscetíveis de dúvidas, *situam-se como axiomas.* Reflexivamente dual é, por consequência, o plano de sua obra mais conhecida, *O Direito da Natureza e das Gentes* (1672), apresentada em duas partes, a primeira consagrada aos princípios gerais que devem conduzir as ações humanas, e a segunda, à vida em sociedade em suas principais células, a família e o Estado. Dessa dualidade derivaria

---

271. Entre outras passagens veja-se: Hobbes, Thomas. *Do Cidadão*. Trad. de Renato Janine Ribeiro. São Paulo: Martins Fontes, 1992, Parte 1, Cap. II, 4 a 60, e Cap. III, 1.

272. Hobbes, Thomas. *Do Cidadão*. Trad. de Renato Janine Ribeiro. São Paulo: Martins Fontes, 1992, p. 51.

273. Menezes Cordeiro, António Manuel. *Da Boa-Fé no Direito Civil*, vol. I. Coimbra: Almedina, 1984, p. 219.

274. Menezes Cordeiro, António Manuel. *Da Boa-Fé no Direito Civil*, vol. I. Coimbra: Almedina, 1984, p. 219.

275. Menezes Cordeiro, António Manuel. *Da Boa-Fé no Direito Civil*, vol. I. Coimbra: Almedina, 1984, p. 220.

276. Menezes Cordeiro, António Manuel. *Da Boa-Fé no Direito Civil*, vol. I. Coimbra: Almedina, 1984, p. 221.

277. Menezes Cordeiro, António Manuel. *Da Boa-Fé no Direito Civil*, vol. I. Coimbra: Almedina, 1984, p. 221.

278. Menezes Cordeiro, António Manuel. *Da Boa-Fé no Direito Civil*, vol. I. Coimbra: Almedina, 1984, p. 221.

70 | A BOA-FÉ NO DIREITO PRIVADO

tríplice ordem de deveres – os relativos ao indivíduo, à família e à cidade,[279] obtidos por via da observação, do método analítico e da classificação, *subsumindo-se*, os mais específicos e particulares, nos mais gerais.[280] É nessa classificação que está situado, no plano dos deveres do indivíduo em relação aos outros, o tratamento que dará à boa-fé.

Puffendorf recorre ao *De Officiis* ciceroniano para sublinhar a importância de seguir com exatidão os compromissos assumidos, «pois não existe justiça fora da fidelidade».[281] E busca a distinção entre os contratos onerosos e gratuitos, reportando-os às categorias romanas dos *contractus bonae fides* e dos *contractus sctricti iuris* para concluir que apenas os negócios com *prestações correspectivas* são suscetíveis de serem interpretados e corrigidos com base na equidade e na *bona fides*.[282] O efeito de ligar os deveres decorrentes da *fides* ao campo da correspectividade e do sinalagma está em que reduz o âmbito da boa-fé ao campo do sinalagma, nos contratos comutativos. A boa-fé obrigacional resta, assim, setorializada e direcionada a este vetor, só nele possuindo o juiz um amplo poder *arbitrandi et aestimandi*, podendo intervir na relação contratual em desequilíbrio para corrigi-la, uma vez que é injusto suportar os ônus do próprio dever e não receber idêntica contrapartida.[283]

Por seu turno, o efeito de postular a correção de contratos com base na boa-fé e na equidade está em precisar uma linha hermenêutica que se manifestará até os nossos dias, não sendo raras as opiniões que professam à boa-fé (amalgamada e indistinta da equidade) uma função corretora do equilíbrio contratual. Se é bem verdade que Puffendorf não inaugurou a sobreposição conceitual entre boa-fé e equidade, ainda assim, a contribuição mais incisiva e afortunada da elaboração puffendorfiana está, assinala

---

279. Arnaud, André-Jean. *Les Origines Doctrinales du Code Civil Français*. Paris: LGDJ, 1969, p. 137; Villey, Michel. Les Fondateurs de l'École du Droit Naturel Moderne au XVIIe Siècle. *Archives de Philosophie du Droit*, n. 6, Paris, Dalloz, 1961, p. 86.

280. Conferir em: Menezes Cordeiro, António Manuel. *Da Boa-Fé no Direito Civil*, vol. I. Coimbra: Almedina, 1984, p. 221.

281. Conferir em: Corradini, Domenico. *Il Criterio della Buona Fede e la Scienza del Diritto Privato*. Milano: Giuffrè, 1971, p. 21, nota 40.

282. Stolfi, Emanuele. *Bonae Fidei Interpretatio*. Ricerche sull'interpretazione di buona fede fra esperienza romana e tradizione romanistica. Napoli: Jovene, 2004, p. 209. Parte Puffendorf da constatação segundo a qual os contratos *bonae fidei*, sendo resultantes da obra pretoriana, revestem--se, naturalmente, de grande ductilidade. Já os segundos, *contractus stricti iuris*, ao estarem vinculados ao *jus civile*, são imantados, consequentemente, por seu típico formalismo. A consequência da soma entre a dupla distinção – aquela feita pelos romanos, e a que faz entre os contratos onerosos e gratuitos, identificando os primeiros (*bonae fidei*) com os contratos onerosos e os contratos *stricti iuris* com os contratos gratuitos – operará no *plano hermenêutico*: ao ocorrer, nos contratos *bonae fidei*, a maior intervenção do pretor, estaria caracterizada a *laxior interpretatio*, a atuar sob o critério do *bonum et aequum*.

283. Corradini, Domenico. *Il Criterio della Buona Fede e la Scienza del Diritto Privato*. Milano: Giuffrè, 1971, p. 22. Em sentido contrário, Menezes Cordeiro, António Manuel. *Da Boa-Fé no Direito Civil*, vol. I. Coimbra: Almedina, 1984, p. 224. Esse vetor ressurge por meio de variadas e entre si distintas formulações, como a noção de *consideration*, no *common law* e na função de reequilíbrio, nas relações regidas pelo CDC, *ex vi* do art. 4, inc. III.

Stolfi, na «estreita conexão» realizada no repensamento e na dilatação da categoria dos *bonae fidei contractus*, por forma a conduzir à «uma interpretação o menos rigorosa e formalista possível».[284] E anota: «É sob esse dúplice binário, reciprocamente conexo, que se moverá a reflexão – sob muitos aspectos influenciada pelo jusnaturalismo – do tardo Seiscentos francês, daquela linha de pensamento que se abre com J. Domat e que alcançará, inervada pela contribuição de R. J. Pothier, até o coração da codificação napoleônica».[285]

Chega assim a boa-fé obrigacional às vésperas da primeira codificação como uma noção diluída, amalgamada com a equidade. E assim entrará – com nuances – no primeiro Código Moderno, o *Code Civil* dos franceses.

§ 9. A boa-fé no *Code Civil Français*

1. A boa-fé no *Code* como amálgama da técnica jurídica, da moral e da filosofia

O tratamento dado à boa-fé, no Código de Napoleão, é o resultado da conjugação de elementos de ordem formal e de ordem material complexos. Entre os primeiros está a estrutura do *Code*, que, ausente uma Parte Geral, dificulta o estabelecimento de conexões sistemático-dedutivas entre as várias partes que o compõem. Entre os segundos, está a firme presença dos ecos da boa-fé canônica, do jusracionalismo e da sua tradução nas obras de Domat e Pothier, bem como do papel que lhe foi assegurado pela Escola da Exegese. Acrescem os ecos da moderna teoria do contrato, fundada no dogma da vontade livre e as funções cometidas ao instituto contratual numa época em que o capitalismo comercial e industrial se mostra como o modo de produção econômica emergente. Cabe, assim, examinar o conteúdo atribuído à boa-fé pelos pais fundadores do Código Civil francês, Domat e Pothier, no entrecruzar com o assentamento, com caráter ideológico, do princípio da autonomia da vontade como princípio reitor do Direito dos Contratos, o que revestirá o princípio da boa-fé por mescla de elementos morais, jurídicos e filosóficos peculiares.

Domat e Pothier exprimem o propósito de «conectar, em um sistema harmônico, as normas imóveis do *ius naturae* com aquelas mutáveis deduzidas das necessidades do momento».[286] Na obra *Les Lois Civiles dans leur Ordre Naturel*, identifica Domat duas espécies de leis, «uma das quais é de Direito Natural e de equidade, outra das quais é de direito

---

284. STOLFI, Emanuele. *Bonae Fidei Interpretatio*. Ricerche sull'interpretazione di buona fede fra esperienza romana e tradizione romanistica. Napoli: Jovene, 2004, p. 209, em tradução livre.

285. STOLFI, Emanuele. *Bonae Fidei Interpretatio*. Ricerche sull'interpretazione di buona fede fra esperienza romana e tradizione romanistica. Napoli: Jovene, 2004, p. 209, em tradução livre.

286. CORRADINI, Domenico. *Il Criterio della Buona Fede e la Scienza del Diritto Privato*. Milano: Giuffrè, 1971, p. 10.

positivo, que nós chamamos por igual de leis humanas e arbitrárias, porque os homens as estabeleceram».[287] As primeiras são acessíveis ao entendimento humano pela «luz da razão», não admitem derrogação nem têm início nem fim, enquanto as segundas obrigam pela autoridade que as promulga e sustenta, tornando-as coativas, podendo prever exceções e dispondo apenas para o futuro.[288] Assim sendo, quando mais tarde se encontrar inserta em disposição que adquire vigência por ato de autoridade humana, vale dizer, o *Code*, facilmente equiparará a boa-fé à equidade. E porque equiparada à equidade, esta é tida como pertencente ao seu reino, restando esvaziada de conteúdo normativo próprio.

Pothier, por igual, distingue entre o direito positivo, o *droit civil* e o Direito Natural,[289] assinalando a existência de dois tipos de contratos – «os que são assujeitados pelo Direito Civil a certas regras ou a certas formas e aqueles que se regem pelo puro Direito Natural».[290] Entre os primeiros (sujeitos à forma) estão o contrato de casamento, a doação, o contrato de letra de câmbio e o de constituição de renda. Todos os demais recairiam segundo os costumes, sob a regência do Direito Natural, validando-se pelo simples fato de nada conter em contrário às leis e aos bons costumes, «sendo os contratantes capazes e livres para expressar o seu consentimento».[291] Por essa razão – sendo o fundamento dos vínculos obrigacionais a liberdade, expressa pelo consentimento – quando não é livre (isto é, não viciada), a expressão do consentimento pela falta de liberdade (*défaut de liberté*) inclui-se entre os vícios,[292] assim como o erro e o dolo. Este último é definido como «toda espécie de artifício do qual alguém se serve para enganar um outro».[293] E é a propósito do dolo que Pothier trata da boa-fé, distinguindo entre as eficácias que se produzem «no foro íntimo» e no direito positivo, nos seguintes termos:

---

287. «Les lois ou les règles sont de deux sortes, l'une de celles qui sont du droit naturel et de l'équité, et l'autre de celles qui sont du droit positif, qu'on appelle autrement des loix humanines et arbitraires, parce que les hommes les ont établies» (DOMAT, Jean. *Les Lois Civiles dans leur Ordre Naturel*. Paris: Desprez, 1745, I, 2).

288. Conforme a observação de CORRADINI, Domenico. *Il Criterio della Buona Fede e la Scienza del Diritto Privato*. Milano: Giuffrè, 1971, p. 11.

289. POTHIER, Robert-Joseph. *Traité des Obligations*. Paris: Librairie de L'Oeuvre de Saint Paul, 1883, I, 4, p. 4. Aí distingue os efeitos que podem resultar da *pollicitatio*, a qual, «en termes du pur Droit naturel ne produit aucune Obligation proprement dit», não sendo o mesmo no Direito Civil, o qual, desde o Direito Romano, «avait rendu (...) obligatoires en deux cas de pollicitations (...)».

290. POTHIER, Robert-Joseph. *Traité des Obligations*. Paris: Librairie de L'Oeuvre de Saint Paul, 1883, I, 15, p. 10: «Une cinquième division de Contrats est en ceux qui sont assujettis par le Droit Civil à certaines règles ou à certaines formes et ceux qui se règlent par le pur Droit naturel».

291. POTHIER, Robert-Joseph. *Traité des Obligations*. Paris: Librairie de L'Oeuvre de Saint Paul, 1883, I, 15, p. 10. No original: «Les autres conventions ne sont, selon nos moeurs, assujetties à aucunes formes, ni à aucunes règles arbitraires prescrites par la Loi civile; et pourvu qu'elles ne contiennent rien de contraire aux lois et aux bonnes moeurs, et qu'elles interviennent entre personnes capables de contracter, elles sont obligatoires et produisent une action».

292. POTHIER, Robert-Joseph. *Traité des Obligations*. Paris: Librairie de L'Oeuvre de Saint Paul, 1883, I, 21, p. 13: «Le consentement qui forme les conventions doit être libre; si le consentement de quelqu'un des contractants a été extorqué par violence, le contrat est vicieux».

293. POTHIER, Robert-Joseph. *Traité des Obligations*. Paris: Librairie de L'Oeuvre de Saint Paul, 1883, I, 28, p. 17: «On appelle Dol toute espèce d'artifices dont quelqu'un se sert pour tromper un autre».

AS RAÍZES | 73

«Quando uma das partes foi induzida a contratar por dolo da outra, o contrato não é absoluta e essencialmente nulo, porque o consentimento por surpresa não deixa de ser consentimento; mas este contrato é viciado e a parte surpreendida pode, em dez anos, tendo cartas de rescisão, o rescindir, *porque (o contrato) peca contra a boa-fé que deve reinar entre os contratos*. Ora, se a minha promessa me obriga para convosco, o dolo que vós haveis cometido em me surpreender vos obriga a indenizar-me e, por conseguinte, a desonerar-me da minha promessa».[294] Assim, embora tenha havido consentimento, há vício porque «[n]o foro íntimo, deve-se ter como contrário à esta boa-fé tudo o que se distancia, ainda que pouco seja, da sinceridade a mais exata e a mais escrupulosa; a mínima dissimulação acerca do que concerne à coisa que é objeto do mercado, e que a parte, com a qual eu contrato, teria interesse em saber, é contrária a esta boa-fé porque, na medida em que nos é ordenado amar ao nosso próximo como a nós mesmos, não nos pode ser permitido de lhe esconder nada do que nós não gostaríamos que ele nos escondesse, se nós estivéssemos no seu lugar».[295]

Assim, se o dolo não produz propriamente nulidade (uma vez que, de qualquer forma, o consentimento foi expresso), produz, no entanto, o direito a *rescindir*[296] o contrato, porque o consentimento dado em razão de um artifício enganoso constitui um *pecado contra a boa-fé*. Esta «deve reinar nos contratos», porque nos é ordenado – pelo Direito Natural – «amar ao próximo como a nós mesmos», e é por este mandamento que não podemos nada esconder do cocontratante, ou não o enganar artificiosamente.

Contudo, sendo verdade que tal ocorre «no foro íntimo» (regido pelo Direito Natural), no «foro externo», comandado pela lei civil, é diferente. Escreve Pothier: «No foro externo, uma parte não seria atendida, se se queixasse destes ligeiros ataques feitos por aquele que contratou à boa-fé: *de outra sorte, um muito grande número de contratos*

---

294. POTHIER, Robert-Joseph. *Traité des Obligations.* Paris: Librairie de L'Oeuvre de Saint Paul, 1883, I, 29, p. 17. Destaquei: «Lorsqu'une partie a été engagée à contracter par le dol de l'autre, le contrat n'est pas absolument et essentiellement nul, parce qu'un consentement quoique surpris, ne laisse pas d'être consentement; mais ce contrat est vicieux, et la partie qui a été surprise peut, dans les dix ans, en prenant des lettres de rescision, le faire rescinder, parce qu'il pèche contre la bonne foi qui doit regner dans les contrats. Ajoutez qui si ma promesse m'engage envers vous, le dol que vous avez commis envers moi, en surprenant de moi cette promesse, vous engage à m'indemniser, et par conséquent à me décharger de cette promesse».

295. POTHIER, Robert-Joseph. *Traité des Obligations.* Paris: Librairie de L'Oeuvre de Saint Paul, 1883, I, 29, p. 17 grifos meus: «Dans le for intérieur on doit régarder comme contraire à cette bonne foi tout ce qui s'écarte tant soit peu de la sinceritê la plus exacte et la plus scrupuleuse: la seule dissimulation sur ce qui concerne la chose qui fait l'objet du marché, et que la partie, avec qui je contracte, aurait intérêt de savoir, est contraire à cette bonne foi, car; puisqu'il nous est commandé d'aimer notre prochain autant que nous-mêmes, il ne peut nous être permis de lui rien cacher de ce que nous n'aurions pas voulu qu'on nous cachât, si nous eussions été à sa place».

296. Advirta-se que, embora comumente empregado para designar várias hipóteses de desfazimento contratual, o termo «rescindir», em rigor técnico, remete à ideia de um vício anterior à formação do contrato, como no seu desfazimento por vício redibitório. Ver adiante, CAPÍTULO VIII, §70.

estaria sujeito à rescisão, os processos seriam inumeráveis e causariam um grande desarran-jo no comércio». «Por essa razão, só aquele que ataca abertamente a boa-fé é que, *neste foro*, é tido como o praticante de um verdadeiro dolo, suficiente para dar lugar a ação para rescindir o contrato, tais como as iníquas manobras e todos os malignos artifícios que uma parte empregou para convencer a outra a contratar, e estas iníquias manobras devem ser plenamente provadas (justificadas)».[297] Em consequência, «[s]omente pode dar lugar à rescisão o dolo que deu causa ao contrato; quero dizer, o dolo com o qual uma parte haja induzido a outra a contratar, a qual sem isso não teria contratado; outro qualquer dolo que intervenha no contrato somente dá lugar a pedir perdas e danos para a reparação do prejuízo que causou à parte que foi enganada».[298]

Como se pode perceber, aí se traça (*i*) a subjetivação da boa-fé,[299] matéria de «foro íntimo»; e (*ii*) a apropriação e absorção da boa-fé (como elemento técnico) pela vontade. Nessa visão voluntarista, não há lugar para outros elementos dinâmicos do direito, como

---

297. POTHIER, Robert-Joseph. *Traité des Obligations.* Paris: Librairie de L'Oeuvre de Saint Paul, 1883, I, 29, p. 17. Destaquei e traduzi. No original: «Dans le for extérieur une partie ne serait pas ecou-tée à se plaindre de ces légères atteintes que celui avec qui il a contracté aurait donné à la bonne foi; autrement il y aurait un trop grand nombre de conventions qui seraient dans le cas de la rescision; ce qui dennerait lieu à trop de procès, et causerait un dérangement dans le commerce; il n'y a que ce qui blesse ouvertement la bonne foi, qui soit, dans ce for, regardé comme un vrai dol suffisant pour donner lieu à la rescision du contrat; telles que toutes les mauvaises manoeu-vres, et tout les mauvais artifices qu'une partie aurait employés pour engager l'autre à contracter; et ces mauvaises manoeuvres doivent être pleinement justifiées».

298. POTHIER, Robert-Joseph. *Traité des Obligations.* Paris: Librairie de L'Oeuvre de Saint Paul, 1883, I, 31, p. 17-18: «Il n'y a que le dol qui a donné lieu au contrat, qui puisse donner lieu à la rescision; c'est-à-dire le dol par lequel l'une des parties a engagé l'autre à contracter, qui n'aurait pas con-tracté sans cela; tout autre dol qui intervient dans les contrats, donne seulement lieu à des dommages et intérêts, pour la réparation du tort qu'il a causé à la partie qui a été trompée». A dupla eficácia (invalidante e indenizatória) se perpetuou até nossos dias. Sobre o tema escrevi: MARTINS-COSTA, Judith. Os Regimes do Dolo Civil no Direito Brasileiro: dolo antecedente, vício informativo por omissão e por comissão, dolo acidental e dever de indenizar. *Revista dos Tribunais*, vol. 923, São Paulo, Revista dos Tribunais, set. 2012, p. 115-144.

299. Acentua Moreira Alves: «O Código Civil francês, que é do início do século XIX, tem um conceito puramente psicológico de boa-fé na posse. É o que se encontra em seu artigo 550, que preceitua: 'O possuidor está de boa-fé quando possui como proprietário, em virtude de um título translati-vo de propriedade cujos vícios ignore'. Ao lado dela, encontra-se na parte final do artigo 1.134 a aplicação da boa-fé no terreno contratual com sentido diverso: 'Elas (as convenções) devem ser executadas de boa-fé'. Há, pois, uma dualidade de significados. A que ocorre na posse se caracte-riza, segundo o artigo 550, por uma crença errônea, ao passo que a referida na parte final do ar-tigo 1.134 trouxe grave problema de entendimento de seu alcance desde a entrada em vigor desse Código, sendo que ainda em tempos mais próximos há controvérsia, o que levou Menezes Cordeiro a salientar que 'a literatura francesa atual sobre a boa-fé nas obrigações regrediu: ora mantém as velhas referências à pretensa extinção da diferença entre os *bonae fidei* e os *stricti iuris iudicia*, ora ignora o tema, ora, um tanto por influência alemã, lhe concede pequenos desenvol-vimentos, sem relevância jurisprudência', desenvolvimentos esses como, por exemplo, o de considerar que decorrem da boa-fé deveres secundários de lealdade e de cooperação» (MOREIRA ALVES, José Carlos. A Boa-Fé Objetiva no Sistema Contratual Brasileiro. *Rivista Roma e America*, n. 7, Modena, Mucchi, 1999, p. 170-171.

as regras romanas e romanísticas da boa-fé, sendo afastado, inclusive, o papel da *exceptio doli* no regramento do exercício jurídico. Na realidade, a absorção da boa-fé como elemento da vontade contratual acabou por transformar, no direto francês aplicado no séc. XIX, a regra da boa-fé em uma norma de interpretação e execução da vontade contratual[300]. Esta é afirmada como consequência dos ditames do «amor ao próximo», como regra moral, daí provindo, quando as regras jurídicas foram separadas das regras morais, outro efeito da codificação, o seu esvaziamento, em razão do frágil conteúdo e da sua ineficácia na ordem prática. A boa-fé será tida como mera fórmula de reforço ao princípio supremo do *Code* em matéria contratual, qual seja o da *adstrição ao pactuado, tal qual pactuado*.

2. Boa-fé e liberdade contratual

Toda a atenção ao contrato estará, então, centrada e concentrada em seu momento formativo. O contrato é visto como uma «conjugação entre consensos». Domat e Pothier insistem, ambos, no papel capital do consenso na ordem jurídica,[301] consistindo no modo de exercício da liberdade individual. Essa noção cabe como uma luva ao espírito que domina a Revolução: «Desde as primeiras semanas da Revolução», afirma Jean-Louis Gazzaniga, «é sob a bandeira da liberdade que se movem todos os "espíritos esclarecidos", e é em seu nome que se realizam todas as reformas. (...) A liberdade está em todas as frentes e nós a encontramos fortemente na liberdade de se vincular juridicamente. (...) Ninguém duvida que, entre os "direitos naturais", está o direito de se vincular por seu próprio consentimento».[302] Será fácil, portanto, assimilar o contrato ao consentimento, e este à vontade, daí nascendo o voluntarismo que seria, por largo período, tanto a pedra de toque do Direito Contratual quanto a ferramenta privilegiada das operações econômicas de intercâmbio de bens e serviços típicas do capitalismo em suas várias formas.[303]

---

300. RANIERI, Filippo. Bonne foi et exercise du droit dans la tradition du civil law. *Revue Internationale de Droit Comparé*, vol. 4, 1989, p. 1063.

301. Assim, POTHIER, Robert-Joseph. *Traité des Obligations*. Paris: Librairie de L'Oeuvre de Saint Paul, 1883, I, 3, p. 3-4: «Un contrat est une espèce de convention. Pour savoir ce que c'est un contrat, il est donc préalable savoir ce que c'est qu'une convention. Une convention ou un pacte (car se sont termes synonymes) est le consentement de deux ou de plusieurs personnes»,vale dizer, *o contrato é o consentimento*. Nem diz que o contrato reflete o consentimento, ou forma-se pelo consentimento. Ele o é, propriamente; em outras palavras, contrato e vontade humana de se vincular são tidos como sinônimos. Veja-se, a propósito, além das obras citadas nas notas anteriores, a análise de GAZZANIGA, Jean-Louis. *Introduction Historique au Droit des Obligations*. Paris: Presses Universitaires de France, 1992, p. 175 e ss.

302. GAZZANIGA, Jean-Louis. *Introduction Historique au Droit des Obligations*. Paris: Presses Universitaires de France, 1992, p. 177-178.

303. Não se deve perder a perspectiva, portanto, de que, assim como não foi mero acaso o fato de as primeiras elaborações da moderna teoria do contrato terem lugar numa época e numa área geográfica que coincidem com o capitalismo nascente, também não é obra do acaso o fato de a primeira elaboração legislativa do Direito dos Contratos, o Código de Napoleão, ser o fruto político

O *Code Civil*, contemporâneo da Revolução Industrial, recolhe esta ideologia, resultante no texto do célebre art. 1.134[304] – filho direto de Domat e Pothier – expressivo de «todo um sistema filosófico adaptado ao direito».[305] A filosofia se faz Direito positivo, e este fixa o princípio da vinculabilidade obrigacional pelo consenso, tendo a boa-fé papel residual: as convenções, que obrigam por terem sido geradas pelo livre consenso, «devem ser executadas de boa-fé». O problema, então irresoluto, estava na questão dos *limites* que são entendidos como muros, barreiras de contenção de uma vontade que seria, em si mesma, tendencialmente expansiva e ilimitada: a tal poder da vontade a lei só poderia opor uns poucos limites negativos, vale dizer, a lei apenas teria o poder de assinalar as fronteiras, muito largas, dentro das quais a liberdade individual poderia mover-se e se expandir, tais quais a fórmula dos bons costumes e as limitações subjetivas, atinentes à capacidade, aos vícios da vontade. E, da lassidão dos limites resultava, ou podia resultar, um problema de *justiça contratual*.

Considerava-se que, em linha de princípio, a justiça da relação contratual era automaticamente assegurada pelo fato de corresponder à liberdade individual, à «vontade livre» dos contratantes, o que, de forma explícita, é reflexo da igualdade formal fulcrada no princípio da unitariedade dos sujeitos, assegurado pela codificação. A «autonomia da vontade» e a igualdade de todos diante da lei eram os irmãos siameses a enfeixar a Teoria Geral dos Contratos: um não se pode entender desvinculadamente do outro. Daí o brocardo que fará fortuna – *qui dit contractuel, dit juste*.

Ora, essas «vontade livre» e igualdade eram a tradução jurídica da concepção econômica, política e filosófica do liberalismo. A liberdade de iniciativa econômica, que está na base do capitalismo, era a liberdade efetivamente perspectivada pelos autores do *Code* para derrubar, de uma vez por todas, os entraves ainda decorrentes do *Ancien Régime* à liberdade de circulação de mercadorias, impostos pelos privilégios feudais, pelas corporações, grêmios e monopólios fiscais. Vontade autônoma quer dizer autonomia como *imunidade* e como *poder* de incidir sobre a realidade exterior.[306]

Da combustão entre essas noções resulta o *subjetivismo na conceituação do contrato*, expresso na chamada «doutrina subjetivista do negócio jurídico»: a força da vontade para criar obrigações provém de si mesma; o contrato obriga porque é acordo livre de vontades naturalmente criadoras de vínculos jurídicos.

Firma-se assim a autonomia da vontade como fórmula central, verdadeiro eixo do Direito Contratual e de toda a matéria obrigacional, espraiando-se mesmo sobre a

---

da vitória da burguesia, que, no advento do capitalismo, passa a assumir as funções de direção e domínio de toda a sociedade.

304. «Les conventions légalement formées tiennent lieu de loi à ceux qui les ont faites. Elles ne peuvent être révoquées que de leur consentement mutuel, ou pour les causes que la loi autorise. Elles doivent être exécutées de bonne foi».

305. Arnaud, André-Jean. *Les Origines Doctrinales du Code Civil Français*. Paris: LGDJ, 1969, p. 197.

306. A observação é de Lipari, Nicolò. *Derecho Privado* – un ensayo para la enseñanza. Bologna: Real Colegio de Espanha, 1989, p. 288.

teoria dos atos jurídicos. É tão forte esta fórmula que a dicção final do art. 1.134 – «Elas [as convenções] devem ser executadas de boa-fé» – resta ou bem emudecida ou bem perspectivada como fórmula de reforço à obrigatoriedade da convenção livremente pactuada. Não é possível a dialética entre os dois princípios, o da autonomia da vontade e o da boa-fé, esvaziado então até mesmo do escasso e diluído conteúdo que lhe fora atribuído pelo jusracionalismo.

3. Boa-fé e método da exegese

O esvaziamento de um conteúdo específico ao princípio da boa-fé é acentuado pelo método da Escola da Exegese que se expande durante os Oitocentos. Esse método consistia em ligar à lei escrita todas as soluções que viessem a se apresentar, ligação esta que se dava não só do ponto de vista formal, mas igualmente no que concerne à *materialidade das soluções encontradas*.[307] Contudo, uma disposição legal cujo conteúdo não viesse materialmente explicitado em texto legal – como ocorre necessariamente com a boa-fé obrigacional[308] – *não tem função* nesta opção metodológica. O *Code* e os seus comentadores continuaram a trilhar, em matéria de boa-fé, a distinção entre a sua atuação em matéria possessória[309] e no campo obrigacional. Porém, uma e outra acepção estavam aprisionadas pelo critério subjetivo, contraposto ao dolo, a mentira e à má-fé,[310] vale dizer: a boa-fé estará limitada ao estado de «ignorância escusável». O que ainda poderia restar de elasticidade ao art. 1.134, eco do jusracionalismo incorporado por Portalis, será totalmente cortado pela Escola da Exegese.

Sob esse viés, não há possibilidade de conciliar, por meio do princípio da boa-fé, as exigências do individualismo com as necessidades ditadas pela fricção das liberdades coexistentes e pela adstrição a um modelo comportamental de correção delineado de modo heterônomo. Assim, ainda que «penetradas em silêncio na trama legislativa», enunciados dotados de elevada abertura semântica (como a da boa-fé objetiva) não podem ter relevo maior que o de reforçar o peso da autonomia da vontade, «tão denso e compacto é, ao contrário, o aspecto individualista do texto em que vêm recebidas»,[311] sendo relegados «à sombra por medo dos juízos axiológicos que o seu exame e o seu emprego implicam».[312]

---

307. MENEZES CORDEIRO, António Manuel. *Da Boa-Fé no Direito Civil*, vol. I. Coimbra: Almedina, 1984, p. 252.

308. Em matéria de boa-fé subjetiva, possessória, o Código Civil francês encontra a fórmula da explicitação do conteúdo material, nos seguintes termos: art. 550: «Le possesseur est de bonne foi quand il possède comme propriétaire, en vertu d'un titre translatif de propriété dont il ignore les vices. Il cesse d'être de bonne foi du moment où ces vices lui sont connus».

309. Exemplificativamente, os arts. 549 e 550 (possuidor de boa-fé, em face dos frutos) e 555 (acessão).

310. MENEZES CORDEIRO, António Manuel. *Da Boa-Fé no Direito Civil*, vol. I. Coimbra: Almedina, 1984, p. 244.

311. CORRADINI, Domenico. *Il Criterio della Buona Fede e la Scienza del Diritto Privato*. Milano: Giuffrè, 1971, p. 26 e ss., em especial, p. 43.

312. CORRADINI, Domenico. *Il Criterio della Buona Fede e la Scienza del Diritto Privato*. Milano: Giuffrè, 1971, p. 68.

78 | A BOA-FÉ NO DIREITO PRIVADO

Sendo tão constritor esse endereçamento ideológico, ao enunciado do art. 1.134, alínea 3, era conferido um papel meramente secundário, visualizando-se-lhe como diretriz de interpretação, de forma a secundar os arts. 1.156 e seguintes do *Code Civil*, relativos à interpretação[313]. Somente no final do século XX o tema da boa-fé seria retomado, na França, para além dos estritos limites que o cercavam.

3-A. Boa-fé francesa pós-Reforma de 2016

Nos finais do século XX, a compreensão do significado e das virtualidades do princípio da boa-fé é, em parte, alterada no espaço juscultural francês, quer por influência da exponencial internacionalização das relações contratuais – expressa, por exemplo, pela Convenção de Viena para a Compra e Venda de Mercadorias (CISG),[314] por tentativas de harmonização do direito comum dos contratos (como os Princípios do Direito Europeu dos Contratos[315] e os Princípios UNIDROIT[316]) – quer pelo influxo de diretivas setoriais (ressaltando, dentre elas, as que visam conferir especial proteção ao consumidor); e, ainda por uma doutrina afirmativa do «princípio do solidarismo contratual»[317] como contrapeso à exclusividade do princípio da autonomia da vontade. A esse quadro cultural ajunta-se, em 2016, a Reforma do Direito das Obrigações introduzida pela *Ordonnance* n. 2016-131, de 10 de fevereiro de 2016, modificando na estrutura e no conteúdo o direito dos contratos, seu regime e a prova das obrigações.

Tal qual se verifica em língua portuguesa, na França o sintagma *bonne foi* é «controverso» e «polissêmico».[318] No Direito Civil, apresenta três sentidos, conexos, mas

---

313. Courdier-Cuisinier, Anne Sylvie. *Le solidarisme contractuel.* Paris: Litec, 2006, p. 295.

314. Sobre a previsão da boa-fé nas regras da CISG, ver, *infra*, Capítulo VI, §56.

315. Princípios do Direito Europeu dos Contratos (PECL), art. 1:201. «Boa-Fé. (1) Cada parte deve agir conformemente às exigências da boa-fé. (2) As partes não podem excluir este dever, nem o limitar» (*Vide* comentários em: Rouhette, Georges. *Principes Du Droit Européen Du Contrat.* Paris: Societé de Legislation Comparée, 2003, p. 71-78). Como indica a redação do texto e a sua localização, o princípio está aí previsto em caráter geral. Porém, há, igualmente, a especificação de determinadas funções, quais sejam: determinar deveres de comportamento na fase pré-contratual (então se especificando na forma dos arts. 2:301 e 2:302); interditar o aproveitamento de uma vantagem desleal em razão do estado de dependência ou de outra fraqueza de uma das partes (art. 4:109); de não alterar o rumo de uma condição (art. 16:102), sendo um importante fator de determinação de obrigações implícitas (art. 6:102); de permissão, ao devedor, para corrigir uma execução defeituosa, antes da entrega (art. 8:104); e de interditar a execução forçada de uma obrigação contratual se essa execução comportar, para o devedor, esforços ou despesas irrazoáveis (art. 9:102).

316. Princípios UNIDROIT, art. 1.7. «Boa-fé. (1) Cada uma das partes deve comportar-se segundo os ditames da boa-fé no comércio internacional. (2) As partes não podem excluir essa obrigação, ou limitar-lhe o alcance».

317. Ressaltam os escritos de Mazeaud, Denis. Les nouveaux instruments de l'équilibre contractuel. In: Jamin, Christophe; Mazeaud, Denis. *La Nouvelle Crise du Contrat.* Paris: Dalloz, 2003; e, ainda: Courdier-Cuisinier, Anne Sylvie. *Le solidarisme contractuel.* Paris: Litec, 2006.

318. As expressões são de Chantepie, Gaël; Latina, Mathias. *La reforme du droit des obligations.* Paris: Dalloz, 2016, p. 92.

distinos: (*i*) é um critério de interpretação «que se opõe à interpretação de direito estrito», (*ii*) uma crença errônea a respeito de uma situação jurídica e (*iii*) uma qualidade moral.[319] Conquanto os dois primeiros sentidos também encontrem ressonância no ambiente juscultural brasileiro (pois a boa-fé é, por vezes, aproximada à equidade e designa, na acepção subjetiva, a crença errônea sobre um fato ou situação), no terceiro sentido («qualidade moral») distancia os dois sistemas. No Direito Civil brasileiro, como já se anotou a ainda se enfatizará no decorrer destas páginas, a boa-fé objetiva é normativa: não é «qualidade», mas mandamento deôntico, regra de dever-ser.

Ainda assim, nota-se, na França, uma objetivação do significado da expressão «boa-fé», acantonando-a a uma exigência comportamental, notadamente quando atua, como princípio, na disciplina informativa e na formação do contrato.[320] Porém, conquanto considerada norma de ordem pública, inderrogável pela vontade, e os arts. 1.102 a 1.104[321] tenham portada normativa evidente, o contraste com a disciplina, por exemplo dos Princípios do Direito Europeu dos Contratos, é «notável», como assinalam Chantepie e Latina,[322] pois há limites à sua utilização como cláusula geral pelos juízes.

---

319. CHANTEPIE, Gaël; LATINA, Mathias. *La reforme du droit des obligations*. Paris: Dalloz, 2016, p. 92.

320. Nesse sentido, a tese de PICOD, Yves. *Le Devoir de Loyalté dans l'Exécution du Contrat*. Paris: LGDJ, 1989, em cujo prefácio Gérard Couturier assegura que, no estágio (então) atual da evolução do Direito dos Contratos, começava-se a atentar para o papel da boa-fé como fonte de deveres. Nos anos 1990, uma farta literatura desenvolve-se no sentido de convocar a boa-fé como fundamento à revisão de contratos «desequilibrados» (*v.g.*, LASBORDES, Victoire. *Les Contrats Desequilibres*. Aix-en-Provence: Presses Universitaires d'Aix-Marseille, 2000, p. 93-95, com referência a outros autores e às muitas reformas legislativas que têm direcionado a uma relativização do princípio da intangibilidade do pactuado no Direito Privado, cujo eixo é a intangibilidade da «vontade»). Também MESTRE, Jacques; LAUDE, Anne. L'Interpretation «Active» du Contrat par le Juge. *Le Juge et l'Exécution du Contrat*. Aix-en-Provence: Colloque I.D.A., maio 1993, p. 17-22, embora ainda excessivamente presos ao voluntarismo. E ainda: MAZEAUD, Denis. Le Juge face aux Clauses Abusives. *Le Juge et l'Exécution du Contrat*. Aix-en-Provence: Colloque I.D.A., maio 1993, p. 23-55, assinalando que, em termos, a intervenção judicial para reequilibrar o contrato «é, se não desejável, ao menos percebida com boa-vontade, porque ela evita, felizmente, que em matéria contratual a razão do mais forte seja sempre a melhor» (no original: «est, sinon souhaitée, du moins perçue avec bienveillance, car elle évite, et c'est heureux, qu'en matière contractuelle, la raison du plus fort soit toujours la meilleure»). Ghestin e Billau, por sua vez, comparando o Direito francês com a maior parte dos Direitos europeus, apontam à necessidade de reconhecer, em seu país, certas flexibilizações à regra *pacta sunt servanta*, na medida em que, «moralmente desejável, a revisão ou a adaptação do contrato torna-se economicamente indispenável» (no original: «moralement souhaitable, la révision ou l'adaptation du contrat devient économiquement indispensable»). (GHESTIN, Jacques; BILLAU, Marc. *Le Prix dans les Contrats de Longue Durée*. Paris: LGDJ, 1990, p. 173). Um panorama centrado em casos de aplicação está em: ZIMMERMANN, Reinhard; WHITTAKER, Simon. *Good Faith in European Contract Law*. Cambridge: Cambridge University Press, 2000. Ainda, para a boa-fé na fase pré-contratual, ver CAPÍTULO V, §§40 A 42.

321. *In verbis*, art. 1.102: «Chacun est libre de contracter ou de ne pas contracter, de choisir son cocontractant et de déterminer le contenu et la forme du contrat dans les limites fixées par la loi. La liberté contractuelle ne permet pas de déroger aux règles qui intéressent l'ordre public»; art. 1.103: «Les contrats légalement formés tiennent lieu de loi à ceux qui les ont faits»; art. 1.104: «Les contrats doivent être négociés, formés et exécutés de bonne foi. Cette disposition est d'ordre public».

322. CHANTEPIE, Gaël; LATINA, Mathias. *La reforme du droit des obligations*. Paris: Dalloz, 2016, p. 99-100.

80 | A BOA-FÉ NO DIREITO PRIVADO

A Reforma de 2016 também previu que as negociações pré-contratuais devam se desenvolver em acordo à boa-fé. É a regra do art. 1.112,[323] que veio a preencher omissão (também observada no Código Civil brasileiro) relativa às negociações contratuais. O texto legal visa à «iniciativa, ao desenvolvimento e à ruptura das negociações contratuais». Estas são livres, mas «devem, imperativamente, satisfazer as exigências da boa-fé». No balanço entre liberdade contratual e boa-fé, é livre contratar ou não. A ruptura, ainda que cause um dano, não gera o dever de indenizar. Este será devido, porém, caso o autor da ruptura tiver cometido «*une faute*», noção não totalmente assimilável à de «culpa». Parece provável, assinalam os autores, que, na aplicação da regra do art. 1.112, a jurisprudência busque averiguar a manutenção de um certo grau de lealdade entre os negociadores, os quais devem agir corretamente durante as tratativas, por exemplo, oferecendo ao parceiro as informações necessárias à formação do consentimento a contratar.[324]

Muito embora, paulatinamente, a função normativa venha ganhando relevo, especialmente por meio do peso conferido aos deveres informativos, a origem histórica, marcada pela acepção canônica da boa-fé e pelo forte cunho moral emprestado ao princípio, infiltra-se, ainda que sutilmente, nas percepções atuais. Mesmo ao atribuir à boa-fé objetiva um relevo próprio no Direito Contratual, os juristas franceses não se desprendem totalmente do significado subjetivo, revelado pelas referências à intenção do agente e à concepção moral da boa-fé.

Partindo do mesmo núcleo conceitual fortemente tributário do jusnaturalismo de Domat, a doutrina divide-se entre as correntes ditas maximalista e minimalista. A primeira conjuga os princípios da boa-fé e da solidariedade contratual, imputando ao primeiro o papel de veículo de deveres reforçados de cooperação e solidariedade entre

---

323. *In verbis*, art. 1.112: «L'initiative, le déroulement et la rupture des négociations précontractuelles sont libres. Ils doivent impérativement satisfaire aux exigences de la bonne foi. En cas de faute commise dans les négociations, la réparation du préjudice qui en résulte ne peut avoir pour objet de compenser ni la perte des avantages attendus du contrat non conclu, ni la perte de chance d'obtenir ces avantages».

324. CHANTEPIE, Gaël; LATINA, Mathias. *La reforme du droit des obligations*. Paris: Dalloz, 2016, p. 144. A tendência já se avizinhava desde o final do século passado. Em 8 de novembro de 1980, um aresto da Chambre Commerciale utilizara a boa-fé do art. 1.134, alínea 3.ª, para fundamentar decisão acerca de omissão informativa. Como explicam Dari-Mattiaci e Houtcieff, seria preciso ainda esperar um lustro para que a solução se estabelecesse solidamente, dando lugar a uma jurisprudência profusa no sentido de que «falta à sua obrigação de contratar de boa-fé e comete assim um dolo por reticência» a parte que «não informa adequadamente o cocontratante» sobre elementos que seriam necessários à formação do consentimento. A obrigação de informar segundo a boa-fé, sem deslealdade, agrega-se à reticência. Até então as decisões requeriam a configuração da hipótese prevista no art. 1.116 do *Code Civil*, que exige estritos requisitos para a configuração do dolo e sua prova. A invocação do art. 1.134, alínea 3.ª, alusivo à boa-fé, teve o objetivo de suprir aqueles estritos requisitos. Com o passar do tempo, alargou-se o campo atribuído a essa solução, referindo a doutrina a presença de uma «obrigação de boa-fé densificada» e de uma espécie de «obrigação de colaboração pré-contratual em benefício da parte presumida em situação de inferioridade econômica». Com essas aplicações, acentua-se, a invocação ao princípio da boa-fé agrega às considerações de ordem moral uma visão econômica do contrato (DARI-MATTIACI, Giuseppe; HOUTCIEFF, Dimitri. Vices du Consentement et Álea Moral à travers la Jurisprudence de la Réticence Dolosive. In: JAMIN, Christophe. *Droit et Économie des Contrats*. Paris: LGDJ, 2008, p. 57-61).

os contratantes, de modo a impor a cada um o dever de «agir no interesse do outro».[325] Critica-se, todavia, os excessos dessa linha de pensamento, muito afastada, ademais, do direito positivo (leis e decisões judiciais).[326]

A corrente dominante («minimalista») continua a ver na boa-fé uma regra de interpretação (função hermenêutica), afirmando, ainda, ser dedutível do princípio uma regra de comportamento leal.[327] Posição nuançada, mais próxima, funcionalmente, da concepção germânica da boa-fé fora já apresentada, anteriormente à Reforma de 2016, por Anne-Sylvie Courdier-Cuisinier. No seu entendimento, as funções normativas não estão cingidas ao viés negativo (sancionar os comportamentos contrários à boa-fé), tendo portada positiva. Nessa função, teria aplicação na geração de uma obrigação de cooperação cuja intensidade varia segundo a tipologia contratual; como obrigação de informação; e como norma reitora do equilíbrio contratual.[328]

A acepção moral, reveladora da origem histórica, se revela, por exemplo, na função negativa atribuída ao princípio e nos qualificativos em conexão com a boa-fé: «fidelidade», «sinceridade», «franqueza», «honestidade»[329] e similares. Quando ultrapassa o estágio de mera diretriz hermenêutica (atuando, portanto, no plano da interpretação) e alcança o plano da execução do contrato, a boa-fé é percebida como um instrumento que permite sancionar o comportamento desleal.[330]

Tudo somado, resulta ser possível falar – em contraste à concepção germânica – em uma «boa-fé objetivada», assim explicitada por doutrinador de referência: «[e]la é uma regra geral de comportamento; é apreciada de modo mais objetivo, pois, a intenção do agente conta menos que o seu comportamento efetivo».[331]

---

325. Há várias tendências na corrente solidarista. Os seus representantes principais são Jamin, Christophe. Note sous CA Nancy, 20 novembre 2001, D., jur., p. 1578; Mazeaud, Denis. Note sous Com., 9 juillet 2002, D., 2003, som. Com., p. 457; Mazeaud, Denis. *Les nouveaux instruments de l'équilibre contractuel*. In: Jamin, Chirstophe; Mazeaud, Denis. *La Nouvelle Crise du Contrat*. Paris: Dalloz, 2003. Da vasta bibliografia, ainda: Muir-Watt, Horatia. *Analyse économique et perspective solidariste*. In: Jamin, Christophe; Mazeaud, Denis. *La Nouvelle Crise du Contrat*. Paris: Dalloz, 2003, p. 184-195. Defendendo a autonomia entre ambos os princípios, boa-fé e solidariedade, ver a tese de Courdier-Cuisinier, Anne Sylvie. *Le solidarisme contractuel*. Thèse. Paris: Litec, 2006, especialmente, p. 289 e ss.

326. *E.g.* Lequette, Suzanne. *Le contrat-coopération*. Contribution à la théorie générale du contrat. Paris: Economica, 2012, p. 2.

327. Por exemplo: Campagnola, François. *Bonne foi et loyauté en Droit français des contrats*. Disponível em: <https://www.village-justice.com/articles/Bonne-foi-loyaute-droit-des-contrats,23007.html>. Último acesso em: 10.05.2023.

328. Courdier-Cuisinier, Anne Sylvie. *Le solidarisme contractuel*. Thèse. Paris: Litec, 2006, p. 298-311.

329. O inventário está em Courdier-Cuisinier, Anne Sylvie. *Le solidarisme contractuel*. Thèse. Paris: Litec, 2006, p. 300.

330. Bem observa-se que essa percepção reenvia à fórmula de Domat, para quem a boa-fé descendia do Direito Natural, o que veio a entranhar a concepção francesa persistentemente, como bem anota Courdier-Cuisinier, Anne Sylvie. *Le solidarisme contractuel*. Thèse. Paris: Litec, 2006, p. 298 e ss.

331. Assim está em comentário de Le Tourneau à jurisprudência (Rép. civ. Dalloz, V.º «Bonne foi», par Ph. le Tourneau et M. Poumarède, 2009, n. 4). O comentário é citado por Balat, Nicolas; Liaño, Miguel Pasquau. Questionnaire: la bonne foi en droit comparé des contrats, elaborado para

4. A descendência da boa-fé francesa

Nos sistemas jurídicos de países latino-americanos de língua espanhola, descendentes, todos, do Código Civil francês, remanesce forte a percepção da boa-fé por sua feição subjetiva. Assim o são as acepções (*i*) «boa-fé estado de ignorância», isto é, ignorância acerca de se estar em incorrer em erro ou em violação de direito alheio, como na usucapião; (*ii*) «boa-fé crença legítima», como nas hipóteses tuteladas pela Teoria da Aparência; e (*iii*) a boa-fé como antítese da má-fé, que poderíamos chamar de uma acepção «naturalista» da boa-fé, pois traduz a boa-fé na linguagem jurídica em significado muito próximo da acepção leiga, na qual má-fé é a consciência da irregularidade praticada. A boa-fé objetiva – quando identificada e discernida da boa-fé subjetiva – é definida como (*i*) um *standard* comportamental; (*ii*) um princípio geral, que em alguns direitos é expresso, em outros é implícito.

Exemplificativamente: no Direito contratual do México, cujo Código Civil apenas alude, de modo expresso, à boa-fé subjetiva,[332] a boa-fé geralmente é associada à ausência de má-fé (como vício do consentimento)[333] e às situações ensejadoras de confiança em determinada aparência[334] (Teoria da Aparência) que traduzem, na verdade, uma feição objetivada da boa-fé subjetiva.[335] As referências na jurisprudência coligam a boa-fé, por antítese, ao dolo[336] e, positivamente, (*i*) aos deveres informativos, vistos, porém,

---

apresentação no Colloque Association Andrés Bello: «La bonne foi en droit comparé». São Paulo, novembro de 2015.

332. Código Civil Federal, arts. 2.126, 2.127, 2.145, relativos à evicção.

333. *Vide* GARCIA, Paloma. Questionnaire: la bonne foi en droit comparé des contrats, elaborado para apresentação no Colloque Association Andrés Bello: «La bonne foi en droit comparé». São Paulo, novembro de 2015, referindo decisão segundo a qual, *in verbis*, «(...) principio de la buena fe, que en términos generales, jurídico positivos, se traduce en la convicción plena de actuar conforme a derecho. En materia contractual, la buena fe se relaciona con el conocimiento e información que tienen las partes de los hechos ilícitos que pudieran ocultarse detrás de las particularidades del acto jurídico; actúa de buena fe quien, pese a hacerlo incorrectamente, lo hace sin conciencia de tal irregularidad, determinado por elementos de juicio que verosímilmente pudieron haberlo convencido de que su actuación era correcta. La buena fe se traduce en una regla de conducta que impone a los sujetos de derecho, sean personas físicas o colectivas, una conducta leal y honesta, que excluya toda intención dolosa; regla aplicable en las relaciones jurídicas sustantivas, tanto contractuales como extracontractuales. Se trata, en definitiva, de la honestidad llevada al terreno jurídico (honeste vivere).» Tesis Aislada: I.5o.C.46 C (10a.), Quinto Tribunal Colegiado en Materia Civil del Primer Circuito.

334. Nesse sentido decisão citada por GARCIA, Paloma. Questionnaire: la bonne foi en droit comparé des contrats, elaborado para apresentação no Colloque Association Andrés Bello: «La bonne foi en droit comparé». São Paulo, novembro de 2015: «Principio de buena fe contractual (...) quien contribuye con su actuación a crear una determinada situación de hecho cuya apariencia resulta verosímil conforme a la normatividad legal y contractual aplicables, debe asumir las consecuencias que de ello deriven; de manera que no resulte lícito apartarse ni querer evadirse de ellas». Tesis Aislada: I.5o.C.48 C (10a.) Quinto Tribunal Colegiado en Materia Civil del Primer Circuito.

335. *Vide, infra,* CAPÍTULO IV, §24, 1.

336. GARCIA, Paloma. Questionnaire: la bonne foi en droit comparé des contrats, elaborado para apresentação no Colloque Association Andrés Bello: «La bonne foi en droit comparé». São Paulo, novembro de 2015. Como exemplos do entendimento jursprudencial, a relatora cita: «la buena fe legalmente establecida, se traduce en un límite que tiende a evitar el dolo civil en

limitadamente, como dever de informar o cocontratante sobre atos ilícitos que possam estar ocultos pelo ato jurídico;[337] e (ii) à vedação da contraditoriedade desleal.[338]

O Código Civil venezuelano contém regra expressa quanto à boa-fé nos contratos, ao modo similar ao Código Civil francês. O *approach* é subjetivista, quase se confundindo boa-fé objetiva e subjetiva. A primeira é percebida como «a exigência de não agir contrariamente aos interesses do cocontratante»; e a boa-fé subjetiva consiste na «atuação do sujeito e na crença de não estar a lesar direito alheio».[339]

Modo geral, nos diferentes ordenamentos jurídicos, a boa-fé subjetiva é percebida como um *estado subjetivado*, revelado nas acepções da «boa-fé estado de ignorância», isto é, ignorância acerca de se estar em incorrer em erro ou em violação de direito alheio, como na usucapião; da «boa-fé crença legítima», como nas hipóteses tuteladas pela Teoria da Aparência; da «boa-fé presunção», como, exemplificativamente, na boa-fé possessória ou na paternidade putativa; e, finalmente, da boa-fé como antítese da má-fé, configurando, pois, uma acepção «naturalista» da boa-fé, revelando um significado muito próximo da acepção leiga em que a má-fé é a consciência da irregularidade praticada.

Uma explicação para o fato de a noção e as funções da boa-fé objetiva – ao menos no Direito contratual brasileiro – serem diversas daquelas encontradas nos demais direitos da América Latina pode residir no maior peso que o Direito germânico tem no

---

ciertos casos de ejercicio disfuncional del derecho o de maquinaciones tendientes a provocar daños a través del uso desviado de medios legales, inicialmente legítimos si se les considera de manera aislada. Constituye también un freno a las posibilidades de ejercer derechos, que no puede traspasarse cuando se han creado expectativas en otros sujetos de derecho, o se ha creado una apariencia de que se actuará de tal o cual manera en el futuro, conforme al contenido de los actos jurídicos en que la voluntad se haya manifestado, produciéndose las consecuencias inherentes en los términos que se establecen en el precepto de mérito». Tesis Aislada: Tesis: I.5o.C.49 C (10a.), Quinto Tribunal Colegiado en Materia Civil del Primer Circuito.

337. Garcia, Paloma. Questionnaire: la bonne foi en droit comparé des contrats, elaborado para apresentação no Colloque Association Andrés Bello: «La bonne foi en droit comparé». São Paulo, novembro de 2015, referindo «... la buena fe que debe observarse en la celebración de actos jurídicos implica una serie de obligaciones (...) que se traducen en un deber de información frente al otro sobre aspectos esenciales del acto jurídico a celebrarse o celebrado, de no actuar en forma reticente, en cada una de las fases que integran el tracto contractual, y debe abarcar la ejecución de su contenido obligacional, que no debe impedirse». Tesis Aislada: I.5o.C.50 C (10a.), Quinto Tribunal Colegiado en Materia Civil del Primer Circuito.

338. Garcia, Paloma. Questionnaire: la bonne foi en droit comparé des contrats, elaborado para apresentação no Colloque Association Andrés Bello: «La bonne foi en droit comparé». São Paulo, novembro de 2015, citando: «Una persona no puede alegar la nulidad relativa de un contrato que celebró y aceptó en su momento considerándolo válido y del que se benefició por años, aduciendo que el sujeto con el que pactó no contaba con capacidad legal para hacerlo (pues atenta contra el principio de buena fe contractual en virtud del cual) desde que los contratos se perfeccionan éstos obligan a los contratantes no sólo al cumplimiento de lo expresamente pactado, sino también a las consecuencias que, según su naturaleza, son conforme a la buena fe». Tesis Aislada: (V Región) 2o.7 C (10a.), Segundo Tribunal Colegiado de Circuito del Centro Auxiliar de la Quinta Región.

339. Saghy, Pedro. Questionnaire: la bonne foi en droit comparé des contrats, elaborado para apresentação no Colloque Association Andrés Bello: «La bonne foi en droit comparé». São Paulo, novembro de 2015.

84 | A BOA-FÉ NO DIREITO PRIVADO

Direito Privado brasileiro, comparativamente aos seus congêneres latino-americanos: nesses, a influência do Código francês foi mais intensa e, consequentemente, menor, ou inexistente, foi o peso da cultura jurídica germânica[340] que atribui ao signo linguístico «boa-fé» acepções e funções peculiares à sua cultura.

§ 10. A boa-fé germânica e sua apreensão no BGB

1. O encontro entre a boa-fé romana e a germânica

Ao contrário da boa-fé referenciada ao campo possessório, merecedora de extensas alusões dos doutrinadores alemães no século passado,[341] a acepção germânica da boa-fé obrigacional não foi assunto que recebesse a atenção da doutrina, filosófica ou jurídica. As acepções clássicas da boa-fé, tais como trabalhadas pelo direito comum – tanto a boa-fé possessória quanto a boa-fé nas obrigações –, foram versadas por Savigny, ao modo da boa-fé romana, diz Menezes Cordeiro, «tal como era possível entendê-lo, através dos conhecimentos históricos do seu tempo».[342] Remanesceu, na prática do direito comum, a figura da *exceptio doli generalis* como meio de defesa posto à disposição do defendente, permitindo a sua proteção contra o exercício doloso de um direito subjetivo não apenas nas hipóteses previstas no *Corpus Iuris* (como, por exemplo, nas exceções *rei venditae et traditae; pacti;* e *retentionis*), mas, igualmente, em novos casos, como em matéria de reconhecimento de dívida.[343] De forma geral, porém, manteve-se o esquema dual da separação entre boa-fé na posse e nas obrigações, neste campo, porém, mantendo-se a inefetividade da fórmula, já que desgarrada de seu contexto histórico original.

Paralelamente, no entanto, encontrou a boa-fé germânica – aquela gerada nos ideais da Cavalaria como impulsionadora de um feixe de deveres de conduta frente ao *alter*, ou à comunidade[344] – importantes ecos no substrato cultural, que, mesmo à margem de toda a teorização, se revelou na prática dos tribunais comerciais, em especial no transcorrer dos Oitocentos, podendo, contudo, ser constatada a sua referência mesmo antes, como aponta Rudolf Meyer, que alude à jurisprudência da Liga Hanseática, cujas decisões mais antigas remontam a 1554.[345]

---

340. Assim concluí em: Martins-Costa, Judith. *Rapport de synthèse*. VII Congrès International de l'Association Andres Bello des Juristes Franco-Latino-Américains. São Paulo, novembro de 2015.

341. A obra de Savigny comporta significativas e extensas referências à boa-fé, tanto no *Tratado sobre a Posse* quanto no *Sistema*. Para uma análise, *vide* Menezes Cordeiro, António Manuel. *Da Boa-Fé no Direito Civil,* vol. I. Coimbra: Almedina, 1984, p. 298.

342. Menezes Cordeiro, António Manuel. *Da Boa-Fé no Direito Civil,* vol. I. Coimbra: Almedina, 1984, p. 298.

343. Ranieri, Filippo. Bonne foi et exercise du droit dans la tradition du civil law. *Revue Internationale de Droit Comparé,* vol. 4, 1989, p. 1060.

344. *Vide, supra,* Capítulo I, §6.

345. Meyer, Rudolf. *Bona Fides und Lex Mercatoria in der Europäischen Rechtstradition,* Göttingen: Wallstein Verlag, 1994. A recensão da obra está em *Revue Internationale de Droit Comparé,* Paris, Societé de Législation Comparée, 1995, 1, p. 277, por Véra Fradera.

As Raízes | 85

A questão da permanência, no substrato cultural alemão, da boa-fé objetiva, afirma Menezes Cordeiro, desenha um enigma cuja justificação «ainda está por ser feita».[346] A hipótese que aventa é a de ser apenas aparente a difusão da boa-fé objetiva, na sequência da entrada em vigor do BGB: haveria uma continuidade cultural, «para além de todo um complexo de contributos culturais e científicos que confluíram neste sucesso, assistiu-se apenas a uma continuidade de práticas judiciais assentes numa experiência extensa: a da jurisprudência comercial alemã».[347] Contribui a desvendar o «enigma» a confluência de alguns fatores: antes de mais, havia a necessidade de encontrar institutos jurídicos aptos a regular a sua mais importante atividade econômica, o comércio. E, para tanto, as categorias do Direito Romano exerciam um particular fascínio por conta de sua vocação à universalidade, suas soluções claras e uniformes, que permitiram uma «fácil circulação das riquezas».[348]

O Direito Comercial é fortemente ligado aos usos, à prática cotidiana de uma atividade setorializada, o comércio, não se reportando imediatamente – como o Direito Civil – a uma atividade quase que omnicompreensiva dos vários setores da existência humana. O comércio tem uma dinamicidade intensa, e, por esta razão, a sua regulação se peculiarizou em face daquela habitualmente conferida a alguns dos setores do Direito Civil, atados ao peso de variáveis sociopsicológicas ligadas ao plano das profundas estruturas das mentalidades, como, paradigmaticamente, o Direito de Família, muito embora, desde o século XIX, autorizadas vozes (como a de Teixeira de Freitas, entre nós) tenham minimizado, quanto ao Direito das Obrigações, o peso das distinções, até hoje maximizadas por um certo senso comum pouco reflexivo.

Ademais, o Direito Comercial – é ainda Menezes Cordeiro quem recorda[349] – é um *direito recente*, vale dizer, não remonta diretamente ao *Corpus Juris Civilis*, mas antes às práticas mercantis das cidades no início do mercantilismo.[350] Assim, as categorias romanas já haviam sido mediadas e adaptadas por uma prática secular,[351] misturando-se aos elementos advindos do antigo Direito germânico.

---

346. Menezes Cordeiro, António Manuel. *Da Boa-Fé no Direito Civil*, vol. I. Coimbra: Almedina, 1984, p. 315.

347. Menezes Cordeiro, António Manuel. *Da Boa-Fé no Direito Civil*. Coimbra: Almedina, 1984, p. 315.

348. Assim, Fradera, Véra. A Boa-Fé Objetiva: uma noção comum no conceito alemão, brasileiro e japonês de contrato. In: Ávila, Humberto Bergmann (Org.). *Fundamentos do Estado de Direito.* Estudos em homenagem ao Professor Almiro do Couto e Silva. São Paulo: Malheiros, 2005, p. 365. Também em: Fradera, Véra. *Reflexões sobre a Contribuição do Direito Comparado para a Elaboração do Direito Comunitário.* Belo Horizonte: Del Rey, 2010, p. 251 e ss.

349. Menezes Cordeiro, António Manuel. *Da Boa-Fé no Direito Civil*, vol. I. Coimbra: Almedina, 1984, p. 315-316.

350. Fradera, Véra. *Reflexões sobre a Contribuição do Direito Comparado para a Elaboração do Direito Comunitário.* Belo Horizonte: Del Rey, 2010, p. 316.

351. Noticia Filippo Ranieri aos «incontáveis» textos que tratam da *exceptio doli generalis* na literatura do *ius commune* (Ranieri, Filippo. Bonne foi et exercise du droit dans la tradition du civil law. *Revue Internationale de Droit Comparé*, vol. 4, 1989, p. 1060). Pode-se supor que essa continuidade no emprego da exceção ampliou-se e consolidou-se no substrato técnico-jurídico e cultural germânico, dando origem às figuras da boa-fé no exercício jurídico.

86 | A BOA-FÉ NO DIREITO PRIVADO

Por fim, está a circunstância de a intensificação das trocas comerciais, que ocorreu no período pré-liberal, ter posto em evidência a necessidade de uma codificação para o Direito Comercial, o que não pôde se verificar na Alemanha, onde faltavam as condições políticas mínimas para a unificação das regras jurídicas.

2. O trabalho dos práticos

Traços dessa permanência no substrato cultural são encontrados em decisões do Tribunal de Apelação Comercial fundado em 1815 pelas quatro cidades livres (Bremen, Frankfurt, Hamburg, Lübeck) com sede em Lübeck, o *Oberappelationsgericht zu Lübeck* (*OAG-Lübeck*), com jurisdição sobre as quatro cidades referidas. Na ausência de um *corpus* legislativo preexistente, o Tribunal «estatuía sem poder recorrer a fontes legisladas homogêneas».[352] Suas decisões passam a utilizar a boa-fé *topicamente*, esclarecendo Menezes Cordeiro: «Não há qualquer explicitação do tema, mas, apenas, referências vagas, não se utiliza um esquema de precedentes que permita falar em direito jurisprudencial e a própria linguagem empregue oscila de modo contínuo».[353] Porém, ao lado das referências à boa-fé subjetiva surge a acepção objetiva, exprimindo «um modo de exercício das posições jurídicas, uma fórmula de interpretação objectiva dos contratos, ou, até, uma fonte de deveres, independentemente do fenômeno contratual».[354] Assim, duas decisões que vale a pena referir:

A decisão do *OAG-Lübeck* de 14 de maio de 1850[355] foi proferida em ação interposta para o pagamento de mercadorias encomendadas e entregues. O réu contestou, alegando vícios nas coisas vendidas e que, por isso, queria devolvê-las. O Tribunal entendeu que o destinatário das mercadorias, quando, por qualquer razão, não quisesse aceitá-las, devia comunicar o fato o quanto antes ao vendedor, embora não existisse para tanto uma regra legal ou costumeira, sendo apenas «uma consequência da *bona fides* e da diligência que as partes se devem mutuamente no tráfego comercial». O exercício tardio do direito a devolver poderia, pois, ser sancionado, em razão da boa-fé. Trata-se, pois, da sanção ao uso inadmissível da posição jurídica, então não contemplada em nenhuma outra regra.

Em 17 de julho de 1822, o mesmo Tribunal condenou um comerciante a indenizar danos causados à contraparte, contra a boa-fé, apesar de não se ter chegado à conclusão de um contrato válido, o que, na observação de Menezes Cordeiro, configura «um verdadeiro caso de *culpa in contrahendo*, quarenta anos antes de Jhering».[356]

---

352. Para estas referências, Menezes Cordeiro, António Manuel. *Da Boa-Fé no Direito Civil*, vol. I. Coimbra: Almedina, 1984, p. 316.

353. Menezes Cordeiro, António Manuel. *Da Boa-Fé no Direito Civil*, vol. I. Coimbra: Almedina, 1984, p. 317.

354. Menezes Cordeiro, António Manuel. *Da Boa-Fé no Direito Civil*, vol. I. Coimbra: Almedina, 1984, p. 317.

355. *OAG Lübeck*, 14-Mai-1850, OAG/Römmer 2 (1856), 314-325 (314-315 e 317-318) *apud* Menezes Cordeiro, António Manuel. *Da Boa-Fé no Direito Civil*, vol. I. Coimbra: Almedina, 1984, p. 318.

356. Decisão de 17 de julho de 1822 *apud* Menezes Cordeiro, António Manuel. *Da Boa-Fé no Direito Civil*, vol. I. Coimbra: Almedina, 1984, p. 319.

AS RAÍZES | 87

Estas decisões, embora o seu débil suporte científico, restam, contudo, na formação da base juscultural alemã, por forma a permitir, já no século XX, e à vista de algumas disposições do BGB – que serão oportunamente referidas –, o desenvolvimento do instituto.

3. Boa-fé no BGB de 1900

O Código Civil alemão entrou em vigência no primeiro dia do século XX,[357] consistindo, em sua formulação original, um produto da pandectística.[358] Por mais de um

---

357. Ver GRASSERIE, Raoul de la. *Code Civil Alemán*. Introduction. Paris: Pedone, 1910, p. XII. Os membros da comissão que resultou no Código de 1900 eram juristas de formação romanista (como Windscheid) e germanistas (como Roth), demonstrando a obra de conciliação entre as duas principais vertentes do Direito alemão. O trabalho foi publicado em 1887, juntamente com os seus Motivos (*Motiven*), a fim de receber «críticas gerais». Das numerosas críticas, destacou-se a de Otto von Gierke, que denunciou o «doutrinarismo» do projeto, sua submissão à influência do Direito Romano, a ausência de preocupações sociais e a rigidez do seu estilo, o que, na observação de Emilio Betti, se justificava em face da compulsão dos redatores em atingir o mais perfeito grau de precisão técnico-conceitual, de modo que «só os juristas poderiam compreender plenamente a linguagem utilizada» (BETTI, Emilio. *Système du Code Civil Allemand*. Milano: Giuffrè, 1965, p. 11). Uma outra comissão foi constituída em 1890, publicando-se cinco anos mais tarde os seus trabalhos, que visaram a atender críticas ao aspecto demasiadamente conservador do primeiro projeto, em especial na área social, sendo editado, afinal, o BGB em 24 de agosto de 1896, para entrar em vigência no primeiro dia do novo século, sob fortes críticas da oposição socialista, tendo sido apontado como um código destinado à «burguesia possuidora» (WIEACKER, Franz. *Diritto Civile e Società Industriale*. Trad. italiana de Gianfranco Liberati. Napoli: Edizione Sientifiche Italiane, 1983, p. 14, em tradução livre) ou, no dizer de Hattenhauer, «(...) feito para as pessoas que estavam dispostas a empreender algo e que, para isso, necessitavam de uma ampla margem de liberdade e escassa proteção estatal; um código para pessoas que eram bastante fortes para cuidar de si mesmas e, por isso, sentiam uma fundada desconfiança contra todas as intervenções estatais e a tutela judicial; um código para tempos seguros e relações econômicas estáveis (...) e que não pretendia regular a proporção entre prestação e contraprestação nas relações de troca: deixava-se tudo ao livre jogo das forças econômicas e não se suspeitava quão cedo as grandes catástrofes nacionais poriam em questão estes princípios» (HATTENHAUER, Hans. *Los Fundamentos Histórico-Ideológicos del Derecho Alemán*. Trad. espanhola de Miguel Izquierdo Macias Picavea. Madrid: Edersa, 1981, p. 252, em tradução livre).

358. Segundo a opinião de Franz Wieacker, objeto de crítica fora a distância do Código em relação à realidade. Para além de destacar o papel de Windscheid e o fato de o «Primeiro Projeto» representar o positivismo científico, aponta: «Uma vez que os redactores pouco contacto tinham com a restante prática jurídica ou com a económica, o projecto suscitou logo uma crítica tempestuosa. Foi censurada quase geralmente a sua linguagem pesada e complicada, o doutrinarismo do sistema e o espantoso número de referências legislativas. A crítica dos contemporâneos incidiu ainda mais intensamente sobre o carácter livresco e alheado da vida do projecto. Esta crítica – mesmo quando ela ultrapassava seus objetivos – punha em realce o facto de os autores do projecto não terem encontrado qualquer contacto com a vida da nação» (p. 538). As críticas ao Segundo Projeto seguiram no caminho da linguagem abstrata e de «soluções do direito das pandectas» com técnica de remissões complicadíssimas» (p. 540). WIEACKER, Franz. *História do Direito Privado Moderno*. Trad. portuguesa de António Manuel Hespanha. Lisboa: Fundação Calouste Gulbenkian, 1983, p. 538-540.

88 | A BOA-FÉ NO DIREITO PRIVADO

século, caracterizou-se como «um exemplo típico e constitutivo da cultura jurídica alemã», com forte espaço ao liberalismo, especialmente em matéria contratual.[359] Foi, todavia, complementado durante o transcurso de um século[360] por um rico trabalho jurisprudencial, até a reforma do Direito das Obrigações, de 2001, bem como pelo acolhimento da legislação europeia, notadamente em tema de proteção ao consumidor, os quais vieram a alterar profundamente a sua fisionomia original.[361]

Até as inovações da última década do século XX, o sempre difícil e delicado lavor de adaptação entre a rigidez da lei e a mutável realidade foi operado em grande parte pela via das cláusulas gerais presentes desde a origem no BGB, notadamente as dos §§ 242 e 826. É bem verdade que essas foram, inicialmente, objeto de fortes críticas[362] por seu «caráter elástico» e ao apelo aí implicado de modo «demasiadamente frequente» ao «poder discricionário do juiz» ou sua «razão subjetiva».[363] Lê-se, nos *Motive*, a propósito do § 138, que prevê a nulidade do negócio jurídico por contrariedade aos bons costumes (*guten Sitten*), que a disposição mencionada, não obstante considerada «um passo adiante significativo da legislação», não obstaria certa «perplexidade, porque à valoração do

---

359. ZIMMERMANN, Reinhard. *El Nuevo Derecho Alemán de Obligaciones*. Un análisis desde la Historia e y el Derecho Comparado. Trad. espanhola de Esther Arroyo i Amayuelas. Barcelona: Bosch, 2008, p. 27.

360. Em sua versão original, diz Wieacker, o silêncio do Código Civil era «a mais expressiva nota da ideologia que incorporara: o § 138 nada referia quanto à consideração do justo preço e afastava a *laesio enormis*, conhecida no direito comum; o § 441 e as exceções dos §§ 321 e 610 excluíam a cláusula *rebus sic stantibus*» (WIEACKER, Franz. *Diritto Civile e Società Industriale*. Trad. italiana de Gianfranco Liberati. Napoli: Edizione Sientifiche Italiane, 1983, p. 13, em tradução livre).

361. De modo muito sintético: desde o final da década de 1970 debatia-se a ideia de reformar o Direito das obrigações no BGB para (a) integrar leis especiais que, no entretempo de quase um século haviam sido editadas; a incorporação de novos tipos contratuais; a reforma de algumas obrigações específicas, já reguladas pelo BGB; (b) a adaptação ao Direito europeu. No ano de 2000, a necessidade de integrar na ordem interna a Diretiva europeia sobre a venda de bens de consumo deflagrou o que viria a ser a Lei de Modernização do Direito das Obrigações (*Gesetz zur Modernisierung des Schuldrechts*), aprovada em 11 de outubro de 2001 e promulgada em novembro de 2001. A reforma atingiu, basicamente, o regime da prescrição; a execução contratual, notadamente o chamado «direito da perturbação das prestações»; e a execução dos contratos de compra e venda; empreitada e mútuo, além de incorporar diversas leis de tutela dos consumidores, especialmente, a das condições gerais dos contratos, da regulação das vendas a distância e em domicílio e a regulação do comércio eletrônico (veja-se: ZIMMERMANN, Reinhard. *El Nuevo Derecho Alemán de Obligaciones*. Un análisis desde la Historia e y el Derecho Comparado. Trad. espanhola de Esther Arroyo i Amayuelas. Barcelona: Bosch, 2008, p. 31-37; MENEZES CORDEIRO, António Manuel. *Da Modernização do Direito Civil*. Aspectos Gerais. Coimbra: Almedina, 2004, p. 69-134; CANARIS, Claus-Wilhem. O Novo Direito das Obrigações na Alemanha. *Revista Brasileira de Direito Comparado*, Rio de Janeiro, n. 25, 2004, p. 3-26).

362. São também tradicionalmente apontados como modelos de cláusulas gerais no BGB os §§ 138 e 826, assim redigidos: § 138, 1: «Um negócio jurídico que contraria aos bons costumes é nulo»; § 826: «Aquele que, de forma contrária aos bons costumes, intencionalmente causa dano a alguém está obrigado a repará-lo» (no original, respectivamente: § 138, 1: «Ein Rechtsgeschäft, das gegen die guten Sitten verstößt, ist nichtig»; § 826: «Wer in einer gegen die gutten Sitten verstoßenden Weise einem anderen vorsätzlich Schaden zufügt, ist dem anderen zum Ersatze des Schadens verpflichtet»).

363. GRASSERIE, Raoul de la. *Code Civil Alemán*. Introduction. Paris: Pedone, 1910, p. XVI.

juiz está reservado um espaço até hoje desconhecido em matéria jurídica assim tão ampla».[364] No primeiro decênio de aplicação do BGB, a figura da *exceptio doli generalis*, que se manifestara na prática judiciária durante todo o período de aplicação do *ius commune*, não foi objeto da doutrina. Mas, em 1912, o jurista Rietzler classificou-a dentre as figuras da proibição ao *venire contra factum proprium*, aproximando conceitualmente a exceção das hipóteses previstas nos parágrafos 242 e 157 do BGB. A partir de então, especialmente depois do segundo e do terceiro decênios da entrada em vigor do BGB, observou-se uma aplicação crescente na jurisprudência da ideia segundo a qual o exercício do direito, se procedido de modo malicioso e contrariamente à confiança prvocada na outra parte, poderia ser impedido por via de uma exceção. O exemplo típico é o do desenvolvimento jurisprudencial da *Verwirkung*, a qual constitui um dos desenvolvimentos jurisprudenciais mais importantes que os juízes alemães conferiram ao parágrafo 242.[365]

Muito embora receberem escassa aplicação no período inicial de sua vigência – e apesar dos riscos à segurança jurídica que apresentam, quando utilizadas divorciadamente de uma dogmática firme e responsável[366] –, certo é que cláusulas gerais do BGB foram a ponte viabilizadora da ligação entre o Código e as novas realidades. Por seu intermédio, a jurisprudência alemã, auxiliada por uma dogmática sólida, conseguiu superar os limites advindos do conteúdo excessivamente individualista do texto original, trabalho esse facilitado, tecnicamente, pela estrutura do Código, dividida (como no Código Civil brasileiro) entre uma Parte Geral, com seus grandes conceitos, marcados pelo alto grau de abstração (permissiva da generalidade) e uma Parte Especial. No que tange ao Direito das Obrigações foi exponencial, nesse trabalho de «reconstrução adaptativa» do significado do texto codificado, o papel da cláusula geral da boa-fé, prevista no seu § 242.

4. A boa-fé pós-Reformas de 2001 e 2002

A «modernização» do Direito Civil alemão levada a efeito com as reformas do BGB dos anos de 2001/2002,[367] conquanto possa ter alterado o caráter sistemático do BGB, tendo suscitado vivas críticas de parte da comunidade jurídica,[368] veio ainda a acentuar a relevância da boa-fé objetiva, especialmente por sua interface com o princípio da confiança.[369] Verificou-se, a rigor, a codificação da boa-fé, transpondo para o texto

---

364. Conforme CASTRONOVO, Carlo. L'Avventura delle Clausole Generali. *Rivista Critica del Diritto Privato*, Napoli, Jovene, ano IV, 1986, p. 24, com remissão aos *Motive zu dem Entwurfe eines bürgerlichen Gesetzbuches*. Berlim: 1896, p. 211.

365. RANIERI, Filippo. Bonne foi et exercise du droit dans la tradition du civil law. *Revue Internationale de Droit Comparé*, vol. 4, 1989, p. 1066-1067. Acerca da *Verwirkung*, vide CAPÍTULO VIII, § 77, *infra*.

366. Ver, *infra*, Capítulo II, §16.

367. *Vide* nota 361, *supra*.

368. Para uma súmula acerca das modificações advindas da Reforma e das objeções sofridas, *vide*, em língua portuguesa: MENEZES CORDEIRO, António Manuel. *Tratado de Direito Civil Português – II – Direito das Obrigações*. Tomo I. Coimbra: Almedina, 2009, p. 83 a 117.

369. Ver CAPÍTULO III, §21, 4, *supra*.

90 | A BOA-FÉ NO DIREITO PRIVADO

codificado o resultado de um século de construção doutrinária que gerara institutos importantes, como a *culpa in contrahendo*, a complexidade da relação obrigacional (base da violação[370] positiva do contrato e da percepção da estrutura complexa dos deveres integrantes da relação) e a alteração das circunstâncias, permissiva da modificação do convencionado no contrato se presentes certos requisitos.

A Reforma tem caráter analítico, sendo enucleada na categoria da «violação de um dever» (seja qual for a sua natureza), e de uma noção ampla de obrigação cujo conteúdo «é agora reconduzido a deveres, a determinar caso a caso, de base analítica».[371] Os institutos, agora codificados, nasceram da construção doutrinária e jurisprudencial viabilizada pela conjugação entre a presença das cláusulas gerais e a atuação de uma jurisprudência culta e responsável, embora nem sempre neutra a fatores ideológicos. Como já bem acentuado, «o reformador não pretendeu (diretamente) modificar soluções, antes operou uma codificação de doutrinas e soluções já conhecidas».[372] Foi, portanto, um trabalho de cunho científico, viabilizado pelo assentamento de soluções propiciadas, ao longo do século XX, pelo progressivo alargamento e assentamento de significados ao princípio da boa-fé.

Muito sinteticamente, e no concernente à esfera de atuação do princípio da boa-fé, são pontos centrais da Reforma a figura do «direito da perturbação das prestações» (*Recht der Leistungsstörtungen*),[373] que inclui os regimes da mora (§§ 293 a 304), da impossibilidade e de incumprimento defeituoso (§§ 275 e ss), da violação positiva do contrato (violação de meros deveres de proteção), além da violação de deveres acessórios (§ 241,2); os chamados «danos à confiança», o incumprimento definitivo; bem como a *culpa in contrahendo* (§ 311), a alteração das circunstâncias («perturbação da base do negócio», § 313) e o contrato com eficácia protetiva a terceiros. Como acentuado por Menezes Cordeiro, o fato de a Reforma ter incorporado o trabalho da prática e da dogmática jurídica alemã resulta na sua «plena integração» na Ciência Jurídica corrente, isto é, em uma assimilação sem grandes perturbações no terreno da prática.[374]

Em esforço de comparação com o Direito brasileiro e guardadas as devidas proporções, pode-se afirmar que, com a vigência do Código Civil de 2002, também entre nós houve assentamento e consolidação do que já apontavam doutrina e jurisprudência. Nesse sentido, não há propriamente *oposição* – respeitantemente à operatividade do

---

370. *Vide* a crítica de Sester, Peter. *Business and Investment in Brazil* – Law and Practice. Oxford: Oxford University Press, 2022, especialmente p. 46-48.

371. Menezes Cordeiro, António Manuel. *Tratado de Direito Civil Português* – II – Direito das Obrigações. Tomo I. Coimbra: Almedina, 2009, p. 93.

372. Menezes Cordeiro, António. A Reforma civil alemã de 2001/2002. In: *Da Modernização do Direito Civil*, vol. 1. Aspectos Gerais. Coimbra: Almedina, 2004, p. 102.

373. Segundo Menezes Cordeiro, a expressão «perturbação das prestações» constitui «fórmula doutrinária conhecida pelos obrigacionistas e que remonta à clássica monografia de Stoll. Posteriormente, foi adotada pela literatura da especialidade como espaço cómodo para abranger diversas eventualidades que implicam a falta (no todo ou em parte) de cumprimento» (Menezes Cordeiro, António. A Reforma civil alemã de 2001/2002. In: *Da Modernização do Direito Civil*, vol. 1. Aspectos Gerais. Coimbra: Almedina, 2004, p. 100-101).

374. Menezes Cordeiro, António Manuel. *Tratado de Direito Civil Português* – II – Direito das Obrigações. Tomo I. Coimbra: Almedina, 2009, p. 116.

principio da boa-fé – entre o Código Civil de 1916 e o de 2002. Neste, o acolhimento expresso do princípio não significa um *fiat lux*, antes revelando o modo próprio da *construção do Direito Privado*, qual seja: a elaboração contínua, persistente e progressiva, via modelos hermenêuticos e jurisprudenciais, de novas soluções com base no material oferecido pela tradição, só após vindo os modelos legais a consolidarem o que se mostrou compatível com as necessidades sociais.[375]

Acepções diversas marcam a boa-fé na cultura jurídica da *common law*. Muito embora as diferenças internas entre os diversos ordenamentos componentes dessa família jurídica, cabe apontar, de modo geral e muito sintético, os traços que a peculiarizam.

§ 10-A. A boa-fé no *common law*

Num estudo de Direito Comparado, ao refletir acerca das diferenças entre os sistemas romano-germânico e de *common law*, Mariana Pargendler observa: «De todos os tópicos do direito contratual comparado, talvez nenhum tenha atraído tanto interesse em tempos recentes quanto a boa-fé contratual. Quando Allan Farnsworth descreveu sua experiência como representante dos Estados Unidos nos esforços de harmonização que levaram à Convenção de Viena sobre Contratos de Compra e Venda Internacional de Mercadorias (CISG, sigla em inglês) e aos princípios da Unidroit, a boa-fé encabeçava sua lista de distinções cruciais entre o direito dos contratos anglo--saxônico e romano-germânico (Farnsworth, 1996, p. 234). Reinhard Zimmermann e Simon Whittaker dedicaram um volume inteiro a uma investigação funcional (baseada em padrões factuais hipotéticos) acerca do alcance da boa-fé contratual na Europa – uma questão na qual, pelo menos em princípio, parece haver uma separação bastante clara entre *civil law* e *common law* (Zimmermann; Whittaker, 2000)».[376]

A notável separação tem importância prática, para além das questões teórico--culturais que possam ser suscitadas. A razão é que, pela forte circulação global de

---

375. Observa, a propósito, Cristiano Zanetti que, ao invés de uma oposição simplista entre, de um lado, o Código Civil de 1916, «fundado em uma visão individualista, tributária do liberalismo econômico e protetora da liberdade de contratar», e, de outro, o Código Civil de 2002, «forte em uma visão social, lastreado na eticidade e tutor do equilíbrio nas relações contratuais», há continuidade e renovação. Tanto assim que a jurisprudência do Superior Tribunal de Justiça «não tem encontrado dificuldades em recorrer à boa-fé objetiva para resolver conflitos submetidos à regência do Código Civil de 1916, o que põe em xeque a forte contraposição enxergada pela literatura de introdução ao compará-lo com o Código Civil de 2002». Assegura, com razão, que a «falta de arrimo legislativo» não impedia, no passado, «que o princípio fosse empregado, pois a história já havia se encarregado de evidenciar que o direito não se encontra inteiramente encerrado no texto legal» (Zanetti, Cristiano de Sousa. *Os Três Tempos do Código Civil de 1916*. A boa-fé contratual. *Revista da Faculdade de Direito*, Universidade de São Paulo, n. 112, ago. 2017, p. 583-601).

376. Pargendler, Mariana. O direito contratual comparado em nova perspectiva: revisitando as diferenças entre os sistemas romano-germânico e de *common law*. *Revista Direito GV*, vol. 13, n. 3, set./dez. 2017, p. 796-826.

92 | A BOA-FÉ NO DIREITO PRIVADO

modelos jurídicos contratuais advindos da prática comercial norte-americana, muitas vezes contratos sujeitos à lei brasileira, mas redigidos em inglês, estarão no centro de lides arbitrais e judiciais, podendo ser interpretados por julgadores familiarizados com a cultura jurídica de *common law*. Cabe, assim, de maneira sumular, apontar as principais diferenças conceituais ligadas ao sintagma «*good faith*».

No grande levantamento levado a feito pelos comparatistas Reinhard Zimmermann e Simon Whittaker para o projeto *The Common Core of European Private Law*, lançado pela Università di Trento, os autores assinalam, à partida, essa diferença: em alguns sistemas, observam, o princípio da boa-fé é central para o desenvolvimento do seu Direito Contratual; em outros, o princípio é marginalizado e até mesmo rejeitado.[377]

1. O *Uniform Commercial Code* e o *Restatement of Contracts (Second)*

Nos Estados Unidos, até o ano de 1960, em nenhum estado era registrada a existência de um princípio geral de agir segundo a boa-fé. Naquele ano entrou em vigor, sendo adotado nas legislações estaduais, o *Uniform Commercial Code* (UCC). Esse Código definiu o sintagma *good faith* como «honesty in fact in the conduct or transaction concerned» (em tradução livre: «efetiva honestidade na conduta ou no negócio jurídico em causa») e incluiu a secção 1-203, a qual enunciou: «Every contract or duty within this Act imposes an obligation of good faith in its performance or enforcement», a saber: todo o contrato ou dever no qual incida essa Lei impõe uma obrigação de boa-fé em seu desempenho ou execução.

Essa previsão não tinha incidência geral, apanhando apenas contratos de compra e venda de mercadorias (*sales of goods*), cartas de crédito (*letters of credit*) e contratos de seguro-garantia (*security agreements*). Em 1979 (com promulgação em 1981), o *Restatement of Contracts* (*Second*), em sua seção 205, enunciou: «Duty of Good Faith and Fair Dealing. Every contract imposes upon each part a duty of good faith and fair dealing in its performance and its enforcement», isto é: todo contrato impõe a cada parte um dever de boa-fé e negociação justa em seu desempenho e sua execução.

A questão é que o *Restatement* não é propriamente uma lei emanada pelo Poder Legislativo, mas uma recomendação do *American Law Institute*, uma organização privada formada por professores, juízes, advogados, visando formular com maior precisão as regras principais (*leading rules*) e os princípios que representam o «melhor caminho» («the better view») na aplicação do Direito, a qual, como se sabe, não é uniforme, como regra, mas obedece aos regimes estabelecidos pelos estados integrantes da Federação. A secção 205 do *Restatement of Contracts* (*Second*) foi baseada na acumulação de casos identificados acerca do tema, especialmente aqueles identificados em artigo, publicado em 1963, pelo influente professor Allan Farnsworth.[378]

---

377. ZIMMERMANN, Reinhard; WHITTAKER, Simon. *Good Faith in European Contract Law*. Cambridge. Cambridge: University Press, 2000. Nota de Advertência, p. II.

378. FARNSWORTH, Allan. Good Faith Perfomance and Commercial Reasonablesness Under the Uniform Commercial Code. *University of Chicago Law Review*, 1963, vol. 30, n. 4, article 3, p. 666.

O forte prestígio do *Restatement* importou na «substancial influência», diz Robert S. Summers, de seu enunciado nas cortes de justiça estaduais e, inclusive, na incorporação do dever geral de boa-fé em algumas legislações estaduais.[379] O problema, porém, não está na previsão, mas no conceito. Pelo exame das concretizações do princípio na jurisprudência norte-americana estampado por Robert Summers, a boa-fé traduz um «conceito de exclusão», isto é: serve para excluir, com amplo alcance, formas heterônomas de má-fé. Exemplificativamente, apanha situações em que o vendedor omite informações ou defeitos na coisa vendida; a conduta abusiva do contratante quando utiliza o seu poder contratual para coagir a contraparte a aceitar determinado preço; o uso arbitrário, caprichoso e injustificado do poder de resolver o contrato; a interpretação maliciosa, oportunista, do texto contratual; contratando um corretor e deliberadamente impedindo-o de consumar o negócio, etc.[380] Em todas essas situações, nota-se a função corretora do exercício jurídico abusivo.

Em comparação com o Direito brasileiro, percebe-se certa similitude com a função corretiva da boa-fé, cuja regra geral está localizada no art. 187 do Código Civil, podendo ainda ter previsão em regras específicas, como aquelas integrantes da disciplina da formação do contrato. Porém, não há exemplos da função integrativa, ligada, no sistema brasileiro, ao princípio previsto no art. 422 do Código Civil.

A diferença entre os sistemas é também notável, exemplifica Pargendler, no papel da boa-fé na formatação do significado e do alcance do adimplemento contratual. Se examinada a questão de saber se, e em que medida, a boa-fé atua como fonte de deveres contratuais implícitos de cooperação e colaboração além daqueles expressamente previstos pelas partes, o consenso é de que os países da tradição romano-germânica contemplam atualmente uma aplicação «mais expansiva» da boa-fé contratual.

Ainda assim, há sempre comunicações entre os sistemas. Em outro importante artigo, observou Farnsworth,[381] ainda a respeito do *Uniform Comercial Code* (UCC), dos Estados Unidos, certas aproximações, devidas, especialmente, à influência alemã por meio do seu idealizador, Karl Llewellyn, que havia feito estudos na Alemanha e se aproximara extraordinariamente daquele país. Assim veio a boa-fé ser prevista na execução do contrato (§ 2-203), posteriormente complementado pelo § 3.º, segundo o qual a boa-fé é definida como «honestidade de fato e a observância de padrões comerciais razoáveis de uma justa negociação».[382]

---

379. SUMMERS, Robert S. The conceptualization of good faith in American contract law: a general account. In: ZIMMERMANN, Reinhard; WHITTAKER, Simon. *Good Faith in European Contract Law*. Cambridge: Cambridge University Press, 2000, p. 119-120.

380. SUMMERS, Robert S. The conceptualization of good faith in American contract law: a general account. In: ZIMMERMANN, Reinhard; WHITTAKER, Simon. *Good Faith in European Contract Law*. Cambridge: Cambridge University Press, 2000, p. 127.

381. FARNSWORTH, E. Allan. A Common Lawyer's View of His Civilian Colleagues. *Louisiana Law Review*, vol. 57, n. 1, fall 1996.

382. No original: «honesty in fact in the conduct or transaction concerned» e «honesty in fact and the observance of reasonable commercial standards of fair dealing». Assim observa GUY, Ray T. Good Faith Revisited. Extra-contractual duties in Texas. *Texas Bar Journal*, set. 2018, p. 609.

94 | A BOA-FÉ NO DIREITO PRIVADO

Para além do «menor fervor»[383] dos juristas norte-americanos na aplicação do princípio, comparativamente aos seus colegas de *civil law*, há diferenças de terminologia e de substância. Por exemplo, quanto à terminologia, Farnsworth refere dificuldades quando das discussões na UNCITRAL, cujo o texto está estampado em seis línguas oficiais, e as da UNIDROIT em duas línguas. O texto em inglês dos Princípios UNIDROIT, em outro exemplo, usa o termo «boa fé e negociação justa», enquanto o texto francês igualmente autêntico diz apenas *bonne foi* – no fundamento de que «negociação justa» está implícita no termo francês para boa-fé. Já quanto à substância, o mesmo Farnsworth refere três exemplos que, tanto nas discussões na UNCITRAL quanto na UNIDROIT, foram particularmente problemáticos: o dever de boa execução («*performance*») contratual, a disponibilidade de execução específica e a aplicabilidade de cláusulas de penalidades contratuais.[384] Ainda assim, refere Pargendler, os tribunais dos Estados Unidos «utilizam a boa-fé para impor deveres contratuais com menos frequência e fervor do que seus equivalentes no *civil law*».[385]

2. A recusa, no Direito inglês, a um papel ativo ao princípio

Em contrapartida a esse relativo acolhimento do princípio da boa-fé contratual nos Estados Unidos, o Direito inglês o rejeita fortemente. Farnsworth, jurista norte-americano, qualifica o Direito inglês como verdadeiramente hostil ao princípio, «recusando-se terminantemente a reconhecer qualquer dever de boa-fé».[386] Enquanto a Inglaterra integrou a União Europeia, antes do «Brexit», diz Pargendler, foi difícil «resistir à atração gravitacional da boa-fé nos esforços de harmonização em matéria contratual». Ainda assim, a convergência plena permanecia ilusória. Conforme então observou Gunther Teubner, a boa-fé na Inglaterra serviria mais como «irritante jurídico» do que como «transplante jurídico». Com a saída daquele país, pós-Brexit, a hostilidade para com o princípio da boa-fé se consolidou. Não por outra razão, a divulgação da Inglaterra como o melhor país para a solução de controvérsias em assuntos comerciais continua a ressaltar «a ausência de um dever geral de boa-fé» no Direito inglês como um de seus principais argumentos de propaganda.[387]

---

383. Assim qualifica Pargendler, Mariana. O direito contratual comparado em nova perspectiva: revisitando as diferenças entre os sistemas romano-germânico e de *common law*. *Revista Direito GV*, vol. 13, n. 3, set./dez. 2017, p. 796-826.

384 Acerca ainda das dificuldades envolvidas pelos Princípios do Direito Contratual europeu, *vide*: Jansen, Nils; Zimmermann, Reinhard. *Commentaries on European Contract Law*. Oxford: Oxford University Press, 2018, p. 101 e ss.

385. Pargendler, Mariana. O direito contratual comparado em nova perspectiva: revisitando as diferenças entre os sistemas romano-germânico e de *common law*. *Revista Direito GV*, vol. 13, n. 3, set./dez. 2017, p. 802.

386. Farnsworth, E. Allan. A Common Lawyer's View of His Civilian Colleagues. *Louisiana Law Review*, vol. 57, n. 1, fall 1996, p. 235.

387. Pargendler, Mariana. O direito contratual comparado em nova perspectiva: revisitando as diferenças entre os sistemas romano-germânico e de *common law*. *Revista Direito GV*, vol. 13, n. 3, set./dez. 2017, p. 802, com referência à Law Society of England Andwales, 2007, p. 5.

As Raízes | 95

A recusa, por parte dos juristas ingleses, a reconhecer qualquer dever de agir segundo a boa-fé foi bastante problemática nas discussões da UNCITRAL, acerca da disposição do art. 7.2 da Convenção de Viena, que exige uma execução de boa-fé.[388] Prevaleceu o entendimento de compromisso acerca da regra segundo a qual, na interpretação da Convenção, as partes devem atuar com boa-fé e lealdade comercial no comércio internacional, dirá um advogado inglês. Mas a conciliação, na prática, continua problemática: um *common lawyer* dirá que, uma vez o texto referir apenas a interpretação da Convenção, a regra nada mais traduz do que um compromisso inofensivo, insuficiente para impor um dever de boa-fé às partes contratantes. Em contraposição, advogados de *civil law* podem sugerir que é uma cláusula geral que permitirá a um juiz ou árbitro impor um dever de comportar-se segundo a boa-fé a uma parte contratante.[389] Já nos Princípios da UNIDROIT, cujo artigo 7.º (1) e (2) determina que «as partes devem atuar com boa-fé e lealdade negocial no comércio internacional», não podendo «excluir nem limitar esse dever», parece manifesta a vitória dos juristas de *civil law*.

Em suma: há distinções no sistema de *common law* relativamente ao conceito de boa-fé se contrastado com a acepção corrente nos sistemas que se filiaram à tradição germânica. O princípio da boa-fé consubstancia mais uma «norma de exclusão», sua função sendo a de coibir condutas maliciosas, permeadas pela má-fé. Expressa, assim, basicamente, situações de ausência de fraude ou injustiça, seja a dissimulação, seja a simulação.[390] Conquanto, mormente nos Estados Unidos, a função positiva do princípio da boa-fé seja conhecida, ainda que timidamente, essa função não se apresenta no Direito inglês.

Traçado esse brevíssimo panorama, que visa, tão somente, a recordar o peso das diferentes culturas na atribuição de significado e de funções ao princípio da boa-fé, cabe examinar – em paralelo ao conteúdo adquirido pelo princípio da boa-fé – as vias técnicas de sua apreensão legislativa.

---

388. CISG, art. 7(2), *in verbis*: «As questões referentes às matérias reguladas por esta Convenção que não forem por ela expressamente resolvidas serão dirimidas segundo os princípios gerais que a inspiram ou, à falta destes, de acordo com a lei aplicável segundo as regras de direito internacional privado».

389. FARNSWORTH, E. Allan. A Common Lawyer's View of His Civilian Colleagues. *Louisiana Law Review*, vol. 57, n. 1, fall 1996, p. 235.

390. WALTERS, Dafydd. The Concept of Good Faith in Anglo-American Law. *Cahiers – Centre de recherches en histoire du Droit et des Institutions, Facultés Universitaires Saint-Louis*, vol. 10, 1998, p. 131-141, p. 131.

Capítulo Segundo

Contexto, Noção e Aplicação das Cláusulas Gerais

§ 11. Denominação e origem
1. Proposição; 2. A denominação; 3. A origem; 4. O parágrafo 242 do BGB; 5. O papel da jurisprudência alemã; 6. A expansão; 7. As espécies de cláusulas gerais

§ 12. A estrutura e a linguagem das cláusulas gerais
1. Proposição; 2. Método da casuística; 3. Método das cláusulas gerais

§ 13. A linguagem das cláusulas gerais: a vagueza
1. Precisões conceituais; 2. Enunciados gerais; 3. Enunciados genéricos; 4. Enunciados ambíguos; 5. A vagueza semântica; 6. Os significados de «significado»; 7. A vagueza das normas; 8. A vagueza «socialmente típica»

§ 14. Cláusulas gerais e conceitos indeterminados
1. Proposição; 2. O critério e a noção utilizados

§ 15. Cláusulas gerais e princípios jurídicos
1. Proposição; 2. Noção de princípio jurídico; 3. Semelhanças e distinções; 4. Proposição sintética acerca da distinção entre princípio e cláusula geral; 5. Critérios para a aplicação das cláusulas gerais

§ 16. Funções das cláusulas gerais: abertura, mobilidade e ressistematização por via da formação de novos institutos
1. Proposição; 2. Função de «abertura» do sistema; 3. A função de ressistematização e a formação de novos institutos; 4. Cláusula geral e vinculação aos precedentes; 5. A técnica dos «grupos de casos»; 6. O papel da doutrina; 7. Riscos e vantagens

§ 17. A conjugação entre o pensamento tópico e o pensamento sistemático: o «novo pensamento sistemático»
1. Proposição; 2. A tópica jurídica; 3. Pensamento sistemático e o processo da subsunção; 4. O processo de subsunção; 5. O processo de concreção; 6. A pré-compreensão; 7. O pensamento tópico-sistemático

§ 11. Denominação e origem

1. Proposição

Comparativamente à linguagem em que foram redigidos os grandes códigos civis do século XIX – todos filhos, em maior ou em menor medida, da primeira ou da segunda sistemáticas –,[1] os da segunda metade do século XX em diante apresentam algumas modificações na técnica e na linguagem legislativa.

A partir desse período, as leis passaram a adotar, em variadas medidas de extensão, e ainda que muito pontualmente, algumas características de concreção e individualidade que, até então, eram tidas como exclusivas dos negócios privados. A par dos enunciados dotados de grande generalidade e abstração, como é próprio à lei como *kanon* abstrato e geral,[2] acrescenta-se a lei como resposta a específicos e determinados problemas. Assim, passaram a irromper na linguagem legislativa indicações de valores, princípios, diretrizes sociais, programas e resultados considerados desejáveis para o bem comum e a utilidade social. Concomitantemente, viu-se o emprego de terminologias científicas, econômicas, sociais, compatíveis com os problemas da idade contemporânea.[3] Os códigos civis e as leis especiais passaram a incluir disposições normativas que fogem àquele padrão enucleado na definição, a mais perfeita possível, de certos pressupostos e na correlata indicação pontual e pormenorizada de suas consequências.

Essas são as *normas abertas*,[4] ou *vagas*, ou, ainda, *enunciados elásticos*, *porosos* ou *dúcteis*,[5] gênero que abrange várias espécies normativas caracterizadas pela ausência, na hipótese legal, de uma prefiguração descritiva ou especificativa, bem como é singularizada pelo emprego em seu enunciado de termos cuja tessitura é semanticamente aberta, e dotados, geralmente, de cunho valorativo. Dentre as *normas abertas* aninham-se os princípios normativos, os conceitos indeterminados, as diretivas («normas-objetivo») e as cláusulas gerais.[6]

---

1. O Código Civil de 1916 se inclui na segunda sistemática, por seu espírito e sua técnica.
2. Por definição, a lei deve ser abstrata e geral, isto é: «para todos».
3. Nesse sentido: IRTI, Natalino. *L'Età della Decodificazione*. 3.ª ed. Milano: Giuffrè, 1986, p. 16.
4. As expressões destacadas, de emprego corrente na doutrina dos últimos anos, foram utilizadas por REALE, Miguel. Visão Geral do Projeto de Código Civil. *Revista dos Tribunais*, vol. 752, São Paulo, Revista dos Tribunais, jun. 1998.
5. A variedade das etiquetas é apontada por Alberto Gosson Jorge Jr.: «conceitos elásticos», «normas abertas», *legal standards*, diretivas, etc. (GOSSON JORGE JÚNIOR, Alberto. *Cláusulas Gerais no Novo Código Civil*. São Paulo: Saraiva, 2004, p. 26-28).
6. Todas essas espécies são examinadas por: ÁVILA, Humberto. *Teoria da Indeterminação no Direito*. Entre a indeterminação aparente e a determinação. São Paulo: Juspodium e Malheiros Editores, 2022.

100 | A BOA-FÉ NO DIREITO PRIVADO

Como aqui se tratará de examinar a boa-fé objetiva também como cláusula geral, será preciso saber o que é uma cláusula geral, pois, embora essa expressão seja já conhecida na doutrina jurídica brasileira dos últimos anos, o uso que tem sido feito nem sempre auxilia a precisão no seu significado. Pelo contrário, nesse terreno a confusão, suscitada pela imprecisão da expressão «cláusulas gerais», parece ser de estilo.[7] Cabe, assim, traçar as distinções necessárias à sua compreensão e modo de operar, por meio do exame da sua denominação e origem, antes de averiguar sua linguagem e estrutura, funções, modo de aplicação, os riscos e vantagens que apresentam e a sua relação com o pensamento tópico.

2. A denominação

Mediante o sintagma «cláusula geral», costuma-se designar tanto determinada *técnica*[8] *legislativa* (em si mesma não homogênea) quanto certas *normas jurídicas*.[9] A expressão também pode indicar determinada *espécie prescritiva* caracterizada por uma estrutura peculiar, dita «incompleta». Tantos significados distintos costumam resultar em confusão. A vulgarização da expressão «cláusula geral», desacompanhada do estudo e da reflexão sobre o seu significado, leva, por vezes, a confundir tal espécie prescritiva até mesmo com cláusulas contratuais, baralhando-se o emprego dado no Brasil a esta expressão com aquela empregada na literatura portuguesa ao aludir às «cláusulas contratuais gerais».[10] É preciso, portanto, começar por discernir entre as características que são comuns a esta e a outras espécies normativas, e as que a particularizam.[11]

---

7. A expressão «cláusulas gerais», interpretada com rigor, «não exprime nem conteúdo de cláusula, nem significado cuja propriedade dominante seja a generalidade, por isso mais servindo para confundir a comunicação do que para torná-la efetiva» (ÁVILA, Humberto. *Teoria da Indeterminação no Direito*. Entre a indeterminação aparente e a determinação. São Paulo: Juspodium e Malheiros Editores, 2022, p. 77).

8. Isso não obstante, há quem refira a existência de «cláusula geral de origem judiciária» (assim, WIEDEMANN, Herbert. Vínculos de Lealdade e Regra de Substancialidade. Uma comparação de sistemas. Trad. de Otto Carlos Vieira von Adamek. In: ADAMEK, Marcelo Vieira von (Org.). *Temas de Direito Societário e Empresarial Contemporâneos*. São Paulo: Malheiros, 2011, p. 145) e «cláusula geral implícita» (AGUIAR JÚNIOR, Ruy Rosado de. Interpretação. *Revista da Ajuris*, Porto Alegre, ano XVI, n. 45, mar. 1989, p. 7-20).

9. Assim, Riccardo Guastini, *in verbis*: «chamo "norma" todo enunciado que constitua o sentido ou significado atribuído (por qualquer um) a uma disposição (ou a um fragmento de disposição, ou a uma combinação de fragmentos de disposições). Em outros termos, pode-se também dizer assim: a disposição é (parte) de um texto ainda a ser interpretado; a norma é (parte de) um texto interpretado» (GUASTINI, Riccardo. *Das Fontes às Normas*. Trad. de Edson Bini. São Paulo: Quartier Latin, 2005, p. 25-26).

10. Na literatura jurídica portuguesa, emprega-se a expressão *cláusulas contratuais gerais* para designar o que chamamos de *condições gerais dos negócios*. Com a introdução do qualificativo «contratuais» o sentido é, portanto, totalmente diverso.

11. Uma síntese do aqui exposto está em: MARTINS-COSTA, Judith. Cláusulas Gerais: um ensaio de qualificação. In: ANDRADE, José Maria Arruda de; COSTA, José Augusto Fontoura; MATSUO, Ale-

A primeira distinção atine ao *momento pré-legislativo*, isto é, à origem que explicará a denominação da expressão «cláusula geral» e o uso dela feito tanto técnica legislativa quanto como espécie prescritiva.

3. A origem

A expressão «cláusula geral» vem do alemão *Generalklauseln*. Em seu ambiente de origem, indica, pelo mínimo, uma estrutura normativa cuja prescrição é vaga na hipótese, isto é, cujo conteúdo não está previamente descrito. Nesse sentido, é possível cogitar que a *Generalklauseln* indique *gênero* do qual são espécies os princípios, os conceitos indeterminados e as cláusulas gerais em sentido próprio ou estrito, estas últimas configurando estruturas prescritivas dotadas de uma *dupla indeterminação*, tanto na hipótese legal quanto nas consequências correlatas.[12]

Já por essa variedade de sentidos, parece óbvio não se tratar de uma boa denominação, pois agrupa, indistintamente, várias espécies, uma delas estando nominalmente confundida com o gênero.[13] Melhor seria, para indicar *o gênero*, falar em *normas abertas*,[14] ou *vagas*, ou, ainda, *enunciados elásticos*, *porosos* ou *dúcteis*, assim apontando, como traço comum às espécies, à ausência, na hipótese legal, de uma prefiguração descritiva ou especificativa, bem como ao emprego de termos cuja tessitura é semanticamente aberta, dotados, normalmente, de cunho valorativo. Porém, como o sentido das expressões linguísticas é dado, em larga medida, pelo uso delas feito, cabe buscar em sua origem germânica o emprego dado a essa peculiar estrutura normativa.

4. O parágrafo 242 do BGB

O mais célebre exemplo de cláusula geral, paradigmático, até, pela constância com que é lembrado e pela relevante função que, desde o início do século XX, tem cumprido, é o § 242 do Código Civil alemão, assim redigido: § 242: «O devedor deve [está adstrito a] cumprir a prestação tal como o exija a boa-fé, com consideração pelos costumes do tráfego jurídico».[15]

---

xandra Mery Hansen (Orgs.). *Direito:* Teoria e Experiência – Estudos Em Homenagem a Eros Roberto Grau. São Paulo: Malheiros, 2013, p. 993-1021.

12. Sobre esse ponto *vide* Capítulo II, §12, bem como o Capítulo VI, §55, *infra*.

13. No mesmo sentido: Ávila, Humberto. *Teoria da Indeterminação no Direito*. Entre a indeterminação aparente e a determinação. São Paulo: Juspodium e Malheiros Editores, 2022, p. 77.

14. As expressões entre aspas, de emprego corrente na doutrina dos últimos anos, foram utilizadas por Reale, Miguel. Visão Geral do Projeto de Código Civil. *Revista dos Tribunais*, vol. 752, São Paulo, Revista dos Tribunais, jun. 1998.

15. Conforme a tradução de Menezes Cordeiro, que acentua a particularidade da discutida expressão «costumes do tráfego» (*Verkehrssitte*) como constituindo algo «mais do que meros usos, mas menos do que Direito consuetudinário» (Menezes Cordeiro, António Manuel. *Da Boa-Fé no*

102 | A BOA-FÉ NO DIREITO PRIVADO

Hoje em dia, afirma-se que o § 242 veio a constituir o elemento fundamental para uma compreensão «absolutamente nova» da relação obrigacional, assentada na segunda metade do século XX em cujo centro está o princípio da boa-fé como «princípio reitor» do Direito Obrigacional, paralelamente ao princípio da autonomia privada. Ambos se tangenciam em alguns pontos, mas não se confundem, pois reveste a boa-fé «um valor autônomo, não relacionado com a vontade», razão pela qual «a extensão do conteúdo da relação obrigacional já não se mede com base somente nela, e, sim, pelas circunstâncias ou fatos referentes ao contrato, permitindo-se construir objetivamente o regramento do negócio jurídico com a admissão de um dinamismo que escapa, por vezes, até ao controle das partes».[16]

Conquanto não tenha sido este o sentido que lhe foi conferido originalmente pelos autores do BGB – assinalando Clóvis do Couto e Silva que o § 242 «não significava outra coisa senão mero reforço ao § 157»[17] – no primeiro projeto as disposições do texto que viria a ser o § 242, bem como as do § 157,[18] incluíam-se no texto de outro parágrafo, o § 359, assim redigido: «O contrato obriga os contraentes ao que, pela determinação da natureza do contrato, segundo a lei e os costumes do tráfego, assim com consideração pela boa-fé, resulte como conteúdo de sua vinculação».[19] O enunciado era justificado seguinte modo:

«Através dele, o § 359 não são apenas dados certos pontos de referência para a averiguação das vinculações que nascem de contratos concretos; exprime-se antes, sobretudo, o princípio prático e importante de que o tráfego negocial hoje é dominado pela consideração da boa-fé e de que, quando esteja em causa a determinação do conteúdo de um contrato ou das vinculações dele resultantes para as partes, deve tomar-se essa consideração, em primeira linha, como fio condutor».[20]

Direito Civil, vol. I. Coimbra: Almedina, 1984, p. 325, nota 206). No original: «Der Schuldner ist verpflichtet, die Leistung so zu berwirken, wie Treu und Glauben mit Rücksicht auf die Verkehrssitte es erfordern».

16. Couto e Silva, Clóvis do. O Princípio da Boa-Fé no Direito Brasileiro e Português. In: *Estudos de Direito Civil Brasileiro e Português*. 1 Jornada Luso-Brasileira de Direito Civil. São Paulo: Revista dos Tribunais, 1980, p. 54.

17. Neste último está o cânone tradicional de interpretação dos negócios jurídicos segundo a boa-fé (ver Couto e Silva, Clóvis do. O Princípio da Boa-Fé no Direito Brasileiro e Português. *Estudos de Direito Civil Brasileiro e Português*. 1 Jornada Luso-Brasileira de Direito Civil. São Paulo: Revista dos Tribunais, 1980, p. 46).

18. «Os contratos interpretam-se como o exija a boa-fé, com consideração pelos costumes do tráfego», conforme tradução de Menezes Cordeiro, António Manuel. *Da Boa-Fé no Direito Civil*, vol. I. Coimbra: Almedina, 1984, p. 325. No original: «Verträge sind so auszulegen, wie Treu und Glauben mit Rücksicht auf die Verkehrssitte es erfordern».

19. Conforme tradução de Menezes Cordeiro, António Manuel. *Da Boa-Fé no Direito Civil*, vol. I. Coimbra: Almedina, 1984, p. 328.

20. *Motive zu dem Entwurfe eines bürgerlichen Gesetzbuches für das deutsche Reich, 2 – Recht der Schuldverhältnisse*, 1896, 194 apud Menezes Cordeiro, António Manuel. *Da Boa-Fé no Direito Civil*, vol. I. Coimbra: Almedina, 1984, p. 328.

Contudo, muito embora o pensamento constante nos *Motive*, alguns juristas, como Crome, entenderam desde logo que o § 242 tenderia «a dominar o Direito das Obrigações por inteiro».[21] O diagnóstico foi acertado. Apesar de algumas vozes que de início se ergueram contra tal «preceito dúctil», logo se manifestaram opiniões contrárias, ainda nos alvores do século XX, iniciando uma gradual obra inovadora. Como relata Domenico Corradini, algumas Cortes de Justiça aplicaram o § 242 conferindo-lhe o sentido de boa-fé objetiva,[22] recusando-se, assim, a considerá-lo uma fórmula meramente pleonástica, norma de interpretação dos contratos ou simples compêndio de deveres previstos em normas diversas.[23] Por essa via, «com uma prática que encontra eco nos jurisconsultos teóricos e acende dúvidas e polêmicas», os juízes alemães afirmaram «regras que parecia difícil conceber após o longo período de desconfiança e reticência no tratamento das cláusulas em branco».[24]

Havia razões para tanto.[25] Na base material daquela disposição normativa estava, segundo Menezes Cordeiro, «uma recolha periférica de inúmeros elementos jusculturais dispersos»,[26] fundamentalmente os advindos da boa-fé romana e da boa-fé germânica. Esta última sobrevivera na prática da experiência comercial alcançada através de decisões dos tribunais alemães, prática esta que, embora carente de tratamento jurídico-cultural sistemático, tinha grande peso no ambiente jurídico da época.[27] E estava, também, a sobrevivência de uma das ideias romanas da *bona fides*, conservada pela Pandectística, sob a forma dos *bonae fides iudicia*.

Uma codificação, afirma Menezes Cordeiro, «pressupõe sempre um pré-entendimento genérico da matéria a tratar, o que é dizer: antes do estudo científico e da formalização de pressupostos pela codificação, existe já um nível cultural, uma ideia dos problemas a considerar e das saídas para eles recomendadas».[28] Assim é que, embora no Direito Romano o papel dos *bonae fides iudicia*[29] fosse substancialmente diferente do que aquele que seria desempenhado pela norma desenhada no § 242, o instituto romano, conjuntamente com a prática comercial e certa pré-compreensão devida ainda a

---

21. Conforme COUTO E SILVA, Clóvis do. O Princípio da Boa-Fé no Direito Brasileiro e Português. *Estudos de Direito Civil Brasileiro e Português.*São Paulo, Revista dos Tribunais, 1980, p. 47, e em especial nota 8, referindo as posições divergentes de Staudinger (*Komentar*) e Kress e Leonhard.

22. Para a distinção da boa-fé subjetiva, ver, *infra*, CAPÍTULO IV, §24.

23. CORRADINI, Domenico. *Il Criterio della Buona Fede e la Scienza del Diritto Privato.* Milano: Giuffrè, 1971, p. 321.

24. CORRADINI, Domenico. *Il Criterio della Buona Fede e la Scienza del Diritto Privato.*Milano: Giuffrè, 1971, p. 321.

25. Como se apontou, *supra*, no CAPÍTULO II, §10, 3.

26. MENEZES CORDEIRO, António Manuel. *Da Boa-Fé no Direito Civil*, vol. I. Coimbra: Almedina, 1984, p. 335.

27. Sobre esse ponto, MENEZES CORDEIRO, António Manuel. *Da Boa-Fé no Direito Civil*, vol. I. Coimbra: Almedina, 1984, p. 315 e ss.

28. MENEZES CORDEIRO, António Manuel. *Da Boa-Fé no Direito Civil*, vol. I. Coimbra: Almedina, 1984, p. 329.

29. No CAPÍTULO I, 3, estão as referências aos *bonae fidei iudicia*.

104 | A BOA-FÉ NO DIREITO PRIVADO

alguns ecos do jusracionalismo, formou a base material condicionante do pré-entendimento genérico da matéria. Apesar de a cultura dominante no momento da elaboração do BGB ser a da Pandectística, esta não era imune à influência de certos traços jusracionalistas, em que a boa-fé, ainda que diluída e tratada como mera fórmula de reforço à adstrição do pactuado, tivera largo uso, sobretudo no que concerne ao fenômeno contratual, permanecendo desde aí erradicada no substrato cultural vigente, embora com contornos difusos e extremamente generalizantes.[30]

A projeção dessas linhas de influência no ambiente então vigorante desenhou a boa-fé, num primeiro momento, como fator de fortalecimento e de materialização do contrato, ou seja: «A boa-fé como necessidade de cumprimento efectivo dos deveres contratuais assumidos, por oposição a cumprimentos formais, que não tenham em conta o seu conteúdo verdadeiro».[31] Esse papel, até certo ponto limitado da boa-fé no Direito Obrigacional, foi, contudo, ultrapassado e alargado pela cláusula geral do § 242 em razão de dois fatores convergentes: a extraordinária capacidade dos juízes alemães para ousarem em seu *officium* e a técnica na qual redigida, no mencionado texto do Código Civil, a disposição relativa à boa-fé.

No que concerne ao primeiro dos fatores, cabe tão só anotar que explicação razoável para a conduta dos juízes alemães se ancora nas raízes históricas atinentes ao próprio processo de formação do Estado alemão. Em outros países (como no Brasil), o Estado de Direito afirmou-se em paralelo à recepção de certas concepções francesas, em especial o princípio da divisão de poderes estatais e em estrita conexão com a ideologia do positivismo legalista.[32] Na Alemanha, diversamente, a formação do Estado de Direito revela apego mais tênue do que o seu congênere francês à ideia da *séparation des pouvoirs*.[33] A prerrogativa dos juristas frente ao legislador no que concerne a um papel ativo adiante da criação do direito já era exigida pela teoria do *Juristenrecht* posterior a 1814, na época da restauração do império alemão.[34]

A relação entre direito e lei há muito apresentava, naquele país, certas peculiaridades que devem sua origem à concepção de Savigny segundo a qual a atividade dos juristas, teóricos ou práticos, deve ser contemplada como a expressão do «direito

---

30. Como mencionado no Capítulo I, §8, a boa-fé foi recebida no ambiente jusracionalista por meio de sua tríplice vertente, a romana (em especial através dos *bonae fidei iudicia*), a do Direito Canônico (a boa-fé como «valor moral», ligado à ausência de pecado) e a do Direito germânico (embora esta não tivesse suscitado a atenção dos juristas, sobrevivendo na prática comercial).

31. Menezes Cordeiro, António Manuel. *Da Boa-Fé no Direito Civil*, vol. I. Coimbra: Almedina, 1984, p. 329.

32. Situação similar, à parte as diversas peculiaridades históricas, como a italiana, segundo observa Mengoni, Luigi. Spunti per una teoria delle clausole generali. *Rivista Critica del Diritto Privato*, n. 1, Napoli, Jovene, ano 4, 1986, p. 7.

33. Esta circunstância permite a afirmação segundo a qual «as cláusulas gerais nasceram no BGB». Embora, do ponto de vista histórico, essa assertiva não se confirme, haja vista que o Code Napoléon também as formule, o certo é que a sua utilização *enquanto tal* e bem assim a teorização acerca do tema se dará pioneiramente na Alemanha.

34. Hattenhauer, Hans. *Los Fundamentos Histórico-Ideológicos del Derecho Alemán*. Trad. espanhola de Miguel Izquierdo Macias Picavea. Madrid: Edersa, 1981, p. 96 e ss.

CONTEXTO, NOÇÃO E APLICAÇÃO DAS CLÁUSULAS GERAIS | 105

vivente», que encontra as suas raízes no *Volksgeist*, encarado como «espírito do povo» ou «consciência da comunidade», tradução de um princípio orgânico de desenvolvimento em relação ao qual o «direito legal» possui um caráter artificial e potencialmente arbitrário. Já no início do século XX, Philipp Heck realizava crítica frontal ao princípio positivista que identificava a norma jurídica com o texto legal, «quase como se a norma de decisão estivesse contida no texto como uma certa matéria no seu recipiente».[35] Disso resulta que estivesse já firmada, quando entrou em vigor o BGB, em 1900, certa base cultural que valorizava o papel ativo da comunidade jurídica, permitindo não fosse o texto da lei visto como um limite intransponível à criação do direito.[36]

Essa concepção autorizou aos juízes alemães o uso de ideias éticas – tais como boa-fé e bons costumes – que atuaram como «faróis errantes, alimentadas por luzes que podem penetrar em qualquer lei privada».[37] Por essas características, assinala Dawson (não por acaso um jurista da *common law*), as cláusulas gerais aproximaram o sistema da *civil law* ao da *common law* em razão dos resultados práticos alcançados, apesar das distâncias entre fontes, métodos e estruturas que separam os dois sistemas jurídicos.[38]

5. O papel da jurisprudência alemã

A utilização da cláusula geral da boa-fé mostrou-se particularmente frutífera na jurisprudência alemã do segundo pós-guerra do século XX, por forma a permitir a construção ou o desenvolvimento, no Direito Obrigacional, de várias hipóteses que hoje estão perfeitamente assentadas, algumas delas inclusive vindo a ser, posteriormente, fixadas na própria lei civil.[39] Recordem-se os casos de *exceptio doli*; a inalegabilidade de nulidades formais, em certas hipóteses, reunidas sob a denominação de *Verwirkung*; a culpa na formação dos contratos (*culpa in contrahendo*) e todo o desenvolvimento da responsabilidade pré-contratual; o alargamento dos casos de abuso da posição jurídica; a modificação das obrigações contratuais por alteração superveniente das circunstâncias,[40] dentre outros.

---

35. CASTRONOVO, Carlo. Legittimazioni, Discorso Giuridico, Diritto Privato. *Jus*, ano XXXII, vol. 3, set./dez. 1985, p. 8.

36. Sobre os aspectos ideológicos dessa concepção, ver a crítica de BARATTA, Alessandro. La Jurisprudencia y la Ciencia Jurídica como Fuente del Derecho. *Las Fuentes del Derecho*, Anuario de la Facultad de Derecho, Estudi General de Lleida, 1983, p. 41 e ss.

37. DAWSON, John. The General Clauses, Viewed from a Distance. *Rabels Zeitscrift Für Ausländisches und Internationales Privatrecht*, ano XXXXI, vol. 3, 1977, p. 444.

38. DAWSON, John. The General Clauses, Viewed from a Distance. *Rabels Zeitscrift Für Ausländisches und Internationales Privatrecht*, ano XXXXI, vol. 3, 1977, p. 444.

39. Em perspectiva crítica ao emprego das cláusulas gerais pela jurisprudência alemã, *vide*: SESTER, Peter. *Business and Investment in Brazil* – Law and Practice. Oxford: Oxford University Press, 2022, em especial p. 46-48. Assinala o Autor que, no Brasil, a intensidade do controle do conteúdo contratual, pelo Judiciário, por meio de cláusulas gerais, é mais forte do que aquela verificada na Alemanha.

40. Ver, *infra*, CAPÍTULO IV, §38.

106 | A BOA-FÉ NO DIREITO PRIVADO

A cláusula geral da boa-fé, tal qual trabalhada pela jurisprudência alemã, serviu ainda para evidenciar a complexidade do conteúdo da relação obrigacional e o seu intrínseco dinamismo, o que veio a ser objeto da reflexão civilista notadamente na segunda metade do século XX. Os tribunais apoiavam-se nas «normas vagas, conferindo-lhes sentido e aplicabilidade prática». Refere, por isso, Wieacker, ter a jurisprudência civilista de seu país se mostrado «suficientemente adulta para satisfazer as exigências que as cláusulas gerais colocam à "obediência inteligente" (Heck), quando (...) começou, com uma calma e refletida ponderação, a preencher as cláusulas gerais como uma nova ética jurídica e social e, assim, a adaptar a ordem jurídica burguesa à evolução social».[41] Assinala, bem por isso, que uma dogmática jurídica criativa, fundada e amparada num elevado patamar cultural e na segurança das convicções científicas dos juristas que a operavam, possibilitou a criação de uma dinâmica ponte entre as fontes de produção jurídica e a solução dos casos concretos, percorrendo um percurso inacessível ao legislador – pois que colocado, este, antes do momento aplicativo e integrativo do direito. As cláusulas gerais do BGB, notadamente a da boa-fé objetiva, permitiram à jurisprudência percorrer, dinamicamente, este caminho.[42]

Tal foi o caso do preenchimento do § 242 no que concerne ao controle das condições gerais dos negócios postas em contratos de adesão.[43] Os problemas advindos do tráfico jurídico em uma sociedade altamente industrializada e massificada, como já era a sociedade alemã desde meados do século XX, não poderiam ter sido totalmente previstos pelos redatores do BGB, quando disciplinaram a conduta dos particulares em suas relações negociais. Contudo, pelo menos até a entrada em vigor da Lei de 1976, a qual possuía também, por sua vez, uma cláusula geral de boa-fé, e muito antes da reforma do ano de 2001 no Direito das Obrigações, a matéria vinha sendo regulada por meio da construção e síntese judicial elaborada em torno do § 242.[44]

---

41. Wieacker, Franz. *História do Direito Privado Moderno*. Trad. portuguesa de António Manuel Hespanha. Lisboa: Fundação Calouste Gulbenkian, 1983, p. 546.

42. Wieacker, Franz. *História do Direito Privado Moderno*. Trad. portuguesa de António Manuel Hespanha. Lisboa: Fundação Calouste Gulbenkian, 1983, p. 545-546.

43. Insista-se no alerta: não se confunda a expressão «cláusulas contratuais gerais», comumente utilizada na doutrina e na legislação portuguesas para indicar o que se denomina no Brasil «condições gerais dos contratos» o que, neste livro, vem sendo designado pela expressão «cláusulas gerais». Esta é uma técnica legislativa; as «condições gerais dos contratos» são disposições unilateralmente formuladas por um dos contraentes que se agregam aos contratos como cláusulas contratuais.

44. Mesmo após a entrada em vigor da lei alemã das condições gerais dos negócios (*AGB-Gesetz*), os tribunais superiores submetiam as cláusulas contratuais abusivas que não satisfizessem aos critérios de definição do seu art. 1.º a um controle sob o regime da boa-fé, § 242 do Código Civil. O § 9.º da lei especial, por seu turno, impositivo para os tribunais, os autorizava a submeter cada condição geral dos contratos «ao teste de saber se [tais cláusulas] não tornam desvantajosa, de maneira anormal, [a situação do] cocontratante (...) desprezando os princípios da boa-fé e da equidade» (Micklitz, Hans. La Loi Allemande Relative au Régime Juridique des Conditions Générales des Contrats du 9 décembre 1976: bilan de onze années d'application. *Revue Interna-*

6. A expansão

A inserção das cláusulas gerais na legislação codificada estendeu-se da Alemanha a outros países. Na Itália, em especial, foram acesos esses debates nas décadas de sessenta e setenta do século XX, quando se tratou de contrapor a técnica legislativa da regulamentação ou da casuística – ou técnica de regulamentar, exaustivamente, as espécies jurídicas, tradicional nos sistemas codificados – à técnica da «legislação por princípios» (isto é, por meio de normas semanticamente abertas),[45] tendo sido a discussão retomada, na segunda metade do século XX, sob diversa perspectiva crítica.[46] É, de resto, um debate intermitente, que se põe sempre que se trata das reformas nos códigos civis.[47]

Com efeito, esgotado o modelo oitocentista da pretensão de plenitude ou totalidade da previsão legislativa, iniciou-se, em alguns países da Europa, a época das reformas nos códigos civis.[48] Ao contrário do que ocorreu no passado, quando o *Code Civile* e o BGB foram tidos como os grandes paradigmas da legislação civil, não se plasmou, no século XX, um «modelo exemplar» de código, discutindo-se até a desnecessidade de sua sobrevivência.[49] A pluralidade, característica de nossa época, atingiu também a Codificação.

Contudo, os códigos mais recentes, em que pese as suas diversidades, têm em comum a adoção de uma dupla e convergente opção técnica: paralelamente às disposições casuísticas, ajuntam, situando-os pontualmente, cláusulas gerais, princípios e conceitos indeterminados, intentando aliar segurança e flexibilidade. Exemplifique-se com o art. 1.337 do Código Civil italiano (norma de restrição à autonomia privada, impondo a correção da conduta dos particulares no período pré-contratual);[50] art. 239 do Código Civil português (norma de integração dos negócios jurídicos, por meio da relativa restrição à autonomia negocial);[51] art. 483 do mesmo Código (norma geral de previsão da responsabilidade civil por culpa);[52] e, entre nós, o art. 7.º do Código de

---

tionale de Droit Comparé, Paris, Societé de Législation Comparée, n. 1, 1989, p. 102-104). Hoje a matéria está regulada no BGB, § 305-307.

45. Esse debate foi lançado de modo especial por Rodotà, Stefano. Le Ideologie e Techniche della Riforma del Codice Civile. *Rivista di Diritto Comerciale*, 1967.

46. Testemunha deste segundo patamar de discussões teóricas acerca das cláusulas gerais na Itália foi a jornada de estudos sobre «la buona fede», organizada pela Scuola Superiore di Studi Universitari e di Perfezionamento di Pisa in honore di Ugo Natoli (giugno 1985), em parte reproduzidos no vol. 4 da *Rivista Critica del Diritto Privato*, Napoli, Jovene, 1986.

47. Chamboredon, Antoine. La «Texture Ouverte» d'un Code Européen du Droit des Contrats. *Journal du Droit International*, Paris, Clunet, n. 1, 2001, p. 5-46.

48. Exemplificativamente a Itália, em 1942, Portugal, em 1966, a Espanha, em 1978, a Holanda, em 1992, e, ainda, em Quebéc, no Canadá, em 1994.

49. Assim, de modo geral, Irti, Natalino. *L'Età della Decodificazione*. 3.ª ed. Milano: Giuffrè, 1989.

50. «Le parti, nello svolgimento delle trattative e nella formazione del contratto, devono *comportarsi secondo buona fede*» (Destaquei).

51. «Na falta de disposição especial, a declaração negocial deve ser integrada de harmonia com a vontade que as partes teriam tido se houvessem previsto o ponto omisso, *ou de acordo com os ditames da boa-fé, quando outra seja a solução por eles imposta*» (Destaquei).

52. Art. 483, *in verbis*: «1. Aquele que, com dolo ou mera culpa, violar ilicitamente o direito de outrem

108 | A BOA-FÉ NO DIREITO PRIVADO

Defesa do Consumidor (norma de extensão da tutela assegurada ao consumidor),[53] bem como, no Código Civil brasileiro, os arts. 187 (cláusula geral da ilicitude no modo de exercício jurídico); 422 (cláusula geral da boa-fé contratual); 927 (cláusula geral da responsabilidade civil); 1.511 (cláusula geral da comunhão plena de vida, no casamento); entre outras.

7. As espécies de cláusulas gerais

Demonstram os exemplos citados que a denominação «cláusulas gerais» é atribuída a dispositivos normativos que, além de se dirigirem a uma grande variedade de conteúdos, podem ser de basicamente três tipos: a) de *tipo restritivo*, aí operando contra uma série de permissões singulares, delimitando-as, como nos casos da restrição à liberdade contratual; b) de *tipo regulativo*, regulando todo um domínio de casos, como ocorre com a regulação da responsabilidade por culpa ou com o direcionamento da conduta contratual; e c) de *tipo extensivo*, por forma a ampliar uma determinada regulação por meio da possibilidade, expressa no dispositivo, de chamar a atuação de princípios e regras dispersos em outros textos, como é o caso das disposições do Código do Consumidor e da Constituição Federal, que asseguram, aos seus destinatários, a tutela prevista em acordos e tratados internacionais e na legislação ordinária.[54]

Marcadas as origens das cláusulas gerais como técnica legislativa e alinhavado o entendimento doutrinário que admite diversidade na sua tipologia, é hora de ver quais são as suas demais características, tendo em conta a cláusula geral de tipo regulativo, pois é este que mais se coaduna com o sentido genericamente acolhido pelos autores.

§ 12. A estrutura e a linguagem das cláusulas gerais

1. Proposição

Ao mencionar a «confusão» que cerca o tema das cláusulas gerais, aludi, no § 11, acima, ao fato de uma única expressão designar um gênero (o das normas vagas ou cláusulas gerais *tout court*) e uma de suas espécies (as cláusulas gerais, que apodei «em sentido próprio ou estrito»). É necessário averiguar se a distinção se justifica. Para

---

ou qualquer disposição legal destinada a proteger interesses alheios fica obrigado a indemnizar o lesado pelos danos resultantes da violação; 2. Só existe obrigação de indemnizar independentemente de culpa nos casos especificados por lei».

53. «Os direitos previstos neste Código *não excluem outros* decorrentes de *tratados ou convenções internacionais* de que o Brasil seja signatário, da *legislação interna ordinária*, de *regulamentos* expedidos pelas autoridades administrativas competentes, bem como dos que derivem dos *princípios gerais de direito, analogia, costumes e equidade*». Destaquei.

54. A tipologia é aludida por MENEZES CORDEIRO, António Manuel. *Da Boa-Fé no Direito Civil*, vol. II. Coimbra: Almedina, 1984, p. 1184.

CONTEXTO, NOÇÃO E APLICAÇÃO DAS CLÁUSULAS GERAIS | 109

tanto, inicio com o exame da estrutura das espécies prescritivas, contrapondo duas delas, as cláusulas gerais e a casuística.[55] Prossigo com o exame da linguagem, abordando o problema da vagueza das normas. E finalizo com distinções que concernem tanto à linguagem quanto à estrutura, para discernir entre cláusulas gerais, conceitos indeterminados e princípios normativos. O exame da estrutura[56] das cláusulas gerais importa numa tomada de posição: há os que, como Engisch, entendem que as cláusulas gerais não possuem «qualquer estrutura própria» do ponto de vista metodológico,[57] nesse sentido nada mais configurando do que enunciados normativos cujos termos são dotados de elevado grau de «generalidade»; e há os que, como Cláudio Luzzatti,[58] afirmam que as cláusulas gerais constituem normas parcialmente em branco, incompletas estruturalmente, sendo completadas pelo intérprete por meio da referência às regras extrajurídicas. Essas distinções ficarão mais claras se tivermos, em paralelo, as normas casuísticas e as cláusulas gerais.

2. Método da casuística

A casuística há de ser entendida como «a configuração da hipótese legal (enquanto somatório dos pressupostos que condicionam a estatuição) que circunscreve particulares grupos de casos na sua especificidade própria».[59] Dirá Karl Engisch: «A

---

55. O termo «casuística» é também polissêmico. Pode indicar a «regra do caso», como oposto à «regra geral», a todos aplicável (no sentido de «regra particular *x* regra geral»). No contexto deste estudo, indica uma regra com alta dosagem de elementos descritivos em seu enunciado, ainda que esses elementos estejam caracterizados pela abstração, a qual é conectada (ou são conectadas) determinadas consequências jurídicas.

56. O termo «estrutura» indica, geralmente, o nexo que une os particulares elementos constitutivos de um ser, consistindo, segundo Miguel Reale, no «conjunto de elementos que entre si se correlacionam e se implicam de modo a representar um campo unitário de significações» (REALE, Miguel. *Fontes e Modelos do Direito* – Para um novo paradigma hermenêutico. São Paulo: Saraiva, 1994, p. 5). Adotada esta definição, o termo «estrutura» será aqui utilizado na acepção de estrutura normativa, aludindo, portanto, à conjugação de certa previsão normativa (hipótese normativa) com determinadas consequências jurídicas (efeitos, estatuição) que lhe são correlatas.

57. ENGISCH, Karl. *Introdução ao Pensamento Jurídico.* Trad. portuguesa de João Baptista Machado. 3.ª ed. Lisboa: Fundação Calouste Gulbenkian, 1988, p. 193.

58. LUZZATTI. Claudio. *La Vaghezza delle Norme.* Un'analisi del linguaggio giuridico. Milano: Giuffrè, 1990.

59. ENGISCH, Karl. *Introdução ao Pensamento Jurídico.* Lisboa: Fundação Calouste Gulbenkian, 1996, p. 188. No mesmo sentido: MENGONI, Luigi. Diritto Vivente. *Jus*, Milano, Vita e Pensiero, 1989, p. 9. Não haveria, assim, nenhuma distinção entre cláusulas gerais e enunciados formados por conceitos jurídicos indeterminados, de modo que as cláusulas gerais não exigiriam processos de pensamento diferentes daqueles que são pedidos pelos conceitos indeterminados e os discricionários. Podem, nessa medida, ser tidas como enunciados normativos completos, constituídos por uma previsão normativa e uma estatuição, com a particularidade de a previsão normativa, *Tatbestand* ou *fattispecie*, não descrever apenas um único caso, ou um único grupo de casos, mas possibilitar a tutela de uma vasta gama («generalidade») de casos definidos mediante determinada categoria indicada por meio da referência a um padrão objetivo de conduta (*v.g.*, «conforme

casuística não significa outra coisa senão a determinação por meio de uma *concreção especificativa*, isto é, regulação de uma matéria mediante a delimitação e determinação jurídica em seu caráter específico de um número amplo de casos bem descritos, evitando generalizações amplas como as que significam as cláusulas gerais».[60]

De fato, a casuística (também dita «técnica da regulamentação por *fattispecie*») privilegia a especificação ou determinação dos elementos que compõem a *fattispecie*. O que a peculiariza é o grau de detalhamento ou exatidão por meio do qual os supostos de fato são apresentados e descritos.

Confira-se, exemplificativamente, no Código Civil brasileiro, os arts. 610 (espécies de empreitada), e 1.307 (direito ao alteamento de divisórias, em condomínios): ali estão indicados com precisão os elementos da hipótese legal e as consequências (eficácia, sanções) correlatas. Percebe-se ter o legislador fixado, de modo completo, os critérios para aplicar uma determinada qualificação aos fatos, descrevendo condutas a seguir, fins a perseguir ou comportamentos a evitar, determinando o que é prescrito a quem, e sob quais circunstâncias.

Confira-se, ainda exemplificativamente, com o enunciado passível de formulação a partir da conjugação entre os arts. 467 e 468 do Código Civil, segundo o qual, no momento da conclusão do contrato, uma das partes pode reservar-se o poder de indicar a pessoa que deve assumir direitos e assumir as obrigações decorrentes, indicação, essa, que deve ser comunicada à outra parte no prazo de 5 (cinco) dias da conclusão do contrato, se outro prazo não tiver sido estipulado, sendo ineficaz a aceitação da pessoa nomeada se revestida de forma diversa da utilizada pelas partes no contrato. Observa-se, aí, a referência a sujeitos determinados (os contraentes); circunstâncias específicas (a conclusão de um contrato com pessoa a declarar); comportamentos devidos (a própria indicação de pessoa a declarar, o modo a proceder para fazer a indicação, os prazos em que deve ser feita); bem como restam perfeitamente fixadas as consequências da incidência (eficácia vinculativa da aceitação da pessoa nomeada, se usada a mesma forma escolhida pelas partes ao contratar e ineficácia, se utilizada outra forma).

---

aos usos do tráfico jurídico») ou a um valor juridicamente aceito (*v.g.*, boa-fé, bons costumes). (ENGISCH, Karl. *Introdução ao Pensamento jurídico*. Lisboa: Fundação Calouste Gulbenkian, 1996, p. 193). Esta acepção, segundo relata Menke, é forte na doutrina alemã, embora também se distinga entre um significado amplo e outro estrito da expressão «cláusula geral» (MENKE, Fabiano. A Interpretação das Cláusulas Gerais: a subsunção e a concreção dos conceitos. *Revista de Direito do Consumidor*, vol. 50, São Paulo, Revista dos Tribunais, abr. 2004).

60. ENGISCH, Karl. *La Idea de Concreción en el Derecho y en la Ciencia Jurídica Actuales*. Trad. espanhola de Juan Jose Gil Cremades. Pamplona: Ed. Universidad de Navarra, 1968, p. 180, em tradução livre. E ainda: «Se o conceito multissignificativo de cláusula geral, que não raramente vemos confundido com um dos conceitos acima aludidos [isto é, com os conceitos indeterminados, conceitos determinados, conceitos normativos, conceitos descritivos], há de ter uma significação própria, então faremos bem em olhá-lo como conceito que se contrapõe a uma elaboração "casuística" das hipóteses legais» (ENGISCH, Karl. *Introdução ao Pensamento Jurídico*. Lisboa: Fundação Calouste Gulbenkian, 1996, p. 188-189).

CONTEXTO, NOÇÃO E APLICAÇÃO DAS CLÁUSULAS GERAIS | 111

Em suma, como acima exemplificado, nas regras casuísticas, há uma prevalência do *elemento descritivo*, ocorrendo, por isso, uma *tipificação de condutas* no próprio texto legal. Relativamente a tais dispositivos, haverá, é óbvio, a necessidade de interpretação, a que estão sujeitos todos os textos normativos, pois toda linguagem enseja o trabalho do intérprete.[61] Mas este encontrará no texto a ser interpretado um detalhamento dos elementos a serem considerados, tendo ocorrido uma espécie de *prefiguração*, pelo legislador, do *comportamento marcante*, a ser levado em conta, uma vez que o legislador optou por descrever a factualidade.[62]

3. Método das cláusulas gerais

Diversamente, nos *enunciados elásticos* (*vagos, abertos, porosos, dúcteis ou cláusulas gerais em sentido amplo*) verifica-se a ausência, na hipótese legal, de uma prefiguração descritiva ou especificativa. São empregados termos cuja tessitura é semanticamente aberta, muitas vezes dotados de cunho valorativo (*bons costumes; boa-fé; justa causa; diligência habitual*, etc.). O detalhamento, próprio da casuística, estará ausente. A prescrição é vaga – ao menos na hipótese ou enunciado normativo – aludindo-se com o mínimo de elementos descritivos às circunstâncias de incidência da norma. Basta pensar nos arts. 187, 421, 422, 884, 949, todos do Código Civil: ali se indica, no art. 187, que haverá ilicitude no exercício de direitos se forem manifestamente desbordados, quando daquele exercício, a boa-fé, os bons costumes, o fim econômico e social do direito; no art. 421, que a liberdade de contratar será exercida nos limites e em razão da função social do contrato; no art. 884, que o enriquecido à custa de outrem, sem justa causa, deve restituir o injustamente auferido; e, no art. 949, que a indenização, em caso de homicídio, consiste no pagamento das despesas com a vítima e na prestação de alimentos às pessoas a quem o morto as devia «sem excluir outras reparações», sem, contudo, especificá-las ou indicar as hipóteses em que será devida.

Nesses dispositivos, não se detalha nem se define o que sejam *boa-fé, bons costumes, função social*, ou *enriquecimento sem justa causa*, nem se especifica quais serão as *outras reparações* devidas em caso de homicídio. Em todos esses casos, o texto normativo apresenta, ao invés de descrição na hipótese normativa (fato tipo, *factispecies*), termos e expressões carecidas de determinação («conceitos vagos»). Em alguns, não estão sequer atreladas as consequências jurídicas correspondentes ou, então, elas vêm indicadas de modo amplo, como quando a lei alude à restituição do *injustamente auferido*. Além do

---

61. Percebe Eros Grau: «[o] texto, preceito, enunciado normativo é *alográfico*. Não se completa no sentido nele impresso pelo legislador. A "completude" do texto somente é realizado quando o *sentido por ele expressado* é produzido, como *nova forma de expressão*, pelo intérprete. Mas o sentido expressado pelo texto já é algo novo, distinto do texto. É a norma» (Grau, Eros Roberto. *Porque Tenho Medo dos Juízes*. A Interpretação/Aplicação do Direito e os Princípios. 6.ª ed. São Paulo: Malheiros, 2013, p. 36).

62. Nesse sentido Menezes Cordeiro, António Manuel. *Da Boa-Fé no Direito Civil*, vol. II. Coimbra: Almedina, 1984, p. 1186-1187.

mais, resta o intérprete incerto sobre as consequências da incidência, por exemplo, do art. 187: não havendo dano injusto (o que não é exigido por aquela norma), qual será a consequência da ilicitude? E, se os contraentes não se portarem de acordo com as exigências da probidade e da boa-fé, quais serão as consequências a que leva o art. 422?

Basicamente, duas ordens de problemas estão aí indicadas. De um lado, os atinentes à indeterminação que atinge *a hipótese legal* (em razão da ausência de elementos especificativos e do emprego de linguagem vaga), havendo, então, *remissão* a um *standard* e/ou a realidades valorativas, o que tem implicações não apenas na estrutura da prescrição, mas, igualmente, na linguagem utilizada, no tipo de raciocínio suscitado e na prova da relação entre o fato que se quer provar e o previsto no enunciado normativo. De outro lado, estão os problemas relacionados à *consequência* (eficácia), a ser determinada nos casos concretos, uma vez que, incidindo, toda norma há de ser aplicada, realizando-se no mundo. Cabe, pois, enfrentar essa dupla problemática.

§ 13. A linguagem das cláusulas gerais: a vagueza

1. Precisões conceituais

Não constitui um paradoxo afirmar que as cláusulas gerais não são *gerais*. Também não são necessariamente genéricas, ambíguas, ou obscuras: são, modo geral, *normas vagas*. São distintas, com efeito, as noções de generalidade, genericidade, ambiguidade e vagueza, tantas vezes contaminadas pela sinonímia. Por esse motivo, penso devam ser delineadas as necessárias distinções conceituais.

2. Enunciados gerais

Um enunciado é *geral* quando diz algo que vale, ao mesmo tempo, para todos os objetos que pertencem a uma determinada classe, sem nenhuma exceção.[63] Não há, nesta perspectiva, oposição necessária entre generalidade e precisão de linguagem. Um enunciado pode ser ao mesmo tempo extremamente geral e preciso, como a regra do art. 85 do Código Civil brasileiro, relativa à classe das coisas fungíveis.[64] Não há imprecisão semântica na qualificação da fungibilidade ou da infungibilidade de certa coisa, embora todas as coisas que entrem nesta classe sejam consideradas fungíveis ou não fungíveis segundo a regra (geral) ali consignada, a qual, por óbvio, embora «geral», não tipifica uma *cláusula geral* de classificação dos bens. O mesmo ocorre com a disposição, indiscutivelmente geral, segundo a qual «todo o homem é capaz de direitos e obrigações na ordem civil».

---

63. Luzzatti, Claudio. *La Vaghezza delle Norme* – Un'analisi del linguaggio giuridico. Milano: Giuffrè, 1990, p. 50.

64. Código Civil, Art. 85, *in verbis*: «São fungíveis os móveis que podem substituir-se por outros da mesma espécie, qualidade e quantidade».

Assim sendo, só se poderá conotar o adjetivo «geral» às cláusulas gerais se, por este, se estiver compreendendo que estas permitem, em razão da extensão do seu campo previsivo-estatutivo, uma regulação geral de condutas, ao modo de ensejar o tratamento em conjunto de um determinado domínio de casos. Exemplificativamente, a cláusula geral da boa-fé objetiva como fonte de integração no Direito Contratual permitirá o tratamento «geral» dos deveres de conduta devidos pelos contraentes, ainda que não especificamente previstos no contrato e que provém do dever de agir conforme à boa-fé.

3. Enunciados genéricos

Um enunciado é *genérico* quando não refere a presença de *especificação*, isto é, quando a expressão se referir indiferentemente a uma pluralidade de situações diversas. Para que um enunciado seja considerado genérico, basta que valha para qualquer caso da classe considerada. Será, assim, tanto mais genérico quanto maior for o número de fatos que, caso se verificassem, realizariam a hipótese prevista na regra.[65] A regra segundo a qual «toda a pessoa é capaz de direitos e deveres na ordem civil» expressa um enunciado genérico, pois abrange todo e qualquer ente que se qualifique como *pessoa*, e todos os direitos e deveres pensáveis na ordem privada, mas não constitui uma cláusula geral. Esta poderá ser genérica, contudo, apenas se e enquanto o seu enunciado valer para qualquer caso da classe considerada, como quando se afirma que a *culpa* é elemento de qualquer das hipóteses da responsabilidade civil subjetiva.

4. Enunciados ambíguos

Um termo ou um enunciado é dito *ambíguo* se, em razão de *homonímia* ou de *polissemia*, possa assumir mais de um significado, sem que o contexto em que empregado permita esclarecer em tal ou qual significado está o mesmo sendo empregado.[66] Um termo grandemente polissêmico, na linguagem jurídica, é «princípio». Pelo menos sete significados diversos, diz Genaro Carrió, lhe são habitualmente atribuídos.[67] Já como exemplo de homonímia está o vocábulo «parte». «Pode significar tanto uma porção do todo» (*v.g.*, a «Parte Geral» do Código Civil) quanto indicar a terceira pessoa indicativa do verbo partir, ou a pessoa ou grupo de pessoas que celebram um negócio jurídico bilateral atuam numa determinada posição derivada de negócio jurídico (tratando-se de negócio jurídico contratual, terá o significado de «contraente»), ou, ainda, quem se situa num dos ângulos da relação processual.

---

65. LUZZATTI, Claudio. *La Vaghezza delle Norme* – Un'analisi del linguaggio giuridico. Milano: Giuffrè, 1990, p. 48.

66. LUZZATTI, Claudio. *La Vaghezza delle Norme* – Un'analisi del linguaggio giuridico. Milano: Giuffrè, 1990, p. 46.

67. CARRIÓ, Genaro. Principios Jurídicos y Positivismo Jurídico. *Notas sobre Derecho y Lenguaje.* Buenos Aires: Abeledo-Perrot, 2006, p. 32.

114 | A BOA-FÉ NO DIREITO PRIVADO

A homonímia e a polissemia não constituem a ambiguidade em si mesma considerada, mas representam a *fonte* de uma possível ou potencial ambiguidade. Esta só ocorrerá, contudo, se o termo afetado pela homonímia ou pela polissemia *empregar-se em um contexto que não permita decidir em qual acepção foi usado.* Se referirmos apenas a expressão «boa-fé», poderemos produzir ambiguidade se não esclarecermos se se trata da boa-fé objetiva ou da subjetiva. Por outro lado, há tipos de cláusulas gerais que não provocam ambiguidade, como a do art. 7.º do Código de Defesa do Consumidor.[68] Contudo, mesmo as que são passíveis de gerar ambiguidade podem ser referenciadas a um certo contexto normativo. Por essa razão, as cláusulas gerais não constituem, necessariamente, fonte de ambiguidade, e por esta não são necessariamente afetadas.[69]

As cláusulas gerais não são necessariamente nem gerais, nem genéricas, nem ambíguas.[70] A sua linguagem é, contudo, particularmente vaga ou «porosa». Constituindo este um ponto de complexa compreensão, melhor será o seu exame em apartado.

5. A vagueza semântica

Embora tenha sido aqui reiteradamente utilizada a expressão «normas vagas» para aludir às cláusulas gerais (em sentido amplo), é preciso ficar claro que a vagueza não é um traço característico apenas destas espécies prescritivas, podendo ser detectada em termos e expressões de toda a linguagem e, em especial, da linguagem jurídica. Já os gregos evidenciavam esta assertiva ao referir os paradoxos do *sorites* (punhado, monte) e do *falacrós* (calvo, careca), como alude Claudio Luzzatti em exemplo que será aqui utilizado.[71]

Se tivermos um grão de trigo na mão, não poderemos dizer que seguramos um *monte de trigo.* Do mesmo modo se ajuntarmos a este outro grão, e mais outro. Porém, se ajuntarmos indefinidamente um grão depois do outro, mais cedo ou mais tarde obteremos um exemplo paradigmático de *monte de trigo.* Não existe, porém, um momento preciso no qual um *monte* começa a ser um *monte.* O que existe é uma *fase de transição* entre o *não monte* e o *monte.* Do mesmo modo, não há um momento preciso em que se possa determinar, à vista de um homem que perde o seu cabelo, se ele é ou não calvo: a partir de quantos fios de cabelo perdidos se poderá atribuir a alguém o qualificativo «calvo»?

---

68. *In verbis*, art. 7.º: «Os direitos previstos neste código não excluem outros decorrentes de tratados ou convenções internacionais de que o Brasil seja signatário, da legislação interna ordinária, de regulamentos expedidos pelas autoridades administrativas competentes, bem como dos que derivem dos princípios gerais do direito, analogia, costumes e equidade. Parágrafo único. Tendo mais de um autor a ofensa, todos responderão solidariamente pela reparação dos danos previstos nas normas de consumo».

69. Poderá haver ambiguidade ao referir-se à «boa-fé», já que, conforme o contexto em que empregada a expressão, adquirirá esta o significado de *boa-fé subjetiva* ou de *boa-fé objetiva.* Para a distinção, *vide, infra*, Capítulo IV, §24.

70. Desde aí, aliás, mais um motivo haveria para objetar ao emprego da expressão já consagrada.

71. Aludidas por Luzzatti, Claudio. *La Vaghezza delle Norme* – Un'analisi del linguaggio giuridico. Milano: Giuffrè, 1990.

Para além da reflexão filosófica, esta questão ingressou no terreno jurídico em certa passagem do Digesto. Ulpiano, ao comentar (D. 47.8.4.1-3) cláusula de um edital respeitante ao dano causado por alguém que faça parte de uma turba, encontra dificuldade na determinação do número mínimo de pessoas suficientes para constituí-la. Ausente a preocupação com a filosofia, o jurisconsulto resolveu o caso com base no argumento de autoridade, recorrendo a uma redefinição deste vocábulo conformada pela autoridade de Labeão. A questão de fundo, todavia, remanesce até nossos dias e adentra no problemático terreno da linguística, a partir do qual se conclui: «Todas as expressões linguísticas são indeterminadas em maior ou menor medida. A vagueza, pois, não é uma qualidade que existe ou não existe, mas é principalmente uma questão de grau».[72]

Esta graduação decorre da circunstância de, na utilização de quaisquer termos ou expressões constantes de certo enunciado, ser possível a ocorrência dos aludidos momentos de transição, tais como os verificados entre o «monte e o não monte», o «calvo e o não calvo», a «turba e a não turba». Estes momentos constituem o que se denomina de «casos-limite», «zona de penumbra», «zona de franja» ou ainda «*borderline*», os quais são constituídos por situações ou comportamentos cuja qualificação nos deixa intrinsecamente incertos, ou em relação aos quais não temos condição de dizer, por maior que seja a nossa informação, se realizam ou não o modelo prescrito no próprio enunciado.[73]

A vagueza semântica ocorre justamente quando estamos em presença de uma dessas «zonas de penumbra». Indica um específico fenômeno semântico e pragmático, qual seja, a imprecisão do significado[74] em casos-limite, isto é, quando «intrinsecamente incerta – em decorrência da linguagem, e não por ignorância dos fatos – sua aplicabilidade a determinado caso limite».[75] Um termo ou um enunciado é vago *quando o seu uso apresenta, além de hipóteses centrais e não controversas* (isto é, o caso de centenas de grãos de trigo, ajuntados, ou do homem que perdeu todos os fios de seu cabelo, ou de uma multidão de pessoas reunidas), *alguns casos-limite*. Aí haverá vagueza, porque «os membros de uma comunidade linguística restam intrinsecamente incertos se o termo se aplica ou não ou se suscita exatamente a situação configurada no enunciado. A incerteza é dita "intrínseca", porque não depende de uma carência de informações, mas da impossibilidade de que as regras de significado resolvam todas as questões que poderão surgir sobre o uso da palavra».[76]

---

72. LUZZATTI, Claudio. *La Vaghezza delle Norme* – Un'analisi del linguaggio giuridico. Milano: Giuffrè, 1990, p. 5.

73. LUZZATTI, Claudio. *La Vaghezza delle Norme* – Un'analisi del linguaggio giuridico. Milano: Giuffrè, 1990, p. 20.

74. LUZZATTI, Claudio. *La Vaghezza delle Norme* – Un'analisi del linguaggio giuridico. Milano: Giuffrè, 1990, p. 3.

75. ÁVILA, Humberto. *Teoria da Indeterminação no Direito* – Entre a indeterminação aparente e a determinação. São Paulo: Juspodium e Malheiros Editores, 2022, p. 37.

76. LUZZATTI, Claudio. *La Vaghezza delle Norme* – Un'analisi del linguaggio giuridico. Milano: Giuffrè, 1990, p. 3, em tradução livre.

116 | A BOA-FÉ NO DIREITO PRIVADO

Como se pode compreender, a vagueza semântica não constitui uma imprecisão qualquer, uma imprecisão genericamente considerada. É uma *imprecisão de significado*, surgindo, então, a regra segundo a qual as noções de diversos significados necessariamente correspondem noções diversas de vagueza. Como bem afirma Claudio Luzzatti, o conceito de vagueza é um conceito relativo às acepções do termo «significado» – um dos mais ambíguos e complexos da teoria da linguagem.[77]

6. Os significados de «significado»

O termo «significado» comporta pelo menos quatro acepções. Pode ser compreendido como *extensão ou denotação* de um termo,[78] como *intenção ou conotação*,[79] como *elemento do sistema lexical*[80] e como *uso*.[81] Ora, a linguagem jurídica, por não se referir

---

77. Luzzatti, Claudio. *La Vaghezza delle Norme* – Un'analisi del linguaggio giuridico. Milano: Giuffrè, 1990, p. 7. Sobre o processo semântico da significação, consultei Saussure, Ferdinand de. *Curso de Linguística Geral*. Trad. de Antônio Chelini, José Paulo Paes e Izidoro Blikstein. 27.ª ed. São Paulo: Cultrix, 2006, p. 79 e ss.; Guiraud, Pierre. *A Semântica*. Trad. de Maria Elisa Mascarenhas. São Paulo: Difusão Europeia do Livro, 1972, p. 35 e ss.; Peirce, Charles S. *Semiótica*. 2.ª ed. Trad. de J. Teixeira Coelho Neto. São Paulo: Perspectiva, 1977, p. 157 e ss.

78. O significado é extensivo ou denotativo quando se considera o indivíduo ao qual o termo se refere (se se trata de um termo singular), ou a classe das coisas às quais o termo pode ser referenciado (se se trata de um termo geral), de maneira verdadeira. A denotação exprime a totalidade de sentidos possíveis de ser atribuídos a um termo. Poder-se-ia dizer que é uma significação virtual, e não contextual. A concepção do significado como denotação adapta-se perfeitamente à linguagem (descritiva) das ciências físicas, mas não à linguagem jurídica (prescritiva) das ciências jurídicas, porque esta é uma linguagem cujos enunciados não são verdadeiros nem falsos.

79. A conotação de um termo é o conjunto das propriedades através das quais as coisas denotadas pelo próprio signo podem ser conhecidas. É, pois, a *proposição* que este exprime, o significado que se quis dar a certo termo, em certo contexto. Diferentemente da denotação, aqui ocorre a significação contextual. O significado conotativo é também próprio à linguagem metafórica, quando ocorre uma «nominação cognitiva», modificando-se o sentido denotativo do termo ou expressão considerada.

80. Esta acepção é indicada pela linguística estrutural, a qual considera, em síntese, que a língua é uma estrutura na qual «tudo se baseia em relações» (Saussure, Ferdinand de. *Curso de Linguística Geral*. Trad. de Antônio Chelini, José Paulo Paes e Izidoro Blikstein. 27.ª ed. São Paulo: Cultrix, 2006, p. 142). Essas são relações sintagmáticas e associativas. Na articulação destas relações, as palavras formam um sistema. No interior deste sistema, cada palavra tira o seu valor de seu lugar em relação com as outras. O significado de um termo, por isso, *não é concebível como uma entidade isolada*, mas depende de sua «posição relativa» no interior do sistema de termos que se estruturam num determinado «campo semântico». Este foi definido por J. Trier, em 1931, com base no pressuposto de que as palavras constituem um conjunto estruturado, dentro do qual cada uma delas está sob dependência das outras. Disto resulta o fato de que «qualquer mudança nos limites de um conceito acarreta uma modificação dos conceitos vizinhos, e, em consequência, das palavras que os exprimem» (Guiraud, Pierre. *A Semântica*. Trad. de Maria Elisa Mascarenhas. São Paulo: Difusão Europeia do Livro, 1972, p. 91). Assim, nesta acepção, «ocorrerá a vagueza, quando o termo não for completamente oponível, no interior de uma estrutura semântico-linguística, aos termos confinantes» (Luzzatti, Claudio. *La Vaghezza delle Norme* – Un'analisi del linguaggio giuridico. Milano: Giuffrè, 1990, p. 31).

81. Nesta acepção, o termo «significado» é identificado com o uso que fazem de certo termo os que

Contexto, Noção e Aplicação das Cláusulas Gerais | 117

ao critério de verdade/falsidade, é uma linguagem (prescritiva) conotativa, que adquire significado pelo uso à vista de certo contexto (o significado como intenção e como uso). Interessa, pois, em tema de linguagem normativa, saber quando ocorre, aí, a vagueza.

Diz-se que um termo é vago (na acepção do significado como conotação), quando a amplitude da sua área de penumbra, isto é, o seu grau de vagueza, varia segundo o universo do discurso tido em consideração. Um mesmo termo pode ser tido, ao mesmo tempo, como muito preciso ou muito vago, bastando, para tal, restringir ou alargar o âmbito de objetos e de situações nos quais caem os casos-limite. Um bom exemplo parece ser o termo «garantia», pois os significados (conotativos) desse termo variam de uma área de grande extensão ou densidade semântica a uma área de menor extensão.

No primeiro nível de extensão, o termo «garantia», entendido como o conjunto de providências que a ordem jurídica oferece para a tutela da posição dos sujeitos de uma relação jurídica, pode ser conotado ao próprio direito (Ordenamento jurídico), do que «garantia = direito». Já considerado um primeiro nível de restrição – por exemplo, o significado de «garantia» no Direito Obrigacional –, indica-se, por este termo, o patrimônio do devedor. Se este não cumpre a obrigação, o credor pode agir, mediante intervenção judicial, contra o seu patrimônio. Este é a garantia geral do direito subjetivo (de crédito) do credor, do que «garantia = patrimônio do devedor». Restringindo ainda mais o âmbito de utilização do termo, pode-se indicar, pelo mesmo vocábulo, as garantias específicas ou especiais e típicas das obrigações, as «garantias contratuais», isto é, as garantias reais e as fidejussórias, conformando modelos legalmente típicos; e, se restringirmos ainda mais, podemos indicar as chamadas garantias atípicas, ou criadas pela prática ou «refuncionalizadas», assim se indicando figuras jurídicas que tradicionalmente não seriam garantias, mas foram direcionadas (por força da autonomia privada) a essa função, como, exemplificativamente, a compensação como garantia, ou o depósito em garantia, valendo, então, a indicação «garantia = garantia contratual». Se continuarmos a limitar o âmbito da situação, pode-se determinar, por fim, quais as espécies de garantias atípicas caracterizadas pela autonomia diante do contrato de base, como a garantia à primeira demanda ou as *lettres de patronnage*, do que «garantia = garantias contratuais autônomas».

Por essa razão, quando se indica certo termo e se afirma ser ele vago, é conveniente indicar o contexto no qual opera e ao qual pode ser conotado. Mesmo esta indicação,

---

o empregam, de forma verbal ou escrita, sempre considerado o *contexto* em que utilizado o termo. O maior expoente da escola que atribui esta acepção ao termo «significado» é Ludwig Wittgenstein, segundo o qual é impossível fixar *a priori*, mediante uma definição, as condições necessárias e suficientes que governam a utilização de uma palavra ou expressão linguística. Só o uso, que é sempre contextual, poderá indicar o significado. Lê-se em Wittgenstein, Ludwig. *Tratado Lógico-Filosófico* – Investigações Filosóficas. Lisboa: Fundação Calouste Gulbenkian, 1985: «Assim como nós não podemos pensar objectos espaciais fora do espaço e objectos temporais fora do tempo, assim também não podemos pensar em *nenhum objecto fora da possibilidade de sua conexão com outros*» (2.0121, destaques do autor). Assim também, na mesma obra: «A proposição comunica-nos uma situação, tem por isso que estar *essencialmente* em conexão com a situação» (4.03, destaques originais).

118 | A BOA-FÉ NO DIREITO PRIVADO

contudo, por vezes não é suficiente para reduzir a vagueza da linguagem. Isso ocorre com frequência na linguagem jurídica, a qual é dotada de uma ampla gama de termos valorativos. Aí a vagueza será *intencional, ou programática*, sendo utilizada na perseguição de certas finalidades. Não constitui, portanto, a vagueza um defeito da linguagem (não se confundindo com a obscuridade), antes podendo constituir, em muitos casos, até mesmo uma vantagem. «É necessário jamais tentar ser mais preciso do que o exige a solução do problema», escreveu lapidarmente Popper, para quem não se deve fazer da precisão, sobretudo da precisão linguística, um fim em si mesma, posto não raramente o excesso de precisão prejudicar a própria clareza da expressão.[82]

7. A vagueza das normas

A linguagem jurídica se expressa por intermédio de textos normativos (enunciados normativos, dispositivos, disposições). Quando se fala em norma, se está a aludir, na verdade, ao *resultado* (consagrado e reiterado pelo intérprete autorizado) da interpretação de certo enunciado normativo, pois toda norma é uma construção resultante da interpretação feita a partir de textos.[83] Porém, quando se diz que uma norma é vaga se está a referir, na verdade, que o seu enunciado (texto normativo) apresenta ou pode apresentar casos-limite.

No âmbito da linguagem jurídica, pode-se afirmar que os casos-limite são constituídos por *fattispecies* concretas sobre a qualificação das quais poderemos restar intrinsecamente incertos e em relação às quais poderemos não ter condições de dizer se correspondem ou não à *fattispecie* prevista no texto normativo. Ocorre, aí, uma «incerteza intrínseca», porque não são suficientes para removê-la nem uma prova plena dos fatos sobre os quais assenta a controvérsia, nem um aprofundado conhecimento do Direito, nem uma perfeita padronização da linguagem jurídica.[84]

A padronização da linguagem não constitui, no entanto, um *desideratum* a ser perseguido por si só. Há uma polaridade dialética que permeia todo o Direito e que se constitui entre a *necessidade de certeza e precisão*, de um lado, e a *necessidade de alguma imprecisão*, de outro, pois é esta que possibilitará o amoldamento da *fattispecie* normativa às situações novas, sequer possíveis de terem sido previstas quando posto o texto

---

82. POPPER, Karl. *La Quête Inachevée*. Trad. francesa de René Bouveresse. Paris: Calmann Lévy, 1986, p. 31.

83. Este ponto tem sido acentuado por vários autores, dentre eles, na doutrina brasileira: REALE, Miguel. *A Teoria da Interpretação segundo Tullio Ascarelli*. Questões de Direito. São Paulo: Sugestões Literárias, 1981; GRAU, Eros Roberto. *Porque Tenho Medo dos Juízes*. A Interpretação/Aplicação do Direito e os Princípios. 6.ª ed. São Paulo: Malheiros, 2013; ÁVILA, Humberto Bergmann. *Teoria dos Princípios*. Da Definição à Aplicação dos Princípios Jurídicos. 16.ª ed. São Paulo: Malheiros, 2015, p. 50. Na doutrina italiana: GUASTINI, Riccardo. *Das Fontes às Normas*. Trad. de Edson Bini. São Paulo: Quartier Latin, 2005, p. 25.

84. LUZZATTI, Claudio. *La Vaghezza delle Norme* – Un'analisi del linguaggio giuridico. Milano: Giuffrè, 1990, p. 70.

CONTEXTO, NOÇÃO E APLICAÇÃO DAS CLÁUSULAS GERAIS | 119

pelo legislador. Ocorre, por isso, em todo o Ordenamento, uma composição entre textos caracterizados por alto grau de precisão semântica e outros construídos sobre a intencional imprecisão, já que é útil e necessária a potencialidade (semântica) da vagueza justamente a fim de ser conferida tutela aos casos-limite.

É bastante preciso, por exemplo, o enunciado do art. 1.301 do Código Civil,[85] pois, fixado previamente o critério de determinação (a abertura de janelas, eirados, terraços ou varandas em distância inferior a um metro e meio do prédio vizinho), resta diminuída a possibilidade de existência de «casos-limite». A rigidez da linguagem matemática conforma a maior precisão do significado, embora a vagueza seja inafastável pela textura aberta da lei – sempre existem *casos-limite*, mesmo se irrelevantes para o aplicador. Diversamente, ensejará a possibilidade de ser tutelada uma variada gama de casos-limite o enunciado do art. 1.277 do Código Civil:[86] como precisar previamente no enunciado normativo quais são «interferências prejudiciais à segurança, ao sossego e à saúde dos que o habitam, provocadas pela utilização de propriedade vizinha»? Similarmente ocorre na hipótese do art. 51, IV, do Código de Defesa do Consumidor:[87] como determinar prévia e rigidamente todos os casos em que cláusula contratual possa colocar «o consumidor em desvantagem exagerada» frente ao cocontratante fornecedor? A expressão «desvantagem exagerada» é vaga, marcadamente relacional a outros elementos de fato e de direito que não estão enunciados no texto legal, devendo ser buscados pelo intérprete em outros espaços do sistema.

É preciso convir, contudo, que, embora nestes dois últimos exemplos não tenha ocorrido a determinação prévia dos modos e dos casos em que a norma deva ser aplicada, é evidente *dever ser* aplicada a norma vaga. O fato de conter expressões ou termos vagos não significa seja a mesma despida das qualidades essenciais às normas jurídicas, como a coercibilidade e a obrigatoriedade. Para que isso ocorra, contudo, é preciso que sejam encontrados os *critérios de aplicação*, compreendendo-se, previamente, os possíveis tipos de vagueza das normas.

---

85. Código Civil, art. 1.301: «É defeso abrir janelas, ou fazer eirado, terraço ou varanda, a menos de metro e meio do terreno vizinho.

§ 1.º As janelas cuja visão não incida sobre a linha divisória, bem como as perpendiculares, não poderão ser abertas a menos de setenta e cinco centímetros.

§ 2.º As disposições deste artigo não abrangem as aberturas para luz ou ventilação, não maiores de dez centímetros de largura sobre vinte de comprimento e construídas a mais de dois metros de altura de cada piso».

86. Código Civil, art. 1.277: «O proprietário ou o possuidor de um prédio tem o direito de fazer cessar as interferências prejudiciais à segurança, ao sossego e à saúde dos que o habitam, provocadas pela utilização de propriedade vizinha.

Parágrafo único. Proíbem-se as interferências considerando-se a natureza da utilização, a localização do prédio, atendidas as normas que distribuem as edificações em zonas, e os limites ordinários de tolerância dos moradores da vizinhança».

87. CDC, art. 51: «São nulas de pleno direito, entre outras, as cláusulas contratuais relativas ao fornecimento de produtos e serviços que: (...) IV – estabeleçam obrigações consideradas iníquas, abusivas, que coloquem o consumidor em desvantagem exagerada, ou sejam incompatíveis com a boa-fé ou a equidade».

8. A vagueza «socialmente típica»

Claudio Luzzatti cunhou a expressão «vagueza socialmente típica» para indicar os casos de emprego legislativo de expressões *programaticamente vagas*,[88] verificáveis quando algum termo, segundo uma certa interpretação, exprime um conceito valorativo cujos critérios aplicativos não são sequer determináveis senão através da referência aos «variáveis parâmetros de juízo e às mutáveis tipologias da moral social e do costume».[89] Distingue o autor dois grandes «casos» de vagueza: a vagueza socialmente típica e a vagueza comum.

A vagueza comum ocorre quando as expressões linguísticas podem ser compreendidas e aplicadas pela experiência, sem que seja necessário qualquer tipo de reenvio a parâmetros valorativos. Nesta acepção, um caso exemplar de «vagueza comum» no Direito Civil brasileiro se verificaria no art. 593, I, do Código Civil de 1916, alusivo a «animal bravio»: a determinação do que seja um animal bravio não reivindica a utilização de nenhum critério valorativo, podendo ser procedida por meio das regras de experiência. Também assim o «depósito antigo de coisas preciosas», mencionado no art. 1.264 do vigente Código Civil, ou o «iminente risco de vida» previsto no art. 1.540, inc. II, ou, ainda exemplificativamente, a «deficiência mental» e o «discernimento reduzido»,[90] ou, ainda, a morte «extremamente provável» do desaparecido que estava em perigo de vida.[91] Para aplicar as regras que as mencionam deve o intérprete utilizar as «regras de experiência comum» (CPC, art. 335, regra de prova),[92] por si só ou com o auxílio de um especialista (por exemplo, um parecer técnico), pois o recurso ao auxílio de um *expert* não retira o caráter do raciocínio fundado na experiência.

Diversamente ocorre diante da vagueza socialmente típica. Nesses casos, não se trata de utilizar as «regras de experiência», mas do *uso de valorações tipicizantes das regras*

---

88. Luzzatti, Claudio. *La Vaghezza delle Norme* – Un'analisi del linguaggio giuridico. Milano: Giuffrè, 1990, p. 299. Contudo, embora o autor proponha a substituição da denominação «cláusula geral» por «normas vagas socialmente típicas», entendo que a expressão que cunhou designa gênero, do qual são espécies as cláusulas gerais e alguns dos conceitos jurídicos indeterminados, isto é, aqueles que se reportam a valores. Assim, embora adotando a mesma denominação, estabeleço a distinção entre gênero e espécies.

89. Luzzatti, Claudio. *La Vaghezza delle Norme* – Un'analisi del linguaggio giuridico. Milano: Giuffrè, 1990, p. 303 e ss. e p. 353 e ss., em tradução livre.

90. Art. 4.º, inciso II: «trata-se de exemplo típico do reenvio à uma instância metajurídica, no caso, a medicina, autorizada a conceituar «deficiência mental» e «discernimento reduzido com base nas regras da experiência médica».

91. Art. 7.º: «Pode ser declarada a morte presumida, sem decretação de ausência: I – se for extremamente provável a morte de quem estava em perigo de vida». O preenchimento do conceito se dará, aqui, conforme as regras comuns da experiência e as circunstâncias concretas do caso.

92. CPC, art. 335: «Em falta de normas jurídicas particulares, o juiz aplicará as regras de experiência comum subministradas pela observação do que ordinariamente acontece e ainda as regras da experiência técnica, ressalvado, quanto a esta, o exame pericial». Anote-se a redação do art. 375, no NCPC: «O juiz aplicará as regras de experiência comum subministradas pela observação do que ordinariamente acontece e, ainda, as regras de experiência técnica, ressalvado, quanto a estas, o exame pericial».

CONTEXTO, NOÇÃO E APLICAÇÃO DAS CLÁUSULAS GERAIS | 121

sociais.[93] O intérprete é reenviado a valores objetivamente assentados pela tipologia social (por exemplo, «bons costumes») porque o legislador renunciou a determinar diretamente os critérios (ainda que parciais) para a qualificação dos fatos, fazendo implícito ou explícito reenvio a parâmetros variáveis no tempo e no espaço.

A vagueza socialmente típica foi utilizada no Código Civil brasileiro de 2002 que a combina com disposições casuísticas. São exemplos de termos e expressões dotados de vagueza socialmente típica – assim denominados porque reenviam o julgador a «ideias-tipo» e a «valores-tipo largamente consensuais», a padrões (*standards*) ou a conceitos necessariamente preenchidos nas instâncias metajurídicas – as seguintes expressões, encontradas no texto do Código Civil vigente: *honra, boa fama e respeitabilidade;*[94] *vida privada;*[95] *justa causa* ou *justo motivo;*[96] *motivos graves;*[97] segundo a *boa-fé* e *conforme aos ditames da boa-fé;*[98] *boa-fé;*[99] *bons costumes;*[100] *obrigação excessivamente onerosa ou onerosidade excessiva*[101] ou *excessiva desproporção;*[102] *prestação manifestamente desproporcional;*[103] *culpa;*[104] *equitativamente;*[105] *função social do contrato;*[106] *probidade;*[107] *risco;*[108] *razoavelmente;*[109] *razoabilidade;*[110] *extrema vantagem para a outra* [parte];[111] *abuso;*[112] *manifestamente excessivo;*[113] *cuidado (...) de todo o homem ativo e probo;*[114]

---

93. LUZZATTI, Claudio. *La Vaghezza delle Norme* – Un'analisi del linguaggio giuridico. Milano: Giuffrè, 1990. p. 304.

94. Art. 20.

95. Art. 21.

96. Arts. 57, 335, inciso I, 602, *caput* e parágrafo único, 603, 604, 605, 624, 705, 717, 834, 884, 1.019, 1.648.

97. Arts. 1.069 e 1.586.

98. Arts. 113, 128, 187, 422.

99. Arts. 242, 286, 307, 309, 523, 606, 607, 637, 686, 689, 765, 814, § 1.º, 856, parágrafo único, 878, 879, 896, 925, 1.049, *caput*, 1.149, 1.201, *caput* e parágrafo único, 1.202, 1.214, *caput* e parágrafo único, 1.217, 1.219, 1.222, 1.228, § 4.º, 1.238, *caput*, 1.242, 1.243, 1.247, 1.255, 1.257, parágrafo único, 1.258, 1.259, 1.260, 1.261, 1.268, *caput* e § 1.º, 1.270, 1.561, *caput* e § 1.º, 1.563, 1.741, 1.817, *caput*, 1.827, 1.828.

100. Arts. 13, 122, 187, 1.336, inciso IV, 1.638, inciso III.

101. Arts. 156, 478, 480, 621, 625, inciso II, 1.286.

102. Art. 944, parágrafo único.

103. Arts. 157, 317.

104. Arts. 234, 238, 239, 240, 248, 250, 254, 255, 256, 263, §§ 1.º e 2.º, 279, 392, 458, 459, 697, 718, 735, 927, parágrafo único, 931, 933, 936, 945, 1.016, 1.408, 1.410, inciso VII, 1.752, 2.020, 2.025.

105. Arts. 413, 479.

106. Arts. 421 e 2.035, parágrafo único.

107. Art. 422.

108. Arts. 461, 492, § 2.º, 494.

109. Art. 446.

110. Art. 720, parágrafo único.

111. Art. 478.

112. Art. 570.

113. Art. 575, parágrafo único.

114. Art. 1.011, *caput*.

122 | A BOA-FÉ NO DIREITO PRIVADO

interesse econômico e social relevante fim imoral;[115] *interesse público;*[116] *comunhão plena de vida* ou *comunhão de vida, honra e boa-fama;*[117] [crime ou doença ou violação de deveres] *que torne(m) insuportável a vida em comum*[118] ou *insuportabilidade da vida em comum;*[119] *motivos graves justo interesse;*[120] *ordem pública.*[121]

A vagueza socialmente típica também está presente em regras de leis especiais. Exemplificativamente, o Estatuto da Criança e do Adolescente;[122] o Código de Defesa do Consumidor e a Lei de Defesa da Concorrência.[123] Aí encontraremos as expressões *em condições de liberdade e dignidade* (ECA, art. 3.º); *crueldade* (ECA, arts. 5.º e 87, inc. III); *exigências do bem comum* (ECA, art. 6.º); *desenvolvimento sadio e harmonioso* (ECA, art. 7.º); *locais prejudiciais à formação do menor* (ECA, art. 67, inc. III); *interesse social* (CDC, art. 1.º); *prestações desproporcionais* (CDC, art. 6.º, inc. V); *circunstâncias relevantes* (CDC, art. 14, § 1.º); *desvantagem exagerada* (CDC, art. 51, inc. IV); *prestações excessivamente onerosas* (CDC, arts. 6.º, inc. V, e 51, § 1.º, inc. III); *equidade* (CDC, arts. 7.º e 51, inc. V); *abuso de direito* (CDC, art. 28, *caput*); má administração (CDC, art. 28, *caput*); *obrigações iníquas e abusivas* (CDC, art. 51, inc. IV); *ofensa aos princípios fundamentais do sistema jurídico a que pertence* (CDC, art. 51, § 1.º, inc. I); *cláusulas e condições comerciais injustificáveis* (LDC, art. 36, § 3.º, inc. XII); *justa causa* (LDC, art. 36 § 3.º, inc. XVII).

Conquanto a linguagem utilizada nesses dispositivos seja permeada por vagueza, nem todos os textos legais acima referidos caracterizam cláusulas gerais em sentido próprio ou estrito. O atributo da vagueza programática é comum, como se viu, ao gênero que abarca *conceitos jurídicos indeterminados, princípios normativos* e as cláusulas gerais em sentido próprio. É preciso, pois, distingui-los.

§ 14. Cláusulas gerais e conceitos indeterminados

1. Proposição

Muito embora alguns[124] neguem a distinção entre cláusulas gerais em sentido próprio e conceitos indeterminados, estrutural e analiticamente são distintas essas duas

---

115. Art. 883.
116. Art. 1.278.
117. Art. 1.557, inciso I.
118. Arts. 1.557, inciso IV, 1.572.
119. Art. 1.573, parágrafo único.
120. Art. 1.615.
121. Arts. 606, parágrafo único; 2.035, parágrafo único.
122. Lei 8.069/1990, aqui referida como «ECA».
123. Lei 12.529/2011, aqui referida como «LDC».
124. Para um panorama do atual debate na Alemanha, veja-se, na doutrina brasileira: MENKE, Fabiano. A Interpretação das Cláusulas Gerais: a subsunção e a concreção dos conceitos. *Revista de Direito do Consumidor*, vol. 50, São Paulo, Revista dos Tribunais, abr. 2004.

espécies normativas.[125] Uma primeira classificação se impõe no universo dos impropriamente denominados «conceitos jurídicos indeterminados»:[126] é a que os subdivide entre aqueles que aludem a *realidades valorativas* (tratando-se, então, de vagueza socialmente típica, por exemplo, as «*obras e serviços considerados pelo juiz de interesse social e econômico relevante*» conforme Código Civil, art. 1.228, § 4.º), e os que referenciam *realidades fáticas* (tratando-se de vagueza comum a ser preenchida pelas regras de experiência, *v.g.*, «animais de pequeno porte», de acordo com o Código Civil, art. 1.297, § 3.º; «extensa área», consoante o art. 1.228, § 4.º).

Os termos indeterminados podem se reportar a realidades fáticas e a realidades valorativas. Em relação aos primeiros, não há dificuldade em distinguir das cláusulas gerais, pois estas, como já se viu, não se reportam à vagueza comum, preenchível com base nas regras comuns de experiência, mas à vagueza socialmente típica.

O Código Civil brasileiro contempla uma imensa variedade de conceitos formados por termos ou expressões indeterminadas que se referem a realidades fáticas. Além dos acima mencionados, exemplifique-se com as «coisas necessárias à economia doméstica» que os cônjuges, «independentemente da autorização um do outro» podem comprar, «ainda a crédito», nos termos do art. 1.643, I; a «divisão cômoda» do imóvel a ser partilhado, a que se refere o art. 2.019, *caput*. Por igual, a «força natural violenta» referida no art. 1.251, *caput*; o «dinheiro necessário» às despesas ordinárias «com o sustento dos tutelados, que pode ser conservado em poder do tutor» (art. 1.753, *caput*); o «discernimento reduzido», causa incapacitante, nos termos do art. 4.º, inc. II; ou o «lugar de acesso perigoso ou difícil», do qual dá conta o art. 335, III. Cabe ao intérprete concretizá-los, determinando a hipótese legal com base nas regras de experiência e aplicando a consequência da incidência da norma que está predeterminada na própria estrutura normativa:[127] nos exemplos referidos, pode o proprietário da área invadida pelos «animais de pequeno porte» exigir que o dono dos animais construa o tapume, arcando com os respectivos custos; e pode o proprietário da «extensa área» vir a ser desapropriado.

Contudo, o mesmo Código contempla uma ampla série de conceitos que se reportam a realidades valorativas, encerrando, portanto, conteúdo axiológico. É em relação

---

125. Para um exame da indeterminação na linguagem jurídica *vide*: ÁVILA, Humberto. *Teoria da Indeterminação no Direito*. Entre a indeterminação aparente e a determinação. São Paulo: Juspodium e Malheiros Editores, 2022.

126. Na lição de Eros Grau: «os conceitos consubstanciam sumas de ideias que, para se realizarem como conceitos, hão de ser, no mínimo, determinadas. A mencionada "indeterminação" dos conceitos jurídicos, pois, não é deles, mas sim dos *termos* que os expressam, mercê de sua ambiguidade». (GRAU, Eros Roberto. *Direito, Conceitos e Normas Jurídicas*. São Paulo: Revista dos Tribunais, 1988, p. 72). Ainda em: GRAU, Eros Roberto. *Porque Tenho Medo dos Juízes*. A Interpretação/Aplicação do Direito e os Princípios. 6.ª ed. São Paulo: Malheiros, 2013, p. 140 e ss.

127. Assim: BARBOSA MOREIRA, José Carlos. Regras de Experiência e Conceitos Jurídicos Indeterminados. *Estudos Jurídicos em Homenagem ao Professor Orlando Gomes*. São Paulo: Forense, 1979, p. 605; WAMBIER, Teresa Arruda Alvim. *Controle das Decisões Judiciais por Meio de Recursos de Estrito Direito e de Ação Rescisória*. São Paulo: Revista dos Tribunais, 2001, p. 350-377.

124 | A BOA-FÉ NO DIREITO PRIVADO

a este grupo de conceitos indeterminados que tem sido discutida a possibilidade da distinção relativamente às cláusulas gerais de tipo regulativo, pois estas, como se viu, também reenviam a realidades valorativas, remetendo o intérprete às mutáveis tipologias sociais.

Um critério é proposto por Andrea Belvedere, a saber: se com a expressão «cláusula geral» apontamos à «*noção* que é utilizada pela norma e, portanto, indicada no enunciado normativo do termo correspondente», haverá sinonímia entre ambos. A própria noção de «boa-fé» exemplifica essa possibilidade de sinonímia, pois ao referir-mos a noção de «boa-fé» constante do art. 422 do Código Civil brasileiro, poderemos dizer que esse dispositivo tanto (*i*) caracteriza uma cláusula geral quanto (*ii*) emprega um conceito indeterminado. Afirma, por isso, Belvedere que seria mais indicado, quando se pretende apontar ao primeiro significado, referir a expressão «norma que contém uma cláusula geral» ao invés de aludir à cláusula geral, *tout court*.[128] Essa afirmativa é, porém, incorreta, ao confundir a norma com o enunciado normativo. Seria correta se dissesse: «enunciado normativo que caracteriza uma cláusula geral».

Entendo, contudo, que a distinção entre enunciados normativos contendo termos indeterminados e cláusulas gerais não se dá só no plano analítico, mas, fundamentalmente, nos *planos funcional e estrutural*, importando atentar para o modo de aplicação de uns e de outros.

2. O critério e a noção utilizados

É possível e até mesmo corriqueiro na linguagem legislativa que os conceitos formados por termos indeterminados integrem a descrição do «fato» em exame, fato esse a que são atribuídas determinadas consequências jurídicas, como ocorre, *v.g.*, relativamente ao «dinheiro necessário» às «despesas ordinárias» com o sustento dos tutelados e que pode ser conservado em poder do tutor, nos termos do art. 1.753, *caput*, do Código Civil. A descrição do fato está, pois, na hipótese legal. Não há dúvidas de que os enunciados em que são utilizados conceitos indeterminados permitem, por sua vagueza semântica, grande abertura às mudanças de valorações (inclusive as valorações contextuais e semânticas – no exemplo, o que é «necessário» ao sustento). Deve, por isso, o aplicador do direito averiguar quais são as conotações adequadas e as concepções sociais e éticas vigentes, de modo a determinar *in concreto* o significado do enunciado legal. Porém, por tais conceitos se integrarem na descrição do fato, a tarefa hermenêutica se exaure na fixação da premissa. Ainda no exemplo, bastaria fixar o que seria, na situação, «dinheiro necessário ao sustento do tutelado João, que implica o pagamento de habitação, escola, vestuário, alimentação, transporte e lazer». Por essa razão, «uma vez estabelecida, *in concreto*, a coincidência ou a não coincidência

---

128. BELVEDERE, Andrea. Le Clausole Generali tra Interpretazione e Produzione di Norme. *Politica del Diritto*, Bologna, Il Mulino, ano XIX, n. 4, 1988, p. 632.

entre o acontecimento real e o modelo normativo, a solução estará, por assim dizer, predeterminada».[129]

A efetiva distinção não está, portanto, na linguagem, *mas na estrutura normativa*. Os chamados conceitos indeterminados podem estar presentes em estruturas normativas completas, em que há hipótese legal (ainda que formulada de modo semanticamente vago) e consequência predeterminada. Diferentemente, nas cláusulas gerais em sentido próprio, a *estrutura deverá ser completada pelo intérprete*, pela adição da consequência devida.[130]

De fato, as cláusulas gerais constituem *estruturas normativas parcialmente em branco*, as quais são completadas por meio da referência às regras extrajurídicas,[131] ou a regras dispostas em outros «*loci*» do sistema jurídico. A sua concretização exige, consequentemente, que o julgador seja *reenviado* a modelos de comportamento e a pautas de valoração que não estão *descritos* na própria cláusula geral (embora por ela sejam indicados), cabendo-lhe, para tanto, quando atribuir uma consequência jurídica à cláusula geral, formar normas de decisão vinculadas à concretização do valor, diretiva ou do padrão social prescritivamente reconhecido como arquétipo exemplar de conduta.

Assim, inobstante o texto da cláusula geral habitualmente ser composto por termos indeterminados, a coincidência entre os fenômenos indicados por essas duas expressões – conceitos indeterminados e cláusulas gerais – não é perfeita, pois a cláusula geral exige que o intérprete-aplicador concorra de um modo diverso para complementar o enunciado normativo. Enquanto nos conceitos indeterminados o juiz se limita a reportar ao fato concreto o elemento (semanticamente vago) indicado na *fattispecie* (devendo, pois, individuar os confins da hipótese abstratamente posta, cujos efeitos já foram predeterminados legislativamente), na cláusula geral a operação intelectiva do juiz é mais complexa. Este deverá, além de averiguar a possibilidade de subsunção de uma série de casos-limite na *fattispecie*, averiguar a exata individuação das mutáveis regras sociais às quais o envia a metanorma jurídica.[132] Deverá, por fim, determinar também quais são os efeitos incidentes ao caso concreto, ou, se estes já vierem indicados, qual a graduação que lhes será conferida no caso concreto, à vista das possíveis soluções existentes no sistema.

---

129. Barbosa Moreira, José Carlos. Regras de Experiência e Conceitos Jurídicos Indeterminados. In: Limongi França, Rubens *et al*. *Estudos jurídicos em homenagem ao Professor Orlando Gomes*. São Paulo: Forense, 1979, p. 605.

130. Entende Humberto Ávila que as expressões «cláusulas gerais» e «conceitos jurídicos indeterminados», assim como «princípios jurídicos», «não tratam das mesmas propriedades [e] a rigor não poderiam ser comparadas direta e horizontalmente umas com as outras, dada a sua incomensurabilidade» (Ávila, Humberto. *Teoria da Indeterminação no Direito*. Entre a indeterminação aparente e a determinação. São Paulo: Juspodium e Malheiros Editores, 2022, p. 142).

131. Luzzati, Claudio. *La Vaghezza delle Norme* – Un'analisi del linguaggio giuridico. Milano: Giuffrè, 1990, p. 314.

132. Castronovo, Carlo. L'Avventura delle Clausole Generale. *Rivista Critica del Diritto Privato*, Napoli, Jovene, ano IV, 1986, p. 25.

O discrime ficará mais claro se forem tomadas, a título de comparação, a disposição do art. 51, IV, do Código de Defesa do Consumidor e a do art. 422 do Código Civil brasileiro:

«Art. 51. São nulas, de pleno direito, entre outras, as cláusulas contratuais relativas ao fornecimento de produtos e serviços que:

(...)

IV – estabeleçam obrigações consideradas iníquas, abusivas, que coloquem o consumidor em desvantagem exagerada, ou sejam incompatíveis com a *boa-fé* ou a equidade».

«Art. 422. Os contraentes são obrigados a guardar, assim na conclusão do contrato, como em sua execução, os princípios de probidade e *boa-fé*».

Como se vê, os dois dispositivos contêm a expressão «boa-fé», indiscutivelmente uma expressão dotada de alto grau de vagueza semântica. Em ambos os casos, é possível afastar a ambiguidade que poderia contaminar o significado do conceito, já que, contextualmente, se percebe que o legislador referiu-se à boa-fé objetiva. Marcadas estas identidades, é preciso assinalar as diferenças.

No Código de Defesa do Consumidor, está posta a hipótese legal da invalidade de cláusula contratual, por ato judicial. O enunciado não define «o que é» a boa-fé, não descreve o comportamento devido para agir-se segundo a boa-fé, não determina as condições em que um contrato é executado em boa-fé, e não indica qual é a extensão deste dever. O intérprete deverá, no caso concreto, precisar o que a sociedade onde vive tem para si como «incompatibilidade com a boa-fé», tarefa eminentemente hermenêutica. Essa valoração determinará a sua premissa. Uma vez configurada, o caso é simplesmente *de aplicar a consequência já expressamente prevista no enunciado normativo*, declarando a nulidade da disposição contratual. Assim, embora caiba ao intérprete determinar, em vista dos elementos fáticos e jurídicos incidentes, o que, no caso, consistiria um comportamento segundo a boa-fé no estabelecimento de cláusulas contratuais, uma vez preenchido o significado dessa expressão, caberá determinar a nulidade da cláusula, se violadora daquele comportamento, ou, até mesmo, de todo o contrato se, apesar dos esforços de integração, a ausência da cláusula importar em «ônus excessivo a qualquer das partes» (art. 51, § 2.º). A solução ou consequência normativa não é, pois, «criada» pelo juiz, já estando pré-configurada no texto: o que ocorre é, tão somente, um preenchimento do significado da expressão «boa-fé» pelo julgador.

Diferentemente, o Código Civil, ao determinar que o contrato deve ser executado segundo a boa-fé, consigna, na verdade, critério para a integração do contrato, enunciando cláusula geral a atuar na conclusão e na execução contratual. Isso significa dizer que, no momento aplicativo, e em vista de determinado contrato (*e.g.*, um contrato de empreitada), pactuado por contraentes contextualmente situados (*v.g.*, duas sociedades empresárias com atuação no ramo da construção e administração de *shopping centers*, que pactuam uma *joint venture*), o intérprete é *reenviado* a determinar o que seria, no ambiente contratual especificamente considerado, um comportamento segundo a boa-fé, para não apenas interpretar o contrato, mas, igualmente, para integrar suas lacunas e permitir o exame da conduta contratual.

O significado e a extensão, *in concreto*, da «conduta segundo a probidade e a boa-fé» não é criado pelo arbítrio ou «sentimento de justiça» ou, ainda, por inescrutável «julgamento de consciência do juiz». Este deverá averiguar os parâmetros em casos anteriores, em padrões de comportamento social objetivamente aferíveis, na praxe do setor, na prática eventualmente seguida pelas partes, tal como ocorre para a concretização de todo e qualquer conceito dotado de vagueza socialmente típica. Porém – à diferença do que se verifica na concretização dos demais conceitos indeterminados –, na concreção de uma cláusula geral, a determinação dos *efeitos* decorrentes da conduta contratual antinômica ao comportamento segundo a boa-fé será *determinada pelo aplicador, sempre à vista do caso concreto*. Em grande parte dos casos, a consequência será indenizatória, mas não só, ou não exclusivamente: poderá consistir na paralisação do exercício de um direito (*suppressio*); na coibição de uma conduta deslealmente contraditória (*venire contra factum proprium*); na evitação ao exercício de um direito formativo extintivo (no caso de adimplemento substancial do contrato); na criação de um direito formativo extintivo (*e.g.*, no inadimplemento antecipado do contrato); na própria invalidação do negócio (por exemplo, se caracterizado do dolo antecedente); na criação de um dever jurídico (*v.g.*, o dever de informar, ainda que não determinado pela lei); na criação de uma presunção de ciência e acordo, como na hipótese prevista no art. 617 do Código Civil, etc.

Em suma: o enunciado do art. 422 não define o que é a boa-fé, não descreve o comportamento devido para agir-se segundo a boa-fé, não determina as condições em que um contrato é executado segundo a boa-fé, não indica qual é a extensão deste dever, e também *não define as consequências da sua infração*. É no quadro da relação contratual concretamente em exame que se desenvolverá a atividade do aplicador. Este não está adstrito a declarar uma única eficácia (como a nulificação do contrato, ou de cláusula contratual, *ex vi* do art. 51, inc. IV, do Código de Defesa do Consumidor). Diferentemente, para a aplicação do art. 422, a par de tomar em conta o critério valorativo (interpretação) e considerar os elementos fáticos, o aplicador deverá, tendo em vista o instrumental fornecido pelo próprio sistema, pesquisar as soluções anteriormente conferidas pela jurisprudência e/ou aquelas apontadas pela doutrina para casos análogos de execução contratual; investigar os padrões de comportamento usualmente seguidos na ambiência contratual em causa; os interesses e riscos próprios do negócio examinado; averiguar o comportamento das partes, e, tudo somado e ponderado, quando apreciar demanda fundamentada na violação ao comportamento segundo a boa-fé, integrar o contrato concretamente considerado, determinando o conteúdo dessa integração em vista dos demais elementos fáticos e normativos do caso.

Em ambos os casos, é certo, haverá por parte do intérprete uma atitude valorativa; em ambos, o legislador afastou a enumeração casuística da ação contrária à boa-fé, deixando extensa margem de apreciação ao intérprete. Há, contudo, entre as disposições normativas transcritas, a do CDC e a do Código Civil, diversidade *na estrutura do enunciado normativo*, gerando, por consequência, diversidade no modo de atuação do julgador no momento aplicativo do direito.

A BOA-FÉ NO DIREITO PRIVADO

Exatamente essas mesmas características se fazem presentes nos princípios normativos, o que não significa, todavia, que haja completa identidade entre uns e outras.

§ 15. Cláusulas gerais e princípios jurídicos

1. Proposição

Também quanto à distinção entre cláusulas gerais e princípios jurídicos, há forte e respeitável entendimento doutrinário, no sentido de não ter cabimento o discrime.[133] Proponho, contudo, apreciar o tema sob duas diversas angulações, a saber: a distinção entre princípios jurídicos e cláusulas gerais é *necessária* em vista da extrema polissemia que ataca o termo «princípios»; as cláusulas gerais não são princípios, embora na maior parte dos casos *os prevejam* em seu enunciado, ou permitam a sua formulação.

2. Noção de princípio jurídico

A noção de «princípio jurídico» é polissêmica e polêmica. Os princípios «não constituem, absolutamente, uma categoria simples e unitária». Muito diversamente, «por essa expressão entendem-se frequentemente coisas distintas».[134] A diversidade das classificações doutrinárias nada mais reflete, aliás, do que esta plurivocidade que o caracteriza.[135] Na raiz da polêmica e da polissemia, estão a determinação de sua natureza (isto é, «o que são» os princípios, se constituem ou não normas jurídicas), os modelos linguísticos que podem seguir em cada Ordenamento e a delimitação de suas funções. Para estabelecer a distinção entre estes e as cláusulas gerais, é conveniente traçar brevíssimo inventário das diferentes acepções que doutrinariamente vêm sendo emprestadas ao termo, bem como dos critérios empregados para distinguir entre princípio e regra, advertindo, porém, que, sejam quais forem os critérios adotados para o estabelecimento da distinção entre princípio e regra, o mais relevante é a atenção para

---

133. Assim Ruy Rosado de Aguiar Jr., que os equipara sob a seguinte perspectiva: «As cláusulas gerais são inesgotáveis recursos de que poucos juízes brasileiros lançam mão para o encontro da decisão justa, mas que aí estão (por exemplo, Art. 5.º da Lei de Introdução ao CC; Art. 159 do CC; *o princípio da igualdade*, consagrado no Art. 5.º da CF)» (AGUIAR JÚNIOR, Ruy Rosado de. Interpretação. *Revista da Ajuris*, Porto Alegre, ano XVI, n. 45, mar. 1989, p. 19. Destaquei). Entendendo haver justaposição entre cláusulas gerais e princípios: ÁVILA, Humberto. *Teoria da Indeterminação no Direito.* Entre a indeterminação aparente e a determinação. São Paulo: Juspodium e Malheiros Editores, 2022, p. 78-79.

134. GUASTINI, Riccardo. *Das Fontes às Normas.* Trad. de Edson Bini. São Paulo: Quartier Latin, 2005, p. 185.

135. Como bem anota Genaro Carrió, se se pretender caracterizar o significado da expressão «princípio jurídico», estar-se-á, na realidade, buscando apoio numa definição estipulativa que homologaria apenas um dos sentidos correntes daquela (CARRIÓ, Genaro. Principios Jurídicos y Positivismo Jurídico. *Notas sobre Derecho y Lenguaje.* Buenos Aires: Abeledo-Perrot, 2006, p. 32).

com o sentido com o qual foi empregado o termo *princípio*: são distintos o valor facial e o semântico desse termo cuja utilização exige, como atividade intelectiva prévia, discernir entre o que é efetivamente princípio jurídico (com força prescritiva e vinculativa de condutas) e o que é axioma, recomendação, *ratio* de determinada instituição ou conjunto de regras, diretriz ou postulado normativo.

O conceito de «princípio jurídico» está vinculado, na linguagem corrente, a pelo menos sete focos de significação. Assim, com a ideia de «núcleo básico» ou «característica central» de algo; de «regra, guia, orientação ou indicação»; de «origem» ou «causa geradora»; com as noções de «finalidade, objetivo, propósito ou meta»; com as ideias de «premissa» ou «axioma» ou «verdade teórica» postulada como evidente; «com o sentido de» verdade ética inquestionável; e, finalmente, com as ideias de «máxima, aforisma, provérbio ou peça de sabedoria prática que nos vem do passado e que traz consigo o valor da experiência acumulada e o prestígio da tradição».[136]

Os focos de significação acima elencados se prestam, por sua vez, a um maior número de usos, que provém da diferente combinação entre eles, consoante o contexto no qual empregado o termo. Assim, conforme Carrió, a palavra *princípio* pode ainda conotar determinados traços de uma determinada ordem jurídica (*v.g.*, o princípio da supremacia da lei escrita, característico do direito continental europeu e sua descendência, por oposição aos direitos costumeiros), bem como expressar a *ratio legis* de uma determinada disposição legislativa (por exemplo, o princípio da responsabilidade por culpa inserto no art. 927, *caput*, do CC) ou, ainda, expressar «generalizações ilustrativas obtidas a partir das regras do sistema» (exemplificativamente, o princípio da incontagiabilidade do nulo, que domina o sistema das nulidades no Código Civil e no Código de Processo Civil).

Ainda em outra acepção, o termo «princípio» significa determinada pauta à qual é atribuído um conteúdo intrínseca e manifestamente justo. No exemplo de Carrió, estaria aí inserido o princípio que proíbe discriminar entre os seres humanos por motivos raciais ou religiosos, ou o que proscreve a escravidão. Diversamente, a mesma palavra *princípio* pode indicar, também, determinadas guias ou diretrizes dirigidas ao legislador, em geral com caráter exortatório ou programático, como determinadas normas constitucionais das quais entre nós é exemplo paradigmático a do art. 206, I, da Constituição Federal, ou, ainda, referir-se a máximas que provêm da tradição jurídica, como o «princípio» segundo o qual *nemo auditur propriam turpitudinem allegans*.[137] Por fim, ainda outra concepção empresta aos princípios o papel de «pensamentos diretores de uma regulação jurídica existente ou possível»,[138] os quais, quando remetem a um conteúdo intelectivo que conduz a uma determinada regulação, são tidos como

---

136. Carrió, Genaro. Principios Jurídicos y Positivismo Jurídico. *Notas sobre Derecho y Lenguaje.* Buenos Aires: Abeledo-Perrot, 2006, p. 33-34.

137. Ver Capítulo VIII, §75.

138. Larenz, Karl. *Derecho Justo* – Fundamentos de Ética Jurídica. Trad. espanhola de Luis Diez-Picazo. Madrid: Civitas, 1985, p. 32, em tradução livre.

130 | A BOA-FÉ NO DIREITO PRIVADO

princípios materiais, «ainda quando lhes falte o caráter formal de proposições jurídicas representado por um "suposto de fato" e uma "consequência jurídica"».[139]

A polissemia que cerca o termo «princípios» também deve ser atribuída às acepções vigentes nos diferentes sistemas (empregado o termo «sistema» na acepção do Direito Comparado), em vista da distinção entre princípio e regra jurídica, o que está ligado à questão da natureza normativa dos princípios. Por vezes, equiparam-se os termos «princípio» e «regra»; por vezes, encontram-se os mesmos distintos.[140] A confusão mais se acentua se tomarmos as acepções no idioma inglês, no qual se expressam autores de grande importância na Teoria do Direito contemporânea, como Hart e Dworkin.

Segundo conhecidíssima asserção de Ronald Dworkin,[141] há distinção lógica entre as regras (*rules*) e os princípios (*principles*),[142] porque umas e outros obedecem a diferentes dimensões. Ambos «apontam a decisões particulares referentes à obrigação jurídica em determinadas circunstâncias, diferindo, contudo, no caráter da orientação que dão. As regras são aplicáveis à maneira das disjuntivas»[143] (*se-então*) enquanto os princípios, «nem sequer os que mais se assemelham a regras, estabelecem consequências jurídicas que se seguem automaticamente, quando satisfeitas as condições previstas».[144] Por essa razão, afirma Dworkin, os princípios atuam numa dimensão estranha à dimensão das regras: a dimensão do peso ou da importância. O intérprete, ao aplicar a norma que consigna um princípio, deve ter em conta o seu *peso*, podendo um mesmo princípio ser ou não «aplicado» num determinado caso concreto, sem perder, contudo, a sua validade no sistema.

---

139. LARENZ, Karl. *Derecho Justo* – Fundamentos de Ética Jurídica. Trad. espanhola de Luis Diez-Picazo. Madrid: Civitas, 1985, p. 33, em tradução livre. Destaquei.

140. Para Jean-François Perrin, princípio, norma, regra e lei são distintos da seguinte forma: a) a regra seria um princípio em si mesmo considerado, e a lei seria a sua forma, ou o que o contém, de onde lei = continente, regra, e princípio = conteúdo da lei; b) considera-se que, no contexto das relações entre as palavras regra e norma, a regra seja um princípio de alcance geral e abstrato, enquanto a norma pode ter um alcance individual e concreto, de forma que a regra seria sempre princípio, enquanto a norma poderia ser decisão; c) a lei contém regras que são princípios; d) essas regras ou princípios se denominam também normas; e) essas normas podem ter um alcance geral ou abstrato, nada as distinguindo, aí, das regras, ou um alcance individual ou concreto, quando constituem, então, decisões; f) as regras devem ser fundadas (fundamento de validade), afirmando-se que elas retiram a sua validade de uma norma dita fundamental, de onde a regra teria uma posição ao mesmo tempo hierarquicamente superior à das normas (enquanto mais geral) e hierarquicamente inferior (enquanto retira da norma fundamental o seu fundamento de validade) (PERRIN, Jean-François. Regle. *Archives de Philosophie du Droit*, vol. 35, Paris, Dalloz, 1990, p. 246-247).

141. *Vide* DWORKIN, Ronald. *Los Derechos en Serio*. Trad. espanhola de Marta Guastavino. Barcelona: Ariel, 1989, devendo ser atentado que, na tradução para o espanhol, o termo inglês *rule* está indistintamente ora como *norma*, ora como *regra*.

142. DWORKIN, Ronald. *Los Derechos en Serio*. Trad. espanhola de Marta Guastavino. Barcelona: Ariel, 1989, p. 75.

143. De onde o famoso critério do «tudo ou nada», ou se aplicando ou não se aplicando, porque, se os fatos que estipulam uma regra estão dados, então ou bem a regra é válida – devendo, aí, a resposta que dá ser aplicada – ou não é válida, de maneira que, então, de nada importa a regra para a decisão.

144. DWORKIN, Ronald. *Los Derechos en Serio*. Trad. espanhola de Marta Guastavino. Barcelona: Ariel, 1989, p. 75, em tradução livre.

CONTEXTO, NOÇÃO E APLICAÇÃO DAS CLÁUSULAS GERAIS | 131

Dentre os doutrinadores brasileiros, uma original e bem acabada concepção acerca da distinção entre os princípios e as regras foi exposta por Humberto Ávila. Conquanto o foco de sua análise esteja na distinção entre princípios e regras (e não entre princípios e cláusulas gerais), o recorte que dá ao tema importa para os efeitos aqui buscados.

Após sintetizar o pensamento dos principais autores que se ocuparam da distinção entre princípios e regras e de analisar criticamente os critérios até então adotados,[145] Ávila propõe dissociar heuristicamente princípios e regras tendo em conta três critérios: (a) a natureza do comportamento prescrito ou da descrição normativa; (b) a natureza da justificação exigida; e (c) a medida da contribuição para a decisão. Sustentados os três critérios, conclui configurarem os princípios «normas imediatamente finalísticas, primariamente prospectivas e com pretensão de complementaridade e de parcialidade».[146] O caráter finalista está em que «estabelecem o dever de realizar ou preservar um estado de coisas pela adoção de comportamentos a ele necessários».[147] No seu modo de ver, o que os distingue, relativamente às regras, não é a linguagem, nem o fato de conterem elevada carga axiológica, mas o fato de não determinarem *imediatamente* o comportamento devido, razão pela qual são dotados da pretensão de complementaridade e parcialidade. São imediatamente finalistas. Já as regras são «mediatamente finalistas», estabelecendo fins apenas indiretamente, mas determinando com maior exatidão qual o comportamento devido para a concretização do fim estabelecido,[148] pois são «normas imediatamente descritivas, primariamente retrospectivas e com pretensão de decidibilidade e abrangência».

A distinção se projeta no modo de aplicação de umas e de outros: para a aplicação das regras, é exigível «a avaliação da correspondência, sempre centrada na finalidade que lhes dá suporte, ou nos princípios que lhes são axiologicamente sobrejacentes, entre a construção conceitual da descrição normativa e a construção conceitual dos fatos». A aplicação dos princípios demanda «uma avaliação da correlação entre o

---

145. ÁVILA, Humberto Bergmann. *Teoria dos Princípios*. Da Definição à Aplicação dos Princípios Jurídicos. 16.ª ed. São Paulo: Malheiros, 2015, p. 50-72. Para os fins deste estudo importa em especial a crítica ao critério da formulação linguística (p. 41) que, no seu modo de ver, não pode ser elemento distintivo de uma espécie normativa. Contudo, desde que haja a correta apreensão do que é enunciado normativo e o que é norma (como resultado de uma construção cujo ponto de partida está na disposição normativa) a objeção não procede. Se assim não fosse, não seriam qualificáveis como princípios aqueles que, embora inexpressos legislativamente, são construídos pela atividade do intérprete a partir de um ou de um conjunto de enunciados. É o caso, paradigmaticamente, do chamado «princípio de vedação ao enriquecimento sem causa», inexpresso no Código Civil de 1916.

146. ÁVILA, Humberto Bergmann. *Teoria dos Princípios*. Da Definição à Aplicação dos Princípios Jurídicos. 16.ª ed. São Paulo: Malheiros, 2015, p. 102.

147. ÁVILA, Humberto Bergmann. *Teoria dos Princípios*. Da Definição à Aplicação dos Princípios Jurídicos. 16.ª ed. São Paulo: Malheiros, 2015, p. 96.

148. ÁVILA, Humberto Bergmann. *Teoria dos Princípios*. Da Definição à Aplicação dos Princípios Jurídicos. 16.ª ed. São Paulo: Malheiros, 2015, p. 96.

132 | A BOA-FÉ NO DIREITO PRIVADO

estado de coisas a ser promovido os efeitos decorrentes da conduta havida como necessária à sua promoção».[149]

Ávila tem em vista – tal como também aqui é considerado – apenas os princípios que configuram *proposições prescritivas de comportamentos* a que estão ligadas consequências, é dizer: aqueles princípios dotados de *caráter normativo*, e, como tal, tendo efetiva carga prescritiva («princípios normativos», ou «princípios prescritivos»). Diferentemente dos axiomas, aforismas, diretrizes, premissas, brocardos, recomendações, súmulas, sínteses indicadoras da *ratio* de determinado instituto, causa geradora, finalidade, propósito, ou verdade ética inquestionável – também nomeadas indistintamente como «princípios jurídicos» –, apenas aqueles dotados de caráter normativo é que, tendo o atributo da prescritividade, tem o poder de incidir e, assim, vincular as condutas a que se referem.

3. Semelhanças e distinções

Considerados, pois, *apenas os princípios efetivamente normativos*, o que importa reter, para os fins de precisar as semelhanças e as distinções entre aqueles e as cláusulas gerais, são as três características apontadas por Ávila, quais sejam: (a) a circunstância de os princípios não descreverem objetos imediatamente determináveis, mas prescreverem um «estado ideal de coisas» a ser promovido mediante a adoção de determinado comportamento; (b) o modo pelo qual o julgador os aplica, exigindo uma prévia avaliação da «correlação positiva entre os efeitos da conduta adotada e o estado de coisas que deve ser promovido»;[150] e (c) a circunstância de contribuírem para a solução do problema prático sobre o qual incidem como «razões a serem conjugadas com outras para a solução de um problema».[151] Outras duas características comumente atribuídas aos princípios: (d) a sua linguagem, dotada de elevado grau de vagueza semântica, e (e) o seu forte conteúdo valorativo, é dizer, o seu «caráter fundante», são objetadas por Ávila, que as rubrica como hipótese de «distinção fraca» entre princípios e regras.[152] Porém, conquanto não absolutos (pois, como se referiu, toda a linguagem é dotada de graus variados de vagueza; e todo enunciado jurídico tem conteúdo valorativo), esses dois critérios, uma vez coimplicados, são úteis para a identificação dos princípios jurídicos e das cláusulas gerais. Examinem-se, analiticamente:

(a) *princípios e cláusulas gerais* são imediatamente finalistas e *não descritivos*: tanto nos princípios quanto nas cláusulas gerais é manifesto o caráter imediatamente

---

149. ÁVILA, Humberto Bergmann. *Teoria dos Princípios*. Da Definição à Aplicação dos Princípios Jurídicos. 16.ª ed. São Paulo: Malheiros, 2015, p. 102.

150. ÁVILA, Humberto Bergmann. *Teoria dos Princípios*. Da Definição à Aplicação dos Princípios Jurídicos. 16.ª ed. São Paulo: Malheiros, 2015, p. 107.

151. ÁVILA, Humberto Bergmann. *Teoria dos Princípios*. Da Definição à Aplicação dos Princípios Jurídicos. 16.ª ed. São Paulo: Malheiros, 2015, p. 107.

152. ÁVILA, Humberto Bergmann. *Teoria dos Princípios*. Da Definição à Aplicação dos Princípios Jurídicos. 16.ª ed. São Paulo: Malheiros, 2015, p. 109-111.

CONTEXTO, NOÇÃO E APLICAÇÃO DAS CLÁUSULAS GERAIS | 133

finalista da norma quanto o escasso ou o inexistente elemento descritivo. Os princípios visam a prescrever determinados fins, sem descrever, diretamente, qual o comportamento devido para alcançar tais fins.[153] Também nas cláusulas gerais não há o elemento descritivo. Ao invés de descrever condutas, ambos «proporcionam critérios para o juiz tomar uma posição diante de situações concretas que, no entanto, *a priori* são indeterminadas, só adquirindo um significado operativo no momento de sua aplicação a um caso específico».[154]

(b) *Os princípios cominam a promoção de um «estado ideal de coisas»*: as cláusulas gerais, igualmente, indicam idealmente condutas, não as descrevendo senão de modo genérico, como, *e.g.*, no art. 187 do Código Civil que, *a contrario*, diz ser lícito o negócio jurídico quando, no exercício dos direitos subjetivos dele decorrentes, as partes atuam de modo conforme a boa-fé, aos bons costumes e ao fim econômico e social do negócio; ou quando indicam, também de modo genérico, o dever de obediência a um princípio que, por sua vez, reenvia à promoção de um «estado ideal de coisas», tal como se verifica no art. 422 do Código Civil, sendo este «estado ideal» a conduta contratual conforme a probidade e a boa-fé.

Enquanto, porém, os princípios prescritivos são normas que reenviam diretamente a realidades valorativas, as cláusulas gerais têm por função promover o reenvio do intérprete/aplicador (b.i) ou a outros espaços do próprio Ordenamento, ainda que não configurem realidades valorativas (por exemplo, a antes mencionada cláusula geral prevista no art. 7.º do Código de Defesa do Consumidor); ou (b.ii) a *standards* valorativos (como a «comunhão plena de vida», prevista no art. 1.511 do Código Civil ou o valor «probidade», que é correção eticamente orientada na relação contratual, *ex vi* do art. 422 do mesmo Código Civil).

Quando uma cláusula geral promove o reenvio a um valor, *haverá superposição* entre a cláusula geral e o princípio jurídico. É exatamente o caso do art. 422 do Código Civil, que expressa, concomitantemente, um princípio, um *standard* comportamental e uma cláusula geral: trata-se de um princípio porque os contraentes deverão adotar um comportamento probo (segundo o *standard* comportamental da probidade), porque este comportamento é necessário à promoção de um tráfico jurídico adequado, fundado na seriedade das declarações negociais, na confiança na mútua conduta e na consideração às legítimas expectativas dos contraentes. Os contraentes são, portanto, direcionados a uma *ação valiosa* (leal, proba, útil, correspondente à legítima confiança investida) em vista do adimplemento satisfativo, fim que polariza toda e qualquer relação contratual.

Em suma: havendo parcial superposição entre cláusulas gerais e princípios, o critério proposto é útil, mas ainda insuficiente para a distinção entre princípios e

---

153. ÁVILA, Humberto Bergmann. *Teoria dos Princípios*. Da Definição à Aplicação dos Princípios Jurídicos. 16.ª ed. São Paulo: Malheiros, 2015, p. 70.

154. Assim, LAFER, Celso. Prefácio. In: GONÇALVES, Camilla de Jesus Melo. *Princípio da Boa-Fé*: perspectivas e aplicações. Rio de Janeiro: Elsevier – Campus Jurídico, 2008, p. XI.

134 | A BOA-FÉ NO DIREITO PRIVADO

cláusulas gerais, com o que devo prosseguir no exame dos demais critérios propostos por Ávila.

(c) *princípios exigem a prévia avaliação da «correlação positiva entre os efeitos da conduta adotada e o estado de coisas que deve ser promovido»*: visto que os princípios, como normas imediatamente finalísticas, estabelecem um fim a ser atingido, sua aplicação, como referido, «demanda uma avaliação da correlação entre o estado de coisas a ser promovido e os efeitos decorrentes da conduta havida como necessária à sua promoção».[155] A cada fim almejado corresponde um conteúdo,[156] pois o «estado de coisas» a que corresponde finalisticamente o princípio, há de ser realizado por meio de determinados comportamentos. Logo, «a positivação de princípios implica a obrigatoriedade da adoção de comportamentos necessários à sua realização, salvo se o Ordenamento jurídico predeterminar o meio por regras de competência».[157] Exemplificando: ao determinar que as partes, na conclusão e a execução do contrato devem agir de acordo com a probidade e a boa-fé, o art. 422 do Código Civil não está apenas fixando valores, isto é, atuando no plano axiológico: está determinando que as partes de um contrato adotem os comportamentos necessários para que o «estado ideal de coisas» almejado seja realizado na maior medida possível – e, consequentemente, situa-os no plano deontológico. Por esta razão, diz Ávila, os princípios, «embora relacionados a valores, não se confundem com eles» – os princípios se relacionam com valores «na medida em que o estabelecimento de fins implica qualificação positiva de um estado de coisas que se quer promover».[158]

O critério proposto é relevante para a compreensão dos princípios e das cláusulas gerais que caracterizam um princípio. Há de ser retido, para a melhor compreensão da função produtiva (ou jurisgênica) da boa-fé, mas é ainda insuficiente para a distinção entre cláusulas gerais e princípios normativos.

(d) *princípios e cláusulas gerais devem ser conjugados com outras razões, em vista da solução do problema*: na dicção de Ávila, «os princípios consistem em normas *primariamente complementares e preliminarmente parciais*, na medida em que, sobre abrangerem apenas parte dos aspectos relevantes para uma tomada de decisão, não têm a pretensão de gerar uma solução específica, mas de contribuir, ao lado de outras razões, para a tomada de decisão».[159] Logo, o «estado ideal» de coisas ao qual o princípio direciona será diverso conforme forem diversos os demais elementos normativos incidentes; serão também diversos, conforme o campo jurídico, os demais princípios e regras que

---

155. ÁVILA, Humberto Bergmann. *Teoria dos Princípios*. Da Definição à Aplicação dos Princípios Jurídicos. 16.ª ed. São Paulo: Malheiros, 2015, p. 102.

156. «Objeto do fim é o conteúdo desejado» (ÁVILA, Humberto Bergmann. *Teoria dos Princípios*. Da Definição à Aplicação dos Princípios Jurídicos. 16.ª ed. São Paulo: Malheiros, 2015, p. 102-103).

157. ÁVILA, Humberto Bergmann. *Teoria dos Princípios*. Da Definição à Aplicação dos Princípios Jurídicos. 16.ª ed. São Paulo: Malheiros, 2015, p. 103.

158. ÁVILA, Humberto Bergmann. *Teoria dos Princípios*. Da Definição à Aplicação dos Princípios Jurídicos. 16.ª ed. São Paulo: Malheiros, 2015, p. 104.

159. ÁVILA, Humberto Bergmann. *Teoria dos Princípios*. Da Definição à Aplicação dos Princípios Jurídicos. 16.ª ed. São Paulo: Malheiros, 2015, p. 100.

incidirão e relativamente aos quais o «estado ideal de coisas» a que o princípio direciona deverá ser harmonizado.

Quando houver uma superposição entre uma cláusula geral e um princípio, tal qual se verifica no art. 422 do Código Civil, o que for dito relativamente a um deverá ser estendido ao outro. O critério não é adequado, portanto, para evidenciar distinção, cabendo dar mais um passo em busca do discrimine.

(e) *princípios e cláusulas gerais são expressos em linguagem vaga*: tanto os princípios quanto as cláusulas gerais são espécies integrantes do gênero «normas vagas», sendo dotados de elevado grau de vagueza semântica, como é próprio à linguagem diretamente referida a elementos axiológicos (bem comum, conduta razoável, boa-fé, moralidade, justo preço, onerosidade excessiva, etc.). A doutrina reconhece que, embora a elasticidade de formulação percorra, em graus variados, toda linguagem, «pode-se convir que os princípios são, habitualmente, normas bastante vagas».[160] A «porosidade» da linguagem está presente em ambas as espécies normativas, com o que esse critério não é suficiente para a distinção entre princípios e cláusulas gerais;

(f) *princípios e cláusulas gerais* têm forte carga valorativa e caráter fundante: o adjetivo «elevada» ou «forte» para qualificar a carga axiológica mostra tratar-se de uma questão de grau. Admite-se que todo e qualquer enunciado normativo tem referência, direta ou indireta, a um valor, não sendo admissível uma pretensa neutralidade valorativa das espécies normativas. Tomado esse critério, a distinção está em que os princípios têm referência direta a um valor; enquanto as cláusulas gerais podem ter referência direta (como a cláusula geral da boa-fé objetiva) ou indireta (como a cláusula geral de preenchimento de lacunas mediante o reenvio a outras instâncias normativas, prevista no art. 7.º do CDC, que remete o intérprete a outros espaços normativos – tratados ou convenções internacionais de que o Brasil seja signatário, legislação interna ordinária, regulamentos expedidos pelas autoridades administrativas competentes – em busca de «outros direitos» concedidos ao consumidor).[161]

O conteúdo axiológico dos princípios justifica o seu *caráter fundante*.[162] Este, segundo Riccardo Guastini, pode ser compreendido em pelo menos três sentidos:[163]

(i) pode-se dizer que uma norma (N_1) é fundamento de outra norma (N_2), quando N_1 é mais genérica do que N_2, de forma que N_2 pode ser logicamente deduzida de N_1.

---

160. GUASTINI, Riccardo. *Das Fontes às Normas*. Trad. de Edson Bini. São Paulo: Quartier Latin, 2005, p. 189.

161. CDC, art. 7.º: «Os direitos previstos neste código não excluem outros decorrentes de tratados ou convenções internacionais de que o Brasil seja signatário, da legislação interna ordinária, de regulamentos expedidos pelas autoridades administrativas competentes, bem como dos que derivem dos princípios gerais do direito, analogia, costumes e equidade».

162. Nesse sentido, entre outros, CANOTILHO, José Joaquim Gomes. *Direito Constitucional*. 6.ª ed. Coimbra: Almedina, 1993, p. 165 e ss.

163. GUASTINI, Riccardo. I Principi del Diritto. In: VISINTINI, Giovanna (Org.). *Il Diritto dei Nuovi Mondi*. Padova: Cedam, 1994, p. 195.

Nesse sentido diz-se que a norma constitucional que impõe a prévia licitação, nos contratos firmados pela Administração Pública (CF, art. 37, XXI), é explicitação do princípio da impessoalidade (CF, art. 37, *caput*), esse, por sua vez, derivado do princípio (fundamental) da isonomia (CF, art. 5.º, *caput*).

(ii) pode-se também dizer que uma norma (N_1) é fundamento de outra norma (N_2), quando N_2 constitui «atuação» de N_1. Assim acontece quando N_1 é uma diretriz (*policie*), uma norma que prescreve determinado fim, e N_2 é um meio para o atingimento daquele fim.[164] Como exemplo, está, como N_1, a norma do art. 4.º, *caput*, do Código de Defesa do Consumidor, e, como N_2, a norma do art. 6.º, V, do mesmo estatuto, o qual permite a modificação das cláusulas contratuais que estabeleçam prestações desproporcionais, como meio ou instrumento (um dos) para que se alcance a proteção das necessidades dos consumidores, inclusive de seus interesses econômicos.[165]

(iii) uma norma (N_1) é fundamento de outra norma (N_2), na medida em que N_1 é uma norma *de competência* e N_2 *promana da autoridade instituída por* N_1. Nesta acepção, todavia, como sublinha Guastini, «o termo "princípio", com referência a N_1, não soaria adequado».[166] E não soaria adequado, porque, nesta acepção, se pode entender que N_1 é uma cláusula geral, e não um princípio, e N_2 é a norma de decisão no caso concreto. N_1 conferiria, assim, competência ao juiz para buscar o valor ou o *standard* que fundamentaria o caso concreto.

4. Proposição sintética acerca da distinção entre princípio e cláusula geral

Examinados os seis critérios, conclui-se que a distinção entre princípios normativos e cláusulas gerais não se dá nem pela linguagem, nem pela estrutura, sequer pela finalidade ou modo de raciocínio que ensejam. A distinção, quando existente, *prende-se ao tipo de cláusula geral*, pois, como se viu, nem sempre estas reenviam a valores. Entre os princípios normativos e as cláusulas gerais de tipo regulativo, que reenviam a realidades

---

164. GUASTINI, Riccardo. I Principi del Diritto. In: VISINTINI, Giovanna (Org.). *Il Diritto dei Nuovi Mondi*. Padova: Cedam, 1994, p. 195.

165. Sem embargo dessa explicitação, alguns autores distinguem os princípios, em sentido próprio ou estrito, das diretrizes (*policies*). Assim Dworkin, para o qual as diretrizes são os *standards* que propõem um objetivo que deve ser alcançado, em geral no campo econômico, político ou social de certa comunidade. Já os princípios não têm a pretensão de favorecer ou assegurar uma certa situação econômica, política ou social porque esta seja considerada desejável, mas porque assegurá-la é uma exigência de justiça, equidade ou outra dimensão da moralidade. Nessa medida, os princípios teriam, sempre, um imediato caráter axiológico, reenviando a um valor (DWORKIN, Ronald. *Los Derechos en Serio*. Trad. espanhola de Marta Guastavino. Barcelona: Ariel, 1989, p. 72).

166. GUASTINI, Riccardo. Soluzioni Dubbie, Lacune e Interpretazioni secondo Dworkin. *Materiali per una Storia della Cultura Giurdica*, 1983, p. 195.

CONTEXTO, NOÇÃO E APLICAÇÃO DAS CLÁUSULAS GERAIS | 137

valorativas, não há distinção. Haverá distinção, no plano formal, entre princípios inexpressos legislativamente[167] e as cláusulas gerais, pois estas estão expressadas em um enunciado normativo de fonte legal, sendo de rejeitar-se a ideia de uma «cláusula geral» inexpressa na lei, pelo alto grau de insegurança envolvido: não haveria, então, nenhuma ligação com a fonte legal e não se poderia mais falar de uma «delegação» de poderes do legislador ao juiz ou árbitro, para que esse construa a solução, fixando as eficácias conexas à determinada hipótese. Ou as cláusulas gerais são objeto de uma expressa formulação na lei – com a dupla abertura antes já mencionada –[168] ou não se configuram como técnica legislativa. A se entender que há cláusulas gerais «implícitas» nenhuma distinção haverá entre essas espécies e os princípios e o problema se resumirá à etiqueta preferida pelo intérprete, o que, convenhamos, não é método afeito à Ciência Jurídica.

A confusão entre princípio jurídico e cláusula geral decorre, no mais das vezes, do fato de um dispositivo que configure cláusula geral estar referida a um princípio, *reenviando ao valor que este exprime*, como ocorre com o reiteradamente citado art. 422 do Código Civil. Mas aí, sim, se poderá dizer, fundamentadamente, que determinado enunciado normativo configura, ao mesmo tempo, princípio e cláusula geral.

Aliás, boa parte da incerteza acerca dos lindes das cláusulas gerais e dos princípios é devida à confusão entre o *sintagma* cláusula geral e o *enunciado*, com a correspondente proposição normativa, contido num texto que consubstancia cláusula geral. Aí se fala, indistintamente, no «princípio da boa-fé», inscrito no art. 422 e na «cláusula geral da boa-fé», desenhada pelo mesmo texto legislativo, como se poderia falar no conceito juridicamente indeterminado revelado na expressão linguística «boa-fé».

Feitas estas distinções, é possível concluir: considerando-se que um enunciado normativo é composto, do ponto de vista estrutural, por estatuição e consequência ou proposição:

---

167. Os princípios podem ser «inexpressos», isto é, destituídos de um suporte textual de cunho legislativo. Há princípios que vêm expressos por dicção legislativa e os que estão (ainda) inexpressos ou implícitos, sendo recolhidos, retirados ou formulados pelo intérprete. Os princípios ditos «expressos» são aqueles explicitamente baseados em uma determinada disposição legislativa que lhes confere base textual direta. São princípios inexpressos legislativamente (ditos «implícitos») aqueles que, embora não correlacionados a uma determinada disposição legislativa, são, à vista da racionalidade do sistema, da natureza de certa instituição, ou do conjunto normativo aplicável a certo campo, elaborados, construídos, «recolhidos» ou formulados pelo intérprete como verdadeiras normas, isto é, incidindo e vinculando condutas. Assim, o princípio da vedação ao enriquecimento sem causa e mesmo o princípio da boa-fé objetiva, durante a vigência do Código Civil de 1916, quando não estavam expressos em disposição legislativa. Entende-se, afirma Guastini, «que os intérpretes, ao formularem um princípio inexpresso, não se submetem ao legislador, mas assumem que tal princípio esteja implícito, latente, no discurso das fontes» (GUASTINI, Riccardo. Soluzioni Dubbie, Lacune e Interpretazioni secondo Dworkin. *Materiali per una Storia della Cultura Giuridica*, 1983, p. 199. Também em: GUASTINI, Riccardo. *Das Fontes às Normas*. Trad. de Edson Bini. São Paulo: Quartier Latin, 2005, p. 192-193).

168. Isto é: o enunciado normativo é «aberto» na descrição do comportamento e na fixação punctualizada da consequência jurídica correlata à hipótese legal.

a) não há, ontologicamente, distinção entre as normas formuladas a partir de um dispositivo legal do tipo casuístico; por meio da concreção dos princípios, dos conceitos indeterminados, e das cláusulas gerais;

b) há diferença na estrutura normativa, o que se refletirá na diferença metodológica concernente ao modo de raciocínio hábil a operar a sua aplicação;

c) há diferença funcional entre as normas compreendidas em cláusulas gerais e as que caracterizam conceitos jurídicos indeterminados, porque, nas primeiras, as consequências (estatuição) só são formadas à vista do caso concreto, enquanto, nas segundas, estas já estão estabelecidas de modo geral e abstrato;

d) há diferença no modo de justificação ensejado pela aplicação de uma regra, de um princípio e de uma cláusula geral: no caso dos princípios, o julgador deve «argumentar de modo a fundamentar uma avaliação de *correlação* entre os efeitos da conduta a ser adotada e a realização gradual do estado de coisas exigido», o que Humberto Ávila denomina de «relação de correlação».[169] Nas regras, havendo «maior determinação do comportamento devido em razão do caráter descritivo ou definitório do enunciado prescritivo», o julgador traça a *correspondência* («relação de correspondência») entre o fato e a descrição normativa, bem como com finalidade que lhe dá suporte, isto é, entre o fato e o «estado ideal de coisas» almejado.[170] Na aplicação das cláusulas gerais, tal como na aplicação dos princípios normativos, a argumentação do julgador deve traçar uma relação que é de *correspondência fundamentada*, sob dupla forma: deve o julgador estabelecer a correlação *in abstracto* entre os deveres previstos de modo vago no enunciado (comumente pelo reenvio a princípios), buscando na tipologia social a descrição dos deveres que seriam exigíveis em vista da situação concreta, para o fim de especificar, ainda *in abstracto*, o comportamento devido; e, num segundo passo, deve estabelecer entre o fato concreto (comportamento, circunstâncias objetivas e subjetivas), e os deveres já então especificados, a relação de correspondência, definindo, também, a consequência jurídica.[171] Na verdade, a conduta é indicada de forma genérica. Ao complementar a norma, o julgador fará a especificação, que será definitiva para o caso concreto e indicativa (e, nesse sentido instável) para os casos similares.

Sublinho este ponto: nas cláusulas gerais, a concretização da valoração e a formação da estatuição só pode operar perante o caso concreto, ou em face de grupos de casos considerados como «típicos» por meio deste vai e vem entre o abstrato e geral, o

---

169. Ávila, Humberto Bergmann. *Teoria dos Princípios*. Da Definição à Aplicação dos Princípios Jurídicos. 16.ª ed. São Paulo: Malheiros, 2015, p. 98.

170. Ávila, Humberto Bergmann. *Teoria dos Princípios*. Da Definição à Aplicação dos Princípios Jurídicos. 16.ª ed. São Paulo: Malheiros, 2015, p. 96-97.

171. Percebeu esse mecanismo Roberto Freitas Filho ao considerar que as cláusulas gerais «são expressas na forma disjuntiva se-então e determinam uma espécie de conduta, ainda que não especificada de forma definitiva» (Freitas Filho, Roberto. *Intervenção Judicial nos Contratos e Aplicação dos Princípios e das Cláusulas Gerais*: o caso do *leasing*. Porto Alegre: Sergio Antonio Fabris Editor, 2009, p. 314).

CONTEXTO, NOÇÃO E APLICAÇÃO DAS CLÁUSULAS GERAIS | 139

concreto e geral, o abstrato especificado e novamente o concreto, desta vez particularizado, instaurando-se verdadeira relação dialógica entre *sistema e problema*.

Por não haver, no enunciado normativo, a descrição do comportamento e a fixação punctualizada da consequência jurídica correlata à hipótese legal, haverá, a par da necessidade de precisar a hipótese, mediante o processo de reenvio, o dever de estabelecer a consequência conforme o instrumental oferecido pelo sistema, do que derivará uma imensa potencialidade de sua formação, tarefa para a qual é chamada a cooperar a doutrina para propor soluções, delimitar o âmbito de ação dos conceitos tipicamente vagos e estabelecer relações entre as soluções alcançadas por via da cláusula geral.[172] Porém, embora não esteja textualmente apontada no enunciado a determinação prévia dos modos e dos casos em que a norma deva ser aplicada, é evidente que, ainda assim, *a norma deve ser aplicada*. O fato de conter expressões ou termos vagos não significa seja um enunciado despido das qualidades essenciais às normas jurídicas, como a possibilidade de incidência, coercibilidade e a obrigatoriedade.

5. Critérios para a aplicação das cláusulas gerais

Para que isso ocorra, contudo, é preciso que sejam encontrados os *critérios de aplicação*, o que remete a determinar quais são os critérios que presidem a aplicação das cláusulas gerais.

O *primeiro critério* para a aplicação das cláusulas gerais está na adstrição ao direcionamento do mandato ou delegação que foi atribuído pelo legislador ao intérprete para que complete o enunciado, detalhando a hipótese normativa e desenvolvendo soluções jurídicas. À vista dos casos concretos, o julgador é reenviado para elementos cuja concretização podem estar ou em outros «espaços» do sistema (intersistematicidade), ou, até mesmo fora do sistema (extrassistematicidade). O objeto do reenvio promovido pelas cláusulas gerais consiste na concretização especificativa das pautas de valoração do caso concreto.

O *segundo critério* aplicativo atine ao *locus* do objeto do direcionamento: as pautas de valoração estão ou já indicadas em outras disposições normativas integrantes do

---

172. Ao atentar às questões técnicas embrincadas às cláusulas gerais, especialmente àquelas cuja dimensão técnico-jurídica é mais acentuada, Claudio Luzzatti assinala à interpretação sistemática o papel de «clarear as relações entre estas noções e os outros conceitos normativos, tecendo uma fixa rede teórica da qual, após, se retorna à experiência para trazer esta ou aquela concreta consequência jurídica». Neste processo, a doutrina será chamada «a delimitar o âmbito de ação dos conceitos tipicamente vagos e a verificar as possibilidades de estender tais conceitos de um instituto a outro» (LUZZATTI, Claudio. *La Vaghezza delle Norme* – Un'analisi del linguaggio giuridico.Milano: Giuffrè, 1990, p. 318-319). A função da doutrina é também salientada por COUTO E SILVA, Clóvis do. O Princípio da Boa-Fé no Direito Brasileiro e Português. *Estudos de Direito Civil Brasileiro e Português*. SãoPaulo: Revista dos Tribunais, 1980, p. 53. Essa função e o modo pela qual se desenvolve é peculiar dos sistemas integrantes da «civil law» e não tem equiparação com a realidade da «common law». (v. JESTAZ, Philippe; JAMIN, Christophe. *La Doctrine*. Paris: Dalloz, 2004).

140 | A BOA-FÉ NO DIREITO PRIVADO

sistema (caso tradicional de reenvio),[173] ou são objetivamente vigentes no ambiente social em que o juiz opera (caso de direcionamento). O intérprete deve atentar a essas pautas, a fim de concretizá-las em forma *generalizante*, isto é, com a função de uma *tipologia social.*[174] Os elementos extrassistemáticos ou intersistemáticos a que é o juiz direcionado pelo reenvio *fundamentarão a decisão*, motivo pelo qual esses fundamentos, uma vez reiterados no tempo, alcançarão uma relativa abstração que, por sua vez, viabilizará a *ressistematização* destes elementos originariamente inter e extrassistemáticos no interior do Ordenamento jurídico.

Essa passagem do assistemático ao sistema, do particular ao que será geral, é complexa e permeada por riscos. Cabe atenção, assim, ao exame das funções das cláusulas gerais e dos problemas suscitados por sua aplicação.

§ 16. Funções das cláusulas gerais: abertura, mobilidade e ressistematização por via da formação de novos institutos

1. Proposição

As cláusulas gerais têm por função auxiliar a abertura e a mobilidade do sistema jurídico, propiciando o seu progresso mesmo se ausente a inovação legislativa. A abertura diz respeito ao ingresso no *corpus* legislativo de princípios, máximas de conduta, *standards* e diretivas sociais e econômicas, viabilizando a captação e a inserção de elementos extrajurídicos de modo a promover a «adequação valorativa» do sistema (abertura ou permeabilidade do sistema). A mobilidade diz respeito à acomodação no interior do sistema desses novos elementos, conectando-os, num movimento dialético, com outras soluções sistemáticas (ressistematização).

---

173. Discorda deste entendimento Michele Taruffo, segundo o qual a norma contida na cláusula geral não reenvia a uma outra norma ou princípio do Ordenamento jurídico, mas sempre reenvia para fora do Ordenamento, ou seja, a outros critérios não fixados no sistema de normas jurídicas. A norma em questão deve ser, pois, heterointegrada, ou seja, preenchida com base em critérios metajurídicos que, «segundo o lugar comum tradicional, existem na sociedade» (TARUFFO, Michele. La Giustificazione delle Decisione Fondate su Standards. *Materiali per una Storia della Cultura Giuridica*, vol. XIX, n. 1, 1989, p. 152). Penso, contudo, que o reenvio expressão abarca tanto a condução do intérprete para fora quanto para dentro do sistema. Assim, exemplificativamente, o art. 7.º do Código de Defesa do Consumidor, *in verbis*: «Os direitos previstos neste código não excluem outros decorrentes de tratados ou convenções internacionais de que o Brasil seja signatário, da legislação interna ordinária, de regulamentos expedidos pelas autoridades administrativas competentes, bem como dos que derivem dos princípios gerais do direito, analogia, costumes e equidade».

174. Conforme a terminologia de MENGONI, Luigi. Diritto Vivente. *Jus*, Milano, Vita e Pensiero, 1989, p. 13.

CONTEXTO, NOÇÃO E APLICAÇÃO DAS CLÁUSULAS GERAIS | 141

2. Função de «abertura» do sistema

A primeira acepção (abertura do sistema) é tradicionalmente reconhecida às cláusulas gerais, sendo mesmo considerada a sua função principal, no sentido de «salvaguardar uma margem mínima para integrar no sistema ocorrências impossíveis de prefigurar nos meios legislativos clássicos».[175] Explica-se: tendo em vista que «o Direito (...) está sujeito às modificações sociais; ainda quando a lei não reaja, a ordem jurídica deve fazê-lo».[176] As cláusulas gerais constituem os instrumentos legislativos hábeis para esta «reação», na medida em que legitimam o julgador a produzir normas cuja valência se estende para além do caso em que será promanada concretamente a decisão.

O processo pelo qual esta *adaptação valorativa* se realiza é lento e complexo. Este vai-se realizando pouco a pouco, mediante um trabalho que é em parte casuístico, em parte de generalização da casuística,[177] constituído pela síntese judicial dos casos pretéritos, tomados estes, entretanto, não como limites à interpretação e aplicação do direito, mas como pontos de apoio para a compatibilização entre o sistema e as novas realidades e circunstâncias.[178] Porém, é de ser destacado o risco consistente na transformação de um argumento – referenciado a um caso concreto – em «tese» e, na sequência, em proposição jurídica. Como bem alerta Larenz, «tais teses não são outra coisa senão destilamentos da resolução [decisão judicial] que, por seu lado, estão referidas ao caso e carecem em grande medida de interpretação». O risco está em que, na sua formulação «ao jeito de proposições jurídicas, cria[r]-se a aparência de que, desligadas da situação de facto resolvida, lhes cabe o carácter de uma regra já estabelecida e uniformemente aplicável». Ao assim ocorrer, desconhece-se «que o juiz, que tem presente em primeira linha justamente o caso a decidir, está ainda muito menos em posição de examinar todas as possibilidades futuras de aplicação de sua "tese" do que o legislador».[179]

Cada decisão judicial está, de fato, imersa na singularidade do caso, na infinidade de circunstâncias e provas que fundamentam a correção de uma determinada solução, que poderá, contudo, não ser igualmente correta em outro caso em que as circunstâncias já não são as mesmas. É preciso cuidado ao discernir o que, em cada precedente, é generalizável ou não. A doutrina jurídica tem, nesse processo, a inafastável tarefa de oferecer modelos hermenêuticos destinados a atuar como uma espécie de metalinguagem,[180] que

---

175. MENEZES CORDEIRO, António Manuel. *Da Boa-Fé no Direito Civil,* vol. I. Coimbra: Almedina, 1984, p. 46.

176. MENEZES CORDEIRO, António Manuel. *Da Boa-Fé no Direito Civil,* vol. I. Coimbra: Almedina, 1984, p. 46.

177. Nesse sentido, DIEZ-PICAZO, Luis. Apresentação. In: LARENZ, Karl. *Derecho Justo*. Fundamentos de Ética Jurídica. Trad. espanhola de Luis Diez-Picazo. Madrid: Civitas, 1985, p. 14.

178. SANSEVERINO, Paulo de Tarso. A Hermenêutica Jurídica na Visão do Juiz. – Conversa sobre a Interpretação do Direito. *Cadernos para Debate*, n. 4. Instituto de Estudos Culturalistas, Canela, 2011, p. 92.

179. Todas as expressões entre aspas estão em LARENZ, Karl. *Metodologia da Ciência do Direito*. Trad. portuguesa de José Lamego. 3.ª ed. Lisboa: Calouste Gulbenkian, 1997, p. 509.

180. REALE, Miguel. *Fontes e Modelos do Direito*. Para um novo paradigma hermenêutico. São Paulo: Saraiva, 1994, p. 45. A referência alcança inclusive os modelos hermenêuticos que, embora não

142 | A BOA-FÉ NO DIREITO PRIVADO

filtra e fixa as valorações sociais típicas deduzidas, dentre outros elementos, das decisões judiciais precedentes.[181] Assim, por intermédio do trabalho de adaptação valorativa entre o texto legal e a realidade, o preenchimento das normas produzidas a partir de uma cláusula geral é realizado, sendo parte da tarefa reservada ao legislador transferida ao intérprete que *recebe por delegação* da lei construir as soluções que o legislador não quis ou não pode exercer.[182]

Diga-se, quanto ao reenvio extrassistemático, que um *standard* comportamental reconhecido como arquétipo exemplar de determinada experiência concreta; ou uma diretiva econômica; ou um valor moral; ou um rol de precedentes judiciais, se considerados de *per se* não são, por evidente, normas juridicamente vinculantes com caráter geral. Contudo, mediados pelas fontes legal e jurisprudencial – uma, ao plasmar a cláusula geral, outra, ao preencher concretamente o seu significado – poderão «ingressar» no sistema jurídico, sendo as cláusulas gerais a via tecnicamente adequada para essa finalidade. Pode, então, o *standard* reenviar a um valor moral, exemplificativamente, a probidade na relação contratual. Trata-se, contudo, de *moral jurídica*, e não *pré-jurídica* ou *ajurídica*, isto é, trata-se de moral *juridicamente controlável*, porque provinda de fonte reconhecida pelo Ordenamento e traduzida por decisões juridicamente fundamentadas no próprio sistema. Já então se poderá dizer que o objeto do reenvio está no plano do jurídico, e não em outro plano ou instância do todo social.[183]

---

diretamente prescritivos, acabam por atuar no momento propriamente aplicativo por via do processo hermenêutico. Acerca de uma perspectiva culturalista a modelos do vigente Código Civil, *vide* BRANCO, Gerson Luiz Carlos. *Função Social dos Contratos:* interpretação à luz do Código Civil. São Paulo: Saraiva, 2009, p. 165-177; CORRÊA, André Rodrigues. *Solidariedade e Responsabilidade*: o tratamento jurídico dos efeitos da criminalidade violenta no transporte público de pessoas no Brasil. São Paulo: Saraiva, 2009, e ainda, MARTINS-COSTA, Judith. Autoridade e Utilidade da Doutrina. In: MARTINS-COSTA, Judith (Org.). *Modelos de Direito Privado*. São Paulo: Marcial Pons, 2014, p. 9-40.

181. Entenda-se por doutrina, todavia, não todo o escrito de um operador jurídico, não qualquer opinião publicada, mas o conjunto dos escritos daqueles a quem é reconhecida (ainda que de forma difusa e não institucionalizada) o atributo da autoridade doutrinária (*communis opinio doctorum*). *Vide* GOBERT, Michelle. Le Temps de Penser la Doctrine. *Droits*, vol. 20, 1994, p. 97; JESTAZ, Philippe; JAMIN, Christophe. *La Doctrine*. Paris: Dalloz, 2004; ÁVILA, Humberto Bergmann. Notas sobre o Papel da Doutrina na Interpretação. *Conversa sobre a Interpretação do Direito*. Cadernos para Debate n. 4. Canela: Instituto de Estudos Culturalistas, 2011, p. 139-160; RODRIGUES JÚNIOR, Otavio Luiz. Dogmática e Crítica da Jurisprudência, ou da vocação da doutrina em nosso tempo. *Revista dos Tribunais*, 891/65, jan. 2010, ora In: MENDES, Gilmar F.; STOCO, Rui (Orgs.). *Doutrinas Essenciais*: Direito Civil – Parte Geral, vol. 1. São Paulo: Revista dos Tribunais, 2012, p. 829-872. Ainda: MARTINS-COSTA, Judith. Autoridade e Utilidade da Doutrina. In: MARTINS-COSTA, Judith (Org.). *Modelos de Direito Privado*. São Paulo: Marcial Pons, 2014, p. 9-40.

182. Assim as observações de LAMBERT, Pierre. La Montée en Puissance du Juge. *Le Rôle du Juge dans la Cité*. Cahiers de l'Institut d'Études sur la Justice. Bruxelles: Bruylant, 2002, p. 1-13.

183. Só assim posso concordar com a taxativa afirmação de Menezes Cordeiro, segundo o qual «a boa-fé não traduz uma remissão para a moral ou para ordenamentos similares». Aliás, é o próprio autor que, ao explicitar esta assertiva, assim induz a crer: «Nesse sentido colhem, em primeiro lugar, as suas aplicações múltiplas e efectivas pelas instâncias judiciais; ainda quando de origem extrajurídica, elas seriam, no momento da decisão, juridicamente fundamentadas e, por isso,

CONTEXTO, NOÇÃO E APLICAÇÃO DAS CLÁUSULAS GERAIS | 143

A experiência jurídica, entendida em sua globalidade, da prática cotidiana à legislação, à sentença e às elaborações científicas, traduz certos temas que atinem tanto à moral quanto ao direito (como, paradigmaticamente, a confiança, a lealdade, a culpa, a justiça, a liberdade, a solidariedade, a probidade) para a específica instância do jurídico, de modo a torná-los efetivos na ordem prática. As cláusulas gerais constituem a *categoria formal* que permite a sua constante e flexível tradução, afirmando, por isso, Luigi Mengoni, a meu ver com inteiro acerto, que a experiência sintomática dos valores – entendidos não como puros conceitos, mas compreendidos analogicamente através da mediação da «ideia de valor» que se forma culturalmente, por meio do confronto com figuras típicas, e, portanto, exemplares de comportamento social – é «recapitulada» nos *standards*, constituindo a base de uma argumentação dialética, aderida às circunstâncias do caso que o juiz deve decidir e cujo objeto é a pesquisa metódica do grau de verossimilhança das hipóteses de solução juridicamente estatuídas correspondentes aos pontos de vista valorativos.[184] O que a cláusula geral exige do juiz é, pois, *ato de conhecimento*, e não (ou não primordialmente) ato de vontade.[185]

A afirmativa ficará mais clara se tomarmos de empréstimo a Mengoni o exemplo traçado no Direito italiano pela boa-fé objetiva, prevista no art. 1.375 do *Codice Civile*, como cláusula geral de execução das obrigações contratuais,[186] e pelo princípio da equidade, posto no art. 1.374, como norma de integração do contrato.[187] No contexto em que inseridas ambas as disposições, a boa-fé (no sentido objetivo) e a equidade têm em comum a função de promover a plena realização do objetivo do contrato. Mas esta função é diferentemente satisfeita pelo julgador num e noutro caso: quando constituído pela lei árbitro de equidade, o juiz deve integrar ou adaptar o regulamento negocial

---

controláveis, em termos de direito, e recebidas no âmbito jusnormativo» (MENEZES CORDEIRO, António Manuel. *Da Boa-Fé no Direito Civil,* vol. II. Coimbra: Almedina, 1984, p. 1173, destaques meus), esclarecendo ainda: «(...) as ordens extrajurídicas são fragmentárias: dominadas por discussões de princípios, elas quedam-se por grandes vectores, não explicitando, de modo algum, os níveis pormenorizados em que se põem os casos reais». Na verdade, a confusão entre as duas instâncias, a da moral e a do direito, em regra decorre do fato de não se considerar que os grandes temas da moral são também temas jurídicos, assim ocorrendo com a justiça, a liberdade, a solidariedade social, o resguardo da privacidade, as relações entre o que é privado e o que é público, a proporcionalidade entre o crime e o castigo, entre o dano civil e a indenização, entre outros que, postos numa lista, se alongariam em demasia. Contudo, «não se peça, à moral, o que ela não pode dar», isto é, a explicitação, o detalhamento e o regramento que são próprios e específicos do jurídico (p. 1174).

184. Nesse sentido, MENGONI, Luigi. Diritto Vivente. *Jus,* Milano, Vita e Pensiero, 1989, p. 15.

185. Como lembra Engisch, o ato de vontade, isto é, a valoração pessoal do juiz é apenas um elo da cadeia de valorações, uma parte integrante do «material do conhecimento, e não o último critério de conhecimento» (ENGISCH, Karl. *Introdução ao Pensamento Jurídico.* 3.ª ed. Trad. portuguesa de J. Baptista Machado. Lisboa: Fundação Calouste Gulbenkian, 1988, p. 198).

186. Art. 1.375, no original: «Il contratto deve essere eseguito secondo buona fede».

187. Art. 1.374, em tradução: «O contrato obriga as partes não só ao que no mesmo está expresso, mas também a todas as consequências que dele derivam segundo a lei, ou, em sua falta, segundo os usos e a equidade». No original: «Il contratto obbliga le parti non solo a quanto è nel medesimo espresso, ma anche a tutte le conseguenze che ne derivano secondo la legge, o, in mancanza, secondo gli usi e l'equità».

para conformá-lo a exigências de justiça provenientes de circunstâncias de fato peculiares, *irredutíveis a tipologias normais*. «O recurso à equidade pressupõe o afastamento do caso dos precedentes ou modelos gerais, *a não compatibilidade* com outros casos já experimentados, e, nesse sentido, se pode dizer que ocupa um espaço residual».[188] Similarmente, e em outra hipótese, entre nós, nos casos de incidência do art. 1.075, IV, do Código de Processo Civil de 1973, bem como na autorização para o julgamento por equidade, no juízo arbitral,[189] se dá mediante o afastamento da tipicidade legal, portanto «fora das regras e formas de direito».[190]

Já o juízo, segundo a boa-fé objetiva, construído com base na aludida cláusula geral, conduz ao desenvolvimento «de uma valoração do contrato à vista dos *tipos normais* de comportamento reconhecidos como normas sociais, das quais o juiz saca um critério de interpretação do regulamento contratual ou então um critério de explicitação das modalidades executivas».[191] Com base no mencionado art. 1.375, do *Codice Civile*, explica ainda Mengoni, o juiz poderá valorar a execução do contrato em função da sua finalidade ou escopo, tendo em vista, contudo, critérios advindos dos *tipos concretos de conduta negocial*, conectados a determinadas condições. Poderá declarar a ineficácia de cláusulas contratuais que, no curso da execução contratual, se mostrem abusivas, ou limitam direitos subjetivos, ou declaram a existência de tal ou qual dever de conduta que na execução contratual não foi corretamente observado, ou revisam o contrato se rompido o sinalagma funcional.

Quando se verifica o reenvio a uma tipologia social, o intérprete não apenas estabelece o significado do enunciado normativo («agir conforme a boa-fé»), mas forma, ou auxilia a formar, o próprio enunciado normativo, mediante a afirmação de um concreto modelo de comportamento em vista do qual são estabelecidas (também pelo julgador) certas consequências estabelecidas em acordo ao complexo das circunstâncias concretas. Assim, promove-se a inserção no conteúdo eficacial dos negócios jurídicos de valores e padrões de condutas enraizados na sociedade, introduzindo, por via da boa-fé, deveres não previstos nos instrumentos negociais, *mas instrumentalizados à sua função* e necessários ao correto adimplemento das obrigações assumidas.[192]

Evidencia-se, assim, a complexidade dos movimentos intelectivos suscitados pelas cláusulas gerais, na medida em que, para completar a *fattispecie* e determinar ou graduar

---

188. Mengoni, Luigi. Diritto Vivente. *Jus*, Milano, Vita e Pensiero, 1989, p. 13.

189. Lei 9.307, de 23 de setembro de 1996. *In verbis*: «Art. 2.º A arbitragem poderá ser de direito ou de equidade, a critério das partes.

§ 1.º Poderão as partes escolher, livremente, as regras de direito que serão aplicadas na arbitragem, desde que não haja violação aos bons costumes e à ordem pública.

§ 2.º Poderão, também, as partes convencionar que a arbitragem se realize com base nos princípios gerais de direito, nos usos e costumes e nas regras internacionais de comércio».

190. A impropriedade terminológica embora legalmente fixada a fórmula, deve ser registrada: o juízo por equidade se dará «fora das regras e formas *legais*», *mas que serão «jurídicas» ou «de direito»*, *porque o direito, inclusive a lei, assim o prevê.*

191. Mengoni, Luigi. Diritto Vivente. *Jus*, Milano, Vita e Pensiero, 1989, p. 13, em tradução livre.

192. *Vide* Capítulo VII.

as consequências,[193] o intérprete/aplicador deverá utilizar procedimento similar ao utilizado para a integração das lacunas. No intuito de deixar claro esse ponto, vale a pena exemplificar, ainda uma vez, com a cláusula geral da boa-fé objetiva, expressa no art. 422 do Código Civil.

Nada descrevendo o texto legal – mas apenas reenviando o intérprete ao princípio da boa-fé –, na motivação da decisão deverá estar contrastada a conduta efetivamente seguida pelas partes com o padrão do comportamento conforme a boa-fé (o «dever ser»). Para tanto, será necessário averiguar quais são os deveres contratualmente devidos – considerado o contrato e suas circunstâncias, seu tipo legal ou social, os riscos implicados, a finalidade econômica da operação, a ambiência do campo em que inserido (*v.g.*: civil, em sentido estrito; comercial; societário; internacional etc.), a partir daí determinando *como* foram (ou não) executados, pois a boa-fé, habitualmente, impõe deveres atinentes ao «como» e não ao «que» da prestação.

Para *especificar* (sublinhe-se: tornar específicos) os deveres de conduta segundo a boa-fé que foram violados no caso, o intérprete há de pesquisar, portanto, além dos sentidos expressos e/ou derivados da declaração negocial (art. 112) e do comportamento das partes, os usos ou práticas efetivamente seguidas (já que, segundo o art. 113, os negócios jurídicos devem ser interpretados segundo a boa-fé e os usos do lugar da celebração), o *id quod plerumque accidit* no específico setor econômico-social em que concluído o contrato em causa; e deverá recorrer à pesquisa jurisprudencial sobre casos similares ou análogos, bem como à opinião doutrinária consolidada e autorizada, para formar o seu convencimento sobre a adstrição, ou não, das partes, ao comportamento devido. Na concreção de uma cláusula geral, não se trata de o julgador determinar, por óbvio, qual é a *sua* própria valoração da conduta segundo a boa-fé – esta é apenas «um elo na série de muitas valorações igualmente legítimas com as quais ele a tem de confrontar e segundo as quais, sendo caso disso, a deverá corrigir».[194]

3. A função de ressistematização e a formação de novos institutos

A função das cláusulas gerais não se limita a abrir o sistema jurídico às mudanças de valoração, pois, a rigor, essa mesma função de «oxigenação» pode ser viabilizada por

---

193. É evidente que em toda interpretação existe uma margem, mais ou menos relevante, de integração valorativa. Contudo, sendo verdade que o texto da norma «não contém a normatividade», mas dirige e delimita as possibilidades legais e legítimas da concretização correta do direito, no interior do quadro que traça (assim, MÜLLER, Friedrich. *Discours de la Méthode Juridique*. Paris: PUF, 1996, p. 177), também é verdade que o grau de integração valorativa implicado na concreção da cláusula geral conduz a um poder criativo do juiz, que inexiste, em medida similar, nos enunciados casuísticos.

194. ENGISCH, Karl. *Introdução ao Pensamento Jurídico*. 3.ª ed. Trad. portuguesa de J. Baptista Machado. Lisboa: Fundação Calouste Gulbenkian, 1988, p. 198, em passagem que bem ilustra o processo de raciocínio mediante concreção.

146 | A BOA-FÉ NO DIREITO PRIVADO

quaisquer normas, quer as provenientes de inovações legislativas, quer as formuladas por concreção de princípios e de conceitos indeterminados. A vantagem na utilização dessa técnica legislativa (e de sua denominação) é atuar como *elemento de conexão*[195] ao qual são reconduzidas as decisões judiciais que estão, topicamente, a promover a adaptação entre o Direito e os fatos sociais em mutação. Ao mesmo tempo em que conectam essas decisões a um ponto de referência, permitem – com o auxílio da doutrina – a sua sistematização, é dizer: sua conformação ao sistema. É que as cláusulas gerais, ao permitirem a sistematização dos novos casos, conotam ao sistema também a característica da *mobilidade internamente considerada*. O processo é: abertura, assistematização, mobilidade, ressistematização, inclusive pela criação de institutos. Esses movimentos acabam por desembocar na *função de estabilização*, atributo de todos os enunciados normativos e também das cláusulas gerais «porque se relaciona, de forma direta, aos princípios práticos gerais»,[196] o que requer, todavia, uma dogmática firmemente ancorada, tornando estáveis algumas conclusões para o intérprete, e, assim, viabilizando consenso acerca do significado dos enunciados.[197]

O mais expressivo exemplo está, justamente, na cláusula geral da boa-fé: num primeiro momento a sua apreensão nos arts. 187 e 422 do Código Civil conduziu a uma certa algaravia ainda não de todo cessada, misturando-se noções diversas como equidade, função social dos contratos, enriquecimento sem causa, boa-fé subjetiva etc. Mas, pouco a pouco, se foi assentando – ainda que de modo genérico – o seu significado como norma comportamental direcionada aos vetores da lealdade e da confiança. Por outro lado, a mesma noção permitiu o ingresso no Ordenamento brasileiro de institutos, como o inadimplemento antecipado e o adimplemento substancial, bem como a formulação de deveres (ou ônus jurídico) como o imposto ao credor, em certos casos, de mitigar o seu próprio prejuízo. Primeiramente, as decisões foram casuísticas. Algumas nem sequer «etiquetavam» o instituto ou o dever. Progressivamente, foram sendo reconduzidas aos enunciados legais, que atuavam como elementos de sua ancoragem no sistema. Uma vez referido às cláusulas gerais, o acomodamento dessas soluções ao sistema se pode processar com maior facilidade e segurança, por exemplo, discernindo-se entre o inadimplemento antecipado e a oposição da *exceptio non adimpleti contractus* (Código Civil, art. 476); ou pela análise da «utilidade da prestação para o credor», requisito do inadimplemento definitivo (art. 395, parágrafo único) que habilita a resolução por inadimplemento (art. 475); ou, ainda, pela distinção conceitual

---

195. A expressão é de Couto e Silva, Clóvis do. O Princípio da Boa-Fé no Direito Brasileiro e Português. *Estudos de Direito Civil Brasileiro e Português.* São Paulo: Revista dos Tribunais, 1980, p. 62.

196. Cachapuz, Maria Cláudia. A Construção de um Conceito de Privacidade, as Cláusulas Gerais e a Concreção de Direitos Fundamentais. In: Martins-Costa, Judith (Org.). *Modelos de Direito Privado.* São Paulo: Marcial Pons, 2014, p. 57-58.

197. Cachapuz, Maria Cláudia. A Construção de um Conceito de Privacidade, as Cláusulas Gerais e a Concreção de Direitos Fundamentais. In: Martins-Costa, Judith (Org.). *Modelos de Direito Privado.* São Paulo: Marcial Pons, 2014, p. 58.

Contexto, Noção e Aplicação das Cláusulas Gerais | 147

entre «dever» e «ônus», para reportar-se ao «dever» de mitigar o próprio prejuízo ao art. 422 do Código Civil.[198]

Ainda que sem levar ao pé da letra a concepção de Walter Wilburg sobre o «sistema móvel»,[199] é perfeitamente lícito cogitar de, em campos normativos relativamente «dúcteis», como o Direito das Obrigações, de uma estruturação enucleada em uma *pluralidade de elementos* que podem ser articulados em combinações variáveis, sem que exista uma hierarquia prévia e rígida entre esses elementos. Nas palavras de Canaris, a mobilidade interna se caracterizaria pela «igualdade fundamental de categoria e a mútua substituibilidade dos critérios adequados de justiça, com a renúncia simultânea à formação de previsões normativas fechadas».[200]

Exemplifique-se com a categoria do contrato: em algumas situações, prevalecerá o princípio da autonomia privada, incidindo as normas contratuais que lhe dão entidade; em outras, terá mais peso o princípio da boa-fé, carreando ao contrato regras não fundadas na autonomia, mas no dever – por exemplo – de considerar os legítimos interesses da contraparte, de modo que «o princípio da autonomia privada não pode

---

198. *Vide, infra,* Capítulo VII, §65.

199. A ideia de sistema móvel foi proposta na civilística germânica pelo austríaco Walter Wilburg, ao findar a Segunda Guerra Mundial, e teve origem na constatação da existência de uma «crise jurídica», caracterizada pela inorganicidade e incompletude da legislação, uma vez ferido, pelas profundas transformações do pós-Guerra, o caráter orgânico do Ordenamento, tal como até então constituído e estruturado pelas grandes codificações. Como bem explicitam os tradutores portugueses, «o essencial do sistema móvel reside em que os elementos ou forças que o compõem tem um peso distinto e são, de algum modo, fungíveis ou permutáveis. Mais precisamente, os fundamentos de determinado efeito jurídico assumirão, entre si, diversa ponderação ou peso (no limite, a particular acuidade de um poderia levar a prescindir da verificação de outro) e interferirão também com a medida da consequência (logo ocorrerá, a este propósito, a fórmula da glosa: *quia eadem est ratio vel major, ergo idemius*)». Para Wilburg, em tal procedimento, caberia «exaurir (mas ao mesmo tempo circunscrever) todos os fundamentos valorativos capazes de justificar certa consequência legal ou que contra esta deponham». (Conferir em: Wilburg, Walter. Desenvolvimento de um Sistema Móvel no Direito Civil. Trad. portuguesa de Dora Moreira Sousa e Raul Guichard. *Direito e Justiça*, Lisboa, Universidade Católica, vol. XIV, Tomo III, 2000, p. 7). Versa o tema: Canaris, Claus-Wilhelm. *Pensamento Sistemático e Conceito de Sistema na Ciência do Direito*. 3.ª ed. Trad. portuguesa de António Menezes Cordeiro. Lisboa: Fundação Calouste Gulbenkian, 2002, p. 282. Na doutrina brasileira o mencionam, em exemplificações: Couto e Silva, Clóvis do. O Princípio da Boa-Fé no Direito Brasileiro e Português. *Estudos de Direito Civil Brasileiro e Português*. São Paulo: Revista dos Tribunais, 1980, p. 50, nota 13; Ferreira da Silva, Jorge Cesa. Causalidade, Concausalidade e Conduta. *Conversa sobre Arbitragem*: Cadernos para Debate n. 5. Canela: Instituto de Estudos Culturalistas, 2013, p. 20-28; Costalunga, Karime. *As Diferentes Lógicas do Direito na Transmissão Patrimonial em uma Sociedade Intuitus Personae*: uma interpretação da matéria após o Código Civil de 2002. Porto Alegre: Tese de Doutorado. Universidade Federal do Rio Grande do Sul, 2013; Ribeiro, Joaquim de Souza. *O Problema do Contrato*: as cláusulas contratuais gerais e o princípio da liberdade contratual. Coimbra: Almedina, 2003, p. 289-290.

200. Canaris, Claus-Wilhelm. *Pensamento Sistemático e Conceito de Sistema na Ciência do Direito*. Trad. portuguesa de António Menezes Cordeiro. Lisboa: Fundação Calouste Gulbenkian, 1989, p. 282: «Também um sistema móvel merece ainda o nome de sistema, pois também nele se realizam as características de ordem e unidade».

reivindicar exclusividade na disciplina do instituto, a qual deve refletir uma pluralidade de valores conflituantes».[201]

A mobilidade há de ser pautada, todavia, pelos critérios técnicos do sistema, obedecendo ao seu método, às suas regras de sobredireito (hierarquia das normas; lei no tempo; relações entre *lex specialis e lex generalis*; pautas de integração de lacunas, etc.), bem como aos princípios e às garantias fundamentais (princípio da ação, da ampla defesa, etc.) e às regras de estruturação da aplicação dos princípios e regras (postulados normativos). Mobilidade não significa discricionariedade ou um passe livre para a desconsideração das regras do sistema. Só então será possível a função de ressistematização das soluções propiciadas pela atuação da cláusula geral sem que se recaia na cacofonia, quando o apelo às regras é procedido conforme a vontade do julgador, e não conforme os critérios previamente enunciados pelo sistema.

A função de ressistematização propiciada pelas cláusulas gerais é da maior utilidade para o progresso do Direito. Ocorre que, fundamentando o julgador a sua decisão num princípio inexpresso, ou num princípio posto a título de «princípio geral» de um determinado Ordenamento (como, por exemplo, o «princípio da moralidade», ou do «enriquecimento sem causa»), «a percepção ou a captação de sua aplicação torna-se muito difícil, por não existir uma *lei de referência* a que possam os juízes relacionar a sua decisão».[202] A existência de uma «lei de referência» ou «ponto de conexão» é relevante,

---

201. Sousa Ribeiro, Joaquim. *O Problema do Contrato:* as cláusulas contratuais gerais e o princípio da liberdade contratual. Coimbra: Almedina, 2003, p. 289-290.

202. Couto e Silva, Clóvis do. O Princípio da Boa-Fé no Direito Brasileiro e Português. *Estudos de Direito Civil Brasileiro e Português*. São Paulo: Revista dos Tribunais, 1980, p. 62. Destaquei. Tenha-se, como exemplo, ação ordinária de cobrança, julgada originalmente na 2.ª Vara Cível do Poder Judiciário do Rio Grande do Sul, ainda na vigência do Código Civil de 1916, que carecia de uma cláusula geral de boa-fé objetiva. Tratou-se de ação proposta pelos promitentes-compradores de uma unidade residencial, com o objetivo de ver devolvidas as parcelas recebidas pela empresa construtora. Argumentaram os autores que, «em face da crise econômica, não puderam continuar pagando [o imóvel], pelo que, em janeiro de 1992, o bem foi vendido para terceiro, pela suplicada». Em contrapartida, a empresa-ré fixou-se em cláusula contratual expressa que previa a perda das parcelas pagas em caso de inadimplemento. Embora o pedido tenha sido formulado com base no art. 53 do Código de Defesa do Consumidor, o julgador de plano afastou a incidência desta lei, porque o contrato fora firmado antes de sua vigência. Mesmo assim o pedido foi em parte provido, reduzindo-se judicialmente a pena convencional sob a seguinte linha de argumentação: «Em compra e venda na qual fora avençada a perda das prestações pagas se inadimplente o adquirente, submetida às Câmaras Cíveis Reunidas do E. Tribunal de Justiça de São Paulo, entendeu-se que «o art. 924 do CC tem o vigor de preceito de ordem pública. Observa Manuel Arauz Castex, que a equidade e a justiça social têm levado o direito moderno a restringir cada vez mais a liberdade contratual (Castex, Manuel Arauz. *La Ley de Orden Pública*. Buenos Aires: Valerio Abeledo Editor, 1945, p. 84). Neste capítulo, da cláusula penal, o controle da vontade individual é aceito sem tergiversações». E conclui o aresto pelo «abrandamento que o Judiciário pode e deve ditar, para coibir os excessos com que as cláusulas penais ameacem agredir o equilíbrio social, ensejando injusto enriquecimento de uma parte, ainda que à custa do inadimplente» (In: Miranda Junior, Darcy Arruda. Jurisprudência das Obrigações. *Revista dos Tribunais*, 1976, I/56). O que interessa demonstrar aqui é que, pela ausência da cláusula geral da boa-fé, utilizou-se o recurso à equidade, ao equilíbrio social e ao enriquecimento sem causa. Se é verdade que «nada impede que assim se

CONTEXTO, NOÇÃO E APLICAÇÃO DAS CLÁUSULAS GERAIS | 149

porque, «por vezes, são os pressupostos de fato que são modificados, de sorte que a regra a se concretizar ou a incidir não incide nem se concretiza». Nessas hipóteses, esclarece ainda Couto e Silva, «só o conhecimento perfeito do caso é que poderia permitir a análise da concreção: qual foi o fato adicional que não existia ou não estava provado; ou qual foi o que se subtraiu, muito embora tivesse existido, ou estivesse provado».[203]

Às cláusulas gerais é reconhecida, ainda, uma «função de progresso». Essa pode ser implementada a partir de «um trabalho de fundamentação que analise a atividade do legislador e as questões valoradas em sociedade».[204] Essa função permite certa «correção de rumos a partir da experiência proposta em concreto».[205] Isso ocorre, porém, «não porque o progresso dependa de um determinado fato concreto para se impor como ideia reguladora – se esta já está pressuposta –, e sim, porque o enunciado dogmático se abre tanto ao trabalho de fundamentação realizado na atividade legislativa, quanto aos valores em permanente mudança em sociedade».[206] Mas decorre, também, a «constante possibilidade de atualização do enunciado dogmático proposto por meio de uma cláusula geral», reconhecendo o legislador, ao positivá-la, «o campo fértil relacionado à eficácia de qualquer norma jurídica, capaz de atingir efeitos por vezes nem previstos quando da etapa de sua elaboração».[207] Nas cláusulas gerais, função de progresso e função de estabilização andam, pois, de mãos dadas.

---

faça», fácil é compreender, contudo, que o apelo a tantos institutos e princípios diversos dificulta a sistematização judicial das decisões e o próprio desenvolvimento do direito, cabendo aqui lembrar a observação de Clóvis do Couto e Silva, segundo o qual, «nas situações mais evidentes», é possível que o juiz, mesmo ausente a cláusula geral da boa-fé, julgue o caso «aplicando o princípio da boa-fé, mas com outra denominação», o que parece ter ocorrido no caso comentado. Também é verdade, porém, que, «faltando uma regra que sirva como elemento de conexão [do caso julgado aos casos análogos e precedentes] o exame concreto [por parte da doutrina e dos próprios julgadores] torna-se difícil e, em alguns casos, absolutamente impossível, a menos que fosse facultado consultar toda a matéria de que se serviu o juiz para sua decisão, ou seja, o fato na sua integralidade». O que é mais grave, porém, é que o recurso a tantos princípios diversos impede a promoção, progressiva, de «tipicizações» normativo-jurisprudenciais de comportamentos contrários à boa-fé, por meio da formação, via jurisprudencial, de grupos de casos «típicos» de sua aplicação.

203. COUTO E SILVA, Clóvis do. O Princípio da Boa-Fé no Direito Brasileiro e Português. *Estudos de Direito Civil Brasileiro e Português*. São Paulo: Revista dos Tribunais, 1980, p. 62.

204. CACHAPUZ, Maria Cláudia. A Construção de um Conceito de Privacidade, as Cláusulas Gerais e a Concreção de Direitos Fundamentais. In: MARTINS-COSTA, Judith (Org.). *Modelos de Direito Privado*. São Paulo: Marcial Pons, 2014, p. 59.

205. CACHAPUZ, Maria Cláudia. A Construção de um Conceito de Privacidade, as Cláusulas Gerais e a Concreção de Direitos Fundamentais. In: MARTINS-COSTA, Judith (Org.). *Modelos de Direito Privado*. São Paulo: Marcial Pons, 2014, p. 60.

206. CACHAPUZ, Maria Cláudia. A Construção de um Conceito de Privacidade, as Cláusulas Gerais e a Concreção de Direitos Fundamentais. In: MARTINS-COSTA, Judith (Org.). *Modelos de Direito Privado*. São Paulo: Marcial Pons, 2014, p. 60.

207. CACHAPUZ, Maria Cláudia. A Construção de um Conceito de Privacidade, as Cláusulas Gerais e a Concreção de Direitos Fundamentais. In: MARTINS-COSTA, Judith (Org.). *Modelos de Direito Privado*. São Paulo: Marcial Pons, 2014, p. 61.

150 | A BOA-FÉ NO DIREITO PRIVADO

A menção a essas funções permite perceber que, na inexistência de uma cláusula geral que funcione como o *ponto de referência*, permitindo a conexão entre os diversos casos levados à apreciação judicial, o exame concreto dos casos precedentes – essencial para a pesquisa jurisprudencial acerca da operatividade concreta da cláusula geral – é, por vezes, «absolutamente impossível, a menos que fosse facultado [ao juiz do caso atual] consultar toda a matéria de que se serviu o juiz [do caso anterior e dos casos anteriores] para a sua decisão, ou seja, o[s] fato[s] na sua integralidade».[208]

Essa dificuldade é ainda agravada porque, muito embora «nas situações mais evidentes [seja] possível que o juiz julgue aplicando o princípio [inexpresso, ou geral] da boa-fé», o fato de o mesmo não estar situado numa cláusula geral, mas se encontrar disperso ou diluído em determinado Ordenamento, faz com que na decisão não o seja expressamente referenciado, ou, então, seja referenciado com outra denominação, «afirmando [o juiz] que se trata, por exemplo, de construção jurisprudencial a partir de uma interpretação integradora da vontade das partes, quem sabe, com a aplicação do art. 85 do Código Civil, forte na conclusão de que se deve interpretar a verdadeira intenção das partes contra a superfície verbal da manifestação».[209]

Além do mais, poderia haver dificuldade em procedimentos arbitrais regidos pelo direito positivo, para fundamentar decisões num princípio meramente *implícito* da boa-fé, isto é, deduzido de um determinado conjunto legislativo, mas nele não posto de forma expressa. Embora o direito positivo não se resuma ao direito legislado poderia ser argumentado que, na falta de dispositivo legal expresso acolhendo o princípio, a boa-fé pertenceria ao espaço da «mera equidade», com o que, se não se tratasse de um julgamento por equidade (tal como permitido em certas situações pela Lei da Arbitragem),[210] a sua invocação estaria obstada, ou, quando ao menos, dificultada em sua força argumentativa.

Por outro lado, a ressistematização viabiliza a formação de novos *institutos*, e a ressignificação de institutos[211] já existentes.

De fato, a utilização da boa-fé objetiva resulta na sua configuração como um instituto ou modelo jurídico,[212] porque (*i*) implica, no momento aplicativo, a agregação de outras normas e princípios e (*ii*) resulta na formação de outras estruturas normativas. Exemplificativamente, estão a *suppressio, surrectio, venire contra factum proprium*,[213] *tu*

---

208. COUTO E SILVA, Clóvis do. O Princípio da Boa-Fé no Direito Brasileiro e Português. *Estudos de Direito Civil Brasileiro e Português*. São Paulo: Revista dos Tribunais, 1980, p. 62.

209. COUTO E SILVA, Clóvis do. O Princípio da Boa-Fé no Direito Brasileiro e Português. *Estudos de Direito Civil Brasileiro e Português*. São Paulo: Revista dos Tribunais, 1980, p. 62.

210. Assim, conforme o já referido, *supra*, no CAPÍTULO II, §16, 2, art. 2.º da Lei da Arbitragem.

211. Para os significados da expressão instituto jurídico conferir em: MODUGNO, Franco. Verbete: Istituzione. *Enciclopedia del Diritto*, vol. XXII. Milano: Giuffrè, 1973, p. 69 e ss.

212. *Vide, infra*, CAPÍTULO IV, §24, 3.

213. Enunciado n. 362, relativo à interpretação dos arts. 187 e 422 do Código Civil, aprovado na IV Jornada de Direito Civil do Conselho de Justiça Federal em 2006: «A vedação do comportamen-

Contexto, Noção e Aplicação das Cláusulas Gerais | 151

quoque,[214] violação positiva do contrato, *culpa in contrahendo*,[215] o dever de mitigação dos próprios danos (*duty to mitigate the loss*),[216] o adimplemento substancial dos contratos (*substantial performance*),[217] a responsabilidade por culpa *post pactum finitum*, dentre outros institutos formados e/ou desenvolvidos a partir da cláusula geral da boa-fé.[218]

Poder-se-ia argumentar que similares funções poderiam ser desempenhadas pelo *princípio da boa-fé*, ainda que não inserido em cláusula geral, e ainda que não qualificado como instituto jurídico, mas apenas como princípio inexpresso legislativamente. E assim efetivamente poderá ocorrer e vinha ocorrendo, para as relações jurídicas de Direito Privado comum, ainda antes da vigência do Código de 2002. Mas, como já se viu, na falta de uma cláusula geral que sirva como «elemento de conexão», o exame dos variados casos concretos e sua recondução às soluções advindas da boa-fé – formando modelos ou institutos – torna-se mais difícil quando não há uma «regra de conexão» ou «ponto de referência»; o exame caso a caso resta fundamentalmente, assistemático, com maior risco à segurança jurídica, razão pela qual especial atenção há de ser dada à relação entre o caso em análise e os julgados precedentes.

4. Cláusula geral e vinculação aos precedentes

A série de situações passível de disciplinamento por via de uma cláusula geral se dá sempre à vista de uma referência de conjunto, ora completando-o, ora restringindo-o, ora

---

to contraditório (*venire contra factum proprium*) funda-se na proteção da confiança, tal como se extrai dos arts. 187 e 422 do Código Civil». *Vide* Capítulo VIII, §74.

214. Enunciado n. 412, relativo à interpretação do art. 187 do Código Civil, aprovado na V Jornada de Direito Civil do Conselho da Justiça Federal em 2011: «As diversas hipóteses de exercício inadmissível de uma situação jurídica subjetiva, tais como *supressio, tu quoque, surrectio* e *venire contra factum proprium*, são concreções da boa-fé objetiva». *Vide* Capítulo VIII, §76.

215. Enunciados n. 25 e n. 170, ambos relativos à interpretação do art. 422, aprovados na I e III Jornadas de Direito Civil do Conselho de Justiça Federal, ocorridas em 2002 e 2005, respectivamente, *in verbis*: «O art. 422 do Código Civil não inviabiliza a aplicação pelo julgador do princípio da boa-fé nas fases pré-contratual e pós-contratual; a boa-fé objetiva deve ser observada pelas partes na fase de negociações preliminares e após a execução do contrato, quando tal exigência decorrer da natureza do contrato». *Vide* Capítulo VII, §45.

216. Enunciado n. 169, relativo à interpretação do art. 422 aprovado na III Jornada de Direito Civil do Conselho da Justiça Federal em 2005: «O princípio da boa-fé objetiva deve levar o credor a evitar o agravamento do próprio prejuízo». *Vide* Capítulo VII, §65.

217. Enunciado n. 361, relativo aos arts. 421, 422 e 475 do Código Civil, aprovados na IV Jornada de Direito Civil do Conselho da Justiça Federal em 2006: «O adimplemento substancial decorre dos princípios gerais contratuais, de modo a fazer preponderar a função social do contrato e o princípio da boa-fé objetiva, balizando a aplicação do art. 475». Note-se a infelicidade na redação do Enunciado, em vista de reunir duas expressões cujas funções são distintas (boa-fé e função social do contrato), somadas, ainda, ao contexto do exercício da resolução por inadimplemento. *Vide* Capítulo VIII, §82.

218. Institutos cujo desenvolvimento é analisado, conforme a jurisprudência, nos Capítulos VI, VII e VIII, *infra*.

estendendo-o. Um dos mais lamentáveis equívocos que cercam esta matéria é o que considera a cláusula geral como uma espécie de proteiforme «princípio geral», aplicável à totalidade do Ordenamento. Pelo contrário, as cláusulas gerais estão situadas sempre *setorialmente*, num certo domínio de casos. Se assim não fosse, aliás, não teriam qualquer utilidade prática e importariam na mais completa assistematização do Direito. Por isso é que, quando não há uma cláusula geral que sirva como um «ponto de referência» a que ligar os novos casos e os precedentes, resta dificultada a ressistematização, é dizer, a ordenada «acomodação» no sistema das novas soluções, permitindo que os precedentes possam ser a ela reportados, e, paulatinamente, organizados e aglutinados em torno de «grupos de casos típicos».

Os precedentes judiciais, aponta Ávila,[219] ora têm *valor interpretativo* (funcionando como modelos de interpretação), ora têm *valor autoritativo*, funcionando, em razão da vinculação formal, como normas a serem seguidas, sendo este o caso das súmulas; ora têm *valor argumentativo*, funcionando como suporte para a argumentação. Como o Direito dificilmente se modifica por saltos bruscos – antes operando num desenvolvimento contínuo –, é fundamental a conexão entre os novos casos e os precedentes (ainda que destituídos de valor vinculativo) para permitir a continuidade do desenvolvimento em bases mínimas de controlabilidade, previsibilidade e segurança. Os precedentes são, por isso, pelo menos *pontos de partida* ao raciocínio do intérprete. Mais ainda, «como os princípios do Estado de Direito e da segurança jurídica militam em favor da estabilidade das decisões judiciais, o afastamento dos precedentes depende da existência de razões suficientemente fortes», de modo que, quando o julgador se afasta do precedente, este deve ser um «afastamento argumentado».[220] Sem os casos precedentes, difícil seria traçar *relações de correspondência* entre os casos já julgados e o atual, tornando as soluções jurídicas uma espécie de jogo de azar. Mas, para traçar tais relações de correspondência, é imprescindível ter-se o conhecimento dos elementos de fato que conduziram a decisão precedente a uma ou outra solução jurídica.

Relativamente às cláusulas gerais, a função dos precedentes está em fixar, embora de maneira não rígida,[221] as *pautas de concreção*, assegurando relativa estabilidade ao entendimento jurisprudencial pela referência a uma «tradição de julgamento» entre nós nem sempre observada,[222] em razão de uma desmesurada compreensão do

---

219. ÁVILA, Humberto Bergmann. *Sistema Constitucional Tributário*. 4.ª ed. São Paulo: Saraiva, 2010, p. 10.

220. As expressões entre aspas estão em ÁVILA, Humberto Bergmann. *Sistema Constitucional Tributário*. 4.ª ed. São Paulo: Saraiva, 2010, p. 10.

221. Veja-se, exemplarmente, a proposição de Paulo de Tarso Sanseverino sobre o «método bifásico» compondo rigidez e adequação ao caso: SANSEVERINO, Paulo. O Princípio da Reparação Integral e o Arbitramento Equitativo da Indenização por Dano Moral no Código Civil. In: MARTINS-COSTA, Judith (Org.). *Modelos de Direito Privado*. São Paulo: Marcial Pons, 2014, p. 423-552.

222. Vivencia-se um estado de «anarquia interpretativa» derivada da pressuposição brasileira de que os Ministros (e juízes) devem possuir liberdade decisória, com o que «nem mesmo se consegue

CONTEXTO, NOÇÃO E APLICAÇÃO DAS CLÁUSULAS GERAIS | 153

«princípio» do livre convencimento racional do juiz.[223] Não se deve esquecer que rege o tema o direito fundamental do jurisdicionado à motivação da decisão. O discurso expresso numa decisão é «um discurso que presta contas»;[224] portanto, apenas por intermédio de uma adequada fundamentação (ou motivação) da decisão é que se apurará sua racionalidade e adequação ao sistema. Pela motivação o juiz *justifica* porque invocou a boa-fé, e porque, em vista dos fatos, a boa-fé exerceu tal ou qual função no caso concreto. Obviamente, a administração da justiça «não pode ser uma loteria»,[225] devendo a apreciação dos argumentos e provas trazidos pelas partes «obedecer a critérios racionais».[226] Mais relevante é a adequada fundamentação, porque no sistema jurídico brasileiro admite-se «que o direito se baseia num tripé: normas jurídicas (lei + princípios), doutrina e jurisprudência. Portanto, se admite que a decisão judicial desempenhe uma função de precedente: elemento que ajuda a configurar o que seja *direito*».[227]

A noção jurídica de «precedente judicial» não se iguala à noção naturalista que toma por «precedente» qualquer caso anteriormente julgado. No sentido jurídico, o «precedente» é formado por uma série de casos que revelam a jurisprudência como fonte normativa, o que requer um *minimum* de assentamento ou estabilização do entendimento. Isso porque «reconhecer-se na decisão judicial a função de precedente – e, portanto, a capacidade de orientar e mesmo determinar decisões posteriores sobre casos iguais – transforma-a em norma jurídica. Como norma, deve ser *a mesma para todos*, sob pena de se ver ignorada ou menosprezada a necessidade de isonomia».[228]

---

respeitar a história institucional da solução de um caso dentro de um mesmo tribunal». Assim apontam Humberto Theodoro Jr., Dierle Nunes e Alexandre Bahia, que acrescentam: «Cada juiz e órgão do Tribunal julgam a partir de um "marco zero" interpretativo, sem respeito à integridade e ao passado de análise daquele caso; permitindo a geração de tantos entendimentos quantos sejam os juízes» (THEODORO JÚNIOR, Humberto; NUNES, Dierle; BAHIA, Alexandre. Breves Considerações sobre a Politização do Judiciário e sobre o Panorama de Aplicação no Direito Brasileiro – Análise da convergência entre o *civil law* e o *common law* e dos problemas da padronização decisória. *Revista de Processo*, São Paulo, Revista dos Tribunais, n. 189, nov. 2010, p. 43). O NCPC intenta, por meio do art. 489, dentre outros dispositivos, minimizar o problema.

223. Em crítica a essa desmesurada compreensão: ROSITO, Francisco. A Prova e os Modelos de Constatação na Formação do Juízo de Fato. *Revista de Processo*, vol. 157, São Paulo, Revista dos Tribunais, mar. 2008, p. 57.

224. A expressão é de FERRAZ JUNIOR, Tercio Sampaio. *Direito, Retórica e Comunicação*. 2.ª ed. São Paulo: Saraiva, 1977, p. 31.

225. A expressão é de GRECO, Leonardo. A Prova no Processo Civil: do Código de 1973 ao Novo Código Civil. *Scientia Iuris*: Revista do curso de mestrado em direito negocial da UEL, vol. 5/6, n. 1, 2001-2002, p. 105.

226. TARUFFO, Michele. *Uma Simples Verdade*: o juiz e a construção dos fatos. Trad. de Vitor de Paula Ramos. São Paulo: Marcial Pons, 2012, p. 253-254. Destacou-se.

227. WAMBIER, Teresa Arruda Alvim. *Embargos de Declaração e Omissão do Juiz*. 2.ª ed. São Paulo: Revista dos Tribunais, 2014, p. 257. Destaques originais.

228. WAMBIER, Teresa Arruda Alvim. *Embargos de Declaração e Omissão do Juiz*. 2.ª ed. São Paulo: Revista dos Tribunais, 2014, p. 257. Destaques originais.

154 | A BOA-FÉ NO DIREITO PRIVADO

Notadamente em vista das cláusulas gerais, é, pois, decisivamente perigoso o descuido com a «tradição de julgamento», bem como o descaso com os elementos fáticos em nome de um «livre convencimento» decisório. Dentre outros motivos por que as *relações de correspondência* com os casos precedentes – seja para afirmá-los, seja para mostrar a sua inadequação – indicam o primeiro norte para a aplicação das cláusulas gerais.

5. A técnica dos «grupos de casos»

Esse «primeiro norte» pode ser beneficiado pela técnica do «grupo de casos típicos» utilizada na jurisprudência alemã,[229] desde que essa não seja entendida apenas de modo formal. Em brevíssima síntese: por via do método de «grupos de casos», as decisões são reunidas em «catálogos» ou «grupos» conforme casos em que foi similar a *ratio decidendi*, podendo os «catálogos» se expressarem inclusive por meio de súmulas ou enunciados jurisprudenciais. Uma vez reconduzidas à cláusula geral, as soluções são passíveis de generalização, servindo para resolver outros casos em que se verificam circunstâncias idênticas ou similares. Há, pois, um tríplice movimento, da concreção à abstração e desta novamente à concreção, semelhante ao que foi denominado e propugnado por Paulo Sanseverino, para a quantificação do dano moral, de «método bifásico».[230] Ter-se-á, pois, progressivamente, a regulação geral (no sentido oposto ao de

---

229. O estabelecimento de «relações de correspondência» necessário para a aplicação dos princípios e das cláusulas gerais resta facilitado quando utilizado o «método do grupo de casos» que em alguns sistemas, como o alemão, é institucionalizado, assinalando Zitscher, concernentemente à cláusula geral do § 242 do Código Civil alemão: «para cada uma dessa funções [função de concretização, de complemento e corretor da boa-fé objetiva], com exceção da primeira, a jurisprudência desenvolveu de maneira mais ampla casos específicos (*Einzelfälle*) ou grupos de casos (*Fallgruppen*) para explicar, com mais clareza, como se deve entender o princípio geral na aplicação concreta» (ZITSCHER, Harriet Christiane. *Introdução ao Direito Civil Alemão e Inglês*. Belo Horizonte: Del Rey, 1999, p. 102). No Direito brasileiro é, por vezes, tímida e assistematicamente utilizado em alguns setores, ainda que ausentes qualquer método de «catalogação» ou previsão por regulamento dos Tribunais, sendo carente até mesmo a percepção de estar a ser utilizado (Chama a atenção sobre este fenômeno: SANSEVERINO, Paulo de Tarso. A Hermenêutica Jurídica na Visão do Juiz – Conversa sobre a Interpretação do Direito. *Cadernos para Debate n. 4*. Canela: Instituto de Estudos Culturalistas, 2011, p. 73-97). Idem em: SANSEVERINO, Paulo de Tarso Vieira. *O Princípio da Reparação Integral:* Indenização no Código Civil. São Paulo: Saraiva, 2010, p. 280-290. Na jurisprudência, referências em: STJ. REsp 959780/ES. Terceira Turma. Relator Min. Paulo de Tarso Sanseverino. Julgamento em 26.04.2011. *DJ* de 06.05.2011; STJ. REsp 1152541/RS. Terceira Turma. Relator Min. Paulo de Tarso Sanseverino. Julgamento em 13.09.2011. *DJ* de 21.09.2011; STJ. REsp 1243632/RS. Terceira Turma. Relator Min. Paulo de Tarso Sanseverino. Julgamento em 11.09.2012. *DJ* de 17.09.2012; STJ. REsp 1197284/AM. Terceira Turma. Relator Min. Paulo de Tarso Sanseverino. Julgamento em 23.10.2012. *DJ* de 30.10.2012; STJ. REsp 1279173/SP. Terceira Turma. Relator Min. Paulo de Tarso Sanseverino. Julgamento em 04.04.2013. *DJ* de 09.04.2013.

230. SANSEVERINO, Paulo de Tarso. A Hermenêutica Jurídica na Visão do Juiz – Conversa sobre a Interpretação do Direito. *Cadernos para Debate*, n. 4. Canela: Instituto de Estudos Culturalistas,

CONTEXTO, NOÇÃO E APLICAÇÃO DAS CLÁUSULAS GERAIS | 155

particular) dos casos, sem que seja necessário traçar, na lei, todas as hipóteses e suas consequências, ocorrendo, por igual, a possibilidade da constante incorporação ao sistema de novos casos (o que se tem referido como «ressistematização»).

Porém, embora o método dos «grupos de casos» seja útil e necessário no preenchimento das cláusulas gerais, não é, todavia, *suficiente* para assegurar a correta apreciação da matéria. O intérprete deve estar atento para não descuidar da singularidade do caso, substituindo-a por uma aplicação automatizada da solução previamente fixada no «grupo de casos». Os autores alertam para o fato de as cláusulas gerais, «pelo irrestrito emprego do método de grupo de casos», passarem a ser operadas por uma automática, simplificada e redutora subsunção, «consistindo em nova roupagem do juiz autômato». Nesse caso, diz Menke, «o método do grupo de casos é que passa a se desenvolver, ganhando vida própria, obscurecendo a cláusula geral a que se refere». O intérprete tenderia à acomodação e «não mais examinaria a fundo o caso concreto, mas ficaria preocupado apenas em enquadrá-lo e compará-lo aos casos individuais dos grupos de casos, o que refletiria uma tendência de ambicionar a segurança jurídica».[231]

Por outro lado, o adequado desempenho dessa técnica carece de expedientes de ordem técnica-administrativa nos Tribunais, que permitam detectar nos milhares de julgados aqueles que entre si guardam pertinência.

6. O papel da doutrina

Para o traçamento das relações de correspondência entre os novos casos e os já sedimentados pela tradição, deve ser convocada a doutrina, cujo papel no preenchimento do significado e do alcance das cláusulas gerais não deve ser descurado. Cabe-lhe o papel precípuo de esclarecer a significação dos modelos jurídicos (legais, jurisprudenciais, costumeiros e negociais) em vigor e suprir as insuficiências da interpretação jurisprudencial em função da superveniência de mutações operadas após a sua promulgação, propondo progressivamente novos conteúdos significativos, bem como reclamar a sua revogação, por não mais corresponderem à realidade da vida que ao Direito cabe ordenar.[232] E cabe-lhe, igualmente, oferecer modelos hermenêuticos a

---

2011, p. 84-95. Também em: O Princípio da Reparação Integral e o Arbitramento Equitativo da Indenização por Dano Moral no Código Civil. In: MARTINS-COSTA, Judith (Org.). *Modelos de Direito Privado*. São Paulo: Marcial Pons, 2014, p. 437-450; MARTINS-COSTA, Judith. Dano Moral à brasileira. In: PASCHOAL, Janaína. SILVEIRA, Renato Mello (Orgs.). *Livro Homenagem a Miguel Reale Junior*. Rio de Janeiro: GZ Editora, 2014, p. 319-322, também publicado em *Revista do Instituto do Direito Brasileiro*, Lisboa, Faculdade de Direito da Universidade de Lisboa, ano 3, n. 9, 2014, p. 7.073-7.122.

231. As expressões entre aspas estão em MENKE, Fabiano. A Interpretação das Cláusulas Gerais: a subsunção e a concreção dos conceitos. *Revista de Direito do Consumidor*, vol. 50, São Paulo, Revista dos Tribunais, abr. 2004, reproduzindo a crítica de Weber.

232. REALE, Miguel. Vida e Morte dos Modelos Jurídicos. *Nova Fase do Direito Moderno*. São Paulo: Saraiva, 1990, p. 167.

156 | A BOA-FÉ NO DIREITO PRIVADO

partir da «elaboração racional»[233] é dizer, sobre a construção a partir de elementos oferecidos pelo próprio sistema; ordenando – «colocando em ordem» – as multifárias e muitas vezes desordenadas soluções judiciais, colaborando para com a estabilidade e a certeza jurídica; fundamentar, por meio de elaboração teórica, a solução encontrada topicamente; criticar, quando necessário, a decisão que se mostra estranha ao sistema ou não estampa a necessária ligação entre os elementos de fato e os demais elementos normativos acaso incidentes ao caso, e o reenvio determinado pela cláusula geral.[234] Assim, devem ser retirados da decisão judicial, promanada num caso concreto (como é próprio da atividade da jurisprudência, presa ao caso, ao concreto), os elementos passíveis de abstração, isto é, de *generalização* e, assim, aptos a infletir na solução de novos casos concretos.

Como está em Maria Cláudia Cachapuz,[235] a dogmática – desde que siga o caminho de argumentação promotora de uma fundamentação racional para as suas proposições – «resguarda uma relação complementar à interpretação, na busca da universalidade ao julgar». Ao jurista cabe, portanto, «o dever de traduzir, com correção, o enunciado dogmático», não apenas alcançando «uma razão prática a cada situação concreta submetida à apreciação jurídica», mas, antes, possibilitando «que toda a tradução dos enunciados dogmáticos imponha uma pretensão de correção frente ao caso concreto». A construção científica, assim, não resta reduzida ao conhecimento empírico, mas permite o alcance de um consenso. Por outro lado, adverte, «também não confunde o exercício da dogmática com o uso dos precedentes. Enquanto há uma preocupação da

---

233. A expressão é de RODRIGUES JÚNIOR, Otavio Luiz. Dogmática e Crítica da Jurisprudência, ou da vocação da doutrina em nosso tempo. *Revista dos Tribunais 891/65*, jan. 2010, ora In: MENDES, Gilmar F.; STOCO, Rui (Orgs.). *Doutrinas Essenciais*: Direito Civil – Parte Geral, vol. I. São Paulo: Revista dos Tribunais, 2012, p. 850.

234. Hoje em dia, porém, vários fatores se agregam para esfacelar este papel orientador. Não cabe aqui arrolar os fatores desse desprestígio, mas apenas apontar à concomitância entre a perda da importância prática da doutrina e a ascensão do papel do Judiciário como protagonista e «paralegislador», bem como alertar para os riscos de a elaboração do «método de casos» restar sob o encargo exclusivo dos Tribunais: há o risco de substituição do legislador pelo juiz, o que atentaria ao princípio democrático. Confira-se: RODRIGUES JÚNIOR, Otavio Luiz. Dogmática e Crítica da Jurisprudência, ou da vocação da doutrina em nosso tempo. *Revista dos Tribunais 891/65*, jan. 2010, ora In: MENDES, Gilmar F.; STOCO, Rui (Orgs.). *Doutrinas Essenciais*: Direito Civil – Parte Geral, vol. I. São Paulo: Revista dos Tribunais, 2012, p. 829-872; ÁVILA, Humberto Bergmann. Notas sobre o papel da doutrina na interpretação – Conversa sobre a Interpretação do Direito. *Cadernos para Debate*, n. 4. Canela: Instituto de Estudos Culturalistas, 2011; PARGENDLER, Mariana; SALAMA, Bruno Meyerhof. Direito e Consequência no Brasil: em Busca de um Discurso sobre o Método. *Revista de Direito Administrativo*, Rio de Janeiro, FGV, vol. 262, jan./abr. 2013, p. 95-144. Também: MARTINS-COSTA, Judith. Cláusulas Gerais: um ensaio de qualificação. *Direito: Teoria e Experiência*. Estudos em Homenagem a Eros Roberto Grau. São Paulo: Malheiros, 2013, p. 993-1021; e MARTINS-COSTA, Judith. Autoridade e Utilidade da Doutrina. In: MARTINS-COSTA, Judith (Org.). *Modelos de Direito Privado*. São Paulo: Marcial Pons, 2014, p. 9-40.

235. CACHAPUZ, Maria Cláudia. A Construção de um Conceito de Privacidade, as Cláusulas Gerais e a Concreção de Direitos Fundamentais. In: MARTINS-COSTA, Judith (Org.). *Modelos de Direito Privado*. São Paulo: Marcial Pons, 2014, p. 48-75.

CONTEXTO, NOÇÃO E APLICAÇÃO DAS CLÁUSULAS GERAIS | 157

dogmática jurídica voltada à universalidade (sentido abstrato), os precedentes, pela construção jurisprudencial, se estruturam sob a forma especial do decidir, com vista à construção do caso concreto».[236]

Nem sempre – é preciso dizer – a doutrina tem sabido desempenhar esse mister. Na relação com a jurisprudência, por vezes prefere-se o «método» da *acumulação quantitativa* de ementas, deixando de lado a *análise crítica* dos julgados a partir da compreensão dos fatos em julgamento com sua posterior classificação jurídica (qualificação). Certo é, porém, que ajuntar acórdãos sem critérios que não a aposição de uma etiqueta comum, em nada se aproxima de uma construção dogmática meditada e orientada para o sistema.

Em síntese: a determinação do conteúdo que há de ser conferido efetivamente ao dispositivo que caracteriza cláusula geral (por não estar descrito no texto legislativo), implica ponderações e valorizações da jurisprudência e da doutrina que se reportam a um âmbito de referência tecido por variadas *escalas*: os casos precedentes, o seu criterioso agrupamento por hipóteses em que foi similar a *ratio decidendi*, a história institucional, bem como as opiniões consolidadas doutrinariamente por autores a quem é reconhecida autoridade opinativa, os usos e costumes do tráfico jurídico, as soluções advindas do Direito Comparado, quando compatíveis com o sistema. Esses fatores, idealmente necessários ao preenchimento das cláusulas gerais e ao desempenho de suas funções, nem sempre são observados na prática, o que leva a mencionar os riscos potenciais das cláusulas gerais, bem como as vantagens que proporcionam ao desenvolvimento do sistema.

7. Riscos e vantagens

A maior ductilidade para solucionar casos novos e a possibilidade de ressistematização das soluções são vantagens apresentadas pelas cláusulas gerais, mas não devem ser descurados os riscos que essa técnica implica. Como num jogo de espelhos, onde as regras casuísticas oferecem segurança, a cláusula geral produz insegurança; e onde a casuística é marcada pela rigidez, a cláusula geral é marcada pela flexibilidade adaptativa. Ambas as espécies normativas – cláusulas gerais e normas casuístas – apresentam vantagens e desvantagens, em vista dos princípios da justiça, legalidade e da segurança jurídica.

As características de *determinação ou tipicidade* próprias à casuística produzem *segurança* (entendida como o resultado da certeza jurídica), em razão mesmo da descrição de condutas que expressam no enunciado normativo, bem como pela conexão estrutural de certas consequências à conduta descrita. *Descrição* mais *imputação* de

---

236. Todas as citações deste parágrafo são a: CACHAPUZ, Maria Cláudia. A Construção de um Conceito de Privacidade, as Cláusulas Gerais e a Concreção de Direitos Fundamentais. In: MARTINS-COSTA, Judith (Org.). *Modelos de Direito Privado*. São Paulo: Marcial Pons, 2014, p. 55-56.

158 | A BOA-FÉ NO DIREITO PRIVADO

determinadas consequências é a receita – ao menos tendencial – para assegurar a uniformidade das decisões, pois há a possibilidade de prever, em grau relativamente elevado, quais comportamentos gerarão quais resultados em quais circunstâncias.

Essas mesmas características são apontadas, contudo, como um dos principais, senão o principal, fator de rigidez – e, por consequência, de envelhecimento – da legislação. A razão está, conforme Natalino Irti, em que, mediante a casuística, «o legislador cria um repertório de figuras e disciplinas típicas (...) ao qual o juiz pouco ou nada pode aduzir para o *accertamento* do fato concreto à letra legal».[237] As disposições definitórias, tais como as da casuística, conduzem o intérprete a uma subsunção quase automática do fato sob o paradigma abstrato.[238] Com efeito, esta técnica tem um caráter de rigidez ou imutabilidade que, embora produzindo a certeza que vem da estabilidade e da uniformidade das decisões, é também sua desvantagem: resta difícil ao intérprete desvencilhar-se do que está textualmente descrito no enunciado quando carece de acompanhar as velozes modificações sociais e dar resposta a problemas até então desconhecidos.

Diferentemente, não sendo aprisionado pelo texto rígido, o intérprete/aplicador de uma cláusula geral tem, nesse sentido, sua tarefa facilitada, pois pode amoldar a decisão aos fatos novos e às novas valorações, estabelecendo novas relações entre os elementos do sistema. Contudo, o fato de a cláusula geral não especificar previamente os elementos da *fattispecie*, nem conectar, de modo estrutural e prévio, ao comportamento previsto, determinadas consequências jurídicas, proporciona a existência de decisões contraditórias, antinômicas ou díspares sobre uma mesma situação de fato, o que enseja malefícios cuja evidência é manifesta. Os perigos derivam do inadequado preenchimento do *standard* ou concretização do valor, gerando insegurança e o vício do *arbítrio judicial.*

A tentação ao preenchimento arbitrário do *standard* ou do valor é ensejada pela natureza dos enunciados tipicamente vagos.[239] Os enunciados não apofânticos, como os que reenviam a valores e a *standards,* não raramente incorporam o que já foi definido como uma «sopa complexa»[240] de elementos culturais, preconceitos, senso comum, expectativas e práticas consideradas normais em uma determinada cultura, bem como

---

237. IRTI, Natalino. *L'Età della Decodificazione*. 3.ª ed. Milano: Giuffrè, 1989, p. 8. No original: «Il legislatore s'illude di creare un repertorio di figure e discipline tipiche, sicché il giudice poco o nulla possa aggiungere all'accertamento del fatto concreto ed alla lettura del testo normativo».

238. ROSSELI, Federico. Clausole Generali: l'Uso Giudiziario. *Politica del Diritto*, Bologna, Il Mulino, vol. 19, 1988, p. 670.

239. Aponta ao uso de cláusulas gerais pelo regime nazista Peter Sester, que assinala: «o Reichsgericht 1933-1945) rapidamente incrementou o uso de cláusulas gerais para implementar a ideologia nazista no Direito civil, em especial no direito contratual» (SESTER, Peter. *Business and Investment in Brazil*. Law and Practice. Oxford: Oxford University Press, 2022, p. 47, em tradução livre).

240. A expressão «complex soup» é de Twining, que expressa serem os «conhecimentos» muitas vezes apresentados com pretensão de veracidade uma «*complex soup or more or less well-grounded information, sophisticated models, anedoctal memories, impressions, stories, myths, proverbs, wishes, stereotypes, speculations and prejudices*» (apud TARUFFO, Michele. *Uma Simples Verdade:* o juiz e a construção dos fatos. Trad. de Vitor Lia de Paula Ramos. São Paulo: Marcial Pons, 2012, p. 78-79).

CONTEXTO, NOÇÃO E APLICAÇÃO DAS CLÁUSULAS GERAIS | 159

estereótipos fundados em generalizações grosseiras, o que é um efetivo perigo quando são usados para orientar decisões e valorações.[241] A concretização indevida das «normas abertas» faz migrar para o campo do *sentimento* o que deveria estar situado no campo do *pensamento*, ou racionalidade própria ao Ordenamento jurídico. Tem razão Michele Taruffo ao criticar o emprego açodado de «máximas de experiência», cujo uso, por vezes, «parece, entretanto, mais desorientador do que útil», visto que tende a dar a impressão de que máximas exprimam generalizações universais (ou pelo menos fundadas no *id quod plerumque accidit*). Seriam assim aptas a «embasar inferências capazes de produzir conclusões dedutivamente certas (ou pelo menos próximas da certeza)», o que constitui, no entanto, uma impressão «falaciosa, pois em muitos casos as noções formuladas nas máximas de experiência não exprimem qualquer generalização fundada em alguma base cognoscitiva».[242] Nesse caso, não haverá sequer o juízo de verossimilhança, como é próprio dos conceitos valorativos: tal juízo será substituído pelo mero preconceito.

Não se arredam aí os problemas suscitados pela incorreta concretização das cláusulas gerais. A incorreção não deriva apenas da imperícia técnica: pode nascer de um desvio ideológico. Relata Hattenhauer o emprego desviado ocorrente na Alemanha nazista, em que as cláusulas gerais permitiram – sempre sob o signo da exaltação do «novo» – perseguições cruéis aos não arianos; o enfraquecimento dos valores do indivíduo, soterrados pela exaltação dos valores comunitários; a destruição do princípio da igualdade formal, conquista democrática por excelência.[243] Por meio das cláusulas gerais da boa-fé, bons costumes, e interesse da comunidade, modificou-se o Direito, sem modificar-se a letra da lei «positiva»,[244] autorizando-se o juiz a corrigir os enunciados normativos em nome da «adequação social», supervalorizando-se o decisionismo judicial. Em todos os casos de uso incorreto, a cláusula geral será a porta aberta para o decisionismo, mormente quando há remissão a elementos irracionais.

Novamente, a comparação entre os enunciados normativos casuísticos e as cláusulas gerais pode melhor aclarar as mútuas vantagens e desvantagens de sua utilização. Ainda em vista do texto original do BGB, Clóvis do Couto e Silva exemplificava com a diferença entre um sistema que consagra uma cláusula geral de reparação de todos os

---

241. Taruffo, Michele. *Uma Simples Verdade:* o juiz e a construção dos fatos. Trad. de Vitor Lia de Paula Ramos. São Paulo: Marcial Pons, 2012, p. 79-80.

242. Taruffo, Michele. *Uma Simples Verdade:* o juiz e a construção dos fatos. Trad. de Vitor Lia de Paula Ramos. São Paulo: Marcial Pons, 2012, p. 79-80.

243. Nas vésperas da instauração do nazismo, Justus Hedemann alertava, na obra *Die Flucht in die Generalklauseln – eine Gefahr für Recht und Staat* (A fuga para as cláusulas gerais – Um perigo para o direito e para o Estado), para as potenciais ameaças de tal técnica legislativa. *Vide*, na literatura brasileira, as observações de Menke, Fabiano. A Interpretação das Cláusulas Gerais: a subsunção e a concreção dos conceitos. *Revista de Direito do Consumidor*, vol. 50, São Paulo, Revista dos Tribunais, abr. 2004.

244. Hattenhauer, Hans. *Los Fundamentos Historico-Ideológicos del Derecho Alemán.* 2.ª ed. Trad. espanhola de Miguel Izquierdo Macias-Picavea. Madrid: Edersa, 1981, p. 319-338.

160 | A BOA-FÉ NO DIREITO PRIVADO

atos danosos causados por um ilícito extracontratual[245] (indicando o art. 1.382 do *Code Napoléon*)[246] e um sistema no qual todas as *fattispecies* delituais devem estar previstas na norma (aludindo aos §§ 823, I e II, e 825 do Código Civil alemão, originalmente fundado na determinação casuística das espécies de responsabilidade extracontratual, ou «delitual», e cuja redação está hoje alterada).[247]

---

245. O mesmo exemplo é assinalado por H. Nipperdey, em estudo intitulado *Die Generalklausel im künftingen Recht der unerlaubten Handlungen*, segundo relata Engisch: «Na medida em que se trate de responsabilidade por culpa própria, no domínio dos delitos civis são possíveis dois sistemas de regulamentação legal: ou são enumeradas uma ao lado das outras as diferentes hipóteses de actos delituais que devem desencadear a consequência indenizatória (como nos §§ 823-825 do BGB) ou se cria uma hipótese legal unitária de acto ilícito (Código Civil francês, Art. 1.382). Em lugar da formulação casuística surge, portanto, a cláusula geral que visa à ofensa ilícita e culposa a interesse de outrem» (ENGISCH, Karl. *Introdução ao Pensamento Jurídico*. Trad. portuguesa de João Baptista Machado. 3.ª ed. Lisboa: Fundação Calouste Gulbenkian, 1988, p. 189).

246. *Code Civil français*, art. 1.382, em tradução: «Todo e qualquer fato do homem que cause a outrem um dano obriga este, pela culpa de quem ele ocorreu, a repará-lo». No original: «Tout fait quelconque de l'homme, qui cause à autrui un dommage, oblige celui par la faute duquel il est arrivé, à le réparer».

247. BGB, na redação original: § 823: «*Dever de reparar danos*. (1) Aquele que, intencionalmente ou negligentemente, ilicitamente ofende a vida, a integridade corporal, a saúde, a liberdade, a propriedade ou qualquer outro direito de outrem, é obrigado, em relação à pessoa lesada, à reparação do prejuízo causado. (2) A mesma obrigação atinge aquele que infringe uma lei que tem por objetivo a proteção de outrem. Se de acordo com o conteúdo dessa lei uma violação desta também é possível sem culpa, o dever de indenizar só se configura no caso de culpa» (§ 823: «*Schadensersatzpflicht*. (1) Wer vorsätzlich oder fahrlässig das Leben, den Körper, die Gesundheit, die Freiheit, das Eigentum oder ein sonstiges Recht eines anderen widerrechtlich verletzt, ist anderen zum Ersatze des daraus entstehenden Schadens verpflichtet. (2) Dem gleiche Verpflichtung trifft denjenigen, welcher gegen ein den Schutz eines anderen bezweckendes Gesetz verstösst. Ist nach dem Inhalte des Gesetzes ein Verstoss gegen dieses auch ohne Verschulden möglich, so tritt die Ersatzpflicht nur im Falle des Verschuldens ein»); § 825: «Imposição de conjunção. Aquele que por astúcia, ameaça ou abuso de situação de dependência, impor a uma mulher conjunção extraconjugal, deve a ela a reparação dos danos daí decorrentes» (§ 825: «Bestimmung zur Beiwohnung. Wer eine Frauensperson durch Hinterlist, durch Drohung oder unter Missbrauch eines Abhängigkeitsverhältnisses zur Gestattung der ausserehelichen Beiwohnung bestimmt, ist ihr Ersatze des daraus entstehenden Schadens verpflichtet»).

Na redação ora vigente: § 823: «*Dever de reparar danos*. (1) Aquele que, intencionalmente ou negligentemente, ilicitamente ofende a vida, a integridade corporal, a saúde, a liberdade, a propriedade ou qualquer outro direito de outrem, é obrigado, em relação à pessoa lesada, à reparação do prejuízo causado. (2) A mesma obrigação atinge aquele que infringe uma lei que tem por objetivo a proteção de outrem. Se de acordo com o conteúdo dessa lei uma violação desta também é possível sem culpa, o dever de indenizar só se configura no caso de culpa» (§ 823 *Schadensersatzpflicht* (1) Wer vorsätzlich oder fahrlässig das Leben, den Körper, die Gesundheit, die Freiheit, das Eigentum oder ein sonstiges Recht eines anderen widerrechtlich verletzt, ist dem anderen zum Ersatz des daraus entstehenden Schadens verpflichtet. (2) Die gleiche Verpflichtung trifft denjenigen, welcher gegen ein den Schutz eines anderen bezweckendes Gesetz verstößt. Ist nach dem Inhalt des Gesetzes ein Verstoß gegen dieses auch ohne Verschulden möglich, so tritt die Ersatzpflicht nur im Falle des Verschuldens ein»; § 825: «Imposição de comportamentos sexuais. Aquele que por astúcia, ameaça ou abuso de situação de dependência, impor a outrem a execução ou tolerância de comportamentos sexuais, deve a este a reparação dos danos daí decorrentes» (§ 825 Bestimmung zu sexuellen Handlungen Wer einen anderen durch Hinterlist, Drohung oder

CONTEXTO, NOÇÃO E APLICAÇÃO DAS CLÁUSULAS GERAIS | 161

Com base no art. 1.382, a jurisprudência francesa veio progressivamente estabelecendo deveres de conduta, tais como o *devoir de renseignement* em matéria pré-contratual (reconduzida, naquele sistema, ao campo da responsabilidade delitual), e os deveres de cuidado, de diligência, de atenção etc., cuja não observância pode conduzir à indenizabilidade do dano, alargando, assim, o campo dos danos indenizáveis extracontratualmente. Já pela falta de uma cláusula geral de responsabilidade civil delitual, não houve, então, no sistema alemão, «um desenvolvimento livre dos deveres de conduta, de forma que na sua violação [pudesse] ser considerada como delitual».[248]

Por outro lado, um sistema baseado numa cláusula geral e que não contenha parâmetros ou balizas para indicar o que deva ou não ser tido como «dano antijurídico» pode levar a uma situação caótica – e profundamente injusta, ao fim e ao cabo –, em razão da irracionalidade e incontrolabilidade das decisões, tal como se corre o risco, entre nós, de verificar-se no tocante ao dano moral.[249] O desenvolvimento livre de hipóteses de dano indenizável via o mecanismo da responsabilidade civil, uma vez despregado de âncoras sistemáticas e dogmáticas, pode levar inclusive (como se tem visto, por vezes) a qualificar como dano no sentido jurídico (e, portanto, indenizável por via do pagamento de uma quantia em dinheiro) a «falta de afeto», sentimento que é irredutível a um controle racional pelo Direito, já que não é apreensível nas categorias jurídicas das faculdades, dos ônus e dos direitos subjetivos nem pode ser objeto de um dever-ser sujeito à coercividade jurídica.[250]

Missbrauch eines Abhängigkeitsverhältnisses zur Vornahme oder Duldung sexueller Handlungen bestimmt, ist ihm zum Ersatz des daraus entstehenden Schadens verpflichtet).

248. COUTO E SILVA, Clóvis do. *Principes Fontamentaux de la Responsabilité Civile en Droit Brésilien et Comparé*: cours fait à la Faculté de Droit de St. Maur (Paris XII). Paris: 1988, p. 62. Com isso, assinala Sérgio José Porto a circunstância de, nos sistemas que, à semelhança do francês, adotaram uma cláusula geral com previsão para a responsabilidade civil pelos prejuízos causados a outrem, ser suscitado o problema «no que concerne aos limites». Dito de outra forma, «a questão fundamental é a de saber qual o alcance da hipótese legal, posto que, sem esta precisão, se corre o risco de tomar o lugar de numerosos institutos jurídicos» (PORTO, Sérgio José. *A Responsabilidade Civil por Difamação no Direito Inglês*. Porto Alegre: Livraria do Advogado, 1995, p. 15). O exemplo parece adequado para demonstrar as potencialidades das cláusulas gerais. Em que pese a tradição cultural francesa, apegada ao exegetismo e temerosa, ainda hoje, do «direito dos juízes», é por demais conhecida a expansão que a responsabilidade civil extracontratual recebeu na França por exclusiva obra jurisprudencial. Já no Direito alemão, em que, como visto, é antiga a aceitação do direito judicial, a adoção do «método dos tipos» espelhado nos §§ 823 e 825 limitou a expansão do campo das reparações por dano. O maior desenvolvimento operou-se à vista da cláusula geral de responsabilidade por danos decorrentes de atos contrários aos bons costumes (§ 826) o que explica o tratamento particular que a responsabilidade civil recebe naquele sistema.

249. Assim tratei em: MARTINS-COSTA, Judith. Dano Moral à brasileira. In: PASCHOAL, Janaína. SILVEIRA, Renato Mello (Orgs.). *Livro Homenagem a Miguel Reale Junior*. Rio de Janeiro: GZ Editora, 2014, p. 289-322. Também publicado em *Revista do Instituto do Direito Brasileiro*, Lisboa, Faculdade de Direito da Universidade de Lisboa, ano 3, n. 9, 2014, p. 7.073-7.122.

250. Demais disto, a ausência de balizas para determinar quando a «falta de afeto» é ou não produtora de danos, e em que medida, conduzirá a que idênticos fatos sejam julgados desigualmente, ensejando a insegurança jurídica e a irracionalidade e incontrolabilidade do sistema.

162 | A BOA-FÉ NO DIREITO PRIVADO

A comparação serve para alertar que a alternativa não é entre uma legislação fundada na casuística (ou em «normas cerradas») e outra baseada em cláusulas gerais. De fato, é frequente a combinação entre os métodos de regulamentação casuística e por cláusulas gerais. A técnica combinatória agrega ou combina normas semanticamente vagas com normas semanticamente cerradas e imperativas, devendo aquelas, por certo, ser em menor número, pois o Ordenamento não pode se permitir ser inseguro: assegurar expectativas, fixar as regras do jogo, acalmar os atores da cena social diante das intempéries e inquietações trazidas pelo incerto futuro e garantir a manutenção da estabilidade num quadro de justiça estão no cerne da função do Direito.

É conquista da ciência do Direito a convicção sobre as mútuas (e polarmente opostas) vantagens e desvantagens das técnicas de legislar pelo método casuístico e pelo método das cláusulas gerais (e dos princípios). Estas, embora produtoras de insegurança são, também, condição para proporcionar uma elasticidade ou flexibilidade da lei, por vezes desejável, razão pela qual é recomendável[251] a combinação, sempre prudente e cautelosa, entre ambas as técnicas legislativas, as cláusulas gerais funcionando como «válvulas de abertura» do sistema. Se não ocorresse tal combinação ou composição metodológica, aliás, certo é que um código redigido exclusiva ou majoritariamente sob a técnica das cláusulas gerais frustraria a própria função a que estão direcionados os códigos, a saber: proporcionar certeza e segurança sobre as regras do tráfico jurídico, possibilitando a sua aplicação o mais possível infensa a contradições lógicas e axiológicas.

Além do mais, por vezes a própria distinção entre ambas as técnicas se relativiza, podendo ocorrer, numa mesma disposição, «graus» de casuísmo e de vagueza.[252] Assim se verifica, em outro exemplo, no vigente Código Civil português, o qual, segundo bem lembra José Carlos Moreira Alves, está fixado numa posição «em que predomina o caráter científico, com o seu conceitualismo e o emprego de cláusulas gerais, sem abdicar, contudo, do casuísmo nas matérias que constituem o núcleo básico do Direito Civil, pela vantagem da certeza do direito».[253] Foi a opção metodológica também seguida pelo Código Civil brasileiro que fez prevalecer posição de prudência e equilíbrio, notadamente na Parte Geral e no Direito das Obrigações. Com efeito, em matéria de Direito das Obrigações, não se poderia colocar a alternativa «cláusulas gerais ou não», devendo-se pensar na concomitância entre estas e a casuística pela mesma razão apontada.

---

251. Vaz Serra, Adriano. A Revisão Geral do Código Civil – Alguns Factos e Comentários. *Boletim do Ministério da Justiça*, vol. II, set. 1947, p. 42; Moreira Alves, José Carlos. *A Parte Geral do Projeto de Código Civil Brasileiro*. São Paulo: Revista dos Tribunais, 1986, p. 24; Reale, Miguel. Exposição encaminhada em 19.03.1973 ao Ministro da Justiça. *Anteprojeto de Código Civil*. 2.ª ed. Brasília: Ministério da Justiça, 1973, p. 6.

252. O alerta é de Engisch, segundo o qual, conforme o teor da regra formulada mediante a casuística e a regra formulada em cláusula geral, haverá esta relativização (Engisch, Karl. *Introdução ao Pensamento Jurídico*. Trad. portuguesa de João Baptista Machado. 3.ª ed. Lisboa: Fundação Calouste Gulbenkian, 1988, p. 190).

253. Moreira Alves, José Carlos. *A Parte Geral do Projeto de Código Civil Brasileiro*. São Paulo: Revista dos Tribunais, 1986, p. 24.

Discernidas as características gerais das normas casuísticas e das cláusulas gerais, cabe breve aprofundamento ao modo de sua concretização, tarefa que exige um cuidadoso trabalho de compatibilização entre o raciocínio lógico-dedutivo e o raciocínio tópico.

§ 17. A conjugação entre o pensamento tópico e o pensamento sistemático: o «novo pensamento sistemático»

1. Proposição

No momento aplicativo, são requeridos ao julgador os mesmos equilíbrio e prudência exigíveis na articulação entre as normas abertas e normas cerradas recomendados ao momento da elaboração legislativa. As *relações de correspondência*, acima mencionadas, implicam a conjugação entre sistema e tópica, entre indução e dedução. Se utilizado *exclusivamente* o raciocínio lógico-dedutivo, estarão as cláusulas gerais condenadas a permanecer emudecidas, num inútil e eterno limbo. Por outro lado, se o julgador *afastar-se do sistema*, raciocinando apenas de modo tópico, proferirá decisões imprevisíveis, por vezes voluntaristas, baseadas em sentimentos. Então, não apenas a certeza jurídica será ferida: a garantia fundamental da igualdade perante a lei será letra morta. É necessário, assim, examinar qual o tipo de raciocínio hábil a insuflar vida a estas normas, tornando-as verdadeiramente operativas, com o que mencionarei o tema da tópica jurídica, analisando, subsequentemente, a sua compatibilidade com o raciocínio sistemático-dedutivo. Tenha-se, pois, como pressuposto a esse exame, a admissibilidade da irrupção setorial da tópica no sistema para a integração de lacunas, o manuseio de conceitos indeterminados e para a concreção das cláusulas gerais,[254] por forma a ocorrer uma «complementação mútua»[255] entre o pensamento tópico e o sistemático.

2. A tópica jurídica

O reconhecimento de que o direito é vocacionado à resolução de problemas concretos levou a que, em obra do início dos anos cinquenta do século XX, Theodor Viehweg[256] propusesse determinadas questões que devem ser necessariamente levadas em conta quando se examina o conceito de sistema aberto e os seus pertinentes modos de raciocínio. Trata-se das questões atinentes ao raciocínio tópico.

---

254. CANARIS, Claus-Wilhelm. *Pensamento Sistemático e Conceito de Sistema na Ciência do Direito*. Trad. portuguesa de António Manuel Menezes Cordeiro. Lisboa: Calouste Gulbenkian, 1989, p. 271, bem como a introdução de António Menezes Cordeiro, p. XLVII.

255. CANARIS, Claus-Wilhelm. *Pensamento Sistemático e Conceito de Sistema na Ciência do Direito*. Trad. portuguesa de António Manuel Menezes Cordeiro. Lisboa: Calouste Gulbenkian, 1989, p. 277.

256. VIEHWEG, Theodor. *Tópica y Jurisprudencia*. Trad. espanhola de Luis Diez-Picazo. Madrid: Taurus, 1964.

164 | A BOA-FÉ NO DIREITO PRIVADO

A descoberta da tópica aristotélica e ciceroniana, para Viehweg, operou-se a partir de uma obra de Vico, *De Nostri Temporis Studiorum Ratione*, de 1708, na qual o genial pensador, «eroe della vita morale» e «eroe della vita del pensiero»,[257] criticava – na contracorrente de sua época – o método sistemático-dedutivo, fundado no modelo geométrico e num determinado dogma ou axioma inicial, o *primum verum*. Assentara Vico que o método sistemático – o método de raciocinar em sua época – teria vantagens apenas se e enquanto o *primum verum* fosse efetivamente um *verum*. Do contrário, haveria problemas insuperáveis, eis que o método restaria atingido pela fragilidade ou inconsistência da base em que assentado. Em contrapartida, o «método antigo», vale dizer, a tópica aristotélica, cujo ponto de partida não é um dogma, mas o *sensus communis*, e que não opera com certezas, mas com o *verossímil* (*verosimilia*), teria, em relação àquele, insuperáveis vantagens, principalmente porque ensina a *examinar um estado de coisas a partir de ângulos diferentes*, e, portanto, a encontrar uma trama de pontos de vista. Pregou Vico a conveniência de, por isso, *intercalar* o velho modo de pensar, tópico, com o novo (sistemático), pois, sem aquele, «não se poderia alcançar uma verdadeira efetividade».[258]

Instigado por esta obra, Viehweg, após analisar a tópica aristotélica (da qual reteve, com particular importância, a noção de *endoxa*) e a ciceroniana (da qual retirou os elementos concernentes à aplicabilidade prática), deteve-se sobre o pensamento tópico considerado não como um método,[259] mas uma «técnica de pensamento» ou um

---

257. Segundo a opinião de seus próprios contemporâneos, segundo indica NICOLINI, Fausto. Introdução. *Opere*. Milano: Riccardo Ricciardi, 1953, p. VIII.

258. VIEHWEG, Theodor. *Tópica y Jurisprudencia*. Trad. espanhola de Luis Diez-Picazo. Madri: Taurus, 1964, p. 27, em tradução livre.

259. Já no emprego dessa expressão «método» encerra-se discussão acerca do estatuto epistemológico da tópica. Viehweg nega terminantemente que esta seja um método, afirmando que constitui um «estilo». Para tanto, porém, seria preciso discutir o que se entende por «método» no direito, ou «metodologia jurídica». Sobre esse ponto é colossal o dissenso na doutrina, para o que remete ao arrolamento e análise das diferentes posições efetuada por GARCÍA AMADO, Juan Antonio. *Teorías de la Tópica Jurídica*. Madrid: Civitas, 1988, p. 95-105. O fundamental a anotar aqui é que a rejeição de Viehweg ao qualificativo parece se dever à estrita concepção que possui de «método». No seu entender, só é possível designar por «método» um procedimento «que seja comparável por meio de uma lógica rigorosa e creia num unívoco nexo de fundamentos, quer dizer, um sistema dedutivo». Por essa razão, «apenas o projeto de um sistema dedutivo poderia fazer deste estilo [a tópica] um autêntico método». Observe-se, contudo, que a concepção de método endossada por Viehweg é correlata a certa noção de «direito positivo», que se poderia designar por «positivismo legalista». Nesse sentido alerta García Amado: «No fundo, o que Viehweg está intentando (...) é delimitar uma determinada concepção do direito por contraposição a um tipo de teoria que teria a sua máxima encarnação na classe de positivismo subjacente à jurisprudência dos conceitos. Há que se referir, aqui, que, de um lado, caracteriza a sua doutrina por referência a uma teoria que perdeu já, hoje, quase todo o seu eco a nível teórico, e, de outro lado, que Viehweg, mais do que caracterizar este tipo de pensamento, o caricaturiza». Concordando em que «não se vê qual possa ser a utilidade teórica ou prática de negar à tópica a condição de método, sem que, em troca, se ofereça uma qualificação alternativa de contornos claros», mantenho o qualificativo, entendendo por método no direito a descrição do que efetivamente se realiza na sua prática.

«estilo», caracterizado por *orientar-se em direção a problemas*. E, justamente por constituir uma técnica de pensamento orientada por problemas é que a tópica recusa a possibilidade de serem encontradas soluções que não os levem em conta, ou, pelo menos, não os levem em conta como ponto de partida para o raciocínio.

Um *tópico* é um *ponto de vista considerado relevante e consensualmente aceito*, como, por exemplo, o tópico da «finalidade», em matéria de adimplemento contratual, ou o do «interesse», no campo do exercício dos direitos subjetivos, ou o da «função social», atinente ao exercício do direito de propriedade. Pondera Viehweg que, se admitirmos, como pressuposto, que cada disciplina jurídica especifica os seus pontos de vista relevantes de um modo quase completo, admitiremos, por consequência, a existência, no seu âmbito, de uma determinada quantidade de tópicos. Estes não são imutáveis, mas *progressivamente elaborados*, de maneira que, a cada momento histórico, será possível constatar a relevância de uns e o descenso, ou a pouca importância, de outros. Mesmo estes, no entanto, podem ir ganhando importância, em maior ou menor medida, no curso de situações que variam incessantemente no tempo e no espaço social. Quando isso acontece, o seu ingresso no Ordenamento jurídico é facilitado, ou por via da legislação (por exemplo, uma lei que limite o exercício do direito de propriedade, em dada situação, à vista de sua função social), ou por via da interpretação (*v.g.*, a atividade jurisprudencial que conduza ao plasmar de certo limite ao exercício de direito potestativo de resolver contrato, quando a finalidade da relação foi, em larga medida, atingida). Isso ocorre de uma maneira continuada, assegura Viehweg, de modo que «uma diligente e constante reedificação e ampliação do direito, que cuida que o edifício total da atividade jurídica conserve a sua rigidez, sem perder flexibilidade, forma o *núcleo peculiar da arte do direito*».[260]

Viehweg não pretendeu, com esta afirmação, construir elaboração meramente acadêmica. Suas inquietações teóricas estavam ligadas à efetiva prática do Direito, o qual é essencialmente problemático porque opera com um problema ou aporia[261] fundamental: *a de saber o que*, *aqui e agora*, *é o «justo»*, questão essa que, «a menos que se possam mudar as coisas, é ineludível na jurisprudência».[262] Segundo suas palavras, se

---

260. Viehweg, Theodor. *Tópica y Jurisprudencia*. Trad. espanhola de Luis Diez-Picazo. Madrid: Taurus, 1964, p. 127, em tradução livre. Destaquei.

261. Segundo as palavras de Viehweg, «el término *aporia* designa precisamente una cuestión que es acuciante e ineludible, la "falta de camino", la situación de un problema que nos es posible apartar». A tópica consistiria precisamente na técnica que pretende endereçar dados para saber como comportar-se em uma situação semelhante a fim de não restar, o problema, sem resposta (Viehweg, Theodor. *Tópica y Jurisprudência*. Trad. espanhola de Luis Diez-Picazo. Madrid: Taurus, 1964, p. 49). Essa noção de *aporia* mereceu severas críticas porque conteria uma contradição fundamental: de um lado estaria o caráter aporético da jurisprudência – entendida a *aporia* como a constância de um determinado problema e, portanto, «ausência de saída» para esse problema – e, de outro, o seu caráter necessariamente resolutivo, uma vez que a prática jurídica é orientada à decisão, à solução de problemas.

262. Viehweg, Theodor. *Tópica y Jurisprudencia*. Trad. espanhola de Luis Diez-Picazo. Madrid: Taurus, 1964, p. 128, em tradução livre.

166 | A BOA-FÉ NO DIREITO PRIVADO

não se colocasse a questão de saber qual é, em cada caso, «a justa composição dos interesses e da retitude humana», faltaria justamente «o pressuposto de uma jurisprudência em sentido próprio».[263]

Nessa perspectiva, a aporia de base, acima indicada, é o que dá sentido e torna necessária a disciplina jurídica considerada em seu conjunto, porquanto é preciso, em cada caso, responder e solucionar aquele problema fundamental. Aí está o motivo, afirma Viehweg, pelo qual a jurisprudência só pode satisfazer o seu objeto próprio – ou a questão de saber o que, aqui e agora, no caso concreto, é justo – se não proceder por via sistemático-dedutiva, mas topicamente: a estrutura sistemática do Direito seria, pois, apenas aparente. O Direito só aparentemente comportaria uma estrutura sistemática – compreendida como aquela que possibilitaria a dedução de suas proposições e deduções a partir de certos axiomas de base –, porque, alçado ao julgador determinado problema, o seu raciocínio *estrutura-se a partir do problema*, e não daqueles determinados axiomas que estruturam o sistema. Em outras palavras, para solucionar o caso concreto que tem em mãos, não parte o julgador do sistema (entendido como ordem de axiomas legais, passível de compreensão mediante o método lógico-dedutivo), mas do caso em si mesmo considerado. Este sempre encerra um problema, o qual deve ser resolvido numa ou noutra direção.

Por constituírem pontos de vista, os tópicos que direcionarão tal ou qual caso não estão previamente fixados e ordenados, sendo selecionados de forma mais ou menos arbitrária pelo intérprete. Contudo, a arbitrariedade na eleição dos tópicos que direcionarão o processo de compreensão e resolução dos problemas não é absoluta, estando condicionada por sua função, que consiste em «servir a uma discussão de problemas».[264] O problema indica o seu sentido e, por igual, a sua adequação ou inadequação funcional. Esta também não é perene ou imodificável,[265] pois, se mudarem as circunstâncias em que colocado o problema, mudará o caráter assumido pelo tópico. Além do mais, se não existe uma ordenação sistemática dos tópicos, eles não são, por isso, desordenados: é possível a ordenação dos tópicos em certos «repertórios de pontos de vista» ou «catálogos de tópicos» preparados de antemão.

Para exemplificar a sua concepção, acena Viehweg à categoria do *interesse*, proposta no século passado por Jhering. Desde aí, afirma, esta categoria emergiu primeiramente na doutrina civilista e depois em outros campos da disciplina jurídica, como «um tópico que foi aumentando continuamente de peso e que paulatinamente foi exercendo um influxo de não escassa importância sobre o próprio caráter

---

263. Viehweg, Theodor. *Tópica y Jurisprudencia*. Trad. espanhola de Luis Diez-Picazo. Madrid: Taurus, 1964, p. 128, em tradução livre.

264. Viehweg, Theodor. *Tópica y Jurisprudencia*. Trad. espanhola de Luis Diez-Picazo. Madrid: Taurus, 1964, p. 56, em tradução livre.

265. Viehweg, Theodor. *Tópica y Jurisprudencia*. Trad. espanhola de Luis Diez-Picazo. Madrid: Taurus, 1964, p. 56, em tradução livre.

da jurisprudência».[266] Agregaram-se a este ponto de vista, proposto originalmente por Jhering, outras inúmeras articulações do conceito de interesse, «que, ao final, se foi transformando na direção de fatores vitais mais dignos de consideração».[267] O tópico «interesse» acabou, assim, por desempenhar o papel de elemento decisivo na revisão dos fundamentos de toda a disciplina civilista.

Sendo progressivamente formados, atendendo à dimensão do peso e do valor relativo ao caso concreto e marcados pelo dinamismo, os tópicos não sofrem o risco do imobilismo. Deles se afasta o caráter axiomático, atributo do *primum verum*. Ou são adequados ou inadequados para resolver determinado problema. O caráter de adequação ou inadequação depende do consenso, e sua importância está vinculada ao peso que tende a ganhar – ou a perder – no tempo e no espaço.

A ideia de «consenso» joga um papel fundamental na tópica viehweguiana, constituindo, ao mesmo tempo, o ponto mais fortemente marcado por críticas.[268] No seu núcleo está a ideia aristotélica segundo a qual, no campo do que é passível de opinião (*endoxa*), não cabem afirmações nem verdades apodíticas, nem a racionalidade é tida como uma verdade que se alcança mediante a demonstração puramente lógica. A racionalidade, na tópica, é garantida apenas mediante o processo dialético de discussão dos pontos de vista (tópicos) que, como soluções possíveis, estejam legitimados pelo consenso,[269] vale dizer, a opinião fundamentada de todos, dos melhores ou dos mais conceituados, sobre o que é justo ou adequado, à vista de um problema concreto.[270]

O consenso desempenharia papel determinante na eleição das premissas (pontos de vista, ou tópicos), o que teria o condão de desencadear um processo de raciocínio oposto àqueles que entendem poderem as premissas da decisão ser proporcionadas por

---

266. Viehweg, Theodor. *Tópica y Jurisprudencia*. Trad. espanhola de Luis Diez-Picazo. Madrid: Taurus, 1964, em tradução livre.

267. Viehweg, Theodor. *Tópica y Jurisprudencia*. Trad. espanhola de Luis Diez-Picazo. Madrid: Taurus, 1964, p. 128, em tradução livre.

268. Como dá conta Canaris, Claus-Wilhelm. *Pensamento Sistemático e Conceito de Sistema na Ciência do Direito*. Trad. portuguesa de António Menezes Cordeiro. Lisboa: Fundação Calouste Gulbenkian, 1989, p. 255-256.

269. Para essas observações, García Amado, Juan Antonio. *Teorías de la Tópica Jurídica*. Madrid: Civitas, 1988, p. 341.

270. Viehweg não logra explicar satisfatoriamente, contudo, como opera a legitimidade do consenso na ciência do direito: é bem verdade que refere decorrer a sua legitimação, em especial a dos «catálogos de tópicos» que conformariam a «tópica de segundo grau», pela sua constância histórica (p. 53), pela ideia de «admissibilidade» (p. 59) e, fundamentalmente, pela aceitação do interlocutor (p. 61). Deixa em aberto, porém, o fato de que, aqui, diferentemente do que pode ocorrer em outras áreas do conhecimento humano, as premissas da discussão são postas principalmente através da lei, recebendo daí a sua legitimidade, ao menos a legitimidade formal. O papel do «senso comum», ou da «opinião da maioria», é, portanto, apenas secundário ou residual (Viehweg, Theodor. *Tópica y Jurisprudencia*. Trad. espanhola de Luis Diez-Picazo. Madrid: Taurus, 1964, em tradução livre).

um sistema jurídico axiomático e legitimadas pela operação lógico-dedutiva. Esta garantiria, no seu entender, tão somente a *racionalidade formal* do processo decisório. Daí a contraposição que realiza entre o pensamento tópico e o sistemático.

Contudo, aqui há que se ter atenção: Viehweg toma *pars pro toto*, ao limitar o gênero «pensamento sistemático» aos contornos de uma de suas espécies, qual seja o *pensamento axiomaticamente orientado*. Esta redução resta clara de passagem na qual critica a ideia de Nicolai Hartmann, segundo a qual, na medida em que «o pensar sistemático procede desde o todo», não haveria necessidade de se buscar um ponto de vista, porque este já estaria desde o princípio adotado no sistema, a partir dele sendo selecionados os problemas.[271] Assim, a rejeição do pensamento sistemático opera, para Viehweg, num quadro fortemente delimitado pelo horizonte teórico de sua época, os meados do século XX. Portanto, para o autor de *Tópica y Jurisprudencia*, a rejeição do pensamento axiomaticamente orientado, tem como pano de fundo a noção de sistema lógico-formal ou axiomático-dedutivo pleno, totalmente acabado, sem lacunas e contradições.

A verdadeira questão está, porém, em definir se a completude é um *prius* ou um *posterius*, isto é: se a sua completude provém da lei ou se provém do fato de ser «completável» pelo jogo entre as fontes, que resulta nos modelos jurídicos considerados como estruturas normativas complexas. Se a resposta inclinar-se pela segunda solução, como aqui se defende, conjugam-se, assim, na prática do direito, sistema e tópica: esta apontará às possibilidades de solução do problema, que será resolvido conforme os quadros do segundo.

O risco do pensamento sistemático fechado é «antepor a coerência do sistema jurídico, ideologicamente pressuposta, à avaliação punctual das situações particulares».[272] Isso ocorre quando se supõe que todas as respostas estão já previstas, podendo ser alcançadas por meio da atividade mental da subsunção. A tópica, pelo contrário, reintroduz na metodologia jurídica questões de *avaliação*, na medida em que a vinculação dos conceitos e enunciados jurídicos ao «problema» não permite a formação de cadeias dedutivas que percam de vista a circunstância concreta – o «problema» concretamente considerado. O estilo de pensar tópico flexibiliza, portanto, a formação da arquitetura conceitual abstrata característica do pensamento lógico-dedutivo. Mais do que isso, a vinculação constante com o «problema» impede a formação de um pensamento linear, limitado às operações de dedução e redução, como ocorre com a atividade da subsunção.

---

271. Viehweg, Theodor. *Tópica y Jurisprudencia*. Trad. espanhola de Luis Diez-Picazo. Madrid: Taurus, 1964, p. 52.

272. Zaccharia, Giuseppe. *Ermeneutica e Giurisprudenza* – Saggio sulla metodologia di Josef Esser. Milano: Giuffrè, 1984, p. 36, em tradução livre.

3. Pensamento sistemático e processo da subsunção

Porém, não se deve cair no risco contrário e, novamente tomando *pars pro toto*, afastar o pensamento sistemático e os seus instrumentos intelectuais, como o raciocínio lógico-dedutivo. É indiscutível a importância central do raciocínio lógico para o jurista que, ao lidar com categorias gerais, como, exemplificativamente, as de negócio jurídico, direito subjetivo, ilicitude, etc., está, necessariamente, a recorrer à subsunção (subsumindo naquelas categorias as situações de fato, e delas retirando espécies, como as de contrato, direito formativo, ilicitude de meios, etc.). O Direito positivo não pode se dar ao luxo de prescindir dos instrumentos do raciocínio, sendo a lógica talvez o mais refinado deles, por oferecer instrumentos elementares à toda estruturação do pensamento. Porém, é preciso distinguir: nem o raciocínio jurídico está cingido à lógica formal,[273] nem a lógica formal há de ser reduzida à operação mental da subsunção, caracterizada pelo estabelecimento de uma premissa maior, na qual estaria contida uma regra genérica, da premissa menor, que expressaria o caso concreto, e pela conclusão, que nada mais seria que a manifestação do juízo concreto,[274] nem, por fim, a subsunção restaria reduzida ao mero «encaixe entre conceitos», ou, ainda, muito menos, à técnica da exegese, como ingenuamente se poderia pensar.

4. O processo de subsunção

Nos seus traços mais elementares e esquemáticos, a subsunção funciona no seguinte modo: uma disposição normativa, sendo «geral» (no sentido de «genérica», isto é, a que não foi pensada para valer num só caso singular), tem a forma verbal de uma *proposição*, à qual, se encaixada em certo *fato*, resulta em certa *consequência jurídica*.Tomemos, como exemplo, a proposição segundo a qual resta estabelecido que quem recebeu o que não lhe era devido fica obrigado a restituir.[275] O sentido lógico dessa proposição diz o seguinte: se a previsão P (= o pagamento do que não era devido) se realiza numa situação de fato concreta S (= o contrato firmado entre X e Y, no qual Y pagou mais do que o devido, isto é, sem que causa obrigacional a tanto o compelisse), vigora, para essa situação, a consequência C, isto é, a consequência jurídica

---

273. Cabe lembrar a observação segundo a qual «tudo depende da definição adotada para a palavra "lógica"». Se ela indicar o estudo da validade intrínseca do raciocínio ou «lógica *tout court*» (que, segundo Kalinowski não é nem jurídica nem não jurídica; é simplesmente humana), certo é que o raciocínio jurídico, embora utilizando a lógica formal, utiliza também outros modos de raciocinar, como a argumentação retórica, os exemplos empíricos, o argumento da experiência, o raciocínio por equidade, etc. (Mathieu-Izorche, Marie-Laure. *Le Raisonnement Juridique*. Paris: PUF, 2001, p. 4).

274. Cf. Ferraz Junior, Tercio Sampaio. *Conceito de sistema no direito* – uma investigação a partir da obra jusfilosófica de Emil Lask.São Paulo: Revista dos Tribunais e Editora da Universidade de São Paulo, 1976, p. 34-35.

275. CC, art. 876, *in verbis*: «No caso do artigo antecedente, se os prejuízos da gestão excederem o seu proveito, poderá o dono do negócio exigir que o gestor restitua as coisas ao estado anterior, ou o indenize da diferença».

predeterminada pela regra (= a restituição, por X, do que recebeu indevidamente). Logo, para saber qual consequência jurídica vigora para uma situação de fato – que é dada previamente –, é preciso examinar se essa situação de fato se subordina àquela previsão. Se assim for, afirma Larenz, a consequência jurídica resulta de um silogismo que tem a seguinte forma:

a) *premissa maior*: se P se realiza numa situação de fato determinada S, vigora, para P, a consequência C;

b) *premissa menor*: essa determinada situação de fato S se realiza; isto é uma «hipótese» ou «caso» de P, do que resulta:

c) *conclusão do silogismo*: para S, vigora C.[276]

Para formar-se um silogismo tal como o acima descrito – no qual formulado o juízo «S é um caso de P» –, é preciso que a determinada situação de fato S seja previamente «dada» ao julgador. E «uma situação de fato é "dada" ao julgador quando este possui uma representação clara e completa de todos os estados, processos e relações que em conjunto constituem a situação de fato».[277] Tem-se, aí, a chamada «questão de fato», que responde à questão de saber: «o que aconteceu?».

Contudo, para apreciar e solucionar, consoante esse raciocínio, determinada questão de fato, é preciso, igualmente, que estejam definidas a previsão e as suas consequências. Se a situação de fato concerne a contrato de compra e venda de bem imóvel em que é parte vendedora menor de 16 anos, busca-se a previsão, isto é, a disposição «genérica» que está posta no art. 5.º, I, do Código Civil brasileiro; concretizada a situação de fato naquela previsão, tem-se a consequência, que é também «genérica» (no sentido de ser idêntica a todas as outras situações que guardem identidade de pressupostos), isto é, a invalidade do ato. Se «genérica» a prescrição, também o será a consequência, porque, sempre que a questão de fato for idêntica à acima descrita, ter-se-á idêntica consequência. A relação entre os vários casos da vida (ou situações de fato) que podem ser subsumidos à previsão de uma mesma regra é, pois, uma *relação de identidade*, que resulta na regra de fundo democrático e igualitário: para situações iguais, soluções iguais.

Para se poder operar com a subsunção, é necessário, porém, que se possa efetivamente traçar relações de identidade, porquanto a possibilidade lógica da sua existência é, justamente, a identidade entre a hipótese jurídica abstrata e a sua objetivação jurídica.[278]

---

276. Para essas observações, consultei LARENZ, Karl. *Metodologia da Ciência do Direito*. Trad. portuguesa de José Lamego. 3.ª ed. Lisboa: Calouste Gulbenkian, 1997, p. 379 e ss.

277. LARENZ, KARL. *Metodologia da Ciência do Direito*. Trad. portuguesa de José Lamego. 3.ª ed. Lisboa: Calouste Gulbenkian, 1997, p. 391 e ss.

278. Assim, ÁVILA, Humberto Bergmann. *Subsunção e Concreção na Aplicação do Direito*. In: MEDEIROS, Antônio Paulo Cachapuz de (Org.). *Faculdade de Direito*: o Ensino Jurídico no limiar do novo século, vol. I. Porto Alegre: EDIPUCRS, 1997, p. 413-456.

CONTEXTO, NOÇÃO E APLICAÇÃO DAS CLÁUSULAS GERAIS | 171

Na maior parte dos dispositivos jurídicos, dessa possibilidade estão ilustrados os próprios atributos típicos da lei (generalidade = a todos se aplica; e abstração = não está presa a um caso em particular). Em havendo essa possibilidade – e ainda exemplificando esquematicamente –, bastará que a prescrição normativa seja completa na indicação dos elementos do suporte fático e da consequência jurídica a eles atrelada. Essa operação é ainda facilitada quando o enunciado normativo é descritivo, indicando *uma única medida de cumprimento*. Nessa hipótese, a solução do caso há de ser alcançada por intermédio apenas da atividade lógico-subsuntiva e o intérprete não pode dela prescindir: é uma operação mental lógica e dotada de larga margem de segurança e compreensibilidade compartilhável.

5. O processo de concreção

Existem situações, contudo, em que uma disposição normativa não se apresenta com estas características. Não é possível o estabelecimento de relações de identidade, mas apenas *relações de correspondência*, motivo pelo qual não será possível encontrar a solução mediante uma atividade de índole sistemático-dedutiva. É o que ocorre, justamente, com os enunciados não apofânticos. Outros tipos de raciocínio devem, então, ser convocados.

Essas situações são delineadas nos casos em que não há uma única solução possível, ou a solução aparentemente indicada pela operação lógico-subsuntiva não se mostra adequada à justa resolução do caso, ou existem variadas medidas de cumprimento ou otimização da norma. Aí se estará frente ao que Viehweg denomina de *problema*, assim compreendido como «toda questão que aparentemente permite mais de uma resposta e que requer necessariamente um entendimento particular, conforme o qual adquire a característica de questão que deve ser levada a sério e em relação à qual deve-se buscar uma única resposta como solução».[279] Dois elementos, ao menos, encontram-se no núcleo ou centro dessa definição, a saber:

a) o que faz com que uma questão se ponha como um problema é a existência de *distintas alternativas* para o seu tratamento e, por consequência, de *distintas respostas*, ou vias de atuação possíveis;

b) embora a possibilidade de diversas alternativas, o que se busca é *uma resposta*, o que conduz à necessidade de uma *decisão* e, consequentemente, de uma *eleição* entre as alternativas possíveis.

Para melhor compreender essa ideia, é necessário visualizar, separadamente, os dois elementos acima indicados. Um caso exemplar da existência de distintas alternativas para o tratamento de determinada questão e, por corolário, de distintas respostas ou vias de atuação possível, é fornecido pela cláusula geral da boa-fé objetiva.

---

279. VIEHWEG, Theodor. *Tópica y Jurisprudencia*. Trad. espanhola de Luiz Diez-Picazo. Madrid: Taurus, 1964, p. 50, em tradução livre.

A BOA-FÉ NO DIREITO PRIVADO

É possível detectar a incidência do dispositivo do art. 422 do Código Civil em um caso concreto cujos elementos de fato não sejam idênticos ao de outro caso, que foi solvido mediante o recurso à mesma cláusula geral. Cogite-se de sua aplicação a um acordo de acionistas (para determinar qual a medida de uma informação que importaria aos fins do acordo) e de uma doação (para determinar-se, diante da incerteza do objeto composto e genérico, qual é a extensão do dever de prestação).

Tanto o acordo de acionistas quanto a doação constituem, como se sabe, espécies do gênero «contrato», o que não significa que, em ambos os casos, a solução será idêntica. Porém, a solução não haverá de ser arbitrária. O intérprete deve buscar o estabelecimento de relações de correspondência ou semelhança entre ambas as espécies, traçando, por igual, as suas dessemelhanças, a fim de estabelecer por um processo de «concretização» do mandamento contido no enunciado do art. 422 do Código Civil a extensão, num e noutro caso, do que seja a «conduta segundo a boa-fé».

Em razão da vagueza semântica da expressão *boa-fé*, o intérprete tem relativa liberdade para estabelecer a hipótese completa de incidência, a qual não está perfeitamente definida no enunciado normativo. Deve averiguar, portanto, os *casos semelhantes*, procurando, nos precedentes, detectar qual foi a *ratio decidendi*. Dela retirará os traços de semelhança que conduzirão, ou não, à aplicação do princípio, valor ou *standard* ao qual o reenvia aquela cláusula geral.

Para aplicar uma norma que configure cláusula geral, é preciso, portanto, que o aplicador do direito *a)* determine o seu campo e o seu grau de extensão – o que significará concretizar o *standard* ou o valor ao qual ela reenvia; e *b)* defina, punctualmente, as suas consequências. O problema suscitará perguntas tais como: o que significa, *no caso*, o dever do comportamento segundo a boa-fé? Até onde se estende este dever? Ele chega ao ponto de limitar o exercício de tal ou qual direito subjetivo ou situação jurídica?[280] Ou ele amplia a extensão de deveres já contratualmente ajustados?[281] Ele apenas relativiza, afasta totalmente ou reforça a determinação contratual provinda da autonomia privada?[282] Ou as três alternativas são possíveis, conforme o caso?

---

280. Exemplificativamente: STJ. REsp 681856/RS. Quarta Turma. Relator Min. Hélio Quaglia Barbosa. Julgamento em 12.06.2007. *DJ* de 06.08.2007, o «caso da assinatura do vice-presidente», referido, *infra*, Capítulo VIII, §74.

281. Exemplificativamente: STJ. REsp 857299/SC. Terceira Turma. Relator Min. Paulo de Tarso Sanseverino. Julgamento em 13.05.2011. *DJ* de 13.06.2011, o «*caso das liras italianas*», referido, *infra*, Capítulo VII, §62.

282. Exemplificativamente: ao decidir (STJ. REsp 986488/MT. Quinta Turma. Relator Min. Arnaldo Esteves Lima. Julgamento em 20.11.2008. *DJ* de 09.12.2008), o STJ, apreciando hipótese de extinção de contrato de locação de apartamento reconheceu à boa-fé o papel de reforçar o pactuado. Ocorre que, findo o prazo da locação, o locatário tentara devolver o imóvel ao locador, mas este não o aceitara, justificando com os danos causados pelo inquilino durante o período da locação. O inquilino ingressou com ação de consignação de chaves, apontando o fato das partes terem acordado no montante de indenização específico pelas reformas. A ação é julgada procedente e há recurso. O acórdão em segundo grau confirma o entendimento, no sentido de que o contrato estava extinto, não implicando a aceitação do imóvel pelo locatário em relação aos dé-

Contexto, Noção e Aplicação das Cláusulas Gerais | 173

A resposta a cada uma dessas perguntas conduzirá a distintas alternativas – e, bem por isso, a distintas respostas – para o tratamento do caso. Porém, muito embora a possibilidade de distintas alternativas de tratamento e de distintas respostas, o aplicador deve buscar uma resposta adequada ao sistema, plasmando-se, então, o segundo ponto antes aludido, qual seja a *necessidade de uma decisão* e, consequentemente, de uma eleição entre alternativas possíveis, segundo o sistema e conforme as técnicas oferecidas pelo sistema. De modo algum, as relações de conexão lógica estruturantes do sistema estarão «derrogadas» por uma licença ao intérprete de – abandonando a técnica que delimita o campo de aplicação da noção ou instituto empregado – escolher ao seu bel prazer como «ajeitar» a decisão ao princípio escolhido.[283]

Percebe-se, assim, que a resposta à questão de saber qual das consequências acima sugeridas, embora não seja encontrada mediante uma *relação de identidade*, como ocorre nos casos sujeitos à subsunção, poderá ser alcançada por meio de *relações de semelhança*, ou com casos figurados na realização jurisprudencial precedente, relacionados a um similar campo de problemas, ou indicados pela *communis opinio* para o mesmo tipo de problema, ou, ainda, conforme o indicado pelos usos consagrados no setor em que radicado o problema. O raciocínio estará amparado na *argumentação através do exemplo*, a qual não tem amparo na lógica formal, o que de modo algum significa seja a decisão logicamente incontrolável, pois com a referência aos casos precedentes (e às regras dele extraídas, por um processo de generalização) e dos modelos doutrinários, a decisão há de ser rigorosamente motivada.

No exemplo acima figurado, o descumprimento de deveres anexos aos deveres de prestação pactuados pelas partes e derivados da incidência do princípio expresso na cláusula geral do art. 422 pode, conforme os demais elementos do caso:[284] *a)* conduzir

---

bitos que lhe eram devidos. Ocorre que o acórdão condiciona o pagamento de tais débitos ao ajuizamento de ação cabível. Insurge-se o locador, interpondo Recurso Especial visando ao recebimento dos valores relativos à reforma, incontroversos entre as partes. No STJ, o acórdão aponta reforço ao cumprimento do incontroversamente pactuado, e afirma que reconhecida pela parte recorrida, na petição inicial da ação de consignação de chaves, a existência de acordo prévio em que se obrigou a indenizar a locadora do imóvel pelos danos causados durante a locação, deve ela honrar tal compromisso, «em homenagem ao princípio da boa-fé objetiva». Trata-se, fundamentalmente, de reforço ao vínculo aclarando-se o seu sentido a partir do comportamento das partes.

283. Constanzo, Angelo. Difficoltà della «redutio ad absurdum» e Apparenti Derogue alla Logica Classica nella Argomentazioni Giudiziali. *Rivista Internazionale di Filosofia del Diritto*, vol. 4, Milano, Giuffrè, 1990, p. 583-584: «La somiglianza (...) è una nozione avvicinabile a quelle della logica (identità, negazione...), ma con dei tratti a questa estranei. Una similarità fra due termini è sempre in qualche modo riscontrabile e l'uso dei concetti senza una tecnica che precisi il loro campo di applicazione consente a chi argomenta di adattarli alle necessità della sua esposizione. Così è agevole "allegare" nuove fattispecie al principio elaborato».

284. Enunciado n. 24, aprovado na I Jornada de Direito Civil do Conselho de Justiça Federal (2002), *in verbis*: «Em virtude do princípio da boa-fé, positivado no art. 422 do novo Código Civil, a violação dos deveres anexos constitui espécie de inadimplemento, independentemente de culpa». Note-se

à indenização, por perdas e danos, da parte prejudicada se o dano tiver sido causado pelo não cumprimento do dever anexo; *ou b*) permitir o inadimplemento antecipado do contrato; *ou c*) suspender o exercício do direito (poder) formativo extintivo de denúncia, se o contrato for duradouro, a parte prejudicada tiver feito investimentos consideráveis e a denúncia for sem justa causa; *ou d*) constituir a parte na obrigação de oferecer prestação alternativa; ou *e*) flexibilizar regras de prova, dentre outras eficácias.

A resposta será, pois, *alcançada topicamente*, atuando a boa-fé como o *topos* que possibilita a solução do problema. Ao mesmo, a resposta, finalmente dada, passará a integrar, então, a experiência jurídica, por forma a alargar os contornos do sistema. É nesse sentido que se afirma mais uma vez, terem as cláusulas gerais *função ressistematizadora*.

6. A pré-compreensão

Pode-se considerar, contudo, que este tipo de atividade mental, que se mostra evidente na fixação do conteúdo das cláusulas gerais, se estende, ainda que em menor grau, a toda e qualquer dispositivo jurídico sujeito que está o intérprete, sempre, a uma *pré-compreensão*[285] que se antepõe à formulação da norma. Daí o equívoco de Viehweg, ao contrapor sistema e problema. O que a realidade do Direito indica é, diversamente, a *complementaridade entre sistema e problema*. Dito de outro modo, o raciocínio jurídico não se desenvolve nem de uma forma «puramente» tópica, nem «puramente» sistemático-dedutiva.

Segundo a teoria hermenêutica, que teve em Gadamer a sua maior expressão filosófica e em Josef Esser um acurado civilista, sensível à filosofia e à teoria geral, o intérprete, ao ter presente determinado caso, é envolvido por um «horizonte de expectativas», o qual vincula a compreensão do texto. Esta é guiada por uma espécie de «antecipação de sentido», seja do caso, seja do conjunto normativo no qual o julgador buscará a solução. Essa «antecipação» é a própria pré-compreensão, em si mesma considerada, a qual se mostra o meio capaz de retirar dos textos legais aquilo que não está ali declarado,[286] sendo imprescindível para tal fim a tarefa doutrinária, ao fornecer modelos hermenêuticos.

Este processo de pré-compreensão atinge a própria operação mental da subsunção. Portanto, no rigor esquemático precedentemente descrito, o raciocínio subsuntivo *só se delineia idealmente*. Na realidade, a subsunção silogística, considerada como

---

a erronia da parte final do Enunciado n. 24, pois, consabidamente, na responsabilidade contratual, a violação imputável de deveres jurídicos caracteriza a culpa contratual.

285. *Vide*: GADAMER, Hans-Georg. *Verdad y Método*. Fundamentos de una hermenéutica filosófica. 4.ª ed. Trad. espanhola de Ana Aparicio e Rafael de Agapito. Salamanca: Sigueme, 1984; ESSER, Josef. *Precompreensione e scelta del metodo nel processo di individuazione del diritto*. Trad. italiana de Salvatore Patti e Giuseppe Zaccharia. Camerino: Scientifiche Italiane, 1983.

286. ESSER, Josef. *Precompreensione e Scelta del Metodo nel Processo di Individuazione del Diritto*. Trad. italiana de Salvatore Patti e Giuseppe Zaccharia. Camerino: Scientifiche Italiane, 1983, p. 5.

determinação de significados e qualificações, resta contaminada e condicionada pelos elementos da pré-compreensão, os quais estabelecem a escolha das particularidades «determinantes» das circunstâncias de fato e das normas que as compreendem (fenômeno da incidência).

Na aplicação das cláusulas gerais, o processo de pré-compreensão envolve uma estrutura tópica na medida em que há uma seleção – embora não, ou nem sempre, explícita – dos pontos de vista que desencadearão o rumo a ser tomado na resolução do caso. Estes pontos de vista nem se ancoram na estrutura lógico-sistemática nem constituem verdades aporéticas. Segundo Esser, o pensamento problemático não pode ser apresentado como um pensamento aporético no sentido comum do termo, porque não é movido pelas aporias cognoscitivas do direito, pelos valores considerados sob forma absolutizante nem por vínculos deduzidos da razão ou do sentimento, constituindo tão somente um exame (liberado do pensamento sistemático) das questões jurídicas compreensíveis, naquele momento, de modo insatisfatório sob o modelo sistemático.[287]

Nesse sentido, o pensamento problemático é um *pensamento operativo*, porque o intérprete renuncia a estabelecer um vínculo conceitual com um sistema de categorias fundadas em critérios ordenativos «superiores» e «inferiores» ou com um sistema de enlaçamentos entre a *fattispecie* mais geral e a mais concreta. O intérprete desenvolve, mais propriamente, um *pensamento pragmático*, operando mediações entre as relações de finalidade da norma e a suas diversas implicações, considerando a que se apresenta como a mais convincente.[288]

Em similar perspectiva, assegura Giuseppe Zaccharia haver uma estrutura tópica na própria presença e generalização dos elementos gerais enucleados no contexto particular dos dados histórico-problemáticos, o que equivale a dizer que o ponto de partida do raciocínio do intérprete identifica-se não tanto no «esquema normativo» quanto no caso – o problema ou o âmbito de problemas para cuja solução compreenderá o significado do texto.[289]

7. O pensamento tópico-sistemático

A crença na ideia segundo a qual «todas as soluções estão na lei, cabendo ao julgador, sem margem de arbítrio, retirar, delas, as saídas concretas»[290] encontrou obstáculo

---

287. ESSER, Josef. *Precompreensione e Scelta del Metodo nel Processo di Individuazione del Diritto.* Trad. italiana de Salvatore Patti e Giuseppe Zaccharia. Camerino: Scientifiche Italiane, 1983, p. 153.

288. ESSER, Josef. *Precompreensione e Scelta del Metodo nel Processo di Individuazione del Diritto.* Trad. italiana de Salvatore Patti e Giuseppe Zaccharia. Camerino: Scientifiche Italiane, 1983, p. 153-154, em tradução livre.

289. ZACCHARIA, Giuseppe. *Ermeneutica e Giurisprudenza* – Saggio sulla metodologia di Josef Esser. Milano: Giuffrè, 1984, p. 41.

290. Cf. MENEZES CORDEIRO, António Manuel. Introdução. In: CANARIS, Claus-Wilhelm. *Pensamento Sistemático e Conceito de Sistema na Ciência do Direito.* Trad. portuguesa de António Menezes Cordeiro. Lisboa: Fundação Calouste Gulbenkian, 1989, CI, IV, 12.

intransponível na presença de «normas vagas, indeterminadas, susceptíveis de concretização, apenas, no caso concreto; [na] incompletude do sistema, com a subsequente presença de lacunas intra e extrassistemáticas; [na] ocorrência de contradições entre princípios; [e na] existência, por fim, de soluções injustas ou inconvenientes».[291] Há soluções que são construídas pelo aplicador, autorizado a tal fim pelo comando contido nas cláusulas gerais. A construção dessas soluções não resulta de uma dedução operada mediante um processo lógico-formal de subsunção, antes exigindo a conjugação com o raciocínio tópico. Em outras palavras, o ponto de partida é o *topos* ao qual o caso envia. Posteriormente, é operada a recondução aos elementos normativos integrantes do sistema, o que decorre, idealmente ao menos, por via da atividade doutrinária em sua tarefa de ressistematizar a solução por meio da elaboração teórica que é o seu mister, «ordenando» no sistema – por meio de relações com outros institutos, aproximações com o Direito Comparado, distinções de institutos afins, classificações nas estruturas dogmáticas existentes – aquilo que fora topicamente lançado pelo julgador.

As cláusulas gerais estão direcionadas à finalidade dos atos que visam disciplinar, sem a qual não seria possível definir a sua programação. O raciocínio tópico é determinante para a definição desta finalidade, devendo ser utilizado para adaptar as regras postas em determinado Ordenamento, inclusive o codificado, já que «em todos os campos do direito, nos quais a solução do conflito não seria compreensível sem o conhecimento ou a suposição de um programa orientado a um fim, é necessário pesquisar os critérios de valoração que defluem da finalidade» do instituto, instituição, modelo e do interesse a ser juridicamente protegido.[292]

Parece-me sustentar essa afirmação a orientação doutrinária e jurisprudencial brasileira a respeito da transmutabilidade da mora em incumprimento contratual definitivo, por forma a ensejar a resolução por inadimplemento do contrato.[293] Haverá casos em que, para a incidência dos arts. 474 e 475, o juiz (ou o árbitro) deverá determinar «quando uma prestação, ainda possível ou ainda parcialmente possível, pode ser rejeitada, por caracterizar-se o incumprimento definitivo, fundamento da resolução do

---

291. CANARIS, Claus-Wilhelm. *Pensamento Sistemático e Conceito de Sistema na Ciência do Direito*. Trad. portuguesa de António Menezes Cordeiro. Lisboa: Fundação Calouste Gulbenkian, 1989, CI, IV, 12.

292. ESSER, Josef. *Precompreensione e Scelta del Metodo nel Processo di Individuazione del Diritto*. Trad. italiana de Salvatore Patti e Giuseppe Zaccharia. Camerino: Scientifiche Italiane, 1983, p. 155, em tradução livre.

293. Código Civil, art. 395, *in verbis*: «Responde o devedor pelos prejuízos a que sua mora der causa, mais juros, atualização dos valores monetários segundo índices oficiais regularmente estabelecidos, e honorários de advogado» , além de seu parágrafo único («Se a prestação, devido à mora, se tornar inútil ao credor, este poderá enjeitá-la, e exigir a satisfação das perdas e danos»), e dos artigos 474 («A cláusula resolutiva expressa opera de pleno direito; a tácita depende de interpelação judicial»), e 475 («A parte lesada pelo inadimplemento pode pedir a resolução do contrato, se não preferir exigir-lhe o cumprimento, cabendo, em qualquer dos casos, indenização por perdas e danos»).

negócio», sendo então necessário «*estabelecer critérios* para definir a passagem do simples incumprimento para a *inutilidade* da prestação ao credor».[294]

Ora, o estabelecimento desses critérios implica a utilização do raciocínio tópico, nada mais significando do que o estabelecimento, *in concreto*, dos fins da programação setorial e da definição do interesse a ser protegido. Está-se a utilizar, aí, dois importantíssimos tópicos, já referidos no século passado por Jhering, quais sejam o da *finalidade* (da resolução por incumprimento) e o do *interesse* (a ser protegido) – mais o tópico da *utilidade* (ou, reversamente, da inutilidade da prestação para o credor)[295] posto no parágrafo único do art. 395 do Código Civil. Estes direcionam a aplicação da norma legal, nos casos de incumprimento por mora que conduza à inutilidade da prestação. O que equivale a dizer que, ocorrendo o cumprimento fora do tempo – posto nos arts. 394 e 389 apenas com eficácia geradora do direito à indenização por perdas e danos –, estará, contudo, autorizada a resolução se verificada a inutilidade da prestação. «Analogicamente», afirma Ruy Rosado de Aguiar Jr., «se há de considerar as demais espécies de incumprimento: para resolver, o fato deve atingir substancialmente a relação, afetando a utilidade da prestação».[296]

A definição, *in concreto*, da finalidade do instituto não prescinde, portanto, da conjugação entre os tópicos da utilidade (entendida objetivamente como a «que deriva da capacidade da coisa ou do ato em satisfazer o interesse do credor»[297]), e do próprio interesse (significando este o que «decorre do próprio sinalagma, onde existem prestações correspectivas em equivalência, podendo ser objetivamente estabelecido qual o interesse que a prestação prometida iria satisfazer, segundo a sua natureza e aquilo a que ela normalmente se destina»).[298]

Como se percebe, o raciocínio aí subjacente percorre, primeiramente, o caminho do reenvio ao tópico da utilidade, operando-se a sua concretização à vista dos elementos concretos da relação obrigacional; subsequentemente, é definido o interesse que a prestação prometida iria satisfazer, considerado o sinalagma contratual; após, retorna o intérprete a um dispositivo legal (art. 395, parágrafo único), que encerra o

---

294. Aguiar Júnior, Ruy Rosado de. *Extinção dos Contratos por Incumprimento do Devedor.* Resolução. 2.ª ed. Rio de Janeiro: Aide, 2004 p. 130. Destaquei.

295. O *topos* da utilidade, com efeito, pode ser concretizado por intermédio da noção reversamente correspondente. A «inutilidade», aludida no enunciado do art. 395, parágrafo único, do Código Civil «é aferível do ponto de vista do interesse do credor, que funciona como parâmetro, tanto para a mora, em sentido estrito, como para os demais casos de incumprimento imperfeito» (assim: Aguiar Júnior, Ruy Rosado. *Extinção dos Contratos por Incumprimento do Devedor.* Resolução. 2.ª ed. Rio de Janeiro: Aide, 2004, p. 131).

296. Aguiar Júnior, Ruy Rosado de. *Extinção dos Contratos por Incumprimento do Devedor.* Resolução. 2.ª ed. Rio de Janeiro: Aide, 2004, p. 132.

297. Aguiar Júnior, Ruy Rosado de. *Extinção dos Contratos por Incumprimento do Devedor.* Resolução. 2.ª ed. Rio de Janeiro: Aide, 2004, p. 132.

298. Aguiar Júnior, Ruy Rosado de. *Extinção dos Contratos por Incumprimento do Devedor.* Resolução. 2.ª ed. Rio de Janeiro: Aide, 2004, p. 133.

tópico. Esta regra intrassistemática será, assim, *deslocada*, sendo utilizada, tópica e analogicamente, para a solução de casos não previstos ou insatisfatoriamente regulados pelo legislador.

Mediante a utilização de tópicos intra ou extrassistemáticos, «questões dúbias da programação dos fins são decididas de forma primordialmente teleológica, no sentido de ser posto um fim que seja univocamente verificável», afirma Esser, segundo o qual se plasma aí situação verificável em cada matéria específica «que emerge, sob o aspecto social e econômico, das codificações gerais e das leis especiais».[299] Constata-se, assim, que o reconhecimento do valor do pensamento lógico-formal para a compreensão do sistema de normas é perfeitamente compatível com outros tipos de raciocínio: o pensamento tópico e o sistemático estão necessariamente imbricados. Como bem lembra Giuseppe Zaccharia, ao pensamento problemático «cabe o relevante papel de estímulo ao desenvolvimento da opinião jurídica a partir do caso», derivando a sua fecundidade das possibilidades produtivas e criativas de uma relação que considera a dimensão histórica em que os problemas se movem, precedente a toda a estruturação sistemática do direito;[300] ao pensamento sistemático, ou dedutivo-conceitual, por seu turno, incumbe «a função, logicamente subsequente, de tornar racionalmente verificáveis as decisões singulares e de organizar a totalidade em um sistema»,[301] através da instituição de laços de conexões entre os problemas.[302] Em outras palavras, igualmente sublinhara Clóvis do Couto e Silva o fenômeno da «concomitância» do raciocínio dedutivo com o casuístico na história do pensamento ocidental, o qual «manifesta-se em quase todas as épocas», afastando-se ou se fazendo menos presente «na filosofia e consequentemente em todas as ciências – que com ela convivem em mútua relação com o direito – apenas nos últimos dois séculos».[303]

Por esta necessária conjugação, considerado o sistema de um modo aberto e móvel, pode-se afirmar que ciência do direito «é predominantemente dedutiva, mas dá larga margem para que se possa pensar casuisticamente, do que pode resultar a descoberta de novos princípios e a formação de novos institutos».[304]

Com efeito, somente a partir do reconhecimento da necessidade de uma recíproca coordenação entre o procedimento dedutivo e o indutivo, entre o sistema e o caso,

---

299. Esser, Josef. *Precompreensione e Scelta del Metodo nel Processo di Individuazione del Diritto.* Trad. italiana de Salvatore Patti e Giuseppe Zaccharia. Camerino: Scientifiche Italiane, 1983, p. 155, em tradução livre.

300. Zaccharia, Giuseppe. *Ermeneutica e Giurisprudenza* – Saggio sulla metodologia di Josef Esser. Milano: Giuffrè, 1984, p. 42.

301. Zaccharia, Giuseppe. *Ermeneutica e Giurisprudenza* – Saggio sulla metodologia di Josef Esser. Milano: Giuffrè, 1984, p. 43.

302. Sobre a «nova sistemática», entendida em sentido não axiomático e permissiva de certas concessões ao pensamento tópico, ver Canaris, Claus-Wilhelm. *Pensamento Sistemático e Conceito de Sistema na Ciência do Direito.* Trad. portuguesa de António Menezes Cordeiro. Lisboa: Fundação Calouste Gulbenkian, 1989.

303. Couto e Silva, Clóvis do. *A Obrigação como Processo.* Rio de Janeiro: FGV Editora, 2006, p. 69.

304. Couto e Silva, Clóvis do. *A Obrigação como Processo.* Rio de Janeiro: FGV Editora, 2006, p. 69.

entre o método sistemático e o método tópico, se poderá compreender como, numa estrutura formal como é a do direito codificado, emergem, continuamente, elementos problemáticos, que são, por sua vez, sistematizados. Sistematização e assistematização constituem, assim, a *polaridade dialética* na qual se desenvolve o sistema aberto, eis que tendente à permanente ressistematização. Disto resulta que a determinação da cláusula geral da boa-fé objetiva não há de ser procedida ao modo da aplicação de um princípio geral, mas tendo em vista – na relação contratual – a concreta *fattispecie* contratual e as circunstâncias de direito e de fato que a circundam.

A comprovação dessas assertivas deve ser realizada por meio da direta menção à prática do direito, recorrendo-se à fixação jurisprudencial do conteúdo das cláusulas gerais previstas nos arts. 113, 187 e 422 do Código Civil.

Capítulo Terceiro

Pressupostos para a Compreensão da Atuação da Boa-Fé Obrigacional

§ 18. A relação obrigacional: concepções, conteúdo, principiologia e classificações
1. Proposição; 2. A relação obrigacional simples, ou o «vínculo obrigacional»; 3. A relação obrigacional complexa; 4. As doutrinas pessoalistas; 5. As doutrinas realistas; 6. A doutrina dualista (*Schuld und Haftung*)

§ 19. A relação de obrigação como um organismo e totalidade complexa
1. Origem; 2. A concepção de Karl Larenz; 3. O dinamismo da relação obrigacional; 4. A noção de processo obrigacional; 5. A relação obrigacional como relação de cooperação; 6. A análise interna da relação

§ 20. As espécies de deveres gerados pela incidência da boa-fé objetiva: deveres anexos (instrumentais à prestação) e de proteção
1. As espécies; 2. Deveres de prestação; 3. Espécies de deveres de prestação; 4. Os deveres anexos; 5. Deveres de proteção

§ 21. Distinção e interdependência principiológica: boa-fé, confiança, autonomia privada, autorresponsabilidade
1. Proposição; 2. Autonomia privada; 3. Autonomia privada e confiança; 4. Confiança e boa-fé; 5. Autorresponsabilidade

§ 22. As fontes das obrigações e suas classificações
1. As várias classificações; 2. O contato social como categoria jurídica; 3. Contato social como categoria sistematizadora; 4. Os atos existenciais; 5. Atos existenciais e «relações contratuais de fato»; 6. Qualificação jurídica dos atos existenciais; 7. Atos existenciais como «atos-fato»; 8. Boa-fé e categorização dogmática das fontes

§ 18. A relação obrigacional: concepções, conteúdo, principiologia e classificações

1. Proposição

A tarefa a que me proponho neste capítulo é a de definir o espaço em que atua precipuamente a boa-fé objetiva, qual seja, o da relação obrigacional. Como as palavras são equívocas, é oportuno clarear qual concepção de «relação obrigacional» é aqui assumida. E como há muito se alude às «transformações gerais» do Direito das Obrigações,[1] sendo essas o mote do enfoque por mim seguido na primeira vez que escrevi monograficamente acerca deste tema,[2] cabe deixar expresso o viés de análise agora adotado.

O foco estará centrado na perspectiva da relação obrigacional como um processo dinâmico, polarizado pelo adimplemento, que é o seu fim.[3] Mas essa perspectiva não descuidará das distinções essenciais ao raciocínio do jurista. Será preciso ter em conta as diversas fontes da relação obrigacional, a tipologia resultante do poder de forças contratuais, o impacto no Direito das Obrigações das percepções sociais resultantes da massificação, globalização e interatividade constante propiciada pela tecnologia, todos esses configurando elementos relevantes para determinar a intensidade da incidência da boa-fé como modelo jurídico normativo.

---

1. Aluda-se ao pioneirismo de GOMES, Orlando. *Transformações Gerais do Direito das Obrigações*. 2.ª ed. São Paulo: Revista dos Tribunais, 1980.

2. Refiro-me a: MARTINS-COSTA, Judith. *A Boa-Fé no Direito Privado:* sistema e tópica no processo obrigacional. São Paulo: Revista dos Tribunais, 1999, especialmente o seu CAPÍTULO V. Ali, o exame estava direcionado por texto de Couto e Silva que vale a pena aqui reproduzir: «Il y a aujourd'hui un concept nouveau d'obligation qui s'oppose au concept traditionnel, tel que l'obligation était définie par les juristes romains. Cette notion qu'on nomme de conception classique analyse le créditeur et le débiteur comme des individus absolument séparés, en position clairement antagonique. Aujourd'hui, en raison de l'application du principe de la bonne foi au droit des obligations, le rapport obligatoire est considéré aussi comme un ordre de coopération entre les parties pour accomplir l'intérêt du créditeur» (COUTO E SILVA, Clóvis do. *Principes Fondamentaux de la Responsabilité Civile en Droit Brésilien et Comparé* – cours fait à la Faculté de Droit et Sciences Politiques de St. Maur (Paris XXI). Paris: [s.n.], 1988, p. 1). Há recente tradução dessa obra como: COUTO E SILVA, Clóvis. *Princípios Fundamentais da Responsabilidade Civil em Direito Brasileiro e Comparado.* Trad. de Fernanda Escobar. Porto Alegre: Sergio Antônio Fabris Editor, 2022.

3. Assim a concepção exposta por COUTO E SILVA, Clóvis do. *A Obrigação como Processo.* Rio de Janeiro: FGV Editora, 2006, p. 17. Para referências: MARTINS-COSTA, Judith. *Comentários ao Novo Código Civil.* Do Inadimplemento das Obrigações, vol. V. Tomo II. 2.ª ed. Rio de Janeiro: Forense, 2009, p. 1-121.

Comparativamente à perspectiva adotada na edição original deste livro, em 1999, é de se notar que muitas figuras enucleadas no modelo da boa-fé objetiva – tais como a responsabilidade pré-contratual, a violação positiva do crédito, o adimplemento substancial do contrato, a proteção especial aos consumidores – na altura ainda engatinhavam na doutrina e na jurisprudência brasileiras. Não consistiam, pois, propriamente, institutos de aplicação corrente na prática forense. E na ausência, no Código Civil então vigorante, de uma referência à boa-fé objetiva como cláusula geral, doutrina e jurisprudência, embora não desconhecessem as transformações do Direito das Obrigações anunciadas desde os anos 1980 por juristas à frente do seu tempo, como Orlando Gomes e Clóvis do Couto e Silva, ainda não tinham um painel claro das mudanças verificadas. Efetivamente, muito do que era «novidade» para um jurista nos anos 80 do século XX; muito do que se construía sob o esforço de considerar o princípio da boa-fé objetiva, ainda inexpresso, como se cláusula geral fosse, hoje não é mais novo, nem carece tanto o esforço construtivo então exigido.

Presentemente, a circunstância de a boa-fé expressar-se em dispositivos do Código Civil como cláusula geral (arts. 187 e 422) facilita o trabalho da jurisprudência. A tarefa de especificar as virtualidades, identificando os elementos normativos, a extensão e os limites dessa cláusula geral, recai, agora, grandemente na doutrina. Porém, não mais se justifica, em termos das funções conferidas à boa-fé objetiva, apenas repetir o sabido, sublinhar o trivial ou apontar, retoricamente, à existência de «novidades» – como se ainda a fossem, ou ainda como se «o novo» constituísse um valor em si – sem daí retirar as *consequências dogmáticas*, estas sim relevantes para as soluções dos casos concretos.

As consequências da inserção e operabilidade da boa-fé objetiva como instituto jurídico estão fortemente ligadas à concepção dinâmica da relação obrigacional. Ainda se considerarmos que – como instituto jurídico – a boa-fé constituía tema da Teoria Geral do Direito,[4] não há dúvidas sobre ser o Direito das Obrigações a sua sede prioritária.[5] Embora hoje em dia a noção da obrigação como processo já não seja desconhecida na doutrina e jurisprudência brasileiras, ainda assim essa noção carece de breve referência analítica, para que melhor sejam precisados alguns aspectos conectados à atuação da boa-fé na relação obrigacional.

O exame há de iniciar com a noção de *relação obrigacional complexa*; há de prosseguir com a menção aos princípios interagentes com o da boa-fé objetiva; e se há de

---

4. Confiram-se os vários estudos integrantes de: Córdoba, Marcos; Cordobera, Lidia Garrido; Kluger, Viviana (Orgs.). *Tratado de la Buena Fe en el Derecho*. 2.ª ed. Tomos I e II. Buenos Aires: La Ley, 2005.

5. No campo do Direito Civil Patrimonial são encontradas pontuais concreções do princípio da boa-fé objetiva nos Direitos Reais. Exemplificativamente: TJSP. Ap. Cív. 1032903-67.2020.8.26.0100. Trigésima Câmara de Direito Privado. Relator Des. Carlos Russo. Julgamento em 28.04.2021; TJSP. Ap. Cív. 1000354-62.2016.8.26.0223. Trigésima Câmara de Direito Privado. Relator Des. Andrade Neto. Julgamento em 14.07.2021; TJSP. Ap. Cív. 1010729-16.2015.8.26.0011. Décima Primeira Câmara de Direito Privado. Relator Des. Marino Neto. Julgamento em 25.02.2022. Para o Direito Patrimonial de Família, ver Capítulo IV, § 27, *infra*.

PRESSUPOSTOS PARA A COMPREENSÃO DA ATUAÇÃO DA BOA-FÉ OBRIGACIONAL | 185

concluir com a menção às fontes da relação obrigacional, pois estas importam sobremaneira na concretização dos deveres e dos próprios institutos gerados pela boa-fé. A toda evidência, é diversa a sua atuação numa *relação contratual* – nascida, portanto, de um *contato voluntário*, que expressa, embora em graus variados, a autonomia negocial – da função que possa ter em relação extracontratual derivada de *delito civil*, em que não há entre os agentes (vítima e autor do dano) outra aproximação que não aquela pontual, derivada do próprio delito. E, mesmo considerando as próprias relações contratuais, diversa será a atuação da boa-fé naquelas em que, conquanto revestidas por forma contratual, é reduzida a força normativa do princípio da autonomia privada, como nos contatos sociais de consumo.

2. A relação obrigacional simples, ou o «vínculo obrigacional»

Construído doutrinariamente, o conceito de relação obrigacional não é um conceito neutro ou dotado do atributo da imutabilidade. É modelado pela História[6] e, por isso, variante, uma vez inexistirem no direito verdades imutáveis, por não ser uma ciência de certezas matemáticas, mas de adequações normativas. Porém, embora esta óbvia constatação, certas vezes, ainda se insiste ser imutável essa noção,[7] persistindo-se em referir a obrigação tão só como estático vínculo jurídico – como está nas Institutas de Justiniano –, visualizando-o pela *estrutura* que submete ao direito subjetivo de crédito a obrigação principal devida pelo devedor.

---

6. A mais antiga tentativa de sistematização do Direito das Obrigações se baseia nas Instituciones gaianas, surgidas em 160 d.C. Trezentos e setenta anos depois, foi transposta para as Instituciones de Justiniano, estando estampadas na primeira parte do *Corpus Juris Civilis*. Em largos traços, a sistematização gaiana repousa numa tripartição (pessoas, coisas, ações, correspondendo ao direito pessoal, patrimonial e processual civil). O Direito das Obrigações estava abrigado no direito patrimonial e se baseava na distinção entre obligaciones *ex contractu* e *ex delicto*. Para uma síntese, consultar: KRAMPE, Christoph. Obligation Comme Bien. Droit français et allemand; e GAUDEMET, Jean. Naissance d'une Notion Juridique. Les Débuts de «l'obligation» dans le Droit de la Rome Antique. Igualmente: SACCO, Rodolfo. À la Recherche de l'Origine de l'Obligation. Todos em: *Arch. Phil. Droit*, vol. 44, 2000, respectivamente p. 205-215; 19-32 e 33-42.

7. Criticando esse ponto de vista, dentre outros: COMPARATO, Fábio Konder. *Essai d'Analyse Dualiste de L'Obligation en Droit Privé*. Paris: Dalloz, 1964, p. 7; FRISON-ROCHE, Marie-Anne. Volonté et Obligation. L'Obligation. *Arch. Phil.Droit*, n. 44, Dalloz, 2000, p. 129-141. Ainda, DI MAJO, *in verbis*: «A forma moderna da obrigação, em realidade, encontra sua matriz teórica nas doutrinas do jusnaturalismo (dos séculos XVI e XVII) e na construção da escola histórica alemã e da pandectística, que fizeram do contrato e da obrigação a categoria-chave do direito patrimonial moderno. O surgimento da forma moderna da obrigação deve, portanto, ser verificado em suas premissas básicas, o que significa colocar o problema da transição da forma antiga para a forma moderna de obrigação. A doutrina moderna negligencia esta transição quando tende a considerar a obrigação como uma categoria sempre igual a si mesma, ou no máximo quando admite, numa visão diacrônica, que a obrigação perdeu alguns elementos ao longo do caminho e adquiriu outros. O método mais abstrato é dar uma definição "sincretista" de obrigação na qual, sem distinção, elementos e aspectos pertencentes a (ideologias de) diferentes épocas convergem» (DI MAJO, Adolfo. *Obbligazioni in generale*. Bologna: Zanichelli, 1985, p. 3, trad. livre).

186 | A BOA-FÉ NO DIREITO PRIVADO

Essa acepção estrutural visualiza tão somente a chamada «relação obrigacional simples»,[8] definindo-a, além do mais, como vínculo jurídico, tal como advinha do Direito Romano, no qual se centrava, no núcleo duro do conceito, o termo *obligatio*, palavra composta da preposição acusativa *ob* e do verbo transitivo *ligare* (ligar, atar, vincular), daí derivando a ideia de *sujeição* ou *vínculo*. Desta conjugação de ideias – a saber, a redução da relação à obrigação principal nela contida e a preeminência da noção de vínculo sobre a de relação – surge a concepção da obrigação como vínculo eminentemente bipolar, que liga uma parte, a credora, titular do direito subjetivo (crédito), a outra, parte devedora, titular do dever jurídico (dívida).

Não se trata, obviamente, de uma noção equivocada. Indiscutivelmente há, em toda a relação obrigacional, a criação de um vínculo jurídico ligando credor e devedor e há, igualmente, o nascimento de direitos subjetivos de crédito e de deveres jurídicos (dívida). Porém, não sendo modo algum *incorreta*, essa é uma noção *insuficiente* para dar conta de algumas manifestações do fenômeno obrigacional. É que a relação obrigacional pode ser una (simples) ou múltipla (complexa). No primeiro sentido, significa a existência de um só crédito e a sua respectiva dívida. Na segunda acepção, representa um *conjunto de vínculos* emergentes de um mesmo fato jurídico.[9]

A relação simples é visualizada por seus elementos estruturantes principais, o crédito e o débito, contrapondo-se ao dever de prestar, por parte do devedor, o direito a exigir a prestação, por parte do credor. Aí está a estrutura básica da relação, ligando os seus dois polos subjetivos, o credor e o devedor. Salienta-se, aí, o seu *aspecto externo*,

---

8. A questão aqui aludida refere-se à distinção entre a relação obrigacional em sentido estrito, ou obrigação simples, e a relação obrigacional em sentido amplo, ou «relação obrigacional complexa». Em sentido estrito, isto é, no sentido de «vínculo», a expressão designa a relação entre o crédito e o débito, singularmente considerados. Este conceito não desapareceu, sendo ainda adequado para explicar certas obrigações instantâneas, mas deve ser complementado com o sentido amplo, ou «relação obrigacional complexa», «relação contratual», o qual exprime, como se verá adiante, o conjunto, complexo e «total», de direitos de crédito, poderes formativos, deveres jurídicos de prestação (principais e secundários, acessórios, laterais e instrumentais ou funcionais), estados de sujeição etc., que compõem a relação, conceito este que explica fundamentalmente as obrigações duradouras e as decorrentes de contratos de trato sucessivo. Ver: Mota Pinto, Carlos da. *Cessão de Contrato*. São Paulo: Saraiva, 1985, p. 238-249. Menciono o tema In: Martins-Costa, Judith. *Comentários ao Novo Código Civil. Do Inadimplemento das Obrigações*, vol. V. Tomo II. 2.ª ed. Rio de Janeiro: Forense, 2009, p. 25-50.

9. Almeida Costa, Mário Júlio. *Direito das Obrigações*. 12.ª ed. Coimbra: Almedina, 2009, p. 73. Essa concepção é tributária da concepção germânica que distingue (em vista do critério dos efeitos) entre atos geradores de obrigação e atos geradores de disposição (poder de dispor), decorrendo daí a particular acepção do termo «obrigações» (Schuldverhältinsse), explicando Michel Pédamont ser «anfibológico», isto é, ambíguo, uma vez designar em sentido amplo a relação jurídica (Rechtsverhältnis), que é a relação obrigacional considerada globalmente, da qual nascem à duas ou mais pessoas diversos direitos de crédito (Forderungen) ou diversas dívidas (Schulden) segundo a posição do credor (Gläubiger) ou do devedor (Sculdner). Já em sentido estrito, a palavra designa cada um dos direitos de crédito ou cada uma das dívidas (obrigação considerada isoladamente, obrigação simples) que versa sobre uma prestação determinada, consistente em fazer, não fazer ou tolerar algo (Pédamon, Michel. *Le Contrat en Droit Allemand*. Paris: LGDJ, 1993, p. 20-21).

PRESSUPOSTOS PARA A COMPREENSÃO DA ATUAÇÃO DA BOA-FÉ OBRIGACIONAL | 187

qual seja: o definido pelos seus elementos, os sujeitos, o objeto e o vínculo de sujeição que liga – assujeita – o devedor ao credor, o crédito e a dívida.

A análise externa, explica Couto e Silva, restringe-se à descrição das diferenças que as regras jurídicas historicamente estabeleceram, como, exemplificativamente, as regras relativas à carga probatória ou à extensão da indenização.[10] Mas a classificação externa da relação obrigacional é insuficiente porque nada diz sobre a *estrutura* dos múltiplos deveres, estados, «situações» e poderes que decorrem do vínculo, o que se denomina de *aspecto interno*, vale dizer, o que se volta ao exame do complexo dinâmico de deveres, poderes, ônus e faculdades estabelecidos pela lei, pelas partes, ou decorrentes da conduta concreta das partes no dinâmico processo de desenvolvimento da relação obrigacional. Na análise externa, estes deveres se encontram como que «soltos» no vínculo, atomizados, sem que se possa perceber a existência de uma gradação entre eles.

O desenho aí delineado provém de algo que o transcende, a *concepção atomística do mundo*, aquela segundo a qual se considera que o mundo é formado pelo conjunto dos seus menores elementos, os átomos, os quais, existentes por si, não estão necessariamente interligados. À concepção atomística do mundo opõe-se, correlativamente, a concepção de *totalidade*, a qual, embora formulada na filosofia pelos estoicos e «corrente no mundo grego»,[11] muito demorou para alcançar a seara jurídica.

A perspectiva estática da relação obrigacional é, pois, uma perspectiva atomística que vem da primeira grande concepção de obrigação, gerada no Direito Romano. Como é por todos sabido, ali vinha consagrada a ideia de a obrigação consistir num *vínculo jurídico que constringe* uma parte a fazer algo em favor de outra,[12] como lapidarmente definiu Justiniano nas Institutas: *Obligatio est iuris vinculum, quo necessitatis adstringimur aliucus solvendae rei, secundum nostrae civitatis iura*.[13] Aí está delineada, também, a ideia

---

10. Couto e Silva, Clóvis do. *Principes Fondamentaux de la Responsabilité Civile en Droit Brésilien et Comparé* – cours fait à la Faculté de Droit et Sciences Politiques de St. Maur (Paris XXI). Paris: [s.n.], 1988, p. 8.

11. Couto e Silva, Clóvis do. *A Obrigação como Processo*. Rio de Janeiro: FGV Editora, 2006, p. 17. Sobre o conceito de totalidade no Direito das Obrigações, *vide*: Cachapuz, Maria Cláudia Mércio. O Conceito de Totalidade Concreta Aplicado ao Sistema Jurídico Aberto. *Revista AJURIS*, vol. 24, n. 71, p. 108-153.

12. Anota percucientemente Hans Hattenhauer: «La *obligatio* no era un concepto, sino solamente la imagen descriptiva de una realidad jurídica (...). Los romanos nunca llegaram a abstraer de esta imagen un concepto, ni se ha conseguido nunca encajar la obligatio en un sistema conceptual. De ahí que el vínculo obligatorio de los romanos se diferencie de nuestra relación obligatoria en que aquél no conoce un supraconcepto que se corresponda con la "relación jurídica"» (Hattenhauer, Hans. *Conceptos Fundamentales del derecho civil* – Introdución histórico-dogmática. Trad. espanhola de Gonzalo Hernández. Barcelona: Ariel, 1987, p. 78-79).

13. Em português, equivalentemente: «A obrigação é um vínculo jurídico por forçado qual se pode constringir alguém a adimplir uma prestação conformemente ao direito de nosso Estado». A noção, complementa Hattenhauer, provém da sílaba *lig*, a qual contém a ideia de vínculo ou união, também encontrada na palavra *re-lig-ião*, a reunião do homem com Deus. A *obligatio* romana conotava, pois, a ideia de ligadura ou atadura, pela qual o credor sujeitava o devedor, uma ligadura, contudo, que, como mostra a definição de Paulo (D. 44,7,3), não era arbitrária, mas reco-

188 | A BOA-FÉ NO DIREITO PRIVADO

de um vínculo a ligar dois polos *opostos* entre si. O polo credor tem o poder de, pelo vínculo, adstringir – verbo dicionarizado como sinônimo de *submeter, subjugar, dominar* ou *apertar* – o outro polo, devedor, a solver a obrigação, segundo a lei civil.[14]

3. A relação obrigacional complexa

A segunda grande concepção do vínculo obrigacional foi desenhada pela pandectística oitocentista,[15] sendo acolhida em parte pelo conteúdo original do BGB.[16] A característica principal da Pandectística – e no que essa corrente intelectual marcou o BGB e os códigos que sofreram a influência germânica, como o brasileiro – foi a elaboração de conceitos gerais centrais (especialmente, para o que ora concerne, o de negócio jurídico), sendo a estrutura dos sete capítulos do Livro II do diploma alemão (contendo a matéria obrigacional) articulada em distintos graus de generalidade: a regra especial afasta a geral,[17] os conceitos gerais concretos derivam de conceitos gerais abstratos.

Já então se tinha a noção de *relação obrigacional* – e não apenas a de «vínculo jurídico» –, consequente à «descoberta dogmática» de Savigny ao elaborar o conceito fundamental de relação jurídica enucleada, necessariamente na relação entre sujeitos de direito. Conseguintemente, o § 241 do BGB dispunha: «Em virtude da relação obrigacional, o credor tem direito a exigir a prestação do devedor. A prestação pode também consistir em uma

---

nhecida e tutelada pelo direito. Esta imagem perdurou pelo menos até o século XIX entre os juristas ocidentais. «Para los eruditos formados en el latin, la sustancia de la *obligatio* era compreensible en su simbolismo, sin necesidad de explicación alguna», a partir do que os juristas germânicos criaram o termo *Verbindlichkeit*,o qual sobreviveu até a época moderna (HATTENHAUER, Hans. *Conceptos Fundamentales del derecho civil* – Introdución histórico-dogmática. Trad. espanhola de Gonzalo Hernández. Barcelona: Ariel, 1987, p. 78).

14. Assinala Carlos Alberto da Mota Pinto que a consideração do direito de crédito ou «obrigação» como mero direito à prestação e dever correlativo procedente da cultura romana – e inseparável, culturalmente, do caráter formalista e abstrato do direito ali construído – pode integrar-se perfeitamente no «campo epistemológico» do racionalismo de raiz kantiana, tal como se manifestou no continente europeu do século XVIII aos nossos dias. Na verdade, «como expressão dum conceito geral (o direito subjetivo), idôneo para exprimir toda a matéria jurídica intersubjetiva, revestiria o grau de generalidade e abstração que caracteriza os produtos genuínos dum processo gnoseológico que, na cúpula duma evolução começada na Idade Média e passando por Descartes, encontra no mecanicismo classificatório das ciências naturais a sua instrumentalização científica e em Kant o seu rigoroso delineamento» (MOTA PINTO, Carlos Alberto da. *Cessão de Contrato*. São Paulo: Saraiva, 1985, p. 264, em especial, nota 35).

15. Para uma síntese, e no que interessa ao BGB, conferir: MEDICUS, Dieter. *Tratado de las Relaciones Obligacionales*. Tomo I. Trad. espanhola de Ángel Martínez Sarrón. Barcelona: Bosch, 1995, p. 19-20.

16. Para uma perspectiva histórica: ZIMMERMANN, Reinhard. *El Nuevo Derecho Alemán de Obligaciones* – un análisis desde la Historia y el Derecho Comparado. Trad. espanhola de Esther Arroyo i Amayuellas. Barcelona: Bosch, 2008, p. 5-24.

17. MEDICUS, Dieter. *Tratado de las Relaciones Obligacionales*. Tomo I. Trad. espanhola de Ángel Martínez Sarrón. Barcelona: Bosch, 1995, p. 21.

omissão».[18] Porém, na letra do BGB, observa Mota Pinto, a noção ainda guardava «o sentido de vínculo singular entre credor e devedor, precisamente o sentido correspondente à noção de *obligatio* do Direito Romano e comum».[19] Assim, conquanto o dinamismo implícito à noção de *relação*, a perspectiva era, no início, ainda demasiadamente formal, obstando a que se antevisse a complexidade do fenômeno nela inserta, o que só veio a ser revelado nos anos subsequentes a 1900 por obra, especialmente, da jurisprudência.[20]

De fato, a regulação do direito de obrigações tinha subjacente, à época, determinada concepção do direito subjetivo de crédito (*Forderung*), marcadamente abstrata resultante, por sua vez, do acolhimento da teoria da pretensão (*Anspruch*)[21] formulada por Windscheid.[22] Sob essa perspectiva, acreditava-se que o direito do credor (crédito) e o dever do devedor (dívida), individualizados em razão do exercício da autonomia privada, poderiam ter a sua extensão definida apenas por meio de uma relação de subsunção entre o contido abstratamente na norma, convencional ou legal, e o verificado no caso concreto, sem consideração ao fim a que destinada, dos momentos ou fases perpassados pelo vínculo e sem se considerar a presença, no vínculo, de outros deveres, além do dever principal e dos deveres secundários de prestação. Esta – a prestação – tratar-se-ia, portanto, de uma *prestação isolada*, isto é, atomisticamente considerada.[23]

---

18. Em tradução livre. No original: «(1) Kraft des Schuldverhältnisses ist der Gläubiger berechtigt, von dem Schuldner eine Leistung zu fordern. Die Leistung kann auch in einem Unterlassen bestehen». Depois das reformas de 2000 e 2001, foi acrescentada alínea (alínea 2), para explicitar: «(2) A relação obrigacional, de acordo com o seu conteúdo, obriga a cada parte a respeitar os direitos, interesses legais e outros interesses da outra parte». No original: «(2) Das Schuldverhältnis kann nach seinem Inhalt jeden Teil zur Rücksicht auf die Rechte, Rechtsgüter und Interessen des anderen Teils verpflichten».

19. Mota Pinto, Carlos Alberto da. *Cessão de Contrato*. São Paulo: Saraiva, 1985, p. 268.

20. Afirmando o descompasso entre a orientação da doutrina, então ainda apegada à Jurisprudência dos Conceitos e à letra do BGB, e a seguida pelos Tribunais, que com cautela, sem rupturas, adaptavam o Código à realidade cambiante do início do século XX: Zimmermann, Reinhard. *El Nuevo Derecho Alemán de Obligaciones* – un análisis desde la Historia y el Derecho Comparado. Trad. espanhola de Esther Arroyo i Amayuellas. Barcelona: Bosch, 2008, p. 17-19. Não se desconhece, no entanto, irrupções pontuais da ideia de dinamismo ínsito ao vínculo obrigacional, *e.g.*, nos movimentos resultantes na admissão de certa mutabilidade no objeto da obrigação (daí resultando o conceito de pretensão de direito material proposto por B. Windscheid) e na própria concepção da impossibilidade de prestar (*vide*, na doutrina brasileira recente, Medina, Francisco Sabadin. *Compra e Venda de Coisa Incerta no Direito Civil brasileiro* – Uma análise do dever do vendedor no Código Civil de 2002. Tomo I – Evolução Histórica e Perfil Dogmático. Rio de Janeiro: Lumen Juris, 2021, especialmente p. 84 e ss).

21. A noção de *Anspruch* vinha consagrada na alínea (1) do § 194, segundo o qual «o direito de exigir de outra pessoa uma ação ou uma abstenção (crédito) está submetido à prescrição» (no original: «Des Recht, von einem anderen ein Tun oder ein Unterlassen zu verlangen (Anspruch), unterliegt der Verjährung»). A noção foi formulada por Windscheid, Bernhard. *Diritto delle Pandette*, vol. I. Tradução italiana de Carlo Fadda e Paolo Emilio Bensa. Torino: Unione Tipografico-Editrice Torinese, 1925, p. 122-125.

22. Assim é observado por Mota Pinto, Carlos Alberto da. *Cessão de Contrato*. São Paulo: Saraiva, 1985, p. 268-271.

23. A concepção formal e abstrata é atomística, porque «isola» os sujeitos, estando na sua base ainda

190 | A BOA-FÉ NO DIREITO PRIVADO

Foi mérito primeiramente da jurisprudência, e só após da doutrina germânica,[24] a superação da perspectiva exclusivamente formal aí adotada, passando-se a sublinhar a existência dos vários elementos que integram a relação («relação obrigacional complexa»), bem como do seu dinamismo no tempo.

A construção jurisprudencial sobre a complexidade da relação obrigacional não se deveu ao acaso. A concepção atomística da relação obrigacional mostrara a sua insuficiência especialmente no tratamento dos demais deveres nascidos da relação, de modo particular aqueles situados ao lado dos interesses de prestação,[25] bem como na regulação das obrigações duradouras e dos contratos lacunosos.[26] Construções teóricas que se sucederam, nos finais do século XIX e no transcurso do século XX, visaram a equacionar esses problemas, sucedendo-se doutrinas pessoalistas e realistas.[27]

4. As doutrinas pessoalistas

Durante seis ou sete séculos, desde a formidável sistematização operada nas fontes romanas do Direito Civil pelos juristas do *ius commune*, era assente ser o Direito das Obrigações a província civilista mais infensa às alterações trazidas ao Direito pelo transcurso do tempo. O gênio do pensamento jurídico aí teria alcançado os seus píncaros, sendo suas regras imutáveis. Essa falácia[28] perdurou até o século passado, muito embora, na Alemanha dos inícios dos Oitocentos, Savigny[29] tivesse se ocupado exaustivamente do conceito de obrigação, e, mais ainda, da noção de «relação obrigacional»,

---

o conceito de obrigação em sentido estrito. Anota Mota Pinto: «(...) trata-se de uma formação lógico-conceitual que, embora perfeitamente legítima, tem a sua base num procedimento de abstração, isolador dum vínculo determinado entre sujeitos (dever de prestação), da causa que o produziu (contrato) e do fim visado pelos seus titulares» (MOTA PINTO, Carlos Alberto da. *Cessão de Contrato*. São Paulo: Saraiva, 1985, p. 263).

24. Marcando os passos desse desenvolvimento: ZIMMERMANN, Reinhard. *El Nuevo Derecho Alemán de Obligaciones* – un análisis desde la Historia y el Derecho Comparado. Trad. espanhola de Esther Arroyo i Amayuellas. Barcelona: Bosch, 2008, p. 15-20.

25. *Vide*, neste CAPÍTULO, §20.

26. Mencionei essa temática In: MARTINS-COSTA Judith; NITSCHKE, Guilherme. Contratos Lacunosos e Poderes do Árbitro: Questões Teóricas e Práticas. *Revista de Arbitragem*, ano l, n. 2, jul./dez. 2012, p. 63-114. Ainda: MARTINS-COSTA, Judith. A Cláusula de *hardship* e a Obrigação de Renegociar nos Contratos de Longa Duração. In: MOTA, Maurício; KLOH, Gustavo (Orgs.). *Transformações Contemporâneas do Direito das Obrigações*. Rio de Janeiro: Elsevier, 2010.

27. Faço menção a essas doutrinas em: MARTINS-COSTA, Judith. Introdução Geral. *Comentários ao Novo Código Civil*. Do Inadimplemento das Obrigações, vol. V. Tomo ll. 2.ª ed. Rio de Janeiro: Forense, 2009.

28. Para um exame até a Modernidade veja-se GAZZANIGA, Jean-Louis. *Introduction Historique au Droit des Obligations*. Paris: PUF, 1992; VOLANTE, Rafaelle. *Il Sistema Contrattuale del Diritto Comune Clássico*: Struttura dei Patti e Individuazione del Tipo. Glossatori e Ultramontani, vol. LX. Milano: Giuffrè, 2001; e HATTENHAUER, Hans. *Conceptos Fundamentales del Derecho Civil*. Trad. espanhola de Pablo Salvador Coderch. Barcelona: Ariel, 1987, p. 77-80.

29. SAVIGNY, Friedrich Karl. *Traité de Droit Roman*. Tomo l. Trad. de Ch. Ghenoux. Paris: [s.n.], 1840.

PRESSUPOSTOS PARA A COMPREENSÃO DA ATUAÇÃO DA BOA-FÉ OBRIGACIONAL | 191

fixando os contornos do que veio a ser conhecido como a primeira das «doutrinas pessoalistas» da relação obrigacional.

Para as doutrinas pessoalistas, a obrigação é um direito a uma atividade humana,[30] alicerçado em uma *estrutura unitária*, é dizer: a obrigação resulta de uma ligação entre pessoas ou sujeitos jurídicos[31] constituindo uma relação *entre dever e pretensão* e uma relação entre *duas vontades*.[32] Essa importaria uma restrição à liberdade do sujeito que ocupasse a posição de devedor: pelo vínculo obrigacional o credor adquiriria o domínio sobre parcela da liberdade do devedor. A obrigação é, nesse imaginário jurídico, o domínio da vontade do devedor pela vontade do credor.

5. As doutrinas realistas

Já no final do século XIX, seguiram, por antítese às doutrinas pessoalistas, as concepções realistas, em suas várias tonalidades, o que suscitou uma objetivação da noção de obrigação para entender que «o credor tem um direito não a uma conduta meramente pessoal do devedor, mas antes a um bem, isto é, a um *quid* econômico apto a satisfazer necessidades».[33] Como exacerbação desta ideia, surge a definição da obrigação como uma «relação entre patrimônios», e não mais como relação intersubjetiva, o que, na doutrina francesa, foi posto com todas as letras por Eugène Gaudemet.[34]

Este autor de transição (escreveu entre os finais do século XIX e início do XX), fazendo coro ao senso comum pelo qual o Direito das Obrigações era «o mais infenso», dentre todos os setores do Direito Privado, às mudanças políticas e morais do meio social,[35] preconizava não ser este imune, todavia, à «evolução econômica». Modificando-se o crédito através dos tempos, e diminuída a importância da pessoalidade, em razão do fenômeno da transmissibilidade dos créditos e dívidas, a consequência estava em que a personalidade do credor ou do devedor constituía, modernamente, «um elemento secundário da obrigação».[36] Daí a dizer que «o crédito e a dívida modernos são uma relação entre patrimônios, ao mesmo tempo e mais ainda que entre duas pessoas».[37]

---

30. SAVIGNY, Friedrich Karl. *Traité de Droit Roman*. Tomo I. Trad. de Ch. Ghenoux. Paris: [s.n.], 1840, p. 33: «a obrigação e a propriedade têm uma natureza idêntica na medida em que ambas estendem o império da nossa vontade sobre uma porção do mundo exterior».

31. Para esta análise, MENEZES CORDEIRO, António Manuel. *Direito das Obrigações*, vol. I. Lisboa: Associação Acadêmica da Faculdade de Direito de Lisboa, 1980, p. 177-178.

32. Assim COMPARATO, Fábio Konder. *Essai d'Analyse Dualiste de l'Obligation en Droit Privé*. Paris: Dalloz, 1964, p. 2, ao analisar as doutrinas voluntaristas.

33. BÉNABENT, Alain. *Droit Civil*: Les Obligations. 7.ª ed. Paris: Montchrestien, 1999, p. 180, em tradução livre.

34. Veja-se a análise de MENEZES CORDEIRO, António Manuel. *Direito das Obrigações*, vol. I. Lisboa: Associação Acadêmica da Faculdade de Direito de Lisboa, 1980, p. 184-185.

35. GAUDEMET, Eugène. *Théorie Générale des Obligations*. Paris: Sirey, 1965, p. 10.

36. GAUDEMET, Eugène. *Théorie Générale des Obligations*. Paris: Sirey, 1965, p. 12-13.

37. GAUDEMET, Eugène. *Théorie Générale des Obligations*. Paris: Sirey, 1965, p. 13. Em tradução livre.

192 | A BOA-FÉ NO DIREITO PRIVADO

6. A doutrina dualista (*Schuld und Haftung*)

Sucedeu-se a doutrina dualista. Proposta por autores alemães dos finais dos Oitocentos, notadamente Bekker e Brinz, e aperfeiçoada, em 1917, por Von Gierke, a doutrina significou uma reação às análises pessoalistas, reação que, afirma Comparato, está inserida historicamente na vasta corrente positivista que, negando *a priori* todos os princípios metafísicos até então admitidos, começava, naquele momento, nos domínios do Direito, a atacar o dogma da autonomia da vontade.[38] Seus propositores, amparados em estudos sobre o antigo Direito Germânico, decompunham a obrigação em dois momentos distintos – *Schuld*, ou débito, e *Haftung*, palavra ora traduzida como responsabilidade, ou sujeição, ou garantia. Von Gierke, germanista, assim formulou a distinção:

«*Schuld* (...) é a dívida autônoma, quer dizer, uma relação jurídica existente em si mesma e que tem por conteúdo um dever legal.»[39]

A essência da responsabilidade (*Haftung*) consiste, por sua vez, na «submissão ao poder de intervenção daquele a quem não se presta o que deve ser prestado».[40]

Estabelecida analiticamente a distinção, propôs Brinz[41] que, na análise do fenômeno obrigacional, ao invés de se partir *do dever de cumprir a prestação* – cuja ação e execução seriam simplesmente a sanção –, cumpriria seguir um caminho inverso: partir da coisa (*Ding*) que dará ao credor a satisfação que objetiva, ou, em outros termos, a coisa que responde (*haftet*),[42] daí a ideia de respondência.

Assim, visualizou-se a existência de distinção analítica entre a dívida (*Schuld*) e a responsabilidade/garantia (*Haftung*) conferida ao seu cumprimento, daí nascendo a

---

Na crítica a essa doutrina acentuou-se, com razão, que os seus elaboradores, fosse pelo intuito de acentuar que o Direito moderno havia apagado os últimos vestígios da subordinação pessoal do devedor, advindo do Direito Romano, fosse porque exageraram o alcance do fenômeno da despersonalização da obrigação, «vieram a tomar a nuvem por Juno, desprezando o sentido originário do direito do credor, para cuidarem apenas do fenômeno subsidiário, instrumental (embora da maior importância teórica e prática), que é a sanção ou garantia do direito» (*vide*: ANTUNES VARELA, João de Matos. *Das Obrigações em Geral.* 2.ª ed., vol. I. Coimbra: Almedina, 1973, p. 123).

38. COMPARATO, Fábio Konder. *Essai d'Analyse Dualiste de l'Obligation en Droit Privé.* Paris: Dalloz, 1964, p. 4.

39. VON GIERKE, Otto. *Schuldtecht.* III, § 174, I, 1 *apud* HATTENHAUER, Hans. *Conceptos Fundamentales del Derecho Civil.* Trad. espanhola de Pablo Salvador Coderch. Barcelona: Ariel, 1987, p. 87. Em tradução livre.

40. HATTENHAUER, Hans. *Conceptos Fundamentales del Derecho Civil.* Trad. espanhola de Pablo Salvador Coderch. Barcelona: Ariel, 1987, p. 87, em tradução livre.

41. As obras principais onde espelhada a concepção são: BRINZ, *Kritische Blätter*, Erlanger, 1853; «Der Begriff Obligatio», *Zeitscrift für das privat und öffentliche Recht der Gegenwart*, vol. I, 1874, p. II-40, também citado como Grünhut's Zeitschrift, e *Obligation und Haftung*, em *Archiv für die Civilistiche Praxis*, n. 70, 1886, p. 371 e ss., todos referidos por COMPARATO, Fábio Konder. *Essai d'Analyse Dualiste de l'Obligation en Droit Privé.* Paris: Dalloz, 1964. Introduction, p. 5, além de VON GIERKE, Otto. *Schuldtecht.* III, § 174, I, 1 *apud* HATTENHAUER, Hans. *Conceptos Fundamentales del Derecho Civil.* Trad. espanhola de Pablo Salvador Coderch. Barcelona: Ariel, 1987.

42. COMPARATO, Fábio Konder. *Essai d'Analyse Dualiste de L'Obligation en Droit Privé.* Paris: Dalloz, 1964, p. 7.

PRESSUPOSTOS PARA A COMPREENSÃO DA ATUAÇÃO DA BOA-FÉ OBRIGACIONAL | 193

relação de responsabilidade que é independente da vontade do devedor. Quando constituída a obrigação, o devedor restaria induzido ao dever de efetuar determinada prestação positiva e negativa. Este dever, no entanto, por si só, não permitiria ao credor exigir, coativamente, a sua execução. Esta pertenceria ao campo da *Haftung*, pela qual a pessoa do devedor ou de terceiro ficam sujeitos à agressão patrimonial do credor, em caso de inadimplemento.[43]

Como observa Hattenhauer,[44] quem levou mais adiante essas ideias foi Von Gierke, que, a partir de sua perspectiva socialista-conservadora, percebera, na doutrina romanista da relação obrigacional, um excesso de poder conferido ao credor. Ao deixar marcado que a intervenção do credor não se dirigia à pessoa do devedor, mas contra o *objeto da responsabilidade*, Von Gierke adequou a relação obrigatória às condições da sociedade industrial (para a qual é disfuncional o excessivo rigor com o devedor, ou a concentração de poderes excessivos ao credor), na medida em que a relação se colocava exclusivamente como um pressuposto, mas nunca uma «condição exclusiva» para a intervenção do credor.

Dessas ideias restou, a final, ao menos assentado o discernimento, na relação obrigacional, entre dois *momentos*: o marcado pelo dever de prestar, imposto ao devedor, e o assinalado pelo correlativo direito à prestação, atribuído ao credor, isto é, o seu chamado «poder de agressão» sobre o patrimônio do devedor, no caso de inadimplemento, e a consequente garantia que aquele representa. Deve-se entender, porém, como Pontes de Miranda, que quando se fala de responsabilidade do patrimônio, ou do bem, isto é, de *Haftung* (no sentido de situação jurídica do patrimônio, ou do bem, na possível execução forçada, pessoal ou real), «em verdade se abstrai de qualquer relação jurídica e não se emprega o termo «responsabilidade» no sentido de posição de sujeito passivo na relação jurídica»,[45] devendo atentar-se, pois, à ambiguidade do termo «responsabilidade».

Entre nós essa concepção espelhou-se, legislativamente, na definição de obrigação tributária, constante do art. 113 do Código Tributário Nacional.[46] Na doutrina,

---

43. Para uma análise, LARENZ, Karl. *Derecho de Obligationes*. Trad. espanhola de Jaime Santos Briz. Tomo I. Madrid: Edersa, 1958, p. 33 e ss.; ENNECERUS, Ludwig; LEHMANN, Heinrich. *Derecho de Obligationes*, vol. I. Trad. espanhola de Puig Brutau. Barcelona: Bosch, 1954, p. 8 e ss.; BETTI, Emilio. *Teoria General de las Obligationes*. Tomo I. Trad. espanhola de José Luis de Los Mozos. Madrid: Edersa, 1969, p. 190-205, além do excepcional ensaio de COMPARATO, Fábio Konder. *Essai d'Analyse Dualiste de l'Obligation en Droit Privé*. Paris: Dalloz, 1964. *Vide* ainda exaustiva crítica em ANTUNES VARELA, João de Matos. *Das Obrigações em Geral*, vol. I. 2.ª ed. Coimbra: Almedina, 1973, p. 125-138.

44. HATTENHAUER, Hans. *Conceptos Fundamentales del Derecho Civil*. Trad. espanhola de Pablo Salvador Coderch. Barcelona: Ariel, 1987, p. 87.

45. PONTES DE MIRANDA, Francisco Cavalcanti. *Tratado de Direito Privado*. Tomo XXII. 3.ª ed. São Paulo: Revista dos Tribunais, 1984, p. 26.

46. CTN, *in verbis*: «A obrigação tributária é principal ou acessória. § 1.º A obrigação principal surge com a ocorrência do fato gerador, tem por objeto o pagamento de tributo ou penalidade pecuniária e extingue-se juntamente com o crédito dela decorrente. § 2.º obrigação acessória é decorrente da

194 | A BOA-FÉ NO DIREITO PRIVADO

analisou-a Fábio Konder Comparato, cuja obra parte de uma análise ao mesmo tempo *estrutural* (os elementos da obrigação, o dever); e *funcional* (a função da vinculação jurídica, *l'engagement*, predisposta à satisfação de um interesse legítimo do credor), para alcançar a percepção de disjunções ou dissociações entre crédito e poder de constrição, entre dever e vinculação (quanto ao sujeito passivo). Essa proposição tem ainda hoje utilidade para solver, por exemplo, os problemas causados por danos que atingem a sociedade por inteiro (como o dano ecológico), suscitando, por via de consequência, um «dever social de reparação» a ser garantido por meio de mecanismos de Direito Público, como a seguridade social ou mesmo um serviço público financiado por imposto. Diante do *princípio do prejuízo social*,[47] a dissociação, numa relação obrigacional, entre dívida e responsabilidade, permite perceber que o credor possa se encontrar, por vezes, diante de um devedor não responsável e de um responsável sem dívida.[48]

De fato, no que diz respeito à imputação de responsabilidade a pergunta não é, necessariamente «*quem realizou o ato* (no mundo dos fatos)», mas «*quem responde por esse ato frente a outras pessoas*» (no mundo do direito).[49] A concepção dualista permite ultrapassar a camisa de força da responsabilidade pessoal do devedor, bem como é o filtro analítico adequado para compreender as transformações por que passou o seguro de responsabilidade civil nas últimas décadas, tornando viável pensar na criação de fundos que garantam, por exemplo, um grave problema social, qual seja: o da responsabilidade das empresas de transporte coletivo, em especial ônibus e trens urbanos, pelos prejuízos decorrentes da criminalidade violenta no interior dos veículos, tema ainda hoje tratado como se «fortuito externo» fosse, exonerador da responsabilidade.[50]

---

legislação tributária e tem por objeto as prestações, positivas ou negativas, nela previstas no interesse da arrecadação ou da fiscalização dos tributos. § 3.º A obrigação acessória, pelo simples fato da sua inobservância, converte-se em obrigação principal relativamente à penalidade pecuniária». Como é sabido, a obrigação tributária é uma obrigação legal, ou *ex lege*. Em exame percuciente das peculiaridades estruturais da obrigação tributária veja-se: Leães, Luiz Gastão Paes de Barros. A Estrutura Dualista da Obrigação Tributária. *Revista de Direito Mercantil*, ano 10, n. 1, 1971, p. 42-59. Lembrando a célebre definição de Albert Hensel – segundo o qual a obrigação tributária consiste no direito do Estado de pretender de uma pessoa a prestação chamada «imposto» – e comparando a teoria dualista com o direito positivo brasileiro, conclui: «Em suma, o CTN distingue perfeitamente a relação de débito da relação de responsabilidade na obrigação tributária, atribuindo ao fato gerador a gênese da primeira relação, e ao ato de lançamento, a dupla função de declarar o prévio nascimento da obrigação tributária por ocorrência do fato gerador, e, mediante essa constatação, a de constituir a correspondente relação de responsabilidade e eventuais relações acessórias» (p. 56).

47. Comparato, Fábio Konder. *Essai d'Analyse Dualiste de l'Obligation en Droit Privé*. Paris: Dalloz, 1964, p. 227-228.

48. Comparato, Fábio Konder. *Essai d'Analyse Dualiste de l'Obligation en Droit Privé*. Paris: Dalloz, 1964, em especial, p. 216-228. São exemplos a pretensão prescrita, a obrigação natural (direitos sem pretensão) e a do fiador.

49. Correa, André Rodrigues. Ato Violento de Terceiro como Excludente de Responsabilidade do Transportador: qual a causa desse entendimento jurisprudencial defeituoso? In: Martins-Costa, Judith (Org.). *Modelos de Direito Privado*. São Paulo: Marcial Pons, 2014, p. 341-384.

50. Correa, André Rodrigues. *Solidariedade e Responsabilidade*. O tratamento jurídico dos efeitos da criminalidade violenta no transporte público de pessoas no Brasil. São Paulo: Saraiva, 2009.

Embora a importante descoberta dogmática, pela qual se passou a distinguir conceitualmente a responsabilidade da dívida, abrindo-se caminho à tutela dos interesses do devedor,o fato é que resta aí nítido certo atomismo. Isso porque a concepção vem ainda embasada na *oposição* entre os polos credor e devedor, com o que não enseja a perspectiva da relação obrigacional como um *todo orgânico e complexo*, desenvolvido dinamicamente no tempo e enucleado – embora a existência de relações estruturadas em interesses contrapostos –[51] numa fundamental *relação de cooperação* entre as partes em vista do fim que as coliga, qual seja, o adimplemento do contrato.

Partindo da ênfase na ideia de *relação*, outras três noções marcaram profundamente a transformação no conceito de obrigação: as de complexidade/totalidade, dinamismo e cooperação. Embora interconexas, é preciso brevemente explicitá-las separadamente.

§ 19. A relação de obrigação como um organismo e totalidade complexa

1. Origem

Conquanto tenha a ciência jurídica alemã do século XIX operado fundamentalmente com a noção de *organismo* – consequente, em larga medida, à de *totalidade* –,[52]

---

51. Tradicionalmente, dividia-se a relação obrigacional nascida de contrato entre as que se estruturam em interesses e as que tem seu núcleo numa comunhão de escopo. A distinção entre os contratos de intercâmbio e os contratos de comunhão de escopo versada Jhering: em «O Fim no Direito» (*El fin en el derecho*. Trad. espanhola de Leonardo Rodriguez. Pamplona: Analecta, 2005), assentou que nos contratos de intercâmbio cada parte persegue os seus próprios interesses; quanto mais desvantajosa for a compra para o comprador, mais vantajosa será para o vendedor, e vice-versa; a posição de cada parte vem sintetizada na ideia: o prejuízo dele é o meu lucro (*sein Schaden mein Gewinn*). Diferentemente, nos contratos de comunhão de escopo os interesses dos contratantes têm a mesma direção. O prejuízo de um dos contratantes é suportado por todos. Daí o lema: a vantagem dele é a minha vantagem, minha vantagem é a sua vantagem (*sein Vorteil mein Vorteil, mein Vorteil sein Vorteil*). A distinção integra o *acquis* cultural do Direito (*vide*: STF. RE 439003/SP. Segunda Turma. Relator Min. Eros Grau. Julgamento em 06.02.2007. *DJ* de 02.03.2007). A essa distinção fundamental se acrescentam a variada gama dos «contratos de colaboração empresária cuja compreensão requer ter presente a cadeia de circulação de mercadorias no mercado e os mecanismos voltados ao escoamento de produtos e distribuição de serviços, pelos quais se unem esforços e estratégias, por meio de instrumentos contratuais, para atingir este objetivo. A colaboração pode decorrer de intermediação, ou de distribuição, ou fornecimento em vistas de suprir, ampliar ou formar mercado consumidor. Exemplificativamente, os contratos de comissão, e de representação comercial, concessão mercantil, de franquia e de distribuição». Além do mais, como se verá oportunamente (neste CAPÍTULO, § 20, 5, *infra*), mesmo na existência de interesses contrapostos, não é dispensada a cooperação, em vista do adimplemento.

52. Como observa Maria Cláudia Mércio Cachapuz, a noção de totalidade hoje versada não é organicista. Já não mais mecanicista, é deflagrada e estimulada a partir dos conceitos da física quân-

196 | A BOA-FÉ NO DIREITO PRIVADO

naquela altura a ideia orgânica se endereçara particularmente ao exame das relações entre o Estado e os particulares, daí decorrendo todas as teorias organicistas[53] que, no Direito Privado, fariam fortuna na construção do conceito de pessoa jurídica, não chegando, porém, a se projetar no Direito das Obrigações.[54] Por essa razão, a consideração do vínculo obrigacional como um «todo» organicamente articulado só resta bem configurada no século XX, ao influxo das concepções de «totalidade concreta» que se haviam plasmado na física quântica, na biologia, na sociologia, na matemática e na psicologia, e que, na ciência jurídica, resultaram também de certas revelações dogmáticas fundamentais para o desenvolvimento do Direito Privado, como a formulação, em 1903, por Emil Seckel, da categoria dos direitos formativos, também chamados impropriamente de direitos potestativos.[55]

---

tica, em oposição à ciência mecanicista dos séculos XVII a XIX, materializada «de forma a determinar um método de apreensão analítica do conhecimento pelo ordenamento lógico das partes componentes de um problema e pela crença de que todos os aspectos dos fenômenos podem ser compreendidos se reduzidos às suas partes constituintes». Hoje, a noção de totalidade se funda nas contribuições de outras ciências, além da física quântica, a filosofia, a sociologia, a física e a matemática, implicando discutir «estruturas sociais e modos de compreensão da realidade social» que determinam a dinâmica dos vínculos de relação, acentuando-se na crítica a um conceito de totalidade construído na base da concepção organicista ou neorromântica (Schelling) a concepção dialética que busca a «totalidade concreta», da qual é exponente Karel Kosik (*Dialética do Concreto*. 5.ª ed. Rio de Janeiro: Paz e Terra, 1989). Na aproximação do conceito de totalidade ao mundo jurídico «impõe-se (...) a intersecção percebida entre totalidade e relação jurídica», situando-se o questionamento «no fato de saber até que ponto o conceito de totalidade pode manifestar-se como elemento de compreensão do vínculo jurídico existente, compondo, ou não, a estrutura de uma relação jurídica» (as citações reportam-se a CACHAPUZ, Maria Cláudia Mércio. O Conceito de Totalidade Concreta Aplicado ao Sistema Jurídico Aberto. *Revista AJURIS*, vol. 24, n. 71, nov. 1997, p. 108-153).

53. COUTO E SILVA, Clóvis do. *A Obrigação como Processo*. Rio de Janeiro: FGV Editora, 2006, p. 18, nota 8.

54. O conceito de totalidade se expressa, desde o Direito Romano, no conceito de *coisa*, aí atuando, segundo Couto e Silva, como o «elemento catalizador» que preside a divisão das coisas em simples e complexas e em toda a teoria dos bens. (Para este exame, COUTO E SILVA, Clóvis do. *A Obrigação como Processo*. Rio de Janeiro: FGV Editora, 2006, p. 6; e CACHAPUZ, Maria Cláudia. O Conceito de Totalidade Concreta Aplicado ao Sistema Jurídico Aberto. *Revista AJURIS*, vol. 24, n. 71, nov. 1997, p. 122.)

55. A descoberta de Seckel foi altamente relevante para a compreensão do conceito de totalidade concreta, ou dialética, porquanto evidenciou a existência, na relação obrigacional, de poderes formativos de relações não recondutíveis ao conceito de crédito (direito subjetivo) ou de *obligatio* (dever jurídico em sentido estrito), passando então a considerar-se os direitos formativos como espécies do gênero «direito subjetivo», aos quais, contudo, não correspondem deveres, mas «estados de sujeição». Estes «poderes» compõem o vínculo [*rectius*, a relação] como um conjunto unitário e complexo. Na doutrina brasileira, consultar: PONTES DE MIRANDA, Francisco Cavalcanti. *Tratado de Direito Privado*. Tomos V e XXII. Rio de Janeiro: Borsói, 1955 e 1958. Respectivamente, § 566, p. 242 e § 2.734, p. 247; e COUTO E SILVA, Almiro do. Atos Jurídicos de Direito Administrativo Praticados por Particulares e Direitos Formativos. *Revista de Direito Administrativo*, Rio de Janeiro, FGV, n. 95, 1969, p. 21.

PRESSUPOSTOS PARA A COMPREENSÃO DA ATUAÇÃO DA BOA-FÉ OBRIGACIONAL | 197

A concepção de «totalidade concreta» pode partir de duas vias distintas, a *neorromântica*[56] (ou organicista) e a *dialética*. A primeira considera a perspectiva holística (tudo está em relação com tudo) e aristotélica (o todo é mais do que a soma das partes). Na análise das ciências sociais, explica Karel Kosick, a via neorromântica considera a existência de uma «ordem de cooperação» entre os fenômenos sociais, na busca da construção de uma unidade, de um todo complexo, o que gerará, também neste campo, a teoria dos sistemas.

Já a segunda via, a dialética, entende que «a totalidade não é um todo já pronto que se recheia de um conteúdo, com as qualidades das partes ou com as suas relações; a própria totalidade é que se concretiza e esta concretização *não é apenas criação do conteúdo, mas também criação de um todo*».[57] Aí se plasma, portanto – em oposição à teoria neorromântica –, a ideia de que os fatos, isoladamente considerados, são meras abstrações, apenas adquirindo verdade e concentricidade quando inseridos no todo. A totalidade, portanto, só o será quando concretamente considerada.

Evidentemente, estas vias de análise sofrem, no direito, certas mutações. Nesta província, o conceito de «concreto» está sujeito a imensas confusões, principalmente se tomado em relação à sua antinomia, o conceito de «abstrato», como mostra Engisch ao arrolar as várias significações que lhe são emprestadas.[58] O que aqui importa é fixar, portanto, a transposição para a dogmática jurídica, e em especial a das obrigações, da ideia de *conceito geral-concreto* (*konkret-allgemeiner Begriff*) tal como

---

56. Porque o romântico é o que descobre o «indivíduo concreto», a «comunidade concreta» e a «individualidade» representada por ambos, o subjetivismo, enfim, expresso com maior força de expressão na pintura, na música e na literatura, desta se recolhendo a paradigmática definição de Schopenhauer segundo a qual «se pode delimitar e determinar a individualidade apenas mediante a indicação exata do lugar e do tempo individuais» (esta frase está transcrita por ENGISCH, Karl. *La Idea de Concreción en el Derecho y en la Ciencia Jurídica Actuales*. Trad. espanhola de Juan Jose Gil Cremades. Pamplona: Universidad de Navarra, 1986, p. 91, sem atribuição da fonte direta).

57. KOSIK, Karel. *Dialética do Concreto*. 5.ª ed. Rio de Janeiro: Paz e Terra, 1989, p. 49.

58. ENGISCH, Karl. *La Idea de Concreción en el Derecho y en la Ciencia Jurídica Actuales*. Trad. espanhola de Juan Jose Gil Cremades. Pamplona: Universidad de Navarra, 1986, em especial, Cap. I, p. 69 e ss.: «La antinomia entre los conceptos "abstracto" y "concreto" está solidamente fundada en la peculiaridad del pensamiento juridico. (...) *Por desgracia, la distinción entre lo concreto y lo abstracto es de las más equívocas que existen*» (destaquei). Isso porque «"concreto" es, unas veces, lo positivo, lo real empirico; "abstracto" lo que de alguna forma está por encima de eso» (p. 73); "concreto" es, otras veces, lo perceptible, y "abstracto" lo no perceptible» (p. 74); «esporadicamente aparece lo concreto como lo determinado, mientras que lo abstracto es lo indeterminado» (p. 75); «más frecuentemente, "concreto" es el singular, y "abstracto", por lo contrario, lo general», para indicar o âmbito (p. 79); mas, ainda o «concreto» como «concreto-singular» pode significar «concreto-individual», no sentido de particular no que diz com o conteúdo, «y, al mismo tiempo, único y específico, lo "abstracto" en contraposición a ese concreto individual, es nuevamente un algo de caráter general» no que concerne não só ao âmbito, mas ao conteúdo (p. 95).

estabelecida por Karl Larenz,[59] pois esta será relevante para a compreensão do vínculo obrigacional como totalidade.

O conceito geral-concreto indica direção de pensamento embasado na noção de
totalidade, entendida como a globalidade de sentidos e especificações possíveis de serem
reconduzidos a um certo conceito geral «abstrato». Diz-se *totalidade concreta*, porque
o conceito exige, para a sua formação, a apreensão da integralidade dos sentidos possíveis de serem *concretamente* relacionados com cada conceito «abstrato». Dessa forma,
pela apreensão da totalidade das circunstâncias possíveis de serem relacionadas ao
conceito, este perde a abstração, tornando-se unitário na medida em que é relacionado
com a «unidade concreta», a «unidade do todo articulado que contém em si a diferença» ou «a unidade da estrutura conceitual e da totalidade de conteúdo».[60]

2.   A concepção de Karl Larenz

Ao elaborar o conceito de relação obrigacional, Larenz operou a transposição da
filosofia para a dogmática e, afastando-se da perspectiva organicista – segundo a qual
a totalidade seria a resultante da soma das partes, embora fosse *mais* do que a mera
soma –, buscou uma reformulação dos elementos da obrigação desde uma perspectiva
ditada pela totalidade concreta. Tentou apanhar, em síntese, a totalidade de sentidos e
circunstâncias concretas passíveis de direcionamento ao conceito de obrigação, esclarecendo:

«Passemos, pois, agora, a estudar a relação de obrigação como um todo. Sob este

---

59.   Larenz retomou a dialética hegeliana estabelecida entre o «geral» e o «concreto» para alcançar
um pensamento conceitual que, em suas palavras, «não aspira à uniformidade, mas à pluralidade,
e conduz do geral a uma rica tipologia de suas especificações e concreções». Melhor esclarece esta
direção com o exame do conceito de «povo», como segue: enquanto conceito geral-abstrato, este
prescinde «das determinações concretas, nas quais se fundam tanto a totalidade de conteúdos
como a diversidade de conceitos específicos». Já o conceito geral-concreto de «povo» abarca «a
totalidade das determinações de conteúdo, pelas quais, em razão de sua maior ou menor importância, se distinguem, uns dos outros, os conceitos específicos, individuais, de povo». O conceito
geral-abstrato se torna geral-concreto, porque o seu *conteúdo* se refere a todas as especificações
possíveis que se encontram nos povos individuais. Em cada um dos conceitos individuais de povo
(povo alemão, povo suíço etc.) manifesta-se «um momento ou um aspecto especial do conceito
geral-concreto de povo, que se desenvolve de maneira diversa nos diversos povos e nos conceitos
individuais de povo, mas, em todo o caso, como a relação compreensiva de um sentido total».
Não uniforme, o conceito de geral-concreto contém uma unidade, a qual consiste «na unidade
concreta do todo articulado que contém em si a diferença», isto é, «a unidade da estrutura conceitual e da totalidade do conteúdo» (Larenz expôs o seu pensamento sobre o *conceito geral-
-concreto* em *Deutsche Rechtswissenschaft* (1940). As citações acima transcritas referem-se a esta
obra, p. 284-285, e estão transcritas em ENGISCH, Karl. *La Idea de Concreción en el Derecho y en la
Ciencia Jurídica Actuales.* Trad. espanhola de Juan Jose Gil Cremades. Pamplona: Universidade de
Navarra, 1986, p. 111-113, em tradução livre).

60.   LARENZ, Karl. *Deutsche Rechtswissenschaft*, p. 285 *apud* ENGISCH, Karl. *La Idea de Concreción en el
Derecho y en la Ciencia Jurídica Actuales.* Trad. espanhola de Juan Jose Gil Cremades. Pamplona:
Universidade de Navarra, 1986, p. 113, em tradução livre.

conceito entendemos a relação de obrigação não apenas como o faz a lei (*e.g.*, no § 362), quer dizer, como a relação de prestação isolada (crédito e dever de prestação), mas como *uma relação jurídica total* (*e.g.*, relação de compra e venda, de locação, de trabalho), fundamentada por um fato determinado (*e.g.*, este contrato *concreto* de compra e venda, de locação ou de trabalho) e que se configura como uma relação jurídica especial entre as partes. Nesse sentido, a relação de obrigação compreenderá uma série de deveres de prestação e de conduta, *e além deles pode conter para uma e outra das partes direitos formativos* (*e.g.*, um direito de denúncia ou um direito de opção) *e outras situações jurídicas* (*e.g.*, competência para receber uma denúncia). É, pois, um conjunto não de fatos ou de acontecimentos do mundo exterior perceptível pelos sentidos, mas de «consequências jurídicas», quer dizer, «*daquelas relações e situações que correspondem ao mundo da validade objetiva da ordem jurídica*».[61]

Este mundo da validade objetiva da ordem jurídica, esclarece Larenz, não é, todavia, um mundo «irreal», fora do tempo ou puramente imaginário. A ordem jurídica constitui «algo vivo, tanto quanto os homens».[62] É, pois, «real», existente no tempo. Se existente no tempo, pode «nascer e desaparecer (extinguir-se, anular-se), modificar-se e desenvolver-se em direção a um fim determinado».[63] E, sendo uma relação concreta, que se produz entre pessoas determinadas, existente no tempo, «é certamente um conjunto de direitos, obrigações e "situações jurídicas", mas não é a soma destes», constituindo, mais propriamente, um todo (*Gefüge*), que subsiste como tal, ainda que alguns dos deveres contidos na relação tenham-se extinguido, em razão do cumprimento, e alguns dos direitos formativos tenham desaparecido, seja pelo seu exercício, seja pela preclusão. Nessa perspectiva, constituindo algo vivo, concreto, «real» em sua temporalidade, a relação obrigacional pode «sem perder a sua identidade como tal (...), ser modificada em seu conteúdo».[64]

O que expressa nesta passagem Larenz, portanto, é que o vínculo obrigacional é bipolar (por incluir, sempre, o polo credor e o devedor), mas não pode ser visto de uma perspectiva atomística (que secciona os elementos que o compõem) e estática (que o vê como resultante da mera soma das partes). Ao contrário, o conceito engloba, constante e progressivamente, os elementos de todas as relações obrigacionais concretas que se apresentam na prática jurídico-social.

Larenz exemplifica com certo e determinado contrato de compra e venda, ou de locação, ou de trabalho, entendendo ser encontrável o conceito de *obrigação* somente a

---

61. LARENZ. Karl. *Derecho de Obligaciones*. Tomo I. Trad. espanhola de Jaime Santos Briz. Madrid: Editorial Revista de Derecho Privado, 1958, p. 37, destaques meus, em tradução livre da versão espanhola.

62. LARENZ. Karl. *Derecho de Obligaciones*. Tomo I. Trad. espanhola de Jaime Santos Briz. Madrid: Editorial Revista de Derecho Privado, 1958, p. 37.

63. LARENZ. Karl. *Derecho de Obligaciones*. Tomo I. Trad. espanhola de Jaime Santos Briz. Madrid: Editorial Revista de Derecho Privado, 1958, p. 38.

64. LARENZ. Karl. *Derecho de Obligaciones*. Tomo I. Trad. espanhola de Jaime Santos Briz. Madrid: Editorial Revista de Derecho Privado, 1958, p. 38.

partir da totalidade de sentidos possível de ser atribuída a este termo, o qual inclui, então, não apenas a figura das partes e dos seus correlatos dever e direito, abstratamente considerados, mas, por igual, a totalidade das circunstâncias concretas[65] que, singularmente, lhe podem ser reconduzidas, as quais são apreensíveis desde cada contrato determinado.

A relevância dogmática desta perspectiva está, justamente, em evidenciar o fenômeno obrigacional pelo ângulo da *complexidade*, abrangendo a totalidade dos direitos, deveres, estados de sujeição, direitos formativos, pretensões, exceções e ônus jurídicos resultantes de um mesmo fato jurídico obrigacional. Como entre nós foi exposto magistralmente por Pontes de Miranda, «[o] feixe de relações e situações é *como todo*, e não *como soma*. O conceito, por exemplo, de relação jurídica de compra e venda não é conceito de relação jurídica a que corresponda dívida de prestar a coisa, mais de cuidar da coisa até a entrega, mais de não descurar da proteção jurídica da coisa; e sim conceito de relação jurídica em que tudo isso é intrínseco».[66]

Foi a «descoberta dogmática» acerca dos demais deveres de conduta e ainda dos direitos formativos,[67] expectativas, estados, sujeições e ônus enfeixados no vínculo – todos eles coligados, como diz Almeida Costa, «em atenção a uma identidade de fim –[68] que veio permitir a compreensão da complexidade inserta no fenômeno obrigacional,[69] de modo a visualizar a relação obrigacional como «uma ordem de cooperação, formadora de uma unidade que não se esgota na soma dos elementos que a compõem».[70]

À complexidade da relação obrigacional acresce o seu dinamismo finalístico, isto é, o seu caminhar em direção ao fim, traduzido no adimplemento satisfatório.

3. O dinamismo da relação obrigacional

A concepção exposta pelos autores germânicos desde a segunda metade do século XX também permitiu compreender, paralelamente à *complexidade* do «todo» formado pela relação, o *dinamismo* da relação obrigacional. A expressão traduz a ideia de a relação de obrigação no transcorrer de sua existência e de seu percurso em direção ao adimplemento poder gerar outros direitos e deveres que não os expressados na relação

---

65. Isto é, a relação contratual como um todo unitário de direitos de crédito, deveres de prestação, direitos formativos, deveres instrumentais, laterais, secundários, anexos etc., muitos dos quais só se revelam à vista das circunstâncias concretas do desenvolvimento da relação.

66. PONTES DE MIRANDA, Francisco Cavalcanti. *Tratado de Direito Privado*. Tomo XXVI. 3.ª ed. São Paulo: Revista dos Tribunais, 1984, § 3.169, p. 283. Destaques meus.

67. Segundo Pontes de Miranda, os direitos potestativos constituem o gênero do qual são espécies os direitos formativos geradores, modificativos e extintivos; de um lado, e de outro, os direitos de exceção como a prescrição, o direito de retenção e a exceção de contrato não cumprido (PONTES DE MIRANDA, Francisco Cavalcanti. *Tratado de Direito Privado*. Tomos V e XXII. 3.ª ed. São Paulo: Revista dos Tribunais, 1983 e 1984. Respectivamente, § 566, p. 242 e § 2.734, p. 247).

68. ALMEIDA COSTA, Mário Júlio. *Direito das Obrigações*. 12.ª ed. Coimbra: Almedina, 2007, p. 74.

69. ALMEIDA COSTA, Mário Júlio. *Direito das Obrigações*. 12.ª ed. Coimbra: Almedina, 2007, p. 74.

70. COUTO E SILVA, Clóvis do. *A Obrigação como Processo*. Rio de Janeiro: FGV Editora, 2006, p. 19.

de subsunção entre a situação fática e a hipótese legal; ou, ainda, poderes e deveres não indicados no título (contrato), ou ainda, poderes formativos geradores, modificativos ou extintivos, e os correlatos estados de sujeição não vislumbrados na relação original; pode, por igual, importar na criação de ônus jurídicos e deveres laterais («deveres de proteção») correspondentes a interesses de proteção que convivem *a latere* do interesse à prestação. Sendo, porém, uma relação «total», as transformações que a atingem no decorrer de seu *iter* finalisticamente orientado em direção ao adimplemento devem ser reconduzidas ao conceito de «relação obrigacional», completando-o ou formando-o para que se torne *concretamente geral*, isto é, para que seja verdadeiramente dotada de uma unidade estrutural e funcional. Configura-se, assim, a já mencionada «unidade do todo articulado que contém em si a diferença» e, por isso, é unitário do ponto de vista estrutural e funcional, bem como total em relação ao seu conteúdo.[71]

A perspectiva da totalidade dinâmica leva a considerar que, em qualquer situação, os elementos presentes no vínculo se interligam. O todo é concretizado por vários elementos, que se encadeiam processualmente em atenção a uma finalidade. Desse modo, as situações jurídicas singulares inseridas nesta *relação total* «correlacionam-se e completam-se reciprocamente, nos termos adequados a, na sua totalidade, poderem proporcionar a satisfação da necessidade servida pelo contrato», com o que «todas as suas características são recebidas a partir da unidade e da funcionalidade da relação obrigacional em sentido amplo ou relação contratual».[72]

Como efeito da apreensão da totalidade concreta da relação obrigacional, percebe--se ser ela um *vínculo dinâmico*, pois se movimenta em vista de uma finalidade, desen-volvendo-se em fases distintas, a do nascimento do vínculo, do seu desenvolvimento e adimplemento.[73] Mesmo após a extinção do vínculo, e esgotado o *interesse à prestação*, podem, por vezes, remanescer deveres correlativos a *interesses de proteção*[74] («deveres de proteção»), gerando, quando injustamente violados, a chamada indenização pela *culpa post factum finitum*.

Subjaz à noção deste encadear entre fases da relação uma bem definida perspec-tiva, a da obrigação como processo.

---

71. «Uma análise atenta de vários aspectos do moderno Direito das Obrigações», afirma Carlos Alberto da Motta Pinto, «esclarece-nos (...) sobre a forma como estes diversos vínculos se estruturam e sobre as suas recíprocas relações. Constata-se, a este propósito, não estarem os vínculos inter-subjetivos, de vários tipos, emergentes do mesmo contrato, numa relação de total independência ou de mera contiguidade, como uma mera soma de elementos autônomos. Estão, ao invés, inte-grados numa estrutura orgânica com relações recíprocas de instrumentalidade ou de interdepen-dência, numa mútua coordenação resultante de conhecerem, dado o seu caráter funcional, um elemento caracterizador comum: o fim do contrato» (Mota Pinto, Carlos Alberto da. *Cessão de Contrato*. São Paulo: Saraiva, 1985, p. 237-238).

72. Mota Pinto, Carlos Alberto da. *Cessão de Contrato*. São Paulo: Saraiva, 1985, p. 239.

73. Para o exame das diferentes fases da relação obrigacional, Couto e Silva, Clóvis do. *A Obrigação como Processo*. Rio de Janeiro: FGV Editora, 2006, p. 43-61.

74. Para a distinção entre os interesses à prestação e os interesses de proteção, ver, *infra*, Capítulo III, §20.

4. A noção de processo obrigacional

O termo *processus*, anota Couto e Silva, era desconhecido dos juristas romanos, tendo surgido na linguagem jurídica pela via do Direito Canônico, para indicar, como substantivo de *procedere*, «uma série de atos relacionados entre si, condicionados um ao outro e interdependentes».[75] No substrato do termo, encontra-se hoje presente uma perspectiva hegeliana, vislumbrando-se o processo como uma sucessão de atos entre si relacionados e *dirigidos a uma finalidade*, que os polariza ou atrai. «Com a expressão "obrigação como processo" tenciona-se sublinhar o ser dinâmico da obrigação, as várias fases que surgem no desenvolvimento da relação obrigacional e que entre si se ligam com interdependência»,[76] o conjunto de «atividades necessárias para a satisfação do interesse do credor»,[77] conjunto de atos interligados que se dirigem ao adimplemento, finalidade precípua da própria existência do vínculo, sendo «a ele inerente».[78] O fim da relação obrigacional é a satisfação da totalidade dos interesses envolvidos.[79] É para esse fim que «caminha» a relação obrigacional, de modo que a existência do fim imanta todos os atos interdependentes que a compõem.

Consequentemente, sendo o escopo da relação obrigacional a satisfação da totalidade dos interesses envolvidos, esta não concretiza, tão somente, o «direito a pretender uma prestação»[80]. Embora este seja nuclear, engloba outros interesses além dos interesses de prestação («interesses prestacionais», aos quais são correlatos os deveres prestacionais): integram a relação obrigacional também os interesses de proteção contra danos, tendo como correlatos os *deveres de proteção* («deveres laterais»), apenas mediatamente ligados aos interesses de prestação.[81]

Integram também a relação obrigacional os deveres decorrentes da incidência do princípio da boa-fé. Estes são qualificados ou como anexos ao interesse de prestação ou ligados ao interesse de proteção, conforme o caso.[82] Estarão anexos ao interesse de

---

75. COUTO E SILVA, Clóvis do. *A Obrigação como Processo*. Rio de Janeiro: FGV Editora, 2006, p. 20, nota 16.

76. COUTO E SILVA, Clóvis do. *A Obrigação como Processo*. Rio de Janeiro: FGV Editora, 2006, p. 20.

77. COUTO E SILVA, Clóvis do. *A Obrigação como Processo*. Rio de Janeiro: FGV Editora, 2006, p. 20.

78. COUTO E SILVA, Clóvis do. *A Obrigação como Processo*. Rio de Janeiro: FGV Editora, 2006, p. 21.

79. PONTES DE MIRANDA, Francisco Cavalcanti. *Tratado de Direito Privado*. Tomo XXVI. 3.ª ed. São Paulo: Revista dos Tribunais, 1984, § 3.169, p. 284. «Obtido o fim, a relação jurídica extingue-se; mas, para isso, é preciso que a satisfação seja completa» (AGUIAR JÚNIOR, Ruy Rosado de. *Extinção dos Contratos por Incumprimento do Devedor*. Resolução. 2.ª ed. Rio de Janeiro: Aide, 2004, p. 21).

80. Veja-se a análise de CANARIS, Claus-Wilhelm. Il Significato di uma Regolamentazione Generale dell'Obligazione e il Titoli I e II del Secondo Libro del BGB. *I Cento Anni del Codice Civile Tedesco in Germania e nella Cultura Giuridica Italiana – Atti del Convegno di Ferrara 26-28 settembre 1996*. Padova: Cedam, 2002, p. 271-297.

81. Discerne entre a relação de mediatidade e a de imediatidade: HAICAL, Gustavo. O Inadimplemento pelo Descumprimento Exclusivo de Dever Lateral Advindo da Boa-Fé Objetiva. *Revista dos Tribunais*, v. 900, São Paulo, ano 99, p. 44-84, out. 2010, p. 64-81.

82. *Vide, infra*, CAPÍTULO III, §20.

prestação quando instrumentalizarem deveres de prestação, sendo a ele imediatamente vinculados. Finalmente, compõem a relação direitos formativos, ônus e expectativas legítimas, que não se confundem com direitos adquiridos ou meras legitimações, todos estando orientados finalisticamente ao adimplemento que, para ser satisfatoriamente atingido, carece de uma conduta de cooperação.[83]

5. A relação obrigacional como relação de cooperação

Muita atenção há de ser dada à noção técnica da relação obrigacional como «relação de cooperação», inconfundível com construções ideológicas que utilizam o mesmo termo «cooperação» em sentido diverso.[84] O que aqui se registra nada tem a ver com a ideia de uma «solidariedade contratual» ou com um suposto dever que seria imposto aos contratantes de *cuidar* do interesse alheio. O que se afirma é que, para o adimplemento – fim da relação obrigacional – operar-se com a satisfação dos interesses do credor, é preciso que ambas as partes colaborem (em medidas diversas de intensidade, conforme o tipo de contrato e a natureza da relação)[85] para que o contrato seja cumprido.

Para bem visualizar a concepção da relação obrigacional como «relação de cooperação»,[86] é preciso partir da distinção operada por Emilio Betti entre a relação obrigacional e a relação de direito real.[87]

---

83. Martins-Costa, Judith. *Comentários ao Novo Código Civil.* Do Inadimplemento das Obrigações. 2.ª ed., vol. V. Tomo II. Rio de Janeiro: Forense, 2009, p. 50-56.

84. Assim, nomeadamente, a concepção solidarista do contrato, de matriz francesa, que vê no contrato um instrumento de fraternidade entre os contratantes, irmanados pelos interesses comuns, ou, em outra versão, instrumento de solidariedade por meio do qual à noção de «oposição de interesses» sobrepõe-se a da utilidade social do contrato (*vide*: Courdier-Cuisinier, Anne Sylvie. *Le solidarisme contractuel.* Thèse. Paris: Litec, 2006; Lequette, Suzanne. *Le contrat-coopération.* Contribution à la théorie générale du contrat. Paris: Economica, 2012).

85. *Vide*, adiante, §§27 e ss.

86. Ao se afirmar que a relação obrigacional é relação de cooperação não se está a dizer que seja, em qualquer caso, presidida pela *lógica da solidariedade* ou da comunhão de escopo, pois no mais das vezes estará configurada a *lógica do conflito de interesses contrapostos*, como ocorre nos contratos de intercâmbio, tal qual a compra e venda. Contudo, para haver contrato é preciso que os interesses, conquanto contrapostos, sejam compostos ou conciliáveis entre si; caso contrário, não haveria o contrato como «acordo» regulatório desses mesmos interesses. Assim sendo, a ideia de cooperação aqui expendida refere-se apenas a uma atividade a ser desenvolvida para viabilizar o próprio negócio e o seu cumprimento. *Vide* referências, na doutrina brasileira, em Aguiar Júnior, Ruy Rosado de. *Extinção dos Contratos por Incumprimento do Devedor.* Resolução. 2.ª ed. Rio de Janeiro: Aide, 2004; Assis, Araken de. *Resolução do Contrato por Inadimplemento.* 5.ª ed. São Paulo: Revista dos Tribunais, 2013; Cachapuz, Maria Cláudia Mércio. O Conceito de Totalidade Concreta Aplicado ao Sistema Jurídico Aberto. *Revista AJURIS*, vol. 24, n. 71, nov. 1997; Pasqualotto, Adalberto. *Os Efeitos Obrigacionais da Publicidade no Código de Defesa do Consumidor.* São Paulo: Revista dos Tribunais, 1997; Ferreira da Silva, Jorge Cesa. *A Boa-Fé e a Violação Positiva do Contrato.* Rio de Janeiro: Renovar, 2002. Mais recentemente, reportando o tema da cooperação do Direito Processual: Didier Júnior, Fredie. *Fundamentos do Princípio da Cooperação no Direito Processual Civil Português.* Coimbra: Coimbra Editora, 2010.

87. Betti, Emilio. *Teoria General de las Obligaciones.* Tomo I. Trad. espanhola de José Luis de Los Mozos. Madrid: Edersa, 1969.

Ao proceder a esta distinção, Betti[88] contrapôs as noções «relações de atribuição» e «relações de cooperação». Nas relações de Direito real, afirmava, resolve-se um problema de *atribuição* de bens, enquanto nas relações de Direito obrigacional resolve-se um problema de *cooperação* (ou de reparação nas hipóteses de responsabilidade civil). No primeiro caso (relações de Direito real), trata-se de atribuir bens a uma pessoa, ou da correlativa exclusão; no segundo caso (relações de Direito das obrigações), trata-se de cooperação devida por um membro do conjunto social no interesse típico de outro membro do conjunto social, na medida em que nas relações obrigacionais o interesse de uma parte é realizado por meio da atividade da outra e cujo núcleo está no *praestare*.

Essa atividade – o prestar – se revela por meio de uma *prestação*, positiva ou negativa, que, por sua vez, se revela como o desenvolvimento de uma conduta, o resultado de um obrar ou como a assunção de uma garantia por riscos ou por vícios de quantidade ou qualidade.[89] Na sua tríplice dimensão, explica Betti, distinguem-se na prestação dois «momentos»: (*i*) um momento subjetivo, relativo à *conduta de cooperação* imputada ao devedor, quem deve agir em vista do interesse do credor; e (*ii*) um momento objetivo, o qual se refere à *utilidade* que a prestação é chamada a trazer ao credor, utilidade de caráter típico e normalmente coincidente com cada conduta de cooperação.[90] A conjugação desses momentos, subjetivo e objetivo, conduz ao adimplemento, finalidade da relação, cuja própria natureza tem caráter transitório, nascendo para extinguir-se.

A utilidade, momento objetivo, diz respeito ao «programa econômico contratual», isto é, à relação econômica de base que se apresenta como a causa objetiva do ajuste. Já a cooperação, momento subjetivo, porque ligada à conduta dos sujeitos, não está reduzida ao cumprimento do dever principal de prestação, antes se espraiando pela totalidade dos deveres exsurgentes da relação. Quando não expressa em cláusula contratual derivada da autonomia privada, ou em dispositivo legal específico, se entende devida a conduta cooperativa por concreção do princípio da boa-fé.[91]

---

88. BETTI, Emilio. *Teoria General de las Obligationes*. Tomo I. Trad. espanhola de José Luis de Los Mozos. Madrid: Edersa, 1969.

89. BETTI, Emilio. *Teoria General de las Obligationes*. Tomo I. Trad. espanhola de José Luis de Los Mozos. Madrid: Edersa, 1969, p. 37-43.

90. BETTI, Emilio. *Teoria General de las Obligationes*. Tomo I. Trad. espanhola de José Luis de Los Mozos. Madrid: Edersa, 1969, p. 37-38. Examinei a relação obrigacional de consumo como relação de cooperação. In: MARTINS-COSTA, Judith. A Incidência do Princípio da Boa-Fé no Período Pré-Negocial: Reflexões em torno de uma Notícia Jornalística. *Revista de Direito do Consumidor*, vol. 4, São Paulo, Revista dos Tribunais, p. 140-172, 1992; também mencionado In: MARTINS-COSTA, Judith. Mercado e Solidariedade Social entre *cosmos* e *taxis*: a boa-fé nas relações de consumo. In: MARTINS-COSTA, Judith (Org.). *A Reconstrução do Direito Privado*: reflexos dos princípios, garantias e direitos constitucionais fundamentais no Direito Privado. São Paulo: Revista dos Tribunais, 2002, p. 611-661.

91. Para indicação da bibliografia MENEZES CORDEIRO, António Manuel. O Cumprimento e o não Cumprimento – Violação Positiva do Contrato. *Estudos de Direito Civil*, vol. I. Coimbra: Almedina, 1991, p. 122 e ss.; FERREIRA DA SILVA, Jorge Cesa. *A Boa Fé e a Violação Positiva do Contrato*. Rio de Janeiro: Renovar, 2002; NORONHA, Fernando. *Direito das Obrigações*. São Paulo: Saraiva, 2003, p. 79-87; CARNEIRO DA FRADA, Manuel António de Castro Portugal. Contrato e Deveres de Pro-

PRESSUPOSTOS PARA A COMPREENSÃO DA ATUAÇÃO DA BOA-FÉ OBRIGACIONAL | 205

Como se percebe, a ideia genérica de «cooperação» se *especifica* na análise da relação obrigacional, adquirindo seu peculiar significado técnico-jurídico para indicar o *modo de ser da conduta devida* para a satisfação da prestação. Então se diz que a cooperação é *nuclear*, pois através da relação obrigacional «o interesse de uma pessoa é prosseguido por meio da conduta doutra pessoa»[92] de modo que a «colaboração entre sujeitos de ordem obrigacional – a colaboração intersubjetiva – é uma constante intrínseca das situações».[93] Desse modo, mais do que uma «visão excessivamente romântica de que os contratantes devem colaborar entre si»,[94] o dever de colaboração está no núcleo da *conduta devida*, servindo para *possibilitar, mensurar e qualificar o adimplemento*.

A colaboração *possibilita* o adimplemento porque, para que este seja eficazmente atingido, é necessário que as partes atuem em vista do fim ao qual direcionada a relação e tendo em conta o *interesse* contratual a ser concretizado. As partes de uma relação obrigacional não são entidades isoladas, atomisticamente consideradas. Pelo contrário, entraram em contato[95] e estão entre si relacionadas tendo em vista um «programa de cumprimento»[96] a que estão adstritas por força da autovinculação. Para implementá-lo, há necessidade de colaboração intersubjetiva, que constitui, portanto, como afirmou Menezes Cordeiro, «*princípio geral da disciplina obrigacional*».[97]

De outra parte, a colaboração *mensura* e *qualifica* o adimplemento na medida em que, «se o Direito das Obrigações implica colaboração intersubjectiva, implica, dada a sua natureza de Direito inserido em determinada sociedade, *um certo tipo de colaboração*: uma colaboração informada pelos valores próprios da ordem jurídico-econômica considerada»,[98] dentre os quais estão o princípio da autonomia privada e o princípio da boa-fé objetiva.

---

teção. Separata do *Suplemento ao Boletim da Faculdade de Direito de Coimbra*, Faculdade de Direito da Universidade de Coimbra, vol. XXXVIII. Coimbra: Almedina, 1994.

92. MENEZES CORDEIRO, António Manuel. *Direito das Obrigações*, vol. I. Lisboa: Associação Acadêmica da Faculdade de Direito de Lisboa, 1980, p. 142. Do mesmo autor: *Tratado de Direito Civil Português*, vol. II. Tomo I. Coimbra: Almedina, 2009, p. 26-29.

93. MENEZES CORDEIRO, António Manuel. *Direito das Obrigações*, vol. I. Lisboa: Associação Acadêmica da Faculdade de Direito de Lisboa, 1980, p. 142; MENEZES CORDEIRO, António Manuel. *Tratado de Direito Civil Português*, vol. II. Tomo I. Coimbra: Almedina, 2009, p. 26-29.

94. Assim alerta AZEVEDO, Antonio Junqueira de. O Princípio da Boa-Fé nos Contratos. *Revista do CEJ*, Brasília, vol. 9, 1999. Disponível em: <https://www2.cjf.jus.br/ojs2/index.php/revcej/article/viewArticle/237/399>. Acesso em: 09.04.2015.

95. Acerca da categoria sociológica do «contato social» como categoria juridicamente relevante, ver *infra*, neste CAPÍTULO, §22.

96. CALVÃO DA SILVA, João. *Cumprimento e Sanção Pecuniária Compulsória*. 4.ª ed. Coimbra: Almedina, 2002, p. 69.

97. MENEZES CORDEIRO, António Manuel. *Direito das Obrigações*, vol. I. Lisboa: Associação Acadêmica da Faculdade de Direito de Lisboa, 1980, p. 143.

98. MENEZES CORDEIRO, António Manuel. *Direito das Obrigações*, vol. I. Lisboa: Associação Acadêmica da Faculdade de Direito de Lisboa, 1980, p. 143.

A concepção da obrigação como um processo dinâmico e como uma totalidade concreta, qualificada como «relação de cooperação», põe em causa um determinado paradigma do Direito das Obrigações, fundado nuclear e exclusivamente na valorização jurídica da vontade humana, inaugurando outro paradigma, o qual está articulado, dialeticamente, nos princípios da autonomia privada e da boa-fé objetiva. Explico esta afirmação.

6. A análise interna da relação

Ao considerar-se o vínculo obrigacional como uma totalidade, um complexo de direitos (direitos de crédito, direitos formativos), deveres correspondentes a interesses de prestação (principais, secundários, anexos ou instrumentais) e a interesses de proteção (laterais), sujeições, pretensões, obrigações, exceções, ônus jurídicos, legítimas expectativas etc., resta valorizado, além do aspecto externo ou estrutural da relação, o *aspecto interno*: este consiste no conjunto inseparável de elementos que coexiste, material e integrativamente, no vínculo que liga credor e devedor. Como expressa Mota Pinto, «os múltiplos elementos integradores da relação obrigacional complexa, e o caráter indeterminado de alguns, ligam-se à aplicação de conceitos indeterminados e cláusulas gerais».[99] Por conta de sua vagueza e peculiar estrutura normativa essas permitem o ingresso, na relação contratual concretamente considerada, de fatores extravoluntarísticos que servirão para integrar a conduta devida.

Para melhor compreender essa assertiva basta pensar nos *deveres de informação*,[100] nem sempre oriundos de fonte legal.[101] Evidentemente, não é possível nem tipificar, exaustivamente, o conteúdo destes deveres, nem determinar, abstrata e aprioristicamente, a situação em que os mesmos se revelam, e determinar a medida de sua intensidade medida de sua intensidade. Por vezes, a informação pode sequer se configurar como dever jurídico, antes se apresentando como ônus ou encargo de direito material[102] (ônus de se informar).[103] Por outras, há incontroverso dever, instrumentalmente necessário ao adimplemento satisfatório; ou como proteção contra danos, como o dever de informar sobre os riscos da coisa. As situações, bem como as finalidades a que está instrumentalmente ligado o dever de informar, são as mais heterogêneas. Como

---

99. Mota Pinto, Carlos Alberto da. *Cessão de Contrato.* São Paulo: Saraiva, 1985, p. 250.

100. Acerca dos deveres informativos *infra*, Capítulo VII, §63.

101. Nas relações regidas pelo CDC, os deveres informativos têm fonte legal. Assim também em determinadas operações do mercado de capitais, dentre outras hipóteses.

102. Ver, *infra*, Capítulo VII, §63.

103. Na doutrina portuguesa: Sinde Monteiro, Jorge. *Responsabilidade por Conselhos, Recomendações ou Informações.* Coimbra: Almedina, 1989, p. 337, aduzindo que a inexistência de um dever com caráter geral e absoluto resulta da consideração de «a cada qual [caber] a oportunidade e o risco da escolha do parceiro contratual "certo" e do objecto da prestação mais apropriado aos seus interesses».

determinar com um mesmo metro qual a «quantidade» de informação devida, por exemplo, num prospecto em que sociedade dirige ao mercado potencialmente investidor uma oferta de aquisição ou de subscrição de ações – e que há de ser completa, precisa, verdadeira, atual, clara, objetiva e necessária, em linguagem acessível, de modo que os investidores possam formar criteriosamente a sua decisão de investimento.[104] Ou aquela devida a candidato ao papel de *sujeito de pesquisa* que acorre ao chamado de uma indústria farmacêutica?[105] Quando não prevista por lei ou regulamento, nem conste da declaração negocial, a existência e, notadamente, a intensidade dos deveres informativos (isto é: o que informar? quando informar? quanto informar? como informar?) estará atrelada à natureza do negócio, à posição das partes concretamente consideradas e ao que indica a boa-fé[106] como pauta para a colaboração devida entre os contraentes.

Esses exemplos ajudam a demonstrar que, considerada em seu papel jurisgênico ou nomogenético, a boa-fé é fonte de deveres jurídicos alocados na relação obrigacional independentemente de expressa previsão legal ou negocial. Esses deveres podem estar anexos ou ligados instrumentalmente ao dever de prestação quando insertos no interesse de prestação, a eles estando imediatamente ligados; ou podem ser deveres de proteção, quando ligados ao interesse de proteção contra danos ao patrimônio ou à pessoa do outro figurante da relação jurídica. Nesse caso, estarão apenas *mediatamente* ligados ao dever principal.[107]

---

104. Como está na Instrução CVM 400.

105. Sobre esses temas ver, na doutrina brasileira: FRADERA, Véra. Informar ou não Informar nos Contratos, eis a questão! In: MARTINS-COSTA, Judith; FRADERA, Véra. *Estudos de Direito Privado e Processual Civil:* em homenagem a Clóvis do Couto e Silva. São Paulo: Revista dos Tribunais, 2014, p. 231-253; ARAGÃO, Aline de Menezes Santos. Responsabilidade Administrativa e Civil do Ofertante e do Intermediário pelo conteúdo do Prospecto. In: ADAMEK, Marcelo Vieira von (Org.). *Temas de Direito Societário e Empresarial Contemporâneos*, vol. 1. São Paulo: Malheiros, 2011, p. 230; EIZIRIK, Nelson. A Lei das S/A Comentada, vol. 1. São Paulo: Quartier Latin, 2011, p. 503; CEZAR, Denise Oliveira. *Pesquisa com Medicamentos:* Aspectos Bioéticos. São Paulo: Saraiva, 2012; CLOTET, Joaquim; GOLDIM, José Roberto; FRANCISCONI, Carlos Fernando. *Consentimento Informado e a sua Prática na Assistência e Pesquisa no Brasil.* Porto Alegre: EDIPUCRS, 2000.

106. Acerca do tema escrevi: MARTINS-COSTA, Judith. Um Aspecto da Obrigação de Indenizar: Notas para uma Sistematização dos Deveres Pré-Negociais de Proteção no Direito Civil Brasileiro. In: CAMPOS, Diogo Leite; MENDES, Gilmar F.; MARTINS, Ives Gandra da Silva (Orgs.). *A Evolução do Direito no Século XXI.* Estudos em Homenagem ao Professor Arnoldo Wald. Coimbra: Almedina, 2007, p. 338. E, ainda: Os Regimes do Dolo Civil no Direito Brasileiro: dolo antecedente, vício informativo por omissão e por comissão, dolo acidental e dever de indenizar. *Revista dos Tribunais*, vol. 923, São Paulo, Revista dos Tribunais, set. 2012, p. 115-143.

107. HAICAL, Gustavo. O Inadimplemento pelo Descumprimento Exclusivo de Dever Lateral Advindo da Boa-Fé Objetiva. *Revista dos Tribunais*, vol. 900, São Paulo, Revista dos Tribunais, ano 99, p. 44-84, out. 2010, p. 70.

§ 20. As espécies de deveres gerados pela incidência da boa-fé objetiva: deveres anexos (instrumentais à prestação) e de proteção

1. As espécies

Quando atuar como fonte de deveres,[108] exercendo a sua função nomogenética, a boa-fé gera *deveres anexos* aos deveres de prestação e *deveres de proteção*. Esta classificação carece de ser explicitada, pois não raramente se vê o emprego atécnico (quando não meramente retórico) dessas categorias jurídicas.[109]

«Obrigação», sintetiza Jorge Cesa Ferreira da Silva, «não é simplesmente dever de alguém frente a outro, mas, muito mais do que isso, é *relação*, e relação pautada por critérios de cooperação».[110] Conquanto os interesses do credor constituam o *alfa e o ômega* dessa relação – pois o *creditor* tem a legítima expectativa de a palavra dada ser efetivamente cumprida –, também há interesses relativos ao devedor que devem ser observados: «[a] proteção do devedor durante o processo obrigacional (proteção física, de sua honra, de seu patrimônio, etc.), por exemplo, é também devida obrigacionalmente, ainda que, estruturalmente, esse dever não se confunda com a dos deveres de prestação».[111]

De fato, cada negócio jurídico é particularizado pela existência de um complexo de deveres e de interesses: (*i*) há deveres de prestação, principais e secundários; (*ii*) há deveres anexos ou instrumentais aos deveres de prestação; e (*iii*) há deveres de proteção contra danos que poderiam advir do negócio jurídico considerado como *fato social* que também é. Essas três ordens de deveres correspondem a dois distintos interesses: há interesse à prestação e há interesse à proteção.

Considerada a distinção binária acerca do *interesse envolvido* (e que, eventualmente, foi violado), a doutrina oferece uma classificação dos deveres correspondentes.[112]

---

108. Uma análise desta ordem de deveres na jurisprudência encontra-se, *infra*, no Capítulo VII, §63.

109. Há, segundo os vários autores, grande diversidade na classificação da estrutura dos deveres, mas, no mais das vezes, a diferença é de denominação.

110. Ferreira da Silva, Jorge Cesa. *Inadimplemento das Obrigações*. In: Reale, Miguel e Martins-Costa, Judith (Coords.). Biblioteca Estudos de Direito Civil – Estudos em Homenagem a Miguel Reale, vol. VII. São Paulo: Revista dos Tribunais, 2006, p. 31.

111. Ferreira da Silva, Jorge Cesa. *Inadimplemento das Obrigações*. In: Reale, Miguel e Martins-Costa, Judith (Coords.). Biblioteca Estudos de Direito Civil – Estudos em Homenagem a Miguel Reale, vol. VII. São Paulo: Revista dos Tribunais, 2006, p. 31, destaques originais.

112. Ferreira da Silva, Jorge Cesa. *Inadimplemento das Obrigações*. In: Reale, Miguel e Martins-Costa, Judith (Coords.). Biblioteca Estudos de Direito Civil – Estudos em Homenagem a Miguel Reale, vol. VII. São Paulo: Revista dos Tribunais, 2006, p. 42-49; Haical, Gustavo. O Inadimplemento pelo Descumprimento Exclusivo de Dever Lateral Advindo da Boa-Fé Objetiva. *Revista dos Tribunais*, vol. 900, São Paulo, Revista dos Tribunais, ano 99, p. 44-84, out. 2010. Sintetizo o que escrevi em *Comentários ao Novo Código Civil. Do Inadimplemento das Obrigações*. 2.ª ed., vol. V. Tomo II. Rio de Janeiro: Forense, 2009, p. 77-92, melhor precisando as subdivisões daquela classificação.

2. Deveres de prestação

Estão presentes na relação obrigacional, primária ou substancialmente, *os deveres de prestação*. Essa categoria engloba os deveres que conformam o *praestare*, elemento estruturante de toda e qualquer relação obrigacional («obrigação principal»), estando consubstanciados num *dare*, *facere* ou num *non-facere* ou num dever de tolerar.

Os deveres de prestação são correlativos a *interesses de prestação* e se originam da manifestação negocial ou da pontual fixação legislativa. Assim, exemplificativamente, no contrato de locação, o dever de ceder o uso e o gozo da coisa locada e o de pagar o respectivo aluguel; na compra e venda, o dever de transferir o domínio da coisa alienada e o de pagar o preço da coisa, em dinheiro; e, no contrato de sociedade, o dever de conjugar esforços para a consecução de fim comum. Importa sublinhar que, sendo escopo dos deveres de prestação conferir ao credor determinado benefício por meio de um direito à prestação correspondente ao dever de prestar, logicamente estes só se manifestam no âmbito de uma *relação de crédito* onde se correlacionam o direito de crédito e o dever de prestar, tendo como escopo a realização ou a substituição da prestação devida.

3. Espécies de deveres de prestação

Os deveres prestacionais se subdividem em categorias: deveres principais, secundários e anexos.

3.1. Deveres principais de prestação

Aos interesses à prestação correspondem os deveres primários (ou principais) de prestação (também dita «obrigação principal»), bem como os deveres secundários à prestação principal. Os *deveres principais* ou *primários de prestação* constituem o núcleo, a «alma da relação obrigacional»,[113] voltados que estão a realizar os interesses do credor à prestação e definindo o seu tipo, como, exemplificativamente, o dever do vendedor de transferir o domínio da coisa vendida, e o do comprador, de pagar o preço ajustado, na compra e venda.

3.2. Deveres secundários

Os *deveres secundários* de prestação estão, relativamente aos deveres principais, numa relação de acessoriedade ou subordinação,[114] apresentando-se como sua

---

113. Almeida Costa, Mário Júlio de. *Direito das Obrigações.* 12.ª ed. Coimbra: Almedina, 2009, p. 76.

114. Como bem explicita Gustavo Haical, recorrendo à distinção entre os contratos de agência e de representação. Ao criticar as confusões por vezes ocorridas entre ambas as espécies, esclarece: «A razão disso se deve ao fato de que, por não traçar a nítida distinção quanto ao direito e dever principal do contrato de agência com o direito e dever principal do contrato de representação, a doutrina trata as duas categorias contratuais como sinônimas. No contrato de representação, o representante tem, perante o representado, o dever jurídico principal de promover e concluir

210 | A BOA-FÉ NO DIREITO PRIVADO

continuidade. Exemplo dessa última categoria é o dever do locatário de comunicar ao locador imediatamente o surgimento de «qualquer dano ou defeito cuja reparação a este incumba, bem como as eventuais turbações de terceiros»; ou, ainda «realizar a imediata reparação dos danos verificados no imóvel, ou nas suas instalações, provocadas por si, seus dependentes, familiares, visitantes ou prepostos».[115] A subordinação ou acessoriedade diz respeito à relação com o dever principal, não a uma menor importância econômica do dever secundário.

Os deveres de prestação *secundários*[116] se subdividem em (*i*) *deveres de prestação secundários acessórios da obrigação principal*; e em (*ii*) *deveres secundários substitutivos, com prestação autônoma.*

Os (*i*) *deveres de prestação secundários acessórios* se destinam a preparar o cumprimento ou assegurar a sua perfeita realização. *E.g.*, na compra e venda de coisa que deva ser transportada, o dever de bem embalar a coisa e transportá-la, com segurança, ao local de destino; no depósito, o dever do depositário de não apenas guardar a coisa, mas também de bem acondicionar o objeto deixado em depósito. Não há graduação de «menor importância» relativamente ao dever principal. Exemplificativamente, o dever do *shopping center* garantir o *tennant mix* no contrato de *shopping center* é de suma importância para o empreendimento e para o lojista.

Já os (*i.1*) *deveres secundários com prestação autônoma* se apresentam como um *sucedâneo* da obrigação principal (como o dever de prestar o equivalente pecuniário, que surge diante da impossibilidade de prestar o prometido) ou de maneira *coexistente* com o dever principal (o caso de indenização por mora).[117] Correspondem ainda a *interesse de prestação*, ainda que supletiva ou substitutivamente.[118]

Ambas as espécies – deveres primários e secundários – correspondem diretamente ao direito de crédito, atribuído ao credor,[119] concernindo *a interesse da prestação.* Sua

---

negócios jurídicos. Já o agente, ao contrário, tem por dever jurídico principal tão somente o de promover a conclusão de negócios para o agenciado. Não vai além disso. Mesmo que lhe tenha sido outorgado poder para concluir contrato em nome e por conta do agenciado, a conclusão de contrato não passa a ser dever jurídico principal. Seguirá sendo um dever acessório. Complementar ao dever principal de promover a conclusão de contratos entre o agenciado e o terceiro. Caso passasse à categoria de dever jurídico principal, o contrato não seria mais de agência, mas sim de representação» (HAICAL, Gustavo. O Inadimplemento pelo Descumprimento Exclusivo de Dever Lateral Advindo da Boa-Fé Objetiva. *Revista dos Tribunais*, vol. 900, São Paulo, Revista dos Tribunais, ano 99, p. 44-84, out. 2010, p. 51).

115. Lei Locatícia (8.245/1991), art. 23, inc. V.

116. ALMEIDA COSTA, Mário Júlio de. *Direito das Obrigações.* 12.ª ed. Coimbra: Almedina, 2009, p. 77.

117. Para estas observações, ALMEIDA COSTA, Mário Júlio de. *Direito das Obrigações.* 12.ª ed. Coimbra: Almedina, 2009, p. 77.

118. Na matéria reina confusão conceitual, quer quanto ao termo «secundário», quer quanto à expressão «lateral», que, na classificação aqui adotada, fica reservada exclusivamente aos deveres *não prestacionais,* correspondentes aos interesses à proteção.

119. Exemplifique-se, quanto aos secundários, com o dever de embalar em contratos formados pela internet. Se alguém compra um livro pelo *site* Amazon, pode inclusive escolher a embalagem, pagando a mais por ela. Essa possibilidade não transforma o contrato em venda de embalagem,

Pressupostos para a Compreensão da Atuação da Boa-Fé Obrigacional | 211

função é a de concretizar o escopo da relação obrigacional em causa, isto é, conferir ao credor a prestação que é objeto da relação. Normalmente, são eles que identificam o tipo do contrato, sendo sempre os mesmos se for o mesmo tipo contratual,[120] embora em contratos atípicos possa existir mais de um dever principal, como, exemplificativamente, no *leasing*: a instituição financeira obriga-se a *adquirir* o bem e *garantir* o uso, sendo ambos os deveres principais.[121]

Há, ainda, uma outra categoria que, por sua vinculação ao princípio da boa-fé, deve ser examinada em item apartado.

4. Os deveres anexos

Uma outra espécie de deveres também correspondentes aos interesses de prestação, mas inconfundíveis com os principais e com os secundários, é a dos (*i.2*) *deveres anexos*, ou *instrumentais*. Diz-se *anexos* porque sua ligação é de anexidade e/ou instrumentalidade aos deveres principais e secundários de prestação.

Estes deveres, ditos «anexos», são aqueles insertos também nos *interesses de prestação*, mas de forma *anexa* aos deveres prestacionais. Como sua denominação indica, atuam para otimizar o adimplemento satisfatório, fim da relação obrigacional. São deveres que não dizem respeito ao «que» prestar, mas ao «como» prestar, isto é, dizem respeito ao modo de o obrigado se conduzir na realização de qualquer prestação, seja ela principal, seja secundária, esta em qualquer de suas modalidades.

Os deveres anexos podem estar previstos em lei (como o *dever de prestar contas*, que incumbe aos gestores e mandatários, em sentido amplo)[122] ou não,[123] mas o seu

---

pois esta é acessória à finalidade, mas corresponde ao crédito. Do mesmo modo, no contrato de agência, o agente tem o dever de concluir negócios, quando outorgado poderes ao agente, sendo este um dever secundário vinculado ao direito de crédito do credor.

120. Por exemplo, numa relação obrigacional de locação, os deveres principais serão, para o locador, «entregar ao locatário o imóvel alugado em estado de servir ao uso a que se destina» e, para o locatário, «pagar pontualmente o aluguel e os encargos da locação», tal como previsto nos arts. 22, inc. I, e 23, inc. I, da Lei 8.245, de 18.10.1991.

121. Razão tem, assim, Menezes Cordeiro, ao assinalar que a obrigação principal é «aquela que, por razões intrínsecas, dispositivas ou linguísticas, funciona como ponto de vista unitário, em torno do qual se irão ordenar as demais atuações. Estas serão as prestações secundárias» (Menezes Cordeiro, António. *Tratado de Direito Civil Português*. Tomo VI. 2.ª ed. Coimbra: Almedina, 2012, p. 320).

122. Assim está, por exemplo, nas regras do mandato, impondo ao mandatário dever de prestar contas ao mandante (art. 668); analogamente ao comissário, respeitantemente ao comitente (art. 709, por aplicação derivada do art. 668); ao agente (art. 721); ao administrador de sociedade, referentemente aos sócios (art. 1.020, c/c art. 1.011, § 2.º); ao síndico, no que toca aos condôminos (art. 1.348, VIII); do tutor e curador diante do juiz (arts. 1.755-1.762); do testamenteiro (art. 1.983), dentre outras. Há, com efeito, um princípio geral deduzido de numerosas regras do Código Civil: todos os que curam dinheiros e interesses alheios devem prestar contas, e sua *ratio* está na boa-fé como mandamento de correção e probidade.

123. Os deveres anexos são derivados ou de cláusula contratual, ou de dispositivo da lei *ad hoc*, ou da

fundamento último estará sempre no princípio da boa-fé – seja por integração contratual diretamente apoiada na cláusula geral, seja por via da concreção do princípio da boa-fé.[124] Por isso se diz *serem gerados pela boa-fé*, comandando o *comportamento das partes* no transcurso da relação obrigacional.[125]

Nos casos de carência ou inidoneidade da regulamentação legal ou consensual para exaurir a disciplina da relação obrigacional entre as partes, tais deveres são ditos «avoluntarísticos»,[126] neologismo empregado para expressar a sua fonte, que não reside na lei nem na vontade, mas se reporta diretamente ao modelo prescritivo da boa-fé, quando chamado a integrar o conteúdo contratual.[127] Porém, é preciso muita atenção às ambiguidades da terminologia: alguns autores denominam o que ora é etiquetado como «deveres anexos ou instrumentais» como «deveres de colaboração» ou, ainda, como «deveres laterais positivos», reservando a expressão «deveres laterais negativos» ao que aqui é denominado «deveres de proteção em sentido estrito». O importante é detectar *a que interesse estão correlacionados*.

É que os deveres anexos são insertos no *interesse de prestação* com grau de vinculação *imediata*[128] aos deveres principal e secundário. São necessários para possibilitar o

---

incidência da boa-fé objetiva, considerada como mandamento de lealdade e probidade, como refere Almeida Costa, Mário Júlio de. *Direito das Obrigações*. 12.ª ed. Coimbra: Almedina, 2009, p. 77.

124. *Vide* Capítulo VII, *infra*, em especial o §60, 2.

125. Alude Uda à «instrumentalità di tipo finalístico» do princípio da boa-fé. Uda, Giovanni Maria. *La Buona Fede nell'Esecuzione del Contratto*. Torino: Giappichelli, 2004, p. 412.

126. Assim, Uda, Giovanni Maria. Integrazione del Contrato, Solidarietà Sociale e Corrispettività delle Prestazioni. *Rivista di Diritto Commerciale*, n. 4, Milano, 1990, p. 309, como segue: «La stessa buona fede sembrerebbe, quindi, essere fonte di obblighi contrattuali autonomi e "avoluntaristici", a conferma della inidoneità della regolamentazione voluntaristica ad esaurire la disciplina del rapporto obbligatorio tra le parti contraenti, e la necessaria concorrenza di altre fonti alla costruzione del contenutto contrattuale. Si afferma in sostanza che la buona fede oggettiva o correttezza costituisce essa stessa una fonte d'integrazione del contratto».

127. *Vide* Capítulo VII.

128. Trata-se do que alguns autores denominam «deveres laterais positivos». Assim, em clara exposição do tema, Gustavo Haical, que explicita: «Os deveres laterais, vinculados imediatamente aos de prestação, distinguem-se por apresentar uma finalidade positiva, enquanto os laterais específicos de proteção, um caráter negativo. Contudo, mesmo dispondo de uma finalidade diferente, esses deveres preconizam tanto um fazer como um não fazer relativo à determinada conduta no que respeita aos figurantes da relação obrigacional. Assim, a parte interessada, conforme preceitua o art. 461 do CPC, pode ingressar com uma ação, para não vir a sofrer danos ou para específica conduta deixar de ser realizada de modo contrário ao prescrito por determinado dever lateral.

Embora tendo se ressaltado a distinção dos deveres laterais, vinculados aos de prestação, daqueles, sem ligação com os últimos, em verdade, o que há é uma diferença de graus de vinculação desses deveres para com os de prestação principal. Tal afirmativa se explica em virtude de ser possível dar-se o inadimplemento, mesmo que tenha se descumprido um dever lateral, o qual não estava vinculado diretamente com o dever de prestação. Em havendo o descumprimento de um dever lateral na fase de execução do contrato não vinculado diretamente ao interesse de prestação, ocorre a violação positiva do contrato, entendida essa como uma espécie de inadimplemento de

adimplemento satisfativo, o que ocorre por via das funções hermenêutica e integrativa da boa-fé. Verificam-se, exemplificativamente, quando se exige a implementação de deveres de informação sobre as qualidades da coisa prometida à venda; de esclarecimento sobre o alcance de determinada prestação; de prestação de condutas «transparentes» incumbente a todos que gerenciem dinheiros e interesses alheios; de lealdade na conduta contratual, evitando-se o comportamento incoerente, etc.

5. Deveres de proteção

Do princípio da boa-fé se projeta ainda uma outra dimensão nomogenética. Esta já não é correlativa aos interesses de prestação, mas aos *interesses de proteção*, tutelados por deveres de proteção.[129] Conquanto reiteradamente confundidas as espécies (deveres anexos, ou instrumentais, e deveres de proteção, ou laterais), a distinção se impõe em *vista do interesse* que visam assegurar.

O contrato, principal fonte de uma relação obrigacional, é um negócio jurídico, mas é também um fato social. Como negócio jurídico, gerará interesse à prestação e será fonte de deveres de prestação (em todas as suas categorias). Como fato jurídico, sediará um interesse à proteção para que, dele, não resultem danos aos que são atingidos por sua existência, quer as partes contratantes, quer terceiros eventualmente sujeitos aos efeitos do fato social que é. É em razão da duplicidade de dimensões dos negócios

---

obrigações. Tendo por foco de análise o inadimplemento das obrigações, pode-se afirmar que os deveres laterais mantêm ou uma vinculação imediata ou uma vinculação mediata, com os deveres de prestação. Quanto aos primeiros, servem para atender, necessariamente, ao interesse de prestação. Quanto aos segundos, servem para atender ao interesse de proteção sem, com isso, em caso de descumprimento, não vir a não afetar o interesse de prestação. Por isso, a vinculação dos deveres laterais tem de ser vista como imediata e mediata aos deveres de prestação» (Haical, Gustavo. O Inadimplemento pelo Descumprimento Exclusivo de Dever Lateral Advindo da Boa--Fé Objetiva. *Revista dos Tribunais*, vol. 900, São Paulo, Revista dos Tribunais, ano 99, p. 44-84, out. 2010, p. 62-63).

129. Novamente aqui é preciso extrema atenção, pois a confusão terminológica é imensa, em doutrina e jurisprudência. O importante não é o nome, mas a determinação do interesse correlato (interesse de proteção), pois a consequência, em matéria de espécie de inadimplemento, será distinta quer se trate de inadimplemento de dever de prestação (violação de interesses na prestação) quer se trate de dever de proteção (violação de interesses à proteção, dita «violação positiva do crédito» ou «violação positiva do contrato»). Haical, Gustavo. O Inadimplemento pelo Descumprimento Exclusivo de Dever Lateral Advindo da Boa-Fé Objetiva. *Revista dos Tribunais*, vol. 900, São Paulo, Revista dos Tribunais, ano 99, out. 2010, p. 44-84; Ferreira da Silva, Jorge Cesa. *A Boa Fé e a Violação Positiva do Contrato*. Rio de Janeiro: Renovar, 2002, e também, em *Inadimplemento das Obrigações*: comentários aos arts. 389 a 420 do Código Civil. São Paulo: Revista dos Tribunais, 2007. Também nas decisões judiciais, é comum a referência a «deveres anexos», como está, *e.g.*, em: STJ. AgRg no AREsp 262823/MT. Quarta Turma. Relatora Min. Maria Isabel Gallotti. Julgamento em 26.05.2015. *DJ* de 06.05.2015; STJ. AgRg no REsp 1433054/ES. Terceira Turma. Relator Min. Marco Aurélio Bellizze. Julgamento em 03.12.2015. *DJ* de 14.12.2015.

jurídicos – concomitantemente, negócio e fato – que se pode compreender a existência de uma dupla ordem de interesses, prestação e proteção.

Entendidos em sentido técnico, os deveres de proteção se diferenciam dos deveres de prestação (principais e secundários, bem como dos deveres anexos aos de prestação) por estarem voltados ao escopo de implementar uma «ordem de proteção entre as partes» («deveres de proteção» ou «deveres laterais»). Não se voltam, pois, ao *praestare*. Nem secundária, nem de forma anexa, podem ser confundidos com os deveres de prestação, pois *o interesse que tutelam é outro*: não o interesse à prestação, mas o interesse de proteção, para que, da relação obrigacional, e independentemente da realização da prestação, não resultem danos injustos para a contraparte e/ou para terceiros eventualmente atingidos.

Para bem compreender a distinção, cabe considerar a finalidade a que volvido o interesse. Diferentemente dos deveres de prestação, os deveres de proteção não têm por escopo favorecer o interesse do credor à prestação, mas sim o seu *interesse à integridade de sua esfera jurídica*[130] que é também um interesse derivado da relação.[131] Por isso sintetiza-os Jorge Cesa Ferreira da Silva como «todos aqueles deveres decorrentes do fato jurígeno obrigacional cujo escopo não seja, diretamente, a realização ou a substituição da prestação».[132] Seu escopo é a proteção contra danos causados em razão da relação obrigacional, proporcionando «uma função auxiliar da realização positiva do fim contratado e de proteção à pessoa ou aos bens da contraparte contra os riscos de danos concomitantes» e servindo «ao interesse da conservação dos bens, patrimoniais ou pessoais, que podem ser afetados em conexão com o contrato».[133]

Essa função auxiliar em regra se apresenta *negativamente*[134] (quando atuam para proteger a contraparte dos riscos de danos na sua pessoa e no seu patrimônio). É fácil compreendê-los sob o viés negativo, isto é, o dever de evitar danos à contraparte. Mas

---

130. Morin, Ariane. *La Responsabilité Fondée sur la Confiance*. Étude critique des fondements d'une innovation controversée. Genève: Helbing & Lichtenhahn, 2002, p. 22.

131. Como explica Carneiro da Frada, estes deveres, diversos do dever de prestar, «não estão estes virados, pura e simplesmente, para o cumprimento do dever de prestar, antes visam a salvaguarda de outros interesses que devam, razoavelmente, ser tidos em conta pelas partes no decurso de sua relação» (Carneiro da Frada, Manuel António de Castro Portugal. *Contrato e Deveres de Protecção*. Coimbra: Almedina, 1994, p. 39). «Os "interesses envolvidos na relação" abarcam, pois, não só aqueles vinculados diretamente ou indiretamente à prestação, mas igualmente «os vinculados à manutenção do estado pessoal e patrimonial dos integrantes da relação, advindos do liame de confiança que toda obrigação envolve» (Ferreira da Silva, Jorge Cesa. *A Boa-Fé e a Violação Positiva do Contrato*. Rio de Janeiro: Renovar, 2002, p. 69).

132. Ferreira da Silva, Jorge Cesa. *A Boa Fé e Violação Positiva do Contrato*. Rio de Janeiro: Renovar, 2002, p. 75. Destaques do autor.

133. Mota Pinto, Carlos Alberto da. *Cessão de Contrato*. São Paulo, Saraiva, 1985, p. 280-281.

134. A *eficácia de proteção* ou eficácia negativa visa a compensar a potencialidade de danos nas esferas dos intervenientes que o contrato inquestionavelmente pode propiciar. Esses riscos seriam, pois, compensados «pela decorrência daquele dos correspondentes deveres *destinados a evitar a sua concretização*» seja na fase *in contrahendo*, seja na fase da execução contratual ou mesmo no período pós-contratual. (v. Carneiro da Frada, Manuel António de Castro Portugal. *Contrato e Deveres de Protecção*. Coimbra: Almedina, 1994, p. 43-44).

PRESSUPOSTOS PARA A COMPREENSÃO DA ATUAÇÃO DA BOA-FÉ OBRIGACIONAL | 215

também se podem apresentar positivamente, exigindo uma conduta de colaboração voltada a evitar danos injustos. Por não concernirem ao *status ad quem*, a ser obtido pelo cumprimento da obrigação, mas à proteção do *status quo* (seu conteúdo sendo determinado caso a caso conforme a possibilidade concreta de cada parte para intervir na esfera jurídica da outra),[135] os deveres de proteção apresentam *graus escalonados de intensidade* conforme o dinâmico desenrolar da relação obrigacional, e segundo as situações jurídicas subjetivas[136] em causa.

Os interesses à proteção (e, consequentemente, os deveres de proteção) não estão limitados à relação contratual. Também se estendem para a fase de formação do contrato, isto é, ao período pré-negocial, pois uma relação obrigacional contendo deveres de proteção pode surgir também para pessoas que não são partes (ou ainda não são partes) num contrato.[137] Nesses casos, não há interesse à prestação (e, consequentemente, dever de prestar), mas pode haver interesse de proteção (logo, há deveres de proteção). Esses interesse e deveres podem surgir mesmo depois de satisfeita a prestação, pelo adimplemento,

---

135. Morin, Ariane. *La Responsabilité Fondée sur la Confiance.* Étude critique des fondements d'une innovation controversée. Genève: Helbing & Lichtenhahn, 2002, p. 22.

136. A ideia de «situação jurídica» leva em conta a complexidade interna das relações jurídicas e pode ser vista sob um aspecto passivo e um ativo. Situações jurídicas subjetivas passivas englobam deveres, obrigações, sujeições e ônus jurídicos; situações jurídicas ativas compreendem direitos, pretensões, poderes, poderes-deveres ou «direitos função» (como o «pátrio poder», hoje dito «poder familiar», denotando a ideia de poderes concedidos a um sujeito em vista de um interesse alheio faculdades e expectativas legítimas). Conferir em: Nivarra, Luca; Riciutto, Vincenzo; Scognamiglio, Claudio. *Istituzioni di Diritto Privato.* Torino: Giappichelli, 2001, p. 49 e ss. No Direito brasileiro, Mello, Marcos Bernardes de. *Teoria do Fato Jurídico*: Plano da Eficácia. 1.ª Parte. 8.ª ed. São Paulo: Saraiva, 2013; Castro, Torquato. *Teoria da Situação Jurídica em Direito Privado Nacional:* estrutura, causa e título legitimitário do sujeito. São Paulo: Saraiva, 1985; Vilanova, Lourival. *Causalidade e Relação no Direito.* 4.ª ed. São Paulo: Revista dos Tribunais, 2000.

137. Como está no texto atual do § 311 do Código Civil alemão: «Relações obrigacionais negociais e semelhantes a negociais. (1) Para a constituição de uma relação obrigacional através de negócio jurídico assim como para a modificação do conteúdo de uma relação obrigacional é necessário um contrato entre as partes, salvo diversa prescrição da lei. (2) Uma relação obrigacional com deveres no sentido do par. 241/2 surge também através de: 1. A assunção de negociações contratuais; 2. A preparação de um contrato pelo qual uma parte, com vista a uma eventual relação negocial, conceda à outra parte a possibilidade de agir sobre os seus direitos, bens jurídicos ou interesses, ou confia nela ou dá azo a contratos semelhantes a negociais. (3) Uma relação obrigacional com deveres no sentido do par. 241/2 pode também surgir para pessoas que não devam, elas próprias, ser partes num contrato. Uma tal relação obrigacional surge, em especial, quando o terceiro tenha assumido um determinado grau de confiança e com isso tenha influenciado consideravelmente as negociações contratuais ou a conclusão do contrato» (conforme tradução de Menezes Cordeiro, António Manuel. *Da Modernização do Direito Civil.* Tomo I. Coimbra: Almedina, 2004, p. 111-112). Por sua vez o § 241 do BGB alude aos deveres de proteção. Confira-se: «(2) A relação obrigacional pode, conforme o seu conteúdo, obrigar cada parte ao respeito aos direitos, bens e interesses da outra». Na doutrina brasileira v. Ferreira da Silva, Jorge Cesa. *A Boa-Fé e Violação Positiva do Contrato.* Rio de Janeiro: Renovar, 2002, p. 75-120 (com a denominação de «deveres laterais») e Haical, Gustavo. O Inadimplemento pelo Descumprimento Exclusivo de Dever Lateral Advindo da Boa-Fé Objetiva. *Revista dos Tribunais*, vol. 900, São Paulo, Revista dos Tribunais, ano 99, p. 44-84, out. 2010.

no caso da *culpa post pactum finitum* e, frequentemente, se apresentam no curso da relação obrigacional, de forma negativa ou de modo positivo, como o dever de informar sobre as formas de evitar potenciais danos que poderiam surgir a *latere* do contrato.

Assim como não se confundem deveres de prestação e deveres de proteção, os danos resultantes da violação do interesse de proteção não se confundem com os originados pela quebra dos interesses à prestação. Exemplifique-se com a hipótese de alguém ingressar em supermercado para fazer compras e sofrer uma queda, rompendo os ligamentos de seu joelho, em razão da falta de aviso sobre a existência de piso molhado, possibilitando acautelar-se contra tombos.[138] Este aviso se põe como dever jurídico de proteção, consistindo em concretização da diligência devida por todos aqueles que lidam com o público, auferindo vantagens dessa relação. Não houve, então, inadimplemento de nenhuma *prestação devida*, mas houve, ainda assim, dano *indenizável* (porque produzido em violação a dever jurídico de proteção). O dano não advém nem da mora, nem do inadimplemento definitivo, nem da «dor, sofrimento, vexame» pelo fato da queda (embora seja nesse sentido a jurisprudência praticamente unânime, em vista da porta larga e indefinida que entre nós adquiriu o «dano moral»), mas da violação do interesse de proteção conferido pela ordem jurídica a todos os que entram em contato social juridicamente relevante.

Em outro exemplo, pense-se no dever atribuído ao prestador de serviços (cogite-se de um pintor de paredes) que ingressa na residência do contratante, de resguardar a privacidade a que teve acesso em razão da prestação de serviços. Se o prestador viola a privacidade (revelando, por exemplo, determinado fato cujo conhecimento foi viabilizado pelo ingresso na residência do beneficiário do serviço), haverá dano indenizável, ainda que o serviço contratado tenha sido adequadamente prestado. A ilicitude do dano decorre da violação de um dever de proteção existente *a latere* do dever de prestação.[139]

---

138. A hipótese é similar àquelas relatadas por Westermann, no «caso dos botões» e no «caso dos rolos de linóleo» (WESTERMANN, Harm Peter. *Código Civil Alemão* – Direito das obrigações: parte geral. Trad. de Armindo Edgar Laux. Porto Alegre: Sergio Antonio Fabris, 1983, p. 101-110). Na ocasião, a solução jurisprudencial foi encaminhada por meio da doutrina da violação positiva do contrato, com base no § 242, em razão da intolerabilidade resultante da ausência de tutela específica, no BGB anterior à reforma, às infrações de obrigações contratuais laterais («deveres de proteção»). Posteriormente à reforma, o encaminhamento das soluções deu-se em sentido que elimina a necessidade de se recorrer à violação positiva do contrato. Como informa Menezes Cordeiro, depois da Reforma do BGB de 2001/2002, restou estabelecido, no § 280/1 caber ao devedor que viole um dever proveniente de uma relação obrigacional (qualquer que ele seja) o dever de indenizar. A técnica agora adotada pelo legislador alemão deu corpo à doutrina unitária dos deveres de proteção. E explicita: «as consequências legais serão, ainda, as mesmas, operando-se qualquer necessária diferenciação no momento da realização do Direito» (MENEZES CORDEIRO, António Manuel. *Da Modernização do Direito Civil*. Tomo I. Coimbra: Almedina, 2004, p. 114).

139. Assim, sendo inconfundíveis com os interesses à prestação, os deveres de proteção têm, na fase de execução do processo obrigacional, vinculação apenas *mediata* (ou lateral) com os deveres principais. Confira-se em: HAICAL, Gustavo. O Inadimplemento pelo Descumprimento Exclusivo de Dever Lateral Advindo da Boa-Fé Objetiva. *Revista dos Tribunais*, vol. 900, São Paulo, Revista dos Tribunais, p. 44-84, out. 2010.

PRESSUPOSTOS PARA A COMPREENSÃO DA ATUAÇÃO DA BOA-FÉ OBRIGACIONAL | 217

O descumprimento de dever de proteção ocasionará a violação positiva do contrato, que é espécie de inadimplemento inconfundível com o inadimplemento definitivo e com a mora.[140] Mas poderá, se afetada gravemente a confiança legítima e o interesse na manutenção da relação obrigacional, ocorrer a transmutação da violação positiva em inadimplemento absoluto, então advindo o direito de resolução *lato sensu* ou a justa causa ao exercício do direito de denúncia.

Para melhor explicitar essa complexa temática, cogite-se do já mencionado *dever de informar*. Este pode estar configurado no grupo dos deveres prestacionais como *dever principal*; *dever secundário*; ou como dever anexo; ou se manifestar no âmbito do interesse à proteção, como *dever de proteção* (lateral) conforme o caso.

Configurará *dever principal* quando a informação for o próprio objeto do contrato, *e.g.*, num contrato de consultoria financeira para atuação no mercado de capitais, ou quando alguém contrata outrem para obter informação sobre a situação registral de determinado imóvel.

Será qualificável como *dever de proteção*, por exemplo, quando a informação servir para prevenir contra riscos que poderiam advir do contrato considerado como «fato social»: informa-se, exemplificativamente, que determinada substância medicamentosa não poderá ser ingerida em jejum, por provocar potencialmente danos à saúde, sendo os destinatários dessa informação quaisquer pessoas e não apenas as que compraram o medicamento.

Por fim, o dever de informar estará caracterizado sob a forma de *dever anexo* quando a informação se justifica *para* possibilitar o melhor adimplemento do contrato, como ocorre, *v.g.*, quando se adquire um *laptop* e se informa no manual de instruções (ou em tutoriais) quais são os comandos que possibilitarão o seu uso otimizado; ou, no contrato de seguro, em que o segurado deve informar, mesmo se não questionado, todos os fatos que razoavelmente poderia inferir serem relevantes para a avaliação de riscos pela seguradora, como determinado pelo art. 766.[141] A tutela imediata é a garantia de uma hígida formação da base técnica do seguro, mas a boa-fé serve para auxiliar na mensuração do comportamento devido, pois, a toda evidência, há inúmeros dados que não constituem informação relevante para o fim cominado pela lei (formação de uma adequada base técnica), ou não estão ao alcance do segurado ou, razoavelmente, não poderia ser exigido o seu fornecimento, pois nem sempre saberá ponderar a sua importância para tanto.

Nesses exemplos, a informação *é instrumental* ao adimplemento satisfativo do contrato (de compra e venda do *laptop*; de seguro) porque, se ela faltasse, ou fosse distorcida, o próprio adimplemento ficaria comprometido (num caso, porque o alcance da

---

140. FERREIRA DA SILVA, Jorge Cesa. *A Boa-Fé e Violação Positiva do Contrato*. Rio de Janeiro: Renovar, 2002, p. 228.

141. BENETTI, Giovana. Omissão Dolosa no Contrato de Seguro. In: BENETTI, Giovana *et al.* (Coord.). *Direito, Cultura e Método*: Leituras da Obra de Judith Martins-Costa. Rio de Janeiro: GZ, 2019, p. 788-811.

prestação do seguro, pela seguradora, seria inconfiável para o segurado; noutro caso, porque a ausência de informações por parte do segurado poderia comprometer a base atuarial do contrato; e, no caso da aquisição do *laptop*, porque o seu uso, sem determinada informação, poderia até ocorrer por parte do comprador, mas não da «melhor forma possível»).

Do mesmo modo, é possível lembrar o dever do advogado de aconselhar o seu cliente acerca das melhores possibilidades de cada via judicial passível de escolha para a satisfação de seu *desideratum*, ao ajuizar determinada demanda, ou o do médico, de esclarecer ao paciente sobre a relação custo/benefício do tratamento escolhido, ou dos efeitos colaterais do medicamento indicado, ou, ainda, sobre cautelas que o paciente deve seguir para o bom êxito do tratamento prescrito.

Um outro exemplo da amplitude da esfera dos interesses de proteção diz respeito às chamadas cláusulas ESG, ou, também, «fatores ESG» (*Environmental, Social and Governance*), acrônimo designativo de «um conjunto de considerações em matéria ambiental, social e de *governance* em que crescentemente se espera que as empresas incorporem na sua atuação, por consubstanciarem fatores relevantes do seu desempenho».[142]

O tema dos «fatores ESG», tão relevante quanto inabarcável,[143] pode projetar efeitos contratuais, embora situados nos campos do Direito Financeiro, Direito Penal e em vários âmbitos da atividade empresarial. Uma faceta desses efeitos adentra o Direito das Obrigações, o que ocorrerá quando integrarem o conteúdo contratual regras de *compliance* empresarial, como as destinadas a assegurar, no âmbito da empresa,

---

142. Dias, Rui Pereira; Sá, Mafalda de. Deveres dos Administradores e Sustentabilidade. In: Câmara, Paulo (Org.). *Administração e Governação das Sociedades.* Coimbra: Almedina, 2020, p. 56. Como explicitam ainda os autores, «A designação ESG, que veio a afirmar-se até os dias de hoje, é atribuída a um estudo de 2005 realizado por um grupo de instituições financeiras a pedido das Nações Unidas, no contexto do *Global Compact,* que assenta na mesma ideia de que o investimento sustentável depende de uma economia crescente, que, por sua vez, depende de uma sociedade civil saudável que, em última instância, depende de um planeta sustentável, razão pela qual os mercados têm um interesse próprio em contribuir para o desenvolvimento sustentável, podendo fazê-lo através da integração de fatores ESG nas decisões de investimento». Ainda, Wellisch, Julya Sotto Mayor; Dos Santos, Alexandre Pinheiro. Investimento Responsável no Século XXI: Gestão de recursos de terceiros, questões ESG (*Environmental, Social & Governance*) e Aspectos Regulatórios. In: Cantidiano, Maria Lucia; Cantidiano, Isabel; Muniz, Igor (Orgs.). *Sociedades Anônimas, Mercado de Capitais e Outros Estudos.* Homenagem a Luiz Leonardo Cantidiano, vol. I. São Paulo: Quartier Latin, 2019.

143. Dias, Rui Pereira; Sá, Mafalda de. Deveres dos Administradores e Sustentabilidade. In: Câmara, Paulo (Org.). *Administração e Governação das Sociedades.* Coimbra: Almedina, 2020, p. 33. Ainda, exemplificativamente, Parella, Kishanthi. Protecting Third Parties in Contracts. *American Business Law Journal,* vol. 58, n. 2, jan. 2021. Disponível em: <https://ssrn.com/abstract=3697273>. Último acesso em: 02.08.2022. Ainda: Pargendler, Mariana. Controlling Shareholders in the Twenty-First Century: Complicating Corporate Governance Beyond Agency Costs. *European Corporate Governance Institute,* n. 483/2019, dec. 2019. Disponível em: <https://papers.ssrn.com/sol3/papers.cfm?abstract_id=3474555#>. Último acesso em: 02.08.2022. E, ainda, Pargendler, Mariana. The Rise of International Corporate Law. *European Corporate Governance Institute,* n. 555/2020, nov. 2020. Disponível em: <https://ssrn.com/abstract=3728650>. Último acesso em: 02.08.2022.

padrões aceitáveis de respeito aos Direitos Humanos e Sociais (inclusas, naturalmente, políticas antidiscriminatórias), ao meio ambiente e à chamada governança corporativa.[144]

É possível, por exemplo, que em contrato de fornecimento, à entrega de determinado produto, como prestação principal, se ajustem, além dos demais deveres ligados aos interesses de prestação, diretamente ou *per relationem*, os deveres de respeito a políticas de sustentabilidade ambiental, ou de proteção aos direitos humanos. E pode ocorrer que, inobstante a adequação da prestação à quantidade, qualidade, forma da prestação e tempo de sua realização, a infração de normas ambientais gere prejuízos econômicos de monta em razão de danos reputacionais («bom nome no mercado»). Se assim for, esses deveres de respeito a políticas de sustentabilidade ambiental, por exemplo, serão qualificáveis, dogmaticamente, como *deveres laterais de proteção*,[145] destinados à proteção do contratante e de seus bens jurídicos contra danos que poderiam advir do próprio fato da contratação, embora não se confundam com a prestação.

Essa distinção binária entre interesses à prestação (imediatos e mediatos) e interesses de proteção é relevante para compreender a razão pela qual fala-se em relação obrigacional complexa. Nela, o princípio da boa-fé atua – numa dimensão – para otimizar o seu conteúdo em vista do adimplemento satisfativo. Porém, embora a indiscutível *preeminência* dos interesses de prestação na relação obrigacional (pois justificam-se funcionalmente em vista de um *praestare*), o seu conteúdo neles não se esgota. A complexidade está, justamente, em acolher, além dos interesses de prestação, outros interesses.

Esses exemplos e essas distinções servem para explicitar que a boa-fé não é fonte de «quaisquer» deveres, ao alvedrio do intérprete. Os deveres de prestação decorrem da lei ou da vontade – logo, a boa-fé tem, relativamente aos interesses de prestação, posição instrumental (criando «deveres anexos ou instrumentais» ao prestar, *mas não o próprio prestar*). Já quanto aos interesses de proteção à pessoa dos contratantes e dos seus bens fundamentais que poderiam ser atingidos por sua relação do contrato, o princípio da boa-fé vigora como fonte direta dos deveres que promovem o seu resguardo.

Feitas as distinções acerca das espécies de deveres gerados pela boa-fé, é preciso examinar como se configuram os seus campos de atuação. Conquanto o exame ora procedido esteja centrado nos impactos provocados na relação obrigacional, é preciso não esquecer que a existência de outros princípios reitores dessa relação, e que incidem ora restringindo, ora potencializando as eficácias da boa-fé objetiva.

---

144. Tratou-se do tema em: Martins-Costa, Judith; Xavier, Rafael Branco. Os Fatores ESG e as Cláusulas ESG. In: Coelho, Fábio Ulhoa *et al.* (Coords.). *A Evolução do Direito no Século XXI*: seus princípios e valores – ESG, Liberdade, Regulação, Igualdade e Segurança Jurídica (Homenagem ao Professor Arnoldo Wald), vol. II. São Paulo: IASP, 2022, p. 313-336.

145. Assim está em: Martins-Costa, Judith; Xavier, Rafael Branco. Os Fatores ESG e as Cláusulas ESG. In: Coelho, Fábio Ulhoa *et al.* (Coords.). *A Evolução do Direito no Século XXI*: seus princípios e valores – ESG, Liberdade, Regulação, Igualdade e Segurança Jurídica (Homenagem ao Professor Arnoldo Wald), vol. II. São Paulo: IASP, 2022.

§ 21. Distinção e interdependência principiológica: boa-fé, confiança, autonomia privada, autorresponsabilidade

1. Proposição

A afirmação sobre a centralidade do princípio da boa-fé no Direito Obrigacional não leva a descurar ou a minimizar a relevância dos demais princípios reitores das relações negociais de Direito Privado:[146] autonomia privada, confiança, autorresponsabilidade, estes dois últimos se revelando, em rigor lógico, como a contrapartida necessária ao exercício da autonomia privada. Aliás, aqui se tem qualificado a boa-fé como modelo ou instituto jurídico – isto é, como estrutura normativa complexa – justamente porque sua aplicação não prescinde de uma referência a outros enunciados, para só então se poder determinar concretamente o seu teor e a sua extensão.

2. Autonomia privada

Eixo do Direito Privado, a expressão «autonomia privada» é polissêmica. Frequentemente é confundida com a noção de «autonomia da vontade», cujo núcleo está no querer, enquanto «autonomia privada» denota poder de autorregulamentação de interesses privados. Em termos muito sintéticos, a autonomia privada: (*i*) constitui o *fundamento* da ação jurídico-privada e (*ii*) traduz uma *fonte* de poder normativo, pelo qual se formam e são criados os negócios jurídicos, atos pelos quais os particulares exercitam sua liberdade de decisão e de escolha na regulação dos próprios interesses.

Negar-se a possibilidade de autonomia ou perspectivar-se a autonomia privada por um viés negativo equivaleria a violar uma das dimensões mais valiosas da própria personalidade humana, qual seja, a possibilidade de fazer escolhas, tomar decisões, responsabilizando-se por elas (autodeterminação); sua negação implicaria, ainda, o afastamento da garantia constitucional à liberdade de iniciativa econômica.

O exercício da autonomia privada (inconfundível com a autonomia privada «a se») se dá, porém, numa ordem jurídica voltada a assegurar também a proteção das expectativas geradas no *alter* pelos atos dos particulares. Autonomia não é átomo. É a aptidão a dar-se regras numa ordem social *juridicamente conformada*, isto é: numa ordem de relações jurídicas. É por esta razão que no vasto campo dos negócios jurídicos – bem como o dos atos pré ou pós negociais –, os princípios da autonomia privada, boa-fé, confiança e autorresponsabilidade estão sempre em *interdependência escalonada*.

---

146. Marque-se bem o campo de análise: não serão referidos os princípios reitores do Direito Obrigacional como um todo, apenas os referentes às relações decorrentes de negócios jurídicos obrigacionais.

Traduz-se, nessa interdependência, um aspecto da díade autonomia/heteronomia: os particulares se dão normas (autonomia), mas (*i*) assumem a responsabilidade por seus atos, nos limites predispostos pela ordem jurídica (autorresponsabilidade); e (*ii*) o «dar--se as próprias normas» é conformado pelo direcionamento de condutas (boa-fé) e pela proteção das expectativas legitimamente suscitadas no *alter*, destinatário da declaração negocial, pelo ato de autonomia (proteção à confiança legitimamente gerada pelo ato de autonomia privada).

Para o intérprete/aplicador do Direito, o problema mais delicado será o de determinar, nas situações concretas, qual dos polos da díade autonomia/heteronomia há de prevalecer. Nessa relação de *polaridade dialética* a prevalência de um ou de outro nem sempre estará de antemão completamente determinada. Nesse caso, só os demais elementos fáticos e normativos do caso permitem determinar a extensão de um ou de outro princípio. Por certo, é necessário o esforço analítico para delinear a arquitetura dessas relações. É também necessário assentar que, embora o sistema jurídico possa ensejar o que Pontes de Miranda chama de «multiplicidade de incidências» – pois «o mesmo ato pode ser elemento dos suportes fáticos de regras jurídicas diferentes» –,[147] não é de modo algum admissível o «choque entre incidências».[148] Dito de outro modo: também no que atine à principiologia incidente à relação obrigacional, a nova concepção sistemática não se afasta da ideia de uma *coerência substancial*. Essa será buscada segundo o estabelecimento de critérios que indiquem qual dos princípios há de ser tido, nos casos concretos, como prevalente.

3. Autonomia privada e confiança

Estão coimplicados os princípios da confiança[149] (como proteção das expectativas legítimas) e autonomia privada. Um potencializa o outro.

A autonomia privada, princípio fundamental do Direito das Obrigações, assegura os bens jurídicos da autodeterminação e da liberdade de iniciativa econômica, pelos quais reconhece a ordem jurídica a possibilidade de os particulares regularem os seus

---

147. Pontes de Miranda, Francisco Cavalcanti. *Tratado de Direito Privado*. Tomo II. 3.ª ed. São Paulo: Revista dos Tribunais, 1983, § 169, p. 219.

148. A expressão também é de Pontes de Miranda, Francisco Cavalcanti. *Tratado de Direito Privado*. Tomo II. 3.ª ed. São Paulo: Revista dos Tribunais, 1983, § 165, p. 209.

149. A palavra «confiança» é também polissêmica. Há a confiança como *confiabilidade* (valorizando-se a posição do agente, isto é, os aspectos de confiança daquele que recebe determinada ação ou declaração); a confiança como *credibilidade* (entrecruzando elementos subjetivos e objetivos na sua averiguação); a confiança como o estado psicológico de *crença legítima* (tal qual opera a boa--fé subjetiva, como no contrato de seguro, estando em causa elementos puramente subjetivos e valorizada a posição de quem crê, *ex vi* do art. 766 e seu parágrafo único do Código Civil, ou, ainda, nas aplicações da Teoria da Aparência); e a confiança como condição da *previsibilidade* necessária para o cálculo do investidor, sócio, ou empresário (para poder mensurar o risco a que estará sujeito, apresentando-se, então, como elemento da segurança jurídica).

222 | A BOA-FÉ NO DIREITO PRIVADO

próprios interesses, tendo essa possibilidade como um *valor* juridicamente protegido. Os negócios jurídicos constituem a ferramenta por excelência da autonomia privada, o *instrumento técnico* pelo qual os particulares criam, modificam e extinguem situações jurídicas. O *meio de exercício* da autonomia privada é constituído pelas declarações negociais, que atuam numa *dupla dimensão*: como regulamento de autonomia dos privados, isto é, ato de *determinação* de deveres[150] e como ato de *comunicação* acerca da própria conduta, e como tal acontecimento ou *fato gerador de expectativas legítimas socialmente averiguáveis.*

Verifica-se, precisamente nesse ponto, a relação de interdependência entre os princípios da autonomia privada e da confiança. Explica-se:

Toda declaração negocial, como ato de autonomia, desde que emanado por *pessoa responsável*,[151] é, *per se*, fato gerador de confiança legítima no *alter*. Não se trata da confiança subjetiva, no sentido comum da expressão, mas de uma *confiança qualificada* pelo Direito. A peculiar forma de exercício da autodeterminação no contrato leva a que o destinatário da declaração, ao aceitar a proposta por este formulada, ganhe «*o direito a confiar* genericamente no exato cumprimento da prestação prometida, independentemente da ocorrência de qualquer específico facto gerador de confiança (a credibilidade pessoal do devedor, o seu papel ou função, circunstâncias concomitantes, etc.)».[152] O credor, com base na declaração, na sua eficácia de vinculação, pode contar com o prometido, «projectando e desenvolvendo em conformidade os seus planos de vida e gestão dos seus interesses».[153] Como assentou Pontes de Miranda: «Porque quem deve é o sujeito passivo da relação jurídica, a confiança, que ele inspira, pesa no crédito que ele merece. Porque, se ele não adimple, ou só insatisfatoriamente adimple, têm-se de pedir ao Estado a condenação e a execução, e o patrimônio, que ele tem, a sua fortuna, confirma ou afirma a sua solvabilidade».[154]

---

150. Porém, essa eficácia só decorre das declarações feitas livremente, isto é: aquelas que comportarem, para o declarante, a possibilidade de um «sim» e de um «não» na medida em que a autorresponsabilização e a autovinculação «só pode[m] acontecer [...] se a pessoa pode dispor do «não», se ela é livre ou não para assumir o compromisso» (BAPTISTA MACHADO, João. A Cláusula do Razoável. *Obra Dispersa,* vol. I. Braga: Scientia Ivridica, 1991, p. 518). É essa liberdade de opção (entre contratar e não contratar, entre fazer a promessa ou não fazê-la, em síntese, entre o «sim» e o «não») que «especifica e reforça a expectativa particular criada pelo seu compromisso e confere à obrigação livremente assumida características que também a especificam em relação a qualquer obrigação heterônoma tais as que decorrem *ex lege*.

151. Para o desenvolvimento da ideia de «pessoa responsável», ver BAPTISTA MACHADO, João. Tutela da Confiança e «Venire Contra Factum Proprium». *Obra Dispersa,* vol. I. Braga: Scientia Ivridica, 1991.

152. SOUSA RIBEIRO, Joaquim. *O Problema do Contrato.* As Cláusulas Contratuais Gerais e o Princípio da Liberdade Contratual. Coimbra: Almedina, 1999, p. 68-79.

153. SOUSA RIBEIRO, Joaquim. *O Problema do Contrato.* As Cláusulas Contratuais Gerais e o Princípio da Liberdade Contratual. Coimbra: Almedina, 1999, p. 69-70.

154. PONTES DE MIRANDA, Francisco Cavalcanti. *Tratado de Direito Privado.* Tomo XXII. 3.ª ed. São Paulo: Revista dos Tribunais, 1984, § 2.680, p. 25.

Pressupostos para a Compreensão da Atuação da Boa-Fé Obrigacional | 223

Por consequência, afirma-se que o ato de autonomia, nascido do poder de autor-regulamentação dos próprios interesses e da garantia (constitucionalmente assentada) da liberdade de iniciativa é também um ato gerador de *expectativas legítimas*, o que importa correspectivamente, em *autorresponsabilidade*, a necessária e inafastável contrapartida da autonomia.[155]

No que tange, portanto, às relações que nascem de negócios jurídicos, não há oposição entre os princípios da autonomia privada e da confiança. Ambos atuam *conjugadamente*: à declaração negocial[156] é atribuído um valor autônomo, desligado da vontade como ato psicológico, porém não mais um valor «objetivo e geral»,[157] como nas formulações objetivistas da Teoria da Declaração, mas sim aquele *que o declaratário podia retirar da declaração*[158] segundo os critérios da boa-fé, finalidade do negócio, as práticas eventualmente seguidas pelas partes, os usos do setor econômico em que inserido o negócio, bem como das demais circunstâncias (normativas e fáticas) do caso.

---

155. Essa correlação está expressa no art. 112 do Código Civil, explicitando Moreira Alves que a expressão «intenção consubstanciada na declaração» conduz «ao respeito à boa-fé e à confiança dos interessados, e a consequente responsabilidade do autor», adotando-se uma concepção de negócio jurídico que leva em consideração «a responsabilidade por parte daquele que declara a sua vontade e os aspectos de confiança daquele que recebe essa vontade», uma vez ter sido acolhido no Código Civil «o princípio da responsabilidade de quem declara e o da confiança de quem recebe essa declaração» (Moreira Alves, José Carlos. A Parte Geral do Projeto do Código Civil. *Revista do Conselho da Justiça Federal*, vol. 9, Brasília, 1999, p. 1-12. Disponível no endereço eletrônico <www.cjf.gov.br/revista/numero9/artigo1.htm>).

156. Mota Pinto, Paulo. *Declaração Tácita e Comportamento Concludente no Negócio Jurídico.* Coimbra: Almedina, 1995, p. 26.

157. Ver Gomes, Orlando. *Transformações Gerais do Direito das Obrigações.* 2.ª ed. São Paulo: Revista dos Tribunais, 1980, p. 14: «Constitui a *teoria da confiança* abrandamento da *Erklärungstheorie*, que concede primazia da declaração sobre a vontade, sob o fundamento de que o direito deve visar antes à certeza do que à verdade. (...) Protege-se, desse modo, oferecendo-se maior segurança ao comércio jurídico, ao destinatário da relação jurídica, mas sob outros fundamentos que não os da *Erklärungstheorie*». Essa é hoje a Teoria que embasa o Direito brasileiro. Ao modificar o teor do art. 85 do Código de 1916 e introduzir no art. 112, que lhe corresponde, a expressão «intenção nelas consubstanciada» (referindo-se às declarações de vontade negocial) o Código de 2002 não acolheu nem a Teoria da Vontade nem a Teoria da Declaração, mas a Teoria da Confiança que decorre de um amoldamento conferido à Teoria da Declaração. No mesmo sentido é também o entendimento de Lotufo, Renan. Parte Geral. In: Cambler, Everaldo (Org.). *Curso Avançado de Direito Civil.* 2.ª ed, vol. I. Revista dos Tribunais, São Paulo, 2003, p. 231 e ss. Diversamente da Teoria da Declaração, polarizada por um princípio objetivo e generalizante, como anota Mota Pinto, Paulo. *Declaração Tácita e Comportamento Concludente no Negócio Jurídico.* Coimbra: Almedina, 1995, p. 27.

158. Como esclarece Mário Júlio de Almeida Costa: «As exigências pragmáticas do tráfego jurídico e uma legítima aspiração a um direito objectivamente justo postulam que não se atenda apenas à intenção ou vontade do declarante, mas também à sua conduta e à confiança do destinatário» (Almeida Costa, Mário Júlio de. *Responsabilidade Civil pela Ruptura das Negociações Preparatórias de um Contrato.* Coimbra: Coimbra Editora, 1984, p. 48. No mesmo sentido, Menezes Cordeiro, António Manuel. *Tratado de Direito Civil Português.* 2.ª ed. Tomo I. Coimbra: Almedina, 2000, p. 305).

Como bem atesta a sociologia do Direito, «as pessoas e as instituições que representam repousam sobre suposições comuns a respeito da expectativa comum dos outros», isto é: repousam sobre expectativas de confiança e suscitam investimentos de confiança.[159] Consequentemente, no negócio jurídico, expresso em declarações negociais e em comportamentos concludentes, *confiança* e *autonomia privada* se unem de modo dinâmico, de tal sorte a provocar, por suas forças mutuamente implicadas, uma potencialização de suas respectivas eficácias jurídicas. É que, se por um lado a confiança é um dos fundamentos dos negócios jurídicos, por outro a constituição de uma relação de confiança se realça quando *vinculada a uma declaração negocial*. A manifestação negocial, assim, constitui a confiança legítima, ao mesmo tempo em que o negócio jurídico se fundamenta na confiança gerada pela declaração.

Explica-se, assim, que, quando do exercício jurídico, o Direito não tolere condutas deslealmente contraditórias e proteja o legítimo «investimento de confiança», exemplificativamente: (*i*) invalidando ou limitando a eficácia de atos fraudadores da legítima confiança investida, para tanto, atuando *via* figuras específicas (*e.g.*: a invalidade e/ou a indenizabilidade, no caso de dolo por omissão informativa, CC, art. 147); (*ii*) por meio de uma cláusula geral de ilicitude no modo de exercício, assim cominando o exercício manifestamente divorciado dos ditames da boa-fé (Código Civil, art. 187); (*iii*) no campo da responsabilidade pré-contratual, quando os danos derivados da infração aos deveres pré-contratuais de conduta estão ligados numa «relação etiológica» à confiança,[160] ocorrendo, por força da boa-fé objetiva em sua conexão com «situações de confiança», faz nascer deveres tendentes a evitar nos parceiros pré-negociais representações injustificadas – e injustificadas em razão da especial posição assumida pelos sujeitos – bem como a prevenir danos ocasionáveis pela especial aproximação que os interessados mantiveram;[161] (*iv*) na hipótese de responsabilidade por declarações não negociais; acordos de fato; emissão de prospectos e mensagens publicitárias; recomendações, opiniões e conselhos; (*v*) nos casos apanhados pela Teoria da Aparência, como a responsabilidade do falso procurador; além da hipótese da responsabilidade dos *experts* diante de terceiros.[162]

---

159. *Vide*: Ferraz Junior, Tercio Sampaio. Suspeição e Impedimento na Arbitragem: sobre o dever de revelar na Lei 9.307/96. *Revista de Arbitragem e Mediação*, São Paulo, Revista dos Tribunais, ano 8, vol. 28, jan./mar. 2011, p. 61 e ss.

160. Carneiro da Frada, Manuel António de Castro Portugal. *Teoria da Confiança e Responsabilidade Civil*. Coimbra: Almedina, 2004, p. 494.

161. Carneiro da Frada, Manuel António de Castro Portugal. *Teoria da Confiança e Responsabilidade Civil*. Coimbra: Almedina, 2004, p. 483.

162. Várias das hipóteses acima mencionadas dizem respeito à chamada «responsabilidade pela confiança». Para o debate sobre o enquadramento dogmático da «responsabilidade pela confiança», *vide*: Chappuis, Christine; Winiger, Bénédict (Orgs.). *La Responsabilité Fondée sur la Confiance*. Journée de la responsabilité civile, 2000. Centre d'Études Juridiques Européenes. Zurich: Schulthess, 2001; MORIN, Ariane. *La Responsabilité Fondée sur la Confiance*. Étude critique des fondements d'une innovation controversée. Gènève: Helbing & Lichtenhahn, 2002; Carneiro da Frada, Manuel António de Castro Portugal. *Teoria da Confiança e Responsabilidade Civil*. Coimbra:

O que então se averigua é se, em vista da *particular relação de confiança* efetivamente ocorrida, o confiante poderia, legitimamente, ter confiado nas expectativas que lhe haviam sido acenadas pelo agente produtor da confiança,[163] pois, à toda evidência, a confiança aqui versada não é *qualquer crença*, mas aquele qualificada como legítima, resultando da conjugação entre fatores objetivos e subjetivos.

Estando o princípio da confiança ligado *genericamente* com a proteção das expectativas decorrentes das condutas comunicativas em geral, é possível concluir – em vista da relação entre o princípio da autonomia privada e o da confiança – atuar este último de modo *complementar* à autonomia privada, como justificativa ou explicação para o efeito de vinculação dos negócios jurídicos, potencializando esse efeito de vinculação. Melhor explicitando: a declaração negocial, ato de autonomia, vincula, *porque* suscita expectativas legítimas acerca de sua seriedade e legitimidade. Tanto quanto o princípio da autonomia privada, o da confiança justifica a vinculabilidade jurídica reconhecida às declarações negociais.

4. Confiança e boa-fé

Há evidente e intensa ligação entre boa-fé e confiança. Antes de mais, há uma comum raiz, a *fides* que está no núcleo de ambos. Essa ligação é por vezes de superposição, por outras de diferenciação: pelo primeiro viés (superposição), a boa-fé *abrange* a tutela das legítimas expectativas, *sobrepondo-se* ao princípio da confiança (*bona fides – cum fides*).[164] No proteger as legítimas expectativas, cabe falar em uma *confiança objetivada*, que não se reduz ao estado de fato característico da boa-fé subjetiva, ou

---

Almedina, 2004, p. 339 e ss., além de p. 799 e ss. Na doutrina brasileira, defende o reconhecimento de uma «terceira via» Pereira, Regis Fichtner. *A Responsabilidade Civil Pré-Contratual*. Rio de Janeiro: Renovar, 2001, p. 277. Entendemos que a responsabilidade extracontratual, considerada como gênero, abarca a espécie, como exposto em Martins-Costa, Judith. Um Aspecto da Obrigação de Indenizar: Notas para uma Sistematização dos Deveres Pré-Negociais de Proteção no Direito Civil Brasileiro. In: Campos, Diogo Leite; Mendes, Gilmar F.; Martins, Ives Gandra da Silva (Orgs.). *Estudos em Homenagem ao Professor Arnoldo Wald*. A Evolução do Direito no Século XXI. Coimbra: Almedina, 2007. Ainda, *infra*, no Capítulo V, §46.

163. Esse «poder ter confiado» é avaliado de modo objetivo, segundo condições estritas, sendo a «legitimidade da confiança» apurada em vista de determinados pressupostos, a saber: (*i*) o comportamento de um dos sujeitos deve ser de molde a suscitar as expectativas do outro, provocando um seu «investimento de confiança»; (*ii*) entre ambos deve existir uma particular relação de confiança; (*iii*) a decepção das expectativas criadas contrariamente à relação de confiança que se havia estabelecido entre as partes. Sintetiza essas condições Chappuis, Christine. Responsabilité Fondée sur la Confiance: un tour d'horizon. Para uma visão de Direito Comparado, ver Werro, Franz. La Responsabilité Fondée sur la Confiance: quelques variations sur un thème commun ou les leçons du droit compare. Ambos em: Chappuis, Christine; Winiger, Bénédict (Orgs.). *La Responsabilité Fondée sur la Confiance*. Journée de la responsabilité civile, 2000. Centre d'Études Juridiques Européenes. Zurich: Schulthess, 2001, p. 22-23 e p. 110 e ss.

164. Ver *supra*, Capítulo II, §15.

«boa-fé crença»,[165] mas é pautada pelo que comumente acontece (*id quod plerumque accidit*) em certo setor ou situação de vida.

Todavia, há, também, uma área de diferenciação funcional, atinente ao objeto ou ao comportamento *imediatamente* protegidos, ou pelo princípio da boa-fé, ou pelo princípio da confiança. A este respeito, assinalem-se os pontos de aproximação e de distinção:

A aproximação, e mesmo a superposição entre ambos ocorrem, primariamente, na vedação ao exercício deslealmente contraditório de posições jurídicas[166] (Código Civil, art. 187). Há um *dever de coerência*[167] consistente em manter-se a palavra dada ou o comportamento manifestado, agindo segundo os fins do contrato, e corresponder à expectativa legitimamente criada pelos próprios atos, assim impedindo surpresas desleais, visto que a contradição, a instabilidade comportamental, a inconstância afetam um vínculo que o Ordenamento jurídico pretende dotar de estabilidade. Assim se pronuncia a jurista francesa Horatia Muir-Watt, para quem o princípio da coerência em matéria contratual tem a dupla função de atuar como «um posto avançado da força obrigatória do contrato»[168] e um dever «impondo a estabilidade do comportamento».[169]

É evidente que um exercício jurídico contraditório, que implica, deslealmente, voltar sobre os próprios passos (*venire contra factum proprium*); ou gerar legítima expectativas sobre o significado de determinada ação ou omissão, depois as desiludindo injustificadamente (*suppressio*); ou, ainda, exigindo do *alter* conduta que o próprio agente viola (*tu quoque*), atinge, concomitantemente, a relação de confiança que os próprios atos suscitam quanto à lealdade que os parceiros contratuais hão de ter entre si.

Numerosas pautas hermenêuticas ou *topoi* daí se seguem, consagradas no tempo pela doutrina, *e.g.*, «acto celebrar, e nele consentir, importa o mesmo;[170] ação ninguém consegue de sua improbidade;[171] ato, em seu extrínseco, prova o intrínseco da intenção;[172] aprovar-se se julga a cousa, ou a pessoa, quem dela usa;[173] aprovar parece, quem não

---

165. Ver *infra*, Capítulo IV, §24.

166. Ver, *infra*, Capítulo VIII, §74.

167. A coerência comportamental não é exigida de modo absoluto, seja em razão das várias possibilidades de «voltar atrás» que o próprio Ordenamento assegura (*e.g.*, o direito de arrependimento, a renúncia, a revogação, o distrato), seja em razão das vicissitudes da vida, plena de imprevistos e surpresas. É exigível quando, por seu antônimo – a incoerência – atinge-se injustamente bem jurídico de outrem, perturbando relação – exemplarmente, a contratual – que, funcionalmente, tende à estabilidade, ainda que limitada no tempo.

168. Conforme se aludiu ao papel complementar da confiança à autonomia privada, no item anterior, §21, 3.

169. Muir-Watt, Horatia. Prefácio. In: Houtcieff, Dimitri. *Le Principe de Cohérence en Matière Contractuelle.* Tomo I. Aix-en-Provence: Presses Universitaires d'Aix-Marseille, 2001, p. 8. No original: «*un poste avancé de la force obligatoire du contrat*» e um dever «*imposant la stabilité du comportement*».

170. Teixeira de Freitas, Augusto. *Regras de Direito.* Rio de Janeiro: Garnier, 1882, p. 14.

171. Teixeira de Freitas, Augusto. *Regras de Direito.* Rio de Janeiro: Garnier, 1882, p. 12.

172. Teixeira de Freitas, Augusto. *Regras de Direito.* Rio de Janeiro: Garnier, 1882, p. 14.

173. Teixeira de Freitas, Augusto. *Regras de Direito.* Rio de Janeiro: Garnier, 1882, p. 122.

contradiz; pois não contradizer, e aprovar, importa o mesmo;[174] declarar vontade por palavras, ou por fatos, importa o mesmo;[175] fato presume-se o do costume do seu autor;[176] fatos tem mais potência que as palavras;»[177] ou ainda: vontade, mais pelo fato, que pelas palavras, se declara.[178] Embora devam ser cuidadosamente aplicadas, essas e outras regras filtradas por uma experiência milenária são coerentes com o cânone hermenêutico expressivo do princípio da confiança, segundo o qual «*o comportamento posterior das partes é universalmente reconhecido como uma espécie de "interpretação autêntica" do contrato*»,[179] ora apreendido no art. 113, § 1.º, inc. I, do Código Civil, conforme inclusão determinada pela Lei 13.874, de 20 de setembro de 2019.

Evidenciando a relevância do comportamento das partes nos atos de execução contratual para revelar a interpretação que foi dada pelos próprios emissores/destinatários das declarações negociais acerca do seu sentido, ou do significado do comportamento das partes, Antonio Junqueira de Azevedo coligou esse critério com o da boa-fé objetiva, o que demonstra, tanto a operatividade da cláusula geral para servir como «lei de ligação», sistematizando as soluções[180] e permitindo a formação de novos (ou de renovados) institutos jurídicos quanto à conexão entre negócio jurídico e confiança suscitada no *alter* pela conduta do agente.

Confiança e boa-fé também se superpõem no que diz com a função de proteger especiais «situações de confiança», gerando deveres de proteção, correlativos a interesses de proteção que, uma vez violados, podem levar à eficácia indenizatória[181] por meio da figura da violação positiva do crédito e até mesmo ao advento do direito de resolução *lato sensu* (englobando resolução *stricto sensu* e resilição) ou justa causa ao exercício do direito de denúncia. Nesses casos, se está a dizer rigorosamente o mesmo, quer se mencione ter havido afronta ao «princípio da boa-fé», quer se afirme haver afetação ao «princípio da confiança». Nesse sentido, o princípio da confiança, amalgamando-se ao da boa-fé, tem especial relevância nas relações obrigacionais entre particulares e Administração Pública.[182]

---

174. Teixeira de Freitas, Augusto. *Regras de Direito*. Rio de Janeiro: Garnier, 1882, p. 23. Também: «consentir, ou não contradizer, importa o mesmo».

175. Teixeira de Freitas, Augusto. *Regras de Direito*. Rio de Janeiro: Garnier, 1882, p. 69.

176. Teixeira de Freitas, Augusto. *Regras de Direito*. Rio de Janeiro: Garnier, 1882, p. 111.

177. Teixeira de Freitas, Augusto. *Regras de Direito*. Rio de Janeiro: Garnier, 1882, p. 113.

178. Teixeira de Freitas, Augusto. *Regras de Direito*. Rio de Janeiro: Garnier, 1882, p. 239.

179. Ver, *infra*, Capítulo VI, §54.

180. Nesse sentido, *supra*, Capítulo II, §21.

181. Ver, *infra*, Capítulos VI e VII, respectivamente, §§47 e 64.

182. *Vide* Capítulo IV, §34, *infra*. Tratando das sobreposições: Couto e Silva, Almiro. O princípio da segurança jurídica no direito público brasileiro e o direito da administração pública de anular seus próprios atos administrativos: o prazo decadencial do art. 54 da Lei do Processo Administrativo da União (Lei nº 9.784/99). *Revista da Procuradoria-Geral do Estado*. Cadernos de Direito Público, Estado do Rio Grande do Sul, vol. 27, n. 57, supl., 2004, p. 35-78. Também em: Martins-Costa, Judith; Benetti, Giovana. Art. 2.º, II. In: Martins-Costa, Judith; Nitschke, Guilherme Carneiro Monteiro. *Direito Privado na Lei de Liberdade Econômica*. Comentários. São Paulo: Almedina, 2022.

228 | A BOA-FÉ NO DIREITO PRIVADO

Porém, é preciso atenção: a confiança ora referida é uma *fides* adjetivada, dita «legítima» porque legitimada por uma «situação de confiança» (derivada da lei, do negócio, dos usos ou do comportamento alheio). Essa «situação de confiança» deve ter repercutido em comportamentos concretos de quem confia, configurando o «investimento de confiança», e deve ser racionalmente apreensível, não restando encapsulada no que a mente humana pode produzir ou desejar. O que a boa-fé tutela, portanto, não é *qualquer expectativa* – já que seria absurdo pensar que «o simples acalentar de uma expectativa» fosse bastante para fundar «uma vinculação à sua realização».[183] Tutela apenas a confiança investida em virtude de razões que, racionalmente controláveis (ou comprováveis, ou adequadas ao *id quod plerumque accidit*), foram objeto de «investimento de confiança» pelo destinatário do ato ou comportamento ou omissão aptos a gerar essa confiança qualificada. Nesses casos, por força da boa-fé objetiva em sua conexão com as situações de confiança, há o nascimento de deveres tendentes a evitar nos parceiros negociais *representações injustificadas* bem como a *prevenir danos* ocasionáveis pela especial aproximação que os interessados mantiveram.[184]

A zona residual de distinção entre boa-fé e confiança é de índole eminentemente funcional: assegurar expectativas e direcionar condutas, disse Niklas Luhmann, são as duas funções primárias do Direito.[185] E esclareceu João Baptista Machado: o *asseguramento de expectativas* significa o asseguramento da confiança «nas condutas comunicativas de pessoas responsáveis, fundada na própria credibilidade que essas condutas reivindicam».[186] Já o *direcionamento de condutas* significa o papel ativo ou dinâmico de direção e coordenação da interação social, «por forma a alterar as probabilidades de certas condutas no futuro».[187] Assim, enquanto o princípio da confiança tem por escopo imediato assegurar expectativas, a função primeira da boa-fé como *standard* jurídico é propiciar o *direcionamento de comportamentos* no tráfico negocial, tendo, portanto, acrescido ao papel negativo (não violar a legítima expectativa, causando danos injustos ao parceiro), ainda um papel ativo ou dinâmico de direção e coordenação da interação social (agir positivamente em vista do fim do contrato; colaborar para que o adimplemento seja atingido).

---

183. Carneiro da Frada, Manuel António de Castro Portugal. *Teoria da Confiança e Responsabilidade Civil.* Coimbra: Almedina, 2004, p. 494.

184. Martins-Costa, Judith. Um Aspecto da Obrigação de Indenizar: Notas para uma Sistematização dos Deveres Pré-Negociais de Proteção no Direito Civil Brasileiro. In: Campos, Diogo Leite; Mendes, Gilmar F.; Martins, Ives Gandra da Silva (Orgs.). *A Evolução do Direito no Século XXI.* Estudos em Homenagem ao Professor Arnoldo Wald. Coimbra: Almedina, 2007, p. 301-355.

185. Luhmann, Niklas. *Legitimação pelo Procedimento.* Trad. de Maria da Conceição Corte-Real. Brasília: UnB, 1980. Cf. as importantes obras de Baptista Machado, João. A Cláusula do Razoável. *Obra Dispersa*, vol. I. Braga: Scientia Ivridica, 1991, p. 481. Referi a distinção em: Martins-Costa, Judith. *Comentários ao Novo Código Civil. Do Inadimplemento das Obrigações.* 2.ª ed, vol. V. Tomo II. Rio de Janeiro: Forense, 2009, p. 63. Veja-se §22.

186. Baptista Machado, João. *Tutela da Confiança e «Venire Contra Factum Proprium».* Obra Dispersa, vol. I. Braga: Scientia Ivridica, 1991, p. 346.

187. Baptista Machado, João. *Tutela da Confiança e «Venire Contra Factum Proprium».* Obra Dispersa, vol. I. Braga: Scientia Ivridica, 1991, p. 347.

Em cada caso, se há de ter presente o peso de cada um desses princípios na relação de interdependência que entre si mantém. Como melhor se examinará ao se destacar as diferentes atuações da boa-fé segundo o campo material em que incide,[188] a determinação desse peso específico não fica ao alvedrio do intérprete nem está sujeita a critérios laxistas, em que impossível ou dificultosa é a apreensão racional. Há critérios prévios de sistematização material a serem compostos em ordem de coerência.[189]

5. Autorresponsabilidade

A responsabilidade (como princípio do Direito das Obrigações) é contrapartida necessária ao reconhecimento da autonomia privada, poder nomogenético. Todo o agir comunicativo implica uma «autovinculação», é dizer: uma exigência de fidelidade à pretensão que lhe é inerente.[190] Em linha de princípio, o autor de uma declaração negocial, ou de uma outra qualquer conduta comunicativa apta a gerar expectativa legítima em seus destinatários, responde pela «pretensão de autenticidade, de veracidade e de validade que lhe vai ligada nas relações comunicativas pessoais».[191] Essa autovinculação não tem, em todos os casos, a mesma força e é inconfundível com a atribuição de capacidade jurídica. Um incapaz não se vincula a ser coerente, não pode estabelecer um «fato de confiança» e, consequentemente, não pode engendrar «confiança legítima».[192] Aqueles dotados de capacidade negocial, todavia, se autovinculam e respondem.

As normas sobre imputações de responsabilidade têm «a missão de desonerar o tráfego social do processo lento de formação da confiança, que consome tempo, e dos riscos a esse processo ligados».[193] São normas de atribuição e distribuição dos riscos ligados à frustração injustificada de expectativas legítimas. A responsabilidade não é extirpada, mas seus efeitos (como o dever de indenizar) podem ser deslocados, suprimidos ou minimizados por via legal ou negocial, observados certos limites, como, exemplificativamente, os limites traçados pela lei imperativa, pela ordem pública, pela natureza de certos direitos subjetivos ou, num contrato, pelo incumprimento de sua «obrigação essencial».[194]

---

188. *Vide* Capítulo IV, *infra*, especialmente §25.

189. *Vide* Ávila, Humberto Bergmann. *Sistema Constitucional Tributário*. 4.ª ed. São Paulo: Saraiva, 2012, p. 27-70.

190. Assim, e reenviando ao pensamento de Johanes Köndgen: Baptista Machado, João. *Tutela da Confiança e «Venire Contra Factum Proprium»*. *Obra Dispersa*, vol. I. Braga: Scientia Ivridica, 1991, p. 354.

191. Baptista Machado, João. *Tutela da Confiança e «Venire Contra Factum Proprium»*. *Obra Dispersa*, vol. I. Braga: Scientia Ivridica, 1991, p. 353.

192. Assim, com base em Kondgen e em Luhmann: Baptista Machado, João. *Tutela da Confiança e «Venire Contra Factum Proprium»*. *Obra Dispersa*, vol. I. Braga: Scientia Ivridica, 1991, p. 354-359.

193. Baptista Machado, João. *Tutela da Confiança e «Venire Contra Factum Proprium»*. *Obra Dispersa*, vol. I. Braga: Scientia Ivridica, 1991, p. 353-354.

194. Acerca desta temática: Viney, Genévieve. *Traité de Droit Civil*. Les Conditions de la Responsabi-

230 | A BOA-FÉ NO DIREITO PRIVADO

A metáfora da *fonte* é por demais expressiva do *locus* de onde provém alguma eficácia – no caso, a eficácia de vinculação obrigacional, é dizer, de adstrição a deveres e a obrigações e, correlatamente, a titularidade de direitos subjetivos, pretensões, direitos formativos, as posições de expectativa legítima e de ônus. Cabe, assim, ter atenção às classificações das fontes, seja à classificação tradicional, que distingue entre as fontes negociais e as não negociais, seja à que as intenciona sistematizar em uma única *fattispecie* – a categoria do *contato social*. Isso porque, conforme a fonte de onde promanam os direitos e deveres, e consoante o campo em que situada a relação será diversa a intensidade do princípio da boa-fé.

§ 22. As fontes das obrigações e suas classificações

1. As várias classificações

À pergunta «de onde nasce a relação obrigacional?» respondeu-se, tradicionalmente, serem suas fontes ou o delito ou o contrato (classificação de Gaio),[195] admitindo-se, posteriormente, uma fonte tripartite, agrupando numa categoria residual as *variae causae figurae*.[196] Ainda mais tarde acrescentou-se, além dos delitos e dos contratos, os *ex quasi contractu* e *ex quasi delictu* (classificação de Justiniano), ou, conforme a operação que resulta do *Code Napoléon*, a classificação restou situada nas quatro fontes romanas, mais a lei, de tal forma, porém, que, equiparando a vontade (contrato) à lei, «os efeitos jurídicos que não derivassem de um acordo de vontades seriam derivados da norma

---

lité. 3.ª ed. Paris: LGDJ, 2006, § 489, p. 439-440; Cardoso-Roulot, Nelia. *Les Obligations Essentielles en Droit Privé des Contrats*. Paris: L'Harmattan, 2008, p. 156 e ss; Azevedo, Antonio Junqueira de. Cláusula Cruzada de Não Indenizar (*cross-waiver of liability*), ou Cláusula de Não Indenizar com Eficácia para Ambos os Contratantes. Renúncia ao direito de indenização. Promessa de fato de terceiro. Estipulação em favor de terceiro. *Estudos e Pareceres de Direito Privado*. São Paulo: Saraiva, 2004, p. 201 e ss.; Pinto Monteiro, Antônio. *Cláusulas Limitativas e de Exclusão de Responsabilidade Civil*. Coimbra: Almedina, 2011, p. 214 e ss.; Cavalieri Filho, Sérgio. *Programa de Responsabilidade Civil*. 11.ª ed. São Paulo: Atlas, 2014, p. 595.

195. As «Institutas» de Gaio têm a seguinte passagem, quanto à bipartição das obrigações em: *ex-contractu* e *ex-delicto*. Gai. 3.88: «*Nunc transeamus ad obligationes, quarum summa divisio in duas species iducitur: omnis enim obligatio vel ex contractu nascitur vel ex delicto*». Observa Arangio-Ruiz: «La clasificación predilecta de los juristas romanos parece limitarse a distinguir las dos grandes clases de los actos lícitos e ilícitos: estos últimos toman el nombre de *maleficia o delicta*; los primeros el de *contractus*. Nombre que en sentido propio se adapta, según el pensamiento latente de los mismos juristas, sólo al negocio jurídico bilateral dirigido a crear un vínculo obligatorio; pero que la jurisprudencia extiende, con visible esfuerzo, también a casos en los cuales el negocio bilateral falta, buscando en ellos cualquier cosa que pueda asemejarse a la resultante de dos declaraciones de voluntad» (Arangio-Ruiz, Vincenzo. *Instituciones de Derecho Romano*. Buenos Aires: Depalma, 1973, p. 325).

196. Percebendo que nem todas as obrigações eram provenientes de contrato ou de delito, Gaio cogita de uma terceira categoria – as *várias causas de figuras*. Esta é residual, no sentido de agrupar outras manifestações obrigacionais que não podiam ser enquadradas nem como contrato, nem como delito.

PRESSUPOSTOS PARA A COMPREENSÃO DA ATUAÇÃO DA BOA-FÉ OBRIGACIONAL | 231

[legal]»,[197] reinstaurando-se, assim, a díade *delito* (dano injusto, a obrigação de indenizar resultando da lei) e *contrato* (negócio jurídico, a obrigação nascendo da vontade).

Como tudo no Direito, também a qualificação de determinado fato como fonte e a determinação de sua relevância, é determinado pela História. As profundas transformações da vida social no último século se refletiram em novas proposições de classificação. Há o retorno, em novas bases, à antiga classificação tripartite, que divide as fontes entre negociais, delituais e restitutórias.[198] Há a classificação dualista, que distingue entre fontes negociais, decorrentes de negócios jurídicos, e não negociais, estando agrupadas, nessas últimas, as obrigações decorrentes da lei (inclusa a causação de dano injusto), bem como as nascidas dos chamados atos existenciais,[199] dogmaticamente qualificáveis como

---

197. COUTO E SILVA, Clóvis do. *A Obrigação como Processo.* Rio de Janeiro: FGV Editora, 2006, p. 72. Aliás, é justamente desta operação jurídico-política que surge, com a codificação que será posta no direito moderno, a tradicional divisão entre os dois grandes «tipos» de responsabilidade civil, a contratual e a extracontratual, cada qual com o seu fundamento, classificação que trará dificuldades, posteriormente, para o tratamento da responsabilidade pré-negocial e que definirá pontualmente: as obrigações ou nascem do exercício da autonomia privada, expressa privilegiadamente nos negócios jurídicos, em especial nos contratos, ou nascem da lei, fundando-se na conduta culposa imputável e danosa ao patrimônio do «alter». Do que, seja pelo recurso ao princípio da autonomia da vontade, seja pelo apelo à noção de culpa, se estará, sempre, fortemente atado ao dogma da vontade.

198. Ver MICHELON JÚNIOR, Cláudio. *Direito Restitutório.* Enriquecimento sem Causa, Pagamento Indevido, Gestão de Negócios. São Paulo: Revista dos Tribunais, 2007; NANNI, Giovanni Ettore. *Enriquecimento sem Causa.* São Paulo: Saraiva, 2004; KONDER, Carlos Nelson. Enriquecimento sem Causa e Pagamento Indevido. In: TEPEDINO, Gustavo (Coord.). *Obrigações* – Estudos na Perspectiva Civil-Constitucional. Rio de Janeiro: Renovar, 2005, p. 369-398. Há obrigações derivadas de *atos unilaterais,* quando há o transpasse injustificado de bens ou direitos de um patrimônio para outro, abarcando a Promessa de Recompensa, a Gestão de Negócios, o Pagamento Indevido e o Enriquecimento Sem Causa, grupo que está articulado em torno do *princípio da conservação estática dos patrimônios»* (MICHELON JÚNIOR, Cláudio. *Direito Restitutório.* Enriquecimento sem Causa, Pagamento Indevido, Gestão de Negócios. São Paulo: Revista dos Tribunais, 2007, p. 26-34); e, finalmente, há aquelas (c) originadas de ato ilícito causador de dano (*obrigação de indenizar*). Essa estrutura discerne entre os particulares perfis funcionais bem como entre sua peculiar principiologia, pois princípios diversos entre si guiarão a relação obrigacional conforme nasça de um contrato, de um enriquecimento sem causa ou de um dano causado a outrem (nesse sentido: NORONHA, Fernando. *Direito das Obrigações.* São Paulo: Saraiva, 2003, p. 8, 21, 29, 343-410).

199. A denominação «ato existencial» foi cunhada por Clóvis do Couto e Silva para indicar o que a doutrina alemã chamou de *faktische Vertragsverhältnisse* (relações contratuais fáticas), nascidas de *sozialtypische Vehalten* (comportamentos sociais típicos). Justifica o autor as razões da denominação: «A "conduta socialmente típica", na terminologia de Karl Larenz, com seus reflexos na valorização da vontade nos negócios jurídicos, parece inspirar-se no conceito de "contracts for necessaires" de há muito vigorante na *common law,* sabendo-se que o termo "necessaires" significa mais do que "artigos necessários à manutenção da pessoa no círculo de vida dentro da qual ela opera" (...). Denominei a esses negócios de "atos existenciais"» (COUTO E SILVA, Clóvis do. O Princípio da Boa-Fé no Direito Brasileiro e Português. In: CAETANO, Marcello; MOREIRA ALVES, José Carlos; COUTO E SILVA, Clóvis do; ALMEIDA COSTA, Mário Júlio (Orgs.). *Estudos de Direito Civil Brasileiro e Português.* 1 Jornada Luso-Brasileira de Direito Civil. São Paulo: Revista dos Tribunais, 1980, p. 48, nota 9). Já quase duas décadas antes, ao escrever *A Obrigação como*

232 | A BOA-FÉ NO DIREITO PRIVADO

atos-fatos, e não como negócios jurídicos. Finalmente, há a classificação unitária, que busca o delineamento de uma *fattispecie* omnicompreensiva, capaz de abarcar todas as espécies de relações obrigacionais, distinguindo apenas internamente entre elas, como ocorre na doutrina de Pontes de Miranda[200] e – como a seguir anotarei – na de Clóvis do Couto e Silva, fundada na noção de contato social.

Sendo suficientemente expostas na doutrina – a qual se remete – as classificações dualista e tripartite,[201] cabe aqui melhor explicitar os fundamentos da classificação unitária proposta por Couto e Silva, em cujo núcleo está a noção de *contato social*.

2. O contato social como categoria jurídica

A percepção – e a preocupação – com as assimetrias sociais derivadas de poderes fáticos (econômicos, informativos, estratégicos) e jurídicos é hoje lugar comum na Ciência Jurídica e nos foros judiciais. Essa preocupação transparece nas várias e sucessivas formulações teóricas pelas quais se vem buscando, há quase um século, propor modelos dogmáticos que deem conta da complexidade de novas fontes do fenômeno obrigacional, não redutíveis ao contrato, ao delito civil e ao transpasse patrimonial injustificado.

Processo, esclarecia o autor: «Outro problema que necessita ser examinado é o da tipificação social e suas consequências. (...) Resultado de práticas continuadas, de costumes, esses tipos têm a cogência peculiar ao "poder" da sociedade. Essa afirmativa importa em reconhecer haver outros elementos de fixação no mundo social, além do direito. Todos esses elementos atuam sobre a atividade dos indivíduos, processando-se uma estruturação, um tipificar de condutas, *nas quais a vontade individual, em virtude da objetivação decorrente da incidência daqueles fatores sociais, vai passando para o segundo plano*. Em outras hipóteses, o resultado se supõe tão obviamente desejado, a ponto de ensejar, embora possa parecer paradoxal, que não se pesquise sua existência» (isto é, a existência do elemento volitivo). «São atos absolutamente necessários à vida humana. *A tipificação somente cresce de ponto e de importância quando se tratar desse último tipo de ato, pois relativiza-se e objetiva-se a vontade, de modo a converter o que seria*, in thesi, *negócio jurídico, em verdadeiro ato-fato*» (p. 77-78, destaques meus). Como se pode perceber, o autor acolhe o conceito de *necessaires* do Direito anglo-saxão, o qual, para explicar o tratamento jurídico dispensado aos incapazes (em especial aos menores), quando na prática de atos destinados para atender exigências básicas da vida em sociedade, como a alimentação, o transporte e o vestuário, por exemplo, atos estes em que não seria possível cogitar da vontade – e, portanto, da invalidade –, uma vez que a vinculação jurídica decorreria não da vontade, ou do «acordo de vontades», mas da objetiva satisfação da necessidade.

200. «As obrigações são efeitos de fatos jurídicos», sustenta Pontes de Miranda, no *Tratado de Direito Privado*. Tomo XXII. 3.ª ed. São Paulo: Revista dos Tribunais, 1984, § 3.169, § 2.687, p. 55. Com efeito, esse parece ser o critério mais abrangente, pois há hipótese de responsabilidade civil não abrangidas pelo contato social. Exemplo é a responsabilidade decorrente de fato jurídico *stricto sensu* ilícito, como na hipótese da avulsão (art. 1.251 do Código Civil).

201. ALMEIDA COSTA, Mário Júlio de. *Direito das Obrigações*. 12.ª ed. Coimbra: Almedina, 2009; NORONHA, Fernando. *Direito das Obrigações*. 4.ª ed. São Paulo: Saraiva, 2013.

PRESSUPOSTOS PARA A COMPREENSÃO DA ATUAÇÃO DA BOA-FÉ OBRIGACIONAL | 233

A formulação da doutrina do *contato social*[202] tem esse direcionamento. A expressão provém da Sociologia.[203] Sua transposição para a Ciência Jurídica liga-se, originalmente, às tentativas de acomodação dogmática da responsabilidade pré-negocial (*culpa in contrahendo*), e, modo geral, à busca de explicações para o fenômeno da vinculação obrigacional quando não proveniente de declarações de vontade.[204] Mais tarde – sendo esse o sentido que lhe foi dado por Clóvis do Couto e Silva – desprendeu-se da conotação original, passando a designar figura mais abrangente, capaz de sistematizar todas as fontes de nascimento de direitos e deveres obrigacionais.

De início, a extensão da noção de contato social foi rejeitada como categoria hábil a propiciar a sistematização do Direito Obrigacional, porque os atos jurídicos voluntários (isto é, atos jurídicos em sentido estrito e negócios jurídicos) possuiriam particularidades que escapariam a uma classificação unitária. Por isso, argumentava-se, estariam melhor reportados à classificação enucleada na intensidade da força da vontade humana para criar o ato e, até mesmo, nos negócios, determinar os seus efeitos,[205] enquadrando-se,

---

202. «A obrigação que resulta de um ato ilícito e de um contrato tem sempre a mesma estrutura e é polarizada pela mesma finalidade: a satisfação do interesse do credor». No original: «L'obligation qui résulte d'un acte illicite et d'un contrat a toujours la même structure et elle est polarisée pour la même finalité, la satisfaction de l'interêt du créditeur», afirma Clóvis do Couto e Silva, acentuando a identidade estrutural e finalística de toda e qualquer relação obrigacional, seja a proveniente de um delito, seja de um negócio jurídico (*Principes Fondamentaux de la Responsabilité Civile en Droit Brésilien et Comparé* – cours fait à la Faculté de Droit et Sciences Politiques de St. Maur (Paris XXI). Paris: [s.n.], 1988, p. 2).

203. Foi Leopold von Wiese, in *System des allgemeinen Soziologie*, Berlim, 1933, que, trabalhando com as categorias sociológicas da «teoria da associação», as de proximidade e de distância, percebeu a existência de *nuances* nos contatos sociais. (ver COUTO E SILVA, Clóvis do. *Principes Fondamentaux de la Responsabilité Civile en Droit Brésilien et Comparé* – cours fait à la Faculté de Droit et Sciences Politiques de St. Maur (Paris XXI). Paris: [s.n.], 1988. Cf, ainda: LUDWIG, Marcos de Campos. A Categoria Sociológica dos Atos Existenciais e o Problema da sua Classificação enquanto Fonte de Obrigações. Inédito.

204. A essa categoria recorreu Gunther Haupt ao formular, em 1941, a doutrina das relações contratuais de fato, isto é, relações que se formam sem que haja um acordo de vontades. Haupt mencionou três grupos de casos geradores de relações contratuais de fato: o contato social; a participação em relações comunitárias (de trabalho e de sociedade) e os resultados de deveres resultantes da prestação de bens e serviços essenciais. (Assim explicita FERREIRA DE ALMEIDA, Carlos. *Texto e Enunciado na Teoria do Negócio Jurídico*. Tomo I. Coimbra: Almedina, 1992, p. 27-28.) Na visão de Marcos Ludwig, o contato social constitui uma categoria da doutrina sociológica do processo social, de conotação formalista, que reconhecia duas grandes espécies de relações na sociedade: a) relações de aproximação ou associação; b) relações de afastamento ou dissociação. Como ensina Couto e Silva, a teoria de Wiese foi importada para o âmbito do Direito com o fim de justificar o nascimento de direitos e obrigações naqueles casos em que não existisse contrato. Os casos de responsabilidade civil por culpa *in contrahendo*, portanto, estariam abrangidos pelo manto basilar da noção de contato social, enquanto fundamento de uma determinada relação social de aproximação potencialmente geradora de efeitos jurídicos. Era o que Larenz e outros juristas alemães denominaram, à época, de «conduta socialmente típica» (sozialtypisches Verhalten), como vimos anteriormente». LUDWIG, Marcos de Campos. A Categoria Sociológica dos Atos Existenciais e o Problema da sua Classificação enquanto Fonte de Obrigações. Inédito.

205. COUTO E SILVA, Clóvis do. *Principes Fondamentaux de la Responsabilité Civile en Droit Brésilien et*

234 | A BOA-FÉ NO DIREITO PRIVADO

então, na classificação dualista entre obrigações provindas de atos negociais e de atos não negociais.[206] Outros afastavam a noção entendendo que «resultados mais promissores e rigorosos poderiam ser alcançados mediante a aplicação do princípio da boa-fé objetiva no âmbito da responsabilidade pré-negocial, com base no famoso § 242 do Código Civil alemão».[207]

Clóvis do Couto e Silva, porém, sustentava ser uma noção útil para sistematizar as fontes das obrigações, pois, dotada de alto grau de abrangência, teria a vantagem de se apresentar como uma «*fattispecie* comum aos contratos e aos delitos, lhes conferindo um grande valor sistemático».[208] Isso porque, além dos contratos e dos delitos, a essa categoria podem ser reconduzidos também os *atos existenciais* (dogmaticamente classificáveis como atos-fatos), produzidos no âmbito de condutas socialmente típicas.[209] Retrabalhando as categorias sociológicas da «teoria da associação» – isto é, as categorias da *proximidade* e da *distância* –, percebeu a existência de nuanças nos contatos sociais ocorrentes nesse espaço intervalar, verificando-se, entre os graus máximos de proximidade e de distância, graus intermediários. O mais distante dos contatos sociais seria meramente o fato de viver em sociedade. O mais próximo seria aquele propiciado pelo contrato, forma voluntária de aproximação entre os sujeitos.[210]

A originalidade da proposição de Couto e Silva está não apenas no transpor para a análise jurídica os paradigmas sociológicos dos graus da proximidade e da distância dos contatos que se fazem na vida em sociedade, mas em ampliá-la para oferecer um modelo de ordenação ou a modelação unitária das várias fontes de relação obrigacional,

---

Comparé – cours fait à la Faculté de Droit et Sciences Politiques de St. Maur (Paris XXI). Paris: [s.n.], 1988, p. 3, nota 1.

206. Exemplificativamente, Emilio Betti, que optou por classificar as «relações contratuais de fato » sob o manto conceitual do negócio jurídico, configurando assim relações negociais não oriundas da aceitação de uma oferta, mas de uma «valoração social típica» (*valutazione sociale tipica*) (BETTI, Emilio. Sui Cosiddetti Rapporti Contrattuali di Fatto. *Jus*, ano VIII, fasc. III, set. 1957, p. 353-371).

207. Assim refere LUDWIG, Marcos de Campos. A Categoria Sociológica dos Atos Existenciais e o Problema da sua Classificação enquanto Fonte de Obrigações. Inédito. E objeta: «se tal argumento é válido para afastar a teoria das 'relações contratuais de fato', não chega a ameaçar a integridade da noção de contato social, caso a utilizemos de modo mais abrangente», nela abarcando hipóteses em que o chamamento ao princípio da boa-fé teria como resultado ampliar demasiadamente o seu emprego tecnicamente apurado.

208. COUTO E SILVA, Clóvis do. *Principes Fondamentaux de la Responsabilité Civile en Droit Brésilien et Comparé* – cours fait à la Faculté de Droit et Sciences Politiques de St. Maur (Paris XXI). Paris: [s.n.], 1988, p. 9. No original: «(...) comme une fattispécie commune aux contrats et aux délits, en lui donnant une grande valeur systématique».

209. A expressão «contato social» é mais abrangente, designando um campo mais extenso do que o do ato existencial. Estes enquadram-se como espécie no gênero contato social, no qual se alocam, por igual, todas as categorias que compõem os fatos jurídicos, lícitos ou ilícitos.

210. Ver COUTO E SILVA, Clóvis do. *Principes Fondamentaux de la Responsabilité Civile en Droit Brésilien et Comparé* – cours fait à la Faculté de Droit et Sciences Politiques de St. Maur (Paris XXI). Paris: [s.n.], 1988.

PRESSUPOSTOS PARA A COMPREENSÃO DA ATUAÇÃO DA BOA-FÉ OBRIGACIONAL | 235

utilizando a teoria sociológica da associação, para, a partir dela (contatos mais distantes; contados menos distantes) tudo apanhar e ordenar em uma única fonte obrigacional (o contato social) abrangente de contratos, delitos e as outras várias figuras geradoras de vínculos obrigacionais. Explique-se com mais vagar essa proposição.

Na vida das relações em sociedade, as pessoas entram em contato entre si. «Viver em sociedade significa a possibilidade de ter contatos sociais».[211] Contudo, a vida em sociedade não apresenta uma uniformidade de contatos sociais: estes são nuançados, graduados, pluriformes,[212] sendo mensuráveis em graus de proximidade e de distância. As nuanças operam, portanto, desde um «contato muito próximo» (em que as pessoas entram em contato de forma voluntária) até um «contato muito distante», que é caracterizado pelo mero fato de viver em sociedade. Entre uns e outros, há graus intermediários de contato social juridicamente valorizado. Assim, *e.g.*, as hipóteses de *culpa in contrahendo* e as que nascem de atos não negociais, como os atos-fatos, os atos jurídicos em sentido estrito, os atos unilaterais e os atos ilícitos.[213]

Nem todos os contatos sociais serão juridicamente relevantes. Os que o forem, porém, articulam-se em escalas variáveis de intensidade, mensuradas por meio da categoria da associação, que discerne entre contatos mais próximos (paradigmaticamente: o contrato, forma voluntária de contato social) e mais distantes (o mero fato de viver em sociedade, de onde decorre o dever de *alterum non laedere*), cada um deles gerando distintas eficácias obrigacionais.

3. Contato social como categoria sistematizadora

Na leitura que procedo a essa proposição,[214] o contato social seria, portanto, a fonte geral e comum a todas as espécies de relações obrigacionais, sua fonte mediata

---

211. COUTO E SILVA, Clóvis do. *Principes Fondamentaux de la Responsabilité Civile en Droit Brésilien et Comparé* – cours fait à la Faculté de Droit et Sciences Politiques de St. Maur (Paris XXI). Paris: [s.n.], 1988, p. 10.

212. COUTO E SILVA, Clóvis do. *Principes Fondamentaux de la Responsabilité Civile en Droit Brésilien et Comparé* – cours fait à la Faculté de Droit et Sciences Politiques de St. Maur (Paris XXI). Paris: [s.n.], 1988, p. 11.

213. A questão de saber se existe, ou não, e uma diversa natureza entre os deveres que decorrem da vontade e os que decorrem normalmente do contato social, excluídos os contratos, vem expressamente formulada por COUTO E SILVA, Clóvis do. *Principes Fondamentaux de la Responsabilité Civile en Droit Brésilien et Comparé* – cours fait à la Faculté de Droit et Sciences Politiques de St. Maur (Paris XXI). Paris: [s.n.], 1988, p. 12. É uma questão estrutural à obra, na qual é respondida pela negativa.

214. Há concepções que restringem a noção de «contato social» aos atos e comportamentos que antecedem a eventualidade de celebração de um contrato ou acompanha relações de simples cortesia (assim a tese de Gunther Haup, conforme referida por FERREIRA DE ALMEIDA, Carlos. *Texto e Enunciado na Teoria do Negócio Jurídico*. Tomo 1. Coimbra: Almedina, 1992, p. 27. Também referida por PASQUALOTTO, Adalberto. *Os Efeitos obrigacionais da publicidade no Código de Defesa do Consumidor*. São Paulo: Revista dos Tribunais, 1997, p. 40).

A BOA-FÉ NO DIREITO PRIVADO

capaz de acomodar numa mesma *estrutura de sistematização* os fatos jurídicos nascidos da autonomia privada e da confiança legítima, notadamente os negócios jurídicos contratuais; os fatos que tem a confiança como seu elemento de propulsão, como os acordos de cavalheiros e outros atos não negocialmente vinculativos,[215] alocados na fase que antecede a conclusão de um contrato; os variados atos unilaterais que promovem deslocamentos patrimoniais, fundamentados no princípio da conservação estática dos patrimônios;[216] os atos existenciais,[217] correspondentes, *lato sensu*, à noção de *contracts for necessaries*,[218] direcionados pelos princípios da necessidade e vulnerabilidade; os atos produtores de risco e os delitos em sentido próprio. Visualize-se, gráfica e esquematicamente:

---

215. Cabe a ressalva: mais importante do que o título dado ao acordo de vontades, importa para a sua exata qualificação jurídica o exame de sua substância conteudística. Há acordos que, embora denominados «memorandos de entendimento» (ou nomes semelhantes) constituem verdadeiros contratos preliminares, dotados, por isso mesmo, de eficácia vinculativa contratual, assim como há documentos apodados como «contratos preliminares» que constituem, a rigor, outras espécies de declaração negocial. Dito de outro modo: a vinculabilidade ou não, desses instrumentos – e a sua força, se obrigacional em sentido amplo, ou especificamente contratual –, decorre do que nele estará materialmente consignado, não do título que eventualmente encabeça o documento (tratei desse tema em: MARTINS-COSTA, Judith. As Cartas de Intenção no Processo Formativo da Contratação Internacional: os graus de eficácia dos contratos. *Revista da Faculdade de Direito da Universidade Federal do Rio Grande do Sul*, Porto Alegre, n. 17, 1990, p. 207-227. Para a doutrina brasileira mais recente, conferir em: ZANETTI, Cristiano de Sousa. *Responsabilidade pela Ruptura das Negociações*. São Paulo: Juarez de Oliveira, 2005, p. 31-34).

216. MICHELON JÚNIOR, Cláudio. *Direito Restitutório*. Enriquecimento sem Causa, Pagamento Indevido, Gestão de Negócios. São Paulo: Revista dos Tribunais, 2007, p. 15-18.

217. Ver, *infra*, CAPÍTULO III, §22, 4 a 7.

218. Essa associação foi proposta por Clóvis do Couto e Silva, recorrendo à noção de «contracts for necessaries» de há muito vigorante na *common law*, sabendo-se que o termo «necessaries» significa mais do que «artigos necessários à manutenção da pessoa no círculo de vida dentro do qual ela opera» (cf. Peters *v.* Fleming (1840). In: CHESHIRE, Geoffrey; FIFOOT, Cecil. *The Law of Contract*. London: Butterworths, 1964, p. 348). (O trecho está em COUTO E SILVA, Clóvis do. O Princípio da Boa-Fé no Direito Brasileiro e Português. In: CAETANO, Marcello; MOREIRA ALVES, José Carlos; COUTO E SILVA, Clóvis do; ALMEIDA COSTA, Mário Júlio (Orgs.). *Estudos de Direito Civil Brasileiro e Português*. I Jornada Luso-Brasileira de Direito Civil. São Paulo: Revista dos Tribunais, 1980, p. 43-72, ora In: FRADERA, Véra. O Princípio da Boa-Fé no Direito Brasileiro e Português. *O Direito Privado Brasileiro na Visão de Clóvis do Couto e Silva*. Porto Alegre: Livraria do Advogado, 1997, p. 37-38, nota 9, *in fine*.) Uma proposição em parte convergente a esta, ainda que fundamentada em outras bases teóricas, foi feita por Teresa Negreiros ao propor o «paradigma da essencialidade», que explica como «um instrumento para se distinguirem os contratos à luz das diferentes funções que desempenham em relação às necessidades existenciais do contratante. Os contratos que tenham por função satisfazer uma necessidade existencial do contratante devem sujeitar-se a um regime de caráter tutelar – ampliando-se, correlatamente, o campo de aplicação dos novos princípios [contratuais]». Distinguem-se, pelo caráter de essencialidade do seu objeto indireto à vida humana daqueles contratos «destinados a satisfazer preferências que não configuram necessidades básicas das pessoas» (NEGREIROS, Teresa. *Teoria do Contrato*. Novos Paradigmas. Rio de Janeiro: Renovar, 2002, p. 30-31).

CONTATO SOCIAL

P < contrato ———————————————— delito civil > **D**

(em que **P** é o grau de proximidade máxima e **D** é o grau de distância máxima)

e

CONTATO SOCIAL

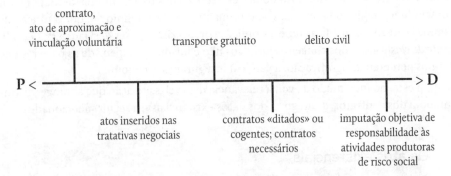

(em que os atos inseridos entre **P** e **D** são atos com intensidades escalonadas de proximidade e de distância)

Dentre os atos situados em categoria intermediária entre a distância máxima (imputação objetiva de responsabilidade civil pelo fato da atividade habitualmente produtora de risco social) e a proximidade máxima (conclusão de um contrato), encontram-se atos que, embora nomeados como «contratos», têm o elemento volitivo altamente minimizado, como os chamados contratos cogentes, tal qual o seguro automobilístico DPVAT; aqueles submetidos a uma tipicidade social cogente (como o transporte coletivo); e, ainda, aqueles destinados a suprir necessidades essenciais da pessoa humana, sendo o seu objeto indireto, exemplificativamente, moradia, água, luz, educação, comunicações. Esses «contratos» foram nomeados por Couto e Silva como *atos existenciais*, sendo qualificados, dogmaticamente, como atos-fatos, e não como negócios jurídicos, sendo, incontroversamente, espécies de contatos sociais juridicamente qualificados. Assim:

CONTATO SOCIAL

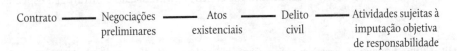

A distinção entre os atos existenciais e os contratos propriamente ditos – em que há a presença do elemento volitivo, do poder jurisgênico da autonomia privada – parece ter inegável relevo dogmático. Não é adequado nomear fenômenos distintos com o mesmo nome, pois dos «nomes» não são meras etiquetas a colar aleatoriamente nos fenômenos. Indicam, no Direito, qualificações das quais decorrem distintas eficácias.

No estágio atual das transformações econômicas, ocupam lugar destacado as transformações verificadas nos modelos de trocas (intercâmbios econômicos) e nas práticas comerciais que, modificando até mesmo as percepções sociais acerca do que seja o tempo e o espaço, não podem deixar de impactar as formas jurídicas. Como alerta Cunha Rodrigues, «o direito, que conhecia de outros setores alguns pressupostos (como o relativo ao desequilíbrio do poder negocial das partes) interessa-se agora por um fenômeno mais complexo, baseado numa relação de domínio em que a função de algumas categorias jurídicas ou econômicas corre o risco de ser desviada».[219] O *coeficiente de elasticidade* dos conceitos jurídicos não é infinito, sob pena de as palavras que usamos perderem a significação, levando à insegurança e à anomia.

Aí está, no meu modo de ver, a relevância dessa classificação que abrange, distinguindo-a dos contratos, a categoria dos «atos existenciais», a seguir mencionados.

4. Os atos existenciais

À Ciência do Direito colocou-se o problema de qualificar e regular certas relações derivadas do fenômeno da massificação social, do consumo de massa e de novos meios técnicos (como, por exemplo, máquinas que «fornecem» automaticamente certos produtos; contratação eletrônica; contratação a distância; serviços oferecidos por provedores no âmbito da internet), gerados pela consolidação da sociedade pós-industrial.[220]

Primeiramente questionou-se: seriam compreendidos como *contratos* certos atos, como, por exemplo, a aquisição por um menor de idade de um sanduíche em confeitaria ou um refrigerante em uma máquina? Depois, os problemas aumentaram: como qualificar adequadamente relações originadas de fornecimentos massivos, alguns deles impositivos (*e.g.*, o seguro obrigatório para automóveis, dito DPVAT; o fornecimento de água encanada, energia elétrica, gás encanado), bem como aquelas derivadas de propostas e aceitações realizadas por meios eletrônicos (*e-commerce*)? Finalmente, apresentou-se o problema dos vínculos de interdependência (jurídica) propiciados pela internet, com o que, à massificação e ao anonimato acresceu a «deslocalização»: compra-se e vende-se, loca-se e se prestam serviços entre sujeitos que tem como ponto de contato apenas o fato de estarem situados no universo da internet.

Em uma perspectiva tradicional da teoria dos negócios jurídicos, os contratos pactuados pelo absolutamente incapaz haveriam de ser considerados como nulos. Do mesmo modo, não poderiam ser atribuídos efeitos de vinculação contratual a espécies

---

219. Cunha Rodrigues, José. Novas Fronteiras dos Problemas do Consumo. *Estudos do Direito do Consumidor*, vol. I. Coimbra: Faculdade de Direito da Universidade de Coimbra, 1999, p. 49.

220. Assim se escreveu em Pontes de Miranda, Francisco Cavalcanti. *Tratado de Direito Privado*. Tomo I. Atualizado por Judith Martins-Costa, Jorge Cesa Ferreira da Silva e Gustavo Haical. São Paulo: Revista dos Tribunais, 2012. As linhas que se seguem sintetizam o que lá está posto, p. 293-294.

PRESSUPOSTOS PARA A COMPREENSÃO DA ATUAÇÃO DA BOA-FÉ OBRIGACIONAL | 239

que dificilmente seriam qualificáveis como atos de autonomia privada, como os forne-cimentos acima mencionados. Todavia, como considerar esses negócios jurídicos como atos nulos, sem ser obstaculizado o tráfico jurídico? Como não atribuir efeito de vincu-lação contratual sem perturbar demasiadamente o modelo de circulação de riquezas numa economia de mercado?

Para fazer frente a essas dificuldades teóricas, aos poucos foram sendo levantadas pela doutrina jurídica questões relacionadas a «condutas socialmente típicas», «con-tratos fáticos», «condições gerais do negócio», etc. Neste cenário, atos praticados por incapazes poderiam ter a aparência – e a eficácia – de negócios jurídicos.

5. Atos existenciais e «relações contratuais de fato»

Visando enfrentar dogmaticamente esse fenômeno, ainda na Alemanha, G. Haupt, em 1941, formulou a doutrina das «relações contratuais de fato» (*faktische Vertrags-verhältnisse*). Sustentava-se o nascimento de relações contratuais independentes da formação de um contrato – por exemplo, quando um indivíduo compra uma passagem de trem, a companhia ferroviária fica imediatamente obrigada a transportá-lo, sem que um contrato tenha de ser celebrado para tanto. A fonte dessa espécie de obrigação es-taria na existência de uma «conduta socialmente típica» (*sozialtypisches Verhalten*), baseada em *precedentes factuais*. Diferentes dos contratos em seu processo de gestação e nos requisitos de validade, tais atos seriam fundamentalmente idênticos aos contratos em sua existência e em sua eficácia.

A doutrina de Haupt, posteriormente, acabou sendo afastada na própria Alemanha. Entendeu-se aplicável a esses casos institutos já conhecidos, tais como o comportamen-to concludente, o dever de contratar e a representação.[221] Entre nós, Pontes de Miranda também analisou o problema, entretanto, sob outra perspectiva, considerando negócio jurídico bilateral (contrato) a relação jurídica obrigacional decorrente das relações mas-sificadas do tráfico. Porém, não considerava o ato praticado pelo incapaz negócio jurí-dico unilateral (aceitação da oferta ao público), classificando-o, todavia, como *ato-fato jurídico*.[222] Seguindo essa classificação, Clóvis do Couto e Silva veio a cunhar a doutrina do ato existencial, qualificando-o como ato-fato jurídico e inserindo-o no esquema unitário do contato social. Posteriormente, outros autores influenciados por seu pen-samento cogitaram da categoria do *contato social de consumo*.[223]

---

221. Para um panorama historicamente situado: HATTENHAUER, Hans. *Conceptos Fundamentales del Derecho Civil*. Trad. espanhola de Gonzalo Hernández. Barcelona: Ariel, 1987, p. 73. Para a incor-poração de algumas dessas teorias no Direito germânico, pós-Reformas de 2001/2002, *vide* ME-NEZES CORDEIRO, António. *Da Modernização do Direito Civil*. Tomo I. Coimbra: Almedina, 2004.

222. PONTES DE MIRANDA, Francisco Cavalcanti. *Tratado de Direito Privado*. Tomo XXXVIII. 3.ª ed. São Paulo: Revista dos Tribunais, 1984, § 4.191, p. 33.

223. A expressão «contato social de consumo» foi cunhada por SANSEVERINO, Paulo de Tarso. *Respon-sabilidade Civil por Acidentes de Consumo*. Porto Alegre, 1994, inédito, posteriormente publicado

6. Qualificação jurídica dos atos existenciais

Os *atos existenciais* são espécies integrantes do contato social. Como explicou Couto e Silva, «os atos de tipo existencial referem-se às necessidades básicas do indivíduo, tais como alimentação, vestuário, água etc. Ninguém poderá pensar em tê-los por inválidos, desde que se realizem dentro dos moldes normais e adequados, sob alegação, por exemplo, de incapacidade de uma das partes. O número de atividades que se insere na esfera do "necessário" ou "existencial" depende dos usos e concepções de vida de cada povo, havendo, porém, um mínimo comum».[224] São manifestados nas «condutas socialmente típicas» – mas, a rigor, não constituem verdadeiros negócios jurídicos, pois neles não há a possibilidade de a eficácia ser determinada por ato de autonomia privada, estando já predeterminada em lei, ou derivando da tipicidade social.

De fato, a proposição de um tratamento dogmático particularizado para esses atos se insere na temática mais vasta das consequências da *tipicidade social* que impõe, concomitantemente com a emergência do fenômeno da massificação social e das novas tecnologias da informação, a necessidade de reconhecer como dotados de juridicidade «outros elementos de fixação no mundo social» além da lei e da vontade.

Segundo observou Couto e Silva, «(...) a lei tipifica diferentes atividades dos particulares, que se tornaram usuais, comuns, no curso dos tempos. A estrutura desses negócios, recolhidos pela legislação, passou a denominar-se típica. Mas não se suponha que o fluxo social, com a tipificação da lei, ter-se-ia paralisado. A sociedade moderna vem se caracterizando por incessante e progressiva padronização. Assim, à margem dos seus tipos legais, estabeleceram-se os que se poderiam denominar de sociais, por obra e influência de práticas reiteradas, tipos esses ainda não recebidos e normados convenientemente. Resultado de práticas continuadas, de costumes, esses tipos têm a cogência peculiar ao "poder" da sociedade».[225]

Os atos existenciais se caracterizam, pois, como «aquelas providências típicas da sociedade massificada em que vivemos, quotidianamente necessárias para que o cidadão subsista de forma digna, de acordo com os padrões sociais vigentes em cada época e em cada localidade particular»,[226] traduzindo-se, modo geral, em atos padronizados e

---

como SANSEVERINO, Paulo de Tarso. *Responsabilidade Civil no Código do Consumidor e a Defesa do Fornecedor*. 3.ª ed. São Paulo: Saraiva, 2010.Utilizou-a: PASQUALOTTO, Adalberto. *Os Efeitos Obrigacionais da Publicidade no Código de Defesa do Consumidor*. São Paulo: Revista dos Tribunais, 1997, p. 60. Considero, porém, ser mais pertinente e consentâneo à classificação proposta por Couto e Silva falar-se em «ato existencial de consumo», pois a expressão «contato social», no pensamento do referido autor, é reportada a um critério omnicompreensivo das fontes, não se restringindo, portanto, aos atos de consumo.

224. COUTO E SILVA, Clóvis do. *A Obrigação como Processo*. Rio de Janeiro: FGV Editora, 2006, p. 77-78.

225. COUTO E SILVA, Clóvis do. O Princípio da Boa-Fé no Direito Brasileiro e Português. In: CAETANO, Marcello; MOREIRA ALVES, José Carlos; COUTO E SILVA, Clóvis do; ALMEIDA COSTA, Mário Júlio (Orgs.). *Estudos de Direito Civil Brasileiro e Português*. 1 Jornada Luso-Brasileira de Direito Civil. São Paulo: Revista dos Tribunais, 1980.

226. Esclarece Ludwig: «O termo utilizado pela doutrina germânica, *Daseinsvorsorge*, transmite essa

reiterados por práticas sociais. No atual estágio social, podem ser incluídos nessa categoria (e independentemente de estar situado em um dos seus polos um sujeito qualificável nos termos da lei como «consumidor»), além dos já acima referidos, os atos relativos aos serviços bancários, de saúde, de seguros, transporte coletivo e acesso à internet,[227] sendo essas relações indiscutivelmente marcadas por alta dosagem de assimetria entre os sujeitos que a compõem. Do ponto de vista da dogmática jurídica, se qualificam como atos-fato, mormente nas relações obrigacionais massificadas e caracterizadas pela assimetria estrutural de poderes entre os agentes.

Nos atos existenciais, a perquirição do elemento volitivo (próprio aos negócios jurídicos) será, ao menos, fortemente relativizada em razão da objetivação produzida pela incidência de fatores sociais típicos da sociedade contemporânea. Não seria, pois, adequado qualificar tais atos como negócios jurídicos e, como tal, geneticamente ligados ao elemento volitivo. Tal qualificação seria impertinente, ao menos para o efeito de conectar determinadas consequências típicas à formação dos negócios, em vista dos pressupostos de validade que lhes são requeridos como, exemplificativamente, a nulidade por incapacidade do agente, no caso de uma compra realizada por um menor, ou a liberdade de consentimento na hipótese da «contratação» de um seguro obrigatório.[228] Por esta razão Clóvis do Couto e Silva, afastando-os da categoria dos negócios jurídicos, qualificou-os como atos-fato.[229]

7. Atos existenciais como «atos-fato»

A perfeita caracterização da espécie dos atos-fato se deve ao gênio criador e sistematizador de Pontes de Miranda que, ao propor sua Teoria do Fato Jurídico, cogitou de uma categoria intermediária, situada entre os fatos jurídicos *stricto sensu* e os atos

---

mesma ideia; significado similar possui a expressão inglesa *contracts for necessaries*». LUDWIG, Marcos de Campos. A Categoria Sociológica dos Atos Existenciais e o Problema da sua Classificação enquanto Fonte de Obrigações. Inédito.

227. É significativo que jurista do porte de Stefano Rodotà tenha proposto o reconhecimento, como direito fundamental de cidadania, do direito de acesso à internet (RODOTÀ, Stefano. *Il Mondo nella Rete*. Quali i diritti, quali vincoli. Roma: Laterza, 2014, p. 13-26).

228. Como adverte Marcos Ludwig, «devemos utilizar com especial cuidado as expressões «contrato», «contratante» e «relação contratual» em tais situações, uma vez que contrato só há, aqui, se adotarmos uma definição bastante genérica do termo – e não o respectivo conceito técnico, que classifica o contrato como uma das espécies de negócio jurídico bilateral, dentro do campo dos atos jurídicos *lato sensu*» (LUDWIG, Marcos de Campos. A Categoria Sociológica dos Atos Existenciais e o Problema da sua Classificação enquanto Fonte de Obrigações. Inédito).

229. Não se trata, propriamente, do reconhecimento de uma «relação de fato» – originária da crítica à consagrada expressão «relação contratual de fato» –, mas, como escreve Ludwig Raiser, de estabelecer se é possível qualificar como oferta, ou como aceitação, o comportamento socialmente típico de um sujeito em certas situações próprias da sociedade de massas, em especial nos casos de contratação massiva (RAISER, Ludwig. Funzione del Contratto e Libertà Contrattuale. *Il Compito del Diritto Privato*: assaggi di diritto privato e di diritto dell'economia di tre decenni. Trad. italiana de Maria Graziadei. Milano: Giuffrè, 1990, p. 95, em tradução livre).

242 | A BOA-FÉ NO DIREITO PRIVADO

jurídicos. Ao tratar dos atos humanos, distinguiu e explicitou: «Ato humano é o fato produzido pelo homem; às vezes, não sempre, pela *vontade* do homem. Se o direito entende que é relevante essa relação entre o fato, a vontade e o homem, que em verdade é dupla (fato, vontade-homem), o ato humano é ato jurídico (...). Se, mais rente ao determinismo da natureza, o ato é recebido pelo direito como fato do homem (relação "fato, homem"), (...) pondo-se entre parêntese o *quid* psíquico, o ato, fato (dependente da vontade) do homem, entra no mundo jurídico como ato-fato jurídico».[230] É o que se passa no ato-fato jurídico: a vontade humana é «posta entre parêntese», abstraída. Na passagem do mundo fático ao mundo jurídico, a eventual manifestação de vontade é *desconsiderada*, por não integrar o respectivo suporte fático. Isso porque, no ato-fato jurídico, «não se desce à consciência, ao arbítrio de se ter buscado causa a fato da vida e do mundo (definição de vontade consciente); satisfaz-se o direito com a determinação exterior».[231]

Como principal consequência, ao ato-fato jurídico não se aplicam as regras tradicionais referentes aos vícios da vontade e à incapacidade das partes – aplicáveis aos negócios jurídicos e aos atos jurídicos em sentido estrito –,[232] sendo descabida a invocação, nesses casos, do princípio da autonomia privada. E, restringindo-se a eficácia da autonomia privada aumenta-se o espaço da boa-fé como modelo estruturado sobre normas heterônomas impositivas, por exemplo, a tutela da legítima confiança.

A exigência de uma conduta marcada pela correção e consideração aos interesses da contraparte está vinculada à assimetria ínsita a essas relações e – no que tange especificamente às relações regidas pelo CDC – ao postulado da vulnerabilidade do consumidor no mercado de consumo. Por conta da assimetria, é exigido ao figurante da relação que detém a maior parcela do poder contratual um comportamento pautado pela mais estrita correção e atenção às expectativas legítimas que fez nascer em razão de sua conduta ao oferecer, a outrem ou ao público, real ou virtualmente, determinado produto ou serviço.

Assim está, por exemplo, na jurisprudência relativa aos efeitos do ato de estacionar veículos em estacionamentos de estabelecimentos voltados ao atendimento público, como Bancos e supermercados, objeto de súmula de jurisprudência.[233] Confira-se o

---

230. Pontes de Miranda, Francisco Cavalcanti. *Tratado de Direito Privado*. Tomo II. 3.ª ed. São Paulo: Revista dos Tribunais, 1983, § 209, p. 372-373.

231. Pontes de Miranda, Francisco Cavalcanti. *Tratado de Direito Privado*. Tomo II. 3.ª ed. São Paulo: Revista dos Tribunais, 1983, § 209, p. 373.

232. Por todos: Pontes de Miranda, Francisco Cavalcanti. *Tratado de Direito Privado*. Tomo II. 3.ª ed. São Paulo: Revista dos Tribunais, 1983, § 209, p. 373 e Tomo IV, §§ 425-426 quanto à anulabilidade por incapacidade, e §§ 430-481 quanto aos vícios da vontade.

233. Súmula n. 130 do STJ: (29.03.1995 – *DJ* 04.04.1995) «A empresa responde, perante o cliente, pela reparação de dano ou furto de veículo ocorridos em seu estacionamento». Trata-se efetivamente do primeiro grupo de casos no STJ relacionado à concreção do princípio da boa-fé. Entre os julgados, relatados pelo Min. Ruy Rosado de Aguiar Jr, transcritos *infra*: STJ. AgRg no Ag 47901/SP. Quarta Turma. Relator Min. Ruy Rosado de Aguiar. Julgamento em 12.09.1994. *DJ* de 31.10.1994; STJ. REsp 107211/SP. Quarta Turma. Relator Min. Ruy Rosado de Aguiar. Julgamento em 13.12.1996. *DJ* de 13.02.1997.

pioneiro acórdão da 5.ª Câmara Cível do Tribunal de Justiça do Rio Grande do Sul, cujos fundamentos transcreve-se, ainda que parcialmente:

«(...) o *shopping* pôs à disposição da autora todo um equipamento de comodidade e de segurança para o estacionamento do veículo usado por ela para deslocar-se até as dependências da empresa. A autora, com o ato de aceitar a oferta e deixar o seu veículo estacionado no parque, *praticou ato existencial gerador de relação obrigacional*, aceitando a oferta de estacionamento gratuito e deixando o veículo sob a guarda do esquema de segurança ali montado para a proteção do seu patrimônio. *Esse ato existencial decorre do simples contato social*, é componente necessário e quase sempre indispensável para a prática dos atos de mercancia em estabelecimento como o do *shopping*, pois a pessoa que para lá se dirige normalmente o faz em veículo próprio, porquanto o público a que o estabelecimento se propõe a atender é a classe média (...). Não se pode desconhecer a teoria sobre as relações contratuais de fato, nascidas do simples contato social típico (...), suficientes, só por si, para estabelecer vínculo jurídico entre as partes e criar relação obrigacional. O contrato derivaria da simples oferta e da sua aceitação, verificáveis mediante o exame do comportamento externo das partes, encontradiço nos serviços massificados».

E, ainda:

«Quando se admite e incentiva a compreensão dessa nova realidade criada pelos tempos modernos, é preciso admitir-se a existência de novas figuras jurídicas (...). Se é preciso visualizar sob novas luzes a situação em que se coloca o fenômeno mercadológico, que é o *shopping center*, é nesta mesma perspectiva que se deve *também* examinar a situação do ponto de vista do consumidor (...). Não se pode deixar de atentar para a peculiaridade da relação de depósito estabelecida nos parques dos "shopping centers" e dos supermercados, para aí reconhecer a existência do vínculo obrigacional de depósito, acontecido mediante simples estacionamento, sem taxa direta, porque incluído nos custos dos bens e serviços, sem tíquete, porque desnecessária burocratização e apenas elemento de prova de existência do fato, e sem entrega das chaves, porque a movimentação é feita pelo proprietário. (...) De qualquer forma, com esta relação, transferiu-se, do proprietário para o estabelecimento, a responsabilidade pela guarda e vigilância do veículo».[234]

---

234. TJRS. Ap. Cív. 589071711. Quinta Câmara Cível. Relator Des. Ruy Rosado de Aguiar Jr. Julgamento em 19.12.1989. Mais tarde, o mesmo Relator, já Ministro do STJ, julgou hipóteses similares, etiquetando a solução, contudo, com a denominação «relações contratuais de fato» e «condutas socialmente típicas». Confira-se em: STJ. AgRg no Ag 47901/SP. Quarta Turma. Relator Min. Ruy Rosado de Aguiar. Julgamento em 12.09.1994. *DJ* de 31.10.1994, assim ementado: «Também no (...) Serve para justificar, juntamente com a cláusula geral da boa-fé objetiva, o liame que reúne o estabelecimento bancário, ao fornecer local de estacionamento para o conforto de seus clientes e maior vantagem às operações bancárias, e o usuário desses serviços, vinculados pela simples existência da «conduta socialmente típica», incumbindo o estabelecimento fornecedor do serviço e do local de estacionamento o dever, derivado da boa-fé, de proteger a pessoa e os bens do usuário. (...) Há apenas o descumprimento do dever de proteção, que deriva da boa-fé, dever secundário independente. E ainda, no STJ. REsp 107211/SP. Quarta Turma. Relator Min. Ministro

244 | A BOA-FÉ NO DIREITO PRIVADO

Porém, é preciso atenção: nem todos os atos configuradores de relação jurídica de consumo serão classificáveis como *atos existenciais*, embora ali se trate, por definição legal, de relações estruturadas em assimetrias. Os respectivos conceitos se tangenciam, mas não se confundem. Sob a hipótese «relação jurídica de consumo», que suscita a incidência do CDC, podem ser formados contratos – inclusive contratos *negociados*, e não apenas contratos formados por adesão –, bastando que em seus polos estejam um consumidor e um fornecedor, na forma dos arts. 2.º e 3.º do Código consumerista e que haja, efetivamente, negociação, com a possibilidade real de o consumidor estabelecer, no todo ou em parte, o conteúdo contratual. Nesses casos, a autonomia privada estará presente em toda a sua higidez. Diversamente, serão qualificados como *atos existenciais* aqueles atos em que o elemento volitivo puder ser abstraído ou se encontre fortemente minimizado, o ato e as suas consequências sendo conformados por força da tipicidade social.

Como se percebe, a categoria jurídica do contato social – considerada como fonte geral e abrangente da vinculação obrigacional – abriga uma multiplicidade de espécies, sendo noção dotada de diversos níveis de concretização, que se refletem na intensidade dos deveres e também nas reparações a serem devidas como efeito à violação desses deveres.[235] Critérios objetivos (*v.g.*, a qualificação, pela lei, de certo contato, a necessidade ou utilidade buscada pelas partes, isto é, o bem objeto do «contato») e subjetivos (*v.g.*, o nível de assimetria entre os sujeitos em contato) marcam as distinções que pautam, por sua vez, a distinta principiologia que os rege.

Ruy Rosado de Aguiar. Julgamento em 03.12.1996. *DJ* de 03.02.1997, assim ementado: «Responsabilidade civil. Estacionamento. Furto de veículo. Depósito inexistente. Dever de proteção. Boa-Fé. O cliente do estabelecimento comercial, que estaciona o seu veículo em lugar para isso destinado pela empresa, não celebra um contrato de depósito, mas a empresa que se beneficia do estacionamento tem o dever de proteção, derivado do princípio da boa-fé objetiva, respondendo por eventual dano. Súm. 130. Ação de ressarcimento da seguradora julgada procedente. Recurso não conhecido». No voto, aludiu-se: «O princípio da boa-fé objetiva tem como função, além de outras, a de criar deveres anexos, entre eles o de proteção (WIEACKER, Franz. *El Principio General de la Buena Fé.* Trad. espanhola de Jose Juiz Carro. Madrid: Civitas, 1977, p. 51 e ss., em tradução livre, além do prólogo de Luis Díez-Picazo). Ainda antes da celebração de qualquer contrato, dirigido para o fim da atividade que exerce, o comerciante pode ser responsabilizado pelo dano sofrido por eventual cliente, como ficou reconhecido na jurisprudência alemã a partir do "caso do linóleo", em que a empresa foi condenada a indenizar o dano sofrido pela cliente, em acidente ocorrido dentro do estabelecimento ainda antes de qualquer contrato. (...) É o que acontece nos casos de estacionamentos oferecidos a eventuais clientes da empresa, sejam supermercados, hotéis, restaurantes, bancos, shoppings centers, etc., no interesse da exploração do seu negócio. A divergência já está hoje superada, tanto que a jurisprudência do STJ ficou consolidada na Súmula 130: A empresa responde, perante o cliente, pela reparação de dano ou furto de veículo ocorridos em seu estacionamento (p. 9)».

235. Dirá Clóvis do Couto e Silva: «Pode-se dizer que a noção de contrato social tem diversos níveis de concretização, que se refletem na intensidade dos deveres e também nas reparações a serem realizadas» (*Principes Fondamentaux de la Responsabilité Civile en Droit Brésilien et Comparé* – cours fait à la Faculté de Droit et Sciences Politiques de St. Maur (Paris XXI). Paris: [s.n.], 1988). No original: «On peut dire que la notion de contract social a divers niveaux de concrétisation, qui se reflètent dans l'intensité des devoirs et aussi dans les réparations à être accomplies».

PRESSUPOSTOS PARA A COMPREENSÃO DA ATUAÇÃO DA BOA-FÉ OBRIGACIONAL | 245

Em virtude do escalonamento com que operam os contatos sociais e dos seus diversos níveis de concretização, os efeitos jurídicos deles decorrentes não são idênticos, ocorrendo, por igual, um escalonamento entre as suas consequências. A diversidade de deveres transparece na análise interna da relação obrigacional. Aí perceberemos a existência de *deveres de prestar, indenizar, restituir, reembolsar,* de *proteger,* correspondentes a distintos interesses (à prestação, original ou substitutiva, via indenização; à restituição, no caso de transpasse patrimonial sem causa; ao reembolso de gastos; à proteção contra danos injustos advindos da relação, e sem ligação imediata com os interesses à prestação acaso insatisfeitos). Perceberemos, também, diferentes intensidades na sua incidência: o Direito considera as assimetrias sociais, intentando corrigi-las normativamente por via de regras e de princípios. Nesses casos, o princípio da boa-fé atuará, então, mais fortemente no controle do conteúdo do contrato.[236] Em outros campos (como o das relações negociais paritárias), a boa-fé incidirá como norma de lealdade, pois maior terá sido o espaço para a autorregulamentação dos próprios interesses.

8. Boa-fé e categorização dogmática das fontes

A importância destas novas categorias dogmáticas que impactam o Direito das Obrigações relaciona-se diretamente com a consideração do peso e a função adquiridos pela boa-fé objetiva em cada concreta relação obrigacional, bem como com a sua modulação. Por vezes estará a boa-fé associada diretamente à *lealdade*; por outras, à *probidade* no tráfico negocial; em outras, a uma especial consideração com os interesses alheios cujo fim é *a correção de assimetrias* de poderes na relação obrigacional. Estará, ainda, na matriz de institutos jurídicos como os que se dirigem a assegurar uma conduta não deslealmente contraditória (*v.g., suppressio, nemo auditur, venire contra factum proprium*), proba (*v.g.,* a disciplina dos deveres informativos) e atenta aos legítimos interesses do *alter* (*v.g.,* o «dever» de mitigar os próprios prejuízos; o inadimplemento antecipado do contrato).

As funções da boa-fé como instituto jurídico terão determinadas formas de expressão e peso conforme forem as fontes de vinculação obrigacional: nos negócios jurídicos, especialmente os contratos, forma voluntária por excelência de entrar em associação com outrem, estruturado em relação jurídica de cooperação; nos atos existenciais, compreendendo-se, então, a boa-fé como fonte de deveres de correção e consideração aos legítimos interesses alheios, tendo, portanto, função tendencialmente *corretora das assimetrias.* E, ainda que mais tênue seja a incidência da boa-fé quanto mais distante for o contato social, mesmo naqueles gerados pelo delito (contato social mais distante), há deveres de consideração com a pessoa e com o patrimônio do lesado. Aportes recentes à doutrina do «dever» de o credor mitigar o próprio prejuízo (*duty to mitigate the loss*), nascida e desenvolvida no âmbito da responsabilidade contratual,[237] a estendem à

---

236. Ver, *infra,* CAPÍTULO VIII, §69.

237. FRADERA, Véra. Pode o credor ser instado a diminuir o próprio prejuízo? *Revista Trimestral de*

responsabilidade civil extracontratual, ainda que sob diverso fundamento: não mais o dever de cooperação, próprio às relações contratuais, mas a vedação às situações de abuso,[238] ou exercício disfuncional de direitos e posições jurídicas, o fundamento legal residindo, portanto, no art. 187 do Código Civil. Nesses casos, o «dever» da vítima de não agravar o próprio dano não se explica por uma «relação de cooperação» com o autor do dano, mas se justifica *negativamente*, evitando-se o exercício abusivo da posição jurídica de vítima de um delito.

Os critérios que presidem uma aplicação sistematicamente orientada do princípio da boa-fé não estão cingidos, porém, à estrutura escalonada dos graus de contato social: acrescem as *diferentes modulações* adquiridas pelo princípio da boa-fé em razão do tipo de relação contratual em causa, a qualidade dos contratantes, os demais princípios coenvolvidos e a fase da relação obrigacional em que incide. Sua aplicação correta exige, pois, o estabelecimento de diferenciações, tema a ser tratado no subsequente Capítulo.

Direito Civil, Rio de Janeiro, Padma, vol. 19, 2004, p. 109-119. A mencionada autora propôs enunciado na III Jornada de Direito Civil que, aprovado, passou a ter grande repercussão na doutrina e na jurisprudência: «Enunciado 169 (referente ao art. 422 do CC/2002). O princípio da boa-fé objetiva deve levar o credor a evitar o agravamento do próprio prejuízo». Os casos relativos ao *dever de mitigar* são tratados *infra*, Capítulo VII, §65.

238. Assim propõe Flumignan, Silvano José Gomes. O Dever de Mitigar o Prejuízo (Duty to Mitigate the Loss) e a Responsabilidade Civil do Estado. *XXXVIII Congresso Nacional de Procuradores de Estado*. Foz do Iguaçu: Anais do XXXVIII Congresso Nacional de Procuradores de Estado, 2012 (também em: <http://www.apeam.org.br/2012/controlsites/imgeditor/File/Arquivo_tese%2045.pdf>, acesso em: 09.04.2015).

Capítulo Quarto

Critérios para uma Aplicação da Boa-Fé Sistematicamente Orientada

§ 23. A indispensabilidade do *distinguo*
1. Proposição

§ 24. Primeira distinção: boa-fé subjetiva e boa-fé objetiva
1. A boa-fé subjetiva; 2. A boa-fé objetiva; 3. A boa-fé objetiva como modelo jurídico; 4. Indistinções entre a boa-fé objetiva e a subjetiva – exemplos; 5. Cumulação entre boa-fé subjetiva (estado) e boa-fé objetiva (norma)

§ 25. Segunda distinção: o critério do campo de incidência
1. Proposição; 2. Os campos examinados

§ 26. Relações obrigacionais de Direito Civil comum
1. Proposição; 2. Vetores

§ 27. Relações obrigacionais de Direito de Família
1. Proposição; 2. Direito Pessoal de Família; 3. Direito Patrimonial de Família; 4. Boa-fé e Direito Patrimonial de Família; 5. Boa-fé e Direito Pessoal de Família

§ 28. Relações comerciais (contratos interempresariais)
1. Proposição; 2. O mercado; 3. A atividade empresarial; 4. Atividade empresarial e contratos; 5. O mercado, o informalismo e a atipicidade das formas contratuais; 6. A relevância dos usos do comércio e das práticas seguidas entre os agentes; 7. O *standard* da probidade específica; 8. Os vetores

§ 29. Relações associativas (associações e sociedades), empresariais ou não
1. Proposição; 2. Boa-fé e relações associativas, em sentido amplo; 3. A cooperação e a lealdade como elementos estruturais; 4. Escalonamento da boa-fé, conforme a espécie associativa; 5. Vetores

§ 30. Relações obrigacionais regidas por normas internacionais
1. Proposição; 2. Boa-fé e princípio da interpretação uniforme

§ 31. Relações obrigacionais assimétricas
1. Proposição; 2. Assimetria e poder; 3. Assimetria e vulnerabilidade

§ 32. Relações obrigacionais de consumo

1. Proposição; 2. As «normas objetivo» do art. 4.º do CDC; 3. Boa-fé e relação de consumo; 4. Boa-fé, equilíbrio e abusividade; 5. Adesividade e abusividade; 6. Boa-fé e transparência; 7. Boa-fé como proteção à confiança legítima do consumidor; 8. Boa-fé e conduta do consumidor

§ 33. Relações obrigacionais de emprego

1. Proposição; 2. Boa-fé e equilíbrio na relação de emprego; 3. Deveres para as partes e vedação ao exercício desleal; 4. A jurisprudência trabalhista

§ 34. Relações obrigacionais entre os particulares e o Estado

1. Proposição; 2. Princípios em conjugação com a boa-fé; 3. Boa-fé e princípio da proteção da confiança; 4. Boa-fé, proteção da confiança e vedação à contraditoriedade desleal; 5. Boa-fé e conduta do administrado e contribuinte; 6. Boa-fé e o exercício de direito formativo extintivo; 7. Boa-fé e aplicação de penalidades; 8. Boa-fé e conflito de interesses; 9. Boa-fé e processo administrativo

§ 35. Terceira distinção: a materialidade da situação jurídica subjacente

1. Proposição; 2. Significados; 3. Função sistematizadora

§ 36. *Mea res agitur*

1. Proposição; 2. Negócios de intercâmbio em sentido próprio; 3. Contratos movidos por intenção liberal; 4. A maior consideração ao donatário

§ 37. *Tua res agitur*

1. Proposição; 2. Contrato de mandato; 3. Relação jurídica de administração; 4. Os administradores de sociedades; 5. Deveres fiduciários do administrador – especificidades; 6. Critérios para a avaliação dos deveres; 7. Contrato de investidura; 8. Qualificação do contrato de investidura; 9. Obrigação principal no contrato de investidura; 10. Independência e imparcialidade do árbitro; 11. Boa-fé e deveres anexos no contrato de investidura; 12.A arbitragem e a superinvocação do princípio da boa-fé; 13. Contrato de seguro; 14. Boa-fé e seguro; 15. Boa-fé e disciplina informativa no seguro; 16. Boa-fé e regulação do sinistro; 17. Boa-fé e abusividade no contrato de seguro; 18. Boa-fé e agravamento do risco; 19. Boa-fé e «dever de minimizar o risco»

§ 38. *Nostra res agitur*

1. Proposição; 2. A colaboração estrutural: o contrato de sociedade; 3. O fim comum; 4. A «acendrada boa-fé» como fonte de deveres; 5. Deveres decorrentes da boa-fé e titulares do poder de controle; 6. A colaboração conjuntural: acordos de acionistas e contratos-aliança; 7. Acordos de acionistas; 8. Conjugação principiológica; 9. Possível tensão principiológica; 10. Síntese conclusiva; 11. Os contratos-aliança; 12. Outros contratos de construção; 13. Colaboração estratégica pontual: contratos de colaboração empresária, contratos de duração, contratos relacionais; 14. Operações concertadas; 15. Qualificativos e subespécies; 16. Os contratos relacionais; 17. Relacionalidade e lacunosidade intencional; 18. Relacionalidade e boa-fé; 19. Relacionalidade e pessoalidade

§ 23. A indispensabilidade do *distinguo*

1. Proposição

A dogmática jurídica seria inútil se indiferente fosse à técnica das distinções. Os sistemas jurídicos, disse-o Pontes de Miranda, «são sistemas lógicos, compostos de proposições que se referem a situações de vida, criadas pelos interesses mais diversos».[1] Os sistemas lógicos não podem dispensar determinadas operações do pensamento essenciais para a formação de juízos, *e.g.*, diferenças (distinções), associações (identidades, semelhanças ou analogias), classificações, ordenações, enquadramentos ou qualificações. Essas operações implicam o estabelecimento de comparações, abstrações e generalizações. Conquanto o raciocínio jurídico não se confunda com «a lógica» – até mesmo porque essa noção não é unitária ou monocompreensiva –, certo é que, na estruturação do universo jurídico, o jurista opera (ou deve operar) por via de processos racionais e argumentativos aptos a serem compreendidos e descritos de forma lógica,[2] ainda que os argumentos se apoiem não apenas na lógica formal, mas igualmente na experiência. É dizer: em ligações reconhecidas entre as coisas e expressas, por exemplo, em presunções e em regras de experiência.

A percepção da existência de diferenças entre os fenômenos é um passo elementar no processo intelectivo denominado «raciocínio jurídico»; é sua «operação primeira». O estabelecimento de diferenças, de identidades e de semelhanças permite a classificação. Classificar é distinguir entre categorias, ordenar é estabelecer relações, *segundo critérios* predefinidos. E tanto mais é relevante esse processo intelectivo quando realidades jurídicas distintas são nomeadas por um único e mesmo termo. É o caso da boa-fé objetiva, denominação que, frequentemente, suscita confusão entre o valor de face (a «etiqueta») e o valor semântico (o significado).

Três fatores justificam que na aplicação da boa-fé uma atenção particularmente diligente seja dada à técnica das distinções: (*i*) a boa-fé configura um instituto jurídico, isto é, dela decorrem várias e distintas figuras e manifestações bem como distintas funções; (*ii*) a expressão «boa-fé» é dotada de alto grau de vagueza semântica, o que

---

1. Pontes de Miranda, Francisco Cavalcanti. *Tratado de Direito Privado*. Tomo I. 4.ª ed. Atualizado por Judith Martins-Costa, Gustavo Haical e Jorge Cesa Ferreira da Silva. São Paulo: Revista dos Tribunais, 2012, p. 13. Destaques originais.
2. Acerca dessa temática: Mathieu-Izorche, Marie-Laure. *Le Raisonnement Juridique*. Paris: PUF, 2001.

exige critérios para a sua concretização;[3] e (iii) consiste, ademais, em uma cláusula geral, só atuando na ordem prática quando uma voz juridicamente autorizada atribuir-lhe determinada eficácia.

É preciso, portanto, extremada atenção aos critérios condicionantes de uma aplicação sistematicamente orientada da boa-fé. Nessa aplicação está o grande desafio: entretecer *sistema e problema*, uma vez que, na sua aplicação aos casos concretos, se hão de considerar sobremaneira, em conjunto com os elementos dogmáticos, os elementos contextuais. Estes reduzirão a extremada «abertura» da cláusula geral, minimizando a profusão de sentidos e o índice de voluntarismo que, para além de atentatórios à segurança jurídica e aos próprios postulados do jogo democrático, redundariam, ao fim e ao cabo, na anomia consequente à diluição da boa-fé em uma «palavra encantada».[4]

Se não há de ser «palavra encantada», a boa-fé é, porém – e deve ser – «*parola impaginata*»,[5] cujo sentido deriva de sua conjugação com outras palavras, de sua conexão com determinado contexto verbal e situacional, pois, como já se viu, o instituto jurídico que esta expressão designa é *per se* complexo, reportando-se às fontes legal, jurisprudencial e costumeira e, ainda, aos modelos hermenêuticos, ou doutrinários. O seu caráter complexo exige, pois, um prévio trabalho de *distinguo*, na ausência do qual a sua operatividade seria prejudicada por distorções e disfunções.

Já em vista de similares considerações alertava-se, no livro publicado em 1999, para a necessidade de não encarar a boa-fé como uma espécie de panaceia de cunho moral incidente da mesma forma a um número indefinido de situações. E salientava-se, naquela altura, consistir a boa-fé uma *norma nuançada* na medida em que revestida por variadas formas e possibilidades de concreção. Presentemente, já mais acuradamente qualificada a boa-fé como modelo ou instituto jurídico, tem-se a oportunidade de reforçar e melhor desenvolver este aspectos, sistematizando-se as distinções segundo cinco critérios, três deles albergados neste capítulo: (i) o das *noções* de «boa-fé», subjetiva (estado de fato) e objetiva (normativa); (ii) dos *campos de sua incidência*, escolhendo-se, como referências, nove campos de relações; (iii) o da vinculação ao postulado normativo da *materialidade da situação jurídica subjacente* que leva em conta, dentre os seus critérios, a espécie normativa concretamente considerada. Por razões de clareza na análise, deslocou-se para os Capítulos VI, VII e VIII o estudo das *funções* que vem desenvolvendo no Direito Obrigacional brasileiro e para o Capítulo V a configuração adquirida pela boa-fé segundo a *fase da relação obrigacional* em que incide.[6]

---

3. *Vide, supra,* Capítulo II, §13.

4. A expressão é de Felix Cohen, ao apresentar o «método funcional» para afastar uma concepção metafísica do Direito, traduzida, entre outros fatores, pelo emprego de «conceitos desprovidos de significado», isto é, que não poderiam ser traduzidos em termos de experiência efetiva (Cohen, Félix. *El Método Funcional en el Derecho*. Trad. espanhola de Genaro Carrió. Buenos Aires: Abeledo-Perrot, 1961, p. 55, em tradução livre).

5. A expressão «parola impaginata» (palavra empaginada) é de Irti, Natalino. *Testo e Contesto*. Padova: Cedam, 1996, p. 1, *in verbis*: «La singola parola è sempre *impaginata, sempre congiunta con altre, che, a lor volta, la richiamano e pressupongono*».

6. Em outro estudo, estas cinco funções estão aglutinadas de modo sintético: Martins-Costa,

§ 24. Primeira distinção: boa-fé subjetiva e boa-fé objetiva

1. A boa-fé subjetiva

Na primeira vez em que tratei da boa-fé,[7] já me ocupava em delinear a distinção entre a boa-fé subjetiva e a objetiva, pois, a rigor, tal distinção configura um antecedente metodológico à compreensão e aplicação da boa-fé como modelo prescritivo (boa-fé normativa, boa-fé obrigacional ou, mais simplesmente, boa-fé objetiva). Ainda assim cabe aqui repeti-la, não apenas por ser uma distinção básica para uma adequada aplicação da boa-fé objetiva, mas, igualmente, pela reiteração com que vem indistinta na jurisprudência e na doutrina. Conquanto já mencionada a distinção na Introdução a este livro, retomo ainda uma vez o tema para melhor contrastá-la com a boa-fé objetiva.

A expressão *boa-fé subjetiva* indica um estado de fato, traduzindo a ideia naturalista da boa-fé, aquela que, por antinomia, é conotada à má-fé, razão pela qual essa acepção comumente é expressa como «agir de boa-fé», o contrário a «agir de má-fé». Diz-se subjetiva a boa-fé compreendida como estado psicológico, isto é: estado de consciência caracterizado pela ignorância de se estar a lesar direitos ou interesses alheios, como na hipótese prevista pelo art. 686 do Código Civil;[8] ou a convicção de estar agindo em bom direito, consoante, por exemplo, a previsão do art. 309,[9] também do Código

---

Judith. Critérios para a Aplicação do Princípio da Boa-Fé Objetiva (com ênfase nas relações empresariais). In: MARTINS-COSTA, Judith; FRADERA, Véra. *Estudos de Direito Privado e Processual Civil:* em homenagem a Clóvis do Couto e Silva. São Paulo: Revista dos Tribunais, 2014, p. 189-229.

7. MARTINS-COSTA, Judith. Os Princípios Informadores do Contrato de Compra e Venda Internacional na Convenção de Viena de 1980. *Revista de Informação Legislativa*, n. 126, Brasília, Senado Federal, abr./jun. 1995, p. 120; da mesma autora: Crise e Modificação da Ideia de Contrato no Direito Brasileiro. *Revista Direito do Consumidor*, vol. 3, São Paulo, Revista dos Tribunais, 1992, p. 141; e, ainda: A Noção de Contrato na História dos Pactos. *Revista Organon*, Porto Alegre, Instituto de Letras da Universidade Federal do Rio Grande do Sul, vol. 6, n. 19, 1992, nota 50. E ainda outra vez: Introdução. *A Boa-Fé no Direito Privado*: sistema e tópica no processo obrigacional. São Paulo: Revista dos Tribunais, 1999, p. 19-35. Ainda: PARGENDLER, Mariana. Alcance e Limites da "Presunção de Boa-fé": custos probatórios e normas profiláticas no Direito Privado. In: BENETTI, Giovana *et al.* (Org.). *Direito, Cultura e Método:* Leituras da Obra de Judith Martins-Costa. Rio de Janeiro: GZ Editora, 2019, p. 259-278. Mais recentemente: MARTINS-COSTA, Judith. De princípios, regras, ficções e presunções (e de algumas desastrosas confusões). In: MITIDIERO, Daniel; ADAMY, Pedro (Coords.). *Direito, Razão e Argumento:* a reconstrução dos fundamentos democráticos do Direito Público com base na Teoria do Direito. *Liber Amicorum* Professor Humberto Ávila. Salvador: Juspodium, 2021, p. 353-366; MARTINS-COSTA, Judith; NITSCHKE, Guilherme. *Direito Privado na Lei de Liberdade Econômica*. São Paulo: Almedina, 2022, p. 73-120 (comentários de Giovana Benetti e Judith Martins-Costa) e 167-200 (comentário de Osny da Silva Filho).

8. Código Civil, Art. 686: «A revogação do mandato, notificada somente ao mandatário, não se pode opor aos terceiros que, ignorando-a, de boa-fé com ele trataram; mas ficam salvas ao constituinte as ações que no caso lhe possam caber contra o procurador».

9. Código Civil, Art. 309: «O pagamento feito de boa-fé ao credor putativo é válido, ainda provado

252 | A BOA-FÉ NO DIREITO PRIVADO

Civil, atinente à eficácia liberatória do pagamento; ou, ainda, o prolongamento da eficácia, perante terceiros, de certos atos de quem já deixara de ser mandatário (Código Civil, art. 686); ou a outras situações relativas à *tutela da aparência* tais como as eficácias do casamento putativo e demais situações de crença errônea, mas justificável, na aparência de certo ato ou *status* (*v.g.*, herdeiro aparente). Nesses casos, protege-se a crença legítima na juridicidade de certos estados, fatos, atos ou comportamentos, como quando se assegura – em outro exemplo – a posse, se ignorava o possuidor obstáculo que impede a aquisição da coisa (Código Civil, art. 1.201).[10]

Assim, sinteticamente, é lícita a fórmula: pela expressão *boa-fé subjetiva* trata-se ou de designar um fato pelo qual um sujeito tem a convicção, ainda que errônea, embora legítima, de estar a respeitar o Direito, pois crê na legalidade da situação; ou uma presunção sobre esse estado; ou, ainda como fato, de indicar a situação de um terceiro que deve ser protegido, porque confiou – legitimamente – na aparência de certo ato.

Em todas as situações, há um *estado de fato*: a crença legítima, de modo que a boa-fé subjetiva tem o sentido de uma condição psicológica,[11] denotando uma situação fática habitualmente concretizada no convencimento do próprio direito, na ignorância de se estar lesando direito alheio ou, ainda, numa crença errônea, mas justificável.

Por vezes, o Ordenamento tutela esse estado subjetivo, subordinando-lhe o interesse que ignora lesar. Então, o estado de fato («estar de boa-fé») é considerado um elemento do suporte fático de determinada regra. Por exemplo, se terceiros tratam com mandatário que já tivera os poderes de representação revogados pelo mandante, mas esses terceiros ignoravam justificadamente a revogação – agindo, pois, na crença legítima de tratar com alguém dotado daqueles poderes –, ela não lhes poderá ser oposta. Na realidade, por ocasião do

---

depois que não era credor». Embora o art. 309 do Código Civil, aluda à «validade» do pagamento, trata-se de hipótese de eficácia, como observei em: MARTINS-COSTA, Judith. *Comentários ao Novo Código Civil*. Do Adimplemento e da Extinção das Obrigações, Arts. 304 a 388, vol. V. Tomo I. 2.ª ed. Rio de Janeiro: Forense, 2005, p. 189.

10. Outros exemplos da acepção subjetiva da boa-fé constam nos Enunciados n. 80, da I Jornada de Direito Civil do Conselho de Justiça Federal (2002): «É inadmissível o direcionamento de demanda possessória ou ressarcitória contra terceiro possuidor de boa-fé, por ser parte passiva ilegítima diante do disposto no art. 1.212 do novo Código Civil. Contra o terceiro de boa-fé, cabe tão somente a propositura de demanda de natureza real», bem como do Enunciado n. 209, da III Jornada de Direito Civil do Conselho de Justiça Federal (2004): «Arts. 985, 986 e 1.150: O art. 986 deve ser interpretado em sintonia com os arts. 985 e 1.150, de modo a ser considerada em comum a sociedade que não tiver seu ato constitutivo inscrito no registro próprio ou em desacordo com as normas legais previstas para esse registro (art. 1.150), ressalvadas as hipóteses de registros efetuados de boa-fé». Assim como os Enunciados n. 302, 303, 309, 318 e 371 da IV Jornada de Direito Civil do Conselho de Justiça Federal (2006).

11. Não posso, assim, concordar com Álvaro Villaça de Azevedo, quando, reportando-se à boa-fé objetiva, escreve: «La buena fe es un estado de espiritu que lleva el sujeto a praticar un negocio en clima de aparente seguridad» (El Nuevo Codigo Civil brasileño: Tramitación; función social del contrato; buena fe objetiva; teoría de la imprevisión y, en especial, onerosidad excesiva (*laesio enormis*). In: CÓRDOBA, Marcos; CORDOBERA, Lidia Garrido; KLUGER, Viviana (Orgs.). *Tratado de la Buena Fe en el Derecho*. Tomo II. Buenos Aires: La Ley, 2005, p. 161.

CRITÉRIOS PARA UMA APLICAÇÃO DA BOA-FÉ SISTEMATICAMENTE ORIENTADA | 253

trato, a representação já não mais existia; porém, o estado de ignorância dos terceiros quanto àquele fato é tido pela regra jurídica (Código Civil, art. 686)[12] como elemento componente do suporte fático de sua incidência, protegendo-se, assim, os terceiros de boa-fé.

Por essa razão, a incidência das regras legais atinentes à tutela da boa-fé subjetiva implica – por definição – a pesquisa sobre a subjetividade. Com base em dados empíricos se averigua se ali está ou não presente o *estado* de crença (psicológica) vivenciada pelo sujeito titular do interesse protegido que justificará a proteção outorgada pelo Ordenamento.

A pesquisa da situação de fato ou do estado (o «estar de boa-fé») é realizada no plano do mero conhecimento, ou é apanhada por uma presunção *hominis*: o sujeito está de boa-fé apenas porque não tem conhecimento de lesar os direitos alheios, acreditando titular, ele mesmo, o direito em causa,[13] ou por confiar na credibilidade de determinada situação que lhe é apresentada.

Diz-se «subjetiva» justamente porque, para a sua aplicação, deve o intérprete considerar a intenção do sujeito da relação jurídica, o seu estado psicológico ou íntima convicção. Antitética à boa-fé subjetiva está a má-fé, também vista subjetivamente como a intenção de lesar a outrem.

A ideia da boa-fé como estado subjetivado está assentada em muito antiga tradição, na qual se mesclam as origens romanas e os influxos do Direito Canônico, que permearam a codificação francesa e infletiram nos códigos civis posteriores. Foi com essa feição que a boa-fé ingressou no Direito civil brasileiro.

Como crença ou ignorância escusável, a boa-fé constitui, também, manifestação da confiança, mas vem especificada no dever de respeitar situações que, podendo ser, originalmente, tidas como injurídicas, são, mesmo assim, tuteladas e respeitadas pelo Direito, tais como as situações que dão origem à usucapião.[14] Há também hipóteses em que a pesquisa do estado psicológico é apanhada por uma presunção,[15] como no caso do art. 1.201, segundo o qual o possuidor com justo título tem presumida a atuação «de boa-fé». Do mesmo modo, a Lei da Liberdade Econômica inscreve uma presunção de boa-fé no art. 3.º, inc. V, regra que, como já apontado em trabalhos anteriores,[16] é

---

12. *In verbis*: «Art. 686. A revogação do mandato, notificada somente ao mandatário, não se pode opor aos terceiros que, ignorando-a, de boa-fé com ele trataram; mas ficam salvas ao constituinte as ações que no caso lhe possam caber contra o procurador. Parágrafo único. É irrevogável o mandato que contenha poderes de cumprimento ou confirmação de negócios encetados, aos quais se ache vinculado».

13. TALAMANCA, Mario. La Bona Fides nei Giuristi Romani – «*Leerformeln*» e Valori dell'Ordinamento. In: GAROFALO, Luigi (Org.). *Il Ruolo della Buona Fede Oggetiva nell'Esperienza Giuridica Storica e Contemporanea* – Atti del Convegno Internazionale di Studi in Onore di Alberto Burdese, vol. IV. Padova: Cedam, 2004, p. 10-15.

14. Código Civil, arts. 1.238, *caput* e parágrafo único; 1.239; 1242.

15. MARTINS-COSTA, Judith. *A Boa-Fé no Direito Privado*: critérios para a sua aplicação. 2.ª ed. São Paulo: Saraiva, 2018, p. 281.

16. Escreveu-se sobre o tema em: MARTINS-COSTA, Judith. Art. 3.º, V: presunção de boa-fé. In: MARQUES NETO, Floriano Peixoto; RODRIGUES JR., Otavio Luiz; LEONARDO, Rodrigo Xavier (Orgs.).

defeituosa, tecnicamente, já que institui uma presunção geral sem lhe conotar nenhuma consequência.[17] Para refutá-la, será preciso buscar elementos no plano dos fatos, cabendo à parte contrária o ônus de comprovar ser infundada a presunção de boa-fé.

Esta é a razão pela qual as características de individuação da boa-fé subjetiva conduzem à incidência das regras legais pertinentes à pesquisa sobre a subjetividade, isto é: sobre o estado de fato nomeado como «estar de boa-fé», ou «agir de boa-fé». Com base em dados empíricos, ou conforme o indicado pela experiência (*id quod plerumque accidit*), se averigua se ali está ou não presente o estado de crença (psicológica) vivenciada pelo sujeito titular do interesse protegido, o qual justificará se a proteção outorgada pelo Ordenamento se legitima.

Como se vê, são inconfundíveis as acepções das expressões boa-fé subjetiva e boa-fé objetiva, cuja distinção já fora intuída, na doutrina passada, por Alípio Silveira, monografista do tema, ao discernir: «A boa-fé pode ser considerada no direito positivo sob dois ângulos distintos: primeiramente, como fato suscetível de valoração e de prova; em segundo lugar, na medida dos efeitos variados que a lei e os princípios atribuem ao fato». E exemplificava uma das acepções da «boa-fé fato» com a «boa-fé crença», assim sendo «aquele que se baseia no erro ou na ignorância da verdadeira situação jurídica», indicando: «[é] a *Gutten Glaube* dos alemães».[18] Embora ainda não perfeitamente formulada a noção (pois permeada por aspectos morais), já distinguia o autor entre a boa-fé crença e a boa-fé lealdade.

     Comentários à Lei da Liberdade Econômica. São Paulo: Revista dos Tribunais, 2019, p. 125-132; e em: MARTINS-COSTA, Judith. De princípios, regras, ficções e presunções (e de algumas desastrosas confusões). In: MITIDIERO, Daniel; ADAMY, Pedro (Org.). *Direito, Razão e Argumento*: a reconstrução dos fundamentos democráticos e republicanos do Direito Público com base na Teoria do Direito. *Liber Amicorum* Professor Humberto Ávila. São Paulo: Juspodium, 2021, p. 353-366. E, ainda, MARTINS-COSTA, Judith; BENETTI, Giovana. Comentário ao artigo 2.º, inciso II: o princípio da "boa-fé do particular perante o poder público"; e SILVA FILHO, Osny. Comentário ao artigo 3.º, inciso V: presunção de boa-fé e interpretação em prol da autonomia. Todos em: MARTINS-COSTA, Judith; NITSCHKE, Guilherme. *Direito Privado na Lei de Liberdade Econômica*. São Paulo: Almedina, 2022, respectivamente p. 73-94 e 167-200.

17.   Segundo definição consagrada, presunção é a técnica jurídica por meio da qual, a partir da existência de um fato, induz-se, por um raciocínio lógico, a existência de outro fato, sendo o raciocínio feito *in abstracto*. Quando deriva da lei, diz-se presunção legal, assim considerada a regra jurídica cujo conteúdo estabelece efeito quando da presença de determinada situação fática, admitindo ou não prova em contrário, caso seja relativa ou absoluta. Nessa espécie de presunção, o juiz não carece realizar um raciocínio lógico que, partindo de um indício, logra alcançar a existência de um fato; apenas declara a consequência jurídica definida na regra quando concretizado o suporte fático, como está no art. 8.º do Código Civil: se um avião lotado de passageiros cai no mar, sem sobreviventes, presume-se que as mortes foram simultâneas. A presunção legal relativa tem por função fixar o ônus da prova de acordo com regras de direito material e independentemente de como tenha sido distribuído o ônus da prova no direito processual (*e.g.*, art. 373 do Código de Processo Civil). Por isso, se, em decorrência de um determinado fato, advir uma presunção legal relativa, terá autor ou réu o ônus de comprovar ser ela infundada.

18.   SILVEIRA, Alípio. *A Boa-Fé no Código Civil*: Doutrina e Jurisprudência, vol. 1. São Paulo: Forense, 1972, p. 7. Há referência a uma primeira edição, prefaciada por Clovis Bevilaqua, do ano de 1941.

Essas indicações permitem discernir: a boa-fé subjetiva (ou o «agir *de boa-fé*») expressa *um estado de fato* (ignorância escusável, crença escusável na juridicidade ou na aparência de certa situação). Esse estado é constatado, ou é presumido pela lei.

2. A boa-fé objetiva

A chamada boa-fé objetiva configura uma norma jurídica. A expressão *boa-fé objetiva* (boa-fé normativa) designa não uma crença subjetiva, nem um estado de fato, mas aponta, concomitantemente, a: (*i*) um instituto ou modelo jurídico (estrutura normativa alcançada pela agregação de duas ou mais normas); (*ii*) um *standard* jurídico indicativo de um modelo comportamental pelo qual os participantes do tráfico obrigacional devem ajustar o seu mútuo comportamento[19] (*standard* direcionador de condutas, a ser seguido pelos que pactuam atos jurídicos, em especial os contratantes);[20] e (*iii*) um princípio jurídico (norma de dever ser que aponta, imediatamente, a um «estado ideal de coisas»).[21] Explicite-se essa tríplice qualificação.

Já antes referi[22] que assegurar expectativas e direcionar condutas são as funções primárias do Direito.[23] E esclareceu João Baptista Machado: o *asseguramento de expectativas* significa o asseguramento da confiança «nas condutas comunicativas de pessoas responsáveis, fundada na própria credibilidade que essas condutas reivindicam».[24] Já o *direcionamento de condutas* significa o papel ativo ou dinâmico de direção e coordenação da interação social, «por forma a alterar as probabilidades de certas condutas no futuro».[25] Traçando-se um paralelo entre confiança e boa-fé pode-se afirmar que, enquanto aquela tem por escopo imediato assegurar expectativas, a função primeira da boa-fé como *standard* jurídico é propiciar o *direcionamento de comportamentos* no tráfico negocial.[26] O seu significado elementar está – segundo a conotação que adveio da

---

19. Assim escrevi em MARTINS-COSTA, Judith. *Comentários ao Novo Código Civil*. Do Inadimplemento das Obrigações, vol. V. Tomo II. 2.ª ed. Rio de Janeiro: Forense, 2009, p. 77 e ss.

20. MARTINS-COSTA, Judith. *Comentários ao Novo Código Civil*. Do Inadimplemento das Obrigações, vol. V. Tomo II. 2.ª ed. Rio de Janeiro: Forense, 2009, p. 77 e ss. Também em *A Boa-Fé no Direito Privado: sistema e tópica no processo obrigacional*. São Paulo: Revista dos Tribunais, 1999, p. 407 e ss.

21. ÁVILA, Humberto Bergmann. *Teoria dos Princípios*. Da Definição à Aplicação dos Princípios Jurídicos. 16.ª ed. São Paulo: Malheiros, 2015, p. 95-96.

22. *Supra*, CAPÍTULO III, §21.

23. LUHMANN. Niklas. *Legitimação Pelo Procedimento*. Trad. de Maria da Conceição Corte-Real. Brasília: UnB, 1980. Cf. as importantes obras de BAPTISTA MACHADO, João. A Cláusula do Razoável. *Obra Dispersa*, vol. I. Braga: Scientia Ivridica, 1991, p. 481. Referi a distinção em: MARTINS-COSTA, Judith. *Comentários ao Novo Código Civil*. Do Inadimplemento das Obrigações, vol. V. Tomo II. 2.ª ed. Rio de Janeiro: Forense, 2009, p. 63. Também no CAPÍTULO III, *supra*, §21.

24. BAPTISTA MACHADO, João. Tutela da Confiança e «Venire Contra Factum Proprium». *Obra Dispersa*, vol. I. Braga: Scientia Ivridica, 1991, p. 346.

25. BAPTISTA MACHADO, João. Tutela da Confiança e «Venire Contra Factum Proprium». *Obra Dispersa*, vol. I. Braga: Scientia Ivridica, 1991, p. 347.

26. O princípio da confiança e o princípio da boa-fé são em parte superpostos, como mencionei no CAPÍTULO III, *supra*, §21, 4.

interpretação conferida ao § 242 do Código Civil alemão, em indicar um modelo de conduta (arquétipo ou *standard* jurídico), segundo o qual «cada pessoa deve ajustar a própria conduta a esse arquétipo, agindo como o faria um homem reto: com honestidade, lealdade, probidade».[27]

Já se vê, portanto, que o direcionamento propiciado pelo *standard* comportamental tem um sentido, e este sentido é o de uma ação valiosa (isto é: tida como valiosa pelo Direito). Assim, se pode afirmar que a boa-fé é um princípio que direciona os comportamentos aos valores ético-jurídicos da probidade, honestidade, lealdade e da consideração às legítimas expectativas do parceiro contratual. É por direcionar a valores que a boa-fé objetiva, como um princípio jurídico que também é, conduz – como todo princípio normativo (prescritivo) – a um «estado ideal de coisas»,[28] sendo esse «estado ideal» a ação proba, correta, leal (Código Civil, art. 422) em vista do adimplemento satisfativo, fim que polariza toda e qualquer relação contratual. Uma conduta pautada por essa finalidade há de ser seguida por ambos os participantes do vínculo, em atenção aos fins do contrato e ao que determina o programa contratual, sujeitando-os «à recíproca cooperação a fim de alcançar o efeito prático que justifica a própria existência do contrato».[29]

Por fim, no seu momento aplicativo, a boa-fé caracteriza um instituto jurídico,[30] uma estrutura normativa produtora e organizadora de modelos prescritivos. Tem, portanto, força normativa e potencial jurisgênico. É instituto produtor de normas jurídicas, isto é, de comandos dotados de prescritividade (ex.: os contraentes *devem* agir coerentemente ao pactuado no contrato; o credor *deve* – ou tem o encargo de – evitar aumentar os seus próprios prejuízos). Esses comandos se expressam, por sua vez, em outros institutos, ligados geneticamente à boa-fé.

A acepção objetiva da boa-fé chegou tarde ao Direito brasileiro. É bem verdade que uma acepção mais nuançada ao princípio da boa-fé, a meio caminho entre a acepção subjetiva e a objetiva já havia sido plasmada pelo Código Comercial de 1850, que

---

27. Essa noção foi reiteradamente reconhecida pelo STJ, exemplificativamente em: STJ. REsp 981750/MG. Terceira Turma. Relatora Min. Nancy Andrighi. Julgamento em 03.04.2010. *DJ* de 23.04.2010; STJ. REsp 783404/GO. Terceira Turma. Relatora Min. Nancy Andrighi. Julgamento em 28.06.2007. *DJ* de 13.08.2007; STJ. REsp 966163/RS. Quarta Turma. Relator Min. Luis Felipe Salomão. Julgamento em 26.10.2010. *DJ* de 04.11.2010; STJ. REsp 1250596/SP. Terceira Turma. Relatora Min. Nancy Andrighi. Julgamento em 03.11.2011. *DJ* de 16.11.2011; STJ. REsp 858785/GO. Terceira Turma. Relatora para Acórdão Min. Nancy Andrighi. Julgamento em 08.06.2010. *DJ* de 03.08.2010.

28. Ávila, Humberto Bergmann. *Teoria dos Princípios*. Da Definição à Aplicação dos Princípios Jurídicos. 16.ª ed. São Paulo: Malheiros, 2015, p. 95-96.

29. Assim está, *e.g.*, no STJ. REsp 1217951/PR. Segunda Turma. Relator Min. Mauro Campbell Marques. Julgamento em 19.02.2013. *DJ* de 26.02.2013; também no STJ. REsp 1063343/RS. Segunda Seção. Relatora Min. Nancy Andrighi. Relator para Acórdão Min. João Otávio de Noronha. Julgamento em 12.08.2009. *DJ* de 16.11.2010, que consigna: «O princípio da boa-fé objetiva se aplica a todos os partícipes da relação obrigacional, inclusive daquela originada de relação de consumo».

30. Ver, nos Capítulos II e III, os §§16 e 21.

CRITÉRIOS PARA UMA APLICAÇÃO DA BOA-FÉ SISTEMATICAMENTE ORIENTADA | 257

tomara a boa-fé como cânone hermenêutico.[31] Nesse caso, o «estado de crença legítima» se desprende da mera subjetividade e é averiguado segundo parâmetros objetivos, *v.g.*, segundo o que ocorre habitualmente em determinado setor do mercado. Muito embora inscrito em texto de lei, não se verificou, contudo, o desenvolvimento jurisprudencial e doutrinário desse cânone hermenêutico.[32]

Também Teixeira de Freitas contemplara em seu Esboço, em 1864, uma versão objetivada da boa-fé ao tratar dos efeitos dos contratos, já, então, como mandamento de lealdade entre as partes, tendo, consequentemente, força prescritiva.[33] Mas, como se sabe, o Esboço não chegou a viger como lei, e, ao menos nesse passo, o entendimento do seu autor não teve prosseguimento relevante entre os autores que o seguiram. Cento e vinte anos transcursos, o Código de Defesa do Consumidor acolheu o princípio, o qual se manifesta, contudo, no âmbito de sua incidência, qual seja, as relações jurídicas de consumo. Pode-se afirmar, assim, que apenas com a vigência do Código Civil de 2002 o princípio da boa-fé objetiva foi apreendido em enunciados com abrangência geral[34] no Direito Civil, mantidas, em setores específicos, as referências à boa-fé subjetiva (estado de fato).

É preciso distinguir, ainda, a qualificação das eficácias do princípio da boa-fé objetiva. Sua atuação se dá ao modular a interpretação dos contratos; ao permitir a integração de lacunas, gerando deveres (*i*) anexos ou instrumentais, insertos no interesse de prestação, imediatamente ligados ao dever de prestação; e (*ii*) deveres de proteção, atinentes ao interesse de proteção, apenas mediatamente ligados aos deveres de prestação (por isso sendo por vezes chamados de «laterais», pois atuam «ao lado» ou paralelamente aos deveres de prestação) ou mesmo sendo a matriz de deveres de

---

31. Ressalve-se o art. 131, 1, do Código Comercial de 1850, no qual a boa-fé era invocada como regra de hermenêutica dos contratos comerciais: «Sendo necessário interpretar as cláusulas do contrato, a interpretação, além das regras sobreditas, será regulada sobre as seguintes bases: 1 – a inteligência simples e adequada, que for mais conforme à boa fé, e ao verdadeiro espírito e natureza do contrato, deverá sempre prevalecer à rigorosa e restrita significação das palavras».

32. MOREIRA ALVES, José Carlos. A Boa-Fé Objetiva no Sistema Contratual Brasileiro. *Rivista Roma e America*, n. 7, Modena, Mucchi, 1999, p. 170-171.

33. TEIXEIRA DE FREITAS, A. *Código Civil*: Esbôço, vol. II. Rio de Janeiro: Ministério da Justiça e Negócios Ínteriores – Serviço de Documentação, 1952, art. 1.954. Segundo o enunciado proposto, os contratos deveriam ser cumpridos de boa-fé, pena de *responsabilidade pelas faltas,* obrigando «não só ao que expressamente se tiver convencionado, como a tudo que, segundo a natureza do contrato, for de lei, equidade, ou costume».

34. Segundo Miguel Reale, Presidente da Comissão Revisora e Elaboradora do Código Civil, o «constante valor dado à boa-fé constitui uma das mais relevantes diferenças entre o Código Civil de 1916 e o Código Civil de 2002 [...]». A boa-fé objetiva agora vem expressamente disciplinada como baliza para a aferição da licitude no exercício de direitos derivados de negócios jurídicos; como cânone de interpretação dos negócios; e como cláusula geral dos contratos. Nessas hipóteses, a figura tem caráter geral, mas é certo que a sua eficácia abrange outros institutos, sendo prevista, de modo específico, *v.g.,* ao impor especiais deveres de conduta para as partes no âmbito do contrato de seguro, e ao traçar limites ao exercício do direito de denúncia em contratos duradouros e de execução continuada (REALE, Miguel. *História do Novo Código Civil.* São Paulo: Revista dos Tribunais, 2005, p. 247).

258 | A BOA-FÉ NO DIREITO PRIVADO

proteção que prescindem de qualquer ligação com interesses à prestação;[35] atua, por fim, no balizamento do exercício jurídico, apontando aos limites da licitude no exercício de direitos subjetivos, formativos, direitos de exceção, direitos expectativos, posições, situações e faculdades jurídicas.[36]

3. A boa-fé objetiva como modelo jurídico

Os modelos jurídicos – também ditos «institutos» – constituem estruturas normativas referidas às fontes de produção jurídica. No ensinamento de Miguel Reale, há duas grandes espécies de modelos jurídicos, os prescritivos e os hermenêuticos.[37] Os modelos *prescritivos* são, portanto, dotados de prescritividade jurídica, e, como tal, voltados a impor condutas, proibições, permissões e estímulos. Os modelos *hermenêuticos*, também ditos «doutrinários», constituem as construções elaboradas pela doutrina, cuja função não é a de prescrever impositivamente comandos jurídicos, mas basicamente a de orientar a sua aplicação.

Os modelos prescritivos resultam da conjugação entre dois ou mais princípios ou regras (provindos das quatro fontes de prescritividade, isto é, da lei, jurisprudência, negócio jurídico e costume). São, a rigor, «configurações de normas»[38] estruturadas entre si.[39] Não conformam «protótipos ideais», mas constituem estruturas ou esquemas normativos que, «compendia[m] sinteticamente as notas identificadoras ou distintivas de um dado segmento da realidade»[40] normada pelo Direito. As fontes *projetam* modelos quando as normas que produzem encontram-se articuladas entre si, expressando «uma ordenação lógica de meios e fins, consistindo, ao mesmo tempo, uma preordenação lógica, unitária e sintética de relações».[41] Das funções desempenhadas por um modelo ou instituto jurídico podem resultar outros modelos ou institutos, como da boa-fé resultam a violação antecipada do contrato; o adimplemento substancial; a *suppressio*, etc.[42]

Enquanto as quatro fontes são relativamente estáticas, obedecendo ao *numerus clausus*, os modelos são dinâmicos, isto é: tem a aptidão para incorporar constante e

---

35. Conforme visto, *supra*, Capítulo III.
36. Para essa temática, ver, Capítulo VIII, *infra*.
37. Reale, Miguel. *Fontes e Modelos do Direito*: para um novo paradigma hermenêutico. São Paulo: Saraiva, 1994, p. 37.
38. Reale, Miguel. *Fontes e Modelos do Direito*: para um novo paradigma hermenêutico. São Paulo: Saraiva, 1994, p. 65.
39. Igualando modelo e instituto: Reale, Miguel. *Fontes e Modelos do Direito*: para um novo paradigma hermenêutico. São Paulo: Saraiva, 1994, p. 65.
40. Reale, Miguel. *Fontes e Modelos do Direito*: para um novo paradigma hermenêutico. São Paulo: Saraiva, 1994, p. 37.
41. Reale, Miguel. *Fontes e Modelos do Direito*: para um novo paradigma hermenêutico. São Paulo: Saraiva, 1994, p. 40, referenciando a ideia de modelo à de projeto, «planificação lógica e representação simbólica e antecipada dos resultados a serem alcançados por meio de uma sequência ordenada de medidas ou prescrições».
42. *Vide*, também, Capítulo VIII, *infra*.

CRITÉRIOS PARA UMA APLICAÇÃO DA BOA-FÉ SISTEMATICAMENTE ORIENTADA | 259

progressivamente os dados da experiência jurídica, podendo «projetar-se historicamente no tempo até enquanto a fonte [esteja] em vigor [de modo que] se vincula à experiência jurídica, obedecendo às mutações fático-valorativas que nesta se operam».[43]

Os modelos legais, negociais, jurisprudenciais e costumeiros são modelos prescritivos, isso significando dizer que lhes é reconhecida a autoridade para impor condutas. Os modelos hermenêuticos, produzidos pela doutrina, não têm prescritividade em si, mas, uma vez acolhidos em uma fonte ou em outros modelos jurídicos prescritivos, passam a ser dotados daquela qualidade,[44] numa constante coimplicação.

A boa-fé configura um *modelo jurídico complexo e prescritivo*. Trata-se de um *modelo*, porque o significado e as eficácias do «comportamento segundo a boa-fé» não resultam de uma norma isolada, mas de uma estrutura normativa que articula, finalisticamente, normas provindas de mais de uma das fontes (lei e jurisprudência; ou lei, costume e negócio jurídico; ou lei, jurisprudência e doutrina, quando a jurisprudência acolhe um modelo hermenêutico sedimentado na doutrina para suprir lacuna do sistema normativo prescritivo), ou propor determinado entendimento. E se trata de um *modelo prescritivo*, porque é dotado da possibilidade de impor ações, condutas, vedações, sanções – e não apenas «recomendações» ao aplicador do Direito.

A boa-fé objetiva é considerada modelo prescritivo primeiramente por um caráter formal: esse modelo é projetado por fontes dotadas do poder de decidir, tal qual a lei (tendencialmente com caráter abstrato e geral) e a jurisprudência (tendencialmente, com caráter concreto e singular). Mas apresenta esse caráter também por conta de um fundamento de índole substancial, na medida em que, diversamente da boa-fé subjetiva, a boa-fé objetiva não se esgota na averiguação de um estado de fato, mas tem potencial *jurisgênico*,[45] isto é, produtor de normatividade. Os sujeitos de uma relação jurídica devem agir segundo a boa-fé;[46] devem pautar suas relações pela lealdade; não devem agir de modo deslealmente contraditório; não devem agir torpemente, etc. Se infringirem as normas de dever-ser, sujeitam-se a consequências jurídicas desfavoráveis.

4. Indistinções entre a boa-fé objetiva e a subjetiva – exemplos

Nem sempre, porém, tem-se presente a distinção entre ambos os significados conectados ao sintagma *boa-fé*. Para além da defeituosidade técnica de certas leis, a jurisprudência também apresenta exemplos da indistinção.

---

43. REALE, Miguel. *Fontes e Modelos do Direito*: para um novo paradigma hermenêutico. São Paulo: Saraiva, 1994, p. 39.

44. REALE, Miguel. *Fontes e Modelos do Direito*: para um novo paradigma hermenêutico. São Paulo: Saraiva, 1994, p. 107.

45. MOTA PINTO, Carlos Alberto. *Teoria Geral do Direito Civil*. 4.ª ed. Atualizado por António Pinto Monteiro e Paulo Mota Pinto. Coimbra: Coimbra Editora, 2005, p. 125.

46. Há, inegavelmente, distinção funcional entre o «agir de boa-fé» e o «agir segundo a boa-fé», a primeira expressão conotando a boa-fé subjetiva; a segunda, a boa-fé objetiva.

260 | A BOA-FÉ NO DIREITO PRIVADO

Confira-se a confusão no *caso da execução de dívida administrativa*.[47]

A Administração Pública ingressara com processo de execução de dívida administrativa contra servidor público que agira contrariamente à boa-fé, ao postular vantagem indevida, recebê-la e não a devolver. A jurisprudência do STJ estabeleceu, aliás, em casos análogos, um requisito negativo para impor aos servidores a necessidade de devolução: quando o valor for recebido *de boa-fé*, não é necessário restitui-lo ao Erário.[48] Nestes casos, o Direito não estará valorando o comportamento das pessoas diante do Estado, sua ação proba ou leal, mas estará reconhecendo o estado de consciência da pessoa em relação à determinada situação. Trata-se, portanto, da boa-fé em sua acepção subjetiva, ou boa-fé fato. A confusão terminológica, no caso, vem expressa na própria ementa ao consignar – paralelamente ao entendimento relativo à boa-fé subjetiva como óbice à devolução –, o apelo à boa-fé objetiva, como segue: «O Tribunal de origem, como soberano das circunstâncias fáticas e probatórias da causa, afirmou com veemência a inexistência de *boa-fé objetiva* por parte da servidora».

Ainda, o estado de fato traduzido na expressão «boa-fé subjetiva» é de especial relevância nas lides decorrentes de contrato de seguro, pois o Código condiciona diversas sanções à prova da má-fé do segurado (*e.g.*, o agravamento *intencional* do risco – art. 768). Conquanto o Código Civil, a propósito do contrato de seguro, não tenha usado, da melhor técnica, estando aquém de uma regulação exigida pelo cenário fático hoje vigente no setor securitário,[49] ainda assim é possível o discernimento entre as regras que supõem o fato de estar (ou não) de boa-fé (*e.g.*, art. 768, além do parágrafo único do art. 766, hipóteses em que é considerada a boa-fé subjetiva ou o seu inverso, a má-fé) e as regras impositivas de um padrão de conduta (boa-fé objetiva, arts. 765 e 769, *caput*).

No *caso do segurado mentiroso*,[50] determinado cidadão, ao contratar seguro de automóvel, afirmara à seguradora ser o veículo segurado de uso particular, isto é, doméstico. Esta afirmação constava de resposta dada ao questionário de avaliação de risco, documento expressivo dos deveres informativos a cargo do segurado, e considerado, dentre outros fins, para o estabelecimento do valor do prêmio. Posteriormente, porém, o veículo foi envolvido em acidente automobilístico e o segurado postulou indenização pela «perda total». Descobriu-se, então, que o veículo era utilizado por empresa de logística, para fins comerciais, muito embora tivesse sido declarado, no mencionado questionário, que o carro era usado exclusivamente «para lazer e locomoção do proprietário».

---

47. STJ. AgRg no REsp 981484/RS. Segunda Turma. Relator Min. Humberto Martins. Julgamento em 07.02.2008. *DJ* de 20.02.2008.

48. O aresto invoca ainda os seguintes precedentes: STJ. REsp 643709/PR. Quinta Turma. Relator Min. Félix Fischer. Julgamento em 03.04.2007. *DJ* de 14.05.2007 – este por sua vez remetendo, já na ementa, ao paradigmático STJ. REsp 488095/RS. Decisão Monocrática REsp 663831/DF. Quinta Turma. Relator Min. Arnaldo Esteves Lima. Julgamento em 27.02.2007. *DJ* de 12.03.2007.

49. *Vide*, *infra*, Capítulo IV, §37, 13.

50. STJ. REsp 1340100/GO. Terceira Turma. Relator Min. Ricardo Villas Bôas Cueva. Julgamento em 21.08.2014. *DJ* de 08.09.2014.

CRITÉRIOS PARA UMA APLICAÇÃO DA BOA-FÉ SISTEMATICAMENTE ORIENTADA | 261

A Terceira Turma do Superior Tribunal de Justiça ao julgar o recurso (uma vez que o segurado já fora vencido no Tribunal de Justiça de Minas Gerais)[51] assim se pronunciou: «[s]egurado que mentiu para seguradora perde o direito de ser indenizado por perda total do veículo». E aduziu: «[n]os contratos de seguro de veículos, se ficar evidenciada má-fé do segurado capaz de influenciar na aceitação do seguro ou no valor do prêmio, a consequência será a perda do direito à indenização securitária».

Não se tratou, portanto, de averiguar a adstrição, ou não, à boa-fé objetiva, pois a Lei Civil exige – para tão drástica consequência, como o é a perda do direito à garantia securitária – a averiguação de um estado de fato (má-fé). A má-fé, como estado anímico contrário ao estado de boa-fé (subjetiva), é elemento do suporte fático do art. 766, parágrafo único, do Código Civil, bem como do art. 762.

A decisão no Recurso Especial indicou com propriedade a razão de ser daquela drástica eficácia conectada pelo Código Civil ao estado de má-fé, isto é, à ausência de boa-fé subjetiva por parte do segurado que, incontroversamente, dera informações inverídicas. O contrato de seguro, afirmou o Ministro Relator, é baseado no risco, na mutualidade e na boa-fé [tanto a subjetiva quanto a objetiva]. Estes são os seus «elementos essenciais». Os deveres informativos – conectados tanto à boa-fé subjetiva (ausência de mentira) quanto à boa-fé objetiva (dar as informações corretas e completas –, mesmo durante a execução do contrato, *ex vi* do art. 769, diligenciando neste proceder), assumem todo o seu relevo quando se tem presente que a aferição adequada do risco pelas seguradoras, o que viabiliza a operação econômica do seguro, é dependente de informações dadas e buscadas pelas próprias partes contratantes. Ao segurado cabe falar a verdade, na medida do seu conhecimento. À seguradora, em face do caráter de alta especialização empresarial do setor, compete uma ação diligente em vista de apurar, na maior medida possível, informações sobre os potenciais riscos e indicar ao segurado as informações de que precisa para avaliar e, eventualmente, aceitar segurá-lo.

O estabelecimento do valor do prêmio, sua adequação ao risco garantido e a classe tarifária enquadrada dependem, pois, das informações, tanto aquelas fornecidas pelo segurado quanto as que são resultado da ação autoinformativa da seguradora, «de modo que qualquer risco não previsto no contrato desequilibra economicamente o seguro». Por isso, explicitou o mesmo aresto, «a má-fé ou a fraude são penalizadas severamente no contrato

---

51. A decisão de primeiro grau condenara a seguradora a pagar o valor de R$ 40 mil à segurada, rejeitando, todavia, os alegados danos morais. A empresa de logística, proprietária do veículo, e a seguradora apelaram para o Tribunal de Justiça de Goiás (TJ/GO), que reformou a sentença, entendendo não dever prevalecer o contrato, pois o segurado faltara com a verdade. O TJ/GO proveu o recurso da seguradora com fundamento no «rompimento do princípio da boa-fé objetiva». Assim, «ocorrendo o sinistro com a perda total do bem segurado, perde o apelado o direito de receber a indenização e a seguradora fica exonerada do encargo indenizatório», conforme estabelece o art. 766 do Código Civil. Note-se que, *ex vi* do parágrafo único do art. 766, a nulidade pode ser afastada se a inexatidão ou omissão nas declarações não resultar da má-fé do segurado. Isto é, se o segurado estiver de boa-fé (subjetiva), não haverá para a seguradora a eficácia do direito formativo extintivo de resolução contratual ou, alternativamente, a manter o contrato, cobrando a diferença do prêmio, portanto, não se invalidando o contrato.

262 | A BOA-FÉ NO DIREITO PRIVADO

de seguro», podendo chegar à perda da garantia, quando as declarações inexatas ou omissas, resultantes da má-fé, possam influenciar na aceitação do seguro ou na taxa do prêmio, ocasionando, ao fim e ao cabo, ônus no preço do seguro a todos que dele dependem.

5. Cumulação entre boa-fé subjetiva (estado) e boa-fé objetiva (norma)

Por vezes, porém, um mesmo caso suscita a invocação tanto da boa-fé subjetiva quanto da boa-fé objetiva. Há efetiva cumulação, e não indistinção ou confusão entre uma e outra.

Foi o que se verificou no *caso do proprietário esquecido.*[52]

Determinada pessoa adquirira, 30 (trinta) anos antes do início da demanda judicial, um terreno, nele edificando sua casa. Passado o tempo, veio a ser surpreendido com ação reivindicatória: o terreno tinha outro proprietário. As partes decidiram transacionar. No acordo celebrado, ficou ajustado que os possuidores só desocupariam o imóvel quando fossem indenizados pelas benfeitorias que haviam edificado. O proprietário exigia a devolução do bem, sem indenização.

Dúvidas não há que o possuidor era titular de direito de retenção sobre imóvel alheio, caracterizando-se, portanto, a posse de boa-fé (sentido subjetivo). Porém, o direito de retenção não há de ser eterno. Como expressou o Tribunal, «[o] direito de retenção assegurado ao possuidor de boa-fé não é absoluto. Pode ele ser limitado pelos princípios da vedação ao enriquecimento sem causa e da boa-fé objetiva, de forma que a retenção não se estenda por prazo indeterminado e interminável». O interesse do proprietário a usufruir plenamente de seus bens há também de ser garantido. E explicitou:

«O possuidor de boa-fé tem o direito de detenção sobre a coisa, não sendo obrigado a devolvê-la até que seu crédito seja satisfeito, mas não pode se utilizar dela ou perceber seus frutos. Reter uma coisa, não equivale a servir-se dela. O uso da coisa retida constitui abuso, gerando o dever de indenizar os prejuízos como se aluguel houvesse».

Considerou-se que «nenhum contrato, verbal ou tácito, de empréstimo ou transação, pode legitimar o uso da propriedade alheia, por prazo indeterminado e infindável, por um beneficiário que se vê isento de qualquer contraprestação, sem que isso desconfigure o próprio direito de propriedade». E concluiu:

«Assim, afigura-se justo que o recorrente deva pagar pelas acessões introduzidas, de boa-fé, no terreno e que, por outro lado, os recorridos sejam obrigados a pagar um valor, a ser arbitrado, a título de aluguel, pelo uso do imóvel. Os créditos recíprocos haverão de ser compensados de forma que o direito de retenção será exercido no limite do proveito que os recorridos tenham tido com o uso da propriedade alheia. A retenção é reconduzida, dessa forma, à sua essência». E, no corpo do acórdão, novamente

---

52.   STJ. REsp 613387/MG. Terceira Turma. Relatora Min. Nancy Andrighi. Julgamento em 02.10.2008. *DJ* de 10.12.2008.

CRITÉRIOS PARA UMA APLICAÇÃO DA BOA-FÉ SISTEMATICAMENTE ORIENTADA | 263

referiu-se: «Não é ela um direito absoluto ou ilimitado sobre a coisa, mas mera *retentio temporalis*. Os princípios da vedação ao enriquecimento sem causa e da boa-fé objetiva, ao mesmo tempo que impõem ao retentor o dever de não usar a coisa, fazem com que a retenção não se estenda por prazo indeterminado e interminável».

Consequentemente, o Tribunal determinou ao proprietário pagar pelas benfeitorias introduzidas, de boa-fé (subjetiva), no terreno e, por outro lado, que os possuidores pagassem ao proprietário um valor, a ser arbitrado, a título de aluguel, pelo uso do imóvel. E finalizou com justiça e boa técnica a demanda, ao fixar: «Os créditos recíprocos haverão de ser compensados de forma que o direito de retenção será exercido no limite do proveito que os retentores tenham da propriedade alheia».

De fato, ao intérprete acurado exige-se perceber que boa-fé objetiva e boa-fé subjetiva têm não apenas significado diverso: *têm diferentes âmbitos e diversas concreções*. Para saber quais são essas concreções, especialmente em relação à acepção objetiva, é pressuposto ter presente o seu campo de incidência, critério que leva em conta, fundamentalmente, o concreto espaço de atuação da boa-fé considerada a matéria versada.

§ 25. Segunda distinção: o critério do campo de incidência[53]

1. Proposição

«Todo o real é relacional», afirmou, com razão, Pierre Bourdieu.[54] A percepção do sociólogo calha com a categorização jurídica ora proposta. Os significados e as funções da boa-fé objetiva dependem da configuração da «área» ou «campo normativo» em que o princípio incide, dos bens jurídicos tutelados e demais princípios e regras também incidentes ao respectivo campo, que interagem com a boa-fé, provocando – pode-se metaforizar – um efeito de «combustão».

Conquanto a boa-fé seja um instituto geral, atuante em todos os setores em que se divide o Ordenamento jurídico,[55] dúvidas não há sobre serem as relações obrigacionais o

---

53. Uma síntese do a seguir exposto está em: Critérios para a Aplicação do Princípio da Boa-Fé Objetiva (com ênfase nas relações empresariais). In: MARTINS-COSTA, Judith; FRADERA, Véra. *Estudos de Direito Privado e Processual Civil:* em homenagem a Clóvis do Couto e Silva. São Paulo: Revista dos Tribunais, 2014, p. 189-230.

54. «Le réel est relationnel» (BOURDIEU, Pierre. *Raisons Pratiques*. Sur la théorie de l'action. Paris: Seuil, 1994, p. 17). A metáfora do «campo», ora utilizada, ressonância bourdieusiana, remetendo à ideia de um espaço social estruturado, dinâmico e não fechado, concomitantemente «campo de forças» e «campo de lutas», tendente (conforme posicionadas as forças em seu interior) à conservação ou à transformação. (Dentre os vários trabalhos em que Bourdieu tratou, nem sempre com idêntica inflexão) da noção de campo, consultar: BOURDIEU, Pierre. *Raisons Pratiques*. Sur la théorie de l'action. Paris: Seuil, 1994, p. 53 e ss.)

55. Confira-se na amplidão dos estudos enfeixados em: CÓRDOBA, Marcos; CORDOBERA, Lidia Gar-

seu espaço por excelência, razão pela qual, por mais relevante que seja a sua atuação em outros setores, como, exemplificativamente, o Direito Processual Civil e o processo arbitral,[56] aqui o foco estará centrado nas relações obrigacionais.

Consabidamente, as relações obrigacionais (cujos elementos estruturais básicos são o direito subjetivo de crédito e o dever denominado dívida) emergem em vários campos da experiência jurídica, exemplificativamente, o Direito Civil, Comercial,[57] Trabalhista, do Consumidor, Administrativo, Tributário, Previdenciário. Cada um deles está polarizado em torno de seus próprios princípios e regras específicas – as suas «forças» que dinamicamente interagem, estruturando regime jurídico próprio que modelará com feições diversas a boa-fé. Mesmo no interior do Direito Civil há diferenças de peso nos princípios e de regime jurídico conforme o setor em que incide a boa-fé objetiva, discernindo-se entre, por exemplo, as relações obrigacionais gerais, derivadas de negócios obrigacionais em sentido próprio, e aquelas verificadas no âmbito do Direito Patrimonial de Família.

---

rido; KLUGER, Viviana (Orgs.). *Tratado de la Buena Fe en el Derecho*. 2.ª ed. Tomos I e II. Buenos Aires: La Ley, 2005.

56. Particular relevância tem a boa-fé no campo do Direito Processual e no processo arbitral, como demonstram decisões e estudos recentes, exemplificativamente, na jurisprudência: STJ. MC 15398/RJ. Terceira Turma. Relatora Min. Nancy Andrighi. Julgamento em 02.04.2009. *DJ* de 23.04.2009. No caso, a parte requerente havia proposto ação perante a justiça estrangeira, sendo o pedido julgado improcedente e transitado em julgado a decisão. Decidiu, então, repetir o pedido, desta vez perante a justiça brasileira, postulando, ademais, a concessão de medida liminar para a suspensão dos atos coercitivos a serem tomados pela parte que se sagrara vitoriosa na ação julgada perante o Tribunal estrangeiro. A decisão consignou: «(...). Indeferimento. Comportamento contraditório da parte violador do princípio da boa-fé objetiva, extensível aos atos processuais. – É condição para a eficácia de uma sentença estrangeira a sua homologação pelo STJ. Assim, não se pode declinar da competência internacional para o julgamento de uma causa com fundamento na mera existência de trânsito em julgado da mesma ação, no estrangeiro. Essa postura implicaria a aplicação dos princípios do "*forum shopping*" e "*forum non conveniens*" que, apesar de sua coerente formulação em países estrangeiros, não encontra respaldo nas regras processuais brasileiras. – A propositura, no Brasil, da mesma ação proposta perante Tribunal estrangeiro, porém, consubstanciou o comportamento contraditório da parte. Do mesmo modo que no Direito Civil o comportamento contraditório implica violação do princípio da boa-fé objetiva, é possível também imaginar, ao menos num plano inicial de raciocínio, a violação do mesmo princípio no processo civil. O deferimento de medida liminar tendente a suspender todos os atos para a execução da sentença estrangeira, portanto, implicaria privilegiar o comportamento contraditório, em violação do referido princípio da boa-fé. Medida liminar indeferida e processo extinto sem resolução de mérito». Assim também a STJ. SEC 3709/EX. Corte Especial. Relator Min. Teori Albino Zavascki. Julgamento em 14.06.2012. *DJ* de 29.06.2012, também referida aqui no CAPÍTULO VIII, §75. Na doutrina, leia-se: MITIDIERO, Daniel. *Colaboração no Processo Civil*. São Paulo: Revista dos Tribunais, 2009. Destacam-se os arts. 5.º e 6.º do NCPC, *in verbis*: «Art. 5.º Aquele que de qualquer forma participa do processo deve comportar-se de acordo com a boa-fé»; e «Art. 6.º Todos os sujeitos do processo devem cooperar entre si para que se obtenha, em tempo razoável, decisão de mérito justa e efetiva».

57. As expressões «Direito Comercial» e «Direito Empresarial» serão de ora em diante tomadas como sinônimas, e o Direito Comercial (ou Empresarial) será enfocado em dois de seus grandes vértices: os contratos interempresariais e as relações societárias e parassocietárias. Ver *infra*, CAPÍTULO IV, §§28 e 29.

Similarmente, princípios e regimes especiais, diversos daqueles atuantes apenas no Direito Civil, regem os contratos comerciais e os negócios de Direito Societário, muito embora o Código Civil de 2002 tenha viabilizado a unificação das obrigações naquilo que há de comum ou geral na *atividade negocial*.[58] Embora configurando instituto que atua em todos esses campos pelos quais está espraiado o Direito das Obrigações,[59] a boa-fé será matizada, em cada um deles, em razão da atuação conjugada com os demais institutos, princípios e regras incidentes no setor específico. Há *relação de interdependência* e de conjugação, como é próprio de uma estrutura normativa que agrega duas ou mais normas.

A razão da diversidade das modulações verificada nos diversos campos normativos é de simples apreensão. Não apenas é projeção do alerta bourdieusiano acima referido («o real é relacional»), como também decorre da distinção entre o valor facial do signo linguístico *boa-fé* e o seu valor semântico, necessariamente conotado. Como aqui se tem reiteradamente observado, a boa-fé objetiva não prescinde de uma aplicação contextualmente situada. O *standard* de comportamento a que dirige há de ser concretizado relacional ou situacionalmente. O princípio que expressa é, como todo e qualquer princípio normativo, «norma[s] *primariamente complementar[es] e preliminarmente parcial[is]*, na medida em que, sobre abranger[em] apenas parte dos aspectos relevantes para uma tomada de decisão, não tem a pretensão de gerar uma solução específica, mas de contribuir, ao lado de outras razões, para a tomada de decisão».[60] Consequentemente, o «estado ideal de coisas» ao qual o princípio da boa-fé direciona será diverso conforme forem diversos os demais elementos normativos incidentes em cada um dos específicos campos em que atua, pois serão também diversos os demais princípios e regras que incidirão e relativamente aos quais o «estado ideal de coisas» a que o princípio da boa-fé direciona deverá ser harmonizado. Dito de outro modo: há uma necessária e inafastável *interdependência* entre a boa-fé e outros princípios, postulados normativos, diretrizes, presunções e regras jurídicas que se manifestarão conforme o setor ou campo em que situada a relação obrigacional *in concreto* examinada.

---

58. Por isso é de se lamentar a mudança na denominação proposta pelo Anteprojeto – «Da atividade negocial» – para, como está no Código vigente – «Do Direito da Empresa», já que a primeira era mais expressiva da dimensão dada pelo Código Civil ao tema (v. Marcondes, Sylvio. *Questões de Direito Mercantil*. São Paulo: Saraiva, 1977, p. 7). Em obra recente, observa Luis Felipe Spinelli ser «mais correto, em vez da já consolidada expressão "atividade empresarial" (...). E isso porque o Livro II da Parte Especial, embora trate especialmente da atividade da empresa, dela não trata exclusivamente» (Spinelli, Luis Felipe. *A Exclusão de Sócio por Falta Grave na Sociedade Limitada*: Fundamentos, Pressupostos e Consequências. São Paulo: Quartier Latin, 2015, p. 39).

59. Assim reconheceu o STJ, em notícia publicada em seu *site*. Disponível em: <http://stj.jusbrasil. com.br/noticias/100399456/principio-da-boa-fe-objetiva-e-consagrado-pelo-stj-em-todas-as--areas-do-direito>. Acesso em: 10.05.2023.

60. Ávila, Humberto Bergmann. *Teoria dos Princípios*. Da Definição à Aplicação dos Princípios Jurídicos. 16.ª ed. São Paulo: Malheiros, 2015, p. 100.

2. Os campos examinados

Consideremos oito dos campos[61] em que se manifesta o fenômeno obrigacional: Direito Civil (discernindo entre o Direito Civil «comum» e o que tem de específico as relações obrigacionais de Direito Patrimonial de Família); Direito Comercial (especificando entre os contratos de intercâmbio comercial, as relações obrigacionais intrassocietárias e os contratos internacionais); Direito do Consumidor; Direito do Trabalho; Direito Administrativo e Tributário. Em cada um deles encontraremos um núcleo básico invariável (o «*honeste vivere*»), acompanhado, porém, por configurações diversas, próprias a cada um dos campos, e que decorrerão da necessária coligação contextual. Muito esquematicamente se pode estabelecer relações interprincipiológicas quando do tratamento das funções da boa-fé.

§ 26. Relações obrigacionais de Direito Civil comum

1. Proposição

Ao incidir a boa-fé nas relações obrigacionais de Direito Civil comum (isto é, expurgadas as definidas como interempresariais, de consumo e também, por suas especificidades, as relações patrimoniais de família), o pressuposto será assentado na ocorrência de relações paritárias. Isto é: tendencialmente simétricas quanto ao exercício do poder negocial, não polarizadas por uma finalidade empresária e fundadas em atos expressivos da liberdade de atuação de cunho patrimonial, prevalentemente em negócios jurídicos. Normalmente, a relação será entre pessoas físicas ou entre essas e pessoas jurídicas não empresárias.

2. Vetores

Nessas relações, a boa-fé, norma de heteronomia ou direcionamento de condutas,[62] atuará num ambiente fortemente impactado pelo princípio da autonomia privada. A igualdade das partes é presumida; logo, há maior espaço para o exercício da autonomia privada, e, consequentemente, maior é o peso da autorresponsabilidade, contrapartida necessária da mesma autonomia. A decisão de contratar implica não apenas a responsabilidade por ter contratado, mas, igualmente, a formação de um investimento de confiança legitimamente suscitado na outra parte. A justificação material da autonomia privada está na conjugação entre o elemento volitivo (desde que objetivável) e a

---

61. Esses campos não esgotam a atuação do princípio da boa-fé objetiva, que, como acima já alertado, comparecerá em quaisquer espécies de relações obrigacionais.

62. Ver *supra*, Capítulo IV, §24.

confiança suscitada pela promessa de cumprimento inerente a cada pacto. E, sendo assim, a autorresponsabilidade implicará a conexão entre boa-fé e confiança, compreendida, esta última, por sua vez, como fundamento dos negócios jurídicos (Teoria da Confiança).[63]

O comportamento segundo a boa-fé tomará então, *prima facie*, feição de uma conduta contratual pautada pela lealdade, coerência e correção (probidade), o que não ofusca a circunstância de, em vista da heterogeneidade dessas relações, a boa-fé manifestar-se em vários e distintos níveis de intensidade. No caso de relações marcadas pela pessoalidade e a confiança, como exemplificativamente, a que se estabelece entre o advogado e o seu cliente, poderá ocorrer violação aos deveres que descendem da boa-fé se o profissional, ao cobrar por hora de trabalho, recomendar ao cliente a adoção de medida judicial que demanda mais tempo quando poderia ter indicado outra medida, menos lenta e com similar resultado prático.

Da inter-relação entre boa-fé, confiança, autonomia privada e autorresponsabilidade decorrem às partes deveres anexos de cooperação, em vista do fim do contrato, para possibilitar o adimplemento satisfativo da prestação; decorrem, também, deveres informativos, deveres de coerência comportamental e deveres de proteção (ou «deveres laterais»), para que, do contrato, não resultem danos injustos à contraparte.[64]

A extensão e intensidade de tais deveres será graduada conforme a espécie de negócio jurídico em causa,[65] considerado, bem assim, o setor ou «ramo» em que situado. Em qualquer caso, porém, o núcleo está na polaridade dialética estabelecida entre os princípios da boa-fé e da autonomia privada, um modulando os limites do outro.

§ 27. Relações obrigacionais de Direito de Família

1. Proposição

A regulação do Direito de Família vem estruturada, no Código Civil, na distinção e na convergência entre normas de Direito Pessoal, polarizadas pela cláusula geral da «comunhão plena de vida» (Código Civil, art. 1.511), e de Direito Patrimonial, polarizadas, por sua vez, pelo princípio da liberdade de decisão patrimonial (Código Civil, art. 1.639). Essa estrutura, ancorada nos dois grandes eixos enunciados – as relações de direito pessoal e as de direito patrimonial de Família –, não é, modo geral, bem destacada pelos comentadores, muito embora do *status* dos sujeitos na família e das situações

---

63. MARTINS-COSTA, Judith. Introdução Geral. *Comentários ao Novo Código Civil.* Do Inadimplemento das Obrigações, vol. V. Tomo II. 2.ª ed. Rio de Janeiro: Forense, 2009, item 6.2.1, p. 67; e abaixo, CAPÍTULO V, §44.

64. Para a distinção entre esses deveres, ver CAPÍTULO VII, §§61 a 65.

65. *Vide*, neste CAPÍTULO, §38, adiante. A especificidade do contrato será tratada como uma das variáveis do princípio em relação à natureza da situação jurídica subjacente.

pessoais tituladas no âmbito familiar resultem tanto relações econômicas, marcadas pela patrimonialidade, quanto relações não econômicas, extrapatrimoniais (por vezes ditas «existenciais»). A distinção estrutural tem, portanto, importância metodológica e prática, como destacou Clóvis do Couto e Silva ao escrever:

«No Direito de Família, é comum dividir toda a matéria por institutos. Assim, temos o do casamento, o da filiação, o do parentesco e muitos outros. Todos eles se constituem num conjunto de regras, sem que se ressalte a natureza mesma das relações que penetram por esses institutos. Esta visão institucional, a meu ver, já não contribui hoje para um aperfeiçoamento das soluções, porque distraiu a atenção daquilo que é fundamental em toda classificação jurídica, ou seja, da análise objetiva dos tipos de relação jurídica que o Direito de Família contém. E partindo deste ponto, logo se vê que nos institutos que informam o Direito de Família, misturados e sem muita sistematização, é possível encontrar dois tipos de relação jurídica: uma de nítido caráter pessoal, e outra, de caráter patrimonial preponderante».[66] E esclarece: «A distinção entre direito pessoal e patrimonial de família provém do fato de o Ordenamento jurídico não poder deixar de valorizar as relações dos partícipes da família, levando em conta os seus atributos de pessoalidade e patrimonialidade já existentes na dimensão social».

Daí a razão pela qual, ao transpor para o Ordenamento esses dados objetivos provindos da dimensão social «distinguiu-se o direito pessoal do direito patrimonial, os dois conjuntos de relações básicas que formam o Direito de Família e que, apesar de sua diversidade, ou talvez por isso mesmo, se implicam dialeticamente».[67]

2. Direito Pessoal de Família

Sob a rubrica Direito Pessoal de Família, o Código Civil agrupa as normas reitoras das relações prevalentemente «existenciais», isto é, não dotadas de conteúdo patrimonial. Ali se combinam princípios e regras decorrentes de projetos de vida expressivos da livre manifestação da personalidade[68] (que neste campo tem expressão dilatada) e elementos de cunho publicista insertos no plano dos direitos pessoais de família, como os deveres relativamente aos filhos. Aí estão situados deveres jurídicos de profunda carga ética que, contudo, não são obrigações em sentido técnico, como os deveres de

---

66. COUTO E SILVA, Clóvis do. *Temas Atuais de Direito de Família*. Anteprojeto do Código Civil. Conferência pronunciada no Instituto dos Advogados de São Paulo, 7 de março, 1973. A mesma ideia está em: Direito Patrimonial de Família no Projeto do Código Civil Brasileiro e Português. *Revista de Direito e Justiça*, Porto Alegre, PUCRS, vol. 1, 1980, p. 7.

67. COUTO E SILVA, Clóvis do. Direito Patrimonial de Família no Projeto do Código Civil Brasileiro e no Direito Português. *Revista Direito e Justiça*, vol. 1, 1980, p. 131.

68. É referida a boa-fé objetiva como limite à manifestação no exercício dos direitos de personalidade no Enunciado n. 139 da III Jornada de Direito Civil do Conselho de Justiça Federal (2004) – relativo ao art. 11 do Código Civil, *in verbis*: «Os direitos da personalidade podem sofrer limitações, ainda que não especificamente previstas em lei, não podendo ser exercidos com abuso de direito de seu titular, contrariamente à boa-fé objetiva e aos bons costumes».

CRITÉRIOS PARA UMA APLICAÇÃO DA BOA-FÉ SISTEMATICAMENTE ORIENTADA | 269

lealdade, fidelidade, solidariedade entre os membros da família, cooperação com o cônjuge ou companheiro(a), assistência,[69] cuidado com a pessoa dos filhos etc.

3. Direito Patrimonial de Família

Ao menos para o Direito, «uma família não se faz apenas de arranjos afetivos».[70] No Direito Patrimonial de Família estão as relações de conteúdo econômico situadas no âmbito da instituição, agrupando o regime de bens, o usufruto legal, a administração dos bens dos filhos menores, o bem de família e a prestação de alimentos.[71]

Aí estão, diz ainda Couto e Silva, «relações em cuja estrutura se manifestam aspectos que *as aproximam* das do Direito das Obrigações e das do Direito das Coisas, como as decorrentes do regime de bens do casamento, a administração dos bens dos filhos menores (com sua imensa carga de fiduciariedade), o bem de família e a pensão alimentícia».[72] Todos eles estão imantados, é certo, pela carga de pessoalidade própria do Direito de Família, mas são inconfundíveis com os deveres pessoais.

A distinção entre os dois campos não é, portanto, absoluta. Como nem sempre uma relação jurídica «aparece de modo puro, pessoal ou patrimonial, o critério há de ser o da prevalência de um desses dois elementos, para fins de classificação».[73] E essa mescla de elementos pessoais e patrimoniais, ora com prevalência de um, ora de outro, há de ser considerada pelo intérprete quando da incidência da boa-fé aos atos e negócios situados no Direito de Família, já que, conquanto distintos, esses dois feixes de relações se tangenciam. Um direito creditício constituído no âmbito de uma relação jurídica de família jamais poderá ser interpretado de modo descontextualizado da finalidade que o justificou e do «meio ambiente» que o envolve.

---

69. Justifica-se, por exemplo, nos deveres de colaboração e assistência, a pretensão a alimentos provisórios entre divorciandos, como está expresso em decisão do TJRS, que alinha: «1. Estando os litigantes vinculados ainda pelos laços conjugais, existe o dever de mútua assistência. 2. Como separando era o provedor da família e não restou comprovado que a separanda tenha condições de prover o seu próprio sustento, é cabível a fixação provisória de pensão alimentícia, mormente quando o varão mantém o uso exclusivo do patrimônio comum do casal. Recurso provido em parte» (TJRS. Ag 70056891344. Sétima Câmara Cível. Relator Des. Sérgio Fernando de Vasconcellos Chaves. Julgamento em 13.11.2013).

70. COSTALUNGA, Karime. O exercício da boa-fé objetiva pelos sócios do separando: a distribuição de lucros prévia à partilha das quotas. *In*: BENETTI, Giovana *et al.* (Org.). *Direito, Cultura, Método*: Leituras da Obra de Judith Martins-Costa. Rio de Janeiro: GZ Editora, 2019, p. 377.

71. Acerca da peculiaridade dos alimentos, ver *infra*, CAPÍTULO IV, §27, 4.

72. Destaquei. Como já se escreveu, «a distinção proposta no Projeto tem, portanto, o mérito de reconhecer a existência de dois universos de relações jurídicas – pessoais e patrimoniais – permitindo que se dispense a elas tratamento adequado» (SILVA, Eduardo Silva da. A Dignidade da Pessoa Humana e a Comunhão Plena de Vida. In: MARTINS-COSTA, Judith. *A Reconstrução do Direito Privado*. São Paulo: Revista dos Tribunais, 2002, p. 469-470). Não são, porém, «universos paralelos», mas universos que se tangenciam contínua e dialeticamente.

73. COUTO E SILVA, Clóvis do. Direito Patrimonial de Família no Projeto do Código Civil Brasileiro e no Direito Português. *Revista Direito e Justiça*, vol. 1, 1980, p. 132-133.

Resulta, como consequência, a peculiaridade das relações patrimoniais quando estas surgem no âmbito da instituição «família». Como já estava em tradicional doutrina, «quer tome o aspecto de um direito real, como no usufruto legal, quer o de uma relação de crédito, como na obrigação alimentar, o direito patrimonial-familiar imita, mas não reproduz exatamente, a categoria do direito real ou de crédito: o usufruto legal dos pais não é precisamente o usufruto comum; a obrigação de alimentos entre parentes e afins não é pura e simplesmente um crédito como o que se origina num contrato ou num delito, tendo igualmente aspecto diverso do da obrigação alimentar estabelecida mediante convenção entre estranhos».[74] Assim também se verifica, por exemplo, nas relações de administração entre tutor e tutelado; ou nas de comunhão ou *affectio* entre os cônjuges. Embora haja aproximações com os institutos do mandato e com a *affectio societatis*, não se pode simplesmente transpor – sem mediações embasadas na distinta finalidade – a disciplina do mandato, ou das relações entre sócios, para o ambiente familiar.

Consequentemente, ainda que as relações de Direito Patrimonial de Família tenham inegável cunho econômico, o Ordenamento orienta essas relações em vista da finalidade, que ultrapassa fins individuais.[75] É o que já estava, também, em lição de Pontes de Miranda, segundo a qual «a regras de direito das coisas e de Direito das Obrigações não são subsidiárias das regras de Direito de Família», bem como não se consideram contratuais os efeitos pessoais e a maior parte dos efeitos reais do casamento e dos outros institutos de Direito Civil, só excepcionalmente, se devendo recorrer, nesta seara, às regras da Parte Geral do Direito Civil.[76]

Portanto, o Código Civil adere ao critério da distinção relativa, considerando existir nas relações de família a mescla de um vínculo de natureza «existencial» (extrapatrimonial) e outro vínculo de natureza patrimonial. Essa mescla é a marca própria do Direito de Família, singularizado pelo fundamento dos seus institutos, a intensa carga ética de seus princípios e regras, pelo interesse público na família como instituição e a estrutura técnica de suas regras.

---

74. RUGGIERO, Roberto de. *Instituições de Direito Civil*, vol. II. Trad. de Ary dos Santos. São Paulo: Saraiva, 1958, p. 24.

75. COUTO E SILVA, Clóvis do. *Temas Atuais de Direito de Família*. Anteprojeto do Código Civil. Conferência pronunciada no Instituto dos Advogados de São Paulo, 7 de março, 1973. A mesma ideia está em: Direito Patrimonial de Família no Projeto do Código Civil Brasileiro e Português. *Revista de Direito e Justiça*, Porto Alegre, PUCRS, vol. 1, 1980, p. 7.

76. PONTES DE MIRANDA, Francisco Cavalcanti. *Tratado de Direito Privado*. Tomo VII. 3.ª ed. São Paulo: Revista dos Tribunais, 1983, § 763, 15. A desatenção a essas peculiaridades levaria a decidir, por exemplo, que o pai tem «obrigação» (tecnicamente) de fazer visitas aos filhos, sendo essa exigível como a obrigação de um devedor frente a um interesse creditício decorrente de contrato. Ou, ainda, que há «obrigação» em dar afeto, que é sentimento, e não direito de crédito a que corresponde dívida em sentido próprio, pretensão de direito material, exigibilidade e, consequentemente, obrigação em sentido estrito.

4. Boa-fé e Direito Patrimonial de Família

Um exemplo expressivo da dialética entre o Direito Patrimonial e o Pessoal de Família está no dever de prestar alimentos. Estando alocado, na estrutura do Código Civil, entre o Direito Patrimonial de Família, pergunta-se, por vezes, se deveria ou não integrar o direito pessoal, mesmo tendo substância econômica.[77] Isso porque o dever visa atender a sobrevivência das pessoas, fenômeno extrapatrimonial («existencial», por distinção de «patrimonial»). Por exemplo: não se pode dispor sobre renúncia a alimentos em contrato de união estável, justamente em razão do caráter «existencial» dos alimentos.

Esse caráter «existencial» não destitui, porém, o direito a alimentos de sua qualificação como verdadeiro direito de crédito, correspondente ao dever jurídico (dívida) em prestá-los; não o afasta da pretensão de direito material, cujo correspectivo é a obrigação em sentido técnico. Aliás, há hipóteses em que a mesma expressão «direito a alimentos» vem inclusive afastada da carga de «existencialidade» acima referida. É o caso dos chamados «alimentos compensatórios», em rigor, qualificáveis como indenização ou reembolso por eventual uso ou fruição exclusiva de patrimônio comum.[78] Conquanto a posição de princípios e regras em um ou outros dos campos (patrimonial e pessoal) não deva ser considerada como indicativa de setores rigidamente apartados, a técnica jurídica na qualificação das posições dos figurantes das relações de Direito de Família não pode ser desprezada, em vista da própria inteligibilidade e segurança jurídicas.

Assim ocorreu no *caso da pensão alimentícia temporária*,[79] em que, qualificando-se o dever a prestar alimentos como direito de crédito que é, alertou-se, concomitantemente, para o «fundamental cunho ético» da boa-fé (como conduta colaborativa e leal) nas relações de Direito de Família.

---

77. Porém, a discussão nem sempre está tecnicamente bem posta, o que decorre, muito provavelmente, da polissemia das expressões «Direito das Obrigações» e «direitos pessoais», um indicando um «ramo» do Direito, outra («direitos pessoais») apontando a espécies de pretensões em que o credor pode exigir do devedor uma atividade, positiva ou negativa e, também, aos direitos (em sentido amplo) próprios da esfera das pessoas, sejam estes de cunho patrimonial (isto é: passíveis de avaliação econômica) ou extrapatrimonial (isto é, não passíveis de valoração econômica). *Vide*: PONTES DE MIRANDA, Francisco Cavalcanti. *Tratado de Direito Privado*. Tomo XXII. 3.ª ed. São Paulo: Revista dos Tribunais, 1984, § 2.679, 2, p. 8-10.

78. *E.g.*: TJRS. Ap. Cív. 70061811212. Oitava Câmara Cível. Relator Des. Rui Portanova. Julgamento em 30.10.2014, cuja ementa consigna: «(...) Alimentos compensatórios. Alimentos compensatórios não são propriamente "alimentos", mas sim indenização por eventual uso ou fruição exclusiva de patrimônio comum. Nesse contexto, o pedido de fixação de "alimentos compensatórios" é verdadeira pretensão de antecipar efeitos da tutela da partilha – já que só quem tem direito à partilha pode ter eventual direito a receber alimentos compensatórios. Uma vez incontroverso que o apelado se encontra na posse dos bens do casal, auferindo frutos e rendimentos, em especial da fração de terra que explora, deve seguir repassando a verba alimentar, com nítido caráter compensatório, até que seja ultimada a partilha, desimportando que a requerida percebe ganhos como professora, como já esclarecido». No mesmo sentido, entre outros: TJRS. Ag 70063217178. Sétima Câmara Cível. Relatora Des. Liselena Schifino Robles Ribeiro. Julgamento em 14.01.2015.

79. STJ. REsp 1025769/MG. Terceira Turma. Relatora Min. Nancy Andrighi. Julgamento em 24.08.2010. *DJ* de 01.09.2010.

Tratava-se de pedido de pensão alimentícia formulado por ex-cônjuge, mulher, de meia idade, sem exercer profissão lucrativa, embora graduada em curso superior e aprovada em quatro concursos públicos, pois ao casar deixara o emprego a pedido do então marido. O casamento perdurara por cerca de vinte anos, sendo rompido litigiosamente pelo fato de o cônjuge ter violado gravemente os deveres de fidelidade, inclusive tendo filho com outra mulher.

A esposa postulou o reconhecimento da dissolução da sociedade conjugal por culpa grave do marido e o pagamento de pensão alimentícia. O pedido foi julgado parcialmente procedente, para decretar a separação do casal, com a proclamação de «grave violação dos deveres matrimoniais pelo requerido e imputando-lhe a responsabilidade pela separação», sem, contudo, condená-lo a prestar alimentos à ex-mulher, porque não fora comprovada a necessidade, no entender do Juiz de primeiro grau, por ser a mulher «pessoa jovem, saudável, com habilitação profissional (...), apta a prover a própria subsistência».

Já o Acórdão do TJMG conferiu parcial provimento à apelação interposta pela recorrente para «fixar a pensão alimentícia a seu favor em R$ 1.500,00, pelo prazo de dois anos, iniciando-se tal contagem a partir do trânsito em julgado desta decisão, mantida a r. sentença quanto ao mais».

O caso subiu ao STJ que entre a negativa, pura e simples, postulada pelo ex-marido, e a concessão de um benefício que se estendesse indefinidamente no tempo, como queria a ex-mulher, deferiu alimentos transitórios, justificando a decisão na boa-fé objetiva que «deve guiar as relações familiares, como um manancial criador de deveres jurídicos de cunho preponderantemente ético e coerente».

Na fundamentação, recordou-se que, em acordo com os arts. 1.694 e 1.695 do Código Civil, a obrigação de prestar alimentos está condicionada à permanência dos seguintes pressupostos: (*i*) o vínculo de parentesco, ou conjugal ou convivencial; (*ii*) a necessidade e a incapacidade do alimentando de sustentar a si próprio; (*iii*) a possibilidade do alimentante de fornecer alimentos. Considerado o «fosso fático entre a lei e o contexto social», interpretou-se a disciplina legal dos alimentos com base na «detida análise de todas as circunstâncias e peculiaridades passíveis de visualização ou de intelecção no processo, para a imprescindível aferição da capacidade ou não de autossustento daquele que pleiteia alimentos, notadamente em se tratando de obrigação alimentar entre ex-cônjuges ou ex-companheiros», bem se acentuando decorrer dessa análise minuciosa «a existência ou não da presunção da necessidade de alimentos».

Para aferi-la, foi considerada a «realidade social vivenciada pelo casal ao longo da união» como «fator determinante para a fixação dos alimentos». Considerou-se também determinante na fixação do *quantum* e do período de transitoriedade o fato de a ex--mulher restar, com a partilha dos bens, «com patrimônio razoável».

A decisão, quanto às mediações que revestem, neste campo, a boa-fé, é acertada. Poderia, talvez, ser criticada, no caso concreto a exiguidade do lapso temporal de dois anos para uma pessoa de meia-idade (51 anos, na época em que prolatada a decisão final) «recolocar-se» no mercado de trabalho. Seria preciso também considerar o «investimento de confiança» de quem não acorreu, quando jovem, ao mercado de trabalho,

CRITÉRIOS PARA UMA APLICAÇÃO DA BOA-FÉ SISTEMATICAMENTE ORIENTADA | 273

embora capaz de fazê-lo, a pedido do marido, para melhor acompanhá-lo em suas atividades profissionais, como ainda hoje é comum em determinadas classes sociais brasileiras. Mas para uma concreção da boa-fé como regra de lealdade e baliza tutelar da confiança justificadamente investida,[80] há de ser considerada a realidade vivida pelo casal ao tempo da constância da sociedade conjugal ou convivencial, bem como as reais possibilidades de o pretendente a alimentos conseguir um trabalho remunerado.[81] Esses são elementos de fato a ser necessariamente considerados para uma decisão que respeite a boa-fé no sentido subjetivo (confiança e crença) e objetivo (regra de conduta). Os alimentos temporários fixados em curto espaço temporal melhor se amoldam a quem tem possibilidades concretas de voltar ao mercado de trabalho; do contrário, poderia haver a violação de uma justa expectativa, porque legitimada num investimento de confiança objetivamente comprovável.[82] Porém, o raciocínio exposto no aresto é adequado às peculiaridades da boa-fé objetiva quando a obrigação – tal qual a de prover alimentos – é sujeita condicionalmente à permanência dos pressupostos que determinam a prestação.[83]

Ainda como exemplo da incidência da boa-fé objetiva no Direito Patrimonial de Família, já se determinou que a regra da impenhorabilidade do bem de família não pode ser aplicada quando há sua violação. No caso do apartamento dado em garantia,[84] uma comerciante, querendo aumentar o capital de giro da empresa, pediu empréstimo

---

80. Ver, *supra*, a relação entre boa-fé e confiança legítima, CAPÍTULOS III e IV, respectivamente, §§21 e 24.

81. Aliás, esses fatores foram mencionados pela Ministra Relatora, que bem lembrou serem habitualmente possíveis três distintas soluções para os problemas decorrentes de uma dissolução de sociedade conjugal ou convivencial «em cuja constância houve acordo entre os então cônjuges ou companheiros para que um deles se abstivesse da prática de atividade profissional remunerada ou, ainda, que não buscasse ascender profissionalmente, em virtude de atribuições com a administração do lar e de comodidades oferecidas pelo parceiro», a saber: (*i*) o ex-cônjuge ou ex-companheiro, em decorrência da combinação idade avançada e deficiência ou desatualização na formação educacional, não consegue ou apresenta enorme dificuldade para se estabelecer profissionalmente com remuneração digna; (*ii*) o ex-cônjuge ou ex-companheiro, em idade compatível com a inserção no mercado de trabalho, não possui formação profissional que lhe garanta, ao menos em tese, colocação profissional que assegure a manutenção de seu *status quo ante*; (*iii*) o ex-cônjuge ou ex-companheiro, apesar de ter idade compatível com o exercício de atividade remunerada, carece de instrução para uma colocação profissional condigna.

82. Esse ponto também foi acentuado no aresto, como segue: «Esse caráter de transitoriedade conferido à obrigação alimentar evidentemente só pode ser empregado em circunstâncias nas quais seja possível divisar, ainda que ao longe, o advento da capacidade de autossustento do credor de alimentos, a permitir, dessa forma, a exoneração do alimentante. Por isso mesmo, não cabem alimentos transitórios quando as necessidades são permanentes, em decorrência da incapacidade perene do alimentando de promover seu próprio sustento. A transitoriedade dos alimentos, nessas circunstâncias, não pode prevalecer em face da perenidade do estado de necessidade em que inserto o credor de alimentos».

83. Segundo o Código Civil, arts. 1.694 e 1.695: i) o vínculo de parentesco, ou conjugal ou convivencial; ii) a necessidade e a incapacidade ainda que temporária do alimentando de sustentar a si próprio; iii) a possibilidade do alimentante de fornecer alimentos.

84. STJ. REsp 1559348/DF. Quarta Turma. Relator Min. Luis Felipe Salomão. Julgamento em 18.06.2019. *DJ* de 05.08.2019.

de R$ 1,1 milhão a um banco, firmando cédula de crédito bancário, acompanhada de alienação fiduciária em garantia de imóvel titulado em conjunto com outra pessoa. Provou-se que a quantia tomada em empréstimo revertera em favor da autora e da outra proprietária do imóvel, também comerciante e única sócia da tomadora do empréstimo. O contrato de empréstimo (mútuo) foi inadimplido, postulando o banco a execução da garantia.

Em sua defesa, a comerciante pleiteou a nulidade da alienação fiduciária porque a garantia ofertada (o apartamento) seria qualificável como bem de família. Mas, como bem decidido no Tribunal de Justiça do Distrito Federal e Territórios, e confirmado pelo Superior Tribunal de Justiça: «(...) o bem de família, quando voluntariamente foi dado em garantia a empréstimo de terceira pessoa, e ainda mais quando essa terceira pessoa é uma pessoa jurídica de quem que faz parte de seu quadro societário uma das autoras, perde a condição de bem impenhorável. De forma que, não podem depois alegar as autoras que o empréstimo não reverteu em seu favor».

Segundo os decisores, tendo sido o negócio jurídico praticado em pleno exercício da autonomia privada, ausentes quaisquer defeitos, «o fato de o objeto da garantia se tratar de único bem de família deveria ter sido pensado antes de apresentá-lo como meio garantidor do negócio, pois não se anula o ato, sem a demonstração que fora praticado mediante um daqueles vícios indicados na legislação civil, capazes de anular o negócio». E concluíram: «Não podemos nos afastar de que os atos da vida em geral, seja de natureza civil, comercial ou de qualquer espécie, devem se nortear pelo princípio da boa-fé». Quem «livremente apresenta um bem como garantia de um empréstimo concedido a outra pessoa e depois, sem argumentos mais convincentes, busca a anulação dessa garantia, age em desconformidade com a boa-fé».

Essas razões foram acolhidas, muito embora o caráter de «patrimônio especial» que reveste o bem de família, dotado da garantia da impenhorabilidade. Na alentada motivação, justificou-se com precedente do mesmo Tribunal,[85] segundo o qual a impenhorabilidade do bem de família deve ser excepcionada «quando em confronto com o princípio da boa-fé objetiva». E explicitou o Relator tratar-se da aplicação da boa-fé em sua função corretora do exercício jurídico, ao destacar: «A regra de impenhorabilidade aplica-se às situações de uso regular do direito. O abuso do direito de propriedade, a

---

85. STJ. REsp 554622/RS. Terceira Turma. Relator Min. Ari Pargendler. Julgamento em 17.11.2005. *DJ* de 01.02.2006. A Corte registra também outros arestos no mesmo sentido, *v.g.*, o STJ. REsp 1677015/SP. Relator Min. Paulo de Tarso Sanseverino. Relatora p/ Acórdão Min. Nancy Andrighi. Julgamento em 28.08.2018. *DJ* de 06.09.2018, segundo o qual, *in verbis*: «A questão da proteção indiscriminada do bem de família ganha novas luzes quando confrontada com condutas que vão de encontro à própria ética e à boa-fé, que devem permear todas as relações negociais. Não pode o devedor ofertar bem em garantia que é sabidamente residência familiar para, posteriormente, vir a informar que tal garantia não encontra respaldo legal, pugnando pela sua exclusão (vedação ao comportamento contraditório). Tem-se, assim, a ponderação da proteção irrestrita ao bem de família, tendo em vista a necessidade de se vedar, também, as atitudes que atentem contra a boa-fé e a eticidade, ínsitas às relações negociais».

fraude e a má-fé do proprietário conduzem à ineficácia da norma protetiva, que não pode conviver, tolerar e premiar a atuação do agente em desconformidade com o ordenamento jurídico».

Um cuidado especial há de guiar o exame dos casos em que há interface entre o Direito de Família e o Direito Societário. Terá a boa-fé papel exponencial no exercício de posições jurídicas patrimoniais familiares ou a elas conexas. Nessa conjugação entre interesses e bens jurídicos diversamente tutelados pelo Direito Societário e pelo Direito de Família, a boa-fé atua para impor deveres de correção e lealdade ao consorte que é sócio, e por seus sócios, relativamente ao meeiro, a fim de disciplinar condutas oportunistas eventualmente averiguadas frente ao risco e à manipulação dos resultados sociais.

Um exemplo está nos deveres anexos ao dever de distribuição de lucros, no caso de um dos cônjuges ser sócio de sociedade e se apresentar – em virtude da dissolução da sociedade conjugal ou da união estável – o dever de partilha, terreno delicadíssimo, pois o meeiro de sócio não é sócio, não estando, portanto, na relação *intuitu personae* que une os associados, o que se acentua sobremaneira nas sociedades de pessoas. Como aponta Karime Costalunga, trata-se de saber «como lidar com o terceiro com quem mantém ou mantinha relação jurídica o sócio, e quem passou a ser, portanto, sujeito de direitos originados na meação decorrente da relação na sociedade conjugal».[86]

Embora a situação do meeiro de sócio – titular de mancomunhão sobre as quotas constitutivas do patrimônio do casal – hoje se encontre mais bem disciplinada no Diploma Processual,[87] que veio a derrogar o art. 1.027 do Código Civil, o viúvo meeiro e os sócios terão relação jurídica até que o valor das quotas devidas, segundo o procedimento de apuração de haveres, seja efetivamente distribuído àquele. Deverão, portanto, comportar-se com correção e probidade, como determinado pela boa-fé.

5. Boa-fé e Direito Pessoal de Família

Não é por escapar à seara patrimonial que o Direito Pessoal de Família está isento de manifestações da boa-fé objetiva. O princípio pode incidir na sua função corretora

---

86. COSTALUNGA, Karime. O exercício da boa-fé objetiva pelos sócios do separando: a distribuição de lucros prévia à partilha das quotas. *In*: BENETTI, Giovana *et al*. (Org.). *Direito, Cultura, Método*: Leituras da Obra de Judith Martins-Costa. Rio de Janeiro: GZ Editora, 2019, p. 376.

87. CPC, art. 600, parágrafo único: «A ação pode ser proposta: (...) O cônjuge ou companheiro do sócio cujo casamento, união estável ou convivência terminou poderá requerer a apuração de seus haveres na sociedade, que serão pagos à conta da quota social titulada por este sócio». Embora a alusão faltante ao herdeiro de cônjuge de sócio, equipara-se esse ao cônjuge que se separou judicialmente, pois não há razão a justificar um benefício maior aos herdeiros de cônjuge do que a posição que o próprio cônjuge teria naquele patrimônio se viesse a divorciar-se. Já o art. 608 determina: «até a data da resolução, integram o valor devido ao ex-sócio, ao espólio ou aos sucessores a participação nos lucros ou os juros sobre o capital próprio declarados pela sociedade e, se for o caso, a remuneração como administrador».

A BOA-FÉ NO DIREITO PRIVADO

de condutas.[88] Assim restou expressado no *caso do registro civil de Anita*.[89] A boa-fé incidiu no momento do exercício jurídico, impedindo o comportamento deslealmente contraditório na assunção de relação de parentalidade. Foram expressamente destacadas suas funções integrativas e de limite.

João,[90] o pai biológico, ajuizara ação de anulação de registro civil, combinada com declaratória de paternidade, afirmando ter tido relacionamento com Vera, sendo essa casada com Pedro. Do relacionamento extraconjugal nascera Anita, registrada como filha de Pedro ante a presunção *pater est quem nuptiae demonstrant*. Após o registro, João, cientificado por Vera de que poderia ser o pai biológico de Anita, concordou com a realização de exame de DNA, vindo a confirmar-se o vínculo biológico. Alegando poder o convívio da criança com múltiplos «pais» gerar desconforto a si e danos psicológicos e morais à menina, João decidiu requerer, três anos depois, a anulação do registro civil de Anita, para que outro fosse lavrado, constando seu nome como efetivo pai.

A sentença de primeiro grau julgou extinto o processo, sem resolução do mérito, ante o reconhecimento da ilegitimidade ativa de João, fixando, contudo, o seu direito a visitar Anita, sua filha biológica, quinzenalmente, de forma monitorada. No Tribunal de Justiça do Rio de Janeiro, deu-se provimento ao apelo de João, para determinar a retificação do registro civil de Anita, excluindo, todavia, o direito de visitas.

Interposto Recurso Especial, Pedro e Vera sustentaram a «solidez dos laços» que uniam Anita ao seu pai registral e a inconveniência, para a menina, da pretensão deduzida pelo pai biológico. Alegaram, ainda, que João demorara para propor a ação. Embora já ciente dos vínculos biológicos, entregara Anita «aos cuidados de outro, que desconhecia a origem biológica da menor».

Deslindados os aspectos processuais do caso, decidiu o Superior Tribunal de Justiça que a «paternidade biológica não tem o condão de vincular, inexoravelmente, a filiação, apesar de deter peso específico ponderável, ante o liame genético para definir questões relativas à filiação». Para a sua prevalência, pressupõe «a concorrência de elementos imateriais que efetivamente demonstram a ação volitiva do genitor em tomar posse da condição de pai ou mãe».

Já a filiação socioafetiva «constitui uma relação de fato que deve ser reconhecida e amparada juridicamente. Isso porque a parentalidade que nasce de uma decisão espontânea, frise-se, arrimada em boa-fé, deve ter guarida no Direito de Família».

A solução do litígio foi guiada pela boa-fé, estabelecendo-se: «Nas relações familiares, o princípio da boa-fé objetiva deve ser observado e visto sob suas funções integrativas e limitadoras, traduzidas pela figura do *venire contra factum proprium*

---

88. Ver *infra*, Capítulo VIII, §§66 e 72.

89. STJ. REsp 1087163/RJ. Terceira Turma. Relatora Min. Nancy Andrighi. Julgamento em 11.10.2011. *DJ* de 24.10.2011. Analisei também o caso, em vista das múltiplas menções às figuras relacionadas ao exercício contraditório ver *infra*, Capítulo VIII, §77.

90. Os nomes são fictícios.

(proibição de comportamento contraditório), que exige coerência comportamental daqueles que buscam a tutela jurisdicional para a solução de conflitos no âmbito do Direito de Família».

Considerou-se, dentre outros fatores, a incúria de João, que conscientemente deixara de agir «para tornar pública sua condição de pai biológico e, quiçá, buscar a construção da necessária paternidade socioafetiva, [com o que, a inação] toma-lhe o direito de se insurgir contra os fatos consolidados». Sua omissão contribuíra «decisivamente para a perpetuação do engodo urdido pela mãe», atraindo «o entendimento de que a ninguém é dado alegar a própria torpeza em seu proveito (*nemo auditur propriam turpitudinem allegans*)». Assim, foi-lhe negado o direito de buscar a alteração no registro de nascimento da filha biológica.

Observa-se, pois, nas relações de Direito de Família, o matizamento da boa-fé, fortemente atingida que é pelo reflexo nas relações pessoais, pelos direitos da personalidade e, também, por elementos de cunho publicístico que fazem prevalecer – como no caso acima explanado – o interesse à proteção da integridade dos filhos, como expressou exemplarmente o Superior Tribunal de Justiça,[91] ao qualificar como exercício ilícito (abusivo) do poder familiar o acréscimo de prenome feito imotivadamente por genitor, contra a vontade da genitora.

§ 28. Relações comerciais (contratos interempresariais)

1. Proposição

As atuações da boa-fé no tráfico comercial são marcadas, concomitantemente, pelas concepções advindas da boa-fé germânica e da boa-fé canônica,[92] esta última traduzida por Pothier, com forte impacto na mentalidade comercialista brasileira por força do Código Comercial de 1850,[93] embora hoje se perspective o peso da cultura

---

91. Brasil. STJ. REsp 1905614/SP. Terceira Turma. Relatora Min. Nancy Andrighi. Julgamento em 04.05.2021. *DJ* de 06.05.2021, assim ementado: «CIVIL. PROCESSUAL CIVIL. DIREITO DE FAMÍLIA. DIREITO AO NOME. Elemento estruturante dos direitos da personalidade e da dignidade da pessoa humana. Modificação do nome delineada em hipóteses restritivas e em caráter excepcional. Flexibilização jurisprudencial das regras. Atribuição de nome ao filho. Exercício do poder familiar que pressupõe bilateralidade e consensualidade. Inadmissão da autotutela. Ato do pai que, desrespeitando consenso dos genitores, acresce unilateralmente prenome à criança por ocasião do registro. Violação dos deveres de lealdade e boa-fé. Ato ilícito. Exercício abusivo do poder familiar. Motivação suficiente para exclusão do prenome indevidamente acrescido. Ausência de comprovação da má-fé, intuito de vingança ou propósito de atingir à genitora. Irrelevância. Conduta censurável em si mesma».

92. Ver, *supra*, CAPÍTULO I, §7.

93. Sobre a incorporação pelos comentaristas do Código Comercial de 1850 da concepção tradicional francesa, *vide* MacDONALD, Norberto da Costa Caruso. Anotações sobre a Interpretação dos

jurídica norte-americana e sua particular concepção acerca da *good faith*.[94] Nessa seara, não se pode esquecer da dimensão econômica dos institutos, bem como do extremado empirismo factual, característico do Direito Comercial, ora «temperado» por gotas da abstração conceitualista, típica do Direito Civil em razão da disciplina traçada no Código Civil à atividade negocial.

Também aqui autonomia privada e boa-fé se encontram em relação de dialética tensão, porque essas relações são marcadas normativamente pelos vetores da igualdade e da liberdade[95] e estão polarizadas pela noção de *empresa,* que, por definição, implica a finalidade de obtenção de lucro e de assunção de riscos, bem como a de *mercado,* não mais um lugar de troca de uma produção determinada, mas o mecanismo regulador de toda a vida econômica.[96]

Consequentemente, embora o Direito Empresarial seja operacionalizado, em sua maior parte, por regras e institutos inscritos no Código Civil,[97] estando hoje as regras gerais sobre as obrigações civis e comerciais parcialmente unificadas na Lei Civil, a incidência do princípio da boa-fé neste campo implica o cuidadoso e criterioso *distinguo,* cabendo ao intérprete ter em mente os traços que peculiarizam as relações obrigacionais mercantis em face quer das relações de direito civil comum, quer das relações de consumo, infletindo nas tonalidades que o revestirão.[98] Sinteticamente, são eles: (*i*) a

---

Contratos conforme à Boa-Fé. In: ESTEVEZ, André; JOBIM, Marcio Felix (Orgs.). *Estudos de Direito Empresarial.* Homenagem aos 50 anos de docência do Professor Peter Walter Ashton. São Paulo: Saraiva, 2012, p. 238-248.

94. *Vide, supra,* CAPÍTULO 1, §10.

95. Os sujeitos podem desenvolver, em linha de princípio, todas as atividades que a lei não proíba, sua liberdade sendo assegurada, ainda, pela garantia constitucional à liberdade de iniciativa econômica (Constituição Federal, arts. 1.º, IV, e 170). *Vide* as observações de MENEZES CORDEIRO, António Manuel. *Manual de Direito Comercial,* vol. I. Coimbra: Almedina, 2003, p. 19.

96. LAMY FILHO, Alfredo. A Sociedade por Ações e a Empresa (Introdução ao Estudo). *Temas de S.A.* Exposições. Pareceres. Rio de Janeiro: Renovar, 2007, p. 14.

97. Com razão Menezes Cordeiro ao assinalar que «boa parte do Direito Comercial é fragmentária, tornando-se operacional apenas graças à presença permanente das regras civis» (MENEZES CORDEIRO, António Manuel. *Manual de Direito Comercial,* vol. I. Coimbra: Almedina, 2003, p. 20).

98. Destaque-se, exemplificativamente o texto dos Enunciados ns. 27, 29 e 36 aprovados na I Jornada de Direito Comercial do Conselho de Justiça Federal (2013), mencionando expressamente a incidência do princípio nas relações interempresariais: «27. Não se presume violação à boa-fé objetiva se o empresário, durante as negociações do contrato empresarial, preservar segredo de empresa ou administrar a prestação de informações reservadas, confidenciais ou estratégicas, com o objetivo de não colocar em risco a competitividade de sua atividade; 29. Aplicam-se aos negócios jurídicos entre empresários a função social do contrato e a boa-fé objetiva (arts. 421 e 422 do Código Civil), em conformidade com as especificidades dos contratos empresariais; 36. O pagamento da comissão, no contrato de corretagem celebrado entre empresários, pode ser condicionado à celebração do negócio previsto no contrato ou à mediação útil ao cliente, conforme os entendimentos prévios entre as partes. Na ausência de ajuste ou previsão contratual, o cabimento da comissão deve ser analisado no caso concreto, à luz da boa-fé objetiva e da vedação ao enriquecimento sem causa, sendo devida se o negócio não vier a se concretizar por fato atribuível exclusivamente a uma das partes».

CRITÉRIOS PARA UMA APLICAÇÃO DA BOA-FÉ SISTEMATICAMENTE ORIENTADA | 279

noção de mercado; (*ii*) o dinamismo coerente à noção de atividade empresarial (art. 966) que está no núcleo da *fattispecie empresário*;[99] (*iii*) o forte impacto que a *práxis* tem nesse campo, coligando imediatamente boa-fé, usos do setor e as práticas das partes;[100] (*iv*) a informalidade e a atipicidade; e (*v*) a dinâmica circulação/apropriação de modelos provindos da praxe internacional ou da experiência comparatista.

2. O mercado

Não aqui se ingressará nas polêmicas acerca das noções de mercado. Tão somente, se apontará a uma noção estipulativa, segundo a qual, *ex vi* dos arts. 1.º, 3.º e 170 da Constituição Federal, mercado é uma noção normativa, é dizer: não há mercado fora das decisões políticas e fora das escolhas legislativas de uma sociedade. Assim considerado, o mercado é «*o regime normativo da atividade econômica*», ou, mais amplamente, o estatuto jurídico das relações econômicas,[101] o que consiste em considerar, como já assinalara Karl Renner nos anos 20 do século XX, serem todas as instituições econômicas, ao mesmo tempo, instituições jurídicas, muito embora ambas nem sempre coincidam, nem sempre possam subsumir-se umas nas outras.[102] Escolhas políticas e controles jurídicos produzem tantos modelos de mercado e de Estado quantos forem os modelos concebidos pelas normas jurídicas reguladoras, orientadoras e controladoras das relações de mercado.[103] Além do mais, há, num mesmo Estado, mercados mais e

---

99. Conferir: SALOMÃO FILHO, Calixto. A *Fattispecie* Empresário. *Revista do Advogado*, ano XXVIII, n. 96, mar. 2008, p. 11 e ss., distinguindo entre o «empresário comercial» e o «empresário não comercial». Também sobre o tema: ENGRÁCIA ANTUNES, José. *Direito dos Contratos Comerciais.* Coimbra: Almedina, 2009, p. 27 e ss.; MENEZES CORDEIRO, António Manuel. *Manual de Direito Comercial,* vol. I. Coimbra: Almedina, 2003, p. 93-236.

100. Ver, *infra*, CAPÍTULO VI, §54, e ainda, neste, §28, 6.

101. ASCARELLI, Tullio. Ordinamento Giuridico e Realtà Sociale. Publicado originalmente *Problemi Giuridici*. Milano: Giuffrè, 1959. Republicado In: RODOTÀ, Stefano (Org.). *Il Diritto Privato nella Società Moderna*. Bologna: Il Mulino, 1971, p. 83-93; IRTI, Natalino. *L'Ordine Giuridico del Mercato*. Roma: Laterza, 2003; RENNER, Karl. *Gli Istituti del Diritto Privato e la Loro Funzione Sociale*. Trad. italiana de Cornelia Mittendorfer. Bologna: Il Mulino, 1981, p. 49; SCHLESINGER, Pietro. I Mercati «Neri». *Rivista di Diritto Civile*, vol. 45, Padova, Cedam, 1999, p. 187-192. Na doutrina brasileira, ainda que por distintas angulações: GRAU, Eros Roberto. *A Ordem Econômica na Constituição de 1988*. 7.ª ed. São Paulo: Malheiros, 2002; SALOMÃO FILHO, Calixto. *O Novo Direito Societário Brasileiro*. 2.ª ed. São Paulo: Malheiros, 2002; FORGIONI, Paula. *A Evolução do Direito Comercial Brasileiro*: da mercancia ao mercado. 5.ª ed. São Paulo: Revista dos Tribunais, 2021. Tratei do tema, incidentalmente, em MARTINS-COSTA, Judith. Mercado e Solidariedade Social: entre Cosmos e Taxis: a boa-fé nas relações de consumo. In: *A Reconstrução do Direito Privado*. São Paulo: Revista dos Tribunais, 2002.

102. RENNER, Karl. *Gli Istituti del Diritto Privato e la Loro Funzione Sociale*. Trad. italiana de Cornelia Mittendorfer. Bologna: Il Mulino, 1981, p. 49; SCHLESINGER, Pietro. I Mercati «Neri». *Rivista di Diritto Civile*, vol. 45, Padova, Cedam, 1999, p. 49.

103. IRTI, Natalino. Concetto Giuridico di Mercato e Dovere di Solidarietá. *L'Ordine Giuridico del Mercato*. Roma: Laterza, 2003, p. 83.

menos regulados, de forma a articularem-se em diferentes medidas e aspectos sociais e econômicos com a regulação estatal de seus determinados setores.[104]

Com essas características normativas permeando a noção, o mercado é o espaço (para alguns, o «não lugar», no sentido físico-geográfico) de uma «instituição» onde se desenvolvem relações de mercado. Como instituição, o mercado é regulador de comportamentos,[105] configurando um modelo complexo de comportamento, compreensivo de normas e papéis, marcado pela possível regularidade e submetido a uma difusa aceitação social.[106] Mas é também, em variados graus e medidas (dependendo do tipo de interação entre Estado e mercado), regulado por normas jurídicas.

3. A atividade empresarial

A atividade empresarial se desenvolve no mercado. Também aqui não se adentrará na «poliédrica» noção de empresa[107] nem em todas as angulações que permitem elaborar a noção de atividade empresária a partir dos seus elementos, dispostos, legislativamente, no art. 966 do Código Civil.[108] Para tanto, remete-se à literatura especializada.[109] Relembre-se apenas que, consistindo em atividade econômica profissionalmente organizada para a produção ou a circulação de bens e serviços,[110] compreende-se estar inserto nessa atividade um «complexo de ações singulares»

---

104. Trata especificamente desta temática SALOMÃO FILHO, Calixto. *Regulação da Atividade Econômica*. Princípios e Fundamentos Jurídicos. 2.ª ed. São Paulo: Malheiros, 2008.

105. FERRARESE, Maria Rosaria. *Diritto e Mercato*. Torino: Giappichelli, 1992, p. 61.

106. FERRARESE, Maria Rosaria. *Diritto e Mercato*. Torino: Giappichelli, 1992, p. 61.

107. A expressão é de FRANÇA, Erasmo Valladão e Novaes. Empresa, Empresário e Estabelecimento. A Nova Disciplina das Sociedades. *Temas de Direito Societário, Falimentar e Teoria da Empresa*. São Paulo: Malheiros, 2009, p. 513, tomando como base a teoria de Alberto Asquini.

108. Código Civil. Art. 966, *in verbis*: «Considera-se empresário quem exerce profissionalmente atividade econômica organizada para a produção ou a circulação de bens ou de serviços.
    Parágrafo único. Não se considera empresário quem exerce profissão intelectual, de natureza científica, literária ou artística, ainda com o concurso de auxiliares ou colaboradores, salvo se o exercício da profissão constituir elemento de empresa».

109. Entre os clássicos: ASQUINI, Alberto. Perfis da Empresa. Trad. de Fábio Konder Comparato. *Revista de Direito Mercantil, Industrial, Econômico e Financeiro*, São Paulo, Malheiros, n. 104, out./dez. 1996; ASCARELLI, Tullio. *Iniciación al Estudio del Derecho Mercantil*. Trad. espanhola de Evello Verdera y Tuells. Barcelona: Bosch, 1964, especialmente o cap. XIV. MARCONDES, Sylvio. Do Conceito de Empresa. *Problemas de Direito Mercantil*. São Paulo: Max Limonad, 1970, p. 1-38. Na literatura brasileira mais recente: PARGENDLER, Mariana. *Evolução do Direito Societário*. São Paulo: Saraiva, 2013; MUNHOZ, Eduardo Secchi. *Empresa Contemporânea e Direito Societário*. São Paulo: Juarez de Oliveira, 2002, especialmente p. 180-221, com proficiente análise das modernas teorias sobre a empresa. Ver, ainda, referências nas notas subsequentes.

110. MARCONDES, Sylvio. *Problemas de Direito Mercantil*. São Paulo: Max Limonad, 1970, p. 136 e pela doutrina posterior (*e.g.*, LEÃES, Luis Gastão Paes de Barros. A Disciplina da Empresa no Novo Código Civil Brasileiro. *Revista de Direito Mercantil*, vol. 128, ano XLI (nova série), out./dez. 2002, p. 11-12). Conferir, também, bibliografia referida na nota *supra*.

CRITÉRIOS PARA UMA APLICAÇÃO DA BOA-FÉ SISTEMATICAMENTE ORIENTADA | 281

unificado finalisticamente[111] («para a produção ou a circulação») ao mercado: sublinhe-se, portanto, apenas aos seus traços essenciais no plano jurídico, empresa é atividade econômica organizada, exercida profissionalmente para a produção ou circulação de bens ou serviços.[112]

Recorde-se serem as relações empresariais estabelecidas comumente entre sujeitos empresários (empresários individuais e sociedades empresárias), isto é: entre centros de organização polarizados pela noção de *atividade negocial empresária*[113] que requer a conjugação entre o dinamismo (ínsito às noções de mercado e de atividade) e a previsibilidade e segurança que o Direito – como Ordenamento que é – deve proporcionar para essa atividade, cabendo sustentar, pois, que a noção de mercado não é meramente naturalista, mas jurídica.[114]

---

111. As expressões entre aspas estão em: MAZZARELLA, Ferdinando. *Percorsi Storico-Giuridici dell'impresa.* Dall' «entreprise» all' «Unternehmen». Palermo: Carlo Saladino, 2012, p. 11-12.

112. BULGARELLI, Waldírio. *A Teoria Jurídica da Empresa.* São Paulo: Revista dos Tribunais, 1985, p. 125. Também em MUNHOZ, Eduardo Secchi. *Empresa Contemporânea e Direito Societário.* São Paulo: Juarez de Oliveira, 2002.

113. Acerca dos elementos do conceito de empresa, *vide*: FRANÇA, Erasmo Valladão e Novaes. Empresa, Empresário e Estabelecimento. A Nova Disciplina das Sociedades. *Temas de Direito Societário, Falimentar e Teoria da Empresa.* São Paulo: Malheiros, 2009, p. 510-530. Para a centralidade dessa noção no Código Civil, conferir a Exposição de Motivos do Anteprojeto de Código Civil, onde anotado: «Em linhas gerais, pode dizer-se que a empresa é, consoante acepção dominante na doutrina, empresa é "a unidade econômica de produção", ou "a atividade econômica unitariamente estruturada para a produção ou a circulação de bens ou serviços". A empresa, desse modo conceituada, abrange, para a consecução de seus fins, um ou mais "estabelecimentos", os quais são complexos de bens ou "bens coletivos" que se caracterizam por sua unidade de destinação, podendo, de per si, ser objeto unitário de direitos e de negócios jurídicos» (REALE, Miguel. *História do Novo Código Civil.* São Paulo: Revista dos Tribunais, 2005, p. 99). Não se entrará aqui no debate entre «comercialidade» *vs.* «empresarialidade», remetendo-se à bibliografia especializada acima e abaixo referida, destacando-se desde já: ASCARELLI, Tullio. *Corso di Diritto Commerciale.* Milano: Giuffrè, 1962, p. 145 e ss.; ASCARELLI, Tullio. A Atividade do Empresário. Trad. de Erasmo Valladão Azevedo e Novaes França. *Revista de Direito Mercantil Industrial, Financeiro e Econômico,* vol. 42, n. 132, out./dez. 2003, p. 203-215; ASCARELLI, Tullio. O Empresário. Trad. de Fábio Konder Comparato. *Revista de Direito Mercantil Industrial, Financeiro e Econômico,* n. 109, jan./mar. 1998, p. 183-189; ASQUINI, Alberto. *Perfis da Empresa.* Trad. de Fábio Konder Comparato. *Revista de Direito Mercantil, Industrial, Econômico e Financeiro,* São Paulo, Malheiros, n. 104, out./dez. 1996, p. 108-126; MARCONDES, Sylvio. *Problemas de Direito Mercantil.* São Paulo: Max Limonad, 1970, p. 1-38, e 129-161; MARCONDES, Sylvio. *Questões de Direito Mercantil.* São Paulo: Max Limonad, 1977, p. 1-28; GONÇALVES NETO, Alfredo de Assis. *Direito de Empresa*: comentários aos artigos 966 a 1.195 do Código Civil. 2.ª ed. São Paulo: Revista dos Tribunais, 2008, p. 33 e ss.

114. ASCARELLI, Tullio. Ordinamento Giuridico e Realtà Sociale. Publicado originalmente *Problemi Giuridici.* Milano: Giuffrè, 1959. Republicado In: RODOTÀ, Stefano (Org.). *Il Diritto Privato nella Società Moderna.* Bologna: Il Mulino, 1971, p. 83-93; IRTI, Natalino. *L'Ordine Giuridico del Mercato.* Roma: Laterza, 2003; RENNER, Karl. *Gli Istituti del Diritto Privato e la Loro Funzione Sociale.* Trad. italiana de Cornelia Mittendorfer. Bologna: Il Mulino, 1981, p. 49. Na doutrina brasileira, ainda que por distintas angulações: GRAU, Eros Roberto. *A Ordem Econômica na Constituição de 1988.* 7.ª ed. São Paulo: Malheiros, 2002; SALOMÃO FILHO, Calixto. *O Novo Direito Societário Brasileiro.* 2.ª ed. São Paulo: Malheiros, 2002. Ainda, para as acepções do termo «mercado»:

Por essa razão, as atividades desenvolvidas no mercado estão sujeitas ao regramento provindo da incidência das normas jurídicas. Dentre elas, a boa-fé que nela incide, mas recebe, concomitantemente, o seu influxo, proveniente de certas características dessa atividade acima já brevemente enunciadas, a saber: o peso da *práxis*; a informalidade dos instrumentos; e a aptidão para a atipicidade, que inclui o trânsito muito dinâmico de modelos provindos do ambiente internacional e maior espaço para o exercício da autonomia privada, pois, no Direito Empresarial, o princípio da autonomia privada incide «com maior força do que em outros setores do Direito Privado, em face da necessidade de prevalência dos princípios da livre-iniciativa, da livre concorrência e da função social da empresa».[115]

Se assim o é por força da própria função da disciplina empresarial e dos bens jurídicos especialmente tutelados nesse campo da atividade econômico-jurídica, com mais razão, ainda, o seria depois da entrada em vigor da Lei 13.874/2019, rotulada de «Lei da Liberdade Econômica». Embora a defeituosidade técnica da Lei e o caráter marcadamente retórico de algumas de suas disposições, é indiscutível ter enfatizado essas especificidades da atividade econômica empresarial (já plenamente extraíveis da Constituição Federal), ao reiterar «a liberdade como garantia no exercício de atividades econômicas» (art. 2.º, inc. I), garantindo aos particulares ampla margem de liberdade quer na fixação dos preços de produtos e de serviços (art. 3.º, inc. III), quer no desenvolvimento, na execução ou comercialização de novas modalidades de produtos e serviços (art. 3.º, inc. VI). Assegurou, ainda, que «os negócios jurídicos empresariais paritários serão objeto de livre estipulação das partes pactuantes, de forma a aplicar todas as regras de direito empresarial apenas de maneira subsidiária ao avençado, exceto normas de ordem pública» (art. 3.º, inc. VIII).

4. Atividade empresarial e contratos

Embora a *atividade empresarial*[116] que está no núcleo deste «ramo» do Direito não se esgote de modo algum nos contratos empresariais (e nem se esteja aqui a aludir às teorias da empresa como *nexus of contracts* ou, ainda, como *connected contracts*»),[117] é neles que encontra o seu privilegiado instrumento para a circulação econômica dos bens. De fato, o contrato, para além de ser uma instituição sem a qual «as sociedades e as economias modernas não seriam pensáveis, ou, pelo menos, não seriam como hoje

---

SCHLESINGER, Pietro. I Mercati «Neri». *Rivista di Diritto Civile*, vol. 45, Padova, Cedam, 1999, p. 187-192.

115. STJ. REsp 1409849/PR. Terceira Turma. Relator Min. Paulo de Tarso Sanseverino. Julgamento em 26.04.2016. *DJ* de 06.05.2016.

116. *Vide*: ASCARELLI, Tullio. A Atividade do Empresário. In: FRANÇA, Erasmo Valladão e Novaes (Org.). *Temas de Direito Societário, Falimentar e Teoria da Empresa*. São Paulo: Malheiros, 2009, p. 583-603.

117. Na literatura nacional: MUNHOZ, Eduardo Secchi. *Empresa Contemporânea e Direito Societário*. São Paulo: Juarez de Oliveira, 2002, especialmente p. 189-209.

CRITÉRIOS PARA UMA APLICAÇÃO DA BOA-FÉ SISTEMATICAMENTE ORIENTADA | 283

as conhecemos»,[118] representa «o mais relevante instrumento jurídico da constituição, organização e exercício da actividade empresarial»,[119] enucleada no fenômeno poliédrico da empresa.[120]

Remetendo para um momento subsequente[121] a referência aos contratos que *constituem e organizam* a atividade empresarial, refira-se, por ora, os que *instrumentalizam* essa atividade econômica ao criar e disciplinar as relações jurídicas entre os empresários e terceiros adquirentes dos respectivos bens e serviços, especialmente quando esses terceiros são sujeitos que não se qualificam como «consumidores». E a primeira e mais óbvia constatação é a de que tais contratos, longe de serem disciplinados com base em critérios formais, são qualificados como «contratos empresariais» por um fator de *ordem substancial*, é dizer: quando instrumentalizados ao fenômeno da atividade empresarial, «funcionando como objeto precípuo ou instrumentos jurídicos ancilares da respectiva atividade».[122]

5. O mercado, o informalismo e a atipicidade das formas contratuais

Os contratos comerciais estão situados no mercado, um *organismo vivo*, isso significando dizer que não pode ser totalmente programado, imobilizado, como se isento ao impacto contínuo de fatores externos, conjunturais e até certo ponto improváveis. Em suma, não pode ser tido como se fosse infenso aos processos contínuos de interação social. Essa mobilidade ou dinamismo estrutural do mercado impacta os contratos que nele são pactuados, revestindo-os com determinadas configurações.

A primeira delas é a *informalidade* dos negócios comerciais. É indiscutível ser esta um traço característico do Direito Comercial, embora não se deva andar com os olhos congelados pelo passado e contrapor os contratos comerciais aos civis com base no critério da mais rígida ou da mais flexível forma exigível. A informalidade é um traço característico, mas não exclusivo. Também o Direito Civil das Obrigações – tradicionalmente assentado no princípio do *numerus apertus* – evoluiu em direção ao informalismo,[123] de modo que a distinção entre contratos civis e comerciais não tem

---

118. ENGRÁCIA ANTUNES, José. *Direito dos Contratos Comerciais*. Coimbra: Almedina, 2009, p. 19.

119. ENGRÁCIA ANTUNES, José. *Direito dos Contratos Comerciais*. Coimbra: Almedina, 2009, p. 20.

120. FRANÇA, Erasmo Valladão e Novaes. Empresa, Empresário e Estabelecimento. A Nova Disciplina das Sociedades. *Temas de Direito Societário, Falimentar e Teoria da Empresa*. São Paulo: Malheiros, 2009, p. 515, tomando como base a teoria de Alberto Asquini.

121. *Vide* CAPÍTULO IV, §29, *infra*.

122. ENGRÁCIA ANTUNES, José. *Direito dos Contratos Comerciais*. Coimbra: Almedina, 2009, p. 37.

123. Expressando esse trânsito entre o Direito Civil e o Comercial, anota Alfredo de Assis Gonçalves Neto: «as relações jurídicas surgidas na prática mercantil, inicialmente adotadas pelos comerciantes ou empresários no exercício de sua atividade profissional, acabam sendo estendidas a todos (a qualquer pessoa, a todo sujeito de direito). Assim, há como que uma *mercantilização* do

como crivo a presença da informalidade ou não, mas o critério da inserção, ou não, na *atividade negocial empresarial*.[124] Não se deve esquecer, por outro lado, que os contratos de consumo vêm revestidos por inegável formalismo de cunho protetivo ao consumidor.

Ao informalismo do Direito Comercial junta-se como outra marca também característica – e não exclusiva – a atipicidade, manifestação por excelência do poder criador da autonomia privada. Conquanto indiscutida no Direito das Obrigações como um todo a vigência do *numerus apertus*, tem relevância (pelo menos simbólica) o fato de o Código Civil ter plasmado no art. 425 o *princípio da atipicidade* desde o pórtico do Direito Contratual. A atipicidade manifesta-se tanto na criação *ex novo*, quanto na transformação de antigos modelos (por exemplo: seguindo-se o modelo das garantias fidejussórias, como a fiança e o aval, chega-se à garantia à primeira demanda), quanto na sua *refuncionalização* (por exemplo, a utilização da compensação como garantia, ou a cessão de créditos como garantia). Cabe lembrar que ao dispor sobre a atipicidade, o Código Civil atou a sua licitude à observância «das normas gerais fixadas neste Código» (art. 425), dentre elas a boa-fé. Ausente o auxílio das normas de direito supletivo e dispositivo que suprem a autonomia privada no disciplinamento dos contratos típicos, nos atípicos, maior atenção terá que ser dada pelo julgador à equação econômica subjacente, ao fim visado pelas partes, e à boa-fé: aí o princípio, cuja eficácia é cogente, auxiliará no disciplinamento concreto do modelo criado ou «refuncionalizado» pela autonomia privada.

A atipicidade está também ligada ao *ambiente transfronteiras* dos contratos empresariais, muito embora não se deva esquecer que o vasto campo do Direito Comercial abarca também o pequeno comerciante, em grande medida o comerciante nacional.[125] Porém, há áreas em que a internacionalidade e as tendências integracionistas e harmonizadoras se fazem especialmente sentir. Se desde sempre o comércio ultrapassou fronteiras, mormente na Era da Globalização (que é globalização de mercados, além de

---

Direito Civil: aquilo que era matéria exclusiva do Direito Comercial, isto é, de um direito especial, passa a ser matéria de direito comum e, por isso, deixa de ser especial» (Gonçalves Neto, Alfredo de Assis. Os Contratos mercantis e o Código Civil. In: França, Erasmo Valladão e Novaes; Adamek, Marcelo Vieira von (Orgs.). *Temas de Direito Empresarial e outros estudos em homenagem ao Professor Luiz Gastão Paes de Barros Leães*. São Paulo: Malheiros, 2014, p. 114. A esse fenômeno corresponde, logicamente, uma «civilização do Direito Comercial». Veja-se também: Ascarelli, Tullio. *Panorama do Direito Comercial*. 2.ª ed. Sorocaba: Minelli, 2007, p. 22 e ss.

124. Ascarelli, Tullio. *Introducción al Derecho Comercial y Parte General de las Obligaciones Comerciales*. Trad. espanhola de Santiago Sentís Melendo. Buenos Aires: Ediar S.A. Editores, 1947, p. 57; também em: Marcondes, Sylvio. *Problemas de Direito Mercantil*. São Paulo: Max Limonad, 1970, p. 137.

125. Assim lembra com razão Menezes Cordeiro, António Manuel. *Manual de Direito Comercial*. Tomo l. Coimbra: Almedina, 2003, p. 107. Nessa área, o internacionalismo e as tendências integradoras que se fazem notar nas áreas que requerem o efetivo internacionalismo ou não se fazem notar ou são rarefeitas. De fato, o pequeno comércio é pouco preocupado com questões internacionalistas.

CRITÉRIOS PARA UMA APLICAÇÃO DA BOA-FÉ SISTEMATICAMENTE ORIENTADA | 285

globalização cultural), tem acentuada sua tendência à universalização, colocando em contato agentes de todo o mundo. Sofre, portanto, o influxo de modelos jurídicos advindos tanto da prática internacional (*ius mercatorum*) quanto de institutos advindos de outros Ordenamentos nacionais.

Especificamente no concernente aos sentidos e funções da boa-fé, o problema está – seja no nível de uma «aproximação» ou «harmonização» de regras jurídicas nacionais por «códigos» (*v.g.*, o Código Europeu dos Contratos), seja na criação de normativas destinadas especificamente a regrar o comércio internacional (*v.g.*, a CISG – Convenção de Viena para a Compra e Venda Internacional de Mercadorias) – nas dificuldades (para dizer o mínimo) de uma aplicação unívoca. Todo o conhecimento é situado. Consistindo a boa-fé em uma noção permeada por alto grau de vagueza semântica,[126] os significados e as possibilidades de aplicação variarão culturalmente, valendo aqui, muito fortemente, o brocardo «*traduttore, traditore*»: quem traduz (do latim *transferre*, particípio passado, *translatus*), transporta. E no caminho do transporte, perde-se ou se perturba o espectro das conotações. É da maior relevância atentar, na análise dos textos de outros sistemas alusivos à boa-fé, à intraduzibilidade semântica.

É bem verdade que há, ao menos em potência, uma tensão entre a informalidade e o princípio da segurança jurídica. Não se valendo, o Direito Comercial, da rigidez dos tipos e das formas como fator de segurança (exceto quanto aos títulos de crédito), outros fatores transparecem como «âncoras» para a interpretação e integração dos contratos mercantis. Dentre esses, os usos e as práticas normalmente seguidas pelas partes, dotados de *ampla possibilidade de objetivação*, na medida em que indicam a regularidade das condutas no mercado.[127]

6. A relevância dos usos do comércio e das práticas seguidas entre os agentes

As características até aqui enunciadas justificam o peculiar e muito complexo papel dos usos do comércio («usos do tráfico»), expressão ora empregada latamente,[128] bem como das práticas das partes na atividade empresarial. Para além de serem criadores de formas contratuais e de modos de comportamento e comunicação empresarial, os usos são considerados, no plano propriamente hermenêutico, fonte de heterointegração normativa, pois «o sistema econômico transmite suas necessidades de

---

126. Conforme tratou-se *supra*, CAPÍTULO II, §13.

127. ENGRÁCIA ANTUNES, José. Os Usos e o Costume no Direito Comercial. Algumas reflexões. In: AMARAL, Diogo Freitas (Org.). *Estudos Comemorativos dos 10 anos da Faculdade de Direito da Universidade Nova de Lisboa*, vol. II. Coimbra: Almedina, 2008, p. 229. Ver, adiante, o papel dos usos e das práticas na interpretação e na colmatação de lacunas, no CAPÍTULO VII, §§59 e 60.

128. Alude-se aos usos, o que engloba, em sua acepção lata, também costumes. Para a distinção entre usos e práticas, ver, *infra*, CAPÍTULO VI, §54, 4.

transformação primordialmente por meio da mudança de costumes em matéria empresarial».[129]

O art. 113 do Código Civil liga textualmente boa-fé e usos, havendo, ainda, expressa referência à *habitualidade da conduta seguida*,[130] como está no parágrafo único do art. 473, incidente aos contratos contendo obrigações duradouras (como soem ser muitos contratos comerciais, como os de agência, distribuição, fornecimento, etc.). Evidentemente, os usos não «imunizam» a atividade dos sujeitos no mercado diante da incidência das normas jurídicas constitutivas do Ordenamento, pois, do contrário, se estaria a validar uma concepção meramente naturalista do mercado.[131] Porém, ao traduzir que ali é o «regular», os usos e as práticas auxiliam a perceber o que, naquele setor, é o legitimamente esperado. Por essa razão, tornam objetiva (ou objetivável) a expectativa do destinatário da manifestação negocial. Não se trata da crença subjetiva (o «estar de boa-fé»), dependente do exame de elementos subjetivos, como a íntima convicção de se estar a agir segundo o Direito, mas de uma crença cuja legitimação («expectativa legítima») pode ser averiguada por elementos objetivos («*id quod plerumque accidit*, o que normalmente acontece» naquele setor do mercado). De fato, a conexão entre a boa-fé e os usos e/ou as práticas auxilia a minimizar a tensão entre a segurança jurídica e os traços acima destacados da informalidade e da atipicidade. Cabe, pois, averiguar as *práticas e os usos*, na medida em que há intensa relação entre a conduta dos agentes e as pautas orientadoras da *ratio* da prática comercial.[132] Constitui fator de segurança considerar – em vista de tal ou qual setor do mercado – o que ali é considerado o *habitual, correto, regular* – ou seja, aquilo que seria o esperável entre os contraentes, de forma a não causar surpresas desleais, possibilitando, todavia, que as condutas sejam alteradas com um dinamismo inimaginável na alteração da lei escrita.

Em vista do investimento de confiança legitimado pela previsibilidade de condutas gerada ou pela prática seguida pelos contratantes («prática», ou «usos individuais») ou pelos usos do setor («usos do tráfico»), os deveres de agir segundo a boa-fé hão de ser aferidos de modo coligado ao que «normalmente acontece» no setor de mercado

---

129. Salomão Filho, Calixto. A *Fattispecie* Empresário. *Revista do Advogado*, ano XXVIII, n. 96, mar. 2008, p. 13.

130. Essa característica do Direito Empresarial e sua influência sobre o Direito Civil já fora tratada na década de 1960 do século passado por Ferreira, Waldemar. *Tratado de Direito Comercial*, vol. VIII. São Paulo: Saraiva, 1962, p. 16.

131. Trabalhei as categorias ascarellianas de *cosmos* e *taxis*, correspondentes às concepções naturalista e normativa de mercado (embora dirigindo o exame às relações de consumo) em: Martins-Costa, Judith. Mercado e Solidariedade Social entre Cosmos e Taxis: a boa-fé nas relações de consumo. Ensaio integrante de: Martins-Costa, Judith (Org.) *A Reconstrução do Direito Privado*. São Paulo: Revista dos Tribunais, 2002, p. 611-661.

132. Assim, Rego, Anna Lygia Costa. *Confiança & Investimento Estrangeiro*: uma análise do ambiente jurídico brasileiro. São Paulo: Singular, 2013.

CRITÉRIOS PARA UMA APLICAÇÃO DA BOA-FÉ SISTEMATICAMENTE ORIENTADA | 287

onde atuam os contratantes. Os deveres de lealdade decorrentes da boa-fé situam-se, pois, num ponto de tensão entre a adoção de condutas que não venham a atingir deslealmente expectativas legítimas de quem confia, mas que sejam adaptadas às exigências da informalidade.

7. O *standard* da probidade específica

Acima já se destacou estar em relação de polaridade com a boa-fé (norma de heteronomia) o princípio *da liberdade de iniciativa econômica* (norma de autonomia), garantido constitucionalmente, repetindo-se aqui a tensão entre autonomia privada (vetor de autodeterminação na ação humana) e boa-fé (vetor indicativo de um direcionamento de condutas em prol da correção comportamental) que não é estranha ao Direito Civil. O instituto é o mesmo, assim como as figuras parcelares que dele decorrem. O que há de peculiar ao Direito Empresarial é a maior imantação pela prática, que condiciona o sentido da boa-fé, apresentando-a em conformidade com o *standard* da *probidade específica* – «pelo mesmo modo e sentido por que os negociantes se costumam explicar, posto que entendidas de outra sorte possam significar coisa diversa», como estava no art. 30 do Código Comercial de 1850. Assim, devendo ser concretizada em imediata ligação com os usos do tráfico e com o ambiente do mercado, nesse campo adquire o princípio da boa-fé tons e cores modulados por uma paleta de significações advindas do viés *confiança* em seus matizes: a confiança como *confiabilidade ou credibilidade* (valorizando-se a posição do agente, isto é, o investimento de confiança daquele que recebe determinada ação ou declaração bem como, por exemplo, a posição de autoridade do emissor da declaração); e a confiança como *previsibilidade* necessária para o cálculo do investidor, sócio, ou empresário para poder mensurar o risco,[133] apresentando-se especialmente, então, como elemento da *segurança jurídica*. A confiança é, como bem aponta Anna Lygia Costa Rego, elemento no processo decisório do investidor, espinha dorsal das transações econômicas tanto em seu viés de credibilidade quanto em suas repercussões na segurança das transações. Tanto assim que recentes e sucessivas crises que afetaram o comércio internacional, levando, em alguns países, a reformas legislativas (como a Lei Sarbanes-Oxley, de 2002, nos Estados Unidos), tiveram o seu núcleo na perda da confiança nos mercados financeiros e de capitais, atingindo o comércio em sua essência econômica.[134]

---

133. FORGIONI, Paula. A Interpretação dos Negócios Empresariais no Novo Código Civil brasileiro. *Revista de Direito Mercantil, Industrial, Econômico e Financeiro*, São Paulo, Malheiros, ano XLII (nova série), n. 130, abr./jun. 2003, p. 27, destaques originais.

134. REGO, Anna Lygia Costa. *Confiança & Investimento Estrangeiro*: uma análise do ambiente jurídico brasileiro. São Paulo: Singular, 2013.

8. Os vetores

Como resultado dos fatores até aqui sumarizados, tem-se, nas relações contratuais comerciais, o sentido da boa-fé orientado pela prevalência dos viéses *confiabilidade, credibilidade* e *previsibilidade*, valorizando-se a posição do emissário da declaração bem como as possibilidades do cálculo dos riscos. Tais vetores não apagam a função orientadora da boa-fé quando do exercício jurídicos nessas relações,[135] mas afastam presunções que não se afinam com as peculiaridades do Direito Empresarial.

§ 29. Relações associativas (associações e sociedades), empresariais ou não

1. Proposição

As relações associativas neste item particularizadas são compreendidas em sentido amplo, abarcando relações de associação e de sociedade, e não estão exclusivamente concentradas no Direito Comercial, pois nem todas as sociedades são empresárias. Há associações civis, que, por definição, não perseguem o lucro. E há espécies, como a sociedade limitada (Código Civil, arts. 982 e 983), que podem ser configuradas tanto como sociedade empresária quanto não empresária (simples).[136] Para além daquelas sociedades que, por definição legal, só podem ser empresárias (sociedades por ações, Código Civil, art. 982), «a regra é que a definição sobre se uma sociedade é empresária ou simples (não empresária) está baseada no seu objeto social (escopo-meio): será empresária se exercer atividade empresária, e será simples se exercer atividade não empresária, nos termos do art. 966 do Código Civil, podendo ser considerada empresária caso exerça atividade empresária muito embora conste, de seu objeto social, atividade não empresária, e vice-versa».[137]

---

135. Ver, adiante, Capítulos VII e VIII.

136. Assim: Enunciado 57 da I Jornada de Direito Civil do Conselho da Justiça Federal/CJF (art. 983: A opção pelo tipo empresarial não afasta a natureza simples da sociedade); Enunciado 382 da IV Jornada de Direito Civil do CJF (art. 983: Nas sociedades, o registro observa a natureza da atividade (empresarial ou não – art. 966); as demais questões seguem as normas pertinentes ao tipo societário adotado (art. 983). São exceções as sociedades por ações e as cooperativas (art. 982, parágrafo único).); Enunciados 475 a 477 da V Jornada de Direito Civil do CJF (475 – arts. 981 e 983: Considerando ser da essência do contrato de sociedade a partilha do risco entre os sócios, não desfigura a sociedade simples o fato de o respectivo contrato social prever distribuição de lucros, rateio de despesas e concurso de auxiliares; 476 – art. 982: Eventuais classificações conferidas pela lei tributária às sociedades não influem para sua caracterização como empresárias ou simples, especialmente no que se refere ao registro dos atos constitutivos e à submissão ou não aos dispositivos da Lei 11.101/2005; 477 – art. 983: O art. 983 do Código Civil permite que a sociedade simples opte por um dos tipos empresariais dos arts. 1.039 a 1.092 do Código Civil. Adotada a forma de sociedade anônima ou de comandita por ações, porém ela será considerada empresária).

137. França, Erasmo Valladão Azevedo e Novaes. Parecer. Sociedade que Tem por Objeto a Prestação

CRITÉRIOS PARA UMA APLICAÇÃO DA BOA-FÉ SISTEMATICAMENTE ORIENTADA | 289

Uma sociedade normalmente[138] forma-se por contrato. Consoante o art. 981 do Código Civil, «[c]elebram contrato de sociedade as pessoas que reciprocamente se obrigam a contribuir, com bens ou serviços, para o exercício de atividade econômica e a partilha, entre si, dos resultados». Esse contrato, no regime do Código Civil vigente, não depende de forma especial para sua validade, mas tão somente para parte de sua eficácia, «seja a aptidão para ser provado nas relações entre sócios, seja a aptidão para aquisição de personalidade jurídica».[139] Mas o Código também admite a existência de sociedades não personificadas, como a sociedade em comum. Não se confunde o contrato com a personalidade. Como está em Sylvio Marcondes, «[a] personificação é fenômeno posterior, do qual a existência da sociedade é pressuposto».[140]

As relações societárias exigem cooperação em prol do fim comum que as estrutura. Há, portanto, especificidades a considerar sobre a atuação e funções da boa-fé no âmbito das relações societárias e no âmbito dos contratos interempresariais.

2. Boa-fé e relações associativas, em sentido amplo

Especifica-se a feição do princípio da boa-fé nas relações associativas em vista da alta intensidade da cooperação (em sentido jurídico) que estrutura as associações em sentido estrito e as sociedades (CC, art. 44, § 2.º). Ambas as espécies de organizações associativas «são, antes de tudo, *organizações finalísticas*, organizações que se caracterizam pelo fenômeno de cooperação entre dois ou mais sujeitos para a consecução de certos fins comuns»,[141] como está no Código Civil, ao determinar: «constituem-se as associações pela união de pessoas que se organizam para fins não econômicos» (CC, art. 53), sendo clara, na forma do art. 981, antes transcrito, similar ideia.

Associação é a qualificação dada pelo Direito ao fenômeno da cooperação entre dois ou mais sujeitos para a consecução de uma específica e determinada finalidade em certo ramo de atividade, estando no «cerne do Direito Societário, do qual descende a

---

de Serviços de Natureza Intelectual é de Natureza Simples, qualquer que seja a Forma de sua Organização. *Revista de Direito Mercantil, Industrial, Econômico e Financeiro*, São Paulo, Malheiros, ano 50, n. 157, jan./mar. 2011, p. 241-258; GONÇALVES NETO, Alfredo de Assis. Sociedade para o Exercício de Trabalho Intelectual. In: ADAMEK, Marcelo Vieira von (Org.). *Temas de Direito Societário e Empresarial Contemporâneos*. São Paulo: Malheiros, 2011, p. 41-50; SPINELLI, Luis Felipe. *A Exclusão de Sócio por Falta Grave na Sociedade Limitada*: Fundamentos, Pressupostos e Consequências. São Paulo: Quartier Latin, 2015.

138. Ressalvam-se as sociedades unipessoais e aquelas constituídas pela lei.

139. FRANÇA, Erasmo Valladão Azevedo e Novaes. *A Sociedade em Comum*. São Paulo: Malheiros, 2013, p. 107.

140. Transcrito por FRANÇA, Erasmo Valladão Azevedo e Novaes. *A Sociedade em Comum*. São Paulo: Malheiros, 2013, p. 107.

141. FRANÇA, Erasmo Valladão e Novaes; ADAMEK, Marcelo Vieira von. *Affectio Societatis*: um conceito jurídico superado no moderno direito societário pelo conceito de fim social. *Temas de Direito Societário, Falimentar e Direito da Empresa*. São Paulo: Malheiros, 2011, p. 43.

ideia de cooperação».[142] A união entre pessoas é «um componente subjetivo indispensável às associações».[143] Essa união decorre, além do mais, de ato voluntário, ainda que o art. 53 do Código Civil não esclareça esse ponto.[144] Há união em alto grau, porque qualificada pela vontade e pela liberdade.

Essa peculiar forma de união entre pessoas é fonte de deveres, não apenas aqueles determinados em cláusulas específicas estatuárias, ou minudenciados no regimento interno, mas, por igual, os que provêm da boa-fé objetiva, aplicável aos negócios jurídicos associativos em sua tríplice dimensão normativa. A lealdade (art. 422, CC) há de ser direcionada à preservação dos objetivos da associação que justificam a organização entre os associados. A licitude do exercício jurídico dos direitos decorrentes da situação de associado é balizada pelo art. 187 do Código Civil. E a interpretação dos negócios associativos deve considerar a boa-fé (art. 113, CC).

O Direito Societário é «o direito das organizações finalísticas privadas» no centro do qual estão sociedades. Por isso se diz ser o contrato societário, necessariamente, um «contrato de associação de comunhão e, de regra, um contrato de constituição de organização»,[145] do qual resulta um particular equilíbrio de interesses absorvido pela boa-fé. De ambas as formas jurídicas – associações e sociedade – nascem relações em que, como bem percebeu Couto e Silva, encontra-se, em sua plenitude, o *nostra res agitur*, já que entre os seus figurantes, «cuida-se de algo mais do que a mera consideração [a outro contratante], pois existe dever de aplicação à tarefa suprapessoal e exige-se disposição ao trabalho conjunto e a sacrifícios relacionados ao fim comum».[146] Como

---

142. ADAMEK, Marcelo Vieira von. *Abuso de Minoria em Direito Societário*. São Paulo: Malheiros, 2014, p. 42.

143. LEONARDO, Rodrigo Xavier. *Associações sem Fins Econômicos*. São Paulo: Revista dos Tribunais, 2014, p. 197.

144. LEONARDO, Rodrigo Xavier. *Associações sem Fins Econômicos*. São Paulo: Revista dos Tribunais, 2014, p. 199, que complementa: «Mostram-se necessários outros componentes de fato para se saltar do gênero negócio jurídico plurilateral para a espécie negócio jurídico plurilateral organizativo constitutivo de uma associação sem fins econômicos. A mera manifestação voluntária, consciente e convergente não é suficiente para formar o núcleo do suporte fático da associação sem fins econômicos. O elemento volitivo precisa ser completado por outros e, dentre eles, a orientação para constituição de uma organização que, no caso, se dá sob espécie de "organização corporativa"».

145. Assim a classificação de Herbert Wiedemann, apontada por ADAMEK, Marcelo Vieira von. *Abuso de Minoria em Direito Societário*. São Paulo: Malheiros, 2014, p. 38.

146. COUTO E SILVA, Clóvis do. *A Obrigação como Processo*. Rio de Janeiro: FGV Editora, 2006, p. 31. No mesmo sentido, escrevi em: MARTINS-COSTA, Judith. Os Campos Normativos da Boa-Fé Objetiva: as três perspectivas do Direito Privado Brasileiro. In: AZEVEDO, Antonio Junqueira; TÔRRES, Heleno Taveira; CARBONE, Paolo (Orgs.). *Princípios do Novo Código Civil e Outros Temas*: Homenagem a Tullio Ascarelli. São Paulo: Quartier Latin, 2008, p. 403. Tratam do tema: COMPARATO, Fábio Konder. Restrições à Circulação de Ações em Companhia Fechada: «nova et vetera». *Revista de Direito Mercantil, Industrial, Econômico e Financeiro*, São Paulo, Malheiros, ano 28, n. 36, out./dez. 1979, p. 69; ADAMEK, Marcelo Vieira von. *Abuso de Minoria em Direito Societário*. São Paulo: Malheiros, 2014, p. 25 e 137; LAMY FILHO, Alfredo; PEDREIRA, José Luiz Bulhões. Conceito e Natureza. *Direito das Companhias*, vol. I. Rio de Janeiro: Forense, 2009, p. 36; SPINELLI, Luis Felipe. *Conflito de Interesses na Administração da Sociedade Anônima*. São Paulo: Malheiros, 2012, especialmente p. 51-52.

CRITÉRIOS PARA UMA APLICAÇÃO DA BOA-FÉ SISTEMATICAMENTE ORIENTADA | 291

mais bem será examinado ao tratar-se do contrato de sociedade,[147] em sua coligação com o fim social comum, atua a boa-fé no plano funcional para determinar «como» os direitos e deveres dos sócios, definidos pelo fim comum, haverão de ser exercidos, estando esse elemento na matriz do dever de lealdade que se abre em três vertentes: como dever geral de lealdade que recai sobre sócios/acionistas/quotistas, tendo em vista a posição ocupada, que levará a uma distinção entre os concretos e específicos deveres gerados pela boa-fé; como dever fiduciário típico de membro de órgão societário de não desapontar a legítima confiança nele investida; e como dever do administrador de não usar a sua posição para perseguir interesses patrimoniais próprios.[148] A regra de fundo é a da correlação ética entre poder e responsabilidade: «nenhuma responsabilidade sem poder» e «nenhum poder sem responsabilidade»,[149] pois, como assentado por Wiedemann, «a situação de vida que o Direito Societário regula, em primeira linha, é a comunidade de pessoas que se associaram para atingir um fim comum», razão pela qual, a «tarefa do Direito Societário, para as associações (*Vereinigung*) é a de desenvolver regras de condutas justas e adequadas».[150]

3. A cooperação e a lealdade como elementos estruturais

De fato, o fenômeno associativo tem no *vínculo de lealdade* entre órgãos sociais e sócios um ponto-chave para a elaboração de regras de conduta.[151] Pode-se considerar que os deveres de lealdade intrassocietária integram a boa-fé como instituto jurídico. Os analistas são pródigos em referência aos respectivos pontos de contato,[152]

---

147. Neste CAPÍTULO, §30.

148. WIEDEMANN, Herbert. *Vínculos de Lealdade e Regra de Substancialidade*: uma comparação de sistemas. Trad. de Otto Carlos Vieira Ritter von Adamek. In: ADAMEK, Marcelo Vieira von (Org.). *Temas de Direito Societário e Empresarial Contemporâneos*. Liber Amicorum Prof. Dr. Erasmo Valladão Azevedo e Novaes França. São Paulo. Malheiros, 2011, p. 145. Especificamente quanto aos administradores, remete-se ao §38, 4, neste CAPÍTULO.

149. Refere a regra: ADAMEK, Marcelo Vieira von. *Abuso de Minoria em Direito Societário*. São Paulo: Malheiros, 2014, p. 58.

150. WIEDEMANN, Herbert. Excerto do Direito Societário I – Fundamentos, de Herbert Wiedemann. In: FRANÇA, Erasmo Valladão e Novaes (Org.). *Temas de Direito Societário, Falimentar e Teoria da Empresa*. São Paulo: Malheiros, 2009, p. 625-626.

151. É o entendimento de Wiedemann quanto ao sistema alemão, mas que também deve ser acolhido no Direito brasileiro. *Vide* a propósito do Direito alemão: WIEDEMANN, Herbert. *Vínculos de Lealdade e Regra de Substancialidade*: uma comparação de sistemas. Trad. de Otto Carlos Vieira Ritter von Adamek. In: ADAMEK, Marcelo Vieira von (Org.). *Temas de Direito Societário e Empresarial Contemporâneos*. Liber Amicorum Prof. Dr. Erasmo Valladão Azevedo e Novaes França. São Paulo: Malheiros, 2011, p. 145. Para o Direito brasileiro: ADAMEK, Marcelo Vieira von. *Abuso de Minoria em Direito Societário*. São Paulo: Malheiros, 2014, p. 162 e ss. Ver, adiante, no exame do contrato de sociedade e do acordo de acionistas sob a perspectiva do interesse estruturante (§39, neste CAPÍTULO), o desenvolvimento dessas ideias.

152. Na doutrina brasileira mais recente: ADAMEK, Marcelo Vieira von. *Abuso de Minoria em Direito Societário*. São Paulo: Malheiros, 2014, p. 164.

afirmando Marcelo von Adamek ter o dever de lealdade se «despregado» da boa-fé e, como esta, atuar como uma cláusula geral, carecendo, portanto, de mediação concretizadora: sua intensidade só pode ser aferida diante da concreta situação jurídica do sócio.[153] Nesse caso, transparece a função da boa-fé como instituto jurídico, a ancorar casos e problemas que progressivamente se autonomizam.

É manifesto, pois, o caráter estrutural ou substancial do princípio da cooperação intrassocietária, embora possa haver – e frequentemente haja – escalonamentos diversos nos graus de cooperação devida. Trata-se do que normalmente se indica pela expressão *affectio societatis*, compreendida, porém, não como um sentimento pessoal, mas como um feixe de deveres deduzidos finalisticamente, sintetizados na *affectio bona fides societatis*, expressão maior da *bona fides* como fidelidade e confiança.[154] Esta, embora com intensidades diversas, manifesta-se nas sociedades de pessoas e nas de capital, em todas elas evidenciando-se a nota da fiduciariedade (*fides*) cuja maior consequência está em gerar «estritos deveres jurídicos (positivos e negativos), ultrapassando a simples honestidade exigida em qualquer relação de intercâmbio».[155]

4. Escalonamento da boa-fé, conforme a espécie associativa

Na determinação dos concretos modos de exercício jurídico, a boa-fé há de ser considerada – quanto à intensidade e às formas de suas manifestações – em face da diversidade atinente à espécie de sociedade, muito embora incida – juntamente com

---

153. É o entendimento de Wiedemann quanto ao sistema alemão, mas que também deve ser acolhido no Direito brasileiro. *Vide* a propósito do Direito alemão: WIEDEMANN, Herbert. *Vínculos de Lealdade e Regra de Substancialidade*: uma comparação de sistemas. Trad. de Otto Carlos Vieira Ritter von Adamek. In: ADAMEK, Marcelo Vieira von (Org.). *Temas de Direito Societário e Empresarial Contemporâneos*. Liber Amicorum Prof. Dr. Erasmo Valladão Azevedo e Novaes França. São Paulo: Malheiros, 2011, p. 121 e p. 162 e ss.

154. Assinala Comparato a presença da *affectio societatis*, definida, desde o Direito Romano, como *affectio ou bona fides societatis* porque estruturada em dois elementos, representativos do seu duplo aspecto: a fidelidade e a confiança. A fidelidade, diz Comparato, «é o escrupuloso respeito à palavra dada e ao entendimento recíproco que presidiu à constituição da sociedade, *ainda que o quadro social se haja alterado, mesmo completamente*». E a confiança traduz-se no dever do sócio para com os demais, «*dever de tratá-los não como contrapartes, num contrato bilateral em que cada qual persegue interesses individuais, mas como colaboradores na realização de um interesse comum*» (COMPARATO, Fábio Konder. *Novos Ensaios e Pareceres de Direito Empresarial*. Rio de Janeiro: Forense, 1981, p. 40). Por sua vez aponta Calixto Salomão Filho: «o novo Direito Societário assenta-se no *princípio cooperativo*, constituindo a cooperação, o "elemento central" – elemento substancial, e não meramente formal –, que se põe como valor constitutivo das sociedades anônimas» (SALOMÃO FILHO, Calixto. *O Novo Direito Societário*. 2.ª ed. São Paulo: Malheiros, 2002, p. 54). Mais recentemente: ADAMEK, Marcelo Vieira von; FRANÇA, Erasmo Valladão. A. e. N. "Affectio Societatis": um conceito jurídico superado no moderno direito societário pelo conceito de fim social. *Revista de Direito Mercantil Industrial, Econômico e Financeiro*, vol. 149/150, 2009, p. 108-130.

155. SPINELLI, Luís Felipe. *Conflito de Interesses na Administração da Sociedade Anônima*. São Paulo: Malheiros, 2012, p. 57.

o dever de lealdade, que da boa-fé descende – sobre todas as sociedades, não apenas nas sociedades de pessoas. Está, igualmente, nas sociedades anônimas e na sociedade limitada.[156] Sua intensidade mais se liga à estrutura real do que ao tipo societário ideal (ou formal),[157] apresentando uma orientação bivalente: entre os sócios e entre estes e a sociedade.[158] Não seria admissível, por exemplo, que, em contrato de sociedade, polarizado pelo interesse suprapessoal e relacionado ao fim comum (*nostra res agitur*), os riscos sejam imputados exclusivamente a um dos sócios. Também contrariaria o mandamento de agir segundo a boa-fé atribuir a um administrador determinada remuneração cujos critérios de atribuição se chocassem com uma atuação voltada ao interesse social. Assim seria o caso, por exemplo, de critério remuneratório estruturado na maximização imediata dos resultados contábeis do grupo empresarial, em desacordo com o regime regulatório aplicável, para beneficiar o administrador em detrimento da sociedade.

A extensão, portanto, dos deveres decorrentes da boa-fé pode variar conforme o tipo societário envolvido. *E.g.*, um dever de lealdade essencialmente diferente será exigido de um acionista investidor de companhia aberta pulverizada em contraposição ao dever esperado de um sócio controlador de sociedade anônima fechada.[159]

5. Vetores

A peculiaridade adquirida pela boa-fé nas relações associativas repousa, portanto, no dever de lealdade potencializado pelo *nostra res agitur*,[160] que se desdobra, funcionalmente, pelas três funções tradicionalmente conectadas à boa-fé: cânone hermenêutico, fonte de deveres e limite ao exercício de posições jurídicas. Pode, assim, (*i*) limitar o direito de cada sócio, isoladamente, no exercício dos seus direitos de coparticipação e fiscalização (cada um devendo levar em conta os interesses da organização societária e dos demais sócios), impondo a abstenção no agir de modo prejudicial à sociedade; (*ii*) fundamentar os deveres de comportamento dos sócios entre si, podendo ser a fonte de deveres de colaboração não atribuídos expressamente e, ainda, (*iii*) desempenhar papel hermenêutico, inclusive para a valorização da conduta dos associados na interpretação dos estatutos e acordos sociais.[161] Modo geral, portanto, a boa-fé, como *standard* por

---

156. ADAMEK, Marcelo Vieira von. *Abuso de Minoria em Direito Societário*. São Paulo: Malheiros, 2014, p. 114 e 116.

157. Assim também: ADAMEK, Marcelo Vieira von. *Abuso de Minoria em Direito Societário*. São Paulo: Malheiros, 2014, p. 116.

158. ASCARELLI, Tullio. O Contrato Plurilateral. *Problemas das Sociedades Anônimas e Direito Comparado*. São Paulo: Saraiva, 1945, p. 287.

159. ALMEIDA PRADO, Maria da Glória Ferraz de. *Exclusão do Controlador na Sociedade Anônima*: uma análise de admissibilidade e conveniência. Rio de Janeiro: Lumen Iuris, 2019, p. 35.

160. Há, também, feixes de reações comandadas pelo *tua res agitur*, como se apontará ao tratar da relação entre as sociedades e os seus administradores (CAPÍTULO IV, §37).

161. FRANÇA, Erasmo Valladão Azevedo e Novaes. A Conduta dos Associados como Regra de Interpre-

294 | A BOA-FÉ NO DIREITO PRIVADO

excelência da conduta leal, atuará para conformar o exercício *in concreto* do dever de lealdade, pontuando, inversamente, os limites opostos ao exercício societário desleal,[162] o que tem especial relevância sob a ótica do *nostra res agitur* em temas tais como o conflito de interesses, exclusão de sócios, ou quando os sócios assumem a posição de administradores, situação na qual os deveres que recaem sobre os administradores e sócios, muitas vezes, se sobrepõem.[163]

§ 30. Relações obrigacionais regidas por normas internacionais

1. Proposição

Conquanto os contratos que instrumentalizam a atividade empresarial constituam a mais privilegiada via dos intercâmbios comerciais, e os contratos de direito interno recebam – como acima se pontuou – o influxo dos modelos internacionais,[164] os contratos internacionais também guardam, relativamente ao comércio interno, as suas peculiaridades.[165] Estas advêm do ambiente internacional, dos riscos que lhe são próprios, dos critérios de internacionalidade aplicáveis,[166] da peculiar configuração que nesse campo tem o princípio dito «da autonomia da vontade»,[167] das fontes normativas que

---

tação dos Estatutos de uma Associação. *Temas de Direito Societário, Falimentar e Teoria da Empresa*. São Paulo: Malheiros, 2009, p. 175-184.

162. Além da doutrina acima referida, ocupam-se do tema, entre outros: SCHOLASTIQUE, Estelle. *Le Devoir de Diligence des Administrateurs de Sociétés* – Droits Français et Anglais. Paris: LGDJ, 1998; ZANINI, Carlos Klein. A Doutrina dos «fiduciary duties» no Direito Norte-Americano e a Tutela das Sociedades e Acionistas Minoritários frente aos Administradores das Sociedades Anônimas. *Revista de Direito Mercantil*, vol. 109, 1998, p. 137-149; PARENTE, Flávia. *O Dever de Diligência dos Administradores de Sociedades Anônimas*. Rio de Janeiro: Renovar, 2005; RIBEIRO, Renato Ventura. *Dever de Diligência dos Administradores de Sociedades*. São Paulo: Quartier Latin, 2006; SPINELLI, Luís Felipe. *Conflito de Interesses na Administração da Sociedade Anônima*. São Paulo: Malheiros, 2012.

163. Ver: SPINELLI, Luis Felipe. *A Exclusão de Sócio por Falta Grave na Sociedade Limitada*: Fundamentos, Pressupostos e Consequências. São Paulo: Quartier Latin, 2015, p. 256.

164. *Vide, supra*, CAPÍTULO IV, §28.

165. Na doutrina brasileira, por todos: BAPTISTA, Luiz Olavo. *Contratos Internacionais*. São Paulo: OAB/SP e Lex Magister, 2011, em especial p. 21 e ss.

166. «Para o Direito brasileiro, é internacional o contrato que, contendo elementos que permitam vinculá-lo a mais de um sistema jurídico, tem por objeto operação que implica no duplo fluxo de bens pela fronteira, ou que decorre diretamente de contrato dessa natureza» (assim: BAPTISTA, Luiz Olavo. *Contratos Internacionais*. São Paulo: OAB/SP e Lex Magister, 2011, p. 29).

167. «(...) fica sempre em pé o princípio de que cada contrato, cada negócio jurídico, tem sua individualidade própria, sua economia específica, da qual depende a determinação de sua "proper law". (...) a lei competente para reger as obrigações visadas em negócios jurídicos deve ser determinada mediante a escolha ou designação das partes. Nisto consiste o princípio da autonomia do Direito Internacional Privado» (BAPTISTA MACHADO, João. *Lições de Direito Internacional Privado*. 3.ª

hoje tendenciam uma ampla produção de direito «uniforme»,[168] bem como as regras enfeixadas em *soft law*. Nelas está presente a boa-fé como princípio (inclusive implícito) do comércio internacional.

2. Boa-fé e princípio da interpretação uniforme

Reside aqui o perigo do transplante desavisado de significados. No âmbito internacional, a expressão «boa-fé» nem sempre significará o mesmo instituto conhecido no Direito brasileiro. O significado varia culturalmente. Consequentemente, na sua apreciação, a atenção do intérprete deverá voltar-se aos modelos advindos da *práxis* contratual e comercial (*Lex Mercatoria*), alertando os autores: a circulação da prática contratual enseja considerar os efeitos, no plano jurídico, das trocas econômicas e comerciais, bem como a circulação de decisões, judiciárias ou arbitrais, induzindo a alargar horizontes, a verificar o que ocorre em outros países e a sopesar resultados de aplicações de princípios.[169]

De fato, é poliédrica a invocação da boa-fé na *práxis* comercial internacional. Assegura Luís Olavo Baptista consistir a boa-fé na «matriz dos princípios gerais de direito para a *lex mercatoria*», dela decorrendo a regra *pacta sunt servanda,* pois «é forma de exercício do cumprimento da palavra empenhada já que o contrato deve ser cumprido de boa-fé, isto é, segundo o espírito do mesmo ou de acordo com a vontade comum das partes».[170] Já por aí se vê que essa acepção não é rigorosamente semelhante àquela derivada da boa-fé germânica e traduzida em sistemas internos, como o brasileiro, em que não há superposição – mas, por vezes, há tensão – entre a norma de autonomia (autonomia privada) e a de heteronomia (boa-fé). Há aproximação, porém, entre a função integradora da boa-fé, também apontada por Baptista no exame dos contratos internacionais, e a mesma função verificada no âmbito do sistema interno. A importância da boa-fé, assegura, «advém do fato que a *lex mercatoria* não

---

ed. Coimbra: Almedina, 1988, p. 153 *apud* BAPTISTA, Luiz Olavo. *Contratos Internacionais.* São Paulo: OAB/SP e Lex Magister, 2011, p. 49).

168. Particularmente no âmbito da União Europeia, mas não só, haja vista a recente a vigência da Convenção de Viena para a Compra e Venda Internacional de Mercadorias – CISG – entre nós, citada já repetidas vezes.

169. VENEZIANO, Anna; SAPIENZA, Simona. Il Sistema delle Font Internazionali dei Contratti. In: CENDON, Paolo. *I Contratti in Generale.* Torino: UTET, 2000, p. 18. *Vide*, no CAPÍTULO V, *infra*, os § à interpretação da boa-fé no âmbito da CISG. Essa atenção não obnubila a circunstância de, nesse campo, não serem «de pouco relevo os perigos da polissemia, do aculturamento de estrangeirismos (forçado, escamoteado ou inocente) e da supressão do direito local (também forçada, escamoteada ou inocente)», como alerta-se em NITSCHKE, Guilherme. Ativismo Arbitral e «Lex Mercatoria». *Revista de Arbitragem e Mediação*, São Paulo, Revista dos Tribunais, 2014, o que se dá não raramente, quando a *lex mercatoria* é combinada ao direito estatal eventualmente escolhido pelas partes, fazendo-se uso indevido do direito transnacional em desconsideração ao próprio Ordenamento eleito pelos litigantes.

170. BAPTISTA, Luiz Olavo. *Contratos Internacionais.* São Paulo: OAB/SP e Lex Magister, 2011, p. 67-68.

oferece muitas disposições supletivas da vontade das partes, ao contrário do que ocorre nos direitos de origem estatal. Daí por que se deduz da boa-fé o comportamento que seria adequado para suprir eventuais lacunas».[171] E esse comportamento adequado é expressado (mormente em decisões arbitrais) em numerosos *standards*: «comerciante honesto e observador das regras de lealdade profissional», «*best efforts*», «*reasonable care*», «*due diligence*», «*règles de l'art dans les contrats internationaux*», dentre outros que «fazem ampla referência ao princípio da boa-fé e às regras de prudência e diligência que compõem este *standard*».[172]

Também encontra similitude com o sistema interno o papel da boa-fé na fase pré-contratual. Os diferentes sistemas acolhem diferentes modos formativos de um contrato.[173] Diante da diversidade de modelos (e da insegurança daí proveniente), a prática internacional reconhece a necessidade de apelar-se à boa-fé, muito embora as soluções sejam casuísticas, pois não é fácil depreender-se das pré-compreensões culturais. Por isso, resultante de sínteses culturais, o dever de se comportar segundo a boa-fé «não se enquadra em esquemas preestabelecidos, mas corresponde a atitudes que variam no tempo e no espaço», cada cultura dando maior ou menor peso a «alguma característica qualificadora da conduta» para dizer se é, ou não, segundo a boa-fé.[174]

Essa variabilidade da noção leva – como tendência – a buscar-se harmonizar, se impossível é unificar. De fato, considerado o cenário em que vivem e morrem os contratos que instrumentalizam o comércio mundial, entende-se necessário, na atual feição do cenário econômico mundial, harmonizar[175] regras e princípios justamente em razão

---

171. BAPTISTA, Luiz Olavo. *Contratos Internacionais*. São Paulo: OAB/SP e Lex Magister, 2011, p. 68. Vide, *infra*, CAPÍTULO VII.

172. BAPTISTA, Luiz Olavo. *Contratos Internacionais*. São Paulo: OAB/SP e Lex Magister, 2011, p. 68.

173. Para uma visão de conjunto, consultar: BAPTISTA, Luiz Olavo. *Contratos Internacionais*. São Paulo: OAB/SP e Lex Magister, 2011, p. 129 e ss.

174. As expressões entre aspas estão em BAPTISTA, Luiz Olavo. *Contratos Internacionais*. São Paulo: OAB/SP e Lex Magister, 2011, p. 142-144.

175. Embora referenciados a esse fenômeno, distinguem-se os termos «uniformização», «unificação» e «harmonização». «Uniformização» engloba o gênero que inclui a unificação e a harmonização. Uma unificação, em sentido estrito, implica a adoção de um texto comum, de caráter supranacional, mediante a ratificação de tratados ou convenções internacionais, ou a incorporação de uma lei-modelo na ordem interna, sendo esse «texto comum» suscetível de aplicação direta pelos tribunais locais ou de revisão judicial por uma Corte internacional. (Assim, GARRO, Alejandro. Armonización y Unificación del Derecho Privado en America Latina. *Revista de la Facultad de Ciencias Juridicas y Politicas*, Valencia, Nueva Época, n. 85, 1992.) Já uma «harmonização» significa a adaptação das legislações internas a uma diretriz externa comum, podendo abranger uma simples aproximação entre critérios jurídicos, apoiada em critérios e/ou diretivas, ou, mais especificamente, o processo de adaptação conjunta das várias legislações nacionais com base num texto básico aprovado pela autoridade comum (assim, FEITOSA, Maria Luisa Pereira de Alencar Mayer. *Paradigmas Inconclusos*: os contratos entre a autonomia privada, a regulação estatal e a globalização dos mercados. Coimbra: Coimbra Editora, 2007, p. 266). Consultei também: GAMA JÚNIOR, Lauro. *Contratos Internacionais à Luz dos Princípios do UNIDROIT 2004. Soft law*, Arbitragem e Jurisdição. Rio de Janeiro: Renovar, 2006, p. 179-222.

CRITÉRIOS PARA UMA APLICAÇÃO DA BOA-FÉ SISTEMATICAMENTE ORIENTADA | 297

da carência de uma relativa segurança (como previsibilidade) na regulação do tráfico comercial internacional.[176]

Explica-se, assim, a grande relevância, na apreciação dos contratos (e de seus respectivos princípios), ter-se em conta o caráter não nacional das fontes incidentes e a exigência de assegurar, na maior medida possível, uma *interpretação uniforme*. Essa diretriz vem expressa com todas as letras na alínea (1) do art. 7 da Convenção de Viena para a Compra e Venda Internacional de Mercadorias (CISG).

O mencionado dispositivo da CISG busca solucionar (ou, ao menos, minimizar) a incerteza jurídica resultante do «desacordo entre soluções legais adotadas por diferentes foros ao apreciarem a matéria relativa aos contratos internacionais».[177]

Consequentemente, seria incorreto meramente transpor para um contrato internacional a significação atribuída nacionalmente ao princípio da boa-fé objetiva. Nos contratos internacionais, o significado do princípio da boa-fé ou deve ser procurado no direito aplicável, em cuidadoso lavor comparatista por parte do intérprete,[178] ou há de ser aliado (como nos contratos sob a incidência da CISG) aos postulados fático-normativos *do caráter internacional do contrato* e à *uniformidade na aplicação das soluções jurídicas*. Nesse caso, é de consulta obrigatória a jurisprudência internacional, bem como a doutrina autorizada, para averiguar quais as concreções dadas ao princípio.

O que indicam os textos doutrinários é que, no cenário internacional, o princípio da boa-fé é utilizado ora como via para assegurar a relevância da prática e dos usos, assegurando a previsibilidade dos comportamentos; ora direciona a soluções previamente postas no sistema, oferecendo um fundamento a que tal ou qual instituto seja convocado como solução ao caso;[179] ora é visto como «instrumento de moralização da

---

176. Segundo os críticos, por intermédio dos processos de uniformização e harmonização (como instrumentos do «direito global») «ocorre um dos aspectos mais flagrantes da instrumentalização do direito a serviço do mercado» (FEITOSA, Maria Luisa Pereira de Alencar Mayer. *Paradigmas Inconclusos*: os contratos entre a autonomia privada, a regulação estatal e a globalização dos mercados. Coimbra: Coimbra Editora, 2007, p. 267; também: DELMAS-MARTY, Mireille. *La Mondialisation du Droit*: chances et risques. Paris: Dalloz, 1999, p. 43).

177. Assim escreve Nádia de Araújo ao referir os vários métodos utilizados para atingir o objetivo da uniformização e harmonização no âmbito dos contratos internacionais, seja a de regras conflituais, seja a de regras materiais (ARAÚJO, Nádia de. *Contratos Internacionais*. Autonomia da Vontade, Mercosul e Convenções Internacionais. Rio de Janeiro: Renovar, 2009, p. 9).

178. O intérprete deverá, na medida do possível, se desapegar dos formantes que estruturam o seu sistema jurídico de origem e concretizar os significados atribuídos à boa-fé no sistema indicado pela regra de conexão.

179. Exemplar, na demonstração dessas soluções, é o trabalho de ZIMMERMANN, Reinhard; WHITTAKER, Simon. *Good Faith in European Contract Law*. Cambridge: Cambridge University Press, 2000. Veja-se, *e.g.*, o «caso das abobrinhas» («courgettes perishing»), em que os fatos foram os seguintes: um produtor de fertilizantes agrícolas vende para um mercado de jardinagem o fertilizante «Growright 100». O fertilizante continha grande quantidade de sal, que leva as abobrinhas a perecerem quando aplicado. Resta claro que se o vendedor tivesse avisado que o fertilizante «Growright 100» fosse utilizado com uma maior quantidade de água as abobrinhas não pereceriam. Na análise do caso, os autores apontam às diferentes soluções conforme fosse aplicado o Direito alemão, grego, austríaco,

relações econômicas»[180] (isto é: como sanção à má-fé); ora é equiparado à equidade (comportando o risco de permitir um julgamento *por equidade* nas ocasiões em que tal não seria permitido).

Alerta-se, tanto às vantagens da utilização de *standards* comportamentais no comércio internacional quanto aos «perigos de derrapagem» a que pode conduzir o seu manejo atécnico,[181] pois a boa-fé é noção de conteúdo variável, só preenchida contextualmente. Não deve, pois, ser invocada como fundamento único para determinada solução, pois não tem o condão de substituir automaticamente as demais regras e princípios do sistema que eventualmente estará a reger a lide.

§ 31. Relações obrigacionais assimétricas

1. Proposição

A assimetria contratual é, antes de mais, um dado de fato, mas pode ser, também, um dado normativo. Pode haver assimetria *de posições contratuais*, como a existente entre o empregador e o empregado; entre *prestações contratuais*, como ocorre nos contratos aleatórios; pode se apresentar como assimetria de *poderes para influir no conteúdo do contrato*, comumente ligada – embora não exclusivamente – à assimetria de posições contratuais. A assimetria pode ser *técnica*; e, comumente, o é na *informação* sobre o objeto do contrato ou da oferta, podendo, inclusive, tal assimetria informativa manifestar-se em alguma específica fase do processo obrigacional, estabilizando-se, posteriormente, como ocorre em processos de alienação societária. Nesses há, à partida, forte assimetria informativa entre quem aliena e quem adquire, prevendo-se inclusive, um certo «período de ajustamento» entre a fase de conclusão e a de execução contratual, findo o qual, tendencialmente, as posições podem estar ordenadas em simetria.

---

francês, belga, espanhol, italiano, holandês, inglês, irlandês, escocês, dinamarquês, sueco e finlandês. No Direito alemão, seria feita uma aplicação combinada entre o princípio da boa-fé e a *culpa in contrahendo:* o princípio da boa-fé forneceria a base para o reconhecimento de culpa durante a fase negociatória, pela ausência da informação devida; no sistema francês e no belga, a noção de boa-fé reconduziria à obrigação de informação, contratual ou extracontratualmente devida; no Direito holandês, o princípio da boa-fé seria chamado para suplementar (integrar) a lacuna contratual; no Direito inglês, a técnica dos *implied terms* levaria à solução do caso. Por vias técnicas distintas, se teria, em todos esses sistemas, a condenação do produtor do fertilizante.

180. Assim o título do ensaio de Jarrousson, Charles. Bonne Foi, Instrument de Moralisation dans les Relations Économiques Internationales. In: *L'Éthique dans les Relations Économiques Internationales*: en hommage à Philippe Fouchard. Paris: Pedone, 2006, p. 185-206. Também o estudo de Mayer, Pierre. La Regle Morale dans l'Arbitrage International. In: *Études Offertes à Pierre Bellet*. Paris: Litec, 1991, p. 379-402.

181. Jarrousson, Charles. Bonne Foi, Instrument de Moralisation dans les Relations Économiques Internationales. In: *L'Éthique dans les Relations Économiques Internationales*: en hommage à Philippe Fouchard. Paris: Pedone, 2006, p. 202-204.

CRITÉRIOS PARA UMA APLICAÇÃO DA BOA-FÉ SISTEMATICAMENTE ORIENTADA | 299

Por vezes, o fenômeno da assimetria contratual é apreendido *a se* pelo Direito que recorta essas relações do Direito comum (isto é: a todos comumente aplicável) e as confina em determinado setor com o *selo da especialidade*, transformando o dado de fato em dado normativo.[182] Em outras situações, não há esse recorte. A assimetria aqui adjetivada como *assimetria fática* é aquela não normativamente presumida. Portanto, são os institutos do Direito comum que devem dar conta – nos seus limites – de equacionar os problemas de justiça e utilidade contratual daí resultantes.[183]

2. Assimetria e poder

No mundo dos contratos, a assimetria está ligada a dois fenômenos polarmente correlatos: *poder* (econômico, técnico, informativo, jurídico) e *vulnerabilidade*. O primeiro abre-se em denotações: há *poder jurídico* (por exemplo, o decorrente da prevalência do interesse público, nos contratos administrativos; da presunção de legitimidade da ação administrativa, em geral; ou o poder do empregador de dar ordens ao empregado; o poder de órgãos públicos para ditar cláusulas em contratos de seguro); e há *poder puramente fático*, por exemplo, a impossibilidade real a uma das partes para conformar o conteúdo do contrato, porque, para obter o bem desejado, deve aderir a «condições gerais dos negócios» massivamente predeterminadas, como os contratos de fornecimento de luz, água ou telefone; ou, em outro exemplo, o poder fático de acesso à informação que possibilitaria a adoção de um conteúdo contratual diverso, ou, mesmo, a decisão de não contratar; ou o poder econômico que se revela, *e.g.*, na formação de monopólios de fato.

É axiomático que todo poder implica limite, sob pena de resvalar do poder (lícito) ao arbítrio (ilícito). A questão está no modo de estabelecer os limites: pode ser pontual e específico – como no regramento do poder de controle, na Lei das S.A.; ou nas normas da CVM referentes à disciplina informativa nas sociedades de capital aberto, destacando-se, especialmente, àquelas ligadas ao fenômeno contratual, como a oferta –[184] ou geral e difuso, como o passível de enquadramento na hipótese do art. 187 do Código Civil.

Em face do exercício do poder negocial por um dos sujeitos da relação jurídica, o outro pode restar em situação de «vulnerabilidade».

3. Assimetria e vulnerabilidade

O substantivo «vulnerabilidade» é um termo da linguagem corrente cujo significado não é, todavia, unívoco. Etimologicamente, vem do latim *vulnus* (*vulneris*), que significa «ferida», de modo que vulnerabilidade é a susceptibilidade de se ser ferido.

---

182. Para o exame das várias possibilidades de assimetria sob o prisma do exercício jurídico, ver, *infra*, CAPÍTULO VIII, §68.

183. Ver, *infra*, CAPÍTULO VIII, especialmente §79.

184. Ver CAPÍTULO VII, §63.

Esse termo começa a adquirir um significado ético e jurídico nos finais dos anos 70 do século XX. Um dos primeiros textos em que consta com uma acepção relevante juridicamente foi o Relatório Belmont, finalizado em 1978, como resultado de um trabalho desenvolvido no Congresso norte-americano pela Comissão Nacional para a proteção das pessoas sujeitas a pesquisas médicas e comportamentais. A noção de vulnerabilidade é introduzida naquele Relatório para classificar, de forma específica, e em termos *relacionais* (isto é, comparativamente aos não vulneráveis) pessoas singulares e populações que se encontrassem numa situação de exposição agravada e que poderiam vir a ser prejudicadas em seus interesses («vulneradas», isto é: feridas) pelos interesses de outrem no âmbito da pesquisa biomédica e, especificamente, no da experimentação humana.

Nesse cenário, a palavra vulnerabilidade passa a ser utilizada com função adjetivante, apresentando-se como um fato (modelo descritivo), mas já denotando um cariz axiológico e prescritivo: a qualificação de pessoas ou de populações como «vulneráveis» impõe a responsabilidade ética na sua defesa ou proteção.

Da Bioética, o termo ingressa no Direito (assim é acolhido entre nós, por exemplo, pelo CDC) e também na Ética, campo em que evolui para um outro sentido: a vulnerabilidade é condição do ser humano.[185] Textos internacionais já dos finais do século XX, como a Declaração Universal sobre o Genoma Humano e os Direitos Humanos, de 1997, da Unesco, e Declaração Universal sobre Bioética e Direitos Humanos, também da Unesco, de 2005 procuram abarcar os dois sentidos da vulnerabilidade: como qualidade ínsita ao ser humano e como característica de algumas pessoas ou populações que, sendo «especialmente vulneráveis», devem ser protegidos.

É sobre esse espectro de significações que se põe um dos mais complexos problemas do Direito dos Contratos, a saber: a ordem jurídica reconhece haver relações contratuais fundadas numa assimetria estrutural, pela disjunção entre os poderes de fato reconhecidos aos seus sujeitos. E, ao assim reconhecer, presume que uma das partes estará em situação de vulnerabilidade contratual, com o que assegura uma proteção jurídica especial a essas situações.

A situação de assimetria tem espectro amplo, podendo ser verificada, inclusive, em contratos entre empresas. O campo das relações entre empresas não é rigorosamente homogêneo, podendo apresentar casos nos quais se verifica *diferença estrutural* de forças ou relevante disparidade de poderes entre os contraentes. Seria maniqueísta pensar que, de um lado, há relações interempresariais, nas quais se presume plena a liberdade de contratação, ausente qualquer proteção legal, e, de outro, relações de consumo, nas quais a proteção da lei é inafastável pelas partes.

Em face dessa circunstância, a doutrina italiana propõe categoria que nomeia como *il terzo contratto.*[186] A denominação evoca o binômio, há muito assentado, entre relações

---

185. Por todos: Levinas, Emmanuel. *L'Humanisme de l'autre Homme*. Montpellier: Fata Morgana, 1972.

186. Gritti, Gregorio; Villa, Gianroberto (Orgs.). *Il Terzo Contratto*. Bologna: Il Mulino, 2008, p. 13 e 15; Roppo, Vincenzo. Contratto di diritto comune, contratto del consumatore, contratto con

CRITÉRIOS PARA UMA APLICAÇÃO DA BOA-FÉ SISTEMATICAMENTE ORIENTADA | 301

civis e comerciais, e, mais tarde, entre relações contratuais de direito comum e de direito do consumidor, a evidenciar que, num exame mais refinado, há contratos que não se ajustam a esses rígidos esquemas binários. No hiato entre os extremos,[187] para além de relações de direito civil comum, há a possibilidade de uma terceira categoria situada na *terra de mezzo,* como, paradigmaticamente, nos contratos de agência, representação comercial e franquia.

Caracteriza-se o *terzo contratto* como o ajuste estruturado sobre posições de poder contratual assimétricas. É inconfundível com os contratos de consumo ou com o contrato de trabalho, porque é, em regra, contrato entre pessoas empresárias («contratos empresariais»), no qual, porém, uma das partes tem reduzido poder para influir no seu conteúdo porque o desempenho de sua atividade depende fortemente da atividade do cocontratante. Trata-se de um dado de fato que se projeta sobre o Direito aplicável, quer pela existência de regulamentação legal ou administrativa concorrentemente à disciplina do Código Civil, quer pelas regras de interpretação contratual e de vedação ao abuso. O que importa é a assimetria de poderes, a qual se desenvolve, nos dizeres de Roppo,[188] ou a partir de fatores patológicos ou de fatores fisiológicos.

A *assimetria patológica* de poderes, ou diminuição da liberdade negocial, é determinada por fatores relacionados à esfera subjetiva do contratante no momento de manifestação da vontade, como a incapacidade, os vícios da vontade, o estado de perigo ou de necessidade. Já a *assimetria fisiológica* mira as posições objetivas ocupadas pelas partes no mercado, sendo exemplos o agente em relação ao agenciado, o representante comercial em relação ao representado, o franqueado em relação ao franqueador.[189] Conquanto não haja disciplina *específica* no Código Civil para essa forma de assimetria, certo é que a Lei dela se ocupa, ainda que em regras gerais, *v.g.,* as que cominam de nulidade certas cláusulas em contratos formados por adesão (art. 424), ou as que determinam a interpretação mais favorável ao aderente (art. 423), ou, ainda, aquelas que

---

asimmetria di potere contrattuale: genesi e sviluppi. *Rivista di Diritto Privato,* n. 1, 2001, p. 53 e ss.; Roppo, Vincenzo. *Contratto del Duemila.* 4.ª ed. Milano: Giappichelli Editore, 2020, p. 95-130; Pardolesi, Roberto. *Una postilla sul Terzo Contratto,* §7. Disponível em: <http://www.law-economics.net/workingpapers/L&E-LAB-FIN-07-2008.pdf>. Último acesso em: 13.05.2023.

187. Di Ciommo, Francesco. Contratti tra imprenditori, equilibrio delle prestazioni ed efficiente gestione del rischio: tra «terzo contratto», «contratti asimmetrici» e codice civile. In: Ruscello, Francesco (Org.). *Contratti tra imprese e tutela dell'imprenditore debole.* Roma: Aracne, 2012, p. 320.

188. Roppo, Vincenzo. Ancora su contratto asimmetrico e terzo contratto. Le coordinate del dibattito, con qualche elemento di novità. In: Alpa, Guido; Roppo, Vincenzo (Orgs.). *La vocazione civile del giurista.* 6.ª ed. Roma: Laterza, 2018, p. 193-195.

189. Por exemplo, o Regulamento Roma I sobre a lei aplicável às obrigações contratuais refere expressamente, dentre as políticas centrais do conjunto de regras, a proteção da parte frágil nas relações assimétricas. Roppo, Vincenzo. Ancora su contratto asimmetrico e terzo contratto. Le coordinate del dibattito, con qualche elemento di novità. In: Alpa, Guido; Roppo, Vincenzo (Orgs.). *La vocazione civile del giurista.* 6.ª ed. Roma: Laterza, 2018, p. 180, também referido por Pardolesi, Roberto. *Una postilla sul Terzo Contratto,* §7. Disponível em: <http://www.law-economics.net/workingpapers/L&E-LAB-FIN-07-2008.pdf>.

traçam ressalvas à amplitude da presunção de paridade e simetria introduzida pela Lei da Liberdade Econômica (art. 421-A, *caput, in fine*), que ressalvou daquela presunção os contratos regidos por leis especiais.

Para a detecção da assimetria contratual, pouco importa o tamanho da empresa. O relevante é o seu poder na relação contratual, em vista da atividade visada e disciplinada pelo contrato. Em alguns casos, como na representação comercial, é a própria Lei que supõe a assimetria. Aos agentes e aos representantes comerciais, é tradicionalmente reconhecida uma especial tutela legal que se espraia desde o momento da conclusão da avença, durante o curso da relação até sua extinção. Não se pode simplesmente desconsiderar o caráter protetivo que o sistema jurídico confere ao agente e ao representante, principalmente contra o abuso de poderes por parte dos agenciados e representados.[190] Já nos meados do século XX, ao analisar a finalidade da Lei 4.886/65, Rubens Requião ponderava tratar-se o agente da «parte economicamente mais fraca na relação contratual».[191] Também a jurisprudência parece uníssona nesse sentido, ao considerar que a Lei 4.886/65 oferece «patente proteção a uma das partes da relação contratual, com o objetivo de equilibrar a relação jurídica e possibilitar a justa execução da avença».[192]

Se a legislação, a jurisprudência e a doutrina apontam ao reconhecimento da posição mais frágil do agente ou representante em face do agenciado ou do representado, é porque o primeiro está normalmente sujeito às imposições econômicas do segundo. E assim o é porque a *ratio* que guia essas relações é diversa daquela lógica econômico-jurídica que só encontra razão de ser nos contratos efetivamente paritários, é dizer, aqueles concluídos entre privados em igualdade de posição econômica e estratégica.

Quando não há o reconhecimento legal da assimetria, o cuidado se impõe para com os elementos de fato. Quando o há, a tarefa do intérprete resta facilitada, pois a assimetria será também um dado normativo. É o que se verifica nos três campos daqui em diante mencionados: relações de consumo; relações de emprego; e relações entre os particulares e o Estado. Estes três campos não esgotam as possibilidades de assimetria legalmente presumida, mas dela são exemplificativos.

---

190. Enfatiza Gustavo Haical que o fato de o Código Civil se ocupar da tipificação do contrato de agência «resultava principalmente do fato de tal categoria profissional estar totalmente desprotegida» (HAICAL, Gustavo. *O Contrato de Agência*: seus elementos tipificadores e efeitos jurídicos. São Paulo: Revista dos Tribunais, 2012, p. 32).

191. REQUIÃO, Rubens. Agente comercial. *Enciclopédia Saraiva do Direito*, vol. 5. São Paulo: Saraiva, 1977, p. 180-181.

192. *E.g.*, STJ. REsp 1831947/PR. Terceira Turma. Relatora Min. Nancy Andrighi. Julgamento em 10.12.2019. *DJ* de 13.12.2019. Na mesma linha, reconhecendo o caráter protetivo da lei à parte mais fraca da relação: STJ. REsp 1126832/RN. Quarta Turma. Relator Min. Raul Araújo. Julgamento em 07.11.2013. *DJ* de 20.02.2014; STJ. REsp 1323404/GO. Terceira Turma. Relatora Min. Nancy Andrighi. Julgamento em 27.08.2013. *DJ* de 05.09.2013; STJ. REsp 1162985/RS. Terceira Turma. Relatora Min. Nancy Andrighi. Julgamento em 18.06.2013. *DJ* de 25.06.2013.

CRITÉRIOS PARA UMA APLICAÇÃO DA BOA-FÉ SISTEMATICAMENTE ORIENTADA | 303

§ 32. Relações obrigacionais de consumo

1. Proposição

Por «relações de consumo» entenda-se aquelas situadas no espaço determinado pelo art. 2.º do CDC, entre um fornecedor e um consumidor considerado como «destinatário final», bem como por aqueles considerados pela lei como «equiparados», nos termos do parágrafo único do art. 2.º; arts. 17 e 29.[193]

A relação qualificada pela lei como de «consumo» é, paradigmaticamente, relação assimétrica entre os polos fornecedor e consumidor, razão pela qual cabe apontar aos seus eixos ideológicos.

2. As «normas objetivo» do art. 4.º do CDC

Para melhor compreender a atuação da boa-fé nessas relações, importa bem apreender os eixos da regulação jurídica que, no concernente às relações de consumo, estão nas «normas objetivo»[194] do art. 4.º do Código de Defesa do Consumidor.

Ali estão tracejados, como objetivos da Política Nacional das Relações de Consumo, «a transparência e a harmonia dos interesses dos participantes daquelas relações»,[195] a fim de serem viabilizados os princípios nos quais se funda a ordem econômica, «sempre com base na boa-fé e equilíbrio nas relações entre consumidores e fornecedores», como está no inc. III do art. 4.º. Exprime-se, ainda, no inc. I do art. 4.º, o postulado normativo da vulnerabilidade do consumidor no mercado de consumo, cuja *ratio* repousa no reconhecimento, pela lei, da assimetria estrutural entre os sujeitos da relação de consumo, o fornecedor e o consumidor; e o da coibição eficiente de todos os abusos (inc. IV). Sem

---

193. CDC, *in verbis*: «Art. 2.º Consumidor é toda pessoa física ou jurídica que adquire ou utiliza produto ou serviço como destinatário final.

Parágrafo único. Equipara-se a consumidor a coletividade de pessoas, ainda que indetermináveis, que haja intervindo nas relações de consumo.

Art. 17. Para os efeitos desta Seção, equiparam-se aos consumidores todas as vítimas do evento.

Art. 29. Para os fins deste Capítulo e do seguinte, equiparam-se aos consumidores todas as pessoas, determináveis ou não, expostas às práticas nele previstas».

194. «Normas objetivo» são as que implementam fins de políticas públicas. Elas surgem «a partir do momento em que o Estado passa a ser um implementador de políticas públicas, [quando, então], os fins passam a ser especificados». Essas normas introduzem no universo normativo determinados fins econômicos e sociais e passam a ser incluídas na ordem pública de proteção (assim em: GRAU, Eros Roberto. Interpretando o Código de Defesa do Consumidor: algumas notas. *Revista de Direito do Consumidor*, São Paulo, Revista dos Tribunais, n. 5, mar. 1993, p. 186). Conferir também em: PINTO MONTEIRO, António. Do Direito do Consumo ao Código do Consumidor. *Estudos do Direito do Consumidor*, vol. 1. Coimbra: Centro de Direito do Consumo da Faculdade de Direito da Universidade de Coimbra, 1999, p. 212.

195. Não só as partes contratuais, portanto, mas todos os que, mediata ou imediatamente, participam da relação jurídica de consumo. Veja-se, por exemplo, a extensão promovida pelo art. 29.

prejuízo da atenção a outros princípios e normas do Código de Defesa do Consumidor, aí estão as chaves de compreensão das virtualidades do princípio da boa-fé objetiva, em cujo campo hermenêutico-funcional se alocam, portanto, as noções de «vulnerabilidade do consumidor», «coibição eficiente de todos os abusos» e «transparência no mercado de consumo», sendo esta última instrumental ao escopo de minimizar os efeitos da vulnerabilidade, embora não seja suficiente para o atingimento do mesmo escopo.

Por esta razão aquela lei especial abriga normas inderrogáveis destinadas a sancionar situações que, mesmo não derivando de uma «intransparência» ou de uma violação à boa-fé como *standard* de conduta, não são validamente admitidas. Boa-fé, vulnerabilidade e transparência são, portanto, naquele âmbito, *noções interligadas*, tendo a boa-fé, entre suas funções, a de aumentar a carga de deveres informativos do fornecedor em vista de minimizar a vulnerabilidade do consumidor por meio da dação de informação veraz, útil e completa aos fins a que se destina («transparência»).[196]

A mencionada *ratio* – e os princípios e regras que lhe são correspectivos – imprimem à boa-fé, quando atuante nas relações de consumo, uma feição particular, não transponível sem mediações a outras relações jurídicas.

3. Boa-fé e relação de consumo

Para compreender a racionalidade e as funções da boa-fé no âmbito das relações de consumo é preciso mencionar, ainda que muito sinteticamente, a racionalidade dessas próprias relações. O Direito do Consumidor, mesmo quando apreendido em um «código», como entre nós, carece de preocupação sistemática, tratando-se de um conjunto normativo, conglomerado de princípios e regras provindas de várias origens, porque é, também, «um caso de transdisciplinaridade necessária»,[197] direito especial e pluridisciplinar que assume a defesa do consumidor, incluída, essa, na ordem pública de proteção.[198] Esse conjunto normativo destina-se a certa ordem protetiva na sociedade de consumo (ou sociedade de massa) que, por definição, é «uma sociedade propícia a estereótipos e à irracionalidade com movimentos de sentido inverso. Por um lado, ampliando o volume de necessidades; por outro, potenciando os riscos de insatisfação» e, em «ambos os casos,

---

196. Embora a relação funcional entre essas noções, não se deve utilizar umas pelas outras, como por vezes aparece na jurisprudência ou na doutrina. Exemplificativamente, no «caso dos produtos com glúten», tangencia o Min. Relator as relações entre boa-fé, transparência e informação, afirmando: «a informação é irmã gêmea da boa-fé objetiva, da transparência e da confiança». STJ. REsp 586316/MG. Segunda Turma. Relator Min. Herman Benjamin. Julgamento em 17.04.2007. *DJ* de 09.03.2009.

197. As expressões entre aspas estão em Cunha Rodrigues, José. Novas Fronteiras dos Problemas do Consumo. *Estudos do Direito do Consumidor*, vol. 1. Coimbra: Centro de Direito do Consumo da Faculdade de Direito da Universidade de Coimbra, 1999, p. 46-47.

198. Assim a concepção de Pinto Monteiro, António. Do Direito do Consumo ao Código do Consumidor. *Estudos do Direito do Consumidor*, vol. 1. Coimbra: Centro de Direito do Consumo da Faculdade de Direito da Universidade de Coimbra, 1999, p. 212.

CRITÉRIOS PARA UMA APLICAÇÃO DA BOA-FÉ SISTEMATICAMENTE ORIENTADA | 305

acrescentando responsabilidades ao Estado e sobrecarregando o papel do direito»,[199] pois a sua cultura não é a da emancipação, mas a da submissão à retórica dos mercados.

Sob esse pano de fundo – em tudo e por tudo diverso da lógica que ampara outros campos jurídicos – é que se torna compreensível o peculiar sentido adquirido pela boa-fé nas relações de consumo. Esse sentido, radicando na noção de vulnerabilidade do consumidor no mercado de consumo, encontra expressão em duas ideias-força: a de (*i*) «equilíbrio» e a de (*ii*) «transparência».

4. Boa-fé, equilíbrio e abusividade

Ao conjugar à conduta segundo a boa-fé o *equilíbrio das posições* do polo fornecedor e do polo consumidor, e ao prever expressamente (art. 51, inc. IV) a nulidade das cláusulas abusivas, pois desbordam da boa-fé, atingido tal equilíbrio, a normativa consumerista atribui ao princípio da boa-fé uma *função corretora do desequilíbrio contratual*[200] com caráter geral. Este caráter geral exprime método diverso daquele atinente a outras relações jurídicas, em que a assimetria pode ser corrigida condicionadamente, isto é: desde que passível de apreensão por um conjunto de regras e institutos *específicos*,[201] de modo que o seu sentido e os seus limites serão orientados por aquelas mesmas regras e institutos.[202]

---

199. Assim, CUNHA RODRIGUES, José. Novas Fronteiras dos Problemas do Consumo. *Estudos do Direito do Consumidor*, vol. I. Coimbra: Centro de Direito do Consumo da Faculdade de Direito da Universidade de Coimbra, 1999, p. 48.

200. AMARAL JÚNIOR, Alberto. A Boa-Fé e o Controle das Cláusulas Contratuais Abusivas nas Relações de Consumo. *Revista Direito do Consumidor*, vol. 6, 1993, p. 27.

201. O princípio do equilíbrio é, então, implementado pelos institutos da lesão (art. 157, CC) e o da excessiva onerosidade contratual (arts. 317 e 478-480 do Código Civil), além de algumas regras pontuais, como as referentes à redução proporcional da cláusula penal (art. 413) ou a nulidade de cláusulas abusivas nos contratos formados por adesão (art. 424, CC) ou, ainda, as que acolhem os chamados «remédios sinalagmáticos», como a *exceptio non adimpleti contractus* (art. 476, CC) e a resolução por inadimplemento (art. 475, CC), além dos regimes aplicáveis aos vícios redibitórios (arts. 441 e ss., CC) e à evicção (arts. 447 e ss., CC).

202. AZEVEDO, Antonio Junqueira de. Parecer. Os Princípios do Atual Direito Contratual e a Desregulamentação de Mercado. Direito de Exclusividade nas Relações Contratuais de Fornecimento. Função Social do Contrato e Responsabilidade Aquiliana do Terceiro que Contribui para Inadimplemento Contratual. In: *Estudos e Pareceres de Direito Privado*. São Paulo: Saraiva, 2004, p. 141. Veja-se, na jurisprudência, a distinção estabelecida no STJ. REsp 1155200/DF. Terceira Turma. Relatora para Acórdão Min. Nancy Andrighi. Julgamento em 22.02.2011. *DJ* de 02.03.2011, que examinou contrato de honorários advocatícios *quota litis*. Reconhecendo, acertadamente, que o CDC não se aplica à regulação de contratos de serviços advocatícios, verificou consubstanciada, no caso a figura da lesão, prevista no Código Civil (art. 157), reduzindo o valor da cláusula de 50% de honorários *ad exitum*. E estabeleceu: «Consubstancia lesão a desproporção existente entre as prestações de um contrato no momento da realização do negócio, havendo para uma das partes um aproveitamento indevido decorrente da situação de inferioridade da outra parte. (...) O instituto da lesão é passível de reconhecimento também em contratos aleatórios, na hipótese em

O caráter geral do princípio do equilíbrio nas relações de consumo exprime as possibilidades revisiva e invalidante do conteúdo contratual quando «abusiva» a cláusula em desfavor da parte que, dada a assimetria contratual, a ela resta sujeita. Conquanto a abusividade não constitua uma «patologia» própria dos contratos formados por adesão, neles encontrará o seu terreno propício. As possibilidades de revisar e de anular são amplas, tal qual permite o art. 51, inc. IV, do CDC, não estando adstritas à atuação por via de institutos específicos.

Porém, embora amplas, a revisão e a invalidação não constituem possibilidades ilimitadas. A abusividade há de estar configurada como tal nos quadros sinalizados pelo conjunto de regras e princípios do sistema. Não há e nem poderia haver – por ser desconforme com a própria noção de «Ordenamento jurídico» – uma abusividade como resultante de um *sentimento de injustiça*. Toda abusividade é relativa a elementos (princípios e regras) do próprio sistema jurídico. O juiz deve motivar a decisão com base na prova produzida e nas hipóteses do art. 51 do CDC, cujo parágrafo primeiro indica, aliás, presunções de abusividade em razão da «vantagem exagerada» conferida ao fornecedor. Há de ater-se, igualmente, à *ratio* da operação econômica subjacente, isso significando dizer que, embora os esforços de integração, se essa *ratio* restar prejudicada, ocasionando ônus excessivo a qualquer das partes, outra solução não resta senão invalidar o contrato, e não apenas a cláusula abusiva.

5. Adesividade e abusividade

Seria ignoto atribuir abusividade ao mero fato da adesividade ao conteúdo de um contrato. Para saber quando há abusividade, será preciso ao intérprete proceder, primeiramente, a uma distinção que não está no texto do CDC, embora esteja na realidade, qual seja: a existente entre «contrato ajustado no âmbito de uma relação de consumo» e «contrato formado por adesão no âmbito de uma relação de consumo». É que há contratos negociados entre consumidor e fornecedor. Não é porque se negocia o conteúdo de um contrato que se perde a qualidade de consumidor, se realizadas estiverem as condições dos arts. 2.º, *caput* e parágrafo único, 17 e 24 do CDC, assim como não é pelo fato de um sujeito aderir a condições propostas pelo proponente que fará incidir, *ipso facto*, a sua qualificação como consumidor. Por igual, não é porque se adere às condições determinadas por outrem que haverá abusividade com o sentido normativo que lhe é dado pelo próprio CDC no art. 51.

---

que, ao se valorarem os riscos, estes forem inexpressivos para uma das partes, em contraposição àqueles suportados pela outra, havendo exploração da situação de inferioridade de um contratante. (...) Ocorre lesão na hipótese em que um advogado, valendo-se de situação de desespero da parte, firma contrato *quota litis* no qual fixa sua remuneração *ad exitum* em 50% do benefício econômico gerado pela causa».

6. Boa-fé e transparência

A noção de *transparência* atine à especial disciplina informativa, também vinculada à boa-fé, quando se trata de qualificá-la como instrumento de tutela do contraente tido em posição de inferioridade, encontrando obstáculos a uma decisão negocial consciente e ponderada. Por óbvio, não é apenas nas relações de consumo que se erigem tais obstáculos,[203] mas, induvidosamente, nessas relações, a transparência é dever legal.[204] Como explica Joaquim de Souza Ribeiro: «[P]or razões estruturais, atinentes à natureza da prestação, ao modo de contratar, ou às circunstâncias que tipicamente envolvem a transacção, certas relações contratuais caracterizam-se por uma acentuada assimetria informativa, que afecta a capacidade de uma das partes exercitar adequadamente os mecanismos de autotutela dos interesses próprios». Consequentemente, intervém o direito para «impor deveres de conduta comunicativa ao fornecedor» considerado como «profissional actuante sistematicamente em certa área de negócios» e, portanto, «detentor privilegiado da informação relevante», na medida em que assume «a iniciativa da definição dos moldes técnico-jurídicos em que a relação se processará».[205]

A opacidade – que é o contrário da transparência – é dissipada por meio de uma informação adequada, isto é, *qualificada* em vista da vulnerabilidade do consumidor no mercado de consumo. Essa vulnerabilidade informativa supõe graus e critérios de concretização mediadora,[206] principalmente em vista das demais eficácias da informação no âmbito do CDC: não apenas *informar* para possibilitar o consentimento esclarecido ao ato de consumo, mas, igualmente, *vincular contratualmente* (art. 39);[207] *esclarecer* contra riscos; e pautar a licitude da publicidade, gerando, conforme o caso, o *dever de indenizar*, quando a informação publicitária for «enganosa» (arts. 19, IV, 20, II, e 36 a 38). Daí por que, nos casos concretos, a extensão da informação devida (e apta a gerar

---

203. Ver no Capítulo VII, *infra*, §63.

204. O direito à informação, de fonte legal, é o «mais básico dos direitos básicos», segundo o STJ. REsp 586316/MG. Segunda Turma. Relator Min. Herman Benjamin. Julgamento em 17.04.2007. *DJ* de 09.03.2009.

205. As expressões estão em: Sousa Ribeiro, Joaquim. O Princípio da Transparência no Direito Europeu dos Contratos. *Estudos do Direito do Consumidor*, vol. IV. Coimbra: Centro de Direito do Consumo da Faculdade de Direito da Universidade de Coimbra, 2002, p. 138.

206. Segundo Fábio Ulhoa Coelho, o consumidor padrão – para fins de publicidade – é aquele objetivado pelo fornecedor de determinado produto ou serviço, isto é: não um «consumidor qualquer» nem um consumidor abstratamente idealizado, mas o que é médio naquele segmento social específico para o qual é dirigida a publicidade, o que significa dizer que o consumidor padrão é alcançado com base em uma ideia relacional (Coelho, Fábio Ulhoa. A Publicidade Enganosa no Código de Defesa do Consumidor. *Revista de Direito do Consumidor*, São Paulo, Revista dos Tribunais, n. 8, out./dez. 1993, p. 69).

207. É exatamente em razão dessa eficácia vinculativa que as peças publicitárias com valor de oferta devem conter, concomitantemente, os elementos que possibilitem a formação do contrato bem como as informações necessárias para que o consumidor dê o seu consentimento ao conteúdo contratual de forma previamente esclarecida.

essas distintas eficácias) há de ser averiguada tendo em conta certos elementos subjetivos, atinentes à cognoscibilidade por parte de um consumidor médio («consumidor padrão»), considerado o setor social em que é feita a oferta, com o que outro tema resta introduzido, qual seja: o da extensão desses esclarecimentos, considerados os critérios que a determinam. Segue-se, pois, uma operação mental que combina o raciocínio *in concreto* – considerando os elementos referentes ao específico público ao qual foi dirigida a publicidade – com o raciocínio *in abstracto* – para ter-se a média, ou o padrão daquele segmento.

É esse «consumidor padrão» o destinatário dos «deveres de informação» que concretizam a transparência legalmente comandada, pois, como observa Pasqualotto, «o dever de veracidade é específico, não genérico».[208] É o que lembra Alcides Tomasetti Júnior, para quem a transparência «significa uma situação informativa favorável a uma apreensão racional pelos agentes econômicos que figuram como sujeitos naquelas declarações (negociais para consumo)»,[209] considerando-se, pois, os sujeitos destinatários das declarações – não cada um deles em particular, mas a média de um segmento específico.

Ora, tanto a transparência quanto os deveres informativos que a concretizam decorrem da boa-fé, e a expressam como instituto jurídico vocacionado ao *direcionamento de condutas*. A função «otimizadora» da boa-fé permite compreender que a informação adequada, muitas vezes, ocorre processualmente, não se esgotando num único e fixo momento temporal, sendo devida em razão de novas informações que venham a incidir nas qualidades de um produto, ou nos modos de sua utilização, por exemplo, por meio de um *recall*. A boa-fé como norma de direcionamento de condutas aponta também ao caráter substancialista da informação devida a fim de lograr-se a transparência.

7. Boa-fé como proteção à confiança legítima do consumidor

Também tem forte presença nas relações de consumo – estando fortemente ligada à presunção de vulnerabilidade do consumidor – a boa-fé como proteção da *confiança legítima*, isto é, objetivada. Esta transparece como princípio («princípio da confiança»)[210] e também está expressa em regras do CDC, como a que permite, por exemplo, a possibilidade de arrependimento, por parte do consumidor).[211]

---

208. PASQUALOTTO, Adalberto. *Os Efeitos Obrigacionais da Publicidade no Código de Defesa do Consumidor.* São Paulo: Revista dos Tribunais, 1997, p. 95.

209. TOMASETTI JUNIOR, Alcides. O Objetivo da Transparência e o Regime Jurídico dos Deveres e Riscos de Informação nas Declarações Negociais para Consumo. *Revista Direito do Consumidor*, vol. 4, 1994.

210. Ver, *supra*, CAPÍTULO III, §21.

211. Previsto no art. 49 do Código de Defesa Consumidor, estruturalmente vinculado ao CAPÍTULO VI (Livro I) daquele Diploma, intitulado «Da Proteção Contratual».

CRITÉRIOS PARA UMA APLICAÇÃO DA BOA-FÉ SISTEMATICAMENTE ORIENTADA | 309

Considera-se que à posição de supremacia (econômica, técnica e informativa) do fornecedor é correlato o «investimento de confiança» por parte do consumidor acerca das qualidades do produto ou do serviço e das informações que lhe estão sendo prestadas. Por outro lado, a posição de supremacia pode levar a abusos. Por esta razão, justifica-se a forte atuação corretora da boa-fé em sua função de limite ao exercício jurídico, por meio das figuras da *suppressio, surrectio*, e vedação ao *venire contra factum proprium*, bem como da revisão contratual, como oportunamente será desenvolvido.[212]

Em suma: em razão da própria racionalidade do Direito do Consumidor, nessa seara a intensidade jurisgênica da boa-fé será CONFORMADA conjugadamente ao postulado fático-normativo da vulnerabilidade do consumidor, impondo deveres ao fornecedor que acrescem (ou «otimizam») os deveres de fonte legal de «equilíbrio» e de «transparência».

8. Boa-fé e conduta do consumidor

Não se exclua, porém, o direcionamento da boa-fé também ao polo consumidor. Consistindo mandamento de consideração para com os legítimos interesses do parceiro contratual (ou pré, ou pós-contratual), os deveres decorrentes da boa-fé incumbem tanto ao fornecedor quanto ao consumidor (inclusive os equiparados), como está na dicção expressa do art. 4.º, inciso III, que alude à «harmonização» dos interesses dos participantes da relação. A conduta do consumidor deve, por igual, pautar-se segundo a boa-fé objetiva. Se, não obstante informado pelo fornecedor dos riscos de determinado produto, age, mesmo assim, de modo a acentuar esses riscos, ou a criar riscos desnecessários, ou se contradiz legítimas expectativas que o seu comportamento gerou, estará o consumidor incorrendo em comportamento contrário à boa-fé objetiva. Nos contratos de prestação de serviços deve o consumidor informar lealmente as circunstâncias de relevo para a prestação,[213] escusando-se, todavia, deste dever, se o consumidor não tinha conhecimento prévio da informação que seria relevante.[214]

§ 33. Relações obrigacionais de emprego

1. Proposição

A relação contratual de emprego, principal espécie do gênero *relação de trabalho*, é aquela estabelecida entre um empregador e um empregado, consoante define a CLT. Trata-se de assimetria por definição legal, pois o polo do maior poder está com o

---

212. *Vide* CAPÍTULO VIII, *infra*.
213. Assim, TJRS. Ap. Cív. n. 597019439. Sexta Câmara Cível. Relator Des. Antônio Janyr Dall'Agnol. Julgamento em 12.11.1997.
214. TJRS. E.I. 598007607. Terceiro Grupo de Câmaras Cíveis. Relator Des. Antônio Janyr Dall'Agnol. Julgamento em 03.04.1998.

empregador.[215] A este é dado o poder de dirigir a prestação pessoal de serviço, assumindo os riscos da atividade econômica.

Essa assimetria estrutural é traduzida nos princípios reitores da relação de emprego: o da proteção ao trabalhador, da primazia da realidade da relação de emprego («contrato realidade»), da irrenunciabilidade da condição mais favorável ao trabalhador, bem como o da continuidade da relação de emprego,[216] e o da fidelidade, ou lealdade, pois o trabalhador integra a empresa como organização transpessoal que é. A conjugação entre esses princípios e o da boa-fé conforma a atuação desse último.

2. Boa-fé e equilíbrio na relação de emprego

Nas relações contratuais de emprego, há assimetria presumida entre as partes contratantes, o que confere ao princípio da boa-fé um cunho protetivo ao trabalhador, impondo ao empregador *deveres de proteção* agravados aos bens jurídicos (extrapatrimoniais e patrimoniais) do trabalhador (*e.g.*, cuidado, assistência, lealdade). Haverá, ainda, deveres anexos aos interesses de prestação mais intensos do que em relações comuns, como, *e.g.*, o de informar (para possibilitar a boa execução do trabalho contratado). E, com alguma analogia com o papel da boa-fé nas relações societárias, esta se apresenta sob o viés do dever de lealdade, dirigido a ambos os polos da relação.

3. Deveres para as partes e vedação ao exercício desleal

A nova configuração da ordem econômica mundial, na qual há o protagonismo dos serviços e da tecnologia, sendo permitido, por exemplo, o desempenho de atividades por via remota, pode colocar em causa o elemento subordinação, nuclear à relação de emprego. Fala-se, mesmo, na crise da subordinação, para aludir-se às transformações que infletem no esquema clássico do trabalho subordinado, alterado por força da introdução de novos processos tecnológicos de produção, «de tal maneira» – observa Arion Sayão Romita – «que o operário tradicional se vê substituído por um trabalhador mais

---

215. CLT, *in verbis*: «Art. 2.º Considera-se empregador a empresa, individual ou coletiva, que, assumindo os riscos da atividade econômica, admite, assalaria e dirige a prestação pessoal de serviço.
§1.º Equiparam-se ao empregador, para os efeitos exclusivos da relação de emprego, os profissionais liberais, as instituições de beneficência, as associações recreativas ou outras instituições sem fins lucrativos, que admitirem trabalhadores como empregados.
§2.º Sempre que uma ou mais empresas, tendo, embora, cada uma delas, personalidade jurídica própria, estiverem sob a direção, controle ou administração de outra, constituindo grupo industrial, comercial ou de qualquer outra atividade econômica, serão, para os efeitos da relação de emprego, solidariamente responsáveis a empresa principal e cada uma das subordinadas.
Art. 3.º Considera-se empregado toda pessoa física que prestar serviços de natureza não eventual a empregador, sob a dependência deste e mediante salário».

216. Para uma síntese, ARAÚJO, Francisco Rossal de. *A Boa-Fé no Contrato de Emprego*. São Paulo: LTr, 1996, p. 73-113.

CRITÉRIOS PARA UMA APLICAÇÃO DA BOA-FÉ SISTEMATICAMENTE ORIENTADA | 311

versátil, ao qual é atribuída uma plurifuncionalidade desconhecida no passado».[217] Resta evidente, no vigente modelo das relações econômicas, a inexistência de uma nítida e inconfundível separação, absolutamente estanque e completa, entre trabalho autônomo e subordinado, pois há sempre uma certa dose de direção ou de controle, mesmo no trabalho autônomo, como percebera Evaristo de Moraes Filho ainda nos meados do século XX,[218] o qual alertava para a «ficção» consistente na «possível separação entre trabalho autônomo e subordinado de forma radical e apriorística».[219]

A percepção da inexistência de uma fronteira radical entre trabalho autônomo e trabalho subordinado e, consequentemente, a conclusão sobre a estrutura graduada[220] do vínculo de subordinação propõem, à prática, casos-limite, como é a hipótese de antigos franqueados virem a reclamar, findo o vínculo de franquia, a proteção da CLT.[221] Será preciso um cuidadoso exame, atento prevalentemente aos aspectos substanciais, a fim de detectar se houve efetiva fraude à legislação trabalhista ou se, ao revés, está caracterizada a relação de franquia. Se assim ocorrer, cabe à jurisprudência repelir, com base no princípio da boa-fé, a conduta desleal do ex-franqueado que, depois de anos assumindo-se como empresário, vem invocar em juízo, posteriormente, sua posição como empregado, para reclamar verbas trabalhistas.[222]

O direcionamento ético-jurídico propiciado pelo princípio da boa-fé para conformar o exercício jurídico começa a despontar também na jurisprudência do Tribunal Superior do Trabalho. Exemplificativamente, decidiu-se pela incidência do *venire contra factum proprium* para julgar improcedente ação de empregado que, após ter optado por novo sistema de remuneração instituído por sociedade empresária na qual trabalhava, ajuizou ação buscando extrair benefícios de regras do regime anterior de pagamentos. Nessa hipótese, decidiu-se que «o princípio da proteção, que rege o Direito do Trabalho, não pode albergar toda e qualquer vantagem ao empregado, em detrimento da justa

---

217. ROMITA, Arion Sayão. A Crise do Critério da Subordinação Jurídica: necessidade de proteção a trabalhadores autônomos e parassubordinados. In: DELGADO, Maurício Godinho; DELGADO, Gabriela Neves. *Doutrinas Essenciais* – Direito do Trabalho e Direito da Seguridade Social, vol. I. São Paulo: Revista dos Tribunais, 2012, p. 672.

218. MORAES FILHO, Evaristo de. *Pareceres de Direito do Trabalho*. São Paulo: LTr, 1976, p. 136.

219. MORAES FILHO, Evaristo de. *Pareceres de Direito do Trabalho*. São Paulo: LTr, 1976, p. 136.

220. DELGADO, Maurício Godinho. *Curso de Direito do Trabalho*. 10.ª ed. São Paulo: LTr, 2011, p. 332, que acentua: «A intensidade de ordens no tocante à prestação de serviços é que tenderá a determinar, no caso concreto, qual sujeito da relação jurídica detém a direção da prestação dos serviços: sendo o próprio profissional, desponta como autônomo, o vínculo concretizado; sendo o tomador de serviços, surge como subordinado o referido vínculo».

221. TST. RR 11385-78.2017.5.18.0015. Oitava Turma. Relatora Min. Maria Cristina Irigoyen Peduzzi. Julgamento em 08.05.2019. *DJ* de 10.05.2019; TST. AIRR 1628-30.2014.5.02.0009. Sétima Turma. Relator Min. Luiz Philippe Vieira de Mello Filho. Julgamento em 23.03.2018. *DJ* de 23.03.2018; TRT – 2.ª Região. Primeira Turma. RO 0001628-30.2014.5.02.0009. Relatora Des. Alcina Maria Fonseca Beres. Julgamento em 01.06.2016.

222. Anotações sobre o tema em: MARTINS-COSTA, Judith. Breves notas sobre o contrato de franquia e a relação contratual de emprego. *Revista Memória*, abr. 2023, p. 8-9.

312 | A BOA-FÉ NO DIREITO PRIVADO

expectativa dos contratantes e do devido processo legal substantivo».[223] De forma semelhante, adotou-se o *venire contra factum proprium* como fundamento para julgar improcedente reclamação de empregado que aceitou receber o pagamento de férias de forma parcelada e, posteriormente, buscou a condenação do empregador por não ter realizado a antecipação integral do valor devido.[224] É digno de destaque ter o TST também utilizado a vedação ao comportamento contraditório como fundamento para afastar o vínculo de emprego, em situação na qual o suposto empregado de cooperativa havia participado do conselho fiscal, tendo o dever de fiscalização sobre todas as atividades da sociedade.[225]

Há, para ambos, empresa e empregado, deveres de consideração, de coerência comportamental e de proteção, como já acentuava antiga doutrina: tratando no distante ano de 1944 (ainda recém-vigente a Consolidação das Leis do Trabalho) da extinção do direito pelo retardamento ilícito e abusivo, Egon Felix Gottschalk[226] examinava com profundidade a doutrina da *Verwirkung* que estudara nos civilistas alemães. Relacionava-a ao princípio da boa-fé na relação de emprego, sistematizando os casos de sua utilização na relação de emprego por via da figura do abuso de direito.[227]

Pontes de Miranda também versou da contraditoriedade no exercício jurídico na relação de emprego, aludindo à *Verwirkung* e ao princípio que coíbe *venire contra factum proprium*[228] respeitantemente ao exercício do direito de greve na pretensão à participação nos lucros. Por sua vez, Evaristo de Moraes Filho sustentava a incidência do princípio da boa-fé na criação de *deveres de proteção*[229] e na interpretação das hipóteses de

---

223. TST. E-ED-ARR-AIRR 20679-88.2015.5.04.0024. Subseção I Especializada em Dissídios Individuais. Relator Min. Alberto Luiz Bresciani de Fontan Pereira. Julgamento em 08.02.2018. *DJ* de 16.02.2018.

224. TST. RR 299-05.2017.5.21.0023. Quarta Turma. Relator Min. Guilherme Augusto Caputo Barros. Julgamento em 20.11.2019. *DJ* de 22.11.2019. No mesmo sentido: TST. RR 1784-40.2016.5.21.0002. Quarta Turma. Relator Min. Guilherme Augusto Caputo Bastos. Julgamento em 27.02.2019. *DJ* de 01.03.2019.

225. TST. RR 161600-09.2001.5.01.0045. Quinta Turma. Relator Min. Guilherme Augusto Caputo Bastos. Julgamento em 26.09.2018. *DJ* de 19.10.2018.

226. GOTTSCHALK, Egon Felix. *Norma Pública e Privada no Direito do Trabalho.* Um ensaio sobre tendências e princípios fundamentais do Direito do Trabalho. São Paulo: Saraiva, 1944, p. 237-256.

227. Denominando a *Verwirkung* como «preclusão» (mas discernindo-a do instituto processual), Gottschalk entende-a como um «caso particular do abuso de direito, isto é, como um dos limites inerentes ao próprio direito delimitando o seu exercício, ora no espaço, ora no tempo, ora no seu conteúdo substancial» (GOTTSCHALK, Egon Felix. *Norma Pública e Privada no Direito do Trabalho.* Um ensaio sobre tendências e princípios fundamentais do Direito do Trabalho. São Paulo: Saraiva, 1944, p. 253-254). Atualmente, a denominação mais expandida para a figura é *suppressio* (ver *infra*, CAPÍTULO VII).

228. PONTES DE MIRANDA, Francisco Cavalcanti. *Tratado de Direito Privado.* Tomo XLVII. Atualizado por Pedro Paulo Teixeira Manus e Carla Teresa Martins Romar. São Paulo: Revista dos Tribunais, 2012, § 5.072, p. 351-361. Recentemente: FRADERA, Véra. Parecer Jurídico sobre a Natureza da Relação Jurídica Corretor Autônomo/Empresa Procuradora do Proprietário do Imóvel ou Incorporadora Imobiliária. *Revista dos Tribunais*, vol. 816, São Paulo, Revista dos Tribunais, 2003, p. 112-120.

229. *Vide, infra*, CAPÍTULO VI, §64.

CRITÉRIOS PARA UMA APLICAÇÃO DA BOA-FÉ SISTEMATICAMENTE ORIENTADA | 313

justa causa.[230] E afirmava, em palavras que não perderam a atualidade: «Há, assim, na relação de emprego, como que um envoltório normativo genérico, uma espécie de halo, construído de boa-fé e de confiança, que antecede, assiste e mantém viva toda a sua existência. Constitui-se até em seu elemento básico e condicional. De jeito que podem muitas vezes ambas as partes cumprir muito fielmente as cláusulas contratuais, *stricto sensu*, com absoluta exação, mas cometer outros atos, laterais a essas obrigações, que vem destruir totalmente o elemento confiança, preexistente e concomitante ao próprio negócio jurídico».[231] Utilizava, assim, a distinção, hoje assente, entre o interesse à prestação e o interesse à proteção para traçar – no que tange às hipóteses de resolução do contrato de trabalho – a linha divisória entre a inexecução do contrato e a perturbação da ordem do trabalho na empresa.

Conquanto esses sentidos e conformações da boa-fé na relação de emprego não tenham em nada se desatualizado, o encaminhamento doutrinário e jurisprudencial posterior não aprofundou essas ricas sendas. Só mais recentemente o princípio da boa-fé voltou a ser invocado na seara justrabalhista, destacando-se, na doutrina, a sua incidência na fase formativa e no desenvolvimento da relação[232] e apontando-se à relevância hermenêutica dos usos locais e profissionais, bem como das práticas entre os contraentes na interpretação das cláusulas e da conduta contratual.[233]

4. A jurisprudência trabalhista

A jurisprudência trabalhista acerca da boa-fé é ainda relativamente escassa, embora o exame dos ementários revele uma invocação crescente ao princípio.

Um grupo de casos diz respeito à frustração de legítimas expectativas do empregado. Assim ocorre, por exemplo, quando a empresa, ao lançar plano de aposentadoria, afirma que não implantará outro, mais vantajoso, mas poucos meses após vem a assim proceder, em prejuízo dos trabalhadores que, tendo confiado em suas palavras, deixaram de aguardar para aderir ao plano posterior, efetivamente mais vantajoso. A boa-fé serve, assim, a afastar a alegação de ter sido configurado, na adesão ao primeiro plano, ato jurídico perfeito.[234]

Outro grupo tem seu núcleo na vedação à contraditoriedade desleal. Exemplificativamente quando, por ocasião da ruptura contratual, a empregada é repreendida com a negativa da empregadora em conceder-lhe direitos previstos nas normas coletivas que eram correntemente aplicadas durante todo o pacto laboral, com a escusa de ter havido equívoco no enquadramento sindical adotado. Entretanto, ao determinar o

---

230. MORAES FILHO, Evaristo de. *A Justa Causa na Rescisão do Contrato de Trabalho*. 2.ª ed. Rio de Janeiro: Forense, 1965, em especial p. 79-90.

231. MORAES FILHO, Evaristo de. *A Justa Causa na Rescisão do Contrato de Trabalho*. 2.ª ed. Rio de Janeiro: Forense, 1965, p. 81.

232. ARAÚJO, Francisco Rossal de. *A Boa-Fé no Contrato de Emprego*. São Paulo: LTr, 1996, p. 235-271.

233. ARAÚJO, Francisco Rossal de. *A Boa-Fé no Contrato de Emprego*. São Paulo: LTr, 1996, p. 259-261.

234. TST. RR 66400-15.2006.5.05.0036. Terceira Turma. Relator Min. Douglas Alencar Rodrigues. Julgamento em 25.03.2009.

reenquadramento, a empresa havia deixado de cumprir as normas da categoria profissional até então observadas, mais benéficas que as do novo enquadramento, assim causando prejuízo à trabalhadora dispensada, tendo sido decidido: «Deveras, o procedimento da ré, ao alterar a norma de conduta sedimentada e expectada para o desenvolvimento do contrato (artigo 422 do Código Civil), para não cumprir as normas coletivas sempre observadas pelas partes, invocando novas normas para negar-se ao cumprimento das anteriores, ofendeu o princípio da boa-fé objetiva».[235]

Também é invocado o princípio da boa-fé na sua função de evitar surpresas desleais. Nesse caso, resta acoplado ao princípio da imediatidade da falta, como já decidido: «(...) em qualquer relação contratual, os contratantes estão obrigados a se comportar de forma proba, leal e previsível (art. 422 do CC). O instituto da boa-fé objetiva, portanto, se espraia na execução dos mais variados contratos, dentre os quais, o contrato de trabalho. Notadamente em relação à resolução do contrato de trabalho, o ato faltoso da parte que der causa ao fim do liame empregatício, como regra, deve ser arguido imediatamente pela parte inocente, sob pena de configuração do perdão tácito. O requisito da "imediatidade" no contexto do contrato de trabalho busca, pois, evitar que a parte inocente surpreenda aquele que cometeu o ato faltoso nas hipóteses em que, a sua conduta omissiva indicava ter ocorrido o perdão tácito».[236]

Em outras hipóteses, também visando evitar surpresas desleais, o princípio da boa-fé foi invocado para fundamentar a qualificação, como abusiva, de despedida obstativa do direito de adquirir estabilidade pré-aposentadoria.[237] E é, igualmente, invocada em desfavor do empregado quando viola deveres de lealdade: «Não se pode, desse modo, beneficiar o reclamante com o reconhecimento da relação de emprego, em razão da existência de suposta fraude praticada pelos dirigentes da entidade desportiva, na medida em que era um de seus membros. Isso porque a sua conduta mostra-se incompatível com o dever de lealdade recíproca exigida das partes, a qual afronta à boa-fé objetiva e ao princípio que veda o *venire contra factum proprium*", não podendo gerar nenhum direito ou efeito jurídico em favor do reclamante».[238] No mesmo sentido vai a decisão que rejeitou reclamação na qual o empregado alegava ter-lhe sido paga parceladamente a verba referente ao «terço». Porém, tal ocorrera por opção do próprio

---

235. TST. RR 1214-79.2014.5.07.0013. Terceira Turma. Relator Min. Alexandre de Souza Agra Belmonte. Julgamento em 05.06.2019. *DJ* de 07.06.2019.

236. TST. RO 10548-81.2013.5.01.0000. Subseção II Especializada em Dissídios Individuais. Relatora Min. Maria Helena Mallmann. Julgamento em 24.08.2021. *DJ* de 22.10.2021.

237. TST. RR 1338-23.2013.5.09.0084. Sétima Turma. Relator Min. Claudio Mascarenhas Brandão. Julgamento em 10.06.2020. *DJ* de 19.06.2020.

238. TST. RR 900-05.2014.5.05.0009. Quinta Turma. Relator Min. Caputo Bastos. Julgamento em 03.10.2018. *DJ* de 05.10.2018; também coligando boa-fé e lealdade, entre outros: TST. E-ED-ARR-AIRR 20679-88.2015.5.04.0024. Subseção I Especializada em Dissídios Individuais. Relator Min. Alberto Luiz Bresciani de Fontan Pereira. Julgamento em 08.02.2018. *DJ* de 16.02.2018; TST. RR 299-05.2017.5.21.0023. Quarta Turma. Relator Min. Guilherme Augusto Caputo Barros. Julgamento em 20.11.2019. *DJ* de 22.11.2019; TST. RR 161600-09.2001.5.01.0045. Quinta Turma. Relator Min. Guilherme Augusto Caputo Bastos. Julgamento em 26.09.2018. *DJ* de 19.10.2018.

CRITÉRIOS PARA UMA APLICAÇÃO DA BOA-FÉ SISTEMATICAMENTE ORIENTADA | 315

empregado. Decidiu-se, então, por considerar não incidente a Súmula 450 do TST, sendo averbado: «(...) no caso, restou comprovada a manifestação dos empregados, tendo o reclamante, ainda, usufruído suas férias na época própria. Ora, diante do quadro fático delineado no acórdão recorrido e por não ter sido sequer noticiada a existência de qualquer vício na opção feita pelo reclamante, sua pretensão denota comportamento contraditório, proibido no ordenamento jurídico pátrio por meio da tutela da confiança – boa-fé objetiva (*venire contra factum proprium*), nos termos do artigo 422 do Código Civil».[239]

O apelo à boa-fé é por vezes utilizado em casos de «danos morais», essa vasta, hoje indistinta e praticamente incontrolável categoria jurídica que a tudo pretende acomodar, no mais das vezes com base em critérios irracionais, como os sentimentos, ou incompatíveis com o próprio sistema constitucional, como o do «dano social».[240]

§ 34. Relações obrigacionais entre os particulares e o Estado

1. Proposição

Pelo fato de este livro tratar da boa-fé no Direito Privado, poderia parecer incongruente a referência ao Direito Público. Porém, a cisão entre ambas as esferas não é tão forte a ponto de derrogar – mesmo nas relações qualificadas pela presença do Estado – a estrutura dogmática do Direito das Obrigações. Além do mais, como se anotou, trata-se de figura da Teoria Geral do Direito. Não por outra razão a jurisprudência vem assentando a inter-relação entre a boa-fé, como modelo ou instituto jurídico, e os princípios reitores da Administração Pública,[241] inclusive no concernente à possibilidade de

---

239. TST. RR 299-05.2017.5.21.0023. Quarta Turma. Relator Min. Guilherme Augusto Caputo Barros. Julgamento em 20.11.2019. *DJ* de 22.11.2019.

240. Em visão crítica da extensão indiscriminada da responsabilidade civil por dano moral, permito-me referir o meu: MARTINS-COSTA, Judith. Dano Moral à Brasileira. In: PASCHOAL, Janaina Conceição; SILVEIRA, Renato Mello Jorge (Orgs.). *Livro Homenagem a Miguel Reale Júnior*. Rio de Janeiro: GZ Editora, 2014, p. 308-312, também publicado em *Revista do Instituto do Direito Brasileiro*, Lisboa, Faculdade de Direito da Universidade de Lisboa, ano 3, n. 9, 2014, p. 7073-7122.

241. Nos CAPÍTULOS VI, VII e VIII, será enfocada a jurisprudência atinente a casos de Direito Privado e do Consumidor. Cabe lembrar que a quantificação de dados na pesquisa jurisprudencial levada a efeito por Rafael Branco Xavier comprovou que, numericamente, as referências à expressão «boa-fé objetiva» têm presença marcante no campo do Direito Público, visto que 1/4 dos julgados versam sobre relações neste campo (XAVIER, Rafael Branco. *Funções da Boa-Fé na Jurisprudência do STJ*. Monografia de Conclusão de Curso, Faculdade de Direito da Universidade Federal do Rio Grande do Sul, Porto Alegre, 2013, p. 24). Conforme verificou-se: «8% correspondem a relações interempresariais; 20% referem-se a relações regidas pelo Direito do Consumidor; 22% dos acórdãos correspondem a litígios no campo do processo civil e da arbitragem (uma sentença arbitral estrangeira contestada); 24% atinem ao campo do Direito Público (relações de Direito Administrativo, Tributário, Penal e Previdenciário); 6% das invocações à boa-fé são realizadas no campo do Direito Civil». Vale lembrar (ainda que não concorde com todos os seus termos) o Enunciado 414 da V Jornada de Direito Civil do Conselho de

316 | A BOA-FÉ NO DIREITO PRIVADO

modulação dos efeitos de leis que, restringindo a liberdade e o patrimônio dos cidadãos, vêm a ser declaradas inconstitucionais pelo Supremo Tribunal Federal.[242]

2. Princípios em conjugação com a boa-fé

No Direito Público, verifica-se a interdependência entre a boa-fé, o postulado da *supremacia dos interesses da Administração Pública* sobre os interesses particulares[243] (do que decorre a presunção de legitimidade dos atos administrativos) e os princípios constitucionais da *moralidade*, da *impessoalidade* e da *segurança jurídica*,[244] entendidos globalmente e nas suas especificações nas garantias asseguradas constitucionalmente aos contribuintes. Verifica-se, ainda, a superposição entre os princípios da boa-fé e da confiança, acima já registrada.[245] A boa-fé atua como norma asseguradora da manutenção de situações consolidadas, desde que geradoras de expectativas legítimas para os administrados em geral e aos contribuintes,[246] considerando-se, por vezes, a boa-fé um «subprincípio da moralidade administrativa».[247] Apresenta-se, pois, manifestação da «boa-fé crença legítima», para o efeito de proteger a confiança dos cidadãos no tangente aos «atos, procedimentos e condutas do Estado, nos mais diferentes aspectos da sua atuação».[248]

Justiça Federal (2011) e a aplicação do art. 187 a todas as áreas do direito: «414 – art. 187: A cláusula geral do art. 187 do Código Civil tem fundamento constitucional nos princípios da solidariedade, devido processo legal e proteção da confiança, e aplica-se a todos os ramos do direito».

242. Reenvia-se o exame desse tema ao percuciente estudo de Ávila, Ana Paula Oliveira. Boa-fé e imposição de obrigações pelo Estado: o caso da modulação dos efeitos de leis inconstitucionais. In: Benetti, Giovana *et al.* (Org.) *Direito, Cultura e Método*: Leituras da Obra de Judith Martins--Costa. Rio de Janeiro: GZ Editora, 2019, p. 394-417.

243. *Vide*: Ávila, Humberto. Repensando o princípio da supremacia do interesse público sobre o particular. In: Sarmento, Daniel (Org.). *Interesses Públicos* versus *Interesses Privados*: desconstruin-do o princípio da supremacia do interesse público. Rio de Janeiro: Lumen Juris, 2005.

244. Martins-Costa, Judith. Almiro do Couto e Silva e a Ressignificação do Princípio da Segurança Jurídica. In: Ávila, Humberto Bergmann (Org.). *Fundamentos do Estado de Direito*. Estudos em Homenagem ao Professor Almiro do Couto e Silva. São Paulo: Malheiros, 2005, p. 120-148. Ver também: Giacomuzzi, José Guilherme. *A Moralidade Administrativa e a Boa-Fé da Administração Pública*. O Conteúdo Dogmático da Moralidade Administrativa. São Paulo: Malheiros, 2002.

245. *Vide, supra*, Capítulo III, §21.

246. No que tange ao processo administrativo no âmbito da Administração Pública Federal, a Lei 9.784, de 29 de janeiro de 1999, determina, no art. 2.º, que a Administração Pública obedecerá, «dentre outros», aos princípios da legalidade, finalidade, motivação, razoabilidade, proporcionalidade, moralidade, ampla defesa, contraditório, segurança jurídica, interesse público e eficiência, esta-tuindo a observância, nos processos administrativos, dos critérios de «atuação segundo padrões éticos de probidade, decoro e boa-fé» (inciso IV). Acerca do sistema constitucional tributário como um sistema de garantias ao contribuinte, estruturado em limitações formais e materiais ao Fisco, imunidades, regras e princípios conectados a bens jurídicos, consultar, por todos: Ávila, Humberto Bergmann. *Sistema Constitucional Tributário*. 4.ª ed. São Paulo: Saraiva, 2010.

247. *V.g.*, STJ. REsp 944325/RS. Segunda Turma. Relator Min. Humberto Martins. Julgamento em 04.11.2008. *DJ* de 21.11.2008.

248. Couto e Silva, Almiro. O princípio da segurança jurídica (proteção à confiança) no Direito Pú-

CRITÉRIOS PARA UMA APLICAÇÃO DA BOA-FÉ SISTEMATICAMENTE ORIENTADA | 317

Assim ocorreu no *caso da doença de retinose pigmentar.*[249]

Acometida por essa doença degenerativa da retina, uma servidora pública impetrou mandado de segurança contra o secretário de Assistência à Saúde, com o objetivo de obter autorização para realizar tratamento em Cuba, país que teria uma terapia avançada na área oftalmológica. Em 2001, uma liminar autorizou o custeio do tratamento pelo Sistema Único de Saúde (SUS), entendendo, à época, o STJ, ser essa pretensão juridicamente exigível do Estado. Pouco tempo depois de realizado o procedimento médico, cujo gasto foi de R$ 25.443,43, enquanto ainda vigorava a decisão do STJ, a sentença revogou a liminar e denegou a segurança. Em 2004, com a mudança de orientação do Tribunal sobre o tema, a União promoveu uma ação de cobrança contra a paciente. Nas instâncias ordinárias foi a pretensão da União rejeitada pelo respeito ao «fato consumado».

No STJ, em Agravo Regimental, a Segunda Turma, acompanhando o voto do Ministro Relator, negou provimento ao recurso da União e assegurou à postulante o direito a não devolver os valores recebidos.

No voto, o Ministro Humberto Martins ressaltou ter sido a paciente envolvida nas mudanças de orientação jurisprudencial, em prejuízo às suas expectativas legítimas – porque legitimadas, à época do recebimento, em assentado entendimento dos Tribunais. Este foi o critério distintivo do caso (a legitimidade da confiança investida) que justificava «o sacrifício ora realizado em detrimento da segurança jurídica, mas em favor da justiça», sendo esse tópico excepcional.

Em linha de princípio, medidas de antecipação de tutela, de *per se* provisórias e instáveis, não podem gerar «expectativa legítima» acerca de sua manutenção, pois «a tutela antecipada poderá ser revogada ou modificada a qualquer tempo, em decisão fundamentada» (CPC, art. 273, § 4.º).[250] A particularidade do caso estava, justamente, no fato de, à época, a jurisprudência pacífica amparar a pretensão da servidora que confiou – então, legitimamente – em sua manutenção. Efetivamente, a tensão, por vezes ocorrente, entre o respeito à legalidade e a prevalência do «vetor confiança» na relação com o administrado (este deve *poder confiar* na ação administrativa; deve *poder confiar* na orientação dos Tribunais) desenha uma acepção particular do princípio da segurança jurídica.[251] Em sucessivos julgados de nossos Tribunais, essas acepções se fazem presentes.

---

blico brasileiro e o direito da administração pública de anular seus próprios atos administrativos. *Revista Brasileira de Direito Público*, vol. 2, n. 6, Belo Horizonte, Fórum, 2003, p. 37-38.

249. *V.g.*, STJ. REsp 944325/RS, acima citado, cuja fundamentação ao voto consigna: «O sacrifício ora realizado em detrimento da segurança jurídica, mas em favor da Justiça, é tópico e excepcional. (...) Prestigia-se o primado da confiança, assente no § 242, Código Civil alemão, e constante do Ordenamento jurídico brasileiro como cláusula geral que ultrapassa os limites do Código Civil (arts. 113, 187 c/c art. 422) e que influencia na interpretação do Direito Público, a ele chegando como subprincípio derivado da moralidade administrativa».

250. Note-se também a redação dada pelo CPC, em seu art. 296, *in verbis*: «A tutela provisória conserva sua eficácia na pendência do processo, mas pode, a qualquer tempo, ser revogada ou modificada».

251. Acerca dessa temática, por todos: COUTO E SILVA, Almiro do. Princípios da Legalidade da Administração Pública e da Segurança Jurídica no Estado de Direito Contemporâneo. *Revista da*

A BOA-FÉ NO DIREITO PRIVADO

O Supremo Tribunal Federal decidiu: «embora inexistente, na órbita da Administração Pública, o princípio da *res judicata*, a faculdade que tem o Poder Público de anular seus próprios atos tem limite não apenas nos direitos subjetivos regularmente gerados, mas também no interesse em proteger a boa fé e a confiança (*Treu und Glauben*) dos administrados».[252] Por sua vez, o Superior Tribunal de Justiça se pronunciou sobre a proteção das expectativas geradas por «Memorando de Entendimento» expressivo de compromisso público assumido pelo Ministro da Fazenda, no sentido de suspender a execução judicial de dívida bancária aos devedores que se apresentassem para acerto de contas. Esse compromisso, assim se afirmou, «gera no mutuário a justa expectativa de que essa suspensão ocorrera, preenchida a condição», fundamentando o «[D]ireito de obter a suspensão fundado no princípio da boa-fé objetiva, que privilegia o respeito a lealdade».[253]

3. Boa-fé e princípio da proteção da confiança

A conexão entre os princípios da boa-fé e da confiança é a principal vertente do princípio da boa-fé no Direito Público. A doutrina administrativista, primeiramente, por autores alemães[254] (mas posteriormente expandida nos diversos Ordenamentos, como o francês,[255] o espanhol[256] e o italiano[257]), produz profícua reflexão sobre o

---

Procuradoria Geral do Estado do Rio Grande do Sul, Porto Alegre, vol. 57, 2004, p. 13-31; do mesmo autor: Responsabilidade Pré-Negocial e *Culpa in Contrahendo* no Direito Administrativo Brasileiro. *Revista de Direito Administrativo*, Rio de Janeiro, FGV, vol. 217, 1999, p. 163-171; e ainda: O Princípio da Segurança Jurídica no Direito Público Brasileiro e o Direito da Administração Pública de Anular Seus Próprios Atos Administrativos: o Prazo Decadencial do Art. 54 da Lei do Processo Administrativo da União (Lei n. 9.784/1999). *Revista da Procuradoria Geral do Estado do Rio Grande do* Sul, Porto Alegre, vol. 57, 2004, p. 33-74, também publicado em *Conceitos Fundamentais do Direito no Estado Constitucional*. São Paulo: Malheiros, 2015, p. 91-122.

252. STF. Segunda Turma. Questão Ordinária em Petição n. 2900-3/RS. Relator Min. Gilmar Mendes. Julgamento em 27.05.2003. *DJ* de 01.08.2003. Comentei este aresto em: Martins-Costa, Judith. Almiro do Couto e Silva e a Re-Significação do Princípio da Segurança Jurídica. In: Ávila, Humberto Bergmann (Org.). *Fundamentos do Estado de Direito*. Estudos em Homenagem ao Professor Almiro do Couto e Silva. São Paulo: Malheiros, 2005, p. 120-148.

253. STJ. Quarta Turma. RMS 6183/MG. Relator Min. Ruy Rosado de Aguiar. Julgamento em 14.11.1995. *DJ* de 18.12.1995.

254. V. Maurer, Harmut. *Elementos de Direito Administrativo Alemão*. Trad. de Luis Afonso Heck. Porto Alegre: Sérgio Antonio Fabris, 2001, p. 67 e ss. Na doutrina brasileira: Maffini, Rafael da Cás. *Princípio da Proteção Substancial da Confiança no Direito Administrativo Brasileiro*. Porto Alegre: Verbo Jurídico, 2006.

255. Para a exposição e crítica, v. Calmes, Sylvia. *Du Principe de Protection de la Confiance Légitime en Droits Allemand, Communautaire et Français*. Paris: Dalloz, 2001, p. 185-223.

256. V. Castillo Blanco, Federico. *La Protección de la Confianza en el Derecho Administrativo*. Madrid: Marcial Pons, 1998, e ainda a obra pioneira de Gonzalez Péres, Jésus. *El Principio General de la Buena Fe en El Derecho Administrativo*. 3.ª ed. Madrid: Civitas, 1999.

257. Exemplificativamente, Racca, Gabriella. *La Responsabilità Precontrattuale dela Pubblica Amminis-*

princípio da proteção da confiança legítima, vinculando-o aos Direitos Fundamentais, transformados, por força da jurisdição constitucional e comunitária, na «referência incontornável de toda e qualquer ordem jurídica».[258]

Outros casos fazem supor que a fonte da tutela da confiança legítima está na *boa-fé*, na medida em que existe uma interação entre confiança e crença/confiança e fé, aparecendo a confiança como «elemento constante» ora da proteção da boa-fé, ora como uma de suas «concretizações» ou «manifestações particulares». Assim ocorre, às vezes de maneira sobreposta, com as figuras da *estoppel*, originária do Direito anglo-saxão; com os limites à revogação e ao anulamento dos atos administrativos geradores de eficácia na esfera jurídica dos particulares; com a vinculatividade das informações dadas por autoridade administrativa; com a responsabilidade pré-contratual, hipótese apanhada por um conjunto normativo «não explicitado na legislação especial de licitações e contratações administrativas, relacionado aos princípios da segurança jurídica, da moralidade administrativa, da boa-fé e da confiança»;[259] bem como com o princípio que coíbe *venire contra factum proprium*,[260] que leva à vinculação da Administração Pública à sua própria prática, quando geradora de legítimas expectativas. É ainda crescente a interligação entre boa-fé, confiança e o princípio da segurança jurídica, acentuando Ana Paula Ávila, em relação à «relação pontuada pela desigualdade» que se estabelece entre a Administração Pública e os cidadãos, caber a distinção entre duas situações: «a atividade estatal que implementa direitos fundamentais do indivíduo (...) e a atividade estatal que restringe esses direitos ao impor obrigações legais aos cidadãos».[261] Na primeira situação, «a boa-fé, na vertente da proteção da confiança, será invocada para garantir a permanência dos efeitos dos atos praticados em seu benefício,

---

trazione tra Autonomia e Correttezza. Napoli: Jovene, 2000; e, ainda, MERUSI, Flavio. *Buona Fede e Affidamento nel Diritto Publico.* Milano: Giuffrè, 2001.

258. CALMES, Sylvia. *Du Principe de Protection de la Confiance Légitime en Droits Allemand, Communautaire et Français.* Paris: Dalloz, 2001, p. 185.

259. Assim: REISDORFER, Guilherme Fredherico Dias. Relação Jurídica pré-contratual e responsabilidade civil do Estado: a reparação de dano pela decisão de não contratar. Tese de Doutorado apresentada à Faculdade de Direito da Universidade de São Paulo. Orientador: Prof. Titular Fernando Dias Menezes de Almeida. São Paulo, 2023, p. 279.

260. Observa Sylvia Calmes que a relação boa-fé confiança teve como ponto de partida sobretudo a doutrina civilista alemã mais antiga, que, todavia, não apresentou «essa lógica de dedução de modo detalhado». Todavia, com o curso do tempo, essa concepção vem suscitando nos civilistas, e sobretudo nos tributaristas, «cada vez mais dúvidas, principalmente porque eles reconheceram que a exigência da boa-fé – mesmo se considerada, destacada do Direito Privado, como uma ideia jurídica geral – não pode servir de fundamento jurídico global para todos os casos de proteção da confiança» (CALMES, Sylvia. *Du Principe de Protection de la Confiance Légitime en Droits Allemand, Communautaire et Français.* Paris: Dalloz, 2001, p. 233. No original: «cette logique de déduction de manière détaillée» e «plus en plus de doutes, principalement parce qu'ils ont reconnu que l'exigence de bonne foi – même considerée, détachée du droit prive, comme une idée juridique générale – ne peut pas servir de base juridique globale pour tous les cas de protection de la confiance»).

261. ÁVILA, Ana Paula Oliveira. Boa-fé e imposição de obrigações pelo Estado: o caso da modulação dos efeitos de leis inconstitucionais. In: BENETTI, Giovana *et al.* (Org.). *Direito, Cultura e Método:* Leituras da Obra de Judith Martins-Costa. Rio de Janeiro: GZ Editora, 2019, p. 411.

apesar do reconhecimento de sua invalidade». E acrescenta: «Esse regime é orientado, de um lado, pela prevalência os direitos fundamentais, e, de outro, dá-se o nome da boa-fé objetiva e da proteção das expectativas legitimamente criadas, que são aspectos indissociáveis da segurança jurídica».[262]

A outra face da proteção da confiança é a vedação à contraditoriedade desleal.

4. Boa-fé, proteção da confiança e vedação à contraditoriedade desleal

A segurança jurídica (como previsibilidade acerca das «regras do jogo») se expressa também nos comportamentos uniformes, não contraditórios e, consequentemente, na imposição de um «dever de coerência» ou de não contradição desleal. É recorrente a imposição do dever de não contradição,[263] especificando-se as hipóteses de aplicação da regra que coíbe *venire contra factum proprium*;[264] da vedação inserta no *tu quoque*; e do anulamento decorrente da aplicação do adágio *nemo turpitudinem suam allegans*,[265] sendo essas concreções muito significativas da boa-fé como norma de conduta leal.[266]

---

262. Ávila, Ana Paula Oliveira. Boa-fé e imposição de obrigações pelo Estado: o caso da modulação dos efeitos de leis inconstitucionais. In: Benetti, Giovana *et al.* (Org.). *Direito, Cultura e Método*: Leituras da Obra de Judith Martins-Costa. Rio de Janeiro: GZ Editora, 2019, p. 411.

263. Referindo o dever de não contradição, sem referir os institutos específicos: STJ. REsp 620112/ MT. Segunda Turma. Relator Min. Herman Benjamin. Julgamento em 07.05.2009. *DJ* de 21.09.2009; STJ. REsp 853713/SP. Segunda Turma. Relator Min. Herman Benjamin. Julgamento em 06.08.2009. *DJ* de 27.04.2011; STJ. REsp 963499/PR. Segunda Turma. Relator Min. Herman Benjamin. Julgamento em 19.03.2009. *DJ* de 14.12.2009; STJ. REsp 765872/SP. Segunda Turma. Relatora Min. Eliana Calmon. Relator para Acórdão Min. Herman Benjamin. Julgamento em 04.10.2007. *DJ* de 11.11.2009; STJ. REsp 1130985/PR. Segunda Turma. Relator Min. Humberto Martins. Julgamento em 17.12.2009. *DJ* de 19.02.2010; STJ. RMS 27566/CE. Quinta Turma. Relator Min. Jorge Mussi. Relatora para Acórdão Min. Laurita Vaz. Julgamento em 17.11.2009. *DJ* de 22.02.2010; STJ. REsp 817061/RJ. Quinta Turma. Relator Min. Arnaldo Esteves Lima. Julgamento em 29.05.2008. *DJ* de 04.08.2008; STJ. AgRg no REsp 55647/RJ. Sexta Turma. Relator Min. Luiz Vicente Cernicchiaro. Julgamento em 14.11.1994. *DJ* de 19.12.1994; STJ. REsp 1166432/ PE. Segunda Turma. Relator Min. Herman Benjamin. Julgamento em 15.03.2011. *DJ* de 04.05.2011; STJ. REsp 573806/SP. Segunda Turma. Relator Min. Herman Benjamin. Julgamento em 17.12.2009. *DJ* de 02.05.2011; STJ. REsp 1057539/RS. Segunda Turma. Relator Min. Mauro Campbell Marques. Julgamento em 01.09.2009. *DJ* de 16.09.2009. Aludindo expressamente ao «dever de coerência», o STJ. REsp 945055/DF. Segunda Turma. Relator Min. Herman Benjamin. Julgamento em 02.06.2009. *DJ* de 20.08.2009.

264. *E.g.*, STJ. REsp 47015/SP. Segunda Turma. Relator Min. Adhemar Maciel. Julgamento em 16.10.1997. *DJ* de 09.12.1997.

265. STJ. REsp 972890/DF. Primeira Turma. Relator Min. Luiz Fux. Julgamento em 16.06.2009. *DJ* de 17.08.2009; STJ. REsp 886169/RS. Quinta Turma. Relator Min. Arnaldo Esteves Lima. Julgamento em 27.03.2008. *DJ* de 28.04.2008; STJ. REsp 1157722/RS. Segunda Turma. Relator Min. Castro Meira. Julgamento em 05.08.2010. *DJ* de 10.09.2010; STJ. REsp 1155273/RJ Segunda Turma. Relator Min. Mauro Campbell Marques. Julgamento em 28.09.2010. *DJ* de 15.10.2010; STJ. REsp 859722/RS. Segunda Turma. Relator Min. Mauro Campbell Marques. Julgamento em 05.11.2009. *DJ* de 17.11.2009.

266. Tratou monograficamente do tema: Schreiber, Anderson. *A Proibição do Comportamento Con-*

CRITÉRIOS PARA UMA APLICAÇÃO DA BOA-FÉ SISTEMATICAMENTE ORIENTADA | 321

De fato, embora o dever de não agir de modo deslealmente contraditório se manifeste em todos os campos em que delineadas relações jurídicas obrigacionais, no Direito Administrativo e no Direito Tributário há matizamentos decorrentes da interdependência entre o dever de agir segundo a boa-fé, o princípio da supremacia da Administração Pública e a presunção de legitimidade acostada aos atos da Administração Pública (e, especialmente, do Fisco): a quem tem maior poder cabe, em paralelo, uma responsabilidade ampliada em não atuar contraditoriamente, evitando despertar no administrado/contribuinte expectativas enganosas.[267] Bem por isso, são acentuadas as vinculações entre tutela das legítimas expectativas, respeito à boa-fé, e dever de agir segundo a boa-fé como concreção da moralidade administrativa,[268] inclusive no que concerne aos efeitos, na esfera jurídica do particular, da mudança de entendimento (administrativo e judicial) sobre determinada matéria. Conjugam-se não raramente as acepções subjetiva e objetiva da boa-fé.

É também em atenção à confiança legítima que não pode a Administração «exigir, em prova de concurso público, o desenvolvimento de determinado tema para, posteriormente, sequer levá-lo em consideração no momento da correção».[269] No caso, o Judiciário reconheceu incongruência entre o enunciado de questão subjetiva e o modo

---

traditório. Tutela da Confiança e *Venire Contra Factum Proprium*. Rio de Janeiro: Renovar, 2005. Também menciono esses institutos: MARTINS-COSTA, Judith. Os Avatares do Abuso do Direito e o Rumo Indicado pela Boa-Fé. In: TEPEDINO, Gustavo (Org.). *Direito Civil Contemporâneo*. Novos problemas à luz da legalidade constitucional. Congresso Internacional de Direito Civil-Constitucional da Cidade do Rio de Janeiro, 2008. Rio de Janeiro: Atlas, 2008, p. 57-95.

267. Quanto à figura do *tu quoque*, na jurisprudência: STJ. RMS 22770/DF. Segunda Turma. Relator Min. Humberto Martins. Julgamento em 06.09.2007. *DJ* de 19.09.2007; STJ. RMS 20572/DF. Quinta Turma. Relatora Min. Laurita Vaz. Julgamento em 01.12.2009. *DJ* de 15.12.2009; STJ. EDcl no REsp 114321/RS. Sexta Turma. Relator Min. Fernando Gonçalves. Julgamento em 18.09.1997. *DJ* de 08.09.1997; STJ. REsp 114216/AM. Quarta Turma. Relator Min. Cesar Asfor Rocha. Julgamento em 08.04.1997; STJ. EDcl no REsp 675026/PR. Segunda Turma. Relator Min. Mauro Campbell Marques. Julgamento em 20.11.2008. *DJ* de 16.12.2008; STJ. REsp 1217951/PR. Segunda Turma. Relator Min. Mauro Campbell Marques. Julgamento em 19.02.2013. *DJ* de 26.02.2013; STJ. RMS 31955/MT. Primeira Turma. Relator Min. Teori Albino Zavascki. Julgamento em 28.02.2012. *DJ* de 05.03.2012; quanto ao *venire contra factum proprium*: STJ. RMS 29493/MS. Segunda Turma. Relator Min. Humberto Martins. Julgamento em 23.06.2009. *DJ* de 01.07.2009; STJ. REsp 686410/SP. Segunda Turma. Relator Min. Herman Benjamin. Julgamento em 06.11.2007. *DJ* de 11.11.2009.

268. GIACOMUZZI, José Guilherme. *A Moralidade Administrativa e a Boa-Fé da Administração Pública*. O conteúdo dogmático da moralidade administrativa. São Paulo: Malheiros, 2002; MARTINS-COSTA, Judith. Almiro do Couto e Silva e a Re-Significação do Princípio da Segurança Jurídica. In: ÁVILA, Humberto Bergmann (Org.). *Fundamentos do Estado de Direito* – Estudos em Homenagem ao Professor Almiro do Couto e Silva. São Paulo: Malheiros, 2005, p. 120-148. E ainda: MAFFINI, Rafael. *Princípio da Proteção Substancial da Confiança no Direito Administrativo Brasileiro*. Porto Alegre: Verbo Jurídico, 2006.

269. STJ. RMS 27566/CE. Quinta Turma. Relator Min. Jorge Mussi. Relatora para Acórdão Min. Laurita Vaz. Julgamento em 17.11.2009. *DJ* de 22.02.2010; similarmente, STJ. REsp 944325/RS. Segunda Turma. Relator Min. Humberto Martins. Julgamento em 04.11.2008. *DJ* de 21.11.2008.

de correção. De um lado a prova dispunha que a questão deveria ter sido respondida «de forma mais completa possível»; de outro, na correção, a resposta completa não fora avaliada. Embora consabidamente o Judiciário não adentre nos juízos de oportunidade e conveniência do ato administrativo, reconheceu-se abusiva a exigência de apreciação de «determinado tema para, posteriormente, sequer levá-lo em consideração para a atribuição da nota no momento da correção da prova. Tal proceder inquina o ato administrativo de irregularidade, pois atenta contra a confiança do candidato na administração, atuando sobre as expectativas legítimas das partes e a boa-fé objetiva, em flagrante ofensa ao princípio constitucional da moralidade administrativa».[270]

5. Boa-fé e conduta do administrado e contribuinte

A assimetria de posições jurídicas entre Administração e administrados e o dever de agir segundo a boa-fé atribuído à Administração Pública não constituem passaporte para a impunidade do particular. Este não está isento de agir segundo a boa-fé, devendo conformar e limitar o exercício jurídico àquele *standard,* muito a principiologia da Lei da Liberdade Econômica pareça pretender imunizar o particular, nas suas relações com a Administração Pública, ao criar uma «presunção geral de boa fé» para o administrado.[271] Essa Lei não afasta, todavia, o dever do particular de agir com correção. O *caso das alíquotas sobre o material de construção*[272] exemplifica essa vertente do princípio da boa-fé objetiva.

Discutia-se a cobrança do diferencial entre as alíquotas interestadual e interna de ICMS, na aquisição de material de construção por construtoras, esclarecendo-se que «as alíquotas interestaduais somente aproveitam aos adquirentes que sejam contribuintes do ICMS, conforme o art. 155, § 2.º, VII, *a*, da CF». Nessas hipóteses, afirmou-se, «é pacífico o entendimento de que o Estado de destino pode cobrar o diferencial de alíquota na entrada da mercadoria em seu território». Todavia, no caso de compradores

---

270. STJ. RMS 27566/CE. Acima citado.

271. *Vide*: Martins-Costa, Judith. Art. 3.º, V: presunção de boa-fé. In: Marques Neto, Floriano Peixoto; Rodrigues Jr., Otavio Luiz; Leonardo, Rodrigo Xavier (Orgs.). *Comentários à Lei da Liberdade Econômica*. São Paulo: Revista dos Tribunais, 2019, p. 125-132; e em: Martins-Costa, Judith. De princípios, regras, ficções e presunções (e de algumas desastrosas confusões). In: Mitidiero, Daniel; Adamy, Pedro (Org.). *Direito, Razão e Argumento*. A Reconstrução dos Fundamentos Democráticos e Republicanos do Direito Público com base na Teoria do Direito. *Liber Amicorum* Professor Humberto Ávila. São Paulo: 2020, p. 353-366. E, ainda, Martins-Costa, Judith; Benetti, Giovana. Comentário ao artigo 2.º, inciso II: o princípio da "boa-fé do particular perante o poder público"; e Silva Filho, Osny. Comentário ao artigo 3.º, inciso V: presunção de boa-fé e interpretação em prol da autonomia. Todos in: Martins-Costa, Judith; Nitschke, Guilherme. *Direito Privado na Lei de Liberdade Econômica*. São Paulo: Almedina, 2022, respectivamente p. 73-94 e 167-200.

272. STJ. REsp 620112/MT. Segunda Turma. Relator Min. Herman Benjamin. Julgamento em 07.05.2009. *DJ* de 21.09.2009; STJ. EDcl no RMS 12062/GO. Segunda Turma. Relator Min. Herman Benjamin. Julgamento em 13.05.2008. *DJ* de 13.03.2009.

CRITÉRIOS PARA UMA APLICAÇÃO DA BOA-FÉ SISTEMATICAMENTE ORIENTADA | 323

não contribuintes do ICMS, como o das construtoras em relação aos insumos aplicados em suas obras, as aquisições interestaduais devem se sujeitar à alíquota interna (maior que a interestadual), nos termos do art. 155, § 2.º, VII, *b*, da CF. Nesse caso, não haverá diferencial de alíquota a ser recolhido ao Estado de destino.

Ocorre que determinadas construtoras passaram a se identificar como contribuintes do ICMS no momento da aquisição das mercadorias em outros Estados, aproveitando, assim, a alíquota interestadual. Porém, contraditoriamente, argumentaram ao Fisco de destino que não são contribuintes do ICMS, para escaparem do diferencial de alíquota. Decidiu-se, então: «(...) a atitude desses contribuintes agride o Princípio da Boa-Fé Objetiva que deve orientar as relações com o fisco. Admite-se, na hipótese, a aplicação de multas previstas na legislação estadual».

O que se sancionou, foi, portanto, a contraditoriedade desleal do administrado.

No *caso do funcionário permissionário*,[273] discutia-se o cabimento de revogação do ato administrativo de permissão, consabidamente, um ato administrativo precário. Ocorre que o permissionário era também funcionário público, estando estes proibidos legalmente de comerciar com o Estado. Diante da situação de conflito, o funcionário permissionário argumentava que a concessão de permissão não envolvia «comércio», sendo a qualificada como ato administrativo unilateral.

Assentou-se, primeiramente, que o ato de permissão administrativa «mantém-se vinculado às clássicas noções da dogmática quanto à sua unilateralidade, precariedade e discricionariedade», o que se justifica na «baixa eficácia interventiva da autonomia privada e a natureza do serviço prestado, [que], mesmo à luz de concepções teóricas mais contemporâneas, afasta a aproximação deste ato com o negócio jurídico-administrativo bilateral». Mas se justificou: «[a] revogação unilateral atendeu à descoberta superveniente de que faltava elemento subjetivo indispensável à validez do ato administrativo. O recorrente acumulava o *status* de permissionário com a condição de agente público. Inexiste direito subjetivo de opção. O regime jurídico das permissões é incompatível com as regras da Lei 8.112/1990. Remanesce o direito da Administração de extinguir ou modificar as relações jurídicas constituídas sob o império da permissão».

A afronta à boa-fé estava caracterizada pelo comportamento do recorrente, omisso em noticiar seu vínculo funcional com o Poder Público, e assim se inserindo «no desrespeito genérico à boa-fé objetiva, que atua no Direito Administrativo em duas vias: a) da Administração em face do súdito, sob as vestes da moralidade; b) do súdito ante a Administração, sob a forma de figuras parcelares da boa-fé objetiva». E se assentou: «Os partícipes dos atos-procedimentos administrativos devem pautar suas atuações pelos limites do princípio-dever de cooperação»; no caso, vislumbrou-se «uma de suas figuras parcelares, o *tu quoque*». Como conclusão, foi afirmado: «Prestigiar o comportamento do recorrente, que possuía vínculo com a Administração e obteve o *status* de

---

273. STJ. RMS 22770/DF. Segunda Turma. Relator Min. Humberto Martins. Julgamento em 06.09.2007. *DJ* de 19.09.2007.

A BOA-FÉ NO DIREITO PRIVADO

permissionário, sob argumentos de índole puramente formalística é avançar contra a boa-fé objetiva, no plano do *tu quoque*».

6. Boa-fé e o exercício de direito formativo extintivo

Colhem-se, ainda, outras manifestações da boa-fé objetiva. Assim, por exemplo, ocorre quando da denúncia imotivada de contratos administrativos, por parte da Administração, se o particular tiver feito investimentos consideráveis, segundo a hipótese prevista no art. 473 do Código Civil. O mesmo princípio se adota em face de atos insitamente dotados de precariedade, discricionariedade e unilateralidade, como a permissão. De outro modo, em algumas situações, se atingiria, intoleravelmente, o princípio da boa-fé. Desfaz-se o contrato, mas o particular, injustamente lesado em sua confiança, pode fazer jus à indenização.[274]

Atua, ainda, a boa-fé nas relações obrigacionais de Direito Administrativo como parâmetro para fixar a indenização no caso de «rescisão» por ato unilateral da Administração (isto é: desfazimento do contrato, em regra por denúncia vazia, que não exige o inadimplemento como causa do desfazimento, diferentemente do que exige a

---

274. A hipótese, versada no art. 473 do Código Civil, traduz concreção da boa-fé em caso de denúncia imotivada, nos contratos com termo indefinido, quando uma das partes houver feito «investimentos consideráveis» em vista do contrato. Conquanto a previsão legal facilite sobremaneira a tarefa do aplicador da lei, certo é que similar solução pode ser alcançada por via da concretização do princípio da boa-fé objetiva, como está em: STJ. REsp 1021113/RJ. Segunda Turma. Relator Min. Mauro Campbell Marques. Julgamento em 11.10.2011. *DJ* de 18.10.2011. Neste caso, uma sociedade comercial (Magic Numbers Comercial e Serviços Ltda.), ajuizara ação ordinária de natureza indenizatória (material e moral) contra a Caixa Econômica Federal, em razão da rescisão não motivada do contrato de permissão de serviços lotéricos. Por ocasião da sentença, o pedido foi julgado improcedente, o que foi reformado em apelação pelo Tribunal de origem, que reconheceu a procedência parcial do pedido indenizatório por danos materiais, mas afastou a existência de danos morais. A CEF interpôs recurso especial no qual sustenta negativa de vigência aos arts. 333, I, e 535 do Código de Processo Civil; arts. 2.º, VI, e 40 da Lei 8.987/1995. Determinou o Tribunal: «Entretanto, em hipóteses específicas, como o caso dos autos, é lícito o reconhecimento ao direito à indenização por danos materiais. É incontroverso nos autos que o permissionário realizou significativo investimento para a instalação do próprio empreendimento destinado à execução do serviço público delegado, inclusive mediante atesto de padronização do poder concedente. Todavia, após poucos meses do início da atividade delegada, a Caixa Econômica Federal rescindiu unilateralmente a permissão, sem qualquer justificativa ou indicação de descumprimento contratual pelo permissionário. Assim, no caso concreto, a rescisão por ato unilateral da Administração Pública impõe ao contratante a obrigação de indenizar pelos danos materiais relacionados à instalação da casa lotérica». E invocando lição de Celso Antônio Bandeira de Mello, assentou: «Ademais, sob a perspectiva do Direito Administrativo Consensual, os particulares que travam contratos com a Administração Pública devem ser vistos como parceiros, devendo o princípio da boa-fé objetiva (e seus corolários relativos à tutela da legítima expectativa) reger as relações entre os contratantes público e privado». Ver, também, *infra*, CAPÍTULO IV, §38, 18, e CAPÍTULO VIII, §79.

CRITÉRIOS PARA UMA APLICAÇÃO DA BOA-FÉ SISTEMATICAMENTE ORIENTADA | 325

fattispecie resolução). Embora reconhecido o interesse público na extinção, nem por isso deixa o particular, dada sua legítima expectativa na execução no contrato, de fazer jus à indenização pelos prejuízos daí decorrentes, como tais considerados não apenas os danos emergentes, mas também os lucros cessantes.[275]

Também se colhem invocações à boa-fé como fator de limite à revisão de atos administrativos, em face de situações consolidadas no tempo.[276] Porém, hoje, diversamente do que ocorreu no passado, não se admite a prevalência da chamada «teoria do fato consumado» – tal qual o fundamento utilizado em segundo grau no caso da retinose pigmentar –, pois, frequentemente, será atentatória ao princípio da igualdade.[277] Ambas as aplicações podem ser reunidas na função da boa-fé como baliza para o lícito exercício jurídico.[278]

---

275. STJ. REsp 124057/AC. Sexta Turma. Relator Min. Vicente Leal. Julgamento 01.04.1997. *DJ* de 05.05.1997. Discutia-se o cabimento de cobrar danos derivados da edição de atos administrativos municipais que haviam extinto, por interesse público, todos os contratos de concessão e atos de permissão de serviço de transporte coletivo, dentre eles o contrato realizado com o recorrente com o intuito de redistribuir as linhas de transporte. Para o STJ, a rescisão do contrato administrativo por ato unilateral da Administração Pública, sob justificativa de interesse público, impõe ao contratante a obrigação de indenizar o contratado pelos prejuízos ocasionados em função do rompimento do vínculo, abarcando-se, na indenização, tanto danos emergentes quanto lucros cessantes, justificando-se: «sob a perspectiva do Direito Administrativo Consensual, os particulares que travam contratos com a Administração Pública devem ser vistos como parceiros, devendo o princípio da boa-fé objetiva (e seus corolários relativos à tutela da legítima expectativa) reger as relações entre os contratantes público e privado».

276. STJ. RMS 14964/RS. Sexta Turma. Relator Min. Paulo Gallotti. Julgamento em 09.12.2008. *DJ* de 25.05.2009.

277. STJ. REsp 302906/SP. Segunda Turma. Relator Min. Herman Benjamin. Julgamento em 26.08.2010. *DJ* de 01.12.2010. Discutia-se, em Ação Civil Pública, a responsabilidade por danos ambientais derivados da construção de prédio de nove andares em área em que admitida apenas a construção de residências unifamiliares. Em face do pedido de demolição do prédio, argumentou-se com a «teoria do fato consumado». A decisão relembra os objetivos das restrições urbanístico-ambientais convencionais, e declara «irrelevante que as restrições convencionais não constem do contrato de compra e venda firmado entre a incorporadora construtora e o proprietário atual do terreno», pois, no «campo imobiliário, para quem quer saber o que precisa saber, ou confirmar o que é de conhecimento público, basta examinar a matrícula do imóvel para aferir as restrições que sobre ele incidem, cautela básica até para que o adquirente verifique a cadeia dominial, assegure-se da validade da alienação e possa, futuramente, alegar sua boa-fé». O construtor tem o ônus jurídico de se informar, não podendo alegar a boa-fé (crença legítima). Cabe ao juiz compatibilizar o *standard* da boa-fé objetiva e o princípio da igualdade perante a lei, pois «[c]ondenará a ordem jurídica à desmoralização e ao descrédito o juiz que legitimar o rompimento odioso e desarrazoado do princípio da isonomia, ao admitir que restrições urbanístico-ambientais, legais ou convencionais, valham para todos, à exceção de uns poucos privilegiados ou mais espertos. O descompasso entre o comportamento de milhares de pessoas cumpridoras de seus deveres e responsabilidades sociais e a astúcia especulativa de alguns basta para afastar qualquer pretensão de boa-fé objetiva ou de ação inocente».

278. Conforme será posto em foco *infra*, CAPÍTULO VIII.

7. Boa-fé e aplicação de penalidades

A mesma função de baliza é observada na apreciação de penalidades contratuais. No passado, essa função auxiliou a interpretar o art. 87 da Lei 8.666/1993 e agora se dirige à exegese do art. 156 da Lei 14.133/2021, que arrola as penalidades aplicáveis ao responsável pela infração administrativa.

A boa-fé indica, outrossim, a prevalência da substância sobre a forma, no implemento do dever de publicidade dos atos administrativos;[279] na valoração da forma de expressão do dever de informar do contribuinte;[280] e na proteção da integridade das relações jurídicas em face de violações por atos de terceiros (oponibilidade).[281] Outrossim, verifica-se o apelo ao princípio da boa-fé para coibir cláusulas abusivas, com repercussões no Direito Concorrencial, para o efeito de mitigar o prejuízo à concorrência.

Assim se decidiu no *caso da cobrança das tarifas de armazenamento*. Alegava-se «cobrança abusiva» de tarifa de armazenamento em terminal portuário. A alegação foi

---

279. STJ. MS 16603/DF. Primeira Seção. Relator Min. Benedito Gonçalves. Relator para Acórdão Min. Cesar Asfor Rocha. Julgamento em 24.08.2011. *DJ* de 02.12.2011. Tratava-se de Mandado de Segurança para assegurar prazo para a posse em cargo público. No voto, registrou-se: «A Administração Pública tem de se portar, perante o administrado, baseada em vários princípios, como o da publicidade, da transparência e o da confiança. Poderia ser acrescentado, também, o da boa-fé objetiva; quando se diz que a publicidade é um dos requisitos de validade do ato, supõe-se, como observou o Sr. Ministro Cesar Asfor Rocha, não uma publicidade formal, e, sim, uma publicidade real. Nas circunstâncias do caso, a publicação no Diário Oficial não foi uma publicidade real. Nem se poderia esperar do administrado que todos os dias consultasse o *Diário Oficial*, quem sabe por anos e anos (neste caso um ano inteiro). O princípio da confiança na atividade da administração importa também esperar desta um comportamento que inspire segurança nas relações com o administrado. A nomeação por Diário Oficial sem nenhuma comunicação real e efetiva não atende o princípio».
280. STJ. REsp 1105947/PR. Segunda Turma. Relator Min. Herman Benjamin. Julgamento em 23.06.2009. *DJ* de 27.08.2009. No caso em exame, coimplicam-se a boa-fé objetiva (referente à conduta do Fisco) e subjetiva (ou «boa-fé crença» do contribuinte, que seguira as instruções informadas em ato administrativo).
281. STJ. REsp 468062/CE. Segunda Turma. Relator Min. Humberto Martins. Julgamento em 11.11.2008. *DJ* de 01.12.2008. O caso tratou da situação jurídica de mutuários em relação à cessão de títulos de crédito caucionados entre o agente financeiro primitivo e a Caixa Econômica Federal – CEF, sucessora do BNH, quando se deu quitação antecipada do débito. A CEF pretendia exercer seus direitos de crédito contra os mutuários, ante a inadimplência do agente financeiro originário. Foi invocado o princípio da boa-fé para relativizar o princípio da relatividade dos efeitos do contrato (*res inter alios acta*). E se justificou: esse tradicional princípio «merece hoje ser mitigado por meio da admissão de que os negócios entre as partes eventualmente podem interferir na esfera jurídica de terceiros – de modo positivo ou negativo –, bem assim, tem aptidão para dilatar sua eficácia e atingir pessoas alheias à relação inter partes. As mitigações ocorrem por meio de figuras como a doutrina do terceiro cúmplice e a proteção do terceiro em face de contratos que lhes são prejudiciais, ou mediante a tutela externa do crédito. Em todos os casos, sobressaem a boa-fé objetiva e a função social do contrato». Alcançou-se, assim, a proteção dos mutuários que haviam quitado suas obrigações com o agente financeiro credor (TERRA CCI), entendendo-se que a cessão dos direitos de crédito do BNH – sucedido pela CEF – ocorreu após esse adimplemento, que se operou *inter partes* (devedor e credor), de modo que «[o] negócio entre a CEF e a TERRA CCI não poderia dilatar sua eficácia para atingir os devedores adimplentes».

CRITÉRIOS PARA UMA APLICAÇÃO DA BOA-FÉ SISTEMATICAMENTE ORIENTADA | 327

aceita, cabendo atentar aos fundamentos elencados no aresto: a abusividade estaria não apenas na circunstância de a tarifa «caracteriza[r] cobrança por serviço não prestado», mas nas «consequências nefastas» daí projetadas na ordem concorrencial «e no plano do princípio da boa-fé objetiva». E se explicou: atenta contra a boa-fé, sendo abusiva em face da ordem econômica, «a cobrança, contratual ou não, por produtos ou serviços total ou parcialmente não prestados, exceto quando patente inequívoca razão de ordem social».[282]

8. Boa-fé e conflito de interesses

Verifica-se, ainda, quanto à relação entre Administração e seus agentes e servidores, apelo à boa-fé na averiguação de conflitos de interesses, caracterizando-se a «deslealdade às instituições»;[283] bem como é invocado o princípio para a modulação temporal dos efeitos de sentença.[284] Em todas essas hipóteses, verifica-se a compreensão da boa-fé como expressão dos vetores – correção de condutas no momento do exercício jurídico (seja derivado de atos administrativos, seja de declarações e de comportamentos concludentes) e confiança, quando essa é legitimamente suscitada comportamento do agente.

Essa última é uma ligação também fortemente marcada no Direito Administrativo Comparado, assinalando Castillo Blanco, quanto ao Direito espanhol, ter o princípio da boa-fé permitido aos tribunais cobrir grande parte do espaço que o princípio da

---

282. STJ. REsp 1181643/RS. Segunda Turma. Relator Min. Herman Benjamin. Julgamento em 01.03.2011. *DJ* de 20.05.2011.

283. STJ. REsp 490259/RS. Segunda Turma. Relator Min. Herman Benjamin. Julgamento em 02.02.2010. *DJ* de 04.02.2011. Tratou-se de examinar caso em que advogado havia sido contratado para as tarefas de consultoria jurídica e representação judicial simultânea do Município e dos servidores. Para além do conflito de interesses público e privado, caracterizou-se «deslealdade às instituições», uma vez que «a defesa de atos pessoais, tidos por criminosos, dos servidores é disfarçada como serviços», concluindo-se: «Daí a alegada violação dos deveres de lealdade às instituições, imparcialidade e legalidade, e do princípio da boa-fé objetiva , tanto por parte do advogado que patrocina causas em absoluto conflito de interesses, como por parte do Chefe do Executivo municipal, que anuiu com o duplo patrocínio «gratuitos» do advogado contratado às expensas do contribuinte».

284. STJ. REsp 654446/AL. Segunda Turma. Relator Min. Herman Benjamin. Julgamento em 04.12.2007. *DJ* de 11.11.2009. Tratou-se da de «modulação temporal» dos efeitos da nova decisão acerca do crédito prêmio de IPI, em face dos princípios da segurança jurídica, da boa-fé objetiva e da confiança legítima sendo assentado: «Também no STJ, no que concerne às decisões que alterem jurisprudência reiterada, abalando, forte e inesperadamente, expectativas dos jurisdicionados, devem ter sopesados os limites de seus efeitos no tempo, de modo a buscar a integridade do sistema e a valorização da segurança jurídica, da boa-fé objetiva e da confiança legítima. (...). No caso concreto, embora cessada a «sombra de juridicidade» e fixado o marco temporal da mudança de orientação sobre o tema, serviu a boa-fé como «proteção da posição jurídica de certos contribuintes que, mesmo após a extinção legal do crédito-prêmio de IPI em 1990, aproveitaram-se do benefício, agindo de boa-fé e inspirados em legítima confiança na jurisprudência do STJ» (no mesmo sentido: STJ. EREsp 738689/PR. Primeira Seção. Relator Min. Teori Albino Zavascki. Julgamento em 27.06.2007. *DJ* de 22.10.2007; STJ. REsp 76527/SP. Quinta Turma. Relator Min. Edson Vidigal. Julgamento em 13.12.1995. *DJ* de 26.02.1996).

328 | A BOA-FÉ NO DIREITO PRIVADO

proteção da confiança apresenta na atualidade em outros Ordenamentos.[285] Exemplificativamente, a proteção à confiança se exprime por meio do reforço ao dever de motivação dos atos administrativos (os administrados devem poder conhecer as razões do deferimento ou indeferimento de suas pretensões). Também pela proteção de estados de fato que não se põem, a rigor, como direitos adquiridos, mas como situações de fundada confiança[286] ou de fundada expectativa em certo comportamento estatal (tal qual se verifica na jurisprudência brasileira mencionada). Igualmente se faz presente na distinção, no Direito da Concorrência, entre o campo semântico da segurança jurídica e o da confiança.[287] Este último é configurado pela manutenção da regularidade relacionada a certo comportamento administrativo a ser averiguado conforme as circunstâncias do caso concreto, pois, diferentemente da segurança jurídica – fundamento quase que axiomático, geral e abstratamente perceptível – a confiança só é avaliável na concretude das circunstâncias.

9. Boa-fé e processo administrativo

Outra manifestação da boa-fé como «crença legítima» – à qual se acresce o elemento «ausência de má-fé» – se apresenta no processo administrativo federal. A expressão «boa-fé» é mencionada no art. 54 da Lei 9.784/99,[288] ao prever a decadência do direito da Administração Pública a anular os seus próprios atos, ainda que inválidos, se o particular estava de boa-fé. Como explica Almiro do Couto e Silva, a boa-fé, «a que alude o preceito, quer significar que o destinatário não tenha contribuído, com sua conduta, para a prática do ato administrativo ilegal. (...) Seria incoerente proteger a confiança de alguém que, intencionalmente, mediante dolo, coação ou suborno, ou mesmo por haver fornecido dados importantes falsos, inexatos ou incompletos, determinou ou influiu na edição de ato administrativo em seu próprio benefício»[289]. Essa é a razão pela qual a decadência do direito da Administração à anulação não se consuma se houver má-fé dos destinatários.

---

285. Indicações em Castillo Blanco, Federico. *La Protección de la Confianza en el Derecho Administrativo.* Madrid: Marcial Pons, 1998, p. 253 e ss.

286. Indicações dos casos julgados no sentido da proteção das expectativas em Castillo Blanco, Federico. *La Protección de la Confianza en el Derecho Administrativo.* Madrid: Marcial Pons, 1998, p. 185.

287. A distinção do campo semântico é traçada por Calmes, Sylvia.*Du Principe de Protection de la Confiance Légitime en Droits Allemand, Communautaire et Français.* Paris: Dalloz, 2001, p. 167.

288. *In verbis:* «O direito da Administração de anular os atos administrativos de que decorram efeitos favoráveis para os destinatários decai em cinco anos, contados da data em que foram praticados, salvo comprovada má-fé. § 1.º No caso de efeitos patrimoniais contínuos, o prazo de decadência contar-se-á da percepção do primeiro pagamento. § 2.º Considera-se exercício do direito de anular qualquer medida de autoridade administrativa que importe impugnação à validade do ato».

289. Couto e Silva, Almiro. O princípio da segurança jurídica (proteção à confiança) no Direito Público brasileiro e o direito da administração pública de anular seus próprios atos administrativos. *Revista Brasileira de Direito Público*, vol. 2, n. 6, Belo Horizonte, Fórum, 2003, p. 68.

CRITÉRIOS PARA UMA APLICAÇÃO DA BOA-FÉ SISTEMATICAMENTE ORIENTADA | 329

A referência à «ausência de má-fé» induz a considerar que se trata da boa-fé subjetiva, e não da boa-fé objetiva, porque tem como pressuposto um estado subjetivado: a conduta de quem, não tendo agido incorretamente, confiou na regularidade do ato ou decisão administrativa. Mas ao estado subjetivado acresce o elemento objetivo: o ato ou decisão administrativa carecem estarem revestidos de aparência de legalidade e legitimidade, sob pena de não se configurar a crença legítima do administrado.

A mesma Lei 9.784/99 versa a boa-fé como padrão ou *standard* jurídico no art. 2.º, inc. IV, segundo o qual, nos processos administrativos, a Administração deverá observar a «atuação segundo padrões éticos de probidade, decoro e boa-fé». Trata-se do comportamento devido pela Administração Pública quando do exercício de situações jurídico-processuais.

Tal qual ocorre em outros *standards* jurídicos – *v.g.*, o bom pai de família; a pessoa razoável; o administrador diligente e probo; e similares –, sua definição e conteúdo, não sendo pré-estabelecidos pela lei, são deixados à concretização pelo intérprete segundo elementos de concreção, tais como o que normalmente acontece em situações equiparáveis àquela em que deva aplicar-se o *standard*. No art. 2.º, inc. IV, da Lei 9.784/99, o *standard* é dirigido à Administração Pública.

Resulta, desse breve apanhado, a constatação segundo a qual o dever de agir segundo a boa-fé dirige-se tanto à Administração Pública quanto ao particular. Não há imunidade, quanto ao dever de atuar segundo padrões de lealdade e correção, para nenhum dos sujeitos envolvidos nessa relação jurídica.

Os matizamentos do princípio da boa-fé até aqui assinalados e atinentes aos diferentes campos jurídicos em que materializado põem em evidência o terceiro grande critério distintivo, qual seja, o da ligação entre a boa-fé e a materialidade da situação jurídica subjacente.

§ 35. Terceira distinção: a materialidade da situação jurídica subjacente

1. Proposição

O chamado «princípio» (*rectius*: postulado normativo)[290] da *materialidade da situação jurídica subjacente*,[291] foi expressado por Miguel Reale especificamente no

---

290. Segundo Ávila, postulados normativos se qualificam como metanormas. São normas estruturantes da aplicação de princípios e regras. São normas imediatamente metódicas que instituem os critérios de aplicação de outras normas situadas no plano do objeto da aplicação. (ÁVILA, Humberto Bergmann. *Teoria dos Princípios*. Da definição à aplicação dos princípios jurídicos. 19.ª ed. São Paulo: Malheiros, 2019, p. 164).

291. MENEZES CORDEIRO, António Manuel. *Da Boa-Fé no Direito Civil*, vol. II. Coimbra: Almedina, 1984, p. 1.252, aludindo ao papel da boa-fé como «veículo do princípio da materialidade».

concernente à boa-fé da seguinte forma: «(...) a boa-fé exige que a conduta individual ou coletiva – quer em Juízo, quer fora dele – seja examinada no conjunto concreto das circunstâncias de cada caso».[292]

A percepção do Presidente da Comissão Elaboradora do Código Civil está em linha com conquistas dogmáticas recentes, que apontam à *materialização* do Direito dos Contratos, termo que designa «o dar relevância jurídica, na definição do campo de actuação e da disciplina da liberdade contratual, aos factores materiais que, na esfera do real, condicionam e diferenciam a capacidade efectiva de categorias de sujeitos em defenderem os interesses próprios, através de actos de autonomia privada».[293] E não só: para além dos sujeitos, hão de ser consideradas as espécies e categorias de atos praticados, o seu regime, e a disciplina da atividade em que inseridos os sujeitos e os atos. Como salienta Joaquim de Souza Ribeiro, «para além da relação jurídico-contratual, propriamente dita, é objecto de normação um conjunto diversificado de práticas mercantis, a montante e a jusante dela, tendo como referente unitário a instituição "mercado" e como objectivo a sua ordenação em moldes jurídico-sociais e económicos adequados».[294]

O critério a seguir desenvolvido é baseado no *interesse estruturante* de cada relação obrigacional como mandamento gerado pela boa-fé, para o que se adotou a clássica trilogia: o de agir em interesse próprio (*mea res agitur*); ou no interesse de outrem (*tua res agitur*); ou no interesse comum, suprapessoal (*nostra res agitur*). Conquanto bastante esquemático e, nesse sentido, insuficiente para dar conta dos interstícios entre os três núcleos de interesse classicamente destacados, esse critério é inconfundível com o critério formal, da denominação do tipo contratual ou do campo em que alocado. Deve, portanto, ser composto com os critérios precedentemente estudados.

2. Significados

O postulado normativo da materialidade da situação jurídica subjacente indica primeiramente que, no tocante às relações contratuais, se trata de examinar a atuação da boa-fé em vista do *contrato e de suas circunstâncias* (jurídicas, econômicas, sociais, estratégicas), considerando-se, também, as eficácias que produz. Além de os deveres decorrentes da boa-fé não se manifestarem sempre os mesmos, e do mesmo modo – antes restando ordenados em graus de intensidade também conforme a categoria dos atos jurídicos a que se ligam –, as consequências da sua infração dependerão da situação, do tipo de dever violado, do momento e do modo como foi violado. Há eficácias

---

292. Reale, Miguel. A Boa-Fé no Código Civil. *História do Novo Código Civil*, vol. I. São Paulo: Revista dos Tribunais, 2005, p. 241. Também disponível em: <http://www.miguelreale.com.br/>. Último acesso em: 10.05.2023.

293. Sousa Ribeiro, Joaquim. A Boa-Fé como Norma de Validade. *Direito dos Contratos*. Coimbra: Coimbra Editora, 2007, p. 220, consignando ainda o entendimento de Canaris e Teubner, na doutrina alemã.

294. Sousa Ribeiro, Joaquim. A Boa-Fé como Norma de Validade. *Direito dos Contratos*. Coimbra: Coimbra Editora, 2007, p. 221.

CRITÉRIOS PARA UMA APLICAÇÃO DA BOA-FÉ SISTEMATICAMENTE ORIENTADA | 331

indenizatórias, invalidantes, caducificantes e há também consequências resolutórias, revisivas, restitutórias e de mero reembolso.[295]

Similarmente, no exame de uma situação regida pelo art. 187 do Código Civil, quando averiguada a ilicitude no modo de exercício de direitos – embora não esteja essa confinada à relação contratual – também as circunstâncias têm exponencial relevo: tratava-se de um comportamento havido na fase pré-contratual? Nenhuma relação jurídica tinham os agentes, salvo a delimitada pelo dever geral de a ninguém lesar? Qual o grau de proximidade dos agentes quando do comportamento faltoso – um contrato livremente negociado, um «contrato» que mais se qualificaria dogmaticamente como ato-fato, ou um mero fato jurídico? O quão justificável (isto é: legítima) era a expectativa daquele que se diz lesado?

A ligação com as circunstâncias do caso, explicou Miguel Reale, permite, primeiramente, que essa formulação da boa-fé nos deixe «longe da concepção romana – seguida pelo Direito anterior – conforme a qual *neminem laedit qui iure suo utitur*» [isto é: quem exercita direito próprio não lesa a ninguém], de modo que «pelo atual Código Civil, ao contrário, o direito subjetivo [...] deve ser empregado de conformidade com a boa-fé e os usos do lugar».[296] A atenção é, pois, ao momento do exercício dos direitos. Para averiguar sua licitude em concreto é preciso ter em mente a regulação e os interesses que conformam as situações jurídicas em que atuará a boa-fé.

3. Função sistematizadora

Em segundo lugar, já num nível sistemático, e por via das sínteses características do trabalho doutrinário, o postulado da materialidade da situação jurídica subjacente orienta a doutrina a agrupar as situações em que a incidência do princípio da boa-fé se dá de forma diversificada, conforme a natureza das situações a enquadrar.[297] Nesse sentido, o princípio incidirá com maior intensidade nos *contratos de duração* que se

---

295. Conforme refere Marcos Bernardes de Mello, as consequências desvantajosas do ilícito são de três espécies: o ilícito, segundo sua eficácia, pode ser indenizativo, caducificante ou invalidante (MELLO, Marcos Bernardes de. *Teoria do Fato Jurídico*: plano da existência. 13.ª ed. São Paulo: Saraiva, 2008, p. 250-253). Sustento haver também eficácias revisivas, no caso do «abuso do direito» e eficácias resolutórias, no caso do ilícito contratual (inadimplemento). Quando decorrentes do exercício de um direito formativo extintivo de resolução *lato sensu*, pelo seu titular (Código Civil, arts. 395, parágrafo único; 474, primeira parte, e 475), a eficácia será de segundo grau ou mediata, pois a eficácia imediata do ilícito será fazer nascer o direito a resolver. E ainda pode a boa-fé importar num dever de restituir e num dever de reembolsar, eficácias essas que prescindem do ato ilícito.

296. REALE, Miguel. Um artigo-chave do Código Civil. In: *História do Novo Código Civil*. São Paulo: Revista dos Tribunais, 2005, p. 243. O brocardo, em tradução livre, significa: «quem exercita direito próprio não lesa a ninguém».

297. «A materialidade da regulação jurídica, expressa como princípio, traduz a vocação efectiva da Ciência do Direito para, em termos constituintes, resolver problemas concretos» (Assim, MENEZES CORDEIRO, António Manuel. *Da Boa-Fé no Direito Civil*, vol. II. Coimbra: Almedina, 1984, p. 1255).

332 | A BOA-FÉ NO DIREITO PRIVADO

prolongam no tempo do que nos contratos instantâneos, em que as relações iniciam e cessam abruptamente; e será mais forte quanto *maior for a dosagem de fidúcia* suscitada pelo tipo contratual, o que estará em consonância com os interesses que são resguardados na execução de cada contrato.

Em vista desse direcionamento, arrolam-se algumas situações negociais a fim de exemplificar as diferentes intensidades da incidência do princípio da boa-fé em vista da materialidade da situação jurídica subjacente. O critério escolhido não foi o da taxonomia contratual,[298] nem o dos tipos contratuais propriamente ditos, mas o da finalidade do interesse conferido aos contraentes (*mea res agitur, tua res agitur* e *nostra res agitur*) na sua correlação com a boa-fé. Evidentemente, alerta-se, mais uma vez, que o critério das espécies contratuais há de ser composto, necessariamente, com os demais critérios aqui expostos.

§ 36. *Mea res agitur*

1. Proposição

Em determinados contratos cuida-se de interesses puramente interindividuais. É o que expressa a fórmula *mea res agitur*. A individualidade do interesse pode transparecer nas mais variadas espécies contratuais.[299] Assim, por exemplo, os *contratos de intercâmbio* que supõem, como a denominação indica, «troca» de uma vantagem por outra que pode ser certa (contratos comutativos) ou não (contratos aleatórios), troca essa que também pode transparecer em contratos benéficos, como a doação com encargo. O fulcro está na individualidade dos interesses que juridicamente se contrapõem, haja onerosidade ou não.

Nos contratos de intercâmbio em sentido estrito, o interesse, conferido a cada participante da relação jurídica (*mea res agitur*), «encontra a sua fronteira nos interesses do outro figurante, dignos de serem protegidos» (de modo que) «o princípio da boa-fé opera, aqui, significativamente, como *mandamento de consideração*».[300] Várias espécies de relações contratuais compõem esse grupo.

2. Negócios de intercâmbio em sentido próprio

Toda classificação binária pode ser contestável, pois obnubila os espaços intermédios que ligam os dois polos. Os interstícios desaparecem e, assim, grande parte dos problemas concretos, os quais deve o jurista cotidianamente enfrentar e resolver – não

---

298. As classificações se agrupam, modo geral, em critérios de índole jurídica (número de declarações negociais; modo de conclusão; tipo, causa e função econômica; forma; efeitos; objeto da prestação, etc.) e/ou critérios de índole econômica (contratos de crédito ao consumo; de organização; intermediação financeira; colaboração empresária, etc.).

299. Uma útil classificação dos tipos contratuais pela função está em: FERREIRA DE ALMEIDA, Carlos. *Contratos*, vol. II. 4.ª ed. Coimbra: Almedina, 2018, p. 112 *et seq.*

300. COUTO E SILVA, Clóvis do. *A Obrigação como Processo*. Rio de Janeiro: FGV Editora, 2006, p. 34.

CRITÉRIOS PARA UMA APLICAÇÃO DA BOA-FÉ SISTEMATICAMENTE ORIENTADA | 333

estando subsumidos em «tipos ideais fechados», mas escondidos na meia-luz, e no entrecruzar de interesses diversos –, passa despercebida. Essa constatação deve servir de alerta: cabe relativizar a fórmula que está na tradicional distinção traçada por Jhering[301] entre contratos de intercâmbio e contratos de comunhão de escopo, segundo a qual, nos primeiros: «meu lucro será tua desvantagem, minha desvantagem será o teu lucro», e, nos segundos, «meu lucro será teu lucro, tua desvantagem será minha desvantagem».

Feita essa ressalva, diga-se que, nos negócios de intercâmbio – idealmente considerados –, o interesse cometido a cada figurante é, tendencialmente, contraposto ao do outro.

O exemplo paradigmático da relação de intercâmbio está no contrato de compra e venda, notadamente quando a execução é instantânea ou o adimplemento perpassa curto lapso temporal, não chegando a caracterizar contrato de colaboração empresária, nem contrato com obrigação duradoura, tampouco estando integrada entre os contratos de organização. Nesse caso, o dever de consideração se exaure na adstrição a uma conduta correta (por exemplo, não enganar a contraparte), veraz (não escamoteando, por exemplo, defeitos que a contaminam) e ativa em prol do adimplemento satisfatório, fim da relação (não agindo, por exemplo, contra o implemento de condição, quando essa o prejudique).

Há, exemplificativamente, o dever anexo de informar em vista do interesse que move as partes a contratar («interesse do sinalagma»). A extensão da informação devida há de ser determinada em vista de outros elementos de concreção, pois o dever de informar – como decorrência da boa-fé objetiva– é marcadamente relacional[302] (*e.g.*: o contrato foi formado por adesão ou foi negociado? Trata-se de relação de consumo ou interempresária? É manifesto o ônus de se informar, ou o dever de se informar? etc.). Em linha de princípio, a qualidade da informação encontra seu limite na veracidade, não se exigindo o *aconselhamento*: basta a concessão de informação verdadeira e necessária aos fins do negócio.

Tendo em vista os mútuos interesses serem contrapostos, a consideração ao interesse da contraparte marca o limite da conduta segundo a boa-fé: nesse caso exige-se correção (probidade), mas não sacrifício pessoal em proveito alheio.

3. Contratos movidos por intenção liberal

Ainda é lícito recordar o dever de *mea res agitur* nos contratos movidos por intenção liberal, pois o benefício à contraparte resulta do interesse de quem beneficia outrem. Do contrário, não haveria a intenção liberal.

---

301. Assim a lição de Jhering, retomada por GRAU, Eros Roberto. *La Doble Desestructuración y la Interpretación del Derecho*. Barcelona: Bosch, 1998, p. 39. Veja-se também ASCARELLI, Tullio. *Problemas de Sociedades Anônimas e Direito Comparado*. São Paulo: Saraiva, 1969, p. 290. O critério, verdadeiro «acquis» cultural, está em decisão do Supremo Tribunal Federal: STF. RE 439003/SP. Segunda Turma. Relator Min. Eros Roberto Grau. Julgamento em 06.02.2007. *DJ* de 02.03.2007.

302. Analisa-se especificamente o dever de informar e suas relações com o princípio da boa-fé na jurisprudência do STJ no CAPÍTULO VII, §63.

334 | A BOA-FÉ NO DIREITO PRIVADO

Porém, especial modulação reveste o princípio da boa-fé na interpretação desses contratos, como, paradigmaticamente, a doação que, dentre todos os contratos benéficos, apresenta características especiais.[303] Essa peculiaridade vincula-se à liberalidade que está na sua estrutura juntamente com a atribuição patrimonial feita pelo doador em benefício do donatário. A causa da doação é a liberalidade que leva ao empobrecimento do doador, beneficiando o donatário, como estava já nas mais arcanas origens (*donatio est liberalitas, nullo iure cogente, facta*), continuando a repetir ainda hoje os autores.[304] A liberalidade, núcleo conceitual da doação,[305] é mais que a mera gratuidade: denota um elemento psicológico (o *animus donandi*), e, nesse sentido, a ausência de necessidade objetiva do ato de transmissão patrimonial que transcende o elemento econômico presente na mera gratuidade.

Não se cogita – como em outras espécies contratuais – de a boa-fé impor dever de agir em proveito alheio *por estar obrigado a tanto*, como ocorre, por exemplo, no mandato ou na sociedade em que há para o mandatário, ou para o sócio, o dever de agir em prol do mandante ou da sociedade. Na doação, embora esteja a ação do doador direcionada a beneficiar o donatário, aquele não deve, juridicamente, aquilo que presta – senão, estaria contraprestando, e não doando.[306]

Fácil é, portanto, compreender que a intenção liberal que move o doador a agir em proveito alheio, sem estar obrigado a tanto, faz incidir a esse contrato um elevado grau de fiduciariedade e de lealdade na relação interpessoal. Confia o doador que o donatário seja grato e, sendo grato, seja, consequentemente, leal. Não há dever jurídico

---

303. Conquanto caracterizada como contrato (Código Civil, art. 538) apresenta – como bem percebeu Biondo Biondi respeitantemente ao Codigo Civil italiano, que também assim a qualifica (art. 769) – uma disjunção: tem a estrutura formal de contrato mas substancialmente, em grande parte, segue a estrutura do testamento, com o qual se assemelha inclusive no tocante à interpretação, com a prevalência da vontade do disponente que é absoluta para o testamento, porém também se manifesta na doação (Biondi, Biondo. Verbete: Donazione. *Novissimo Digesto Italiano,* vol. VI. Torino: UTET, 1957, p. 234).

304. Dentre os autores, exemplificativamente: Biondi, Biondo. *Sucesión Testamentaria y Donación.* 2.ª ed. Trad. espanhola de M. Fairén. Barcelona: Bosch, 1960, p. 688 e ss.; Trabucchi, Alberto. *Istituzioni di Diritto Civile.* 12.ª ed. Milano: Giuffrè, 1960, p. 888; Pontes de Miranda, Francisco Cavalcanti. *Tratado de Direito Privado.* Tomo XLVI. 3.ª ed. São Paulo: Revista dos Tribunais, 1983, § 5.009, p. 197; Serpa Lopes, Miguel Maria de. *Curso de Direito Civil.* Fontes das Obrigações: Contratos, vol. III. 5.ª ed. Rio de Janeiro: Freitas Bastos, 2001, p. 384; Barros Monteiro, Washington de. *Curso de Direito Civil.* Direito das Obrigações – 2.ª Parte. São Paulo: Saraiva, 2003, p. 135; Sanseverino, Paulo de Tarso Vieira. *Contratos Nominados II:* contrato estimatório, doação, locação de coisas, empréstimo (comodato/mútuo). São Paulo: Revista dos Tribunais, 2005, p. 64-65.

305. Assim é a doutrina, referindo-se: Pontes de Miranda, Francisco Cavalcanti. *Tratado de Direito Privado.* Tomo XLVI. 3.ª ed. São Paulo: Revista dos Tribunais, 1983, §5.009, p. 194-195; Alvim, Agostinho. *Da Doação.* 3.ª ed. São Paulo: Saraiva, 1980, p. 16; Sanseverino, Paulo de Tarso Vieira. *Contratos Nominados II:* contrato estimatório, doação, locação de coisas, empréstimo (comodato/mútuo). São Paulo: Revista dos Tribunais, 2005, p. 64.

306. Pontes de Miranda, Francisco Cavalcanti. *Tratado de Direito Privado.* Tomo XLVI. 3.ª ed. São Paulo: Revista dos Tribunais, 1983, § 5.017, p. 231.

CRITÉRIOS PARA UMA APLICAÇÃO DA BOA-FÉ SISTEMATICAMENTE ORIENTADA | 335

de ser intimamente grato ou reconhecido,[307] mas há dever de agir com consideração, em face da liberalidade recebida, e lealdade para com o doador. A lealdade remetida ao art. 422 do Código Civil como o primeiro dos deveres decorrentes do princípio da boa-fé encontra, aqui, a sua expressão máxima, podendo configurar-se, como afirmaram Serpa Lopes[308] e Washington de Barros Monteiro,[309] uma obrigação de não fazer – e acrescente-se, especificando: não ser desleal, não agir com desrespeito e ausência de consideração, e, consequentemente, não atentar contra a boa-fé.

Assim, em vista das conexões necessárias e inultrapassáveis entre boa-fé e materialidade da situação jurídica, se há de considerar, para a concretização do princípio na relação derivada de contrato de doação, o caráter benéfico, a ausência de sinalagma e a intenção liberal característicos desse tipo contratual. Sua concretização não se dá, portanto, em moldes idênticos aos que caracterizam, por exemplo, os contratos onerosos e comutativos.

4. A maior consideração ao donatário

Recaindo o sacrifício patrimonial apenas sobre uma das partes, a maior carga de consideração e lealdade é devida pelo donatário, que recebe o benefício. Tanto é assim que o Ordenamento repele com vigor a *ingratidão do donatário*, sendo a revogação, nesse caso, fundada em razões éticas acolhidas em letra de lei.[310] Além do mais, conecta-se a atuação do princípio da boa-fé com o cânone-chave no concernente aos negócios benéficos em que o sacrifício patrimonial incumbe a apenas uma das partes contratantes, com vantagem para a outra (Código Civil, art. 114). Este dispositivo, de profundo caráter axiológico, determina requererem os contratos benéficos e «desinteressados» uma interpretação benigna à parte que faz a liberalidade, suportando em seu patrimônio os ônus, sem ter contrapartida, e assim se distinguindo daqueles contratos em que há uma distribuição para ambas as partes de vantagens e desvantagens com o negócio.[311]

---

307. Segundo Agostinho Alvim, «há simples dever moral de ser grato» (ALVIM, Agostinho. *Da Doação*. 3.ª ed. São Paulo: Saraiva, 1980, p. 272).

308. SERPA LOPES, Miguel Maria de. *Curso de Direito Civil*. Fontes das Obrigações: Contratos, vol. III. 5.ª ed. Rio de Janeiro: Freitas Bastos, 2001, p. 427-428.

309. BARROS MONTEIRO, Washington. *Curso de Direito Civil*. Direito das Obrigações – 2.ª Parte. São Paulo: Saraiva, 2003, p. 148, *in verbis*: «Do ponto de vista jurídico, gratidão é obrigação de não fazer, assumida pelo gratificado, que deve abster-se da prática de certos atos que constituam desapreço e prova de ingratidão».

310. BIONDI, Biondo. Verbete: Donazione. *Novissimo Digesto Italiano*, vol. VI. Torino: UTET, 1957, p. 251. Assim no rol das hipóteses do art. 557 do Código Civil.

311. *Vide* SANSEVERINO, Paulo de Tarso Vieira. *Contratos Nominados II*: contrato estimatório, doação, locação de coisas, empréstimo (comodato/mútuo). São Paulo: Revista dos Tribunais, 2005, p. 64; OLIVEIRA, Eduardo Andrade Ribeiro de. *Comentários ao Novo Código Civil*. Dos bens, dos fatos jurídicos, disposições gerais, da representação, da condição, do termo e do encargo, vol. II. 2.ª ed. Rio de Janeiro: Forense, 2012, p. 258; BARROS MONTEIRO, Washington de. *Curso de Direito Civil*:

§ 37. *Tua res agitur*

1. Proposição

O mandamento segundo o qual se deve agir em benefício de interesse alheio (*tua res agitur*) reúne extenso grupo articulado em torno das espécies contratuais marcadas pela fidúcia. Estas estão caracterizadas, latíssimo senso, por uma posição de poder conferida por uma das partes sobre o interesse de outrem e a confiança depositada sobre o fiduciário de que perseguirá o interesse do fiduciante. Dito de outro modo: o interesse está em que, nos termos do contrato, uma das partes aja em benefício da outra, é dizer, em vista *do interesse alheio*. Observe-se não haver intenção liberal, como na doação em que o doador atua em benefício do donatário por *interesse próprio*, movido por intenção liberal. No caso dos negócios fiduciários, diversamente, o fiduciário age em favor do fiduciante em *razão de dever jurídico* constituído pelo contrato ou pela lei. Passa, assim, a ter o controle, a administração, ou mesmo o dever de garantir ou o poder de decisão sobre o interesse patrimonial alheio, com a finalidade de garantir, ou administrar os interesses do fiduciante, ou de terceiro por ele nomeado, ou solver litígio em que envolvidos tais interesses. Portanto, neste grupo de figuras negociais, o dever de agir em benefício alheio é o dever jurídico estruturante da espécie, muito embora possam ser diversas as causas e as manifestações de tal dever.

Assim se verifica, exemplificativamente, no mandato, no seguro, no contrato de investidura, e em certas prestações de serviço fortemente pessoalizadas, bem como nos negócios fiduciários em geral e no *trust* – figura que não encontra exata correspondência nos negócios fiduciários, mas deles se aproxima funcional e parcialmente.[312] Bem assim, na gestão de negócios, que não é contrato, mas ato unilateral. Como ressalta Couto e Silva, «o dever de levar em conta o interesse da outra parte (*tua res agitur*) é o conteúdo do dever do gestor ou do fiduciário».[313]

Exemplifique-se as peculiaridades desse grupo em quatro distintas espécies contratuais em tudo diversas entre si, mas que guardam, como traço em comum, o dever de levar em conta o interesse alheio: os contratos de mandato, de seguro, o contrato de investidura (*receptum arbitrii*) e as relações jurídicas de administração.

Parte geral. Atualizado por Ana Cristina de Barros Monteiro França Pinto, vol. I. 39.ª ed. São Paulo: Saraiva, 2003, p. 216. No mesmo sentido, ainda: Miranda, Darcy Arruda. *Anotações ao Código Civil Brasileiro*, vol. III. 4.ª ed. São Paulo: Saraiva, 1993, p. 180; Bevilaqua, Clovis. *Código Civil dos Estados Unidos do Brasil Commentado*, vol. IV. 4.ª ed. Rio de Janeiro: Francisco Alves, 1934, p. 259. Na jurisprudência, exemplificativamente: TJSP. Ap. Cív. n. 213.886.4/5-00. Terceira Câmara de Direito Privado. Relator Des. Carlos Roberto Gonçalves. Julgamento em 05.03.2002. *DJ* de 03.05.2002.

312. Como desenvolvi em Martins-Costa, Judith. O Trust e o Direito Brasileiro. *Revista de Direito Civil Contemporâneo*, vol. 12, n. 4, 2017, p. 165-208.

313. Couto e Silva, Clóvis do. *A Obrigação como Processo*. Rio de Janeiro: FGV Editora, 2006, p. 34.

CRITÉRIOS PARA UMA APLICAÇÃO DA BOA-FÉ SISTEMATICAMENTE ORIENTADA | 337

2. Contrato de mandato

O mandato é o tipo contratual cuja função típica está em gerir e curar do interesse alheio, implicando, por isso, elevada carga de fiduciariedade: toda atividade a cargo do mandatário deve ser desenvolvida com diligência – a ser aferida segundo elevado *standard* – em vista do interesse do mandante. Decorre dessa função do tipo a obrigação principal. Nas disposições gerais que no Código Civil regem o tipo legal, lê-se no art. 653: «Opera-se o mandato quando alguém recebe de outrem poderes para, em seu nome, praticar atos ou administrar interesses». Fixando a atenção no elemento do suporte fático consistente em «praticar atos ou administrar interesses», conclui-se que o contrato de mandato irradia, como eficácia principal, o dever e a obrigação do mandatário de realizar a gestão de interesses do mandante visando alcançar resultado útil,[314] sendo esse seu elemento essencial. Trata-se de obrigação de fazer, porque no cerne está a atividade; a prática de atos,[315] que se concretiza no gerir o interesse alheio, com vistas a alcançar certo resultado.[316]

Em vista desse interesse, estruturante do tipo, a relação obrigacional entre mandante e mandatário configura uma relação essencialmente fiduciária, isto é: um pacto enucleado na confiança, sendo esta o eixo do liame causal, o traço que o discerne da comum prestação de serviços. Já a partir da definição legal (Código Civil, art. 653) ressalta-se a *marca da fiduciariedade*, daí decorrendo a relação fiduciária imediatamente instaurada entre as partes e o especial vínculo de confiança que está no seu núcleo. Por esta razão, o mandato – diversamente da grande maioria dos contratos – admite revogação, que é a retirada da voz: *revocare* é «tirar a voz em que se exprimiu a declaração de vontade e se retorna ao *status quo*».[317]

---

314. PONTES DE MIRANDA, Francisco Cavalcanti. *Tratado de Direito Privado*. Tomo XLIII. 3.ª ed. São Paulo: Revista dos Tribunais, 1984, § 4.675, 1, p. 4; GOMES, Orlando. *Contratos*. 6.ª ed. Rio de Janeiro: Forense, 1977, p. 415; ASSIS, Araken de. *Contratos nominados*: mandato, comissão, agência e distribuição, corretagem, transporte. São Paulo: Revista dos Tribunais, 2005, p. 23. Deve-se ressaltar que a expressão «gestão de interesses alheios» não se restringe à realização de negócios jurídicos ou atos jurídicos *stricto sensu*. Pode também servir à prática de atos-fatos jurídicos e até fatos que interessam ao mandante. (Assim: PONTES DE MIRANDA, Francisco Cavalcanti. *Tratado de Direito Privado*. Tomo XLIII 3.ª ed. São Paulo: Revista dos Tribunais, 1984, § 4.675, 2, p. 10; ASSIS, Araken de. *Contratos Nominados*: mandato, comissão, agência e distribuição, corretagem, transporte. São Paulo: Revista dos Tribunais, 2005, p. 23.)

315. COUTO E SILVA, Clóvis do. *A obrigação como processo*. 2.ª ed. Rio de Janeiro: FGV, 2006, p. 125.

316. MENEZES CORDEIRO, António. *Tratado de Direito Civil Português*, vol. II. Tomo XII. Coimbra: Almedina, 2018, § 53, 199, p. 481; SILVA, De Plácido e. *Tratado do mandato e prática das procurações*, vol. I. 4.ª ed. Atualizado por Waldir Vitral. Rio de Janeiro: Forense, 1989, p. 163.

317. Normalmente, não se pode tirar a voz: as promessas devem ser cumpridas («*pacta sunt servanda*»). É o princípio basilar, decorrente da segurança jurídica, porque, por nossas declarações, nós suscitamos expectativas, suscitamos a confiança legítima de que nossa palavra é séria e será cumprida. A revogabilidade da manifestação de vontade é, pois, excepcional. Mas para algumas espécies contratuais, é a forma «normal» de extinção da eficácia. Caso paradigmático é, justamente, o mandato, livremente revogável (CC, art. 682). Para outras hipóteses, a lei admite em algumas hipóteses estritas, como na revogação da doação por ingratidão do donatário (CC, arts. 555 a 560); ou na revogação da oferta (CC, art. 428, dita «retratação»).

338 | A BOA-FÉ NO DIREITO PRIVADO

E assim é justamente por ser função própria e típica do mandato o exercício de uma atividade desenvolvida no interesse alheio, para o interesse alheio, razão pela qual é comumente pactuado *intuitu personae*, «tendo em vista que a escolha do mandatário resulta do convencimento subjetivo do mandante para o bom desempenho da missão que lhe será confiada».[318] O dever de agir fiduciariamente é da essência do contrato: não é dever anexo, mas elemento a compor a própria obrigação principal.

De fato, o mandatário «age em lugar daquele que não pode, não sabe ou mesmo não quer agir, de modo que intervém no sentido de zelar pelos interesses do mandante»,[319] em nome do qual atua. Consequentemente, a obrigação principal é, de regra, a administração, pelo mandatário, dos interesses do mandante.[320] Caso tenham sido conferidos poderes de representação aos mandatários, deverá atuar no limite dos poderes que lhe foram conferidos pela procuração,[321] isto é: respeitando os lindes da atribuição desse poder.

A esta obrigação principal agregam-se, além dos deveres secundários (*e.g.*, o dever de prestar contas, Código Civil, art. 688; e o dever de ressarcir, na forma do art. 678), os deveres anexos e de proteção derivados da boa-fé. Entre estes está, instrumentalmente posto à obrigação principal do mandatário de «aplicar toda a sua diligência habitual na execução do mandato», o dever de comunicação, pois o mandatário deve comunicar ao mandante o que se está passando a respeito dos seus assuntos, e de «observar as linhas dos seus poderes».[322] Deve ainda colaborar com o mandante, em vista dos fins do mandato, pois se considera ocorrer nesse contrato uma expressão «particular e típica» da cooperação intersubjetiva, do que resulta «o caráter de cooperação inerente ao mandato».[323] Por consequência, se exige das partes «intensa cooperação, uma vez que o mandatário [...] celebra negócios por conta e no interesse do mandante (...)».[324]

Essa «intensa colaboração» traduzida na obrigação de diligência em vista dos fins do mandato descende diretamente da boa-fé como norma de lealdade e consideração à confiança depositada entre as partes. Pode ser violada por ação ou por omissão.

---

318. Maia Junior, Mairan Gonçalves. *A Representação do Negócio Jurídico*. São Paulo: Revista dos Tribunais, 2001, p. 108-109.

319. Tepedino, Gustavo. *Comentários ao Novo Código Civil. Das Várias Espécies de Contrato*, vol. X. Rio de Janeiro: Forense, 2008, p. 28.

320. Essa é a regra, mas pode haver a atuação em interesse do mandatário (no caso excepcional do mandado *in rem suam*), ou em interesse de terceiro. *E.g.*, art. 685 do Código Civil.

321. Por mais extensos que sejam esses poderes, a finalidade atua como limite, demarcando a distinção entre os atos válida e eficazmente praticados pelo mandatário e os que são ineficazes, por ter sido desconsiderada, ultrapassada ou desviada aquela finalidade («excesso de mandato»; «carência de mandato»).

322. Pontes de Miranda, Francisco Cavalcanti. *Tratado de Direito Privado*. Tomo XLIII. 3.ª ed. São Paulo: Revista dos Tribunais, 1984, § 4.682, 2, p. 45.

323. Lotufo, Renan. *Questões Relativas a Mandato, Representação e Procuração*. São Paulo: Saraiva, 2001, p. 90-91.

324. Tepedino, Gustavo. *Comentários ao Novo Código Civil. Das Várias Espécies de Contrato*, vol. X. Rio de Janeiro: Forense, 2008, p. 27.

Especifica-se nos deveres anexos à obrigação principal de agir em favor dos interesses do mandatário, não estando restritos aos deveres anexos de informação (devem-se as partes, mutuamente, as informações necessárias instrumentalmente ao bom desempenho do mandato); havendo, por exemplo, dever de sigilo (devem-se as partes, mutuamente, resguardo acerca de atos ou fatos conhecidos em razão do mandato ou a ele relativos). Como consequência, o mandatário responde não apenas quando descumprir o dever de diligência – que está em bem zelar pelos interesses do mandante na execução do contrato, na forma do art. 667 do Código Civil –, pois poderá responder também por violação do dever de agir segundo a boa-fé na consecução dos interesses derivados do contrato.

3. Relação jurídica de administração

Tal qual no mandato, na relação jurídica de administração há exigência acentuada de atuação segundo a boa-fé, pois o administrador, por definição, não tem a sua atividade orientada em seu próprio favor: sua ação deve realizar-se em favor do administrado cujo interesse constitui, precisamente, a causa contratual.

Conquanto a relação jurídica de administração não se limite, de modo algum, à administração de sociedades, aí está um candente exemplo que, ademais, apresenta peculiaridades, em razão do ambiente societário em que situada a relação, bem como por força do «duplo elo» que pode vincular administrador e ente administrado.

4. Os administradores de sociedades

Consabidamente, os administradores de uma sociedade anônima são considerados, em regra, membros de órgãos da Companhia, sendo a relação existente entre o administrador e a sociedade, uma *relação orgânica*. Isso não obstante, acena-se, também tradicionalmente, ao «duplo elo», orgânico e contratual.[325] Nesse caso, atuam os

---

325. Da vasta bibliografia, *e.g.*: TAVARES GUERREIRO, José Alexandre. Responsabilidade dos Administradores de Sociedades Anônimas. *Revista de Direito Mercantil, Industrial, Econômico e Financeiro*, São Paulo, Malheiros, vol. 20, n. 42, 1981; CARVALHOSA, Modesto. *Comentários à Lei de Sociedades Anônimas.* 2.ª ed., vol. III. São Paulo: Saraiva, 1998, p. 16-23; GOMES, Orlando. Responsabilidade de Administradores de Sociedades por Ações. *Revista de Direito Mercantil, Industrial, Econômico e Financeiro*, São Paulo, Malheiros, ano 11, n. 8, 1972; SPINELLI, Luis Felipe. *Conflito de Interesses na Administração da Sociedade Anônima*. São Paulo: Malheiros, 2012, p. 39 e ss; LAMY FILHO, Alfredo. *Temas de S.A.* – Exposições. Pareceres. Rio de Janeiro: Renovar, 2007; LAMY FILHO, Alfredo; BULHÕES PEDREIRA, José Luís. *Direito das Companhias*. Rio de Janeiro: Forense, 2009; ADAMEK, Marcelo Vieira von. *Responsabilidade dos Administradores de S/A e as Ações Correlatas*. São Paulo: Saraiva, 2009; YAZBEK, Otávio. Representações do dever de diligência na doutrina jurídica brasileira. In: KUYVEN, Luiz Fernando Martins (Coord.). *Temas Essenciais de Direito Empresarial* – Estudos em homenagem a Modesto Carvalhosa. São Paulo: Saraiva, 2012, p. 942 e 956; EIZIRIK, Nelson. *A Lei das S/A Comentada*, vol. III. 2.ª ed. São Paulo: Quartier Latin, 2015; PARGENDLER, Mariana. A Responsabilidade Civil dos Administradores e *Business Judgment Rule* no Direito Brasileiro. *Revista dos Tribunais*, vol. 953, mar. 2015, p. 51-74; FERREIRA, Mariana Martins-Costa.

deveres fiduciários decorrentes da relação institucional como um «*continuum*»[326] do mandamento imposto pela boa-fé que governa a relação contratual formadora da sociedade, bem como a relação de administração *a se*. Cabe, a propósito, lembrar a lição de Ruy Cirne Lima segundo a qual a palavra «administração» designa a forma de atividade humana que, obediente a um plano ou ordem preestabelecida, se propõe à realização de um fim determinado – de modo a ocasionar, em relação ao patrimônio administrado, «a vinculação do bem ao fim, e não ao sujeito (*pertinere ad aliquid*)».[327]

Tradicionalmente, o administrador de uma sociedade comercial obedecia ao pálio do «comerciante honrado» (*ehrbarer Kaufmann*) como fixado desde tempos arcanos em Hamburgo, uma das mais antigas cidades mercantis da Liga hanseática. O «comerciante correto e respeitado», informa Hopt, «constituiu o ideal durante séculos», sendo, porém, substituído, em épocas mais recentes, pelo *standard* do «negociante astuto», focado na maximização dos lucros e na competição selvagem,[328] razão pela qual, nos últimos tempos, o Direito veio se ocupar do tema. A questão «não apenas ética, é jurídica, tanto para as empresas quanto para os profissionais, que, numa sociedade voltada preponderantemente para os serviços, estão se assenhorando das atividades dos comerciantes individuais», de modo que a chamada «*judicialização da ética dos negócios* é uma reação dos legisladores e autoridades administrativas de muitas sociedades industrializadas modernas».[329] Daí a concepção segundo a qual o administrador é um *trustee* ou fiduciário.[330]

É bem verdade que o administrador pode ser sócio. Porém, conquanto possam estar naturalisticamente mescladas ambas as posições (administrador e sócio, ou um

---

Limites à Atuação do Administrador da Companhia em Recuperação Judicial na Negociação do Plano: a interface entre o Direito Societário e o Direito da Empresa em crise. In: Benetti, Giovana *et al.* (Org.). *Direito, Cultura e Método*: Leituras da Obra de Judith Martins-Costa. Rio de Janeiro: GZ Editora, 2019, p. 897-921; Weber, Ana Carolina. *Responsabilidade Societária:* Danos causados pelos Administradores. São Paulo: Quartier Latin, 2021.

326. A ideia de um «continuum» foi exposta por Frank H. Easterbrook e Daniel R. Fischel (Contract and Fiduciary Duty. *Journal of Law and Economics*, Chicago, University of Chicago, vol. 36, n. 1, abr. 1993, p. 425-446), sendo retomada por Pargendler, Mariana. Modes of Gap Filling: Good faith and fiduciary duties reconsidered. *Tulane Law Review*, vol. 82, New Orleans, Tulane University Law School, mar. 2008, p. 1.315-1.354.

327. Cirne Lima, Ruy. *Introdução ao Estudo do Direito Administrativo Brasileiro*. Porto Alegre: Livraria do Globo, 1942, p. 19.

328. Hopt, Klaus. Deveres Legais e Conduta Ética de Membros do Conselho de Administração e de Profissionais. In: França, Erasmo Valladão Novaes (Org.). *Temas de Direito Societário, Falimentar e Teoria da Empresa*. São Paulo: Malheiros, 2009, p. 605. Na Literatura, expressam esses dois paradigmas Cesar Birotteau, de Honoré de Balzac (Histoire de la Grandeur et de la Décadence de César Birotteau, perfumeur, chevalier de la Légion d'Honneur, adjoint au maire du deuxième arrondissement de Paris. *La Comédie Humaine, Scènes de la vie parisienne*, 1837, e o cônsul *Buddenbrooks*, de Thomas Mann, 1901.

329. Hopt, Klaus.Deveres Legais e Conduta Ética de Membros do Conselho de Administração e de Profissionais. In: França, Erasmo Valladão Novaes (Org.). *Temas de Direito Societário, Falimentar e Teoria da Empresa*. São Paulo: Malheiros, 2009, p. 606.

330. Na doutrina brasileira, entre outros: Spinelli, Luís Felipe. *Conflito de Interesses na Administração da Sociedade Anônima*. São Paulo: Malheiros, 2012.

acionista), juridicamente são elas distintas. Os papéis são diversos. No papel de administradores, e independentemente do fato de serem vinculados como sócios aos demais membros da sociedade (acionistas ou quotistas), os administradores «dirigem (tem poder sobre) o patrimônio alheio»,[331] estando, nessa medida, em uma posição fiduciária. E, em toda posição fiduciária, o fiduciante deposita no fiduciário a confiança de que a sua atividade será pautada pela boa-fé e pela probidade, agindo este com correção, em atenção ao interesse da sociedade.

A distinção a fazer, portanto, é: enquanto na relação intrassocietária o mandamento derivado da boa-fé é *nostra res agitur*,[332] na relação de administração propriamente dita vigora o *tua res agitur*. A Lei 6.404/1976, em seu art. 153, adota o princípio geral de que o administrador «deve empregar no exercício de suas funções o cuidado e a diligência que todo homem ativo e probo costuma empregar na administração dos seus negócios». E assim é, diz Alfredo Lamy Filho, porque os administradores das companhias são, todos e necessariamente, gestores de bens alheios, operando fiduciariamente em área de risco, sujeita à álea do mercado, do que resulta poderem todas as suas ações levar ao sucesso ou ao insucesso – a ser-lhes cobrado a *posteriori,* pelos sócios, na assembleia geral».[333]

5. Deveres fiduciários do administrador – especificidades

Do vínculo de administração nascem, em relação à sociedade, deveres fiduciários do administrador. Esse deve agir de acordo com a posição de confiança ostentada, considerando, sempre, o interesse do fiduciante. A principal consequência de reconhecer-se como fiduciária uma relação está na «imposição de estritos deveres jurídicos (positivos e negativos) ultrapassando a simples honestidade exigida em qualquer relação de intercâmbio».[334]

Há, porém, uma possível tensão a ter-se presente. O ambiente societário é, paradigmaticamente, o ambiente do risco. O administrador deve, concomitantemente, atuar fiduciariamente em relação à companhia e assumir riscos (de sucesso ou de insucesso). Como responsável por executar o objeto social da companhia, tem, e deve ter, liberdade de atuação, que se apresenta graduada conforme varie o grau de distância, nos casos concretos, entre propriedade e controle. Em qualquer caso, porém, trata-se de uma liberdade pautada pela confiança. Se utilizá-la exacerbadamente, ou de modo desviado do interesse social, ou se se omitir do dever de agir em vista da

---

331. SPINELLI, Luís Felipe. *Conflito de Interesses na Administração da Sociedade Anônima*. São Paulo: Malheiros, 2012, p. 25.

332. Ver, adiante, CAPÍTULO IV, §39, 2.

333. LAMY FILHO, Alfredo. Responsabilidade dos Administradores – Atas Aprovadas por Assembleia Geral – Prescrição. Ação Proposta contra Administrador. *Temas de S.A.* – Exposições. Pareceres. Rio de Janeiro: Renovar, 2007, p. 285.

334. SPINELLI, Luís Felipe. *Conflito de Interesses na Administração da Sociedade Anônima*. São Paulo: Malheiros, 2012, p. 57. Acerca dos sujeitos abarcados pela noção, nessa mesma obra, p. 70-83.

confiança investida, há infração de dever jurídico, passível de sanção por via de responsabilidade civil (Lei 6.404/1976, art. 159; Código Civil, art. 1.010, § 3.º, art. 1.013, § 2.º, art. 1.016 e art. 1.017).[335] Bem por isso, explicita Lamy Filho,[336] a Lei Societária busca fixar parâmetros para julgar a ação dos administradores (normas sobre fiscalização, prestação de contas, submissão a auditoria independente, à assembleia geral, etc.). Igualmente pela mesma razão, acolheu no art. 159, § 6.º – em maneira «tropicalizada», na expressão de Mariana Pargendler – a regra do *business judgment rule* norte-americana, ou «regra da decisão empresarial» pela qual o dispositivo do art. 159, § 6.º, confere amplo poder ao juiz para excluir ou não o dever de indenizar do administrador após a apreciação dos demais requisitos da responsabilidade civil. Consiste, pois, a *business judgment rule* em presunção de que a decisão foi tomada de boa-fé tendo em vista o melhor interesse da companhia, presunção que apenas pode ser ilidida mediante demonstração de violação dos deveres fiduciários.[337] Se passar, todavia, pelos controles legais, o administrador é exonerado de responsabilidade, salvo erro, dolo, fraude ou simulação (Lei 6.404/1976, art. 134, § 3.º).

Note-se, além do mais, para bem enquadrar a questão no sistema interno brasileiro, que em sua versão original, norte-americana, a *business judgment rule* «é informada por um respeito profundo a todas as decisões de boa-fé» da administração. Porém, aí se trata da boa-fé subjetiva («decisões de boa-fé», estado de fato) e não decisões segundo a boa-fé (*standard* comportamental). Naquele sistema, a regra legal, porém, proíbe a exclusão de responsabilidade por «violação do dever de lealdade à companhia e aos seus acionistas», bem como «por atos e omissões que não sejam de boa-fé ou que

---

335. Refira-se o Enunciado n. 11, aprovado na I Jornada de Direito Comercial do Conselho de Justiça Federal (2013): «11. A regra do art. 1.015, parágrafo único, do Código Civil deve ser aplicada à luz da teoria da aparência e do primado da boa-fé objetiva, de modo a prestigiar a segurança do tráfego negocial. As sociedades se obrigam perante terceiros de boa-fé». Há indesejável mistura entre boa-fé subjetiva e objetiva, mas, ainda assim, há clareza na proposição.

336. LAMY FILHO, Alfredo. Responsabilidade dos Administradores – Atas Aprovadas por Assembleia Geral – Prescrição. Ação Proposta contra Administrador. *Temas de S.A.* – Exposições. Pareceres. Rio de Janeiro: Renovar, 2007, p. 285.

337. PARGENDLER, Mariana. A Responsabilidade Civil dos Administradores e *Business Judgment Rule* no Direito Brasileiro. *Revista dos Tribunais*, vol. 953, São Paulo, Revista dos Tribunais, mar. 2015, p. 51-74. A Autora tece observações quanto aos problemas envolvidos no acrítico transplante de soluções estrangeiras – em que são diversos os *formantes* – bem como a própria regra brasileira cujo enunciado já foi apodado por autorizada doutrina de «ridículo, não fosse triste» (assim, BULGARELLI, Waldírio. *Manual das Sociedades Anônimas.* 13.ª ed. São Paulo: Atlas, 2001, p. 188-189), refletindo «texto de sabor kafkiano» (BARRETO FILHO, Oscar. Medidas Judiciais da Companhia contra os Administradores. *Revista de Direito Mercantil, Industrial, Econômico e Financeiro*, São Paulo, Malheiros, vol. 40, p. 9-18, out./dez. 1980, p. 17). A Autora ainda observa: «De fato, caso fosse aplicado de forma literal e ampla, o art. 159, § 6.º, faria tábula rasa de todo o rigoroso regime de responsabilidade por violação dos deveres fiduciários de diligência e de lealdade estipulado minuciosamente nos dispositivos antecedentes (Lei das SA, arts. 153 a 157). Justamente por isso, semelhante interpretação é manifestamente inadmissível, tendo em vista o clássico cânone hermenêutico de que não há palavras inúteis na lei».

CRITÉRIOS PARA UMA APLICAÇÃO DA BOA-FÉ SISTEMATICAMENTE ORIENTADA | 343

envolvam mau comportamento intencional ou violação consciente da lei».[338] Resta claro, portanto, tratar-se lá da boa-fé subjetiva.

6. Critérios para a avaliação dos deveres

Os critérios para avaliar o comportamento dos administradores são específicos, seja no direito norte-americano, frequente fonte de inspiração e de invocação entre os autores nacionais, seja em nosso sistema, em que há regras legais que pontuam os deveres de diligência, lealdade e informação. Considerado o Direito brasileiro, os administradores podem ser responsabilizados (observadas as vias legalmente determinadas para tanto) pela violação de deveres decorrentes da boa-fé. Assim, os deveres de lealdade à companhia (que inclui frequentemente o dever de sigilo); de diligência; de obediência; e o de informação.[339] Esses deveres atribuídos aos administradores são concretizados com base em *standards* comportamentais gerais, vazados em linguagem vaga justamente para poder comportar a concreção com base em critérios relacionais e contextuais, embora objetivos.[340]

Tradicionalmente, o dever de diligência conecta-se ao princípio da culpa e os deveres de lealdade e informação ao princípio da boa-fé. As duas hipóteses – lealdade e diligência – não se confundem. Como ensinou Fábio Comparato, «a primeira é sinônimo de boa-fé (*Treu und Glauben*, segundo a terminologia da dogmática alemã). A segunda (diligência) é a perícia ou habilidade técnica do devedor, com relação ao resultado que constitui a causa do negócio».[341] Os deveres de informação ocupam lugar próprio, não só porque garantem transparência (ao mercado, aos demais acionistas, aos agentes sociais afetados, ainda que indiretamente, pela atividade societária), permitindo o consentimento informado (a quem está em relação de administração), mas, igualmente, por serem considerados aqueles que viabilizam um tipo de regulamentação compatível com a economia de mercado, pois são o que «menos interfere com a liberdade e a concorrência».[342]

Como se observa , embora não deva haver confusão, há direta relação entre o *standard* comportamental gerado pela boa-fé e os deveres fiduciários de lealdade e de

---

338. Assim, PARGENDLER, Mariana. A Responsabilidade Civil dos Administradores e *Business Judgment Rule* no Direito Brasileiro. *Revista dos Tribunais*, vol. 953, São Paulo, Revista dos Tribunais, mar. 2015, p. 51-74.

339. SPINELLI, Luís Felipe. *Conflito de Interesses na Administração da Sociedade Anônima*. São Paulo: Malheiros, 2012, p. 85-175.

340. PARENTE, Flávia. *O Dever de Diligência dos Administradores de Sociedades Anônimas*. Rio de Janeiro: Renovar, 2005, p. 35; SPINELLI, Luís Felipe. *Conflito de Interesses na Administração da Sociedade Anônima*. São Paulo: Malheiros, 2012, p. 87.

341. COMPARATO, Fábio Konder. Obrigações de Meio, de Resultado e de Garantia. *Doutrinas Essenciais: Direito Empresarial*, vol. IV. São Paulo: Revista dos Tribunais, 2010, p. 63.

342. HOPT, Klaus. Deveres Legais e Conduta Ética de Membros do Conselho de Administração e de Profissionais. In: FRANÇA, Erasmo Valladão Novaes e (Org.). *Temas de Direito Societário, Falimentar e Teoria da Empresa*. São Paulo: Malheiros, 2009, p. 619. Ver, *infra*, CAPÍTULO VII, §63.

344 | A BOA-FÉ NO DIREITO PRIVADO

informação,[343] aquela servindo para a colmatação de lacunas eventualmente deixadas pelos deveres fiduciários.[344] Alguns defendem, inclusive, que da boa-fé descenderia um «novo» grupo dos deveres fiduciários cometidos aos administradores,[345] inconfundível com os deveres de diligência e de lealdade tradicionalmente reconhecidos como devidos pelos gestores da atividade negocial da empresa.[346] Nesse «novo grupo» atuaria a boa-fé para maximizar os deveres fiduciários tradicionais,[347] mas guardaria normatividade própria, autônoma em relação aos deveres fiduciários tradicionais, embora com eles em conexão.[348]

---

343. Ver, *infra*, Capítulo VII, §§62 e 63.

344. Assim Pargendler, Mariana. Modes of Gap Filling: Good faith and fiduciary duties reconsidered. *Tulane Law Review*, vol. 82, New Orleans, Tulane University Law School, mar. 2008, p. 1315. Para a autora, tanto o *approach* dos deveres fiduciários quanto a doutrina da boa-fé constituem ferramentas para ajustar o problema dos «contratos incompletos», embora um e outro viabilizem diferentes métodos para a integração dos contratos. E aponta: «In the fiduciary realm, as well as in other contract law scenarios, with respect to untailored or off-the-rack defaults, the rule is that unless the contract expressly provides otherwise, a default rule or standard will be read into the agreement to the same effect as an express provision. The question then was whether after the increasing contractualization, fiduciary duties wouldtill be employed as default standards that apply independently of the terms of the deal unless clearly trumped by express terms of the agreement; or if, instead, there would be a pressure to treat fiduciary duties as indeed closer to the concept of good faith, which requires the additional regime to be in some way implicated by the express terms of the deal» (p. 1.327-1.328).

345. Em Stone *vs.* Ritter (*Supreme Court of Delaware*, 06.11.2006. 911 A.2d 362), a Suprema Corte de Delaware deixou claro que o dever de agir em «good Faith» faz parte do «duty of loyalty». Alguns autores, como Eisenberg, entendem que há uma nova e «desejável» classe de deveres fiduciários fundados na boa-fé, porque os tradicionais deveres de diligência (*care*) e lealdade (*loyalty*) não são suficientes para cobrir todas as espécies de conduta imprópria dos administradores, alguns tipos de má conduta (*managerial misconduct*) recaindo fora das esferas daqueles deveres (Eisenberg, Melvin. The Duty of Good Faith in Corporate Law. *Delaware Journal of Corporate Law*, Wilmington, vol. 31, n. 1, 2005, p. 1-75). Porém, no Direito norte-americano a conotação dada à expressão «good faith» apresenta distinções relativamente àquela que, nas famílias de tradição romanística, se apresenta com o nome de «boa-fé objetiva».

346. V. Scholastique, Estelle. *Le Devoir de Diligence des Administrateurs de Sociétés* – Droits Français et Anglais. Paris: LGDJ, 1998.

347. Principalmente a partir do final dos anos 90 do século XX, e em especial nos primeiros anos da década de 2000 (em que «estoura» o hoje famoso caso Enron, em 2001), passou a ser dada maior atenção aos deveres derivados da boa-fé. Mas em Stone *vs.* Ritter, uma decisão de 2006 da Suprema Corte de Delaware deixou claro que o dever de agir em *good faith* faz parte do *duty of loyalty*, precisando o seu sentido para além do conflito de interesses, nos seguintes termos: Stone *v.* Ritter (*Supreme Court of Delaware*, 06.11.2006. 911 A.2d 362). «The Court of Chancery characterized the allegations in the derivative complaint as a *classic Caremark claim*, a claim that derives its name from In re Caremark Int'l Deriv. Litig.[698 A.2d 959 (Del.Ch.1996).]. In Caremark, the Court of Chancery recognized that: [g]enerally where a claim of directorial liability for corporate loss is predicated upon ignorance of liability creating activities within the corporation ... only a sustained or systematic failure of the board to exercise oversight – such as an utter failure to attempt to assure a reasonable information and reporting system exists-will establish the lack of good faith that is a necessary condition to liability».

348. Segundo informa Mariana Pargendler, a jurisprudência norte-americana mais recente tem cuidado de delinear o significado e alcance da boa-fé como fundamento para a responsabilização dos administradores, quando ausente o conflito de interesses, no expressivo número de

CRITÉRIOS PARA UMA APLICAÇÃO DA BOA-FÉ SISTEMATICAMENTE ORIENTADA | 345

É bem verdade que se poderia contestar essa afirmação sustentando ser desnecessário apelar à boa-fé na concretização do dever de lealdade, pois este decorre da Lei Societária que o positivou a *contrario sensu*, estabelecendo o que é vedado realizar como ofensa ao dever de lealdade.[349] Porém, a Lei não esgota todas as possibilidades – positivas e negativas – indicativas das manifestações de uma conduta leal. Daí a importância da boa-fé na configuração de novos casos, pois, ao menos para efeitos civis, o dever de lealdade não está sujeito à técnica da tipificação. Fere o tema Luís Felipe Spinelli ao correlacionar a lealdade com a informação, e lealdade à confiança, afirmando: «age deslealmente (...) aquele que se apropria de bem (que é a informação) da sociedade em benefício próprio»,[350] assim como pauta-se a relação entre administrador e sociedade pela «extremada confiança, ainda que objetivada pelo Ordenamento jurídico, que o fiduciante deposita sobre o fiduciário, tendo em vista a ingerência que este apresenta no interesse patrimonial daquele».[351]

De fato, como em qualquer relação fiduciária, também naquela a ligar administrador e sociedade não há como estabelecer *a priori*, de modo fixo e indelével, todos os limites de atuação. Seria, também, inviável prever um controle prévio, amarrando o dinamismo que é próprio à atividade empresarial e afastando o administrador da assunção do risco, como é próprio de sua atividade. Não se deve ainda esquecer que os

---

companhias que optou pela cláusula exonerativa de responsabilidade civil por violação ao dever de diligência. A tendência a enunciar uma «tríade de deveres fiduciários», que abrangeria não apenas o dever de diligência e o dever de lealdade, mas também o dever de agir conforme a boa-fé. Porém, mais recentemente, têm as cortes de Delaware entendido que a boa-fé, longe de configurar dever autônomo, nada mais é do que um componente do dever de lealdade, esclarecendo a Autora: «Todavia, da forma como veio a ser articulado, o conceito de boa-fé apenas corrobora a *business judgment rule*, pouco contribuindo para a responsabilização dos administradores. Isso porque as decisões mais recentes sublinham que a boa-fé, entendida como elemento necessário (conquanto não suficiente) para o cumprimento do dever de lealdade dos administradores, é aquela que se convencionou chamar, entre nós, de boa-fé subjetiva. [30] Trata-se da boa-fé de natureza psicológica («boa-fé crença»), indicativa da convicção interna de se agir em conformidade ao direito. Segundo a Suprema Corte de Delaware, a ausência de boa-fé ocorreria justamente quando «o agente fiduciário intencionalmente age com objetivo outro que não o de promover o melhor interesse da companhia, quando o agente fiduciário age com a intenção de violar o direito positivo aplicável, ou quando intencionalmente deixa de agir em face de um conhecido dever de agir, demonstrando uma desconsideração consciente de seus deveres». E ajunta: «Desde então, as cortes de Delaware têm conferido tratamento bastante leniente aos administradores, sendo-lhes atribuída ampla discricionariedade decisória em deliberações questionáveis» (PARGENDLER, Mariana. A Responsabilidade Civil dos Administradores e *Business Judgment Rule* no Direito Brasileiro. *Revista dos Tribunais*, vol. 953, São Paulo, Revista dos Tribunais, mar. 2015, p. 51-74).

349. Assim: REALE JÚNIOR, Miguel. Dever de Lealdade do Administrador da Empresa e Direito Penal. In: REALE, Miguel; REALE JÚNIOR, Miguel; FERRARI, Eduardo Reale (Orgs.). *Experiências do Direito*. Campinas: Millennium, 2004, p. 229-25

350. SPINELLI, Luís Felipe. *Conflito de Interesses na Administração da Sociedade Anônima*. São Paulo: Malheiros, 2012, p. 100-101.

351. SPINELLI, Luís Felipe. *Conflito de Interesses na Administração da Sociedade Anônima*. São Paulo: Malheiros, 2012, p. 283.

deveres dos administradores «invariavelmente configuram obrigação de meios, não de resultados, sendo a assunção consciente de riscos inerente à atividade empresarial».[352]

Consideradas essas ressalvas, nesta matéria a boa-fé pode, assim, ter o duplo relevo de atuar (*i*) conjuntamente com os deveres fiduciários tradicionais, «otimizando-os» em vista de sua melhor realização, como ocorre, *e.g.*, com o dever de *disclosure* nas companhias abertas; (*ii*) como cânone de hermenêutica dos comportamentos devidos pelo administrador; e, (*iii*) de modo autônomo, para integrar lacuna legal, então apanhando casos de violação da fidúcia em que estruturada a atividade de administração.

A integração de lacunas[353] há de considerar, todavia, os dados do entorno normativo, é dizer: se há de fazer em vista da disciplina da Lei das SA, no caso das companhias, ou do Código Civil, para as sociedades nele regradas, assim como considerando-se a disciplina da CVM. Os casos judiciais adiante mencionados,[354] ao se tratar da relação societária, mas envolventes, também, de relação de administração, trarão exemplos concretos da atuação da boa-fé.

7. Contrato de investidura

Dá-se o nome de contrato de investidura ou *receptum arbitrii*[355] ao negócio jurídico que vincula árbitro e partes de uma arbitragem.[356] Conquanto seus contornos dogmáticos estejam em construção, já há certa clareza sobre o conteúdo do contrato, é dizer: dos deveres e direitos que o preenchem.

8. Qualificação do contrato de investidura

Primeiramente, a doutrina qualificava-o como espécie de contrato de mandato, ou de agência, ou, ainda, como locação de serviços. Posteriormente, em atenção às especificidades que envolvem o tipo de negócio havido entre os árbitros e as partes, bem como ao conteúdo do contrato, alcançou-se diversa qualificação, chegando-se à ideia de «contrato de investidura» ou «convenção de investidura arbitral».[357]

---

352. PARGENDLER, Mariana. A Responsabilidade Civil dos Administradores e *Business Judgment Rule* no Direito Brasileiro. *Revista dos Tribunais*, vol. 953, São Paulo, Revista dos Tribunais, mar. 2015, p. 51-74.

353. O tema é tratado no CAPÍTULO VII, especialmente §§59 e 60, *infra*.

354. Ver CAPÍTULO IV, §38, *infra*.

355. A expressão do Direito Romano, «*receptum arbitrii*» foi utilizada por René David, que a justificou no fato de tratar-se do contrato no qual o árbitro «recebe» a arbitragem, ou seja, aceita a missão que lhe foi confiada. Comumente, é também utilizada a denominação «contrato de investidura» que vem da tradição francesa.

356. Thomas Clay entende inapropriadas essas expressões, preferindo utilizar a denominação contrat d'arbitre (CLAY, Thomas. *L'arbitre*. Paris: Dalloz, 2001, p. 493-498).

357. *Vide* LEMES, Selma Maria Ferreira. *Árbitro:* Princípios da Independência e da Imparcialidade. São Paulo: LTr, 2001, p. 48, reportando lição de Mathieu de Boissésson. Tratou-se do tema em: MAR-

CRITÉRIOS PARA UMA APLICAÇÃO DA BOA-FÉ SISTEMATICAMENTE ORIENTADA | 347

Haveria, de fato, incompatibilidade funcional e axiológica entre os deveres e a função de um mandatário e a função jurisdicional dos árbitros. A sentença proferida pelo árbitro é em seu nome próprio e não em cumprimento de um mandato outorgado pelas partes. Como observa Selma Lemes, «a função judicial inerente ao árbitro dá-lhe uma posição de independência que não reflete a representação das partes».[358]

Porém, conquanto a complexidade das relações jurídicas entretecidas entre árbitros e partes de uma arbitragem, é possível definir que o dever primário de prestação (obrigação principal) consiste, para o árbitro, no desempenho do poder-dever de *decidir o conflito* que opõe as Partes,[359] caracterizando-se uma obrigação personalíssima e de resultado: o árbitro obriga-se a julgar e não apenas a diligenciar para que haja julgamento.

Dotado de poder jurisdicional[360] – assegurado na Lei 9.037/1996, ao equiparar, em seu art. 18, o árbitro ao juiz e a decisão arbitral à sentença judicial –, o árbitro, pessoa física designada pelas Partes para resolver definitivamente um litígio que as opõe, torna-se parte de um contrato quando, «ao ser consultado pelas Partes ou pelos demais árbitros, [...] decide se quer/pode/deve aceitar a obrigação de julgar».[361] Ocorrendo tal

---

TINS-COSTA, Judith. Deveres e Responsabilidade dos Árbitros: entre o *status* e o contrato de investidura. In: MACHADO FILHO, José Augusto Bitencourt *et al.* (Orgs.). *Arbitragem e Processo*: homenagem ao Professor Carlos Alberto Carmona, vol. II. São Paulo: Quartier Latin, 2022, p. 145-155 (em coautoria com Pietro Webber, Giovana Benetti e Rafael Branco Xavier).

358. LEMES, Selma Maria Ferreira. *Árbitro:* Princípios da Independência e da Imparcialidade. São Paulo: LTr, 2001, p. 50.

359. BAPTISTA, Luiz Olavo. Primeiras Anotações Sobre o Árbitro e os Contratos – Entre o Poder e o Dever. Cadernos IEC n. 1, Canela, abril 2010, p. 51, remetendo a Rapport finale sur le statut de l'arbitre. FOUCHARD, Philippe (Pres.). Commission de l'Arbitrage Internationale de la CCI. *Bulletin de la Cour Internationale d'Arbitrage de la CCI*, vol. 7, n. 1, maio 1996, p. 28-59.

360. Intensos foram os debates sobre a natureza da relação entre árbitro e partes, se institucional ou contratual. Segundo uma ou outra opinião, os poderes e competências do árbitro derivariam ou de seu *status*, ou de um contrato. O amadurecimento dessa discussão e o exame da realidade efetivamente vivenciada pelos árbitros na sua relação com as partes levou a aceitar, como posição mais ou menos consensual, a natureza «mista» da arbitragem: procede do ato de autonomia, sendo, por isso, contratual, mas implica a função de julgar, tendo, por isso, natureza jurisdicional. Em outras palavras, a peculiaridade está na investidura numa função jurisdicional por via de um contrato, sendo a relação contratual na fonte e jurisdicional no objeto. O árbitro é, concomitantemente, juiz e parte contratual, esses dois elementos combinando-se na formação de seu peculiar *status*. Para o debate: OPPETIT, Bruno. *Théorie de l'Arbitrage*. Paris: PUF, 1998, p. 28 e ss.; FOUCHARD, Philippe; GAILLARD, Emmanuel; GOLDMAN, Berthold. *Traité de l'Arbitrage Commercial International*. Paris, Litec, 1996, p. 579. Na doutrina brasileira: LEMES, Selma. *O Papel do Árbitro*. 2006. Disponível em: <http://selmalemes.adv.br/artigos/artigo_juri11.pdf>. Acesso em: 10.05.2023; CARMONA, Carlos Alberto. Em Torno do Árbitro. *Revista de Arbitragem e Mediação*, São Paulo, Revista dos Tribunais, ano 8, vol. 28, jan./mar. 2011, p. 48 e ss.; SILVA, Eduardo Silva da. Código Civil e Arbitragem: entre a liberdade e a Responsabilidade. In: NERY JÚNIOR, Nelson; NERY, Rosa Maria Andrade (Orgs.). *Doutrinas Essenciais*: Responsabilidade Civil, vol. II. São Paulo: Revista dos Tribunais, 2010, p. 733-760.

361. BAPTISTA, Luiz Olavo. Primeiras Anotações sobre o Árbitro e os Contratos – entre o Poder e o Dever. *Cadernos para Debate*, n. 1. Instituto de Estudos Culturalistas, Canela, abr. 2010. A natureza contratual da relação é também acentuada, dentre outros, por LEW, Julian; MISTELIS, Loukas;

348 | A BOA-FÉ NO DIREITO PRIVADO

situação, verifica-se, pela aceitação à proposta a atuar como árbitro, a configuração do contrato de investidura, contrato complexo, pois a missão do árbitro «é um aspecto da sua investidura, a qual não se constitui individualmente. Os dois momentos contratuais não são justapostos, mas profundamente vinculados entre si. A investidura do árbitro está relacionada com a operação complexa de contratos produzidos e vinculados como elos de uma corrente, que se traduz na conclusão de uma convenção de arbitragem, designação de árbitros e aceitação por eles da missão. Esta sucessão de obrigações poderia ser resumida em duas obrigações de fazer: para as partes, designar árbitros; para os árbitros, concluir sua missão».[362]

9. Obrigação principal no contrato de investidura

Pelo contrato de investidura, a obrigação principal do árbitro é decidir o conflito que conduziu à arbitragem com independência e imparcialidade.[363] Considera-se, todavia, que *julgar* é o ato culminante de um processo que se inicia antes mesmo de se instituir a arbitragem, pois supõe determinadas condições prévias e inafastáveis no curso de todo o processo – a imparcialidade e independência.[364] É importante registrar

---

KROLL, Stefan. *Comparative International Commercial Arbitration*. The Hague: Kluwer Law International, 2003, que acentuam: «It is widely recognized that the relationship between the parties and the arbitrator is primarily based on contract. The proposition to accord the arbitrator a status resulting directly from law and comprising rights and obligations assumed by the arbitrator in the public interest has found little support. However, it is agreed that the special adjudicative function assumed by the arbitrator strongly influences the relationship between the parties and the arbitrator» (p. 276).

362. Assim, LEMES, Selma Maria Ferreira. *Árbitro:* Princípios da Independência e da Imparcialidade. São Paulo: LTr, 2001, p. 49.

363. Concluiu-se no Relatório – ICC International Court of Arbitration Bulletin, vol. 7, n. 1, maio 1996. Final Report on the Status of the Arbitrator: «In every case, the arbitrator and the parties are bound by a specific contract. The subject matter of this *receptum arbitrii,* sometimes referred to as the "contract of investiture", is the arbitrator's performance of a very special task: to settle the dispute between his contracting parties».

364. Embora hesitando na denominação – «condições», «princípios» ou «deveres» –, a imensa maioria dos sistemas jurídicos, das convenções internacionais e dos regulamentos de arbitragem determinam que o árbitro seja independente e imparcial. A redação do § 6.º do art. 13 da Lei da Arbitragem pode indicar que a independência e a imparcialidade sejam deveres (§ 6.º «No desempenho de sua função, o árbitro deverá proceder com imparcialidade, independência, competência, diligência e discrição»). Por sua vez, as diretrizes (ou «guidelines») da IBA aludem a princípios, estabelecendo, no seu n. 1, o Princípio Geral: «Todo árbitro deve ser imparcial e independente das partes quando aceitar uma indicação e deve permanecê-lo durante todo o procedimento arbitral até a última sentença ser pronunciada ou o procedimento ter terminado de outra maneira». No meu modo de ver, a independência e a imparcialidade do árbitro melhor se caracterizam como pressupostos ou requisitos para o regular processamento e adimplemento do dever principal de julgar o litígio. A jurisdição – seja ela qual for, arbitral ou judicial, só pode ser exercida por julgador independente e imparcial. A propósito, *vide*: LEMES, Selma Maria Ferreira. *Árbitro:* Princípios da Independência e da Imparcialidade. São Paulo: LTr, 2001, p. 58; CARMONA, Carlos Alberto. Em torno do árbitro. *Revista de Arbitragem e Mediação*, São Paulo, Revista dos Tribunais, ano 8, vol. 28, jan./mar. 2011, p. 57 e ss.; BAPTISTA, Luiz Olavo. Primeiras Anotações sobre o Ár-

esse verdadeiro condicionalismo da prestação principal do árbitro: não se trata apenas de *julgar*, mas de *julgar com independência e imparcialidade*. Só assim a obrigação principal do contrato de investidura estará adimplida e os requisitos legais do art. 13, *caput*, da Lei da Arbitragem estarão preenchidos.[365]

10. Independência e imparcialidade do árbitro

Muito embora se aluda aos «deveres» de independência e imparcialidade do árbitro, trata-se mais propriamente de pressupostos. A independência do árbitro «é da essência da função jurisdicional».[366] As circunstâncias para contestar essa independência devem caracterizar-se «pela existência de vínculos materiais ou intelectuais, uma situação de natureza a afetar o julgamento do árbitro, constituindo um risco certo de prevenção com respeito a uma das partes na arbitragem». Independência e imparcialidade constituem os requisitos da confiança no árbitro, que, intrinsecamente, deve ser pessoa proba («probidade arbitral»). Extrinsecamente, «representa a certeza de ser pessoa capaz de exarar decisão sem se deixar influenciar por elementos estranhos e que não tenha interesse no litígio. O árbitro deve ser e permanecer independente e imparcial,[367] antes e durante todo o procedimento arbitral, até ditar a sentença, quando se põe fim ao seu mister de árbitro, pois é investido de uma competência de atribuição e decorrente do consensualismo das partes».[368]

---

bitro e os Contratos – entre o Poder e o Dever. *Cadernos para Debate*, n. 1. Instituto de Estudos Culturalistas, Canela, abr. 2010. Na doutrina estrangeira: FOUCHARD, Philippe; GAILLARD Emmanuel; GOLDMAN, Berthold. *Traité de l'Arbitrage Commercial International*. Paris: Litec, 1996, p. 580 e ss.

365. Lei de Arbitragem. Art. 13, *in verbis*: «Pode ser árbitro qualquer pessoa capaz e que tenha a confiança das partes».

366. Assim, FOUCHARD, Philippe. Le Statut de l'Arbitre dans la Jurisprudence Française. *Revue de L'Arbitrage*, 1996, 325/72. Citado por LEMES, Selma. O Dever de Revelação do Árbitro e a Anulação da Sentença Arbitral. In: LEMES, Selma; BALBINO, Inez (Coords.). *Arbitragem*. Temas Contemporâneos. São Paulo: Quartier Latin, 2012, p. 2-3. Ainda, da mesma Autora: «A independência é definida como a manutenção pelo árbitro, num plano de objetividade tal, que no cumprimento de seu mister não ceda a pressões nem de terceiros nem das partes. A independência do árbitro está vinculada a critérios objetivos de verificação. Já a imparcialidade vincula-se a critérios subjetivos e de difícil aferição, pois externa um estado de espírito (*state of mind*).» (LEMES, Selma. Parecer: 1. Árbitro. Dever de revelação. Inexistência de conflito de interesses. Princípios da independência e da imparcialidade do árbitro. 2. Homologação de sentença arbitral estrangeira no STJ. Inexistência de violação à ordem pública (processual). Art. 39, II, da lei de arbitragem e art. V(II)(b)da convenção de Nova Iorque. *Revista Brasileira de Arbitragem*, n. 41, jan./mar. 2014, p. 7-41.

367. *Vide*: ELIAS, Carlos Eduardo Stefen. *A Imparcialidade dos Árbitros*. São Paulo: Almedina, 2021.

368. LEMES, Selma. O Dever de Revelação do Árbitro e a Anulação da Sentença Arbitral. In: LEMES, Selma; BALBINO, Inez (Coords.). *Arbitragem*. Temas Contemporâneos. São Paulo: Quartier Latin, 2012, p. 3-4. Analogamente, Dolinger, como segue: «Se a independência é um atributo necessário para ser nomeado árbitro, se a falta de independência é fundamento para apresentar exceção (challenge) à nomeação do árbitro, é de se presumir que, uma vez nomeado e aceita sua nomeação pelas partes, que ele foi considerado independente. Dali em diante, o que se deveria exigir, no desempenho da função, é a imparcialidade na conduta e os demais atributos de competência, diligência e discrição. Evidentemente que alguém pode, em tese, perder a independência depois

11. Boa-fé e deveres anexos no contrato de investidura

No adimplemento de sua obrigação principal – a de *julgar* o litígio –, devem os árbitros empregar «dedicação, diligência e celeridade», promovendo a «boa gestão do procedimento arbitral».[369] Há requisitos subjetivos do contrato (independência e imparcialidade do árbitro) que explicam as especificidades da feição assumida no contrato de investidura pelo princípio da boa-fé, bem como a gama de deveres anexos decorrentes do princípio. Nessa figura contratual, há superposição entre confiança e boa-fé que, amalgamadas, estão no núcleo do contrato. Assim determina o art. 13 da Lei 9.307/1996. O árbitro é a pessoa que conta com a confiança das partes, tratando-se de uma *confiança fiducial*[370] que estrutura o contrato e imanta toda a relação.

Plasmado de forma instrumental aos requisitos da imparcialidade e independência, está o dever anexo (instrumental ao «bem julgar») de escrupulosa revelação sobre todas as circunstâncias que possam arranhar o vínculo de independência e imparcialidade e prejudicar a relação de *qualificada confiança* que une os figurantes desse contrato.

Conquanto integrante da gama dos deveres informativos, o dever de revelação não se confunde com a mera informação,[371] pois supõe uma informação qualificada pela sua destinação: desvendar possíveis ou potenciais conflitos, permitindo às partes sindicar eventual conflito de interesses.[372] Implica, portanto, condutas positivas do árbitro na averiguação de situações de conflito, encontrando limite na possibilidade de seu conhecimento a respeito de determinadas circunstâncias. Engloba o dever de esclarecimento – que é mais do que informar, comportando a explicitação da informação, quando necessário à plena compreensão do teor da informação dada – e configura um *dever dinâmico*, que perpassa todas as fases da relação contratual, traduzindo-se no dever de revelação de circunstâncias supervenientes ao momento da conclusão do contrato de investidura.

Regido pelas regras da responsabilidade profissional subjetiva, o dever de revelar assumido pelo árbitro não se afasta nem das pautas da razoabilidade (inadmitindo-se impugnações fúteis e, nesse sentido, atentatórias à boa-fé), nem afasta os *deveres de diligência* e de *probidade* das partes. Conforme internacionalmente reconhecido, o *standard* da revelação é, primeiramente, subjetivo e, depois, objetivo, não dispensando

---

de iniciada a arbitragem, mas isso é uma hipótese remota e que, de qualquer forma, ficaria englobada na vedação à parcialidade» (Dolinger, Jacob. O Árbitro da Parte – Considerações Éticas e Práticas. *Revista Brasileira de Arbitragem*, vol. 6, abr./jun. 2005, p. 33).

369. Cremades, Bernardo. La buena fe en el arbitraje internacional. *Revista de Arbitragem e Mediação*, São Paulo, Revista dos Tribunais, ano 8, vol. 31, out./dez. 2011, p. 76.

370. A expressão é de Ferraz Junior, Tercio Sampaio. Suspeição e Impedimento na Arbitragem: sobre o dever de revelar na Lei 9.307/1996. *Revista de Arbitragem e Mediação*, São Paulo, Revista dos Tribunais, ano 8, vol. 28, jan./mar. 2011, p. 61 e ss.

371. Para essas distinções, ver Capítulo VII, §63.

372. Como alerta Alexis Mourre: «What is required from the arbitrator is only to provide the information that is needed in order to enable the parties to exercise their right to bring forward a challenge» (Mourre, Alexis. Conflicts Disclosures: The IBA Guidelines and Beyond. In: Klausegger, Christian; Klein, Peter *et al.* (Org.). *Austrian Yearbook on International Arbitration 2015*. The Hague: Kluwer Law International, 2015, p. 293).

CRITÉRIOS PARA UMA APLICAÇÃO DA BOA-FÉ SISTEMATICAMENTE ORIENTADA | 351

o ônus do destinatário da revelação de também agir, nos limites da boa-fé, para espantar eventuais dúvidas que a revelação tenha suscitado, questionando as informações recebidas e diligenciando por informações adicionais.[373] Têm as partes o ônus jurídico de se informar sobre o árbitro, averiguar, razoavelmente, as informações por ele fornecidas no questionário sobre conflitos de interesse preenchido no início do procedimento arbitral e, quando da decisão de promover uma impugnação, agir com probidade, isto é: com correção de conduta e de acordo com os *standards* comportamentais fornecidos pelo princípio da boa-fé objetiva.[374]

Não se admite, portanto, por ser contrário aos ditames da boa-fé, atribuir-se às partes um papel meramente passivo, como ocorre na jurisdição estatal. Cabe-lhes o encargo de averiguar previamente se há, ou não, situações potenciais de conflito e de discernir se tais situações são aptas para minar a relação de confiança. O árbitro deve trazer as informações às partes e a essas, por sua vez, incumbe investigar e discernir se são fatos relevantes hábeis a causar conflito ou não.[375]

Pelo fato de ser por meio de contratos que nasce a relação entre árbitros e centros de arbitragem, árbitros e partes,[376] os Tribunais suíços, por exemplo, entendem que as

---

373. Refere Alexis Mourre que o árbitro «will assess what circumstances seem relevant and deserve, in his or her view, to be disclosed». E ainda: «(...) the subjective standard has the effect of limiting it by allowing the arbitrator to assess what circumstances are in his or her view relevant to the exercise of the parties's right to object to his or her appointment». E alerta: o apelo à transparência devida pelo árbitro que pauta o *disclosure* «goes hand-in-hand with a call for arbitral institutions to react robustly against frivolous challenges» (MOURRE, Alexis. Conflicts Disclosures: The IBA Guidelines and Beyond. In: *Bergsten Lecture*, given on April 13, 2014, at the University of Vienna).

374. *Vide* International Court of Arbitration – ICC. *Nota às Partes e aos Tribunais Arbitrais sobre a Condução da Arbitragem Conforme o Regulamento de Arbitragem da CCI.* 1.º de março de 2017. Na doutrina brasileira, ver: BAPTISTA, Luiz Olavo. Inutilidades e Futilidade Daninha: a Questão das Impugnações de Árbitro Descabidas. *Revista Direito ao Ponto.* Disponível em: <http://direitoaoponto.com.br/inutilidades-e-futilidade-daninha-a-questao-das-impugnacoes-de-arbitro-descabidas/>. Último acesso em: 06.04.2017; LEMES, Selma Maria Ferreira. O dever de revelação do árbitro e o conceito de dúvida justificada quanto a sua independência e imparcialidade (art. 14, § 1.º, da Lei 9.307/1996). A ação de anulação de sentença arbitral (art. 32, II, da Lei 9.307/1996). Disponível em: <selmalemes.adv.br>. Último acesso em: 10.05.2023; NUNES PINTO, José Emilio. Recusa e Impugnação de Árbitro. *Revista de Arbitragem e Mediação,* vol. 15, 2007, p. 80-84.

375. Segundo Alexis Mourre, «[a]ll these questions come down to one single fundamental question: is the arbitrator required to disclose any link with the parties and their counsel, or is he or she allowed to exercise judgment as to what is or is not relevant? And why is that question so important? Because, at the end of the day, the arbitrator is not the judge of the ultimate relevance of the facts that he or she will disclose. He or she is not the judge of whether they should be disqualified. That judgment will be made by the parties and, in case of a disagreement, by a judge, an institution or sometimes the remaining arbitrators. What is required from the arbitrator is only to provide the information that is needed in order to enable the parties to exercise their right to bring forward a challenge» (MOURRE, Alexis. Conflicts Disclosures: The IBA Guidelines and Beyond. In: KLAUSEGGER, Christian; KLEIN, Peter, *et al.* (Org.). *Austrian Yearbook on International Arbitration 2015.* The Hague: Kluwer Law International, 2015, p. 292-293).

376. «(...) notamos que o árbitro vê-se face aos contratos em duas ocasiões. A primeira, quando se torna parte de um deles, ao ser consultado pelas Partes ou pelos demais árbitros, momento em que decide se quer/pode/deve aceitar a obrigação de julgar. É um sujeito que contrata. (...) O ca-

352 | A BOA-FÉ NO DIREITO PRIVADO

partes têm uma *obrigação de investigar* possíveis objeções à independência do árbitro, e expô-las atempadamente, sob pena de renúncia tácita[377] ou de incidência de preclusão, opinião também exposta doutrinariamente no Brasil[378] – e que encontra guarida no art. 20 da Lei de Arbitragem.[379]

Nesse sentido foi julgado na França o *caso Tecnimont*. Já instaurado e bastante desenvolvido o procedimento arbitral entre Tecnimont, sociedade italiana, e Avax, sociedade grega, esta solicitou ao árbitro-presidente que prestasse ulteriores informações quanto ao envolvimento de seu escritório de advocacia com Tecnimont. Ao responder

---

ráter contratual da relação jurídica entre as partes e o árbitro, de que decorre a jurisdição exercida por este, e à qual elas se submetem é *sui generis*. Diversos doutrinadores buscaram enquadrá-la em institutos conhecidos – delegação, mandato etc. – mas não escaparam à conclusão de que se trata de um modelo especial do contrato de prestação de serviços. Esse contrato tem características próprias que decorrem do poder/dever atribuído ao árbitro de decidir o litígio que opõe os contratantes» (Baptista, Luís Olavo. Primeiras Anotações sobre o Árbitro e os Contratos: entre o Poder e o Dever. *Cadernos para o Debate*: o Árbitro, a Arbitragem e o Contrato. Canela, Instituto de Estudos Culturalistas, 2010, p. 50-51).

377. For example, Swiss courts have held that parties are under an obligation to investigate possible objections to an arbitrator's independence and to raise these in a timely manner, failing which they will be waived. In a leading decision, the Swiss Federal Tribunal reasoned: «The party wishing to challenge an arbitrator must raise the ground for challenge as soon as it knows about it. This rule of case law...concerns both the grounds for challenges which the party concerned effectively knew and those which it could have known by displaying proper attention, for, depending on circumstances, choosing to remain in ignorance may be considered as an abusive manoeuvre comparable to postponing the announcement of a challenge. This rule applies the principle of good faith to arbitral proceedings. Based on that principle, the right to raise the allegedly irregular composition of the arbitral tribunal is forfeited if the party does not do so immediately as it could not keep it in reserve only to invoke it if the outcome of the arbitral proceedings is unfavourable» (Born, Gary. *International Commercial Arbitration*. 2.ª ed. The Hague: Kluwer Law International, 2014, p. 1942).

378. Elias, Carlos Eduardo Stefen; Moreira, Raquel Macedo. Ação de anulação. Constituição Irregular do Tribunal Arbitral. O papel do Secretário e Assistentes no Tribunal Arbitral. Suíça. Tribunal Federal. DFT41_709/2014, de 21 de maio de 2015. *Revista Brasileira de Arbitragem*, vol. 52, 2016, p. 206-223, explicitando: «Se para o árbitro pode haver alguma indeterminação sobre a atitude correta a tomar, o mesmo não ocorre sob a perspectiva das partes: elas devem impugnar o árbitro por fatos revelados ou descobertos de forma autônoma a partir do momento em que deles tomam conhecimento, sob pena de preclusão dessa oportunidade. Essa determinação não evita, é claro, que a parte obtenha informação sobre o árbitro e a "guarde" para requerer a anulação da sentença arbitral pela violação do dever de revelação ou de imparcialidade do árbitro caso venha a ter julgamento de mérito desfavorável, sob o pretexto de que a descoberta da informação teria ocorrido após a prolação da sentença arbitral. Para evitar essa manobra, fala-se do dever da parte de informar-se – ao menos a respeito pela colheita de informações facilmente acessíveis».

379. Lei 9.307, art. 20, *in verbis*: «A parte que pretender argüir questões relativas à competência, suspeição ou impedimento do árbitro ou dos árbitros, bem como nulidade, invalidade ou ineficácia da convenção de arbitragem, deverá fazê-lo na primeira oportunidade que tiver de se manifestar, após a instituição da arbitragem. § 1.º Acolhida a argüição de suspeição ou impedimento, será o árbitro substituído nos termos do art. 16 desta Lei, reconhecida a incompetência do árbitro ou do tribunal arbitral, bem como a nulidade, invalidade ou ineficácia da convenção de arbitragem, serão as partes remetidas ao órgão do Poder Judiciário competente para julgar a causa. § 2.º Não sendo acolhida a argüição, terá normal prosseguimento a arbitragem, sem prejuízo de vir a ser examinada a decisão pelo órgão do Poder Judiciário competente, quando da eventual propositura da demanda de que trata o art. 33 desta Lei».

ao questionário de revelação no início do procedimento, o árbitro revelara que seu escritório tinha patrocinado causa em favor de Tecnimont anteriormente à instauração da arbitragem, não tendo ele participado do caso. No entanto, Avax alegou ter posteriormente descoberto que o mesmo escritório, do qual ainda participava o árbitro-presidente, atuara para empresas filiais da Tecnimont e para sua controladora ao longo do procedimento arbitral que se desenvolvia, recebendo honorários. Assim, apresentou, quase ao final da arbitragem, impugnação ao árbitro.

A primeira decisão, da *Cour d'Appel*, de 12 de fevereiro de 2009, deu razão à Avax, porque o escritório do qual o árbitro-presidente era sócio havia recebido honorários durante o trâmite da arbitragem.[380] Essa decisão, contudo, foi anulada pela *Cour de Cassation,* em 04 de novembro de 2010,[381] que assentou o seguinte princípio: o árbitro não pode ser obrigado a revelar circunstâncias que ignora, pois essas não têm o efeito de afetar o seu julgamento e de provocar, no espírito das partes, dúvidas razoáveis sobre sua independência.

O caso ainda voltou à *Cour d'Appel* de Reims no ano seguinte, novamente sendo julgado na *Cour de Cassation* em 2014, quando se reenviou o caso para a *Cour d'Appel*, que, então em 2016, prolatou a decisão final. Este aresto consigna que as informações reclamadas por Avax ao árbitro, relativas às relações entre o seu escritório de advocacia e a sociedade Tecnimont e uma de suas empresas afiliadas «não eram de natureza a agravar de maneira significativa as dúvidas sobre a independência e a imparcialidade do árbitro» – e, fundamentalmente – «informações que poderiam resultar de elementos que estavam à disposição da Avax antes de seu assentimento ao Questionário de Revelação» respondido pelo árbitro.[382]

---

380. Na decisão de 12 de fevereiro de 2009, destaca-se o fato de o escritório ter recebido honorários durante o trâmite da arbitragem como prova de parcialidade do árbitro: «Considérant que ces activités, prises dans leur ensemble, de conseil d'une filiale de TECNIMONT durant l'arbitrage, d'assistance de sa société mère quelques mois encore avant l'acceptation par le président du tribunal arbitral de sa nomination, ainsi que de représentation d'une filiale de TECNIMONT, par le bureau parisien de JONES DAY -où de surcroît travaille M.JARVIN- durant l'arbitrage et encore après la reddition de la sentence partielle, le montant des honoraires versés à JONES DAY au titre de conseil et de représentant de TECNIMONT et SOFREGAZ, 116 057 US dollars, établissent l'existence d'um conflit d'intérêts entre le président du tribunal arbitral et l'une des parties à l'arbitrage». (Cour d'Appel de Paris, 1ère Chambre – Section C Arret du 12 Fevrier 2009. Disponível em: <https://doctrine.fr/d/CA/Paris/2009/SKDD4622DD9CDABE951454>. Último acesso em: 10.05.2023).

381. Essa decisão consigna: «l'arbitre ne doit révéler que les circonstances de nature à affecter son jugement et à provoquer, dans l'esprit des parties, un doute raisonnable sur son indépendance», de modo que «l'arbitre ne peut être tenu de révéler les circonstances qu'il ignore, puisqu'elles ne sont pas de nature à affecter son jugement et à provoquer, dans l'esprit des parties, un doute raisonnable sur son indépendance». (Cour de cassation, Chambre civile 1, Audience publique du 4 novembre 2010, n.° de pourvoi, p. 7: 09-12716. Disponível em: <https://www.legifrance.gouv.fr/affichJuriJudi.do?oldAction=rechJuriJudi&idTexte=JURITEXT000023013868&fastReqId=388 796547&fastPos=2>. Último acesso em: 10.05.2023).

382. «(...) n'étaient pas de nature à aggraver de manière significative les doutes sur l'indépendance et l'impartialité de l'arbitre qui pouvaient résulter des éléments à la disposition d'AVAX avant sa requête en récusation». (Decisão de 12 de abril de 2016, p. 7. Cour d'Appel de Paris Pôle 1 - Cham-

354 | A BOA-FÉ NO DIREITO PRIVADO

Nesse sentido, a relação de investidura que liga árbitros e partes gera o dever de os árbitros revelarem circunstâncias que possam impactar sua independência e sua imparcialidade. De modo semelhante, gera às partes o ônus de direito material (encargo) de *se informar* sobre questões que sejam a elas acessíveis, vez que «se deve presumir que as partes estão cientes de informações disponíveis em domínio público».[383]

Também incide ao árbitro o dever de recato, igualmente como decorrência da confiança investida. Recato não significa, necessariamente, sigilo, este último existindo na medida em que previsto em lei, regulamento ou por disposição das partes. O sigilo, porém, não se admite quando interesses públicos estão em causa, vigendo, então, o princípio da transparência ou publicidade, tal qual reconhecido no novo § 3.º do art. 2.º da Lei de Arbitragem.[384]

Sendo dinâmicos os deveres decorrentes da boa-fé normativa, incidem, também, no transcurso da execução contratual, isto é, durante o procedimento arbitral, seja no que tange ao dever de revelação sobre eventos supervenientes que possam atingir a relação de confiança, seja no que toca ao comportamento durante o transcorrer do procedimento. Fere-se o dever de agir na arbitragem segundo a boa-fé quando as partes utilizam provas ilegalmente obtidas; criam obstáculos irrazoáveis ao labor dos árbitros; ou quando há conduta contraditoriamente desleal, por forma a incidir na vedação do *venire contra factum proprium*; ainda, quando há abuso no emprego das *anti-suit injunctions*; ou quando atrasam o regular andamento do procedimento pela recusa em pagar os custos da arbitagem,[385] pois há, também, relação contratual entre as partes e a instituição arbitral sob a qual se processa o litígio.

12. A arbitragem e a superinvocação do princípio da boa-fé

O princípio da boa-fé é chamado nos procedimentos arbitrais não apenas no concernente à relação contratual entre *árbitros e partes*, como decorrência do contrato de investidura, mas, igualmente, é invocado (e, por vezes, superinvocado) pelas partes como argumento para o solucionamento do litígio apresentado e pelos árbitros, como fundamento às suas decisões. «É difícil encontrar algum laudo arbitral que não se fundamente, ou, ao menos, não mencione a boa-fé», atesta experimentado árbitro.[386]

---

bre 1 Arret du 12 Avril 2016, Numéro D'inscription au Répertoire Général: 14/14884. Disponível em: <https://www.courdecassation.fr/decision/6035829a6406c2a7cc298911>. Último acesso em: 10.05.2023).

383. GREENBERG, Simon; FRY, Jason; MAZZA, Francesca. *The Secretariat's Guide to ICC Arbitration*. Paris: ICC Publication 729E, 2012, p. 177, § 3-582.

384. *In verbis*: «Art. 2.º A arbitragem poderá ser de direito ou de eqüidade, a critério das partes. [...] § 3.º A arbitragem que envolva a administração pública será sempre de direito e respeitará o princípio da publicidade».

385. Os exemplos estão em CREMADES, Bernardo. La buena fe en el arbitraje internacional. *Revista de Arbitragem e Mediação*, vol. 31, 2011, p. 75.

386. CREMADES, Bernardo. La buena fe en el arbitraje internacional. *Revista de Arbitragem e Mediação*, vol. 31, 2011, p. 54.

CRITÉRIOS PARA UMA APLICAÇÃO DA BOA-FÉ SISTEMATICAMENTE ORIENTADA | 355

Essa «onipresença» não significa que haja clareza no significado, na função e no modo de utilização do princípio e, muito menos, que haja previsibilidade no que determinado tribunal entenderá como «comportamento segundo a boa-fé» das partes em litígio.[387] Na arbitragem internacional, o problema é agudizado pelos diferentes significados emprestados ao signo linguístico «boa-fé» nos vários ordenamentos jurídicos.[388]

Conquanto essa superinvocação, certo é que a sua presença é inafastável, exemplificativamente, e para além da hipótese já acima mencionada (boa-fé e contrato de investidura): quando (i) em discussão a *relação obrigacional que liga as partes* em litígio, sua presença como norma de comportamento é imposta pelos ordenamentos (assim, dentre outros, o brasileiro, o português, o italiano, o francês, o alemão) não para dar a solução ao caso, mas para permitir que, pela análise do comportamento das partes, os árbitros alcancem a solução, nos quadros do sistema; (ii) em certas situações, como nas *arbitragens de investimento*, a função é ainda mais extensa, agrupando boa-fé subjetiva e objetiva.

Assim se infere da observação de Cremades, segundo o qual o árbitro, quando analisa a própria competência, deve estar consciente de que a convenção arbitral surge da oferta pública que os Estados signatários do tratado de investimentos realizam acerca dos investimentos procedentes de outro país. Apenas quando o investidor atua de boa-fé (subjetiva) pode aceitar a referida oferta pública, e apenas então estará legitimado para solicitar a proteção internacional. Do contrário, o árbitro, no exame de sua competência, deverá recusar a proteção, com o que a ausência de boa-fé terá efeitos no plano processual. Esta é a razão pela qual a jurisprudência arbitral reiteradamente tem indicado não caber a aceitação da alegação de «estar de boa-fé» por parte do investidor cujo investimento foi feito ou obtido «por meio de corrupção, lavagem de dinheiro ou fraude».[389]

13. Contrato de seguro

As atividades em proveito alheio carregam graus variados de fidúcia. Em alguns casos, a fiduciariedade é mais imediatamente apreensível, como ocorre no mandato, na relação de administração e na investidura arbitral, acima examinadas. Em outras, a massificação e a empresarialidade do contrato obscurecem essa apreensão. Certo é, porém, que a adstrição a agir em proveito alheio está no núcleo finalístico de todos os contratos que contém «obrigação de garantia»,[390] pois é de sua finalidade garantir o

---

387. CREMADES, Bernardo. La buena fe en el arbitraje internacional. *Revista de Arbitragem e Mediação*, vol. 31, 2011, p. 54.

388. *Vide, supra*, CAPÍTULO I, em especial §§ 9 e 10.

389. Assim Cremades, citando o Tribunal Arbitral que julgou o caso Inceysa Vallisoletana S. L. contra República de El Salvador: «La buena fe es un principio supremo al que están sujetas las relaciones jurídicas en todos sus aspectos y contenidos» (CREMADES, Bernardo. La buena fe en el arbitraje internacional. *Revista de Arbitragem e Mediação*, vol. 31, 2011, p. 74).

390. Não se confunda «obrigação de garantia» – na verdade, prestação de garantia – com as «garantias

A BOA-FÉ NO DIREITO PRIVADO

interesse alheio. No seguro, a garantia não é subsidiária, não está anexa a uma prestação principal: é a própria prestação principal.[391] Essa finalidade caracteriza mesmo o contrato de seguro que tem sua peculiaridade na estrutura comunitária e na transindividualidade dos interesses envolvidos, às quais se ajuntam os cinco elementos nucleares do contrato de seguro: garantia, interesse, risco, prêmio e empresarialidade.[392]

Pelo contrato de seguro, diz a lei, a seguradora se obriga, mediante o pagamento de um prêmio, a garantir interesse legítimo do segurado, relativo à pessoa ou à coisa, contra riscos predeterminados (Código Civil, art. 757). O dever principal para o segurador – existente e eficaz desde que concluído o contrato – é o de garantia do interesse legítimo do segurado, razão pela qual se trata de um contrato comutativo.[393] Assim indica, ademais, a disciplina legal ao regrar a formação adequada do contrato (art. 766) e a alteração do risco (quer na hipótese de aumento: arts. 768-769; quer na de diminuição do risco: art. 770), assim se protegendo a comutatividade entre o prêmio e a garantia.[394]

---

das obrigações». *Vide*: COMPARATO, Fábio Konder. Obrigações de Meio, de Resultado e de Garantia. *Doutrinas Essenciais:* Direito Empresarial, vol. IV. São Paulo: Revista dos Tribunais, 2010, p. 63, explicitando: «[O] conteúdo das obrigações de garantia é a eliminação de um risco que pesa sobre o credor. Eliminar um risco significa *"a fortiori"* reparar as consequências de sua realização. Mas mesmo que esta não se verifique, a simples assunção do risco pelo devedor de garantia representa o adimplemento de sua prestação». E, referindo a regra hoje posta no art. 764 do Código Civil, segundo a qual o fato de se não ter verificado o risco, «em previsão do qual se fêz o seguro, não exime o segurado de pagar o grêmio que se estipulou» (no Código de 1916, art. 1.452), esclarece: «A razão disto está em que a eliminação de um risco que pesa sôbre o credor representa por si mesma um bem da vida, traduzível muita vez em preciso valor econômico, como os prêmios de seguro, objeto de cálculos atuariais, ou as garantias bancárias obtidas através do desconto antecipado de juros ou ágios».

391. TZIRULNIK, Ernesto; CAVALCANTI, Flávio de Queirós B.; PIMENTEL, Airton. *O Contrato de Seguro*. São Paulo: Revista dos Tribunais, 2003, p. 21.

392. Na lição de Comparato, os elementos essenciais são a garantia, o interesse, o risco e o prêmio (COMPARATO, Fábio Konder. Notas explicativas ao substitutivo ao capítulo referente ao contrato de seguro no Anteprojeto de Código Civil. *Revista dos Tribunais*, ano XI, n. 5, São Paulo, 1972, p. 147). O elemento empresarialidade é acrescentado por: TZIRULNIK, Ernesto; CAVALCANTI, Flávio de Queirós; PIMENTEL, Ayrton. *O Contrato de Seguro, de Acordo com o Código Civil brasileiro*. 3.ª ed. São Paulo: IBDS/Roncarati, 2016, p. 43. Na mesma linha: AGUIAR JR., Ruy Rosado de. Teoria do Interesse, *Engineering* e o Dano Físico no Seguro de Danos. In: *VI Fórum de Direito dos Seguros «José Sollero Filho»*. São Paulo: IBDS-Roncarati, 2015, p. 187.

393. Tenha-se presente a observação de Vera Helena Mello Franco, para quem «o exame da mecânica operacional do seguro e da sua base econômica é determinante para a compreensão do contrato como uma operação de prevenção e não de mera transferência do risco. E é essa compreensão que vai permitir, do ponto de vista jurídico, afirmar o caráter sinalagmático (comutativo, e não aleatório) da relação» (MELLO FRANCO, Vera Helena. *Lições de Direito Securitário:* seguros terrestres e privados. São Paulo: Maltese, 1993, p. 18. Ainda: CAVALCANTI, Flávio de Queirós. O Conteúdo da Prestação Securitária e o Contrato Aleatório. *Revista Brasileira de Direito do Seguro e da Responsabilidade Civil*, São Paulo, MP Editora, vol. 1, 2008, p. 95-112. Ainda: TZIRULNIK, Ernesto; CAVALCANTI, Flávio de Queirós; PIMENTEL, Airton. *O Contrato de Seguro*. São Paulo: Revista dos Tribunais, 2003, p. 21 e ss.).

394. *Vide*: OLIVEIRA MARTINS, Maria Inês. *Contrato de Seguro e Conduta dos Sujeitos Ligados ao Risco*. Coimbra: Almedina, 2018, p. 408.

Em razão do contrato, tem o segurado a pretensão a exigir que o seu interesse esteja garantido, na medida concretamente delineada pelo contrato («contra riscos predeterminados»), tendo, também, o direito subjetivo de exigir o cumprimento dessa garantia. Logo, se a seguradora não constituir reservas e provisões adequadas para pagar a indenização eventualmente devida, estará a inadimplir sua obrigação de garantia.

Consistindo mecanismo basilar de garantia, a relação de seguro carrega em si tanto aspectos contratuais quanto aspectos institucionais, configurando, ademais, um verdadeiro *carrefour* em que se encontram normas de Direito Civil, Empresarial, Consumidor e Administrativo, bem como maior prevalência de normas cogentes sobre normas dispositivas. A dualidade contrato-instituição inflete na relação entre os sujeitos – segurado e seguradora –, pois sua finalidade é fazer inserir o risco ao interesse legítimo do segurado numa mutualidade, isto é, num agrupamento organizado que o *segurador gere no interesse de todos.* Trata-se, portanto, de um «contrato comunitário» em que devem ser protegidos – num equilíbrio dificultoso – tanto a comunidade segurada quanto o segurado individualmente considerado.

Demais disto, trata-se de um contrato formado por adesão a *condições gerais dos negócios,* significando que o conteúdo do contrato não é livremente estabelecido pelas partes, mas, em regra, preenchido por regras e padrões que normalmente refletem os «usos do mercado» nacional e internacional. Além das regras do Código Civil e do Decreto-Lei 73/1966, diversos ramos de seguro contam com regras minuciosas ditadas pela Superintendência de Seguros Privados – SUSEP, que exerce intensa regulação do mercado.[395]

As apólices, documentos comprobatórios do conteúdo do contrato de seguro, geralmente se dividem em *condições gerais, especiais e particulares* por prática antiga e, até há pouco, imposição regulatória. As *condições gerais* estabelecem normas atinentes a determinado *ramo de seguro* (*e.g.,* disposições aplicáveis a todos os seguros do tipo «seguro-garantia», tais como riscos e interesses cobertos e excluídos, glossário e forma de pagamento do prêmio). As *condições especiais* alteram as condições gerais para adequá-las à modalidade específica de seguro que se pretende contratar (*e.g.,* no seguro-garantia, pode-se contratar diversas modalidades: de construção, fornecimento ou prestação de serviço; de retenção de pagamentos; de adiantamento de pagamentos; de manutenção etc.), sendo frequente a cumulação de diversas condições especiais em um seguro. Existem, por fim, as *condições particulares,* que modificam, pontualmente, os modelos previstos nas condições gerais e especiais, amoldando o seguro à situação específica (*e.g.,* no

---

395. Decreto-lei 73/1966, art. 36, alínea «*c*». O Conselho Nacional de Seguros Privados tem a competência de «fixar as características gerais dos contratos de seguro» – Decreto-lei 73/1966, art. 32, IV. Os principais regulamentos em vigor são: Circular SUSEP 642/2021 (formação do contrato de seguro); Resolução CNSP 434/2021 (seguro coletivo); Circular SUSEP 621/2021 (seguros de danos em geral); Circular SUSEP 667/2022 (seguro de pessoas em geral); Circular SUSEP 620/2020 (seguros «patrimoniais» – seguros compreensivos residenciais e empresariais; seguro de riscos de engenharia; seguro de riscos operacionais; seguro de lucros cessantes); Circular SUSEP 637/2021 (seguros de responsabilidade civil); Resolução CNSP 404/2021 (seguro rural); Circular SUSEP 662/2022 (seguros-garantia).

seguro-garantia, a previsão de uma definição específica, inserção de um risco ou interesse específico na garantia do seguro, exclusão de um risco ou interesse). Usualmente, os dados básicos do contrato de seguro (qualificação das partes, limites indenizatórios, franquias etc.), uma lista indicando nome e número das condições gerais e especiais contratadas e o texto das condições particulares formam uma parte específica da apólice, chamada *especificação*, enviada ao segurado depois da celebração do contrato.

Como regra,[396] as seguradoras elaboram as próprias apólices, desde que respeitem as normas específicas para o ramo de seguro editadas pelas autoridades reguladoras e submetam o documento a registro e, eventualmente, aprovação da SUSEP[397] antes de distribuí-lo.[398] Conquanto apenas as condições gerais e especiais dependam de registro prévio, abrindo-se margem de adaptação ao caso específico do segurado nas condições particulares, é frequente deparar-se com condições particulares altamente padronizadas, inclusive presentes no próprio registro do seguro na SUSEP. De tudo resulta que, somadas as condições gerais, especiais e particulares, mesmo quando existente certa possibilidade de negociação por parte do segurado, esta se dá em grau mínimo, insuficiente para afastar a qualificação como contrato de adesão (*rectius*: contrato por adesão).

A combinação entre, de um lado, o *dirigismo* estatal em matéria securitária e, de outro, as características próprias da atividade empresarial de seguro faz com que se somem às condições impostas pela Susep aquelas determinadas pela seguradora, a todas aderindo os segurados contratantes. O segurado geralmente adere às condições pré--formuladas, inclusive àquelas respeitantes à definição dos *riscos garantidos* e ao recorte de certas *exclusões*, incidindo, em consequência, as regras postas nos arts. 113, § 1.º, IV; 423 e 424 do Código Civil,[399] ainda quando o contrato não se qualifique como «seguro de massa» e não atraia o regime do Código de Defesa do Consumidor. Trata-se de contrato fundamentalmente complexo, seja pela variedade de fontes que o regram, pela diversidade de subtipos ou modalidades de seguro, pelas peculiaridades de sua fase pré--contratual e, igualmente, pelas características da fase de seu desenvolvimento, que incluem – uma vez ocorrido o sinistro – a sua regulação e a liquidação, finda a qual se dá o adimplemento satisfatório, fim de toda a relação obrigacional,[400] ou – se

---

396. A exceção está posta na Resolução CNSP 407/2021, que dispensa o registro prévio da apólice nos seguros de danos «de grandes riscos». Nesse tipo de seguro, há a possibilidade de se modificar o conteúdo de uma apólice para adaptá-lo ao caso particular do segurado.

397. É o caso de certos seguros socialmente mais sensíveis, como os seguros rurais subsidiados pelo Estado (Resolução CNSP 404/2021) e certos seguros de vida (Circular SUSEP 673/2022).

398. Decreto-lei 73/1966, art. 36, alínea «e»; *vide*, ainda, Circular SUSEP 657/2022.

399. Código Civil, *in verbis*: «Art. 423. Quando houver no contrato de adesão cláusulas ambíguas ou contraditórias, dever-se-á adotar a interpretação mais favorável ao aderente». E, também: «Art. 424. Nos contratos de adesão, são nulas as cláusulas que estipulem a renúncia antecipada do aderente a direito resultante da natureza do negócio».

400. Por todos: Couto e Silva, Clóvis do. *A Obrigação como Processo*. São Paulo: FGV, 2006, p. 21. Tratei do tema em: Martins-Costa, Judith. *Comentários ao Novo Código Civil. Do Inadimplemento das Obrigações*, vol. V. Tomo II, 2.ª ed. Rio de Janeiro: Forense, 2009, p. 26.

inadimplida a prestação, pela recusa injustificada ao pagamento da indenização ajustada – nasce ao segurado pretensão indenizatória.[401]

É nesse entrecruzar de normas jurídicas provindas de diversas searas e na presença de estrutura agregadora de múltiplos interesses que atua a boa-fé no seguro, tradicionalmente classificado dentre os contratos *uberrimae fidei*. Porém, aqui – novamente – é preciso distinguir entre o signo linguístico «boa-fé» e os seus significado e função, pois o papel tradicional da boa-fé no seguro apresenta-se modificado. Na *sociedade do risco*, são distintas as imputações do risco e é acrescido o papel operativo da boa-fé respeitantemente a esse contrato.

14. Boa-fé e seguro

É no contrato de seguro que o princípio da boa-fé atinge a sua máxima intensidade. Neste contrato, como em qualquer outro, a boa-fé objetiva exerce três funções e se projeta por todas as fases da relação, desde a fase formativa à execução, podendo atingir até mesmo a fase pós-contratual. Nelas, (*i*) direciona a interpretação do contrato; (*ii*) é fonte de direitos e de deveres jurídicos autônomos (acessórios e de proteção); e (*iii*) limita o exercício de direitos decorrentes do contrato.[402]

Desde os mais arcanos tempos da História securitária, tanto o princípio da boa-fé quanto a configuração de *deveres informativos* a cargo das partes tiveram no contrato de seguro um campo de especialíssimas relevância e função. Seu significado, o seu fundamento, bem como os pesos conferidos à informação, contudo, têm se alterado no curso dos tempos. Primeiramente, conotava-se à boa-fé no seguro apenas a concepção subjetiva, sendo o seu significado alcançado por antinomia à má-fé do segurado ou do segurador. Como explicita Alberto Monti, a disciplina do contrato de seguro – acompanhando os desenvolvimentos da prática mercantil na Europa medieval – distinguiu-se, no curso dos séculos, pelo papel de proeminência assegurado à *fides* de matriz romanística. A recíproca fidúcia e honestidade dos contraentes era essencial para aquela então nova forma de gestão dos riscos coligados a operações comerciais de longo alcance. O notável grau de incerteza associado ao cumprimento de transações internacionais por via marítima tornava o equilíbrio econômico entre as prestações tão instável que era essencial a máxima fidúcia e colaboração entre segurador e segurado. Sobre esse último recaia a maior carga informativa pré-contratual, sendo a informação essencial à avaliação do risco. Nesses moldes foi, pois, construída a disciplina do seguro.[403]

---

401. Theodoro Júnior, Humberto. Contrato de Seguro. Ação do Segurado contra o Segurador. Prescrição. In: Martins-Costa, Judith; Fradera, Véra. *Estudos de Direito Privado e Processual Civil*: em homenagem a Clóvis do Couto e Silva. São Paulo: Revista dos Tribunais, 2014, p. 157 e ss.

402. *Vide*: Lima Rego, Margarida. A Boa-fé na Contratação de Seguros: deveres das partes nas fases de celebração e execução do contrato. In: Tzirulnik, Ernesto *et al*. *Direito dos Seguros Contemporâneo*. Edição Comemorativa dos 20 anos do IBDS, vol. 1. São Paulo: Roncaratti – Contracorrente, 2021, p. 495-515.

403. Monti, Alberto. *Bona Fede e Assicurazione*. Milano: Giuffrè, 2002, especialmente p. 1-5. Mais

No Código Civil de 1916, as referências à boa-fé no contrato de seguro, para além de reportadas nuclearmente à boa-fé subjetiva, tinham já previamente descritas as consequências da ação contrária à boa-fé, isso significando que essa figura não desempenhava, então, a função de cláusula geral. A má-fé do segurado era punida pela perda da garantia, sendo esse o sentido conferido aos arts. 1.443 e 1.444 do Código de Beviláqua. A má-fé do segurador implicava, por sua vez, punição consistente no pagamento em dobro do prêmio estipulado, na forma do art. 1.446. Essas regras encontram sua lógica no fato de, desde as origens do contrato de seguro e mesmo quando da fixação de seu regime nos Códigos Civis, viger uma sociedade em tudo diversa da nossa em termos de possibilidades informativas e tecnológicas. Por isso, os deveres informativos estavam precipuamente conotados à boa-fé no sentido subjetivo e sua carga recaía, em largas margens, no estipulante do seguro. Na verdade, o segurador então dependia das informações fornecidas pelo segurado no que tange ao conhecimento das circunstâncias influentes à apreciação do risco,[404] sendo, à época, raros os instrumentos e possibilidades técnicas para a sua mensuração.[405] Então, a balança da assimetria informativa pendia em *desfavor do segurador*, sujeito ao que lhe era dito pelo candidato a segurado, nele devendo confiar por não ter acesso a outras fontes de informação aptas a suportar a gestão dos riscos coligados a operações comerciais de longo alcance. Em contrapartida, devia o segurado (ou candidato a) agir *de* boa-fé (subjetiva), mencionando todas as circunstâncias e eventos que, no seu modo de perceber, pudessem ter relevância no risco que estava para ser garantido.

O panorama se modifica, porém na «era das sociedades securitárias» (*sociétés assurantielles*),[406] imperante a massificação social, a empresarialidade na gestão do seguro, a internacionalização das empresas dedicadas a este mister, muitas vezes coligadas a instituições financeiras, bem como a existência de novas fontes de risco e uma nova concepção do próprio risco (distinta da noção de incerteza).

Às modificações de ordem fática acrescem mudanças no panorama normativo, agregando às tradicionais regras sobre o papel da boa-fé subjetiva (ou em seu contrário, a má-fé), a boa-fé objetiva como *standard* de conduta exigível a ambas as partes no contrato de seguro. Assim, agora, às previsões legais específicas ao contrato de seguro – contendo referências à boa-fé subjetiva[407] e à boa-fé objetiva[408] – ajunta-se, ainda, a cláusula geral do art. 422 do Código Civil, fonte de deveres de correção, colaboração,

---

sinteticamente: Monti, Alberto. *Boa-Fé e Seguro*. III Fórum de Direito do Seguro «José Sollero Filho». São Paulo: IBDS, 2003.

404. Assim, reportando a lição de Stiglitz, Rubén. *Derecho de Seguros*. Tomo I. 4.ª ed. Buenos Aires: La Ley, 2004, p. 607.

405. Monti, Alberto. *Bona Fede e Assicurazione*. Milano: Giuffrè, 2002, especialmente p. 1-5. Mais sinteticamente: Monti, Alberto. *Boa-Fé e Seguro*. III Fórum de Direito de Seguro «José Sollero Filho». São Paulo: IBDS, 2003, p. 107.

406. Ewald, François. *L'État Providence*. Paris: Bernard Gasse, 1986, p. 20.

407. Código Civil. Arts. 762, 766, par. único, *a contrario*; 769, *in fine*.

408. Código Civil. Arts. 765, 766, *caput*; 771.

CRITÉRIOS PARA UMA APLICAÇÃO DA BOA-FÉ SISTEMATICAMENTE ORIENTADA | 361

informação e lealdade. A jurisprudência não se furta a sublinhar a intensidade da incidência do princípio na relação securitária.

A disciplina hoje vigorante, porque insuficiente, deve ser acrescida por outras disposições expressas ou deduzidas do princípio da boa-fé objetiva cujo papel vem traduzido no Projeto de Lei 29, de 2017,[409] que o menciona nos arts. 6.º, 40, 50 e 62, a saber: no art. 6.º, parágrafo único, o qual determina a conduta segundo a boa-fé em todas as fases da relação;[410] no art. 40, reiterando a regra e explicitando a sua incidência nas tratativas, formação e execução, com especial ênfase aos deveres informativos;[411] no art. 50, § 2.º, o qual enuncia regra de boa-fé subjetiva.[412] E o art. 62, verdadeira cláusula geral, versa sobre a execução e a interpretação, referindo a boa-fé objetiva como resta indicado pela expressão «segundo a boa-fé».[413]

Conquanto, por via doutrinária e jurisprudencial, essas funções já se manifestem no contrato de seguro – inclusive por força da incidência dos arts. 113, 422 e 423 do Código Civil e, quando for o caso, do art. 4.º, inc. I, do Código de Defesa do Consumidor –, a importância da recepção legislativa projetada está na reafirmação e consolidação das eficácias do princípio na seara securitária, viabilizando que, por meio dos «pontos de referência» legislativos, as soluções sejam mais harmônicas, além de melhor permitir sua sistematização, ancorando a boa-fé nas relações securitárias em três pontos: na disciplina informativa do contrato de seguro; na interpretação do contrato; e na execução, como «regra de fiscalização da conduta do segurador na fase de regulação do sinistro».[414]

---

409. O Projeto, dito «Projeto de Lei Geral do Seguro», de autoria do deputado José Eduardo Martins Cardozo, foi inicialmente rubricado PL 3.555, de 2004. Tramitando no Congresso Nacional sob o n. 29/2017, teve relatoria do deputado Armando Monteiro. Desde 18.02.2021, já aprovado na Câmara dos Deputados, tramita no Senado Federal tendo por primitivo Relator o senador Rodrigo Pacheco e hoje tem a relatoria do senador Jader Barbalho.

410. *In verbis*: «Art. 6.º Pelo contrato de seguro, a seguradora se obriga, mediante o pagamento do prêmio equivalente, a garantir interesse legítimo do segurado ou do beneficiário contra riscos predeterminados. Parágrafo único. As partes, os beneficiários e os intervenientes devem conduzir-se segundo os princípios de probidade e boa-fé, desde os atos pré-contratuais até a fase pós-contratual».

411. *In verbis*: «Art. 40. Os intervenientes são obrigados a agir com lealdade e boa-fé e prestar informações completas e verídicas sobre todas as questões envolvendo a formação e execução do contrato».

412. *In verbis*: «Art. 50. Quando o seguro, por sua natureza ou por expressa disposição, for daqueles que exigem informações contínuas ou averbações de globalidade de riscos e interesses, a omissão do segurado, desde que comprovada, implicará a resolução do contrato, sem prejuízo da dívida do prêmio. § 1.º A sanção de resolução do contrato será aplicável ainda que a omissão seja detectada após a ocorrência do sinistro. § 2.º O segurado poderá afastar a aplicação dessa sanção consignando a diferença de prêmio e provando a sua boa-fé».

413. *In verbis*: «Art. 62. O contrato de seguro deve ser executado e interpretado segundo a boa-fé».

414. Assim também registra MONTI, Alberto. A boa-fé no Projeto de Lei n. 3.555/04. In: *IV Fórum de Direito do Seguro «José Sollero Filho»*. São Paulo: IBDS, 2006, p. 31.

15. Boa-fé e disciplina informativa no seguro

O papel cometido à boa-fé objetiva como regra de lealdade impacta sobretudo a disciplina informativa do contrato de seguro. Ambas as acepções – a objetiva e a subjetiva – têm aí lugar, embora, em termos de linha de desenvolvimento histórico, avulte a crescente relevância da boa-fé objetiva.

A razão está em que o seguro é um «produto» oferecido ao mercado por seu produtor, isto é, a seguradora. E, como produtor do contrato de seguro, é à seguradora «que cabe desenhá-lo, redigindo o seu próprio clausulado». Essa circunstância «não é um acidente de percurso, não constitui um desvio em relação à normalidade»; é «suposto que assim seja, pois aquele é o seu produto».[415] Acresce a formação por adesão ao contrato de seguro, de modo que, já na fase pré-contratual, se apresente a relevância da conduta segundo a boa-fé. Esta impõe o ônus de falar claro, resolvendo eventuais ambiguidades, obscuridades ou contradições em favor do segurado.[416]

Se, inicialmente, diz Alberto Monti, era o segurador que sofria com a assimetria informativa, atualmente é o segurado que necessita de proteção para a sua posição, especialmente no que diz respeito ao conteúdo do seguro. A tecnologia e a «transparência» na Sociedade da Informação ampliaram as possibilidades de o segurador mensurar o risco. Ademais, verifica-se uma «caleidoscópica gama» de comportamentos oportunistas que podem ser tomados pelo segurador, principalmente no momento da execução do contrato.[417] O oportunismo se pode verificar também no polo do segurado, quando omite dolosamente a informação devida, pois toda a informação tem peso econômico, possibilitando o cálculo do risco e o estabelecimento do prêmio.

Para combater o oportunismo, atua a boa-fé em sua tríplice funcionalidade e em todo o processar das fases do contrato, desde a fase pré-contratual ao momento da execução – com ênfase no momento da regulação do sinistro e, mesmo após, surgindo deveres de proteção.

Na *fase formativa*, a boa-fé impõe deveres acessórios de lealdade e deveres de proteção, «designadamente impondo ao segurador uma análise cuidada da informação sobre os riscos a cobrir, com vista à adequação do seguro a propor às necessidades e exigências do segurado».[418] Abarca, igualmente, o próprio oferecimento do produto: é a seguradora que sabe qual das coberturas que se dispõe a oferecer se adequa às características do bem e do interesse em causa, pois não se pode pensar nas coberturas oferecidas como se constassem de um cardápio, cabendo ao segurado escolhê-la segundo

---

415. Lima Rego, Margarida. A boa-fé na contratação de seguros: deveres das partes nas fases de celebração e execução do contrato. In: Tzirulnik, Ernesto *et al.* (Org.). *Direito dos Seguros Contemporâneo.* Edição Comemorativa dos 20 anos do IBDS, vol. 1. São Paulo: Roncaratti, 2021, p. 497.

416. *Vide*, adiante, §55.

417. Monti, Alberto. A boa-fé no Projeto de Lei n. 3.555/04. In: *IV Fórum de Direito do Seguro «José Sollero Filho».* São Paulo: IBDS, 2006, p. 23-48.

418. Lima Rego, Margarida. A boa-fé na contratação de seguros: deveres das partes nas fases de celebração e execução do contrato. In: Tzirulnik, Ernesto *et al.* (Org.). *Direito dos Seguros Contemporâneo.* Edição Comemorativa dos 20 anos do IBDS, vol. 1. São Paulo: Roncaratti, 2021, p. 496.

seu gosto.[419] É também a seguradora quem calcula o preço do «produto» – isto é, o prêmio do seguro. Tem, assim, um dever de venda adequada. Muito embora não vigore no Brasil, para as seguradoras, normativa com teor semelhante ao da Diretiva (UE) 2016/97, do Parlamento Europeu e do Conselho, de 20 de janeiro de 2016, sobre distribuição de seguros[420] – a qual fixa um conjunto de medidas tendentes a prevenir a venda inadequada de produtos de seguro –,[421] uma proteção ao segurado pode ser lograda por via da densificação do princípio da boa-fé.

A seguradora tem, pois, deveres de lealdade e proteção impositivos de um dever de adequação dos produtos que oferece às necessidades do segurado. Seria desleal uma seguradora proporcionar ao segurado uma solução inadequada às suas necessidades e circunstâncias, quer por desinteresse ou deliberadamente. No limite, afirma com razão Margarida Lima Rego: «chegando-se à conclusão de que determinado contrato de seguro seria inapto para satisfazer as necessidades e exigências de certo cliente, essa situação se culposa, daria azo à aplicação do regime da responsabilidade por *culpa in contrahendo*, a qual, no direito brasileiro, encontra suporte na cláusula geral do art. 927 do Código Civil».[422]

Na *fase da conclusão e execução*, incide o art. 765 do Código Civil,[423] no qual se determina que ambas as partes devem guardar «a mais estrita boa-fé e veracidade, tanto a respeito do objeto como das circunstâncias e declarações a ele concernentes». A *fattispecie* é importante, porque, ao referir a «conclusão e execução» do contrato, importa nas seguintes consequências:

Os deveres de agir segundo a boa-fé e de veracidade se estendem à fase pré-contratual, logicamente antecedente ao momento da conclusão. Como concreções de uma conduta segundo a boa-fé, avulta o dever de informação devido por ambas as partes: para a seguradora, que é a «profissional do risco», há dever de informação acerca do objeto do contrato, das limitações e dos riscos não abrangidos pela cobertura, das circunstâncias que tolheriam o seu direito à garantia, etc. Também lhe é imputado o dever de diligência em observar os ônus da autoinformação («dever de se informar», «ônus

---

419. Assim: Lima Rego, Margarida. A boa-fé na contratação de seguros: deveres das partes nas fases de celebração e execução do contrato. In: Tzirulnik, Ernesto *et al.* (Org.). *Direito dos Seguros Contemporâneo*. Edição Comemorativa dos 20 anos do IBDS, vol. 1. São Paulo: Roncaratti, 2021, p. 499.

420. Referência a essa Diretiva em: Lima Rego, Margarida. A boa-fé na contratação de seguros: deveres das partes nas fases de celebração e execução do contrato. In: Tzirulnik, Ernesto *et al.* (Org.). *Direito dos Seguros Contemporâneo*. Edição Comemorativa dos 20 anos do IBDS, vol. 1. São Paulo: Roncaratti, 2021, p. 500-502.

421. No Brasil, deveres semelhantes são impostos ao corretor de seguro pela Lei 4.594/64.

422. Referência a essa Diretiva em: Lima Rego, Margarida. A boa-fé na contratação de seguros: deveres das partes nas fases de celebração e execução do contrato. In: Tzirulnik, Ernesto *et al.* (Org.). *Direito dos Seguros Contemporâneo*. Edição Comemorativa dos 20 anos do IBDS, vol. 1. São Paulo: Roncaratti, 2021, p. 503-504.

423. *In verbis*: «Art. 765. O segurado e o segurador são obrigados a guardar na conclusão e na execução do contrato, a mais estrita boa-fé e veracidade, tanto a respeito do objeto como das circunstâncias e declarações a ele concernentes».

autoinformativo»), pois, muitas vezes, especialmente nos «grandes riscos», a segurado-ra terá maior possibilidade de buscar informação permissiva ao cálculo do risco.[424] É sua responsabilidade conduzir o processo para a avaliação, classificação e aceitação («subs-crição») do risco,[425] indicando as informações relevantes para que o segurado possa fornecê-las, pois, com a evolução da atuária e da estatística, está em posição de saber o que é relevante para aferir o risco contratado.

Explicita a doutrina, relativamente ao dever de declaração do risco, «[...] releva[r], em primeira linha, a boa fé objectiva, definidora do padrão de comportamento devido, embora a boa fé subjectiva seja igualmente convocada, a propósito do (des)conhecimen-to de fatos não declarados, como critério de recorte negativo do incumprimento da conduta prescrita».[426] Em atenção à boa-fé objetiva, caberá à seguradora contribuir para a individualização clara, precisa e transparente das circunstâncias necessárias para subscrição do risco. Agregam-se, portanto, quanto aos deveres informativos da fase formativa do contrato, a boa-fé objetiva (norma de comportamento leal e colaborativo)[427] e a boa-fé subjetiva (estado de fato do segurado, sobre as informações relativas ao seu perfil).[428] Ao segurado cabe comunicar com exatidão e veracidade as informações que podem traçar o perfil do risco.

O dever de veracidade do segurado volta-se às condições de sua pessoa e do patri-mônio segurado, para tanto devendo fornecer dados acerca da situação da coisa a ser segurada. Não se exige que informe o que não saiba ou o que não poderia saber (*ad impossibilia nemo tenetur*). Como o segurado não é, nessa relação, o «profissional», pode não saber, por exemplo, que está a sofrer de diabetes, ou que seu colesterol alto indica «doença preexistente». Seria conduta contrária à boa-fé, por parte da seguradora, omitir-se na prestação de garantia por uma exigência dessa natureza e desse rigor.

O contrato de seguro é essencialmente dinâmico, «capaz de gerar obrigações recí-procas e sucessivas, mediante a técnica de um verdadeiro processo de direito material».[429] Logo, o dever de informação acompanha todo o desenvolvimento do contrato. Se, du-rante a execução, o segurado identifica circunstância apta a ensejar o agravamento do risco, deve informar o cocontratante com o intuito de evitar a produção de danos na esfera da seguradora. É manifesta a estreita relação entre dever de informar e dever de veracidade, de modo que não há, para quem deve dar a informação, um «direito à

---

424. Versou-se o tema em: Martins-Costa, Judith; Xavier, Rafael Branco. A cláusula de *ensuing loss* nos seguros *all risks*. In: Tzirulnik, Ernesto *et al*. (Org.). *Direito do Seguro Contemporâneo*. Edição Comemorativa dos 20 anos do IBDS, vol. 2. São Paulo: Roncarati, 2021, p. 13-44.

425. Monti, Alberto. A boa-fé no Projeto de Lei n. 3.555/04. In: *IV Fórum de Direito do Seguro «José Sollero Filho»*. São Paulo: IBDS, 2006, p. 32.

426. Poças, Luis. *O Dever de Declaração Inicial do Risco no Contrato de Seguro*. Coimbra: Almedina, 2013, p. 145.

427. *Vide*, adiante, item 16, neste parágrafo.

428. *Vide*, adiante, item 16, neste parágrafo.

429. Theodoro Júnior, Humberto. Contrato de Seguro. Ação do Segurado contra o Segurador. Pres-crição. In: Martins-Costa, Judith; Fradera, Véra. *Estudos de Direito Privado e Processual Civil*: em homenagem a Clóvis do Couto e Silva. São Paulo: Revista dos Tribunais, 2014, p. 153.

mentira», não havendo, por outro lado, para quem a recebe, o «dever de não confiar» no que é dito e apontado pela contraparte. Esse dever pode ser acentuado, ao polo segurado, em algumas espécies de seguro, como, *e.g.*, o contrato de seguro-garantia: então, em vista das especificidades dessa modalidade de seguro, caberá ao segurado larga parcela da gestão do risco,[430] já que nessa espécie contratual terá, durante a fase de execução contratual, maior proximidade com o tomador, o que lhe permite identificar as circunstâncias que importem em agravamento do risco ou indiquem até mesmo a possibilidade de o tomador inadimplir as suas obrigações, dando causa ao sinistro.[431]

Mesmo após finda a relação, na fase pós-contratual, persistem deveres de proteção, por exemplo, sobre dados informativos fornecidos em vista do contrato. E, em todas as fases da relação, a boa-fé se apresenta em sua tríplice funcionalidade:

Como cânone hermenêutico, incide na interpretação da apólice, em vista de seus termos ambíguos, contraditórios e pouco inteligíveis, impedindo, por exemplo, seja atribuído às cláusulas da apólice significado incompatível com potencialidade de apreensão de seu destinatário (aferida pelo critério da razoabilidade). E atua como *norma de integração* da pactuação, que em geral se mostra lacunosa, especialmente no momento posterior ao sinistro.

Manifesta-se, ainda, a boa-fé em sua função ordenadora do exercício jurídico, funcionando como limite ao exercício jurídico disfuncional, por exemplo, pondo um freio nas «práticas oportunistas e vexatórias na fase da gestão e liquidação do sinistro».[432]

---

430. Em sentido amplo, os *deveres de gestão do risco* consistem em deveres de conduta a cargo do segurado, ao qual, diante da proximidade que mantém com a pessoa ou os bens assegurados, é imputada a observância de certas exigências de cuidado e de informação atempada. Podem estar previstos pela Lei, diretamente, ou por via de normas regulamentares (já que este é um contrato imantado por forte dirigismo estatal); ou por concreção do princípio da boa-fé; e podem estar inscritos também no contrato, quando prevê, por exemplo, o dever do segurado de comunicar a expectativa de sinistro «tão logo tome conhecimento de qualquer inadimplemento do tomador que possa acarretar prejuízo», ou fórmula assemelhada. (Na literatura de língua portuguesa, ver, por todos: Martins, Maria Inês de Oliveira. *Contrato de Seguro e Conduta dos Sujeitos Ligados ao Risco*. Coimbra: Almedina, 2018.)

431. Circular SUSEP n. 447/2013, art. 6.º, I. Na literatura, *vide*: Comparato, Fábio Konder. Seguro garantia de obrigações contratuais. In: *Novos Ensaios e Pareceres de Direito Empresarial*. Rio de Janeiro: Forense, 1981, p. 362; Buranello, Renato Macedo. *Do Contrato de Seguro*. O seguro garantia de obrigações contratuais. São Paulo: Quartier Latin, 2006, p. 177; Leães, Luiz Gastão Paes de Barros. O Seguro-Garantia sob a Modalidade de Antecipação de Pagamentos. *Revista de Direito Bancário e do Mercado de Capitais*, vol. 17/2002. Acesso RTOnline. Também acentuando o caráter indenizatório: Piza, Paulo Luiz de Toledo. *Seguro Garantia e Obrigação Indenizatória do Segurador*. Disponível em: <https://aidainsurance.org/files/2019-09/Paulo%20Piza%20-%20Seguro%20Garantia%20e%20obrigac%CC%A7a%CC%83o%20indenizato%CC%81ria%20do%20segurador.pdf>. Último acesso em: 10.05.2023; Poletto, Gladimir Adriani. Controvérsias atuais a propósito do seguro garantia. In: Goldberg, Ilan; Junqueira, Thiago (Org.). *Temas Atuais de Direito dos Seguros*. Tomo II. São Paulo: Revista dos Tribunais, 2020. Na mesma obra: Terra, Aline de Miranda Valverde; Salgado, Bernardo. O Risco no Seguro Garantia e o Inadimplemento Anterior ao Termo. In: Goldberg, Ilan; Junqueira, Thiago (Org.). *Temas Atuais de Direito dos Seguros*. Tomo II. São Paulo: Revista dos Tribunais, 2020.

432. Monti, Alberto. *Boa-Fé e Seguro*. III Fórum de Direito do Seguro «José Sollero Filho». São

A boa-fé ainda obsta a alegação de nulidades formais ou o escudar-se em formalismos exacerbados que resultem prejudiciais às legítimas expectativas do outro contratante; veda comportamentos contraditórios e protege expectativas legitimadas em vista do contrato, dos usos e do comportamento contratual. E na regulação do sinistro e gestão da indenização, o princípio da boa-fé atua como «governo da discricionariedade» da companhia seguradora, como fonte de obrigações anexas a cargo da seguradora.[433]

Revestidas por significados e funções que apontam à «significativa inversão de tendência na utilização da cláusula de boa-fé»,[434] as regras pontuais do Código Civil devem ser lidas, portanto, à luz dos significados atribuídos, nesse tipo contratual, à boa-fé objetiva.

16. Boa-fé e regulação do sinistro

Desenvolvendo-se a obrigação como um processo, em vista do adimplemento, a fase de execução abarca, naturalmente, a regulação do sinistro.[435] Infelizmente, pouca importância se tem dado, em âmbito doutrinário, a essa fase, sendo ainda escassos, embora valiosos, os estudos sobre suas especificidades – talvez pelo fato de o Código Civil não conter uma disciplina específica à regulação, diversamente do que se verifica no Projeto de Lei Geral do Seguro, que contém um Capítulo inteiramente dedicado à regulamentação específica dessa fase do processo obrigacional securitário.[436]

Essa é uma fase delicada, em que a boa-fé atua com especialíssima intensidade, pois a regulação do sinistro[437] configura, ao mesmo tempo, um momento da relação

---

Paulo: IBDS, 2003, p. 130 e ss. Do mesmo autor: *Bona Fede e Assicurazione*. Milano: Giuffrè, 2002, p. 29 e ss.

433. O inventário das áreas de mais forte atuação da boa-fé no contrato de seguro foi proposto por Monti, Alberto. *Boa-Fé e Seguro*. III Fórum de Direito do Seguro «José Sollero Filho». São Paulo: IBDS, 2003, que acrescenta: «O juízo de reprovação delineado de acordo com os termos da boa-fé revela que a conduta abusiva que cause dano ao segurado deve ser sancionada enquanto injusta e socialmente inaceitável. E de um ponto de vista econômico, agindo o segurador de maneira oportunista, deixando de respeitar as legítimas expectativas contratuais da contraparte privando-a dos benefícios contratados, incidirá negativamente na medida do *surplus* cooperativo gerado pela operação, podendo prejudicar a eficiência do contrato em seu todo» (p. 131).

434. Monti, Alberto. *Boa-Fé e Seguro*. In: *III Fórum de Direito do Seguro «José Sollero Filho»*. São Paulo: IBDS, 2003.

435. Tem estudado o tema o Professor Humberto Theodoro Jr., especialmente em: Theodoro Júnior, Humberto. Contrato de Seguro. Ação do Segurado contra o Segurador. Prescrição. In: Martins-Costa, Judith; Fradera, Véra. *Estudos de Direito Privado e Processual Civil*: em homenagem a Clóvis do Couto e Silva. São Paulo: Revista dos Tribunais, 2014, p. 157. Ainda: Theodoro Júnior, Humberto. A Regulação do Sinistro no Direito Atual e no Projeto de Lei n. 3.555, de 2004. In: *IV Fórum de Direito do Seguro «José Sollero Filho»*. São Paulo: IBDS, 2006, p. 183-216. Ainda: Tzirulnik, Ernesto. *Regulação do Sinistro* (Ensaio Jurídico). São Paulo: Max Limonad, 2001.

436. Projeto de Lei n. 29/2017, arts. 77 a 92.

437. Del Fiori, Alexandre. *Dicionário de Seguros*. São Paulo: EMTS, 1996, p. 137. A Apólice de seguro 1-96-4003456-0 define *regulação de sinistro*, da seguinte maneira: «processo de avaliação das causas, consequências, circunstâncias e apuração dos prejuízos sofridos pelo segurado, e da exis-

CRITÉRIOS PARA UMA APLICAÇÃO DA BOA-FÉ SISTEMATICAMENTE ORIENTADA | 367

contratual marcado por «fortes elementos de conflitos, os quais representam, necessariamente, interesses contrapostos»[438] e procedimento investigativo de *interesse comum* do segurado e do segurador,[439] consistindo em parte integrante da prestação devida[440] pelo segurador ao titular da pretensão indenizatória.

Por voltar-se ao interesse comum, as partes do procedimento de regulação – o segurador e o segurado (ou o titular do interesse segurado) – devem ter uma «participação leal».[441] O regulador desempenha o papel de «elo de ligação»[442] entre os figurantes, sendo-lhe atribuído, pela boa-fé, uma gama de *deveres específicos*, quais sejam: (*i*) dever de isenção, ou imparcialidade; (*ii*) dever de veracidade; (*iii*) específicos deveres informativos.

Na base do primeiro (dever de isenção), está a circunstância de o regulador, embora funcionalmente subordinado à seguradora, ou por ela contratado, dever ter isenção técnica em seu mister, pois seu trabalho não se destina a quem o contrata, mas ao interesse comum coenvolto no procedimento. Chega-se mesmo a aludir a um «caráter arbitral» do serviço que presta,[443] no sentido de o regulador atuar como um arbitrador, procurando, na medida do possível, soluções de consenso. Sob pena de violar a boa-fé, o regulador deve buscar solução amigável (obrigação de meios) e não criar obstáculos irrazoáveis, ou recair em procrastinação, devendo ser «de tal forma isento em seu trabalho que, na verdade, funcione como um intermediário».[444-445]

---

têncía ou não da obrigação da seguradora de indenizar o Segurado ou Beneficiário» (*Glossário das Condições Gerais – Riscos Operacionais*, p. 7). *Vide*, para definições similares: <https://www.starrcompanies.com.br/~/media/Files/Brazil/J%20-Riscos%20Operacionais.ashx> ou <https://www.zurich.com.br/-/media/project/zwp/brazil/docs/riscos-nomeados-operacionais/riscos--operacionais/cg-15414000363200816-vigncia-de-10102013-at-23072015.pdf>.

438. MONTI, Alberto. A boa-fé no Projeto de Lei n. 3.555/04. In: *IV Fórum de Direito do Seguro «José Sollero Filho»*. São Paulo: IBDS, 2006, p. 45.

439. Assinala o comum interesse: THEODORO JÚNIOR, Humberto. *O Contrato de Seguro e a Regulação do Sinistro*. Disponível em: <http://dspace.almg.gov.br/handle/11037/33183>. Último acesso em: 10.05.2023. E ainda: BESSA, Carlos Barbosa. Manual de Liquidação do Sinistro – Incêndio. Biblioteca da FENASEG *apud* TZIRULNIK, Ernesto. *Regulação do Sinistro* (Ensaio Jurídico). São Paulo: Max Limonad, 2001, p. 84.

440. E como acrescenta a doutrina: enquanto parte integrante da prestação devida, a regulação do sinistro «é condição de sua exigibilidade, pois sem ela não se sabe o segurado tem realmente direito à indenização, nem quanto é o montante devido pelo segurador» (THEODORO JÚNIOR, Humberto. *O Contrato de Seguro e a Regulação do Sinistro*. Disponível em: <http://dspace.almg.gov.br/handle/11037/33183>. Acesso em: 10.05.2023).

441. THEODORO JÚNIOR, Humberto. *O Contrato de Seguro e a Regulação do Sinistro*. Disponível em: <https://dspace.almg.gov.br/handle/11037/33183>. Acesso em: 10.05.2023.

442. TZIRULNIK, Ernesto. *Regulação do Sinistro* (Ensaio Jurídico). São Paulo: Max Limonad, 2001, p. 85.

443. TZIRULNIK, Ernesto. *Regulação do Sinistro* (Ensaio Jurídico). São Paulo: Max Limonad, 2001, p. 112-113.

444. Nesse sentido, Humberto Theodoro Júnior, acrescentando – com base na lição de Robert Prahal – que, numa situação ideal, «o regulador [busca] dar ao procedimento regulatório um caráter consensual, pois o ideal é que se obtenha um acordo entre as partes acerca da indenização a que efetivamente faça jus o segurado». Consulte-se, assim, THEODORO JÚNIOR, Humberto. *O Contrato de Seguro e a Regulação do Sinistro*. Disponível em: <http://dspace.almg.gov.br/handle/11037/33183>. Último acesso em: 10.05.2023.

445. Essa «participação leal» importaria, entre outros, «por força do princípio da boa-fé, [...] na busca de

368 | A BOA-FÉ NO DIREITO PRIVADO

Para além da imparcialidade que deve pautar o exercício de sua atividade, deverá chegar às suas conclusões fundamentadamente, com correção (veracidade) e informação precisa e completa. O regulador tem o dever jurídico de ser veraz (dever de veracidade). Se há dúvidas sobre aspectos técnicos, não pode omiti-las ou escamoteá-las. Muito mais, se houver convicção técnica, deve expô-las, ainda que essa opinião vá desagradar a seguradora ou a resseguradora. Esse dever abarca a reticência sobre pontos fundamentais para a realização dos interesses das partes, não apenas a reticência dolosa (já sancionável com o dolo), mas também a omissão negligente de esclarecimentos ou informações.

O dever de veracidade liga-se aos deveres informativos. Como já se observou acima, a boa-fé incide na disciplina informativa do contrato de seguro como um todo, impactando em todos os sujeitos dessa relação contratual complexa. No que tange de modo particular à fase de regulação, deve o segurado não apenas iniciar o procedimento, com o aviso de sinistro, mas também deve colaborar com o envio de dados, informações e proceder a esclarecimentos, se e quando necessário. Seguradora e regulador devem não apenas fazer perguntas e investigações, mas fornecer ao segurado informações e esclarecimentos sobre o objeto da investigação, critérios utilizados e conclusões alcançadas.

Cogite-se da seguinte hipótese: articulados entre si, seguradora e regulador, em face de um sinistro complexo, que demanda uma regulação também complexa, trocam informações apenas entre si, escamoteando-as do segurado. Quando o segurado pede esclarecimentos, encontra pela frente omissão informativa, delongas irrazoáveis na prestação de esclarecimentos, volteios quando se trata de indicar os critérios técnicos seguidos. Caracteriza-se, no caso, inadimplemento contratual, por violação de deveres ligados ao interesse de prestação – não apenas de interesses de proteção.

Seria igualmente contrária à boa-fé a conduta do regulador que reiteradamente exige informações já prestadas pelo segurado. É a hipótese do art. 90, parágrafo 3.º, do Projeto,[446] nesse caso atuando a boa-fé para vetar condutas abusivas na manipulação por parte da seguradora do prazo de suspensão ali previsto.

No entanto, não é apenas na criação de deveres que atua a boa-fé. Também desempenha *função integrativa*, para preencher lacunas contratuais que só se apresentam como tais no momento posterior ao sinistro e *função corretora*, atuando como limite ao exercício jurídico disfuncional, diante de «práticas oportunistas e vexatórias na fase da gestão e liquidação do sinistro». Assim, por exemplo, seria a conduta da seguradora que,

---

solução amistosa e na [não adoção] de comportamentos procrastinatórios», conforme consigna THEODORO JÚNIOR, Humberto. *O Contrato de Seguro e a Regulação do Sinistro*. Disponível em: <http://dspace.almg.gov.br/handle/11037/33183>. Último acesso em: 10.05.2023.

446. *In verbis*: «Art. 90. A seguradora terá o prazo máximo de noventa dias, contado da apresentação da reclamação pelo interessado, para executar os procedimentos de regulação e liquidação de sinistro. [...] § 3.º Caso a seguradora, antes de vencido o prazo fixado no *caput*, apresente solicitação de elementos ou informações necessários para decidir sobre a cobertura ou sobre o valor do capital ou da indenização a ser paga, o prazo será suspenso até que o interessado apresente as informações, documentos e demais elementos expressamente solicitados pela seguradora».

CRITÉRIOS PARA UMA APLICAÇÃO DA BOA-FÉ SISTEMATICAMENTE ORIENTADA | 369

avisada pelo regulador, confidencialmente, que suas conclusões serão favoráveis à pretensão indenizatória do segurado, promove – sem qualquer justificativa técnica – a troca de regulador. Essa troca será abusiva, atraindo a incidência da função corretora da boa-fé como limite, inibindo o exercício abusivo.

A função corretora da boa-fé pode ter também um caráter proativo. Como pauta ordenadora do exercício jurídico lícito, a boa-fé obsta a alegação de nulidades formais ou o escudar-se em formalismos exacerbados que resultem prejudiciais às legítimas expectativas do outro contratante; veda comportamentos contraditórios e protege expectativas legitimadas em vista do contrato, dos usos e do comportamento contratual.

17. Boa-fé e abusividade no contrato de seguro

A par dessas funções específicas à fase regulatória, a boa-fé serve para coibir – durante toda a execução contratual – condutas abusivas ou desleais,[447] de ambas as partes, no curso do contrato, tendo reflexos no equilíbrio contratual. O art. 766 do Código Civil[448] impõe penalidade ao segurado que fizer declarações inexatas ou omitir circunstâncias que possam influir na aceitação da proposta ou na taxa do prêmio. Porém, como está em autorizada fonte: «Não basta que o que foi dito seja verdadeiro. É preciso que não se omita o que é de relevância para a atitude do segurador ao aceitar ou ao recusar a oferta. A inverdade ou a omissão, para que o art. 1.444 incida, há de ter influído na aceitação, ou na taxa do prêmio».[449]

Se assim ocorrer, perderá o segurado o direito à garantia, além de ficar obrigado ao pagamento do prêmio vencido, o que só ocorrerá (em vista da conjugação entre a regra do *caput* e a do parágrafo único) nas situações em que as omissões e declarações inexatas decorram de dolo, presente, portanto, o elemento volitivo (a intenção de lesar a seguradora), usufruindo de uma garantia indevida ou por um prêmio inadequado, como quando omite a informação para conseguir um seguro sem base técnica adequada.[450]

---

447. O Enunciado 371 da IV Jornada de Direito Civil do Conselho de Justiça Federal (2006) explicita, a partir do dispositivo do art. 763 do Código Civil, a regra do art. 395, parágrafo único, *in verbis:* «371 – A mora do segurado, sendo de escassa importância, não autoriza a resolução do contrato, por atentar ao princípio da boa-fé objetiva». A proposição é redundante, em face dos claros termos do art. 395, par. único.

448. *In verbis:* «Art. 766. Se o segurado, por si ou por seu representante, fizer declarações inexatas ou omitir circunstâncias que possam influir na aceitação da proposta ou na taxa do prêmio, perderá o direito à garantia, além de ficar obrigado ao prêmio vencido. Parágrafo único. Se a inexatidão ou omissão nas declarações não resultar de má-fé do segurado, o segurador terá direito a resolver o contrato, ou a cobrar, mesmo após o sinistro, a diferença do prêmio».

449. PONTES DE MIRANDA, Francisco Cavalcanti. *Tratado de Direito Privado*. Tomo XLV. São Paulo: Revista dos Tribunais, 2012, § 4.923, em referência ao art. 1.444 do Código Civil de 1916, correspondente ao art. 766 do vigente Código.

450. TZIRULNIK, Ernesto; CAVALCANTI, Flávio de Queirós; PIMENTEL, Airton. *O Contrato de Seguro*. São Paulo: Revista dos Tribunais, 2003, p. 71-72. No art. 49 do Projeto de Lei 29/2017 (antigo Projeto de Lei 3.555/2004), especifica-se, por exemplo, que o segurador é obrigado a advertir o proponente sobre quais são as informações relevantes que devem ser fornecidas para a aceitação e

370 | A BOA-FÉ NO DIREITO PRIVADO

A referência à «ausência de má-fé» induz tratar-se da boa-fé subjetiva, isto é, da boa-fé como ignorância escusável acerca de certa situação de fato, ou de direito. Há evidente incongruência em falar-se «má-fé objetiva», como às vezes se lê, porque a correspondência é outra: a má-fé é o antônimo da boa-fé subjetiva, não da objetiva, que não diz respeito à intenção, ou ao exame da subjetividade do agente. Tanto assim é que os tribunais firmaram posição acertadamente no sentido de a omissão de informações, quando não atribuível à ciência do interessado, não poder ser penalizada, pois «não age contrariamente à boa-fé quem, ao firmar a proposta de seguro, conhecimento não tinha da doença – AIDS – que, posteriormente, exame laboratorial veio a detectar»,[451] cabendo à seguradora exigir exame prévio de saúde, sob pena de assumir o risco, nos termos da Súmula 609 do STJ.

Paradigmático aresto acerca da boa-fé subjetiva como requisito à omissão dolosa de informações no contrato de seguros é o «caso do seguro D&O»,[452] julgado pelo STJ.

Administrador de uma sociedade havia contratado seguro de responsabilidade civil, na modalidade D&O (*Directors and Office Insurance*), cuja finalidade é garantir os riscos de eventuais prejuízos causados por atos de gestão, quando no desempenho de cargo ou função de direção, administração e conselho em sociedades empresárias. Essa modalidade oferece cobertura para a prática de atos culposos, mas não de atos dolosos, em atenção ao brocardo segundo o qual «*fraus omnia corrumpit*».

Ocorre que, por ocasião do preenchimento do questionário proposto pela seguradora, tanto o segurado quanto a tomadora do seguro (isto é, a sociedade na qual desempenhava a função de membro do Conselho de Administração) prestaram informações inexatas e omitiram, deliberadamente, informações conhecidas e capazes de influenciar a taxa do prêmio ou a própria aceitação do contrato. Perguntava-se se nos últimos cinco anos teria ocorrido «alguma investigação judicial ou extrajudicial em curso contra qualquer administrador». A resposta fora negativa. Ocorre, porém, que o

---

formação do contrato, esclarecendo em seus formulários e questionários as consequências do descumprimento desse dever. O segurador que não requerer as informações relevantes, que não solicitá-las de forma completa e certa ou que não alertar sobre as consequências do descumprimento do dever de informação do segurado não poderá aplicar sanções baseando-se em infração contratual, salvo conduta dolosa do proponente ou de seu representante. Ademais, no Projeto de Lei 29/2017, alteram-se as consequências previstas para a hipótese de violação culposa dos deveres de informação pelo segurado. Segundo o art. 766 do Código Civil, o segurador titula o direito formativo extintivo de resolução do contrato, ou de requerer o pagamento da diferença do prêmio mesmo depois de ocorrido o sinistro. Diferentemente, o art. 47, § 2.º, do Projeto de Lei prevê que, caso ocorra o sinistro, a prestação será reduzida proporcionalmente à diferença entre o prêmio pago e aquele que seria devido, caso recebidas todas as informações necessárias. O ônus da prova é do segurador (ver: MONTI, Alberto. A boa-fé no Projeto de Lei n. 3.555/04. In: *IV Fórum de Direito do Seguro «José Sollero Filho»*. São Paulo: IBDS, 2006, p. 34-36).

451. Assim o acórdão TJRS. E.I. 598007607. Terceiro Grupo de Câmaras Cíveis. Relator Des. Antônio Janyr Dall'Agnol. Julgamento em 03.04.1998.

452. STJ. REsp 1601555/SP. Terceira Turma. Relator Min. Ricardo Villas Bôas Cueva. Julgamento em 14.02.2017. *DJ* de 20.02.2017. Em sentido similar: STJ. REsp 1340100/GO. Terceira Turma. Relator Min. Ricardo Villas Bôas Cueva. Julgamento em 21.08.2014. *DJ* de 08.09.2014.

segurado e a tomadora tinham ciência acerca de investigações promovidas pela CVM – Comissão de Valores Mobiliários – pela prática de *insider trading*[453] na qual estaria envolvido aquele administrador.

Registrou-se no aresto a centralidade da boa-fé (subjetiva e objetiva) na relação contratual de seguro, bem como a relação entre a informação e o cálculo do risco, pois, como já estava em antiga doutrina, «as declarações feitas pelo segurado sobre as condições e circunstâncias do risco servem de base à aceitação da proposta e à fixação do prêmio».[454] O segurado tem o dever de comunicar as modificações nesse estado que conformou a base contratual, desde que delas tenha ciência, e logo que tenha ciência.

Daí a razão de ser das regras legais que punem a má-fé na dação de informações inverídicas ou a omissão informativa, tendo sido consignado na fundamentação do acórdão: «a penalidade para o segurado que agir de má-fé ao fazer declarações inexatas ou omitir circunstâncias que possam influir na aceitação da proposta pela seguradora ou na taxa do prêmio é a perda da garantia securitária (arts. 765 e 766 do CC)».[455] Considerou-se que «as informações prestadas pela tomadora do seguro e pelo segurado no questionário de risco não correspondiam à realidade enfrentada pela empresa no momento da renovação da apólice, o que acabou por induzir a seguradora em erro na avaliação do risco contratual». Consequentemente, foi decidido que a «omissão dolosa quanto aos eventos sob investigação da CVM dá respaldo à sanção de perda do direito à indenização securitária». Ressalvou-se, contudo, que «as informações omitidas ou prestadas em desacordo com a realidade dos fatos devem guardar relação com a causa do sinistro, ou seja, deverão estar ligadas ao agravamento concreto do risco (Enunciado n. 585 da VII Jornada de Direito Civil)».

18. Boa-fé e agravamento do risco

«Agravamento do risco» é uma expressão comumente tomada em seu sentido naturalista, o que é equívoco, pois exprime um conceito jurídico normativa e

---

453. Como está no acórdão comentado: «Considera-se *insider trading* qualquer operação realizada por um *insider* (diretor, administrador, conselheiro e pessoas equiparadas) com valores mobiliários de emissão da companhia, em proveito próprio ou de terceiro, com base em informação relevante ainda não revelada ao público. É uma prática danosa ao mercado de capitais, aos investidores e à própria sociedade anônima, devendo haver repressão efetiva contra o uso indevido de tais informações privilegiadas (arts. 155, § 1.º, e 157, § 4.º, da Lei n. 6.404/1976 e 27-D da Lei n. 6.385/1976)» (STJ. REsp 1601555/SP. Terceira Turma. Relator Min. Ricardo Villas Bôas Cueva. Julgamento em 14.02.2017. *DJ* de 20.02.2017. Em sentido similar: STJ. REsp 1340100/GO. Terceira Turma. Relator Min. Ricardo Villas Bôas Cueva. Julgamento em 21.08.2014. *DJ* de 08.09.2014).

454. Carvalho Santos, José M. de. *Código Civil Brasileiro Interpretado*. Principalmente do ponto de vista prático. Direito das Obrigações: arts. 1.363 a 1504. 7.ª ed. Rio de Janeiro: Freitas Bastos, 1958, p. 338.

455. STJ. REsp 1601555/SP. Terceira Turma. Relator Min. Ricardo Villas Bôas Cueva. Julgamento em 14.02.2017. *DJ* de 20.02.2017. Em sentido similar: STJ. REsp 1340100/GO. Terceira Turma. Relator Min. Ricardo Villas Bôas Cueva. Julgamento em 21.08.2014. *DJ* de 08.09.2014.

372 | A BOA-FÉ NO DIREITO PRIVADO

sistematicamente situado. Tecnicamente, trata-se de uma situação resultante de um incidente posterior à celebração do contrato de tal maneira que, se o novo estado de coisas tivesse existido no momento da celebração do contrato, a seguradora não teria estipulado o contrato, ou teria estabelecido um valor mais elevado para o prêmio.[456]

Para melhor compreender o significado jurídico da expressão, é preciso recordar, em primeiro lugar, a estrutura jurídico-econômica do contrato de seguro e a centralidade da noção de «risco segurado»; e, em seguida, proceder às distinções entre *agravamento do risco e causação do sinistro*.

O objeto do contrato de seguro é a garantia contra riscos predeterminados. Por seu intermédio, as consequências de um risco que impende sobre o segurado são transferidas para o segurador. Porém, é o segurado que permanece em contato com a pessoa ou os bens segurados. Essa é a razão pela qual a Lei impõe ao segurado condutas de controle do risco, é dizer: certos «deveres de conduta que valoram a sua proximidade face ao risco segurado», dentre os quais estão os deveres de comunicar agravamentos do risco; o de não o agravar; o de mitigar as consequências do sinistro ou a própria ocorrência do sinistro.[457] O próprio contrato pode determinar outras condutas em face do risco, como, exemplificativamente, o dever de instalar equipamentos de proteção contra o fogo, no caso de um seguro contra fogo, embora as disciplinas legal e contratual sejam inconfundíveis na sua extensão, requisitos e efeitos.[458] Derivam da relação exigências de conduta específicas no controle ou gestão do risco.[459]

A razão de ser dessas exigências está em que o agravamento do risco impacta diretamente o sinalagma contratual, atingindo o mutualismo que está no seu cerne. O agravamento deve resultar de um incidente posterior à celebração do contrato que altere o *status quo*. Logo, «o juízo da agravação por fato superveniente estabelece uma relação entre o

---

456. Assim, DONATI, citado por AGUIAR JR., Ruy Rosado de. Agravamento de Risco – Conceito e Limites. In: *VII Fórum de Direito do Seguro «José Sollero Filho»*. São Paulo: Roncarati – IBDS, 2018, p. 126. ALVIM, Pedro. *O Contrato de Seguro*. 2.ª ed. Rio de Janeiro: Forense, 1986, p. 261.

457. MARTINS, Maria Inês de Oliveira. *A Imposição Contratual de Condutas de Controle do Risco*. A experiência europeia em diálogo com o ordenamento brasileiro, vigente e prospectivo. São Paulo: Roncarati, 2019, p. 15.

458. Explica Martins: «A amplitude dos deveres de conduta legais – por exemplo, não adoptar condutas deliberadas de agravamento do risco, sob pena de perda de cobertura – não coincide com a estreiteza das condutas que podem ser impostas pelo contrato – por exemplo, não conduzir veículos motorizados para cuja condução não se está habilitado, sob pena de perda de cobertura. Acresce que o regime do não cumprimento não tem tão-pouco que coincidir: basta comparar arts. 768 e 771 do CC, que reportam uma consequência de perda total da garantia, ou do direito à indemnização, a um incumprimento intencional, com uma cláusula contratual que determine que o segurado que, por culpa simples, não instale um sistema de extintores de incêndio, verá a sua prestação reduzida na medida dos danos que de tal decorram para o segurador» (MARTINS, Maria Inês de Oliveira. *A Imposição Contratual de Condutas de Controle do Risco*. A experiência europeia em diálogo com o ordenamento brasileiro, vigente e prospectivo. São Paulo: Roncarati, 2019, p. 66).

459. MARTINS, Maria Inês de Oliveira. *A Imposição Contratual de Condutas de Controle do Risco*. A experiência europeia em diálogo com o ordenamento brasileiro, vigente e prospectivo. São Paulo: Roncarati, 2019, p. 66-67.

CRITÉRIOS PARA UMA APLICAÇÃO DA BOA-FÉ SISTEMATICAMENTE ORIENTADA | 373

quadro formado pelas informações iniciais e a realidade alterada no curso da execução do contrato», sendo estabelecido um juízo «comparativo e relacional entre duas situações»: aquela do momento da celebração do contrato e a que depois veio se apresentar.[460]

O Código Civil trata do agravamento do risco fundamentalmente no art. 768,[461] no qual está o dever de o segurado não agravar, intencionalmente, o risco objeto do contrato, pois «o segurado perderá o direito à garantia se agravar intencionalmente o risco objeto do contrato»; e no art. 769, o qual determina ao segurado a obrigação de «comunicar ao segurador, logo que saiba, todo incidente suscetível de agravar consideravelmente o risco coberto, sob pena de perder o direito à garantia, se provar que silenciou de má-fé».

A interpretação do art. 768 avulta, de imediato, o elemento intencional: o segurado perde o direito à garantia se agravar *intencionalmente* o risco. O que exige a lei sob pena da perda do direito à indenização não é simplesmente o aumento do risco e sim o aumento *qualificado* do risco. Conjuga-se ao elemento subjetivo o elemento objetivo, o qual «deve ser de tal ordem que altere substancialmente o risco».[462] Trata-se de previsão específica e especialmente gravosa (pela presença de má-fé) do dever de consideração aos legítimos interesses do *alter*, sabendo-se que, no caso do seguro, em razão da mutualidade e «estrutura comunitária», o «outro» é a comunidade segurada.

Agravar o risco «equivale a aumentar a probabilidade de ocorrência da lesão ao interesse garantido, ou sua severidade».[463] Nem todo o agravamento do risco leva, porém, a essa radical consequência. A indeterminação presente nos advérbios «intencionalmente» e «consideravelmente» empregados nos arts. 768 e 769 é proposital, em face da impossibilidade de arrolar, de forma taxativa, os fatos agravantes. Estes serão sempre relacionais ao interesse segurado. Agravar o risco, pois, «equivale a aumentar a probabilidade de ocorrência da lesão ao interesse garantido, ou sua severidade».[464] Porém, entre os fatos gravosos ao risco, «não devem ser incluídos aqueles que acontecem normalmente na vida de relação ou no desempenho da atividade do segurado»,[465] porque, em rigor, deve configurar uma alteração da base contratual.[466]

---

460. AGUIAR JR., Ruy Rosado de. Agravamento de Risco – Conceito e Limites. In: *VII Fórum de Direito do Seguro «José Sollero Filho»*. São Paulo: Roncarati – IBDS, 2018, p. 123-124.

461. *In verbis*: «Art. 768. O segurado perderá o direito à garantia se agravar intencionalmente o risco objeto do contrato».

462. AGUIAR JR., Ruy Rosado de. Agravamento de Risco: Conceito e Limites. In: *VII Fórum de Direito do Seguro «José Sollero Filho»*. São Paulo: Roncarati – IBDS, 2018, p. 128; TZIRULNIK, Ernesto; CAVALCANTI, Flávio de Queirós; PIMENTEL, Airton. *O Contrato de Seguro*. São Paulo: Revista dos Tribunais, 2003, p. 76.

463. TZIRULNIK, Ernesto; CAVALCANTI, Flávio de Queirós; PIMENTEL, Airton. *O Contrato de Seguro*. São Paulo: Revista dos Tribunais, 2003, p. 76.

464. TZIRULNIK, Ernesto; CAVALCANTI, Flávio de Queirós; PIMENTEL, Airton. *O Contrato de Seguro*. São Paulo: Revista dos Tribunais, 2003, p. 76.

465. AGUIAR JR., Ruy Rosado de. Agravamento de Risco – Conceito e Limites. In: *VII Fórum de Direito do Seguro «José Sollero Filho»*. São Paulo: Roncarati – IBDS, 2018, p. 129.

466. *Grosso modo*, considera-se a base contratual o estado geral das coisas ou conjunto de circunstâncias objetivas ou objetiváveis (como o jogo entre vantagens e desvantagens para ambas as partes,

A doutrina[467] tem insistido que, para os efeitos de excluir a garantia, a agravação do risco deve ser «sensível e durável», no sentido de não consistir num fator de agravamento ocasional, esporádico. Isso porque na «sociedade do risco» – expressão denotativa de uma realidade, e não apenas um vazio bordão – é positivamente impossível isentar-se de *qualquer* aumento dos riscos, em *qualquer* ocasião como, por exemplo, dirigir ocasionalmente o automóvel em bairros em que os índices de criminalidade são mais altos do que em outros; ou viajar em transporte coletivo quando há na região um aumento de doença contagiosa, como a dengue; ou mesmo circular por uma cidade quando, em razão de fortes chuvas, há alagamentos nas ruas.

Por consequência, cabendo ao estipulante do seguro informar sobre o agravamento do risco, esse deve ter alguma *permanência* ou *durabilidade*, é dizer: não ser um fator meramente ocasional e passageiro. Em alguns casos, os fatores «sensibilidade» e «durabilidade» do risco são expressamente contemplados pela lei como condição para a exclusão da garantia;[468] em outros, ingressam nos sistemas jurídicos por via da construção doutrinária, o que resulta de uma construção lógica: se o segurado deve, durante a execução do contrato, declarar as circunstâncias novas que tenham por consequência agravar os riscos ou criar novos riscos, tornando ultrapassados e inexatos os riscos

---

a finalidade da prestação, a sua utilidade para o credor, a natureza do negócio jurídico e as circunstâncias em que concluído) considerado pelas partes quando decidiram concluir o negócio jurídico, e cuja subsistência é necessária para que o contrato seja uma regulação dotada de sentido. (Acerca das variadas concepções de base do negócio, *vide*, na doutrina portuguesa: PIRES, Catarina Monteiro. *Impossibilidade da Prestação*. Coimbra: Almedina, 2017, p. 348-366.) Na doutrina brasileira, PONTES DE MIRANDA, Francisco Cavalcanti. *Tratado de Direito Privado*. Tomo XXV. Rio de Janeiro: Borsói, 1959, §3.062. O Tomo XXV do *Tratado de Direito Privado* foi publicado, originalmente, em 1959, antes, portanto, da publicação do trabalho fundamental de LARENZ, Karl. *Geschäftsgrundlage und Vertragserfüllung*. München: C.H. Beck, 1963 (traduzido em espanhol como: *Base del Negocio Jurídico y Cumplimiento de los Contratos*. Trad. Carlos Fernández Rodríguez. Granada: Comares, 2002). Também versou o tema: AGUIAR JR., Ruy Rosado de. *Comentários ao Novo Código Civil*, vol. VI. Tomo II. Rio de Janeiro: Forense, 2011, p. 843-844.

467. Exemplificativamente: FACHIN, Luiz Edson. Contrato de Seguro e o Agravamento de Risco na Perspectiva do Código Civil Brasileiro. *Soluções Práticas de Direito*: pareceres, vol. I. São Paulo: Revista dos Tribunais, 2012, p. 157 e ss. Acerca do elemento intencional: PASQUALOTTO, Adalberto. *Contratos Nominados III*: seguro, constituição de renda, jogo e aposta, fiança, transação, compromisso. São Paulo: Revista dos Tribunais, 2008, p. 116; AGUIAR JR., Ruy Rosado de. Agravamento de Risco – Conceito e Limites. In: *VII Forum de Direito do Seguro «José Sollero Filho»*. São Paulo: Roncarati – IBDS, 2018; MARTINS, Maria Inês de Oliveira. *A Imposição Contratual de Condutas de Controle do Risco*. A experiência europeia em diálogo com o ordenamento brasileiro, vigente e prospectivo. São Paulo: Roncarati, 2019. Também este é o direcionamento seguido por José Augusto Delgado, comentarista do Código Civil de 2002, para quem o risco agravado pelo segurado é aquele «causado por vontade própria, isto é, com intenção de se beneficiar do valor de garantia». E opina: «Embora o legislador não mencione expressamente, há de se conceber na expressão "agravar intencionalmente o risco" a exigência de um comportamento doloso», bem explicitando o significado do advérbio «intencionalmente» presente no dispositivo legal (DELGADO, José Augusto. *Comentários ao Novo Código Civil*. Das várias espécies de contrato. Do seguro, vol. XI. Tomo I. Rio de Janeiro: Forense, 2004, p. 247).

468. Acerca da lei belga, ver: FONTAINE, Marcel. *Droit des Assurances*. 3.ª ed. Paris: Lacier, 2006, § 238-240, p. 167-169. Ver, ainda, a título exemplificativo, o art. L113-4 do *Code des Assurances* francês.

CRITÉRIOS PARA UMA APLICAÇÃO DA BOA-FÉ SISTEMATICAMENTE ORIENTADA | 375

declarados na apólice, o novo risco, ou o aumento daquele declarado deve ter alguma permanência. Para infletir no contrato deve ser de tal natureza que, se as novas circunstâncias tivessem sido declaradas no momento da conclusão contratual, ou da renovação do seguro, o segurador não teria contratado ou contrataria apenas mediante um prêmio mais elevado. O aumento do risco deve ser «provável» em razão dos elementos de multiplicação possível do sinistro, ou de sua frequência, cabendo ao segurador comprovar que o fato não declarado agravou efetivamente o risco.

19. Boa-fé e «dever de minimizar o risco»

Direcionada pela mesma diretriz de cooperação, em vista dos interesses enfeixados na relação, está a regra do art. 771, *in fine*, pela qual o segurado, tão logo ciente da ocorrência do sinistro, «participará ao segurador» e «tomará as providências imediatas para minorar-lhe as consequências». Trata-se de concreção da boa-fé que se apresenta como encargo de direito material ou, em outra fórmula, de um dever/encargo, pois há nessa regra a conjugação entre um *dever de proteção* e de um *encargo ou ônus de direito material*.[469] Este último – o aviso de sinistro –[470] é o encargo de comunicar, imediatamente, seja por qual meio for (verbal, escrito), desde que a comunicação tenha a potencialidade para ser recebida (ato receptício) e que a seguradora já não conheça o fato. Este encargo «não se restringe à comunicação ou aviso do sinistro. Integra-se pelas providências práticas imediatas destinadas à proteção do interesse contra os efeitos do sinistro»;[471] e há o dever de proteção (dever lateral). Este é traduzido no dever de cooperar para que, do contrato, não resultem danos injustos à pessoa ou ao patrimônio da contraparte. Trata-se de uma especificação do chamado «dever de mitigar os próprios prejuízos»,[472] com a particularidade de sua ligação com o interesse à prestação, embora mediata, ser mais fortemente marcada do que em outras configurações do «dever de mitigar», pois a consequência de sua infração será, na forma da Lei, «a perda do direito à indenização».

Outro dever derivado do princípio da boa-fé está assinalado, para o segurador, no art. 773. Se, ao tempo do contrato, sabia ter passado o risco que se pretende cobrir, e mesmo assim conclui o contrato, deve pagar em dobro o prêmio estipulado. Tendo desaparecido o risco, resta inviabilizado o contrato, pois não há garantia a ser prestada. O pagamento em dobro do prêmio tem caráter punitivo à má-fé do segurador.

---

469. Para o exame dessa especificidade, ver, *infra*, CAPÍTULO VII, §65.

470. A jurisprudência definiu o aviso de sinistro como ato jurídico em sentido estrito, com função de dar conhecimento à seguradora dos fatos. Se os fatos são públicos e notórios, ou já conhecidos pela seguradora, o aviso é dispensado (STJ. REsp 1969653/MS. Terceira Turma. Relator Min. Nancy Andrighi. Julgamento em 29.03.2022. *DJ* de 01.04.2022).

471. TZIRULNIK, Ernesto; CAVALCANTI, Flávio de Queirós; PIMENTEL, Airton. *O Contrato de Seguro*. São Paulo: Revista dos Tribunais, 2003, p. 84.

472. Acerca da qualificação deste como encargo de direito material, *vide*, *infra*, CAPÍTULO VII, §65.

A regulação do Código Civil não esgota a operatividade do princípio da boa-fé na relação securitária. Para aquelas apanhadas pela incidência do CDC, hão de ser consideradas todas as disposições desta lei especial relativas à amplitude do dever de informar, à proteção contratual, especialmente à nulificação das cláusulas abusivas. O diploma direciona o comportamento contratual a uma conduta pautada pela boa-fé como correção e como proteção às expectativas, servindo a controlar a discricionariedade do segurador.

O exame da jurisprudência é revelador da aptidão da legislação consumerista para coibir práticas oportunistas em matéria securitária. Em vista de uma relação jurídica desequilibrada, vem os Tribunais operacionalizando a boa-fé em sua função de limite à conduta disfuncional; criadora de deveres anexos, integrativos do contrato; e como cânone de interpretação.[473]

Distinguem-se das relações marcadas pela atividade em vista do interesse alheio aqueles embasadas tradicionalmente na comunhão de escopo bem como em novas formas de colaboração, traduzidas nos chamados «contratos de colaboração empresária» e nos acordos de acionistas.

§ 38. *Nostra res agitur*

1. Proposição

O que caracteriza as relações marcadas pelo dever de *nostra res agitur* é a existência de um *fim comum* a ligar os contratantes. Há, para os figurantes, o dever de agir no sentido de proteger os interesses que são comuns. Porém, o critério não é um bloco monolítico: cabe discernir entre graus e espécies de comunhão de escopo.

Esta pode ser *estrutural*, como nas relações associativas em geral (associações e sociedades); *conjuntural,* como nos «contratos-aliança», nos consórcios e nas *joint ventures* na área da construção civil e nos acordos parassociais;[474] e *pontual* ou *estratégica*, como os contratos de colaboração empresária. É dizer: aqueles negócios estabelecidos em vista da interligação entre as fases de comercialização de um produto ou um serviço, inserindo-se (e encontrando sua *ratio*) na cadeia de circulação de mercadorias no mercado, por isso sendo estrategicamente dispostos para atender ao dinamismo de tal cadeia. Assim, paradigmaticamente, os contratos de comissão mercantil, de agência, representação comercial, concessão mercantil, franquia e de distribuição, todos eles admitindo subtipos. O fim comum, seja estrutural, seja conjuntural ou episódico (estratégico), impõe deveres de mútua cooperação articulados em vista daquele mesmo fim.

Nos contratos de comunhão de escopo – em que a colaboração é estrutural –, a boa-fé se manifesta em sua plenitude (*nostra res agitur*), porque «cuida-se de algo mais do que a mera consideração». Existe dever de aplicação à tarefa suprapessoal, «e

---

473. *Vide* a análise pormenorizada da jurisprudência conforme as funções nos Capítulos VI a VIII.
474. Veja-se, neste capítulo, §29.

CRITÉRIOS PARA UMA APLICAÇÃO DA BOA-FÉ SISTEMATICAMENTE ORIENTADA | 377

exige-se disposição ao trabalho conjunto e sacrifícios relacionados com o fim comum».[475] Inicie-se, portanto, pelo contrato em que mais forte se revela a colaboração estrutural: o contrato de sociedade.

2. A colaboração estrutural: o contrato de sociedade

Ao mencionar os diversos campos funcionais da relação obrigacional já se sublinhou a intensidade máxima da *bona fides societatis*,[476] bem como, em traços largos, as feições tomadas pela boa-fé nas relações intrassocietárias. Reafirme-se agora – quanto ao contrato de sociedade e ao contrato de associação – exigirem essas relações a conjugação de esforços em vista de um fim comum.[477] A vinculação dos sujeitos, partes do contrato societário e/ou associativo, é ao fim comum, mediante a coatividade, como está em Pontes de Miranda.[478] Conjugam-se os esforços pela *cola do fim comum*, «elemento unificador das manifestações individuais de cada sócio e elemento determinante para a definição do alcance dos seus direitos e deveres».[479]

O intenso grau de colaboração é estrutural, portanto, no contrato de sociedade e no de associação. Pode-se dizer que associação é gênero que abarca, como espécies, a sociedade e a associação em sentido estrito, distintas, entre si, apenas pelo escopo-fim, ou objetivo, pois a associação não pode partilhar lucros entre seus membros, nem direta nem indiretamente, uma vez que possuem fim ideal, enquanto nas sociedades a produção e a partilha de lucros entre os sócios é, justamente, a finalidade visada.[480]

---

475. Couto e Silva, Clóvis do. *A Obrigação como Processo*. Rio de Janeiro: FGV Editora, 2006, p. 34.

476. *Vide, supra*, §29.

477. França, Erasmo Valladão Azevedo e Novaes; Adamek, Marcelo Vieira von. *Affectio Societatis*: um conceito jurídico superado no Direito moderno brasileiro Societário pelo conceito de «fim social». In: França, Erasmo Valladão Azevedo e Novaes. *Temas de Direito Societário, Falimentar e Direito da Empresa*. São Paulo: Malheiros, 2011, p. 36-37.

478. Pontes de Miranda, Francisco Cavalcanti. *Tratado de Direito Privado*. Tomo XLIX. 3.ª ed. São Paulo: Revista dos Tribunais, 1983, p. 11, *in verbis*: «*Contrato de sociedade* é o contrato pelo qual duas ou mais pessoas se vinculam, reciprocamente, a colimar fim comum, mediante a coatividade».

479. França, Erasmo Valladão Azevedo e Novaes; Adamek, Marcelo Vieira von. *Affectio Societatis*: um conceito jurídico superado no Direito moderno brasileiro Societário pelo conceito de «fim social». In: França, Erasmo Valladão Azevedo e Novaes. *Temas de Direito Societário, Falimentar e Direito da Empresa*. São Paulo: Malheiros, 2011, p. 38.

480. O fim comum abrange o escopo-meio (ou objeto) e o escopo-fim (ou objetivo). O primeiro constitui a atividade à qual a organização societária se dedica, servindo, entre outras coisas, para distinguir as sociedades empresárias das sociedades não empresárias (CC, art. 982, *caput*); o segundo constitui o elemento que serve para distinguir as sociedades das associações em sentido estrito: nas sociedades, a finalidade é a partilha dos resultados da atividade social entre os seus membros (CC, art. 981), algo que não pode jamais suceder na associação (CC, art. 53), sob pena de desnaturá-la em sociedade (assim explicam França, Erasmo Valladão Azevedo e Novaes. *Temas de Direito Societário, Falimentar e Direito da Empresa*. São Paulo: Malheiros, 2011, p. 43).

378 | A BOA-FÉ NO DIREITO PRIVADO

3. O fim comum

Conquanto essa distinção, em ambas as espécies se faz presente a comunhão de esforços ou atividade em vista do fim comum, aquele «elemento unificador das manifestações individuais de cada sócio». Como escreveram José Luiz Bulhões Pedreira e Alfredo Lamy Filho, ao dissecar o sistema jurídico da sociedade, seus elementos e os direitos e obrigações dos sócios, «uma das características do contrato de sociedade é que apenas algumas das obrigações assumidas pelos sócios são determinadas (como as de contribuir para o capital ou fundo social), mas a obrigação de contribuir com atos para lograr o fim comum é indeterminada – é obrigação genérica de cooperar: a realização do fim comum requer, durante a existência da sociedade[,] escolha de objetivos concretos e de meios para alcançá-los, que não predeterminados mas dependem das circunstâncias».[481]

O fim comum é dotado de um caráter dinâmico, pois há de estar presente não só desde o momento da conclusão do contrato, quando os sócios, implícita ou expressamente, «comprometem-se a adequar seus comportamentos para a realização do fim comum»,[482] mas também durante toda a vida do contrato. Traduz-se, assim, «um *consensus* não instantâneo, mas continuativo ou prolongado, «a perseverança no mesmo acordo de vontades».[483] Por isso, tradicionalmente, é reconhecido ao contrato de sociedade um vínculo de confiança «uma intensidade maior, um *plus*, em relação às dos demais contratos»,[484] decorrendo do fim comum – e na sua medida – os tantas vezes mencionados deveres de lealdade, colaboração e contribuição entre os sócios[485] que, ao fim e ao cabo, concretizam a boa-fé. Apresenta-se a *bona fides* como fidelidade e confiança[486] traduzida no dever do sócio para com os demais, «de tratá-los não como contrapartes, num contrato bilateral em que cada qual persegue interesses individuais, mas como colaboradores na realização de um interesse comum»,[487] cuja consecução é,

---

481. LAMY FILHO, Alfredo; BULHÕES PEDREIRA, José Luiz. *Direito das Companhias*, vol. I. Rio de Janeiro: Gen-Forense, 2009, p. 39.

482. MELLO FRANCO, Vera Helena de. *Manual de Direito Comercial*, vol. I. 2.ª ed. São Paulo: Revista dos Tribunais, 2004, p. 176.

483. As expressões entre aspas são de ARANGIO-RUIZ, Vincenzo. *La Società in Diritto Romano*: Corso di Lezioni Svolto Nell'Università di Roma. Napoli: Jovene, 1950, § 12, p. 66.

484. BULGARELLI, Waldirio. *Sociedades Comerciais*. Sociedades civis, sociedades cooperativas, empresas, estabelecimento comercial. 10.ª ed. São Paulo: Atlas, 2001, p. 26.

485. FRANÇA, Erasmo Valladão Azevedo e Novaes; ADAMEK, Marcelo Vieira von. *Affectio Societatis*: um conceito jurídico superado no Direito moderno brasileiro Societário pelo conceito de «fim social». In: FRANÇA, Erasmo Valladão Azevedo e Novaes. *Temas de Direito Societário, Falimentar e Direito da Empresa*. São Paulo: Malheiros, 2011.

486. Assinala Comparato a presença da *affectio societatis*, definida desde o Direito Romano, como *affectio ou bona fides societatis*, porque estruturada em dois elementos, representativos do seu duplo aspecto: a fidelidade e a confiança (COMPARATO, Fábio Konder. *Novos Ensaios e Pareceres de Direito Empresarial*. Rio de Janeiro: Forense, 1981, p. 40).

487. COMPARATO, Fábio Konder. *Novos Ensaios e Pareceres de Direito Empresarial*. Rio de Janeiro: Forense, 1981, p. 40. Destaquei.

CRITÉRIOS PARA UMA APLICAÇÃO DA BOA-FÉ SISTEMATICAMENTE ORIENTADA | 379

incontroversamente, uma das suas principais expressões. Daí haver nessas relações, a exigência de uma «acendrada boa-fé».[488]

4. A «acendrada boa-fé» como fonte de deveres

Oportunamente será mais bem examinada a função da boa-fé integrativa, fonte de deveres.[489] Por ora, diga-se, apenas, que sua concretização nas relações intrassocietárias conduz à geração de deveres de lealdade e de consideração em vista do interesse supra-pessoal que traduz o *alfa e o ômega* dessas relações. Nesse caso, lealdade e consideração restam superpostos, pois tanto a lealdade quanto a consideração se dirigem, concomitantemente, à companhia e aos sócios.

Os *deveres de lealdade e consideração* integram a ordem legal (mesmo que não positivada) do Direito Societário,[490] pois são deveres «desdobrados da boa-fé objetiva (CC, art. 422)», sendo, ademais, dedutíveis «da necessária conexão ético-jurídica que deve haver entre poder e responsabilidade no seu exercício».[491] Nesse sentido, o «dever de lealdade do sócio controlador limita não apenas o exercício dos seus direitos, mas conforme intrinsecamente o seu poder jurídico»,[492] dele descendendo deveres e proibições.

Além da previsão geral do art. 187 (ilicitude no modo de exercício quando manifestamente afrontada a boa-fé); do art. 422 (fonte de deveres contratuais e de integração do contrato); e do art. 113 (cânone de interpretação de quaisquer negócios jurídicos), os deveres de atuar segundo a boa-fé são deduzidos de regras propriamente societárias sediadas no Código Civil (arts. 1.006, 1.010, § 3.º, 1.011 e 1.013, § 2.º) e na Lei das SA (arts. 109, 115, 116, par. único, 153, 155, § 4.º, e 245).[493] Incidem especialmente enquanto perdurar o vínculo social, mas também nos períodos pré-contratual e pós-contratual[494]

---

488. Assim, COMPARATO, Fábio Konder. Restrições à Circulação de Ações em Companhia Fechada. Nova et vetera. *Novos Ensaios e Pareceres de Direito Empresarial*. Rio de Janeiro: Forense, 1981, p. 32-51.

489. Ver CAPÍTULO VII, *infra*.

490. ADAMEK, Marcelo Vieira von. *Abuso de Minoria em Direito Societário*. São Paulo: Malheiros, 2014, p. 91-92; SPINELLI, Luís Felipe. *Exclusão do Sócio por Falta Grave na Sociedade Limitada*. São Paulo: Quartier Latin, 2015, p. 478.

491. FRANÇA, Erasmo Valladão Novaes e; ADAMEK, Marcelo Vieira von. Aproveitamento de Oportunidades Comerciais da Companhia pelo Acionista Controlador (Corporate Opportunity Doctrine). *Temas de Direito Empresarial e outros Estudos em homenagem ao Professor Luiz Gastão Paes de Barros Leães*. São Paulo: Malheiros, 2014, p. 89-90.

492. FRANÇA, Erasmo Valladão Novaes e; ADAMEK, Marcelo Vieira von. Aproveitamento de Oportunidades Comerciais da Companhia pelo Acionista Controlador (Corporate Opportunity Doctrine). *Temas de Direito Empresarial e outros Estudos em homenagem ao Professor Luiz Gastão Paes de Barros Leães*. São Paulo: Malheiros, 2014, p. 89-90.

493. ADAMEK, Marcelo Vieira von. *Abuso de Minoria em Direito Societário*. São Paulo: Malheiros, 2014, p. 57-58, 102, 137, 228, 367; SPINELLI, Luis Felipe. *Exclusão do Sócio por Falta Grave na Sociedade Limitada*. São Paulo: Quartier Latin, 2015, p. 138.

494. ADAMEK, Marcelo Vieira von. *Abuso de Minoria em Direito Societário*. São Paulo: Malheiros, 2014,

e atuam sob forma positiva – colaborar para com a sociedade – e negativa – abster-se de tudo o quanto possa ferir o interesse social.

Exemplifique-se hipótese de violação do dever de lealdade na relação entre sócio e a companhia com o chamado voto abusivo, assim compreendido aquele proferido com outro fim que não interesse da companhia. Trata-se de ato ilícito, pois viola o disposto no art. 115 da Lei 6.404/1976, bem como o art. 187 do Código Civil. No magistério de Lamy Filho e Bulhões Pedreira, um tal voto «é anulável, e se os votos que determinaram a deliberação são ilícitos, a própria deliberação é ilícita, e pois anulável».[495]

Ainda aponta a uma atuação valiosa da boa-fé a hipótese de aproveitamento de oportunidades comerciais da companhia pelo acionista controlador. Essa hipótese não se restringe, aliás, apenas ao controlador, mas vale para qualquer outro acionista que tenha tomado conhecimento da oportunidade e está sujeito – pelo vínculo de lealdade com a companhia – a exercitar os seus direitos e os seus poderes em consonância àquele vínculo qualificado pela *fides*. Por isso, asseguram Erasmo Valladão e Marcelo von Adamek, «ainda quando essa proibição não esteja expressa na letra expressa da lei, tal como está para o administrador (Lei das SA, art. 155, II), a doutrina pátria, em linha com a estrangeira, também reconhece [a proibição] em relação ao controlador [e aos demais acionistas] porque se trata de desdobramento do próprio dever societário de lealdade»,[496] entendimento que tem prevalecido no âmbito da CVM.

Um outro exemplo de atuação da boa-fé como lealdade está no processo de exclusão de sócio por falta grave,[497] causa de resolução da sociedade em relação ao sócio. Há pelo menos duas eficácias – uma em relação à sociedade, outra atinente ao sócio excluído – que decorrem dessa hipótese.

Como toda resolução contratual (forma mais dramática da cessação dos efeitos contratuais), a falta do sócio deverá ser *motivadamente grave*. Para a emissão do juízo acerca de gravidade, requer-se tenha sido «manifestamente» atingido o vínculo de lealdade peculiar à posição jurídica de sócio,[498] vedando-se o emprego de estratagemas que visem maximizar faltas leves ou aptas a ensejar diversa punição para caracterizá-las

---

p. 57-58, 102, 137, 228, 367; SPINELLI, Luis Felipe. *Exclusão do Sócio por Falta Grave na Sociedade Limitada*. São Paulo: Quartier Latin, 2015, p. 139.

495. LAMY FILHO, Alfredo; BULHÕES PEDREIRA, José Luiz. *A Lei das S.A.* Rio de Janeiro: Renovar, 1992, p. 241.

496. FRANÇA, Erasmo Valladão Novaes e; ADAMEK, Marcelo Vieira von. Aproveitamento de Oportunidades Comerciais da Companhia pelo Acionista Controlador (Corporate Opportunity Doctrine). *Temas de Direito Empresarial e outros Estudos em homenagem ao Professor Luiz Gastão Paes de Barros Leães*. São Paulo: Malheiros, 2014, p. 91.

497. E, ainda, de exclusão do controlador na sociedade anônima, conforme sugerido por: ALMEIDA PRADO, Maria da Glória Ferraz de. *Exclusão do Controlador na Sociedade Anônima*. Uma análise de admissibilidade e conveniência. Rio de Janeiro: Lumen Iuris, 2019, sobretudo p. 32-42.

498. Sobre o tema, escreveram, recentemente: ADAMEK, Marcelo Vieira von. Anotações sobre a Exclusão de Sócios por Falta Grave no Regime do Código Civil. *Temas de Direito Societário e Empresarial Contemporâneos*. São Paulo: Malheiros, 2011, p. 184-222; SPINELLI, Luis Felipe. *Exclusão do sócio por falta grave na sociedade limitada*. São Paulo: Quartier Latin, 2015.

CRITÉRIOS PARA UMA APLICAÇÃO DA BOA-FÉ SISTEMATICAMENTE ORIENTADA | 381

como «faltas graves». A boa-fé também enseja a punição imediata, assim estando traduzido no princípio da imediatidade entre a falta e a punição: uma vez imputada a alguém a «falta grave» ou «conduta desonrosa», deve o responsável pela averiguação da conduta e/ou a aplicação da punição agir tão logo cientificado. A tolerância com o faltoso é considerada espécie de perdão tácito.[499] Se, alegando embora «falta grave», ensaia a sociedade outras soluções, tolerando a permanência do sócio faltoso, pode operar-se a *suppressio*.[500] Além dessas hipóteses, não é a mera alegação de quebra de *affectio societatis* capaz de motivar a exclusão de sócio.[501]

Por outro lado, relativamente ao sócio excluído, pode manifestar-se a eficácia da boa-fé pós-contratual, como bem percebe Spinelli, ao anotar: «(...) além da responsabilidade cunhada pelo art. 1.032 do Código Civil, a boa-fé objetiva, mesmo na hipótese de exclusão de sócio, também pode produzir sobre excluído (*sic*) determinados deveres. (...) Assim, por exemplo, não podemos imaginar que, pelo simples fato de ser excluído, possa ele divulgar informações confidenciais da sociedade».[502]

Essas manifestações tópicas da acendrada boa-fé reitora das relações de sociedade de sociedade permitem afirmar que, conquanto o dever de lealdade não esteja expressamente previsto nas regras legais relativas ao Direito Societário, é possível extraí-lo das cláusulas gerais dos arts. 187 (integrante da Parte Geral e, portanto, dirigido aos vários campos normativos do Direito Privado) e 422 (incidente a quaisquer contratos) do Código Civil. Como já se acentuou: «O dever de lealdade faz parte da ordem legal (mesmo que não positivada) do Direito Societário, sendo integrante obrigatório de qualquer ética coletiva, incidindo especialmente enquanto perdurar o vínculo social, mas também nos períodos pré-contratual e pós-contratual».[503] Por isso, insista-se no acerto: em se tratando de cláusulas gerais, os deveres delas decorrentes, bem como as suas consequências, somente podem ser verificados no caso concreto,[504] complementando a

---

499. MARTINS-COSTA, Judith. Contrato de Cessão e Transferência de Quotas. Acordo de Sócios. Pactuação de Parcela Variável do Preço Contratual Denominada *Earn Out*. Características e Função («Causa Objetiva») do *Earn Out*. Revista de Arbitragem e Mediação, vol. 42, São Paulo, Revista dos Tribunais, jul./set. 2014, p. 153-188.

500. Para essa figura, *vide* CAPÍTULO VIII, §77.

501. Exemplificativamente: TJSP. Ap. Cív. 9220144-77.2008.8.26.0000. Sétima Câmara de Direito Privado. Relator Des. Sousa Lima. Julgamento em 03.12.2008. *DJ* de 19.12.2008, assim ementado: «Sentença – Nulidade – Inexistência – Art. 1.031 do Código Civil já prevê a liquidação de haveres na hipótese da sociedade se resolver em relação a um dos sócios – Desnecessidade de ação declaratória incidental, reconvenção ou pedido contraposto – Pedido de exclusão não foi acolhido – Recurso não provido. Dissolução Parcial de Sociedade – Improcedência – Confirmação – Prática de falta grave – Não comprovação – Simples quebra da *affectio societatis* não é mais causa suficiente para a exclusão de sócio – Novo Código Civil – Recurso não provido».

502. SPINELLI, Luís Felipe. *A Exclusão de Sócio por Falta Grave na Sociedade Limitada:* Fundamentos, Pressupostos e Consequências. São Paulo: Quartier Latin, 2015, p. 478.

503. SPINELLI, Luís Felipe. *A Exclusão de Sócio por Falta Grave na Sociedade Limitada:* Fundamentos, Pressupostos e Consequências. São Paulo: Quartier Latin, 2015, p. 138-139.

504. SPINELLI, Luís Felipe. *A Exclusão de Sócio por Falta Grave na Sociedade Limitada:* Fundamentos, Pressupostos e Consequências. São Paulo: Quartier Latin, 2015, p. 141-142.

A BOA-FÉ NO DIREITO PRIVADO

regulação contratual ou legal, quando e se necessário, seja na função de integração de lacunas, seja na de correção ao exercício jurídico.

5. Deveres decorrentes da boa-fé e titulares do poder de controle

Os deveres decorrentes da boa-fé, embora imputados prevalentemente aos administradores,[505] não apenas a estes (que podem não ser sócios) se limitam. Também, indiretamente, são cometidos aos controladores, pois estes detêm posição de superioridade e influência sobre os próprios administradores e aos minoritários.[506] Nem sempre a situação será linearmente compreensível e resolúvel, pois pode haver tensão entre o interesse de uma classe de sócios e os interesses da sociedade.

Nesse caso, outra função da boa-fé se apresenta, qual seja: atuar como metro auxiliar para a aferição das responsabilidades dos sócios entre si, em vista do interesse comum,[507] pois a boa-fé na órbita intrassocietária corresponde ao «dever de não adotar comportamentos que possam, de algum modo, lesionar legítimos interesses e expectativas de outros sócios ou da sociedade de que são membros».[508] Dessa maneira «são tutelados aqueles interesses que não se contrapõem ao escopo comum de realização do objeto social com fim lucrativo, mas cuja relação depende da efetiva consecução desse interesse comum».[509]

6. A colaboração conjuntural: acordos de acionistas e contratos-aliança

Em diversas forma e medida, também há colaboração em vista de um interesse comum nos contratos entre sócios (pactos parassociais, acordos de acionistas, acordos de voto, acordos de associação e assemelhados),[510] bem como em contratos-aliança e

---

505. Na literatura brasileira recente: SPINELLI, Luís Felipe. *Conflito de Interesses na Administração da Sociedade Anônima*. São Paulo: Malheiros, 2012; ADAMEK, Marcelo Vieira von. *Abuso de Minoria em Direito Societário*. São Paulo: Malheiros, 2014.

506. ADAMEK, Marcelo Vieira von. *Abuso de Minoria em Direito Societário*. São Paulo: Malheiros, 2014, p. 136. SPINELLI, Luís Felipe. *Exclusão do Sócio por Falta Grave na Sociedade Limitada:* Fundamentos, Pressupostos e Consequências. São Paulo: Quartier Latin, 2015.

507. Assim, COMPARATO, Fábio Konder. Restrições à Circulação de Ações em Companhia Fechada. Nova et vetera. In: *Novos Ensaios e Pareceres de Direito Empresarial*. Rio de Janeiro: Forense, 1981, p. 39. Também: FRANÇA, Erasmo Valladão Azevedo e Novaes; ADAMEK, Marcelo Vieira von. Affectio Societatis: Um conceito jurídico superado no moderno direito societário pelo conceito de fim social. *Temas de Direito Societário, Falimentar e Direito da Empresa*. São Paulo: Malheiros, 2011.

508. ADAMEK, Marcelo Vieira von. *Abuso de Minoria em Direito Societário*. São Paulo: Malheiros, 2014, p. 139.

509. ADAMEK, Marcelo Vieira von. *Abuso de Minoria em Direito Societário*. São Paulo: Malheiros, 2014, p. 140.

510. Ver adiante §39, 12.

CRITÉRIOS PARA UMA APLICAÇÃO DA BOA-FÉ SISTEMATICAMENTE ORIENTADA | 383

outras formas socialmente típicas de contratos de construção, entre outros modelos jurídicos contratuais designativos de «parcerias» que não constituem, todavia, sociedades, nem contrato de parceria em sentido próprio.[511] Nesses casos, estão mesclados os interesses prevalentes: ao *nostra res agitur* se imiscuem interesses contrapostos (*mea res agitur*) e, por vezes, interesses alheios (*tua res agitur*), de modo que o exame dos casos há de afastar qualquer deslize em simplificação que aplaine a complexidade dessas novas formas jurídico-econômicas.

7. Acordos de acionistas

Os acordos de acionistas (ou de cotistas) configuram contratos submetidos «às normas comuns de validade e eficácia de todo negócio jurídico privado, concluído entre acionistas de uma mesma companhia, tendo por objeto a regulação do exercício dos direitos referentes às suas ações, tanto no que concerne ao controle como ao voto dos minoritários ou, ainda, à negociabilidade dessas ações».[512] Trata-se de acordos parassociais, alheios a atos constitutivos da sociedade e alterações posteriores, mediante os quais os acionistas livremente convencionam cláusulas relativas à compra e venda de suas ações, à preferência para adquiri-las ou ao exercício do direito de voto,[513] podendo, embora, regrar outras matérias, ainda que, quanto a essas, não tenham o atributo da execução específica (Lei 6.404/1976, art. 118).

Embora coexistam e estejam em relação de acessoriedade ao ato constitutivo, bem como digam respeito à sociedade, estão dela apartados. Tratando-se de sociedade anônima, quando arquivados na sede da Companhia, deverão ser por ela observados e, quando arquivados nos livros de registro e nos certificados de ações (se emitidos), geram oponibilidade a terceiros. Tratando-se de limitadas, devem, para produzir eficácia perante terceiro, ser arquivados na Junta Comercial. Finalmente, suportam execução específica.[514] Seu escopo é, de regra, a composição dos interesses dos acionistas com respeito ao exercício de seus direitos políticos, junto à companhia, e patrimoniais sobre suas ações.[515]

---

511. *Vide* WALD, Arnoldo. A boa-fé na parceria (causas e consequências do escalonamento). In: BENETTI, Giovana *et al.* (Org.). *Direito, Cultura e Método*: Leituras da Obra de Judith Martins-Costa. Rio de Janeiro: GZ Editora, 2019, p. 357-373.

512. CARVALHOSA, Modesto. *Acordo de Acionistas*. Homenagem a Celso Barbi Filho. São Paulo: Saraiva, 2011, p. 21. Também assim EIZIRIK, Nelson. *A Lei das S/A Comentada*, vol. I. São Paulo: Quartier Latin, 2011, p. 702.

513. Assim, TEIXEIRA, Egberto Lacerda; TAVARES GUERREIRO, José Alexandre. *Das Sociedades Anônimas no Direito Brasileiro*. São Paulo: Bushatsky, 1979, p. 303-304. A noção deflui do art. 118 da Lei das SA e é compartilhada, em seus grandes traços, pela doutrina.

514. Lei das SA (6.404/1976), art. 118, *caput* e parágrafos. Discute-se se a execução específica na forma do art. 118 é aplicável, ou não, às sociedades por cotas de responsabilidade limitada. De toda a forma, para essas (e inclusive para as sociedades anônimas) há a execução específica na forma do CPC.

515. CARVALHOSA, Modesto. *Acordo de Acionistas*. Homenagem a Celso Barbi Filho. São Paulo: Saraiva, 2011, p. 21.

Conquanto regidos em grande medida pelo Direito Civil comum – ressalvada a incidência do art. 118 da Lei das S.A., sendo a sociedade «parte estranha ao acordo» –,[516] tais ajustes são impactados fortemente pelo «ambiente societário» em que inseridos. Porém, numa relação dialética, também podem impactar a própria sociedade,[517] ainda que haja medidas variáveis em tal impacto. Quando se trata de acordos de controle, diz Carvalhosa, os interesses estruturantes do acordo «se confundem com os da própria sociedade». Estes últimos são «intrínseco[s] e inseparáve[is] da própria existência e permanência do acordo de controle instituído, sendo manifesto o caráter unitário dos interesses envolvidos».[518] O impacto do «ambiente societário» também se dá em sua interpretação: os deveres de lealdade, como deveres de salvaguarda dos interesses dos demais acionistas pactuantes, são invocáveis para apurar, *in concreto*, se determinada conduta do acionista é adequada à específica relação mantida – via pacto parassocial – com os demais sócios, bem como para aferir as legítimas expectativas daí deduzidas.[519]

8. Conjugação principiológica

Em razão dessa imantação – ainda que graduada – dos interesses dos acionistas, pactuantes do acordo, pelo «ambiente societário» e no «ambiente societário», a relação de conjugação entre os princípios da autonomia privada e da boa-fé objetiva, característica dos contratos paritários, é aqui matizada pelos princípios do Direito Societário,[520-521] tal qual a prossecução do interesse social. Não se trata de sustentar nenhum vínculo de

---

516. Assim, Teixeira, Egberto Lacerda; Tavares Guerreiro, José Alexandre. *Das Sociedades Anônimas no Direito Brasileiro*. São Paulo: Bushatsky, 1979, p. 305.

517. Lembra Craveiro, Mariana Conti. *Contratos entre Sócios*. São Paulo: Quartier Latin, 2012, p. 49, a metáfora de Yves Guyon, segundo o qual o estatuto é a «estrela maior» de uma «nebulosa contratual» que a envolve, os pactos parassociais dando sustentação à «nebulosa» em que se inserem.

518. Carvalhosa, Modesto. *Acordo de Acionistas*. Homenagem a Celso Barbi Filho. São Paulo: Saraiva, 2011, p. 43.

519. Nesse sentido: Craveiro, Mariana Conti. *Contratos entre Sócios*. São Paulo: Quartier Latin, 2012, p. 170.

520. A perspectiva societária imanta a relação contratual entre os sócios de modo que o relacionamento que tais acordos disciplinam há de ser compatibilizado com «a lógica própria que informa o relacionamento societário», como lembra: Craveiro, Mariana Conti. *Contratos entre Sócios*. São Paulo: Quartier Latin, 2012, p. 52-57.

521. Essa diretriz de método foi admiravelmente apreendida no REsp 1.162.117/SP, o qual, já na ementa, consigna: «Interpretação do princípio da boa-fé objetiva diante das práticas e princípios de Direito Societário». Resta perfeitamente claro, da apreensão do aresto, que o princípio da boa-fé não se afasta, de modo algum, do Direito Societário. Porém, como ali se lê, «em matéria societária, deve ser interpretado à luz das práticas do mercado de capitais, títulos e valores mobiliários e dos princípios e normas que as informam, todos extraídos das leis especiais que regem esse mercado». A dissociação entre uns e outros implicaria – bem apontou-se na decisão – a «quebra da unidade sistemática do Direito Societário» (STJ. REsp 1162117/SP. Quarta Turma. Relator Min. João Otávio de Noronha. Relator para Acórdão Min. Raul Araújo. Julgamento em 04.09.2012. *DJ* de 20.11.2014).

CRITÉRIOS PARA UMA APLICAÇÃO DA BOA-FÉ SISTEMATICAMENTE ORIENTADA | 385

dependência, subordinação ou acessoriedade entre o acordo e a sociedade, mas de afirmar que os acordos de acionistas, embora consistindo, dogmaticamente, contratos regidos pelo Direito Privado comum, não estão cingidos *apenas* aos princípios do Direito Comum.

Essa hipótese foi cogitada no *caso Bunge vs. Mosaic*,[522] julgado pelo Tribunal de Justiça de São Paulo e, posteriormente, pelo Superior Tribunal de Justiça.[523]

Tratou-se de ação anulatória intentada por Mosaic Fertilizantes do Brasil S/A e Mosaic Fertilizantes Ltda., com a assistência litisconsorcial de Fertibrás S/A contra Bunge Fertilizantes S/A e outros. Negada a pretensão em primeiro grau, sustentavam as autoras-apelantes devesse ser ou anulada a decisão de origem ou reformada, para a procedência da ação, na qual se voltavam contra deliberação assemblear por meio da qual Bunge substituíra três membros do conselho de administração da *holding* Fértifos Administração e Participação S/A («Fértifos») indicados pela autora Mosaic e, assim, assumiu o controle exclusivo da Fértifos, sociedade detida pela *holding*.

Para as autoras, deveriam ser reputados ineficazes todos os atos praticados pelo conselho de administração, por ter sido constituído de forma ilegítima, ocorrendo abusividade e danos. A ilicitude teria sido causada por «manobras de má-fé» da Bunge ao induzi-las «até o último instante» a crer que o acordo entre as partes estabelecido não seria rompido quando da substituição dos membros do conselho de administração da Fértifos. Haveria crença legítima na mantença da indicação de conselheiros na proporção expressamente ajustada entre as acionistas quando da eleição do Conselho, comprovando-se a legitimidade da crença em robusta troca de correspondência eletrônica entre as partes, sempre em clima de «boa-fé e confiança».

No núcleo do problema estava a circunstância de a deliberação referente à reorganização societária conduzir à perda do controle da Fosfértil, único ativo da Fértifos, sem que esta fosse recompensada. E residia, também, no *modo do exercício jurídico*, isto é, no conjunto dos atos e omissões que delineavam a conduta dos conselheiros indicados pela Bunge, bem como em suas consequências. A Bunge assumiria a posição de controladora da Fosfértil gratuitamente, sem contrapartida aos demais acionistas.

O juízo de primeiro grau havia mantido a decisão assemblear. Porém, ao reformá--la no Tribunal paulista, averbou o Relator:

«A compreensão quanto à extensão do pedido passa pela análise dos princípios da boa-fé objetiva, do abuso [do] exercício de direito e do princípio [*sic*] da reserva mental».

Analisando minuciosamente os fatos, e detendo-se sobre a prova, o Relator ponderou:

«As autoras não foram simplesmente ingênuas, mas sim levadas a crer na manutenção de uma conduta que até então imperava entre os acionistas, tendo havido

---

522. TJSP. Ap. Cív. 0107484-36.2007.8.26.0000. Terceira Câmara de Direito Privado. Relator Des. Beretta da Silveira. Julgamento em 28.08.2007.

523. STJ. REsp 1102424/SP. Terceira Turma. Relator Min. Massami Uyeda. Julgamento em 18.08.2009. *DJ* de 08.10.2009.

inobservância de um acordo verbal ou mesmo documental entre esses acionistas, inobservância essa que levou ao afastamento dos administradores indicados pelas autoras apelantes, fato que implicou em ato ilícito na medida em que praticado com violação dos princípios da boa-fé objetiva e mesmo em abuso de direito.» «Não se nega» – afirmou – «que o acionista controlador deva buscar defender os interesses da controlada, mas respeitando, é claro, os direitos dos minoritários e os interesses da comunidade em geral.» E concluiu:

«Bem de ver, portanto, que a negociação prévia mantida pelas partes, com correspondência eletrônica a levar o convencimento da manutenção da estrutura até então existente no que toca à eleição do Conselho de Administração da Fértifos, implica em que a desconsideração disto tudo vulneram-se (*sic*) os princípios de direito já acima colocados a traduzir em ato ilícito, cuja consequência é o acolhimento do pedido (...)».

Na hipótese, o sentido indicado pela boa-fé andava *pari passu* à direção do interesse da companhia, já que, como indicado em parecer do Professor José Alexandre Tavares Guerreiro acostado aos autos e emitido a pedido de Mosaic,[524] os conselheiros da Fértifos que votaram favoravelmente à reorganização societária, alijando os indicados por Mosaic, fizeram-no contrariamente aos interesses da própria empresa. Isso porque a deliberação, se validada fosse, levaria à perda do controle da Fosfértil, único ativo da Fértifos, sem que esta fosse recompensada. O problema estava – segundo detectado no Parecer do Professor Tavares Guerreiro – não na reorganização societária, com a consequente transferência para a Bunge do controle acionário da Fosfértil, até então detido pela Fértifos. «O que causa repulsa», escreveu o parecerista, «não é simplesmente a tomada do controle da Fosfértil pela Bunge, mas sim o modo como se vai dar» (se efetivada fosse). Isso porque importaria na assunção, pela Bunge, da posição de controladora da Fosfértil «de modo completamente gratuito, sem oferecer qualquer contrapartida aos demais acionistas, com os quais vinha (a Bunge) partilhando o controle», como se de contrato liberal e gratuito – incompatível com o comércio – se tratasse, decorrendo, ademais, de «manobras desleais» levadas a cabo pela Bunge.[525]

---

524. Tavares Guerreiro, José Alexandre. Parecer datado de 16 de janeiro de 2007 e assim ementado: «Sociedade Anônima – Reorganização Societária. Deliberação que atende exclusivamente ao interesse de um dos acionistas, causando prejuízo a outros e à própria sociedade. Conflito de Interesses e Violação da Boa-Fé objetiva. Invalidade da Deliberação» (a autora agradece ao Professor Tavares Guerreiro a gentileza da remessa do Parecer).

525. Tavares Guerreiro, José Alexandre. Parecer acima citado. Anota o parecerista: «Como se sabe, negócios jurídicos dessa natureza, mormente envolvendo ações de sociedades anônimas, são necessariamente onerosos, sendo que, para serem gratuitos, as partes devem declarar e aceitar, de modo expresso, a respectiva gratuidade». Com efeito, o art. 114 do vigente Código Civil enuncia com clareza o princípio segundo o qual os negócios jurídicos benéficos interpretam-se estritamente, continuando a tradição de nosso direito, já incorporada ao Ordenamento pelo art. 1090 do anterior Código Civil, de 1916. Essa disposição implica em que, no caso de negócio jurídico benéfico ou gratuito, tal caráter deve resultar claramente de pacto expresso entre as partes, vedada, por força do dispositivo legal referido, tanto a presunção de gratuidade quanto a interpretação por analogia ou extensão.

CRITÉRIOS PARA UMA APLICAÇÃO DA BOA-FÉ SISTEMATICAMENTE ORIENTADA | 387

A deslealdade estava caracterizada pelo fato de a reorganização societária só ter sido aprovada mediante a substituição dos conselheiros indicados pela Mosaic no Conselho de Administração da Fértifos, por conselheiros indicados pela Bunge, de modo desconforme às regras que pautavam a estrutura decisória da companhia, «moldada de tal maneira a assegurar o compartilhamento do controle da Fosfértil por essas duas acionistas». Como está no mesmo Parecer:

«Essa atitude da Bunge, antes que uma violação ao acordo estabelecido entre ela e Mosaic, foi uma quebra da relação de confiança que existia entre elas, em total desrespeito ao princípio da boa-fé. No conjunto de atos tomados por Bunge, em verdade, aprecia-se não só uma conduta desleal para com os demais acionistas da Fértifos – e a Mosaic em especial – mas também para com a própria Fértifos, que em virtude de atos de seus próprios administradores alijou-se da posição de controladora da Fosfértil sem nenhuma contrapartida». A Bunge quebrara «a relação de confiança», residindo a ilicitude na clara violação ao princípio da boa-fé, «positivado no art. 422 do Código Civil de 2002 enquanto regra de comportamento, cria um paradigma baseado no qual as partes agem».

No caso, concluiu-se, a conduta de Bunge, por desconforme à boa-fé e ao interesse social, violava, ao mesmo tempo, o acordo entre os sócios (contrato de Direito Civil) e o estatuto da companhia (relação estatutária).

No Superior Tribunal de Justiça, todavia, entendeu-se diferentemente: considerou-se não haver violação à boa-fé. Rechaçou-se o argumento relativo às negociações preliminares e apontou-se à necessidade de formalização dessas em acordo de acionistas, *in verbis*: «Ante a peculiaridade do caso, em que sequer as tratativas preliminares foram concluídas pelas partes, além de não levadas a registro, nos termos do art. 118 da LSA, inexiste ofensa ao princípio da boa-fé objetiva».

Em outro caso, porém, boa-fé, lealdade e fim social foram invocados como fundamento do poder de resilir acordo de acionistas, determinando-se a admissibilidade do exercício do direito formativo extintivo «com base na quebra de *affectio societatis* e do dever de lealdade e cooperação entre os convenentes».

Trata-se do *caso dos acionistas em guerra.*[526]

A sociedade Primera Indústria e Comércio Ltda. ajuizara ação ordinária para resolução de acordo de acionistas contra Petroplastic Indústria de Artefatos Plásticos Ltda e Petrobras Química SA – Petroquisa, argumentando ter sido rompida a *affectio societatis*. Com a exclusão de uma das partes do acordo, por imposição de outra, argumentava a Primera, «não poderá este prosseguir, pois as partes remanescentes não deterão as percentagens do *quórum* deliberativo estipuladas» no mesmo acordo.

---

526. STJ. REsp 388423/RS. Quarta Turma. Relator Min. Sálvio de Figueredo Teixeira. Julgamento em 13.05.2003. *DJ* de 04.08.2003. Também os STJ. EDcl no REsp 388423/RS. Quarta Turma. Relator Min. Jorge Scartezzini. Julgamento em 07.12.2006. *DJ* de 05.02.2007. Em primeira instância, a matéria foi julgada pela Juíza Rejane Maria Dias de Castro Bins. O recurso foi interposto ao TJRS, sendo relatado pelo Des. Armínio José de Abreu Lima da Rosa.

388 | A BOA-FÉ NO DIREITO PRIVADO

A sentença de origem analisara detidamente a prova, consistente, dentre outras, de registros do profundo desentendimento entre os acionistas, inclusive com o chamamento de proteção policial e ações ajuizadas. No mérito, julgara procedente o pedido, «tendo por resolvido o acordo de acionistas», com o que Petroplastic apelou ao Tribunal de Justiça do Rio Grande do Sul. No julgamento, rejeitando a apelação, assinalou o Desembargador Relator, após bem qualificar o acordo como negócio plurilateral, estar caracterizado o inadimplemento imputável a uma das sociedades nele figurantes que passara «a agir, abertamente, *contra a cooperação e interesses comuns*».[527]

Adveio o Recurso Especial, ajuizado por Petroplastic que, dentre outros argumentos de índole processual, verberou contra a decisão de primeiro grau e a do TJRS assinalando: «(...) a motivação decisória, enraizada no inadimplemento, não declinou atos relativos a obrigações assumidas em razão do acordo de acionistas ou faltas nele enquadráveis, nem mencionou disposições legais autorizadoras da extinção do acordo». E sustentou: «os desentendimentos, as negativas, as postulações judiciais e as posições assumidas não constituem faltas configuradoras do inadimplemento, mas representam o exercício de direito do acionista».

Ao rejeitar essa argumentação, confirmando as decisões precedentes das instâncias ordinárias, reiterou o STJ a sólida fundamentação expendida no acórdão recorrido que acentuara a relevância do fim comum nos contratos plurilaterais associativos. Concluiu-se: «no contrato plurilateral (...) as prestações se dirigem à obtenção de um fim comum. Quando algum dos contraentes põe-se refratário ao fim comum e chega ao ponto de impedir a atuação dos demais, como pretender que não se está inadimplindo ao contrato plurilateral?». E explicitou-se: «Ora, quando se fala em *affectio societatis*, aqui, não se supondo o erro crasso de equiparar, sempre, contrato plurilateral com sociedade, o que se desejou exprimir, e o foi, com todas as letras, correspondia ao grave incumprimento contratual por parte da Petroplastic que levara ao óbito da possibilidade de vida em comum. Sabido que o dever básico, aqui, corresponde, inequivocamente, à contribuição comum, à "socialização" a que alude Pontes de Miranda (*Tratado de Direito Privado*, 38/9, par. 4.185, 7). A quebra da proclamada *affectio societatis* outra coisa não traduz, ao fim e ao cabo, senão a rematada inadimplência a básico dever».

No STJ acolheu-se integralmente esse entendimento. Examinou-se, também, o argumento de Petroplastic segundo a qual, ao decidir pela cessação dos efeitos contratuais via resolução *lato sensu*,[528] a decisão do TJRS havia vulnerado o art. 118, § 3.º, da Lei 6.404/1976, pois haveria precedência para a execução coativa, afastando-se a resolução por inadimplemento.

A este particular procedeu o Ministro Relator ao exame de autorizada doutrina, concluindo que «o desaparecimento, entre as partes do acordo de acionistas da

---

527. Destaquei.

528. Para a distinção entre as duas espécies de resolução *lato sensu* por inadimplemento, quais sejam, a resilição e a resolução *stricto sensu*, ver, adiante, Capítulo VIII, §78.

CRITÉRIOS PARA UMA APLICAÇÃO DA BOA-FÉ SISTEMATICAMENTE ORIENTADA | 389

fidelidade e da confiança inviabiliza o cumprimento da finalidade da avença, justifican-do o pleito de rescisão (sic) em juízo». Daí a conclusão, expressa na ementa e confirma-da quando de posterior julgamento de Embargos de Declaração:

«Sociedade Anônima. Acordo de Acionistas. Resolução com base na quebra da *affectio societatis* e do dever de lealdade e cooperação entre os convenentes. Possibilida-de Jurídica. (...). 1. Admissível a resolução do acordo de acionistas por inadimplemento das partes, ou de inexecução em geral, bem como pela quebra da *affectio societatis*, com suporte na teoria geral das obrigações, não constituindo impedimento para tal preten-são a possibilidade de execução específica das obrigações constantes no acordo, previs-ta no art. 118, § 3.º, da Lei 6.404/1976».

Em face dos fatos mencionados no aresto, a motivação da decisão se fundou, outrossim, na sua extrema gravidade e, fundamentalmente, na conduta de *intensa des-lealdade* da sócia Petroplastic.

9. Possível tensão principiológica

Conquanto submetido às normas gerais das Obrigações e às da Parte Geral do Có-digo Civil, o acordo de acionistas, como contrato plurilateral e parassocial «da maior importância para a vida comercial»,[529] está inserido no *ambiente societário*, recebendo os influxos do *fim comum* que polariza a vida societária. Pode então cogitar-se de cenário em que estejam em tensão duas manifestações do princípio da boa-fé, quais sejam: como garantia de uma proteção às legítimas expectativas resultantes de um acordo e como comando de lealdade à sociedade, em vista de seu «melhor interesse». Nessa hipótese, coloca-se a questão: agir com fidelidade à sociedade, em vista do seu fim social, mas não agir segundo a boa-fé (como correção ou probidade), na relação com os demais sócios pactuantes do acordo de acionistas? A dificuldade estará em solucionar a contradição entre a conduta devida em razão de acordo de acionistas e aquela que seria a mais opor-tuna à sociedade em vista do fim comum,[530] como, exemplificativamente, ocorreria

---

529. Assim está na Exposição de Motivos do Projeto de Lei consubstanciado na Lei 6.404/76. A pro-pósito, ver: LAMY FILHO, Alfredo; BULHÕES PEDREIRA, José Luís. *Direito das Companhias*. Rio de Janeiro: Forense, 2009. Ainda: WALD, ARNOLDO. O Acordo de Acionistas e o Poder de Controle do Acionista Majoritário. *Revista de Direito Mercantil*, vol. 110, 1998, p. 715.

530. A hipótese é sugerida por EISENBERG, Melvin. The Duty of Good Faith in Corporate Law. *Dela-ware Journal of Corporate Law*, Wilmington, vol. 31, n. 1, 2005, p. 1-75. Disponível em: <http://papers.ssrn.com/sol3/papers.cfm?abstract_id=899212>. Último acesso em: 04.08.2022; e GRIF-FITH, Sean. Good Faith Business Judgement. A Theory of Rhetoric in Corporate Jurisprudence. *Duke Law Journal*, vol. 55, n. 1, 2005, p. 53. Relembre-se que, no Direito brasileiro, segundo o art. 155 da Lei das Sociedades Anônimas, o administrador deve servir com lealdade à companhia. Todavia, a lei especifica o que venha a ser lealdade, pela forma negativa, ou seja, estabelecendo o que é vedado realizar como ofensa ao dever de lealdade. A conduta vedada no inciso I do art. 155 («usar em benefício próprio oportunidades comerciais de que tenha tido conhecimento em razão do cargo») é especificada no inciso III (vedação de aquisição, para revender com lucro, bem ou

quando são pactuadas regras sobre o controle entre os acionistas, mas surge a oportunidade de alienar o controle a terceiro, que investiria vultosos recursos na empresa.

Segundo o art. 118, § 2.º, da Lei das SA, os acordos de acionistas não podem ser invocados «para eximir o acionista de responsabilidade no exercício do direito de voto ou do poder de controle». Assim, a situação de tensão está em que, de um lado, «na interpretação dos acordos de acionistas devem ser enfatizados (*i*) o cumprimento das obrigações pactuadas, já que o foram livremente; e (*ii*) a aplicação de seus termos apenas às partes contratantes, exceto no caso do acordo de controle»;[531] de outro lado, devendo ser os acordos observados pela companhia, não eximem o acionista de sua responsabilidade perante a sociedade e – se detentor do poder de controle – das responsabilidades como acionista controlador.[532]

Este ponto, assegura Lamy Filho, tem particular relevo, pois «o controle (art. 116), exercido por pessoa natural ou por "grupos de pessoas" vinculadas no acordo, resulta em responsabilidade para os seus signatários (art. 117), independentemente de quem esteja no exercício da administração, ou seja, provido nos cargos de administrador».[533] A tensão, a ser equacionada nos lindes do art. 118, § 2.º, da Lei Societária, está justamente no sopesamento entre o melhor interesse da companhia – dever legal –, de um lado, e, de outro, a proteção à lealdade contratual que interessa imediatamente aos contraentes e, mediatamente, remete ao interesse público na preservação das condutas conformes à boa-fé.

10. Síntese conclusiva

Por esses problemas, ora apenas inventariados de relance, percebe-se o quão complexas são as configurações da boa-fé no ambiente societário, seja ao incidir no próprio contrato de sociedade e nos deveres dali defluentes, seja ao atuar nas relações parassocietárias. Essa complexidade recomenda prudência ao intérprete, vedando-lhe a mera e simples transposição, para esse ambiente, de outras configurações da boa-fé, compatíveis com outras espécies de relações jurídicas.

---

direito que sabe necessário à companhia). Conforme o inciso I, está excluído da conduta vedada a necessidade de que haja prejuízo à companhia, pois o ato será ilícito ocorra ou não prejuízo (verificando-se, pois, desconexão entre ilicitude e dano). Já o Código Civil estatui nos arts. 1.010, § 3.º, e 1.017, parágrafo único, que responde por perdas e danos o sócio que tendo em alguma operação interesse contrário ao da sociedade participe da deliberação que a aprove graças a seu voto (art. 1.010, § 3.º), o que se repete no parágrafo único do art. 1.017, com relação ao administrador que tendo na operação qualquer interesse contrário ao da sociedade tome parte na correspondente deliberação.

531. EIZIRIK, Nelson. *A Lei das S/A Comentada*, vol. I. São Paulo: Quartier Latin, 2011, p. 703.

532. *Vide*: LAMY FILHO, Alfredo. Acordo de Acionistas. Observância dos administradores aos termos do acordo. *Temas de S.A.* Rio de Janeiro: Renovar, 2007, p. 325.

533. LAMY FILHO, Alfredo. Acordo de Acionistas. Observância dos administradores aos termos do acordo. *Temas de S.A.* Rio de Janeiro: Renovar, 2007, p. 325.

11. Os contratos-aliança

Também nos chamados contratos-aliança, revela-se uma reunião conjuntural estabelecida em vista de um objetivo comum: a construção de uma obra. Situados na área dos «contratos de construção» – esse verdadeiro canteiro de obras de tipos contratuais – são uma espécie de mescla entre os contratos de empreitada e os de *joint venture*, deles, todavia, se distinguindo por suas especificidades.

A principal especificidade em relação às demais espécies de contratos de construção reside no fato de, por meio de um «contrato-aliança», não se realizar um intercâmbio, mas uma conjugação («*mise en commun*», segundo a doutrina francesa) de bens ou de serviços».[534] Trata-se de uma estrutura contratual na qual as partes envolvidas trabalham juntas para alcançar o sucesso do projeto (comumente no setor da construção civil), havendo uma partilha das consequências financeiras consoante o sucesso do empreendimento.[535] Tamanho é o grau da conjugação de esforços que alguns autores o tem como «uma sociedade fictícia» que, embora não contemple, obrigatoriamente, a constituição de um ente, emprega «algumas técnicas próprias da sociedade comercial».[536]

O núcleo dessa estrutura contratual reside na existência de uma atividade que consubstancia *o objeto comum* entre os «aliados» para cuja realização esses se comprometem por via de um contrato, vinculados que estão por um mesmo interesse a ser alcançado a partir da aliança. Seus efeitos se traduzem na «agregação e distribuição de resultados da atividade comum», tendo tais ajustes a particularidade de fazer nascer um conjunto formado pelas promessas dos «aliados» e de conduzir a uma distribuição dos resultados da atividade desempenhada. O engajamento dos contraentes está, portanto, afetado à atividade comum, em vista de um comum escopo[537] e de uma idêntica

---

534. «Para identificar o contrato-aliança, deve-se ter em mente que sua especificidade deriva não da realização de um intercâmbio de bens ou serviços, mas de uma conjugação entre esses» (HAMELIN, Jean-François. *Le Contrat-Alliance*. Paris: Economica, 2012, § 98, p. 77. No original: «Pour identifier le contrat-alliance, il faut rapppeler que celui-ci tire sa spécificité du fait qu'il ne réalise pas un échange de biens ou services, mais une mise en commun de biens ou services»). Para o exame do tema, consultar: BUENO, Júlio César (Ed.). *The Projects and Construction Review*. 4.ª ed. Londres: Law Business Research, 2014, p. 59. Do mesmo autor: *Melhores Práticas em Projetos de Infraestrutura*: Sistemas Contratuais Complexos e Tendências num Ambiente de Negócios Globalizado. Disponível em: <http://www.lares.org.br/2009/images/218-382-1-RV.pdf>. Acesso em: 10.05.2023. Ainda, na obra coordenada por Leonardo Toledo da Silva (*Direito e Infraestrutura*. São Paulo: Saraiva, 2012), consultem-se: VAN WASSENAER, Arent. Alianças e Parcerias como Método de Assegurar a Entrega de Projetos Melhores, p. 79-100; ENEI, José Virgílio Lopes. A Atividade de Construção em Grandes Projetos de Infraestrutura no Brasil e o Contrato de Aliança. Evolução ou Utopia?, p. 101-120; e SILVA, Leonardo Toledo da. Aliança à Brasileira, p. 121-126.

535. VAN WASSENAER, Arent. Alianças e Parcerias como Método de Assegurar a Entrega de Projetos Melhores. In: SILVA, Leonardo Toledo da (Coord.). *Direito e Infraestrutura*. São Paulo: Saraiva, 2012, p. 79.

536. ENEI, José Virgílio Lopes. A Atividade de Construção em Grandes Projetos de Infraestrutura no Brasil e o Contrato de Aliança. Evolução ou Utopia?. SILVA, Leonardo Toledo da (Coord.). *Direito e Infraestrutura*. São Paulo: Saraiva, 2012, p. 114.

537. MOLFESSIS, Nicolas. Prefácio. In: HAMELIN, Jean-François. *Le Contrat-Alliance*. Paris: Economica, 2012, p. VI.

causa contratual, razão pela qual tarefas, responsabilidades, riscos, perdas e vantagens são efetivamente compartilhados entre os contraentes. Daí requerer o contrato-aliança um objeto que será o mesmo para ambos (traduzido nas prestações de ambas as partes), bem como uma identidade de causa: a noção de «objeto comum» corresponde à atividade a que cada «aliado» se engaja a participar, ambos, fundamentalmente, obrigando-se a exercer em conjunto uma mesma atividade.[538]

Considerado o arco entre contratos de intercâmbio e de comunhão de escopo, no contrato-aliança configura-se o dever de *nostra res agitur*, ainda que conjuntural e temporalmente estabelecido. É o que afirma também Hamelin assegurando a dualidade entre os contratos de intercâmbio e os contratos-aliança,[539] ao explicar que o tipo de referência dos contratos-aliança é o *contrato de associação*. A causa da aliança não é, pois, uma «troca» entre o construir e o pagar pela construção, como na empreitada, mas a comum atividade (inclusos os comuns *onus et bonus*) compartilhada entre os aliados.

Em lógica consequência, os riscos e os resultados são igualmente partilhados entre os «aliados» e o ajuste subsiste enquanto – e só enquanto – subsiste, sem perturbação, o exercício da atividade comum.[540] Tanto assim é que se exige dos «aliados» a mesma lealdade requerida entre os associados. Há compartilhamento dos riscos relacionados «às dificuldades imprevistas (as perdas) e os lucros inesperados (os ganhos)», razão pela qual as partes devem trabalhar «de forma cooperativa e transparente, e compartilha[r] o sucesso ou o fracasso da implantação do empreendimento, bem como a responsabilidade pelas decisões e pelo gerenciamento dos riscos».[541]

A esses contratos atua a força normativa da boa-fé em feição similar à incidente nas relações societárias. Assim é «porque essa atividade comum tem lugar em seu interesse comum e satisfaz cada um deles».[542] Há, pois, alta intensidade do princípio da boa-fé como regra impositiva de lealdade e disposição para sacrifícios em prol do interesse comum.

---

538. HAMELIN, Jean-François. *Le Contrat-Alliance*. Paris: Economica, 2012, § 111, p. 84: «Or, fondamentalement, ceux-ci s'obligent à exercer ensemble une même activité».

539. *In verbis*: «Àcôtédes contrats qui instaurent unéchange, il en existerait donc d'autres quiétabliraient une alliance» (HAMELIN, Jean-François. *Le Contrat-Alliance*. Paris: Economica, 2012, § 1, p. 3).

540. HAMELIN, Jean-François. *Le Contrat-Alliance*. Paris: Economica, 2012, § 303, p. 215.

541. BUENO, Júlio César. *Melhores Práticas em Projetos de Infraestrutura: Sistemas Contratuais Complexos e Tendências num Ambiente de Negócios Globalizado*. Disponível em: <http://www.lares.org.br/2009/images/218-382-1-RV.pdf>. Acesso em: 10.05.2023.

542. HAMELIN, Jean-François. *Le Contrat-Alliance*. Paris: Economica, 2012, § 198, p. 142, em tradução livre. No original, leia-se: «En résumé, la spécificité de l'intérêt commun au regard du contrat-alliance doit être recherchée dans la cause de l'obligation, car c'est cette dernière qui permet de définir l'intérêt qu'une partie a au contrat qu'elle conclut. Or, la cause de l'obligation de chaque allié ne réside pas tant dans les prestations des autres alliés auxquelles serait ajoutée sa propre prestation, mais dans l'activité à l'exercice de laquelle les alliés se proposent de participer. Ainsi, c'est parce que cette activité commune a lieu dans leur intérêt commun et satisfait chacun d'entre eux».

12. Outros contratos de construção

Embora os contratos de empreitada – matriz das variadas formas legalmente atípicas, mas socialmente típicas hoje encontradas na área da construção – sejam apresentados como contratos de intercâmbio, ou de contraposição de interesses, certo é que essas são figuras por vezes nuançadas, situando-se na «zona cinzenta» entre o *mea res agitur* e o *nostra res agitur*. Conquanto seja necessária a colaboração em todas as espécies de contratos de construção, as partes podem ter, e frequentemente o têm, «prioridades distintas sobre o desenvolvimento do contrato».[543] Ao dono da obra importa, prioritariamente, o cumprimento do preço e dos prazos estabelecidos; o empreiteiro terá como prioridade receber pontualmente os projetos executivos e o pagamento. Aí está marcado o interesse próprio a cada um, *mea res agitur*.

Porém, no arco que vai da empreitada típica até aquelas formas em que a conjugação de esforços se apresenta como «uma sociedade fictícia»,[544] tal qual o contrato-aliança, tendo o contrato de associação como referência, será possível encontrar, embora em medidas diversas, a combinação entre esses dois interesses – o *mea res agitur* e o *nostra res agitur*. Num polo está a intensidade maior do elemento «contraposição/intercâmbio» e menor do elemento «comunhão/associação»; em outro polo, dá-se o inverso. Nos interstícios deste imaginário arco dos contratos de construção, serão perceptíveis, porém, doses desses dois elementos, em razão de seu próprio objeto – a obra.

A dificuldade para o intérprete estará, portanto, em bem detectar qual é o *interesse prevalente* – se os decorrentes do sinalagma, do intercâmbio ou contraposição, de um lado, ou, de outro, os decorrentes da comunhão de escopo, ambos nem sempre convivendo pacificamente, numa mesma e única relação contratual. Daí a forte presença de uma tensão imanente a esses arranjos jurídico-econômicos: há um objetivo comum a unir os vários agentes; seus interesses são convergentes, idealmente, mas pode haver situações de disjunção entre esses mesmos interesses.

Como conteúdo mínimo está o *dever de cooperar* para com o adimplemento satisfatório. Então, o princípio da boa-fé atuará para que, entre os contraentes, seja mantido «um nível de colaboração necessário a impedir a manifestação dos comportamentos oportunistas disfuncionais à racionalidade econômico-empresarial do contrato concretamente considerado».[545] Mas a eficácia não é apenas negativa, é também positiva ou propositiva. A necessidade de colaboração decorre do próprio escopo contratual que importará em atuar em prol do objetivo comum: a construção da obra, no prazo e conforme a utilidade econômica que dela se poderia esperar.

---

543. GREBLER, Eduardo. Reflexões sobre os aspectos jurídicos da improdutividade no contrato de construção. In: MARCONDES, Fernando. *Direito da Construção*. São Paulo, PINI, 2004, p. 21.

544. ENEI, José Virgílio Lopes. A Atividade de Construção em Grandes Projetos de Infraestrutura no Brasil e o Contrato de Aliança. Evolução ou Utopia? In: SILVA, Leonardo Toledo da (Coord.). *Direito e Infraestrutura*. São Paulo: Saraiva, 2012, p. 114.

545. FORGIONI, Paula. *Teoria Geral dos Contratos Empresariais*. São Paulo: Revista dos Tribunais, 2009, p. 211.

A concretização da boa-fé pode redundar, por exemplo, em um *dever de tolerância* para que a contraparte sane defeitos, se razoável e útil for esta medida; ou, então, pode fundamentar a concessão de um «prazo prudencial» para o adimplemento, isto é, na concessão de prazo razoável para que a prestação, embora morosa, ainda seja cumprida, pois pode ocorrer que, a despeito da mora, ainda persista o interesse do credor na prestação, o que impede que se dê, de imediato, por finda a relação jurídica.[546] Se, porém, aquele interesse não mais persistir (o que deve ser averiguado pelo contraste ao programa econômico subjacente ao contrato), estará autorizada, sem ofensa à boa-fé, a resolução contratual.

Também por força da boa-fé, pode se caracterizar, por exemplo, *o dever de mitigar custos* resultantes da suspensão autorizada em face de um evento de força maior. Como incide sobre o exercício jurídico – isto é, o modo como os contraentes manejam suas respectivas posições jurídicas contratuais –, a boa-fé serve também como baliza para avaliar eventual abuso no direito de suspensão contratual, pois nem a lei nem, comumente, os contratos, preveem com minúcias os deveres das partes diante de hipóteses de suspensão do contrato em razão de um motivo de força maior, mas temporário.

Há, ainda, eficácias ligadas a um *dever de coerência contratual*. É característica marcante dos contratos de construção a sua suscetibilidade à ocorrência de atrasos. Esses atrasos podem ter como origem hesitações e atitudes contraditórias quanto ao seguimento do cronograma: alterações sucessivas de projetos; ordens controversas por parte das autoridades técnicas; atrasos que um dia são tolerados e, no outro, repentinamente penalizados; etc.

O problema não está na incoerência em si, mas na deslealdade, quando o contratante surpreende desfavorável e prejudicialmente ao outro em razão de hesitações injustificadas em sua conduta. O princípio da boa-fé, corrigindo a contraditoriedade desleal, pode justificar a suspensão da eficácia de um direito subjetivo em razão de um comportamento deslealmente contraditório de uma das partes, ou, mesmo, pode levar a uma consequência indenizatória, se a deslealdade resultou em dano ao contratante.

É também manifesta a alta carga de *deveres informativos*, não apenas na fase pré--contratual, mas, especialmente, durante a execução do contrato (boa-fé *in executivis*). Como a obra – toda obra de engenharia – é um «organismo vivo», pode ocorrer, e frequentemente ocorre, a necessidade de adaptações em face de imprevistos. O construtor tem o dever de informação permanente e, mesmo, o dever de aconselhamento, sobre como superar esses imprevistos. Conforme o disposto pelas partes, pode haver, inclusive, o compartilhamento dos riscos relacionados às dificuldades imprevistas (as perdas) e os lucros inesperados (os ganhos).

Em face dessas peculiaridades, no julgamento de litígios decorrentes de um contrato de construção, é dever do juiz ou do árbitro ter presentes, portanto, os concretos

---

546. Pontes de Miranda, Francisco Cavalcanti. *Tratado de Direito Privado*. Tomo XXIII. 3.ª ed. São Paulo: Revista dos Tribunais, XXIII, § 2.795, 6, p. 111.

interesses em jogo e as formas escolhidas pelas partes para a partilha dos riscos, fatores que determinarão os graus de intensidade da incidência do princípio da boa-fé objetiva.

13. Colaboração estratégica pontual: contratos de colaboração empresária, contratos de duração, contratos relacionais

A gama de relações contratuais abrangidas por essa classificação escapa, a rigor, do critério do interesse comum suprapessoal (*nostra res agitur*), mas também não se encerra no interesse pessoal (*mea res agitur*). Fica, em verdade, a meio caminho entre um e outro interesse prevalente. Isso porque, sendo a realidade econômica bem metaforizada na ideia da *rede* já tantas vezes utilizada por economistas, sociólogos e politicólogos,[547] à distinção binária fundamental entre contratos de intercâmbio e contratos de comunhão de escopo (que funciona, a rigor, como divisor de «tipos ideais», sofrendo modulações e variações) deve-se acrescentar a variada gama dos *contratos de colaboração empresária*. Estes, de um lado, atendem, estrategicamente, ao interesse comum, justificador da «rede», «operação concertada» ou «operação integrada»[548] e, de outro, ao interesse singular de cada um dos contraentes em buscar a maior vantagem para si.

A compreensão desses contratos supõe ter presente a cadeia de circulação de mercadorias e os mecanismos voltados ao escoamento de produtos e distribuição de serviços, fundados, via de regra, na combinação de especializações profissionais e de cooperação contratual em vista de interesses comuns, pelos quais se unem esforços e estratégias para atingir este objetivo.

14. Operações concertadas

A colaboração interempresária pode decorrer de intermediação, ou de distribuição, ou fornecimento de obras e serviços em vista de suprir, ampliar, atender ou formar mercado consumidor ou de oferecer bens ligados a utilidades de infraestrutura. São assim considerados, exemplificativamente, os contratos de comissão, de representação comercial, de concessão mercantil, de franquia e de distribuição, de fornecimento para suprir o mercado de varejo e mesmo, por vezes, o de empreitada, como assegura Luiz Olavo Baptista em estudo acerca dos «contratos de construção».[549] As operações

---

547. CASTELLS, Manuel. *A Era da informação:* Economia, sociedade e cultura, vol. I. São Paulo: Paz e Terra, 2010; Ainda: OST, François; KERCHOVE, Michel van de. *De la Pyramide au Réseau?* Bruxelles: Facultés Universitaires Saint-Louis, 2002; e, num *approach* de dogmática jurídica: LE TOURNEAU, Philippe. *Les Contrats de Concession.* 2.ª ed. Paris: Litec, 2010, p. 5, aludindo às relações entre rede e especialização profissional de modo a formar sistemas de organização por meio de um circuito curto e de cooperação contratual.

548. As denominações se equivalem.

549. BAPTISTA, Luiz Olavo. Contratos de Engenharia e Construção. In: BAPTISTA, Luiz Olavo; ALMEIDA PRADO, Maurício de. *Construção Civil e Direito.* São Paulo: Lex Magister, 2011, p. 17.

comerciais concertadas, embora fundadas em deveres mútuos de cooperação (*e.g.*, como nos contratos de agência, ou concessão), não chegam a caracterizar o vínculo de aliança.[550] Sua «realidade múltipla» está fundada em estruturas sinalagmáticas ou correspectivas, composta por «interesses comuns e de outros conflitantes, ainda que de forma potencial».[551] Há, amalgamados, elementos dos contratos de comunhão de escopo (ou «aliança») que se incrustam, todavia, em uma *estrutura sinalagmática*, seja ela relacional ou não.[552] Daí a forte presença de uma tensão imanente a esses arranjos jurídico-econômicos: há um objetivo comum a unir os vários agentes, seus interesses são convergentes, idealmente, mas pode haver situações de disjunção entre esses mesmos interesses. Ao *nostra res agitur* imiscui-se o *mea res agitur*.

A estrutura sinalagmática dos contratos de colaboração empresária não afasta, *funcionalmente*, a forte dose de mútua colaboração exigida, em vista do adimplemento que expressará a consecução satisfatória dos interesses a que está predisposto o contrato. A presença de elementos de comunhão de escopo (*nostra res agitur*) não afasta o interesse próprio (*mea res agitur*), desde que licitamente exercido. É o que sublinha Paula Forgioni ao assegurar – especificamente no que tange aos contratos de distribuição – ser a sua interpretação polarizada pelo «império da boa-fé»,[553] já que, comumente, tais ajustem vão «além do mero estabelecimento de deveres e obrigações específicos»[554] (isto é: constantes do instrumento contratual ou da lei), atuando, então, a boa-fé para que, entre os contraentes, seja mantido «um nível de colaboração impeditivo da manifestação dos comportamentos oportunistas disfuncionais à racionalidade econômico-empresarial do contrato concretamente considerado».[555] Desse modo, afirma, «a consideração da boa-fé como vetor da disciplina dos contratos substitui a lógica oportunista, *advantage-taking*, por outra *colaborativa*, que impele os agentes econômicos à atuação em prol do fim comum».[556]

---

550. «Contudo, um contrato de cooperação não é necessariamente um contrato-aliança, pois essa coordenação ou ação concertada pode se explicar pela complexidade da execução de uma prestação devida em virtude de um contrato de intercâmbio e notadamente de um contrato empresarial» (Hamelin, Jean-François. *Le Contrat-Alliance*. Paris: Economica, 2012. No original: «Pour autant, un contrat de coopération n'est pas nécessairement un contrat-alliance, car cette coordination ou action concertée peu s'expliquer par la complexité de l'exécution d'une prestation due en vertu d'un contrat-échange et notamment d'un contrat d'entreprise»).

551. Forgioni, Paula. *Contrato de Distribuição*. São Paulo: Revista dos Tribunais, 2004, p. 118.

552. Diferentemente dos contratos de fornecimento, ou de distribuição, que podem ser (e frequentemente o são) marcados pela relacionalidade, os contratos de empreitada não são relacionais e sequer duradouros, embora possam se estender no tempo. Sobre esse último aspecto, consulte-se: Pontes de Miranda, Francisco Cavalcanti. *Tratado de Direito Privado*. Tomo XLIV. 3.ª ed. São Paulo: Revista dos Tribunais, 1984, § 4.848, p. 414 e ss.

553. Forgioni, Paula. *Contrato de Distribuição*. São Paulo: Revista dos Tribunais, 2005, p. 71.

554. Forgioni, Paula. *Teoria Geral dos Contratos Empresariais*. São Paulo: Revista dos Tribunais, 2009, p. 177.

555. Forgioni, Paula. *Teoria Geral dos Contratos Empresariais*. São Paulo: Revista dos Tribunais, 2009, p. 211.

556. Forgioni, Paula. *Teoria Geral dos Contratos Empresariais*. São Paulo: Revista dos Tribunais, 2009, p. 211.

CRITÉRIOS PARA UMA APLICAÇÃO DA BOA-FÉ SISTEMATICAMENTE ORIENTADA | 397

15. Qualificativos e subespécies

Os contratos de colaboração empresária frequentemente se apresentam sob a forma de *contratos atípicos*, *relacionais*, *lacunosos* e *duradouros*. As quatro noções estão comumente imbricadas e até mesmo superpostas, mas não são absolutamente coincidentes. Por outro lado, não é necessário que um contrato atípico seja de colaboração empresária, ou lacunoso. Assim, as conexões entre essas espécies e o seu alcance obedecem a critérios diversos.

Os contratos relacionais são duradouros e lacunosos, mas nem todo contrato duradouro é relacional e incompleto (lacunoso). Ademais, conquanto normalmente sejam duradouras as relações marcadas por comunhão de escopo, bem como aquelas caracterizadas pela «relacionalidade», não há identidade ou subsunção entre as noções, pois pode haver contrato duradouro em que não haja comunhão de escopo (*e.g.*, o contrato de seguro) e contrato de comunhão de escopo que não seja duradouro (exemplificativamente, um contrato a favor de terceiro), bem como contrato relacional que não tenha nem comunhão de escopo nem «duração» no sentido jurídico. O elemento «duração» é reportado não apenas ao fluir do tempo, mas ao modo do adimplemento das prestações.

16. Os contratos relacionais

A categoria dos «contratos relacionais» – que teve súbito sucesso na doutrina brasileira dos anos 1990 em diante – explica-se nos quadros do realismo jurídico norte-americano da primeira metade do século XX. Tratou-se, então, de uma reação contra o chamado «Direito Contratual clássico», assentando no «modelo do consenso», exclusivamente centrado no acordo de vontades e, mais ainda, em uma perspectiva formalista e estática dos direitos e deveres coenvolvidos.[557] A concepção à qual se reagia era comparável, considerada a cultura de *Civil Law*, às doutrinas contratualistas assentadas no voluntarismo («Teoria da Vontade») e no método exegético de interpretação contratual. Os contratos não relacionais seriam aqueles ajustes estáticos, formalizados em modelos ou tipos rígidos e assentados no *paradigma da troca* entre dois sujeitos atuando em um mercado perfeito. Neles, não teriam espaço ideias éticas como «*unfairness*» ou boa-fé.[558]

Baseou-se, então, na concepção doutrinária dos «contratos relacionais» iluminando os mecanismos do fenômeno contratual. Colocou-se o foco nas características opostas àquelas sublinhadas pela Teoria Clássica: os contratos são estruturas dinâmicas, tem «passado, presente e futuro»,[559] são compreensíveis por meio da conjugação entre

---

557. EISENBERG, Melvin A. Why Is No Law of Relational Contracts. *Northwestern University Law Review*, vol. 94, 1999, p. 805-822. Sintetizando o tema: FERREIRA PINTO, Fernando. *Contratos de Distribuição*. Da tutela do distribuidor integrado em face da cessação do vínculo. Lisboa: Universidade Católica, 2013, p. 113-128.

558. EISENBERG, Melvin A. Why Is No Law of Relational Contracts. *Northwestern University Law Review*, vol. 94, 1999, p. 805-808.

559. EISENBERG, Melvin A. Why Is No Law of Relational Contracts. *Northwestern University Law Review*, vol. 94, 1999, p. 821.

elementos nascidos das declarações negociais das partes (elementos nascidos da vontade) e outros não expressos na declaração, tais como: a pessoalidade, a confiabilidade, a aptidão para o desempenho, a possibilidade de permitir um planejamento futuro a partir do próprio contrato,[560] lançando «as bases para um futuro comportamento colaborativo, mais do que [estatuindo sobre] a ordem específica de obrigações determinadas».[561]

A «relacionalidade» não configura, porém, um tipo ou uma categoria contratual, mas uma característica (ou agrupamento de características) que, em diversas escalas ou graus está presente em qualquer contrato.[562] Há, em qualquer contrato, uma dimensão constitutivamente relacional, no sentido de «intensa contextualização na rica e complexa tessitura das relações sociais em que os contraentes se encontram imersos».[563] Mas, obviamente, a carga de relacionalidade é mais acentuada em alguns tipos, menos em outros. São intensamente relacionais os contratos duradouros (como o de agência, distribuição, fornecimento, arrendamento, locação, seguro) ou, em algumas hipóteses, mesmo os contratos com prestação única diferida latamente no tempo.[564] São também marcados por importante fator de «relacionalidade» os contratos que preveem cláusulas destinadas a regrar a disciplina de questões futuras (como cláusulas de renegociação), oferecendo critérios para o preenchimento de suas lacunas.

---

560. MACNEIL, Ian. *The New Social Contract:* an inquiry into modern contractual relations. New Haven: Yale University, 1980.

561. FORGIONI, Paula. *Contrato de Distribuição.* São Paulo: Revista dos Tribunais, 2005, p. 71.

562. EISENBERG, Melvin A. Why Is No Law of Relational Contracts. *Northwestern University Law Review,* vol. 94, 1999, p. 821.

563. Assim, FERREIRA PINTO, Fernando. *Contratos de Distribuição.* Da tutela do distribuidor integrado em face da cessação do vínculo. Lisboa: Universidade Católica, 2013, p. 116.

564. Para as distinções MARTINS-COSTA, Judith; NITSCHKE, Guilherme. Contratos Duradouros Lacunosos e Poderes do Árbitro: questões teóricas e práticas. *Revista de Arbitragem do GEArb.* Edição Especial – questões polêmicas, dez. 2012; também, *supra,* CAPÍTULO IV, §38, 12. De fato, o critério para alcançar a noção de obrigação duradoura não é nem o do tipo contratual, nem o da seara em que normalmente se verifica, mas do modo de execução no tempo. As relações duradouras têm como peculiaridade não apenas a permanência estendida no tempo, mas a relação entre o tempo e o adimplemento: o que as caracteriza, portanto, «não é, propriamente, a circunstância de que ela, necessariamente, deva vigorar por maior período de tempo do que qualquer outra. (...) A inserção do tempo na essência da obrigação significa que, embora haja sucedido solução, pois caso contrário poderia o credor exigi-la, o débito permanece íntegro». Daí que o adimplemento se situe justamente «no período intermístico», isto é, no próprio processo (ou ínterim), e não em seu início ou fim. Sua característica está, pois, centrada na simbiose entre «tempo» e «adimplemento». Esta foi a construção de Giorgio Oppo nos meados do século XX, ao situar que é quanto ao interesse ao adimplemento o tempo lança suas influências e marca as diferenças. O critério classificatório não repousa na gênese obrigacional, nem na mera extensão temporal do contrato, mas no modo pelo qual tempo e adimplemento se imbricam (ver: OPPO, Giorgio. I Contratti di Durata. *Rivista di Diritto Commerciale,* vol. XLI, n. I, Milano, 1943, p. 143-260; também BAPTISTA MACHADO, João. Pressupostos da Resolução por Incumprimento. *Obra Dispersa,* vol. I. Braga: Scientia Ivridica, 1991, p. 140. Também assim escrevi em: MARTINS-COSTA, Judith. *Comentários ao Código Civil.* Do Inadimplemento das Obrigações, vol. V. Tomo II. 2.ª ed. Rio de Janeiro: Forense, 2009, p. 33-40). Ver, ainda, COUTO E SILVA, Clóvis do. *A Obrigação como Processo.* Rio de Janeiro: FGV Editora, 2006, p. 165.

CRITÉRIOS PARA UMA APLICAÇÃO DA BOA-FÉ SISTEMATICAMENTE ORIENTADA | 399

17. Relacionalidade e lacunosidade intencional

Justamente por sua maior duração (sujeitando-se às vicissitudes trazidas pelo tempo) é comum, nos contratos dotados de relacionalidade, a lacunosidade intencional («incompletude»). Isto é: os contraentes, deliberadamente, deixam pontos para uma negociação futura, ou apartada; e, também comumente, pactuam o *dever de renegociar* o contrato em caso de mudanças no cenário econômico, ou em razão de outra motivação expressamente prevista ou implícita no contrato. Há quatro finalidades na incompletude intencional, e no dever de renegociar, que lhe é consequente: (*i*) adaptar o contrato às circunstâncias supervenientes e, assim, assegurar a preservação do equilíbrio econômico e a continuação do contrato, impedindo que o princípio da intangibilidade do pactuado conduza a um rigor excessivo no momento da execução contratual; (*ii*) atuar como meio de repartição, entre os contratantes, dos custos extraordinários resultantes do evento superveniente e imprevisível, de modo que a etapa da renegociação permite às partes acordar sobre essa repartição dos ônus, por si mesmos, ou através de um terceiro, que a arbitrará;[565] (*iii*) minimizar o risco da extinção contratual devida à resolução por excessiva onerosidade de um contrato que ainda pode ser útil, atendendo aos mútuos interesses das partes;[566] e, (*iv*) finalmente, encontrar um novo regime adaptado aos mútuos interesses (*self tailored rule*) permitindo aos contraentes figurar um novo regime, sendo essa, precipuamente, a função «adaptativa» da autonomia privada.[567]

18. Relacionalidade e boa-fé

A relacionalidade implica a atuação, ao lado da autonomia privada, da boa-fé que direciona comportamentos no tráfico contratual e, assim, produz deveres de cooperação e lealdade (Código Civil, art. 422) e fixa os parâmetros do exercício jurídico lícito (Código Civil, art. 187). Por esta razão, nos contratos relacionais acresce de importância a boa-fé objetiva,[568] afirmando-se exigirem tais relações «fortemente colaboração», carecendo, «para atingir os seus fins, [de] muita lealdade entre as partes».[569] A boa-fé atua não apenas como pauta de confiança mútua, cabendo aos contratantes não frustrar a

---

565. ALMEIDA PRADO, Mauricio. *Le Hardship dans le Droit du Commerce International*. Bruxelles: Feduci, 2004, p. 122.

566. CESARO, Vincenzo Maria. *Clausola di Rinegoziazione e Conservazione dell'Equilibrio Contrattuale*. Napoli: ESI, 2002, p. 19.

567. CESARO, Vincenzo Maria. *Clausola di Rinegoziazione e Conservazione dell'Equilibrio Contrattuale*. Napoli: ESI, 2002, p. 10.

568. COUTO E SILVA, Clóvis do. *A Obrigação como Processo*. Rio de Janeiro: FGV Editora, 2006, p. 165.

569. AZEVEDO, Antonio Junqueira de. Parecer. Natureza Jurídica do Contrato de Consórcio (sinalagma indireto). Onerosidade Excessiva em Contrato de Consórcio. Resolução Parcial do Contrato. *Novos Estudos e Pareceres de Direito Privado*. São Paulo: Saraiva, 2009, em especial p. 354-356.

400 | A BOA-FÉ NO DIREITO PRIVADO

legítima confiança «para garantir a estabilidade jurídica»,[570] mas, igualmente, como critério integrativo por meio da geração de deveres anexos e laterais.

Uma frequente manifestação dos deveres decorrentes da boa-fé nos contratos revestidos por expressivo grau de relacionalidade diz respeito ao dever de renegociar – se assim previsto em regra legal ou contratual.[571] Nesse caso, as partes estão adstritas a formular proposições sérias, relativas ao contrato, às suas bases originárias, às circunstâncias atuais e à economia contratual globalmente considerada. A renegociação há de ser procedida segundo a boa-fé, devendo as partes, portanto, formular as suas proposições de forma séria e correta («proba»), com relação ao contrato e às circunstâncias atuais de sua economia, «que não sejam nem derrisórias nem desproporcionadas».[572] Se a parte a quem a circunstância superveniente aproveita dissimula a recusa sob a forma de proposições absolutamente inaceitáveis pela outra (tendo em conta os dados objetivos da economia contratual), há pretensão indenizatória e, conforme o caso, resilitória, ou ambas, na forma do art. 475 do Código Civil.[573] Porém, se as negociações são procedidas segundo a boa-fé, e embora todos os esforços reconhecidamente sérios das partes em chegar a bom termo, mesmo assim a renegociação não seja bem sucedida, enseja-se, então, o desfazimento da relação sem as consequências do inadimplemento. A hipótese aproxima-se, então, analogicamente, à impossibilidade não imputável na execução de obrigação de fazer (Código Civil, art. 248, primeira parte).

19. Relacionalidade e pessoalidade

Acresce às características temporais dos contratos revestidos por alta dosagem de relacionalidade uma especial carga de *pessoalidade*. Esta aumenta a intensidade tanto da

---

570. Acentua esse aspecto: FORGIONI, Paula. *Contrato de Distribuição*. São Paulo: Revista dos Tribunais, 2005, p. 75. Também enfatizando a forte relação entre os contratos relacionais e o princípio da boa-fé: PORTO MACEDO JÚNIOR, Ronaldo. *Contratos Relacionais e Defesa do Consumidor*. 2.ª ed. São Paulo: Revista dos Tribunais, 2006; AZEVEDO, Antonio Junqueira de. Parecer. Natureza jurídica do contrato de consórcio (sinalagma indireto). Onerosidade excessiva em contrato de consórcio. Resolução parcial do contrato. *Novos Estudos e Pareceres de Direito Privado*. São Paulo: Saraiva, 2009, p. 354; HAICAL, Gustavo. *Contrato de Agência*: seus elementos tipificadores e efeitos jurídicos. São Paulo: Revista dos Tribunais, 2012, p. 77-85 e p. 163-169. Referi o tema in: MARTINS-COSTA, Judith. *Comentários ao Código Civil*. Do Inadimplemento das Obrigações, vol. V. Tomo II. 2.ª ed. Rio de Janeiro: Forense, 2009, p. 37-40. Também em: MARTINS-COSTA, Judith. O caso dos produtos tostines: uma atuação do princípio da boa-fé a resilição de contratos duradouros e na caracterização da *suppressio*. In: TEPEDINO, Gustavo; FRAZÃO, Ana (Coords.). *O Superior Tribunal de Justiça e a Reconstrução do Direito Privado*. São Paulo: Revista dos Tribunais, 2011, p. 533.

571. Ver, *infra*, CAPÍTULO VIII, §70, 7.

572. Assim FABRE, Regis. Les Clauses d'Adaptation dans les Contrats. *Revue Trimestrielle de Droit Civil*, Paris, Dalloz, 1983, p. 19.

573. Código Civil. Art. 475, *in verbis*: «A parte lesada pelo inadimplemento pode pedir a resolução do contrato, se não preferir exigir-lhe o cumprimento, cabendo, em qualquer dos casos, indenização por perdas e danos».

CRITÉRIOS PARA UMA APLICAÇÃO DA BOA-FÉ SISTEMATICAMENTE ORIENTADA | 401

confiança investida quanto da colaboração contratualmente devida, sob pena de comprometer-se a própria consecução da finalidade contratual.[574] Determinada sociedade que contrata agentes não apenas neles *deve confiar* (em sua capacidade profissional, honestidade) quanto deles depende para o atingimento de seus fins empresariais, pois como bem vê Gustavo Haical, é elemento nuclear do suporte fático desse contrato a «obrigação de promover, à conta de outra, [...], a realização de certos negócios» (Código Civil, art. 710), ambos os elementos dizendo respeito ao nascimento, desenvolvimento e adimplemento dos deveres principais de prestação a cargo dos sujeitos contratantes[575] em torno dos quais existe «uma outra gama de efeitos jurídicos, os quais conferem um caráter complexo à relação jurídica».[576] Nessa «outra gama» de deveres que auxiliam a chegar ao adimplemento satisfatório – só atingido por meio da «ação coordenada e cooperativa de ambos os figurantes» –[577] estão aqueles gerados pela intensa boa-fé. Deve o «agente desenvolver a sua atividade de forma diligente e cumprindo com os deveres secundários e os deveres laterais criados pela incidência da boa-fé objetiva, sendo estes os de lealdade, proteção e informação para com o agenciado».[578] A cooperação e confiança recíprocas adquirem, pois, uma intensidade elevada. Não sem motivo, «as condutas não cooperativas ou violadoras da legítima confiança podem importar, dependendo da gravidade, «a possibilidade de vir a ser resilido o contrato».[579] Desse modo, assegura Haical, «cada figurante terá de atuar, de modo intenso, considerando os legítimos interesses do outro, em vista da causa (como função econômico-social) do negócio».[580]

Assim está na jurisprudência, que assegurou, ao julgar ação de cobrança em relação de representação comercial: «[n]essa espécie de relação jurídica, fundamental, para o seu sucesso comercial, que haja mútua confiança entre as partes contratantes».[581]

Exemplifique-se, ainda, com contrato relacional tipicamente característico de uma relação jurídica de consumo, o chamado «contrato de seguro de vida» que,

---

574. BAPTISTA MACHADO, João. Pressupostos da Resolução por Incumprimento. *Obra Dispersa*, vol. I. Braga: Scientia Ivridica, 1991, p. 140. Também assim escrevi em: MARTINS-COSTA, Judith. *Comentários ao Código Civil. Do Inadimplemento das Obrigações*, vol. V. Tomo II. 2.ª ed. Rio de Janeiro: Forense, 2009, p. 33-40.

575. HAICAL, Gustavo. O Contrato de Agência e seus Elementos Caracterizadores. *Revista dos Tribunais*, São Paulo, Revista dos Tribunais, vol. 877, 2008, p. 48.

576. HAICAL, Gustavo. O Contrato de Agência e seus Elementos Caracterizadores. *Revista dos Tribunais*, São Paulo, Revista dos Tribunais, vol. 877, 2008, p. 48.

577. HAICAL, Gustavo. O Contrato de Agência e seus Elementos Caracterizadores. *Revista dos Tribunais*, São Paulo, Revista dos Tribunais, vol. 877, 2008, p. 48.

578. HAICAL, Gustavo. O Contrato de Agência e seus Elementos Caracterizadores. *Revista dos Tribunais*, São Paulo, Revista dos Tribunais, vol. 877, 2008, p. 49.

579. HAICAL, Gustavo. O Contrato de Agência e seus Elementos Caracterizadores. *Revista dos Tribunais*, São Paulo, Revista dos Tribunais, vol. 877, 2008, p. 48-49.

580. HAICAL, Gustavo. O Contrato de Agência e seus Elementos Caracterizadores. *Revista dos Tribunais*, São Paulo, Revista dos Tribunais, vol. 877, 2008, p. 49.

581. TJRS. Ap. Cív. n. 599250776. Décima Quinta Câmara Cível. Relator Des. Vicente Barrôco de Vasconcellos. Julgamento em 24.11.1999.

402 | A BOA-FÉ NO DIREITO PRIVADO

constituindo contrato em proveito alheio, também o é contrato de duração fortemente imantado por relacionalidade.

No *caso da relação trintenária*,[582] foi reconhecido ser lícito à seguradora, em linha de princípio, quando da renovação do contrato, modificar as condições avençadas, adequando-as às bases atuariais. Porém, se a relação a prazo certo se transmudou, pelo decurso de extenso lapso temporal (30 anos) em relação substancialmente estendida no tempo, com a renovação anual consistindo em nada mais que «mera formalidade», sem alterar-se o conteúdo contratual, não será lícita a alteração abrupta, desguarnecendo o segurado do benefício ou de alternativas menos gravosas à sua mantença. E se decidiu:

«Se o consumidor contratou, ainda jovem, o seguro de vida oferecido pela recorrida e se esse vínculo vem se renovando desde então, ano a ano, por mais de trinta anos, a pretensão da seguradora de modificar abruptamente as condições do seguro, não renovando o ajuste anterior, ofende os princípios da boa fé objetiva, da cooperação, da confiança e da lealdade que deve orientar a interpretação dos contratos que regulam relações de consumo».[583]

Isso não significa que as cláusulas e as condições contratuais, uma vez pactuadas, sejam eternas, imodificáveis com o passar do tempo. Porém, quando cabíveis as modificações, a seguradora não pode «simplesmente desconsiderar todo o tempo em que o segurado pagou pela cobertura, sem nunca dela se utilizar, e romper o contrato ou impor novas e prejudiciais condições para renovação».[584] Isso porque «o autorregramento da vontade dos contratantes, presente no contrato de seguro, impregna-se da boa-fé e, por intermédio das consequências dela, passa a ter limitações na alterabilidade que venha contra a boa-fé, inclusive quanto à rescindibilidade – ou não reconductibilidade».[585] Consequentemente, a rescindibilidade e/ou a alterabilidade estão condicionadas a determinados pressupostos: relaciona-se primeiramente, ainda na fase de formação contratual, com a veracidade das informações prestadas; com o risco assumido «e as variações que venham a tolerá-lo de forma relevante para a formação e para a execução contratuais. (...). Em um segundo momento, formada a relação contratual, o dispositivo procura garantir que as variações que possam ser relevantes e afetar o equilíbrio entre as prestações devidas sejam reveladas reciprocamente e recebam a atuação prática necessária para o melhor atendimento aos interesses de ambas as partes».[586]

---

582. STJ. REsp 1073595/MG. Segunda Seção. Relatora Min. Nancy Andrighi. Julgamento em 23.03.2011. *DJ* de 29.04.2011.

583. Assim no voto da Relatora em: STJ. REsp 1073595/MG. Segunda Seção. Relatora Min. Nancy Andrighi. Julgamento em 23.03.2011. *DJ* de 29.04.2011.

584. Assim voto-vista do Min. Luis Felipe Salomão. STJ. REsp 1073595/MG. Segunda Seção. Relatora Min. Nancy Andrighi. Julgamento em 23.03.2011. *DJ* de 29.04.2011.

585. Conforme voto-vista do Min. Sidnei Beneti. STJ. REsp 1073595/MG. Segunda Seção. Relatora Min. Nancy Andrighi. Julgamento em 23.03.2011. *DJ* de 29.04.2011.

586. Conforme voto-vista do Min. Sidnei Beneti. STJ. REsp 1073595/MG. Segunda Seção. Relatora Min. Nancy Andrighi. Julgamento em 23.03.2011. *DJ* de 29.04.2011.

CRITÉRIOS PARA UMA APLICAÇÃO DA BOA-FÉ SISTEMATICAMENTE ORIENTADA | 403

No caso concreto – concluiu-se –, em vista das circunstâncias fáticas presentes, pela inalterabilidade, pois «tem-se que admitir que o segurado, que contrata seguro de vida, renovado durante três décadas com a mesma seguradora» tem a expectativa legítima ao prosseguimento do vínculo. Assim, para promover a alteração, «o segurador, que tenha permitido, pela longa duração, a transmudação do contrato de prazo certo em contrato relacional cativo, terá de buscar, junto aos segurados, solução que não seja a pura e simples ruptura unilateral após curto prazo de notificação de trinta dias».[587]

No *caso do arrendamento do estaleiro*,[588] debateu-se o comportamento das partes para saber se tivera a força de gerar a obrigação de prorrogar o prazo contratual para início da construção de barcos, sendo a contraprestação o arrendamento do estaleiro.

Em virtude de desavenças, cada um dos titulares das posições contratuais ajuizou ação de reintegração de posse e ação de «rescisão» [*rectius*: resilição] de contrato. Fora estabelecida condição resolutiva consubstanciada na entrada em eficácia, na data fixada no instrumento, de contratos a serem firmados pela arrendatária para construção de embarcações no imóvel. Ocorre que a arrendatária havia dado causa a constante prorrogação da data-limite para referidas construções, tendo as partes, durante certo tempo, mantido «constante diálogo» para o acertamento do contrato; por seu turno a arrendante sofrera posterior mudança do controle acionário, com substantiva redução patrimonial. Discutiu-se, entre outros temas, se caberia a oposição de *exceptio non adimpleti contractus* e se estaria ou não configurada a chamada «culpa concorrente».

O Superior Tribunal de Justiça afastou a alegada «culpa concorrente» sob o argumento de a concausalidade exigir a *simultaneidade* das ações causais e devolveu a apreciação do caso à instância *a quo,* a fim de ser revista a matéria probatória. Todavia, deixou consignados os critérios hábeis mensurar a causa determinante do desate contratual, para tanto tendo recorrido ao princípio da boa-fé. Confira-se:

«Pelo que se descrevem nas sucessivas peças processuais acostadas ao processo, as partes permaneceram em constante diálogo durante o período em que esteve vigente o contrato. Tanto que em praticamente todos os aditamentos promovidos durante a vigência da relação contratual, o prazo-limite para a construção da primeira embarcação vinha sendo alterado. Os entendimentos, pelo que se depreende de manifestações constantes dos autos, agravaram-se notadamente após a transferência do controle da sociedade CCN a um novo grupo de acionistas.

Essa transferência de controle, contudo, deu-se apenas dez dias antes de encerrado o prazo para o início da construção de um novo navio. A primeira questão que deve ser apurada, a partir dessa constatação, diz respeito a saber, com base nas atas de reunião feitas, nas correspondências trocadas, nas reiteradas prorrogações contratuais e demais

---

587. Conforme voto-vista do Min. Sidnei Beneti. STJ. REsp 1073595/MG. Segunda Seção. Relatora Min. Nancy Andrighi. Julgamento em 23.03.2011. *DJ* de 29.04.2011.

588. STJ. REsp 725963/RJ. Terceira Turma. Relatora Min. Nancy Andrighi. Julgamento em 23.02.2010. *DJ* de 18.05.2010. Analisado, *infra*, com relatório voltado à *surrectio*, *vide* CAPÍTULO VIII, §77.

404 | A BOA-FÉ NO DIREITO PRIVADO

elementos constantes do processo, se havia, nas partes a justa expectativa criada no sentido da prorrogação do prazo contratual. Havendo tal expectativa, ela deve ser tomada em consideração no momento de decidir a controvérsia».

Considerou, ainda, que para identificação da responsabilidade pela resilição, e consequente avaliação sobre a regularidade do exercício da exceção de contrato não cumprido por uma das partes, deveria ser buscada a causa adequada do desate contratual. E explicitou:

«Assim, se o inadimplemento da arrendante do estaleiro, consubstanciado no esvaziamento de seu capital, ocorreu no momento em que, pelo prazo contratual remanescente, já não seria mais possível à arrendatária cumprir sua prestação, tal adimplemento deve ser considerado irrelevante, buscando-se a causa da rescisão (*sic*) na conduta anterior da arrendatária, que será, portanto, civilmente responsável por seu inadimplemento. Contudo, será da arrendante a responsabilidade pela rescisão (*sic*) se no momento do esvaziamento de seu capital ainda fosse possível à arrendatária cumprir o contrato porque: (*i*) havia justa expectativa de prorrogação do prazo contratual, com base no reiterado comportamento das partes e observado os cânones da boa-fé objetiva; (*ii*) ainda que não se cogite de prorrogação do prazo, fosse ainda possível, no plano fático, que ela cumprisse sua prestação no exíguo prazo remanescente. Todas essas questões deverão ser reavaliadas pelo Tribunal no novo julgamento da causa».[589]

A expectativa à prorrogação contratual é, aliás, recorrente em contratos de distribuição, caracterizadamente duradouros e, muitas vezes, entrados em assimetria de fato entre as partes.[590]

No *caso do Projeto Excelência*,[591] decidiu-se lide em que contendiam, de um lado, distribuidora de bebidas, de outro, a fabricante. Residia o nó da questão na licitude – ou não – do desate contratual unilateralmente declarado pela fabricante («denúncia contratual»).[592]

Para o que ora concerne, importa ressaltar que a boa-fé foi arguida pelo entendimento vencido, como a justificar o investimento de confiança da contraparte em parceria que durou anos. Por vezes o exercício da denúncia vazia, embora previsto no contrato se apresenta como manifestamente injusto, porque apanha de surpresa a uma das partes – justamente aquele que depende economicamente da outra –, não lhe permitindo ter o retorno financeiro a cuja expectativa o contrato legitimara.

Assim se verifica naqueles casos em que, embora a previsão contratual faculte a extinção do vínculo, há a legítima expectativa à continuidade do contrato, expectativa

---

589. Conforme voto da Relatora. STJ. REsp 725963/RJ. Terceira Turma. Relatora Min. Nancy Andrighi. Julgamento em 23.02.2010. *DJ* de 18.05.2010.

590. Acerca do tratamento jurídico das relações contratuais faticamente assimétricas veja-se Capítulo IV, §31, e Capítulo VIII, §70.

591. STJ. REsp 1112796/PR. Quarta Turma. Relator Min. Luis Felipe Salomão. Relator para Acórdão Min. Honildo de Mello Castro. Julgamento em 10.08.2010. *DJ* de 19.11.2010.

592. Os fatos estão esmiuçados no Capítulo VIII, *infra*, §79, destacando-se o exercício da denúncia.

CRITÉRIOS PARA UMA APLICAÇÃO DA BOA-FÉ SISTEMATICAMENTE ORIENTADA | 405

essa decorrente de atos ou omissões da contraparte. Quando tal se verifica, diz o Código Civil, o exercício do poder formativo extintivo (dito no art. 473, «resilição», mas, segundo o léxico ponteano, «denúncia»)[593] tem sua eficácia postergada para «depois de transcorrido prazo compatível com a natureza e o vulto dos investimentos». O *quantum* do tempo de suspensão é decidido no caso concreto, em vista dos parâmetros situados no próprio texto legal, a saber: a existência de investimentos feitos «dada a natureza do contrato» para a sua execução, e o decurso de prazo compatível com a natureza e o vulto do investimento feito. Não há, de certo, contrato eterno, apenas postergando-se a eficácia do exercício do direito formativo por um período que, tendencialmente, visa permitir senão o retorno do investimento feito, ao menos a minimização dos danos à empresa que o rompimento abrupto acarretaria. No *caso do Projeto de Excelência*, o prazo do exercício da denúncia foi tido, pela maioria, como suficiente e, portanto, lícito.

Justifica-se o alto grau de intensidade do princípio da boa-fé objetiva nos contratos relacionais, pois esses implicam, precipuamente, atividade de colaboração. A necessária «relação de parceria»[594] num contrato destinado a estender-se por longos

---

593. Confusão essa promovida pela lei e pela algaravia doutrinária resultante da mescla de diferentes tradições jurídicas, a francesa e a germânica, o que leva, *e.g.*, alguns autores a considerar, seguindo a tradição francesa, a hipótese de resilição «unilateral» que não é motivada no inadimplemento. Segui essa tradição no texto *O caso dos produtos Tostines*, ao considerar a denúncia forma de resilição. Posteriormente, passei a adotar o critério ponteano, por parecer mais claro e lógico ao discernir dentre as formas de cessação da eficácia do contrato pelas várias figuras do exercício de direito formativo extintivo (MARTINS-COSTA, Judith. *O caso dos produtos Tostines*: uma atuação do princípio da boa-fé a resilição de contratos duradouros e na caracterização da *suppressio*. In: TEPEDINO, Gustavo; FRAZÃO, Ana. (Coords.). *O Superior Tribunal de Justiça e a Reconstrução do Direito Privado*. São Paulo: Revista dos Tribunais, 2011, p. 513-542) (ver CAPÍTULO VIII, §79). Ver PONTES DE MIRANDA, Francisco Cavalcanti. *Tratado de Direito Privado*. Tomo XL. 3.ª ed. São Paulo: Revista dos Tribunais, 1984, § 4.395, p. 107-110. Também: HAICAL, Gustavo. Apontamentos sobre o Direito Formativo Extintivo de Denúncia no Contrato de Agência. In: MARTINS-COSTA, Judith (Org.). *Modelos de Direito Privado*. São Paulo: Marcial Pons, 2014, p. 303-304.

594. Essa expressão é equívoca: «parceria» designa gênero que engloba subgêneros e espécies dentre as quais podem estar alocadas alguns em que o *nostra res agitur* não se faz presente, embora haja dever de colaboração. Assim, por exemplo, os negócios jurídicos parciários assim compreendido todo aquele em que «o objeto da contraprestação é parte dos lucros que obtenha o adquirente, com a aplicação que se colima» PONTES DE MIRANDA, Francisco Cavalcanti. *Tratado de Direito Privado*. Tomo XLV. 3.ª ed. São Paulo: Revista dos Tribunais, 1984, § 4.889, 1, p. 185 e § 4.891, 1, p. 187). Este é subgênero contratual abrangente de várias espécies, algumas legalmente típicas – *e.g.*, o contrato de parceria no âmbito do direito agrário e do direito marítimo – outras derivadas dos costumes do setor, sendo essas modalidades perfeitamente admitidas no sistema. É caracterizado «pelo facto de uma pessoa prometer certa prestação em troca de uma qualquer participação nos proventos que a contra parte obtenha por força daquela prestação» havendo, portanto, destinação da prestação: «o recebedor está vinculado a destinar ao fim que se determinou aquilo que ele recebeu» (assim: MOTA PINTO, Carlos Alberto da. *Teoria Geral do Direito Civil*. 4.ª ed. Atualizado por António Pinto Monteiro e Paulo da Mota Pinto. Coimbra: Coimbra Editora, 2005, p. 405). Ressalte-se, que os contratos parciários, embora façam parte do gênero denominado comumente por «parceria» não integram as modalidades cujo interesse peculiar é exis-

406 | A BOA-FÉ NO DIREITO PRIVADO

anos em vista de interesses comuns; o fato de o sucesso de um contraente ao adimplir a sua prestação (*e.g.*, vender os produtos, no contrato de distribuição ou no de agência) importar no sucesso do outro (o distribuidor dos produtos); a confiabilidade na exatidão ao prestar; o prestígio implicado na imagem empresarial, apto a beneficiar ambas as partes; a carga de pessoalidade envolvida; o caráter vital de certas prestações, como no seguro de vida; etc., são fatores que se coligam e acrescem a intensidade da atuação do princípio.

De resto, é frequente que novidades – especialmente de ordem terminológica – sejam, de fato, apenas aparentes, pois há muito a melhor doutrina vem rubricando a relação entre os investimentos de confiança, os deveres de agir segundo a boa-fé e a natureza dos negócios jurídicos concretamente considerados. Assim, Pontes de Miranda, Francisco Campos e Orozimbo Nonato apontavam em parecer emitido nos anos 1960,[595] ao afirmar, acerca de negócio de cessão de direitos de pesquisa e de lavra e promessa de venda de terras lavradas, inclusa a cláusula de «participação financeira nos resultados da exploração dos minérios de manganês e de ferro existentes nas jazidas objeto da escritura»:

«Os contratos avençados entre a ré e os autores envolviam, como resulta dos seus têrmos, uma relação de confiança dos autores para com a ré. Estabeleciam, sem que houvesse previsto nos contratos nenhum dispositivo de segurança para os direitos nêles conferidos aos autores, uma comunidade de interesses entre êstes e a ré. Os contratos em causa, manifestamente fundados em uma relação de confiança, tinham por única garantia o pressuposto de que a conduta do obrigado, na sua execução, se pautaria pela lealdade e boa-fé, que caracterizam as situações jurídicas fundadas na relação de confiança.

O contrato não se limita, com efeito, a uma dimensão linear, em que se poderia traduzir o vínculo entre as prestações recíprocas em que se traduz o seu conteúdo manifesto ou o aparente. *O contrato é um quadro em que as estipulações voluntárias constituem a parte central.* Em tôrno desta, porém, existem, embora não expressas, por serem de ordem objetiva ou legal e não de natureza convencional, *elementos básicos e fundamentais à estrutura, interpretação e execução das obrigações contratuais.* O contrato é, antes de tudo, uma relação de confiança e, fundada nesta, a exigência de que as partes nêle vinculadas, observarem quanto à sua conduta, não só na fase preliminar ou preparatória, assim como

---

tência de uma ação comum dos contraentes (*nostra res agitur*), em vista de um fim comum, pois nos contratos parciários os parceiros não estão vinculados «para aquisição e ganhos comuns». Neles apenas «um dos figurantes obtém lucros, ou só os figurantes de um lado obtêm lucros, tendo o outro figurante ou os figurantes do outro lado direito a parte dos lucros previstos ou a serem apurados» (Pontes de Miranda, Francisco Cavalcanti. *Tratado de Direito Privado.* Tomo XLV. 3.ª ed. São Paulo: Revista dos Tribunais, 1984, § 4.889, 1, p. 184).

595. Pontes de Miranda, Francisco Cavalcanti; Campos, Francisco de; Nonato, Orozimbo. Cessão de Direitos. Mora. Cessão de Dívida. Contrato. Sociedade Mercantil. Doação. *Revista dos Tribunais,* 330/87, abr. 1963. Também em *Doutrinas Essenciais:* Obrigações e Contratos, vol. II. São Paulo: Revista dos Tribunais, 2011, p. 317. Destaques meus.

CRITÉRIOS PARA UMA APLICAÇÃO DA BOA-FÉ SISTEMATICAMENTE ORIENTADA | 407

nas fases subsequentes, inclusive na execução, os deveres de lealdade e boa-fé, que por fôrça mesma do ato de haverem contratado, constituem, a um só tempo, embora não articulados, expressão e pressuposto necessário do contrato como instrumento, não de antagonismo entre os contraentes, mas de cooperação entre ambos no sentido de que se efetivem, para a sua recíproca satisfação, as obrigações assumidas de um para com o outro, *no quadro da expectativa que lhes era comum quando entenderam de atar entre si a relação contratual de confiança, lealdade e boa-fé* (Stoll, Die Lehre von den Leistungsstorengen; Vertrag und Urnecht, Tübingen. 1936: Herholz, Das Schuldverhältnis als Konstante Rahmenbeziehung. *Archiv für die civilistische Praxis*, vol. 130)».

Os exemplos e distinções até aqui alinhados apontam, pois, ao dever do intérprete, na aplicação concreta da boa-fé, considerar escrupulosamente a natureza da relação, em vista de *critérios* previamente delimitados, como até agora se ensaiou proceder. Não só, porém. As distintas manifestações da boa-fé não dispensam o exame em vista de uma perspectiva dinâmica, que leve em conta as *fases* e *planos* da relação obrigacional considerada como um processo, bem como as *funções* que poderá desempenhar. Esse exame será objeto dos Capítulos Quinto a Oitavo, subsequentes.

Capítulo Quinto

Atuação do Princípio da Boa-Fé Conforme as Fases da Relação Obrigacional

§ 39. O critério das fases do processo obrigacional

1. Proposição; **2.** Fases e planos da relação obrigacional; **3.** Fase do desenvolvimento, ou execução contratual; **4.** Fase das tratativas: primeira enunciação; **5.** Deveres de proteção na fase das tratativas

§ 40. A fase formativa de um contrato

1. Proposição; **2.** A solução do CDC; **3.** As soluções do Direito Privado (Civil e Empresarial)

§ 41. Fase inicial de prospecção e de chamamento a contratar, sem a caracterização de oferta em sentido técnico

1. Proposição

§ 42. Fase negociatória em sentido estrito

1. Proposição; **2.** Utilidade e figuras; **3.** Critérios; **4.** Formação progressiva do contrato; **5.** A possível vinculabilidade dos atos pré-contratuais e a vinculabilidade dos atos contratuais sujeitos às chamadas «condições precedentes»; **6.** Eficácias hermenêuticas; **7.** As cláusulas de entendimento integral

§ 43. Fase da oferta, propriamente dita

1. Proposição; **2.** O art. **427** do Código Civil

§ 44. Fase da conclusão contratual

1. Proposição; **2.** A eficácia contratual; **3.** O problema da legitimidade da expectativa

§ 45. Origem da doutrina da *culpa in contrahendo* e seu atual estágio

1. A origem: a formulação de Jhering; **2.** *Culpa in contrahendo* e teoria do contato social; **3.** Desenvolvimento e expansão da doutrina da *culpa in contrahendo*

§ 46. A responsabilidade pré-contratual no Direito brasileiro

1. Proposição; 2. Culpa *in contrahendo* e a chamada «responsabilidade pela confiança»; 3. A hipótese do injusto rompimento das tratativas; 4. O recesso justificado; 5. A violação aos deveres informativos pré-contratuais; 6. O regime jurídico e o interesse indenizável; 7. *Culpa in contrahendo* e boa-fé; 8. Síntese conclusiva

§ 47. Fase da execução contratual: a boa-fé *in executivis*

1. Proposição; 2. Papel auxiliar da boa-fé *in executivis* em relação à vontade contratual

§ 48. Fase pós-contratual

1. Proposição; 2. Acolhimento no Direito brasileiro; 3. Síntese conclusiva

§ 39. O critério das fases do processo obrigacional

1. Proposição

A relação obrigacional se configura como um *processo* polarizado pelo adimplemento, que é o seu fim, e como uma *totalidade orgânica*, englobando direitos, deveres, pretensões, ônus, faculdades e poderes formativos.[1]

Considerada como processo, a relação obrigacional perpassa distintas fases: formação, desenvolvimento e extinção. A fase formativa é a do nascimento da relação, a qual pode ter sido antecedida pela fase das tratativas preliminares; a do desenvolvimento do vínculo é a da sua execução, conforme o projeto delineado pelos contraentes e pela lei; e, finalmente, chega-se ao seu adimplemento, quando, normalmente,[2] o vínculo se desata pelo cumprimento, extinguindo-se a relação pelo adimplemento satisfatório. Quando há o incumprimento, novo cenário então se apresenta.

No seu desenrolar finalisticamente polarizado pelo adimplemento, a relação obrigacional, quando destinada a viabilizar a transmissão do domínio, perpassa também por dois diferentes *planos*: o do Direito das Obrigações, em que estão situadas as fases do nascimento e da execução (desenvolvimento), e o plano dos Direitos Reais, em que situada a fase do adimplemento, ocorrido pelo ato-fato da tradição ou pelo acordo de constituição ou transmissão de direito real pela transcrição e/ou registro do negócio obrigacional em registro público. Diz-se, então, ocorrer em nosso sistema a separação entre os planos obrigacional e real.[3]

---

1. Por todos: COUTO E SILVA, Clóvis do. A *Obrigação como Processo*. Rio de Janeiro: FGV Editora, 2006, p. 17-19. Embora a noção de «obrigação como processo e como totalidade» provenha da cultura civilista germânica, o autor transpôs a ideia para os dados de entorno do Direito brasileiro, o que aponta à originalidade de sua concepção ao detectar os «planos» da relação obrigacional.

2. Assim considerada a relação não atingida por nenhuma das patologias que podem afetá-la, levando, conforme o caso, à sua extinção por nulidade, ou impossibilidade, ou pela resolução *lato sensu* (resilição e resolução *stricto sensu*) e também não pelas formas legais ou convencionais que não exigem o inadimplemento no suporte fático, como a denúncia ou o distrato.

3. COUTO E SILVA, Clóvis do. *A Obrigação como Processo*. Rio de Janeiro: FGV, 2006, p. 52. Conquanto Clóvis do Couto e Silva tenha apresentado ao Direito brasileiro, em linhas definitivas, o princípio da separação dos planos obrigacional e real, esse princípio já era mencionado por Augusto Teixeira de Freitas na Introdução à Consolidação das Leis Civis (TEIXEIRA DE FREITAS, Augusto. *Consolidação das Leis Civis*. Ed. fac-sim. Brasília: Senado Federal, 2003, p. CLXXXII a CLXXXIV), como acentuam Ruy Rosado de Aguiar Júnior (AGUIAR JÚNIOR, Ruy Rosado de. Prefácio. In: TEIXEIRA DE FREITAS, Augusto. *Consolidação das Leis Civis*. Brasília: Ed. fac-sim. Senado Federal, 2003, p. XXIII) e Rafael

412 | A BOA-FÉ NO DIREITO PRIVADO

Essa afirmação – relativa aos planos da relação – leva em conta o contraste com outros dois sistemas jurídicos, o germânico e o francês.

2. Fases e planos da relação obrigacional

Os planos da relação obrigacional são distintos das fases. Fases dizem respeito ao transcorrer da vida da relação – as tratativas, conclusão e execução, o adimplemento e mesmo a fase pós-adimplemento. A distinção em planos, diversamente, é compreensível em vista do Direito Comparado, pois está referida ao *fenômeno da transmissão do domínio,* que, em alguns sistemas, está no mesmo plano da obrigação, em outros, está situado em plano distinto. Dois são os sistemas paradigmáticos desses dois modelos: o germânico e o francês.

No modelo germânico, discerne-se entre atos geradores de obrigações e atos de disposição do direito real – a exemplo da propriedade –, bem como entre atos causais e abstratos. Diferenciam-se, portanto, os atos pelos quais (i) a obrigação é gerada e (ii) o direito real é alienado, o primeiro situando-se no plano do Direito Obrigacional e o segundo no dos Direitos Reais. No modelo francês, diversamente, a transmissão do domínio é operada pelo contrato: tudo se passa no plano do Direito Obrigacional.

O modelo brasileiro é, nesta matéria, semelhante (embora não idêntico) ao do Direito germânico, de modo que, nos negócios endereçados à transmissão (*e.g.,* acordo de transmissão da propriedade) ou constituição de direito real (*e.g.,* o acordo de constituição do direito real de superfície), chamados *negócios dispositivos,*[4] a relação obrigacional se desenvolve como um processo que atravessa diferentes fases e distintos planos: nasce, normalmente, em razão de um negócio obrigacional (*e.g.,* o contrato), e se desenvolve no plano do Direito das Obrigações, mas seu adimplemento está situado no plano dos Direitos Reais, operando-se com o negócio dispositivo, cujo escopo é a constituição ou transmissão de um direito real.

Diferentemente, porém, do modelo germânico, no Direito brasileiro a separação entre os planos é apenas *relativa,* e não absoluta, pois «a declaração de vontade que dá conteúdo ao negócio dispositivo pode ser considerada codeclarada no negócio obrigacional antecedente».[5] Do ponto de vista da dogmática, há, contudo, de ser considerada,

---

Vanzella (VANZELLA, Rafael Domingos Faiardo. *O Contrato e os Direitos Reais.* São Paulo: Revista dos Tribunais, 2012, p. 228, notas 501 e 502).

4. Também denominados «negócios jurídicos de disposição», pelos quais se modifica o direito a que correspondem. Assim, a transferência de direitos reais ou a sua modificação gravosa, importando na perda, para o titular, da situação jurídica primitiva. Há disposição «quando se opera uma mudança subjetiva (negócio de compra e venda) ou objetiva (sub-rogação de um bem por outro)». *Vide:* COUTO E SILVA, Clóvis. Negócios Jurídicos e Negócios Jurídicos de Disposição. In: FRADERA, Véra Maria Jacob (Org.). *O Direito Privado Brasileiro na Visão de Clóvis do Couto e Silva.* 2.ª ed. Porto Alegre: Livraria do Advogado, 2014, p. 71-85. A citação acima está na p. 79. Ainda: COUTO E SILVA, Clóvis. *A Obrigação como Processo.* São Paulo: FGV, 2006, p. 43-61.

5. COUTO E SILVA, Clóvis do. *A Obrigação como Processo.* Rio de Janeiro: FGV Editora, 2006, p. 52.

ATUAÇÃO DO PRINCÍPIO DA BOA-FÉ CONFORME AS FASES DA RELAÇÃO OBRIGACIONAL | 413

portanto, conforme ensina Clóvis do Couto e Silva, a «duplicidade de planos – sobre os quais se fundamenta o sistema do nosso Código Civil – [o que] torna impossível, (...), qualquer tentativa de tratarem-se unitariamente os negócios jurídicos»,[6] ainda que, segundo os usos do tráfico, os dois negócios jurídicos possam estar enfeixados em uma única escritura pública,[7] que pode albergar, demais disto, outros negócios.

3. Fase do desenvolvimento, ou execução contratual

Na fase de desenvolvimento da relação, verifica-se a execução dos deveres ajustados entre as partes, bem como aqueles decorrentes da lei. Percebe-se, então, com nitidez, constituir a relação obrigacional uma totalidade de efeitos jurídicos. Atuam ou podem atuar, como efeitos da relação, pretensões, direitos subjetivos, direitos formativos (em sua tripla modalidade: geradores, modificativos e extintivos), dívidas, obrigações, faculdades, ônus ou encargos de direito material e exceções. Pretensões, direitos e deveres podem ser modificados no desenvolvimento da relação por, exemplificativamente, novação, ou cessão, ou se tornarem inexercitáveis, pois atingidos por prescrição. Com o adimplemento satisfativo, encerra-se a relação, isto é: esgotam-se, pelo cumprimento, os deveres prestacionais da relação. Mas pode haver a projeção de alguns efeitos dela decorrentes até mesmo para além – temporalmente – do adimplemento, então atuando a boa-fé sob a forma negativa, gerando deveres de proteção pós-contratuais para evitar danos injustos que poderiam ainda advir do fato da relação.

4. Fase das tratativas: primeira enunciação

Por vezes, a fase do nascimento do vínculo é precedida por tratativas negociais. Há conversações, trocas de informações e negociações orientadas a examinar as possibilidades e as conveniências de realizar um futuro contrato. Ainda não há, nessa fase preliminar, relação *contratual*, pois as negociações preliminares configuram «tratos», e ainda não «contratos», nem negócios jurídicos. Porém, é preciso atenção: a fase formativa é poliforme e não é destituída de relevância jurídica. Aí já há a tutela do direito que impõe *deveres de correção* no comportamento dos negociadores. Ademais, aí podem conviver com atos não negociais e, também, verdadeiros negócios jurídicos, como um

---

6.   Couto e Silva, Clóvis do. *A Obrigação como Processo*. Rio de Janeiro: FGV Editora, 2006, p. 56. Em sentido similar: Penteado, Luciano de Camargo. *Direito das Coisas*. São Paulo: Revista dos Tribunais, 2008, p. 255.

7.   Pontes de Miranda, Francisco Cavalcanti. *Tratado de Direito Privado*. Tomo XXII. 3.ª ed. São Paulo: Revista dos Tribunais, 1984, § 2.679, 3, p. 11. Na escritura pública de compra e venda, essa situação é corriqueira, como já observava Pontes de Miranda: «No sistema jurídico brasileiro, com os euremas do "por esta escritura vende e transfere a propriedade e a posse", nunca se poderia deixar de discernir o contrato de compra e venda, o acordo de transmissão da propriedade e o acordo de transmissão da posse».

pacto de opção, ou uma oferta (ou «proposta»)[8] que visam, justamente, preparar o planejado contrato, a oferta sendo, nesse sentido, o «penúltimo ato»: uma vez ocorrendo a aceitação, haverá a conclusão do contrato, então se ingressando na fase da eficácia contratual propriamente dita. O «contrato» (*rectius*: os contratos, pois a categoria não é monoliticamente unitária) é um feixe de eficácias jurídicas.

Quando não há contrato entre as partes, o princípio reitor é o do *noeminem laedere*, regra basilar para possibilitar a convivência social. O que aproxima os sujeitos é o mero fato de viver em sociedade, caracterizando-se, portanto, o *contato social* mais distante.[9] Assim, quando atuante a boa-fé na fase do mero contato social, esta atuação verifica-se prevalentemente por via da *função corretora de comportamentos* no tráfico jurídico. É a função sinalizada pelo art. 187 do Código Civil que veda o exercício disfuncional de posições jurídicas, inclusive sob a forma do abuso de direito. E assim é porque, não havendo contrato (ou já não mais existindo), não há que falar em *interesse à prestação*, pois o *praestare* só nascerá com a conclusão do contrato e projeção de sua eficácia. Então, a proteção jurídica opera, no Direito Civil, primacialmente, nos quadros da responsabilidade extracontratual.

Nesse caso, havendo a infração antijurídica ao *noeminem laedere* (por culpa ou pela assunção de risco, conforme o caso), mais a relação causal «direta e imediata» (Código Civil, art. 403), é gerada a consequência reparatória com base nos arts. 186, 187 e 927 do Código Civil.

Essa solução, porém, embora correta, é *insuficiente* para dar conta da totalidade dos fenômenos atinentes a formas de interação social com repercussão jurídica no Direito Civil, ocorrendo, pois, perguntar: quando os sujeitos têm em comum não apenas o mero fato de viver em sociedade, mas o *fato de se terem aproximado* em vista de eventualmente vir a firmar no futuro um contrato, não teria o princípio da boa-fé a função de *qualificar esse contato social*, inclusive para o efeito de gerar especiais interesses à proteção de bens e interesse jurídicos dos negociadores?

Essa é questão que desafia continuamente os juristas ocupados em discernir as variadas situações em que *ainda não há* contrato concluído, *mas poderá haver*, porque os sujeitos se aproximaram justamente em vista da possibilidade de vir a concluí-lo, por isso mesmo, estando em tratativas negociais.

---

8.   Por vezes a doutrina distingue entre proposta e oferta, por outro toma ambos os termos como sinônimos. Adota-se aqui essa posição, que é a de PONTES DE MIRANDA, Francisco Cavalcanti. *Tratado de Direito Privado*. Tomo XXXVIII. 3.ª ed. São Paulo: Revista dos Tribunais, 1984, § 4.189, p. 26-27. O que se distingue é entre proposta (ou oferta) e o convite a receber proposta (*invitatio ad offerendum*), bem como entre «oferta» e «oferta ao público», ou oferta à pessoa indeterminada, de modo que esta «equivale a proposta quando encerra os requisitos essenciais ao contrato, salvo se o contrário resultar das circunstâncias ou dos usos» (Código Civil, art. 429). Não há diferença «ontológica» nem funcional, portanto, entre a proposta (ou oferta) tal qual prevista no art. 427 e a sua especificação, quando dirigida a *incertus unum*. O que há no art. 429 (sendo pouco compreendido por alguns comentadores) é uma especificação do gênero, em atenção à «diretriz da concreção».

9.   Acerca da Teoria do contato social, ver, *supra*, CAPÍTULO III, §22.

Atuação do Princípio da Boa-Fé Conforme as Fases da Relação Obrigacional | 415

Nesses casos, indevido seria identificar os danos eventualmente produzidos ao outro negociador com aqueles prejuízos derivados do inadimplemento contratual (mora ou inadimplemento definitivo, ou a violação positiva do contrato). Igualmente indevido seria, em vista do sistema brasileiro, buscar na tutela contratual o caminho jurídico para o ressarcimento desses danos. Por outro lado, há especificidade na fase das tratativas que a distingue dos contatos sociais mais distantes, caracterizados pelo mero fato de viver em sociedade. Por isso, reitere-se a pergunta: além da função corretiva de comportamentos no tráfico social genericamente considerado, não teria o princípio da boa-fé na fase pré-contratual a função de gerar aos participantes das tratativas deveres específicos, inconfundíveis com os deveres de prestação, e destinados a proteger os participantes de danos que poderiam advir justamente do fato de se terem aproximado, em vista de, eventualmente, virem a concluir um contrato?

A resposta a essa indagação é positiva, entre nós e em outros sistemas jurídicos. Considera-se que na fase antecedente a um contrato (e, igualmente, na que a sucede) há uma *qualificação* derivada do grau de proximidade do contato social[10] entre os agentes que entraram em contato em vista de um possível futuro contrato (ou de um contrato que acabou de ser extinto, no caso dos danos pós-contratuais). Dessa qualificação gerada pelo grau do contato social, nascem, para os sujeitos, *especiais interesses à proteção e à preservação* da integridade da esfera jurídica e da confiança que os uniu, os chamados *deveres de proteção*.

A pergunta a ser equacionada, então, é se a adstrição ao dever geral de a ninguém lesar (*noeminem laedere*) dá conta dessa proteção, ou se o princípio da boa-fé seria a fonte desses deveres especiais, e quais seriam estes. A resposta que vem sendo construída em diferentes sistemas inclina-se a considerar (ainda que sob diferentes formas) a ocorrência de deveres especiais, a sua especialidade residindo justamente na distinta situação entre aqueles agentes que nenhum vínculo tem senão o de viverem conjuntamente em sociedade e os que se aproximam em vista de eventualmente concluir um contrato.

No primeiro caso, rege, sem sombra de dúvidas, o dever geral de a ninguém lesar, sem o qual seria impossível cogitar de vida em sociedade. A confiança mínima que tece o tecido social ampara-se na pressuposição de que danos injustamente causados serão sancionados pelo Ordenamento jurídico. A resposta do Direito à sua violação opera nos quadros da responsabilidade extracontratual, sob o regime da *responsabilidade delitual* (responsabilidade aquiliana) ou, quando assim previsto pela lei, sob o regime da *responsabilidade pelo risco* ou a *responsabilidade pela garantia* (responsabilidade objetiva).

No segundo caso, entende-se haver, entre os agentes, deveres de proteção que, vez violados, ensejarão (no Direito brasileiro) também responsabilidade civil subsumida no regime geral da responsabilidade extracontratual, porém, sob as formas das chamadas «responsabilidade pré-contratual» e «responsabilidade pós-contratual»,[11] conforme a

---

10. Acerca do contato social como categoria de método jurídico, *vide, supra*, Capítulo III, §22.

11. Reconhece a incidência da boa-fé nas fases pré e pós-contratual, o Enunciado n. 25 da I Jornada de Direito Civil do Conselho de Justiça Federal: (2002): «O art. 422 do Código Civil não inviabiliza a aplicação pelo julgador do princípio da boa-fé nas fases pré-contratual e pós-contratual».

fase em que verificada a violação dos deveres, se antes de formada a relação contratual ou se depois de extinto o vínculo. E a especialidade dessas situações de aproximação entre os agentes está justamente no fato de haver, em ambos os casos, *relação mediata* entre o dano injurídico ocasionado e o negócio jurídico que poderá ser concluído (ou que foi concluído e se extinguiu). Há, pois, uma *qualificação* do princípio geral que manda a ninguém lesar em virtude da relação de proximidade social entre os agentes envolvidos nas tratativas pré-negociais (ou quando findo um contrato).

5. Deveres de proteção na fase das tratativas

Os deveres de proteção passíveis de violação nas fases anterior e posterior à vida de um contrato consistem nos deveres de *proteção aos legítimos interesses do alter* e de *respeito à confiança* legitimamente despertada (englobando lealdade, vedação à contradição, sigilo, correção de conduta, informação e esclarecimento). Haverá particularidades em vista do tipo contratual que está a ser negociado e do próprio *iter* em que se desenvolvem as negociações.

Cogite-se, por exemplo, da especial importância da fase pré-negocial de um contrato de seguro, em que, de regra, a iniciativa é do segurador, verificando-se deveres informativos a cargo do segurado e do intermediário (quando o há) e ônus informativos por parte do segurador.[12] Cogite-se, também, das diferentes intensidades da informação a ser dada no caso de numa operação de aquisição do controle acionário de determinada sociedade, conforme se desenvolva o *iter* negociatório que desembocará, ou não, na transmissão do poder de controle e na participação societária.

Modo geral, afirma-se que os deveres pré-contratuais decorrem da boa-fé objetiva como regra de lealdade e atenção às legítimas expectativas (boa-fé/confiança). Sua especialidade está não apenas na circunstância de incidir na fase pré-contratual. Conforme o *iter* desenvolvido, aproximando-se do momento da conclusão contratual, haverá maior intensidade na incidência do princípio, de modo a levar, conforme o caso, à configuração da *culpa in contrahendo*, se violada a boa-fé na fase antecedente à conclusão contratual; ou se, já extinta a relação contratual, se verificar *culpa post pactum finitum*.

Ocorre, porém, que, justamente em virtude dos graus de escalonamento dos contatos sociais (abrangendo o arco que vai do contato «mais distante», o mero fato de viver em sociedade, ao «contato mais próximo», que é a vinculação intersubjetiva voluntária por meio de um contrato),[13] verificam-se situações nitidamente diversas no tempo e na modalidade de deveres que se podem apresentar. Cabe, pois, discernir entre ambas as fases – a pré e a pós-contratual –, mencionando, inicialmente, as peculiaridades da fase

---

12. Para o aprofundamento do tema: Poças, Luís. *O Dever de Declaração Inicial do Risco no Contrato de Seguro.* Coimbra: Almedina, 2013. Analisou-se em especial o contrato de seguro no Capítulo IV, §§12-18.

13. *Vide* Capítulo III, §22, *supra*.

ATUAÇÃO DO PRINCÍPIO DA BOA-FÉ CONFORME AS FASES DA RELAÇÃO OBRIGACIONAL | 417

das tratativas negociais, pois a análise da fase de execução contratual propriamente dita, em que os deveres de proteção convivem com os deveres de prestação, é o objeto dos demais Capítulos que a este seguem, sendo ora apenas brevemente referida.

§ 40. A fase formativa de um contrato

1. Proposição

O exame da fase que antecede à conclusão de um contrato não se põe sem dificuldades para o intérprete. Esse período «não oferece sinal homogêneo»[14] e a sua tutela jurídica encontra-se polarizada por interesses em potencial conflito. De um lado, há *o interesse da liberdade negocial*, «ou seja, a vantagem que pode haver em que os negociadores conservem intacta a sua autonomia deliberativa até a formação do contrato, portanto ainda depois da emissão da oferta».[15] De outro, há *o interesse do fomento da boa-fé e da proteção da confiança*, as quais se manifestam «em face das expectativas criadas durante a fase pré-contratual, crescendo, via de regra, decerto, à medida que o *iter contractus* progride».[16] A questão fundamental é: como se resolve essa situação de tensão?

2. A solução do CDC

Se incidente à relação jurídica concretamente examinada o regime do Código do Consumidor, a resposta é facilitada: em razão das técnicas informativas e de *marketing* próprias da sociedade de consumo de massas, determinou-se que meros anúncios publicitários, desde que «suficientemente precisos», equivalem a uma proposta (oferta) e podem gerar *vinculação contratual* pela aceitação pelo consumidor (arts. 30 e 35). Mais ainda: nas vendas feitas fora do estabelecimento comercial, há «direito de arrependimento» para o consumidor (art. 49), isto é: em desfavor do fornecedor, o consumidor pode, cumpridos certos requisitos e em certas hipóteses, arrepender-se de ter contratado, desfazendo o ajustado e, assim, fazer cessar a eficácia de vinculação contratual. De mais a mais, na forma do art. 46, os contratos que regulam relações de consumo «não obrigam» (mais tecnicamente: não *vinculam contratualmente*) os consumidores se não lhes for dada a oportunidade de tomar conhecimento prévio do seu conteúdo.[17]

---

14. ALMEIDA COSTA, Mário Júlio de. *Responsabilidade Civil pela Ruptura das Negociações Preparatórias de um Contrato*. Coimbra: Coimbra Editora, 1984, p. 48.

15. ALMEIDA COSTA, Mário Júlio de. *Responsabilidade Civil pela Ruptura das Negociações Preparatórias de um Contrato*. Coimbra: Coimbra Editora, 1984, p. 48.

16. ALMEIDA COSTA, Mário Júlio de. *Responsabilidade Civil pela Ruptura das Negociações Preparatórias de um Contrato*. Coimbra: Coimbra Editora, 1984, p. 48.

17. Acerca dos deveres pré-contratuais no regime do CDC, ver: TOMASETTI JUNIOR, Alcides. O Objetivo de Transparência e o Regime Jurídico dos Deveres e Riscos de Informação nas Relações

418 | A BOA-FÉ NO DIREITO PRIVADO

O maior problema estará em bem discernir entre o que obedece ao regime da responsabilidade contratual, propriamente dita, e o da responsabilidade pré-contratual (em que se indeniza o interesse negativo, ou «interesse da confiança»). Para além de o Código de Defesa do Consumidor não ter distinguido entre contratos formados por adesão e contratos formados por negociação, como se esses últimos não tivessem lugar – como incontroversamente têm – nas relações de consumo, unificou os regimes pré--contratual e contratual, ao presumir que o contrato se tenha formado, em linha de princípio, por meros anúncios publicitários (desde que suficientemente precisos), os quais vinculam contratualmente, possibilitando inclusive a execução. A solução geral, portanto, tudo unifica sob o regime da responsabilidade contratual.

3. As soluções do Direito Privado (Civil e Empresarial)

Onde o tema exige reflexão mais acurada e soluções que podem variar é no Direito Civil e no Empresarial.

Aí se põe a questão de saber se a mera troca de acordos parciais, de minutas, de consentimentos ainda não definitivos, de propostas ainda não aceitas, de pactos de preferência, de cartas de intenção, de *pourparlers* etc., é suficiente, ou não, para formar um vínculo jurídico-obrigacional entre os agentes, cabendo discernir até que ponto esses atos são dotados de *eficácia negocial típica*, ou, diferentemente, se fazem nascer mera eficácia de *vinculação a deveres de proteção*, ou, ainda, se estão destituídos de *qualquer eficácia* obrigacional em sentido lato.

Ocorre ainda, em um setor específico – o do mercado de capitais –, a intensa mescla de elementos atinentes ao relevante interesse público envolvido nas ofertas públicas de distribuição de valores mobiliários ao mercado secundário. Há, portanto, um regime pré-contratual próprio, centrado em disciplina informativa multifuncional que alberga – dentre as funções cominadas – a tomada consciente de decisões, pelos investidores, acerca do destino de seus investimentos e, ao menos teoricamente, a igualdade de oportunidades entre aqueles dispostos a aplicar os seus recursos no desenvolvimento de determinadas atividades empresariais (no mercado primário), viabilizando o controle da regularidade das transações cursadas no mercado secundário de valores mobiliários.[18]

Já por essa síntese, pode-se perceber que a fase de formação dos contratos – sejam civis ou interempresariais – é um «capítulo privilegiado»[19] muito complexo e nada

---

Negociais para Consumo. *Revista de Direito do Consumidor*, n. 4, 1992, p. 52; PEREIRA, Regis Fichtner. *A Responsabilidade Pré-Contratual*. Teoria Geral e Responsabilidade pela Ruptura das Negociações Contratuais. Rio de Janeiro: Renovar, 2001, p. 199-206.

18. PITTA, André Grünspun. *O Regime de Informação das Companhias Abertas*. São Paulo: Quartier Latin, 2013, p. 77.

19. FONTAINE, Marcel (Org.). *Le Processus de Formation du Contrat* – contributions comparatives et interdisciplinaires à l'harmonization du Droit Européen. Paris: LGDJ, 2002, p. 13. Consulte-se

Atuação do Princípio da Boa-Fé Conforme as Fases da Relação Obrigacional | 419

uniforme da Teoria das Obrigações, suscitando intrincados problemas de ordem teórica e de ordem prática. Essa complexidade advém da multiplicidade de formas que podem revestir a fase formativa, bem como da variabilidade do modo pelo qual se podem desenvolver as tratativas negociais. Por vezes um contrato é formado, executado e adimplido instantaneamente[20] sem haver qualquer negociação prévia entre as partes.

Por outras, haverá um período – mais ou menos extenso e altamente heterogêneo nas formas que pode revestir –, em que os agentes se aproximam e negociam para avaliar se lhes é conveniente ou não o negócio. Nesse período, pode ser formado, progressivamente, o consentimento contratual, bem como delimitado, pouco a pouco, o conteúdo do contrato que está a ser delineado. O ajuste final entre as partes só é alcançado «depois de uma laboriosa fase vestibular, em que os interessados, de transigência em transigência, mediante sucessivas declarações, vão atingindo o acordo final, ou seja, o consentimento».[21] Materializa-se tal acordo na «minuta final» (em geral, documentada por escrito), onde resta refletido o consenso material das partes, a sua decisão em contratar e em como contratar, gerando a justificada confiança das partes de que o contrato será efetivado nos termos do acordo alcançado (contrato de formação progressiva).

Mas pode também ser que, ao invés de materializar em um único instrumento o seu acordo final, os agentes o pactuem, também progressivamente, por meio de vários

---

ainda: Ricciutto, Vincenzo. *La Formazione Progressiva del Contrato.* In: Gabrielle, Enrico (Org.). *I Contrati in Genere.* Torino: UTET, 1999; Vicente, Dário Moura. *Da Responsabilidade Pré-Contratual em Direito Internacional Privado.* Coimbra: Almedina, 2001; Pessoa Jorge, Fernando. A Formação do Contrato em Face do Novo Código Civil Português. *Revista Forense*, Rio de Janeiro, Forense, vol. 249, 1975, p. 56-65; Almeida Costa, Mário Júlio de. *Responsabilidade Civil pela Ruptura das Negociações Preparatórias de um Contrato.* Coimbra: Coimbra Editora, 1984; Zweigert, Konrad. Du Sérieux de la Promesse – Remarques de Droit Comparé sur la Distinction des Actes qui Obligent de ceux qui n'Obligent pas. *Revue Internationale de Droit Comparé*, Paris, Societé de Législation Comparée, vol. 16, 1964, p. 33-44. Na doutrina brasileira: Pereira, Regis Fichtner. *A Responsabilidade Pré-Contratual.* Teoria Geral e Responsabilidade pela Ruptura das Negociações Contratuais. Rio de Janeiro: Renovar, 2001; Cunha, Daniela Moura Ferreira. *Responsabilidade Pré-Contratual por Ruptura das Negociações.* Coimbra: Almedina, 2005; Cappelari, Récio Eduardo. *Responsabilidade Pré-Contratual*: aplicabilidade ao Direito brasileiro. Porto Alegre: Livraria do Advogado, 1995; Leães, Luiz Gastão Paes de Barros. Protocolo de Intenções sem Força Obrigatória. *Pareceres*, vol. 1. São Paulo: Singular, 2004; Zanetti, Cristiano de Sousa. A Mitigação do Dano e a Alocação da Responsabilidade. *Revista Brasileira de Arbitragem*, vol. 35, jul./ ago. 2012.

20. Se uma pessoa oferece a outra a venda de uma coisa móvel, por certo preço, e a segunda aceita, o contrato conclui-se de imediato: foram simultâneas a formação do acordo e a emissão das declarações negociais. Porém, nem sempre há instantaneidade, ainda que aparente. Quando se tratar de bem imóvel, é necessário que estas declarações se instrumentalizem em escritura pública, de modo que as partes, quando comparecem ao notário, já alcançaram o acordo, pois, «aqui, o acordo preexiste à formação do contrato» (Ferreira de Almeida, Carlos. *Contratos.* Conceitos – Fontes – Formação, vol. 1. Coimbra: Almedina, 2000, p. 79).

21. Leães, Luiz Gastão Paes de Barros. Protocolo de Intenções sem Força Obrigatória. *Pareceres*, vol. 1. São Paulo: Singular, 2004, p. 405.

acordos parciais ou pontuais, sendo o «todo» compreensível, portanto, pela apreensão dos vários acordos pontuais que se conjugam, mas que podem, também, apresentar eventuais discrepâncias entre si. Gera-se, então, sérias dificuldades hermenêuticas quando se há de solver qual decisão há de prevalecer e em que momento se ingressou, efetivamente, na fase de vinculação *contratual*, pois um contrato, tanto quanto é produto de um *consenso*, é o resultado de uma *decisão*.

Esse período não homogêneo, apenas para efeitos de clareza didática, pode ser esquematizado, *grosso modo*, pela divisão em quatro (4) momentos – a fase inicial de prospecção e de chamamento a contratar, a fase negociatória em sentido estrito, a fase da oferta propriamente dita e a fase da conclusão contratual –, aqui pontuados apenas com intuito exemplificativo, ressalvando expressamente não estar essa divisão de modo algum isenta do perigo das esquematizações.

§ 41. Fase inicial de prospecção e de chamamento a contratar, sem a caracterização de oferta em sentido técnico

1. Proposição

As tratativas podem iniciar, por exemplo, por prospecções, por anúncios públicos ou por meio de intermediários, como bancos ou empresas de prestação de serviços destinados a buscar ou a implementar as chamadas «oportunidades de negócio»; pelo oferecimento, por via dos mais variados meios de expressão, de notícias e informações sobre o bem a ser alienado, ou o serviço a ser prestado, ainda de forma genérica e sem qualquer força de vinculação negocial; pelo oferecimento da disposição a contratar ou por meio de *invitatio ad offerendum*, isto é, do convite a receber proposta diretamente endereçada pelo ofertante, ou por meio da «proposta ao público», que é um convite dirigido a pessoa incerta, o público.[22] É também comum que as negociações preliminares prossigam com idas e vindas, rodadas de reuniões negociatórias, troca de *e-mails*, cartas, minutas, a pactuação de «acordos de intenção» e congêneres, tais como protocolos e memorandos de entendimentos, ou a «declaração de princípios» que regerão a futura vida do futuro contrato, caso esse efetivamente se materializar. Em linha de princípio, esses atos constituem «meras tratativas», isto é: atos destituídos de eficácia de vinculação *contratual*, como fonte negocial de direitos e deveres de prestação, embora alguns possam vir a ter eficácias na criação de deveres pré-contratuais de proteção e também no plano hermenêutico, para melhor aclarar o que foi declarado no contrato definitivo, caso venha a ser.

---

22. Acerca das eficácias dessas figuras, *vide* adiante, Capítulo V, §43.

ATUAÇÃO DO PRINCÍPIO DA BOA-FÉ CONFORME AS FASES DA RELAÇÃO OBRIGACIONAL | 421

§ 42. Fase negociatória em sentido estrito

1. Proposição

A fase das tratativas pode prosseguir em passos já mais avançados. Por vezes, os agentes alcançam a fixação de declarações parcelares (relativas a um ou alguns dos «pontos» do futuro contrato), com ou sem eficácia *contratual*, o que será solvido pela interpretação dos atos e negócios, pois «tratativas preliminares» é expressão conotada a um negócio jurídico futuro. Assim, a fase negociatória em sentido estrito pode ser povoada tanto por atos destituídos de eficácia negocial («meras tratativas»), quanto, também, por outros negócios, geralmente ditos «pactos preliminares», que terão como referência o negócio «definitivo» que planejam concluir.

2. Utilidade e figuras

Por meio dos instrumentos da fase negociatória, as partes podem, exemplificativamente (tal qual na fase dita «de prospecção» que por vezes, mas não necessariamente, lhe antecede cronologicamente), comunicar intenções e informações; disciplinar as fases do processo de negociação; estabelecer os pontos em relação aos quais estão de acordo; pactuar opção e preferência; e, até mesmo, firmar o próprio contrato, em caráter «preliminar», consistindo o seu adimplemento na conclusão de contrato definitivo.[23]

A distinção, quando existente, com a fase de «prospecção» é sutil: rege-se pelos atos dos negociadores e o aprofundamento do grau de expectativa que legitimará, ou não, uma eventual ruptura.

Dentre os negócios jurídicos integrantes da fase das tratativas, há aqueles qualificados como verdadeiros *negócios jurídicos*, unilaterais ou bilaterais, cuja finalidade reside em permitir a conclusão do contrato definitivo, ou concluí-lo com certo conteúdo já parcialmente fixado. Aí estão os contratos preliminares; os negócios de opção (seja *call option*, opção de compra, ou *put option*, opção de venda), pelos quais se atribui ao titular da opção direito potestativo;[24] os pactos de preferência; e figuras similares.

---

23. Assim exemplifiquei em: MARTINS-COSTA, Judith. As Cartas de Intenção no Processo Formativo da Contratação Internacional: os graus de eficácia dos contratos. *Revista da Faculdade de Direito da Universidade Federal do Rio Grande do Sul*, Porto Alegre, n. 17, 1990, p. 49.

24. LEÃES, Luiz Gastão Paes de Barros. Pacto de Opção de Compra (Call) de Ações em Acordo de Acionistas. *Pareceres*, vol. II. São Paulo: Singular, 2004, p. 1135; Similarmente, escreveu-se em: MARTINS-COSTA, Judith. *Comentários ao Novo Código Civil. Do Inadimplemento das Obrigações.* Arts. 389 a 420, vol. V. Tomo I. 2.ª ed. Rio de Janeiro: Forense, 2006. Ainda: TEPEDINO, Gustavo. Estipulação Contratual de Opção Unilateral de Venda: controvérsias envolvendo o direito ao *put*. *Temas de Direito Civil.* Tomo III. Rio de Janeiro: Renovar, 2009, p. 311-329. A principal diferença entre o contrato preliminar (pré-contrato, contrato promessa) e o de opção é que, neste último, não resulta a obrigação de celebrar o contrato optativo (definitivo). Pode haver essa celebração em virtude do exercício do direito potestativo.

Destaque-se, dentre os pactos preliminares, os contratos preliminares[25] cujo objeto consiste em concluir o contrato definitivo.[26] Já se manifesta, portanto, eficácia contratual, pois contrato preliminar é contrato, fonte de relação jurídica obrigacional complexa, geradora de direitos e obrigações primários, secundários e anexos, correspondentes a interesses de prestação, ao contrário das meras tratativas – que albergam relação jurídica fundada na confiança a emanar apenas direitos e deveres laterais, correspondentes a interesses de proteção.[27] Havendo violação de contrato preliminar (pré-contrato), será desencadeada a responsabilidade *pelo inadimplemento* – portanto, sob o regime da responsabilidade contratual.

Essas noções, embora aqui brevemente pinceladas, fazem compreender a razão pela qual as tratativas constituem um período exigente da mais acurada atenção do intérprete, pois podem ser permeadas por diversas manifestações e formas de comunicação entre os sujeitos que se encontram negociando um contrato definitivo, delas derivando distintas eficácias. Essa atenção há de voltar-se, precipuamente, a detectar quais são as concretas funções desempenhadas pelos pactos preliminares, pois estas funções são tão diversificadas que não é possível agrupá-los sob um denominador comum, salvo o fato de estarem situados na fase formativa, tendendo à formação de um contrato.[28] As indicações abaixo alinhadas, portanto, têm valor relativo: em linha de princípio, durante as tratativas, as comunicações entre as partes não passam de «um programa ou esquema hipotéticos, que poderão eventualmente converter-se em contratos, apenas quando e se a vontade for declarada com a intenção de vincular».[29] Porém, é preciso atenção aos elementos do caso concreto.

---

25. «O que dá ao contrato preliminar a sua característica jurídica peculiar é ter ele como objeto um outro contrato, isto é, o contrato definitivo ou projetado» (TOMASETTI JUNIOR, Alcides. *Execução do Contrato Preliminar*. São Paulo: Tese de Doutorado, Faculdade de Direito da Universidade de São Paulo, 1982, p. 18). Assim sendo, ainda que não exista um único «contrato preliminar», mas tantos quantos sejam os tipos de contratos definitivos a que se dirige a obrigação de contratar, certo é que o seu objeto o peculiariza: nele há de estar, como obrigação principal, a de fazer um futuro contrato, este sim, definitivo. Veja-se o paradigmático *caso Disco*. STF. RE 88716/RJ. Segunda Turma. Relator Min. José Carlos Moreira Alves. Julgamento em 11.09.1979. Ainda: PONTES DE MIRANDA, Francisco Cavalcanti. *Tratado de Direito Privado*. Tomo XIII. 3.ª ed. São Paulo: Revista dos Tribunais, 1984, § 1.432, 2, p. 30; TEPEDINO, Gustavo. Formação progressiva dos contratos e responsabilidade pré-contratual: notas para uma sistematização. In: BENETTI, Giovana *et al.* (Org.). *Direito, Cultura e Método*: Leituras da Obra de Judith Martins-Costa. Rio de Janeiro: GZ Editora, 2019, p. 586-603.

26. Art. 463 do Código Civil, *in verbis*: «Concluído o contrato preliminar, com observância do disposto no artigo antecedente, e desde que dele não conste cláusula de arrependimento, qualquer das partes terá o direito de exigir a celebração do definitivo, assinando prazo à outra para que o efetive».

27. Para a distinção, permito-me reenviar a: MARTINS-COSTA, Judith. *Comentários ao novo Código Civil*. Do Inadimplemento das Obrigações, vol. V. Tomo II. 2.ª ed. Rio de Janeiro: Forense, 2009, p. 85-92.

28. ZANETTI, Cristiano de Sousa. *Responsabilidade pela Ruptura das Negociações*. São Paulo: Juarez de Oliveira, 2005, p. 32.

29. LEÃES, Luiz Gastão Paes de Barros. Protocolo de Intenções sem Força Obrigatória. *Pareceres*, vol. I. São Paulo: Singular, 2004, p. 405.

3. Critérios

No âmbito das relações de Direito Comercial, notadamente, em que mais informais costumam ser os atos praticados na fase das tratativas, se há de atentar se existe, ou não, um *razoável grau de probabilidade* de sua conclusão – no mais das vezes muito informalmente concluído, mediante mera troca de mensagens eletrônicas, «aceites» a formulários de adesão ou a «contratos tipo», ou se, diversamente, segundo a prática seguida pelos negociadores ou os usos do setor, se trata de mera «prospecção».[30] Comumente, o fato do início da execução, de um lado, ou, de outro, os usos do setor, indicarão se contrato ainda não há, ou se, diversamente, o contrato já está formado, ainda que sem forma escrita, pelo efetivo encontro entre proposta e aceitação, já tendo havido definição sobre os elementos essenciais do negócio: *res, pretium, et consensus*, na compra e venda.

Ainda para distinguir-se entre a séria intenção de contratar e a mera prospecção, alude-se, nessa seara, a uma presunção advinda da *intention to create legal relations* quando há tratativas sérias,como exposto no *leading case* inglês *Rose and Frank v. Crompton*.[31] Essa presunção deriva da circunstância de ser valorizado sobremodo, no campo das relações comerciais, o dever de manter «comportamento exemplar» no plano da correção, bem como da particular confiança que deve presidir as relações entre os membros da *business community*.[32] Os negociadores se devem mutuamente, na fase formativa, extremada lealdade e correção, pois ambos «têm razões para crer e confiar na outra, especialmente em que as negociações se desenvolvam seriamente, com diligência e sem má-fé configuradora do dolo, positivo ou negativo».[33]

Mas a presunção não é absoluta. Cabe averiguar, em vista do caso concreto, se se tratou de mera prospecção ou de efetiva tratativa pré-contratual, pois como acima já se

---

30. *Vide*: GONÇALVES NETO, Alfredo de Assis. Os Contratos Mercantis e o Código Civil. In: FRANÇA, Erasmo Valladão e Novaes; ADAMEK, Marcelo Vieira von (Orgs.). *Temas de Direito Empresarial e outros Estudos em Homenagem ao Professor Luiz Gastão Paes de Barros Leães*. São Paulo: Malheiros, 2014, p. 117-123.

31. House of Lords [1925] AC 445, [1924] UKHL. Disponível em: <http://www.bailii.org/uk/cases/UKHL/1924/2.html>. Último acesso em: 10.05.2023.

32. GARDELLA, Bianca Tedeschi. Gentlement's Agreement. *Rivista di Diritto Civile*, n. 6, Padova, Cedam, 1990, p. 735. Os autores sustentam, com razão, que, mesmo nos Ordenamentos do *civil law*, nos quais o valor subjetivo da «intenção» não tem o mesmo vigor que adquire no *common law* – porque aí não há a valência da *consideration* como elemento essencial dos contratos – cresce ainda mais a adstrição aos valores da correção, confiança e boa-fé. Aplica-se, pois, aos *gentlemen's agreements* a normativa da correção e lealdade (Código Civil, art. 422), baseada na expectativa de comportamento suscitada no declaratário pelo ato do declarante (a declaração) na qual empenhou socialmente o seu «agreement». *Vide, e.g.*, ALMEIDA COSTA, Mário Júlio de. *Responsabilidade Civil pela Ruptura das Negociações Preparatórias de um Contrato*. Coimbra: Coimbra Editora, 1984, p. 48; STIGLITZ, Ruben; STIGLITZ, Gabriel. *Responsabilidad Precontractual*. Buenos Aires: Abeledo-Perrot, 1992, p. 15.

33. STIGLITZ, Ruben; STIGLITZ, Gabriel. *Responsabilidad Precontractual*. Buenos Aires: Abeledo-Perrot, 1992, p. 19.

424 | A BOA-FÉ NO DIREITO PRIVADO

alertou, pode haver durante as tratativas manifestações aptas a gerar um contrato, ou a caracterizar um negócio unilateral de oferta (proposta) contratual ou mesmo tipificar declaração geradora de efeitos obrigacionais. Pode haver, outrossim, sujeição da proposta, que é negócio jurídico, à condição suspensiva ou a termo. Assim, nessa temática, embora o título dado ao documento possa ser indicativo da intenção das partes, não prevalece a *denominação* sobre a *significação*, ou a *etiqueta* sobre o *conteúdo*. Mais importante do que o título dado às figuras situadas na fase das tratativas, importa para a sua exata qualificação jurídica o exame de sua substância conteudística.

Há acordos que, embora denominados «memorandos de entendimento» (ou nomes semelhantes), constituem verdadeiros contratos preliminares, dotados, por isso mesmo, de eficácia vinculativa *contratual*, assim como há documentos apodados como «contratos preliminares» que constituem, a rigor, outras espécies de declaração negocial.[34] A vinculabilidade, ou não, desses variados instrumentos – e a sua força vinculativa, se *inócua*, se *obrigacional* em sentido amplo, ou se especificamente *contratual* – decorre do que neles estará materialmente consignado, não do título que eventualmente encabeçar o documento.

Em consequência, conforme os elementos do caso, contrastados com a «confiança que criam na contraparte e do correspondente grau de autonomia da vontade que se justifica reconhecer aos seus autores»,[35] os atos situados na fase pré-contratual ou (a) devem ser dissociados de eficácia jurídica; ou (b) devem ser tidos como atos geradores de eficácia de vinculação a dever de proteção; ou, ainda, (c) devem ser equiparados a atos dotados de eficácia negocial, se caracterizado o acordo de natureza contratual.

4. Formação progressiva do contrato

Uma fase negociatória pode implicar a *formação progressiva do contrato*, expressão que indica, no dizer de Ricciuto,[36] «com a eficácia própria de cada síntese lexical, as hipóteses nas quais as partes alcançam o acordo sobre alguns pontos do regulamento contratual, mas não sobre outros, com referência aos casos nos quais o regulamento contratual vem a formar-se de passo em passo, sobre pontos singulares, a aceitação final não se encontrando apenas com uma proposta, mas enfeixa[ndo] toda uma série de

---

34. Tratei desse tema em: Martins-Costa, Judith. As Cartas de Intenção no Processo Formativo da Contratação Internacional: os graus de eficácia dos contratos. *Revista da Faculdade de Direito da Universidade Federal do Rio Grande do Sul*, n. 17, Porto Alegre, 1990, p. 207-227. Na doutrina brasileira mais recente, conferir em: Zanetti, Cristiano de Sousa. *Responsabilidade pela Ruptura das Negociações*. São Paulo: Juarez de Oliveira, 2005, p. 31-34.

35. Almeida Costa, Mário Júlio de. *Responsabilidade Civil pela Ruptura das Negociações Preparatórias de um Contrato*. Coimbra: Coimbra Editora, 1984, p. 48.

36. Ricciutto, Vincenzo. *La Formazione Progressiva del Contrato*. In: Gabrielle, Enrico (Org.). *I Contrati in Genere*. Torino: UTET, 1999, p. 151 e ss.

ATUAÇÃO DO PRINCÍPIO DA BOA-FÉ CONFORME AS FASES DA RELAÇÃO OBRIGACIONAL | 425

propostas e aceitações parciais».[37] Nessa formação progressiva[38] convivem atos negociais e atos não negociais, dela podendo derivar *eficácias parciais* ou *pontuais*. Assim é característico dos chamados «contratos parciais» que contém estipulação referida a um futuro contrato definitivo, atendendo a um duplo objetivo prático: de um lado, permite que as partes não estejam vinculadas até chegar a um consenso com relação a outros pontos, não previstos no «contrato parcial»; de outro, tornam firmes as declarações atinentes a certos pontos de modo que, se pactuado o contrato definitivo, tais pontos serão tidos como definitivos.[39]

Fixar de forma paulatina procedimentos e critérios a serem ulteriormente consagrados se e quando o consenso definitivo for alcançado é, aliás, uma das mais prestantes funções dos acordos pré-contratuais, como declarações de princípios e memorandos de entendimento.[40] São estes típicos instrumentos da *formação progressiva* do acordo contratual,[41] pois permitem uma espécie de elaboração contratual por graus, desenvolvida com base em acordos relativos a determinados elementos de um «todo» ainda não perfeitamente disciplinado em seus integrais termos, até alcançar, por fim, a completa definição do regulamento contratual.[42] As partes, para o efeito de auxiliar o desenvolvimento das tratativas, precavendo-se do risco de tornar a discutir pontos já estabelecidos, tornam fixos certos pontos acerca dos quais já alcançaram

---

37. RICCIUTTO, Vincenzo. *La Formazione Progressiva del Contrato*. In: GABRIELLE, Enrico (Org.). *I Contrati in Genere*. Torino: UTET, 1999, p. 152. No original: «con l'efficacia propria di ogni sintesi lessicale, le ipotesi nelle quali le parti raggiungono l'acordo su alcuni punti del regolamento contrattuale, ma non su altri, con riferimento ai casi nei quali il regolamento contrattuale viene a formarsi di volta in volta su singoli punti e l'accetazione ultima non si incontra soltanto con una proposta ma compendia tutta una serie di proposte ed accettazioni parziali».

38. Sobre as peculiaridades da formação progressiva do contrato, ver, entre outros: SPECIALE, Renato, Il «Vorvertrag» nell'Ambito delle Nuove Tendenze in Materia di Formazione Progressiva del Contratto. *Rivista di Diritto Civile*, n. 1, Padova, Cedam, ano XXXII, jan./fev. 1986, p. 86 e 87; LORENZETTI, Ricardo Luis. *Tratado de los Contratos*. Buenos Aires: Rubinzal-Culzoni, 1999, p. 122; RICCIUTTO, Vincenzo. La Formazione Progressiva del Contrato. In: GABRIELLE, Enrico (Org.). *I Contrati in Genere*. Torino: UTET, 1999, p. 151 e ss.; GARDELLA, Bianca Tedeschi. Gentlemen's Agreement. *Rivista di Diritto Civile*, n. 6, Padova, Cedam, 1990, p. 731.

39. ZANETTI, Cristiano de Sousa. *Responsabilidade pela Ruptura das Negociações*. São Paulo: Juarez de Oliveira, 2005, p. 23.

40. Memorandos de Entendimentos (dito MoU, do inglês *Memorandum of Understanding*) constituem figuras também polimorfas, em que pode ser declarada a intenção de vir a contratar; fixados os parâmetros do preço de aquisição; pactuado o direito da potencial compradora à realização de auditoria; e estabelecidos os demais lineamentos do «Contrato Definitivo», isto é, o contrato a ser firmado. E podem ser pactuados acordos que apenas o exame particularizado determinará se são ou não contratualmente vinculativos.

41. SPECIALE, Renato, Il «Vorvertrag» nell'Ambito delle Nuove Tendenze in Materia di Formazione Progressiva del Contratto. *Rivista di Diritto Civile*, n. 1, Padova, Cedam, ano XXXII, jan./fev. 1986, p. 86 e 87. Também RICCIUTTO, Vincenzo. La Formazione Progressiva del Contrato. In: GABRIELLE, Enrico (Org.). *I Contrati in Genere*.Torino: UTET, 1999, p. 151 e ss.

42. RICCIUTTO, Vincenzo. La Formazione Progressiva del Contrato. In: GABRIELLE, Enrico (Org.). *I Contrati in Genere*. Torino: UTET, 1999, p. 152.

acordo, ainda que, para serem tidos como verdadeiro «regulamento contratual», necessitem de posteriores elementos e pactuações,[43] culminando no contrato definitivo, que englobará o «todo alcançado». Assim, paulatinamente, no transcorrer do *iter* contratual, as partes dão vida a um regulamento contratual, ainda que não inteiramente detalhado, destinado a valer no caso da eventual conclusão de acordos definitivos,[44] cabendo ao intérprete discernir, portanto, quais desses «passos» implicaram na fixação definitiva da vontade e quais ficaram no plano de um mero projeto, destituído de eficácia contratual.

Um caso peculiar de formação progressiva, distinto por verificar-se já na fase contratual, manifesta-se na chamada «compra e venda de participações societárias com fechamento diferido».[45] São habituais nos contratos de aquisição acionária ou em outros contratos empresariais em que há um descompasso temporal entre a data da conclusão do contrato e a do seu aperfeiçoamento, pelo cumprimento das «condições precedentes».[46]

Nesse caso, não é o contrato que se vai formando aos poucos, até completar-se pela colagem entre a oferta e a aceitação: o contrato já é existente e válido e, mesmo, parcialmente eficaz desde o momento do chamado *signing*. Segue-se período intermístico (também *interim period*, ou período intercalar), no qual devem ser implementadas certas condições e obrigações, típicas e atípicas, mas a eficácia contratual típica (isto é, o surgimento da obrigação de efetivamente alienar, bem como a de pagar o preço) se dará quando do chamado *closing*.

No período intermístico, as cláusulas prevendo certas obrigações e condições, ditas «condições precedentes» e «*covenants prior to closing*»,[47] segundo técnica

---

43. Ricciutto, Vincenzo. La Formazione Progressiva del Contrato. In: Gabrielle, Enrico (Org.). *I Contrati in Genere*. Torino: UTET, 1999, p. 157.

44. Ricciutto, Vincenzo. La Formazione Progressiva del Contrato. In: Gabrielle, Enrico (Org.). *I Contrati in Genere*. Torino: UTET, 1999, p. 157.

45. Na doutrina brasileira, especialmente: Buschinelli, Gabriel Saad Kik. *Compra e Venda de Participações Societárias de Controle*. São Paulo: Quartier Latin, 2018; Grezzana, Giacomo. *A Cláusula de Declarações e Garantias em Alienação de Participação Societária*. São Paulo: Quartier Latin, 2019; Martins-Costa, Fernanda Mynarski. *Execução Diferida nos Contratos de M&A*. São Paulo: Almedina, 2022.

46. Assim: Martins-Costa, Fernanda Mynarski. *Condição Suspensiva*. Função, Estrutura e Regime Jurídico. São Paulo: Almedina, 2017, p. 52.

47. Na análise funcional procedida por Fernanda Mynarski Martins-Costa sobre a normativa convencional incidente no período interino existente entre a assinatura e o fechamento nos contratos de fusões e aquisições, demonstra-se que as cláusulas «condições precedentes» e «*covenants prior to closing*» atuam de modo multifuncional, podendo ter eficácia variada, mesmo dentro da mesma categoria: «A função dessas cláusulas – e de suas interações – podem ser divididas, a grosso modo, em duas principais perspectivas: mecanismos que promovem o diferimento temporal e a normativa convencional que regula o período intercalar. Os primeiros consistem nas cláusulas que causam o divórcio entre a assinatura e o fechamento – *i.e.*, justificam a existência de uma execução diferida do contrato ("gating conditions"). Os segundos regulam as condutas dos figurantes e a alocação de riscos durante o período existente entre a assinatura e o fechamento, visando a assegurar e a promover a execução dos termos negociados ("bargained") conforme

Atuação do Princípio da Boa-Fé Conforme as Fases da Relação Obrigacional | 427

importada da prática negocial anglo-saxônica, «estipulam um dever de realizar alguma obrigação ou a realização de algum acontecimento, antes da data do "fechamento", ou *closing*». Muito embora não haja, para esse período intermístico e as cláusulas de «condições precedentes», um «regime específico no sistema jurídico brasileiro», são reiteradamente invocadas e apostas, «não sem certa dose de anacronismo».[48]

Sua utilização «corresponde a determinadas exigências próprias do contrato de alienação de ações/quotas que determinados deveres ou "condições" (em sentido lato) sejam previamente cumpridos por uma das partes, antes da chamada "data do fechamento"»,[49] que é, como se anotou acima, a data prevista pelas partes para que o contrato, já concluído, passe a deslanchar a integralidade de sua eficácia típica.

Na compra e venda de participações societárias com fechamento diferido, celebra-se, portanto, um contrato de compra e venda sob condições suspensivas e resolutivas, típicas e atípicas. Nesses casos, os dois termos ou «momentos», ditos «*signing*» e «*closing*», indicam (*i*) a assinatura do contrato, cujos efeitos principais permanecem, contudo, *pendente condictione*; e (*ii*) a conclusão contratual definitiva,[50] uma vez implementadas as condições típicas e atípicas a que estava até então submetido, bem como cumpridos determinados deveres, ensejando, a partir daí, a execução do contrato em sua plena eficácia.

Na fase intermédia entre o «*signing*» e o «*closing*», isto é, no «período intercalar», o princípio da boa-fé incide em graus de crescente intensidade. É que este período serve, para além do cumprimento das condições típicas e atípicas indexadas pelas partes, também para que o comprador adentre à empresa, até que, cumpridas as condições e os deveres «precedentes» ao «*closing*», os poderes decorrentes da titularidade das ações, controle e administração[51] se concentrem exclusivamente no polo comprador. É correto cogitar de um escalonamento dos deveres de lealdade, cooperação e informação decorrentes da boa-fé específicos a essa fase: de uma posição inicial característica dos

---

as premissas estipuladas na data da assinatura do contrato ("maintaining-the-bargain condition", "transactional condition"; "covenants prior to closing condition")» (Martins-Costa, Fernanda Mynarski. *Execução Diferida nos Contratos de M&A*. São Paulo: Almedina, 2022, p. 212).

48. Martins-Costa, Fernanda Mynarski. *Condição Suspensiva*. Função, Estrutura e Regime Jurídico. São Paulo: Almedina, 2017, p. 93.

49. Martins-Costa, Fernanda Mynarski. *Condição Suspensiva*. Função, Estrutura e Regime Jurídico. São Paulo: Almedina, 2017, p. 93.

50. Como explica Fernanda Mynarski Martins-Costa: «O fechamento é um momento complexo do *iter* dos contratos com execução diferida. Conquanto indique a finalização do período intercalar, não implica necessariamente a produção dos efeitos obrigacionais típicos. Para tanto, será necessário verificar a satisfação de todas as *exigências* ao fechamento, o que não se trata de um procedimento simples nem sempre realizável num mesmo e único lapso temporal. Pelo contrário, o fechamento relativo a uma contratação complexa é geralmente dividido em três etapas: procedimento pré-fechamento ("preclosing process"); fechamento propriamente dito ("closing itself"); aspectos do pós-fechamento ("postclosing matters")» (Martins-Costa, Fernanda Mynarski. *Execução Diferida nos Contratos de M&A*. São Paulo: Almedina, 2022, p. 157).

51. Respeitadas, nesse período, as limitações decorrentes da análise prévia de atos de concentração estabelecida pela Lei 12.529/2011.

negócios de intercâmbio (*mea res agitur*) se alcança, progressivamente, a prevalência do interesse alheio (*tua res agitur*), devendo o vendedor colaborar para o implemento das «condições/deveres precedentes», assim se alcançando o escopo em vista do qual existiu o «*signing*», qual seja: o «*closing*» [52] do contrato.

Conquanto a normativa convencional estipulada pelas partes para incidência no período intercalar tenha uma vocação autossuficiente, o contrato não está imune à incidência do regime constante do Código Civil para o período de suspensão dos efeitos típicos. Há, portanto, de se realizar uma interpretação conjunta de tais regimes. Tome-se, *e.g.*, a incidência do art. 129 do Código Civil e o cumprimento de «*covenants prior to closing*». O cumprimento destas obrigações não consiste «ato a forçar o advento condicional, uma vez que constitui regulamento inserido no curso normal dos acontecimentos. Tutelar o curso normal dos acontecimentos não consiste apenas na proteção do direito expectativo, mas igualmente abarca as exigências de condutas proativas dos figurantes para promoção do fechamento nos termos negociados na assinatura, seja em razão da normativa convencional, seja em razão da boa-fé *in executivis*, artigo 422 do Código Civil».[53]

5. A possível vinculabilidade dos atos pré-contratuais e a vinculabilidade dos atos contratuais sujeitos às chamadas «condições precedentes»

No teste acerca da vinculabilidade obrigacional (ou não) das tratativas, deve-se estabelecer distinções. Ao intérprete, cabe examinar, primeiramente, em vista dos dados concretos, se o negócio projetado nas negociações desenvolvidas é ou não *existente*. Porém, em vista das características muito específicas dos contratos sujeitos ao fechamento diferido, é preciso averiguar se o contrato está efetivamente formado, *isto é, se já ocorreu o «signing» e se nenhum defeito atinge a sua validade*. Para tanto, será preciso distinguir se restou condicionada, ou submetida a termo, a própria *conclusão do contrato* (*e.g.*, «essa oferta só será definitivamente aceita se até a data de 29 de julho o Conselho não manifestar óbice») ou se está em estado «*pendente condictione*» a eficácia típica do contrato *já concluído*, porém, dependendo, para a projeção de todas as suas eficácias, de ato de autoridades públicas, como, exemplificadamente, aqueles sujeitos à autorização da Conselho Administrativo de Defesa Econômica (CADE) ou da CVM.[54] Se já

---

52. Releva não confundir o «*closing*» com o chamado «fechamento do contrato» quando essa palavra estiver sendo empregada, atecnicamente, como sinônima de «conclusão contratual» (ver §43, adiante). Isto porque, no caso da compra e venda de participações societárias em etapas diferidas, o contrato em si mesmo já existe, a conclusão contratual tendo sido operada com o encontro entre proposta e aceitação. Apenas parcelas de sua eficácia é que estarão diferidas para um período posterior ao da «colagem» entre proposta e aceitação.

53. Martins-Costa, Fernanda Mynarski. *Execução Diferida nos Contratos de M&A*. São Paulo: Almedina, 2022, p. 214.

54. A Lei 12.529, de 30.11.2011 alude no art. 61 a «condição para a validade e eficácia do ato».

Na hipótese de o contrato já existir validamente, estando, porém, sua eficácia típica sujeita às acima mencionadas «condições precedentes», ter-se-á deixado o plano das tratativas, ingressando-se no plano contratual propriamente dito. Conquanto esse tema seja examinado adiante,[55] cabe desde logo apontar que, ocorrendo a formação progressiva da eficácia contratual, e estando o contrato sujeito a condições, será necessário discernir se as «condições precedentes» pactuadas configuram condições ou, diversamente, caracterizam «deveres precedentes».

É que a figura das «condições precedentes ao fechamento» (assim denominadas em tradução por demais literal das «*conditions precedent to closing*» da prática negocial anglo-saxônica) pode configurar «dever» (o dever de implementar o que vem previsto para ser cumprido precedentemente à concretização da obrigação principal de transferir a titularidade da participação societária ou do controle, pela qual é adimplido um contrato de alienação) e não verdadeira condição suspensiva, tal como é definida pelos arts. 121[56] e 125[57] do Código Civil,[58] ou condição resolutiva (Código Civil, art. 127).[59] Novamente, explica Fernanda Martins-Costa: «é necessário previamente realizar uma investigação sobre suas consequências e conteúdo. Isso porque, o âmbito de atuação dessas cláusulas envolve alto grau de criatividade das partes, o que facilita o desvirtuamento do regime típico da condição em sentido próprio. É comum a estipulação de condições precedentes cuja forma é a de uma condição, mas cujo conteúdo é o de um dever jurídico. Exige-se aqui uma reflexão pormenorizada».[60]

De fato, determinar se algo apodado pelas partes como «condição precedente» configura, à luz do Direito brasileiro, uma condição, um termo, um ônus jurídico (encargo) ou uma obrigação, é determinar qual a categoria jurídica a que se filia, e, consequentemente, qual a sua eficácia, sendo distintos, em relação às figuras acima elencadas, os respectivos efeitos. Condições e obrigações (deveres) jurídicos são figuras distintas tanto em sua origem e conformação quanto na eficácia que produzem. Condições são *implementadas*, ou não; obrigações são *inadimplidas*, ou não, não se tratando, aqui, de rótulos, mas de eficácias. Distinções técnicas são absolutamente

---

55. *Vide* §§43, 46 e seguintes, *infra*.

56. Código Civil, art. 121, *in verbis*: «Considera-se condição a cláusula que, derivando exclusivamente da vontade das partes, subordina o efeito do negócio jurídico a evento futuro e incerto».

57. Código Civil, art. 125, *in verbis*: «Subordinando-se a eficácia do negócio jurídico à condição suspensiva, enquanto esta se não verificar, não se terá adquirido o direito, a que ele visa».

58. Para o exame das condições suspensivas no Direito brasileiro, ver: MARTINS-COSTA, Fernanda Mynarski. *Condição Suspensiva*. Função, Estrutura e Regime Jurídico. São Paulo: Almedina, 2017.

59. Código Civil, art. 127, *in verbis*: «Se for resolutiva a condição, enquanto esta se não realizar, vigorará o negócio jurídico, podendo exercer-se desde a conclusão deste o direito por ele estabelecido».

60. MARTINS-COSTA, Fernanda Mynarski. *Condição Suspensiva*. Função, Estrutura e Regime Jurídico. São Paulo: Almedina, 2017, p. 94.

inarredáveis para que, procedendo-se à qualificação devida,[61] aplique-se o bom Direito à espécie.

Serão condições em sentido próprio «aquelas "condições precedentes" que apenas subordinem os efeitos do negócio jurídico a evento futuro e incerto. Por exemplo, não será condição, tecnicamente, a cláusula segundo a qual se convenciona que incidirá a cláusula penal se a parte obrigada não realizar uma obrigação específica até certa data. Nesse caso, há uma obrigação de fazer, que sendo descumprida não leva à ineficácia da obrigação, mas sim, ao regime da cláusula penal».[62]

Cabe, pois, verificar – sempre no caso concreto – se as ditas «condições precedentes» assim efetivamente se configuram, ou estão na fronteira entre o «dever precedente» e as condições suspensivas, pois seu conteúdo é o de dever conquanto sua roupagem técnica seja a de uma condição.[63] Em outros casos, a obrigação estipulada como condição precedente pode representar alguma obrigação necessária à eficácia do contrato em relação a terceiros, como, por exemplo, a concessão de licença administrativa para que a operação contratual alcance a sua plena eficácia, como ocorre, *v.g.*, com a aquisição de extensa gleba de terras para a implantação de um loteamento (sendo necessárias, *e.g.*, licenças ambientais), ou com a alienação de controle acionário em que será preciso obter a autorização do Conselho Administrativo de Defesa Econômica (CADE) para se certificar de que a operação ajusta-se às regras de defesa da concorrência. Em outras, ainda, pode caracterizar apenas e precisamente determinado dever, faculdade ou poder conferido a uma, ou a ambas as partes.

A exata qualificação das figuras, segundo as categorias do Direito brasileiro, não configura de modo algum mero nominalismo ou fútil exercício de erudição. Isso porque, no Direito, às diferentes figuras, nomeadas por diferentes termos, correspondem diferentes consequências. Incontroversamente, os efeitos da inexecução de um *dever* e os derivados do implemento de uma *condição* envolvem regimes jurídicos consideravelmente distintos. Da violação de um dever resulta inadimplemento contratual, enquanto o implemento da condição implica não disparar em definitivo os efeitos típicos do contrato, se suspensiva, ou em resolver (dissolver) a eficácia, se resolutiva. Assim, saber qual o regime jurídico das «condições precedentes» no Direito brasileiro importa um exame a ser procedido em vista do efetivo conteúdo da disposição contratual, e, mais uma vez, não do título eventualmente aposto pelas partes. Se se tratar de verdadeiras

---

61. «Élement essenciel de la pratique du juriste, la qualification consiste, dans une première approche, à subsumer des faits sous les normes juridiques, en vue de la production d›effets de droit». Assim: ALLAND, Denis; RIALS, Stéphane. *Dictionnaire de la Culture Juridique*. Paris: Quadrige/ LAMY-PUF, 2003, p. 1277.

62. MARTINS-COSTA, Fernanda Mynarski. *Condição Suspensiva*. Função, Estrutura e Regime Jurídico. São Paulo: Almedina, 2017, p. 95. Mais desenvolvido em: MARTINS-COSTA, Fernanda Mynarski. *Execução Diferida nos Contratos de M&A*. São Paulo: Almedina, 2022, p. 94-102.

63. Aliás, a própria doutrina norte-americana reconhece as *promissory conditions*, espécie de condições que configuram, substancial e simultaneamente, dever e condição: FARNSWORTH, E. Allan. *Contracts*. 3.ª ed. New York: Aspen, 1998, p. 531.

ATUAÇÃO DO PRINCÍPIO DA BOA-FÉ CONFORME AS FASES DA RELAÇÃO OBRIGACIONAL | 431

condições suspensivas, haverá contrato *existente* e *válido*, cuja *eficácia típica* – isto é, a de transferir o domínio da coisa, por exemplo, em uma compra e venda –[64] estará suspensa até o implemento da condição.

Em suma: somente da análise do caso, de suas concretas circunstâncias examinadas à luz dos critérios fornecidos pela Dogmática obrigacional e pelos usos, bem como à vista dos particulares elementos objetivos e subjetivos que o compõem, é que poderá determinar se é caso, ou não, de se ver configuradas – e em quais – eficácias contratuais propriamente ditas, ou ao contrário, eficácias pré-contratuais. A distinção é relevante inclusive porque distinguirá se está configurado o dever de indenizar, e por qual regime da responsabilidade civil será regida a relação, se o da responsabilidade contratual (como no caso de rompimento de pré-contrato) ou extracontratual (quando ainda não formado o contrato). Se há de atentar, para tal fim (*i*) às fases de desenvolvimento das tratativas, somente detectável quando se atende «ao alcance ou conteúdo dos actos que o integram e, consequentemente, ao diverso significado de que se revestem na ponderação dos interesses há pouco equacionados»[65] (isto é, a proteção à liberdade e a tutela da boa-fé); bem como (*ii*) às peculiaridades que apresenta a formação progressiva do contrato e das eficácias contratuais.

6. Eficácias hermenêuticas

Embora as tratativas pré-contratuais não vinculem contratualmente, poderão delas decorrer determinadas consequências, pois a ausência de *eficácia obrigacional* não significa a ausência de *qualquer eficácia jurídica*.[66] Podem manifestar-se *eficácias no plano*

---

64. Isto é: fica suspensa a eficácia no que tange às obrigações principais, para ambas as Partes, vale dizer, numa compra e venda, o efeito de pagar o preço ajustado, para a Compradora, e de transmitir o bem, para a Vendedora, muito embora outros deveres contratuais – basicamente, os deveres anexos de consideração e cooperação, bem como deveres de proteção – de sigilo, confidencialidade, não concorrência etc. – sejam plenamente eficazes desde então.

65. ALMEIDA COSTA, Mário Júlio de. *Responsabilidade Civil pela Ruptura das Negociações Preparatórias de um Contrato*. Coimbra: Coimbra Editora, 1984, p. 48.

66. Por isso, podem gerar responsabilidade pré-contratual, como é assente também no Direito brasileiro. A propósito: CHAVES, Antônio. *Responsabilidade Pré-Contratual*. Rio de Janeiro: Forense, 1959, p. 173; MOREIRA ALVES, José Carlos. A Boa-Fé Objetiva no Sistema Contratual Brasileiro. *Revista Ibero-Americana de Direito Público*, Instituto Ibero-Americano de Direito Público, vol. 4, n. 12, out./dez. 2003, p. 197; AZEVEDO, Antonio Junqueira de. Responsabilidade Pré-Contratual no Código de Defesa do Consumidor: estudo comparativo com a responsabilidade contratual no Direito Comum. *Revista de Direito do Consumidor*, São Paulo, Revista dos Tribunais, n. 18, 1996, p. 22-31; CAPPELARI, Récio Eduardo. *Responsabilidade Pré-Contratual:* aplicabilidade ao Direito brasileiro. Porto Alegre: Livraria do Advogado, 1995; PEREIRA, Regis Fichtner. *A Responsabilidade Civil Pré-Contratual:* teoria geral e responsabilidade pela ruptura das negociações contratuais. Rio de Janeiro: Renovar, 2001; ZANETTI, Cristiano de Sousa. *Responsabilidade pela Ruptura das Negociações*. São Paulo: Juarez de Oliveira, 2005. Exemplificativamente, na jurisprudência: STJ. RMS 6183/MG. Quarta Turma. Relator Min. Ruy Rosado de Aguiar. Julgamento em 14.11.1995. *DJ* de 18.12.1995; STJ. REsp 1180815/MG. Terceira Turma. Relatora Min. Nancy Andrighi. Julgamen-

hermenêutico, pois os memorandos de entendimento e/ou outros acordos preliminares podem servir para melhor iluminar o conteúdo do contrato que lhes deu sequência.

Os critérios são: (a) negociações anteriores e outros meios interpretativos extra-textuais servem como meios interpretativos suplementares para aclarar a declaração negocial objetiva quando *congruentes* com o significado objetivo da declaração, ou do comportamento contratual; (b) podem ainda servir como meios interpretativos suple-mentarmente quando «*divergir* do significado objetivo da declaração conclusiva ou daquele significado que as partes estabeleceram como uma interpretação autêntica, preventiva ou sucessiva», nesse caso servindo como critério de contraste;[67] e (c) não servem como meios interpretativos suplementares quando forem *incongruentes* com a declaração negocial posterior. Se não forem incongruentes, todavia, são aceitos como elementos hermenêuticos de valia, tema que suscita breve referência à relação entre a boa-fé e as chamadas «cláusulas de entendimento integral».

7. As cláusulas de entendimento integral

Também advindas da cultura jurídica norte-americana, as «cláusulas de entendi-mento integral» ou «cláusulas de acordo integral» são por vezes utilizadas em contratos regidos pelo Direito brasileiro, pretendendo-se, assim, afastar elementos extratextuais (como documentos relativos às negociações). Conquanto possam apresentar redação variada, frequentemente consignam: «este contrato corresponde ao acordo integral das Partes quanto às matérias nele tratadas», ou fórmulas assemelhadas.[68]

Não se negam a validade e a vinculabilidade dessas cláusulas, de resto reiteradas pela Lei n. 13.874/2019 (LLE), que adicionou parágrafo 2.º ao artigo 114 do Código Civil, re-conhecendo a autonomia das partes em relação à fixação das regras interpretativas e fa-cultando: «as partes poderão livremente pactuar regras de interpretação, de preenchimen-to de lacunas e de integração dos negócios jurídicos diversas daquelas previstas em lei».

É preciso, porém, distinguir entre o plano da validade e o da eficácia e, neste, entre *eficácias prescritivas* (isto é: criadoras de direitos, deveres, responsabilidades) e *eficácias hermenêuticas*, estas servindo para melhor auxiliar o alcance do significado e extensão das primeiras. Exclui-se eventual eficácia prescritiva dos documentos anterio-res que não vieram a integrar o conteúdo contratual, mas não a sua consideração para o fim de aclarar o sentido e o alcance das declarações definitivas.[69]

---

to em 19.08.2010. *DJ* de 26.08.2010; STJ. REsp 1051065/AM. Terceira Turma. Relator Min. Ri-cardo Villas Bôas Cueva. Julgamento em 21.02.2013. *DJ* de 27.02.2013.

67. BETTI, Emilio. *Interpretação da Lei e dos Atos Jurídicos*. Trad. de Karina Jannini. São Paulo: Martins Fontes, 2007, p. 349.

68. PIRES, Catarina Monteiro. Cláusulas de acordo integral e cláusulas de solução única ou "remédio único". In: CASTRO, Rodrigo Rocha Monteiro de et al. *Direito Societário, Mercado de Capitais, Ar-bitragem e Outros Temas*. Homenagem a Nelson Eizirik. São Paulo: Quartier Latin, 2021, p. 906.

69. Concorda com esse entendimento Catarina Pires, ao assinalar: «Parece-nos que as cláusulas de

Os cânones hermenêuticos legais – especialmente os traduzidos nos arts. 112 e 113 do Código Civil – integram o Direito brasileiro, não sendo sua aplicação de escolha do intérprete, quem deve respeitá-los. A teoria da interpretação dos negócios jurídicos é, em nosso sistema jurídico, distinta daquela vigorante, por exemplo, no sistema norte-americano, no qual se alude, *v.g.*, «regra dos quatro cantos»,[70] valendo notar, todavia, que nem mesmo em um sistema atado pela mais lata amplitude ao ideal do *freedom of contract* é afastada, na interpretação contratual, a consideração de «termos implícitos» e do princípio da boa-fé.[71] Assim, embora não substituam o negócio final como fonte de imputações de direitos, deveres e responsabilidades, os documentos da fase preliminar, podem ser considerados para a interpretação do negócio definitivo, conforme os cânones sistematizados acima (item 6 deste §42).

§ 43. Fase da oferta, propriamente dita

1. Proposição

A oferta (proposta) é negócio jurídico unilateral receptício que *vincula* o ofertante aos seus termos, consoante determinado no art. 427 do Código Civil, segundo o qual «a proposta de contrato obriga o proponente, se o contrário não resultar dos termos dela, da natureza do negócio ou das circunstâncias do caso». Se à oferta seguir-se aceitação, no prazo, sem adições, restrições, ou modificações (Código Civil, art. 431), o contrato estará concluído, encerrando-se a fase das tratativas e iniciando a fase contratual. Distingue-se a proposta (ou oferta) do convite a contratar (*invitatio ad offerendum*), porque não se trata de um convite a oferecer proposta, mas de uma declaração negocial marcada pela clareza, concreção e determinação, de modo a possibilitar a imediata aceitação do ofertante.[72]

---

entire agreement são válidas, mesmo que a interpretação delas revele o sentido de reduzir o objeto da interpretação às declarações negociais vertidas no contrato. Isto não quer naturalmente dizer que o contrato não tenha de ser interpretado, nem que, ao ser interpretado, deva sê-lo como um todo» (PIRES, Catarina Monteiro. Cláusulas de acordo integral e cláusulas de solução única ou "remédio único". In: CASTRO, Rodrigo Rocha Monteiro de et al. *Direito Societário, Mercado de Capitais, Arbitragem e Outros Temas*. Homenagem a Nelson Eizirik. São Paulo: Quartier Latin, 2021, p. 899).

70. Entre outros: LEONHARD, Chunlin. *Beyond The Four Corners of a Written Contract: a global challenge to U.S. contract law*. International Law Review, vol. XXI, n. 1, Pace University School of Law, 2009, p. 1-36.

71. Confira-se em FARNSWORTH, Allan. The Interpretation of International Contracts and the Use of Preambles. *International Business Law Journal*, London, Sweet & Maxwell, n. 3-4, 2002, especialmente, p. 273, como segue: «Note that since such a clause only operates to exclude extrinsic evidence. It will not exclude a term implied in law – such as one imposing an obligation of good faith – for which no extrinsic evidence is necessary. There are some situations in which an entire agreement clause will not, by itself, exclude extrinsic evidence».

72. POÇAS, Luís. *O Dever de Declaração Inicial do Risco no Contrato de Seguro*. Coimbra: Almedina, 2013, p. 48.

434 | A BOA-FÉ NO DIREITO PRIVADO

O que ocorre, no entanto, quando há oferta e não há, ainda, aceitação?

A pergunta é pertinente em face das peculiaridades do Direito brasileiro expressas no dispositivo do art. 427 do Código Civil que repete, aliás, *ipsis litteris*, o que estava no art. 1.080 do Código de 1916. Ao mencioná-lo, registrou Antonio Junqueira de Azevedo, tratando da responsabilidade civil pré-contratual que, entre nós – diversamente do que ocorre em outros Ordenamentos –, existe regra expressa segundo a qual a oferta do contrato *obriga* o proponente.[73] Entendia o mencionado autor que, «embora haja, no campo de prova, como é evidente, alguma dificuldade para caracterizar a oferta vinculante, pode-se dizer tecnicamente que o ofertante, por ato unilateral, cria, no patrimônio do oblato, um direito expectativo, ou potestativo, de concluir o contrato», [74] o que é especialmente claro «nos casos de oferta irrevogável ou com prazo determinado de eficácia», do que resulta, como consequência, «que a retirada da oferta determina responsabilidade obrigacional, isto é, *não aquiliana*».[75]

Essa observação conduz ao exame da expressão «obriga», constante no citado art. 427, e, portanto, à averiguação do que constitui a «obrigação» em sentido técnico e aos deveres decorrentes da emissão de uma oferta.

2. O art. 427 do Código Civil

Na opinião de Pontes de Miranda, o verbo «obrigar» fora equivocadamente empregado no art. 1.080 do Código Civil (correspondente, linha por linha, ao vigente art. 427), devendo ser lido como «vincular», uma vez que, aí, «o oferente ainda não deve, *a fortiori* ainda não é obrigado, mas vinculado fica, exceto se na oferta estabeleceu restrições, ou se a invinculabilidade resulta do tipo mesmo do negócio jurídico, ou das circunstâncias do caso concreto».[76] Há distinção entre *vinculabilidade* e *vinculação*: o fenômeno da *vinculabilidade*[77] surge pelo fato de, enquanto a proposta (negócio jurídico

---

73. Azevedo, Antonio Junqueira de. A Boa-Fé na Formação dos Contratos. *Revista Direito do Consumidor*, vol. 3, 1992, p. 81.

74. Azevedo, Antonio Junqueira de. A Boa-Fé na Formação dos Contratos. *Revista Direito do Consumidor*, vol. 3, 1992, p. 83.

75. Azevedo, Antonio Junqueira de. A Boa-Fé na Formação dos Contratos. *Revista Direito do Consumidor*, vol. 3, 1992. Destaquei.

76. Pontes de Miranda, Francisco Cavalcanti. *Tratado de Direito Privado*. Tomo XXXVIII. 3.ª ed. São Paulo: Revista dos Tribunais, 1983, § 4.194, p. 48-49. E, sentido contrário, Antonio Junqueira de Azevedo, ao entender que, na fase da oferta, em função do que dispunha o citado art. 1.080, seria «dispensável a alegação da boa-fé objetiva», uma vez que o descumprimento de oferta irrevogável conduz à responsabilidade contratual, e não à delitual (A Boa-Fé na Formação dos Contratos. *Revista Direito do Consumidor*, v. 3, 1992).

77. Pontes de Miranda, Francisco Cavalcanti. *Tratado de Direito Privado*. Tomo V. 3.ª ed. São Paulo: Revista dos Tribunais, 1983, § 507, 2, p. 8: «Se o ato jurídico, embora revogável enquanto não ocorre algum fato (*e.g.*, aceitação), está exposto a vincular quem o pratica e, pois, a tornar-se irrevogável, há efeito mínimo. Quem pratica atos, que entram no mundo jurídico, expõe-se a ele, que é a vinculabilidade. Todo o ato jurídico, tem pelo menos, esse, efeito». Ver também: Mello,

ATUAÇÃO DO PRINCÍPIO DA BOA-FÉ CONFORME AS FASES DA RELAÇÃO OBRIGACIONAL | 435

unilateral receptício) não chegar ao aceitante, essa pode, mesmo já produzindo os efeitos que lhe são inerentes, ser revogada. No caso de já ter sido recebida pelo aceitante, porém, ocorre a *vinculação*,[78] e não pode mais ser revogada. A recepção da manifestação da vontade é necessária para produzir o efeito de vincular (conduzindo, então, à irrevogabilidade da oferta), o que poderia ser chamado de *efeito pleno* da oferta, pois o *efeito mínimo*,[79] ocorre desde que a oferta existe. Este efeito mínimo se traduz na vinculabilidade do ofertante à manifestação realizada até que feita a revogação, quando essa pode ocorrer.[80]

Falar-se no efeito vinculante da oferta[81] não significa, porém, que dela decorra o efeito de criar, por si só, a obrigação principal (*stricto sensu*),[82] pois esta última advém apenas quando já formado o contrato, isto é, na fase contratual. Dito de outro modo: a proposta, quando realizada, gera no plano da eficácia do mundo jurídico a *vinculabilidade* do proponente, não a *obrigatoriedade* quanto à prestação. Diz-se haver apenas vinculabilidade, ou vinculação (e não, ainda, obrigação), porque, enquanto não existe o negócio jurídico bilateral (contrato), não existem as obrigações principais e os deveres inerentes à espécie de contrato que se pretende formar, isto é: não há dever de prestação. A eficácia do contrato que se pretende formar só irá existir quando houver a aceitação, sendo então o contrato formado, razão pela qual Pontes de Miranda refere ao contrato como resultado da *colagem* entre oferta e aceitação.[83]

Marcos Bernardes de. *Teoria do Fato Jurídico:* plano da eficácia. 1.ª parte. 8.ª ed. São Paulo: Saraiva, 2013, p. 183: «Quem formula *oferta revogável*, seja a alguém em particular, determinante, seja ao público, indeterminadamente, se põe em situação jurídica de *vinculabilidade*, cujo conteúdo eficacial consiste em ficar sua esfera jurídica *exposta a ser vinculada* por um ato voluntário de outrem que manifeste aceitar sua proposta».

78. PONTES DE MIRANDA, Francisco Cavalcanti. *Tratado de Direito Privado.* Tomo V. 3.ª ed. São Paulo: Revista dos Tribunais, 1983, § 507, 3, p. 8: «Se o fato de que depende a vinculação (=irrevogabilidade) ocorre, há vinculação (= há irrevogabilidade)». Ver, também: MELLO, Marcos Bernardes de. *Teoria do Fato Jurídico:* plano da eficácia. 1.ª parte. 8.ª ed. São Paulo: Saraiva, 2013, p. 183: «Diferentemente, se a oferta é irrevogável, a situação jurídica, embora permaneça unilateral, seu conteúdo eficacial consiste na vinculação do ofertante à sua proposta, desde logo».

79. PONTES DE MIRANDA, Francisco Cavalcanti. *Tratado de Direito Privado.* Tomo V. 3.ª ed. São Paulo: Revista dos Tribunais, 1983, § 507, 1, p. 7. Marcos Bernardes de Mello utiliza a expressão «*situação jurídica complexa unilateral ou intersubjetiva unilateral*» (MELLO, Marcos Bernardes de. *Teoria do Fato Jurídico.* Plano da eficácia. 1.ª parte. 8.ª ed. São Paulo: Saraiva, 2013, p. 182).

80. PONTES DE MIRANDA, Francisco Cavalcanti. *Tratado de Direito Privado.* Tomo II. 3.ª ed. São Paulo: Revista dos Tribunais, 1983, § 223, 7, p. 411: «Quando se diz que a manifestação receptícia de vontade é eficaz com a chegada, não se afirma que ela não tenha qualquer efeito, antes disso. O efeito, a que se alude, é o efeito de irrevogabili*dade. Para se evitar a irrevogabilidade, é preciso que antes a chegada, ou simultaneamente com ela, chega a revogação*». Ainda, da mesma obra: Tomo XXXVIII. 4.ª ed. São Paulo: Revista dos Tribunais, 1983, § 4.189, 1 e 2, p. 25.

81. TJRS. Ap. Cív. n. 589077106. Primeira Câmara Cível. Relator Des. Tupinambá Miguel Castro do Nascimento. Julgamento em 06.03.1990.

82. PONTES DE MIRANDA, Francisco Cavalcanti. *Tratado de Direito Privado.* Tomo XXII. 3.ª ed. São Paulo: Revista dos Tribunais, 1983, § 2.679, 6, p. 25.

83. PONTES DE MIRANDA, Francisco Cavalcanti. *Tratado de Direito Privado.* Tomo V. 4.ª ed. São Paulo:

No mesmo sentido, posiciona-se Alcides Tomasetti Jr., para o qual, «segundo as linhas mais genéricas do modelo do Código Civil (...), aquele que faz a oferta ou proposta somente está adstrito a efetuar a prestação correspondente (dar, fazer, não fazer, tolerar) depois de a aceitação – imediatamente manifestada se a oferta for entre presentes, ou expedida pelo destinatário da proposta, se esta for entre ausentes – chegar ao oferente ainda antes de que chegue ao ofertado (ou oblato) a revogação da proposta recebida (CC, arts. 1.080-1.081, 1.084-1.086)».[84]

Razão têm, portanto, Pontes de Miranda e Tomasetti Jr., ao ensinarem que a oferta *vincula juridicamente*, mas não *obriga contratualmente*, é dizer: o proponente resta sob *estado de sujeição*, pois a proposta tem por efeito principal gerar ao oblato (àquele para quem foi dirigida), o direito formativo gerador de aceitação. É por estar em estado de sujeição – e não em situação jurídica passiva (dever) – que o ofertante não pode revogar a proposta, havendo prazo em que deva mantê-la, criando o Código Civil presunções caso o oblato esteja ou não *presente* (noção não naturalista, mas jurídica), incluindo a presença virtual em face do proponente (Código Civil, arts. 428 e 429).

Durante o *estado de vinculação* resultante do oferecimento de uma proposta, os figurantes ainda restam na fase pré-contratual, que será encerrada se houver o exercício do direito formativo gerador de aceitação ou sua renúncia. Mas pode essa fase pré-negocial prosseguir se houver contraproposta, dita «aceitação modificativa», que é nova manifestação de vontade. Então, outra oferta se põe no lugar «da aceitação ou da recusa pura e simples», de modo que o ofertante «passa à situação de destinatário da nova oferta e tem de aceitá-la, ou de recusá-la, ou, por sua vez, em lugar de proceder como destinatário, novamente oferecer».[85] Ademais, a aceitação fora do prazo, com adições, restrições, ou modificações, importará em nova proposta (Código Civil, art. 431). A oferta apenas não gerará a vinculação, e poderá ser revogada quando: a) ainda não tiver sido recebida por aquele ao qual foi dirigida; ou b) se o contrário não resultar dos termos

---

Revista dos Tribunais, 1983, § 507, 1, p. 7, alertando: «É da máxima importância não se ter o dever ou a obrigação como o primeiro efeito da relação jurídica, nem como a primeira relação jurídica».

84. Tomasetti Junior, Alcides. O Objetivo de Transparência e o Regime Jurídico dos Deveres e Riscos de Informação nas Declarações Negociais para Consumo. *Revista Direito do Consumidor*, vol. 4, 1994, p. 63. Na raiz desses entendimentos está a compreensão do significado estrito ou técnico do termo «obrigação» – a relação entre duas ou mais pessoas de que decorre a uma delas, o devedor, poder ser exigida pela outra, o credor, prestação, de dar, fazer ou não fazer correlativa. Do que, nesta acepção, o termo «obrigação» não se confunde nem com a relação, nem com a dívida (relativa ao crédito ainda não exigível), mas se relaciona, polarmente, com a pretensão (de direito material) da parte credora. Por isso é que a oferta, nos termos do art. 427, traz vinculação, mas ainda não traz obrigação, na medida em que ainda não há para o ofertante, antes da aceitação, o dever de prestar – o *dare*, o *facere* e o *non facere*. Este só nasce com a «colagem» entre os dois negócios jurídicos unilaterais, a oferta e a aceitação, porque só aí surge o negócio jurídico bilateral (ainda: Pontes de Miranda, Francisco Cavalcanti. *Tratado de Direito Privado*. Tomo XXII. 3.ª ed. São Paulo: Revista dos Tribunais, 1983, § 2.679, p. 12).

85. Pontes de Miranda, Francisco Cavalcanti. *Tratado de Direito Privado*. Tomo XXXVIII. 3.ª ed. São Paulo: Revista dos Tribunais, 1984, § 4.189, p. 26-27.

ATUAÇÃO DO PRINCÍPIO DA BOA-FÉ CONFORME AS FASES DA RELAÇÃO OBRIGACIONAL | 437

dela (art. 427, parte final), da natureza do negócio (*e.g.*, numa obrigação personalíssima morre o ofertante), ou das circunstâncias do caso.

Sendo este o mecanismo formativo de um contrato no sistema do Direito Privado brasileiro, questiona-se qual o papel da boa-fé nesse momento. E a resposta será a mesma já apontada acima, genericamente, quanto às fases aqui nomeadas de «prospecção» e de «negociação» propriamente dita: a boa-fé atua como fonte de deveres de proteção, pois estes existem e se manifestam antes mesmo do estado de vinculação (recebimento da oferta) ou do estado de vinculabilidade (envio da oferta ainda não recebida). Incide, pois, a boa-fé desde quando os negociadores se põem em contato social pré-negocial.

§ 44. Fase da conclusão contratual

1. Proposição

Encerram-se as tratativas, iniciando a fase contratual, com a efetiva formação do contrato pelo consentimento comum a contratar e pelo delineamento do objeto e do preço contratual, determinado ou determinável. É o momento em que à oferta (ou proposta) fixa-se «com a cola da concordância»[86] – a aceitação –, concluindo-se o acordo e deflagrando-se, a partir de então, eficácia tipicamente contratual. A «cola da concordância» pode ser expressa, ou tácita, ou dar-se pelo silêncio[87] (Código Civil, art. 111), tendo os usos, novamente, grande relevância hermenêutica para a correta identificação desse momento. Trata-se da passagem de um círculo de deveres puramente protetivos e, normalmente, negativos (não causar danos) a outro círculo, este sim de deveres positivos da esfera contratual, deveres de prestação (dar, fazer, não fazer) em que se exige *diligentia positiva*.[88] O art. 422 do Código Civil é expresso ao determinar às partes, na conclusão e na execução do contrato, os princípios da probidade e da boa-fé.

2. A eficácia contratual

A primeira eficácia de uma declaração de vontade negocial é a de gerar vinculação obrigacional. Por essa eficácia, nasce ao credor o direito ao cumprimento e ao devedor o dever de cumprir satisfatoriamente a prestação prometida. Essa vinculação, modo geral, só será comprometida quando o consentimento estiver viciado (levando, então, à anulabilidade do negócio) ou quando estiver tisnado por nulidade, a qual pode

---

86. PONTES DE MIRANDA, Francisco Cavalcanti. *Tratado de Direito Privado*. Tomo XXXVIII. 3.ª ed. São Paulo: Revista dos Tribunais, 1984, § 4.184, 2, p. 7.

87. TUTIKIAN, Priscila David Sansone. Silêncio como Declaração Negocial na Formação dos Contratos (sob a Perspectiva dos Modelos Hermenêuticos de Miguel Reale). In: MARTINS-COSTA, Judith (Org.). *Modelos de Direito Privado*. São Paulo: Marcial Pons, 2014, p. 145-176.

88. Em sentido similar, VICENTE, Dário Moura. *Da Responsabilidade Pré-Contratual em Direito Internacional Privado*. Coimbra: Almedina, 2001, p. 242, em alusão à doutrina de Jhering.

decorrer ou das causas arroladas nos artigos 166, 167 ou no art. 424 do Código Civil. Por isso já se disse, em texto memorável,[89] que o «momento decisivo do negócio jurídico» é o da declaração negocial. Esta consiste na «abdicação do arbítrio», porque é *ato comunicativo e determinativo ou normativo*, do qual nascem a eficácia de vinculação, a responsabilidade pelo declarado e manifestado, e um *efeito preceptivo* não diverso do efeito de uma lei ou de uma sentença transitada em julgado. É esse «o verdadeiro efeito jurídico-negocial, cujo momento mais alto se manifesta no consenso – no "sim" que conclui o contrato».[90]

Existente já o contrato – ainda que sujeito a condições –[91] há, pois, deveres de prestação vinculando as partes, correspondentes aos *interesses à prestação* titulados pelo credor; há a responsabilidade contratual pelo seu inadimplemento imputável; além de haver, igualmente, interesses de proteção, do qual defluem deveres de proteção (deveres laterais) que, uma vez injustamente atingidos, redundam na violação positiva do contrato.

Essa temática será abordada quando do exame da boa-fé *in executivis*.[92] É importante, porém, não confundir o negócio jurídico contratual com o negócio instrumentalizado pelo contrato (contrato escrito, instrumento contratual). No regime do Código Civil, *presuntivamente*, nos contratos formalizados por escrito, a conclusão se dá com a assinatura ou a firma digital: o tempo e o lugar da conclusão contratual coincidem com o tempo e o lugar da assinatura, se essa foi simultânea.[93] Se sucessiva, é o lugar onde foi proposto (Código Civil, art. 435, norma de caráter dispositivo e supletivo), podendo haver, conforme o caso, «propostas cruzadas», isto é: propostas de conteúdo total ou parcialmente coincidente que correspondem a posições contratuais simétricas (comprador e vendedor; fornecedor e recebedor dos serviços) e das quais pode resultar contrato, como nas negociações por sistema automático em Bolsas de Valores.[94]

Em síntese: para bem compreender qual é o espaço e quais são as características da fase das tratativas, discernindo-a da fase contratual, em sua relação com as eficácias

---

89. Baptista Machado, João. A Cláusula do Razoável. In: *Obra Dispersa*, vol. I. Scientia Ivridica: Braga, 1991, p. 457-621.

90. Baptista Machado, João. A Cláusula do Razoável. In: *Obra Dispersa*, vol. I. Scientia Ivridica: Braga, 1991, p. 522.

91. *Vide, supra*, Capítulo V, §42, 4 e 5.

92. *Infra*, §47.

93. O esquema mais comum (no âmbito do direito comum, à parte a contratação por adesão) consiste na emissão de declarações contratuais conjuntas, isto é: declarações de conteúdo idêntico que exprimem o acordo contratual num só texto subscrito por cada uma das partes. Para que um contrato assim se forme, o texto comum (instrumento contratual) deve observar os requisitos da completude, precisão e adequação formal. Essa modalidade é comum em contratos sujeitos à forma escrita; ou contratos com mais de duas partes (*e.g.*, contratos de cooperação associativa); ou contratos com especial complexidade técnica ou jurídica (*vide*: Ferreira de Almeida, Carlos. *Contratos*. Conceitos – Fontes – Formação, vol. I. Coimbra: Almedina, 2000, p. 104-105).

94. Ferreira de Almeida, Carlos. *Contratos*. Conceitos – Fontes – Formação, vol. I. Coimbra: Almedina, 2000, p. 104-105.

geradas pela boa-fé, é preciso ter em mente – sem temor ao truísmo – que a fase negociatória (tratativas) serve para negociar (tratar), não ainda para *contratar*. Portanto, o princípio reitor é o da liberdade de negociação que supõe, obviamente, poder iniciá-la e poder encerrá-la. Mas vigora com igual intensidade o princípio da boa-fé em sua tríplice função: hermenêutica,[95] corretora de condutas e geradora de deveres, neste caso, de proteção (deveres laterais), vedando comportamentos oportunistas, disfuncionais às tratativas e os quais se aderem à esfera jurídica do outro figurante. Entenda-se por esses deveres os de respeito à legítima confiança investida nas negociações, englobando resguardo, sigilo, informação correta e adequada aos fins da negociação em curso, esclarecimentos, vedação à contradição e, inclusive, sob certas condições, o dever de não se retirar abruptamente das tratativas, sob pena de indenizar pelo interesse negativo.

3. O problema da legitimidade da expectativa

Quem negocia um contrato tem o dever de não fraudar as expectativas legitimamente criadas pelos seus próprios atos durante as negociações. Mas essa expectativa pode ser *legítima* («justa») ou não. O será apenas se os elementos do caso vierem a comprovar a existência de fundadas razões para que a parte frustrada acreditasse na seriedade de propósitos do outro agente, assim sendo configurado um «investimento de confiança».

Assim, exemplificativamente, se numa troca de correspondência, uma das partes informa a outra que «aceita a proposta, desde que esta seja aprovada pelo conselho diretivo da sociedade», explicitando, por exemplo que, «segundo as normas da empresa, é preciso obter a autorização de tal conselho para pactuar contratos cujo valor seja superior a um milhão de reais» – e, no caso concreto, a proposta implica contrato com valor de um milhão e quinhentos mil reais –, não haverá *expectativa legítima* de que o contrato tenha sido formado independentemente da aprovação do conselho diretivo. Há, no caso, proposta sujeita à condição, e não é «legítima» a expectativa à conclusão do contrato independentemente da autorização do conselho diretivo.

Do mesmo modo se, segundo as práticas seguidas pelas partes, a contratação faz-se sem redução a escrito, não poderá uma parte alegar que determinado contrato não se formalizou por escrito para furtar-se às suas obrigações, salvo se informou, previamente, que naquele determinado caso a contratação se faria mediante a expressão do pacto em instrumento contratual. Ainda, pode configurar-se a legitimidade da expectativa se há elementos objetivos na conduta pré-contratual. Exemplifique-se com a conduta adotada por sociedades integrantes de um grupo econômico – ao participar ativamente das negociações e ao deixar entender, com clareza, que figurariam como

---

95. A boa-fé hermenêutica assinalada no art. 113 do Código Civil, embora literalmente direcionada aos negócios jurídicos, não está cingida aos negócios contratuais, podendo infletir em atos e manifestações frequentemente presentes na fase pré-contratual, como acordos de cavalheiros, declarações de opção, pactos de preferência, etc.

parte no contrato. Essas sociedades vêm, depois, recusar-se a ser tidas como sujeita às eficácias do contrato. Neste caso, poderá ocorrer infração aos postulados da Teoria da Confiança, fundamento do regime do negócio jurídico no Código Civil brasileiro conjuntamente com o princípio da autonomia privada.[96]

Para auxiliar o intérprete na espinhosa (mas inafastável) tarefa de qualificação, a doutrina apresenta *standards* ou critérios. Assim, *e.g.*, cabe questionar: *há unidade de interesses* entre aquele que negociava em relação à parte efetivamente signatária dos contratos? Houve anúncios públicos reveladores da comum intenção dos negociadores? As sociedades integrantes do grupo detêm a mesma realidade econômica, refletida pela presentação ou pela representação comum?[97]

Além da atenção aos usos e às práticas (é dizer: ao comportamento reiterado dos sujeitos) bem como ao conteúdo expresso no instrumento que veicula a proposta, a perspectiva finalística auxilia a esclarecer o âmbito do dever de não fraudar as expectativas legítimas, pois negociações são feitas para possibilitar a formação de um *consentimento esclarecido*, para que cada um avalie a oportunidade e a conveniência de contratar, e, se contratar, que o seja em determinados forma e conteúdo. O princípio – repita-se – é o da liberdade de recesso. Porém, se as negociações iniciadas em vistas da possibilidade de celebrar um contrato prosseguem, com toda aparência de seriedade, possibilitando a uma das partes crer, fundamentadamente, que o contrato será ajustado, o seu rompimento *abrupto e injustificado* pode dar ensejo ao dever de indenizar ao agente que confiou na seriedade das tratativas pelas despesas havidas em vista das negociações («interesse negativo», ou «interesse da confiança»).[98]

---

96. Conforme esclarece Moreira Alves: «(...) manteve-se a concepção subjetiva de negócio jurídico, não com o absolutismo do Código Civil, mas litigada, em que se leva em consideração, para efeito dos defeitos do negócio jurídico, a responsabilidade por parte daquele que declara a sua vontade e os aspectos de confiança daquele que recebe essa vontade. (...). Adotou-se, dessa forma, o princípio da responsabilidade de quem declara e o da confiança de quem recebe essa declaração» (Moreira Alves, José Carlos. *A Parte Geral do Código Civil*. Disponível em: <http://https://revistacej.cjf.jus.br/cej/index.php/revcej/article/view/231>. Acesso em: 10.05.2023). Também, semelhantemente em: *A Parte Geral do Projeto de Código Civil*. São Paulo: Saraiva, 2003, p. 108. Ver o exemplo da «extensão da cláusula compromissória», *vide*, *infra*, Capítulo VI, §57.

97. Para o exame dessa problemática na arbitragem, conferir: Campos Melo, Leonardo de. *Extensão da Cláusula Compromissória e Grupos de Sociedades*: a prática arbitral CCI e sua compatibilidade com o Direito brasileiro. Rio de Janeiro: Forense, 2013, p. 59-89; Tepedino, Gustavo. Consensualismo na Arbitragem e Teoria do Grupo de Sociedades. *Revista dos Tribunais*, vol. 903, São Paulo, Revista dos Tribunais, 2011, p. 9 e ss.; Baptista, Luiz Olavo. *Arbitragem Comercial e Internacional*. São Paulo: Lex Magister, 2011, p. 121

98. Para a distinção entre o interesse positivo e o interesse negativo, ver, na doutrina brasileira: Steiner, Renata Carlos. *Reparação de Danos. Interesse Positivo e Interesse Negativo*. São Paulo: Quartier Latin, 2018. Para brevíssima nota, permito-me reenviar a: Martins-Costa, Judith. O árbitro e o cálculo do montante da indenização. In: Carmona, Carlos Alberto; Lemes, Selma Maria Ferreira; Martins, Pedro Batista. *20 anos da Lei de Arbitragem*: homenagem a Petrônio R. Muniz. São Paulo: Atlas, 2017, p. 609-638.

ATUAÇÃO DO PRINCÍPIO DA BOA-FÉ CONFORME AS FASES DA RELAÇÃO OBRIGACIONAL | 441

Conquanto hoje em dia a responsabilidade pré-contratual se espraie em variadas hipóteses, cabe atenção à sua origem, centrada na questão de saber quem deve responder – e se há responsabilidade e a qual regime jurídico obedece – no caso de um contrato formado vir a se revelar nulo, decorrendo a nulidade de problema situado na fase pré-contratual.

§ 45. Origem da doutrina da *culpa in contrahendo* e seu atual estágio

1. A origem: a formulação de Jhering

O tema da *culpa in contrahendo*, hoje, não é novidade, nem em jurisprudência,[99] nem na doutrina. Ainda assim, cabe breve referência às origens da teoria da *culpa in contrahendo* e ao seu desenvolvimento, pois a referência às raízes auxilia a perceber a utilidade e os limites da figura.

Essa doutrina foi formulada pioneiramente por Jhering[100] que plasmou a noção: há *culpa in contrahendo* sempre que «o comportamento de uma das partes na fase das tratativas, induzindo a confiança da outra de que tal procedimento seria adotado, ou omitindo informações de importância capital para que a outra parte possa decidir em relação ao negócio jurídico a ser realizado, ou ainda deixando de mencionar circunstâncias que acabariam forçosamente por produzir a invalidade do contrato», gerando, assim, «o dever de indenizar».[101]

---

99. TJRS. Ap. Cív. 584033179. Primeira Câmara Cível. Relator Des. Athos Gusmão Carneiro. Julgamento em 04.12.1984. Ver também TJRS. Ap. Cív. 591028295. Quinta Câmara Cível. Relator Des. Ruy Rosado de Aguiar Jr. Julgamento em 06.06.1991. Desta decisão foram opostos os TJRS. E.I. 591083357. Terceiro Grupo de Câmaras Cíveis. Julgamento em 01.11.1991.

100. JHERING, Rudolph von. *De la culpa in contrahendo ou des Dommages-Intérêts dans les Conventions Nulles ou Restés Imparfaites*. Trad. francesa de O. de Meulenaere. *Oeuvres Choisies*. Tomo II. Paris: A. Marescq, 1893, p. 1-100. Há tradução em idioma português: *Culpa in Contrahendo, ou de Indemnização em Contratos Nulos ou Não Chegados à Perfeição*. Trad. portuguesa de Paulo Cardoso Mota Pinto. Coimbra: Almedina, 2008. Como refere Dário Moura Vicente, «coube a Jhering o mérito de formular pela primeira vez o princípio segundo o qual já na fase das negociações preparatórias do contrato as partes se acham vinculadas através de uma relação jurídica integrada por deveres de conduta cujo incumprimento sujeita o inadimplente ao dever de indemnizar o interesse contratual negativo da contraparte» (VICENTE, Dário Moura. *Da Responsabilidade Pré-Contratual em Direito Internacional Privado*. Coimbra: Almedina, 2001, p. 243). Consultei, ainda, BENATTI, Francesco. *A Responsabilidade Pré-Contratual*. Trad. portuguesa de Vera Jardim e Miguel Caeiro. Coimbra: Almedina, 1970; ALMEIDA COSTA, Mário Júlio de. *Direito das Obrigações*. 12.ª ed. Coimbra: Almedina, 2009; ARIETTI, Marina. Responsabilità Precontrattuale. *Rivista di Diritto Civile*, n. 6, Padova, Cedam, 1991, p. 729-744; BESSONE, Mario. Rapporto Precontrattuale e Doveri di Correttezza, *Rivista Trimestrale di Diritto e Procedura Civile*, Milano, Giuffrè, 1972, p. 1.004; BREBBIA, Roberto. *Responsabilidad Precontratual*. Buenos Aires: La Rocca, 1987.

101. Cf. COUTO E SILVA, Almiro do. Responsabilidade do Estado por Problemas Jurídicos Decorrentes

442 | A BOA-FÉ NO DIREITO PRIVADO

A partir dessa ideia de base, a doutrina da *culpa in contrahendo* perpassou – principalmente nas últimas décadas do século XX – verdadeiro processo de expansão e revisão teórica, a cada momento sendo formuladas novas hipóteses, novos «casos» que estariam recobertos pelo seu manto. Toda ela, porém, segue as trilhas abertas no famoso ensaio de Jhering, o qual, debruçado sobre o Direito Romano e as soluções conferidas à teoria do erro essencial, examinou uma questão fundamental, a saber: se um sujeito deu causa à nulidade de um contrato, deve ou não ressarcir o dano que a outra parte sofreu por haver confiado na validade do contrato?

Nem a lei, nem a doutrina, davam resposta a esta questão. Também por influência do mesmo artigo de Jhering sobre *culpa in contrahendo*, não se conhecia, na lei alemã, uma cláusula geral abrangente e unitária de responsabilidade extracontratual[102] – tal qual a consagrada nos arts. 1.382 e 1.383 do *Code Civil* (e que viria a ser consagrada no art. 159 do Código Civil brasileiro de 1916 e no art. 927 do Código Civil de 2002) –, permitindo abranger nas regras que a disciplinam quaisquer danos patrimoniais, desde que presentes as demais condições da responsabilidade civil. Na época, não tinha paralelo na Alemanha a regra do art. 1.384 do *Code Civil*, «relativa à responsabilidade do

---

do Planejamento. *Revista de Direito Público*, vol. 65, 1982, p. 29. Na doutrina brasileira, ver, ainda, CHAVES, Antônio. Responsabilidade Pré-Contratual. Rio de Janeiro: Forense, 1959; COUTO E SILVA, Clóvis do. A Companhia Siderúrgica Mannesmann. Parecer. *Revista da Consultoria Geral do Estado do Rio Grande do Sul*, Porto Alegre, vol. 5, n. 13, 1975, p. 207-238; PONTES DE MIRANDA, Francisco Cavalcanti. *Tratado de Direito Privado*. Tomo II. 3.ª ed. São Paulo: Revista dos Tribunais, 1983, § 225, 8, IV, 383, 412 e 440. Ver também, na mesma obra, Tomo XXXVIII, § 4.212; PEREIRA, Caio Mário da Silva. *Responsabilidade Civil*. 2.ª ed. Rio de Janeiro: Forense, 1991, p. 80-82; AZEVEDO, Antonio Junqueira de. A Boa-Fé na Formação dos Contratos. *Revista Direito do Consumidor*, vol. 3, 1992, p. 78-87. Do mesmo autor: *Responsabilidade Pré-Contratual no Código de Defesa do Consumidor*: estudo comparativo com a responsabilidade pré-contratual no direito comum. São Paulo, 1995, ora publicado em: *Estudos e Pareceres de Direito Privado*. São Paulo: Saraiva, 2004, p. 159-172; AGUIAR DIAS, José de. *Da Responsabilidade Civil*, vol. I. 9.ª ed. Rio de Janeiro: Forense, 1994, p. 143; GOMES, Orlando. *Contratos*. 16.ª ed. Atualizado por Humberto Theodoro Jr. Rio de Janeiro: Forense, 1995, p. 60-62; CAPPELARI, Récio Eduardo. *Responsabilidade Pré-Contratual*: aplicabilidade ao Direito brasileiro. Porto Alegre: Livraria do Advogado, 1995, que tive ocasião de orientar; PEREIRA, Regis Fichtner. *A Responsabilidade Pré-Contratual*. Teoria Geral e Responsabilidade pela Ruptura das Negociações Contratuais. Rio de Janeiro: Renovar, 2001; ZANETTI, Cristiano de Sousa. *Responsabilidade pela Ruptura das Negociações*. São Paulo: Juarez de Oliveira, 2005; FRITZ, Karina Nunes. A Boa-Fé Objetiva e sua Incidência na Fase Negocial: um estudo comparado com base na doutrina alemã. *Revista de Direito Privado*, vol. 29, 2007, p. 201-237. Da mesma autora: A Responsabilidade Pré-Contratual por Ruptura Injustificada das Negociações. *Revista dos Tribunais*, vol. 883, São Paulo, Revista dos Tribunais, 2009, p. 9-56. No Direito português, além do já referido ALMEIDA COSTA, Mário Júlio de. *Direito das Obrigações*. 12.ª ed. Coimbra: Almedina, 2009, e, em especial, *Responsabilidade Civil pela Ruptura das Negociações Preparatórias de um Contrato*. Coimbra: Coimbra Editora, 1984; e MOTA PINTO, Carlos Alberto da. A Responsabilidade Pré-Negocial pela Não Conclusão dos Contratos. *Boletim da Faculdade de Direito da Universidade de Coimbra*, Supl. XIV, 1966, p. 143 e ss. No Direito francês, SCHMIDT, Joanna. La Sanction de la Faute Précontractuelle. *Revue Trimestrielle de Droit Civil*, Paris, Dalloz, vol. 50, 1966, p. 72. Da mesma autora, La Période Précontractuelle en Droit Français. *Revue Internationale de Droit Comparé*, Paris, Societé de Législation Comparée, n. 2, 1990, p. 545-566.

102. ZIMMERMANN, Reinhard. *The law of obligations*. Cape Town: Juta, 1990, p. 1037.

ATUAÇÃO DO PRINCÍPIO DA BOA-FÉ CONFORME AS FASES DA RELAÇÃO OBRIGACIONAL | 443

lesante pelos atos dos seus auxiliares, que não consagra causas de exoneração do mesmo análogas às que vigoram no Direito delitual alemão».[103] Ou o assunto era ignorado, ou os raros autores que a versavam respondiam negativamente, uma vez que, não tendo sido aperfeiçoado o contrato, não seria o caso de aplicar os princípios da culpa contratual, estando fora de questão recorrer à culpa aquiliana por não se configurarem os seus pressupostos. Por igual, não caberia a *actio doli*, que viabilizaria a indenização de todos os prejuízos sofridos, desde o direito romano, uma vez que nem sempre o *dolus* era manifesto. Ora, «a iniquidade e a insuficiência prática de um tal resultado», concluiu Jhering, «saltam aos olhos».[104] Para tanto, partiu Jhering da conjugação entre o interesse teórico e casos práticos, dentre eles uma questão pessoal – a encomenda de charutos, feita por Jhering a um amigo –, de modo a provocar a reflexão do jurista na busca de uma solução ao problema.

O famoso jurista havia pedido ao amigo, o qual estava de partida para Bremen, que encomendasse junto a um comerciante local um quarto de uma caixa de charutos. O amigo se enganou e encomendou quatro caixas. Estas lhe foram enviadas pelo comerciante, e Jhering as recusou. Ao mesmo tempo, questionou: o expedidor deveria custear o valor de duas expedições, ou poderia reclamar o reembolso, fosse ao intermediário, fosse ao próprio Jhering? A resposta que deu a si mesmo merece ser transcrita:

«Seria preciso, à força de submissão ao Direito Romano, ter sufocado toda a impulsão do sentimento jurídico sadio, para se contentar em dizer que, ausente o consentimento sobre a quantidade da mercadoria, o contrato não alcançara a perfeição, que portanto a ação contratual não seria absolutamente possível, e que, de outra parte, as condições da *actio legis Aquiliae* não estavam presentes. Quem não percebe que é preciso aqui uma ação de perdas e danos?».[105]

---

103. Assim: VICENTE, Dário Moura. *Da Responsabilidade Pré-Contratual em Direito Internacional Privado*. Coimbra: Almedina, 2001, p. 256-257. No mesmo sentido, COUTO E SILVA, Clóvis do. *Principes Fondamentaux de la Responsabilité Civile en Droit Brésilien et Comparé*: cours fait à la Faculté de droit et sciences politiques de St. Maur (Paris XII). Paris: [s.n.], 1988.

104. «A iniquidade e a insuficiência prática de tal resultado saltam aos olhos. A parte que incorre em culpa permanece isenta, e a parte inocente torna-se a vítima da culpa de outrem. Se efetivamente os princípios do Direito Romano conduzem a este resultado, pode-se acusá-los de apresentar uma sensível lacuna em tal matéria» (JHERING, Rudolph von. De la *culpa in contrahendo* ou des Dommages-Intérêts dans les Conventions Nulles ou Restés Imparfaites. Trad. francesa de O. de Meulenaere. *Oeuvres Choisies*. Tomo II. Paris: A. Marescq, 1893, p. 4, em tradução livre. No original: «L'iniquité et l'insuffisance pratique d'un pareil résultat sautent aux yeux. La partie qui est en faute reste indemne, et la partie innocente devient la victime de la faute d'autrui. Si réellement les principes du droit romain conduisent à un pareil résultat, on peut leur reprocher de présenter en cette matière une lacune sensible»).

105. No original: «Il faut, à force de soumission au droit romain, avoir étouffé toute impulsion du sentiment juridique saine, pour se contenter de dire que faute de consentement sur la quantité de la marchandise, le contrat n'est point venu à perfection, que partant l'action contractuelle n'est point possible, et que d'autre part, les conditions de la *actio legis Aquiliae* ne sont point réunies» (JHERING, Rudolph von. De la *culpa in contrahendo* ou des Dommages-Intérêts dans les Conventions Nulles ou Restés Imparfaites. Trad. francesa de O. de Meulenaere. *Oeuvres Choisies*. Tomo II. Paris: A. Marescq, 1893, p. 6, em tradução livre).

444 | A BOA-FÉ NO DIREITO PRIVADO

Jhering voltou-se, então, às fontes romanas[106] e percebeu a existência de casos nos quais era concedida tutela ao prejudicado em certas hipóteses de venda nula de um bem. Assim, as hipóteses, referidas por Modestino, de alienação de um *locus sacer* ou *religiosus* ou *publicus* sem que o vendedor comunicasse ao comprador que o bem era *extra commercium*, ou nos casos de vício na pessoa do vendedor, isto é, a falta de uma condição que este deveria garantir após concluído o contrato. Nestes casos, os textos romanos imputavam ao vendedor o *dever de conhecer o vício*, garantindo ao prejudicado uma *actio empti*,[107] a qual consistia em uma espécie de actio *ex contractu*.

Detectadas as fontes, ocupou-se do tormentoso problema da natureza jurídica do dever do vendedor de comunicar a causa da invalidade do contrato – ponto de relevantíssimo interesse ainda hoje, haja vista que, em panorama de Direito Comparado, a doutrina não é unânime ao qualificar a responsabilidade pré-contratual como responsabilidade contratual ou aquiliana, sendo frequente a afirmação de tratar-se de um *tertium genus*. Nesse ponto, Jhering não se limitou às fontes romanas. Embora dois textos afirmassem expressamente que, naqueles casos, o prejudicado poderia perseguir o seu direito por intermédio de uma ação contratual, apresentavam-se as questões de saber por que lhes era conferida uma ação contratual e como esta se conciliava com a nulidade do contrato.

Essas questões foram solvidas no segundo capítulo do ensaio – A justificação da teoria da *culpa in contrahendo* –, no qual anotou:

«A circunstância de que juridicamente o contrato não alcançou a conclusão nos confinaria necessariamente, ao que parece, no terreno do dano extracontratual, e, salvo se quiséssemos considerar a nossa ação como isolada e inexplicada, como uma anomalia jurídica, nós não teríamos outra escolha senão vinculá-la à *actio de dolo* ou à *actio legis Aquiliae*. A aplicação destas duas ações traz as mais sérias dificuldades. Ambas, com efeito, não poderiam ser empregadas sem que se fizesse abstração, na *actio de dolo*, do elemento *dolus*, e, na *actio legis Aquiliae, da espécie particular de dano*. Obter-se-ia, assim, uma terceira ação que teria o meio entre as duas outras, que demandaria, de uma, a culpa, de outra, a regra segundo a qual a culpa extracontratual engendra de uma maneira absoluta uma obrigação de pagar perdas e danos».[108]

---

106. JHERING, Rudolph von. De la *culpa in contrahendo* ou des Dommages-Intérêts dans les Conventions Nulles ou Restés Imparfaites. Trad. francesa de O. de Meulenaere. *Oeuvres Choisies*. Tomo II. Paris: A. Marescq, 1893, p. 10-22.

107. JHERING, Rudolph von. De la *culpa in contrahendo* ou des Dommages-Intérêts dans les Conventions Nulles ou Restés Imparfaites. Trad. francesa de O. de Meulenaere. *Oeuvres Choisies*. Tomo II. Paris: A. Marescq, 1893, p. 10-14.

108. JHERING, Rudolph von. De la *culpa in contrahendo* ou des Dommages-Intérêts dans les Conventions Nulles ou Restés Imparfaites. Trad. francesa de O. de Meulenaere. *Oeuvres Choisies*. Tomo II. Paris: A. Marescq, 1893, p. 23, em tradução livre, destaques meus. No original: «La circonstance que juridiquement le contrat n'est pas arrivé à perfection, nous confinerait nécessairement, à ce qu'il semble, sur le terrain du dommage extra-contractuel, et à moins de vouloir considérer notre action comme isolée et inexpliquée, comme une anomalie juridique, nous n'aurions que le choix de la rattacher à l'*actio de dolo* ou à l'*actio legis Aquiliae*. L'application de ces deux actions soulève

ATUAÇÃO DO PRINCÍPIO DA BOA-FÉ CONFORME AS FASES DA RELAÇÃO OBRIGACIONAL | 445

Descartada, assim, a natureza extracontratual da *culpa in contrahendo*, voltou-se à perquirição de uma possível natureza contratual. E, na resposta positiva que deu a esta indagação, é importante atentar à expressão grifada da passagem que acabei de transcrever, qual seja *espécie particular de dano causado «in contrahendo»*, no qual não haveria a *iniuria*.[109] Ao explicar por que rejeitava a *actio de dolo*, Jhering realiza uma análise dos seus elementos internos em relação às diferentes repercussões que projetam nas relações jurídico-sociais, os quais são diversos numa relação extracontratual e numa relação contratual, porque, nesta, ocorre uma qualificação promovida pela vontade:

«Um mau conselho, um aviso falso, uma recomendação, etc., dados sem intenção dolosa, não se anunciam exteriormente como um atentado à esfera jurídica de outrem, estes atos não constituem, *em si*, uma injustiça e não causam, *por si mesmos*, um dano; eles não adquirem, ao contrário, este caráter e esta influência senão pela relação que têm com a vontade das duas partes; assim, quanto ao réu, eles adquirem o caráter de *injustiça* pela *direção* maldosa de sua vontade, e, quanto ao autor, eles adquirem a *influência prejudicial* em razão da *determinação* de vontade que eles fizeram nascer».[110]

2. *Culpa in contrahendo* e teoria do contato social

Se ensaiarmos a análise desse texto prospectivamente, à luz da teoria do contato social,[111] perceberemos que Jhering rejeitava a ideia de atribuir-lhe natureza jurídica extracontratual, porque os casos que a justificam implicam um grau elevado de «distância» entre os sujeitos do contato. A incidência do regime da responsabilidade contratual seria sustentável, porque, gerando a vontade o grau mais elevado de

---

les difficultés les plus sérieuses. Tout deux, en effet, ne pourraient être employées qu'à la condition de faire abstraction, dans l'*actio de dolo* de l'élément du *dolus*, et dans l'*actio legis Aquiliae* de l'espèce particulière du dommage. On obtiendrait ainsi une troisième action qui tiendrait le milieu entre les deux autres, qui emprunterait à l'une la *culpa*, à l'autre la règle que la *culpa* extra-contractuelle engendre d'une manière absolue une obligation à des dommages-intérêts».

109. Ver: Martins-Costa, Judith; Giannotti, Luca. A Culpa no Direito das Obrigações: notas para uma história de conceitos jurídicos fundamentais. In: Pires, Fernanda Ivo; Guerra, Alexandre; Morato, Antonio Carlos; Martins, Fernando Rodrigues; Rosenvald, Nelson. *Da Estrutura à Função da Responsabilidade Civil*: Uma homenagem do Instituto de Estudos da Responsabilidade Civil (IBERC) ao Professor Renan Lotufo. Indaiatuba: Foco, 2021, p. 163-179.

110. Jhering, Rudolph von. De la *culpa in contrahendo* ou des Dommages-Intérêts dans les Conventions Nulles ou Restés Imparfaites. Trad. francesa de O. de Meulenaere. *Oeuvres Choisies*. Tomo II. Paris: A. Marescq, 1893, p. 24, destaques originais. No original: «Un mauvais conseil, un faux renseignement, une recommandation etc., donnés dans une intention douleuse ne s'annoncent pas extérieurement comme une atteinte à la sphère juridique d'autrui, ces actes ne constituent pas, *en soi*, une injustice, et ne causent point *par eux-mêmes* un dommage; ils n'acquièrent, au contraire, ce caractère et cette influence que par le rapport qu'ils ont avec la volonté des deux parties; ainsi quant au défendeur, ils acquièrent le caractère d'*injustice* par la *direction* méchante de sa volonté, et quant au démandeur, ils acquièrent l'*influence préjudiciable* par suite de la *détermination* de volonté qu'elles ont fait naître».

111. Ver, *supra*, Capítulo III, §22.

446 | A BOA-FÉ NO DIREITO PRIVADO

proximidade social, o mau conselho, o falso aviso etc., só teriam relevo (produzindo dano) entre pessoas que se encontrassem em certo grau de proximidade na escala do contato social. Como aludiu Jhering na passagem retrotranscrita, a culpa do lesante se configuraria como consequência da *direção* assumida pelo seu ato, e o prejuízo do lesado se plasmaria em direta razão da *determinação* da vontade que gerara o ato danoso.

Foi este raciocínio que conduziu Jhering a situar a *culpa in contrahendo* como espécie do gênero responsabilidade contratual. O texto o comprova:

«Este vínculo entre culpa e a relação contratual, podemos concebê-lo como *puramente exterior*, isto é, que a culpa em si mesma será extracontratual e encontrará somente na conclusão exterior do contrato a possibilidade de se realizar, sem ser, aliás, minimamente influenciada na sua natureza jurídica por esta ligação com o contrato. *Mas este vínculo é, na realidade, um vínculo interno; a culpa que aqui se apresenta é exatamente da mesma espécie daquela que nós encontramos somente nas relações contratuais*».[112]

Ora a culpa contratual, diferentemente da culpa aquiliana, é uma culpa «objetivada», uma vez estar fundada na natureza da relação jurídica.[113] E assim é porque, no âmbito da relação contratual, resulta da *quebra de um dever concreto, específico*, e não de um dever genérico de a ninguém lesar (*neminem laedere*). Daí considerar que a *culpa in contrahendo* se configura no fato de ter sido ferido um dever específico, qual seja, o do vendedor de conhecer as condições de validade do contrato e informar o comprador destas condições. Assim, incorre em *culpa in contrahendo* o vendedor que contrata «sem poder prestar as condições de validade do contrato em sua pessoa, e induz a outra parte em erro pela falsa aparência do contrato».[114]

---

112. Jhering, Rudolph von. De la *culpa in contrahendo* ou des Dommages-Intérêts dans les Conventions Nulles ou Restés Imparfaites. Trad. francesa de O. de Meulenaere. *Oeuvres Choisies*. Tomo II. Paris: A. Marescq, 1893, p. 25, em tradução livre. Destaquei. No original: «Ce lien entre la *culpa* et le rapport contractuel, on peut le concevoir comme purement extérieur, c.-à-d. que la *culpa* même sera extracontractuelle et trouvera seulement dans la conclusion extérieure du contrat la possibilité de se réaliser, sans être d'ailleurs le moins du monde influencée in sa nature juridique par cette liaison avec le contrat. Mais ce lien est en réalité un lien interne ; la *culpa* qui se présente ici est exactement de la même espèce que celle que nous rencontrons dans les rapports contractuels».

113. «Mas (...) os juristas romanos reduzem, frequentemente, a uma culpa do autor, uma responsabilidade fundada exclusivamente na natureza do repertório jurídico e inteiramente independente da conduta individual do culpado» (Jhering, Rudolph von. De la *culpa in contrahendo* ou des Dommages-Intérêts dans les Conventions Nulles ou Restés Imparfaites. Trad. francesa de O. de Meulenaere. *Oeuvres Choisies*. Tomo II. Paris: A. Marescq, 1893, p. 34, em tradução livre. No original: «Mais (...) les juristes romains ramènent souvent à une *culpa* de l'auteur, une responsabilité fondée exclusivement sur la nature du rapport juridique et entièrement indépendante de la conduite individuelle du coupable»).

114. Jhering, Rudolph von. De la *culpa in contrahendo* ou des Dommages-Intérêts dans les Conventions Nulles ou Restés Imparfaites. Trad. francesa de O. de Meulenaere. *Oeuvres Choisies*. Tomo II. Paris: A. Marescq, 1893, p. 38, em tradução livre, destaques do autor. No original: «Nous verons qu'elle consiste en ce que le vendeur contracte *sans pouvoir prester les conditions de la validité du contrat dans sa personne, et induit l'autre partie en erreur par la fausse apparence du contrat*».

Atuação do Princípio da Boa-Fé Conforme as Fases da Relação Obrigacional | 447

A partir da construção dogmática de Jhering, restou introduzida na cultura jurídica e mesmo em várias legislações[115] a ideia da configuração de *específicos deveres* situados na fase antecedente à da execução do contrato, bem percebendo Dário Moura Vicente – autor de trabalho comparatista acerca do tema – pertencer à responsabilidade por *culpa in contrahendo* uma inegável índole expansiva, de alguma sorte potenciada pela ideia, subjacente às decisões judiciais que consagram aquelas categorias de situações, de um genérico dever de responder pela defraudação da confiança alheia na válida constituição de uma relação contratual.[116]

Efetivamente, em face da proximidade existente, na escala do contato social, entre os negociadores de um contrato, justifica-se reforçar, por via da imposição de deveres de proteção pré-contratual, a confiança que deve presidir o tráfico jurídico para que as relações econômico-sociais possam se desenvolver com normalidade.[117]

É para reforçar o vínculo de confiança instrumentalmente necessário ao correto desenrolar das tratativas pré-contratuais que se justificam os já mencionados deveres de proteção à esfera jurídica alheia (isto é: não causar danos a quem se «aproximou» pré-contratualmente) e de respeito à confiança investida nas negociações preliminares (informando corretamente; não suscitando falsas representações; não rompendo abruptamente as negociações já avançadas salvo se houver justa causa para tanto). Em outras palavras, está aí suposto – e considerado – o fato de o «contato pré-contratual» (ainda que não exitosamente concluído o contrato) determinar uma maior possibilidade de aproximação (e, portanto, de dano) entre os interesses e bens das partes, o que determina, consequentemente, uma mais acentuada responsabilidade dos que participam do tráfico negocial.

3. Desenvolvimento e expansão da doutrina da *culpa in contrahendo*

Hoje, compreende-se que a responsabilidade pré-contratual abrange um alargado campo,[118] estendendo-se para além da hipótese do dever de declarar as causas de

---

115. Nas legislações, exemplificativamente, §311 do Código Civil alemão; art. 26, primeira alínea, e 39, primeira alínea, do Código suíço das Obrigações; arts. 1.337 e 1.338 do Código Civil italiano; art. 227, n. 1, do Código Civil português; arts. 197 e 198 do Código Civil grego; e arts. 187 e 422 do Código Civil brasileiro.

116. Vicente, Dário Moura. *Da Responsabilidade Pré-Contratual em Direito Internacional Privado.* Coimbra: Almedina, 2001, p. 250.

117. Assinalou Pontes de Miranda, Francisco Cavalcanti. *Tratado de Direito Privado.* Tomo XXXVIII. 3.ª ed. São Paulo: Revista dos Tribunais, 1983, p. 321: «O que em verdade se passa é que todos os homens têm de portar-se com honestidade e lealdade, conforme os usos do tráfico, pois daí resultam *relações jurídicas de confiança e não só relações morais*» (destaques originais).

118. «A responsabilidade *in contrahendo* abrange uma multiplicidade de fenómenos demasiado complexa para se compaginar com o sintetismo dum dever único», afirma Mota Pinto, segundo o qual a diversidade dos deveres que daí decorrem radica na diversidade do compor-

448 | A BOA-FÉ NO DIREITO PRIVADO

invalidade do futuro contrato para abranger, também, danos decorrentes do processo formativo por infringência a deveres de proteção, negativos (*e.g.*, de não revelar segredos; de não lesar bens da outra parte da negociação) e positivos, em vista da do respeito à confiança investida (*e.g.*, deveres positivos de comunicação ou informação, custódia, de conservação do negócio),[119] pois, como assinalado por Pontes de Miranda, «os deveres de comunicação, de explicação e de conservação nascem da necessidade de confiança, no tráfico».[120] Abarca, ainda, situações em que não se tenha celebrado nenhum negócio por ruptura injustificada da fase negociatória ou decisória, desde que se tenha agido de modo a criar, na contraparte, a fundada expectativa de que o negócio seria realizado.[121]

Em alguns sistemas, como o alemão[122] e naqueles mais diretamente sob a sua influência, conquistou aceitação generalizada o ponto de vista segundo o qual as negociações contratuais, mesmo quando não conduzam à conclusão do contrato, geram entre as partes *uma relação de confiança análoga à relação contratual*, obrigando, porém, não a um prestar, mas a um dever de observância do cuidado necessário no tráfico.[123] Admite-se que o fato de entrar em negociações, e mesmo de entrar em contato em

---

tamento a que as partes estão adstritas em cada um deles, na diversidade do nexo de imputação exigível para que a sua violação importe responsabilidade e, por fim, na diversidade das sanções que a lei faz corresponder a essas violações, configurando tal responsabilidade «um conceito compósito, uma abstracção doutrinal, um resumo de várias obrigações individualizadas pelo seu regime» (MOTA PINTO, Carlos Alberto da. A Responsabilidade Pré-Negocial pela Não Conclusão dos Contratos. *Boletim da Faculdade de Direito da Universidade de Coimbra*, Supl. XIV, 1966, p. 158).

119. *Vide* BENATTI, Francesco. *A Responsabilidade Pré-Contratual*. Trad. portuguesa de Vera Jardim e Miguel Caeiro. Coimbra: Almedina, 1970, p. 47-102; e WESTERMANN, Harm Peter. *Código Civil Alemão – Direito das Obrigações, Parte Geral*. Trad. de Armindo Edgar Laux. Porto Alegre: Sergio Antonio Fabris, 1983, p. 111 e ss. Ainda: LOUREIRO, Francisco Eduardo; BDINE, Hamid. Responsabilidade pela Ruptura das negociações. In: PIRES, Fernanda Ivo; GUERRA, Alexandre; MORATO, Antonio Carlos; MARTINS, Fernando Rodrigues; ROSENVALD, Nelson. *Da Estrutura à Função da Responsabilidade Civil*. Uma homenagem do Instituto de Estudos da Responsabilidade Civil (IBERC) ao Professor Renan Lotufo. Indaiatuba: Foco, 2021, p. 59-68. No mesmo volume: POPP, Carlyle. A Responsabilidade pré-negocial diante do negócio inválido: as hipóteses de erro, dolo e coação, p. 69-78.

120. PONTES DE MIRANDA, Francisco Cavalcanti. *Tratado de Direito Privado*. Tomo XXXVIII. 3.ª ed. São Paulo: Revista dos Tribunais, 1984, § 4.243, 2, p. 322.

121. ALMEIDA COSTA, Mário Júlio de. *Direito das Obrigações*. 12.ª ed. Coimbra: Almedina, 2009, p. 303.

122. Na doutrina brasileira, examina o tema à luz do Direito alemão: FRITZ, Karina Nunes, entre outros estudos em: *Boa-Fé Objetiva na Fase Pré-contratual*. A responsabilidade pré-contratual por ruptura de negociações. Curitiba: Juruá, 2008; ainda em: *A Boa-Fé Objetiva e sua Incidência na Fase Negocial:* um estudo comparado com base na doutrina alemã. *Revista de Direito Privado*, vol. 29, 2007, p. 39-101 e 219-238; e, mais recentemente, em: A *culpa in contrahendo* como terceira via da responsabilidade. In: PIRES, Fernanda Ivo; GUERRA, Alexandre; MORATO, Antonio Carlos; MARTINS, Fernando Rodrigues; ROSENVALD, Nelson. *Da Estrutura à Função da Responsabilidade Civil*: Uma homenagem do Instituto de Estudos da Responsabilidade Civil (IBERC) ao Professor Renan Lotufo. Indaiatuba: Foco, 2021, p. 121-131.

123. VICENTE, Dário Moura. *Da Responsabilidade Pré-Contratual em Direito Internacional Privado*. Coimbra: Almedina, 2001, p. 247.

ATUAÇÃO DO PRINCÍPIO DA BOA-FÉ CONFORME AS FASES DA RELAÇÃO OBRIGACIONAL | 449

vista da conclusão de um futuro contrato, gera, entre os participantes das tratativas, um «vínculo jurídico particular» (*rechtliche Sonderverbindung*), uma relação pré-contratual de obrigação (*vorvertragliches Schuldverhältnis*) da qual derivam deveres cuja violação é fonte de responsabilidade.[124] A «pedra angular», diz Bertrand de Coninck, «repousa sobre a necessária relação de confiança dos negociadores».[125] Concorda Karina Fritz, que assinala: O fundamento dessa responsabilidade é a proteção da retidão (*Redlichkeit*) e da confiança (*Vertrauen*), indispensáveis ao bom funcionamento do comércio jurídico. Quando os partícipes do comércio jurídico podem confiar que a outra parte se portará com probidade e retidão, adotando o comportamento exigido – e, portanto, esperado – no tráfego negocial, «reduzem-se os custos de transação e o comércio flui de maneira adequada. A proteção da confiança, longe de ser um entrave ao mercado, é, a rigor, um pressuposto inafastável ao seu bom funcionamento e eficiência.»[126]

E, efetivamente, em razão desse fundamento, a figura abrange, além das negociações preparatórias estritamente compreendidas, qualquer contato antes do negócio, embora realizado em vista do negócio, como, por exemplo, verificou-se no «caso dos rolos do linóleo», em que foi acidentado o comprador que adentrara em uma loja, vindo a ser ferido pela queda de mercadorias que estavam mal acondicionadas.[127]

Entende-se haver deveres de fonte legal (deveres de proteção), distintos dos deveres contratuais (deveres de prestação). Os deveres de proteção pré-contratual costumam ser sistematizados em grandes grupos de casos típicos. Conquanto a sistematização varie no tempo e mesmo consoante o autor que a apresente, pode ser ilustrada por meio dos (*i*) *deveres de cuidado relativamente à esfera jurídica do outro figurante*; (*ii*) *deveres de informação*, necessários à hígida formação da vontade contratual – exemplificativamente, a dação de informação correta e adequada tendo em vista os fins da negociação em curso, incluindo, conforme o caso, esclarecimentos específicos, quando o outro negociador não teria possibilidade razoável de alcançá-los por modo diverso. Os deveres de informação também se verificam pelo interesse à vedação ao escamoteamento de informações essenciais para a formação do consentimento da outra parte, ou à emissão, culposa ou dolosa, de informações, ou ainda a sua distorção enganosa;[128] acrescem (*iii*) *deveres de sigilo*, especificados pelo interesse ao resguardo

---

124. DE CONINK, Bertrand. Le Droit Commun de la Rupture des Négotiations Précontratctuelles. In: FONTAINE, Marcel (Org.). *Le Processus de Formation du Contrat*. Contributions comparatives et interdisciplinaires à l'harmonisation du Droit Européen. Bruxelles e Paris: Buylant e LGDJ, 2002, p. 54.

125. DE CONINK, Bertrand. Le Droit Commun de la Rupture des Négotiations Précontratctuelles. In: FONTAINE, Marcel (Org.). *Le Processus de Formation du Contrat*. Contributions comparatives et interdisciplinaires à l'harmonisation du Droit Européen. Bruxelles e Paris: Buylant e LGDJ, 2002, p. 54.

126. FRITZ, Karina Nunes. *Relação Obrigacional sem Obrigação?* Ensaio em Homenagem ao Prof. Dr. Francisco Paes Landim. In: BRITO, Dante Ponte; LIMA, Éfen Paulo Porfírio de Sá. *Novos Paradigmas da Ordem Privada*. Estudos em Homenagem ao Prof. Dr. Francisco Antonio Paes Landim Filho. Teresina: EDUFPI, 2022, p. XV a LV.

127. Assim o conhecido «caso dos rolos de linóleo» (*Linoleumsfall*), RGZ 78, 239.

128. *Vide* CAPÍTULO VII, §63.

450 | A BOA-FÉ NO DIREITO PRIVADO

de informações sobre a pessoa e o patrimônio do outro polo negociador (informações, essas, normalmente advindas em razão das tratativas), bem como o sigilo acerca das informações obtidas, cabendo não revelar segredos de que veio o autor do dano a ter conhecimento em razão das negociações. Ajunta-se a (iv) *vedação à contradição desleal* a qual pode gerar, inclusive, o dever de não se retirar abruptamente das tratativas, sob pena de indenizar pelo interesse negativo; e, por fim, (v) *os deveres de não causar danos em razão de representação*, nas situações apanhadas pela Teoria da Aparência, e de não dar causa à nulidade do negócio.

Completa-se a sistematização dos grupos de casos típicos de deveres integrantes da esfera e proteção no período pré-contratual a referência às chamadas «relações obrigacionais sem deveres de prestação».[129] Estas suscitam deveres de conduta – como é o caso da relação pré-contratual – que são regidos, no sistema alemão, pela *responsabilidade contratual*.

A construção doutrinária que, naquele país, resultou no modelo da responsabilidade pré-contratual foi amplamente acolhida no BGB, renovado pelas reformas de 2000 e 2001.[130] Em razão dos enunciados do atual § 311 e seus incisos, a Lei Civil

---

129. Também nomeada como «relação obrigacional legal». *Vide* Larenz, Karl. Culpa In Contrahendo, Dever de Segurança no Tráfico e «Contato Social». Trad. de Karina Nunes Fritz. *Revista de Direito Privado*, vol. 34, abr. 2008, p. 343, também publicado em *Doutrinas Essenciais:* Obrigações e Contratos, vol. III, São Paulo: Revista dos Tribunais, 2011, p. 1191. Sustentava Larenz que deveria reger-se pelo regime da responsabilidade contratual os danos derivados de uma «relação obrigacional legal decorrente da negociação contratual ou de outros contatos negociais».

130. No dia 11 de outubro de 2001, depois de um processo legislativo complexo e sujeito a muitas críticas, foi aprovada a «Lei para a Modernização do Direito das Obrigações» (*Gesetz zur Modernisierung des Schuldrechts*). Como explicita Menezes Cordeiro, essa veio alterar dezenas de parágrafos do BGB, consistindo no ápice de um processo de reformas iniciadas nos anos 1980. Tocou, fundamentalmente, no regime da prescrição, da «perturbação das prestações», compra e venda, empreitada e mútuo (Menezes Cordeiro, António Manuel. *Da Modernização do Direito Civil.* Tomo I. Aspectos Gerais. Coimbra: Almedina, 2004, p. 69-70). Para o tema da responsabilidade pré-contratual interessa a alteração no regime da «perturbação das prestações», versando sobre danos ao interesse negativo («danos à confiança»), violação positiva do contrato, alteração das circunstâncias e a *culpa in contrahendo*. Hoje vigora o § 311 (Relações Obrigacionais negociais e semelhantes a negociais), que prevê:
«(1) Para o surgimento de uma relação obrigacional através de negócio jurídico, assim como para a alteração do conteúdo de uma relação obrigacional, é necessário um contrato entre os partícipes, enquanto a lei não contiver outra determinação» (conforme tradução de Fritz, Karina Nunes. A Responsabilidade Pré-contratual por Ruptura Injustificada das Negociações. *Revista dos Tribunais*, vol. 883, São Paulo, Revista dos Tribunais, maio 2009, p. 9. Também publicado em *Doutrinas Essenciais:* Obrigações e Contratos, vol. IV, São Paulo: Revista dos Tribunais, 2011, p. 149.
«(2.) Uma relação obrigacional com deveres no sentido do § 241/1 surge também através de: 1. A assunção de negociações contratuais; 2. A preparação de um contrato pelo qual uma parte, com vista a uma eventual relação negocial, conceda à outra parte a possibilidade de agir sobe os seus direitos, bens jurídicos ou interesses, ou confia nela ou dá azo a contratos semelhantes a negociais.
(3) Uma relação obrigacional com deveres no sentido do § 24/2 pode também surgir para pessoas que não devam, elas próprias, ser partes num contrato. Uma tal relação obrigacional surge, em especial, quando o terceiro tenha assumido um determinado grau de confiança e com isso tenha

ATUAÇÃO DO PRINCÍPIO DA BOA-FÉ CONFORME AS FASES DA RELAÇÃO OBRIGACIONAL | 451

alemã expressamente considera que o *contato negocial*, estabelecido entre as partes em função da preparação do negócio jurídico, gera uma relação jurídica obrigacional.[131] Afirma-se, ademais, que os negociadores, embora ainda não haja, antes de concluído o contrato, vinculação jurídica *contratual*, estão ligados por deveres de proteção.[132] Havendo dano resultante da violação de deveres de proteção pré-contratual, surge pretensão à indenização.[133]

O *Codice Civile* italiano versa a responsabilidade pré-contratual no art. 1.337, segundo o qual «as partes, no desenvolvimento das tratativas e na formação do contrato, devem comportar-se segundo a boa-fé».[134] Esta cláusula geral encontra uma particular especificação no art. 1.338, relativo ao dever de declarar as causas de invalidade do contrato, o qual, se infringido, causa o dever de ressarcir o dano causado àquele que «confiou, sem sua culpa, na validade do contrato».[135] O que se indeniza é a confiança iludida.

A doutrina considera que «a relação dirigida à conclusão de um negócio torna-se fonte da obrigação de comportar-se com boa-fé *no momento em que surge para uma ou para cada uma das partes confiança objectiva na outra*».[136] Constitui «opinião generalizada

---

influenciado consideravelmente as negociações contratuais ou a conclusão do contrato» (conforme tradução de MENEZES CORDEIRO, António. *Da Modernização do Direito Civil*. Tomo I. Aspectos Gerais. Coimbra: Almedina, 2004, p. 112).

131. Assim: FRITZ, Karina Nunes. A Responsabilidade Pré-contratual por Ruptura Injustificada das Negociações. *Revista dos Tribunais*, vol. 883, São Paulo, Revista dos Tribunais, maio 2009, p. 9. Também publicado em *Doutrinas Essenciais:* Obrigações e Contratos, vol. IV, São Paulo: Revista dos Tribunais, 2011, p. 149.

132. FRITZ, Karina Nunes. A Responsabilidade Pré-contratual por Ruptura Injustificada das Negociações. *Revista dos Tribunais*, vol. 883, São Paulo, Revista dos Tribunais, maio 2009, p. 9. Também publicado em *Doutrinas Essenciais:* Obrigações e Contratos, vol. IV, São Paulo: Revista dos Tribunais, 2011, p. 149.

133. Além das hipóteses tradicionais de recesso injustificado das tratativas e dano na preparação (formação) de um contrato, o BGB acolhe a figura do «contato semelhante ao negocial», considerada «relativamente obscura» por Claus W. Canaris e criticada por ser «vaga e imprecisa». *Vide*, a propósito: ZIMMERMANN, Reinhard; WHITTAKER, Simon (Orgs.). *Good Faith in European Contract Law*. Cambridge: Cambridge University Press, 2000. Na doutrina brasileira, FRITZ, Karina Nunes. A Responsabilidade Pré-contratual por Ruptura Injustificada das Negociações. *Revista dos Tribunais*, vol. 883, São Paulo, Revista dos Tribunais, maio 2009, p. 9. Também publicado em *Doutrinas Essenciais:* Obrigações e Contratos, vol. IV, São Paulo: Revista dos Tribunais, 2011, p. 149.

134. Art. 1.337 do *Codice Civile* italiano: «Le parti, nello svolgimento delle trattative e nella formazione del contratto, devono comportarsi secondo buona fede».

135. Art. 1.338 do *Codice Civile* italiano: «La parte che, conoscendo o dovendo conoscere l'esistenza di una causa d'invalidità del contratto non ne ha dato notizia all'altra parte è tenuta a risarcire il danno da questa risentito per avere confidato, senza sua colpa, nella validità del contratto». Afirma Bessoni que «la genericità della formula dell'art. 1337 è infatti il prezzo che la norma paga per assicurare al rinvio a *buona fede* il senso di una clausola generale, *operativa anche nella zona dei casi che la serie delle norme di specie lascia scoperta*» (BESSONE, Mario. Rapporto Precontrattuale e Doveri di Correttezza. *Rivista Trimestrale di Diritto e Procedura Civile*, Milano, Giuffrè, 1972, p. 983).

136. BENATTI, Francesco. *A Responsabilidade Pré-Contratual*. Trad. portuguesa de Vera Jardim e Miguel

452 | A BOA-FÉ NO DIREITO PRIVADO

que do dever pré-contratual de boa-fé decorre a obrigação de não interromper as nego-ciações preliminares sem justa causa»,[137] firmando-se a jurisprudência no sentido de que, para surgir a responsabilidade contratual (ou, mais amplamente, a responsabilidade pré--negocial) são necessários: a) *a razoável confiança da parte* – isto é, do participante nas tratativas – na futura conclusão do contrato; b) a ausência de um *justificado motivo* para a ruptura; e c) o *dano* decorrente da interrupção das negociações.[138] O qualificativo do elemento «motivo» deve ser averiguado nas concretas circunstâncias do caso.

Embora acrescendo regras sobre o dever de informação pré-contratual, após a reforma de 2016, o Código Civil francês não contempla preceito com a amplitude da cláusula geral tal qual a contida no art. 1.337 do Código Civil italiano, mas, em contra-partida, consigna a já referida cláusula geral da responsabilidade delitual (art. 1.382). Assim, a ruptura injustificada das negociações pré-contratuais ocasiona o nascimento de responsabilidade civil indenizável sob a forma da responsabilidade extracontratual, imputando-se o dever de indenizar para sancionar o comportamento daquele que não se comportou segundo a boa-fé durante a negociação.[139]

Já para o direito belga, o reconhecimento do princípio geral da boa-fé como fonte autônoma de direitos e obrigações reclama progressivamente a atenção dos autores, admitindo-se que, em virtude do princípio, o julgador não se deve fixar num padrão abstrato de conduta devida pelos negociadores. Ao contrário, deve-se ater a uma apre-ciação baseada no que requereria a equidade numa situação semelhante.[140] Não há, portanto, uma atuação autônoma do princípio da boa-fé como fundamento da respon-sabilidade pré-contratual: num caso, se apela à noção de negligência e, no outro, à de equidade. Porém, seria equivocado afastar-se integralmente, nesses sistemas jurídicos, a boa-fé como fundamento à responsabilidade pré-contratual, pois este princípio trans-parece ainda que de modo pontual.[141]

Caeiro. Coimbra: Almedina, 1970, p. 30. A relevância da confiança como elemento essencial, para além do comando dos textos legislativos antes citados, está implícita – como acentua Benatti – «no próprio conceito de boa-fé objectiva reconhecida expressamente como norma dirigida à tutela da confiança de um sujeito na lealdade, na probidade, na correção de outro, com quem o primeiro entrou em relações negociais».

137. BENATTI, Francesco. *A Responsabilidade Pré-Contratual*. Trad. portuguesa de Vera Jardim e Miguel Caeiro. Coimbra: Almedina, 1970, p. 65, e BESSONE, Mario. Rapporto Precontrattuale e Doveri di Correttezza. *Rivista Trimestrale di Diritto e Procedura Civile*, Milano, Giuffrè, 1972, p. 1.007.

138. ARIETTI, Marina. Responsabilità Precontrattuale. *Rivista di Diritto Civile*, n. 6, Padova, Cedam, 1991, p. 731.

139. DE CONINK, Bertrand. Le Droit Commun de la Rupture des Négotiations Précontratctuelles. In: FONTAINE, Marcel (Org.). *Le Processus de Formation du Contrat*. Contributions comparatives et interdisciplinaires à l'harmonisation du Droit Européen. Bruxelles e Paris: Buylant e LGDJ, 2002, p. 30-31.

140. Assim informa DE CONINK, Bertrand. Le Droit Commun de la Rupture des Négotiations Précon-tratctuelles. In: FONTAINE, Marcel (Org.). *Le Processus de Formation du Contrat*. Contributions comparatives et interdisciplinaires à l'harmonisation du Droit Européen. Bruxelles e Paris: Buy-lant e LGDJ, 2002, p. 31-32.

141. Assim, por exemplo, no que diz com os deveres informativos pré-contratuais: muito embora a

ATUAÇÃO DO PRINCÍPIO DA BOA-FÉ CONFORME AS FASES DA RELAÇÃO OBRIGACIONAL | 453

O Código Civil português inseriu cláusula geral de boa-fé, no terreno pré-contratual, qual seja a do art. 227, segundo o qual «quem negocia com outrem para a conclusão de um contrato deve, tanto nos preliminares como na formação dele, proceder segundo as regras da boa-fé, sob pena de responder pelos danos que culposamente causar à outra parte».[142]

A doutrina anunciava residir o fundamento do instituto nos cânones da lealdade e probidade, tutelando-se «diretamente a fundada confiança de cada uma das partes em que a outra conduza as negociações segundo a boa-fé».[143] Conquanto a jurisprudência tenha custado – ao menos até os anos 80 do século XX – a retirar todas as potencialidades desse dispositivo legal,[144] uma decisão do Supremo Tribunal de Justiça, de 5 de fevereiro de 1981,[145] veio, porém, alterar este panorama, fixando a mais alta corte

---

obligation de renseignement tenha nascido, por construção doutrinária e jurisprudencial, no terreno dos vícios do consentimento (erro e dolo, notadamente), pouco a pouco a doutrina e a jurisprudência francesas, mediante o recurso à noção de «reticência dolosa», vêm se inclinando à objetivação e consagrando a obrigação de informar em atenção à boa-fé. Para tanto, enquadra-se a informação devida entre os «deveres de cooperação» ínsitos ao tráfico negocial. «É a preexistência à conclusão dos contratos de uma obrigação de informar lealmente», informa Patrice Jourdain, «que permitiu a sanção do silêncio com base no art. 1.116 do Código Civil, [mesmo] na ausência de qualquer manobra positiva e independentemente do erro que este determinava» (*vide* Picod, Yves. *Le Devoir de Loyauté dans l'Exécution des Contrats.* Paris: LGDJ, 2007, p. 111 e Ghestin, Jacques. *Le Devoir de se Renseigner.* Paris: Dalloz, 1983, p. 139. No original: «C'est la préexistance à la conclusion du contrat d'une obligation d'informer loyalement le cocontractant qui a permis la sanction du silence sur la base de l'article 1116 du Code Civil, en l'absence de toute manoeuvre positive et indépendamment de l érreur qu'il déterminait»).

142. Ver, a propósito, as observações de Couto e Silva, Clóvis do. O Princípio da Boa-Fé no Direito Brasileiro e Português. In: Caetano, Marcello; Moreira Alves, José Carlos; Couto e Silva, Clóvis do; Almeida Costa, Mário Júlio (Orgs.). *Estudos de Direito Civil Brasileiro e Português.* 1 Jornada Luso-Brasileira de Direito Civil. São Paulo: Revista dos Tribunais, 1980, p. 66-67; Almeida Costa, Mário Júlio de. *Direito das Obrigações.* 12.ª ed. Coimbra: Almedina, 2009, p. 297-312; do mesmo autor: *Responsabilidade Civil pela Ruptura das Negociações Preparatórias de um Contrato.* Coimbra: Coimbra Editora, 1984; e, ainda, Mota Pinto, Carlos Alberto da. A Responsabilidade Pré-Negocial pela Não Conclusão dos Contratos. *Boletim da Faculdade de Direito da Universidade de Coimbra,* Supl. XIV, 1966, p. 23 e ss.

143. Conforme Almeida Costa, Mário Júlio de. *Direito das Obrigações.* 12.ª ed. Coimbra: Almedina, 2009, p. 303.

144. Assim, Almeida Costa, Mário Júlio de. *Responsabilidade Civil pela Ruptura das Negociações Preparatórias de um Contrato.* Coimbra: Coimbra Editora, 1984, p. 24.

145. Processo 69021, Autos de Revista vindos da Relação do Porto. Transcrita por Almeida Costa, Mário Júlio de. *Responsabilidade Civil pela Ruptura das Negociações Preparatórias de um Contrato.* Coimbra: Coimbra Editora, 1984, p. 13-19. Em síntese, a decisão foi proferida em litígio decorrente de contrato para a aquisição de estabelecimento comercial dedicado ao comércio de tecidos, onde trabalhavam treze costureiras. Durante as negociações, visando àquela aquisição, vieram as partes a acordar verbalmente a cessão de quotas da sociedade comercial, com o que a parte cessionária desistiu das encomendas para a estação, as quais já tinham sido feitas, mas ainda não estavam entregues pelos fornecedores, retirando-se do estabelecimento. Em razão desse acordo, passaram os pretensos cessionários não só a ocupar o estabelecimento como a geri-lo, dando ordens às empregadas, contactando com os fornecedores, utilizando as instalações telefônicas

454 | A BOA-FÉ NO DIREITO PRIVADO

portuguesa a interpretação a ser conferida ao art. 227, nos seguintes termos: «O princípio consagrado no art. 227, de que se deve negociar honestamente um contrato, emparelha, está em simétrica correspondência com o sancionado no n. 1 do art. 406 do mesmo Código, de que se deve cumprir honestamente (ou pontualmente) o contrato e a falta de observância desse, no fundo, mesmo, idêntico, princípio deve ter, logicamente, a mesma consequência: a de constituir quem não honestamente ou negocie um contrato ou deixe de o cumprir no dever de indemnizar quem, com a sua conduta não honesta, venha a prejudicar».[146] Desde então, dúvidas não há sobre a amplitude da figura e sua ligação com o princípio da boa-fé.

Mesmo na tradição do *common law* – em que vige com particularmente acentuada força a fórmula do *self-government* em matéria contratual, consequência do ideal do *freedom of contract* –, certas regras, fundadas no dever de negociar *in good faith*, conduzem a resultados semelhantes aos alcançados nos sistemas civilísticos pela doutrina da *culpa in contrahendo*. Assim ocorre em especial no direito norte-americano, que, neste particular, desenvolveu a doutrina da *culpa in contrahendo* de forma autônoma em relação ao percurso adotado por ela no Direito inglês.[147]

Muito embora desde as primeiras décadas deste século a concepção de Jhering fosse versada na doutrina norte-americana,[148] foi principalmente após a Segunda Guerra Mundial que os debates se tornaram acesos, aparecendo então estudos correlacionando a *culpa in contrahendo* aos deveres decorrentes da boa-fé. Como relata Daniela Caruso, nesta época, dando seguimento aos trabalhos de consolidação de alguns ramos do Direito Comercial, a Conferência Nacional para a Unificação das Leis Estaduais assumiu a missão de redigir o *Uniform Commercial Code*. Seguiu-se o *Restatement* (*second*) *of Contracts*. São invocados, todavia, como fundamento a sancionar a injusta ruptura das tratativas outros institutos, como, *e.g.*, o *promisory estoppel*, *unjust enrichment*, *misrepresentation*, *breach of confidence* e as figuras dos *implied and collateral contract*, para terminar com as soluções gerais oferecidas pela *law of torts*.[149]

---

etc. Contudo, por se recusarem a outorgar a escritura de compra e venda do estabelecimento – instrumento indispensável para se fazer a cessão –, ingressaram os proprietários com a ação indenizatória, alegando infringência ao dever de lealdade e boa-fé na fase das tratativas negociais.

146. ALMEIDA COSTA, Mário Júlio de. *Responsabilidade Civil pela Ruptura das Negociações Preparatórias de um Contrato*. Coimbra: Coimbra Editora, 1984, p. 17.

147. Veja-se, neste sentido, o estudo de CARUSO, Daniela. *La «culpa incontrahendo»*. Milano: Giuffrè, 1993, em especial p. 5-27.

148. Em especial os trabalhos de WILLISTON, Samuel. *The Law of Contracts*. New York: Baker, Voorhs & Co., 1920; e LLEWELLYN, Karl. Our Case Law Offer and Acceptance. *Yale Law Journal*, vol. 48, 1938, p. 779-790 *apud* CARUSO, Daniela. *La «culpa incontrahendo»*. Milano: Giuffrè, 1993, p. 9-13.

149. DE CONINK, Bertrand. Le Droit Commun de la Rupture des Négotiations Précontratctuelles. In: FONTAINE, Marcel (Org.). *Le Processus de Formation du Contrat*. Contributions comparatives et interdisciplinaires à l'harmonisation du Droit Européen. Bruxelles e Paris: Buylant e LGDJ, 2002, p. 66-68.

ATUAÇÃO DO PRINCÍPIO DA BOA-FÉ CONFORME AS FASES DA RELAÇÃO OBRIGACIONAL | 455

De fato, desde 1964, com a publicação do trabalho de Friederich Kessler e Edith Fine na *Harvard Law Review*,[150] «um clássico na reconstrução comparatística da *culpa in contrahendo*»,[151] esses autores, constatando que a doutrina da responsabilidade pré- -contratual não tinha acolhida no direito norte-americano, demonstraram, ao apreciar as noções de boa-fé e de usos do tráfico negocial (*good faith and fair dealing*), como estas noções afetam as negociações preliminares por meio das doutrinas da *negligence*, da *estoppel* e da *implied contract*.[152] Demonstraram, assim, que vários institutos tradicionais do Direito norte-americano permitem suprir, funcionalmente, a carência de normação específica à responsabilidade pré-negocial, tal qual esta é construída, em outros sistemas jurídicos, a partir do princípio da boa-fé objetiva.

Finalmente, a responsabilidade pré-contratual também se faz presente na CISG, que prevê obrigações pré-contratuais de informação relativas às qualidades da coisa vendida ou à aptidão do contratante para executar o contrato.[153] Os deveres pré-con- tratuais de assegurar a segurança física do parceiro (em razão de produtos defeituosos que possam causar danos corporais) são regulados pela responsabilidade delitual.[154] E está plasmado o dever de não romper injustificadamente as tratativas (*pouparlers*), des- tacando Schlechtriem e Witz que eventuais deveres pré-contratuais protegendo o parceiro contra uma ruptura intempestiva dizem respeito, em linha de princípio, ao campo de aplicação da Convenção.

Deve-se distinguir, contudo, entre uma ruptura no momento das tratativas pro- priamente ditas e quando *já feita uma oferta*. Esta, assinalam Schlechtriem e Witz, é, em princípio, livremente revogável, mas sofre exceção – conduzindo à aplicação da Con- venção – quando a ruptura das tratativas é consecutiva a uma revogação da oferta nos casos em que esta é irrevogável.[155]

Cabe alertar, contudo, não haver unanimidade no entendimento segundo o qual a Convenção é aplicável ao período pré-contratual.[156] Basicamente, distingue-se entre,

---

150. KESSLER, Friederich; FINE, Edith. *Culpa in contrahendo*. Bargaining in Good Faith and Freedom of Contract – A comparative study. *Harvard Law Review*, vol. 77, n. 3, 1964, p. 401 e ss.

151. CARUSO, Daniela. *La «culpa incontrahendo»*. Milano: Giuffrè, 1993, p. 20.

152. KESSLER, Friederich; FINE, Edith. *Culpa in contrahendo*. Bargaining in Good Faith and Freedom of Contract – A comparative study. *Harvard Law Review*, vol. 77, n. 3, 1964, onde anotado: «Mo- dern contract law has gone far in reconciling freedom of contract and the 'police of certainty' of transactions with the dictates of good faith and business convenience» (p. 412).

153. SCHLECHTRIEM, Peter; WITZ, Claude. *Convention de Vienne sur les Contrats de Vente Internationa- le de Marchandises*. Paris: Dalloz, 2008, p. 121.

154. SCHLECHTRIEM, Peter; WITZ, Claude. *Convention de Vienne sur les Contrats de Vente Internationa- le de Marchandises*. Paris: Dalloz, 2008, p. 46 e 121.

155. SCHLECHTRIEM, Peter; WITZ, Claude. *Convention de Vienne sur les Contrats de Vente Internationa- le de Marchandises*. Paris: Dalloz, 2008, p. 118.

156. Assim está em decisão da Corte de Cassação francesa, *in verbis*: Cour de Cassation. 00-10.243 00-10.949. Chambre Commerciale. Arrêt Alain Manoukian. Julgamento em 26 de novembro de 2003. «Convenção de Viena é silente quanto ao período das tratativas». Silêncio é: (a) exclusão do campo de aplicação; (b) lacuna (b.1) interna; (b.2) externa. Maioria da doutrina = lacuna ex-

456 | A BOA-FÉ NO DIREITO PRIVADO

de um lado, hipótese de ruptura dos *pourparlers* anterior à emissão de uma oferta que possa ser revogável, ou, ainda, quando ocorrente no curso de uma formação contratual por etapas sucessivas; e, de outro lado, a hipótese de uma ruptura já havendo oferta irrevogável. Mas, mesmo os que admitem haver sanção ao rompimento das tratativas, distinguem pelos efeitos, alertando: «[c]omo a relação entre as partes [na fase das tratativas] não representa ainda um vínculo tão intenso quanto aquele que se encontra na oferta ou no próprio contrato, as perdas e danos devem englobar somente os danos emergentes e não considerar os lucros cessantes».[157]

§ 46. A responsabilidade pré-contratual no Direito brasileiro

1. Proposição

Conquanto devam ser resguardadas as peculiaridades de cada um dos sistemas acima sinteticamente mencionadas, é correto afirmar que também no sistema brasileiro a abertura das tratativas impõe aos que dela participam deveres especiais, de fonte legal (imediatamente ou por via do princípio da boa-fé), sem que se verifiquem deveres de prestação em sentido técnico. Tanto assim é que danos injustamente causados ao *alter* na fase das tratativas podem dar ensejo ao dever de indenizar[158] pela quebra de

---

terna a ser completada com aplicação do direito nacional designado pela regra do conflito de leis. Problemas de várias ordens, atinentes à falta de uniformização. Na doutrina, *vide*: SPAGNOLO, Lisa. Opening Pandora's Box: Good Faith and Precontractual Liability in the CISG, <https://cisg-online.org/files/commentFiles/Spagnolo_21_TempleIntlCompLJ_2007_261.pdf>. Acesso em: 10.05.2023.

157. PIGNATTA, Francisco Augusto. *La Phase Précontractuelle sous l'Empire de la Convention de Vienne sur la Vente Internationale et les Droits Français et Brésilien*. Strasbourg e Porto Alegre: Tese de Doutorado, Faculté de Droit, de Sciences Politiques et de Gestion de Strasbourg, Faculdade de Direito da Universidade Federal do Rio Grande do Sul, 2008, p. 441.

158. Não se confunda a responsabilidade pré-contratual com a responsabilidade pelo inadimplemento de um pré-contrato, e isso por uma razão muito simples: pré-contrato, ou contrato preliminar, já é contrato (embora possa estar, como se viu, inserido na fase das tratativas, na formação progressiva do acordo definitivo). Logo, o inadimplemento de pré-contrato resulta em responsabilidade contratual, porque aquele constitui contrato que contém obrigação de fazer (contrair o contrato definitivo), sendo esta a obrigação descumprida. A questão se resolve, portanto, nos estritos lindes da responsabilidade contratual, podendo o prejudicado promover a execução forçada da obrigação (confira-se, no NCPC: art. 566, I, correspondente ao 778 do CPC de 1973), e cabendo, em qualquer caso, perdas e danos (NCPC, art. 821; CPC/73, art. 638, parágrafo único). Diferentemente, o espaço em que se move a figura da responsabilidade pré-negocial é o do «ainda-não contrato» (definitivo), o da inexistência, ainda, de vinculação contratual, o espaço do «trato». Por isso não ocorre vinculação contratual, mas pode haver – se reunidas certas condições – vinculação jurídica, sob a forma do dever de não causar danos a quem confiou na seriedade das tratativas; ou confiou que informações ali aventadas não seriam jogadas ao mercado, ou a outros agentes. Acerca do regime jurídico incidente, *vide*, *infra*, item 7, neste parágrafo.

ATUAÇÃO DO PRINCÍPIO DA BOA-FÉ CONFORME AS FASES DA RELAÇÃO OBRIGACIONAL | 457

especiais deveres de conduta, e não apenas o genérico dever de a ninguém lesar, imposto a todos que vivem em sociedade.

Antes de formado o contrato, não há interesse à prestação, mas pode haver – como já se viu –[159] *interesses à proteção contra danos*. A esfera jurídica de proteção inclui deveres de proteção passíveis de violação nas fases anterior e posterior à vida de um contrato, portanto, havendo deveres específicos a essas fases da relação jurídica obrigacional. Ainda de modo amplo, é possível afirmar que esses deveres de *proteção aos legítimos interesses do alter* e de *respeito à confiança* legitimamente despertada englobam lealdade, vedação à contradição, sigilo, correção de conduta, informação e esclarecimento e resguardo à representação que pode decorrer da aparência (Teoria da Aparência). Mas haverá particularidades em vista do tipo contratual que está a ser negociado e do próprio *iter* em que se desenvolvem as negociações.

O mais dificultoso nesta matéria não é, todavia, afirmar a existência de deveres de proteção, mas identificar a disciplina jurídica incidente. Tratando-se de uma disciplina formada jurisprudencialmente, com aportes doutrinários sugeridos ao longo do tempo – os quais refletem as distintas influências culturais que, no Brasil, doutrina e jurisprudência recebem e assimilam –, o terreno é incerto, devendo ser palmilhado com cautela e muita atenção ao sistema e às sempre necessárias distinções. Dentre estas sobreleva, por seus reflexos na doutrina e na jurisprudência mais recentes, o discrime – nem sempre percebido – entre a responsabilidade por *culpa in contrahendo* e a responsabilidade pela específica infração à confiança («responsabilidade pela confiança»),[160] espécies integrantes do gênero «responsabilidade pré-contratual».

---

159. *Vide, supra*, CAPÍTULO III, §20.

160. Em face da ambiguidade das palavras, ressalvo que não examinarei aqui a «teoria da confiança» em sua formulação germânica, tal qual proposta, muito especialmente, por Claus Wilhelm Canaris (*Die Vertrauenshaftung im deutschen Privatrecht*. München: Beck, 1971). A obra resulta de tese de Livre-Docência defendida em 1967. Sobre a teoria da confiança, na formulação de Canaris, *vide*, em língua portuguesa: MENEZES CORDEIRO, António Manuel. *Da Boa-Fé no Direito Civil*. Coimbra: Almedina, 1984; MENEZES LEITÃO, Luís Manuel Teles de. *Direito das Obrigações*. 13.ª ed. Coimbra: Almedina, 2016; MOTA PINTO, Paulo. *Interesse Contratual Negativo e Interesse Contratual Positivo*, vol. I. Coimbra: Coimbra Editora, 2008; CARNEIRO DA FRADA, Manuel António. *Teoria da Confiança e Responsabilidade Civil*. Coimbra: Almedina, 2004; e FRITZ, Karina Nunes. Culpa *in contrahendo* no direito alemão: um contributo para reflexões em torno da responsabilidade pré--contratual. *Revista de Direito Civil Contemporâneo*, vol. 15, out., 2018, p. 190 e ss. Diga-se apenas, seguindo as lições de Carneiro da Frada, o qual examinou o tema *ex professo*, que, para Canaris, a confiança (cujo espaço na ordem jurídica seria assegurado por necessidade ético-jurídica) ocuparia o espaço já não preenchido por institutos que a têm em seu substrato. Nesse caso, a expressão *responsabilidade pela confiança* «revela como *quid* distintivo a intervenção directa e imediata, na justificação da tutela, do princípio da confiança enquanto princípio ético-jurídico fundamental, vinculado às condições de uma justa composição de interesses e posições dos sujeitos». Explicitando: nesses casos, a ordem jurídica não poderia «deixar de conferir relevância às expectativas mesmo para além daquelas outras situações a que corresponde um regime preciso e objetivo, susceptível de acautelar e promover o tráfico-jurídico». Manifestam esse tipo de proteção à confiança o *venire contra factum proprium*, a *suppressio* e a *surrectio;* algumas situações de inalegabilidade de vícios de forma ou de outros vícios do negócio jurídico, hipóteses em que a errada inter-

2. *Culpa in contrahendo* e a chamada «responsabilidade pela confiança»

Uma das dúvidas que cercam o tema da responsabilidade civil no período que antecede a formação de um contrato diz respeito à sinonímia, por vezes encontrada, entre «responsabilidade por *culpa in contrahendo*» e «responsabilidade pela confiança», tal qual veio a ser trabalhada na doutrina portuguesa – mas com forte influência na civilística brasileira – por Manoel António Carneiro da Frada.[161]

Em seus alentados estudos sobre a confiança, aquele jurista começa por apontar aos problemas decorrentes do pensamento segundo o qual a frustração da confiança de outrem é suscetível de conduzir à obrigação de indenizar. Bem começa por alertar que, na matéria, «sob a capa de uma formulação simples, escondem-se nele sérias dificuldades». Dentre elas, sobreleva o «risco da desmezurabilidade, sendo "notório o caráter fracamente aberto e potencialmente muito extenso" que o tema comunica à chamada "proteção negativa" da confiança, é dizer, a proteção por via da imputação de responsabilidade».[162] Adverte, por igual, às «profundas incertezas quanto ao regime próprio dessa responsabilidade e sua articulação com as modalidades usuais da imputação de danos».[163] E, para o que ora concerne, assenta a inexistência de um dever geral de corresponder à confiança alheia[164] (diferentemente do que se verifica com o dever geral de a ninguém lesar) e traça uma *distinção de base entre boa-fé e confiança*, da qual deriva o *distinguo* entre responsabilidade por violação da regra da boa-fé e a «pura» ou «autônoma» responsabilidade pela confiança.

O fundo da distinção reside, justamente, *na separação funcional* entre os campos nos quais atuam nuclearmente ambos os princípios, assim versando a possível autonomia dogmática do princípio da confiança quando dirigido por si só a fundamentar uma imputação de responsabilidade civil.

Acima (§21) já se assinalou às ligações e mesmo às superposições entre boa-fé e confiança, se tendo registrado, por igual, à *diferenciação funcional* atinente ao objeto ou comportamento imediatamente protegidos por um e por outro princípio. E, com base

---

pretação de um negócio jurídico gerou expectativas, vindo, depois, uma das partes fazer querer prevalecer seu autêntico sentido, casos em que quem confiou na realização voluntária de uma prestação não a si imposta juridicamente vem a ser surpreendido pela recusa de seu cumprimento, etc. (Confira-se em: Carneiro da Frada, Manuel António. *Teoria da Confiança e Responsabilidade Civil*. Coimbra: Almedina, 2004, p. 62-63, com referências a Canaris, Claus Wilhelm. *Vertrauenshaftung im deutschen Privatrecht*. München: Beck, 1971, p. 266 e ss. e 528 e ss).

161. Carneiro da Frada, Manuel António. *Teoria da Confiança e Responsabilidade Civil*. Coimbra: Almedina, 2004.

162. Carneiro da Frada, Manuel António. *Teoria da Confiança e Responsabilidade Civil*. Coimbra: Almedina, 2004, p. 75.

163. Carneiro da Frada, Manuel António. *Teoria da Confiança e Responsabilidade Civil*. Coimbra: Almedina, 2004, p. 75.

164. Carneiro da Frada, Manuel António. *Teoria da Confiança e Responsabilidade Civil*. Coimbra: Almedina, 2004, p. 431.

em Luhmann e João Baptista Machado, distinguiu-se entre as funções de direcionamento de condutas (*telos* primordial do princípio da boa-fé) e do asseguramento de expectativas legítimas (núcleo da função cometida ao princípio da confiança). Essa distinção funcional é similar à intentada por Carneiro da Frada, cujo raciocínio tem como ponto de partida uma dupla e correlata distinção, a saber: entre a tutela da confiança e a violação de normas de correção, razoabilidade e lealdade,[165] e os bens jurídicos respectivamente protegidos de forma mediata e imediata pelos princípios da boa-fé e da confiança.

A regra da conduta segundo a boa-fé, diz Carneiro da Frada, «exprime para nós essencialmente preocupações de correcção, lisura, razoabilidade ou equilíbrio no relacionamento entre sujeitos». Diz respeito às exigências de um comportamento correto, honesto, minimamente atento aos bens e interesses da contraparte. Nesses casos, «a confiança concretamente depositada por um deles no outro não é *quale tale* (autonomamente) protegida, pois a sua frustração não consubstancia, *per se*, uma situação de responsabilidade por violação daquela regra».[166] Investindo contra a assimilação ou sinonímia entre *culpa in contrahendo* e confiança,[167] assegura, em contraposição à doutrina majoritária: «Culpa pré-contratual e tutela da confiança são, em rigor, diferentes. Não se sobrepõem nem identificam».[168]

E assim o é porque, nessas situações, a tutela das expectativas é apenas *reflexa e mediata* (protege-se, primariamente, o agir correto, honesto), explicitando: «se o que é determinado na construção do dever de conduta são ponderações de razoabilidade ou justiça, aquilo que se reclama dos sujeitos é um comportamento correcto, leal ou honesto – um *civiliter agere* socialmente consensual (ou consensualizável) – a tutela conferida pela ordem jurídica ao beneficiário do dever desencadeia-se com esse fundamento, que é distinto da (mera) alegação e demonstração positiva do teor de suas representações concretas». Logo, para essa proteção, «não interessa portanto por si aquilo em que a vítima da violação da regra da boa-fé acreditou», porque, nesse caso, as expectativas legítimas ou razoáveis de um sujeito não serão senão «uma projecção de exigências objectivas de comportamento impostas pela ordem jurídica». Daí a conclusão segundo a qual «a tutela das expectativas mediante a regra da boa-fé é apenas reflexa. Releva somente no quadro das exigências de probidade e equilíbrio da conduta que aquela veicula. São essas que conferem o fundamento da protecção concedida».[169]

---

165. Carneiro da Frada, Manuel António. *Teoria da Confiança e Responsabilidade Civil*. Coimbra: Almedina, 2004, p. 460.

166. Carneiro da Frada, Manuel António. *Teoria da Confiança e Responsabilidade Civil*. Coimbra: Almedina, 2004, p. 453.

167. «A apregoada ligação da *culpa in contrahendo* à confiança é enganosa e oculta o verdadeiro fundamento da responsabilidade pré-contratual» (Carneiro da Frada, Manuel António. *Teoria da Confiança e Responsabilidade Civil*. Coimbra: Almedina, 2004, p. 522-523).

168. Carneiro da Frada, Manuel António. *Teoria da Confiança e Responsabilidade Civil*. Coimbra: Almedina, 2004, p. 524.

169. As citações desse parágrafo estão em: Carneiro da Frada. Manuel António. *Teoria da Confiança e Responsabilidade Civil*. Coimbra: Almedina, 2004, p. 454.

A BOA-FÉ NO DIREITO PRIVADO

Há outras situações, todavia, em que a tutela da confiança é *direta e imediata*. Essas são verdadeiramente «relações de confiança», a expressão exprimindo «a experiência comum de que existem situações de interacção que têm como condição de surgimento ou de desenvolvimento uma especial atitude de confiança dos sujeitos uns nos outros».[170] Assim são as hipóteses da proteção do terceiro face ao mandatário (Código Civil, art. 686) e do negócio simulado (Código Civil, art. 167, § 2.º) bem como, paradigmaticamente, as situações sob a alçada da proibição do *venire contra factum proprium*.

A parêmia *nemo potest venire contra factum proprium*, apanhando uma hipótese de exercício jurídico desleal, configura, precipuamente, uma regra de responsabilidade civil, especificamente, de responsabilidade pela confiança.[171] Pelo *venire contra factum proprium* não é criada vinculação contratual. Não há, pois, em linha de princípio, eficácia positiva. Sua eficácia típica é negativa, vedando a contraditoriedade desleal no exercício de direitos subjetivos, para o fim de responsabilizar o infrator por um dever de indenizar, como resta claro da conjugação entre os enunciados dos arts. 187 e 927 do Código Civil. Logo, quando são acalentadas em outrem esperanças fundadas numa conduta futura, um comportamento posterior que as frustre é contraditório e, como tal, suscetível de gerar responsabilidade civil,[172] havendo, pois, consequência indenizatória. Não se trata, todavia, de constituir o *venire* em substituto dogmático de um inexistente dever de celebrar o contrato, «mas apenas de tutelar através dele as expectativas acalentadas quanto à sua celebração, nos termos e limites estritamente exigidos para a salvaguarda do investimento de confiança realizado».[173]

---

170. «O cinzelar de uma autónoma responsabilidade pela confiança em relação à culpa pré-contratual conquista espaço para o *venire* – ele próprio independente, relembre-se, da violação de deveres de agir – fazer face a perturbações ocorridas no período das negociações e da formação do contrato. Assim, quando se acalentam em outrem esperanças numa conduta futura, um comportamento posterior que as frustre é contraditório e, como tal, susceptível de gerar responsabilidade. (...). Na realidade, o *venire* gera, em sede pré-contratual, a consequência geral que lhe assinalámos já precedentemente e que se traduz numa obrigação de indemnizar (por um facto, em si, lícito). Apenas circunstâncias especiais, ditadas pela inapropriação dos meios ressarcitórios para corresponder aos imperativos de tutela do confiante, poderão conduzir a um efeito inabilitante da conduta que frustra expectativas. (...) Quer dizer: não se trata de constituir o *venire* em substituto (dogmático-jurídico) de um dever (inexistente) de celebração do contrato, mas apenas de tutelar através dele as expectativas acalentadas quanto à sua celebração, nos termos e limites estritamente exigidos para a salvaguarda do investimento de confiança realizado» (CARNEIRO DA FRADA, Manuel António. *Teoria da Confiança e Responsabilidade Civil*. Coimbra: Almedina, 2004, p. 526-527).

171. MACHADO, João Baptista. Tutela da confiança e *venire contra factum proprium*. In: *Obra Dispersa*, vol. I. Braga: Scientia Ivridica, 1991, p. 368.

172. CARNEIRO DA FRADA, Manuel António. *Teoria da Confiança e Responsabilidade Civil*. Coimbra: Almedina, 2004, p. 526.

173. CARNEIRO DA FRADA, Manuel António. *Teoria da Confiança e Responsabilidade Civil*. Coimbra: Almedina, 2004, p. 526.

Atuação do Princípio da Boa-Fé Conforme as Fases da Relação Obrigacional | 461

A distinção parece-me relevante porque, do contrário, as confusões serão inevitáveis em razão da «ubiquidade»[174] da palavra *confiança*, podendo suscitar uma indevida trivialização da responsabilidade pela confiança, como se, de todas as interações sociais, resultasse proteção indenizatória à expectativa, o que não seria correto assentar. O objeto da tutela reside, porém, apenas naquelas *especiais situações de confiança* que particularizam o contato entre sujeitos de direito. O que as especifica, diz Carneiro da Frada, é a *imediata* ligação entre o dano e uma específica situação de violação à confiança, o que se diferencia daquelas outras situações em que a confiança pode ter sido suscitada, ou não, mas o que releva, imediatamente, é um comportamento contrário ao *civiliter agere*.

Essa distinção não é feita na doutrina e na jurisprudência brasileira, que, no mais das vezes, utilizam o termo «confiança» em seu sentido amplo, não específico. Na doutrina, pode ser lembrado Pontes de Miranda, o qual, no seu genial *Tratado de Direito Privado*, nos meados do século XX, situava a fonte dos deveres pré-contratuais na *tutela da confiança*, a ser concretamente averiguada segundo os *usos do tráfico jurídico*, escrevendo:

«O que em verdade se passa é que todos os homens têm de portar-se com honestidade e lealdade, conforme os usos do tráfico, pois daí resultam *relações jurídicas de confiança*, e não só *relações morais*. O contrato não se elabora a súbitas, de modo que só importe a conclusão, e a conclusão mesma supõe que cada figurante conheça o que se vai receber ou o que vai dar. Quem se dirige a outrem, ou invita outrem a oferecer, ou expõe ao público, capta a confiança indispensável aos tratos preliminares e à conclusão do contrato».[175]

A passagem revela, se bem lida, uma confiança geral, não especificada, não individualizada e concreta, qual seja, apenas a confiança minimamente necessária a todos os que se dispõem a contratar sem que daí nasça, *per se*, tutela indenizatória caso o contrato não venha a ser concluído.

Na jurisprudência, recorda-se o pioneiro acórdão do Tribunal de Alçada de São Paulo, de 20 de maio de 1959,[176] no *caso da atriz dispensada*, cujo fundamento se

---

174. O termo é empregado por Steiner, Renata. *Reparação de Danos*. Interesse Positivo e Interesse Negativo. São Paulo: Quartier Latin, 2018, p. 119, em referência aos textos de Canaris, Claus-Wilhelm. Die Vertrauenshaftung im Lichte der Rechtsprechung des Bundesgerichtshofs. In: 50 *Jahre Bundesgerichtshof. Festgabe aus der Wissenschaft. Herausgegeben von Claus-Wilhelm Canaris e Andreas Heldrich*. Band. I. Bürgerliches Recht. München: C.H. Beck, 2000, p. 192, e por Carneiro da Frada, Manuel António. *Teoria da Confiança e Responsabilidade Civil*. Coimbra: Almedina, 2004, p. 77.

175. Pontes de Miranda, Francisco Cavalcanti. *Tratado de Direito Privado*. Tomo XXXVIII. 3.ª ed. São Paulo: Revista dos Tribunais, 1984, § 4.242 e 4.243, p. 321.

176. Publicado na *Revista dos Tribunais* 289/630, sobre a pretensão de uma atriz que, convidada a participar de um filme, foi dispensada do convite antes da celebração do contrato. A autora alegava que, convidada a tomar parte no elenco, fora combinado, inclusive, o papel que lhe caberia e a remuneração, tendo sido surpreendida, poucos dias antes do início das filmagens, ao saber que o papel fora destinado a outra atriz, invocando, como suportes do pedido, os arts. 159 e 1.553

assentava numa injustificada ruptura das tratativas. Atualmente, da rica casuística recolhida no STJ acerca dos deveres pré-contratuais de proteção, destaca-se o REsp 1862508/SP,[177] no qual o tema da informação pré-contratual e os seus efeitos – isto é, os efeitos da omissão informativa não dolosa – foi exaustivamente versado em debate no qual invocadas tanto as figuras da responsabilidade por *culpa in contrahendo* quanto a «responsabilidade pela confiança», referindo-se, explicitamente, à doutrina de Carneiro da Frada.

O caso – aqui nomeado como *caso do franqueado desinformado* – versou ação de resolução de contrato de franquia cumulada com indenização de danos materiais, na qual se alega que houve descumprimento do dever de informação na fase pré-contratual, com a omissão das circunstâncias que permitiriam ao franqueado a tomada de decisão na assinatura do contrato, tal como a notícia sobre o fracasso de franqueado anterior na mesma macrorregião. O propósito recursal consistia em definir se a conduta da franqueadora na fase pré-contratual, deixando de prestar informações que auxiliariam na tomada de decisão pela franqueada, poderia ensejar a resolução do contrato de franquia por inadimplemento.

O Relator originário do caso, o Ministro Ricardo Villas Bôas Cueva, considerou que, embora comprovado que a franqueadora deixara de prestar informação relevante acerca da loja preexistente na região, não restara estabelecido um nexo de causalidade direto entre a conduta e o fracasso do empreendimento. Também ponderou não ser «possível extrair das conclusões da perícia se os custos para a realização de pesquisas e estudos para definir a loja que melhor atenderia a demanda do local são usualmente exigíveis das franqueadoras (usos e costumes) e se traduziriam, portanto, em dever de prestar essa informação». Ressaltando que «uma postura colaborativa deve ser sempre incentivada», rejeitou, todavia, o apelo, porque não se cogitava de dolo como vício do consentimento nem, tampouco, a perícia sinalizara ter a conduta da franqueadora configurado descumprimento de deveres obrigacionais.

A Ministra Nancy Andrighi conduziu o entendimento vencedor. Seu argumento centrou-se na proteção das «justas expectativas das partes contratantes» como emanação do princípio da boa-fé objetiva, a qual instaurava *standard* de conduta pelo qual «as partes devem comportar-se de acordo com um padrão ético de confiança e de lealdade, de modo a permitir a concretização das legítimas expectativas que justificaram a

---

do Código Civil e pedindo indenização tanto pelas despesas com vestuário – que teria sido adquirido à vista do convite – quanto pelo que teria deixado de ganhar com a recusa de outros contratos, à vista da expectativa de participar do aludido filme. Na defesa, alegaram os réus que o contrato não chegara a ser concluído porque o tipo físico da atriz não se adaptava ao papel, fato que só chegou ao conhecimento do diretor da fita após o roteirista ter demonstrado que a adaptação do papel ao tipo físico da atriz modificaria substancialmente o enredo. A decisão considerou ter-se configurado *justo motivo* para a ruptura, provado estava que os réus haviam comunicado à autora, ao fazer o convite, que a confirmação dependia da possibilidade de adaptação do roteiro ao seu tipo físico, tendo sido observado, como se vê, o dever de informação.

177. STJ. REsp 1862508/SP. Terceira Turma. Relator Min. Ricardo Villas Bôas Cueva. Relatora p/ Acórdão Min. Nancy Andrighi. Julgamento em 24.11.2020. *DJ* de 18.12.2020, por maioria.

celebração do pacto». No seu modo de ver, o princípio permitiria «fundamentar a responsabilidade pela frustração da confiança, evitando o dano às expectativas legítimas criadas antes mesmo de o contrato vir a ser formalizado».

No caso, haveria «deveres anexos», dentre os quais o dever de informação pré--contratual, assinalando: «(...) há circunstâncias em que o descumprimento do dever de informação e a correspondente frustração das expectativas legítimas dos contratantes só são sentidos no decorrer da execução do contrato, nas quais, portanto, o pacto deve ser desfeito não pela sua anulação, dado não se tratar de vício congênito na manifestação de vontade, mas pelo inadimplemento dos deveres anexos de cooperação, lealdade e informação que resulta na frustração de uma expectativa legítima, só posteriormente verificada». Na hipótese em apreciação, afirmou, «embora não existisse falsidade de dados, a recorrida criou uma expectativa legítima de retorno de investimento que não tinha condições de se concretizar, não oferecendo à recorrente elementos mínimos para a tomada consciente da decisão de formalização do contrato», assim violando o art. 422 do Código Civil. Em consequência, decidiu-se pelo reconhecimento do direito da recorrente de resolver o contrato, ante a configuração de descumprimento de dever anexo pautado na boa-fé objetiva, prevista no art. 422 do CC/2002.

Bem se observa, no debate jurisprudencial comentado, a acima apontada «ubiquidade» da palavra *confiança*. Mas penso ser útil distinguir o seu emprego, quando correlacionado a um específico «caso» de responsabilidade – quando a afronta é imediata a uma específica relação de confiança, autonomamente considerada (então etiquetando-a como «responsabilidade pela confiança»), e quando se alude a uma confiança genérica, como a que, no mais das vezes, estará presente nas hipóteses de culpa na formação de um contrato.

Nesse segundo sentido foi o termo empregado na jurisprudência do STJ, *no caso da concessionária BMW*.[178]

A ação indenizatória fora intentada por Cosfarma – Produtos Cosméticos e Farmacêuticos Ltda., contra a BMW do Brasil, postulando danos materiais e morais em decorrência de injustificada ruptura de tratativas pré-contratuais. Segundo a autora, em meados de julho de 1997, fora publicado no Jornal «A Crítica», de Manaus (Amazonas), o seguinte anúncio:

«Se você também confia no Brasil, mande um fax para o presidente. Uma empresa demonstra realmente que acredita num país quando investe nele. É o que o Grupo BMW está fazendo agora. Convocando novos parceiros para ampliar sua Rede de Revendedores Autorizados BMW e Land Rover em todas as regiões e estados brasileiros. Se você também confia no Brasil e quer crescer com a BMW, mande um fax para nosso presidente: (011) 533-1771. Você vai descobrir que vender BMW e Land Rover é um negócio tão bom como comprar».

---

178. STJ. REsp 1051065/AM. Terceira Turma. Relator Min. Ricardo Villas Bôas Cueva. Julgamento em 21.02.2013. *DJ* de 27.02.2013.

Motivada por essa mensagem e otimista quanto à possibilidade de obter a concessão ofertada e instalar uma concessionária BMW em Manaus, a Cosfarma endereçou correspondência à BMW formalizando o seu interesse em candidatar-se à referida concessão. Esta, em ato contínuo, na pessoa do seu diretor-presidente, enviou correspondência fazendo uma explanação sobre os seus novos investimentos no Brasil, como também, a respeito da concessionária sediada em Manaus, destacando o objetivo de vendas, o lucro, o valor do investimento e demais particularidades. Consequentemente, a Cosfarma enviou à BMW o material que lhe fora solicitado para fins de avaliação da sua candidatura.

Como resposta, a BMW informou sua intenção de oferecer-lhe a concessão, anunciando que o processo de avaliação havia sido concluído com resultado positivo, como seria informado oficialmente pela empresa de consultoria contratada por ela – BMW – e responsável pela análise, pedindo, ao final, o agendamento de uma reunião para assinatura do respectivo contrato de concessão. Seguiram-se vários atos negociatórios (como a viagem para Manaus do diretor-presidente da Cosfarma, para conhecer os sócios e executivos da BMW, a discussão de detalhes da negociação e trocas de correspondências marcando reuniões em Manaus e em São Paulo), até que finalmente, em 03.12.1997, a Cosfarma foi comunicada oficialmente pela empresa BCCI Business Connections & Consulting, Inc. do resultado da avaliação da sua candidatura de adesão à rede BMW. Esta pedia, ainda, a remessa em seu favor da quantia de R$ 75.000,00, indicando banco, agência e conta para tal fim. Mais alguns dias se passaram, e a Cosfarma foi convidada pela BMW para participar da reunião geral dos revendedores BMW e Land Rover, a ser realizada em São Paulo. Mas, em seguida, ainda antes dessa reunião, foi «desconvidada», sendo comunicada, subsequentemente, da existência de um processo de reavaliação «para perfeita adequação às novas metas e objetivos». E, finalmente, em março de 1998, foi informada pela BMW do cancelamento do contrato de concessão da revenda BMW.

Mais três meses se passaram até aparecerem na imprensa especializada notícias sobre uma fraude que teria sido promovida pelo presidente da BMW, agindo em nome desta e no exercício de suas atribuições de executivo e representante da mesma, com a divulgação do lançamento de uma campanha publicitária fraudulenta. Era exatamente o que ocorrera com a Cosfarma, inclusive com o «detalhe» do pagamento de R$ 75.000,00 à empresa de consultoria indicada.

Acionada novamente pela Cosfarma, a BMW, por meio de seu novo diretor-presidente, formulou pedido de desculpas, sem, no entanto, manifestar intenção de devolver os valores despendidos por aquela.

Instaurada a lide, a defesa da BMW se concentrou na inexistência de vínculo obrigacional entre as partes que pudesse ensejar eventual pedido de indenização. E aduziu: «[m]esmo que verdadeira fosse a intenção de buscar ampliar a rede de concessionários da marca BMW, nenhum contrato chegou a ser celebrado e a forma expressa é obrigatória, como dispõe a Lei 6.729/1979. A aprovação de um candidato a concessionário não implica, necessária e obrigatoriamente na contratação. Quando muito gera

ATUAÇÃO DO PRINCÍPIO DA BOA-FÉ CONFORME AS FASES DA RELAÇÃO OBRIGACIONAL | 465

uma expectativa de direito, não um direito cujo cumprimento possa ser exigido de modo compulsório». Segundo essa argumentação, estava, pois, a BMW no legítimo exercício da liberdade de não contratar.

Em primeiro grau, o pedido foi julgado procedente. Examinando o conjunto probatório, decidiu o juiz por estar caracterizada a responsabilidade pré-contratual entre as partes, não se podendo negar «que as negociações, por si próprias, constituem uma forma de vinculação jurídica especial». E, com fundamento no art. 186 do Código Civil, julgou procedente o pedido, condenando a BMW a pagar à autora a quantia de R$ 75.000,00 (setenta e cinco mil reais) por danos materiais e R$ 350.000,00 (trezentos e cinquenta mil reais) por danos morais.

Contudo, o Tribunal local deu parcial provimento ao apelo da BMW para excluir a condenação pelos danos morais, dentre outros pedidos.

Os autos subiram ao STJ para a apreciação, dentre outros itens, da alegação da BMW de não configuração dos requisitos da responsabilidade extracontratual, estando violado o art. 160, I, do Código Civil de 1916 (art. 188, I, do CC/2002), pois não houvera «nenhum ilícito em exigir o pagamento preliminar de R$ 75.000,00 e não ter avançado nas negociações».

O aresto, porém, confirmou a condenação. Louvado em lições doutrinárias e atentando aos elementos da prova produzida quando da apreciação do caso pelas instâncias inferiores, o STJ esclareceu: «Ao que se tem, portanto, diante do quadro fático soberanamente analisado pelas instâncias ordinárias, restaram comprovados: o consentimento prévio mútuo, a afronta à boa-fé objetiva com o rompimento ilegítimo das tratativas, o prejuízo e a relação de causalidade entre a ruptura das tratativas e o dano sofrido». E concluiu: «Na espécie, a responsabilidade pré-contratual discutida não decorre do fato de a tratativa ter sido rompida e o contrato não ter sido concluído, mas do fato de uma das partes ter gerado à outra, além da expectativa legítima de que o contrato seria concluído, efetivo prejuízo material».

A mencionada decisão é exemplar por sua imersão nas circunstâncias concretas (traduzidas na cuidadosa decisão de primeira instância, atenta à prova, como deve sempre ser enfatizado quando da concretização de «normas vagas»), e posterior recondução aos parâmetros traçados pela doutrina em sua função orientadora. Serve, assim, para mostrar que, inobstante os óbices da Súmula 7 do STJ, a concreção do princípio da boa-fé, em todas as suas manifestações, há de estar atenta à diretriz da materialidade da situação jurídica subjacente. E, muito embora mencionada a lesão à confiança, bem examinado o aresto, percebe-se ter o Relator subsumido a hipótese numa violação à regra da boa-fé, em razão da incorreção do comportamento de BMW, que, inclusive, por seu ex-presidente, agira fraudulentamente ao convocar a Cosfarma para vir a integrar sua rede de concessionárias. A indenização pelos gastos havidos em razão do rompimento das tratativas decorreu, pois, de violação a um dever de correção (agir com seriedade quando um contrato está a ser negociado), e não propriamente da tutela imediata de uma situação especial de confiança. Leia-se:

466 | A BOA-FÉ NO DIREITO PRIVADO

«(...) A responsabilidade pré-contratual não decorre do fato de a tratativa ter sido rompida e o contrato não ter sido concluído, mas do fato de uma das partes ter gerado à outra, além da expectativa legítima de que o contrato seria concluído, efetivo prejuízo material. (...) As instâncias de origem, soberanas na análise das circunstâncias fáticas da causa, reconheceram que houve o consentimento prévio mútuo, a afronta à boa-fé objetiva com o rompimento ilegítimo das tratativas, o prejuízo e a relação de causalidade entre a ruptura das tratativas e o dano sofrido. (...)».[179]

Estabelecida a distinção, examinem-se os dois maiores grupos de casos de responsabilidade pré-contratual, os quais dizem respeito à responsabilidade por decorrência de uma ruptura injustificada das tratativas e pela violação culposa ou dolosa dos deveres de informação.[180]

3. A hipótese do injusto rompimento das tratativas

Tema sempre controvertido, em doutrina[181] e jurisprudência, diz respeito à eventual responsabilidade pela ruptura das tratativas, muito embora seja essa a situação mais

---

179. STJ. REsp 1051065/AM. Terceira Turma. Relator Min. Ricardo Villas Bôas Cueva. Julgamento em 21.02.2013. *DJ* de 27.02.2013.

180. Inclusivos, em sentido amplo, dos deveres de conselho e recomendação. *Vide*: SINDE MONTEIRO, Jorge Ferreira. *Responsabilidade por Informações, Conselhos e Recomendações*. Coimbra: Almedina, 1989.

181. Desde o pioneiro acórdão do Tribunal de Alçada de São Paulo, de 20 de maio de 1959, publicado na *Revista dos Tribunais* 289/630. Na doutrina, também pioneiramente, Pontes de Miranda assegurava ser a tutela da confiança a fonte dos deveres pré-contratuais de conduta, a ser averiguada segundo os usos do tráfico (PONTES DE MIRANDA, Francisco Cavalcanti. *Tratado de Direito Privado*. Tomo XXXVIII. 3.ª ed. São Paulo: Revista dos Tribunais, 1984, § 4.242 e 4.243, p. 321 e ss.). Ainda, o que parece ser o primeiro estudo monográfico na doutrina brasileira: CHAVES, Antônio. *Responsabilidade Pré-Contratual*. Rio de Janeiro: Forense, 1959. Ainda: AZEVEDO, Antônio Junqueira de. Responsabilidade Pré-Contratual no Código de Defesa do Consumidor: estudo comparativo com a responsabilidade contratual no Direito Comum. *Revista de Direito do Consumidor*, São Paulo, Revista dos Tribunais, n. 18, 1996, p. 4; PEREIRA, Regis Fichtner. *A Responsabilidade Pré-Contratual*. Teoria Geral e Responsabilidade pela Ruptura das Negociações Contratuais. Rio de Janeiro: Renovar, 2001, p. 199-206; FRITZ, Karina Nunes. A Boa-Fé Objetiva e sua Incidência na Fase Negocial: um estudo comparado com base na doutrina alemã. *Revista de Direito Privado*, vol. 29, 2007, p. 201-237. Da mesma autora: *A Responsabilidade Pré-Contratual por Ruptura Injustificada das Negociações*. Revista dos Tribunais, vol. 883, São Paulo, Revista dos Tribunais, 2009, p. 9-56, e, ainda, com exposição do Direito alemão: *A culpa in contrahendo como terceira via de responsabilidade*. In: GUERRA, Alexandre; MORATO, Antonio Carlos; MARTINS, Fernando Rodrigues; ROSENVALD, Nelson. *Da Estrutura à Função da Responsabilidade Civil*. Uma homenagem do Instituto Brasileiro de Estudos da Responsabilidade Civil (IBERC) ao Professor Renan Lotufo. São Paulo: Foco, 2021, p. 121-131. Na mesma obra: LOUREIRO, Francisco; BDINE, Hamil. Responsabilidade pela ruptura das negociações; e POPP, Carlyle. A responsabilidade pré--negocial diante do negócio inválido: as hipóteses de erro, dolo e coação, p. 69-78. Ainda: STEINER, Renata. *Reparação de Danos*: Interesse Positivo e Interesse Negativo. São Paulo: Quartier Latin, 2018, p. 273-279.

ATUAÇÃO DO PRINCÍPIO DA BOA-FÉ CONFORME AS FASES DA RELAÇÃO OBRIGACIONAL | 467

característica de uma responsabilidade pré-contratual, a «razão que a anima», pelo risco de *dano específico* que acarreta a situação de especial proximidade a que chegam os negociadores.[182]

A razão da controvérsia é não haver uma régua fixa para mensurar os espaços dos princípios da liberdade e os da confiança e da boa-fé, em sua função de tutela. De um lado, antes da conclusão de um contrato, «é do interesse da ordem jurídica preservar um espaço de liberdade para que os sujeitos possam negociar, avaliar os seus interesses, e tomar autonomamente a decisão de contratar. As partes devem naturalmente tê-lo presente».[183] Consequentemente, «a *interrupção do processo negocial não constitui segu-ramente um facto ilícito*. Até à consumação do contrato mantém-se a possibilidade de não contratar, o que constitui uma faceta imprescindível da *liberdade de celebração de negócios jurídicos* (correspondente ao seu *exercício negativo*)».[184] A regra é: como linha de princípio, a ruptura das negociações há de ser livre e isenta de responsabilidade.

Assim sendo, ao se examinar a hipótese de recesso injustificado das tratativas, um ponto deve de início ser bem firmado: a reprovação, expressa no adjetivo «injustificado», decorre não do fato de o contrato não se ter concluído (pois, como se viu, o princípio reitor é o da liberdade de concluir, ou não, o contrato), mas do fato de um dos sujeitos ter causado ao outro danos em função da circunstância de ter-se gerado a expectativa, legítima, de que o contrato seria concluído, voltando atrás, abrupta e deslealmente. O que se veda é, portanto, a ruptura injusta, porque violadora de confiança legítima, e, por isso mesmo, divorciada da conduta segundo a boa-fé.

Verifica-se o rompimento imotivado das negociações (também dito injusto reces-so, recesso imotivado ou expressões similares) quando uma das partes, por seu compor-tamento, suscita na outra a legítima expectativa de que o negócio em tratativas será efetivamente concluído e posteriormente, sem motivo justo («justa causa»), abandona as negociações. Nesse caso, um ato em si mesmo lícito, qual seja, o ato de não declarar vontade de contratar, apresenta-se, na situação concreta, como um ato desleal, contrá-rio ao dever de agir com lealdade e consideração pelos bens e interesses do parceiro, tal qual comanda a boa-fé objetiva.[185] É importante, portanto, atentar à adjetivação que acompanha a expressão «recesso» (ou «retirada», ou «rompimento»). *Injustificada* (ou injusta, ou ilegítima) é aquela ruptura traduzida em surpresa desleal, contradizendo o

---

182. PIRAINO, Fabrizio. La Responsabilità Precontrattuale e la Struttura del Rapporto Prenegoziale. *Persona e Mercato*, 2017/2, p. 125.

183. CARNEIRO DA FRADA, Manuel António. *Teoria da Confiança e Responsabilidade Civil*. Coimbra: Almedina, 2004, p. 506-507.

184. CARNEIRO DA FRADA, Manuel António. *Teoria da Confiança e Responsabilidade Civil*. Coimbra: Almedina, 2004, p. 506-507.

185. FRITZ, Karina Nunes. A Responsabilidade Pré-Contratual por Ruptura Injustificada das Negocia-ções. *Revista dos Tribunais*, vol. 883, São Paulo, Revista dos Tribunais, maio 2009, p. 9. Também publicado em: *Doutrinas Essenciais:* Obrigações e Contratos, vol. IV, São Paulo: Revista dos Tri-bunais, 2011, p. 149.

sentido sinalizado objetivamente por atos e comportamentos que apontavam à conclusão do contrato, sem que haja, para tanto, causa legítima. Afirma Almeida Costa: «O problema da legitimidade da ruptura não se reconduz, com efeito, à indagação sobre se o seu motivo determinante é ou não justificado do ponto de vista da parte que a efectuou, mas, antes, importa averiguar se, independentemente dessa valoração pessoal, ele pode assumir uma relevância objectiva e de per si prevalente sobre a parte contrária».[186]

Trata-se, nesse caso, da confiança *mediatamente* fraudada pela ruptura injusta, requerendo-se, para caracterizar o recesso injustificado, não apenas o fato da ruptura (pois a regra é a da liberdade de contratar), mas que as circunstâncias do caso apontem a uma conduta incorreta, fútil, desleal, afastando-se a negociação dos parâmetros da probidade ou da seriedade de propósitos que a devem caracterizar.

Para que se produza essa confiança, aqui adjetivada como genérica ou minimamente necessária para que se entre em negociações, é evidentemente necessário que as negociações existam, que esteja em desenvolvimento uma atividade comum das partes, destinada à concretização do negócio. «É manifesto que nenhuma obrigação de indemnização surge se uma pessoa toma a iniciativa de proceder sozinha a estudos e despesas na elaboração de um projeto de contrato com a finalidade de submetê-la a outra que se recusa *in limine*, ainda que sem motivo, a entrar em negociações».[187] E, para que tal confiança seja qualificada como legítima, deve fundar-se em dados concretos, inequívocos, avaliáveis e comprovados segundo critérios objetivos e racionais. Nesse caso, quando um dos negociadores, por exemplo, deliberadamente suscita a confiança de outro no sentido de estar seriamente empenhado em alcançar a conclusão do contrato, mas injustificadamente volta atrás, depois de provocar o injusto investimento de confiança do outro, deve ser responsabilizado pelos prejuízos causados porque agiu de modo contrário à boa-fé.

Porém, não há de ser obrigado a contratar, mas a indenizar. O que gera o dever de indenizar por danos e despesas eventualmente causados ao que investiu confiança na seriedade das negociações é, portanto, a ruptura injustificada, porque violadora de confiança legítima, o que há de ser averiguado situacionalmente.

4. O recesso justificado

Se os negociadores sabem (ou devam razoavelmente saber) que as negociações poderão ser rompidas a qualquer tempo por qualquer dos sujeitos envolvidos, não se justifica alegar investimento de confiança em que estas prosseguiriam até culminar na

---

186. Fritz, Karina Nunes. A Responsabilidade Pré-Contratual por Ruptura Injustificada das Negociações. *Revista dos Tribunais*, vol. 883, São Paulo, maio 2009, p. 9. Também publicado em: *Doutrinas Essenciais*: Obrigações e Contratos, vol. IV, São Paulo: Revista dos Tribunais, 2011, p. 149.

187. Almeida Costa, Mário Júlio de. *Responsabilidade Civil pela Ruptura das Negociações Preparatórias de um Contrato*. Coimbra: Coimbra Editora, 1984, p. 56.

Atuação do Princípio da Boa-Fé Conforme as Fases da Relação Obrigacional | 469

conclusão do contrato. Não é pelo fato de ter entrado em negociações que alguém terá, *ipso facto*, o dever de contratar. Para a configuração em concreto de uma situação de ruptura indevida, é preciso analisar com cuidado os dados de fato, bem como os usos do negócio e as práticas até então seguidas pelos negociadores. Caberá considerar, na formação do raciocínio, entre outros elementos, (a) como se desenvolvia o relacionamento pré-contratual; (b) eventual habitualidade do procedimento concretizando, assim, prática adotada pelas partes ou uso do tráfico jurídico; (c) a eventual pendência de condições;[188] (d) outros elementos que evidenciem a potencialidade do comportamento da parte demandada a criar a expectativa fundada de que o contrato seria concluído; bem como (e) a inexistência de justa causa para o rompimento, cabendo lembrar que «a exigência de prova deve ser adequada às circunstâncias do negócio e às condições pessoais das partes».[189]

Essas circunstâncias são de impossível tipicização legislativa prévia, razão pela qual a matéria vem versada, nos diferentes sistemas, por meio de cláusulas gerais ou de regras formuladas de modo aberto, ainda que contenham a especificação de determinadas hipóteses. É necessário o cuidadoso trabalho de conjugação entre a jurisprudência (que apreciará os casos concretos) e a doutrina (que buscará sistematizar as suas características gerais, auxiliando a interpretação).

5. A violação aos deveres informativos pré-contratuais

A higidez do consentimento – o chamado «consentimento informado» – depende da informação correta, quer sobre a coisa que virá a ser objeto do contrato que está a ser negociado, quer sobre a qualidade e a extensão dos serviços prometidos. A ausência da informação adequada pode ocasionar ou a invalidade do negócio jurídico, na hipótese de dolo essencial por omissão informativa, ou, ainda, na hipótese de dolo acidental, a responsabilidade do lesante a indenizar pela diferença;[190] ou, no caso de omissão não dolosa, a responsabilidade por *culpa in contrahendo*.

A boa-fé determina, por um lado, a «amplitude dos "deveres de falar", destinados a evitar representações infundadas acerca da idoneidade de um contrato para satisfazer o tipo de necessidade da outra parte, daqueles que visam a eliminar expectativas referentes às condições (na realidade mais onerosas, ou desproporcionadas) do

---

188. A proposta, como negócio jurídico que é, também pode ser sujeita a condição suspensiva (arts. 121-126 do Código Civil). Neste caso, o prazo de vigência da proposta conta-se a partir da eventual ocorrência da condição (art. 125 do Código Civil).

189. TJRS. Ap. Cív. 591028295. Quinta Câmara Cível. Relator Des. Ruy Rosado de Aguiar Jr. Julgamento em 06.06.1991.

190. Permito-me referir a Martins-Costa, Judith. Os regimes do dolo civil no Direito brasileiro: dolo antecedente, vício informativo por omissão e por comissão, dolo acidental e dever de indenizar. *Revista dos Tribunais*, ano 101, vol. 923, p. 115-144, 2012; Benetti, Giovana. *Dolo no Direito Civil.* Uma análise omissão de informações. São Paulo: Quartier Latin, 2019.

aproveitamento do benefício de um contrato para essa parte, ou dos que a elucidam acerca de riscos atípicos a ele coligados».[191]

Os deveres de proteção na fase das tratativas apontam para «quando falar» e para «o que falar», o que inclui a vedação à omissão informativa que, ademais da geração de responsabilidade pré-contratual, pode, inclusive, sendo dolosa, conduzir à anulação do negócio, a par da responsabilização por danos provenientes do interesse negativo.[192] Mas os deveres informativos na fase pré-contratual são fundamentalmente contextuais. Para além de constatar a existência de dano, pressuposto inafastável da responsabilidade civil em quaisquer de suas espécies, cabe identificar: (a) se havia desnível informativo entre os sujeitos durante as negociações; (b) se havia dever de informar; (c) se restou preenchido o ônus de autoinformação; (d) o que e o quanto deveria ser informado; e (e) se a informação transmitida atendeu à sua finalidade, pois de nada adianta fornecer centenas de dados desconexos e desorganizados que mais propiciam a desinformação pelo excesso do que o efetivo cumprimento do dever de proteção.[193] E não há, em qualquer caso, um «direito à mentira». Como há mais de meio século averbara Pontes de Miranda, «todos têm o dever de verdade», razão pela qual, «[p]or existir o *dever de verdade*, ou *dever de esclarecimento*, cria-se entre os figurantes relação jurídica, que impõe a quem negocia proceder como as pessoas honestas procedem».[194]

Há situações que ensejam o dever de uma *informação qualificada*. Cogite-se, por exemplo, da especial importância da fase pré-negocial de um contrato de seguro. Diante da empresarialidade, massificação e formação contratual por adesão, já na fase pré-contratual, se apresenta a relevância da conduta segundo a boa-fé, a qual impõe o ônus de falar claro, resolvendo eventuais ambiguidades, obscuridades ou contradições em favor do segurado.[195]

---

191. CARNEIRO DA FRADA, Manuel António. *Teoria da Confiança e Responsabilidade Civil*. Coimbra: Almedina, 2004, p. 485.

192. Nessa temática, na doutrina brasileira: BENETTI, Giovana. *Dolo no Direito Civil*. Uma análise da omissão de informações. São Paulo: Quartier Latin, 2019. Ainda, da mesma autora: Dever de informar *versus* ônus de autoinformação na fase pré-contratual. In: BARBOSA, Henrique; FERREIRA DA SILVA, Jorge Cesa. *A Evolução do Direito Empresarial e Obrigacional*. 18 anos do Código Civil. Obrigações e Contratos. São Paulo: Quartier Latin, 2021, p. 89-121. Tratou-se do tema em: MARTINS-COSTA, Judith. *Os Regimes do Dolo no Direito Brasileiro*: dolo antecedente, vício informativo por omissão e por comissão, dolo acidental e dever de indenizar. *Revista dos Tribunais*, vol. 923, São Paulo, 2012, p. 131.

193. Para essa classificação: BENETTI, Giovana. Dever de informar *versus* ônus de autoinformação na fase pré-contratual. In: BARBOSA, Henrique; FERREIRA DA SILVA, Jorge Cesa. *A Evolução do Direito Empresarial e Obrigacional*. 18 anos do Código Civil. Obrigações e Contratos. São Paulo: Quartier Latin, 2021, p. 89-121.

194. PONTES DE MIRANDA, Francisco Cavalcanti. *Tratado de Direito Privado*. Tomo XXXVIII. 3.ª ed. São Paulo: Revista dos Tribunais, 1984, § 4.242, p. 320.

195. *Vide* CAPÍTULO IV.

ATUAÇÃO DO PRINCÍPIO DA BOA-FÉ CONFORME AS FASES DA RELAÇÃO OBRIGACIONAL | 471

Caracterizada a possível incidência do dever de indenizar, por violação dos deveres de proteção pré-contratuais e pela ruptura injustificada das tratativas, a pergunta agora é: não tendo sido concluído o contrato – e não se configurando, assim, a existência de *deveres de prestação* –, qual regime jurídico disciplinará essa responsabilidade?

6. O regime jurídico e o interesse indenizável

Muito embora no Direito brasileiro não haja uma divisão estanque entre a disciplina jurídica da responsabilidade contratual e a responsabilidade extracontratual, e, para alguns, sequer de fundamento,[196] há *distinção de regime jurídico,* manifesta em pelo menos oito pontos de grande relevância prática, quais sejam: as diversas regras incidentes, numa e noutra, sobre a capacidade das partes; as regras de prova e as presunções sobre o *onus probandi*; a importância, ou não, da avaliação da culpa; a importância, ou a desimportância dos graus de culpa para a imputação do dever de indenizar; o *dies a quo* para a fixação da indenização, inclusos juros e correção monetária; a possibilidade de prefixar perdas e danos e a de limitar ou excluir o dever de indenizar,[197] bem como é também distinto o prazo prescricional de uma e de outra modalidade de responsabilidade civil.[198]

Não tendo ainda sido formado o contrato, o regime regra é o da responsabilidade civil extracontratual, também dita delitual, ou aquiliana. Porém, a violação de deveres pré-contratuais torna a questão mais complexa. A aproximação entre os negociadores, fundada numa relação de confiança, distingue-se, em rigor, do campo abrangido pelo amplo e genérico dever de *noeminem laedere*, embora não haja, ainda, a lesão a *deveres de prestação*. Refletindo influências de outros sistemas jurídicos – a demonstrar o *profundo hibridismo* do Direito brasileiro, altamente permeável a *ideias que vêm de fora* (e que, por vezes, podem ser *fora de lugar*) –[199] na prática jurisprudencial brasileira, três entendimentos se apresentam.[200]

---

196. COUTO E SILVA, Clóvis do. *Principes fondamentaux de la responsabilité civile en droit brésilien et comparé*, texto policopiado, 1989. Entende o Autor que os fundamentos podem ser unificados pela doutrina do contato social, variando apenas a intensidade desse contato.

197. Tratou-se dessas e de outras distinções em: MARTINS-COSTA, Judith; ZANETTI, Cristiano. Responsabilidade Contratual: Prazo Prescricional de Dez anos. *Revista dos Tribunais*, ano 106, n. 979, 2017, p. 215-241.

198. Assim a orientação fixada pela Corte Especial no STJ. EREsp 1281594/SP. Relator Min. Benedito Gonçalves. Relator para Acórdão Min. Felix Fischer. Julgamento em 15.05.2019. *DJ* de 23.05.2019, por maioria.

199. A referência é ao título da obra, fundamental em termos de cultura brasileira, de SCHWARZ, Roberto, *As Ideias Fora de Lugar*, originalmente publicado em 1973, em Estudos CEBRAP, e mais tarde (1976) como introdução de sua tese de doutoramento. Ora republicado por Penguin, 2021.

200. Expõem as três correntes, isto é: o seguimento do regime da responsabilidade contratual; da responsabilidade extracontratual; e de uma «responsabilidade pela confiança»: LOUREIRO, Francisco; BDINE, Hamil. Responsabilidade pela Ruptura das negociações. In: GUERRA, Alexandre; MORATO, Antonio Carlos; MARTINS, Fernando Rodrigues; ROSENVALD, Nelson. *Da Estrutura à*

O primeiro, embora reconhecendo a especialidade dos deveres de proteção pré--contratual *vis-à-vis* com o dever geral de a ninguém lesar, afirma dever ser seguida a disciplina da *responsabilidade extracontratual*. É o entendimento dominante em jurisprudência[201] e em doutrina, inclusive em perspectiva comparativista.[202] O segundo afirma dever seguir-se o regime da *responsabilidade contratual*. E o terceiro sustenta o reconhecimento de uma específica *responsabilidade pela confiança*, fora do espaço próprio à responsabilidade pré-contratual em sentido estrito, ou próprio, assim compreendida aquela consequente à conduta dos negociadores no âmbito de tratativas pré-negociais.

Cabe notar que o segundo entendimento é minoritário, vez que expressado com clareza em apenas um aresto do STJ. No aresto no qual afirmada a incidência das regras da *responsabilidade contratual* (em acórdão do qual foi Relator o Ministro Paulo Sanseverino),[203] o fundamento centrou-se na doutrina do contato social e na eficácia obrigacional do princípio da boa-fé.

No «*caso da maior loja de informática do Brasil*» configurou-se lide em que empresa de eventos e empresa varejista haviam iniciado, em 2004, tratativas para a realização de evento denominado «A Maior Loja de Informática do Brasil», programado para o ano seguinte. Os negociadores haviam se reunido diversas vezes e trocado *e-mails*. A empresa varejista adiou a sua realização e, por fim, o cancelou, antes de ter havido a formalização do contrato. «Na verdade» – ponderou o douto Relator –, «antes da conclusão do negócio jurídico, são estabelecidas entre as pessoas certas relações de fato, os chamados "contatos sociais", dos quais emanam deveres jurídicos, cuja violação importa responsabilidade civil».

Função da Responsabilidade Civil. Uma homenagem do Instituto Brasileiro de Estudos da Responsabilidade Civil (IBERC) ao Professor Renan Lotufo. São Paulo: Foco, 2021, p. 59-68.

201. Exemplificativamente, STJ. REsp 1051065/AM. Terceira Turma. Relator Min. Ricardo Villas Bôas Cueva. Julgamento em 21.02.2013. *DJ* de 27.02.2013; TJRJ. Ap. 0047357-75.2017.8.19.0001. Sexta Câmara Cível. Relatora Desa. Teresa de Andrade. Julgamento em 21.08.2019. *DJ* de 27.08.2019.

202. Assim é a observação de Ana Prata, que, embora fortemente crítica a esse entendimento, reconhece: «a maioria das doutrinas e jurisprudências continua a propender para o da responsabilidade extracontratual, o mesmo sendo o entendimento do Tribunal de Justiça da União Europeia» (PRATA, Ana. *Responsabilidade Pré-Contratual*. Uma Perspectiva Comparada dos Direitos Brasileiro e Português. Coimbra: Almedina, 2018, p. 251; para o Direito francês: SCHMIDT, Joanna. La Période Précontractuelle. *Revue Internationale de Droit Comparé*, Etudes de droit contemporain, vol. 42, n. 2, Avril-Juin. 1990, p. 545-566. Dentre os autores brasileiros, exemplificativamente: COUTO E SILVA, Clóvis do. *Principes fondamentaux de la responsabilité civile en droit brésilien et compare*. Paris: Faculté de Droit et Sciences Politiques de St. Maur (Paris XII), 1988; FRADERA, Véra. Dano pré-contratual: uma análise comparativa a partir de três sistemas jurídicos, o continental europeu, o latino-americano e o americano do norte. *Revista de Informação Legislativa*, vol. 34, n. 136, out./dez. 1997, p. 169-179, Disponível em: <http://www2.senado.leg.br>; NORONHA, Fernando. *Direito das Obrigações*, vol. I. 4.ª ed. São Paulo: Saraiva, 2013; POPP, Carlyle. *Responsabilidade Civil Pré-Negocial*. O Rompimento das Tratativas. Curitiba: Juruá, 2001).

203. STJ. REsp 1367955/SP. Terceira Turma. Relator Min. Paulo de Tarso Sanseverino. Julgamento em 18.03.2014. *DJ* de 24.03.2014.

ATUAÇÃO DO PRINCÍPIO DA BOA-FÉ CONFORME AS FASES DA RELAÇÃO OBRIGACIONAL | 473

O Tribunal de origem, analisando a matéria fática, havia considerado que o comportamento das partes teria criado na empresa de eventos a «induvidosa expectativa» de que o contrato viria a ser celebrado, fato que, aliado à iminência do evento, justificaria o início da contratação de terceiros antes mesmo da formalização do ajuste pela empresa de eventos. Concluiu o Ministro Relator que «o cancelamento do evento pela empresa varejista ofendeu o princípio da boa-fé objetiva, gerando uma responsabilidade pré-contratual». A «inexistência de negócio jurídico», observou com integral acerto, «não libera as partes dos deveres de cooperação, devendo atuar com honestidade, lealdade e probidade, não isentando de responsabilidade aquele que atua em desrespeito a esse padrão ético de conduta».

Ao determinar o regime de responsabilidade (tema essencial para, dentre outros efeitos, determinar os juros de mora), e reconhecendo, embora, o «caráter controvertido» do assunto, seguiu o critério topográfico, assim justificando o seu entendimento: «a responsabilidade é contratual, devido à previsão da boa-fé objetiva no art. 422 do Código Civil de 2002. (...). Então, por opção legislativa, a responsabilidade civil decorrente de ruptura de tratativas tem natureza contratual», com o que determinou que os juros de mora corressem desde a citação, nos termos do art. 405 do Código Civil.[204]

Conquanto esse argumento encontre séria fundamentação, penso, todavia, não ser suficiente para determinar o caráter contratual do ilícito gerador da responsabilidade civil, erguendo-se como óbice, no meu modo de ver, não apenas o fundamento (isto é, a efetiva inexistência de um contrato), mas, igualmente, o interesse tutelado pelo dever de indenizar: a ruptura injustificada não leva a indenizar o interesse ao cumprimento (interesse positivo), apenas o interesse negativo, não se indenizando ao lesado tudo o que *poderia obter* com o contrato, mas, ao revés, tudo *o que perdeu* em vista de um contrato não concluído.

Um diverso entendimento se encontra em acórdão do STJ, Relator o Ministro Luis Felipe Salomão,[205] afirmando a configuração de um *terceiro gênero*, qual seja: o da responsabilidade pela confiança. Por sua importância – sendo o primeiro aresto do STJ, do que se tem conhecimento – a adotar o discernimento entre a responsabilidade por *culpa in contrahendo* e a responsabilidade pela confiança, cabe uma análise mais detida do que nomearei como «*caso do projeto Blue Bird*».

A lide originara-se de conflito entre duas empresas envolvidas no desenvolvimento e na montagem de produto de computação – uma, IBM Brasil, como idealizadora do projeto denominado *Blue Bird*, outra, Radiall, como executora –, as quais, durante dez anos, muito embora inexistente contrato formalizado por escrito, mantiveram incontroverso relacionamento comercial, comprovado por correspondências indicativas de solicitações, ordens, encomendas, entregas, etc.

---

204. Conforme fundamentação do voto do Relator no STJ. REsp 1367955/SP. Terceira Turma. Relator Min. Paulo de Tarso Sanseverino. Julgamento em 18.03.2014. *DJ* de 24.03.2014.

205. STJ. REsp 1309972/SP. Quarta Turma. Relator Min. Luis Felipe Salomão. Julgamento em 27.04.2017. *DJ* de 08.06.2017.

474 | A BOA-FÉ NO DIREITO PRIVADO

A idealizadora do projeto mantinha relações com «terceirizadas», como PCI, que faturava os pedidos feitos à Radiall. O conflito tinha como núcleo pedido de indenização, formulado por Radiall, pela produção de peças, a final, não adquiridas por IBM--Brasil e não pagas por PCI. A quem caberia a responsabilidade pelas encomendas – à IBM-Brasil ou à sua «terceirizada»? Ou seriam IBM e PCI solidárias frente ao dano causado, como determinado pelo juiz de primeira instância,[206] em ponto reformado pelo acórdão do TJSP?[207]

Valendo-se do material probatório apreciado nas instâncias inferiores, concluiu o relator: (*i*) o fato de não existir *contrato formalizado em instrumento contratual* entre IBM e Radiall de compra e venda de peças para atender a projeto de autoria de outra não é suficiente a afastar a responsabilidade da primeira pelos danos causados à segunda, sendo inegável a existência de relacionamento comercial entre ambas;[208] (*ii*) as tratativas, tais como realizadas, «encerram situação muito mais complexa do que os julgadores *a quo* fizeram crer»; (*iii*) a dicotomia entre a responsabilidade contratual e a extracontratual, «decorrente do critério da origem do dever descumprido, contrato ou delito», «apesar de ainda fazer sentido e conferir segurança jurídica, merece aperfeiçoamentos, à luz da sistemática atual do Código Civil, dos microssistemas de direito privado e de uma indispensável filtragem constitucional».

---

206. Como se lê na fundamentação do acórdão do STJ: «Analisando a questão principal da ação originária, o sentenciante de piso julgou procedente o pedido e afirmou a responsabilidade solidária das requeridas, pronunciando-se que aquela responsabilidade defluía, em suma, em relação à IBM, do superdimensionamento das encomendas e da modificação das especificações do produto, quando já iniciada a produção dos conectores e antenas e, quanto à corré PCI, por ter concorrido para o afirmado "erro de planejamento", denunciado pela outra demandada, realizando em nome próprio as encomendas excessivas, por "conveniência fiscal" de sua contratante».

207. A razão vem indicada na ementa do acórdão do TJSP, como segue: «Compra e venda de bem móvel – Autora de projeto de equipamento que, na fase preliminar à implantação do empreendimento, contratou empresas para a montagem final do sistema, homologando empresas fornecedoras dos componentes – ausência de relação direta, na fase produtiva, entre a "empresa mãe" e a fornecedora dos insumos que atendia aos pedidos encaminhados diretamente pela montadora – Suspensão dos pedidos acarretando encalhe de estoque das peças produzidas segundo estimativa de comercialização – Indenização por danos emergentes e lucros cessantes cabível contra a pessoa jurídica que efetivava os pedidos e faturava as mercadorias – Improcedência da ação com relação à Autora do projeto – Recurso desta parcialmente provido».

208. Como ainda se lê na fundamentação do acórdão: «3. No caso dos autos, conforme se depreende do acórdão e da sentença, o Projeto Blue Bird era de titularidade da recorrida IBM – Brasil, sua idealizadora, "empresa líder do projeto", que, então, gerenciou as etapas iniciais para a viabilização do sistema, tais como a indicação dos programas que seriam utilizados, os equipamentos que seriam necessários, os estudos de viabilidade mercadológica, além da estratégia de marketing para a divulgação do produto. As instâncias de origem reconheceram, ainda, que, além de ter coordenado todo o desenvolvimento preliminar, a IBM teria, naquela fase prefacial – para garantir a qualidade e a eficiência de seu projeto –, contratado empresas para a montagem final do aparelho (PCI), além de ela própria ter escolhido as diversas empresas fornecedoras dos mais variados componentes utilizados no maquinário, daí decorrendo a denominação de empresa mãe».

ATUAÇÃO DO PRINCÍPIO DA BOA-FÉ CONFORME AS FASES DA RELAÇÃO OBRIGACIONAL | 475

Ponderou-se, então: doutrina e jurisprudência «vêm se valendo de um terceiro fundamento de responsabilidade, que não se vincula a uma prestação delineada pelas partes, nem mesmo vincula indivíduos aleatoriamente ligados pela violação de um dever genérico de abstenção, qual seja a *responsabilidade pela confiança*».[209] Destacou ser a relação de confiança, que fundamenta a responsabilidade pela confiança, inconfundível com a «confiança no sentido difuso desse conceito», pois apanha casos nos quais se apresentam «situações em que a sua justificativa é indispensável e com total independência do contrato e do ilícito»; bem como sublinhou: «a responsabilidade pela quebra da confiança possui, (...) a mesma *ratio* da responsabilidade pré-contratual, cuja aplicação já fora reconhecida por esta Corte de Justiça. O ponto que as aproxima, sem sombra de dúvidas, é o fato de uma das partes gerar na outra uma expectativa legítima de determinado comportamento, que, após, não se concretiza. O ponto que as diferencia é o fato de, na responsabilidade pré-contratual, a formalização de um contrato ser o escopo perseguido por uma das partes, enquanto na responsabilidade pela confiança o contrato, em sentido estrito, não será, ao menos necessariamente, o objetivo almejado».

Tudo somado, veio a conclusão: no caso examinado, sendo incontroverso que «os investimentos realizados pela recorrente Radiall, para a produção dos conectores que serviriam ao computador de bordo de titularidade de IBM», essa relação não seria qualificável como um contrato sob forma verbal, escrita e manifestado por comportamentos concludentes, mas como atos não contratuais aptos a suscitar o investimento de confiança da contraparte.

Do aresto observa-se, ainda uma vez, a acima apontada «ubiquidade» da palavra *confiança*, o que dificulta a distinção entre a responsabilidade pela confiança em sentido estrito e a responsabilidade por *culpa in contrahendo,* já que, de modo imediato ou mediato, a confiança estará presente. Mas se diferenciou entre os espaços da responsabilidade contratual e da responsabilidade extracontratual, declarando-se a existência de um «terceiro gênero», consistente na «responsabilidade pela confiança». Como se lê na ementa do acórdão:

«1. Tradicionalmente, a responsabilidade civil divide-se em responsabilidade civil *stricto sensu* (delitual ou aquiliana) e a responsabilidade contratual (negocial ou obrigacional), segundo a origem do dever descumprido, contrato ou delito, critério que, apesar de conferir segurança jurídica, mereceu aperfeiçoamentos, à luz da sistemática atual do Código Civil, dos microssistemas de direito privado e da Constituição Federal.

2. Seguindo essa tendência natural, doutrina e jurisprudência vêm se valendo de um terceiro fundamento de responsabilidade, *que não se vincula a uma prestação delineada pelas partes, nem mesmo vincula indivíduos aleatoriamente ligados pela violação de um dever genérico de abstenção*, qual seja a responsabilidade pela confiança.

---

209. Destaques originais.

476 | A BOA-FÉ NO DIREITO PRIVADO

3. A responsabilidade pela confiança é autônoma em relação à responsabilidade contratual e à extracontratual, constituindo-se em um terceiro fundamento ou "terceira pista" (*dritte Spur*) da responsabilidade civil, *tendo caráter subsidiário*: onde houver o dano efetivo, requisito essencial para a responsabilidade civil *e não for possível obter uma solução satisfatória pelos caminhos tradicionais da responsabilidade*, a teoria da confiança será a opção válida.

4. A teoria da confiança ingressa no vácuo existente entre as responsabilidades contratual e extracontratual e seu reconhecimento se fundamenta principalmente no fato de que o sujeito que dá origem à confiança de outrem e, após, frustra-a, deve responder, em certas circunstâncias, pelos danos causados dessa frustração. A defraudação da confiança constitui o verdadeiro fundamento da obrigação de indenizar.

(...)

6. A responsabilidade pela quebra da confiança possui a mesma *ratio* da responsabilidade pré-contratual, cuja aplicação já fora reconhecida pelo STJ (REsp 1051065/AM, REsp 1367955/SP). O ponto que as aproxima é o fato de uma das partes gerar na outra uma expectativa legítima de determinado comportamento, que, após, não se concretiza. O ponto que as diferencia é o fato de, na responsabilidade pré-contratual, a formalização de um contrato ser o escopo perseguido por uma das partes, enquanto na responsabilidade pela confiança, o contrato, em sentido estrito, não será, ao menos necessariamente, o objetivo almejado».

Alinhando os atos da conduta de IBM durante o relacionamento com Radiall – e destacando ter a idealizadora do projeto *Blue Bird* se portado, «desde o início das tratativas, como negociante, com a apresentação de seu projeto, e, enquanto titular deste, repassando à Radiall as especificações técnicas do produto a ser fabricado, assim como as condições do negócio». Assinalando, «não ser novidade» o fato de a ordem jurídica, «por mais que inexista contrato formal, (...) proteger o vínculo que se forma pela repetição de atos que tenham teor jurídico», apontou a decisão ao motivo dessa proteção: «protege-se a confiança depositada por uma das partes na conduta de seu parceiro negocial».

E, como consequência, procedeu à qualificação jurídica dos fatos: «as condutas praticadas pela IBM durante todo processo negocial, pautadas ou não em contrato formal de qualquer natureza, mas suficientemente demonstradas e constantes da sentença e do acórdão, estão diretamente ligadas aos prejuízos suportados pela produção das peças desnecessariamente produzidas, ou produzidas em conformidade com a demanda, mas não adquiridas». E, em decisão acolhida unanimemente, proveu parcialmente o Recurso interposto por Radiall, para reconhecer a responsabilidade solidária da IBM-Brasil pelo ressarcimento dos danos materiais (danos emergentes e lucros cessantes), «conforme arbitrado pelo acórdão *a quo*, inclusive quanto a correção monetária, juros e ônus sucumbenciais», o que apontou, por via indireta, ao regime da responsabilidade: tendo o TJSP reconhecido o vínculo contratual com uma das terceirizadas de IBM, a PCI, e remetendo a decisão do STJ ao decidido na instância de origem (embora estendendo a responsabilidade solidária à IBM), a disciplina da responsabilidade contratual foi, a final, aplicada ao caso.

ATUAÇÃO DO PRINCÍPIO DA BOA-FÉ CONFORME AS FASES DA RELAÇÃO OBRIGACIONAL | 477

A importância do aresto está não apenas em tornar menos «fluida» e imprecisa a noção de confiança, que, afinal, é fundamento geral da vida organizada em sociedade, e em recortar com precisão os campos de atuação do princípio da confiança – quando de molde a justificar uma confiança específica como fundamento do dever de indenizar – e da boa-fé.[210] A rigor, sua relevância está em reconhecer, na jurisprudência brasileira, a possibilidade de uma «terceira via», a responsabilidade pela confiança, distinta, em seu fundamento, da própria responsabilidade por *culpa in contrahendo*: esta estaria reservada para indicar a responsabilidade na fase formativa, vinculando-se às hipóteses de não perfeição do contrato decorrente da culpa de um dos contratantes, e aplicando--se o regime jurídico da responsabilidade extracontratual.

Que regras seguiria, no entanto, a responsabilidade pela confiança? Haveria diversidade de regime (por exemplo: ônus da prova; termo inicial da prescrição, da fluência dos juros, da correção monetária; interesse indenizável) ou – embora se apontando à especialidade do fundamento – se seguiriam, também, as regras legais predispostas para a responsabilidade extracontratual?

No aresto acima referido, prevaleceu a disciplina da responsabilidade contratual, porque remeteu, nesse ponto, ao acórdão recorrido,[211] que afirmara a responsabilidade contratual da terceirizada PCI e negara o vínculo de solidariedade com IBM-Brasil. O afirmado «terceiro gênero» limitou-se, pois, ao fundamento invocado, não sendo suficiente para deduzir um regime específico. Mas, em casos em que essa particularidade não se repetir, persiste a dúvida em saber qual o regime jurídico ao qual está adstrita essa «terceira via» de responsabilidade. O ponto não costuma ser destacado, salvo no já acima referido REsp 1.367.955/SP, de relatoria do Min. Paulo Sanseverino, que afirmou dever-se seguir o regime da responsabilidade contratual, novamente limitando o «terceiro gênero» ao fundamento, mas não o estendendo a uma disciplina específica.

Penso, tal qual a corrente majoritária antes referida, que, tendo em vista os elementos do sistema de direito interno brasileiro, a resposta opera nos amplos e flexíveis quadros da responsabilidade extracontratual, por isto sendo regida por esse regime. *Tradicionalmente, o fundamento dessa disciplina reside num dever genérico (ninguém lesar) quando culposamente violado, mas nada impede que possa também abarcar deveres específicos da fase pré-contratual, não se perquirindo a culpa (negligência), assim como já abarca,* quando assim previsto pela lei (nomeadamente, no âmbito das relações de consumo), casos de *responsabilidade pelo risco* ou de *responsabilidade pela garantia* (responsabilidade objetiva).

Todavia, muito embora possam ser acolhidas no amplo espaço da cláusula geral da responsabilidade extracontratual (Código Civil, art. 927, *caput*), as especificidades da responsabilidade pré-contratual[212] devem ser levadas em consideração. Em razão da

---

210. Não é comum, na jurisprudência examinada, essa distinção.

211. TJSP. Ap. com Revisão 979832-07/SP. Vigésima Nona Câmara de Direito Privado. Relator Des. Francisco Thomaz. Julgamento em 14.11.2007.

212. Reconhece a incidência da boa-fé nas fases pré e pós-contratual, o Enunciado n. 25 da I Jornada

elevada carga de confiança resultante da aproximação voluntária entre sujeitos jurídicos que se propõem a entrar em tratativas, penso haver uma *qualificação ou intensificação* do princípio geral que manda a ninguém lesar, destacando-se os deveres de proteção específicos da fase pré-contratual na avaliação da conduta das partes. Igualmente, em face da ínsita heterogeneidade das situações jurídicas verificadas entre os que estão em tratativas, e antes da formal conclusão do contrato, seria preciso reconhecer que, em casos nos quais o mútuo consenso já foi indubitavelmente obtido – faltando apenas o elemento formal para a conclusão do contrato –, há um deslocamento do regime para o da responsabilidade contratual. O caso, naturalmente, ensejará um cuidadoso exame da prova da obtenção indubitável do consenso.

Finalmente, outro ponto a merecer atenção em uma análise da jurisprudência brasileira acerca do fundamento, nos casos concretos, da responsabilidade pré-contratual – se a culpa *in contrahendo*, se a violação da confiança – diz respeito à determinação do que é indenizável: o interesse positivo ou o negativo?

Sem adentrar nessa distinção – de resto, já tratada em obras de fôlego na doutrina portuguesa[213] e brasileira –,[214] registre apenas haver «uma ligação indissociável entre o interesse lesado e a composição da relação jurídica de reparação, já que a tutela ressarcitória "por sua natureza reintegrativa ou sub-rogatória, é necessariamente modelada pela situação jurídica a qual se refere"».[215] Consequentemente, como já bem apontado em passagem na qual se analisa o interesse como «interesse juridicamente protegido» (*in re est*): «não basta compreender o que acontece quando da ocorrência do dano – ou seja, a recondução do lesado a uma situação hipotética positiva ou negativa, marca da teoria da diferença –, mas, antes, determinar quando e por qual razão a tutela recairá sobre o interesse positivo ou negativo. Isso diz respeito, essencialmente, à compreensão da situação jurídica tutelada, o qual se confunde com o interesse protegido em cada caso».[216]

O interesse negativo consiste na «situação hipotética de recondução do lesado, representada pela situação patrimonial em que ele estaria se nem sequer houvesse cogitado do contrato, ou seja, se não houvesse iniciado contatos negociais».[217] Parece, assim, adequado aos casos em que não há contrato a vincular lesante e lesado indenizar

---

de Direito Civil do Conselho de Justiça Federal: (2002): «O art. 422 do Código Civil não inviabiliza a aplicação pelo julgador do princípio da boa-fé nas fases pré-contratual e pós-contratual».

213. Mota Pinto, Paulo. *Interesse Contratual Negativo e Interesse Contratual Positivo*, vol. II. Coimbra: Coimbra Editora, 2008.

214. Steiner, Renata. *Reparação de Danos*. Interesse Positivo e Interesse Negativo. São Paulo: Quartier Latin, 2018.

215. Steiner, Renata. *Reparação de Danos*. Interesse Positivo e Interesse Negativo. São Paulo: Quartier Latin, 2018, p. 63-64, citando, igualmente, a opinião de Turco, Claudio. *Interesse negativo e responsabilità precontrattuale*. Milano: Giuffrè, 1990, p. 87.

216. Steiner, Renata. *Reparação de Danos*. Interesse Positivo e Interesse Negativo. São Paulo: Quartier Latin, 2018, p. 64.

217. Steiner, Renata. *Reparação de Danos*. Interesse Positivo e Interesse Negativo. São Paulo: Quartier Latin, 2018, p. 74.

ATUAÇÃO DO PRINCÍPIO DA BOA-FÉ CONFORME AS FASES DA RELAÇÃO OBRIGACIONAL | 479

o prejudicado segundo – *prima facie* – o interesse negativo,[218] e não o interesse positivo, que é, também *prima facie*, o interesse ao cumprimento de um contrato existente, válido e eficaz, causa do interesse positivo.

Mas parece cauteloso ressalvar que, diante das «múltiplas hipóteses de responsabilidade pré-contratual» nem sempre levarão à indenização do interesse negativo, deve-se «aferir, *in concreto*, o interesse violado e, consequentemente, reparável».[219] Essa é a razão pela qual essa análise restou circunscrita à hipótese de existência de tratativas e não conclusão do contrato, tendo havido, no entanto, a criação de uma situação de confiança apta a qualificar como «ilícita» a ruptura abrupta.

A cautela justifica-se diante da grande heterogeneidade de eventos (e de ilícitos) que a fase pré-negocial comporta, ressalvando-se, inclusive, a possibilidade de indenização do interesse positivo mesmo na ausência de um contrato firmado – quando, pelas regras de causalidade, o contrato tivesse sido concluído não fosse o evento lesivo,[220] como ocorre, exemplificativamente, em hipótese na qual o consenso sobre todos os pontos do conteúdo contratual é efetivamente alcançado, tendo ocorrido o efetivo «encontro» entre proposta e aceitação, faltando apenas a formalização do instrumento contratual.

7. *Culpa in contrahendo* e boa-fé

Tradicionalmente, considera-se *culpa in contrahendo* «toda a infração do dever de atenção que se há de esperar de quem vai concluir contrato, ou de quem levou alguém a concluí-lo. O uso do tráfico cria tal dever, que pode ser o dever de verdade, o dever de

---

218. Contesta essa «vinculação necessária» Renata Steiner em obra de referência, postulando a ultrapassagem de «classificações absolutas», anotando: «Nessa que poderia ser chamada de terceira fase do estágio de desenvolvimento dos conceitos, verifica-se que as tentativas de solução do problema da distinção entre os componentes do par conceitual falharam, e assim se passou porque pretenderam adotar definições aprioristicas, desconectadas da pluralidade inerente ao Direito das Obrigações». Em face da «ubiquidade» que marca a noção de «confiança» no Direito, e em seus variados campos, endossa os entendimentos de Mota Pinto e Menezes Cordeiro, para registrar: «(...) nem todas as hipóteses de responsabilidade pré-contratual podem ser reconduzidas à criação de expectativas legítimas e sua respectiva proteção. As múltiplas hipóteses de responsabilidade pré-contratual nem sempre levarão à indenização do interesse negativo, havendo-se de aferir, *in concreto*, o interesse violado e, consequentemente, reparável» (*vide* STEINER, Renata. *Reparação de Danos*. Interesse Positivo e Interesse Negativo. São Paulo: Quartier Latin, 2018, p. 118, 124 e 132).

219. Nesse sentido, *vide*: MENEZES CORDEIRO, António Manuel da Rocha. *Da Boa-Fé no Direito Civil*. 2.ª reimpressão. Coimbra: Almedina, 2001, p. 585; STEINER, Renata. *Reparação de Danos*. Interesse Positivo e Interesse Negativo. São Paulo: Quartier Latin, 2018, p. 132.

220. Assim apontei em: MARTINS-COSTA, Judith. *Comentários ao Novo Código Civil*. Do inadimplemento das obrigações, vol. V. Tomo II. Arts. 389-420. Coordenador Sálvio de Figueiredo Teixeira. Rio de Janeiro: Forense, 2003, p. 481. Na doutrina portuguesa, ainda: MOURA, Dário Vicente. A responsabilidade pré-contratual no Código Civil brasileiro de 2002. In: *Estudos em Homenagem a Ruy de Albuquerque*, vol. I. Lisboa: Faculdade de Direito da Universidade de Lisboa, 2006.

480 | A BOA-FÉ NO DIREITO PRIVADO

diligência no exame do objeto ou dos elementos para o suporte fáctico (...), exatidão no modo de exprimir-se, quer em punctações, anúncios, minutas ou informes».[221]

Até as últimas décadas do século XX, o tema, na doutrina brasileira, não vinha explicitamente conectado ao princípio da boa-fé. A monografia pioneira é a de Antônio Chaves,[222] havendo referências pontuais em outros autores.[223] Tardiamente passou a ser operada a sua recondução ao princípio da boa-fé objetiva e à atuação de deveres de proteção e de respeito à confiança legítima.[224]

Essa vinculação entre a responsabilidade pré-contratual e a boa-fé objetiva foi objeto da investigação de Clóvis do Couto e Silva, que, em 1967, já estabelecia a sua relação com a categoria do contato social,[225] na perspectiva processual da relação obrigacional, fulcro de sua mais expressiva investigação no Direito Civil. Posteriormente, enfrentou o tema em parecer exarado a respeito de litígio judicial em que foi parte a Companhia Siderúrgica Mannesmann, anotando: «Na *culpa in contrahendo* os deveres que se violam não são os deveres principais, mas, sim, os deveres secundários, resultantes do imperativo de agir com boa-fé e lealdade».[226] Conquanto a denominação «deveres secundários» não seja precisa, o texto já indica a percepção da *especialidade* desses deveres relativamente ao dever geral de *noeminem laedere*.

Na mesma linha de entendimento, embora fulcrado em campo específico – o da responsabilidade do Estado frente aos particulares em razão da prática de atos de planejamento econômico –, Almiro do Couto e Silva, nos anos 1980, aludia à expansão, na Alemanha, da construção, doutrinária e jurisprudencial, da responsabilidade pré-negocial, tanto no Direito Público como no privado, em razão da cláusula geral do § 242, «princípio supremo que informa todo o Direito das Obrigações, sendo fonte de deveres, quer na fase posterior ao contrato, quer na fase das tratativas».[227] O fato

---

221. Pontes de Miranda, Francisco Cavalcanti. *Tratado de Direito Privado*. Tomo XXXVIII. 3.ª ed. São Paulo: Revista dos Tribunais, 1984, § 4.242, p. 320-321.

222. Chaves, Antônio. *Responsabilidade Pré-Contratual*. Rio de Janeiro: Forense, 1959.

223. Exemplificativamente: Gomes, Orlando. *Transformações Gerais do Direito das Obrigações*. 2.ª ed. São Paulo: Revista dos Tribunais, 1980.

224. Como, por exemplo, os casos retratados na primeira edição deste livro, quais sejam o *caso dos tomates* e o *caso do posto de gasolina*. In: Martins-Costa, Judith. *A Boa-Fé no Direito Privado: sistema e tópica no processo obrigacional*. São Paulo: Revista dos Tribunais, 1999, p. 473-480. Pereira, Regis Fichtner. *A Responsabilidade Pré-Contratual. Teoria Geral e Responsabilidade pela Ruptura das Negociações Contratuais*. Rio de Janeiro: Renovar, 2001; Cunha, Daniela Moura Ferreira. *Responsabilidade Pré-Contratual por Ruptura das Negociações*. Coimbra: Almedina, 2005; Vicente, Dário Moura. *Da Responsabilidade Pré-Contratual em Direito Internacional Privado*. Coimbra: Almedina, 2001; Zanetti, Cristiano de Sousa. *Responsabilidade pela Ruptura das Negociações*. São Paulo: Juarez de Oliveira, 2005; Cappelari, Récio Eduardo. *Responsabilidade Pré-Contratual: aplicabilidade ao Direito brasileiro*. Porto Alegre: Livraria do Advogado, 1995.

225. Couto e Silva, Clóvis do. *A Obrigação como Processo*. Rio de Janeiro: FGV Editora, 2006, p. 75-76.

226. Couto e Silva, Clóvis do. A Companhia Siderúrgica Mannesmann. Parecer. *Revista da Consultoria Geral do Estado do Rio Grande do Sul*, Porto Alegre, vol. 5, n. 13, 1975, p. 207.

227. Couto e Silva, Almiro do. Responsabilidade do Estado por Problemas Jurídicos Decorrentes do Planejamento. *Revista de Direito Público*, vol. 65, p. 29.

ATUAÇÃO DO PRINCÍPIO DA BOA-FÉ CONFORME AS FASES DA RELAÇÃO OBRIGACIONAL | 481

de a Administração Pública induzir os particulares a crer que tal ou qual medida seria adotada, incentivando-os a dirigir seus negócios em determinada direção, não gera, evidentemente, o dever do Poder Público de manter o plano, mas, em caso de dano comprovado, pode fundar o pedido indenizatório, com base no dever de boa-fé incumbente também à Administração.

Por sua vez, no início dos anos 1990, verberava Antonio Junqueira de Azevedo ser boa-fé objetiva «norma que deve ser seguida nas várias fases das relações entre as partes», aduzindo: «o pensamento, infelizmente ainda muito difundido, de que somente a vontade das partes conduz o processo contratual deve ser definitivamente afastado. É preciso que, na fase pré-contratual, os candidatos a contratantes ajam, nas negociações preliminares e na declaração da oferta, com lealdade recíproca, dando as informações necessárias, evitando criar expectativas que sabem destinadas ao fracasso, impedindo a revelação de dados obtidos em confiança, não realizando rupturas abruptas e inesperadas das conversações etc.».[228]

O direcionamento do instituto da responsabilidade pré-contratual à boa-fé é justificado. As notas de relevo estão no elemento temporal (fase das tratativas) e na causação de um dano patrimonial em razão da violação a deveres de conduta correta, leal, dotada da seriedade do *civiliter agere*. A ilicitude, pressuposto geral da responsabilidade civil, estará, em regra, no modo de exercício dos direitos: quando este for exercitado em manifesta contrariedade à boa-fé (Código Civil, art. 187), no mais das vezes importando, etiologicamente, na infração mediata à confiança legítima, isto é, à confiança que tratativas desenvolvidas probamente costumam suscitar.

A atenção às circunstâncias é particularmente relevante no caso da responsabilidade derivada da ruptura das negociações, uma vez que, aí, dois dos elementos apenas analiticamente cindíveis, que a constituem – a ruptura *injustificada* e a confiança *legítima* na seriedade das tratativas, fraudada pela ruptura sem justificação –, só se evidenciam *in concreto*. Cabe, pois, atentar às sinalizações oferecidas pela jurisprudência, oferecendo a crítica colaborativa.

O *caso do posto de gasolina*[229] revela com nitidez a importância de uma adequada qualificação jurídica dos fatos, pois continuamente se confunde a responsabilidade *contratual*, derivada do rompimento de *contrato preliminar* concluído na fase das tratativas e a

---

228. AZEVEDO, Antonio Junqueira de. Responsabilidade Pré-Contratual no Código de Defesa do Consumidor: estudo comparativo com a responsabilidade contratual no Direito Comum. *Revista de Direito do Consumidor*, São Paulo, Revista dos Tribunais, n. 18, 1996, p. 4. Na doutrina mais recente: PEREIRA, Regis Fichtner. *A Responsabilidade Pré-Contratual*. Teoria Geral e Responsabilidade pela Ruptura das Negociações Contratuais. Rio de Janeiro: Renovar, 2001, p. 199-206; FRITZ, Karina Nunes. A Boa-Fé Objetiva e sua Incidência na Fase Negocial: um estudo comparado com base na doutrina alemã. *Revista de Direito Privado*, vol. 29, 2007, p. 201-237. Da mesma autora: A Responsabilidade Pré-Contratual por Ruptura Injustificada das Negociações. *Revista dos Tribunais*, vol. 883, São Paulo, Revista dos Tribunais, 2009, p. 9-56.

229. STJ. REsp 32942/RS. Quarta Turma. Relator Min. Sálvio de Figueiredo Teixeira. Julgamento em 25.10.1993. *DJ* de 13.12.1993.

responsabilidade pré-contratual por recesso injustificado das tratativas, sendo certo que o prefixo «pré» e o adjetivo «preliminar» podem causar alguma confusão: quando conotados ao substantivo «contrato», indicam a existência de verdadeira obrigação contratual (e, portanto, no caso de sua violação, à responsabilidade contratual), mas, quando conotados ao termo «negociações», podem apontar à responsabilidade pré-contratual.[230]

No caso, pessoa física (o proponente locatário) e a distribuidora de gasolina Shell vinham ajustando a conclusão do contrato de distribuição. A Shell enviara ao proponente carta (dita «carta proposta») nos seguintes termos: «Pela presente vimos confirmar os entendimentos verbais mantidos, no sentido de lhe ser dada preferência, ou a empresa de que V.Sa. faça parte, para operação de posto de serviços a ser construído na BR 392 – KM 9, caso venha a se concretizar a negociação que mantemos com o Sr. José Trilho Otero Jr. para compra do terreno ali situado».

Ocorre que a pessoa física não preencheu, posteriormente, certas condições mínimas que haviam sido postas pela distribuidora. Assim, a Shell decidiu proceder contratação com terceiro, motivando a propositura de ação indenizatória pela contraparte.

A sentença de primeiro grau foi procedente, acolhendo o pedido indenizatório pelo fato do recesso injustificado das tratativas, bem como o reembolso de valores investidos à contratação, condenando-se integralmente a Shell a indenizar. Reconheceu-se ter sido criada a expectativa de que o negócio seria celebrado. A desistência da distribuidora foi qualificada como «injustificada e arbitrária».

O TJRS reformou parcialmente a decisão, reduzindo o *quantum* indenizatório ao reembolso das despesas efetivamente efetuadas, desconsiderada, dessa forma, a verba indenizatória atribuída em primeiro grau ao rompimento injustificado das tratativas. De fato, *a obrigação de reembolsar* não se confunde com a *obrigação de indenizar*, só essa última tendo como causa um ato ilícito. Ressaltou-se não ter sido ilícita a retirada, porque o autor não preenchera as condições para a contratação que vinham sendo estipuladas durante as tratativas. Assim, foi reconhecido como devido o reembolso das despesas feitas em vistas da esperada contratação, mas não a indenização pela ruptura, considerada, então, legítima.

---

230. STJ. REsp 32942/RS. Quarta Turma. Relator Min. Sálvio de Figueiredo Teixeira. Julgamento em 25.10.1993. *DJ* de 13.12.1993, assim ementado: «Direito Civil. *Pactum de Contrahendo.* Configuração. Retirada Arbitrária. Necessidade de Constituição em Mora do Devedor da Prestação. Obrigação de Indenizar. Indenização Abrangente de Todas as Parcelas Devidas. (...) Manifestada Expressamente por Ambas as Partes a Intenção de Formalizar Contrato de Locação de Posto de Serviços, a Depender de Condição Suspensiva a Cargo do Proponente-Locatário, Sem Termo, Formalizou-se o Contrato Preliminar, não sendo Lícito a Preponente-Locadora Contratar Locação de Posto com Terceiro sem Constituir em Mora Aquele, quanto ao Implemento da Condição Avençada. II – A Contratação, Nesses Termos, Constitui Retirada Arbitraria, Hábil a Ensejar a Indenização por Perdas e Danos a Ela Concernentes». O caso está parcialmente relatado em MARTINS-COSTA, Judith. *A Boa-Fé no Direito Privado:* sistema e tópica no processo obrigacional. São Paulo: Revista dos Tribunais, 1999, p. 477. Outros elementos, deduzidos do acórdão do STJ, vieram modificar em parte as considerações então por mim procedidas, sobre o acórdão do TJRS. Ap. Cív. n. 591017058. Quinta Câmara Cível. Relator Des. Ruy Rosado de Aguiar Júnior. Julgamento em 25.04.1991.

Não se fez, contudo, a distinção sobre a questão de saber se o caso tratava da violação de deveres pré-contratuais ou do inadimplemento de contrato preliminar com eficácia sujeita a condição suspensiva.

O Superior Tribunal de Justiça acompanhou a decisão de segundo grau, estabelecendo, porém, o cerne da discussão, qual seja: «[a] avaliação de ser ou não a carta documento hábil a comprovar a formação entre as partes do *pactum de contrahendo*». Para tanto, assinalou, cumpriria «definir o valor jurídico da manifestação de vontade contida no documento». E, do exame efetuado, concluiu não se tratar de meras tratativas, mas de contrato preliminar firmado *sub condicione*: a Shell havia estabelecido requisitos (inclusive de idoneidade financeira) e condições a serem atendidas e estas não o foram. Com base em lições de Caio Mário da Silva Pereira, Sílvio Rodrigues e Washington de Barros Monteiro fundamentou-se estar «concluído o *pactum de contrahendo*, com condição e sem termo». Confirmou-se, assim, embora aduzindo outros fundamentos, a decisão de 2.º grau, negando o pedido de execução do contrato, pois não se pode «exigir da distribuidora que entregasse a operação do posto a quem não se apresentava com os requisitos de idoneidade financeira exigidos».

Todavia, tendo sido reconhecida a existência de contrato (o contrato preliminar), para desfazê-lo caberia a constituição em mora do particular. Assim, conjugando-se um fato imputável ao autor (não implemento de condição a ser preenchida) e outro imputável à Shell (ter faltado com o dever de constituir em mora a pessoa física, antes de contratar com terceiro), reconheceu-se a ilicitude do comportamento da distribuidora consistente na contratação com terceiro quando ainda não desvinculada do contrato preexistente. A indenização limitou-se à «recomposição dos gastos efetuados» para que a contratação fosse efetivada, isto é, ao dano emergente, considerado o interesse negativo. E a referência ao princípio da boa-fé foi, a rigor, despicienda: o caso solucionou-se pelas regras legais atinentes ao inadimplemento contratual.

No *caso da empresa de eventos desiludida*,[231] foi adequadamente traçada a relação entre a responsabilidade pré-contratual e o princípio da boa-fé, dando-se solução à lide, porém, pelo regime da responsabilidade contratual.

Fora ajuizada demanda indenizatória por empresa de eventos contra empresa varejista em face do rompimento abrupto das tratativas – já em fase avançada – para a realização de evento que comportava a montagem de espaço comercial. A alegação fundava-se na violação ao princípio da boa-fé objetiva na fase pré-contratual, devido à frustração da expectativa do contrato.

Em primeiro grau de jurisdição, os pedidos foram julgados improcedentes, sob os fundamentos, em síntese, de que «o relacionamento entre as partes se manteve na esfera de orçamento e projeto», e de que não teria havido sequer definição de preço. Porém, a sentença foi reformada pelo Tribunal de origem para acolher o pedido indenizatório, sob

---

231. STJ. REsp 1367955/SP. Terceira Turma. Relator Min. Paulo de Tarso Sanseverino. Julgamento em 18.03.2014. *DJ* de 24.03.2014.

o fundamento de as negociações estabelecidas entre as partes darem «como certa a realização do evento e criaram induvidosa expectativa da contratação».[232] No STJ, apontou o Ministro Relator para a «questão central da controvérsia diz[endo] respeito à responsabilidade dos contratantes na fase pré-contratual». E esclareceu: «A solução dessa controvérsia demanda, necessariamente, a aplicação de um dos princípios fundamentais do Direito Privado, o princípio da boa-fé objetiva, cuja função é estabelecer um padrão ético de conduta para as partes ao longo de todas as fases da relação obrigacional».

Na análise *in concreto* da operatividade do princípio da boa-fé, sublinhou sua incidência «desde a fase de formação do vínculo obrigacional, antes mesmo de ser celebrado o negócio jurídico pretendido pelas partes», pois do contato social emanam deveres jurídicos, cuja violação importa responsabilidade civil. Na espécie, as partes haviam avançado nas negociações em vista de realizar evento denominado «a maior loja de informática do Brasil», programado para junho de 2005 e orçado em R$ 1.075.000,00. Reuniram-se por diversas vezes, trocaram vários *e-mails*, foi realizada visita técnica pela empresa de eventos que também elaborou memoriais descritivos e, segundo alegou, iniciou a contratação de terceiros, efetuando despesas da ordem de R$ 200.000,00. O evento, porém, foi adiado e, posteriormente, cancelado pela empresa varejista, não tendo havido a formalização de um contrato.

Segundo a análise do Tribunal de origem, o comportamento das partes, teria criado na empresa de eventos a «induvidosa expectativa» de o contrato vir a ser celebrado, fato que, na iminência do evento, justificaria o início da contratação de terceiros (prestadores de serviço) antes mesmo da formalização do ajuste.

Bem lembrando que nem sempre o negócio jurídico surge abruptamente (razão pela qual «a alegação, suscitada no recurso especial, de inexistência de negócio jurídico entre as partes não impressiona»), e fundado no cenário fático delineado pelo Tribunal *a quo*, bem como em orientação doutrinária, o julgador concluiu ter o abrupto cancelamento do evento pela empresa varejista ter ofendido o princípio da boa-fé objetiva, gerando responsabilidade pré-contratual. E esclareceu:

«[A] inexistência de negócio jurídico não libera as partes dos deveres de cooperação, devendo atuar com honestidade, lealdade e probidade, não isentando de responsabilidade aquele que atua em desrespeito a esse padrão ético de conduta». Logo, a vítima terá direito ao ressarcimento do prejuízo – isto é, ao assim chamado interesse contratual negativo – «quando possa provar que, confiando no estado das negociações, incorreu em despesas, que não teria enfrentado, se tivesse podido prever que o contrato não se teria concluído ou, então, perdeu ocasião ou recusou ofertas outro tanto (ou mais) vantajosas, provindas de outra pessoa, sofrendo assim um prejuízo».[233]

---

232. Conforme Relatório no STJ. REsp 1367955/SP. Terceira Turma. Relator Min. Paulo de Tarso Sanseverino. Julgamento em 18.03.2014. *DJ* de 24.03.2014.

233. Assim a fundamentação do acórdão, com referência a: CAPPELARI, Récio Eduardo. *Responsabilidade Pré-Contratual:* aplicabilidade ao Direito brasileiro. Porto Alegre: Livraria do Advogado, 1995, p. 109.

Quanto à definição do regime jurídico da responsabilidade – se o contratual ou o extracontratual – o aresto apresentou posição peculiar, determinando o seguimento do regime contratual, seguindo, nesse passo, o entendimento expresso na doutrina nacional por Luiz Roldão de Freitas Gomes.[234] O raciocínio construiu-se a partir da localização do art. 422 do Código Civil, inserto no Título V (dos Contratos em Geral), não no Título III, que trata dos «atos ilícitos», especificamente, dos ilícitos absolutos, daí sendo retirada a conclusão segundo a qual «por opção legislativa, a responsabilidade civil decorrente de ruptura de tratativas tem natureza contratual», com o que a questão do *dies a quo* para o cômputo dos juros de mora resolve-se a partir da citação.

O raciocínio conducente a tal fundamentação deduz a hipótese da responsabilidade por ruptura indevida das tratativas por inferência do texto do art. 422 do Código Civil. Este, porém, nenhuma referência expressa no tocante à responsabilidade pré-contratual e, ademais, está localizado no Título referente à relação contratual. Penso ser tecnicamente mais adequado construir o raciocínio a partir do enunciado no art. 187 do mesmo Código, em combinação com o art. 927, *caput*. Nesse último caso, a ilicitude estaria situada no *exercício jurídico* (*i.e.*, retirada das tratativas, que é modalidade de exercício de direito subjetivo). Havendo dano derivado diretamente do exercício manifestamente contrário à boa-fé, há dever de indenizar (Código Civil, art. 927), seguindo-se o regime da responsabilidade civil extracontratual já que não se trata de inadimplemento a contrato.

A violação à boa-fé é o fundamento, porém, não tal qual apanhada no art. 422, mas no art. 187 do mesmo Código Civil, combinadamente ao art. 927. Trata-se de sancionar a ilicitude consistente no exercício jurídico *disfuncional*, porque há disfuncionalidade ao manejar-se a liberdade de não contratar em prejuízo manifesto à confiança legitimamente despertada no parceiro das negociações pré-contratuais. Os deveres violados pelo exercício jurídico disfuncional são os de proteção, não os de prestação, porque ainda não há um «prestar».

8. Síntese conclusiva

A noção de obrigação como processo, não limitada, temporalmente, à fase contratual, mas apanhando a fase que antecede à conclusão de um contrato, assim como a que a sucede, veio por um foco de luz na fase das tratativas – por longo tempo submergidas em uma espécie de *limbo jurídico* –, permitindo distinguir entre o contrato (fonte de relação jurídica de onde derivam direitos e obrigações contratuais) e um não contrato que não é, todavia, um «nada» para o Direito: pelo contrário, a fase *polimorfa* que antecede ao nascimento de uma relação contratual pode ser povoada (mormente nas operações comerciais e societárias mais complexas) por diversas figuras com naturezas e eficácias distintas. Por esta razão a fase das tratativas exige cuidadoso juízo de qualificação por parte do intérprete.

---

234. GOMES, Luiz Roldão de Freitas. *Elementos de Responsabilidade Civil*. Rio de Janeiro: Renovar, 2008, p. 264 e ss.

Desde a fase das tratativas, as partes estão adstritas a agir conformemente aos deveres em cada caso deduzidos da concretização de comportar-se segundo a boa-fé. Embora na fase das tratativas não esteja ainda configurada obrigação em sentido técnico, correlativa à pretensão a um direito de crédito e ainda que não haja contrato – sendo a liberdade de romper as tratativas a regra –, pode existir entre os interessados uma *relação jurídica obrigacional de fonte legal, sem deveres primários de prestação*. Esta relação projeta *deveres de proteção* cuja violação pode, conforme as circunstâncias, gerar o dever de indenizar, regendo-se essa forma de responsabilidade civil, no Direito brasileiro, pelo regime da responsabilidade extracontratual.

O fundamento dessa responsabilidade residirá na violação de deveres de proteção gerados pelo princípio da boa-fé, que direciona a uma conduta pré-contratual proba, correta, leal, ou pelo princípio da confiança, que protege situações especiais de confiança, neste caso o dano indenizável derivando de um investimento justificado de confiança no comportamento alheio.

Nessa fase, os deveres que decorrem da boa-fé incidirão, ou não, em virtude das concretas circunstâncias do caso. Se incidirem, e quando incidirem, terão o efeito de levar o julgador *a declarar a vinculabilidade jurídica*[235] entre as partes, gerando eficácia indenizatória, se provado o dano. Não há dever de prestação, mas pode se ter configurado a existência de deveres jurídicos de proteção, quando do contato social qualificado pela aproximação pré-contratual. A solução se limitará ao pagamento das perdas e danos pelo interesse negativo, isto é, aquilo que o indenizado perdeu e deixou de ganhar por não ter concluído o contrato.[236]

§ 47. Fase da execução contratual: a boa-fé *in executivis*

1. Proposição

A palavra «execução» designa um tipo de atividade que realiza «alguma coisa já existente em abstrato», ou seja, uma atividade que «segue um desenho», traduzindo-o

---

235. Atente-se à distinção, acima apontada, entre vinculabilidade e vinculação. A ideia de «vinculabilidade» ata-se ao conceito de relação jurídica sem deveres de prestação da fase pré-contratual, e não ao específico conceito de vinculação jurídica, decorrente da proposta recebida e não mais passível de revogação.

236. MARTINS-COSTA, Judith. Responsabilidade Civil Contratual. Lucros Cessantes. Resolução. Interesse Positivo e Interesse Negativo. Distinção entre Lucros Cessantes e Lucros Hipotéticos. Dever de Mitigar o Próprio Dano. Dano Moral e Pessoa Jurídica. In: LOTUFO, Renan; NANNI, Giovanni Ettore; MARTINS, Fernando Rodrigues (Orgs.). *Temas Relevantes de Direito Civil Contemporâneo.* Reflexões sobre os 10 anos de Código Civil. São Paulo: Atlas, 2012, p. 562-569. Em caráter monográfico, *vide* o aprofundado estudo de STEINER, Renata Carlos. *Reparação de Danos.* Interesse Positivo e Interesse Negativo. São Paulo: Quartier Latin, 2018, com matizamentos quanto ao entendimento acima esposado.

ATUAÇÃO DO PRINCÍPIO DA BOA-FÉ CONFORME AS FASES DA RELAÇÃO OBRIGACIONAL | 487

em atos.[237] Quando conotada ao termo «contrato», a palavra execução tem o sentido de um conjunto de ações teleológica e vinculativamente direcionadas para a produção de efeitos jurídicos *coerentes* com o que foi desenhado ou planificado no acordo contratual, em vista de alcançar a sua finalidade.[238] Trata-se, portanto, do momento em que devem ser desenvolvidas atividades que dão entidade concreta ao previsto no acordo, efetivando o «programa contratual» ali desenhado.

O exame particularizado da atuação da boa-fé na fase da execução do contrato está no cerne das funções hermenêutica, integradora e, muito especialmente, corretora, temas a serem oportunamente versados.[239] Por ora, diga-se apenas que o «conjunto de atividades» componentes da fase de execução contratual há de seguir o desenho programado pelas declarações negociais, incidindo, também, as normas jurídicas cogentes e aquelas supletivas (quando não afastadas pela vontade das partes), bem como as normas que decorrem da incidência da boa-fé. Esta tem, nessa fase, o seu momento paradigmático como fator de determinação auxiliar, *in concreto*, dos efeitos do vínculo contratual e de sua intensidade. Na fase de desenvolvimento da relação obrigacional, o plano ou «programa» abstratamente previsto no acordo torna-se realidade concreta e, nessa passagem do abstrato ao concreto, a boa-fé «desempenha funções normativas de concretização reguladora, de integração e também de delimitação».[240]

2. Papel auxiliar e limitador da boa-fé *in executivis* em relação à vontade contratual

Porém, é preciso atenção: a atuação da boa-fé na determinação dos efeitos contratuais é *auxiliar* (e, por vezes, *limitativa*), mas não *substitutiva* da vontade negocial, pois o que vincula obrigacionalmente ao cumprimento de deveres de prestação é a autonomia privada. Não é dado ao juiz, a pretexto da boa-fé, refazer o contrato, substituindo-se aos contraentes no estabelecimento de deveres de prestar, salvo para minudenciá-los quando pactuados em termos intencionalmente vagos, como ocorre, no mais das vezes, nas obrigações de diligência, quando, por exemplo, uma das partes promete perseguir os melhores esforços («best efforts») para atingir o resultado visado; ou, similarmente, quando prometem mutuamente «colaborar, de boa-fé», para que determinada meta seja alcançada, indicando-se – ainda que em termos genéricos – o

---

237. As imagens estão em: GIAQUINTO, Adolfo Di Majo. *L'Esecuzione del Contratto*. Milano: Giuffrè, 1967, p. 2.

238. Desenvolvi essa ideia em: MARTINS-COSTA, Judith. Contrato. Conceito e Evolução. In: LOTUFO, Renan; NANNI, Giovanni Ettore (Orgs.). *Teoria Geral dos Contratos*. São Paulo: Atlas, 2011, p. 37-55.

239. Ver CAPÍTULOS VI, VII e, especialmente, CAPÍTULO VIII, *infra*, §§66 e 67.

240. SOUSA RIBEIRO, Joaquim. A Boa-Fé como Norma de Validade. *Direito dos Contratos*. Coimbra: Coimbra Editora, 2007, p. 208.

conteúdo da cooperação devida. A indefinição *ex ante* não significa a impossibilidade de especificação *ex post*,[241] especialmente quando as partes amarram a cooperação devida a uma finalidade determinada (por exemplo, cooperar em vista de alcançar as assinaturas necessárias à liberação de gravames que pesam sobre a coisa alienada). A razão está em que a relativa indefinição dos termos indicativos do conteúdo concreto da cooperação devida está ligada aos riscos contratuais e aos custos da operação viabilizada pelo contrato.[242] Frequentemente, no momento da conclusão contratual, as partes podem não saber especificar qual será o completo conteúdo dos acordos necessários à liberação dos gravames, surgindo essa ciência, de acordo com as circunstâncias, apenas no desenrolar da execução contratual.

A incidência da boa-fé, pautada por critérios, opera em um quadro tecnicamente delimitado. A heterointegração que sua incidência suscita para o preenchimento de lacunas não consente ao intérprete uma atuação que modifique, por seus próprios critérios, a lógica determinada por (ou deduzida da) vontade das partes pelos critérios canônicos da interpretação dos negócios jurídicos contratuais. Nesse ponto está situada, pois, a mais aguda problemática da aplicação das cláusulas gerais:[243] trata-se de direcionar as partes a observarem o pactuado nos lindes traçados pelo contrato e pelo Ordenamento.

Nesse sentido, a boa-fé *in executivis* auxilia a indicar o modo correto de executar a prestação (o seu «como») e de exigir o seu cumprimento; a preencher, integrativamente, lacunas que só se farão sentir no momento executivo; e a estabelecer a fronteira entre o que é exercício lícito ou ilícito dos poderes, direitos e faculdades exsurgentes do vínculo contratual.

Cânone comportamental por excelência, a boa-fé afirma-se também, «nessas dimensões funcionais, e pelo menos em primeira linha, como *norma de responsabilidade*,

---

241. Assim assinalei em: MARTINS-COSTA, Judith. A obrigação de diligência: sua configuração na obrigação de prestar melhores esforços e efeitos do seu inadimplemento. *Católica Law Review*, vol. IV, n. 2, maio de 2020. (Também em: GUEDES, Gisela Sampaio da Cruz; TERRA, Aline Miranda Valverde (Coords.). *Inexecução das Obrigações*. Pressupostos, evolução e remédios, vol. 1. Rio de Janeiro: Processo, 2020, p. 133-174).

242. Como anota Mariana Pargendler relativamente aos deveres fiduciários, também frequentemente não especificados *ex ante* de modo exaustivo, há deveres «highly context dependent, but this does not make it untailored as I have defined the term. All that this means is that fiduciary duties are by and large untailored standards, rather than rules. According to a prominent definition, while a standard may leave both the specification of what conduct is permissible (or prohibited) and the determination of factual issues to the adjudicator, a rule usually entails a determination of what conduct is permissible in advance, so that the adjudicator is left solely with factual questions». Consequentemente, «[t]he underlying rationale for gap filling is that an actual bargain is superior to a hypothetical one. In fiduciary relationships, however, hurdles created by monitoring, specification, and information asymmetry make detailed contracting impracticable and inefficient. Attempts by the law to create incentives for parties to specify their relationship would most likely be futile or at least inefficient. Therefore, fiduciary duties are provided upfront and apply unless the contours of the agreement clearly indicate otherwise» (PARGENDLER, Mariana. Modes of Gap-Filling: good faith and fiduciary duties reconsidered. *Tulane Law Review*, v. 82, 2008, p. 1353).

243. Ver, *infra*, CAPÍTULO VIII, §§66 e 67.

fonte da obrigação de indenizar»,[244] em caso de violação injusta do contrato, contribuindo para a definição de situações de responsabilidade. Atua, portanto, comumente, no *plano da eficácia* dos negócios jurídicos, sendo a eficácia indenizatória a mais frequente.

Questiona-se, porém, se a boa-fé não atuaria, também, como *norma de validade*, ensejando consequências no plano da validade. O tema é delicado, porque diz respeito à consideração, no plano da validade, não propriamente de um fim ilícito («ilicitude de fins»; nem «ilicitude do objeto», sendo que esta, a teor do art. 166, II, do Código Civil, conduz à nulidade), mas derivada de um ilícito de um modo de exercitar direitos e posições jurídico-negociais («ilicitude de meios»). Nesse caso, a irregularidade – *lato sensu* compreendida – não está na declaração negocial formativa do negócio, não está no seu objeto nem na sua causa, mas ocorre no momento de sua dinâmica.

Essa temática diz respeito às funções integrativas e corretivas da boa-fé, razão pela qual será desenvolvida nos Capítulos VII e VIII, para lá remetendo-se o seu exame.

§ 48. Fase pós-contratual

1. Proposição

Extinto o contrato, guardam ainda os contraentes o dever de não o inviabilizar, em vista dos fins que haviam sido perseguidos pelo negócio. Com base na boa-fé, remanescem deveres jurídicos de proteção, embora extintos os anexos e de prestação. Assim, exemplificativamente, os deveres de confidencialidade ou de abstenção de condutas que possam pôr em risco o objeto a que estava direcionado o contrato. Podem, pois, restarem as partes vinculadas ao dever a não provocar danos mútuos, nas pessoas e nos patrimônios uma da outra,[245] danos esses que teriam a sua origem em ato ou fato concernente ao contrato, podendo por eles ser civilmente responsáveis.

Se violados culposamente esses deveres, havendo dano, pode surgir o dever de indenizar. Trata-se da chamada responsabilidade civil por *culpa post pactum finitum*, cuja importância é manifesta nas relações que se desenvolvem a partir da atividade empresarial; nas relações de emprego e de prestação de serviços e nas relações duradouras em geral; nas situações regidas pelo Direito da Concorrência podendo, em todos os casos, assumir função positiva ou negativa. Assim, por exemplo, o dever de omitir atitudes que embora lícitas – se consideradas isoladamente – poderiam frustrar o objetivo perseguido pela parte, ou implicar, mediante o aproveitamento da antiga situação contratual, a injusta diminuição de vantagens ao ex-parceiro.

---

244. Sousa Ribeiro, Joaquim. A Boa-Fé como Norma de Validade. *Direito dos Contratos*. Coimbra: Coimbra Editora, 2007, p. 209.

245. Menezes Cordeiro, António Manuel. *Da Boa-Fé no Direito Civil*. Tomo II. Coimbra: Almedina, 1984, p. 629.

2. Acolhimento no Direito brasileiro

A doutrina da *culpa post pactum finitum* ingressou no Direito brasileiro por via jurisprudencial, explicitamente fundada no princípio da boa-fé. Até onde se pode pesquisar, o precedente está no *caso da compradora escorraçada* que pioneiramente mereceu apreciação nos foros judiciais gaúchos à luz das vertentes traçadas pela boa--fé objetiva,[246] a saber:

«Compra e venda. Resolução. Culpa *post pactum finitum*. O vendedor que imediatamente após a venda torna inviável à compradora dispor do bem, ameaçando-a de morte e escorraçando-a do lugar, para aproveitar-se disto e vender a casa para outrem, descumpre uma obrigação secundária do contrato e dá motivo à resolução. Princípio da boa-fé. Preliminar de nulidade rejeitada».[247]

Para melhor entender o caso, é preciso esclarecer que, após expulsa do lugar pelo vendedor, a compradora havia recebido a devolução do valor pago pela casa, o que motivou a alegação segundo a qual nenhuma indenização caberia, por parte daquele, uma vez que perfeito e acabado o negócio jurídico. A via possessória tornara-se inviável à autora, porque a casa – uma simples habitação de madeira – havia desaparecido, sendo retirada do lugar onde instalada. Não caberia, assim, a reintegração de posse, nem a indenização por danos decorrentes do eventual acolhimento da proteção possessória. Por outro lado, uma vez que o réu havia devolvido à autora o preço pago, alegou ser juridicamente inviável que aquela continuasse como proprietária do imóvel.

A decisão, ao prover o pedido indenizatório, considerou as circunstâncias, provadas, de ter o réu, depois de ter vendido a casa à autora, novamente a ter prometido vender para outra pessoa, o que fez após ter expulsado a primeira compradora do local. «Assim agindo», considerou o relator, «o réu descumpriu com um dever secundário do contrato, qual seja *o de não tomar nenhuma medida suficiente e capaz de inviabilizar para a compradora o uso e o gozo do bem adquirido*», por forma a tornar «inviável, com o seu comportamento (...), a perfectibilização do negócio, na sua continuidade».[248] Daí a motivação técnica da decisão:

«Apesar de esse comportamento acontecer depois de já entregue a casa e recebido o dinheiro, ainda assim ele caracteriza inadimplemento do contrato, pelo descumprimento desse dever secundário que deriva do princípio da boa-fé. Quem vende assume implicitamente o compromisso e a obrigação de não praticar, no futuro imediato, nenhum ato que inviabilize a normal continuidade da situação adquirida pela compradora através de contrato».

---

246. O caso está mencionado em Martins-Costa, Judith. *A Boa-Fé no Direito Privado:* sistema e tópica no processo obrigacional. São Paulo: Revista dos Tribunais, 1999, p. 447 e ss.

247. TJRS. Ap. Cív. n. 588042580. Quinta Câmara Cível. Relator Des. Ruy Rosado de Aguiar Jr. Julgamento em 16.08.1988.

248. Fundamentos do acórdão citado, destaques meus.

ATUAÇÃO DO PRINCÍPIO DA BOA-FÉ CONFORME AS FASES DA RELAÇÃO OBRIGACIONAL | 491

Note-se que, embora utilizada a expressão «dever secundário» para indicar o que seria dever lateral (ou de proteção), tecnicamente é a decisão irreparável. Não confunde a responsabilidade pós-contratual, por violação de dever derivado da boa-fé com outras hipóteses de comportamento pós-contratual censurável, mas que são regidos diretamente por regras, como a que veda cobrar dívida já vencida (Código Civil art. 940).

Similarmente ocorreu no *caso da duplicata quitada*.[249]

Tratou-se de recurso especial interposto pela transportadora Expresso Maringá Transportes Ltda. contra acórdão do Tribunal de Justiça do Estado de Mato Grosso do Sul, sendo recorrida a empresa Dionizia Xavier Fagundes, que havia ajuizado ação de indenização por danos morais em face da transportadora alegando, como causa de pedir, o indevido protesto de uma duplicata que já havia sido quitada mediante pagamento em agência lotérica.

O pedido foi julgado procedente em primeiro e segundo graus, concluindo-se pela configuração de ato culposo próprio do banco endossatário, pois o título foi levado a protesto mesmo depois de ter sido pago em uma agência lotérica. A particularidade do caso – anotada no aresto do STJ – é que a ação fora ajuizada exclusivamente contra a empresa emitente da duplicata, não contra o banco. Daí a razão de a transportadora alegar, em Recurso Especial, que «o banco-mandatário agiu por conta própria, extrapolando os limites impostos pelo mandante, ora Recorrente, recebendo o pagamento do título, e de consequência encaminhando a protesto, atraindo desta forma exclusivamente para si a responsabilidade por tal ato».

A decisão, contudo, não foi favorável à sociedade recorrente, considerando-se caracterizada a hipótese de responsabilidade civil por ato de terceiro, e qualificando-se os fatos na hipótese prevista no art. 932, III, do Código Civil. Nas razões de decidir, anotou-se:

«É certo que o banco mandatário extrapolou os limites do mandato, pois não se cogita da hipótese de a empresa mandante ter determinado o protesto de títulos pagos. Por óbvio, a ordem foi para protesto apenas dos títulos vencidos e não pagos. Mas, ainda que não se identifique qualquer ato culposo da empresa mandante, esta responde solidariamente pelo dano causado pelo banco mandatário».

E explicitou: «A figura do comitente, prevista inciso III do art. 932, *supra*, abrange todas as situações em que alguém mantém terceiros sob suas ordens», nessa categoria se enquadrando o endossante do título por endosso-mandato que responde, na forma da Súmula 341/STF, por culpa presumida pelo ato culposo do empregado ou preposto.

Analisando os precedentes do STJ sobre a matéria, observou o Ministro Relator uma preocupação em caracterizar a culpa da empresa mandante (comitente), pois a culpa, embora presumida, admitia prova em contrário. E ponderou:

---

249. STJ. REsp 1387236/MS. Terceira Turma. Relator Min. Paulo de Tarso Sanseverino. Julgamento em 26.11.2013. *DJ* de 02.12.2013.

«Atualmente, com a entrada em vigor do Código de Defesa do Consumidor e do Código Civil de 2002, tem-se a responsabilidade objetiva direta do comitente, fundada no risco da atividade (art. 34 do CDC e art. 927 do CCB/2002), e a responsabilidade objetiva indireta, fundada no risco-proveito (art. 932, inciso III, do CCB/2002), abandonando-se definitivamente a teoria subjetiva para apuração da responsabilidade do comitente pelos atos de seus prepostos. Então, sob o prisma da responsabilidade objetiva, verifica-se o comitente somente se exime de responsabilidade se provar alguma das causas gerais de exclusão da responsabilidade objetiva (caso fortuito, força maior, culpa exclusiva da vítima ou fato de terceiro – que não o preposto), ou se provar uma excludente especial, a de que o ato não tenha sido praticado em razão do mandato».[250]

Em vista do caso concreto, ponderou o julgador que embora caracterizada a falha principal do banco endossatário, o evento danoso (protesto) fora praticado em razão do mandato outorgado e no interesse da empresa mandante, não obstante o equívoco quanto à verificação do pagamento. Não incidiam as regras dos arts. 653, e seguintes, do Código Civil, pois tais dispositivos dizem respeito à responsabilidade contratual do mandante, não da responsabilidade extracontratual, como na hipótese em exame. E acrescentou o julgador:

«(...) a hipótese dos autos comporta análise sob a ótica da boa-fé objetiva, a qual impõe deveres de conduta às partes contratantes em todas as fases da relação obrigacional, inclusive na fase pós-contratual, de modo que o protesto do título após o pagamento constitui ofensa ao dever de cuidado que se impõe ao credor, gerando obrigação de indenizar». E concluiu:

«Assim, quer sob a ótica da responsabilidade por fato de terceiro, quer sob a ótica da boa-fé objetiva, é de se manter o acórdão recorrido no ponto que responsabilizou a empresa mandante pelo evento danoso».

Observa-se que o princípio da boa-fé não apontou de *per se* à solução, mas direcionou o julgador a encontrá-la, nos quadros do Ordenamento.

Finalmente, no *caso do seguro recobrado*[251] foi referida uma «pós-eficácia em sentido amplo», tratando-se de qualificar a pena prevista no art. 940 do Código Civil, na hipótese de a relação contratual já estar extinta.

A sociedade Coest Construtora S/A havia firmado contrato de construção para execução de obras na Líbia, contrato este objeto de seguro com o Instituto de Resseguros do Brasil (IRB). Apesar de ter executado os serviços, nunca recebeu qualquer quantia. Alegou não ter procedido à caracterização do sinistro em razão de «relevantes

---

250. O voto alude a artigo de Armando Dias de Azevedo, que concluiu: «o comitente só não responderá civilmente por ato abusivo de seu preposto quando este provadamente não tiver agido no exercício do trabalho de sua competência ou por ocasião dele» (Limites da Responsabilidade Civil do Comitente por Ato Abusivo do Preposto. *Revista Jurídica*, ano 7, n 40, jul./ago. 1959, p. 21).

251. STJ. REsp 1068271/SP. Terceira Turma. Relatora Min. Nancy Andrighi. Julgamento em 24.04.2012. *DJ* de 15.06.2012.

Atuação do Princípio da Boa-Fé Conforme as Fases da Relação Obrigacional | 493

interesses políticos». Diante da questão, «a única solução encontrada foi a concessão de um empréstimo pela carteira internacional do Banco do Brasil», empréstimo esse também segurado pelo IRB. E assim:

«O sinistro acabou caracterizado posteriormente, tendo o IRB pago a indenização nos dois contratos. Houve demora na caracterização do sinistro do contrato de empréstimo por parte do IRB, acarretando a cobrança de juros contra a embargante pelo Banco do Brasil». O Banco cobrava, ainda, o valor total do débito.

No STJ, apreciando Recurso Especial interposto pelo Banco do Brasil, a Ministra Relatora considerou o fato de o banco ter cobrado o valor total do débito quando já havia recebido grande parte dele, tendo auferido, no curso do processo, tudo o que lhe era devido sem levar ao conhecimento do juízo. E assinalou: «O recorrente [banco] praticou como se pode ver do acórdão impugnado vários atos reprováveis. Primeiro: ajuizou execução quando já tinha recebido parte da importância, sendo que a integralidade ocorreu no curso da execução; Segundo: não comunicou ao juízo da execução o pagamento parcial do débito ao ajuizar a execução e tampouco a integralidade do mesmo; Terceiro: não desistiu da execução nem mesmo depois de ter recebido a integralidade do débito». Atribuiu-se ao Banco, inclusive, condenação por litigância de má-fé.

Assinalou ainda a Relatora que, após a declaração da ocorrência do sinistro pelo IRB, era vedado ao recorrente ajuizar execução em face à recorrida, pois esta «cumprira integralmente as suas obrigações decorrentes do mútuo com o pagamento integral do prêmio confortada com a declaração da ocorrência do sinistro». O acórdão recorrido reconhecera estar paga integralmente a dívida, a demonstrar «que a relação jurídica de débito e crédito entre o recorrente e a recorrida estava consumada pelo integral cumprimento das obrigações assumidas ao contratar o mútuo». Por esta razão, indevido fora o ajuizamento da execução, «porque, após o reconhecimento do sinistro pelo IRB, operou-se a quitação do débito, da forma *ope legis*, pelo pagamento do prêmio do seguro realizado pela recorrida ao contratar o mútuo». E concluiu ter a recorrida «cumprido o contrato de obras a que se comprometera na Líbia e desembolsado o valor relativo ao prêmio do seguro». Estes, «diante da ocorrência do sinistro se convertem em modalidade especial de desembolso que deve ser tido como pagamento do mútuo contratado e devidamente segurado».

Depois de bem caracterizar a espécie, invocou a Ministra Relatora o princípio da boa-fé objetiva, «regra de comportamento que compreende uma postura respeitosa e povoada de lealdade, não abusiva e nem lesiva, pois nesta trilha culmina com o necessário cumprimento do princípio da socialidade, um dos que orientaram todo o comportamento humano na vida em sociedade».

No princípio da boa-fé, encontrou o fundamento para censurar a conduta do recorrente que não havia desistido do ajuizamento – como facultado pelo art. 941 do Código Civil, agindo, segundo o acórdão impugnado, com malícia e usando abusivamente do seu direito ao ajuizar a execução de dívida sabidamente que lhe fora integralmente reembolsada pelo IRB. E sentenciou:

«A pena civil aplicável ao comportamento abusivo previsto no art. 940 do CC/2002, nada mais é do que efeito contratual que sobrevive mesmo depois de extinta a relação jurídica contratual, que na espécie foi encerrada pelo pagamento feito pela recorrida. Trata-se de modalidade de contratos que mesmo extintos pelo devido adimplemento possuem efeitos sobreviventes, também denominados efeitos imortais.

Com o fiel adimplemento da obrigação decorrente da relação de débito e crédito, considerado o ponto culminante da conduta esperada reciprocamente pelas partes, mantém-se ainda responsabilidade para além do cumprimento da obrigação contratada, compreensão esta também adotada pelo Direito alemão. Neste julgamento, vemos a materialização desta linha de compreensão, posto que após o adimplemento exsurge a chamada "pós-eficácia" decorrente do negócio jurídico extinto pelo pagamento, cujo descumprimento pode gerar danos. Trata-se da responsabilidade pós-negocial em sentido lato e anelada ao princípio da boa-fé objetiva». Sancionou-se, assim a conduta do Banco do Brasil, não só com a condenação em litigância de má-fé, como também com o pagamento em dobro, «como meio de compensar as dificuldades e incômodos» causados por sua malícia.

3. Síntese conclusiva

Os quatro critérios distintivos propostos no Capítulo IV e neste Capítulo V de modo algum esgotam as possibilidades de apreciação da boa-fé. Porém, já permitem alcançar um significado geral para o modelo da boa-fé objetiva no Direito brasileiro: direcionar condutas no tráfico negocial à probidade («correção»), assegurando por uma linha de relativa coerência comportamental, a confiança minimamente necessária e o nível colaborativo inafastável para assegurar a higidez das relações sociais voluntariamente criadas (ou a serem criadas, ou depois de desenvolvidas), como o são as relações negociais. Esse direcionamento é, do ponto de vista de seu conteúdo, relacional ao campo de relações em que o princípio incide, harmonizando-se com outros elementos normativos e fáticos, articulando-se, ainda, com o interesse conferido a cada participante na relação jurídica.

Examinado o critério das fases, cabe, finalmente, chegar ao critério das funções da boa-fé, discernindo nos três próximos Capítulos entre as funções hermenêutica, integrativa e corretora do exercício jurídico.

Capítulo Sexto

A Função Hermenêutica da Boa-Fé

§ 49. A função e interpretação contratual

1. Proposição; 2. Fatores introdutórios da atenção à boa-fé no Direito brasileiro; 3. O método adotado

§ 50. A interpretação segundo a boa-fé

1. Interpretação – sentido amplo; 2. Interpretação contratual: questões; 3. Atuação complessiva da boa-fé hermenêutica

§ 51. A boa-fé «contextual»: os cânones dos arts. 112 e 113 do Código Civil

1. Proposição; 2. Regras jurídicas de interpretação e regras jurídicas interpretativas

§ 52. A «intenção consubstanciada na declaração» e o cânone da «totalidade e coerência» do contrato

1. Proposição; 2. O alcance do art. 112; 3. A insuficiência do critério literal; 4. O cânone da totalidade e da coerência; 5. O art. 113: *caput* e inciso III do parágrafo 1.º

§ 53. Cânone da totalidade hermenêutica e finalidade do negócio

1. Proposição; 2. Negócio jurídico como categoria finalista: consequências; 3. Interpretação finalista e contratos por adesão; 4. Finalidade, «título» do contrato e atipicidade contratual

§ 54. O critério do comportamento das partes

1. Proposição; 2. O comportamento posterior; 3. O comportamento anterior; 4. As práticas seguidas pelas partes; 5. As práticas referidas no art. 9.º da CISG; 6. Boa-fé e interpretação segundo os usos; 7. Significados da palavra «usos»; 8. O art. 113 inclui os usos e as práticas; 9. Usos e prévio consentimento; 10. O valor dos usos referidos no art. 113; 11. Usos na prática internacional

§ 55. Boa-fé e interpretação a favor do aderente

1. Proposição; 2. A regra *contra proferentem*; 3. O ônus de falar claro; 4. Interpretação segundo a boa-fé e vulnerabilidade do consumidor

§ 56. A boa-fé hermenêutica na CISG – Convenção de Viena para a Compra e Venda Internacional de Mercadorias

1. Proposição; 2. A boa-fé como norma dirigida ao intérprete; 3. O cânone da uniformidade hermenêutica; 4. O postulado normativo do caráter internacional do contrato; 5. Aplicação da boa-fé por via indireta

§ 57. Boa-fé e tutela da confiança na interpretação das declarações tácitas: o problema da chamada «extensão da cláusula compromissória»

1. Proposição; 2. Fundamentos; 3. A hipótese da «extensão subjetiva» da cláusula compromissória; 4. Cuidados a adotar e *standards* a considerar

§ 58. Boa-fé e interpretação mitigadora do rigor legal ou contratual

1. Proposição; 2. Campo de aplicação; 3. Equidade e assistematicidade; 4. Síntese conclusiva

§ 49. A função e interpretação contratual

1. Proposição

No exame dos institutos e conceitos do Direito, «a pergunta mais importante», sustenta com acerto Pietro Perlingieri,[1] diz respeito à sua função. Para que serve o instituto? Por que tal ou qual conceito é aplicado a determinada realidade? Qual a sua razão justificativa?

A atenção aos aspectos finalísticos e funcionais não é recente: dos primeiros se ocupou pioneiramente Jhering,[2] nos finais do século XIX; já quanto aos segundos, foi contribuição do realismo jurídico à Teoria do Direito perceber que os conceitos jurídicos devem corresponder a experiências efetivas, a funções práticas ou a diretrizes valorativas, sob pena de consistir em *transcendental nonsense* como, acidamente, denominara, já em 1935, o jurista norte-americano Felix Cohen.[3]

Para que a expressão «boa-fé objetiva» não constitua mais um conjunto de *palavras encantadas*,[4] cabe mergulhar em suas funções, sistematizando-se e analisando criticamente aquelas que vêm sendo reveladas pela jurisprudência do Superior Tribunal de Justiça produzida no país nas últimas duas décadas.[5]

Como trabalho de dogmática jurídica, nascido de reflexão, a sistematização e crítica ora propostas implicam mais que a referência ou a transcrição de julgados: devem incluir a crítica respeitosa e pontual; implicam distinções e categorizações; e devem resultar em conclusões com *caráter orientador*, ainda que o resultado, por parte da comunidade jurídica, seja o de repeli-las.

A razão dos recortes temporal e orgânico conferidos ao exame funcional da boa-fé há de ser esclarecida. Conforme pesquisa por mim desenvolvida desde o ano de 1992,

---

1. PERLINGIERI, Pietro. *Normas Constitucionais nas Relações Privadas. Apud* TEPEDINO, Gustavo; BARBOZA, Heloisa Helena; BODIN DE MORAES, Maria Celina. *Código Civil Interpretado Conforme a Constituição da República.* Tomo I. Rio de Janeiro: Renovar, 2004, p. 132.
2. JHERING, Rudolph von. *El Fin en el Derecho.* Trad. espanhola de Leonardo Rodriguez. Pamplona: Analecta, 2005.
3. COHEN, Felix. *El Método Funcional en el Derecho.* Trad. espanhola de Genaro Carriò. Buenos Aires: Abeledo-Perrot, 1961, p. 54.
4. COHEN, Felix. *El Método Funcional en el Derecho.* Trad. espanhola de Genaro Carriò. Buenos Aires: Abeledo-Perrot, 1961, p. 54, em tradução livre.
5. O Enunciado 26 da I Jornada de Direito Civil do Conselho de Justiça Federal (2002), mistura as três funções: Art. 422: A cláusula geral contida no art. 422 do novo Código Civil impõe ao juiz interpretar e, quando necessário, suprir e corrigir o contrato segundo a boa-fé objetiva, entendida como a exigência de comportamento leal dos contratantes.

A BOA-FÉ NO DIREITO PRIVADO

a atenção da jurisprudência ao princípio da boa-fé objetiva é demarcada temporalmente por decisões proferidas pelo então Desembargador Ruy Rosado de Aguiar Jr., quando integrante do Tribunal de Justiça do Rio Grande do Sul e que se tornaram amplamente conhecidas pelos «casos» que veicularam: o «caso da loja de vestuários»;[6] o «caso dos tomates»;[7] o «caso do posto de gasolina»;[8] etc. Não se trata de saber, a rigor, se foram tais decisões cronologicamente pioneiras, mas de assinalar que, desde então, o tema da boa-fé objetiva e sua incidência na relação obrigacional se tornou recorrente em sede doutrinária e jurisprudencial.

2. Fatores introdutórios da atenção à boa-fé no Direito brasileiro

Como já adiantado na Nota da Autora à edição do ano de 2015,[9] vários fatores concorreram para tanto. Em 1990, entrou em vigor o Código de Defesa do Consumidor, com a expressa referência à boa-fé objetiva nos enunciados dos arts. 4.º, inc. III, e 51, inc. IV. A continuidade da minha pesquisa, centrada, a partir de então, nas decisões do Superior Tribunal de Justiça, demonstrou que a maior frequência de arestos mencionando expressamente a boa-fé objetiva (ou na acepção objetiva, ainda que sem referir expressamente o qualificativo) se verificou a partir do ano de 2003, quando já vigente o Código Civil, que a acolhera como cláusula geral.[10] Este fato aponta, de um lado, à importância do reconhecimento legislativo da boa-fé pela «lei geral», isto é, o Código Civil; de outro, oferece ao exame da doutrina um *corpus* jurisprudencial apto a amparar aquela que é a tarefa doutrinária por excelência, qual seja, o *distinguo* capaz

---

6. TJRS. Ap. Cív. 589071711. Quinta Câmara Cível. Relator Des. Ruy Rosado de Aguiar Jr. Julgamento em 19.12.1989. Inteiro teor reproduzido e comentado em: MARTINS-COSTA, Judith. O Princípio da Boa-Fé. *Revista da Ajuris*, Porto Alegre, v. 50, 1990, p. 207-227.

7. TJRS. Ap. Cív. 591028295. Quinta Câmara Cível. Relator Des. Ruy Rosado de Aguiar Jr. Julgamento em 06.06.1991. Desta decisão opuseram-se os TJRS. E.I. 591083357. Terceiro Grupo de Câmaras Cíveis. Julgamento em 01.11.1991. Após acirrada discussão, prevaleceu a tese vencedora na apelação, por seus próprios fundamentos, rejeitando-se, por maioria, os embargos. Comentei este caso em MARTINS-COSTA, Judith. *A Boa-Fé no Direito Privado:* sistema e tópica no processo obrigacional. São Paulo: Revista dos Tribunais, 1999, p. 473-476.

8. Especificamente: TJRS. Ap. Cív. 591017058. Quinta Câmara Cível. Relator Des. Ruy Rosado de Aguiar Jr. Julgamento em 25.04.1991. Comentei este caso em MARTINS-COSTA, Judith. *A Boa-Fé no Direito Privado:* sistema e tópica no processo obrigacional. São Paulo: Revista dos Tribunais, 1999, p. 477-480.

9. Sob a edição de Marcial Pons Editores.

10. Com efeito, levantamento realizado durante os anos de 2010 e 2012 demonstra que, considerados 216 acórdãos, apenas 19 foram julgados anteriormente a 01 de janeiro de 2003. Até o ano de 1994, quando o magistrado Ruy Rosado de Aguiar Jr. foi elevado à condição de Ministro daquela Corte encarregada, constitucionalmente, de unificar a jurisprudência do país, nenhum acórdão estava indexado à referência «boa-fé objetiva». A primeira decisão é justamente do ano de 1994, mas o efetivo impulso – com o salto de 19 decisões entre 1994 e 2003, e 197 decisões publicadas entre 2003 e 2012 – deu-se depois da entrada em vigor do Código Civil. (Conforme pesquisa de: XAVIER, Rafael Branco. *A Boa-Fé Objetiva na Jurisprudência do STJ*. Porto Alegre: Salão de Iniciação Científica da Faculdade de Direito da UFRGS, 2012).

A Função Hermenêutica da Boa-Fé | 499

de apontar à delimitação do instituto jurídico denominado «boa-fé objetiva» pelo discernimento entre os modelos que dele decorrem, das suas funções e da fixação do seu campo operativo.

De fato, há 20 anos importava, sobretudo, «propalar» o instituto, discernindo entre boa-fé subjetiva e objetiva[11] e chamando a atenção sobre as potencialidades desta última, pois os riscos advinham do desconhecimento sobre suas virtualidades normativas. Presentemente o risco está na diluição[12] de significados decorrente da hiperinvocação[13] da boa-fé como espécie de *princípio passe-partout* que a tudo embala na mesma genérica etiqueta, trazendo-o, no mais das vezes, de cambulhada com outros conceitos vagos, como «função social do contrato», «dignidade da pessoa humana», «razoabilidade», «equidade», «equilíbrio contratual», «socialidade» e similares. Cabe, portanto, distinguir funcionalmente entre as espécies componentes (suas «figuras parcelares»), e, bem assim, entre esse instituto e outros princípios e institutos que povoam o Ordenamento, sendo a técnica das *distinctiones* (análise, comparação, estabelecimento de relações, separação, agrupamento, classificação) tão antiga quanto inafastável instrumento para o pensamento jurídico.

Por outro lado, para um exame que não se limitasse a uma reprodução de ementas ou a uma quantificação dos julgados – mas estivesse embasado no estudo cuidadoso de seu inteiro teor, apreendendo a correlação entre fatos verificados e direito aplicado – mostrava-se inalcançável consultar todas as decisões, de todos os 32 tribunais distribuídos entre a Justiça comum e a Justiça federal nos Estados brasileiros. Optou-se, assim, por concentrar o foco de análise na Corte que, dadas as suas prerrogativas constitucionais, é encarregada de unificar a jurisprudência nacional em matéria infraconstitucional,[14] pois ali se estampa uma espécie de síntese do verificado nos variados campos desse país tão diversificado culturalmente. Pontualmente, serão também mencionados regramentos internacionais, em vista das peculiaridades da atuação em casos submetidos à arbitragem comercial. Nesse sentido, destaque será dado à Convenção de Viena de 1980 para a Compra e Venda Internacional de Mercadorias (CISG) não apenas por ser, agora, conjunto normativo vigorante no País, mas,

---

11. Ou às distinções entre o agir «de boa-fé» e o agir «segundo a boa-fé», a primeira expressão denotando um estado intelectivo do agente, considerado como fato fenomênico juridicamente relevante em determinadas situações; e a segunda expressão denotando um *standard* de conduta dotado de relevância jurisgênica (para essas observações, ver Capítulo IV, §24).

12. «Diluir» importa em dissolver, horizontalmente, o significado, que resta ralo e, por isso, de pouca valia operativa. Como está na sabedoria popular, aquilo que tudo pretende significar, resta por não significar nada, cabendo, pois, tornar o mais acurado (isto é: delimitado) possível o campo operativo do princípio da boa-fé.

13. Mencionam a «super-invocação» Tepedino, Gustavo; Schreiber, Anderson. A Boa-Fé Objetiva no Código de Defesa do Consumidor e no Novo Código Civil. *Revista da EMERJ*, Rio de Janeiro, EMERJ, n. 23, out. 2003, p. 139-151.

14. Constituição Federal, art. 105, III, conforme aludi em Martins-Costa, Judith. A Boa-Fé como Modelo. In: Martins-Costa, Judith; Branco, Gerson Luiz Carlos. *Diretrizes Teóricas do Novo Código Civil*. São Paulo: Saraiva, 2002, p. 189.

A BOA-FÉ NO DIREITO PRIVADO

igualmente, por sua intrínseca relevância no tráfico negocial e pela influência direta na formação das figuras parcelares de concreção da boa-fé objetiva em nosso Ordenamento, como, exemplificativamente, o adimplemento substancial, o encargo dirigido ao credor de agir para mitigar, quando razoavelmente possível, o próprio prejuízo, ou a admissibilidade de um inadimplemento antecipado.

3. O método adotado

Uma explicação é devida quanto ao método classificatório aqui adotado. Em vista das funções desempenhadas pela boa-fé, vários têm sido os critérios de classificação propostos na doutrina. De outra feita, privilegiei a divisão entre (i) função hermenêutico-integrativa (agregando, pois, ambas as funções); (ii) de limite (não discernindo, porém, entre o limite à conduta contraditória das partes e a correção do conteúdo contratual); e (iii) de criação de deveres, não especificando suficientemente, todavia, naquela altura, nem a temática da integração de lacunas, nem a distinção entre as espécies de deveres.[15]

O aprofundamento de minha reflexão, impulsionada em grande parte pelo contraste entre a efetiva realidade traduzida no *corpus* jurisprudencial examinado e aquela classificação então proposta, fez concluir de modo diverso: algumas das funcionalidades desbordavam, outras não encontravam ali encaixe. Ciente de as classificações não serem verdadeiras ou falsas, mas úteis ou inúteis, pertinentes ou não pertinentes, adoto agora outra classificação – também tripartite em seus traços mais largos – discernindo, porém, entre a *função hermenêutica* exercida pela boa-fé e suas peculiaridades na determinação do sentido e do alcance do contrato;[16] a *função integradora,* ou *integrativa,* completando o contrato com a determinação de deveres às partes;[17] e a função de *correção do conteúdo contratual e do modo do exercício jurídico* em que se alocam as funções de modulação/expurgo do conteúdo contratual, quando abusivo, e de limite ao exercício jurídico, quando disfuncional.[18]

Evidentemente, as funções aqui assinaladas não são, de modo algum, estanques. Em primeiro lugar, toda aplicação de lei ou de contrato implica prévia interpretação do texto e do contexto: a *norma é* – disse-o excelentemente Miguel Reale – *situação normada.*[19] A interpretação preexiste à normatividade. Consequentemente, ao interpretar

---

15. Isto é, à sua tríplice função de cânone hermenêutico-integrativo; fonte de deveres e limite ao exercício de direitos subjetivos. (Assim em: Martins-Costa, Judith. *A Boa-Fé no Direito Privado*: sistema e tópica no processo obrigacional. São Paulo: Revista dos Tribunais, 1999, p. 477 e ss.). Também em: Martins-Costa, Judith. Os Campos Normativos da Boa-Fé Objetiva: as Três Perspectivas do Direito Privado Brasileiro. In: Azevedo, Antonio Junqueira; Tôrres, Heleno Taveira; Carbone, Paolo. (Coords.). *Princípios do Novo Código Civil Brasileiro e Outros Temas.* Homenagem a Tullio Ascarelli. São Paulo: Quartier Latin, 2008, p. 399.

16. Capítulo VI.

17. Capítulo VII, especialmente §§59 e 60.

18. Capítulo VIII, especialmente §§66 e 67.

19. Reale, Miguel. De Dignatate Jurisprudentiae. *Horizontes do Direito e da História.* 3.ª ed. São Paulo: Saraiva, 2000, p. 275.

determinado contrato à luz da boa-fé (função hermenêutica), o intérprete poderá concluir que a conduta de uma das partes é contraditória com o que fora anteriormente
manifestado em sua execução, exigindo, então, a adstrição a uma linha de coerência,
determinando consequências ressarcitórias ao exercício jurídico que trilha condutas
contrárias ao mandamento de agir segundo a boa-fé (função corretora); ou ainda (com
o que ingressará na função integrativa) impondo deveres de manutenção de conduta
coerente e colaborativa com os fins do contrato.

Escusado dizer que a classificação ora proposta – e, principalmente, a exemplificação, *via* decisões do Superior Tribunal de Justiça arroladas segundo critério que
buscou escapar de uma análise ingenuamente quantitativa –[20] não tem, de modo algum,
o intento de proclamar «verdades» ou «a última palavra» acerca das funções da boa-fé
objetiva: limita-se a oferecer critérios de orientação, baseados no esforço de compreensão dogmática impulsionada pelo ajustamento entre as suas categorias e o que advém
da análise da *praxis* jurídica.

§ 50. A interpretação segundo a boa-fé

1. Interpretação – sentido amplo

No seu mais amplo significado, para o Direito, interpretar é, fundamentalmente, buscar o sentido de um texto normativo, definindo o seu alcance.[21] Como está em
Larenz: a interpretação é «uma atividade de mediação, pela qual o intérprete traz à
compreensão o sentido de um texto que se lhe torna problemático».[22] É, portanto,
esclarecer, explicitando sobre a significação do texto e orientando sobre o sentido das
estruturas normativas prescritivas do Ordenamento. Interpretar um contrato é extrair
«o significado do seu conteúdo total, a partir do exame dos elementos derivados das
mais diversas fontes».[23] Não se interpretam apenas textos, mas, por igual, condutas,
intenções, fatos, indícios, gestos e também o silêncio, para qualificá-los segundo as

---

20. Adverte-se que para a descrição dos fatos respeitantes às decisões do STJ, foi levada em conta a
apreciação dos fatos procedida ou assumida pelo próprio STJ.

21. Muitas são as definições de partida para o ato de interpretar. Por sua extensão e pela diversidade
de correntes seguidas pelos autores, não será aqui referida a extensíssima doutrina, salvo, com
caráter meramente indicativo da doutrina mais recente: GUASTINI, Riccardo. *Das Fontes às Normas*.
Trad. de Edson Bini. São Paulo: Quartier Latin, 2005, p. 23; GRAU, Eros Roberto. *Porque tenho
Medo dos Juízes*. A Interpretação/Aplicação do Direito e os Princípios. 6.ª ed. São Paulo: Malheiros,
2013; SCOGNAMIGLIO, Claudio. L'Interpretazione. In: GABRIELLI, Enrico; RESCIGNO, Pietro (Org.).
Trattato dei Contratti. Tomo II. Torino: UTET, 1999, p. 913-1015. As indicações pontuais estão
nas notas que seguem.

22. LARENZ, Karl. *Metodologia da Ciência do Direito*. Trad. portuguesa de José Lamego. 3.ª ed. Lisboa:
Calouste Gulbenkian, 1997, p. 439.

23. NITSCHKE, Guilherme Carneiro Monteiro. *Lacunas Contratuais e Interpretação*. História, Conceito e Método. São Paulo: Quartier Latin, 2019, p. 375.

categorias do Direito, chegando à solução de um caso concreto («momento aplicativo»). Há, pois, uma finalidade pragmática que imanta a interpretação jurídica.

Interpretar não se limita, portanto, a «buscar o sentido» de um texto, determinando o seu alcance, embora aí esteja *o núcleo* da atividade hermenêutica. Abrange, por igual, «problemas de relevância, de qualificação, de valoração [dos fatos] e de prova», isto é, envolve aspectos axiológicos e metodológicos.[24] Inclui-se na interpretação *lato sensu* considerada (embora não esteja com ela confundida) a qualificação, esse «elemento essencial da prática do jurista», consistente em subsumir os fatos sob as normas jurídicas, visando determinar os efeitos de direito.[25]

Qualificar é determinar se os fatos ou atos em causa correspondem ou não à noção jurídica a ele atribuída, e quais são os efeitos dessa correspondência. Trata-se, portanto, de uma etapa indispensável ao processo hermenêutico-aplicativo, na medida em que a qualificação assegura a circulação entre o mundo do *Dever Ser* (*Sollen*, o universo abstrato ou simbólico onde se situam as normas jurídicas destinadas a regrar as condutas humanas) e o mundo do *Ser* (*Sein*, o universo concreto onde acontecem os comportamentos humanos). Pela qualificação nós classificamos e colocamos em relação o que é, o fato, e o que deve ser, *o direito do caso*, apontando às consequências dessa qualificação. Por exemplo, em vista do texto contratual, o jurista qualifica se determinada disposição configura a previsão de *condição* (conceituada no Código Civil, art. 121 como a cláusula, derivada exclusivamente da vontade das partes, que subordina o efeito do negócio a evento futuro e incerto) ou de *termo* (não conceituado no Código Civil, mas, por elaboração doutrinária, assim considerada a cláusula que, derivando exclusivamente da vontade das partes, subordina o efeito do negócio a evento futuro e *certo*), ou, ainda, sendo uma condição, se é lícita e válida ou ilícita e inválida, por configurar condição meramente potestativa (Código Civil, art. 122).

Toda interpretação é, assim, compreensão e veículo para a compreensão, «arte de compreender», na expressão de Gadamer,[26] mas, igualmente, *ciência de compreensão*, pois obediente a regras e princípios, expressos e inexpressos, que permeiam o ordenamento, ancorando-se em estruturas epistemológicas filtradas pela tradição e pela cultura.[27] Não se trata, pois, de um livre compreender: trata-se de uma interpretação tecnicamente balizada, pois na ideia de um Ordenamento jurídico, escreveu o mesmo

---

24. Assim: Ávila, Humberto Bergmann. Notas sobre o Papel da Doutrina na Interpretação. *Conversa sobre a Interpretação no Direito. Estudos em Homenagem ao Centenário de Miguel Reale.* Cadernos para Debates n. 4. Instituto de Estudos Culturalistas, Canela, set. 2011, p. 158.

25. «Élement essenciel de la pratique du juriste, la qualification consiste, dans une première approche, àsubsumer des faits sous les normes juridiques, en vue de la production d'effets de droit». Assim: Alland, Denis; Rials, Stéphane. *Dictionnaire de la Culture Juridique.* Paris, Quadrige/LAMY-PUF, 2003, p. 1.277.

26. Gadamer, Hans-Georg. L'Art de Comprendre. *Écrits II.* Paris: Aubier-Montaigne, 1982.

27. Menciono sinteticamente este tema em: Martins-Costa, Judith. Como harmonizar os modelos jurídicos abertos com a segurança jurídica dos contratos (notas para uma palestra). *Revista Brasileira de Direito Civil*, vol. 5, jul./set. 2015, p. 67-77. Também publicado em: *Revista Jurídica Luso-Brasileira*, ano 2, n. 1, 2016, p. 1051-1064.

A Função Hermenêutica da Boa-Fé | 503

Gadamer, entende-se que a sentença do juiz não obedeça a arbitrariedades imprevisíveis. Toda segurança jurídica em um Estado de Direito consiste em se poder ter ideia do *a que se ater*,[28] *a que seguir* e *a que obedecer.*

Justamente por essa razão, não é permitida, na técnica jurídica, a *livre atribuição* de sentidos. Há técnicas, métodos e cânones hermenêuticos aos quais o jurista está adstrito, sendo tais técnicas, métodos e cânones revestidos por especificidades, quer se trate de interpretar leis, quer se trate da interpretação de negócios jurídicos e, dentre esses, os mais próximos à problemática da boa-fé, qual seja: a interpretação dos negócios jurídicos *contratuais.*

2. Interpretação contratual: questões

Sublinhe-se um ponto acima mencionado: a hermenêutica contratual envolve sempre uma *applicatio*,[29] conduzindo «ao próprio coração do problema da autonomia privada».[30] Toda a interpretação contratual é suscitada, pois, pelo problema prático a resolver: *o problema chama a interpretação*. Mas é preciso ter claras, previamente, algumas questões de ordem teórica: no seu núcleo está a vontade das partes? A compreensão dos sentidos da declaração negocial em seus aspectos puramente objetivos? A detecção de interesses puramente econômicos das partes? A confiança suscitada pela declaração, considerando-se um regulamento contratual em sua integralidade? O que tem maior relevância para o intérprete – o momento da formação ou o da execução do contrato? É ainda razoável chamar-se ao proscênio a autonomia privada em vistas das operações de troca silenciosas e massivas características de nossa sociedade?[31] Sob que prismas e critérios (*standards* hermenêuticos) e sobre quais bases teóricas apresenta-se a tarefa hermenêutica? Que problemas visa resolver?

As questões são muitas, e complexas, e – quando frente a frente o julgador e o caso concreto – são, não raro, questões aflitivas. A bem da verdade, todo e qualquer texto normativo se torna problemático no momento da sua aplicação, mas essa constatação,

---

28. Gadamer, Hans-Georg. *Verdad y Método*. Trad. espanhola de Ana Agud Aparicio e Rafael de Agapito. 4.ª ed. Salamanca: Ediciones Sígueme, 1991, p. 402.

29. Assim, destacando a especificidade da interpretação contratual frente aos demais negócios jurídicos: Carneiro da Frada, Manuel. Sobre a Interpretação do Contrato. *Revista O Direito*, Coimbra, Almedina, ano 144, n. III, 2012, p. 511. Acerca dessa problemática, *vide*, ainda: MenezesCordeiro, António Manuel. *Tratado de Direito Civil Português*, vol. I. 3.ª ed. Coimbra: Almedina, 2005, p. 741 e ss.; Reale, Miguel. Diretrizes da Hermenêutica Contratual. *Questões de Direito Privado*. São Paulo: Saraiva, 1997, p. 3; Alpa, Guido; Fonsi, Gianluca; Resta, Giorgio. *L'Interpretazione del Contratto*. Orientamenti e Tecniche della Giurisprudenza. 2.ª ed. Milano: Giuffrè, 2001; Scognamiglio, Claudio. *Interpretazione del Contratto e Interessi dei Contraenti*. Padova: Cedam, 1992, em especial p. 38-42.

30. Scognamiglio, Claudio. *Interpretazione del Contratto e Interessi dei Contraenti*. Padova: Cedam, 1992, p. 1 (traduzi).

31. Scognamiglio, Claudio. L'interpretazione. In: Gabrielli, Enrico; Rescigno, Pietro (Org.). *Trattato dei Contratti*. Tomo II. Torino: UTET, 1999, p. 919-920.

504 | A BOA-FÉ NO DIREITO PRIVADO

pertinente à interpretação jurídica em geral, mais agudamente se faz sentir quando se trata de compreender, qualificar e aplicar as regras de um contrato. O problema concreto polariza a hermenêutica contratual, porque o contrato foi feito precisamente para ser executado. O intérprete deve encontrar uma solução para resolver certo problema prático segundo determinada teia de significações e de acordo com as qualificações predispostas no sistema. O contrato há de fazer sentido, e esse sentido há de, concomitantemente, ser útil e justo para partes, correspondente à sua comum intenção, consubstanciada na declaração e *concorde* ao Ordenamento jurídico. Toda interpretação contratual envolve, pois, um juízo de respeito e atenção ao manifestado pelas partes (então subjazendo os princípios da autonomia privada e da confiança na conduta da contraparte) e um juízo de qualificação ou categorização jurídica incidente tanto sobre a declaração negocial quanto sobre o exercício jurídico pelos contraentes.

Se não houver consenso sobre a significação e o alcance do conteúdo de um contrato, isto é, se o sentido do texto contratual apresentar-se *problemático*, há de ser iniciado um processo técnico-jurídico de determinação (extração) do significado do texto contratual. Este é o primeiro passo do *iter* interpretativo, pois dele depende a própria qualificação da previsão normativa expressa no contrato, bem como a qualificação dos atos ou fatos componentes do contexto normativo e, consequentemente, a produção da *norma para o caso*. Esta responderá às questões de saber: qual a intenção consubstanciada no acordo? O ajustado está de acordo com o Ordenamento jurídico? Em vista do acordado, como as partes deveriam ter se comportado? A quais deveres e obrigações estavam adstritas, e quais não foram observados, e por quais razões?

3. Atuação complessiva da boa-fé hermenêutica

Atuando conjuntamente com outros cânones hermenêuticos, o princípio da boa-fé auxilia a obter essas respostas. Este é um ponto a reter: como cânone hermenêutico, dificilmente a boa-fé atuará isoladamente, de forma divorciada de outros cânones interpretativos. Chamar a boa-fé no plano interpretativo importa em conjugar *standards*, para averiguar como se individua, *in concreto*, o comportamento segundo a boa-fé, ou como é singularizado, também *in concreto*, um significado (do contrato, do comportamento contratual) em acordo à boa-fé.[32] A solução do problema da boa-fé interpretativa, diz com razão Scognamiglio, passa pela determinação dos modos pelos quais a individualidade da singular operação negocial vem filtrada por esquemas socialmente típicos, em linha a consentir a emersão daquilo que o concreto regulamento de interesses exprime em termos de normalidade e regularidade.[33] Do contrário, a invocação à

---

32. Assim o Enunciado n. 27 da I Jornada de Direito Civil do Conselho de Justiça Federal (2002): «Art. 422: Na interpretação da cláusula geral da boa-fé, deve-se levar em conta o sistema do Código Civil e as conexões sistemáticas com outros estatutos normativos e fatores metajurídicos».

33. SCOGNAMIGLIO, Claudio. *Interpretazione del Contratto e Interessi dei Contraenti*. Padova: Cedam, 1992, p. 339. No original: «In tale distinta prospettiva, la soluzione del problema della buona fede interpretativa, passa attraverso la determinazione dei modi con cui la individualità della singola

boa-fé será apenas um reprovável expediente de legitimação formal do arbítrio do aplicador do direito.

É bem verdade que, textualmente, o art. 113 do Código Civil, *caput*, coliga a interpretação conforme a boa-fé imediatamente aos usos, e o § 3.º do seu novo inciso I reitera: «[o sentido que] corresponder à boa-fé». Porém, há outras conexões, sendo a primeira delas com o que resulta do exercício da autonomia privada, a saber: vincular--se por meio de negócio jurídico é vincular-se por meio de uma manifestação de vontade (dita «manifestação negocial») que tem como efeito suscitar no *alter* a legítima confiança de que o prometido será cumprido. Indissociável à compreensão do art. 113 é, pois, o enunciado do art. 112, núcleo da busca da *intenção consubstanciada na declaração* negocial, fórmula que consagra a escolha, pelo legislador, da Teoria da Confiança no que tange à Teoria do Negócio Jurídico.

Conjuntamente atuantes, os princípios da boa-fé e da confiança (como efeito, na esfera jurídica dos contraentes, das mútuas declarações) auxiliarão, ambos, a formar resposta que (i) situe, contextualmente, a intenção consubstanciada na declaração, a qual (ii) *só poderá ser* alcançada em vista do caso concreto, pois, como já se salientou exaustivamente,[34] estruturas normativas como a boa-fé «proporcionam critérios para o juiz tomar uma posição concreta que, no entanto, *a priori* são indeterminadas, só adquirindo um significado operativo no momento de sua aplicação a um caso específico».[35]

A «complessividade» pela boa-fé hermenêutica não se esgota na conjugação com a intenção consubstanciada na declaração e os usos. Outros *standards* e cânones interpretativos são chamados a atuar. Alguns desses cânones vigoram de maneira inexpressa legislativamente, integrando o *corpus* cultural do Direito Privado, como o cânone da totalidade hermenêutica e a relevantíssima diretriz da finalidade do negócio jurídico. Outros foram postos em letra legislativa pela Lei Federal 13.874/2019 (LLE) em redação ora confusa, ora rebarbativa e, por vezes, tecnicamente deficiente,[36] como logo adiante se anotará.[37]

---

operazione negoziale viene filtrata da schemi socialmente tipici, al fine di consentire l´emersione di quel che il regolamento concreto esprime in termine di normalità e di regolarità».

34. Capítulo II, *supra*, §15.

35. Assim Lafer, Celso. Prefácio. In: Gonçalves, Camila de Jesus Mello. *Princípio da Boa-Fé*. Perspectivas e Aplicações. São Paulo: Campus-Elsevier, 2008.

36. Não se insistirá, aqui, nas justas críticas às deficiências técnicas da LLE. Remete-se, no que concerne ao art. 113, ao que está escrito em: Nitschke, Guilherme Carneiro Monteiro. *Comentário ao Artigo 113, §§ 1.º e 2.º, do Código Civil:* interpretação contratual a partir da Lei da Liberdade Econômica; e a Comiran, Giovana Cunha. Comentário ao art. 113, § 1.º, inciso II: "usos, costumes e práticas do mercado relativas ao tipo de negócio". In: Martins-Costa, Judith; Nitschke, Guilherme Carneiro Monteiro. *O Direito Privado na Lei de Liberdade Econômica*. Comentários. São Paulo: Almedina, 2022, p. 277- 432 e 433-458, respectivamente. Ainda: Nitschke, Guilherme Carneiro Monteiro. Colmatação de Lacunas Contratuais: Insuficiências do Código Civil, Deficiências da Lei de Liberdade Econômica e o trabalho da Doutrina. In: Barbosa, Henrique; Ferreira da Silva, Jorge Cesa. *A Evolução do Direito Empresarial e Obrigacional.* 18 anos do Código Civil. Obrigações e Contratos. São Paulo: Quartier Latin, 2022, p. 353-396.

37. *Vide, infra,* item 5 e §53, 2.

506 | A BOA-FÉ NO DIREITO PRIVADO

Ao invocar a boa-fé, portanto, o intérprete não tem em vista uma abstração, a ser resolvida num plano ideal sequer estando direcionado a perquirir a subjetividade do contratante (o que corresponderia à acepção subjetiva da boa-fé, ao «estado de fato»), ante tendo presente a necessidade de dar resposta adequada a problemas inseridos em um contexto concreto e sempre singular («o que seria, consideradas todas as circunstâncias fáticas e normativas do caso concreto, uma interpretação segundo a boa-fé?»). O contrato e as suas circunstâncias são, pois, os pontos de partida e o de chegada da interpretação segundo a boa-fé. As circunstâncias do caso – os fatos, as condutas, as finalidades, os usos – são o seu envoltório, a moldura que traça os limites e a perspectiva da interpretação.

A boa-fé hermenêutica serve, pois, fundamentalmente, como critério para auxiliar a determinação do significado que a operação contratual revela *segundo uma valoração conduzida à luz da conduta conforme a boa-fé*,[38] segundo o horizonte de significados expressos e implícitos no regulamento de interesses, desde que o intérprete tenha firmemente presentes as condições de aplicação deste princípio em sua função hermenêutica.

Para tanto, é necessário ter em mente – ainda que em traços larguíssimos – os cânones hermenêuticos que o precedem e aqueles que o sucedem na estrutura codificada, pois o problema do cânone da boa-fé interpretativa resolve-se essencialmente na individuação das relações traçadas com os demais critérios coenvoltos no caso.[39]

§ 51. A boa-fé «contextual»: os cânones dos arts. 112 e 113 do Código Civil

1. Proposição

Em sua função hermenêutica (art. 113), a boa-fé opera contextualmente, atuando de modo compósito aos demais cânones legais e àqueles filtrados da tradição doutrinária. No Código Civil, os arts. 112 e 113 situam os cânones hermenêuticos gerais e centrais dos negócios jurídicos privados, estando ambos intimamente inter-relacionados não apenas na topografia do Código Civil, mas também por expressarem, conjuntamente, uma explicação teórica para a concepção de negócio jurídico ali adotada («Teoria da Confiança»).[40]

---

38. SCOGNAMIGLIO, Claudio. L'interpretazione. In: GABRIELLI, Enrico; RESCIGNO, Pietro (Org.). *Trattato dei Contratti*. Tomo II. Torino: UTET, 1999, p. 919.

39. SCOGNAMIGLIO, Claudio. L'interpretazione. In: GABRIELLI, Enrico; RESCIGNO, Pietro (Org.). *Trattato dei Contratti*. Tomo II. Torino: UTET, 1999, p. 961.

40. Afirma Moreira Alves: «Com relação aos negócios jurídicos, as inovações e os preenchimentos de lacunas são vários. Assim, manteve-se a concepção subjetiva de negócio jurídico, não com o absolutismo do Código Civil, mas litigada, em que se leva em consideração, para efeito dos defeitos do negócio jurídico, a responsabilidade por parte daquele que declara a sua vontade e os aspectos

A Função Hermenêutica da Boa-Fé | 507

Acrescem a esses, cânones legais específicos a certos tipos contratuais, bem como aqueles derivados, no contrato, do exercício da autonomia privada.

2. Regras jurídicas de interpretação e regras jurídicas interpretativas

Os dispositivos legais acima mencionados – nomeadamente, arts. 112 e 113 do Código Civil – não exaurem as pautas de interpretação de um contrato, isto é, as *regras jurídicas de interpretação* destinadas ao intérprete, balizando o seu proceder em vista dos casos concretos,[41] e, por isso, distintas das chamadas *regras jurídicas interpretativas*, destinadas a esclarecer a manifestação de vontade exteriorizada com ambiguidade, obscuridade ou contradição, como na hipótese prevista no art. 423 do Código Civil (regra interpretativa).

Ainda como alerta à eventual hiperinvocação da boa-fé interpretativa, cabe lembrar: não seria tecnicamente adequado promover a interpretação de um negócio jurídico apenas com base na boa-fé, isoladamente tida como critério único e omnivalente. Como instituto jurídico que é, também nas suas funções hermenêuticas a boa-fé supõe a *articulação de uma estrutura normativa* que engloba regras legais e contratuais, *standards* e modelos doutrinários e, igualmente, modelos deduzidos de julgamentos precedentes que, com o caso, guardem relação de identidade ou de semelhança (*eadem ratio*). Ademais, se há de conjugar aos cânones gerais dos arts. 112 e 113 do Código Civil às diretrizes deduzidas da principiologia contratual explícita e implícita, às regras pertinentes aos tipos contratuais especificamente considerados (*v.g.*, a do art. 843 do Código Civil, relativo ao negócio de transação) e aos riscos que lhes são próprios (por exemplo, no caso da compra e venda, a do art. 492, referente ao risco da transmissão do domínio).

---

de confiança daquele que recebe essa vontade. Com isso, permitiu-se que vícios como o do erro pelo aspecto puramente subjetivo da parte que errou não fossem admitidos, mas somente quando há a possibilidade de a parte que não erra saber ou poder saber que a outra celebrou negócio porque havia errado. Adotou-se, dessa forma, o princípio da responsabilidade de quem declara e o da confiança de quem recebe essa declaração» (Moreira Alves, José Carlos. *A Parte Geral do Código Civil*. Disponível em: <https://revistacej.cjf.jus.br/cej/index.php/revcej/article/view/231>. Acesso em: 10.05.2023). Também semelhantemente em: *A Parte Geral do Projeto de Código Civil*. São Paulo: Saraiva, 2003, p. 108. Ainda: Martins-Costa, Judith. *Comentários ao Novo Código Civil. Do Inadimplemento das Obrigações*, vol. V. Tomo II. 2.ª ed. Rio de Janeiro: Forense, 2009, p. 68-77.

41. A distinção entre regras interpretativas e regras de interpretação é relevante. Esclarece Pontes de Miranda: «Se existe regra jurídica interpretativa, que foi infringida ao se interpretar negócio jurídico, ou ato jurídico *stricto sensu*, cabe ação rescisória: a regra jurídica interpretativa, *ius interpretativum*, é regra de direito, como qualquer outra. Se o erro é na interpretação sem se infringir *ius cogens, ius dispositivum* ou *ius interpretatium*, então sim –, não há rescindibilidade, segundo o art. 485, V, nem segundo o art. 486» (Pontes de Miranda, Francisco Cavalcanti. *Tratado da Ações*. Tomo IV. Atualizado por Vilson Rodrigues Alves. Campinas: Bookseller, 1998, § 241, p. 595). As referências aos textos legais reportam-se ao CPC/1973. O art. 485, V, teve sua redação mantida pelo NCPC, em seu art. 966, V; já o art. 486 corresponde ao art. 966, § 4.º, do NCPC.

508 | A BOA-FÉ NO DIREITO PRIVADO

Devem ser considerados, também, os preceitos hermenêuticos relacionados não só às «grandes espécies» de relações contratuais (como, *e.g.*, resultantes de negócios benéficos), mas, igualmente, às pautas de interpretação dos contratos atípicos, considerando-se a analogia até onde permite o «coeficiente de elasticidade do tipo», alcançado pela *eadem ratio*,mediante um «juízo de conformidade suficiente».[42] Não se pode esquecer de examinar as pautas hermenêuticas relativas a campos contratuais específicos (assim, os contratos formados e desenvolvidos no âmbito de uma relação de consumo, ou aqueles regidos pela CISG, por exemplo).

Finalmente, há de se ter em mente a particularidade da linguagem técnica especializada eventualmente empregada em determinado setor econômico-social (bastando recordar, a título exemplificativo, o peculiar léxico dos contratos de construção, ou os de seguro, ou o dos contratos envolvendo tecnologia da informação). E acrescem às regras de interpretação pontuadas legalmente aquelas formuladas e sedimentadas pela atividade doutrinária, por vezes multissecular.

§ 52. A «intenção consubstanciada na declaração» e o cânone da «totalidade e coerência» do contrato

1. Proposição

O art. 112 do Código Civil determina que, nas declarações de vontade, se deverá atender mais à intenção *consubstanciada* na declaração a final adotada pelas partes do que ao sentido literal da linguagem.

A «intenção», objetivada na declaração negocial (a qual é elemento nuclear do suporte fático da categoria jurídica «negócio jurídico»),[43] não carece, comumente, ser escrita e instrumentalizada em instrumento contratual, embora por vezes a forma escrita seja elemento de validade e, em outras, elemento de prova. Para compor o suporte fático de negócio jurídico «basta que a vontade negocial seja exteriorizada, independentemente de o ser por simples manifestação (ato de vontade adeclarativo) ou por

---

42. A proposição, hoje compartida sem discussões pelos autores alinhados ao «método tipológico» (Larenz, Karl. *Metodologia da Ciência do Direito*. Trad. portuguesa de José Lamego. 3.ª ed. Lisboa: Calouste Gulbenkian, 1997, p. 428-429) é assim enunciada por De Nova, Giorgio. *Il Tipo Contrattuale*. Padova: Cedam, 1974, p. 142. Transcrito por Marino, Francisco Paulo De Crescenzo. *Contratos Coligados no Direito Brasileiro*. São Paulo: Saraiva, 2009, p. 14. Consulte-se, a propósito, também Vasconcelos, Pedro Paes de. *Contratos Atípicos*. Coimbra: Almedina, 1995, p. 114; e Alpa, Guido. La Causa e il Tipo. In: Rescigno, Pietro; Gabrielli, Enrico. *Trattato dei Contratti*. Tomo I. Torino: UTET, 1999, p. 484; 492-496.

43. Para as distinções, por todos: Pontes de Miranda, Francisco Cavalcanti. *Tratado de Direito Privado*. Tomo III. Atualizado por Marcos Bernardes de Mello e Marcos Ehrhardt Jr. São Paulo: Revista dos Tribunais, 2012, § 250, p. 60-62. *Vide*, ainda, na mesma obra, as observações do «Panorama Atual pelos Atualizadores», p. 61.

declaração (exteriorização qualificada)».[44] A «simples manifestação» pode ser deduzida da concludência de um comportamento («comportamento concludente»), a ser inferido objetivamente, e com um alto nível de probabilidade, de determinada conduta, valorada «de acordo com o critério interpretativo geral do ponto de vista de um declaratário normal colocado na posição do real declaratário [...]».[45] É dizer: «não apenas da análise das implicações que se seguem a um determinado comportamento, que nele estão *contidas*, como, e sobretudo, do valor específico atribuído à *não contradição* com a própria conduta ou à exclusão de um significado contrário, desde que estes critérios sejam suficientes para, no caso concreto e de acordo com o critério de interpretação, constituir um *significado declarativo*».[46]

Na busca do significado declarativo (seja expresso na declaração, seja inferido de um comportamento concludente), a atenção do intérprete deverá estar voltada, primeiramente, à intenção *tal qual exteriorizada* (por palavras ou por comportamentos), buscando-se um sentido conotado à manifestação socialmente apreensível. Porém, essa apreensão também é conotada a um determinado contexto. Por isso, o art. 113 indica deverem os negócios jurídicos ser interpretados segundo a boa-fé e os usos do lugar da celebração, é dizer: ao menos *prima facie* o sentido deverá corresponder ao que é usual ou corriqueiro no mercado, ou ao específico setor que situa, contextualmente, aquele concreto negócio jurídico interpretado. Pode-se sustentar, portanto, que o art. 113 é dirigido às partes, mas, igualmente, ao juiz ou árbitro,[47] pois serve de mandamento que lhes é imposto de não permitir que o contrato, como regulação objetiva dotada de um sentido específico, atinja finalidade oposta ou contrária àquela que, razoavelmente, à vista de seu escopo econômico-social, e considerado o Ordenamento jurídico em que inserido, seria lícito esperar.

Da conjugação entre ambos os enunciados – arts. 112 e 113 – resulta a prevalência do significado normal da declaração de vontade segundo a prática corrente, entre os figurantes, se for o caso, o comportamento das partes e os usos dos negócios.

Previamente a determinar-se como opera a interpretação segundo a boa-fé, como está no art. 113, *caput* e parágrafo 1.º, inciso I, do Código Civil, é preciso bem compreender o significado da regra hermenêutica enunciada pelo art. 112 do mesmo Código.

---

44. Mello, Marcos Bernardes de; Ehrhardt Júnior, Marcos. Panorama Atual pelos Atualizadores. In: Pontes de Miranda, Francisco Cavalcanti. *Tratado de Direito Privado*. Tomo III. Atualizado por Marcos Bernardes de Mello e Marcos Ehrhardt Jr. São Paulo: Revista dos Tribunais, 2012, § 250, p. 61.

45. Mota Pinto, Paulo Cardoso. *Declaração Tácita e Comportamento Concludente.* Coimbra: Almedina, 1995, p. 758.

46. Mota Pinto, Paulo Cardoso. *Declaração Tácita e Comportamento Concludente.* Coimbra: Almedina, 1995, p. 767.

47. Martins-Costa, Judith. O Método da Concreção e a Interpretação dos Contratos: Primeiras Notas de uma Leitura Suscitada pelo Código Civil. In: Nanni, Giovanni (Coord.). *Temas Relevantes de Direito Civil*. São Paulo: Atlas, 2008, p. 488.

510 | A BOA-FÉ NO DIREITO PRIVADO

2. O alcance do art. 112

A regra do art. 112 do Código Civil supõe, primeiramente, comportar toda declaração de vontade, em potência, uma pluralidade de sentidos,[48] como é conatural à linguagem. Em segundo lugar, está a significar que a declaração negocial, elemento nuclear do negócio jurídico, exerce funções *modeladoras* do conteúdo dos negócios e dos seus efeitos. Em terceiro lugar, está a dizer que o objeto da interpretação jurídica é cognoscível por «comportamentos exteriormente reconhecíveis no mundo social, e não por uma "vontade" que tenha permanecido como mero fato psicológico, sem se dar uma objetivação adequada que a torne objetivamente reconhecível».[49] Essa objetivação resta expressa na decisão a final adotada pelas partes, de concluir o contrato com tal ou qual conteúdo. E, em quarto lugar, está apontando para *critérios* que possibilitam determinar, na pluralidade potencial de sentidos da linguagem empregada pelos contraentes, qual deles deva prevalecer. Entre o sentido literal da linguagem e a intenção consubstanciada na declaração, esta prevalece. Não a intenção como fato psicológico, retida na interioridade do agente, mas aquela *consubstanciada* na declaração, é dizer: aquela expressa por meio de um comportamento socialmente reconhecível e racionalmente controlável, que é a manifestação declarativa (a declaração negocial).

O *sentido literal da linguagem* é um dos meios – na realidade, o ponto de partida – para a interpretação dos negócios jurídicos,[50] pelo qual se inicia o reconhecimento do sentido de uma determinada cláusula contratual, embora a consubstanciação referida no texto legal não esteja restrita a esse elemento.[51] Por vezes, a *littera* basta, pois o seu significado é relativamente unívoco, consensualmente admitido, não suscitando divergência.

Assim, por exemplo, no caso do *plano de assistência integral*.[52]

Em contrato de seguro de assistência médico-hospitalar, havia sido contratado um (assim denominado no contrato) «Plano de Assistência Integral», prometendo-se «cobertura total». Ocorrido o infortúnio, o segurado veio a ter recusada a «assistência integral» e a lide alcançou o Superior Tribunal de Justiça. Consignou com clareza o Ministro Relator: «As expressões "assistência integral" e "cobertura total" são expressões que têm significado unívoco na compreensão comum, e não podem ser referidas num

---

48. Mencionam essa profunda problemática, em referência à interpretação dos negócios jurídicos, entre outros: IRTI, Natalino. *Testo e Contesto*. Padova: Cedam, 1996; FERRER CORREIA, António. *Erro e Interpretação na Teoria do Negócio Jurídico*. Coimbra: Almedina, 2001, p. 155.

49. BETTI, Emilio. *Interpretação da Lei e dos Atos Jurídicos*. São Paulo: Martins Fontes, 2007, p. 350.

50. Assim sublinha MARINO, Francisco Paulo De Crescenzo. *Interpretação do Negócio Jurídico*. São Paulo: Saraiva, 2011, p. 253.

51. Este é um ponto pacífico entre os Autores. Exemplificativamente: FERRER CORREIA, António. *Erro e Interpretação na Teoria do Negócio Jurídico*. Coimbra: Almedina, 2001, p. 156-158 e, especialmente, BETTI, Emilio. *Teoria Generale della Interpretazione*. Tomo I. Milano: Giuffrè, 1955, p. 157 e ss.

52. STJ. REsp 264562/SE. Terceira Turma. Relator Min. Ari Pargendler. Julgamento em 12.06.2001. *DJ* de 13.08.2001.

contrato de seguro, esvaziadas de seu conteúdo próprio, sem que isso afronte o princípio da boa-fé nos contratos».

3. A insuficiência do critério literal

Embora aparentemente unívoco e consensual o significado de uma expressão ou palavra, ainda assim a *littera* pode não bastar. Cogite-se da palavra «cadeira»: seu significado literal pode indicar um objeto no qual as pessoas assentam. Trata-se de um objeto por todos conhecido e, à primeira vista, perfeitamente claro e induvidoso. Mas, efetivamente, assim não o é. «Cadeira» pode ser um objeto fisicamente palpável, mas, igualmente, um lugar simbólico (*e.g.*: Pontes de Miranda é o patrono da Cadeira 45 da Academia Brasileira de Letras Jurídicas), ou uma parte do corpo humano (Fulana sofre de artrite nas cadeiras), ou, ainda, de uma expressão da linguagem coloquial para indicar uma longa espera (Beltrano tomou um chá de cadeira). Por isso, à interpretação literal deve conjugar-se a interpretação contextual, como quando se diz: Sicrano comprou uma cadeira numerada para poder ir a todos os concertos da Sala São Paulo. Sabe-se, então, que se trata de um lugar para sentar.

Mas ainda essa determinação pode não bastar à qualificação jurídica. Quando conotada a uma sala de espetáculos, ou a um estádio de futebol, por exemplo, a palavra «cadeira» tem vários e distintos significados («cadeira simples», «cadeira especial», «cadeira cativa», etc.), correspondendo a objetos não apenas singularizados, mas dotados de distinto valor econômico. Pode corresponder ao objeto de uma compra e venda, ou de um comodato, ou de uma locação. Observando e analisando o contrato, sua formação e o seu contexto, isto é, o que usualmente ocorre no fato da alocação, nos teatros ou nos estádios de futebol, dos «lugares em que se possa sentar», o julgador interpretará o que, naquele particular contexto, significou a declaração negocial. E, feitas as distinções, poderá, então, proceder às qualificações jurídicas possíveis acerca do termo «cadeiras»: podem ser o objeto do contrato, o bem que permite ao seu proprietário assistir gratuitamente a peças de teatro; ou o bem que será objeto de locação esporádica; ou aquele cujo comodato só é permitido em alguns dias, em outros não. A cada uma dessas categorias poderá corresponder um regime jurídico diverso. Esse singelo exemplo bem demonstra que dizer o direito para o caso concreto é (*i*) parte da tarefa interpretativa, mas (*ii*) vai além de apenas dizer o significado, pois (*iii*) é dizer em qual categoria do direito o significado daquela palavra ou ato se enquadra e daí retirar o regime jurídico aplicável.

É perfeitamente compreensível, pois, que a exegese literal, conquanto necessária e relevante (e servindo como marco ao «momento recognitivo» da interpretação),[53] seja considerada positivamente *insuficiente* para resolver todas as particularidades do caso

---

53. MARINO, Francisco Paulo De Crescenzo. *Interpretação do Negócio Jurídico*. São Paulo: Saraiva, 2011, p. 253.

concreto, sendo a linguagem humana sempre conotada e sujeita a ambiguidades. Como ensinou Emilio Betti, não é a vontade das partes *in abstracto* a ser considerada, mas «a declaração ou comportamento, enquadrados na moldura das circunstâncias que lhes confere significado e valor».[54] Isso significa dizer que a interpretação deverá considerar, em qualquer caso, o conjunto contratual, compreensivo de todas as circunstâncias fáticas e normativas de relevo para o caso, o que vem expresso – em regra antiquíssima, advinda do *ius commune* – como «cânone da totalidade hermenêutica».

4. O cânone da totalidade e da coerência

Do ponto de vista da atividade hermenêutica, um contrato é um *todo, uma totalidade de sentido.* Como escreveu Emilio Betti, aceitar esse cânone implica colocar em relevo o «círculo de reciprocidade hermenêutica que corre entre a unidade do conjunto e os singulares elementos de um todo».[55] Disse exemplarmente Pontes de Miranda: «não se interpreta o instrumento; interpreta-se o negócio jurídico que foi instrumentado».[56] A interpretação contratual não compactua com uma perspectiva atomizada, pela qual são isoladas as singulares partes daquele conjunto a partir do qual – e apenas a partir do qual – pode adquirir um significado. Trata-se de um cânone antiquíssimo: a ideia de que a interpretação (seja da lei ou do negócio jurídico) «não se desenvolve em tiras, aos pedaços»,[57] já estava no jurista romano Celso que, em célebre texto (Pal. 86: Dig. 1, 3, 24; cfr. Dig. 32, 79 e 50, 16, 93; Pal. 159-61) estabelecera: *incivile est, nisi tota lege perspecta, uma aliqua particula eius proposita iudicare vel respondere.* Essa mesma ideia, operante sob variadas formulas no *ius commune*, traduziu-se no século XVIII na Sexta Regra de Pothier, segundo o qual, num contrato «as cláusulas interpretam-se umas pelas outras, sejam as

---

54. BETTI, Emilio. Interpretazione della Legge e degli Atti Giuridici. O trecho está traduzido e transcrito por REALE, Miguel. Diretrizes da Hermenêutica Contratual. *Questões de Direito Privado*. São Paulo: Saraiva, 1997, p. 3.

55. BETTI, Emilio. *Teoria Geral do Negócio Jurídico*, vol. II. Trad. portuguesa de Fernando Miranda. Coimbra: Coimbra Editora, 1969, p. 239. No original: «circulo di reciprocità ermeneutica che corre fra l'unità del tutto e i singoli elemento di un'opera». Também: ALPA, Guido; FONSI, Gianluca; RESTA, Giorgio. *L'Interpretazione del Contratto*. Orientamenti e Tecniche della Giurisprudenza. 2.ª ed. Milano: Giuffrè. 2001, p. 61.

56. PONTES DE MIRANDA, Francisco Cavalcanti. *Tratado de Direito Privado*. Tomo XXXVIII. 3.ª ed. São Paulo: Revista dos Tribunais, 1984, § 4.202, 1, p. 78-79. «A interpretação tem por objeto mostrar o conteúdo do que foi bilateralmente acordado, com o significado das manifestações de vontade e da conduta dos figurantes. Por outro lado, é de mister atender-se que não se interpreta o instrumento; interpreta-se o negócio jurídico que foi instrumentado. Se não houve instrumento, a interpretação tem o mesmo objeto. Não se interpreta o que consta do instrumento; também se interpreta o que está fora dele, porque o negócio é um todo, mesmo quando a dúvida só se refere a um dos pontos, ou a alguns dos pontos. Assim, a interpretação atende a todo o suporte fático do negócio jurídico, e não só ao teor conclusivo, às cláusulas e as preposições restringentes ou dilatantes».

57. GRAU, Eros Roberto. *A Ordem Econômica na Constituição de 1988*. 7.ª ed. São Paulo: Malheiros, 2002, p. 195).

A Função Hermenêutica da Boa-Fé | 513

antecedentes, sejam as posteriores».[58] Ademais, a consideração da totalidade consentirá, seguidamente, a identificação daquelas posições das partes que restam implícitas no regulamento de interesses, com o que não carecerá o intérprete de recorrer a critérios estranhos à economia do ato de autonomia privada.[59]

A consideração à totalidade das circunstâncias contratuais é evidente no *caso da dissolução da joint venture.*[60]

Na espécie, tratava-se de determinar qual dos contraentes havia primeiramente inadimplido contrato de *joint venture*, para o efeito de saber a quem deveria ser declarado o direito de resolver pelo inadimplemento, acrescido do direito de ser indenizado por perdas e danos (Código Civil, art. 475). Em face das circunstâncias do caso, a continuidade da relação contratual, até que definido a quem deveria ser imputada a responsabilidade pelo inadimplemento da *joint venture* denominada Gymbrands, se afigurava problemática. Decidiu-se, então, que a boa-fé direcionava à solução que «melhor conciliar os diversos direitos envolvidos e trouxer menor prejuízo às partes», tendo-se declarado: «Diante da indefinição quanto à parte que primeiro teria inadimplido o contrato, bem como tendo em vista os riscos decorrentes da perpetuação do vínculo contratual, afigura-se perfeitamente razoável mitigar parcialmente os efeitos do art. 475 do CC/2002, rescindindo (*sic*) o contrato e deixando eventuais prejuízos para serem compensados mediante indenização». E se acrescentou: «A exegese da norma não pode ser isolada, devendo ser feita de forma sistemática, à luz dos demais preceitos e princípios consagrados pelo Código Civil. Hão de ser sopesadas todas as regras de conduta aplicáveis à relação contratual entabulada entre as partes, elegendo-se a solução que melhor conciliar os diversos direitos (...)».

De fato, como então ali se considerou, «o pleno exercício da liberdade de contratar pressupõe um acordo que cumpra determinada função econômica e social, sem a qual não se pode falar em legítima manifestação de vontade. Assim, não se pode impor a uma das partes a obrigação de se manter subordinada ao contrato se este não estiver cumprindo nenhuma função social e/ou econômica».

A solução a que foi direcionado o aplicador da lei pela boa-fé, em conexão à finalidade econômico-social do contrato estava em antecipar os efeitos da tutela jurisdicional, o que «evita um risco potencial de dano inverso, evitando que se postergue, por prazo indeterminado, a dissolução da Gymbrands, o que daria margem ao aumento sensível do passivo da empresa, em franco prejuízo não apenas a ela própria e seus sócios, mas sobretudo aos seus credores». E de modo positivo se afirmou:

---

58. No original: «On doit interpréter une clause par les autres clauses contenues dans l'acte, soit qu'elles précédent ou qu'elles suivent» (Pothier, Robert-Joseph. *Traité des Obligations*. Paris: Lib. de l'oeuvre de St. Paul, 1883, § 96, p. 44).

59. Nesse sentido: Scognamiglio, Claudio. *Interpretazione del Contratto e Interessi dei Contraenti*. Padova: Cedam, 1992, p. 329.

60. STJ. REsp 1250596/SP. Terceira Turma. Relatora Min. Nancy Andrighi. Julgamento em 03.11.2011. *DJ* de 16.11.2011.

«A interpretação do contrato não pode ser feita pela análise isolada de uma ou outra cláusula. A exegese deve ser sistemática, abrangendo todo o seu conteúdo, e encadeada com os motivos que justificaram a sua celebração, de sorte que, se o contrato não estiver alcançando seus objetivos, as condições nele definidas, sobretudo aquelas que restrinjam direitos, haverão de ser interpretadas à luz dessa realidade».[61]

Atualizado para a realidade do século XXI, em que são corriqueiras as coligações contratuais, redes de contratos, «operações concertadas», esse antigo cânone auxilia, também, a deslindar problemas advindos do fenômeno da conexidade contratual (*lato sensu* compreendida), pois se a função concretamente desenvolvida por um negócio jurídico está ligada à função de outro, e juntos desempenham uma função ulterior, determinativa de sua racionalidade econômica, o processo de qualificação de tais negócios e da determinação do significado de suas cláusulas não pode ignorar essa ligação. Como já percebido, não é «consentido ao intérprete ignorar que o regulamento de interesses estabelecido entre as partes leve em consideração outras regras instituídas em outro negócio».[62] Nesses casos «um contrato se interpreta pelos outros», assim como, num contrato isolado, «uma cláusula se interpreta pelas outras».

Essa acepção foi bem apreendida no *caso do avalista vicário*.[63]

O sócio de sociedade devedora havia firmado o contrato então executado na condição de «avalista-interveniente». Esta «etiqueta» («avalista-interveniente»), porém, não correspondia ao que estava no próprio conteúdo do contrato, depreendendo-se com clareza ter o sócio assumido a condição de coobrigado e avalista. A manifestação de vontade consubstanciada na literalidade da expressão «avalista-interveniente» não correspondera, pois (como bem registrou o acórdão), «à intenção dos contratantes, cujo conteúdo era, decerto, ampliar as garantias de solvência da dívida, com a inclusão do sócio da devedora como coobrigado». Consequentemente, decidiu-se: «a despeito de figurar no contrato como "avalista-interveniente", o sócio da sociedade devedora pode ser considerado coobrigado se assim evidenciar o teor da avença, conclusão que privilegia, a um só tempo, a boa-fé objetiva e a intenção externada pelas partes por ocasião da celebração». E se considerou:

«A principiologia adotada no art. 85 do CC/1916 – no que foi reafirmada de modo mais eloquente pelo art. 112, do CC/2002 – visa conciliar eventuais discrepâncias entre os dois elementos formativos da declaração de vontade, quais sejam, o objetivo – consubstanciado na literalidade externada –, e o subjetivo – consubstanciado na

---

61. STJ. REsp 1250596/SP. Terceira Turma. Relatora Min. Nancy Andrighi. Julgamento em 03.11.2011. *DJ* de 16.11.2011. Em sentido similar: STJ. REsp 966163/RS. Quarta Turma. Relator Min. Luis Felipe Salomão. Julgamento em 26.10.2010. *DJ* de 04.11.2010.

62. KONDER, Carlos Nelson. *Contratos Conexos*. Rio de Janeiro: Renovar, 2006, p. 194. Em sentido similar: MARINO, Francisco Paulo De Crescenzo. *Contratos Coligados no Direito brasileiro*. São Paulo: Saraiva, 2009, p. 147-148.

63. STJ. REsp 1013976/SP. Quarta Turma. Relator Min. Luis Felipe Salomão. Julgamento em 17.05.2002. *DJ* de 19.05.2012.

internalidade da vontade manifestada, ou seja, na intenção do agente. (...). Ademais, os negócios jurídicos devem ser interpretados conforme os usos e costumes (art. 113, CC/2002), e se mostra comum a prática de os sócios assumirem a posição de garantes pessoais das obrigações da sociedade da qual fazem parte (por aval ou por fiança), de modo que a interpretação pleiteada pelo ora recorrente não se distancia – ao contrário, aproxima-se – do que normalmente ocorre no tráfego bancário».[64]

Porém, sob outra perspectiva, a decisão é passível de crítica. É que sendo o aval instituto do direito cambiário, não poderia produzir efeitos «fora do título de crédito ou título cambiariforme», como entendera o Tribunal de origem no acórdão reformado pelo STJ ao decidir que a expressão «avalista», contida no contrato, não correspondera à intenção dos contratantes, que era de «ampliar as garantias de solvência da dívida, com a inclusão do sócio da devedora como coobrigado». O STJ, em suma, ampliou – modificativamente – a noção jurídica de *avalista*, o que há de ser criticado, pois nos contratos paritários não é admissível uma espécie de *enviezamento consumerista*, concedendo-se expansão conceitual e função protetiva ao princípio da boa-fé. Como bem observa Giovana Cunha Comiran, «por se tratar de contrato firmado entre empresa e banco (*i.e.*, ambos deverem se pautar pelos padrões do homem ativo e probo), afirmar que o termo 'avalista-interveniente' está apto a criar obrigação solidária à do sócio tendo como uma das razões o fato de que nos contratos desse tipo, os sócios normalmente assumem obrigações solidárias, parece ir além do que as partes declararam e além dos efeitos que poderiam ser retirados dos usos comerciais». E explicita: «[i]sso porque, de acordo com os padrões do homem ativo e probo, espera-se que as partes estejam bem assessoradas – e, no caso, a interpretação está sendo construída favoravelmente à ampliação de garantia a um banco. Por conseguinte, devem conhecer também a regra geral segundo a qual solidariedade não se presume. Fosse a intenção das partes contar com um garantidor coobrigado solidário, isso não poderia decorrer dos usos e prática, mas tão somente de cláusula expressa nesse sentido. A cláusula, no entanto, não parece ser suficientemente clara nesse sentido».[65]

---

64. O Relator aludiu a precedente (STJ. REsp 23878/MG. Quarta Turma. Relator Min. Sálvio de Figueiredo Teixeira. Julgamento em 25.11.1992. *DJ* de 17.12.1992) no qual se decidira: «Resultando inequívoca a intenção das partes contratantes no sentido de que os rotulados "avalistas" respondem solidariamente com o devedor principal pelos encargos assumidos no instrumento contratual, não se mostra admissível o excessivo apego ao formalismo para, sob o simples argumento de não haver aval em contrato, excluir a responsabilidade daquelas que, de forma iniludível e autonomamente, se obrigaram pelo pagamento da integridade da dívida». No mencionado precedente, o Relator cita lição de Serpa Lopes que remetia a Carvalho de Mendonça, nos seguintes termos: «Escrevendo em fase anterior ao Código Civil, mas cogitando do mesmo princípio do art. 896, M. I. Carvalho de Mendonça, depois de firmar a regra absoluta da não presunção de solidariedade, sobreleva, entretanto, não se exigir, para a sua configuração, o emprego de palavras expressas, podendo, assim, resultar das cláusulas do contrato implicitamente (...)». (SERPA LOPES, Miguel Maria de. *Curso de Direito Civil*, vol. II. Rio de Janeiro: Freitas Bastos, 1955, p. 156-157).

65. COMIRAN, Giovana Cunha. *Os Usos Comerciais*: da formação dos tipos à interpretação e integração dos contratos empresariais. São Paulo: Quartier Latin, 2019, p. 262-263.

O «todo» contratual é formado também por elementos normativos. Na formação e no desenvolvimento do modo de raciocínio que busca explicitar o sentido do conjunto contratual concretamente considerado (textos e condutas) dever-se-ão considerar, como registra Larenz, os princípios jurídicos materiais[66] e os módulos valorativos do sistema. Em suas palavras: «[h]an de tomarse en consideración *todas las circunstancias* que confieren a un *contrato determinado* su especial carácter y no (...) las circunstancias características del tipo contractual al respecto».[67]

Mediante a expressão «todas as circunstâncias do caso», entende-se, pois, tanto o complexo de normas contratuais – advindas seja do contrato, seja da regulação resultante da efetiva relação contratual objetivamente considerada – quanto a incidência dos módulos valorativos do sistema que inclui a boa-fé como pauta hermenêutica. Por esta deve ser compreendido o mandamento imposto ao juiz (e ao árbitro) de não permitir que o contrato, como regulação objetiva, dotada de um específico sentido, atinja finalidade oposta ou contrária àquela que, razoavelmente, à vista de seu escopo econômico--social, seria lícito esperar.

Para a convocação de «todas as circunstâncias» normativas, cabe recorrer aos contextos verbal e situacional do negócio, pois o significado linguístico é influenciado pelo significado lexical, a ser deduzido do contexto em que a expressão linguística interpretada está situada.[68] É por meio da consideração analítica da disciplina positiva

---

66. Notadamente, os princípios da autovinculação, autorresponsabilidade, equilíbrio, comutatividade, boa-fé e justiça material. Para uma análise no Direito brasileiro, ver NORONHA, Fernando. *O Direito dos Contratos e seus Princípios Fundamentais*. São Paulo: Saraiva, 1994; THEODORO JUNIOR, Humberto. *O Contrato e seus Princípios*. Rio de Janeiro: Aide, 1993. Acerca da comutatividade e equilíbrio nos contratos de Direito Público, escrevi brevemente em: MARTINS-COSTA, Judith. A Teoria da Imprevisão e a Incidência dos Planos Econômicos Governamentais na Relação Contratual. *Revista dos Tribunais*, vol. 670, São Paulo, Revista dos Tribunais, 1991, p. 41.

67. LARENZ, Karl. *Derecho Civil*. Parte General. Trad. espanhola de Miguel Izquierdo y Macías-Picavea. Madrid: Edersa, 1978, p. 744. Põe o autor em relevo à necessária concreção na interpretação do regulamento contratual, objetando a Flume a opinião segundo a qual o que se considera é o tipo contratual *in abstracto*. Isso porque, na medida em que a interpretação do «tipo» há de ser feita com apoio nas normas legais ou no Ordenamento jurídico como um todo, na interpretação complementar do contrato só se pode partir de onde o contrato, em concreto, não possa ser abstratamente agregado a um tipo contratual regulado especificamente na lei, em razão das peculiaridades que apresenta.

68. «É óbvio que interpretar não significa somente «qualificar» um negócio (com relação aos seus efeitos jurídicos), mas também esclarecer o sentido dos sinais utilizados, recorrendo-se a critérios de significação linguística. O significado "linguístico", porém, é influenciado pelo 'léxico' aplicável ao caso concreto. De fato, a escolha do "léxico" de referência é o momento essencial da interpretação: até mesmo *as soluções das controvérsias* meramente linguísticas *são*, preliminarmente, *influenciadas*, e por vezes *resolvidas*, por meio da individuação do léxico jurídico aderente ao "tipo" ou "esquema" negocial». (CASELLA, Mario. Verbete: Negozio Giuridico (interpretazione del). *Enciclopedia del Diritto*. Tomo XXVIII. Milano: Giuffrè, 1978, p. 26. No original: «È ovvio che interpretare non significa solo "qualificare" un negozio (con riguardo ai suoi effetti giuridici) ma anche chiarire il senso dei segni impiegati attraverso il ricorso a criteri di significanza linguistici. Il significato "linguistico", però, è influenzato dal "lessico" applicabile al caso concreto. Anzi, la

da *fattispecie* em exame, reconstruída permanentemente pela experiência jurídica, que a preceptividade legal é afirmada.[69]

Sublinhe-se e reitere-se este ponto: na aplicação do art. 112, doutrina e jurisprudência são concordes ao sublinhar que o sentido literal da linguagem é o ponto de partida para a interpretação dos negócios jurídicos. Mas são igualmente concordes ao afirmar que o *sentido literal* não prevalece sobre o *sentido sistemático e contextual*, sendo positivamente *equivocado* atribuir a qualquer preceito legal ou cláusula contratual um valor isolado, desprendido do conjunto contratual.

O sentido literal da linguagem não é, pois, o único critério hermenêutico possível – e, nos termos do art. 112 do Código Civil, sequer o critério privilegiado pelo sistema jurídico brasileiro quando da interpretação de um negócio jurídico.

Assim decorre do entendimento manifestado pelos tribunais que, reiteradamente, afastam uma apreensão literal de termos isolados em prol de uma interpretação sistemática do contrato que privilegie a vontade das partes à luz da integralidade do contido na declaração negocial, da boa-fé,[70] aliada aos usos, à conduta das partes,[71] e ao fim econômico do negócio jurídico.[72] Foi o que declarou, em célebre julgado, o Supremo Tribunal Federal, afirmando ser vedada, pela Lei Civil brasileira, a interpretação contratual baseada unicamente em critérios gramaticais, consignando-se conter o art. 85 do Código Civil de 1916 «norma de interpretação que se dirige ao juiz, e a cuja observância ele está obrigado». Consequentemente, «[v]iola o disposto no art. 85 do Código

---

scelta del lessico di riferimento è il momento essenziale dell'interpretazione: anche la soluzione delle controversie meramente linguistiche vengono, preliminarmente, influenziata, e tavolta risolta, attraverso l'individuazione del lessico giuridico aderente al "tipo" o "schema" negoziale»).

69. Assim, CASELLA, Mario. Verbete: Negozio Giuridico (interpretazione del). *Enciclopedia del Diritto.* Tomo XXVIII. Milano: Giuffrè, 1978, p. 27.

70. Cf. o caso do avalista vicário, comentado, *supra*, assim ementado: STJ. REsp 1013976/SP. Quarta Turma. Relator Min. Luis Felipe Salomão. Julgamento em 17.05.2002. *DJ* de 19.05.2012: («Civil e Processual Civil. Recurso Especial. Execução de Contrato Direcionada Contra «Avalistas» do Título Executivo. Aval Aposto Fora de Título de Crédito. Exegese do Art. 85 do Código Civil de 1916 (Art. 112 do Código Civil de 2002). Reconhecimento da Situação de Coobrigado na Avença. Possibilidade. Interpretação que Privilegia a Intenção dos Contratantes, a Boa-Fé Objetiva e os Usos e os Costumes. 1. A principiologia adotada no art. 85 do CC/1916 – no que foi reafirmada de modo mais eloquente pelo art. 112, do CC/2002 – visa conciliar eventuais discrepâncias entre os dois elementos formativos da declaração de vontade, quais sejam, o objetivo – consubstanciado na literalidade externada –, e o subjetivo – consubstanciado na internalidade da vontade manifestada, ou seja, na intenção do agente. 2. (...). 4. Ademais, os negócios jurídicos devem ser interpretados conforme os usos e costumes (art. 113, CC/2002), e se mostra comum a prática de os sócios assumirem a posição de garantes pessoais das obrigações da sociedade da qual fazem parte (por aval ou por fiança), de modo que a interpretação pleiteada pelo ora recorrente não se distancia – ao contrário, aproxima-se – do que normalmente ocorre no tráfego bancário».

71. Cf. TJSP. Ag 0091208-51.2012.8.26.0000. Sétima Câmara de Direito Privado. Relator Des. Ramon Mateo Junior. Julgamento em 29.08.2012.

72. STF. RE 78946/MG. Segunda Turma. Relator para Acórdão Min. José Carlos Moreira Alves. Julgamento em 14.06.1976. *DJ* de 22.09.1976.

Civil interpretação que leva em consideração, exclusivamente, a letra de cláusula contratual, abstraindo completamente das circunstâncias em que se firmou o contrato, do seu contexto como um todo, do fim econômico a que ele visava».[73] Com muito mais razão, há de prevalecer esse entendimento em face do vigente art. 112, que introduziu a expressão referentemente à intenção revelada na declaração: a expressão «nelas consubstanciada» bem demonstra que os elementos a considerar defluem da declaração como um todo, contextualmente situada, fazendo seguir esse texto normativo com o do art. 113.

5. O art. 113: *caput* e inciso III do parágrafo 1.º

Complementando o critério do art. 112, a pauta hermenêutica do art. 113 do Código Civil diz respeito ao *elemento contextual*, que situa e aclara o sentido da declaração geradora do negócio.[74] Assim é confirmado por assentada doutrina[75] e jurisprudência do Supremo Tribunal Federal[76] e do Superior Tribunal de Justiça, que, em certa feita, para apreciar as circunstâncias e vencer o obstáculo da Súmula 7, qualificou-as como *elementos de direito* e não questões de fato.[77] Mais ainda: um

---

73. STF. RE 78946/MG. Segunda Turma. Relator para Acórdão Min. José Carlos Moreira Alves. Julgamento em 14.06.1976. *DJ* de 22.09.1976.

74. Azevedo, Antonio Junqueira de. Acordo de Acionistas com Cláusula de preferência na aquisição de ações. Contrato intuitu personae a ser interpretado em duas fases: procura da vontade comum das partes e boa-fé objetiva contextual. Teoria do abuso da personalidade jurídica. Extensão da preferência à hipótese implícita de alienação da controladora de uma das acionistas. (Parecer). Novos Estudos e Pareceres de Direito Privado. São Paulo: Saraiva, 2008, p. 223.

75. Azevedo, Antonio Junqueira de. Parecer acima citado, p. 223. Denotando similar ideia, Véra Fradera relembra a metáfora de Béatrice Jaluzot, segundo a qual, por essa ligação vital com o contexto, atuando em variadas medidas de aplicação, a boa-fé seria norma de «geometria variável» (Jaluzot, Béatrice. La Bonne Foi dans les Contrats. Paris: Dalloz, 2001 *apud* Fradera, Véra. *A Saga da Uniformização da Compra e Venda Internacional*: da *lex mercatoria* à Convenção de Viena. In: Menezes, Wagner (Org.). *O Direito Internacional e o Direito Brasileiro*: homenagem a José Francisco Rezek. Ijuí: Editora UNIJUÍ, 2004, p. 809-832.

76. Conforme o já referido: STF. RE 78946/MG. Segunda Turma. Relator para Acórdão Min. José Carlos Moreira Alves. Julgamento em 14.06.1976. *DJ* de 22.09.1976.

77. STJ, Súmula 7: «A pretensão de simples reexame de prova não enseja recurso especial». No STJ. REsp 34503/GO. Terceira Turma. Relator Min. Nilson Naves. Julgamento em 27.11.1995. *DJ* de 04.03.1996, discutia-se se havia sido feita renúncia em instrumento de escritura pública de compra e venda. De um lado entendia-se que a matéria era fática sendo sua apreciação, portanto, objetada pela Súmula 7. De outro, entendia-se por reformar a decisão do Tribunal Estadual porque «o caso (...) não é de simples exegese do convencionado, mas de aplicação de norma legal [em vista do art. 85 do Código Civil de 1916, correspondente ao art. 112 do Código Civil atual]. Não se está diante de disposição vazia, carente de eficácia, como se fora simples sugestão ao julgador, mas de norma imposta que há de ser observada». Esta foi a posição vencedora. Advirta-se, contudo, que o mesmo STJ distingue entre as hipóteses de revaloração de prova e reexame de prova. Confira-se, exemplificativamente, em: STJ. REsp 683702/RS. Quinta Turma. Relator Min. Félix Fischer. Julgamento em 01.03.2005. *DJ* de 02.05.2005.

dos autores do Anteprojeto do Código Civil afirmou ser o dispositivo contido no art. 113 «o cerne em torno do qual girou a alteração de nossa Lei Civil».[78] Assim, o Presidente da Comissão Elaboradora do Anteprojeto de Código Civil, que não considerou a boa-fé do art. 113 «um imperativo ético abstrato»,[79] mas regra de interpretação que remete o intérprete ao exame do texto (declaração) *em seu contexto fático e normativo*, para contrastar a específica manifestação de vontade com o padrão da conduta segundo a boa-fé. O texto e o contexto contratual passam, pois, pelo crivo da boa-fé *in concreto*. A disposição do art. 113, diz Miguel Reale, «condiciona e legitima» a interpretação «das cláusulas contratuais até as suas últimas consequências»,[80] auxiliando «no processo de interpretação das cláusulas contratuais, servindo de instrumento para uma análise objetiva das normas estipuladas no pacto (art. 113, CC)».[81] Consequentemente, de modo diverso do que se verifica com os comandos dos arts. 187 e 422 – primariamente dirigidos *aos contratantes*, quer vedando-lhes condutas abusivas, disfuncionais, desviadas de um fim lícito, quer direcionando-os a uma conduta proba, correta –, o comando do art. 113 é primariamente dirigido *ao intérprete*: como já bem percebido, essa regra atua na dimensão interpretativa; «não direciona a conduta das partes, e sim o olhar do intérprete, quando deita sua análise sobre a concretude do negócio».[82]

A LLE veio, todavia, inserir no mesmo art. 113 uma nova referência à boa-fé e o fez no parágrafo 1.º, inc. III, ao determinar que a interpretação do negócio jurídico «deve lhe atribuir o sentido que (...) corresponder à boa-fé». Configura-se, aí, *norma interpretativa*, direcionadora da interpretação de modo compósito com os demais cânones auxiliares da concreção jurídica. A reiteração, contudo, sugere a pergunta: a disposição do inc. III configura mesmo mera redundância do já contido no *caput*, em mais um sinal da atecnia que marca os dispositivos da LLE, ou significa coisa distinta?

Responde a essa indagação Guilherme Nitschke, entendendo haver «abundância», de um lado, e «redundância parcial», de outro. A «abundância» está em que, sendo a boa-fé hermenêutica uma *norma princípio*, sua atuação é sempre combinada às outras regras de interpretação, o que aqui tem sido denominado de «interpretação complessiva». Já a «reiteração parcial» é manifesta, porque então haveria, ao menos

---

78. REALE, Miguel. A Boa-Fé no Código Civil. *História do Novo Código Civil*. São Paulo: Revista dos Tribunais, 2005, p. 248.

79. REALE, Miguel. A Boa-Fé no Código Civil. *História do Novo Código Civil*. São Paulo: Revista dos Tribunais, 2005, p. 248.

80. As expressões entre aspas estão em: REALE, Miguel. A Boa-Fé no Código Civil. *História do Novo Código Civil*. São Paulo: Revista dos Tribunais, 2005, p. 248.

81. STJ. REsp 1200105/AM. Terceira Turma. Relator Min. Paulo de Tarso Sanseverino. Julgamento em 19.06.2012. *DJ* de 27.06.2012.

82. NITSCHKE, Guilherme Carneiro Monteiro. Comentário ao artigo 113, §§ 1.º e 2.º, do Código Civil: interpretação contratual a partir da Lei da Liberdade Econômica; e COMIRAN, Giovana Cunha. Comentário ao art. 113, § 1.º, inciso II: "usos, costumes e práticas do mercado relativas ao tipo de negócio". In: MARTINS-COSTA, Judith; NITSCHKE, Guilherme Carneiro Monteiro. *O Direito Privado na Lei de Liberdade Econômica*. Comentários. São Paulo: Almedina, 2022, p. 379.

aparentemente, um *novo espaço* para a boa-fé, que atuaria autonomamente, isto é, sem vinculação aos demais critérios. A distinção estaria em que, no *caput*, a boa-fé, combinada aos demais cânones hermenêuticos, atuaria para avaliar regra contratual existente; no inc. III, a boa-fé incidiria isoladamente desses critérios, para agregar regra contratual inexistente, consistindo, no entanto, em regra integrativa subsidiária, verdadeiramente, *ultima ratio*.[83]

A distinção é acurada. Nos casos práticos, todavia, justamente pelo papel residual da boa-fé do inc. III, deverá prevalecer a boa-fé princípio, tal como está no *caput*, para cuja aplicação a perspectiva contextual é inafastável.

A individuação do contexto há de iniciar pela compreensão da utilidade e do fim do negócio, aí já se demarcando o caráter dinâmico da atividade hermenêutica porque a determinação do fim já é resultado da interpretação.

§ 53. Cânone da finalidade do negócio e a "racionalidade do negócio"

1. Proposição

Todo negócio jurídico é, por definição, finalista: as partes se vinculam negocial-mente, criando uma regulação dos próprios interesses, porque têm um fim a atingir. Voltando-se a interpretação contratual a resolver problemas práticos, há de ser levado em conta o *fim concreto* em vista do qual os contraentes pactuaram determinado regulamento de interesses. A atenção à finalidade do negócio constitui, portanto, um verdadeiro pressuposto da hermenêutica contratual, pois da finalidade poderá ser extraída a "racionalidade do negócio".

A interpretação das cláusulas contratuais se deve fazer, também, em vista da normal finalidade econômico-social do negócio, o que marca o elemento teleológico. Este, como escreveu Miguel Reale, «é o núcleo por excelência da exegese contratual, visto que ele surge porque as partes visaram atingir, *finalisticamente*, algo».[84] Como nem tudo há de estar expresso na declaração negocial, e esta não se confunde com o instrumento em que expressada, o que «em cada situação» impõe a boa-fé aos contraentes conecta-se, portanto, também à finalidade do negócio e à utilidade que dele as partes poderiam legitimamente esperar.

---

83. Assim sugere: NITSCHKE, Guilherme Carneiro Monteiro. Comentário ao artigo 113, §§ 1.º e 2.º, do Código Civil: interpretação contratual a partir da Lei da Liberdade Econômica; e COMIRAN, Giovana Cunha. Comentário ao art. 113, § 1.º, inciso II: "usos, costumes e práticas do mercado relativas ao tipo de negócio". In: MARTINS-COSTA, Judith; NITSCHKE, Guilherme Carneiro Monteiro. *O Direito Privado na Lei de Liberdade Econômica*. Comentários. São Paulo: Almedina, 2022, p. 379-382.

84. REALE, Miguel. Diretrizes de Hermenêutica Contratual. *Questões de Direito Privado*. São Paulo: Saraiva, 1997, p. 5.

A Função Hermenêutica da Boa-Fé | 521

Exemplifique-se com o caso do *Earn-Out*,[85] forma de pagamento pela qual parcela do preço de determinado bem é remetida para o futuro, estando sujeita em sua existência e determinação a certas condições previamente estabelecidas pelas partes contratantes, em regra ao cumprimento de metas empresariais e financeiras futuras e predefinidas.[86]

A cláusula *Earn-Out* configura ferramenta comum em aquisições societárias pela qual vendedores e compradores estipulam que a definição cabal do preço da venda dependerá do fato de os vendedores («donos» da companhia vendida e, portanto, bons conhecedores da empresa do mercado e de suas potencialidades) permanecerem administrando ou coadministrando o negócio por um período de transição. Se, nesse período, a companhia conseguir ou exceder certos resultados, o valor da venda será acrescido, auferindo os vendedores um lucro calculado segundo esses resultados, de modo a permitir uma «definição dinâmica do valor da companhia-alvo, contribuindo para que vendedores e compradores possam convergir na determinação do preço do ativo».[87] Asseguram-se, assim, os compradores ou cessionários, que a aquisição foi um «bom negócio», diminuindo-se os riscos para o investidor; os alienantes ou cedentes, por sua vez, recebem proporcionalmente ao rendimento obtido, ambas as partes sendo estimuladas a buscar a melhora no desempenho da companhia.[88]

Já se vê que a finalidade econômico-social («causa») do *Earn-Out* é permitir que o negócio de aquisição societária atinja, para o adquirente, os fins de rentabilidade e lucro aos quais predisposto, por meio da colaboração do alienante numa fase de transição empresarial previamente demarcada. Não só proporciona ao alienante o justo preço pelas quotas ou ações alienadas; a justa retribuição financeira pelo seu esforço empresarial, mas serve para mitigar a assimetria de informações e a divergência entre as expectativas, possibilitando a própria realização do negócio, pois, afinal, a existência de diversas abordagens possíveis quanto à avaliação da empresa[89] e de diferentes

---

85. Tratei do tema em vista de hipótese concreta em: Martins-Costa, Judith. Contrato de Cessão e Transferência de Quotas. Acordo de Sócios. Pactuação de Parcela Variável do Preço Contratual Denominada *Earn Out*. Características e Função («Causa Objetiva») do *Earn Out*. *Revista de Arbitragem e Mediação*, vol. 42, São Paulo, Revista dos Tribunais, jul./set. 2014, p. 153-188. As linhas a seguir reproduzidas constam da fundamentação do mencionado Parecer. *Vide*, ainda, Piva, Luciano Zordan. *O Earn-Out na Compra e Venda de Empresas*. São Paulo: Quartier Latin, 2019.

86. As fórmulas são amplas, apontando-se: «[a]n earn-out can be made for purely financial reasons, or a buyer can be making a bet on the owner's ability to expand the business» (Nesse sentido: Lagorio-Chafkin, Cristhiane. *How to structure an earn-out*. INC, 11 de março de 2010. Disponível em: <http://www.inc.com/guides/earn-out-structuring.html>. Acesso em: 10.05.2023.

87. Freire, José Luís de Salles. Cláusula *earn-out* em aquisições. *Boletim Capital Aberto*, ed. 80, abr. 2010.

88. Freire, José Luís de Salles. Cláusula *earn-out* em aquisições. *Boletim Capital Aberto*, ed. 80, abr. 2010.

89. «Although price can be expresses as a single number – the $X that Company A paid for Company B – it is hardly a simple matter. The amount that might be paid for the same company may vary greatly among different buyers at different times. One might say that just as beauty lies in the eyes of the beholder, so value lies in the equations of the buyer and seller. But which equations

perspectivas existentes entre compradores e vendedores[90] pode ser fatal para o alcance do consenso contratual.

De fato, a razão de ser da pactuação de um *Earn-Out* encontra explicação na necessidade de opor barreira às ações oportunistas e na ínsita carência de colaboração entre alienante e adquirente em vistas de um fim comum (isto é: lograr um negócio de aquisição/alienação rendoso a ambas as partes, diminuindo ou limitando os riscos mútuos). Ainda, a cláusula funciona para mitigar o chamado *moral hazard*, que, na terminologia da análise econômica do Direito, designa a alteração no comportamento de um agente ao saber que, por alguma razão, não estará integralmente sujeito às consequências de seus atos, tirando proveito de uma informação privada em detrimento da contraparte.[91] O *Earn-Out* é instrumento a permitir atingir-se múltiplas finalidades.

A lógica do *Earn-Out* está em que, de um lado, a manutenção dos antigos sócios na operação do negócio «é uma medida eficaz no sentido de suprir a falta de *expertise* necessária para administrar uma empresa em seu mercado específico, sendo uma boa saída para os investidores que desejam entrar em novos mercados ou mesmo para investidores institucionais». De outro, quando há uma diferença de avaliação entre o valor que o comprador atribui ao negócio e o que o vendedor espera lucrar, um *Earn-Out* aproxima estes dois interesses.[92]

Pode ocorrer, porém, que as partes pactuem certas condições para a aquisição do direito ao *Earn-Out* por seu beneficiário, dentre elas, por exemplo, que o beneficiário não tenha dado ensejo à «justa causa» que levaria ao perdimento da vantagem. E pode ocorrer que, vésperas da aquisição do direito ao *Earn-Out*, haja alguma dissidência entre os responsáveis pelo pagamento e o seu beneficiário. Um episódio que, em outra ocasião, seria considerado corriqueiro, passa a ter dimensões de um atentado caracterizador de justa causa.

Da perspectiva funcional, o *Earn-Out* configura, portanto, um arranjo mediante o qual os contraentes estipulam o deslocamento temporal do ajuste de preço em razão de incertezas quanto à precificação da sociedade-alvo, subordinando tal efeito – *i.e.*, exigibilidade do pagamento da parcela adicional – à ocorrência de determinados eventos futuros e incertos, comumente o atingimento de metas. Nenhuma ilicitude há em pactuar que o vendedor possa permanecer recebendo valores (*earn*) a título de preço

---

to use? There is no limit to the possible approaches one can take to valuation. There are more than a dozen in use» (LAJOUX, Alexandra Reed. *The Art of M&A*. 5.ª ed. Nova Iorque: MCGraw-Hill, 2019, p. 114).

90. BAINBRIDGE, Stephen M. *Bainbridge's Mergers and Acquisitions*. 3.ª ed. Nova Iorque: West Academic, 2012, p. 73, edição do Kindle.

91. FREIRE, José Luís de Salles. Cláusula *earn-out* em aquisições. *Boletim Capital Aberto*, ed. 80, abr. 2010.

92. FREIRE, José Luís de Salles. Cláusula *earn-out* em aquisições. *Boletim Capital Aberto*, ed. 80, abr. 2010. Também: ARAGÃO, Leandro Santos de. Dever de Informar e Operações de Reorganização Societária – procedimento preparatório e as informações assimétricas. In: CASTRO, Rodrigo M.; ARAGÃO, Leandro S. *Reorganização Societária*. São Paulo: Quartier Latin, 2005, p. 65.

mesmo depois de deixar formalmente o controle da sociedade (*out*) se determinados eventos forem verificados.[93]

De fato, pela pactuação de um *Earn-Out*, a determinação e a exigibilidade da parcela adicional do preço das participações societárias são diferidas para o futuro, permitindo a constituição de vínculo jurídico mesmo quando há acentuadas divergências dos negociantes[94] quanto à precificação das participações societárias, ou quanto à valorização das expectativas de desenvolvimento futuro da sociedade-alvo.[95] A lógica subjacente é que, ao permitir o ajuste do preço das participações societárias a um valor mais próximo ao real, promove-se o acordo entre as partes,[96] superando-se empecilhos da fase de negociação.

E a função de deslocamento de todos os efeitos – ou parcela de determinados efeitos – contratuais em virtude da *incerteza* decorrente da indisponibilidade de um dado decisivo para se alcançar um resultado prático final é exercida, em nosso sistema jurídico, pela figura da condição suspensiva.[97]

No apreciar a questão, o intérprete deverá ter em mente a *finalidade do negócio*, coligando finalidade e regularidade à boa-fé como pauta de licitude no exercício jurídico: ao discutir com os administradores da sociedade, o sócio vendedor, beneficiário do *Earn-Out*, agiu «manifestamente» contra a boa-fé? Ou o seu comportamento está sendo utilizado – numa interpretação oportunista das condições apostas ao recebimento do *Earn-Out* – para um exercício abusivo?

São os comportamentos oportunistas justamente as fontes de grande parte dos problemas decorrentes da pactuação de *Earn-Out*. Os comentaristas e a jurisprudência da corte norte-americana de Delaware[98] dão conta de casos de negligente ou dolosa

---

93. Buschinelli, Gabriel. *Compra e Venda de Participações Societárias de Controle*. São Paulo: Quartier Latin, 2018, p. 216.

94. Nesse sentido, se reconhece que o uso típico da cláusula *earn-out* diz respeito às situações em que há um grande hiato entre as expectativas das avaliações dos compradores e a dos vendedores: «Typically, earn-out clauses are used to address a big valuation gap in the purchase price expectations of Target's owners versus the price that Bidder is willing to pay to acquire Target's business» (Badour, David; C. D'Souza, Shane. Different Mechanisms for Making Purchase Price Adjustments. In: Maynard, Therese H. (Coord.). *Mergers and Acquisitions*: Cases, Materials, and Problems. 4.ª ed. The Hague: Wolters Kluwer, 2017, p. 333, edição do Kindle).

95. Em sentido similar: «A prática tem recorrido às cláusulas *earn-out* para desbloquear negócios de aquisição de empresas nos quais as partes têm acentuadas divergências quanto ao valor da empresa, ou quanto à valorização das expectativas de desenvolvimento futuro da mesma» (Sá, Fernando Oliveira. A determinação contingente do preço de aquisição de uma empresa através de cláusula *earn-out*. In: Câmara, Paulo (Coord.). *Aquisição de Empresas*. Coimbra: Coimbra Editora, 2011, p. 403).

96. Dross, William. *Clausier*. 3.ª ed. Paris: LexisNexis, 2016, p. 226.

97. Dentre os estudos monográficos recentes, *vide*: Martins-Costa, Fernanda Mynarski. *Condição Suspensiva*: função, estrutura e regime jurídico. São Paulo: Almedina, 2017, p. 43.

98. Lynn, Michael P. *A Survey Of Cases Analyzing Earnout Agreements*. September 14, 2010. *White paper* disponível em: <https://utcle.org/ecourses/OC4162/get-asset-file/asset_id/27424>. Acesso em: 10.05.2023.

administração («*management*») dos interesses envolvidos no «período de *Earn-Out*». Também de conflito de interesses e de conflitos resultantes da própria pactuação da cláusula, seja no concernente ao método de cálculo, seja no cumprimento das condições acordadas.[99] Isso porque, por vezes, os sócios administradores, desviando-se da função econômico-social do *Earn-Out*, arranjam pretextos, no mais das vezes apenas amparados nas lacunas contratuais, para elidir ou diminuir a parcela do preço. Nesses casos, porém, deve atuar a boa-fé como elemento de interpretação das condições contratuais e como limite ao oportunismo.

É com base nos *standards* do dever de diligência e do curso normal dos negócios que doutrina recente[100] vem oferecendo soluções para problemas de oportunismo na gestão do *earn-out*, tal qual a do comprador que, uma vez investido na posição de administrador e sob a escusa de proteger o interesse social, deprime o lucro esperado.

O poder dos administradores e controladores não configura um poder discricionário ilimitado. Os critérios legais, contratuais, os advindos dos usos do setor e das práticas seguidas entre os contratantes servem como balizas ao lícito exercício desse poder, de modo que «a análise do caso concreto em conjunto com as específicas previsões contratuais ajustadas, que deverá orientar a solução de eventuais divergências entre as partes contratantes no tocante à execução do *earn-out*».[101] Como bem aponta Luciano Piva, «os deveres fiduciários dos administradores, enquanto insertos na relação contratual do *earn-out*, devem ser examinados à luz dos contratos realizados no campo empresarial».[102] Isso significa dizer que, durante a fase de pendência da condição (no caso, da fase de apuração do *Earn-Out*), há limites temporários à discricionariedade dos

---

99. «Earnout agreements have become a source of litigation because often they fail to define the income, expenses, and products on which the earnout amount is calculated. They also can create inherent conflicts of interest that may arise between the buyer and seller. Litigation can also arise when terms in the agreement are poorly defined or the buyer mismanages the business or intentionally undermines the earnout agreement. Leaving these matters to future negotiation to close a deal may solve problems in the short term, but it may also sow the seeds for litigation» (LYNN, Michael P. *A Survey Of Cases Analyzing Earnout Agreements*. September 14, 2010. *White paper* disponível em: <https://utcle.org/ecourses/OC4162/get-asset-file/asset_id/27424>. Acesso em: 10.05.2023, p. 8).

100. *Vide* PIVA, Luciano Zordan. *O Earn-Out na Compra e Venda de Empresas*. São Paulo: Quartier Latin, 2019, p. 130 e ss; BUSCHINELLI, Gabriel. *Compra e Venda de Participações Societárias de Controle*. São Paulo: Quartier Latin, 2018, p. 142; MÜSSNICH, Francisco Antunes Maciel. A cláusula de *earn-out* na aquisição de sociedades: solução ou postergação do problema? In: CASTRO, Rodrigo Rocha Monteiro de; AZEVEDO, Luís André; HENRIQUES, Marcus de Freitas (Coords.). *Direito Societário, Mercado de Capitais, Arbitragem e Outros Temas*: Homenagem a Nelson Eizirik. São Paulo: Quartier Latin, 2020, p. 995-996.

101. MÜSSNICH, Francisco Antunes Maciel. A cláusula de *earn-out* na aquisição de sociedades: solução ou postergação do problema? In: CASTRO, Rodrigo Rocha Monteiro de; AZEVEDO, Luís André; HENRIQUES, Marcus de Freitas (Coords.). *Direito Societário, Mercado de Capitais, Arbitragem e Outros Temas*: Homenagem a Nelson Eizirik. São Paulo: Quartier Latin, 2020, p. 1002.

102. PIVA, Luciano Zordan. *O Earn-Out na Compra e Venda de Empresas*. São Paulo: Quartier Latin, 2019, p. 129.

administradores em vista de eliminar – ou no mínimo atenuar – o risco moral («*moral hazard*») presente no período de apuração do *Earn-Out*, é dizer, o período de pendência de uma condição.

De uma conduta segundo a boa-fé descendem, por exemplo, os *deveres informativos*, inclusivos da informação e do esclarecimento, não se podendo esquecer que quem gere bens e interesses alheios[103] (ou potencialmente alheios, pois sujeitos a uma condição suspensiva) tem implícito, mas, inafastavelmente, o *dever de prestar contas*, aí se incluindo o dever de informar e esclarecer acerca de decisões adotadas.

No âmbito da pendência da condição, informação relevante costuma dizer respeito a aspectos do evento condicional contratualmente eleito,[104] sobretudo acerca das *mutações fáticas relevantes* que podem vir a atingir a condição. Como já bem advertido, a contraparte «não pode se valer da incerteza da condição para deixar de prestar uma informação previsível e relevante sobre o evento condicional».[105] O dever de informar recai sobre o contratante que tenha, em razão de sua posição concreta, acesso à informação pertinente. Especificamente nas cláusulas *Earn-Out*, em que a condição envolve aspectos relativos à gestão da sociedade-alvo, o contratante que estiver, *concretamente*, a par da gerência da sociedade deverá prestar as informações relevantes sobre a verificação do implemento da condição.

O cânone da finalidade do negócio não carece estar explicitado em texto legal, pois a ninguém ocorreria sustentar que as partes contratam sem que nenhuma finalidade as mova ao disciplinar o objeto da prestação e estabelecer o próprio conteúdo contratual. Ainda assim, dada a preocupação do legislador de 2019 em deixar explícitos antiquíssimos e indiscutidos cânones, melhor seria que tivesse apenas referido a «finalidade do negócio» no inc. V do art. 113, parágrafo 1.º, ao invés de apresentar a deficientíssima redação englobante de uma «salada de ingredientes altamente desafiadora ao intérprete».[106]

---

103. Acerca dos poderes de gestão, insertos no poder de administrar, veja-se, exemplificativamente, em trabalho recente e em perspectiva comparatística: Nunes, Pedro Caetano. *Dever de Gestão dos Administradores de Sociedades Anônimas*. Coimbra: Almedina, 2018, em especial, p. 159-230.

104. Como destaca Fernanda Martins-Costa, «especificamente sobre os negócios condicionais, além das informações referentes ao contrato e ao seu objeto, a depender da escolha do evento condicional, poderá recair sobre uma contraparte o dever de prestar informações relativas justamente à condição eleita contratualmente» (Martins-Costa, Fernanda Mynarski. O princípio da boa-fé objetiva nos negócios sob condição suspensiva. In: Benetti, Giovana *et al.* (Org.). *Direito, Cultura e Método*: Leituras da Obra de Judith Martins-Costa. Rio de Janeiro: GZ Editora, 2019, p. 285).

105. Martins-Costa, Fernanda Mynarski. O princípio da boa-fé objetiva nos negócios sob condição suspensiva. In: Benetti, Giovana *et al.* (Org.). *Direito, Cultura e Método*: Leituras da Obra de Judith Martins-Costa. Rio de Janeiro: GZ Editora, 2019, p. 285.

106. Assim observa Nitschke, sublinhando: «Essa salada de ingredientes de um lado é altamente desafiadora ao intérprete, exigindo-lhe hercúleo esforço, mas, de outro, é, na verdade, porta escancarada ao arbítrio aplicativo, ao juízo de equidade mascarado pelo verniz de critérios supostamente objetivos: qualquer indicador poderá servir para que o intérprete sustente ter

A BOA-FÉ NO DIREITO PRIVADO

Como se tem reiteradamente acentuado, o Código Civil não apenas exprime um sistema. Nele se inscreve, internamente, um sistema. Qualquer modificação em seu texto que ignore seu sistema, seu método, sua linguagem, expressa nos conceitos adotados, será, *ipso facto*, equivocada, deficiente e, no mais das vezes, danosa. É o que ocorre com o inc. V. Ao remeter à «racionalidade da parte», está remetendo à «racionalidade do sujeito contratante». Trata-se de um critério subjetivo, portanto. Compare-se, por exemplo, à redação – tecnicamente correta – do art. 112. Ali, ao se referir à «intenção» do contratante, se complementa: é a «intenção consubstanciada na declaração», e, portanto, uma vontade objetivável. O que importa é a declaração negocial. Bastará, consequentemente, extrair o sentido contido, isto é, consubstanciado na declaração negocial, sendo esse o elemento objetivo.

Todavia, o inc. V do art. 113 não segue esse critério, englobando, como já apontou certeira crítica, «verdadeira mistura de critérios, talvez a depressão mais profunda da disciplina que se fez inserir, faz alusão à racionalidade econômica *das partes* (...) quando, em verdade, o que importa à interpretação é a economia do contrato, pela lente do seu objeto e do seu fim».[107] Portanto, a esse «enigmático critério» da racionalidade econômica das partes,[108] equiparável, em seu subjetivismo, ao voluntarismo oitocentista, há de ser conferida interpretação que se volte a perquirir a *racionalidade econômica da operação econômica subjacente*, averiguada em vista dos fins aos quais voltado o concreto negócio jurídico. O negócio é o elemento objetivo. O que importa ao Direito é a «racionalidade econômica» que dele poderá ser extraído, em busca de sua finalidade econômico-social.

2. Negócio jurídico como categoria finalista: consequências

O negócio jurídico é a categoria abstrata elaborada pela inteligência para aprender aquelas ações e decisões (manifestações de vontade), que, dirigidas à produção de um resultado juridicamente qualificável, destinam-se, *prima facie*, a produzir os resultados queridos, segundo o manifestado pelas partes, desde que tais resultados sejam

---

encontrado a "razoável negociação" dos contratantes» (NITSCHKE, Guilherme Carneiro Monteiro. Comentário ao artigo 113, §§ 1.º e 2.º, do Código Civil: interpretação contratual a partir da Lei da Liberdade Econômica. In: MARTINS-COSTA, Judith; NITSCHKE, Guilherme Carneiro Monteiro. *O Direito Privado na Lei de Liberdade Econômica. Comentários.* São Paulo: Almedina, 2022, p. 407).

107. NITSCHKE, Guilherme Carneiro Monteiro. Colmatação de Lacunas Contratuais: Insuficiências do Código Civil, Deficiências da Lei de Liberdade Econômica e o trabalho da Doutrina. In: BARBOSA, Henrique; FERREIRA DA SILVA, Jorge Cesa. *A Evolução do Direito Empresarial e Obrigacional*: 18 anos do Código Civil. Obrigações e Contratos. São Paulo: Quartier Latin, 2021, p. 373.

108. O qualificativo é de NITSCHKE, Guilherme Carneiro Monteiro. Comentário ao artigo 113, §§ 1.º e 2.º, do Código Civil: interpretação contratual a partir da Lei da Liberdade Econômica. In: MARTINS-COSTA, Judith; NITSCHKE, Guilherme Carneiro Monteiro. *O Direito Privado na Lei de Liberdade Econômica.* Comentários. São Paulo: Almedina, 2022, p. 288.

A Função Hermenêutica da Boa-Fé | 527

concordes com o Ordenamento.[109] A característica comum de todos os tipos de atos compreendidos sob a abstração etiquetada como «negócio jurídico» consiste em estarem esses atos direcionados à finalidade de constituir, modificar ou extinguir relações jurídicas mediante a instauração, entre duas ou mais partes, de uma regulamentação de interesses. Exata e precisamente por essa razão, os negócios jurídicos são os tipos de atos jurídicos que têm por finalidade possibilitar que os indivíduos configurem criativamente relações jurídicas conformemente à sua vontade,[110] uma vez observados os limites a essa vontade derivados do mesmo Ordenamento. A configuração das relações jurídicas ocorre pelo fato de ser estabelecida uma regulação que, sendo reconhecida pela ordem jurídica, vale juridicamente. Assim, o negócio é *direito*, isto é: é fonte de produção jurídica e de modelos jurídicos. Logo, por ser uma regulação estabelecida finalisticamente, o negócio jurídico se diferencia de todos os demais supostos de fato (*Tatbeständ*) estruturados juridicamente e aos quais o Ordenamento também coliga eficácias jurídicas.[111]

Essa característica nuclear do negócio jurídico aponta, de *per se*, à relevância em termos hermenêuticos da finalidade concreta a que adstrito o negócio,[112] como se vem frisando, cabendo ao intérprete buscar o significado da efetiva regulamentação de

---

109. Como está em Flume, o conceito de negócio jurídico «é a abstração de todos os tipos de atos estruturados no Ordenamento jurídico que, tal como fixou o Ordenamento jurídico seu conteúdo, estão dirigidos, mediante a instauração de uma regulamentação, à constituição, modificação ou extinção de uma relação jurídica, no uso da autodeterminação do indivíduo, é dizer, na realização do princípio da autonomia privada (Flume, Werner. *El Negocio Juridico*. Parte General del Derecho Civil. Tomo II. Trad. espanhola de José Maria Miquel González e Esther Gómez Calle. 4.ª ed. Madrid: Fundación Cultural del Notariado, 1998, p. 49, em tradução livre). Por isso, como registrei de outra feita, sob a rubrica «negócio jurídico» estão compreendidos apenas os tipos de atos humanos que, estruturados pelo Ordenamento como suportes fáticos normativos, estão dirigidos teleologicamente para a constituição, modificação ou extinção de uma relação jurídica mediante o estabelecimento de uma regulamentação juridicamente vinculativa aos sujeitos que se qualificam como suas «partes» O caráter finalista da ação subjacente ao negócio jurídico deve, pois, ser devidamente sublinhado (cf. Martins-Costa, Judith. Contratos. Conceito e Evolução. In: Lotufo, Renan; Nanni, Giovanni Ettore (Orgs.). *Teoria Geral dos Contratos*. São Paulo: Atlas/ IDP, 2011, p. 39).

110. Assim, Flume, Werner. *El Negocio Juridico*. Parte General del Derecho Civil. Tomo II. Trad. espanhola de José Maria Miquel González e Esther Gómez Calle. 4.ª ed. Madrid: Fundación Cultural del Notariado, 1998, p. 50.

111. Flume, Werner. *El Negocio Juridico*. Parte General del Derecho Civil. Tomo II. Trad. espanhola de José Maria Miquel González e Esther Gómez Calle. 4.ª ed. Madrid: Fundación Cultural del Notariado, 1998, p. 50.

112. Pontes de Miranda, Francisco Cavalcanti. *Tratado de Direito Privado*. Tomo XXXVIII. 3.ª ed. São Paulo: Revista dos Tribunais, 1984, § 4.202, 5, p. 88-89. «Nas relações entre os seres humanos, algumas precisam de juridicidade. Para isso, conforme as necessidades e os desejos de cada um, procura-se o negócio jurídico de cuja eficácia resulte o que se quer. A manifestação de vontade tem de ter por fim a eficácia que satisfaça essas necessidades e esses desejos. Daí a missão do intérprete quanto a ter de encontrar o conteúdo querido, isto é, a finalidade mesma do negócio jurídico. A manifestação de vontade, integralizável segundo as regras jurídicas ou segundo o método de interpretação, é o que pode conter o sentido, o fim do negócio jurídico».

interesses instrumentalizada pelo negócio. Além de perquirir a intenção consubstanciada na declaração,[113] caberá buscar o *significado objetivo* de tal regulação de interesses.

Este, como está em Larenz,[114] revela-se na busca da efetiva «economia» do contrato, entendida essa expressão como a relação – estabelecida por ambas as declarações de vontade negociais – entre os riscos e as vantagens, os ganhos e as perdas que cada contrato bilateral traduz.

O regulamento de interesses há de ser visto, portanto, não como uma operação isolada, conectada apenas à «intenção consubstanciada na declaração», mas, igualmente, como *a expressão de um planejamento* em que assumem relevância as vantagens que os contraentes legitimamente esperam obter, bem como os riscos a que estão sujeitos em vista da obtenção do fim esperado.[115] À finalidade (fim; escopo do negócio) conecta--se a utilidade que, em vista do negócio, seria lícito às partes esperar.

É, portanto, nos quadros da economia contratual objetivamente estabelecida por ambas as declarações de vontade – e estabelecida em vista de uma finalidade a ser evidenciada pelo intérprete – que o sentido da disposição deve ser encontrado e a concreta conduta segundo a boa-fé será individuada. A razão está em que a boa-fé hermenêutica serve, primeiramente, para direcionar o intérprete, na avaliação do contrato (considerados o texto e conduta contratual), ao sentido mais coerente com a finalidade que seria possível esperar daquele contrato particularmente considerado.

Porém, o dever do intérprete de buscar o *sentido objetivo do negócio* por meio da concretização do art. 113 do Código Civil – considerando, então, o contexto envolvente da declaração e a finalidade/utilidade do negócio – não implica um solidarismo que importe em distribuir, ao pretexto da interpretação contratual, os custos atinentes a uma conduta individual a toda uma parcela da comunidade. Até porque, nesse caso, não se trataria propriamente de «interpretar» as manifestações negociais. A interpretação segundo a boa-fé não deve resultar na subversão dos *riscos próprios* a cada negócio, pois todo o bônus importa ônus, todo contrato tem seu risco.

Assim é o alerta de decisão no *caso do seguro fidelidade embutido*.[116]

O tema em discussão dizia respeito ao alegado dever da seguradora a indenizar o segurado pelo sinistro resultante da «falta de devolução do veículo automotor» ao seu proprietário por um amigo que o havia tomado emprestado. O segurado havia emprestado o automóvel a um amigo, que não o devolveu. Pretendeu, então, a extensão da regra contratual segundo a qual seriam indenizados os prejuízos resultantes de furto ou de roubo. No Relatório original, em face da negativa da seguradora em cobrir o

---

113. Ver *supra*, Capítulo VI, §52.
114. Larenz, Karl. *Derecho Civil*. Parte General. Trad. espanhola de Miguel Izquierdo y Macías-Picavea. Madrid: Edersa, 1978, p. 744.
115. Alpa, Guido. *L'Interpretazione del Contratto*. Milano: Giuffrè, 1983, p. 2 e ss.
116. STJ. REsp 917356/ES. Terceira Turma. Relatora Min. Nancy Andrighi. Relator para Acórdão Min. Ari Pargendler. Julgamento em 17.06.2008. *DJ* de 22.08.2008.

prejuízo, avaliou-se violação da boa-fé, por parte da seguradora, referindo-se ao art. 765 do Código Civil, segundo o qual o segurado e o segurador são obrigados a guardar na conclusão e na execução do contrato, a mais estrita boa-fé e veracidade, tanto a respeito do objeto, como das circunstâncias e declarações a ele concernentes. E se aduziu: «a boa-fé exige que os contratantes se tratem com lealdade, de forma que a relação contratual não seja fonte de prejuízo para as partes». Disse, ainda, não poder «exercer suas pretensões de forma injusta ou exagerada com a finalidade de prejudicar a outra».[117]

O primeiro argumento («a relação contratual não pode ser fonte de prejuízos às partes») não há de ser entendido literalmente. O segundo («o contratante não pode exercer suas pretensões de forma injusta ou exagerada com a finalidade de prejudicar a outra») é correto, mas não pareceu à maioria do Tribunal coadunar-se com o caso. Explica-se: a relação contratual não pode ser fonte de prejuízos *injustos* às partes, isto é: prejuízos injustificados em face da lei e do contrato. Se em todo o contrato há risco, em todo contrato pode haver prejuízo, embora risco e prejuízo não sejam sinônimos. Se o eventual prejuízo estiver sob a esfera do risco típico do negócio, sendo licitamente causado, não será um «prejuízo injusto» e, portanto, não será passível de indenização. Nos contratos comutativos, há sempre, para ambas as partes, vantagens e ônus polarmente situados. Nos contratos aleatórios, o risco é a própria causa concreta do contrato.[118] Portanto, pode o contrato ser «fonte de prejuízo», sem afronta à boa-fé, quando se tratar de prejuízo englobado no risco próprio do negócio. Por outro lado, se o contratante exercita seus direitos subjetivos e potestativos em acordo com a lei, o conteúdo previsto no contrato e a sua finalidade, não há, em linha de princípio, afronta à boa-fé característica da ilicitude prevista no art. 187 do Código Civil.

Estes temas estiveram subjacentes à discussão travada pela Terceira Turma do STJ no mencionado *caso do seguro fidelidade embutido*. A corrente majoritária entendeu ter o contrato de seguro «por objeto a cobertura de riscos predeterminados, os quais, tratando-se de seguro de automóvel, são aqueles decorrentes de acidentes, furtos, roubos e quejandos; o risco resultante da falta de devolução ao segurado do veículo que emprestou a um amigo não é inerente ao seguro de automóvel, e a seguradora só estaria obrigada a indenizar esse sinistro se estivesse coberto por outro seguro, o de fidelidade». E assinalou o Relator para o acórdão: «[u]ma interpretação que autorizasse o

---

117. Assim o voto (vencido) expresso no STJ. REsp 917356/ES. Terceira Turma. Relatora Min. Nancy Andrighi. Relator para Acórdão Min. Ari Pargendler. Julgamento em 17.06.2008. *DJ* de 22.08.2008.

118. Nos contratos comutativos há sempre, para ambas as partes, vantagens e ônus polarmente situados. Nos contratos aleatórios, o risco é a própria causa concreta do contrato (*Vide*: GIANDOMENICO, Giovanni di. *Il Contratto e l'Alea*. Padova: Cedam, 1987, p. 228 e 229; AZEVEDO, Antonio Junqueira de. Contrato de Opção de Venda de participações societárias. Variação imprevisível do valor da coisa prometida em relação ao preço do mercado. Possibilidade de revisão por onerosidade excessiva, com base nos arts. 478 a 480 do Código Civil em contrato unilateral. Parecer. *Novos Estudos e Pareceres de Direito Privado*. São Paulo: Saraiva, 2009, p. 208 e 209; MARTINS-COSTA, Judith. Contratos de Derivativos Cambiais. Contratos Aleatórios. Abuso de Direito e Abusividade Contratual. Boa-Fé Objetiva. Parecer. *Revista de Direito Bancário e do Mercado de Capitais*, vol. 55, São Paulo, Revista dos Tribunais, 2012, p. 321.

530 | A BOA-FÉ NO DIREITO PRIVADO

entendimento de que todo seguro de automóvel embute o seguro de fidelidade levaria, evidentemente, as seguradoras a aumentarem o respectivo prêmio nos seguros futuros, em prejuízo dos consumidores que não emprestam seus automóveis, ou só os [que] emprestam a pessoas confiáveis. Ou alguém pensa que os custos de tal sinistro não seriam repassados aos consumidores?».

3. Interpretação finalista e contratos por adesão

Como melhor se averiguará oportunamente,[119] nos negócios de massa a interpretação segundo a boa-fé considerará, então, o significado que era *razoável esperar* em vista da compreensibilidade do universo dos contratantes-aderentes (critério do «tipo médio» ou «público-alvo específico», e não abstrato), justamente por essas cláusulas estarem normalmente insertas em contratos formados por adesão, embora nem sempre caracterizem em relações de consumo. Podem estar presentes em contratos interempresariais e mesmo em pactos parassocietários,[120] isto é, em universos não massivos. Também aí o intérprete «não deve circunscrever-se à literalidade, ignorar as conotações e o contexto, prescindir de toda uma dimensão pragmática particular, que é perfeitamente apreensível por quem lida diariamente com os apelos negociais e conhece a relação que existe entre os sinais utilizados e o seu significado».[121]

4. Finalidade, «título» do contrato e atipicidade contratual

A finalidade concreta é apenas indicativamente aposta no título dado ao contrato. Isso, porque a definição do tipo e do fim concreto são reveladas pelo exame do conteúdo, da prestação prometida, e não da «etiqueta» eventualmente aposta.[122]

Consabidamente, uma das mais ricas facetas da autonomia privada está em se poder, com relativa liberdade, modelar o conteúdo contratual e escolher o tipo (legal, ou social) mais afeito à pretendida regulação de interesses, liberdade essa tão extensa que alcança mesmo a formação de negócios atípicos (Código Civil, art. 425). Consequentemente, não só a finalidade e o conteúdo, mas, igualmente, o tipo (legal ou social) ou o modelo concretamente escolhido (no caso de um negócio atípico) para veiculá-lo integram e constituem a totalidade formada pelo negócio.[123] Essa individuação é

---

119. Ver, *infra*, Capítulo VI, §55.

120. *V.g.* Os contratos e as cláusulas uniformes. A Lei 6.404 de 1976, e a organização do poder «*internacorporis*» da sociedade por ações. Grau, Eros Roberto; Forgioni, Paula. *O Estado, a Empresa, o Contrato*. São Paulo: Malheiros, 2005, p. 36 e ss.

121. Ferreira de Almeida, Carlos. *Texto e Enunciado na Teoria do Negócio Jurídico*. Coimbra: Almedina, 1992, p. 917, embora se referindo à interpretação de disposições publicitárias insertas em contratos formados por adesão.

122. Assim já referido, *supra*, no Capítulo V, §42.

123. Pontes de Miranda, Francisco Cavalcanti. *Tratado de Direito Privado*. Tomo III. 3.ª ed. São Pau-

A Função Hermenêutica da Boa-Fé | 531

relevante pelas distintas regras hermenêuticas reitoras dos tipos contratuais, não se podendo confundir, por exemplo, a interpretação de um contrato de doação com as de uma empreitada, nem a de um contrato típico com a de um atípico, quando for distinta a causa e a extensão analógica não se mostrar, por isso, procedente. Além do mais, cabe distinguir entre a interpretação dos contratos (negócios jurídicos bilaterais) e a dos negócios jurídicos unilaterais, como a oferta ou o testamento. Trata-se do chamado princípio [*rectius*: critério] da classificação técnica.[124]

Por essa razão, o título eventualmente aposto pelas partes (por exemplo, «cessão de contrato») é indicativo, mas não conclusivo (conforme o conteúdo, por exemplo, pode se tratar de uma cessão de crédito, ou de mescla entre cessão de contrato, cessão de crédito e assunção de dívida, espécies entre si distintas). Um exame preliminar já permitirá compreender, contudo, a primeira categorização, por exemplo, se se trata de contrato (negócio bilateral) ou negócio unilateral. Bem assim, há de se atentar para as qualificações normativas eventualmente procedidas pelas partes: por exemplo, um denominado «interveniente» poderá ser qualificável, em vista das circunstâncias, como «parte», como no caso do avalista vicário;[125] um «cedente» como um «alienante».

Integra ainda o *cânone da totalidade hermenêutica*, além da intenção consubstanciada na declaração e a finalidade do negócio, o critério da *consideração ao comportamento das partes*, eis que estas são os melhores intérpretes do que «quiseram dizer».

§ 54. O critério do comportamento das partes

1. Proposição

Na função hermenêutica, a boa-fé permite apreender os interesses das partes em vista dos esquemas socialmente normais e regulares, contrastando-os com a eventual singularidade do ato de autonomia privada.[126] Viabiliza *valorar a conduta das partes* no curso do processo obrigacional, contrastando a conduta efetivamente havida com o *standard* da conduta segundo a boa-fé, é dizer: uma conduta leal, proba, cooperativa

---

lo: Revista dos Tribunais, 1983, § 327, 1, p. 327-329. «Em terceiro lugar, vem o *princípio da classificação técnica*, que impõe, como método, que coligados os dados suficientes para se saber se o ato jurídico é ato jurídico *stricto sensu*, ou se é negócio jurídico, se coloque o ato em exame na classe a que pertence. Porque já se apura qual o direito cogente, bem como qual o direito dispositivo e, até, interpretativo, que se tem de observar. Após isso, ou simultaneamente com isso, se dados suficientes há, é preciso que se procure, dentro da classe, a subclasse em que se deve entrar o ato jurídico examinado. E assim por diante» (destaques do autor).

124. Conforme já se exemplificou com a indicação de modelos contratuais ao se referir os critérios, no Capítulo IV, *supra*.

125. STJ. REsp 1013976/SP, comentado e citado, *supra*, §52.

126. Scognamiglio, Claudio. *Interpretazione del Contratto e Interessi dei Contraenti*. Padova: Cedam, 1992, p. 367.

532 | A BOA-FÉ NO DIREITO PRIVADO

com o *alter* em vista dos fins visados pelo negócio e das expectativas legitimamente geradas por sua pactuação. E autoriza o intérprete a concluir – em razão do comportamento seguido – qual o sentido a conferir à manifestação de vontade, pois todo contrato importa num dever de manutenção de uma *linha de coerência*, «quer a pessoa esteja na posição de credor quer na de devedor».[127]

É objeto de valoração pelo *standard* da boa-fé o inteiro comportamento das partes, abrangendo as fases pré-negocial, de execução do contrato e a pós-contratual. Porém, em qualquer caso, uma adequada atribuição de significado interpretativo ao comportamento deve considerar, acuradamente, as distinções entre as diversas tipologias de comportamento que, em vista do caso, possam adquirir relevo.[128]

2. O comportamento posterior

O maior peso está no chamado «comportamento posterior» das partes, isto é: aquele que segue à conclusão, consistindo em atos e/ou omissões referentes à execução do contrato, pois, nesse caso, as partes revelam, por sua conduta, o sentido dado a uma declaração que pode ser ambígua, confusa ou lacunosa. Trata-se de antigo e seguro critério hermenêutico tido como verdadeira «interpretação autêntica» do contrato,[129] sua

---

127. AZEVEDO, Antonio Junqueira de. Interpretação do Contrato pelo Exame da Vontade Contratual. O Comportamento das Partes Posterior à Celebração. Interpretação e Efeitos do Contrato Conforme o Princípio da Boa-Fé Objetiva. Impossibilidade de *Venire Contra Factum Proprium* e de Utilização de Dois Pesos e Duas Medidas (*Tu Quoque*). Efeitos do Contrato e Sinalagma, Assunção pelos Contratantes de Riscos Específicos e Impossibilidade de Fugir do «Programa Contratual» Estabelecido. Parecer. *Estudos e Pareceres de Direito Privado*. São Paulo: Saraiva, 2004, p. 168, destaques originais. Quanto aos contratos submetidos à CISG, assinalam Schlechtriem e Witz que o art. 8(3), ao mencionar o comportamento ulterior das partes tem função interpretativa, e não completiva (integrativa), tendo por efeito iluminar a interpretação das declarações negociais. (SCHLECHTRIEM, Peter; WITZ, Claude. *Convention de Vienne sur les Contrats de Vente Internationale de Marchandises*. Paris: Dalloz, 2008, p. 94).

128. Assim alerta SCOGNAMIGLIO, Claudio. *Interpretazione del Contratto e Interessi dei Contraenti*. Padova: Cedam, 1992, p. 315.

129. SCOGNAMIGLIO, Claudio. *Interpretazione del Contratto e Interessi dei Contraenti*. Padova: Cedam, 1992, p. 319, alude ao «valore di vera e propria interpretazione autentica del contratto» a ser conferido ao comportamento posterior das partes. No mesmo sentido: ALPA, Guido; FONSI, Gianluca; RESTA, Giorgio. *L'Interpretazione del Contratto*. Orientamenti e tecniche della giurisprudenza. 2.ª ed. Milano: Giuffrè, 2001, p. 138 e 139. Na doutrina brasileira, no mesmo sentido: BARROS MONTEIRO, Washington de. *Curso de Direito Civil – Direito das Obrigações*. 2.ª Parte. 21.ª ed. São Paulo: Saraiva, 1987, p. 37: «(...) a melhor interpretação de um contrato é a conduta das partes, o modo pelo qual elas o vinham executando anteriormente, de comum acordo; a observância do negócio jurídico é um dos melhores meios demonstrativos da interpretação autêntica da vontade das partes; serve de guia indefectível para a solução da dúvida levantada por qualquer delas»; MAXIMILIANO, Carlos. *Hermenêutica e Aplicação do Direito*. 11.ª ed. Rio de Janeiro: Forense, 1991, p. 350. Convergente é a ideia de Pontes de Miranda sobre a interpretação autêntica. Para ele, «[d]iz-se interpretação autêntica do negócio jurídico a que é feita pelo único figurante, ou pelos figurantes» (PONTES DE MIRANDA, Francisco Cavalcanti. *Tratado de Direito Privado*. Tomo

A Função Hermenêutica da Boa-Fé | 533

«regra de ouro»,[130] «guia indefectível», «guia do intérprete».[131] O cânone, cujas origens estão no *ius commune*, fora sintetizado por Pothier na «Quinta Regra» e acolhido expressamente no Código Comercial de 1850 (art. 131,3) estando presente nos Projetos de Felício de Siuza (art. 265,13) e Inglês de Souza (art. 715, inc. III).

O valor hermenêutico do comportamento posterior das partes (traduzido em declarações, condutas e atos de execução contratual) é induvidoso, aqui e alhures, estando previsto, por exemplo, nos Códigos Civis português,[132] italiano,[133] espanhol,[134] argentino[135] e alemão,[136] e ainda nos *Princípios Unidroit*[137] e no *Uniform Commercial*

XXXVIII. 3.ª ed. São Paulo: Revista dos Tribunais, 1984, § 4.201, 1, p. 76). Essa interpretação autêntica pode decorrer de declarações, condutas e de atos de execução. Escreveram mais recentemente sobre o tema: Azevedo, Antonio Junqueira de. Interpretação do Contrato pelo Exame da Vontade Contratual. O Comportamento das Partes Posterior à Celebração. Interpretação e Efeitos do Contrato Conforme o Princípio da Boa-Fé Objetiva. Impossibilidade de *Venire Contra Factum Proprium* e de Utilização de Dois Pesos e Duas Medidas (*Tu Quoque*). Efeitos do Contrato e Sinalagma, Assunção pelos Contratantes de Riscos Específicos e Impossibilidade de Fugir do «Programa Contratual» Estabelecido. Parecer. *Estudos e Pareceres de Direito Privado*. São Paulo: Saraiva, 2004, p. 168; Venosa, Sílvio de Salvo. *Direito Civil*: Teoria Geral das Obrigações e Teoria Geral dos Contratos. 3.ª ed. São Paulo: Atlas, 2003, p. 458, *in verbis*: «O comportamento das partes, com o contrato em curso, bem como antes ou depois dele, é elemento de pesquisa primordial para a vontade contratual»; também em Diniz, Maria Helena. *Tratado Teórico Prático dos Contratos*. 4.ª ed. São Paulo: Saraiva, 2002, p. 94.

130. A expressão está em França, Erasmo Valladão Azevedo e Novaes. *A Conduta dos Associados como Regra de Interpretação dos Estatutos de uma Associação*. Temas de Direito Societário, Falimentar e Teoria da Empresa. São Paulo: Malheiros, 2009, p. 181.

131. Assim refere França, Erasmo Valladão Azevedo e Novaes. *A Conduta dos Associados como Regra de Interpretação dos Estatutos de uma Associação*. Temas de Direito Societário, Falimentar e Teoria da Empresa. São Paulo: Malheiros, 2009, p. 181.

132. Código Civil português, art. 236.º, 1: «A declaração negocial vale com o sentido que um declaratário normal, colocado na posição do real declaratário, possa deduzir do comportamento do declarante, salvo se este não puder razoavelmente contar com ele».

133. Código Civil italiano, art. 1368: «Le clausole ambigue s'interpretano secondo ciò che si pratica generalmente nel luogo in cui il contratto è stato concluso. Nei contratti in cui una delle parti è un imprenditore, le clausole ambigue s'interpretano secondo ciò che si pratica generalmente nel luogo in cui è la sede dell'impresa»; art. 1362: «Nell'interpretare il contratto si deve indagare quale sia stata la comune intenzione delle parti e non limitarsi al senso letterale delle parole. Per determinare la comune intenzione delle parti, si deve valutare il loro comportamento complessivo anche posteriore alla conclusione del contratto».

134. Código Civil espanhol, art. 1282: «Para juzgar de la intención de los contratantes, deberá atenderse principalmente a los actos de éstos, coetáneos y posteriores al contrato».

135. Código Civil e Comercial argentino, art. 1065, b: «Fuentes de interpretación. Cuando el significado de las palabras interpretado contextualmente no es suficiente, se deben tomar en consideración: [...] b) la conducta de las partes, incluso la posterior a su celebración».

136. Código Civil alemão, § 157: «Contracts are to be interpreted as required by good faith, taking customary practice into consideration» (versão em inglês do BGB disponível em: <https://www.gesetze-im-internet.de/englisch_bgb/englisch_bgb.html#p0466>).

137. UNIDROIT, art. 4.3 (C): «In applying Articles 4.1 and 4.2, regard shall be had to all the circumstances, including (c) the conduct of the parties subsequent to the conclusion of the contract» (é um critério condicionado à regra geral do art. 4.1).

Code norte-americano.[138] Na jurisprudência, é acentuado: o comportamento das partes é «fator revelador da composição de interesses e respectiva normatização que terminou por se estabelecer, dando a melhor interpretação possível ao que fora pactuado».[139] A alteração no Código Civil pela LLE o positiva legislativamente no inciso I do art. 113, § 1.º.[140]

Além de confirmar o sentido que as partes emprestaram à sua declaração negocial, «a interpretação autêntica [...] serve de prova contra quem autenticamente interpretou a manifestação de vontade, ou o negócio jurídico», como escreveu Pontes de Miranda.[141] Discute-se, porém, sobre o valor subsidiário, excludente ou confirmatório, do comportamento posterior das partes, relativamente ao método da interpretação voltada à busca da intenção consubstanciada na declaração negocial. Quando do comportamento das partes se infere um *sentido coerente* com a declaração instrumentalizada no contrato, é induvidoso o seu valor confirmatório do sentido deduzível da declaração negocial. E, quando o comportamento é adotado por ambas as partes, terá valor de interpretação autêntica, o que, evidentemente, tem um peso muito diferente do que teria se o comportamento fosse seguido por apenas um dos contraentes.

Desse cânone hermenêutico tradicional, Antonio Junqueira de Azevedo[142] retirou a consequência de que a mudança de atitude por parte de um dos contraentes, negando ou desdizendo aquilo que o seu comportamento anterior indicara, configuraria hipótese de *venire contra factum proprium*, vedado pela boa-fé,[143] o que é aceito também por outros eminentes civilistas. É que o princípio da boa-fé, além de impedir o comportamento contraditório, importa a manutenção da linha de coerência, ou linha de conduta uniforme, independentemente da posição jurídica das partes no contrato.[144]

---

138. Assim alude: Burton, Steven J. *Elements of Contract Interpretation*. Oxford: Oxford University Press, 2009, p. 50-51, ao referir a «Practical construction» ou «Course of Performance», referida no § 303(1) do U.C.C.

139. TJRS. Ap. Cív. 70008000275. Vigésima Câmara Cível. Relator Des. Armínio José Abreu Lima da Rosa. Julgamento em 03.03.2004.

140. Código Civil, art. 113, inc. I, *in verbis*: «Art. 113. Os negócios jurídicos devem ser interpretados conforme a boa-fé e os usos do lucros de sua celebração. § 1.º A interpretação do negócio jurídico deve lhe atribuir o sentido que: I – for confirmado pelo comportamento das partes posterior à celebração do negócio».

141. Pontes de Miranda, Francisco Cavalcanti. *Tratado de Direito Privado*. Tomo XXXVIII. 3.ª ed. São Paulo: Revista dos Tribunais, 1984, § 4201, 3, p. 69.

142. Azevedo, Antonio Junqueira de. Interpretação do Contrato pelo Exame da Vontade Contratual. O Comportamento das Partes Posterior à Celebração. Interpretação e Efeitos do Contrato Conforme o Princípio da Boa-Fé Objetiva. Impossibilidade de *Venire Contra Factum Proprium* e de Utilização de Dois Pesos e Duas Medidas (*Tu Quoque*). Efeitos do Contrato e Sinalagma, Assunção pelos Contratantes de Riscos Específicos e Impossibilidade de Fugir do «Programa Contratual» Estabelecido. Parecer. *Estudos e Pareceres de Direito Privado*. São Paulo: Saraiva, 2004, p. 168.

143. *Vide* Capítulo VIII, *infra*, em especial o §74.

144. Azevedo, Antonio Junqueira de. Parecer citado na nota 142, *supra*, p. 168.

3. O comportamento anterior

Pode ser relevante também o critério do *comportamento anterior* das partes, isto é, aquele verificado no curso das negociações preliminares. Porém, esse relevo é distinto daquele que reveste o comportamento posterior, traduzido em atos de execução contratual. Embora destituída de eficácia contratual, a fase formativa pode ter *eficácias no plano hermenêutico, e.g.*, documentos e correspondências trocadas entre os negociadores podem servir para melhor iluminar o conteúdo do contrato que lhes deu sequência.[145] Porém, é preciso atenção: as negociações anteriores e outros meios interpretativos extratextuais (como documentos relativos às negociações – memorandos de entendimento, acordos de cavalheiros, etc.) são utilizados como meios interpretativos suplementares para aclarar a declaração negocial objetiva quando (*i*) ou reforçarem o sentido da declaração; (*ii*) ou, ainda, quando «divergir do significado objetivo da declaração conclusiva ou daquele significado que as partes estabeleceram como uma interpretação autêntica, preventiva ou sucessiva»,[146] ainda assim, pela divergência, auxiliarem, pelo contraste, a melhor explicitação do significado negocial.[147] O valor hermenêutico dos documentos preliminares é afastado, porém, quando *incongruentes* com a declaração negocial posterior. Se adotada na fase anterior sugestão ou medida claramente contrária ao que, afinal, veio a ser plasmado no contrato, vale o que está no contrato, cabendo o truísmo: negociação serve para negociar, para formar convencimento, não já para vincular contratualmente, embora possa surgir – se caracterizada a *culpa in contrahendo* – indenização pelo interesse negativo.[148]

Por vezes se aproxima do critério do comportamento anterior o da valoração das *práticas seguidas pelas partes*. Assim está no Enunciado 409 ao art. 113 do Código Civil, de clara inspiração comparatista.[149] As alterações no Código Civil promovidas pela LLE aludem às «práticas do mercado relativas ao tipo de negócio», o que não é o mesmo que

---

145. *Vide supra*, Capítulo V, §42.

146. Betti, Emilio. *Interpretação da Lei e dos Atos Jurídicos*. Trad. de Karina Jannini. São Paulo: Martins Fontes, 2007, p. 349.

147. Conforme se discorreu, *supra*, *vide* Capítulo V, §42, 6.

148. Ver, *supra*, Capítulo V, §45.

149. Enunciado 409 proposto pela Professora Véra Fradera e aprovado na V Jornada de Direito Civil do Conselho da Justiça Federal: «Os negócios jurídicos devem ser interpretados não só conforme a boa-fé e os usos do lugar de sua celebração, mas também de acordo com as práticas habitualmente adotadas entre as partes». Conforme está na Justificativa apresentada pela Professora Fradera, a inspiração foi buscada no texto da CISG (Convenção Internacional sobre Compra e Venda de Mercadorias, dita «Convenção de Viena»), especificamente na 1.ª parte do seu art. 9.º, cujo teor é o seguinte: «as partes se obrigam por qualquer uso a que tenham convencionado e por qualquer prática estabelecida entre elas» (grifo nosso). A noção de «práticas» é definida por Franco Ferrari, «um dos mais importantes comentaristas» como «aquelas que, à diferença dos usos, não resultam de uma praxe generalizada no interior de determinado setor do tráfego, mas sim do comportamento individual, mantido pelas próprias partes, por ocasião de anteriores relações negociais mantidas entre elas» (Fradera, Véra. Enunciado ao artigo 113. In: Aguiar Júnior, Ruy Rosado de (Org.). *V Jornada de Direito Civil*. Brasília: CJF, 2012, p. 100).

«práticas das partes», estas, sim, com valor individual, tendo por defeito, além da imprecisão, a confusão com os «usos do mercado». Cabe, pois, discernir esses cânones.

4. As práticas seguidas pelas partes

O significado da expressão práticas, quando conotado ao contrato e à conduta dos contratantes, é extenso e polissêmico, dessa extensão e polissemia resultando, frequentemente, a sobreposição de significados com outra expressão também polissêmica, qual seja, a de *usos*. Em rigor técnico, e considerados os significados estipulativos, deve-se distinguir entre *práticas* e *usos*. Como anota Comiran, «são figuras de natureza e aplicação essencialmente distintas».[150]

No universo contratual, o significado estipulativo para «práticas» vem da CISG (*vide, infra*). A polissemia resulta, muitas vezes, do emprego da expressão «usos particulares das partes», que não são *usos*, mas *práticas*. O núcleo da distinção está no âmbito e na fonte.

Quanto ao âmbito: práticas são individuais, constituem um «conjunto de atos reiteradamente adotados pelas partes no desenvolvimento de relações contratuais de longa duração, verdadeiros hábitos das partes»,[151] enquanto os usos têm caráter transindividual, podendo, embora, ser circunscritos a uma região, ao setor profissional, ou época histórica. O diverso âmbito terá reflexos no grau de institucionalização:[152] práticas são meras condutas estabelecidas entre duas ou mais partes em um contrato, as quais podem se tornar vinculantes *entre elas*. Já nos usos há um «elemento de *normalidade coletiva*».[153]

Quanto à fonte: penso caber razão a Gerson Branco quando situa as práticas no âmbito da autonomia privada, não da heteronomia.[154] Práticas constituem «um

---

150. COMIRAN, Giovana Cunha. Usos comerciais, costumes e práticas das partes: notas para sua distinção. In: BENETTI, Giovana *et al.* (Org.). *Direito, Cultura e Método*: Leituras da Obra de Judith Martins-Costa. Rio de Janeiro: GZ Editora, 2019, p. 679.

151. COMIRAN, Giovana Cunha. Usos comerciais, costumes e práticas das partes: notas para sua distinção. In: BENETTI, Giovana *et al.* (Org.). *Direito, Cultura e Método*: Leituras da Obra de Judith Martins-Costa. Rio de Janeiro: GZ Editora, 2019, p. 679.

152. GAMA JÚNIOR, Lauro. Usages and implied obligations undet the UNIDROIT principles of international commercial contracts. In: GÉLINAS, Fabien. *Trade usages and implied terms in the age of arbitration*. Nova York: Oxford University Press, 2016. Também citado por COMIRAN, Giovana Cunha. Usos comerciais, costumes e práticas das partes: notas para sua distinção. In: BENETTI, Giovana *et al.* (Org.). *Direito, Cultura e Método*: Leituras da Obra de Judith Martins-Costa. Rio de Janeiro: GZ Editora, 2019, p. 680.

153. GAMA JÚNIOR, Lauro. Usages and implied obligations undet the UNIDROIT principles of international commercial contracts. In: GÉLINAS, Fabien. *Trade usages and implied terms in the age of arbitration*. Nova York: Oxford University Press, 2016.

154. BRANCO, Gerson. Efeitos normativos das práticas negociais: atos de autonomia privada ou de heterocomposição? In: BENETTI, Giovana *et al.* (Org.). *Direito, Cultura e Método*: Leituras da Obra de Judith Martins-Costa. Rio de Janeiro: GZ Editora, 2019, p. 691-715, muito especialmente p. 711-715.

A Função Hermenêutica da Boa-Fé | 537

conjunto de atos de caráter preceptivo entre as partes em vias de contratar ou no processo obrigacional de uma relação contratual já estabelecida», consistindo em «uma modalidade peculiar de atos de autonomia privada, com eficácia jurídica vinculante entre as partes».[155] Daí, inclusive, o seu caráter individualizador (as práticas seguidas por aquelas partes, isto é, por contratantes determinados, em situações análogas; práticas individuais, portanto). Essa é a razão pela qual as práticas são chamadas de «usos individuais», ressaltando duas características que as definem: a *habitualidade* e a *individualidade*. Como se lê em doutrina: «A habitualidade corresponde a certo "padrão de conduta" recorrente, reiterado, plasmando o que os contratantes "costumam fazer, isto é, o ato, ou a série de atos, dotados de uma certa habitualidade", que gera a expectativa da repetição».[156] A habitualidade é expressada pela celebração, repetida, de seguidos contratos, «não podendo ser, assim, um negócio circunstancial»,[157] apenas eventualmente celebrado, salvo se se tratar de um comportamento reiterado no âmbito de um contrato prolongado no tempo.

É equívoca, portanto, a expressão «práticas do mercado», tal qual utilizada pela LLE, porque se aproxima da noção de «usos do mercado» (usos), a qual, por sua vez, pode ter vários significados e eficácias,[158] em todos havendo, porém, um caráter transindividual. Ao se utilizar o termo «usos», é feita referência, implícita ou explícita, a um setor econômico (como os usos do setor elétrico ou do setor securitário), ou a uma localidade, ou a uma profissão. A questão não é de mera denominação, mas de eficácia. A diferenciação é importante porque a exegese será diversa, assim como o método de aplicação.[159] Enquanto as práticas resultam da vontade manifesta das partes (ainda que por meio de comportamentos), os usos comerciais podem provir de fonte heterônoma.

Os usos do mercado, sendo transindividuais e fazendo referência a um determinado momento do contrato – em regra, o de sua formação –, têm maior dose de estaticidade, podendo-se dizer que são estáticos em relação ao contrato que se está

---

155. Branco, Gerson. Efeitos normativos das práticas negociais: atos de autonomia privada ou de heterocomposição? In: Benetti, Giovana *et al.* (Org.). *Direito, Cultura e Método*: Leituras da Obra de Judith Martins-Costa. Rio de Janeiro: GZ Editora, 2019, p. 691.

156. Nitschke, Guilherme Carneiro Monteiro. Comentário ao artigo 113, §§ 1.º e 2.º, do Código Civil: interpretação contratual a partir da Lei da Liberdade Econômica. In: Martins-Costa, Judith; Nitschke, Guilherme Carneiro Monteiro. *O Direito Privado na Lei de Liberdade Econômica*. Comentários. São Paulo: Almedina, 2022, p. 367; Comiran, Giovana Cunha. Usos comerciais, costumes e práticas das partes: notas para sua distinção. In: Benetti, Giovana *et al.* (Org.). *Direito, Cultura e Método*: Leituras da Obra de Judith Martins-Costa. Rio de Janeiro: GZ Editora, 2019, p. 655-690.

157. Nitschke, Guilherme Carneiro Monteiro. Comentário ao artigo 113, §§ 1.º e 2.º, do Código Civil: interpretação contratual a partir da Lei da Liberdade Econômica. In: Martins-Costa, Judith; Nitschke, Guilherme Carneiro Monteiro. *O Direito Privado na Lei de Liberdade Econômica*. Comentários. São Paulo: Almedina, 2022, p. 367.

158. Ver, adiante, neste parágrafo.

159. Comiran, Giovana Cunha. Usos comerciais, costumes e práticas das partes: notas para sua distinção. In: Benetti, Giovana *et al.* (Org.). *Direito, Cultura e Método*: Leituras da Obra de Judith Martins-Costa. Rio de Janeiro: GZ Editora, 2019, p. 681.

especificamente a analisar,[160] embora se modifiquem na relação com o tempo, na vida social. As práticas das partes, diferentemente, são dinâmicas relativamente ao contrato, acompanham a vida do contrato e podem ser deduzidas do comportamento reiterado das partes quer nos vários contratos que as vinculam, quer no curso da execução do próprio contrato, quando este é diferido no tempo ou contém obrigações duradouras. Nem sempre, contudo, a jurisprudência e a legislação estão atentas à distinção.

No *caso do transporte de leite*,[161] as partes – transportadora e cooperativa de produção de leite –, ligadas por contrato de transporte, discutiam a cobrança do preço do transporte e a negativa de pagamento em virtude da recusa do recebimento da carga, justificada pela inadequação do produto. Alegava a transportadora que sua responsabilidade estaria cingida ao transporte da mercadoria, não alcançando a qualidade do produto. No entanto, a norma do Ministério da Agricultura aplicável ao caso determinava parâmetros para a coleta do leite cru, devendo o funcionário encarregado receber treinamento e cumprir as normas de higiene, cabendo-lhe rejeitar o produto se não atendesse às exigências da norma.

Tendo o funcionário da transportadora aceitado o leite e o carregado no caminhão, entendeu o juízo de primeiro grau que seria de se presumir que, quando do carregamento, a mercadoria tinha a qualidade exigida pelo Ministério da Agricultura. Porém, prosseguiu o dissídio para determinar-se a forma de prova de a mercadoria não atingir os parâmetros necessários de qualidade.

Para a transportadora, seria exigível perícia para que pudesse rejeitar a carga. O Tribunal, no entanto, reconheceu que os testes realizados estavam de acordo com as práticas utilizadas no setor, sendo possível a rejeição da mercadoria independentemente da produção de prova pericial. Para os julgadores, a prova da adequada recusa incumbia à cooperativa contratante do transporte. Isto, porque o tema «não pode ser examinado em descompasso com a reiterada prática comercial adotada pelos litigantes». Foram, contudo, além os decisores: além de qualificar a conduta como prática das partes, reconheceram-na como uma *prática do setor*, ao mencionar que a transportadora realizava a operação de transporte de leite para uma «extensa lista de outros pecuaristas», «sendo improvável cogitar que não sabia dos cuidados inerentes ao manejo do transporte do leite *in natura*». Agregaram, ainda, com base na prova dos autos, que a transportadora «já realizava a aventada operação de transporte antes mesmo de sofrer

---

160. GAMA JÚNIOR, Lauro. Usages and Implied Obligations under the UNIDROIT Principles of International Commercial Contracts. In: GÉLINAS, Fabien (Ed.). *Trade usages and Implied Terms in the Age of Arbitration*. New York: Oxford University Press, 2016; também assim em HALL, Geoff. Customs and Usages in England: Achieving Interpretative Accuracy by Giving Effect to Unespressed Intent. In: GÉLINAS, Fabien (Ed.). *Trade usages and Implied Terms in the Age of Arbitration*. New York: Oxford University Press, 2016.

161. TJSC. Ap. Cív. 2011.026411-0. Segunda Câmara de Direito Comercial. Relator Des. Luiz Fernando Boller. Julgamento em 20.01.2015. O caso é também relatado em: COMIRAN, Giovana Cunha. *Os Usos Comerciais*: da formação dos tipos à interpretação e integração dos contratos empresariais. São Paulo: Quartier Latin, 2019, p. 276.

a negativa alhures». Por esta razão, entendeu o Tribunal que ela «consentia com as rígidas circunstâncias de manuseio e higiene no trato do transporte de leite cru».

Muito embora não houvesse instrumento contratual fixando a responsabilidade da transportadora pela entrega da mercadoria nos parâmetros de qualidade determinados pelo Ministério da Agricultura, o tribunal entendeu por integrar a lacuna. Sustentou, assim, ser justa a recusa da mercadoria enjeitada com base em testes normalmente aplicados nesse mercado, independentemente de uma prova contundente da ausência de qualidade da mercadoria. As práticas serviram, assim, para além da interpretação, como verdadeira *norma integrativa*.

Ademais, enquanto o critério dos usos como modelo hermenêutico é tradicional,[162] a distinção entre esses e às práticas como fator hermenêutico muito deve, como acima já recordado e adiante melhor se explicitará, à Convenção de Viena para a Venda Internacional de Mercadorias (CISG, art. 9) e aos Princípios UNIDROIT (art. 1.9).

A defeituosidade técnica da Lei 12. 874/2019 (LLE) também se expressa ao situar, em um mesmo inciso II, usos, costumes e práticas «do mercado relativas ao tipo de negócio», pois equipara coisas distintas, a saber, usos, costumes e práticas. A distinção doutrinária, porém, deve ser considerada, para que não se misturem métodos e eficácias, cabendo ao intérprete esclarecer se o termo empregado pelos contraentes está a indicar comportamentos e ações dos figurantes no contexto de uma relação jurídica negocial, dotados de um caráter individualizado, sendo concernente, pois, ao comportamento concretamente considerado, ou se, ao revés, diz respeito aos usos como elemento externo, vigorante na ambiência social.

Em suma: embora autores de relevo utilizem a sinonímia entre práticas negociais e usos do tráfico, a distinção auxilia a compreender entre aquilo que tem relevo específico *para os contraentes* – concernindo ao seu comportamento concretamente considerado e traduzindo o que «costumam fazer», isto é, o ato, ou a série de atos, dotados de uma certa habitualidade – e o que *tem valia transindividual*, concernindo a todo um setor da vida (usos bancários; usos do setor da construção civil; usos do comércio de trigo, etc.), uma vez traduzir condutas relativamente consolidadas pelo tempo, ainda que despidas de valor nomogenético.

Para fins de clareza, propõe-se, pois, a distinção para denominar de *práticas* apenas às *práticas das partes* individualmente consideradas, isto é, aos seus comportamentos em determinada(s) relação(ões) contratual(is), utilizando-se o termo *usos* em uma de suas acepções, qual seja: de «usos do tráfico», com valor hermenêutico, acepção, essa, distinta, por sua vez, daquela denotada pela expressão «usos e costumes», que traduz fonte jurígena.[163]

Práticas e usos também não se confundem com os *costumes*, na medida em que estes constituem aquelas práticas transindividuais que, com o correr do tempo e sua

---

162. Ver, adiante, Capítulo VI, §54, 6 e ss.
163. *Vide* Capítulo VI, §54, 10, *infra*.

consolidação na consciência social, transformam-se em fonte prescritiva, direito costumeiro em sentido estrito. Habitualidade e transindividualidade são suas notas qualificadoras, como nos usos, deles se distinguindo, porém, por serem «fontes de regras jurídicas dispositivas e, excepcionalmente, cogentes».[164]

5. As práticas referidas no art. 9.º da CISG

A acepção de *práticas (das partes)* acima referida está no art. 9.º da CISG, que define serem as práticas aquelas «estabelecidas mediante uma conduta regular, a qual cria uma expectativa de que essa conduta será mantida».[165] Segundo a primeira alínea desse enunciado normativo, as partes estão vinculadas pelos usos com os quais consentiram e pelas práticas[166] que entre elas foram estabelecidas. Essas últimas são modos de comportamento presentes ou passados verificáveis entre as partes com uma certa frequência e duração para que delas se possa retirar por inferência a expressão de um consentimento ou de um significado comum a ambas.

O critério está referido ao *princípio da confiança*, direcionado a proteger as legítimas expectativas, advindas da regularidade com que se processa, no tempo, uma determinada conduta. Se as partes habitualmente se comunicam de tal ou qual modo, atribuindo à sua conduta determinada significação, é legítimo esperar que, no caso apresentado como problemático, o significado de sua conduta seja congruente com o que vinham até então observando. Na doutrina anterior, lê-se também a expressão «usos particulares» para designar o que aqui se vem nomeando como «práticas das partes». Trata-se, então, da prática observada pelas partes na construção de um negócio por ocasião das relações precedentes ou configuradas em uma relação continuada, *desde que observados regularmente*, como sublinhava Orlando Gomes, ao escrever: «[o]s usos podem se instaurar no curso de uma relação contratual, como se verifica quando as duas partes observam, durante muito tempo, conduta uniforme a que se atribui habitualmente determinada significação, e não possa ser considerada nova cláusula tacitamente admitida pelas partes».[167]

---

164. Nitschke, Guilherme Carneiro Monteiro. Usos e Costumes no Direito Contratual (ou, sobre a precisão da doutrina face à imprecisão do legislador). In: Benetti, Giovana *et al.* (Org.). *Direito, Cultura e Método*: Leituras da Obra de Judith Martins-Costa. Rio de Janeiro: GZ Editora, 2019, p. 634; Comiran, Giovana Cunha. Usos Comerciais, Costumes e Práticas das Partes: notas para sua distinção. In: Benetti, Giovana *et al.* (Org.). *Direito, Cultura e Método*: Leituras da Obra de Judith Martins-Costa. Rio de Janeiro: GZ Editora, 2019, p. 659-679.

165. Honnold, John. *Uniform Law for International Sales under the 1980 United Nations Convention*. 3.ª ed. The Hague: Kluwer Law International, 1999, p. 126. Disponível em: <www.cisg.law.pace. edu/cisg/biblio/honnold.html>. Citado na Justificativa ao Enunciado 409 do CJF, acima referido. Também os Princípios UNIDROIT dos contratos comerciais internacionais situam as práticas dentre as «circunstâncias pertinentes» da interpretação contratual, com a função de auxiliar o estabelecimento da «intenção comum das partes contratantes» (art. 4.3).

166. Utiliza-se a palavra «habitudes», na versão francesa, e «practices», na versão em inglês.

167. Gomes, Orlando. *Introdução ao Direito Civil*. 18.ª ed. Rio de Janeiro: Forense, 2001, p. 465. Assim também está em Pontes de Miranda, Francisco Cavalcanti. *Tratado de Direito Privado*. Tomo 1.

A Função Hermenêutica da Boa-Fé | 541

As práticas podem concernir a propósito de modalidades de pagamento ou traduzir uma via de tolerância quanto à quantidade ou à qualidade das mercadorias vendidas.[168] Para Franco Ferrari, práticas são «aquelas que, à diferença dos usos, não resultam de uma praxe generalizada no interior de determinado setor do tráfico, mas sim do comportamento individual, mantido pelas próprias partes, por ocasião de anteriores relações negociais mantidas entre elas».[169] Como explicita Véra Fradera (não por acaso, propositora do Enunciado 409 ao art. 113 do Código Civil, tendo como paradigma o art. 9.º da CISG), admite-se serem relevantes as práticas seguidas pelas partes desde que tenham uma certa frequência e duração (a ser especificada em vista das circunstâncias) e cuja ocorrência não tenha se dado em uma circunstância particular, ou seja, de forma excepcional.[170] No substrato da norma estará, certamente, a boa-fé como norma de tutela às *legítimas expectativas* – e, na hipótese, legitimadas justamente em razão da regularidade do comportamento, do que dele *se pode esperar*.

As práticas são invocáveis tanto para suprir termos do acordo contratual quanto para determinar a intenção das partes.[171] Considera-se que, «como resultado dessas práticas, surge entre os membros da relação contratual uma *expectativa legítima* de que elas continuarão a ser mantidas nas suas futuras relações, resultando daí a necessidade de elas reconhecerem determinada conduta como uma prática».[172] Ocorrendo a desistência unilateral da manutenção de determinada prática (e, portanto, a mudança de comportamento no agir contratual), «importará mudança apenas em relação ao futuro», devendo, todavia, a alegada prática ser comprovada.[173] Já para alterar-se a prática no curso do

---

Atualizado por Judith Martins-Costa, Jorge Cesa Ferreira da Silva e Gustavo Haical. São Paulo: Revista dos Tribunais, 2012, § 20, p. 132-138.

168. Schlechtriem, Peter; Witz, Claude. *Convention de Viene sur les Contrats de Vente Internationale de Marchandises.* Paris: Dalloz, 2008, p. 100

169. Assim menciona Véra Fradera, na justificativa ao Enunciado 409. (Fradera, Véra. Justificativa. Disponível em: <http://www.cjf.jus.br/cjf/CEJ-Coedi/jornadas-cej/enunciados-aprovados-da-i--iii-iv-e-v-jornada-de-direito-civil/jornadas-de-direito-civil-enunciados-aprovados>. Acesso em: 21.04.2015.

170. Cita Véra Fradera a decisão no caso HGer Zurich, 24 de outubro de 2003, CISG on line 857. *Vide*: Fradera, Véra. Justificativa. Disponível em: <http://www.cjf.jus.br/cjf/CEJ-Coedi/jornadas-cej/enunciados-aprovados-da-i-iii-iv-e-v-jornada-de-direito-civil/jornadas-de-direito-civil-enunciados-aprovados>, p. 102. Acesso em: 21.04.2015.

171. Bianca, Cesare Massimo; Bonell, Michael Joachim. *Commentary on the International Sales Law.* Milano: Giuffrè, 1987, p. 106. Também é referida a opinião de Ferrari, Franco. A Rilevanza degli usi nella Convenzione di Vienna sulla Vendita Internazionale di Beni Mobili. *Contratto e Impresa*, ano X, n.1, 1994, p. 239 e ss., sobretudo p. 245, todos referidos por Fradera, Véra. Justificativa. Disponível em: <http://www.cjf.jus.br/cjf/CEJ-Coedi/jornadas-cej/enunciados-aprovados-da-i-iii-iv-e-v-jornada-de-direito-civil/jornadas-de-direito-civil-enunciados-aprovados>. Acesso em: 21.04.2015.

172. Fradera, Véra. Justificativa. Disponível em: <http://www.cjf.jus.br/cjf/CEJ-Coedi/jornadas-cej/enunciados-aprovados-da-i-iii-iv-e-v-jornada-de-direito-civil/jornadas-de-direito-civil-enunciados-aprovados>. Acesso em: 21.04.2015.

173. Fradera, Véra. Justificativa. Disponível em: <http://www.cjf.jus.br/cjf/CEJ-Coedi/jornadas-cej/enunciados-aprovados-da-i-iii-iv-e-v-jornada-de-direito-civil/jornadas-de-direito-civil-enunciados-aprovados>, p. 102. Acesso em: 21.04.2015.

contrato, é preciso o acordo de ambos os participantes do contrato. Além do mais, o comportamento a ser considerado para a interpretação do contrato há de ser da parte, e não de terceiro, estranho ao contrato,[174] embora se deva ter atenção, pois, por vezes, quem é substancialmente «parte» (por sofrer em sua própria esfera jurídica os efeitos do contrato) vem formalmente nomeado como «interveniente», como vem se referindo.

Também compõe o cânone hermenêutico da totalidade a interpretação dos «usos do lugar» da contratação.

6. Boa-fé e interpretação segundo os usos

Na forma do art. 113, *caput*, do Código Civil, a interpretação dos negócios há de ser realizada «conforme a boa-fé e os usos do lugar de sua celebração». A primeira consideração a registrar é que a expressão «usos» vem reiterada no inciso II do § 1.º, então sendo conotada ao «mercado», em mais um exemplo da atecnia que presidiu a redação daquela Lei, pois «dizer que os "negócios jurídicos devem ser interpretados conforme [...] os usos" (*caput*) evidentemente é o mesmo que dizer que "a interpretação do negócio jurídico deve lhe atribuir o sentido que" (parágrafo primeiro) [...] "corresponder aos usos" (inciso II)».[175]

Acima, ao se versar as práticas, já se referiu o caráter transindividual dos usos. Mas há outras distinções a proceder.

7. Significados da palavra «usos»

O termo «usos» é polissêmico. Há «no mínimo três ideias diversas que podem ser depreendidas a partir do termo "uso" no âmbito jurídico», assegura Comiran, que as aponta: (*i*) uma prática simplesmente observável como fato social, ou seja, um hábito; (*ii*) a mesma prática já como um instrumento passível de manipulação jurídica, porém, ainda não detentora da qualidade de norma jurídica; (*iii*) a ideia de uma regra de direito, que se confunde com a noção de costume.[176]

---

174. Assim se determinou no STJ. EREsp 168207/SP. Segunda Seção. Relator Min. Fernando Gonçalves. Julgamento em 23.04.2003. *DJ* de 05.05.2003. No caso, não se reconheceu a alegada ofensa ao princípio da boa-fé objetiva, pois não era a seguradora, parte no contrato, «quem se utiliza das provas que impugnou para, ao depois, com base nelas, suscitar a prescrição, mas é o próprio aresto embargado que, utilizando-se dos elementos constantes dos autos, reconhece a demora do autor em propor a ação».

175. Assim observa Comiran, Giovana Cunha. Comentário ao art. 113, § 1.º, inciso II: "usos, costumes e práticas do mercado relativas ao tipo de negócio". In: Martins-Costa, Judith; Nitschke, Guilherme Carneiro Monteiro. *O Direito Privado na Lei de Liberdade Econômica*. Comentários. São Paulo: Almedina, 2022, p. 436.

176. Comiran, Giovana Cunha. Usos comerciais, costumes e práticas das partes: notas para sua distinção. In: Benetti, Giovana *et al.* (Org.). *Direito, Cultura e Método*: Leituras da Obra de Judith Martins-Costa. Rio de Janeiro: GZ Editora, 2019, p. 657.

A Função Hermenêutica da Boa-Fé | 543

Na primeira acepção destacada, a palavra «usos» (*i*) pode reenviar aos «usos particulares das partes», como acima já se acentuou, cujo eixo está na verificação do que é conduta habitual entre elas. Na segunda acepção, estará (*ii*), mais tecnicamente, remetendo às condutas geralmente adotadas em determinados setores da vida social, econômica, profissional («usos da vida», «usos do tráfico» ou, quando referidos ao setor comercial, «usos do comércio» ou «práticas do comércio», ou «uso do autor» ou, ainda sendo referidos a locais, a regiões, como os usos para a medição de áreas rurais, diversos no Rio Grande do Sul e em São Paulo, respectivamente, «hectare» e «alqueire»). Na terceira, (*iii*) pode traduzir, ainda, por si ou quando acoplada ao termo *costumes* («usos e costumes») uma fonte jurídico-prescritiva, bem como os seus correspondentes modelos – os «modelos consuetudinários», isto é: aqueles *modelos jurídicos prescritivos* formatados, consolidados e seguidos em determinado setor da experiência jurídica com valor não apenas hermenêutico, mas verdadeiramente vinculativo no plano normativo (usos e costumes como *Direito Costumeiro*).[177]

Os usos podem ser convencionais ou legais. Para que se tenha a formação de usos convencionais são necessários ao menos três elementos: «(i) a existência de uma prática; (ii) que essa prática seja difundida de maneira generalizada (em um setor; em uma comunidade, em um país, em uma profissão); (iii) que se possa presumir a vontade das partes no sentido da prática estabelecida».[178] Não há o elemento de «obrigatoriedade» ou força normativa legal, como ocorre com os usos legais. O que vincula as partes ao

---

177. Para as distinções, ver: Cornu, Gérard. *Vocabulaire Juridique*. Association Henri Capitant. Paris: PUF, 1987, p. 946-947; Engrácia Antunes, José. A «Consuetudo Mercatorum» como Fonte do Direito Comercial. *Revista de Direito Mercantil, Industrial, Econômico e Financeiro*, São Paulo, Malheiros, n. 146, abr./jun. 2007, p. 17; Ludwig, Marcos de Campos. *Usos e Costumes no Processo Obrigacional*. São Paulo: Revista dos Tribunais, 2005, em especial p. 115-176; e, mais recentemente, Haical, Gustavo. Os Usos do Tráfico como Modelo Jurídico e Hermenêutico no Código Civil de 2002. *Revista de Direito Privado*, vol. 50, p. 11-47. Como se alertou em outra sede, não será «qualquer prática» considerada como «usos» ou como «praxe». É necessária a sua reiteração no tempo capaz de gerar a consideração, consolidada firmemente na percepção social, de consistir em legítima fonte de direitos e de deveres, revelando-se o tácito *consensu omnium* capaz de suscitar o «direito espontâneo», oriundo das práticas e dos princípios consagrados no âmbito de uma determinada comunidade ou setor econômico (assim se escreveu na atualização a Pontes de Miranda, Francisco Cavalcanti. *Tratado de Direito Privado*. Tomo 1. Atualizado por Judith Martins-Costa, Jorge Cesa Ferreira da Silva e Gustavo Haical. São Paulo: Revista dos Tribunais, 2012, §20, p. 132-138).

178. Comiran, Giovana Cunha. Usos comerciais, costumes e práticas das partes: notas para sua distinção. In: Benetti, Giovana *et al.* (Org.). *Direito, Cultura e Método*: Leituras da Obra de Judith Martins-Costa. Rio de Janeiro: GZ Editora, 2019, p. 663; e, mais desenvolvidamente, em: Comiran, Giovana Cunha. *Os Usos Comerciais*: da formação de tipos à interpretação e integração dos contratos. São Paulo: Quartier Latin, 2019, p. 121-137. Defende a autora que os usos não configuram, isoladamente, fonte normativa, questionando se ao «poder social» pode ser atribuído o qualificativo de fonte de direito. Admite, porém, serem fatores indutores da confiança, por sua habitualidade e reiteração. Assim, por força do princípio da confiança, os usos acabam por adquirir função prescritiva.

uso, sugere Comiran, é a confiança. Aí está o elemento «que vincula as partes aos usos próprios de determinado negócio, setor, local, etc.».[179]

A distinção fundamental, para a análise do art. 113 do Código Civil, diz respeito ao significado e à eficácia entre usos como fator hermenêutico, como em (*ii*), acima, e como elemento normativamente vinculante, como em (*iii*), acima. A razão está em que, em termos hermenêuticos, a palavra «usos» é também bifuncional, pois, por seu intermédio, alude-se quer à *interpretação* (interpretar determinada manifestação negocial conforme os usos), quer à *integração* (integrar lacuna contratual pelos usos).[180]

Como fatores de interpretação, os usos servem para aclarar o significado de certa declaração ou comportamento. Como fator de integração, auxiliam a preencher lacuna. Como modelo hermenêutico, têm atuação *adjuvandi vel suplendi vel corrigendi*. Explicita, a propósito, Pontes de Miranda: «Os usos e costumes, uso do tráfico, quer se trate de usos e costumes regras jurídicas, quer se trate de simples usos e costumes que enchem conteúdo de negócios jurídicos como elementos do suporte fáctico, podem ser interpretativos. Então, ou são regras jurídicas de interpretação, ou são enunciados que dizem como se entendem as manifestações de vontade.»[181] Já como fonte e como modelo costumeiro, os usos têm *valor nomogenético*, no plano prescritivo, e eficácia vinculativa às partes.

8. O art. 113 inclui os usos e as práticas

Conquanto a sutileza da distinção no plano analítico, para os efeitos do art. 113 do Código Civil, considerados os acréscimos introduzidos pela LLE, são qualificáveis como cânones hermenêuticos dos negócios jurídicos tanto as «práticas» individuais das partes[182] quanto os usos do tráfico, ou «usos do mercado» (*v.g.*: «usos do setor bancário», setorializados, como se vem traçando a distinção ante as práticas propriamente ditas).[183]

---

179. COMIRAN, Giovana Cunha. Comentário ao art. 113, § 1.º, inciso II: "usos, costumes e práticas do mercado relativas ao tipo de negócio". In: MARTINS-COSTA, Judith; NITSCHKE, Guilherme Carneiro Monteiro. *O Direito Privado na Lei de Liberdade Econômica*. Comentários. São Paulo: Almedina, 2022, p. 447; e, mais desenvolvidamente: COMIRAN, Giovana Cunha. *Os Usos Comerciais*: da formação de tipos à interpretação e integração dos contratos. São Paulo: Quartier Latin, 2019, p. 121-137.

180. PONTES DE MIRANDA, Francisco Cavalcanti. *Tratado de Direito Privado*. Tomo XXXVIII. 3.ª ed. São Paulo: Revista dos Tribunais, 1984, § 4.202, 4, p. 80-81. «À interpretação dos negócios jurídicos servem, relevantemente, os usos do tráfico. Em caso de dúvida, é de entender-se que o sentido do que se disse na manifestação de vontade ou nas manifestações de vontade coincide com o que está assente no uso do tráfico. Os usos do tráfico podem ser elementos que entrem no suporte fático integrando o conteúdo do negócio jurídico ou elementos para interpretação dos negócios jurídicos».

181. PONTES DE MIRANDA, Francisco Cavalcanti. *Tratado de Direito Privado*. Tomo XXXVIII. 3.ª ed. São Paulo: Revista dos Tribunais, 1984, § 4.202, 4, p. 81.

182. CAPÍTULO VI, §54.

183. *Vide*, como exemplos da função hermenêutica dos usos: TJRS. Ap. Cív. 70005146857. Décima Primeira Câmara Cível. Relatora Des. Naele Ochoa Piazzeta. Julgamento em 12.02.2003; sobre a

A Função Hermenêutica da Boa-Fé | 545

Os segundos, como se anotou, desbordam das condutas individuais, sendo dotados de âmbito mais difuso de aplicação, ainda que circunscritos, *v.g.*, a determinados setores operativos e a determinadas categorias profissionais.[184] Consistindo, no mais das vezes, em usos comerciais, bolsísticos, de seguros, ou industriais, eles servem ora para completar o conteúdo do negócio jurídico (uso integrativo), ora para entendimento do que foi dito, ora para a apreciação das circunstâncias (em ambos os casos, usos do tráfico interpretativo).[185]

9. Usos e prévio consentimento

Discute-se amplamente se, em face à invocação dos usos, é necessário comprovar que os figurantes deles deveriam ter tido conhecimento e dado o seu acordo. O problema se põe no plano do direito interno[186] e do internacional.[187] Porém, a questão tem efetivo relevo no tocante aos usos na acepção nomogenética da palavra (usos como

---

mesma função hermenêutica e no mesmo Tribunal: TJRS. Ap. Cív. 597222629. Quinta Câmara Cível. Relator Des. Araken de Assis. Julgamento em 04.12.1997; e TJRS. Ap. Cív. 590072161. Quarta Câmara Cível. Relator Des. João Pedro Pires Freire. Julgamento em 19.12.1990.

184. *Vide*: Alpa, Guido; Fonsi, Gianluca; Resta, Giorgio. *L'interpretazione del contratto*. Milano: Giuffrè, 2001, p. 156-158; Pontes de Miranda, Francisco Cavalcanti. *Tratado de Direito Privado*. Tomo XXXVIII. 3.ª ed. São Paulo: Revista dos Tribunais, 1984, § 4.202, 4, p. 80-81.

185. Pontes de Miranda, Francisco Cavalcanti. *Tratado de Direito Privado*. Tomo XXXVIII. 3.ª ed. São Paulo: Revista dos Tribunais, 1984, § 4.202, 4, p. 81.

186. Neste particular, Pontes de Miranda enfrentara já o tema alertando: nos negócios bilaterais, ou naqueles em que a manifestação de vontade for receptícia, o conhecimento geral dos usos, pelos figurantes, é essencial para que possam ser invocados. Isso porque, se a respeito do mesmo ponto do negócio (ou de alguns, ou de todos os pontos do negócio) houver usos de tráfico diferentes, «ou um deles prepondera, como se estabelece para a própria linguagem, a cujos princípios se há de recorrer, ou o uso do tráfico somente compreende as duas ou todas as zonas e usos do tráfico local». E alertara: «A interpretação tem, aí, função delicada, porque nos negócios jurídicos bilaterais e nos negócios jurídicos plurilaterais, se há de exigir o acordo e somente se pode pôr de lado o que pensava (queria sem manifestar) qualquer dos figurantes se tinha de ater-se, por seu silêncio, ou por sua omissão ao uso do tráfico». Defende, pois, o acordo e o conhecimento *suposto*, exemplificando com os negócios bursáteis, em que os figurantes se submetem aos usos, ou os supõem, com ou sem explicitude Pontes de Miranda, Francisco Cavalcanti. *Tratado de Direito Privado*. Tomo XXXVIII. 3.ª ed. São Paulo: Revista dos Tribunais, 1984, § 4.202, 4, p. 81.

187. No plano internacional, exige o art. 9 (2) da CISG que as partes contratantes tenham tido conhecimento ou que tivessem o dever de ter conhecimento do uso invocado. Já segundo o art. 1.9 (2) dos Princípios UNIDROIT para os contratos comerciais internacionais, as partes estão vinculadas aos usos e costumes «amplamente conhecidos e regularmente observados no comércio internacional», aludindo Lauro Gama, em comentário ao art. 1.9, ao «princípio da força vinculante dos usos consentidos e práticas adotadas pelas partes». Em outras palavras, as partes devem ser obrigadas pelos usos e práticas estabelecidas entre elas e pelos usos que sejam generalizadamente tidos como aplicáveis (Gama Júnior, Lauro. *Contratos Internacionais à Luz dos Princípios do UNIDROIT 2004*. Soft Law, Arbitragem e Jurisdição. Rio de Janeiro: Renovar, 2006, p. 330). Já o art. 9 (2) da CISG exige que as partes contratantes tenham tido conhecimento ou que tivessem o dever de ter conhecimento do uso invocado.

fonte e como *modelo jurídico consuetudinário*). Só então são aptos a criar direitos e a impor deveres vinculantes às partes, exigindo-se, então, a sua cognoscibilidade pelas partes e o acordo, ainda que tácito ou suposto. Diferentemente se põe a questão se a alusão é aos usos como *modelos hermenêuticos*, com valor apenas interpretativo, seja sobre o sentido das declarações, seja sobre a conduta das partes.[188]

Para a adoção de uma decisão correta, imprescindível será a atenção ao contexto. Não é simples definir o que é – e o que não é – previamente conhecido pelas partes, ou o que se pode presumir conhecido pelas partes. Para alguns, os usos integram manifestação de vontade tácita; para outros, é sustentável a objetivação, entendendo-se que os sujeitos presumivelmente deveriam conhecer os usos.

10. O valor dos usos referidos no art. 113

A referência feita no art. 113 do Código Civil está cingida ao valor interpretativo, então coligando o recurso aos usos com a boa-fé hermenêutica. Ainda que de forma implícita, o recurso aos usos, no plano da interpretação, *valoriza a normalidade e tipicidade do agir privado*, por isso cabendo razão a quem sublinha sua ligação com a confiança, uma confiança que é objetivável justamente por não se limitar ao plano psicológico, sendo racionalmente aferível.[189] Essa característica é particularmente presente e relevante nas relações de Direito Comercial em que a normalidade e habitualidade das condutas são fatores relevantes para a mensuração dos riscos a serem enfrentados e, consequentemente, das estratégias a serem seguidas pelos sujeitos do tráfico negocial.

No momento da execução contratual, é manifesta a valia dos usos em seu papel hermenêutico, porque permitem, por exemplo, compreender uma fórmula contratual ambígua, ou, ainda, quando acrescem à disciplina por vezes rarefeita de um contrato atípico, reconduzindo-a, por exemplo, à disciplina de um contrato socialmente típico, ou, inversamente, dela o afastando.[190] A par do valor hermenêutico, há função

---

188. Veja-se o comentário de SCHLECHTRIEM, Peter; WITZ, Claude. *Convention de Viene sur les Contrats de Vente Internationale de Marchandises*. Paris: Dalloz, 2008, p. 100.

189. COMIRAN, Giovana Cunha. Os Usos Comerciais: da formação de tipos à interpretação e integração dos contratos. São Paulo: Quartier Latin, 2019, p. 121-137.

190. PONTES DE MIRANDA, Francisco Cavalcanti. *Tratado de Direito Privado*. Tomo XXXVIII. 3.ª ed. São Paulo: Revista dos Tribunais, 1984, § 4.197, 5, p. 65. «Porém, às vezes, o enchimento ganha em rigidez, a ponto de tipicizar o negócio jurídico, e os interessados não podem concluir qualquer negócio jurídico de tal tipo sem se subordinarem ao uso do tráfico». Ver também: HAICAL, Gustavo. Os Usos do Tráfico como Modelo Jurídico e Hermenêutico no Código Civil de 2002. *Revista de Direito Privado*, vol. 50, p. 11-47. «O segundo exemplo, a tornar mais clara qualidade dos usos do tráfico como modelo jurídico, constata-se quando da análise dos contratos atípicos. Os contratos atípicos, espécie de negócios jurídicos bilaterais, que não estão fixados em modelo jurídico legal, são contratos que existem, valem e são eficazes, com base no princípio da autonomia da vontade dos figurantes, desde que sejam cunhados sem violarem regras gerais estabelecidas no Código Civil (art. 425 do CC/2002). Contudo, em algumas espécies desses contratos, há a peculiaridade de serem típicos nos usos do tráfico. Nesse caso, a autonomia da vontade fica

integrativa quando os usos contribuem para fixar a convergência de interesses, se faltante a manifestação de vontade, como se verá oportunamente.[191] Na dimensão propriamente interpretativa, os usos do tráfico influenciam o próprio suporte fático do negócio jurídico, modelando o elemento volitivo de cada uma das partes. Na dúvida, é «lícito ao intérprete supor a equivalência entre as manifestações de vontade e o sentido sugerido pela incidência destes ou daqueles usos».[192]

Assim se verificou no *caso do contrato de distribuição de combustíveis com cláusula de exclusividade.*[193] Uma distribuidora de combustíveis ajuizara ação indenizatória contra a fornecedora, sustentando ser abusiva a cláusula de exclusividade. O fundamento da decisão, denegatória da pretensão da distribuidora, foi o de a cláusula de exclusividade estar «de acordo com os usos e costumes», averbando-se: «[i]nicialmente, impende ressaltar que a cláusula de exclusividade avençada entre as partes não contém qualquer irregularidade e está de acordo com os usos e costumes desse tipo de avença, inexistindo qualquer ofensa à livre concorrência, tratando-se de providência que visa proteger o consumidor sobre a procedência do combustível a ser adquirido».

No mesmo Tribunal foi apreciado o *caso do arrendamento a menor.*[194] Em embargos à execução de valores decorrentes de arrendamento rural, pedia o arrendatário fosse reduzido o preço do arrendamento porque a área de terras arrendada era menor do que a prometida. Em contrapartida, o arrendador sustentava que a área de terras teria sido vistoriada, tendo o arrendante verificado a área aproveitável e concluído o negócio. As razões de decidir – improvendo o pedido – fizeram expressa alusão aos usos e à boa-fé, como segue:

«A prévia vistoria 'in loco' da área arrendada e os usos e costumes desse tipo contratual infirmam a tese de que os embargantes receberam área menor do que a efetivamente arrendada. Esse argumento não dá margem ao abatimento do preço, quando incontroverso que os arrendatários pagaram a primeira anuidade exatamente como havia sido estipulado no contrato escrito que embasa a execução. Avença de trato sucessivo. Aplicação dos usos e costumes do lugar e do princípio da boa-fé objetiva na interpretação do negócio jurídico. Início de execução do contrato. Comportamento dos arrendatários incompatível com a alegação suscitada. Art. 422 do Código Civil. Improcedência total dos embargos».

---

restrita, pois, para que se possa dar existência, validade e eficácia a um contrato que possui sua estrutura e regramento já tipificados nos usos do tráfico, devem os figurantes declarar vontade de acordo com o que dispõem esses usos. *E.g.*, os contratos de distribuição de bebidas» (p. 40-41).

191. Capítulo VII, *infra*, §§59 e 60.

192. Ludwig, Marcos de Campos. *Usos e Costumes no Processo Obrigacional.* São Paulo: Revista dos Tribunais, 2005, p. 141.

193. TJRS. Ap. Cív. 70044548154. Quinta Câmara Cível. Relator Des. Jorge Luiz Lopes do Canto. Julgamento em 28.09.2011. Agradeço a referência e as observações desse julgado e daquele que imediatamente o sucede a: Comiran, Giovana Cunha. *Os Usos Comerciais:* da formação dos tipos à interpretação e integração dos contratos empresariais. São Paulo: Quartier Latin, 2019.

194. TJRS. Ap. Cív. 70061256152. Nona Câmara Cível. Relator Des. Miguel Ângelo da Silva. Julgamento em 26.08.2015.

No caso, aos usos – fatores indicativos da tipicidade social – coligou-se a boa-fé *in executivis* como pauta que veda a contraditoriedade desleal. Durante o primeiro ano, os arrendatários seguiram fielmente o pactuado, executando o contrato. Só depois é que recorreram ao argumento segundo o qual a área – que havia sido inclusive vistoriada – era menor do que a efetivamente arrendada.

No *caso da fixação de juros*,[195] o STJ apreciou a coligação entre os usos e a boa-fé já não apenas para a interpretação, mas já para a *integração* de contrato bancário no caso de lacuna na fixação dos juros, já que declarada a nulidade da cláusula respectiva. Considerando as regras dos arts. 112 e 113 do Código Civil, determinou ser necessário «preencher a lacuna do contrato mediante a interpretação de qual seria a vontade das partes em relação aos juros que foram previstos na disposição reputada nula». Entre fixar os juros no patamar legal, ou limitá-los à média de mercado, decidiu-se pela segunda solução pelos fundamentos que vieram expostos, como segue:

«Não há como limitar os juros ao patamar legal. Em primeiro lugar, porque esse limite não é oponível às instituições financeiras, consoante a jurisprudência pacífica desta Corte. Em segundo lugar, porque, nos termos do art. 112 do CC/2002, é necessário interpretar os negócios jurídicos tendo em vista a intenção das partes ao firmá-los. Essa intenção, nos termos do art. 113, deve ter em conta a boa-fé, os usos e os costumes do local da celebração do contrato.

Ora, a melhor forma de adequar a contratação aos usos e costumes do local é limitando a taxa de juros, não ao percentual fixado na Lei de Usura, mas à média cobrada pelas instituições financeiras em operações da espécie. Ou seja, a média de mercado. Esses são os usos e costumes,[196] e é essa a solução que recomenda a boa fé.»

11. Usos na prática internacional

O recurso aos usos como elementos hermenêuticos[197] é corrente na prática dos contratos comerciais internacionais, «servindo como suporte para outros métodos, como o da interpretação literal».[198] A título exemplificativo da jurisprudência

---

195. STJ. REsp 715894/PR. Segunda Seção. Relatora Min. Nancy Andrighi. Julgamento em 26.04.2006. *DJ* de 19.03.2007.

196. Embora o emprego da expressão «usos e costumes» não seja tecnicamente o mais adequado, resta claro ter o julgador feito referência aos «usos do setor bancário».

197. Não será aqui referido o papel dos usos no âmbito dos contratos internacionais, remetendo-se a: KASSIS, Antoine. *Théorie Générale des Usages du Commerce*. Paris: LGDJ, 1984, e, na doutrina brasileira, COMIRAN, Giovana Cunha. *Os Usos Comerciais*: da formação de tipos à interpretação e integração dos contratos. São Paulo: Quartier Latin, 2019, p. 217-232. Para Kassis, a fonte de direito que justifica a aplicação dos usos é sempre o consenso, de modo que a sua aplicação se dá por presunção, a partir da formação do consenso. Para Comiran, como se viu, é a confiança.

198. Assim indica BAPTISTA, Luiz Olavo. Notas sobre a Prática da Interpretação na Arbitragem – Conversa sobre a Interpretação no Direito. Estudos em homenagem ao centenário de Miguel Reale. *Cadernos para Debate*, n. 4. Instituto de Estudos Culturalistas: Canela, set. 2011, p. 60.

A Função Hermenêutica da Boa-Fé | 549

internacional, refira-se o *caso dos produtos defeituosos*, julgado pela CCI – Câmara Internacional do Comércio –,[199] em que os usos, como modelos hermenêuticos, foram expressamente invocados, auxiliando a solução da lide.

Na ocasião, uma empresa suíça (vendedora) contratara com fabricante norte-americano (comprador) a alienação de mercadorias que deveriam obedecer a certos padrões e especificidades («*various standards and specifications*»). Tais especificidades haviam sido incorporadas no contrato *via referência*, não estando pormenorizadamente descritas no instrumento contratual. Demais disto, os produtos deveriam ser entregues diretamente a um subcontratante da empresa compradora, onde receberiam beneficiamentos (os bens seriam «*processed*») antes de serem vendidos a um outro comprador (o comprador final).

As mercadorias foram, efetivamente, entregues ao subcontratante que deveria proceder ao aludido beneficiamento revestindo os bens com as especificidades aludidas por referência. Alguns agentes do vendedor acompanharam o procedimento de beneficiamento e escreveram um relatório, apontando recomendações para a melhora do procedimento. Porém, quando as mercadorias chegaram, por fim, ao comprador final, este as rejeitou, tendo em vista que não estavam conforme as especificações. Por exemplo: os produtos não eram «à prova d'água», estavam corroídos, e não tinham marcas de identificação. Pediram, então, o envio de novos produtos.

Em face desse pedido do comprador final, a empresa suíça fornecedora iniciou procedimento arbitral contra a empresa americana. A questão principal dizia respeito a saber se as especificidades que deveriam revestir as mercadorias – uma vez não descritas no instrumento contratual – poderiam ser deduzidas dos usos do setor.[200] E concluiu positivamente, condenando a empresa norte-americana pela ruptura contratual e consequente indenização. Nos fundamentos da decisão, observou-se:

«Usos de mercado, de outro lado, [é expressão que] diz respeito aos usos de um lugar, de um setor profissional ou de um mercado, e sua prova não depende de nada

---

199. ICC Case n. 6955 de 1993. Arnaldez, Jean-Jacques; Derains, Yves; Hasher, Dominique (Orgs.). CCI: Recueil des sentences arbitrales 1996-2000. Disponível em: <http://books.google.com.br/books?id=LjRlhAmJDPAC&printsec=frontcover&hl=fr#v=onepage&q=6955&f>, p. 267 e ss. Acesso em: 10.05.2023. O caso é mencionado também em: ICC Case n. 6955 of 1993. In: Berg, Albert Jan van der (Org.). *Yearbook Commercial Arbitration*, vol. XXIV. The Hague: Kluwer Law International, 1999, p. 107-140. Também reproduzido em: Baptista, Luiz Olavo. Notas sobre a Prática da Interpretação na Arbitragem – Conversa sobre a Interpretação no Direito. Estudos em homenagem ao centenário de Miguel Reale. *Cadernos para Debate*, n. 4. Instituto de Estudos Culturalistas: Canela, set. 2011, p. 60.

200. Refere-se: «The tribunal also found that there was a trade usage allowing the goods to comply with the specifications as actually applied». (ICC Case n. 6955 de 1993. Arnaldez, Jean-Jacques; Derains, Yves; Hasher, Dominique (Orgs.). CCI: Recueil des sentences arbitrales 1996-2000. Disponível em: <http://books.google.com.br/books?id=LjRlhAmJDPAC&printsec=frontcover&hl=fr#v=onepage&q= 6955&f>, p. 267 e ss. Acesso em: 10.05.2023.

ocorrido entre as partes além de sua participação em atividade comercial no local, setor profissional ou mercado em questão». Tais usos amparavam o sentido dado pela Requerente ao contrato, sendo sublinhado explicitamente pelos árbitros que «a linguagem adicional do contrato e os usos do comércio (*trade usages*) amparam essa interpretação». No caso, incidiam as regras do Uniform Commercial Code (UCC), com o que explicitou a Corte: «Há três elementos na regulação do UCC acerca dos usos de mercado: (1) a regularidade de sua observância; (2) a referência à local, setor profissional ou mercado; (3) a justificativa de expectativa que o uso será observado no negócio. Há um quarto requisito para os usos de mercado a ser invocado no caso: a prova do uso como um fato ocorrido». E adicionou: «(...) um uso de mercado existe ao cumprir os requisitos do Art. 1-205(2) do UCC. O tribunal conclui pela sua incidência. Isso se justifica em parte porque o uso do mercado harmoniza-se com a interpretação dada pelo tribunal à linguagem do contrato em outras partes».

Este caso bem revela a razão de virem coligados usos e boa-fé como critérios para a interpretação e integração dos negócios jurídicos, como está, aliás, textualmente no art. 113 do Código Civil: ao denotarem certa regularidade no agir negocial, os usos auxiliam a balizar o que seria de esperar, segundo a normal expectativa das partes contextualmente situadas. Legitimam, assim, a expectativa, a ser observada em razão do princípio da boa-fé.

Se o problema estiver na obscuridade ou ambiguidade das expressões contratuais, havendo estipulante e oferende, se há de recorrer a uma explícita *regra interpretativa*, como agora se assinalará.

§ 55. Boa-fé e interpretação a favor do aderente

1. Proposição

Quando se trata de interpretar *cláusulas-padrão*, ditas cláusulas uniformes (como é comum nos contratos de seguro, por exemplo) comumente insertas em contratos formados por adesão e pactuados massivamente, consideram-se também outros cânones hermenêuticos. Para quem tem o poder contratual de dispor o conteúdo do contrato, há o ônus de falar claro, nos limites da razoabilidade; e, havendo dúvidas, ambiguidades, obscuridades, a interpretação é pró-aderente, como também formulado em antigos cânones hermenêuticos hoje expressos nas leis (Código Civil e CDC).[201]

---

201. Recorde-se o que escreveu Pothier na «Sétima Regra» de interpretação contratual ao sistematizar os cânones advindos do *ius commune*: «Na dúvida, uma cláusula deve ser interpretada contra aquele que estipulou qualquer coisa, e isentando-se aquele que contraiu a obrigação (*In stipulationibus cum quoeritur quid actum sit, verba contra stipulatorem interpretanda sunt; e fere secundum promissorem interpretamur*)» e «O credor deve ser responsabilizado por não ter se explicado melhor». *Vide*, no Código Civil, o art. 423, e, no CDC, o art. 47. (POTHIER, Robert-Joseph. *Traité*

A Função Hermenêutica da Boa-Fé | 551

Coliga-se, então, o princípio da boa-fé com a regra da interpretação *contra stipulatorem* (ou interpretação «*contra proferentem*») pelo qual se entende que eventual ambiguidade, obscuridade ou contradição não há de ser solvida em favor da parte que impôs o conteúdo contratual.

2. A regra *contra proferentem*

Primariamente, trata-se de regra a ser observada no caso de serem ambíguas ou obscuras as expressões contratuais e a ser considerada cogentemente («regra interpretativa») na exegese de contratos formados por adesão, assim provindo de tradição romanística secular, bastando recordar (para não recuar até o Digesto) o que estava nas *Regras de Interpretação* anotadas por Teixeira de Freitas, o qual recolheu máximas formuladas no *ius commune* e na Praxística portuguesa: «Palavras duvidosas devem sêr interpretadas contra quem as proferio: *Verba dubia contra proferentem sunt interpretanda*». Ou, similarmente: «Em casos de ambiguidade deve-se, principalmente attendêr ás explicações de quem dispôz»; e, ainda, «No contracto de compra e venda, o pacto ambiguo deve ser interpretado contra o vendedor».[202]

Como consequência desse vetusto e muito sábio modelo hermenêutico, «todas as presunções militam a favor do que recebeu, para assinar, um documento já feito»,[203] cabendo a quem elabora o instrumento contratual, oferecendo-o à adesão de outrem, arcar com as consequências da própria e eventual ambiguidade, bem como das imprecisões de linguagem. É o que está no art. 423 do Código Civil.

---

des Obligations. Paris: Lib. de l'oeuvre de St. Paul, 1883, p. 45. No original: «Dans la doute, une clause doit s'interpréter contre celui qui a stipulé quelque chose, et à la décharge de celui qui a contracté l'obligation. (In stipulationibus cum quoeritur quid actum sit, verba contra stipulatorem interpretanda sunt; e fere secundum promissorem interpretamur».) E: «Le créancier doit s'imputer de ne s'être mieux expliqué»).

202. Teixeira de Freitas, Augusto. *Regras de Direito*. Rio de Janeiro: B. L. Garnier, 1882, respectivamente p. 196 e 478. No Código Comercial de 1850, o art. 131, 5, determinava a interpretação pró-devedor, em caso de ambiguidade ou obscuridade. É, de resto, o que formulara expressivamente o Visconde de Cairú ao afirmar: «Havendo dúvida sobre a intelligencia, e força de hum Contracto mercantil, deve-se interpretar a mente dos contrahentes segundo o uso, ou Estatuto da Praça, e Lugar em que se fez o mesmo contracto; e bem assim o juizo dos Commerciantes costumados a praticar essa espécie de negocio, ainda que alias as palavras do trato, ou escripto diversamente signifiquem: pois sempre a boa fé, e o estilo mercantil he que deve prevalecer, e reger, e não o estreito significado dos termos, e menos ainda as intelligencias cavillosas, e contrarias ao verdadeiro› espirito do Contracto. L.212. ff. de verb. signif. L. 34. íf. de reg. júri. L. 1., 3., e 4. Cod. plus.» (Lisboa, José da Silva. *Principios de Direito Mercantil e Leis de Marinha, para Uso da Mocidade Portuguesa, Destinada ao Commercio*. Tratado V. Dos Contractos Mercantis. Lisboa: Impressão Regia, 1811, p. 4). A regra tem valência praticamente universal, bastando lembrar o que está no art. 4.6 dos UNIDROIT Principles, como segue: «If contract terms supplied by one party are unclear, an interpretation against that party is preferred».

203. Maximiliano, Carlos. *Hermenêutica e Aplicação do Direito*. Rio de Janeiro: Gen-Forense, 2017, § 435, p. 316.

552 | A BOA-FÉ NO DIREITO PRIVADO

Um exemplo da jurisprudência acerca da regra *contra proferentem* – tal qual prevista no art. 423 do Código Civil, e para o clareamento de disposições contratuais obscuras – foi oferecido, exemplarmente, por acórdão do Tribunal de Justiça do Rio Grande do Sul em matéria de contrato de seguro automobilístico, no *caso do seguro de danos pessoais*.[204]

A apólice previa a responsabilidade da seguradora, em caso de infortúnio, para «danos pessoais». Recusando-se a empresa a pagar indenização por danos extrapatrimoniais (por sustentar que a expressão «danos pessoais» indicava tão só os «danos corporais»), o julgador assentou o primeiro elemento contextual, qual seja, a incindibilidade da «indenização da dor causada pelo dano corporal ou pessoal da do dano moral ou psicológico, forte na bioestrutura de ser humano, corporal e psicologicamente indissolúvel». E acentuou: «A divisão existente – corpo e psique –, por evidente, tem o fim apenas pedagógico, para poder melhor estudar a pessoa humana e não como pretende a seguradora».

Em seguida, recorreu o magistrado ao princípio da boa-fé objetiva, estatuindo que, na dúvida quanto ao significado de cláusula predisposta por uma das partes, «*a interpretação deve ser no sentido menos favorável a quem a redigiu*», assim reenviando ao princípio da *interpretatio contra proferentem*, ou ainda a regra *in dubio contra stipulatorem*, assinalou, «é especialmente importante hoje em dia, devido à difusão dos contratos padronizados e de adesão».[205]

Porém, é preciso atenção. Novamente, neste ponto, as alterações promovidas pela LLE no art. 113 mais vieram confundir do que auxiliar o intérprete, fundamentalmente por duas razões: o emprego do verbo «redigir» e a ampliação para além dos contratos formados por adesão, para fazê-la incidir também em contratos negociados pelas partes.

Na vigente redação, o inc. IV do art. 113, § 1.º, impõe a interpretação contra quem *redigiu* a cláusula, não discernido entre o eventual «redator» da cláusula e a *posição assumida no contrato*, como, tradicionalmente, está na regra do *favor debitoris*, pela qual, na dúvida, a interpretação é contra o credor e em favor do devedor. Igualmente, não distingue o campo de incidência entre contratos negociados (paritários) e os formados por adesão. Além do mais, introduz cânone hermenêutico potencialmente antinômico àquele que é basilar à interpretação contratual, qual seja, o da comum intenção dos

---

204. TJRS. E.I. 196032114. Quarto Grupo de Câmaras Cíveis. Relator Des. Roberto Expedito da Cunha Madrid. Julgamento em 17.03.1997.

205. No «ir e vir» entre o texto e o contexto, não esqueceu o julgador da função econômica do contrato. Afirmando constituir este «*nada mais que o revestimento jurídico de uma operação econômica*» entendeu de «*sopesar, na análise de contrato, a satisfação da necessidade, a obtenção do bem que levou as partes a contratarem, e a função econômica que o pacto exerce na vida de relação*». Realizada a ponderação entre todos os elementos, de fato e de direito, enfim decidiu: «*E a escolha deverá ser feita de modo a assegurar prevaleça o interesse que se apresenta mais vantajoso em termos de custo social*»,o qual, no contexto do programa contratual considerado apontava à divisão dos prejuízos. Observa-se que, com antecipação ao que ora vem disposto no Código Civil (arts. 187 e 422 c/c 421) realizou o julgador a conexão entre a boa-fé e a função social do contrato de seguro.

contratantes[206] (art. 112), o que é perigoso quando se tratar de contratos negociados entre partes dotadas de similar poder contratual.

De fato, em mais uma passagem tecnicamente imperita, o legislador não atentou nem para a secular e consolidada tradição, nem para o que se verifica, comumente, *na vida dos contratos*. Ora, nos contratos, nem sempre quem *redige* a cláusula é quem a *formula,* por exemplo, verbalmente, a outra parte incorporando a sugestão sob forma escrita, quem a terá redigido? E se o texto contratual final resultar de contribuições de parte a parte, como soe ocorrer nos contratos negociados, quando ambas as partes formulam, enunciam, refinam, até chegar ao texto que será redigido? Como se não bastasse, o texto não contém nenhum limitador – exemplificativamente, dirigindo o comando a cláusulas contraditórias ou obscuras, como o faz o art. 423, ou estabelecendo a presunção contra a parte detentora de maior poderio contratual, como ocorre em relações contratuais marcadas por forte assimetria, ainda que não inseridas no âmbito das relações de consumo, para as quais há regra específica.[207]

Doutrina e jurisprudência deverão situar esses critérios, sob pena de o dispositivo legal tornar-se motivo de infindáveis e fúteis discussões.

3. O ônus de falar claro

Tem o ônus de falar claro (*clare loqui*) aquele que está na posição de predispor as cláusulas contratuais – sendo esse um princípio «que ninguém seriamente contesta», como está, há décadas, em autorizada lição doutrinária, recolhida pela jurisprudência.[208] Logo, quem emite uma declaração de vontade não claramente inteligível corre o risco

---

206. Assim observa Nitschke, Guilherme Carneiro Monteiro. Comentário ao artigo 113, §§ 1.º e 2.º, do Código Civil: interpretação contratual a partir da Lei da Liberdade Econômica. In: Martins-Costa, Judith; Nitschke, Guilherme Carneiro Monteiro. *O Direito Privado na Lei de Liberdade Econômica. Comentários.* São Paulo: Almedina, 2022, p. 396-398.

207. CDC, art. 47, *in verbis*: «As cláusulas contratuais serão interpretadas de maneira mais favorável ao consumidor».

208. «Contratos há em que se torna quase impossível achar a comum intenção das partes. Aderindo a um contrato, sem conhecer previamente o seu conteúdo e a extensão das suas cláusulas, tem-se consentido? Responder afirmativamente seria plantar a tirania da vontade de um dos contratantes, levando o outro às mais deploráveis consequências. Daí a regra: as cláusulas contratuais obscuras com duplo sentido prejudicam aquele que as redigiu, quando se admita que a outra parte não as tivesse completamente examinado. Esse princípio é digno de toda atenção e não há quem seriamente o conteste. Anson explica: «The rule is based on the principle that a man is responsible for ambiguities in his own expression, and has no right to induce another to contract with him on the supposition that his words mean one thing while he hopes the court will adopt a construction by which they would mean another thing, more to his advantage». No Acórdão do Tribunal de Justiça de São Paulo, de 8 de fevereiro de 1905, lê-se: «Se obscuridade existe no contrato, deve ser imputada ao autor que, conforme ensina Pothier, deveria lembrar-se que o credor deve imputar a si a culpa de não se ter explicado melhor» (Mendonça, José Xavier Carvalho de. *Tratado de Direito Comercial Brasileiro*, vol. IV. Tomo I. Atualizado por Ricardo Rodrigues Gama. Campinas: Russell Editores, 2003, p. 217-218). Destaques meus.

de se submeter a uma interpretação não conforme ao significado que se voltava a exprimir. Quando se refere ao contrato formado por adesão, o ônus de falar claro adquire uma precisa consequência negativa: a interpretação contra o seu autor.[209]

A conclusão contratual por adesão às cláusulas e condições estabelecidas unilateralmente não se dá apenas no âmbito das relações de consumo. O enunciado do art. 423 do Código Civil, ao apanhar o cânone da *interpretatio contra stipulatorem* é impositivo de um ônus de falar claro (*clare loqui*) àquele que está na posição de predispor as cláusulas contratuais, esteja ou não caracterizada relação de consumo.

Tradicionalmente, entende-se que o escopo fundamental desse cânone radica na necessidade de evitar que o predisponente, com um comportamento contrário à boa-fé, possa tirar vantagem da ambiguidade ou obscuridade ou contradição entre as cláusulas unilateralmente elaboradas. Mas, não apenas: hoje em dia, em face do fenômeno da contratação de massa, estandartizada, concluída por adesão, o escopo fundamental é o de reforçar, em matéria hermenêutica, a proteção ao contratante que adere a esquemas negociais unilateralmente predispostos sem a eles poder se furtar.[210]

Exemplifique-se com o decidido no *caso do contrato de participação financeira*.[211]

Tratava-se de «contrato de participação financeira», tipicamente contrato formado por adesão e que atrai regras de Direito Privado e de Direito Público, configurando hipótese de «contrato autorizado» (e até mesmo, em algumas hipóteses, de ato existencial), como, caracteristicamente o são aqueles pactuados entre companhias concessionárias de serviço público e os particulares que carecem de seus serviços.[212]

---

209. BIANCA, Massimo. *Diritto Civile*, vol. III. 2.ª ed. Milano: Giuffrè, 2000, p. 440.

210. Para o Direito italiano, cujo art. 1.370 do *Codice Civile* é similar ao art. 423 do Código brasileiro, *vide*: ALPA, Guido, FONSI, Gianluca; RESTA, Giorgio. *L'Interpretazione del Contratto*. 2.ª ed. Milano: Giuffrè, 2001, p. 179 e ss.

211. STJ. REsp 511769/RS. Terceira Turma. Relator Min. Carlos Alberto Menezes Direito. Julgamento em 02.10.2003. *DJ* de 09.12.2003.

212. Conforme Orlando Gomes, nos «contratos autorizados», a natureza do serviço explorada pela entidade contratante, prestadora dos serviços, «exige que estejam em permanente oferta de contratar, não tendo sequer direito a escolher a outra parte». E esclarece: «Para as pessoas que precisam de tais serviços, geralmente prestados em regime de monopólio, também se faz sentir a necessidade de contratar, em outro sentido, porém, uma vez que não estão juridicamente obrigadas a fazê-lo. Como, entretanto, esses serviços se tornam dia a dia, indispensáveis a maior número de pessoas, a superioridade em que se encontrariam as empresas em relação aos usuários potenciais é neutralizada pelo Estado ao estabelecer as condições em que devam elas contratar, surgindo, em consequência, duas interessantes figuras negociais, o contrato regulamentado e o contrato de adesão. Conquanto as relações entre as empresas concessionárias de serviços públicos e os usuários não sejam consideradas contratuais por alguns, na verdade possuem essa natureza e são regidas pelas disposições concernentes aos contratos. Pouco importa que os pretendentes ao serviço se limitem a aceitar a oferta da empresa nas condições permitidas pelo regulamento inserto em seu conteúdo. Realizam contratos de adesão, mas nem por isso deixam de constituir relação contratual» (GOMES, Orlando. *Introdução ao Direito Civil*. 7.ª ed. Rio de Janeiro: Forense, 1983, p. 258).

A Função Hermenêutica da Boa-Fé | 555

Nesses contratos, o particular adere às condições prefixadas, dentre as quais comumente está a de integralizar capital na companhia como condição legal e estatutariamente imposta para habilitar-se à prestação do serviço de telefonia fixa em caráter individualizado. No caso, o particular ajuizara ação ordinária de cobrança, alegando ter assinado o contrato com o objetivo de adquirir linha telefônica, devendo, no seu entender, receber os valores relativos à sua parte em ações subscritas pela ré; recebera, porém, menor quantidade de ações do que a devida. Isso porque o contrato estabelecera cláusula permissiva da subscrição das ações no momento que interessasse à companhia. Em contrapartida, o autor pedia a restituição do valor aportado, tendo por parâmetro a importância correspondente à do preço pago à vista na data da celebração do contrato, dividido pelo valor unitário das ações na data da contratação.

A sentença julgou improcedente o pedido, considerando, quanto ao mérito, haver óbice defluente da disciplina da Lei das SA, cabendo à parte buscar outras medidas. Mas o Tribunal de Justiça do Rio Grande do Sul proveu a apelação do particular, entendendo não haver qualquer violação a dispositivos da Lei 6.404/1976, pois «a negociação com as próprias ações não se submete a uma vedação absoluta, na exata interpretação do art. 30 daquele diploma legal». E, recorrendo ao princípio da boa-fé, interpretou o contrato, afastando o argumento de a conduta da ré estar «albergada em norma regulamentar do Poder Concedente, pois haveria violação dos princípios constitucionais de legalidade e moralidade administrativas». Essa violação importaria na invalidade da cláusula que permitia a subscrição das ações no momento que interessar à financiada, «posto que (*sic*) conteria condição puramente potestativa». Logo, a consequência foi determinar a restituição do valor financiado tendo como parâmetro a importância correspondente a do pagamento à vista na data do contrato, a ser «dividido pelo valor patrimonial de cada ação na data da contratação, entendido este como aquele apurado no balanço patrimonial anterior (este valor permanece inalterado, para efeito de cálculo, até o balanço anual subsequente), obtendo-se o número total de ações que deveriam ser subscritas para cumprimento do dever de restituição da quantia financiada em ações».

O caso subiu ao Superior Tribunal de Justiça. Lá foi confirmada a orientação do acórdão estadual, explicitando o Ministro Relator que a perspectiva correta não residiria nas limitações constantes da Lei 6.404/1976 (o que levaria a decisão pelo caminho da impossibilidade jurídica do pedido), mas na existência de cláusula potestativa, abrindo-se a via da invalidade. E escreveu:

«Ora, se o Tribunal identifica a existência de lesão, presente o princípio da boa-fé diante da interpretação das disposições negociais, não há razão por que a instituição ré não possa cumprir o pactuado. O fundamento sobre a limitação de ordem legal não tem apoio, porque impossível assinar contrato de participação em que se identifica lesão ao adquirente e depois dizer que o seu prejuízo é assim mesmo, não havendo como restabelecer a quantidade de ações que deveria aquele receber em função do contrato.»

A boa-fé, como regra hermenêutica, direcionou a solução. A cláusula contratual que estabelecera a subscrição de ações quando interessasse à companhia financiada,

556 | A BOA-FÉ NO DIREITO PRIVADO

por qualificar-se como cláusula puramente potestativa, «condiciona[ndo] a quantidade do objeto prestado, ao arbítrio exclusivo daquela»[213] era nula. Assim, disse o STJ, que a decisão judicial *a quo* impusera, fora que a financiada observasse a equivalência das prestações, «sem causar prejuízo ao aderente». Isso porque, justificou, «[i]nválida a condição, há que se interpretar a disposição no sentido de que a financiada deverá observar a equivalência das prestações sem causar qualquer prejuízo ao aderente, devendo a empresa-concessionária financiada subscrever as ações faltantes, conforme o pedido formulado, fazendo as devidas anotações no livro de subscrição do capital acionário». E concluiu:

«Não há empeço em nenhum dispositivo de lei federal para que seja cumprida a decisão judicial, que, interpretando o contrato, à luz do princípio da boa-fé objetiva e da vedação de cláusula potestativa, restabelece a igualdade das partes contratantes, coibindo o prejuízo do aderente do contrato de participação financeira que acabou por receber quantidade menor de ações do que aquela efetivamente contratada, em razão da distância entre o momento da integralização do valor e da subscrição das ações, este último ao alvedrio da sociedade beneficiada».[214] Como sublinhado, seria inadmissível, à luz da boa-fé, consagrar, em desfavor do aderente, o desequilíbrio concernente à subscrição das ações, «criando uma disparidade entre o momento de ingresso do capital para tanto, em que haveria dada correspondência acionária, e a efetiva subscrição no momento que aprouvesse à financiada».

Enfrentou-se a nulidade (vedando-se a condição puramente potestativa relativa ao momento de integralização das ações), contrariamente à companhia que dispusera da cláusula no contrato de adesão.

4. Interpretação segundo a boa-fé e vulnerabilidade do consumidor

Nas relações de consumo, vigorante o postulado normativo da vulnerabilidade do consumidor,[215] a interpretação pró-aderente recebe sua máxima intensidade. Conduz, até mesmo, a uma «interpretação expansiva» das disposições contratuais e legais protetivas aos legítimos interesses do consumidor. Embora por vezes passível de críticas (já que, muitas vezes, promove-se, a título de «interpretar» pró-aderente, uma verdadeira reescritura do contrato, o que é tecnicamente equivocado, sendo a boa-fé, então, apenas uma fórmula legitimatória da vontade do intérprete), é farta a jurisprudência neste sentido.

---

213. STJ. REsp 511769/RS. Terceira Turma. Relator Min. Carlos Alberto Menezes Direito. Julgamento em 02.10.2003. *DJ* de 09.12.2003.

214. No mesmo sentido, dentre outros: STJ. REsp 1192609/SP. Terceira Turma. Relator Min. Massami Uyeda. Julgamento em 07.10.2010. *DJ* de 21.10.2010.

215. *Vide*, *supra*, Capítulo IV, §32.

A Função Hermenêutica da Boa-Fé | 557

Exemplifique-se com o *caso do tumor cerebral*,[216] atentando-se bem para as suas peculiaridades, atinentes tanto ao bem jurídico visado pelo contrato quanto aos aspectos técnicos dos métodos hermenêuticos envolvidos na decisão.

O demandante firmara um chamado «seguro saúde» (na verdade, plano de saúde), cuja eficácia estava sujeita à fluência de prazo de carência. Ocorre que, meses após a conclusão contratual, mas ainda não esgotado o chamado «período de carência», o beneficiário do «seguro», filho do contratante segurado, se viu acometido por tumor cerebral e hidrocefalia aguda. Conquanto reconhecendo a validade do estabelecimento de «períodos de carência» nessa espécie contratual, determinou o Superior Tribunal de Justiça o «temperamento» do ajustado, com base no princípio da boa-fé como cânone de consideração aos interesses legítimos da contraparte.

Para tanto, interpretou a Lei 9.656/1998, cujo art. 12, *caput*, possibilita a estipulação contratual de prazo de carência, mas cujo inciso V, alínea «c», estabelece «o prazo máximo de vinte e quatro horas para cobertura dos casos de urgência e emergência». E considerou a «circunstância excepcional, constituída por necessidade de tratamento de urgência decorrente de doença grave» que, «se não combatida a tempo, tornará inócuo o fim maior do pacto celebrado, qual seja, o de assegurar eficiente amparo à saúde e à vida».

A peculiaridade do caso está justamente na presença de um permissivo legal para afastar, em casos excepcionais, o prazo de carência. Não seria, portanto, caso de interpretação pró-aderente, mas de simples aplicação (ainda que ampliativa) *da lei*, já que a interpretação «pró-aderente» é, nos termos do art. 423 do Código Civil, a interpretação *do contrato* em favor do aderente.

Mas o Tribunal ainda invocou – em paralelo à boa-fé – outros vários argumentos, como a «solidariedade» (com a qual é por vezes mal confundida a boa-fé),[217] a «legítima expectativa» e a «natureza aleatória» supostamente atribuída ao «seguro saúde».

---

216. STJ. REsp 962980/SP. Quarta Turma. Relator Min. Luis Felipe Salomão. Julgamento 13.03.2012. *DJ* de 15.05.2012; invocou-se, como precedente, o STJ. REsp 466667/SP. Quarta Turma. Relator Min. Aldir Passarinho Junior. Julgamento em 27.11.2007. *DJ* de 17.12.2007, bem como o STJ. REsp 590336/SC. Terceira Turma. Relatora Min. Nancy Andrighi. Julgamento em 07.12.2004. *DJ* de 21.02.2005.

217. A implementação da solidariedade, valor constitucionalmente indicado (Constituição Federal, art. 3.º, I) não pode depender do contrato como ato de iniciativa privada que é, sendo matéria a ser implementada por políticas públicas – ainda que, em vários setores (*e.g.*: contratos na educação; na saúde; nos transportes públicos; crédito ao consumo, etc.) a dimensão macroeconômica, direcionada por critérios de justiça distributiva, tenha inflexão no nível microeconômico, geralmente polarizado por critérios de justiça comutativa. A propósito ver os estudos de Branco, Gerson. Elementos para Interpretação da Liberdade Contratual e Função social: o Problema do Equilíbrio Econômico e da Solidariedade Social como Princípios da Teoria Geral dos Contratos. E, em sentido diverso, Corrêa, André Rodrigues. Ato Violento de Terceiro como Excludente de Responsabilidade do Transportador: qual a causa desse entendimento jurisprudencial?, ambos In: Martins-Costa, Judith (Org.). *Modelos de Direito Privado*. São Paulo: Marcial Pons, 2014, respectivamente p. 257-290 e p. 341-384.

A conjunta invocação à boa-fé, à solidariedade, às legítimas expectativas e à aleatoriedade do contrato não parecem, no caso, procedentes. Não está fundamentado no que teria consistido a violação da boa-fé, nem como «crença legítima» (boa-fé subjetiva), nem como norma de conduta (boa-fé objetiva), nem como pauta hermenêutica do contrato, pois não se interpretou o contrato, mas a lei, que pautava a justa solução.

Quanto a uma suposta função solidarista que seria derivada da boa-fé, o próprio Superior Tribunal de Justiça reconheceu, em outros julgados, não se poder desconsiderar o «papel primário e natural» do contrato, «que é o econômico». Este não pode ser este ignorado, «a pretexto de cumprir-se uma atividade beneficente», pois ao contrato não incumbe função «de assistência social». Consequentemente, «[p]or mais que o indivíduo mereça tal assistência, não será no contrato que se encontrará remédio para tal carência. O instituto é econômico e tem fins econômicos a realizar, que não podem ser postos de lado pela lei e muito menos pelo seu aplicador».[218] Também não se pode falar em «legítima expectativa» se o contrato consignava com todas as letras a existência de período de carência: que expectativa «legítima» se poderia ter, senão a que o pactuado fosse observado? Por igual, há sérias dúvidas em qualificar-se os ajustes dessa natureza como «aleatórios», pois o fornecedor de seguro promete desde logo a garantia.

Agrupar e misturar tantos argumentos distintos, para além de não consistir em boa técnica, contribui para diluir em outros significados os passíveis de atribuição à boa-fé. Esta expressão normativa resta reduzida, assim, à fórmula retórica, perdendo, consequentemente, em densidade específica. É de questionar, portanto, se, no caso, o apelo à boa-fé como norma de hermenêutica do contrato ou mesmo da lei teria cabimento. À espécie, não parece estar mais bem direcionada uma interpretação ampliativa do permissivo legal quanto ao prazo de carência com base na fundamentalidade do direito à vida, no caso ameaçado. Nem sempre é correto afirmar que uma disposição legal excepcional (que excepciona outra) deve ter caráter restritivo, cabendo averiguar o significado da lei que é no momento de sua aplicação juridicamente decisivo.[219]

Certo é que, apesar da multiplicidade de figuras invocadas, mencionou-se, com integral cabimento, decisão do Supremo Tribunal Federal,[220] segundo o qual, «[c]omo se trata de situação-limite em que há nítida possibilidade de violação ao direito fundamental à vida, se o juiz não reconhece, no caso concreto, a influência dos direitos fundamentais sobre as relações privadas, então ele não apenas lesa o direito constitucional

---

218. STJ. REsp 803481/GO. Terceira Turma. Relatora Min. Nancy Andrighi. Julgamento em 28.06.2007. *DJ* de 01.08.2007. No mesmo sentido: ver Branco, Gerson. Elementos para Interpretação da Liberdade Contratual e Função social: o Problema do Equilíbrio Econômico e da Solidariedade Social como Princípios da Teoria Geral dos Contratos. In: Martins-Costa, Judith (Org.). *Modelos de Direito Privado*. São Paulo: Marcial Pons, 2014.

219. Larenz, Karl. *Metodologia da Ciência do Direito*. Trad. portuguesa de José Lamego. 3.ª ed. Lisboa: Calouste Gulbenkian, 1997, p. 500.

220. STF. RE 201819/RJ. Segunda Turma. Relatora Min. Ellen Gracie. Relator para Acórdão Min. Gilmar Mendes. Julgamento em 11.10.2005. *DJ* de 27.10.2006.

objetivo, como também afronta direito fundamental considerado como pretensão em face do Estado, ao qual, enquanto órgão estatal, está obrigado a observar». Caberia, assim, conduzir a interpretação em vista da essencialidade do objeto do contrato,[221] ampliando-se o permissivo do art. 12, inc. V, alínea «c», da Lei 9.656/1998 e concretizando-se as expressões «urgência» e «emergência» ali contidas em vista da essencialidade (melhor dizendo: fundamentalidade) do objeto do contrato.

Ao fim e ao cabo, a solução fundamentou-se no cânone da interpretação pró--aderente ao que se somou o papel da boa-fé como «norma de flexibilização» do rigor da lei (ou da disposição contratual), como se norma de equidade legal fosse.[222]

Em suma: no *caso do tumor cerebral* uma solução favorável ao pleito do consumidor aderente, bem como tecnicamente conforme ao sistema (e, portanto, geradora de segurança jurídica) poderia ser alcançada por outras vias que não o chamamento da boa-fé. Fora dos casos em que um bem revestido de tão evidente nota de fundamentalidade, como a vida, está a ser tão profundamente ameaçado, inclusive pelo fator urgência, como na hipótese julgada – que suscita a invocação da proteção constitucional –, não caberia, no meu modo de ver, a «flexibilização» do período de carência, pois a estrutura econômica do contrato considera esse dado em sua equação. Uma vez desmontada, atingir-se-á interesses que, nesse tipo de contrato, transcendem a relação interindividual.

O cabimento da interpretação pró-aderente, com fundamento na boa-fé, permeou também o intenso debate jurisprudencial no *caso da apólice contra roubo e furto*.[223]

A controvérsia – não reportada a relação de consumo – havia sido instaurada para determinar a extensão da cláusula de cobertura em contrato de seguro de veículo, entre sociedade empresária e seguradora. Ocorre que o contrato cobria, para os sinistros, as hipóteses de «roubo e furto». O automóvel veio a ser apropriado indevidamente por funcionária da empresa que fora demitida. Diante do ilícito praticado (apropriação indébita), a empresa segurada alegou ter se consubstanciado o sinistro, cabendo, portanto, a indenização contratada. A questão jurídica decidida no caso foi: a apólice cobre perda do veículo decorrente da tomada ilegal do carro pela funcionária?

De acordo com STJ, a apólice não cobriria aquela a perda, acatando-se a tese arguida pela seguradora e sendo reconhecidos dois principais fundamentos, interconexos: (*i*) a conduta da antiga funcionária não se assemelhara a «furto ou roubo», sendo diversa a hipótese de «apropriação indevida», a ser interpretada restritivamente, como é próprio do método hermenêutico para o preenchimento de tipos penais (princípio da

---

221. Defendendo uma classificação contratual baseada na qualidade do bem jurídico visado pelo vínculo: Negreiros, Teresa. *Teoria do Contrato*: Novos Paradigmas. 2.ª ed. Rio de Janeiro: Renovar, 2006.

222. Ver, *infra*, Capítulo VI, §55.

223. STJ. REsp 1177479/PR. Quarta Turma. Relator para Acórdão Min. Antonio Carlos Ferreira. Julgamento em 15.05.2012. *DJ* de 19.06.2012. Embora as diferenças fáticas e de qualificação, solução semelhante foi tomada no caso do seguro fidelidade embutido, *vide*, *supra*, neste Capítulo, §53.

tipicidade estrita); (*ii*) a interpretação em contratos de seguro é realizada em forma restritiva, a despeito de reconhecer relação de consumo entre as partes, quando a segurada uma pessoa jurídica empresária.

A fundamentação dos votos vencedores não faz menção à boa-fé para a interpretação do contrato. A vinculação expressa da situação fática com a boa-fé objetiva está no voto vencido do Ministro Luis Felipe Salomão. Neste, é possível verificar-se o cunho protetivo ao consumidor quando afirmado: a «exigência de boa-fé objetiva na formação e execução do contrato de seguro não permite seja o consumidor obrigado a adotar cuidados extremos e desarrazoados em relação a situações corriqueiras». Coerentemente a essas considerações, procedeu o julgador a uma *interpretação expansiva* das hipóteses previstas na apólice («roubo e furto») para abarcar a apropriação indébita. E concluiu ser «*inoperante*» (*sic*)[224] a cláusula contratual que, a pretexto de informar o consumidor sobre as limitações da cobertura securitária, somente remete-o ao texto da lei penal, a qual, em «não raras vezes, é de interpretação controvertida inclusive entre juristas».[225]

A posição do voto vencido pareceria acertada se se tratasse de relação de consumo, pois há para o fornecedor o ônus de falar claro – como já se viu –, o que inclui a explicitação de conceitos que são específicos de léxicos profissionais sofisticados, como o dos juristas. Porém, no caso concreto, há de ter pesado, quanto à posição vencedora, a circunstância de não se ter reconhecido a existência de relação de consumo.

A interpretação pró-consumidor, em vista da presumida vulnerabilidade informativa se verificou no *caso da venda a corpo certo*.[226]

Em imóvel adquirido em virtude de contrato de compra e venda regido pelo CDC, constatou-se a diferença entre a área referida no instrumento e a área real do bem. A diferença era, todavia, inferior a um vigésimo (5%) da extensão total enunciada, havendo no Código Civil a presunção de ser meramente enunciativa a referência à extensão quando a diferença encontrada não exceder de 1/20 (um vigésimo) da área total no Código de 1916, vigente à época dos fatos, art. 1.136, que não continha a ressalva agora consignada no art. 500, *caput, in fine.* Ainda assim o Tribunal entendeu caracterizada a *venda por medida de extensão*, em virtude de interpretação do contrato. Atendeu-se, assim, a reclamação do consumidor, rejeitando-se a pretensão do vendedor a eximir-se de responsabilidade pela diferença na área.

---

224. Não há clareza no acórdão se se trata de hipótese de invalidade ou de ineficácia. A despeito de ter classificado a cláusula como «inoperante», antes, também, o voto também alude à *validade* da cláusula no sentido de «limitação da cobertura securitária contra sinistros causados por apropriação indébita». Voto do Ministro Luis Felipe Salomão no STJ. REsp 1177479/PR. Quarta Turma. Relator para Acórdão Min. Antonio Carlos Ferreira. Julgamento em 15.05.2012. *DJ* de 19.06.2012.

225. A boa-fé como instrumento de controle do conteúdo do contrato será analisada pormenorizadamente no Capítulo VIII, *infra*.

226. STJ. REsp 436853/DF. Terceira Turma. Relatora Min. Nancy Andrighi. Julgamento em 04.05.2006. *DJ* de 27.11.2006.

A Função Hermenêutica da Boa-Fé | 561

É bem verdade que, para chegar a essa solução, bastaria invocar a regra legal, interpretando-a à luz do cânone da estipulação *contra proferentem* e do respeito à boa-fé, como consideração aos legítimos interesses do aderente. Porém, o Tribunal permeou a solução com referências à «má-fé»; «abuso do poder econômico»; ao «equilíbrio contratual»; à «equidade»; à «tendência intervencionista do Estado»; ao «abuso e iniquidade»; à «segurança» e ao «enriquecimento ilícito por parte do vendedor». Facilitaria, ao revés, à compreensibilidade do raciocínio e ao próprio controle do fundamento das decisões judiciais, referência precisa aos cânones interpretativos aplicáveis, pois os específicos preferem aos genéricos.

§ 56. A boa-fé hermenêutica na CISG – Convenção de Viena para a Compra e Venda Internacional de Mercadorias

1. Proposição

Um direcionamento muito diverso daquele promovido pelo CDC e pela confusa LLE é deduzido da CISG. Os cânones hermenêuticos centrais da Convenção estão no art. 7,[227] que exemplarmente distingue, na primeira alínea, entre os cânones de *interpretação* e na segunda alínea entre as fontes de sua *integração*. Antes de mais, cumpre destacar: o art. 7 (1) prevê a remissão à boa-fé como cânone hermenêutico *da Convenção* e não (ao menos direta ou imediatamente) *dos negócios jurídicos* pactuados sob sua incidência, como o faz o Código Civil no art. 113. Este é o primeiro – embora não o único – traço de discrime entre ambos.

Trata-se de uma escolha conscientemente feita pelos autores da Convenção de Viena que, ao cabo de uma solução de compromisso entre regras e modelos advindos do *common law* e da *civil law*,[228] debateram longamente[229] a questão de saber se a boa-fé

---

227. Embora as pautas interpretativas e as fontes de integração não se reduzam ao art. 7, sendo outras previstas, por exemplo, nos arts. 8 e 9 da Convenção.

228. Trata dessa solução de compromisso, da perspectiva de um «common lawyer», Farnsworth, Allan. A Common Lawyer's View of His Civilian Colleagues. *Lousiana Law Review*, vol. 57, n. 1, Baten Rouge, Lousiana State University, 1996, p. 228.

229. Acentuam os autores ser de «suma importância» a história legislativa do art. 7, pois na versão imediatamente anterior ao texto final («New York Draft 1978») havia a menção a sua aplicação, o que foi retirado após propostas das delegações dos Estados Unidos e da França (Schwenzer, Ingeborg; Schlechtriem, Peter. *Commentary on the UN Convention on the International Sale of Goods* (CISG). 3.ª ed. New York: Oxford University Press, 2010, § 3-4, p. 121). O principal argumento para essa retirada foi o fato de que haveria margem para muitas interpretações distintas da boa-fé e que ela poderia ser aplicada de variadas formas, de modo a prejudicar o objetivo de lei uniforme no qual a Convenção se baseia (Bianca, Cesare Massimo; Bonell, Michael Joachim. *Commentary on the International Sales Law*. Milano: Giuffrè, 1987, p. 85. Disponível em: <www.cisg.law.pace.edu/cisg/biblio/bonell-bb7.html>).

deveria ser consagrada como norma geral aplicável às partes contratantes – isto é, pautando a interpretação dos contratos, e regulando o *exercício jurídico* – ou apenas como *cânone de interpretação* da própria Convenção, isto é, das disposições que a compõem.[230]

2. A boa-fé como norma dirigida ao intérprete

O debate tem sua razão de ser, pois, à diferença do verificado em outros importantes textos de direito uniforme internacional – nomeadamente, aqueles de formulação doutrinária, como os Princípios UNIDROIT relativos aos Contratos Comerciais Internacionais (Princípios UNIDROIT) e os Princípios do Direito Europeu dos Contratos (PECL), em que a boa-fé é acolhida como *norma de comportamento* –,[231] no texto da CISG a «boa-fé» vem endereçada aos intérpretes da Convenção como *norma de interpretação*. Os intérpretes devem, primeiramente, ter em conta seu caráter internacional. Devem, por igual, estar cientes da necessidade de promover a uniformidade de sua aplicação, bem como de assegurar o respeito à boa-fé no comércio internacional.[232] Estas duas remissões pautam o contexto de entendimento (e, consequentemente, de aplicação) da boa-fé no âmbito dos contratos aos quais a CISG incide.

A existência de relações privadas internacionais – bem observa Véra Fradera – «coloca em xeque o caráter típico do direito estatal, determinando a necessidade de ser criada uma maneira uniforme de regular essas relações comerciais internacionais (...)».[233] Bem por isso, os redatores da Convenção de Viena tiveram a «sagacidade» de «criar algo novo»,[234] desvinculado, na medida do possível, de suas particulares origens nacionais. Consequentemente, aos seus intérpretes exige-se compreender «uma cultura do comércio internacional e uma língua que lhe é muito peculiar, pois não identificável com

---

230. Ver SCHLECHTRIEM, Peter; WITZ, Claude. *Convention de Vienne sur les Contrats de Vente Internationale de Marchandises*. Paris: Dalloz, 2008, p. 78; SCHLECHTRIEM, Peter. Good Faith in German Law and in International Uniform Laws. Disponível em: <www.cisg.law.pace.edu/cisg/biblio/schlechtriem16.html>. Acesso em: 21.04.2015.

231. Princípios UNIDROIT, art. 1.7 (1): «Each party must act in accordance with good faith and fair dealing in international trade; (2): The parties may not exclude this duty». E, o PECL, art. 1.106, (1): «In exercising his rights and performing his duties each party must act in accordance with good faith and fair dealing. (2) The parties may not exclude or limit this duty».

232. Na versão em inglês: Article 7: (1) In the interpretation of this Convention, regard is to be had to its international character and to the need to promote uniformity in its application and the observance of good faith in international trade. Para o texto integral da CISG, consultar: <www.cisg.law.pace.edu/cisg/text/treaty.html>.

233. FRADERA, Véra. O Conceito de *fundamental breach* Constante do Artigo 25 da CISG. *Revista de Arbitragem e Mediação*, vol. 37, São Paulo, Revista dos Tribunais, 2013, p. 68. A autora prossegue a análise deste ponto em: O Caráter Internacional da CISG. In: VENOSA, Sílvio; GAGLIARDI, Rafael; TERASHIMA, Eduardo (Orgs.). *A Convenção de Viena sobre Contratos de Compra e Venda Internacional de Mercadorias*: Desafios e Perspectivas. São Paulo: Atlas, 2015.

234. As expressões entre aspas estão em: FRADERA, Véra. O conceito de *fundamental breach* constante do artigo 25 da CISG. *Revista de Arbitragem e Mediação*, vol. 37, São Paulo, Revista dos Tribunais, 2013, p. 68.

A Função Hermenêutica da Boa-Fé | 563

a língua do Código Civil brasileiro, nem com nenhum dos nossos instrumentos legais em vigor, a qual tampouco é identificável com a de qualquer outro *idioma legal* (...)».[235]

3. O cânone da uniformidade hermenêutica

Os mais autorizados comentaristas acentuam ter a uniformidade na interpretação das regras convencionais «importância particular».[236] De fato, as dificuldades hermenêuticas se agudizam sobremaneira quando se deve interpretar um texto normativo que, embora formalmente incorporado em vários sistemas jurídicos nacionais, foi preparado e acordado em nível internacional, compondo regras e princípios advindos de tradições entre si distintas, harmonizando mentalidades jurídicas entre si dissimiles, ingressando, por vezes, em soluções de compromisso. As dúvidas se sucedem: é adequado recorrer a princípios e critérios de interpretação comuns? Em caso afirmativo, os critérios hão de ser tomados a partir da lei do foro ou a lei que, de acordo com as regras pertinentes do Direito Internacional Privado, seria aplicável na ausência da lei uniforme? Ou há de ser adotada uma *abordagem própria*, a fim de evitar o risco de um mesmo corpo de regras ser interpretado e implementado de forma diferente nos diversos Estados? E, se assim for, como pode tal interpretação autônoma e possivelmente uniforme ser alcançada?[237]

É bem verdade que auxilia esse processo de uniformização (ao menos tendencial) da interpretação o próprio fato de o comércio internacional criar – em grande parte, pela via da prática – as suas próprias regras que são, progressivamente, integradas ao Direito Comercial Internacional positivo.[238] Do mesmo modo, aponta-se ao papel unificador da doutrina especializada que, ao elaborar documentos de *soft law*[239] sistematiza, ordena, refina e esclarece regras e princípios visando tornar possível, pela via doutrinária, «a emergência de uma ciência jurídica transnacional na Europa pelo estudo e análise dos aspectos comuns aos direitos nacionais europeus, deduzidos de suas distintas estruturas dogmáticas e

---

235. FRADERA, Véra. O Conceito de *fundamental breach* Constante do Artigo 25 da CISG. *Revista de Arbitragem e Mediação*, vol. 37, São Paulo, Revista dos Tribunais, 2013, p. 68-69.

236. A expressão é de BIANCA, Cesare Massimo; BONELL, Michael Joachim. *Commentary on the International Sales Law*. Milano: Giuffrè, 1987, p. 85. Disponível em: <www.cisg.law.pace.edu/cisg/biblio/bonell-bb7.html>. Acesso em: 21.04.2015.

237. As dúvidas e questões são suscitadas por BIANCA, Cesare Massimo; BONELL, Michael Joachim. *Commentary on the International Sales Law*. Milano: Giuffrè, 1987, p. 85. Disponível em: <www.cisg.law.pace.edu/cisg/biblio/bonell-bb7.html>. Acesso em: 21.04.2015.

238. Assim FRADERA, Véra. *Reflexões sobre a Contribuição do Direito Comparado para a elaboração do Direito Comunitário.*Belo Horizonte: Del Rey, 2010, p. 220. Desde a década de 1980, se ocupa do tema KHAN, Phillipe. Les Principes Généraux du Droit devant les Arbitres du Commerce International. *Journal du Droit International*, Paris, Clunet, n. 1, 1989.

239. Expressas especialmente nos Princípios UNIDROIT, nos Princípios do Direito Europeu dos Contratos (PECL), e em outras iniciativas como o «Projeto Lando» para a elaboração de um Código Europeu dos Contratos e o *The Common Core of Legal Systems*.

conceituais».[240] E, finalmente, há a jurisprudência da Corte de Justiça da Comunidade Europeia, e, bem assim, dos tribunais arbitrais que, pouco a pouco, por trabalho de síntese, vão fixando o sentido dos princípios hermenêuticos em uma direção relativamente unificada.

4. O postulado normativo do caráter internacional do contrato

Conjugadamente à diretriz da uniformidade hermenêutica, atua o *postulado normativo*[241] do caráter internacional do contrato,[242] como determina ainda a alínea (1) do art. 7. Este postulado traduz a especificidade das trocas econômicas internacionais, regradas muito fortemente (embora não de modo exclusivo) pelos usos do comércio internacional, expressão designativa das normas de origem profissional que se formam a partir de contratos-tipos, de condições gerais dos contratos estabelecidas por associações profissionais e, mesmo, por usos codificados por organismos como os Incoterms editados pela *Chambre de Commerce Internationale* (CCI), sendo «largamente utilizados pelos negociantes».[243]

Integra essa especificidade dos contratos internacionais o perfil não sistemático e não científico dessas regras formatadas na prática dos negócios, é dizer: o seu caráter fragmentário, pois são seguidamente peculiares a tal ou qual lugar, a tal ou qual contrato, a tal ou qual ramo profissional, sendo seu objeto tanto de ordem técnica quanto jurídica. A diversidade não se resume ao conteúdo material, sendo também atinente à

---

240. Fradera, Véra. *Reflexões sobre a Contribuição do Direito Comparado para a elaboração do Direito Comunitário*. Belo Horizonte: Del Rey, 2010, p. 236. Sobre o esforço doutrinário europeu, ver p. 225-243.

241. Para a explicação dessa categoria *vide, supra,* Capítulo II, §16, 3, bem como no Capítulo IV, §35, 1, de acordo com a classificação proposta por Ávila, Humberto Bergmann. *Teoria dos Princípios. Da Definição à Aplicação dos Princípios Jurídicos.* 16.ª ed. São Paulo: Malheiros, 2015, p. 162 e ss. O «princípio da internacionalidade» é um postulado normativo, estruturante da aplicação das normas da Convenção.

242. Esse aspecto foi sublinhado pelo aresto que, pioneiramente, aplicou as regras da CISG em contrato internacional em Tribunal brasileiro, qual seja: TJRS. Ap. Cív. 70072362940. Décima Segunda Câmara Cível. Relator Des. Umberto Guaspari Sudbrack. Julgamento em 14.02.2017. *DJ* de 16.02.2017. Com similar ênfase: TJSP. Ap. Cív. 1017219-07.2017.8.26.0004. Trigésima Segunda Câmara de Direito Privado. Relator Des. Rodolfo Cesar Milano. Julgamento em 09.12.2021. *DJ* de 09.12.2021. Como, na altura em que o negócio jurídico em exame fora concluído, o Brasil ainda não havia aderido à Convenção, as suas regras, relativas à prova do negócio, foram acolhidas como *soft law,* uma vez refletirem os usos e costumes do comércio internacional. Aplicou-se, assim, diretamente, o art. 113 do Código Civil e, indiretamente, o art. 11 da Convenção, determinando-se: «De qualquer sorte, não há qualquer impedimento ao uso do tratado como referencial jurídico aplicável ao deslinde do mérito, porque, independentemente do marco inicial da sua eficácia interna em termos estritamente positivistas, a Convenção constitui expressão da praxe mais difundida no comércio internacional de mercadorias, estando por isso ao alcance dos Juízes nacionais, até mesmo em função da norma do art. 113 do Código Civil, que determina a interpretação dos negócios jurídicos de acordo com os usos e costumes».

243. Fouchard, Philippe. L'État face aux Usages du Commerce International. *Écrits.* Droit de l'Arbitrage. Droit du Commerce International. Paris: Ed. Comité Français de l'Arbitrage, 2007, p. 533.

A Função Hermenêutica da Boa-Fé | 565

sua forma: podem consistir em regras escritas, mas, igualmente, em comportamentos, em práticas constantes dos operadores do comércio internacional, estando, como um fundo comum, a especificidade das normas profissionais e a rapidez com que se pode formar um costume.[244]

A diretriz da uniformidade hermenêutica e o postulado normativo do caráter internacional do contrato atuam como verdadeiras condicionantes do âmbito normativo da boa-fé nos contratos sujeitos à regência da CISG. Consequentemente, não será adequado, do ponto de vista técnico-jurídico, emprestar ao mencionado art. 7(1) significados que são próprios ao Direito brasileiro.[245] Na interpretação dos princípios e regras da CISG, o contexto será demarcado pelo caráter internacional do contrato.

5. Aplicação da boa-fé por via indireta

Interpretar de acordo com a boa-fé não é uma recomendação, mas uma ordem a ser cumprida ao aplicar a Convenção, dizem Peter Schlechtriem e Claude Witz,[246] que são taxativos ao negar à boa-fé o papel de norma geral de *comportamento das partes contraentes*, no âmbito da CISG. E essa negativa tem uma razão de ser: os autores do texto convencional temiam «que um princípio assim tão latamente concebido fosse interpretado e aplicado de maneira divergente, conforme as diferentes concepções nacionais quanto ao seu conteúdo».[247]

Para outros autores, em revanche, há uma obrigação «implícita» de agir segundo a boa-fé.[248] Conquanto seja o seu estatuto «ambivalente» em razão da forte oposição dos países do *common law* à função normativa da boa-fé,[249] e apesar do limite posto na

---

244. Assim: FOUCHARD, Philippe. L'État face aux Usages du Commerce International. *Écrits*. Droit de l'Arbitrage. Droit du Commerce International. Paris: Ed. Comité Français de l'Arbitrage, 2007, p. 533-534.

245. Tenha-se presente a advertência de Ferrari: «to have regard for Convention's international character means that the interpreter should not apply domestic law to solve interpretative problems, i.e., he should not read the Convention through the lenses of domestic law, but should project the interpretative problems against an international background» (FERRARI, Franco. Uniform Interpretation of the 1980 Uniform Sales Law. *Georgia Journal of International and Comparative Law*, Atenas (EUA, Georgia), University of Georgia School of Law, n. 24,1994/1995, p. 183-228. Disponível em: <www.cisg.law.pace.edu/cisg/biblio/franco.html#*>, p. 199-200).

246. Devido ao trecho «regard is to be had», ter-se-ão em conta constante do art. 7 (SCHWENZER, Ingeborg; SCHLECHTRIEM, Peter. *Commentary on the UN Convention on the International Sale of Goods (CISG)*. 3.ª ed. New York: Oxford University Press, 2010, §7, p. 122-123).

247. SCHLECHTRIEM, Peter; WITZ, Claude. *Convention de Vienne sur les Contrats de Vente Internationale de Marchandises*. Paris: Dalloz, 2008, p. 78

248. FAUVARQUE-COUSSON, Bénédicte; MAZEAUD, Denis. *Terminologie Contractuelle Commune*. Paris: Societé de Législation Comparée, 2008, p. 230.

249. FAUVARQUE-COUSSON, Bénédicte; MAZEAUD, Denis. *Terminologie Contractuelle Commune*. Paris: Societé de Législation Comparée, 2008, p. 230.

566 | A BOA-FÉ NO DIREITO PRIVADO

alínea (1) do art. 7 à incidência do princípio da boa-fé no âmbito da CISG, não se pode desconhecer que, por via indireta, este possa reaparecer – embora com caráter *subsidiário* ou *residual* – por via da alínea (2) do mesmo art. 7. Segundo essa regra: «(2) As questões referentes às matérias reguladas por esta Convenção *que não forem por ela expressamente resolvidas* serão dirimidas segundo os *princípios gerais* que a inspiram ou, à falta destes, de acordo com a lei aplicável segundo as regras de direito internacional privado».[250]

Essa regra remete às fontes de integração da Convenção. Não há dúvidas sobre ser a boa-fé um dos «princípios gerais» do comércio internacional.[251] Porém, não por acaso, o art. 7 é tido como «o mais controverso de toda a Convenção».[252] A questão está em saber se, no âmbito da Convenção, poderá ser invocada a boa-fé com caráter autônomo,[253] ou se apenas atuará acoplada a outros princípios, diretrizes e regras da própria CISG, como os consagrados pelos usos e costumes, segundo o art. 9 da mesma Convenção, relativo ao caráter vinculante das práticas das partes e dos usos de tráfico.[254]

---

250. Destaquei.

251. Bastando invocar a autoridade de MAYER, Pierre. *Le Principe de Bonne Foi devant les Arbitres du Commerce International*. Basel e Frankfurt-am-Main: Mélanges Lalive, 1993, p. 543 e ss. Assinala este autor que o princípio da boa-fé se revela como «o princípio dos princípios» («*le principe des principes*»), afetando toda a vida do contrato («toute la vie du contrat»), tal qual enunciado na Sentença de 1989, caso CCI n. 5953, 1990: «a boa-fé deve presidir a negociação dos contratos e à sua interpretação, assim como a sua execução» («la bonne foi doit présider à la négociation des contrats et à leur interprétation comme à leur exécution». Disponível em: <koeln.de/php/pub_show_document.php?page=pub_show_document.php&pubdocid=115700&pubwithtoc=ja&pubwithmeta=ja&pubmarkid=949000#mark949000>). Para a jurisprudência estrangeira, *e.g*: Caso SCH-4318 na *Corte Internacional da Câmara de Comércio Federal* (*Internationales Schiedsgericht der Bundeskammer der gewerblichen Wirtschaft*). Julgamento em 15.06.1994. Disponível como UNCITRAL abstract n. 94, na tradução ao inglês em cisgw3.law.pace.edu/cases/940615a4.html, acesso em: 08.09.2012.

252. Assim refere: PIGNATTA, Francisco Augusto. *La Phase Précontractuelle sous l'Empire de la Convention de Vienne sur la Vente Internationale et les Droits Français et Brésilien*. Strasbourg e Porto Alegre: Tese de Doutorado, Faculté de Droit, de Sciences Politiques et de Gestion de Strasbourg, Faculdade de Direito da Universidade Federal do Rio Grande do Sul, 2008, p. 165.

253. ENDERLEIN, Fritz; MASKOW, Dietrich. *International Sales Law*. New York: Oceana Publications, 1992, p. 54. Disponível em: <www.cisg.law.pace.edu/cisg/biblio/enderlein.html>; KASTELY, Amy. Unification and Community: A rhetorical Analysis of the United Nations Sales Convention. *Northwestern Journal of International Law and Business*, n. 8, 1988, p. 597-600. Disponível em: <www.cisg.law.pace.edu/cisg/biblio/kastely.html>.

254. SCHWENZER, Ingeborg; SCHLECHTRIEM, Peter. *Commentary on the UN Convention on the International Sale of Goods* (CISG). 3.ª ed. New York: Oxford University Press, 2010, §17, p. 128; HONNOLD, John. *Uniform Law for International Sales under the 1980 United Nations Convention*. 3.ª ed. The Hague: Kluwer Law International, 1999, p. 101. Disponível em: <www.cisg.law.pace.edu/cisg/biblio/honnold.html>; FELEMEGAS, John. The United Nations Convention on Contracts for the International Sale of Goods: Article 7 and Uniform Interpretation. *Review of the Convention Contracts for the International Sale of Goods* (CISG). Parte I, item 4. The Hague: Kluwer Law International, 2000/2001, Parte I, item 4. Disponível em: <www.cisg.law.pace.edu/cisg/biblio/felemegas.html>. Acesso em: 21.04.2015.

A Função Hermenêutica da Boa-Fé | 567

Para autorizados comentaristas, o juiz não pode «misturar» o comando da alínea (1) com o da alínea (2) do art. 7, aplicando a boa-fé em matérias e para funções relativamente às quais não foi prevista a sua incidência.[255] E, em linha de princípio, o entendimento é correto, pois atado à distinção funcional entre *interpretar* e *integrar*. Ainda assim, transparece a boa-fé na hermenêutica contratual de forma subsidiária.[256]

Exemplificativamente, no *caso Bonaventure*,[257] julgado em 1995, revelando-se o emprego de acepção objetiva, servindo a boa-fé como cânone para averiguar e sancionar a conduta contratual.

Um vendedor francês, fabricante de *jeans* da marca *Bonaventure*, celebrara contrato para a venda de uma quantidade determinada de mercadorias com um comprador dos Estados Unidos, que realizaria a distribuição das peças em outros países. Foi especificado que as peças compradas deveriam ser enviadas para a América do Sul e para a África. Essa especificação foi reiteradamente acentuada durante a fase de negociações preliminares, bem como durante a execução contratual, inclusive exigindo o vendedor, repetida e insistentemente, prova do destino das mercadorias vendidas.

Ocorre que determinada remessa a ser enviada ao Equador e às Antilhas acabou por ser distribuída, pelo comprador, na Espanha. O vendedor passou a receber muitas reclamações de outros distribuidores espanhóis (titulares, por força de contratos anteriores, dos direitos de distribuição dos produtos naquele território), alegando terem os *jeans Bonaventure* invadido o mercado espanhol, diminuindo, consequentemente, o preço e, assim, frustrando expectativas legítimas daqueles distribuidores. O comprador ajuizou ação contra o vendedor, requerendo o pagamento de *invoices* que o vendedor havia emitido.

Diante dos prejuízos relacionados aos outros vínculos contratuais afetados pela indevida distribuição na Espanha, o vendedor considerou o contrato inadimplido, recusando-se a fazer novas entregas. Pleiteou em contrário, consequentemente, a resilição do contrato cumulada com indenização pelos danos ocasionados pelo comprador que deveria enviá-los apenas à África e à América do Sul, danos esses resultantes de ações (qualificadas de «abusivas e injustificáveis»), violadoras do princípio da boa-fé no comércio internacional. Em resposta, o comprador alegou, dentre outros motivos, não

---

255. Felemegas, John. The United Nations Convention on Contracts for the International Sale of Goods: Article 7 and Uniform Interpretation. *Review of the Convention Contracts for the International Sale of Goods (CISG)*. The Hague: Kluwer Law International, 2000/2001, Parte 1, item 4. Disponível em: <www.cisg.law.pace.edu/cisg/biblio/felemegas.html>. Acesso em: 21.04.2015.

256. Objetando a perspectiva estrita e defendendo a incidência na interpretação contratual: Pignatta, Francisco Augusto. *La Phase Précontractuelle sous l'Empire de la Convention de Vienne sur la Vente Internationale et les Droits Français et Brésilien*. Strasbourg e Porto Alegre: Tese de Doutorado, Faculté de Droit, de Sciences Politiques et de Gestion de Strasbourg, Faculdade de Direito da Universidade Federal do Rio Grande do Sul, 2008, p. 167 e ss.

257. Caso *Bonaventure*. Corte de Apelação Grenoble. 93/3275. França. 22.02.1995. Disponível em: <cisgw3.law.pace.edu/cases/950222f1.html>. Acesso em: 21.04.2015.

impedir o contrato a «entrega» em outros países por via de uma outra sociedade, o que reforçaria justamente o dever de continuidade nas entregas dos *jeans*.

A decisão do *Tribunal du Commerce de Grenoble* deu ganho de causa ao comprador. Todavia, a decisão final, da *Cour d'Appel de Grenoble*, reconheceu a incidência do art. 25 da Convenção de Viena, que permite a resolução (*lato sensu*) em caso de violação de uma obrigação essencial do contrato.[258] A boa-fé serviu como cânone hermenêutico para aclarar a «comum intenção das partes» expressa na declaração negocial: o texto contratual, interpretado à luz da conduta do vendedor, impedia – segundo reconheceram os juízes – a entrega das mercadorias em outros destinos que não a África e a América do Sul.[259]

Esse raciocínio fica refletido, ademais, pela condenação por abuso processual,[260] pois as ações «abusivas e injustificadas» do comprador foram contrárias ao princípio da boa-fé e, mesmo assim, restou este na posição de autor da ação. Em síntese, reconheceu-se que o dever de entregar as mercadorias em determinados locais (América do Sul e África) e não em outros (Espanha) havia sido fixado pelas partes como dado relevante ao adimplemento, de modo que sua violação fazia ceder o dever de continuidade na entrega das mercadorias: a interrupção na entrega era justificável, pois atentaria

---

258. Trabalhou o tema, conforme anteriormente já referido: FRADERA, Véra. O Conceito de *fundamental breach* Constante do Artigo 25 da CISG. *Revista de Arbitragem e Mediação*, vol. 37, São Paulo, Revista dos Tribunais, 2013.

259. O enunciado do art. 31, *a*, da Convenção, diz respeito aos casos em que a venda for concluída sob condição de expedição. Nesse caso, o vendedor adimple a obrigação principal de entrega enviando as mercadorias ao primeiro transportador para a sua transmissão ao comprador. O local para onde devem ser expedidas as mercadorias é determinado segundo o contrato, ou os usos. Na sua falta, cabe ao vendedor estabelecê-lo com liberdade. O art. 67 complementa a interpretação, determinando que, quando o contrato determinar a expedição e o vendedor não estiver obrigado a remeter as mercadorias a um lugar determinado, os riscos são transferidos ao comprador a partir da expedição ao primeiro transportador, conformemente ao contrato. Todavia, se o ajuste tiver previsto a expedição para local determinado os riscos só são transferidos ao comprador quando as mercadorias forem expedidas pelo vendedor para aquele local determinado. Quando a entrega das mercadorias implicar o transporte, ademais, as partes podem pactuar que o vendedor fará a entrega no estabelecimento do comprador ou em outro local. Essa pactuação pode resultar de uma cláusula Incoterm ou de obrigação atribuída ao vendedor de assegurar o transporte por si próprio, independentemente de um transportador independente. Nesses casos estará configurada uma dívida portável (*vide*: HEUZÉ, Vincent. La Vente Internationale de Marchandises. Droit uniforme. In: GHESTIN, Jacques (Org.). *Traité des Contrats*. Paris: LGDJ, 2000, p. 217; SCHLECHTRIEM, Peter; WITZ, Claude. *Convention de Vienne sur les Contrats de Vente Internationale de Marchandises*. Paris: Dalloz, 2008, p. 133 e ss.).

260. «Whereas, regarding the sum of 10,000 francs claimed by BRI PRODUCTION [vendedor] for abusive and unjustified actions, the conduct of PAN AFRICAN [comprador], going against the principle of good faith in international trade promulgated by article 7 of the Vienna Convention, made worse by the judicial position taken by the plaintiff at trial constitutes an abuse of procedure; Whereas the inconvenience caused by this trial to BRI PRODUCTION justifies the sum request». Trecho do Caso *Bonaventure*. Corte de Apelação Grenoble. 93/3275. França. 22.02.1995. Disponível em: <cisgw3.law.pace.edu/cases/950222f1.html>. Acesso em: 21.04.2015. Destaquei.

A Função Hermenêutica da Boa-Fé | 569

contra a boa-fé violar por caminhos indiretos (entrega por via de outra empresa) o que fora previsto no contrato.

Por outro lado, no *caso CCI 8611*,[261] foi a boa-fé invocada como cânone integrativo da relação contratual. Um determinado ajuste pactuava a entrega de peças industriais. Debatia-se, em síntese, se estaria configurado o dever anexo do produtor (vendedor alemão) de ter peças para substituição já preparadas para entrega. No entanto, o árbitro (único), de nacionalidade alemã, julgando conforme o Direito alemão (sendo naquele país consabidamente amplo o espectro do princípio da boa-fé objetiva)[262] e aplicando, assim, a CISG, afastou esse entendimento, ao afirmar sua aplicação apenas à *interpretação* da Convenção, e não à integração de lacuna, pois nenhuma «obrigação colateral de promover a boa-fé» poderia ser retirada daquele texto.[263] A boa-fé como norma de integração foi, portanto, afastada, argumentando-se ser a enumeração das obrigações do vendedor no âmbito da CISG taxativa, excluindo, por isso, o direito nacional.

No que diz respeito à interpretação dos *contratos* regidos pela Convenção, há norma específica no art. 8 (1) que, no tocante à declaração negocial, privilegia a «vontade real» do declarante ou do autor do comportamento, desde que reconhecida ou reconhecível essa vontade real. Mas a alínea (3) é remissiva ao *standard* da razoabilidade e aos usos.[264] Por vezes, essa será a via para uma interpretação «segundo a boa-fé», vale dizer: segundo *o que é razoável esperar nas circunstâncias concretas*, pois, um dos significados da boa-fé diz respeito aos valores estabilidade, regularidade e coerência no comportamento contratual. Para determinar a intenção ou o que «teria compreendido uma pessoa razoável», ao intérprete cabe dar conta de todas as circunstâncias pertinentes, notadamente as negociações acaso prosseguidas, as práticas que se estabeleceram entre elas[265] e todo o comportamento ulterior das partes.

---

261. CCI 8611. Arbitragem com sede na Alemanha. Roland Loewe – Árbitro Único. Julgamento em 23.01.1997. Disponível em: <cisgw3.law.pace.edu/cases/978611i1.html>. Acesso em: 21.04.2015.

262. Para uma comparação, *vide*: Schlechtriem, Peter. *Good Faith in German Law and in International Uniform Laws*.Ora em: <www. cisg.law.pace.edu/cisg/biblio/schlechtriem16.html>.

263. Lê-se, na decisão: «(...) Since the provisions of Art. 7(1) CISG concern only the interpretation of the Convention, no collateral obligation may be derived from the «promotion of good faith» The CISG, intended to ensure the observance of good faith in international trade, CISG Art. 7(1), embodies a liberal approach to contract formation and interpretation, and a strong preference for enforcing obligations and representations customarily relied upon by others in the industry (...)».

264. CISG, art. 8, *in verbis*: «(1) Para os fins desta Convenção, as declarações e a conduta de uma parte devem ser interpretadas segundo a intenção desta, desde que a outra parte tenha tomado conhecimento dessa intenção, ou não pudesse ignorá-la». (2) Não sendo caso de aplicação do parágrafo anterior, as declarações e a conduta de uma parte devem ser interpretadas segundo o sentido que lhes teria dado uma pessoa razoável, com a mesma qualificação e nas mesmas circunstâncias da outra parte. (3) Para determinar a intenção de uma parte, ou o sentido que teria dado uma pessoa razoável, devem ser consideradas todas as circunstâncias pertinentes ao caso, especialmente negociações, práticas adotadas pelas partes entre si, usos e costumes e qualquer conduta subsequente das partes».

265. Ver, *supra*, Capítulo VI, §54.

570 | A BOA-FÉ NO DIREITO PRIVADO

Outros autores deduzem o comando, para as partes contratantes, de um *comportamento segundo a boa-fé* de outras regras da própria Convenção. Por exemplo, no que tange aos efeitos de uma aceitação tardia de proposta a contratar, na forma do art. 19 (2),[266] perquire-se se é conforme a boa-fé desconsiderar essa aceitação se tiver sido «enviada em tais circunstâncias que, se a sua transmissão [tivesse] sido normal, ela teria chegado ao ofertante no tempo devido». Em outro exemplo, é conduta segundo a boa--fé a considerada no contexto do art. 77, que impõe ao credor o dever de tomar as medidas cabíveis para, preservando os próprios bens, mitigar o próprio prejuízo.[267] Em exaustivo trabalho comparatista, Francisco Augusto Pignatta mostra a incidência da boa-fé no período pré-contratual.[268]

Não há discordância de monta, por outro lado, quanto a considerar a alínea (2) do art. 7 como permissiva para a colmatação de lacunas, matéria de grande importância prática em face da dinamicidade do comércio internacional. Aliás, essa é justamente a função integrativa prevista na alínea (2). Por via da integração, o intérprete está autorizado a formar «regras completivas», isto é: regras destinadas a preencher as lacunas por

---

266. CISG art. 19 (2), *in verbis:* (1) A resposta que, embora pretendendo constituir aceitação da proposta, contiver aditamentos, limitações ou outras modificações, representará recusa da proposta, constituindo contraproposta. (2) Se, todavia, a resposta que pretender constituir aceitação contiver elementos complementares ou diferentes mas que não alterem substancialmente as condições da proposta, tal resposta constituirá aceitação, salvo se o proponente, sem demora injustificada, objetar verbalmente às diferenças ou envie uma comunicação a respeito delas. Não o fazendo, as condições do contrato serão as constantes da proposta, com as modificações contidas na aceitação.

267. Acerca do «dever» do credor mitigar o próprio prejuízo consulte-se: Fradera, Véra. Pode o Credor ser Instado a Diminuir o Próprio Prejuízo?. *Revista Trimestral de Direito Civil*, Rio de Janeiro, Padma, vol. 19, n. jul./set. 2004, p. 109 e ss. A citada autora, inspirada na CISG (art. 77) propôs o Enunciado n. 169 do Conselho da Justiça Federal, cuja redação é: «O princípio da boa-fé objetiva deve levar o credor a evitar o agravamento do próprio prejuízo». Na CISG, a redação do art. 77 consigna: «A parte que invocar o inadimplemento do contrato deverá tomar as medidas que forem razoáveis, de acordo com as circunstâncias, para diminuir os prejuízos resultantes do descumprimento, incluídos os lucros cessantes. Caso não adote estas medidas, a outra parte poderá pedir redução na indenização das perdas e danos, no montante da perda que deveria ter sido mitigado». Apresentando o panorama comparatista: Derains, Yves. L'Obligation de Minimiser le Dommage dans la Jurisprudence Arbitrale. *Revue de Droit des Affairs Internationales,*1987, p. 375 (acessível em: <www.trans-lex.org/120100)>. Também Muir-Watt, Horatia. *La Modération des Dommages en Droit Anglo-Américain*, LPA, n. 232, nov. 2002, p. 45 e ss.; e Fernández, Maximiliano Rodríguez. El Deber de Mitigar el Daño en la Convención de Viena de 1980 sobre Compraventa Internacional de Mercaderías: Una breve aproximación al tema. *Revista Mercatoria*. vol. 6, n. 2, 2007. Cópia eletrônica disponível em: ssrn.com/abstract=1492123. Consigna-se que similar enunciado está na Convenção de Haia de 1.º de julho de 1964, a respeito da lei uniforme sobre a venda internacional de objetos móveis corpóreos, art. 88; os Princípios Unidroit relativos aos contratos de comércio internacional, art, 7.4.8; e nos Princípios do Direito Europeu dos Contratos, art. 9:505. Ainda, neste livro, Capítulo IV, §37, relativamente ao contrato de seguro e Capítulo VII, §65, em caráter geral.

268. Pignatta, Francisco Augusto. *La Phase Précontractuelle sous l'Empire de la Convention de Vienne de 1980*: Une étude comparative avec les droits français et brésilien. Baden-Baden: Nomos, 2011.

A Função Hermenêutica da Boa-Fé | 571

meio do raciocínio analógico.[269] Para tanto, há de recorrer aos usos do comércio internacional; às práticas seguidas pelas partes; e aos princípios do comércio internacional, particularmente, como já se registrou, os Princípios UNIDROIT para os contratos comerciais internacionais, cujo art. 1.9 (2) vincula as partes aos usos e costumes «amplamente conhecidos e regularmente observados no comércio internacional»,[270] dispositivo que se assemelha ao disposto no art. 9 (2) da CISG.[271]

Exemplifica esse emprego o *caso Geneva Pharmaceuticals.*[272] Decidido por Corte nos EUA, a aplicação da boa-fé foi mais extensa, concernindo ao exercício jurídico durante as tratativas contratuais.

O «comprador» (norte-americano) entrou em contato com um «vendedor» (canadense) de substância voltada à produção de remédio. Restou estabelecido que o contrato de compra e venda seria concluído depois de obtida a aprovação da FDA (agência de controle de medicamentos), que realizaria exames em amostras.

Ocorre que no período de intermeio do contato entre os interessados e a aprovação da FDA, o vendedor contratou a venda da substância com um terceiro, pactuando cláusula de exclusividade, e nada comunicando ao primeiro «comprador». Quando obtida a aprovação da FDA, este enviou, como combinado, o pedido de compra. O vendedor não aceitou o pedido e negou estar obrigado a vendê-lo.

A decisão faz expressa referência à coligação entre a boa-fé e o que é *normalmente praticado naquele âmbito comercial* (usos). Como era usual nesse setor econômico, considera-se aceitação o ato de envio dos remédios para aprovação da FDA, em vista de um negócio de compra e venda, tendo valor de proposta, o comportamento do comprador que aborda o vendedor, propondo-lhe negociação. Na decisão, acentuou-se: «[a] CISG se destina a assegurar a observância da boa-fé no comércio internacional. Pelo art. 7 é expressada uma abordagem liberal de contrato, de sua formação e interpretação, e uma «forte preferência» para impor obrigações e representações tidas como habituais no tráfico jurídico atinente ao setor econômico em causa». «Um contrato», decidiu-se, «pode ser comprovado por um documento, representações orais, conduta ou alguma combinação dos três». Consequentemente, o Tribunal assentou a decisão nos preceitos dos arts. 9 e 11 da CISG, segundo os quais os usos do comércio jurídico e as práticas das

---

269. Schlechtriem, Peter; Witz, Claude. *Convention de Vienne sur les Contrats de Vente Internationale de Marchandises.* Paris: Dalloz, 2008, p. 82, atentando para a «tentação» – da qual deverá o intérprete resistir – de utilizar a analogia para corrigir a lei.

270. É esse o contexto do artigo 1.9 dos Princípios do UNIDROIT: as partes devem ser obrigadas pelos usos e práticas estabelecidas entre elas e pelos usos que sejam generalizadamente tidos como aplicáveis.

271. CISG, art. 9 (2), *in verbis*: «Salvo acordo em contrário, presume-se que as partes consideraram tacitamente aplicáveis ao contrato, ou à sua formação, todo e qualquer uso ou costume geralmente reconhecido e regularmente observado no comércio internacional, em contratos de mesmo tipo no mesmo ramo de comércio, de que tinham ou devessem ter conhecimento».

272. Caso *Geneva Pharmaceuticals.* Federal District Court – New York, Estados Unidos. Julgamento em 10.05.2002. Disponível em <cisgw3.law.pace.edu/cases/020510u1.html>.

572 | A BOA-FÉ NO DIREITO PRIVADO

partes ou do setor econômico específico são automaticamente incorporadas em qualquer acordo regido pela Convenção, a menos que expressamente excluído pelas partes.[273] Não se fez, assim, interpretação conforme a boa-fé isoladamente, muito embora tenha esta servido como cânone auxiliar de interpretação, a integração da lacuna (e o reconhecimento da eficácia contratual) motivou-se nos outros dispositivos mencionados.

Por sua vez, no *caso Design for Radio Phone*, julgado na *Cour d'Appel de Gant*, na Bélgica[274] revelou-se o emprego do princípio para além da interpretação acerca da existência de vínculo, com a função de controlar/corrigir o exercício jurídico. Trata-se de hipótese na qual a boa-fé é utilizada como limite ao exercício jurídico, para rechaçar o comportamento deslealmente contraditório da parte vendedora.

Um vendedor belga e um comprador francês firmaram carta de intenções visando contratar a compra e venda de *pagers*. A carta de intenções especificava a entrega antecipada de 30 mil *pagers*. Porém, aproximando-se a época do Natal, constatou-se que as revendas, pelo comprador, estavam bem abaixo das expectativas, o que fez com que as partes tentassem um acordo para cancelar o pedido. Alcançado o consenso, o acordo foi formalizado pelo comprador em instrumento de distrato, e enviado ao vendedor, que respondeu apenas dois meses depois declarando a necessidade de o comprador pagar o preço conforme fora inicialmente ajustado.

Consideradas as provas, inclusive da negociação para o distrato, a *Cour d'Appel* entendeu configurada a necessidade de coibir-se a contradição por exigência à boa-fé na aplicação e interpretação da Convenção. A exigência do vendedor, em contradição com os seus próprios passos, demonstrando comportamento instável, fora «claramente incompatível com a regra de boa-fé que, no comércio internacional, sempre deve ser observada de acordo com o art. 7».[275]

Em suma: embora tenha, no âmbito da CISG, a função de cânone hermenêutico da própria Convenção, estando o seu significado vinculado ao caráter internacional do

---

273. No original: «The CISG, intended to ensure the observance of good faith in international trade, CISG Art. 7(1), embodies a liberal approach to contract formation and interpretation, and a strong preference for enforcing obligations and representations customarily relied upon by others in the industry. A contract may be proven by a document, oral representations, conduct, or some combination of the three. CISG Art. 11. The usages and practices of the parties or the industry are automatically incorporated into any agreement governed by the Convention, unless expressly excluded by the parties. CISG Art. 9». Examina o período pré-contratual no âmbito da Convenção, conforme se aludiu: Pignatta, Francisco Augusto. *La Phase Précontractuelle sous l'Empire de la Convention de Vienne sur la Vente Internationale et les Droits Français et Brésilien*. Strasbourg e Porto Alegre: Tese de Doutorado, Faculté de Droit, de Sciences Politiques et de Gestion de Strasbourg, Faculdade de Direito da Universidade Federal do Rio Grande do Sul, 2008, p. 165 e ss.

274. Caso *Design for Radio Phone*. Corte de Apelação de Gante, Bélgica. Julgamento em 15.05.2002. Disponível em: <cisgw3.law.pace.edu/cases/020515b1.html>. Acesso em: 21.04.2015.

275. No original: «(...) Therefore, it was wrong for [Seller] to claim in the registered letter of 23 March 1998 that the [Buyer] must still buy the 30,000 pagers. Such a way of proceeding is clearly irreconcilable with the rule of good faith which, in international trade, should always be observed according to art. 7(1) CISG with the application and interpretation of the Vienna Sales Convention».

A Função Hermenêutica da Boa-Fé | 573

contrato e à diretriz da uniformidade hermenêutica da Convenção, a boa-fé como norma de comportamento às partes não está plenamente afastada. Transparece por *via indireta*, vinculada a outros princípios e regras da própria CISG, atuando, então, como norma de correção e de respeito às legítimas expectativas. Mas, modo geral, os julgamentos refletem o esforço de *contenção* dos julgadores para se despregarem de suas particulares tradições, aplicando os critérios da própria Convenção. No contexto da CISG, a atenção há de ser total para com o caráter internacional do contrato e para com a diretriz da unidade hermenêutica, fatores de asseguramento da segurança jurídica tanto mais necessária quando intervêm no exame do contrato intérpretes oriundos de várias ordens jurídicas nacionais.

Refira-se, por fim, ainda outra perspectiva da função hermenêutica, em que ao princípio da boa-fé serve para aclarar a concludência de comportamento negocial.

§ 57. Boa-fé e tutela da confiança na interpretação das declarações tácitas: o problema da chamada «extensão da cláusula compromissória»

1. Proposição

Já antes foi referido[276] que a manifestação negocial de consentimento, salvo nas hipóteses em que a lei requer forma especial, não se traduz necessariamente em documentos escritos. O consentimento pode, pois, ser expresso pelo comportamento. A boa-fé hermenêutica auxilia na avaliação do comportamento, se indicativo, ou não, de uma concludência.

2. Fundamentos

A manifestação negocial pode se dar, modo geral, sob a forma expressa ou tácita. Essa última é verificada por meio da conduta durante a negociação ou já na execução do contrato, podendo resultar no chamado «comportamento concludente», com valor de declaração negocial. A manifestação de aceitação tácita, portanto, dar-se-á por meio de um comportamento concludente, assim configurado quando incompatível com a não aceitação. Cabe lembrar, por igual, o valor do silêncio no Direito brasileiro. O silêncio pode implicar aceitação, quando as circunstâncias ou os usos assim o indicarem (Código Civil, art. 111).[277] O enunciado legal deixa clara a opção do legislador no que

---

276. Ver *supra*, neste capítulo, §54.
277. Pontes de Miranda, Francisco Cavalcanti. *Tratado de Direito Privado*. Tomo. XXXVIII. 3.ª ed. São Paulo: Revista dos Tribunais, 1984, p. 23; Serpa Lopes, Miguel Maria de. *O Silêncio como Manifestação da Vontade*. 3.ª ed. Rio de Janeiro: Freitas Bastos, 1961, p. 150-152; Mota Pinto, Paulo

574 | A BOA-FÉ NO DIREITO PRIVADO

diz respeito à teoria do silêncio adotada, isto é: aceita-se o valor jurídico do silêncio, desde que presentes circunstâncias que o autorizem, de modo que o Código Civil valida o silêncio *circunstanciado* (ou *qualificado*) como forma de anuência.

As regras centrais estão nos arts. 112, 113 e 114 do Código Civil. Pela primeira foi acolhido, como já se viu,[278] a Teoria da Confiança, um meio termo entre a Teoria da Vontade e a Teoria da Declaração, razão pela qual a atenção do intérprete deverá estar voltada à intenção tal qual exteriorizada, buscando-se o sentido da declaração em vista de um *determinado contexto,* fático e normativo. No art. 113 está o direcionamento aos elementos contextuais.[279] Consequentemente, ao menos *prima facie,* o sentido da manifestação há de ser obtido não apenas pela sua literalidade, mas na correspondência a padrões de correção e lealdade (boa-fé) e ao que é usual no específico setor em que situado o negócio jurídico. Por sua vez, no art. 114 do Código Civil há referência específica ao tipo de negócio formado pela manifestação negocial. Tratando-se de renúncia e de negócios benéficos, a lei determina a interpretação restritiva, o que não significa de modo algum interpretação meramente literal. Significa, tão somente, estar vedada a extensão analógica, baseada na *eadem ratio* ou interpretação ampliativa.

Por outro lado, embora a Lei de Arbitragem determine dever ser a cláusula compromissória estipulada por escrito (art. 4.º, § 1.º), tal exigência não tem o condão de eliminar o texto do Código Civil, posterior no tempo, relativamente à interpretação dos contratos.[280] A Lei não diz que a cláusula deva estar inserida no corpo do contrato. Logo, pode ser convencionada e instrumentalizada por meio de cartas, e até mesmo de mensagens eletrônicas reportadas a um contrato, desde que obedecida a forma prescrita em lei. Os cânones hermenêuticos legais incidentes aos negócios jurídicos (e, portanto, à interpretação das manifestações negociais) centram-se nos arts. 111 a 114 do Código Civil, ainda que a esses não se limitem.[281] Desse modo, para inferir o consenso por meio da concludência de comportamento, deve haver expressividade por escrito, como determinado na forma legal, e mais: induvidosidade, pois o comportamento apto a ensejar vinculação à cláusula compromissória deve ser extreme de dúvidas, uma vez que a arbitragem importa em renúncia à jurisdição estatal.

Cardoso Correia da. *Declaração Tácita e Comportamento Concludente no Negócio Jurídico.* Coimbra: Almedina, 1995. Na doutrina posterior ao Código Civil de 2002: FRADERA, Véra. O Valor do Silêncio no Novo Código Civil. In: ALVIM, Arruda; CÉSAR, Joaquim de Cerqueira; ROSAS, Roberto (Orgs.). *Aspectos Controvertidos do Novo Código Civil.* São Paulo: Revista dos Tribunais, 2003, p. 578; SANSONE, Priscila David. *O Silêncio na Formação dos Contratos*: proposta, aceitação e elementos da declaração negocial. Porto Alegre: Livraria do Advogado, 2009.

278. *Vide,* no CAPÍTULO V, o §44.

279. *Vide,* neste CAPÍTULO, §52.

280. *In verbis*: Art. 4.º A cláusula compromissória é a convenção através da qual as partes em um contrato comprometem-se a submeter à arbitragem os litígios que possam vir a surgir, relativamente a tal contrato. § 1.º A cláusula compromissória deve ser estipulada por escrito, podendo estar inserta no próprio contrato ou em documento apartado que a ele se refira.

281. Não há alterações específicas nesse sentido nas modificações à Lei de Arbitragem.

3. A hipótese da «extensão subjetiva» da cláusula compromissória

É a partir dessas regras que se deve analisar a complexa questão da chamada «extensão subjetiva» da cláusula compromissória – *rectius,* adesão tácita à cláusula, pois não há «extensão», mas tácita adesão. O problema surge quando, embora pessoas não signatárias da convenção de arbitragem não tenham, expressa e formalmente, declarado vontade nos instrumentos contratuais, a intenção de vincular-se pode ser *exteriorizada,* pelo seu comportamento e deduzida, objetivamente, pelo mesmo comportamento. É justamente nesse contexto que se afirma ser «perfeitamente possível [...] a interpretação extensiva da cláusula arbitral [...] haja vista que os negócios jurídicos devem ser analisados à luz da boa-fé e seus consectários, a confiança, a lealdade contratual, etc.; que, aliás, representam a pedra de toque de todas as relações jurídicas».[282]

Conquanto delicada, pois fortemente atada aos elementos de fato, essa é a posição a endossar. O critério adequado para avaliar inclusão de terceiro no processo arbitral baseia-se na averiguação do *consentimento* (expresso ou tácito) para participar da arbitragem.[283] Recai aos julgadores a tarefa de interpretar a conduta das partes durante as negociações e a execução do contrato – e da cláusula arbitral –, bem como as circunstâncias nas quais se concretizaram. A aferição, portanto, é feita *in concreto*, como é próprio da tarefa hermenêutico-aplicativa.

Assim procedeu o TJSP no *caso Trelleborg*:[284] Anel Empreendimentos, Participações e Agropecuária Ltda., conjuntamente com o seu sócio diretor, eram sócios cotistas de PAV – Projetos e Aplicações de Vibrotécnica de Vedação Ltda., fabricante de linhas de produtos destinados à montadoras de veículos. Trelleborg do Brasil, sociedade brasileira do grupo econômico Trelleborg, adquiriu 60% do capital de PAV, por indicação da Trelleborg Industri AB, assumindo, então, a denominação Trelleborg PAV. Outros contratos foram ajustados para completar a operação societária.

Posteriormente, «extensão» da Trelleborg Industri AB e controladora da Trelleborg do Brasil adquiriu a AVS Brasil Getoglex Ltda., empresa que era fabricante da mesma linha de produtos, destinados às mesmas montadoras de veículos servidas por Anel. Surgiu, então, o desentendimento que Anel levou à arbitragem. Ocorre que o contrato de compra e venda de ações contendo a cláusula arbitral fora firmado por Trelleborg Holding AB e não por sua controladora, a Trelleborg Industri AB, com o que essa última arguiu sua ilegitimidade passiva para figurar naquele procedimento arbitral sob o argumento de que não assinara nenhum dos contratos objeto da ação. O Tribunal Arbitral,

---

282. LEMES, Selma Maria Ferreira. A Interpretação Extensiva da Cláusula Arbitral. Disponível em: <https://ambitojuridico.com.br/cadernos/direito-processual-civil/a-interpretacao-extensiva-da-clausula-arbitral/>. Acesso em: 10.05.2023.

283. Nesse sentido: TEPEDINO, Gustavo. Consensualismo na Arbitragem e Teoria do Grupo de Sociedades. *Revista dos Tribunais*, vol. 903, São Paulo, Revista dos Tribunais, jan. 2011, p. 9 e ss.

284. TJSP. Ap. Cív. 2674504600. Sétima Câmara de Direito Privado. Relatora Des. Constança Gonzaga. Julgamento em 24.05.2006.

unanimemente julgou procedente, em parte, o pedido principal, e, por unanimidade, apenas divergindo quanto ao *quantum debeatur*, condenou solidariamente Trelleborg do Brasil e Trelleborg Industri AB a pagar à Anel pelas cotas remanescentes dessa última na Trelleborg Pav.

Levado o litígio ao Judiciário, a Relatora cuidou de arrolar todos os fatos e circunstâncias demonstrativos do vínculo entre Trelleborg Industri AB com a questão submetida ao juízo arbitral: cartas, cabeçalhos de documentos, carta de intenções, tudo estando a demonstrar que a controladora Trelleborg Industri AB, embora não tivesse formalmente assinado o contrato, mantinha «mais do que evidente» relação jurídica com a Anel, «decorrente dos negócios em comum travados», deles tendo participado ativamente.

Embora sem recorrer explicitamente à boa-fé, o Tribunal paulista buscou nos elementos circunstanciais, claramente comprovados, a vinculação contratual e, por consequência, à cláusula arbitral naquele contrato ajustada. Conquanto o contrato tivesse sido firmado por uma empresa «holding» brasileira («Trelleborg do Brasil»), atos de negociação e mesmo de execução contratual foram praticados pela «empresa-mãe» do seu grupo empresarial («Trelleborg Industri AB»). Reconheceu-se, por isso, que, ainda que a «empresa-mãe» não fosse signatária do contrato, a ela poderiam ser estendidos os efeitos da cláusula arbitral, em razão de sua participação ativa nas tratativas relacionadas à transação que deu origem ao litígio.[285]

4. Cuidados a adotar e *standards* a considerar

Evidentemente, não se trata de hipótese corriqueira, devendo ser manejada com extremada cautela e com base nas provas e nos critérios jurídicos. Estes configuram, fundamentalmente, especificações do que pode representar consentimento inequívoco a partir do comportamento.[286] Dependem, sobretudo, de haver prova cabal em relação à sua ocorrência. Há *standards*, deduzidos da prática internacional, a servir como guias na análise dos casos concretos.

Certas vezes, a dúvida sobre a vinculação à cláusula compromissória se dá ao se incluir na arbitragem uma parte que figurou como interveniente-anuente no instrumento contratual. Tradicionalmente, entende-se que é «parte» quem vem a sofrer os efeitos do negócio jurídico;[287] os «intervenientes» (quando, efetivamente, assim se qualificam)

---

285. Comentam o caso: GIUSTI, Gilberto; MARQUES, Ricardo Dalmaso. As Partes na Arbitragem Internacional: Direito Brasileiro, UNIDROIT e CISG – «Extensão» dos Efeitos da Cláusula Compromissória. In: CASADO FILHO, Napoleão; FINKELSTEIN, Claudio; VITA, Jonathan Barros (Orgs.). *Arbitragem Internacional* – UNIDROIT, CISG e Direito Brasileiro. São Paulo: Quartier Latin, 2010, p. 258-259.

286. TEPEDINO, Gustavo. Consensualismo na Arbitragem e Teoria do Grupo de Sociedades. *Revista dos Tribunais*, vol. 903, São Paulo, Revista dos Tribunais, jan. 2011, p. 9 e ss.; BAPTISTA, Luiz Olavo. *Arbitragem Comercial e Internacional*. São Paulo: Lex Magister, 2011, p. 121.

287. FERRI, Giovanni Battista. Voc. "Parte del Negozio". In: *Enciclopedia del Diritto*, vol. XXXI. Milão: Giuffrè, 1981, p. 904.

são, literalmente, os que «vêm entrar no meio de» (*inter-vir*) uma relação alheia, em regra para mera ciência ou anuência.[288] Todavia, não se pode confundir o negócio jurídico com o documento que o instrumentaliza: um mesmo instrumento pode conter, e comumente contém, mais de um negócio jurídico, podendo variar as posições dos figurantes. Nesse sentido, é possível que, a despeito da nomenclatura adotada pelo instrumento contratual, pode-se verificar que um «interveniente» seja de fato «parte», estando este figurante, portanto, vinculado à cláusula compromissória nele inserida.

Ademais, o problema frequentemente se põe quando há grupo econômico. Embora as negociações preliminares tenham sido seguidas pela sociedade *holding*, por exemplo, quem assina o contrato em que inserida a cláusula compromissória é uma sociedade controlada cuja caracterização – não raramente – é apenas formal. Nesse caso, toma-se, como ponto de partida, estabelecer se a parte não signatária – controladora da parte signatária – teve papel, e qual o grau de importância desse papel, nas negociações, execução ou extinção do contrato.

Em seguida, e caso positiva a resposta a essa indagação, analisa-se a eventual existência de uma intenção – consubstanciada ou objetivada pelo comportamento adotado –, em anuir ao negócio em causa. Cogite-se, por exemplo, de uma sociedade, integrante de um grupo econômico na posição de controladora que, sendo indicada para integrar o polo requerido num procedimento arbitral em que é requerida uma sua controlada, vem a participar do processo, anuindo ao Termo de Arbitragem sem apor qualquer ressalva.

Porém, o consentimento em arbitrar, embora possa ser tácito, deve ser inequívoco. Havendo margem de dúvida, a concludência não é admitida, pois não é a mera existência de grupo econômico justificativa, de *per se*, para a chamada «extensão subjetiva»,[289] rigorosamente, manifestação tácita de consentimento à arbitragem, embora dessa existência possam decorrer outras eficácias.[290] Assim ocorre, se,

---

288. É o que se dá, por exemplo, no caso de consentimento do cônjuge e demais descendentes na hipótese do art. 496 do Código Civil, ou na outorga conjugal imposta pelo art. 1.647 do mesmo diploma.

289. Campos Melo, Leonardo de. *Extensão da Cláusula Compromissória e Grupos de Sociedades*: a prática arbitral CCI e sua compatibilidade com o Direito brasileiro. Rio de Janeiro: Forense, 2013, p. 136.

290. Questão distinta, embora conexa, diz respeito à responsabilidade civil das sociedades não aderentes à cláusula compromissória. Se a responsabilidade pelo inadimplemento for imputável ao grupo, por seu controlador, ou a alguma outra, ou algumas outras pessoas do grupo, esta há de ser buscada por outros meios técnicos, como, *e.g.*, na hipótese de justificar-se, a desconsideração da personalidade jurídica na forma do art. 50 do Código Civil; ou pode ser configurada nos moldes da Teoria da Aparência; ou, ainda, por via da interferência externa no contrato, conforme autoriza a doutrina do terceiro cúmplice. Essas questões, em especial a da desconsideração da personalidade jurídica, podem ser objeto de julgamento pelo juiz togado em eventual execução de sentença arbitral. *Vide*, a propósito: Carmona, Carlos Alberto. *Arbitragem e Processo*: um Comentário à Lei 9.307/1996. 3.ª ed. São Paulo: Atlas, 2009, p. 83-84 («ocorrendo a hipótese de confusão patrimonial (ou de inconsistência patrimonial, o que é mais frequente), caberá ao juiz togado (e não ao árbitro) tomar eventuais medidas para estender os efeitos da sentença arbitral.

exemplificativamente, o terceiro recusa explicitamente aderir à cláusula compromissória ou se, relativamente ao mesmo negócio, indica instituição arbitral diversa para a solução das controvérsias, ou, ainda, se a cláusula compromissória cuja eficácia se quer ver «estendida» é limitada objetivamente por seu próprio texto (consignando, por exemplo: «a eficácia da cláusula compromissória ora pactuada respeita apenas aos conflitos oriundos ou relacionados ao presente Contrato»). Não há falar em concludência, ou em crença legítima na aparência, se houver recusa expressa na própria fase negociatória a aderir à cláusula compromissória, ou se o teor da cláusula indica com clareza os seus limites.

Também se deverá examinar se a parte que negocia tinha ou não ciência de se relacionar contratualmente (ou pré-contratualmente) com sociedades distintas e não com o grupo como um todo uno e monolítico. Justamente nesse sentido, se há de verificar se os presentantes[291] – embora comuns – atuam pela sociedade signatária em especial e não em nome do grupo, de forma a impor-se, ou não, a arbitragem apenas entre as partes formalmente contratantes.[292]

Além disso, de igual importância é a análise do alcance da cláusula compromissória contida no Estatuto Social de uma companhia. Tendo em vista que o conceito legal de «acionista controlador» não se restringe ao controlador *direto*,[293] bem como

---

Em outros termos: condenada uma empresa sem patrimônio («*one dollar company*»), única empresa do grupo signatária do compromisso ou do contrato que contenha cláusula compromissória, não caberá ao árbitro tomar qualquer providência para desconsiderar a personalidade da empresa, com o objetivo de atingir a «matriz» ou a empresa do grupo capaz de suportar os encargos decorrentes da condenação. Tal função será do juiz estatal que, em sede de cumprimento da sentença arbitral (execução), poderá – *ex vi* do art. 50 do Código Civil – estender a responsabilidade patrimonial a outros componentes do grupo de empresas ou do grupo econômico a que pertencer a pessoa jurídica vencida no juízo arbitral»).

291. «Os efeitos resultam de atos em que o agente é *presente*; pois que os pratica, por ato positivo ou negativo. A regra é a presentação, em que ninguém faz o papel de outrem, isto é, em que ninguém *representa*» (PONTES DE MIRANDA, Francisco Cavalcanti. *Tratado de Direito Privado*. Tomo III. 3.ª ed. São Paulo: Revista dos Tribunais, 1983, § 308, 1, p. 231). Quanto à utilização da presentação para atos praticados pela pessoa jurídica: «Quando o órgão da pessoa jurídica pratica ato, que há de entrar no mundo jurídico como ato da pessoa jurídica, não há representação, mas presentação. O ato não entra no mundo jurídico como ato da pessoa jurídica, porque o ato do órgão é ato seu» (PONTES DE MIRANDA, Francisco Cavalcanti. *Tratado de Direito Privado*. Tomo III. 3.ª ed. São Paulo: Revista dos Tribunais, 1983, § 301, 1, p. 233).

292. *Vide*: CAMPOS MELO, Leonardo de. *Extensão da Cláusula Compromissória e Grupos de Sociedades*: a prática arbitral CCI e sua compatibilidade com o Direito brasileiro. Rio de Janeiro: Forense, 2013, p. 59-89.

293. MARTINS, Fran. *Comentários à Lei das Sociedades Anônimas*, vol. III. Rio de Janeiro: Forense, 1978, p. 256: «(...) o controle pode ser *direto* ou *indireto*, considerando-se *direto* o em que a própria sociedade é detentora dos direitos de voto capazes de assegurar a preponderância nas deliberações sociais e o poder de eleger a maioria dos administradores, e *indireto* quando esses direitos pertencem à controladora através de outras controladas». Também o Processo Administrativo Sancionador CVM n. 07/2005. Relator Dr. Marcelo Fernandez Trindade. Julgamento em 24 de abril de 2007, *in verbis*: «Em primeiro lugar, convém discordar da defesa quanto à inexistência do conceito de controle indireto na Lei das S.A. [...] Assim, em tese me parece possível que se possa acusar o controlador indireto por abuso do poder de controle na forma do art. 117 da Lei das S.A.»

A Função Hermenêutica da Boa-Fé | 579

as prerrogativas do controlador – quais sejam: «(*i*) predominância de votos nas assembleias gerais, com a eleição da maioria dos administradores; (*ii*) permanência de tal predominância; e (*iii*) uso efetivo do poder de dominação para dirigir as atividades da sociedade» –,[294] é possível cogitar-se da vinculação de controladores indiretos à cláusula compromissória estatutária. Essa vinculação não é automática, pelo simples fato de ser controlador; as circunstâncias do caso concreto poderão apontar ao consentimento em relação à cláusula compromissória ao, *e.g.*, se identificar que foi no exato momento em que tal pessoa passou a integrar a cadeia de controle da companhia é que se redigiu a cláusula compromissória estatutária.

Relembre-se que, embora não vinculantes *per se* e para efeitos diretos de adstrição à arbitragem, minutas e demais documentos paracontratuais constituem elementos auxiliares a perquirir o consentimento negocial. Como já se referiu, as negociações anteriores e outros meios interpretativos extratextuais (como documentos relativos às negociações) podem se apresentar – considerados certos limites – como *meios interpretativos suplementares* para aclarar a declaração negocial objetiva,[295] desde que não opostos ou incongruentes com o que restou expresso no regulamento de interesses (contrato).

Por outro lado, o Direito não tolera a fraude (*fraus omnia corrumpit*). A presunção de não extensão da cláusula a quem não com ela expressamente concordou cede em face da fraude ou malícia. Assim aponta o *caso Bridas*, julgado em 2006 pela Corte de Apelação do Quinto Circuito dos Estados Unidos.[296]

Neste caso, Bridas, companhia argentina, havia obtido permissão para explorar recursos naturais de petróleo e gás em *joint venture* com sociedade indicada pelo Governo do Turcomenistão. Este passou a exigir de Bridas prestações não previstas no contrato, limitou atividades contratualmente ajustadas e, ao final, alienou a sociedade que integrava a *joint venture* para outra entidade estatal (Turkmenneft), cujo capital social era ínfimo. Após Bridas ter instaurado procedimento arbitral, o Governo do Turcomenistão alegou ser parte ilegítima, indicando Turkmenneft para responder. A decisão da Corte de Apelação do Quinto Circuito dos Estados Unidos deu procedência ao apelo de Bridas.

Ao julgar que o Governo do Turcomenistão seria parte legítima, a Corte considerou os seguintes fatores: (*i*) ter o Governo do Turcomenistão incorrido em fraude ao alienar a sociedade inicialmente indicada para Turkmenneft, sem qualquer garantia; (*ii*) ter o Governo do Turcomenistão dolosamente interferido no Contrato de *joint--venture* ao proibir importações e exportações.

De modo similar manifesta-se a jurisprudência da CCI, exemplificativamente, no caso *CCI 13774*, de 2006,[297] referente a litígio entre um Produtor/Vendedor egípcio que

---

294. Eizirik, Nelson. *A Lei das S/A Comentada*, vol. III. São Paulo: Quartier Latin, 2011, p. 340.

295. Ver, *supra*, Capítulo V, §42.

296. Corte de Apelação do Quinto Circuito dos Estados Unidos. Caso n. 04-20842. BRIDAS S.A.P.I.C., Bridas Energy International, Ltd., Intercontinental Oil and Gas Ventures, Ltd., and Bridas Corp. *v.*Government of Turkmenistan, Concern Balkannebitgazsenagat and State Concern Turkmenneft. Relator Juiz Edith Jones. Julgamento em 21 de abril de 2006.

297. Fonte: Manufacturer (Egypt) v. (1) Buyer (Spain) and (2) End Buyer (Spain), Partial Award, ICC

celebrara contrato de compra e venda com um Comprador/Revendedor espanhol, havendo a inserção de cláusula compromissória. O Comprador/Revendedor espanhol celebrou contrato de compra e venda referente a essas mercadorias com outra sociedade espanhola (Segundo Comprador). Nesse segundo contrato, não havia cláusula compromissória. Os bens deveriam ser entregues pelo Produtor/Vendedor diretamente para o Segundo Comprador.

Verificou-se situação de mora em relação ao primeiro contrato e o Produtor/Vendedor Egípcio reclamou de ambos – o Comprador/Revendedor e o Segundo Comprador. O Arbitro Único, ao decidir a questão sobre a jurisdição, afastou o Segundo Comprador da arbitragem, porque este não era signatário da cláusula compromissória, nem se enquadrava em qualquer um dos critérios exigíveis para admissão da vinculação de terceiros não signatários à arbitragem.

Também atua a boa-fé em certas hipóteses de vinculação a uma cláusula arbitral para vedar o exercício de pretensões abusivas, como a que seria exercitada por quem quer, ao mesmo tempo, se beneficiar de determinada situação, mas esquivar-se de seus ônus, como será melhor examinado oportunamente, ao se tratar da função corretora da boa-fé.[298]

Em suma: neste campo, a boa-fé como norma de interpretação há de servir como balança entre, de um lado o *consentimento* (e suas variadas formas), expressão maior da autonomia privada, e de outro a *confiança* (com sua inescapável subjetividade, refratária à prova), por isto sendo exigível uma confiança objetivada por elementos externos, e não apenas a confiança como crença subjetiva. A balança não está milimetricamente equilibrada. É, portanto, admissível, *in abstracto*, a hipótese de partes não signatárias da convenção arbitral restarem vinculadas pela avença, mas deparando-se o árbitro, em concreto, com dúvidas sobre o consentimento tácito, prevalece a interpretação que restringe a legitimidade subjetiva apenas às partes signatárias.

Por fim, deve-se ainda registrar uma outra acepção, pela qual é conotado o sentido de *regra de equidade*, considerada como mitigação do rigor legal.

§ 58. Boa-fé e interpretação mitigadora do rigor legal ou contratual

1. Proposição

Em capítulos precedentes,[299] foram registrados os nada lineares caminhos de aproximação e de distanciamento entre a boa-fé e a equidade. Das vertentes

---

Case n. 13774, 2006. In: VAN DEN BERG, Albert Jan (Org.). Yearbook Commercial Arbitration, vol. XXXIX. The Hague: Kluwer Law International, 2014, p. 141-158.

298. *Vide* CAPÍTULO VIII.

299. CAPÍTULOS I e II.

histórico-culturais da boa-fé canônica, ecoam ainda hoje alguns entendimentos pelos quais conota-se à boa-fé um sentido oposto ao do formalismo, ao da interpretação estrita de textos, legais ou contratuais.

2. Campo de aplicação

Esta acepção do princípio da boa-fé é tradicional no âmbito dos tratados internacionais e dos contratos visados por aqueles,[300] bem como no Direito dos Contratos internacionais, tendo-se particularmente desenvolvido no âmbito da *lex mercatoria*, «a ponto de ser considerada como um dos princípios fundamentais que a constituem».[301] Também assim na arbitragem internacional, em que «[o] princípio de interpretação mais geral» – dizem Fouchard, Gaillard e Goldman – é «aquele segundo o qual as convenções são interpretadas de boa-fé».[302] Novamente se observa o emprego da expressão sob a forma denotativa da acepção subjetiva («de boa-fé»), isto é, do estado antinômico à má-fé. Porém, as decisões arbitrais conferem um sentido objetivado, atado ao contexto, como no caso *Aramco*, de 23 de agosto de 1958, de acordo com o qual «o intérprete deve [partir] da ideia segundo a qual as partes pretenderam estabelecer uma situação contratual razoável e conforme ao escopo comum que se propuseram a atender».[303]

De fato, na arbitragem internacional, a interpretação segundo a boa-fé é concebida para afastar a interpretação literal, auxiliando a deduzir a real intenção das partes[304] sem se perder de vista a lei aplicável.

---

300. *Vide*: Fauvarque-Cosson, Bénédicte (Org.). *Terminologie Contractuelle Commune*. Paris: Societé de Législation Comparée, 2008, p. 224 e ss.

301. Goldman, Berthold. La Lex Mercatoria dans les Contrats Internationaux: réalité et perspectives. *Journal du Droit International*, Paris, Clunet, n. 106, 1979, p. 475. Transcrito em: Fauvarque-Cosson, Bénédicte (Org.). *Terminologie Contractuelle Commune*. Paris: Societé de Législation Comparée, 2008, p. 227. Preveem a boa-fé como norma de interpretação: CISG, art. 7(1); Convenção CNUDCI sobre as Garantias Autônomas e Cartas de Crédito, de 1995, art. 5; Convenção CNUDCI sobre a Cessão de Créditos no Comércio Internacional, de 2001, art. 7; Princípios do Direito Europeu dos Contratos, art. 1.7.

302. Fouchard, Philippe; Gaillard, Emmanuel; Goldman, Berthold. *Traité de l'Arbitrage Commercial International.*Paris: Litec, 1996, p. 837, n. 1470, em tradução livre.

303. Referido por Fouchard, Philippe; Gaillard, Emmanuel; Goldman, Berthold. *Traité de l'Arbitrage Commercial International.* Paris: Litec, 1996, p. 838, n. 1470, em tradução livre. Também referida a motivação da sentença CCI no caso 1434, de 1975, explanando dever a interpretação iniciar pela análise literal e gramatical dos termos «sem negligenciar de os situar no seu contexto e considerando o contrato no seu conjunto, para deduzir a intenção comum das partes, inspirando-se, notadamente, caso o sentido dos termos prestar-se à controvérsia, no princípio da boa-fé (cf. art. 1.134 do *Code Civil* [francês] e recorrendo, se necessário, aos elementos extrínsecos de interpretação, retirados notadamente do contexto histórico e das relações entre as partes» (em tradução livre).

304. Fouchard, Philippe; Gaillard, Emmanuel; Goldman, Berthold. *Traité de l'Arbitrage Commercial International.* Paris: Litec, 1996, p. 838, n. 1.470, em tradução livre. Também assim está reproduzido: Fauvarque-Cosson, Bénédicte (Org.). *Terminologie Contractuelle Commune*. Paris: Societé de Législation Comparée, 2008, p. 227.

582 | A BOA-FÉ NO DIREITO PRIVADO

Assim está no art. 31 da Convenção de Viena sobre o Direito dos Tratados, assinada em 23 de maio de 1969,[305] que dispõe: «[u]m tratado deve ser interpretado de boa-fé segundo o sentido ordinário a atribuir aos termos do tratado, considerado o seu contexto e à luz de seu objeto e do seu escopo».[306] Conquanto a expressão «de boa-fé» indique, comumente, a boa-fé subjetiva, as expressões em sequência («segundo o sentido ordinário»; «considerado o seu contexto») sugerem que referência se faz ao sentido objetivo.

Essa mesma acepção por vezes transparece no direito interno, como dá conta aresto do Superior Tribunal de Justiça no *caso da contagem do prazo decadencial.*[307]

Visava-se à anulação de negócio de cessão de direitos hereditários pleiteada por terceiro, discutindo as partes qual seria o termo inicial da contagem do prazo decadencial. O autor, que pleiteava a anulação, afirmava não ter tido ciência da existência do negócio até determinada data. Se aplicado de maneira estreita o prazo de decadência previsto no art. 178[308] do Código Civil de 1916, o direito potestativo teria caducado, sabendo-se ser a causa extintiva de direito pelo seu não exercício no prazo estipulado pela lei.

Porém, apelando à boa-fé, o Tribunal decidiu que o termo inicial do prazo decadencial para terceiro/credor ajuizar ação objetivando a anulação de cessão de direitos hereditários deveria coincidir com o momento em que este teve ou podia ter *ciência inequívoca* da existência do contrato a ser invalidado. Na ausência de elementos que indicassem o momento efetivo do conhecimento pelo terceiro da celebração da cessão de direitos hereditários, a data do registro do negócio no cartório imobiliário haveria de ser considerada como termo inicial do prazo decadencial. Se assim não fosse, e se adotada a data da celebração do contrato como termo inicial do prazo decadencial para terceiro ajuizar ação pauliana (como queria o recorrido, beneficiário inicial da cessão de direitos hereditários), se estaria – disse o Tribunal – a «facilitar a ocorrência da fraude contra credores e privilegiar a conduta fraudulenta, pois, estaríamos extinguindo o direito do credor de obter a anulação do contrato fraudulento sem que fosse oportunizado o conhecimento prévio da celebração do negócio, o que, em última análise, significaria inobservância ao princípio da boa-fé na celebração dos contratos».

---

305. Não confundir com a CISG – Convenção de Viena para a Compra e Venda Internacional de Mercadorias, referida neste CAPÍTULO, §56.

306. Em tradução livre. No original: «Article 31 – General rule of interpretation. 1. A treaty shall be interpreted in good faith in accordance with the ordinary meaning to be given to the terms of the treaty in their context and in the light of its object and purpose».

307. STJ. REsp 546077/SP. Terceira Turma. Relatora Min. Nancy Andrighi. Julgamento em 02.02.2006. *DJ* de 13.11.2006.

308. O art. 178, § 9, inc. V, alínea «b», previa o prazo de quatro anos para a prescrição da ação pauliana, sendo considerado o *termo ad quo* de tal prazo a data de celebração do contrato. *In verbis*: «Prescreve (...) Em quatro anos (...) A ação de anular ou rescindir os contratos, para a qual se não tenha estabelecido menor prazo; contado este: (...) b) no de erro, dolo, simulação ou fraude, do dia em que se realizar o ato ou o contrato».

A Função Hermenêutica da Boa-Fé | 583

O mesmo Tribunal também apelou à boa-fé em função mitigadora da lei – e, no meu modo de ver, equivocadamente – no *caso do suicídio de segurado*.[309]

Conforme está no art. 798 do Código Civil de 2002 (inovando, a este respeito, relativamente ao que estava no Código de 1916), o beneficiário não fará jus à cobertura securitária se o suicídio for praticado, pelo segurado, nos primeiros dois anos de vigência inicial do contrato. A inspiração do dispositivo é o Código Civil italiano de 1942. Alguns beneficiários têm ajuizado ações para afastar a regra legal, sob a alegação de que a sua incidência estaria condicionada à prova, pela seguradora, da má-fé do segurado no momento da contratação.

No que tange ao argumento da boa-fé, o Tribunal, mesclando os significados da boa-fé hermenêutica (cânone interpretativo fixado pela lei) com boa-fé subjetiva (estado de fato), majoritariamente, reconheceu o direito à indenização pelo beneficiário pela seguinte razão: «[é] evidente que a razão motivadora da norma é a prevenção contra fraude ao seguro. Porém, admitir que aquele que comete suicídio dentro do prazo previsto no Código Civil vigente age de forma fraudulenta, contratando o seguro com a intenção de provocar o sinistro, seria injusto. Mesmo porque a boa-fé deve ser sempre presumida, enquanto a má-fé, ao contrário, necessita de prova escorreita de sua existência». E aduziu: «[a] interpretação literal ao disposto no artigo 798 do Código Civil de 2002, representa exegese estanque, que não considera a realidade do caso com os preceitos de ordem pública estabelecidos pelo Código de Defesa do Consumidor, aplicável obrigatoriamente aqui, em que se está diante de uma típica relação de consumo». Como conclusão, determinou: «[a]ssim, o fato de o suicídio ter ocorrido no período de carência previsto pelo Código Civil por si só não acarreta a exclusão do dever de indenizar já que o disposto no artigo 798, *caput*, do Código Civil de 2002 não afastou a necessidade da comprovação inequívoca da premeditação do suicídio».

Nesse caso, não se estabeleceu qual seria a ligação entre o princípio da boa-fé e a «necessidade de comprovação inequívoca da premeditação ao suicídio». Essa comprovação seria, quanto ao muito, da eventual má-fé do suicida, prova dificílima, que poderia invadir, inclusive, a privacidade do morto, além de não ser exigida pela lei.

A invocação da boa-fé, no caso, aparenta ter valor retórico, pois a interpretação genética, comparatista e teleológica do art. 798 bem demonstra os critérios objetivos que

---

309. STJ. AgRg no REsp 45143/RJ. Terceira Turma. Relator Min. Massami Uyeda. Julgamento em 02.02.2012. *DJ* de 09.02.2012. (Ainda, no mesmo sentido: STJ. REsp 959618/RS. Relator Min. Sidnei Beneti. Relatora para Acórdão Min. Nancy Andrighi. Julgamento em 07.12.2010. *DJ* de 20.06.2011; STJ. REsp 1077342/MG. Terceira Turma. Relator Min. Massami Uyeda. Julgamento em 22.06.2010. *DJ* de 03.09.2010; STJ. REsp 1188091/MG. Relatora Min. Nancy Andrighi. Julgamento em 26.04.2011. *DJ* de 06.05.2011. Em contrário: STJ. REsp 1076942/PR. Quarta Turma. Relator Min. João Otávio de Noronha. Julgamento em 12.04.2011. *DJ* de 06.05.2011.) Ofereci parecer no caso, em prol da parte vencida, ora publicado em: Martins-Costa, Judith. Contrato de Seguro. Suicídio do Segurado. Art. 798, Código Civil. Interpretação. Diretrizes e Princípios do Código Civil. Proteção ao Consumidor. Parecer. *Revista Brasileira de Direito Civil*, vol. 1, jul./set. 2014, p. 353-424.

584 | A BOA-FÉ NO DIREITO PRIVADO

presidem aquela regra. Não há expectativa que se possa adjetivar de *legítima* a obter benefício não contemplado nem na lei nem no contrato, como seria o pagamento do capital antes de fluído o prazo estabelecido. A linguagem da lei é clara, não prejudicando a plena compreensão do segurado. O prazo carencial é derivado de lei geral (Código Civil) e não de imposição unilateral e abusiva do fornecedor (seguradora) e não há exceção – como no *caso do tumor cerebral* – excluindo a carência em vista da urgência (art. 12, inc. V, alínea «c», da Lei 9.656/1998). Não há, também, «efeito surpresa», em prejuízo do beneficiário do seguro, pois tanto o segurado, ao contratar, quanto o beneficiário, sabem de antemão que este último só terá direito ao capital estipulado se o suicídio ocorrer passados dois anos da assinatura, pois ninguém se escusa de não conhecer a lei. E, se o contrato contém idêntica regra, ou a remissão à lei, com o devido destaque, como exigido pela tutela do contratante vulnerável (Código Civil, art. 424; Código de Defesa do Consumidor, art. 51, inc. I), não se caracteriza a deslealdade, a surpresa desleal que violaria a boa-fé, mormente quando foi a regra estabelecida com clareza por lei democraticamente votada pelo Congresso Nacional, e não imposta unilateralmente pela seguradora. Em suma: a linha seguida majoritariamente pelo STJ nessa matéria parece conotar ao signo linguístico «boa-fé» uma permissão a julgamentos *por equidade*.

3. Equidade e assistematicidade

Como já se anotou,[310] as decisões por equidade têm como característica o fato de atirarem para fora do sistema, não permitindo a ressistematização, o que conduz à insegurança jurídica. Além do mais, em sistemas baseados na lei escrita e que contém – como no caso do Direito Privado brasileiro – «válvulas de abertura e ajustamento», como a cláusula geral de boa-fé, *a priori* também não seriam necessárias, pois há o recurso à equidade legal.

Se o contrato padece de excessivo rigor, será preciso examinar se foi assegurado, em sua fase formativa, o consentimento de forma livre e esclarecida; ou se está resguardado, nos contratos sinalagmáticos, o equilíbrio (segundo os dados do sistema); ou se há nulidade derivada de cláusula potestativa, ou de dolo, erro, coação ou lesão. O que não é lícito ao intérprete é utilizar a boa-fé como aríete para esfacelar o texto legal ou o contratual a pretexto de interpretar o contrato, pois a autonomia privada há de ser preservada. Repise-se: seus limites são os que decorrem do Ordenamento jurídico, e não da vontade do intérprete.

4. Síntese conclusiva

Situados os âmbitos em que o princípio da boa-fé opera em sua função hermenêutica, em vista da jurisprudência do Superior Tribunal de Justiça e de entendimentos

---

310. Capítulo II, §16.

A Função Hermenêutica da Boa-Fé | 585

teóricos de cunho doutrinário, cabe sintetizar algumas conclusões com caráter orientador e não exaustivo, como segue:

(*i*) a boa-fé hermenêutica serve, primeiramente, para direcionar o intérprete, na avaliação do contrato (considerados o texto contratual e conduta contratual), ao sentido contextualmente mais coerente com a utilidade que seria possível esperar daquele contrato particularmente considerado, em vista de sua finalidade econômico-social.

(*ii*) ao buscar determinar o sentido da «intenção consubstanciada declaração», o intérprete há de examinar todas as circunstâncias do caso, inclusive a conduta dos contraentes.

(*iii*) deve atuar, conjugadamente à interpretação contextual determinada pela boa-fé, os demais *critérios hermenêuticos dos contratos*, atentando-se às especificidades dos tipos ou modelos contratais em causa e ao «meio ambiente» normativo que o rege;

(*iv*) especificamente no que tange aos contratos regidos pela CISG, a boa-fé atua como pauta de interpretação da Convenção e não (ou ao menos, não diretamente) dos contratos e da conduta contratual dos figurantes;

(*v*) segundo a jurisprudência do Superior Tribunal de Justiça, a boa-fé atua, excepcionalmente, como juízo de equidade, para atenuar o rigor do texto legal e/ou contratual, fazendo evidenciar o espírito que está para além da letra, sempre considerados os dados linguísticos e a interpretação sistemática e a teleológica.

(*vi*) ao fazer atuar a boa-fé como norma de interpretação dos contratos, é indevido o mero transplante de orientações hermenêuticas que se justificam em vista de determinado contexto fático-normativo para outro contexto que lhe é dissimile.

Capítulo Sétimo

A Criação de Deveres

§ 59. Função integrativa
1. Proposição; 2. Distinções; 3. A palavra «lacuna»; 4. A integração; 5. Lacuna e pluralidade de fontes integrativas: a boa-fé como critério integrativo

§ 60. Lacunas e integração contratual: técnicas e limites
1. O processo integrativo

§ 61. Lacunas e criação de deveres às partes
1. Proposição; 2. Escopo dos deveres que servem à integração

§ 62. Deveres de cooperação e lealdade contratual
1. Âmbito dos deveres de cooperação e lealdade; 2. Dever de cooperação e materialidade da situação jurídica

§ 63. Deveres informativos
1. Proposição e significados; 2. Interesse à informação: as várias escalas; 3. Instrumentalidade da informação; 4. Transindividualidade da informação: o mercado de valores mobiliários; 5. Uma informação marcada pelo interesse público; 6. Informação e prospecto; 7. Critérios e elementos do dever de informar; 8. Formas de infração aos deveres informativos; 9. Deveres informativos na fase pré-contratual; 10. Dever de informar: extensão; 11. Critérios auxiliares à concreção do dever de informar; 12. Informação, lealdade, veracidade; 13. Afastamento do dever de informar; 14. Deveres informativos na área da saúde

§ 64. Deveres de proteção («deveres laterais»)
1. Proposição; 2. O significado e a abrangência; 3. Deveres de proteção e dano moral; 4. Interesses de proteção: o problema dos terceiros em sua relação com o contrato; 5. Diferentes significados da relação «contrato e terceiros»; 6. O princípio da incolumidade das esferas jurídicas

§ 65. O «dever» de colaborar para a mitigação do próprio prejuízo
1. Proposição; 2. Qualificação jurídica: dever ou ônus?; 3. Problemas de Direito Comparado; 4. Origem da doutrina da mitigação; 5. Quantificação e critérios; 6. Jurisprudência

§ 59. Função integrativa

1. Proposição

Tratadas habitualmente de modo conjunto, as funções de interpretar e de integrar constituem um binômio de atividades que, embora fortemente inter-relacionadas, apresentam sutis distinções de ordem doutrinária. A integração é, tal qual a interpretação, um processo de determinação da regra jurídica aplicável a determinado caso. Não há consenso, todavia, sobre o tema, sequer sobre as distinções entre integração e interpretação.

Debate a doutrina recente se há ou não distinção entre o procedimento de «agregação de elementos do conteúdo do contrato» e o de «colmatação de lacunas»,[1] bem como se cabe discernir a integração contratual e a interpretação integrativa.[2] Sem desconsiderar a valia dessas distinções, fixo, para efeitos de clareza, o significado empregado neste livro para a expressão «integração contratual». No meu modo de ver, trata-se do procedimento pelo qual o intérprete complementa, por integração de um elemento externo à declaração negocial, o conteúdo do contrato, agregando elementos necessários para a disciplina de certa situação que, não tendo sido prevista pelas partes, não pode ser retirada por via da interpretação, quer do texto contratual, quer do comportamento das partes, da finalidade do ajuste ou de sua racionalidade econômica.

2. Distinções

Interpreta-se *manifestação de vontade* (declarativa e adeclarativa).[3] Portanto, interpreta-se «algo» (texto, conduta) que objetivamente existe, não apenas «o que está escrito» no instrumento contratual. Interpreta-se, por vezes, até mesmo o silêncio, em busca de determinar-se o mais precisa e fielmente possível o conteúdo negocial. Em suma: *interpreta-se* o negócio jurídico realizado em vista de seu texto, do regulamento contratual, das manifestações das partes (inclusa sua conduta contratual), bem como o

---

1. Nitschke, Guilherme Carneiro Monteiro. *Lacunas Contratuais e Interpretação*: História, Conceito e Método. São Paulo: Quartier Latin, 2019, p. 375-545.
2. Castro Neves, José Roberto. O comportamento das partes como elemento de integração dos contratos. In: Benetti, Giovana *et al.* (Org.). *Direito, Cultura e Método*: Leituras da Obra de Judith Martins-Costa. Rio de Janeiro: GZ Editora, 2019, p. 605-617.
3. Capítulo VI, §50, *supra*.

590 | A BOA-FÉ NO DIREITO PRIVADO

que determinam os comandos legais e, eventualmente, o que indicam os textos e as condutas paracontratuais[4] naquele horizonte semântico deduzido do contrato. E *integra- -se* o que está vazio, lacunoso, incompleto, o que é carente da presença de algo que *lá deveria estar.*

O problema na distinção entre interpretação e integração, bem percebe Gentile, nasce do fato de que ambas atividades têm a função de produzir, por meio de operações argumentativas, algo que o texto contratual não diz, mas implica. A diferença está *no tipo de implicação.*[5]

A interpretação extrai o que está *implícito* no texto e latente na sua capacidade semântica. Assim serão, explica Gentile, as «implicações conversacionais» teorizadas pela moderna filosofia da linguagem. Embora indo além da letra contratual, essas implicações não andam para além do *horizonte semântico* do texto. Portanto, a interpretação é circunscrita ao horizonte dos significados, ainda que não literais, mas, ainda assim, possíveis com base no texto, cotexto e contexto.[6]

A integração, por sua volta, ajunta coisas *implicadas ao texto,* isto é: não expressas por este nem mesmo implicitamente, mas a esse texto agregadas por regras externas ao contrato, indo para além do seu horizonte semântico.[7] Enquanto a fonte da primeira (interpretação) é o contrato, a fonte da segunda (integração) é a lei, e, quando assim escolhe como *standards* integrativos a lei, os usos, a equidade e a boa-fé.

Há, portanto, um nexo entre o primeiro e o segundo dos momentos hermenêuticos ora examinados. A integração contratual, quando e se necessária, há de suceder a interpretação. Para deixar mais claro esse nexo, recorra-se ao exemplo (apenas aparentemente singelo) do *caso da locação da tabacaria,* caso fictício, exposto por Pontes de Miranda.[8]

O dono de tabacaria aluga para outro comerciante – que atua em diferentes ramos do comércio – a loja vizinha, sem cogitar que o intuito do locatário fosse o de também montar tabacaria, pois, de outro modo, não teria aceitado locar para quem fosse fazer

---

4. PONTES DE MIRANDA, Francisco Cavalcanti. *Tratado de Direito Privado.* Tomo XXXVIII. 3.ª ed. São Paulo: Revista dos Tribunais, 1984, § 4.198, 1, p. 69. «A interpretação dos negócios jurídicos tanto pode concernir às manifestações de vontade expressas como às manifestações de vontade tácitas e a manifestações de vontade pelo silêncio. A conduta, no que revela vontade, é objeto de interpretação como qualquer outra manifestação. Tanto se pode manifestar vontade por palavras como por gestos, ou por simples comportamento. O que importa é que esteja no suporte fático. Se está, pode não haver certeza quanto ao que significa o elemento que nele entrou».

5. Nesse sentido: GENTILE, Aurelio. *Senso e Consenso*: Storia, teoria e técnica dell'interpretazione dei contratti, vol. II. Turim: Giappichelli, 2015, p. 462.

6. GENTILE, Aurelio. *Senso e Consenso*: Storia, teoria e técnica dell'interpretazione dei contratti, vol. II. Turim: Giappichelli, 2015, p. 462-463. No original: «È perciò circoscritta nell'orizzonte dei significati, anche non letterali, ma comunque possibili in basi a texto, co-testo e contesto».

7. GENTILE, Aurelio. *Senso e Consenso*: Storia, teoria e técnica dell'interpretazione dei contratti, vol. II. Turim: Giappichelli, 2015, p. 463.

8. PONTES DE MIRANDA, Francisco Cavalcanti. *Tratado de Direito Privado.* Tomo XXXVIII. 3.ª ed. São Paulo: Revista dos Tribunais, 1984, § 4.199, 1, p. 71-72.

exploração econômica idêntica à do seu ramo de negócio. O que o locatário queria – ainda que não manifestado no contrato – era, justamente, aproveitar-se da clientela de seu locador e vizinho. Porém, diz Pontes de Miranda, «não se pode interpretar o contrato, integrando-o, com "hipotética vontade" [do locatário] que se chocaria com o uso do tráfico, a boa-fé e os princípios jurídicos sobre clientela».[9]

A integração, nesse caso, operará por via das demais fontes integrativas, inadmitindo-se que o locatário explore ramo de comércio idêntico ao do locador, pois «a interpretação integrativa é meio para se dar ao conteúdo [do negócio] toda a extensão que ele deve ter, *dentro do que pode ter*».[10] Embora indo para além do horizonte semântico do contrato e servindo a incrementar o regulamento de interesses, a integração não pode contradizer o contrato.[11]

Segundo o entendimento exposto neste livro – e com a ressalva, acima já formulada, de fundamentado entendimento diverso –, a integração diz respeito ao preenchimento de uma lacuna no regulamento de interesses. A questão então suscitada está em determinar o significado que a polissêmica palavra «lacuna» expressa e em bem compreender o que seja uma lacuna – tema dos mais difíceis da Teoria do Direito.

3. A palavra «lacuna»

O termo «lacuna» faz referência, *prima facie*, a uma incompletude, isto é, a um caso não determinado por regra jurídica ou pela vontade das partes. Referindo-se à lei, explicou Larenz, só se pode falar em «lacunas» quando a lei aspira a uma regulação para determinado setor «que é, em certa medida, completo».[12] Assim, também em determinado negócio contratual: o fato de os contraentes terem deixado de regular

---

9. Pontes de Miranda, Francisco Cavalcanti. *Tratado de Direito Privado*. Tomo XXXVIII. 3.ª ed. São Paulo: Revista dos Tribunais, 1984, § 4.199, 1, p. 71.

10. Pontes de Miranda, Francisco Cavalcanti. *Tratado de Direito Privado*. Tomo XXXVIII. 3.ª ed. São Paulo: Revista dos Tribunais, 1984, § 4.199, 1, p. 72. Grifei. Correndo, embora, o risco da demasia, insista-se num ponto já acima mencionado: a integração de lacunas, no campo contratual, não significa de modo algum que o conteúdo do contrato deva ser *refeito* por ato judicial. A atividade do intérprete estará em preencher o regulamento contratual, quando necessário, de modo coerente com o desenho que lhe foi dado pelas partes e com a utilidade que buscam obter, nos estritos termos permitidos pelo Ordenamento, e desde que fundamentadamente. O mecanismo de integração não é o veículo para introduzir no regulamento contratual, por ato do intérprete e aplicador do direito (juiz ou árbitro), regras, cláusulas ou condições estranhas à autorregulamentação privada e à economia da operação, tal qual delineada (ainda que por vezes de modo impreciso ou inexato) pelas partes contratantes. Ressalva-se, porém, que na *interpretação* (portanto, não na integração) cabe ao intérprete proceder à *qualificação jurídica* das disposições derivadas da vontade das partes (ver: Scognamiglio, Claudio. L'Integrazione. In: Rescigno, Pietro; Gabrielli, Enrico. *Trattato dei Contratti*. Tomo l. Torino: UTET, 1999, p. 1022).

11. Gentile, Aurelio. *Senso e Consenso*: Storia, teoria e tècnica dell'interpretazione dei contratti, vol. II. Turim: Giappichelli, 2015, p. 465.

12. Larenz, Karl. *Metodologia da Ciência do Direito*. Trad. portuguesa de José Lamego. 3.ª ed. Lisboa: Calouste Gulbenkian, 1997, p. 525.

determinada situação não significa necessariamente haver lacuna, para o efeito de seu preenchimento. Só haverá lacuna – e, portanto, necessidade de sua integração – quando a regulação do ponto que se entende lacunoso for necessária em vista do contrato em questão, de sua racionalidade econômica e de sua finalidade. Portanto, para saber se há lacuna, o ponto de partida está no contrato. A incompletude é, primeira e primacialmente, referenciada ao contrato e à interpretação por ele suscitada.

Nem toda incompletude é um defeito que demanda preenchimento. Há diferentes espécies de lacunas contratuais. Basicamente, a lacuna poderá ser (*i*) de previsão; ou (*ii*) de estatuição. No primeiro caso, não há a previsão de um caso que *deve ser* juridicamente regulado para que o contrato, como operação econômica racionalmente compreensível, faça sentido; no segundo, havendo previsão, não se estatuíram os efeitos jurídicos correspondentes.[13] Pode haver, também, «lacunas ocultas» quando há regra genérica, mas, cabendo uma interpretação restritiva, não foi explicitada uma exceção ou restrição que deveria existir, em harmonia ao sentido e à finalidade do contrato.[14]

Por vezes, as partes intencionalmente pactuam *um contrato incompleto*, estipulando a sua completude ao longo do tempo, por meio de cláusulas de renegociação, mormente nos contratos que contêm obrigações duradouras.[15] Nesses casos, pretendendo os contraentes que a relação, duradoura no tempo, se adapte às vicissitudes que o fluir do tempo carrega, pactuam a incompletude. Esta é querida e o seu preenchimento se fará por via de futura renegociação ou, se assim determinar o contrato, por via da atividade de um terceiro, ou, ainda, em vista de um critério predeterminado. Logo, podem estabelecer um contrato intencionalmente incompleto, e podem pactuar também o «cardápio» por intermédio do qual será a incompletude preenchida ao longo do tempo. Nessa hipótese, haverá incompletude, mas, tecnicamente, *não haverá lacuna*, pois é a própria declaração negocial que prevê a solução ou o «cardápio de soluções» para promover a regulamentação necessária ao contrato. Por outras vezes, a incompletude, isto é, a ausência de regulamentação, não advirá, nos contratos duradouros, da vontade das partes, mas das mudanças ocasionadas pelo passar do tempo, ocorrendo, então, «a dissociação entre os instrumentos contratuais formais ou ajustes iniciais e o modo como as partes efetivamente realizam e instrumentalizam as operações econômicas que são reguladas pelo contrato».[16] E, nesse caso, a ausência de regulação poderá ser integrada ou por autocomposição, sempre que possível, ou por heterocomposição.

---

13. Assim é a lição de Ascensão, José de Oliveira. *O Direito*: Introdução e Teoria Geral. Lisboa: Gulbenkian, 1983, p. 348.

14. Ascensão, José de Oliveira. *O Direito*: Introdução e Teoria Geral. Lisboa: Gulbenkian, 1983, p. 349, em referência às lacunas da lei, mas em entendimento também aplicável às lacunas contratuais.

15. Tratei desta temática em: Martins-Costa, Judith; Nitschke, Guilherme. Contratos Lacunosos e Poderes do Árbitro: Questões Teóricas e Práticas. *Revista de Arbitragem*, Belo Horizonte, ano I, n. 2, jul./dez. 2012, p. 63-114. Referi, também, *supra*, no Capítulo IV, §38.

16. Branco, Gerson. Efeitos normativos das práticas negociais: atos de autonomia privada ou de heterocomposição? In: Benetti, Giovana *et al.* (Org.). *Direito, Cultura e Método*: Leituras da Obra de Judith Martins-Costa. Rio de Janeiro: GZ Editora, 2019, p. 692.

A Criação de Deveres | 593

Poderá, ainda, haver, num contrato aparentemente completo, *lacunas teleológicas e axiológicas*. Então se apresenta um vazio na regulação proveniente da autonomia privada e da incidência de regra cogente específica, cujo preenchimento é necessário para que o contrato atinja a sua própria finalidade, de acordo com as normas e valorações do Ordenamento.

Para saber qual a regra de dever-ser que *deveria estar no contrato*, deve-se ter presente, antes de mais, dois pontos: (*i*) para assim concluir, *já é necessária* a interpretação;[17] (*ii*) nem toda a ausência é lacuna. O fato de a lei ou o contrato não preverem determinada regra não significa, de modo algum, a existência de uma lacuna. Há «silêncios eloquentes», tanto na lei quanto no contrato. Portanto, «lacuna e silêncio não são, pura e simplesmente, o mesmo».[18]

É preciso ainda ter presente que a detecção de uma lacuna – e, consequentemente, toda a problemática da interpretação e da integração – adquire peculiaridades quer se trate de interpretar e integrar texto legal, quer se trate de interpretar e integrar o negócio jurídico. De ora em diante se terá em vista exclusivamente os problemas conectados à integração contratual.

4. A integração

Entendida estritamente, a expressão *integração* designa a elaboração de normas implícitas, com o que se preenchem as lacunas. Mas a determinação do que deve ser integrado no conteúdo contratual não resulta do desejo do intérprete, nem de sua «boa intenção», do que este *pensa que deveria lá estar*: ao intérprete (juiz, árbitro) não é autorizado refazer o conteúdo do contrato, ou contrariar o regulamento de interesses. A integração resulta de um processo, orientado segundo procedimentos técnicos e critérios.

A integração é processada, primeiramente, segundo procedimentos integrativos, isto é, operações do pensamento sistematizadas ao longo dos séculos pela Ciência Jurídica: extensão analógica, argumentação *a majore, ad minus, a contrario*, redução ou correção teleológica,[19] que, embora orientados *prima facie* para o preenchimento de lacunas da lei, também servem, com as devidas adaptações, para a integração de lacunas contratuais. Há, ainda, regras específicas (quando o legislador se ocupa em fornecer a regra integrativa, *e.g.*, o art. 488 do Código Civil, para o estabelecimento do preço na compra e venda, quando as partes não o fixaram); e, há, por igual, regras gerais integrativas das declarações negociais, como, por exemplo, o art. 239.º do Código Civil

---

17. Daí a ligação entre interpretar e integrar: a integração pressupõe a interpretação, pois, para concluir-se sobre a existência de uma lacuna, é preciso já se ter interpretado o texto ou o negócio, detectando-se, como resultado da interpretação, a existência de lacuna.

18. Larenz, Karl. *Metodologia da Ciência do Direito*. Trad. portuguesa de José Lamego. 3.ª ed. Lisboa: Calouste Gulbenkian, 1997, p. 525.

19. Larenz, Karl. *Metodologia da Ciência do Direito*. Trad. portuguesa de José Lamego. 3.ª ed. Lisboa: Calouste Gulbenkian, 1997, p. 540-569.

português, nos termos do qual, «Na falta de disposição especial, a declaração negocial deve ser integrada de harmonia com a vontade que as partes teriam tido se houvessem previsto o ponto omisso, ou de acordo com os ditames da boa-fé, quando seja outra a solução por eles imposta». No sistema brasileiro, cumpre esse papel, concernentemente à boa-fé integrativa, o art. 422 do Código Civil.

5. Lacuna e pluralidade de fontes integrativas: a boa-fé como critério integrativo

É consensual proceder à integração de lacunas contratuais por via de «uma articulada pluralidade de fontes heterônomas»,[20] que incluem, conforme o caso, a incidência de regras legais cogentes; de norma legal supletiva (atinente aos tipos contratuais, legal ou socialmente tipificados, sendo, pois, integrativos de determinada disciplina contratual);[21] de extensão analógica de regras de um contrato legalmente típico para outro atípico, quando possível; do conteúdo das cláusulas contratuais gerais («condições gerais dos negócios»); de cláusulas regulamentadoras (como no caso dos contratos bancários, ou de serviços regulados pelo Estado, ou ainda, no comércio internacional, por via dos Incoterms); de regras de *soft law* (tais como as regras da IBA em arbitragem[22] ou, ainda, por meio de disposições de regulamentos de Câmaras arbitrais, ou de diretrizes contratuais internacionais); e, ainda, dos usos e costumes, que servirão para enriquecer a disciplina contratual com regras não previstas pelas partes.[23] Nos contratos atípicos, é particularmente importante a regra do art. 425 do Código Civil, devendo atentar-se, por igual, à chamada «equidade integrativa», compreendida como «uma técnica de individuação da disciplina do contrato, a qual, pela peculiaridade da conformação assumida, não seja reconduzível a um tipo legal ou social»,[24] nesta tendo especial relevância os usos do tráfico jurídico e as práticas habitualmente seguidas pelas partes.[25] E, finalmente, integram-se lacunas pela boa-fé, em sua feição nomogenética ou «jurisgênica».

A relação entre boa-fé e integração contratual suscita o discernimento entre os entendimentos doutrinários acima já assinalados que separam a *interpretação*

---

20. A expressão é de Scognamiglio, Claudio. L'Integrazione. In: Rescigno, Pietro; Gabrielli, Enrico. *Trattato dei Contratti*. Tomo I. Torino: UTET, 1999, p. 1019. Tradução livre.

21. Pontes de Miranda, Francisco Cavalcanti. *Tratado de Direito Privado*. Tomo XXXVIII. 3.ª ed. São Paulo: Revista dos Tribunais, 1984, § 4.197, 5, p. 64.

22. *Vide*, por exemplo, as diretrizes sobre conflitos de interesse, tomada de provas e representação de parte na arbitragem internacional. Disponível em: <https://www.ibanet.org/MediaHandler?id=e2fe5e72-eb14-4bba-b10d-d33dafee8918>.

23. Castro Neves, José Roberto. O comportamento das partes como elemento de integração dos contratos. In: Benetti, Giovana *et al.* (Org.). *Direito, Cultura e Método*: Leituras da Obra de Judith Martins-Costa. Rio de Janeiro: GZ Editora, 2019, p. 637.

24. A definição é de Scognamiglio, Claudio. L'Integrazione. In: Rescigno, Pietro; Gabrielli, Enrico. *Trattato dei Contratti*. Tomo I. Torino: UTET, 1999, p. 1035. Tradução livre.

25. Conforme já referido no Capítulo VI, §54.

integradora e *integração de lacuna axiológica*. O primeiro caminho é seguido por Guilherme Nitschke[26] em trabalho recente. O segundo é seguido, por exemplo, por expressiva doutrina italiana, porque o respectivo *Codice Civile* contém dispositivo (o art. 1.374) nos seguintes termos: «o contrato obriga as partes não apenas naquilo que é nele expresso, mas, também a todas as consequências que dele derivam segundo a lei, ou, em sua falta, segundo os usos e a equidade».[27] Embora naquele sistema o princípio da boa-fé não esteja referido expressamente entre as fontes de integração do contrato, significativa parcela da doutrina[28] (e também da jurisprudência) admite sua atuação na reconstrução do regulamento contratual.

Quer seja qualificada como fonte de interpretação integradora, quer seja meio de colmatação de lacuna, todavia, o resultado é o mesmo: a boa-fé serve para integração do negócio jurídico ao gerar deveres para que possa ser atingido o *adimplemento satisfativo* segundo a normalidade da operação econômica realizada e a utilidade visada pelas partes, assim se concretizando o mandamento legal, imposto a todos os contraentes, de agir na conclusão e execução de um contrato segundo a boa-fé, com lealdade e probidade (Código Civil, art. 422). Logo, por concretização do princípio da boa-fé, haverá a imposição, às partes, dos mencionados deveres anexos, porque necessários à implementação dos fins e da função cometidos pelos contraentes ao próprio autorregulamento de interesses,[29] e dos deveres laterais (ou de proteção), para que, do contrato, não resultem danos à esfera jurídica alheia.

Como mecanismo integrativo, o princípio da boa-fé objetiva serve para melhor especificar o que Wieacker qualifica como «plano legal de ordenação do contrato», ou *officium iudicis*, permitindo a elaboração de normas implícitas de dever ser.[30] Em outras palavras, atua aí «como uma via para uma adequada realização, pelo juiz, do plano de valoração do legislador».[31] A valoração deve seguir, por intermédio do juiz, a lei,

---

26. Especialmente em: NITSCHKE, Guilherme Carneiro Monteiro. *Lacunas Contratuais e Interpretação*: História, Conceito e Método. São Paulo: Quartier Latin, 2019.

27. Código Civil italiano, *in verbis*: «Il contratto obbliga le parti non solo a quanto è nel medesimo espresso, ma anche a tutte le conseguenze che ne derivano secondo la legge, o, in mancanza, secondo gli usi e l'equità».

28. Para esse debate e referências aos vários entendimentos sobre o valor integrativo da boa-fé, consultar: SCOGNAMIGLIO, Claudio. L'Integrazione. In: RESCIGNO, Pietro; GABRIELLI, Enrico. *Trattato dei Contratti*. Tomo I. Torino: UTET, 1999, p. 1027 e ss.; idem: BIANCA, Massimo. La Nozione di Buona Fede quale Regola di Comportamento Contrattuale. *Rivista di Diritto Civile*, n. 3, Padova, Cedam, 1983, p. 206-207; UDA, Giovanni Maria. Integrazione del Contratto, Solidarietà Sociale e Corrispettività delle Prestazioni. *Rivista di Diritto Commerciale*, n. 5-6, Milano, 1990, p. 302, e ainda em: *La Buona Fede nell'Esecuzione del Contratto*. Torino: Giappichelli, 2004, p. 109-229.

29. Para a distinção entre deveres anexos e deveres de proteção, ver CAPÍTULO VII, §64.

30. GUASTINI, Riccardo. *Das Fontes às Normas*. Trad. de Edson Bini. São Paulo: Quartier Latin, 2005, p. 231. Recorda o autor que «a expressão "integração do direito" entendida estritamente designa exatamente a elaboração de normas implícitas com o que se preenchem as lacunas».

31. WIEACKER, Franz. *El Principio General de la Buena Fe*. Trad. espanhola de José Luiz Carro. Madrid: Civitas, 1977, p. 52, em tradução livre.

supondo-se sua congruência com a *normalidade e utilidade* da operação econômica. Ao decisor cabe mensurar com prudência até que ponto pode ir a sua atividade na imposição de deveres anexos (ou instrumentais) e deveres laterais (ou de proteção) com base no art. 422 do Código Civil, interferindo no desenho traçado pelo ato de autonomia privada, o que, de resto, é o problema central das cláusulas gerais.[32]

Será preciso, antes do mais, ter presente o critério do campo normativo e o da materialidade da situação jurídica subjacente.[33] A atividade integrativa tanto será *menor* naqueles campos em que a autonomia privada *mais pode ser* expandida, sendo mais diminuto o campo da heteronomia. Inversamente, será maior nos contratos formados por adesão, nas relações contratuais entre desiguais e, dentre elas, as relações de consumo, em que maior é o número de regras cogentes, nenhuma dúvida havendo quanto à integração contratual por meio da incidência *de normas cogentes*, como, exemplificativamente, a do inc. III do art. 6.º do Código de Defesa do Consumidor.

Aliás, novamente aqui cabe o alerta: para não se recair no vício da superinvocação da boa-fé (que é o risco de sua diluição, pelo excesso), recorrendo-se a um emprego puramente formal, como «norma de legitimação» da vontade do julgador, o procedimento adequado é: quando houver regra legal específica, com um grau menor de indeterminação, apta a colmatar a lacuna, completando a regulamentação contratual, não se justifica o apelo à boa-fé para tanto.

Pode-se pensar na regra antes já lembrada (art. 6.º, inc. III, do CDC), que atribui ao consumidor como seu «direito básico» receber do fornecedor «a informação adequada e clara sobre os diferentes produtos e serviços, com especificação correta de quantidade, características, composição, qualidade, tributos incidentes e preço, bem como sobre os riscos que apresentem», para que se crie, correlatamente, o dever do fornecedor de cumprir com esse mandamento legal. Bastaria, para integrar o contrato com o dever de informar, chamar essa regra, não carecendo apelar à boa-fé como princípio para o desempenho de idêntica função.

Todavia, se não existisse no Ordenamento a disposição relativa ao dever do fornecedor de dar ao consumidor informação revestida por certas qualidades, então a questão poderia ser solvida por meio da boa-fé, preenchendo-se por seu intermédio a lacuna. Isso, porque interessa aos fins do contrato, entendido como fato social, que o fluxo econômico decorra sem os entraves proporcionados por uma informação deficiente e pela dação de um consentimento a contratar que, ao fim e ao cabo, não seria um «livre consentimento». Como observa Giovanni Maria Uda,[34] para que possa ocorrer uma produção dos efeitos do contrato coerente com a ordem jurídica, tornam-se exigíveis às partes, em certas ocasiões, comportamentos que não resultam nem de expressa e cogente disposição legal, nem das cláusulas pactuadas por ato de autonomia

---

32. Este tema foi versado no Capítulo II, *supra*.
33. Ver, *supra*, Capítulo IV, §35.
34. Uda, Giovanni Maria. Integrazione del Contratto, Solidarietà Sociale e Corrispettività delle Prestazioni. *Rivista di Diritto Commerciale*, n. 5-6, Milano, 1990, p. 302.

A Criação de Deveres | 597

privada. A boa-fé atua integrativamente diante da necessidade de qualificar esses comportamentos, não previstos, mas essenciais à própria salvaguarda da *fattispecie* contratual e à plena produção dos efeitos correspondentes ao programa contratual objetivamente posto. Como sugeriu Massimo Bianca, a tese segundo a qual a boa-fé não integraria o contrato, mas serviria tão só para «corrigir o rigoroso juízo de formal conformidade do comportamento à lei» (boa-fé-equidade),[35] não pode ser compartilhada. Ainda que aplicada na fase da atuação do contrato,[36] a boa-fé é sempre uma regra que concorre para determinar o *comportamento devido*[37] nas particulares circunstâncias.

A boa-fé não é, pois, o único meio integrativo com relação a todo e qualquer contrato. Porém, quando for chamada à função de integrar, permitirá detectar quais deveres são necessários para o correto adimplemento do contrato, para a «otimização» do programa contratual e para a proteção das pessoas e dos bens jurídicos envolvidos.

§ 60. Lacunas e integração contratual: técnicas e limites

1. O processo integrativo

O processo integrativo inicia pela interpretação, quando o intérprete há de ter o contrato como um *conjunto significativo*, considerando, para tal escopo, o complexo contratual concretamente presente, no qual infletem as circunstâncias concretas do desenvolvimento e da execução contratual no seu *iter* em direção ao adimplemento, fim que polariza o desenvolvimento da relação contratual.[38] É também preciso atenção para a distinção – elementar, mas por vezes esquecida – entre o *instrumento contratual* e o *negócio jurídico instrumentado*.[39] Assim também, para averiguar uma alegada incompletude, será preciso atentar «a todo suporte fático do negócio jurídico, e não só

---

35. *Vide* Capítulo VII, §60, *supra*.

36. Assim está previsto no Código Civil italiano, art. 1.375, relativo à execução do contrato. A integração contratual, como se referiu, é prevista no art. 1.374 e não refere a boa-fé.

37. Bianca, Massimo. La Nozione di Buona Fede quale Regola di Comportamento Contrattuale. *Rivista di Diritto Civile*, n. 3, Padova, Cedam, 1983, p. 206-207, destaquei. Opina, outrossim: «Ainda que referida [no Código Civil italiano, art. 1.375] ao momento executivo, a boa-fé conserva a sua função de integração da relação». A tese contrária tem como expoente Natoli, Ugo. La Regola della Correttezza e l'Attuazione del Rapporto Obbligatorio. *Studi sulla Buona Fede*. Tomo I. Milano: Giuffrè, 1974, não consultado. Desde os anos 1970 e 1980, o debate na doutrina italiana prosseguiu até alcançar um estágio de «rimeditazione pacata», como refere Scognamiglio, e já liberta das radicalizações que haviam marcado aquele debate (Scognamiglio, Claudio. L'Integrazione. In: Rescigno, Pietro; Gabrielli, Enrico. *Trattato dei Contratti*. Tomo I. Torino: UTET, 1999, p. 1023).

38. Couto e Silva, Clóvis do. *A Obrigação como Processo*. Rio de Janeiro: FGV Editora, 2006, p. 17; Martins-Costa, Judith. *Comentários ao Novo Código Civil. Do Adimplemento e da Extinção das Obrigações – artigos 304 a 388*, vol. V. Tomo I. 2.ª ed. Rio de Janeiro: Forense, 2005.

39. Pontes de Miranda, Francisco Cavalcanti. *Tratado de Direito Privado*. Tomo XXXVIII. 3.ª ed. São Paulo: Revista dos Tribunais, 1984, § 4.202, 1, p. 78.

ao teor conclusivo, às cláusulas e proposições restringentes ou dilatantes».[40] «Atribuição» de significado, «extração» do significado, «explicitação» do teor contratual também não constituem integração, mas interpretação.

Uma vez esgotadas as possibilidades de interpretação, é possível que, embora os esforços hermenêuticos, ainda assim as disposições contratuais careçam de integração para possibilitar a própria inteligibilidade do negócio, em vista de seus fins e de sua racionalidade econômico-social, bem como para a sua conformidade com a ordem jurídica. Nem sempre essa integração se faz necessária no momento da conclusão contratual. Pode sobrevir em razão de vicissitudes que atingem a relação;[41] pode decorrer de simples – e compreensível – imprevidência, pois seria humanamente impossível cogitar do regramento de todas as minudências. E pode ser intencional, quando, de antemão, as partes decidem pactuar um contrato «incompleto», pois nem todos os dados concernentes ao seu conteúdo são ou podem ser integralmente conhecidos e, portanto, passíveis de prévia apreensão, regulação e controle por meio das cláusulas contratuais.

Num e noutro caso, atua diversamente a boa-fé.

Em se tratando de lacunas *não intencionais*, a boa-fé serve para impor deveres às partes («deveres instrumentais de conduta»). Esses deveres – de colaboração para que o fim contratual seja alcançado, de lealdade, de informação – servem para que o plano contratual seja otimizado e para que «o plano de valorização do legislador» – atinente a cada espécie contratual e ao próprio contrato como instrumento jurídico que é – seja realizado do melhor modo possível.

Em se tratando de contratos *intencionalmente incompletos*, o procedimento é diverso. Inicialmente, o intérprete terá de considerar esse dado (a incompletude intencional) como expressão da manifestação de vontade dos figurantes e atentar às eventuais formas de integração eventualmente pactuadas, pois as partes tanto podem decidir por acordar previsões *ex ante* ou *ex post,* neste caso deixando a incompletude a ser preenchida por outros contratos, termos aditivos, vínculos *per relationem* a outros ajustes, renegociação pontual, etc.[42] Igualmente, podem as partes ter injetado em um texto

---

40. Pontes de Miranda, Francisco Cavalcanti. *Tratado de Direito Privado*. Tomo XXXVIII. 3.ª ed. São Paulo: Revista dos Tribunais, 1984, § 4.202, 1, p. 79. Já referido no Capítulo VI, §52.

41. Aventa a hipótese Guido Alpa ao aludir à «obrigação de renegociação» do contrato de duração em caso de perturbação da economia contratual devida a causas externas que tornem mais gravosa ou impossível a execução da prestação originariamente assumida por uma das partes (Alpa, Guido. La Buena Fe Integrativa. Notas acerca de la Dirección Parabolica de las Cláusulas Generales. In: Córdoba, Marcos; Cordobera, Lidia Garrido; Kluger, Viviana (Orgs.). *Tratado de la Buena Fe en el Derecho*. 2.ª ed. Tomo II. Buenos Aires: La Ley, 2005, p. 177-178). E refere a origem longínqua de disposições hoje apreendidas em Códigos e em documentos de *soft law* relativas aos casos de revisão do contrato por excessiva onerosidade (revisão legalmente determinada ou prevista em cláusulas de *hardship*).

42. Como anota Mariana Pargendler, há deveres «highly context dependent, but this does not make it untailored as I have defined the term. All that this means is that fiduciary duties are by and large untailored standards, rather than rules. According to a prominent definition, while a stan-

estrutural de base algumas previsões «abertas» que supõem, para a sua completa operacionalização, a conexão com outras previsões complementares e/ou supletivas ou aditivas, bem como podem ter enunciado a possibilidade de modificação do ajustado, ou de adição pontual ao texto contratual de base[43] por via da renegociação contratual.

A renegociação, baseada na autonomia privada,[44] é modo de autointegração por vezes especificamente prevista para atender-se a algum problema que já está a ser antevisto pelas partes, como, por exemplo, no caso de alteração das circunstâncias formadoras da base econômica contratual, então devendo ser renegociado o contrato com fundamento na boa-fé. Nesse caso, todavia, a boa-fé serve para pautar a conduta na fase renegociatória, não como fonte do dever, pois este é a autonomia privada.[45] Não há dever de resultado (concluir o aditivo), mas há dever de meios (renegociar com lealdade), de modo que a boa-fé atuará como *standard* do comportamento devido, pautando eventual ilicitude no modo do exercício da renegociação (Código Civil, art. 187). Poderia, inclusive, ser caracterizado o inadimplemento imputável de dever contratual, passível de conduzir, segundo as circunstâncias, ou à indenização pela mora ou – se atingido gravemente o interesse contratual – ao exercício do poder formativo de resolução (*lato sensu*).[46]

§ 61. Lacunas e criação de deveres às partes

1. Proposição

A distinção entre (a) o *contrato*, considerado como negócio jurídico, fenômeno dotado de sentido e que transcorre no tempo, e (b) a *relação contratual*, regulação posta em vigor mediante o contrato, válida e subsistente no tempo, devida a Larenz hoje é

---

dard may leave both the specification of what conduct is permissible (or prohibited) and the determination of factual issues to the adjudicator, a rule usually entails a determination of what conduct is permissible in advance, so that the adjudicator is left solely with factual questions». Consequentemente, «[t]he underlying rationale for gap filling is that an actual bargain is superior to a hypothetical one. In fiduciary relationships, however, hurdles created by monitoring, specification, and information asymmetry make detailed contracting impracticable and inefficient. Attempts by the law to create incentives for parties to specify their relationship would most likely be futile or at least inefficient. Therefore, fiduciary duties are provided upfront and apply unless the contours of the agreement clearly indicate otherwise» (PARGENDLER, Mariana. Modes of gap-filling: good faith and fiduciary duties reconsidered. *Tulane Law Review*, vol. 82, 2008, p. 1353).

43. Assim se escreveu em: MARTINS-COSTA, Judith; NITSCHKE, Guilherme. Contratos Lacunosos e Poderes do Árbitro: Questões Teóricas e Práticas. *Revista de Arbitragem*, Belo Horizonte: ano 1, n. 2, jul./dez. 2012, p. 63-114. Ainda, em MARTINS-COSTA, Judith; COSTA E SILVA, Paula. *Crise e Perturbações no Cumprimento da Prestação*: Estudo de Direito Comparado Luso-Brasileiro. São Paulo: Quartier Latin, 2020.

44. Acerca da existência de um «dever de renegociar» de fonte heterônoma, com base no princípio da boa-fé, *vide* adiante, CAPÍTULO VIII, §70.

45. *Vide infra*, §61.

46. Ver CAPÍTULOS VIII, §80, e IV, §38, neste caso no âmbito dos contratos relacionais.

aceita sem objeções. Essa distinção é necessária para compreender a razão de ser da integração contratual por meio da imposição, às partes, de deveres anexos e de proteção com base na boa-fé. Isso, porque, embora os elementos de regulação e os conteúdos normativos constituídos pelo contrato sejam perceptíveis a partir do aclaramento das declarações dos contratantes, por via da interpretação da regulação objetiva criada com o contrato,[47] é possível, ainda assim, que sejam evidenciadas situações não pensadas nem manifestadas pelas partes no momento da conclusão e que só podem ser inferidas do módulo contratual considerado «como regulação vigente quando do sentido total da regulação».[48]

É justamente para a aclaração deste «sentido total» que se torna imprescindível a referência ao princípio da boa-fé com valência integrativa, completando o conteúdo contratual com deveres necessários ao adimplemento satisfativo do contrato: *cooperar* com a contraparte, realizando atos não expressos no instrumento contratual, mas necessários para alcançar o adimplemento satisfativo, fim justificador do ajuste de interesses; *atuar com a lealdade* exigível a uma pessoa proba, omitindo-se de praticar atos que possam comprometer a execução contratual; *informar* com a completude necessária para viabilizar um consentimento informado à proposição negocial ou a modificações que alterem, no *iter* contratual, as condições pactuadas; *proteger* os legítimos interesses da contraparte, de modo que o contrato não seja um fator produtor de danos injustos ao outro contratante ou ao seu patrimônio. Esses deveres passam a integrar a relação contratual, ainda que não expressamente previstos no instrumento nem explicitados em regra cogente, sendo extraídos por concreção do princípio da boa-fé objetiva.

2. Escopo dos deveres que servem à integração

Como já antes examinado,[49] os deveres fundados na boa-fé estão ou instrumentalizados à otimização dos deveres de prestação («deveres anexos»), ou têm escopo protetivo para que, do contrato ou das tratativas contratuais, não resultem danos injustos aos contraentes («deveres de proteção»). O princípio da boa-fé poderá estar na origem (*i*) tanto dos *deveres anexos* aos *interesses à prestação* quanto (*ii*) dos *deveres de proteção* contra danos que poderiam advir da relação obrigacional, reportando-se, então, aos *interesses à proteção*. Embora os primeiros estejam insertos nos interesses de prestação e os segundos, nos interesses de proteção,[50] ambos constituem, fundamentalmente, deveres de cooperação (em sentido amplo) e proteção dos recíprocos interesses[51] dos contraentes.

---

47. Larenz, Karl. *Derecho Civil.* Parte general. Trad. espanhola de Miguel Izquierdo y Macías-Picavea. Madrid: Edersa, 1978, p. 744.
48. Larenz, Karl. *Derecho Civil.* Parte general. Trad. espanhola de Miguel Izquierdo y Macías-Picavea. Madrid: Edersa, 1978, p. 744, nota 584, em tradução livre.
49. Ver, *supra*, Capítulo III, §20.
50. *Vide* o Capítulo III, em especial o §20.
51. Mota Pinto, Carlos Alberto da. *Cessão de Contrato.* São Paulo: Saraiva, 1985, p. 278.

A CRIAÇÃO DE DEVERES | 601

Marcada, assim, a ligação entre a atividade de integração contratual e os deveres decorrentes da boa-fé, cabe um esforço sistematizador para arrumar os vários julgados segundo *grupos de deveres* impostos pela boa-fé por via integrativa.

Nos arestos examinados, aparecem, fundamentalmente, três grupos: os deveres de cooperar; de informar; e os de proteger contra danos. Os deveres de lealdade normalmente estão abrangidos dentre os deveres de cooperação. Muito embora a conveniência de se destacar a especificidade dos deveres de lealdade, seguir-se-á a classificação tripartite deduzida do *corpus* jurisprudencial examinado, alertando-se que a classificação não tem caráter taxativo ou exaustivo, mas sistematizador, pois, não raro, é utilizada terminologia diversa para indicar um mesmo fenômeno, ou, diversamente, são suscitados concomitantemente vários deveres para suprir uma única e mesma lacuna, bem como, por vezes, para cumprir a atividade integrativa e, igualmente, a função hermenêutica e a corretora, o que pode obscurecer a compreensão do tema.

Deve ficar ressalvado que, embora o esforço sistematizador, não são nítidas as fronteiras: por vezes, ao se informar, se estará colaborando com a contraparte para a implementação do interesse à prestação; e, por outras, a informação visa a evitar danos, vinculando-se, portanto, ao interesse de proteção; ao se exigir cooperação, por meio da figura do «dever de minimizar o próprio prejuízo», estar-se-á a observar o dever de proteção. Ao se exigir lealdade, se cooperará para o sucesso do fim comum. Pode haver, portanto, inevitável superposição entre as esferas de interesse resultantes da relação contratual.

Na sistematização proposta não se há de esquecer, além do mais, a presença de *diferentes intensidades* na atividade integrativa por meio da alocação, no contrato, dos deveres reportados ao princípio da boa-fé: como também já se assinalou,[52] há relação direta e imediata entre o maior ou o menor espaço reconhecido à autonomia privada para a modelagem do conteúdo contratual e a maior ou a menor intensidade na integração contratual para o suprimento de lacunas axiológicas e teleológicas.

Por fim, alerte-se: não está entre as funções da boa-fé atuar como fonte geradora de declaração de vontade negocial ou como fonte de deveres de prestação principais ou secundários. As espécies de deveres são diversas.[53]

§ 62. Deveres de cooperação e lealdade contratual

1. Âmbito dos deveres de cooperação e lealdade

Toda relação jurídica obrigacional é relação entre *situações jurídicas* correlatas, e não apenas correlação entre direitos e deveres. Desse modo, não só o devedor está numa

---

52. Nesse sentido, além das considerações já expostas neste CAPÍTULO, remeta-se às inter-relações entre autonomia privada e boa-fé, no CAPÍTULO IV, §25.

53. *Vide, supra*, CAPÍTULO III, § 20.

602 | A BOA-FÉ NO DIREITO PRIVADO

situação subjetiva de dever, em relação ao credor: este também está, como apontou Perlingieri, em situação de dever, em relação ao devedor.[54] Um dos mais prestantes serviços do princípio da boa-fé foi ter proporcionado a «descoberta dogmática» da ocorrência, na relação obrigacional, de deveres instrumentais imputados a ambos os figurantes da relação contratual.

O dever de cooperação é tradicionalmente conotado ao princípio da boa-fé. Trata-se de uma cooperação *qualificada pela finalidade*, que é alcançar o adimplemento satisfatório, desatando-se o vínculo com a obtenção das utilidades buscadas pelo contrato. Mas é também axiologicamente orientada, o que inclui a probidade (Código Civil, art. 422), que é a *correção da conduta*, o seu direcionamento ético, traduzido, no Código Civil italiano, pela expressão *correttezza*,[55] caracterizado, nas atividades em proveito alheio (*tua res agitur*) e nas de interesse suprapessoal (*nostra res agitur*) por um *quid*: ser correto é ser leal (ao envolvente, pelo mandatário; às partes, pelos árbitros)[56] ao fim comum conjuntural ou ao pontualmente estabelecido.[57]

2. Dever de cooperação e materialidade da situação jurídica

A cooperação devida não configura uma qualquer cooperação, ou uma cooperação ilimitada ou indefinida e, muito menos, uma «cooperação sentimental»: não há dever de ser ingênuo na relação negocial. Trata-se de um dever técnico, e finalisticamente

---

54. Perlingieri, Pietro. *Il Fenomeno dell'Estinzione nelle Obbligazioni*. Napoli: Jovene, 1971, p. 45-46. Na perspectiva do direito ao cumprimento conferido ao devedor para se ver liberado do vínculo, parece tratar o Enunciado n. 168 da III Jornada de Direito Civil do Conselho de Justiça Federal (2004): «O princípio da boa-fé objetiva importa no reconhecimento de um direito a cumprir em favor do titular passivo da obrigação».

55. Código Civil italiano, art. 1.175. *Comportamento secondo correttezza*. Il debitore e il creditore devono comportarsi secondo le regole della correttezza (Cod. Civ. 1.337, 1.358).

56. Buscando a nota diferenciadora entre o dever de lealdade e os demais deveres fiduciários, diz Spinelli que o dever de lealdade se enquadra na ideia de respeito para com os bens da companhia. E explicita: «caso o administrador (direta ou por interposta pessoa) utilize as informações sociais para obter vantagem pessoal, estará quebrando seu dever (ainda que não cause prejuízo à sociedade, já que o dano é apenas elemento essencial para a verificação da responsabilidade civil), não sendo fator principal para a determinação do *standard* de conduta – como estabelece o art. 155, I, da Lei 6.404/1976» (Spinelli, Luis Felipe. *Conflito de Interesses na Administração da Sociedade Anônima*. São Paulo: Malheiros, 2012, p. 102). Por sua vez, Erasmo Valladão e Marcelo von Adamek situam ao dever societário de lealdade desdobrado na boa-fé objetiva (e apontam ao art. 422 do Código Civil) no âmbito da «conexão ético-jurídica que deve haver entre poder e responsabilidade, sendo a concretização da regra segundo a qual influência e responsabilidade devem existir conjuntamente». França, Erasmo Valladão Novaes e; Adamek, Marcelo Vieira von. Aproveitamento de Oportunidades Comerciais da Companhia pelo Acionista Controlador. (Corporate Opportunity Doctrine). *Temas de Direito Empresarial e outros Estudos em homenagem ao Professor Luiz Gastão Paes de Barros Leães*. São Paulo: Malheiros, 2014, p. 91.

57. Essas noções são explicitadas no Capítulo IV, §36.

A Criação de Deveres | 603

orientado. Sua medida de intensidade ata-se à espécie de relação[58] e ao *quantum* de cooperação necessária para alcançar determinada finalidade: o adimplemento satisfatório, sabendo-se que este consiste na realização, pelo devedor, da prestação concretamente devida, satisfatoriamente, tendo ambas as partes observado os deveres derivados da boa-fé que se fizeram instrumentalmente necessários para o atendimento do escopo da relação, em acordo ao seu fim e às suas circunstâncias. Verifica-se o adimplemento de uma obrigação quando realizado o conjunto dos interesses envolvidos na relação,[59] o que inclui, portanto, a satisfação da totalidade dos interesses envolvidos. Logo, o dever de cooperação, fulcrado na boa-fé, implica «uma colaboração informada pelos valores próprios da ordem jurídico-econômica considerada».[60]

Todo e qualquer contrato instaura entre as partes, ainda que temporariamente, um conjunto interesses (positivos e negativos, interesses à prestação e interesses à proteção contra danos, interesses convergentes, por vezes; por outras, contrapostos) que se hão de harmonizar em vista do adimplemento, sob pena de o contrato não atingir o seu fim, resultando em inexecução e na imposição de um dever de indenizar para a parte faltosa. Por isso é que – como já se recordou –,[61] se em toda a ordem jurídica a cooperação é pressuposto abstrato e geral, no Direito das Obrigações, centrado na noção de prestação como *conduta humana devida*, ela é nuclear, inafastável e concretamente verificável: por meio da relação obrigacional «o interesse de uma pessoa é prosseguido por meio da conduta doutra pessoa»,[62] sendo a colaboração entre os sujeitos «uma constante intrínseca das situações».[63]

Consequentemente, conquanto escalonado em variados graus de intensidade, o dever de colaboração integra o que está no núcleo da *conduta devida*, servindo para *possibilitar, mensurar* e *qualificar o adimplemento*, viabilizando que a utilidade buscada pelo contrato se realize. Essa é razão pela qual a necessidade de colaboração intersubjetiva constitui, como afirmou Menezes Cordeiro, «*princípio geral da disciplina obrigacional*»,[64] servindo para indicar o «*modo de ser da conduta devida* para a satisfação da prestação».[65]

---

58. Remete-se ao Capítulo IV, §25.

59. Martins-Costa, Judith. *Comentários ao Novo Código Civil*. Do Inadimplemento das Obrigações, vol. V. Tomo II. 2.ª ed. Rio de Janeiro: Forense, 2009, p. 227-228.

60. Menezes Cordeiro, António Manuel. *Direito das Obrigações*, vol. I. Lisboa: Associação Acadêmica da Faculdade de Direito de Lisboa, 1980, p. 143.

61. *Vide* Capítulo V, §44, *supra*.

62. Menezes Cordeiro, António Manuel. *Direito das Obrigações*, vol. I. Lisboa: Associação Acadêmica da Faculdade de Direito de Lisboa, 1980, p. 142.

63. Menezes Cordeiro, António Manuel. *Direito das Obrigações*, vol. I. Lisboa: Associação Acadêmica da Faculdade de Direito de Lisboa, 1980, p. 142.

64. Menezes Cordeiro, António Manuel. *Direito das Obrigações*, vol. I. Lisboa: Associação Acadêmica da Faculdade de Direito de Lisboa, 1980, p. 143.

65. *Vide* Capítulo V, especialmente §44.

A integração contratual via colmatação de uma lacuna finalística por intermédio da imposição, pelo juiz, de um dever de cooperação se revela exemplarmente no *caso das liras italianas.*[66]

Em contrato internacional de prestação de serviços de engenharia para a ampliação de usina termelétrica nacional, sendo partes uma concessionária de energia elétrica nacional, e, como prestadora, sociedade italiana, ajustou-se que o pagamento seria feito mediante a remessa à Itália, via Banco Central do Brasil, de valores (em liras italianas) relativos às faturas e notas de serviço. Ocorre que tal remessa só é permitida, segundo regulamentação do Banco Central, quando a empresa prestadora de serviços apresenta às autoridades brasileiras determinados documentos relativos à situação de funcionários que trabalhavam na obra, o que cabia à empresa italiana.

No caso em exame, a sociedade prestadora de serviços não apresentara, injustificadamente, tais documentos; portanto, não regularizara a sua situação junto ao Banco Central do Brasil, inviabilizando, assim, a remessa do numerário que adimpliria o contrato.[67] Consequentemente, o pagamento atrasou e a empresa italiana veio a pedir judicialmente, à contraparte brasileira, os consectários da mora.

Restou perfeitamente explicitada a responsabilidade pela mora da sociedade credora quanto ao atraso pelo recebimento do pagamento dos serviços que prestara. Mencionou-se, expressamente, a possibilidade de inadimplemento dos «deveres acessórios, instrumentalmente necessários para caracterizar a prestação devida». Sem esquecer do art. 400 do CC, considerou-se:

«Em que pese, na linha do afirmado pelo Tribunal de origem, o contrato não previsse "qual dos contratantes estaria obrigado a cumprir as providências ora discutidas ... [junto ao] ... Banco Central do Brasil", esta obrigação – tida como acessória – pertencia à recorrida [sociedade italiana]. Na realidade, a verificação de quem detinha esse dever acessório deve ser estabelecida, com fundamento no princípio da boa-fé objetiva, que estabelece uma diretriz ética para as relações jurídicas públicas e privadas». Isso porque atua o princípio mencionado de forma a permitir «a identificação concreta, em

---

66. STJ. REsp 857299/SC. Terceira Turma. Relator Min. Paulo de Tarso Sanseverino. Julgamento em 03.05.2011. *DJ* de 13.06.2011.

67. Como está bem explicitado na fundamentação do voto do Relator: «No caso dos autos, a obrigação principal da empresa ora recorrida, o seu "dever de prestação", consistia em prestar à empresa ora recorrente os serviços de engenharia contratados, ao passo que a esta, completando o sinalagma contratual, incumbia pagar, àquela, os valores correspondentes a estes serviços. Como já aludido, os pagamentos, objeto desta ação de cobrança – obrigação principal da recorrente, deveriam ocorrer mediante a remessa de liras italianas à conta da recorrida na Itália mediante remessa via Banco Central do Brasil. A sua realização, contudo, foi impedida em razão de não estar a sociedade italiana com a sua situação regularizada junto ao Banco Central do Brasil, que exigia a apresentação de documentos relativos aos funcionários que prestaram os serviços documentados nas notas e faturas (cópias de passaportes, de declarações de renda etc.)» (STJ. REsp 857299/SC. Terceira Turma. Relator Min. Paulo de Tarso Sanseverino. Julgamento em 03.05.2011. *DJ* de 13.06.2011).

face das peculiaridades próprias de cada relação obrigacional, de novos deveres, além daqueles que nascem diretamente da vontade das partes».[68]

A conclusão foi no seguinte sentido:

«No caso dos autos, como os documentos exigidos pelo Banco Central do Brasil para a remessa de valores à Itália diziam respeito a funcionários da Eletroconsult [sociedade italiana], deve-se reconhecer que pertencia naturalmente a ela, em que pese a omissão contratual, essa obrigação, esse dever acessório de cooperação, de regularizar a sua situação. A Eletroconsult deveria – pelo princípio da boa-fé objetiva –, cooperar com a Tractebel, devedora e recorrente, auxiliando-a a realizar os pagamentos dos serviços mediante a remessa dos valores à Itália, sendo essa a forma de pagamento convencionada e utilizada ao longo de toda a relação contratual. Não havendo desempenhado a contento esse dever de cooperação, restou configurada a sua mora (*mora creditoris*), cuja eficácia liberatória exime a devedora, até o momento em que devidamente purgada, do cumprimento das suas obrigações, em especial a de pagá-la, com a remessa da quantia à Itália, pelos serviços prestados».

O dever geral de cooperação se especifica por via de espécies. Serão destacadas, por sua importância, o grupo dos deveres informativos e os deveres de proteção, e, ainda, o «dever» (*rectius:* encargo de direito material) de colaborar para a mitigação do próprio prejuízo.

§ 63. Deveres informativos

1. Proposição e significados

O princípio da boa-fé é chamado a atuar via atividade de integração contratual também por meio de deveres informativos. Já aqui se mencionou, em outras passagens, a importância dos deveres informativos, derivados da lei, do contrato ou do princípio da boa-fé.[69] Trata-se de grupo extremamente polimorfo, pois a informação pode ser caracterizada, conforme as circunstâncias, como a própria obrigação principal (*e.g*, um contrato cujo objeto reside na prestação de informações sobre aplicações financeiras); um dever anexo ao dever principal (por exemplo, informar, via «manual de instruções», sobre o correto uso da máquina adquirida); um dever lateral de proteção (*v.g.,* informar sobre riscos de queda no chão do supermercado que está a ser lavado); um dever legal (por exemplo, a informação devida pelos administradores à assembleia de acionistas); e mesmo um ônus ou encargo material, como, por exemplo, o chamado «dever de se

---

68. Assim está no mencionado voto, que reenvia, neste ponto, a trabalho doutrinário do Ministro Relator, a saber: SANSEVERINO, Paulo de Tarso. *Responsabilidade Civil no Código do Consumidor e a Defesa do Fornecedor.* 3.ª ed. São Paulo: Saraiva, 2010, p. 66.

69. *Vide, e.g.*, §19, 6, e §20, 5.

606 | A BOA-FÉ NO DIREITO PRIVADO

informar» atribuído aos profissionais sobre o estado da arte de sua profissão,[70] ou, ainda, de um comprador de determinado bem para que se informe sobre as suas utilidades e/ou potencialidades, pois mesmo no domínio das relações de consumo, em que a informação é dever legal do fornecedor, não se excluiu totalmente o princípio da autorresponsabilidade,[71] sendo esse o correlato necessário à autonomia: quem abre conta em banco deve, no mínimo, se informar, a cada cheque a emitir, sobre o estado de seu saldo bancário.

A polimorfia diz respeito também à extensão, pois sob a rubrica «deveres informativos» são incluídos deveres de informar, de avisar, de esclarecer e o de aconselhar. Há, pois, um sentido lato e um sentido estrito da expressão «deveres informativos». No sentido lato, abrange informar, avisar, revelar, esclarecer e aconselhar. No sentido estrito abarca a informação, *tout court*. Explicita Jorge Sinde Monteiro:

«Dar um conselho significa dar a conhecer a uma outra pessoa o que, na sua situação, se considera melhor ou mais vantajoso e o próprio faria se estivesse no seu lugar, a que se liga a exortação (expressa ou implícita, mas de qualquer forma nunca vinculativa para o destinatário) no sentido de que aquele que recebe o conselho agir (ou se abster) de forma correspondente; o conselho contém, pois, um juízo de valor acerca de um ato futuro do aconselhado, em regra ligado a uma explicação. (...) A recomendação é apenas uma subespécie de conselho. Traduz-se na comunicação das boas qualidades acerca de uma pessoa ou de uma coisa, com a intenção de, com isso, determinar

---

70. Acerca da noção de ônus ou encargo de direito material, ver §65.

71. Incorretas são, a meu juízo, decisões que atribuem à instituição bancária o dever de informar ao correntista sobre o montante do seu saldo bancário, sob pena de indenizar o próprio titular da conta corrente quando este emite cheques sem fundo. Assim, exemplificativamente, no TJSC. Ap. Cív. n. 2013.008930-5. Relator Des. Carlos Prudêncio. Julgamento em 16.04.2013, cuja ementa consigna: Apelação Cível. Ação de indenização por danos materiais ajuizada contra instituição financeira. Autor que recebeu cheques sem provisão de fundos concedido pela instituição requerida. Sentença que extinguiu o processo sem resolução de mérito pela ilegitimidade passiva *ad causam*. Inocorrência. Precedente desta corte no sentido da legitimidade passiva *ad causam* da financeira. Vício na prestação do serviço. Liberação de talonário sem qualquer controle. Risco da atividade. Alcance do banco para responder. Interpretação extensiva. Responsabilidade civil objetiva da instituição financeira que deveria ser diligente na liberação de cheques a seus clientes. Produto defeituoso. Defeito por seu modo de fornecimento e os riscos da fruição (art. 14, § 1.º, I e II, do CDC). Dever de Indenizar. Sentença Cassada. Recurso provido». Já na Ap. Cív. 2005.005907-7. Relator Des. Carlos Prudêncio. *DJ* de 25.09.2008, do TJSC, lê-se: «Revendo o conceito da legitimação, considerando o Direito do Consumidor como norma fundamental e princípio informador do Ordenamento jurídico, é perfeitamente admissível, por meio de interpretação lógico-sistemática, considerar o recebedor de cheque sem fundo como consumidor vítima de serviço mal prestado por instituição financeira; e, por sua vez, a legitimidade passiva da casa bancária, considerada fornecedora, ao gerir as operações bancárias acessórias que revelam cunho de prestação de serviços secundários, sempre destinados a atrair clientes, principalmente com a cobrança da taxa de devolução de cheque à câmara de compensação o que evidencia, sem qualquer dúvida, a liberalidade e a ânsia desmedida do banco para, ao não impor qualquer limitação ao cliente no tocante a disponibilização de talões de cheques, cobrar mais e mais tarifas a fim de obter lucros estratosférico».

aquele a quem é feita a algo. Conselho e recomendação distinguem-se apenas pela intensidade: o conselho implica, face à recomendação, uma exortação mais forte ao seu seguimento. (...) Por seu turno, informação, em sentido estrito ou próprio, é a exposição de uma dada situação de facto, verse ela sobre pessoas, coisas ou qualquer outra relação. Diferentemente do conselho e da recomendação, a pura informação esgota-se na comunicação de factos objetivos, estando ausente uma (expressa ou tácita) "proposta de conduta"».[72]

2. Interesse à informação: as várias escalas

Frequentemente há superposição entre os interesses de prestação e os de proteção[73] no que tange ao dever de informar. Pode a informação se apresentar como faceta da colaboração para com o adimplemento satisfatório[74] e pode também exprimir dever de proteção contra danos que poderiam advir do próprio contrato considerado como fato social (apresentando-se, por exemplo, pelo contrário da informação, que é o resguardo do sigilo acerca de fatos que, embora laterais à prestação, possam vir, se revelados, a causar danos à contraparte).

Caracteriza-se a informação como dever anexo quando se informa para obter determinado resultado visado pela obrigação principal ou por dever de prestação secundário. Assim será qualificada a informação quando (*i*) é ela própria o bem objeto da obrigação principal de prestação, ou (*ii*) quando é necessária para que o interesse à

---

72. Observa, porém, o autor que «na vida prática», essa diferenciação se torna «extremamente difícil», seja por não se poder dizer, muitas vezes, se foi simplesmente prestada uma informação ou se existiu também uma proposta de conduta, seja porque «conselho e informação aparecem frequentemente ligados» (Sinde Monteiro, Jorge Ferreira. *Responsabilidade por Conselhos, Recomendações ou Informações*. Coimbra: Almedina, 1989, p. 14-17). Na leitura da doutrina portuguesa é preciso ter presente que o Código Civil português contém regra geral (art. 485, n. 1) de irresponsabilidade, pois «os simples conselhos, recomendações ou informações não responsabilizam quem os dá, ainda que haja negligência da sua parte. Porém, o parágrafo n. 2 deste mesmo dispositivo determina haver obrigação de indenizar quando se tenha assumido a responsabilidade pelos danos, quando havia o dever jurídico de dar o conselho, recomendação ou informação e se tenha procedido com negligência ou intenção de prejudicar, ou quando o procedimento do agente constitua fato punível». A doutrina vem alargando a regra do parágrafo n. 1, por meio da diferenciação entre o «simples conselho» (que não responsabiliza) e os «conselhos, recomendações e informações que podem responsabilizar mesmo para além daquelas três estritas hipóteses previstas no Código Civil como é o caso, por exemplo, das chamadas "cartas de conforto" (*confort letters*) trocadas entre *holdings* ou, em geral, sociedades-mãe e instituições bancárias». Nesses casos, «não se trata de simples cortesia, havendo uma presunção comum de juridicidade derivada do fato de essas cartas serem trocadas no curso de uma relação profissional, não sendo de esperar, pelas regras da experiência, que empresas "troquem, entre si, meras cortesias ou textos de circunstância"» (assim, Menezes Cordeiro, António Manuel. *Das Cartas de Conforto no Direito Bancário*. Lisboa: Lex, 1993, p. 63).

73. Para a distinção ver *supra*, Capítulo III, §20.

74. *Vide supra*, Capítulo IV, §37, 7.

608 | A BOA-FÉ NO DIREITO PRIVADO

prestação possa ser otimamente satisfeito. Assim, por exemplo, no contrato de seguro, em que há dever de informar tanto por parte do segurado quanto por parte da seguradora durante todo o transcurso da relação. Ou (já na espécie «dever de aconselhar», que é mais do que informar) integra o dever, em outro exemplo, o contrato de prestação de serviços advocatícios, cabendo ao profissional aconselhar sobre tal ou qual medida a tomar, pois esse aconselhamento integra a *fiducia* envolvida no relacionamento entre advogado e cliente.

Diferentemente, será o dever de informar correspondente a *interesse de proteção* quando, por exemplo, estiver alocado na fase pré-contratual, em que ainda não existe relação de crédito na qual se correlacionam o direito de crédito e o dever de prestar; ou quando suscitado na fase pós-contratual.

Na fase antecedente a um contrato, servem os deveres informativos muito especialmente para possibilitar o consentimento informado. Os bens jurídicos protegidos são a higidez da manifestação negocial e a confiança que possibilita não apenas acalentar expectativas legítimas, mas, igualmente, avaliar riscos. Variam, contudo, as consequências da infração a esse dever, podendo situar-se no plano da invalidade (por exemplo, no caso de omissão dolosa de dever informativo, Código Civil, art. 147) ou no da eficácia (*e.g.*, a perda do direito à garantia, *ex vi* do art. 766 do Código Civil; o próprio nascimento do dever de indenizar danos causados aos interesses da confiança, por *culpa in contrahendo*; e a geração de eficácias resolutórias, *ex vi* do art. 766, parágrafo único, do Código Civil).

3. Instrumentalidade da informação

Conquanto haja contratos em que a informação configura o próprio objeto da obrigação principal de prestação, normalmente, a informação tem *caráter instrumental*. Deve-se a informação *para* obter-se o consentimento esclarecido à determinada proposta;[75] ou para assegurar-se que a informação veiculada é verídica, assim,

---

75. O chamado «termo de consentimento informado», usual em contratos na área da saúde, é documento que corporifica a dação da informação. Não se elide, pela assinatura do termo, o dever de informar, mas se comprova a diligência em alertar sobre riscos. Veja-se, nesse sentido, STJ. REsp 1180815/MG. Terceira Turma. Relatora Min. Nancy Andrighi. Julgamento em 19.08.2010. *DJ* de 26.08.2010, que consigna: «Age com cautela e conforme os ditames da boa-fé objetiva o médico que colhe a assinatura do paciente em 'termo de consentimento informado', de maneira a alertá-lo acerca de eventuais problemas que possam surgir durante o pós-operatório». É aduzido, nos fundamentos do voto: «Não se trata, aqui, de atribuir ao 'termo de consentimento informado' a capacidade de excluir o dever do médico de indenizar o paciente por danos provocados por negligência, imprudência ou imperícia. O documento assinado pela recorrida somente comprova a boa-fé que orientou o recorrido durante a relação com a paciente, enumerando os benefícios e complicações normalmente diagnosticadas na intervenção a que se submeteu a recorrente – inclusive as hipóteses de caso fortuito, que escapam ao controle da ciência médica». Além disso, ver: GOLDIM, José Roberto. *O Consentimento Informado e a Adequação de seu Uso na Pesquisa com Seres Humanos.* Porto Alegre: Tese de Doutorado. Universidade Federal do Rio Grande do Sul, 1999, bem como:

asegurando-se a «transparência» no mercado; ou para possibilitar o monitoramento adequado das atividades e condutas dos acionistas controladores, manter e incrementar a confiança dos investidores no mercado de valores mobiliários; para auxiliar a atividade fiscalizadora, sancionadora e normatizadora dos órgãos reguladores e autorreguladores do mercado de valores mobiliários; para viabilizar o regime de responsabilização aplicável aos emissores de valores mobiliários;[76] ainda para esclarecer acerca de determinado aspecto da coisa a ser vendida; ou para alertar sobre o modo de utilização da coisa, permitindo o seu adequado proveito econômico; ou para esclarecer acerca dos limites ou especificidades da prestação de serviços; dentre outras hipóteses. É também instrumental a informação quando serve à proteção do contratante, atuando, então, *para* alertar acerca de determinado risco, de modo que, do contrato não decorram danos injustos à contraparte.

Assim, seja caracterizada como dever anexo a uma prestação principal, seja como dever lateral ao dever de prestação, a informação é, no mais das vezes, marcada pela instrumentalidade (informa-se *para* atingir determinado resultado útil) e pela relacionalidade (o dever e sua intensidade são relativos às concretas situações, pois o que pode ser uma informação lacunosa ou incompreensível para um leigo, poderá ser uma informação despicienda para um profissional). Essas características formam o compasso que marca a medida da informação a ser dada. Exemplifique-se:

No *caso dos produtos com glúten*,[77] a instrumentalidade da informação veio bem marcada.

Tratava-se de saber se o fornecedor era obrigado a informar os consumidores acerca de riscos advindos do emprego do glúten nos produtos alimentares oferecidos, sabendo-se que os portadores da chamada «doença celíaca» têm sensibilidade especial ao glúten que se encontra presente em vários tipos de alimentos.

Coagido a colocar na embalagem dos produtos a informação, sob a forma de alerta aos consumidores, sobre a presença do glúten, o fornecedor alegou ofensa à sua livre iniciativa, com o que impetrou Mandado de Segurança contra as autoridades administrativas que exigiam o alerta na embalagem do produto. Ao apreciar o caso o STJ decidiu:

«O direito à informação, abrigado expressamente pelo art. 5.º, XIV, da Constituição Federal, é uma das formas de expressão concreta do Princípio da Transparência, sendo também corolário do Princípio da Boa-Fé Objetiva e do Princípio da Confiança, todos abraçados pelo CDC».

CLOTET, Joaquim; GOLDIM, José Roberto; FRANCISCONI, Carlos Fernando. *Consentimento Informado e a sua Prática na Assistência e Pesquisa no Brasil*. Porto Alegre: EDIPUCRS, 2000.

76. Sobre as diversas funções da informação no mercado de valores mobiliários, ver PITTA, André Grúnsoun. *O Regime de Informação das Companhias Abertas*. São Paulo: Quartier Latin, 2013, p. 68 e ss.

77. Assim, STJ. REsp 586316/MG. Segunda Turma. Relator Min. Herman Benjamin. Julgamento em 17.04.2007. *DJ* de 19.03.2009.

Na fundamentação, restou explicitado que o dever de informação, motivado em «juízo ético-político-jurídico, de um lado pela própria competência técnica ou profissional do fornecedor, de outro pela inexperiência ou incapacidade do consumidor de se informar» não é de modo algum incompatível com o livre mercado, sendo, ao contrário, «condição para a sua implementação».

Além das razões de cunho «ético-político-jurídico» mencionadas na decisão, há, também, razões técnicas: a instrumentalidade reside, no caso, no fato de a informação requerida sob a forma de alerta ser necessária para viabilizar a própria utilidade buscada pelo contrato de compra e venda, ao mesmo tempo, protegendo o consumidor contra danos que poderiam advir da própria coisa vendida. Quando se adquire um alimento, a finalidade é a de alimentar, e não a de causar ou agravar doenças. Se o alerta não vem exposto na embalagem, não haveria como o adquirente saber qual é a composição do alimento.

Em outras ocasiões, porém, não há dever de minudenciar a composição do bem vendido, pois a informação sobre a minúcia não influi sobre o adimplemento. Exemplificativamente: ao comprar um automóvel determinado, o razoável é o vendedor informar o preço que deverá ser pago, não se exigindo a discriminação específica de todos os elementos componentes do preço final (como partes integrantes essenciais ou não essenciais do veículo normalmente consideradas na composição do preço, como os pneus, ou o limpador de para-brisa, salvo se diferenças de qualidade dessas peças vierem a se manifestar numa distinção entre preços); não se exige do vendedor o dever de aconselhar, por exemplo, sobre a oportunidade em contratar ou não a compra de um veículo; nem sobre os riscos que há em dirigir automóveis. O que se exige é que esclareça, além do preço, as garantias e as características do «todo» resultante num automóvel. Porém, por vezes, se o produto vendido for complexo, composto por um conjunto de partes integrantes essenciais e não essenciais e pertenças, poderá ser exigível, segundo os usos, a informação específica sobre a parte integrante não essencial e a pertença.[78]

---

78. As partes integrantes podem ser essenciais e não essenciais. As primeiras não podem ser objeto de relação jurídica em separado: a relação jurídica se estende sobre o todo. Porém, como averba Pontes de Miranda, «a não separabilidade da parte integrante obedece a critérios normativos e não apenas físicos e econômicos, aferindo-se segundo "o tráfico jurídico e as relações inter-humanas no círculo social". As partes integrantes não essenciais participam do destino da coisa, mas não estão, *in concreto*, «irremissivelmente ligadas a este destino». Daí que as partes integrantes não essenciais – conquanto, em regra, não formem um objeto de direito distinto, compreendendo-se na relação jurídica unitária afeta a coisa constituída pelas partes – podem ser objeto de relação jurídica em separado, se assim resultar da lei, do título ou das circunstâncias do caso. Já as pertenças não constituem partes integrantes, determinando o Código Civil (art. 94) que os negócios jurídicos que dizem respeito ao bem principal não abrangem as pertenças, *salvo se o contrário resultar da lei, da manifestação de vontade ou das circunstâncias do caso*. Sobre o tema das partes integrantes e das pertenças: Pontes de Miranda, Francisco Cavalcanti. *Tratado de Direito Privado*. Tomo II. 3.ª ed. São Paulo: Revista dos Tribunais, 1983, § 124-139, p. 32-75, além de § 142-149, p. 110-132. Mais recentemente, Haical, Gustavo. As Partes Integrantes e a Pertença no Código Civil. *Revista dos Tribunais*, vol. 933, São Paulo, Revista dos Tribunais, 2013, p. 49-135.

Assim se determinou no *caso da cobrança de frete*,[79] julgado pelo Superior Tribunal de Justiça.

Tratava-se de saber se ao fornecedor era lícito (*i*) repassar ao consumidor o custo do frete relativo ao transporte da mercadoria (veículos automotores); (*ii*) se lícito o repasse, qual a sua forma, dentre outras questões. Reconhecendo embora ser lícito ao fornecedor o repasse ao consumidor do custo do serviço prestado, entendeu-se configurado, porém, «abuso de direito» quando o repasse, feito, inclusive «a maior» (*sic*), era desprovido de informação clara e adequada ao adquirente do veículo, acerca dessa prática comercial.[80]

A decisão ficou no limite entre a atividade integrativa e a corretiva. Haveria dever de «corrigir» a conduta do fornecedor ou de colmatar «incompletude» do contrato, ali se plasmando a informação que não fora dada, devendo sê-la?

A resposta não fica clara, pela multiplicidade de figuras invocadas (abuso, dever de lealdade, dever de informação, honestidade, princípio da boa-fé). Porém, é sustentável ter tido preponderância a atividade integrativa. Em face da argumentação das fornecedoras recorrentes «no sentido de que somente haveria ilicitude se houvesse regra de direito que lhes impusesse comportamento contrário, no que diz com cobrar sobre o preço do frete», sublinhou-se: o dever de informar e esclarecer, «comunicando circunstâncias ignoradas pela outra parte ou conhecidas de forma imperfeita ou incompleta» lhes era atribuído. Isso, porque: «[i]ndependentemente da liberdade das concessionárias de fixar os preços de venda, deve esta (*sic*) fornecer informação acerca das despesas com fretes, deixando claro que estes valores não estão incluídos no preço, o que, no presente caso, não ocorreu».[81]

4. Transindividualidade da informação: o mercado de valores mobiliários

Por vezes, a informação configura dever que transcende a relação jurídica inter-individual. Basta pensar no valor jurídico e econômico da informação no mercado de valores mobiliários, bem como nos atributos informativos do prospecto, que é o documento informativo necessário para os efeitos da realização do registro da emissão de ações.

---

79. STJ. REsp 901548/RS. Terceira Turma. Relator Min. Paulo de Tarso Sanseverino. Julgamento em 17.04.2012. *DJ* de 10.05.2012.

80. Nesse sentido também o STJ. REsp 988595/SP. Terceira Turma. Relatora Min. Nancy Andrighi. Julgamento em 19.11.2009. *DJ* de 09.12.2009, mencionado como precedente no STJ. REsp 901548/RS. Terceira Turma. Relator Min. Paulo de Tarso Sanseverino. Julgamento em 17.04.2012. *DJ* de 10.05.2012.

81. Racionalidade semelhante é encontrada no Enunciado 432 – ao art. 422 do Código Civil – da V Jornada de Direito Civil do Conselho de Justiça Federal (2011), *in verbis*: «432. Em contratos de financiamento bancário, são abusivas cláusulas contratuais de repasse de custos administrativos (como análise do crédito, abertura de cadastro, emissão de fichas de compensação bancária, etc.), seja por estarem intrinsecamente vinculadas ao exercício da atividade econômica, seja por violarem o princípio da boa-fé objetiva».

612 | A BOA-FÉ NO DIREITO PRIVADO

5. Uma informação marcada pelo interesse público

A pedra angular do mercado de valores mobiliários é a informação, o *disclosure*. Não se trata, aqui, de visualizar a informação sob o ângulo das relações interindividuais, mas daquelas transindividuais. Também não se trata de, por via da boa-fé, suprir lacunas *contratuais*, exclusivamente, pois, em regra, nesse caso, a informação será devida quando da oferta ou em razão de vinculação legal ou societária (institucional). Ainda assim o problema há de ser ao menos mencionado, pois reflete-se em vínculos obrigacionais.

Diz-se que a informação é aí marcada pelo interesse público, porque a falta de informações adequadas, neste setor, prejudica o mercado como um todo e não apenas aqueles agentes que não a detém e, por isso, estão em situação de vulnerabilidade informativa ao não dispor das informações necessárias para a determinada decisão, ou por restarem – por desinformados – à mercê das práticas desleais por parte daqueles que se encontram em situação de preponderância informacional.[82] Como está em recente e aprofundado estudo, a regulação do mercado de valores mobiliários visa a criar ambiente seguro para a captação da poupança popular pelas companhias abertas, para o que «faz-se necessário assegurar aos investidores-poupadores informações mínimas sobre a companhia aberta, sobre seus valores mobiliários e sobre sua atividade empresarial. Lida-se, aqui, com os desafios relacionados à regulação de ambiente coletivo e multilateral de negociação, no qual inúmeros interesses se contrapõem instantaneamente. O papel da regulação passa a ser, portanto, a intervenção mínima, a fim de que se garanta a segurança exigida para o regular funcionamento do mercado de valores mobiliários».[83]

O tema é vasto e suscita uma multiplicidade de abordagens. Aqui é mencionado tão somente para referir o valor integrativo da boa-fé para suprir, *se e quando necessário*, a disciplina informativa prevista nas Leis 6.385/1976 (Lei do Mercado de Capitais) e 6.404/1976 (Lei das SA) e explicitada nas resoluções da CVM, muito especialmente na Instrução CVM n. 400 e na Instrução CVM n. 358.[84]

---

82. Assim, com base nos estudos de G. Arkelof e G. Stirgler, escreve Pitta, André Grünsoun. *O Regime de Informação das Companhias Abertas*. São Paulo: Quartier Latin, 2013, p. 71-72. O estudo seminal de Arkelof (The market for 'lemons; quality uncertanty and the marker mechanismo) foi publicado em: *The Quaterly Journal of Economic*. Massachusetts: MIT Press, vol. 84, n. 2, 1970, e nos últimos 40 anos tem influenciado decisivamente as análises sobre essa questão. Mais recentemente: Ferreira, Mariana Martins-Costa. *Responsabilidade Civil por Falhas Informacionais no Mercado de Capitais*. São Paulo: Almedina, no prelo (originalmente apresentada como Tese de Doutorado. Orient. Prof. Dr. Eduardo Munõz. Faculdade de Direito, Universidade de São Paulo, 2022).

83. Ferreira, Mariana Martins-Costa. *Responsabilidade Civil por Falhas Informacionais no Mercado de Capitais*. São Paulo: Almedina, no prelo (originalmente apresentada como Tese de Doutorado. Orient. Prof. Dr. Eduardo Munõz. Faculdade de Direito, Universidade de São Paulo, 2022. O trecho transcrito está à p. 25).

84. Não se esqueça o alerta segundo o qual «se a luz do sol é o melhor dos desinfetantes», como na célebre afirmação de Louis Brandeis, «luz demais pode cegar», como percebeu Troy Paredes e

No mercado de valores mobiliários, «poupadores e tomadores de recursos se encontram para repartir os riscos e o financiamento das atividades econômicas». De um lado, tem-se um dos participantes (o que desenvolve a atividade), que terá as informações sobre a gestão dos recursos; de outro, está uma coletividade anônima de investidores, os quais fornecerão os recursos, sem a estes poder gerir. Os investidores precisam, portanto, ter informações mínimas para avaliar as expectativas de ganhos futuros e, consequentemente, o preço que estariam dispostos a pagar pelos valores mobiliários.[85] Da informação depende não apenas o consentimento esclarecido dos que planejam investir, mas, fundamentalmente, a *confiança*, elemento essencial ao desenvolvimento e ao funcionamento do mercado de valores mobiliários. Explica-se, assim, o reconhecimento – hoje indiscutido em nosso sistema – de que os emissores de valores mobiliários estejam obrigados a divulgar um amplo conjunto de informações sobre variados aspectos de sua atividade.[86]

Conquanto a Lei 6.385/1976 tenha atribuído à CVM competência para definir e regulamentar (nos limites ali traçados) os requisitos informacionais aplicáveis às companhias abertas – incluindo a natureza das informações que as companhias abertas devem divulgar e as informações que devem ser prestadas por administradores, conselheiros, acionistas controladores e minoritários –, ainda assim pode configurar-se lacuna na disciplina informativa que atinja contratos ou ofertas a contratar, como o são as ofertas públicas de aquisição de ações. Assim, até que venha a ser eventualmente suprida a lacuna por norma legal ou regulamentar, o princípio da boa-fé fundamenta diretamente o dever de informar.

Essa função é particularmente notável quando da emissão de um prospecto.

6. Informação e prospecto

Segundo o que está no art. 38 da Instrução CVM n. 400[87] é prospecto «o documento elaborado pelo ofertante em conjunto com a instituição líder da distribuição,

---

endossa Francisco Satiro no Prefácio a Pitta, André Grünspun. *O Regime de Informação das Companhias Abertas*. São Paulo: Quartier Latin, 2013, p. 22. Todo o problema da informação está efetivamente no como, quanto, o que, para quem, por que e para que informar.

85. Ferreira, Mariana Martins-Costa. *Responsabilidade Civil por Falhas Informacionais no Mercado de Capitais*. São Paulo: Almedina, no prelo (originalmente apresentada como Tese de Doutorado. Orient. Prof. Dr. Eduardo Munõz. Faculdade de Direito, Universidade de São Paulo, 2022, p. 27).

86. Pitta, André Grünspun. *O Regime de Informação das Companhias Abertas*. São Paulo: Quartier Latin, 2013, p. 102.

87. Art. 38, *in verbis*: «Prospecto é o documento elaborado pelo ofertante em conjunto com a instituição líder da distribuição, obrigatório nas ofertas públicas de distribuição de que trata esta Instrução, e que contém informação completa, precisa, verdadeira, atual, clara, objetiva e necessária, em linguagem acessível, de modo que os investidores possam formar criteriosamente a sua decisão de investimento» (A redação original não foi alterada pelas pelas Instruções CVM 429/06, 442/06, 472/08, 482/10, 488/10, 507/11, 525/12, 528/12, 531/13, 533/13, 546/14, 548/14, 551/14, 566/15, 571/15, 583/16, 584/17, 588/17, 595/18, 600/18, 601/18, 604/18 e Resoluções CVM 8/20 e 61/21).

614 | A BOA-FÉ NO DIREITO PRIVADO

obrigatório nas ofertas públicas de distribuição de que trata esta Instrução, *e que contém informação completa, precisa, verdadeira, atual, clara, objetiva e necessária*, em linguagem acessível, de modo que os investidores possam formar criteriosamente a sua decisão de investimento». Trata-se, pois, de instrumento qualificado dentre aqueles componentes da oferta, o qual deverá, nos termos do art. 39, conter determinados elementos[88] «de maneira que não omita fatos de relevo, nem contenha informações que possam induzir em erro os investidores».

Dentre as finalidades do prospecto, assinala Aline de Menezes Santos Aragão, está a *de proteção*, inclusive para o próprio ofertante (e não apenas aos investidores, destinatários da oferta nele veiculada), «porque a divulgação de informações feita de acordo com os cânones da boa-fé objetiva, e executada de forma completa, precisa e neutra, constitui, sem dúvida, instrumento para a exclusão de sua responsabilidade, transferindo inteiramente para o investidor o risco do investimento».[89]

Assim, a informação está no núcleo – pode-se dizer, «ontológico» – do prospecto, sendo polarizada a uma finalidade supraindividual. Sua função, assinala Eizirik, «é a de permitir que terceiros possam tomar a decisão de subscrever ou não ações da companhia que está sendo constituída».[90] Trata-se, com efeito, de informar aos potenciais investidores com completude, precisão, veracidade, clareza, objetividade e pertinência (necessidade) os elementos que possibilitam a sua tomada de decisão, o seu «consentimento informado» a investir. Não visa convencer o público a investir, subscrevendo ações, mas deve ser um «documento neutro» destinado a «esclarecer tecnicamente sobre a fundação da sociedade e a viabilidade da empresa»,[91] destacando-se os riscos do investimento «sem propaganda exageradamente positiva do emissor».[92] E complementa o art. 39 da Instrução CVM n. 400: «[o] Prospecto deverá, de maneira que não omita fatos de relevo, nem contenha informações que possam induzir em erro os investidores, conter

---

88. A saber: a oferta; os valores mobiliários objeto da oferta e os direitos que lhes são inerentes; o ofertante; a companhia emissora e sua situação patrimonial, econômica e financeira; terceiros garantidores de obrigações relacionadas com os valores mobiliários objeto da oferta; e terceiros que venham a ser destinatários dos recursos captados com a oferta.

89. Aragão, Aline de Menezes Santos. Responsabilidade Administrativa e Civil do Ofertante e do Intermediário pelo conteúdo do Prospecto. In: Adamek, Marcelo Vieira von (Org.). *Temas de Direito Societário e Empresarial Contemporâneos*. São Paulo: Malheiros, 2011, p. 230.

90. Eizirik, Nelson. *A Lei das S/A Comentada*, vol. I. São Paulo: Quartier Latin, 2011, p. 503. Essa função é sublinhada de modo reiterado e incontroverso. A propósito, conferir, ainda em: Rodrigues, Sofia Nascimento. *A Proteção dos Investidores em Valores Imobiliários*. Coimbra: Almedina, 2001, especialmente p. 26 e ss.; e Mesquita, Manuel Henrique. *Oferta Pública de Venda de Acções e Violação do Dever de Informar* (Comentário a uma operação de privatização). Coimbra: Coimbra Editora, 1996, em especial, p. 32 e ss.

91. Carvalhosa, Modesto. *Comentários à Lei de Sociedades Anônimas*, vol. II. 4.ª ed. São Paulo: Saraiva, 2009, p. 119.

92. Aragão, Aline de Menezes Santos. Responsabilidade Administrativa e Civil do Ofertante e do Intermediário pelo conteúdo do Prospecto. *Temas de Direito Societário e Empresarial Contemporâneos*. Adamek, Marcelo Vieira von (Org.). São Paulo: Malheiros, 2011, p. 231. Destaquei.

A Criação de Deveres | 615

os dados e informações sobre»,[93] dentre outras, «a companhia emissora e sua situação patrimonial, econômica e financeira» (inc. IV), bem como «terceiros garantidores de obrigações relacionadas com os valores mobiliários objeto da oferta (inc. V)».

7. Critérios e elementos do dever de informar

A informação não é um «objeto» que se apresente sempre na mesma forma e medida. Na concretização dos deveres informativos, antes de mais, há que ter extremada atenção aos critérios das fases da relação em que esse dever se aloca, dos campos em que atua, do tipo de relação jurídica em causa e do interesse envolvido (prestar ou proteger). Essas distinções importarão nas diferentes intensidades do dever de informar, bastando exemplificar – ainda – pelo contraste: são incomparáveis os graus de intensidade do dever de informar de um médico ao seu paciente acerca dos prognósticos de uma doença rara, ou sobre cuidados pós-cirúrgicos; também assim quanto à escala de informações devidas por um comerciante a outro, quando contratam, por exemplo, a distribuição de certo produto no mercado; ou ao grau e à extensão da informação devida entre partes em relação de paridade contratual (como um vendedor, particular, relativamente ao outro, numa compra e venda puramente civil); e aquelas situadas em relação de disparidade ou assimetria informativa, como o consumidor e o fornecedor; e, ainda, no concernente àquelas informações marcadas pelo interesse público, como as informações devidas no âmbito do mercado de valores mobiliários.

De fato, o tema dos deveres informativos é exemplarmente ilustrativo do caráter eminentemente relacional da boa-fé. O conteúdo e a extensão da informação devida são determináveis apenas em vista de um compósito de elementos contextualmente enquadrados. Por essa razão, no exame do caso concreto, devem ser averiguados e entrecruzados (*i*) elementos fáticos subjetivos (ligados à pessoa dos envolvidos, tais como a sua possibilidade de acesso à informação; bem como à presunção, ou não, de assimetria informacional entre as partes); (*ii*) elementos normativos (tais como os usos do tráfico jurídico, a presença, ou não, de um dever legal e/ou contratual de informar);[94] e

---

93. Na mesma linha aponta a regra 10b-5 do *Securities Exchange Act* norte-americano de 1934, segundo a qual «§240.10b-5 Employment of manipulative and deceptive devices.It shall be unlawful for any person, directly or indirectly, by the use of any means or instrumentality of interstate commerce, or of the mails or of any facility of any national securities exchange, (a) To employ any device, scheme, or artifice to defraud, (b) To make any untrue statement of a material fact or to omit to state a material fact necessary in order to make the statements made, in the light of the circumstances under which they were made, not misleading, or (c) To engage in any act, practice, or course of business which operates or would operate as a fraud or deceit upon any person,in connection with the purchase or sale of any security». Disponível em: <https://www.govinfo.gov/content/pkg/COMPS-1885/pdf/COMPS-1885.pdf>. Acesso em: 09.05.2023.

94. Acerca da extensão e forma de apresentação dos deveres informativos no universo das relações de consumo, entre outros: STJ. REsp 1302738/SC. Terceira Turma. Relatora Min. Nancy Andrighi. Julgamento em 03.05.2012. *DJ* de 10.05.2012; STJ. REsp 586316/MG. Segunda Turma. Relator Min. Herman Benjamin. Julgamento em 17.04.2007. *DJ* de 09.03.2009; STJ. REsp 988044/ES.

A BOA-FÉ NO DIREITO PRIVADO

elementos fáticos objetivos (*v.g.*, a aceitabilidade, conforme a relação, de assumir-se o risco de «jogadas equivocadas», como é próprio das relações interempresariais,[95] o cuidado prévio revelado pela realização de *due diligence*, ou a sua negligência, etc.).[96] Em qualquer caso, o *quantum* informativo é questão de grau: não há dever jurídico de dação de informação *ilimitada*.[97]

Dentre as circunstâncias condicionantes da incidência e da eficácia do princípio, estão, primeiramente, os *elementos subjetivos*, ocorrendo questionar: as negociações pré-contratuais foram realizadas entre comerciantes, sendo paritárias e ocorrendo entre pessoas que tem o dever legal de diligência quanto aos interesses que presentam,[98] ou, diversamente, entre consumidores e fornecedores, submetidas a um amplíssimo dever geral de informação assentado no pressuposto da vulnerabilidade do consumidor? Uma e outra resposta serão distintas.

Evidentemente, maior será – exigindo grau mais elevado de explicitude – no âmbito de uma relação assimétrica em que incidente o «princípio da transparência», tal qual previsto pelo Código de Defesa do Consumidor, cuja disciplina informativa, estando já pontualizada na própria lei,[99] é de mais direta e imediata apreensão. Nesses casos,

---

Terceira Turma. Relator Min. Nancy Andrighi. Julgamento em 17.12.2009. *DJ* de 02.02.2010; STJ. REsp 11055747/PR. Terceira Turma. Relator Min. Massami Uyeda. Julgamento em 07.05.2009. *DJ* de 20.11.2009.

95. FORGIONI, Paula. *Contrato de Distribuição*. São Paulo: Revista dos Tribunais, 2005, p. 531 e ss.

96. O tema é também objeto de atenção no Direito europeu. O art. 4:01 dos PECL busca densificar os critérios da informação devida, segundo a boa-fé e o cânone do *fair dealing*. Como assinala Mota Pinto, trata-se de arrolar fatores que, embora não indicados exaustivamente, devem ser sopesados pelo intérprete em vista do caso concreto, não sendo a solução determinada de modo fixo, através de uma hipótese rigidamente predeterminada (confira-se em: MOTA PINTO, Paulo. Falta e vícios da vontade – O Código Civil e os regimes mais recentes. *Comemorações dos 35 anos do Código Civil e dos 25 anos da Reforma de 1977*, vol. II. Coimbra: Coimbra Editora, 2006, p. 489-490).

97. MARTINS-COSTA, Judith. Um aspecto da obrigação de indenizar: Notas para uma sistematização dos deveres pré-negociais de proteção no Direito Civil brasileiro. *Revista dos Tribunais*, vol. 867, São Paulo, Revista dos Tribunais, jan. 2008, p. 42.

98. A jurisprudência, modo geral, está atenta à questão, valorando, por exemplo, a possibilidade de os contraentes terem «calculado mal» variáveis macroeconômicas, não cabendo, nesse caso, negar a vinculabilidade do pactuado sob a excusa ou do inadimplemento de deveres informativos, ou, ainda, como por vezes se pretende, sob o pálio do «princípio do equilíbrio» ou do «princípio da função social do contrato», ou, ainda, o da boa-fé (*vide, e.g.*, STJ. REsp 803481/GO. Terceira Turma. Relatora Min. Nancy Andrighi. Julgamento em 28.06.2007. *DJ* 01.08.2007. Destaquei).

99. As qualificações e limites do dever de informar estão nos seguintes arts. do CDC: 6.º, III e IV; 12, 14, 30, 31 e 46. São direitos básicos do consumidor: III – a informação adequada e clara sobre os diferentes produtos e serviços, com especificação correta de quantidade, características, composição, qualidade e preço, bem como sobre os riscos que apresentem; IV – a proteção contra a publicidade enganosa e abusiva, métodos comerciais coercitivos ou desleais, bem como contra práticas e cláusulas abusivas ou impostas no fornecimento de produtos e serviços (art. 6.º, III e IV); O fabricante, o produtor, o construtor, nacional ou estrangeiro, e o importador respondem, independentemente da existência de culpa, pela reparação dos danos causados aos consumidores por defeitos decorrentes de projeto, fabricação, construção, montagem, fórmulas, manipulação, apresentação ou acondicionamento de seus produtos, bem como por informações insuficientes

A Criação de Deveres | 617

recorre-se, retoricamente, à boa-fé, o que é, a rigor, desnecessário, pois a integração do contrato, pela imposição de um dever informativo, decorre da própria Lei Consumerista, que expressamente comina o dever de informar do fornecedor ao consumidor.[100]

Mais complexa é a configuração da função integrativa por meio do dever de informar no campo das relações obrigacionais não submetidas à regência do CDC e, especialmente, nas relações de Direito Privado (Civil, Comercial, e em certa medida o Direito Societário), já que a informação não está (toda ou em sua maior parte) previamente determinada na lei, sendo deduzidos o quê e o quanto informar da boa-fé objetiva. Essa dificuldade deriva das muitas distinções a serem feitas entre as hipóteses.

Será preciso discernir, *prima facie*, se se trata de relação de intercâmbio interindividual no âmbito de uma relação obrigacional definida, ou se há o envolvimento de interesses transindividuais, cabendo, então, por imposição legal (como no caso do oferecimento de ações de companhias abertas no mercado), cumprir com estritos e bem definidos deveres informativos.[101] Também será preciso distinguir desde logo se a relação em causa é paritária ou assimétrica, embora não submetida à regência do CDC. Nas relações contratuais paritárias, o dever de informar ao contratante convive com o ônus da autoinformação; porém, nas relações assimétricas, em muito diminuem as possibilidades fáticas da autoinformação.

---

ou inadequadas sobre sua utilização e riscos (art. 12, *caput*, do CDC); O fornecedor de serviços responde, independentemente da existência de culpa, pela reparação dos danos causados aos consumidores por defeitos relativos à prestação dos serviços, bem como por informações insuficientes ou inadequadas sobre sua fruição e riscos (art. 14, *caput*, do CDC); Toda informação ou publicidade, suficientemente precisa, veiculada por qualquer forma ou meio de comunicação com relação a produtos e serviços oferecidos ou apresentados, obriga o fornecedor que a fizer veicular ou dela se utilizar e integra o contrato que vier a ser celebrado (art. 30, *caput*, do CDC); A oferta e apresentação de produtos ou serviços devem assegurar informações corretas, claras, precisas, ostensivas e em língua portuguesa sobre suas características, qualidades, quantidade, composição, preço, garantia, prazos de validade e origem, entre outros dados, bem como sobre os riscos que apresentam à saúde e segurança dos consumidores (art. 31, *caput*, do CDC); Os contratos que regulam as relações de consumo não obrigarão os consumidores, se não lhes for dada a oportunidade de tomar conhecimento prévio de seu conteúdo, ou se os respectivos instrumentos forem redigidos de modo a dificultar a compreensão de seu sentido e alcance (art. 46, *caput*, do CDC). *Vide* ainda: Fabian, Christoph. *O Dever de Informar no Direito Civil*. São Paulo: Revista dos Tribunais, 2002, especialmente p. 83-86 e 117-120.

100. CDC, art. 6.º: «São direitos básicos do consumidor: (*omissis*)
III – a informação adequada e clara sobre os diferentes produtos e serviços, com especificação correta de quantidade, características, composição, qualidade, tributos incidentes e preço, bem como sobre os riscos que apresentem».

101. Situação peculiar tem as chamadas «sociedades de grande porte». A Lei n. 11.638 de 2007, que alterou a Lei das Sociedades Anônimas, traz essa noção (art. 3.º, parágrafo único), submetendo as sociedades de grande porte, mesmo que não constituídas sob a forma de Companhias, às regras de escrituração e de elaboração de demonstrações financeiras segundo a disciplina própria das sociedades por ações, prevista na Lei n. 6.404 de 1976. Consulte-se: França, Erasmo Valladão e Novaes. Sociedades de Grande Porte (Lei 11.638/2007, art. 3.º). *Temas de Direito Societário, Falimentar e Teoria da Empresa*. São Paulo: Malheiros, 2009, p. 129.

É preciso, ainda, verificar o tipo de contrato em causa bem como a fase da relação obrigacional, pois o dever de informar acompanha o processo obrigacional. Imagine-se a hipótese de alienação de ações, em que à fase de *disclosure* pré-contratual seguem-se, já concluído o contrato, mas ainda *pendente condictione*, uma auditoria e, ainda, uma fase de gestão conjunta, por período determinado, ao fim das quais prevê-se o exercício de opção que concluirá a complexa operação contratual e societária. A toda evidência, o grau de colaboração é, neste caso, progressivo, sendo progressivo, igualmente, o dever de informar sobre aspectos que otimizem a operacionalização do contrato.

8. Formas de infração aos deveres informativos

Outra distinção diz respeito à forma de infração do dever. Como bem esclarece Menezes Cordeiro, os deveres informativos «[t]anto podem ser violados por acção, portanto com indicações inexactas, como por omissão, ou seja, pelo silêncio face a elementos que a contraparte tinha interesse objectivo em conhecer».[102] Também assim se entende na doutrina brasileira, aludindo-se à «incorporação» ao Direito das Obrigações de um dever de informar com base na boa-fé exigível «antes, durante e após a conclusão do negócio jurídico».[103] É necessário, porém, marcar o bem jurídico que o dever de informar protege, bem como as eficácias geradas por sua violação. Normalmente, a consequência será indenizatória, mas poderá haver eficácias invalidantes (no caso do dolo essencial, Código Civil, art. 145)[104] e resolutórias, como na hipótese do art. 35, inc. III, do Código de Defesa do Consumidor.[105] Esse caráter multifacetado e relacional dos deveres informativos está na raiz das hesitações e reviravoltas quando da integração contratual, infletindo na questão de saber «o que se deve falar» (e o que se *pode* e, por vezes, o que se *deve* calar)[106] e *para quem* se deve falar.

---

102. Menezes Cordeiro, António Manuel. *Da Boa-Fé no Direito Civil*. Coimbra: Almedina, 1984, p. 583.

103. Lôbo, Paulo. *Direito Civil*. Parte Geral. São Paulo: Saraiva, 2009, p. 281; Fradera, Véra. Informar ou não informar. Eis a questão! In: Martins-Costa, Judith; Fradera, Véra. *Estudos de Direito Privado e Processual Civil:* em homenagem a Clóvis do Couto e Silva. São Paulo: Revista dos Tribunais, 2014, p. 231-253.

104. Tratou-se do tema in: Martins-Costa, Judith. Os Regimes de Dolo Civil no Direito Brasileiro: dolo antecedente, vício informativo por omissão e por comissão, dolo acidental e dever de indenizar. *Revista dos Tribunais*, v. 923, set. 2012, p. 121-122. Relembro que violação da lealdade pode ocorrer pela via do erro induzido ou do dolo (omissivo ou comissivo), pois a boa-fé tem a força de potencializar os deveres de aviso, informação e esclarecimento. Consulte-se: Theodoro Júnior, Humberto. *Comentários ao Novo Código Civil*, vol. III. 3.ª ed. Rio de Janeiro: Forense, 2006, p. 143 e ss.; Lôbo, Paulo. *Direito Civil*. Parte Geral. São Paulo: Saraiva, 2009, p. 281 e ss.

105. CDC, *in verbis*: «Art. 35. Se o fornecedor de produtos ou serviços recusar cumprimento à oferta, apresentação ou publicidade, o consumidor poderá, alternativamente e à sua livre escolha: (...) III – rescindir o contrato, com direito à restituição de quantia eventualmente antecipada, monetariamente atualizada, e a perdas e danos».

106. Fradera, Véra. Informar ou não informar. Eis a questão! In: Martins-Costa, Judith; Fradera, Véra. *Estudos de Direito Privado e Processual Civil:* em homenagem a Clóvis do Couto e Silva. São Paulo: Revista dos Tribunais, 2014, p. 231-253.

9. Deveres informativos na fase pré-contratual

Essas questões se põem notadamente na fase formativa de um contrato,[107] fase em que o cerne do problema da informação pré-contratual assenta-se em dois pilares: (*i*) determinar se é lícito aos que negociam contratos proferir afirmações consabidamente inverídicas sobre aspecto essencial ao que está sendo negociado; (*ii*) determinar em que medida o dever de informar é afastado pelo não cumprimento, por parte do lesado, do ônus de se informar ou do dever de se informar. Isso, porque, na fase de formação do contrato, o bem jurídico visado é um consentimento informado e é nessa medida em que é devida a informação como dever de proteção pré-contratual.[108]

Nessa fase, a infração do dever informativo pode ser culposa ou dolosa. No primeiro caso, a consequência será o nascimento de responsabilidade civil, por culpa *in contrahendo* (responsabilidade pré-contratual, ou pré-negocial); se dolosa (incluso o dolo por omissão informativa), pode levar à anulação, se essencial o dolo, ou ao pagamento de perdas e danos, se caracterizado o dolo acidental.

Quanto ao primeiro ponto, sobreleva a todas as hesitações e divergências doutrinárias a convicção sobre não haver direito subjetivo à prestação de informação consabidamente inverídica sobre o objeto e as condições do negócio.[109] O dever jurídico de prestar a informação pode decorrer de lei, da vontade das partes, do princípio da boa-fé, dos usos, ou das circunstâncias. Pode, inclusive, sequer se configurar como dever jurídico. Mas, uma vez prestada determinada informação, essa há de ser verídica, ou ao menos legitimamente tida como verídica pela parte que a prestou. Se não o for, em razão de negligência ou de dolo da parte que forneceu a informação, haverá dever de reparar os danos resultantes da incorreção da informação prestada, ou da sua falta. A informação inverídica pode decorrer de uma afirmação positiva ou de um jogo entre o parcialmente dito e a reticência.[110] Nem sempre o silêncio (que é uma simples abstenção) é sancionado. Será sancionado, todavia, quando for tão eloquente quanto uma mentira ou quando houver dever de não silenciar.[111]

---

107. Ver Capítulo V, §§40-46.

108. Martins-Costa, Judith. Os Regimes do Dolo Civil no Direito Brasileiro: dolo antecedente, vício informativo por omissão e por comissão, dolo acidental e dever de indenizar. *Revista dos Tribunais*, vol. 923, São Paulo, Revista dos Tribunais, set. 2012, p. 115-144. Benetti, Giovana. *Dolo no Direito Civil*. Uma análise da omissão de informações. São Paulo: Quartier Latin, 2019, p. 221 *et seq*.

109. Como diz Manuel de Andrade, constituem qualidades do objeto «a sua constituição material e aquelas condições factuais e jurídicas que, pela sua natureza e duração, influem no valor ou no préstimo desse objecto». Andrade, Manuel Domingos de. *Teoria Geral da Relação Jurídica*, vol. II. Coimbra: Almedina, 1966, p. 238.

110. Ghestin, Jacques. La Réticence, le Dol et l'Erreur sur les Qualités Substantielles. *Recueil Dalloz Sirey*, Chronique – XXXXVI, 1971, p. 247-250.

111. Ghestin, Jacques. La Réticence, le Dol et l'Erreur sur les Qualités Substantielles. *Recueil Dalloz Sirey*, Chronique – XXXXVI, 1971, p. 249.

A BOA-FÉ NO DIREITO PRIVADO

Quanto ao segundo ponto: o «dever de se informar» (que, não raro, qualifica-se mais exatamente como ônus ou encargo material)[112] configura (*i*) ou manifestação do dever geral de diligência para com os próprios interesses, que a todos incumbe (nesse caso, qualificando-se como ônus), ou dever para com o *alter*, ainda que mediata ou indiretamente, como no exemplo do médico que deve se informar sobre o paciente, realizando a anamnese, para poder tratá-lo adequadamente (nesse caso, consistindo em dever profissional). A diligência para com os próprios interesses (ônus ou encargo) configura-se, no plano contratual, em solicitar da outra parte as informações que estime necessárias sobre as obrigações que vai assumir antes de aceitá-las.[113] Ao contratante diligente incumbe fazer perguntas, averiguar e analisar as respostas que recebe, buscar dados, refletir sobre as informações que lhe são transmitidas.

Para os administradores de sociedades, há dever, e não ônus, porque a autoinformação especifica aspecto do dever legal previsto, em termos gerais, no art. 1.011 do Código Civil e no art. 153 da Lei 6.404/1976, bem como dos deveres promanados da Lei 6.385/1976 e pela CVM, quando for o caso. Os deveres autoinformativos cometidos legalmente aos administradores, no plano societário, têm reflexos no plano contratual, pois o administrador diligente buscará se informar acerca do objeto e das condições dos contratos que conclui como presentante da sociedade. Como bem aponta Estelle Scholastique, a inércia não é desculpa.[114] Porém, o dever de se informar tem como limite – como, de resto, todo e qualquer dever de diligência – os «esforços razoáveis»[115] da parte a quem é cometido o dever (ou o ônus jurídico) da autoinformação.

Também assim quanto aos deveres autoinformacionais profissionais, quando a autoinformação ou é imposta por normas de boa prática, escritas ou não, sendo pressuposto para bem atender ao cliente/paciente.

10. Dever de informar: extensão

Há relação imediata entre as intensidades do dever de informar e do dever ou do encargo material de se informar. Quando a relação é estabelecida entre profissionais, uma vez demonstrado que o agente buscou a informação, fazendo perguntas à contraparte, mas ela lhe foi negada, porque havia dever de confidencialidade, ou outra escusa crível e justificável, cessa a exigência do dever de se informar: *ad impossibilia nemo tenetur*.

---

112. Para essa noção, ver neste CAPÍTULO, o §63, 10.

113. LLOBET AGUADO, Josep. *El Deber de Información en la Formación de los Contratos*. Madrid: Marcial Pons, 1996, p. 110, com citações da doutrina francesa e belga.

114. SCHOLASTIQUE, Estelle. *Le Devoir de Diligence des Administrateurs des Sociétés*. Droits français et anglais.Paris: LGDJ, 1998, p. 1.

115. Como relata Otávio Yazbek, a CVM tem usado o parâmetro da razoabilidade na avaliação do dever de auto informação, e dos esforços despendidos em busca de informações. (YAZBEK, Otávio. Representações do dever de diligência na doutrina jurídica brasileira: um exercício e alguns desafios. In: KUYVEN, Luiz Fernando Martins (Coord.). *Temas Essenciais de Direito Empresarial*. Estudos em homenagem a Modesto Carvalhosa. São Paulo: Saraiva, 2012, p. 940 e ss.).

A Criação de Deveres | 621

Não há, em linha de princípio, o dever de informar concernentemente a elementos notórios e a dados que o lesado conhecia ou devia razoavelmente conhecer, por exemplo, em razão de sua profissão ou pelo ambiente econômico-social em que age. A exigência de uma conduta segundo a boa-fé «supõe que cada parte deva informar a outra sobre os dados que aquele ignora e que não está em condições de conhecer por si mesma».[116]

11. Critérios auxiliares à concreção do dever de informar

Para ter presentes quais são as condições ou pressupostos do dever de se informar, ocorre apontar, a título não exaustivo, seis critérios gerais que podem ser de auxílio na mensuração da intensidade.[117]

(a) se o lesado puder ter acesso, razoavelmente, à informação, não há, para a contraparte, o dever de informar: a inércia própria não desloca a responsabilidade para a esfera alheia. Não há inércia, contudo, quando se verifica a existência de obstáculo ao dever de se informar, tal qual a impossibilidade fática ou jurídica, objetiva e subjetiva,[118] de se informar. A possibilidade de obter a informação é apreciada à luz das particulares circunstâncias do caso. Se o potencial comprador toma as medidas usualmente seguidas para averiguar a seriedade das informações, não restando inerte, evidentemente cumpriu com o ônus jurídico que lhe é imputado (ou, se administrador de sociedade empresária, os deveres legais de diligência);

(b) a informação faltante deve ser «pertinente», isto é, deve guardar relação com o objeto do contrato[119] – há de ser útil ao contratante a quem deve ser transmitida, e sua transmissão há de ser lícita, não obstada por norma que a vede;[120]

(c) a averiguação da intensidade do dever de se informar (e, portanto, da medida em que tais ou quais eventos, razoavelmente, constituem obstáculo à autoinformação) é feita *in concreto*.[121] Conquanto os parâmetros da razoabilidade sejam estabelecidos *in abstracto*, por via de *standards* tais como o do «administrador diligente» ou o da «pessoa

---

116. Llobet Aguado, Josep. *El Deber de Información en la Formación de los Contratos*. Madrid: Marcial Pons, 1996, p. 112. Destaquei.

117. Quando há dever de informar legalmente estabelecido, os critérios ora expostos acrescem, mas não substituem, o que a lei determina.

118. Llobet Aguado, Josep. *El Deber de Información en la Formación de los Contratos*. Madrid: Marcial Pons, 1996, p. 111-116.

119. Fabre-Magnan, Muriel. *L'Obligation d'Information dans les Contrats*. Paris: LGDJ, 1992, p. 132 e ss.

120. Fabre-Magnan, Muriel. *L'Obligation d'Information dans les Contrats*. Paris: LGDJ, 1992, p. 149.

121. Fabre-Magnan, Muriel. *L'Obligation d'Information dans les Contrats*. Paris: LGDJ, 1992, p. 137. Assim também me pronunciei em: Martins-Costa, Judith. Um Aspecto da Obrigação de Indenizar. Notas para uma Sistematização dos Deveres Pré-Negociais de Proteção no Direito Civil Brasileiro. In: Campos, Diogo Leite; Mendes, Gilmar Ferreira; e Martins, Ives Gandra da Silva (Orgs.). *A Evolução do Direito no Século XXI*. Estudos em Homenagem ao Professor Arnoldo Wald. Coimbra: Almedina, 2007, p. 338.

razoável», esse tipo abstrato de referência é largamente individualizado em matéria de deveres informativos;[122]

(d) não há *dever de «não confiar»*, o que seria tanto disfuncional e contrário à boa--fé quanto verdadeiramente impraticável, tendo em vista a acentuada (e, em última análise, intransponível) *assimetria de informações* que inexoravelmente permeia varia-díssima gama de relações jurídicas, não apenas as relações de consumo.[123] Não por outra razão, tal exigência inexiste em nosso Ordenamento jurídico, o qual, ao contrário, impõe o dever de agir conforme a boa-fé nas tratativas contratuais e tutela as expecta-tivas legítimas criadas no *alter* durante o período pré-negocial;[124]

(e) a informação pré-contratual está polarizada pelo seu fim de permitir um con-sentimento informado a contratar.

12. Informação, lealdade, veracidade

Por vezes, o dever de lealdade está subsumido no dever de informar. A ligação é efetivamente estreita, pois o *dever de lealdade* engloba o de *veracidade*, mas vai além, pois lealdade é mais do que veracidade: é contribuir, positivamente, com o interesse alheio e, no caso das sociedades, com o interesse comum.

No que tange ao contrato de seguro, o dever de veracidade, já expresso no Código de 1916, é repetido (arts. 765 e 766):[125] pune-se o segurado que omite doença que sabia existir.[126] Porém, o segurado que omitiu doença preexistente por não estar ciente da moléstia, não sofre as consequências da regra,[127] não sendo configurado o dever,

---

122. Jourdain, Patrice. Le Devoir de «se» Renseigner. *Recueil Dalloz Sirey*,Chronique – XXV, 1983, p. 143.

123. Exemplificativamente: nas operações de fusões e aquisições societárias, nem o mais diligente dos procedimentos de *due diligence* permitirão que o comprador, em um curto espaço de tempo, saiba mais sobre a empresa do que os seus administradores e controladores de longa data.

124. A vedação à mentira é, aliás, absolutamente salutar do ponto de vista econômico. Como bem aponta Paula Forgioni, a propósito da atuação do princípio da boa-fé nas relações empresariais, «o comportamento honesto não implica gasto, mas sim economia, tanto para o agente (que atuará conforme as regras) quanto para o mercado como um todo, que tenderá a diminuir a in-cidência de custos de transação pelo aumento do grau de certeza e de previsibilidade» (Forgioni, Paula. A Interpretação dos Negócios Empresariais no Novo Código Civil Brasileiro. *Revista de Direito Mercantil*, ano XLII, v. 130, abr./jun. 2003, p. 29).

125. Conforme já se especificou, *supra*, na análise do contrato de seguro como exemplo de veiculação do critério do princípio da materialidade da situação jurídica subjacente em consonância com a boa-fé objetiva, Capítulo IV, §35 e §37, 12 e ss. Conforme também se especificou anteriormen-te, no Projeto de Lei 29/2017 a disciplina informativa é ampliada.

126. TJRS. Ap. Cív. 597019439. Sexta Câmara Cível. Relator. Des. Antônio Janyr Dall'Agnol. Julgamen-to em 12.11.1997.

127. STJ. REsp 170367/CE. Terceira Turma. Relator Min. Carlos Alberto Menezes Direito. Julgamen-to em 08.09.1998. *DJ* de 26.10.1998; STJ. REsp 1080973/SP. Terceira Turma. Relatora Min. Nancy Andrighi. Julgamento em 09.12.2008. *DJ* de 03.02.2009.

A CRIAÇÃO DE DEVERES | 623

justamente porque o segurado não tinha conhecimento prévio da doença,[128] isto é, não faltara ao dever de veracidade. Trata-se aí, de considerar o estado de boa-fé (avaliar a boa-fé subjetiva do segurado), isto é, o seu estado de ignorância (ou não) acerca da moléstia. Por vezes, contudo, a má-fé do segurado não é considerada como óbice,[129] o que é criticável, pois se é bem verdade que o comportamento segundo a boa-fé (objetiva) prescinde do exame da má-fé, quando esta está presente, o princípio da boa-fé objetiva é violado e o *standard* do comportamento segundo a boa-fé não se realiza. Não há comportamento conforme a boa-fé objetiva se há má-fé.

No *caso da prestação de contas bancárias*,[130] correntistas ajuizaram ação visando compelir a entidade bancária a prestar informações sobre movimentos em suas contas--correntes. Pediram, em cautelar, que tais informações fossem dadas por meio de fotocópia de documentos, exigindo a exibição dos extratos de suas contas correntes, bem como as contas gráficas dos empréstimos efetuados. O Banco objetou o elevado custo de localização e reprodução dos documentos, alguns antigos de décadas, postulando fossem especificadas quais as informações pretendidas e esclarecendo que, regularmente, os extratos haviam sido enviados, ao longo de anos, aos clientes.

Hesitando na qualificação jurídica do fato – ora aludindo a dever, ora a ônus, ora a obrigação –, o Tribunal decidiu, segundo os fundamentos do voto, que «o dever de informar, por parte do fornecedor, é ônus que se lhe impõe, em decorrência do exercício de atividade econômica que desenvolve. E para cumpri-lo não pode a instituição bancária pleitear traspassar para o consumidor os gastos da operação que lhe competem por obrigação. O dever de informação e, por conseguinte, o de exibir a documentação que a contenha, é obrigação decorrente de lei, de integração contratual compulsória. Não pode ser objeto de recusa nem de condicionantes face ao princípio da boa-fé objetiva. Nesse quadro, o dever de informar, mais que um dever anexo, constitui direito fundamental do consumidor e um dos arrimos eficazes do sistema de proteção erigido em seu favor, não podendo ser restringido pelo ônus desarrazoado do pagamento pela parte requerente das custas pertinentes».

Havendo o «direito básico» do consumidor à informação, de fonte legal (CDC, art. 6.º, inc. III), há, correlatamente, dever do Banco a informar (e não ônus). Seria preciso verificar, no entanto, se o direito de pedir os extratos não estaria sendo exercido

---

128. TJRS. E.I. 598007607. Terceiro Grupo de Câmaras Cíveis. Relator. Des. Antônio Janyr Dall'Agnol. Julgamento em 03.04.1998, *in verbis:* «Seguro Privado. Saúde. AIDS. Desconhecimento da doença. Não age contrariamente à boa-fé quem, ao firmar a proposta de seguro, conhecimento não tinha da doença – AIDS – que, posteriormente, exame laboratorial veio a detectar, não se safando a seguradora, sob a alegação de que tal doença se encontrava entre as excluídas, pois não exibidas, de pronto, as cláusulas gerais, remetidas posteriormente, registro inexistindo em folheto que alcançado na oportunidade da avença. Embargos infringentes desacolhidos».

129. Exemplificado pelo TJRS. Ag n. 70005776968. Segunda Câmara Especial Cível. Relatora Des. Marilene Bonzanini. Julgamento em 08.04.2003.

130. STJ. REsp 330261/SC. Terceira Turma. Relatora Min. Nancy Andrighi. Julgamento em 06.12.2001. *DJ* de 08.04.2002.

624 | A BOA-FÉ NO DIREITO PRIVADO

abusivamente pelos consumidores (exigindo-se, por exemplo, sejam entregues, em breve tempo, todos os extratos, mesmo os já entregues anteriormente e relativos a décadas de contratação), pois a boa-fé cria deveres para ambos os contratantes, além de inibir o exercício jurídico disfuncional por parte a quaisquer dos figurantes, como oportunamente será melhor desenvolvido.[131]

13. Afastamento do dever de informar

Por vezes, o dever de informar é afastado, ainda quando em causa relação de consumo na qual, como se viu, sua incidência se dá em alto grau de intensidade. Assim ocorreu no *caso do atendimento hospitalar de urgência.*[132]

Uma criança havia sido levada em situação emergencial a um hospital por seu pai e policiais militares, sendo ali atendida, com os serviços médico-hospitalares prestados corretamente. A paciente, devidamente atendida, recuperou a saúde, tendo alta hospitalar no dia seguinte. A instituição hospitalar, entidade privada, apresentou ao pai da criança nota fiscal com o valor de quatro mil e oitocentos reais, relativos ao pagamento dos serviços prestados. Este objetou o pagamento, tendo sido decidido, em primeira instância, pela denegação da ação de cobrança «por entender que, por ser relação de consumo, cabe a inversão do ônus da prova e que, embora seja certo que houve o atendimento, não há nos autos prova de que o réu tenha sido cientificado de que os serviços eram particulares».

A entidade hospitalar interpôs recurso de apelação para o Tribunal de Justiça de São Paulo, que negou provimento ao recurso. No Superior Tribunal de Justiça, considerou-se, acertadamente, que «o caso guarda peculiaridades importantes, suficientes ao afastamento, para o próprio interesse do consumidor, da necessidade de prévia elaboração de instrumento contratual e apresentação de orçamento pelo fornecedor de serviço, prevista no artigo 40 do CDC, dado ser incompatível com a situação médica emergencial experimentada pela filha do réu».[133] Com efeito, a exigência de orçar previamente o serviço médico-hospitalar naquela situação emergencial não se configuraria, inclusive porque – como ponderado no acórdão – «o Hospital e seus prepostos estariam sujeitos à responsabilização cível e criminal, pois não havia escolha senão a imediata prestação de socorro médico». Consequentemente, foi provido parcialmente o recurso especial «para anular o acórdão e a sentença, determinando o retorno dos autos à

---

131. *Vide* o Capítulo VIII.
132. STJ. REsp 1256703/SP. Quarta Turma. Relator Min. Luis Felipe Salomão. Julgamento em 06.09.2001. *DJ* de 27.09.2001. O caso é diverso do referido como «caso do tumor cerebral», no Capítulo VI, *supra*, em que se excluiu o prazo de carência para doença grave do contrato a partir de uma interpretação conforme a boa-fé, autorizando-se a exclusão pelo art. 12, V, *c*, da Lei 9.656/1998.
133. STJ. REsp 1256703/SP. Quarta Turma. Relator Min. Luis Felipe Salomão. Julgamento em 06.09.2001.*DJ* de 27.09.2001.

A Criação de Deveres | 625

primeira instância para análise dos pleitos formulados na inicial, avaliando a necessidade de produção probatória, dando, todavia, por superado o entendimento de que, no caso, não cabe retribuição pecuniária pelos serviços prestados diante da falta de orçamento prévio».

Efetivamente, a intensidade do dever de informar cede perante a urgência quando um bem superior, como a vida e a saúde, está em jogo. O dever não é extinto, apenas sua eficácia é afastada ou sua intensidade é minorada pela situação de urgência. Não seria preciso apelar à função social do contrato, à justiça, à equidade, ao enriquecimento sem causa, etc. (pois cada um desses termos jurídicos aponta a institutos específicos, com eficácias próprias). Além do mais, no exemplo acima referido, se comprovado que o custo dos serviços fora excepcional, lesionário, aproveitando-se a entidade hospitalar da situação de emergência, se poderia revisar o valor, *ex vi* do art. 6.º, inc. V, do Código de Defesa do Consumidor.

14. Deveres informativos na área da saúde

A alusão a um caso concreto que situa o dever informativo na área da saúde suscita referência às suas peculiaridades. No que concerne aos deveres do médico (ou do profissional da saúde), considera-se que «informação completa» (para auxiliar o processo de consentimento informado) não significa «informação total» (sobre todos os aspectos da doença ou do procedimento adotado). É preciso saber quando, quanto, como e o que informar.

De fato, na área da saúde, de modo especial, o dever de informar corresponde a um *processo informativo peculiar*, tendo um caráter dinâmico e atado às características próprias ao tratamento e às vicissitudes da saúde humana. Não carece já haver contrato de prestação de serviços médicos (ou de serviços médico-hospitalares) para se configurar como dever de proteção. E, mesmo após concluído o contrato, podem perdurar os deveres, esclarecendo o médico, por exemplo, sobre cuidados a serem adotados no período que sucede a alta hospitalar.

Em qualquer hipótese, hão de ser consideradas as peculiaridades da saúde humana (é dizer: do próprio ser humano em sua especificidade biológica). O mais dificultoso é determinar a exata medida da informação devida sobre os riscos que hão de ser objeto da informação (como advertência). O razoável é informar sobre os «riscos frequentes», os «riscos graves normalmente previsíveis», isto é, os «riscos significativos», deixando de fora da órbita do dever de informar os riscos excepcionais.[134] Os «riscos significativos» são aqueles que o médico sabe ou deveria saber que são importantes e pertinentes para uma pessoa normal colocada nas mesmas circunstâncias do paciente chamado a

---

134. Conferir em: LARROUMET, Christian. L'Indemnisation de l'Aléa Thérapeutique. In: CARVAL, Suzanne (Coord.). *La Construction de la Responsabilité Civile*. Controverses Doctrinales. Paris: PUF, 2001. Ver também em: FABRE-MAGNAN, Muriel; GHESTIN, Jacques; JOURDAIN, Patrice; BORGHETTI, Jean-Sébastien (Orgs.). *Études Offertesà Geneviève Viney*. Paris: LGDJ e Les Mélanges, 2008.

626 | A BOA-FÉ NO DIREITO PRIVADO

consentir. O conteúdo será «significativo» em razão de três fatores: (a) necessidade terapêutica da intervenção; (b) a frequência (estatística) do risco; tendo em conta a (c) gravidade, seja da doença, do risco, da intervenção em si ou do comportamento do paciente.

Esses critérios se concretizam da seguinte forma:

(a) O fator «necessidade terapêutica» segue a equação: «quanto mais necessária for a intervenção, mais flexível pode ser a informação»;

(b) No fator «frequência do risco», a equação é: «quanto mais frequente for a realização do risco, maior a extensão da informação»;

(c) O critério referente à gravidade indica: «a gravidade de um risco, mesmo não frequente, conduz ao dever de sua comunicação. Os riscos menos graves não precisam ser informados».

A partir desse exemplo, é possível perceber que, além dos deveres atinentes à *relação de crédito* estabelecida pelo contrato – estando, então, ligados aos interesses de prestação –, o princípio da boa-fé é fonte de *deveres de proteção*. Embora por vezes superpostos ou indiscerníveis dos deveres ligados aos interesses à prestação, como até agora examinado e frequentemente verificado no que tange aos deveres informativos, as especificidades dos deveres de proteção não hão de ser esquecidas.

§ 64. Deveres de proteção («deveres laterais»)

1. Proposição

A ausência de unidade das classificações e denominações oferecidas pela doutrina à estrutura de deveres infiltrados na relação obrigacional tem obscurecido o exame do tema. Cabe recordar, bem por isso, que a expressão «deveres de proteção» por vezes é nomeada sob a etiqueta dos «deveres laterais», ou, ainda, dos «deveres anexos de proteção». Aqui se utilizará a expressão «deveres de proteção» uma vez que, sendo correspectivos esses deveres aos interesses de proteção à integridade das esferas extrapatrimonial e patrimonial dos figurantes de uma relação obrigacional (em sentido amplo), melhor aponta ao seu escopo.

2. O significado e a abrangência

Os deveres de proteção se apresentam, de modo amplo e de modo estrito. No sentido amplo, abrangem condutas positivas e negativas;[135] num sentido estrito, correspondem apenas ao dever negativo de proteção contra danos que podem advir do contrato considerado como fato social, já que não tem pertinência, diretamente, aos interesses à prestação instrumentalizados pelo contrato como negócio jurídico.

---

135. *Vide* Capítulo III, §20.

A Criação de Deveres | 627

Assim como os deveres anexos ao dever de prestar, os de proteção têm como fonte jurígena a boa-fé. A diferença entre um e outro está em que os deveres anexos têm vinculação *imediata* com os interesses à prestação, enquanto os deveres de proteção têm vinculação apenas indireta, *mediata*,[136] com aqueles interesses, podendo inclusive não ter *nenhuma relação*, quando ainda não há o *praestare*, ou quando não há mais este dever – são, respectivamente, os casos que geram a responsabilidade pré e pós-contratual. A sua correlação é com os interesses de proteção.

Correspondem aos interesses de proteção: a) os *deveres de proteção e cuidado com a pessoa e o patrimônio da contraparte*,como, *v.g.*, o dever do proprietário de uma sala de espetáculos ou de um estabelecimento comercial de planejar arquitetonicamente o prédio, a fim de diminuir os riscos de acidentes; b) os *deveres de omissão e de segredo*,como o dever de guardar sigilo sobre atos ou fatos dos quais se teve conhecimento em razão do contrato ou de negociações preliminares; c) os deveres referentes *ao resguardo da esfera jurídica de terceiros* eventualmente atingidos pelo contrato. Excepcionalmente, se apresentam, sob a forma de ônus jurídico, em relação à proteção da própria esfera de interesses do credor, implicando, porém, colaboração com interesses de terceiros.

Assim ocorreu, em caso de difícil enquadramento dogmático, o *caso do credor pouco ativo*.[137]

O caso envolvia um alegado «dever» de colaboração do credor consistente em proteger ativamente o seu próprio crédito. No plano do direito material, o litígio surgira no âmbito de contrato de incorporação imobiliária, pelo qual haviam sido incorporadas unidades habitacionais (apartamentos em edifícios) para a venda a terceiros, verificando-se inadimplemento, por parte da construtora relativamente à incorporadora, quem executou a dívida. A construtora veio, também, a vender os apartamentos a terceiros. Estes embargaram a execução da dívida, visando proteger os direitos expressos nas respectivas escrituras de compra-e-venda. O imbróglio envolvia, no plano processual, embargos de terceiro opostos por adquirente de apartamentos em face da incorporadora, com fulcro na penhora aos imóveis realizada pela última frente a construtora alienante dos imóveis.

O primeiro aspecto estava em averiguar a eventual ciência da incorporadora/exequente em relação às vendas que estavam sendo realizadas pela construtora/executada e em sopesar as consequências dessa eventual ciência. Constatado que era sabedora do fato da transferência, apontou-se que a incorporadora poderia ter «*tomado providências que impedissem a transferência dos apartamentos*», como o arresto dos bens ou a notificação à Caixa Econômica Federal para que esta não participasse de financiamento envolvendo suas transferências. No entanto, a incorporadora *omitira-se* em adotar essa «conduta proativa», restringindo-se a buscar proceder a penhora dos apartamentos.

---

136. Ver Haical, Gustavo. O Inadimplemento pelo Descumprimento Exclusivo de Dever Lateral Advindo da Boa-Fé Objetiva. *Revista dos Tribunais*, vol. 900, São Paulo, Revista dos Tribunais, ano 99, out. 2010, p. 64-81.

137. STJ. REsp 32890/SP. Quarta Turma. Relator Min. Ruy Rosado de Aguiar Jr. Julgamento em 14.11.1994. *DJ* de 12.12.1994.

628 | A BOA-FÉ NO DIREITO PRIVADO

Segundo o decidido, plasmou-se, no caso, «o dever da construtora de, protegendo o próprio crédito», evitar danos a terceiros advindos da ausência de averbação, no órgão público competente (registro de imóveis) da existência de ação de execução. Essa averbação, por sua eficácia, impediria a alienação dos imóveis a terceiros de boa-fé (subjetiva). O ato de providenciar a averbação, por seu turno, configuraria conduta segundo a boa-fé objetiva. Afirmou o Superior Tribunal de Justiça:

«(...) do credor se espera um comportamento processual adequado às circunstâncias, exigindo-se-lhe, por força do princípio da boa-fé, que dentre as diversas opções postas pelo sistema à sua disposição, também adote medidas suficientes para impedir que do exercício do seu direito resultem danos desnecessários a terceiros, injustos na medida em que eles não participam da relação originária de débito e não tem por que sofrer danos pelo inadimplemento do outro». E concluiu: «[e]ra de se esperar, portanto, que a empresa credora, na virtualidade do descumprimento das obrigações da sua devedora, tomasse medidas eficazes para a execução do seu crédito e, juntamente com estas, providências que impedissem a provável transferência dos apartamentos a terceiro de boa-fé, tais como o arresto dos bens».

Consequentemente, a penhora foi anulada, com fundamento na violação ao «dever de proteção do próprio crédito» da incorporadora. O acórdão determinou:

«Nas circunstâncias do negócio, o credor tinha o dever, decorrente da boa-fé objetiva, de adotar medidas oportunas para, protegendo seu crédito, impedir a alienação dos apartamentos a terceiros adquirentes de boa-fé».[138] Portanto, a boa-fé se apresentou, no caso, em suas duas acepções. Subjetivamente, em vista da convicção legítima dos terceiros de inexistir qualquer gravame dos imóveis. E objetivamente, no tocante à incorporadora, ao se exigir comportamento ativo em relação à proteção de seu próprio crédito.

Vê-se, nesse exemplo, a eficácia ativa do dever de proteção: embora comumente impliquem uma abstenção, podem exigir comportamento ativo. No caso examinado, a ação tendente a proteger o direito dos compradores.

3. Deveres de proteção e dano moral

A falta de um desenvolvimento dogmático adequado ao exame e à sistematização dos interesses de proteção provoca distorções danosas à própria inteligibilidade do Direito, o que é dizer: à segurança jurídica. Reiteradamente, a jurisprudência tem enquadrado a violação aos deveres de proteção na porta – larguíssima e inadequada tecnicamente – do dano moral, o que, para além de não ser de boa técnica, dilata demasiadamente a noção de dano moral, acabando-se por esvaziá-lo de uma densidade

---

138. STJ. REsp 107211/SP. Quarta Turma. Relator Min. Ruy Rosado de Aguiar. Julgamento em 03.12.1996. *DJ* de 03.02.1997.

A Criação de Deveres | 629

específica. E, como é curial, toda extensão demasiada não se coaduna com o mínimo de rigor exigido operacionalmente pelo sistema jurídico.[139]

Muito frequentemente, são ainda invocadas outras noções e institutos, como a equidade, a justiça e a função social do contrato, a reciprocidade, a moderação, o enriquecimento sem causa, o abuso de direito – não raro, todas estas figuras, conjuntamente – como fundamento à concessão de indenização, o que obscurece o tratamento e as respectivas soluções. O adequado critério distintivo está, porém, não no acúmulo de figuras distintas, nem mesmo na superextensão da noção (já de *per se* vaga) de dano moral, mas na detecção do interesse a ser protegido: ou prestar, ou proteger.

Já se exemplificou com o dever de proteção relativo às situações abarcadas pela Súmula 130 do STJ (comumente, situações de furto de veículos em estacionamentos de *shopping centers* ou supermercados).[140] Cabe mencionar, agora, os deveres de proteção relativamente aos terceiros que venham a ser atingidos pelo contrato.

4. Interesses de proteção: o problema dos terceiros em sua relação com o contrato

Um contrato é, incontroversamente, um negócio jurídico. Mas é, igualmente, um *fato social*. Como tal, pode, eventualmente, atingir terceiros – estranhos ao negócio jurídico, porque não são qualificáveis como suas «partes» –[141] e há de ser respeitado por terceiros.

Por isso, defende-se, com razão, não ser um contrato um círculo fechado que «encerra as situações do devedor e do credor como um parênteses, sem qualquer

---

139. Menciono o tema em: Martins-Costa, Judith. Dano Moral à Brasileira. In: Paschoal, Janaina; Silveira, Renato. *Livro Homenagem a Miguel Reale Júnior*. Rio de Janeiro: GZ, 2014, p. 289-290.

140. *Vide, supra,* Capítulo III, §22, 7. E, exemplificativamente, STJ. AgRg no Ag 47901/SP. Quarta Turma. Relator Min. Ruy Rosado de Aguiar. Julgamento em 12.09.1994. *DJ* de 31.10.1994, em cuja fundamentação de voto do relator se lê: «(...) Serve para justificar, juntamente com a cláusula geral da boa-fé objetiva, o liame que reúne o estabelecimento bancário, ao fornecer local de estacionamento para o conforto de seus clientes e maior vantagem às operações bancárias, e o usuário desses serviços, vinculados pela simples existência da «conduta socialmente típica», incumbindo o estabelecimento fornecedor do serviço e do local de estacionamento o dever, derivado da boa-fé, de proteger a pessoa e os bens do usuário. (...) Há apenas o descumprimento do dever de proteção, que deriva da boa-fé, dever secundário independente».

141. Na doutrina recente: Penteado, Luciano de Camargo. *Efeitos Contratuais perante Terceiros*. São Paulo: Quartier Latin, 2007; Theodoro Neto, Humberto. *Efeitos Externos do Contrato*. Rio de Janeiro: Forense, 2007. Relembre-se, inicialmente, ser o terceiro, para o Direito das Obrigações, aquele que não é parte num contrato. Terceiro não é nem o credor nem devedor, ou seja: é aquele que não participou da formação do vínculo e tampouco tornou-se polo da relação jurídica durante o seu desenvolvimento. A ideia se fundamenta no aforismo romano *res inter alios acta, aliis neque prodest neque nocere potest*, justificando o princípio da relatividade dos efeitos contratuais. Salvo exceções pontuais, os efeitos de um contrato não atingem terceiros, sendo *res inter alios acta* («princípio da relatividade dos contratos»).

630 | A BOA-FÉ NO DIREITO PRIVADO

relevância e relação ao externo, aos terceiros».[142] Como bem afirma Teresa Negreiros, «[m]esmo o crédito é, de um certo ponto de vista, um bem (...), um interesse juridicamente relevante e, enquanto tal, deve ser respeitado por todos».[143] Há, portanto, interesses *relacionados* ao contrato, para «além do contrato».[144] Exatamente nesse sentido o caso do credor pouco ativo, recém-tratado.

O tratamento dogmático da relação entre contrato e terceiros implica ter em mente a distinção, realizada pioneiramente pela doutrina e jurisprudência francesas, entre «*relativité*» (do contrato) e «*opposabilité*» (dos efeitos). Pode-se afirmar que a distinção entre *relativité* e *opposabilité* integra o «acquis» cultural do Direito, sendo aceita sem objeções pela doutrina brasileira,[145] bem como pela de outros sistemas, sabendo-se não ser absoluto o princípio segundo o qual *res inter alios acta aliis neque nocet neque prodest*. De fato, é até mesmo axiomático o princípio da relatividade dos contratos (*res inter alios acta*), a que corresponde o *princípio da incolumidade das esferas jurídicas*.[146] Porém, este diz respeito aos *efeitos diretos* da relação contratual, atinentes aos *deveres de prestação*, vale dizer: à titularidade dos direitos e dos deveres de que são credoras e devedoras as partes. Pode haver, contudo, a produção de efeitos indiretos ou reflexos relativamente a terceiros que, embora não sendo partes, «vêem, não obstante, o contrato ingressar em sua esfera jurídica como um "fato" que deve ser respeitado».[147] São em relação a esses interesses que prestam sua utilidade os interesses de proteção ao se considerar o contrato um fato social que deve ser respeitado, vedando-se a maliciosa interferência de terceiros na relação contratual ou imunizando a relação contratual para outras eficácias relativamente aos que neles não são partes. Consequentemente, dizer-se que o contrato produz efeitos entre as partes, e só entre as partes, não impede a oponibilidade, em variados graus de intensidade, a terceiros.

---

142. Assim, Teresa Negreiros, referindo o entendimento de Pietro Perlingieri (NEGREIROS, Teresa. *Teoria do Contrato*: Novos Paradigmas. Rio de Janeiro: Renovar, 2002, p. 242).

143. NEGREIROS, Teresa. *Teoria do Contrato*: Novos Paradigmas. Rio de Janeiro: Renovar, 2002, p. 244-245.

144. A expressão é de NEGREIROS, Teresa. *Teoria do Contrato*: Novos Paradigmas. Rio de Janeiro: Renovar, 2002, p. 205.

145. LIMA, Alvino. A Interferência de Terceiros na Violação de Contrato. *Revista dos Tribunais*, vol. 315, São Paulo, Revista dos Tribunais, jan. 1962, p. 14-33. Na doutrina: AZEVEDO, Antonio Junqueira de. Parecer. Os Princípios do Atual Direito Contratual e a Desregulamentação do Mercado. Direito de Exclusividade nas Relações Contratuais de Fornecimento. Função Social do Contrato. Responsabilidade Aquiliana do Terceiro que Contribui para o Inadimplemento Contratual. *Estudos e Pareceres de Direito Privado*. São Paulo: Saraiva, 2004, p. 142; NEGREIROS, Teresa. *Teoria do Contrato*: Novos Paradigmas. Rio de Janeiro: Renovar, 2002, p. 240-267; PENTEADO, Luciano de Camargo. Efeitos Contratuais perante Terceiros. São Paulo: Quartier Latin, 2007.

146. Veja, neste CAPÍTULO, §64, 6.

147. LEÃES, Luiz Gastão Paes de Barros. Efeitos Sobre Terceiros dos Acordos de Acionistas. *Pareceres*, vol. I. São Paulo: Singular, 2004, p. 126.

A Criação de Deveres | 631

5. Diferentes significados da relação «contrato e terceiros»

A natureza, a fonte, as eficácias, as formas e a medida de tal fato são temas debatidos nos diferentes países.[148] Quanto às eficácias, cinco situações são distintas: *(i)* quando da própria natureza e função do contrato nasçam obrigações atinentes a terceiros, hipótese paradigmaticamente traçada na estipulação em favor de terceiros; *(ii)* a hipótese de oponibilidade do contrato perante terceiros que dele tenham ciência efetiva ou presumida, quando proveniente da averbação do pacto no registro, como no *caso da contagem do prazo decadencial*; e *(iii)* a que resulta do *dever de respeito* ao contrato por parte de terceiros, estranhos ao pacto, e que se abre em duas vertentes: *(iii.1)* os chamados «contratos com eficácia em favor de terceiro»; e *(iii.2)* a doutrina do terceiro cúmplice, também nomeada «teoria do terceiro ofensor», ou «tutela externa do crédito», ou, ainda, «tutela aquiliana do crédito», tributária do *tort of interference* advindo do Direito anglo-saxão.

Nos *contratos com eficácia de proteção a terceiro* (caracterizado quando é atribuído um benefício a terceiro, que adquire direito próprio a essa vantagem[149]), ressalta a distinção entre os interesses à prestação e os interesses à proteção da esfera jurídica alheia.[150] O terceiro não tem *deveres de prestação* relativamente ao credor, o que infringiria o

---

148. Exemplificativamente: Ghestin, Jacques. Nouvelles Propositions pour un Renouvellement de la Distinction des Parties et des Tiers. *Revue Trimestrielle de Droit Civil*, Paris, Dalloz, n. 4, 1994, out./dez. 1994, p. 777-799; Guelfucci-Thibiergi, Catherine. De l'Elargissement de la Notion de Partie au Contrat ... à l'Elargissement de la Portée du Principe de l'Effet Relatif. *Revue Trimestrielle de Droit Civil*, Paris, Dalloz, n. 2, 1994, p. 275-285; Para uma síntese comparatista ver: Alpa, Guido, Fusaro, Andrea. *Effetti del Contratto Nei Confronti dei Terzi*. Milano: Giuffrè, 2000. Na doutrina brasileira: Lima, Alvino. A Interferência de Terceiros na Violação de Contrato. *Revista dos Tribunais*, vol. 51, n. 315, São Paulo, Revista dos Tribunais, jan. 1962, p. 14-33; Negreiros, Teresa. *Teoria do Contrato*: Novos Paradigmas. Rio de Janeiro: Renovar, 2002; Penteado, Luciano de Camargo. *Efeitos Contratuais perante Terceiros*. São Paulo: Quartier Latin, 2007; Theodoro Neto, Humberto. *Efeitos Externos do Contrato*. Rio de Janeiro: Forense, 2007. Na jurisprudência, dentre outros, e conectando com o princípio da boa-fé: STJ. REsp 468062/CE. Segunda Turma. Relator Min. Humberto Martins. Julgamento em 11.11.2008. *DJ* de 01.12.2008.

149. Na doutrina brasileira, *vide, e.g.,* Assis, Araken de et al. *Comentários ao Código Civil Brasileiro*: do Direito das Obrigações, vol. V. Rio de Janeiro: Forense/FADISP, 2007, p. 240; Pontes de Miranda, Francisco Cavalcanti. *Tratado de Direito Privado*. Tomo XXVI. Atualizado por Ruy Rosado de Aguiar Júnior e Nelson Nery Jr. São Paulo: Revista dos Tribunais, 2012, §3.154, 1, p. 364; Papaléo, João Cesar Guaspari. *Contrato a Favor de Terceiro*. Rio de Janeiro: Renovar, 2000, p. 3-5; Zanetti, Cristiano de Sousa. In: Nanni, Giovanni (Coord.). *Comentários ao Código Civil*. São Paulo: Saraiva, 2018, p. 723; Penteado, Luciano de Camargo. *Efeitos Contratuais Perante Terceiros*. São Paulo: Quartier Latin, 2007, p. 137; Miranda, Custódio da Piedade Ubaldino. *Comentários ao Código Civil*: dos Contratos em Geral, vol. V. São Paulo: Saraiva, 2013, p. 190-194; Pereira, Caio Mário da Silva. *Instituições de Direito Civil*. Contratos. Declaração Unilateral de Vontade. Responsabilidade Civil, vol. III. Atualizada por Regis Fichtner. Rio de Janeiro: Edição Eletrônica, 2003, §204, p. 757; Marino, Francisco Paulo De Crescenzo. Eficácia da convenção de arbitragem perante terceiros: o caso do terceiro beneficiário. In: Benetti, Giovana et al. (Org.). *Direito, Cultura e Método*: Leituras da Obra de Judith Martins-Costa. Rio de Janeiro: GZ Editora, 2019, p. 859-876.

150. Ver, *supra*, Capítulo III, §20.

632 | A BOA-FÉ NO DIREITO PRIVADO

princípio da incolumidade das esferas jurídicas pelo qual a eficácia principal e direta do negócio resta limitada à esfera de quem o praticou. Mas podem ter *deveres de abstenção de condutas* que possam fazer periclitar o direito de crédito alheio, assim como podem ter ônus ou encargos de direito material, caso tenham anuído à consolidação do benefício em seu patrimônio.[151]

Já pela *doutrina do terceiro cúmplice* (uma das vertentes do *dever de respeito* ao contrato por parte de terceiros), apanha-se caso de responsabilidade civil extracontratual, entendendo-se poder ser responsabilizado aquele que, ou induziu o devedor a não cumprir, ou facilitou-lhe o incumprimento, ou com ele celebrou contrato incompatível com a obrigação preexistente, cooperando com o obrigado na lesão do direito do credor. Admite-se que o crédito é, de um certo ponto de vista, «um bem (...), um interesse juridicamente relevante e, enquanto tal, deve ser respeitado por todos».[152] Há interesses relacionados ao contrato «além do contrato»,[153] surgindo a questão de saber: há ação de responsabilidade contra aquele que, ou induziu o devedor a não cumprir, ou facilitou-lhe o incumprimento, ou com ele celebrou contrato incompatível com a obrigação preexistente, cooperando com o obrigado na lesão do seu direito? A fonte dessa responsabilidade está no dever geral de a ninguém lesar (*neminem laedere*) ou se particulariza pela proximidade aos interesses contratuais atingidos, constituindo um caso particular de abuso de direito?

A primeira pergunta, cuja resposta tem sido positiva no Direito brasileiro, encontra solução na *vedação ao exercício disfuncional* dos direitos e posições jurídicas, tal qual apreendido no art. 187 do Código Civil. Conquanto a regra geral seja a de que o exercício regular de um direito reconhecido é lícito, não acarretando, portanto, o dever de indenizar terceiros eventualmente prejudicados (Código Civil, art. 188, I, segunda parte), há situações em que o exercício de direito próprio (tal qual declarar a preferência, ou ajustar um contrato), na medida em que viole injustamente direito de crédito alheio, por ter sido manifestamente contrário à boa-fé, aos bons costumes e à sua função econômico-social, resulta no dever de indenizar.

---

151. Código Civil, art. 436, § único. Entende-se que o «anuir» de que trata a Lei está relacionado aos eventuais ônus e condições previstos na estipulação: (i) direito penetra o patrimônio do terceiro tão logo há pactuação entre promitente e promissário; (ii) o terceiro pode renunciar ao direito antes de anuir, incluindo hipótese de terceiro insciente sobre a aquisição, que vem a dela tomar conhecimento posterior; (iii) se o terceiro aderir, o direito entra em definitivo no seu patrimônio, não podendo mais renunciar; (iv) assim tendo que se valer de outros meios para eventualmente dispor sobre o benefício já adentrado no seu patrimônio. *Vide*: MARINO, Francisco Paulo De Crescenzo. Eficácia da convenção de arbitragem perante terceiros: o caso do terceiro beneficiário. In: BENETTI, Giovana *et al.* (Org.). *Direito, Cultura e Método*: Leituras da Obra de Judith Martins-Costa. Rio de Janeiro: GZ Editora, 2019, p. 859-876. Também o nosso: MARTINS-COSTA, Judith; XAVIER, Rafael Branco. Da vinculação do terceiro beneficiário à cláusula arbitral. In: TOLENTINO, Augusto *et al. Homenagem a Pedro Batista Martins*. No prelo.

152. NEGREIROS, Teresa. *Teoria do Contrato*: Novos Paradigmas. Rio de Janeiro: Renovar, 2002, p. 244-245.

153. NEGREIROS, Teresa. *Teoria do Contrato*: Novos Paradigmas. Rio de Janeiro: Renovar, 2002, p. 205.

Acentua-se, acerca do fundamento e do regime dessa forma de ilicitude, as peculiaridades do Direito brasileiro que supera a clivagem entre ilicitude civil e rejeição ao abuso de direito ao consagrar *expressamente* no art. 187 do Código Civil a qualificação, como hipótese de ilicitude no modo de exercício de direitos (Na dicção legal: «*Também* comete ato ilícito...»[154]). Esta apanha o exercício abusivo entendendo-se abrangidos por essa expressão o abuso, o exercício desmedido, o desviado do fim lícito e o disfuncional.[155] Se de um lado tal exercício resulta dano, incide a regra do art. 927, que consagra o dever de indenizar e remete *expressamente* ao art. 187.[156] No sistema brasileiro, pois, o exercício disfuncional dos direitos e posições jurídicas e a violação culposa de direito alheio são equiparados na qualificação (ambos constituem casos de ilicitude civil) e no que se refere à principal consequência ensejada: havendo dano e nexo causal, ambos conduzem à obrigação de reparar, nos termos do art. 927, *caput*, do Código Civil.

Em nenhum desses casos, porém, seria tecnicamente correto dizer que o princípio da relatividade dos contratos resta «superado»: salvo quando expressamente determinado na lei, como, *e.g.*, uma imposição administrativa de fazer, não fazer ou tolerar, ao terceiro não pode ser exigido ou imposto *dever de prestação*, vedação essa decorrente do *princípio da incolumidade das esferas jurídicas*.[157]

6. O princípio da incolumidade das esferas jurídicas

No substrato desse «princípio» – verdadeiro axioma – está o reconhecimento de o indivíduo apenas poder configurar relações jurídicas unilateralmente, por meio de uma atuação jurídico-privada, quando se trata do exercício de um direito ou de uma relação jurídica referida ao seu próprio patrimônio (como ocorre ao se fazer um testamento); ou quando, para o outro, surja apenas uma vantagem jurídica, mas não uma obrigação (como no caso da oferta de contrato, que o destinatário pode aceitar ou não).[158] O princípio da incolumidade das esferas jurídicas significa, em suma, que a eficácia de

---

154. Destaque meu.

155. Assim escrevi em: MARTINS-COSTA, Judith. Os Avatares do Abuso do Direito e o Rumo Indicado pela Boa-Fé. In: TEPEDINO, Gustavo (Org.). *Direito Civil Contemporâneo*. Novos Problemas à Luz da Legalidade Constitucional. Congresso Internacional de Direito Civil-Constitucional da Cidade do Rio de Janeiro, 2008. Rio de Janeiro: Atlas, 2008, p. 57-95.

156. Ver, *infra*, CAPÍTULO VIII, em especial o §72.

157. Ressalve-se a peculiaridade da vinculação derivada de Acordo de Acionista (por exemplo, um acordo de voto), desde que cumpridos os requisitos do art. 118 da Lei Societária. Para o tema, consultar: LEÃES, Luiz Gastão Paes de Barros. Efeitos Sobre Terceiros dos Acordos de Acionistas. *Pareceres*, vol. I. São Paulo: Singular, 2004, especialmente p. 129-133. Também, *supra*, CAPÍTULO IV, §38.

158. FLUME, Werner. *El Negocio Jurídico*. Parte General del Derecho Civil. Tomo II. Trad. espanhola de José Maria Miquel Gonzalez e Esther Gomes Calle. 4.ª ed. Madrid: Fundación Cultural del Notariado, 1998, p. 31 -32. Acerca das ligações sobre a oferta e o princípio da boa-fé, *vide*, *supra*, CAPÍTULO V, §43.

um negócio unilateralmente predisposto está limitada à esfera de quem o praticou.[159] Quando se tratar de negócio bilateral, serão atingidas ambas as esferas, mas tal ocorre porque houve a concordância de ambos os figurantes para tanto. Então ambas as esferas jurídicas são afetadas, mas somente as esferas de quem o celebrou ou de quem é beneficiado pelo negócio, não podendo atingir terceiro para imputar-lhe obrigação. Ressalve-se, evidentemente, a situação daquele que, *soi-disant* «terceiro», é, na verdade, parte, ainda que a adesão ao contrato se tenha operado por via tácita.[160]

Essa digressão é necessária para explicitar a razão pela qual do princípio da boa-fé *não surgem obrigações de prestação para com terceiros*, estranhos à relação contratual. Mas desse princípio podem decorrer deveres de proteção, sob a forma negativa (abster-se; não lesar) e positiva (agir para evitar ou minimizar o dano; comunicar; averbar, etc.). Assim indica construção doutrinária acolhida pela jurisprudência, mormente em face de certas espécies contratuais que ou atingem interesses transindividuais, como o interesse coletivo ao meio-ambiente sadio, ou, no caso de negócios societários e empresariais, infletem sobre os interesses dos chamados *bystanders*, como os consumidores e os trabalhadores, ou, ainda, para garantir o respeito aos direitos humanos e a normas de *compliance* e ambientais, como nos chamados «fatores ESG».[161]

Como está bem firme na jurisprudência do Superior Tribunal de Justiça, há complementaridade, não oposição, entre o princípio da relatividade dos efeitos dos contratos, entendido como «restrição genérica a que a lesividade contratual *inter partes* se *projete extra partes*», e o princípio da boa-fé objetiva.

A Corte explicitou a relação entre ambos os princípios no *caso da dívida já quitada.*[162]

O caso versava acerca de ação intentada por um terceiro (cessionário de direito de garantia do credor original) que buscava cobrar do devedor o pagamento de uma dívida já quitada perante o credor originário. Decidiu o Superior Tribunal de Justiça que «a aplicação dos princípios relativos à proteção das relações jurídicas em face de terceiros é fundamento suficiente, ao lado da função social do contrato e da boa-fé objetiva, para impedir a responsabilização» perante o terceiro da parte que efetuou o pagamento de sua obrigação à cocontratante.

---

159. MELLO, Marcos Bernardes de. *Teoria do Fato Jurídico*. Plano da Existência 13.ª ed. São Paulo: Saraiva, 2007, p. 202.

160. Ver, *supra*, CAPÍTULO VI, §57.

161. MARTINS-COSTA, Judith. Reflexões sobre a Função Social dos Contratos. *Revista Direito GV*, São Paulo, FGV, vol. 1, 2005, p. 41-66; MARTINS-COSTA, Judith. Novas Reflexões sobre o Princípio da Função Social dos Contratos. *Estudos de Direito do Consumidor*, vol. 7, 2005, p. 49-109, e, recentemente: MARTINS-COSTA, Judith; XAVIER, Rafael Branco. Os fatores ESG e as Cláusulas ESG. In: COELHO, Fábio Ulhoa; LEMES, Selma; TEPEDINO, Gustavo. *A Evolução do Direito no Século XXI*. Direito Privado, vol. II. São Paulo: Editora IASP, 2022.

162. STJ. REsp 468062/CE. Segunda Turma. Relator Min. Humberto Martins. Julgamento em 11.11.2008. *DJ* de 01.12.2008. Também citado no CAPÍTULO IV, §34.

A CRIAÇÃO DE DEVERES | 635

O mesmo *caso do credor pouco ativo*,[163] recentemente descrito, serve para apresentar, por outro prisma, a atuação da boa-fé objetiva: trata-se de examinar até que ponto pode um contrato atingir a esfera jurídica de terceiros. No caso, a boa-fé foi invocada para tutelar a situação de terceiros adquirentes – de boa-fé subjetiva – ameaçados de perder imóveis por conta destes estarem envolvidos em fraude à execução. Tal execução era promovida pela incorporadora em face da construtora. Ocorre que fora obtida penhora de tais imóveis, embora já alienados aos terceiros adquirentes. Determinou-se que a incorporadora deveria ter informado os adquirentes da fragilidade patrimonial da construtora, colaborando para que soubessem da limitação. Tal seria possível por meio da averbação no registro ou pela cientificação da financiadora dos imóveis, e não só da promoção de execução judicial. Essa particularidade teve papel importante fins de flexibilizar o princípio segundo o qual os contratos constituem *res inter alios acta*.

Os deveres de proteção têm especial atuação durante o período que antecede o contrato e no que o sucede. Em face das peculiaridades fáticas e dogmáticas desses períodos – em que inexiste, ainda, o interesse à prestação –, observa-se a sua atuação exclusiva como fonte jurígena. Não se pode, então, falar em «integração contratual», pois contrato não há. Por essa razão, a função desempenhada pelo princípio da boa-fé não será integrativa do contrato, mas eminentemente *corretiva de condutas*.

Há ainda uma figura cuja qualificação dogmática como dever (dever de cooperação) é tormentosa, situando-se na fronteira entre o dever e o ônus jurídico. Trata-se do chamado «dever do credor de mitigar o próprio prejuízo».

§ 65. O «dever» de colaborar para a mitigação do próprio prejuízo

1. Proposição

Por vezes, a cooperação devida se especifica no dever, atribuído ao credor, de *colaborar para diminuir o prejuízo do devedor*.[164] Trata-se do chamado «dever de mitigar o próprio prejuízo», em vista do qual a parte que alega ter ocorrido descumprimento do contrato deve tomar todas as medidas plausíveis para mitigar o dano sofrido, não agravando a situação do devedor. Do contrário, e malgrado não haja propriamente concausalidade na produção do dano[165] (pois a inércia do credor não causou o prejuízo, apenas permitiu o seu aumento), o devedor poderá pleitear a redução das perdas e danos, em

---

163. STJ. REsp 32890/SP. Quarta Turma. Relator Min. Ruy Rosado de Aguiar Jr. Julgamento em 14.11.1994. *DJ* de 12.12.1994.

164. MARTINS-COSTA, Judith. *Comentários ao Novo Código Civil.* Do Inadimplemento das Obrigações, vol. V. Tomo II. 2.ª ed. Rio de Janeiro: Forense, 2009, p. 341-345.

165. MARTINS-COSTA, Judith. *Comentários ao Novo Código Civil.* Do Inadimplemento das Obrigações, vol. V. Tomo II. 2.ª ed. Rio de Janeiro: Forense, 2009, p. 341-345.

proporção equivalente ao montante do prejuízo que poderia ter sido reduzido pelo credor, mas não o foi.

2. Qualificação jurídica: dever ou ônus?

Discute-se a qualificação jurídica do «dever de mitigar» na doutrina comparatista,[166] hesitando-se entre as categorias do *dever* (e, neste caso, se anexo, ou se de proteção) e a do ônus jurídico. A dúvida é pertinente. Considerando que será o próprio credor a arcar com as consequências desfavoráveis de sua omissão em mitigar o prejuízo, aproxima-se incontroversamente da qualificação como ônus, tradicionalmente distinta da noção de dever, pois, «por via dele, não há que adoptar uma certa conduta, porque o resultado por ele propiciado é facultativo». Quem tem o ônus, e não o desempenha, fica sujeito a «consequências desagradáveis para ao destinatário da mesma, ainda que não assimiláveis a sanções».[167] Por outro lado, como a boa-fé gera deveres de colaboração entre as partes englobados na esfera do interesse à prestação e, ainda, deveres atinentes aos interesses de proteção, a ação do credor para mitigar o próprio dano traduziria uma cooperação com o devedor.

Anote-se as possíveis objeções a um e outro entendimento.

Mitigar o próprio dano não se qualifica como uma obrigação nem como um dever anexo. A noção jurídica de dever implica a de *correlação a direito*.[168] A todo direito

---

166. Basicamente, segundo a tradição jurídica, discute-se se é *Obliegenheinten* ou *incombance*. Versa o tema entre nós: Fradera, Véra. Pode o Credor ser Instado a Diminuir o Próprio Prejuízo? *Revista Trimestral de Direito Civil*, Rio de Janeiro, Padma, vol. 19, jul./set. 2004, p. 114. A Autora nega a qualificação, como «inadimplemento», da violação do dever, não afastando, mesmo assim, o pagamento de perdas e danos como consectário de sua violação, pelo regime da «culpa delitual». «A consideração do dever de mitigar como dever anexo, justificaria, quando violado pelo credor, o pagamento de perdas e danos. Como se trata de um dever e não de obrigação, contratualmente estipulada, a sua violação corresponde a uma culpa delitual». A propósito, anotara Clóvis do Couto e Silva: «Não faz muito tempo, alguns juristas começaram a mencionar que, além dos deveres a que nos referimos, outros existiam. Deveres estes, já não mais para com o credor, mas do devedor para consigo. Custa imaginar como alguns conspícuos juristas puderam chegar a essa afirmação. Os "deveres para consigo mesmo", aos quais já nos referimos, não constituem deveres na sua verdadeira acepção. Somente podem ser considerados ônus, algo que não pertence ao mundo jurídico, mas ao mundo dos fatos. Esses ônus, por não se constituírem em deveres no sentido jurídico, exatamente porque dever é sempre dever para com alguém, podem, entretanto, constituir direito formativo. A possibilidade que tem o segurado de aumentar o âmbito da apólice, em razão de situação de perigo nela não previsto, repercute no mundo jurídico como exercício de direito formativo modificativo, como no exemplo a que anteriormente aludimos» (Couto e Silva, Clóvis do. *A Obrigação como Processo*. Rio de Janeiro: FGV Editora, 2006, p. 98). Conferir referências ao Direito Comparado também em: Reifegestre. Stéphan. *Pour une Obligation de Minimiser le Dommage*. Aix-en-Provence: Université d'Aix-Marseille, 2002, p. 18-19.

167. Menezes Cordeiro, Antonio Manuel. *Tratado de Direito Civil Português*, vol. 1. Tomo 1. Coimbra: Almedina, 2007, p. 359.

168. Pontes de Miranda, Francisco Cavalcanti. *Tratado de Direito Privado*. Tomo V. Atualizado por

A Criação de Deveres | 637

corresponde um dever e a todo dever corresponde um direito.[169] No polo correspectivo do dever haverá um sujeito ativo (titular do direito) determinado (por exemplo, o credor) ou indeterminado (a sociedade, dita por Pontes de Miranda «sujeito ativo total»).[170] A consequência da qualificação como dever jurídico implicaria, logicamente, em admitir a existência de um correlato direito subjetivo e, portanto, de uma pretensão.

A qualificação como «obrigação» é afastada porque não haver *dever de prestação* aí embutido, de modo que a violação do dever de mitigar, tão somente em si considerada, jamais importaria em *inadimplemento*. Se importasse, carrearia aos consectários da violação das obrigações (Código Civil, art. 389 e seguintes). É de se convir que a consideração da violação ao dever de mitigar como *inadimplemento contratual* poderia levar ao absurdo de se concluir que a vítima do dano deva responder por perdas e danos, enquanto, na verdade, a consequência jurídica atribuída pelo descumprimento do dever é apenas a diminuição do *quantum* indenizatório que lhe será devido. No próprio texto da CISG (fonte de 'inspiração' à recepção da figura no Direito brasileiro), o dever de mitigar está estrutural e literalmente discernido do inadimplemento dos contratos («*fundamental breach*»). Enquanto o dever de mitigar está expressamente previsto no art. 77, o inadimplemento – modo geral – é retratado pelo art. 25.

Se não caracteriza nem obrigação principal, nem dever anexo, a questão é: caberia a qualificação do «dever de mitigar» como *dever de proteção*?

A matéria continua a ser tormentosa porque, ao se falar em *dever* se estará sempre pressupondo dever para com alguém. Porém, no espaço jurídico dos contratos e, especificamente, no âmbito das condutas contratuais, há situações em que, se alguma medida não for tomada pela parte, alargar-se-ão os danos *para as duas partes*. Essa situação justificaria a adoção, por uma das partes, de determinada atitude (*e.g.*, suscitar a extinção do contrato); igualmente, justificaria que fosse imputado, com base na boa-fé, um dever na relação com o *alter* (*e.g.*, o dever de assumir um custo de cuidado) que só aparentemente seria o incogitável «dever consigo mesmo»; ou, ainda, que lhe fosse vedada

---

Marcos Bernardes de Mello e Marcos Ehrhardt Jr. São Paulo: Revista dos Tribunais, 2012, § 509, p. 72. *In verbis*: «O dever é correlativo do direito. Quando, a propósito de ato, ou omissão, que alguém há de satisfazer, para adquirir, conservar ou exercer direito, pretensão, ação, ou exceção, se fala de dever, o conceito demasiadamente se dilata; porque não há direito de que seja correlato». E ainda, o mesmo Autor: «(a) o dever é em relação a alguém, ainda que seja sociedade; há relação entre os dois sujeitos, um dos quais é o que deve: a satisfação é do interesse do sujeito; ao passo que (b) o ônus é em relação a si mesmo; não há relação entre sujeitos: satisfazer é do interesse do próprio onerado. Não há sujeição do onerado; ele escolhe entre satisfazer, ou não ter a tutela do próprio interesse» (*Tratado de Direito Privado*. Tomo III. São Paulo: Revista dos Tribunais, 1983, § 346, 1, p. 410).

169. Nesse sentido, Mello, Marcos Bernardes de; Ehrhardt Junior, Marcos. Panorama Atual pelos Atualizadores. In: Pontes de Miranda, Francisco Cavalcanti. *Tratado de Direito Privado*. Tomo V. Atualizado por Marcos Bernardes de Mello e Marcos Ehrhardt Jr. São Paulo: Revista dos Tribunais, 2012, § 509, p. 73.

170. Pontes de Miranda, Francisco Cavalcanti. *Tratado de Direito Privado*. Tomo V. Atualizado por Marcos Bernardes de Mello e Marcos Ehrhardt Jr. São Paulo: Revista dos Tribunais, 2012, § 509, p. 72-73.

uma determinada conduta (*e.g.*, recusar injustificadamente um acordo que extinguiria uma situação já danosa às partes quando não se põe outra alternativa), sob pena, então, de atentar-se manifestamente contra a boa-fé e o fim econômico e social do contrato (Código Civil, art. 187). Nesse caso, não haveria propriamente ônus jurídico (no sentido processual da expressão). Porém, cabe questionar: poderia ser cogitada a existência de um «dever» de mitigar o próprio prejuízo para demonstrar a correção de uma dada conduta que repercutirá na esfera jurídica da contraparte – *e.g.*, pode a parte exigir a extinção do contrato dado o descumprimento da conduta «devida»?

Se o caso concreto evidenciar que os danos seriam maiores se a parte não tivesse requerido a extinção, então a exigência parece justificada e a contraparte deve aceitar o exercício do poder extintivo, sob pena de caracterizar-se, pela negativa, um exercício jurídico disfuncional (ou abusivo), além do inadimplemento. Pela mesma *ratio*, o «dever» de mitigar o próprio prejuízo também serviria para impor uma conduta à parte (*e.g.*, diante de dada circunstância, a não aceitação de um acordo há de ser tida como abusiva? Assim também o seria a recusa em cumprir com o dever de pagar a parte incontroversa?).

A solução pela qualificação como ônus jurídico – ao menos no sentido tradicional da expressão – também não é plenamente satisfatória. O ônus impõe a necessidade de agir de certo modo para defesa de interesse próprio. O exercício exigido pelo ônus relaciona-se aos interesses do próprio agente, dirigindo-se, portanto, ao próprio titular do direito. Não há, correlatamente ao ônus, um direito subjetivo. O descumprimento de um ônus não acarreta inadimplemento. Sua consequência – no caso do «dever de mitigar» – estaria cingida a minorar a indenização devida pelo próprio lesado, na medida em que a inércia injustificável do lesado (credor da obrigação de indenizar) serviu para aumentar o prejuízo do lesante.[171] As consequências do aumento do prejuízo serão imputadas ao próprio lesado. Não há interesse à prestação (por isso, não se qualifica como dever anexo), mas a inércia do lesado pode se refletir no patrimônio do lesante e, consequentemente, no do lesado, que já inadimplente. Por isso, o descumprimento do ônus, nesse caso, também geraria, por eficácia reflexa, violação de dever proteção ao patrimônio da contraparte. Não se trata, pois, tipicamente de um ônus jurídico: há, na figura, elementos de ônus e de dever lateral.

Além dessa miscigenação entre ônus e dever lateral (de proteção), relembre-se que a qualificação como «dever de mitigar», encontra, ainda, outra dificuldade atrelada à concepção tradicional do ônus jurídico, em cuja base está «a ideia de que as sanções coactivas devem presidir sempre a quaisquer deveres jurídicos. Justamente o ônus seria uma "permissão" (...) por, a não ser acatado, provocar consequências desagradáveis diferentes».[172]

---

171. O aumento do prejuízo pode levar a uma aparente aproximação ao fenômeno da concausalidade, embora com ele não se confundindo, como referi em: MARTINS-COSTA, Judith. *Comentários ao Novo Código Civil. Do Inadimplemento das Obrigações*. 2.ª ed., vol. V. Tomo II. Rio de Janeiro: Forense, 2009, p. 507.

172. MENEZES CORDEIRO, Antonio Manuel. *Tratado de Direito Civil Português*, vol. I. Tomo I. Coimbra: Almedina, 2007, p. 359.

Porém, essa noção tradicional de ônus, argumenta ainda Menezes Cordeiro, deve ser remetida para o domínio processual, por traduzir, aí, «deveres no processo com a particular índole de terem consequências substantivas». Propõe, então, na esteira da categorização procedida pela doutrina germânica, uma diversa qualificação, a de ônus ou *encargo material*, correspondente à ideia traduzida no idioma alemão por *Obliegenheit*. Sustenta o autor português: «[n]o Direito civil, cabe introduzir uma nova figura: a do ônus material ou encargo. O encargo corresponde estruturalmente a um dever; segue, no entanto, um regime particular: é um dever de comportamento que funcionando também no interesse de outras pessoas, não possa, por estas, ser exigido no seu cumprimento».

A aproximação com o ônus e a sua qualificação como ônus ou encargo material resultaria da circunstância de essa figura não contracenar «com nenhuma posição que lhe surja simétrica. É, pois, uma situação absoluta».[173]

Em vista do sistema do Direito brasileiro referente às consequências do inadimplemento imputável, o «dever de mitigar» resta, efetivamente, a meio caminho entre as categorias do ônus jurídico (no sentido tradicional) e a do *dever de proteção*, razão pela qual ou se deveria admitir sua inserção na categoria do encargo de direito material ou expressar a particularidade pela díade ônus/dever de proteção. Trata-se de figura cuja aplicação está a merecer extremada prudência, sendo necessário ter em mente os seus limites e os seus pressupostos, para o que cabe averiguar sua origem, já que o ambiente em que nascida tem valor explicativo de sua razão de ser.

3. Problemas de Direito Comparado

Como não é incomum entre nós, soluções advindas de outros sistemas jurídicos são por vezes transplantadas acriticamente, sem que o intérprete tenha em vista a integralidade do entorno normativo que originou determinada solução, muito embora dentre as mais dificultosas questões do Direito Comparado esteja, justamente, a compreensão do fenômeno da circulação dos modelos jurídicos. É que modelos podem migrar de um sistema a outro, mas não os seus *formantes*,[174] é dizer, a sua estrutura considerada no seu modo peculiar de articulação. Para resolver os grandes problemas práticos resultantes desse intrincado fenômeno, a doutrina avisada recomenda cautela com as «ilusões de ótica»,[175] bem como com o anacronismo hermenêutico derivado da similitude meramente terminológica,[176] utilizando-se, para tanto, a noção de

---

173. Menezes Cordeiro, Antonio Manuel. *Tratado de Direito Civil Português*, vol. 1. Tomo 1. Coimbra: Almedina, 2007, p. 359.

174. Reenvie-se a: Sacco, Rodolfo. *La Comparaison Juridique au Service de La Conaissance du Droit*. Paris: Economica, 1991, p. 41 e ss.

175. A expressão é de Sacco, Rodolfo. *La Comparaison Juridique au Service de La Conaissance du Droit*. Paris: Economica, 1991, p. 42.

176. Legrand, Pierre. Sur l'analyse différentielle des juriscultures. *Revue Internationale de Droit Comparé*, Paris, Societé de Législation Comparée, 4, 1999, p. 1053-1071.

mutação.[177] Soluções prestigiadas em outros sistemas e que passam a circular por meio de microrrecepções – expressas ou silenciosas – não são nunca «transplantáveis», mas tão somente *acomodáveis por via de certas mutações e adaptações*. A adaptação há de considerar os diversos *formantes* do sistema que recebe o modelo, tudo tendo como efeito uma *diversa modelação* do instituto, regra, princípio, ou solução «recebida».

É precisamente o que ocorre com a recepção do *duty to mitigate the loss*. Em razão de sua origem, o dever de minimizar o prejuízo deve ser contextualmente compreendido, sob pena de a incompreensão levar a distorções tais como considerá-lo espécie de «inadimplemento» ou «obrigação» do credor lesado, ou simplesmente transplantar, de modo anacrônico, um princípio modelado para os contratos envolvendo a circulação de mercadorias (compra e venda, fornecimento) para outras espécies contratuais, sem realizar a necessária adaptação contextual. Cabe, pois, breve vista d'olhos sobre os significados atribuídos a esse dever na doutrina e jurisprudência em que pioneiramente formulado.

4. Origem da doutrina da mitigação

A percepção desse dever verificou-se, primeiramente, no Direito anglo-saxão (*doctrine of mitigation* ou *duty to mitigate the loss*). Posteriormente, a teoria foi recepcionada pelo Direito internacional e no Direito interno dos sistemas jurídicos continentais,[178] denotando «uma evidente convergência de todos os direitos das "nações civilizadas"»,[179] como dá conta o cuidadoso exame da jurisprudência arbitral feito por Yves Derains[180]

---

177. SACCO, Rodolfo. *La Comparaison Juridique au Service de La Conaissance du Droit*. Paris: Economica, 1991, p. 113 e ss., em especial p. 118-128.

178. Apresentando o panorama comparatista: DERAINS, Yves. L'Obligation de Minimiser le Dommage dans la Jurisprudence Arbitrale. *Revue de Droit des Affaires Internationales*, 1987, p. 375 (acessível em: <www.trans-lex.org/120100>). Também MUIR-WATT, Horatia. *La Modération des Dommages en Droit Anglo-Américain*. LPA, n. 232, nov. 2002, p. 45 e ss. O princípio foi também acolhido na Convenção de Viena de 1980 sobre a venda internacional de mercadorias, determinando-se no art. 77, sobre venda internacional de mercadorias, cuja redação consigna: *The partie who relies on a breach of contract must take such mesures as are reasonable in the circumstances to mitigate the loss, including loss of profit, resulting from the breach. If he fails to take such measures, the party in breach may claim a reduction in the damages in the amount by which the loss should have been mitigated».

179. «(...) une évidente convergence de tous les droits des "nations civilisées". A expressão é de MAYER, Pierre. *Le Principe de Bonne Foi devant les Arbitres du Commerce International*. Basel e Frankfurt-am-Main: Mélanges Lalive, 1993, p. 543 e ss. Disponível em: <koeln.de/php/pub_show_document.php?page=pub_show_document.php&pubdocid=115700&pubwithtoc=ja&pubwithmeta=ja&pubmarkid=949000#mark949000>. Para um panorama, consulte-se: GALGANO, Francesco. *Diritto Privato*. 4.ª ed. Padova: Cedam, 1987, p. 184; ANTUNES VARELA, João Matos. *Das obrigações em geral*, vol. I. 2.ª ed. Coimbra: Almedina, 1973, p. 917.

180. DERAINS, Yves. L'Obligation de Minimiser le Dommage dans la Jurisprudence Arbitrale. *Revue de Droit des Affairs Internationales*, 1987.

A Criação de Deveres | 641

e por Pierre Mayer,[181] sendo expressamente versado na Convenção de Viena sobre Compra e Venda Internacional de Mercadorias.[182] No Ordenamento brasileiro (e salvo o que nele é integrado hoje pela CISG), a figura do dever de mitigar o próprio prejuízo não está prevista *expressamente*, por exemplo, no Código Civil,[183] embora seja aceito, ao menos majoritariamente, o seu acolhimento por via integrativa.[184]

A primeira referência doutrinária a um «dever de mitigar o próprio prejuízo» está contida em proposição formulada no ano de 2004 pela Professora Véra Fradera, jurista estudiosa da CISG, que apresentou proposta de interpretação ao art. 422 do Código Civil,[185] tendo como inspiração o art. 77 da referida Convenção ainda que, à época, não tivesse o Brasil aderido à Convenção.[186] A proposição, aprovada sob o n. 169, tem o seguinte texto: «*Art. 422: O princípio da boa-fé objetiva deve levar o credor a evitar o*

---

181. Mayer, Pierre. *Le Principe de Bonne Foi devant les Arbitres du Commerce International*. Basel e Frankfurt-am-Main: Mélanges Lalive, 1993, p. 543 e ss. Disponível em: >koeln.de/php/pub_show_document.php?page=pub_show_document.php&pubdocid=115700&pubwithtoc=ja&pubwithmeta=ja&pubmarkid=949000#mark949000>.

182. Article 77: «a party who relies on a breach of contract must take such measures as are reasonable in the circumstances to mitigate the loss, including loss of profit, resulting from the breach. If he fails to take such measures, the party in breach may claim a reduction in the damages in the amount by which the loss should have been mitigated». Disponível em: <https://uncitral.un.org/sites/uncitral.un.org/files/media-documents/uncitral/en/19-09951_e_ebook.pdf>. Último acesso em: 10.05.2023.

183. Assim concluiu a Corte americana no caso Ometto *vs.* Abengoa, *in verbis*: «Ometto's «duty to mitigate» argument comprised two short paragraphs in its briefing before the tribunal, and cited no cases – indeed, the briefing to which Ometto refers the Court does not even use the terms «duty to mitigate», and there is no such duty to be found the plain language of the cited provisions of the Brazilian Civil Code (NR: The text of Article 187 of the Brazilian Civil Code limits the holder of a right to «limits imposed by its economic or social purpose, by good faith or by good conduct» while Article 422 refers only to «principles of probity and good faith. See Schorr Decl., Exs. 53-54. Neither provision suggests the «instant impression» that Braziliancivil law imposes a duty to mitigate – a fact confirmed by Ometto's need to supply this Court with new, judgemade, Brazilian precedents to shore up the supposed obviousness of the duty to mitigate. But none of this case law was presented to the arbitrators» (*Revista Brasileira de Arbitragem*, n. 39, Síntese/CBAr, Porto Alegre/Curitiba, jul./set. 2013, p. 162-171).

184. Tratei brevemente do tema in: Martins-Costa, Judith. *Comentários ao Novo Código Civil. Do Inadimplemento das Obrigações*, vol. V. Tomo ll. 2.ª ed. Rio de Janeiro: Forense, 2009, p. 344-345.

185. Desde o ano de 2002, quando entrou em vigor o Código Civil, o Conselho da Justiça Federal (CJF) tem promovido regularmente encontros para que estudiosos do Direito Civil proponham diretrizes para a interpretação de suas regras e princípios. Aquelas proposições merecedoras da aprovação da maioria dos participantes são consagradas como Enunciados, com valor de orientação doutrinária (valor persuasivo). Foi no âmbito desses encontros que a Professora de Fradera apresentou, na lll Jornada, em dezembro de 2004, proposição a final aprovada sob o n. 169 (cf. Proposta de Enunciado ao art. 422 do CC/2002. In: Aguiar Júnior, Ruy Rosado de (Org.). lll Jornada de Direito Civil do Conselho da Justiça Federal Brasília: CJF, 2005, p. 168).

186. Considerado o depósito do instrumento de adesão do Brasil à Convenção das Nações Unidas sobre Contratos de Compra e Venda Internacional de Mercadorias («CISG» ou «Convenção»), junto do Secretário Geral da Organização das Nações Unidas («ONU»), realizado no dia 04 de Março de 2013 (Decreto Legislativo n. 538, publicado em 19 de Outubro de 2012).

642 | A BOA-FÉ NO DIREITO PRIVADO

agravamentodo próprio prejuízo».[187] Alude-se, expressamente, à inspiração provinda da CISG.

Para Ingeborg Schwenzer e Peter Schlechtriem, reconhecidos comentaristas da Convenção, o dever de mitigar encontra limites na razoabilidade dos esforços a serem tomados pela vítima para mitigar o dano sofrido. Um comprador que recebesse mercadorias não conformes, poderia – em atenção ao dever de mitigar os próprios danos – conceder uma redução de preço aos seus clientes a fim de evitar um aumento da perda; porém, seria irrazoável esperar que, para tanto, violasse os seus próprios contratos.[188] Do mesmo modo, não haveria dever de tomar medidas para evitar a ocorrência de uma violação ao contrato se não houvesse contundentes e fortes indícios de que tal violação aconteceria.[189]

5. Quantificação e critérios

Na quantificação do prejuízo derivado da inércia do lesado, há de ser considerado o *standard* da razoabilidade, tanto para apontar à concreta manifestação do dever/ônus jurídico quanto para assinalar a medida do esforço exigível por parte do lesado.[190] Assim opina, na doutrina brasileira, Christian Sahb Batista Lopes.[191] Conquanto sustente tratar-se de dever jurídico, assegura que, nas «formulações existentes do dever de mitigar, o credor se vê impedido de ser indenizado pelos danos que podiam ter sido evitados com esforços *razoáveis* ou mediante a sua diligência *ordinária*. Não se exige [...] o emprego de esforços excessivos, o dispêndio de valores elevados, a adoção de medidas

---

187. A justificativa da proposição está alicerçada grande parte em razões expostas em texto doutrinário em que menciona as origens da figura e sua adoção no âmbito da compra e venda internacional de mercadorias (ver FRADERA, Véra Maria Jacob de. Pode o credor ser instado a diminuir o próprio prejuízo? *Revista Trimestral de Direito Civil*, Rio de Janeiro, Padma, vol. 19, jul./set. 2004, p. 109-119).

188. SCHWENZER, Ingeborg; SCHLECHTRIEM, Peter. *Commentary on the UN Convention on the International Sale of Goods*. 3.ª ed. New York: Oxford University Press, 2010, §8, p. 1.046. No original: «A buyer who has received non-conforming goods may also be obliged to grant his customers a price reduction in order to prevent an increase of loss resulting from his customers avoiding the contracts. However, it is unreasonable to expect the promisee to breach his own contracts».

189. SCHWENZER, Ingeborg; SCHLECHTRIEM, Peter. *Commentary on the UN Convention on the International Sale of Goods*. 3.ª ed. New York: Oxford University Press, 2010, §9, p. 1.046. No original: «Article 77 also requires the promisee to draw the promisor's attention to the risk of particularly high loss which threatens to result from non-performance. However, there is no general duty to take preventive measures for a possible breach of contract as long as there are no specific indications that a breach will occur».

190. LOOKOFSKY, Joseph. The 1980 United Nations Convention on Contracts for the International Sale of Goods. In: HERBOTS, Jacques; BLANPAIN, Roger (Eds.). *International Encyclopaedia of Laws* – Contracts, Suppl. 29. The Hague: Kluwer Law International, 2000, p. 158.

191. LOPES, Cristian Sahb Batista. *A Mitigação dos Prejuízos no Direito Contratual*. Belo Horizonte: Tese de Doutorado. Faculdade de Direito da Universidade Federal de Minas Gerais, 2011. Posteriormente publicada: LOPES, Cristian Sahb Batista. *Mitigação dos Prejuízos no Direito Contratual*. São Paulo: Saraiva, 2013.

significativamente arriscadas ou a conduta que imponha ao credor humilhação».[192]

De fato, não cabe ao credor, para minimizar os danos, fazer um «sacrifício de seus próprios interesses», ou passar por dificuldades financeiras, ou renunciar a direitos, ou assumir despesas excessivas com relação ao previsto no contrato original, ou, ainda, tomar medidas que impliquem risco de perda econômica, ou de reputação.[193] Não se poderia cogitar – a pretexto de integrar o contrato – de criar o dever de o credor «fazer tudo que esteja a seu alcance» para não permitir o agravamento dos prejuízos, pois uma coisa é «adotar medidas razoáveis que estejam a seu alcance» para mitigar danos. Outra, bem diversa, é «fazer tudo que esteja a seu alcance» para tal finalidade. Do contrário, os fundamentos e finalidades da responsabilidade civil estariam esfacelados, a vítima seria duplamente penalizada: pelo prejuízo que sofreu em razão da inexecução do cocontratante e pelo fato de não ter «feito tudo o que estivesse a seu alcance», por mais difícil, disfuncional ou gravoso que fosse, para poder auferir indenização que é, consabidamente, o efeito primordial e típico, funcionalmente necessário, da responsabilidade civil.

Dentre os critérios deduzidos pela jurisprudência do *common law* estão, como aponta Cristiano Zanetti, os seguintes: «(*i*) o prejudicado não está obrigado a arriscar demasiadamente seu dinheiro; (*ii*) não está obrigado a proceder a uma cirurgia excessivamente arriscada; (*iii*) não necessita tomar um risco de um litígio incerto contra terceiro: (*iv*) não está obrigado a prejudicar sua reputação comercial; e (*v*) não deve padecer por sua incapacidade financeira em adotar as medidas necessárias à eliminação ou mitigação do dano».[194] Esses critérios são de valia ao intérprete brasileiro ao apreciar o cabimento e a intensidade do «dever de mitigar o próprio prejuízo», bem como os seus limites, valendo a regra: as medidas a serem adotadas para mitigar o próprio prejuízo são as «razoavelmente possíveis», consideradas as circunstâncias,[195] especialmente os usos comerciais do setor e as práticas seguidas pelas partes.[196] Isso, porque a ideia central está em evitar que a parte lesada espere passivamente a ocorrência do prejuízo,

---

192. LOPES, Cristian Sahb Batista. LOPES, Cristian Sahb Batista. *Mitigação dos Prejuízos no Direito Contratual*. São Paulo: Saraiva, 2013.

193. LOPES, Cristian Sahb Batista. *A Mitigação dos Prejuízos no Direito Contratual*. Belo Horizonte: Tese de Doutorado. Faculdade de Direito da Universidade Federal de Minas Gerais, 2011. Posteriormente publicada: LOPES, Cristian Sahb Batista. *Mitigação dos Prejuízos no Direito Contratual*. São Paulo: Saraiva, 2013, p. 39-41.

194. ZANETTI, Cristiano de Sousa. A Mitigação do Dano e a Alocação da Responsabilidade. *Revista Brasileira de Arbitragem*, vol. 35, jul./ago. 2012, p. 34-35. O autor recomenda, inclusive, a conveniência, para a concretização do *standard* da razoabilidade dos esforços exigidos para a mitigação recorrer à técnica alemã dos «grupos de casos», pois o seu exame «leva à fixação de critérios que tornam cada vez mais segura a aplicação da regra».

195. KNAPP, Victor. Article 77. In: BIANCA, Cesare Massimo; BONELL, Michael Joachim. *Commentary on the International Sales Law*. Milano: Giuffrè, 1987, p. 559.

196. SCHLECHTRIEM, Peter; BUTLER, Petra. *UN Law on International Sales*. New York: Springer-Lehrbuch, 2009.

enquanto poderia evitá-lo,[197] aqui residindo ponto central para a correta aplicação da figura como elemento integrativo de um contrato com base na boa-fé:[198] não se pode cogitar de imputar à vítima de um dano o dever de evitá-lo, ou o de afastar as suas consequências, mas, tão somente, o de diligenciar para com os próprios interesses, *cooperando* com a contraparte para que o adimplemento, fim de todo e qualquer relação obrigacional, seja satisfatoriamente atingido, ou que o prejuízo que possa, razoavelmente, ser minorado, ou, ainda, que a prestação substitutiva possa ser cumprida.

Esse ponto vem posto também na «jurisprudência arbitral», como demonstra a pesquisa de Yves Derains,[199] segundo o qual o «dever» de minimizar os próprios danos, traduzindo princípio da *lex mercatoria*, «participa do dever de cooperação» que os árbitros imputam às partes de um contrato internacional.[200] Perceba-se que, no contexto da circulação internacional de mercadorias, é perfeitamente compreensível – para a própria dinamicidade das trocas comerciais – a formulação de um dever de concluir contratos «substitutivos» daquele não executado[201] para, assim, minimizar o prejuízo

---

197. Saidov, Djakonir. *Methods of Limiting Damages under the Vienna Convention on Contracts for the International Sale of Goods*. Disponível em: <http://www.cisg.law.pace.edu/cisg/biblio/saidov. html>. Acessado em 20.04.2015. No original: «The central idea, underlying the principle of mitigating loss is that the aggrieved party cannot recover damages with respect to loss which he could have reasonably avoided. The purpose of this principle is to prevent the injured party from passively waiting for the loss to take place and then suing the party in breach for this loss, while such loss could have been avoided by the injured party.»

198. Lookofsky, Joseph. The 1980 United Nations Convention on Contracts for the International Sale of Goods. In: Herbots, Jacques; Blanpain, Roger (Eds.). *International Encyclopaedia of Laws* –Contracts, Suppl. 29. The Hague: Kluwer Law International, 2000, p. 136; Opie, Elisabeth. *Commentary on the manner in which the UNIDROIT Principles may be used to interpret or supplement Article 77 of the CISG*. Janeiro de 2005. Disponível em: <http://www.cisg.law.pace.edu/cisg/biblio/ opie.html>. Acessado em 20.04.2015, *in verbis*: «The assessment of reasonableness is a question of fact and will take into account circumstances such as the time within which action was undertaken to diminish an avoidable loss and whether a substitute transaction was conducted on an arm's length basis. Conversely, loss caused by a breach of contract is not recoverable if it could have been reduced by taking reasonable measures. A potential measure to mitigate damages is reasonable, if in good faith it could be expected under the circumstances. This is to be determined according to the actions of a reasonable person in the same circumstances».

199. Derains, Yves. *L'obligation de Minimiser le Dommage dans la Jurisprudence Arbitrale*. Disponível em: <https://www.trans-lex.org/120100/_/derains-yves-l-obligation-de-minimiser-le-dommage--dans-la-jurisprudence-arbitrale-rdai-1987-at-375-et-seq/>. Último acesso em: 10.05.2023.

200. Derains, Yves. *L'obligation de Minimiser le Dommage dans la Jurisprudence Arbitrale*. Disponível em: <https://www.trans-lex.org/120100/_/derains-yves-l-obligation-de-minimiser-le-dommage--dans-la-jurisprudence-arbitrale-rdai-1987-at-375-et-seq/>. Último acesso em: 10.05.2023. No original: «Enfin, l'obligation de minimiser le dommage participe du devoir de coopération que les arbitres font pesersur les partiesàun contrat international, et qu›évoquait une sentence rendue en 1975, dans l'affaire CCI n. 229117: «Les conventions doivent s›interpréter de bonne foi, chaque partie ayant l'obligation d›avoiràl'égard de l'autre un comportement qui ne puisse lui nuire».

201. Alude-se à «l'obligation de rechercher la conclusion d'un contrat de remplacement», isto é: o lesado «devra donc tenter de se procurer ailleurs des biens identiques a ceux qui faisaient l'objet du contrat inexecuté». Se não fizer essa tentativa, permanecendo inerte, será excluída a reparação da parte do prejuízo que o lesado «aurait pu éviter en prenant des mésures raisonnables, c'est-à-

A Criação de Deveres | 645

que atingiria à dinâmica própria do comércio internacional. E, efetivamente, a presença de um tal dever se justifica – como também aponta Derains – em vista de uma perspectiva dinâmica das trocas comerciais.[202] Similar perspectiva é endossada por Hanotiau, para quem a definição do seu regime jurídico suscita interesses tanto no plano da teoria geral do Direito quanto da perspectiva jurídico-econômica do funcionamento do comércio internacional.[203]

Em suma: o que se sanciona pela figura é a inércia inescusável da vítima do dano em buscar uma solução razoável, tendo como consequência o aumento do prejuízo resultante de defeito ou da ausência da execução contratual. De modo algum seria lícito concluir pela existência de uma obrigação do credor, vítima da inexecução contratual, de adotar *quaisquer* medidas, em *quaisquer* circunstâncias para mitigar o prejuízo sofrido em virtude da inexecução do cocontratante, nem que deva assumir sacrifícios ou riscos adicionais àqueles implicados no contrato.

6. Jurisprudência

Por essa linha de prudência trafega parte da jurisprudência brasileira, ao não conferir ao dever de mitigar danos uma extensão superadora dos limites da *diligência razoável* para com os próprios interesses. Nos julgados que não se referem a uma relação jurídica de consumo (pois estas são peculiarizadas por elementos normativos específicos) – o que se exige é uma *diligência normal*, avaliada segundo as circunstâncias. Confira-se:

No *caso do veículo que caiu do navio*,[204] a vítima do dano era proprietária de

---

-dire, en l'occurence, en recherchant la conclusion d'un contrat de remplacement» (Cf. Reifegestre. Stéphan. *Pour une Obligation de Minimiser le Dommage*. Aix-en-Provence: Université d'Aix-Marseille, 2002, p. 17).

202. Derains, Yves. *L'obligation de Minimiser le Dommage dans la Jurisprudence Arbitrale*. Disponível em: < https://www.trans-lex.org/120100/_/derains-yves-l-obligation-de-minimiser-le-dommage­-dans-la-jurisprudence-arbitrale-rdai-1987-at-375-et-seq/>. Último acesso em: 09.05.2023. No original: «Tout d'abord l'obligation de minimiser les pertes se rattache souventàune conception dynamique deséchanges: les arbitres sanctionnent, par la réduction des dommages-intérêts, l'attitude consistantàattendre un dédommagement de la partie qui n'exécute pas un contrat plutôtque de nouer de nouvelles relations commerciales saines».

203. Hanotiau, Bernard. Régime juridique et portée de l'obligation de modérer le dommage dans les ordres juridiques nationaux et dans le droit du commerce international. *Apud* Reifegestre. Stéphan. *Pour une Obligation de Minimiser le Dommage*. Aix-en-Provence: Université d'Aix-Marseille, 2002, p. 22. De fato, quando há falhas no fornecimento de bens que seriam devidos a terceiros (como, exemplificativamente, no fornecimento de petróleo); ou na entrega de peças e/ou instrumentos essenciais para o funcionamento das mercadorias vendidas, poderá ser afetado o escopo de eficiência econômica subjacente às trocas no mercado internacional. Daí decorre a exigência de o lesado atuar colaborativamente, inclusive, se razoavelmente possível, pela busca no mercado de mercadorias em substituição para mitigar os prejuízos, não deixando de atender aos seus próprios compromissos comerciais e, assim, aumentando o dano.

204. TJRS. Ap. Cív. 70037891090. Décima Segunda Câmara Cível. Relator Des. Umberto Guaspari Sudbrack. Julgamento em 26.08.2010. *DJ* de 01.09.2010.

646 | A BOA-FÉ NO DIREITO PRIVADO

veículo que, ao cair do navio que o transportava, ficou danificado, tendo que ir a conserto, o que causou danos emergentes e lucros cessantes, estes pelo fato de o ter ficado, por um certo período, impedido de utilizar o veículo para trabalhar. Nos fundamentos da decisão judicial (em que se alude, expressamente, ao art. 77 da CISG),[205] o julgador condicionou o «dever» de mitigação ao *standard* da razoabilidade, no caso não atingido quanto aos lucros cessantes. Além do mais, ponderou, não se tratava, a rigor, de fazer apelo ao dever de mitigação: o autor, vítima do dano, não fizera prova de utilizar o veículo para o trabalho, fato que estaria na razão dos lucros cessantes. Logo, a razão de ser do não provimento do pedido é que os danos eram hipotéticos e não no incumprimento do dever de mitigação.

No *caso do vendedor inerte*,[206] tratou-se de ação intentada por vendedor de imóvel que buscava cobrar o pagamento das parcelas de contrato de compra e venda de imóvel. A discussão centrou-se especificamente no quantum da indenização devida. Conquanto a inexecução pelo promitente comprador da sua obrigação de pagar o preço (tendo este inclusive abandonado o imóvel), o promitente vendedor demorou quase sete anos para ajuizar ação resolutória, reintegração de posse e perdas e danos pelo tempo em que o imóvel ficara em estado de não fruição.[207] O vendedor-credor reclamou indenização

---

205. TJRS. Ap. Cív. 70037891090. Acima citada. *In verbis*: «O enunciado [169] encontra inspiração, funcionalidade e legitimidade no sopro de *Common Law* do art. 77 da Convenção de Viena de 1980, sobre venda internacional de mercadorias, no sentido de que a parte que invoca o revés derivado de desventura negocial deve tomar as medidas razoáveis, levando em consideração as contingências do caso concreto, para limitar a perda, nela compreendido o prejuízo resultante do infortúnio.

    A leitura do dispositivo não deixa dúvidas acerca do ônus incumbido à parte que sofreu o dano: agir de forma razoável, dentro da realidade circundante, de modo a mitigar o prejuízo. Ou seja, impõe-se à parte requerente o dever de provar que tomou todas as medidas cabíveis para evitar o prejuízo experimentado.

    No caso concreto, em que pese a alegação do demandante, no sentido de que o evento danoso lhe rendeu o *loss of profits* no valor de R$ 3.240,00 (três mil, duzentos e quarenta reais), caberia ao autor demonstrar que se acautelou de eventual prejuízo, seja ao adquirir veículo que desempenhasse a mesma função, ou mesmo alugar veículo que pudesse fazer frente a eventuais compromissos contratuais assumidos, no que não logrou êxito, e que seria de mister, a teor do art. 333, I, do CPC.

    Não há, a bem da verdade, prova da frequência de utilização do veículo, requisito essencial para o manejo do pleito.

    Assinalo que não se pode aferir objetivamente a possibilidade do lucro aventado, que adviria do trabalho desempenhado pelo veículo, de modo que não se podem presumir danos hipotéticos sugeridos pela autora».

206. STJ. REsp 758518/PR. Terceira Turma. Relator Min. Vasco Della Giustina. Julgamento em 17.06.2010. *DJ* de 01.07.2010.

207. Estabeleceu-se que o vendedor «não pode concorrer para o agravamento dos prejuízos», exigindo-lhe que «tão logo se inteire do ocorrido, deve, embora sem esforços excepcionais, procurar evitar ao máximo outras repercussões danosas, adotar prontamente as medidas necessárias à proteção dos seus interesses». O fato de a vítima do dano não ter «buscado a posse do imóvel, ajuizando a demanda prontamente» teve como consequência a redução do quantum indenizatório devido ao credor, apontando-se: «Os contratantes devem tomar as medidas necessárias e

A Criação de Deveres | 647

por todo o período em que o imóvel restou em «estado de não fruição», incluindo-se período de sua própria inércia.

A Corte analisou a atitude processual do credor, pois o promitente-comprador deixara de efetuar o pagamento das prestações do contrato de compra e venda em 1994, abandonando, posteriormente, o imóvel em setembro de 2001. Contudo, o credor só realizou a defesa de seu patrimônio em 17 de outubro de 2002, data do ajuizamento da ação de reintegração de posse cumulada com pedido de indenização. Essa situação, sublinhou-se, «evidencia o descaso com o prejuízo sofrido». O fato de o credor ter deixado o devedor na posse do imóvel por quase 7 (sete) anos, «sem que este cumprisse com o seu dever contratual (pagamento das prestações relativas ao contrato de compra e venda), evidencia a ausência de zelo com o seu patrimônio e o agravamento significativo das perdas, uma vez que a realização mais célere dos atos de defesa possessória diminuiria a extensão do dano». E concluiu:

«É lícito conceber a existência de um dever da parte de mitigar o próprio prejuízo, impedindo o crescimento exorbitante da multa, como corolário do princípio da boa-fé processual, cláusula geral prevista no art. 14, II, do CPC».[208] E explicitou: «(...) o princípio da boa-fé processual é decorrência da expansão do princípio da boa-fé inicialmente pensado no Direito Privado. Esse princípio implica a proibição do abuso do direito e a possibilidade de ocorrência da *suppressio* (*sic*), figura, aliás, que é corolário da vedação ao abuso. Se o fundamento do *duty to mitigate the loss* é o princípio da boa-fé, que rege o direito processual como decorrência do devido processo legal, pode-se perfeitamente admitir a sua existência, a partir de uma conduta processual abusiva, no direito processual brasileiro. Ao não exercer a pretensão pecuniária em lapso de tempo razoável, deixando que o valor da multa aumente consideravelmente, o autor comporta-se abusivamente, violando o princípio da boa-fé. Esse ilícito processual implica a perda do direito ao valor da multa (*suppressio*), respectivamente ao período de tempo considerado pelo órgão jurisdicional como determinante para a configuração do abuso de direito. Trata-se, pois, de mais um ilícito processual caducificante».

Embora invocando o aresto múltiplas e desnecessárias figuras e institutos diversos (abuso de direito, ilícito processual, *suppressio*, violação à boa-fé) importa, para o que aqui concerne, apontar ao fundamento da redução do *quantum* indenizatório: a inação do credor, sendo diminuído o valor devido pelo intervalo relativo à admissão de que o imóvel estava sem uso e os atos do vendedor/credor para reaver seu patrimônio. A determinação de reduzir o *quantum* indenizatório restou assim fundamentada:

---

possíveis para que o dano não seja agravado. A parte a que a perda aproveita não pode permanecer deliberadamente inerte diante do dano. Agravamento do prejuízo, em razão da inércia do credor. Infringência aos deveres de cooperação e lealdade» (STJ. REsp 758518/PR. Terceira Turma. Relator Min. Vasco Della Giustina. Julgamento em 17.06.2010. *DJ* de 01.07.2010).

208. Regra similar está no art. 77 do NCPC. No entanto, suprimiu-se o inciso II do art. 14 do CPC de 1973, que referia a boa-fé. No novo sistema, dispõe-se no art. 5.º, de maior abrangência e claramente referido a boa-fé objetiva: «Aquele que de qualquer forma participa do processo deve comportar-se de acordo com a boa-fé».

648 | A BOA-FÉ NO DIREITO PRIVADO

«[o vendedor] não pode concorrer para o agravamento dos prejuízos; tão logo se inteire do ocorrido, deve, embora sem esforços excepcionais, procurar evitar ao máximo outras repercussões danosas, adotar prontamente as medidas necessárias à proteção dos seus interesses». Pelo período em que restou injustificadamente inerte, quanto poderia ter agido, o credor está a violar o dever colaboração expresso em uma ação voltada a mitigar os efeitos do dano, essa violação impactando na redução do *quantum* indenizatório.

Essa solução é ideologicamente concorde com a ideia da obrigação como relação de cooperação. Essa cooperação, porém, não é ilimitada. Seja ônus, seja dever de proteção, resta delineado apenas quando, e na medida em que a inércia do credor prejudica injustamente o devedor.

No *caso do hotel queimado*,[209] o Superior Tribunal de Justiça apelou à boa-fé objetiva como fonte do «dever» de mitigação do prejuízo. A particularidade do caso está em que a colaboração respeitava a redução do período de contagem de lucros cessantes, isto é: a diminuição do quantum indenizatório em função de lapso temporal, tal qual o *caso do vendedor inerte*.

Haviam sido opostos por companhia seguradora embargos à execução contrariamente à pretensão deduzida por estabelecimento hoteleiro (exequente)[210] que sofrera sinistro consistente em incêndio em sua cozinha, discutindo-se o valor da condenação por lucros cessantes. No processo de conhecimento, a sentença condenara a seguradora ao pagamento de danos emergentes e lucros cessantes decorrentes de incêndio em cozinha que culminou com a destruição de imóvel segurado. O período para o cômputo dos lucros cessantes compreenderia, entre outras peculiaridades, o intervalo entre a data da propositura da ação de indenização e a data em que fosse pago o valor da indenização contratada e reconhecidamente devida – o que remonta ao período «(...) *em que, impossibilitado o lesado de retomar suas atividades, teve o prejuízo decorrente da paralisação*».[211]

Ocorre, porém, que a seguradora efetuou o depósito da indenização correspondente a danos emergentes, cumprindo com a determinação da sentença. Ato contínuo, o depósito foi levantado pelo hotel, que veio a arguir a necessidade do pagamento de indenização por lucros cessantes mesmo após o recebimento de tais valores, sob o fundamento de permanecer impedido de exercer sua atividade comercial. Apelando aos «*critérios definidos pela boa-fé objetiva*», o STJ estabeleceu que os lucros cessantes seriam devidos até noventa (90) dias do depósito judicial, sendo esse prazo justificado

---

209. STJ. REsp 256274/SP. Quarta Turma. Relator Min. Ruy Rosado de Aguiar Jr. Julgamento em 26.09.2000. *DJ* de 18.12.2000; no mesmo sentido: STJ. REsp 32890/SP. Quarta Turma. Relator Min. Ruy Rosado de Aguiar Jr. Julgamento em 14.11.1994. *DJ* de 12.12.1994.

210. STJ. REsp 256274/SP. Quarta Turma. Relator Min. Ruy Rosado de Aguiar Jr. Julgamento em 26.09.2000. *DJ* de 18.12.2000.

211. Conforme voto do Relator.

A CRIAÇÃO DE DEVERES | 649

como o período no qual seria possível a reconstrução do prédio sinistrado. Assim, como disse o Ministro Relator, a avaliação do período a considerar para os lucros cessantes haveria de ser procedida «de acordo com a boa-fé objetiva, que impõe ao lesado colaborar lealmente, praticando atos que estavam ao seu alcance, para evitar a continuidade do prejuízo (...)». Na perspectiva inversa, reconheceu-se que o comportamento da seguradora, ao pagar prontamente a indenização, possibilitou mitigar danos, pois na medida que indenizou parte da cobertura, aumentou a possibilidade de recuperação da atividade comercial da contraparte e, consequentemente, reduziu seus prejuízos frente ao credor.[212]

---

212. Ulteriores decisões do STJ e de diversos Tribunais brasileiros têm seguido o mesmo entendimento para determinar ser dever das partes mitigarem seus prejuízos, com base no princípio da boa-fé objetiva. *V.g.:* STJ. REsp 1134868/MG. Quarta Turma. Relator Min. Raul Araújo. Julgamento em 28.06.2011. *DJ* de 08.08.2011; STJ. REsp 32890/SP. Quarta Turma. Relator Min. Ruy Rosado de Aguiar. Julgamento em 14.11.1994. *DJ* de 12.12.1994. E ainda, exemplificativamente, nos Tribunais estaduais: TJRS. Ap. Cív. n. 70028138113. Décima Segunda Câmara Cível. Relator Des. Umberto Guaspari Sudbrack. Julgamento em 29.01.2009; TJSE. Recurso Inominado. Acórdão n. 193/2006. Proc. n. 2006800091. Feito n. 0091/2006. Relatora Des. Maria Angélica Garcia M. Franco. Julgamento em 20.06.2006.

Capítulo Oitavo

Função Corretora: a Boa-Fé e o Exercício Jurídico

§ 66. A função corretora
1. Proposição; 2. As duas vertentes da função corretora

§ 67. A função corretora do conteúdo contratual
1. Premissas

§ 68. Boa-fé como norma de validade: o sistema do Código Civil
1. Proposição; 2. Soluções do Direito brasileiro; 3. O art. 166 do Código Civil; 4. Demais hipóteses de controle do conteúdo no âmbito do Código Civil

§ 69. Boa-fé como norma de validade e correção da «abusividade contratual»
1. Distinções: abuso e abusividade; 2. Os planos de projeção da distinção; 3. Abusividade, segundo o CDC; 4. Crítica: a miscelânea de fundamentos e a invocação iterativa

§ 70. Correção do conteúdo do contrato sem referência à validade: papel da boa-fé frente a situações de desequilíbrio decorrente de circunstâncias supervenientes à formação do contrato
1. Proposição; 2. Dimensão plurívoca do princípio do equilíbrio; 3. Tempo e contrato; 4. A longa duração; 5. Fontes legais do dever de reequilíbrio e especificidades consoante os campos normativos; 6. Fontes negociais: a autonomia privada; 7. Cláusulas de renegociação: desnecessidade de apelo à imprevisibilidade; 8. O critério do modo de operar a adaptação do contrato; 9. As cláusulas de *hardship*; 10. Conjugação entre fontes legais e fontes negociais; 11. Previsões gerais do Código Civil nos contratos entre iguais; 11-A. O princípio da boa-fé é fonte do «dever de renegociar»?; 12. Reequilíbrio e contratos entre desiguais; 13. A jurisprudência; 14. Síntese conclusiva

§ 71. Boa-fé e revisão nos contratos administrativos
1. Proposição; 2. Requisitos da revisão

§ 72. Boa-fé e controle do modo de exercício dos direitos e posições jurídicas
1. O exercício jurídico; 2. A boa-fé e o art. 187 do Código Civil: a ilicitude no modo de exercício

652 | A BOA-FÉ NO DIREITO PRIVADO

§ 73. A contraditoriedade desleal no exercício jurídico
1. Proposição; 2. A vedação à contraditoriedade desleal como figura da experiência

§ 74. O *venire contra factum proprium*
1. Proposição; 2. Noção; 3. Âmbito de delimitação; 4. Ligação à boa-fé; 5. Requisitos; 6. A jurisprudência; 7. A desmedida invocação do *venire contra factum proprium non valet*

§ 75. *Nemo auditur propriam turpitudinem allegans*
1. Proposição; 2. Origem da regra; 3. Jurisprudência; 4. Consequências da incidência; 5. A questão da vedação à *repetitio*; 6. Utilidade da distinção; 7. Alegação de nulidade formal e substancial; 8. Síntese conclusiva

§ 76. *Tu quoque* e *exceptio non adimpleti contractus*
1. Proposição; 2. *Tu quoque*; 3. Aplicação tópica: *tu quoque* como figura da experiência; 4. Os direitos de exceção e a noção de sinalagma; 5. Requisitos; 6. Sinalagma e *tu quoque*

§ 77. *Suppressio* e *surrectio*
1. Proposição; 2. Noção e origem; 3. Requisitos; 4. *Suppressio* e boa-fé; 5. A *surrectio*

§ 78. Boa-fé no balanceamento entre Justiça e Utilidade Contratual
1. Proposição; 2. As causas de cessação dos efeitos de um contrato: distinções; 3. Premissas sobre a terminologia adotada e noções gerais sobre a extinção contratual por causas supervenientes à sua formação

§ 79. Boa-fé e exercício de denúncia
1. Noção e distinções; 2. Boa-fé e exercício do direito formativo de denúncia; 3. O parágrafo único do art. 473

§ 80. A condição resolutiva e o art. 128 do Código Civil
1. Proposição; 2. Boa-fé e condição resolutiva: uma interpretação do art. 128 do Código Civil

§ 81. Resolução (em sentido amplo) por inadimplemento
1. Proposição; 2. As espécies de inadimplemento; 3. A gravidade do inadimplemento e o *topos* da inutilidade da prestação para o credor; 4. O incumprimento definitivo; 5. Critérios para a averiguação da inutilidade da prestação para o credor; 6. Incumprimento definitivo parcial; 7. Boa-fé e apreciação da utilidade da prestação para o credor

§ 82. O adimplemento substancial do contrato
1. Noção e origem; 2. Adimplemento substancial e boa-fé; 3. Requisitos à aplicação

§ 83. O inadimplemento antecipado do contrato

1. Premissas; 2. Noção; 3. Origem; 4. O inadimplemento antecipado nos documentos do Direito Contratual Internacional; 5. Aceitação no Direito brasileiro; 6. Inadimplemento antecipado e boa-fé; 7. Requisitos

§ 84. A violação positiva do crédito

1. Proposição; 2. Extensão; 3. Eficácia

§ 85. Conclusões muito sintéticas

§ 66. A função corretora

1. Proposição

Servindo a boa-fé, primariamente, para *direcionar* condutas no tráfico social, a sua mais prestante função será a *corretora das condutas* no momento do exercício de direitos, faculdades, pretensões, ações, exceções e ônus. Ajunta-se a esta função, em caráter tópico e nos limites traçados no espaço autorizado pela lei, a função de *ajustamento do conteúdo do contrato*. No campo de função a ser examinado, está localizado o maior número de figuras criadas pelo princípio e, correlatamente, o maior número de decisões jurisprudenciais.

2. As duas vertentes da função corretora

A função corretora se abre em duas distintas vertentes: a boa-fé auxilia a corrigir o exercício jurídico, direcionando-o e ajustando-o aos padrões de licitude (Código Civil, art. 187, *a contrario*); e pauta a correção do próprio conteúdo contratual, nas hipóteses de abusividade e de desequilíbrio contratual, neste último caso atuando por meio de institutos especificamente previstos pela lei.

A mais vasta e relevante, consequente à qualificação geral da boa-fé como instituto jurídico, é a *função corretora do exercício jurídico* para impedir o exercício manifestamente desleal, incoerente, imoderado ou irregular de direitos subjetivos, formativos, faculdades e posições jurídicas. Trata-se da sua incidência no momento dinâmico, abrangendo todas as fases da relação obrigacional. Trata-se, igualmente, de uma atuação multifacetada, pois, como já se aludiu, como instituto jurídico que é, a boa-fé se articula com outras regras e princípios que denotam os vetores valorativos incidentes à relação contratual: a liberdade, a coerência, o equilíbrio, a justiça comutativa e a utilidade, nascendo, dessa articulação, as configurações ou facetas da boa-fé no momento do exercício dos direitos.

A segunda modalidade da função corretora, aqui denominada por *função de ajustamento do conteúdo contratual*, provoca o consequente *controle do conteúdo contratual*, notadamente (mas não exclusivamente) nos contratos formados por adesão, quando um dos polos está em vulnerabilidade legalmente presumida.

Novamente, aqui, a tentativa de sistematização – que é ordenação, em vista da clareza – não há de obscurecer a percepção sobre a existência de zonas cinzentas, aproximações e de superposições. Comecemos pela segunda (função corretora do *conteúdo*

A BOA-FÉ NO DIREITO PRIVADO

contratual), oportunamente tratando com mais vagar do campo mais vasto, composto pelas figuras componentes da função corretora *de condutas* dos figurantes quando atuam no tráfico negocial.

§ 67. A função corretora do conteúdo contratual

1. Premissas

A função de ajustamento (ou correção) do *conteúdo contratual* distingue-se da função corretora do *modo de exercício*, porque está em causa a determinação limitativa do conteúdo do contrato, e não restrições ao exercício de posições dele derivadas. «Não se visa fixar um limite à discricionariedade de actuação do agente dentro de uma relação já eficazmente constituída, mas antes traçar limites a respeitar para a sua válida constituição».[1] Em termos normativos, essa função pode perpassar dois distintos planos do negócio jurídico, o da validade e o da eficácia, um e outro compondo as subsecções deste Capítulo. Antes de examiná-los, cabe alertar para as duas inafastáveis e distintas premissas subjacentes ao tema do controle do conteúdo dos contratos:

(*i*) contrato não é a lei impositiva e geral; é, metaforicamente, «lei entre as partes» que, por isso mesmo, apenas vincula obrigacionalmente a *deveres de prestação* aqueles que são suas partes, nos limites do manifestado pelos contraentes[2] ou do determinado pela lei – ressalvada a possibilidade, excepcional em relação ao princípio da relatividade dos contratos, de que possa atingir terceiros, embora não os vincule contratualmente a obrigações e *deveres de prestação* – os quais existem correlatamente a interesses de prestação –, apenas os vinculando, em certas hipóteses, a deveres *de proteção* (laterais), correlatos a interesses de proteção.[3] Portanto, em linha de princípio, nas relações de

---

1. SOUSA RIBEIRO, Joaquim. O Controlo do Conteúdo dos Contratos: uma nova dimensão da boa-fé. *Revista da Faculdade de Direito da Universidade Federal do Paraná*, vol. 42, Curitiba, 2005, p. 12. E ainda: «'Controlo do conteúdo' não é o mesmo que controlo do exercício de um direito. A sua incidência dá-se a montante, é prévia a este, pois o que se procura é ajuizar se a cláusula é válida, se, produzindo efeitos, dela nascem direitos (e eventualmente obrigações). Só depois de respondida afirmativamente esta questão (e apenas disso se ocupa o controlo do conteúdo), faz sentido averiguar se a invocação dessa cláusula, nas circunstâncias concretas da relação, representa uma ilegitimidade de conduta, sancionada pelo abuso do direito» (p. 12).

2. A noção há de ser entendida em sentido substancial, e não meramente formal, pois os sujeitos podem se vincular por meio, por exemplo, de manifestações tácitas de aceitação.

3. A doutrina mais recente tem procedido à investigação acerca dos limites do princípio da relatividade dos contratos. Não se discute, por evidente, que o contrato configure *res inter alios acta*. Porém, admite-se que, em determinadas circunstâncias, seja possível atingir terceiros ou ser atingido por terceiros. Nesse sentido, há a projeção da eficácia de um contrato «para além do contrato», como sugestivamente registrado em NEGREIROS, Teresa. *Teoria do Contrato*. Novos Paradigmas. Rio de Janeiro: Renovar, 2002, p. 230 e ss. As hipóteses sistematizáveis são: casos de oponibilidade relativamente a terceiros; tutela externa do crédito (também dita responsabilidade do terceiro por violação de direito de crédito); responsabilidade contratual e aquiliana do con-

FUNÇÃO CORRETORA: A BOA-FÉ E O EXERCÍCIO JURÍDICO | 657

direito comum, o conteúdo contratual, polarizado pelo *princípio da liberdade* (Código Civil, art. 421, primeira parte), é matéria que diz respeito prioritariamente às partes. Intervenções exógenas (norma de conteúdo cogente, decisões judiciais ou arbitrais, regulamentos administrativos) serão pontuais, não substituindo, em caráter geral, o que deve provir da manifestação de vontade dos figurantes.

As imposições de deveres resultantes de lei e de regulamento haverão de ser, idealmente, prévias (para serem cognoscíveis), como o controle *a priori* determinado por normas imperativas e de ordem pública e pelos sistemas tradicionais de invalidade e de ineficácia, para o fim de expurgar *ad limine* determinadas cláusulas e condições, tais como, exemplificativamente, as condições puramente potestativas (Código Civil, art. 122) ou para vedar, aprioristicamente, a pactuação de negócios ilícitos (Código Civil, art. 166, II), ou aquele que tiver por objetivo fraudar lei imperativa (Código Civil, art. 166, VI). As intervenções posteriores, como a de juiz ou árbitro, devem ter como moldura obrigatória os comandos emanados pelas declarações negociais e/ou pela lei.

(*ii*) há, porém, uma clivagem fundamental, atinente à segunda parte do art. 421 do Código Civil, qual seja, à *função social* reconhecida ao contrato como instrumento por excelência da circulação econômica: em razão da função social que desempenha o contrato, como instituição jurídico-econômica, o Direito Contratual se encontra bipartido entre um subsistema que se poderia rubricar como «contratos entre iguais» e outro etiquetado como «contratos entre desiguais».[4]

O primeiro apanha, modo geral, os contratos de Direito Civil e Empresarial, caracterizados pela maior extensão no exercício da liberdade contratual, com fundamento na presumida paridade entre os contraentes. As partes são dotadas de poder contratual presumidamente igualitário, de modo que as intervenções da lei no conteúdo do contrato são excepcionais e pontuais.

Os *contratos entre desiguais*, por sua vez, abrangem outras duas vertentes: a primeira é concernente à desigualdade fática («assimetria fática») que pode ser referida às posições contratuais e à possibilidade de informação sobre o objeto do contrato («assimetria fático-informativa»); a segunda diz respeito a uma desigualdade juridicamente presumida (assimetria juridicamente presumida), conduzindo a *regimes especiais,*em que – para assegurar condições de relativa igualdade real entre ambos os figurantes – a lei interfere diretamente e com maior amplitude no conteúdo dos contratos.

---

    tratante em face de terceiros; contrato com eficácia de proteção para terceiros; estipulação em favor de terceiro; a promessa de fato de terceiro; e contrato com pessoa a declarar (*vide*, na doutrina brasileira, ainda: PENTEADO, Luciano de Camargo. *Efeitos Contratuais perante Terceiros*. São Paulo: Quartier Latin, 2007, p. 126 e ss.; THEODORO NETO, Humberto. *Efeitos Externos do Contrato*. Rio de Janeiro: Forense, 2006; AZEVEDO, Antonio Junqueira de. Os Princípios do atual Direito Contratual e a Desregulamentação do Mercado. Direito de Exclusividade nas Relações Contratuais de Fornecimento. Função Social do Contrato e Responsabilidade Aquiliana do Terceiro que contribui para inadimplemento contratual. *Estudos e Pareceres de Direito Privado*. São Paulo: Saraiva, 2004, p. 137 e ss. *Vide*, também, *supra*, CAPÍTULO VII, §64.

4.   Em vista dessa clivagem, compreende-se a razão pela qual as modificações levadas a efeito na redação do art. 421 pela Lei de Liberdade Econômica não infirmam o acima ponderado.

É relevante perceber que essa clivagem na categoria dos contratos entre desiguais leva, ainda, à outra distinção: há casos em que a assimetria é legalmente presumida e regulada; e há casos em que não há essa presunção.

Nos casos em que a assimetria é *legalmente presumida*, como a existente entre consumidores e fornecedores, empregados e patrões, administrados e Administração Pública, prevalecem regras de ordem pública de direção e ordem pública de proteção. A situação mais complexa e delicada para o intérprete ocorrerá quando a desigualdade contratual provém de um reconhecido *poder fático*, ainda quando não haja a presunção legal de vulnerabilidade de uma das partes. Assim ocorre, por exemplo, nas prestações de seguros e de resseguros entre sujeitos não qualificados como «consumidor e fornecedor»; também pode se manifestar em prestações de transporte, de distribuição, agência, dentre outras. Mesmo quando os contratos sejam estabelecidos entre sujeitos não qualificados ou qualificáveis como «fornecedor» e «consumidor», ou «administrado» e «Administração Pública», pode haver desigualdade fática que o Direito, inclusive quando dela não se tenha ocupado especificamente, apanha em regras e institutos de *caráter geral*, como as dos arts. 423 e 424 do Código Civil.

No plano da eficácia, a distinção entre as situações de desigualdade nas quais não se verifica essa presunção e aquelas em que a desigualdade é legalmente presumida e correlata a um regime legal específico para reger o contrato reflete-se, principalmente, no ônus da prova e no estabelecimento de certas presunções no campo probatório. Evidentemente, será mais favorável para o sujeito em situação de vulnerabilidade a existência de disciplina específica a reger a situação, embora nem sempre a dualidade de métodos para regrar o problema da desigualdade contratual funcione satisfatoriamente.

Tudo somado, certo é que, em termos de Teoria Geral dos Contratos, evidencia-se a configuração de uma «dualidade de espaços normativos, diferenciados pelo distinto grau de acolhimento da liberdade contratual»,[5] graduação, essa, temperada por elementos abstratos (*e.g.*, o tipo contratual)[6] e concretos (a efetiva desigualdade *inter partes*, legalmente presumida, num caso, a ser comprovada, noutro). E essa dualidade normativa reflete-se, necessariamente, na função corretiva da boa-fé.

Já se sabe que, em face dos contratos entre iguais, ou paritários, é mais extenso o campo de exercício da autonomia privada e menos extenso o poder corretivo externo. Nessa hipótese, a boa-fé age, primacialmente, como norma de cooperação, lealdade e probidade a incidir nos modelos negociais formatados pela autonomia privada por parte de sujeitos que podem – jurídica e faticamente – exercer, em razoável grau, a liberdade de dispor sobre o seu próprio patrimônio, inclusive modelando em formas atípicas o conteúdo do contrato e distribuindo entre si os riscos contratuais. As regras legais são majoritariamente dispositivas e supletivas, embora incidam nos particulares vínculos contratuais, também, as normas cogentes e imperativas.

---

5. Sousa Ribeiro, Joaquim. A Boa-Fé como Norma de Validade. *Direito dos Contratos*. Coimbra: Coimbra Editora, 2007, p. 226.
6. Conforme examinado *supra*, Cap. III.

FUNÇÃO CORRETORA: A BOA-FÉ E O EXERCÍCIO JURÍDICO | 659

Inversamente, no segundo caso (contratos entre desiguais), sendo menos extensa a possibilidade de exercício da autonomia privada para um dos contraentes, é mais forte o poder corretivo externo ou heterônomo. São consagrados vários mecanismos de tutela de interesses que a autorregulação deixaria indefesos.[7] A fonte legal e a fonte jurisdicional tem maior injunção, visando assegurar o equilíbrio minimamente necessário para que a relação entre as partes seja configurada como efetiva *relação contratual* e não como *relação de impositividade unilateralmente determinada*, pois se considera que, «onde esteja tipicamente excluída a liberdade de decisão, deixam de ser toleráveis resultados negociais gravosamente inequitativos», injustificáveis tanto em face do valor liberdade quanto do valor justiça contratual.[8]

O reconhecimento de haver, na relação interindividual, situações de disparidade de poder fático leva a admitir restrições na liberdade contratual, sendo a falta (ou a impossibilidade fática) de exercício de autodeterminação por uma das partes o pressuposto da disciplina limitativa.[9] Justamente por conta dessa clivagem é preciso, pois, não confundir os *problemas específicos* aos contratos negociados entre iguais, de um lado, com, de outro, aqueles atinentes aos contratos formados por adesão, quando formados entre sujeitos desiguais em poder contratual, pois, obviamente, problemas diversos requerem valorações e soluções jurídicas diversas.

Como bem se aponta, não existe, senão idealmente, «o contrato». O que existe é «um feixe de institutos jurídicos (os contratos), assim como a propriedade, também, é feixe de propriedades».[10] Consequentemente, as regras aplicáveis aos contratos celebrados entre iguais não são sempre as mesmas incidentes sobre contratos entre desiguais; modelos contratuais pensados para aplicação em massa, como a maioria dos contratos de consumo, são diversos de modelos contratuais «especialmente formatados» (*taylored made*); o regime jurídico do contrato de trabalho é distinto daquele aplicável à circulação de mercadorias;[11] e a disciplina dos contratos administrativos não pode ser simplesmente transposta aos acordos entre sócios, por exemplo.

---

7. SOUSA RIBEIRO, Joaquim. O Contrato, Hoje: Funções e Valores. *Direito dos Contratos*. Coimbra: Coimbra Editora, 2007, p. 43.

8. SOUSA RIBEIRO, Joaquim. O Contrato, Hoje: Funções e Valores. *Direito dos Contratos*. Coimbra: Coimbra Editora, 2007, p. 45.

9. Este é um ponto de conjugação entre a análise jurídica e a econômica. Por razões diversas (proteger a «lógica do mercado» e as condições da «livre concorrência») esta última também postula a redução da disparidade cognitiva ou informativa, quer quanto ao objeto, quer quanto às condições do contrato, como bem assinala SOUSA RIBEIRO, Joaquim. O Contrato, Hoje: Funções e Valores. *Direito dos Contratos*. Estudos. Coimbra, 2007, p. 49 e ss.

10. GRAU, Eros Roberto; FORGIONI, Paula. Ainda um Novo Paradigma dos Contratos? *O Estado, a Empresa e o Contrato*. São Paulo: Malheiros, 2005, p. 16.

11. GRAU, Eros Roberto; FORGIONI, Paula. Ainda um Novo Paradigma dos Contratos? *O Estado, a Empresa e o Contrato*. São Paulo: Malheiros, 2005, p. 17. Similarmente pronunciei-me em: MARTINS-COSTA, Judith. Contratos. Conceito e Evolução. In: LOTUFO, Renan; NANNI, Giovanni (Org.) *Teoria Geral dos Contratos*. São Paulo: Atlas, 2011, p. 23-66; e, ainda: O Método da Concreção e a Interpretação dos Contratos: primeiras notas de uma leitura suscitada pelo Código Civil. In: NANNI, Giovanni (Org.). *Temas Relevantes de Direito Civil Contemporâneo*. São Paulo: Atlas, 2008, p. 475-506.

660 | A BOA-FÉ NO DIREITO PRIVADO

O papel precípuo da boa-fé objetiva é o de atuar como diretriz comportamental, configurando norma de prescrição de comportamentos leais; uma vez violada, importará na atuação de regras situadas no plano da eficácia jurídica (por exemplo, o dever de indenizar pelo inadimplemento de dever anexo ou pela violação positiva do contrato). Mas a boa-fé corretiva pode funcionar, também, excepcional e restritamente,[12] como *norma de validade do conteúdo contratual*, em vista de corrigi-lo,[13] pois os perigos do abuso no exercício da liberdade contratual não podem ser todos afastados por normas imperativas expressas.[14] Por essa via, permite o Ordenamento, a intervenção exógena, para a adequação do conteúdo do contrato a padrões predeterminados de justiça contratual.[15]

Cabe, assim, referência a essa temática, examinando-se, nos parágrafos subsequentes, o sistema do Código Civil e o do CDC.

§ 68. Boa-fé como norma de validade: o sistema do Código Civil

1. Proposição

A doutrina acena à ideia de a boa-fé objetiva desempenhar, na fase de desenvolvimento do vínculo, função de controle e correção do conteúdo contratual no sentido de

---

12. Discernindo entre a boa-fé como norma de comportamento e como norma de validade, veja-se: D'Amico, Giovanni. Regole di Validità e Regola di Comportamento nella Formazione del Contratto. *Rivista di Diritto Civile*, I, Padova, Cedam, 2002, p. 37 e ss.

13. As regras de validade atinem à estrutura do contrato e estabelecem os pressupostos pelos quais o ato pode ingressar e permanecer no mundo jurídico, produzindo a sua normal eficácia. As regras de prescrição comportamental (como a da boa-fé) dizem respeito ao modo pelo qual direitos, poderes e faculdades são exercidos.

14. Assim, Baptista Machado, João. Do Princípio da Liberdade Contratual. *Obra Dispersa*, vol. I. Braga: Scientia Ivridica, 1991, p. 641-642.

15. Aventa-se para a função corretiva uma longínqua origem histórica, que decorreria da *exceptio doli generalis* do *ius commune*. Esta sobreviveu, como antes já se anotou (§ 10, *supra*) no espaço jurídico alemão, alcançando, via a *Escola do usus modernus pandectarum*, até o séc. XIX, diversamente do verificado no espaço jurídico francês. Mesmo que, na segunda metade do séc. XIX, fosse a *exceptio doli generalis* negada por grande parte da doutrina, sobreviveu na prática judiciária e mesmo em autores de peso, como Regelsberger e mesmo Windscheid. Apesar das reservas da doutrina, os juízes alemães faziam uso, reiteradamente, da figura, inclusive para além das hipóteses previstas no *Corpus Juris* justinianeu. Explica-se, assim, a «criação», já no segundo e no terceiro decênios após a entrada em vigor do BGB, no séc. XX, da *Verwirkung*, segundo a qual quem retarda o exercício de um direito e suscita, por consequência, a confiança da outra parte no sentido de que aquele direito não mais seria usado, tem o exercício de seu direito paralisado, mesmo que o termo da prescrição não tenha incidido. Essas soluções foram reportadas primeiramente ao abuso de direito (*unzulassige Rechtsausubung*), por sua vez deduzido da boa-fé prevista no § 242 do BGB. Como bem observa Ranieri, essa construção não constitui um fato isolado, mas, ao contrário, indica um direito jurisprudencial muito mais longínquo (para essas notas, consulte-se Ranieri, Filippo. Bonne foi et exercise du droit dans la tradition du civil law. *Revue Internationale de Droit Comparé*, vol. 4, 1989, p. 1065-1067).

FUNÇÃO CORRETORA: A BOA-FÉ E O EXERCÍCIO JURÍDICO | 661

possibilitar ao intérprete a emissão de um juízo de compatibilidade entre a normação privada e o sistema jurídico[16] para além dos casos de invalidade expressamente previstos na lei. Então se diz que, alternativamente à eficácia indenizatória, poderia ser retirada da boa-fé uma consequência no plano da validade, isto é: a infração à boa-fé poderia acarretar a nulidade do ato. Assim declarou Miguel Reale ao expor que, quando o art. 104 do Código Civil dispõe sobre a validade do negócio jurídico referindo-se ao objeto lícito, neste está «implícita a sua configuração conforme a boa-fé, devendo ser declarado ilícito todo ou parte do objeto que com ela conflite».[17]

Esse é também o entendimento seguido em parte da doutrina portuguesa, admitindo-se que a violação manifesta da regra da boa-fé, ou a disfuncionalidade manifesta relativamente à função econômica e social do negócio, pode acarretar invalidade quando se configurar situação de abuso no exercício do direito, tal qual previsto no art. 334 do Código Civil português (semelhante ao art. 187 do Código brasileiro), *por não haver «sanção específica para as situações de abuso»*. Essa «assume cores e tonalidades diferentes de harmonia com o modo funcional como o abuso se expressa; o que vale por dizer que aquele tanto se pode reconduzir a uma nulidade negocial como a um facto gerador de responsabilidade civil».[18]

2. Soluções do Direito brasileiro

É preciso, pois, examinar se essa solução é compatível com o sistema brasileiro, e, se o for, em que medida. É bem verdade que o art. 166, inc. II, do Código Civil determina a nulidade do negócio jurídico quando (dentre outras hipóteses) for ilícito o seu objeto, norma que reitera o que está no art. 104, inc. II, lembrado por Miguel Reale na passagem acima referida. Porém, no comum dos casos, a conduta contrária à boa-fé não estará reportada propriamente ao «objeto» do negócio: a contrariedade à boa-fé maculará a própria conduta dos figurantes, os atos que praticam ou deixam de praticar na preparação, atingindo o desenvolvimento de um negócio jurídico.

O problema da validade dos atos jurídicos, consabidamente, carreia aportes que se estendem para além da Dogmática.[19] Mas é, também, e fundamentalmente, um

---

16. SOUSA RIBEIRO, Joaquim. A Boa-Fé como Norma de Validade. *Direito dos Contratos*. Estudos. Coimbra: Coimbra Editora, 2007, p. 215 e ss.

17. REALE, Miguel. A Boa-Fé no Código Civil. *História do Novo Código Civil*, vol. I. São Paulo: Revista dos Tribunais, 2005.

18. PORTUGAL. Supremo Tribunal de Justiça. Ac. no Proc. n. 2007/00. Lisboa. Relator Noronha do Nascimento. Julgamento em 04.10.2000. Nesse caso, o Tribunal concretizou a hipótese prevista no art. 334 do Código Civil português cuja redação é similar à do art. 187 do Código brasileiro e o inspirou, como expus em: MARTINS-COSTA, Judith. Os Avatares do Abuso de Direito e o Rumo Indicado pela Boa-Fé. In: TEPEDINO, Gustavo (Org.). *Direito Civil Contemporâneo*. Novos Problemas à Luz da Legalidade Constitucional. Congresso Internacional de Direito Civil-Constitucional da Cidade do Rio de Janeiro, 2008, Rio de Janeiro, Atlas, 2008, p. 57-95. Ver também, *infra*, CAPÍTULO VII, §72.

19. PONTES DE MIRANDA, Francisco Cavalcanti. *Tratado de Direito Privado*. Tomo IV. 3.ª ed. São Pau-

problema dogmático, seu regime derivando do tratamento que a lei determina como adequado e compatível com a ordem jurídica. Em linhas muito genéricas, atos inválidos são aqueles atos jurídicos cujo suporte fático apresenta *deficiência* para projetar seus efeitos normais no plano da eficácia, embora possam produzir outras eficácias, como, por exemplo, a eficácia restitutória.

As causas de invalidade (nulidade e anulabilidade) indicam, *a contrario*, as condições da deficiência do suporte fático. Exemplificativamente, um contrato celebrado por uma pessoa absolutamente incapaz (Código Civil, art. 166, I) não poderá permanecer no mundo jurídico, embora tenha nele ingressado (plano da existência).

Cada sistema jurídico define, com relativa liberdade, as causas de *invalidade*. No nosso Direito, as *regras centrais* estão, para os casos de nulidade negocial, nos arts. 104 a 109 e 166 a 170 do Código Civil, e no art. 51 do CDC.[20] Para os casos de *anulabilidade*, as *regras gerais* estão, no Código Civil, nos arts. 138 a 165 e 171. A Lei 6.404/1976 não contém um regime geral próprio de invalidade, por isso remetendo à disciplina da Parte Geral do Código Civil, embora disponha sobre causas de *nulidade específicas* a relações societárias, por exemplo, ao dispor no art. 115, § 4.º, sobre a infração à regra segundo a qual o acionista deve exercer o direito a voto no interesse da companhia. É anulável, pois, o direito de voto exercido em conflito com a companhia, respondendo o infrator pelos danos e sendo obrigado a transferir para a sociedade as vantagens que tiver auferido. E o art. 2.035, parágrafo único, do Código Civil, já em suas disposições finais transitórias, determina (em linguagem atécnica, pois se trata de eficácia) que «nenhuma convenção prevalecerá se contrariar preceitos de ordem pública, tais como os estabelecidos por este Código para assegurar a função social da propriedade e dos contratos».

De todas essas disposições cabe focar no art. 166 do Código Civil e no art. 51 do CDC, pois a atenção a esses dispositivos dará o rumo para examinar qual o papel da boa-fé como norma de validade.

---

lo: Revista dos Tribunais, 1983, § 360, p. 16-26; MELLO, Marcos Bernardes de. *Teoria do Fato Jurídico:* Plano da Validade. 12.ª ed. São Paulo: Saraiva, 2013, p. 33 e ss.; AZEVEDO, Antonio Junqueira de. *Negócio Jurídico:* Existência, Validade e Eficácia. São Paulo: Saraiva, 2002, p. 41-48. Mais recentemente escreveu-se em: MARTINS-COSTA, Judith. Os Efeitos Obrigacionais da Invalidade: o Caso dos Contratos Viciados por Ato de Corrupção. In: BARBOSA, Henrique; FERREIRA DA SILVA, Jorge. *A Evolução do Direito Empresarial e Obrigacional.* 18 anos de Código Civil. São Paulo: Quartier Latin, 2021, p. 227-256.

20. Com razão, Marcos Bernardes de Mello ao criticar os que entendem como «inovação» ao «sistema tradicional das nulidades» o dispositivo do art. 51 do CDC. Trata-se, tão somente, do arrolamento de outras causas de invalidade, «novas hipóteses de nulidades que, sem sombra de dúvida, se ajustam às regras gerais do Código Civil e especificamente à norma do ar. 166. V». E ajunta: «(...) a inclusão da boa-fé e da equidade das cláusulas contratuais como pressupostos de validade nas relações de consumo importa, tão somente, na adoção de novas causas de invalidade expressamente definidas em lei» (MELLO, Marcos Bernardes de. *Teoria do Fato Jurídico*: Plano da Validade. 12.ª ed. São Paulo: Saraiva, 2013, § 30, p. 124, nota de rodapé 139).

3. O art. 166 do Código Civil

No rol do art. 166 do Código Civil, não há menção expressa do respeito à boa-fé objetiva como causa de invalidade dos negócios jurídicos.

Para bem compreender essa assertiva importa, mais uma vez, atentar para a distinção, acima tantas vezes repisada, entre boa-fé objetiva (= norma de comportamento no tráfico social) e boa-fé subjetiva (= estado de fato, crença legítima e, determinada situação ou estado).[21] Não havendo no enunciado do art. 166 referência à boa-fé objetiva não há, consequentemente, a previsão da ausência de uma conduta segundo a boa-fé como causa de invalidade. Isso não significa que a boa-fé *subjetiva* e a sua contrapartida, a má-fé, estejam ausentes do suporte fático de figuras caracterizadoras de anulabilidade (como o erro, o dolo, a coação e a fraude). Nem significa, obviamente, que a boa-fé objetiva se faça ausente como norma de interpretação de preceitos contratuais eventualmente atacados por nulidade.

Conquanto não tenha o Código Civil arrolado a conduta contrária à boa-fé objetiva dentre as causas de nulidade dos atos jurídicos, determina, dentre outras hipóteses, a nulidade do ato quando for ilícito, impossível ou indeterminado o seu *objeto* (inc. II) e quando tiver por *objetivo* fraudar lei imperativa (inc. VI).

Na hipótese do inc. II, a preocupação é com o *objeto* do contrato, portanto, hipótese estranha à boa-fé objetiva como *standard* de conduta que é. Embora o objeto seja concernente ao conteúdo (dar, fazer ou não fazer), no caso de sua ilicitude, indeterminação ou impossibilidade, atua a norma específica contida no inc. II do art. 166, sendo despiciendo o recurso à boa-fé. A aplicação da regra precede à do princípio.

Já na hipótese do inc. VI, apanha-se a *nulidade de uma conduta* e a *nulidade do conteúdo negocial*, quando este implica fraude (em sentido amplo) de lei imperativa.

Porém, ainda que procedidas a essas distinções, a questão de saber se, por via do art. 166, inc. VI, a boa-fé objetiva resta plasmada como norma de validade ainda não fica resolvida. Não há dúvidas de que as normas dos arts. 113, 187 e 422 são cogentes, isto é, não afastáveis pela vontade das partes. Surge assim a questão de saber se no sistema jurídico brasileiro toda e qualquer «infração à lei cogente» conduz *especificamente* à nulidade.

A resposta a esta questão é negativa. Nem sempre é correto afirmar que, de uma infração à lei, decorre inelutavelmente nulidade, nem que de um ato nulo, nenhuma eficácia promana, razão pela qual o resultado de uma declaração de nulidade seria, inexoravelmente, o retorno ao estado anterior ao negócio nulificado. Na lição de Pontes de Miranda,[22] «[a] infração de qualquer regra jurídica cogente não torna nulo o ato;

---

21. Incorre na sobreposição de significados. MELLO, Marcos Bernardes de. *Teoria do Fato Jurídico*: Plano da Validade. 12.ª ed. São Paulo: Saraiva, 2013, § 30, p. 123 e ss., muito embora, em outra passagem (p. 90) aponte à distinção entre boa-fé objetiva (reconduzida, porém, novamente a um elemento subjetivo, ao equipará-la, pelo antônimo, à má-fé) e a boa-fé subjetiva (que equipara ao erro).

22. PONTES DE MIRANDA, Francisco Cavalcanti. *Tratado de Direito Privado*. Tomo IV. 3.ª ed. São Paulo: Revista dos Tribunais, 1983, § 405, p. 196.

664 | A BOA-FÉ NO DIREITO PRIVADO

nem se há de identificar *ius cogens* e lei cuja infração faz nulo o ato jurídico». E ensina: «[t]em-se de colher o conteúdo da regra jurídica para se saber se o negócio jurídico a infringe; se infringe, não se precisa ir além na verificação da ofensa e da sanção; é a de nulidade, *salvo se outra foi preferida*».[23] Isto é: haverá nulidade (em regra) por infração à lei, salvo se outra solução, que não a nulidade, está prevista no sistema.

Com essa precisão em mente cabe retornar ao art. 166 do Código Civil, atentando, agora, para o seu inciso VII que comina de nulidade o negócio jurídico quando «a lei taxativamente o declarar nulo, ou proibir-lhe a prática, sem cominar sanção».

Distingue a doutrina[24] entre a nulidade textual, taxativamente declarada por lei (art. 166, VII, primeira parte) e a nulidade virtual, decorrente de ofensa à regra cogente para a qual a lei *não defina outra sanção* (art. 166, II e VII, segunda parte). Como bem observa Marcos Bernardes de Mello,[25] «se a norma jurídica prevê outra penalidade para o ato que a infrinja, não haverá nulidade, como se pode concluir do enunciado do art. 166, VII, do Código Civil». *E.g.*: cessão de crédito penhorado é hipótese de ineficácia, por configurar fraude à execução (Código Civil, art. 298).[26] É claro o texto do inc. VII ao ter como nulo o ato cuja prática a lei proibiu «sem cominar sanção». *A contrario*, quando a lei proíbe a prática de certo ato, *cominando sanção*, não há nulidade – há a sanção que a lei especificou –, porque haveria *bis in idem* ao sobrepor-se à sanção específica, prevista na lei, ainda a nulidade. Como esclarece:

«No campo do Direito Privado, a invalidade afeta os atos jurídicos *lato sensu* (= negócios jurídicos e atos jurídicos *stricto sensu*) que infrinjam normas cogentes proibitivas e impositivas, afora os casos específicos de invalidade relativos ao sujeito (incapacidade), ao objeto (ilicitude, imoralidade, impossibilidade e indeterminabilidade), à forma e à perfeição da manifestação da vontade (= defeitos dos atos jurídicos).

Sempre que há violação de norma cogente há invalidade, desde que a própria norma não preveja, especificamente, outra sanção para a sua infringência. [...]

Por isso, não temos dúvida em afirmar que existe, implícito no sistema jurídico nacional, o *princípio* (geral) *da respeitabilidade das normas cogentes* em razão do qual são nulos os atos jurídicos que violam norma jurídica cogente, proibitiva ou impositiva, desde que não haja a previsão de sanção diferente. A ressalva resulta da impossibilidade de haver duas penalidades para o mesmo fato contrário a direito, parecendo-nos claro que a sanção especificada pelo legislador deve prevalecer sobre qualquer outra.»[27]

---

23. PONTES DE MIRANDA, Francisco Cavalcanti. *Tratado de Direito Privado*. Tomo IV. 3.ª ed. São Paulo: Revista dos Tribunais, 1983, § 405, p. 196. Destaquei.

24. MELLO, Marcos Bernardes de. *Teoria do Fato Jurídico:* Plano da Validade. 12.ª ed. São Paulo: Saraiva, 2013, p. 129-130.

25. MELLO, Marcos Bernardes de. *Teoria do Fato Jurídico:* Plano da Validade. 12.ª ed. São Paulo: Saraiva, 2013, p. 130.

26. HAICAL, Gustavo. *Cessão de Crédito:* existência, validade e eficácia. São Paulo: Saraiva, 2013. Ver seção 1.2.2.3, nominada «A intransmissibilidade dos créditos por medida constritiva» (p. 46-49).

27. MELLO, Marcos Bernardes de. Sobre o Princípio da Respeitabilidade das Normas Jurídicas Cogentes. In: MARTINS-COSTA, Judith; FRADERA, Véra. *Estudos de Direito Privado e Processual Civil:*

Função Corretora: a Boa-Fé e o Exercício Jurídico | 665

Assim, em numerosas hipóteses em que há infração ao dever de agir segundo a boa-fé objetiva, será preciso examinar se a lei comina *sanção específica*, ou não. Por exemplo, se o agente, laborando contra a boa-fé objetiva, omite na fase pré-contratual informações relevantes ao outro negociador, incorrendo na hipótese do art. 147 do Código Civil, as sanções específicas, cominadas na própria lei são, conforme o caso, ou a anulabilidade (no dolo essencial) ou a indenização por perdas e danos (no dolo acidental). Ao que exercita disfuncionalmente direitos subjetivos, causando danos a outrem, a sanção mais corriqueira será o pagamento de indenização (art. 187 c/c art. 927), desde que estejam configurados os demais pressupostos da responsabilidade civil: além da ilicitude e da imputabilidade, o dano e o nexo causal. Se um administrador de companhia «intervir em qualquer operação social em que tiver interesse conflitante com o da companhia» e contrate com a própria companhia em condições irrazoáveis ou inequitativas, dissonantes «com as que prevalecem no mercado ou em que a companhia contrataria com terceiros», estará agindo contrariamente à boa-fé (= sua conduta não será leal à companhia) e, igualmente, de forma contrária à lei. Porém, a sanção não será a nulidade, mas a anulabilidade do negócio contratado, devendo ainda o administrador que assim agir «transferir para a companhia as vantagens que dele tiver auferido» (Lei 6.404/1976, art. 156, *caput* e § 2.º).

E ainda em outro exemplo: se um contratante com maior poder contratual inserir em contrato de adesão a previsão de renúncia antecipada do aderente a «direito resultante da natureza do negócio», o próprio art. 424 do Código Civil comina diretamente a nulidade, prescindindo da referência à boa-fé. Aliás, no campo da contratação por adesão (no nosso sistema, também objeto de normação no CDC, como logo se verá), «o controlo do conteúdo ganha razões acrescidas. Por um lado, porque o predisponente goza aqui, como a prática tem abundantemente demonstrado, de uma quase irrestrita liberdade para o favorecimento dos seus interesses, já que o teor destas cláusulas comprovadamente não funciona como factor de concorrência; por outro, porque, tendo elas uma incidência à escala colectiva, a sua vigência importa a sobreposição de uma ordem particular de interesses aos padrões normativos, representando o exercício de um autêntico *law making power* privado, que reduz a letra morta as equilibradas disposições do ordenamento».[28]

Esses exemplos demonstram assim que, apenas de modo muito residual, distinto do campo em que situados os contratos formados por adesão, e não isento de dificuldades,[29] a boa-fé atuará, no campo das relações regidas pelo Código Civil, como

---

em homenagem a Clóvis do Couto e Silva. São Paulo: Revista dos Tribunais, 2014. As citações referem-se às páginas 88 e 96.

28. Sousa Ribeiro, Joaquim. O Controlo do Conteúdo dos Contratos: uma nova dimensão da boa-fé. *Revista da Faculdade de Direito da Universidade Federal do Paraná*, vol. 42, Curitiba, 2005, p. 14.

29. Embora a boa-fé possa servir para explicar que a violação de deveres laterais dela decorrentes, cabe atentar para a seguinte circunstância: se invocada a boa-fé como «norma de validade» para fundamentar outra hipótese de validade expressa no Código Civil – *e.g.*, o dolo essencial antece-

666 | A BOA-FÉ NO DIREITO PRIVADO

«norma de validade». Diversamente, atuará, porém, com essa eficácia, por expressa disposição do art. 51, inc. VI, do Código de Defesa do Consumidor. Esse dispositivo esgota, a rigor, a *sedes materiae* da boa-fé como norma de validade *diretamente* invocável.

Em síntese: fora da hipótese do art. 51, inc. IV, do Código de Defesa do Consumidor, o princípio da boa-fé não age *diretamente* no plano da validade, senão de forma residual, embora possa atuar no plano hermenêutico (via análise da conduta) para *potencializar* determinadas eficácias legalmente previstas a outras figuras, como no caso do dolo por omissão informativa (Código Civil, art. 147) que pode conduzir ou à anulabilidade (quando configurado o dolo essencial) ou à satisfação das perdas e danos, sem declaração de invalidade (quando caracterizado o dolo acidental), hipótese que se reconduz aos esquemas ressarcitórios.[30] Mas, em ambos os casos, estará em causa, primariamente, o dolo, não a boa-fé objetiva. Para ter-se a invalidade, o que se terá de comprovar é o dolo, e não o incumprimento de dever lateral, pois, neste último caso, a consequência será a indenização por *culpa in contrahendo*.[31]

4. Demais hipóteses de controle do conteúdo no âmbito do Código Civil

Demais disto, no regime do Código Civil há dispositivos autorizadores do controle do conteúdo, para além das hipóteses tradicionais dos defeitos que atacam o plano da validade, sem qualquer necessidade de invocar-se a boa-fé. Exemplificativamente, os que permitem a redução da cláusula penal pelo juiz (art. 413), o que está no plano da eficácia; a resolução do contrato por excessiva onerosidade superveniente (art. 478), também situada no plano da eficácia, e não no da validade; a redução pela metade do valor da indenização por lucros cessantes, no caso de denúncia imotivada de contrato de prestação de serviços (art. 603), regra que encontra similar, respeitantemente à denúncia imotivada de contrato de empreitada, no art. 623 que alude à fixação de «indenização razoável».

Há, igualmente, dispositivos específicos às espécies contratuais cominando nulidade. Na compra e venda, tem-se como nulo o contrato cuja fixação do preço restou ao arbítrio exclusivo de uma das partes (art. 489); também a nulidade é a consequência de certas violações negociais a bens da personalidade humana, como nas hipóteses

---

dente por omissão informativa, conducente à anulabilidade –, não se poderá mais invocar a boa-fé como hipótese atuante no plano da eficácia, exemplificativamente, por *culpa in contrahendo* para, então, tentar se beneficiar, alternativamente, do prazo preclusivo de dez anos, se vencido já estiver o prazo decadencial de quatro anos atinente ao dolo.

30. MARTINS-COSTA, Judith. Os Regimes do Dolo Civil no Direito Brasileiro: dolo antecedente, vício informativo por omissão e por comissão, dolo acidental e dever de indenizar. *Revista dos Tribunais*, vol. 923, São Paulo, Revista dos Tribunais, set. 2012, p. 115-144.

31. Na doutrina brasileira, por todos: BENETTI, Giovana. *Dolo no Direito Civil*. Uma Análise da Omissão de Informações. São Paulo: Quartier Latin, 2019, em especial p. 98-99.

previstas nos arts. 11 e 13 do mesmo Código Civil. Todas essas – e outras – previsões normativas, porém, não estão ligadas (senão mediatamente) ao princípio da boa-fé, ainda que a jurisprudência a ele recorra, por vezes, para fundamentar soluções postas na Lei Civil com diversos pressupostos, como a seguir se verá.

Cabe examinar, portanto, qual o papel adquirido pelo princípio da boa-fé objetiva como limite ao conteúdo contratual, discernindo, primeiramente, entre a sua atuação no plano da validade e, após, no plano da eficácia do contrato.

§ 69. Boa-fé como norma de validade e correção da «abusividade contratual»

1. Distinções: abuso e abusividade

Antes de mais é preciso distinguir «abuso de direito» de «abusividade contratual».

O primeiro («abuso de direito») diz respeito *ao exercício jurídico* (Código Civil, art. 187), configurando um exercício desmedido, disfuncional, desviado dos fins a que foi cometida a permissão configurada num direito subjetivo, *lato sensu* compreendido.[32] Será o tema enfrentado nos parágrafos 73 e seguintes. Para fins de distinção, diga-se, por ora, apenas que incorre em «abuso» quem exercita de modo inadmissível (porque divorciado dos padrões de licitude que a Ordem jurídica assegura) um direito reconhecido por uma estipulação contratual em si mesma válida e eficaz. Trata-se de um caso de ilicitude no modo (e no momento) do exercício jurídico.

A segunda («abusividade contratual») diz respeito ao *conteúdo contratual*. Abusiva é a cláusula em si mesma porque ultrapassa aquilo que constitui, segundo a Ordem jurídica, o padrão mínimo do equilíbrio entre as posições contratuais. Manifesta-se a abusividade nos contratos entre desiguais. O repúdio à abusividade, por via da nulidade, consiste, portanto, em «medida compensatória de uma insanável falta de autodeterminação de um dos contraentes».[33]

---

32. Como se examinará oportunamente (§75, neste Capítulo, *infra*), o chamado «abuso de direito» traduz o exercício inadmissível ou disfuncional de posições jurídico-subjetivas, abarcando a vedação a condutas contraditórias bem como o uso irrazoável de um direito ou poder assegurado pelo negócio jurídico. Sua atuação se dá, em linha de princípio, no plano da eficácia.

33. Sousa Ribeiro, Joaquim. A Boa-Fé como Norma de Validade. *Direito dos Contratos*. Coimbra: Coimbra Editora, 2007, p. 233. No mesmo sentido e comentando a Diretiva Europeia 93/13/CEE, de 15 de abril de 1993, refere Almeno de Sá enuclear-se no conceito de «cláusulas abusiva» a circunstância de a cláusula, «contrariando as exigências da boa-fé, originar um significativo desequilíbrio, em detrimento do consumidor, entre os direitos e deveres das partes decorrentes de um contrato» (Sá, Almeno de. *Cláusulas Contratuais Gerais e Diretiva sobre Cláusulas Abusivas*. 2.ª ed. Coimbra: Almedina, 2000, p. 19).

2. Os planos de projeção da distinção

A distinção entre abuso e abusividade projeta-se nos planos em que um e outra atuam.

A correção do «abuso» está no *plano da eficácia*: as situações de exercício abusivo (ou disfuncional) previstas no art. 187 do Código Civil geram normalmente – se delas resultar dano – o dever de indenizar (Código Civil, art. 927), embora possam gerar também outras eficácias (*e.g.*, no plano processual, as tutelas de remoção do ilícito).

Já a correção da abusividade situa-se, *prima facie*, no plano da validade.[34] O defeito situa-se no conteúdo contratual que resta expurgado, no todo ou em parte, do mundo jurídico. Cláusulas abusivas são inválidas, assim o declarando a Lei brasileira,[35] seja o art. 424 do Código Civil, seja o Código de Defesa do Consumidor, no art. 51, ambos declarando a nulidade de cláusulas contratuais caracterizadoras de abusividade contratual.[36] A lógica interventiva aí subjacente é diversa daquela que visa parificar posições de desigualdade estrutural dos contraentes ou futuros contraentes no exercício de direitos. O alvo é o conteúdo do acordado e não o processo formativo que o pôs em vigor[37] ou a conduta das partes no desenrolar da relação jurídica contratual.

---

34. Mesmo nessa hipótese, porém, e embora a Lei utilize a palavra «nulo», respeitável voz doutrinária aponta tratar-se, a rigor, de hipótese de *ineficácia*. As cláusulas contratuais estipuladas em desacordo com as determinações do art. 51 e seus incisos [do CDC], seriam ineficazes, e não nulas, «porquanto a manifestação de vontade das partes não foi compatível com as regras jurídicas cogentes que delimitam a sua ação, e, havendo a incompatibilidade entre a vontade e a norma, esta tem prevalência sobre aquela, logo os efeitos pretendidos pelas partes são por ela, norma, sustados» (assim: FRADERA, Véra. Ineficácia das Cláusulas Abusivas no Sistema Brasileiro do Código de Defesa do Consumidor. Uma abordagem clássica. *Revista de Direito do Consumidor*, vol. 43, jul./set. 2002, p. 317-324).

35. É preciso resguardar-se de uma transposição anacrônica, para o Direito brasileiro, do que se verifica no Direito europeu, em que o modelo de cominação da abusividade é diverso. Dentre os numerosos estudos *vide*, exemplificativamente, SAUPHANOR-BROUILLARD, Natacha. Les Remèdes en Droit de la Consommation: clauses noires, clauses grises, clauses blanches, clauses proscrites par la jurisprudence et la Comission des clauses abusives. *Revue des Contrats*, Paris, Lextenso, n. 4, 2009, p. 1.629-1.642.

36. Código Civil, Art. 424, *in verbis*: «Nos contratos de adesão, são nulas as cláusulas que estipulem a renúncia antecipada do aderente a direito resultante da natureza do negócio»; CDC, Art. 51, *in verbis*: «São nulas de pleno direito, entre outras, as cláusulas contratuais relativas ao fornecimento de produtos e serviços que: (...). (...) IV – estabeleçam obrigações consideradas iníquas, abusivas, que coloquem o consumidor em desvantagem exagerada, ou sejam incompatíveis com a boa-fé ou a equidade».

37. Assim observa, em relação a normas de Direito europeu e ao AGB-Gezetz alemão de 1976, SOUSA RIBEIRO, Joaquim. A Boa-Fé como Norma de Validade. *Direito dos Contratos*. Coimbra: Coimbra Editora, 2007, p. 224. É importante ter presente as razões pelas quais consolidou-se na ordem jurídica alemã o recurso ao princípio da boa-fé para regrar tais hipóteses, enquanto em outros sistemas, diversas noções (*e.g.*, a de ordem pública, na França, ou de *unconscionability*, consagrada no Uniform Commercial Code norte-americano). Bem alerta Ribeiro que a reflexão sobre as razões do apelo ao princípio da boa-fé como suporte normativo do controle do conteúdo dos contratos de adesão «tem necessariamente que se situar dentro das coordenadas da ordem jurídica onde essa solução encontrou o seu local de nascimento» (SOUSA RIBEIRO, Joaquim. A Boa-Fé como Norma de Validade. *Direito dos Contratos*. Coimbra: Coimbra Editora, 2007, p. 232).

3. Abusividade, segundo o CDC

O inciso IV do art. 51 do CDC[38] contém uma previsão vazada em termos semanticamente vagos, enunciando a nulidade das cláusulas contratuais que «estabeleçam obrigações consideradas iníquas, abusivas, que coloquem o consumidor em desvantagem exagerada, ou sejam incompatíveis com a boa-fé ou a equidade». A redação, prolixa e tautológica (é considerada cláusula abusiva a cláusula que estabelecer obrigação considerada abusiva), remete (também) ao princípio da boa-fé e é invocada pela jurisprudência para expurgar do contrato, por via da nulidade, as cláusulas assim viciadas.

Foi o que ocorreu no *caso da alteração unilateral do plano de saúde.*[39]

Em contrato formado por adesão, foi inserida, por alteração contratual unilateralmente levada a cabo pelo fornecedor, cláusula contratual prevendo fosse a assistência médico-hospitalar prestada apenas por estabelecimento credenciado. Estabeleceu-se, ainda, que, no caso de o consumidor escolher hospital não credenciado, o ressarcimento das despesas estaria limitado à determinada tabela, também unilateralmente confeccionada pelo fornecedor.

Mencionada cláusula contratual foi nulificada pelo Superior Tribunal de Justiça que justificou: «a operadora do seguro-saúde está obrigada ao cumprimento de uma boa-fé qualificada, ou seja, uma boa-fé que pressupõe os deveres de informação, cooperação e cuidado com o consumidor/segurado. Portanto, nula a alteração contratual, visto que foram violados deveres fundamentais de informação e cooperação decorrentes da boa-fé objetiva, bem como os artigos 46 e 51, IV e § 1.º, do CDC (...)».

A nulidade decorreu, ao que faz crer o aresto, da incompatibilidade[40] entre a conduta da fornecedora, ao alterar unilateralmente o contrato em desfavor do consumidor, e o padrão a que estaria adstrita uma conduta segundo a boa-fé. Porém, o julgador poderia, igualmente, ter encaminhado solução no plano da eficácia, pois, segundo o art. 46 do mesmo CDC, «[o]s contratos que regulam as relações de consumo *não obrigarão* (*rectius*: não vincularão obrigacionalmente) os consumidores, se não lhes for dada a oportunidade de tomar conhecimento prévio de seu conteúdo, ou se os respectivos instrumentos forem redigidos de modo a dificultar a compreensão de seu sentido e alcance».[41]

No *caso dos encargos abusivos,*[42] julgava-se ação de revisão de contrato bancário, na qual o banco recorrera da decisão do próprio STJ que declarara inadmissível – pois

---

38. Especialmente no que tange à boa-fé nas relações de consumo, Capítulo IV, §32.
39. STJ. REsp 418572/SP. Quarta Turma. Relator Min. Luis Felipe Salomão. Julgamento em 10.03.2009. *DJ* de 30.03.2009.
40. É o qualificativo legal, aludindo o art. 51, inc. IV, *in fine*, às cláusulas que «sejam incompatíveis com a boa-fé (...)».
41. Destaquei.
42. STJ. AgRg no Ag 1394166/SC. Segunda Turma. Relator Min. Herman Benjamin. Julgamento em 08.05.2012. *DJ* de 04.06.2012. No mesmo sentido: STJ. AgRg no REsp 838127/DF. Primeira Turma. Relator Min. Luiz Fux. Julgamento em 17.02.2009. *DJ* de 30.03.2009; e STJ. AgRg no AREsp 37131/SC. Quarta Turma. Relator Min. Raul Araújo. Julgamento em 24.04.2012. *DJ* de 31.05.2012.

670 | A BOA-FÉ NO DIREITO PRIVADO

abusiva – a cobrança cumulativa de comissão de permanência com correção monetária, juros remuneratórios,[43] juros moratórios e multa contratual.[44]

O contrato entre a instituição bancária e o correntista previa a incidência de tais encargos; porém, o Tribunal considerou-se legalmente autorizado a revisá-lo, com base no CDC. Ainda que sem remeter a dispositivo específico da legislação consumerista, apontou à «mitigação do princípio do *pacta sunt servanda*», sobretudo em privilégio dos princípios da «boa-fé, função social do contrato e dirigismo contratual» (*sic*). A consequência foi a declaração de nulidade de cláusulas contratuais prevendo aqueles encargos tidos como abusivos, bem como a ineficácia da constituição em mora (procedida pelo banco-fornecedor).

Há de ser criticada, todavia, a remissão a princípios (função social) e a fenômenos (dirigismo contratual), quando o sistema oferece regra específica (CDC, art. 51, inc. IV) e direta (isto é, sem requerer a mediação de princípios e de cláusulas gerais) para a solução da hipótese então julgada.

Similarmente, em outros casos, foi a boa-fé invocada para afastar, via invalidação, cláusula de decaimento[45] predisposta em contratos de incorporação imobiliária regidos pela Lei 4.591/1964. Por tais cláusulas, previa-se a perda das parcelas pagas pelo comprador inadimplente em favor do vendedor, no caso de extinção do vínculo contratual. Dois são os acórdãos contrastados: em ambos, o STJ apontou à invalidade da cláusula de decaimento por ser abusiva, a teor do art. 53 do CDC,[46] mas os fundamentos da decisão foram dissimiles.

No *caso do hotel Toriba*,[47] julgado ainda na década de 1990, reconheceu-se em instância final a incidência conjunta entre a Lei 4.591/1964 (Lei da Incorporação Imobiliária) e do então novel Código de Defesa do Consumidor aos contratos de incorporação imobiliária.

Um casal havia prometido comprar fração ideal de terreno, bem como a contratar serviços ligados à atividade de incorporação em vista de empreendimento denominado

---

43. Remetendo às Súmulas 30 e 296, respectivamente.

44. A decisão igualmente afastou a cobrança de juros capitalizados, pela situação fática não preencher os requisitos necessários, bem como descaracterizou a mora do correntista, tendo em vista a «abusividade decorrer da cobrança dos chamados encargos do «período da normalidade» – juros remuneratórios e capitalização dos juros.

45. STJ. REsp 80036/SP. Quarta Turma. Relator Min. Ruy Rosado de Aguiar. Julgamento em 12.02.1996. *DJ* de 25.03.1996. Também STJ. REsp 437607/PR. Quarta Turma. Relator Min. Hélio Quaglia Barbosa. Julgamento em 15.05.2007. *DJ* de 04.06.2007.

46. Art. 53, *in verbis*: «Nos contratos de compra e venda de móveis ou imóveis mediante pagamento em prestações, bem como nas alienações fiduciárias em garantia, consideram-se nulas de pleno direito as cláusulas que estabeleçam a perda total das prestações pagas em benefício do credor que, em razão do inadimplemento, pleitear a resolução do contrato e a retomada do produto alienado».

47. STJ. REsp 80036/SP. Quarta Turma. Relator Min. Ruy Rosado de Aguiar. Julgamento em 12.02.1996. *DJ* de 25.03.1996.

FUNÇÃO CORRETORA: A BOA-FÉ E O EXERCÍCIO JURÍDICO | 671

«Hotel Lazer Toriba Resort». Imputavam os autores à incorporadora a responsabilidade pelos danos advindos na demora na obtenção de financiamento, e afirmavam que, estando previsto no contrato o direito de desistência, pelos compradores, em caso de descumprimento por parte da incorporadora, haveria de ser garantido o direito a extinguir a avença. Alegando «excessiva onerosidade», pediam, então, a «rescisão» (*rectius*: resolução) do contrato, postulando fosse o caso apreciado à luz do CDC.

O Tribunal de Justiça de São Paulo julgou improcedente a ação por um duplo fundamento: no seu entendimento, não seria invocável a proteção da Lei Consumerista, em vista da incidência da legislação especial; igualmente, porque não haveria que falar, no caso, em aplicar a «teoria da imprevisão», considerando, ademais, que o comportamento do casal não lhes permitia invocar a cláusula de desistência, prevista para o caso de não ser proporcionado aos compradores, até certa data, o financiamento do saldo.

A importância da decisão no Recurso Especial apreciado no STJ está em apontar à incidência conjunta do CDC e da Lei 4.591/1964, averbando o Ministro Relator:

«O contrato de incorporação, no que tem de específico, é regido pela Lei que lhe é própria (Lei 4.591/1964), mas sobre ele também incide o Código de Defesa do Consumidor, que introduziu no sistema civil princípios gerais que realçam a justiça contratual, a equivalência das prestações e o princípio da boa-fé objetiva». E alertou: «[i]gualmente a proibição de o vendedor embolsar tudo quanto recebeu durante a execução de contrato desfeito é princípio geral que está presente na resolução, pela necessidade de as partes serem restituídas à situação anterior (não fora isso, não haveria razão para o desfazimento do contrato) e para evitar o enriquecimento injustificado do vendedor, que retém as parcelas recebidas e obtém a devolução do bem». E concluiu: «portanto, a cláusula de decaimento é abusiva no contrato de consumo (...)».

Essa foi, porém, uma pronúncia em tese, porque se considerou terem sido os elementos de fato bem examinados pelo Tribunal de São Paulo ao fundamentar a decisão pela improcedência. Dentre eles a afirmativa dos próprios compradores, já no início das tratativas junto ao Banco que financiaria a operação de compra e venda, no sentido de que «não se interessavam pela obtenção do financiamento, pedindo a devolução do dinheiro». Como o reexame dessa questão se mostrava central e envolveria nova definição para os fatos, o Recurso foi julgado improcedente.

O caso tem interesse não apenas ao apontar, pioneiramente, à «incidência conjunta» entre lei especial e CDC, mas, igualmente, por sugerir que nem sempre logram os juízes escapar às armadilhas da redação circular e rebarbativa do texto consumerista ao referir a boa-fé, razão pela qual muitas vezes verifica-se o chamamento meramente retórico do princípio, que passa a atuar como ponto de referência meramente formal. Como espécie de *passe-partout* ou expressão mágica, este é invocado mesmo quando há regra legalmente prevista para a espécie, ainda quando a solução deva amparar-se em outras categorias dotadas de maior precisão técnica (e, portanto, de maior possibilidade de controle racional pelos jurisdicionados) do que no mencionado princípio. No exemplo acima exposto, seria de se examinar se o direito formativo extintivo de

672 | A BOA-FÉ NO DIREITO PRIVADO

resolução negocial do contrato, contratualmente previsto, poderia, ou não, ser licitamente exercido pelos compradores. Se a resolução negocial era motivada no inadimplemento da incorporadora, assim estando previsto abstratamente no ajuste, caberia verificar se, *in concreto*, esse motivo havia ou não se verificado. Se negativa a resposta (o que se sugere ter ocorrido, ao se referir trecho do voto do Relator no TJSP relativo à afirmativa do casal em «não se interessar pelo financiamento»), o caso era, mesmo, de improver-se a ação, sem menção à invalidade decorrente de violação da boa-fé.

Já no *caso da devolução indireta*,[48] julgado cerca de dez anos mais tarde, indiscutida já era a incidência do Código de Defesa do Consumidor nessas relações, não se colocando mais como um problema a resolver a questão de sua incidência. Contudo, mais uma vez, apelou-se ao princípio da boa-fé e à «equidade contratual», referindo-se a uma contrastante análise do caso frente ao «direito tradicional» quanto aquele «posterior à entrada em vigor do CDC» que teria imposto «um novo paradigma de boa-fé objetiva, equidade contratual e proibição da vantagem excessiva nos contratos de consumo». Apelos desnecessários, que trazem mais insegurança do que fixam critérios, muito embora o CDC tenha solução direta e expressa para o caso. Confira-se:

Tratava-se de apreciar distrato entre, de um lado, a incorporadora/construtora e, de outro, o promitente comprador. Tanto a decisão de primeiro grau quanto o TJPR haviam julgado procedente a ação de restituição de valores, em dinheiro, intentada pelo promitente comprador. Isso porque a construtora pretendia proceder à devolução por meio de carta de crédito, como constava no instrumento contratual. Inconformada, e querendo fazer valer o disposto no contrato, a incorporadora recorreu. Certeiramente sentenciaram os julgadores:

«Ao dispor o contrato que a devolução dos referidos valores ao adquirente se daria por meio de duas cartas de crédito, vinculadas à aquisição de um outro imóvel da mesma construtora, isso significa, efetivamente, que não haverá devolução alguma, permanecendo o consumidor-adquirente submetido à construtora, visto que, o único caminho para não perder as prestações já pagas, será o de adquirir uma outra unidade imobiliária da recorrente». A disposição era evidentemente abusiva, porque disfarçava uma devolução que a rigor não se configura. Mas o CDC comina de «nulidade de pleno direito» cláusulas de decaimento (art. 53).

Como se vê, nenhuma necessidade haveria de recorrer-se à «boa-fé e equidade». Tanto assim que, ao fundamentar essa conclusão, o Relator, a par de ter correlacionado a proibição aos institutos da tradicional terapêutica civilista (abuso de direito e enriquecimento sem causa), fundamentou a decisão na vedação legal à cláusula de decaimento[49]

---

48. STJ. REsp 437607/PR. Quarta Turma. Relator Min. Hélio Quaglia Barbosa. Julgamento em 15.05.2007. *DJ* de 04.06.2007.

49. CDC, art. 53, *caput*: «nos contratos de compra e venda de móveis ou imóveis mediante pagamento em prestações, bem como nas alienações fiduciárias em garantia, consideram-se nulas de pleno direito as cláusulas que estabeleçam a perda total das prestações pagas em benefício do credor que, em razão do inadimplemento, pleitear a resolução do contrato e a retomada do produto alienado».

FUNÇÃO CORRETORA: A BOA-FÉ E O EXERCÍCIO JURÍDICO | 673

cujo escopo é o de evitar o indevido locupletamento por parte da incorporadora/construtora, que, caso contrário, se beneficiaria indevidamente em prejuízo do comprador-consumidor, quem perderia os valores já pagos na compra do imóvel. E anotou não se manifestar, embora a nulidade *ex vi legis* da cláusula de decaimento, o mero retorno ao *status quo ante*. No desfazimento do contrato, haveria de se levar em conta eventuais despesas ocorridas por força do ajuste, caso em que a fornecedora teria pretensão à retenção da verba necessária para cobrir os gastos feitos em razão da própria avença, *e.g.*, despesas administrativas e operacionais, pois essas são verbas atinentes a uma pretensão de reembolso, e não de indenização. Consabidamente, a Ordem jurídica reconhece o dever de reembolsar despesas, que são gastos ou «diminuições do patrimônio que a pessoa se impõe por vontade própria, ou por dever, ou a favor de terceiro, ou de quem seja dono ou tenha direito real sobre bem ou bens ou patrimônio».[50] A causa do reembolso não é nem o ato ilícito, nem um transpasse patrimonial destituído de causa lícita (como o pagamento indevido ou enriquecimento sem causa dos arts. 876 e ss., e 884 e ss., respectivamente, do Código Civil).

4. Crítica: a miscelânea de fundamentos e a invocação iterativa

No exame dos acórdãos, observa-se que, nesses e em similares casos, o apelo à boa-fé vem, muitas vezes, coligado ao chamamento de outros institutos, princípios, diretrizes e mesmo a fenômenos, tais como a interpretação pró-aderente, o enriquecimento sem causa, a função social do contrato, a proibição de vantagem excessiva, o dirigismo contratual, etc., sobrepondo-se e mesclando-se figuras distintas. Salvo a primeira técnica acima referida (interpretação pró-aderente), indicativa de regra hermenêutica milenar, as demais referências tratam, porém, de institutos cujas finalidades e eficácias são distintas daquelas operadas por via da nulidade. A invocação múltipla e simultânea de figuras diversas mais serve à assistematização da matéria, dificultando a construção dogmática da boa-fé.

Nota-se, por igual, que em outras ocasiões é a boa-fé invocada embora o sistema apresente direta e expressamente a solução, prevista em regras jurídicas ou em outros institutos dotados de maior densidade. Não é, pois, um caminho metodologicamente adequado recorrer-se à boa-fé nos casos em que o sistema já oferece, diretamente, a solução que, por via do apelo à boa-fé, teria que ser construída, caso a caso, pelo intérprete. À maior extensão corresponde menor precisão, e o inverso é verdadeiro. Cabe notar que as regras legais específicas muitas vezes estão justamente a concretizar o princípio da boa-fé, como é o caso exemplificativamente, das regras postas nos arts. 619, parágrafo único, e 715, ambos do Código Civil.[51] De norma vaga e apenas

---

50. PONTES DE MIRANDA, Francisco Cavalcanti. *Tratado de Direito Privado*. Tomo XXII. 3.ª ed. São Paulo: Revista dos Tribunais, 1983, § 2.731, p. 239.

51. Respectivamente, *in verbis*: «Art. 619. Salvo estipulação em contrário, o empreiteiro que se incumbir de executar uma obra, segundo plano aceito por quem a encomendou, não terá direito a

abstratamente indicativa do *comportamento devido*, o princípio traduz, por meio da regra legal específica, então, o comportamento devido e indica pontualmente as consequências de sua adoção. Na regra há, pois, determinação do concreto comportamento e as eficácias da sua não observância. É por isso que o princípio não se «sobrepõe» às regras, para afastá-las ou torná-las despiciendas, tratando-se, justamente ao contrário: as regras dão entidade ao princípio. Há correlação, e não divórcio.

Mais um exemplo dessa invocação desnecessária está no *caso do trator defeituoso*.[52]

Vendedor de máquina agrícola adquirira o bem, mas só quando transcorridos três anos da aquisição descobriu defeito de fabricação. Ingressou, então, com ação indenizatória visando a ressarcir-se dos custos com o reparo da máquina vendida. Em primeira instância, e no Tribunal de Santa Catarina, seu pedido foi julgado procedente. Recorreu, então, o fabricante, discutindo-se, fundamentalmente, qual o prazo decadencial incidente para a reclamação de defeitos do produto, regendo-se o caso pelas regras do CDC.

A questão foi adequadamente apreciada à luz da lei consumerista, distinguindo-se entre o prazo de garantia e o prazo para reclamar defeitos, vícios intrínsecos, nos quais se inserem os defeitos de fabricação relativos a projeto, cálculo estrutural, resistência de materiais, entre outros, «os quais, em não raras vezes, somente se tornam conhecidos depois de algum tempo de uso, mas que, todavia, não decorrem diretamente da fruição do bem, e sim de uma característica oculta que esteve latente até então». Logo, aplicou-se a solução deduzida pela doutrina consumerista da regra do § 3.º do art. 26, no que concerne à disciplina do vício oculto, qual seja: o critério da vida útil do bem, e não o critério da garantia, «podendo o fornecedor se responsabilizar pelo vício em um espaço largo de tempo, mesmo depois de expirada a garantia contratual».

Isso, não obstante, entendeu o Tribunal de fundamentar a decisão também no princípio da boa-fé, afirmando estar caracterizada a sua «quebra», estando ainda violado o dever de informação e «não realizado» o «próprio objeto do contrato, que era a compra de um bem cujo ciclo vital se esperava, de forma legítima e razoável, fosse mais longo». E se completou: «[n]esse particular, a existência dos chamados deveres anexos, como o de informação, revela-se como uma das faces de atuação ou operatividade do princípio da boa-fé objetiva, mostrando-se evidente que o perecimento ou a danificação de bem durável de forma prematura e causada por vício de fabricação denota a quebra dos mencionados deveres».

---

exigir acréscimo no preço, ainda que sejam introduzidas modificações no projeto, a não ser que estas resultem de instruções escritas do dono da obra. Parágrafo único. Ainda que não tenha havido autorização escrita, o dono da obra é obrigado a pagar ao empreiteiro os aumentos e acréscimos, segundo o que for arbitrado, se, sempre presente à obra, por continuadas visitas, não podia ignorar o que se estava passando, e nunca protestou»; «Art. 715. O agente ou distribuidor tem direito à indenização se o proponente, sem justa causa, cessar o atendimento das propostas ou reduzi-lo tanto que se torna antieconômica a continuação do contrato».

52.   STJ. REsp 984106/SC. Quarta Turma. Relator Min. Luis Felipe Salomão. Julgamento em 04.10.2012. *DJ* de 20.11.2012.

FUNÇÃO CORRETORA: A BOA-FÉ E O EXERCÍCIO JURÍDICO | 675

Ora, se assim fosse necessário, bastaria dizer que em todo e qualquer caso de inadimplemento contratual haveria «quebra da boa-fé» e seria dispensável até referir-se o inadimplemento. Mas essa superinvocação não apenas é desnecessária: ao fim e ao cabo pode ser nociva à própria compreensão dogmática da boa-fé que se torna – como aqui tem sido reiteradamente alertado – *flatus vocis*, fórmula vazia.

Em outras ocasiões, porém, há o emprego técnico adequado, necessário e preciso. Assim, exemplificativamente, no *caso do stent*,[53] indicativo da conjugação entre a boa-fé como norma de validade e o respeito à finalidade do negócio.

O consumidor havia pactuado «seguro saúde» ainda antes da vigência da Lei 9.656/1998, que dispôs sobre os planos e seguros privados de assistência à saúde. Fora necessária a realização de cirurgia de angioplastia, e o contrato continha cláusula de exclusão de pagamento, pelo plano, de órteses e próteses. Porém, impunha-se a colocação de *stents* no paciente.

A boa-fé foi o fundamento para afastar a exclusão contratualmente prevista. Embora reconhecendo que as disposições da Lei 9.656/1998 só se aplicavam aos contratos celebrados a partir de sua vigência, bem como para os contratos que, celebrados anteriormente, haviam sido adaptados para seu regime – e, portanto, não retroagindo para o caso –, considerou o Tribunal: «se determinado procedimento cirúrgico [angioplastia] está incluído na cobertura securitária, não é legítimo exigir que o segurado se submeta a ele, mas não instale as próteses necessárias para a plena recuperação de sua saúde». E se aduziu:

«A cláusula geral de boa-fé objetiva, implícita em nosso Ordenamento antes da vigência do CDC e do CC/2002, mas explicitada a partir desses marcos legislativos, impõe deveres de conduta leal aos contratantes e funciona como um limite ao exercício abusivo de direitos».

O apelo à boa-fé serviu para a aferição da abusividade. Esta residiria no fato da exclusão, contra o consumidor, de equipamento médico instrumentalmente «necessário ao bom êxito do procedimento cirúrgico coberto pelo plano de saúde». A abusividade estava, justamente, na contradição, contrária à boa-fé, em permitir a cirurgia, mas expurgar o emprego da prótese que asseguraria a própria finalidade do ato cirúrgico. A solução, tecnicamente, deu-se pela conjugação entre a interpretação do contrato à luz de sua finalidade e a técnica da invalidade do dispositivo contratual que previa a exclusão da cobertura àquela prótese.

Em outras hipóteses, o controle do conteúdo do contrato opera sem referência ao plano da validade, atendo-se ao da eficácia. Tal se dá principalmente nas situações em que o princípio da boa-fé vem coligado ao chamado *princípio do equilíbrio contratual*. Nesses casos, não se considera a incidência do art. 51, inc. IV, do Código de Defesa do

---

53. STJ. REsp 735168/RJ. Terceira Turma. Relatora Min. Nancy Andrighi. Julgamento em 11.03.2008. *DJ* de 26.03.2008. Similarmente: STJ. REsp 668216/SP. Terceira Turma. Relator Min. Carlos Alberto Menezes Direito. Julgamento em 15.03.2007. *DJ* de 02.04.2007.

676 | A BOA-FÉ NO DIREITO PRIVADO

Consumidor, que, ao proibir e sancionar a abusividade, obviamente também visa assegurar o equilíbrio contratual,[54] recorrendo-se, ao revés, diretamente ao «princípio do equilíbrio» e/ou aos institutos que o implementam.

§ 70. Correção do conteúdo do contrato sem referência à validade: papel da boa-fé frente a situações de desequilíbrio decorrente de circunstâncias supervenientes à formação do contrato

1. Proposição

Quando se trata de examinar as relações entre o princípio da boa-fé e o princípio (implícito) do equilíbrio contratual, muita atenção há de ser dada à já antes referida «dualidade de espaços normativos» que perpassa o Direito dos Contratos, cindindo-o entre «contratos entre iguais» e «contratos entre desiguais»,[55] cabendo recordar que «vestir operações econômicas distintas importa em diferenciações a serem feitas», embora não se perca *o conceito* (súmula de ideias sobre o contrato), o qual «funciona como elemento sistematizador».[56]

Nos primeiros, o equilíbrio é assegurado *na medida* em que institutos específicos legalmente previstos preveem. Nos segundos (*e.g.*: contratos entre fornecedores e consumidores; entre Administração e administrados; entre empregados e empregadores), ou diante de determinadas e indiscutíveis situações fáticas de desigualdade, como as resultantes, por exemplo, de situações de monopólios de fato, o tema é regrado por uma mescla de disposições específicas e de normas legais amplas, como, paradigmaticamente, a do art. 187 do Código Civil. O asseguramento do equilíbrio contratual tem, portanto, uma portada mais ampla e indefinida, eis que não cingida à técnica e à medida de determinados institutos.

---

54. Nota-se em alguns julgados a hesitação entre encaminhar a solução pelo plano da validade (nulificando a cláusula) ou o da eficácia (revisando-a e adequando-a ao entorno econômico do momento da prestação). Assim, exemplificativamente, o STJ. REsp 803481/GO. Terceira Turma. Relatora Min. Nancy Andrighi. Julgamento em 28.06.2007. *DJ* de 01.08.2007, que tratou dos «casos da venda futura de soja» (ver Capítulo IV, §32). A imputação era de lesão, o que conduziu à invalidade da cédula de produto rural, o próprio contrato já tendo sido pactuado «em excessivo desequilíbrio para um dos contraentes». Em casos análogos (adiante examinados) a imputação fora de excessiva onerosidade superveniente.

55. Para os diferentes campos de incidência da boa-fé, *vide, supra*, Capítulo IV, §25.

56. Assim Silva, Luis Renato Ferreira da. O conceito de contrato – permanência e função. In: Benetti, Giovana *et al.* (Org.). *Direito, Cultura, Método*: Leituras da Obra de Judith Martins-Costa. Rio de Janeiro: GZ Editora, 2019, p. 585. O autor retoma a metáfora de Enzo Roppo, do contrato como «veste jurídica de operações econômicas», contextualizando-a em vista da pluralidade de situações abarcadas sob o conceito de contrato.

FUNÇÃO CORRETORA: A BOA-FÉ E O EXERCÍCIO JURÍDICO | 677

Já examinadas as situações em que o controle do conteúdo opera no plano da validade, conduzindo à nulidade total ou parcial do contrato nos casos de abusividade contratual, cabe agora analisar *se* e *quando* opera no *plano da eficácia*, para possibilitar a resolução por excessiva onerosidade superveniente; bem como para pautar a revisão e a renegociação que visem a reequilibrar o contrato. Uma atenção mais detida há de ser dada a estes aspectos de ordem dogmática, uma vez que acerca das relações entre boa-fé e equilíbrio contratual campeiam as indistinções e confusões.

2. Dimensão plurívoca do princípio do equilíbrio

A dimensão do chamado princípio do equilíbrio contratual não é unívoca. No Direito comum há numerosos institutos, perfeitamente identificados, com distintos pressupostos e distintas eficácias, que o concretizam pontualmente. O equilíbrio por vezes há de entender-se entre *posições jurídicas*, por outras, entre *prestação* e *contraprestação*. Há contratos que devem ter suas prestações «desequilibradas», para cumprir sua própria função, como o são os contratos aleatórios,[57] nos quais uma onerosidade excessiva há de ser averiguada na medida da ultrapassagem «manifesta» de sua álea normal. Consequentemente, o equilíbrio, como relação de proporção entre prestações, não é um «princípio geral», como a boa-fé, que incide em *quaisquer* contratos, embora em graus variados de intensidade. Todas essas distinções hão de estar presentes na mente do intérprete para que bem se possa compreender a portada da boa-fé frente aos institutos que viabilizam o reequilíbrio contratual, quando ferido, pela ação do tempo e das circunstâncias, o primitivo equilíbrio que presidira a conclusão do contrato.

3. Tempo e contrato

A relação entre tempo e contrato constitui um dos mais complexos temas da Teoria dos Contratos. Todo contrato configura um ato de apreensão e de comprometimento do futuro,[58] sendo por demais conhecida a qualificação que lhe foi dada por Maurice Hauriou como «ato de previsão»,[59] justamente por ser sua função oferecer a

---

57. Por exemplo, os contratos que instrumentalizam operações de securitização de recebíveis futuros, pois neles as partes escolhem contratar a incerteza quanto ao lucro ou prejuízo: há certeza de perda para um dos contraentes e há certeza acerca da variação do risco inerente; *v.g.*, da variação de preços, custos ou o valor da própria operação. (Acerca dessas operações: OIOLI, Erik Frederico; RIBEIRO JR., José Alves. Contratos Aleatórios e Alocação de Risco em Operações de Securitização de Recebíveis Futuros. In: BARBOSA, Henrique; FERREIRA DA SILVA, Jorge Cesa. *A Evolução do Direito Empresarial e Obrigacional*. 18 anos do Código Civil. Obrigações e Contratos. São Paulo: Quartier Latin, 2022, p. 181-194.)

58. OST, François. *O Tempo do Direito*. Trad. portuguesa de Maria Fernanda de Oliveira. Lisboa: Instituto Piaget, 1999, p. 204.

59. HAURIOU, Maurice. Principes de Droit Public. Paris: L. Tenin, 1916, p. 206 *apud* LÉCUYER, Hervé. Le Contrat, Acte de Prévision. *L'avenir du Droit*. Mélanges en Hommage a François Terré. Paris: Dalloz, 1999, p. 643 e ss.

678 | A BOA-FÉ NO DIREITO PRIVADO

possibilidade aos contraentes, de «se apropriarem do futuro» por um ato de autonomia privada. Todo contrato é sempre uma «ponte lançada para o futuro», na sugestiva metáfora do *Doyen* Carbonnier,[60] por isso se tendo afirmado ser o contrato «uma instituição cronotópica»,[61] sendo o tempo o seu grande problema. De fato, a promessa de cumprimento, implicitamente contida na declaração negocial, é a modalidade normativa destinada à apreensão do futuro.[62] Mas este é conjetural, incerto, pleno de riscos, tendo novamente razão Maurice Hauriou ao dizer que na tensão entre a incerteza causada pelo porvir e a necessidade humana de um regramento, está «o empreendimento mais ousado que se possa conceber» para estabelecer o domínio humano sobre os fatos, integrando-os num ato de previsão.[63]

Porém, ao mesmo tempo em que o contrato é um *ato de previsão* e produto da regulação privada dos próprios interesses, está inserido em uma ordem jurídica que se preocupa em estabelecer *standards* mínimos de comportamento aos seus agentes. Vários são os modos pelos quais se pode formar um contrato e estabelecer o seu conteúdo; numerosas são as formas dos tipos legais e sociais, da regulação dos riscos a que está sujeito um contrato, bem como do asseguramento, no decorrer do tempo, das bases econômicas em que está estabelecido.[64] E as soluções fornecidas pela ordem jurídica para essas várias situações, para além de não serem idênticas, se ressentem da

---

60. CARBONNIER, Jean. *Flexible Droit*. 2.ª ed. Paris: LGDJ, 1971, p. 120.

61. A ideia de «cronótopos» foi cunhada na Teoria Literária por Mikhail Bakthin (*Esthétique et Théorie du Roman*. Trad. francesa de Daria Olivier. Paris: Gallimard, 2006, p. 237-238, em tradução livre). Trouxe-a ao Direito Contratual NITSCHKE, Guilherme Carneiro Monteiro. Tempo e Equilíbrio Contratual. In: MOTA, Maurício Jorge Pereira da; NEVES, Gustavo Kloh Müller (Coords.). *Transformações Contemporâneas no Direito das Obrigações*: estudos em homenagem a Orlando Gomes. Rio de Janeiro: Elsevier, 2010, e, especificamente, em: A Noção de Cronótopo no Cruzamento entre Literatura e Direito. In: MARTINS-COSTA, Judith (Coord.). *Narração e Normatividade*. Ensaios de Direito e Literatura. Rio de Janeiro: GZ, 2013, p. 53-94.

62. OST, François. *O Tempo do Direito*. Trad. portuguesa de Maria Fernanda de Oliveira. Lisboa: Instituto Piaget, 1999, p. 204, assinalando a promessa como «a modalidade normativa sob a qual estudamos o futuro jurídico».

63. HAURIOU, Maurice. Principes de Droit Public. Paris: L. Tenin, 1916. p. 206 *apud* LÉCUYER, Hervé. Le Contrat, Acte de Prévision. *L'avenir du Droit*. Mélangeem en Hommage a François Terré. Paris: Dalloz, 1999, p. 643.

64. Tratou-se, mais recentemente, dos variados aspectos suscitados por esse tema em: MARTINS-COSTA, Judith; COSTA E SILVA, Paula. *Crise e Perturbações no Cumprimento da Prestação*: Estudo de Direito Comparado Luso-Brasileiro. São Paulo: Quartier Latin, 2020; MARTINS-COSTA, Judith. Notas sobre a impossibilidade temporária no Código Civil. In: SILVA, Michael César et al. (Org.). *Impactos do Coronavírus no Direito*: Diálogos, reflexões e perspectivas contemporâneas, vol. II. Belo Horizonte: Newton, 2022, p. 496-513; MARTINS-COSTA, Judith; HAICAL, Gustavo. Alteração da relação obrigacional estabelecida em acordos societários por impossibilidade superveniente não imputável às partes contratantes em virtude do desaparecimento de sua finalidade. *Revista de Direito Civil Contemporâneo*, vol. 18, 2019, p. 371-404; e MARTINS-COSTA, Judith. Impossibilidade de prestar e a excessiva onerosidade superveniente na relação entre *shopping center* e seus lojistas. *Revista da Faculdade de Direito da Universidade de Lisboa*, COVID-19 e o Direito, n. 1, ano LXI, 2020, p. 391-427.

FUNÇÃO CORRETORA: A BOA-FÉ E O EXERCÍCIO JURÍDICO | 679

inadequação das soluções tradicionais – notadamente a revisão por imprevisibilidade, a resolução por excessiva onerosidade superveniente e a impossibilidade superveniente – para fazer frente a crises cujas especificidades são historicamente determinadas e datadas.

Para maior clareza das funções e dos limites do princípio da boa-fé no quadro das disfunções que podem recair sobre um contrato já formado em razão de eventos externos às partes, cabe, mais uma vez, a fixação de algumas distinções.

4. A longa duração

Alguns contratos estão particularmente sujeitos à ação do tempo e às vicissitudes que este pode trazer a um vínculo que, ao menos *prima facie*, requer a estabilidade. No entanto, nem sempre o tempo se projeta da mesma forma à relação contratual. Entendida naturalisticamente, a expressão «longa duração» não indica um fenômeno homogêneo.

Há contratos que permanecem no tempo apenas porque o preço foi dividido em parcelas («prestações»), embora o interesse contratual não requeira, por si, o passar do tempo. Em outros casos, haverá extensão no tempo, porque há obrigações reiteradas, como num contrato de fornecimento pelo qual as partes ajustam num contrato de base a obrigação de, a cada período de tempo, o fornecedor prestar a reposição de peças, a ajuda técnica, a quantidade de petróleo, etc.[65]

E há «contratos de duração» em sentido próprio, isto é, contratos particularizados pelo modo pelo qual tempo e adimplemento se entroncam. O fenômeno não se esgota na mera permanência no tempo ou no diferimento da execução. Como percebeu Giorgio Oppo,[66] nos «contratos de duração» (*contratti di durata*), o tempo corresponde ao interesse contratual, que repousa na satisfação continuativa de uma necessidade estável. A duração é correlata à continuidade do interesse e de sua satisfação. A *solutio*, isto é, o adimplemento, está na própria atividade repetida ou continuativa, como nos contratos cuja prestação se renova periodicamente (*e.g.*, locação, arrendamento, certas «parcerias» e prestações de serviço). O ato de adimplemento não é diferido no tempo, nem se aperfeiçoa com o tempo, mas dura continuativamente, ou se repete continuativamente na sua eficácia solutória,[67] é dizer: o adimplemento é duradouro. O adimplemento nos períodos intermísticos (por exemplo, mês a mês) não extingue a relação, que

---

65. Como esclarece Couto e Silva: «ainda que o interessado se dirija mensalmente à companhia fornecedora do objeto que necessita (*rectius*: da prestação que necessita), não estará adimplindo obrigação duradoura; terá, em cada vez, realizado um novo negócio jurídico e adimplido nova obrigação» (COUTO E SILVA, Clóvis do. *A Obrigação como Processo*. 2.ª ed. Rio de Janeiro: FGV Editora, 2006, p. 165).

66. OPPO, Giorgio. I contratti di durata. *Rivista di Diritto Commerciale*, vol. XLI, n. I, Milano, 1943, p. 148.

67. OPPO, Giorgio. I contratti di durata. *Rivista di Diritto Commerciale*, vol. XLI, n. I, Milano, 1943, p. 156.

permanece, não carecendo de nova manifestação de vontade das partes. A duração é a própria função do contrato, no sentido de que o protrair-se do adimplemento por uma certa duração é pressuposto para que o contrato produza o efeito querido pelas partes e satisfaça as necessidades que o motivaram.

Tanto os contratos de execução diferida quanto os de execução continuada (duradouros) estão particularmente sujeitos à força transformadora das circunstâncias supervenientes ao momento de sua conclusão. A alteração das circunstâncias pode provocar impactos de monta nas bases originárias do contrato, isto é, a relação entre riscos e vantagens, ônus e bônus estabelecidos pelas partes; pode levar ao desaparecimento do seu fim («frustração do fim»); pode provocar a excessiva onerosidade, subvertendo a álea normal do contrato; pode ocasionar a perda ou deterioração de seu objeto; entre outras vicissitudes.

Para essas situações, o sistema prevê um rol de institutos (ou «remédios») de gestão e composição da alteração das circunstâncias, tendo em conta o «risco normal» de cada tipo contratual.[68] Por meio de determinados institutos, a ordem jurídica determina uma espécie de composição entre a regra pela qual devem ser os contratos cumpridos tal qual pactuados – *pacta sunt servanda* – com a que possibilita uma acomodação às circunstâncias exteriores – *rebus sic stantibus* –, podendo, inclusive, a força dessas circunstâncias ensejar a resolução da relação jurídica obrigacional. Ao Ordenamento jurídico – que é *taxis*, força estabilizadora no caos do *cosmos* –,[69] cabe formular as regras e os princípios que, tendo em vista distinções entre tipos de contratos, sua ambiência e as multifacetárias circunstâncias exteriores conformadoras do contexto contratual, possibilitem ordenar racionalmente a tensão entre tempo e Direito, normatizando-a.

Dentre essas circunstâncias cogite-se, em primeiro lugar, da contratação por adesão, em que uma das partes se limita a aderir ao predisposto pela outra, sendo nítido (e inclusive pressuposto pela lei) o desequilíbrio de posições entre os sujeitos contratantes. Mas, também se pense num ajuste longamente negociado pelas partes que não detêm, na fase negociatória e na da conclusão contratual, de elementos suficientes para dispor sobre um conteúdo exauriente.[70] Um contrato pode, ainda, ter como causa uma comutação, isto é, uma «troca» entre prestação e contraprestação, devendo ser, em princípio, equilibrado («contratos sinalagmáticos»); ou, diversamente, é sua causa uma álea, sendo o ajuste, então, por definição desequilibrado («contratos aleatórios»), porque um dos figurantes tudo pode ganhar, outro, tudo perder.[71]

---

68. Tratou-se mais exaustivamente do tema em: MARTINS-COSTA, Judith. O Risco Contratual (e os Significados do Risco). In: NANNI, Giovanni *et al.* (Org.). *Gestão de Riscos no Direito Privado e na Arbitragem.* São Paulo: Almedina, 2023, p. 25-54.

69. ASCARELLI, Tullio. Ordinamento Giuridico e Realtà Sociale. In: RODOTÀ, Stefano (Org.). *Il Diritto Privato nella Società Moderna.* Bologna: Il Mulino, 1971, p. 83-93

70. MARTINS-COSTA, Judith; NITSCHKE, Guilherme. Contratos Lacunosos e Poderes do Árbitro: Questões Teóricas e Práticas. *Revista de Arbitragem,* ano 1, n. 2, jul./dez. 2012, p. 63-114.

71. MARTINS-COSTA, Judith. Contratos de Derivativos Cambiais. Contratos Aleatórios. Abuso de Direito e Abusividade Contratual. Boa-Fé Objetiva. Parecer. *Revista de Direito Bancário e do Mercado de Capitais,* vol. 55, São Paulo, Revista dos Tribunais, 2012, p. 321-381.

FUNÇÃO CORRETORA: A BOA-FÉ E O EXERCÍCIO JURÍDICO | 681

É ainda possível que nasça já desequilibrado («contrato acometido pelo defeito da lesão», Código Civil, art. 157) ou que o desequilíbrio seja superveniente à conclusão contratual («excessiva onerosidade superveniente», Código Civil, arts. 478-480); ou que contemple cláusulas de adaptação automática ou cláusulas de adaptação não automática, como as cláusulas de renegociação, paradigmaticamente cláusulas de *hardship* e de *force majeure*, a serem equacionadas por via da renegociação entre os figurantes. Além de se manifestar por variadas formas, o desequilíbrio pode ser atacado também por diversos institutos e figuras que provêm ou da fonte legal, ou da própria autonomia negocial, umas e outras – e, principalmente, os seus pressupostos – não devendo ser confundidas.[72]

Examinem-se, primeiramente, as fontes legais.

5. Fontes legais do dever de reequilíbrio e especificidades consoante os campos normativos

O Código de Defesa do Consumidor, além de prever a nulidade de cláusulas abusivas – sendo a abusividade uma causa paradigmática de desequilíbrio entre as posições jurídicas das partes –, contém no art. 6.º, inc. V, uma previsão geral, rubricando como «direito básico do consumidor» a *modificação* das cláusulas contratuais que estabeleçam prestações desproporcionais ou sua *revisão* em razão de fatos supervenientes que as tornem excessivamente onerosas, num caso acolhendo o instituto da lesão (defeito ocorrente na gênese do negócio), em outro, a revisão por excessiva onerosidade superveniente que – como a denominação indica – se manifesta em momento posterior ao da conclusão negocial.

Quanto aos contratos administrativos, a Lei 14.133/2021 também prevê a possibilidade de modificação unilateral, como prerrogativa da Administração Pública, devendo as cláusulas econômico-financeiras ser revistas «para que se mantenha o equilíbrio contratual» (art. 104, inc. I e § 2.º). A preservação do equilíbrio econômico--financeiro percorre o texto legal, desde a imposição, no art. 6.º, inc. XXVI e sua alínea «a», da previsão, nas propostas ofertadas à Administração, de uma listagem de possíveis eventos que nele possam causar impacto; à previsão de «reajustamento em sentido estrito» e de «repactuação» para a manutenção do equilíbrio econômico-financeiro (art. 6.º, inc. LVII e LIX) e do estabelecimento, no contrato, de um prazo para a resposta aos pedidos de reequilíbrio (art. 92, inc. XI); a determinação para que, no contrato, seja definida a matriz de alocação de riscos que definirá o equilíbrio econômico-financeiro (art. 103, § 4.º); e, finalmente, a expressa previsão de alteração contratual pelo acordo das partes «em caso de força maior, caso fortuito ou fato do príncipe ou em decorrência de fatos imprevisíveis ou previsíveis de consequências

---

72. No âmbito dos institutos do Código Civil, esses institutos estão examinados em: MARTINS-COSTA, Judith; COSTA E SILVA, Paula. *Crise e Perturbações no Cumprimento da Prestação*: Estudo de Direito Comparado Luso-Brasileiro. São Paulo: Quartier Latin, 2020, p. 71-127.

682 | A BOA-FÉ NO DIREITO PRIVADO

incalculáveis, que inviabilizem a execução do contrato tal como pactuado, respeitada, em qualquer caso, a repartição objetiva de risco estabelecida no contrato» (art. 124, inc. II, alínea «d»).

O Código Civil, por sua vez, permite *anular* negócios acometidos por lesão (art. 157, *caput*), garantido à parte favorecida ou oferecer suplemento ou reduzir o preço; *rescindir* contratos acometidos por vícios redibitórios (art. 441); *resolver*[73] contratos comutativos, de execução continuada ou diferida, quando caracterizada a excessiva onerosidade superveniente derivada de fatores imprevisíveis às partes no momento da conclusão do contrato (art. 478), permitida a revisão de contrato bilateral como ato do credor, na forma do art. 479, ou, se contrato unilateral, à parte prejudicada pelo desequilíbrio (art. 480). Cabe, ainda, a *correção* do desequilíbrio, por ato judicial, nas obrigações pecuniárias, quando, por motivos imprevisíveis, sobrevier «desproporção manifesta entre o valor da prestação devida e o do momento da sua execução» (art. 317); bem

---

73. Conquanto o texto do preceito legal aluda à «resolução», parte da doutrina, aceita a dupla eficácia daquelas regras (resolutiva e revisiva), não limitando o art. 478 à resolução ou à hipótese de revisão prevista pontualmente no art. 479. *Vide*: Aguiar Júnior, Ruy Rosado de. *Extinção dos Contratos por Incumprimento do Devedor*. Resolução. 2.ª ed. Rio de Janeiro: Aide, 2004, p. 152. Do mesmo autor, Projeto de Código Civil: As Obrigações e os Contratos. *Revista do Centro de Estudos Judiciários do Conselho da Justiça Federal*, n. 9, set./dez. 1999, p. 38; Araújo, Nadia de. Contratos Internacionais e a Cláusula de Hardship: a transposição de sua conceituação segundo a *lex mercatoria*, para o plano interno nos contratos de longa duração. In: Rosado, Marilda (Org.). *Estudos e Pareceres*. Direito do Petróleo e Gás. Rio de Janeiro: Renovar, 2005, p. 421 e ss.; Capanema, Sylvio. O Impacto do Novo Código Civil no Mundo dos Contratos. *Revista da EMERJ*, Rio de Janeiro, EMERJ, vol. 6, n. 24, 2003, p. 188; Gomes, Orlando. *Transformações Gerais do Direito das Obrigações*. 2.ª ed. São Paulo: Revista dos Tribunais, 1980, p. 107; Ferreira da Silva, Jorge Cesa. *Adimplemento e Extinção das Obrigações*. São Paulo: Revista dos Tribunais, 2007, p. 161-165; Silva, Luis Renato Ferreira da. *Revisão dos Contratos*: do Código Civil ao Código do Consumidor. São Paulo: Forense, 1999, p. 151; Theodoro Júnior, Humberto. *O Contrato e seus Princípios*. Rio de Janeiro: Aide, 1993, p. 149; Frantz, Laura Coradini. Excessiva Onerosidade Superveniente: uma Análise dos Julgados do STJ. In: Martins-Costa, Judith (Org.). *Modelos de Direito Privado*. São Paulo: Marcial Pons, 2014, p. 215-248; Schreiber, Anderson. *Equilíbrio Contratual e Dever de Renegociar*. 2.ª ed. São Paulo: Saraiva, 2020; Tomazette, Marlon. Revisão Contratual no Código Civil. In: Barbosa, Henrique; Ferreira da Silva, Jorge. *A Evolução do Direito Empresarial e Obrigacional*. 18 anos de Código Civil. São Paulo: Quartier Latin, 2021, p. 503-525. Em direção oposta, sustentando estar previsto no art. 478 apenas o direito modificativo extintivo de resolução *lato sensu* (resilição): Leães, Luiz Gastão Paes de Barros. A excessiva onerosidade no Código Civil. *Revista de Direito Bancário e do Mercado de Capitais*, n. 31, São Paulo, 2006, p. 12-24; Nitschke, Guilherme. Revisão, resolução, reindexação, renegociação: o juiz e o desequilíbrio superveniente de contratos de duração. *Revista Trimestral de Direto Civil*, vol. 50, ano 13, abr./jun. 2012, p. 135-162; Marino, Francisco Paulo De Crescenzo. *Revisão Contratual*. Onerosidade Excessiva e Modificação Contratual Equitativa. São Paulo: Almedina, 2020, em especial p. 558; e ainda em: Revisão Contratual Fundada em Excessiva Onerosidade Superveniente: Competência Exclusiva do Credor e Limites da Atuação do Juiz. In: Barbosa, Henrique; Ferreira da Silva, Jorge. *A Evolução do Direito Empresarial e Obrigacional*. 18 anos de Código Civil. São Paulo: Quartier Latin, 2021, p. 475-502. Assim também me pronunciei em: Martins-Costa, Judith; Costa e Silva, Paula. *Crise e Perturbações no Cumprimento da Prestação*. Estudo de Direito Comparado Luso-Brasileiro. São Paulo: Quartier Latin, 2020, em especial p. 213-244.

FUNÇÃO CORRETORA: A BOA-FÉ E O EXERCÍCIO JURÍDICO | 683

como a *redução* da cláusula penal quando desproporcional ou quando inequitativa (art. 413); a *nulidade* de cláusulas abusivas nos contratos formados por adesão (art. 424). É cabível também opor o *direito de exceção*, como a *exceptio non adimpleti contractus*, a *exceptio non rite adimpleti contractus* e a exceção de inseguridade (art. 477).

Embora o Ordenamento acolha todas essas hipóteses legais concretizadoras do equilíbrio contratual, não há um *princípio geral* de modificabilidade do contrato com causa no desequilíbrio. Dito de outro modo: não há um princípio do equilíbrio com caráter geral, a incidir sobre todo e qualquer contrato, mas há institutos que preveem soluções para situações pontuais de desequilíbrio.

Sendo o princípio do equilíbrio um princípio inexpresso com *caráter geral* no Código Civil – e, portanto, sendo deduzido de um conjunto de regras e de institutos contidos naquele Código –, parece incontroverso estarem o seu sentido e os seus limites orientados por aquelas mesmas regras e institutos. Assim se manifestou Antonio Junqueira de Azevedo ao referir que o «princípio do equilíbrio econômico do contrato, ou do sinalagma» leva «à admissão, especialmente, de duas figuras, a lesão e a excessiva onerosidade»,[74] embora a elas não se resuma, pois há outras manifestações do equilíbrio, como as já mencionadas exceções de direito material (*exceptio adimpleti contractus, exceptio non rite adimpleti contractus* e exceção de inseguridade).

Sendo implícito e não acolhido em cláusula geral o princípio do equilíbrio, a sua concretização no âmbito das relações regidas pelo Código Civil se dá, portanto, por meio de institutos e de regras que precisam o seu conteúdo (ainda que de modo vago, utilizando termos semanticamente abertos, como «lesão» e «excessiva onerosidade superveniente» ou «imprevisibilidade») e fixam os seus requisitos ou condições de incidência. Como é reconhecido, equilíbrio não significa equivalência absoluta entre as prestações[75] nem, muito menos, hoje em dia (dada a atipicidade contratual) pode ser figurado unicamente pela imagem dos pratos da balança grega, antes devendo ser metaforizado, em determinados contratos marcados pela complexidade subjetiva ou objetiva, pela imagem de um *móbile*, em que os diversos elementos estão simultaneamente em situação de estabilidade, considerado, porém, o conjunto em seus específicos pesos e contrapesos.[76] Assim, os institutos que concretizam esse princípio devem ser aplicados segundo critérios de diferenciação substancial.[77]

---

74. AZEVEDO, Antonio Junqueira de. Parecer. Os Princípios do Atual Direito Contratual e a Desregulamentação de Mercado. Direito de Exclusividade nas Relações Contratuais de Fornecimento. Função Social do Contrato e Responsabilidade Aquiliana do Terceiro que Contribui para Inadimplemento Contratual. *Estudos e Pareceres de Direito Privado.* São Paulo: Saraiva, 2004, p. 141.

75. Conforme anota Teresa Negreiros, não se deve admitir um princípio absoluto de equivalência entre as prestações, sob pena de afronta aos princípios constitucionais (NEGREIROS, Teresa. *Teoria do Contrato.* Novos Paradigmas. 2.ª ed. Rio de Janeiro: Renovar, 2005, p. 202).

76. Assim escreveu-se em: MARTINS-COSTA, Judith. A Revisão dos Contratos no Código Civil Brasileiro. *Rivista Roma e America*, vol. 16, Modena, Mucchi, 2002, p. 135-172, e, de modo mais atualizado, em: MARTINS-COSTA, Judith; COSTA E SILVA, Paula. *Crise e Perturbações no Cumprimento da Prestação.* Estudo de Direito Comparado Luso-Brasileiro. São Paulo: Quartier Latin, 2020.

77. NEGREIROS, Teresa. *Teoria do Contrato.* Novos Paradigmas. 2.ª ed. Rio de Janeiro: Renovar, 2005,

Discernem-se, pois, as fontes de modificação do pactuado: (*i*) ou a *fonte legal*, promovendo-se, *ex vi* dos arts. 317 e 478 a 480 do Código Civil, a revisão ou a resolução do contrato a ser operada por ato de juiz ou árbitro, mas não por ato unilateral de um dos contraentes; ou (*ii*) ou por força da *autonomia privada*, quando pactuam cláusula revisiva, ou de renegociação diante de alterações supervenientes que venham a prejudicar consideravelmente o equilíbrio originalmente estabelecido.

6. Fontes negociais: a autonomia privada e as cláusulas de adaptação por renegociação

Pelo princípio da autonomia privada permite-se aos figurantes ampla possibilidade de modelação de soluções visando atacar ou minimizar o desequilíbrio contratual, bem como quaisquer outros fatores de perturbação da base contratual. Quando é maior o espaço de atuação da autonomia privada, podem desejar que a elas mesmas seja dado o poder de revisar ou acomodar o contrato às novas circunstâncias, definindo, já no próprio texto contratual, um «projeto de adaptação» ou dispondo sobre essa possibilidade, para o que é prevista uma nova negociação («renegociação») entre os contraentes. Nesse caso as partes plasmam, no contrato, uma obrigação de negociar a adaptação,[78] se verificados certos acontecimentos capazes de atingir *substancialmente* o contrato (*cláusulas de renegociação*, dentre elas, as cláusulas de *hardship e as cláusulas de força maior*);[79] ou criam outras cláusulas de salvaguarda (*e.g.*, como salvaguarda em caso de depreciação, a «cláusula Material Adverse Change, MAC ou Material Adverse Effect, MAE»). E ainda têm a faculdade de estabelecer *cláusulas de manutenção do valor*, como

---

p. 200. Neste sentido, a propósito da amplitude conferida pelo CDC à lesão, observa-se ser a categoria de «consumidor»«por demais ampla numa sociedade caracterizada, precisamente, pela onipresença do consumo» e que por isso «não parece constitucionalmente consistente tratar todos os consumidores de forma igual», impondo-se o estabelecimento de «padrões de diferenciação» segundo o critério da necessidade (existencial ou não) do bem objeto do contrato».

78. FABRE, Regis. Les Clauses d'adaptation dans les Contrats. *Revue Trimestrielle de Droit Civil*, Paris, Dalloz, n. 82, 1983, p. 16-18; MARTINS-COSTA, Judith; COSTA E SILVA, Paula. *Crise e Perturbações no Cumprimento da Prestação*. Estudo de Direito Comparado Luso-Brasileiro. São Paulo: Quartier Latin, 2020, p. 267-281.

79. É o caso, corriqueiro nos contratos internacionais – mas admissível igualmente nos contratos regidos pelo direito interno –, da pactuação de uma cláusula de *hardship* (também designada cláusula de salvaguarda; cláusula de revisão; *gross inequities; frustration*, dentre outras etiquetas), cujo escopo está em estabelecer, no próprio contrato, o *dever de renegociar o preço* se houver alteração das circunstâncias. Sobre o tema escrevi: MARTINS-COSTA, Judith. A Cláusula de *Hardship* e a Obrigação de Renegociar nos Contratos de Longa Duração. In: MOTA, Maurício; KLOH, Gustavo (Orgs.). *Transformações Contemporâneas do Direito das Obrigações*. Rio de Janeiro: Elsevier, 2010, p. 257-280; e, ainda: MARTINS-COSTA, Judith; NITSCHKE, Guilherme. Contratos Lacunosos e Poderes do Árbitro: Questões Teóricas e Práticas. *Revista de Arbitragem*, ano I, n. 2, jul./dez. 2012, p. 63-114. Voltei mais recentemente ao tema em: COSTA E SILVA, Paula; MARTINS-COSTA, Judith. *Crise e Perturbações no Cumprimento da Prestação*: Estudo de Direito Comparado Luso-Brasileiro. São Paulo: Quartier Latin, 2020, em especial p. 71 a 142.

FUNÇÃO CORRETORA: A BOA-FÉ E O EXERCÍCIO JURÍDICO | 685

a de correção monetária e de sua *revisão periódica automática,* como as cláusulas de escala móvel que operam automaticamente, não exigindo a renegociação, como o exigem as cláusulas de *hardship,* que, por sua vez, admitem variada tipologia.[80]

Por via do poder modelador da autonomia privada atuam-se, pois, cláusulas cuja finalidade é, justamente, prover, contínua e dinamicamente, a acomodação do contrato às circunstâncias supervenientes ao momento de sua formação, sendo a configuração dessas cláusulas marcada pela atipicidade, o que importa numa grande variedade de formas e de eficácias.[81] Por vezes, portanto, se exigirá a renegociação entre os contraentes («cláusulas de renegociação»); por outras, se fixará um critério que, periodicamente, detonará a revisão do valor («cláusulas de manutenção do valor»).[82]

7. Cláusulas de renegociação: desnecessidade de apelo à imprevisibilidade

Quando da fixação contratual de cláusulas de renegociação periódica ou de cláusulas de revisão automática do valor contratual, não se há de requerer, para a sua atuação *in concreto,* a imprevisibilidade do evento, pois, justamente, as partes *previram no contrato,* mediante as referidas cláusulas, que um desequilíbrio pudesse vir a ocorrer, listando-o de forma específica (por exemplo: «se aumentarem os custos dos insumos») ou de forma genérica e até mesmo relativamente vaga (por exemplo «se prestação e contraprestação forem impactadas por fenômenos econômicos relevantes»); nem se cogitará sobre a excepcionalidade dos eventos que deflagram a mencionada eficácia revisiva ou resolutiva.

A previsão contratual de cláusulas de reequilíbrio torna despiciendo o recurso à previsão legal (Código Civil, arts. 317 e 478). No mais das vezes, aqui se estará a tratar,

---

80. A referência a essas cláusulas está em: MARTINS-COSTA, Judith; COSTA E SILVA, Paula. *Crise e Perturbações no Cumprimento da Prestação.* Estudo de Direito Comparado Luso-Brasileiro. São Paulo: Quartier Latin, 2020, p. 78-116, com indicação de bibliografia.

81. Confira-se TERRANOVA, Carlo. *L'Eccessiva Onerosità nei Contratti.* Milano: Giuffrè, 1995, p. 150, em que a distinção entre cláusula de *hardship* e cláusula *rebus sic stantibus* está bem talhada, inclusive atribuindo à primeira a vantagem de construir um «*modello maggiormente consono all'economia dei rapporti ed all'effetivo interesse delle parti*». Mais recentemente: PIRES, Catarina Monteiro. Cláusulas de preço fixo, de ajustamento de preço e de alteração material adversa ("MAC") e cláusulas de força maior: revisitando problemas de riscos de desequilíbrio e de maiores despesas em tempos virulentos. *Revista da Ordem dos Advogados,* ano 80, n. 1-2, jan./jun. 2020, Lisboa, p. 73-93; OLIVEIRA, Ana Perestelo. Cláusulas de força maior e limites da autonomia privada. *Revista da Faculdade de Direito da Universidade de Lisboa,* vol. LXI, n. 1, 2020, p. 65-79; GOMES, José Ferreira. Contratos de M&A em tempos de pandemia: impossibilidade, alteração das circunstâncias e cláusulas MAC, *Hardship* e força maior. *Revista da Faculdade de Direito da Universidade de Lisboa,* vol. LXI, n. 1, 2020, p. 365-390.

82. Assim expus em: MARTINS-COSTA, Judith. A Cláusula de *Hardship* e a Obrigação de Renegociar nos Contratos de Longa Duração. *Revista de Arbitragem e Mediação,* vol. 7, n. 25, São Paulo, Revista dos Tribunais, abr./jun. 2010, p. 25.

686 | A BOA-FÉ NO DIREITO PRIVADO

na hipótese das cláusulas de renegociação, justamente, de eventos abstratamente *previsíveis* e concretamente *previstos*, ainda que em termos amplos. Justamente porque previstos no contrato, ou em ato posterior das próprias partes, dão causa ao dever contratual de renegociar, assim sendo estabelecido por expressa declaração de vontade das partes. Já no caso das cláusulas de revisão automática do valor, as partes não precisarão renegociar a cada evento desequilibrador, pois estarão permanentemente adaptando o valor a um entorno econômico também permanentemente modificado.

8. O critério do modo de operar a adaptação do contrato

A segunda distinção não provém do critério da fonte, se negocial ou se legal, mas do modo de operar a adaptação do contrato às novas circunstâncias. Grosso modo, a divisão é binária: as cláusulas podem prever uma adaptação automática ou uma adaptação não automática.[83] Esquematizando esse critério, distingue-se entre: (*i*) as cláusulas que preveem uma *adaptação automática*, quando o evento previsto se realiza, como ocorre nas cláusulas de reajuste de preço indexadas a tal ou qual valor; (*ii*) as cláusulas que estabelecem uma *adaptação semiautomática*, como as cláusulas que dispõem sobre a «resolução-salvaguarda» ou chamadas «cláusulas de alinhamento» (pela oferta de um concorrente, também chamada «cláusula de cliente mais favorecido»); e, finalmente, (*iii*) as cláusulas *não automáticas*, essas implicando o dever de renegociação do contrato, para – mediante a renegociação – alcançar-se a revisão que possibilitará o reequilíbrio do contrato, ferido pelas circunstâncias supervenientes que vieram modificar o seu equilíbrio global.[84]

9. As cláusulas de *hardship*

Pela autonomia privada, as partes têm amplo poder de modelação de cláusulas de renegociação, a fim de adaptar o contrato às circunstâncias supervenientes. Podem

---

83. Entre outros: OPPETIT, Bruno. L'Adaptation des Contrats Internationaux aux Changements de Circonstances: la clause de hardship. *Journal du Droit International*, Paris, Clunet, n. 4, 1974, p. 794-797; PHILIPPE, Denis. Les Clauses Relatives au Changement de Circonstances dans les Contrats à Long Terme. *Le Contrat à Prestations Successives*. Bruxelles: Bruylant, 1991, p. 159-205; MOUSSERON, Jean-Marc. Les Clauses d'Adaptation dans la Pratique Contractuelle. *Apud* GOMES, Julio. Cláusulas de *Hardship. Contratos, Actualidade e Evolução*. Porto: UCP, 1997, p. 185 e ss.; CESARO, Vincenzo Maria. *Clausola di Rinegoziazione e Conservazione dell'Equilibrio Contrattuale*. Napoli: ESI, 2002, p. 42-57; FABRE, Regis. Les Clauses d'Adaptation dans les Contrats. *Revue Trimestrielle de Droit Civil*, Paris, Dalloz, n. 82, 1983; COSTA, José Augusto Fontoura; NUSDEO, Ana Maria de Oliveira. As Cláusulas de Força Maior e de «Hardship» nos Contratos Internacionais. *Revista de Direito Mercantil, Industrial, Econômico e Financeiro*, São Paulo, Malheiros, n. 97, 1995, p. 77.

84. GOMES, Julio. Cláusulas de *Hardship. Contratos, Actualidade e Evolução*. Porto: UCP, 1997, p. 188 e ss.; FABRE, Regis. Les Clauses d'adaptation dans les Contrats. *Revue Trimestrielle de Droit Civil*, Paris, Dalloz, n. 82, 1983, p. 16-18; e PHILIPPE, Denis. Les Clauses Relatives au Changement de Circonstances dans les Contrats à Long Terme. *Le Contrat à Prestations Successives*. Bruxelles: Bruylant, 1991, p. 159-205.

FUNÇÃO CORRETORA: A BOA-FÉ E O EXERCÍCIO JURÍDICO | 687

prever o quê, quando, onde e como adaptar. Podem estabelecer o procedimento para tanto, inclusive prevendo o arbitramento ou a mediação. São paradigmáticas à renegociação as cláusulas de *hardship*.[85]

Essas cláusulas não têm um efeito determinante da revisão que opere automaticamente, pois consistem em provocar uma renegociação do contrato quando a modificação prevista ocorre,[86] seja essa modificação derivada de um evento imprevisível,[87] seja de um acontecimento meramente incerto,[88] seja, finalmente, de circunstância previsível no *an*, mas imprevisível no *quantum*,[89] podendo as partes cogitar tanto da

---

85. ALMEIDA PRADO, Mauricio. *Le Hardship dans le Droit du Commerce International*. Bruxelles: FEDUCI, 2004, p. 119; AZEREDO DA SILVEIRA, Mercedeh. *Trade Sanctions and International Sales*. An Inquiry into International Arbitration and Commercial Litigation. The Hague: Wolters Kluwer Law & Business, 2014, p. 323-324; CARVALHO FERNANDES, Luís. *A Teoria da Imprevisão no Direito Civil Português*. Lisboa: Quid Juris?, 2001, p. 316; PINTO MONTEIRO, António; GOMES, Júlio. A «Hardship Clause» e o problema da alteração das circunstâncias. In: VAZ, Manuel Afonso; LOPES, José Alberto Azeredo (Coords.). *Juris et de Jure*. Nos vinte anos da Faculdade de Direito da Universidade Católica Portuguesa. Porto: Universidade Católica Portuguesa, 1998, p. 22; GAMA JÚNIOR, Lauro. Os princípios Unidroit relativos ao comércio internacional 2004 e o direito brasileiro: convergências e possibilidades. *Revista de Arbitragem e Mediação*, vol. 8, jan.-mar./2006, p. 48 e ss.; ARAUJO, Nadia de. Contratos internacionais e a cláusula de *hardship*: a transposição de sua conceituação segundo a *lex mercatoria*, para o plano interno nos contratos de longa duração. In: ROSADO, Marilda (Org.). *Estudos e Pareceres*: direito do petróleo e gás. Rio de Janeiro: Renovar, 2005, p. 412; VICENTE, Dário Moura. A crise económica mundial e os contratos internacionais. *Revista de Direito Civil*, ano II, n. 3, 2017, p. 629; ENGRÁCIA ANTUNES, José. *Direito dos Contratos Comerciais*. Coimbra: Almedina, 2009, p. 313 e ss.; FERREIRA DE ALMEIDA, Carlos. *Contratos*, vol. IV. Coimbra: Almedina, 2018, p. 166; FONTES DA COSTA, Mariana. *Da Alteração Superveniente das Circunstâncias*. Coimbra: Almedina, 2019, p. 249; COSTA E SILVA, Paula. *Perturbações no Cumprimento dos Negócios Processuais*: convenções de arbitragem, pactos de jurisdição, cláusulas escalonadas e outras tantas novelas pouco exemplares, mas que se desejam de muito entretenimento. Lisboa: AAFDL, 2020. E ainda: MARTINS-COSTA, Judith; COSTA E SILVA, Paula. *Crise e Perturbações no Cumprimento da Prestação*. Estudo de Direito Comparado Luso-Brasileiro. São Paulo: Quartier Latin, 2020, em especial p. 78-116.

86. OPPETIT, Bruno. L'Adaptation des Contrats Internationaux aux Changements de Circonstances: la clause de hardship. *Journal du Droit International*, Paris, Clunet, n. 4, 1974, p. 797.

87. FONTAINE, Marcel. Les Clauses de Force Majeure dans les Contrats Internationaux. *Droit et Pratique du Commerce International*. Paris: DPCI, 1979, p. 10, referindo que o «*bouleversement inattendu des circonstances*» corresponde proximamente, no Direito francês, à noção jurídica de imprevisão, ressalvando, porém: «*au moins la clause de harship à l'état pur*».

88. OPPETIT, Bruno. L'Adaptation des Contrats Internationaux aux Changements de Circonstances: la clause de hardship. *Journal du Droit International*, Paris, Clunet, n. 4, 1974, p. 802; FABRE, Regis. Les Clauses d'adaptation dans les Contrats. *Revue Trimestrielle de Droit Civil*, Paris, Dalloz, n. 82, 1983, p. 6; FRIGNANI, Aldo. La «Hardship Clause» nei Contratti Internazionali. *Rivista di Diritto Civile*, n. 4, Padova, Cedam, anno XXV, 1979, p. 697; GOMES, Julio. Cláusulas de *Hardship*. *Contratos, Actualidade e Evolução*. Porto: UCP, 1997, p. 191.

89. FRIGNANI, Aldo. La «Hardship Clause» nei contratti internazionali. *Rivista di Diritto Civile*, n. 4, Padova, Cedam, anno XXV, 1979, p. 697. Também assim expus em: MARTINS-COSTA, Judith. A Cláusula de *Hardship* e a Obrigação de Renegociar nos Contratos de Longa Duração. *Revista de Arbitragem e Mediação*, vol. 7, n. 25, São Paulo, Revista dos Tribunais, abr./jun. 2010, p. 21.

possibilidade de um fato incerto ocorrer[90] quanto da possibilidade de vir a impactar o contrato um fato incerto e indeterminado na sua previsibilidade ou, até mesmo, de um fato certo, mas imprevisto nos seus efeitos. Situações de *hardship* são previstas, em cláusulas contratuais, como causa do dever, atribuído às partes, de alterar o pactuado para minimizar a situação aflitiva que, por força do *hardship*, atingiu um ou ambos os contraentes, vindo a causar uma «disrupção fundamental» do equilíbrio contratual.

A cláusula de *hardship* (bem como a cláusula de força maior, ou *force majeure*)[91] constitui, por assim dizer, os modelos de base, tal qual consagrados pela prática dos contratos internacionais, hoje acolhidos em textos de *soft law*, consistindo na reserva de poder, que as partes se autoatribuem *ex contractu*, de determinar, por meio do mútuo consenso, o reequilíbrio entre as prestações. A boa-fé importará não para criar a cláusula (que é ato de autonomia privada), mas no momento do exercício jurídico e na interpretação de suas disposições. O dever de renegociar, que é sua eficácia, deve ser exercido segundo a boa-fé, de modo que a recusa em negociar (quer seja uma recusa direta, quer indireta) consistirá em incumprimento contratual.[92] A deslealdade implicada na recusa implicará atentado tanto ao princípio da autonomia privada (fonte primária da renegociação) quanto ao princípio da boa-fé (que governa o modo de exercício, como *standard* comportamental que é).

Nos contratos internos, é preciso atentar aos arts. 187 e 113 do Código Civil.[93] Nas relações regidas pela CISG, será invocável o seu art. 8.º, com expressa referência à intenção das partes e ao *standard* da pessoa razoável, consideradas as circunstâncias do caso.

---

90. Por exemplo: «Devem as partes renegociar quando ocorrer a eventual mudança na legislação tributária»; ou «quando ocorrer qualquer alteração na malha de atendimento das unidades fabris atendidas pela fornecedora».

91. Para a distinção: Fontes da Costa, Mariana. *Da Alteração Superveniente das Circunstâncias*. Coimbra: Almedina, 2019, p. 252-253. Assinalado as superposições, na prática dos negócios, permito-me referir: Martins-Costa, Judith; Costa e Silva, Paula. *Crise e Perturbações no Cumprimento da Prestação*. Estudo de Direito Comparado Luso-Brasileiro. São Paulo: Quartier Latin, 2020, p. 116-117.

92. Assim é apontado em: Martins-Costa, Judith; Costa e Silva, Paula. *Crise e Perturbações no Cumprimento da Prestação*. Estudo de Direito Comparado Luso-Brasileiro. São Paulo: Quartier Latin, 2020, p. 92-95.

93. CISG, art. 8: «(1) Para os fins desta Convenção, as declarações e a conduta de uma parte devem ser interpretadas segundo a intenção desta, desde que a outra parte tenha tomado conhecimento dessa intenção, ou não pudesse ignorá-la. (2) Não sendo caso de aplicação do parágrafo anterior, as declarações e a conduta de uma parte devem ser interpretadas segundo o sentido que lhes teria dado uma pessoa razoável, com a mesma qualificação e nas mesmas circunstâncias da outra parte. (3) Para determinar a intenção de uma parte, ou o sentido que teria dado uma pessoa razoável, devem ser consideradas todas as circunstâncias pertinentes ao caso, especialmente negociações, práticas adotadas pelas partes entre si, usos e costumes e qualquer conduta subsequente das partes» (redação conforme o Decreto da Presidência da República do Brasil n. 8.327, de 16 de outubro de 2014).

FUNÇÃO CORRETORA: A BOA-FÉ E O EXERCÍCIO JURÍDICO | 689

10. Conjugação entre fontes legais e fontes negociais

O fato de os contraentes poderem regular o risco, inserindo as referidas cláusulas, não significa, porém, que a lei esteja afastada quando não as preverem. A ausência de previsão negocial não leva ao afastamento das previsões legais. Ainda quando os contraentes não estabelecem preceitos relativos à regulação dos riscos do desequilíbrio futuro advindos da modificação do entorno contratual, pode a lei operar para promover ou o reequilíbrio, pela revisão heterônoma, ou a extinção, por via da resolução por excessiva onerosidade superveniente. Nesse sentido são os preceitos dos arts. 317[94] e 478[95] a 480 do Código Civil instrumentos de resguardo à comutatividade contratual, acionáveis nas situações em que restar gravemente ferida, por se ter quebrado o sinalagma em contratos de longa duração no tempo, exigindo, porém, para a sua incidência, a comprovada realização de seis condições que em breve serão aqui assinaladas.

Quando as partes nada dispõem, portanto, incidem as normas supletivas do Código Civil uma vez configurados os seus suportes fáticos. Nesse âmbito, o equilíbrio é um princípio *implícito*, de modo que a sua concretização se dá por intermédio dos já mencionados institutos e regras em que fixados os seus requisitos ou condições de incidência. Nesse sentido, o Código Civil enuncia instrumentos de resguardo à comutatividade contratual, acionáveis nas situações em que esta restar gravemente ferida, por ter-se quebrado o sinalagma funcional em contratos que perduram no tempo, sem que essa quebra possa ser imputada a nenhum dos contraentes.

11. Previsões gerais do Código Civil: contratos entre iguais

O art. 317 diz respeito à hipótese de «desproporção manifesta» entre o valor da prestação devida e o valor que teria no momento de sua execução. Considera-se, pois, como pontos de comparação, o valor devido (normalmente, nas dívidas pecuniárias) e o valor que teria no momento da execução.

Já o art. 478 diz respeito a eventos que vêm atacar o equilíbrio de uma relação contratual, considerando-se, como pontos de comparação, prestação e contraprestação. Neste caso, exige-se, para a sua incidência, a comprovada realização das condições – inafastáveis e cumulativas a saber: (*i*) que o contrato não se classifique como de execução instantânea; (*ii*) que o fator do desequilíbrio seja *superveniente*, isto é, que o evento causador da excessiva onerosidade seja superveniente à conclusão de contrato comutativo, ou de seus aditamentos; bem como que o evento causador do desequilíbrio: (*iii*) tenha sido, no momento da conclusão do contrato (ou da sua renovação, ou do

---

94. Código Civil, *in verbis*: «Quando, por motivos imprevisíveis, sobrevier desproporção manifesta entre o valor da prestação devida e o do momento de sua execução, poderá o juiz corrigi-lo, a pedido da parte, de modo que assegure, quanto possível, o valor real da prestação».

95. Código Civil, *in verbis*: «Nos contratos de execução continuada ou diferida, se a prestação de uma das partes se tornar excessivamente onerosa, com extrema vantagem para a outra, em virtude de acontecimentos extraordinários e imprevisíveis, poderá o devedor pedir a resolução do contrato. Os efeitos da sentença que a decretar retroagirão à data da citação».

aditamento), *imprevisível* às partes; (*iv*) não seja imputável à parte que o alega; (*v*) cause a uma das partes «*onerosidade excessiva*» e (*vi*) à outra parte «*extrema vantagem*»; e (*vii*) escape ao *risco próprio do negócio*, isto é: que o risco não se classifique como «risco normal do negócio».[96]

Há poucos setores em que o dissenso doutrinário no Brasil seja tão aceso quanto o da interpretação das previsões gerais do Código Civil sobre o poder de revisar e o poder de resolver. Já examinado esse tema em outra sede,[97] cabe aqui apenas sintetizar os pontos cuja ligação com o princípio da boa-fé é direta.

Partindo do pressuposto, acima explicitado, de que o equilíbrio contratual não é um princípio geral, de aplicação indiscriminada a todo o universo contratual, mas manifesto em regras específicas do Código Civil, das quais se há de deduzir a sua extensão e o seu alcance, penso que o princípio da boa-fé previsto no art. 422 não é *fonte autônoma* de um direito à revisão, ou mesmo à renegociação acerca das quais o contrato foi silente, embora deva pautar a conduta quando do exercício de uma revisão ou de uma renegociação, se previstos no ajuste ou em norma legal, ou de *soft law*, acaso incidente. No art. 422, a boa-fé está direcionada a ordenar a cooperação, a lealdade e a probidade contratual em vista do adimplemento do contrato. Portanto, é fonte de deveres de cooperação – que não carecem estar expressos no instrumento contratual –, mas não de *quaisquer deveres* e não de uma *qualquer colaboração*. Os atos de colaboração são finalisticamente orientados, isto é: hão de servir *para que* o correto e útil adimplemento seja alcançado, segundo o plano traçado pelas partes. É, portanto, norma finalística por excelência, visando «otimizar» o comportamento contratual para que a finalidade à qual direcionado o ato de autorregulamentação de interesses – isto é, o seu adimplemento – seja alcançada.[98]

Acresce à função nomogenética ou *criadora de deveres* da boa-fé prevista no art. 422 a norma do art. 187, cuja finalidade é qualificar como ilícito o exercício jurídico – isto é, exercício de direitos subjetivos, potestativos, faculdades, ações e exceções de direito material – quando manifestamente em desacordo com o *standard* comportamental traçado pela boa-fé. Ambas as previsões normativas incidem, induvidosamente, no Direito contratual. Ambas infletirão no modo como os contratos são executados. O que se discute, porém, é se podem ou não ultrapassar a direção finalística a que direcionados, a saber: viabilizar a correta execução contratual para que o adimplemento satisfativo se realize.

---

96. Frantz, Laura Coradini. Excessiva Onerosidade Superveniente: uma Análise dos Julgados do STJ. In: Martins-Costa, Judith (Org.). *Modelos de Direito Privado*. São Paulo: Marcial Pons, 2014, p. 215-248.

97. Refiro-me ao já citado: Martins-Costa, Judith; Costa e Silva, Paula. *Crise e Perturbações no Cumprimento da Prestação*. Estudo de Direito Comparado Luso-Brasileiro. São Paulo: Quartier Latin, 2020, especialmente p. 204-243.

98. Recordem-se as palavras inaugurais de *A Obrigação como Processo*: «O adimplemento atrai e polariza a obrigação. É o seu fim» (Couto e Silva, Clóvis do. *A Obrigação como Processo*. Rio de Janeiro: FGV Editora, 2006, p. 17).

No meu modo de ver, o princípio da boa-fé pode e deve suprir lacunas *de previsão* no texto da lei, mas não tem força para modificá-lo, quando não há lacuna de previsão ou quando não se apresenta, manifesto, um caso de disfunção da norma, sendo certo que «a dinâmica da realidade social exige do intérprete da norma a constante adequação entre o texto da lei e a realidade dos fatos».[99] E não *há* lacuna de previsão no Código Civil, porque, dos arts. 478 a 480, transparece a opção pela teoria da excessiva onerosidade superveniente, cujo campo de aplicação permite – se cumpridos os requisitos postos na Lei – a resolução. Para os contratos bilaterais, a eventual revisão, prevista no art. 479, é poder formativo modificativo deferido ao credor contra quem foi dirigida a pretensão resolutória.[100] Portanto, vem como consequência ao pedido de resolução intentado pelo que se diz lesado pela excessiva onerosidade. Como se não bastasse, a nova redação do art. 421, promovida pela Lei de Liberdade Econômica, em norma de política do Direito, deixou explícito o que já derivava da própria natureza dos remédios revisivo e resolutório, apodando como «excepcional e limitada» a revisão.[101]

Mapeados esses espaços normativos, percebe-se com clareza ser *secundária e residual a função criadora* do princípio da boa-fé em tema de revisão contratual em contratos paritários que não sejam regidos por leis especiais, normalmente (embora não de modo exclusivo), contratos entre empresas. Essa conclusão introduz considerações acerca do «dever de renegociar», que, segundo se aventa em doutrina,[102] nasceria por eficácia do princípio.

11-A. O princípio da boa-fé é fonte do «dever de renegociar»?

Em contratos de execução continuada ou diferida, atingidos por evento superveniente que venha a desequilibrar o contrato, tem sido aventada em doutrina a existência de um «dever de renegociar» fundado no princípio da boa-fé.[103] A cercar essa temática está um paradoxal fenômeno que, antes de ser jurídico, é sociológico: vivemos na «Era

---

99. Assim o Ministro Gurgel de Faria (1.ª Turma): STJ. AREsp 249923/SC. Primeira Turma. Relator Min. Gurgel de Faria. Julgamento em 09.06.2020. *DJ* de 29.06.2020.

100. Por todos, Marino, Francisco Paulo De Crescenzo. *Revisão Contratual*. Onerosidade Excessiva e Modificação Contratual Equitativa. São Paulo: Almedina, 2020, especial p. 21-74 e p. 199-238.

101. *In verbis*: «Art. 421-A. Os contratos civis e empresariais presumem-se paritários e simétricos até a presença de elementos concretos que justifiquem o afastamento dessa presunção, ressalvados os regimes jurídicos previstos em leis especiais, garantido também que:
I – as partes negociantes poderão estabelecer parâmetros objetivos para a interpretação das cláusulas negociais e de seus pressupostos de revisão ou de resolução; (Incluído pela Lei n. 13.874, de 2019)
II – a alocação de riscos definida pelas partes deve ser respeitada e observada; e (Incluído pela Lei n. 13.874, de 2019)
III – a revisão contratual somente ocorrerá de maneira excepcional e limitada. (Incluído pela Lei n. 13.874, de 2019)»

102. Schreiber, Anderson. *Equilíbrio Contratual e Dever de Renegociar*. 2.ª ed. São Paulo: Saraiva, 2020.

103. Schreiber, Anderson. *Equilíbrio Contratual e Dever de Renegociar*. 2.ª ed. São Paulo: Saraiva, 2020.

da Incerteza», que é, também, a Era dos contratos de longa duração, próprios às formas econômicas enucleadas nos serviços, em diversas formas de «parcerias» contratuais, em «contratos relacionais», em «operações concertadas» e congêneres que exigem, no mais das vezes, tanto longas e custosas negociações para a sua formação quanto sucessivos ajustamentos, ao longo do tempo de sua execução. Não raramente essas relações contratuais importam, ademais, na infungibilidade dos investimentos, na produção de bens e na prestação de serviços «formatados» ao cliente e, até mesmo, em relacionamentos pessoais que, por isso mesmo, tendem a privilegiar soluções de conservação do vínculo, e não a sua ruptura. Não é por altruísmo (de resto, estranho à «lógica do mercado») que as soluções conservativas e colaborativas têm o proscênio: essas soluções são, em regra, mais adequadas, economicamente, aos interesses dos contratantes.

Dentre essas soluções está a renegociação do conteúdo contratual. Se as partes tiverem sido silentes a respeito, e se não se dispuserem a renegociar o contrato no curso de sua execução, mesmo se silente o contrato (pois a autonomia privada permite que, pelo mútuo consenso, o façam quando quiserem), a parte prejudicada poderia requerer a renegociação invocando para tanto o princípio da boa-fé? Seria o dever de renegociar uma das eficácias do princípio?

Conquanto a relevância do tema, encontro objeções de ordem teórica e de ordem prática à sua aceitação no espaço normativo brasileiro.

O mérito da introdução desse inquietante tema na doutrina brasileira é do professor Anderson Schreiber, em tese apresentada à titularidade da cátedra de Direito Civil na UERJ – Universidade do Estado do Rio de Janeiro.

Registro, em primeiro lugar, a importância desse debate, mormente em face da inadequação da disciplina, no Código Civil brasileiro, dos chamados «instrumentos de gestão» do risco, é dizer, dos efeitos causados no contrato pela superveniência de circunstâncias que venham a alterar as suas bases originárias. Não bastassem os problemas que cercam a disciplina da revisão e da resolução por excessiva onerosidade superveniente, não há, por igual, no Código Civil, a previsão de uma cláusula geral de alteração do contrato por eventos supervenientes.

A tese, muito sucintamente, pode ser assim anotada:

Se as partes não tiverem pactuado formas de adaptação do contrato à realidade, quer por meio de cláusulas automáticas, quer por meio do estabelecimento no contrato de uma obrigação de renegociá-lo, o princípio da boa-fé criaria, para o contratante beneficiado pela posição de vantagem advinda do desequilíbrio, o dever de renegociar. Ou seja, ainda quando o contrato fosse silente a respeito e nenhuma norma do Código Civil, com caráter geral, assim autorizasse, à boa-fé se atribuiria esse papel criador.

Como fundamentos de amparo à tese, o professor Schreiber alude: (*i*) à disciplina geral acerca da revisão contratual, a qual é insuficiente, embora disposições específicas do próprio Código Civil e leis especiais a prevejam com maior minudência;[104] (*ii*) à

---

104. SCHREIBER, Anderson. *Equilíbrio Contratual e Dever de Renegociar*. 2.ª ed. São Paulo: Saraiva, 2020, p. 353.

experiência internacional, na qual tem sido progressivamente acolhido, em códigos (como o da Romênia e o da República Tcheca) ou em instrumentos de *soft law*, um dever de renegociar em caso de *hardship*; (*iii*) ao Código Civil francês reformado, o qual prevê (art. 1.195) o direito à parte atingida de pedir uma renegociação à contraparte, como etapa antecedente à revisão judicial; e (*iv*) ao «valor constitucional da solidariedade social, bem como de normas infraconstitucionais daí decorrentes, em particular a cláusula geral de boa-fé objetiva». A renegociação do contrato estaria fundamentada no princípio da boa-fé, suscitando a incidência do art. 422 do Código Civil. Com base nesses fundamentos, conclui, no Direito brasileiro, «afigura-se não apenas possível, mas imperativa a construção (*rectius*: o reconhecimento) de um dever de renegociação de contratos desequilibrados (...), assim entendidos aqueles caracterizados pela excessiva onerosidade originária ou superveniente».

Diante da cláusula geral do art. 422, sustenta aquele autor, não haveria «a necessidade de norma específica estabelecendo, entre nós, o dever de renegociar», pois não seria tolerável «que um contratante esvazie a utilidade de um contrato, ou permaneça inerte quando sua atuação for necessária para que a utilidade seja atingida».[105]

Ademais, a proposição enfatiza a «patente utilidade» do reconhecimento do dever de renegociação.[106]

Embora reconhecendo essa utilidade – a qual, para algumas situações, pode encontrar fundamento em razões de ordem pragmática –, penso, todavia, que o princípio da boa-fé não configura fundamento para gerar esse dever, embora o seja, para *pautar o seu exercício*, quando existente o dever de renegociar por força de lei ou da autonomia privada. Assim, conquanto sedutora a tese, e elogiável pela tentativa de equacionar dificultoso problema, a tese esbarra, no meu modo de ver, em considerações de ordem teórica e prática.

O significado da palavra «renegociação» é o de uma «nova negociação», isto é, uma refação do contrato e, portanto, de uma nova abertura das tratativas de uma convenção já concluída durante a fase de execução do negócio.[107] Essa constatação semântica enseja um rol de questões que, no meu entender, estão em aberto. E a primeira delas diz respeito à delimitação desse «dever de renegociar». Incidiria a quaisquer contratos?

Se invocado o art. 422, *tout court*, a resposta, *prima facie*, parece ser positiva, pois, estando o art. 422 no pórtico da disciplina contratual, incide a quaisquer contratos. Surge, pois, a segunda questão: o dever de renegociar se estende a quaisquer contratos que se prolongam no tempo, mesmo os contratos de execução única com o preço

---

105. SCHREIBER, Anderson. *Equilíbrio Contratual e Dever de Renegociar*. 2.ª ed. São Paulo: Saraiva, 2020, p. 362-377.

106. SCHREIBER, Anderson. *Equilíbrio Contratual e Dever de Renegociar*. 2.ª ed. São Paulo: Saraiva, 2020, p. 384.

107. Assim observa ROMEO, Alessia. *Recesso e Rinegoziazione*. Riflessione sui potenziali rimedi nel caso di sopravvenienze nei contratti di durata. Pisa: Pacini Giuridica, 2019, p. 88.

dividido em parcelas? Ou apenas aos contratos duradouros? Se considerados apenas os contratos duradouros, o «dever» recairia aos contratos de execução diferida (o adimplemento é diferido no tempo), aos de execução continuada, periódica ou reiteradamente; ou apenas aos «contratos de duração» propriamente ditos, assim entendidos aqueles em que a relação entre o tempo e o adimplemento corresponde ao interesse contratual, que repousa na satisfação continuativa de uma necessidade estável?[108]

Não cessam aí as perguntas: a renegociação se endereçaria a quaisquer cláusulas, ou melhor, a quaisquer posições jurídicas previstas no contrato, incluindo direitos formativos? Ou apenas atingiria as prestações principais? E, uma vez modificado, por renegociação, o conteúdo contratual (incluso o seu objeto), até que ponto poderia estender-se a modificação sem importar em novação?[109] Se importasse em novação, o que ocorreria, por exemplo, com os contratos de mútuos, escudados em garantias? Qual seria a fronteira entre o «intento novativo» e o «intento meramente modificativo»?

Ainda: a renegociação impactaria em todos os contratos integrantes de grupos ou cadeias contratuais? Renegociado um deles, todos deveriam seguir igual sorte?

Outro grupo de questões irresolutas diz respeito à *qualificação dogmática* do «dever de renegociar». Este se apresentaria como um «dever de proteção»? Como um ônus de direito material? Ou como um dever anexo ao dever de prestação?

Afaste-se liminarmente a sua qualificação como dever de proteção, pois a renegociação diz respeito ao *interesse de prestação*. O que a parte que invoca o dever de renegociar pretende é o cumprimento dos deveres prestacionais, embora em bases diversas daquelas ajustadas no contrato. Logo, não há que falar em dever lateral, ou de proteção.

A qualificação como ônus jurídico também não parece ser isenta de problemas. Como se observou precedentemente,[110] dentre as posições jurídicas ativas estão os direitos subjetivos que podem conter – e assim frequentemente ocorre – determinado ônus jurídico para o seu titular. Este constitui um encargo ou sacrifício que o titular do direito tem de sofrer para que se possa beneficiar de uma vantagem,[111] de modo que a necessidade do onerado em agir de certo modo volta-se para defesa de interesse próprio. Por isso, o seu não atendimento pelo titular do direito onerado *não acarreta inadimplemento*, mas *a perda de uma posição favorável*, isto é, trata-se de um problema de autorresponsabilidade.[112]

---

108. Para essas distinções, permito-me reenviar a Martins-Costa, Judith; Costa e Silva, Paula. *Crise e Perturbações no Cumprimento da Prestação*. Estudo de Direito Comparado Luso-Brasileiro. São Paulo: Quartier Latin, 2020, p. 74-78 e bibliografia ali referida.

109. Bem observa a propósito Alessia Romeo que atribuir eficácia novativa à renegociação tem «repercussões de não pouco peso no plano prático e jurídico» (Romeo, Alessia. *Recesso e Rinegoziazione*. Riflessione sui potenziali rimedi nel caso di sopravvenienze nei contratti di durata. Pisa: Pacini Giuridica, 2019, p. 91).

110. *Vide* Capítulo VII, §65.

111. Acerca do ônus jurídico: Carnelutti, Francesco. *Teoria Geral do Direito*. Trad. de A. Rodrigues Queiró e Artur Anselmo de Castro. Coimbra: Armênio Amado Editor, 1942, p. 275-276.

112. Romeo, Alessia. *Recesso e Rinegoziazione*. Riflessione sui potenziali rimedi nel caso di sopravvenienze nei contratti di durata. Pisa: Pacini Giuridica, 2019, p. 89.

Logo, essa qualificação também há de ser afastada, porque a renegociação não pode ser vista como um instrumento exclusivamente no interesse da parte onerada.

Examine-se, finalmente, a qualificação como dever. Decorrendo da boa-fé, seria qualificável como um dever anexo?

Os «deveres anexos» constituem «verdadeiros» deveres, isto é: fonte de vínculo obrigacional e de responsabilidade por seu adimplemento.[113] Esses deveres estão, por definição, ajuntados a um outro dever, considerado principal. Anexar provém, etimologicamente, de *annexus*, particípio passado de *annectere*, isto é, atar a, ligar a. Portanto, o que é anexo está sempre em ligação a algo, que é o principal em relação ao anexado. Essa é justamente a primeira acepção dicionarizada do verbo «anexar»: juntar uma coisa a uma outra coisa, considerada principal.[114]

É esse também o sentido, para a linguagem jurídica, do termo «anexo» quando conotado ao termo «dever». Todo dever anexo está ligado a um dever ou obrigação principal. E, num contrato, a obrigação principal ou primária de prestação é, justamente, a de *adimplir o contrato*, dando, fazendo ou não fazendo (ou tolerando) algo. Não seria de todo paradoxal considerar anexo ao dever de adimplir determinado contrato (isto é: formado com *determinado conteúdo*) atribuir-lhe *outro* conteúdo, ao menos em parte, tendo por base apenas o princípio da boa-fé?

E ainda: considerar existente um dever de renegociar amplo, retirado de uma função criadora do princípio da boa-fé, não esbarraria nos lindes enunciados no art. 421-A, inc. III, do Código Civil, segundo o qual «a revisão contratual somente ocorrerá de maneira excepcional e limitada»?

Se uma das partes pedisse a renegociação e a outra a rejeitasse, qual seria o papel do julgador? Por certo, não poderia refazer o contrato, substituindo-se às partes. Na ausência de quaisquer critérios advindos do contrato, poderia impor *astreintes*, obrigando as partes a renegociar?

A essas dificuldades de ordem jurídica, acrescem outras, de ordem prática. Em face da generalidade do princípio da boa-fé, quais seriam os *elementos de especificação* do dever de renegociar? Como determinar seu âmbito e procedimento? Quais seriam os critérios a presidir essa renegociação? Qual seria o procedimento a adotar, se não houver consenso? Como controlar pedidos abusivos, oportunistas, que apenas sirvam de pretexto para o devedor moroso tentar se livrar dos efeitos de sua mora?

Essas dúvidas permeiam também a doutrina de outros sistemas jurídicos próximos, por sua origem histórico-cultural, ao Direito Obrigacional brasileiro, como o (*i*) francês, no qual não se prescindiu da fonte legal à previsão do dever de renegociar,

---

113. *Vide, supra*, §20.
114. A.ne.xar.: 1. Juntar a algo tido como principal. 2. Reunir (um país ou uma parte dele) a (outro). Reunir-se, juntar-se. (Anexar. FERREIRA, Aurélio Buarque de Holanda. *Mini Aurélio*: o dicionário da língua portuguesa. 8.ª ed. Curitiba: Positivo, 2010).

estabelecendo o art. 1.195 do *Code Civil* as etapas da renegociação/revisão e resolução;[115] e (*ii*) o italiano, cuja doutrina não alcançou o consenso, apesar do intenso, profícuo e já maduro debate sobre o tema.[116]

Tanto assim que, na Itália, embora setorialmente, é a própria lei que especifica âmbito e procedimento da chamada «composição negociada».[117] Em ambos os sistemas, entendeu-se que o princípio da boa-fé, exclusivamente considerado, seria insuficiente para gerar o dever, havendo carência, para tanto, de autorização legislativa.[118]

---

115. Art. 1195. «1. Si un changement de circonstances imprévisible lors de la conclusion du contrat rend l'exécution excessivement onéreuse pour une partie qui n'avait pas accepté d'en assumer le risque, celle-ci peut demander une renégociation du contrat à son cocontractant. Elle continue à exécuter ses obligations durant la renégociation. En cas de refus ou d'échec de la renégociation, les parties peuvent convenir de la résolution du contrat, à la date et aux conditions qu'elles déterminent, ou demander d'un commun accord au juge de procéder à son adaptation. A défaut d'accord dans un délai raisonnable, le juge peut, à la demande d'une partie, réviser le contrat ou y mettre fin, à la date et aux conditions qu'il fixe».

116. Entre outros: ROMEO, Alessia. *Recesso e Rinegoziazione*. Riflessione sui potenziali rimedi nel caso di sopravvenienze nei contratti di durata. Pisa: Pacini Giuridica, 2019, p. 85-129; MACARIO, Francesco. *Dall'emergenza della pandemia alla 'modernizzazione' del diritto dei contratti*: spunti in tema di sopravvenienze contrattuali e obbligo di rinegoziare. Texto apresentado no Congresso IDiP-Tor Vergata, Roma, fevereiro de 2023. Ainda: (i) Per un diritto dei contratti più solidale in epoca di "coronavirus" (disponível em: <https://giustiziacivile.com/obbligazioni-e-contratti/editoriali/un-diritto-dei-contratti-piu-solidale-epoca-di-coronavirus>) e (ii) Rinegoziazione e obbligo di rinegoziare come questione giuridica sistematica e come problema dell'emergenza pandemica (disponível em: <https://dialnet.unirioja.es/servlet/articulo?codigo=8395736>); ainda, sobre novas medidas de «composição negociada»: PAGNI, Ilária; FABIANI, Massimo. La transizione dal codice della crisi alla composizione negoziata. In: *Diritto della crisi*, nov. 2021. Disponível em: <https://www.dirittodellacrisi.it/articolo/la-transizione-dal-codice-della-crisi-alla-composizione--negoziata-e-viceversa#param13>. Último acesso em: 10.05.2023.

117. Assim o DL 118/2021, posteriormente convertido em lei. C.f: Gazzetta Ufficiale della Repubblica Italiana. N. 254. Anno 162. Roma, 23.10.2021. p. 1-7. Disponível em: <https://www.gazzettaufficiale.it/eli/gu/2021/10/23/254/sg/pdf>. Acesso em: 09.05.2023. *Vide* as observações de PAGNI, Ilária; FABIANI, Massimo. La transizione dal codice della crisi alla composizione negoziata. In: *Diritto della crisi*, nov. 2021. Disponível em: <https://www.dirittodellacrisi.it/articolo/la-transizione-dal-codice-della-crisi-alla-composizione-negoziata-e-viceversa#param13>. Último acesso em: 10.05.2023.

118. Em vista da conveniência de serem alcançadas soluções negociadas, em autocomposição – e na impossibilidade de fundamentar-se um dever legal de renegociar exclusivamente no princípio (codificado) da boa-fé –, o Parlamento italiano autorizou o Executivo, por delegação, a introduzir no *Codice Civile* regra nesse sentido. Foi editado, naquele país, o D.d.l. 19 marzo 2019 (Atti del Senato, n. 1151), ainda não aprovado. Trata-se de delegação de autorização ao Executivo para editar decreto legislativo, visando modificar, no prazo de um ano, o Código Civil, a fim de inserir, dentre outras normas, previsão de *hardship*, nos seguintes termos: «Art. 1. 1. Il Governo è delegato ad adottare, entro un anno dalla data di entrata in vigore della presente legge, uno o più decreti legislativi per la revisione e integrazione del codice civile, nel rispetto dei seguenti princìpi e criteri direttivi: (...) (i) prevedere il diritto delle parti di contratti divenuti eccessivamente onerosi per cause eccezionali e imprevedibili di pretendere la loro rinegoziazione secondo buona fede o, in caso di mancato accordo, di chiedere in giudizio l'adeguamento delle condizioni contrattuali in modo che sia ripristinata la proporzione tra le prestazioni originariamente convenuta dalle parti) (...)». *Vide*: <https://www.senato.it/leg/18/BGT/Schede/Ddliter/51488.htm>.

No (*iii*) Direito alemão, por sua vez, as reformas introduzidas no BGB no início do século XXI, embora desenhando um dever de revisar mais amplo que o brasileiro,[119] não chegaram a plasmar um dever de renegociar. E igualmente em (*iv*) Portugal não há regra específica, muito embora nesse país a adaptação do contrato às circunstâncias supervenientes esteja prevista em cláusula geral (art. 437.º),[120] o que suscita em parte da doutrina[121] opinião favorável à possibilidade de, nessa cláusula geral *específica à hipótese de alteração das circunstâncias*, fundamentar a sua existência.

Acresce que em nem todos esses sistemas há legislação de proteção ao consumidor – a espécie mais extensa e relevante de «contratos entre desiguais» – similar à legislação brasileira, que a enfeixa em código próprio e confere ao consumidor um extenso direito à modificação do contrato.

Dos sistemas afins ao brasileiro, exceção é (*v*) o argentino, cujo Código Civil, recentemente reformado, prevê – restringindo aos contratos de «larga duração» – um dever de renegociar como etapa prévia à resolução (*rescisión*), em regra[122] mais bem redigida que a correspondente brasileira (art. 479 do Código Civil).

Essas dúvidas, aqui apenas sumarizadas, não permitem o compartilhamento das opiniões que sustentam a existência de um dever de renegociar fundado exclusivamente no princípio da boa-fé. Considerado o extenso quadro funcional do princípio, observa-se que, em maior ou menor medida, suas três funcionalidades não abrigam a existência de um dever de «refazer» o contrato. Por essas razões, não penso ser sustentável utilizar o princípio como instrumento para proceder à renegociação.

Evidentemente, com base na autonomia privada, as partes podem, mediante consenso, desde a formação do contrato ou, se não o tiverem pactuado, durante a sua execução, acordarem tanto o dever quanto as hipóteses de seu surgimento, o seu

---

119. MENEZES CORDEIRO, António. *Da Modernização do Direito Civil*, vol. I. Aspectos Gerais. Coimbra: Almedina, 2004.

120. Art. 437, *in verbis*: «1. Se as circunstâncias em que as partes fundaram a decisão de contratar tiverem sofrido uma alteração anormal, tem a parte lesada direito à resolução do contrato, ou à modificação dele segundo juízos de equidade, desde que a exigência das obrigações por ela assumidas afecte gravemente os princípios da boa fé e não esteja coberta pelos riscos próprios do contrato. 2. Requerida a resolução, a parte contrária pode opor-se ao pedido, declarando aceitar a modificação do contrato nos termos do número anterior».

121. GONÇALVES, Diogo Costa. Crise e renegociação dos contratos no Direito português e brasileiro – Algumas reflexões. *Revista da Faculdade de Direito da Universidade de Lisboa*, vol. LXI, 2020, p. 149-185.

122. «ARTÍCULO 1011. – Contratos de larga duración. En los contratos de larga duración el tiempo es esencial para el cumplimiento del objeto, de modo que se produzcan los efectos queridos por las partes o se satisfaga la necesidad que las indujo a contratar. Las partes deben ejercitar sus derechos conforme con un deber de colaboración, respectando la reciprocidad de las obligaciones del contrato, considerada en relación a la duración total. La parte que decide la rescisión debe dar a la otra la oportunidad razonable de renegociar de buena fe, sin incurrir en ejercicio abusivo de los derechos».

âmbito e o procedimento a ser adotado, estabelecendo o que entenderem conveniente quanto ao «o que, quando, como» renegociar, o que é de grande conveniência prática nos contratos cuja execução se projeta no tempo. E podem, igualmente, estabelecer mecanismos de contenção do eventual oportunismo contratual.

Em suma: na perspectiva que adoto,[123] não seria correto fundamentar a existência de um dever de renegociar de ordem geral exclusivamente no princípio da boa-fé. Seria necessário haver, para tanto, expressa previsão – na lei ou no contrato – a indicar hipóteses e a determinar âmbito, procedimento, critérios para renegociar e consequências do seu descumprimento, assim obviando alguns dos óbices de ordem prática acima cogitados. Na ausência dessa previsão, retirar exclusivamente do princípio da boa-fé um «dever de renegociar» mais suscita dúvidas do que oferece soluções ao problema das perturbações das prestações.

O princípio da boa-fé está sempre em relação de *tensão graduada* com o princípio da autonomia privada, o qual comanda a liberdade de contratar inclusiva da liberdade para contratar ou não; da liberdade de preencher e de modificar o conteúdo contratual; e da liberdade de exigir que o prometido seja cumprido, no tempo fixado para o cumprimento. Por isso concluí que, tal como inscrito no art. 422 do Código Civil brasileiro, o princípio da boa-fé carece de densidade e especificação para tanto, pois estabelece um dever de comportamento correto («probo») em vista do cumprimento do contrato, ato de autonomia privada, não alcançando o dever de promover a modificação adaptativa de seu conteúdo, é dizer: uma revisão heterônoma.

Não que não possa haver *conveniência* em adotar-se um procedimento «multietapas», que começaria na negociação entre as partes, podendo incluir um procedimento de mediação, antes de alcançar o Judiciário (ou um Tribunal Arbitral) que, só então, apreciaria o pedido revisivo, declarando a resolução se as partes não chegassem a um acordo, similarmente à solução ora plasmada no art. 1.195 do *Code Civil français*. O desenrolar desse procedimento suscitaria, às partes, o dever de colaborar, presidido pela boa-fé. Esta pauta o exercício da renegociação, mas não a gera, isto é: a conveniência do procedimento multietapas não o torna sempre exigível. A boa-fé pauta o exercício da renegociação, mas não a gera.

Conclusivamente, portanto: penso não ser possível sustentar a existência de um dever geral de ordem legal de renegociação do contrato. Deduzir, por concreção do princípio da boa-fé, um dever legal e geral de renegociar seria contraditório às indicações do sistema, as quais são antirrevisivas ou, ao menos, muito parcamente revisivas.[124] O Código Civil não previu enunciado geral para a hipótese de alteração de circunstâncias,[125]

---

123. Assim já expressei em: MARTINS-COSTA, Judith; COSTA E SILVA, Paula. *Crise e Perturbações no Cumprimento da Prestação*. Estudo de Direito Comparado Luso-Brasileiro. São Paulo: Quartier Latin, 2020, p. 317-318.

124. MARTINS-COSTA, Judith; COSTA E SILVA, Paula. *Crise e Perturbações no Cumprimento da Prestação*. Estudo de Direito Comparado Luso-Brasileiro. São Paulo: Quartier Latin, 2020, p. 143-244.

125. MARTINS-COSTA, Judith; COSTA E SILVA, Paula. *Crise e Perturbações no Cumprimento da Prestação*. Estudo de Direito Comparado Luso-Brasileiro. São Paulo: Quartier Latin, 2020, p. 222-234.

FUNÇÃO CORRETORA: A BOA-FÉ E O EXERCÍCIO JURÍDICO | 699

e as possibilidades de revisão são pontuais, regidas por institutos específicos, a comprovar a inadequação dos remédios previstos para adaptar os contratos de duração às alterações advindas das circunstâncias supervenientes ao momento de sua formação.

12. Reequilíbrio e contratos entre desiguais

Diferentemente ocorre no âmbito dos contratos entre desiguais. É pressuposto, como acima se anotou,[126] um déficit do agente no que tange ao exercício da liberdade de dar conteúdo às cláusulas contratuais. No que concerne aos contratos que instrumentalizam relações de consumo, já se disse e repetiu atuar a boa-fé como norma de validade, *ex vi* do art. 51, inc. IV. A questão é: em razão do previsto em caráter geral no art. 6.º, inc. V, atuará assim também em todos os contratos formados no âmbito de uma relação de consumo?

O questionamento se impõe, pois o Código de Defesa do Consumidor não discerniu adequadamente entre contratos formados por adesão e contratos formados por negociação, que também podem ocorrer no âmbito de uma relação de consumo. O art. 51 está inserido em Capítulo destinado à «proteção contratual», não distinguindo entre o modo de formação contratual. Incide, pois, a proteção do art. 51. Porém, no meu entendimento, a «diretriz da concreção» não está cingida a iluminar apenas as relações regidas pelo Código Civil. Se o desequilíbrio e a «vantagem exagerada» derivarem de uma alegada lesão (art. 6.º, inc. V, primeira parte); e se o mesmo contrato tiver sido fruto de negociação, verificando-se, no caso concreto, a possibilidade de hígido exercício da autodeterminação por parte do consumidor, esse fator deverá ser considerado na hipótese de modificação fundada na lesão. Já quanto à incidência da norma posta na segunda parte do inc. V do art. 6.º, desde que caracterizadas e comprovadas as condições ali exigidas – isto é, a ocorrência de fatos supervenientes que tornem as prestações excessivamente onerosas, em prejuízo do consumidor – caberá a revisão.

13. A jurisprudência

A jurisprudência tem se mostrado atenta, modo geral, às condicionantes acima recordadas, distinguindo, na concreção do «princípio do equilíbrio» entre (*i*) as situações verificadas no domínio das relações de consumo (especialmente nos contratos de adesão, em que a boa-fé atua como norma de validade, diretamente voltada a corrigir o conteúdo contratual); (*ii*) as situações, também inseridas na órbita de abrangência do CDC, em que a solução opera no plano da eficácia, mediante a revisão contratual, para assegurar o reequilíbrio; e (*iii*) as situações de Direito Comum e Empresarial, nas quais

---

126. Sobretudo, *supra*, neste CAPÍTULO, §67.

700 | A BOA-FÉ NO DIREITO PRIVADO

a presunção (relativa) é de paridade entre as posições das partes, sendo as situações de desequilíbrio solvidas no âmbito dos específicos institutos acima já referidos.

Assim ocorreu no *caso do leasing desequilibrado pelo aumento do dólar*.[127]

Havia sido pactuado contrato de arrendamento mercantil (*leasing*), indexado ao dólar norte-americano, tal indexação constando de cláusula contratual. Com a crise cambial de janeiro de 1999 e a edição de plano econômico governamental («Plano Real»), foram duramente atingidas as bases contratuais em prejuízo do consumidor, aderente ao contrato. A fornecedora do *leasing* não havia dado, à época da formação e conclusão contratual, informações suficientes e precisas acerca dos critérios de indexação. A solução foi recorrer à previsão do art. 6.º, V, do CDC, nos seguintes termos:

«A desproporcionalidade advinda com a desindexação cambial do sistema de bandas é fundamento para revisão contratual estatuída no art. 6.º, V, do CDC, porque decorrente de fato superveniente que onerou a prestação contratual excessivamente». É bem verdade que o julgador utilizou como argumento adicional a menção à boa-fé como se tratasse de crença ou boa-fé subjetiva. «Soma-se ainda que *foi atingida a boa-fé objetiva do consumidor* e seu direito de informação, porque não há qualquer advertência quanto ao risco da operação financeira e sua assunção pelo consumidor».[128] Na verdade, a construção da frase revela certa superposição entre boa-fé subjetiva (estado de fato) e boa-fé objetiva (norma de conduta).

No *caso da venda futura de soja*,[129] discutia-se se a variação do valor da soja no mercado, em razão da ocorrência de pragas na lavoura, seria «fato imprevisível ou extraordinário capaz de levar à resolução do contrato por lesão, desequilíbrio econômico e onerosidade excessiva contra os produtores e em favor dos compradores», como alegavam os autores, em miscelânea entre esses diversos institutos.

---

127. STJ. AgRg no REsp 374351/RS. Terceira Turma. Relatora Min. Nancy Andrighi. Julgamento em 30.04.2002. *DJ* de 24.06.2002. No mesmo sentido: STJ. REsp 268661/RJ. Terceira Turma. Relatora Min. Nancy Andrighi. Julgamento em 16.08.2001. *DJ* de 24.09.2001; STJ. REsp 299501/MG. Terceira Turma. Relatora Min. Nancy Andrighi. Julgamento em 11.09.2001. *DJ* de 22.10.2001; STJ. REsp 361694/RS. Terceira Turma. Relatora Min. Nancy Andrighi. Julgamento em 26.02.2002. *DJ* de 25.03.2002; STJ. REsp 376877/RS. Terceira Turma. Relatora Min. Nancy Andrighi. Julgamento em 06.05.2002. *DJ* de 24.06.2002; STJ. REsp 370598/RS. Terceira Turma. Relatora Min. Nancy Andrighi. Julgamento em 26.02.2002. *DJ* de 01.04.2002.

128. Destaquei.

129. STJ. REsp 803481/GO. Terceira Turma. Relatora Min. Nancy Andrighi. Julgamento em 28.06.2007. Refere-se ao caso, também, como «caso da soja verde». No mesmo sentido: STJ. REsp 783404/GO. Terceira Turma. Relatora Min. Nancy Andrighi. Julgamento em 28.06.2007. *DJ* de 13.08.2007; STJ. REsp 722130/GO. Terceira Turma. Relator Min. Ari Pargendler. Julgamento em 15.12.2005. *DJ* de 20.02.2006; STJ. REsp 866414/GO. Terceira Turma. Relator Min. Humberto Gomes de Barros. Julgamento em 06.03.2008. *DJ* de 26.11.2008; STJ. REsp 783520/GO. Terceira Turma. Relator Min. Humberto Gomes de Barros. Julgamento em 07.05.2007. *DJ* de 28.05.2007; STJ. AgRg no REsp 884066/GO. Terceira Turma. Relator Min. Humberto Gomes de Barros. Julgamento em 06.12.2007. *DJ* de 18.12.2007.

Os fatos à época submetidos à apreciação judicial[130] tinham como razão de ser a variação do preço da soja no mercado internacional, que entre a data da conclusão e a do adimplemento contratual havia sofrido grande alteração. Os produtores haviam celebrados contratos de compra e venda logo após ou durante o plantio da soja, vendendo o produto para entrega futura por preço fixo, como é habitual no setor, já que o ciclo de produção da soja é relativamente curto, estabelecendo-se entre a data da contratação e o da entrega e pagamento o prazo de aproximadamente seis meses. No caso, porém, esse período de seis meses «foi suficiente para que o mercado internacional e a conjuntura interna do ano da primeira eleição de Lula à presidência da República (2003) provocasse uma "perda" (segundo a concepção dos agricultores), por conta do preço fixo ajustado no contrato, pois os vendedores receberam aproximadamente a metade do valor que o mercado passou a pagar. Assim, em razão da alegada perda patrimonial, os agricultores propuseram ações visando à revisão contratual».[131] As ações revisionais invocavam a onerosidade excessiva prevista no art. 478 do Código Civil como fundamento legal.

O Tribunal de Justiça do Estado de Goiás, em reiteradas decisões, acolheu a revisão postulada, declarando ineficazes as cláusulas contratuais que definiam um determinado preço para a soja. Modo geral, as decisões vinham fundamentadas na função social dos contratos, prevista no art. 421 do Código Civil, e no princípio da boa-fé (art. 422) cuja incidência acarretaria o reequilíbrio econômico por via da intervenção judicial.

O Superior Tribunal de Justiça decidiu a questão analisando, entre outros argumentos, o princípio da boa-fé (invocado pelos autores), bem como as condições de incidência do art. 478 do Código Civil para permitir a resolução com base na onerosidade excessiva superveniente. E, acertadamente, concluiu:

«Na hipótese afigura-se impossível admitir onerosidade excessiva, inclusive porque chuvas e pragas – motivos alegados pelo recorrido para sustentar a ocorrência de acontecimento extraordinário – são circunstâncias previsíveis na agricultura, que o produtor deve levar em consideração quando contrata a venda para entrega futura com preço certo», explicitando: «A função social infligida ao contrato não pode desconsiderar seu papel primário e natural, que é o econômico. Ao assegurar a venda de sua colheita futura, é de se esperar que o produtor inclua nos seus cálculos todos os custos em que poderá incorrer, tanto os decorrentes dos próprios termos do contrato, como aqueles derivados das condições da lavoura».

---

130. Analisaram proficientemente esses casos: Branco, Gerson. Elementos para Interpretação da Liberdade Contratual e Função Social: o Problema do Equilíbrio Econômico e da Solidariedade Social como Princípios da Teoria Geral dos Contratos; Frantz, Laura. Excessiva onerosidade superveniente: uma análise dos julgados do STJ. In: Martins-Costa, Judith (Org.). *Modelos de Direito Privado*. São Paulo: Marcial Pons, 2014, p. 257-290; p. 215-248.

131. Branco, Gerson. Elementos para Interpretação da Liberdade Contratual e Função Social: o Problema do Equilíbrio Econômico e da Solidariedade Social como Princípios da Teoria Geral dos Contratos. In: Martins-Costa, Judith (Org.). *Modelos de Direito Privado*. São Paulo: Marcial Pons, 2014, p. 261-262.

702 | A BOA-FÉ NO DIREITO PRIVADO

Assentado esse pressuposto, o Tribunal afirmou, quanto à alegação relativa à função exercida, no caso, pelo princípio da boa-fé: «[o] fato do comprador (*sic*) obter maior margem de lucro na revenda, decorrente da majoração do preço do produto no mercado após a celebração do negócio, não indica a existência de má-fé, improbidade ou tentativa de desvio da função social do contrato. A boa-fé objetiva se apresenta como uma exigência de lealdade, modelo objetivo de conduta, arquétipo social pelo qual impõe o poder-dever de que cada pessoa ajuste a própria conduta a esse modelo, agindo como agiria uma pessoa honesta, escorreita e leal. Não tendo o comprador agido de forma contrária a tais princípios, não há como inquinar seu comportamento de violador da boa-fé objetiva».[132]

Note-se que, nesse caso, o argumento da boa-fé foi tratado no plano da *prescrição comportamental* («agindo como agiria uma pessoa honesta, escorreita e leal») e não como norma de validade do conteúdo contratual.

Em caso similar,[133] explicitou ainda o mesmo Tribunal: «[n]o caso, as partes celebraram contrato de compra e venda, a preço fixo, para entrega futura. Tal acerto cabe no conceito de "execução diferida". Resta saber se a oscilação do preço de mercado de soja, em razão da "ferrugem asiática", justifica a resolução do contrato. Não houve vício de consentimento: o recorrido não foi compelido a contratar nas condições pactuadas. Tampouco se afirma que os produtores são inexperientes nesse tipo de negócio, ou que contrataram sob premente necessidade. Não houve ofensa à boa-fé. Na celebração do contrato as partes eram capazes e experientes, o objeto lícito e o preço combinado compatível com o mercado à época da contratação».[134]

---

132. STJ. REsp 783404/GO. Terceira Turma. Relatora Min. Nancy Andrighi. Julgamento em 28.06.2007. *DJ* de 13.08.2007. A noção de boa-fé aí estampada está, também, em *A Boa-Fé no Direito Privado: sistema e tópica no processo obrigacional*. São Paulo: Revista dos Tribunais, 1999, p. 411: «Já por boa-fé objetiva se quer significar (...) modelo de conduta social, arquétipo ou standard jurídico, segundo o qual "cada pessoa deve ajustar a própria conduta a esse arquétipo, obrando como obraria um homem reto: com honestidade, lealdade e probidade"». A mesma noção está em: STJ. REsp 966163/RS. Quarta Turma. Relator Min. Luis Felipe Salomão. Julgamento em 26.10.2010. *DJ* de 04.11.2010; STJ. REsp 1250596/SP. Terceira Turma. Relatora Min. Nancy Andrighi. Julgamento em 03.11.2011. *DJ* de 16.11.2011; STJ. REsp 858785/GO. Terceira Turma. Relatora p/ Acórdão Min. Nancy Andrighi. Julgamento em 08.06.2010. *DJ* de 03.08.2010.

133. STJ. REsp 783520/GO. Terceira Turma. Relator Min. Humberto Gomes de Barros. Julgamento em 07.05.2007. *DJ* de 28.05.2007.

134. Entendimento diverso é o da Min. Nancy Andrighi no julgamento do STJ. REsp 866414/GO. Terceira Turma. Relator Min. Humberto Gomes de Barros. Julgamento em 06.03.2008. *DJ* de 26.11.2008. Não se discutia, ali, imputação de onerosidade superveniente, mas de lesão, o que conduziu à invalidade da cédula de produto rural, o próprio contrato já tendo sido pactuado «em excessivo desequilíbrio para um dos contraentes, conquanto não só estipulou condições de risco nenhum para a compradora, como impingiu obrigações de onerosidade excessiva ao vendedor, seja quanto a formação da produção da soja, para a qual não houve qualquer dispêndio, seja por impor apenas a si cláusulas de obrigações, todas de cunho penalizante para este, como forma de garantir a entrega da safra, a qualquer custo, e desvantagem exagerada àquela».

Função Corretora: a Boa-Fé e o Exercício Jurídico | 703

Em sentido diverso, mas também referindo a boa-fé, se havia pronunciado o Superior Tribunal de Justiça no *caso da venda futura de laranja*[135] quando ainda vigorante o Código Civil de 1916, que não continha dispositivo análogo ao do vigente art. 478.

Tratava-se de contrato de compra e venda celebrado para o fornecimento futuro de laranjas entre empresa e agricultores. Os contratos continham cláusulas pelas quais grande parte das despesas ficavam à conta dos produtores, vinculando-se o preço à variação da laranja na bolsa de Nova York. Enquanto a cotação do produto em Bolsa de Mercadorias era alta, o equilíbrio entre prestação e contraprestação fora mantido, pois o preço pago «compensava» as despesas. Porém, quando houve a baixa na cotação do suco concentrado de laranja na Bolsa de Mercadorias de Nova York, o prejuízo dos agricultores restou manifesto.

A decisão do STJ qualificou o princípio da boa-fé *como norma de correção do conteúdo*, para promover o reequilíbrio entre prestação e contraprestação, ao considerar devida a modificação do pactuado, a ser suportada pelas duas partes, «de acordo com a boa-fé objetiva», em razão da «modificação substancial do mercado». No voto-condutor restou explicitado estar o produtor sujeito «a uma prestação muito desproporcional, excessivamente onerosa à contraprestação por parte das indústrias». Ausente, ainda, a previsão hoje disposta no art. 478 do Código Civil, bem como a de seu art. 423, recorreu-se ao princípio da boa-fé objetiva, para tanto aludindo-se ao art. 131 do Código Comercial de 1850. Havendo contrato formado por adesão, refletido nas condições gerais, disse o Relator, o princípio «volta-se ao predisponente, ou seja, ao único que as formulou, quando se perquire a validade e a integração ao contrato individual».[136] E justificou: «[t]enho, no entanto, que o contrato de compra e venda celebrado para o fornecimento futuro de frutas cítricas (laranjas), ao lançar as despesas à conta de uma das partes, contém desequilíbrio não admitido na nossa legislação, pois deixou ao critério da compradora a fixação do preço e lançou os custos sobre o produtor, sem risco para o adquirente, o que viola a regra do art. 1.125 do Código Civil, invocada pelos recorrentes e não aplicada pela eg. Câmara. Além disso, a boa-fé objetiva impunha às partes a repartição dos prejuízos que decorreram da substancial modificação das condições do mercado, assim como observado na r. sentença. Reza o art. 131 do Código Comercial, que o contrato comercial deve ser interpretado conforme a boa-fé. O r. acórdão negou vigência a esse dispositivo ao consagrar a desigualdade expressa nos contratos de adesão».

No aresto comentado não se tratou, a rigor, de uma «interpretação segundo a boa-fé», tal qual dispunha o então vigente Código Comercial, nem de um controle da conduta das partes, mas de uma efetiva *correção do conteúdo contratual*, por via da

---

135. STJ. REsp 256456/SP. Quarta Turma. Relator Min. Ruy Rosado de Aguiar. Julgamento em 22.03.2001. *DJ* de 07.05.2001.

136. *In litteris:*«na relação contratual comum, o princípio da boa-fé objetiva dirige-se a todos os participantes e principalmente ao devedor... Nas condições gerais, volta-se ao predisponente, ou seja, ao único que as formulou, quando se perquire a validade (...)».

704 | A BOA-FÉ NO DIREITO PRIVADO

boa-fé, como norma de integração, recorrendo-se, também, a uma interpretação extensiva da norma de vedação à potestatividade, hoje posta no art. 489 do Código Civil, correspondente ao art. 1.125 do Código de 1916. Imputou-se ao princípio da boa-fé eficácia consistente no «dever de repartir prejuízos».

A solução deixa dúvidas sobre a mudança na estrutura de riscos subjacente ao contrato. Se este não é aleatório, não cabe, certamente, imputar o risco a apenas uma das partes. O sistema aponta a soluções. Se potestativa a cláusula (deixando a fixação do preço a critério de uma das partes) caberia a sua nulidade, na forma do art. 489 do Código Civil em vigor ou do art. 1.125 do Código ora revogado, mas incidente à época, dispositivo que chegou, inclusive, a ser mencionado no aresto. Se vigente o Código Civil de 2002, seria o caso de examinar a incidência do art. 478 ou do 480, se configurados os pressupostos ali exigidos, pois nas relações em que não incide o Código de Defesa do Consumidor não há as presunções de vulnerabilidade ou de assimetria de poderes contratuais a permitir a possibilidade de revisão do vínculo por via da boa-fé objetiva.

No que tange aos contratos regidos pelo Código Civil e leis extravagantes, o tema foi objeto de intenso debate no *caso do gerenciamento da expansão do shopping center*.[137]

Determinada sociedade (CEI Empreendimentos Ltda.) fora contratada por Funcef – Fundação dos Economiários Federais –, e Thelos – Fundação Embratel de Seguridade Social –, proprietária do Amazonas Shopping Center, para cuidar do gerenciamento e a comercialização do empreendimento, que estava a ser expandido. O gerenciamento, dito «global» compreenderia a supervisão, a direção e o gerenciamento da expansão nas áreas técnica, comercial, jurídica e financeira; e a comercialização abrangeria, entre outras atividades, a realização dos negócios de locação e venda das lojas e espaços comerciais. O contrato estava garantido por seguro e por resseguro, este ao encargo de IRB Brasil Resseguros S/A. O negócio contemplava, ainda, como contraprestação devida à CEI, uma remuneração fixa e outra variável, calculada de acordo com o seu desempenho nas atividades de gerenciamento e comercialização do empreendimento.

No entanto, embora tenha sido corretamente paga a remuneração fixa, Funcef e Thelos não reconheceram o implemento das condições para o recebimento, pela prestadora dos serviços, do prêmio de produtividade relativo ao gerenciamento da expansão, bem como de dois prêmios relativos à comercialização das novas lojas e espaços comerciais. Estes prêmios corresponderiam à remuneração variável, pois calculada em percentual sobre os negócios celebrados, diante de tais resultados futuros.

Como esclarecido no acórdão, «o prêmio de produtividade pelo gerenciamento foi estipulado em 10% do montante que ultrapassasse 105% do resultado gerencial, cuja quantificação dependeria, por sua vez, do encontro entre as receitas e as despesas gerenciais. Formavam estas receitas e, portanto, influenciavam positivamente no

---

137. STJ. REsp 1158815/RJ. Terceira Turma. Relator Min. Paulo de Tarso Sanseverino. Julgamento em 07.02.2012. *DJ* de 17.02.2012. No relato acima, foi transcrita parte do relatório do acórdão.

FUNÇÃO CORRETORA: A BOA-FÉ E O EXERCÍCIO JURÍDICO | 705

resultado e no prêmio mencionado o valor das cessões de direitos, da venda das lojas e, ainda, dos aluguéis estipulados nos contratos de locação». E, «paralelamente, o prêmio pela comercialização das cessões de direitos e o prêmio pela comercialização dos contratos de locação, calculados de uma forma mais simples, equivaleriam, cada um deles, a 10% do que excedesse a um valor predeterminado».

Uma vez reclamado judicialmente o pagamento dos valores aos mencionados «prêmios», as duas rés, além de contestarem o pedido, apresentaram reconvenção para que fosse revisada ou anulada parte do contrato. Em primeiro grau, o pedido da inicial foi julgado improcedente e parcialmente procedente a reconvenção para revisão das cláusulas contratuais, «com o fim de adequar as mesmas ao efetivo preço praticado nos negócios jurídicos praticados, posto que [sic] a valoração aposta no ditame contratual se apresenta excessiva».[138]

Foram interpostas duas apelações pela CEI e recurso adesivo por parte da IRB, tendo o TJRJ, por maioria, reformado a sentença para julgar procedente o pedido da petição inicial e improcedente o reconvencional, sob o fundamento de tratar-se de «obrigações assumidas por pessoas jurídicas através de negócio contratual para cuja constituição concorreu a expressa vontade manifestada pelas partes nele envolvidas». Não haveria, dessa forma, identidade com relação consumerista «nem ocorrência extraordinária, imprevista e capaz de justificar a incidência da teoria da imprevisão ou da onerosidade excessiva». Retirou-se daí a conclusão de ser o contrato intangível, justificando-se:

«A intervenção estatal na vontade das partes, de molde a justificar a revisão de cláusulas contratuais a pretexto de reestabelecer o equilíbrio contratual entre elas, pressupõe a preponderância do poder econômico de umas sobre as outras, inidentificável no caso, e somente deve ser empregada quando presentes e evidentes ocorrências extraordinárias, imprevistas ou imprevisíveis não se entendendo como tal o mero inadimplemento de contratantes ou a impossibilidade de honrarem eles determinados compromissos financeiros em razão de vicissitudes próprias dos riscos do negócio a que se volta a atividade empresária.»

No entanto, opostos embargos infringentes pela Funcef, Thelos e IRB, o Tribunal de Justiça do Rio de Janeiro, novamente por maioria, restabeleceu a sentença – revisando, assim, o contrato – «relembrando o elevado valor dos aluguéis e a consequente inadimplência de inúmeros lojistas, o que justificaria, em nome da boa-fé, da função social do contrato, da vedação à onerosidade excessiva e ao enriquecimento sem causa, a mitigação do princípio da obrigatoriedade dos efeitos dos contratos».

Ao apreciar o Recurso Especial, o STJ examinou com profundidade e minúcia o princípio da obrigatoriedade dos efeitos dos contratos (*pacta sunt servanda*), «um dos consectários lógicos do princípio da autonomia privada, também denominado, com

---

138. Assim a decisão de primeiro grau, em parte transcrita no acórdão ora comentado.

menor precisão técnica, de princípio da autonomia da vontade». Amparado em suporte doutrinário, sublinhou o Relator constituir esse princípio, embora hoje relativizado por outros – nomeadamente a boa-fé e a função social do contrato –, «a pedra angular do sistema de Direito Privado» cujo pressuposto imediato «é a liberdade como valor jurídico» e cujo campo de concretização por excelência é o Direito Contratual.

Acentuando não ser a liberdade contratual um princípio absoluto, preocupou-se o Tribunal com as suas dimensões, como «poder conferido às partes de escolher o negócio a ser celebrado, com quem contratar e o conteúdo das cláusulas contratuais» acentuando consistir a força obrigatória dos contratos «o contraponto da liberdade contratual». A esse respeito, o Ministro Relator arrematou:

«Se o agente é livre para realizar qualquer negócio jurídico dentro da vida civil, deve ser responsável pelos atos praticados, pois os contratos são celebrados para serem cumpridos (*pacta sunt servanda*). A necessidade de efetiva segurança jurídica na circulação de bens impele a ideia de responsabilidade contratual, mas de forma restrita aos limites do contrato. O exercício da liberdade contratual exige responsabilidade quanto aos efeitos dos pactos celebrados. Assim, a autonomia privada, como bem delineado no Código Civil de 2002 (arts. 421 e 422) e já reconhecido na vigência do Código Civil de 1916, não constitui um princípio absoluto em nosso Ordenamento jurídico, sendo relativizada, entre outros, pelos princípios da função social, da boa-fé objetiva e da prevalência do interesse público».

Conquanto reconhecendo a concorrência de outros princípios, o Superior Tribunal de Justiça não reconheceu a configuração de nenhuma hipótese que afastasse, no caso, a força obrigatória do pactuado. Ao princípio da boa-fé, em particular, não pôde ser exigida a eficácia revisiva de contrato fora das hipóteses legalmente permissivas. Por isso o acórdão assinalou dever ser «mínima» a intervenção do Estado (inclusive mediante o Poder Judiciário) «no campo do Direito Privado, mais precisamente no plano do Direito Empresarial em que se situa a relação jurídica estabelecida entre a recorrente e as recorridas (...) em respeito à vontade manifestada de forma efetivamente livre pelas partes». Não que o Direito Empresarial esteja infenso à mitigação do princípio da autonomia privada, «especialmente quando houver desigualdade material entre as empresas contratantes». Porém, no caso dos autos «em que o contrato de prestação de serviços, que é a fonte das obrigações inadimplidas cobradas, foi amplamente negociado pelas partes antes da sua celebração», incabível se mostrava a relativização do princípio da obrigatoriedade do pactuado.

Portanto, condenou-se Funcef, Thelos e IRB ao pagamento das parcelas de remuneração variável, restabelecendo-se o entendimento do acórdão proferido em apelação, por forma a obstar a revisão judicial deste contrato entre empresas.

O fato da pandemia pelo vírus SARS-CoV-2 tem propiciado grande número de pedidos de revisão contratual, acenando-se ora ao «princípio do equilíbrio contratual», ora ao princípio da boa-fé, para lograr a modificação do contrato. O tema suscita a necessária distinção entre «fato extraordinário» e «eventos extraordinários a incidirem no contrato».

Essa distinção tem sido bem-procedida em sucessivos arestos do Tribunal de Justiça de São Paulo. Exemplifique-se com aqueles referentes a pedidos revisionais de contratos «built to suit».[139]

Atentos à estrutura dos riscos nos contratos paritários e às peculiaridades dessa modalidade de contrato de construção, os julgados sublinham, dentre as peculiaridades, a necessidade de o locatário remunerar o locador pelo investimento dispendido na construção da coisa, pois a contraprestação convencionada traduz «sobretudo o retorno do capital investido, e não apenas a remuneração pelo uso da coisa». A estabilidade do valor do aluguel, envolvendo o núcleo da equação financeira dessa modalidade é, portanto, «da essência da contratação». Perturbá-la, dizem os arestos, «implicaria ofensa ao princípio da boa-fé objetiva».[140]

14. Síntese conclusiva

O controle do conteúdo contratual opera ou no plano da validade (nulidade total ou parcial e anulabilidade), ou no da eficácia (tecnicamente por intermédio da ineficácia, da redução do proveito, da rescindibilidade por vício, ou do suplemento e da revisão). O princípio da boa-fé objetiva atua no plano da validade nas hipóteses subsumidas no art. 51, inc. IV, do CDC visando coibir o desequilíbrio. Nas demais hipóteses, abrangidas pelo Código Civil ou subsumidas na regra do art. 6.º, inc. V, segunda parte, ou é dispensável o chamamento do princípio boa-fé como fonte do dever – já que o princípio do equilíbrio, concretizado em institutos legalmente previstos, tem sua própria operatividade – ou caberá chamá-lo como *norma comportamental*, pautando a atuação das partes quando da aplicação e/ou renegociação das cláusulas de acomodação do contrato às circunstâncias, recaindo na esfera da atuação da boa-fé como *princípio incidente ao exercício jurídico*.[141]

Neste caso, terá importância magna para balizar a correção do exercício jurídico por ocasião de proceder-se à revisão ou à renegociação, ou mesmo à resolução, como oportunamente será analisado. E, novamente aqui cabe o alerta: a temática da revisibilidade recebe tratamento muito distinto quer se trate de contrato submetido ao Código Civil, quer regido pelo Código de Defesa do Consumidor ou pela Lei 14.133/2021, essa concernente aos contratos administrativos que, por sua especificidade, merece referência – ainda que breve – em item em apartado.

---

139. *E.g.* TJSP. Ap. Cív. 1065813-53.2020.8.26.0002. Vigésima Oitava Câmara de Direito Privado. Relator Des. Ferreira da Cruz. Julgamento em 02.08.2022. *DJ* de 03.08.2022; TJSP. Ap. Cív. 1010336-32.2017.8.26.0008. Trigésima Primeira Câmara de Direito Privado. Relator Des. Antonio Rigolin. Julgamento em 12.07.2022. *DJ* de 12.07.2022.

140. As expressões entre aspas estão nos acórdãos referidos na nota *supra*.

141. *Vide, supra*, neste CAPÍTULO, §66.

§ 71. Boa-fé e revisão nos contratos administrativos

1. Proposição

O princípio da boa-fé tem sido invocado em julgados que apreciam pedidos de revisão de contratos administrativos com fundamento na garantia legal de manutenção do equilíbrio econômico-financeiro. Por outro lado, há casos em que para a revisão ou para a resolução por excessiva onerosidade superveniente de contratos regidos pelo Direito Civil é invocado o «princípio (*sic*) do equilíbrio econômico-financeiro». Há indevida mescla de institutos e há – novamente – por vezes uma inútil invocação da boa-fé.

2. Requisitos da revisão

Nos contratos de Direito Administrativo, embora considerando a presença de assimetria estrutural entre as partes (a Administração Pública e o particular), o Superior Tribunal de Justiça tem sido cauteloso ao não deferir a revisão contratual pelo só fato da assimetria, analisando com cuidado os pressupostos para a revisão – quer os exigidos na Lei 8.666/1993, cuja vigência parcial se estendeu até 1.º de abril de 2023 – quer na Lei 14.133/2021, a nova Lei de Licitações e Contratos Administrativos.

Nesse campo, o equilíbrio é uma garantia legal limitada, contendo requisitos específicos: assim determinava o art. 65 da Lei 8.666/1993, segundo o qual os contratos sob sua regência poderão ser alterados, com as devidas justificativas, dentre outros casos, e por acordo entre as partes, quando necessário «para restabelecer a relação que as partes pactuaram inicialmente entre os encargos do contratado e a retribuição da administração para a justa remuneração da obra, serviço ou fornecimento, objetivando a manutenção do equilíbrio econômico-financeiro inicial do contrato, na hipótese de sobrevirem fatos imprevisíveis, ou previsíveis porém de consequências incalculáveis, retardadores ou impeditivos da execução do ajustado, ou, ainda, em caso de força maior, caso fortuito ou fato do príncipe, configurando álea econômica extraordinária e extra-contratual». E, similarmente, na Lei 14.133/2021, há requisitos que vão desde a previsão de «repactuação» já no edital (art. 6.º, inc. LIX); ou, por acordo entre as partes, «para restabelecer o equilíbrio econômico-financeiro inicial do contrato em caso de força maior, caso fortuito ou fato do príncipe ou em decorrência de fatos imprevisíveis ou previsíveis de consequências incalculáveis, que inviabilizem a execução do contrato tal como pactuado, respeitada, em qualquer caso, a repartição objetiva de risco estabeleci-da no contrato» (art. 124, inc. II, alínea «d»).

Como se vê, essas regras tratam diretamente do equilíbrio, expressando a finali-dade da revisão («repactuação»), seus pressupostos e efeitos, sem mencionar o princípio da boa-fé. Na jurisprudência, todavia, este é chamado em várias decisões, desnecessa-riamente, seja pelas partes, seja pelos julgadores para o efeito, por vezes, de alargar os contornos da garantia legal, por outras, de valorar a conduta do administrado.

FUNÇÃO CORRETORA: A BOA-FÉ E O EXERCÍCIO JURÍDICO | 709

Um exemplo está no *caso do contrato já aditado.*[142]

Naquela ocasião examinou-se a questão de saber se os aumentos da carga tributária (Cofins) e de despesas com empregados (estas últimas derivadas de acordo coletivo) conduziriam à revisão do contrato pactuado com a Administração Pública com base na mencionada garantia legal,[143] tendo a instância de origem assim determinado. Decidiu, porém, o Superior Tribunal de Justiça, no referente ao aumento das despesas com empregados configurar-se fato previsível «se a elevação dos encargos trabalhistas resultar de acordo coletivo».[144] No caso, ademais, se tratava «de simples elevação do quantitativo de vales-alimentação (o que, por óbvio, causa menor impacto econômico-financeiro do que o aumento de salário)». E rejeitou-se, igualmente, o impacto da elevação da carga tributária, considerando-se já ter havido, no caso em exame, uma circunstância capaz de «afastar por completo o dever de reequilibrar econômica e financeiramente o contrato imposto ao recorrente pela instância ordinária».

É que o contrato administrativo inicialmente celebrado recebera já dois aditivos, um que modificara o preço original e o período de vigência do contrato e outro operando a prorrogação. Em nenhum deles fora discutida ou argumentada a elevação dos encargos tributários e trabalhistas. Considerou o Relator:

«Muito se discute, atualmente, sobre os influxos da boa-fé objetiva no âmbito da Administração Pública, mas com largo enfoque nas condutas do Poder Público. Este aspecto ganha maior relevância porque a Lei n. 8.666/1993 já confere uma série de prerrogativas à Administração, motivo pelo qual existe uma tendência em se querer igualar as forças dela à do particular, sob o pálio da boa-fé objetiva. Ocorre que é preciso ter cuidado para que, na tentativa de corrigir uma dita assimetria, não se acabe gerando outra. É preciso insistir em também analisar as condutas contratuais dos particulares sob a ótica desse princípio hoje bastante doutrinariamente [*sic*]».

A conduta do particular não era coerente à própria alegação de imprevisibilidade, pois o aumento da Cofins (fundamento da outra causa de pedir da empresa recorrida) decorria de lei editada em 1998, para ter efeitos a partir de 1999 – antes, portanto, do segundo aditivo contratual, celebrado em 2000. Portanto, como bem apontado no acórdão, «se o agravamento dos encargos tributários foi anterior ao segundo aditivo, não há que se falar em aplicação do art. 65, inc. II, alínea «*d*», da Lei n. 8.666/1993, uma vez que não

---

142. STJ. REsp 776790/AC. Segunda Turma. Relator Min. Mauro Campbell Marques. Julgamento em 15.10.2009. *DJ* de 28.10.2009.

143. Lei 8.666/1993, art. 65, § 5.º, *in verbis*: «Art. 65. Os contratos regidos por esta Lei poderão ser alterados, com as devidas justificativas, nos seguintes casos: (...) § 5.º Quaisquer tributos ou encargos legais criados, alterados ou extintos, bem como a superveniência de disposições legais, quando ocorridas após a data da apresentação da proposta, de comprovada repercussão nos preços contratados, implicarão a revisão destes para mais ou para menos, conforme o caso».

144. No mesmo sentido: STJ. REsp 134797/DF. Segunda Turma. Relator Min. Paulo Gallotti. Julgamento em 16.05.2000. *DJ* de 01.08.2000; STJ. REsp 471544/SP. Primeira Turma. Relator Min. Luiz Fux. Julgamento em 15.05.2003. *DJ* de 16.06.2003; e STJ. AgRg no REsp 417989/PR. Segunda Turma. Relator Min. Herman Benjamin. Julgamento em 05.03.2009. *DJ* de 24.03.2009.

há imprevisibilidade do fato e de suas consequências, pois, para tanto, é necessário que a situação seja futura, nunca atual ou pretérita (daí o uso do verbo "sobrevier")». Em última instância, assim, não foi deferida a pretendida correção do conteúdo contratual.

Não há efetivamente razão em invocar-se a boa-fé para fundamentar o que regra legal já diretamente regula ou para alargar os contornos da garantia legal respeitante aos contratos administrativos. Nada impede, todavia, seja a boa-fé chamada para valorar a conduta de ambas as posições jurídicas no âmbito de uma relação de crédito, como norma reguladora do exercício jurídico que é. Mas, então, a correção não mais será propriamente sobre o *conteúdo contratual*, mas sobre o *modo de exercício* de direitos, poderes e faculdades atribuídos aos contraentes, como agora será examinado.

§ 72. Boa-fé e controle do modo de exercício dos direitos e posições jurídicas

1. O exercício jurídico

O exercício jurídico corresponde, em sentido larguíssimo, a uma atuação humana relevante para o Direito, abrangendo atos jurídicos lícitos e ilícitos, é dizer: a uma *atuação prática* do *conteúdo* previsto abstratamente nas normas jurídicas e traduzida, dogmaticamente, no exercício dos direitos subjetivos e seu conteúdo (pretensões, ações, faculdades e poderes). Em face do seu elevado grau de abstração, a expressão «exercício jurídico» indica, a rigor, o exercício da situação jurídica em que está envolto o sujeito, abarcando «todos os atos humanos que ingressam no mundo jurídico como atos lícitos ou ilícitos (plano da existência), os quais geram efeitos jurídicos (plano da eficácia)».[145]

Em sentido estrito ou próprio, diz Menezes Cordeiro, a palavra *exercício* «traduz a concretização, por uma pessoa, de uma situação, activa ou passiva, que lhe tenha sido conferida pelo Direito».[146] No conceito estrito, que é o relevante à teoria geral do direito privado, o exercício jurídico «ocorre quando o conteúdo do direito subjetivo é exercido dentro do seu limite. É o "andar (*ex*) dentro dos limites do conteúdo do direito (*arcere*)". Ultrapassado este limite, não há mais exercício jurídico em sentido estrito. Existirá ato ilícito».[147] Sendo impossível, porém, apreender, na fixidez das regras legisladas, todas as possibilidades de *atuação concreta* do conteúdo das normas, todas as possibilidades concretas de ilicitude, as leis, modo geral, adotam um modelo misto: para alguns dos institutos típicos do exercício jurídico, adota-se um regramento detalhado; para outros, é traçada uma moldura, a ser jurisprudencialmente desenvolvida conforme

---

145. Assim: Haical, Gustavo. *A Autorização no Direito Privado*. São Paulo: Revista dos Tribunais, 2020, p. 119.

146. Menezes Cordeiro, António Manuel. *Tratado de Direito Civil Português*. Tomo IV. Coimbra: Almedina, 2005, p. 13.

147. Haical, Gustavo. *A Autorização no Direito Privado*. São Paulo: Revista dos Tribunais, 2020, p. 120.

FUNÇÃO CORRETORA: A BOA-FÉ E O EXERCÍCIO JURÍDICO | 711

determinados *standards* comportamentais. Ao mesmo tempo, as legislações ora arrumam, sob um mesmo setor, as principais balizas do exercício jurídico em *standards* ou «noções- -quadro» (auxiliando, pela reunião sequencial, a sistematização das hipóteses), ora dispersam as normas regulamentadoras do exercício entre a responsabilidade civil, os direitos reais e os contratos, por exemplo, neste caso apontando a uma regulação mais fortemente marcada pela casuística.

O Código Civil de 1916 adotava este segundo modelo. Diferentemente, o Código Civil de 2002, conquanto não tenha denominado com *a etiqueta específica* o conjunto das principais normas concernentes ao exercício jurídico (como o fez, por exemplo, o Código Civil português, arts. 334 a 396), regulou-o, ordenadamente, ao versar, no Livro III da sua Parte Geral, os Fatos Jurídicos, traçou-o sequencialmente e mencionando a dupla previsão da ilicitude civil (arts. 186 e 187).

Com efeito, no vigente art. 187 é qualificado como ilícito *também* o ato cometido pelo titular de um direito que, ao exercê-lo, «excede manifestamente os limites impostos pelo seu fim econômico ou social, pela boa-fé ou pelos bons costumes». A noção legalmente estabelecida de ilicitude civil recobre, portanto, a contrariedade ao Direito em qualquer de suas formas. Ilicitude é a lesão a interesse juridicamente protegido.[148] O Ordenamento acolhe não apenas a ilicitude subjetiva, isto é, a lesão derivada de ato (doloso ou culposo, voluntário, negligente ou imprudente; comissivo ou omissivo) que viola direito e causa dano a outrem (art. 186), mas igualmente a lesão proveniente da chamada «ilicitude objetiva» – porque independente do elemento subjetivo (culpa ou dolo) –, normalmente configurada no momento do exercício de posições jurídico- -subjetivas, quando tido, este, como inadmissível ou disfuncional, segundo certas balizas que o enunciado legal pontua.

2. A boa-fé e o art. 187 do Código Civil: a ilicitude no modo de exercício

Situado no art. 187 como uma das balizas ao exercício jurídico lícito, o princípio da boa-fé impacta no plano da eficácia, pois atua como *fator de conformação* do

---

148. Fundamentalmente, não há que se confundir ilicitude e culpa. A ilicitude, ou antijuridicidade, é a contrariedade a direito. Culpa em sentido lato, diversamente, consiste no juízo de reprovabilidade sobre a conduta humana, quando negligente, imprudente ou imperita (culpa em sentido estrito) ou quando tem a intenção de causar o dano (dolo). A confusão tem levado a graves equívocos em matéria de responsabilidade civil objetiva. Para as distinções, conferir em: PONTES DE MIRANDA, Francisco Cavalcanti. *Tratado de Direito Privado*. Tomo II. Rio de Janeiro, Borsoi, 1954, especialmente: § 164, 165 e 175, I, p. 201-213 e 245-247; ANTUNES VARELA, João de Matos. *Das Obrigações em Geral*, vol. II. Coimbra: Almedina, 1996, p. 532. Na doutrina italiana, entre outros, VISINTINI, Giovanna. *I fatti illeciti*. I grandi orientamenti della giurispruenza civile e commerciale. Padova: Cedam, 1987; CAVALIERI FILHO, Sergio. *Programa de Responsabilidade Civil*. 3.ª ed. São Paulo, Malheiros, 2002, aludindo, na qualificação da ilicitude, *in verbis*: «à conduta humana, contrária ao Direito, sem qualquer referência ao elemento subjetivo ou psicológico» (p. 27).

712 | A BOA-FÉ NO DIREITO PRIVADO

exercício de direitos subjetivos ou de direitos formativos,[149] ora determinando a ineficácia, ora a eficácia apenas parcial, ora a eficácia indenizatória, ora apanhando, inclusive, hipótese de perda ou de «paralisação» do direito subjetivo para além dos casos
tradicionais de prescrição e decadência, nos casos de *suppressio* e *surrectio*.[150]

Expressa usualmente em outros sistemas jurídicos, bem como na majoritária
doutrina pela tradicional fórmula «abuso do direito»[151] (alguns autores inclusive

---

149. Para as variadas configurações no Direito Comparado, ver: BORDA, Alejandro. *La Teoria de los Actos Proprios*, 3.ª ed. Buenos Aires: Abeledo-Perrot, 2000; MOISSET DE ESPANÉS, Luis. *La Teoria de los Actos Propios y la Doctrina y Jurisprudencia Nacionales.* Buenos Aires: La Ley, 1984, p. 152; PIAGGI, Ana. Reflexiones sobre dos Principios Basilares del Derecho: la buena fe y los actos próprios. In: CORDOBA, Marcos; CORDOBERA, Lidia Garrido; KLUGER, Viviana (Orgs.). *Tratado de la Buena Fé en el Derecho.* Buenos Aires: La Ley, 2004, p. 124-126; LUIG, Klaus. Il Ruolo della Buona Fede nella Giurisprudenza della Corte dell'Impero prima e dopo l'Entrata in Vigore del BGB dell'anno 1900. In: GAROFALO, Luigi (Org.). *Il Ruolo della Buona Fede Oggetiva nell'Esperienza Giuridica Storica e Contemporanea* – Atti del Convegno Internazionale di Studi in Onore di Alberto Burdese, v. II. Padova: Cedam, 2004, p. 419-424. Cf, ainda: ENNECCERUS, Ludwig; NIPPERDEY, Hans Carl. *Derecho Civil.* Parte General. Tomo I, vol. II. Trad. espanhola de José Alguer e Blas Pérez González. Barcelona: Bosch, 1948, p. 482. V. CORREA DE OLIVEIRA, José Lamartine. A «Ver-
wirkung», a Renúncia Tácita, e o Direito Brasileiro. In: *Estudos em Homenagem ao Professor Washington de Barros Monteiro.* São Paulo: Saraiva, 1982, p. 271-284. Na doutrina mais recente: SCHREIBER, Anderson. A Proibição de Comportamento Contraditório. Tutela da Confiança e *Venire Contra Factum Proprium.* Rio de Janeiro: Renovar, 2005; FERREIRA DA SILVA, Jorge Cesa. *A Boa-Fé e a Violação Positiva do Contrato.* Rio de Janeiro: Renovar, 2002, p. 45 e ss.

150. MENEZES CORDEIRO, António Manuel. *Da Boa-Fé no Direito Civil.* Coimbra: Almedina, 1984, p. 797.

151. Apontei as incongruências no uso de tal fórmula em: MARTINS-COSTA, Judith. Breves Anotações Acerca do Conceito de Ilicitude no Novo Código Civil (Estruturas e Rupturas em Torno do Artigo 187). *Boletim Adcoas*, n. 10, 2003, p. 309-310, mais desenvolvido em: A Ilicitude Derivada do Exer-
cício Contraditório de um Direito: o renascer do *venire contra factum proprium. Revista Forense*, Rio de Janeiro, Forense, vol. 376, 2004, p. 109-129, e, finalmente, em: Os Avatares do Abuso do Direito e o Rumo Indicado pela Boa-Fé. In: TEPEDINO, Gustavo (Org.). *Direito Civil Contemporâneo.* Novos problemas à luz da legalidade constitucional. Congresso Internacional de Direito Civil-Constitucional da Cidade do Rio de Janeiro, 2008, Rio de Janeiro, Atlas, 2008, p. 57-95. De fato, há quem se deixe seduzir pela identidade textual entre o art. 187 do Código Civil brasileiro e o art. 334 do Código Civil português, mas se trata de uma sedução enganosa. O que importa é perceber a sutileza da diferença entre ambos os textos legais, derivada de sua diversa qualificação tipológica. Como se anotou acima, o art. 187 qualificou como ilícito o que o art. 334 português qualificou como abuso de direito. A fórmula brasileira é melhor, como reconhecido pelo Professor Menezes Cordeiro, que assinala ter o Código Civil de 2002 intentado «resolver algumas das incongruências siste-
máticas apontadas à arrumação dada à matéria pelo Código português» (MENEZES CORDEIRO, António Manuel. *Tratado de Direito Civil Português.* Tomo IV. Coimbra, Almedina, 2005, p. 13). Dentre as «incongruências sistemáticas» apontadas pelo civilista luso está o recurso à noção de «ilegitimidade», estranha à tradição terminológica, assinalando, contudo, que essa «ilegitimidade» nada mais é do que forma de ilicitude: «Abuso do direito é, como temos repetido, uma mera designação tradicional para o que se poderia dizer "exercício disfuncional de posições jurídicas". Por isso, ele pode reportar-se ao exercício de quaisquer situações e não, apenas, ao de direitos subjetivos» (MENEZES CORDEIRO, António Manuel. *Litigância de Má-Fé, Abuso do Direito de Ação e Culpa «In Agendo».* 2.ª ed. Coimbra: Almedina, 2011, p. 76). A concepção pela qual o exercício inadmissível de posições jurídicas (abuso de direito) é espécie de ilicitude que não requer, porém, a culpa, também parece ser esposada por Fernando Augusto Cunha de Sá ao endossar a distinção de Castanheira

FUNÇÃO CORRETORA: A BOA-FÉ E O EXERCÍCIO JURÍDICO | 713

repelindo tratar-se de hipótese de ilicitude[152]), tal ilicitude não se limita ao «abuso» (como uso desmedido de um direito ou poder) nem está reduzida, necessariamente, ao exercício de um direito subjetivo em sentido estrito. Refere-se, antes, a «uma atuação humana estritamente conforme com as normas imediatamente aplicáveis, entretanto que, tudo visto, se apresenta ilícita por contrariedade ao sistema, na sua globalidade»,[153] por atingir manifestamente vetores tidos por fundamentais à ordem jurídica, como, designadamente, nas relações obrigacionais, a lealdade, confiança, a finalidade e a utilidade.

De fato, a fórmula «abuso de direito» está impregnada por suas referências históricas, que a conotavam ao ato emulativo, como ainda está no art. 1.228, § 2.º, do Código Civil.[154] Mas o art. 187 – que trata, efetivamente, da ilicitude no modo de exercício do direito – não se limita à figura do abuso, não requer a intenção emulativa e abarca (*i*) o exercício *contraditório*,quando desleal; (*ii*) o exercício *disfuncional* (pois divorciado da função atribuída ao direito subjetivo, potestativo ou faculdade); e (*iii*) o exercício *desmesurado* ou desmedido de direito subjetivo, potestativo ou faculdade. É apenas nesse último sentido que a fórmula «abuso de direito» deve ser tecnicamente

---

Neves entre ilícito formal e ilícito material. O abuso do direito é, nessa concepção, «a contrariedade à intenção normativa que materialmente fundamenta e constitui o direito invocado, ou de que o comportamento realizado se diz exercício» (CUNHA DE SÁ, Fernando Augusto. *Abuso do Direito*. Coimbra: Almedina, 2005, p. 493-494).

Bem atentando às peculiaridades do Direito brasileiro, Rosalice Fidalgo Pinheiro anota: «(...) ao contrário do que se poderia pensar a boa-fé objetiva anima uma diversidade de institutos afetos à relação obrigacional com mais frequência, o abuso de direito. Aquela revela-se como a base normativa para este último, o qual passa a encontrar tradução no exercício inadmissível de posições jurídicas. Eis a estreita vinculação entre a boa-fé e o abuso de direito, revelando em suas entrelinhas o encontro de duas tradições jurídicas: a francesa e a alemã. A boa-fé que passa a se constituir como fundamento do abuso de direito não é, assim, a que encontra alcance no espaço jurídico alemão, reservada aos contratos. Não obstante possamos, por vezes, na construção jurisprudencial francesa, ao se referir ao abuso de direito, encontrá-la em oposição à má-fé, o que nos remete à concepção de culpa, trata-se de uma distinção entre atuação "em boa-fé e, 'segundo a boa-fé', promovida pela doutrina"». Para a autora, o princípio da boa-fé traduz e compõe «o fundamento da teoria do abuso do direito em meio às relações contratuais, passando a se falar em "exercício inadmissível de posições jurídicas"» (PINHEIRO, Rosalice Fidalgo. *O Abuso do Direito e as Relações Contratuais*. Rio de Janeiro: Renovar, 2002, p. 247-248 e p. 260).

152. TEPEDINO, Gustavo; BARBOZA, Heloisa Helena; BODIN DE MORAES, Maria Celina. *Código Civil Interpretado*. Conforme a Constituição da República, vol. I. Parte Geral e Obrigações. Rio de Janeiro: Renovar, 2004, p. 340-341.

153. MENEZES CORDEIRO, António Manuel *Litigância de Má-Fé, Abuso do Direito de Ação e Culpa «In Agendo»*. 2.ª ed. Coimbra: Almedina, 2011, p. 75. De notar que o autor português está a se reportar ao art. 334 do Código Civil português, cujo texto, praticamente idêntico ao do nosso art. 187, é o seguinte: «Art. 334 (Abuso do direito). É ilegítimo o exercício de um direito, quando o titular exceda manifestamente os limites impostos pela boa fé, pelos bons costumes ou pelo fim social ou económico desse direito». Conquanto semelhante o texto é necessário, no entanto, atentar ao contexto, à topografia de uma e de outra regra: conforme refere-se neste §, *supra*.

154. Código Civil, *in verbis*:«§ 2.º São defesos os atos que não trazem ao proprietário qualquer comodidade, ou utilidade, e sejam animados pela intenção de prejudicar outrem».

714 | A BOA-FÉ NO DIREITO PRIVADO

empregada, e, ainda assim, desde que desvestida de suas ressonâncias históricas no que tange à exigência do comportamento emulativo para a sua caracterização.

O art. 187 prevê, portanto, uma *ilicitude no modo de exercício* de posições jurídico--subjetivas – não apenas direitos subjetivos, em sentido técnico, porém, por extensão, também poderes, liberdades, pretensões e faculdades.[155] Por esta razão, delineia uma ilicitude que só se pode apreender em concreto, isto é, como resultado de uma ponderação entre os elementos circunstanciais fáticos e normativos envolventes, precisamente, deste *modo de exercício*. Sendo o direito subjetivo substancialmente funcional, os poderes que carrega são instrumentais. São os elementos fático-contextuais que permitem descobrir, por detrás de uma atuação *formalmente* adequada, a ilicitude, no exercício, vale dizer: um modo de se exercerem direitos, poderes ou faculdades contrário aos vetores axiológicos fundamentais do sistema jurídico.[156]

É justamente por conta dessas características que ilicitude no modo de exercício não é detectável *a priori*, inexistindo um conteúdo predefinido pelo legislador do que seja o exercício *regular* e *funcionalmente adequado*. São as circunstâncias presentes no momento do exercício do direito, liberdade, poder ou faculdade que vão configurar, ou não, a sua admissibilidade, isto é, a sua conformidade com o respectivo fim econômico ou social, a boa-fé ou os bons costumes.

Para pautar o exercício jurídico, paralelamente às hipóteses previstas pontualmente nas leis, doutrina e jurisprudência vêm construindo ao longo do tempo numerosas figuras, resultantes da conjugação entre uma conduta segundo à boa-fé (como norma de correção e de consideração aos legítimos interesses do *alter*) e outros princípios, vetores e características das variadas relações contratuais.

Antes de mais, conjuga-se o princípio da boa-fé com «*princípio» da coerência contratual* (melhor dizendo: a diretriz da coerência), pois atenta contra a boa-fé uma conduta contratual deslealmente contraditória. Serve, também, para fundar a vedação ao

---

155. Acerca da verificação do abuso de direito a propósito do exercício de faculdades, veja-se a lição de Fernando Augusto de Cunha de Sá, que, já em 1973, insistia que: «Não faz, pois, mais sentido afirmar que o abuso não pode colocar-se a propósito das prerrogativas jurídicas que não sejam – e porque não são – direitos subjectivos, já que o acto abusivo, como uma das autónomas espécies dos actos contrários a direito, nada tem a ver substancialmente com o exercício de um certo e determinado direito subjectivo. Sendo assim, tal como o abuso se pode verificar a propósito ou por ocasião do exercício de certo direito subjectivo através da confrontação do comportamento concreto do sujeito (conteúdo a qualificar) com aquilo que axiologicamente importa na morfologia daquela qualificação normativa, pelo mesmo modo e segundo o mesmo critério de actuação do valor significante e fundamentador das demais qualificações em termos de prerrogativas jurídicas individuais que não sejam direitos subjectivos se pode identificar o acto abusivo *a propósito* ou por ocasião do suposto exercício de tais faculdades» (CUNHA DE SÁ, Fernando Augusto. *Do Abuso de Direito*. Coimbra: Almedina, 2005, p. 552).

156. Permito-me remeter para o meu: MARTINS-COSTA, Judith. Os Avatares do Abuso de Direito e o Rumo Indicado pela Boa-Fé. In: TEPEDINO, Gustavo (Org.). *Direito Civil Contemporâneo*. Novos problemas à luz da legalidade constitucional. Congresso Internacional de Direito Civil-Constitucional da Cidade do Rio de Janeiro, 2008. Rio de Janeiro: Atlas, 2008, p. 57-95.

FUNÇÃO CORRETORA: A BOA-FÉ E O EXERCÍCIO JURÍDICO | 715

abuso, em sentido próprio, pois não será conforme à lealdade e à probidade o uso desmedido dos poderes contratuais. Finalmente, alia-se o princípio da boa-fé com o «*princípio*» *da utilidade contratual*, regulando o exercício do direito formativo extintivo de resolução *lato sensu* por inadimplemento e ensejando as figuras do adimplemento substancial e do inadimplemento antecipado das obrigações contratuais, temas componentes dessa Secção.

Essas figuras parcelares do exercício jurídico ilícito podem gerar eficácias indenizatórias, se houver danos e os demais pressupostos do dever de indenizar. Caso contrário a eficácia será a de paralisar o exercício jurídico ou permitir o exercício de tutelas de remoção do ilícito.[157]

§ 73. A contraditoriedade desleal no exercício jurídico

1. Proposição

Para coibir a *contraditoriedade desleal* no exercício de direitos, poderes e situações, determinadas figuras, etiquetadas pela atividade doutrinária e jurisprudencial, expressam os casos mais frequentes de exercício jurídico ilícito. Normalmente advindas de soluções jurisprudenciais promanadas em casos concretos que, com o tempo, se assentaram e generalizaram, essas figuras são discernidas entre si por determinadas ênfases nos elementos caracterizadores da conduta que se quer corrigir ou limitar.

A doutrina jurídica denomina: *venire contra factum proprium*; *tu quoque*; *nemo auditur propriam turpitudinem allegans*; *suppressio* e *surrectio*; e *exceptio doli*. As denominações variam mais no espaço que no tempo. Exemplificativamente, na literatura jurídica de língua espanhola algumas dessas figuras – o *venire contra factum proprium*, a proibição de invocar a própria torpeza, o *tu quoque*, a *suppressio* – vem apanhadas na *teoria dos atos próprios*,[158] denominação advinda do *ius commune* e por vezes empregada

---

157. Assim também ocorre no sistema português que, do ponto de vista doutrinário, vem percorrendo o caminho do abuso de direito à ilicitude no modo de exercício. Já advertia Vaz Serra, nos trabalhos preparatórios ao respectivo Código Civil: «A teoria do abuso do direito não tem interesse somente em matéria de responsabilidade civil, pois saber se certo acto é ou não lícito pode ter importância para outros efeitos, como o da legitimidade da oposição a ele ou o da sua nulidade. Por conseguinte, a admitir-se essa teoria, deve ela ser enunciada na parte geral» (VAZ SERRA, Adriano. Abuso do Direito (em matéria de responsabilidade civil). *Boletim do Ministério da Justiça*, n. 85, abr. 1959, p. 252).

158. Divergem os autores na extensão das figuras abrangidas pela Teoria dos Atos Próprios. Não há dúvidas de que em seu cerne está o *venire contra factum proprium non valet*, mas diverge-se quanto a abrangência de outras situações, como o retardo desleal de um direito. Exemplificativamente: MOISSET DE ESPANÉS, Luis. *La Teoria de los Actos Propios y la Doctrina y Jurisprudencia Nacionales*. Buenos Aires: La Ley, 1984, p. 152; BORDA, Alejandro. *La Doctrina de los Actos Propios*. Buenos Aires: Abeledo Perrot, 1993; PIAGGI, Ana. Reflexiones sobre dos Principios Basilares del Derecho: la buena fé y los actos próprios. In: CORDOBA, Marcos; CORDOBERA, Lidia Garrido;

A BOA-FÉ NO DIREITO PRIVADO

também na doutrina brasileira.[159] A *exceptio doli*, também advinda do antigo direito comum, sobrevive nos sistemas de tradição romanística, ao menos como *ratio decidendi* implícita às soluções jurisprudenciais.[160]

O que há em comum entre as figuras parcelares da contraditoriedade desleal é a vedação a exercitar um direito subjetivo, faculdade, ou posição jurídica em contradição com a sua anterior conduta interpretada objetivamente segundo a lei, segundo os bons costumes[161] e a boa-fé, ou quando o exercício posterior se choque com a norma de conduta pautada pela boa-fé.[162] Nos variados Ordenamentos apresenta-se, ainda que sob formas e etiquetas diversas, a mesma ideia: é ilícito o aproveitamento de situações prejudiciais ao *alter* para a caracterização das quais tenha agido, positiva ou negativamente, o titular do direito ou faculdade.

2. A vedação à contraditoriedade desleal como «figura da experiência»

Correspondendo a uma *figura da experiência* – é dizer, a uma necessidade humana geral, socialmente percebida e culturalmente construída –, a vedação à contraditoriedade desleal transparece nos vários sistemas, com denominações e matizes próprios.

KLUGER, Viviana (Orgs.). *Tratado de la Buena Fe en el Derecho*. Buenos Aires: La Ley, 2004, p. 124-126; LÓPEZ MESA, Marcelo; ROGEL VIDE, Carlos. *La Doctrina de los Actos Propios*. Doctrina y jurisprudencia. Buenos Aires: Reus, 2005. Segundo Borda, a partir da reforma do Código Civil, de 1988, a regra que sanciona a inadmissibilidade de voltar contra os próprios atos se funda nos arts. 1.071 e 1.198. Contudo, mesmo antes daquela reforma, assegura, resultava possível à jurisprudência e à doutrina encontrar o seu fundamento no sistema do Código Civil e nos seus princípios gerais (BORDA, Alejandro. *La Teoria de los Actos Proprios*, 3.ª ed. Buenos Aires: Abeledo-Perrot, 2000, p. 53).

159. DANTAS JUNIOR, Aldemiro Rezende. *A Teoria dos Atos Próprios*. Elementos de Identificação e Cotejo com Institutos Assemelhados. São Paulo: Tese de Doutoramento. Pontifícia Universidade Católica de São Paulo, 2006. Disponível em <http://www.dominiopublico.gov.br/download/teste/arqs/cp011983.pdf>.

160. RANIERI, Filippo. Bonne foi et exercise du droit dans la tradition du civil law. *Revue Interationale de Droit Comparé*, vol. 4, 1989, p. 1090.

161. Enunciado 413 da V Jornada de Direito Civil do Conselho de Justiça Federal (2011) prevê: «413 – Art. 187: Os bons costumes previstos no art. 187 do CC possuem natureza subjetiva, destinada ao controle da moralidade social de determinada época, e objetiva, para permitir a sindicância da violação dos negócios jurídicos em questões não abrangidas pela função social e pela boa-fé objetiva». A redação é criticável, pois além de aproximar dois institutos diversos (função social e boa-fé objetiva) mantém a posição tradicional de vinculação entre bons costumes e moralidade. Melhor sorte atenderia às finalidades do art. 187 se «bons costumes» fossem equiparados às boas práticas cominadas aos diversos setores das atividades profissionais – como, por exemplo, boas práticas médicas, de engenharia e de advocacia, bem como em regras de *soft law*, ou ainda em «códigos» de conduta, tais como os integrantes da chamada «governança corporativa».

162. Assim, BORDA, Alejandro. *La Teoria de los Actos Proprios*. 2.ª ed. Buenos Aires: Abeledo-Perrot, 1993, p. 51; ENNECCERUS, Ludwig; NIPPERDEY, Hans Carl. *Derecho Civil*. Parte General. Tomo I, vol. II. Trad. espanhola de José Alguer e Blas Pérez González. Barcelona: Bosch, 1948, p. 482.

Função Corretora: a Boa-Fé e o Exercício Jurídico | 717

No Direito inglês, por exemplo, essa tutela é assegurada como meio de defesa pelo instituto da *estoppel*, cujo campo de aplicação é o processo,[163] residindo sua principal função em flexibilizar o formalismo processual para vedar o exercício à parte, que, por suas declarações ou conduta, conduziu a outra parte a modificar a sua posição em seu próprio detrimento. A ideia matriz está na inadmissibilidade, de, no processo, alegar e provar fatos contraditórios com a aparência que a mesma parte que produz tais alegações e provas havia criado.

No Direito italiano, por sua vez, os diversos casos subsumidos ao mesmo fundamento são reconduzidos à boa-fé objetiva e ao dever de *correttezza*, os quais têm «substancialmente aquele significado de respeito à esfera de interesses alheios que se materializa de modo especial, ainda que não exclusivamente, em deveres negativos, principalmente no dever de se abster a uma interferência "incorreta", prejudicial à outra parte».[164]

No Direito francês, a vedação à contraditoriedade se expressa no princípio da coerência, cujo espectro é alargado, abrangendo numerosas formas e setores de aplicação.[165] Conquanto a diversidade dos campos de incidência, a doutrina extrai «um princípio geral estigmatizando a contradição prejudicial ao cocontratante e também a terceiros, de maneira por vezes autônoma e profundamente original que tende a coerência ao ato ou comportamento viciado por uma antilogia».[166] Dentre as espécies de

---

163. Segundo o Direito inglês, a *estoppel* – ou *promissory estoppel* – seria utilizada apenas como matéria de defesa a impedir-se o exercício jurídico contraditório, embora não seja esta a solução de outros países de *common law* como a Austrália (ZIMMERMANN, Reinhard; WHITTAKER, Simon (Orgs.). *Good Faith in European Contract Law*. Cambridge: Cambridge University Press, 2000, p. 249. O instituto da *estoppel* não resta cingido, contudo, ao exclusivo campo processual. Entre as suas manifestações encontram-se a *estoppel by fact in pais*, que significa a impossibilidade de negar posteriormente, ou discutir em juízo, o título do adversário, ou direito que lhe havia sido reconhecido previamente; a *tenancy*, figura que abrange os arrendamentos e as relações possessórias em geral, e que significa o ato pelo qual uma pessoa atribui a outra a posse de certa coisa, vedando a discussão deste ato; o *bailment*, pelo qual quem entrega a outrem coisas móveis, por certo tempo, gratuita ou onerosamente, não pode discutir o direito de quem recebeu a coisa; o *estoppel by representation*, subtipo do *estoppel by fact in pais*; o *estoppel by record*, que corresponde ao princípio da eficácia da coisa julgada, vedando a quem colaborou com sua própria conduta pessoal para que um determinado ponto litigioso fosse decidido faça afirmações que contradigam a esta decisão; e o *estoppel by deed*, que tem certa relação com a eficácia probatória dos documentos públicos, uma vez que proíbe a negação posterior, pelo emitente de uma declaração constante de atos solenes, do conteúdo do declarado (para esta síntese consultei BORDA, Alejandro. *La Teoria de los Actos Proprios*. 2.ª ed. Buenos Aires: Abeledo-Perrot, 1993, p. 33-37). Em todos esses institutos se percebe idêntica *ratio*, qual seja a de coibir a contradição e o aproveitamento da própria torpeza.

164. BETTI, Emilio. *Teoría General de las Obligaciones*. Tomo 1. Trad. espanhola de José Luiz de los Mosos. Madrid: Editorial Revista de Derecho Privado, 1969, p. 88, em tradução livre. Veja-se, ainda, ZANA, Mario. La Regola della Buona Fede nell'Eccezione di Inadempimento. *Rivista Trimestrale di Diritto e Procedura Civile*, vol. 26, Milano, Giuffrè, 1972, p. 1.376.

165. HOUTCIEFF, Dimitri. *Le Principe de Cohérence en Matière Contractuelle*. Tomo 1. Aix-en-Provence: Presses Universitaires d'Aix-Marseille, 2001, p.22-23.

166. HOUTCIEFF, Dimitri. *Le Principe de Cohérence en Matière Contractuelle*. Tomo 1. Aix-en-Provence: Presses Universitaires d'Aix-Marseille, 2001, p. 940-941, 945-946.

718 | A BOA-FÉ NO DIREITO PRIVADO

contraditoriedade, está a apanhada pelo dever de coerência consigo mesmo – também visto sob o prisma da interdição de contradizer a própria conduta em detrimento do *alter*. São vedados, nessa linha, um «voltar atrás inopinado» (*revirement inopiné*), acentuando-se os seus laços com a Teoria da Aparência e a figura da *estoppel*.[167]

O efeito primordial dessas figuras é o de atuar no plano da eficácia do negócio para impedir que a parte que tenha violado deveres legais ou contratuais exija o cumprimento pela outra parte, ou valha-se do seu próprio incumprimento para beneficiar-se de disposição contratual ou legal. Corrigem-se, assim, os efeitos do comportamento contraditório do agente que, tendo criado no *alter*, por palavras ou comportamentos concludentes, a justa expectativa de que certa conduta seria mantida ou determinado direito não seria usado, vem, posteriormente, alterar esse quadro, em prejuízo de quem confiara. Por isso mesmo, nem sempre a violação do parâmetro de conduta implicado importará em pretensão indenizatória: esta haverá caso comprovados os demais requisitos da responsabilidade civil. Mas poderá surgir pretensão às tutelas de cessação do ilícito; ou à paralisação (suspensão) do exercício desleal; ou, em alguns casos, a vedação à *repetitio*.[168]

Porém, não basta o fato da contraditoriedade – isoladamente considerada – para tachar-se determinada conduta contraditória como *ilícita*. Pode não haver consequências jurídicas à contradição que, afinal, integra a condição humana. É preciso averiguar se a conduta contraditória atinge aqueles vetores postos no art. 187 da Lei Civil como «balizas da licitude» no modo do exercício. Haverá ilicitude quando a contraditoriedade importar em uma *deslealdade* e não houver *justa causa* para a contraditoriedade.[169]

Conquanto a contraditoriedade esteja no núcleo dessas várias figuras, em cada uma delas enfatiza-se um aspecto peculiar, exigindo-se a adjunção de outros requisitos, como agora se assinalará.

---

167. HOUTCIEFF, Dimitri. *Le Principe de Cohérence en Matière Contractuelle*. Tomo I. Aix-en-Provence: Presses Universitaires d'Aix-Marseille, 2001, p. 940-945.

168. Ver, *infra*, neste CAPÍTULO, §72, 2.

169. Como se verá, *supra*, para incidência do *venire contra factum proprium*, necessária será a ausência de motivo justo para a alteração de comportamento, como explica Fiorenzo Festi, «(...) la formula può servire a precisare che devono ritenersi scorretti quegli atti di esercizio di poteri contrastante con la precedente condotta, quando la contraddizione non possa ritenersi giustificata da un motivo meritevole» (FESTI, Fiorenzo. *Il divieto di "venire contro il fatto proprio"*. Milano: Giuffrè, 2007, p. 244). Com efeito, para a configuração do *venire*, «o comportamento posterior contrário ao *factum proprium* deve ser praticado dentro do quadro fático em que se desenvolve a relação, a fim de representar quebra da confiança legítima gerada em uma das partes pelo primeiro comportamento. Logo, se, o titular de posição jurídica ativa exercê-la em contradição com comportamento anterior dentro de iguais ou similares circunstâncias fáticas, esse exercício será sem o motivo justo. Ao contrário, se advêm fatos novos a alterar o quadro fático em que se desenvolve a relação entre as partes, o exercício da posição jurídica ativa pelo titular será de molde a afastar a configuração do *venire*» (como escrevi conjuntamente com Gustavo Haical em parecer de abril de 2020).

§ 74. O *venire contra factum proprium*

1. Proposição

É a deslealdade, além da contraditoriedade com a própria conduta, que está no núcleo da figura conhecida como *venire contra factum proprium non valet* (ou, simplesmente, *nemo potest venire contra factum proprium*). Para a caracterização da ilicitude apanhada pela vedação ao *venire contra factum proprium*, o fato da contradição é necessário, mas não suficiente.[170] É preciso que a «segunda conduta» frustre legítimo *investimento de confiança*, feito pela parte que alega a contradição, em razão da «primeira conduta» (o *factum proprium*), pois a coibição implicada na parêmia *venire contra factum proprium non potest* tem como bem jurídico proteger o *alter*, «evitando a quebra de sua confiança legítima».[171] É necessário, bem assim, que o «voltar atrás» seja injustificado.[172]

2. Noção

A doutrina define o *venire contra factum proprium* como a tradução do «exercício de uma posição jurídica em contradição com o comportamento exercido anteriormente

---

170. MARTINS-COSTA, Judith. A Ilicitude Derivada do Exercício Contraditório de um Direito: o renascer do *venire contra factum proprium*. In: REALE, Miguel (Org.). *Experiências do Direito*. Campinas: Millenium, 2004, p. 24-25; MARTINS-COSTA, Judith. Os Avatares do Abuso de Direito e o Rumo Indicado pela Boa-Fé. In: TEPEDINO, Gustavo (Org.). *Direito Civil Contemporâneo*. Novos problemas à luz da legalidade constitucional. Congresso Internacional de Direito Civil-Constitucional da Cidade do Rio de Janeiro, 2008. Rio de Janeiro: Atlas, 2008, p. 57-95; MARTINS-COSTA, Judith. Princípio da confiança legítima e Princípio da Boa-Fé Objetiva. Termo de Compromisso de Cessação (TCC) ajustado com o CADE. Critérios da Interpretação Contratual: os «sistemas de referência extracontratuais» («circunstâncias do caso») e sua Função no Quadro Semântico da Conduta Devida. Princípio da Unidade ou Coerência Hermenêutica e «usos do tráfico». Adimplemento Contratual. Parecer. *Revista dos Tribunais*, vol. 852, São Paulo, Revista dos Tribunais, out. 2006, p. 85-126. Sobre aspectos do VCFC no contrato de corretagem e de franquia, respectivamente: MARTINS-COSTA, Judith; HAICAL, Gustavo. Corretor Autônomo e a Empresa de Corretagem: entre colaboração e subordinação. In: FREDIANI, Yone (Coord.). *A Valorização do Trabalho e a Livre-Iniciativa*. Porto Alegre: LexMagister, 2015, p. 131-154 (Similarmente, no Parecer: Contrato de Corretagem Imobiliária. Elementos de Existência, Validade e Eficácia. Contato Social de Consumo. Dever de Informar. Venda Casada e Assunção de Dívida. Pagamento Indevido de Comissão de Corretagem. Responsabilidade Solidária entre Incorporadora e Imobiliária. Prazo Prescricional. *Revista dos Tribunais*, vol. 966, n. 215, 2015, São Paulo, p. 261-303.) E MARTINS-COSTA, Judith. Breves Notas sobre o Contrato de Franquia e a Relação Contratual de Emprego. *Revista Memória*, n. 2, ano 2, abr. 2023, p. 22-23.

171. SCHREIBER, Anderson. *A Proibição do Comportamento Contraditório*. Tutela da Confiança e *Venire Contra Factum Proprium*. Rio de Janeiro: Renovar, 2005, p. 169.

172. Veja-se, no «caso da loja de vestuários», a observação do julgador acerca de a vendedora ter voltado atrás em sua atitude de, inclusive, auxiliar a compradora, «sem motivo razoável»; e, no caso do contrato não registrado, a atenção dada ao fato de a esposa do vendedor ter declarado expressamente, em outra lide, o seu reconhecimento à validade do contrato. (TJRS. Ap. Cív. n. 58907395. Quinta Câmara Cível. Relator Des. Ruy Rosado de Aguiar Jr. Julgamento em 19.12.1989). Referido adiante, neste §74, 6.

pelo exercente».[173] Tradicionalmente, os sistemas jurídicos advindos da tradição do *ius commune* têm como inadmissível que um agente assuma uma atitude em oposição a uma conduta anterior, ou fundamente a sua posição em um litígio invocando fatos que contrariem as suas próprias afirmações anteriores. Tecnicamente, configura um limite ao exercício de um direito subjetivo, ou potestativo, ou de uma faculdade. Para a sua configuração, são exigidos «dois comportamentos da mesma pessoa, lícitos em si e diferidos no tempo. O primeiro – repita-se, o *factum proprium* – é, porém, contrariado pelo segundo».[174]

Por essa definição e pelos requisitos que contém, já se vê que duas dificuldades, pelo menos, cercam a sua operatividade, razão pela qual chega a ser considerada «uma das figuras mais complicadas de todo o direito privado».[175] A primeira diz respeito ao seu âmbito de delimitação e a segunda concerne à articulação com a boa-fé objetiva.

3. Âmbito de delimitação

Quanto ao âmbito de delimitação, a dificuldade decorre de uma constatação elementar: não é possível ao direito vedar, de forma absoluta, as contradições da conduta humana.[176] Somos afeitos a lidar com o acaso e com o inesperado; nossa própria sobrevivência como espécie não toleraria o rígido e imutável planejamento. A total coerência seria um injusto cárcere, pois nossa liberdade compreende o mudar de opinião, e a autoescuta frequentes vezes leva à contradição.[177] A proibição de toda e qualquer conduta contraditória seria, pois, mais que uma abstração, um castigo. Estar-se-ia a enrijecer todas as potencialidades da surpresa, do inesperado e do imprevisto na vida humana. Portanto, o que o princípio proíbe como contrário ao interesse digno de tutela jurídica é o comportamento contraditório que mine a *relação de confiança recíproca* minimamente necessária para o bom desenvolvimento do tráfico negocial.

Isso, porque «dentro da comunidade de pessoas responsáveis (ou imputáveis) a toda conduta (conduta significativa, comunicativa) é inerente uma "responsabilidade" – no sentido de um "responder" pelas pretensões de verdade, de rectitude ou de

---

173. MENEZES CORDEIRO, António Manuel. *Da Boa-Fé no Direito Civil.* Coimbra: Almedina, 1984, p. 742.

174. MENEZES CORDEIRO, António Manuel. *Da Boa-Fé no Direito Civil.* Coimbra: Almedina, 1984, p. 745.

175. SCHMIDT, Jan Peter. Comentário ao REsp 1.461.301/MT. *Revista de Direito Civil Contemporâneo,* São Paulo, ano 3, vol. 7, abr./jun. 2016, p. 421.

176. Valha a insuperável referência literária: O homem, escreveu magistralmente Borges, nada mais é que «un hecho entre los hechos/que vive en la zozobra cotidiana/y dirige para exaltaciones y penas/la incertitud de los otros». (BORGES, Jorge Luis. Rosas. *Fervor de Buenos Aires.* Obras Completas. Tomo I. Buenos Aires: Emecé, 1974, p. 28.) E também Whitman, em Song of Myself: «Do I contradict myself?/ Very well then I contradict myself,/ (I am large, I contain multitudes.)». (WHITMAN, Walt. Leaves of Grass, Part 51).

177. Assim desenvolvi em MARTINS-COSTA, Judith. Os dilemas da incoerência. In: CASTRO NEVES, José Roberto (Org.). *Ele, Shakespeare, visto por nós, advogados.* Rio de Janeiro: Edições de Janeiro, 2017, p. 153-162.

FUNÇÃO CORRETORA: A BOA-FÉ E O EXERCÍCIO JURÍDICO | 721

autenticidade inerentes à mensagem que essa conduta transmite».[178] E, além dessa pretensão de verdade, as condutas comunicativas (promessas, principalmente, mas também informações, conselhos, recomendações, atestados, certificações, declarações de ciência), também tem outro efeito: criam expectativas quanto à conduta futura dos agentes, muito embora a vinculação não tenha em todos os casos a mesma eficácia,[179] estando em relação com a *legitimidade da expectativa* suscitada. Não seria possível, nem justo, responder por toda e qualquer representação mental feita pelo *alter* acerca de nossa própria conduta. A expectativa protegida pelo direito é apenas aquela que se qualifica como *legítima*, porque legitimada por fatores racionalmente apreensíveis e objetiváveis.

Rege essa matéria uma perspectiva escalonada, que permite perceber graus de autovinculação e formas diversas de ordenação das condutas contraditórias e responsabilização (em sentido amplo) do agente que se contradiz: desde as consequências de um inadimplemento contratual imputável (forma mais grave de violação da confiança legítima, por contrariedade a uma promessa traduzida em declaração negocial bilateral)[180] até a paralisação do exercício de um direito, ou a sua extinção, ou, ainda, a declaração da ineficácia de uma conduta que, se não fosse contraditória com a conduta anterior do mesmo agente, produziria determinados efeitos jurídicos. Essa paralisação ou essa ineficácia (da segunda conduta) tem por função precípua proteger o destinatário da declaração contra danos que adviriam de um investimento de confiança (na primeira conduta, isto é, aquela que foi contrariada pela segunda).

Esse é justamente o campo do *venire contra factum proprium non valet*. Como bem já observado,[181] a invocação do brocardo adquire pleno sentido e utilidade concernentemente aos atos não de *per se* contratualmente vinculantes, pois, em relação a estes, a figura do inadimplemento (com seus efeitos específicos, *ex vi* do art. 394 e seguintes do Código Civil) é, em linha de princípio, perfeitamente suficiente para sancionar a contraditoriedade que está em descumprir imputavelmente o que se prometeu cumprir.

Isso não significa que esteja afastado do contexto contratual. Pelo contrário, é do contraste entre texto, contexto e comportamento que se avaliará se houve contradição

---

178. BAPTISTA MACHADO, João. Tutela da Confiança e *Venire Contra Factum Proprium*. *Obra Dispersa*, vol. I. Braga: Scientia Ivridica, 1991, p. 351.

179. BAPTISTA MACHADO, João. Tutela da Confiança e *Venire Contra Factum Proprium*. *Obra Dispersa*, vol. I. Braga: Scientia Ivridica, 1991, p. 354.

180. Todo contrato é ato de planejamento sobre o futuro. Esta é a sua função básica, elementar: os contratos seriam um *nonsense* se não servissem para fixar o futuro, planejando-o, apreendendo-o e assim evitando certos efeitos das surpresas carreadas pelo porvir. Justifica-se, por esta razão, um dever de coerência contratual. Não podem os contraentes agir impunemente contra o contrato, não podem atuar contraditoriamente aos fins do contrato. Nestes casos, porém, configura-se o inadimplemento e não somente a incursão em situação vedada pelo *venire contra factum proprium*.

181. SCHREIBER, Anderson. *A Proibição do Comportamento Contraditório. Tutela da Confiança e Venire Contra Factum Proprium*. Rio de Janeiro: Renovar, 2005, p. 221.

722 | A BOA-FÉ NO DIREITO PRIVADO

– e se essa foi desleal. Assim, por exemplo, quem autoriza verbalmente o parceiro contratual a adotar determinado procedimento que, segundo o contrato, haveria de ser dado por escrito e vem, depois, alegar violação ao contrato, incorreria em *venire contra factum proprium*, pois a segunda ação vem contra a primeira, da qual nascera a confiança do parceiro de que a autorização estava adequadamente dada.

4. Ligação à boa-fé

O segundo ponto está na ligação com a boa-fé. Segundo Wieacker, a fórmula *venire contra factum proprium non valet* expressa de forma tão imediata a essência da obrigação de comportar-se de acordo com a boa-fé que «a partir desta se ilumina a totalidade do princípio».[182] Relaciona-se o *venire* com a boa-fé objetiva, porque não pressupõe a má-fé como elemento da expectativa criada na contraparte. «A exigência de confiança não constitui obrigação de veracidade subjetiva, mas – como na moderna teoria da declaração de vontade – o não se separar do valor de significação, que à própria conduta pode ser atribuído pela outra parte», resultando que o princípio consubstancia «uma aplicação do princípio da confiança no tráfico jurídico, e não uma específica proibição da má-fé e da mentira».[183]

O objeto imediato da valoração jurídica é a *fides*, confiança investida, pois a proibição do *venire contra factum proprium* não tem por escopo preservar a conduta inicial, mas antes sancionar a própria violação objetiva do dever de lealdade para com a contraparte. A conduta que viola a *fides* é um pressuposto de fato, fato constitutivo, por assim dizer, «do contexto situacional em que a segunda conduta poderá ser valorada como ilícita»,[184] se presentes os demais requisitos necessários para a materialização da ilicitude.

Estes serão plenamente revelados à luz de concretas circunstâncias, mas, como regra geral, admite-se incidirem quando já surge uma situação jurídica ocorrida pelo *factum proprium*, situação da qual decorre benefício, ou a expectativa de benefício, para a contraparte, à qual se segue uma contradição, originada por um segundo comportamento pelo autor do *factum proprium*. É justamente neste sentido que pode ocorrer tanto quando uma pessoa manifesta a intenção, mesmo em termos que não a vinculem,[185] de não vir a praticar determinado ato, e depois o praticar, quando na situação inversa,

---

182. WIEACKER, Franz. *El Principio General de la Buena Fe*. Trad. espanhola de Jose Juiz Carro. Madrid: Civitas, 1977, p. 60-61, em tradução livre.

183. WIEACKER, Franz. *El Principio General de la Buena Fe*. Trad. espanhola de Jose Juiz Carro. Madrid: Civitas, 1977, p. 61-62. *Vide, supra*, CAPÍTULO III, §21, acerca da inter-relação entre boa-fé e confiança.

184. BAPTISTA MACHADO, João. Tutela da Confiança e *Venire Contra Factum Proprium*. *Obra Dispersa*, vol. I. Braga: Scientia Ivridica, 1991, p. 379.

185. Isto é, o *venire* não integra a categoria dos atos jurídicos ou negócios que vinculem o autor da declaração, em termos de o segundo comportamento representar uma violação desse dever específico, pois aí estar-se-ia no campo da responsabilidade contratual, e não no da inadmissibilidade do exercício de posições jurídicas, como sustenta MENEZES CORDEIRO, António Manuel. *Da Boa-Fé no Direito Civil*. Coimbra: Almedina, 1984, p. 746.

FUNÇÃO CORRETORA: A BOA-FÉ E O EXERCÍCIO JURÍDICO | 723

qual seja o de a pessoa declarar, também em termos que não a vinculem especificamente, que praticaria determinado ato e, posteriormente, não o praticar.[186]

Exemplifique-se com caso julgado pelo Tribunal de Justiça de São Paulo[187] em que se julgou hipótese de exclusão de sócio por alegada quebra de «*affectio societatis*», o *caso do sócio que queria ser sócio e credor*.[188]

Um sócio, excluído do quadro social por alegada quebra de *affectio societatis*, requereu judicialmente a anulação da deliberação societária, afirmando inexistir justa causa para a sua exclusão.

O Desembargador Relator desacolheu a pretensão, fundado na regra do art. 1.085 do Código Civil que, dentre outros requisitos, exige que a expulsão de sócio do quadro social há de ser motivada em «justa causa». Concordando em também negar provimento ao recurso, alinhou, todavia, diversa fundamentação: reconhecendo, embora, o requisito da «justa causa» posto no art. 1.085 do Código Civil, concluiu que a mera alegação de quebra de *affectio societatis* não configurava, por si mesma, a justa causa legalmente exigida. No caso, a própria ata da assembleia revelava que a exclusão se dera por «incompatibilidade entre os sócios», sem imputar, todavia, a ocorrência de fato grave, sério, objetivo, que coloque em risco a finalidade da empresa.[189] E explicitou:

«Parece claro que o Ordenamento jurídico não compraz que o severo instituto da exclusão de sócio minoritário, regulado pelo art. 1.085 do Código Civil, sirva de pretexto para colocar fim a desavenças individuais ou discordâncias genéricas. (...) A razão que me impele a manter a sentença de improcedência é outra. Investe o sócio excluído contra a regularidade da assembleia, pedindo a nulidade da deliberação social, por violação ao disposto no art. 1.085 do novo Código Civil.

Paralelamente, porém, ajuizou ação de apuração de haveres, a qual tem por pressuposto a regularidade da demissão do sócio.

Das duas, uma. Ou o autor deseja voltar à sociedade, porque a deliberação social foi nula, ou, ao contrário, se conforma com a exclusão e deseja receber o seu crédito. «(...) Sua conduta tipifica *venire contra factum proprio* (*sic*), locução que não permite agir em contradição com o comportamento anterior». E acrescentou-se: «[a] conduta antecedente gera legítimas expectativas em relação à contraparte, de modo que não se admite a volta sobre os próprios passos, com quebra da lealdade e da confiança».[190]

---

186. MENEZES CORDEIRO, António Manuel. *Da Boa-Fé no Direito Civil*. Coimbra: Almedina, 1984, p. 747.

187. TJSP. Ap. Cív. 0001083-02.2010.8.26.0002. Sexta Câmara de Direito Privado. Relator Des. Paulo Alcides Amaral Salles. Revisor Des. Francisco Loureiro. Julgamento em 13.09.2012. *DJ* de 13.11.2012.

188. Agradeço o envio do acórdão ao Professor Marcelo Vieira von Adamek.

189. Assim a fundamentação do voto do Revisor, TJSP. Ap. Cív. 0001083-02.2010.8.26.0002. Sexta Câmara de Direito Privado. Relator Des. Paulo Alcides Amaral Salles. Revisor Des. Francisco Loureiro. Julgamento em 13.09.2012. *DJ* de 13.11.2012.

190. Assim escreveu o Revisor em seu voto no *caso do sócio que queria ser sócio e credor*, ora comentado.

5. Requisitos

Não basta alegar e demonstrar que o comportamento da parte *ex adversa* foi incoerente. A configuração da figura carece da observância de requisitos, ou pressupostos de aplicação.[191] São eles: (*i*) a ação de uma pessoa da qual se segue um benefício para alguém; (*ii*) a contrariedade a essa ação, em desfavor daquele a quem fora criado o benefício, por meio de outra ação do mesmo agente; (*iii*) a conexidade entre as condutas contraditórias, entre si e com o inconformismo que a contradição gera no lesado; (*iv*) o investimento de confiança por parte do suposto lesado, sendo esse investimento de confiança traduzido em atos ou atividades; (*v*) o fato de a contraparte exercer alguma atividade posterior em razão da confiança que nela foi gerada, em geral ocasionando um dano, atual ou potencial, para o lesado, por ter confiado, legitimamente, na primeira conduta; (*vi*) a não vinculabilidade obrigacional do *factum proprium*; (*vii*) a ausência de motivo justo para a mudança no comportamento; (*viii*) a deslealdade implicada no voltar atrás, lesando a confiança legitimamente investida; e (*ix*) a imputabilidade do ato a quem, deslealmente, voltou atrás.

6. Consequência

O *venire contra factum proprium* não implica geração de declaração negocial nem tem a eficácia de extinguir a posição jurídica ativa do titular que adotou comportamento contraditório.

A razão está em que o *venire contra factum proprium* não comporta a extinção definitiva e irremediável de um direito.[192] Esse argumento ganha maior reforço ao se constar que a *suppressio* – figura também decorrente da boa-fé, também enucleada no art. 187 do Código Civil e igualmente incidente ao exercício jurídico, sendo comumente associada à ideia de extinção definitiva e irremediável da posição jurídica ativa do titular – é causa de suspensão parcial de seu exercício,[193] mas não de extinção do direito.

Assim como não se pode desproteger o confiante na proporção da confiança investida (o que se alcança, como se viu, por via da responsabilidade, nos casos em que tem cabimento o *venire*), a neutralização peremptória de uma posição jurídica ativa

---

191. Acerca da superinvocação do *venire contra factum proprium* e da evolução do meu pensamento sobre o tema: Xavier, Rafael Branco. A evolução do *venire contra factum proprium* (um diálogo com a obra de Judith Martins-Costa). In: Benetti, Giovana *et al.* (Org.). *Direito, Cultura e Método*: Leituras da Obra de Judith Martins-Costa. Rio de Janeiro: GZ Editora, 2019, p. 300-319.

192. Festi, Fiorenzo. *Il divieto di "venire contro il fatto proprio"*. Milano: Giuffrè, 2007, p. 244. O autor, além de negar a eficácia extintiva de posição jurídica por configuração do *venire*, afirma que a paralisação momentânea apenas ocorreria em relação aos poderes potestativos.

193. Ávila, Humberto. *Suppressio* – limitação de direito por exercício tardio: definição e requisitos de aplicação. In: Benetti, Giovana *et al.* (Org.). *Direito, Cultura, Método*: Leituras da Obra de Judith Martins-Costa. Rio de Janeiro: GZ Editora, 2019, p. 325-326. De igual modo: Neves, Julio Gonzaga Andrade. *A Suppressio (Verwirkung) no Direito Civil*. São Paulo: Almedina, 2016, p. 130-131.

criar-lhe-ia não uma proteção, mas a conquista de uma vantagem maior. Assim está expresso com clareza em trabalho recente que averba ser essa conclusão – é dizer, o surgimento de uma neutralização peremptória da posição jurídica ativa – «talvez, o principal e mais perigoso equívoco da dogmática brasileira a seu propósito».[194] Nesse mesmo sentido, caminha o Enunciado 617 do Conselho da Justiça Federal relativo à interpretação do art. 187 do Código Civil quando aplicável às figuras decorrentes do comportamento contraditório, *in verbis*: «O abuso do direito impede a produção de efeitos do ato abusivo de exercício, na extensão necessária a evitar sua manifesta contrariedade à boa-fé, aos bons costumes, à função econômica ou social do direito exercido».[195] E, igualmente, assim declara avisada jurisprudência, que reconhece a perda da eficácia de um direito (e não sua extinção) quando este longamente não é exercido ou observado.[196]

7. A jurisprudência

Por vezes, os Tribunais têm feito larga – e até mesmo excessiva –[197] aplicação da máxima *venire contra factum proprium non valet*, em situações de Direito Civil, do Consumidor, Comercial, Administrativo e Tributário e até mesmo no Direito Penal e

---

194. Assim: Neves, Julio Gonzaga Andrade. *A Suppressio (Verwirkung) no Direito Civil*. São Paulo: Almedina, 2016, p. 187, *in verbis*: «A *suppressio* é instituto para a não piora da situação o indivíduo confiante, e não para a melhora de sua posição, pondo-o em patamar mais vantajoso do que aquele projetado em um cenário de licitude. Em uma frase: *suppressio* serve à proteção do confiante, e não à sua promoção – sendo este, talvez, o principal e mais perigoso equívoco da dogmática brasileira a seu propósito». Na doutrina portuguesa, *e.g.*: Machado, João Baptista. Tutela da confiança e *venire contra factum proprium*. In: *Obra Dispersa*, vol. 1. Braga: Scientia Ivridica, 1991, p. 370.

195. Justificativa do Enunciado 617 do CEJ: «O abuso de direito, sobretudo em *venire contra factum proprium* e *suppressio*, tem sido identificado como causa de extinção do direito exercido» (Oliveira, José Lamartine Corrêa. A «Verwirkung», a Renúncia Tácita, e o Direito Brasileiro. In: *Estudos em Homenagem ao Professor Washington de Barros Monteiro*. São Paulo: Saraiva, 1982, p. 178). A extinção de direito por ato ilícito reclama seja este ato ilícito caducificante, o que dependeria de previsão legal inexistente na espécie. A vítima de abuso tem direito à reparação das perdas sofridas e tutela inibitória para obstar o exercício abusivo. Se o exercício tiver se exaurido, a tutela obstará a produção de seus efeitos. Não se cuida de inibição *stricto sensu*, mas de declaração de ineficácia do exercício em razão de sua ilicitude (Gomes, Elena de Carvalho. *Entre o Actus e o Factum: os comportamentos contraditórios no direito privado*. Belo Horizonte: Del Rey, 2009, p. 115; Andrade Neves, Julio G. *A Suppressio (Verwirkung) no Direito Civil*. São Paulo: Almedina, 2016, p. 128 e ss.).

196. No STJ: «a *suppressio*, regra que se desdobra do princípio da boa-fé objetiva, reconhece a perda da eficácia de um direito quando este longamente não é exercido ou observado» (STJ. REsp 1.096.639/DF. Terceira Turma. Relatora Min. Nancy Andrighi. Julgamento em 09.12.2008). A deseficacização não é necessariamente integral. Ao contrário: a deseficacização deve buscar preservar ao máximo o ato de exercício, excluindo apenas o imprescindível a que não seja, ao fim, manifestamente contrário aos critérios do art. 187.

197. *Vide* item 6, neste parágrafo.

Processual Penal. O *leading case* está em entendimento esposado pelo Supremo Tribunal Federal em Recurso Extraordinário versando acerca de Direito Patrimonial de Família.[198] Só a partir dos anos 90 do século XX é que a jurisprudência brasileira virou-a em direção à boa-fé objetiva,[199] a partir de decisão do Tribunal de Justiça do Rio Grande do Sul (a seguir referida) que, além do seu intrínseco valor, é paradigmática justamente pela vinculação direta entre a aplicação do *venire* e o princípio da boa-fé *objetiva*, uma vez que a decisão pioneira do STF o ligava à acepção subjetiva de boa-fé. Cabe, por isso mesmo, começar o exame por esse aresto já de outra feita exposto e denominado,[200] o *caso da loja de vestuários*:

«*Venire contra factum proprium.* Contrato. A vendedora de loja de vestuário que auxilia o comprador nos primeiros dias da nova administração e assina pedidos de novas mercadorias não pode depois cancelar todos os pedidos ainda não recebidos, assim inviabilizando a normal continuidade do negócio, sem que para isso tenha motivo razoável. Ação indenizatória julgada procedente. Apelo provido em parte, para reduzir a indenização».[201]

O caso – ação de indenização – versou acerca de negócio de alienação (trespasse) de estabelecimento comercial de pequeno porte, e das mercadorias lá estocadas, dirigidas ao comércio de vestuários, em Porto Alegre, sendo instrumentalizado mediante contrato de singela redação. Ocorre que, feito o negócio, o comprador, em razão de atos praticados pela vendedora, ficou com a expectativa de continuar recebendo as mercadorias já encomendadas e as que acabara de encomendar. Isso porque, enquanto o comprador providenciava o seu registro no CGC (Cadastro Geral de Contribuintes) nos primeiros dias de funcionamento da loja recém-adquirida, a vendedora emprestou-lhe o seu registro, a fim de que não houvesse solução de continuidade em relação às encomendas.

Posteriormente, porém, a vendedora voltou atrás. Ao que parece, em razão de desavença com o comprador, decidiu cancelar, junto aos fornecedores, o pedido de mercadorias encomendadas sob o seu número de registro no CGC. Com isso, perdeu o comprador a mercadoria com a qual contava para dar normal andamento ao negócio. Afirmou, com efeito, que, «sem efetuar novos pedidos, com a necessária antecipação, e sem receber as mercadorias ainda não entregues, mas já encomendadas, (...) estaria

---

198. STF. RE 867822/RS. Relator Min. Leitão de Abreu. Julgamento em 20.10.1978, não publicado.
199. TJRS. Ap. Cív. 589073956. Quinta Câmara Cível. Relator Des. Ruy Rosado de Aguiar Jr. Julgamento em 19.12.1989.
200. Martins-Costa, Judith. *A Boa-Fé no Direito Privado*: sistema e tópica no processo obrigacional. São Paulo: Revista dos Tribunais, 1999, p. 466 e ss.
201. TJRS. Ap. Cív. 589073956. Quinta Câmara Cível. Relator Des. Ruy Rosado de Aguiar Jr. Julgamento em 19.12.1989. Comentei este acórdão em Martins-Costa, Judith. O Princípio da Boa-Fé. *Revista da Ajuris*, Porto Alegre, ano XVII, vol. 50, 1990, p. 207-227, examinando-o, contudo, em perspectiva geral, juntamente com outras duas decisões amparadas na boa-fé, relativas à teoria da base objetiva do negócio e à doutrina do adimplemento substancial. O exame agora feito particulariza o tema específico do *venire*.

FUNÇÃO CORRETORA: A BOA-FÉ E O EXERCÍCIO JURÍDICO | 727

inviabilizado de obter os frutos que tinha justa expectativa de auferir, quando da celebração do negócio», do que lhe ocorreu sério dano patrimonial.

Demandada em juízo, alegou a vendedora que o negócio realizado entre as partes compreendia apenas as instalações e mercadorias existentes na loja à época da conclusão do negócio, não tendo sido ajustada a inclusão de mercadorias decorrentes de encomendas feitas e ainda não entregues. Ao contrário, a responsabilidade pelo pagamento de mercadorias referentes às encomendas seria da própria vendedora, conforme cláusula contratual expressa, motivo pelo qual poderia cancelar o pedido. Afirmou, ainda, não ter autorizado o comprador a utilizar o seu nome comercial e a sua inscrição no CGC para efetuar compras.

A prova testemunhal indicou que a vendedora havia, efetivamente, emprestado o seu nome comercial e o registro, e, mais ainda, ser «usual e implícito», neste tipo de negócio, «que o comprador continue usando o CGC do vendedor até a regularização da situação, pois os fornecedores exigem a inscrição do CGC para fornecer mercadorias. Se assim não fosse, o comprador teria de fechar as portas do estabelecimento até que estivesse munido da inscrição comercial».[202]

Com base nesses elementos de ordem fática reveladores da efetiva conduta contratual, apelou o julgador ao princípio da boa-fé objetiva, «que vigora no Brasil, com alcance geral, apesar de não constar no nosso Código Civil dispositivo semelhante ao § 242 do BGB».[203] Ponderando ser este princípio, «no âmbito do Direito Obrigacional, fonte de criação de especiais deveres de conduta exigíveis em cada caso, de acordo com a natureza da relação jurídica e com a finalidade perseguida pelas partes»,[204] concretizou estes «especiais deveres de conduta», como segue:

«No caso dos autos, estes deveres especiais, acessórios ou anexos, consistiam em impor à vendedora da pequena loja o *dever de abster-se de assumir comportamento inviabilizador da normal continuidade do negócio* adquirido pelo autor, dependente – como é sabido – do recebimento de mercadoria adequada para cada estação, previamente encomendada, pois a época da comercialização pelas indústrias é bem anterior à da venda no varejo».[205]

De fundamental importância foi a consideração do fato de constituir «usos do comércio» a prática da continuidade na utilização do CGC, acentuando-se:

«É razoável acreditar-se, pois, que essa continuidade era uma *naturalia negotii* não convencionada de forma expressa, precisamente porque vale entre as partes como *naturalia*. Fundamentalmente, é aqui que as obrigações acessórias derivadas da natureza das coisas encontram o seu sítio, em particular as consequências necessárias das obrigações aceitas de modo expresso – no sentido da máxima de direito territorial: "quando

---

202. Conforme consta de depoimento aludido no relatório do acórdão.

203. Na época, vigia o Código Civil de 1916.

204. Fundamentação do voto, em acordo à lição de Luis Diez-Picazo, no «prólogo» ao estudo de WIEACKER, Franz. *El Principio General de la Buena Fe*. Trad. espanhola de Jose Juiz Carro. Madrid: Civitas, 1977, em tradução livre. Destaques meus.

205. Destaques meus.

A BOA-FÉ NO DIREITO PRIVADO

as leis outorgam direitos, também concedem o meio sem o qual não poderiam ser exercitados (Franz Wieacker, ob. cit., p. 54)».

Do que a qualificação jurídica dos fatos:

«Além de caber ao juiz, na aplicação do princípio da boa-fé, determinar a existência dos deveres acessórios, não expressamente previstos, mas inerentes ao negócio e à finalidade buscada pelas partes, (...) ainda se *extrai dele uma máxima de conduta ético-jurídica*, sobre a inadmissibilidade de comportamento contrário à boa-fé. Nesta parte, *acolhe-se o princípio de "venire contra factum proprium"*».

Este, então, vem assim explicitado no acórdão:

«Por força da lealdade a que as partes reciprocamente estão coligadas, não se permite que o comportamento prévio de uma delas, gerador de justificada expectativa, seja contrariado posteriormente, em prejuízo da outra. No caso, a ré foi auxiliar o comprador, nos primeiros dias após a celebração do negócio, e ali efetuou pedidos de novas mercadorias, alguns deles em seu próprio nome e fornecendo o seu CGC, apesar de já transferido o negócio (...). Quem assume esta conduta evidencia estar autorizando os pedidos assim formalizados; não pode, logo depois, sem outra razão aparente, ordenar o seu cancelamento».[206]

A consequência da infração dos deveres de lealdade, assim concretizados, expressou-se no provimento do pedido indenizatório, apurado o *quantum* por arbitramento dos prejuízos sofridos pelo comprador com os cancelamentos das encomendas, na relação com o lucro líquido que teria com a venda das mercadorias.

Daí para a frente, a figura teve maior divulgação, impulsionada por obras de valor doutrinário.[207] Ilustrando a figura, na jurisprudência do Superior Tribunal de Justiça, colhem-se exemplos da concretização do *venire contra factum proprium* tanto no âmbito do Direito Público[208] quanto no do Direito Privado, nos quais a figura vem vinculada à aplicação do princípio da boa-fé objetiva.

---

206. Destaques meus.

207. SCHREIBER, Anderson. *A Proibição do Comportamento Contraditório*. Tutela da Confiança e Venire Contra Factum Proprium. Rio de Janeiro: Renovar, 2005; DANTAS JUNIOR, Aldemiro Rezende. *A Teoria dos Atos Próprios*. Elementos de Identificação e Cotejo com Institutos Assemelhados. São Paulo: Tese de Doutoramento. Pontifícia Universidade Católica de São Paulo, 2006; GOMES, Elena de Carvalho. *Entre o Actus e o Factum*: os comportamentos contraditórios no Direito Privado. Belo Horizonte: Del Rey, 2009. Na doutrina portuguesa, consulte-se, além do trabalho de Menezes Cordeiro aqui reiteradamente referido, o ensaio luminoso de BAPTISTA MACHADO, João. Tutela da Confiança e *Venire Contra Factum Proprium. Obra Dispersa*, vol. I. Braga: Scientia Ivridica, 1991, p. 345 e ss.

208. É expressivo o *corpus* de decisões fazendo referência à aplicação da máxima *venire contra factum proprium* no âmbito do Direito Administrativo. A presunção de legitimidade da ação administrativa impõe a essa forte carga de deveres de coerência, seja em seus atos, seja ao agir como contratante, pois essa coerência integra o próprio princípio da segurança jurídica. Mas o administrado também tem deveres de não contradição. Há, ainda, peculiaridades atinentes ao poder-dever, cometido à Administração Pública, de anular os próprios atos, quando ilegais, sendo, por vez, a boa-fé a barreira a obstar os efeitos do anulamento. Serve também para obstar alegação de invalidades formais e, ainda, para determinar a paralisação no exercício de direitos e poderes que poderiam ter sido exercitados, mas não o foram, por tempo suficiente a fazer crer o interessado que não seriam mais exercitados. Estes casos não serão aqui analisados, por

FUNÇÃO CORRETORA: A BOA-FÉ E O EXERCÍCIO JURÍDICO | 729

No *caso da assinatura do vice-presidente*,[209] dois clubes do futebol brasileiro – Grêmio e Corinthians – haviam contratado a compra e venda dos direitos federativos de atleta profissional de futebol. Posteriormente, porém, o Grêmio recusou-se a pagar o que devia, sob a alegação de invalidade do título executivo, já que, segundo os estatutos do clube, haveria vício na constituição do pacto. Aqueles estatutos determinavam ser necessária a assinatura do vice-presidente de finanças, mas o contrato fora assinado apenas pelo presidente. Opôs, então, embargos à execução contra o Sport Club Corinthians Paulista, assim tentando isentar-se da dívida proveniente da mencionada compra e venda dos direitos federativos de atleta profissional de futebol. Nas razões recursais, suscitou o Grêmio Football Portoalegrense, dentre outros argumentos, «violação aos artigos 267, VI, e 585, II, ambos do Código de Processo Civil, sob alegação de que, muito embora exista a obrigação, o instrumento que a representa e que aparelha a execução não constitui título executivo, por defeito em sua constituição».[210]

O Tribunal do Rio Grande do Sul rejeitara a pretensão bem apontando que o Grêmio «se valer da própria torpeza, tentando afastar a força executiva de um título executivo extrajudicial através de um suposto vício que ele mesmo deu causa». Esse entendimento foi acolhido pelo Superior Tribunal de Justiça, que anotou:

---

escaparem aos lindes deste trabalho. A título exemplificativo, refira-se: STJ. AgRg no REsp 556478/SP. Segunda Turma. Relator Min. Herman Benjamin. Julgamento em 17.12.2009. *DJ* de 02.02.2010. No mesmo sentido: STJ. REsp 686410/SP. Segunda Turma. Relator Min. Herman Benjamin. Julgamento em 06.11.2007. *DJ* de 11.11.2009; STJ. RMS 20572/DF. Quinta Turma. Relatora Min. Laurita Vaz. Julgamento em 01.12.2009. *DJ* de 15.12.2009; similarmente, STJ. REsp 141879/SP. Quarta Turma. Relator Min. Ruy Rosado de Aguiar. Julgamento em 17.03.1998. *DJ* de 22.06.1998. Anote-se, ainda, a relevância da figura no âmbito do Direito Tributário, exemplificando-se com o *caso do contribuinte excluído do PAES* (STJ. REsp 1143216/RS. Primeira Seção. Relator Min. Luiz Fux. Julgamento em 24.03.2010. *DJ* de 09.04.2010). Considerou-se contraditoriamente desleal a decisão do Fisco de excluir o contribuinte do programa de parcelamento (PAES), em virtude da extemporaneidade do cumprimento do requisito formal de desistência de impugnação administrativa. No exame do caso, o Superior Tribunal de Justiça considerou ter ocorrido tácito deferimento da adesão àquele programa de parcelamento (à luz do art. 11, § 4.º, da Lei 10.522/2002, c/c o art. 4.º, III, da Lei 10.684/2003) à medida que foram adimplidas as prestações mensais estabelecidas por mais de quatro anos, sem qualquer oposição do Fisco. O princípio da boa-fé foi invocado como fonte de deveres de conduta coerente ao Fisco e que, no caso, teriam sido violados por seu comportamento contraditório. A irregularidade do exercício – ao exigir-se, de uma hora para a outra, a adstrição do contribuinte a requisitos formais, muito embora por mais de quatro anos os pagamentos parcelados que vinha fazendo fossem aceitos sem objeções – foi bem caracterizada, ao se afirmar: «(...) o titular do direito subjetivo que se desvia do sentido teleológico (finalidade ou função social) da norma que lhe ampara (excedendo aos limites do razoável) e, após ter produzido em outrem uma determinada expectativa, contradiz seu próprio comportamento, incorre em abuso de direito encartado na *máxima nemo potest venire contra factum proprium*». Tratava-se, mais propriamente, de hipótese de *suppressio*, mas, como adiante será exemplificado, há zonas de superposição que tornam dificultosa, por vezes, uma separação linear entre essas figuras.

209. STJ. REsp 681856/RS. Quarta Turma. Relator Min. Hélio Quaglia Barbosa. Julgamento em 12.06.2007. *DJ* de 06.08.2007.

210. STJ. REsp 681856/RS. Quarta Turma. Relator Min. Hélio Quaglia Barbosa. Julgamento em 12.06.2007. *DJ* de 06.08.2007.

730 | A BOA-FÉ NO DIREITO PRIVADO

«Incensurável o tratamento dado ao caso pela Corte de origem, não só pela distinção feita entre a natureza do contrato exequendo (art. 585, II, do CPC), face aos títulos executivos extrajudiciais relacionados na regra estatutária, cujo descumprimento teria o condão de inviabilizar o processo executivo, mas, principalmente, pela repulsa à invocação de suposto vício na constituição do pacto, levado a efeito pelo próprio executado, uma vez havendo o recorrido agido de boa-fé e alicerçado na teoria da aparência, que legitimava a representação social por quem se apresentava como habilitado à negociação empreendida.»

Forte em precedentes do mesmo Superior Tribunal de Justiça[211] e em lições doutrinárias, decidiu:

«Diante desse quadro, interpretação que conferisse o desate pretendido pelo recorrente, no sentido de que se declare a inexequibilidade do contrato entabulado entre as partes, em razão de vício formal, afrontaria o princípio da razoabilidade, assim como o da própria boa-fé objetiva, que deve nortear tanto o ajuste, como o cumprimento dos negócios jurídicos em geral».

É bem verdade que se tomaram como sinônimas as figuras da alegação da própria torpeza e do *venire contra factum proprium* cuja delimitação é, na prática, deveras dificultosa.[212] O relevante, porém, foi sancionar-se a contraditoriedade desleal, afirmando-se sem hesitações obedecer ao exercício jurídico lícito ao dever de coerência comportamental.

No *caso do cheque recusado*,[213] determinada sociedade aceitava, em transações comerciais com o consumidor, o pagamento por via de cheque bancário. Posteriormente, em outra transação com o mesmo consumidor, recusou sem justa causa o pagamento por essa via, sob o falso argumento de não haver provisão de fundos, com o que o pagamento da mercadoria foi efetuado mediante cartão de débito em conta corrente. O consumidor reclamou em juízo, postulando indenização por «danos morais». A decisão, reconhecendo, embora não consistir o cheque «título de crédito de aceitação compulsória no exercício da atividade comercial» – com o que estaria o comerciante que o recusa no exercício regular de um direito –, considerou relevante, para a configuração da ilicitude na espécie, a contraditoriedade do comportamento, afirmando: «o estabelecimento comercial, ao possibilitar, inicialmente, o pagamento de mercadoria por meio de cheque, renunciou sua mera faculdade de aceitação e se obrigou a demonstrar justa causa na recusa», sob pena de violação ao princípio da boa-fé objetiva.

Na hipótese julgada, não o sendo demonstrada a justa causa na recusa (sobretudo porque na data da emissão do cheque havia provisão de fundos em conta corrente, bem

---

211. STJ. REsp 147030/AM. Primeira Turma. Relator Min. José Delgado. Julgamento em 23.10.1997. *DJ* de 15.12.1997; STJ. REsp 95539/SP. Quarta Turma. Relator Min. Ruy Rosado de Aguiar. Julgamento em 03.09.1996. *DJ* de 14.10.1996.

212. Ver, *infra*, neste Capítulo, §74.

213. STJ. REsp 981583/PR. Terceira Turma. Relatora Min. Nancy Andrighi. Julgamento em 23.03.2010. *DJ* de 01.07.2010.

FUNÇÃO CORRETORA: A BOA-FÉ E O EXERCÍCIO JURÍDICO | 731

como o nome da recorrente não estava inscrito em cadastros de proteção ao crédito), cabia deferir a indenização. O que se sancionou foi a contraditoriedade desleal.

Já no *caso da legitimidade pelos aluguéis*,[214] o Superior Tribunal de Justiça reconheceu a contradição desleal no comportamento de locatária de imóvel comercial. Esta havia celebrado contrato de locação com nu-proprietários do imóvel que, durante dois anos, haviam recebido o valor dos aluguéis corretamente. Por serem nus-proprietários, portanto, não detinham a propriedade plena sobre o imóvel que alugavam.

Mais tarde veio a locatária a incumprir o contrato, deixando de pagar alguns alugueres. Diante do inadimplemento, o locador executou as prestações. Em defesa – e neste ponto residiu a contradição –, a locatária arguiu ilegitimidade do nu-proprietário para cobrar as prestações inadimplidas – sustentando faltar-lhe legitimidade inclusive para pactuar o contrato.

O Superior Tribunal de Justiça rebateu a alegação da locatária, legitimando o locador-nu-proprietário à cobrança dos aluguéis. Reconheceu ser «uma das funções da boa-fé objetiva impedir que o contratante adote comportamento que contrarie o conteúdo de manifestação anterior, cuja seriedade o outro pactuante confiou». Ou seja: verificado o pagamento das prestações de contrato de aluguel ao locador (sendo esta a «manifestação anterior») – não poderia (e aqui estaria a sua «manifestação posterior») alegar a ilegitimidade a quem reiteradamente pagava as parcelas de aluguel. Em outras palavras, não pôde justificar seu inadimplemento na ilegitimidade de quem reconhecera, pelos pagamentos – isto é, pelo comportamento – ser legítimo a receber o valor.

No *caso da advogada avalista*,[215] o Superior Tribunal de Justiça tratou de julgar os seguintes fatos: determinada advogada ajuizara ação de anulação de contrato de alienação fiduciária concluído entre a Caixa Econômica Federal e a Empresa «*Chopparia Frios Ltda.*», no qual a mencionada profissional figurava como garante, tendo prestado aval. Em face do inadimplemento por parte da «Chopparia», tentou a advogada eximir-se da responsabilidade que assumira pela garantia baseada na impossibilidade jurídica de alienação fiduciária de bem de terceiro, com fundamento na Súmula 28 do próprio STJ.[216]

O Superior Tribunal de Justiça, no entanto, rejeitou a tese, apontando: «se a parte, na qualidade de garante, dá bem seu em garantia de cumprimento de contrato de alienação fiduciária ciente do ônus que assumia, porque advogada devidamente inscrita nos quadros da OAB, não pode postular-lhe a nulidade posteriormente em homenagem ao princípio segundo o qual a ninguém é dado agir contraditoriamente, frustrando expectativa do credor e atentando contra a boa-fé objetiva».

---

214. STJ. AgRg no AgRg no Ag 610607/MG. Sexta Turma. Relatora Min. Maria Thereza de Assis Moura. Julgamento em 25.06.2009. *DJ* de 17.08.2009.

215. STJ. AgRg no REsp 1110839/PE. Quarta Turma. Relatora Min. Maria Isabel Gallotti. Julgamento em 27.03.2012. *DJ* de 10.04.2012.

216. STJ, Súmula 28: «Alienação Fiduciária em Garantia – Patrimônio do Devedor. O contrato de alienação fiduciária em garantia pode ter por objeto bem que já integrava o patrimônio do devedor».

A qualificação profissional da autora fazia pressupor que estivesse ciente do ônus assumido ao garantir a alienação com seu aval. Este foi, pois, um dado relevante na caracterização, *in concreto*, da conduta deslealmente contraditória, apontando-se à incidência do *venire*.

Observa-se nesse caso perfeitamente delineada uma hipótese não raro ocorrente, qual seja: o chamamento ao *venire contra factum proprium* para impedir a impugnação de um ato nulo ou anulável. Há situações, aponta Schreiber, «em que o *factum proprium* praticado por um sujeito é fulminado de nulidade, absoluta ou relativa, pelo próprio sistema de direito positivo. Vale dizer: o *factum proprium* seria um ato juridicamente vinculante, mas não o é por força de uma desconformidade qualquer com o direito, que impõe a sua nulidade ou anulabilidade».[217] A pergunta é: aceita-se que o agente do ato nulo venha a questioná-lo em seu próprio benefício, ou se desconsidera a invalidade para ser sancionada a contraditoriedade?

A questão é complexa e será oportunamente versada quando se tratar de forma geral das eficácias promanadas pelas diferentes figuras de vedação à contraditoriedade desleal,[218] devendo desde já se alertar para o seu uso desmedido, como logo se apontará. Por ora, diga-se, tão só, ser resposta consensualmente aceita que a boa-fé impede a alegação de *nulidades formais*, não havendo, outrossim, hesitações quanto às hipóteses de anulabilidade, em paralelo à solução da convalidação de atos nulos:[219] como expressa máxima antiquíssima e consagrada *in contractibus utile per inutile non vitiatur*.[220] Nesse caso (anulabilidade), embora semelhante a solução, a *ratio* é diversa. Na hipótese da convalidação, que impõe ao intérprete buscar, tanto quanto possível, conservar o negócio jurídico quanto à sua existência, à sua validade e à sua eficácia,[221] o fundamento está em reconhecer a *utilidade* do negócio jurídico. Já no tocante à possibilidade de invocar-se o *venire*, o fundamento está em que «sendo a anulabilidade fixada no interesse do particular, o titular deste interesse fica impedido de exercer o seu direito de anulação em prejuízo daquela pessoa em quem incutiu, com seu comportamento anterior, uma legítima confiança de que não o faria».[222]

---

217. Schreiber, Anderson. *A Proibição de Comportamento Contraditório*. Tutela da Confiança e *Venire Contra Factum Proprium*. Rio de Janeiro: Renovar, 2005, p. 246.

218. Ver *infra*, neste Capítulo, §75-77.

219. Schreiber, Anderson. *A proibição de Comportamento Contraditório*. Tutela da Confiança e *Venire Contra Factum Proprium*. Rio de Janeiro: Renovar, 2005, p. 246-247; Borda, Alejandro. *La Teoria de los Actos Proprios*, 3.ª ed. Buenos Aires: Abeledo-Perrot, 2000, p. 88.

220. Para um estudo histórico e aplicações concretas: Padilla, Maria Luisa Marin. *El Principio General de la Conservación de los Actos y Negocios Jurídicos* «Utile per Inutile non Vitiatur». Barcelona: Bosch, 1990.

221. Azevedo, Antonio Junqueira de. *Negócio jurídico*: existência, validade e eficácia. 4.ª ed. São Paulo: Saraiva, 2002. p. 66. Também: Ascensão, José de Oliveira. *Teoria Geral*: ações e fatos jurídicos, vol. II. 3.ª ed. São Paulo: Saraiva, 2010, p. 342.

222. Schreiber, Anderson. *A Proibição de Comportamento Contraditório*. Tutela da Confiança e *Venire Contra Factum Proprium*. Rio de Janeiro: Renovar, 2005, p. 247.

FUNÇÃO CORRETORA: A BOA-FÉ E O EXERCÍCIO JURÍDICO | 733

A hipótese de nulidade substancial, por sua vez, é ainda mais tormentosa, por afrontar-se o postulado da *irrenunciabilidade das alegações de nulidade*,[223] tema cuja complexidade é incompatível com a invocação desmedida e acriteriosa da máxima *venire contra factum proprium non valet*, e que será adiante retomado quando das distinções eficaciais entre as figuras concretizadoras da vedação à contraditoriedade desleal.

8. A desmedida invocação do *venire contra factum proprium non valet*

Estudos recentes têm apontado, com razão, para o uso excessivo, pela jurisprudência, do *venire contra factum proprium non valet*, desatendendo-se aos requisitos de aplicação ou mesmo chamando-se a máxima de conduta como mero *recurso formal*, seja para soluções contrárias ao sistema (por exemplo, reduzindo o campo de exercício das invalidades) ou mesmo para soluções já existentes no sistema (exemplificativamente, a norma segundo a qual os contratos devem ser fielmente cumpridos). A máxima *nulli conceditur venire contra factum proprium* «não somente é uma das figuras mais complicadas de todo o direito privado, como também é extremamente controversa, inclusive quanto à sua necessidade e admissibilidade», adverte Jan Peter Schmidt.[224] Além do mais, afirma, «ela é uma das figuras mais enganosas, pois se há consenso sobre um ponto é este: a vedação geral e absoluta que o brocardo com tanta força proclama não corresponde à realidade jurídica. Independente do país e da época histórica, a regra geral do direito privado é a contrária: enquanto o direito não prevê uma exceção, temos toda a liberdade de atuar de forma incoerente e contraditória, de modificar as nossas condutas como bem nos aprouver».[225]

De fato, em certa medida o Ordenamento inclusive protege a incoerência. É lícito pactuar o direito de arrependimento nos contratos;[226] quebrar as promessas do matrimônio, pelo divórcio;[227] ter um contrato feito como não havido, na resolução com eficácia *ex tunc*;[228] também é lícito cobrar dívidas e depois perdoá-las, extinguindo o débito pela remissão;[229] postular direitos e, depois, a eles renunciar;[230] revogar, em certos

---

223. PONTES DE MIRANDA, Francisco Cavalcanti. *Tratado de Direito Privado*. Tomo IV. 3.ª ed. São Paulo: Revista dos Tribunais, 1983, § 408, 2, p. 206.

224. SCHMIDT, Jan Peter. Comentário ao REsp 1.461.301/MT. *Revista de Direito Civil Contemporâneo*, São Paulo, ano 3, vol. 7, abr./jun. 2016, p. 419-437.

225. SCHMIDT, Jan Peter. Comentário ao REsp 1.461.301/MT. *Revista de Direito Civil Contemporâneo*, São Paulo, ano 3, vol. 7, abr./jun. 2016, p. 419-437. Em sentido similar aponta Julio Neves: «A liberdade de o indivíduo rever seus atos e, julgando conveniente, mudar sua postura, é a regra sob o manto da liberdade individual que inspira o regramento privado; a impossibilidade legal de contradizer seus atos passados é que constitui exceção, nunca princípio» (NEVES, Julio Andrade. *A suppressio (Verwirkung) no Direito Civil*. São Paulo: Almedina, 2016 p. 62).

226. Código Civil, art. 420; Código de Defesa do Consumidor, art. 49.

227. Código Civil, art. 1.571, IV.

228. Código Civil, art. 475.

229. Código Civil, art. 385.

230. Código Civil, art. 114.

limites, a proposta a contratar;[231] modificar um testamento e revogar os poderes de representação.[232] O princípio da coerência não é, portanto, um princípio absoluto,[233] devendo ser compreendido para que protege e os limites da proteção que oferece.

O *telos* da proibição inserta no *venire contra factum proprium* é o de impedir atos de deslealdade capazes de pôr em perigo a confiabilidade ínsita aos atos de autonomia privada, considerando-se que, numa comunidade de pessoas responsáveis (ou imputáveis), a toda conduta (conduta significativa, comunicativa) é inerente um «responder» pelas pretensões de verdade, de retidão ou de autenticidade inerentes à mensagem que nossas condutas – promessas, informações, conselhos, recomendações, atestados, omissões, certificações, declarações de ciência – transmitem.[234] Por isso, verifica-se um escalonamento na incidência do princípio da boa-fé como norma de coerência contratual, consoante o grau de vinculação entre os sujeitos (sendo certo não ter a vinculação em todos os casos a mesma eficácia), segundo o setor do tráfego social considerado e conforme a legitimidade da expectativa suscitada no *alter*.

Especial cuidado se haverá de ter quando da invocação do *venire* para bloquear a alegação de invalidade, atentando-se sobremaneira aos requisitos de sua aplicação, sob pena de se esvaziar por completo o regime legal das invalidades.[235] Por esse motivo, aponta ainda Jan Peter Schmidt, «o *factum proprium* nunca pode ser visto na mera conclusão do negócio. Além disso, é necessário que as partes tratem o negócio como se fosse válido após sua conclusão. Elas devem ter "vivido" a respectiva relação jurídica e ter pautado suas condutas de maneira correspondente, com o resultado de que uma reversão da situação, por meio da alegação de ineficácia, seria claramente iníqua».[236]

§75. *Nemo auditur propriam turpitudinem allegans*

1. Proposição

Nem sempre a conduta deslealmente contraditória importará no chamamento ao *venire contra factum proprium non potest*. Quando a ênfase residir não propriamente na

---

231. Código Civil, art. 428.

232. Código Civil, art. 682, I.

233. Versei o tema em: Martins-Costa, Judith. Os dilemas da incoerência. In: Castro Neves, José Roberto (Org.). Ele, Shakespeare, visto por nós, advogados. Rio de Janeiro. Edições de Janeiro, 2017.

234. Para o desenvolvimento deste tema, ver Baptista Machado, João. A Cláusula do Razoável. In: *Obra Dispersa*, vol. I. Scientia Jurídica. Braga, 1991, p. 571-518.

235. Assim alerta Schmidt, Jan Peter. Comentário ao REsp 1.461.301/MT. *Revista de Direito Civil Contemporâneo*, São Paulo, ano 3, vol. 7, abr./jun. 2016, p. 419-437.

236. Schmidt, Jan Peter. Comentário ao REsp 1.461.301/MT. *Revista de Direito Civil Contemporâneo*, São Paulo, ano 3, vol. 7, abr./jun. 2016, p. 419-437.

FUNÇÃO CORRETORA: A BOA-FÉ E O EXERCÍCIO JURÍDICO | 735

confiança despertada legitimamente no *alter*, mas no elemento subjetivo da conduta do agente (malícia, torpeza, dolo), estará configurada situação ensejadora do brocardo *nemo auditur propriam turpitudinem allegans*.

De fato, conquanto ambas as figuras (*venire contra factum proprium* e *nemo auditur*) aludam à coibição «de uma conduta posterior, em virtude de uma conduta inicial adotada pelo mesmo centro de interesses, a diferença está em que o *nemo auditur* reprime a torpeza, o dolo, a malícia e o *venire* «independe da intenção subjetiva do agente, bastando-lhe a contradição objetiva entre os dois comportamentos».[237] Dito de outro modo: conquanto em ambos os casos se vede a deslealdade, as situações abrangidas pelo adágio *turpitudinem suam allegans non auditur* são ainda mais graves do que aquelas acolhidas sob o *venire contra factum proprium*, pois marcadas pela presença do elemento subjetivo. A questão é, no mais das vezes, de determinar qual o bem jurídico mais fortemente tutelado. Se é a proteção da confiança, o *venire* há de ser chamado. Se é a rejeição da malícia, invoca-se o *turpitudinem suam allegans non auditur*.

2. Origem da regra

Embora não sistematizada nem apreendida em texto legal expresso, a regra segundo a qual é inadmissível a quem violou deveres contratuais aproveitar-se da própria violação – «norma ancianíssima», no dizer de Orozimbo Nonato –,[238] tem larga aplicação nos tribunais,[239] espraiando em outras searas que não o Direito

---

237. SCHREIBER, Anderson. *A Proibição do Comportamento Contraditório*. Tutela da Confiança e *Venire Contra Factum Proprium*. Rio de Janeiro: Renovar, 2005, p. 168.

238. NONATO, Orozimbo. *Curso de Obrigações*, vol. II. Rio de Janeiro: Forense, 1960, p. 238. O adágio tem raízes no direito *justinianeu*, no Direito Canônico e no direito intermédio, sendo indiscutido o seu fundamento ético, mormente nos casos de torpeza bilateral.

239. Exemplificativamente, STJ. REsp 1247168/RS. Segunda Turma. Relator Min. Mauro Campbell Marques. Julgamento em 17.05.2011. *DJ* de 30.05.2011 («3. Note-se, ainda, que a ninguém é admitido valer-se da própria torpeza. Ora, entender em favor da antecipação do prazo em questão beneficiaria o próprio devedor que criou o óbice para o recebimento do crédito»); STJ. REsp 704603/RS. Quarta Turma. Relator Min. Luis Felipe Salomão. Julgamento em 07.10.2010. *DJ* de 19.10.2010 («(...) A ausência de pactuação do contrato acessório de seguro, previsto no art. 14, VII, do Decreto-lei 413/1969, não retira a exigibilidade do título, visto que é emitido pelo financiado, que não pode, portanto, se beneficiar da própria torpeza, invocando ausência de requisito à plena validade da cártula que, outrossim, não acarretou qualquer prejuízo às partes»); STJ. REsp 1096917/PE. Primeira Turma. Relator Min. Francisco Falcão. Relator p/ Acórdão Min. Luiz Fux. Julgamento em 26.05.2009. *DJ* de 09.10.2009 («O enriquecimento ilícito é vício social no qual incide a Administração Pública nas hipóteses em que, a pretexto de inexistência de continuação de vínculo formal, persiste no recebimento dos serviços, excluindo de pagá-los alegando a própria torpeza»); STJ. AgRg no REsp 479746/RJ. Quarta Turma. Relator Min. Carlos Fernando Mathias. Julgamento em 02.10.2008. *DJ* de 24.11.2008 («A alegação de nulidade do pacto ante a ausência de preço sério não merece guarida, pois, de fato, é a própria recorrente que estabelece o custo dos

736 | A BOA-FÉ NO DIREITO PRIVADO

Privado.[240] O seu fundo ético se justifica pela rejeição à malícia daquele que adotou certa conduta, contribuiu para certo resultado e depois pretende escapar aos efeitos do comportamento malicioso com base na alegação da própria malícia para a qual contribuiu.[241] Há, por isso, coibição de caráter geral à alegação da própria torpeza como há muito aponta a jurisprudência brasileira.

As referências ao adágio na doutrina nacional, por sua vez, são as mais longínquas, sedimentadas e incontroversas. Nas *Regras de Direito*, expressões de sabedoria jurídica milenar, recolhidas e anotadas por Teixeira de Freitas,[242] estão os brocardos relacionados aos atos próprios: *turpitudinem suam allegans, non est andiendus* (torpeza sua ninguém deve alegar); *nemo ex suo delicto meliorem suamconditionem facere potest* (ninguém por seu delito pode melhorar sua condição); *non aequam est dolum suum quemcumquem relevare* (a ninguém releva seu dolo); *nemo de improbitate sua consequitur actionem* (nenhuma ação consegue por motivo de sua improbidade); *non est ex fides bona rem suam dominum proedoni restituire compelli* (não é de boa-fé compelir ninguém a restituir sua cousa ao ladrão). Ainda na primeira metade do séc. XX, Tito Fulgêncio anotava em seu Programa de Direito Civil: «[n]emo auditur propriam turpitudinem allegans. A primeira condição da ação é o pagamento indevido e para o mostrar terá o *solvens* de alegar a própria torpeza, com o que não é ouvido em juízo».[243] E, mais recentemente, Anderson Schreiber apontou às relações entre a vedação à alegação da própria torpeza e a coibição do comportamento deslealmente contraditório.[244]

A rejeição ao aproveitamento da própria torpeza tem dimensões transversais, apanhando também situações em que ambos os contraentes concorrem para a produção de um mesmo ato ilícito. Essas situações não são, de modo algum, novas para o Direito Civil. Pelo contrário, perdem-se nos arcanos tempos da tradição romanística. No *ius commune* se consolidaram os brocardos *in pari causa turpitudinis cessat repetitio* e *in pari*

---

serviços que fornece, portanto absolutamente credenciada a valorar tal prestação, sob pena de macular o conhecido brocardo jurídico *"nemo auditur propriam turpitudinem allegans"* (ninguém pode se beneficiar da própria torpeza), verdadeiro princípio geral de direito»); STJ. REsp 972890/DF. Primeira Turma. Relator Min. Luiz Fux. Julgamento em 16.06.2009. *DJ* de 17.08.2009; STJ. REsp 1087163/RJ. Terceira Turma. Relatora Min. Nancy Andrighi. Julgamento em 18.08.2011. *DJ* de 31.08.2011; STJ. SEC 3709/EX. Corte Especial. Relator Min. Teori Albino Zavascki. Julgamento em 14.06.2012. *DJ* de 29.06.2012.

240. A regra se expressa, por exemplo, em matéria processual, no art. 243 do CPC (art. 276 do NCPC), vedando a alegação, em proveito próprio, de nulidade provocada pela parte. Revela-se, ainda, na *exceptio doli*, já elaborada no Direito Romano, na vedação da repetição do indébito, no campo da simulação etc.

241. SCHREIBER, Anderson. *A Proibição do Comportamento Contraditório*. Tutela da Confiança e *Venire Contra Factum Proprium*. Rio de Janeiro: Renovar, 2005, p. 169.

242. TEIXEIRA DE FREITAS, Augusto. *Regras de Direito*. Rio de Janeiro: Garnier, 1882.

243. ALVES PEREIRA, Tito Fulgêncio. *Programa de Direito Civil. Apud* NONATO, Orozimbo. *Curso de Obrigações*, vol. II. Rio de Janeiro: Forense, 1960, p. 238.

244. SCHREIBER, Anderson. *A Proibição do Comportamento Contraditório*. Tutela da Confiança e *Venire Contra Factum Proprium*. Rio de Janeiro: Renovar, 2005, p. 167-168.

FUNÇÃO CORRETORA: A BOA-FÉ E O EXERCÍCIO JURÍDICO | 737

delicto potior est conditio defendentis. Esses aforismos expressivos de súmulas de soluções jurídicas têm valor axiomático, se apresentando como um fundo cultural comum aos vários sistemas de raiz romanística e mesmo à *Common Law*, para significar que, quando os atos de ambas as partes são igualmente reprováveis, o requerente não o pode alegar.[245] Esses aforismas, em suma – seja a torpeza de um ou de ambos os contraentes –, expressam um vector axiológico intuitivo e necessário à ordem jurídica.[246]

3. Jurisprudência

Decisões do Superior Tribunal de Justiça traçam a ligação entre a rejeição à própria torpeza e o princípio da boa-fé objetiva. Assim, *e.g.*, se partícipe de negócio contrário à lei vier, posteriormente, a pleitear a sua nulidade perante o Poder Judiciário, «tirando proveito de sua própria torpeza»,[247] as decisões dizem respeito a uma grande variedade de casos de vedações nesse sentido, e não apenas de tentativas de aproveitamento de um ato nulo para cuja nulidade contribuíra o agente.

No *caso do imóvel funcional*,[248] examinou-se ação declaratória (*rectius*: constitutiva negativa) de nulidade, com pedido de retorno ao *status quo* anterior à avença, pela qual se ajustara contrato de promessa de compra e venda de imóvel, em razão de ofensa à regra cogente prevista na Lei 8.025/1990. Essa regra proibia, fulminando com nulidade, a alienação (inclusive via contrato-promessa) de imóvel funcional antes do prazo de

---

245. LAWRENCE, William J. Application of the Clean Hands Doctrine in Damage Actions. *Notre Dame Law Review*, vol. 57, 1982, *in verbis*: «*In pari delicto, potier est conditio defendentis* means that where the acts of the plaintiff and the defendant are equally inequitable, the plaintiff will not be allowed to recover». E ainda: «*In pari delicto* usually applies only where the parties have entered into a fraudulent, illegal, or inequitable transaction. In its most conventional form, *in pari delicto* condemns a party if 'by participating in the illegal [or fraudulent] transaction he is guilty of moral turpitude'».

246. MENEZES CORDEIRO, António Manuel. *Da Boa-Fé no Direito Civil.* Coimbra: Almedina, 2007, § 31, p. 837. A regra das «clean hands», muito próxima à regra *in pari delicto potior est conditio defendentis*, também compõe o fundo comum que ressalta na investigação comparatista. *Vide*, por exemplo: CLAMM, Carolyn; PHAM, Hansel; MOLOO, Rahim. Fraud and Corruption in International Arbitration. In: FERNANDEZ-BALLESTERO, Miguel; ARIAS, David. *Liber Amicorum Bernardo Cremades.* The Hague: Kluwer Law International, 2010, p. 723-726; LAWRENCE, William J. Application of the Clean Hands Doctrine in Damage Actions. *Notre Dame Law Review*, vol. 57, 1982.

247. No âmbito do Direito Administrativo, registra-se o STJ. REsp 972890/DF. Primeira Turma. Relator Min. Luiz Fux. Julgamento em 16.06.2009. *DJ* de 17.08.2009 e o STJ. REsp 886169/RS. Quinta Turma. Relator Min. Arnaldo Esteves Lima. Julgamento 27.03.2008. *DJ* de 28.04.2008. O primeiro identifica a proibição ao benefício da própria torpeza como fundamento a barrar o enriquecimento sem causa, apontando diretamente aos arts. 884 e 886 do Código Civil. O segundo faz a clássica ligação do princípio da boa-fé com a moralidade administrativa. Já o STJ. REsp 1130985/PR. Segunda Turma. Relator Min. Humberto Martins. Julgamento em 17.12.2009. *DJ* de 19.02.2010, interliga a teoria do fato consumado à vedação do benefício da própria torpeza. *Vide*, ainda, *supra*, CAPÍTULO IV, §34.

248. STJ. REsp 416611/DF. Terceira Turma. Relator Min. Carlos Alberto Menezes Direito. Julgamento em 23.04.2002. *DJ* de 01.07.2002.

738 | A BOA-FÉ NO DIREITO PRIVADO

cinco anos contados da aquisição primitiva. Observou o Ministro-Relator que, «[d]e fato, realizada a promessa objeto deste processo durante o prazo de proibição, a nulidade estaria presente desde a origem, ou seja, desde a aquisição do imóvel funcional». Não obstante, sublinhou, «aceitar a interpretação apresentada pelo recorrente, que pretende reaver o bem, significa prestigiar a torpeza do próprio adquirente do imóvel funcional e promitente vendedor, o que o direito não autoriza. Como bem assentado em precedente desta Corte, Relator o Senhor Ministro Waldemar Zveiter, a alegação de nulidade "não favorece os partícipes na celebração do negócio porque estariam tirando proveito da própria torpeza" (REsp 36.120/SP, *DJ* de 22.11.1993)». E foi, no mesmo sentido, o voto do Ministro Antonio de Pádua Ribeiro, que, após indagar «[c]omo a parte poderia alegar nulidade no seu próprio benefício?», concluiu: «[n]o caso, a nulidade vem em benefício de quem a praticou, o que não poderíamos consagrar».[249]

No caso *do apartamento e meio atrasado*[250] – referente ao estabelecimento de responsabilidade pelo atraso na construção de um prédio –, o construtor e o dono do terreno haviam pactuado que, como parte do pagamento pela construção, aquele daria ao proprietário do terreno um dos apartamentos – na realidade «um apartamento e meio» no edifício a ser construído. O empreiteiro atrasou a obra, porque o projeto fora muitas vezes alterado, tudo culminando com embargo à obra pelo Poder Público. O dono do terreno ingressou com ação judicial visando à recuperação dos prejuízos decorrentes do atraso.

Em contestação e reconvenção, a construtora alegou, no que tange à análise da boa-fé objetiva, (*i*) força maior [*rectius*: fato do príncipe], devido aos embargos realizados pelo Poder Público; (*ii*) a violação da autora à boa-fé, por conhecer os fatos que impediram o cumprimento da prestação e, sem embargo, ajuizar a ação.

O Superior Tribunal de Justiça rechaçou os pedidos da construtora, decidindo favoravelmente à parte autora, proprietário do terreno e destinatária do «apartamento e meio». No que diz respeito ao conhecimento dos fatos impeditivos à entrega e ao ajuizamento da ação, o acórdão exprime não se equivaler «conceito de boa-fé objetiva à postura que a recorrente está a exigir da recorrida». A autora não dera causa aos embargos à obra (causa apontada para a mora). Embora estivesse ciente da existência deste impedimento, o acórdão reconheceu que o ajuizamento da ação não contrariara uma atuação conforme o que preconiza o princípio da boa-fé objetiva. E reconheceu, em desfavor da construtora, a vedação do benefício da própria torpeza, justamente pelo fato da proprietária do terreno não ter dado causa aos atrasos na entrega – *in casu*, por não ter participado das alterações de projeto. Ou seja: a empreiteira tentara esquivar-se da responsabilidade pelo atraso na entrega da obra devido aos embargos, porém, em verdade, fora seu próprio descaso, quando alterou sucessiva e reiteradamente o projeto,

---

249. Voto proferido no STJ. Resp 416611/DF. Terceira Turma. Relator Min. Carlos Alberto Menezes Direito. Julgamento em 23.04.2002. *DJ* de 01.07.2002.
250. STJ. REsp 831808/SP. Terceira Turma. Relatora Min. Nancy Andrighi. Julgamento em 18.05.2006, *DJ* de 28.08.2006.

FUNÇÃO CORRETORA: A BOA-FÉ E O EXERCÍCIO JURÍDICO | 739

a causa real da inexecução do contrato.[251] A construtora, portanto, agira no sentido de criar uma irregularidade e, em seguida, buscou se valer desta para justificar seu atraso. Se o acórdão reconhecesse a atuação do Poder Público como força maior (ou fato do príncipe), estaria a premiar, ao invés de reprovar, a atuação negligente da construtora.

O âmbito imobiliário é verdadeiramente rico em exemplos da vedação ao benefício da própria torpeza, mas a contraditoriedade desleal que desliza para a torpeza é encontrada em vários campos de relações jurídicas, como nas relações familiares,[252] administrativas,[253] tributárias[254] e nas relações comerciais, sendo nessas eloquente exemplo o *caso da tentativa de fuga da convenção arbitral.*[255]

Tratava-se de julgar pedido de homologação de sentença arbitral estrangeira proferida na Associação Americana de Arbitragem (American Arbitration Association – AAA), com sede em Nova Iorque/EUA, cujo objeto residia em litígio exsurgente de contrato de prestação de serviços de telecomunicações, celebrado entre American Telecommunications Inc. ATI Chile, sediada no Chile, e a Requerente Comverse Inc., sociedade constituída de acordo com as leis do Estado de Delaware/EUA. Conforme consta da sentença, a Requerida American Telecommunication do Brasil – ATI Brasil, após aderir à cláusula compromissória firmada pela ATI Chile, fora condenada a pagar elevada quantia à sociedade Requerente do processo arbitral.

Citada para os efeitos do pedido de homologação de sentença estrangeira, a ATI Brasil sustentou a impossibilidade de homologação, fundamentalmente porque ela própria – ATI Brasil – não firmara contrato com a Converse Inc., e porque a cláusula compromissória que embasara a instauração do procedimento arbitral junto à AAA fora assinada por pessoa jurídica diversa, a ATI Chile. Os árbitros se haviam equivocado, argumentava a ATI Brasil, por conta da «errônea compreensão» dos termos de uma carta enviada ao tribunal arbitral pelo advogado da ATI Chile, carta esta que, uma vez respondida por Converse Inc., foi considerada pelos árbitros como um acordo entre as

---

251. Assinala-se na fundamentação: «Efetivamente, o Poder Público não liberara a obra; porém», o acórdão considerou, «[a] o Poder Público, em vista do princípio da legalidade, não restava outra alternativa a não ser obrigar a construtora a respeitar as normas relativas a edificações que esta, sistemática e confessadamente, insistia em descumprir. Alegar, agora, que a atividade da municipalidade consiste em força maior é, em essência, alegar a própria torpeza, porque a recorrente deu causa à atuação da Administração Pública, que não podia se conduzir de outra forma a não ser embargando a obra».

252. Ver STJ. REsp 1087163/RJ. Terceira Turma. Relatora Min. Nancy Andrighi. Julgamento em 18.08.2011. *DJ* de 31.08.2011. Comentado, *supra*, CAPÍTULO IV, §27.

253. *E.g.*:STJ. RMS 22770/DF. Segunda Turma. Relator Min. Humberto Martins. Julgamento em 06.09.2007. *DJ* de 19.09.2007.

254. *E.g.*: exemplificando-se com o *caso do contribuinte excluído do PAES.* STJ. REsp 1143216/RS. Primeira Seção. Relator Min. Luiz Fux. Julgamento em 24.03.2010. *DJ* de 09.04.2010, bem como o respectivo acórdão de embargos de declaração STJ. EDcl no REsp 1143216/RS. Primeira Seção. Relator Min. Luiz Fux. Julgamento em 09.08.2010. *DJ* de 25.08.2010.

255. STJ. SEC 3709/EX. Corte Especial. Relator Min. Teori Albino Zavascki. Julgamento em 14.06.2012. *DJ* de 29.06.2012.

partes (ATI Chile e Converse Inc.) no sentido de todas as demais sociedades coligadas estarem também sujeitas à mesma jurisdição arbitral.

Em contrapartida, sustentou a Converse Inc. que tanto a ATI Brasil quanto as demais subsidiárias do grupo na América Latina se haviam feito representar no processo arbitral, sendo cientificadas de todos os atos praticados e tendo oportunidade de produzir sua defesa. Além do mais (e aí estava a razão da carta do advogado de ATI Chile considerada um «acordo vinculativo» pelo Tribunal Arbitral) todas as sociedades do grupo ATI, mesmo as que não tivessem originariamente assinado o contrato, dele tomaram parte, participando de sua execução e beneficiando-se dos seus termos.

Examinando o caso em todas as suas circunstâncias, dentre elas as peculiaridades deduzidas do contrato pelo qual se prestou serviços de telecomunicações por meio das várias sociedades integrantes do grupo na América Latina, bem como apreciando a prova produzida no processo arbitral, percebeu o Ministro Relator que «a inclusão das filiadas da ATI Chile na arbitragem, entre elas a ATI Brasil, ora requerida, teve como fonte geradora os pedidos de reconvenção em seu favor formulados pela própria ATI Chile, relativos a direitos de titularidade dessas suas filiadas, que já haviam aderido à execução das relações contratuais. E, diante de declaração fornecida pelo advogado em nome dessas empresas filiadas, o Tribunal Arbitral considerou legítima essa vinculação para todos os efeitos».

Assim, a conclusão:

«Não é legítimo, portanto, o argumento da inexistência de compromisso arbitral em relação à requerida. Em primeiro lugar, porque esse argumento não atende minimamente ao postulado universal da boa-fé objetiva, que deve ser especialmente valorizado nesse caso. A requerida ingressou no procedimento arbitral vislumbrando a possibilidade de dele auferir vantagens; assumiu, em contrapartida, de forma clara e consciente, os riscos decorrentes de eventual sentença em sentido contrário. Assim, não tendo obtido êxito em seu intento, não prima pela boa-fé alegar, em seu favor, nulidade dessa forma de vinculação, que foi promovida, como já ressaltado, por sua iniciativa e com o fito de obter benefícios próprios. Para essa alegada nulidade a parte contrária não concorreu em nenhum momento. Assim, *nemo creditur turpidudinem suam allegans*.»

4. Consequências da incidência

As consequências ligadas à aplicação do *nemo auditur* consistem, modo geral, na suspensão ou modulação de determinada eficácia típica do negócio; ou pela atribuição de efeito ao nulo; nessas situações, impondo-se limites ao exercício de determinada posição jurídica, como também ocorre no *venire*.

Questão particularmente delicada – e própria a essa figura, embora tangencie tema já referido ao se tratar da hipótese de contraposição entre o *venire* e a alegação de nulidades – diz respeito à eficácia da alegação da própria torpeza quando do pagamento para obter fim vedado por lei.

5. A questão da vedação à *repetitio*

Como é tradicionalmente reconhecido, não há direito à repetição da parte que efetuou o pagamento para obter fim vedado por lei, ainda que nulo o negócio jurídico subjacente. A vedação à *repetitio*, bem como a proibição de arguir a nulidade de um negócio, depois de se ter pleiteado a sua validade, ou agido no sentido de assegurá-la são as consequências comumente verificadas, em harmonia à *ratio* segundo a qual os tribunais não auxiliarão as partes a exigir contratos ilícitos nem chancelarão pedidos de restituição. No direito do *common law*, conforme aponta Chen-Wishart, há ao menos três justificativas para a solução jurídica lá adotada, similar a acolhida no Direito brasileiro ao vedar a *repetitio*: (*i*) o Judiciário não deve auxiliar partes que conscientemente pactuaram acordos ilegais, (*ii*) a Justiça seria comprometida e a dignidade dos tribunais ofendida em assim fazê-lo e (*iii*) deve haver um desincentivo à celebração de contratos contrários ao Direito.[256]

Na vigência do Código Civil de 1916, a vedação à *repetitio* vinha claramente exposta no art. 971. Quando o pagamento tem como veículo ou suporte negócio ilegal, não há devolução, a própria lei tornando-o irrepetível. Nem seria preciso, pois, recorrer à concreção do adágio, pois a lei já desenhava com clareza a solução que, no dizer de Pontes de Miranda, haveria de ser lida como «pré-excludente, e não como *exceção* ao art. 964», ao enunciar, como regra geral, a possibilidade de repetição do indébito.[257] A peculiaridade do tratamento jurídico a certos efeitos do contrato nulo por violação de lei – ao qual se nega exigibilidade tanto da prestação quanto da repetição do pagamento dele decorrente, conforme o caso – foi assim expressamente sublinhada pelo autor:

«O art. 971, negando a *condictio* ao que algo deu, para obter fim ilícito, imoral, ou proibido por lei, estabelece, se os dois figurantes estão em igual situação, que aquele que recebeu pode negar-se a contraprestar, sem ser obrigado a restituir. Diz-se que o primeiro prestou obra a seu próprio risco. Assim, se B compra a A o bordel, ou a fábrica de moeda falsa, o negócio é nulo, mas B adquire a propriedade do imóvel (Código Civil, art. 530, I). Se o preço ainda não foi pago, ou se só o foi em parte, B não tem ação para haver o preço, nem a de enriquecimento injustificado (art. 971)».[258]

Também Clovis Bevilaqua enfatizara o acerto da opção legislativa que, na esteira do Código Civil suíço, se distanciara, neste particular, da solução conferida pelo Direito Romano e pelo Direito Germânico.[259] No regime brasileiro, ensinou Clóvis, ao

---

256. CHEN-WISHART, Mindy. *Contract Law.* 3.ª ed. Oxford: Oxford University Press, 2010, p. 31.

257. Código Civil. Art. 964. «Todo aquele que recebeu o que lhe não era devido fica obrigado a restituir». Ver PONTES DE MIRANDA, Francisco Cavalcanti. *Tratado de Direito Privado.* Tomo XXVI. 3.ª ed. São Paulo: Revista dos Tribunais, 1984, p. 151.

258. PONTES DE MIRANDA, Francisco Cavalcanti. *Tratado de Direito Privado.* Tomo XXVI. 3.ª ed. São Paulo: Revista dos Tribunais, 1984, p. 152.

259. BEVILAQUA, Clovis. *Código Civil dos Estados Unidos do Brasil*, vol. IV. Rio de Janeiro: Livraria Francisco Alves, 1917, p. 131: «O Direito Romano conhecia a *condicitiones ab turpem vel injustam causam*, em virtude das quaes o *accipiens* estava obrigada a restituir o que recebera por causa imoral: Quod si turpis causa accipientis fuerit, etiam res secuta sit, repti potest (D. 12, 5, fr. 1, § 2. No mesmo sentido dispoz o Codigo civil allemão. Mas o brasileiro, seguindo o suisso das obri-

742 | A BOA-FÉ NO DIREITO PRIVADO

comentar o art. 971 do Código Civil de 1916 – «[o] que deu alguma coisa para obter um fim immoral não tem direito a repetição» –, observando: «tal doutrina do Codigo está de accordo com o princípio geralmente acceito, segundo o qual *nemo auditur propriam turpitudinem allegans*».[260] No mesmo sentido, Bulhões Carvalho, clássico monografista das nulidades, esclareceu que «o princípio de que o ato anulado não pode ter produzi-do nenhum efeito, *"quod nullum est nullum producit effectum"*», sofre algumas exceções, como, por exemplo, a hipótese do art. 971, na qual «a restituição não é admitida em virtude dos princípios de que *"nemo auditor propriam turpitudinem allegans"* e *"in pari turpitudinis cessat repetitio"*».[261]

Ainda na civilística brasileira anterior ao vigente Código Civil, Carvalho Santos não apenas corroborava o mesmo entendimento sobre o significado e as origens do art. 971, como ressaltava ser «preferível»[262] a doutrina do nosso Código às soluções alemã e romana, as quais incidem «no erro de emprestar ao contracto que tem por objeto acto illicito, immoral ou contrário a lei o effeito de colocar os contractantes na situação em que estavam antes do contracto, o que vale o mesmo que negar a possibilidade de tal contracto vir a ser executado, embora contra o que dispõe a lei».[263] *In pari causa cessat repetitio*, sintetizando Jorge Americano: «quem deu para causa torpe, não pode exigir (...) que cumpra a torpeza, porque o contrato é nulo (art. 145, II), nem restituir-se ao estado anterior segundo o princípio do art. 158 porque a lei abre exceção a este princí-pio, proibindo a restituição (art. 971)».[264]

A regra de que o *solvens* não tem direito a repetir, nem o *accipiens* a exigir novo pagamento, foi mantida no vigente Código Civil (art. 883) que acrescentou, todavia, um parágrafo, pelo qual o *accipiens* não tem direito a reter o pagamento. O objeto da pres-tação deve reverter para estabelecimento de beneficência a ser determinado pelo juiz.[265] Se é bem verdade que o art. 883 do atual Código Civil inova relativamente à redação

---

gações, collocou-se em outro ponto de vista. O que deu alguma coisa para obter um fim immoral não tem direito a repetição. A immoralidade da acção priva o agente de todo auxílio jurídico».

260. BEVILAQUA, Clóvis. *Código Civil dos Estados Unidos do Brasil*, vol. IV. Rio de Janeiro: Livraria Fran-cisco Alves, 1917, p. 131.

261. CARVALHO, Francisco Pereira de Bulhões. *Sistemas de Nulidades dos Atos Jurídicos*. 2.ª ed. Rio de Janeiro: Forense, 1981, p. 143-144.

262. CARVALHO SANTOS, João Manoel de. *Código Civil Brasileiro Interpretado*, vol. XII. Rio de Janeiro: Calvino Filho Editor, 1936, p. 434.

263. CARVALHO SANTOS, João Manoel de. *Código Civil Brasileiro Interpretado*, vol. XII. Rio de Janeiro: Calvino Filho Editor, 1936, p. 434-435.

264. Transcrito por NONATO, Orozimbo. *Curso de Obrigações*, vol. II. Rio de Janeiro: Forense, 1960, p. 248.

265. Leia-se: «Art. 883. Não terá direito à repetição aquele que deu alguma coisa para obter fim ilícito, imoral, ou proibido por lei. Parágrafo único. No caso deste artigo, o que se deu reverterá em favor de estabelecimento local de beneficência, a critério do juiz». Cf., também, MICHELON JÚNIOR, Cláudio. *Direito Restituitório*. São Paulo: Revista dos Tribunais, 2007, p. 171-172, *in verbis*: «No atual sistema, o *solvens* não tem direito a repetir, como ocorria no Código de 1916. O *accipiens*, porém, não tem direito de reter o pagamento».

FUNÇÃO CORRETORA: A BOA-FÉ E O EXERCÍCIO JURÍDICO | 743

anterior para reconhecer, em seu parágrafo único, a possibilidade de reversão do pagamento «em favor de estabelecimento local de beneficência, a critério do juiz», é certo que permanece vedado o direito à repetição pela parte que realizou pagamento para obter fim proibido por lei. É possível concluir, portanto, no sentido da vedação – tradicionalíssima em nosso sistema – da repetição do pagamento quando há torpeza.

6. Utilidade da distinção

O relevo na distinção entre os interesses tutelados pelas figuras até aqui mencionadas – *venire contra factum proprium non valet* e *nemo auditur propriam turpitudinem allegans* – está na percepção da diferença entre os *esquemas funcionais* que lhes são próprios. Sua percepção possibilita evitar a diluição conceitual e os equívocos decorrentes de uma qualificação deficiente, embora possa haver hipótese de superposição. É o que ocorre o caso da previsão de nulidade do negócio. O *venire contra factum proprium* e o *turpitudinem suam allegans non auditur* teriam a mesma eficácia para limitar, modular ou para impedir a alegação da invalidade substancial de um negócio jurídico?

Também é importante o *distinguo* para separar entre as consequências. Já se viu[266] que, no tocante aos casos de nulidade meramente formal (Código Civil, art. 166, IV) e de anulabilidade, a boa-fé obsta a consequência invalidante, quando implicar a contraditoriedade desleal, embora hesite a jurisprudência entre invocar, para tanto, o brocardo *venire contra factum proprium non potest* e o *turpitudinem suam allegans non auditur*.

Assim se verificou, exemplificativa e respectivamente, no *caso da assinatura escaneada* e no *caso da forma do distrato*.

No *caso da assinatura escaneada*,[267] a controvérsia dizia respeito à validade[268] de uma nota promissória que não continha assinatura de próprio punho do emitente, mas uma assinatura escaneada pelo próprio emitente. Sintetize-se o relatório do caso pelo Superior Tribunal de Justiça.

O magistrado de origem julgara procedentes os pedidos para cancelar o protesto e declarar nula a cambial, sob o fundamento de que «a assinatura de próprio punho do emitente é requisito essencial para que os documentos levados a protesto sejam considerados notas promissórias». Considerara «irrelevante» a invocação do princípio da boa-fé pelo credor, sob o argumento de que «ninguém se escusa de cumprir a lei, alegando que não a conhece». A sentença foi anulada por cerceamento de defesa, tendo sido proferida outra, dessa vez, pela improcedência dos pedidos, sob o fundamento de «ausência de comprovação de que a assinatura em questão é fruto de fraude ou falsificação».

---

266. *Vide*, neste CAPÍTULO, §74, 6.

267. STJ. REsp 1192678/PR. Terceira Turma. Relator Min. Paulo de Tarso Sanseverino. Julgamento em 13.11.2012. *DJ* de 26.11.2012.

268. Registre-se que a assinatura não é, propriamente, requisito de validade da nota promissória: a assinatura é elemento de existência.

A BOA-FÉ NO DIREITO PRIVADO

Em grau de apelação, o Tribunal *a quo* manteve os comandos da sentença, entendendo que a LUG (Lei Uniforme de Genebra), «passou a admitir que a assinatura seja lançada por outros meios, a exemplo do *scanner*». Aduziu também que «se o apelante admite ter subscrito a nota promissória, não há que se questionar a sua autenticidade». O devedor interpôs Recurso Especial.

Após cuidadosa análise das regras legais sobre os elementos de existência e requisitos de validade da nota promissória, com apoio em doutrina, ponderou-se que a assinatura escaneada, aposta no título, não poderia produzir efeitos cambiais. Mas se ressalvou:

«A fundamentação até aqui delineada, restrita às formalidades típicas do Direito Cambiário, conduziria ao provimento do recurso especial para se declarar a invalidade de obrigação cambial por falta do requisito da assinatura do emitente.

Porém, faz-se necessário ultrapassar as balizas formais do Direito Cambiário e passar analisar a controvérsia na perspectiva dos princípios gerais que orientam todo o sistema jurídico de Direito Privado, em particular o princípio da boa-fé objetiva». E, em vista do princípio, concluiu-se:

«Na sua função de controle, [a boa-fé] limita o exercício dos direitos subjetivos, estabelecendo para o credor, ao exercer o seu direito, o dever de ater-se aos limites, traçados pela boa-fé, sob pena de uma atuação antijurídica, consoante previsto no art. 187 do Código Civil brasileiro de 2002. Evita-se, assim, o abuso de direito em todas as fases da relação jurídica obrigacional, orientando a sua exigibilidade (pretensão) ou o seu exercício coativo (ação)». Em vista dessa função de controle, questiona «se o direito de impugnar a assinatura constante na nota promissória pode ser invocado pelo emitente que, por ato próprio, lançou na cártula uma assinatura viciada». E responde negativamente, pelos seguintes fundamentos:

(*i*) de acordo com o cenário fático delineado nas instâncias ordinárias, não se cogita de fraude ou «de falsificação de assinatura, tendo o Tribunal *a quo* afirmado expressamente: "pelas circunstâncias e pela confissão da recorrente, conclui-se que dela partiu a assinatura constante na nota promissória ora em discussão".»

(*ii*) no caso, «a norma inobservada pelo emitente é a do art. 75 LUG, que estabelece a assinatura do emitente como requisito de validade da nota promissória, devendo a assinatura ser de próprio punho, ante a inexistência de previsão legal de outra modalidade de assinatura na época da emissão da cártula».

(*iii*) o mesmo dispositivo foi invocado «pelo emitente na ação declaratória de nulidade do título de crédito, configurando clara hipótese de aplicação das situações jurídicas sintetizadas nos brocardos latinos *tu quoque* e *venire contra factum proprio* [sic]».

Remetendo aos precedentes da jurisprudência daquela Corte[269] e à doutrina, concluiu:

«Destarte, à luz da boa-fé objetiva, a rejeição da alegação de nulidade das notas promissórias é medida que se impõe.

---

269. Nomeadamente: STJ. REsp 1040606/ES. Quarta Turma. Relator Min. Luis Felipe Salomão. Julgamento em 24.04.2012. *DJ* de 16.05.2012; STJ. REsp 141879/SP. Quarta Turma. Relator Min. Ruy Rosado de Aguiar. Julgamento em 17.03.1998. *DJ* de 22.06.1998.

FUNÇÃO CORRETORA: A BOA-FÉ E O EXERCÍCIO JURÍDICO | 745

Ainda que assim não fosse, cabe acrescentar que, mesmo adotando uma interpretação literal do Direito Cambiário, sem os influxos da boa-fé objetiva, como pretende a recorrente, a anulação da nota promissória teria efeitos exclusivamente cambiais, de modo que a cártula, embora sem eficácia de título de crédito, valeria como documento representativo da dívida contraída, permitindo a cobrança pelas vias ordinárias».

Solidamente fundamentada, a decisão, convoca a boa-fé objetiva (como princípio normativo e *standard* de comportamento). Todavia, nesse caso, caberia, também invocar a boa-fé subjetiva como estado de fato, que induz à proteção da crença, quando legítima. Isso porque, dentre os três postulados do Direito Cambiário, está o da *proteção da aparência*, vinculado à boa-fé subjetiva (ainda que «objetivável» segundo *o id quod plerumque accidit*). Pelo que indicado no relatório fático, justificava-se a crença na autenticidade da assinatura escaneada.

Conquanto a assinatura por *scanner* pudesse ser considerada não autêntica (*e.g.*, quando não é feita de próprio punho), a conduta da recorrente, ao confessar ser dela a assinatura lançada, teria o efeito de gerar a vinculação cambiária, pois esse efeito ocorre quando há boa-fé (subjetiva) perante o *alter* (aquele a quem a nota promissória deve ser paga). Aos elementos fáticos explanados na decisão *a quo* e acerca da proteção da aparência, caberia adicionar o que ensina Pontes de Miranda: «[a]inda que assinatura não seja de próprio punho da pessoa, *se nisso consentiu, vinculada é*. Outrossim, se ratificou ou, interpelada, ou ciente, ou devendo conhecer o falso, não fez declaração contrária à generalidade do *alter*».[270]

No *caso da forma do distrato*,[271] a locadora de imóvel localizado em *shopping center* restou impedida de exigir a forma escrita para o distrato do vínculo locatício. Não foi lícito à locadora beneficiar-se da própria torpeza, muito embora a regra da simetria relativa de formas enunciada com clareza no art. 472 do Código Civil.

Em relação locatícia, a locatária havia pago determinada quantia em contrapartida à locação e à cessão de uso de imóvel parte de empreendimento *shopping center*. O prazo de vigência acordado era de 60 meses. Entretanto, transcorridos pouco mais de 15 meses da conclusão contratual, por iniciativa da locatária, as partes acordaram em distratar, devolvendo-se, dessa forma, parte das parcelas já adimplidas. As minutas de distrato foram assinadas por ambas as partes, e o locador se dispôs a reduzir o avençado a termo e redigir as versões definitivas. E assim, efetivamente, cumpriu com a sua palavra.

Por seu turno, a locatária desocupou o imóvel, deixando-o disponível para locação a terceiros. No entanto, o locador veio a negar-se a assinar o documento definitivo. Irresignada, a locatária ajuizou ação de resolução contratual. O locador arguiu, em sua defesa, o argumento da nulidade do distrato firmado, pois este careceria da forma

---

270. PONTES DE MIRANDA, Francisco Cavalcanti. *Tratado de Direito Privado*. Tomo XXXIV. 3.ª ed. São Paulo: Revista dos Tribunais, 1984, § 3.854, 2, p. 163. Destaquei.

271. STJ. REsp 1040606/ES. Quarta Turma. Relator Min. Luis Felipe Salomão. Julgamento em 24.04.2012. *DJ* de 16.05.2012.

específica – remetendo aos arts. 1.093 do Código Civil de 1916, e 472 do Código Civil atualmente em vigor.[272]

O acórdão do Tribunal de Justiça do Espírito Santo e a decisão do Superior Tribunal de Justiça, são coincidentes no chamamento ao princípio da boa-fé objetiva para desconsiderar o requisito da forma escrita como causa da extinção da relação jurídica por nulidade. Conquanto esteja literalmente expressa na lei a exigência da simetria relativa de formas, as decisões ressaltaram a incidência do princípio da boa-fé em todas as figuras conformadoras do exercício jurídico, nelas incluindo a vedação ao benefício da própria torpeza, ao assinalar: «Com efeito, não é dado à recorrente se valer da própria torpeza para, em atitude de patente abuso de direito, alegar nulidade na avença, buscando manter o contrato que fora rompido e a não devolução de valor desembolsado, contrariamente ao pactuado no distrato, ao argumento de que a lei exige forma para conferir validade à avença».

A fórmula «abuso de direito» foi aí empregada em seu sentido mais amplo, como exercício disfuncional. A consequência cominada foi a paralisação do direito a exigir o cumprimento dos requisitos de forma, legais, para o distrato, o que denota, igualmente, a função mitigadora da boa-fé (papel de mitigação do *rigor legis*) referida dentre a sua função hermenêutica.[273]

Como se pode perceber, há forte analogia entre o *caso da assinatura escaneada*, e o *caso da forma do distrato*. Num caso, porém, a solução foi encaminhada à aplicação do *venire contra factum proprium*, noutro à vedação à própria torpeza, cabendo notar que, pelas particularidades fáticas dos casos, ambas as soluções jurídicas poderiam ser tidas como corretas. Na verdade, a ausência de uniformidade nas denominações iguais – por vezes empregando-se termos iguais para hipóteses iguais –, resulta em dificuldades para a sistematização das decisões judiciais.

7. Alegação de nulidade formal e substancial

Se o *postulado da irrenunciabilidade das alegações de nulidade*[274] é excepcionado nas hipóteses de nulidade formal (Código Civil, art. 166, inc. IV), já no que concerne às nulidades substanciais (art. 166, incisos I, II, III, VI e VII e art. 167) a questão «se torna mais dramática».[275]

Parte da doutrina entende que, nos atos nulos, sobrelevando o interesse público ao interesse privado, não haveria a possibilidade de cogitar-se de renúncia tácita, nem

---

272. Art. 472 do Código Civil: «O distrato faz-se pela mesma forma exigida para o contrato».

273. Ver *supra*, Capítulo VI, §58.

274. Pontes de Miranda, Francisco Cavalcanti. *Tratado de Direito Privado*. Tomo IV. 3.ª ed. São Paulo: Revista dos Tribunais, 1983, § 408, 2, p. 206.

275. Schreiber, Anderson. *A Proibição do Comportamento Contraditório*. Tutela da Confiança e *Venire Contra Factum Proprium*. Rio de Janeiro: Renovar, 2005, p. 247-248.

FUNÇÃO CORRETORA: A BOA-FÉ E O EXERCÍCIO JURÍDICO | 747

sequer de incidir o *venire*, que é «princípio incidente sobre a autonomia privada»,[276] para impedir a alegação da nulidade. Porém – como também observa, acertadamente, Anderson Schreiber –, igualmente o *nemo potest venire contra factum proprium* expressa um interesse público, consubstanciado na tutela da confiança.[277] O mesmo se pode dizer da invocação ao *turpitudinem suam allegans non auditur*, e ainda com maior razão por conta do elemento subjetivo (dolo, malícia, torpeza) que está em seu substrato, sabendo-se que a Ordem jurídica não tolera a «enganação» e o «ardil».[278]

E a questão é ainda «mais dramática», em vista do disposto no *caput* do art. 168 do Código Civil, segundo o qual as nulidades «dos artigos antecedentes podem ser alegadas por qualquer interessado (...)» ao se entender que entre os interessados está também quem deu causa à nulidade.

Porém, a posição de Pontes de Miranda (em vista do art. 145 do Código de 1916, similar ao vigente art. 168) pode apontar a um caminho promissor. Segundo o autor, «só se exige interesse». E ensina: «o poder ser [a nulidade] arguida pelo próprio causador da nulidade não dispensa que se lhe inquira do interesse. Se não há interesse na decretação, inclusive o de evitar multa ou outras penas, excluído está o causador do nulo; porém, como outrem qualquer estaria».[279]

Há de se entender que o interesse que compõe o suporte fático do art. 168, *caput*, seja um interesse digno de tutela jurídica. Logo, não haverá interesse (e não poderá ser invocada a nulidade por quem lhe deu causa) se o interesse for torpe, malicioso. Por outro lado, não há contraditoriedade desleal em fazer algo sob a permissão do Direito. É precisamente o caso em que alguém alega nulidade, havendo interesse tutelado pelo Direito, o que impede, nessa hipótese, apelar-se à máxima que veda a contradição.

8. Síntese conclusiva

É bem verdade que o «princípio» da alegabilidade do nulo por aquele contra quem se querem efeitos «domina essa matéria», estando legitimados, em linha de princípio, todos «os que têm interesse no afastamento do pretendido efeito, sejam contratantes ou não, sucessores, ou simples atingidos pela eficácia que se pretende exista»,[280] inclusive

---

276. SCHREIBER, Anderson. *A Proibição do Comportamento Contraditório*. Tutela da Confiança e *Venire Contra Factum Proprium*. Rio de Janeiro: Renovar, 2005, p. 248.

277. SCHREIBER, Anderson. *A Proibição do Comportamento Contraditório*. Tutela da Confiança e *Venire Contra Factum Proprium*. Rio de Janeiro: Renovar, 2005, p. 250.

278. STJ. REsp 554622/RS. Terceira Turma. Relator Min. Ari Pargendler. Julgamento em 17.11.2005. *DJ* de 01.02.2006. A menção à «enganação» está no voto-vista do Min. Carlos Alberto Menezes Direito. Mencionam a rejeição ao ardil, dentre outros: STJ. REsp 831808/SP. Terceira Turma. Relatora Min. Nancy Andrighi. Julgamento em 18.05.2006. *DJ* de 28.08.2006.

279. PONTES DE MIRANDA, Francisco Cavalcanti. *Tratado de Direito Privado*. Tomo IV. 3.ª ed. São Paulo: Revista dos Tribunais, 1983, § 409, 2, p. 209.

280. PONTES DE MIRANDA, Francisco Cavalcanti. *Tratado de Direito Privado*. Tomo IV. 3.ª ed. São Paulo: Revista dos Tribunais, 1983, § 408, 5, p. 207.

748 | A BOA-FÉ NO DIREITO PRIVADO

quem deu causa ao nulo. No entanto, falece o interesse quando revestido pela torpeza que a lei também veda. Nesse caso, a boa-fé (por sua figura parcelar de rejeição à alegação da própria torpeza) autoriza conferir, mesmo a ato nulo, alguma medida de eficácia.

Esta pode estar prevista de modo pontual na lei (como está, *e.g.*, no art. 883 do Código Civil, rejeitando a repetição do pagamento), ou decorrer da vedação expressa no brocardo *turpitudinem suam allegans non auditur*. Nesse caso, o óbice atuará (*i*) ou associadamente a outras hipóteses, como a da vedação ao enriquecimento sem causa;[281] (*ii*) ou terá valência por si só, impedindo, por exemplo, a alegação do «fato do príncipe», como no *caso do apartamento e meio atrasado*, para elidir o inadimplemento culposo da parte que atuara para criar as irregularidades que impediram fosse concedida a autorização administrativa para construir;[282] ou, (*iii*) em manifestação evidente da função da boa-fé para repelir a contraditoriedade desleal, quando o sujeito atua, num primeiro momento, no sentido de aceitar a validade ou a regularidade de determinado procedimento e, depois, volta atrás, contestando essas mesmas validade ou regularidade, como, exemplificativamente, no caso da contestação à homologação de sentença arbitral estrangeira, quando a inexistência de convenção de arbitragem foi arguida, mesmo após ter a parte alegante exercido participação ativa no procedimento arbitral.[283]

§ 76. *Tu quoque* e *exceptio non adimpleti contractus*

1. Proposição

Superposta, por vezes, ao *venire contra factum proprium*,[284] por outras se confundindo com o brocardo *nemo auditur propriam turpitudinem allegans*[285] e, ainda com a

---

281. STJ. REsp 547196/DF. Primeira Turma. Relator Min. Luiz Fux. Julgamento em 06.04.2006. *DJ* de 04.05.2006 («Alegação de invalidade pela própria parte que o engendrou, resultando na violação do princípio que veda a invocação da própria torpeza ensejadora de enriquecimento sem causa»).

282. *E.g.*: O *caso do apartamento e meio atrasado*. STJ. REsp 831808/SP. Terceira Turma. Relatora Min. Nancy Andrighi. Julgamento em 18.05.2006. *DJ* de 28.08.2006.

283. Ainda, outro exemplo neste sentido, além da SEC 3709/EX, *supra* referida, a STJ. SEC 856/GB. Corte Especial. Relator Min. Carlos Alberto Menezes Direito. Julgamento em 18.05.2005. *DJ* de 27.06.2005. A situação fática foi enquadrada, nos termos do voto do Ministro José Delgado na hipótese de *cláusula compromissória tácita*, adicionando o magistrado que «a doutrina vem determinando o tema».

284. SCHREIBER, Anderson. *A Proibição de Comportamento Contraditório*: tutela da confiança e *venire contra factum proprium*. 3.ª ed. Rio de Janeiro: Renovar, 2012. «Como se vê, à semelhança do que ocorre no *venire contra factum proprium*, há no núcleo do *tu quoque* uma ideia de contradição, uma incoerência, aí todavia mais específica, porque relacionada à utilização de critérios valorativos diferentes para situações objetivamente muito similares ou idênticas. É possível, portanto, classificar o *tu quoque* como uma subespécie de *venire contra factum proprium*» (p. 183-185).

285. MENEZES CORDEIRO, António Manuel. *Da Boa-Fé no Direito Civil*. Coimbra: Almedina, 1984. «A fórmula *tu quoque* traduz, com generalidade, o aflorar de uma regra pela qual a pessoa que viole uma norma jurídica não poderia, sem abuso, exercer a situação jurídica que essa mesma norma

exceção de contrato não cumprido, está outra manifestação da vedação ao comportamento contraditório, desta feita expressa na fórmula *tu quoque,* que remonta às célebres palavras finais de Julio Cesar, apunhalado por Brutus, seu filho adotivo – *tu quoque, Brute, fili mi?* –, assim paradigmaticamente expressando a surpresa com a deslealdade de quem mais merecera a sua *fides.* As figuras são próximas, mas em vista do Direito brasileiro, devem ser analiticamente discernidas.

2. Tu quoque

Segundo Menezes Cordeiro, essa fórmula exprime a regra «pela qual a pessoa que viole uma norma jurídica não poderia, sem abuso, exercer a situação jurídica que essa mesma norma lhe tivesse atribuído».[286] As diferenças entre as várias figuras da vedação à contraditoriedade são sutis: num caso (*venire*) o centro está na proteção da confiança engendrada pela primeira conduta; em outro (*nemo auditur*) está na repressão à malícia; finalmente, no *tu quoque* a contradição «não está no comportamento do titular exercente em si, mas nas bitolas valorativas por ele utilizadas para julgar e julgar-se».[287] Dito de outro modo: exprime-se por esse brocardo o núcleo do comportamento coerente, pois «fere as sensibilidades primárias, ética e jurídica, que uma pessoa possa desrespeitar um comando e, depois, vir a exigir a outrem o seu acatamento».[288]

De fato, é culturalmente censurável o emprego de «dois pesos e duas medidas», cabendo «não fazer aos outros o que não se quer para si próprio». E o Direito acolhe e traduz essa rejeição expressa em adágios populares, seja de forma geral, embora residual (como no *tu quoque*) ou específica, como na *exceptio non adimpleti contractus*: quem não cumpriu quando deveria cumprir, sendo simultâneas as obrigações, não pode exigir que o outro cumpra, diz a regra estampada no art. 476 do Código Civil que oportunamente será analisada em sua relação com a boa-fé.[289] Ambas figuras seguem a mesma *ratio*, de modo que a *exceptio* pode ser vista como uma especificação do *tu quoque,* cujo papel é, ao mesmo tempo, geral e residual, isto é: quando não incide a exceção, poderá ser invocado, conforme as circunstâncias, para apontar à ilicitude configurada na conduta de quem exige de outrem o cumprimento de regra fraudada por si. A ideia central, portanto, é: não é lícito exigir de outrem determinada conduta (ou prestação) se quem exige deveria ter tido a mesma conduta (ou ter prestado), mas não o fez (ou não prestou).

---

    lhe tivesse atribuído. Está em jogo um vector axiológico intuitivo, expresso em brocardos como *turpitudinem suam allegans non auditur ou equity must come with clean hands»* (p. 837).

286. Menezes Cordeiro, António Manuel. *Da Boa-Fé no Direito Civil.* Coimbra: Almedina, 1984, p. 837.

287. Menezes Cordeiro, António Manuel. *Da Boa-Fé no Direito Civil.* Coimbra: Almedina, 1984, p. 843.

288. Menezes Cordeiro, António Manuel. *Da Boa-Fé no Direito Civil.* Coimbra: Almedina, 1984, p. 843 e ss.

289. Ver, *infra*, neste §, item 4.

750 | A BOA-FÉ NO DIREITO PRIVADO

Foi o que se verificou no *caso do gerente fraudador*.[290] Um gerente de banco, mediante fraude, captou recursos de clientes para realizar aplicação fictícia. Levado o caso a juízo por um investidor lesado, concluiu-se que a pretensão prescreve conforme o prazo geral de prescrição decenal, previsto no art. 205 do Código Civil, não tendo incidido a prescrição no caso concreto. O gerente fraudador sustentou, em agravo regimental, que teria atuado como preposto do banco, de modo que a prescrição seria quinquenal (com base no art. 27 do CDC) e já consumada.

O STJ, muito acertadamente, rejeitou a pretensão. A qualificação da espécie fica a meio caminho entre o *tu quoque* e a alegação da própria torpeza. Leiam-se as razões de decidir: «Ora, o que pretende o agravante é valer-se da própria torpeza, pois violou flagrantemente os limites de sua atuação como gerente de banco, mas, para excluir-se da responsabilidade pessoal, afirma que atuou como gerente da instituição.

Trata-se de questão eminentemente jurídica, consagrada no vetusto brocardo jurídico "tu quoque" (uma das concreções do princípio da boa-fé objetiva), segundo o qual o violador de uma norma não pode invocar a norma violada em benefício próprio.

No caso, como ora agravante violou a norma que estabelece os limites de sua atuação como gerente do banco, não pode, pois, invocar a condição de gerente para eximir-se de responsabilidade».

3. Aplicação tópica: *tu quoque* como figura da experiência

Conquanto as codificações existentes não terem procedido à consagração expressa e com alcance geral do *tu quoque*, a sua aplicação tópica se revela nos diversos sistemas jurídicos.[291] No Direito alemão, como aponta Gunther Teubner, exprime-se a regra pela qual «perante violações de normas, as possibilidades de sanção são limitadas para aquele que perpetrou, ele próprio, violações de normas».[292] Antiga jurisprudência assim já firmara, sendo paradigmática, nesse sentido, a decisão RG 10 jan. 1908 (RGZ 67 – 1908 – 313-321):

«Quem viole o contrato e ponha em perigo o escopo contratual não pode derivar de violações contratuais posteriores e do pôr em perigo o escopo do contrato, causados

---

290. STJ. AgRg no REsp 1391627/RJ. Terceira Turma. Relator Min. Paulo de Tarso Sanseverino. Julgamento em 04.02.2016. *DJ* de 12.02.2016. O acórdão refere dentre os precedentes: STJ. REsp 1192678/PR. Terceira Turma. Relator Min. Paulo de Tarso Sanseverino. Julgamento em 13.11.2012. *DJ* de 26.11.2012 – o «caso da assinatura escaneada», comentado no § 75, 6; e STJ. REsp 1202514/RS. Terceira Turma. Relatora Min. Nancy Andrighi. Julgamento em 21.06.2011. *DJ* de 30.06.2011 – o «caso da correção indevida», mencionado no § 77, 4.

291. Menezes Cordeiro, António Manuel. *Da Boa-Fé no Direito Civil.* Coimbra: Almedina, 1984, p. 835 e ss.

292. *Gegenseitige Vertragsuntreue/Rechtsprechung und Dogmatik zum Ausschuss von Rechten nach eigenem Vertragsbruch*, 1975. *Apud* Menezes Cordeiro, António Manuel. *Da Boa-Fé no Direito Civil.* Coimbra: Almedina, 1984, p. 837, nota 692.

pelo parceiro contratual, o direito à indenização por não cumprimento ou à rescisão do contrato, como se não tivesse, ele próprio, cometido violações e como se, perante a outra parte, sempre se tivesse portado leal ao contrato.»[293]

Em outra importante decisão, o BGH alemão reafirmou a regra segundo a qual a violação dos deveres contratuais prejudica, por parte do próprio prevaricador, o aproveitamento das faculdades emergentes do contrato,[294] por forma a limitar o uso de um direito ao titular que fraudara o regulamento contratual.

Entre nós, já nos anos 1990, decisão de Tribunal de Justiça de Alagoas referia o *tu quoque*, definindo-o, em vista do caso concretamente julgado, do seguinte modo:

«Sendo o contrato um instrumento que consiste na interdependência de obrigações das partes contratantes e não inquinado de vícios que o possam anular, e, por outro aspecto, não ocorrendo violação de qualquer das cláusulas, nem comprovada inadimplência de espécie alguma, o contrato não pode ser invalidado. (...) Não pode invocar inadimplência, mormente no âmbito da ação resolutiva de contrato, a parte que deu causa à violação da cláusula, ao descumprir obrigação assumida no acordo.»[295]

Talvez por restar apanhada sob outras hipóteses de vedação ao comportamento deslealmente contraditório, a figura do *tu quoque* teve, na jurisprudência e doutrina brasileiras, escasso desenvolvimento. Na jurisprudência do Superior Tribunal de Justiça, a expressão vem referida em alguns poucos acórdãos.[296] Naqueles atinentes ao Direito Privado, alude-se, sincreticamente e de forma circular aos «institutos ligados à boa-fé objetiva, notadamente a proibição do *venire contra factum proprium*, a *supressio*, a *surrectio* e o *tu quoque*, [que] repelem atos que atentem contra a boa-fé objetiva»[297]

---

293. Decisão transcrita e traduzida por MENEZES CORDEIRO, António Manuel. *Da Boa-Fé no Direito Civil*. Coimbra: Almedina, 1984, p. 839-840. Destaques meus.

294. BGH, 19 maio 1967, WM 1967, 660-662, que tratou justamente do exercício de rescisão de um contrato, o qual ficou prejudicado, por força da boa-fé, porque o titular tinha, ele próprio, violado deveres contratuais (decisão referida por MENEZES CORDEIRO, António Manuel. *Da Boa-Fé no Direito Civil*. Coimbra: Almedina, 1984, p. 846 e nota 738).

295. TJAL. Ap. Cív. 10.025. Primeira Câmara. Relator Des. José Agnaldo de Souza Araújo. Julgamento em 30.05.1994. Publicado na *Revista dos Tribunais*, vol. 716, São Paulo, Revista dos Tribunais, jun. 1995, p. 246. Essa decisão está referida em MARTINS-COSTA, Judith. *A Boa-Fé no Direito Privado*: sistema e tópica no processo obrigacional. São Paulo: Revista dos Tribunais, 1999, p. 464.

296. STJ. REsp 1159941/SE. Quarta Turma. Relator Min. Luis Felipe Salomão. Julgamento em 05.02.2013. *DJ* de 17.04.2013; STJ. HC 129204/GO. Sexta Turma. Relatora Min. Thereza de Assis Moura. Julgamento em 19.11.2012. *DJ* de 26.11.2012; STJ. REsp 1192678/PR. Terceira Turma. Relator Min. Paulo de Tarso Sanseverino. Julgamento em 13.11.2012. *DJ* de 26.11.2012; STJ. REsp 1040606/ES. Quarta Turma. Relator Min. Luis Felipe Salomão. Julgamento em 24.04.2012. *DJ* de 16.05.2012; STJ. REsp 1202514/RS. Terceira Turma. Relatora Min. Nancy Andrighi. Julgamento em 21.06.2011. *DJ* de 30.06.2011; STJ. REsp 953389/SP. Terceira Turma. Relatora Min. Nancy Andrighi. Julgamento em 23.02.2010. *DJ* de 15.03.2010; STJ. RMS 14908/BA. Segunda Turma. Relator Min. Humberto Martins. Julgamento em 06.03.2007. *DJ* de 20.03.2007.

297. STJ. REsp 1040606/ES. Quarta Turma. Relator Ministro Luis Felipe Salomão. Julgamento em 24.04.2012. *DJ* de 16.05.2012.

A BOA-FÉ NO DIREITO PRIVADO

bem como «à Teoria dos Atos Próprios sintetizada nos brocardos latinos *tu quoque* e *venire contra factum proprium*».[298]

4. Os direitos de exceção e a noção de sinalagma

Tanto o *tu quoque* quanto os direitos de exceção (*exceptio non adimpleti contractus, exceptio non rite adimpleti contractus* e exceção de inseguridade) traduzem e se explicam por uma única e mesma ideia, a de comutatividade; por isso, o seu campo primordial é o dos contratos sinalagmáticos.[299]

A noção de *sinalagma* está no centro do Direito Contratual indicando a existência, nos contratos bilaterais, «de uma estrutura final imanente ao contrato, com dependência genética, condicional e funcional (pelo menos) de dois deveres de prestar primários interligados»,[300] os quais, justamente por estarem interligados, compõem determinado *conjunto de equilíbrios recíprocos* que deve ser mantido, não permitindo, por isso, a tolerância em relação a atos ou a situações que o firam.

Consabidamente, o sinalagma configura a dependência recíproca entre as respectivas obrigações,[301] acompanhando as vicissitudes provocadas pelo tempo (sinalagma funcional),[302] revestindo-se, pois, «de dimensão dinâmica, compreendendo a equivalência permanente no curso da relação».[303] Trata-se de *mais* do que a bilateralidade, traduzindo a ideia segundo a qual prestação e contraprestação estejam em relação de recíproca causalidade, em recíproco intercâmbio ou interdependência. O núcleo está na correspectividade, a ser mantida durante a fase de desenvolvimento da relação obrigacional.

Dentre os institutos que manifestam a noção de sinalagma, estão as exceções de direito material e o *tu quoque*.

É função da exceção de contrato não cumprido (*exceptio non adimpleti contractus*) manter a característica da bilateralidade que implica o cumprimento simultâneo das obrigações, assegurando o equilíbrio das posições contratuais «durante a fase

---

298. Assim no STJ. REsp 1192678/PR. Terceira Turma. Relator Min. Paulo de Tarso Sanseverino. Julgamento em 13.11.2012. *DJ* de 26.11.2012, e no STJ. REsp 1202514/RS. Terceira Turma. Relatora Min. Nancy Andrighi. Julgamento em 21.06.2011. *DJ* de 30.06.2011.

299. Defendendo a extensão do *tu quoque* para além dos contratos sinalagmáticos: Menezes Cordeiro, António Manuel. *Da Boa-Fé no Direito Civil*. Coimbra: Almedina, 1984, p. 847.

300. Menezes Cordeiro, António Manuel. *Da Boa-Fé no Direito Civil*. Coimbra: Almedina, 1984, p. 845.

301. Gomes, Orlando. *Contratos*. 16.ª ed. Atualizada e anotada por Humberto Theodoro Jr. Rio de Janeiro: Forense, 1995, p. 71; Aguiar Júnior, Ruy Rosado de. *Comentários ao Novo Código Civil*: da extinção do contrato – arts. 472 a 480, vol. VI. Tomo II. Rio de Janeiro: Forense, 2011, p. 715 e ss.

302. «Há, portanto, na figura [do contrato bilateral] (a) duas prestações e (b) interdependência de prestações, respeitantes à própria conformação do negócio *e perpassadas, dinamicamente, a todo o seu desenvolvimento e à sua eficácia*», como anota Araken de Assis, aí expressando a ideia do sinalagma funcional (Assis, Araken de. *Resolução do Contrato por Inadimplemento*. 5.ª ed. São Paulo: Revista dos Tribunais, 2013, p. 24-25, destaquei).

303. Assis, Araken de. *Resolução do Contrato por Inadimplemento*. 5.ª ed. São Paulo: Revista dos Tribunais, 2013, p. 26.

Função Corretora: a Boa-Fé e o Exercício Jurídico | 753

executiva do contrato, impedindo a desigualdade que decorreria se houvesse o constrangimento forçado de uma das partes a cumprir, sem que houvesse o cumprimento da que deveria prestar antes ou simultaneamente».[304]

5. Requisitos

A estrutura sinalagmática subjacente explica os nove (9) pressupostos exigíveis à invocação da *exceptio non adimpleti contractus*, quais sejam: (*i*) a existência de contrato bilateral; (*ii*) a correspectividade entre as prestações devidas pelo excepto (autor) e o excipiente (réu); (*iii*) o vencimento da obrigação do excipiente; (*iv*) o incumprimento da obrigação do excipiente; (*v*) a obrigação do excepto de prestar antes, ou simultaneamente; (*vi*) o não cumprimento ou a falta de oferta da prestação do excepto; (*vii*) o fato do não cumprimento do excepto não ser imputável ao excipiente; (*viii*) a gravidade da inexecução atribuída ao excepto na economia do contrato e (*ix*) a proporcionalidade entre a inexecução atribuída ao excepto e a prestação cujo cumprimento se suspende com a exceção.[305]

No entanto, é preciso atenção: por vezes, uma ação simultânea (pagar o preço e entregar a coisa) deve ser logicamente precedida por outra (exemplificativamente, segregar ações, na hipótese de uma alienação de ações). Não se pode, nesse caso, falar em simultaneidade entre os três atos. O alienante, a quem cabia segregar as ações, não pode, antes de segregá-las, exigir o pagamento sob a invocação da exceção de contrato não cumprido (Código Civil, art. 476), salvo se configurada a exceção de seguridade, que é outra figura (Código Civil, art. 477). E se quem deve pagar oferece o numerário (comparecendo à reunião, por exemplo, munido de um cheque administrativo ou mesmo de dinheiro em espécie), e a outra parte recusa receber, não caberá invocar a *exceptio*. Também o exercício dos direitos de exceção deve ser efetuado sem abuso, sob pena de recair na esfera do art. 187 do Código Civil, tema que merece detida atenção, já que nas obrigações que devem ser cumpridas simultaneamente, não há regra geral a determinar quem primeiro deve cumprir, embora, pontualmente, haja indicação na lei.[306] Nesse caso, a boa-fé como regra de lealdade de consideração aos legítimos interesses alheios atua como crivo para aferir a licitude de oposição do direito de exceção.

6. Sinalagma e *tu quoque*

É justamente nesta mesma perspectiva que se verifica a relação entre o sinalagma e a regra do *tu quoque*, considerado como especificação da boa-fé objetiva não

---

304. Assim, Aguiar Júnior, Ruy Rosado de. *Comentários ao Novo Código Civil:* da extinção do contrato – arts. 472 a 480, vol. VI. Tomo II. Rio de Janeiro: Forense, 2011, p. 749.

305. Sistematiza esses pressupostos: Aguiar Júnior, Ruy Rosado de. *Comentários ao Novo Código Civil:* da extinção do contrato – arts. 472 a 480, vol. VI. Tomo II. Rio de Janeiro: Forense, 2011, p. 724 e ss.

306. Código Civil, art. 491, referente às vendas à vista.

754 | A BOA-FÉ NO DIREITO PRIVADO

traduzida, dogmaticamente, como uma exceção de direito material (como o é *exceptio non adimpleti contractus*, Código Civil, art. 476), mas como um limite ao exercício jurídico (Código Civil, art. 187). Se o sinalagma indica, como é bem verdade, a existência e a configuração dos deveres contrapostos, que devem manter posição de relativo equilíbrio entre si, a violação a uma das prestações nele implicadas caracteriza justamente *uma violação ao sinalagma* que está na estrutura essencial dos contratos bilaterais. Se assim ocorrer, os deveres contrapostos revelados pelo sinalagma nos contratos bilaterais «perderiam a identidade e o sentido que os definem».[307] Em consequência, se o Ordenamento não tutelasse a inserção sistemática expressa na regra do *tu quoque*, estaria a alterar «toda a harmonia da estrutura sinalagmática, atingindo, com isso, a outra prestação», razão pela qual a «justificação e a medida do *tu quoque* estão, pois, nas alterações que a violação primeiro perpetrada tenha provocado no sinalagma».[308]

Por vezes, as situações nas quais se justificaria a invocação do *tu quoque* e a das exceções materiais é de dificultosa distinção, sobretudo quando está em cena o exercício jurídico. Assim ocorreu no *caso do sistema defeituoso*,[309] em que a *exceptio* não foi reconhecida, pois seu exercício desbordou da conduta segundo a boa-fé.

Tratou-se de ação de resolução contratual por alegado inadimplemento, para ver extinto contrato de compra e venda de empresa (Tecnopar Ltda.) fabricante de um sistema de localização, bloqueio e comunicação veicular via aparelho celular, denominado U-lock. Segundo os compradores, constatara-se a existência de defeito de concepção do projeto daquele sistema, sendo o defeito a causa de problemas no funcionamento do produto.

Negando ter inadimplido, os vendedores apresentaram reconvenção, sob a alegação de que os compradores teriam deixado de cumprir obrigação assumida por ocasião da assinatura do contrato, consistente no pagamento de dívidas da empresa frente ao Banco de Desenvolvimento de Minas Gerais S.A. e à Financiadora de Estudos e Projetos «Finep».

A sentença de origem julgou procedentes os pedidos contidos na petição inicial, para «rescindir (*sic*) o contrato firmado entre as partes e condenar os réus a devolver integralmente a importância até então paga pelos autores, julgando improcedente o pedido reconvencional». Os vendedores apelaram, mas o TJMG negou provimento ao apelo. Interposto Recurso Especial, os autos subiram ao STJ que, dentre outros temas, apreciou o argumento relativo à exceção de contrato não cumprido. Esta não foi reconhecida, porque seu exercício desbordara da conduta segundo a boa-fé. Não tendo os compradores cumprido com o assumido – isto é, não tendo pago as dívidas

---

307. MENEZES CORDEIRO, António Manuel. *Da Boa-Fé no Direito Civil*. Coimbra: Almedina, 1984, p. 845.

308. MENEZES CORDEIRO, António Manuel. *Da Boa-Fé no Direito Civil*. Coimbra: Almedina, 1984, p. 845.

309. STJ. REsp 981750/MG. Terceira Turma. Relatora Min. Nancy Andrighi. Julgamento em 13.04.2010. *DJ* de 23.04.2010.

da empresa frente ao Banco e à Finep –, não poderiam exigir da vendedora o implemento de suas obrigações contratuais.

A julgadora examinou alguns dos requisitos exigidos doutrinariamente para a configuração da exceção, especialmente o da não sucessividade das prestações, e ponderou:

«Em outras palavras, aquele que detém o direito de realizar por último a prestação pode postergá-la enquanto o outro contratante não satisfizer sua própria obrigação. Todavia, a recusa da parte em cumprir sua obrigação deve guardar proporcionalidade com a inadimplência do outro, não havendo de se cogitar da arguição da exceção quando o descumprimento do contrato é parcial e mínimo». Para embasar tal entendimento, recorreu à doutrina de Caio Mário da Silva Pereira, segundo o qual «sendo o instituto animado de um sopro de equidade, deve à sua invocação presidir a regra da boa-fé, não podendo erigir-se em pretexto para o descumprimento do avençado».

Para a conclusão, negando o recurso e, portanto, a alegação de incidência da *exceptio*, assim fundamentou:

«(...) tem-se em suma que: (*i*) o contrato entabulado entre as partes em 28.08.2003 previa obrigações sucessivas e alternadas, cabendo aos recorrentes [vendedores], desde então, a entrega de um sistema livre de defeitos; (*ii*) mesmo cientes, desde 10.08.2004, das falhas de concepção do sistema, os recorrentes se mantiveram inertes; (*iii*) após os recorrentes terem descumprido parte substancial da sua obrigação, os recorridos [compradores] suspenderam parcialmente o cumprimento de suas obrigações, deixando de quitar parcelas de empréstimos tomados pela Tecnopar Ltda. [sociedade negociada]. A partir do histórico acima delineado, conclui-se não ser possível aos recorrentes suscitar a exceção de contrato não cumprido, visto que a obrigação que lhes cabia deveria ter sido realizada antes daquela que os recorridos não satisfizeram. Além disso, constata-se que os recorridos pautaram sua conduta na boa-fé, tendo deixado de efetuar o pagamento dos empréstimos já na expectativa de rescisão do contrato, tanto que, menos de um mês após terem sido constituídos em mora, já haviam ajuizado a presente ação. Sendo assim, não procede a alegação de ofensa ao art. 476 do CC/2002.»

É bem verdade que a referência ao «descumprimento parcial e mínimo» para afastar a invocação da exceção de contrato não cumprido não é tecnicamente precisa, pois poderia ser o caso de averiguar o cabimento de outra exceção de direito material, qual seja, a exceção de contrato adimplido insatisfatoriamente (*exceptio non rite adimpleti contractus*). Esta é vinculada ao adimplemento imperfeito (seja pelo cumprimento defeituoso, seja pelo descumprimento de dever secundário ou de dever anexo) e à hipótese da violação positiva do crédito (descumprimento de dever de proteção), sua *ratio* concernindo diretamente à boa-fé. Porém, acentuou bem a Ministra Relatora que «a boa-fé modela a aplicação da *exceptio*» e sob esse direcionamento apreciou o comportamento dos compradores. Estes, embora não tendo recebido um sistema livre de defeitos, como lhes fora prometido pelos vendedores, agiram segundo a boa-fé inclusive buscando solução via renegociação, antes de ingressarem com a ação resolutiva. O seu descumprimento, ao deixar de quitar algumas parcelas das dívidas, não foi

A BOA-FÉ NO DIREITO PRIVADO

– proporcionalmente à violação contratual perpetrada pelos vendedores – de molde a atingir o sinalagma contratual.

§ 77. *Suppressio* e *surrectio*

1. Proposição

Uma outra distinção ainda há de ser feita entre as figuras da rejeição ao comportamento deslealmente contraditório no curso de uma relação obrigacional. Há situações em que a contraditoriedade desleal não decorre de dois atos sucessivos de uma mesma pessoa, ou da malícia de quem quer se valer de ato próprio censurável, nem da violação de uma estrutura sinalagmática, mas é indiretamente ocasionada pelo descompasso entre o não uso de um direito subjetivo ou de uma faculdade, durante certo tempo, em vista de uma relação negocial. Este não uso pode criar na contraparte – contra a qual poderia ter sido dirigido o direito subjetivo do credor da prestação – a *confiança na estabilidade de situação*. Assim, o seu exercício posterior, modificando a situação que estava estabilizada pelo tempo, provoca uma surpresa que abala o estado de confiança na situação criada. Nesse caso, por concreção da boa-fé, cogita-se de o devedor pedir ao juiz a limitação (ou a «paralisação», «tolhimento», «supressão» ou mesmo a «extinção»)[310] do exercício do direito subjetivo do credor. Esse efeito é denominado de *suppressio*, figura em cujo cerne está a estabilidade e/ou a previsibilidade do comportamento, manifestada sobretudo pela consolidação no tempo de certas situações.

Várias questões intrincadas se ligam a essa figura, a começar por sua utilidade e cabimento e, também, quanto à sua qualificação jurídica e aos seus limites.

2. Noção e origem

A *suppressio* é a tradução de funções atribuídas a instituto que os juristas germânicos denominam de *Verwirkung*,[311] criação jurisprudencial que comporta a perda do direito subjetivo como consequência de uma inatividade do titular, quando essa inatividade, tendo perdurado por um período de tempo não determinado a *priori*,

---

310. As diferentes consequências transparecem da análise dos julgados e das indicações doutrinárias.

311. Enneccerus, Ludwig; Nipperdey, Hans Carl. *Derecho Civil*. Parte General. Tomo I, vol. II. Trad. espanhola de José Alguer e Blas Pérez González. Barcelona: Bosch, 1948, p. 482; Correa de Oliveira, José Lamartine. A «Verwirkung», a Renúncia Tácita, e o Direito Brasileiro. In: *Estudos em Homenagem ao Professor Washington de Barros Monteiro*. São Paulo: Saraiva, 1982, p. 271-284. Ainda: Bohemer, Gustav. *El Derecho a través de la Jurisprudencia*. Su aplicación y creación. Trad. espanhola de José Puig Brutau. Barcelona: Bosch, 1959, p. 243; Patti, Salvatore. V. Verwirkung. *Digesto delle Discipline Privatistiche*. Vol. XIX. Torino: UTET, 1999, p. 722-730; e Ranieri, Filippo. *Rinuncia tacita e Verwirkung*. Tutela dell'affidamento e decadenza da un diritto. Padova: Cedam, 1971.

FUNÇÃO CORRETORA: A BOA-FÉ E O EXERCÍCIO JURÍDICO | 757

apresenta-se em face de circunstâncias idôneas a determinar, na contraparte, um investimento de confiança merecedor de proteção com base no princípio da boa-fé.[312]

A jurisprudência alemã criou a figura em vista de hipóteses em que a lei ou não previa algum termo de prescrição ou decadência, ou previa termos considerados excessivamente longos para a necessidade do comércio jurídico.[313] Pouco a pouco, por meio da *Verwirkung*, foi sendo tipicizada uma série de hipóteses preter-legais de perda do direito subjetivo. Essas hipóteses foram reconduzidas à cláusula geral da boa-fé (BGB, § 242), e sendo qualificadas como espécies de abuso do direito.

Porém, como é próprio da criação pretoriana, a construção da *Verwirkung* não foi linear nem sistemática, e nem sempre guardou coerência do ponto de vista dogmático. A figura é abrangente de várias hipóteses, sendo particularizada pelo efeito consistente no tolhimento (ou, para alguns, supressão, ou extinção) do exercício de um direito subjetivo, como meio sancionatório da deslealdade e da torpeza, o que foi sublinhado entre nós em estudo pioneiro de Lamartine de Oliveira.

A *Verwirkung* ocorre, modo geral, percebeu o mencionado professor, «quando o titular do direito permite que surja e se fortaleça na outra parte a impressão de que não mais exercerá o seu direito. Quando essa impressão é suscitada em virtude de atos ou declarações positivas do titular, a *Verwirkung* representa verdadeira consequência do *comportamento contraditório*. Porém, a simples omissão do titular pode levar a outra parte à convicção de que o titular do direito não mais o fará valer. Não é tanto a duração do tempo que importa – pois, ao contrário da prescrição, não há prazos legais na *Verwirkung* – mas a convicção suscitada na parte contrária, a confiança (*Vertrauen*) em que o direito não mais se exercerá».[314] Assim, «o súbito e inesperado exercício atual de um direito apresenta-se em contradição com a falta prolongada do seu exercício pelo seu titular, que criou, na parte contrária, a razoável expectativa de que o referido direito não mais seria exercido».[315]

Conquanto as hesitações no enquadramento dogmático adequado às características da figura,[316] verifica-se, dos casos concretos em que é chamada a atuar, uma

---

312. Assim, PATTI, Salvatore. V. Verwirkung. *Digesto delle Discipline Privatistiche*, vol. XIX. Torino: UTET, 1999, p. 722.

313. BOHEMER, Gustav. *El Derecho a través de la Jurisprudencia*. Su aplicación y creación. Trad. española de José Puig Brutau. Barcelona: Bosch, 1959, p. 245, sublinhando que, à época da criação da *Verwirkung*, o BGB havia tomado do direito anterior prazos prescricionais «sociologicamente superados».

314. CORREA DE OLIVEIRA, José Lamartine. A Dupla Crise da Pessoa Jurídica. São Paulo: Saraiva, 1979, p. 346. Transcrito em: A «Verwirkung», a Renúncia Tácita, e o Direito Brasileiro. In: *Estudos em Homenagem ao Professor Washington de Barros Monteiro*. São Paulo: Saraiva, 1982, p. 272.

315. ÁVILA, Humberto. *Supressio*. Limitação de Direito por Exercício Tardio: definição e requisitos de aplicação. In: BENETTI, Giovana *et al.* (Org.). *Direito, Cultura e Método*: Leituras da Obra de Judith Martins-Costa. Rio de Janeiro: GZ Editora, 2019, p. 323-333; GUEDES, Gisela Sampaio da Cruz. *Suppressio* e Prescrição. Na mesma obra, p. 334 a 356.

316. Um exame aprofundado das qualificações atribuídas à figura está em: RANIERI, Filippo. *Rinuncia tacita e* Verwirkung. Tutela dell'affidamento e decadenza di un diritto. Padova: Cedam, 1971.

hipótese de inadmissibilidade do exercício deslealmente retardado de um direito ou de uma pretensão quando o seu titular, tendo-se mantido injustificadamente inerte por certo tempo (independentemente do prazo de decadência ou de prescrição eventualmente aplicável), criou na contraparte uma legítima expectativa de que já não os exerceria.[317]A *Verwirkung* não constitui, portanto, uma exceção ao princípio segundo o qual a inércia do titular do direito pode determinar o encobrimento da pretensão ou a perda do direito somente nas hipóteses de prescrição ou de decadência, pois, para a sua aplicação, não é suficiente a mera inatividade: a esta acresce certa atitude do titular do direito que assume relevância jurídica à luz das circunstâncias concretas.[318]

O caminho seguido pela jurisprudência brasileira do final dos anos 1990, quando a figura começa a ser mais recorrentemente invocada já sob a denominação de *suppressio*, não foi menos hesitante quanto à qualificação e os requisitos de aplicação, muito embora – tal qual também se verificou em seu sistema jurídico de origem – seja sempre reconduzida à cláusula geral da boa-fé. Explica-se assim a razão pela qual, apesar de não haver necessária correlação entre a extensão do prazo prescricional e a *suppressio* – «já que extensão ou brevidade de prazos prescricionais não são predicados totalmente apreensíveis em tese»,[319] obedecendo, sempre, a um juízo de concreção –, sua utilidade é manifesta *quando há prazos prescricionais longos*. Isto, porque a *suppressio* não visa esvaziar de sentido prático os institutos da prescrição, da decadência e o da renúncia tácita,[320] mas, apenas proteger a confiança investida, legitimada por fatores objetivos e sedimentada pelo transcurso do tempo.[321] Por esta razão, tendo o Código Civil de 2002

---

317. MENEZES CORDEIRO, António Manuel. *Da Boa-Fé no Direito Civil.* Coimbra: Almedina, 1984, p. 797; CORREA DE OLIVEIRA, José Lamartine. A «Verwirkung», a Renúncia Tácita, e o Direito Brasileiro. In: *Estudos em Homenagem ao Professor Washington de Barros Monteiro.* São Paulo: Saraiva, 1982.

318. PATTI, Salvatore. V. Verwirkung. *Digesto delle Discipline Privatistiche,* vol. XIX. Torino: UTET, 1999, p. 724; CORREA DE OLIVEIRA, José Lamartine. A «Verwirkung», a Renúncia Tácita, e o Direito Brasileiro. In: *Estudos em Homenagem ao Professor Washington de Barros Monteiro.* São Paulo: Saraiva, 1982, p. 282.

319. NEVES, Julio Andrade. *A suppressio (Verwirkung) no Direito Civil.* São Paulo: Almedina, 2016, p. 90.

320. Negócio jurídico unilateral, a renúncia tácita é «a deixação do que é valor para alguém (direito, pretensão, ação, exceção), por manifestação de vontade que é bastante, em si, posto que, de regra, seja receptícia» (PONTES DE MIRANDA, Francisco Cavalcanti. *Tratado de Direito Privado.* Tomo III. 3.ª ed. São Paulo: Revista dos Tribunais, 1983, § 279, 2, p. 152).

321. O instituto desenvolveu-se na Alemanha, por força da prática dos juízes, numa época em que o prazo ordinário de prescrição civil era demasiadamente longo, 30 anos. Do mesmo modo, justificou-se a sua expansão entre nós no período de vigência do Código Civil de 1916, quando o prazo prescricional comum era o vintenário. Presentemente, com a redução dos prazos advindas tanto da Reforma do Direito das Obrigações na Alemanha quanto da vigência, no Brasil, do Código Civil de 2002, com o encurtamento verificado, em ambas as legislações dos prazos prescricionais, a invocação da *suppressio* há de ser ainda mais extraordinária e cautelosa. Por esta razão, concorda-se com Ávila, quando adverte, com base na doutrina e na jurisprudência alemã recentes: «Em geral, todo credor pode, para fazer valer a sua pretensão, esgotar, até o último dia, o prazo que lhe é oferecido pelo Direito Prescricional, e todo devedor deve preparar-se para que o credor

reduzido o prazo prescricional comum de vinte (20) para dez (10) anos, e em matéria de responsabilidade civil para apenas três (3) anos – inclusive, segundo certa orientação jurisprudencial, para os casos de responsabilidade contratual –[322] a utilidade da *suppressio* resta bastante diminuída. Trata-se, hoje, de *figura residual*.

Já por esse motivo, o seu uso desmesurado mostra-se incorreto. Mas também é preciso se ter especial atenção aos requisitos que autorizam a sua aplicação.

3. Requisitos

Não estando legalmente prevista; não devendo esvaziar os institutos da prescrição, da decadência e da renúncia tácita; e aplicando-se como consequência da boa-fé como norma que – considerados certos limites – protege a estabilidade das situações no tempo, a *suppressio* deve ser invocada como *ultima ratio*,[323] sujeitando-se a requisitos de aplicação a serem *individualizados* no caso concreto[324] e *harmonizados* com outros

---

utilize, em toda a sua extensão, o prazo prescricional legal ou contratual. O instituto da limitação de direito por exercício tardio (*Verwirkung*) só pode intervir em casos excepcionais, para não condenar os prazos de prescrição à perda de sentido prático (BGH NJW 1980, 880) e para que a segurança do tráfego jurídico, que é garantida pela clareza e calculabilidade dos prazos prescricionais, não seja substituída pela insegurança de decisões equitativas dependentes do caso concreto e difíceis de serem previstas.» Assim sendo, aduz, «nos casos em que o prazo prescricional é curto, o instituto da limitação de direito por exercício tardio deve ser afastado, pois a sua função é precisamente a de preservar os interesses do devedor naqueles casos de prazos prescricionais muito longos em que o credor já deu mostras claras, durante longo período, no sentido de que não exerceria mais o seu direito, provocando, com isso, a necessidade de uma antecipação prudencial dos efeitos da prescrição, mesmo antes do término do prazo legal abstratamente fixado» (ÁVILA, Humberto. *Supressio*. Limitação de Direito por Exercício Tardio: definição e requisitos de aplicação. In: BENETTI, Giovana *et al.* (Org.). *Direito, Cultura e Método*: Leituras da Obra de Judith Martins-Costa. Rio de Janeiro: GZ Editora, 2019, p. 327-332).

322. Criticou-se essa orientação em: MARTINS-COSTA, Judith; ZANETTI, Cristiano de Sousa. *Responsabilidade Contratual*. Prazo prescricional de 10 anos. *Revista dos Tribunais*, vol. 979. São Paulo: Revista dos Tribunais, maio 2017, p. 215-241.

323. Também alertando à sua excepcionalidade, Julio Neves, para quem «seu reconhecimento é reservado a casos excepcionalíssimos em que a ofensa à boa-fé seja manifesta. Na dúvida, não há *suppressio*. Até porque utilidade da figura é tanto maior quanto mais restrito for seu uso (subsidiário e excepcional), sob a máxima de que a diferença entre o remédio e o veneno está na dose» (NEVES, Julio Andrade. *A suppressio (Verwirkung) no Direito Civil*. São Paulo: Almedina, 2016, p. 73).

324. Nessa matéria, a exemplo do que se anotou relativamente ao *venire contra factum proprium* (§74, *supra*) vem ocorrendo desmedida invocação e aplicação. Porém, como também adverte Ávila, o «seu uso desmedido pode não apenas aniquilar com a função prática dos prazos de prescrição e decadência, como também facilmente conduzir a um subjetivismo do julgador, na medida em que o referido instituto traduz uma espécie de "dupla cláusula geral": tanto a sua hipótese de incidência quanto a sua consequência são indeterminadas, e precisam ser casuística e prudentemente concretizadas pelo julgador. É também por essa razão que a sua aplicação deve estar condicionada à verificação de requisitos sem os quais a sua utilização pode facilmente se transformar numa "catástrofe da ordem jurídica" ou numa "mera e despida arbitrariedade judicial", como há muito advertido pela doutrina especializada. Para evitar esses potenciais malefícios

760 | A BOA-FÉ NO DIREITO PRIVADO

princípios e regras do Ordenamento, como, exemplificativamente, a disciplinado erro invalidante (Código Civil, arts. 138 a 144) e do erro como suporte fático do pagamento indevido (Código Civil, arts. 876 a 883).[325] Trata-se de um remédio excepcional,[326] cuja aplicação aos casos concretos é sujeita, como toda e qualquer norma jurídica, a requisitos ou pressupostos. Esses foram sintetizados por Humberto Ávila numa tríade, a saber: (*i*) inatividade; (*ii*) imputabilidade; e (*iii*) *protetividade*. Explica-se.

A *inatividade*, como o nome indica, diz respeito ao longo período em que o titular de um direito, podendo exercê-lo, manteve-se inerte.[327] Essa situação de inatividade do titular do direito constitui um pressuposto necessário, embora não suficiente. É preciso conjugar a inatividade por um considerável período com os elementos justificadores, no caso concreto, do investimento de confiança pela contraparte, o que supõe certa atitude do titular do direito apta a suscitar, na contraparte, a confiança legítima. Esta é a razão pela qual diversas circunstâncias, indescritíveis *a priori*, influem sobre a duração do lapso temporal exigível para a configuração da *suppressio*, podendo-se apenas afirmar, *in abstracto*, que a mera omissão no exercício não é suficiente para sua invocação: é preciso configurar-se uma *omissão circunstancialmente significativa*, de modo que o exercício retardado configure forma de deslealdade.

Se o direito tiver sido exercido, de algum modo, pelo seu titular, a aplicação do instituto da limitação de direito por exercício tardio deve ser afastada.[328] A inatividade

---

aplicativos, a evolução doutrinária e jurisprudencial construiu requisitos para a aplicação segura do instituto da limitação de direito por exercício tardio». (Acerca dos requisitos: ÁVILA, Humberto. *Supressio*. Limitação de direito por exercício tardio: definição e requisitos de aplicação. In: BENETTI, Giovana *et al*. (Org.). *Direito, Cultura e Método*: Leituras da Obra de Judith Martins-Costa. Rio de Janeiro: GZ Editora, 2019, p. 323-332.) Também Salvatore Patti acentua a importância das circunstâncias, que podem ser de tipo diverso com referência as diversas *fattispecie* invocáveis. (PATTI, Salvatore. V. Verwirkung. *Digesto delle Discipline Privatistiche*, vol. XIX. Torino: UTET, 1999, p. 724). Também assim: CORREA DE OLIVEIRA, José Lamartine. A «Verwirkung», a Renúncia Tácita, e o Direito Brasileiro. In: *Estudos em Homenagem ao Professor Washington de Barros Monteiro*. São Paulo: Saraiva, 1982, p. 282.

325. Para a distinção ver: MICHELON JÚNIOR, Cláudio. *Direito Restituitório*. São Paulo: Revista dos Tribunais, 2007. Tratei também do assunto em: MARTINS-COSTA, Judith; HAICAL, Gustavo. Direito Restitutório. Pagamento Indevido e Enriquecimento sem Causa. Erro Invalidante e Erro Elemento do Pagamento Indevido. Prescrição. Interrupção e *Dies a Quo*. Parecer. *Revista dos Tribunais*, vol. 956. São Paulo: Revista dos Tribunais, jun. 2015, p. 257-295.

326. No mesmo sentido, NEVES, Julio Andrade. *A suppressio (Verwirkung) no Direito Civil*. São Paulo: Almedina, 2016, p. 59.

327. Em alguns setores em que o poder disciplinar ou punitivo é disponível (como o Direito do Trabalho, o Direito de Família e o Societário), vigora o *princípio da imediatidade entre a falta e a punição*: uma VEZ imputada a alguém a «falta grave» ou «conduta desonrosa», deve o responsável pela averiguação da conduta e/ou a aplicação da punição agir tão logo cientificado. A tolerância com o faltoso é considerada espécie de perdão tácito. Voltar atrás, se não conferida a punição em tempo (circunstancialmente) razoável, equivaleria a uma contradição desleal. Ver, *supra*, CAPÍTULO IV, §33.

328. ÁVILA, Humberto. *Supressio*. Limitação de direito por exercício tardio: definição e requisitos de aplicação. In: BENETTI, Giovana *et al*. (Org.). *Direito, Cultura e Método*: Leituras da Obra de Judith Martins-Costa. Rio de Janeiro: GZ Editora, 2019, p. 327.

não se configura, portanto, quando: (a) o prazo prescricional for muito curto e o devedor deva contar com o exercício do direito pelo titular dentro do referido prazo; e (b) houver algum tipo de reserva expressa com relação ao significado da falta de exercício do direito pelos contratantes, que afaste o caráter desleal da conduta tardia do seu titular.[329] Nesse caso, porém, será preciso distinguir: *nas relações paritárias*, nas quais é extenso o exercício da autonomia privada, havendo expressa reserva, no contrato – *e.g.*, cláusula declarando que o não exercício do direito não implica sua renúncia – não caberá, em linha de princípio, a invocação da *suppressio*, salvo as hipóteses previstas nos arts. 423 e 424 do Código Civil. O mesmo não se diga, porém, em face de uma relação contratual assimétrica, tendo o contrato sido formado por adesão. Então, caberá examinar se a ressalva foi ou não abusiva.

A *imputabilidade* «diz respeito à necessidade de o descumprimento do dever de exercer o direito poder ser imputável ao seu titular. Isso significa que a responsabilidade pela passividade deve poder ser atribuível ao titular do direito, sem ser causada por outra pessoa ou decorrer de alguma circunstância específica e determinante que afaste o seu conhecimento a respeito do conteúdo do seu direito». O não exercício não deve ser atribuído a um impedimento, jurídico ou factual, do exercício do direito. Além do mais a imputabilidade deixa de se configurar quando: «(a) o titular do direito não estiver vinculado ao seu comportamento anterior; (b) comportamento anterior tiver sido adotado com desconhecimento da situação ou com erro sobre condição contratual; (c) o referido comportamento não puder ser caracterizado como irregular nem desleal».[330]

Por fim, o requisito da *protetividade* «faz referência à necessidade de o devedor ter justificadamente confiado na falta de exercício futuro do direito pelo seu titular. Isso significa que só se pode cogitar da aplicação do instituto da limitação de direito por exercício tardio quando o comportamento do seu titular tiver gerado a legítima expectativa na parte contrária no sentido de que o referido direito não mais seria por ele exercido. Mais do que legítima, essa expectativa deve ter sido exteriorizada pelo devedor por meio de atos de disposição patrimonial que mantenham relação de causalidade com a omissão do titular relativamente ao exercício do seu direito. Em suma, para que possa ser protegida, a confiança do devedor, além de

---

329. ÁVILA, Humberto. *Supressio*. Limitação de direito por exercício tardio: definição e requisitos de aplicação. In: BENETTI, Giovana *et al.* (Org.). *Direito, Cultura e Método*: Leituras da Obra de Judith Martins-Costa. Rio de Janeiro: GZ Editora, 2019, p. 323-333. Assim seria, por exemplo, se o contrato contivesse cláusula com teor similar ao seguinte: «Qualquer tolerância, exercício parcial ou concessão entre as Partes será sempre considerada mera liberalidade, e não configurará renúncia ou perda de qualquer direito, faculdade, privilégio, prerrogativa ou poderes conferidos (inclusive de mandato), nem implicará em novação, alteração, transigência, remissão, modificação ou redução dos direitos e obrigações daqui decorrentes».

330. As citações entre aspas estão em: ÁVILA, Humberto. *Supressio*. Limitação de direito por exercício tardio: definição e requisitos de aplicação. In: BENETTI, Giovana *et al.* (Org.). *Direito, Cultura e Método*: Leituras da Obra de Judith Martins-Costa. Rio de Janeiro: GZ Editora, 2019, p. 329 e 331.

A BOA-FÉ NO DIREITO PRIVADO

justificada, deve ter sido exercida ou colocada em prática por meio de atos de disposição patrimonial».[331]

Verificando-se tais pressupostos, a sucessiva pretensão do titular de exercitar o direito constitui uma violação ao princípio da boa-fé.

4. *Suppressio* e boa-fé

O eixo da figura está na afronta à boa-fé como regra de lealdade e como norma tutelar de uma legítima expectativa, pois, como se viu, a *suppressio* não visa sancionar a inatividade em si; ou esvaziar de conteúdo prático as regras sobre prescrição, decadência e renúncia;[332] ou afirmar um suposto dever geral de não contradição (que seria, além de inviável, contrário à própria condição humana); nem tampouco é deflagrada pela mera passagem do tempo. Seu escopo é tão somente a minorar os efeitos de uma *surpresa desleal*. Considera-se que o comportamento ensejador da *suppressio* é contraditório, na medida em que haveria contradição inadmissível entre uma omissão prolongada no exercício do direito – em circunstâncias tais que suscitam a expectativa de que ele não mais seria exercido – e a conduta segundo a boa-fé. Assim, é da maior relevância, para um adequado chamamento da *suppressio*, a atenção aos elementos e circunstâncias do caso. De modo algum esse instituto (como, igualmente, as demais figuras aqui analisadas) se compactua com uma aplicação mecânica, desatenta aos elementos de concreção e divorciada de uma justificação fundada em fatos comprovados.

Um dos arestos em que por primeiro foi invocada a *suppressio* em razões de decidir foi no *caso do corredor não utilizado*.[333]

Alguns moradores de um condomínio utilizavam, em caráter de exclusividade, área originalmente destinada a um corredor externo aos seus apartamentos (configurando, portanto, área de uso comum do prédio). Em virtude de alterações no projeto condominial, essa área perdera a destinação a que estava *ab initio* projetada, então

---

331. ÁVILA, Humberto. *Supressio*. Limitação de direito por exercício tardio: definição e requisitos de aplicação. In: BENETTI, Giovana *et al.* (Org.). *Direito, Cultura e Método*: Leituras da Obra de Judith Martins-Costa. Rio de Janeiro: GZ Editora, 2019, p. 331.

332. GUEDES, Gisela Sampaio da Cruz. *Supressio* e prescrição: a confiança na estabilidade da situação jurídica subjetiva pode afetar o exercício da pretensão? In: BENETTI, Giovana *et al.* (Org.). *Direito, Cultura e Método*: Leituras da Obra de Judith Martins-Costa. Rio de Janeiro: GZ Editora, 2019, p. 334-355.

333. STJ. REsp 214680/SP. Quarta Turma. Relator Min. Ruy Rosado de Aguiar. Julgamento em 10.08.1999. *DJ* de 16.11.1999. Referido como paradigma em STJ. REsp 356821/RJ. Terceira Turma. Relatora Min. Nancy Andrighi. Julgamento em 23.04.2002. *DJ* de 05.08.2002; STJ. REsp 325870/RJ. Terceira Turma. Relator Min. Humberto Gomes de Barros. Julgamento em 14.06.2004. *DJ* de 20.09.2004; STJ. REsp 281290/RJ. Quarta Turma. Relator Min. Luis Felipe Salomão. Julgamento em 02.10.2008. *DJ* de 13.10.2008; STJ. REsp 1096639/DF. Terceira Turma. Relatora Min. Nancy Andrighi. Julgamento em 09.12.2008. *DJ* de 12.02.2009; STJ. REsp 1643203/RJ. Terceira Turma. Relator. Min. Marco Aurélio Bellizze. Julgamento em 17.11.2020. *DJ* de 01.12.2020.

passando a ser utilizada exclusivamente por alguns dos condôminos, que, inclusive, unificaram as unidades contíguas e assim obtiveram matrícula predial única. Isso não obstante, uma outra condômina, vinte anos passados, veio reclamar o uso da área que, comprovadamente, não era indispensável às necessidades condominiais. Decidindo em favor dos utentes da área, assim ementou-se a decisão:

«Condomínio. Área comum. Prescrição. Boa-Fé. Área destinada a corredor, que perdeu sua finalidade com a alteração do projeto e veio a ser ocupada com exclusividade por alguns condôminos, com a concordância dos demais. Consolidada a situação há mais de vinte anos sobre área não indispensável à existência do condomínio, é de ser mantido o *status quo*. Aplicação do princípio da boa-fé (*suppressio*)».[334]

Conquanto reconhecendo estar vedado ao condômino invocar a prescrição contra outro quando se tratasse de área destinada ao uso comum e de existência indispensável ao condomínio, o voto explicitou não se configurar, no caso, o requisito da indispensabilidade da área para o condomínio. Isso porque, com as modificações no projeto do prédio, o espaço do primitivo corredor perdera a razão de ser, transformando-se em área morta, sem qualquer utilidade coletiva. Por isso mesmo, durante anos a fio, não houvera nenhuma reclamação dos demais condôminos sobre o fato de um dos moradores ter se apropriado de parte do corredor inútil aos demais.

Da conjugação entre esses fatos e o princípio da boa-fé percebeu o julgador a inadmissibilidade do exercício, pelo condomínio, do direito a exigir a retomada da área. E averbou: «[p]ara isso pode ser invocada a figura da *suppressio*, fundada na boa-fé objetiva, a inibir providências que já poderiam ter sido adotadas há anos, e não o foram, criando a expectativa justificada pelas circunstâncias, de que o direito que lhes correspondia não mais seria exigido». A *suppressio* poderia ser invocada – justificou – «pois houve o prolongado comportamento dos titulares como se não tivessem o direito ou não mais quisessem exercê-lo: os condôminos, ora réus, confiaram na permanência desta situação pelas fundamentadas razões já explicadas».

Foram estes os elementos, justamente, os considerados pelo julgador ao apontar às circunstâncias peculiares que justificaram a adequada invocação da *suppressio*, a saber, (*i*) a perda para o condomínio, da finalidade a que fora planejada originalmente a área e, consequentemente, não vindo mais essa área a todos beneficiar; (*ii*) a sua não indispensabilidade para os demais condôminos.

Poder-se-ia questionar, todavia, se não deveriam ser fixados os limites da *suppressio*, é dizer: conquanto se entendendo que o condomínio não pudesse, *naquele momento*, exigir a retomada da área, pelas circunstâncias relatadas, parece correto afirmar que a titularidade da área do corredor não foi incorporada permanentemente ao patrimônio dos moradores utentes, já que a *suppressio* – assim como a renúncia tácita – não é figura translativa de direitos. Se a sua base é a confiança suscitada pela passagem do tempo e

---

334. STJ. REsp 214680/SP. Quarta Turma. Relator Min. Ruy Rosado de Aguiar. Julgamento em 10.08.1999. *DJ* de 16.11.1999.

764 | A BOA-FÉ NO DIREITO PRIVADO

a aparência de que o direito alheio não seria mais exercido, certo é – no exemplo ora trabalhado – que, os moradores beneficiados pela decisão judicial, ao eventualmente alienarem o seu apartamento, não poderiam alienar, conjuntamente, a área do corretor. Não teriam título para tanto, até porque atos de mera tolerância ou permissão não induzem posse (Código Civil, art. 1208).

Ademais, não é incomum (como se verificou no *caso da assinatura do vice-presidente* e no *caso da legitimidade pelos aluguéis*, antes já mencionados)[335] que se agreguem a *suppressio* e o *venire contra factum proprium*, pois sendo figura criada pela prática dos juízes, não houve a preocupação sistemática de enquadrá-la nas categorias dogmáticas, o que é, afinal, o mister da doutrina. Reitere-se que o comportamento ensejador da invocação da *suppressio* contém também uma dose de contradição. Esta consiste na falta do agir ou no retardo em agir, quando, legitimamente, pela inação, fora suscitada na contraparte a legítima expectativa de que não mais se agiria em relação a determinado direito subjetivo ou faculdade. Mas, embora possam estar superpostas, ambas as figuras guardam sua autonomia, na configuração e nos requisitos de aplicação, unificando-se, todavia, no fundamento: coibição à deslealdade, em razão do dever de agir segundo a boa-fé. Esse raciocínio foi reconhecido no Enunciado normativo n. 412, aprovado na V Jornada de Direito Civil do Conselho de Justiça Federal.[336]

A dose de contradição presente na *suppressio* também foi assumida expressamente pela jurisprudência do STJ no *caso das tarifas de veículos.*[337]

Em contrato de locação de frota de veículos ajustado a termo, a locatária manifestou, meses antes do escoamento do prazo, não ter interesse na renovação. Quando vencido, no entanto, somente parte da frota de veículos foi devolvida. A locatária manteve em sua posse parte dos veículos locados, sem ensejar, esse fato, qualquer oposição da locadora, que continuou a emitir as faturas relativas à parte da frota não devolvida, conformemente aos valores estabelecidos no contrato.

A certa altura, porém, a locadora veio a aumentar o valor das tarifas de locação cobradas em seu balcão e quis se aproveitar do fato anterior – qual seja, a manifestação da ausência de interesse da locatária na renovação e simultânea continuidade da relação contratual – para exigir o pagamento da diferença no preço entre o ajustado no contrato e o que veio a cobrar em balcão. Essa exigência foi limitada pela *suppressio*, decorrência, como reconheceu o acórdão, de seguir-se um comportamento conforme a boa-fé objetiva.

O mencionado acórdão do Superior Tribunal de Justiça faz remissão ao art. 1.196 do Código Civil de 1916 (correspondente ao art. 575[338] do vigente Código Civil) para

---

335. *Vide, supra,* neste Capítulo, §74.

336. V Jornada de Direito Civil do Conselho de Justiça Federal, ocorrida em 2011. O Enunciado aprovado referente ao art. 187, *in verbis:* «412 – As diversas hipóteses de exercício inadmissível de uma situação jurídica subjetiva, tais como *supressio, tu quoque, surrectio e venire contra factum proprium,* são concreções da boa-fé objetiva».

337. STJ. REsp 953389/SP. Terceira Turma. Relatora Min. Nancy Andrighi. Julgamento em 23.02.2010. *DJ* de 15.03.2010.

338. Art. 575: «Se, notificado o locatário, não restituir a coisa, pagará, enquanto a tiver em seu poder,

FUNÇÃO CORRETORA: A BOA-FÉ E O EXERCÍCIO JURÍDICO | 765

afirmar que, tivesse havido notificação «haveria, em princípio, direito em favor da locadora à cobrança da tarifa adicional». Contudo, o locador comportou-se «de maneira contraditória, emitindo faturas no valor original» criando-se, dessa forma, «a expectativa da manutenção do preço contratualmente estabelecido». E se arrematou:

«De tudo decorre que se aplica, à hipótese, o princípio da boa-fé objetiva para o fim de, coibindo o comportamento contraditório da locadora, reconhecer a supressão do seu direito à cobrança das diferenças supostamente devidas pela reiterada cobrança dos preços originais». Reconheceu-se, assim por fim, tal supressão tanto sobre a diferença nas tarifas de veículos cobrada quanto sobre a correção monetária correlata.

A exigência em cobrar valores contratuais não pode ser oportunista. Assim expressa o *caso da correção indevida*.[339]

Em contrato de honorários celebrado entre escritório de advocacia e sociedade empresária, esta se obrigou «ao pagamento mensal de valor reajustável anualmente» em contraprestação aos serviços de advocacia. Embora contratado um reajuste anual dos valores ajustados, certo é que essa jamais foi cobrada pelo escritório de advocacia durante os seis anos em que perdurou o vínculo. Veio o contrato a ser extinto por iniciativa da sociedade empresária contratante dos serviços, com o que o escritório contratado postulou o recebimento de parcelas, bem como de diferenças de valor decorrentes da incidência de correção monetária relativa ao período de vigência do contrato.

A pretensão, porém, foi indeferida, em bem fundamentado aresto.

Começou o julgador por compreender o fato da ausência (ou «esquecimento») da correção pactuada em vista das peculiaridades da relação entre um escritório de advocacia e sua clientela, vínculo enucleado na fiduciariedade e em elementos outros que não os diretamente financeiros. A ausência de cobrança, no seu entender, configurara-se não como incompreensível «liberalidade do escritório», mas como «uma medida que teve como contrapartida a preservação do vínculo contratual por 06 anos». A inércia restou, assim, «qualificada», de modo que, embora a correção estivesse prevista no texto contratual, sua exigibilidade retroativa estava obstada. E consignou:

«Diante desse panorama, o princípio da boa-fé objetiva torna inviável a pretensão da recorrente, de exigir retroativamente valores a título de correção monetária, que vinha regularmente dispensado, frustrando uma expectativa legítima, construída e mantida ao longo de toda a relação contratual». Portanto, se o escritório não cobrou durante o vínculo, criou a expectativa legítima de ter «renunciado àquela prerrogativa.»

Conquanto a imprecisa referência, na qualificação, à figura da renúncia, o caso foi resolvido pela retirada de eficácia da cláusula contratual que previa a correção, realizando-se, a partir do não exercício, a *redução do conteúdo* da obrigação «pela inércia

---

o aluguel que o locador arbitrar, e responderá pelo dano que ela venha a sofrer, embora proveniente de caso fortuito».

339. STJ. REsp 1202514/RS. Terceira Turma. Relatora Min. Nancy Andrighi. Julgamento em 21.06.2011. *DJ* de 30.06.2011.

766 | A BOA-FÉ NO DIREITO PRIVADO

qualificada de uma das partes, ao longo da execução do contrato, em exercer direito ou faculdade, criando para a outra a legítima expectativa de ter havido a renúncia (*sic*) àquela prerrogativa».[340]

O acento tônico na deslealdade é bem evidente no *caso do economista enganado*.[341]

Em 1987, um economista concordou verbalmente em figurar como economista responsável por determinada empresa de assessoria empresarial, a COTINCO, a qual já prestava serviços, em atendimento à exigência legal.[342] A empresa, por sua vez, teria se comprometido a contratar o economista para a realização de projetos profissionais. Porém, pouco depois, a relação entre ambos esmaeceu, muito embora o nome do profissional continuasse registrado no Conselho Regional de Economia como responsável pela COTINCO.

Em 2003, as cotas sociais da empresa foram adquiridas por Dresdner Bank Brasil S/A Banco Múltiplo, tendo havido a incorporação de todo o patrimônio e a sucessão em todas as obrigações. Três anos depois, o economista recebeu notificação do Conselho Regional de Economia, acerca de pendências financeiras relativas à sua condição de economista responsável pela COTINCO. Nesse mesmo ano, a COTINCO retirou o nome do economista do cadastro como responsável perante o Conselho Regional.

Em julho de 2007, o economista ajuizou reclamação trabalhista contra o banco, pleiteando remuneração por todo o período em que figurou como economista responsável da empresa. Tendo o juízo trabalhista declinado a competência para a Justiça comum – entendendo não ter havido prestação de serviços –, o juízo de direito veio a julgar parcialmente procedente o pedido quanto às parcelas não prescritas. Movida apelação, o Tribunal de Justiça de São Paulo decidiu pela procedência do pedido em maior extensão.

Inconformado, o Banco sucessor de COTINCO interpôs Recurso Especial, integralmente provido no STJ. Entendeu-se configurada a *suppressio*. As razões expressadas no voto condutor merecem reprodução:

«(...) para que se configure uma hipótese de *suppressio*, não basta a inércia do titular de um direito e o decurso de longo lapso temporal. É necessário, ainda, que as circunstâncias fáticas tenham gerado na outra parte uma legítima expectativa de que o direito não mais seria exercido, de modo que a posterior mudança de atitude do titular da pretensão possa ser considerada um exercício desleal do direito, sob a ótica da boa-fé objetiva.

---

340. STJ. REsp 1202514/RS. Terceira Turma. Relatora Min. Nancy Andrighi. Julgamento em 21.06.2011. *DJ* de 30.06.2011.

341. STJ. REsp 1520995/SP. Terceira Turma. Relator Min. Paulo de Tarso Sanseverino. Julgamento em 13.06.2017. *DJ* de 22.06.2017, referindo ainda, dentre os precedentes: STJ. REsp 1374830/SP. Terceira Turma. Relator Min. Ricardo Villas Bôas Cueva. Julgamento em 23.06.2015. *DJ* de 03.08.2015; e STJ. REsp 1323404/GO. Terceira Turma. Relatora Min. Nancy Andrighi. Julgamento em 27.08.2013. *DJ* de 05.09.2013.

342. Lei 6.839/80, art. 1.º, *in verbis*: «O registro de empresas e a anotação dos profissionais legalmente habilitados, delas encarregados, serão obrigatórios nas entidades competentes para a fiscalização do exercício das diversas profissões, em razão da atividade básica ou em relação àquela pela qual prestem serviços a terceiros».

FUNÇÃO CORRETORA: A BOA-FÉ E O EXERCÍCIO JURÍDICO | 767

No caso dos autos, as circunstâncias fáticas realmente condiziam à expectativa de que o direito não mais seria exercido.

Deveras, observa-se que o economista ofereceu a sua prestação (assumir a condição de economista responsável) sem ao menos completar a negociação da contraprestação a cargo da empresa COTINCO. Efetivamente, as negociações se encontravam incompletas, pois não se determinou a quantidade de serviços (a serem atribuídos ao economista) que seria suficiente para remunerar o profissional pelo uso de seu nome.

É dizer, o sinalagma, a correspondência entre prestação e contraprestação, não chegou a ser estabelecido, assim permanecendo por quase duas décadas (1987 a 2006). Ao longo dos anos, a relação do economista com a COTINCO se esmaeceu. Apesar desse fato, o economista não requereu a exclusão de seu nome do cadastro do CORE-CON, tampouco exigiu contraprestação.

Em 2003, as cotas sociais da COTINCO foram adquiridas pelo Dresdner Bank-Brasil S/A Banco Múltiplo, tendo havido a incorporação de todo o patrimônio e a sucessão em todas as obrigações. O sumário da ata da Assembleia que aprovou essa incorporação foi publicado em jornal de grande circulação. Esse fato, embora possa passar despercebido para o leigo, costuma ter significativa repercussão entre os profissionais da economia e finanças da região em que sediada a empresa incorporada.

O autor da demanda, porém, embora fosse economista, não procurou tomar conhecimento da significativa transformação societária que havia ocorrido. Somente em 2006, quando notificado pelo CORECON, resolveu exigir remuneração pelo uso de seu nome, ajuizando a demanda em 2007.

Tem-se, portanto, ao longo de quase duas décadas, uma sequência de fatos que convergem no sentido de evidenciar o total desinteresse do economista pela contraprestação que lhe seria devida.

Desse modo, a mudança repentina de comportamento do economista frustra a expectativa legitimamente gerada no outro contratante, de que a contraprestação não seria exigida, configurando assim uma violação ao princípio da boa-fé objetiva, especificamente concretizado na fórmula da *suppressio*.

Como consequência da aplicação da *suppressio*, tem-se por extinto o direito do autor da demanda».[343]

O caso demonstra as dificuldades no enquadramento dogmático da figura. O «total desinteresse» sublinhado no aresto poderia sugerir a renúncia tácita – que é espécie de negócio jurídico unilateral –, mas em nada sugere o «abuso de direito», que para grande parcela da doutrina qualifica a *suppressio*, a qual se caracteriza justamente por não integrar a categoria negocial, encontrando sua razão última na lei.[344]

---

343. STJ. REsp 1520995/SP. Terceira Turma. Relator Min. Paulo de Tarso Sanseverino. Julgamento em 13.06.2017. *DJ* de 22.06.2017.

344. As dificuldades não são suscitadas apenas em vista da jurisprudência e da doutrina brasileiras. Confira-se em: RANIERI, Filippo. *Rinuncia Tacita e* Verwirkung. Padova: Cedam, 1971, especial-

768 | A BOA-FÉ NO DIREITO PRIVADO

5. A *surrectio*

A *suppressio* pode ensejar a *surrectio,* que é a criação de novas posições jurídico-subjetivas. «Perante um fenómeno de *suppressio*», explicita Menezes Cordeiro, «o beneficiário pode encontrar-se numa de duas situações: ou, tendo-se livrado de uma adstrição antes existente, recuperou, nessa área, uma permissão genérica de actuação, ou, tendo conquistado uma vantagem particular, adquiriu uma permissão específica de aproveitamento, ou seja, um direito subjectivo». Esta é a razão pela qual a *surrectio* «tem sido utilizada para a constituição *ex novo* de direitos subjectivos».[345] Portanto, pela *surrectio* ocorre não a paralisação de um direito [ou da possibilidade de exigir], mas o surgimento de um benefício conferido à contraparte.[346]

Conquanto opinião doutrinária objete a aplicabilidade da *surrectio* no Direito civil brasileiro,[347] a jurisprudência, expressa ou implicitamente, admite a figura. Assim se verificou, na jurisprudência do Superior Tribunal de Justiça, no *caso do arrendamento do estaleiro*,[348] no qual a boa-fé atuou, concomitantemente, como norma hermenêutica e como pauta para a correção de conduta contratual.

Tratava-se de julgar litígio decorrente de contrato de arrendamento de estaleiro, sendo arrendada área integrante do «Estaleiro Mauá», no Rio de Janeiro, para a construção de seis embarcações, pactuando-se condição resolutiva vinculada à construção do primeiro barco no prazo de dois anos. Durante a vigência do contrato, no entanto, houve vários aditamentos ao prazo inicialmente estipulado. Ao mesmo tempo, a arrendante transferiu seu controle a terceiro.

Embora as extensões de prazo, o termo ulteriormente consignado restou vencido sem que a construção do primeiro barco tivesse sido finalizada. Ambas as partes

---

mente p. 29-62. Procedendo ao exame de julgados alemães que invocam a *Verwirkung*, observa o autor que o procedimento dos intérpretes alemães «non è sicuramente rigoroso, anzi si presenta incerto e sfumato con tendenza a smussare gli angoli della distinzione tra il profilo dell'abuso e quello dell'atto di renuncia tacita». O exame da prática o faz concluir que, muito embora as recorrentes referências ao abuso de direito, observa-se, mais rigorosamente, uma tutela do investimento de confiança criado por um comportamentonomissivo do titular do direito, o que conduz o fenómeno da *Verwirkung*, em última análise, ao âmbito da autonomia privada (ver, em especial, p. 42-46).

345. Menezes Cordeiro, António Manuel. *Da Boa-Fé no Direito Civil.* Coimbra: Almedina, 1984, p. 821.

346. Menezes Cordeiro, António Manuel. *Da Boa-Fé no Direito Civil.* Coimbra: Almedina, 1984,p. 823.

347. Nesse sentido: Neves, Julio Andrade. *A suppressio (Verwirkung) no Direito Civil.* São Paulo: Almedina, 2016, p. 80, para quem «a boa-fé não cria materialmente novas posições jurídicas subjetivas no direito civil, à revelia das declarações de vontade, salvo expressa previsão legal». Os deveres anexos e os laterais gerados pela boa-fé não configurariam inovações no programa contratual, pois a hipótese seria a de sua preservação, «adequando o proceder de cada uma das partes ao mútuo interesse de adequado cumprimento das disposições nascidas do encontro das vontades».

348. STJ. REsp 725963/RJ. Terceira Turma. Relatora Min. Nancy Andrighi. Julgamento em 23.02.2010. *DJ* de 18.05.2010, já analisado *supra*, com relato voltado ao contexto da relacionalidade do contrato. *Vide, supra*, Capítulo IV, §38.

FUNÇÃO CORRETORA: A BOA-FÉ E O EXERCÍCIO JURÍDICO | 769

ingressam em juízo visando imputar à contraparte a responsabilidade pelo inadimplemento na construção. No cerne da discussão estava a questão de saber se haveria, ou não, justa expectativa para a concessão de mais uma prorrogação de prazo. De um lado, a arrendante pedia a reintegração de posse na área, alegando a falta de entrega da primeira embarcação e, consequentemente, o implemento da condição resolutiva; de outro, a arrendatária clamava pela resilição do contrato – imputando a culpa à arrendante – em função de ter sido a transferência de controle da sociedade arrendante fator determinante, na sua concepção, para a falha na entrega tempestiva do barco a ser construído.

Para verificar a qual das partes caberia o direito de pôr fim ao vínculo, os julgadores começam por analisar se havia a «justa expectativa criada no sentido da [nova] prorrogação do prazo contratual».[349] As perguntas a serem respondidas eram fundamentalmente duas: (*i*) não tivesse ocorrido a transferência de controle da arrendante, teria ocorrido nova prorrogação do prazo contratual?; e (*ii*) ao concordar com as sucessivas prorrogações de prazo, a arrendante criara a legítima expectativa por seu comportamento, na arrendatária, de que o prazo seria, novamente, prorrogado?

Como pano de fundo às respostas, a julgadora situou a boa-fé objetiva e suas figuras específicas, tomando-as como diretrizes à valoração do comportamento das partes. E recordou que a «"*surrectio*", finalmente, consubstancia a possibilidade de surgimento de um dever contratual originalmente não previsto no instrumento, pelo comportamento reiterado das partes no sentido da assunção desse dever».[350]

Independentemente da valoração então adotada (pois se poderia muito bem argumentar ser a nova prorrogação de prazo injustificável para embasar o «investimento de confiança», no sentido de que nova prorrogação seria concedida pela arrendante, também se podendo interpretar o contrato sob o prisma da fixação de novo termo inicial e reinício do prazo), o exemplo serve para ilustrar a função da *surrectio,* que estaria em justificar o dever de prorrogar o prazo (correlato ao direito à prorrogação) para a entrega da embarcação. O direito teria sido originado no comportamento da arrendante durante a vigência do contrato; e estaria correlato à *suppressio* que tolheria o exercício de direitos e poderes derivados de condição resolutiva expressa.

O caso do registro civil de Anita, antes já aqui mencionado,[351] versa hipóteses de *suppressio* e de *surrectio* no âmbito das relações familiares. Relembre-se as suas características, acentuando-se, agora, os elementos relativos à vedação ao exercício jurídico contraditório.

---

349. STJ. REsp 725963/RJ. Terceira Turma. Relatora Min. Nancy Andrighi. Julgamento em 23.02.2010. *DJ* de 18.05.2010.

350. Assim referiu-se em A Boa-Fé como Modelo. In: MARTINS-COSTA, Judith; BRANCO, Gerson Luiz Carlos. *Diretrizes Teóricas do Novo Código Civil Brasileiro.* São Paulo: Saraiva, 2002, p. 217 e ss.

351. STJ. REsp 1087163/RJ. Terceira Turma. Relatora Min. Nancy Andrighi. Julgamento em 18.08.2011. *DJ* de 31.08.2011. Este caso foi referido, *supra*, no CAPÍTULO IV, §27, para exemplificar a incidência da boa-fé no âmbito das relações de Direito de Família.

770 | A BOA-FÉ NO DIREITO PRIVADO

Mulher casada deu à luz a criança cujo pai biológico não era seu marido, escondendo dele o fato. Em vista da presunção legal de paternidade decorrente do matrimônio, o marido traído registrou a criança e criou-a como se pai fosse, tornando-se, dessa forma, pai registral e socioafetivo.

Em paralelo, informado o amante acerca da sua condição, este realizou exame de DNA, comprovando-se o vínculo biológico. Todavia, embora ciente da paternidade, o pai biológico restou inerte – o pai afetivo assumindo plenamente os ônus e os bônus da paternidade. Apenas quando já passados três anos da realização do exame, o pai biológico veio a intentar ação de anulação de registro civil cumulada com reconhecimento de paternidade. Ciente do fato por conta de decisão do Tribunal do Rio de Janeiro determinativa da alteração do registro civil da criança, o pai registral e socioafetivo insurgiu-se, querendo manter a condição de pai e, para tanto, pedindo não fosse concedido o registro ao pai biológico.

Na decisão final sobre o caso, reconheceu o Superior Tribunal de Justiça, primeiramente,[352] a boa-fé subjetiva do pai registral/socioafetivo, tendo por legítima sua crença, ou «estado de consciência», de ser o pai da criança, crença, essa fundada, inclusive, na presunção *pater is est*. O segundo passo foi valorar a conduta do pai registral/socioafetivo à luz da boa-fé objetiva. Concluiu-se que agira com correção, pois, mesmo ao ser cientificado sobre não ser o pai biológico da criança, permaneceu criando-a e cumprindo com os deveres da paternidade. Finalmente, o terceiro passo foi avaliar a conduta do pai biológico, para tanto utilizando-se do mesmo «metro» da boa-fé objetiva. E decidiu-se pela incidência da *suppressio*, tendo como paralisada a pretensão de anulação do registro, já que fora omisso, por três anos, em buscar o reconhecimento de paternidade. Segundo o voto, essa omissão teria «contribuído decisivamente para a perpetuação do engodo urdido pela mãe».

Somou-se a censura pela inércia à conduta maliciosa do pai biológico, invocando-se, por igual, o adágio *nemo auditur propriam turpitudinem allegans* para se concluir pela imobilização do exercício do direito a anular o registro. Dessa forma, proibiu-se o «benefício à própria torpeza» daquele que, tendo a certeza sobre o liame biológico, restara inerte durante os três primeiros anos de vida de sua filha. E se justificou a incidência da *suppressio* «ao impossibilitar a busca tardia pela paternidade»; bem como da *surrectio*, «ao possibilitar a chancela, no mundo jurídico, da inusitada situação fática vivenciada pelo pai socioafetivo e sua filha».

É bem verdade que o voto igualmente recorreu à repressão à malícia com a invocação do adágio *nemo turpitudinem suam allegans*, qualificando, ainda, *suppressio* e *surrectio* como «derivações» do *venire*. Embora a aqui já ressalvada possibilidade de múltiplas incidências dessas figuras, bem como a dificuldade em traçar, nos casos concretos, a exata linha distintiva,[353] o simultâneo chamamento de todas as figuras relativas

---

352. STJ. REsp 1087163/RJ. Terceira Turma. Relatora Min. Nancy Andrighi. Julgamento em 18.08.2011. *DJ* de 31.08.2011.

353. Ver, *supra*, neste Capítulo, §77.

FUNÇÃO CORRETORA: A BOA-FÉ E O EXERCÍCIO JURÍDICO | 771

à vedação ao comportamento contraditório para fatos semelhantes implica dificuldades na importante tarefa de sistematização das soluções jurídicas.

Talvez fosse mais elucidativo se o Tribunal – ao imputar ao pai biológico ausência de legitimidade – esclarecesse se estava a proteger o estado de consciência do pai socioafetivo (boa-fé subjetiva), ou a repugnar o comportamento malicioso do pai biológico (boa-fé objetiva); ou, ao fim e ao cabo, se a solução está construída sob o manto da proteção da «primazia dos interesses da criança», tal qual também referido no julgado. Como a invocação à boa-fé se dá de forma múltipla e pulverizada, não se pode concluir, com clareza, se a *ratio* do julgado se cinge na vedação ao ardil e à malícia; ou se na proteção à crença – reforçada pelo comportamento – do pai socioafetivo; ou, ainda, se na proteção aos interesses da criança.

As funções da boa-fé ao corrigir o exercício jurídico não estão limitadas ao controle e/ou sancionamento da contraditoriedade desleal. Também atua no balizamento do exercício jurídico quando da efetivação de institutos ligados à extinção contratual, tais como a resolução *lato sensu* por inadimplemento, seja a resolução legal (Código Civil, art. 475), seja a convencional (Código Civil, art. 474, primeira parte); bem como, atua na eficácia da condição resolutiva (art. 128 do CC); delimita, na denúncia, cabível, por vezes, nos contratos duradouros, a invocação a esse direito formativo extintivo, especialmente nos casos de denúncia vazia no adimplemento substancial; e o inadimplemento antecipado dos contratos (violação antecipada dos contratos); bem assim na violação positiva do crédito.

§ 78. Boa-fé no balanceamento entre Justiça e utilidade contratual

1. Proposição

Um contrato não deve ser apenas justo, conforme a ideia de «justiça» derivada do sistema e da válida e eficaz declaração negocial. Deve igualmente ser útil, pois essa é a sua finalidade: promover a circulação de riquezas, satisfazendo necessidades.[354] Utilidade e justiça devem estar articuladas o mais harmonicamente possível no Direito dos Contratos, pois assim como seria disfuncional pensar um contrato como uma mônada, isolado de suas funções econômicas, seria contrário à ordem jurídica (que inclui centralmente o valor *justiça*) seguir-se o caminho do utilitarismo puro e duro. Daí, justamente, a complexidade do Direito, o fato de se ser «ciência difícil e exposta, mais do

---

354. Para a temática do justo e do «útil» nos contratos, v. GHESTIN, Jacques. Le Juste et l'Utile dans les Contrats. *Archives de Philosophie du Droit*, n. 26, Paris, Dalloz, 1981, p. 36). Do mesmo autor: La Notion de Contract. Paris: Dalloz, 1997, p. 147; COIPEL, Michel. La Liberté Contractuelle et la Conciliation Optimale du Juste et de l'Utile. *Thémis*, vol. 24, n. 3, 1990, p.486); AUBERT, Jean-Luc. *Le Contrat*. Paris: Dalloz, 1996, p. 26-27.

772 | A BOA-FÉ NO DIREITO PRIVADO

que as outras, à ousadia dos que a querem enfrentar – sem o preparo técnico indispensável» como lapidarmente escreveu Pontes de Miranda.[355] Por isso se exige «conhecer o todo do direito – isto é, o sistema jurídico de que se trata – e de conhecer a ciência do direito, que é o todo de conceitos e enunciados, com que pode apanhar o sentido histórico das regras e das instituições, o sentido atual e toda a natureza da categoria jurídica ou da regra, no quadro científico».[356] Se vale o conselho para o trato de qualquer instituto jurídico, para a aplicação da boa-fé é verdadeiramente indispensável: não se pode aplicar a boa-fé desconhecendo – pelo menos – os mecanismos da Parte Geral do Código Civil e do Direito das Obrigações.

Regras, institutos e princípios jurídicos se encarregam de lograr a complexa articulação entre justiça e utilidade nos contratos.[357] Porém, o momento da cessação da eficácia contratual – principalmente nas hipóteses em que o contrato não foi adimplido, ou não foi corretamente adimplido – traduz o ponto máximo da tensão entre o justo e o útil: que regras devem cercar a extinção do contrato quando a utilidade buscada pelo lesado não foi obtida?

2. As causas de cessação dos efeitos de um contrato: distinções

Muitas são as causas de extinção da relação jurídica obrigacional decorrente de um contrato. *Grosso modo*, podem ser divididas, numa primeira linha distintiva, entre

---

355. Cabe a inteira citação: «O direito é ciência difícil; e exposta, mais do que as outras, à ousadia dos que a querem enfrentar – sem o preparo técnico indispensável. A troca de um conceito por outro, a ignorância de um princípio, o uso de um brocardo que não existe no sistema de direito de que se trata, tudo isso é fácil ocorrer nos que não se deram às fadigas das dezenas de anos de estudo, basta a que a conclusão ou toda uma séria de conclusões seja errada. Desgraçadamente, o crime de julgar contra direito é, hoje em dia, crime impunido. É assunto em que se deve insistir. O jurista tem de conhecer o todo do direito – isto é, o sistema jurídico de que se trata – e de conhecer a ciência do direito, que é o todo de conceitos e enunciados, com que pode apanhar o sentido histórico das regras e das instituições, o sentido atual e toda a natureza da categoria jurídica ou da regra, no quadro científico. Missão difícil, que muitos não sabem medir. Nem temer. Através de dois milênios, a técnica do direito foi tomando corpo, depurando-se e apurando-se. Nos tempos romanos, o que o pensamento humano conseguiu em conceitos precisos e em enunciados de valor intrínseco e extrínseco foi enorme e os séculos posteriores os aproveitaram, corrigindo-os e desvendando-lhes as causas econômicas e psíquicas. A glosa, a pós-glosa e a investigação posterior, principalmente de duzentos anos para hoje, tornaram a ciência jurídica manancial e que todos os povos podem aprender e buscar materiais para as suas leis e para a explicação ou exposição delas» (PONTES DE MIRANDA, Francisco Cavalcanti. *Tratado de Direito Privado*. Tomo XI. 3.ª ed. São Paulo: Revista dos Tribunais, 1983, § 1.171, 2, p. 42).

356. *Vide* nota *supra*.

357. Exemplificativamente, regras legais sobre a redução da cláusula penal quando a prestação foi em parte cumprida (Código Civil, art. 413); sobre vícios redibitórios (art. 441); imputação de responsabilidade civil (arts. 403 e 945); defeitos do negócio jurídico, especialmente as regras do erro sobre as qualidades da coisa (art. 139); ou, considerando a justiça distributiva, as regras de ordem pública de direção e de ordem pública de proteção, essas últimas infletindo notadamente nos contratos entre desiguais.

FUNÇÃO CORRETORA: A BOA-FÉ E O EXERCÍCIO JURÍDICO | 773

causas figurativamente ditas «naturais» (*adimplemento satisfatório das prestações* e o *alcance do termo*, com adimplemento), e causas «não naturais», como a nulidade, a impossibilidade superveniente e a denúncia.

Consideradas apenas as causas «não naturais», outras distinções devem ser feitas: podem se verificar causas ligadas ao plano da existência e o da validade, *v.g.*, nulidade, por ilicitude de objeto (Código Civil, art. 166, II); anulabilidade, por erro invalidante (Código Civil, art. 138 e ss.); por lesão (art. 157) ou estado de perigo (art. 156). E também pode a relação contratual ser extinta por causa ligada ao plano da eficácia, como a revogação, quando permitida (*e.g.*, art. 682, inc. I); a redibição, por vício redibitório (art. 441); o implemento de condição resolutiva (art. 128); ou a impossibilidade superveniente da prestação (arts. 234 a 250); ou ainda, conforme disciplina do Capítulo II, Título V do Livro II do Código Civil, o distrato (art. 472), a denúncia (art. 473), a resolução *lato sensu* por inadimplemento, abarcando a resilição e a resolução em sentido estrito (art. 474, segunda parte, e 475) e, ainda, a resolução por onerosidade excessiva superveniente (arts. 478 a 480).

Das figuras situadas no plano da eficácia, há em comum (*i*) o fato de ocorrerem supervenientemente à conclusão contratual; bem como (*ii*) o efeito de levar à cessação dos efeitos contratuais. Mas, se distinguem na sua causa e na sua forma operativa e também nos efeitos que podem produzir: o acordo entre as partes, no caso do *distrato*; a «retirada da voz» (*revogação*) em que se exprimira a manifestação de vontade, retornando-se ao *status quo*, com eficácia *ex nunc*;[358] a existência de vício oculto, no caso da *redibição*; o exercício de direito formativo extintivo de *denúncia*, por meio da declaração unilateral de um dos contraentes, quando permitido ou pelo contrato ou pela lei, com justa causa (denúncia cheia) ou sem justa causa (denúncia vazia), pondo fim às relações duradouras.[359] E, ainda distinguem-se: o *inadimplemento dotado de gravidade*,

---

358. No mundo jurídico, se a palavra não poderia ter sido retirada, há sanções. Normalmente, não se pode tirar a voz: as promessas devem ser cumpridas («*pacta sunt servanda*»). É o princípio basilar, decorrente da segurança jurídica, porque, por nossas declarações, nós suscitamos expectativas, suscitamos a confiança legítima de que nossa palavra é séria e será cumprida. A revogabilidade da manifestação de vontade é, pois, excepcional. Mas para algumas espécies contratuais, é a forma «normal» de extinção da eficácia (por todos: PONTES DE MIRANDA, Francisco Cavalcanti. *Tratado de Direito Privado*. Tomo XXV. São Paulo: Revista dos Tribunais, 1983, § 3.075, p. 269).

359. A eficácia da denúncia consiste em colocar fim à relação jurídica obrigacional duradoura, pré-excluindo a continuação da relação jurídica sem importar em desconstituição dos efeitos anteriormente advindos porque opera somente para o futuro (*ex nunc*). Por só incidir sobre o plano da eficácia, a denúncia não afeta o plano da existência e validade do contrato, anotando Gustavo Haical: «Essa particularidade eficacial da denúncia deve-se à própria natureza da relação jurídica duradoura, porque a satisfação do interesse econômico nela envolvido decorre não do alcance de um resultado final, mas do adimplemento contínuo ou reiterado das obrigações proporcionalmente vinculado ao transcurso do tempo. Por isso, no momento da denúncia, se encontrarão interesse e adimplemento já satisfeitos» (HAICAL, Gustavo. Apontamentos sobre o Direito Formativo Extintivo de Denúncia no Contrato de Agência. In: MARTINS-COSTA, Judith (Org.). *Modelos de Direito Privado*. São Paulo: Marcial Pons, 2014, p. 305-306). Veja-se ainda: ASSIS, Araken de. *Resolução do Contrato por Inadimplemento*. 5.ª ed. São Paulo: Revista dos Tribunais, 2013, p. 81 e

774 | A BOA-FÉ NO DIREITO PRIVADO

conduzindo à perda da utilidade da prestação para o credor (art. 395, parágrafo único, c/c art. 475), com o resguardo dos efeitos já havidos até o inadimplemento, no caso da *resilição* ou da denúncia cheia, quando essa for motivada no inadimplemento de obrigação duradoura; do inadimplemento, sem o resguardo da eficácia até então havida, voltando as partes ao *status quo ante*, o que se verifica nos contratos em que o adimplemento é instantâneo no tempo, não se configurando obrigação duradoura (resolução em *sentido estrito*); bem como da impossibilidade, por causa natural ou jurídica, quando imputável ao devedor, levando a efeitos análogos aos da resolução em sentido amplo. E, finalmente, a resolução *lato sensu* por excessiva *onerosidade superveniente*, tal qual apreendida pelos arts. 478 a 480.

Já examinada – quando da menção às inter-relações entre os princípios da boa-fé e do equilíbrio contratual –[360] a hipótese de resolução *lato sensu* por excessiva onerosidade superveniente, interessam para o exame aqui seguido, a denúncia, a cláusula resolutiva expressa, a condição resolutiva, a resolução (em sentido amplo) por inadimplemento, e as figuras conexas a essa última, quais sejam, o adimplemento substancial, o inadimplemento antecipado e a violação positiva do crédito.

3. Premissas sobre a terminologia adotada e noções gerais sobre a extinção contratual por causas supervenientes à sua formação

Como questão preliminar a esse exame, e exclusivamente por motivos de clareza – já que o tema não se furta a fundas confusões terminológicas, advindas, dentre outros fatores, das distintas influências, germânica e francesa, que se manifestam no Código Civil –, esclareça-se que aqui é adotada a terminologia proposta por Pontes de Miranda.[361]

Segundo o seu entendimento, seguido, também, por parte da doutrina posterior,[362] a *resolução em sentido amplo* abrange a *resilição* e a *resolução em sentido estrito*. Ambas têm causa no inadimplemento imputável dotado de gravidade capaz de perturbar a utilidade da prestação para o credor (Código Civil, art. 395, parágrafo único, a *contrario sensu*), e constituem remédios para o inadimplemento, cuja fonte pode ser *contratual* (cláusula resolutiva expressa, Código Civil, art. 474, primeira parte) ou legal («resolução legal», Código Civil, art. 475).

---

ss.; e Pontes de Miranda, Francisco Cavalcanti. *Tratado de Direito Privado*. Tomo XXV. 3.ª ed. São Paulo: Revista dos Tribunais, 1984, § 3.083, p. 300.

360. Ver, *supra*, neste Capítulo, §69.

361. Pontes de Miranda, Francisco Cavalcanti. *Tratado de Direito Privado*. Tomo XXV. 3.ª ed. São Paulo: Revista dos Tribunais, 1984, § 3.003, p. 15-18.

362. Assis, Araken de. *Resolução do Contrato por Inadimplemento*. 5.ª ed. São Paulo: Revista dos Tribunais, 2013; e Haical, Gustavo. Apontamentos sobre o Direito Formativo Extintivo de Denúncia no Contrato de Agência. In: Martins-Costa, Judith (Org.). *Modelos de Direito Privado*. São Paulo: Marcial Pons, 2014, p. 294-331.

FUNÇÃO CORRETORA: A BOA-FÉ E O EXERCÍCIO JURÍDICO | 775

A causa e a natureza jurídica da resolução, em sentido estrito, e da resilição são as mesmas. As diferenças estão nos efeitos que produzem, nos tipos de obrigações que contemplam nos modos do seu exercício: nos contratos em que o adimplemento é duradouro («contratos de duração», ou «obrigações duradouras», ou, ainda, «adimplemento duradouro no tempo»), o inadimplemento leva à resilição, operando a eficácia do mecanismo extintivo *ex nunc*. Nos contratos cujo adimplemento pode ser feito instantaneamente (ainda que uma das prestações seja dividida, isto é, «paga em parcelas»), cabe a resolução em sentido estrito, sendo a eficácia do mecanismo *ex tunc*. Ambas compõem o gênero resolução *lato sensu*.

Ocorre que o termo «resilição» é também empregado, inclusive no Código Civil (art. 473) – então adjetivado como «resilição unilateral» –, para indicar uma outra figura, a da *denúncia contratual*, modo extintivo das relações jurídicas obrigacionais duradouras.[363] A denúncia também configura direito formativo extintivo, com eficácia *ex nunc*, podendo ser cheia ou vazia, isto é: amparar-se em motivos previamente determinados na lei ou no contrato, ou ser exercida ao arbítrio do titular, quando assim permitido pela lei ou pelo contrato. A denúncia, portanto, diversamente da cláusula resolutiva expressa ou tácita por inadimplemento, não tem como pressuposto o fato do inadimplemento, muito embora os contratantes possam, ao arrolar os motivos do exercício da denúncia, quando da denúncia cheia, ali fazer constar o fato do inadimplemento. Nesta hipótese, confundem-se a denúncia e a resilição convencional.

Exercer o direito formativo extintivo de denúncia significa dar por cessada a eficácia da relação jurídica contratual, com eficácia *ex nunc*, ou imotivadamente («denúncia vazia», como, *e.g.*, no art. 623 do Código Civil), ou motivadamente («denúncia cheia», como, *v.g.*, no art. 625 do mesmo Código).

---

363. A deficiente redação do art. 473, *caput*, tem levado a confusões entre resilição, denúncia e notificação, figuras entre si distintas. O enunciado deve ser lido como: «A denúncia, nos casos em que a lei expressa ou implicitamente o permita, opera mediante notificação à outra parte». Explica Pontes de Miranda: «Em sistemas jurídicos que só definem a resolução como extintiva *ex tunc*, há propensão para não se distinguir da denúncia a resilição, por serem ambas *ex nunc*. Mas resilir não é denunciar» (PONTES DE MIRANDA, Francisco Cavalcanti. *Tratado de Direito Privado*. Tomo XXV. 3.ª ed. São Paulo: Revista dos Tribunais, 1984, § 3.084, p. 301). No mesmo sentido: Assis, Araken de. *Resolução do Contrato por Inadimplemento*. 5.ª ed. São Paulo: Revista dos Tribunais, 2013, p. 81 e ss.; idem, HAICAL, Gustavo. Apontamentos sobre o Direito Formativo Extintivo de Denúncia no Contrato de Agência. In: Martins-Costa, Judith (Org.). *Modelos de Direito Privado*. São Paulo: Marcial Pons, 2014. Note-se, todavia que autorizadíssima doutrina, seguindo tradição italiana, tem «denúncia» como espécie de resilição. Assim, AGUIAR JÚNIOR, Ruy Rosado de. *Comentários ao Novo Código Civil*. Arts. 472 a 480, vol. VI. Tomo II. Rio de Janeiro: Forense, 2011, p. 285. Na doutrina anterior, seguindo a tradição francesa (de onde provém a doutrina italiana nesta matéria): GOMES, Orlando. *Contratos*. 16.ª ed. atualizada e anotada por Humberto Theodoro Jr. Rio de Janeiro: Forense, 1995, p. 183-184, segundo a qual a resilição implica a extinção do contrato «por simples declaração de vontade de uma ou das duas partes contratantes» (sendo, então, o mesmo que a denúncia) e aproxima-se, pela causa, da resolução, distinguindo-se, todavia, na eficácia. Poderia, assim, ter como causa o inadimplemento («resilição-sanção»).

A BOA-FÉ NO DIREITO PRIVADO

Por sua vez, o termo «rescindir» remete à ideia de um vício anterior à formação do contrato, como no desfazimento da relação contratual por vício lógica e cronologicamente anterior à formação do contrato, mas que se revela posteriormente, como no vício redibitório. «Rescisão» *não é*, pois, a expressão de maior latitude, como a prática disseminadíssima pareceria expressar. E, de modo algum, pode ser confundida com a denúncia.

§ 79. Boa-fé e exercício de denúncia

1. Noção e distinções

Acima se anotou que a denúncia – direito formativo extintivo – tem eficácia de encerrar a relação jurídica de modo a não mais produzir efeitos, independentemente do inadimplemento, é dizer: em seu suporte fático não está o incumprimento grave, como ocorre com a resolução em sentido lato. Como também acima anotado, distingue-se da resilição embora a presença de pontos de semelhança. A *similitude* está em que ambas operam pelo exercício de direito formativo extintivo e tem efeito irretroativo (*ex nunc*);[364] a *distinção* reside na circunstância de a denúncia fazer cessar a relação jurídica independentemente do inadimplemento, podendo ser motivada («cheia», por «justa causa») ou não («vazia», «imotivada»), enquanto a resilição, fundada necessariamente no inadimplemento grave e imputável ao devedor, além de fazer cessar os efeitos, também desconstitui o plano da eficácia do negócio jurídico, a partir do momento em que declarada.[365]

---

364. Pontes de Miranda, Francisco Cavalcanti. *Tratado de Direito Privado.* Tomo XXV. São Paulo: Revista dos Tribunais, 1984, § 3.084, p. 301. «Em sistemas jurídicos que só definem a resolução como extintiva *ex tunc*, há propensão para não se distinguir da denúncia a resilição, por serem ambas *ex nunc*. Mas resilir não é denunciar». Haical, Gustavo. Apontamentos sobre o Direito Formativo Extintivo de Denúncia no Contrato de Agência. In: Martins-Costa, Judith (Org.). *Modelos de Direito Privado.* São Paulo: Marcial Pons, 2014, p. 304-305.

365. Pontes de Miranda, Francisco Cavalcanti. *Tratado de Direito Privado.* Tomo XXV. São Paulo: Revista dos Tribunais, 1984, § 3.083, p. 300. «A denúncia obtém resultados desconstitutivos semelhantes aos da resilição, que são o de extinção *ex nunc*; mas a denúncia põe termo à relação jurídica, não a desfaz, nem é como se desfizesse o negócio jurídico. A denúncia diz: "aqui acaba a relação jurídica"; a resolução enuncia, implicitamente: o que ia continuar, ou o que era, é como se não pudesse ser (resilição), ou como se não tivesse sido (resolução). Quem resile faz cessar; quem resolve, faz o que *era*, no mundo jurídico, deixar de ter sido. Quem denuncia apenas faz não continuar. Resolução apaga presente e passado; portanto, não há futuro; denúncia põe ponto final, no que é no presente; resilição raspa a reticência, que seria o futuro. O que iria continuar, e deixa de continuar, porque houve a *resilição*, foi atingido pelo corte que se fez. É como se a frase estivesse feita e estivesse sendo lida, mas se interrompeu a leitura, para sempre. Não é o que se passa com a denúncia. A frase que se estava lendo foi lida. O que se quer, de agora em diante, é não mais se escreva o que se ia escrevendo e escrito não fora». Também: Assis, Araken de. *Resolução do Contrato por Inadimplemento.* 5.ª ed. São Paulo: Revista dos Tribunais, 2013, p. 81 e ss.; e Haical, Gustavo. Apontamentos sobre o Direito Formativo Extintivo de Denúncia no Contrato de Agência. In: Martins-Costa, Judith (Org.). *Modelos de Direito Privado.* São Paulo: Marcial Pons, 2014, p. 303-313.

FUNÇÃO CORRETORA: A BOA-FÉ E O EXERCÍCIO JURÍDICO | 777

Sem propriamente «desfazer» o contrato,[366] a denúncia faz cessar os efeitos da relação jurídica duradoura advinda do contrato.

Na prática, é muito frequente a extinção da relação jurídica duradoura por via da denúncia ou porque nessa espécie de relação jurídica não tem, desde a partida, termo final prefixado pelos figurantes, ou porque, quando ultrapassado o prazo originalmente definido, transforma-se a relação contratual – por sua continuidade no tempo, com a concordância, expressa ou tácita, dos contraentes – em uma relação com termo indeterminado. Como não existem relações obrigacionais eternas, ninguém sendo obrigado a permanecer perpetuamente vinculado a determinada relação jurídica, a técnica jurídica prevê a denúncia, «desligando-se» os contraentes justamente mediante o exercício, por uma das partes, do mencionado direito formativo extintivo.

Por vezes, é o próprio ajuste a prever a possibilidade de denunciar; noutras, é a lei que dispõe sobre tal forma de cessação, como ocorre na Lei do Inquilinato.[367] Na denúncia motivada («denúncia cheia»), os motivos podem estar determinados ou em caráter taxativo ou por meio de rol enunciativo. Em qualquer caso, a eficácia dirige-se ao futuro, operando o desligamento, mas preservando-se, integralmente, os efeitos contratuais já verificados (eficácia *ex nunc*).

2. Boa-fé e exercício do direito formativo de denúncia

Decorrendo a eficácia da denúncia do exercício de direito formativo extintivo, resta o outro figurante da relação em *estado de sujeição*, é dizer: este não mais poderá exigir a manutenção da relação jurídica obrigacional, pois denunciar é fazer cessar a eficácia da relação jurídica. E o exercício do direito de denúncia, embora *prima facie* lícito, por vezes, pode ser ilícito («abusivo»), isto é: disfuncional aos fins concretos do contrato, à sua causa, às expectativas que, legitimamente, tenha gerado acerca de sua continuidade.

Incide, então, o princípio da boa-fé como limite ao exercício da denúncia, pois, em vista das características dos contratos contendo prestações duradouras, podem ser

---

366. TOMASETTI JÚNIOR, Alcides. Abuso de Poder Econômico e Abuso de Poder Contratual. *Revista dos Tribunais*, vol. 715, São Paulo, Revista dos Tribunais, maio 1995, p. 89. «A atualização da eficácia da denúncia não põe término ao "contrato". O negócio denunciativo opera no plano da eficácia e por consequência provoca a extinção da relação jurídica contratual a partir do momento em que a declaração de denúncia chega ao destinatário legitimado a recebê-la. (...). Se a denúncia fosse do "contrato", desataria as consequências no plano da existência dos negócios jurídicos, – o que não acontece –, por isso que a destruição "do contrato" eliminaria a base de todas as atribuições patrimoniais efetuadas com base nele (*e.g.*, a dação de etileno e consequente domínio adquirido sobre o produto fornecido e transformado a dação do preço e o conseguinte domínio do fornecedor de etileno sobre a moeda já despendida. Tudo isso haveria de ser reposto ao *statu quo ante*)». Ver também HAICAL, Gustavo. Apontamentos sobre o Direito Formativo Extintivo de Denúncia no Contrato de Agência. In: MARTINS-COSTA, Judith (Org.). *Modelos de Direito Privado*. São Paulo: Marcial Pons, 2014, p. 303-313.

367. Lei 8.245/1991, alterada pela Lei 12.112/2009, *v.g.*, arts. 6.º; 7.º; 46, § 2.º; 47; 50, parágrafo único.

778 | A BOA-FÉ NO DIREITO PRIVADO

configuradas situações de extremada injustiça para aquele contraente que, contando com a continuidade da relação jurídica obrigacional advinda de determinado contrato que se desenvolvia desde muito tempo, sem termo determinado para a sua extinção, não se preparou para o desligamento, seja redirecionando os seus negócios, seja buscando outro fornecedor; ou, ainda, o que fez investimentos de monta para poder prover a execução contratual, mas vê a relação jurídica extinta sem que tivesse corrido tempo necessário para viabilizar a possibilidade de um retorno financeiro. É essa expectativa que, quando legítima, justifica a incidência da regra do parágrafo único do art. 473 do Código Civil, atinente ao transporte da eficácia da denúncia (ali dita «resilição unilateral») para quando «transcorrido prazo compatível com a natureza e o vulto dos investimentos», sendo essa regra concretização do princípio da boa-fé».

Assim ocorreu no *caso do contrato de distribuição deslealmente denunciado.*[368]

A empresa Socipar S/A ajuizara ação indenizatória contra Bayer S/A pleiteando indenização em decorrência de danos relacionados à «rescisão unilateral» (*rectius*: denúncia) de contrato verbal de distribuição. O pedido foi primeiramente julgado improcedente, mas o Tribunal de Justiça de São Paulo deu parcial provimento à apelação da Socipar para reconhecer que (*i*) o fato de o pacto não ser escrito não impedia a sua configuração, nem a indenização por perdas e danos; e (*ii*) o caráter abusivo da denúncia, tal qual procedida.

As partes haviam mantido por mais de quatorze anos «fortes e constantes transações comerciais», tornando-se a Socipar, inclusive, «parceira da Bayer como única distribuidora da Bayer Argentina e a maior da Bayer no Brasil». Sobreveio, no entanto, o encerramento abrupto da relação jurídica, com o fechamento da unidade Bayer no Brasil, circunstância esta insuficiente para retirar o direito à reparação dos danos efetivamente sofridos em razão cessação ilícita dos efeitos do contrato.

A procedência do pleito indenizatório fora fundamentada «nos princípios da boa-fé objetiva, atual paradigma da conduta na sociedade contemporânea, da função social do contrato e da responsabilidade pré e pós-contratual».

Recorrendo a Bayer dessa decisão, o Superior Tribunal de Justiça a manteve, valendo a pena reproduzir, ainda que em parte, as razões de decidir.

Examinou-se, primeiramente, a desnecessidade de forma escrita, *ex vi* dos arts. 124 do Código Comercial e 129 do Código Civil de 1916 (dispositivo essencialmente mantido no art. 107 do Código Civil de 2002).[369] Foi reconhecido que «[a] complexidade da relação de distribuição torna, via de regra, impraticável a sua contratação verbal». Todavia, registrou-se a possibilidade, «a partir das provas carreadas aos autos, [de] extrair

---

368. STJ. REsp 1255315/SP. Terceira Turma. Relatora Min. Nancy Andrighi. Julgamento em 13.09.2011. *DJ* de 27.09.2011.

369. Foi registrado, outrossim, que, até o advento do Código de 2002, era legalmente atípico o contrato de distribuição, «de sorte que sua formalização seguia a regra geral, caracterizando-se, em princípio, como um negócio não solene, podendo a sua existência ser provada por qualquer meio previsto em lei».

FUNÇÃO CORRETORA: A BOA-FÉ E O EXERCÍCIO JURÍDICO | 779

todos os elementos necessários à análise da relação comercial estabelecida entre as partes», nada impedindo o reconhecimento da existência do contrato verbal de distribuição.

Como segundo passo, foi analisado com atenção o conjunto probatório, dele se extraindo as circunstâncias fáticas (para tanto considerando, frente ao óbice do enunciado n. 7 da Súmula/STJ, o panorama traçado pelo Tribunal de Justiça de São Paulo).

Restara comprovado, de acordo com o Tribunal Estadual, a «vigência por mais de quatorze anos de um contrato não escrito de distribuição entre as partes», cujo objeto era comercialização de sulfato de sódio contaminado por cromo, produzido pela Bayer. Diante das características nocivas do produto, a Socipar desenvolvera «*know how* próprio, com logística específica de armazenamento e transporte do material contaminado, tanto no Brasil quanto na Argentina». Consequentemente, a empresa distribuidora investira «vultosa quantia no negócio», tendo se tornado, em razão do «forte entrosamento entre ambas», a única distribuidora da Bayer Argentina e a maior distribuidora da Bayer no Brasil.

Contudo, «após quatorze anos ininterruptos de negócios sólidos, constantes e crescentes, a ré (Bayer) simplesmente, sem explicações, rompeu a relação com a autora» (Socipar). Segundo alegou a Bayer, a extinção do contrato fora causada por uma «decisão mercadológica de sua casa matriz situada na Alemanha», de, «em nível mundial (...), concentrar suas atividades na área de cromo em somente duas unidades. A primeira localizada na vizinha Argentina, e a segunda localizada na África do Sul».

Foi, contudo, também comprovado que, «meses após a transferência da linha de produção do Brasil para a Argentina, ao contrário do que fora acordado com a autora, a ré não se limitou a encerrar suas atividades produtivas, mas sim passou a realizar a importação e distribuição dos subprodutos da Bayer Argentina, revendendo-os diretamente à rede de clientes construída ao longo dos anos pela autora. Em paralelo, e por decisão da matriz, conforme expressamente confessado, a Bayer Argentina deixou de fornecer os produtos à autora». Como se não bastasse, a Bayer proibiu a venda do sulfato de sódio à empresa da qual poderia a Socipar adquiri-lo, de modo que, por esse estratagema a distribuidora restou negocialmente sufocada, numa verdadeira «camisa de força, já que de nada adiantaria a aquisição dos produtos se a ré ou suas aliadas impedissem a respectiva venda ao maior cliente existente no Brasil».

Esses fatos «minuciosamente examinados» pelo Tribunal Estadual levaram-no a concluir ter a Bayer «se apoderado de grande parte do fundo de comércio da recorrida. Ou seja, surrupiou-lhe a clientela. Muito embora seja evidente o interesse [unilateral] da ré de tomar tal decisão (...), para a análise do pedido da autora basta o dado objetivo: a ré rompeu os antigos laços mantidos com a autora e numa "jogada" empresarial tomou--lhe o mercado desenvolvido com muito esforço e investimento».

Com base nesse panorama fático, o Superior Tribunal de Justiça decidiu a questão por intermédio de adequada concreção do princípio da boa-fé objetiva, salientando sua presença no Ordenamento ainda antes da vigência do Código de 2002, conquanto então como norma implícita, cabendo ao juiz, na análise dos singulares contratos, «não poder permitir que estes, "como regulação objetiva, dotada de um específico sentido,

780 | A BOA-FÉ NO DIREITO PRIVADO

atinja finalidade oposta ou contrária àquela que, razoavelmente, à vista de seu escopo econômico-social, seria lícito esperar"».

Conclusivamente, o Superior Tribunal de Justiça, embora aceitando a possibilidade de denúncia, concluiu caber o dever de indenizar pelos danos derivados da ruptura abrupta e desleal, arrematando: «[a] rescisão (*sic*) imotivada do contrato, em especial quando efetivada por meio de conduta desleal e abusiva violadora dos princípios da boa-fé objetiva, da função social do contrato e da responsabilidade pós-contratual confere à parte prejudicada o direito à indenização por danos materiais e morais».

No exame crítico dessa decisão, três pontos devem ainda ser sublinhados. Primeiramente, a extremada relevância do trabalho dos juízos de primeiro grau e segundo grau no exame do material fático, permitindo, assim, a criteriosa e fundamentada concreção do princípio da boa-fé pelas instâncias superiores. Em segundo lugar, deve ser apontada a questão terminológica: o reiterado emprego do termo «rescisão» ao invés de denúncia, como tem sido a praxe, constitui substituição não destituída de importância, pois a diversa terminologia indica a diversa eficácia, sendo essa a questão principal dos conceitos jurídicos, produtores que são de consequências jurídicas. Por fim, há de ser registrada a ausência de referência, na decisão acima comentada, à regra do art. 473 do Código Civil, por ser regente, à espécie, ainda o Código de 1916.

Hoje em dia, o parágrafo único do art. 473, enucleado na boa-fé, tem recebido a atenção do Superior Tribunal de Justiça.[370] No exame da regra legal, é preciso anotar a inconfundibilidade de três aspectos: (*i*) o da postergação da eficácia da denúncia, na hipótese prevista no parágrafo único[371] que não exige seja a denúncia abusiva, situando requisito de ordem objetiva; (*ii*) sua distinção relativamente à indenizabilidade decorrente da violação dessa regra; e (*iii*) sua distinção diante da indenizabilidade decorrente do exercício imotivado ou imoderado do direito formativo de denúncia.

3. O parágrafo único do art. 473

O parágrafo único do art. 473 não obriga a manter a relação jurídica obrigacional. O que ocorre é a postergação da eficácia da denúncia para data que viabilize o transcurso de «prazo compatível com a natureza e o vulto dos investimentos» feitos em razão de contrato com indeterminação de termo final. Se não obedecida a regra, e denunciado o

---

370. STJ. REsp 401704/PR. Quarta Turma. Relator Min. Honildo Amaral de Melo Castro. Julgamento em 25.08.2009. *DJ* de 02.09.2009, o «caso dos produtos tostines», por mim comentado: *O caso dos produtos Tostines*: uma atuação do princípio da boa-fé a resilição de contratos duradouros e na caracterização da *suppressio*. In: Tepedino, Gustavo; Frazão, Ana (Coords.). *O Superior Tribunal de Justiça e a Reconstrução do Direito Privado*. São Paulo: Revista dos Tribunais, 2011, p. 513-542.

371. Art. 473, CC, parágrafo único, *in verbis*: «Se, porém, dada a natureza do contrato, uma das partes houver feito investimentos consideráveis para a sua execução, a denúncia unilateral só produzirá efeito depois de transcorrido prazo compatível com a natureza e o vulto dos investimentos».

FUNÇÃO CORRETORA: A BOA-FÉ E O EXERCÍCIO JURÍDICO | 781

contrato antes da fluência do «prazo razoável» ali referido, o caso se há de resolver em perdas e danos em razão da violação da regra legal, cabendo concretizar, em vista do *id quod plerumque accidit*, dos lucros até então advindos, da natureza dos negócios e das demais circunstâncias do caso, qual seria o «prazo compatível com a natureza e o vulto dos investimentos», para, assim, quantificar os prejuízos.

A regra legal justifica-se em vista dos contratos contendo obrigações duradouras, como, exemplificativamente, o arrendamento e a distribuição. Nesses contratos, a duração (tempo) é elemento essencial da relação jurídica obrigacional,[372] pois especifica a prestação, que necessita – para cumprir sua própria função – ser duradoura, consistindo o tempo em elemento útil aos interesses dos figurantes, pois estes não diminuem de intensidade na proporção dos adimplementos reciprocamente realizados.[373] Sendo o tempo um elemento inscrito no âmago dessa relação obrigacional, é usual que os contratos que a irradiam não apresentem um termo final, ou, se o preveem, tracem-no em vista do programa contratual delineado para atender aos interesses dos figurantes. Portanto, podem vir a durar por largos períodos temporais, sem importar em nulidade.

Esta é a razão pela qual a ordem jurídica reconhece aos figurantes o direito formativo extintivo de denúncia,[374] o qual representa uma exceção ao princípio da força obrigatória dos contratos.[375] Do contrário, seria violado o princípio geral de ordem pública,[376] com matriz constitucional,[377] de que nenhum contrato pode, de fato, ser ilimitado no tempo, por gerar restrição à liberdade econômica e individual dos figurantes. Este fundamento leva a doutrina a acenar, nos diversos sistemas jurídicos, para as cautelas e garantias que cercam o exercício da denúncia. Assim como o direito

---

372. PINTO, Fernando A. *Contratos de distribuição*: da tutela do distribuidor integrado em face da cessão do vínculo. Lisboa: Universidade Católica, 2013, p. 108; COUTO E SILVA, Clóvis do. *A Obrigação como Processo*. Rio de Janeiro: FGV Editora, 2006, p. 164.

373. PINTO, Fernando A. *Contratos de distribuição*: da tutela do distribuidor integrado em face da cessão do vínculo. Lisboa: Universidade Católica, 2013, p. 108.

374. Não se ignora que o art. 473 do Código Civil emprega os termos «resilição» e «notificação». Porém, para evitar-se a confusão entre outras eficácias ligadas ao termo «resilição», segue-se a tradição de PONTES DE MIRANDA, pela qual o direito formativo extintivo próprio a fazer cessar a eficácia de contratos duradouros, sem que o fundamento seja o inadimplemento, chama-se *denúncia*, reservando-se o termo *resilição* para a hipótese de a extinção ser baseada no inadimplemento absoluto ou na impossibilidade imputável, conforme as previsões dos art. 474 e 475 do Código Civil.

375. ASSIS, Araken de. *Resolução do contrato por inadimplemento*. 4.ª ed. São Paulo: Revista dos Tribunais, 2004, p. 83; KLEIN, Michele. *El desistimiento unilateral del contrato*. Madrid: Civitas, 1997, p. 22-24; GONZÁLEZ, Rafael Lara. *Las causas de extinción del contrato de agencia*. Madrid: Civitas, 1998, p. 155.

376. BAPTISTA MACHADO, João. Do princípio da liberdade contratual. In: *Obra Dispersa*. Braga: Scientica Ivridica, 1991, p. 642-643.

377. No direito brasileiro, conforme ensina Alcides Tomasetti Jr., esse princípio tem assento no princípio da livre iniciativa, *ex vi* do art. 1.º, IV, da Constituição Federal de 1988 (TOMASETTI JÚNIOR, Alcides. Abuso do poder econômico e abuso do poder contratual. *Revista dos Tribunais*, vol. 715, São Paulo: Revista dos Tribunais, 1992, p. 89).

subjetivo, cujo correlato é o dever jurídico, o direito formativo tem como correlato o estado de sujeição. O outro sujeito da relação jurídica nada pode fazer para impedir o efeito extintivo: está irremediavelmente sujeito ao exercício do direito formativo e aos consequentes efeitos.[378] Bem por isto, são reprimidas as condutas arbitrárias e caprichosas[379] no exercício do direito de pôr fim à relação.

Compete às partes (e à lei, se for o caso) determinar que o exercício do direito formativo extintivo de denúncia tenha, ou não, causa predeterminada. A distinção será, então, entre o exercício com justa causa (*denúncia cheia*) ou sem justa causa (*denúncia vazia*).[380] Havendo causa predeterminada, o denunciante deve ater-se os motivos predispostos *ex voluntate* ou *ex lege* para exercer a denúncia. Se não houver, pode o denunciante acionar a extinção ao seu nuto. Essa distinção é importante à compreensão da licitude, ou não, da denúncia, que se relaciona com o dever do denunciante de exercer a denúncia com ou sem aviso-prévio: nos contratos sem termo final determinado, é preciso atentar ao aviso-prévio, que é o termo inicial[381] inexo à declaração de vontade pela qual se dá existência à denúncia, de modo a protrair a eficácia extintiva do direito formativo a determinado ponto no tempo.[382] Logo, entre a recepção da denúncia e a sua plena eficácia, fica estabelecido um prazo, o que é perfeitamente compatível com a finalidade do aviso-prévio, qual seja: «proteger o figurante em estado de sujeição dos danos que pode originar a eficácia imediata e inopinada da denúncia, permitindo a ele adotar um comportamento à proteção de seus interesses, adaptando-se às novas circunstâncias, como, por exemplo, reorganizando sua atividade e buscando a conclusão de outro contrato».[383]

---

378. PONTES DE MIRANDA, Francisco Cavalcanti. *Tratado de Direito Privado*. Tomo V. 3.ª ed. São Paulo: Revista dos Tribunais, 1983, § 583, p. 453; AGUIAR JÚNIOR, Ruy Rosado de. *Comentários ao novo Código Civil*: da extinção do contrato, vol. VI. Tomo II. Rio de Janeiro: Forense, 2011, p. 466.

379. Os adjetivos estão em: HERRERA, Alicia Garcia. *El impacto del tiempo en los contratos de franquicia y distribuición exclusiva*. Valencia: Tirant lo Blanch, 2008, p. 66.

380. PONTES DE MIRANDA, Francisco Cavalcanti. *Tratado de Direito Privado*. Tomo XXV. 3.ª ed. São Paulo: Revista dos Tribunais, 1984, § 3.081, p. 294.

381. KLEIN, Michele. *El desistimiento unilateral del contrato*. Madrid: Civitas, 1997, p. 185.

382. PONTES DE MIRANDA, Francisco Cavalcanti. *Tratado de Direito Privado*. Tomo V. 3.ª ed. São Paulo: Revista dos Tribunais, 1983, § 550, p. 187; PONTES DE MIRANDA, Francisco Cavalcanti. *Tratado de Direito Privado*. Tomo XXV. 3.ª ed. São Paulo: Revista dos Tribunais, 1984, § 3.085, p. 303; PONTES DE MIRANDA, Francisco Cavalcanti. *Tratado de Direito Privado*. Tomo XL. 3.ª ed. São Paulo: Revista dos Tribunais, 1984, § 4.395, p. 109.

383. HAICAL, Gustavo. Apontamentos sobre o exercício do direito formativo extintivo de denúncia no contrato de agência. In: MARTINS-COSTA, Judith (Org.). *Modelos de Direito Privado*. São Paulo: Marcial Pons, 2014, p. 307. No mesmo sentido: KLEIN, Michele. *El desistimiento unilateral del contrato*. Madrid: Civitas, 1997, p. 191; GONZÁLEZ, Rafael Lara. *Las causas de extincióndel contrato de agencia*. Madrid: Civitas, 1998, p. 176; MARTÍNEZ SANZ, Fernando; MONTEAGUDO, Montiano; PALAU RAMÍREZ, Felipe. *Comentario a la ley sobre contrato de agencia*. Madrid: Civitas, 2000, p. 415; GARCIA HERRERA, Alicia. *La duración del contrato de distribución exclusiva*. Valencia: Tirant Lo Blanch, 2006, p. 606; ASSIS, Araken de. *Contratos nominados*: mandato, comissão, agência e distribuição, corretagem e transporte. São Paulo: Revista dos Tribunais, 2005, p. 576.

FUNÇÃO CORRETORA: A BOA-FÉ E O EXERCÍCIO JURÍDICO | 783

Inserir o termo final (consequente ao aviso-prévio) ao concluir a denúncia de contrato com termo final indeterminado é cumprir com um dever lateral de proteção derivado do princípio da boa-fé, que direciona os figurantes de um vínculo obrigacional a considerar os legítimos interesses da contraparte.[384] Não há ilicitude a macular a denúncia vazia em si mesma considerada, mas poderá se verificar a ilicitude prevista no art. 187 do Código Civil em não ser protraída sua eficácia a um prazo razoável.[385]

A dificuldade de ordem prática está no estabelecimento do que é «razoável» em vista das circunstâncias concretas para que um contrato de obrigação duradoura só venha a ser denunciado após o transcurso de tempo necessário a que um dos contratantes tenha a possibilidade de recuperar seus investimentos.[386] A razoabilidade do prazo previsto no parágrafo único do art. 473 do Código Civil haverá de ser averiguada em vista dos seguintes elementos: (*i*) a natureza do contrato; (*ii*) o tempo em que vige; (*iii*) a expectativa que gerou no denunciado, fazendo com que *realizasse* ou *voltasse* a realizar investimentos à execução do contrato que apenas poderiam ser amortizados com o transcorrer de determinado tempo da relação obrigacional.[387] Quantos aos investimentos, é importante destacar que apenas deverão ser tomados por base aqueles que tiverem sido realizados por um distribuidor diligente dentro das circunstâncias do contrato e do mercado, e que decorram de exigências do fornecedor.[388] Portanto, devem ter natureza *estritamente idiossincrática* com o contrato. Englobam, porém, aqueles investimentos *normalmente exigidos* (realizados para a conclusão e a execução do contrato, bem como os *investimentos sucessivos*, os quais advirão ao longo da execução do contrato, para atender exigências suplementares ou para se adaptar a alterações supervenientes comerciais ou econômicas).[389]

É preciso, pois, distinguir: (*i*) se não é garantido o «prazo razoável», à parte que fez investimentos consideráveis, caberá ao contratante que exercitou o direito formativo de denúncia, em desrespeito à regra do parágrafo único, indenizar pelos prejuízos daí resultantes; (*ii*) no caso de exercício imoderado («abusivo») do direito formativo extintivo de denúncia, haverá violação à boa-fé e, portanto ilicitude, na forma do art.

---

384. KLEIN, Michele. *El desistimiento unilateral del contrato.* Madrid: Civitas, 1997, p. 200; GONZÁLEZ, Rafael Lara. *Las causas de extinción del contrato de agencia.* Madrid: Civitas, 1998, p. 181; GARCIA HERRERA, Alicia. *La duración del contrato de distribución exclusiva.* Valencia: Tirant Lo Blanch, 2006, p. 602-603; ASSIS, Araken de. *Comentários ao Código Civil Brasileiro*: Direito das Obrigações. vol. 5. Rio de Janeiro: Forense, 2007, p. 576.

385. SARACINI, Eugenio; TOFFOLETTO, Franco. *Il contratto d'agenzia.* 3.ª ed. Milano: Giuffrè, 2002, p. 391.

386. PINTO, Fernando A. *Contratos de distribuição*: da tutela do distribuidor integrado em face da cessão do vínculo. Lisboa: Universidade Católica, 2013, p. 801.

387. FORGIONI, Paula Andrea. *Contrato de distribuição.* São Paulo: Revista dos Tribunais, 2005, p. 474. Ainda em: HERRERA, Alicia Garcia. *La duración del contrato de distribución exclusiva.* Valencia: Tirant lo Blanch, 2006, p. 625.

388. FORGIONI, Paula Andrea. *Contrato de distribuição.* São Paulo: Revista dos Tribunais, 2005, p. 474.

389. PINTO, Fernando A. *Contratos de distribuição*: da tutela do distribuidor integrado em face da cessão do vínculo. Lisboa: Universidade Católica, 2013, p. 802.

784 | A BOA-FÉ NO DIREITO PRIVADO

187 do Código Civil de modo que, havendo dano causalmente ligado ao ato ilícito, surgirá o dever de indenizar. A indenização em perdas e danos será decorrência, portanto, do dano e do nexo causal entre esse e o ato ilícito (não concessão do aviso-prévio), caracterizado justamente pela violação à boa-fé (ilicitude no modo do exercício jurídico, Código Civil, art. 187) e a concreção da hipótese do parágrafo único do art. 473.

O tema foi examinado pelo Superior Tribunal de Justiça no *caso do Projeto Excelência*.[390]

Vínculo contratual com duração superior a 20 anos, contendo cláusula de exclusividade e renovado anualmente, ligava Ambev e certa distribuidora de bebidas. Segundo a distribuidora argumentou, cerca de três anos antes do desate entre os contraentes, a fabricante Ambev acenara com um «*Projeto de Excelência*»,cujo propósito seria expandir os negócios entre as partes. Esse aceno motivara vários investimentos por parte da distribuidora. Entretanto, ao invés de expandir os negócios, a empresa fabricante de bebidas passou a «diminuir substancialmente o fornecido e a variedade dos produtos destinados à comercialização pela distribuidora», beneficiando concorrentes até que, três anos após a implantação do «*Projeto Excelência*», notificou a distribuidora sobre a não renovação do contrato,[391] baseando-se em cláusula contratual dispondo sobre a possibilidade de denúncia vazia por ambas as partes.

Inconformada, a distribuidora ajuizou ação indenizatória pelos prejuízos sofridos em razão da «denúncia imotivada» do contrato (lucros cessantes vinculados ao ressarcimento pelos vasilhames já comprados), postulando, também, manutenção do vínculo fornecimento de bebidas.

Em primeiro grau, a pretensão à indenização foi negada. Sobreveio acórdão do Tribunal de Justiça do Paraná que, reputando a denúncia como «abusiva, violadora da boa-fé objetiva e caracterizadora de deslealdade comercial», condenou a Ambev, consequentemente, à indenização dos danos emergentes (seja pelos vasilhames já comprados, seja pelo rompimento da exclusividade pactuada) e lucros cessantes (decorrentes dos investimentos realizados pela distribuidora).

A Ambev interpôs recurso ao Superior Tribunal de Justiça. O relator original, Min. Luis Felipe Salomão, manteve o entendimento no sentido de ter sido afrontada a boa-fé. Incursionando pela Teoria dos Atos Próprios, e perspectivando, inclusive, a ocorrência de *venire contra factum proprium,* apontou ter sido configurada uma «legítima expectativa de prorrogação», ao menos durante um «prazo razoável». Votou, assim, para que

---

390. STJ. REsp 1112796/PR. Quarta Turma. Relator Min. Luis Felipe Salomão. Relator p/ Acórdão Min. Honildo de Mello Castro. Julgamento em 10.08.2010. *DJ* de 19.11.2010. Caso mencionado *supra*, Capítulo IV, §38, 18, com breve relatório voltado a exemplificar contrato relacional.

391. STJ. REsp 1112796/PR. Quarta Turma. Relator Min. Luis Felipe Salomão. Relator p/ Acórdão Min. Honildo de Mello Castro. Julgamento em 10.08.2010. *DJ* de 19.11.2010. *Vide* Relatório do Ministro Luis Felipe Salomão, vencido.

FUNÇÃO CORRETORA: A BOA-FÉ E O EXERCÍCIO JURÍDICO | 785

fosse declarada nula a cláusula permissiva da denúncia,[392] pois seu exercício seria contrário à boa-fé.[393]

Esse entendimento não foi seguido. A posição majoritária foi por conhecer e prover o recurso, isentando a Ambev de qualquer indenização. A solução – sem remeter ao princípio da boa-fé e destacando que o entendimento vencido causaria «insegurança jurídica no instituto dos contratos, com seríssimas repercussões das atividades comerciais» – considerou ter Ambev agido no exercício regular de direito, *ex vi* da previsão contratual expressa, apontando à possibilidade de denúncia por ambas as partes no prazo de 60 dias. Dessa forma, uma vez que a Ambev notificara a distribuidora com a antecedência de sete meses, não havia expectativa legítima (da distribuidora) a proteger, nem a conduta (da Ambev) incorreria em abuso por afronta *manifesta* à boa-fé, como exige o art. 187 do Código Civil.

De fato, como não existem contratos eternos, o fato do exercício da denúncia – ademais, prevista contratualmente – não configurou ilicitude. Essa poderia decorrer ou (*i*) de uma conduta contraditória da Ambev, acenando à continuidade da relação e depois voltando sobre seus próprios passos; ou (*ii*) de um exercício abusivo da denúncia, pela forma produzida, *v.g.*, o escasso tempo assinalado para a produção de seus efeitos, na comparação com os investimentos «consideráveis» feitos pela distribuidora. Essa hipótese, porém, segundo os dados retirados do acórdão, não se concretizou, não sendo o caso de falar em violação à garantia temporal prevista no art. 473, parágrafo único do Código Civil, porque a fabricante concedera prazo de sete meses para que os efeitos extintivos da denúncia se configurassem. O exercício do direito de denúncia deu-se, portanto, moderadamente, ao assegurar-se à distribuidora prazo razoável (sete meses) para se reorganizar. O Direito é ordem de coexistência entre liberdades.

Diversa foi a solução no *caso da ruptura do contrato de concessão de veículos.*[394]

---

392. *In verbis*: «Com efeito, resta claro nos autos que o comportamento reiterado da recorrente, consistente na prorrogação contratual iterativa, por duas décadas, somando-se a isso os elevados investimentos realizados pela autora em razão da aderência ao "Projeto Excelência 2000", a um só tempo, enfraqueceu o direito de resilição unilateral da ré e gerou legítima expectativa na autora de que aquela não mais acionaria a cláusula 13.ª, que permitia a qualquer dos contratantes a resilição imotivada do contrato mediante denúncia». Em segundo lugar, reserve-se a menção de uma noção de «vulnerabilidade implícita» da distribuidora, pois o acórdão em diversas oportunidades trata «a ausência de igualdade econômica entre as partes como fator a limitar a liberdade contratual plena», sendo a distribuidora notoriamente «parte mais frágil» da relação. STJ. REsp 1112796/PR. Quarta Turma. Relator Min. Luis Felipe Salomão. Relator p/ Acórdão Min. Honildo de Mello Castro. Julgamento em 10.08.2010. *DJ* de 19.11.2010.

393. Tratada como «*princípio de sobredireito nas relações jurídicas privadas*», ideia já constante do STJ. REsp 1040606/ES. Quarta Turma. Relator Min. Luis Felipe Salomão. Julgamento em 24.04.2012. *DJ* de 16.05.2012, vinculado ao *tu quoque*.

394. STJ. REsp 966163/RS. Quarta Turma. Relator Min. Luis Felipe Salomão. Julgamento em 26.10.2010. *DJ* de 04.11.2010, com referência a precedentes: STJ. REsp 534105/MT. Quarta Turma. Relator Min. Cesar Asfor Rocha. Julgamento em 16.09.2003. *DJ* de 19.12.2003; STJ. REsp 200856/SE. Terceira Turma. Relator Min. Waldemar Zveiter. Relator p/ Acórdão Min. Ari Pargendler. Julgamento em 15.02.2001. *DJ* de 04.06.2001.

Uma empresa concessionária de veículos automotores da marca Chevrolet – Tavesa Veículos – ajuizara ação cautelar contra a concedente General Motors do Brasil Ltda. (GMB), noticiando ser concessionária exclusiva da rede Chevrolet, na cidade de Taquara, no Rio Grande do Sul e região, desde o início do ano de 1973. Passados trinta e três anos, a GMB notificou-a para declarar «rescindido» o contrato. A tutela cautelar pleiteada, no sentido de manter o contrato, foi concedida. Contra a decisão foi interposto agravo de instrumento, improvido. O acórdão do Tribunal de Justiça do Rio Grande do Sul reconheceu o «risco de dano irreversível ou de difícil reparação para a concessionária em razão da resolução abrupta do contrato após mais de 30 anos de contratualidade», assim fundamentando a decisão:

«Realmente, nosso ordenamento jurídico assegura o princípio da autonomia da vontade, porém ele deve ser analisado caso a caso [sic], principalmente porque a nova ordem jurídica – leia, novo Código Civil – inovou quanto às relações jurídicas contratuais, estabelecendo o princípio da boa-fé objetiva (art. 422 do CCB) [...]

A prudência e a segurança das relações jurídicas devem ser objeto de relevante zelo nesses casos, pelo simples fato de a lei atribuir ônus muito maior às empresas concedentes causadoras dos motivos de desfazimento do contrato. Não se pode olvidar ter a Lei Ferrari, vislumbrando o princípio da boa-fé objetiva, na mesma linha da principiologia do Direito Civil posteriormente instaurada pelo CDC e consagrada no CC/2002 [sic], normas gerais a serem aplicadas, na ocorrência das suas lacunas nos termos do art. 4.º da LICC, reconheceu a hipossuficiência do concessionário frente ao concedente, vislumbrando inúmeros deveres deste no caso de desfazimento ou de não prorrogação do contrato (arts. 23 a 25). Também tratou tal lei de promover a relativização da autonomia da vontade privada [sic], ao atribuir competência às associações representativas das indústrias automobilísticas e das distribuidoras poder regulamentar mediante convenções, conforme menciona o parecer de Miguel Reale, juntado às fls. 192/203».[395]

Sobreveio Recurso Especial ao Superior Tribunal de Justiça, no qual se alegou dentre outros argumentos, a ofensa ao art. 473 do Código Civil, ao art. 22, inc. III, e ao art. 24, *caput*, da Lei 6.729/1979 («Lei Ferrari»), regente do contrato de concessão comercial de veículos automotores. O principal argumento da GMB estava no incabimento da «manutenção forçada do contrato de concessão, configurando a determinação do acórdão recorrido em atentado ao princípio da autonomia da vontade e da liberdade de contratar».

Interposto Recurso Especial, o Superior Tribunal de Justiça aceitou o argumento relativo ao incabimento da manutenção forçada do contrato de concessão. Mas, pelo

---

395. Assim no TJRS. Ag. 70008208720. Décima Oitava Câmara Cível. Relator Des. Mário Rocha Lopes Filho. Julgamento em 20.05.2004. Transcrito no STJ. REsp 966163/RS. Quarta Turma. Relator Min. Luis Felipe Salomão. Julgamento em 26.10.2010. *DJ* de 04.11.2010. Elogiando-se o acerto da decisão, ressalve-se a discordância quanto a alguns dos fundamentos invocados, como, exemplificativamente, a Lei Ferrari ter seguido «a principiologia do Direito Civil posteriormente instaurada pelo CDC», o que denota certa descontextualização relativamente aos âmbitos normativos da Lei Ferrari do CDC.

Função Corretora: a Boa-Fé e o Exercício Jurídico | 787

fato de não ter sido concedido o «prazo razoável» previsto no parágrafo único do art. 4.º, determinou o pagamento de perdas e danos, com fundamento na violação à boa-fé, nos seguintes termos:

«Em realidade, o princípio da boa-fé objetiva impõe aos contratantes um padrão de conduta pautada na probidade, "assim na conclusão do contrato, como em sua execução", dispõe o art. 422 do Código Civil de 2002».

Essa linha não implica que os contratos devam ser mantidos contra a vontade dos contraentes, salvo, é bem verdade, e em situações excepcionais, contratos de evidente cunho social, como os relativos à saúde, transporte, por exemplo, ou, ainda, naqueles em que um dos contratantes exerça o monopólio sobre bens e serviços essenciais». E explicitou o Relator:

«(...) não se quer com esse posicionamento afirmar que os contratos devam ser mantidos a todo custo, sem observância da vontade das partes. A opção de contratar e manter-se em um contrato é expressão máxima da autonomia da vontade, que não desapareceu, é evidente. Porém, deve-se ter em mente que, partindo-se do fato de que há um contrato de longa data, a faculdade de distrato (*sic*) exercida de forma disfuncional, anormal, imoderada ou distanciada da boa-fé e dos bons costumes comerciais, pode acarretar danos a outrem que devem ser reparados em sua plenitude».

Como conclusão, fixou-se a regra: «deve-se considerar que, muito embora a celebração de um contrato seja, em regra, livre, o distrato [*sic* – tome-se a palavra por "denúncia"] é um ônus [*sic* – tome-se a palavra por "direito formativo extintivo"], que pode, por vezes, configurar abuso de direito. Vale dizer, muito embora o comportamento exigido dos contratantes deva pautar-se na boa-fé e na probidade contratual, tal diretriz não obriga as partes a manterem-se vinculadas contratualmente *ad aeternum*, mas indica que as controvérsias nas quais o direito ao rompimento contratual tenha sido exercido de forma desmotivada, imoderada ou anormal, resolvem-se, se for o caso, em perdas e danos».

Auxiliaria se o Tribunal explicitasse, com base nos fatos comprovados e assim aceitos pela instância *a quo*, por que razão, no caso, teria sido a denúncia exercida «de forma desmotivada, imoderada ou anormal». Se é certo que não lhe cabe revolver a matéria fática, compete-lhe correlacionar fatos e Direito. Pelo que se pode deduzir, na espécie a ilicitude estaria não na denúncia em sim, mas no desrespeito à garantia temporal enunciada no parágrafo único do art. 473, ou seja, a ausência de «aviso-prévio».

§ 80. A condição resolutiva e o art. 128 do Código Civil

1. Proposição

Distinguem-se o direito formativo de resolução, ou de resilição (Código Civil, arts. 474, 1.ª parte, e 475), expresso e tácito, e o direito expectativo implicado na condição resolutiva (Código Civil, arts. 127 e 128). Num caso (arts. 474, 1.ª parte, e

475), configura-se o «direito de resolução por inadimplemento, nos contratos bilaterais, não havendo, nessas espécies, qualquer condição, apenas a incidência de regra jurídica aos contratos bilaterais, devido à dependência entre as prestações»,[396] distinguindo-se apenas quanto à fonte, se convencional ou se legal. Já quanto à condição resolutiva, o tratamento é diverso, embora atue a boa-fé em todas essas três figuras: a resolução legal, a convencional e a condição resolutiva. Ocupemo-nos, por primeiro, desta figura por último indicada.

2. Boa-fé e condição resolutiva: uma interpretação do art. 128 do Código Civil

No que concerne à condição resolutiva (Código Civil, arts. 121, 127 e 128), o princípio da boa-fé tem a função de resguardar os atos já praticados, assim se compreendendo aqueles executados da conclusão do contrato até o implemento da condição.

O texto do art. 127 começa por enunciar o que já estava no art. 119 do Código de 1916: sendo resolutiva a condição, o negócio jurídico condicionado vigora em sua eficácia enquanto a condição não se realiza, podendo as partes, desde a conclusão contratual, exercer o direito estabelecido pelo contrato. Porém, a parte final do art. 119 do Código revogado, continha a seguinte ressalva: «uma vez verificada a condição, extingue-se, para todos os efeitos, o direito a que ela se opõe». Porém, agora, o enunciado (art. 127) tem continuidade e nova formulação, que pode assim ser sintetizada: embora se verifique a eficácia de desfazimento *ipso facto* do negócio condicionado, seus efeitos não são apagados. Serão efeitos *ex nunc*, uma vez implementada a condição resolutiva (*rectius*: resilitiva), se essa foi aposta a negócio de duração continuada ou periódica, e não tiver sido convencionado diversamente, *desde que* os atos praticados na pendência da condição tenham sido «compatíveis com a natureza da condição pendente e conforme os ditames de boa-fé». Há, pois, quanto aos negócios de execução continuada ou periódica, uma dupla ressalva.

A adequada interpretação dessas regras, em vista da boa-fé, exige (*i*) breve *excursus* genético e, igualmente, (*ii*) uma observação sobre a condição como gênero, isto é, a suspensiva e a resolutiva.

(*i*) No Anteprojeto de Código Civil, constava a seguinte redação: «Se fôr resolutiva a condição, enquanto esta se não realizar, vigorará o negócio jurídico, podendo exercer-se desde o momento dêste o direito por êle estabelecido, mas, verificada a condição, para todos os efeitos, se extingue o direito a que ela se opõe. Parágrafo único. A condição resolutiva pode ser expressa ou tácita, operando, no primeiro caso, de pleno direito, e por interpelação judicial, no segundo».

---

396. PONTES DE MIRANDA, Francisco Cavalcanti. *Tratado de Direito Privado*. Tomo V. 3.ª ed. São Paulo: Revista dos Tribunais, 1983, § 544, 5, p. 147.

FUNÇÃO CORRETORA: A BOA-FÉ E O EXERCÍCIO JURÍDICO | 789

Nas alterações propostas por Miguel Reale, Presidente da Comissão Elaboradora, modificou-se em parte a redação e acresceu-se a segunda parte do atual art. 127, acima já destacada.[397] E acresceu-se, igualmente, o art. 128, que complementa a regra do art. 127, como segue: «Sobrevindo a condição resolutiva, extingue-se, para todos os efeitos, o direito a que ela se opõe. Mas, se aposta a um negócio de execução continuada ou periódica, a sua realização, salvo disposição em contrário, não tem eficácia quanto aos atos já praticados, desde que compatíveis com a natureza da condição pendente e conforme aos ditames de boa-fé».[398]

Muito provavelmente a influência foi do *Codice Civile* italiano, [399] cujo art. 1.369 estabelece o seguinte: «[c]omportamento das partes no estado de pendência. Aquele que se obrigou ou que alienou um direito sob condição suspensiva, ou o adquiriu sob condição resolutiva, deve, na pendência da condição, comportar-se segundo a boa-fé e para conservar íntegra as razões (motivações) da outra parte».[400] Embora essa regra não tenha sido literalmente transposta para o Código Civil brasileiro de 2002, encontram-se os seus reflexos no art. 128. E a razão é clara.

A boa-fé objetiva (norma de conduta) rege a relação obrigacional como um todo, incidindo em todas as suas fases. Conquanto a expressão «boa-fé» venha, no Capítulo III da Parte Geral, literalmente coligada à condição resolutiva, é de se considerar que, mesmo na condição suspensiva, durante a pendência da condição, a parte expectante é titular de um direito de aquisição de «direito *a* crédito»[401] – direito expectativo – (e não «direito *de* crédito», chamado de *direito expectado*). [402] Como nota com acuidade

---

397. *In verbis:*« (...) Se for resolutiva a condição, enquanto esta se não realizar, igorará o negócio jurídico, podendo exercer-se desde a conclusão dêste o direito a êle estabelecido. Parágrafo único. A condição resolutiva pode ser expressa ou tácita, operando, no primeiro caso, de pleno direito e, por interpelação judicial, no segundo».

398. Assim está nos originais de: REALE, Miguel. *Código Civil*. Anteprojeto com m/ revisões, correções, substitutivos e acréscimos. Inédito.

399. Para uma interpretação da boa-fé *pendente condictione* no Código Civil italiano, leia-se: BRUSCUGLIA, Luciano. Pendenza della condizione e comportamento secondo bona fede. In: *Scriti in onore di Salvatore Pugliati*, vol. I. Tomo I. Milano: Giuffrè, 1978, p. 287 e ss.

400. No original: «Art. 1358. Comportamento delle parti nello stato di pendenza. Colui che si é obbligato o che ha alienato un diritto sotto condizione sospensiva, ovvero lo ha acquistato sotto condizione risolutiva, deve, in pendenza della condizione, comportarsi secondo buona fede per conservare integre le ragioni dell'altra parte».

401. PONTES DE MIRANDA, Francisco Cavalcanti. *Tratado de Direito Privado*. Tomo V. São Paulo: Revista dos Tribunais, 1984, § 544, 1, p. 135. Destaque-se o entendimento de A. von Thur, para quem, durante a pendência, há uma relação creditícia sem crédito, reconhecendo sua tutela jurídica e demais atribuições como a possibilidade de o expectante se valer de ação declaratória, assegurar seu crédito mediante fiança, hipoteca e penhor, assegurar o direito mediante sequestro e outra ordem provisória (cf. relata MARTINS-COSTA, Fernanda Mynarski. *Condição Suspensiva*. Função, Estrutura e Regime Jurídico. São Paulo: Almedina, 2017, p. 104) e especificamente em: MARTINS-COSTA, Fernanda Mynarski. O princípio da boa-fé objetiva nos negócios sob condição suspensiva. In: BENETTI, Giovana *et al.* (Org.). *Direito, Cultura e Método*: Leituras da Obra de Judith Martins-Costa. Rio de Janeiro: GZ Editora, 2019, p. 279 a 299.

402. A expressão carece de breve explicação, haja a vista a confusão por vezes reinante entre mera expectativa, expectativa de direito e direito expectado. A palavra «expectativa» é equívoca, pois

Fernanda Martins-Costa – objetando a interpretação meramente literal do art. 125, segundo a qual, antes do implemento da condição, não se teria adquirido o direito –, «uma interpretação possível à literalidade do texto legal, e tecnicamente adequada aos aportes da Dogmática seria considerar implícito no texto: "não se terá adquirido toda a eficácia do direito que está sob condição, embora se adquiram, eficazmente, outros direitos projetados pelo negócio"».[403] Consequentemente conclui: «Elementar que, ao reconhecer que a boa-fé objetiva incide na fase pré-contratual sob o fundamento da existência de uma relação obrigacional, a despeito de inexistir um contrato, não há qualquer hesitação em admitir-se a aplicação daquele princípio à fase de pendência da condição suspensiva, uma vez que, nessa fase, o negócio jurídico já estará constituído». Todavia – esclarece – a incidência da boa-fé objetiva na pendência da condição configura «um momento híbrido». E a razão está em que «há *negócio jurídico* constituído (o que lhe diferencia da fase pré-contratual), mas inexiste efetivamente a prestação relativa ao *efeito condicionado* (o que lhe difere da fase executória)».[404]

Logo, para a condição suspensiva, o fundamento do exercício de medidas de conservação, fundadas na boa-fé, encontra-se justamente na existência e validade deste «direito a crédito», que, embora ainda não exigível, é um *direito expectado*, que poderá ser exigível no futuro, se o evento condicional ocorrer.[405] Exige-se, portanto, «um *standard* comportamental correto e probo das partes, atraindo o arcabouço de deveres decorrentes da boa-fé objetiva. Tais deveres, porém, devem ser contextualizados pelas peculiaridades e limitações próprias da fase de pendência».[406] Já na condição resolutiva, com muito maior razão devem as partes comportar-se segundo a boa-fé, pois o negócio jurídico vigora na plenitude de seus efeitos desde a realização do negócio. É justamente nesse contexto que se aclara a interpretação do art. 128, segunda parte.

---

são pelo menos três os sentidos – a mera expectativa, a expectativa de direitos e os direitos expectativos. Não só há graus de expectativa como há diferentes espécies. São diversos a expectativa de direitos (expectativa de vir a ter direito); o direito expectativo e o direito a adquirir o direito expectado – sendo ambos efetivos direitos subjetivos. O direito à aquisição de um patrimônio objeto de um negócio em que pactuada condição ou termo de cujo advento resulte resilição é, pois, verdadeiro direito, preenchido por pretensão e ação, dotado de seu próprio valor patrimonial, podendo inclusive ser cedido. A condição só se refere ao efeito, mas não à existência da vontade negocial. O tempo ou o acontecimento faz surgir o direito expectado (por todos: Pontes de Miranda, Francisco Cavalcanti. *Tratado de Direito Privado*. Tomo V. São Paulo: Revista dos Tribunais, 1984, § 576, 2, p. 342-348).

403. Martins-Costa, Fernanda Mynarski. *Condição Suspensiva*. Função, Estrutura e Regime Jurídico. São Paulo: Almedina, 2017, p. 105.

404. Martins-Costa, Fernanda Mynarski. O princípio da boa-fé objetiva nos negócios sob condição suspensiva. In: Benetti, Giovana *et al.* (Org.). *Direito, Cultura e Método*: Leituras da Obra de Judith Martins-Costa. Rio de Janeiro: GZ Editora, 2019, p. 290-291. Destaques da autora.

405. Martins-Costa, Fernanda Mynarski. *Condição Suspensiva*. Função, Estrutura e Regime Jurídico. São Paulo: Almedina, 2017, p. 105-106.

406. Martins-Costa, Fernanda Mynarski. O princípio da boa-fé objetiva nos negócios sob condição suspensiva. In: Benetti, Giovana *et al.* (Org.). *Direito, Cultura e Método*: Leituras da Obra de Judith Martins-Costa. Rio de Janeiro: GZ Editora, 2019, p. 291.

FUNÇÃO CORRETORA: A BOA-FÉ E O EXERCÍCIO JURÍDICO | 791

Cogite-se de um negócio de execução continuada ou periódica – como é o caso da locação, da sociedade, do mandato, da fiança, da constituição de hipoteca, do usufruto, de uso, de habitação, de penhor, de anticrese, de enfiteuse. Sobrevindo a condição resolutiva (em rigor: resilitiva), extingue-se, para todos os efeitos, o direito a que ela se opõe, com eficácia *ex nunc*,conservando-se os efeitos já produzidos anteriormente pelo negócio, como ocorre, *e.g.*, em uma locação de imóvel cuja propriedade é resolúvel. Implementada a condição, transfere-se a propriedade do bem sem que se cogite da devolução dos aluguéis percebidos pelo proprietário resolúvel no curso da locação. Trata-se de regra dispositiva, vez que o legislador admite convenção.

Porém – e a ressalva é importante –, se nada dispuserem as partes em contrário e vigorar o enunciado na primeira parte da regra legal, ocorrerá a extinção dos efeitos *já produzidos* que, por sua natureza, forem incompatíveis com o implemento da condição, bem como aqueles cuja conservação contrarie a boa-fé objetiva. Seria o caso, de, em contrato de locação, o proprietário resolúvel apor uma cláusula de oponibilidade a terceiros; ou de praticar dos atos, com base na confiança, por ele depositada no novo adquirente, quanto à sua resolubilidade.[407]

É que a boa-fé, como aqui se tem reiteradamente registrado, incide a todas as fases da relação obrigacional, mesmo durante a pendência de condições, sejam elas resolutivas ou mesmo suspensivas (nesta, tendo função para apontar ao *como* das medidas conservatórias). Por esta razão, embora o efeito típico de uma condição resolutiva seja o de resolver o negócio, resguardando-se, porém, nos negócios de execução continuada ou periódica, a eficácia já produzida (eficácia *ex nunc*), esse resguardo eficacial não se verificará se os atos praticados na pendência contrariarem a boa-fé objetiva (norma de conduta).

§ 81. Resolução (em sentido amplo) por inadimplemento

1. Proposição

São outras funções e eficácias que caracterizam a ligação entre o princípio da boa-fé e a resolução contratual por inadimplemento (Código Civil, art. 474, primeira parte, e art. 475), hipóteses distintas em suas formas, seus fundamentos, pressupostos (requisitos) e eficácias da resolução por excessiva onerosidade superveniente (Código Civil, art. 478), bem como da resolução por impossibilidade superveniente não imputável ao devedor e, ainda, da denúncia e da condição resolutiva (parágrafos 79 e 80, *supra*). Isto porque, na

---

407. Os exemplos estão em: TEPEDINO, Gustavo; BARBOZA, Heloisa Helena; BODIN DE MORAES, Maria Celina. *Código Civil Interpretado*. Conforme a Constituição da República, vol. I. 3.ª ed. Rio de Janeiro: Renovar, 2014, p. 261. Em sentido similar, AMARAL, Francisco. *Direito Civil*. Introdução. 8.ª ed. Rio de Janeiro: Renovar, 2014, p. 250.

792 | A BOA-FÉ NO DIREITO PRIVADO

resolução por inadimplemento, em qualquer uma das suas duas espécies – a convencional e a legal –, o elemento nuclear do suporte fático é o inadimplemento contratual.

2. As espécies de inadimplemento

No Direito brasileiro, o termo «inadimplemento» recobre várias formas[408] que devem ser bem distinguidas, pois o inadimplemento requerido como elemento do suporte fático da regra resolutiva é apenas o «definitivo»: a prestação não foi cumprida e não mais o poderá ser, seja porque destruída a possibilidade de o devedor cumprir («impossibilidade superveniente imputável»), seja porque a prestação perdeu a utilidade para o credor.

O *inadimplemento*[409] consiste no não cumprimento de dever resultante do víncu-lo obrigacional. Traduz a falta ou defeituosidade na prestação devida (se, quando, en-quanto e na medida em que é devida),[410] revestindo-se por tríplice modalidade: (*i*) o *inadimplemento relativo*, denominado *mora*, cujo conceito é deduzido do art. 389 do Código Civil, a saber: o não cumprimento imputável, no tempo, forma e lugar devidos, da prestação prometida, sendo essa, porém, ainda possível e útil ao credor; (*ii*) o *inadim-plemento absoluto*, também dito «definitivo», quando a prestação não foi cumprida tal qual devida, nem poderá sê-lo, com utilidade para o credor; e (*iii*) a *violação positiva do contrato*, expressiva do descumprimento de deveres relacionados imediatamente a in-teresses de proteção (laterais), e não a interesses de prestação.[411]

(*i*) A *mora*, ou *inadimplemento relativo*, não se restringe ao aspecto temporal, isto é, ao incumprimento da prestação no tempo devido. Abarca também as situações, im-putáveis ao devedor, de disjunção entre o *lugar* e a *forma* previstos no contrato ou na lei e aquelas verificadas na realidade. Importante notar ser a mora sempre *estado tran-sitório*: ou é sanada, ou se transforma em inadimplemento definitivo. Se sanada, extin-gue-se a situação de mora. Se não sanada, com utilidade para o credor, este pode exigir

---

408. WALD, Arnoldo. *Direito Civil*. Direito das Obrigações e Teoria Geral dos Contratos. 18.a ed. São Paulo: Saraiva, 2009, p. 94.

409. Tratei do tema em MARTINS-COSTA, Judith. O árbitro e o cálculo do montante da indenização. In: CARMONA, Carlos Alberto; LEMES, Selma Maria Ferreira; MARTINS, Pedro Batista. *20 anos da Lei de Arbitragem*: homenagem a Petrônio R. Muniz. São Paulo: Atlas, 2017, acima sintetizando algumas das distinções lá expostas.

410. Os qualificativos afirmam o entendimento segundo o qual nem toda falta (ausência, defeito ou insuficiência) de cumprimento caracteriza o inadimplemento. Para o desenvolvimento dessa temática, permito-me reportar ao que escrevi em: MARTINS-COSTA, Judith. *Comentários ao Novo Código Civil*. Do Inadimplemento das Obrigações, vol. V. Tomo II. 2.ª ed. Rio de Janeiro: Forense, 2009, p. 108.

411. Reenvio a MARTINS-COSTA, Judith. *Comentários ao Novo Código Civil*. Do Inadimplemento das Obrigações, vol. V. Tomo II. 2.ª ed. Rio de Janeiro: Forense, 2009, p. 108 e ss. Ver, ainda: FERREIRA DA SILVA, Jorge Cesa. *Inadimplemento das Obrigações*. São Paulo: Revista dos Tribunais, 2007, p. 33 e ss. Acerca da violação positiva do contrato, ainda: FERREIRA DA SILVA, Jorge Cesa. *A Boa-fé e a Violação Positiva do Contrato*. Rio de Janeiro: Renovar, 2002. Sobre a resolução contratual, AGUIAR JÚNIOR, Ruy Rosado de. *Comentários ao novo Código Civil*. Da Extinção do Contrato, vol. VI. Tomo II. Rio de Janeiro: Forense, 2011.

FUNÇÃO CORRETORA: A BOA-FÉ E O EXERCÍCIO JURÍDICO | 793

o cumprimento, mais o pagamento das perdas e danos causados pela mora; ou exigir indenização substitutiva da prestação incumprida; ou, ainda, se a prestação se tiver tornado impossível, ou se tiver perdido a utilidade para o credor, por causa da mora, pode transformar-se em incumprimento absoluto definitivo (Código Civil, art. 395, parágrafo único), pois a mora tem «caráter transformista»:[412] sua persistência pode provocar a mutação na espécie de inadimplemento.

(ii) Do *inadimplemento definitivo* podem resultar as pretensões à execução (específica ou pelo equivalente pecuniário), bem como o nascimento do direito formativo extintivo de *resolução por inadimplemento*. No primeiro caso (execução), a relação contratual remanesce até que seja extinta o contrato pelo adimplemento – ou da própria prestação, se possível e ainda útil ao credor – ou da prestação pecuniária substitutiva, em ambos os casos acrescida de perdas e danos. Trata-se, ainda, do cumprimento do contrato. Na segunda hipótese (resolução), os efeitos da relação obrigacional irradiada do contrato cessam de imediato. Havendo dano, o contrato ingressa numa nova fase, chamada de relação de liquidação.

Já acima se acenou à distinção da fonte de onde provém. A resolução é dita *resolução convencional* (também, «cláusula resolutiva expressa» ou «resolução negocial»), cuja previsão está no Código Civil, art. 474, primeira parte; ou *resolução legal* (também, «cláusula resolutiva tácita»), prevendo-a, em regra inderrogável pela vontade das partes,[413] o art. 475 do Código Civil.[414]

---

412. Cf. Assis, Araken de. *Resolução do Contrato por Inadimplemento*. 5.ª ed. São Paulo: Revista dos Tribunais, 2013, p. 121, que explicita: «[a]o credor a prestação tardia parece inútil segundo os dizeres do art. 395, parágrafo único, do CC-02, se o descumprimento momentâneo rompe o ajuste qualificativo da reciprocidade obrigacional, porque o bem prestado – ou prometido prestar – teve o seu valor alterado, fazendo o negócio desvantajoso, ou porque a incerteza quanto ao adimplemento retardado quebra o interesse na manutenção do vínculo. Sendo inútil ou de escassa utilidade o cumprimento serôdio, em vista de tais motivos, admite-se a rejeição do credor, e o inadimplemento, de relativo, passa a absoluto. Enquanto mora, o descumprimento do obrigado não implica o florescimento do direito à resolução do contrato bilateral». Ver, ainda, Zanetti, Cristiano de Sousa. A transformação da mora em inadimplemento absoluto. *Revista dos Tribunais*, vol. 942, São Paulo, Revista dos Tribunais, abr. 2014.

413. Aguiar Júnior, Ruy Rosado de. *Comentários ao novo Código Civil*. Da Extinção do Contrato, vol. VI. Tomo II. Rio de Janeiro: Forense, 2011, p. 437.

414. Distinguem-se não só pelo critério da fonte a cláusula resolutiva expressa («resolução convencional») e a resolução legal. A primeira, expressa, opera de pleno direito para automaticamente extinguir a relação obrigacional ou para *criar* ou *permitir o exercício* do direito formativo extintivo de resolução pelo titular, dispensando a intervenção judicial, embora não dispense a deliberação do credor em extinguir ou executar. A sentença será declaratória (Aguiar Júnior, Ruy Rosado de. *Comentários ao novo Código Civil*. Da Extinção do Contrato, vol. VI. Tomo II. Rio de Janeiro: Forense, 2011, p. 378). A resolução legal exige intervenção judicial (ou arbitral) e sentença com força constitutiva (vide: Pontes de Miranda, Francisco Cavalcanti. *Tratado de Direito Privado*. Tomo XXXVIII. 2.ª ed. Rio de Janeiro: Borsoi, 1962, § 4.248, 1, p. 337). Ainda, com enfoque na resolução convencional: Zanetti, Cristiano Sousa. A cláusula resolutiva expressa na lei e nos Tribunais: o caso do termo de ocupação. In: Lotufo, Renan; Nanni, Giovanni; Martins, Fernando. *Temas Relevantes do Direito Civil Contemporâneo*. São Paulo: Atlas, 2012, p. 354 e ss.

3. A gravidade do inadimplemento e o *topos* da inutilidade da prestação para o credor

Em qualquer dessas duas hipóteses, embora as diferenças que as discernem,[415] a resolução configura um meio de extinção da relação obrigacional com causa no inadimplemento que se fez «absoluto» ou «definitivo», porque a prestação não foi cumprida tal qual devida e não mais poderá sê-lo – ou por ser impossível, por fato superveniente à conclusão contratual (sendo a impossibilidade imputável ao devedor);[416] ou por ter perdido a utilidade para o credor, naquelas situações em que a *mora debitoris* perturba de tal sorte o interesse do credor à prestação que desfaz o interesse justificador da vinculação contratual.[417] Trata-se, pois, de um direito formativo «reacional» à situação ofensiva que a realidade do contrato representa,[418] em vista do incumprimento.

Não se trata, pois, de um qualquer incumprimento, mas de um incumprimento revestido por «gravidade» ou «importância», atingindo irremediavelmente a utilidade que o contrato teria para o credor (Código Civil, art. 395, parágrafo único, *a contrario*) e, assim, ferindo o programa contratual. Não se confunde, pois, com todo e qualquer incumprimento contratual: diferentemente da mora, em que a prestação não cumprida ainda poderá ser executada com utilidade para o credor, o incumprimento definitivo significa que a prestação, que não foi prestada *como devida não poderá mais sê-lo*,na conhecida fórmula de Agostinho Alvim.[419] Assim, quando a prestação já não mais pode ser efetuada, por impossibilidade; ou quando deixa de satisfazer o interesse legítimo do credor (porque, embora faticamente possível, seria inútil para o credor), a mora se transforma em inadimplemento definitivo (absoluto).[420]

---

415. Embora tenham pontos em comum, há diferenças de trato e de regime entre a resolução negocial e a legal. Conferir em: PONTES DE MIRANDA, Francisco Cavalcanti. *Tratado de Direito Privado*. Tomo XXV. 2.ª ed. Rio de Janeiro: Borsoi, 1959 § 3.088 a 3091, p. 317 a 369; AGUIAR JÚNIOR, Ruy Rosado de. *Comentários ao novo Código Civil*. Da Extinção do Contrato, vol. VI, Tomo II. Rio de Janeiro: Forense, 2011, p. 368, 386 a 400 e 454 a 460.

416. Acerca do regime da impossibilidade e de suas espécies (que levam a diferentes eficácias), ver: COUTO E SILVA, Clóvis. *A Obrigação como Processo*. Rio de Janeiro: FGV Editora, 2006, p. 98-113; PONTES DE MIRANDA, Francisco Cavalcanti.*Tratado de Direito Privado*. Tomo XXV. 2.ª ed. Rio de Janeiro: Borsoi, 1959, §3.056 e 3.057, p. 211-213, bem como Tomo XXIII. 3.ª ed. Rio de Janeiro: Borsoi, 1971, §2.795-2.797, p. 103-116.

417. ALVIM, Agostinho. *Da Inexecução das Obrigações e suas Consequências*. 5.ª ed. São Paulo: Saraiva, 1980, p. 55-57; AGUIAR JÚNIOR, Ruy Rosado de. *Comentários ao novo Código Civil*. Da Extinção do Contrato, vol. VI. Tomo II. Rio de Janeiro: Forense, 2011, p. 585; FERREIRA DA SILVA, Jorge Cesa. *Inadimplemento das Obrigações*. São Paulo: Revista dos Tribunais, 2007, p. 47 e ss.

418. Assim, AGUIAR JÚNIOR, Ruy Rosado de. *Comentários ao novo Código Civil*. Da Extinção do Contrato, vol. VI, Tomo II. Rio de Janeiro: Forense, 2011, p. 458.

419. ALVIM, Agostinho. *Da Inexecução das Obrigações e suas Consequências*. 3.ª ed. São Paulo: Saraiva, 1980, p. 15: «a prestação «não foi cumprida, e nem poderá sê-lo».

420. Assim em MARTINS-COSTA, Judith. *Comentários ao Código Civil*. Do Inadimplemento das Obrigações, vol. V. Tomo II. 2.ª ed. Rio de Janeiro: Forense, 2009.

4. O incumprimento definitivo

Diz-se haver uma situação de incumprimento definitivo, porque há uma *inapelabilidade* no incumprimento. Fala-se, por isso, no «caráter transformista» da mora debitória[421] que se converte em incumprimento definitivo,[422] justamente porque, no dizer de Araken de Assis, ocorre «uma inatuação *importante* – a falta atribuída ao devedor – é *irrecuperável*».[423] E é irrecuperável seja se a coisa se perdeu, seja em face da inutilidade que o contrato passa a ter, em razão do inadimplemento, para o credor, assim autorizando-se enjeitar a prestação e exigir perdas e danos o parágrafo único do art. 395 do Código Civil. Assim, a «inapelabilidade» acima mencionada não se reduz aos aspectos fáticos (*e.g.*, a coisa a ser transmitida se perde para o credor, sem culpa do devedor, o que é hipótese de impossibilidade superveniente não imputável). Há aspectos normativos e valorativos envolvidos. A «inapelabilidade» pode decorrer da *gravidade* do incumprimento, gravidade essa que vem a atingir justamente a utilidade da prestação para o credor.

O problema mais delicado está em averiguar qual é – ou quais são – os critérios de mensuração dessa «importância» (também dita «gravidade») do inadimplemento, isto é: quando se pode dizer – e quem pode dizer – que a prestação foi tão gravemente violada que se tornou inútil para o credor?

5. Critérios para a averiguação da inutilidade da prestação para o credor

O primeiro critério, na averiguação da inutilidade da prestação para o credor, reside na distinção entre as espécies de resolução, a convencional e a legal.

(*i*)Resolução convencional. Nesse caso, as partes pactuam, previamente, as causas que poderão deflagrar a resolução. Sendo assim, há uma espécie de «avaliação prévia» pelos próprios declarantes daquilo que, no exercício do seu legítimo autorregramento de interesses, decidiram ser «motivo grave» o suficiente para ver extinta a relação contratual. Há, pois, uma prefiguração da gravidade, devendo ser respeitado pelo juiz ou pelo árbitro, na avaliação da inutilidade da prestação para o credor, o ato de autorregramento de interesses.

---

421. Assis, Araken de. *Resolução do Contrato por Inadimplemento*. 5.ª ed. São Paulo: Revista dos Tribunais, 2013, p. 113 e ss. Idem: Aguiar Júnior, Ruy Rosado de. *Extinção dos Contratos por Incumprimento do Devedor*: Resolução. 2.ª ed. Rio de Janeiro: Aide, 2004, p. 120 e ss.; Ferreira da Silva, Jorge Cesa. *Inadimplemento das Obrigações*. São Paulo: Revista dos Tribunais, 2006, p. 42 e o nosso Martins-Costa, Judith. Comentários ao Novo Código Civil – Do Inadimplemento das Obrigações, vol. V. Tomo II. 2.ª ed. Rio de Janeiro: Forense, 2009, p. 221.

422. Calvão da Silva, João. *Cumprimento e Sanção Pecuniária Compulsória*. 4.ª ed. Coimbra: Almedina, 2002, p. 85. Referido mais recentemente também como «inadimplemento resolutório» por Nanni, Giovanni. *Inadimplemento Absoluto e Resolução Contratual*. Requisitos e efeitos. São Paulo: Revista dos Tribunais, 2021, p. 443-465.

423. Assis, Araken de. *Resolução do Contrato por Inadimplemento*. 5.ª ed. São Paulo: Revista dos Tribunais, 2013, p. 101. Destaquei. E também: Nanni, Giovanni. *Inadimplemento Absoluto e Resolução Contratual*. Requisitos e efeitos. São Paulo: Revista dos Tribunais, 2021, p. 445.

Porém, como se tem reiteradamente mencionado, a boa-fé incide em todo e qualquer negócio jurídico e em todas as suas fases. Conquanto tenham as partes, na resolução expressa, ou convencional, liberdade para determinar previamente o que é «grave», como causa ensejadora da resolução, a sua liberdade no que respeita à definição da *importância do inadimplemento* para efeitos de resolução pactuada na forma do art. 474, 1.ª parte, do Código Civil não pode ser absoluta – isto é, não pode ir ao ponto de permitir estipular que até um inadimplemento levíssimo, de todo insignificante possa dar lugar à resolução.

Como esclarece João Baptista Machado, em observação também cabível ao sistema brasileiro, «a cláusula resolutiva não pode ser tal que, pela sua exorbitância, entre em conflito com o princípio da boa fé contratual – tal que se traduza numa fraude ao princípio do art. 809».[424] Assim igualmente é o entendimento da doutrina italiana, segundo a qual a cláusula resolutiva consente o afastamento se o motivo é justificado, segundo as regras do Direito comum, embora não se exija para a sua incidência que o inadimplemento seja «grave», como o exige o art. 1.455 do *Codice Civile*[425] como um dos requisitos do exercício da resolução legal. Alerta, nesse sentido, Vincenzo Roppo, estar excluída a sindicância judicial sobre a importância que a obrigação incumprida teria na economia do contrato, mas não está excluído o juízo sobre a caracterização da lesão motivadora do implemento da condição resolutiva. O alerta parece-me correto. Se a obrigação enunciada na cláusula resolutiva foi cumprida de modo apenas ligeiramente imperfeito, o credor não pode invocar a cláusula, pois, do contrário, se estaria a entregar-lhe uma inadmissível condição resolutiva meramente potestativa.[426]

Similar caminho é seguido por autorizada doutrina brasileira. Na opinião de Ruy Rosado de Aguiar Jr., conquanto a previsão negocial da resolução facilite o desate contratual, «dispensando o processo judicial, sempre formal e moroso», se houver litígio e a demanda for submetida ao juiz, «cabe-lhe examinar a conformidade da norma contratual e da conduta das partes à luz da Lei e os princípios de regência». E esclarece, em entendimento que ora se endossa plenamente: «[a] cláusula da resolução de pleno

---

424. MACHADO, João Baptista. Pressupostos da resolução por incumprimento. *Obra Dispersa*, vol. I. Braga: Scientia Ivridica, 1991, p. 187. O art. 809 do Código Civil português tem a seguinte redação: «Énula a cláusula pela qual o credor renuncia antecipadamente a qualquer dos direitos que lhe são facultados nas divisões anteriores nos casos de não cumprimento ou mora do devedor, salvo o disposto no n. 2 do artigo 800».

425. Código Civil italiano, art. 1.455: «Importanza dell'inadempimento. Il contratto non si può risolvere se l'inadempimento di una delle parti ha scarsa importanza, avuto riguardo all'interesse dell'altra (1.522 e seguenti, 1.564 e seguente, 1.668, 1.901)».

426. ROPPO, Vicenzo. *Il Contratto*. 2.ª ed. Milano: Giuffrè, p. 905. No original: «Attenzione: è escluso il sindacato giudiziale sull'importanza che l'obbligazione inadempiuta ha nell'economia del contratto; ma non anche quello sull'entità della lesione che l'obbligazione abbia ricevuto. Se l'obbligazione dedotta nella clausola è stata adempiuta in modo solo leggermente imperfetto (con un ritardo minimo, con qualche trascurabile difetto qualitativo), non sembra che il creditore possa invocare la clausola: posto che a essere pignoli un'imperfezione può trovarsi, sarebbe come mettergli in mano un'inammissibile condizione risolutiva meramente potestativa».

direito é uma disposição contratual como outra qualquer, submetida ao juízo de validade não apenas formal, mas também material. O juiz não pode, ao apreciar a relação submetida ao seu julgamento, deixar de aplicar os princípios do Direito das Obrigações e as normas constitucionais, para com eles, aferir a consonância da cláusula com o sistema jurídico».[427]

Em síntese: quando houver sido negocialmente pactuada entre as partes «cláusula resolutiva expressa» (art. 474, 1.ª parte do Código Civil), bastará, para postular-se a extinção dos efeitos contratuais, a existência do fato previamente demarcado pelos contraentes como grave para ensejar a eficácia extintiva automática da relação jurídica obrigacional, ou o nascimento do direito formativo extintivo a ser exercido para que seja extinta a relação jurídica obrigacional.[428] Nas relações paritárias, e por via da cláusula resolutiva expressa, as partes escolhem, *a priori*, o que lhes parece grave o suficiente para resolver o contrato, cabendo ao juiz ou árbitro examinar, apenas, se a invocação da cláusula não foi abusiva.

---

427. AGUIAR JÚNIOR, Ruy Rosado de. *Comentários ao novo Código Civil*: da extinção do contrato, vol. VI. Tomo II. Rio de Janeiro: Forense, 2011, p. 413.

428. A cláusula resolutiva expressa, regrada na primeira parte do art. 474 do Código Civil é aquela negocialmente acordada pelos contratantes com a virtualidade de gerar o direito formativo extintivo de resolução para ser exercido por declaração de vontade do titular, independentemente de sentença, ou para automaticamente extinguir a relação jurídica obrigacional. Distingue-se tanto da resolução *legal* por inadimplemento (Código Civil, art. 475) quanto da condição resolutiva (Código Civil, arts. 121 e 128), embora todas essas figuras tenham em comum a circunstância de levarem à extinção, com eficácia *ex tunc* ou *ex nunc*, dos efeitos de um contrato. Distinguem--se, por sua vez, condição resolutiva e cláusula resolutiva expressa. Brevemente: na resolução legal (art. 475), é necessário, para produzir eficácia, além da declaração de vontade do titular do direito, sentença constitutiva negativa. Já na cláusula resolutiva expressa (resolução convencional, art. 474, primeira parte), bastará à eficácia do direito a declaração de vontade do titular e a recepção da declaração pelo outro figurante da relação jurídica, ou, se assim dispuseram as partes, a existência da hipótese a ensejar a extinção automática, independentemente de declaração de vontade. Ainda que várias sejam as distinções entre as referidas espécies, a principal está vinculada ao advento dos efeitos: enquanto a cláusula resolutiva expressa opera de pleno direito para *criar* ou para *permitir o exercício* do direito de resolução pelo titular ou para extinguir o automaticamente o efeito da relação jurídica obrigacional. A condição resolutiva, estando vinculada a evento futuro e incerto decorrente da vontade das partes, ao ser implementada opera de pleno direito, nada criando ou permitindo: *extingue, desde seu implemento*, os efeitos provenientes do contrato, salvo os expressamente resguardados pela lei (art. 128, segunda parte). Assim, enquanto na primeira, a extinção da relação jurídica poderá depender do exercício do direito de resolução por intermédio de declaração de vontade recepcionada pelo outro figurante, na segunda, não há essa possibilidade. A extinção da eficácia provém, automaticamente, do implemento da condição, operando inclusive independentemente de conhecimento dos figurantes (conferir em: PONTES DE MIRANDA, Francisco Cavalcanti. *Tratado de Direito Privado*. Tomo XXXVIII. 3.ª ed. São Paulo: Revista dos Tribunais, 1984, § 4.247, 2, p. 337, e, ainda, Tomo XXV, § 3.088, 1, p. 319; ASSIS, Araken de; ANDRADE, Ronaldo Alves de; PESSOA ALVES, Francisco Glauber. *Comentários ao Código Civil Brasileiro*: do Direito das Obrigações, vol. V. Rio de Janeiro: Forense, 2007, p. 590; AGUIAR JÚNIOR, Ruy Rosado de. *Comentários ao novo Código Civil*: da extinção do contrato, vol. VI. Tomo II. Rio de Janeiro: Forense, 2011, p. 370-372; MACHADO, João Baptista. Pressupostos da resolução por incumprimento. *Obra Dispersa*, vol. 1. Braga: Scientia Ivridica, 1991, p. 185).

798 | A BOA-FÉ NO DIREITO PRIVADO

(*ii*) Resolução legal. Tratando-se da resolução legal (art. 475), dita, na prática do foro, e muito impropriamente, «rescisão contratual», para determinar qual é, *in concreto*, a utilidade a que faz referência o parágrafo único do art. 395 do Código Civil, dados de ordem objetiva e subjetiva hão de ser cruzados. Entre esses últimos, as expectativas legitimamente suscitadas quanto aos potenciais benefícios que adviriam do negócio; entre os primeiros, o tipo (legal ou social) do negócio e os interesses dele concretamente deduzidos.

Exemplifico: em alguns negócios, o cumprimento do prazo, estritamente considerado, integra a obrigação principal («negócios fixos», ou «negócios de fixação»). Se não adimplida a prestação na data aprazada, ensejará de imediato o inadimplemento definitivo, pois o credor perde o interesse na prestação, como no exemplo, sempre citado, da costureira que atrasa por um único dia a entrega do vestido de noiva, frustrando irremediavelmente (ainda que escassíssimo o lapso temporal de 24 horas) o fim contratual. Em outros, diversamente, o negócio pode ser estipulado com prazo ou dia para a prestação sem que, embora não feita naquele prazo, desapareça o interesse no adimplemento.[429] O interesse pode subsistir, embora, não ilimitadamente. Enquanto há manutenção do interesse, afirma Pontes de Miranda, há «*lapso temporal de adimplemento útil*, ou *prazo do interesse na prestação*, que se confunde com o prazo do negócio jurídico».[430]

A resposta à questão de saber quando se trata de negócio fixo (*Fixgeschäft*) é de fundamental importância para averiguar a inutilidade da prestação para o credor – elemento que transforma a mora em inadimplemento definitivo, ensejando ao lesado a escolha pela via resolutória. «Só se pode conhecer o prazo para adimplemento útil, o prazo do interesse na prestação» – diz ainda Pontes de Miranda – «conhecendo-se a natureza do negócio jurídico, o seu conteúdo e a sua finalidade».[431] Consequentemente, enquanto ainda persiste, em razão da natureza e da finalidade do contrato, o interesse na prestação, há impedimento para que se dê, de imediato, por finda a relação jurídica.[432] O princípio da boa-fé objetiva como norma de consideração e lealdade, atua também no exercício e na interpretação das regras pertinentes à interpelação e, consequentemente, no estabelecimento de um «prazo prudencial» para o cumprimento ou, inversamente, para possibilitar (se grave o inadimplemento) a resolução, como abaixo será anotado.

De fato, embora os interesses do credor prevaleçam, na relação obrigacional vista como *relação de cooperação*,[433] os interesses do devedor também devem ser considerados.

---

429. Pontes de Miranda, Francisco Cavalcanti. *Tratado de Direito Privado*. Tomo XXII. 3.ª ed. São Paulo: Revista dos Tribunais, 1984, § 3.795, 6, p. 110.

430. Pontes de Miranda, Francisco Cavalcanti. *Tratado de Direito Privado*. Tomo XXII. 3.ª ed. São Paulo: Revista dos Tribunais, 1984, § 3.795, 6, p. 110 (destaques do autor).

431. Pontes de Miranda, Francisco Cavalcanti. *Tratado de Direito Privado*. Tomo XXII. 3.ª ed. São Paulo: Revista dos Tribunais, 1984, § 3.795, 6, p. 110.

432. Pontes de Miranda, Francisco Cavalcanti. *Tratado de Direito Privado*. Tomo XXII. 3.ª ed. São Paulo: Revista dos Tribunais, 1984, § 3.795, 6, p. 111.

433. Martins-Costa, Judith. *Comentários ao Novo Código Civil. Do Inadimplemento das Obrigações*,

FUNÇÃO CORRETORA: A BOA-FÉ E O EXERCÍCIO JURÍDICO | 799

A dogmática jurídica elaborou a ideia de um «prazo prudencial» cuja razão última está no princípio da boa-fé como mandamento de consideração aos interesses do parceiro contratual. Esse prazo «variará conforme as circunstâncias do caso e, se for inferior ao razoável e o credor mostrar-se inflexível, cabe a tutela judicial para que o juiz determine a data de ser realizado o pagamento»,[434] ou cumprida a prestação.

Quando não pactuada a cláusula resolutiva expressa, o exercício do direito formativo extintivo de resolução *lato sensu* deverá ser complementado por sentença proferida por juiz ou árbitro (art. 474, segunda parte, do Código Civil). Ao contrário da cláusula resolutiva expressa, que apenas decorre do inadimplemento quando esse for hipótese prevista pelas partes no contrato, a concreção da cláusula resolutiva tácita, fundada na conjugação da segunda parte do art. 474 com o art. 475 do Código Civil, é autorizada tão somente pelo inadimplemento definitivo (total ou parcial), assim tido não apenas o fato de não ter sido executado o contrato, ou tenha sido executado defeituosamente, mas, igualmente,quando a purgação da mora não é possível, ou não mais tenha utilidade para o credor.

Grosso modo, dois são os critérios adotados para essa avaliação – o subjetivo e o objetivo. Pelo primeiro, se aprecia ou a vontade das partes[435] ou a chamada «inutilidade subjetiva», qual seja, inutilidade que resultaria para o credor se cumprida fosse a prestação morosa; e há *o critério objetivo*,[436] atado ao interesse do sinalagma, sendo

---

vol. V. Tomo II. 2.ª ed. Rio de Janeiro: Forense, 2009, p. 50-56. *Vide* referências, ainda em: AGUIAR JÚNIOR, Ruy Rosado de. *Extinção dos Contratos por Incumprimento do Devedor*. Resolução. 2.ª ed. Rio de Janeiro: Aide, 2004; ASSIS, Araken de. *Resolução do Contrato por Inadimplemento*. 5.ª ed. São Paulo: Revista dos Tribunais, 2013; CACHAPUZ, Maria Cláudia Mércio. O Conceito de Totalidade Concreta Aplicado ao Sistema Jurídico Aberto. *Revista AJURIS*, vol. 24, n. 71, nov. 1997; FERREIRA DA SILVA, Jorge Cesa. *A Boa-Fé e a Violação Positiva do Contrato*. Rio de Janeiro: Renovar, 2002.

434. FERREIRA DA SILVA, Jorge Cesa. *Inadimplemento das Obrigações*. São Paulo: Revista dos Tribunais, 2007, p. 105.

435. CONSTANTINESCO, Léon-Jean. *Inéxécution et Faute et Droit Comparé*. Stuttgart: Kohlhammer Verlag, 1960, p. 174, citado por BAPTISTA MACHADO, João. Pressupostos da Resolução por Incumprimento. *Obra Dispersa*, vol. I. Braga: Scientia Ivridica, 1991, p. 136. Com aprofundadas referências a esse critério, bem como o da causa, também sustentado na doutrina francesa, v. GENICON, Thomas. *La Résolution du Contrat pour Inexécution*. Paris: LGDJ, 2007, p. 75 e ss.

436. É de valia para a qualificação da «inutilidade» a contribuição da doutrina e da jurisprudência italianas acerca do inadimplemento de «scarsa importanza» do art. 1.455 do *Codice Civile*, em razão da reconhecida influência desse Código no Código Civil brasileiro de 2002. A propósito consulte-se: CUBEDDU, Maria Giovanna. *L'importanza dell'Inadempimento*. Torino: Giappichelli, 1995; SPALLAROSSA, Maria Rosa. Importanza dell'inadempimento nella risoluzione del contratto. *Rivista di Diritto Civile*, n. 5, 1972, p. 452-480; RICIUTTO, Vicenzo. Il Recente Orientamento della Cassazioni sui Criteri di Valutazione dell'Importanza dell'Inadempimento. *Rivista di Diritto Commerciale*, n. 2, Milano, 1987, p. 454-464; BIGLIAZZI GERI, Lina; BRECCIA, Umberto; BUSNELLI, Francesco; NATOLI, Ugo. *Diritto Civile*: Obbligazioni e Contrati. Torino: UTET, 1995, p. 141 e ss..; SACCO, Rodolfo; DE NOVA, Giorgio. *Il Contratto*. Tomo II. Milano: UTET, 1996, p. 599; COLLURA, Giorgio. *Importanza dell'Inadempimento e Teoria del Contratto*. Milano: Giuffrè, 1992. No Direito da *common law*, o tema é tratado a partir da distinção entre «conditions» e «warranties», havendo

800 | A BOA-FÉ NO DIREITO PRIVADO

composto pela conjugação entre os interesses subjetivos objetivamente detectáveis à luz do programa contratual.[437]

De fato, não apenas elementos objetivos compõem esse segundo critério: é que se agregam, na noção de «utilidade» do art. 395, parágrafo único, *a contrario*, também certos elementos *subjetivos* – o interesse para o credor, em vista de sua legítima expectativa; a confiança depositada fundamentadamente em que a prestação seria adequadamente satisfeita – e elementos *objetivos* – o interesse decorrente da operação econômica em causa, do sinalagma estruturante do contrato –,[438] além de elementos *objetiváveis* – a gravidade do incumprimento, consideradas a normalidade da operação em causa e as expectativas suscitadas legitimamente no credor.

Vincula-se, pois, ao quadro contratual concretamente considerado, isto é: não apenas o tipo contratual tomado *in abstracto* ou o tipo de prestação afetada pelo descumprimento, mas o inteiro conjunto contratual em suas circunstâncias.[439] Cabe ao intérprete, na mensuração da gravidade do inadimplemento, compor dados de dupla ordem: de um lado, os «elementos objetivos» fornecidos pela regulação contratual, extraídos da natureza da prestação; de outro, os «elementos subjetivos», que residem na necessidade que tem o credor, «em receber uma prestação que atenda à carência por ele sentida, de acordo com a sua

---

    maior margem de decisão ao juiz para ponderar sobre a gravidade do incumprimento (v. WHITTAKER, Simon. Les Sanctions de l'Inexécution des Contrats – Droit anglais. In: FONTAINE, Marcel; VINEY, Geneviève (Orgs.). *Les Sanctions de l'Inéxécution des Obligations Contractuelles*. Études de Droit Comparé. Bruxelles e Paris: Bruylant-LGDJ, 2001, p. 1000 e ss.)

437. Propondo uma sistematização de critérios objetivos e subjetivos, conforme grupos de casos, respectivamente compreendidos como «perda do interesse na prestação em si» e «perda do interesse na prestação pelo devedor». A densificar o primeiro grupo de casos, estariam aqueles nos quais o termo inobservado é «essencial à satisfação do programa contratual» (p. 769). No segundo, estariam inclusos os casos de recusa do devedor, perda da confiança e ameaça de danos iminentes e significativos para o credor. Assim: ZANETTI, Cristiano. A Perda de Interesse do Credor. In: BENETTI, Giovana *et al.* (Org.). *Direito, Cultura e Método*: Leituras da Obra de Judith Martins-Costa. Rio de Janeiro: GZ Editora, 2019, p. 765-787.

438. AGUIAR JÚNIOR, Ruy Rosado de. *Extinção dos Contratos por Incumprimento do Devedor*: Resolução. 2.ª ed. Rio de Janeiro: Aide, 2004. p. 132-133. Também TEPEDINO, Gustavo. A Teoria da Imprevisão e os Contratos de Financiamento Firmados à Época do Chamado «Plano Cruzado». *Revista Forense*, Rio de Janeiro, Forense, vol. 301, mar. 1988, p. 83.

439. Assim se evidencia o «interesse do sinalagma» a balizar quando é caso de resolução, ou quando são outras as soluções admitidas, como aprovaram os juristas reunidos pelo Conselho da Justiça Federal ao assentar no Enunciado n. 162 (referente ao art. 395 do Código Civil) que «[a] inutilidade da prestação que autoriza a recusa da prestação por parte do credor deve ser aferida objetivamente, consoante o princípio da boa-fé e a manutenção do sinalagma, e não de acordo com o mero interesse subjetivo do credor» – III Jornada de Direito Civil do Conselho da Justiça Federal (2006). Assim indica igualmente a jurisprudência que, com base naqueles critérios, tem decidido ora pelo «adimplemento substancial» do contrato, rejeitando a resolução, ora pelo seu «inadimplemento fundamental», conduzindo, aí sim, à via resolutória (exemplificativamente: TJRS. Ap. Cív. 588016147. Quinta Câmara Cível. Relator Des. Ruy Rosado de Aguiar Jr. Julgamento em 03.04.1988; TJRS. Ap. Cív. 70001605252. Quinta Câmara Cível. Relator Des. Sérgio Pilla da Silva. Julgamento em 09.11.2000. E ainda: TJRS. Ag 70001005586. Décima Quarta Câmara Cível. Relator Des. Aymoré Roque Pottes de Mello. Julgamento em 29.06.2000).

FUNÇÃO CORRETORA: A BOA-FÉ E O EXERCÍCIO JURÍDICO | 801

legítima expectativa. Não os motivos ou desejos que eventualmente o animavam, mas a expectativa resultante dos dados fornecidos pelo contrato, por isso, legítima».[440]

Os elementos *objetiváveis*, acima referidos, dizem respeito à aferição da gravidade ou «importância» do incumprimento. Toma-se em conta, por esse critério, «o conteúdo particular do contrato em causa, atendendo não só às específicas cláusulas escritas deste mas ainda a qualquer declaração ou fato concludente de que possam inferir-se as especiais finalidades de uso ou de troca a que o credor destinava a prestação (...)».[441] Assim, a «*objectividade* do critério não significa de forma alguma que se não atenda ao interesse *subjectivo* do credor e, designadamente, a fins visados pelo credor que, não tendo sido integrados no conteúdo do contrato, representam simples motivos em princípio irrelevantes. O que esta objectividade quer significar é, antes, que a importância do interesse afectado pelo incumprimento, aferida embora em função do sujeito, há-de ser apreciada objectivamente, com base em elementos susceptíveis de serem valorados por qualquer pessoa (designadamente, pelo próprio devedor ou pelo juiz) e não segundo o juízo valorativo arbitrário do próprio credor».[442]

6. Incumprimento definitivo parcial

O incumprimento definitivo e grave, causa da resolução em sentido lato, pode ser, em algumas hipóteses, apenas parcial, atingindo, portanto, parte da prestação devida, no tempo, forma e lugar devidos, atingindo, ainda assim, irremediavelmente, o interesse creditício e, portanto, a utilidade da prestação para o credor. Porém, a possibilidade da resolução parcial por inadimplemento, depende de o objeto da obrigação ser divisível.[443]

---

440. AGUIAR JÚNIOR, Ruy Rosado de. *Extinção dos Contratos por Incumprimento do Devedor*: Resolução. 2.ª ed. Rio de Janeiro: Aide, 2004, p. 131-132. Destaquei.

441. BAPTISTA MACHADO, João. Do Princípio da Liberdade Contratual. *Obra Dispersa*, vol. 1. Braga: Scientia Ivridica, 1991, p. 137. Destaquei.

442. BAPTISTA MACHADO, João. Do Princípio da Liberdade Contratual. *Obra Dispersa*, vol. 1. Braga: Scientia Ivridica, 1991, p. 137. Destaquei.

443. *V.g.*: AGUIAR JÚNIOR, Ruy Rosado de. *Comentários ao Novo Código Civil*: da extinção do contrato, vol. VI. Tomo II. Rio de Janeiro: Forense, 2011, p. 498-499; Assis, Araken. *Resolução do Contrato por Inadimplemento*. 5.ª ed. São Paulo: Revista dos Tribunais, 2013, p. 158-159. Na doutrina estrangeira é conhecida a lição de Marty e Raynaud, que, expondo a possibilidade de inexecução parcial da obrigação e a possibilidade do credor insatisfeito de buscar a execução e as perdas e danos, questionam: «Mais peut-il aussi agir en résolution pour inexécution?»E respondem: «La jurisprudence reconnait alors un pouvoir d'appréciation aux juges qui peuvent prononcer la résolution s'ils estiment l'inéxecution assez grave pour être ainsi sanctionnée et apprécient, suivant les circonstances, s'il y a lieu à résolution ou seulement à l'octroi de dommages et intérêts» (MARTY, Gabriel; RAYNAUD, Pierre. *Droit Civil*, vol. II. Tomo 1. Paris: Sirey, 1962, p. 265); No mesmo sentido: WEIL, Alex. *Droit Civil*. Paris: Dalloz, 1971, p. 503. Também no Direito espanhol a controvérsia foi superada no sentido de aceitar-se a resolução parcial, desde que grave o suficiente para determinar a insatisfação do credor, como dá conta a monografia de GONZÁLEZ-REGUERAL, María Angeles Fernández. *La Resolución por Incumplimiento en las Obligaciones Bilaterales*. Madrid:

802 | A BOA-FÉ NO DIREITO PRIVADO

Alguma dificuldade se antepõe a esse entendimento quando a relação jurídica decorre de contratos, como o de empreitada, em vista de sua classificação dogmática como obrigação de *fazer* e de *resultado*. Porém, a «afirmação de serem (sempre) indivisíveis as obrigações de fazer é falsa»,[444] diz Pontes de Miranda, admitindo que se «o empreiteiro só exequiu em parte a obra, o inadimplemento parcial pode dar ensejo à resolução do contrato, com a indenização por perdas e danos, nos quais se inclui o que já fora pago».[445] Isso, porque o entendimento pelo qual haveria vedação à resolução parcial quanto às obrigações de fazer, como na empreitada, deixa antever o universo da empreitada simples, aquele que fora estampado tipicamente no Código Civil de 1916, em época na qual as grandes obras de infraestrutura não eram sequer cogitadas. Então se afirmava ser *indivisível* a obrigação de fazer obra, pois quando se requer a construção de uma casa, por exemplo, se requer o resultado advindo da feitura da obra, isto é, a casa. Nessa hipótese, justifica-se afirmar que se quer o todo, pois o resultado é o todo.[446] Porém, pode-se querer o todo e ser este composto por partes individuadas. Nesse caso, nenhuma dificuldade há para considerar indivisível a obrigação apenas quanto a cada coisa a ser entregue, e não quanto ao resultado como um todo. Ou seja, a indivisibilidade estará apenas em não se poder entregar em partes a coisa passível de individuação a ser construída. Assim, «se for do interesse do empreitante receber a parte concluída da obra, ou se o contrato for para a construção de obras independentes (ex.: cinco prédios), será possível a resolução parcial.

Nos contratos de execução prolongada, cuja natureza exige continuidade da prestação por certo tempo para a obtenção do resultado final desejado pelos contratantes, o princípio geral é o de que o inadimplemento de uma parte pode ocasionar a resolução do contrato na sua totalidade. Mas isso não afasta a necessidade de exame de cada caso, pois além da hipótese de prestações separadas e autônomas, ainda pode acontecer que

---

La Ley, 1998, p. 39. No Direito italiano, peculiarizado pela regra do art. 1.455 do *Codice Civile* (que valora «l'importanza dell'inadempimento»), em regra legal única dentre os direitos codificados, ainda assim não é afastada a possibilidade de apelar-se ao remédio resolutório no caso do adimplemento apenas parcial do contrato, anotando-se: «Nell'ipotesi di adempimento parziale o di adempimento tardivo occorre invece valutare secondo parametri di obiettività e normalità se l'inesattezza o la mancanza di una parte della prestazione ledano notevolmente l'interesse creditorio, considerate anche le circostanze e la natura della prestazione» (CUBEDDU, Maria Giovanna. *L'importanza dell'inadempimento*. Torino: Giappichelli, 1995, p. 20).

444. PONTES DE MIRANDA, Francisco Cavalcanti. *Tratado de Direito Privado*. Tomo XXII. 3.ª ed. São Paulo: Revista dos Tribunais, 1984, § 2.708, 3, p. 153.

445. PONTES DE MIRANDA, Francisco Cavalcanti. *Tratado de Direito Privado*. Tomo XLIV. 3.ª ed. São Paulo: Revista dos Tribunais, 1984, § 4.844, 1, p. 375.

446. PONTES DE MIRANDA, Francisco Cavalcanti. *Tratado de Direito Privado*. Tomo XXII. 3.ª ed. São Paulo: Revista dos Tribunais, 1984, § 2.708, 3, p. 153-154, e § 2.800, 6, p. 137. Ressalte-se que mesmo no Código de 1916 aceitava-se a possibilidade de se estipular que o resultado final – a obra como um todo –, também viesse a ser alcançado por partes, como por exemplo, a casa venha a ser construída por partes, assim constando do seu art. 1.241, ora reproduzido no art. 614 do Código vigente, alusivo à hipótese de a empreitada «constar de partes distintas», ainda quando conformada por um objeto fisicamente uno, como uma casa ou um prédio.

FUNÇÃO CORRETORA: A BOA-FÉ E O EXERCÍCIO JURÍDICO | 803

as partes tenham interesse em manter o que foi prestado até o momento da resolução, compondo interesses de parte a parte».[447] Nesse caso, aduz Araken de Assis, «o contrato se considerará repartido em tantas partes quantas prestações recíprocas puderem ser isoladas no programa contratual».[448] O ponto central está, pois, na atenção à noção jurídica de divisibilidade.

7. Boa-fé e apreciação da utilidade da prestação para o credor

O princípio da boa-fé é auxiliar na mensuração da utilidade da prestação para o credor, crivo para autorizar-se a resolução por inadimplemento. Nesse sentido, atua positiva e negativamente. Explica-se:

Constituindo a resolução (*lato sensu* considerada) direito formativo extintivo que decorre de fato superveniente à conclusão do contrato, por vezes este direito pode ser inibido por força do princípio da boa-fé, quando o seu exercício caracteriza conduta incompatível com os deveres de lealdade e cooperação devidos pelos contraentes. Diante das drásticas consequências da tutela resolutória,[449] ao juiz cabe extremada cautela ao decretar essa radical morte do contrato, para tanto atuando o princípio da boa-fé na valoração da conduta devida, tanto por quem exerce o direito de resolução, quanto do que sofre os efeitos da resolução.

É o que se verificou no *caso da negação da tutela antecipada*.[450]

Frente a «rescisão [*sic*] de contrato de promessa de compra e venda» que continha cláusula resolutória expressa, o Tribunal de Justiça de Minas Gerais havia decidido, por maioria, pelo não cabimento de antecipação de tutela por conta de alegado esbulho possessório, por entender que, havendo contrato de compra e venda, «a posse enfeixada nas mãos do comprador, a princípio, é justa». Consequentemente, não haveria que se falar em esbulho possessório «em decorrência de seu inadimplemento, mesmo que o contrato conte com a cláusula resolutiva expressa, porque, ainda nesta hipótese, se mostra imprescindível o reconhecimento, pela via judicial, de tal resolução».[451]

---

447. AGUIAR JÚNIOR, Ruy Rosado de. *Comentários ao novo Código Civil*: da extinção do contrato, vol. VI. Tomo II. Rio de Janeiro: Forense, 2011, p. 498-499. Também: Assis, Araken de. *Resolução do Contrato por Inadimplemento*. 5.ª ed. São Paulo: Revista dos Tribunais, 2013, p. 158.

448. Assis, Araken de. *Resolução do Contrato por Inadimplemento*. 5.ª ed. São Paulo: Revista dos Tribunais, 2013, p. 159.

449. No sistema brasileiro (que admite a resolução com caráter geral para os contratos bilaterais, *ex vi* do art. 475 e de sua topologia) impõe-se a necessidade de a dicção resolutória ser submetida à formalidade do processo judicial. Subjaz à resolução a configuração de «modalidade gravíssima de descumprimento», como alerta Assis, Araken de. *Resolução do Contrato por Inadimplemento*. 5.ª ed. São Paulo: Revista dos Tribunais, 2013, p. 101.

450. STJ. AgRg no REsp 969596/MG. Quarta Turma. Relator Min. João Otávio de Noronha. Julgamento em 18.05.2010. *DJ* de 27.05.2010; idem: STJ. REsp 620787/SP. Quarta Turma. Relator Min. Luis Felipe Salomão. Julgamento em 28.04.2009. *DJ* de 11.05.2009.

451. No voto vencido, restou consignado: «É cabível a antecipação de tutela, em sede de rescisão de

804 | A BOA-FÉ NO DIREITO PRIVADO

Os agravantes alegaram, dentre outros argumentos, ter o acórdão prolatado pelo Tribunal *a quo* violado os arts. 128, 474 e 475 do Código Civil, sendo desnecessária a declaração judicial de resolução do contrato para o deferimento da liminar de reintegração de posse pretendida; diante do incumprimento do promissário comprador, conforme cláusula resolutória firmada, restara resolvido o pacto.

Prevaleceu, porém o entendimento de ser irrelevante, para a concessão da tutela antecipada, a notificação da devedora e a existência de cláusula expressa de resolução do contrato por inadimplemento. Considerou-se estar a reintegração na posse do imóvel dos promissários-vendedores condicionada à prévia resolução judicial da promessa de compra e venda, pois, «[e]nquanto isso não ocorrer, a permanência da ré no imóvel não torna injusta sua posse, transmitida pelo contrato. Nem há esbulho possessório, por enquanto, conforme entendimento jurisprudencial». E fundamentou o Ministro--Relator o seu entendimento não apenas na garantia da ampla defesa, mas, expressivamente, na «necessidade de observância do princípio da boa-fé objetiva a nortear os contratos, [de modo que] na antecipação de tutela reintegratória de posse, é imprescindível prévia manifestação judicial na hipótese de rescisão de compromisso de compra e venda de imóvel para que seja consumada a resolução do contrato, ainda que existente cláusula resolutória expressa».[452]

A decisão não foi acertada – não por ter invocado a boa-fé, mas por não ter atentado para a distinção entre *resolução tácita* do contrato (parte final do art. 474 e art. 475 do Código Civil) com a *cláusula resolutiva expressa* que opera de pleno direito (art. 474, primeira parte). Havendo cláusula resolutiva expressa, que não há que se falar em necessidade de decisão judicial para que a resolução gere seus efeitos desconstitutivos. O efeito extintivo é automático. Por isso que, quanto à extinção da relação jurídica obrigacional por concreção de cláusula resolutiva expressa, a sentença é declaratória e não constitutiva.[453]

Por vezes o exercício do direito formativo de resolução é obstado por se ter delineado o «adimplemento substancial do contrato», cabendo examinar em apartado essa figura cuja aplicação, na *praxis* jurisprudencial, nem sempre atende aos requisitos apontados pela doutrina.

---

contrato de promessa de compra e venda, quando há prova inequívoca da verossimilhança da alegação relativa à inadimplência substancial do promitente comprador e existe perspectiva de dano irreparável traduzida na depreciação econômica do bem e agressão à posse por terceiros».

452. Referiu-se, como precedentes: STJ. REsp 620787/SP. Quarta Turma. Relator Min. Luis Felipe Salomão. Julgamento em 28.04.2009. *DJ* de 27.04.2009.

453. Ver PONTES DE MIRANDA, Francisco Cavalcanti. *Tratado de Direito Privado.* Tomo V. 3.ª ed. São Paulo: Revista dos Tribunais, 1983, § 546-547, p. 182-184; ASSIS, Araken de. *Resolução do Contrato por Inadimplemento.* 5.ª ed. São Paulo: Revista dos Tribunais, 2013; HAICAL, Gustavo. Apontamentos sobre o Direito Formativo Extintivo de Denúncia no Contrato de Agência. In: MARTINS--COSTA, Judith (Org.). *Modelos de Direito Privado.* São Paulo: Marcial Pons, 2014; AGUIAR JÚNIOR, Ruy Rosado de. *Extinção dos Contratos por Incumprimento do Devedor:* Resolução. 2.ª ed. Rio de Janeiro: Aide, 2004, p. 183.

FUNÇÃO CORRETORA: A BOA-FÉ E O EXERCÍCIO JURÍDICO | 805

§ 82. O adimplemento substancial do contrato

1. Noção e origem

A figura do adimplemento substancial do contrato advém de construção do *common law* (com o nome de *substancial performance*), pela qual se entende deva ser rejeitada a resolução quando, apesar do incumprimento no tempo, modo e forma devidos houve cumprimento parcial e este foi «muito próximo» ao previsto no contrato como resultado devido. A razão de ser desta figura está em que, entre extinguir o negócio jurídico e preservá-lo, sua preservação é justificada por razões de utilidade. Por intermédio da figura do adimplemento substancial, portanto, limita-se o direito a resolver, embora se assegure ao credor o direito a exigir o cumprimento ou à indenização pela mora.

A doutrina do *substancial performance* ingressou no Direito brasileiro por via doutrinária,[454] sendo aberta posteriormente a porta dos Tribunais que estabelecem a ligação entre essa figura e o princípio da boa-fé objetiva. Esse é o critério para averiguar, no caso concreto, se há de prevalecer o direito à extinção por resolução ou se sobreleva o interesse à manutenção do vínculo.[455]

2. Adimplemento substancial e boa-fé

Não tendo sido prevista essa figura no Código Civil (nem no revogado, nem no ora vigente), sua porta de entrada no Ordenamento brasileiro foi, também, o princípio

---

454. Entre outros: COUTO E SILVA, Clóvis do. O Princípio da Boa-Fé no Direito Brasileiro e Português. In: FRADERA, Véra (Org.). *O Direito Privado Brasileiro na Visão de Clóvis do Couto e Silva*. Porto Alegre: Livraria do Advogado, 1997, p. 33-58; BECKER, Anelise. A Doutrina do Adimplemento Substancial no Direito Brasileiro e em Perspectiva Comparativista. *Revista da Faculdade de Direito da UFRGS*, Porto Alegre, vol. 9, 1993, p. 60-70; ASSIS, Araken de. *Resolução do Contrato por Inadimplemento*. 5.ª ed. São Paulo: Revista dos Tribunais, 2013, p. 126-131.

455. A jurisprudência é maciça. Cite-se, exemplificativamente: STJ. REsp 656103/DF. Quarta Turma. Relator Min. Jorge Scartezzini. Julgamento em 12.12.2006. *DJ* de 26.02.2007; STJ. REsp 712173/RS. Terceira Turma. Relator Min. Carlos Alberto Menezes Direito. Julgamento em 17.10.2006. *DJ* de 12.03.2007; STJ. AgRg no Ag 607406/RS. Quarta Turma. Relator Min. Fernando Gonçalves. Julgamento em 09.11.2004. *DJ* de 29.11.2004; STJ. REsp 272739/MG. Quarta Turma. Relator Min. Ruy Rosado de Aguiar. Julgamento em 01.03.2001. *DJ* de 02.04.2001. Também nos Tribunais estaduais, exemplificativamente, TJRS. Ap. Cív. n. 70001605252. Quinta Câmara Cível. Relator Des. Sérgio Pilla da Silva. Julgamento em 09.11.2000; TJRS. Ag. 70001005586. Décima Quarta Câmara Cível. Relator Des. Aymoré Roque Pottes de Mello. Julgamento em 29.06.2000. No TJRJ: Ag. n. 2008.002.05366. Décima Nona Câmara Cível. Relator Des. Marcus Tullius Alves. Julgamento em 12.05.2008; TJRJ. Ap. Cív. n. 2008.001.02736. Nona Câmara Cível. Relator Des. Roberto de Abreu e Silva. Julgamento em 06.05.2008; no TJSP: Ap. Cív. n. 4392314500. Quarta Câmara de Direito Privado. Relator Des. Francisco Loureiro. Julgamento em 29.05.2008; TJSP. Recurso Inominado n. 28578. Terceira Turma Cível. Relator Des. João Batista Silvério da Silva. Julgamento em 15.05.2008.

da boa-fé. Seu ingresso é devido aos estudos de Clóvis do Couto e Silva, cuja atuação no plano doutrinário teve notável influência de sua visão comparatista, ao propor soluções – a seu ver adaptáveis ao Direito brasileiro – inspiradas em institutos ou regras de outros sistemas.[456] Assim, na transposição do conceito da *Common law* de *substantial performance*,[457] o qual teve enorme expansão doutrinária e jurisprudencial, hoje se podendo afirmar que a «teoria» do adimplemento substancial integra o Direito brasileiro, ainda que, por vezes, confundido com outras figuras, como a lesão, o enriquecimento sem causa, a função social do contrato ou mesmo o princípio do equilíbrio contratual.[458] O fundamento do adimplemento substancial está, porém, na conjugação entre a boa-fé – como modeladora do exercício jurídico – e a utilidade contratual.

Assim está no *caso das prestações duvidosas*.[459]

A demanda havia sido estabelecida entre promitente vendedor e promitente comprador. Este último se comprometera a pagar o valor do imóvel em parcelas indexadas pela hoje extinta OTN. Na ocasião, as partes acordaram que o adquirente arcaria com um valor equivalente a «certo número de OTN's estabelecido no contrato. No entanto, no instrumento particular de compra e venda não restou definida o número de prestações a serem pagas». O comprador, então, ajuizou ação para garantir o domínio do imóvel próprio, e o credor opôs a exceção de contrato não cumprido.

Chegada a lide ao STJ, este decidiu ser apenas «[a]parente a incompatibilidade entre dois institutos, a exceção do contrato não cumprido e o adimplemento substancial, pois na verdade, tais institutos coexistem perfeitamente podendo ser identificados e incidirem conjuntamente sem ofensa à segurança jurídica oriunda da autonomia privada». E esclareceu:

«No adimplemento substancial tem-se a evolução gradativa da noção de tipo de dever contratual descumprido, para a verificação efetiva da gravidade do descumprimento, consideradas as consequências que, da violação do ajuste, decorre para a finalidade do contrato. Nessa linha de pensamento, devem-se observar dois critérios que embasam o acolhimento do adimplemento substancial: a seriedade das consequências

---

456. Como anota Véra Fradera, «seus estudos de Direito Comparado levaram-no a formular soluções verdadeiramente avançadas para a época» (Fradera, Véra. Clóvis do Couto e Silva, um jurista universal. In: Penteado, Jaques de Camargo; Rufino, Almir (Orgs.). *Grandes Juristas Brasileiros*. Livro II. São Paulo: Martins Fontes, 2006).

457. Couto e Silva, Clóvis do. O Princípio da Boa-Fé no Direito Brasileiro e Português. In: Fradera, Véra (Org.). *O Direito Privado Brasileiro na Visão de Clóvis do Couto e Silva*. Porto Alegre: Livraria do Advogado, 1997, p. 33-58. Também seus orientandos: Becker, Anelise. A Doutrina do Adimplemento Substancial no Direito Brasileiro e em Perspectiva Comparativista. *Revista da Faculdade de Direito da UFRGS*, vol. 9, 1993, p. 60-70; Assis, Araken de. Resolução do Contrato por Inadimplemento. 5.ª ed. São Paulo: Revista dos Tribunais, 2013, p. 126-131.

458. Exemplificativamente: STJ. REsp 1051270/RS. Quarta Turma. Relator Min. Luis Felipe Salomão. Julgamento em 04.08.2011. *DJ* de 05.09.2011; TJRS. Ag n. 70011314200. Décima Quarta Câmara Cível. Relator Des. Sejalmo Sebastião de Paula Nery. Julgamento em 04.04.2005.

459. STJ. REsp 1215289/SP. Terceira Turma. Relator Min. Sidnei Beneti. Julgamento em 05.02.2013. *DJ* de 21.02.2013. TJSP. Ap. Cív. n. 4392314500. Quarta Câmara de Direito Privado. Relator Des. Francisco Loureiro. Julgamento em 29.05.2008.

que de fato resultaram do descumprimento, e a importância que as partes aparentaram dar à cláusula pretensamente infringida».

Essa linha de entendimento corrobora o que já estava no *caso do financiamento quase integralmente adimplido.*[460]

O comprador havia pago todas as prestações de contrato de financiamento garantido por alienação fiduciária em garantia, com a falta apenas da última prestação, cujo valor foi consignado judicialmente. Não tendo essa sido paga, o credor lançara mão da ação de busca e apreensão, rejeitada, recorrendo-se à doutrina do adimplemento substancial, pois se considerou:

«O cumprimento do contrato de financiamento, com a falta apenas da última prestação, não autoriza o credor a lançar mão da ação de busca e apreensão, em lugar da cobrança da parcela faltante. O adimplemento substancial do contrato pelo devedor não autoriza ao credor a propositura de ação para a extinção do contrato, salvo se demonstrada a perda do interesse na continuidade da execução, que não é o caso.» E, sendo sublinhado o fato da consignação judicial do valor da última parcela, concluiu-se: «[n]ão atende à exigência da boa-fé objetiva a atitude do credor que desconhece esses fatos e promove a busca e apreensão, com pedido liminar de reintegração de posse».

Os julgados se sucedem, ora porque foram pagas 30 das 38 parcelas devidas em contrato de leasing de carretas (*caso das carretas*);[461] ora porque ficara faltando apenas uma das prestações (*caso do financiamento quase integralmente adimplido*);[462] ora porque 68% do devido fora pago (*caso dos 32% devidos*).[463] Embora em alguns casos aluda-se à «equidade»[464] ou à «função social do contrato»,[465] certo é que tem sido mantida a linha de entendimento segundo a qual – vedado o reexame de matéria fática e contratual, pelos óbices das súmulas 5 e 7/STJ – afirma-se a tese: quando presente um adimplemento que se vislumbre próximo o resultado final do contrato, «não mais é possível a resolução contratual, senão que eventual prejuízo a uma das partes dará ensejo, tão só, à indenização por perdas e danos, a ser buscada em demanda respectiva».[466]

---

460. STJ. REsp 272739/MG. Quarta Turma. Relator Min. Ruy Rosado de Aguiar. Julgamento em 01.03.2001. *DJ* de 02.04.2001. No mesmo sentido: STJ. REsp 469577/SC. Quarta Turma. Relator Min. Ruy Rosado de Aguiar. Julgamento em 25.03.2003. *DJ* de 05.05.2003.

461. STJ. REsp 1200105/AM. Terceira Turma. Relator Min. Paulo de Tarso Sanseverino. Julgamento em 19.06.2012. *DJ* de 27.06.2012.

462. STJ. REsp 272739/MG. Quarta Turma. Relator Min. Ruy Rosado de Aguiar. Julgamento em 01.03.2001. *DJ* de 02.04.2001.

463. STJ. AgEg no AREsp 238432/RS. Terceira Turma. Relator Min. Paulo de Tarso Sanseverino. Julgamento em 18.06.2013. *DJ* de 21.06.2013.

464. STJ. REsp 1215289/SP. Terceira Turma. Relator Min. Sidnei Beneti. Julgamento em 05.02.2013. *DJ* de 21.02.2013.

465. STJ. REsp 1051270/RS. Quarta Turma. Relator Min. Luis Felipe Salomão. Julgamento em 04.08.2011. *DJ* de 05.09.2011.

466. Assim se lê no STJ. AgEg no AREsp 238432/RS. Terceira Turma. Relator Min. Paulo de Tarso Sanseverino. Julgamento em 18.06.2013. *DJ* de 21.06.2013.

808 | A BOA-FÉ NO DIREITO PRIVADO

Ao proferir decisão pelo adimplemento substancial, o julgador, implícita ou expressamente, reconheceu assegurar a Lei ao credor – uma vez ocorrendo o inadimplemento da obrigação pelo devedor – a opção por exigir seu cumprimento coercitivo ou pedir a resolução do contrato (art. 475 do CC). Porém, tendo ocorrido um adimplemento parcial da dívida próximo ao resultado final (razão da expressão «adimplemento substancial»), limita-se o exercício desse direito pelo credor, pois a resolução caracterizaria afronta à boa-fé como regra de lealdade entre os contraentes. Com essa solução, fica preservado o direito de crédito, «limitando-se apenas a forma como pode ser exigido pelo credor, que não pode escolher diretamente o modo mais gravoso para o devedor, que é a resolução do contrato». O credor poderá «optar pela exigência do seu crédito (ações de cumprimento da obrigação) ou postular o pagamento de uma indenização (perdas e danos), mas não a extinção do contrato» por via da resolução.[467] As perdas e danos serão devidas pela mora.

Assim, o tracejamento de uma vinculação entre a boa-fé, como baliza da licitude no modo do exercício de direitos subjetivos (inclusos os direitos formativos) e o «princípio da utilidade contratual» deve ser bem compreendido na apreciação dos casos concretos em que é sustentada a caracterização de um adimplemento substancial. Caso contrário, poderá restar caracterizado o uso abusivo de uma figura que é, de *per se*, excepcional na medida em que excepciona o «princípio da exatidão ao prestar».[468] Devem, portanto, ser observados determinados requisitos para a sua aplicação.

3. Requisitos à aplicação

Como todas as demais figuras parcelares da boa-fé objetiva, a invocação ao adimplemento substancial sujeita-se a determinados requisitos. Antes de mais, é preciso afirmar que sua aplicação não enseja o incumprimento contratual nem faz desaparecer dívida não paga. Apenas, por vezes, o rigor do *princípio da exatidão*, consequente ao adimplemento satisfatório,[469] poderá ser relativizado, tão somente para o efeito de afastar o exercício do direito formativo extintivo de resolução, mas não o cumprimento por via indenizatória («adimplemento substitutivo da prestação»). São requisitos: (*i*) a existência de prestações diferidas e parceladas no tempo; (*ii*) o cumprimento muito próximo do resultado final planejado pelo contrato; (*iii*) a pouca gravidade desse cumprimento parcial em face da utilidade visada pelo contrato; e (*iv*) a inexistência de vedação legal ao cumprimento parcial, ou atribua-lhe outras consequências.

---

467. STJ. AgEg no AREsp 238432/RS. Terceira Turma. Relator Min. Paulo de Tarso Sanseverino. Julgamento em 18.06.2013. *DJ* de 21.06.2013.

468. Martins-Costa, Judith. *Comentários ao Novo Código Civil.* Do Inadimplemento das Obrigações, vol. V. Tomo II. 2.ª ed. Rio de Janeiro: Forense, 2009, p. 96-97.

469. Acerca do princípio da exatidão e do adimplemento satisfatório, reenvio ao que escrevi em: Martins-Costa, Judith. *Comentários ao Novo Código Civil.* Do Inadimplemento das Obrigações, vol. V. Tomo I. 2.ª ed. Rio de Janeiro: Forense, 2009, p. 135-137.

FUNÇÃO CORRETORA: A BOA-FÉ E O EXERCÍCIO JURÍDICO | 809

Nesse sentido foi o *caso do devedor que queria indenização por danos*.[470]

No ano de 2003, um comprador havia adquirido um automóvel mediante alienação fiduciária em garantia. Em razão de não ter pago uma das vinte e quatro (24) parcelas de pagamento avençadas, o comprador foi demandado pela instituição financeira garantidora – ação em que foi deferida, em favor do banco, a busca e apreensão do veículo automotor objeto do contrato de alienação fiduciária. Posteriormente, já em 2007, o comprador ajuizou ação indenizatória, por danos morais, contra a instituição financeira. No seu entendimento, sofrera dano indenizável, moral e material, em decorrência do cumprimento de medida liminar de busca e apreensão do veículo.

Conquanto em primeiro grau a pretensão indenizatória não tenha tido sucesso, o Tribunal de Justiça do Rio de Janeiro deu parcial provimento à apelação ajuizada pelo comprador para deferir o pedido indenizatório. No Recurso Especial, o banco apontou à violação dos arts. 2.º, § 2.º, e 3.º do Decreto-Lei 911/1969, bem como dos arts. 186 e 927 do Código Civil, opondo-se à aplicação, no caso, da teoria do adimplemento substancial do contrato.

O Superior Tribunal de Justiça deu provimento ao recurso, com o exame da questão de saber se essa figura teria, em virtude do pagamento da quase totalidade da dívida assumida pelo fiduciante, o condão de tornar ilícita a cobrança pelo credor fiduciário dos valores relativos à parcela em mora. A decisão, acertadamente, deu resposta negativa à questão, consoante o seguinte raciocínio:

«Como consabido, o dever de indenizar exsurge da existência de uma conduta ilícita (voluntária ou decorrente de negligência ou imprudência do agente), da qual resulte um dano, ainda que exclusivamente moral, que àquela se encontre vinculada por um nexo de causalidade.

Ocorre que, por expressa disposição do art. 188, inciso I, do Código Civil vigente, não constituem atos ilícitos aqueles praticados no exercício regular de um direito reconhecido.

Desse modo, não há espaço para se impor ao banco ora recorrente o dever de indenizar o autor da demanda pelos danos imateriais que afirma ter suportado em virtude do cumprimento de ordem judicial de busca e apreensão de veículo por ele dado em garantia em contrato de financiamento com cláusula de alienação fiduciária.

Afinal, sendo incontroverso que o ora recorrido, quando da propositura em seu desfavor da referida ação de busca e apreensão, encontrava-se, de fato, em situação de inadimplência parcial (por não ter quitado a 13.ª parcela do contrato), estava autorizado o banco credor a fazer uso da referida medida judicial, visto que assim estabeleciam os arts. 2.º, § 2.º, e 3.º do Decreto-Lei nº 911/1969».[471]

---

470. STJ. REsp 1255179/RJ. Terceira Turma. Relator Min. Ricardo Villas Bôas Cueva. Julgamento em 25.08.2015. *DJ* de 18.11.2015.

471. Textos legais vigentes à época, permissivos da busca e apreensão, e alterados pela Lei 13.043/2014 que, todavia, manteve ao alcance do credor a medida de busca e apreensão do bem alienado fiduciariamente.

810 | A BOA-FÉ NO DIREITO PRIVADO

De fato, a alienação fiduciária em garantia constitui – como a própria denominação está a indicar – uma garantia, e a lei, ao estabelecer o seu mecanismo e nele inserir a busca e apreensão, para o caso de mora, «não estabelece nenhuma restrição à utilização da medida em virtude da extensão da mora ou da proporção do inadimplemento contratual».[472] Não constitui ato ilícito, gerador de dano indenizável, o ato autorizado ou previsto pela lei, de modo que a pretensão indenizatória intentada não teria cabimento.

§ 83. O inadimplemento antecipado do contrato

1. Premissas

O direito de resolução por inadimplemento, previsto nos arts. 474 e 475 do Código Civil, é um direito formativo extintivo dependente de um fundamento. Este reside no fato do incumprimento ou na situação de inadimplência.[473] Porém, como é sabido, tecnicamente só se configurará o inadimplemento relativo ao tempo, nas obrigações a termo, quando alcançado o termo preestabelecido. O Código Civil rejeita a possibilidade de o credor cobrar dívida antes de vencido o prazo estipulado no contrato ou determinado em lei para além das três hipóteses fixadas no art. 333, inclusive determinando, no art. 939, a responsabilidade por danos de quem assim agiu.[474] Ainda assim, doutrina e jurisprudência têm construído um outro caminho que não diz respeito propriamente a exigir o cumprimento do contrato, mas a pedir a sua extinção pela via resolutiva. Trata-se do inadimplemento antecipado, ou *violação antecipada do contrato*, hipótese por vezes confundida – equivocadamente – com a da *violação positiva do contrato*, embora essa última seja atinente, exclusivamente, a violação de dever lateral (dever de proteção).[475]

2. Noção

O inadimplemento antecipado não é um «terceiro gênero», mas é espécie inserida no quadro geral do inadimplemento definitivo, obedecendo, portanto, aos seus requisitos

---

472. Assim está nos fundamentos do «caso do devedor que queria indenização por danos» (STJ. REsp 1255179/RJ. Terceira Turma. Relator Min. Ricardo Villas Bôas Cueva. Julgamento em 25.08.2015. DJ de 18.11.2015), ora comentado.

473. Baptista Machado, João. Pressupostos da Resolução por Incumprimento. *Obra Dispersa*, vol. I. Braga: Scientia Ivridica, 1991, p. 130-131.

474. Código Civil, art. 939, *in verbis*: «O credor que demandar o devedor antes de vencida a dívida, fora dos casos em que a lei o permita, ficará obrigado a esperar o tempo que faltava para o vencimento, a descontar os juros correspondentes, embora estipulados, e a pagar as custas em dobro».

475. Por todos Ferreira da Silva, Jorge Cesa. *A Boa-Fé e a Violação Positiva do Contrato*. Rio de Janeiro: Renovar, 2002, p. 264 e ainda em: *Inadimplemento das Obrigações*. São Paulo: Revista dos Tribunais, 2006, p. 45. Ver também Capítulo VI, §64, *supra*, bem como o §84, *infra*.

FUNÇÃO CORRETORA: A BOA-FÉ E O EXERCÍCIO JURÍDICO | 811

e permitindo, como regra, a eficácia de resolução.[476] A jurisprudência tem voltado a sua atenção à figura. Porém, a exata compreensão de seus fundamentos, aplicabilidade e eficácia têm sido reveladas em arestos de Tribunais estaduais,[477] ainda que, em muitos casos, embora invocada a teoria do inadimplemento antecipado, se trate, mais propriamente, de exceção de contrato não cumprido ou de exceção de inseguridade.[478]

No Superior Tribunal de Justiça tem-se notícia apenas de um único acórdão[479] referindo a figura – o *caso da Encol* –,[480] precedente muito citado que julgou litígio derivado de promessa de compra e venda, fundando-se o pedido resolutório na «notória falência da Encol».

Porém, como resta claro se examinada a integralidade do acórdão, e não apenas a sua ementa, não se tratava, a rigor, de inadimplemento antecipado.

---

476. Assis, Araken de. *Resolução do Contrato por Inadimplemento*. 5.ª ed. São Paulo: Revista dos Tribunais, 2013, p. 104-107. Defendemos similar posição: Martins-Costa, Judith. *Comentários ao Novo Código Civil. Do Inadimplemento das Obrigações*, vol. V. Tomo II. 1.ª ed. 2.ª tiragem. Rio de Janeiro: Forense, 2004, p. 158. Também assim Jorge Cesa Ferreira da Silva, assinalando que, apesar de disposições específicas limitarem a amplitude de efeitos, «não vedam a admissão da figura em seu aspecto global» – (Ferreira da Silva, Jorge Cesa. *A Boa-Fé e a Violação Positiva do Contrato*. Rio de Janeiro: Renovar, 2002, p. 261) –, com referência aos arts. 333, 1.423 e 1.424 do Código, os quais teriam a eficácia de limitar os efeitos da figura do inadimplemento antecipado, mas não a de a vedar, caracterizando-se, por vezes, a hipótese de inadimplemento de deveres de prestação, por outra, de deveres laterais (*vide* p. 263 e 264).

477. Aplicando corretamente a figura está decisão do Tribunal de Justiça de Santa Catarina que averbou: «se um dos contraentes revela, por demonstração inequívoca, a intenção de não cumprir a prestação contratada a tempo certo. Todavia, se também inadimplente, perde o outro legitimidade para propor a ação, ainda mais quando esta é aforada antes do prazo previsto para a conclusão da obra» (TJSC. Ap. Cív. 40.801. Relator Des. Francisco Xavier Medeiros Vieira. Julgamento em 19.10.1993). Também assim o Tribunal de Justiça de São Paulo, ao reconhecer o inadimplemento antecipado pela abusividade da cláusula de decaimento em hipóteses verdadeiramente teratológicas como o caso da construtora disfarçada em cooperativa que não havia, passados 10 anos da conclusão do contrato e faltando apenas dois meses para o alcance do termo contratual, sequer se iniciado a construção, não tendo, até então, praticado nenhum ato em vista da execução contratual (TJSP. Ap. Cív. 413.104.4/6-00. Relator Des. Francisco Loureiro. Julgamento em 10.04.2008).

478. Exemplificativamente: na hipótese, o promitente vendedor havia simplesmente paralisado a obra – e não negara o fato em contestação. Mais uma vez tratava-se de liberar o promitente comprador da obrigação de pagar, em atenção à estrutura comutativa da relação em causa (v. TJRS. Ap. Cív. 196060800. Nona Câmara Cível. Relatora Des. Maria Isabel de Azevedo Souza. Julgamento em 11.06.1996). No mesmo sentido: TJSP. Ap. Cív. 340.980.4/6-00. Relator Des. Francisco Loureiro. Julgamento em 25.10.2007.

479. Embora as seguintes decisões monocráticas: STJ. Ag 525789/PR. Relatora Min. Nancy Andrighi. Publicação em 23.10.2003; STJ. Ag 622283/RS. Relator Min. Carlos Alberto Menezes Direito. Publicação em 24.02.2005; STJ. Ag 1294697/DF. Relator Min. João Otávio de Noronha. Publicação em 03.03.2011; STJ. AREsp 255526/SP. Relator Min. Sidnei Beneti. Publicação em 23.11.2012.

480. STJ. REsp 309626/RJ. Quarta Turma. Relator Min. Ruy Rosado de Aguiar. Julgamento em 07.06.2001. *DJ* de 20.08.2001. TJSP. Ap. Cív. 534.004.4/2-00. Relator Des. Francisco Loureiro. Julgamento em 10.07.2008.

A BOA-FÉ NO DIREITO PRIVADO

A construtora havia falido e continuava a exigir o pagamento das prestações pelo promitente comprador. A decisão foi embasada, pois, no art. 1.092 do Código de 1916, indicado expressamente no texto da decisão. E, com efeito, o caso era manifestamente de invocação da *exceção de inseguridade* também prevista no art. 1.092, 2.ª parte, do Código de 1916, e ora acolhida no art. 477.[481]

Cabe, bem por isso, delinear a figura – sua origem e seus pressupostos – evidenciando os laços com o princípio da boa-fé.

3. Origem

A figura da *breach of contract* nasceu no Direito do *common law* encontrando suas raízes em decisão da jurisprudência inglesa de 1853, no caso *Hochster v. De la Tour*, que até hoje serve de paradigma para a longa lista de *cases* julgados pelas cortes inglesas e norte-americanas.[482] A sua criação se explica, funcionalmente, porque no Direito inglês não se traça a mesma distinção existente em vários dos países da *civil law* entre o não cumprimento [definitivo], o cumprimento defeituoso e a mora,[483] de modo que «tudo o que não for aquele cumprimento estipulado é considerado como uma quebra da promessa de garantia[484] feita. A *breach of contract*[485] é sancionada, de regra, apenas por intermédio de uma ação de ressarcimento do dano causado pela não observância da

---

481. Art. 477, *in verbis*: «Se, depois de concluído o contrato, sobrevier a uma das partes contratantes diminuição em seu patrimônio capaz de comprometer ou tornar duvidosa a prestação pela qual se obrigou, pode a outra recusar-se à prestação que lhe incumbe, até que aquela satisfaça a que lhe compete ou dê garantia bastante de satisfazê-la».

482. Assim relata Azulay, Fortunato. *Do Inadimplemento Antecipado*. Rio de Janeiro: Brasília/Rio, 1977, p. 101-102, expondo o caso: o autor, apesar de contratado para iniciar seu serviço de correio no continente europeu a partir de 1.º de junho, recebeu de seu empregador, em maio, a comunicação de que não deveria trabalhar, repudiando, assim, o contrato, já ajustado, mais cuja execução ainda não se iniciara. Inconformado, recorreu aos tribunais. O advogado do empregador defendeu a tese que o repúdio ao contrato nada mais era do que uma oferta para «rescindir o contrato». Na decisão consagrou-se a tese de que, como afirmou o juiz Compton, «quando uma parte anuncia a sua intenção de não cumprir o contrato, a outra parte pode aceitar essa palavra e rescindir o contrato. A palavra rescindir implica que ambas as partes acordam em pôr fim ao contrato. Mas estou inclinado a pensar que a parte pode também dizer: desde que V. anunciou que não dará seguimento ao contrato, eu concordo em dá-lo por findo desde este momento; far-lhe-ei responsável pelos danos que sofri; mas procederei de forma a fazer com que os danos sejam os menores possíveis».

483. Consultei Montanier, Jean-Claude; Samuel, Geoffrey. *Le Contrat en Droit Anglais*. Grenoble: PUG, 1999, p. 114 e ss.; Zitscher, Harriet Christine. *Introdução ao Direito Civil Alemão e Inglês*. Belo Horizonte: Del Rey, 1999, p. 152; Zweigert, Konrad; Kötz, Hein. *Introduzione al Diritto Comparato*. Tomo II. Trad. italiana de Adolfo di Majo e Andrea Gangemi. Milano: Giuffrè, 1995, p. 180 e ss; Laithier, Yves-Marie. Étude Comparative des Sanctions de l'Inéxécution du Contrat. Paris: LGDJ, 2007, p. 565 e ss.

484. Zweigert, Konrad; Kötz, Hein. *Introduzione al Diritto Comparato*. Tomo II. Trad. italiana de Adolfo di Majo e Andrea Gangemi. Milano: Giuffrè, 1995, p. 201.

485. Zitscher, Harriet Christine. *Introdução ao Direito Civil Alemão e Inglês*. Belo Horizonte: Del Rey, 1999, p.152

FUNÇÃO CORRETORA: A BOA-FÉ E O EXERCÍCIO JURÍDICO | 813

garantia contratualmente assumida,[486] pois, se há inadimplemento (qualquer um, inclusive o que, em nossos sistemas, recai no conceito de mora), se considera violada uma obrigação implícita, qual seja: que a prestação seja fornecida em sua totalidade.[487] Considera-se, ademais, que essa violação deva ser «fundamental», isto é: deve concernir a um aspecto essencial do contrato (*goes to the root of the contract*).[488]

É justamente esse o ponto, asseguram Zweigert e Kötz, em que reside a chave explicativa da grande diferença entre o regime do inadimplemento entre o sistema do *common law* e o da *civil law*. Não havendo as refinadas distinções nesse último traçadas entre as diferentes espécies do gênero inadimplemento, foi preciso encontrar uma solução para os casos em que o devedor, ainda antes do termo, declara que não cumprirá ou se comporta de modo tal que, por sua conduta, inviabilize o cumprimento do contrato. E a solução foi reconhecer a *anticipatory non performance*, que enseja ao credor uma escolha: ou exerce a pretensão resolutória ou pede a manutenção do contrato, se não tiver necessidade de atos cooperativos por parte do devedor, com o que nasce o seu direito a pedir em *debt* o preço contratual.[489]

4. O inadimplemento antecipado nos documentos do Direito Contratual Internacional

A circulação desse modelo para outros sistemas se expandiu principalmente no campo das vendas internacionais de mercadorias, impulsionada que foi pela Convenção de Viena, de 1980, que possibilitou a declaração de inadimplemento antecipado, com algumas particularidades relativamente ao previsto em geral nos sistemas nacionais.

Na forma de seu art. 72, «se, antes da data do cumprimento, for manifesto que uma parte cometerá uma violação fundamental do contrato, a outra parte pode declarar a resolução deste».[490] Explicita Schlechtriem: «a incidência do art. 72 implica sempre que a obrigação em causa não esteja vencida, isto é: que haja espaço para temer-se a ocorrência de um incumprimento contratual futuro. Diferentemente, no caso da inexecução de uma obrigação contratual já vencida, a possibilidade de resolver o contrato deve ser apreciada unicamente à luz dos artigos 49 ou 64».[491]

---

486. ZWEIGERT, Konrad; KÖTZ, Hein. *Introduzione al Diritto Comparato*. Tomo II. Trad. italiana de Adolfo di Majo e Andrea Gangemi. Milano: Giuffrè, 1995, p. 201.

487. O precedente foi fixado no caso Hoenig *v.* Isaacs, [1952] 2 All ER p. 176 a 180-182, como informam MONTANIER, Jean-Claude; SAMUEL, Geoffrey. *Le Contrat en Droit Anglais*. Grenoble: PUG, 1999, p. 115.

488. Assim fixado em Decro-Wall *v.* Practitioners Ltd [1971] 2 All ER 216, referido por MONTANIER, Jean-Claude; SAMUEL, Geoffrey. *Le Contrat en Droit Anglais*. Grenoble: PUG, 1999, p. 115.

489. White & Carter (Councils) Ltd *v.* McGregor [1962] AC 413, referido por MONTANIER, Jean-Claude; SAMUEL, Geoffrey. *Le Contrat en Droit Anglais*. Grenoble: PUG, 1999, p. 115.

490. FRADERA, Véra. O Conceito de Inadimplemento Fundamental no art. 25 da Lei Internacional sobre Vendas, da Convenção de Viena de 1980. *Revista da Faculdade de Direito da UFRGS*, Porto Alegre, vol. 11, 1996, p. 55-66.

491. No original: «Le jeu de l'article 72 implique toujours que l'obligation en jeu ne soit pas encore

A BOA-FÉ NO DIREITO PRIVADO

Mais tarde, consagraram-na os Princípios UNIDROIT (art. 7.3.3)[492] e os Princípios do Direito Europeu dos Contratos em que recebida com o nome de *anticipatory non-performance*.[493] Dos Códigos de origem romano-germânica acolhe-a o italiano, com base em interpretação ampliativa que vem sendo feita pela jurisprudência dos arts. 1.219, 2, e 1.460, segundo os quais não é necessária a constituição em mora, mediante intimação ou notificação («*richiesta*») feita por escrito quando «o devedor declarou, por escrito, não querer cumprir a prestação»[494] (art. 1.219, 2), cabendo a exceção de inadimplemento (art. 1.460). Essa mesma solução tem chegado por via doutrinária e jurisprudencial a outros sistemas por força da globalização que enseja um incremento na circulação de modelos jurídicos.[495]

Esse brevíssimo *excursus* comparatista se mostra relevante para bem apreciar os problemas que circundam a efetiva recepção da figura no Direito brasileiro, em que, por vezes, ou não é dada atenção aos requisitos necessários à sua aplicação ou se usa a denominação para embalar diversa significação.

5. Aceitação no Direito brasileiro

Entre nós, a doutrina do inadimplemento antecipado se apresentou primeiramente pela via doutrinária, não recebendo – à época em que publicados os pioneiros estudos de Serpa Lopes[496] e de Azulay –[497] maior repercussão, muito embora já em 1983 o

---

échue, en d'autres termes, qu'il y ait lieu de craindre une contravention contractuelle future. À l'opposé, en cas d'inexécution d'une obligation contractuelle déjá échue, la possibilité de résoudre le contrat doit être appréciée uniquement à la lumière de l'article 49 ou de l'article 64». (SCHLECHTRIEM, Peter; WITZ, Claude. Convention de Vienne sur les Contrats de Vente Internationale de Marchandises. Paris: Dalloz, 2008, p. 349-350.)

492. *In verbis*: «*Article 7.3.3 (Anticipatory non-performance) Where prior to the date for performance by one of the parties it is clear that there will be a fundamental non-performance by that party, the other party may terminate the contract*». Traduzido por Lauro Gama Júnior: «(Inadimplemento antecipado) Uma parte poderá extinguir o contrato, se, anteriormente ao termo de execução do contrato, resulta claro que haverá inadimplemento essencial pela outra parte». Disponível em: <http://unidroit.org/english/principles/contracts/principles2010/translations/blackletter2010-portuguese.pdf>. Último acesso em: 30.04.2015.

493. *In verbis*: 9:304. «Where prior to the time for performance by a party it is clear that there will be a fundamental non-performance by it, the other party may terminate the contract».

494. Codice Civile, no original: «cuando il debitore ha dichiarato per iscritto di non volere eseguire l'obbligazione».

495. Veja-se FRADERA, Véra. A Circulação de Modelos Jurídicos Europeus na América Latina, um entrave à integração no Cone Sul? *Revista dos Tribunais*, vol. 736, São Paulo, Revista dos Tribunais, 1997, p. 20 e ss. Recentemente: LAITHIER, Yves-Marie. Étude Comparative des Sanctions de l'Inéxécution du Contrat. Paris: LGDJ, 2007, p. 565 e ss.

496. Ainda que em obra não monográfica, Miguel Maria de Serpa Lopes já se manifestava pela quebra positiva, ante manifestação expressa do devedor ou prática de ato incompatível com o cumprimento da prestação (*Exceções Substanciais*: Exceção de Contrato Não Cumprido. Rio de Janeiro: Freitas Bastos, 1959, p. 291-295).

497. Em 1977, Fortunato Azulay preceituava a aceitação da figura, por entender que o art. 1.092 (onde consagrada a *exceptio non adimpleti contractus*) possibilitava interpretação analógica (AZULAY, Fortunato. *Do Inadimplemento Antecipado*. Rio de Janeiro: Brasília/Rio, 1977, p. 111 e ss.).

FUNÇÃO CORRETORA: A BOA-FÉ E O EXERCÍCIO JURÍDICO | 815

Tribunal de Justiça do Rio Grande do Sul, pela lavra do então Desembargador Athos Gusmão Carneiro, tenha dado solução congruente com aquela preconizada pela *anticipatory non-performance*, ainda que sem nomeá-la.

Naquele pioneiro caso, fora prometida a construção de um hospital, mas, passado o tempo, nenhuma providência havia sido tomada pelo responsável pela construção, e as promessas haviam ficado «no plano das miragens». Porém, os subscritores vinham pagando, religiosamente, as quotas pelas quais se haviam obrigado. O fundamento da decisão não poderia, pois, ser outro que não o expressado pelo Relator: «[a]ssim, ofende todos os princípios de comutatividade contratual pretender que os subscritores de quotas estejam adstritos à integralização de tais quotas, sob pena de protesto dos títulos. Procedência da ação de rescisão de contratos em conta de participação».[498]

6. Inadimplemento antecipado e boa-fé

A maior aceitação da doutrina do inadimplemento antecipado ocorreu, em nosso país, quando descobertas as potencialidades do princípio da boa-fé como fonte produtora de deveres anexos e laterais nos anos 90 do século XX. Então se ampliaram os estudos, passando-se a atentar para essa hipótese, por considerar que a prática de atos contrários ao contrato violava o comportamento devido em razão da boa-fé contratual. Ainda assim a resposta doutrinária era majoritariamente negativa,[499] ressalvando-se o entendimento expresso, nos anos 1990 do século XX, por Ruy Rosado de Aguiar Júnior e Araken de Assis, averbando o autor primeiramente citado: «[é] possível o inadimplemento antes do tempo, se o devedor pratica atos nitidamente contrários ao cumprimento ou faz declarações expressas nesse sentido, acompanhadas de comportamento efetivo, contra a prestação, de tal sorte que se possa deduzir, conclusivamente, dos dados objetivos existentes, que não haverá cumprimento. Se esta situação se verificar, o autor pode propor a ação de resolução».[500]

---

498. TJRS. Ap. Cív. 582000378. Primeira Câmara Cível. Relator Des. Athos Gusmão Carneiro. Julgamento em 08.02.1983, assim ementada: «Contrato de participação assegurando benefícios vinculados à construção de hospital, com compromisso de completa e gratuita assistência médico--hospitalar. O Centro Médico Hospitalar de Porto Alegre Ltda. não tomou a mínima providência para construir o prometido hospital, e as promessas ficaram no plano das miragens; assim, ofende todos os princípios de comutatividade contratual pretender que os subscritores de quotas estejam adstritos à integralização de tais quotas, sob pena de protesto dos títulos. Procedência da ação de rescisão de contratos em conta de participação».

499. Em estudo datado de 1988, Véra Fradera respondia negativamente à questão de saber se a Doutrina tinha aplicação no Direito brasileiro, mas atentava às potencialidades do novo Código Civil, *in verbis*: «Será possível aplicar a quebra positiva do contrato às violações positiva do contrato no Direito brasileiro? Parece-nos, por ora, bastante difícil essa solução, nos moldes em que é feita no Direito alemão ou americano. [...] Entendemos que, com a adoção do novo CC, as possibilidades de acionar o devedor por quebra do contrato serão maiores, desde que há o art. 422» (FRADERA, Véra. Quebra Positiva do Contrato. *Revista da Ajuris*, Porto Alegre, vol. 44, nov. 1988, p. 144-152, além das p. 150-151).

500. AGUIAR JÚNIOR, Ruy Rosado de. *Extinção dos Contratos por Incumprimento do Devedor:* Resolução. 2.ª ed. Rio de Janeiro: Aide, 2004. p. 126-130. Em sentido similar: ASSIS, Araken de. *Resolução do*

816 | A BOA-FÉ NO DIREITO PRIVADO

Após a entrada em vigor do Código Civil de 2002, a doutrina voltou ao tema, situando o inadimplemento antecipado como uma das eficácias do princípio da boa-fé objetiva e se ocupando em delinear os requisitos exigíveis à sua aplicação. A associação entre a doutrina do inadimplemento antecipado e a boa-fé é explicada por Clóvis do Couto e Silva, porque nos sistemas de raiz romanística a recepção da doutrina da *anticipated breach of contract* ocorreu justamente pela via daquele princípio, considerada a sua função de fonte autônoma de direitos e obrigações, assim evidenciando a presença os elementos cooperativos «necessários ao correto adimplemento».[501] E, com efeito, numa perspectiva finalista e funcional, cabe essa aproximação principiológica, pois não seria probo (Código Civil, art. 422) deixar o credor inerte e de mãos amarradas, no aguardo de um adimplemento que certamente não virá, já que anunciada, com certeza, a inevitabilidade do inadimplemento. Há, na figura um pretendido *efeito liberatório*, permitindo ao credor frustrado a chance de buscar junto a outros eventuais contratantes os propósitos idealizados na relação que restou fracassada.[502]

Porém, sendo correta a associação entre a figura do inadimplemento antecipado e a boa-fé, é preciso reconhecer que não basta a mera invocação daquele princípio. Antes de mais, é preciso o cuidadoso exame dos requisitos do inadimplemento antecipado, bem trabalhados nos sistemas que operam há mais tempo com essa figura.

7. Requisitos

Os requisitos ou pressupostos – cumulativos e de obrigatória presença, requeridos em todos os sistemas que acolhem a figura do inadimplemento antecipado –[503] partem

---

Contrato por Inadimplemento. 5.ª ed. São Paulo: Revista dos Tribunais, 2013, p. 104-107; FERREIRA DA SILVA, Jorge Cesa. *A Boa-Fé e a Violação Positiva do Contrato.* Rio de Janeiro: Renovar, 2002, p. 261, com referência aos arts. 333, 1.423 e 1.424 do novo Código, os quais teriam a eficácia de limitar os efeitos da figura do inadimplemento antecipado, mas não a de vedar, caracterizando-se, por vezes, a hipótese de inadimplemento de deveres de prestação, por outra, de deveres laterais (*vide* p. 263 e 264). Também o nosso MARTINS-COSTA, Judith. *Comentários ao Novo Código Civil. Do Inadimplemento das Obrigações,* vol. V. Tomo II. 2.ª ed. Rio de Janeiro: Forense, 2009, p. 239-244.

501. COUTO E SILVA, Clóvis do. O Princípio da Boa-Fé no Direito Brasileiro e Português. In: CAETANO, Marcello; MOREIRA ALVES, José Carlos; COUTO E SILVA, Clóvis do; ALMEIDA COSTA, Mário Júlio (Orgs.). *Estudos de Direito Civil Brasileiro e Português.* I Jornada Luso-Brasileira de Direito Civil. São Paulo: Revista dos Tribunais, 1980, p. 47. A doutrina posterior seguiu esse entendimento. Ver, entre outros: BECKER, Anelise. A Doutrina do Adimplemento Substancial no Direito Brasileiro e em Perspectiva Comparativista. *Revista da Faculdade de Direito da UFRGS,* Porto Alegre, vol. 9, 1993, p. 60-70; FRADERA, Véra. Quebra Positiva do Contrato. *Revista da Ajuris,* Porto Alegre, vol. 44, nov. 1988, p. 144-152; FERREIRA DA SILVA, Jorge Cesa. *A Boa-Fé e a Violação Positiva do Contrato.* Rio de Janeiro: Renovar, 2002.

502. USTÁRROZ, Daniel. Incumprimento Antecipado do Contrato. *Revista Jurídica Empresarial,* vol. 1, mar./abr. 2002, p. 59.

503. Para uma análise comparatista v. LAITHIER, Yves-Marie. Étude Comparative des Sanctions de l'Inéxécution du Contrat. Paris: LGDJ, 2007, p. 566-576. No Direito europeu, consulte-se ROUHETTE, Georges (Org.). *Principes du Droit Européen du Contrat.* Paris: Societé de Législation Comparée, 2003, p. 380-381.

FUNÇÃO CORRETORA: A BOA-FÉ E O EXERCÍCIO JURÍDICO | 817

da consideração de ser excepcional a invocação dessa doutrina, na medida em que afasta o princípio da pontualidade. Sumarizando-os, indica-se ser necessário que: (*i*) ocorra um inadimplemento imputável caracterizado como grave violação do contrato, possibilitando uma «justa causa» à resolução; (*ii*) haja plena certeza de que o cumprimento não se dará até o vencimento; (*iii*) caracterize-se, por parte do devedor uma conduta culposa, seja ao declarar que não vai cumprir, seja ao se omitir quanto aos atos de execução, recaindo em inércia de modo que o seu comportamento contratual nada indique no sentido da execução (comportamento concludente).

O primeiro requisito é pertinente às características do inadimplemento que levam à invocação da figura, e está bem presente na Convenção de Viena, nos Princípios UNIDROIT e nos Princípios do Direito Contratual Europeu. Os abalizados comentários ao art. 9:304 destes Princípios editados na França pela *Societé de Législation Comparée* esclarecem: «[a] resolução fundamentada nesse artigo somente é possível se a obrigação, cuja inexecução se teme, é de tal ordem que autorizaria o credor a resolver o contrato».[504]

A doutrina brasileira acerca do inadimplemento antecipado não está longe dessa interpretação. «[n]ão se quer afirmar, de modo algum», diz Daniel Ustárroz, «a ocorrência de "incumprimento prévio" sempre que uma das partes desatende a um dever, mas apenas a situação na qual, antes mesmo de esvaído o prazo, já se pode constatar o inadimplemento. O esclarecimento, conquanto banal, mostra-se necessário para auxiliar a compreensão, na medida em que há julgados que se valem de termos semelhantes para ilustrar qualquer inadimplemento no curso da execução do contrato».[505]

O entendimento é correto, cabendo lembrar o que acima foi recordado acerca da gravidade do inadimplemento autorizativo da resolução.[506] É preciso restar caracterizada *a fundamental non-performance,* não sendo suficiente um simples atraso que não retire do contrato a utilidade a que fora predisposto. Além do mais deve ser «manifesta» ou «patente» a inabilidade ou indisponibilidade do devedor para cumprir. Se o que existe é apenas uma dúvida, diz Martinez, cabe pedir uma garantia, como está no art. 8:105 dos Princípios Europeus,[507] ou, se cabível, opor exceção de inseguridade entre nós autorizada pelo art. 477 do Código Civil.

---

504. Em tradução livre. No original: «La résolution sur le fondement du présent article n'est possible que si l'obligation dont on craint l'inéxecution est telle que son non-respect autoriserait le créancier à résoudre le contrat. (...)». Todas as citações estão em: ROUHETTE, Georges (Org.). *Principes du Droit Européen du Contrat.* Paris: Societé de Législation Comparée, 20033, p. 380-381.

505. USTÁRROZ, Daniel. Incumprimento Antecipado do Contrato. *Revista Jurídica Empresarial,* vol. 1, mar./abr. 2002, p. 59. Destaquei.

506. Esse requisito – embora revestido por roupagens diversas – «importante» ou «fundamental», como está nos Princípios UNIDROIT para os Contratos de Comércio Internacional (art. 7.3.3), bem como na Convenção de Viena sobre a Compra e Venda Internacional de Mercadorias – CISG (art. 72) e nos acima já mencionados Princípios do Direito Europeu – é imprescindível a invocação do art. 475 do Código Civil.

507. MARTINEZ, Belén Andreu. Incumplimiento Anticipado: regulación en los Principios de Derecho Contractual Europeo y soluciones a la vista del Código Civil español. In: ESPIAU, Santiago; ALOY, Antoni. *Bases de un Derecho Contractual Europeo.* Valencia: Tirant lo Blanch, 2003, p. 333-334.

818 | A BOA-FÉ NO DIREITO PRIVADO

Quanto à necessidade de certeza acerca do inadimplemento, afirma José Roberto de Castro Neves: «a mera dificuldade no futuro cumprimento ou receio do credor de que o devedor não entregará a prestação não acarretam o inadimplemento antecipado. Deve haver a certeza de que, pelas circunstâncias atuais, o devedor não estará apto a cumprir o seu dever obrigacional».[508] Assim, as situações em que não há certeza, mas tão somente uma «alta probabilidade de inadimplemento, antevista pelo credor» escapam à esfera do inadimplemento antecipado, sendo regidas pelo já referido art. 477 (exceção de inseguridade).[509] Sua invocação carece, pois, de uma «situação unívoca», manifesta, não sendo suficiente que o credor receie o futuro inadimplemento.[510]

Por fim, quanto ao terceiro requisito, o devedor deve declarar ao credor que não cumprirá ou adotará comportamento concludente com o sentido dessa declaração. Seja implícita ou explícita a recusa em adimplir, a recusa ambígua não autoriza a antecipação.[511]

§ 84. A violação positiva do crédito

1. Proposição

Ocorre o adimplemento de um contrato quando realizado o conjunto dos interesses envolvidos na relação. Como já antes discernido, os interesses envolvidos podem ser basicamente de duas espécies – os interesses à prestação (e os correspectivos deveres de prestação) e os interesses à proteção da própria esfera jurídica, afetados que podem ser pelo contrato.[512] A esses últimos correspondem os deveres de proteção (deveres laterais) nascidos do imperativo de agir segundo a boa-fé. Como explica Jorge Cesa Ferreira da Silva: «[p]or "interesses envolvidos na relação" entende-se – fundamentalmente após Stoll – não só aqueles vinculados diretamente ou indiretamente à prestação, como também os vinculados à manutenção do estado pessoal e patrimonial dos integrantes da relação, advindos do liame de confiança que toda obrigação envolve».[513]

---

508. Castro Neves, José Roberto. *Direito das Obrigações*. Rio de Janeiro: GZ, 2009, p. 355.

509. Castro Neves, José Roberto. *Direito das Obrigações*. Rio de Janeiro: GZ, 2009, p. 357.

510. Laithier, Yves-Marie. Étude Comparative des Sanctions de l'*Inéxécution du Contrat*. Paris: LGDJ, 2007, p. 568.

511. Laithier, Yves-Marie. Étude Comparative des Sanctions de l'*Inéxécution du Contrat*. Paris: LGDJ, 2007, p. 571, que refere: «le refus n'autorise aucune anticipation s'il est ambigu».

512. Neste livro, Capítulo III, §20, *supra*. Reitere-se a bibliografia principal em língua portuguesa: Carneiro da Frada, Manuel António de Castro Portugal. Contrato e Deveres de Proteção. Separata do *Suplemento ao BDFUC*, vol. XXXVIII. Coimbra: Almedina, 1994, p. 39; Ferreira da Silva, Jorge Cesa. *A Boa-Fé e a Violação Positiva do Contrato*. Rio de Janeiro: Renovar, 2002, p. 69 e ss.

513. Ferreira da Silva, Jorge Cesa. *A Boa-Fé e a Violação Positiva do Contrato*. Rio de Janeiro: Renovar, 2002, p. 69. É feita referência a Stoll, Heinrich. Abschied von der Lehre von der positiven Vertragsverletzung. *Archiv für die civilistische Praxis*, n. 136, 1932, p. 287-288.

Mais tarde, a doutrina incorporou a essa noção todo um conjunto de deveres que tem uma relação indireta ou qualitativa com a prestação,[514] como os deveres de *lealdade e de cooperação* e propôs a noção: configura-se a violação positiva do crédito pelo «inadimplemento decorrente do descumprimento culposo de dever lateral, quando este dever não tenha uma vinculação direta com os interesses do credor na prestação».[515] Assim, a distinção entre deveres anexos e deveres de proteção (ou deveres laterais), aqui já tantas vezes mencionada,[516] é imprescindível para a adequada compreensão da figura da violação positiva do contrato. Quem iguala ou confunde os interesses à prestação (inclusivos da obrigação principal, dos deveres secundários e dos anexos) com os interesses à proteção, tenderá a considerar que a figura da violação positiva do contrato é inútil entre nós, pois o conceito de mora no Direito brasileiro é amplo (Código Civil, art. 394), englobando tempo, lugar e modo da prestação. Essa posição é equivocada, pois tempo, lugar e modo dizem respeito à prestação (interesses à prestação), sejam principais, secundários ou anexos, e não diretamente aos interesses à proteção («deveres laterais»). É a violação desses interesses que é apanhada pela noção de «violação positiva do contrato».

2. Extensão

Conquanto a figura da «violação positiva do contrato» não exija a existência de um contrato – tanto assim que passou a ser mais conhecida na Alemanha como violação positiva «do crédito» ou da «pretensão» («*Forderung*») –, se houver contrato, a violação será de dever relacionado ao contrato,[517] ensejando *pretensão indenizatória contratual*, ainda que inexista pretensão à prestação primária (dever principal de prestação, eventualmente atingido por nulidade, ou ineficácia, ou desaparecido por impossibilidade). Isso porque, como explica Ferreira da Silva, «o fato ocorreu não só por ocasião do contrato, mas por ato *diretamente* vinculado à (virtual) execução do contrato».[518]

A redação dada pelo Código Civil ao art. 394 confere ao regime da mora, que é inadimplemento relativo, um amplo campo de extensão, permitindo apanhar sob essa noção também o adimplemento insatisfatório e o defeituoso. No texto legal, alude-se não apenas à prestação feita no devido *tempo*, mas, igualmente «no *lugar* e na *forma* em que a lei ou a convenção estabelecer». Porém, como acima já se apontou, a noção legal vincula-se à noção de *prestação* e, portanto, tem pertinência com e resguarda os *interesses à prestação*.

---

514. Ferreira da Silva, Jorge Cesa. *A Boa-Fé e a Violação Positiva do Contrato*. Rio de Janeiro: Renovar, 2002, p. 78-80.

515. Ferreira da Silva, Jorge Cesa. *A Boa-Fé e a Violação Positiva do Contrato*. Rio de Janeiro: Renovar, 2002, p. 273. Registramos nosso entendimento de que basta o «descumprimento imputável» e não, necessariamente, o «descumprimento culposo».

516. *Vide, supra*, Capítulo III, §20, e Capítulo VIII, §64.

517. Para uma exaustiva análise, veja-se Uda, Giovanni Maria. *La Buona Fede nell'Esecuzione del Contratto*. Torino: Giappichelli, 2004, p. 234 e ss.

518. Ferreira da Silva, Jorge Cesa. *A Boa-Fé e a Violação Positiva do Contrato*. Rio de Janeiro: Renovar, 2002, p. 101. Grifei.

A BOA-FÉ NO DIREITO PRIVADO

Daí a utilidade da figura da violação positiva do crédito para resguardar a satisfação dos *interesses à proteção*.[519] Como bem sublinha Jorge Cesa Ferreira da Silva, «não obstante esses casos sejam protegidos em nosso Ordenamento pelas cláusulas gerais dos artigos 186 e 187, do Código» a consequência indenizatória não é a única viabilizada pelo Ordenamento, sendo útil a figura para permitir a visualização e aplicação, «de outros efeitos decorrentes do descumprimento, tais como a possibilidade de resolver o contrato ou de opor a exceção de contrato não cumprido, efeitos que não se viabilizam se o caso fosse tratado, simplesmente, como descumprimento de dever geral».[520]

3. Eficácia

Cabe, ainda, registrar a eficácia da figura. Abrangendo a figura da violação positiva do crédito tão somente o descumprimento de dever de proteção decorrente da boa-fé objetiva, inserto em interesse de proteção (e que, portanto, tem vinculação apenas *mediata* com o dever de prestação), o incumprimento gera direito às perdas e danos, e não à resolução, não tendo a violação positiva do crédito, de regra, a virtualidade de gerar o nascimento do direito formativo extintivo de resolução *lato sensu*. Em uma hipótese, porém, cogita-se da eficácia resolutiva. É quando o incumprimento do dever lateral seja tão grave que venha a conduzir, justificadamente, à quebra da confiança e, assim, à perda do interesse do credor na manutenção do vínculo obrigacional. Nesse caso, haveria o inadimplemento absoluto e, por conseguinte, o advento do direito formativo extintivo de resolução *lato sensu*.[521]

---

519. HAICAL, Gustavo. *O Inadimplemento pelo Descumprimento Exclusivo de Dever Lateral Advindo da Boa-Fé Objetiva. Revista dos Tribunais*, vol. 900, São Paulo, Revista dos Tribunais, 2010, p. 67. «Desse modo, em face de a mora, no Direito brasileiro, abranger não só o atraso no cumprimento da prestação, mas também o não cumprimento desta, no lugar e no modo devido, referindo-se exclusivamente aos interesses de prestação, somente se dará a violação positiva do crédito quando ocorrer o descumprimento de deveres laterais nucleados nos interesses de proteção e quando não vier a afetar o interesse do credor na prestação, pois na segunda hipótese, advirá o inadimplemento absoluto».

520. FERREIRA DA SILVA, Jorge Cesa. *A Boa-Fé e a Violação Positiva do Contrato*. Rio de Janeiro: Renovar, 2002, p. 273.

521. Veja-se: HAICAL, Gustavo. *O Inadimplemento pelo Descumprimento Exclusivo de Dever Lateral Advindo da Boa-Fé Objetiva. Revista dos Tribunais*, vol. 900, São Paulo, Revista dos Tribunais, 2010, p. 70-71: «Como o inadimplemento absoluto e o relativo, no Direito brasileiro, constituem figuras que abarcam de um modo mais abrangente os casos de inadimplemento, a figura da violação positiva do crédito é muito restrita. E, pelo fato de se poder afirmar existir direito de resolução somente quando ocorrer o inadimplemento absoluto, a violação positiva do crédito tão só pode gerar direito a perdas e danos. Isso porque, se houver o descumprimento de dever lateral nucleado no interesse de proteção de grande intensidade perante o vínculo obrigacional, poderá vir a ocasionar o desinteresse de um dos figurantes afetados em manter o vínculo contratual, gerando o inadimplemento absoluto. Isso pode se dar, pois o dever lateral descumprido, mesmo estando na esfera dos interesses de proteção, encontra-se vinculado de modo mediato aos deveres de prestação. Em ocorrendo a perda do interesse na manutenção da relação obrigacional, pode-se argumentar que houve a transformação da violação positiva do crédito em inadimplemento absoluto, dando causa, aí sim, ao direito formativo extintivo

FUNÇÃO CORRETORA: A BOA-FÉ E O EXERCÍCIO JURÍDICO | 821

Portanto, perante a relação jurídica obrigacional, determinar a eficácia – se indenizatória, apenas, ou resolutiva, com o pagamento das perdas e danos causados pela resolução, dependerá da análise da gravidade do descumprimento do dever de proteção. Se o incumprimento quebrou a confiança e gerou a perda do interesse do credor na manutenção do vínculo obrigacional, não se configura a violação positiva do crédito, mas desenha-se caso de inadimplemento absoluto e, consequentemente, é gerado o direito formativo extintivo de resolução *lato sensu*.[522]

Na jurisprudência do Superior Tribunal de Justiça apenas um único acórdão está indexado a essa figura.[523] E, ainda assim, como bem percebeu o Tribunal, não se tratava da hipótese de violação positiva, mas de caso de resolução por inadimplemento e de aplicação de cláusula penal por incumprimento parcial da prestação.

§ 85. Conclusões muito sintéticas

A análise funcional da boa-fé até aqui procedida conduz a cinco sintéticas conclusões:

(*i*) a boa-fé configura um instituto jurídico composto por diversas figuras que lhe dão entidade funcional;

(*ii*) distinguem-se ontológica e funcionalmente a boa-fé subjetiva e a boa-fé objetiva: a primeira é um estado de fato; a segunda é norma de conduta na relação obrigacional (norma de direcionamento de condutas), cânone hermenêutico, fonte integrativa e critério (*standard*) corretivo de comportamentos, no momento do exercício jurídico, e corretivo do conteúdo contratual;

(*iii*) em todas as situações em que invocável o princípio da boa-fé objetiva, também opera o *postulado fático-normativo da materialidade das situações subjacentes*, com o que hão

---

de resolução *lato sensu* (resolução *stricto sensu* e resilição) ou ao justo motivo ao exercício do direito formativo extintivo de denúncia. O critério de utilidade de manutenção do vínculo contratual, a permitir a extinção do contrato pelo descumprimento de dever lateral, inserido na esfera de proteção de um dos figurantes da relação contratual, é pautado pela afetação da confiança legítima ou pela quebra do interesse do outro figurante na manutenção do vínculo».

522. Outra já não era a lição de Pontes de Miranda ao tratar do tema: «Surge o problema da violação positiva do contrato. ¿É possível que tal se dê com devedores de omissão? ¿Há violação positiva do crédito de não fazer? Se o devedor omite, mas, no omitir, não satisfaz o crédito de omissão (adimplemento ruim), posto que não impossibilite a prestação, nem incorra em mora por inadimplemento, tem de indenizar, porque adimplemento ruim não satisfaz; e pode ser que o credor peça resolução ou a resilição do contrato. Basta que o adimplemento ruim seja tal que se cancele o interesse do credor em torná-lo bom, ou que retire poder confiar-se no adimplemento posterior» (PONTES DE MIRANDA, Francisco Cavalcanti. *Tratado de Direito Privado*. Tomo XXV. 3.ª ed. São Paulo: Revista dos Tribunais, 1984, § 3.091, 7, p. 342). Em igual sentido: STEINER, Renata. *Descumprimento Contratual*: boa-fé e violação positiva do contrato. São Paulo: Quartier Latin, 2014, p. 245.

523. STJ. AgRg no REsp 1349081/AL. Terceira Turma. Relator Min. Paulo de Tarso Sanseverino. Julgamento em 06.05.2014. *DJ* de 12.05.2014.

de ser entrecruzados os critérios de aplicação com as específicas funções ensejadas pelo caso concreto, considerada, ainda, a fase da relação obrigacional concretamente examinada; consequentemente, a determinação da cláusula geral da boa-fé objetiva não há de ser procedida ao modo da aplicação de um princípio geral, mas há de ser procedida em vista da concreta *fattispecie* contratual e das circunstâncias de direito e de fato que a circundam;

(*iv*) a carência de maior tratamento dogmático ao princípio da boa-fé, traçando-se as necessárias distinções e apontando-se previamente aos critérios e requisitos para a sua aplicação reflete-se na assistematização jurisprudencial. Muito frequentemente confunde-se boa-fé objetiva e subjetiva; chama-se o princípio para chegar à solução já prevista em regra; mistura-se o princípio da boa-fé com outras noções também dotadas de alta vagueza semântica (*e.g.*, dignidade da pessoa humana, função social do contrato, equidade, enriquecimento sem causa, etc.); opera-se uma invocação desmedida do princípio ou de suas figuras parcelares, tudo a gerar sérios prejuízos à sua densificação, para além de empobrecer as suas potencialidades e servir como capa formal a decisões voluntaristas.

(*v*) o caminho da construção dogmática da boa-fé, com base em critérios firmes e em distinções que oferecem segurança deve ser ainda trilhado pela doutrina brasileira. Para tanto, é necessário um diálogo mais ativo entre doutrina e jurisprudência. Almeja-se que possa contribuir, para tanto, o esforço de crítica sincera e construtiva aqui ensaiado.

Bibliografia

ADAMEK, Marcelo Vieira von. *Abuso de Minoria em Direito Societário*. São Paulo: Malheiros, 2014.

_____. *Responsabilidade dos Administradores de S/A e as Ações Correlatas*. São Paulo: Saraiva, 2009.

AGUIAR DIAS, José de. *Da Responsabilidade Civil*, vol. I. 9.ª ed. Rio de Janeiro: Forense, 1994.

AGUIAR JÚNIOR, Ruy Rosado de. Agravamento de Risco: conceito e limites. In: *VII Fórum de Direito do Seguro José Sollero Filho*. São Paulo: Roncarati – IBDS, 2018.

_____. *Comentários ao Novo Código Civil*. Da Extinção do Contrato – arts. 472 a 480, vol. VI. Tomo II. Rio de Janeiro: Forense, 2011.

_____ (Org.). *III Jornada de Direito Civil do Conselho da Justiça Federal*. Brasília: CJF, 2005.

_____. *Extinção dos Contratos por Incumprimento do Devedor*. Resolução. 2.ª ed. Rio de Janeiro: Aide, 2004.

_____. Prefácio. In: TEIXEIRA DE FREITAS, Augusto. *Consolidação das Leis Civis*. Brasília: Ed. fac-sim. Senado Federal, 2003.

_____. Interpretação. *Revista da Ajuris*, Porto Alegre, ano XVI, n. 45, mar/1989.

ALBIGES, Christophe. *De L'Équité en Droit Privé*. Paris: LGDJ, 2000.

ALLAND, Denis; RIALS, Stéphane. *Dictionnaire de la Culture Juridique*. Paris: Quadrige/LAMY-PUF, 2003.

ALMEIDA COSTA, Mario Júlio. *Direito das Obrigações*. 12.ª ed. Coimbra: Almedina, 2009.

_____. *História do Direito Português*. 3.ª ed. Coimbra: Almedina, 2001.

_____. *Responsabilidade Civil pela Ruptura das Negociações Preparatórias de um Contrato*. Coimbra: Coimbra Editora, 1984.

ALMEIDA PRADO, Maria de Glória Ferraz de. *Exclusão do Controlador na Sociedade Anônima*: Uma análise de admissibilidade e conveniência. Rio de Janeiro: Lumen Juris, 2019.

ALMEIDA PRADO, Mauricio. *Le Hardship dans le Droit du Commerce International*. Bruxelles: FEDUCI, 2004.

824 | A BOA-FÉ NO DIREITO PRIVADO

ALPA, Guido. La Buena Fe Integrativa. Notas acerca de la Dirección Parabolica de las Cláusulas Generales. In: CÓRDOBA, Marcos; CORDOBERA, Lidia Garrido; KLUGER, Viviana (Orgs.). *Tratado de la Buena Fe en el Derecho*. 2.ª ed. Tomo II. Buenos Aires: La Ley, 2005.

_____; FONSI, Gianluca; RESTA, Giorgio. *L'Interpretazione del Contratto*. Orientamenti e Tecniche della Giurisprudenza. 2.ª ed. Milano: Giuffrè. 2001.

_____. *L'Interpretazione del Contratto*. Milano: Giuffrè, 1983.

_____. La Causa e il Tipo. In: RESCIGNO, Pietro; GABRIELLI, Enrico. *Trattato dei Contratti*. Tomo I. Torino: UTET, 1999.

_____. La Creatività Della Giurisprudenza. *Il Diritto Giurisprudenziale in Italia e nel Mondo*. Cagliari: Università di Roma, 1995.

ALVES PEREIRA, Tito Fulgêncio. *Programmas de Direito Civil. Apud* NONATO, Orozimbo. *Curso de Obrigações*, vol. II. Rio de Janeiro: Forense, 1960.

ALVIM, Agostinho. *Da Doação*. 3.ª ed. São Paulo: Saraiva, 1980.

_____. *Da Inexecução* das Obrigações e suas Consequências. 3.ª ed. São Paulo: Saraiva, 1980.

AMARAL, Francisco. *Direito Civil:* Introdução. 8.ª ed. Rio de Janeiro: Renovar, 2014.

AMARAL JÚNIOR, Alberto. A Boa-Fé e o Controle das Cláusulas Contratuais Abusivas nas Relações de Consumo. *Revista Direito do Consumidor*, vol. 6, São Paulo, Revista dos Tribunais, 1993.

ANDRADE, Manuel Domingos de. *Teoria Geral da Relação Jurídica*, vol. II. Coimbra: Almedina, 1966.

ANDRADE NEVES, Júlio G. *A Suppressio (Verwirkung) no Direito Civil*. São Paulo: Almedina, 2016.

ANTUNES VARELA, João de Matos. *Das Obrigações em Geral*, vol. II. 9.ª ed. Coimbra: Almedina, 1996.

_____. *Das Obrigações em Geral*, vol. I 2.ª ed. Coimbra: Almedina, 1973.

ARAGÃO, Aline de Menezes Santos. Responsabilidade Administrativa e Civil do Ofertante e do Intermediário pelo conteúdo do Prospecto. In: ADAMEK, Marcelo Vieira von (Org.). *Temas de Direito Societário e Empresarial Contemporâneos*. São Paulo: Malheiros, 2011.

ARANGIO-RUIZ, Vincenzo. *Instituciones de Derecho Romano*. Buenos Aires: Depalma, 1973.

_____. *La Società in Diritto Romano*: Corso di Lezioni Svolto Nell'Università di Roma. Napoli: Jovene, 1950.

ARAÚJO, Nadia de. *Contratos Internacionais:* Autonomia da Vontade, Mercosul e Convenções Internacionais. Rio de Janeiro: Renovar, 2009.

_____. Contratos Internacionais e a Cláusula de Hardship: a transposição de sua conceituação segundo a *lexmercatoria*, para o plano interno nos contratos de longa duração. In: ROSADO, Marilda (Org.). *Estudos e Pareceres*: Direito do Petróleo e Gás. Rio de Janeiro: Renovar, 2005.

BIBLIOGRAFIA | 825

ARAÚJO, Francisco Rossal de. *A Boa-Fé no Contrato de Emprego*. São Paulo: LTr, 1996.

ARIETTI, Marina. Responsabilità Precontrattuale. *Rivista di Diritto Civile*, n. 6, Padova, Cedam, 1991.

ARKELOF, George. The market for «lemons»: quality uncertainty and the market mechanisms. *The Quaterly Journal of Economic*, Oxford, vol. 84, n. 3, ago. 1970.

ARNALDEZ, Jean-Jacques; DERAINS, Yves; HASHER, Dominique (Orgs.). CCI: Recueil des sentences arbitrales 1996-2000. Haia: Kluwer, 2003. Disponível em: <http://books. google.com.br/books?id=LjRlhAmJDPAC&printsec=frontcover&hl=fr#v=onepag e&q=6955&f>. Último acesso em: 12.05.2023.

ARNAUD, André-Jean (Org.). *Dicionário Enciclopédico de Teoria e de Sociologia do Direito*. Trad. de Patrice Charles, F. X. Willaume e Vicente de Paula Barreto (Dir.). Rio de Janeiro: Renovar, 1999.

_____. *Les Origines Doctrinales du Code Civil Français*. Paris: LGDJ, 1969.

ASCARELLI, Tullio. A Atividade do Empresário. In: FRANÇA, Erasmo Valladão e Novaes (Org.). *Temas de Direito Societário, Falimentar e Teoria da Empresa*. São Paulo: Malheiros, 2009.

_____. *Panorama do Direito Comercial*. 2.ª ed. Sorocaba: Minelli, 2007.

_____. A Atividade do Empresário. Trad. de Erasmo Valladão Azevedo e Novaes França. *Revista de Direito Mercantil Industrial, Financeiro e Econômico*, vol. 42, n. 132, São Paulo, Revista dos Tribunais, out./dez. 2003.

_____. O Empresário. Trad. de Fábio Konder Comparato. *Revista de Direito Mercantil Industrial, Financeiro e Econômico*, n. 109, São Paulo, Malheiros, jan./mar. 1998.

_____. *Iniciación al Estudio del Derecho Mercantil*. Trad. espanhola de Evello Verdera y Tuells. Barcelona: Bosch, 1964.

_____. Ordinamento Giuridico e Realtà Sociale. In: RODOTÀ, Stefano (Org.). *Il Diritto Privato nella Società Moderna*. Bologna: Il Mulino, 1971.

_____. *Problemas de Sociedades Anônimas e Direito Comparado*. São Paulo: Saraiva, 1969.

_____. *Corso di Diritto Commerciale*. Milano: Giuffrè, 1962.

_____. *Introducción al Derecho Comercial y Parte General de las Obligaciones Comerciales*. Trad. espanhola de Santiago Sentís Melendo. Buenos Aires: Ediar S.A. Editores, 1947.

_____. O Contrato Plurilateral. *Problemas das Sociedades Anônimas e Direito Comparado*. São Paulo: Saraiva, 1945.

_____. Ordinamento Giuridico e Realtà Sociale. *Problemi Giuridici*. Milano: Giuffrè, 1959.

ASCENSÃO, José de Oliveira. *Teoria Geral*: ações e fatos jurídicos, vol. II. 3.ª ed. São Paulo: Saraiva, 2010.

_____. *O Direito*: Introdução e Teoria Geral. Lisboa: Gulbenkian, 1983.

Assis, Araken de. *Resolução do Contrato por Inadimplemento*. 5.ª ed. São Paulo: Revista dos Tribunais, 2013.

_____; Andrade, Ronaldo Alves de; Pessoa Alves, Francisco Glauber. *Comentários ao Código Civil Brasileiro*: do Direito das Obrigações, vol. V. Rio de Janeiro: Forense, 2007.

_____ *et al*. *Comentários ao Código Civil Brasileiro*: Do Direito das Obrigações, vol. V. Rio de Janeiro: Forense/FADISP, 2007.

_____. *Contratos nominados*: mandato, comissão, agência e distribuição, corretagem e transporte. São Paulo: Revista dos Tribunais, 2005.

Asquini, Alberto. Perfis da Empresa. Trad. de Fábio Konder Comparato. *Revista de Direito Mercantil, Industrial, Econômico e Financeiro*, n. 104, São Paulo, Malheiros, out./dez. 1996.

Ávila, Ana Paula Oliveira. Boa-fé e imposição de obrigações pelo Estado: o caso da modulação dos efeitos das leis inconstitucionais. In: Benetti, Giovana *et al*. (Org.). *Direito, Cultura e Método*: Leituras da Obra de Judith Martins-Costa. São Paulo: GZ Editora, 2019.

Ávila, Humberto Bergmann. *Teoria da Indeterminação no Direito*: Entre a indeterminação aparente e a determinação. São Paulo: Juspodium e Malheiros Editores, 2022.

_____. Supressio. *Limitação de direito por exercício tardio*: definição e requisitos de aplicação. In: Benetti, Giovana *et al*. (Org.). *Direito, Cultura e Método*: Leituras da Obra de Judith Martins-Costa. Rio de Janeiro: GZ Editora, 2019.

_____. *Teoria dos Princípios*: da definição à aplicação dos princípios jurídicos. 16.ª ed. São Paulo: Malheiros, 2015.

_____. *Sistema Constitucional Tributário*. 4.ª ed. São Paulo: Saraiva, 2012.

_____. Notas sobre o Papel da Doutrina na Interpretação: Conversa sobre a Interpretação do Direito. *Cadernos para Debate*, n. 4. Canela: Instituto de Estudos Culturalistas, 2011.

_____. Moralidade, Razoabilidade e Eficiência na Atividade Administrativa. *Revista Eletrônica de Direito do Estado*, n. 4, out./dez. 2005.

_____. Repensando o princípio da supremacia do interesse público sobre o particular. In: Sarmento, Daniel (Org.). *Interesses Públicos versus Interesses Privados*: Desconstruindo o princípio da supremacia do interesse público. Rio de Janeiro: Lumen Juris, 2005.

_____. Subsunção e Concreção na Aplicação do Direito. In: Medeiros, Antônio Paulo Cachapuz de (Org.). *Faculdade de Direito*: O Ensino Jurídico no limiar do novo século, vol. I. Porto Alegre: EDIPUCRS, 1997.

Azeredo da Silveira, Mercedeh. *Trade Sanctions and International Sales*. An Inquiry into International Arbitration and Commercial Litigation. The Hague: Wolters Kluwer Law & Business, 2014.

BIBLIOGRAFIA | 827

Azevedo, Antonio Junqueira de. *Novos Estudos e Pareceres de Direito Privado*. São Paulo: Saraiva, 2009.

_____. Parecer. Acordo de Acionistas com Cláusula de preferência na aquisição de ações. Contrato *intuitu personae* a ser interpretado em duas fases: procura da vontade comum das partes e boa-fé objetiva contextual. Teoria do abuso da personalidade jurídica. Extensão da preferência à hipótese implícita de alienação da controladora de uma das acionistas. In: _____. *Novos Estudos e Pareceres de Direito Privado*. São Paulo: Saraiva, 2009.

_____. Parecer. Natureza jurídica do contrato de consórcio (sinalagma indireto). Onerosidade excessiva em contrato de consórcio. Resolução parcial do contrato. In: _____. *Novos Estudos e Pareceres de Direito Privado*. São Paulo: Saraiva, 2009.

_____. *Estudos e Pareceres de Direito Privado*. São Paulo: Saraiva, 2004.

_____. Cláusula Cruzada de Não Indenizar (*cross-waiver of liability*), ou Cláusula de Não Indenizar com Eficácia para Ambos os Contratantes. Renúncia ao direito de indenização. Promessa de fato de terceiro. Estipulação em favor de terceiro. In: _____. *Estudos e Pareceres de Direito Privado*. São Paulo: Saraiva, 2004.

_____. Parecer. Interpretação do Contrato pelo Exame da Vontade Contratual. O Comportamento das Partes Posterior à Celebração. Interpretação e Efeitos do Contrato Conforme o Princípio da Boa-Fé Objetiva. Impossibilidade de *Venire Contra Factum Proprium* e de Utilização de Dois Pesos e Duas Medidas (*Tu Quoque*). Efeitos do Contrato e Sinalagma, Assunção pelos Contratantes de Riscos Específicos e Impossibilidade de Fugir do "Programa Contratual" Estabelecido. In: _____. *Estudos e Pareceres de Direito Privado*. São Paulo: Saraiva, 2004.

_____. Parecer. Os Princípios do Atual Direito Contratual e a Desregulamentação de Mercado. Direito de Exclusividade nas Relações Contratuais de Fornecimento. Função Social do Contrato e Responsabilidade Aquiliana do Terceiro que Contribui para Inadimplemento Contratual. In: _____. *Estudos e Pareceres de Direito Privado*. São Paulo: Saraiva, 2004.

_____. Responsabilidade Pré-Contratual no Código de Defesa do Consumidor: estudo comparativo com a responsabilidade contratual no Direito Comum. *Revista de Direito do Consumidor*, n. 18, São Paulo, Revista dos Tribunais, 1996, também publicado em: _____. *Estudos e Pareceres de Direito Privado*. São Paulo: Saraiva, 2004.

_____. *Negócio Jurídico*: Existência, Validade e Eficácia. São Paulo: Saraiva, 2002.

_____. O Princípio da Boa-Fé nos Contratos. *Revista do CEJ*, Brasília, vol. 9, 1999.

_____. A Boa-Fé na Formação dos Contratos. *Revista Direito do Consumidor*, vol. 3, São Paulo, Revista dos Tribunais, 1992.

Azevedo, Armando Dias de. Limites da Responsabilidade Civil do Comitente por Ato Abusivo do Preposto. *Revista Jurídica*, ano 7, n. 40, jul./ago. 1959.

Azulay, Fortunato. *Do Inadimplemento Antecipado*. Rio de Janeiro: Brasília/Rio, 1977.

828 | A BOA-FÉ NO DIREITO PRIVADO

Badour, David; C. D'Souza, Shane. Different Mechanisms for Making Purchase Price Adjustments. In: Maynard, Therese H. (Coord.). *Mergers and Acquisitions:* Cases, Materials, and Problems. 4.ª ed. The Hague: Wolters Kluwer, 2017.

Bainbridge, Stephen M. *Mergers and Acquitions.* 3.ª ed. Nova Iorque: West Academic, 2012.

Bakthin, Mikhail. *Esthétique et Théorie du Roman.* Trad. francesa de Daria Olivier. Paris: Gallimard, 2006.

Balat, Nicolas; Liaño, Miguel Pasquau. Questionnaire: la bonne foi en droit comparé des contrats, elaborado para apresentação no Colloque Association Andrés Bello: «La bonne foi en droit comparé». São Paulo, novembro de 2015.

Baptista, Luiz Olavo. *Arbitragem Comercial e Internacional.* São Paulo: Lex Magister, 2011.

———. Contratos de Engenharia e Construção. In: Baptista, Luiz Olavo; Almeida Prado, Maurício de. *Construção Civil e Direito.* São Paulo: Lex Magister, 2011.

———. *Contratos Internacionais.* São Paulo: OAB/SP e Lex Magister, 2011.

———. Notas sobre a Prática da Interpretação na Arbitragem. Conversa sobre a Interpretação no Direito. Estudos em homenagem ao centenário de Miguel Reale. *Cadernos para Debate*, n. 4. Canela: Instituto de Estudos Culturalistas, set. 2011.

———. Primeiras Anotações sobre o Árbitro e os Contratos: entre o Poder e o Dever. *Cadernos para Debate*, n. 1. Canela: Instituto de Estudos Culturalistas, abr. 2010.

———.Inutilidades e Futilidade Daninha: a Questão das Impugnações de Árbitro Descabidas. *Revista Direito ao Ponto*, ano 6, n. 8, 2013.

Baptista Machado, João. A Cláusula do Razoável. *Obra Dispersa*, vol. I. Braga: Scientia Ivridica, 1991.

———. Do Princípio da Liberdade Contratual. *Obra Dispersa*, vol. I. Braga: Scientia Ivridica, 1991.

———. *Obra Dispersa*, vol. I. Braga: Scientia Ivridica, 1991.

———. Pressupostos da Resolução por Incumprimento. *Obra Dispersa*, vol. I. Braga: Scientia Ivridica, 1991.

———. Tutela da Confiança e «Venire Contra Factum Proprium». *Obra Dispersa*, vol. I. Braga: Scientia Ivridica, 1991.

———. *Lições de Direito Internacional Privado.* 3.ª ed. Coimbra: Almedina, 1988.

Baratta, Alessandro. La Jurisprudencia y la Ciencia Jurídica como Fuente del Derecho. *Las Fuentes del Derecho*, Anuario de la Facultad de Derecho, Estudi General de Lleida, 1983.

Barbosa Moreira, José Carlos. Regras de Experiência e Conceitos Jurídicos Indeterminados. *Estudos Jurídicos em Homenagem ao Professor Orlando Gomes.* São Paulo: Forense, 1979.

BARROS MONTEIRO, Washington de. *Curso de Direito Civil*. Direito das Obrigações. 39.ª ed. São Paulo: Saraiva, 2003.

_____. *Curso de Direito Civil*. Parte geral. Atualizado por Ana Cristina de Barros Monteiro França Pinto, vol. I. 39.ª ed. São Paulo: Saraiva, 2003.

_____. *Curso de Direito Civil*. Direito das Obrigações. 2.ª Parte. 21.ª ed. São Paulo: Saraiva, 1987.

BECKER, Anelise. A Doutrina do Adimplemento Substancial no Direito Brasileiro e em Perspectiva Comparativista. *Revista da Faculdade de Direito da UFRGS*, Porto Alegre, vol. 9, 1993.

BELVEDERE, Andrea. Le Clausole Generali tra Interpretazione e Produzione di Norme. *Politica del Diritto*, Bologna, Il Mulino, ano XIX, n. 4, 1988.

BÉNABENT, Alain. *Droit Civil*: Les Obligations. 7.ª ed. Paris: Montchrestien, 1999

BENATTI, Francesco. *A Responsabilidade Pré-Contratual*. Trad. portuguesa de Vera Jardim e Miguel Caeiro. Coimbra: Almedina, 1970.

BENETTI, Giovana. Dever de informar *versus* ônus de autoinformação na fase pré-contratual. In: BARBOSA, Henrique; FERREIRA DA SILVA, Jorge Cesa. *A Evolução do Direito Empresarial e Obrigacional*: 18 anos do Código Civil. Obrigações e Contratos. São Paulo: Quartier Latin, 2021.

_____. *Dolo no Direito Civil*: uma análise da omissão de informações. São Paulo: Quartier Latin, 2019.

_____. Omissão dolosa no contrato de seguro. In: _____ *et al.* (Org.). *Direito, Cultura e Método*: Leituras da Obra de Judith Martins-Costa. Rio de Janeiro: GZ Editora, 2019.

BESSA, Carlos Barbosa. Manual de Liquidação do Sinistro – Incêndio. Biblioteca da FENASEG. *Apud* TZIRULNIK, Ernesto. *Regulação do Sinistro* (Ensaio Jurídico). São Paulo: Max Limonad, 2001.

BESSONE, Mario. Rapporto Precontrattuale e Doveri di Correttezza. *Rivista Trimestrale di Diritto e Procedura Civile*, Milano, Giuffrè, 1972.

BETTI, Emilio. *Interpretação da Lei e dos Atos Jurídicos*. Trad. de Karina Jannini. São Paulo: Martins Fontes, 2007.

_____. *Interpretazione della Legge e degli Atti Giuridici*. *Apud* REALE, Miguel. Diretrizes da Hermenêutica Contratual. *Questões de Direito Privado*. São Paulo: Saraiva, 1997.

_____. *Teoria Geral do Negócio Jurídico*, vol. II. Trad. portuguesa de Fernando Miranda. Coimbra: Coimbra Editora, 1969.

_____. *Teoría General de las Obligaciones*. Tomo I. Trad. espanhola de José Luiz de los Mosos. Madrid: Editorial Revista de Derecho Privado, 1969.

_____. *Système du Code Civil Allemand*. Milano: Giuffrè, 1965.

_____. Sui Cosiddetti Rapporti Contrattuali di Fatto. *Jus*, ano VIII, fasc. III, set. 1957.

_____. *Teoria Generale della Interpretazione*. Tomo I. Milano: Giuffrè, 1955.

830 | A BOA-FÉ NO DIREITO PRIVADO

BEVILAQUA, Clovis. *Código Civil dos Estados Unidos do Brasil Commentado*, vol. IV. 4.ª ed. Rio de Janeiro: Francisco Alves, 1934.

_____. *Código Civil dos Estados Unidos do Brasil*, vol. IV. Rio de Janeiro: Livraria Francisco Alves, 1917.

BIANCA, Massimo. *Diritto Civile*, vol. III. 2. ed. Milano: Giuffrè, 2000.

_____; BONELL, Michael Joachim. *Commentary on the International Sales Law*. Milano: Giuffrè, 1987.

_____. La Nozione di Buona Fede quale Regola di Comportamento Contrattuale. *Rivista di Diritto Civile*, n. 3, Padova, Cedam, n. 3, 1983.

BIGLIAZZI GERI, Lina; BRECCIA, Umberto; BUSNELLI, Francesco; NATOLI, Ugo. *Diritto Civile*: Obbligazioni e Contrati. Torino: UTET, 1995.

BIGNARDI, Alessandra. Brevi Considerazioni sulla Funzione della Buona Fede nell'Usucapio in Particolari nel Pensiero di Paolo. In: GAROFALO, Luigi (Org.). *Il Ruolo della Buona Fede Oggetiva nell'esperienza giuridica storica e contemporanea* – Atti del Convegno internazionale di studi in onore di Alberto Burdese, vol. I. Padova: Cedam, 2004.

BIONDI, Biondo. *Sucesión Testamentaria y Donación*. 2.ª ed. Trad. espanhola de M. Fairén. Barcelona: Bosch, 1960.

_____. *Novissimo Digesto Italiano*, vol. VI. Torino: UTET, 1957.

BOBBIO, Norberto. *Thomas Hobbes*. Trad. de Carlos Nelson Coutinho. Rio de Janeiro: Campus, 1991.

_____. *A Teoria das Formas de Governo*. Trad. de Sérgio Barth. Brasília: Universidade de Brasília, 1984.

_____. *Direito e Estado no Pensamento de Emanuel Kant*. Trad. de Alfredo Fait. Brasília: Ed. Universidade de Brasília, 1984.

BOHEMER, Gustav. *El Derecho a través de la Jurisprudencia*. Su aplicación y creación. Trad. espanhola de José Puig Brutau. Barcelona: Bosch, 1959.

BONAVIDES, Paulo. *Teoria do Estado*. Rio de Janeiro: Forense, 1980.

BORDA, Alejandro. *La Teoría de los Actos Propios*. 3.ª ed. Buenos Aires: Abeledo-Perrot, 2000.

_____. *La Doctrina de los Actos Propios*. Buenos Aires: Abeledo Perrot, 1993.

BORN, Gary. *International Commercial Arbitration*. 2.ª ed. The Hague: Kluwer Law International, 2014.

BOURDIEU, Pierre. *Raison Pratiques*: sur la Théorie de l'Action. Paris: Éditions du Seuil, 1994.

_____. *Ce que Parler Veut Dire*: l'Économie des Échanges Linguistiques. Paris: Fayard, 1982.

BRANCO, Gerson Luiz Carlos. Efeitos Normativos das Práticas Negociais: atos de autonomia privada ou de heterocomposição? In: BENETTI, Giovana *et al.* (Org.).

Direito, Cultura, Método: Leituras da Obra de Judith Martins-Costa. Rio de Janeiro: GZ Editora, 2019.

_____. Elementos para Interpretação da Liberdade Contratual e Função Social: o Problema do Equilíbrio Econômico e da Solidariedade Social como Princípios da Teoria Geral dos Contratos. In: Martins-Costa, Judith (Org.). *Modelos de Direito Privado*. São Paulo: Marcial Pons, 2014.

_____. *Função Social dos Contratos*. Interpretação à Luz do Código Civil. São Paulo: Saraiva, 2009.

Brebbia, Roberto. *Responsabilidad Precontractual*. Buenos Aires: La Rocca, 1987.

Bretone, Mario. *I Fondamenti del Diritto Romano*. Le Cose e la Natura. Roma: Laterza, 1998.

Bruscuglia, Luciano. Pendenza della condizione e comportamento seciondo bona fede. In: *Scriti in onore di Salvatore Pugliati*. Vol. I. Tomo I. Milano: Giuffrè, 1978.

Bueno, Júlio César. Melhores Práticas em Projetos de Infraestrutura: Sistemas Contratuais Complexos e Tendências num Ambiente de Negócios Globalizado. *Real estate e os efeitos da crise financeira*, 9.ª Conferência Internacional da LARES, São Paulo, 2009. Disponível em: <https://lares.architexturez.net/doc/oai-lares-id-lares2009-218-382-1-rv>. Último acesso em: 12.05.2023.

_____ (Ed.). *The Projects and Construction Review*. 4.ª ed. Londres: Law Business Research, 2014.

Bulgarelli, Waldírio. *Manual das Sociedades Anônimas*. 13.ª ed. São Paulo: Atlas, 2001.

_____. *Sociedades Comerciais*. Sociedades civis, sociedades cooperativas, empresas, estabelecimento comercial. 10.ª ed. São Paulo: Atlas, 2001.

_____. *A Teoria Jurídica da Empresa*. São Paulo: Revista dos Tribunais, 1985.

Burton, Steven J. *Elements of Contract Interpretation*. Oxford: Oxford University Press, 2009.

Buschinelli, Gabriel. *Compra e Venda de Participações Societárias de Controle*. São Paulo: Quartier Latin, 2018.

Busnelli, Francesco Donato. Note in tema di Buona Fede ed Equità. In: Garofalo, Luigi (Org.). *Il Ruolo della Buona Fede Oggetiva nell'esperienza giuridica storica e contemporanea* – Atti del Convegno internazionale di studi in onore di Alberto Burdese, vol. I. Padova: Cedam, 2004.

Cachapuz, Maria Cláudia Mércio. A Construção de um Conceito de Privacidade, as Cláusulas Gerais e a Concreção de Direitos Fundamentais. In: Martins-Costa, Judith (Org.). *Modelos de Direito Privado*. São Paulo: Marcial Pons, 2014, p. 48-75.

_____. O Conceito de Totalidade Concreta Aplicado ao Sistema Jurídico Aberto. *Revista da Ajuris*, Porto Alegre, vol. 24, n. 71, nov. 1997, p. 108-153.

Calasso, Francesco. *Il Negozio Giuridico*. Milano: Giuffrè, 1959.

Calmes, Sylvia. *Du Principe de Protection de la Confiance Légitime en Droits Allemand, Communautaire et Français*. Paris: Dalloz, 2001.

832 | A BOA-FÉ NO DIREITO PRIVADO

CALVÃO DA SILVA, João. *Cumprimento e Sanção Pecuniária Compulsória*. 4.ª ed. Coimbra: Almedina, 2002.

CAMPAGNOLA, François. Bonne foi et loyauté en Droit français des contrats. Disponível em: <www.village-justice.com/articles/Bonne-foi-loyalté-droit-des-contrats,23007.htm>. Último acesso em: 12.05.2023.

CAMPOS MELO, Leonardo de. *Extensão da Cláusula Compromissória e Grupos de Sociedades*: a prática arbitral CCI e sua compatibilidade com o Direito brasileiro. Rio de Janeiro: Forense, 2013.

CANARIS, Claus-Wilhelm. O Novo Direito das Obrigações na Alemanha. *Revista Brasileira de Direito Comparado*, Rio de Janeiro, n. 25, 2004.

_____. Il significato di uma regolamentazione generale dell'obligazione e il Titoli I e II del Secondo Libro del BGB. *I Cento Anni del Codice Civile Tedesco in Germania e nella Cultura Giuridica Italiana* – Atti del Convegno di Ferrara 26-28 settembre 1996. Padova: Cedam, 2002.

_____. *Pensamento Sistemático e Conceito de Sistema na Ciência do Direito*. 3.ª ed. Trad. portuguesa de António Menezes Cordeiro. Lisboa: Fundação Calouste Gulbenkian, 2002.

_____. *Pensamento Sistemático e Conceito de Sistema na Ciência do Direito*. Trad. portuguesa de António Manuel Menezes Cordeiro. Lisboa: Calouste Gulbenkian, 1989.

CANOTILHO, José Joaquim Gomes. *Direito Constitucional*. 6.ª ed. Coimbra: Almedina, 1993.

CAPANEMA, Sylvio. O Impacto do Novo Código Civil no Mundo dos Contratos. *Revista da EMERJ*, Rio de Janeiro, EMERJ, vol. 6, n. 24, 2003.

CAPPELARI, Récio Eduardo. *Responsabilidade Pré-Contratual*: aplicabilidade ao Direito brasileiro. Porto Alegre: Livraria do Advogado, 1995.

CARBONNIER, Jean. *Flexible Droit*. 2.ª ed. Paris: LGDJ, 1971.

CARDILLI, Riccardo. *Bona Fides Tra Storia e Sistema*. Torino: Giappichelli, 2004.

_____. Recensão à 1.ª edição deste livro. *Rivista Roma e America*, n. 8, Modena, Mucchi, 1999.

CARMONA, Carlos Alberto. Em Torno do Árbitro. *Revista de Arbitragem e Mediação*, vol. 28, São Paulo, Revista dos Tribunais, ano 8, jan./mar. 2011.

_____. *Arbitragem e Processo*: Um Comentário à Lei 9.307/1996. 3.ª ed. São Paulo: Atlas, 2009.

CARNEIRO DA FRADA, Manuel António de Castro Portugal. Sobre a Interpretação do Contrato. *Revista O Direito*, Coimbra, Almedina, ano 144, n. III, 2012.

_____. *Teoria da Confiança e Responsabilidade Civil*. Coimbra: Almedina, 2004.

_____. *Contrato e Deveres de Protecção*. Coimbra: Almedina, 1994.

_____. Contrato e Deveres de Proteção. *Separata do Suplemento ao BDFUC*, vol. XXXVIII. Coimbra: Almedina, 1994.

BIBLIOGRAFIA | 833

CARNELUTTI, Francesco. *Teoria Geral do Direito*. Trad. de A. Rodrigues Queiró e Artur Anselmo de Castro. Coimbra: Armênio Amado Editor, 1942.

CARRIÓ, Genaro. Principios Jurídicos y Positivismo Jurídico. *Notas sobre Derecho y Lenguaje*. Buenos Aires: Abeledo-Perrot, 2006.

CARUSO, Daniela. *La «culpa in contrahendo»*. Milano: Giuffrè, 1993.

CARVAL, Suzanne (Coord.). *La Construction de la Responsabilité Civile*. Controverses Doctrinales. Paris: PUF, 2001.

CARVALHO FERNANDES, Luís. *A Teoria da Imprevisão no Direito Civil português*. Lisboa: Quid Juris?, 2001.

CARVALHO, Francisco Pereira de Bulhões. *Sistemas de Nulidades dos Atos Jurídicos*. 2.ª ed. Rio de Janeiro: Forense, 1981.

CARVALHO SANTOS, João Manoel de. *Código Civil Brasileiro Interpretado*, vol. XII. Rio de Janeiro: Calvino Filho Editor, 1936.

CARVALHOSA, Modesto. *Acordo de Acionistas*. Homenagem a Celso Barbi Filho. São Paulo: Saraiva, 2011.

_____. *Comentários à Lei de Sociedades Anônimas*, vol. II. 4.ª ed. São Paulo: Saraiva, 2009.

_____. *Comentários à Lei de Sociedades Anônimas*, vol. III. 4.ª ed. São Paulo: Saraiva, 2009.

CASADO FILHO, Napoleão; FINKELSTEIN, Claudio; VITA, Jonathan Barros (Orgs.). *Arbitragem Internacional* – Unidroit, CISG e Direito Brasileiro. São Paulo: Quartier Latin, 2010.

CASELLA, Mario. *Enciclopedia del Diritto*. Tomo XXVIII. Milano: Giuffrè, 1978.

CASTELLS, Manuel. *A Era da Informação*: Economia, sociedade e cultura, vol. I. São Paulo: Paz e Terra, 2010.

CASTEX, Manuel Arauz. *La Ley de Orden Pública*. Buenos Aires: Valerio Abeledo Editor, 1945.

CASTILLO BLANCO, Federico. *La Protección de la Confianza en el Derecho Administrativo*. Madrid: Marcial Pons, 1998.

CASTRESANA, Amélia. *Fides, Bona Fides*: un concepto para la creación del derecho. Madrid: Tecnos, 1991.

CASTRO, Torquato. *Teoria da Situação Jurídica em Direito Privado Nacional*: estrutura, causa e título legitimitário do sujeito. São Paulo: Saraiva, 1985.

CASTRO NEVES, José Roberto. O Comportamento das Partes como Elemento de Integração dos Contratos. In: BENETTI, Giovana *et al.* (Org.). *Direito, Cultura e Método*: Leituras da Obra de Judith Martins-Costa. Rio de Janeiro: GZ Editora, 2019.

_____. *Direito das Obrigações*. Rio de Janeiro: GZ, 2009.

CASTRONOVO, Carlo. L'Avventura delle Clausole Generale. *Rivista Critica del Diritto Privato*, Napoli, Jovene, ano IV, 1986.

_____. Legittimazioni, discorso giuridico, diritto privato. *Jus*, ano XXXII, vol. 3, set./dez. 1985.

CAVALCANTI, Flávio de Queirós. O Conteúdo da Prestação Securitária e o Contrato Aleatório. *Revista Brasileira de Direito do Seguro e da Responsabilidade Civil*, São Paulo, MP Editora, vol. 1, 2008.

CAVALIERI FILHO, Sergio. *Programa de Responsabilidade Civil.* 3.ª ed. São Paulo, Malheiros, 2002.

CESARO, Vincenzo Maria. *Clausola di Rinegoziazione e Conservazione dell'Equilibrio Contrattuale.* Napoli: ESI, 2002.

CEZAR, Denise Oliveira. *Pesquisa com Medicamentos*: Aspectos Bioéticos. São Paulo: Saraiva, 2012.

CHAMBOREDON, Antoine. *La 'Texture Ouverte' d'un Code Européen du Droit des Contrats.* Journal du Droit International, Paris, Clunet, n. 1, 2001.

CHANTEPIE, Gäel; LATINA, Mathias. *La Reforme du Droit des Obligations.* Paris: Dalloz, 2016.

CHAPPUIS, Christine. Responsabilité Fondée sur la Confiance: un tour d'horizon. In: CHAPPUIS, Christine; WINIGER, Bénédict (Orgs.). *La Responsabilité Fondée sur la Confiance.* Journée de la responsabilité civile, 2000. Centre d'Études Juridiques Européenes. Zurich: Schulthess, 2001.

_____; WINIGER, Bénédict (Orgs.). *La Responsabilité Fondée sur la Confiance.* Journée de la responsabilité civile, 2000. Centre d'Études Juridiques Européenes. Zurich: Schulthess, 2001.

CHAVES, Antônio. *Responsabilidade Pré-Contratual.* Rio de Janeiro: Forense, 1959.

CHEN-WISHART, Mindy. *Contract Law.* 3.ª ed. Oxford: Oxford University Press, 2010.

CHESHIRE, Geoffrey; FIFOOT, Cecil. *The Law of Contract.* London: Butterworths, 1964.

CÍCERO. *Catilinarian Orations.* 3.ª ed. Oxford: Clarendon Press, 2012. Disponível em: <http://www.gutenberg.org/files/39355/39355-h/39355-h.htm>. Último acesso em: 12.05.2023.

_____. *De Offici.* Disponível em: <http://www.thelatinlibrary.com/cicero/off3.shtml>. Último acesso em: 10.05.2023.

_____. *Dos Deveres.* Trad. de Angélica Chiapeta. São Paulo: Martins Fontes, 1999.

_____. *Topica.* Disponível em: <https://www.thelatinlibrary.com/cicero/topica.shtml>. Último acesso em: 12.05.2023.

CIRNE LIMA, Ruy. *Introdução ao Estudo do Direito Administrativo Brasileiro.* Porto Alegre: Livraria do Globo, 1942.

CLAMM, Carolyn; PHAM, Hansel; MOLOO, Rahim. Fraud and Corruption in International Arbitration. In: FERNANDEZ-BALLESTERO, Miguel; ARIAS, David. *Liber Amicorum Bernardo Cremades.* The Hague: Kluwer Law International, 2010.

CLAVERO, Bartolomé. Historia, Ciencia, Politica del Derecho. *Quaderni Fiorentini per la Storia del Pensiero Giuridico*, Milano: Giuffrè, vol. 8, 1979.

CLAY, Thomas. *L'arbitre*. Paris: Dalloz, 2001

CLOTET, Joaquim; GOLDIM, José Roberto; FRANCISCONI, Carlos Fernando. *Consentimento Informado e a sua Prática na Assistência e Pesquisa no Brasil*. Porto Alegre: EDIPUCRS, 2000.

COELHO, Fábio Ulhoa. A Publicidade Enganosa no Código de Defesa do Consumidor. *Revista de Direito do Consumidor*, n. 8, São Paulo, Revista dos Tribunais, out./dez. 1993.

COHEN, Felix. *El Método Funcional en el Derecho*. Trad. espanhola de Genaro Carriò. Buenos Aires: Abeledo-Perrot, 1961.

COIPEL, Michel. La Liberté Contractuellle et la Conciliation Optimale du Juste et de l'Utile. *Thémis*, vol. 24, n. 3, 1990.

COLLURA, Giorgio. *Importanza dell'Inadempimento e Teoria del Contratto*. Milano: Giuffrè, 1992.

COMIRAN, Giovana Cunha. Comentário ao artigo 113, § 1.º, inciso II: "usos, costumes e práticas do mercado relativas ao tipo do negócio". In: MARTINS-COSTA, Judith; NITSCHKE, Guilherme. *Direito Privado na Lei de Liberdade Econômica*. São Paulo: Almedina, 2022.

_____. *Os Usos Comerciais*: da formação dos tipos à interpretação e integração dos contratos empresariais. São Paulo: Quartier Latin, 2019.

_____. Usos comerciais, costumes e práticas das partes: notas sobre sua distinção. In: BENETTI, Giovana *et al.* (Org.). *Direito, Cultura, Método*: Leituras da Obra de Judith Martins-Costa. Rio de Janeiro: GZ Editora, 2019.

COMPARATO, Fábio Konder. Obrigações de Meio, de Resultado e de Garantia. *Doutrinas Essenciais:* Direito Empresarial, vol. IV. São Paulo: Revista dos Tribunais, 2010.

_____. *Novos Ensaios e Pareceres de Direito Empresarial*. Rio de Janeiro: Forense, 1981.

_____. Restrições à circulação de ações em companhia fechada. Nova et vetera. *Novos Ensaios e Pareceres de Direito Empresarial*. Rio de Janeiro: Forense, 1981.

_____. *Essai d'Analyse Dualiste de L'Obligation en Droit Privé*. Paris: Dalloz, 1964.

CONSTANTINESCO, Léon-Jean. *Inéxécution et faute et Droit Comparé*. Stuttgart: Kohlhammer Verlag, 1960.

CONSTANZO, Angelo. Difficoltà della «redutio ad absurdum» e Apparenti Derogue alla Logica Classica nella Argomentazioni Giudiziali. *Rivista Internazionale di Filosofia del Diritto*, vol. 4, Milano, Giuffrè, 1990.

CÓRDOBA, Marcos; CORDOBERA, Lidia Garrido; KLUGER, Viviana (Orgs.). *Tratado de la Buena Fe en el Derecho*. 2.ª ed. Tomos I e II. Buenos Aires: La Ley, 2005.

CORNELIUS, Ludo. La Bonne Foi: Aménagement ou Entorse à l'Autonomie de la Volonté. In: DAVID-CONSTANT, Simone (Org.). *La Bonne Foi*. Liège: Éditions du Jeune Barreau de Liège, 1990.

CORNU, Gérad. *Vocabulaire Juridique*. Association Henri Capitant. Paris: PUF, 1987.

CORRADINI, Domenico. *Il Criterio della Buona Fede e la Scienza del Diritto Privato*. Milano: Giuffrè, 1971.

CORRÊA, André Rodrigues. Ato Violento de Terceiro como Excludente de Responsabilidade do Transportador: qual a causa desse entendimento jurisprudencial? In: MARTINS-COSTA, Judith (Org.). *Modelos de Direito Privado*. São Paulo: Marcial Pons, 2014.

_____. *Solidariedade e Responsabilidade*: o tratamento jurídico dos efeitos da criminalidade violenta no transporte público de pessoas no Brasil. São Paulo: Saraiva, 2009.

CORREA DE OLIVEIRA, José Lamartine. A «Verwirkung», a Renúncia Tácita, e o Direito Brasileiro. In: *Estudos em Homenagem ao Professor Washington de Barros Monteiro*. São Paulo: Saraiva, 1982.

_____. *A Dupla Crise da Pessoa Jurídica*. São Paulo: Saraiva, 1979.

COSTA, José Augusto Fontoura; NUSDEO, Ana Maria de Oliveira. As Cláusulas de Força Maior e de «Hardship» nos Contratos Internacionais. *Revista de Direito Mercantil, Industrial, Econômico e Financeiro*, n. 97, São Paulo, Malheiros, 1995.

COSTALUNGA, Karime. O exercício da boa-fé objetiva pelos sócios do separando: a distribuição de lucros prévia à partilha das quotas. In: BENETTI, Giovana *et al.* (Org.). *Direito, Cultura e Método*: Leituras da Obra de Judith Martins-Costa. Rio de Janeiro: GZ Editora, 2019.

_____. *As diferentes lógicas do Direito na transmissão patrimonial em uma sociedade intuitus personae*: uma interpretação da matéria após o Código Civil de 2002. Porto Alegre: Tese de Doutorado. Universidade Federal do Rio Grande do Sul, 2013.

COURDIER-CUISINIER, Anne Sylvie. *Le solidarisme contractuel* Paris: Litec, 2006

COURTOIS, Gerard. *La Loi chez Spinosa et Saint Thomas d'Aquin*, vol. XXV. Paris: APD, 1980.

COSTA E SILVA, Paula. *Perturbações no Cumprimento dos Negócios Processuais*: convenções de arbitragem, pactos de jurisdição, cláusulas escalonadas e outras tantas novelas pouco exemplares, mas que se desejam de muito entretenimento. Lisboa: AAFDL, 2020.

COUTO E SILVA, Almiro do. O Princípio da Segurança Jurídica no Direito Público Brasileiro e o Direito da Administração Pública de Anular seus Próprios Atos Administrativos: O Prazo Decadencial do Art. 54 da Lei do Processo Administrativo da União (Lei n. 9.784/99). *Revista da Procuradoria Geral do Estado do Rio Grande do Sul*, Porto Alegre, vol. 57, 2004, p. 33-74. Também publicado em *Conceitos Fundamentais do Direito no Estado Constitucional*. São Paulo: Malheiros, 2015, p. 91-122.

_____. Princípios da Legalidade da Administração Pública e da Segurança Jurídica no Estado de Direito Contemporâneo. *Revista da Procuradoria-Geral do Estado do Rio Grande do Sul*, Porto Alegre, vol. 57, 2004.

_____. Responsabilidade Pré-Negocial e *Culpa in Contrahendo* no Direito Administrativo Brasileiro. *Revista de Direito Administrativo*, vol. 217, Rio de Janeiro, FGV, 1999.

_____. Responsabilidade do Estado por Problemas Jurídicos Decorrentes do Planejamento. *Revista de Direito Público*, vol. 65, 1982.

_____. Atos Jurídicos de Direito Administrativo Praticados por Particulares e Direitos Formativos. *Revista de Direito Administrativo*, n. 95, Rio de Janeiro, FGV, 1969.

COUTO E SILVA, Clóvis do. *Princípios Fundamentais da Responsabilidade Civil em Direito Brasileiro e Comparado*. Trad. de Fernanda Escobar. Porto Alegre: Sergio Antônio Fabris Editor, 2022.

_____. Negócios jurídicos e negócios jurídicos de disposição. In: FRADERA, Véra Maria Jacob de. O Direito Privado brasileiro na visão de Clóvis do Couto e Silva. 2.ª ed. Porto Alegre: Livraria do Advogado, 2014.

_____. *A Obrigação como Processo*. Rio de Janeiro: FGV Editora, 2006.

_____. *Principes Fondamentaux de la Responsabilité Civile en Droit Brésilien et Comparé*: cours fait à la Faculté de droit et sciences politiques de St. Maur (Paris XII). Paris: [s.n.], 1988.

_____. Direito Patrimonial de Família no Projeto do Código Civil Brasileiro e Português. *Revista de Direito e Justiça*, vol. 1, Porto Alegre, PUCRS, 1980.

_____. O Princípio da Boa-Fé no Direito Brasileiro e Português. In: CAETANO, Marcello; MOREIRA ALVES, José Carlos; COUTO E SILVA, Clóvis do; ALMEIDA COSTA, Mário Júlio (Orgs.). *Estudos de Direito Civil Brasileiro e Português*. I Jornada Luso-Brasileira de Direito Civil. São Paulo: Revista dos Tribunais, 1980.

_____. A Companhia Siderúrgica Mannesmann. Parecer. *Revista da Consultoria Geral do Estado do Rio Grande do Sul*, Porto Alegre, vol. 5, n. 13, 1975.

CRAVEIRO, Mariana Conti. *Contratos entre Sócios*. São Paulo: Quartier Latin, 2012.

CREMADES, Bernardo. La buena fe en el arbitraje internacional. *Revista de Arbitragem e Mediação*, São Paulo, Revista dos Tribunais, ano 8, vol. 31, out./dez. 2011

CUBEDDU, Maria Giovanna. *L'Importanza dell'Inadempimento*. Torino: Giappichelli, 1995.

CUNHA, Daniela Moura Ferreira. *Responsabilidade Pré-Contratual por Ruptura das Negociações*. Coimbra: Almedina, 2005.

CUNHA DE SÁ, Fernando Augusto. *Abuso do Direito*. Coimbra: Almedina, 2005.

CUNHA RODRIGUES, José. Novas Fronteiras dos Problemas do Consumo. *Estudos do Direito do Consumidor*, vol. 1. Coimbra: Faculdade de Direito da Universidade de Coimbra, 1999.

D'AMICO, Giovanni. Regole di validità e regola di comportamento nella formazione del contratto. *Rivista di Diritto Civile*, I, Padova, Cedam, 2002.

DANTAS JUNIOR, Aldemiro Rezende. *A Teoria dos Atos Próprios*. Elementos de Identificação e Cotejo com Institutos Assemelhados. São Paulo: Tese de Doutoramento. Pontifícia Universidade Católica de São Paulo, 2006.

DARI-MATTIACI, Giuseppe; HOUTCIEFF, Dimitri. Vices du Consentement et Álea Moral à travers la Jurisprudence de la Réticence Dolosive. In: JAMIN, Christophe. *Droit et Économie des Contrats*. Paris: LGDJ, 2008.

DAVID-CONSTANT, Simone. La Bonne Foi: une Mer sans Rivages. *La Bonne Foi*. Liège: Éditions du Jeune Barreau de Liège, 1990.

DAWSON, John. The General Clauses, Viewed from a Distance. *The Rabel Journal of Comparative and International Private Law*, ano XXXXI, vol. 3, 1977.

DE BUJÁN, Antonio Fernández. De los Arbitria Bonae Fidei Pretórios a los Iudicia Bonae Fidei Civiles. In GAROFALO, Luigi (Org.). *Il Ruolo della Buona Fede Oggetiva nell'esperienza giuridica storica e contemporanea* – Atti del Convegno internazionale di studi in onore di Alberto Burdese, vol. II. Padova: Cedam, 2004.

DE CONINK, Bertrand. Le Droit Commun de la Rupture des Négotiations Précontratctuelles. In: FONTAINE, Marcel (Org.). *Le Processus de Formation du Contrat*. Contributions comparatives et interdisciplinaires à l'harmonisation du Droit Européen. Bruxelles e Paris: Buylant e LGDJ, 2002.

DEL FIORI, Alexandre. *Dicionário de Seguros*. São Paulo: EMTS, 1996.

DELGADO, José Augusto. *Comentários ao Novo Código Civil*: Das várias espécies de contrato. Do seguro, vol. XI. Tomo I. Rio de Janeiro: Forense, 2004.

DELMAS-MARTY, Mireille. *La Mondialisation du Droit*: chances et risques. Paris: Dalloz, 1999.

DERAINS, Yves. L'Obligation de Minimiser le Dommage dans la Jurisprudence Arbitrale. *Revue de Droit des Affairs Internationales*, Paris, 1987.

_____. *L'obligation de Minimiser le Dommage dans la Jurisprudence Arbitrale*. Disponível em: <https://www.trans-lex.org/120100/_/derains-yves-l-obligation-de-minimiser-le-dommage-dans-la-jurisprudence-arbitrale-rdai-1987-at-375-et-seq/>. Último acesso em: 12.05.2023.

DESCARTES, René. *Discurso sobre o Método*. Trad. de Marcio Pugliese e Norberto de Paula Lima. São Paulo: Hemus, 1978.

DE NOVA, Giorgio. *Il Tipo Contrattuale*. Padova: Cedam, 1974.

DIAS, Ruy Pereira; SÁ, Mafalda de. Deveres dos Administradores e Sustentabilidade. In: CÂMARA, Paulo (Org.). *Administração e Governação das Sociedades*. Coimbra: Almedina, 2020.

DI CIOMMO, Francesco. Contratti tra imprenditori, equilibrio delle prestazioni ed efficiente gestione del rischio: tra "terzo contratto", "contratti asimmetrici" e codice civile. In: RUSCELLO, Francesco (Org.). *Contratti tra imprese e tutela dell'imprenditore debole*. Roma: Aracne, 2012.

DI PIETRO, Alfredo. La Fides Publica Romana. In: GAROFALO, Luigi (Org.). *Il Ruolo della Buona Fede Oggetiva nell'esperienza giuridica storica e contemporanea* – Atti del Convegno internazionale di studi in onore di Alberto Burdese. Tomo I. Padova: Cedam, 2004.

DIDEROT, Denis; D'ALEMBERT, Jean. *Enciclopédia ou Dicionário Raciocinado das Ciências, das Artes e dos Ofícios*. Edição bilíngue. Trad. de Fúlvia M. L. Moretto. São Paulo: Unesp, 1989.

DIDIER JÚNIOR, Fredie. *Fundamentos do Princípio da Cooperação no Direito Processual Civil Português*. Coimbra: Coimbra Editora, 2010.

DIEZ-PICAZO, Luis. Apresentação. In: LARENZ, Karl. *Derecho Justo*. Fundamentos de Ética Jurídica. Trad. espanhola de Luis Diez-Picazo. Madri: Civitas, 1985.

DINIZ, Maria Helena. *Tratado Teórico Prático dos Contratos*. 4.ª ed. São Paulo: Saraiva, 2002.

DOLINGER, Jacob. O Árbitro da Parte – Considerações Éticas e Práticas. *Revista Brasileira de Arbitragem*, vol. 6, abr.-jun. 2005.

DOMAT, Jean. *Les Lois Civiles dans leur Ordre Naturel*. Paris: Desprez, 1745.

D'ORS, Álvaro. *Elementos de Derecho Privado Romano*. 3.ª ed. Pamplona: Ed. Universidad de Navarra, 1992.

DROSS, William. *Clausier*. 3.ª ed. Paris: LexisNexis, 2016.

DWORKIN, Ronald. *Los Derechos en Serio*. Trad. espanhola de Marta Guastavino. Barcelona: Ariel, 1989.

EASTERBROOK, Frank; FISCHEL, Daniel. Contract and Fiduciary Duty. *Journal of Law and Economics*, Chicago, University of Chicago, vol. 36, n. 1, abr. 1993.

EISENBERG, Melvin A. The Duty of Good Faith in Corporate Law. *Delaware Journal of Corporate Law*, Wilmington, vol. 31, n. 1, 2005.

_____. Why Is No Law of Relational Contracts. *Northwestern University Law Review*, vol. 94, Chicago, 1999.

EIZIRIK, Nelson. *A Lei das S/A Comentada*, vol. I. São Paulo: Quartier Latin, 2011.

_____. *A Lei das S/A Comentada*. Vol. III. São Paulo: Quartier Latin, 2011

ELIAS, Carlos Eduardo Stefen. *A Imparcialidade dos Árbitros*. São Paulo: Almedina, 2021.

_____; MOREIRA, Raquel Macedo. Ação de anulação. Constituição Irregular do Tribunal Arbitral. O papel do Secretário e Assistentes no Tribunal Arbitral. Suíça. Tribunal Federal. DFT41_709/2014, de 21 de maio de 2015. *Revista Brasileira de Arbitragem*, vol. 52, 2016.

ENDERLEIN, Fritz; MASKOW, Dietrich. *International Sales Law*. New York: Oceana Publications, 1992.

ENEI, José Virgílio Lopes. A Atividade de Construção em Grandes Projetos de Infraestrutura no Brasil e o Contrato de Aliança. Evolução ou Utopia? In: SILVA, Leonardo Toledo (Org.). *Direito e Infraestrutura*. São Paulo: Saraiva, 2014.

ENGISCH, Karl. *Introdução ao Pensamento Jurídico*. Trad. portuguesa de João Baptista Machado. 3.ª ed. Lisboa: Fundação Calouste Gulbenkian, 1988.

_____. *La Idea de Concreción en el Derecho y en la Ciencia Jurídica Actuales*. Trad. espanhola de Juan Jose Gil Cremades. Pamplona: Ed. Universidad de Navarra, 1986.

ENGRÁCIA ANTUNES, José. *Direito dos Contratos Comerciais*. Coimbra: Almedina, 2009.

_____. Os Usos e o Costume no Direito Comercial. Algumas reflexões. In: AMARAL, Diogo Freitas (Org.). *Estudos Comemorativos dos 10 anos da Faculdade de Direito da Universidade Nova de Lisboa*, vol. II. Coimbra: Almedina, 2008.

_____. A «Consuetudo Mercatorum» como Fonte do Direito Comercial. *Revista de Direito Mercantil, Industrial, Econômico e Financeiro*, n. 146, São Paulo, Malheiros, abr./jun. 2007.

ENNECCERUS, Ludwig; LEHMANN, Heinrich. *Derecho de Obligaciones*. Tomo I. Trad. española de José Alguer e Blas Pérez González. Barcelona: Bosch, 1948.

_____; NIPPERDEY, Hans Carl. *Derecho Civil*. Parte General. Tomo I, vol. II. Trad. española de José Alguer e Blas Pérez González. Barcelona: Bosch, 1948.

ESSER, Josef. *Precompreensione e Scelta del Metodo nel Processo di Individuazione del Diritto*. Trad. italiana de Salvatore Patti e Giuseppe Zaccharia. Camerino: Scientifiche Italiane, 1983.

EWALD, François. *L'État Providence*. Paris: Bernard Gasse, 1986.

FABIAN, Christoph. *O Dever de Informar no Direito Civil*. São Paulo: Revista dos Tribunais, 2002.

FABRE, Regis. Les Clauses d'Adaptation dans les Contrats. *Revue Trimestrielle de Droit Civil*, Paris, Dalloz, n. 82, 1983.

FABRE-MAGNAN, Muriel; GHESTIN, Jacques; JOURDAIN, Patrice; BORGHETTI, Jean-Sébastien (Orgs.). *Études Offertes à Geneviève Viney*. Paris: LGDJ e Les Mélanges, 2008.

_____. *L'Obligation d'Information dans les Contrats*. Paris: LGDJ, 1992.

FACHIN, Luiz Edson. Contrato de Seguro e o Agravamento de Risco na Perspectiva do Código Civil Brasileiro. *Soluções Práticas de Direito*: Pareceres, vol. I. São Paulo: Revista dos Tribunais, 2012.

FARIA, Antonio Bento de. *Código Commercial Brasileiro*, vol. I. 3.ª ed. Rio de Janeiro: Jacintho Ribeiro dos Santos Ed., 1920.

FARIA, José Eduardo. *O Direito na Economia Globalizada*. Tese apresentada ao concurso para Professor Titular de Departamento de Filosofia e Teoria Geral do Direito da Universidade de São Paulo, 1999.

FARNSWORTH, Allan. The Interpretation of International Contracts and the Use of Preambles. *International Business Law Journal*, London, Sweet & Maxwell, n. 3-4, 2002.

_____. *Contracts*. 3.ª ed. New York: Aspen, 1998.

_____. A Common Lawyer's View of His Civilian Colleagues. *Lousiana Law Review*, vol. 57, n. 1, Baten Rouge, Lousiana State University, 1996.

_____. Good Faith Perfomance and Commercial Reasonablesness Under the Uniform Commercial Code. *University of Chicago Law Review*, 1963, vol. 30, iss. 4, article 3.

FASCIONE, Lorenzo. Cenni Bibliografici sulla «bona fides». *Studi sulla Buona Fede*. Milano: Giuffrè, 1975.

FASSÒ, Guido. *Historia de la Filosofía del Derecho*. La Edad Moderna. Tomo II. Trad. espanhola de José F. Lorca Navarrete. Madrid: Pirámide, 1979.

FAUVARQUE-COSSON, Bénédicte (Org.). *Terminologie Contractuelle Commune*. Paris: Societé de Législation Comparée, 2008.

FEITOSA, Maria Luisa Pereira de Alencar Mayer. *Paradigmas Inconclusos*: os contratos entre a autonomia privada, a regulação estatal e a globalização dos mercados. Coimbra: Coimbra Editora, 2007.

FERNÁNDEZ, Maximiliano Rodríguez. El Deber de Mitigar el Daño en la Convención de Viena de 1980 sobre Compraventa Internacional de Mercaderías: una breve aproximación al tema. *Revista Mercatoria*, vol. 6, n. 2, 2007.

FERRARESE, Maria Rosaria. *Diritto e Mercato*. Torino: Giappichelli, 1992.

FERRARI, Franco. Uniform Interpretation of the 1980 Uniform Sales Law. *Georgia Journal of International and Comparative Law*, Atenas (EUA, Georgia), University of Georgia School of Law, n. 24, 1994/1995.

_____. A Rilevanza degli usi nella Convenzione di Vienna sulla Vendita Internazionale di Beni Mobili. *Contratto e Impresa*, ano X, n. 1, 1994.

FERRAZ JUNIOR, Tercio Sampaio. Suspeição e Impedimento na Arbitragem: sobre o dever de revelar na Lei 9.307/96. *Revista de Arbitragem e Mediação*, vol. 28, São Paulo, Revista dos Tribunais, ano 8, jan./mar. 2011.

_____. *Direito, Retórica e Comunicação*. 2.ª ed. São Paulo: Saraiva, 1977.

_____. *Conceito de sistema no direito* – uma investigação a partir da obra jusfilosófica de Emil Lask. São Paulo: Revista dos Tribunais e Editora da Universidade de São Paulo, 1976.

FERREIRA, Aurélio Buarque de Holanda. *Mini Aurélio*: o dicionário da língua portuguesa. 8.ª ed. Curitiba: Positivo, 2010.

FERREIRA, Mariana Martins-Costa. Limites à atuação do administrador da companhia em recuperação judicial na negociação do plano: a interface entre o Direito Societário e o Direito da Empresa em crise. In: BENETTI, Giovana *et al.* (Org.). *Direito, Cultura, Método*: Leituras da Obra de Judith Martins-Costa. Rio de Janeiro: GZ Editora, 2019.

_____. *Responsabilidade Civil pela Falha Informacional no Mercado de Valores Mobiliários*: pressupostos e análise crítica. Tese de Doutorado. Universidade de São Paulo. Faculdade de Direito. Prof. Orientador Eduardo Secchi Munhoz. São Paulo, 2022.

FERREIRA, Waldemar. *Tratado de Direito Comercial*, vol. VIII. São Paulo: Saraiva, 1962.

FERREIRA DA SILVA, Jorge Cesa; BARBOSA, Henrique. *A Evolução do Direito Empresarial e Obrigacional*: 18 anos do Código Civil. Obrigações e Contratos. São Paulo: Quartier Latin, 2021.

842 | A BOA-FÉ NO DIREITO PRIVADO

_____. Causalidade, Concausalidade e Conduta. – Conversa sobre Arbitragem: *Cadernos para Debate*, n. 5. Canela: Instituto de Estudos Culturalistas, 2013.

_____. *Adimplemento e Extinção das Obrigações*. São Paulo: Revista dos Tribunais, 2007.

_____. *Inadimplemento das Obrigações*: comentários aos arts. 389 a 420 do Código Civil. São Paulo: Revista dos Tribunais, 2007.

_____. Inadimplemento das Obrigações. In: REALE, Miguel e MARTINS-COSTA, Judith (Coords.). *Biblioteca Estudos de Direito Civil* – Estudos em Homenagem a Miguel Reale, vol. VII. São Paulo: Revista dos Tribunais, 2006.

_____. *A Boa-Fé e a Violação Positiva do Contrato*. Rio de Janeiro: Renovar, 2002.

FERREIRA DE ALMEIDA, Carlos. *Contratos*, vol. IV. Coimbra: Almedina, 2018.

_____. *Contratos*. Conceitos – Fontes – Formação, vol. I. Coimbra: Almedina, 2000.

_____. *Texto e Enunciado na Teoria do Negócio Jurídico*. Tomo I. Coimbra: Almedina, 1992.

FERREIRA PINTO, Fernando. *Contratos de Distribuição*. Da tutela do distribuidor integrado em face da cessação do vínculo. Lisboa: Ed. Universidade Católica, 2013.

FERRER CORREIA, Antonio. *Erro e Interpretação na Teoria do Negócio Jurídico*. Coimbra: Almedina, 2001.

_____. Da responsabilidade do terceiro que coopera com o devedor na violação de um pacto de preferência. *Estudos de Direito Civil, Comercial e Criminal*. 2.ª ed. Coimbra: Almedina, 1985.

FERRI, Giovanni Battista. Voc. "Parte del Negozio". In: *Enciclopedia del Diritto*. Vol. XXXI. Milão: Giuffrè, 1981.

FESTI, Fiorenzo. *Il divieto di "venire contro il fatto proprio"*. Milano: Giuffrè, 2007.

FLUME, Werner. *El Negocio Juridico*. Parte General del Derecho Civil. Tomo II. Trad. espanhola de José Maria Miquel González e Esther Gómez Calle. 4.ª ed. Madrid: Fundación Cultural del Notariado, 1998.

FLUMIGNAN, Silvano José Gomes. O Dever de Mitigar o Prejuízo (Duty to Mitigate the Loss) e a Responsabilidade Civil do Estado. *XXXVIII Congresso Nacional de Procuradores de Estado*. Foz do Iguaçu: Anais do XXXVIII Congresso Nacional de Procuradores de Estado, 2012.

FONTAINE, Marcel (Org.). *Le Processus de Formation du Contrat* – contributions comparatives et interdisciplinaires à l'harmonization du Droit Européen. Paris: LGDJ, 2002.

_____. *Droit des Assurances*. 3.ª ed. Paris: Lacier, 2006.

_____. Les Clauses de Force Majeure dans les Contrats Internationaux. *Droit et Pratique du Commerce International*. Paris: DPCI, 1979.

FONTES DA COSTA, Mariana. *Da Alteração Superveniente das Circunstâncias*. Coimbra: Almedina, 2019.

FORGIONI, Paula. *A Evolução do Direito Comercial Brasileiro*: da mercancia ao mercado. 5.ª ed. São Paulo: Revista dos Tribunais, 2021.

_____. *Teoria Geral dos Contratos Empresariais*. São Paulo: Revista dos Tribunais, 2009.

_____. Interpretação dos Negócios Empresariais. In: FERNANDES, Wanderley. *Fundamentos e Princípios dos Contratos Empresariais*. São Paulo: Saraiva, 2007.

_____. *Contrato de Distribuição*. São Paulo: Revista dos Tribunais, 2005.

_____. A Interpretação dos Negócios Empresariais no Novo Código Civil brasileiro. *Revista de Direito Mercantil, Industrial, Econômico e Financeiro*, n. 130, São Paulo, Malheiros, ano XLII (nova série), abr./jun. 2003.

FOUCHARD, Philippe. *L'État face aux Usages du Commerce International*. Écrits. Droit de l'Arbitrage. Droit du Commerce International. Paris: Ed. Comité Français de l'Arbitrage, 2007.

_____. Le Statut de l'Arbitre dans la Jurisprudence Française. *Revue de L' Arbitrage*, 1996.

_____ ; GAILLARD, Emmanuel; GOLDMAN, Berthold. *Traité de l'Arbitrage Commercial International*. Paris, Litec, 1996.

FOUCHARD, Phillipe (Pres.). Commission de l'Arbitrage Internationale de la CCI. *Bulletin de la Cour Internationale d'Arbitrage de la CCI*, vol, 7, n. 1, maio 1996, p. 28-59.

FRADERA, Véra. Informar ou não informar. Eis a questão! In: MARTINS-COSTA, Judith; FRADERA, Véra. *Estudos de Direito Privado e Processual Civil: em homenagem a Clóvis do Couto e Silva*. São Paulo: Revista dos Tribunais, 2014.

_____. O Conceito de *Fundamental Breach* Constante do Artigo 25 da CISG. *Revista de Arbitragem e Mediação*, vol. 37, São Paulo, Revista dos Tribunais, 2013.

_____. Enunciado ao artigo 113. In: AGUIAR JÚNIOR, Ruy Rosado de (Org.). *V Jornada de Direito Civil*. Brasília: CJF, 2012.

_____. *Reflexões sobre a Contribuição do Direito Comparado para a Elaboração do Direito Comunitário*. Belo Horizonte: Del Rey, 2010.

_____. Clóvis do Couto e Silva. *Um jurista universal*. In: PENTEADO, Jaques de Camargo; RUFINO, Almir (Orgs.). *Grandes Juristas brasileiros*. Livro II. São Paulo: Martins Fontes, 2006.

_____. A Boa-Fé Objetiva: uma noção comum no conceito alemão, brasileiro e japonês de contrato. In: ÁVILA, Humberto (Org.). *Fundamentos do Estado de Direito*. Estudos em homenagem ao Professor Almiro do Couto e Silva. São Paulo: Malheiros, 2005.

_____. Pode o credor ser instado a diminuir o próprio prejuízo? *Revista Trimestral de Direito Civil*, Rio de Janeiro, Padma, vol. 19, 2004.

_____. O Valor do Silêncio no Novo Código Civil. In: ALVIM, Arruda; CÉSAR, Joaquim de Cerqueira; ROSAS, Roberto (Orgs.). *Aspectos Controvertidos do Novo Código Civil*. São Paulo: Revista dos Tribunais, 2003.

_____. Parecer Jurídico sobre a Natureza da Relação Jurídica Corretor Autônomo/Empresa Procuradora do Proprietário do Imóvel ou Incorporadora Imobiliária. *Revista dos Tribunais*, vol. 816, São Paulo, Revista dos Tribunais, 2003.

_____. Ineficácia das Cláusulas Abusivas no Sistema Brasileiro do Código de Defesa do Consumidor. Uma abordagem clássica. *Revista de Direito do Consumidor*, vol. 43, jul./set. 2002.

_____. A Circulação de Modelos Jurídicos Europeus na América Latina, um entrave à integração no Cone Sul?. *Revista dos Tribunais*, vol. 736, São Paulo, Revista dos Tribunais, 1997.

_____. *O Princípio da Boa-Fé no Direito Brasileiro e Português*. O Direito Privado brasileiro na visão de Clóvis do Couto e Silva. Porto Alegre: Livraria do Advogado, 1997.

_____. O Conceito de Inadimplemento Fundamental no art. 25 da Lei Internacional sobre Vendas, da Convenção de Viena de 1980. *Revista da Faculdade de Direito da UFRGS*, Porto Alegre, vol. 11, 1996.

_____. Recensão de MEYER, Rudolf. Bona Fides und Lex Mercatoria in der Europäischen Rechtstradition, Göttingen: Wallstein Verlag, 1994. *Revue Internationale de Droit Comparé*, Paris, Societé de Législation Comparée, 1995, 1.

_____. Quebra Positiva do Contrato. *Revista Ajuris*, Porto Alegre, vol. 44, nov. 1988.

FRANÇA, Erasmo Valladão Azevedo e Novaes; ADAMEK, Marcelo Vieira von. Aproveitamento de Oportunidades Comerciais da Companhia pelo Acionista Controlador. (Corporate Opportunity Doctrine). *Temas de Direito Empresarial e outros Estudos em homenagem ao Professor Luiz Gastão Paes de Barros Leães*. São Paulo: Malheiros, 2014.

_____. *A Sociedade em Comum*. São Paulo: Malheiros, 2013.

_____. Parecer. Sociedade que Tem por Objeto a Prestação de Serviços de Natureza Intelectual é de Natureza Simples, qualquer que seja a Forma de sua Organização. *Revista de Direito Mercantil, Industrial, Econômico e Financeiro*, n. 147, São Paulo, Malheiros, ano 50, jan./mar. 2011.

_____; ADAMEK, Marcelo Vieira von. *Affectio Societatis*: Um conceito jurídico superado no moderno direito societário pelo conceito de fim social. *Temas de Direito Societário, Falimentar e Direito da Empresa*. São Paulo: Malheiros, 2011.

_____. A Conduta dos Associados como Regra de Interpretação dos Estatutos de uma Associação. *Temas de Direito Societário, Falimentar e Teoria da Empresa*. São Paulo: Malheiros, 2009.

_____. Empresa, Empresário e Estabelecimento. A Nova Disciplina das Sociedades. *Temas de Direito Societário, Falimentar e Teoria da Empresa*. São Paulo: Malheiros, 2009.

_____. Sociedades de Grande Porte (Lei 11.638/2007, art. 3.º). *Temas de Direito Societário, Falimentar e Teoria da Empresa*. São Paulo: Malheiros, 2009.

_____. *Temas de Direito Societário, Falimentar e Teoria da Empresa*. São Paulo: Malheiros, 2009.

_____. *Dano Pré-Contratual*: uma análise comparativa a partir de três sistemas jurídicos, o continental europeu, o latino-americano e o americano do norte. *Revista de Informação Legislativa*, vol. 34, n. 136, out./dez. 1997, p. 169-179.

FRANCO, Vera Helena de Mello. Particularidades da «affectio societatis» no Grupo Econômico. *Revista de Direito Mercantil, Industrial, Econômico e Financeiro*, vol. 32, n. 89, São Paulo, Malheiros, jan./mar. 1993.

FRANTZ, Laura Coradini. Excessiva Onerosidade Superveniente: uma Análise dos Julgados do STJ. In: MARTINS-COSTA, Judith (Org.). *Modelos de Direito Privado*. São Paulo: Marcial Pons, 2014.

FREIRE, José Luís de Salles. Cláusula *earn-out* em aquisições. *Boletim Capital Aberto*, ed. 80, abr. 2010. Disponível em: <http://www.capitalaberto.com.br/boletins/clausulas-de-earn-out-em-aquisicoes/#.VXYSWc9Vikp>. Último acesso em: 12.05.2023.

FREITAS FILHO, Roberto. *Intervenção Judicial nos Contratos e Aplicação dos Princípios e das Cláusulas Gerais*. O caso do *leasing*. Porto Alegre: Sergio Antonio Fabris Editor, 2009.

FREZZA, Paolo. Fides Bona. *Studi sulla Buona Fede.* Milano: Giuffrè, 1975.

FRIGNANI, Aldo. La «Hardship Clause» nei contratti internazionali. *Rivista di Diritto Civile*, n. 4, Padova, Cedam, anno XXV, 1979.

FRISON-ROCHE, Marie-Anne. Volonté et Obligation. L'Obligation. *Arch. Phil. Droit*, n. 44, Dalloz, 2000.

FRITZ, Karina Nunes. Relação Obrigacional sem Obrigacão? Ensaio em Homenagem ao Prof. Dr. Francisco Paes Landim. In: BRITO, Dante Ponte; LIMA, Éfen Paulo Porfírio de Sá. *Novos Paradigmas da Ordem Privada*: Estudos em Homenagem ao Prof. Dr. Francisco Antonio Paes Landim Filho. Teresina: EDUFPI, 2022.

_____. A culpa *in contrahendo* como terceira via de responsabilidade. In: PIRES, Fernanda Ivo; GUERRA, Alexandre; MORATO, Antonio Carlos; MARTINS, Fernando Rodrigues; ROSENVALD, Nelson. *Da Estrutura à Função da Responsabilidade Civil*: Uma homenagem do Instituto de Estudos da Responsabilidade Civil (IBERC) ao Professor Renan Lotufo. Indaiatuba: Foco, 2021.

_____. A Responsabilidade Pré-Contratual por Ruptura Injustificada das Negociações. *Doutrinas Essenciais*: Obrigações e Contratos, vol. IV. São Paulo: Revista dos Tribunais, 2011.

_____. A Responsabilidade Pré-Contratual por Ruptura Injustificada das Negociações. *Revista dos Tribunais*, vol. 883, São Paulo, Revista dos Tribunais, maio 2009.

_____. A Boa-Fé Objetiva e sua Incidência na Fase Negocial: um estudo comparado com base na doutrina alemã. *Revista de Direito Privado*, vol. 29, São Paulo, Revista dos Tribunais, 2007.

FUSARO, Andrea. *Effetti del Contratto Nei Confronti dei Terzi*. Milano: Giuffrè, 2000.

GADAMER, Hans-Georg. *Verdad y Método*. Fundamentos de una hermenéutica filosófica. 4.ª ed. Trad. espanhola de Ana Aparicio e Rafael de Agapito. Salamanca: Sigueme, 1984.

_____. *L'Art de Compreendre*. Écrits II. Paris: Aubier-Montaigne, 1982.

846 | A BOA-FÉ NO DIREITO PRIVADO

GAIO. *Instituciones*. Edição bilíngue de Manuel Abellán Velasco, Juan Antonio Arias Bonet, Juan Iglesias-Redondo e Jaime Roset Esteve. Francisco Hernandez Tejero (Coord.). Madrid: Civitas, 1990.

GALGANO, Francesco. *Diritto Privato*. 4.ª ed. Padova: Cedam, 1987.

GALLO, Filippo. Bona Fides e Ius Gentium. In: GAROFALO, Luigi (Org.). *Il Ruolo della Buona Fede Oggetiva nell'Esperienza Giuridica Storica e Contemporanea* – Atti del Convegno internazionale di studi in onore di Alberto Burdese, vol. II. Padova: Cedam, 2004.

GAMA JÚNIOR, Lauro. Usages and Implied Obligations under the UNIDROIT Principles of International Commercial Contracts. In: GÉLINAS, Fabien (Ed.). *Trade usages and Implied Terms in the Age of Arbitration*. New York: Oxford University Press, 2016.

_____. *Contratos Internacionais à luz dos Princípios do UNIDROIT 2004*. Soft law, Arbitragem e Jurisdição. Rio de Janeiro: Renovar, 2006.

_____. Os Princípios UNIDROIT Relativos ao Comércio Internacional 2004 e o Direito Brasileiro: Convergências e Possibilidades. *Revista de Arbitragem e Mediação*, n. 8, São Paulo, Revista dos Tribunais, 2006.

GARCIA, Paloma, Questionnaire: la bonne foi en droit comparé des contrats, elaborado para apresentação no Colloque Association Andrés Bello: «La bonne foi en droit comparé». São Paulo, novembro de 2015.

GARCÍA AMADO, Juan Antonio. *Teorías de la Tópica Jurídica*. Madrid: Civitas, 1988.

GARCÍA DEL CORRAL, Ildefonso L. *Cuerpo de Derecho Civil Romano*: a doble texto. Tomo I. Barcelona: Jaime Molinas, 1889.

GARDELLA, Bianca Tedeschi. Gentlement's Agreement. *Rivista di Diritto Civile*, n. 6, Padova, Cedam, 1990.

GAROFALO, Luigi (Org.). *Il Ruolo della Buona Fede Oggetiva nell'esperienza giuridica storica e contemporanea* – Atti del Convegno internazionale di studi in onore di Alberto Burdese, vol. I. Padova: Cedam, 2004.

GARRO, Alejandro. Armonización y Unificación del Derecho Privado en America Latina. *Revista de la Facultad de Ciencias Juridicas y Politicas*, n. 85, Valencia, Nueva Época, 1992.

GAUDEMET, Eugène. *Théorie Générale des Obligations*. Paris: Sirey, 1965.

GAUDEMET, Jean. Naissance d'une Notion Juridique. Les Débuts de «l'obligation» dans le Droit de la Rome Antique. *Arch. Phil. Droit*, Paris, Dalloz, vol. 44, 2000, p. 19-32.

GAZZANIGA, Jean-Louis. *Introduction Historique au Droit des Obligations*. Paris: PUF, 1992.

_____. Domat et Pothier. Le Contrat au Fin de l'Ancien Régime. *Droits*, n. 12, 1990.

GENICON, Thomas. *La Résolution du Contrat pour Inexécution*. Paris: LGDJ, 2007.

GENTILE, Aurelio. *Senso e Consenso*: Storia, teoria e técnica dell'interpretazione dei contratti, vol. II. Turim: Giappichelli, 2015.

BIBLIOGRAFIA | 847

GHESTIN, Jacques. *La Notion de Contract*. Paris: Dalloz, 1997.

_____. Nouvelles Propositions pour un Renouvellement de la Distinction des Parties et des Tiers. *Revue Trimestrielle de Droit Civil*, Paris, Dalloz, n. 4, 1994, out./dez. 1994.

_____; BILLAU, Marc. *Le Prix dans les Contrats de Longue Durée*. Paris: LGDJ, 1990.

_____. *Le Devoir de se Renseigner*. Paris: Dalloz, 1983.

_____. *L'Utile et le Juste dans les Contrats*. Paris: Dalloz, 1982.

_____. Le Juste et l'Utile dans les Contrats. *Archives de Philosophie du Droit*, n. 26, Paris, Dalloz, 1981.

_____. *La Réticence, le Dol et l'Erreur sur les Qualités Substantielles*. Recueil Dalloz Sirey, Chronique – XXXXVI, 1971.

GIACOMUZZI, José Guilherme. *A Moralidade Administrativa e a Boa-Fé da Administração Pública*. O conteúdo dogmático da moralidade administrativa. São Paulo: Malheiros, 2002.

GIANDOMENICO, Giovanni di. *Il Contratto e l'Alea*. Padova: Cedam, 1987.

GIAQUINTO, Adolfo Di Majo. *L'Esecuzione del Contratto*. Milano: Giuffrè, 1967.

GIMENEZ-CANDELA, Teresa. *Derecho Privado Romano*. Valencia: Tirant lo Blanch Libros, 1999.

GIUFFRÈ, Vincenzo. *Il Diritto dei Privati nell'Esperienza Romana*. 2.ª ed. Napoli: Jovene, 1998.

GIUSTI, Gilberto; MARQUES, Ricardo Dalmaso. As Partes na Arbitragem Internacional: Direito Brasileiro, UNIDROIT e CISG – «Extensão» dos Efeitos da Cláusula Compromissória. In: CASADO FILHO, Napoleão; FINKELSTEIN, Claudio; VITA, Jonathan Barros (Orgs.). *Arbitragem Internacional* – Unidroit, CISG e Direito Brasileiro. São Paulo: Quartier Latin, 2010.

GOBERT, Michelle. Le Temps de Penser la Doctrine. *Droits*, vol. 20, 1994.

GOLDIM, José Roberto. *O Consentimento Informado e a Adequação de seu Uso na Pesquisa com Seres Humanos*. Porto Alegre: Tese de Doutorado. Universidade Federal do Rio Grande do Sul, 1999.

GOLDMAN, Berthold. La Lex Mercatoria dans les Contrats Internationaux: réalité et perspectives. *Journal du Droit International*, Paris, Clunet, n. 106, 1979.

GOMES, Elena de Carvalho. *Entre o Actus e o Factum*: os comportamentos contraditórios no direito privado. Belo Horizonte: Del Rey, 2009.

GOMES, José Ferreira. Contratos de M&A em tempos de pandemia: impossibilidade, alteração das circunstâncias e cláusulas MAC, Hardship e força maior. *Revista da Faculdade de Direito da Universidade de Lisboa*, vol. LXI, n. 1, 2020, p. 365-390.

GOMES, Julio. Cláusulas de Hardship. *Contratos, Actualidade e Evolução*. Porto: UCP, 1997.

GOMES, Luiz Roldão de Freitas. *Elementos de Responsabilidade Civil*. Rio de Janeiro: Renovar, 2008.

A BOA-FÉ NO DIREITO PRIVADO

GOMES, Orlando. *Contratos*. 16.ª ed. Atualizado por Humberto Theodoro Jr. Rio de Janeiro: Forense, 1995.

_____. *Introdução ao Direito Civil*. 7.ª ed. Rio de Janeiro: Forense, 1983.

_____. *Transformações Gerais do Direito das Obrigações*. 2.ª ed. São Paulo: Revista dos Tribunais, 1980.

_____. Responsabilidade de Administradores de Sociedades por Ações. *Revista de Direito Mercantil, Industrial, Econômico e Financeiro*, n. 8, ano 11, São Paulo, Malheiros, 1972.

GONÇALVES, Diogo Costa. Crise e Renegociação dos Contratos no Direito português e brasileiro – Algumas reflexões. *Revista da Faculdade de Direito da Universidade de Lisboa*, vol. LXI, 2020.

GONÇALVES NETO, Alfredo de Assis. Os Contratos Mercantis e o Código Civil. In: FRANÇA, Erasmo Valladão e Novaes; ADAMEK, Marcelo Vieira von (Orgs.). *Temas de Direito Empresarial e outros estudos em homenagem ao Professor Luiz Gastão Paes de Barros Leães*. São Paulo: Malheiros, 2014.

_____. Sociedade para o Exercício de Trabalho Intelectual. In: ADAMEK, Marcelo Vieira von (Org.). *Temas de Direito Societário e Empresarial Contemporâneos*. São Paulo: Malheiros, 2011.

_____. *Direito de Empresa*: comentários aos artigos 966 a 1.195 do Código Civil. 2.ª ed. São Paulo: Revista dos Tribunais, 2008.

GONZÁLEZ, Rafael Lara. *Las causas de extinción del contrato de agencia*. Madrid: Civitas, 1998, p. 155

GONZÁLEZ-REGUERAL, María Angeles Fernández. *La Resolución por Incumplimiento en las Obligaciones Bilaterales*. Madrid: La Ley, 1998.

GORDLEY, James. Good Faith in Contract Law in the Medieval ius commune. In: ZIMMERMANN, Reinhard e WHITTAKER, Simon (Orgs.). *Good Faith in European Contract Law*. Cambridge: Cambridge University Press, 2000.

GOSSON JORGE JÚNIOR, Alberto. *Cláusulas Gerais no Novo Código Civil*. São Paulo: Saraiva, 2004.

GOTTSCHALK, Egon Felix. *Norma Pública e Privada no Direito do Trabalho*. Um ensaio sobre tendências e princípios fundamentais do Direito do Trabalho. São Paulo: Saraiva, 1944.

GRANIERI, Massimiliano. *Il Tempo e il Contratto*: Itinerario Storico-Comparativo sui Contratti di Durata. Milano: Giuffrè, 2007.

GRASSERIE, Raoul de la. *Code Civil Alemán* (Introduction). Paris: Pedone, 1910.

GRAU, Eros Roberto. *Porque tenho Medo dos Juízes*. A Interpretação/Aplicação do Direito e os Princípios. 6.ª ed. São Paulo: Malheiros, 2013.

_____; FORGIONI, Paula. Ainda um novo paradigma dos contratos? *O Estado, A Empresa e O Contrato*. São Paulo: Malheiros, 2005.

BIBLIOGRAFIA | 849

_____. *O Estado, a Empresa, o Contrato*. São Paulo: Malheiros, 2005.

_____. *A Ordem Econômica na Constituição de 1988*. 7.ª ed. São Paulo: Malheiros, 2002.

_____. *La Doble Desestructuración y la Interpretación del Derecho*. Barcelona: Bosch, 1998.

_____. Interpretando o Código de Defesa do Consumidor: algumas notas. *Revista de Direito do Consumidor*, n. 5, São Paulo, Revista dos Tribunais, mar. 1993.

_____. *Direito, Conceitos e Normas Jurídicas*. São Paulo: Revista dos Tribunais, 1988.

GREBLER, Eduardo. Reflexões sobre os aspectos jurídicos da improdutividade no contrato de construção. In: MARCONDES, Fernando. *Direito da Construção*. São Paulo: PINI, 2004.

GRECO, Leonardo. A Prova no Processo Civil: do Código de 1973 ao Novo Código Civil. Scientia Iuris: *Revista do curso de mestrado em direito negocial da UEL*, vol. 5/6, n. 1, 2001-2002.

GREENBERG, Simon; FRY, Jason; MAZZA, Francesca. *The Secretariat's Guide to ICC Arbitration*. Paris: ICC Publication 729E, 2012.

GRIFFITH, Sean. Good Faith Business Judgement. A Theory of Rhetoric in Corporate Jurisprudence. *Duke Law Journal*, vol. 55, n. 1, 2005.

GRITTI, Gregorio; VILLA, Gianroberto (Orgs.). *Il Terzo Contratto*. Bologna: Il Mulino, 2008.

GROSSI, Paolo. Diritto Canonico e Cultura Giuridica. *Quaderni Fiorentini per la Storia del Pensiero Giuridico Moderno*, Milano, Giuffrè, n. 32, 2003.

_____. *Scienza Giuridica Italiana* – un profilo storico 1860-1950. Milano: Giuffrè, 2000.

_____. *L'Ordine Giuridico Medievali*. Roma: Laterza, 1995.

GROTIUS, Hugo. *De Fide et Perfidia*: Der Treuegedanke in den «Staatsparallelen» des Hugo Grotius aus heutiger Sicht. Atualizada por Wolfgang Finkentscher. München: Verlag der Bayerischen Akademie der Wissenschaften, 1979.

GUASTINI, Riccardo. *Das Fontes às Normas*. Trad. de Edson Bini. São Paulo: Quartier Latin, 2005.

_____. I Principi del Diritto. In: VISINTINI, Giovanna (Org.). *Il Diritto dei Nuovi Mondi*. Padova: Cedam, 1994.

_____. *Soluzioni Dubbie, Lacune e Interpretazioni secondo Dworkin*. Materiali per una Storia della Cultura Giuridica, 1983.

GUEDES, Gisela Sampaio da Cruz. *Suppressio* e Prescrição. In: BENETTI, Giovana *et al.* (Org.). *Direito, Cultura e Método*: Leituras da Obra de Judith Martins-Costa. Rio de Janeiro: GZ Editora, 2019.

GUELFUCCI-THIBIERGI, Catherine. De l'Elargissement de la Notion de Partie au Contrat à l'Elargissement de la Portée du Principe de l'Effet Relatif. *Revue Trimestrielle de Droit Civil*, Paris, Dalloz, n. 2, 1994.

850 | A BOA-FÉ NO DIREITO PRIVADO

GUENANCIA, Pierre. *Descartes*. Trad. de Lucy Magalhães. Rio de Janeiro: Zahar, 1991.

GUIRAUD, Pierre. *A Semântica*. Trad. de Maria Elisa Mascarenhas. São Paulo: Difusão Européia do Livro, 1972.

HABERMAS, Jürgen, Concepções da Modernidade – um olhar retrospectivo sobre duas tradições. *A Constelação Pós-Nacional* – Ensaios Políticos. Trad. de Márcio Seligmann-Silva. São Paulo: Littera Mundi, 2001.

HAICAL, Gustavo. *A Autorização no Direito Privado*. São Paulo: Revista dos Tribunais, 2020.

_____. Apontamentos sobre o Direito Formativo Extintivo de Denúncia no Contrato de Agência. In: MARTINS-COSTA, Judith (Org.). *Modelos de Direito Privado*. São Paulo: Marcial Pons, 2014.

_____. As Partes Integrantes e a Pertença no Código Civil. São Paulo, *Revista dos Tribunais*, vol. 933, São Paulo, Revista dos Tribunais, 2013, p. 49-135.

_____. *Cessão de Crédito*: existência, validade e eficácia. São Paulo: Saraiva, 2013.

_____. *Contrato de Agência*: seus elementos tipificadores e efeitos jurídicos. São Paulo: Revista dos Tribunais, 2012.

_____. Os Usos do Tráfico como Modelo Jurídico e Hermenêutico no Código Civil de 2002. *Revista de Direito Privado*, vol. 50, São Paulo, Revista dos Tribunais, 2012.

_____. O Inadimplemento pelo Descumprimento Exclusivo de Dever Lateral Advindo da Boa-Fé Objetiva. *Revista dos Tribunais*, vol. 900, São Paulo, Revista dos Tribunais, ano 99, out. 2010, p. 44-84.

_____. O Contrato de Agência e seus Elementos Caracterizadores. São Paulo, *Revista dos Tribunais*, vol. 877, São Paulo, Revista dos Tribunais, 2008.

HALL, Geoff. Customs and Usages in England: Achieving Interpretative Accuracy by Giving Effect to Unespressed Intent. In: GÉLINAS, Fabien (Ed.). *Trade usages and Implied Terms in the Age of Arbitration*. New York: Oxford University Press, 2016.

HAMELIN, Jean-François. *Le Contrat-Alliance*. Paris: Economica, 2012.

HANOTIAU, Bernard. Régime Juridique et Portée de l'Obligation de Modérer le Dommage dans les Ordres Juridiques Nationaux et dans le Droit du Commerce International. *Apud* REIFEGESTRE. Stéphan. *Pour une Obligation de Minimiser le Dommage*. Aix-en-Provence: Université d'Aix-Marseille, 2002.

HATTENHAUER, Hans. *Conceptos Fundamentales del Derecho Civil*. Trad. Espanhola de Pablo S. Coderch. Barcelona: Ariel, 1987.

_____. *Los Fundamentos Histórico-Ideológicos del Derecho Alemán*. Trad. espanhola de Miguel Izquierdo Macias Picavea. Madrid: Edersa, 1981.

HAURIOU, Maurice. *Principes de Droit Public*. Paris: L. Tenin, 1916.

HERRERA, Alicia Garcia. *El impacto del tiempo en los contratos de franquicia y distribuición exclusiva*. Valencia: Tirant lo Blanch, 2008.

BIBLIOGRAFIA | 851

HESPANHA, António Manuel. *História das Instituições*. Épocas medieval e moderna. Coimbra: Almedina, 1982.

HEUZÉ, Vincent. La Vente Internationale de Marchandises. Droit uniforme. In: GHESTIN, Jacques (Org.). *Traité des Contrats*. Paris, LGDJ, 2000.

HOBBES, Thomas. *Do cidadão*. Trad. de Renato Janine Ribeiro. São Paulo: Martins Fontes, 1992.

HONNOLD, John. *Uniform Law for International Sales under the 1980 United Nations Convention*. 3.ª ed. The Hague: Kluwer Law International, 1999.

HOPT, Klaus. Deveres Legais e Conduta Ética de Membros do Conselho de Administração e de Profissionais. In: FRANÇA, Erasmo Valladão Novaes e (Org.). *Temas de Direito Societário, Falimentar e Teoria da Empresa*. São Paulo: Malheiros, 2009.

HOUTCIEFF, Dimitri. *Le Principe de Cohérence en Matière Contractuelle*. Marseille: Presses Universitaires de Marseille, 2001.

HUIZINGA, Johan. *O Declínio da Idade Média*. Trad. de Antonio Abelaira. São Paulo: Verbo/EDUSP, 1978.

IRTI, Natalino. *L'Ordine Giuridico del Mercato*. Roma: Laterza, 2003.

_____. *Testo e Contesto*. Padova: Cedam, 1996.

_____. *L'Età della Decodificazione*. 3.ª ed. Milano: Giuffrè, 1986.

JALUZOT, Béatrice. La Bonne Foi dans les Contrats. Paris: Dalloz, 2001. *Apud* FRADERA, Véra. A Saga da Uniformização da Compra e Venda Internacional: da lex mercatoria à Convenção de Viena. In: MENEZES, Wagner (Org.). *O Direito Internacional e o Direito Brasileiro*: homenagem a José Francisco Rezek. Ijuí: Editora Unijuí, 2004.

JAMIN, Christophe (v.g: note sous CA Nancy, 20 novembre 2001, D., jur., p. 1578).

JANINE RIBEIRO, Renato. Introdução. In: HOBBES, Thomas. *Do Cidadão*. Trad. de Renato Janine Ribeiro. São Paulo: Martins Fontes, 1992.

JANSEN, Nils; ZIMMERMANN, Reinhard. *Commentaries on European Contract Law*. Oxford: Oxford University Press, 2018.

JARROUSSON, Charles. Bonne Foi, Instrument de Moralisation dans les Relations Économiques Internationales. *L'Éthique dans les Relations Économiques Internationales*: en hommage à Philippe Fouchard. Paris: Pedone, 2006.

JESTAZ, Philippe; JAMIN, Christophe. *La Doctrine*. Paris: Dalloz, 2004.

JHERING, Rudolph von. *Culpa in Contrahendo, ou de Indemnização em Contratos Nulos ou Não Chegados à Perfeição*. Trad. portuguesa de Paulo Cardoso Mota Pinto. Coimbra: Almedina, 2008.

_____. *El Fin en el Derecho*. Trad. espanhola de Leonardo Rodriguez. Pamplona: Analecta, 2005.

_____. De la culpa in contrahendo ou des Dommages-Intérêts dans les Conventions Nulles ou Restés Imparfaites. Trad. francesa de O. de Meulenaere. *Oeuvres Choisies*. Tomo II. Paris: A. Marescq, 1893.

852 | A BOA-FÉ NO DIREITO PRIVADO

JOURDAIN, Patrice. *Le Devoir de «se» Renseigner*. Recueil Dalloz Sirey, Chronique – XXV, 1983.

KASER, Max. *Derecho Romano Privado*. Madrid: Reus, 1968.

KASSIS, Antoine. *Théorie Générale des Usages du Commerce*. Paris: LGDJ, 1984.

KASTELY, Amy. Unification and Community: A rhetorical Analysis of the United Nations Sales Convention. 8. *Northwestern Journal of Internaional Law and Business*, Chicago, 1988.

KESSLER, Friederich; FINE, Edith. Culpa in contrahendo. Bargaining in Good Faith and Freedom of Contract – A comparative study. *Harvard Law Review*, vol. 77, n. 3, Cambridge, 1964.

KLEIN, Michele. *El desistimiento unilateral del contrato*. Madrid: Civitas, 1997.

KLUGER, Viviana. Una mirada hacia atrás: de Roma a la Codificación. El recorrido histórico de la buena fé. In: CÓRDOBA, Marcos M.; CORDOBERA, Lídia Garrido; KLUGER, Viviana (Orgs.). *Tratado de la Buena Fe en el Derecho*. Buenos Aires: La Ley, 2004.

KNAPP, Victor. Article 77. In: BIANCA, Cesare Massimo; BONELL, Michael Joachim. *Commentary on the International Sales Law*. Milano: Giuffrè, 1987.

KONDER, Carlos Nelson. *Contratos Conexos*. Rio de Janeiro: Renovar, 2006.

_____. Enriquecimento sem Causa e Pagamento Indevido. In: TEPEDINO, Gustavo (Coord.). *Obrigações* – Estudos na Perspectiva Civil-Constitucional. Rio de Janeiro: Renovar, 2005.

KOSCHACKER, Paul. *Europa y el Derecho Romano*. Trad. espanhola de José Santa Cruz Tejeiro. Madrid: Editorial Revista de Derecho Privado, 1955.

KOSIK, Karel. *Dialética do Concreto*. 5.ª ed. Rio de Janeiro: Paz e Terra, 1989.

KRAMPE, Christoph. Obligation Comme Bien. Droit français et allemand. *Arch. Phil. Droit*, Paris, Dalloz, vol. 44, 2000, p. 205-215.

KUNKEL, Wolfgang. *Historia del Derecho Romano*. Barcelona: Ariel, 1991.

LAFER, Celso. Prefácio. In: GONÇALVES, Camila de Jesus Mello. *Princípio da Boa-Fé*. Perspectivas e Aplicações. São Paulo: Campus-Elsevier, 2008.

LAGORIO-CHAFKIN, Cristhiane. *How to Structure an Earn-Out*. INC, 11 de Março de 2010. Disponível em: <http://www.inc.com/guides/earn-out-structuring.html>. Último acesso em: 12.05.2023.

LAITHIER, Yves-Marie. Étude Comparative des Sanctions de l'Inéxécution du Contrat. Paris: LGDJ, 2007.

LAJOUX, Alexandra Reed. *The Art of M&A*. 5.ª ed. Nova Iorque: MCGraw-Hill, 2019.

LAMBERT, Pierre. La Montée en Puissance du Juge. *Le Rôle du Juge dans la Cité*. Cahiers de l'Institut d'Études sur la Justice. Bruxelas: Bruylant, 2002.

LAMY FILHO, Alfredo. *Direito das Companhias*, vol. I. Rio de Janeiro: Forense, 2009.

_____. A Sociedade por Ações e a Empresa (Introdução ao Estudo). *Temas de S.A.* Exposições. Pareceres. Rio de Janeiro: Renovar, 2007.

BIBLIOGRAFIA | 853

_____. Responsabilidade dos Administradores – Atas Aprovadas por Assembleia Geral – Prescrição. Ação Proposta contra Administrador. *Temas de S.A.* – Exposições. Pareceres. Rio de Janeiro: Renovar, 2007.

LAMY FILHO, Alfredo; PEDREIRA, José Luiz Bulhões. *A Lei das S.A.* Rio de Janeiro: Renovar, 1992.

LARENZ, Karl. *Culpa In Contrahendo*, Dever de Segurança no Tráfico e «Contato Social». Trad. de Karina Nunes Fritz. *Revista de Direito Privado*, vol. 34, São Paulo, Revista dos Tribunais, abr. 2008. Também publicado em *Doutrinas Essenciais*: Obrigações e Contratos, vol. III. São Paulo: Revista dos Tribunais, 2011.

_____. *Metodologia da Ciência do Direito*. Trad. portuguesa de José Lamego. 3.ª ed. Lisboa: Calouste Gulbenkian, 1997.

_____. Deutsche Rechtswissenchaft. *Apud* ENGISCH, Karl. *La Idea de Concreción en el Derecho y en la Ciencia Jurídica Actuales*. Trad. espanhola de Juan Jose Gil Cremades. Pamplona: Ed. Universidad de Navarra, 1986.

_____. *Derecho Justo* – Fundamentos de Ética Jurídica. Trad. espanhola de Luis Diez--Picazo. Madri: Civitas, 1985.

_____. *Derecho Civil*. Parte general. Trad. espanhola de Miguel Izquierdo y Macías--Picavea. Madrid: Edersa, 1978.

_____. *Derecho de Obligaciones*. Tomo I. Trad. espanhola de Jaime Santos Briz. Madrid: Revista de Derecho Privado, 1958.

LARROUMET, Christian. L'indemnisation de l'aléa thérapeutique. In: CARVAL, Suzanne (Coord.). *La Construction de la Responsabilité Civile*. Controverses Doctrinales. Paris: PUF, 2001.

LASBORDES, Victoire. *Les Contrats Desequilibres*. Aix-en-Provence: Presses Universitaires d'Aix-Marseille, 2000.

LAWRENCE, William J. Application of the Clean Hands Doctrine in Damage Actions. *Notre Dame Law Review*, vol. 57, 1982.

LE TOURNEAU, Philippe. *Les Contrats de Concession*. 2.ª ed. Paris: Litec, 2010.

LEÃES, Luis Gastão Paes de Barros. A Excessiva Onerosidade no Código Civil. *Revista de Direito Bancário e do Mercado de Capitais*, n. 31, São Paulo, 2006.

_____. Efeitos sobre Terceiros dos Acordos de Acionistas. *Pareceres*, vol. I. São Paulo: Singular, 2004.

_____. Pacto de Opção de Compra (Call) de Ações em Acordo de Acionistas. *Pareceres*, vol. II. São Paulo: Singular, 2004.

_____. Protocolo de Intenções sem Força Obrigatória. *Pareceres*, vol. I. São Paulo: Singular, 2004.

_____. A Disciplina da Empresa no Novo Código Civil Brasileiro. *Revista de Direito Mercantil*, vol. 128, ano XLI (nova série), São Paulo, Malheiros, out./dez. 2002.

_____. A Estrutura Dualista da Obrigação Tributária. *Revista de Direito Mercantil*, ano 10, n. 1, 1971.

LÉCUYER, Hervé. Le Contrat, Acte de Prévision. *L'avenir du Droit*. Mélanges en Hommage a François Terré. Paris: Dalloz, 1999.

LEGRAND, Pierre. Sur l'Analyse Différentielle des Juriscultures. *Revue Internationale de Droit Comparé*, Paris, Societé de Législation Comparée, 4, 1999.

LEIBNIZ, Gottfried. Notes sur J. G. Wachter. Originis juris naturalis sive de jure naturae humane demonstrationes mathematicae. In: LEIBNIZ, Gottfried; GRUA, Gaston (Org.). *Textes Inédits*, vol. II. Paris: 1948.

LEIBNIZ, Gottfried; GRUA, Gaston (Org.). *Textes Inédits*, vol. II. Paris: 1948.

LEMES, Selma. O Dever de Revelação do Árbitro e a Anulação da Sentença Arbitral. In: LEMES, Selma; BALBINO, Inez (Coords.). *Arbitragem*. Temas Contemporâneos. São Paulo: Quartier Latin, 2012.

_____. A Interpretação Extensiva da Cláusula Arbitral. *Âmbito Jurídico*, Rio Grande, X, n. 47, nov. 2007.

_____. *Árbitro*: Princípios da Independência e da Imparcialidade. São Paulo: LTr, 2001.

_____. *Cláusula Arbitral e Boa-Fé*. Disponível em: <http://selmalemes.adv.br/artigos/artigo44.pdf>. Último acesso em: 12.05.2023.

_____. *O Papel do Árbitro*. 2006. Disponível em: <http://selmalemes.adv.br/artigos/artigo_juri11.pdf>. Último acesso em: 12.05.2023.

_____. O dever de revelação do árbitro, o conceito de dúvida justificada quanto a sua independência e imparcialidade (art. 14, § 1.º, da Lei 9.307/1996) e a ação de anulação de sentença arbitral (art. 32, II, da Lei 9.307/1996). *Revista de Arbitragem e Mediação*, vol. 36, jan. 2013. Disponível em: <https://edisciplinas.usp.br/pluginfile.php/299122/mod_resource/content/1/Selma%20Lemes%20-%20O%20Dever%20de%20Revela%C3%A7%C3%A3o%20do%20%C3%81rbitro.pdf >. Último acesso em: 12.05.2023.

LEONARDO, Rodrigo Xavier. *Associações sem Fins Econômicos*. São Paulo: Revista dos Tribunais, 2014.

LEONHARD, Chunlin. Beyond The Four Corners of a Written Contract: a global challenge to U.S. contract law. *International Law Review*, vol. XXI, n. 1, Pace University Scholl of Law, 2009.

LEVINAS, Emmanuel. *L'Humanisme de l'autre Homme*. Montpellier: Fata Morgana, 1972.

LEQUETTE, Suzanne. *Le contrat-coopération*. Contribution à la théorie générale du contrat. Paris: Economica, 2012.

LEW, Julian; MISTELIS, Loukas; KROLL, Stefan. *Comparative International Commercial Arbitration*. The Hague: Kluwer Law International, 2003.

LIMA, Alvino. A Interferência de Terceiros na Violação de Contrato. *Revista dos Tribunais*, vol. 51, n. 315, São Paulo, Revista dos Tribunais, jan. 1962.

LIMA REGO, Margarida. A boa-fé na contratação de seguros: deveres das partes nas fases de celebração e execução do contrato. In: TZIRULNIK, Ernesto *et al.* (Org.). *Direito dos Seguros Contemporâneo*. Edição Comemorativa dos 20 anos do IBDS, vol. 1. São Paulo: Roncaratti, 2021.

LIPARI, Nicolò. *Derecho Privado* – un ensayo para la enseñanza. Bologna: Real Colegio de Espanha, 1989.

LISBOA, José da Silva. *Princípios de Direito Mercantil e Leis de Marinha, para uso da mocidade portuguesa, destinada ao commercio*. Tratado V. Dos Contractos Mercantis. Lisboa: Impressão Regia, 1811.

LLOBET AGUADO, Josep. *El Deber de Información en la Formación de los Contratos*. Madrid: Marcial Pons, 1996.

LLEWELLYN, Karl. Our Case Law Offer and Acceptance. Yale Law Journal, vol. 48, 1938. Apud CARUSO, Daniela. *La «culpa in contrahendo»*. Milano: Giuffrè, 1993.

LÔBO, Paulo. *Direito Civil.*Parte Geral. São Paulo: Saraiva, 2009.

LOOKOFSKY, Joseph. The 1980 United Nations Convention on Contracts for the International Sale of Goods. In: HERBOTS, Jacques; BLANPAIN, Roger (Eds.). *International Encyclopaedia of Laws* – Contracts, Suppl. 29. The Hague: Kluwer Law International, 2000.

LOPES, Cristian Sahb Batista. *Mitigação dos Prejuízos no Direito Contratual*. São Paulo: Saraiva, 2013.

_____. *A Mitigação dos Prejuízos no Direito Contratual*. Belo Horizonte: Tese de Doutorado. Faculdade de Direito da Universidade Federal de Minas Gerais, 2011.

LÓPEZ MESA, Marcelo; ROGELVIDE, Carlos. *La Doctrina de los Actos Propios*. Doctrina y Jurisprudencia. Buenos Aires: Reus, 2005.

LORENZETTI, Ricardo Luis. *Tratado de los Contratos*. Buenos Aires: Rubinzal-Culzoni, 1999.

LOSANO, Mario. *Sistema e Struttura nel Diritto* – Dalle origine alla scuola storica, vol. I. Torino: Giappichelli, 1968.

LOTUFO, Renan. Parte Geral. In: CAMBLER, Everaldo (Org.). *Curso Avançado de Direito Civil*. 2.ª ed., vol. I. Revista dos Tribunais, São Paulo, 2003.

_____. *Questões Relativas a Mandato, Representação e Procuração*. São Paulo: Saraiva, 2001.

LUDWIG, Marcos de Campos. *A Categoria Sociológica dos Atos Existenciais e o Problema da sua Classificação enquanto Fonte de Obrigações*. No prelo.

_____. *Usos e Costumes no Processo Obrigacional*. São Paulo: Revista dos Tribunais, 2005.

LUHMANN, Niklas. *Legitimação Pelo Procedimento*. Trad. de Maria da Conceição Corte-Real. Brasília: UnB, 1980.

LUIG, Klaus. Il Ruolo della Buona Fede nella Giurisprudenza della Corte dell'Impero prima e dopo l'Entrata in Vigore del BGB dell'anno 1900. In: GAROFALO, Luigi (Org.). *Il Ruolo della Buona Fede Oggetiva nell'esperienza giuridica storica e contemporanea* – Atti del Convegno Internazionale di Studi in Onore di Alberto Burdese, vol. II. Padova: Cedam, 2004.

LUZZATTI. Claudio. *La Vaghezza delle Norme*. Un'analisi del linguaggio giuridico. Milano: Giuffrè, 1990.

LYNN, Michael P. *A Survey Of Cases Analyzing Earnout Agreements*. September 14, 2010. White paper disponível em: <https://utcle.org/ecourses/OC4162/get-asset-file/asset_id/27424>. Último acesso em: 12.05.2023.

MACDONALD, Norberto da Costa Caruso. Anotações sobre a Interpretação dos Contratos conforme à Boa-Fé. In: ESTEVEZ, André; JOBIM, Marcio Felix (Orgs.). *Estudos de Direito Empresarial*. Homenagem aos 50 anos de docência do Professor Peter Walter Ashton. São Paulo: Saraiva, 2012.

MACEDO JÚNIOR, Ronaldo Porto. *Contratos Relacionais e Defesa do Consumidor*. São Paulo: Max Limonad, 1998.

MACNEIL, Ian. The New Social Contract: an inquiry into modern contractual relations. In: CAMPBELL, David (Org.). *The relational theory of contract*: selected works of Ian Macneil. London: Sweet and Maxwell, 2001.

_____. Relational Contract Theory. Challenges and Queries. *NorthwesternUniversity Law Review*, vol. 94, n. 877, Chicago, 2000.

_____. *The New Social Contract*: an inquiry into modern contractual relations. New Haven: Yale University, 1980.

MAFFINI, Rafael da Cás. *Princípio da Proteção Substancial da Confiança no Direito Administrativo Brasileiro*. Porto Alegre: Verbo Jurídico, 2006.

MAIA JUNIOR, Mairan Gonçalves. *A Representação do Negócio Jurídico*. São Paulo: Revista dos Tribunais, 2001.

MARCHELLO-NIZIA, Christiane. Cavalaria e Cortesia. In: LEVI, Giovanni; SCHMITT, Jean-Claude (Orgs.). *História dos Jovens* – Da Antiguidade à Era Moderna. São Paulo: Companhia das Letras, 1996.

MARCONDES, Sylvio. *Questões de Direito Mercantil*. São Paulo: Max Limonad, 1977.

_____. *Problemas de Direito Mercantil*. São Paulo: Max Limonad, 1970.

MARINO, Francisco Paulo De Crescenzo. *Revisão Contratual*. Onerosidade Excessiva e Modificação Contratual Equitativa. São Paulo: Almedina, 2020.

_____. Eficácia da convenção de arbitragem perante terceiros: o caso do terceiro beneficiário. In: BENETTI, Giovana *et al.* (Org.). *Direito, Cultura e Método*: Leituras da Obra de Judith Martins-Costa. Rio de Janeiro: GZ Editora, 2019.

_____. *Interpretação do Negócio Jurídico*. São Paulo: Saraiva, 2011.

_____. *Contratos Coligados no Direito Brasileiro*. São Paulo: Saraiva, 2009.

MARQUES, Mario Reis. O Liberalismo e a Codificação do Direito Civil em Portugal. *Boletim da Faculdade de Direito da Universidade de Coimbra*, Suplemento XXIX, 1987.

MARTINEZ, Belén Andreu. Incumplimiento Anticipado: regulación en los Principios de Derecho Contractual Europeo y soluciones a la vista del Código Civil español. In:

Espiau, Santiago; Aloy, Antoni. *Bases de un Derecho Contractual Europeo*. Valencia: Tirant lo Blanch, 2003.

Martínez Sanz, Fernando; Monteagudo, Montiano; Palau Ramírez, Felipe. *Comentario a la ley sobre contrato de agencia*. Madrid: Civitas, 2000.

Martins, Fran. *Comentários à Lei das Sociedades Anônimas*. Vol. III. Rio de Janeiro: Forense, 1978.

Martins-Costa, Fernanda Mynarski. *Execução Diferida nos Contratos de M&A*. São Paulo: Almedina, 2022.

_____. *Execução Diferida do Contrato em Operações de Fusões e Aquisições (F&A) de Sociedades Anônimas:* análise de aspectos contratuais e societários. Tese de Doutorado apresentada à Faculdade de Direito da Universidade de São Paulo. Orientador: Prof. Associado Dr. Erasmo Valladão Azevedo e Novaes França. São Paulo, 2021.

_____. O princípio da boa-fé objetiva nos negócios sob condição suspensiva. In: Benetti, Giovana *et al.* (Org.). *Direito, Cultura, Método*: Leituras da Obra de Judith Martins-Costa. Rio de Janeiro: GZ Editora, 2019.

_____. *Condição Suspensiva*. Função, Estrutura e Regime Jurídico. São Paulo: Almedina, 2017.

Martins-Costa, Judith; Xavier, Rafael Branco. Da vinculação do terceiro beneficiário à cláusula arbitral. In: Tolentino, Augusto *et al. Homenagem a Pedro Batista Martins*. No prelo.

_____. O Exercício Jurídico Deslealmente Contraditório e Concreção do Princípio da Boa-Fé. *Livro em Homenagem ao Ministro Ruy Rosado de Aguiar*. São Paulo: Atlas, no prelo.

_____. O risco contratual (e os significados do risco). In: Nanni, Giovanni Ettore *et al.* (Org.). *Gestão de Riscos no Direito Privado e na Arbitragem*. São Paulo: Almedina, 2023.

_____. Breves Notas sobre o Contrato de Franquia e a Relação Contratual de Emprego. *Revista Memória*, n. 2, ano 2, abr. 2023.

_____. Notas sobre a impossibilidade temporária no Código Civil. In: Silva, Michael César *et al.* (Org.). *Impactos do Coronavírus no Direito*: diálogos, reflexões e perspectivas contemporâneas, vol. II. Belo Horizonte: Newton, 2022.

_____; Benetti, Giovana. Comentário ao artigo 2.º, inciso II: o princípio da "boa-fé do particular perante o poder público". In: _____; Nitschke, Guilherme Carneiro Monteiro. *Direito Privado na Lei de Liberdade Econômica*: Comentários. São Paulo: Almedina, 2022.

_____; Xavier, Rafael Branco. Os Fatores ESG e as Cláusulas ESG. In: Coelho, Fábio Ulhoa *et al.* (Coord.). *A Evolução do Direito no Século XXI*: seus princípios e valores – ESG, Liberdade, Regulação, Igualdade e Segurança Jurídica (Homenagem ao Professor Arnoldo Wald), vol. II. São Paulo: IASP, 2022.

_____. Os efeitos obrigacionais da invalidade: o Caso dos Contratos Viciados por Ato de Corrupção. In: BARBOSA, Henrique; FERREIRA DA SILVA, Jorge. *A Evolução do Direito Empresarial e Obrigacional*. 18 anos de Código Civil. São Paulo: Quartier Latin, 2021.

_____; XAVIER, Rafael Branco. A cláusula de *ensuing loss* nos seguros *all risks*. In: TZIRULNIK, Ernesto *et al.* (Org.). *Direito do Seguro Contemporâneo*: Edição Comemorativa dos 20 anos do IBDS, vol. 2. São Paulo: Roncarati, 2021.

_____; COSTA E SILVA, Paula. *Crise e Perturbações no Cumprimento da Prestação*: Estudo de Direito Comparado Luso-Brasileiro. São Paulo: Quartier Latin, 2020.

_____; GIANOTTI, Luca. A culpa no Direito das Obrigações: notas para uma história de conceitos jurídicos fundamentais. In: PIRES, Fernanda Ivo; GUERRA, Alexandre; MORATO, Antonio Carlos; MARTINS, Fernando Rodrigues; ROSENVALD, Nelson. *Da Estrutura à Função da Responsabilidade Civil*: Uma homenagem do Instituto de Estudos da Responsabilidade Civil (IBERC) ao Professor Renan Lotufo. Indaiatuba: Foco, 2021.

_____. De princípios, regras, ficções e presunções (e de algumas desastrosas confusões). In: MITIDIERO, Daniel; ADAMY, Pedro (Coords.). *Direito, Razão e Argumento*: a reconstrução dos fundamentos democráticos do Direito Público com base na Teoria do Direito. *Liber Amicorum* Professor Humberto Ávila. Salvador: Juspodium, 2021.

_____. Impossibilidade de prestar e a excessiva onerosidade superveniente na relação entre *shopping center* e seus lojistas. *Revista da Faculdade de Direito da Universidade de Lisboa*, COVID-19 e o Direito, n. 1, ano LXI, 2020, p. 391-427.

_____. Art. 3.º, V: presunção de boa-fé. In: MARQUES NETO, Floriano Peixoto; RODRIGUES JR., Otavio Luiz; LEONARDO, Rodrigo Xavier (Orgs.). *Comentários à Lei da Liberdade Econômica*. São Paulo: Revista dos Tribunais, 2019.

_____; HAICAL, Gustavo. Alteração da relação obrigacional estabelecida em acordos societários por impossibilidade superveniente não imputável às partes contratantes em virtude do desaparecimento de sua finalidade. *Revista de Direito Civil Contemporâneo*, vol. 18, 2019, p. 371-404.

_____. O árbitro e o cálculo do montante da indenização. In: CARMONA, Carlos Alberto; LEMES, Selma Maria Ferreira; MARTINS, Pedro Batista. *20 anos da Lei de Arbitragem*: homenagem a Petrônio R. Muniz. São Paulo: Atlas, 2017.

_____. O *Trust* e o Direito Brasileiro. *Revista de Direito Civil Contemporâneo*, vol. 12, n. 4, 2017.

_____. Os dilemas da incoerência. In: CASTRO NEVES, José Roberto (Org.). *Ele, Shakespeare, visto por nós, advogados*. Rio de Janeiro: Edições de Janeiro, 2017.

_____; ZANETTI, Cristiano de Sousa. *Responsabilidade Contratual*. Prazo prescricional de 10 anos. *Revista dos Tribunais*, vol. 979. São Paulo: Revista dos Tribunais, maio 2017, p. 215-241.

_____. Como harmonizar os modelos jurídicos abertos com a segurança jurídica dos contratos (notas para uma palestra). *Revista Brasileira de Direito Civil*, vol. 5, jul./set. 2015, p. 67-77. Também publicado em: *Revista Jurídica Luso-Brasileira*, ano 2, n. 1, 2016, p. 1051-1064.

_____; HAICAL, Gustavo. O Corretor Autônomo e a Empresa de Corretagem: entre colaboração e subordinação. In: FREDIANI, Yone (Org.). *A Valorização do Trabalho Autônomo e a Livre Iniciativa*. Porto Alegre: Lex Magister, 2015. p. 131-154.

_____; HAICAL, Gustavo. Direito Restitutório. Pagamento Indevido e Enriquecimento sem Causa. Erro Invalidante e Erro Elemento do Pagamento Indevido. Prescrição. Interrupção e *Dies a Quo*. Parecer. *Revista dos Tribunais*, vol. 956. São Paulo: Revista dos Tribunais, jun. 2015, p. 257-295.

_____. Rapport de synthèse. VII Congrès International de l'Association Andres Bello des Juristes Franco-Latino-Américains. São Paulo, novembro de 2015. Inédito.

_____. Autoridade e Utilidade da Doutrina. In: _____ (Org.). *Modelos de Direito Privado*. São Paulo: Marcial Pons, 2014.

_____. Contrato de Cessão e Transferência de Quotas. Acordo de Sócios. Pactuação de Parcela Variável do Preço Contratual Denominada *Earn Out*. Características e Função («Causa Objetiva») do *Earn Out*. *Revista de Arbitragem e Mediação*, vol. 42, São Paulo, Revista dos Tribunais, jul./set. 2014.

_____. Contrato de Seguro. Suicídio do Segurado. Art. 798, Código Civil. Interpretação. Diretrizes e Princípios do Código Civil. Proteção ao Consumidor. Parecer. *Revista Brasileira de Direito Civil*, Rio de Janeiro, IBDCivil, vol. 1, jul./set. 2014, p. 353-424.

_____. Critérios para a Aplicação do Princípio da Boa-Fé Objetiva (com ênfase nas relações empresariais). In: MARTINS-COSTA, Judith; FRADERA, Véra. *Estudos de Direito Privado e Processual Civil*: em homenagem a Clóvis do Couto e Silva. São Paulo: Revista dos Tribunais, 2014.

_____. Dano Moral à Brasileira. In: PASCHOAL, Janaína; SILVEIRA, Renato Mello (Orgs.). *Livro Homenagem a Miguel Reale Junior*. Rio de Janeiro: GZ Editora, 2014. Também publicado na *Revista do Instituto do Direito Brasileiro*, Lisboa, Faculdade de Direito da Universidade de Lisboa, ano 3, n. 9, 2014, p. 7.073-7.122.

_____ et al. *Modelos de Direito Privado*. São Paulo: Marcial Pons, 2014.

_____. Cláusulas Gerais: um ensaio de qualificação. In: ANDRADE, José Maria Arruda de; COSTA, José Augusto Fontoura; MATSUO, Alexandra Mery Hansen (Orgs.). *Direito*: Teoria e Experiência – Estudos em Homenagem a Eros Roberto Grau. São Paulo: Malheiros, 2013.

_____. O Método da Concreção e a Interpretação dos Contratos: Primeiras Notas de uma Leitura Suscitada pelo Código Civil. In: LOTUFO, Renan; NANNI, Giovanni Ettore; MARTINS, Fernando Rodrigues (Orgs.). *Temas Relevantes de Direito Civil Contemporâneo*. São Paulo: Atlas, 2012.

_____. Contratos de Derivativos Cambiais. Contratos Aleatórios. Abuso de Direito e Abusividade Contratual. Boa-Fé Objetiva. Parecer. *Revista de Direito Bancário e do Mercado de Capitais*, vol. 55, São Paulo, Revista dos Tribunais, 2012, p. 321-381.

_____; NITSCHKE, Guilherme. Contratos Lacunosos e Poderes do Árbitro: Questões Teóricas e Práticas. *Revista de Arbitragem*, n. 2, ano I, jul./dez. 2012, p. 63-114.

_____. Os Regimes do Dolo Civil no Direito Brasileiro: dolo antecedente, vício informativo por omissão e por comissão, dolo acidental e dever de indenizar. *Revista dos Tribunais*, vol. 923, São Paulo, Revista dos Tribunais, set. 2012, p. 115-144.

_____. Contrato. Conceito e Evolução. In: NANNI, Giovanni Ettore; LOTUFO, Renan (Org.). *Teoria Geral dos Contratos*. São Paulo: Atlas, 2011.

_____. O caso dos produtos Tostines: uma atuação do princípio da boa-fé a resilição de contratos duradouros e na caracterização da *suppressio*. In: TEPEDINO, Gustavo; FRAZÃO, Ana (Coords.). *O Superior Tribunal de Justiça e a Reconstrução do Direito Privado*. São Paulo: Revista dos Tribunais, 2011.

_____. A Cláusula de *hardship* e a Obrigação de Renegociar nos Contratos de Longa Duração. In: MOTA, Maurício; KLOH, Gustavo (Orgs.). *Transformações Contemporâneas do Direito das Obrigações*. Rio de Janeiro: Elsevier, 2010.

_____. Raymundo Faoro: o advogado como «líder da comunidade» e «transmissor da cultura». In: MOTA, Carlos Guilherme. *Os Juristas na Formação do Estado-Nação Brasileiro*. 1930 – dias atuais. São Paulo: Saraiva, 2010.

_____. *Comentários ao Novo Código Civil*. Do Inadimplemento das Obrigações, vol. V. Tomo II. 2.ª ed. Rio de Janeiro: Forense, 2009.

_____. O Método da Concreção e a Interpretação dos Contratos: Primeiras Notas de uma Leitura Suscitada pelo Código Civil. In: NANNI, Giovanni (Coord.). *Temas Relevantes de Direito Civil*. São Paulo: Atlas, 2008.

_____. Os Avatares do Abuso do Direito e o Rumo Indicado pela Boa-Fé. In: TEPEDINO, Gustavo (Org.). *Direito Civil Contemporâneo*. Novos problemas à luz da legalidade constitucional. Congresso Internacional de Direito Civil-Constitucional da Cidade do Rio de Janeiro, 2008. Rio de Janeiro: Atlas, 2008.

_____. Os Campos Normativos da Boa-Fé Objetiva: as três perspectivas do Direito Privado Brasileiro. In: AZEVEDO, Antonio Junqueira; TÔRRES, Heleno Taveira; CARBONE, Paolo (Coords.). *Princípios do Novo Código Civil e Outros Temas*: Homenagem a Tullio Ascarelli. São Paulo: Quartier Latin, 2008.

_____. Um Aspecto da Obrigação de Indenizar: Notas para uma Sistematização dos Deveres Pré-Negociais de Proteção no Direito Civil Brasileiro. *Revista dos Tribunais*, vol. 867, São Paulo, Revista dos Tribunais, jan. 2008.

_____. Um Aspecto da Obrigação de Indenizar: Notas para uma Sistematização dos Deveres Pré-negociais de Proteção no Direito Civil Brasileiro. In: CAMPOS, Diogo Leite; MENDES, Gilmar F.; MARTINS, Ives Gandra da Silva (Orgs.). *A Evolução do*

Direito no Século XXI. Estudos em Homenagem ao Professor Arnoldo Wald. Coimbra: Almedina, 2007.

_____. Almiro do Couto e Silva e a Re-significação do Princípio da Segurança Jurídica. In: ÁVILA, Humberto (Org.). *Fundamentos do Estado de Direito*. Estudos em Homenagem ao Professor Almiro do Couto e Silva. São Paulo: Malheiros, 2005.

_____. Novas Reflexões sobre o Princípio da Função Social dos Contratos. *Estudos de Direito do Consumidor*, vol. 7, 2005.

_____. Reflexões sobre a Função Social dos Contratos. *Revista Direito GV*, São Paulo, FGV, vol. 1, 2005, p. 41-66.

_____. A Ilicitude Derivada do Exercício Contraditório de um Direito: o renascer do *venire contra factum proprium*. *Revista Forense*, Rio de Janeiro, Forense, vol. 376, 2004.

_____. Os Campos Normativos da Boa-Fé Objetiva: as três perspectivas do Direito Privado Brasileiro. *Estudos de Direito do Consumidor*, vol. VI. Coimbra: 2004.

_____. Breves Anotações Acerca do Conceito de Ilicitude no Novo Código Civil (Estruturas e Rupturas em Torno do Artigo 187). *Boletim Adcoas*, n. 10, 2003.

_____. A Boa-Fé como Modelo. In: MARTINS-COSTA, Judith; BRANCO, Gerson Luiz Carlos. *Diretrizes Teóricas do Novo Código Civil*. São Paulo: Saraiva, 2002.

_____. Mercado e Solidariedade Social entre Cosmos e Taxis: a boa-fé nas relações de consumo. In: MARTINS-COSTA, Judith (Org.). *A Reconstrução do Direito Privado*: reflexos dos princípios, garantias e direitos constitucionais fundamentais no Direito Privado. São Paulo: Revista dos Tribunais, 2002.

_____. *A Boa-Fé no Direito Privado*: sistema e tópica no processo obrigacional. São Paulo: Revista dos Tribunais, 1999.

_____. Noção de Contrato na História dos Pactos. *Uma Vida Dedicada ao Direito –* homenagem a Carlos Henrique de Carvalho, editor dos juristas. São Paulo: Revista dos Tribunais, 1996.

_____. Os Princípios Informadores do Contrato de Compra e Venda Internacional na Convenção de Viena de 1980. *Revista de Informação Legislativa*, n. 126, Brasília, Senado Federal, abr./jun. 1995.

_____. A Noção de Contrato na História dos Pactos. *Revista Organon*, Porto Alegre, Instituto de Letras da Universidade Federal do Rio Grande do Sul, vol. 6, n. 19, 1992.

_____. Crise e Modificação da Ideia de Contrato no Direito Brasileiro. *Revista Direito do Consumidor*, vol. 3, São Paulo, Revista dos Tribunais, 1992.

_____. A Teoria da Imprevisão e a Incidência dos Planos Econômicos Governamentais na Relação Contratual. *Revista dos Tribunais*, vol. 670, São Paulo, Revista dos Tribunais, 1991.

_____. As Cartas de Intenção no Processo Formativo da Contratação Internacional: os graus de eficácia dos contratos. *Revista da Faculdade de Direito da Universidade Federal do Rio Grande do Sul*, Porto Alegre, n. 17, 1990.

862 | A BOA-FÉ NO DIREITO PRIVADO

_____. O Princípio da Boa-Fé. *Revista da Ajuris*, Porto Alegre, ano XVII, vol. 50, 1990.

MARTINS, Maria Inês de Oliveira. *Contrato de Seguro e Conduta dos Sujeitos Ligados ao Risco*. Coimbra: Almedina, 2018.

MARTY, Gabriel; RAYNAUD, Pierre. *Droit Civil*, vol. II. Tomo I. Paris: Sirey, 1962.

MATHIEU-IZORCHE, Marie-Laure. *Le Raisonnement Juridique*. Paris: PUF, 2001.

MAURER, Harmut. *Elementos de Direito Administrativo Alemão*. Trad. de Luis Afonso Heck. Porto Alegre: Sérgio Antonio Fabris, 2001.

MAXIMILIANO, Carlos. *Hermenêutica e Aplicação do Direito*. 21.ª ed. Rio de Janeiro: Forense, 2017.

_____. *Hermenêutica e Aplicação do Direito*. 11.ª ed. Rio de Janeiro: Forense, 1991.

MAYER, Pierre. *Le Principe de Bonne Foi devant les Arbitres du Commerce International*. Basel e Frankfurt-am-Main: Mélanges Lalive, 1993.

_____. *La Regle Morale dans l'Arbitrage Internationale*. Études Offertes à Pierre Bellet. Paris: Litec, 1991.

MAYNARD, Therese H. (Coord.). *Mergers and Acquisitions*: Cases, Materials and Problems. 4.ª ed. Haia: Wolters Kluwer, 2017.

MAZEAUD, Denis. Les nouveaux instruments de l'équilibre contractuel. In: JAMIN, Chirstophe; MAZEAUD, Denis. *La Nouvelle Crise du Contrat*. Paris: Dalloz, 2003.

_____. Note sous Com., 9 juillet 2002, D., 2003, som. Com., p. 457.

MAZZARELLA, Ferdinando. *Percorsi Storico-Giuridici dell'impresa*. Dall' «entreprise» all'«Unternehmen». Palermo: Carlo Saladino, 2012.

MEDICUS, Dieter. *Tratado de las Relaciones Obligacionales*. Tomo I. Trad. espanhola de Ángel Martínez Sarrón. Barcelona: Bosch, 1995.

MEDINA, Francisco Sabadin. *Compra e Venda de Coisa Incerta no Direito Civil brasileiro*: Uma análise do dever do vendedor no Código Civil de 2002. Tomo I – Evolução Histórica e Perfil Dogmático. Rio de Janeiro: Lumen Juris, 2021.

MELLO, Marcos Bernardes de. Sobre o Princípio da Respeitabilidade das Normas Jurídicas Cogentes. In: MARTINS-COSTA, Judith; FRADERA, Véra. *Estudos de Direito Privado e Processual Civil*: em homenagem a Clóvis do Couto e Silva. São Paulo: Revista dos Tribunais, 2014.

_____. *Teoria do Fato Jurídico*: Plano da Eficácia. 1.ª Parte. 8.ª ed. São Paulo: Saraiva, 2013.

_____. *Teoria do Fato Jurídico*: Plano da Validade. 12.ª ed. São Paulo: Saraiva, 2013.

_____. *Teoria do Fato Jurídico*: Plano da Existência. 13.ª ed. São Paulo: Saraiva, 2007.

_____; EHRHARDT JÚNIOR, Marcos. Panorama Atual pelos Atualizadores. In: PONTES DE MIRANDA, Francisco Cavalcanti. *Tratado de Direito Privado*. São Paulo: Revista dos Tribunais, 2012.

MELLO FRANCO, Vera Helena de. *Manual de Direito Comercial*, vol. I. 2.ª ed. São Paulo: Revista dos Tribunais, 2004.

MENDONÇA, José Xavier Carvalho de. *Tratado de Direito Comercial Brasileiro*, vol. IV. Tomo I. Atualizado por Ricardo Rodrigues Gama. Campinas: Russell Editores, 2003.

MENEZES CORDEIRO, António Manuel. *Litigância de Má-Fé, Abuso do Direito de Ação e Culpa «In Agendo»*. 2.ª ed. Coimbra: Almedina, 2011.

_____. *Da Modernização do Direito Civil*. Tomo I. Aspectos Gerais. Coimbra: Almedina, 2004.

_____. A Reforma civil alemã de 2001/2002. In: *Da Modernização do Direito Civil*. Vol. I. Aspectos Gerais. Coimbra: Almedina, 2004.

_____. *Manual de Direito Comercial*, vol. I. Coimbra: Almedina, 2003.

_____. *Das Cartas de Conforto no Direito Bancário*. Lisboa: Lex, 1993.

_____. O Cumprimento e o não Cumprimento – Violação Positiva do Contrato. *Estudos de Direito Civil*, vol. I. Coimbra: Almedina, 1991.

_____. Introdução. In: CANARIS, Claus-Wilhelm. *Pensamento Sistemático e Conceito de Sistema na Ciência do Direito*. Trad. portuguesa de António Menezes Cordeiro. Lisboa: Fundação Calouste Gulbenkian, 1989.

_____. *Da Boa-Fé no Direito Civil*. Coimbra: Almedina, 1984.

_____. *Direito das Obrigações*, vol. I. Lisboa: Associação Acadêmica da Faculdade de Direito de Lisboa, 1980.

_____. *Tratado de Direito Civil Português*. Tomo IV. Coimbra: Almedina, 2005.

_____. *Tratado de Direito Civil Português*. Tomo VI. 2.ª ed. Coimbra: Almedina, 2012.

_____. *Tratado de Direito Civil Português*, vol. II. Tomo I. Coimbra: Almedina, 2009.

_____. *Tratado de Direito Civil Português*, vol. II. Tomo XII. Coimbra: Almedina, 2018.

MENEZES LEITÃO, Luís Manuel Teles de. *Direito das Obrigações*. 13.ª ed. Coimbra: Almedina, 2016.

MENGONI, Luigi. Diritto Vivente. *Jus*, Milano, Vita e Pensiero, 1989.

_____. Spunti per una teoria delle clausole generali. *Rivista Critica del Diritto Privato*, n. 1, Napoli, Jovene, ano 4, 1986.

MENKE, Fabiano. A Interpretação das Cláusulas Gerais: A subsunção e a concreção dos conceitos. *Revista de Direito do Consumidor*, vol. 50, São Paulo, Revista dos Tribunais, abr. 2004.

MESQUITA, Manuel Henrique. *Oferta Pública de Venda de Acções e Violacão do Dever de Informar* (Comentário a uma operação de privatização). Coimbra: Coimbra Editora, 1996.

MESTRE, Jacques; LAUDE, Anne. L'Interpretation «Active» du Contrat par le Juge. *Le Juge et l'Exécution du Contrat*. Aix-en-Provence: Colloque I.D.A., maio 1993.

MEYER, Rudolf. *Bona Fides und Lex Mercatoria in der Europäischen Rechtstradition*. Göttingen: Wallstein Verlag, 1994.

864 | A BOA-FÉ NO DIREITO PRIVADO

MICHAUD, Ives. *Locke*. Trad. de Lucy Magalhães. Rio de Janeiro: Zahar, 1991.

MICHELON JÚNIOR, Cláudio. Deveres Primários e Deveres Secundários. In: MICHELON JÚNIOR, Cláudio. *Direito Privado, Razão e Justiça*. No prelo.

_____. *Direito Restitutório*. Enriquecimento sem Causa, Pagamento Indevido, Gestão de Negócios. São Paulo: Revista dos Tribunais, 2007.

MICKLITZ, Hans. La Loi Allemande Relative au Régime Juridique des Conditions Générales des Contrats du 9 décembre 1976: bilan de onze années d'application. *Revue Internationale de Droit Comparé*, Paris, Societé de Législation Comparée, n. 1, 1989.

MIQUEL, Juan. *Derecho Privado Romano*. Madri: Marcial Pons, 1992.

MIRANDA, Custódio da Piedade Ubaldino. *Comentários ao Código Civil*: Dos Contratos em Geral, vol. V. São Paulo: Saraiva, 2013.

MIRANDA JUNIOR, Darcy Arruda. *Jurisprudência das Obrigações*. São Paulo: Revista dos Tribunais, 1976.

MIRANDA, Darcy Arruda. *Anotações ao Código Civil Brasileiro*, vol. III. 4.ª ed. São Paulo: Saraiva, 1993.

MITIDIERO, Daniel. *Colaboração no Processo Civil*. São Paulo: Revista dos Tribunais, 2009.

MODUGNO, Franco. *Enciclopedia del Diritto*, vol. XXII. Milano: Giuffrè, 1973.

MOISSET DE ESPANÉS, Luis. *La Teoría de los Actos Propios y la Doctrina y Jurisprudencia Nacionales*. Buenos Aires: La Ley, 1984.

MOLFESSIS, Nicolas. Prefácio. In: HAMELIN, Jean-François. *Le Contrat-Alliance*. Paris: Economica, 2012.

MONTANIER, Jean-Claude; SAMUEL, Geoffrey. *Le Contrat en Droit Anglais*. Grenoble: PUG, 1999.

MONTI, Alberto. A boa-fé no Projeto de Lei n. 3.555/04. In: *IV Fórum de Direito do Seguro «José Sollero Filho»*. São Paulo: IBDS, 2006.

_____. Boa-Fé e Seguro. In: *III Fórum de Direito do Seguro «José Sollero Filho»*. São Paulo: IBDS, 2003.

_____. *Bona Fede e Assicurazione*. Milano: Giuffrè, 2002.

MORAES FILHO, Evaristo de. *Pareceres de Direito do Trabalho*. 10.ª ed. São Paulo: LTr, 2011.

_____. *Pareceres de Direito do Trabalho*. São Paulo: LTr, 1976.

_____. *A Justa Causa na Rescisão do Contrato de Trabalho*. 2.ª ed. Rio de Janeiro: Forense, 1965.

MOREIRA ALVES, José Carlos. A Boa-Fé Objetiva no Sistema Contratual Brasileiro. *Revista Ibero-Americana de Direito Público*, Instituto Ibero-Americano de Direito Público, vol. 4, n. 12, out./dez. 2003.

_____. A Boa-Fé Objetiva no Sistema Contratual Brasileiro. *Rivista Roma e America*, n. 7, Modena, Mucchi, 1999.

_____. A Parte Geral do Projeto do Código Civil. *Revista do Conselho da Justiça Federal*, Brasília, vol. 9, 1999.

_____. *A Parte Geral do Projeto de Código Civil Brasileiro*. São Paulo: Revista dos Tribunais, 1986.

_____. *A Parte Geral do Projeto de Código Civil Brasileiro*. 2.ª ed. São Paulo: Saraiva, 2003.

MORIN, Ariane. *La Responsabilité Fondée sur la Confiance*. Étude critique des fondements d'une innovation controversée. Genève: Helbing & Lichtenhahn, 2002.

MOTA PINTO, Carlos Alberto da. *Teoria Geral do Direito Civil*. 4.ª ed. Atualizado por António Pinto Monteiro e Paulo Mota Pinto. Coimbra: Coimbra Editora, 2005.

_____. A Responsabilidade Pré-negocial pela não Conclusão dos Contratos. *Boletim da Faculdade de Direito da Universidade de Coimbra*, Supl. XIV, 1966.

_____. *Cessão de Contrato*. São Paulo: Saraiva, 1985.

MOTA PINTO, Paulo. *Interesse Contratual Negativo e Interesse Contratual Positivo*, vol. I. Coimbra: Coimbra Editora, 2008.

_____. Falta e Vícios da Vontade – O Código Civil e os Regimes Mais Recentes. *Comemorações dos 35 anos do Código Civil e dos 25 anos da Reforma de 1977*, vol. II. Coimbra: Coimbra Editora, 2006.

_____. *Declaração Tácita e Comportamento Concludente no Negócio Jurídico*. Coimbra: Almedina, 1995.

MOURRE, Alexis. Conflicts Disclosures: The IBA Guidelines and Beyond.In: KLAUSEGGER, Christian; KLEIN, Peter, *et al.* (Org.). *Austrian Yearbook on International Arbitration 2015*. The Hague: Kluwer Law International, 2015.

MOUSSERON, Jean-Marc. Les Clauses d'Adaptation dans la Pratique Contractuelle. *Apud* GOMES, Julio. Cláusulas de Hardship. *Contratos, Actualidade e Evolução*. Porto: UCP, 1997.

MUIR-WATT, Horatia. Analyse économique et perspctive solidariste. In: JAMIN, Chirstophe; MAZEAUD, Denis. *La Nouvelle Crise du Contrat*. Paris: Dalloz, 2003.

_____. La Modération des Dommages en Droit Anglo-Américain. *LPA*, n. 232, nov. 2002.

_____. Prefácio. In: HOUTCIEFF, Dimitri. *Le Principe de Cohérence en Matiere Contractuelle*. Tomo I. Aix-en-Provence: Presses Universitaires d'Aix-Marseille, 2001.

MÜLLER, Friedrich. *Discours de la Méthode Juridique*. Paris: PUF, 1996.

MUNHOZ, Eduardo Secchi. *Empresa Contemporânea e Direito Societário*. São Paulo: Juarez de Oliveira, 2002.

MÜSSNICH, Francisco Antunes Maciel. A cláusula de *earn-out* na aquisição de sociedades: solução ou postergação do problema? In: CASTRO, Rodrigo Rocha Monteiro de; AZEVEDO, Luís André; HENRIQUES, Marcus de Freitas (Coords.). *Direito Societário, Mercado de Capitais, Arbitragem e Outros Temas*: Homenagem a Nelson Eizirik. São Paulo: Quartier Latin, 2020.

NANNI, Giovanni Ettore (Coord.). *Comentários ao Código Civil*. São Paulo: Saraiva, 2018.

_____. *Enriquecimento sem Causa*. São Paulo: Saraiva, 2004.

NEGREIROS, Teresa. *Teoria do Contrato*. Novos Paradigmas. Rio de Janeiro: Renovar, 2002.

NEVES, Julio Andrade. *A suppressio (Verwirkung) no Direito Civil*. São Paulo: Almedina, 2016.

NICOLINI, Fausto. Introdução. *Opere*. Milano: Riccardo Ricciardi, 1953.

NITSCHKE, Guilherme Carneiro Monteiro. Comentário ao artigo 113, §§1.º e 2.º, do Código Civil: interpretação contratual a partir da Lei da Liberdade Econômica. In: MARTINS-COSTA, Judith; _____. *Direito Privado na Lei de Liberdade Econômica*. São Paulo: Almedina, 2022.

_____. Colmatação de Lacunas Contratuais: Insuficiências do Código Civil, Deficiências da Lei de Liberdade Econômica e o trabalho da Doutrina. In: BARBOSA, Henrique; FERREIRA DA SILVA, Jorge Cesa. *A Evolução do Direito Empresarial e Obrigacional*: 18 anos do Código Civil. Obrigações e Contratos. São Paulo: Quartier Latin, 2021.

_____. *Lacunas Contratuais e Interpretação*: História, Conceito e Método. São Paulo: Quartier Latin, 2019.

_____. Ativismo Arbitral e «Lex Mercatoria». *Revista de Arbitragem e Mediação*, São Paulo, Revista dos Tribunais, 2014.

_____. A Noção de Cronótopo no Cruzamento entre Literatura e Direito. In: MARTINS-COSTA, Judith (Coord.). *Narração e Normatividade*. Ensaios de Direito e Literatura. Rio de Janeiro: GZ Editora, 2013.

_____. Revisão, resolução, reindexação, renegociação: o juiz e o desequilíbrio superveniente de contratos de duração. *Revista Trimestral de Direito Civil*, vol. 50, ano 13, abr./jun. 2012.

_____. Tempo e Equilíbrio Contratual. In: MOTA, Maurício Jorge Pereira da; NEVES, Gustavo Kloh Müller (Coords.). *Transformações Contemporâneas no Direito das Obrigações*: estudos em homenagem a Orlando Gomes. Rio de Janeiro: Elsevier, 2010.

NIVARRA, Luca; RICIUTTO, Vincenzo; SCOGNAMIGLIO, Claudio. *Istituzioni di Diritto Privato*. Torino: Giappichelli, 2001.

NONATO, Orozimbo. *Curso de Obrigações*, vol. II. Rio de Janeiro: Forense, 1960.

NORONHA, Fernando. *Direito das Obrigações*. São Paulo: Saraiva, 2003.

_____. *O Direito dos Contratos e seus Princípios Fundamentais*. São Paulo: Saraiva, 1994.

NUNES, Pedro Caetano. *Dever de Gestão dos Administradores de Sociedades Anônimas*. Coimbra: Almedina, 2018.

NUNES PINTO, José Emilio. *A Cláusula Compromissória à luz do Código Civil*. Disponível em: <https://www.migalhas.com.br/depeso/7218/a-clausula-compromissoria-a-luz-do-codigo-civil>. Último acesso em: 12.05.2023.

_____. Recusa e Impugnação de Árbitro. *Revista de Arbitragem e Mediação*, vol. 15, 2007.

OIOLI, Erik Frederico; RIBEIRO JR., José Alves. Contratos Aleatórios e Alocação de Risco em Operações de Securitização de Recebíveis Futuros. In: BARBOSA, Henrique; FERREIRA DA SILVA, Jorge Cesa. *A Evolução do Direito Empresarial e Obrigacional*: 18 anos do Código Civil. Obrigações e Contratos. São Paulo: Quartier Latin, 2021.

OLIVEIRA, Ana Perestelo. Cláusulas de força maior e limites da autonomia privada. *Revista da Faculdade de Direito da Universidade de Lisboa*, vol. LXI, n. 1, 2020, p. 65-79.

OLIVEIRA, Eduardo Andrade Ribeiro de. *Comentários ao Novo Código Civil*. Dos bens, dos fatos jurídicos, disposições gerais, da representação, da condição, do termo e do encargo, vol. II. 2.ª ed. Rio de Janeiro: Forense, 2012.

OPIE, Elisabeth. *Commentary on the manner in which the UNIDROIT Principles may be used to interpret or supplement Article 77 of the CISG*. Janeiro de 2005. Disponível em: <http://www.cisg.law.pace.edu/cisg/biblio/opie.html>.

OPPETIT, Bruno. *Théorie de l'Arbitrage*. Paris: PUF, 1998.

_____. L'Adaptation des Contrats Internationaux aux Changements de Circonstances : la clause de Hardship. *Journal du Droit International*, Paris, Clunet, n. 4, 1974.

OPPO, Giorgio. I contratti di durata. *Rivista di Diritto Commerciale*, vol. XLI, n. I, Milano, 1943.

OST, François; KERCHOVE, Michel van de. *De la Pyramide au réseau ?* Bruxelas : Facultés Universitaires Saint-Louis, 2002.

_____. *O Tempo do Direito*. Trad. portuguesa de Maria Fernanda de Oliveira. Lisboa: Instituto Piaget, 1999.

PADILLA, Maria Luisa Marin. *El Principio General de la Conservación de los Actos y Negocios Jurídicos «Utile per Inutile non Vitiatur»*. Barcelona: Bosch, 1990.

PAGNI, Ilária; FABIANI, Massimo. La transizione dal codice della crisi alla composizione negoziata. In: *Diritto della crisi*, nov. 2021. Disponível em: <https://www.diritto-dellacrisi.it/articolo/la-transizione-dal-codice-della-crisi-alla-composizione-ne-goziata-e-viceversa#param13>. Último acesso em: 10.05.2023.

PAPÁLEO, João Cesar Guaspari. *Contrato a Favor de Terceiro*. Rio de Janeiro: Renovar, 2000.

PARDOLESI, Roberto. *Una postilla sul Terzo Contratto*. Disponível em: <http://www.law--economics.net/workingpapers/L&E-LAB-FIN-07-2008.pdf>. Último acesso em: 12.05.2023.

PARELLA, Kishanthi. Protecting Third Parties in Contracts (September 22, 2020). *American Business Law Journal*, vol. 58, n. 2, jan. 2021. Disponível em: <https://ssrn.com/abstract=3697273>. Último acesso em: 12.05.2023.

PARENTE, Flávia. *O Dever de Diligência dos Administradores de Sociedades Anônimas*. Rio de Janeiro: Renovar, 2005.

PARGENDLER, Mariana. The Rise of International Corporate Law. *European Corporate Governance Institute*, n. 555/2020, nov. 2020. Disponível em: <https://papers.ssrn.com/sol3/papers.cfm?abstract_id=3728650>. Último acesso em: 12.05.2023.

_____. Alcance e limites da "presunção de boa-fé": custos probatórios e normas profiláticas no Direito Privado. In: BENETTI, Giovana *et al.* (Org.). *Direito, Cultura e Método*: Leituras da Obra de Judith Martins-Costa. Rio de Janeiro: GZ Editora, 2019.

_____. Controlling Shareholders in the Twenty-First Century: Complicating Corporate Governance Beyond Agency Costs. *European Corporate Governance Institute*, n. 483/2019, dec. 2019. Disponível em: <https://papers.ssrn.com/sol3/papers.cfm?abstract_id=3474555#>. Último acesso em: 12.05.2023.

_____. O direito contratual comparado em nova perspectiva: revisitando as diferenças entre os sistemas romano-germânico e de *common law*. *Revista Direito GV*, vol. 13, n. 3, set./dez. 2017, p. 796-826.

_____. A Responsabilidade Civil dos Administradores e *Business Judgment Rule* no Direito Brasileiro. *Revista dos Tribunais*, vol. 953, mar., 2015, p. 51-74.

_____. *Evolução do Direito Societário*. São Paulo: Saraiva, 2013.

_____; SALAMA, Bruno Meyerhof. Direito e Consequência no Brasil: Em Busca de um Discurso sobre o Método. *Revista de Direito Administrativo*, vol. 262, Rio de Janeiro, FGV, jan./abr. 2013.

_____. Modes of Gap Filling: Good faith and fiduciary duties reconsidered. *Tulane Law Review*, vol. 82, New Orleans, Tulane University Law School, mar. 2008.

PASQUALOTTO, Adalberto. *Contratos Nominados III*: seguro, constituição de renda, jogo e aposta, fiança, transação, compromisso. São Paulo: Revista dos Tribunais, 2008.

_____. *Os Efeitos Obrigacionais da Publicidade no Código de Defesa do Consumidor*. São Paulo: Revista dos Tribunais, 1997.

PATTI, Salvatore. V. Verwirkung. *Digesto delle Discipline Privatistiche*. Vol. XIX. Torino: UTET, 1999.

PÉDAMON, Michel. *Le Contrat en Droit Allemand*. Paris: LGDJ, 1993.

PEIRCE, Charles. *Semiótica*. 2.ª ed. Trad. de J. Teixeira Coelho Neto. São Paulo: Perspectiva, 1977.

PENTEADO, Luciano de Camargo. *Direito das Coisas*. São Paulo: Revista dos Tribunais, 2008.

_____. *Efeitos Contratuais perante Terceiros*. São Paulo: Quartier Latin, 2007.

PEREIRA, Caio Mário da Silva. *Instituições de Direito Civil*. Contratos. Declaração Unilateral de Vontade. Responsabilidade Civil, vol. III. Atualizada por Regis Fichtner. Rio de Janeiro: Edição Eletrônica, 2003.

_____. *Responsabilidade Civil*. 2.ª ed. Rio de Janeiro: Forense, 1991.

BIBLIOGRAFIA | 869

PEREIRA, Regis Fichtner. *A Responsabilidade Pré-contratual*. Teoria Geral e Responsabilidade pela Ruptura das Negociações Contratuais. Rio de Janeiro: Renovar, 2001.

PEREÑA, L.; ABRIL, V. Genèse du Raisonnement Juridique chez Francisco Suarez. In: HUBIEN, Hubert (Ed.). *Le Raisonnement Juridique*. Actes du Congrès Mondial de Philosophie du Droit et Philosophie Sociale. Bruxelles: 1971.

PERLINGIERI, Pietro. Normas Constitucionais nas Relações Privadas. *Apud* TEPEDINO, Gustavo; BARBOZA, Heloisa Helena; BODIN DE MORAES, Maria Celina. *Código Civil Interpretado Conforme a Constituição da República*. Tomo I. Rio de Janeiro: Renovar, 2004.

_____. *Il Fenomeno dell'Estinzione nelle Obbligazioni*. Napoli: Jovene, 1971.

PERRIN, Jean-François. Regle. *Archives de Philosophie du Droit*, vol. 35, Paris: Dalloz, 1990.

PESSOA JORGE, Fernando. A Formação do Contrato em Face do Novo Código Civil Português. *Revista Forense*, Rio de Janeiro, Forense, vol. 249, 1975.

PETIT, Eugene. *Tratado Elemental de Derecho Romano*. Buenos Aires: Albatroz, 1985.

PETRONIO, Ugo. *Enciclopedia del Diritto*, vol. XXXX. Torino: UTET, 1992.

PHILIPPE, Denis. Les Clauses Relatives au Changement de Circonstances dans les Contrats à Long Terme. *Le Contrat à Prestations Successives*. Bruxelles: Émile Bruylant, 1991.

PIAGGI, Ana. Reflexiones sobre dos Principios Basilares del Derecho: la buena fé y los actos próprios. In: CÓRDOBA, Marcos; CORDOBERA, Lidia Garrido; KLUGER, Viviana (Orgs.). *Tratado de la Buena Fe en el Derecho*. Buenos Aires: La Ley, 2004.

PICOD, Yves. *Le Devoir de Loyalté dans l'Exécution du Contrat*. Paris: LGDJ, 1989.

PIGNATTA, Francisco Augusto. *La Phase Précontractuelle sous l'Empire de la Convention de Vienne de 1980*: Une étude comparative avec les droits français et brésilien. Baden-Baden: Nomos, 2011.

_____. *La Phase Précontractuelle sous l'Empire de la Convention de Vienne sur la Vente Internationale et les Droits Français et Brésilien*. Strasbourg e Porto Alegre: Tese de Doutorado, Faculté de Droit, de Sciences Politiques et de Gestion de Strasbourg, Faculdade de Direito da Universidade Federal do Rio Grande do Sul, 2008.

PINHEIRO, Rosalice Fidalgo. *O Abuso do Direito e as Relações Contratuais*. Rio de Janeiro: Renovar, 2002.

PINTO, Fernando A. *Contratos de distribuição*: da tutela do distribuidor integrado em face da cessão do vínculo. Lisboa: Universidade Católica, 2013.

PINTO MONTEIRO, António. *Cláusulas Limitativas e de Exclusão de Responsabilidade Civil*. Coimbra: Almedina, 2011.

_____. Do Direito do Consumo ao Código do Consumidor. *Estudos do Direito do Consumidor*, vol. 1. Coimbra: Centro de Direito do Consumo da Faculdade de Direito da Universidade de Coimbra, 1999.

_____; Gomes, Júlio. A «Hardship Clause» e o problema da alteração das circunstâncias. In: Vaz, Manuel Afonso; Lopes, José Alberto Azeredo (Coords.). *Juris et de jure*. Nos vinte anos da Faculdade de Direito da Universidade Católica Portuguesa. Porto: Universidade Católica Portuguesa, 1998.

Pires, Catarina Monteiro. Cláusulas de acordo integral e cláusulas de solução única ou "remédio único". In: Castro, Rodrigo Rocha Monteiro de et al. *Direito Societário, Mercado de Capitais, Arbitragem e Outros Temas*. Homenagem a Nelson Eizirik. São Paulo: Quartier Latin, 2021.

_____. Cláusulas de preço fixo, de ajustamento de preço e de alteração material adversa ("MAC") e cláusulas de força maior: revisitando problemas de riscos de desequilíbrio e de maiores despesas em tempos virulentos. *Revista da Ordem dos Advogados*, ano 80, n. 1-2, jan./jun. 2020, Lisboa, p. 73-93.

_____. *Impossibilidade da Prestação*. Coimbra: Almedina, 2017.

Pitta, André Grünspun. *O Regime de Informação das Companhias Abertas*. São Paulo: Quartier Latin, 2013.

Piva, Luciano Zordan. *O Earn-Out na Compra e Venda de Empresas*. São Paulo: Quartier Latin, 2019.

Poças, Luís. *O Dever de Declaração Inicial do Risco no Contrato de Seguro*. Coimbra: Almedina, 2013.

Poletto, Gladimir Adriani. Controvérsias atuais a propósito do seguro garantia. In: Goldberg, Ilan; Junqueira, Thiago (Org.). *Temas Atuais de Direito dos Seguros*. Tomo II. São Paulo: Revista dos Tribunais, 2020.

Pontes de Miranda, Francisco Cavalcanti. Cessão de Direitos. Mora. Cessão de Dívida. Contrato. Sociedade Mercantil. Doação. *Doutrinas Essenciais*: Obrigações e Contratos, vol. II. São Paulo: Revista dos Tribunais, 2011.

_____. *Tratado de Direito Privado*. Tomo II. 3.ª ed. São Paulo: Revista dos Tribunais, 1983.

_____. *Tratado de Direito Privado*. Tomo III. 3.ª ed. São Paulo: Revista dos Tribunais, 1983.

_____. *Tratado de Direito Privado*. Tomo IV. 3.ª ed. São Paulo: Revista dos Tribunais, 1983.

_____. *Tratado de Direito Privado*. Tomo V. 3.ª ed. São Paulo: Revista dos Tribunais, 1983.

_____. *Tratado de Direito Privado*. Tomo VIII. 3.ª ed. São Paulo: Revista dos Tribunais, 1983.

_____. *Tratado de Direito Privado*. Tomo XI. 3.ª ed. São Paulo: Revista dos Tribunais, 1983.

_____. *Tratado de Direito Privado*. Tomo XXII. 3.ª ed. São Paulo: Revista dos Tribunais, 1984.

_____. *Tratado de Direito Privado*. Tomo XXV. 3.ª ed. São Paulo: Revista dos Tribunais, 1984.

_____. *Tratado de Direito Privado*. Tomo XXVI. 3.ª ed. São Paulo: Revista dos Tribunais, 1984.

_____. *Tratado de Direito Privado*. Tomo XXXIV. 3.ª ed. São Paulo: Revista dos Tribunais, 1984.

_____. *Tratado de Direito Privado*. Tomo XXXVIII. 3.ª ed. São Paulo: Revista dos Tribunais, 1984.

_____. *Tratado de Direito Privado*. Tomo XL. 3.ª ed. São Paulo: Revista dos Tribunais, 1984.

_____. *Tratado de Direito Privado*. Tomo XLIII. 3.ª ed. São Paulo: Revista dos Tribunais, 1984.

_____. *Tratado de Direito Privado*. Tomo XLIV. 3.ª ed. São Paulo: Revista dos Tribunais, 1984.

_____. *Tratado de Direito Privado*. Tomo XLVI. 3.ª ed. São Paulo: Revista dos Tribunais, 1984.

_____. *Tratado de Direito Privado*. Tomo XLIX. 3.ª ed. São Paulo: Revista dos Tribunais, 1984.

_____. *Tratado das* Ações. Tomo IV. Atualizado por Vilson Rodrigues Alves. Campinas: Bookseller, 1998.

_____. *Tratado de Direito Privado*. Tomo I. Atualizado por Judith Martins-Costa, Jorge Cesa Ferreira da Silva e Gustavo Haical. São Paulo: Revista dos Tribunais, 2012.

_____. *Tratado de Direito Privado*. Tomo III. Atualizado por Marcos Bernardes de Mello e Marcos Ehrhardt Jr. São Paulo: Revista dos Tribunais, 2012.

_____. *Tratado de Direito Privado*. Tomo V. Atualizado por Marcos Bernardes de Mello e Marcos Ehrahardt Jr. São Paulo: Revista dos Tribunais, 2012.

_____. *Tratado de Direito Privado*. Tomo XLVII. Atualizado por Pedro Paulo Teixeira Manus e Carla Teresa Martins Romar. São Paulo: Revista dos Tribunais, 2012.

_____. *Tratado de Direito Privado*. Tomo XXII. Atualizado por Ruy Rosado de Aguiar Junior e Nelson Nery Junior. São Paulo: Revista dos Tribunais, 2012.

_____. *Tratado de Direito Privado*. Tomo XXVI. Atualizado por Ruy Rosado de Aguiar Júnior e Nelson Nery Jr. São Paulo: Revista dos Tribunais, 2012.

_____; Campos, Francisco de; Nonato, Orozimbo. Cessão de Direitos. Mora. Cessão de Dívida. Contrato. Sociedade Mercantil. Doação. *Revista dos Tribunais*, vol. 330/87, São Paulo, Revista dos Tribunais, abr. 1963.

Popper, Karl. *La Quête Inachevée*. Trad. francesa de René Bouveresse. Paris: Calmann Lévy, 1986.

Popp, Carlyle. *Responsabilidade Civil Pré-Negocial*: O Rompimento das Tratativas. Curitiba: Juruá, 2001.

872 | A BOA-FÉ NO DIREITO PRIVADO

PORTO, Sérgio José. *A Responsabilidade Civil por Difamação no Direito Inglês*. Porto Alegre: Livraria do Advogado, 1995.

PORTO MACEDO JÚNIOR, Ronaldo. *Contratos Relacionais e Defesa do Consumidor*. 2.ª ed. São Paulo: Revista dos Tribunais, 2006.

POTHIER, Robert-Joseph. *Traité des Obligations*. Paris: Lib. de l'oeuvre de St. Paul, 1883.

PRÉLOT, Marcel; LESCUYER, Georges. *Histoire des Idées Politiques*. Paris: Dalloz, 1990.

RAISER, Ludwig. Funzione del Contratto e Libertà Contrattuale. *Il Compito del Diritto Privato*: assaggi di diritto privato e di diritto dell'economia di tre decenni. Trad. italiana de Maria Graziadei. Milano: Giuffrè, 1990.

RANIERI, Filippo. Bonne foi et exercise du droit dans la tradition du civil law. *Revue Internationale de Droit Comparé*, vol. 4, 1989.

_____. *Rinuncia tacita e* Verwirkung. Tutela dell'affidamento e decadenza da un dirit-to. Padova: Cedam, 1971.

REALE, Miguel. Anteprojeto com minhas revisões, correções, substitutivos e acréscimos. Inédito.

_____. A Boa-Fé no Código Civil. *História do Novo Código Civil*. São Paulo: Revista dos Tribunais, 2005.

_____. Um artigo-chave do Código Civil. *História do Novo Código Civil*. São Paulo: Revista dos Tribunais, 2005.

_____. *História do Novo Código Civil*. São Paulo: Revista dos Tribunais, 2005.

_____. De Dignatate Jurisprudentiae. *Horizontes do Direito e da História*. 3.ª ed. São Paulo: Saraiva, 2000.

_____. *O Projeto do Novo Código Civil*. São Paulo: Saraiva, 1999.

_____. Visão Geral do Projeto de Código Civil. *Revista dos Tribunais*, vol. 752, São Paulo, Revista dos Tribunais, jun. 1998.

_____. *Questões de Direito Privado*. São Paulo: Saraiva, 1997.

_____. Diretrizes da Hermenêutica Contratual. *Questões de Direito Privado*. São Paulo: Saraiva, 1997.

_____. *Fontes e Modelos do Direito* – Para um novo paradigma hermenêutico. São Paulo: Saraiva, 1994.

_____. Vida e Morte dos Modelos Jurídicos. *Nova Fase do Direito Moderno*. São Paulo: Saraiva, 1990.

_____. *Nova Fase do Direito Moderno*. São Paulo: Saraiva, 1990.

_____. Exposição de Motivos do Projeto de Código Civil, 1975. *O Projeto de Código Civil*: situação atual e seus problemas fundamentais. São Paulo: Saraiva, 1986.

_____. *A Teoria da Interpretação segundo Tullio Ascarelli*. Questões de Direito. São Paulo: Sugestões Literárias, 1981.

_____. Exposição encaminhada em 19 de março de 1973 ao Ministro da Justiça. *Anteprojeto de Código Civil*. 2.ª ed. Brasília: Ministério da Justiça, 1973.

BIBLIOGRAFIA | 873

REALE JUNIOR, Miguel. Dever de Lealdade do Administrador da Empresa e Direito Penal. In: REALE, Miguel; REALE JUNIOR, Miguel; FERRARI, Eduardo Reale (Orgs.). *Experiências do Direito*. Campinas: Millennium, 2004.

REGO, Anna Lygia Costa. *Confiança & Investimento Estrangeiro* – Uma análise do ambiente jurídico brasileiro. São Paulo: Singular, 2013.

REIFEGESTRE. Stéphan. *Pour une Obligation de Minimiser le Dommage*. Aix-en-Provence: Université d'Aix-Marseille, 2002.

REISDORFER, Guilherme Fredherico Dias. *Relação Jurídica Pré-Contratual e Responsabilidade Civil do Estado*: a reparação de dano pela decisão de não contratar. Tese de Doutorado apresentada à Faculdade de Direito da Universidade de São Paulo. Orientador: Prof. Titular Fernando Dias Menezes de Almeida. São Paulo, 2023.

RENNER, Karl. *Gli Istituti del Diritto Privato e la Loro Funzione Sociale*. Trad. italiana de Cornelia Mittendorfer. Bologna: Il Mulino, 1981.

RIBEIRO, Renato Ventura. *Dever de Diligência dos Administradores de Sociedades*. São Paulo: Quartier Latin, 2006.

RICIUTTO, Vicenzo. La Formazione Progressiva del Contrato. In: GABRIELLE, Enrico (Org.). *I Contrati in Genere*. Torino: UTET, 1999.

_____. Il Recente Orientamento della Cassazioni sui Criteri di Valutazione dell'Importanza dell'Inadempimento. *Rivista di Diritto Commerciale*, n. 2, Milano, 1987.

RODOTÀ, Stefano. *Il mondo nella rete*. Quali i diritti, quali vincoli. Roma: Laterza, 2014.

_____. Il Tempo delle Clausole Generale. *Rivista Critica del Diritto Privato*, Napoli, Jovene, ano IV, 1987.

_____. Le Ideologie e techniche della Riforma del Codice Civile. *Rivista di Diritto Comerciale*, Milano, 1967.

RODRIGUES JÚNIOR, Otavio Luiz. Dogmática e Crítica da Jurisprudência, ou da vocação da doutrina em nosso tempo. In: MENDES, Gilmar F.; STOCO, Ruy (Orgs.). *Doutrinas Essenciais*: Direito Civil – Parte Geral, vol. I. São Paulo: Revista dos Tribunais, 2012.

_____. Dogmática e Crítica da Jurisprudência, ou da vocação da doutrina em nosso tempo. *Revista dos Tribunais*, vol. 891/65, São Paulo, Revista dos Tribunais, jan. 2010.

RODRIGUES, Sofia Nascimento. *A Proteção dos Investidores em Valores Imobiliários*. Coimbra: Almedina, 2001.

RODRÍGUEZ LÓPEZ, Rosalía. La Bona Fides en los Textos Cristianos. In: GAROFALO, Luigi (Org.). *Il Ruolo della Buona Fede Oggetiva nell'esperienza giuridica storica e contemporanea* – Atti del Convegno internazionale di studi in onore di Alberto Burdese, vol. III. Padova: Cedam, 2004.

ROMEO, Alessia. *Recesso e Rinegoziazione*. Riflessione sui potenziali rimedi nel caso di sopravvenienze nei contratti di durata. Pisa: Pacini Giuridica, 2019.

874 | A BOA-FÉ NO DIREITO PRIVADO

Romita, Arion Sayão. A Crise do Critério da Subordinação Jurídica: necessidade de proteção a trabalhadores autônomos e parassubordinados. In: Delgado, Maurício Godinho; Delgado, Gabriela Neves. *Doutrinas Essenciais*: Direito do Trabalho e Direito da Seguridade Social, vol. I. São Paulo: Revista dos Tribunais, 2012.

Roppo, Vicenzo. *Contratto del Duemila*. 4.ª ed. Milano: Giappichelli Editore, 2020.

_____. Ancora su contratto asimmetrico e terzo contratto: Le coordinate del dibattito, con qualche elemento di novità. In: Alpa, Guido; Roppo, Vincenzo (Orgs.). *La Vocazione Civile del Giurista*. 6.ª ed. Roma: Laterza, 2018.

_____.Contratto di diritto comune, contratto del consumatore, contratto con asimmetria di potere contrattuale: genesi e sviluppi. *Rivista de Diritto Privato*, n. 1, 2001, p. 53.

Rosito, Francisco. A Prova e os Modelos de Constatação na Formação do Juízo de Fato. *Revista de Processo*, vol. 157, São Paulo, Revista dos Tribunais, mar. 2008.

Rosseli, Federico. Clausole Generali: l'Uso Giudiziario. *Politica del Diritto*, Bologna, Il Mulino, vol. 19, 1988.

Rouhette, Georges (Org.). *Principes du Droit Européen du Contrat*. Paris: Societé de Législation Comparée, 2003.

_____. La Révision Conventionnelle du Contrat. *Revue Internationale de Droit Comparé*, Paris, Societé de Législation Comparée, 1986.

Ruggiero, Roberto de. *Instituições de Direito Civil*, vol. II. Trad. de Ary dos Santos. São Paulo: Saraiva, 1958.

Sá, Almeno de. *Cláusulas Contratuais Gerais e Diretiva sobre Cláusulas Abusivas*. 2.ª ed. Coimbra: Almedina, 2000.

Sacco, Rodolfo. À la Recherche de l'Origine de l'obligation. *Arch. Phil. Droit*, vol. 44, 2000.

_____; De Nova, Giorgio. *Il Contratto*. Tomo II. Milano: UTET, 1996.

_____. La Comparaison Juridique au Service de La Conaissance du Droit. Paris: Economica, 1991.

Salomão Filho, Calixto. Reflexões sobre a Disfunção dos Mercados. In: França, Erasmo Valladão e Novaes; Adamek, Marcelo Vieira von (Orgs.). *Temas de Direito Empresarial e Outros Estudos em Homenagem ao Professor Luiz Gastão Paes de Barros Leães*. São Paulo: Malheiros, 2014.

_____. *Regulação da Atividade Econômica*. Princípios e Fundamentos Jurídicos. 2.ª ed. São Paulo: Malheiros, 2008.

_____. A *Fattispecie* Empresário. *Revista do Advogado*, São Paulo, ano XXVIII, n. 96, mar. 2008.

_____. *O Novo Direito Societário*. 2.ª ed. São Paulo: Malheiros, 2002.

Sanseverino, Paulo de Tarso Vieira. O Princípio da Reparação Integral e o Arbitramento Equitativo da Indenização por Dano Moral no Código Civil. In: Martins-Costa, Judith (Org.). *Modelos de Direito Privado*. São Paulo: Marcial Pons, 2014.

BIBLIOGRAFIA | 875

_____. A Hermenêutica Jurídica na Visão do Juiz – Conversa sobre a Interpretação do Direito. *Cadernos para Debate*, n. 4. Canela: Instituto de Estudos Culturalistas, 2011.

_____. *O Princípio da Reparação Integral*: Indenização no Código Civil. São Paulo: Saraiva, 2010.

_____. *Responsabilidade Civil no Código do Consumidor e a Defesa do Fornecedor*. 3.ª ed. São Paulo: Saraiva, 2010.

_____. Responsabilidade civil por acidentes de consumo. In: LOPEZ, Teresa Ancona; AGUIAR JUNIOR, Ruy Rosado de. *Contratos Empresariais*: contratos de consumo e atividade econômica. São Paulo: Saraiva, 2009.

_____. *Contratos Nominados II*: contrato estimatório, doação, locação de coisas, empréstimo (comodato / mútuo). São Paulo: Revista dos Tribunais, 2005.

SARACINI, Eugenio; TOFFOLETTO, Franco. *Il contratto d'agenzia*. 3.ª ed. Milano: Giuffrè, 2002.

SAUPHANOR-BROUILLARD, Natacha. Les Remèdes en Droit de la Consommation: clauses noires, clauses grises, clauses blanches, clauses proscrites par la jurisprudence et la Comission des clauses abusives. *Revue des Contrats*, Paris, Lextenso, n. 4, 2009.

SAUSSURE, Ferdinand de. *Curso de Linguística Geral*. Trad. de Antônio Chelini, José Paulo Paes e Izidoro Blikstein. 27.ª ed. São Paulo: Cultrix, 2006.

SCHERMAIER, Martin Josef. Bona fides in Roman contract law. In: ZIMMERMANN, Reinhard; WHITTAKER, Simon. *Good Faith in European Contract Law*. Cambridge: Cambridge University Press, 2000.

SCHLECHTRIEM, Peter; BUTLER, Petra. *UN Law on International Sales*. New York: Springer-Lehrbuch, 2009.

SCHLECHTRIEM, Peter; WITZ, Claude. *Convention de Vienne sur les Contrats de Vente Internationale de Marchandises*. Paris: Dalloz, 2008.

SCHLESINGER, Pietro. I Mercati «Neri». *Rivista di Diritto Civile*, vol. 45, Padova, Cedam, 1999.

SCHMIDT, Jan Peter. Comentário ao REsp 1.461.301/MT. *Revista de Direito Civil Contemporâneo*, São Paulo, ano 3, vol. 7, abr./jun. 2016.

SCHMIDT, Joanna. La Période Précontractuelle en Droit Français. *Revue Internationale de Droit Comparé*, Paris, Societé de Législation Comparée, n. 2, 1990.

_____. La Sanction de la Faute Précontractuelle. *Revue Trimestrielle de Droit Civil*, Paris, Dalloz, vol. 50, 1966.

SCHOLASTIQUE, Estelle. *Le Devoir de Diligence des Administrateurs de Sociétés* – Droits Français et Anglais. Paris: LGDJ, 1998.

SCHREIBER, Anderson. *Equilíbrio Contratual e Dever de Renegociar*. 2.ª ed. São Paulo: Saraiva, 2020.

_____. *A Proibição de Comportamento Contraditório*. Tutela da Confiança e *Venire Contra Factum Proprium*. Rio de Janeiro: Renovar, 2005.

SCHULZ, Fritz. *Princípios del Derecho Romano*. Trad. espanhola de Manuel Abellán Velasco. Madrid: Civitas, 1990.

_____. *Derecho Romano Clásico*. Barcelona: Bosch, 1960.

SCHWENZER, Ingeborg; SCHLECHTRIEM, Peter. *Commentary on the UN Convention on the International Sale of Goods (CISG)*. 3.ª ed. New York: Oxford University Press, 2010.

SCOGNAMIGLIO, Claudio. L'Interpretazione. In: RESCIGNO, Pietro; GABRIELLI, Enrico. *Trattato dei Contratti*. Tomo I. Torino: UTET, 1999.

_____. L'Integrazione. In: RESCIGNO, Pietro; GABRIELLI, Enrico. *Trattato dei Contratti*. Tomo I. Torino: UTET, 1999.

_____. *Interpretazione del Contratto e Interessi dei Contraenti*. Padova: Cedam, 1992.

SERPA LOPES, Miguel Maria de. *Curso de Direito Civil*. Fontes das Obrigações: Contratos, vol. III. 5.ª ed. Rio de Janeiro: Freitas Bastos, 2001.

_____. *O Silêncio como Manifestação da Vontade*. 3.ª ed. Rio de Janeiro: Freitas Bastos, 1961.

_____. *Curso de Direito Civil*, vol. II. Rio de Janeiro: Freitas Bastos, 1955.

_____. *Exceções Substanciais*: Exceção de Contrato Não Cumprido. Rio de Janeiro: Freitas Bastos, 1955.

SESTER, Peter. *Business and Investment in Brazil*: Law and Practice. Oxford: Oxford University Press, 2022.

SÈVE, René. *Leibniz et l'École Moderne du Droit Naturel*. Paris: Presses Universitaires de France, 1989.

_____. Système et Code. *Archives de Philosophie du Droit*, n. 31, Paris, Dalloz, 1986.

SILVA, De Plácido e. *Tratado do Mandato e Prática das Procurações*. 4.ª ed. Atualizado por Waldir Vitral. Rio de Janeiro: Forense, 1989.

SILVA, Eduardo Silva da. Código Civil e Arbitragem: entre a liberdade e a Responsabilidade. In: NERY JÚNIOR, Nelson; NERY, Rosa Maria Andrade (Orgs.). *Doutrinas Essenciais:* Responsabilidade Civil, vol. II. São Paulo: Revista dos Tribunais, 2010.

_____. *Arbitragem e Direito da Empresa*: dogmática e implementação da cláusula compromissória. São Paulo: Revista dos Tribunais, 2003.

_____. A Dignidade da Pessoa Humana e a Comunhão Plena de Vida. In: MARTINS-COSTA, Judith. *A Reconstrução do Direito Privado*. São Paulo: Revista dos Tribunais, 2002.

SILVA FILHO, Osny. Comentário ao artigo 3.º, inciso V: presunção de boa-fé e interpretação em prol da autonomia. In: MARTINS-COSTA, Judith; NITSCHKE, Guilherme. *Direito Privado na Lei de Liberdade Econômica*. São Paulo: Almedina, 2022.

SILVA, Leonardo Toledo (Org.). *Direito e Infraestrutura*. São Paulo: Saraiva, 2012.

SILVA, Luis Renato Ferreira da. *Revisão dos Contratos*: do Código Civil ao Código do Consumidor. São Paulo: Forense, 1999.

_____. O conceito de contrato – permanência e função. In: BENETTI, Giovana *et al.* (Org.). *Direito, Cultura e Método*: Leituras da Obra de Judith Martins-Costa. Rio de Janeiro: GZ Editora, 2019.

SILVEIRA, Alípio. *A Boa-Fé no Código Civil*: Doutrina e Jurisprudência, vol. I. São Paulo: Forense, 1972.

SINDE MONTEIRO, Jorge. *Responsabilidade por Conselhos, Recomendações ou Informações*. Coimbra: Almedina, 1989.

SOUSA RIBEIRO, Joaquim. A Boa-Fé como Norma de Validade. *Direito dos Contratos*. Coimbra: Coimbra Editora, 2007.

_____. O Controlo do Conteúdo dos Contratos: uma nova dimensão da boa-fé. *Revista da Faculdade de Direito da Universidade Federal do Paraná*, vol. 42, Curitiba, 2005.

_____. *O Problema do Contrato*. As Cláusulas Contratuais Gerais e o Princípio da Liberdade Contratual. Coimbra: Almedina, 2003.

_____. O Princípio da Transparência no Direito Europeu dos Contratos. *Estudos do Direito do Consumidor*, vol. IV. Coimbra: Centro de Direito do Consumo da Faculdade de Direito da Universidade de Coimbra, 2002.

SPAGNOLO, Lisa. *Opening Pandora's Box*: Good Faith and Precontractual Liability in the CISG. Disponível em: <https://papers.ssrn.com/sol3/papers.cfm?abstract_id=1350088>. Último acesso em: 12.05.2023.

SPALLAROSSA, Maria Rosa. Importanza dell'inadempimento nella risoluzione del contratto. *Rivista di Diritto Civile*, n. 5, Padova, Cedam, 1972.

SPECIALE, Renato, Il «Vorvertrag» nell'Ambito delle Nuove Tendenze in Materia di Formazione Progressiva del Contratto. *Rivista di Diritto Civile*, n. 1, Padova, Cedam, ano XXXII, jan./fev. 1986.

SPINELLI, Luis Felipe. *A Exclusão de Sócio por Falta Grave na Sociedade Limitada*: Fundamentos, Pressupostos e Consequências. São Paulo: Quartier Latin, 2015.

_____. *Conflito de Interesses na Administração da Sociedade Anônima*. São Paulo: Malheiros, 2012.

STEINER, Renata. *Reparação de Danos*. Interesse Positivo e Interesse Negativo. São Paulo: Quartier Latin, 2018.

_____. *Interesse Positivo e Interesse Negativo*: a reparação de danos no Direito Privado brasileiro. Tese de Doutorado. Orientador Prof. Cristiano Zanetti. São Paulo: Faculdade de Direito da Universidade de São Paulo, 2016.

_____. *Descumprimento Contratual*: boa-fé e violação positiva do contrato. São Paulo: Quartier Latin, 2014.

STIGLITZ, Rubén. *Derecho de Seguros*. Tomo I. 4.ª ed. Buenos Aires: La Ley, 2004.

_____; STIGLITZ, Gabriel. *Responsabilidad Precontractual*. Buenos Aires: Abeledo-Perrot, 1992.

STOLFI, Emanuele. *Bonae Fidei Interpretatio*. Ricerche sull'interpretazione di buona fede fra esperienza romana e tradizione romanistica. Napoli: Jovene, 2004.

STOLL, Heinrich. Abschied von der Lehre von der positiven Vertragsverletzung. *Archiv für die civilistische Praxis*, Tübingen, n. 136, 1932.

SUMMERS, Robert S. The Conceptualization of Good Faith in American Contract Law: A General Account. In: ZIMMERMANN, Reinhard; WHITTAKER, Simon. *Good Faith in European Contract Law*. Cambridge: Cambridge University Press, 2000.

TALAMANCA, Mario. La Bona Fides nei Giuristi Romani – «*Leerformeln*» e valori dell'ordinamento. In: GAROFALO, Luigi (Org.). *Il Ruolo della Buona Fede Oggetiva nell'esperienza giuridica storica e contemporanea* – Atti del Convegno internazionale di studi in onore di Alberto Burdese, vol. IV. Padova: Cedam, 2004.

TARELLO, Giovanni. *Storia della cultura giuridica moderna* – Assolutismo e codificazione nel diritto. Bologna: Il Mulino, 1976.

_____. *Le Ideologie della Codificazione nel Secolo XVIII* – Parte prima. Gênova: Cooperativa Libraria Universitaria, 1971.

TARUFFO, Michele. *Uma Simples Verdade*: o juiz e a construção dos fatos. Trad. de Vitor de Paula Ramos. São Paulo: Marcial Pons, 2012.

_____. La Giustificazione delle Decisione Fondate su Standards. *Materiali per una Storia della Cultura Giuridica*, vol. XIX, n. 1, 1989.

TAVARES GUERREIRO, José Alexandre. Parecer datado de 16 de janeiro de 2007 e assim ementado: «Sociedade Anônima – Reorganização Societária. Deliberação que atende exclusivamente ao interesse de um dos acionistas, causando prejuízo a outros e à própria sociedade. Conflito de Interesses e Violação da Boa-Fé objetiva. Invalidade da Deliberação».

_____. Responsabilidade dos Administradores de Sociedades Anônimas. *Revista de Direito Mercantil, Industrial, Econômico e Financeiro*, vol. 20, n. 42, São Paulo, Malheiros, 1981.

TEIXEIRA DE FREITAS, Augusto. *Consolidação das Leis Civis*. Brasília: Ed. fac-sim. Senado Federal, 2003.

_____. *Regras de Direito*. Selecção Classica, em Quatro Partes, renovada para o Império do Brazil, até hoje. Rio de Janeiro: Garnier, 1882.

TEIXEIRA, Egberto Lacerda; TAVARES GUERREIRO, José Alexandre. *Das Sociedades Anônimas no Direito Brasileiro*. São Paulo: Bushatsky, 1979.

TEPEDINO, Gustavo. Consensualismo na Arbitragem e Teoria do Grupo de Sociedades. *Revista dos Tribunais*, vol. 903, São Paulo, Revista dos Tribunais, 2011.

_____. Estipulação Contratual de Opção Unilateral de Venda: controvérsias envolvendo o direito ao put. *Temas de Direito Civil*. Tomo III. Rio de Janeiro: Renovar, 2009.

_____. *Comentários ao Novo Código Civil*. Das Várias Espécies de Contrato, vol. X. Rio de Janeiro: Forense, 2008.

_____; Schreiber, Anderson. A Boa-Fé Objetiva no Código de Defesa do Consumidor e no Novo Código Civil. *Revista da EMERJ*, Rio de Janeiro, EMERJ, n. 23, out. 2003.

_____. O Velho Projeto de um Revelho Código Civil. *Temas de Direito Civil*. Rio de Janeiro: Renovar, 1999.

_____. A Teoria da Imprevisão e os Contratos de Financiamento Firmados à Época do Chamado «Plano Cruzado». *Revista Forense*, Rio de Janeiro, Forense, vol. 301, mar. 1988.

_____; Barboza, Heloisa Helena; Bodin de Moraes, Maria Celina. *Código Civil Interpretado*. Conforme a Constituição da República, vol. I. Parte Geral e Obrigações. Rio de Janeiro: Renovar, 2004.

_____; Barboza, Heloisa Helena; Bodin de Moraes, Maria Celina. *Código Civil Interpretado*. Conforme a Constituição da República, vol. I. 3.ª ed. Rio de Janeiro: Renovar, 2014.

Terra, Aline de Miranda Valverde; Salgado, Bernardo. O Risco no Seguro Garantia e o Inadimplemento Anterior ao Termo. In: Goldberg, Ilan; Junqueira, Thiago (Org.). *Temas Atuais de Direito dos Seguros*. Tomo II. São Paulo: Revista dos Tribunais, 2020.

Terranova, Carlo. *L'Eccessiva Onerosità nei Contratti*. Milano: Giuffrè, 1995.

Theodoro Junior, Humberto. Contrato de Seguro. Ação do Segurado contra o Segurador. Prescrição. In: Martins-Costa, Judith; Fradera, Véra. *Estudos de Direito Privado e Processual Civil*: em homenagem a Clóvis do Couto e Silva. São Paulo: Revista dos Tribunais, 2014.

_____; Nunes, Dierle; Bahia, Alexandre. Breves Considerações Sobre a Politização do Judiciário e sobre o Panorama de Aplicação no Direito Brasileiro – Análise da convergência entre o *civil law* e o *common law* e dos problemas da padronização decisória. *Revista de Processo*, n. 189, São Paulo, Revista dos Tribunais, nov. 2010.

_____. *Comentários ao Novo Código Civil*, vol. III. 3.ª ed. Rio de Janeiro: Forense, 2006.

_____. A regulação do sinistro no Direito atual e no Projeto de Lei n. 3.555, de 2004. In: *IV Fórum de Direito do Seguro «José Sollero Filho»*. São Paulo: IBDS, 2006.

_____. O Contrato de Seguro e a Regulação do Sinistro. *Revista dos Tribunais*, vol. 94, n. 832, fev. 2005, São Paulo. Disponível em: <https://dspace.almg.gov.br/handle/11037/33183>. Último acesso em: 12.05.2023.

_____. *O Contrato e seus Princípios*. Rio de Janeiro: Aide, 1993.

Theodoro Neto, Humberto. *Efeitos Externos do Contrato*. Rio de Janeiro: Forense, 2007.

Thomann, Marcel. *Histoire de l'Idéologie Juridique au XVIII ème Siècle, ou le Droit Prisonnier des Mots*, vol. XIX. Paris: APD, 1974.

Tomasetti Junior, Alcides. O Objetivo de Transparência e o Regime Jurídico dos Deveres e Riscos de Informação nas Declarações Negociais para Consumo. *Revista Direito do Consumidor*, vol. 4, 1994.

_____. Abuso do poder econômico e abuso do poder contratual. *Revista dos Tribunais*, vol. 715. São Paulo: Revista dos Tribunais, 1992.

_____. *Execução do Contrato Preliminar*. São Paulo: Tese de Doutorado, Faculdade de Direito da Universidade de São Paulo, 1982.

TOMAZETTE, Marlon. Revisão Contratual no Código Civil. In: BARBOSA, Henrique; FERREIRA DA SILVA, Jorge. *A Evolução do Direito Empresarial e Obrigacional*. 18 anos de Código Civil. São Paulo: Quartier Latin, 2021.

TRABUCCHI, Alberto. *Istituzioni di Diritto Civile*. 12.ª ed. Milano: Giuffrè, 1960.

TUTIKIAN, Priscila David Sansone. Silêncio como Declaração Negocial na Formação dos Contratos (sob a Perspectiva dos Modelos Hermenêuticos de Miguel Reale). In: MARTINS-COSTA, Judith (Org.). *Modelos de Direito Privado*. São Paulo: Marcial Pons, 2014.

_____. *O Silêncio na Formação dos Contratos*: proposta, aceitação e elementos da declaração negocial. Porto Alegre: Livraria do Advogado, 2009.

TZIRULNIK, Ernesto. CAVALCANTI, Flávio de Queirós; PIMENTEL, Airton. *O Contrato de Seguro*. São Paulo: Revista dos Tribunais, 2003.

_____. *Regulação do Sinistro* (Ensaio Jurídico). São Paulo: Max Limonad, 2001.

_____; PIZA, Paulo. Notas sobre a Natureza Jurídica e Feitos da Apólice de Seguro no Direito Brasileiro. *Revista dos Tribunais*, vol. 687, n. 82, jan. 1993. Disponível em <https://www.ibds.com.br/wp-content/uploads/2022/09/Doutrina-Notas-sobre--a-natureza-juridica-e-efeito-da-apolice-de-seguro-no-Direito-brasileiro-atual--Revista-dos-Tribunais.pdf>. Último acesso em: 12.05.2023.

UDA, Giovanni Maria. Integrazione del Contratto, Solidarietà Sociale e Corrispettività delle Prestazioni. *Rivista di Diritto Commerciale*, n. 5-6, Milano, 1990.

_____. *La Buona Fede nell'Esecuzione del Contratto*. Torino: Giapichelli, 2004.

ULMANN, Harold. Droit et Pratique des Clauses de Hardship dans le Système Juridique Américain. *Revue de Droit des Affaires Internationales*, n. 7, 1988.

USTÁRROZ, Daniel. Incumprimento Antecipado do Contrato. *Revista Jurídica Empresarial*, vol. 1, mar./abr. 2002.

VANWASSENAER, Arent. Alianças e Parcerias como Método de Assegurar a Entrega de Projetos Melhores. In: SILVA, Leonardo Toledo (Org.). *Direito e Infraestrutura*. São Paulo: Saraiva, 2013.

VANZELLA, Rafael Domingos Faiardo. *O Contrato e os Direitos Reais*. São Paulo: Revista dos Tribunais, 2012.

VASCONCELOS, Pedro Paes de. *Contratos Atípicos*. Coimbra: Almedina, 1995.

VAZ SERRA, Adriano. Abuso do Direito (em matéria de responsabilidade civil). *Boletim do Ministério da Justiça*, n. 85, abr. 1959.

_____. A Revisão Geral do Código Civil: Alguns Factos e Comentários. *Boletim do Ministério da Justiça*, vol. II, set. 1947.

BIBLIOGRAFIA | 881

VENEZIANO, Anna; SAPIENZA, Simona. Il Sistema delle Font Internazionali dei Contratti. In: CENDON, Paolo. *I Contratti in Generale*. Torino: UTET, 2000.

VENOSA, Sílvio de Salvo. *Direito Civil*: Teoria Geral das Obrigações e Teoria Geral dos Contratos. 3.ª ed. São Paulo: Atlas, 2003.

VICENTE, Dário Moura. A crise económica mundial e os contratos internacionais. *Revista de Direito Civil*, ano II, n. 3, 2017.

_____. *Da Responsabilidade Pré-Contratual em Direito Internacional Privado*. Coimbra: Almedina, 2001.

VIEHWEG, Theodor. *Tópica y Jurisprudencia*. Trad. espanhola de Luis Diez-Picazo. Madrid: Taurus, 1964.

VILANOVA, Lourival. *Causalidade e Relação no Direito*. 4.ª ed. São Paulo: Revista dos Tribunais, 2000.

VILLAÇA DE AZEVEDO, Álvaro. El Nuevo Codigo Civil brasileño: Tramitación; función social del contrato; buena fe objetiva; teoría de la imprevisión y, en especial, onerosidad excesiva *laesio enormis*. In: CÓRDOBA, Marcos; CORDOBERA, Lidia Garrido; KLUGER, Viviana (Orgs.). *Tratado de la Buena Fe en el Derecho*. Tomo II. Buenos Aires, La Ley, 2005.

VILLEY, Michel. *La Formation de la Pensée Juridique Moderne*. Cours d'histoire de la philosophie du droit. Paris: Montchretien, 1975.

_____. La Pensée Juridique Moderne et le Système Juridique Actuel. *La Formation de la Pensée Juridique Moderne*. Cours d'histoire de la philosophie du droit. Paris: Montchretien, 1975.

_____. Contro l'umanesimo nel diritto. *Rivista Internazionale di Filosofia del Diritto*, Milano, Giuffrè, 1967.

_____. Essor et Décadence du Voluntarisme Juridique. *Leçons d'Histoire de la Philosophie du Droit*. Paris: Dalloz, 1962.

_____. Les Fondateurs de l'École du Droit Naturel Moderne au XVIIe Siècle. *Archives de Philosophie du Droit*, n. 6, Paris, Dalloz, 1961.

_____. *Les Origines de la Notion de Droit Subjectif*, vol. II. Paris: APD, 1953.

VINEY, Genévieve. *Traité de Droit Civil*: Les Conditions de la Responsabilité. 3.ª ed. Paris: LGDJ, 2006.

VISINTINI, Giovanna. *I fatti illeciti*: 1 grandi orientamenti della giurispruenza civile e commerciale. Padova: Cedam, 1987.

VOLANTE, Raffaele. *Il Sistema Contrattuale del Dirito Comune Classico*: Struttura dei Patti e Individuazione del Tipo. Glossatori e Ultramontani. Milano: Giuffrè, 2001.

VON GIERKE, Otto. *Schuldtecht*. III, § 174, 1, 1. *Apud* HATTENHAUER, Hans. *Conceptos Fundamentales del Derecho Civil*. Trad. espanhola de Pablo Salvador Coderch. Barcelona: Ariel, 1987.

WALD, Arnoldo. *Direito Civil*: Direito das Obrigações e Teoria Geral dos Contratos. 18.ª ed. São Paulo: Saraiva, 2009.

_____. Sociedade Limitada. Necessidade de aprovação do quotista na transferência de quotas. Direito de bloqueio. Direito do sócio remanescente de não subscrever o Acordo de Quotistas com o adquirente de quotas do outro sócio. Quebra da *Affectio Societatis* e Conflito de Interesses. Cabimento de Medida Cautelar preparatória perante o Poder Judiciário antes de instaurado o Juízo Arbitral. Foro Competente. *Revista de Direito Bancário e Mercado de Capitais*, vol. 27, São Paulo, Revista dos Tribunais, 2005.

_____. O Acordo de Acionistas e o Poder de Controle do Acionista Majoritário. *Revista de Direito Mercantil*, vol. 110, 1998.

WAMBIER, Teresa Arruda Alvim. *Embargos de Declaração e Omissão do Juiz*. 2.ª ed. São Paulo: Revista dos Tribunais, 2014.

_____. *Controle das Decisões Judiciais por Meio de Recursos de Estrito Direito e de Ação Rescisória*. São Paulo: Revista dos Tribunais, 2002.

WAYAR, Ernesto. *Derecho Civil* – Obligaciones. Tomo I. Buenos Aires: Depalma, 2004.

WEBER, Ana Carolina. *Responsabilidade Societária*: danos causados pelos administradores. São Paulo: Quartier Latin, 2021.

WEIL, Alex. *Droit Civil*. Paris: Dalloz, 1971.

WELLISCH, Julya Sotto Mayor; DOS SANTOS, Alexandre Pinheiro. Investimento Responsável no Século XXI: Gestão de recursos de terceiros, questões ESG (*Environmental, Social & Governance*) e Aspectos Regulatórios. In: CANTIDIANO, Isabel; CANTIDIANO, Maria Lúcia; MUNIZ, Igor (Orgs.). *Sociedades Anônimas, Mercado de Capitais e Outros Estudos*. Homenagem a Luiz Leonardo Cantidiano, vol. I. São Paulo: Quartier Latin, 2019.

WERRO, Franz. La Responsabilité Fondée sur la Confiance: quelques variations sur un thème commun ou les leçons du droit compare. In: CHAPPUIS, Christine; WINIGER, Bénédict (Orgs.). *La Responsabilité Fondée sur la Confiance*. Journée de la responsabilité civile, 2000. Centre d'Études Juridiques Européenes. Zurich: Schulthess, 2001.

WESTERMANN, Harm Peter. *Código Civil Alemão*: Direito das Obrigações, Parte Geral. Trad. de Armindo Edgar Laux. Porto Alegre: Sergio Antonio Fabris, 1983.

WHITTAKER, Simon. Les Sanctions de l'Inexécution des Contrats – Droit anglais. In: FONTAINE, Marcel; VINEY, Geneviève (Orgs.). *Les Sanctions de l'Inéxécution des Obligations Contractuelles*. Études de Droit Comparé. Bruxelles e Paris: Bruylant-LGDJ, 2001.

WIEACKER, Franz. *Diritto Civile e Società Industriale*. Trad. italiana de Gianfranco Liberati. Napoli: Edizione Sientifiche Italiane, 1983.

_____. *História do Direito Privado Moderno*. Trad. portuguesa de António Manuel Hespanha. Lisboa: Fundação Calouste Gulbenkian, 1983.

_____. *El Principio General de la Buena Fé*. Trad. espanhola de Jose Juiz Carro. Madrid: Civitas, 1977.

WIEDEMANN, Herbert. Vínculos de Lealdade e regra de substancialidade. Uma comparação de sistemas. Trad. de Otto Carlos Vieira von Adamek. In: ADAMEK, Marcelo Vieira von (Org.). *Temas de Direito Societário e Empresarial Contemporâneos*. São Paulo: Malheiros, 2011.

_____. Excerto do Direito Societário I: Fundamentos, de Herbert Wiedemann. In: FRANÇA, Erasmo Valladão e Novaes (Org.). *Temas de Direito Societário, Falimentar e Teoria da Empresa*. São Paulo: Malheiros, 2009.

WILBURG, Walter. Desenvolvimento de um Sistema Móvel no Direito Civil. Trad. portuguesa de Dora Moreira Sousa e Raul Guichard. *Direito e Justiça*, Lisboa, Universidade Católica, vol. XIV, Tomo III, 2000.

WILLISTON, Samuel. *The Law of Contracts*. New York: Baker, Voorhs & Co., 1920.

WINDSCHEID, Bernhard. *Diritto delle Pandette*, vol. I. Trad. italiana de Carlo Fadda e Paolo Emilio Bensa. Torino: Unione Tipografico-Editrice Torinese, 1925.

WITTGENSTEIN, Ludwig. *Tratado Lógico-Filosófico*: Investigações Filosóficas. Lisboa: Fundação Calouste Gulbenkian, 1985.

XAVIER, Rafael Branco. *Funções da Boa-Fé na Jurisprudência do STJ*. Porto Alegre: Monografia de Conclusão de Curso, Faculdade de Direito da Universidade Federal do Rio Grande do Sul, 2013.

_____. *A Boa-Fé Objetiva na Jurisprudência do STJ*. Porto Alegre: Salão de Iniciação Científica da Faculdade de Direito da UFRGS, 2012.

YAZBEK, Otávio. Representações do dever de diligência na doutrina jurídica brasileira: um exercício e alguns desafios. In: KUYVEN, Luiz Fernando Martins. (Coord.). *Temas Essenciais de Direito Empresarial*. Estudos em homenagem a Modesto Carvalhosa. São Paulo: Saraiva, 2012.

ZACCHARIA, Giuseppe. *Ermeneutica e Giurisprudenza*: Saggio sulla metodologia di Josef Esser. Milano: Giuffrè, 1984.

ZANA, Mario. La Regola della Buona Fede nell'Eccezione di Inadempimento. *Rivista Trimestrale di Diritto e Procedura Civile*, vol. 26, Milano, Giuffrè, 1972.

ZANETTI, Cristiano de Sousa. *Os Três Tempos do Código Civil de 1916*: a boa-fé contratual. *Revista da Faculdade de Direito*, Universidade de São Paulo, n. 112, ago. 2017, p. 583-601.

_____. A transformação da mora em inadimplemento absoluto. *Revista dos Tribunais*, vol. 942, São Paulo, Revista dos Tribunais, abr. 2014.

_____. A Mitigação do Dano e a Alocação da Responsabilidade. *Revista Brasileira de Arbitragem*, CBar, Porto Alegre, vol. 35, jul./ago. 2012.

_____. A cláusula resolutiva expressa na lei e nos Tribunais: o caso do termo de ocupação. In: LOTUFO, Renan, NANNI, Giovanni; MARTINS, Fernando. *Temas Relevantes do Direito Civil Contemporâneo*. São Paulo: Atlas, 2012.

_____. *Responsabilidade pela Ruptura das Negociações*. São Paulo: Juarez de Oliveira, 2005.

ZANINI, Carlos Klein. A Doutrina dos «*fiduciary duties*» no Direito Norte-Americano e a Tutela das Sociedades e Acionistas Minoritários frente aos Administradores das Sociedades Anônimas. *Revista de Direito Mercantil*, vol. 109, 1998.

ZIMMERMANN, Reinhard. *El Nuevo Derecho Alemán de Obligaciones:* una análisis desde la Historia y el Derecho Comparado. Trad. espanhola de Esther Arroyo i Amayuellas. Barcelona: Bosch, 2008.

_____. *The law of obligations*. Cape Town: Juta, 1990.

_____; WHITTAKER, Simon. *Good Faith in European Contract Law*. Cambridge: Cambridge University Press, 2000.

ZITSCHER, Harriet Christiane. *Introdução ao Direito Civil Alemão e Inglês*. Belo Horizonte: Del Rey, 1999.

ZWEIGERT, Konrad. Du Sérieux de la Promesse – Remarques de Droit Comparé sur la Distinction des Actes qui Obligent de ceux qui n'Obligent pas. *Revue Internationale de Droit Comparé*, Paris, Societé de Législation Comparée, vol. 16, n. 4, 1964.

ZWEIGERT, Konrad; KÖTZ, Hein. *Introduzione al Diritto Comparato*. Tomo I. Trad. italiana de B. Pozzi. Milano: Giuffrè, 1998.

_____. *Introduzione al Diritto Comparato*. Tomo II. Trad. italiana de Adolfo di Majo e Andrea Gangemi. Milano: Giuffrè, 1995.

Jurisprudência Citada

Jurisprudência Estrangeira e Arbitral Internacional

ICC Case n. 6955 of 1993 – o «caso dos produtos defeituosos»

Caso SCH-4318 na Corte Internacional da Câmara de Comércio Federal. Julgamento em 15.06.1994

Corte de Apelação Grenoble. 93/3275. França. 22.02.1995 – o «caso *Bonaventure*»

CCI 8611. Arbitragem com sede na Alemanha. Roland Loewe – Árbitro Único. Julgamento em 23.01.1997

CCI 13774. Manufacturer (Egypt) v. (1) Buyer (Spain) and (2) End Buyer (Spain), Partial Award, ICC Case n. 13774, 2006. In: Van Den Berg, Albert Jan (Org.). Yearbook Commercial Arbitration. Vol. XXXIX. The Hague: Kluwer Law International, 2014, p. 141-158.

Cour d'Appel de Paris, 1ère Chambre – Section C Arret du 12 Fevrier 2009– o «caso Tecnimont»

Cour d'Appel de Paris Pôle 1 - Chambre 1 Arret du 12 Avril 2016, Numéro D'inscription au Répertoire Général: 14/14884– o «caso Tecnimont»

Estados Unidos da América. Corte de Apelação do Quinto Circuito. Caso n. 04-20842. BRIDAS S.A.P.I.C., Bridas Energy International, Ltd., Intercontinental Oil and Gas Ventures, Ltd., and Bridas Corp. v. Government of Turkmenistan, Concern Balkannebitgazsenagat and State Concern Turkmenneft. Relator Juiz Edith Jones. Julgamento em 21 de abril de 2006

Portugal. Supremo Tribunal de Justiça. Ac. no Proc. N. 2007/00. Lisboa. Relator Noronha do Nascimento. Julgamento em 04.10.2000

Caso *Geneva Pharmaceuticals*. Federal District Court – New York, Estados Unidos. Julgamento em 10.05.2002

Corte de Apelação de Gante, Bélgica. Julgamento em 15.05.2002 – o «caso *Design for Radio Phone*»

Cour de Cassation. 00-10.243 00-10.949. Chambre Commerciale. Arrêt Alain Manoukian. Julgamento em 26.11.2003

886 | A BOA-FÉ NO DIREITO PRIVADO

Cour de Cassation. 09-12.716. Chambre Civile I. Arrêt M. Charruault. Julgamento em 04.11.2010

Comissão de Valores Mobiliários

Processo Administrativo Sancionador CVM n. 07/2005. Relator Dr. Marcelo Fernandez Trindade. Julgamento em 24 de abril de 2007

Supremo Tribunal Federal

STF. RE 78946/MG. Segunda Turma. Relator para Acórdão Min. José Carlos Moreira Alves. Julgamento em 14.06.1976. *DJ* de 22.09.1976

STF. RE 88716/RJ. Segunda Turma. Relator Min. José Carlos Moreira Alves. Julgamento em 11.09.1979

STF. Questão Ordinária em Petição 2900-3/RS. Segunda Turma. Relator Min. Gilmar Mendes. Julgamento em 27.05.2003. *DJ* de 01.08.2003

STF. RE 201819/RJ. Segunda Turma. Relatora Min. Ellen Gracie. Relator para Acórdão Min. Gilmar Mendes. Julgamento em 11.10.2005. *DJ* de 27.10.2006

STF. RE 439003/SP. Segunda Turma. Relator Min. Eros Grau. Julgamento em 06.02.2007. *DJ* de 02.03.2007

Superior Tribunal de Justiça

1992

STJ. REsp 23878/MG. Quarta Turma. Relator Min. Sálvio de Figueiredo Teixeira. Julgamento em 25.11.1992. *DJ* de 17.12.1992

1993

STJ. REsp 32942/RS. Quarta Turma. Relator Min. Sálvio de Figueiredo Teixeira. Julgamento em 25.10.1993. *DJ* de 13.12.1993 – o «caso do posto de gasolina»

1994

STJ. AgRg no Ag 47901/SP. Quarta Turma. Relator Min. Ruy Rosado de Aguiar. Julgamento em 12.09.1994. *DJ* de 31.10.1994

STJ. REsp 32890/SP. Quarta Turma. Relator Min. Ruy Rosado de Aguiar. Julgamento em 14.11.1994. *DJ* de 12.12.1994 – o «caso do credor pouco ativo»

STJ. AgRg no REsp 55647/RJ. Sexta Turma. Relator Min. Luiz Vicente Cernicchiaro. Julgamento em 14.11.1994. *DJ* de 19.12.1994

1995

STJ. RMS 6183/MG. Quarta Turma. Relator Min. Ruy Rosado de Aguiar. Julgamento em 14.11.1995. *DJ* de 18.12.1995

STJ. REsp 34503/GO. Terceira Turma. Relator Min. Nilson Naves. Julgamento em 27.11.1995. *DJ* de 04.03.1996

STJ. REsp 76527/SP. Quinta Turma. Relator Min. Edson Vidigal. Julgamento em 13.12.1995. *DJ* de 26.02.1996

1996

STJ. REsp 80036/SP. Quarta Turma. Relator Min. Ruy Rosado de Aguiar. Julgamento em 12.02.1996. *DJ* de 25.03.1996 – o «caso do hotel Toriba»

STJ. REsp 95539/SP. Quarta Turma. Relator Min. Ruy Rosado de Aguiar. Julgamento em 03.09.1996. *DJ* de 14.10.1996

STJ. REsp 107211/SP. Quarta Turma. Relator Min. Ruy Rosado Aguiar. Julgamento em 13.12.1996. *DJ* de 13.02.1997

1997

STJ. REsp 114216/AM. Quarta Turma. Relator Min. Cesar Asfor Rocha. Julgamento em 08.04.1997. *DJ* de 09.06.1997

STJ. REsp 124057/AC. Sexta Turma. Relator Min. Vicente Leal. Julgamento 01.04.1997. *DJ* de 05.05.1997

STJ. EDcl no REsp 114321/RS. Sexta Turma. Relator Min. Fernando Gonçalves. Julgamento em 18.09.1997. *DJ* de 08.09.1997

STJ. REsp 147030/AM. Primeira Turma. Relator Min. José Delgado. Julgamento em 23.10.1997. *DJ* de 15.12.1997

STJ. REsp 47015/SP. Segunda Turma. Relator Min. Adhemar Maciel. Julgamento em 16.10.1997. *DJ* de 09.12.1997

1998

STJ. REsp 141879/SP. Quarta Turma. Relator Min. Ruy Rosado de Aguiar. Julgamento em 17.03.1998. *DJ* de 22.06.1998

STJ. REsp 170367/CE. Terceira Turma. Relator Min. Carlos Alberto Menezes Direito. Julgamento em 08.09.1998. *DJ* de 26.10.1998

1999

STJ. REsp 214680/SP. Quarta Turma. Relator Min. Ruy Rosado de Aguiar. Julgamento em 10.08.1999. *DJ* de 16.11.1999 – o «caso do corredor não utilizado»

2000

STJ. REsp 134797/DF. Segunda Turma. Relator Min. Paulo Gallotti. Julgamento em 16.05.2000. *DJ* de 01.08.2000

STJ. REsp 256274/SP. Quarta Turma. Relator Min. Ruy Rosado de Aguiar Jr. Julgamento em 26.09.2000. *DJ* de 18.12.2000 – o «caso do hotel queimado»

2001

STJ. REsp 200856/SE. Terceira Turma. Relator Min. Waldemar Zveiter. Relator p/ Acórdão Min. Ari Pargendler. Julgamento em 15.02.2001. *DJ* de 04.06.2001

STJ. REsp 272739/MG. Quarta Turma. Relator Min. Ruy Rosado de Aguiar. Julgamento em 01.03.2001. *DJ* de 02.04.2001 – o «caso do financiamento quase integralmente adimplido»

STJ. REsp 256456/SP. Quarta Turma. Relator Min. Ruy Rosado de Aguiar. Julgamento em 22.03.2001. *DJ* de 07.05.2001 – o «caso da venda futura de laranja»

STJ. REsp 309626/RJ. Quarta Turma. Relator Min. Ruy Rosado de Aguiar. Julgamento em 07.06.2001. *DJ* de 20.08.2001 – o «caso da Encol»

STJ. REsp 264562/SE. Terceira Turma. Relator Min. Ari Pargendler. Julgamento em 12.06.2001. *DJ* de 13.08.2001 – o «caso do plano de assistência integral»

STJ. REsp 268661/RJ. Terceira Turma. Relatora Min. Nancy Andrighi. Julgamento em 16.08.2001. *DJ* de 24.09.2001

STJ. REsp 1256703/SP. Quarta Turma. Relator Min. Luis Felipe Salomão. Julgamento em 06.09.2001. *DJ* de 27.09.2001 – o «caso do atendimento hospitalar de urgência»

STJ. REsp 299501/MG. Terceira Turma. Relatora Min. Nancy Andrighi. Julgamento em 11.09.2001. *DJ* de 22.10.2001

STJ. REsp 330261/SC. Terceira Turma. Relatora Min. Nancy Andrighi. Julgamento em 06.12.2001. *DJ* de 08.04.2002 – o «caso da prestação de contas bancárias»

2002

STJ. REsp 361694/RS. Terceira Turma. Relatora Min. Nancy Andrighi. Julgamento em 26.02.2002. *DJ* de 25.03.2002

STJ. REsp 370598/RS. Terceira Turma. Relatora Min. Nancy Andrighi. Julgamento em 26.02.2002. *DJ* de 01.04.2002

STJ. REsp 416611/DF. Terceira Turma. Relator Min. Carlos Alberto Menezes Direito. Julgamento em 23.04.2002. *DJ* de 01.07.2002 – o «caso do imóvel funcional»

STJ. REsp 356821/RJ. Terceira Turma. Relator Min. Nancy Andrighi. Julgamento em 23.04.2002. *DJ* de 05.08.2002

STJ. AgRg no REsp 374351/RS. Terceira Turma. Relatora Min. Nancy Andrighi. Julgamento em 30.04.2002. *DJ* de 24.06.2002 – o «caso do *leasing* desequilibrado pelo aumento do dólar»

STJ. REsp 376877/RS. Terceira Turma. Relatora Min. Nancy Andrighi. Julgamento em 06.05.2002. *DJ* de 24.06.2002

2003

STJ. REsp 469577/SC. Quarta Turma. Relator Min. Ruy Rosado de Aguiar. Julgamento em 25.03.2003. *DJ* de 05.05.2003

STJ. EREsp 168207/SP. Segunda Seção. Relator Min. Fernando Gonçalves. Julgamento em 23.04.2003. *DJ* de 05.05.2003

STJ. REsp 388423/RS. Quarta Turma. Relator Min. Sálvio de Figueiredo Teixeira. Julgamento em 13.05.2003. *DJ* de 04.08.2003 – o «caso dos acionistas em guerra»

STJ. REsp 471544/SP. Primeira Turma. Relator Min. Luiz Fux. Julgamento em 15.05.2003. *DJ* de 16.06.2003

JURISPRUDÊNCIA CITADA | 889

STJ. REsp 534105/MT. Quarta Turma. Relator Min. Cesar Asfor Rocha. Julgamento em 16.09.2003. *DJ* de 19.12.2003

STJ. REsp 511769/RS. Terceira Turma. Relator Min. Carlos Alberto Menezes Direito. Julgamento em 02.10.2003. *DJ* de 09.12.2003 – o «caso do contrato de participação financeira»

STJ. AG 525789/PR. Relatora Min. Nancy Andrighi. Publicação em 23.10.2003

2004

STJ. REsp 325870/RJ. Terceira Turma. Relator Min. Humberto Gomes de Barros. Julgamento em 14.06.2004. *DJ* de 20.09.2004

STJ. AgRg no Ag 607406/RS. Quarta Turma. Relator Min. Fernando Gonçalves. Julgamento em 09.11.2004. *DJ* de 29.11.2004

STJ. REsp 590336/SC. Terceira Turma. Relatora Min. Nancy Andrighi. Julgamento em 07.12.2004. *DJ* de 21.02.2005

2005

STJ. AG 622283/RS. Relator Min. Carlos Alberto Menezes Direito. Publicação em 24.02.2005

STJ. REsp 683702/RS. Quinta Turma. Relator Min. Félix Fischer. Julgamento em 01.03.2005. *DJ* de 02.05.2005

STJ. SEC 856/GB. Corte Especial. Relator Min. Carlos Alberto Menezes Direito. Julgamento em 18.05.2005. *DJ* de 27.06.2005

STJ. REsp 554622/RS. Terceira Turma. Relator Min. Ari Pargendler. Julgamento em 17.11.2005 *DJ* de 01.02.2006

STJ. REsp 722130/GO. Terceira Turma. Relator Min. Ari Pargendler. Julgamento em 15.12.2005 *DJ* de 20.02.2006

2006

STJ. REsp 546077/SP. Terceira Turma. Relatora Min. Nancy Andrighi. Julgamento em 02.02.2006. *DJ* de 13.11.2006 – o «caso da contagem do prazo decadencial»

STJ. REsp 547196/DF. Primeira Turma. Relator Min. Luiz Fux. Julgamento em 06.04.2006. *DJ* de 04.05.2006

STJ. REsp 715894/PR. Segunda Seção. Relatora Min. Nancy Andrighi. Julgamento em 26.04.2006. *DJ* de 19.03.2007 – o «caso da fixação de juros»

STJ. REsp 436853/DF. Terceira Turma. Relatora Min. Nancy Andrighi. Julgamento em 04.05.2006. *DJ* de 27.11.2006 – o «caso da venda a corpo certo»

STJ. REsp 831808/SP. Terceira Turma. Relatora Min. Nancy Andrighi. Julgamento em 18.05.2006, *DJ* de 28.08.2006 – o «caso do apartamento e meio atrasado»

STJ. REsp 712173/RS. Terceira Turma. Relator Min. Carlos Alberto Menezes Direito. Julgamento em 17.10.2006. *DJ* de 12.03.2007

890 | A BOA-FÉ NO DIREITO PRIVADO

STJ. EDcl no REsp 388423/RS. Quarta Turma. Relator Min. Jorge Scartezzini. Julgamento em 07.12.2006. *DJ* de 05.02.2007

STJ. REsp 656103/DF. Quarta Turma. Relator Min. Jorge Scartezzini. Julgamento em 12.12.2006. *DJ* de 26.02.2007

2007

STJ. REsp 488095/RS. Decisão Monocrática REsp 663831/DF. Quinta Turma. Relator Min. Arnaldo Esteves Lima. Julgamento em 27.02.2007. *DJ* de 12.03.2007

STJ. RMS 14908/BA. Segunda Turma. Relator Min. Humberto Martins. Julgamento em 06.03.2007. *DJ* de 20.03.2007

STJ. REsp 668216/SP. Terceira Turma. Relator Min. Carlos Alberto Menezes Direito. Julgamento em 15.03.2007. *DJ* de 02.04.2007

STJ. REsp 643709/PR. Quinta Turma. Relator Min. Félix Fischer. Julgamento em 03.04.2007. *DJ* de 14.05.2007 – o «caso da tentativa de fuga da convenção arbitral»

STJ. REsp 586316/MG. Segunda Turma. Relator Min. Herman Benjamin. Julgamento em 17.04.2007. *DJ* de 19.03.2009 – o «caso dos produtos com glúten»

STJ. REsp 783520/GO. Terceira Turma. Relator Min. Humberto Gomes de Barros. Julgamento em 07.05.2007. *DJ* de 28.05.2007

STJ. REsp 437607/PR. Quarta Turma. Relator Min. Hélio Quaglia Barbosa. Julgamento em 15.05.2007. *DJ* de 04.06.2007 – o «caso da devolução indireta»

STJ. REsp 681856/RS. Quarta Turma. Relator Min. Hélio Quaglia Barbosa. Julgamento em 12.06.2007. *DJ* de 06.08.2007 – o «caso da assinatura do vice-presidente»

STJ. EREsp 738689/PR. Primeira Seção. Relator Min. Teori Albino Zavascki. Julgamento em 27.06.2007. *DJ* de 22.10.2007

STJ. REsp 803481/GO. Terceira Turma. Relatora Min. Nancy Andrighi. Julgamento em 28.06.2007. *DJ* de 01.08.2007 – o «caso da venda futura de soja»

STJ. REsp 783404/GO. Terceira Turma. Relatora Min. Nancy Andrighi. Julgamento em 28.06.2007. *DJ* de 13.08.2007

STJ. RMS 22770/DF. Segunda Turma. Relator Min. Humberto Martins. Julgamento em 06.09.2007. *DJ* de 19.09.2007 – o «caso do funcionário permissionário»

STJ. REsp 765872/SP. Segunda Turma. Relatora Min. Eliana Calmon. Relator para Acórdão Min. Herman Benjamin. Julgamento em 04.10.2007. *DJ* de 11.11.2009

STJ. REsp 686410/SP. Segunda Turma. Relator Min. Herman Benjamin. Julgamento em 06.11.2007. *DJ* de 11.11.2009

STJ. REsp 466667/SP. Quarta Turma. Relator Min. Aldir Passarinho Junior. Julgamento em 27.11.2007. *DJ* de 17.12.2007

STJ. REsp 654446/AL. Segunda Turma. Relator Min. Herman Benjamin. Julgamento em 04.12.2007. *DJ* de 11.11.2009

STJ. AgRg no REsp 884066/GO. Terceira Turma. Relator Min. Humberto Gomes de Barros. Julgamento em 06.12.2007. *DJ* de 18.12.2007

2008

STJ. AgRg no REsp 981484/RS. Segunda Turma. Relator Min. Humberto Martins. Julgamento em 07.02.2008. *DJ* de 20.02.2008 – o «caso da execução de dívida administrativa»

STJ. REsp 866414/GO. Terceira Turma. Relator Min. Humberto Gomes de Barros. Julgamento em 06.03.2008. *DJ* de 26.11.2008

STJ. REsp 735168/RJ. Terceira Turma. Relatora Min. Nancy Andrighi. Julgamento em 11.03.2008. *DJ* de 26.03.2008 – o «caso do *stent*»

STJ. REsp 886169/RS. Quinta Turma. Relator Min. Arnaldo Esteves Lima. Julgamento em 27.03.2008. *DJ* de 28.04.2008

STJ. EDcl no RMS 12062/GO. Segunda Turma. Relator Min. Herman Benjamin. Julgamento em 13.05.2008. *DJ* de 13.03.2009

STJ. REsp 817061/RJ. Quinta Turma. Relator Min. Arnaldo Esteves Lima. Julgamento em 29.05.2008. *DJ* de 04.08.2008

STJ. REsp 917356/ES. Terceira Turma. Relatora Min. Nancy Andrighi. Relator para Acórdão Min. Ari Pargendler. Julgamento em 17.06.2008. *DJ* de 22.08.2008 – o «caso do seguro fidelidade embutido»

STJ. REsp 613387/MG. Terceira Turma. Relatora Min. Nancy Andrighi. Julgamento em 02.10.2008. *DJ* de 10.12.2008 – o «caso do proprietário esquecido»

STJ. REsp 281290/RJ. Quarta Turma. Relator Min. Luis Felipe Salomão. Julgamento em 02.10.2008. *DJ* de 13.10.2008

STJ. AgRg no REsp 479746/RJ. Quarta Turma. Relator Min. Carlos Fernando Mathias. Julgamento em 02.10.2008. *DJ* de 24.11.2008

STJ. REsp 944325/RS. Segunda Turma. Relator Min. Humberto Martins. Julgamento em 04.11.2008. *DJ* de 21.11.2008 – o «caso da doença de retinose pigmentar»

STJ. REsp 468062/CE. Segunda Turma. Relator Min. Humberto Martins. Julgamento em 11.11.2008. *DJ* de 01.12.2008 – o «caso da dívida já quitada»

STJ. REsp 986488/MT. Quinta Turma. Relator Min. Arnaldo Esteves Lima. Julgamento em 20.11.2008. *DJ* de 09.12.2008

STJ. EDcl no REsp 675026/PR. Segunda Turma. Relator Min. Mauro Campbell Marques. Julgamento em 20.11.2008. *DJ* de 16.12.2008

STJ. REsp 1080973/SP. Terceira Turma. Relatora Min. Nancy Andrighi. Julgamento em 09.12.2008. *DJ* de 03.02.2009

STJ. REsp 1096639/DF. Terceira Turma. Relatora Min. Nancy Andrighi. Julgamento em 09.12.2008. *DJ* de 12.02.2009

STJ. RMS 14964/RS. Sexta Turma. Relator Min. Paulo Gallotti. Julgamento em 09.12.2008. *DJ* de 25.05.2009

2009

STJ. AgRg no REsp 838127/DF. Primeira Turma.Relator Min. Luiz Fux. Julgamento em 17.02.2009. *DJ* de 30.03.2009

STJ. AgRg no REsp 417989/PR. Segunda Turma. Relator Min. Herman Benjamin. Julgamento em 05.03.2009. *DJ* de 24.03.2009

STJ. REsp 418572/SP. Quarta Turma. Relator Min. Luis Felipe Salomão. Julgamento em 10.03.2009. *DJ* de 30.03.2009 – o «caso da alteração unilateral do plano de saúde»

STJ. REsp 963499/PR. Segunda Turma. Relator Min. Herman Benjamin. Julgamento em 19.03.2009. *DJ* de 14.12.2009

STJ. MC 15398/RJ. Terceira Turma. Relatora Min. Nancy Andrighi. Julgamento em 02.04.2009. *DJ* de 23.04.2009

STJ. REsp 620787/SP. Quarta Turma. Relator Min. Luis Felipe Salomão. Julgamento em 28.04.2009. *DJ* de 11.05.2009

STJ. REsp 620112/MT. Segunda Turma. Relator Min. Herman Benjamin. Julgamento em 07.05.2009. *DJ* de 21.09.2009 – o «caso das alíquotas sobre o material de construção»

STJ. REsp 11055747/PR. Terceira Turma. Relator Min. Massami Uyeda. Julgamento em 07.05.2009. *DJ* de 20.11.2009

STJ. REsp 1096917/PE. Primeira Turma. Relator Min. Francisco Falcão. Relator p/ Acórdão Min. Luiz Fux. Julgamento em 26.05.2009. *DJ* de 09.10.2009

STJ. REsp 945055/DF Segunda Turma. Relator Min. Herman Benjamin. Julgamento em 02.06.2009. *DJ* de 20.08.2009

STJ. REsp 972890/DF. Primeira Turma. Relator Min. Luiz Fux. Julgamento em 16.06.2009. *DJ* de 17.08.2009

STJ. RMS 29493/MS. Segunda Turma. Relator Min. Humberto Martins. Julgamento em 23.06.2009. *DJ* de 01.07.2009

STJ. REsp 1105947/PR. Segunda Turma. Relator Min. Herman Benjamin. Julgamento em 23.06.2009. *DJ* de 27.08.2009

STJ. AgRg no AgRg no Ag 610607/MG. Sexta Turma. Relatora Min. Maria Thereza de Assis Moura. Julgamento em 25.06.2009. *DJ* de 17.08.2009 – o «caso da legitimidade pelos aluguéis»

STJ. REsp 853713/SP. Segunda Turma. Relator Min. Herman Benjamin. Julgamento em 06.08.2009. *DJ* de 27.04.2011

STJ. REsp 1063343/RS. Segunda Seção. Relatora Min. Nancy Andrighi. Relator para Acórdão Min. João Otávio de Noronha. Julgamento em 12.08.2009. *DJ* de 16.11.2010

STJ. REsp 1102424/SP. Terceira Turma. Relator Min. Massami Uyeda. Julgamento em 18.08.2009. *DJ* de 08.10.2009.

STJ. REsp 401704/PR. Quarta Turma. Relator Min. Honildo Amaral de Melo Castro. Julgamento em 25.08.2009. *DJ* de 02.09.2009 – o «caso dos produtos Tostines»

STJ. REsp 1057539/RS. Segunda Turma. Relator Min. Mauro Campbell Marques. Julgamento em 01.09.2009. *DJ* de 16.09.2009

JURISPRUDÊNCIA CITADA | 893

STJ. REsp 776790/AC. Segunda Turma. Relator Min. Mauro Campbell Marques. Julgamento em 15.10.2009. *DJ* de 28.10.2009 – o «caso do contrato já aditado»

STJ. REsp 859722/RS. Segunda Turma. Relator Min. Mauro Campbell Marques. Julgamento em 05.11.2009. *DJ* de 17.11.2009

STJ. RMS 27566/CE. Quinta Turma. Relator Min. Jorge Mussi. Relatora para Acórdão Min. Laurita Vaz. Julgamento em 17.11.2009. *DJ* de 22.02.2010

STJ. REsp 988595/SP. Terceira Turma. Relatora Min. Nancy Andrighi. Julgamento em 19.11.2009. *DJ* de 09.12.2009

STJ. RMS 20572/DF. Quinta Turma. Relatora Min. Laurita Vaz. Julgamento em 01.12.2009. *DJ* de 15.12.2009

STJ. AgRg no REsp 556478/SP. Segunda Turma. Relator Min. Herman Benjamin. Julgamento em 17.12.2009. *DJ* de 02.02.2010

STJ. REsp 988044/ES. Terceira Turma. Relator Min. Nancy Andrighi. Julgamento em 17.12.2009. *DJ* de 02.02.2010

STJ. REsp 1130985/PR. Segunda Turma. Relator Min. Humberto Martins. Julgamento em 17.12.2009. *DJ* de 19.02.2010

STJ. REsp 573806/SP. Segunda Turma. Relator Min. Herman Benjamin. Julgamento em 17.12.2009. *DJ* de 02.05.2011

2010

STJ. REsp 490259/RS. Segunda Turma. Relator Min. Herman Benjamin. Julgamento em 02.02.2010. *DJ* de 04.02.2011

STJ. REsp 953389/SP. Terceira Turma. Relatora Min. Nancy Andrighi. Julgamento em 23.02.2010. *DJ* de 15.03.2010 – o «caso das tarifas de veículos»

STJ. REsp 725963/RJ. Terceira Turma. Relatora Min. Nancy Andrighi. Julgamento em 23.02.2010. *DJ* de 18.05.2010 – o «caso do arrendamento do estaleiro»

STJ. REsp 981583/PR. Terceira Turma. Relatora Min. Nancy Andrighi. Julgamento em 23.03.2010. *DJ* de 01.07.2010 – o «caso do cheque recusado»

STJ. REsp 1143216/RS. Primeira Seção. Relator Min. Luiz Fux. Julgamento em 24.03.2010. *DJ* de 09.04.2010 – o «caso do contribuinte excluído do PAES»

STJ. REsp 981750/MG. Terceira Turma. Relatora Min. Nancy Andrighi. Julgamento em 13.04.2010. *DJ* de 23.04.2010 – o «caso do sistema defeituoso»

STJ. AgRg no REsp 969596/MG. Quarta Turma. Relator Min. João Otávio de Noronha. Julgamento em 18.05.2010. *DJ* de 27.05.2010 – o «caso da negação da tutela antecipada»

STJ. REsp 858785/GO. Terceira Turma. Relatora p/ Acórdão Min. Nancy Andrighi. Julgamento em 08.06.2010. *DJ* de 03.08.2010

STJ. REsp 758518/PR. Terceira Turma. Relator Min. Vasco Della Giustina. Julgamento em 17.06.2010. *DJ* de 01.07.2010 – o «caso do vendedor inerte»

STJ. REsp 1077342/MG. Terceira Turma. Relator Min. Massami Uyeda. Julgamento em 22.06.2010. *DJ* de 03.09.2010

STJ. REsp 1157722/RS. Segunda Turma. Relator Min. Castro Meira. Julgamento em 05.08.2010. *DJ* de 10.09.2010

STJ. EDcl no REsp 1143216/RS. Primeira Seção. Relator Min. Luiz Fux. Julgamento em 09.08.2010. *DJ* de 25.08.2010

STJ. REsp 1112796/PR. Quarta Turma. Relator Min. Luis Felipe Salomão. Relator para Acórdão Min. Honildo de Mello Castro. Julgamento em 10.08.2010. *DJ* de 19.11.2010 – o «caso do Projeto Excelência»

STJ. REsp 1180815/MG. Terceira Turma. Relatora Min. Nancy Andrighi. Julgamento em 19.08.2010. *DJ* de 26.08.2010

STJ. REsp 1025769/MG. Terceira Turma. Relatora Min. Nancy Andrighi. Julgamento em 24.08.2010. *DJ* de 01.09.2010 – o «caso da pensão alimentícia temporária»

STJ. REsp 302906/SP. Segunda Turma. Relator Min. Herman Benjamin. Julgamento em 26.08.2010. *DJ* de 01.12.2010

STJ. REsp 1155273/RJ Segunda Turma. Relator Min. Mauro Campbell Marques. Julgamento em 28.09.2010. *DJ* de 15.10.2010

STJ. REsp 704603/RS. Quarta Turma. Relator Min. Luis Felipe Salomão. Julgamento em 07.10.2010. *DJ* de 19.10.2010

STJ. REsp 1192609/SP. Terceira Turma. Relator Min. Massami Uyeda. Julgamento em 07.10.2010. *DJ* de 21.10.2010

STJ. REsp 966163/RS. Quarta Turma. Relator Min. Luis Felipe Salomão. Julgamento em 26.10.2010. *DJ* de 04.11.2010 – o «caso da ruptura do contrato de concessão de veículos»

STJ. REsp 959618/RS. Terceira Turma. Relator Min. Sidnei Beneti. Relatora para Acórdão Min. Nancy Andrighi. Julgamento em 07.12.2010. *DJ* de 20.06.2011

2011

STJ. REsp 1155200/DF. Terceira Turma. Relatora para Acórdão Min. Nancy Andrighi. Julgamento em 22.02.2011. *DJ* de 02.03.2011

STJ. REsp 1181643/RS. Segunda Turma. Relator Min. Herman Benjamin. Julgamento em 01.03.2011. *DJ* de 20.05.2011 – o «caso da cobrança das tarifas de armazenamento»

STJ. Ag 1294697/DF. Relator Min. João Otávio de Noronha. Publicação em 03.03.2011

STJ. REsp 1166432/PE. Segunda Turma. Relator Min. Herman Benjamin. Julgamento em 15.03.2011. *DJ* de 04.05.2011

STJ. REsp 1073595/MG. Segunda Seção. Relatora Min. Nancy Andrighi. Julgamento em 23.03.2011. *DJ* de 29.04.2011 – o «caso da relação trintenária»

STJ. REsp 1076942/PR. Quarta Turma. Relator Min. João Otávio de Noronha. Julgamento em 12.04.2011. *DJ* de 06.05.2011

STJ. REsp 959780/ES. Terceira Turma. Relator Min. Paulo de Tarso Sanseverino. Julgamento em 26.04.2011. *DJ* de 06.05.2011.

STJ. REsp 1188091/MG. Terceira Turma. Relatora Min. Nancy Andrighi. Julgamento em 26.04.2011. *DJ* de 06.05.2011

STJ. REsp 857299/SC. Terceira Turma. Relator Min. Paulo de Tarso Sanseverino. Julgamento em 03.05.2011. *DJ* de 13.06.2011 – o «caso das liras italianas»

STJ. REsp 1247168/RS. Segunda Turma. Relator Min. Mauro Campbell Marques. Julgamento em 17.05.2011. *DJ* de 30.05.2011

STJ. REsp 1202514/RS. Terceira Turma. Relatora Min. Nancy Andrighi. Julgamento em 21.06.2011. *DJ* de 30.06.2011 – o «caso da correção indevida»

STJ. REsp 1134868/MG. Quarta Turma. Relator Min. Raul Araújo. Julgamento em 28.06.2011. *DJ* de 08.08.2011

STJ. REsp 1051270/RS. Quarta Turma. Relator Min. Luis Felipe Salomão. Julgamento em 04.08.2011. *DJ* de 05.09.2011

STJ. MS 16603/DF. Primeira Seção. Relator Min. Benedito Gonçalves. Relator para Acórdão Min. Cesar Asfor Rocha. Julgamento em 24.08.2011. *DJ* de 02.12.2011

STJ. REsp 1255315/SP. Terceira Turma. Relatora Min. Nancy Andrighi. Julgamento em 13.09.2011. *DJ* de 27.09.2011 – o «caso do contrato de distribuição deslealmente denunciado»

STJ. REsp 1152541/RS. Terceira Turma. Relator Min. Paulo de Tarso Sanseverino. Julgamento em 13.09.2011. *DJ* de 21.09.2011

STJ. REsp 1021113/RJ. Segunda Turma. Relator Min. Mauro Campbell Marques. Julgamento em 11.10.2011. *DJ* de 18.10.2011

STJ. REsp 1087163/RJ. Terceira Turma. Relatora Min. Nancy Andrighi. Julgamento em 11.10.2011. *DJ* de 24.10.2011 – o «caso do registro civil de Anita»

STJ. REsp 1250596/SP. Terceira Turma. Relatora Min. Nancy Andrighi. Julgamento em 03.11.2011. *DJ* de 16.11.2011 – o «caso da dissolução da *joint venture*»

2012

STJ. AgRg no REsp 45143/RJ. Terceira Turma. Relator Min. Massami Uyeda. Julgamento em 02.02.2012. *DJ* de 09.02.2012 – o «caso do suicídio de segurado»

STJ. REsp 1158815/RJ. Terceira Turma. Relator Min. Paulo de Tarso Sanseverino. Julgamento em 07.02.2012. *DJ* de 17.02.2012 – o «caso do gerenciamento da expansão do *shopping center*»

STJ. RMS 31955/MT. Primeira Turma. Relator Min. Teori Albino Zavascki. Julgamento em 28.02.2012. *DJ* de 05.03.2012

STJ. REsp 962980/SP. Quarta Turma. Relator Min. Luis Felipe Salomão. Julgamento 13.03.2012. *DJ* de 15.05.2012 – o «caso do tumor cerebral»

STJ. AgRg no REsp 1110839/PE. Quarta Turma. Relatora Min. Maria Isabel Gallotti. Julgamento em 27.03.2012. *DJ* de 10.04.2012 – o «caso da advogada avalista»

STJ. REsp 901548/RS. Terceira Turma. Relator Min. Paulo de Tarso Sanseverino. Julgamento em 17.04.2012. *DJ* de 10.05.2012 – o «caso da cobrança de frete»

STJ. REsp 1040606/ES. Quarta Turma. Relator Min. Luis Felipe Salomão. Julgamento em 24.04.2012. *DJ* de 16.05.2012 – o «caso da forma do distrato»

STJ. AgRg no AREsp 37131/SC. Quarta Turma. Relator Min. Raul Araújo. Julgamento em 24.04.2012. *DJ* de 31.05.2012

STJ. REsp 1068271/SP. Terceira Turma. Relatora Min. Nancy Andrighi. Julgamento em 24.04.2012. *DJ* de 15.06.2012 – o «caso do seguro recobrado»

STJ. AgRg no Ag 1394166/SC. Segunda Turma. Relator Min. Herman Benjamin. Julgamento em 08.05.2012. *DJ* de 04.06.2012

STJ. REsp 1302738/SC. Terceira Turma. Relatora Min. Nancy Andrighi. Julgamento em 03.05.2012. *DJ* de 10.05.2012

STJ. REsp 1177479/PR. Quarta Turma. Relator para Acórdão Min. Antonio Carlos Ferreira. Julgamento em 15.05.2012. *DJ* de 19.06.2012 – o «caso da apólice contra roubo e furto»

STJ. REsp 1013976/SP. Quarta Turma. Relator Ministro Luis Felipe Salomão. Julgamento em 17.05.2002. *DJ* de 19.05.2012 – o «caso do avalista vicário»

STJ. SEC 3709/EX. Corte Especial. Relator Min. Teori Albino Zavascki. Julgamento em 14.06.2012. *DJ* de 29.06.2012

STJ. REsp 1200105/AM. Terceira Turma. Relator Min. Paulo de Tarso Sanseverino. Julgamento em 19.06.2012. *DJ* de 27.06.2012 – o «caso das carretas»

STJ. REsp 1162117/SP. Quarta Turma. Relator Min. João Otávio de Noronha. Relator para Acórdão Min. Raul Araújo. Julgamento em 04.09.2012. *DJ* de 20.11.2014

STJ. REsp 1243632/RS. Terceira Turma. Relator Min. Paulo de Tarso Sanseverino. Julgamento em 11.09.2012. *DJ* de 17.09.2012

STJ. REsp 984106/SC. Quarta Turma. Relator Min. Luis Felipe Salomão. Julgamento em 04.10.2012. *DJ* de 20.11.2012 – o «caso do trator defeituoso»

STJ. REsp 1197284/AM. Terceira Turma. Relator Min. Paulo de Tarso Sanseverino. Julgamento em 23.10.2012. *DJ* de 30.10.2012

STJ. REsp 1192678/PR. Terceira Turma. Relator Min. Paulo de Tarso Sanseverino. Julgamento em 13.11.2012. *DJ* de 26.11.2012 – o «caso da assinatura escaneada»

STJ. HC 129204/GO. Sexta Turma. Relatora Min. Thereza de Assis Moura. Julgamento em 19.11.2012. *DJ* de 26.11.2012

STJ. AREsp 255526/SP. Relator Min. Sidnei Beneti. Publicação em 23.11.2012

2013

STJ. REsp 1159941/SE. Quarta Turma. Relator Min. Luis Felipe Salomão. Julgamento em 05.02.2013. *DJ* de 17.04.2013

STJ. REsp 1215289/SP. Terceira Turma. Relator Min. Sidnei Beneti. Julgamento em 05.02.2013. *DJ* de 21.02.2013 – o «caso das prestações duvidosas»

STJ. REsp 1217951/PR. Segunda Turma. Relator Min. Mauro Campbell Marques. Julgamento em 19.02.2013. *DJ* de 26.02.2013

STJ. REsp 1051065/AM. Terceira Turma. Relator Min. Ricardo Villas Bôas Cueva. Julgamento em 21.02.2013. *DJ* de 27.02.2013 – o «caso da concessionária BMW»

STJ. REsp 1279173/SP. Terceira Turma. Relator Min. Paulo de Tarso Sanseverino. Julgamento em 04.04.2013. *DJ* de 09.04.2013

STJ. REsp 1162985/RS. Terceira Turma. Relator Min. Nancy Andrighi. Julgamento em 18.06.2013. *DJ* de 25.06.2013

STJ. AgEg no AREsp 238432/RS. Terceira Turma. Relator Min. Paulo de Tarso Sanseverino. Julgamento em 18.06.2013. *DJ* de 21.06.2013 – o «caso dos 32% devidos»

STJ. REsp 1323404/GO. Terceira Turma. Relatora Min. Nancy Andrighi. Julgamento em 27.08.2013. *DJ* de 05.09.2013

STJ. REsp 1126832/RN. Quarta Turma. Relator Min. Raul Araújo. Julgamento em 07.11.2013. *DJ* de 20.02.2014

STJ. REsp 1387236/MS. Terceira Turma. Relator Min. Paulo de Tarso Sanseverino. Julgamento em 26.11.2013. *DJ* de 02.12.2013 – o «caso da duplicata quitada»

2014

STJ. REsp 1367955/SP. Terceira Turma. Relator Min. Paulo de Tarso Sanseverino. Julgamento em 18.03.2014. *DJ* de 24.03.2014 – o «caso da empresa de eventos desiludida»

STJ. AgRg no REsp 1349081/AL. Terceira Turma. Relator Min. Paulo de Tarso Sanseverino. Julgamento em 06.05.2014. *DJ* de 12.05.2014

STJ. REsp 1340100/GO. Terceira Turma. Relator Min. Ricardo Villas Bôas Cueva. Julgamento em 21.08.2014. *DJ* de 08.09.2014 – o «caso do segurado mentiroso»

2015

STJ. AgRg no AREsp 262823/MT. Quarta Turma. Relatora Min. Maria Isabel Gallotti. Julgamento em 26.05.2015. *DJ* de 03.06.2015

STJ. REsp 1374830/SP. Terceira Turma. Relator Min. Ricardo Villas Bôas Cueva. Julgamento em 23.06.2015. *DJ* de 03.08.2015

STJ. REsp 1255179/RJ. Terceira Turma. Relator Min. Ricardo Villas Bôas Cueva. Julgamento em 25.08.2015. *DJ* de 18.11.2015 – o «caso do devedor que queria indenização por danos»

STJ. AgRg no REsp 1433054/ES. Terceira Turma. Relator Min. Marco Aurélio Bellizze. Julgamento em 03.12.2015. *DJ* de 14.12.2015

2016

STJ. AgRg no REsp 1391627/RJ. Terceira Turma. Relator Min. Paulo de Tarso Sanseverino. Julgamento em 04.02.2016. *DJ* de 12.02.2016 – o «caso do gerente fraudador»

STJ. REsp 1409849/PR. Terceira Turma. Relator Min. Paulo de Tarso Sanseverino. Julgamento em 26.04.2016. *DJ* em 06.05.2016

2017

STJ. REsp 1601555/SP. Terceira Turma. Relator Min. Ricardo Villas Bôas Cueva. Julgamento em 14.02.2017. *DJ* de 20.02.2017

STJ. REsp 1309972/SP. Quarta Turma. Relator Min. Luis Felipe Salomão. Julgamento em 27.04.2017. *DJ* de 08.06.2017

STJ. REsp 1520995/SP. Terceira Turma. Relator Min. Paulo de Tarso Sanseverino. Julgamento em 13.06.2017. *DJ* de 22.06.2017 – o «caso do economista enganado»

2019

STJ. EREsp 1281594/SP. Relator Min. Benedito Gonçalves. Relator para Acórdão Min. Felix Fischer. Julgamento em 15.05.2019. *DJ* de 23.05.2019

STJ. REsp 1559348/DF. Quarta Turma. Relator Min. Luis Felipe Salomão. Julgamento em 18.06.2019. *DJ* em 05.08.2019

STJ. REsp 1831947/PR. Terceira Turma. Relatora Min. Nancy Andrighi. Julgamento em 10.12.2019. *DJ* de 13.12.2019

2020

STJ. AREsp 249923/SC. Primeira Turma. Relator Min. Gurgel de Faria. Julgamento em 09.06.2020. *DJ* de 29.06.2020

STJ. REsp 1643203/RJ. Relator. Min. Marco Aurélio Bellizze. Terceira Turma. Julgado em 17.11.2020. *DJ* de 01.12.2020

STJ. REsp 1862508/SP. Terceira Turma. Relator Min. Ricardo Villas Bôas Cueva. Relatora para Acórdão Min. Nancy Andrighi. Julgamento em 24.11.2020. *DJ* de 18.12.2020

2022

STJ. REsp 1969653/MS. Terceira Turma. Relatora Min. Nancy Andrighi. Julgamento em 29.03.2022. *DJ* de 01.04.2022

Tribunal de Justiça de Alagoas

TJAL. Ap. 10.025. Primeira Câmara. Relator Des. José Agnaldo de Souza Araújo. Julgamento em 30.05.1994

Tribunal de Justiça do Rio de Janeiro

TJRJ. Ap. Cív. 2008.001.02736. Nona Câmara Cível. Relator Des. Roberto de Abreu e Silva. Julgamento em 06.05.2008

TJRJ. Ag 2008.002.05366. Décima Nona Câmara Cível. Relator Des. Marcus Tullius Alves. Julgamento em 12.05.2008

Tribunal de Justiça do Rio Grande do Sul

TJRS. Ap. Cív. 582000378. Primeira Câmara Cível. Relator Des. Athos Gusmão Carneiro. Julgamento em 08.02.1983

TJRS. Ap. Cív. 584033179. Primeira Câmara Cível. Relator Des. Athos Gusmão Carneiro. Julgamento em 04.12.1984

TJRS. Ap Cív. 588016147. Quinta Câmara Cível. Relator Des. Ruy Rosado de Aguiar Jr. Julgamento em 03.04.1988

TJRS. Ap. Cív. 588042580. Quinta Câmara Cível. Relator Des. Ruy Rosado de Aguiar Jr. Julgamento em 16.08.1988 – o «caso da compradora escorraçada»

TJRS. Ap. Cív. 589071711. Quinta Câmara Cível. Porto Alegre. Relator Des. Ruy Rosado de Aguiar Jr. Julgamento em 19.12.1989

TJRS. Ap. Cív. 589073956. Quinta Câmara Cível. Relator Des. Ruy Rosado de Aguiar Jr. Julgamento em 19.12.1989 – o «caso da loja de vestuários»

TJRS. Ap. Cív. 589077106. 1.ª Câmara Cível. Relator Des. Tupinambá Miguel Castro do Nascimento. Julgamento em 06.03.1990

TJRS. Ap. Cív. 590072161. Quarta Câmara Cível. Relator Des. João Pedro Pires Freire. Julgamento em 19.12.1990

TJRS Ap. Cív. 591017058. Quinta Câmara Cível. Relator Des. Ruy Rosado de Aguiar Jr. Julgamento em 25.04.1991 – o «caso do posto de gasolina»

TJRS. Ap. Cív. 591028295. Quinta Câmara Cível. Relator Des. Ruy Rosado de Aguiar Jr. Julgamento em 06.06.1991 – o «caso dos tomates»

TJRS. E.I. 591083357. Terceiro Grupo de Câmaras Cíveis. Julgamento em 01.11.1991

TJRS. Ap. Cív. 196060800. Nona Câmara Cível. Relatora Des. Maria Isabel de Azevedo Souza. Julgamento em 11.06.1996

TJRS. E.I. 196032114. Quarto Grupo de Câmaras Cíveis. Relator Des. Roberto Expedito da Cunha Madrid. Julgamento em 17.03.1997 – o «caso do seguro de danos pessoais»

TJRS. Ap. Cív. 597019439. Sexta Câmara Cível. Relator. Des. Antônio Janyr Dall'Agnol. Julgamento em 12.11.1997.

TJRS. Ap. Cív. 597222629. Quinta Câmara Cível. Relator Des. Araken de Assis. Julgamento em 04.12.1997

TJRS. E.I. 598007607. Terceiro Grupo de Câmaras Cíveis. Relator Des. Antônio Janyr Dall'Agnol. Julgamento em 03.04.1998

TJRS. Ap. Cív. 599250776. Décima Quinta Câmara Cível. Relator Des. Vicente Barrôco de Vasconcellos. Julgamento em 24.11.1999

TJRS. Ag 70001005586. Décima Quarta Câmara Cível. Relator Des. Aymoré Roque Pottes de Mello. Julgamento em 29.06.2000

TJRS. Ap. Cív. 70001605252. Quinta Câmara Cível. Relator Des. Sérgio Pilla da Silva. Julgamento em 09.11.2000

900 | A BOA-FÉ NO DIREITO PRIVADO

TJRS. Ap. Cív. 70005146857. Décima Primeira Câmara Cível. Relatora Des. Naele Ochoa Piazzeta Julgamento em 12.02.2003

TJRS. Ag 70005776968. Segunda Câmara Especial Cível. Relatora Des. Marilene Bonzanini. Julgamento em 08.04.2003

TJRS. Ap. Cív. 70008000275. Vigésima Câmara Cível. Relator Des. Armínio José Abreu Lima da Rosa. Julgamento em 03.03.2004

TJRS. Ag 70008208720. Décima Oitava Câmara Cível. Relator Des. Mário Rocha Lopes Filho. Julgamento em 20.05.2004

TJRS. Ag 70011314200. Décima Quarta Câmara Cível. Relator Des. Sejalmo Sebastião de Paula Nery. Julgamento em 04.04.2005

TJRS. Ap. Cív. 70028138113. Décima Segunda Câmara Cível. Relator Des. Umberto Guaspari Sudbrack. Julgamento em 29.01.2009

TJRS. Ap. Cív. 70037891090. Décima Segunda Câmara Cível. Relator Des. Umberto Guaspari Sudbrack. Julgamento em 26.08.2010 – o «caso do veículo que caiu do navio»

TJRS. Ap. Cív. 70044548154. Quinta Câmara Cível. Relator Des. Jorge Luiz Lopes do Canto. Julgamento em 28.09.2011– o «caso do contrato de distribuição de combustíveis com cláusula de exclusividade»

TJRS. Ap. Cív. 70044967461. Décima Segunda Câmara Cível. Relator Des. Umberto Guaspari Sudbrack. Julgamento em 28.02.2013

TJRS. Ag 70056891344. Sétima Câmara Cível. Relator Des. Sérgio Fernando de Vasconcellos Chaves. Julgamento em 13.11.2013

TJRS. Ap. Cív. 70061811212. Oitava Câmara Cível. Relator Des. Rui Portanova. Julgamento em 30.10.2014

TJRS. Ag 70063217178. Sétima Câmara Cível. Relatora Des. Liselena Schifino Robles Ribeiro. Julgamento em 14.01.2015

TJRS. Ap. Cív. 70061256152. Nona Câmara Cível. Relator Des. Miguel Ângelo da Silva. Julgamento em 26.08.2015 – o «caso do arrendamento a menor»

TJRS. Ap. Cív. 70072362940. Décima Segunda Câmara Cível. Relator Des. Umberto Guaspari Sudbrack. Julgamento em 14.02.2017

Tribunal de Justiça de Santa Catarina

TJSC. Ap. Cív. 40.801. Relator Des. Francisco Xavier Medeiros Vieira. Julgamento em 19.10.1993

TJSC. Ap. Cív. 2005.005907-7. Relator Des. Carlos Prudêncio. *DJ* de 25.09.2008

TJSC. Ap. Cív. 2013.008930-5. Relator Des. Carlos Prudêncio. Julgamento em 16.04.2013

TJSC. Ap. Cív. 2011.026411-0. 2.ª Câmara de Direito Comercial. Relator Des. Luiz Fernando Boller. Julgamento em 20.01.2015 – o «caso do transporte de leite»

Tribunal de Justiça de Sergipe

TJSE. Recurso Inominado. Acórdão n. 193/2006. Proc. n. 2006800091. Feito n. 0091/2006. Relatora Des. Maria Angélica Garcia M. Franco. Julgamento em 20.06.2006

Tribunal de Justiça de São Paulo

TJSP. Ap. Cív. 213.886.4/5-00. Terceira Câmara de Direito Privado. Relator Des. Carlos Roberto Gonçalves. Julgamento em 05.03.2002. *DJ* de 03.05.2002

TJSP. Ap. Cív. 2674504600. Sétima Câmara de Direito Privado. Relatora Des. Constança Gonzaga. Julgamento em 24.05.2006 – «caso Trelleborg»

TJSP. Ap. Cív. 5147064000. Terceira Câmara de Direito Privado. Rel Des. Beretta da Silveira. Julgamento em 28.08.2007 – o «caso Bunge *vs.* Mosaic»

TJSP. Ap. Cív. 3409804/6-00. Quarta Câmara de Direito Privado. Relator Des. Francisco Loureiro. Julgamento em 25.10.2007

TJSP. Ap. Cív. 4131044/6-00. Quarta Câmara de Direito Privado. Relator Des. Francisco Loureiro. Julgamento em 10.04.2008

TJSP. Recurso Inominado n. 28578. Terceira Turma Cível. Relator Des. João Batista Silvério da Silva. Julgamento em 15.05.2008

TJSP: Ap. Cív. 4392314500. Quarta Câmara de Direito Privado. Relator Des. Francisco Loureiro. Julgamento em 29.05.2008

TJSP. Ap. Cív. 9220144-77.2008.8.26.0000. Sétima Câmara de Direito Privado. Relator Des. Sousa Lima. Julgamento em 03.12.2008. *DJ* de 19.12.2008

TJSP. Ap. Cív. 5340044/2-00. Quarta Câmara de Direito Privado. Relator Des. Francisco Loureiro. Julgamento em 10.07.2008

TJSP. Ag 0091208-51.2012.8.26.0000. Sétima Câmara de Direito Privado Relator Des. Ramon Mateo Junior. Julgamento em 29.08.2012

TJSP. Ap. Cív. 0001083-02.2010.8.26.0002. Sexta Câmara de Direito Privado. Relator Des. Paulo Alcides Amaral Salles. Revisor Des. Francisco Loureiro. Julgamento em 13.09.2012. *DJ* de 13.11.2012 – o «caso do sócio que queria ser sócio e credor»

TJSP. Ap. Cív. 1032903-67.2020.8.26.0100. Trigésima Câmara de Direito Privado. Relator Des. Carlos Russo. Julgamento em 28.04.2021

TJSP. Ap. Cív. 1000354-62.2016.8.26.0223. Trigésima Câmara de Direito Privado. Relator Des. Andrade Neto. Julgamento em 14.07.2021

TJSP. Ap. Cív. 2021.0001002614. Trigésima Segunda Câmara de Direito Privado. Relator Des. Rodolfo Cesar Milano. Julgamento em 09.12.2021

TJSP. Ap. Cív. 1010729-16.2015.8.26.0011. Décima Primeira Câmara de Direito Privado. Relator Des. Marino Neto. Julgamento em 25.02.2022

TJSP. Ap. Cív. 1010336-32.2017.8.26.0008. Trigésima Primeira Câmara de Direito Privado. Relator Des. Antonio Rigolin. Julgamento em 12.07.2022

TJSP. Ap. Cív. 1065813-53.2020.8.26.0002. Vigésima Oitava Câmara de Direito Privado. Relator Des. Ferreira da Cruz. Julgamento em 02.08.2022

Tribunal Superior do Trabalho

TST. RR 2135/2005-032-02-00. Terceira Turma. Relatora Min. Rosa Maria Weber Candiota. Julgamento em 29.04.2009. *DJ* de 22.05.2009

TST. ED-RR 126200-89.2005.5.05.0009. Sétima Turma. Relator Min. Guilherme Augusto Caputo Bastos. Julgamento em 05.05.2010. *DJ* de 14.05.2010

TST. RR 114500-56.2009.5.05.0016. Quinta Turma. Relator Min. João Batista Brito Pereira. Julgamento em 27.02.2013. *DJ* de 08.03.2013

TST. E-ED-ARR-AIRR 20679-88.2015.5.04.0024. Subseção I Especializada em Dissídios Individuais. Relator Min. Alberto Luiz Bresciani de Fontan Pereira. Julgamento em 08.02.2018. *DJ* de 16.02.2018

TST. AIRR 1628-30.2014.5.02.0009. Sétima Turma. Relator Min. Luiz Philippe Vieira de Mello Filho. Julgamento em 23.03.2018. *DJ* de 23.03.2018

TST. RR 161600-09.2001.5.01.0045. Quinta Turma. Relator Min. Guilherme Augusto Caputo Bastos. Julgamento em 26.09.2018. *DJ* de 19.10.2018

TST. RR 900-05.2014.5.05.0009. Quinta Turma. Relator Min. Caputo Bastos. Julgamento em 03.10.2018. *DJ* de 05.10.2018

TST. RR 1784-40.2016.5.21.0002. Quarta Turma. Relator Ministro Guilherme Augusto Caputo Bastos. Julgamento em 27.02.2019. *DJ* de 01.03.2019

TST. RR. 11385-78.2017.5.18.0015. Oitava Turma. Relatora Min. Maria Cristina Irigoyen Peduzzi. Julgamento em 08.05.2019. *DJ* de 10.05.2019

TST. RR 1214-79.2014.5.07.0013. Terceira Turma. Relator Min. Alexandre de Souza Agra Belmonte. Julgamento em 05.06.2019. *DJ* de 07.06.2019

TST. RR 299-05.2017.5.21.0023. Quarta Turma. Relator Min. Guilherme Augusto Caputo Barros. Julgamento em 20.11.2019. *DJ* de 22.11.2019

TST. RR 1338-23.2013.5.09.0084. Sétima Turma. Relator Min. Claudio Mascarenhas Brandão. Julgamento em 10.06.2020. *DJ* de 19.06.2020

TST. RO 10548-81.2013.5.01.0000. Subseção II Especializada em Dissídios Individuais. Relatora Min. Maria Helena Mallmann. Julgamento em 24.08.2021. *DJ* de 22.10.2021

Índices Remissivos*

Índice remissivo *stricto sensu*

A

A boa-fé no direito privado: sistema e tópica no processo obrigacional – (§2, 3; §18, 1; §24, 1, 2; §46, 4; §48, 2; §49, 2, 3; §70, 12; §74, 6; §76, 3)

Abusividade – (§32, 4, 5; § 34, 7; §37, 17; §38, 8; §66, 2; §69, 1, 2, 3, 4; §70, 1, 4; §83, 2)

Abusividade contratual – (§68, 1, 2; §70, 1)

Abuso de direito – (§13, 8; §27, 2; §33, 3; §38, 8; §39, 4; §64, 3, 5; §65, 6; §67, 1; §69, 3; §72, 2; §74, 6; §75, 6; §77, 4; §79, 3)

Abuso do poder econômico – (§55, 4)

Abuso e iniquidade – (§55, 4)

Ação pauliana – (§58, 2)

Aceitação tácita – (§57)

Acordos de acionistas – (§17, 5; §29, 3; §38, 7, 8; §64, 5)

Acordos de intenção – (§41)

Acordos parassociais – (§38, 6) v. também PACTOS PARASSOCIETÁRIOS

Actio de dolo – (§45, 1)

Actio legis aquiliae – (§45, 1)

Ad impossibilia nemo tenetur – (§63, 10)

Adaptação automática – (§70, 8)

Adaptação valorativa – (§ 16, 2)

Adesividade – (§32, 5)

Adimplemento insatisfatório – (§84, 2)

Adimplemento ruim – (§84, 3)

Adimplemento satisfativo – (§15, 3; §19, 3; §20, 4, 5; §24, 2; §27, 1)

Adimplemento satisfatório – (§19, 2; §20, 3; §36, 2; §37, 13; §38, 12, 19; §39, 1, §62, 2; §63, 2; §78, 2; §82, 2)

Adimplemento substancial – (§14, 2; §16, 3, 4; §18, 1; §49, 3; §59, 4; §74, 6; §77, 5; §78, 3; §81, 4, 7; §82; §83, 6)

Administração Pública – (§15, 3; §24, 4;

---

* Os índices foram atualizados da primeira edição deste livro por equipe coordenada por Rafael Branco Xavier, Pietro Benedetti Teixeira Webber e Alessandro Hippler Roque, contando com a participação dos acadêmicos Gabriel Spiller Della Giustina, Maria Luísa Marques Casara e Rodrigo Salton Rotunno Saydelles.

A atualização foi realizada manualmente, sem a utilização de quaisquer aplicativos e/ou programas específicos. Por isso, em relação ao índice remissivo *stricto sensu*, pode haver situações em que variações na grafia dos verbetes não estão aqui listadas, razão pela qual se recomenda a utilização complementar do Sumário ao início do livro. Fugiram à indexação as palavras encontradas em títulos de obras. Pela letra "n", deve-se entender os verbetes mencionados em páginas nas quais constam apenas em notas de rodapé.

§34, 2, 3, 4, 5, 6, 7; §37, 11; §46, 4; §67; §71, 2; §74, 6; §75, 2, 3)

Administradores – (§29, 2; §29, 4; §29, 5; §37, 4; §37, 5; §37, 6; §37, 7; §37, 13; §38, 7; §38, 8; §53, 2; §57, 4; §63, 1; §63, 6; §63, 10; §63, 11)

Aequitas – (§5; §7, 3; §8, 4)

Aferição da abusividade – (§69, 4)

Affectio societatis – (§27, 2; §29, 3; §38, 3, 4, 8; §74, 4)

Agravamento do risco – (§37, 18)

Alienação fiduciária em garantia – (§74, 6; §82, 2, 3)

American Arbitration Association – (§75, 3)

Ancien Régime – (§9, 2)

Animus donandi – (§36, 3)

Anspruch – (§18, 3)

Anticipated breach of contract – (§83, 6) v. também INADIMPLEMENTO ANTECIPADO

Anticipatory non-performance – (§83, 4)

Aproveitamento de oportunidades comerciais da companhia – (§38, 4)

Arbitragem – (§1, 3; §16, 2; §37, 6, 7, 8, 9, 10, 11, 12; §44, 3; §49, 3; §57; §58, 2; §59, 5; §75, 3; §76, 1)

Arbítrio judicial – (§16, 7)

Área da saúde – (§63, 3, 14)

Assimetria de informações – (§53, 1; §63, 11) v. também ASSIMETRIA INFORMATIVA

Assimetria fática – (§31, 1; §32, 1; §67)

Assimetria fático-informativa – (§627)

Assimetria informativa – (§31, 1; §32, 6; §37, 14; §63, 7)

Assimetria juridicamente presumida – (§627)

Assistematicidade – (§58, 3)

Atipicidade contratual – (§53, 9; §70, 5)

Atividade empresarial – (§25, 1; §28, 2, 3, 4, 5, 6; §30, 1; §37, 6, 13)

Atividade integrativa – (§60, 2, 3; §61; §63, 3)

Atividade negocial – (§2, 1; 25, 1; §28, 3, 4, 5; §37, 6)

Ato jurídico – (§9, 4; §22, 8; §43, 2; §51, 1; §53, 4; §68, 3)

Ato-fato jurídico – (§22, 5, 7)

Atos existenciais – (§22)

Ausência de má-fé – (§5, 2; §7, 1; §9, 4; §37, 19)

Autodeterminação – (§21, 2, 3; §28, 6; §53, 2; §67; §69, 1; §70, 12)

Autonomia da vontade – (§9, 1, 2, 3; §18, 3; §21, 2; §22, 1; §30, 1; §42, 3; §54, 10; §70, 14; §79, 3; §80, 1; §81, 5)

Autonomia privada – (§9, 4; §11, 4; §13, 6; §16, 3; §17, 5; §18, 2, 3; §19, 5, 6; §21; §22, 1, 3, 5, 6, 7; §26; §28, 1, 5, 7; §30, 2; §34, 5; §35, 2; §38, 8; §38, 17; §50, 2, 3; §52, 4; §53, 2, 3; §53, 2; §55, 4; §58, 4; §59, 2; §60, 2; §61, 2; §67; §70, 3, 6, 12; §75, 7; §77, 3; §77, 5; §82, 2)

Autorregulação dos interesses privados – (§59, 2)

Autorresponsabilidade – (§21, 2, 3, 4, 5; §26; §27, 1; §52, 4; §63, 1)

Autovinculação – (§19, 5; §21, 3, 5; §52, 4; §74, 6)

B

Banco Central – (§62, 2)

Bem de família – (§27, 2)

Best efforts – (§30,2)

Bgb – (§8, 5; §10; §10, 1; §10, 3; §11, 4; §11, 5; §11, 6; §16, 7; §18, 3; §19, 4; §20, 5; §45, 3; §67, 1; §72, 2; § 74, 6; §77, 2)

Bioética – (§31, 3)

Boa-fé canônica – (§7; §8, 5; §9, 1; §28, 1; §58, 1)

Boa-fé hermenêutica – (§44, 2; §50, 2; §50, 3; §54, 10; §56; §57, 1; §58, 2; §58, 3)

ÍNDICES REMISSIVOS | 905

Boa-fé *in executivis* – (§37, 14; §38, 12; §47; §47, 2; §54, 10)

Boa-fé integrativa – (§38, 4; §59, 4; §60, 1)

Bolsa de mercadorias de Nova York – (§70, 13)

Bona fides interpretatio – (§4, 1)

Bona fides societatis – (§29, 3; §38, 2)

Bonae fidei iudicia – (§2, 3; §3, 3; §3, 4; §11, 4)

Bonae fidei iudicium – (§3, 3; §3, 4; §3, 5)

Bons costumes – (§1, 1; §9, 1; §9, 2; §10, 3; §11, 4; §12, 2; §12, 3; §13, 8; §15, 3; §16, 2; §16, 7; §27, 2; §64, 5; §72, 1; §72, 2; §73, 1; §79, 3)

Bonne foi – (§1; §2, 1; §5, 3; §8; §9, 1; §9, 2; §9, 3; §9, 4; §9, 5; §10, 1; §10, 2; §10, 3; §10-A, 1; §18, 1; §30, 2; §34, 3; §52, 5; §56, 5; §65, 4; §67, 1; §73, 1)

Breach of contract – (§65, 4; §65, 5; §83, 3)

Brexit – (§10-A, 2).

Business judgment rule – (§37, 5; §37, 4; §37, 5; §37, 6)

C

Call option – (§42, 2)

Câmara Internacional do Comércio – (§54, 11) v. também *Chambre de Commerce Internationale*

Campo de incidência – (§24, 5; §25; §55, 2)

Cânone da totalidade e da coerência – (§52, 4)

Cânone da totalidade hermenêutica – (§50, 3; §52, 3; §53; §53, 4; §54)

Cânone da uniformidade hermenêutica – (§56, 3)

Cânone de interpretação – (§8, 5; §24, 2; §37, 19; §38, 4; §56, 1)

Cânone hermenêutico – (§2, 3; §4, 2; §21, 4; §24, 2; §29, 5; §37, 5; §37, 15; §49, 3; §50, 3; §54, 2; §54, 5; §55, 2; §56, 1; §56, 5; §85)

Canonistas – (§7, 1; §7, 2; §7, 3)

Caráter punitivo – (§37, 19)

Caso fortuito – (§48, 2; §63, 3; §70, 5; §71, 2; §77, 4)

Casuística – (§12, 2; §11, 6; §12, 1; §12, 2; §12, 3; §13, 8; §14, 2; §16, 2; §16, 3; §16, 7; §30, 2; §46, 2; §72, 1)

CDC – (§8, 6; §13, 7; §13, 8; §14, 2; §15, 3; §19, 6; §22, 7; §31, 3; §32, 1; §32, 2; §32, 4; §32, 5; §32, 6; §32, 7; §37, 19; §40, 2; §48, 2; §55, 1; §55, 2; §55, 4; §56, 1; §59, 5; §63, 1; §63, 3; §63, 7; §63, 8; §63, 12; §63, 13; §67, 1; §68, 2; §68, 3; §69, 2; §69, 3; §69, 4; §70, 4; §70, 13; §70, 14; §76, 2; §79, 3)

Chambre de Commerce Internationale – (§56, 4)

CISG – (§9, 4; §10-A; §10-A, 1; §10-A, §11, 4; 2; §28, 5; §30, 1; §30, 2; §45,3; §49, 2; §51, 2; §54, 1; §54, 3; §54, 4; §54, 5; §54, 9; §56; §56, 1; §56, 2; §56, 3; §56, 4; §56, 5; §57, 3; §58, 2; §58, 4; §65, 2; §65, 4; §65, 6; §70, 9; §83, 7)

Civil law – (§2, 1; §5, 3; §9, 1; §10, 1; §10, 3; §10-A; §10-A, 1; §10-A, 2; §11, 4; §15, 4; §16, 4; §38, 16; §42, 3; §56, 1; §65, 4; §67, 1; §73, 1; §83, 3; §83, 4)

Cláusula de *hardship* – (§18, 3; §70, 5; §70, 6; §70, 9)

Cláusula *material adverse change* – (§70, 6)

Cláusula penal – (§16, 3; §32, 4; §42, 5; §68, 4; §70, 5; §78, 1; §84, 3)

Cláusula resolutiva expressa – (§17, 7; §78, 2; §78, 3; §81, 2; §81, 5; §81, 7)

Cláusula resolutiva tácita – (§81, 2; §81, 5)

Cláusula resolutória – (§81, 7)

Cláusulas abusivas – (§32, 4; §34, 7; §37, 19; §63, 7; §69, 1; §69, 2; §70, 5)

Cláusulas contratuais gerais – (§11, 2; §11, 5; §16, 3; §21, 3; §59, 5; §69,1)

Cláusulas de entendimento integral – (§42, 6; §42, 7)

906 | A BOA-FÉ NO DIREITO PRIVADO

Cláusulas de manutenção do valor – (§70, 6)

Cláusulas de renegociação – (§38, 16; §59, 3; §70, 4; §70, 6; §70, 7; §70, 9)

Cláusulas gerais de tipo regulativo – (§11, 7; §14, 1; §15, 4)

Cláusulas gerais em sentido amplo – (§12, 3)

Cláusulas-padrão – (§55, 1)

Closing – (§42, 4; §42, 5)

CLT – (§33, 1; §33, 3)

Code Civil – (§8, 6; §9; §9, 2; §9, 3; §9, 4; §10, 3; §11, 6; §16, 7; §45, 1; §45, 3; §58, 2; §70, 11-A)

Code Napoléon – (§8, 4; §11, 4; §16, 7; §22, 1)

Codice Civile – (§11, 6; §16, 2; §19, 4; §31, 3; §45, 3; §55, 3; §59, 5; §70, 11-A; §80, 2; §81, 5; §81, 6; §83, 4) v. também CÓDIGO CIVIL ITALIANO

Código Civil alemão – (§10, 3; §11, 4; §16, 5; §16, 7; §20, 5; §22, 2; §24, 2; §34, 2; §45, 2; §45, 3; §54, 2)

Código Civil brasileiro – (§5, 2; §9, 4; §10, 3; §11, 6; §12, 2; §13, 2; §13, 8; §14, 1; §14, 2; §16, 7; §17, 4; §27, 1; §27, 3; §28, 3; §28, 7; §36, 4; §37, 13; §37, 17; §37, 18; §44, 3; §45, 1; §45, 2; §46, 7; §49, 3; §56, 2; §63, 11; §64, 5; §70, 5; §70, 11-A; §72, 2; §75, 5; §75, 6; §77, 5; §79, 3; §80, 2; §81, 5).

Código Civil de 2002 – (§10, 4; §16, 3; §18, 3; §24, 2; §25, 1; §37, 18; §38, 8; §45, 1; §46, 6; §48, 2; §52, 4; §54, 7; §54, 10; §57, 2; §58, 2; §70, 13; §72, 1; §72, 2; §77, 2; §79, 2; §79, 3; §83, 6) v. também CÓDIGO CIVIL BRASILEIRO

Código Civil francês – (§9, 1 §9, 3; §9, 5; §16, 7; §45, 3; §70, 11-A) v. também *Code civil*

Código Civil grego – (§45, 2)

Código Civil italiano – (§11, 6; §45, 2; §45, 3; §54, 2; §58, 2; §59, 5; §62, 1; §80, 2; §81, 5)

Código Civil português – (§11, 6; §16, 7; §40, 3; §45, 2; §45, 3; §54, 2; §59, 5; §63, 1; §68, 1; §72, 1; §72, 2; §81, 5)

Código Comercial – (§24, 2; §28, 1; §29, 7; §54, 2; §55, 2; §70, 13; §79, 2)

Código de Bevilaqua – (§37, 14)

Código de Defesa do Consumidor – (§11, 6; §13, 4; §13, 7; §13, 8; §14, 2; §15, 3; §15, 5; §16, 3; §19, 5; §22, 3; §22, 5; §24, 2; §32, 2; §32, 6; §37, 13; §37, 14; §40, 2; §42, 6; §45, 1; §46, 3; §46, 7; §48, 2; §49, 2; §58, 2; §59, 5; §63, 7; §63, 8; §68, 3; §69, 2; §69, 3; §69, 4; §70, 5; §70, 12; §70, 13; §70, 14; §74, 8) v. também CDC

Código de Napoleão – (§9, 1; §9, 2) v. também *Code Napoléon*

Código de Processo Civil – (§15, 2; §16, 2; §24, 1; §34, 6; §74, 7) v. também CPC

Código Europeu dos Contratos – (§28, 5; §56, 3)

Código Tributário Nacional – (§18, 6)

Código Suíço das Obrigações – (§45, 2)

Colaboração – (§2, 1; §2, 2; §9, 4; §10-A, 1; §18, 6; §19, 5; §19, 6; §20, 4; §20, 5; §25, 1; §27, 2; §29, 5; §35, 3; §36, 2; §37, 2; §37, 14; §37, 19; §38, 1; §38, 2; §38, 6; §38, 12; §38, 13; §38, 14; §38, 15; §38, 18; §38, 19; §53, 1; §60, 1; §62, 2; §63, 2; §63, 7; §64, 2; §65, 2; §65, 6; §70, 11)

Colaboração empresária – (§18, 6; §35, 3; §36, 2; §37, 19; §38, 1; §38, 13; §38, 14; §38, 15)

Coligações contratuais – (§52, 4)

Colmatação de lacunas – (§28, 5; §37, 6; §50, 3; §53, 1; §56, 5; §59, 1)

Comerciante honesto e observador das regras de lealdade profissional – (§30, 2)

Comércio internacional – (§3, 3; §8, 5; §9, 4; §10-A, 3; §28, 5; §28, 7; §30, 1; §30, 2; §54, 9; §56, 2; §56, 3; §56, 4; §56, 5; §58, 2; §59, 5; §70, 9; §73, 2; §83, 7)

Comissão elaboradora do Código Civil – (§35, 1)

Common law – (§8, 6; §9, 5; §10-A; §10-A, 1; §10-A, 2; §11, 4; §15, 4; §16, 4; §22, 1; §22, 3; §42, 3; §45, 3; §56, 1; §56, 5; §65, 5; §65, 6; §75, 5;§81, 5; §82, 1; §83, 3)

Complexo contratual – (§60, 1)

Comportamento anterior – (§54, 2; §54, 3; §73, 2; §74, 4; §74, 7; §77, 2)

Comportamento concludente – (§21, 3; §22, 5; §52, 1; §57, 2; §83, 7)

Comportamento contraditório – (§16, 3; §25, 1; §27, 5; §33, 3; §33, 4; §34, 4; §54, 2; §72, 2; §73, 2; §74, 1; §74, 3; §74, 6; §74, 7; §75, 1; §75, 2; §75, 7; §76, 1; §77, 2; §77, 4; §77, 5)

Comportamento das partes – (§2, 5; §14, 2; §16, 2; §17, 5; §20, 4; §21, 4; §37, 12; §38, 19; §46, 6; §46, 7; §52, 1; §53, 4; §54; §54, 1; §54, 2; §56, 5; §59, 1; §59, 5 §77, 5)

Comportamento posterior – (§21, 4; §46, 2; §54, 2; §54, 3; §73, 2)

Comportamentos oportunistas – (§37, 15; §38, 12; §38, 14; §44, 2; §53, 1)

Compra e venda – (§2, 3; §2, 4; §2, 5; §3, 5; §4, 1; §7, 2; §9, 4; §10, 3; §10-A; §10-A, 1; §16, 3; §17, 4; §18, 3; §19, 2; §19, 5; §20, 2; §20, 3; §20, 5; §24, 1; §28, 5; §30, 1; §30, 2; §34, 6; §36, 2; §38, 7; §39, 2; §42, 3; §42, 4; §42, 5; §45, 3; §46, 6; §48, 2; §49, 2; §51, 2; §52, 3; §52, 5; §53, 1; §54, 3; §55, 2; §55, 4; §56; §56, 2; §56, 5; §57, 3; §57, 4; §58, 2; §59, 4; §63, 3; §63, 7; §65, 3; §65, 4; §65, 6; §68, 4; §69, 3; §70, 13; §74, 7; §75, 3; §76, 6; §81, 7; §82, 2; §83, 2; §83, 7)

Compra e venda de participações societárias com fechamento diferido – (§42, 4)

Comum intenção das partes – (§56, 5)

Comunhão de escopo – (§18, 6; §19, 5; §36, 2; §37, 19; §38, 1; §38, 11; §38, 12; §38, 13; §38, 14; §38, 15)

Comutatividade – (§37, 13; §52, 4; §70, 10; §76, 4; §83, 5)

Concausalidade – (§16, 3; §38, 19; §65, 1; §65, 2)

Conceito geral-concreto – (§19, 1)

Conceito indeterminado – (§14, 1) v. também CONCEITOS INDETERMINADOS

Conceitos indeterminados – (§11, 1; §11, 3; §11, 6; §12, 1; §12, 2; §14; §14, 1; §14, 2; §15, 4; §16, 3; §17, 1; §19, 6)

Conceitos jurídicos indeterminados – (§12, 2; §13, 8; §14, 1; §15, 4) v. também CONCEITOS INDETERMINADOS

Concepção atomística – (§18, 2; §18, 3)

Conclusão contratual – (§37, 18; §39, 5; §40, 3; §42, 4; §44; §44, 2; §47, 2; §55, 3; §55, 4; §60, 1; §70, 4; §70, 13; §75, 6; §72, 2; §80, 2; §81, 3)

Concreção – (§4, 1; §5, 2; §11, 1; §12, 2; §13, 8; §14, 2; §15, 4; §16, 2; §16, 3; §16, 4; §16, 5; §16, 6; §16, 7; §17, 1; §17, 4; §17, 5; §19, 5; §20, 4; §22, 7; §23, 1; §27, 4; §34, 4; §34, 6; §34, 9; §36, 2; §37, 6; §37, 15; §37, 19; §39, 4; §43, 1; §46, 2; §49, 2; §52, 1; §52, 4; §52, 5; §54, 2; §63, 11; §67, 1; §70, 12; §70, 13; §75, 5; §77, 1; §77, 2; §77, 4; §79, 2; §79, 3; §81, 5; §81, 7)

Condição puramente potestativa – (§55, 3)

Condições puramente potestativas – (§67, 1) v. também CONDIÇÃO PURAMENTE POTESTATIVA

Condição resolutiva – (§38, 19; §42, 5; §77, 5; §78, 2; §80; §80, 1; §80, 2; §81, 1; §81, 5)

Condições gerais dos negócios – (§11, 2; §11, 5; §31, 2; §37, 13; §59, 5)

Condições precedentes – (§42, 4; §42, 5)

Conduta contratual – (§11, 7; §14, 2; §15, 3; §20, 4; §26, 2; §33, 3; §53, 2; §56, 5; §58, 4; §59, 2; §72, 2; §74, 7; §77, 5)

Conduta do administrado – (§34, 5; §71, 2)

Conduta socialmente típica – (§22, 1; §22, 2; §22, 5; §22, 7; §64, 3)

908 | A BOA-FÉ NO DIREITO PRIVADO

Confiabilidade – (§21, 2; §28, 7; §28, 8; §38, 16; §38, 19; §74, 8)

Confiança – (§2, 1; §2, 3; §2, 5; §3, 1; §3, 2; §3, 5; §6, 1; §8, 5; §8, 6; §9, 5; §10, 3; §10, 4; §15, 3; §16, 2; §16, 3; §20, 5; §21; §21, 1; §21, 2; §21, 3; §21, 4; §21, 5; §22, 3; §22, 7; §24, 1; §24, 2; §26, 2; §27, 4; §28, 6; §28, 7; §29, 2; §29, 3; §32, 2; §33, 3; §33, 4; §33, 6; §32, 7; §33, 8; §33, 9; §34, 1; §34, 2; §34, 3; §34, 7; §34, 9; §37, 1; §37, 2; §37, 4; §37, 5; §37, 6; §37, 9; §37, 10; §37, 11; §38, 3; §38, 8; §38, 18; §38, 19; §39, 4; §39, 5; §40, 1; §40, 2; §40, 3; §42, 2; §42, 3; §42, 4; §44, 2; §44, 3; §45, 1; §45, 2; §45, 3; §46, 1; §46, 2; §46, 3; §46, 4; §46, 5; §46, 6; §46, 7; §46, 8; §48, 3; §50, 2; §50, 3; §51, 1; §54, 5; §54, 7; §54, 10; §54, 11; §57; §57, 2; §57, 3; §57, 4; §63, 2; §63, 3; §63, 5; §67, 1; §72, 1; §73, 2; §72, 2; §74, 1; §74, 3; §74, 4; §74, 5; §74, 6; §74, 7; §75, 1; §75, 2; §75, 6; §75, 7; §76, 1; §76, 2; §77, 1; §77, 2; §77, 3; §77, 4; §77, 5; §78, 2; §80, 2; §81, 5; §84, 1; §84, 3)

Confiança legítima – (§20, 5; §21, 3; §21, 5; §22, 3; §27, 4; §32, 7; §34, 3; §34, 4; §34, 8; §37, 2; §46, 3; §46, 7; §74, 1; §74, 3; §77, 3; §78, 2; §84, 3)

Confiança na estabilidade de situação – (§77, 1; §77, 4)

Conflito de interesses – (§19, 5; §29, 2; §29, 3; §29, 5; §34, 8; §37, 4; §37, 5; §37, 6; §37, 11; §38, 5; §38, 8; §53, 1; §62, 1)

Conflitos de interesses – (§33, 8) v. também CONFLITO DE INTERESSES

Conselho Administrativo de Defesa Econômica (CADE) – (§42, 5)

Conselho da Justiça Federal (CJF) – (§74, 6; §16, 3; §21, 3; §29, 1; §54, 3; §56, 5; §65, 4; §70, 5; §81, 5)

Consensu contractae – (§3, 5; §3, 3)

Consentimento contratual – (§40, 3)

Consentimento esclarecido – (§32, 6; §44, 3; §63, 3; §63, 5)

Consentimento informado – (§19, 6; §37, 6; §46, 5; §61, 1; §63, 2; §63, 3; §63, 6; §63, 9; §63, 11; §63, 14)

Consideration – (§8, 6; §42, 3; §54, 2)

Consignação – (§82, 2; §17, 5)

Constituição Federal – (§11, 7; §15, 2; §28, 1; §28, 2; §28, 3; §46, 6; §49, 2; §55, 4; §63, 3; §79, 3)

Conteúdo contratual – (§3, 5; §11, 5; §20, 4; §20, 5; §22, 7; §31, 2; §32, 4; §38, 19; §42, 7; §46, 6; §49, 3; §53, 1; §53, 4; §55, 1; §59, 4; §61, 1; §61, 2; §66, 2; §67; §67, 1; §68, 1; §68, 4; §69, 2; §70, 11-A; §70, 13; §70, 14; §71, 2; §85)

Contra proferentem – (§55, 1; §55, 2; §55, 4)

Contracts for necessaries – (§22, 3; §22, 6)

Contraditoriedade desleal – (§9, 5; §33, 4; §34, 3; §34, 4; §34, 5; §38, 12; §46, 2; §54, 10; §73; §73, 1; §73, 2; §74, 7; §75, 3; §75, 6; §75, 7; §75, 8; §77, 1; §77, 5)

Contrarius consensus – (§4, 1)

Contrato administrativo – (§34, 6; §78, 2) v. também CONTRATOS ADMINISTRATIVOS

Contrato atípico – (§38, 11; §54, 10) v. também CONTRATOS ATÍPICOS

Contrato bancário – (§54, 10; §69, 3)

Contrato de duração – (§38, 19; §60, 1)

Contrato de investidura – (§37, 1; §37, 7; §37, 8; §37, 9; §37, 11; §37, 12)

Contrato de mútuo – (§3, 1) v. também CONTRATOS DE MÚTUO

Contrato de seguro – (§20, 5; §21, 3; §24, 2; §24, 4; §37, 13; §37, 14; §37, 15; §37, 16; §37, 17; §37, 18; §38, 15; §38, 19; §39, 5; §43, 1; §46, 5; §52, 2; §53, 2; §55, 2; §55, 4; §56, 5; §63, 2; §58, 2; §63, 12)

Contrato de sociedade – (§2, 1; §20, 2; §29, 1; §29, 2; §29, 3; §29, 4; §38, 1; §38, 2; §38, 3; §38, 10)

Contrato e terceiros – (§64, 4; §64, 5)

Contrato incompleto – (§59, 3)

Contrato parcial – (§42, 4)

Contrato por adesão – (§37, 13)

Contrato preliminar – (§42, 2; §46, 1; §46, 7)

Contrato realidade – (§33, 1)

Contrato relacional – (§38, 15; §38, 19; §79, 3) v. também CONTRATOS RELACIONAIS

Contrato social – (§22, 7; §29, 1)

Contrato-aliança – (§38, 11; §38, 12; §38, 14) v. também CONTRATOS-ALIANÇA

Contratos administrativos – (§31, 2; §34, 6; §67, 1; §70, 5; §70, 14; §71, 1; §71, 2)

Contratos aleatórios – (§31, 1; §32, 4; §36, 1; §53, 2; §70, 2; §70, 4)

Contratos atípicos – (§20, 3; §38, 15; §51, 2; §54, 10; §59, 5)

Contratos bancários – (§59, 5) v. também CONTRATO BANCÁRIO

Contratos com eficácia de proteção a terceiro – (§64, 5)

Contratos comutativos – (§8, 6; §36, 1; §53, 2; §70, 5)

Contratos consensuais – (§2, 5; §3, 3; §3, 4; §3, 5; §7, 1; §7, 2)

Contratos de consumo – (§28, 5; §31, 3; §67, 1; §69, 3)

Contratos de mútuo – (§70, 11-A)

Contratos de trato sucessivo – (§18, 2)

Contratos entre desiguais – (§67, 1; §69, 1; §70, 1; §70, 11-A; §70, 12; §78, 1)

Contratos interempresariais – (§25, 1; §28; §29, 1; §53, 3)

Contratos internacionais – (§2, 3; §25, 2; §30, 1; §30, 2; §56, 4; §54, 9; §54, 11; §58, 2; §70, 5; §70, 6; §70, 8; §70, 9)

Contratos lacunosos – (§18, 3; §59, 3; §60, 1; §70, 4; §70, 6)

Contratos onerosos – (§8, 6; §36, 3)

Contratos relacionais – (§38, 13; §38, 15; §38, 16; §38, 18; §38, 19; §70, 11-A)

Contratos *uberrimae fidei* – (§37, 13)

Contratos-aliança – (§38, 1; §38, 6; §38, 11)

Convenção de Viena para a Compra e Venda Internacional de Mercadorias – (§9, 4; §28, 5; §30, 1; §30, 2; §56; §58, 2) v. também CISG

Convenção de Viena sobre o Direito dos Tratados – (§58, 2)

Corpus juris civilis – (§10, 1; §18, 2)

Correção monetária – (§46, 6; §69, 3; §70, 6; §77, 4)

Correttezza – (§2, 1; §20, 4; §45, 1; §45, 3; §59, 5; §62, 1; §73, 2)

Corte de Cassação Francesa – (§45, 3)

Corte de Justiça da Comunidade Europeia – (§56, 3)

CPC – (§13, 8; §20, 4; §27, 4; §34, 2; §38, 7; §46, 1; §51, 2; §65, 6; §74, 7; §75, 2)

Credibilidade – (§3, 1; §21, 3; §21, 4; §24, 1; §24, 2; §28, 7; §28, 8)

Creditor – (§3, 2; §20, 1)

Critérios de aplicação – (§13, 7; §15, 5; §35, 1; §85)

Critérios hermenêuticos dos contratos – (§58, 4)

Culpa exclusiva da vítima – (§48, 2)

Culpa in contrahendo – (§10, 2; §10, 4; §11, 5; §16, 3; §22, 2; §30, 2; §34, 2; §37, 15; §39, 5; §45; §45, 1; §45, 2; §45, 3; §46, 1; §46, 2; §46, 3; §46, 5; §46, 6; §46, 7; §54, 3; §63, 2; §63, 9; §68, 3)

Culpa post pactum finitum – (§16, 3; §20, 5; §39, 5; §48, 1; §48, 2)

Cumprimento defeituoso – (§3, 5; §76, 6; §83, 3)

Custas – (§5, 3; §63, 12; §83, 1)

CVM – (§19, 6; §31, 2; §37, 6; §37, 17; §38, 4; §42, 5; §57, 4; §63, 5; §63, 6; §63, 9)

D

Danos à confiança – (§10, 4; §45, 3)

Dano emergente – (§46, 7) v. também DANOS EMERGENTES

Dano injusto – (§12, 3; §22, 1)

Dano moral – (§16, 4; §16, 5; §16, 7; §20, 5; §33, 4; §46, 8; §55, 2; §64, 3)

Dano patrimonial – (§46, 7; §74, 7)

Dano social – (§33, 4)

Danos emergentes – (§34, 6; §45, 3; §46, 6; §65, 6; §79, 3)

Danos morais – (§24, 4; §33, 4; §34, 6; §46, 2; §48, 2; §74, 7; §82, 3)

Dare – (§2, 1; §3, 1; §3, 2; §3, 3; §3, 5; §20, 2; §43, 2)

Decadência – (§34, 9; §58, 2; §72, 2; §77, 2; §77, 3; §77, 4) v. também PRAZO DECA-DENCIAL

Decisões por equidade – (§58, 3) v. também EQUIDADE

Declaração negocial – (§11, 6; §16, 2; §19, 6; §21, 2; §21, 3; §21, 5; §22, 3; §42, 3; §42, 6; §43, 1; §44, 1; §44, 2; §47, 2; §50, 2; §50, 3; §52, 1; §52, 2; §52, 3; §52, 4; §53, 1; §54, 2; §54, 3; §56, 5; §57, 2; §57, 4; §59, 1; §59, 3; §59, 4; §70, 3; §74, 3; §74, 6; §78, 1)

Declaração Universal sobre Bioética e Direitos Humanos – (§31, 3)

Declaração Universal sobre o Genoma Humano e os Direitos Humanos – (§31, 3)

Declarações negociais – (§15, 3; §21, 3; §21, 4; §32, 6; §35, 3; §38, 16; §40, 3; §42, 7; §43, 2; §47, 1; §59, 4; §67, 1) v. também DECLA-RAÇÃO NEGOCIAL

Delito civil – (§18, 1; §22, 2)

Denúncia cheia – (§78, 2; §78, 3; §79, 1; §79, 3)

Denúncia vazia – (§34, 6; §38, 19; §77, 5; §78, 2; §78, 3; §79, 3)

Desconsideração da personalidade jurídica – (§57, 4)

Desequilíbrio contratual – (§32, 4; §66, 2; §70, 6; §70, 11-A)

Dever anexo – (§17, 5; §20, 5; §36, 2; §37, 2; §37, 11; §46, 2; §56, 5; §63, 1; §63, 2; §63, 3; §63, 12; §65, 2; §67, 1; §70, 11-A; §76, 6) v. também DEVERES ANEXOS

Dever de colaboração – (§19, 5; §38, 19; §62, 2) v. também COLABORAÇÃO

Dever de cooperação – (§22, 8; §34, 5; §62, 1; §62, 2; §64, 6; §65, 5) v. também DEVERES DE COOPERAÇÃO

Dever de diligência – (§29, 5; §37, 2; §37, 4; §37, 6; §37, 15; §46, 7; §53, 1; §63, 9)

Dever de indenizar – (§9, 1; §9, 4; §16, 7; §19, 6; §20, 5; §21, 5; §24, 5; §32, 6; §37, 5; §42, 5; §44, 3; §45, 1; §45, 3; §46, 1; §46, 2; §46, 3; §46, 5; §46, 6; §46, 7; §46, 8; §48, 1; §58, 2; §62, 2; §63, 1; §63, 2; §63, 8; §63, 9; §64, 5; §67, 1; §68, 3; §69, 2; §72, 2; §79, 2; §79, 3; §82, 3)

Dever de informar – (§4, 1; §9, 5; §14, 2; §19, 6; §20, 5; §34, 7; §36, 2; §37, 15; §37, 19; §46, 5; §53, 1; §59, 5; §63, 1; §63, 2; §63, 3; §63, 5; §63, 7; §63, 8; §63, 9; §63, 10; §63, 11; §63, 12; §63, 13; §63, 14; §74, 1)

Dever de lealdade – (§29, 2; §29, 3; §29, 4; §29, 5; §33, 2; §33, 4; §37, 5; §37, 6; §38, 4; §38, 8; §38, 9; §45, 2; §62, 1; §63, 3; §63, 12; §74, 4) v. também DEVERES DE LEALDADE

Dever de minimizar o risco – (§37, 19)

Dever de mitigar o próprio prejuízo – (§65, 1; §65, 4; §65, 5) v. também *duty to mitigate the loss*

Dever de prestação – (§17, 5; §18, 3; §19, 2; §19, 6; §20, 4; §20, 5; §24, 2; §43, 2; §46, 8; §62, 2; §63, 2; §63, 3; §64, 5; §65, 2; , §84, 3) v. também DEVERES DE PRESTAÇÃO

ÍNDICES REMISSIVOS | 911

Dever de prestar – (§18, 2; §18, 6; §20, 2; §20, 3; §20, 4; §20, 5; §27, 4; §37, 2; §43, 2; §46, 2; §53, 1; §53, 2; §64, 2) v. também DEVER DE PRESTAÇÃO

Dever de proteção – (§20, 5; §22, 7; §37, 19; §42, 3; §46, 5; §61, 2; §63, 2; §63, 9; §63, 14; §64, 2; §64, 3; §65, 2; §65, 6; §70, 11-A; §76, 6; §83, 1; §84, 3) v. também DEVERES DE PROTEÇÃO

Dever de renegociar – (§38, 17; §38, 18; §60, 1; §70, 5; §70, 6; §70, 9; §70, 11; §70, 11-A)

Dever de resultado – (§60, 1)

Dever de revelação – (§37, 10; §37, 11)

Dever de veracidade – (§32, 6; §36, 15; §36, 16; §63, 12)

Dever fiduciário – (§29, 2)

Dever lateral – (§19, 4; §19, 6; §20, 1; §20, 3; §20, 4; §20, 5; §37, 19; §48, 2; §63, 1; §63, 3; §64, 2; §65, 1; §68, 3; §70, 11-A; §79, 3; §83, 1; §84, 1; §84, 2; §84, 3) v. também DEVERES LATERAIS

Dever principal de prestação – (§19, 5; §84, 2) v. também DEVER DE PRESTAÇÃO

Deveres anexos – (§17, 5; §20; §20, 1; §20, 4; §20, 5; §22, 7; §26, 2; §27, 4; §33, 2; §37, 2; §37, 11; §37, 19; §38, 18; §42, 5; §46, 2; §59, 5; §61, 1; §61, 2; §64, 1; §64, 2; §69, 4; §70, 11-A; §77, 5; §83, 6; §84, 1;)

Deveres contratuais – (§2, 1; §10-A, 1; §11, 4; §38, 4; §42, 5; §45, 3; §75, 2; §76, 3)

Deveres de conduta – (§10, 1; §13, 2; §16, 2; §16, 7; §19, 2; §24, 2; §32, 6; §37, 15; §37, 18; §45, 1; §45, 3; §46, 1; §46, 7; §48, 2: §69, 4; §74, 7)

Deveres de cooperação – (§38, 18; §45, 3; §46, 6; §46, 7; §61, 2; §62; §62, 1; §65, 6; §70, 11)

Deveres de diligência – (§37, 6; §37, 11) v. também DEVER DE DILIGÊNCIA

Deveres de informação – (§19, 6; §20, 4; §32, 6; §37, 6; §37, 17; §45, 3; §46, 2; §69, 3) v. também DEVER DE INFORMAR

Deveres de lealdade – (§2, 2; §27, 2; §27, 5; §28, 6; §29, 3; §33, 4; §34, 8; §37, 6; §37, 15; §38, 3; §38, 4; §38, 7; §38, 19; §42, 4; §61, 2; §74, 7; §81, 7; §84, 1)

Deveres de omissão e de segredo – (§64, 2)

Deveres de prestação – (§17, 5; §19, 2; §19, 4; §20, 1; §20, 2; §20, 3; §20, 4; §20, 5; §24, 2; §39, 4; §39, 5; §41, 1; §44, 1; §44, 2; §45, 3; §46, 1; §46, 5; §46, 6; §46, 8; §47, 2; §61, 2; §64, 4; §64, 5; §67, 1; §83, 2; §83, 6; §84, 1; §84, 3)

Deveres de proteção – (§10, 4; §19, 3; §19, 4; §19, 5; §19, 6; §20, 1; §20, 4; §20, 5; §21, 4; §24, 2; §26, 2; §33, 2; §33, 3; §37, 15; §39, 3; §39, 4; §39, 5; §40, 3; §42, 5; §43, 2; §44, 2; §45, 2; §45, 3; §46, 1; §46, 5; §46, 6; §46, 7; §46, 8; §59, 5; §61, 2; §62, 2; §63, 14; §64; §64, 1; §64, 2; §64, 3; §64, 6; §67, 1; §84, 1)

Deveres informativos – (§9, 4; §9, 5; §19, 6; §22, 8; §24, 4; §26, 2; §32, 2; §32, 6; §37, 11; §37, 14; §37, 15; §37, 16; §38, 12; §39, 5; §45, 3; §53, 1; §62, 2; §63; §63, 1; §63, 2; §63, 7; §63, 8; §63, 9; §63, 11; §63, 14) v. também DEVER DE INFORMAR

Deveres instrumentais de conduta – (§60, 1)

Deveres laterais – (§8, 5; §19, 3; §19, 4; §20, 4; §20, 5; §26, 2; §38, 19; §42, 2; §44, 2; §59, 5; §64; §64, 1; §68, 3; §83, 2; §83, 6; §84, 1; §84, 2)

Deveres negativos – (§8, 2; §73, 2)

Deveres positivos – (§8, 2; §44, 1; §45, 3)

Deveres pré-contratuais – (§21, 3; §39, 5; §40, 2; §41, 1; §45, 3; §46, 2; §46, 3; §46, 6; §46, 7)

Deveres primários de prestação – (§46, 8) v. também DEVER DE PRESTAÇÃO

Deveres principais de prestação – (§20, 3; §38, 19) v. também DEVER DE PRESTAÇÃO

912 | A BOA-FÉ NO DIREITO PRIVADO

Deveres referentes ao resguardo da esfera jurídica de terceiros – (§64, 2)

Devoir de renseignement – (§16, 7)

Digesto – (§4, 1; §13, 5; §55, 2; §3, 5; §5, 3; §6, 2; §36, 3; §36, 4; §77, 2; §77, 3)

Dignidade da pessoa humana – (§27, 3; §27, 5; §49, 2; §85)

Diligência habitual – (§12, 3; §37, 2)

Direito (poder) formativo – (§17, 5)

Direito à indenização – (§17, 7; §24, 4; §34, 6; §37, 4; §37, 16; §37, 17; §37, 19; §38, 18; §58, 2; §69, 4; §76, 3; §79, 2)

Direito à prestação – (§8, 5; §18, 2; §18, 6; §20, 2)

Direito Administrativo – (§16, 6; §19, 1; §25, 2; §34, 1; §34, 2; §34, 3; §34, 4; §34, 5; §34, 6; §34, 8; §71, 2; §74, 7; §75, 3)

Direito cambiário – (§52, 4; §75, 6)

Direito Canônico – (§7, 1; §7, 2; §7, 3; §8, 1; §8, 2; §8, 5; §11, 4; §19, 4; §24, 1; §75, 2)

Direito civil comum – (§26; §26, 1; §28, 1; §31, 3; §38, 7)

Direito Comercial – (§10, 1; §25, 1; §25, 2; §28, 1; §28, 2; §28, 5; §28, 6; §29, 1; §37, 5; §38, 3; §42, 3; §45, 3; §54, 4; §54, 7; §54, 10; §55, 3; §56, 3)

Direito Comparado – (§10, 1; §10, 3; §10-A; §15, 2; §16, 6; §17, 7; §21, 3; §29, 4; §36, 2; §39, 2; §45, 1; §56, 3; §60, 1; §65, 2; §65, 3; §70, 3; §70, 4; §70, 5; §70, 6; §70, 9; §70, 11; §70, 11-A; §72, 2)

Direito da Concorrência – (§34, 8; §48, 1)

Direito da Empresa – (§25, 1; §29, 2; §37, 4; §38, 2; §38, 3; §38, 5) v. também DIREITO EMPRESARIAL

Direito da perturbação das prestações – (§10, 3; §10, 4)

Direito das Obrigações – (§5, 3; §6, 1; §6, 2; §7, 2; §7, 3; §9, 4; §10, 1; §10, 3; §10, 4;

§11, 4; §11, 5; §16, 3; §16, 7; §18, 1; §18, 2; §18, 3; §18, 4; §18, 5; §19, 1; §19, 2; §19, 3; §19, 5; §20, 3; §20, 4; §20, 5; §21, 3; §21, 5; §22, 1; §22, 8; §25, 1; §27, 3; §27, 4; §28, 5; §34, 1; §36, 3; §37, 17; §39, 1; §39, 2; §45, 1; §45, 3; §46, 1; §46, 6; §46, 7; §54, 2; §62, 2; §63, 8; §64, 4; §64, 5; §70, 3; §70, 5; §70, 6; §77, 2; §78, 1; §79, 3; §81, 2; §81, 5; §83, 7)

Direito de Família – (§10, 1; §27; §27, 1; §27, 3; §27, 4; §27, 5; §77, 3; §77, 5)

Direito de resolução – (§7, 2; §20, 5; §21, 4; §80, 1; §81, 5; §81, 7; §83, 1; §84, 3)

Direito de resolver – (§52, 4)

Direito do trabalho – (§25, 2; §33, 3; §77, 3)

Direito Empresarial – (§25, 1; §28, 1; §28, 3; §28, 5; §28, 6; §28, 7; §28, 8; §29, 3; §37, 4; §37, 6; §37, 13; §37, 15; §38, 3; §38, 4; §38, 5; §42, 3; §46, 5; §50, 3; §53, 1; §62, 1; §63, 9; §68, 2; §70, 2; §70, 5; §70, 13)

Direito expectativo – (§42, 4; §43, 1; §80, 1; §80, 2)

Direito formativo de resolução – (§80, 1; §81, 7)

Direito formativo extintivo – (§14, 2; §24, 4; §34, 6; §35, 2; §37, 17; §38, 8; §38, 19; §69, 3; §72, 2; §77, 5; §78, 2; §78, 3; §79, 1; §79, 2; §79, 3; §81, 2; §81, 5; §81, 7; §82, 3; §83, 1; §84, 3)

Direito francês – (§6, 2; §9, 4; §45, 1; §46, 6; §70, 9; §73, 2)

Direito germânico – (§6, 1; §6, 2; §9, 5; §10, 1; §11, 4; §18, 6; §22, 4; §39, 2; §75, 5)

Direito *justinianeu* – (§75, 2)

Direito Obrigacional – (§2, 1; §6, 2; §8, 2; §11, 4; §11, 5; §13, 6; §19, 5; §21, 1; §22, 2; §23, 1; §39, 2; §70, 11-A; §74, 7) v. também DIREITO DAS OBRIGAÇÕES

Direito Patrimonial de Família – (§18, 1; §25, 1; §25, 2; §27, 1; §27, 3; §27, 4; §74, 7)

Direito Pessoal de Família – (§27, 2; §27, 5)

ÍNDICES REMISSIVOS | 913

Direito potestativo – (§17, 2; §42, 2; §58, 2)

Direito Privado – (§2, 4; §3, 3; §6, 1; §7, 2; §8, 2; §8, 3; §8, 4; §8, 5; §8, 6; §9, 4; §9, 5; §10, 3; §10, 4; §11, 5; §16, 2; §16, 3; §16, 4; §16, 5; §16, 6; §18, 1; §18, 5; §18, 6; §19, 1; §19, 2; §19, 4; §19, 5; §19, 6; §20, 3; §20, 5; §21, 1; §21, 2; §21, 3; §21, 4; §21, 5; §22, 1; §22, 3; §22, 4; §22, 5; §22, 7; §23, 1; §24, 1; §24, 2; §24, 5; §27, 3; §27, 4; §28, 2; §28, 3; §28, 6; §29, 2; §32, 4; §33, 3; §34, 1; §34, 3; §34, 5; §36, 3; §36, 4; §37, 2; §37, 13; §37, 15; §37, 16; §37, 17; §37, 18; §38, 2; §38, 4; §38, 8; §38, 12; §38, 14; §38, 18; §38, 19; §39, 2; §39, 4; §40, 3; §42, 2; §43, 2; §44, 1; §45, 1; §45, 2; §46, 2; §46, 3; §46, 5; §46, 6; §46, 7; §48, 2; §49, 1; §49, 3; §50, 2; §50, 3; §52, 1; §52, 3; §52, 4; §52, 5; §53, 1; §53, 2; §53, 4; §55, 3; §54, 1; §54, 2; §54, 4; §54, 5; §54, 6; §54, 7; §54, 8; §54, 9; §54, 10; §55, 2; §55, 4; §56, 4; §57, 2; §57, 3; §57, 4; §58, 3; §59, 2; §59, 5; §60, 1; §63, 3; §63, 7; §63, 8; §64, 4; §64, 5; §65, 2; §65, 2; §65, 6; §67, 1; §68, 2; §68, 3; §69, 3; §70, 5; §70, 11; §70, 13; §72, 1; §74, 2; §74, 4; §74, 6; §74, 7; §74, 8; §75, 2; §75, 5; §75, 6; §75, 7; §75, 8; §76, 3; §77, 2; §78, 1; §78, 2; §78, 3; §79, 1; §79, 2; §79, 3; §80, 1; §80, 2; §81, 2; §81, 3; §81, 5; §81, 6; §81, 7; §82, 1; §82, 2; §84, 3)

Direito Público – (§7, 2; §8, 3; §18, 6; §21, 4; §24, 1; §34, 1; §34, 2; §34, 3; §34, 5; §34, 9; §42, 6; §45, 1; §46, 7; §52, 4; §55, 3; §74, 7)

Direito Romano – (§2; §3, 2; §3, 3; §4, 2; §5, 3; §6, 1; §6, 2; §7, 1; §7, 2; §7, 3; §8, 1; §8, 2; §9, 1; §10, 1; §10, 2; §11, 4; §18, 2; §18, 3; §18, 5; §19, 1; §29, 3; §37, 7; §38, 3; §45, 1; §75, 2; §75, 5)

Direito Societário – (§11, 2; §19, 6; §25, 1; §27, 4; §28, 2; §28, 3; §28, 4; §29, 1; §29, 2; §29, 3; §29, 4; §29, 5; §37, 4; §37, 6; §38, 2; §38, 3; §38, 4; §38, 5; §38, 8; §42, 7; §53, 1; §54, 2; §63, 6; §63, 7)

Direitos de crédito – (§18, 2; §19, 2; §19, 6; §34, 7)

Direitos de exceção – (§19, 2; §24, 2; §76, 4; §76, 5)

Direitos formativos – (§19, 1; §19, 2; §19, 4; §19, 6; §21, 5; §39, 3; §72, 2; §82, 2) v. também DIREITO (PODER) FORMATIVO

Direitos potestativos – (§19, 1; §19, 2) v. também DIREITO POTESTATIVO

Diretiva europeia 93/13/CEE – (§69, 1)

Diretriz da concreção – (§39, 4; §70, 12)

Diretriz da uniformidade hermenêutica – (§56, 4; §56, 5)

Dirigismo contratual – (§69, 3; §69, 4)

Disclosure – (§37, 6; §37, 11; §63, 5; §63, 7)

Distinguo – (§23; §23, 1; §28, 1; §46, 2; §49, 2; §75, 6)

Distrato – (§21, 4; §39, 1; §56, 5; §69, 3; §75, 6; §78, 2; §79, 3)

Doctrine of mitigation – (§65, 4) v. também *duty to mitigate the loss*

Dolo – (§2, 1; §3, 4; §5, 3; §8, 2; §9, 1; §9, 3; §9, 4; §9, 5; §11, 6; §14, 2; §19, 6; §21, 3; §34, 9; §37, 5; §37, 16; §37, 17; §42, 3; §45, 1; §45, 3; §46, 2; §46, 3; §46, 5; §58, 2; §58, 3; §63, 8; §63, 9; §68, 3; §72, 1; §75, 1; §75, 2; §75, 7)

Dolum malum – (§3, 5)

Doutrina do terceiro cúmplice – (§34, 7; §57, 4; §64, 5)

Due diligence – (§30, 2; §63, 7; §63, 11)

Duty to mitigate the loss – (§16, 3; §22, 8; §65, 3; §65, 4; §65, 6)

E

Earn out – (§38, 4; §53, 1)

Eficácia contratual – (§39, 4; §42, 1; §42, 2; §42, 4; §42, 5; §44, 2; §54, 3; §56, 5; §78, 1)

Eficácias hermenêuticas – (§42, 6; §42, 7) v. também EFICÁCIA NO PLANO HERMENÊUTICO

914 | A BOA-FÉ NO DIREITO PRIVADO

Eficácias no plano hermenêutico – (§42, 6; §54, 3)

Eficácias prescritivas – (§42, 7)

Enriquecimento sem causa – (§15, 2; §15, 4; §16, 3; §22, 1; §22, 3; §24, 5; §28, 1; §63, 13; §64, 3; §69, 3; §69, 4; §70, 13; §75, 2; §75, 8; §77, 3; §82, 2; §85)

Enriquecimento sem justa causa – (§12, 3) v. também ENRIQUECIMENTO SEM CAUSA

Enunciados elásticos – (§11, 1; §11, 3; §12, 3)

Enunciados não apofânticos – (§16, 7; §17, 5)

Equidade – (§2, 1; §5, 1; §5, 3; §7, 3; §8, 3; §8, 6; §9, 1; §9, 4; §11, 5; §11, 6; §13, 4; §13, 7; §13, 8; §14, 2; §15, 3; §15, 5; §16, 2; §16, 3; §17, 3; §24, 2; §30, 2; §45, 3; §49, 2; §53, 1; §55, 4; §57, 4; §58, 1; §58, 2; §58, 3; §58, 4; §59, 2; §59, 5; §63, 13; §64, 3; §68, 2; §69, 2; §69, 3; §76, 6; §82, 2; §85)

Equilíbrio contratual – (§8, 6; §9, 4; §37, 17; §49, 2; §55, 4; §69, 4; §70, 1; §70, 2; §70, 3; §70, 5; §70, 9; §70, 11; §70, 11-A; §70, 13; §78, 2; §82, 2)

Equilíbrio entre prestação e contraprestação – (§70, 13)

Era das sociedades securitárias – (§37, 14)

Erklärungstheorie – (§21, 3)

Erro como suporte fático do pagamento indevido – (§77, 3)

Erro invalidante – (§77, 3; §78, 2)

Escola da exegese – (§9, 1; §9, 3)

Estado de confiança – (§2, 3; §77, 1)

Estado de fato – (§5, 2; §21, 4; §23, 1; §24, 1; §24, 2; §24, 3; §24, 4; §37, 5; §37, 15; §58, 2; §68, 3; §70, 13; §75, 6; §85)

Estado de ignorância – (§5, 1; §5, 2; §9, 5; §24, 1; §63, 12)

Estado de sujeição – (§43, 2; §79, 2; §79, 3) v. também ESTADOS DE SUJEIÇÃO

Estado ideal de coisas – (§15, 3; §15, 4; §24, 2; §25, 1)

Estados de sujeição – (§18, 2; §19, 1; §19, 2; §19, 3)

Estatuto da Criança e do Adolescente – (§13, 8)

Estoppel – (§34, 3; §45, 3; §73, 2)

Estrutura normativa – (§11, 3; §12, 1; §14, 1; §14, 2; §15, 4; §19, 6; §21, 1; §24, 2; §24, 3; §25, 1; §51, 2)

Exceção de contrato não cumprido – (§19, 2; §38, 19; §76, 1; §76, 4; §76, 5; §76, 6; §82, 2; §83, 2; §83, 5; §84, 2)

Exceção de inseguridade – (§70, 5; §76, 4; §83, 2; §83, 7)

Exceção de seguridade – (§76, 5)

Exceptio extra quam – (§2, 6)

Exceptio doli – (§2, 1; §5, 3; §9, 1; §10, 1; §10, 3; §11, 5; §67, 1; §73, 1; §75, 2)

Exceptio doli generalis – (§2, 1; §10, 1; §10, 3; §67, 1)

Exceptio non adimpleti contractus – (§16, 3; §32, 4; §38, 19; §70, 5; §76; §76, 2; §76, 4; §76, 5; §76, 6; §83, 5) v. também EXCEÇÃO DE CONTRATO NÃO CUMPRIDO

Exceptio non rite adimpleti contractus – (§70, 5; §76, 4; §76, 6)

Excessiva onerosidade superveniente – (§68, 4; §69, 4; §70, 1; §70, 3; §70, 4; §70, 5; §70, 10; §70, 11; §70, 11-A; §70, 13; §71, 1; §78, 2; §81, 1)

Exclusão de sócio por falta grave – (§25, 1; §29, 1; §30, 1; §38, 4)

Exclusão do dever de indenizar – (§58, 2)

Exegese – (§9, 1; §9, 3; §17, 3; §34, 7; §52, 3; §52, 4; §52, 5; §53, 1; §54, 4; §55, 2; §58, 2)

Exercício de denúncia – (§79)

Exercício de posições jurídicas – (§27, 4; §29, 5; §72, 1; §72, 2; §74, 4)

ÍNDICES REMISSIVOS | 915

Exercício desleal – (§33, 3; §73, 2; §77, 4)

Exercício disfuncional – (§22, 8; §39, 4; §64, 5; §72, 2; §75, 6)

Exercício jurídico – (§5, 3; §9, 1; §10, 1; §10-A, 1; §11, 6; §21, 3; §21, 4; §24, 2; §27, 4; §27, 5; §28, 8; §29, 2; §29, 4; §31, 1; §32, 7; §33, 3; §34, 5; §34, 6; §34, 8; §37, 15; §37, 16; §38, 4; §38, 8; §38, 12; §38, 18; §46, 2; §46, 7; §48, 3; §49, 3; §50, 2; §53, 1; §54, 2; §56, 1; §56, 5; §63, 12; §65, 2; §66, 2; §69, 1; §70, 9; §70, 11; §70, 14; §71, 2; §72, 1; §72, 2; §73; §73, 1; §73, 2; §74, 6; §74, 7; §75, 6; §76, 6; §77, 5; §79, 3; §82, 2; §85)

Exercício jurídico disfuncional – (§37, 15; §37, 16; §46, 7; §63, 12; §65, 2) v. também EXERCÍCIO DISFUNCIONAL

Exigências do bem comum – (§13, 8)

Expectativa legítima – (§21, 5; §28, 6; §34, 2; §38, 19; §44, 3; §46, 2; §46, 6; §54, 5; §77, 4; §79, 3) v. também EXPECTATIVAS LEGÍTIMAS

Expectativas legítimas – (§19, 4; §20, 5; §21, 3; §21, 5; §22, 7; §28, 6; §34, 2; §34, 4; §44, 3; §46, 2; §46, 6; §56, 5; §63, 2; §63, 11)

Extensão (subjetiva) da cláusula compromissória – (§57, 3; §57, 4)

Extrassistematicidade – (§15, 5)

F

Facere – (§3, 3; §3, 5; §8, 2; §20, 2; §43, 2; §61, 1; §75, 2)

Factispecies – (§12, 3)

Falacrós – (§13, 5)

Falta grave – (§25, 1; §29, 1; §29, 5; §38, 4; §38, 5; §77, 3)

Fase da conclusão contratual – (§40, 3; §44)

Fase da execução contratual – (§20, 5; §47)

Fase da oferta – (§40, 3; §43; §43, 2)

Fase das tratativas – (§39, 1; §39, 4; §39, 5; §42, 1; §42, 2; §42, 3; §43, 1; §44, 2; §45, 1; §45, 3; §46, 1; §46, 5; §46, 7; §46, 8)

Fase formativa – (§33, 3; §37, 14; §37, 15; §39, 1; §39, 4; §40; §40, 3; §42, 2; §42, 3; §46, 6; §54, 3; §58, 2; §63, 9)

Fase negociatória – (§30, 2; §40, 3; §42; §42, 1; §42, 2; §42, 4; §44, 2; §45, 3; §57, 4; §70, 4)

Fase pós-contratual – (§37, 14; §37, 15; §48; §48, 2; §63, 2)

Fase pré-contratual – (§9, 4; §30, 2; §35, 2; §37, 13; §37, 15; §38, 12; §39, 4; §39, 5; §40, 1; §42, 3; §43, 2; §44, 2; §44, 3; §45, 3; §46, 2; §46, 5; §46, 6; §46, 7; §46, 8; §63, 2; §63, 9; §68, 3; §80, 2)

Fases do processo obrigacional – (§39)

Fato de terceiro – (§21, 5; §48, 2; §67, 1)

Fato do príncipe – (§70, 5; §71, 2; §75, 3; §75, 8)

Faute – (§9, 4; §16, 7; §45, 1; §81, 5).

Favor debitoris – (§7, 1; §55, 2)

Fides – (§2, 1; §2, 2; §2, 3; §2, 4; §2, 5; §2, 6; §3, 1; §3, 2; §3, 3; §3, 4; §3, 5; §4, 1; §4, 2; §5, 1; §5, 2; §5, 3; §6, 1; §6, 2; §7, 1; §7, 2; §7, 3; §8, 2; §8, 5; §8, 6; §10, 1; §10, 2; §11, 4; §21, 4; §24, 1; §29, 3; §37, 14; §38, 2; §38, 3; §38, 4; §74, 4; §75, 2; §76, 1)

Fides bona – (§2, 1; §2, 4; §2, 5; §2, 6; §3; §3, 1; §3, 2; §3, 4; §3, 5; §4, 1; §4, 2; §5, 1; §75, 2)

Fides garantia – (§2, 3; §2, 5)

Fides mala – (§3, 5)

Figura da experiência – (§73, 2; §76, 3)

Fim comum – (§20, 2; §29, 1; §29, 2; §29, 4; §38, 1; §38, 2; §38, 3; §38, 8; §38, 9; §38, 14; §38, 19; §53, 1; §61, 2; §62, 1)

Fim econômico do negócio jurídico – (§52, 4)

Fim econômico e/ou social – (§12, 3; §15, 3; §29, 2; §29, 3; §38, 2; §38, 5; §38, 8; §38, 9; §52, 4; §65, 2; §72, 1; §72, 2)

Finalidade do negócio – (§3, 5, §21, 3; §50, 3; §53; §53, 1; §53, 4; §69, 4)

Fonte de deveres – (§9, 4; §10, 2; §10-A, 1; §19, 6; §20, 1; §20, 5; §22, 8; §29, 2; §29, 5; §37, 14; §38, 4; §43, 2; §46, 7; §49, 3; §61, 2; §63, 14; §70, 11; §74, 7)

Fonte de integração – (§13, 2)

Fontes das obrigações – (§70, 13)

Força maior – (§38, 12; §48, 2; §70, 5; §70, 6; §70, 8; §70, 9; §71, 2; §75, 3)

Forderung – (§18, 2; §18, 3; §84, 2)

Formação progressiva do contrato – (§42, 4; §42, 5)

Formalismo – (§2, 5; §3, 2; §3, 3; §3, 4; §7, 2; §8, 6; §28, 5; §52, 4; §58, 1; §73, 2)

Fortuito externo – (§18, 6)

Freedom of contract – (§42, 7; §45, 3) v. também LIBERDADE CONTRATUAL

Função corretora de condutas – (§27, 5; §66, 2)

Função corretora do conteúdo contratual – (§66, 2; §67)

Função corretora do exercício jurídico – (§10-A, 1; §27, 4; §66, 2)

Função de ajustamento do conteúdo contratual – (§66, 1; §66, 2) v. também FUNÇÃO CORRETORA DO CONTEÚDO CONTRATUAL

Função econômica (e social) – (§52, 4; §55, 2; §68, 1; §74, 6)

Função hermenêutica – (§5, 3; §9, 4; §49, 3; §50, 3; §51, 1; §54, 1; §54, 8; §56, 5; §58, 4; §61, 2; §75, 6)

Função integradora – (§30, 2; §49, 3)

Função social do contrato – (§12, 3; §13, 8; §16, 3; §28, 1; §32, 4; §34, 7; §49, 2; §55, 2; §63, 7; §63, 13; §64, 3; §64, 4; §64, 6; §67, 1; §69, 3; §69, 4; §70, 5; §70, 13; §79, 2; §82, 2; §85)

Função solidarista – (§55, 4)

Fundamental breach – (§56, 2; §56, 5; §65, 2)

Fundamental non-performance – (§83, 4; §83, 7)

G

Garantia à primeira demanda – (§13, 6; §28, 5)

Garantias contratuais – (§13, 6)

Glauben – (§6, 1; §6, 2; §11, 4; §34, 2; §37, 6)

Gravidade do incumprimento – (§81, 4; §81, 5)

Grupos de casos – (§12, 2; §15, 4; §16, 3; §16, 4; §16, 5; §22, 2; §45, 3; §46, 2; §65, 5; §81, 5)

Gutten glaube – (§24, 1)

H

Holding – (§38, 8; §57, 3; §57, 4)

Honeste vivere – (§9, 5; §25, 2)

Honorários advocatícios – (§32, 4)

Humanismo – (§8, 1; §8, 2; §8, 3)

I

IBA – (§37, 11; §59, 5)

Id quod plerumque accidit – (§16, 2; §16, 7; §21, 4; §24, 1; §28, 6; §75, 6; §79, 3)

Ignorância excusável – (§8, 2)

Ilicitude no modo de exercício – (§11, 6; §21, 3; §35, 2; §38, 4; §64, 5; §72, 2)

Imparcialidade – (§34, 8; §37, 8; §37, 9; §37, 10; §37, 11; §37, 16)

Implied contract – (§45, 3)

Impossibilidade de prestar – (§18, 3; §20, 3; §70, 3)

Impossibilidade superveniente – (§70, 3; §78, 2; §81, 1; §81, 2; §81, 4)

Impossibilidade superveniente não imputável – (§70, 3; §81, 1; §81, 4) v. também IMPOSSIBILIDADE SUPERVENIENTE

Imprevisibilidade – (§70, 3; §70, 5; §70, 7; §71, 2)

Imputação – (§4, 1; §16, 7; §18, 6; §22, 3; §45, 3; §46, 2; §46, 6; §69, 4; §70, 13; §78, 1)

ÍNDICES REMISSIVOS | 917

In pari causa cessat repetitio – (§75, 5)

In pari turpitudinis cessat repetitio – (§75, 5)

Inadimplemento absoluto – (§20, 5 §79, 3; §81, 2; §81, 4; §84, 2; §84, 3)

Inadimplemento antecipado – (§14, 2; §16, 3; §17, 5; §22, 8; §72, 2; §77, 5; §78, 2; §83; §83, 2; §83, 4; §83, 5; §83, 6; §83, 7)

Inadimplemento definitivo – (§16, 3; §20, 5; §39, 4; §81, 2; §81, 3; §81, 5; §83, 2)

Inadimplemento fundamental – (§81, 5; §83, 4)

Inadimplemento imputável – (§38, 8; §44, 2; §60, 1; §65, 2; §78, 3; §83, 7)

Inadimplemento parcial – (§81, 6)

Inadimplemento relativo – (§81, 2; §83, 1; §84, 2)

Incolumidade das esferas jurídicas – (§64, 4; §64, 5; §64, 6)

Incompletude – (§16, 3; §17, 7; §38, 17; §59, 3; §60, 1; §63, 3)

Incorporação imobiliária – (§64, 2; §69, 3)

Indenização – (§3, 5; §12, 3; §16, 2; §16, 4; §16, 5; §17, 5; §17, 7; §18, 2; §19, 3; §20, 3; §21, 5; §22, 7; §24, 4; §24, 5; §27, 4; §34, 6; §37, 13; §37, 15; §37, 16; §37, 17; §37, 18; §37, 19; §38, 18; §44, 3; §45, 1; §45, 3; §46, 2; §46, 6; §46, 7; §48, 2; §52, 4; §53, 2; §54, 3; §54, 11; §55, 2; §55, 4; §56, 5; §58, 2; §60, 1; §63, 1; §64, 3; §65, 2; §65, 5; §65, 6; §68, 3; §68, 4; §69, 3; §69, 4; §74, 7; §76, 3; §79, 2; §79, 3; §81, 2; §81, 6; §82, 1; §82, 2 §82, 3)

Independência – (§19, 3; §37, 8; §37, 9; §37, 10; §37, 11; §46, 6)

Inércia inescusável da vítima – (§65, 5)

Inevitabilidade – (§83, 6)

Informação inverídica – (§63, 9)

Informação pré-contratual – (§45, 3; §46, 2; §63, 9; §63, 11)

Injusto rompimento das tratativas – (§46, 3)

Instituto jurídico – (§5, 3; §16, 3; §18, 1; §21, 1; §22, 8; §23, 1; §24, 2; §24, 3; §29, 3; §32, 6; §34, 1; §49, 2; §51, 2; §66, 2; §78, 1; §85)

Instrumentalidade da informação – (§63, 3)

Integração – (§2, 1; §3, 5; §4, 1; §4, 2; §10, 4; §11, 6; §13, 2; §14, 2; §16, 2; §16, 3; §17, 1; §20, 4; §20, 5; §24, 2; §28, 5; §32, 4; §37, 6; §37, 15; §38, 4; §42, 7; §47, 1; §49, 3; §52, 4; §54, 4; §54, 7; §54, 10; §54, 11; §56, 1; §56, 5; §59, 1; §59, 2; §59, 3; §59, 4; §59, 5; §60; §60, 1; §61, 1; §61, 2; §62, 2; §63, 1; §63, 7; §63, 8; §63, 12; §64, 6; §70, 13; §83, 4)

Integração contratual – (§4, 2; §20, 4; §59, 1; §59, 3; §59, 5; §60; §61, 1; §61, 2; §62, 2; §63, 1; §63, 8; §63, 12; §64, 6)

Intenção consubstanciada na declaração – (§21, 3; §50, 3; §52; §52, 1; §52, 2; §53, 2; §53, 4; §54, 2)

Intenção liberal – (§36, 3; §37, 1)

Intention to create legal relations – (§42, 3)

Interesse contratual – (§19, 5; §45, 1; §46, 1; §46, 6; §46, 7; §60, 1; §70, 4; §70, 11-A)

Interesse da confiança – (§40, 2; §44, 3)

Interesse de prestação – (§19, 4; §19, 6; §20, 3; §20, 4; §24, 2; §37, 16; §70, 11-A) v. também INTERESSES À PRESTAÇÃO

Interesse de proteção – (§19, 4; §19, 6; §20, 4; §20, 5; §24, 2; §61, 2; §63, 2; §84, 3) v. também INTERESSES DE PROTEÇÃO

Interesse do credor – (§17, 7; §19, 4; §19, 5; §20, 5; §22, 2; §38, 12; §81, 3; §81, 5; §84, 2; §84, 3)

Interesse negativo – (§40, 2; §44, 2; §44, 3; §46, 2; §46, 3; §46, 6; §46, 7; §46, 8; §54, 3)

Interesse patrimonial – (§37, 1; §37, 6)

Interesse positivo – (§44, 3; §46, 2; §46, 3; §46, 6; §46, 8)

Interesse público – (§13, 8; §27, 3; §31, 2; §34, 2; §34, 6; §38, 9; §40, 3; §63, 5; §63, 7; §70, 13; §75, 7)

Interesses à prestação – (§19, 3; §20, 3; §20, 5; §22, 7; §24, 2; §44, 2; §61, 2; §62, 2; §63, 14; §64, 2; §64, 5; §84, 1; §84, 2)

Interesses de proteção – (§19, 3; §19, 4; §19, 6; §20, 5; §21, 4; §37, 16; §42, 2; §44, 2; §61, 2; §64, 1; §64, 2; §64, 3; §64, 4; §65, 2; §67, 1; §81, 2; §84, 2; §84, 3)

Interesses do devedor – (§18, 6; §77, 2; §81, 5)

Internacionalidade – (§28, 5; §30, 1; §56, 4)

Interpretação contratual – (§31, 3; §38, 16; §42, 7; §49; §50, 2; §50, 3; §52, 4; §52, 5; §53, 1; §53, 2; §54, 4; §54, 5; §55, 1; §55, 2; §56, 5; §74, 1)

Interpretação finalista – (§53, 3)

Interpretação integradora – (§16, 3; §59, 5)

Interpretação integrativa – (§59, 1; §59, 2) v. também INTERPRETAÇÃO INTEGRADORA

Interpretação mais favorável ao aderente – (§31, 3; §37, 13) v. também INTERPRETAÇÃO PRÓ-ADERENTE

Interpretação pró-aderente – (§55, 4; §69, 4)

Interpretação sistemática – (§15, 4; §52, 4; §58, 4)

Interpretação uniforme – (§30, 2)

Inutilidade da prestação – (§17, 7; §81, 3; §81, 5)

Investimento de confiança – (§21, 3; §21, 4; §26, 2; §27, 4; §28, 6; §28, 7; §32, 7; §38, 19; §44, 3; §46, 2; §46, 3; §46, 4; §46, 6; §74, 1; §74, 3; §74, 5; §77, 2; §77, 3; §77, 4; §77, 5)

Invitatio ad offerendum – (§39, 4; §41, 1; §43, 1)

IRB – (§48, 2; §70, 13)

Iudicia bonae fidei – (§2, 1; §3, 1; §3, 2; §3, 3; §3, 4; §5, 3)

Iudicia ex fide bona – (§2, 1)

Ius civile – (§2, 5; §3, 3; §5, 3)

Ius commune – (§5, 3; §6, 1; §8, 1; §10, 1; §10, 3; §18, 4; §52, 3; §52, 4; §54, 2; §55, 1; §55, 2; §67, 1; §73, 1; §74, 2)

Ius fetiale – (§2, 5)

Ius gentium – (§2, 1; §2, 3; §2, 4; §2, 5; §2, 6; §3, 2; §3, 3)

J

Jurisdictio – (§2, 5)

Juristenrecht – (§11, 4)

Juros de mora (moratórios) – (§46, 6; §46, 7; §69, 3)

Jusnaturalismo – (§5, 3; §8, 3; §8, 4; §8, 6; §9, 4; §18, 2)

Jusracionalismo – (§8, 1; §8, 2; §8, 3; §8, 4; §9, 1; §9, 2; §9, 3; §11, 4)

Justa expectativa – (§27, 4; §33, 3; §34, 2; §38, 19; §73, 2; §74, 7; §77, 5)

Justiça distributiva – (§55, 4; §78, 1)

K

Koiné – (§3, 2)

L

Lacuna contratual – (§30, 2; §54, 7) v. também LACUNAS CONTRATUAIS

Lacunas contratuais – (§37, 16; §50, 1; §50, 3; §53, 1; §59, 1; §59, 3; §59, 4; §59, 5; §63, 5)

Lacunas não intencionais – (§60, 1)

Lacunas teleológicas e axiológicas – (§59, 3)

Lacunosidade intencional – (§38, 17) v. também LACUNAS INTENCIONAIS

Lealdade contratual – (§6, 1; §38, 9; §57, 3; §62)

Legítima confiança – (§15, 3; §21, 3; §22, 7; §29, 2; §34, 8; §38, 18; §38, 19; §44, 2; §50, 3; §74, 7)

Legítimas expectativas – (§15, 3; §19, 6; §21, 4; §24, 2; §32, 8; §33, 4; §34, 3; §34, 4; §37, 15; §37, 16; §38, 7; §38, 9; §39, 5; §46, 2; §54, 5; §55, 4; §56, 5; §74, 4) v. também EXPECTATIVAS LEGÍTIMAS

Legitimidade da expectativa – (§44, 3; §74, 3; §74, 8)

ÍNDICES REMISSIVOS | 919

Lei das Doze Tábuas – (§2, 1; §3, 4)

Lei das SA – (§37, 5; §37, 6; §38, 4; §38, 7; §38, 9; §55, 3; §63, 5)

Lei de Defesa da Concorrência – (§13, 8)

Lei do Mercado de Capitais – (§63, 5)

Lei Societária – (§37, 5; §37, 6; §38, 9; §64, 5)

Lei Uniforme de Genebra – (§75, 6)

Lesão – (§32, 4; §37, 18; §46, 2; §46, 6; §55, 3; §58, 3; §64, 5; §69, 4; §70, 4; §70, 5; §70, 12; §70, 13; §72, 1; §78, 2; §81, 5; §82, 2)

Lettres de patronnage – (§13, 6)

Lex mercatoria – (§10, 1; §30, 2; §52, 5; §58, 2; §65, 5; §70, 5; §70, 9)

Liberdade contratual – (§9, 2; §9, 4; §11, 7; §16, 3; §21, 3; §35, 1; §55, 4; §67, 1; §70, 13; §79, 3; §81, 5)

Liberdade de iniciativa econômica – (§9, 2; §21, 2; §21, 3; §28, 1; §28, 7)

Liga Hanseática – (§10, 1; §37, 4)

Livre concorrência – (§28, 3; §54, 10; §67, 1)

Livre manifestação da personalidade – (§27, 2)

Lucros cessantes – (§34, 6; §37, 13; §45, 3; §46, 6; §46, 8; §56, 5; §65, 6; §68, 4; §79, 3)

M

Má-fé – (§5, 2; §7, 1; §7, 2; §8, 2; §9, 3; §9, 5; §10-A, 1; §10-A, 2; §24, 1; §24, 4; §27, 5; §30, 2; §34, 9; §37, 14; §37, 17; §37, 18; §37, 19; §38, 8; §42, 3; §48, 2; §55, 4; §58, 2; §63, 12; §68, 3; §70, 13; §72, 2; §74, 4)

Mandato – (§2, 4; §3, 5; §15, 5; §20, 4; §24, 1; §27, 3; §36, 3; §37, 1; §37, 2; §37, 3; §37, 8; §37, 11; §37, 13; §48, 2; §77, 3; §79, 3)

Materialidade da situação jurídica subjacente – (§23, 1; §34, 9; §35; §35, 1; §35, 2; §35, 3; §46, 2; §59, 5; §63, 12)

Mea res agitur – (§35, 1; §35, 3; §36; §36, 1; §36, 3; §38, 6; §38, 12; §38, 13; §38, 14; §42, 4)

Meio ambiente – (§20, 5; §27, 3; §58, 4)

Meios interpretativos suplementares – (§42, 6; §54, 3; §57, 4)

Memorandos de entendimento – (§22, 3; §41, 1; §42, 3; §42, 4; §42, 6; §54, 3)

Meras tratativas – (§41, 1; §42, 1; §42, 2; §46, 7)

Mercado de valores mobiliários – (§63, 3; §63, 4; §63, 5; §63, 7)

Mitigação – (§16, 3; §40, 3; §57, 4; §62, 2; §65; §65, 4; §65, 5; §65, 6; §69, 3; §70, 13; §75, 6)

Modelo jurídico – (§16, 3; §18, 1; §24, 2; §24, 3; §54, 7; §54, 9; §54, 10)

Modelo jurídico consuetudinário – (§54, 9)

Modelos doutrinários – (§17, 5; §51, 2)

Modelos hermenêuticos – (§9, 5; §16, 2; §16, 6; §17, 6; §23, 1; §24, 3; §44, 1; §54, 9; §54, 11)

Mora *creditoris* – (§62, 2)

Moral cristã – (§7, 1)

Moral hazard – (§53, 1)

N

NCPC – (§13, 8; §16, 4; §25, 1; §46, 1; §51, 2; §65, 6; §75, 2)

Negociações contratuais – (§9, 4; §20, 5; §40, 2; §40, 3; §42, 6; §45, 1; §45, 3; §46, 3; §46, 7)

Negociações preliminares – (§16, 3; §38, 8; §39, 4; §41, 1; §45, 2; §45, 3; §46, 7; §54, 3; §56, 5; §57, 4; §64, 2)

Negócio atípico – (§53, 4)

Negócio jurídico – (§8, 5; §9, 2; §10, 3; §10-A, 1; §11, 4; §13, 4; §15, 3; §17, 3; §18, 3; §20, 1; §20, 5; §21, 3; §21, 4; §22, 1; §22, 2; §22, 3; §22, 5; §22, 6; §24, 3; §26, 2; §29, 2; §30, 1; §33, 3; §34, 5; §37, 2; §37, 7; §37, 18; §38, 7; §38, 8; §39, 4; §42, 1; §42, 3; §42, 5; §43, 1; §43, 2; §44, 2; §44, 3; §45, 1;

§45, 3; §46, 1; §46, 4; §46, 5; §46, 6; §46, 7; §48, 2; §50, 3; §51, 1; §51, 2; §52, 1; §52, 2; §52, 3; §52, 4; §52, 5; §53, 1; §53, 2; §53, 3; §53, 4; §54, 2; §54, 6; §54, 7; §54, 8; §54, 10; §56, 4; §57, 2; §57, 4; §59, 2; §59, 3; §59, 5; §60, 1; §61, 1; §63, 8; §64, 2; §64, 4; §67, 1; §68, 1; §68, 2; §68, 3; §69, 1; §70, 4; §70, 13; §74, 7; §75, 5; §75, 6; §77, 2; §77, 4; §78, 1; §79, 1; §80, 2; §81, 5; §82, 1)

Negócios de massa – (§53, 3)

Negócios fixos – (§81, 5)

Negócios jurídicos unilaterais – (§43, 2; §53, 4)

Neminem laedere – (§45, 2; §64, 5)

Nemo auditur propriam turpitudinem alle-gans – (§15, 2; §27, 5; §73, 1; §75; §75, 1; §75, 2; §75, 5; §75, 6; §76, 1; §77, 5)

Nemo creditur turpidudinem suam allegans – (§75, 3) v. Também *nemo auditur propriam turpitudinem allegans*

Nemo de improbitate sua consequitur actionem – (§75, 2)

Nemo ex suo delicto meliorem suam conditionem facere potest – (§75, 2)

Nemo turpitudinem suam allegans – (§34, 4; §77, 5) v. Também *nemo auditur propriam turpitudinem allegans*

Nexo causal – (§64, 5; §68, 2; §79, 3)

Nexo de imputação – (§45, 3)

Noeminem laedere – (§39, 4; §46, 6; §46, 7)

Non aequam est dolum suum quemcumquem relevare – (§75, 2)

Non est ex fides bona rem suam dominum proedoni restituire compelli – (§75, 2)

Norma de comportamento – (§37, 12; §37, 15; §56, 2; §56, 5; §67, 1; §68, 3)

Norma de conduta – (§2, 3; §33, 4; §34, 4; §55, 4; §70, 13; §73, 1; §80, 2; §85)

Norma de validade do conteúdo contratual – (§67, 1; §70, 13)

Norma vaga – (§13, 7; §69, 4)

Normas abertas – (§11, 1; §11, 3; §16, 7; §17, 1)

Nostra res agitur – (§29, 2; §29, 4; §29, 5; §35, 1; §35, 3; §37, 4; §38; §38, 1; §38, 6; §38, 11; §38, 12; §38, 13; §38, 14; §38, 19; §62, 1)

Novo Código Civil – (§11, 1; §16, 4; §17, 5; §18, 1; §18, 2; §18, 3; §19, 4; §20, 1; §21, 4; §24, 1; §24, 2; §26, 2; §28, 3; §28, 7; §29, 2; §35, 1; §35, 2; §36, 4; §37, 2; §37, 13; §37, 18; §38, 4; §40, 3; §42, 2; §46, 6; §49, 1; §49, 2; §49, 3; §51, 1; §52, 5; §57, 2; §60, 1; §62, 2; §63, 8; §63, 11; §65, 1; §65, 2; §65, 4; §68, 1; §710, 5; §72, 1; §74, 4; §76, 4; §76, 5; §77, 5; §78, 3; §79, 3; §81, 2; §81, 3; §81, 4; §81, 5; §81, 6; §82, 2; §82, 3; §83, 2; §83, 6) v. também CÓDIGO CIVIL BRASILEIRO

Nulidade formal – (§75, 7) v. também NU-LIDADES FORMAIS

Nulidade substancial – (§74, 7)

Nulidade textual – (§68, 3)

Nulidade virtual – (§68, 3)

Nulidades formais – (§11, 5; §37, 15; §37, 16; §74, 7)

O

OAG-Lübeck – (§10, 2)

Obrigação como processo – (§17, 7; §18, 1; §18, 2; §19, 1; §19, 2; §19, 3; §19, 4; §22, 1; §22, 6; §29, 2; §36, 1; §37, 1; §37, 2; §37, 13; §38, 1; §38, 16; §38, 18; §39, 1; §39, 2; §46, 7; §46, 8; §60, 1; §65, 2; §70, 4; §70, 11; §79, 3; §81, 3)

Obrigação de cooperação – (§9, 4)

Obrigação de garantia – (§37, 13)

Obrigação de indenizar – (§19, 6; §21, 3; §21, 4; §22, 1; §34, 6; §46, 2; §46, 6; §46, 7; §47, 2; §48, 2; §63, 1; §63, 7; §63, 11; §65, 2)

Obrigação natural – (§18, 6)

ÍNDICES REMISSIVOS | 921

Obrigações duradouras – (§18, 2; §18, 3; §28, 6; §54, 4; §59, 3; §78, 3; §79, 3)

Officium iudicis – (§59, 5)

Ônus – (§8, 6; §14, 2; §16, 3; §16, 7; §18, 2; §19, 2; §19, 3; §19, 4; §19, 6; §20, 5; §21, 5; §24, 1; §24, 4; §32, 4; §34, 6; §36, 2; §36, 4; §37, 11; §37, 15; §37, 17; §37, 19; §38, 17; §39, 1; §39, 3; §39, 5; §42, 5; §46, 5; §46, 6; §53, 2; §55, 1; §55, 3; §55, 4; §57, 4; §63, 1; §63, 7; §63, 9; §63, 11; §63, 12; §63, 13; §64, 2; §64, 5; §64, 6; §65, 2; §65, 5; §65, 6; §66, 1; §67, 1; §70, 4; §70, 11-A; §74, 7; §77, 5; §79, 3)

Ônus de se informar – (§19, 6; §36, 2; §63, 9)

Ônus jurídico – (§16, 3; §34, 6; §37, 11; §42, 5; §63, 9; §63, 11; §64, 2; §64, 6; §65, 2; §65, 5; §70, 11-A)

Ônus jurídicos – (§19, 2; §19, 3; §19, 6; §20, 5) v. também ÔNUS JURÍDICO

Ônus (encargo) material – (§63, 1; §63, 9; §63, 10; §65, 2)

Operação econômica – (§24, 4; §32, 4; §53, 1; §55, 2; §59, 5; §81, 5)

Operações concertadas – (§38, 14; §52, 4; §70, 11-A)

Oportet ex fides bona – (§3, 4; §3, 5)

Opposabilité – (§64, 4)

Ordem econômica – (§28, 2; §28, 3; §32, 2; §33, 3; §34, 7; §52, 4)

Ordem pública – (§9, 4; §13, 8; §16, 2; §16, 3; §21, 5; §28, 3; §32, 2; §32, 3; §37, 10; §58, 2; §67, 1; §68, 2; §69, 2; §78, 1; §79, 3)

P

Pactos parassocietários (parassociais) – (§38, 6; §38, 7; §53, 3)

Pagamento indevido – (§22, 1; §22, 3; §69, 3; §74, 1; §75, 2; §77, 3)

Pandectística – (§10, 3; §11, 4; §18, 2; §18, 3)

Parte integrante – (§16, 2; §37, 16; §63, 3)

Parte integrante não essencial – (§63, 3)

Paternalismo/vitimização – (§6, 1)

Pauta de interpretação – (§58, 4)

Penhora – (§64, 2; §64, 6)

Pensamento problemático – (§17, 6; §17, 7)

Pensamento sistemático – (§16, 3; §17; §17, 1; §17, 2; §17, 3; §17, 6; §17, 7)

Pensamento tópico – (§11, 1; §17; §17, 1; §17, 2; §17, 7)

Pensamento tópico-sistemático – (§17, 7)

Perdas e danos – (§3, 5; §9, 1; §17, 5; §17, 7; §38, 9; §38, 18; §45, 1; §45, 3; §46, 1; §46, 6; §46, 7; §46, 8; §52, 4; §56, 5; §63, 8; §63, 9; §65, 1; §65, 6; §68, 3; §79, 2; §79, 3; §81, 2; §81, 4; §81, 6; §82, 2; §84, 3)

Personalidade – (§18, 5; §21, 2; §27, 2; §27, 5; §29, 1; §33, 1; §52, 5; §57, 4; §68, 4)

Pertenças – (§63, 3)

Pertinere ad aliquid – (§37, 4)

Pessoa razoável – (§34, 9; §56, 5; §63, 11; §70, 9)

Plano da eficácia – (§20, 5; §43, 2; §47, 2; §67, 1; §68, 2; §68, 3; §68, 4; §69, 1; §69, 2; §69, 3; §70, 1; §70, 13; §72, 1; §72, 2; §73, 2; §78, 2; §79, 1)

Plano da existência – (§35, 2; §64, 6; §68, 2; §72, 1; §78, 2; §79, 1)

Plano Real – (§70, 13)

Planos da relação obrigacional – (§38, 19; §39, 2)

Pluralidade de fontes integrativas – (§59, 5)

Poder de controle – (§31, 2; §38, 5; §38, 9; §57, 4)

Poder formativo extintivo – (§38, 19) v. também DIREITO FORMATIVO EXTINTIVO

Poder negocial – (§22, 3; §26, 1; §31, 2)

Política nacional das relações de consumo – (§32, 2)

Postulado da irrenunciabilidade das alegações de nulidade – (§74, 7; §75, 7)

Postulado fático-normativo da materialidade das situações subjacentes – (§85)

Postulado normativo – (§15, 2; §23, 1; §32, 2; §35, 1; §35, 2; §55, 4; §56, 4)

Postulado normativo do caráter internacional do contrato – (§56, 4)

Pouparler – (§45, 3)

Prática internacional – (§28, 5; §30, 2; §54, 11; §57, 4)

Práticas – (§3, 3; §5, 3; §7, 1; §10, 1; §16, 2; §16, 7; §18, 3; §21, 3; §22, 1; §22, 3; §22, 6; §22, 8; §28, 1; §28, 5; §28, 6; §32, 1; §33, 1; §35, 1; §37, 10; §37, 15; §37, 16; §37, 18; §37, 19; §38, 8; §38, 16; §44, 3; §46, 4; §48, 3; §49, 1; §50, 3; §52, 5; §53, 1; §54, 3; §54, 4; §54, 5; §54, 6; §54, 7; §54, 8; §54, 9; §56, 4; §54, 5; §59, 3; §59, 5; §60, 1; §63, 5; §63, 7; §65, 5; §70, 4; §70, 6; §70, 9; §73, 1)

Práticas negociais – (§54, 4; §59, 3)

Práticas sociais – (§22, 6)

Prazo – (§3, 5; §12, 2; §17, 5; §21, 4; §24, 5; §27, 4; §34, 7; §34, 9; §37, 16; §38, 12; §38, 19; §42, 2; §43, 1; §46, 4; §46, 6; §52, 4; §55, 4; §58, 2; §63, 7; §63, 13; §64, 5; §65, 6; §68, 3; §69, 4; §70, 5; §70, 11-A; §70, 13; §74, 1; §75, 2; §75, 3; §75, 6; §76, 2; §77, 2; §77, 3; §77, 4; §77, 5; §79, 1; §79, 2; §79, 3; §81, 5; §83, 1; §83, 2; §83, 7)

Prazo contratual – (§38, 19; §77, 5)

Prazo de carência (carencial) – (§55, 4; §63, 13)

Prazo decadencial – (§21, 4; §34, 2; §58, 2; §64, 5; §68, 3)

Precedentes judiciais – (§16, 2; §16, 4)

Preclusão – (§19, 2; §33, 3; §37, 11)

Pré-compreensão – (§11, 4; §17, 6)

Prescrição – (§7, 1; §7, 3; §10, 3; §11, 3; §12, 3; §17, 4; §18, 3; §19, 2; §20, 5; §37, 5; §37,

14; §37, 15; §37, 16; §39, 3; §46, 6; §54, 5; §58, 2; §67, 1; §70, 13; §72, 2; §76, 2; §77, 2; §77, 3; §77, 4)

Prestações desproporcionais – (§13, 8; §15, 3; §70, 5)

Previsibilidade – (§16, 4; §21, 3; §28, 3; §28, 6; §28, 7; §28, 8; §30, 2; §34, 4; §37, 12; §63, 11; §70, 9; §77, 1)

Primeira sistemática – (§5, 3; §8, 1; §8, 2; §8, 4)

Princípio da boa-fé – (§5, 3; §9, 1; §9, 3; §9, 4; §10, 4; §10-A; §10-A, 2; §11, 4; §15, 3; §15, 4; §16, 3; §17, 5; §18, 1; §19, 4; §19, 5; §20, 3; §20, 4; §20, 5; §21, 1; §21, 4; §21, 5; §22, 1; §22, 2; §22, 3; §22, 7; §22, 8; §23, 1; §24, 2; §24, 4; §25; §25, 1; §25, 2; 27, 4; §27, 5; §28, 1; §28, 7; §29, 2; §30, 2; §32, 2; §32, 4; §33, 2; §33, 3; §33, 4; §34, 2; §34, 3; §34, 5; §34, 6; §34, 7; §34, 8; §34, 9; §35, 3; §36, 1; §36, 2;§36, 3; §37, 6; §37, 11; §37, 12; §37, 14; §37, 15; §37, 16; §37, 17; §37, 19; §38, 8; §38, 9; §38, 12; §38, 18; §38, 19; §39, 4; §42, 7; §44, 2; §45, 3; §46, 1; §46, 2; §46, 6; §46, 7; §46, 8; §48, 2; §49, 1; §49, 2; §50, 3; §52, 2; §52, 4; §53, 1; §54, 1; §54, 2; §54, 5; §54, 11; §55, 1; §55, 2; §55, 3; §55, 4; §56, 5; §58, 2; §58, 4; §59, 5; §60, 1; §61, 1; §61, 2; §62, 1; §62, 2; §63, 1; §63, 3; §63, 5; §63, 9; §63, 11; §63, 12; §63, 14; §64, 2; §64, 1; §64, 6; §65, 6; §68, 3; §68, 4; §69, 3; §69, 2; §70, 1; §70, 3; §70, 9; §70, 11; §70, 11-A; §70, 12; §70, 13; §70, 14; §71, 1; §71, 2; §72, 2; §74, 1; §74, 7; §74, 8; §75, 3; §75, 6; §76, 2; §77, 2; §77, 3; §77, 4; §79, 2; §79, 3; §80, 2; §81, 1; §81, 5; §81, 7; §82, 1; §82, 2; §83, 2; §83, 6; §85)

Princípio da boa-fé objetiva – (§15, 4; §16, 3; §17, 5; §18, 1; §19, 5; §22, 2; §22, 7; §23, 1; §24, 2; §24, 4; §25, 1; §25, 2;§27, 4; §27, 5; §30, 2; §32, 2; §33, 4; §34, 2; §34, 5; §34, 6; §34, 7; §34, 8; §37, 11; §37, 14; §37, 17; §38, 8; §38, 12; §39, 19; §45, 3; §46, 2; §46,

ÍNDICES REMISSIVOS | 923

6; §46, 7; §48, 2; §49, 1; §53, 1; §54, 1; §54, 2; §54, 5; §55, 2; §55, 3; §56, 5; §56, 5; §59, 5; §62, 1; §62, 2; §63, 3; §63, 12; §64, 6; §65, 6; §68, 4; §69, 3; §69, 4; §70, 13; §70, 14; §74, 1; §74, 7; §75, 3; §76, 6; §76, 2; §77, 4; §79, 2; §79, 3; §80, 2 ; §81, 5; §81, 7; §82, 1; §83, 6; §85)

Princípio da classificação técnica – (§53, 4)

Princípio da coerência – (§21, 4; §73, 2; §74, 8)

Princípio da confiança – (§8, 5; §10, 4; §21, 3; §21, 4; §24, 2; §32, 7; §34, 7; §46, 1; §46, 2; §46, 6; §46, 8; §54, 5; §54, 7; §63, 3; §74, 1; §74, 4)

Princípio da equidade – (§16, 2)

Princípio da exatidão – (§83, 2; §83, 3;)

Princípio do equilíbrio – (§32, 4; §63, 7; §69, 4; §70, 2; §70, 5; §70, 13; §70, 14; §82, 2)

Princípio do equilíbrio contratual – (§69, 4; §70, 2; §70, 13; §82, 2)

Princípio da utilidade contratual – (§82, 2)

Princípios do Direito Europeu dos Contratos – (§9, 4; §56, 2; §56, 3; §56, 5; §58, 2; §83, 4)

Princípios jurídicos – (§13, 7; §14, 2; §15; §15,1; §15, 2; §15, 3; §15, 4; §24, 2; §25, 1; §35, 1; §52, 4; §56, 4; §59, 2; §78, 1)

Princípios Unidroit – (§9, 4; §10-A, 1; §54, 2; §54, 4; §54, 5; §54, 9; §56, 2; §56, 3; §56, 5; §70, 9; §83, 4; §83, 7)

Probabilidade – (§8, 5; §21, 4; §24, 2; §37, 18; §42, 3; §52,1; §83, 7)

Probidade – (§5, 2; §12, 3; §13, 8; §14, 2; §15, 3; §16, 2; §20, 4; §21, 4; §22, 8; §24, 2; §26, 2; §27, 4; §28, 7; §34, 2; §34, 9; §36, 2; §37, 4; §37, 10; §37, 11; §37, 14; §38, 9; §44, 1; §45, 3; §46, 2; §46, 3; §46, 6; §46, 7; §48, 3; §59, 5; §62, 1; §67, 1; §72, 2; §79, 3;)

Processo integrativo – (§60, 1)

Processo obrigacional – (§18, 1; §19, 4; §20, 1; §20, 5; §24, 1; §24, 2; §31, 1; §37, 16; §39; §46, 7; §48, 2; §49, 1; §49, 3; 1§54, 1; §54, 4; §54, 7; §54, 10; §63, 7; §70, 13; §74, 7; §76, 3)

Programa contratual – (§24, 2; §47, 1; §55, 2; §54, 1; §54, 2; §54, 3; §59, 5; §77, 5; §79, 3; §81, 3; §81, 5; §81, 6)

Proibição de invocar a própria torpeza – (§73, 1)

Proposições prescritivas de comportamentos – (§15, 2)

Prospecto – (§19, 6; §21, 3; §63, 4; §63, 5; §63, 6)

Proteção da confiança – (§16, 3; §32, 7; §34, 1; §34, 3; §34, 4; §34, 6; §40, 1; §75, 1; §76, 2;)

Put option – (§42, 2)

Q

Quod nullum est nullum producit effectum – (§75, 5)

Quidquid dare facere oportet ex fide bona – (§3, 5)

R

Razoabilidade – (§5, 3; §13, 8; §34, 2; §37, 11; §37, 15; §46, 2; §49, 2; §55, 1; §56, 5; §63, 9; §63, 11; §65, 4; §65, 5; §65, 6; §74, 7; §79, 3)

Reasonable care – (§30, 2)

Rebus sic stantibus – (§70, 4; §10, 3; §70, 6)

Receptum arbitrii – (§37, 1; §37, 7; §37, 9)

Recesso justificado – (§46, 4)

Reciprocidade – (§2, 5; §52, 4; §64, 3; §81, 2)

Reciprocidade de deveres – (§6, 1)

Redes de contratos – (§51, 4)

Redibição – (§78, 2)

Reequilíbrio – (§8, 6; §70, 2; §70, 5; §70, 7; §70, 8; §70, 9; §70, 10; §70, 12; §70, 13)

Registro de imóveis – (§64, 2)

Règles de l'art dans les contrats internationaux – (§30, 2)

Regra de comportamento leal – (§9, 3-A)

Regras jurídicas interpretativas (de interpretação) – (§51, 2)

Regulação do sinistro – (§37, 14; §37, 15; §37, 16)

Relação contratual de emprego – (§33, 1; §33, 3; §74, 1) v. também RELAÇÃO DE EMPREGO

Relação de consumo – (§24, 2; §32, 2; §32, 5; §36, 2; §51, 2; §55, 3; §55, 4; §58, 2; §63, 13; §70, 12) v. também RELAÇÕES DE CONSUMO

Relação de cooperação – (§18, 6; §19, 5; §22, 8; §65, 6; §81, 5;)

Relação de correlação – (§15, 4)

Relação de direito real – (§19, 5)

Relação de emprego – (§33, 1; §33, 2; §33, 3; §33, 4;)

Relação de liquidação – (§81, 2)

Relação de responsabilidade – (§18, 6)

Relação obrigacional – (§6, 2; §10, 4; §11, 4; §11, 5; §17, 7; §18; §18, 1; §18, 2; §18, 3; §18, 4; §18, 6; §19, 1; §19, 2; §19, 3; §19, 4; §19, 5; §19, 6; §20, 2; §20, 3; §20, 4; §20, 5; §21, 2; §22, 1; §22, 2; §22, 7; §22, 8; §23, 1; §24, 2; §25, 1; §35, 1; §37, 2; §37, 12; §37, 13; §38, 2; §37, 19; §39, 1; §39, 2; §39, 3; §45, 3; §46, 7; §47,1; §48, 2; §49, 1; §61, 2; §62, 1; §62, 2; §63, 7; §64, 1; §65, 5; §66, 2; §72, 2; §76, 4; §77, 1; §79, 3; §80, 2; §81, 2; §81, 3; §81, 5; §84, 3; §85)

Relação obrigacional complexa – (§18, 1; §18, 2; §18, 3; §19, 6; §20, 5)

Relacionalidade – (§38, 15; §38, 16; §38, 17; §38, 18; §38, 19; §63, 3; §77, 5)

Relações contratuais de fato – (§22, 2; §22, 5; §22, 7)

Relações de consumo – (§19, 5; §28, 1; §28, 2; §28, 6; §31, 3; §32, 1; §32, 2; §32, 3; §32, 4; §32, 6; §32, 7; §38, 14; §38, 19; §40, 2; §46, 6; §53, 3; §55, 2; §55, 3; §55, 4; §59, 5; §63, 1; §63, 7; §63, 11; §68, 2; §69, 3; §70, 12; §70, 13)

Relações de cooperação – (§2, 5; §19, 5) v. também RELAÇÃO DE COOPERAÇÃO

Relações intersubjetivas – (§2, 5)

Relações intrassubjetivas – (§2, 5)

Relações mercantis – (§3, 2; §6, 1)

Relativité – (§64, 4)

Relatório Belmont – (§31, 3)

Remissão – (§2, 5; §10, 3; §12, 3; §16, 7; §56, 1; §58, 2; §69, 3; §74, 8; §77, 3; §77, 4)

Renegociação – (§38, 16; §38, 17; §38, 18; §59, 3; §60, 1; §70, 1; §70, 4; §70, 5; §70, 6; §70, 7; §70, 8; §70, 9; §70, 11; §70, 11-A; §70, 14; §76, 6)

Renúncia – (§16, 3; §21, 4; §21, 5; §27, 4; §37, 11; §37, 13; §43, 2; §52, 5; §57, 2; §68, 3; §69, 2; §72, 2; §74, 6; §75, 7; §77, 2; §77, 3; §77, 4)

Renúncia tácita – (§37, 11; §72, 2; §74, 6; §75, 7; §77, 2; §77, 3; §77, 4)

Res inter alios acta – (§34, 7; §64, 4; §64, 6; §67, 1)

Res inter alios acta aliis neque nocet neque prodest – (§64, 4)

Rescisão – (§9, 1; §33, 3; §34, 6; §38, 8; §38, 19; §69, 3; §76, 3; §76, 6; §78, 2; §79, 2; §81, 5; §81, 7; §83, 5)

Resilição – (§21, 4; §38, 8; §38, 18; §38, 19; §39, 1; §56, 5; §70, 5; §77, 5; §78, 2; §78, 3; §79, 1; §79, 2; §79, 3; §80, 1; §80, 2; §84, 3)

Resilição unilateral – (§78, 3; §79, 2)

Resolução – (§7, 2; §16, 2; §16, 3; §17, 2; §17, 5; §17, 6; §17, 7; §19, 4; §19, 5; §20, 5; §21, 3; §21, 4; §25, 1; §27, 4; §32, 4; §33, 3; §33, 4; §34, 6; §35, 2; §37, 13; §37, 14;

§37, 17; §38, 4; §38, 8; §38, 12; §38, 16; §38, 17; §38, 18; §38, 19; §39, 1; §46, 2; §46, 8; §48, 2; §56, 5; §60, 1; §63, 1; §68, 4; §69, 3; §70, 1; §70, 3; §70, 4; §70, 5; §70, 8; §70, 10; §70, 11; §70, 11-A; §70, 13; §70, 14; §71, 1; §72, 2; §74, 8; §75, 6; §76, 4; §77, 5; §78, 2; §78, 3; §79, 1; §79, 3; §80, 1; §81; §81, 1; §81, 2; §81, 3; §81, 4; §81, 5; §81, 6; §81, 7; §82, 1; §82, 2; §82, 3; §83, 1; §83, 2; §82, 3; §83, 4; §83, 6; §83, 7; §84, 3)

Resolução contratual – (§24, 4; §38, 4; §38, 12; §75, 6; §76, 6; §81, 1; §81, 2; §81, 4; §82, 2) v. também RESOLUÇÃO

Resolução em sentido estrito – (§72, 2; §78, 3)

Resolução por inadimplemento – (§16, 3; §17, 7; §32, 4; §38, 8; §80, 1; §81, 1; §81, 2; §81, 7; §83, 1; §84, 3)

Responsabilidade aquiliana – (§32, 4; §67,1; §70, 5)

Responsabilidade civil – (§11, 6; §13, 3; §16, 7; §18, 1; §18, 6; §19, 5; §21, 3; §21, 4; §21, 5; §22,1; §22, 2; §22, 3; §22, 5; §22, 7; §22, 8; §33, 4; §34, 3; §37, 4; §37, 5; §37, 6; §37, 17; §37, 8; §37, 13; §39, 4; §40, 1; §40, 3; §42, 3; §42, 5; §42, 6; §43, 1; §45, 1; §45, 3; §46, 1; §46, 2; §46, 3; §46, 5; §46, 6; §46, 7; §46, 8; §48, 1; §48, 2; §57, 4; §62, 1; §62, 2; §63, 1; §63, 5; §63, 9; §64, 5; §65, 5; §68, 1; §68, 3; §72, 1; §72, 2; §73, 2; §77, 2; §78, 1)

Responsabilidade civil pré-contratual – (§21, 3; §42, 6; §43, 1) v. também RESPON-SABILIDADE PRÉ-CONTRATUAL

Responsabilidade delitual – (§16, 7; §39, 4; §45, 3)

Responsabilidade extracontratual – (§16, 7; §21, 3; §39, 4; §45, 1; §45, 3; §46, 2; §46, 6; §46, 8; §48, 2)

Responsabilidade pós-contratual – (§39, 4; §48, 2; §79, 2)

Responsabilidade pós-negocial – (§48, 2)

Responsabilidade pré-contratual – (§11, 5; §18, 1; §21, 3; §34, 3; §39, 4; §40, 2; §40, 3; §42, 2; §42, 6; §44, 2; §44, 3; §45, 1; §45, 2; §45, 3; §46; §46, 1; §46, 2; §46, 3; §46, 5; §46, 6; §46, 7; §63, 9)

Responsabilidade pré-negocial – (§22, 1; §22, 2; §34, 2; §45, 1; §45, 3; §46, 1; §46, 3; §46, 7)

Restatement of contracts (second) – (§10A, 1)

Reticência dolosa – (§37, 12; §45, 3)

Revisão contratual – (§28, 1; §32, 7; §70, 11; §70, 11-A; §70, 13; §71, 2; §70, 3; §70, 5)

Revisão judicial – (§30, 2; §70, 11-A; §70, 13)

Revogação – (§8, 5; §16, 6; §21, 4; §24, 1; §34, 3; §34, 5; §36, 4; §37, 2; §45, 3; §46, 8; §78, 2)

Risco – (§10, 3; §11, 1; §13, 8; §14, 2; §15, 5; §16, 2; §16, 3; §16, 6; 16, 7; §17, 3; §17, 5; §17, 6; §17, 7; §20, 5; §21, 2; §21, 5; §22, 3; §24, 2; §27, 4; §28, 1; §28, 7; §28, 8; §29, 1; §29, 4; §30, 1; §30, 2; §32, 3; §32, 4; §32, 6; §32, 8; §33, 1; §37, 4; §37, 5; §37, 6; §37, 10; §37, 13; §37, 14; §37, 15; §37, 16; §37, 17; §37, 18; §37, 19; §38, 11; §38, 12; §38, 17; §38, 17; §39, 4; §39, 5; §40, 2; §42, 4; §43, 1; §43, 2; §46, 2; §46, 3; §46, 5; §46, 6; §47, 2; §48, 1; §48, 2; §49, 2; §51, 2; §52, 4; §53, 1; §53, 2; §54, 1; §54, 2; §54, 10; §55, 3; §56, 3; §56, 5; §59, 2; §59, 5; §63, 1; §63, 2; §63, 3; §63, 5; §63, 6; §63, 7; §63, 14; §64, 2; §65, 5; §67, 1; §70, 2; §70, 3; §70, 4; §70, 5; §70, 7; §70, 10; §70, 11; §70, 11-A; §70, 13; §71, 2; §74, 4; §75, 3; §75, 5; §79, 3)

Rompimento das tratativas – (§45, 3; §46, 2; §46, 3; §46, 6)

Ruptura das negociações contratuais – (§9, 4; §40, 2; §40, 3; §42, 6; §45, 1; §46, 3; §46, 7)

S

Schuld – (§6, 2; §18, 2; §18, 6; §38, 19)

Schuld und haftung – (§6, 2; §18, 6)

Sentido literal da linguagem – (§8, 5; §52, 1; §52, 2; §52, 4)

Sentimento de justiça – (§5, 3; §14, 2)

Séparation des pouvoirs – (§11, 4)

Sexta regra de Pothier – (§52, 4)

Signing – (§42, 4; §42, 5)

Silêncio – (§9, 3; §10, 3; §44, 1; §50, 1; §57, 2; §59, 2; §59, 3; §63, 8; §63, 9)

Silêncio circunstanciado – (§57, 2)

Sinalagma – (§3, 5; §4, 1; §8, 6; §16, 2; §17, 7; §36, 2; §36, 3; §37, 18; §38, 12; §38, 18; §45, 3; §54, 1; §54, 2; §54, 9; §62, 2; §70, 5; §70, 10; §76, 4; §76, 6; §77, 4; §81, 5)

Sintagma – (§9, 4; §10-A; §10-A, 1; §11, 2; §15, 4; §24, 4)

Sistema jurídico axiomático – (§17, 2)

Situações jurídicas subjetivas – (§20, 5)

Socialidade – (§48, 2; §49, 2)

Sociedade pós-industrial – (§22, 4)

Soft law – (§30, 1; §30, 2; §54, 9; §56, 3; §56, 4; §59, 5; §60, 1; §70, 9; §70, 11; §70, 11-A; §73, 1)

Standard comportamental – (§9, 4; §15, 3; §16, 3; §24, 2; §37, 5; §37, 6; §70, 9; §70, 11; §80, 2)

Standard jurídico – (§21, 4; §24, 2; §34, 9; §70, 13)

Substancial performance – (§16, 3)

Subsunção – (§12, 2; §14, 2; §16, 5; §16, 7; §17, 2; §17, 3; §17, 4; §17, 5; §17, 6; §17, 7; §18, 3; §19, 3; §38, 15)

Superior Tribunal de Justiça – (§10, 4; §24, 4; §27, 4; §27, 5; §34, 2; §38, 8; §38, 18; §38, 19; §46, 7; §49, 1; §49, 2; §49, 3; §52, 2; §52, 5; §55, 3; §55, 4; §58, 2; §58, 4; §63, 3; §63, 13; §64, 2; §64, 6; §65, 6; §69, 3; §70, 13; §71, 2; §74, 7; §75, 3; §75, 6; §76, 3; §77, 4; §77, 5; §79, 2; §79, 3; §82, 3; §83, 2; §84, 3)

Suppressio – (§14, 2; §16, 3; §21, 4; §22, 8; §24, 3; §32, 7; §33, 3; §33, 19; §38, 4; §38, 18; §46, 2; §65, 6; §72, 2; §73, 1; §74, 6; §74, 8; §77; §77, 1; §77, 2; §77, 3; §77, 4; §77, 5; §79, 2)

Surrectio – (§16, 3; §32, 7; §38, 19; §46, 1; §73, 1; §76, 3; §77; §77, 4; §77, 5)

Susep – (§37, 13; §37, 16)

T

Tatbeständ – (§53, 2)

Taylored made – (§67, 1)

Técnica das *distinctiones* – (§40, 2)

Tempo e contrato – (§70, 3)

Tendência intervencionista do estado – (§55, 5)

Teoria da aparência – (§9, 5; §21, 3; §37, 5; §45, 3; §46, 1; §57, 3; §73, 2; §74, 7)

Teoria da base objetiva do negócio – (§8, 5; §74, 7)

Teoria da confiança – (§21, 3; §21, 4; §26, 2; §44, 3; §46, 1; §46, 2; §46, 3; §46, 5; §46, 6; §49, 3; §51, 1; §57, 2)

Teoria da declaração – (§8, 5; §21, 3; §57,2; §74, 4)

Teoria da excessiva onerosidade – (§8, 5 §70, 11) v. também EXCESSIVA ONEROSIDADE SUPERVENIENTE

Teoria da imprevisão – (§52, 4; §69, 3; §70, 9; §70, 13; §81, 5)

Teoria da vontade – (§21, 3; §38, 16; §57, 2)

Teoria do contato social – (§39, 4; §45, 2)

Teoria do Direito – (§8, 3; §15, 2; §24, 1; §34, 5; §49, 1; §59, 2)

Teoria do fato jurídico – (§22, 7; §20, 5; §35, 2; §43, 2; §64, 6; §68, 2; §68, 3)

Teoria dos atos próprios – (§73, 1; §74, 7; §76, 3; §79, 3)

Teoria dos sistemas – (§10, 1)

Teoria geral do Direito – (§18, 1; §34, 1; §7, 5; §72, 1; §24, 3; §7, 19; §70, 11-A)

Termos indeterminados – (§14, 1; §14, 2)

Tipicidade – (§2, 6; §3, 3; §3, 4; §4, 1; §16, 2; §16, 7; §22, 3; §22, 6; §22, 7; §54, 10; §55, 4)

Tipologia social – (§13, 8; §15, 4; §15, 5; §16, 2)

Tópica aristotélica – (§8, 4; §17, 2)

Totalidade concreta – (§18, 2; §19, 1; §19, 2; §19, 3; §19, 5; §81, 5)

Tradição – (§2, 1; §5, 3; §6, 1; §7, 2; §10, 4; §10-A, 1; §10-A, 2; §15, 2; §16, 4; §16, 6; §16, 7; §24, 1; §37, 6; §37, 7; §38, 8; §38, 19; §39, 1; §45, 3; §50, 1; §51, 1; §55, 2; §65, 2; §72, 2; §73, 1; §74, 2; §78, 3; §79, 3)

Tráfico social – (§39, 4; §66, 1; §68, 3)

Transcendental *nonsense* – (§49, 1)

Transindividual – (§54, 4; §54, 6) v. também TRANSINDIVIDUAIS

Transindividuais – (§54, 4; §63, 5; §63, 7; §64, 6)

Transmissão do domínio – (§39, 1; §39, 2; §51, 2)

Transparência – (§32, 2; §32, 3; §32, 6; §32, 7; §34, 7; §37, 6; §37, 11; §37, 15; §40, 2; §43, 2; §63, 3; §63, 7)

Treu und glauben – (§6, 1; §6, 2; §11, 4; §34, 2; §37, 6)

Tribunal du Commerce de Grenoble – (§56, 5)

Trust – (§8, 6; §37, 1)

Tu quoque – (§16, 3; §21, 4; §34, 4; §34, 5; §54, 1; §54, 2; §73, 1; §75, 6; §76; §76, 1; §76, 2; §76, 3; §76, 4; §76, 6; §77, 4; §79, 3)

Tua res agitur – (§29, 5; §35, 1; §35, 3; §37; §37, 1; §37, 4; §38, 6; §42, 4; §62, 1)

Turpitudinem suam allegans non auditur – (§75, 1; §75, 6; §75, 7; §75, 8; §76, 1) v. também *nemo auditur turpitudinem suam allegans*

Turpitudinem suam allegans, non est andiendus – (§75, 2)

Tutela da confiança – (§21, 3; §21, 4; §21, 5; §24, 2; 33, 4; §34, 3; §45, 3; §46, 2; §46, 3; §57; §72, 2; §72, 3; §74, 1; §74, 3; §74, 4; §74, 6; §74, 7; §75, 1; §75, 2; §75, 7; §76, 11)

U

Unesco – (§31, 3)

Uniform commercial code – (§10-A, 1; §45, 3; §54, 7; §54, 11; §69, 2)

Usos do comércio – (§28, 6; §54, 4; §54, 7; §54, 11; §56, 4; §56, 5; §74, 7)

Usos do lugar – (§8, 5; §16, 2; §35, 2; §52, 1; §54, 3; §54, 5; §54, 6)

Usos do setor – (§21, 3; §28, 1; §28, 6; §42, 3; §53, 1; §54, 4; §54, 8; §54, 10; §54, 11)

Usos do tráfico jurídico – (§46, 2; §59, 5; §63, 7; §12, 2)

Usos dos negócios – (§52, 1)

Usos particulares das partes – (§54, 4; §54, 7)

Usus modernum pandectarum – (§6, 1)

Utile per inutile non vitiatur – (§74, 8)

Utilidade contratual – (§31, 1; §72, 2; §78; §82, 2)

Utilidade da prestação – (§16, 3; §17, 7; §78, 2; §78, 3; §81, 4; §81, 6; §81, 7)

V

V Jornada de Direito Civil – (§16, 3; §24, 1; §29, 1; §34, 1; §37, 17; §54, 3; §54, 4; §63, 3; §73, 1; §77, 4)

Vagueza comum – (§13, 8; §14, 1)

Vagueza das normas – (§12, 1; §13, 8)

Vagueza semântica – (§5, 3; §13, 5; §14, 2; §15, 3; §17, 5; §23, 1; §28, 5; §85)

Vagueza socialmente típica – (§13, 8; §14, 1; §14, 2)

Valor do silêncio – (§57, 2)

Vantagem excessiva – (§69, 3; §69, 4)

Vedação à contraditoriedade desleal – (§73, 2)

Vedação à *repetitio* – (§73, 2; §75, 5)

Venire contra factum proprium – (§10, 3; §14, 2; §16, 3; §21, 3; §21, 4; §21, 5; 22, 8; §24, 5; §27, 5; §32, 7; §33, 3; §33, 4; §34, 3; §34, 4; §37, 11; §46, 1; §46, 2; §54, 2; §54, 3; §72, 2; §73, 1; §73, 2; §74; §74, 1; §74, 2; §74, 3; §74, 4; §74, 5; §74, 6; §74, 7; §74, 8; §75, 1; §75, 2; §75, 6; §75, 7; §76, 1; §76, 1; §76, 3; §77, 3; §77, 4; §79, 3)

Veracidade – (§16, 7; §21, 5; §32, 6; §36, 2; §37, 15; §37, 16; §39, 18; §53, 2; §63, 6; §63, 12; §74, 4)

Verwirkung – (§10, 3; §11, 5; §33, 3; §67, 1; §72, 2; §74, 6; §74, 8; §77, 1; §77, 2; §77, 3; §77, 4; §77, 5)

Vícios da vontade – (§9, 2; §22, 7; §31, 3; §63, 7)

Vícios redibitórios – (§32, 4; §70, 5; §78, 1)

Vinculabilidade – (§2, 5; §3, 5; §7, 2; §9, 2; §21, 3; §22, 3; §42, 5; §42, 7; §43, 2; §46, 8; §63,7; §74, 5)

Violação positiva do crédito – (§18, 1; §20, 5; §21, 4; §76, 6; §77, 5; §78, 2; §84, 1; §84, 2; §84, 3)

Volksgeist – (§11, 4)

Voluntarismo – (§9, 2; §9, 4; §23, 1; §38, 16; §53, 1)

Voto abusivo – (§38, 4)

Vulnerabilidade – (§22, 3; §22, 7; §31, 2; §31, 2; §31, 3; §32, 2; §32, 3; §32, 6; §32, 7; §55, 4; §63, 5; §66, 2; §67, 1; §70, 13; §79, 3)

Vulnerabilidade do consumidor – (§22, 7; §32, 2; §32, 3; §32, 6; §32, 7; §55, 4)

Casos nomeados

Caso Aramco – (§58, 2)

Caso Bonaventure – (§56, 5)

Caso Bunge *vs.* Mosaic – (§38, 8)

Caso da advogada avalista – (§74, 7)

Caso da alteração unilateral do plano de saúde – (§69, 3)

Caso da apólice contra roubo e furto – (§55, 4)

Caso da assinatura do vice-presidente – (§17, 5; §74, 7; §77, 4)

Caso da assinatura escaneada – (§75, 6; §76, 2)

Caso da cobrança das tarifas de armazenamento – (§34, 7)

Caso da cobrança de frete – (§63, 3)

Caso da compradora escorraçada – (§48, 2)

Caso da concessionária BMW – (§46, 2)

Caso da contagem do prazo decadencial – (§58, 2; §64, 5)

Caso da correção indevida – (§76, 2; §77, 4)

Caso da devolução indireta – (§69, 3)

Caso da dissolução da *joint venture* – (§52, 4)

Caso da dívida já quitada – (§64, 6)

Caso da doença de retinose pigmentar – (§34, 2)

Caso da duplicata quitada – (§48, 2)

Caso da empresa de eventos desiludida – (§46, 7)

Caso da Encol – (§83, 2)

Caso da execução de dívida administrativa – (§24, 4)

Caso da fixação de juros – (§54, 10)

Caso da forma do distrato – (§75, 6)

Caso da legitimidade pelos aluguéis – (§74, 7; §77, 4)

Caso da locação da tabacaria – (§59, 2)

Caso da loja de vestuários – (§49, 1; §74, 1; §74, 7)

Caso da negação da tutela antecipada – (§81, 7)

Caso da pensão alimentícia temporária – (§27, 4)

Caso da prestação de contas bancárias – (§63, 12)

Caso da relação trintenária – (§38, 19)

Caso da ruptura do contrato de concessão de veículos – (§79, 3)

Caso da tentativa de fuga da convenção arbitral – (§75, 3)

Caso da venda a corpo certo – (§55, 4)

Caso da venda futura de laranja – (§70, 13)

Caso da venda futura de soja – (§70, 13)

Caso das alíquotas sobre o material de construção – (§34, 5)

Caso das carretas – (§82, 2)

Caso das liras italianas – (§17, 5; §62, 2)

Caso das prestações duvidosas – (§82, 2)

Caso das tarifas de veículos – (§77, 4)

Caso *Design for Radio Phone* – (§56, 5)

Caso Disco – (§42, 2)

Caso do apartamento e meio atrasado – (§75, 3; §75, 8)

Caso do arrendamento a menor (§54, 10)

Caso do arrendamento do estaleiro – (§38, 19; §77, 5)

Caso do atendimento hospitalar de urgência – (§63, 13)

Caso do avalista vicário – (§52, 4; §53, 4)

Caso do cheque recusado – (§74, 7)

Caso do contrato de distribuição deslealmente denunciado – (§79, 2)

Caso do contrato de distribuição de combustíveis com cláusula de exclusividade – (§54, 10)

Caso do contrato de participação financeira – (§55, 3)

Caso do contrato já aditado – (§71, 2)

Caso do contribuinte excluído do PAES – (§74, 7; §75, 3)

Caso do corredor não utilizado – (§77, 4)

Caso do credor pouco ativo – (§64, 2; §64, 4; §64, 6)

Caso do devedor que queria indenização por danos – (§82, 3)

Caso do economista enganado – (§77, 4)

Caso do financiamento quase integralmente adimplido – (§82, 2)

Caso do funcionário permissionário – (§34, 5)

Caso do gerente fraudador – (§76, 2)

Caso do hotel queimado – (§65, 6)

Caso do hotel Toriba – (§69, 3)

Caso do imóvel funcional – (§75, 3)

Caso do *leasing* desequilibrado pelo aumento do dólar – (§70, 13)

Caso do plano de assistência integral – (§52, 2)

Caso do posto de gasolina – (§46, 7; §49, 1)

Caso do Projeto Excelência – (§38, 19; §79, 3)

Caso do proprietário esquecido – (§24, 5)

Caso do registro civil de Anita – (§27, 5; §77, 5)

Caso do segurado mentiroso – (§24, 4)

Caso do seguro de danos pessoais – (§55, 2)

Caso do seguro fidelidade embutido – (§53, 2; §55, 4)

Caso do seguro recobrado – (§48, 2)

Caso do sistema defeituoso – (§76, 6)

Caso do *stent* – (§69, 4)

Caso do suicídio de segurado – (§58, 2)

Caso do transporte de leite – (§54, 4)

Caso do trator defeituoso – (§69, 4)

Caso do tumor cerebral – (§55, 4; §58, 2; §63, 13)

Caso do veículo que caiu do navio – (§65, 6)

Caso do vendedor inerte – (§65, 6)

Caso dos produtos com glúten – (§32, 2; §63, 3)

Caso dos produtos defeituosos – (§54, 11)

Caso dos tomates – (§46, 7; §49, 1)

Caso Trelleborg – (§57, 3)

Legislação citada

**Código Civil brasileiro de 2002
(Lei 10.406/2002)**

Art. 4.º, II – (§13, 8; §14, 1)

Art. 5.º – (§17, 4)

Art. 7.º – (§13, 8)

Art. 8.º – (§24, 1)

Art. 11 – (§27, 2; §68, 4)

Art. 13 – (§13, 8; §68, 4)

Art. 20 – (§13, 8; §32, 6)

Art. 21 – (§13, 8)

Art. 23 – (§79, 3)

Art. 25 – (§79, 3)

Art. 44, § 2.º – (§29, 2)

Art. 50 – (§57, 4)

Art. 53 – (§29, 2; §38, 2)

Art. 57 – (§13, 8)

Art. 77 – (§37, 16)

Art. 85 – (§13, 2; §13, 3; §16, 4)

Art. 104, I, § 2.º – (§70, 5)

Art. 104, II – (§68, 2)

Art. 107 – (§79, 2)

Art. 109 – (§68, 2)

Art. 111 – (§57, 2)

Art. 112 – (§8, 5; §16, 2; §21, 3; §42, 7; §50, 3; §51; §51, 1; §51, 2; §52, 1; §52, 2; §52, 4; §52, 5; §54, 10; §55, 2; §57, 2)

Art. 113 – (§1, 1; §8, 5; §13, 8; §16, 2; §17, 7; §21, 4; §28, 6; §29, 2; §34, 2; §37, 13; §37, 14; §38, 4; §42, 7; §44, 2; §50, 3; §51; §51, 1; §51, 2; §52, 1; §52, 4; §52, 5; §53, 1; §53, 2; §54, 2; §54, 3; §54, 5; §54, 6; §54, 7; §54, 8; §54, 10; §54, 11; §55, 2; §56, 1; §56, 4; §57, 2; §68, 3; §70, 9)

Art. 114 – (§36, 4; §38, 8; §57, 2; §74, 8)

Art. 114, § 2.º – (§42, 7)

Art. 115, § 4.º – (§68, 2)

Art. 121 – (§42, 5; §50, 1; §80, 2)

Art. 122 – (§13, 8; §50, 1; §66, 1)

Art. 125 – (§42, 5; §46, 4; §53, 4; §80, 2)

Art. 127 – (§42, 5; §80, 1; §80, 2)

Art. 128 – (§1, 2; §13, 8; §77, 5; §78, 2; §80; §80, 1; §80, 2; §81, 7)

Art. 129 – (§42, 4; §42, 5)

Art. 138 – (§68, 2; §77, 3; §78, 2)

Art. 139 – (§78, 2)

Art. 144 – (§77, 2; §77, 3)

Art. 145 – (§63, 8)

Art. 147 – (§21, 3; §21, 4; §63, 2; §68, 3)

Art. 156 – (§13, 8; §78, 2)

Art. 157 – (§13, 8; §32, 4; §70, 4; §70, 5; §78, 2)

Art. 159 – (§11, 7; §46, 2)

Art. 165 – (§68, 2)

Art. 166 – (§68, 2; §68, 3)

Art. 166, I – (§62, 2; §75, 7)

Art. 166, II – (§47, 2; §67, 1; §68, 2; §68, 3; §75, 7; §78, 2)

Art. 166, III – (§75, 7)

Art. 166, IV – (§75, 6; §75, 7)

Art. 166, VI – (§67, 1; §68, 3; §75, 7)

Art. 166, VII – (§68, 3; §75, 7)

Art. 167 – (§44, 2; §75, 7)

Art. 167, § 2.º – (§46, 2)

Art. 168 – (§75, 7)

Art. 170 – (§68, 2)

Art. 171 – (§68, 2)

Art. 186 – (§39, 4; §46, 2; §72, 1; §82, 3; §84, 2)

Art. 187 – (§1, 1; §1, 2; §10-A, 1; §11, 6; §12, 3; §15, 3; §16, 3; §17, 7; §18, 1; §21, 3; §21, 4; §22, 8; §29, 2; §31, 2; §34, 2; §35, 2; §38,

4; §38, 18; §39, 4; §45, 2; §46, 2; §46, 7; §46, 7; §52, 5; §53, 2; §53, 3; §55, 2; §60, 1; §64, 5; §65, 2; §66, 2; §68, 1; §68, 3; §69, 1; §69, 2; §70, 1; §70, 9; §70, 11; §72, 1; §72, 2; §73, 1; §73, 2; §74, 6; §75, 6; §76, 5; §76, 6; §77, 4; §79, 3; §84, 2)

Art. 188, I – (§46, 2; §62, 2; §82, 3)

Art. 205 – (§76, 2)

Art. 229, I – (§13, 8)

Art. 234 – (§13, 8; §78, 2)

Art. 238 – (§13, 8)

Art. 239 – (§11, 7; §13, 8)

Art. 240 – (§13, 8)

Art. 242 – (§1, 1; §13, 8)

Art. 248 – (§13, 8; §38, 18)

Art. 250 – (§13, 8; §78, 2)

Art. 254 – (§13, 8)

Art. 255 – (§13, 8)

Art. 256 – (§13, 8)

Art. 263, §§ 1.º e 2.º – (§13, 8)

Art. 279 – (§11, 7; §13, 8)

Art. 286 – (§1, 1; §13, 8)

Art. 298 – (§68, 3)

Art. 307 – (§13, 8)

Art. 309 – (§1, 1; §11, 7; §13, 8; §24, 1)

Art. 317 – (§13, 8; §32, 4; §70, 5; §70, 7; §70, 10; §70, 11)

Art. 333 – (§83, 1)

Art. 335, I – (§13, 8)

Art. 335, III – (§13, 8; §14, 1)

Art. 385 – (§74, 8)

Art. 389 – (§17, 7; §20, 5; §40, 2; §65, 2; §81, 2)

Art. 392 – (§11, 7; §13, 8)

Art. 394 – (§17, 7; §74, 3; §84, 1; §84, 2)

Art. 395 – (§16, 2; §17, 7; §78, 2; §78, 3; 81, 2; §81, 3; §81, 5)

Art. 395, par. único – (§16, 3; §17, 7; §35, 3; §37, 17; §81, 3; §81, 4)

Art. 400 – (§62, 2)

Art. 403 – (§39, 4; §78, 2)

Art. 405 – (§46, 6)

Art. 413 – (§13, 8; §32, 4; §68, 4; §70, 5; §78, 2)

Art. 420 – (§20, 5; §74, 8)

Art. 421 – (§12, 3; §13, 8; §28, 2; §67, 1; §70, 11; §70, 13)

Art. 422 – (§1, 1; §1, 2; §5, 2; §10-A, 1; §11, 6; §12, 3; §13, 8; §14, 1; §14, 2; §15, 3; §15, 4; §16, 2; §16, 3; §17, 5; §17, 7; §18, 1; §24, 2; §28, 2; §33, 4; §34, 2; §36, 3; §37, 14; §38, 4; §38, 8; §38, 18; §42, 3; §42, 4; §44, 1; §45, 2; §46, 2; §46, 6; §46, 7; §49, 1; §50, 3; §52, 5; §54, 10; §55, 3; §59, 4; §59, 5; §62, 1; §65, 4; §68, 3; §70, 11; §70, 11-A; §70, 13; §79, 3; §83, 6)

Art. 423 – (§31, 3; §37, 13; §37, 14; §51, 2; §55, 2; §55, 3; §55, 4; §67, 1; §70, 13; §77, 3)

Art. 424 – (§31, 3; §32, 4; §37, 13; §44, 2; §58, 2; §67, 1; §68, 3; §69, 2; §70, 5; §77, 3)

Art. 425 – (§28, 5; §53, 4; §54, 10; §59, 5)

Art. 427 – (§8, 5; §39, 4; §43, 1; §43, 2)

Art. 428 – (§8, 5; §37, 2; §43, 2; §74, 8)

Art. 429 – (§39, 4; §43, 2)

Art. 431 – (§43, 1; §43, 2)

Art. 433 – (§8, 5)

Art. 435 – (§44, 2)

Art. 441 – (§32, 4; §70, 5; §78, 2)

Art. 446 – (§13, 8)

Art. 447 – (§32, 4)

Art. 458 – (§13, 8)

Art. 459 – (§11, 7; §13, 8)

Art. 461 – (§13, 8)

Art. 463 – (§42, 3)

Art. 467 – (§12, 2)

Art. 468 – (§12, 2)

Art. 472 – (§75, 6; §76, 5; §75, 3; §78, 2; §79, 1)

Art. 473 – (§28, 5; §28, 6; §34, 6; §38, 19; §78, 2; §78, 3; §79, 2; §79, 3)

Art. 473, par. único – (§1, 2; §34, 6; §79, 2; §79, 3)

Art. 474 – (§17, 7; §34, 9; §35, 2; §77, 5; §78, 2; §78, 3; §79, 3; §80, 1; §81, 1; §81, 2; §81, 5; §81, 7; §83, 1)

Art. 475 – (§16, 2; §16, 3; §16, 4; §17, 7; §29, 1; §32, 4; §35, 2; §35, 3; §38, 18; §52, 4; §74, 8; §77, 5; §78, 2; §78, 3; §79, 3; §80, 1; §81, 1; §81, 2; §81, 5; §81, 7; §82, 2; §83, 1; §83, 7)

Art. 476 – (§16, 3; §32, 4; §76, 2; §76, 5; §76, 6)

Art. 477 – (§44, 7; §70, 5; §76, 5; §82, 2; §83, 2)

Art. 478 – (§13, 8; §32, 4; §32, 5; §68, 4; §69, 4; §70, 4; §70, 5; §70, 7; §70, 10; §70, 11; §70, 13; §78, 2; §81, 1)

Art. 479 – (§11, 7; §13, 8; §69, 4; §70, 5; §70, 11; §70, 11-A)

Art. 480 – (§13, 8; §32, 4; §70, 4; §70, 5; §70, 11; §70, 13; §78, 2; §79, 1)

Art. 488 – (§59, 4)

Art. 489 – (§16, 2; §16, 4; §70, 13)

Art. 491 – (§76, 6)

Art. 492 – (§11, 7; §51, 2)

Art. 492, § 2.º – (§13, 8)

Art. 494 – (§11, 7; §13, 8)

Art. 496 – (§57, 4)

Art. 500 – (§55, 4)

Art. 523 – (§1, 1; §13, 8)

Art. 530, I – (§75, 5)

Art. 538 – (§36, 3)

Art. 555 – (§37, 2)

Art. 557 – (§36, 4)

Art. 560 – (§37, 2)

Art. 570 – (§13, 8)

Art. 575 – (§13, 8; §77, 4)

Art. 602 – (§13, 8)

Art. 603 – (§13, 8; §68, 4)

Art. 604 – (§13, 8)

Art. 605 – (§13, 8)

Art. 606 – (§13, 8)

Art. 606, par. único – (§13, 8)

Art. 607 – (§13, 8)

Art. 610 – (§12, 2)

Art. 614 – (§81, 6)

Art. 617 – (§14, 2)

Art. 619 – (§1, 2)

Art. 619, par. único – (§69, 4)

Art. 621 – (§13, 8)

Art. 623 – (§68, 4; §78, 3)

Art. 624 – (§13, 8)

Art. 625 – (§78, 3)

Art. 625, II – (§13, 8)

Art. 637 – (§1, 1; §13, 8)

Art. 653 – (§37, 2; §48, 2)

Art. 667 – (§37, 2)

Art. 668 – (§20, 4)

Art. 678 – (§37, 2)

Art. 682 – (§37, 2; §74, 8; §78, 2)

Art. 685 – (§37, 2)

Art. 686 – (§1, 1; §13, 8; §24, 1; §46, 2)

Art. 688 – (§37, 2)

Art. 689 – (§1, 1; §11, 7; §13, 8)

Art. 697 – (§11, 7; §13, 8)

Art. 705 – (§13, 8)

Art. 709 – (§20, 4)

Art. 710 – (§38, 19)

Art. 715 – (§69, 4)

Art. 717 – (§13, 8)

Art. 718 – (§11, 7; §13, 8)

Art. 720, par. único – (§13, 8)

Art. 721 – (§20, 4)

Art. 735 – (§11, 7; §13, 8)

Art. 757 – (§37, 13)

Art. 762 – (§24, 4; §37, 14)

Art. 763 – (§37, 17)

Art. 764 – (§37, 13)

Art. 765 – (§1, 2; §13, 8; §24, 4; §37, 14; §37, 15; §37, 17; §53, 2; §63, 12)

Art. 766 – (§20, 4; §20, 5; §21, 3; §37, 13; §37, 14; §37, 17; §59, 5; §63, 2; §63, 12)

Art. 766, par. único – (§24, 4; §37, 14; §63, 2)

Art. 768 – (§24, 4; §37, 13; §37, 18)

Art. 769 – (§1, 2; §24, 4; §36, 3; §37, 13; §37, 14; §37, 18)

Art. 771 – (§37, 14; §37, 18; §37, 19)

Art. 770 – (§37, 13)

Art. 771 – (§37, 19)

Art. 773 – (§37, 19)

Art. 798 – (§58, 2)

Art. 814, § 1.º – (§13, 8)

Art. 834 – (§13, 8)

Art. 843 – (§51, 2)

Art. 856 – (§13, 8)

Art. 856, par. único – (§13, 8)

Art. 876 – (§17, 4, §69, 3; §77, 3)

Art. 878 – (§1, 1; §13, 8)

Art. 879 – (§1, 1; §11, 7; §13, 8)

Art. 883 – (§13, 8; §75, 5; §77, 3)

Art. 884 – (§12, 3; §13, 8; §69, 3; §75, 3)

Art. 886 – (§75, 3)

Art. 896 – (§1, 1; §11, 7; §13, 8)

Art. 901 – (§1, 1)

Art. 916 – (§1, 1)

Art. 918, § 2.º – (§1, 1)

Art. 924 – (§16, 3)

Art. 925 – (§1, 1; §11, 7; §13, 8)

Art. 927 – (§11, 6; §11, 7; §15, 2; §37, 15; §39, 4; §45, 1; §46, 2; §46, 6; §46, 7; §48, 2; §64, 5; §68, 3; §69, 2; §82, 3)

Art. 927, par. único – (§13, 8)

Art. 931 – (§11, 7; §13, 8)

Art. 932, III – (§48, 2)

Art. 933 – (§11, 7; §13, 8)

Art. 936 – (§11, 7; §13, 8)

Art. 939 – (§83, 1)

Art. 940 – (§48, 2)

Art. 941 – (§48, 2)

Art. 944 – (§11, 7)

Art. 944, par. único – (§13, 8)

Art. 945 – (§11, 7; §13, 8; §78, 2)

Art. 949 – (§11, 7; §12, 3)

Art. 954 – (§1, 1)

Art. 966 – (§28, 1; §28, 3; §29, 3)

Art. 981 – (§29, 1; §29, 2; §38, 3)

Art. 982 – (§29, 1; §38, 3)

Art. 982, par. único – (§29, 1)

Art. 983 – (§28, 1; §29, 1)

Art. 985 – (§24, 1)

Art. 986 – (§24, 1)

Art. 1.006 – (§38, 4)

Art. 1.010, § 2.º – (§37, 5)

Art. 1.010, § 3.º – (§37, 5; §38, 4; §38, 9)

Art. 1.011 – (§13, 8; §63, 9)

Art. 1.011, § 2.º – (§20, 4; §38, 4)

Art. 1.013, § 2.º – (§37, 5; §38, 4)

Art. 1.015 – (§37, 5)

Art. 1.016 – (§11, 7; §13, 8; §37, 15)

Art. 1.017 – (§37, 5; §38, 9)

Art. 1.017, par. único – (§38, 9)

Art. 1.019 – (§13, 8)

Art. 1.020 – (§20, 4)

Art. 1.027 – (§27, 4)

Art. 1.032 – (§38, 4)

ÍNDICES REMISSIVOS | 935

Art. 1.039 – (§29, 1)

Art. 1.049 – (§1, 1; §11, 7; §13, 8)

Art. 1.069 – (§13, 8)

Art. 1.085 – (§74, 4)

Art. 1.092 – (§29, 1)

Art. 1.149 – (§1, 1; §11, 7; §13, 8)

Art. 1.150 – (§24, 1)

Art. 1.177 – (§1, 1)

Art. 1.201 – (§1, 1; §5, 2; §13, 8; §24, 1)

Art. 1.201, par. único – (§1, 1; §13, 8)

Art. 1.202 – (§1, 1; §13, 8)

Art. 1.208 – (§77, 4)

Art. 1.212 – (§24, 1)

Art. 1.214 – (§1, 1; §13, 8)

Art. 1.214, par. único – (§13, 8)

Art. 1.216 – (§1, 1)

Art. 1.217 – (§13, 8)

Art. 1.219 – (§13, 8)

Art. 1.220 – (§1, 1)

Art. 1.222 – (§1, 1; §13, 8)

Art. 1.228, § 2.º – (§72, 2)

Art. 1.228, § 4.º – (§1, 1; §13, 8; §14, 1)

Art. 1.238 – (§1, 1; §13, 8; §24, 1)

Art. 1.239 – (§24, 1)

Art. 1.242 – (§1, 1; §13, 8; §24, 1)

Art. 1.243 – (§1, 1; §13, 8)

Art. 1.247 – (§13, 8)

Art. 1.247, par. único – (§1, 1)

Art. 1.251 – (§14, 1; §22, 1; §22, 2)

Art. 1.254 – (§1, 1)

Art. 1.255 – (§13, 8)

Art. 1.257, par. único (§13, 8)

Art. 1.258 – (§13, 8)

Art. 1.259 – (§11, 7; §13, 8)

Art. 1.260 – (§13, 8)

Art. 1.261 – (§13, 8)

Art. 1.264 – (§13, 8)

Art. 1.268 – (§13, 8)

Art. 1.268, § 1.º – (§13, 8)

Art. 1.270 – (§13, 8)

Art. 1.277 – (§13, 7)

Art. 1.278 – (§13, 8)

Art. 1.286 – (§13, 8)

Art. 1.297, § 3.º – (§11, 7; §14, 1)

Art. 1.301 – (§13, 7)

Art. 1.307 – (§12, 2)

Art. 1.310 – (§12, 2)

Art. 1.336, IV – (§13, 8)

Art. 1.348, VIII – (§20, 4)

Art. 1.408 – (§11, 7; §13, 8)

Art. 1.410, VII – (§11, 7; §13, 8)

Art. 1.511 – (§11, 6; §15, 3; §27, 1)

Art. 1.540, II – (§13, 8)

Art. 1.553 – (§46, 2)

Art. 1.557, I – (§13, 8)

Art. 1.557, IV – (§13, 8)

Art. 1.561 – (§13, 8)

Art. 1.561, § 1.º – (§13, 8)

Art. 1.563 – (§13, 8)

Art. 1.571, IV – (§74, 8)

Art. 1.572 – (§13, 8)

Art. 1.573, par. único – (§13, 8)

Art. 1.586 – (§13, 8)

Art. 1.615 – (§13, 8)

Art. 1.638, III – (§13, 8)

Art. 1.639 – (§27, 2; §27, 1)

Art. 1.643, I – (§14, 1)

Art. 1.647 – (§57, 4)

Art. 1.648 – (§13, 8)

Art. 1.694 – (§27, 4)

Art. 1.695 – (§27, 4)

Art. 1.741 – (§13, 8)

936 | A BOA-FÉ NO DIREITO PRIVADO

Art. 1.752 – (§13, 8)

Art. 1.753 – (§14, 1; §14, 2)

Art. 1.755 – (§20, 4)

Art. 1.756 – (§20, 4)

Art. 1.757 – (§20, 4)

Art. 1.758 – (§20, 4)

Art. 1.759 – (§20, 4)

Art. 1.762 – (§20, 4)

Art. 1.817 – (§13, 8)

Art. 1.827 – (§13, 8)

Art. 1.828 – (§13, 8)

Art. 1.983 – (§20, 4)

Art. 2.019 – (§11, 7; §14, 1)

Art. 2.020 – (§13, 8)

Art. 2.025 – (§13, 8)

Art. 2.035, par. único – (§13, 8; §68, 2)

Enunciados da I Jornada de Direito Civil

Enunciado 24, ao art. 422 – (§17, 6)

Enunciado 25, ao art. 422 – (§16, 3; §39, 4; §46, 6)

Enunciado 26, ao art. 422 – (§49, 1)

Enunciado 27, ao art. 422 – (§50, 3)

Enunciado 29, ao art. 456 – (§28, 1)

Enunciado 80, ao art. 422 – (§24, 1)

Enunciados da III Jornada de Direito Civil

Enunciado 139, ao art. 11 – (§27, 3)

Enunciado 162, ao art. 395 – (§81, 5)

Enunciado 168, ao art. 422 – (§62, 1)

Enunciado 169, ao art. 422 – (§16, 3; §22, 8)

Enunciado 170, ao art. 422 – (§16, 3)

Enunciado 209, aos arts. 985, 986 e 1.150 – (§24, 1)

Enunciados da IV Jornada de Direito Civil

Enunciado 302, aos arts. 1.200 e 1.214 – (§24, 1)

Enunciado 303, ao art. 1.201 – (§24, 1)

Enunciado 309, ao art. 1.228 – (§24, 1)

Enunciado 318, ao art. 1.258 – (§24, 1)

Enunciado 361, aos arts. 421, 422 e 475 – (§16, 3)

Enunciado 362, aos arts. 187 e 422 – (§16, 3)

Enunciado 371, ao art. 763 – (§24, 1; §37, 17)

Enunciado 382, ao art. 983 – (§29, 1)

Enunciados da V Jornada de Direito Civil

Enunciado 409, ao art. 113 – (§54, 3; §54, 5)

Enunciado 412, ao art. 187 – (§16, 3; §77, 4)

Enunciado 413, ao art. 187 – (§73, 2)

Enunciado 414, ao art. 187 – (§34, 2)

Enunciado 432, ao art. 422 – (§63, 5)

Enunciado da VII Jornada de Direito Civil

Enunciado 585, aos arts. 765 e 766 – (§37, 17)

Enunciados da I Jornada de Direito Comercial

Enunciado 11 – (§37, 5)

Enunciado 27 – (§28, 2)

Enunciado 29 – (§28, 2)

Enunciado 36 – (§28, 2)

Constituição Federal

Art. 1 – (§28, 2; §79, 3)

Art. 3.º – (§22, 7; §28, 2)

Art. 5.º – (§15, 1; §15, 3; §63, 3)

Art. 5.º, XIV – (§63, 3)

Art. 37 – (§14, 3; §15, 4)

Art. 37, XXI – (§14, 3; §15, 4)

Art. 105, III – (§49, 2)

Art. 155, § 2.º – (§34, 5)

Art. 170 – (§28, 2)

Art. 206, I – (§15, 2)

Código de Defesa do Consumidor (Lei 8.078/1990)

Art. 1.º – (§13, 8)

Art. 2.º – (§22, 7; §32, 1; §32, 2)

Art. 3.º – (§22, 7; §63, 7)

Art. 4.º – (§15, 3; §32, 2)

Art. 4.º, I – (§32, 2; §37, 14)

Art. 4.º, III – (§1, 2; §8, 5; §32, 2; §32, 8; §49, 2)

Art. 4.º, IV (§32, 2)

Art. 6.º, III – (§59, 5; §63, 7; §63, 12)

Art. 6.º, V – (§13, 8; §15, 3; §63, 13; §70, 13)

Art. 7.º – (§11, 6; §13, 4; §13, 8; §15, 3; §15, 5)

Art. 12 – (§63, 7)

Art. 14 – (§13, 8; §63, 7)

Art. 14, § 1.º – (§13, 8; §63, 1)

Art. 17 – (§32, 1; §32, 5)

Art. 19 – (§32, 6)

Art. 20 – (§32, 6)

Art. 24 – (§32, 5)

Art. 26, § 3.º – (§69, 4)

Art. 27 – (§76, 2)

Art. 28 – (§13, 8)

Art. 29 – (§32, 1; §32, 2)

Art. 30 – (§40, 2; §63, 7)

Art. 31 – (§63, 7)

Art. 34 – (§48, 2)

Art. 35 – (§40, 2)

Art. 35, III – (§63, 8)

Art. 36 – (§32, 6)

Art. 38 – (§32, 6)

Art. 39 – (§39, 6)

Art. 40 – (§63, 13)

Art. 46 – (§40, 2; §63, 7; §69, 3)

Art. 47 – (§55, 1; §55, 2)

Art. 49 – (§32, 8; §40, 2; §74, 8)

Art. 51 – (§14, 2; §32, 4; §32, 5; §68, 2; §69, 2)

Art. 51, I – (§58, 2; §70, 12)

Art. 51, IV – (§1, 2; §13, 7; §13, 8; §14, 2; §32, 4; §49, 2; §69, 3; §69, 4; §70, 12; §70, 14)

Art. 51, V – (§13, 8; §68, 3)

Art. 51, VI – (§68, 3)

Art. 51, § 1.º – (§13, 8)

Art. 51, § 2.º – (§14, 2)

Art. 53 – (§16, 3; §69, 3)

Código Civil de 1916 (Lei 3.071/1916)

Art. 85 – (§21, 3; §52, 4; §52, 5)

Art. 119 – (§80, 2)

Art. 129 – (§79, 2)

Art. 145 – (§75, 7)

Art. 145, II – (§75, 5)

Art. 158 – (§75, 5)

Art. 159 – (§45, 1)

Art. 160, I – (§46, 2)

Art. 178 – (§58, 2)

Art. 178, § 9.º – (§58, 2)

Art. 477 – (§83, 2; §83, 7)

Art. 593, I – (§11, 7; §13, 8)

Art. 765 – (§63, 12)

Art. 766 – (§63, 12)

Art. 964 – (§75, 5)

Art. 971 – (§75, 5)

Art. 1.080 – (§43, 1; §43, 2)

Art. 1.081 – (§43, 2)

Art. 1.084 – (§43, 2)

Art. 1.086 – (§43, 2)

Art. 1.090 – (§38, 8)

Art. 1.092 – (§83, 2)

Art. 1.093 – (§75, 6)

Art. 1.125 – (§70, 13)

Art. 1.136 – (§55, 4)

Art. 1.241 – (§81, 6)

Art. 1.452 – (§37, 13)

Art. 1.553 – (§46, 2)

Art. 1.196 – (§77, 4)

Art. 1.443 – (§37, 14)

Art. 1.444 – (§37, 13; §37, 17)

Art. 1.446 – (§37, 14)

Código Comercial (Lei 556/1850)

Art. 30 – (§28, 7)

Art. 124 – (§79, 2)

Art. 131 – (§24, 2; §53, 2; §55, 2; §70, 13)

Súmula do STF

Súmula 341 – (§48, 2)

Súmulas do STJ

Súmula 5 – (§82, 2)

Súmula 7 – (§46, 2; §52, 5; §79, 2; §82, 2)

Súmula 28 – (§74, 7)

Súmula 30 – (§69, 3)

Súmula 130– (§22, 7; §64, 3)

Súmula 296 – (§69, 3)

Súmula 609 – (§37, 17)

Código de Processo Civil (Lei 5.869/1973)

Art. 14, II – (§65, 6)

Art. 243 – (§75, 2)

Art. 267, VI – (§74, 7)

Art. 273, § 4.º – (§34, 2)

Art. 296 – (§34, 2)

Art. 333, I – (§34, 6; §65, 6)

Art. 335 – (§13, 8)

Art. 461 – (§20, 5)

Art. 485, V – (§49, 2; §51, 2)

Art. 486 – (§49, 2)

Art. 535 – (§34, 6)

Art. 585, II – (§74, 7)

Art. 600, par. único – (§27, 5)

Art. 608 – (§27, 5)

Art. 638, par. único – (§46, 1)

Art. 778 – (§46, 1; §46, 2)

Art. 1.075, IV – (§16, 2)

Novo Código de Processo Civil (Lei 13.105/2015)

Art. 5.º – (§25, 1; §65, 6)

Art. 6.º – (§24, 1)

Art. 77 – (§65, 6)

Art. 273 – (§34, 2)

Art. 276 – (§75, 2)

Art. 296 – (§34, 2)

Art. 373 – (§24, 1)

Art. 375 – (§13, 8)

Art. 566, I – (§46, 1)

Art. 600 – (§27, 4)

Art. 608 – (§27, 4)

Art. 821 – (§46, 1)

Art. 966, V – (§51, 2)

Art. 966, § 4.º – (§51, 2)

Estatuto da Criança e do Adolescente (Lei 8.069/1990)

Art. 3. º – (§13, 8)

Art. 5.º – (§13, 8)

Art. 6.º – (§13, 8)

Art. 7.º – (§13, 8)

Art. 67, III – (§13, 8)

Art. 87, III – (§13, 8)

Legislação Complementar

Lei 4.591/1964 – (§69, 3)

Lei 6.385/1976 – (§37, 17; §63, 5; §63, 9)

Lei 8.025/1990 – (§75, 3)

Lei 8.069/1990 – (§13, 8)

Lei 8.112/1990 – (§34, 5)

Lei 8.987/1995 – (§34, 6)

Lei 13.874/2019 – (§28, 3; §42, 7; §50, 3; §54, 4; §54, 5)

Instruções da CVM

Instrução CVM n. 358 – (§63, 5)

Instrução CVM n. 400, arts. 38 e 39 – (§63, 6)

Lei de Defesa da Concorrência (Lei 12.529/2011)

Art. 36, § 3.º – (§13, 8)

Lei de Arbitragem (Lei 9.307/1996)

Art. 2.º – (§16, 2)

Art 2.º, § 3.º – (§37, 11)

Art. 4.º – (§57, 2)

Art. 4.º, § 1.º – (§57, 2)

Art. 13 – (§37, 9; §37, 11)

Art. 20 – (§37, 11)

Art. 39, II – (§37, 10)

Lei das SA (Lei 6.404/1976)

Art. 109 – (§38, 4)

Art. 115 – (§38, 4)

Art. 115, § 4.º – (§38, 4; §68, 2)

Art. 116 – (§38, 4; §38, 9)

Art. 116, par. único – (§38, 4)

Art. 117 – (§38, 9; §57, 4)

Art. 118 – (§38, 7; §38, 8; §64, 5)

Art. 118, § 2.º – (§38, 9)

Art. 118, § 3.º – (§38, 8)

Art. 134, § 3.º – (§37, 5)

Art. 153 – (§37, 4; §37, 5; §38, 4; §63, 9)

Art. 155 – (§38, 9)

Art. 155, I – (§38, 9; §62, 1)

Art. 155, II – (§38, 4)

Art. 155, § 1.º – (§37, 18)

Art. 155, § 4.º – (§38, 4)

Art. 156 – (§68, 3)

Art. 156, § 2.º – (§68, 3)

Art. 157 – (§37, 5)

Art. 157, § 4.º – (§37, 18)

Art. 159 – (§37, 5)

Art. 159, § 6.º – (§37, 5)

Art. 165 – (§68, 2)

Art. 245 – (§38, 4)

LINDB (Decreto-lei 4.657/1942)

Art. 4.º – (§79, 3)

Art. 23 – (§79, 3)

Art. 24 – (§79, 3)

Art. 25 – (§79, 3)

Lei 6.839/1980

Art. 1.º – (§77, 4)

Lei 6.729/1979 (Lei Ferrari)

Art. 22, III – (§79, 3)

Art. 24 – (§79, 3)

Lei 8.245/1991

Art. 6.º – (§79, 1)

Art. 7.º – (§79, 1)

Art. 22, I – (§20, 3.2)

Art. 23, I – (§20, 3.2)

Art. 23, V – (§20, 3.2)

Art. 46, § 2.º – (§79, 1)

Art. 47 – (§79, 1)

Art. 50, par. único – (§79, 1)

Lei 8.666/1993

Art. 65 – (§71, 2)

Art. 65, § 5.º – (§71, 2)

Art. 87 – (§34, 7)

Lei 9.656/1998

Art. 12, V – (§55, 4; §58, 2; §63, 13)

Lei 9.784/1999

Art. 2.º – (§34, 2; §34, 9)

Projeto de Lei n. 29, de 2017

Art. 6.º, par. único – (§37, 14)

Art. 40 – (§37, 14)

Art. 49 – (§37, 17)

Art. 50 – (§37, 14)

Art. 50, § 2.º – (§37, 14)

Art. 62 – (§37, 14)

Art. 77 – (§37, 16)

Art. 90, § 3.º – (§37, 16)

Art. 92 – (§37, 16; §47, 16)

Lei 14.133/2021

Art. 6.º, LVII e LIX – (§70, 5)

Art. 92, XI – (§70, 5)

Art. 103, § 4.º – (§70, 5)

Art. 104, I e § 2.º – (§70, 5)

Art. 124, II – (§70, 5; §71, 2)

Art. 156 – (§34, 7)

CLT (Decreto-lei 5.452/1943)

Art. 2.º – (§33, 1)

Art. 3.º – (§33, 1)

CTN (Lei 5.172/1966)

Art. 113 – (§18, 6)

Codice Civile

Art. 1.175 – (§52, 2; §62, 1)

Art. 1.219, 2 – (§83, 4)

Art. 1.337 – (§11, 6; §45, 2; §45, 3; §52, 2; §62, 1)

Art. 1.338 – (§45, 2; §45, 3)

Art. 1.358 – (§52, 2; §62, 1; §80, 2)

Art. 1.362 – (§54, 2)

Art. 1.368 – (§54, 2)

Art. 1.369 – (§80, 2)

Art. 1.370 – (§55, 3)

Art. 1.374 – (§16, 2; §59, 4; §59, 5; §60, 1)

Art. 1.375 – (§16, 2; §59, 5; §62, 1)

Art. 1.455 – (§81, 5; §81, 6)

Art. 1.460 – (§83, 4)

Art. 1.522 – (§81, 5)

Art. 1.564 – (§81, 5)

Code Civil

Art. 449 – (§9, 3)

Art. 550 – (§9, 1; §9, 3)

Art. 555 – (§9, 3)

Art. 1.102 – (§9, 4)

Art. 1.103 – (§9, 4)

Art. 1.104 – (§9, 4)

Art. 1.112 – (§9, 4)

Art. 1.134 – (§9, 1; §9, 2; §9, 3; §9, 4; §58, 2)

Art. 1.156 – (§9, 3)

Art. 1.195 – (§70, 11-A)

Art. 1.382 – (§16, 7; §16, 7; §45, 1; §45, 3)

Art. 1.383 – (§45, 1)

Art. 1.384 – (§45, 1)

Ordonnance n. 2016-131

Art. 2, Modifie Code Civil arts. 1.102, 1.103 e 1.104 – (§9, 3-A)

Art. 2, Modifie Code Civil art. 1.112 – (§9, 3-A)

BGB (*Bürgerliches Gesetzbuch*)

§ 130 – (§8, 5)

§ 138 – (§10, 3)

§ 145 – (§8, 5)

§ 147 – (§8, 5)

§ 157 – (§10, 3; §11, 4; §54, 2)

§194 – (§18, 4)

§ 241 – (§18, 3; §20, 5)

§ 241 (2) – (§10, 4)

§ 242 – (§10, 3; §11, 4; §11, 5; §11, 6; §16, 5; §20, 5; §22, 2; §24, 2; §34, 2; §46, 7; §74, 7; §77, 2)

§ 275 – (§10, 4)

§§ 293 a 304 – (§10, 4)

§§ 305 a 307 – (§11, 6)

§ 311 – (§10, 4; §20, 5; §45, 2; §45, 3)

§ 313 – (§10, 4)

§ 321 – (§10, 3)

§ 359 – (§9, 4; §11, 4)

§ 362 – (§19, 2)

§ 441 – (§10, 3)

§ 610 – (§10, 3)

§ 823, I e II – (§16, 7; §16, 7)

§ 825 – (§16, 7)

§ 826 – (§10, 3; §10, 3; §16, 7)

Código Suíço das Obrigações

Art. 26 – (§45, 2)

Art. 39 – (§45, 2)

Código Civil português

Art. 227.º – (§45, 2; §45, 3)

Art. 236.º – (§54, 2)

Art. 239.º – (§11, 6; §59, 4)

Art. 334.º – (§68, 1; §72, 1; §72, 2)

Art. 396.º – (§72, 1)

Art. 406.º – (§45, 3)

Art. 437.º – (§70, 11-A)

Art. 483.º – (§11, 6)

Art. 485.º – (§63, 1)

Art. 809.º – (§81, 5)

Art. 927.º (§11, 7)

Código Civil grego

Art. 197 – (§45, 2)

Art. 198 – (§45, 4)

Princípios Unidroit

Art. 1.7 – (§9, 3-A)

Art. 1.9 – (§54, 4; §56, 5)

Art. 1.9(2) – (§54, 10; §56, 5)

Art. 4.3 – (§54, 2n)

Art. 7.1 – (§10-A, 2)

Art. 7.2 – (§10-A, 2)

Art. 7.3.3 – (§83, 4; §83, 7; §84, 1)

Uniform Commercial Code

Art. 303 (1) – (§54, 2)

Art. 1-203 – (§10-A, 1)

Art. 1-205 – (§54, 11)

Art. 2-203 – (§10-A, 1)

Restatement of contracts (second)

Seção 205 – (§10-A, 1)

Convenção de Viena sobre o Direito dos Tratados (Decreto 7.030/2009)

Art. 31 – (§58, 2)

Convenção de Viena sobre Contratos de Compra e Venda Internacional de Mercadorias – CISG (Decreto 8.327/2014)

Art. 7 – (§56, 1; §56, 5)

Art. 7 (1) – (§10-A, 1; §30, 2; §56, 1; §56, 2; §56, 4; §56, 5; §56, 2)

Art. 7 (2) – (§10-A, 2; §56, 5)

Art. 8 – (§56, 5; §70, 9)

Art. 9 – (§54, 4; §54, 5; §56, 5)

Art. 9 (2) – (§54, 10; §56, 5)

Art. 11 – (§56, 4; §56, 5)

Art. 19 (2) – (§56, 5)

Art. 25 – (§56, 3; §56, 5; §65, 2; §83, 4)

Art. 67 – (§56, 5)

Art. 72 – (§83, 4; §83, 7)

Art. 77 – (§56, 5; §65, 2; §65, 4; §65, 5; §65, 6)

Princípios do Direito Europeu dos Contratos (PECL)

Art. 1: 106 – (§56, 2)

Art. 1: 201 – (§9, 4)

Art. 2: 301 – (§9, 4)

Art. 2: 302 – (§9, 4)

Art. 4: 01 – (§63, 7)

Art. 4: 109 – (§9, 4)

Art. 6: 102 – (§9, 4)

Art. 8: 104 – (§9, 4)

Art. 8: 105 – (§83, 7)

Art. 9: 102 – (§9, 4)

Art. 9: 304 – (§83, 4; §83, 7)

Art. 9: 505 – (§56, 5)

Art. 16: 102 – (§9, 4)

Índice Onomástico

ABREU E SILVA, Roberto – (§82, 1)

ABRIL, V. – (§8, 3)

ADAMEK, Marcelo Vieira von – (§11, 2; §19, 6; §28, 5; §29, 1; §29, 2; §29, 3; §29, 4; §37, 4; §38, 2; §38, 3; §38, 4; §38, 5; §42, 3; §62, 1; §63, 6; §74, 4)

AGUIAR DIAS, José de – (§45, 1)

AGUIAR JÚNIOR, Ruy Rosado de – (§11, 2; §15, 1; §17, 7; §19, 4; §19, 5; §39, 1; §46, 7; §54, 3; §54, 5; §65, 4; §70, 5; §76, 4; §76, 5; §78, 3; §79, 3; §81, 2; §81, 3; §81, 4; §81, 5; §81, 6; §81, 7; §83, 6)

ALBIGES, Christophe – (§5, 3)

ALLAND, Denis – (§42, 5; §50, 1)

ALMEIDA COSTA, Mário Júlio de – (§7, 1; §18, 2; §19, 2; §20, 3; §20, 4; §21, 3; §22, 1; §22, 3; §22, 6; §40, 1; §40, 3; §42, 3; §42, 5; §45, 1; §45, 3; §46, 3; §83, 6)

ALMEIDA PRADO, Maurício – (§29, 4; §38, 4; §38, 14; §38, 17; §70, 9)

ALOY, Antoni – (§83, 7)

ALPA, Guido – (§31, 3; §50, 2; §51, 2; §52, 4; §53, 2; §54, 2; §54, 8; §55, 3; §60, 1; §64, 5)

ALVES, Marcus Tullius – (§82, 1)

ALVES PEREIRA, Tito Fulgêncio – (§75, 2)

ALVIM, Agostinho – (§36, 3; §81, 3)

ALVIM, Arruda – v. ARRUDA ALVIM

AMARAL, Diogo Freitas – (§28, 5)

AMARAL, Francisco – (§80, 2)

AMARAL JÚNIOR, Alberto – (§32, 4)

ANDRADE, José Maria Arruda de – (§11, 2)

ANDRADE, Manuel Domingos de – (§63, 9)

ANDRADE, Ronaldo Alves de – (§81, 5)

ANDRIGHI, Nancy – (§24, 2; §24, 5; §25, 1; §27, 4; §27, 5; §31, 3; §32, 4; §37, 19; §38, 19; §42, 6; §46, 2; §48, 2; §52, 4; §53, 2; §54, 10; §55, 4; §58, 2; §63, 3; §63, 7; §63, 12; §69, 4; §70, 13; §74, 6; §74, 7; §75, 2; §75, 3; §75, 7; §75, 8; §76, 2; §76, 3; §77, 4; §77, 5)

ANTUNES VARELA, João de Matos – (§18, 5; §18, 6)

ARAGÃO, Aline de Menezes Santos – (§19, 6; §53, 1; §63, 6)

ARAGÃO, Leandro Santos de – (§53, 1)

ARANGIO-RUIZ, Vincenzo – (§22, 1)

ARAÚJO, Francisco Rossal de – (§33, 3)

ARAÚJO, José Agnaldo de Souza – (§76, 3)

ARAÚJO, Nadia de – (§30, 2; §70, 5; §70, 9)

ARAÚJO, Raul – (§31, 3; §38, 8; §65, 6; §69, 3)

ARIETTI, Marina – (§45, 1; §45, 3)

ARIAS, David – (§75, 2)

ÍNDICE ONOMÁSTICO | 943

ARKELOF, George – (§63, 5)

ARNALDEZ, Jean-Jacques – (§54, 11)

ARNAUD, André-Jean – (§5, 3; §8, 6; §9, 2)

ARRUDA ALVIM – (§14, 1; §16, 4)

ASCARELLI, Tullio – (§13, 7; §28, 2; §28, 3; §28, 4; §28, 5; §28, 6; §29, 2; §29, 4; §36, 2; §49, 3; §70, 4)

ASCENSÃO, José de Oliveira – (§59, 3)

ASQUINI, Alberto – (§28, 3; §28, 4)

ASSIS, Araken de – (§19, 5; §37, 2; §54, 8; §64, 5; §81, 4; §81, 6; §83, 6)

ÁVILA, Humberto Bergmann – (§10, 1; §11, 1; §11, 3; §13, 5; §13, 7; §15, 2; §15, 3; §15, 4; §16, 2; §16, 4; §16, 6; §17, 4; §21, 4; §24, 1; §24, 2; §25, 1; §34, 2; §34, 3; §34, 4; §34, 5; §35, 1; §50, 1; §56, 4; §74, 6; §77, 2; §77, 3)

AZEREDO DA SILVEIRA, Mercedeh – (§70, 9)

AZEVEDO, Álvaro Villaça de – (§24, 1)

AZEVEDO, Antonio Junqueira de – (§19, 5; §21, 4; §21, 5; §29, 3; §32, 4; §38, 19; §42, 6; §43, 1; §43, 2; §45, 1; §46, 3; §46, 7; §49, 3; §52, 5; §53, 2; §54, 1; §54, 2; §64, 4; §67, 1; §68, 2; §70, 5; §74, 7)

AZEVEDO, Armando Dias de – (§48, 2)

AZEVEDO, Luís André – (§53, 1)

AZULAY, Fortunato – (§83, 3; §83, 5)

BADOUR, David – (§51, 3)

BAHIA, Alexandre – (§16, 4)

BAINBRIDGE, Stephen M. – (§51, 3)

BAKTHIN, Mikhail – (§70, 3)

BALAT, Nicolas – (§9, 4)

BALBINO, Inez – (§37, 10)

BALZAC, Honoré de – (§37, 4)

BAPTISTA, Luiz Olavo – (§30, 2; §30, 1; §30, 2; §37, 8; §37, 9; §37, 11; §38, 14; §44, 3; §54, 11; §57, 4)

BAPTISTA MACHADO, João – (§12, 1; §16, 2; §16, 7; §31, 3; §21, 4; §21, 5; §24, 2; §30, 1; §38, 17; §38, 19; §44, 2; §46, 2; §67, 1; §74, 3; §81, 5)

BARATTA, Alessandro – (§11, 4)

BARBOSA, Hélio Quaglia – (§17, 5; §69, 3; §74, 7)

BARBOSA MOREIRA, José Carlos – (§14, 1; §14, 2)

BARBOZA, Heloisa Helena – (§49, 1; §80, 2)

BARROS, Humberto Gomes de – (§70, 13; §77, 4)

BARROS MONTEIRO, Washington de – (§36, 3; §36, 4; §46, 7; §54, 2; §70, 13; §77, 2)

BASTOS, Guilherme Augusto Caputo – (§33, 3; §33, 4)

BECKER, Anelise – (§82, 1; §83, 6)

BELVEDERE, Andrea – (§14, 1)

BÉNABENT, Alain – (§18, 5)

BENATTI, Francesco – (§45, 1; §45, 3)

BENETI, Sidnei – (§38, 19; §58, 2; §82, 2; §83, 2)

BENETTI, Giovana Valentiniano – (§20, 5; §21, 4; §24, 1; §27, 3; §27, 4; §34, 1; §34, 3; §34, 5 §37, 4; §37, 8; §38, 6; §42, 2; §46, 5; §53, 1; §54, 3; §54, 4; §57, 7; §59, 1; §59, 3; §59, 5; §63, 9; §64, 5; §68, 3; §70, 1; §74, 5; §74, 6; §77, 2; §77, 3; §77, 4; §80, 2; §81, 5)

BENJAMIN, Herman – (§32, 2; §32, 6; §34; 4; §34, 5; §34, 6; §34, 7; §34, 8; §63, 3; §63, 7; §69, 3; §71, 2; §74, 7)

BESSA, Carlos Barbosa – (§37, 16)

BESSONE, Mario – (§45, 1; §45, 3)

944 | A BOA-FÉ NO DIREITO PRIVADO

BETTI, Emilio – (§10, 3; §18, 6; §19, 5; §22, 2; §42, 6; §52, 2; §52, 3; §52, 4; §54, 3; §73, 2)

BEVILAQUA, Clovis – (§24, 1; §36, 4; §75, 5)

BIANCA, Cesare Massimo – (§54, 5; §55, 3; §56, 1; §56, 3; §59, 5; §65, 5)

BIGLIAZZI GERI, Lina – (§81, 5)

BIGNARDI, Alessandra – (§5, 2)

BILLAU, Marc – (§9, 4)

BIONDI, Biondo – (§36, 3; §36, 4)

BLANPAIN, Roger – (§65, 5)

BOBBIO, Norberto – (§8, 3; §8, 4)

BODIN DE MORAES, Maria Celina – (§49, 1; §72, 2; §80, 2)

BOHEMER, Gustav – (§77, 2)

BONAVIDES, Paulo – (§8, 4)

BONELL, Michael Joachim – (§54, 5; §56, 1; §56,3; §65, 5)

BONZANINI, Marilene – (§63, 12)

BORDA, Alejandro – (§72, 2; §73, 1; §73, 2)

BORGHETTI, Jean-Sébastien – (§63, 14)

BORN, Gary – (§37, 11)

BOURDIEU, Pierre – (§25, 1)

BRANCO, Gerson Luiz Carlos – (§49, 2; §54, 3; §54, 4; §55, 4; §59, 3; §70, 13; §77, 5)

BREBBIA, Roberto – (§45, 1)

BRECCIA, Umberto – (§81, 5)

BRETONE, Mario – (§5, 2)

BRUSCUGLIA, Luciano – (§80, 2)

BUENO, Júlio César – (§38, 11)

BULGARELLI, Waldírio – (§28, 3; §37, 5; §38, 3)

BUSCHINELLI, Gabriel – (§51, 3)

BUSNELLI, Francesco Donato – (§81, 5; §5, 3)

BUTLER, Petra – (§65, 5)

CACHAPUZ, Maria Cláudia Mércio – (§16, 3; §16, 6; §18, 2; §19, 1; §19, 5)

CAETANO, Marcello – (§22, 1; §22, 3; §22, 6; §45, 3; §83, 6)

CALASSO, Francesco – (§7, 1; §7, 2)

CALMES, Sylvia – (§34, 3; §34, 8)

CALMON, Eliana – (§34, 4)

CALVÃO DA SILVA, João – (§19, 5; §81, 4)

CAMBLER, Everaldo – (§21, 3)

CAMPAGNOLA, François – (§9, 4)

CAMPOS, Diogo Leite – (§19, 6; §21, 3; §21, 4; §63, 11)

CAMPOS, Francisco de – (§38, 19)

CAMPOS MELO, Leonardo de – (§44, 3; §57, 4)

CANARIS, Claus-Wilhelm – (§10, 3; §16, 3; §17, 1; §17, 2; §17, 7; §19, 4; §35, 1; §45, 3; §46, 1; §46, 2)

CANOTILHO, José Joaquim Gomes – (§15, 3)

CAPANEMA, Sylvio – (§70, 5)

CAPPELARI, Récio Eduardo – (§40, 3; §42, 6; §45, 1; §46, 7)

CARBONE, Paolo – (§29, 2; §49, 3)

CARBONNIER, Jean – (§70, 3)

CARDILLI, Riccardo – (§2, 1; §2, 5; §2, 6; §3, 2; §3, 5)

CARMONA, Carlos Alberto – (§37, 8; §37, 9; §44, 3; §57, 4; §81, 2)

CARNEIRO, Athos Gusmão – (§45, 1; §83, 5)

CARNEIRO DA FRADA, Manuel António de Castro Portugal – (§19, 5; §20, 5; §21, 3; §21, 4; §38, 19; §46, 2; §46, 3; §46, 5; §50, 2; §84, 1)

ÍNDICE ONOMÁSTICO | 945

CARNELUTTI, Francesco – (§70, 11-A)

CARRIÓ, Genaro – (§13, 4; §15, 2; §23, 1)

CARUSO, Daniela – (§28, 1; §45, 3)

CARVAL, Suzanne – (§63, 14)

CARVALHO, Francisco Pereira de Bulhões – (§75, 5)

CARVALHO FERNANDES, Luís – (§70, 9)

CARVALHO SANTOS, João Manoel de – (§37, 17; §75, 5)

CARVALHOSA, Modesto – (§37, 4; §38, 7; §63, 6; §63, 9)

CASADO FILHO, Napoleão – (§57, 3)

CASELLA, Mario – (§52, 4)

CASTELLS, Manuel – (§38, 13)

CASTEX, Manuel Arauz – (§16, 3)

CASTILLO BLANCO, Federico – (§34, 3; §34, 8)

CASTRESANA, Amélia – (§2, 1; §2, 2; §2, 3; §2, 5; §3, 1; §3, 2; §3, 4; §3, 5)

CASTRO, Rodrigo – (§42, 7; §53, 1)

CASTRO, Torquato – (§20, 5)

CASTRO NEVES, José Roberto – (§59, 1; §59, 5; §74, 3; §74, 8; §83, 7; §84, 1)

CASTRONOVO, Carlo – (§10, 3; §11, 4; §14, 2)

CAVALCANTI, Flávio de Queirós – (§37, 13)

CAVALIERI FILHO, Sergio – (§21, 5; §72, 1)

C. D'SOUZA, Shane – (§51, 3)

CENDON, Paolo – (§30, 2)

CERNICCHIARO, Luiz Vicente – (§34, 4)

CÉSAR, Joaquim de Cerqueira – (§37, 4; §38, 11; §57, 2; §70, 3)

CESARO, Vincenzo Maria – (§38, 17; §70, 8)

CEZAR, Denise Oliveira – (§19, 6)

CHAMBOREDON, Antoine – (§11, 6)

CHANTEPIE, Gäel – (§9, 4)

CHAPPUIS, Christine – (§21, 3)

CHAVES, Antônio – (§42, 6; §45, 1; §46, 3; §46, 7)

CHAVES, Sérgio Fernando de Vasconcellos – (§27, 2)

CHEN-WISHART, Mindy – (§75, 5)

CHESHIRE, Geoffrey – (§22, 3)

CÍCERO – (§2, 1; §2, 5; §3, 1; §3, 4; §3, 5; §4, 1; §8, 2)

CIRNE LIMA, Ruy – (§37, 4)

CLAMM, Carolyn – (§75, 2)

CLAVERO, Bartolomé – (§8, 3)

CLAY, Thomas – (§37, 7)

CLOTET, Joaquim – (§19, 6; §63, 3)

COELHO, Fábio Ulhoa – (§20, 5; §64, 6)

COHEN, Felix – (§23, 1; §49, 1)

COIPEL, Michel – (§78, 1)

COLLURA, Giorgio – (§81, 5)

COMIRAN, Giovana Cunha – (§50, 3; §52, 4; §52, 5; §54, 4; §54, 6; §54, 7; §54, 10; §54, 11)

COMPARATO, Fábio Konder – (§18, 2; §18, 6; §28, 3; §29, 3; §37, 6; §37, 13; §37, 15; §38, 3; §38, 5)

CONSTANTINESCO, Léon-Jean – (§81, 5)

CONSTANZO, Angelo – (§17, 5)

CÓRDOBA, Marcos – (§2, 3; §18, 1; §24, 1; §25, 1; §60, 1)

CORDOBERA, Lidia Garrido – (§2, 3; §18, 1; §24, 1; §25, 1; §72, 2; §73, 1)

CORNU, Gérard – (§54, 7)

CORRADINI, Domenico – (§8, 6; §9, 1; §9, 3; §11, 4)

946 | A BOA-FÉ NO DIREITO PRIVADO

CORRÊA, André Rodrigues – (§16, 2; §55, 4; §74, 6)

CORREA DE OLIVEIRA, José Lamartine – (§72, 2; §77, 2; §77, 3)

COSTA, José Augusto Fontoura – (§11, 2; §70, 8)

COSTA E SILVA, Paula – (§60, 1; §70, 3; §70, 4; §70, 5; §70, 6; §70, 9; §70, 11; §70, 11-A)

COSTALUNGA, Karime – (§16, 3; §27, 3; §27, 4)

COURDIER-CUISINIER, Anne Sylvie – (§9, 3; §9, 4; §19, 5)

COURTOIS, Gerard – (§6, 1; §8, 4)

COUTO E SILVA, Almiro do – (§2, 1; §10, 1; §19, 1; §21, 4; §34, 2; §34, 4; §34, 9; §45, 1; §46, 7)

COUTO E SILVA, Clóvis do – (§2, 1; §11, 4; §15, 4; §16, 3; §16, 7; §17, 7; §18, 1; §18, 2; §19, 1; §19, 3; §19, 4; §19, 6; §22, 1; §22, 2; §22, 3; §22, 6; §22, 7; §23, 1; §25; §27, 1; §27, 3; §36, 1; §37, 1; §37, 2; §37, 13; §37, 15; §37, 16; §38, 1; §38, 18; §39, 2; §45, 1; §45, 3; §46, 6; §46, 7; §60, 1; §63, 8; §65, 2; §68, 3; §68, 3; §70, 4; §70, 11; §79, 3; §81, 3; §82, 1; §83, 6)

CRAVEIRO, Mariana Conti – (§38, 7; §38, 8)

CREMADES, Bernardo – (§12, 2; §19, 1; §37, 11; §37, 12)

CUBEDDU, Maria Giovanna – (§81, 5; §81, 6)

CUEVA, Ricardo Villas Bôas – (§24, 4; §37, 17; §42, 6; §46, 2; §46, 6; §77, 4; §82, 3)

CUNHA, Daniela Moura Ferreira – (§40, 3; §46, 7)

CUNHA DE SÁ, Fernando Augusto – (§72, 2)

CUNHA RODRIGUES, José – (§22, 3; §32, 3)

D'ALEMBERT, Jean – (§8, 4)

D'AMICO, Giovanni – (§67, 1)

D'ORS, Álvaro – (§3, 3)

DALL'AGNOL, Antônio Janyr – (§32, 8; §37, 17; §63, 12)

DANTAS JUNIOR, Aldemiro Rezende – (§73, 1; §74, 7)

DARI-MATTIACI, Giuseppe – (§9, 4)

DAVID, René – (§37, 7)

DAWSON, John – (§11, 4)

DE BUJÁN, Antonio Fernández – (§3, 2; §3, 3)

DE CONINK, Bertrand – (§45, 3)

DE NOVA, Giorgio – (§51, 2; §68, 2)

DEL FIORI, Alexandre – (§37, 16)

DELGADO, Gabriela Neves – (§33, 3)

DELGADO, José Augusto – (§37, 18; §74, 7; §75, 8)

DELGADO, Maurício Godinho – (§33, 3)

DELMAS-MARTY, Mireille – (§30, 2)

DERAINS, Yves – (§54, 11; §56, 5; §65, 4; §65, 5)

DESCARTES, René – (§8, 3; §8, 4; §8, 5; §8, 6; §18, 2)

DIAS, Ruy Pereira – (§20, 5)

DI PIETRO, Alfredo – (§2, 1; §2, 2; §2, 3; §2, 4; §2, 5; §3, 1)

DIDEROT, Denis – (§8, 4)

DIDIER JÚNIOR, Fredie – (§19, 5)

DIEZ-PICAZO, Luis – (§15, 2; §16, 2; §17, 2; §17, 5; §74, 7)

DINIZ, Maria Helena – (§54, 2)

DOLINGER, Jacob – (§37, 10)

DOMAT, Jean – (§7, 2; §8, 4; §8, 6; §9, 1; §9, 2; §9, 4)

DOS SANTOS, Alexandre Pinheiro – (§20, 5)

ÍNDICE ONOMÁSTICO | 947

DROSS, William – (§51, 3)

DWORKIN, Ronald – (§15, 2; §15, 3; §15, 4)

EASTERBROOK, Frank – (§37, 4)

EHRHARDT JÚNIOR, Marcos – (§52, 1; §65, 2)

EISENBERG, Melvin A. – (§37, 6; §38, 9; §38, 16)

EIZIRIK, Nelson – (§19, 6; §37, 4; §38, 7; §38, 9; §42, 7; §53, 1; §57, 4; §63, 3)

ENDERLEIN, Fritz – (§56, 5)

ENEI, José Virgílio Lopes – (§38, 11; §38, 12)

ENGELSING, Eduardo – (16)

ENGISCH, Karl – (§12, 1; §12, 2; §16, 2; §16, 7; §19, 1)

ENGRÁCIA ANTUNES, José – (§28, 2; §28, 4; §28, 5; §54, 7; §70, 9)

ENNECCERUS, Ludwig – (§6, 2; §72, 2; §73, 1)

ESPIAU, Santiago – (§83, 7)

ESSER, Josef – (§17, 6; §17, 7)

EWALD, François – (§37, 14)

FABIAN, Christoph – (§63, 7)

FABIANI, Massimo – (§70, 11-A)

FABRE, Regis – (§38, 18; §70, 6; §70, 8; §70, 9)

FABRE-MAGNAN, Muriel – (§63, 11 ; §63, 14)

FACHIN, Luiz Edson – (§37, 18)

FALCÃO, Francisco – (§75, 2)

FARNSWORTH, Allan – (§10-A; §10-A, 1; §10-A, 2; §42, 5; §42, 7; §56, 1)

FASCIONE, Lorenzo – (§4, 2)

FASSÒ, Guido – (§8, 6)

FAUVARQUE-COSSON, Bénédicte – (§56, 5; §58, 2)

FEITOSA, Maria Luisa Pereira de Alencar Mayer – (§30, 2)

FERNÁNDEZ, Maximiliano Rodríguez – (§56, 5)

FERNANDES-BALLESTERO, Miguel – (§75, 2)

FERRARESE, Maria Rosaria – (§28, 2)

FERRARI, Eduardo Reale – (§37, 6)

FERRARI, Franco – (§54, 5; §56, 4)

FERRAZ JUNIOR, Tercio Sampaio – (§16, 4; §17, 3; §21, 3; §37, 11)

FERREIRA, Antonio Carlos – (§55, 4)

FERREIRA, Mariana Martins-Costa – (§37, 4; §63, 5)

FERREIRA, Waldemar – (§28, 6)

FERREIRA DA SILVA, Jorge Cesa – (§16, 3; §19, 5; §20, 1; §20, 5; §22, 4; §23, 1; §46, 5; §50, 3; §53, 1; §54, 5; §54, 7; §68, 2; §70, 2; §70, 5; §72, 2; §81, 2; §81, 3; §81, 4; §81, 5; §83, 1; §83, 2; §83, 6; §84, 1; §84, 2)

FERREIRA DA SILVA, Luis Renato – (§70, 1; §70, 5)

FERREIRA DE ALMEIDA, Carlos – (§22, 2; §22, 3; §36, 1; §40, 3; §44, 2; §53, 3; §70, 9)

FERREIRA PINTO, Fernando – (§38, 16)

FERRER CORREIA, Antonio – (§52, 2)

FERRI, Giovanni Battista – (§57, 4)

FIFOOT, Cecil – (§22, 3)

FINE, Edith – (§45, 3)

FINKELSTEIN, Claudio – (§57, 3)

FISCHEL, Daniel – (§37, 4)

FISCHER, Félix – (§24, 4; §46, 6; §52, 5)

FLUME, Werner – (§53, 2; §64, 6)

FLUMIGNAN, Silvano José Gomes – (§22, 8)

FONSI, Gianluca – (§50, 2; §52, 4; §54, 2; §54, 8; §55, 3)

FONTAINE, Marcel – (§37, 18; §40, 3; §45, 3; §70, 9; §81, 5)

FONTES DA COSTA, Mariana – (§70, 9)

FORGIONI, Paula – (§28, 2; §28, 7; §38, 12; §38, 14; §38, 16; §38, 18; §53, 3; §63, 7; §63, 11; §67, 1; §79, 3)

FOUCHARD, Philippe – (§30, 2; §37, 8; §37, 9; §37, 10; §56, 4; §58, 2)

FRADERA, Véra – (§10, 1; §19, 6; §22, 3; §22, 8; §23, 1; §25; §33, 3; §37, 13; §37, 15; §37, 16; §39, 2; §46, 6; §52, 5; §54, 3; §54, 5; §56, 2; §56, 3; §56, 5; §57, 2; §63, 8; §65, 2; §65, 4; §68, 3; §69, 2; §82, 1; §82, 2; §83, 4; §83, 6)

FRANÇA, Erasmo Valladão Azevedo e Novaes – (§28, 3; §28, 4; §28, 5; §29, 1; §29, 2; §29, 3; §29, 5; §37, 4; §37, 6; §38, 2; §38, 3; §38, 4; §38, 5; §42, 3; §54, 2; §62, 1; §63, 7)

FRANCISCONI, Carlos Fernando – (§19, 6; §63, 3)

FRANCO, Maria Angélica Garcia M. – (§65, 6)

FRANTZ, Laura Coradini – (§70, 5; §70, 11; §70, 13)

FRAZÃO, Ana – (§38, 18; §38, 19; §79, 2)

FREDIANI, Yone – (§74, 1)

FREIRE, João Pedro Pires – (§54, 8)

FREIRE, José Luís de Salles – (§53, 1)

FREITAS, Augusto Teixeira de – (§10, 1; §21, 4; §24, 2; §39, 1; §55, 2; §75, 2) v. Teixeira de Freitas

FREITAS FILHO, Roberto – (§15, 4)

FREZZA, Paolo – (§2, 1; §2, 4; §2, 5; §3, 2)

FRIGNANI, Aldo – (§70, 9)

FRISON-ROCHE, Marie-Anne – (§18, 2)

FRITZ, Karina Nunes – (§45, 1; §45, 3; §46, 1; §46, 3; §46, 7)

FUSARO, Andrea – (§64, 5)

FUX, Luiz – (§34, 4; §69, 3; §71, 2; §74, 7; §75, 2; §75, 3; §75, 8)

GABRIELLI, Enrico – (§50, 1; §50, 2; §50, 3; §51, 2; §59, 2; §59, 5)

GADAMER, Hans-Georg – (§17, 6; §50, 1)

GAILLARD, Emmanuel – (§37, 8; §37, 9; §58, 2)

GAIO – (§2, 5; §3, 2; §3, 3; §3, 5; §22, 1)

GALGANO, Francesco – (§65, 4)

GALLO, Filippo – (§2, 4; §2, 5; §3, 2)

GALLOTTI, Maria Isabel – (§20, 5; §74, 7)

GALLOTTI, Paulo – (§34, 6; §71, 2)

GAMA JÚNIOR, Lauro – (§30, 2; §54, 4; §54, 9; §70, 9; §83, 4)

GARCIA, Paloma – (§9, 4)

GARCÍA AMADO, Juan Antonio – (§17, 2)

GARCÍA DEL CORRAL, Ildefonso L. – (§4, 1)

GARDELLA, Bianca Tedeschi – (§42, 3; §42, 4)

GAROFALO, Luigi – (§2, 1; §2, 2; §2, 3; §2, 4; §2, 5; §3, 1; §3, 2; §3, 3; §3, 4; §5, 2; §5, 3; §7, 1; §7, 2; §24, 1; §72, 2)

GARRO, Alejandro – (§30, 2)

GAUDEMET, Eugène – (§18, 5)

GAUDEMET, Jean – (§18, 2)

GAZZANIGA, Jean-Louis – (§7, 2; §9, 2; §18, 4)

GÉLINAS, Fabien – (§54, 4)

GENICON, Thomas – (§81, 5)

GENTILE, Aurelio – (§59, 2)

ÍNDICE ONOMÁSTICO | 949

GHESTIN, Jacques – (§9, 4; §45, 3; §56, 5; §63, 9; §63, 14; §64, 5; §78, 1)

GIACOMUZZI, José Guilherme – (§34, 2; §34, 4)

GIANDOMENICO, Giovanni di – (§53, 2)

GIAQUINTO, Adolfo Di Majo – (§47, 1)

GIMENEZ-CANDELA, Teresa – (§3, 2; §3, 5)

GIUFFRÈ, Vincenzo – (§2, 1; §3, 5; §4, 1)

GIUSTI, Gilberto – (§57, 3)

GIUSTINA, Vasco Della – (§65, 6)

GOBERT, Michelle – (§16, 2)

GOLDIM, José Roberto – (§19, 6; §63, 3)

GOLDMAN, Berthold – (§37, 8; §37, 9; §58,2)

GOMES, José Ferreira – (§70, 6)

GOMES, Julio – (§70, 8; §70, 9)

GOMES, Luiz Roldão de Freitas – (§46, 7)

GOMES, Orlando – (§14, 1; §14, 2; §18, 1; §21, 3; §37, 2; §37, 4; §45, 1; §46, 7; §54, 5; §55, 3; §70, 3; §70, 5; §76, 4; §78, 3)

GONÇALVES, Benedito – (§34, 7; §46, 6)

GONÇALVES, Camila de Jesus Mello – (§15, 3; §50, 3)

GONÇALVES, Carlos Roberto – (§37, 2)

GONÇALVES, Diogo da Costa – (§70, 11-A)

GONÇALVES, Fernando – (§34, 4; §54, 5; §82, 1)

GONÇALVES NETO, Alfredo de Assis – (§28, 3; §28, 5; §29, 1; §42, 3)

GONZAGA, Constança – (§57, 3)

GONZALEZ PÉRES, Jésus – (§34, 3)

GONZÁLEZ, Rafael Lara – (§79, 3)

GONZÁLEZ-REGUERAL, María Angeles Fernández – (§81, 6)

GORDLEY, James – (§5, 3)

GOSSON JORGE JÚNIOR, Alberto – (§11, 1)

GOTTSCHALK, Egon Felix – (§33, 3)

GRACIE, Ellen – (§55, 4)

GRASSERIE, Raoul de la – (§10, 3)

GRAU, Eros Roberto – (§11, 2; §12, 2; §13, 7; §14, 1; §16, 6; §18, 6; §28, 2; §28, 3; §32, 2; §36, 2; §50, 1; §52, 4; §53, 3; §67, 1)

GREBLER, Eduardo – (§38, 12)

GRECO, Leonardo – (§16, 4)

GREENBERG, Simon – (§37, 11)

GREZZANA, Giacomo – (§42, 4)

GRIFFITH, Sean – (§38, 9)

GROSSI, Paolo – (§7, 1; §7, 2; §7, 3; §8, 3)

GROTIUS, Hugo – (§8, 4; §8, 5)

GRUA, Gaston – (§8, 4)

GUASTINI, Riccardo – (§11, 2; §13, 7; §15, 2; §15, 3; §15, 4; §50, 1; §59, 5)

GUELFUCCI-THIBIERGI, Catherine – (§64, 5)

GUENANCIA, Pierre – (§8, 3; §8, 6)

GUIRAUD, Pierre – (§13, 5; §13, 6)

HABERMAS, Jürgen – (§8, 3)

HAICAL, Gustavo – (§19, 4; §19, 6; §20, 1; §20, 3; §20, 4; §20, 5; §22, 4; §23, 1; §31, 3; §38, 18; §38, 19; §54, 5; §54, 7; §54, 10; §63, 3; §64, 2; §68, 3; §70, 3; §72, 1; §73, 2; §74, 1; §77, 3; §78, 2; §78, 3; §79, 1; §79, 3; §81, 7; §84, 2; §84, 3)

HALL, Geoff – (§54, 4)

HAMELIN, Jean-François – (§38, 11, §38, 14)

HANOTIAU, Bernard – (§65, 5)

HASHER, Dominique – (§54, 11)

HATTENHAUER, Hans – (§6, 1; §10, 3; §11, 4; §16, 7; §18, 2; §18, 4; §18, 6; §22, 5)

HAURIOU, Maurice – (§70, 3)

HENRIQUES, Marcus de Freitas – (§51, 3)

HERBOTS, Jacques – (§65, 5)

HERRERA, Alicia Garcia – (§79, 3)

HESPANHA, António Manuel – (§7, 2; §8, 2; §8, 3; §8, 4; §8, 5; §8, 6; §10, 3; §11, 5)

HEUZÉ, Vincent – (§56, 5)

HOBBES, Thomas – (§8, 3; §8, 4; §8, 5; §8, 6)

HONNOLD, John – (§54, 5)

HOPT, Klaus – (§37, 4; §37, 6)

HOUTCIEFF, Dimitri – (§9, 4; §21, 4; §73, 2)

HUBIEN, Hubert – (§8, 3)

HUIZINGA, Johan – (§6, 1)

IRTI, Natalino – (§11, 1; §11, 6; §16, 7; §23, 1; §28, 2; §28, 3; §52, 2)

JALUZOT, Béatrice – (§30, 2)

JAMIN, Christophe – (§9, 3-A; §9, 5; §16, 2)

JANINE RIBEIRO, Renato – (§8, 4; §8, 6)

JANSEN, Nils – (§10-A, 1)

JARROUSSON, Charles – (§6, 1)

JESTAZ, Philippe – (§15, 4; §16, 2)

JHERING, Rudolph von – (§10, 2; §17, 2; §17, 7; §18, 6; §36, 2; §38, 19; §44, 1; §45, 1; §42, 2; §42, 3; §49, 1)

KASER, Max – (§3, 5)

KASSIS, Antoine – (§54, 11)

KASTELY, Amy – (§56, 5)

KERCHOVE, Michel van de – (§38, 13)

KESSLER, Friederich – (§45, 3)

KLEIN, Michele – (§79, 3; §79, 3)

KLUGER, Viviana – (§2, 3; §18, 1; §24, 1; §25, 1; §60, 1; §72, 2; §73, 1)

KNAPP, Victor – (§65, 5)

KONDER, Carlos Nelson – (§22, 1; §52, 4)

KOSCHACKER, Paul – (§8, 2; §8, 3)

KOSIK, Karel – (§19, 1)

KÖTZ, Hein – (§6, 1; §83, 3)

KRAMPE, Christoph – (§18, 2)

KROLL, Stefan – (§37, 8)

KUNKEL, Wolfgang – (§3, 3)

KUYVEN, Luiz Fernando Martins – (§37, 4)

LAFER, Celso – (§15, 3; §50, 3)

LAGORIO-CHAFKIN, Cristhiane – (§53, 1)

LAITHIER, Yves-Marie – (§83, 3; §83, 4; §83, 7)

LAJOUX, Alexandra Reed – (§51, 3)

LAMBERT, Pierre – (§16, 2)

LAMY FILHO, Alfredo – (§28, 1; §29, 2; §37, 4; §37, 5; §38, 3; §38, 4; §38, 9)

LARENZ, Karl – (§6, 2; §8, 5; §15, 2; §16, 2; §17, 4; §17, 7; §18, 6; §19, 1; §19, 2; §37, 18; §45, 3; §50, 1; §51, 2; §53, 2; §55, 4; §59, 3; §59, 4; §61, 1)

LARROUMET, Christian – (§63, 14)

LASBORDES, Victoire – (§9, 4)

LATINA, Mathias – (§9, 3-A)

LAUDE, Anne – (§9, 4)

LAWRENCE, William J. – (§75, 2)

LE TOURNEAU, Philippe – (§9, 4; §38, 13)

LEÃES, Luis Gastão Paes de Barros – (§18, 6; §28, 3; §28, 5; §37, 15; §38, 4; §40, 3; §42, 2; §42, 3; §62, 1; §64, 4; §64, 5; §70, 5)

LÉCUYER, Hervé – (§70, 3)

LEGRAND, Pierre – (§65, 3)

LEHMANN, Heinrich – (§6, 2; §18, 6; §84, 1)

LEIBNIZ, Gottfried – (§8, 4)

LEMES, Selma Maria Ferreira – (§37, 8; §37, 9; §37, 11; §44, 3; §57, 3; §64, 6; §81, 2)

LEONARDO, Rodrigo Xavier – (§24, 1; §29, 2; §34, 5)

LEONHARD, Chunlin – (§11, 4; §42, 7)

LEQUETTE, Suzanne – (§9, 4; §19, 5)

LESCUYER, Georges – (§8, 3)

LEVI, Giovanni – (§6, 1)

LEVINAS, Emmanuel – (§31, 3)

LEW, Julian – (§37, 8)

LIAÑO, Miguel Pasquau – (§9, 4)

LIMA, Alvino – (§64, 4; §64, 5)

LIMA, Arnaldo Esteves – (§17, 5; §24, 4; §34, 4; §75, 3)

LIPARI, Nicolò – (§9, 2)

LISBOA, José da Silva – (§55, 2)

LLEWELLYN, Karl – (§10-A, 1; §45, 3)

LLOBET AGUADO, Josep – (§63, 9; §63, 10; §63, 11)

LÔBO, Paulo – (§63, 8)

LOOKOFSKY, Joseph – (§65, 5)

LOPES, Cristian Sahb Batista – (§65, 5)

LOPES, José Alberto Azeredo – (§70, 9)

LOPES FILHO, Mário Rocha – (§79, 3)

LÓPEZ MESA, Marcelo – (§73, 1)

LORENZETTI, Ricardo Luis – (§42, 4)

LOSANO, Mario – (§8, 4)

LOTUFO, Renan – (§3, 4; §7, 2; §21, 3; §37, 2; §45, 1; §45, 3; §46, 3; §46, 6; §46, 8; §47, 1; §53, 2; §67, 1; §81, 2)

LOUREIRO, Francisco – (§45, 3; §46, 3; §46, 6; §74, 4; §82, 1; §82, 2; §83, 2)

LUDWIG, Marcos de Campos – (§22, 2; §22, 6; §54, 7; §54, 10)

LUHMANN, Niklas – (§21, 4; §24, 2)

LUIG, Klaus – (§72, 2)

LUZZATTI, Claudio – (§12, 1; §13, 2; §13, 3; §13, 4; §13, 5; §13, 6; §13, 7; §13, 8; §15, 4)

LYNN, Michael P. – (§53, 1)

MACARIO, Francesco – (§70, 11-A)

MAC-DONALD, Norberto da Costa Caruso – (§28, 1)

MACEDO JÚNIOR, Ronaldo Porto – (§38, 18)

MACIEL, Adhemar – (§34, 4)

MACNEIL, Ian – (§38, 16)

MADRID, Roberto Expedito da Cunha – (§55, 2)

MAFFINI, Rafael da Cás – (§34, 3; §34, 4)

MAIA JUNIOR, Mairan Gonçalves – (§37, 2)

MARCHELLO-NIZIA, Christiane – (§6, 1)

MARCONDES, Sylvio – (§25, 1; §28, 3; §28, 5; §29, 1; §70, 5)

MARINO, Francisco Paulo De Crescenzo – (§51, 2; §52, 2; §52, 3; §52, 4; §64, 5; §70, 5; §70, 11)

MARQUES, Mario Reis – (§8, 3)

MARQUES, Mauro Campbell – (§24, 2; §34, 4; §34, 6; §71, 2; 75, 2)

MARQUES, Ricardo Dalmaso – (549n)

MARTINEZ, Belén Andreu – (§83, 7)

MARTÍNEZ SANZ, Fernando – (§79, 3)

MARTINS, Fernando Rodrigues – (§45, 1; §45, 3; §46, 3; §46, 6; §46, 8; §81, 2)

MARTINS, Fran – (§57, 4)

MARTINS, Ives Gandra da Silva – (§19, 6; §21, 3; §21, 4; §63, 11)

MARTINS, Pedro Batista – (§44, 3; §64, 5; §81, 2)

MARTINS-COSTA, Fernanda Mynarski – (§42, 4; §42, 5; §53, 1; §80, 2)

MARTINS-COSTA, Judith – (§3, 4; §7, 2; §9, 1; §9, 4; §11, 2; §16, 2; §16, 3; §16, 4; §16, 5; §16, 6; §16, 7; §18, 1; §18, 2; §18, 3; §19, 4; §19, 5; §19, 6; §20, 1; §20, 5; §21, 3; §21, 4; §22, 3; §24, 1; §24, 2; §25; §26, 2; §27, 3; §28, 2; §28, 6; §29, 2; §33, 3; §33, 4; §34, 2; §34, 4; §34, 5; §37, 1; §37, 13; §37, 15; §37, 16; §38, 4; §38, 16; §38, 18; §38, 19; §42, 2; §42, 3; §44, 1; §44, 3; §46, 5; §46, 6; §46, 7; §46, 8; §47, 1; §47, 2; §48, 2; §49, 1; §49, 2; §49, 3; §50, 1; §50, 3; §51, 1; §52, 1; §52, 4; §52, 5; §53, 1; §53, 2; §54, 2; §54, 4; §54, 6; §54, 7; §55, 2; §55, 4; §58, 2; §59, 3; §60, 1; §62, 2; §63, 7; §63, 8; §63, 9; §63, 11; §64, 3; §64, 5; §64, 6; §65, 1; §65, 2; §65, 4; §67, 1; §68, 1; §68, 2; §68, 3; §70, 3; §70, 4; §70, 5; §70, 6; §70, 9; §70, 11; §70, 11-A; §70, 13; §72, 2; §74, 1; §74, 3; §74, 7; §74, 8; §76, 3; §77, 2; §77, 3; §77, 4; §78, 2; §78, 3; §79, 1; §79, 3; §81, 2; §81, 3; §81, 4; §81, 5; §81, 7; §82, 2; §82, 3; §83, 2; §83, 6)

MARTY, Gabriel – (§81, 6)

MASKOW, Dietrich – (§56, 5)

MATEO JUNIOR, Ramon – (§52, 4)

MATHIAS, Carlos Fernando – (§75, 2)

MATHIEU-IZORCHE, Marie-Laure – (§17, 3; §23, 1)

MATSUO, Alexandra Mery Hansen – (§11, 2)

MAURER, Harmut – (§34, 3)

MAXIMILIANO, Carlos – (§54, 2; §55, 2)

MAYER, Pierre – (§30, 2; §65, 4)

MAYNARD, Therese H. – (§51, 3)

MAZEAUD, Denis – (§9, 4; §56, 5)

MAZZARELLA, Ferdinando – (§28, 3)

MEDEIROS, Antônio Paulo Cachapuz de – (§17, 4)

MEDICUS, Dieter – (§6, 1; §18, 3)

MEDINA, Francisco Sabadin – (§18, 3)

MEIRA, Castro – (§34, 4)

MELLO, Aymoré Roque Pottes de – (§81, 5; §82, 1)

MELLO, Marcos Bernardes de – (§20, 5; §35, 2; §43, 2; §52, 1; §64, 6; §65, 2; §68, 2; §68, 3)

MELLO FRANCO, Vera Helena de – (§37, 13; §38, 3)

MELO CASTRO, Honildo Amaral de – (§79, 2)

MENDES, Gilmar – (§16, 2; §16, 6; §19, 6; §21, 3; §21, 4; §34, 2; §55, 4; §63, 11)

MENDONÇA, José Xavier Carvalho de – (§55, 3)

MENEZES, Wagner – (§52, 5)

MENEZES CORDEIRO, António Manuel – (§2, 1; §2, 2; §3, 2; §3, 4; §4, 2; §5, 1; §5, 2; §5, 3; §6, 1; §6, 2; §7, 1; §7, 2; §7, 3; §8, 2; §8, 3; §8, 4; §8, 5; §8, 6; §9, 1; §9, 3; §10, 1; §10, 2; §10, 3; §11, 2; §11, 4; §11, 7; §12, 2; §16, 2; §16, 3; §17, 1; §17, 2; §17, 7; §18, 4; §18, 5; §19, 5; §20, 3; §20, 5; §21, 3; §22, 5; §28, 1; §28, 5; §35, 1; §35, 3; §37, 2; §45, 3; §46, 1; §46, 6; §48, 1; §62, 2; §63, 1; §63, 8; §65, 2; §70, 11-A; §72, 1; §72, 2; §74, 2; §74, 4; §74, 7; §76, 1; §76, 2; §76, 3; §76, 4; §76, 6; §77, 2; §77, 5)

MENEZES DIREITO, Carlos Alberto – (§55, 3; §63, 12; §69, 4; §75, 3; §75, 7; §75, 8; §82, 1; §83, 2)

MENGONI, Luigi – (§11, 4; §12, 2; §15, 5; §16, 2)

MENKE, Fabiano – (§12, 2; §14, 1; §16, 5)

MESQUITA, Manuel Henrique – (§63, 6)

MESTRE, Jacques – (§9, 4)

MEYER, Rudolf – (§10, 1)

MICHAUD, Ives – (§8, 3)

ÍNDICE ONOMÁSTICO | 953

MICHELON JÚNIOR, Cláudio – (§22, 1; §22, 3; §75, 5; §77, 3)

MICKLITZ, Hans – (§11, 5)

MIQUEL, Juan – (§3, 3; §3, 5)

MIRANDA, Custódio da Piedade Ubaldino – (§64, 5)

MIRANDA JUNIOR, Darcy Arruda – (§16, 3; §36, 4)

MISTELIS, Loukas – (§37, 8)

MITIDIERO, Daniel – (§24, 1; §25, 1; §34, 5)

MODUGNO, Franco – (§16, 3)

MOISSET DE ESPANÉS, Luis – (§72, 2; §73, 1)

MOLFESSIS, Nicolas – (§38, 11)

MOLOO, Rahim – (§75, 2)

MONTANIER, Jean-Claude – (§83, 3)

MONTEAGUDO, Montiano (§79, 3)

MONTI, Alberto – (§37, 14; §37, 15; §37, 16; §37, 17)

MORAES FILHO, Evaristo de – (§33, 3)

MOREIRA ALVES, José Carlos – (§7, 1; §7, 2; §8, 2; §9, 1; §16, 7; §21, 3; §22, 1; §22, 3; §22, 6; §24, 2; §42, 2; §42, 6; §44, 3; §45, 3; §51, 1; §52, 4; §52, 5; §83, 6)

MORIN, Ariane – (§20, 5; §21, 3)

MOTA, Maurício Jorge Pereira da – (§70, 3)

MOTA PINTO, Carlos Alberto da – (§18, 2; §18, 3; §19, 3; §19, 6; §20, 5; §24, 3; §38, 19; §45, 1; §45, 3; §46, 6; §61, 2

MOTA PINTO, Paulo – (§21, 3; §38, 19; §45, 1; §46, 1; §52, 1; §57, 2; §63, 7)

MOURA, Maria Thereza de Assis – (§74, 7; §76, 3)

MOURRE, Alexis – (§37, 11)

MOUSSERON, Jean-Marc – (§70, 8)

MUIR-WATT, Horatia – (§9, 4; §21, 4; §56, 5; §65, 4)

MÜLLER, Friedrich – (§16, 2)

MUNHOZ, Eduardo Secchi – (§28, 3; §28, 4)

MUSSI, Jorge – (§34, 4)

MÜSSNICH, Francisco Antunes Maciel – (§51, 3)

NANNI, Giovanni Ettore – (§3, 4; §7, 2; §22, 1; §46, 8; §47, 1; §52, 1; §53, 2; §64, 5; §67, 1; §81, 2; §81, 4)

NASCIMENTO, Tupinambá Miguel Castro do – (§43, 2)

NATOLI, Ugo – (§11, 6; §59, 5; §81, 5)

NAVES, Nilson – (§52, 5)

NEGREIROS, Teresa – (§22, 3; §55, 4; §64, 4; §64, 5; §67, 1; §70, 5)

NERY, Rosa Maria Andrade – (§37, 8)

NERY, Sejalmo Sebastião de Paula – (§82, 2)

NERY JÚNIOR, Nelson – (§37, 8; §64, 5)

NEVES, Gustavo Kloh Müller – (§70, 3)

NEVES, Julio – (§74, 6; §74, 8; §77, 3; §77, 5)

NICOLINI, Fausto – (§17, 2)

NIPPERDEY, Hans Carl – (§16, 7; §72, 2; §73, 1; §77, 2)

NITSCHKE, Guilherme – (§18, 3; §21, 4; §24, 1; §30, 2; §34, 5; §38, 16; §50, 1; §50, 3; §52, 5; §53, 1; §54, 4; §54, 6; §54, 7; §55, 2; §59, 1; §59, 3; §59, 5; §60, 1; §70, 3; §70, 4; §70, 5; §70, 6)

NIVARRA, Luca – (§20, 5)

NONATO, Orozimbo – (§38, 19; §75, 2; §75, 5)

NORONHA, Fernando – (§19, 5; §22, 1; §46, 6; §52, 4)

NORONHA, João Otávio de – (§24, 2; §38, 8; §58, 2; §81, 7; §83, 2)

NUNES, Dierle – (§16, 4)

NUNES PINTO, José Emilio – (§37, 11)

NUSDEO, Ana Maria de Oliveira – (§70, 8)

OIOLI, Erik Frederico – (§70, 2)

OLIVEIRA, Ana Perestelo – (§70, 6)

OLIVEIRA, Eduardo Andrade Ribeiro de – (§36, 4)

OPIE, Elisabeth – (§65, 5)

OPPETIT, Bruno – (§37, 8; §70, 8; §70, 9)

OPPO, Giorgio – (§38, 16; §70, 4)

OST, François – (§38, 13; §70, 3)

PADILLA, Maria Luisa Marin – (§74, 7)

PAGINI, Ilária – (§70, 11-A)

PALAU RAMÍREZ, Felipe – (§79, 3)

PAPALÉO, João Cesar Guaspari – (§64, 5)

PARELLA, Kishanthi – (§20, 5)

PARENTE, Flávia – (§29, 5)

PARGENDLER, Ari – (§27, 4; §52, 2; §53, 2; §70, 13; §75, 7; §79, 3)

PARGENDLER, Mariana – (§10-A; §10-A, 1; §10-A, 2; §16, 6; §20, 5; §24, 1; §28, 3; §37, 4; §37, 5; §37, 6; §47, 2; §60, 1)

PASCHOAL, Janaína – (§16, 5; §16, 7; §33, 4; §64, 3)

PASQUALOTTO, Adalberto – (§19, 5; §22, 3; §22, 5; §32, 6; §37, 18)

PASSARINHO JÚNIOR, Aldir – (§55, 4)

PATTI, Salvatore – (§17, 6; §77, 2; §77, 3)

PÉDAMON, Michel – (§18, 2)

PEDREIRA, José Luiz Bulhões – (§29, 2; §38, 3)

PEIRCE, Charles – (§13, 5)

PENTEADO, Luciano de Camargo – (§39, 2; §64, 4; §64, 5; §67, 1)

PEREIRA, Caio Mário da Silva – (§45, 1; §46, 7; §64, 5; §76, 6)

PEREIRA, Regis Fichtner – (§21, 3; §40, 3; §42, 6; §45, 1; §46, 3; §46, 7)

PEREÑA, L. – (§8, 3)

PERLINGIERI, Pietro – (§49, 1; §62, 1; §64, 4)

PERRIN, Jean-François – (§15, 2)

PESSOA ALVES, Francisco Glauber – (§81, 5)

PESSOA JORGE, Fernando – (§40, 3)

PETIT, Eugene – (§2, 2; §3, 3)

PETRONIO, Ugo – (§7, 2)

PHAM, Hansel – (§75, 2)

PHILIPPE, Denis – (§70, 8)

PIAGGI, Ana – (§72, 2; §73, 1)

PIAZZETA, Naele Ochoa – (§54, 8)

PICOD, Yves – (§9, 4; §45, 3)

PIGNATTA, Francisco Augusto – (§45, 3; §56, 5)

PIMENTEL, Airton – (§37, 13; §37, 17; §37, 18; §37, 19)

PINHEIRO, Rosalice Fidalgo – (§72, 2)

PINTO, Fernando – (§38, 16; §79, 3)

PINTO MONTEIRO, António – (§21, 5; §24, 3; §32, 2; §32, 3; §38, 19; §70, 9)

PIRES, Catarina Monteiro – (§70, 6)

PITTA, André Grünspun – (§40, 3; §63, 3; §63, 5)

PIVA, Luciano Zordan – (§53, 1)

PIZA, Paulo – (§37, 15)

POÇAS, Luís – (§37, 15; §39, 5; §43, 1)

PONTES DE MIRANDA, Francisco Cavalcanti – (§8, 5; §18, 6; §19, 1; §19, 2; §19, 4; §21, 2; §21, 3; §22, 1; §22, 4; §22, 5; §22, 7; §23, 1; §27, 3; §23, 4; §33, 3; §36, 3; §37, 2; §37, 17; §37, 18; §38, 2; §38, 8; §38, 12; §38,

14; §38, 19; §39, 2; §39, 4; §42, 2; §43, 2; §44, 1; §45, 1; §45, 2; §45, 3; §46, 2; §46, 3; §46, 5; §46, 7; §51, 2; §52, 1; §52, 3; §52, 4; §53, 2; §53, 4; §54, 2; §54, 5; §54, 7; §54, 8; §54, 9; §54, 10; §57, 2; §57, 4; §59, 2; §59, 2; §59, 5; §60, 1; §63, 3; §64, 5; §65, 2; §68, 2; §68, 3; §69, 3; §72, 1; §74, 7; §75, 5; §75, 6; §75, 7; §75, 8; §77, 2; §78, 1; §78, 2; §78, 3; §79, 1; §79, 3; §80, 1; §80, 2; §81, 2, §81, 3; §81, 5; §81, 6; §81, 7; §84, 3)

POPPER, Karl – (§13, 6)

PORTANOVA, Rui – (§27, 4)

PORTO MACEDO JÚNIOR, Ronaldo – (§38, 18)

PORTO, Sérgio José – (§16, 7)

POTHIER, Robert-Joseph – (§7, 2; §8, 4; §8, 6; §9, 1; §9, 2; §28, 1; §52, 4; §54, 2; §55, 1; §55, 3)

PRÉLOT, Marcel – (§8, 3)

PRUDÊNCIO, Carlos – (§63, 1)

RAISER, Ludwig – (§22, 6)

RANIERI, Filippo – (§2, 1; §5, 3; §9, 1; §10, 1; §10, 3; §67, 1; §73, 1; §77, 2; §77, 4)

RAYNAUD, Pierre – (§81, 6)

REALE, Miguel – (§8, 3; §11, 1; §11, 3; §12, 1; §13, 7; §16, 2; §16, 6; §20, 1; §24, 2; §24, 3; §28, 3; §33, 4; §35, 1; §35, 2; §37, 6; §44, 1; §49, 3; §50, 1; §50, 2; §52, 3; §52, 5; §53, 1; §54, 11; §64, 3; §68, 1; §68, 2; §74, 1; §79, 3; §80, 2)

REALE JUNIOR, Miguel – (§16, 5; §16, 7)

REGO, Anna Lygia Costa – (§28, 6; §28, 7)

REIFEGESTRE, Stéphan – (§65, 2; §65, 5)

RENNER, Karl – (§28, 2; §28, 3)

RESCIGNO, Pietro – (§50, 1; §50, 2; §50, 3; §51, 2; §59, 2; §59, 5)

RIALS, Stéphane – (§42, 5; §50, 1)

RIBEIRO, Liselena Schifino Robles – (§27, 4)

RIBEIRO, Renato Ventura – (§29, 5)

RIBEIRO JR., José Alves – (§70, 2)

RICIUTTO, Vicenzo – (§20, 5; §81, 5)

ROCHA, Cesar Asfor – (§34, 4; §34, 7; §79, 3)

RODOTÀ, Stefano – (§11, 6; §22, 6; §28, 2; §28, 3; §70, 4)

RODRIGUES, Sílvio – (§46, 7)

RODRIGUES, Sofia Nascimento – (§63, 6)

RODRIGUES JÚNIOR, Otavio Luiz – (§16, 2; §16, 6)

RODRÍGUEZ LÓPEZ, Rosalía – (§7, 1; §7, 2)

ROGEL VIDE, Carlos – (§73, 1)

ROMEO, Alessia – (§70, 11-A)

ROSA, Armínio José Abreu Lima da – (§54, 2)

ROSADO, Marilda – (§70, 5; §70, 9)

ROSAS, Roberto – (§57, 2)

ROSITO, Francisco – (§16, 4)

ROSSELI, Federico – (§16, 7)

ROUHETTE, Georges – (§9, 4; §83, 7)

RUGGIERO, Roberto de – (§27, 3)

SÁ, Almeno de – (§69, 1)

SACCO, Rodolfo – (§18, 2; §65, 3; §81, 5)

SALAMA, Bruno Meyerhof – (§16, 6; §17, 6; §50, 1)

SALLES, Paulo Alcides Amaral – (§74, 4)

SALOMÃO, Luis Felipe – (§24, 2; §27, 4; §38, 4; §38, 19; §46, 6; §52, 4; §55, 4; §63, 13; §69, 3; §69, 4; §70, 13; §75, 2; §75, 6; §76, 3; §77, 4; §79, 3; §81, 7)

SALOMÃO FILHO, Calixto – (§28, 1; §28, 2; §28, 3; §28, 6; §29, 3)

SAMUEL, Geoffrey – (§22, 3; §83, 3)

SANSEVERINO, Paulo de Tarso Vieira – (§16, 2; §16, 4; §16, 5; §17, 5; §22, 5; §27, 4; §28, 3; §36, 3; §36, 4; §46, 6; §46, 7; §48, 2; §52, 5; §62, 2; §63, 3; §70, 13; §75, 6; §76, 2; §76, 3; §77, 4; §82, 2; §84, 3)

SAPIENZA, Simona – (§30, 2)

SARACINI, Eugenio – (§79, 3)

SAUPHANOR-BROUILLARD, Natacha – (§69, 2)

SAUSSURE, Ferdinand de – (§13, 5; §13, 6)

SAVIGNY, Friedrich Karl von – (§10, 1; §11, 4; §18, 3; §18, 4)

SCARTEZZINI, Jorge – (§38, 8; §82, 1)

SCHERMAIER, Martin Josef – (§3, 1)

SCHLECHTRIEM, Peter – (§45, 3; §54, 1; §54, 5; §54, 9; §56, 1; §56, 5; §65, 4; §65, 5; §83, 4)

SCHLESINGER, Pietro – (§28, 2; §28, 3)

SCHMIDT, Jan Peter – (§74, 8)

SCHMIDT, Joanna – (§45, 1; §46, 6; §74, 2)

SCHMITT, Jean-Claude – (§6, 1)

SCHOLASTIQUE, Estelle – (§29, 5; §37, 6; §63, 9)

SCHREIBER, Anderson – (§34, 4; §49, 2; §70, 5; §70, 11; §70, 11-A; §72, 2; §74, 3; §74, 7; §75, 1; §75, 2; §75, 7; §76, 1)

SCHULZ, Fritz – (§2, 2; §2, 3; §2, 4; §3, 3; §3, 5)

SCHWENZER, Ingeborg – (§56, 1; §56, 5; §65, 4)

SCOGNAMIGLIO, Claudio – (§20, 5; §50, 1; §50, 2; §50, 3; §52, 4; §54, 1; §54, 2; §59, 2; §59, 5)

SÊNECA – (§2, 5; §3, 1)

SERPA LOPES, Miguel Maria de – (§36, 3; §52, 4; §57, 2; §83, 5)

SESTER, Peter – (§3, 3; §11, 5; §16, 7)

SÈVE, René – (§8, 3; §8, 4)

SILVA, Eduardo Silva da – (§27, 3; §37, 8)

SILVA, Leonardo Toledo – (§38, 11; §38, 12)

SILVA, Luis Inácio Lula da – (§70, 13)

SILVA, Luis Renato Ferreira da – (§70, 1; §70, 5)

SILVA, Sérgio Pilla da – (§81, 5; §82, 1)

SILVEIRA, Alípio – (§24, 1)

SILVEIRA, Beretta da – (§38, 8)

SILVEIRA, Renato Mello – (§16, 5; §16, 7; §33, 4)

SINDE MONTEIRO, Jorge – (§19, 6; §46, 2; §63, 1)

SOUZA RIBEIRO, Joaquim – (§16, 3; §32, 6; §35, 1)

SOUSA RIBEIRO, Joaquim – (16, 3; §21, 3; §32, 6; §35, 1; §47, 1; §47, 2; §67, 1; §68, 1; §68, 3; §69, 2

SOUZA, Maria Isabel de Azevedo – (§83, 2)

SPAGNOLO, Lisa – (§45, 3)

SPALLAROSSA, Maria Rosa – (§81, 5)

SPECIALE, Renato – (§42, 4)

SPINELLI, Luis Felipe – (§25, 1; §29, 1; §29, 2; §29, 3; §29, 5; §37, 4; §37, 5; §37, 6; §38, 4; §38, 5; §62, 1)

STEINER, Renata – (§44, 3; §46, 2; §46, 3; §46, 6; §46, 8; §84, 3)

STIGLITZ, Gabriel – (§42, 3)

STIGLITZ, Rubén – (§37, 14; §42, 3)

STOCO, Rui – (§16, 2; §16, 6)

STOLFI, Emanuele – (§2, 1; §3, 5; §4, 1; §4, 2; §5, 1; §5, 3; §7, 2; §7, 3; §8, 6)

STOLL, Heinrich – (§10, 3; §38, 19; §84, 1)

SUDBRACK, Umberto Guaspari – (§56, 4; §65, 6)

SUMMERS, Robert S. – (§10-A, 1)

TALAMANCA, Mario – (§2, 1; §2, 5; §3, 2; §3, 3; §3, 4; §5, 3; §24, 1)

TARELLO, Giovanni – (§8, 2; §8, 4)

TARUFFO, Michele – (§15, 5; §16, 4; §16, 7)

TAVARES GUERREIRO, José Alexandre – (§37, 4; §38, 7; §38, 8)

TEIXEIRA DE FREITAS, Augusto – (§10, 1; §21, 4; §24, 2; §39, 1; §55, 2; §75, 2)

TEIXEIRA, Egberto Lacerda – (§38, 7)

TEIXEIRA, Sálvio de Figueiredo – (§38, 8; §46, 6; §46, 7; §52, 4)

TEPEDINO, Gustavo – (§22, 1; §34, 4; §37, 2; §38, 18; §38, 19; §42, 2; §44, 3; §49, 1; §49, 2; §57, 3; §57, 4; §64, 5; §64, 6; §68, 1; §72, 2; §74, 1; §79, 2; §80, 2; §81, 5)

TERRANOVA, Carlo – (§70, 6)

THEODORO JÚNIOR, Humberto – (§16, 4; §37, 13; §37, 15; §37, 16; §63, 8; §70, 5)

THEODORO NETO, Humberto – (§64, 4; §64, 5; §67, 1)

THOMANN, Marcel – (§8, 4)

TOFFOLETTO, Franco – (§79, 3)

TOMASETTI JUNIOR, Alcides – (§32, 6; §40, 2; §42, 2; §43, 2)

TOMAZETTE, Marlon – (§70, 5)

TÔRRES, Heleno Taveira – (§29, 2; §49, 3)

TRABUCCHI, Alberto – (§36, 3)

TUTIKIAN, Priscila David Sansone – (§44, 1)

TZIRULNIK, Ernesto – (§37, 13; §37,14; §37, 15; §37, 16; §37, 17; §37, 18; §37, 19)

UDA, Giovanni Maria – (§20, 4; §59, 5; §84, 2)

USTÁRROZ, Daniel – (§83, 6; §83, 7)

UYEDA, Massami – (§38, 8; §55, 3; §58, 2; §63, 7)

VAN WASSENAER, Arent – (§38, 11)

VANZELLA, Rafael Domingos Faiardo – (§39, 1)

VASCONCELOS, Pedro Paes de – (§51, 2)

VAZ SERRA, Adriano – (§16, 7; §72, 2)

VAZ, Laurita – (§34, 4; §74, 7)

VAZ, Manuel Afonso – (§70, 9)

VENEZIANO, Anna – (§30, 2)

VENOSA, Sílvio de Salvo – (§54, 2; §56, 2)

VICENTE, Dário Moura – (§40, 3; §44, 1; §45, 1; §45, 2; §45, 3; §46, 7; §70, 9)

VICO, Giambattista – (§17, 2)

VIDIGAL, Edson – (§34, 8)

VIEHWEG, Theodor – (§17, 2; §17, 5; §17, 6)

VIEIRA, Francisco Xavier Medeiros – (§83, 2)

VILANOVA, Lourival – (§20, 5)

VILLAÇA DE AZEVEDO, Álvaro – (§24, 1)

VILLEY, Michel – (§8, 2; §8, 3; §8, 6)

VINEY, Genévieve – (§21, 5; §63, 14; §81, 5)

VISINTINI, Giovanna– (§15, 3; §72, 1)

VITA, Jonathan Barros – (§57, 3)

VOLANTE, Raffaele – (§7, 2; §7, 3; §18, 4)

VON GIERKE, Otto – (§10, 3; §18, 6)

WALD, Arnoldo – (§19, 6; §20, 5; §21, 3; §21, 4; §38, 6; §38, 9; §63, 11; §81, 2)

WAMBIER, Teresa Arruda Alvim – (§14, 1; §16, 4)

WEBBER, Pietro – (§37, 8)

WEIL, Alex – (§81, 6)

WELLISCH, Julya Sotto Mayor – (§20, 5)

WERRO, Franz – (§21, 3)

WESTERMANN, Harm Peter – (§20, 5; §45, 3)

WHITMAN, Walt – (§74, 3)

WHITTAKER, Simon – (§3, 1; §5, 3; §9, 4; §10-A; §10-A, 1; §30, 2; §45, 3; §73, 2; §81, 5)

WIEACKER, Franz – (§7, 2; §8, 2; §8, 3; §8, 4; §8, 5; §8, 6; §10, 3; §11, 5; §22, 7; §59, 5; §74, 4; §74, 7)

WIEDEMANN, Herbert – (§11, 2; §29, 2; §29, 3)

WILBURG, Walter – (§16, 3)

WILLISTON, Samuel – (§45, 3)

WINDSCHEID, Bernhard – (§10, 3; §18, 3; §67, 1)

WINIGER, Bénédict – (§21, 3)

WITTGENSTEIN, Ludwig – (§13, 6)

WITZ, Claude – (§45, 3; §54, 1; §54, 5; §54, 9; §56, 1; §56, 5; §83, 4)

XAVIER, Rafael Branco – (§20, 5; §34, 1; §37, 8; §37, 15; §49, 2; §64, 5; §74, 5)

YAZBEK, Otávio – (§37, 4; §63, 9)

ZACCHARIA, Giuseppe – (§17, 2; §17, 6; §17, 7)

ZANA, Mario – (§73, 2)

ZANETTI, Cristiano de Sousa – (§10, 3; §40, 3; §42, 2; §42, 3; §42, 4; §42, 6; §45, 1; §46, 6; §46, 7; §64, 5; §65, 5; §77, 2; §81, 2; §81, 5)

ZANINI, Carlos Klein – (§29, 5)

ZAVASCKI, Teori Albino – (§25, 1; §34, 4; §34, 8; §75, 2; §75, 3)

ZIMMERMANN, Reinhard – (§3, 1; §5, 3; §9, 4; §10, 3; §10-A; §10-A, 1; §18, 3; §30, 2; §45, 1; §45, 3; §73, 2)

ZITSCHER, Harriet Christiane – (§6, 1; §16, 5; §83, 3)

ZVEITER, Waldemar – (§75, 3; §79, 3)

ZWEIGERT, Konrad – (§6, 1; §40, 3; §83, 3)